¡Necesito entender las palabras para poder utilizarlas!

información sobre las palabras de uso más frecuente, indicadas por el símbolo de la llave

ⵁ **educated** /'edʒukeɪtɪd/ *adj* culto **LOC** an **educated guess** una conjetura con fundamento

otras formas posibles de escribir una palabra

**cozy** (*GB* **cosy**) /'koʊzi/ *adj* acogedor

**makeup** /'meɪkʌp/ (*tb* **make-up**) *n* [*incontable*] **1** maquillaje **2** constitución **3** carácter

pronunciación y acento

**diplomacy** /dɪ'ploʊməsi/ *n* diplomacia **diplomat** /'dɪpləmæt/ *n* diplomático, -a **diplomatic** /ˌdɪplə'mætɪk/ *adj* diplomático **diplomatically** *adv* diplomáticamente, con diplomacia

ejemplos que te ayudarán a ver cómo se utiliza la palabra

ⵁ **development** /dɪ'veləpmənt/ *n* **1** desarrollo, evolución: *development area* área de desarrollo ◊ *There has been a new development.* Ha cambiado la situación. **2** (*de terrenos*) urbanización

**deporte** *nm* **1** sport: *¿Practicas algún ~?* Do you play any sports?

notas de vocabulario para que aprendas otras palabras relacionadas con la que vas a utilizar

En inglés hay tres construcciones que se pueden utilizar al hablar de deportes. *Jugar al fútbol, golf,* etc. se dice **play soccer, golf,** etc. *Hacer aerobics, karate,* etc. se dice **do aerobics, karate,** etc. *Hacer natación, ciclismo,* etc. se dice **go swimming, bicycling,** etc. Esta última construcción se usa sobre todo cuando en inglés existe un verbo relacionado con ese deporte, como **swim** o **cycle.**

ⵁ **please** /pliːz/ *interj* por favor: *Please come in.* Haga el favor de entrar. ◊ *Please do not smoke.* Se ruega no fumar.

notas culturales que te explican detalles interesantes y prácticos sobre las costumbres británicas y americanas

Se suele usar **please** en respuestas afirmativas y **thank you** o **thanks** (*más coloq*) en negativas: *"Would you like another cookie?" "Yes, pleas..."*

palabras que se utilizan en situaciones determinadas, por ejemplo, en un contexto informal

T0347201

Diccionario

# Oxford Escolar

*para estudiantes de inglés*

español – inglés
inglés – español

OXFORD
UNIVERSITY PRESS

# OXFORD
UNIVERSITY PRESS

Great Clarendon Street, Oxford OX2 6DP

Oxford University Press is a department of the University of Oxford.
It furthers the University's objective of excellence in research, scholarship,
and education by publishing worldwide in

Oxford  New York

Auckland  Cape Town  Dar es Salaam  Hong Kong  Karachi
Kuala Lumpur  Madrid  Melbourne  Mexico City  Nairobi
New Delhi  Shanghai  Taipei  Toronto

With offices in

Argentina  Austria  Brazil  Chile  Czech Republic  France  Greece
Guatemala  Hungary  Italy  Japan  Poland  Portugal  Singapore
South Korea  Switzerland  Thailand  Turkey  Ukraine  Vietnam

OXFORD and OXFORD ENGLISH are registered trade marks of
Oxford University Press in the UK and in certain other countries

First published 1996
Second edition 2009

MEXICO:  2018                    CENTRAL AMERICA:  2024
          11  10  9                               11  10  9  8  7

The British National Corpus is a collaborative project involving Oxford University Press,
Longman, Chambers, the Universities of Oxford and Lancaster and the British Library

ISBN: 978 0 19 430897 7      (MEXICO)
ISBN: 978 0 19 430898 4      (CENTRAL AMERICA)

Printed in China

ACKNOWLEDGEMENTS

*Second edition edited* by: Mark Temple, assisted by Germán Martínez Martínez, Magdalena Palencia Castro and
Liliana Andrade
Illustrations: Julian Baker, Martin Cox, David Eaton, Margaret Heath, Karen Hiscock, Phil Longford,
Nigel Paige, Martin Shovel, Paul Thomas, Harry Venning, Michael Woods, Hardlines

# Índice

# Test sobre el diccionario

Para que veas que el *Diccionario Oxford Escolar* te puede ayudar a aprender inglés, te proponemos un pequeño test que puedes resolver consultando el diccionario. Las palabras en azul te indican la entrada o sección en la que encontrarás la respuesta.

## Español-Inglés

A menudo, una palabra tiene muchas traducciones. El *Oxford Escolar* te ayuda a encontrar la palabra que tú buscas dando un sentido aproximado entre paréntesis cuando hay más de una traducción.

1 ¿Cómo dirías en inglés: "Tengo que arreglar mi cuarto"?

2 Se me antoja navegar por Internet y se lo propongo a mi amigo americano: 'Let's sail the Net!'. No me entiende. ¿Qué debería decir?

También te damos información sobre cómo se usan las palabras en inglés, sobre todo cuando su uso es diferente al español.
Corrige las siguientes frases:

3 She's so sensible. She gets upset about everything. (sensible)

4 She gave me a good advice. (consejo)

Para encontrar la traducción adecuada, también es importante saber elegir una palabra apropiada según el contexto sea formal o informal.
¿Cómo traducirías las siguientes frases?

5 (*a un amigo*) Voy a saludar a Juan.

6 (*en un cajero automático*) Introduzca su tarjeta.

Para que te expreses bien en inglés, es importante que sepas qué preposición sigue al verbo. Esto lo mostramos entre paréntesis al lado de la traducción.
Completa estas frases:

7 Sonia está clavada con él.
Sonia is crazy _____ him.

8 Nos disfrazamos todos de pirata.
We all dressed up _____ pirates.

También aprenderás a utilizar expresiones típicas inglesas.

9 Busca una forma coloquial de decir buenos días.

10 Busca dos formas de decir de acuerdo.

Las ilustraciones te ayudarán a entender las diferencias entre expresiones y palabras inglesas que son muy similares. Encontrarás una explicación ilustrada junto a las entradas que a veces provocan confusión.

11 En inglés hay tres formas de decir enchufe, ¿cuáles son y cuál es la diferencia?

12 Mira el dibujo en computadora y averigua cómo se dice "teclado".

En el centro del diccionario encontrarás páginas de estudio donde te ofrecemos mucha información adicional sobre el inglés.
¿Verdadero o falso?

13 ¿Cómo se dice sidewalk en inglés británico? (Ver página El inglés en Estados Unidos y Gran Bretaña)

14 La palabra inglesa embarrassed no significa "embarazada". ¿Qué significa? (Ver página Falsos cognados)

15 Si alguien escribe "cu l8r" en un mensajito, ¿qué significa? (Ver página Mensajes de texto)

El *Diccionario Oxford Escolar* te ayudará a ampliar tu vocabulario. En él encontrarás las palabras más usadas por los americanos e ingleses, incluidas las más actuales.

**1** ¿Una persona que tiene una apariencia poco elegante, incluso sucia, puede describirse como: broke, sappy o scruffy?

**2** ¿Cuál de estas palabras no suele referirse a una persona - grind, salesclerk o flyer?

**También podrás buscar expresiones corrientes y *phrasal verbs*.**

**3** Si alguien te dice: 'I lost my temper yesterday', ¿le recomendarías que fuera a objetos perdidos?

**4** ¿Qué tienen en común estas expresiones: give sb a buzz, hold the line, put sb through y hang up?

**Entender la cultura de cada país ayuda a aprender el idioma. Por eso, en este diccionario te mostramos algunos elementos importantes de la cultura americana e inglesa.**

**5** ¿Qué quiere decir stars and stripes?

**6** ¿Qué son los bank holidays? ¿En qué día suelen caer?

**Y también te indicamos cuando una palabra se usa solamente en Estados Unidos o en Gran Bretaña.**

**7** Si alguien está buscando su datebook, ¿esa persona es inglesa o americana?

**8** ¿Dónde se le llama a la tele 'the box'?

El *Oxford Escolar* te ayudará con la gramática y la ortografía inglesas. Podrás usar el diccionario para asegurarte de cómo se escriben las formas irregulares del plural, del participio pasado, etc.

**9** ¿Cuál es el plural de trolley?

**10** ¿Cuál es la forma ing (gerundio) del verbo chat?

**También encontrarás información que te ayudará a entender la gramática de las palabras.**
**¿Verdadero o falso?**

**11** Yet sólo se usa en frases afirmativas.

**12** Bubblegum es incontable.

**Te indicamos además la pronunciación de las palabras inglesas y los símbolos fonéticos aparecen a pie de página.**

**13** Fíjate en la pronunciación de I'll, aisle y isle. ¿Qué notas?

**14** ¿Qué letras no se pronuncian en las palabras wrist y salmon?

**15** Imagínate que le quieres dar esta dirección de email a una amiga inglesa: pablo.reyes@indie.mx ¿Cómo la leerías?

# Pronunciación

## Símbolos fonéticos

### Consonantes

| | | | |
|---|---|---|---|
| p | **pen** /pen/ | s | **see** /siː/ |
| b | **bad** /bæd/ | z | **zoo** /zuː/ |
| t | **tea** /tiː/ | ʃ | **shoe** /ʃuː/ |
| d | **did** /dɪd/ | ʒ | **vision** /ˈvɪʒn/ |
| k | **cat** /kæt/ | h | **hat** /hæt/ |
| g | **get** /get/ | m | **man** /mæn/ |
| tʃ | **chain** /tʃem/ | n | **now** /naʊ/ |
| dʒ | **jam** /dʒæm/ | ŋ | **sing** /sɪŋ/ |
| f | **fall** /fɔːl/ | l | **leg** /leg/ |
| v | **van** /væn/ | r | **red** /red/ |
| θ | **thin** /θɪn/ | j | **yes** /jes/ |
| ð | **then** /ðen/ | w | **wet** /wet/ |

### Vocales y diptongos

| | | | |
|---|---|---|---|
| iː | **see** /siː/ | ʌ | **cup** /kʌp/ |
| i | **happy** /ˈhæpi/ | ɜː | **fur** /fɜːr/ |
| ɪ | **sit** /sɪt/ | ə | **about** /əˈbaʊt/ |
| e | **ten** /ten/ | eɪ | **say** /seɪ/ |
| æ | **cat** /kæt/ | oʊ | **go** /goʊ/ |
| ɑ | **hot** /hɑt/ | aɪ | **five** /faɪv/ |
| ɒ | **long** (*GB*) /lɒŋ/ | ɔɪ | **join** /dʒɔɪn/ |
| ɑː | **bath** (*GB*) /bɑːθ/ | aʊ | **now** /naʊ/ |
| ɔː | **saw** /sɔː/ | ɪə | **near** /nɪər/ |
| ʊ | **put** /pʊt/ | eə | **hair** /heər/ |
| u | **actual** /ˈæktʃuəl/ | ʊə | **pure** /pjʊər/ |
| uː | **too** /tuː/ | | |

## Palabras que pueden ser pronunciadas de maneras diferentes

Hay palabras que tienen más de una pronunciación posible. En el *Oxford Escolar* encontrarás las más comunes, ordenadas por su frecuencia de uso:

**either** /ˈaɪðər, ˈiːðər/

Si la pronunciación de la palabra cambia mucho en inglés británico, te lo indicamos mediante la abreviatura *GB*:

**address** /ˈædres; *GB* əˈdres/

Algunas palabras de uso frecuente (**an, are, as, was,** etc.) tienen dos pronunciaciones posibles, una tónica y otra átona. De las dos, la forma átona es más común. La forma tónica se utiliza cuando la palabra aparece al final de una frase o cuando se quiere darle un énfasis especial:

**for** /fər, fɔːr/:
*I'm waiting for a bus.* /fər/
*What are you waiting for?* /fɔːr/
*It's not from Chloe, it's for her.* /fɔːr/

En inglés británico no se pronuncia la **r** final, salvo que la palabra siguiente empiece por vocal. La **r** no se pronuncia en la frase *His car broke down*, pero sí en *His car is brand new*.

## Acento tónico

El símbolo /ˈ/ aparece antes del acento tónico principal de la palabra:

**able** /ˈeɪbl/
El acento tónico está en la primera sílaba de la palabra.

**ability** /əˈbɪləti/
El acento tónico está en la segunda sílaba de la palabra.

Las palabras largas pueden tener más de un acento tónico: uno principal y uno o más secundarios. El acento tónico secundario se representa precedido de /ˌ/. Por ejemplo, la palabra secretarial /ˌsekrəˈteəriəl/ tiene un acento tónico secundario en la sílaba /ˌsek/ y el principal en la sílaba /ˈteə/.

Al juntar palabras en una frase, el acento tónico principal de la primera palabra a veces ocupa el lugar del acento tónico secundario. Esto ocurre para evitar que haya dos sílabas tónicas consecutivas. Por ejemplo, ˌafterˈnoon tiene un acento tónico principal en la tercera sílaba, pero en la frase ˌafternoon ˈtea, la sílaba **noon** no es la tónica. La palabra ˌwell ˈknown tiene el acento tónico principal en **known**, pero en la frase ˌwell-known ˈactor, esa sílaba deja de ser la tónica.

## Palabras derivadas

En muchas ocasiones, la pronunciación de una palabra derivada es la suma de la pronunciación de sus elementos. En estos casos, no damos la transcripción fonética, ya que es predecible:

**consciously = conscious + ly**
/ˈkɑnʃəsli/ = /ˈkɑnʃəs/ + /li/

Pero a veces el acento de la palabra cambia al añadirle las desinencias, y en estos casos sí te mostramos la pronunciación:

**impossible** /ɪmˈpɑsəbl/
**impossibility** /ɪmˌpɑsəˈbɪləti/

En el caso de las palabras derivadas terminadas en **-tion**, la norma de que el acento recaiga sobre la penúltima sílaba se cumple con regularidad, y por lo tanto no indicamos la pronunciación:

**alter** /ˈɔːltər/
**alteration** /ˌɔːltəˈreɪʃn/

## Desinencias

| -able | /əbl/ | laughable |
|---|---|---|
| -ably | /əbli/ | arguably |
| -ally | /əli/ | casually |
| -ance, -ence | /əns/ | annoyance, competence |
| -ant, -ent | /ənt/ | disinfectant, divergent |
| -bly | /bli/ | sensibly |
| -cy | /si/ | truancy |
| -en | /ən/ | woolen |
| -er, -or | /ər/ | attacker, narrator |
| -ful | /fəl/ | disgraceful |
| -fully | /fəli/ | painfully |
| -hood | /hʊd/ | brotherhood |
| -ing | /ɪŋ/ | thrilling |
| -ish | /ɪʃ/ | feverish |
| -ism | /ɪzəm/ | vandalism |
| -ist | /ɪst/ | environmentalist |
| -ive | /ɪv/ | creative |
| -ize | /aɪz/ | computerize |
| -izer | /aɪzər/ | fertilizer |
| -less | /ləs/ | fearless |
| -ly | /li/ | boldly |
| -ment | /mənt/ | astonishment |
| -ness | /nəs/ | consciousness |
| -ous | /əs/ | envious |
| -ship | /ʃɪp/ | craftsmanship |
| -some | /səm/ | quarrelsome |
| -tion | /ʃən/ | liberation |
| -y | /i/ | silky |

# A a

**a** *nm* o *nf*

● **dirección** to: *Van a Morelia.* They're going to Morelia. ◊ *¿Te vas a tu casa?* Are you going home? ◊ *Se acercó a mí.* She came up to me.

● **posición** on: *a la izquierda* on the left ◊ *a este lado* on this side ◊ *Estaban sentados a la mesa.* They were sitting at the table.

● **distancia**: *a diez kilómetros de aquí* ten kilometers from here

● **tiempo 1** (*hora, edad*) at: *a las doce* at twelve o'clock ◊ *a los sesenta años* at (the age of) sixty ◊ *Estamos a dos de enero.* It's the second of January. **2** (*después de*): *al año de su llegada* a year after his arrival ◊ *Volvieron a las cuatro horas.* They returned four hours later.

● **indicando finalidad** to: *¿Cuándo vienen a arreglar la lavadora?* When are they coming to fix the washing machine? ◊ *Me agaché a recogerlo.* I bent down to pick it up.

● **indicando modo o manera**: *ir a pie* to go on foot ◊ *Hazlo a tu manera.* Do it your way. ◊ *vestir a lo hippy* to dress like a hippy

● **en comparaciones** to: *Prefiero el verde al rojo.* I prefer the green one to the red one.

● **complemento directo**: *No conozco a tu hermano.* I don't know your brother. ◊ *Llama al mesero.* Call the waiter over.

● **complemento indirecto 1** to: *Dáselo a tu hermano.* Give it to your brother. **2** (*para*) for: *Le compré una bicicleta a mi hija.* I bought a bicycle for my daughter. **3** (*de*) from: *Compré los patines a un amigo.* I bought the skates from a friend. ◊ *No le copies el examen a Juan.* Don't copy from Juan.

● **otras construcciones 1** (*medida, reparto*) at: *Tocan a tres por persona.* It works out at three each. ◊ *Iban a 60 kilómetros por hora.* They were going at 60 kilometers an hour. **2** (*tarifa*) a, per (*más formal*): *mil dólares al mes* a thousand dollars a month **3** (*precio*): *Están a 50 pesos el kilo.* They're 50 pesos a kilogram. **4** (*Dep*): *Ganaron tres a cero.* They won three to nothing. ◊ *Empataron a dos.* The game was tied at two. **5** (*en órdenes*): *¡A trabajar!* Let's do some work! ◊ *Sal a buscarla.* Go out and look for her. **LOC** **¿a qué…?** what… for?: *¿A qué fuiste?* What did you go for? *Ver tb* AL

**abadía** *nf* abbey [*pl* abbeys]

**abajo** *adv* **1** (*posición*) below: *desde ~* from below **2** (*dirección*) down: *calle/escaleras ~* down the street/stairs **3** (*en un edificio*) downstairs: *el vecino de ~* the man who lives downstairs ◊ *Hay otro baño ~.* There is another bathroom downstairs.

▶ **¡abajo!** *interj* down with… !: *¡Abajo el monopolio!* Down with the monopoly! **LOC** **echar abajo 1** (*edificio*) to knock *sth* down **2** (*gobierno*) to bring *sth* down **el de abajo** the bottom one **hacia abajo** downwards **más abajo 1** (*más lejos*) further down: *en esta misma calle, más ~* further down this street **2** (*en sentido vertical*) lower down: *Pon el cuadro más ~.* Put the picture lower down. *Ver tb* AHÍ, ALLÁ, ALLÍ, ARRIBA, BOCA, CABEZA, CALLE, CUESTA, PARTE¹, RÍO, RODAR

**abalanzarse** *vpr* **1** *~ sobre* to pounce on *sth/sb*: *Me abalancé sobre mi adversario.* I pounced on my opponent. **2** *~ hacia* to rush toward *sth/sb*: *El público se abalanzó hacia la puerta.* The crowd rushed toward the door.

**abanderado, -a** *nm-nf* **1** (*Pol*) candidate **2** (*partidario*) champion: *Él es ~ de las causas nobles.* He is a champion of noble causes. **3** (*Dep*) representative

**abandonado, -a** *adj* **1** abandoned: *un coche ~* an abandoned car **2** (*edificio*) derelict *Ver tb* ABANDONAR

**abandonar** *vt* **1** to abandon: *~ una criatura/un animal* to abandon a child/an animal ◊ *~ un proyecto* to abandon a project **2** (*lugar*) to leave: *~ la sala* to leave the room **3** (*Informát*) to quit

▶ *vi* **1** (*desistir*) to give up: *No abandones.* Don't give up. **2** (*Dep*) to withdraw

**abanicar(se)** *vt, vpr* to fan (yourself)

**abanico** *nm* **1** fan **2** (*gama*) range: *un amplio ~ de opciones* a wide range of options

**abarrotado, -a** *adj* *~ (de)* crammed (with *sth*) **LOC** **abarrotado (de gente)** crowded *Ver tb* ABARROTAR

**abarrotar** *vt* to fill *sth* to overflowing: *El público abarrotaba la sala.* The audience filled the hall to overflowing.

**abarrotería** *nf* grocery store, grocer's (*GB*)

**abarrotero, -a** *nm-nf* grocer

**abarrotes** *nmpl* groceries **LOC** *Ver* TIENDA

**abastecer** *vt* to supply *sb* (*with sth*): *La granja abastece de huevos a todo el pueblo.* The farm supplies the whole village with eggs.

▸ **abastecerse** *vpr* **abastecerse de** to stock up on *sth*: ~*se de harina* to stock up on flour

**abastecimiento** *nm* **1** (*acción*) supplying: *¿Quién se encarga del ~ de las tropas?* Who is in charge of supplying the troops? **2** (*suministro*) supply: *controlar el ~ de agua* to regulate the water supply

**abasto** *nm* LOC **no darse abasto**: *No me doy ~ con todo este trabajo.* I can't cope with all this work. ◊ *No nos damos ~ para contestar todas estas cartas.* We just can't answer all these letters.

**abdicar** *vt, vi* ~ **(en)** to abdicate (in favor of *sb*): *El rey abdicó (la corona) en su hermano.* The king abdicated in favor of his brother.

**abdomen** *nm* abdomen

**abdominal** *adj* abdominal
▸ **abdominales** *nmpl* **1** (*músculos*) stomach muscles, abdominal muscles (*más formal*) **2** (*ejercicios*) sit-ups: *hacer ~es* to do sit-ups

**abecedario** *nm* alphabet

**abeja** *nf* bee LOC **abeja obrera** worker (bee) **abeja reina** queen bee

**abejorro** *nm* bumblebee

**abertura** *nf* **1** (*hueco*) gap **2** (*grieta*) crack **3** (*en falda*) slit

**abeto** *nm* fir (tree)

**abierto, -a** *adj* **1** open: *Deja la puerta abierta.* Leave the door open. ◊ *~ al público* open to the public ◊ *El caso sigue ~.* The case is still open. **2** (*llave*) running: *dejar un grifo ~* to leave a faucet running **3** (*zipper*) undone: *Llevas la bragueta abierta.* Your fly is undone. **4** (*persona*) open LOC *Ver* BOCA, MENTALIDAD; *Ver tb* ABRIR

**abismo** *nm* **1** (*Geog*) abyss **2** (*diferencia*) gulf: *Hay un ~ entre tú y yo.* There is a gulf between us.

**ablandar(se)** *vt, vpr* to soften: *El calor ablanda la mantequilla.* Heat softens butter.

**abobado, -a** *adj Ver* ATONTADO

**abofetear** *vt* to slap

**abogacía** *nf* legal profession LOC **ejercer/practicar la abogacía** to practise law

**abogado, -a** *nm-nf* lawyer

Lawyer en Gran Bretaña y los Estados Unidos es un término general que comprende los distintos tipos de abogado. En Estados Unidos se emplea la palabra **attorney** para referirse a los diferentes tipos de abogado: **criminal attorney, tax attorney, defense attorney, corporate attorney**, etc. En Gran Bretaña se distingue entre **barristers**, quienes pueden actuar en todos los tribunales, y **solicitors**, quienes pueden intervenir únicamente en tribunales inferiores, y normalmente se encargan de preparar documentos legales y asesorar a los clientes.

LOC **abogado defensor** defense counsel **abogado del diablo** devil's advocate

**abolición** *nf* abolition

**abolir** *vt* to abolish

**abolladura** *nf* dent: *Mi coche tiene muchas ~s.* There are lots of dents in my car.

**abollar** *vt* to dent: *Me abollaste el coche.* You've dented my car.

**abombado, -a** *adj* convex

**abonar** *vt* (*tierra*) to fertilize
▸ **abonar(se)** *vt, vpr* **abonar(se) a 1** (*publicación, servicio*) to subscribe to *sth* **2** (*espectáculo*) to buy a season ticket for *sth*

**abono** *nm* **1** (*fertilizante*) fertilizer **2** (*pago*) **(a)** payment: *mediante el ~ de 200 pesos* on payment of 200 pesos **(b)** (*a plazos*) installment **3** (*espectáculo, transporte*) season ticket: *comprar un ~* to buy a season ticket

**abordaje** *nm* (*barco*) boarding

**abordar** *vt* **1** (*avión, barco*) to board **2** (*asunto, problema, persona*) to approach LOC *Ver* PASE, PUERTA

**aborigen** *nmf* native

**aborrecer** *vt* (*detestar*) to detest *sth/sb/ doing sth*

**abortar** *vi* **1** (*espontáneamente*) to have a miscarriage **2** (*voluntariamente*) to have an abortion
▸ *vt, vi* (*Inform át*) to abort

**aborto** *nm* **1** (*espontáneo*) miscarriage: *sufrir un ~* to have a miscarriage **2** (*provocado*) abortion

**abotonar** *vt* to button *sth* (up): *Le abotoné la camisa.* I buttoned (up) his shirt.

**abovedado, -a** *adj* vaulted

**abrasador, -ora** *adj* burning

**abrasar** *vt* to burn
▸ *vi* (*sol*) to beat down

**abrasivo, -a** *adj, nm* abrasive

**abrazar** *vt* to hug, to embrace (*formal*): *Abrazó a sus hijos.* She hugged her children. ◊ *Abrázame.* Give me a hug.

**abrazo** *nm* hug, embrace (*más formal*) LOC **un abrazo/un fuerte abrazo** love/lots of love: *Les mando un fuerte ~.* Lots of love. ◊ *Dales un ~ a tus padres.* Give my love to your parents.

**abrecartas** *nm* paper knife [*pl* paper knives]

**abrelatas** nm can-opener, tin-opener (GB)

**abreviación** nf shortening

**abreviar** vt (palabra) to abbreviate
▶ vi (ahorrar tiempo) to save time

**abreviatura** nf abbreviation (of/for sth)

**abridor** nm opener

**abrigado, -a** adj **1** (persona): bien ~ dressed very warmly ◊ Vas demasiado ~. You've got too many clothes on. **2** (lugar) sheltered Ver tb ABRIGAR

**abrigador, -ora** adj warm: prendas abrigadoras warm clothes

**abrigar** vt **1** (prenda) to keep sb warm: Esa bufanda te abrigará. That scarf will keep you warm. **2** (arropar) to bundle sb up, to wrap sb up warmly (GB): Abriga bien al bebé. Bundle up the baby.
▶ vi to be warm: Este suéter abriga mucho. This sweater is very warm.
▶ **abrigarse** vpr to dress warmly: Abrígate, hace mucho frío. Dress very warmly, it's very cold outside.

**abrigo** nm coat: Ponte el ~. Put your coat on. **LOC al abrigo de** sheltered from sth: al ~ de la lluvia sheltered from the rain **de abrigo** warm: ropa de ~ warm clothes

**abril** nm April (abrev Apr.) ⊃ Ver ejemplos en ENERO

**abrir** vt **1** to open: No abras la ventana. Don't open the window. ◊ ~ fuego to open fire **2** (llave, gas) to turn sth on **3** (túnel) to bore **4** (agujero, camino) to make
▶ vi (abrir la puerta) to open up: ¡Abre! Open up!
▶ **abrirse** vpr **1** to open: De repente se abrió la puerta. Suddenly the door opened. **2** (tierra) to crack **LOC abrir (un) expediente** to take proceedings (against sb) **abrirse camino en la vida** to get on in life **abrirse la cabeza** to split your head open **en un abrir y cerrar de ojos** in the twinkling of an eye **no abrir la boca** not to say a word: No abrió la boca en toda la tarde. He didn't say a word all afternoon. Ver tb PASO

**abrochar(se)** vt, vpr **1** to do sth up (for sb): Abróchate el abrigo. Do your coat up. **2** (broche, cinturón) to fasten

**abrupto, -a** adj **1** (terreno) rugged **2** (tono) abrupt **3** (cambio) sudden

**absolución** nf **1** (Jur) acquittal **2** (Relig) absolution: dar la ~ to give absolution

**absolutamente** adv absolutely

**absoluto, -a** adj absolute: conseguir la mayoría absoluta to obtain an absolute majority **LOC en absoluto**: nada en ~ nothing at all ◊ —¿Te importa? —En ~. "Do you mind?" "Not at all."

**absolver** vt **1** (Jur) to acquit sb (of sth): El juez absolvió al acusado. The defendant was acquitted. **2** (Relig) to absolve sb (from/of sth)

**absorbente** adj **1** (material) absorbent **2** (trabajo, libro, etc.) absorbing **3** (persona) demanding

**absorber** vt **1** to absorb: ~ un líquido/olor to absorb a liquid/smell **2** (tiempo) to take up sth: El trabajo absorbe todo mi tiempo. Work takes up all my time.

**abstención** nf abstention

**abstenerse** vpr ~ (de) to abstain (from sth): ~ de beber/del tabaco to abstain from drinking/smoking ◊ El senador se abstuvo. The senator abstained.

**abstinencia** nf abstinence **LOC** Ver SÍNDROME

**abstracto, -a** adj abstract

**abstraído, -a** adj (preocupado) preoccupied

**absurdo, -a** adj absurd

**abuchear** vt to boo

**abuelo, -a** nm-nf **1** (masc) grandfather, grandpa (coloq) **2** (fem) grandmother, grandma (coloq) **3** abuelos grandparents: en casa de mis ~s at my grandparents'

**abultar** vt to take up room: Esta caja abulta mucho. This box takes up a lot of room. ◊ ¿Abulta mucho? Does it take up much room?

**aburrido, -a** adj **1** (que aburre) boring: un discurso ~ a boring speech ◊ No seas tan ~. Don't be so boring. **2** (que siente aburrimiento) bored: Estoy ~. I'm bored. ⊃ Ver nota en BORING
▶ nm-nf bore: Eres un ~. You're a bore. Ver tb ABURRIR

**aburrimiento** nm boredom: Como de puro ~. I eat from sheer boredom. **LOC ¡qué aburrimiento de...!** what a boring...!: ¡Qué ~ de película! What a boring movie! Ver tb MORIR(SE)

**aburrir** vt **1** to bore: Espero no estar aburriéndote. I hope I'm not boring you. ◊ Me aburre este programa. This program is boring. **2** (hartar): Me aburren con sus quejas. I'm sick of your moaning.
▶ **aburrirse** vpr to get bored with sth/sb

**abusado, -a** adj **1** (listo) clever **2** (precavido) cautious
▶ interj watch out!

**abusar** vi **1** ~ de to abuse sth/sb [vt]: No abuses de su confianza. Don't abuse his trust. ◊ Declaró que abusaron de ella. She claims to have been sexually abused. **2** ~ (de) (aprovechar) to take

advantage (of *sth/sb*): *No hay que ~*. We shouldn't take advantage. **LOC** **abusar del alcohol, tabaco, etc.** to drink, smoke, etc. too much

**abuso** *nm* ~ **(de)** abuse [*gen incontable*]: *sufrir ~s* to suffer abuse **LOC** **abuso del alcohol, tabaco, etc.** excessive drinking, smoking, etc. **abuso sexual** sexual abuse [*incontable*]: **ser un abuso**: *¡Es un ~!* That's outrageous!

**acá** *adv*: *Ven ~.* Come here. ◊ *Ponlo más (para) ~.* Bring it nearer here. **LOC** **de acá para allá**: *Llevo todo el día de ~ para allá.* I've been running around all day. ◊ *He andado de ~ para allá buscándote.* I've been looking for you everywhere.

**acabado, -a** *adj*: *una palabra acabada en "d"* a word ending in "d" ◊ *~ en punta* coming to a point

▶ **acabados** *nmpl* finishing touches **LOC** **estar acabado** (*apariencia*) to be a wreck *Ver tb* ACABAR

**acabar** *vt* **1** to finish: *Aún no he acabado el artículo.* I haven't finished the article yet.

▶ *vi* **1** ~ **(en)** to end (in *sth*): *La función acaba a las tres.* The show finishes at three. ◊ *¿En qué acaba, en "d" o en "z"?* What does it end in? "D" or "z"? **2** ~ **de hacer algo** (*terminar de*) to finish doing sth: *Tengo que ~ de lavar el coche.* I have to finish washing the car. **3** ~ **de hacer algo** (*hace poco*) to have just done sth: *Acabo de verlo.* I've just seen him. **4** ~ **en/por** (*con el tiempo*) to end up: *Ese vaso acabará por romperse.* That glass will end up broken. ◊ ~ *en la ruina/arruinado* to end up penniless ◊ *Acabé cediendo.* I ended up giving in. **5** ~ **con algo** to put an end to *sth*: ~ *con la injusticia* to put an end to injustice **6** ~ **con algn** to be the death of *sb*: *Vas a ~ conmigo.* You'll be the death of me.

▶ **acabarse** *vpr* to run out (of *sth*): *Se nos acabó el café.* We've run out of coffee. **LOC** **acabar mal**: *Esto tiene que ~ mal.* No good can come of this. ◊ *Ese muchacho acabará mal.* That boy will come to no good. **¡se acabó!** that's it!

**acabose** *nm* **LOC** **ser el acabose** to be the limit

**academia** *nf* **1** (*escuela*) school: ~ *de idiomas* language school **2** (*Mil, sociedad*) academy [*pl* academies]: ~ *militar* military academy

**académico, -a** *adj* academic: *curso/expediente* ~ academic year/record

**acampar** *vi* to camp

**acantilado** *nm* cliff

**acariciar** *vt* **1** (*persona*) to caress **2** (*animal*) to pet, to stroke (*GB*)

**acarrear** *vt* **1** to transport **2** (*fig*) to bring: *Eso le acarreó muchos problemas.* It brought him a lot of problems.

**acarreo** *nm* transport

**acaso** *adv* **1** (*quizás*) perhaps **2** [*en preguntas*]: *¿Acaso dije yo eso?* Did I say that? **LOC** **por si acaso** (just) in case

**acatar** *vt* (*leyes, órdenes*) to obey

**acatarrarse** *vpr* to catch a cold

**acceder** *vi* **1** ~ **(a)** (*estar de acuerdo*) to agree (to *sth/to do sth*) **2** ~ **(a)** (*institución*) to have access (to *sth*) **3** ~ **a** (*Informát*) to access *sth* [*vt*]: ~ *a un archivo* to access a file

**accesible** *adj* **1** ~ **(a)** accessible (to *sb*) **2** (*persona*) approachable

**acceso** *nm* ~ **(a)** access (to *sth/sb*): ~ *a la bóveda de seguridad* access to the strongroom ◊ *tener ~ a Internet* to have Internet access ◊ *la puerta de ~ a la cocina* the door into the kitchen **2** (*vía de entrada*) entrance (to *sth*): *Hay cuatro ~s al palacio.* There are four entrances to the palace. **3** ~ **de** fit: *Le dan ~s de tos.* He has coughing fits.

**accesorio** *nm* accessory [*pl* accessories]

**accidentado, -a** *adj* **1** (*terreno*) rugged **2** (*difícil*) difficult: *un viaje* ~ a difficult journey

▶ *nm-nf* casualty [*pl* casualties]

**accidental** *adj* accidental: *muerte* ~ accidental death

**accidente** *nm* **1** accident: ~ *de tráfico* traffic accident ◊ *sufrir un* ~ to have an accident **2** (*Geog*) (geographical) feature **LOC** **accidente aéreo/de coche** plane/car crash

**acción** *nf* **1** action: *entrar en* ~ to go into action ◊ *películas de* ~ action movies ◊ ~ *criminal/legal* criminal/legal action **2** (*obra*) deed: *una buena/mala* ~ a good/bad deed **3** (*Fin*) share

**accionar** *vt* to work

**accionista** *nmf* shareholder

**acechar** *vt, vi* to lie in wait (for *sth/sb*): *El enemigo acechaba en la oscuridad.* The enemy lay in wait in the darkness.

**acecho** *nm* **LOC** **estar al acecho** to lie in wait (*for sth/sb*)

**aceite** *nm* oil: ~ *de girasol/oliva* sunflower/olive oil **LOC** *Ver* UNTAR

**aceituna** *nf* olive: ~*s rellenas/sin hueso* stuffed/pitted olives

**aceleración** *nf* acceleration

**acelerador** *nm* gas pedal, accelerator (*GB*)

**acelerar** *vt, vi* to accelerate: *Acelera, que se apaga.* Accelerate or you'll stall.

**LOC** acelerar el paso to quicken your pace

**acelerón** nm **LOC** dar un acelerón (vehículo) to accelerate

**acelga** nf chard [incontable]

**acento** nm accent: con ~ en la última sílaba with an accent on the last syllable ◇ hablar con ~ extranjero to speak with a foreign accent **LOC** pegársele a algn un acento to pick up an accent

**acentuar** vt **1** (poner tilde) to put an accent on sth: Acentúa las siguientes palabras. Put the accents on the following words. **2** (resaltar, agravar) to accentuate
▸ **acentuarse** vpr (llevar tilde) to have an accent: Se acentúa en la segunda sílaba. It has an accent on the second syllable.

**acepción** nf meaning

**aceptable** adj acceptable (to sb)

**aceptar** vt **1** (admitir) to accept: Por favor acepta este pequeño regalo. Please accept this small gift. **2** (acceder a) to agree to do sth: Aceptó irse. He agreed to leave.

**acerca** adv **LOC** acerca de about, concerning (formal)

**acercar** vt **1** (aproximar) to bring sth closer (to sth/sb): Acercó el micrófono a la boca. He brought the microphone closer to his mouth. **2** (dar) to pass: Acércame ese cuchillo. Pass me that knife. **3** (en vehículo) to give sb a ride: Me acercaron a la casa/estación. They gave me a ride home/to the station.
▸ **acercarse** vpr **acercarse (a)** to get closer (to sth/sb): Se acerca mi cumpleaños. My birthday is getting closer. ◇ Acércate a mí. Come closer.

**acero** nm steel: ~ inoxidable stainless steel

**acertado, -a** adj **1** (correcto) right: la respuesta acertada the right answer **2** (inteligente) clever: una idea acertada a clever idea Ver tb ACERTAR

**acertar** vt to guess: ~ la respuesta to guess the answer
▸ vi **1** ~ (en/con) (al elegir) to get sth right **2** (al obrar) to be right to do sth: Acertamos al negarnos. We were right to refuse. **3** ~ (a/en) (al disparar) to hit sth [vt]: ~ en el blanco to hit the target

**acertijo** nm riddle

**achaque** nm ailment: los ~s de la edad old people's ailments

**achatar** vt to flatten
▸ **achatarse** vpr to get flattened

**achicar** vt **1** (empequeñecer) to make sth smaller **2** (agua) to bail sth out

**achicharrar** vt **1** (quemar) to burn **2** (calor) to scorch

▸ **achicharrarse** vpr (pasar calor) to roast: Nos achicharraremos en la playa. We'll roast on the beach.

**¡achú!** interj achoo!

> La persona que estornuda suele disculparse con **excuse me!** La gente a su alrededor puede decir **bless you!**, aunque muchas veces no dicen nada.

**acidez** nf acidity **LOC** acidez estomacal heartburn

**ácido, -a** adj (sabor) sharp
▸ nm acid **LOC** Ver LLUVIA

**acierto** nm **1** (respuesta correcta) correct answer **2** (buena idea) good idea: Fue un ~ venir. It was a good idea to come.

**acitronar** vt (cebollas, etc.) to sauté

**aclamar** vt to acclaim

**aclarar** vt **1** (explicar) to clarify: ¿Puedes ~ este punto? Can you clarify this point? **2** (color) to lighten
▸ vi, v imp (cielo) to clear up **LOC** ¡a ver si te aclaras! make up your mind!

**acné** nm acne

**acobardar** vt to intimidate
▸ **acobardarse** vpr **acobardarse (ante/por)** to feel intimidated (by sth/sb)

**acogedor, -ora** adj (lugar) cozy

**acoger** vt **1** (invitado, idea, noticia) to welcome: Me acogió con una sonrisa. He welcomed me with a smile. ◇ Acogieron la propuesta con entusiasmo. They welcomed the proposal. **2** (refugiado, huérfano, etc.) to take sb in

**acomedido, -a** adj helpful

**acomedirse** vpr to offer to help

**acomodado, -a** adj **1** (con dinero) well off **2** (con contactos) well connected ➜ Ver nota en WELL BEHAVED; Ver tb ACOMODARSE

**acomodador, -ora** nm-nf usher

**acomodarse** vpr **1** (instalarse) to settle down: Se acomodó en el sofá. He settled down on the sofa. **2** ~ (a) (adaptarse) to adjust (to sth)

**acompañar** vt **1** (ir con sth/sb, to accompany (más formal): el CD que acompaña el libro the CD which accompanies the book ◇ Voy de paseo. ¿Me acompañas? I'm going for a walk. Are you coming (with me)? **2** (Mús) to accompany sb (on sth): Su hermana lo acompañaba al piano. His sister accompanied him on the piano.

**acomplejarse** vpr to get a complex

**acondicionado, -a** adj **LOC** Ver AIRE

**aconsejable** adj advisable

**aconsejar** vt to advise sb (to do sth): Te aconsejo que aceptes ese trabajo. I advise you to accept that job. ◊ —¿Lo compro? —No te lo aconsejo. "Should I buy it?" "I wouldn't advise you to." ◊ Te aconsejo el más caro. I advise you to get the more expensive one.

**acontecimiento** nm event: Fue todo un ~. It was quite an event. **LOC** Ver ADELANTAR

**acoplarse** vpr ~ (a) to fit in (with sth/sb): Trataremos de acoplarnos a su horario. We'll try to fit in with your schedule.

**acorazado, -a** adj armor-plated
▶ nm (Náut) battleship

**acordar** vt to agree (to do sth): Acordamos volver al trabajo. We agreed to return to work.
▶ **acordarse** vpr **1** acordarse (de algo/de hacer algo) to remember (sth/to do sth): No me acuerdo de su nombre. I can't remember his name. ◊ Acuérdate de mandar la carta. Remember to mail the letter. **2** acordarse de haber hecho algo to remember doing sth: Me acuerdo de haberlo visto. I remember seeing it. ➔ Ver nota en REMEMBER **LOC** ¡te acordarás! you'll regret it!

**acorde** nm (Mús) chord

**acordeón** nm accordion

**acordonar** vt (lugar) to cordon sth off

**acorralar** vt (persona) to corner

**acortar** vt to shorten
▶ **acortarse** vpr to get shorter

**acosar** vt to harass

**acoso** nm harassment **LOC** acoso sexual sexual harassment

**acostar** vt to put sb to bed: Tuvimos que ~lo. We had to put him to bed.
▶ **acostarse** vpr **1** to lie down: Quiero ~me un rato. I want to lie down for a while. ➔ Ver nota en LIE² **2** (ira dormir) to go to bed: Deberías ~te temprano hoy. You should go to bed early today. ◊ Es hora de ~se. Time for bed. **3** ~ con algn to sleep with sb

**acostumbrado, -a** adj **LOC** estar acostumbrado a to be used to sth/sb/doing sth: Está ~ a levantarse temprano. He's used to getting up early. Ver tb ACOSTUMBRARSE

**acostumbrarse** vpr ~ (a) to get used to sth/sb/doing sth: ~ al calor to get used to the heat ◊ Tendrás que acostumbrarte a madrugar. You'll have to get used to getting up early.

**acotamiento** nm shoulder, hard shoulder (GB)

**acreedor, -ora** nm-nf creditor **LOC** ser acreedor de to be worthy of sth

**acribillar** vt **1** to riddle: ~ a algn a balazos to riddle sb with bullets **2** (mosquitos) to bite sb to death

**acrobacia** nf acrobatics [pl]: realizar ~s to perform acrobatics

**acróbata** nmf acrobat

**acta** nf **1** (reunión) minutes [pl] **2** (certificado) certificate **LOC** acta de defunción/nacimiento death/birth certificate

**actitud** nf attitude (to/toward sth/sb)

**activar** vt **1** (poner en marcha) to activate: ~ un mecanismo to activate a mechanism **2** (acelerar) to accelerate, to speed sth up (más coloq)

**actividad** nf activity [pl activities]

**activo, -a** adj active

**acto** nm **1** (acción, Teat) act: un ~ violento an act of violence ◊ una obra en cuatro ~s a four-act play **2** (ceremonia) ceremony [pl ceremonies]: el ~ de clausura the closing ceremony **LOC** acto seguido immediately afterward **en el acto** right away: Me levanté en el ~. I stood up right away.

**actor** nm actor **LOC** Ver PRINCIPAL

**actriz** nf actress, actor ➔ Ver nota en ACTRESS **LOC** Ver PRINCIPAL

**actuación** nf performance

**actual** adj **1** (de ahora) current: el estado ~ de las obras the current state of the building work **2** (moderno) present-day: La ciencia ~ se enfrenta a problemas éticos. Present-day science faces ethical problems.

La palabra inglesa **actual** significa exacto o verdadero: What's the actual date of the wedding? ¿Cuál es la fecha exacta de la boda?

**actualidad** nf present situation: la ~ de nuestro país the present situation in our country **LOC** de actualidad topical: ser de ~ to be topical ◊ asuntos/temas de ~ topical issues

**actualizar** vt to update

**actualmente** adv (ahora) at the moment **❶** La palabra inglesa **actually** significa en realidad, de hecho: It was actually very cheap. En realidad fue muy barato. ➔ Ver tb nota en ACTUALLY

**actuar** vi **1** (artista) to perform **2** ~ de to act as sth: ~ de intermediario to act as an intermediary

**acuarela** nf watercolor **LOC** Ver PINTAR

**acuario¹** nm aquarium [pl aquariums/aquaria]

**acuario²** (tb Acuario) nm, nmf (Astrología) Aquarius ➔ Ver ejemplos en AQUARIUS

**A**

**acuático, -a** adj **1** (Biol) aquatic **2** (Dep) water: deportes ~s water sports LOC Ver ESQUÍ

**acudir** vi **1** (ir/venir) to go/come (to sth/ sb): ~ en ayuda de algn to go to sb's aid ◊ Los recuerdos acudían a mi memoria. Memories came flooding back. ⊃ Ver nota en IR **2** (recurrir) to turn to sb: No sé a quién ~. I don't know who to turn to.

**acueducto** nm aqueduct

**acuerdo** nm agreement: llegar a un ~ to reach an agreement LOC ¡de acuerdo! all right, OK estar de acuerdo to agree (with sb) (about/on sth): Estoy de ~ con él. I agree with him. ponerse de acuerdo to agree (to do sth): Se pusieron de ~ para ir juntos. They agreed to go together.

**acumular(se)** vt, vpr to accumulate

**acunar** vt to rock

**acupuntura** nf acupuncture

**acurrucarse** vpr to curl up

**acusación** nf accusation: hacer una ~ contra algn to make an accusation against sb

**acusado, -a** nm-nf accused: los ~s the accused

**acusar** vt **1** to accuse sb (of sth/doing sth) **2** (Jur) to charge sb (with sth/doing sth): ~ a algn de asesinato to charge sb with murder **3** (mostrar) to show signs of sth: ~ el cansancio to show signs of tiredness

**acústica** nf acoustics [pl]: La ~ de este local no es muy buena. The acoustics in this hall aren't very good.

**adaptador** nm (Electrón) adapter

**adaptar** vt to adapt: ~ una novela para el teatro to adapt a novel for the stage ▶ **adaptarse** vpr **1** (aclimatarse) to adapt (to sth): ~se a los cambios to adapt to change **2** (ajustarse) to fit: No se adapta bien. It doesn't fit properly.

**adecuado, -a** adj right: No es el momento ~. This isn't the right time. ◊ No encuentran a la persona adecuada para el puesto. They can't find the right person for the job. ◊ un traje ~ para la ocasión the right dress for the occasion

**adefesio** nm LOC ser un adefesio to be a (real) sight: Con esa chamarra está hecho un ~. He's a real sight in that jacket.

**adelantado, -a** adj **1** (aventajado, avanzado) advanced: Este niño está muy ~ para su edad. This child is very advanced for his age. ◊ Es una obra muy adelantada para su época. It's a very advanced work for its time. **2** (que se ha hecho mucho): Llevo la tesis muy adelantada. I'm coming along very well with my thesis. **3** (en comparaciones) ahead: Vamos muy ~s con respecto a los de la

otra clase. We're way ahead of the other class. **4** (reloj) fast: Llevas el reloj cinco minutos ~. Your watch is five minutes fast. LOC por adelantado in advance Ver tb ADELANTAR

**adelantar** vt **1** (acontecimiento, fecha) to bring sth forward: Queremos ~ el examen una semana. We want to bring the exam forward a week. **2** (objeto) to move sth forward: Adelanté un peón. I moved a pawn forward. **3** (reloj) to put sth forward: No te olvides de ~ el reloj una hora. Don't forget to put your watch forward an hour. **4** (rebasar) to pass, to overtake (GB): El camión me adelantó en la curva. The truck passed me on the curve. ▶ **adelantar(se)** vi, vpr (reloj) to gain: Este reloj se adelanta. This clock gains time. ▶ **adelantarse** vpr **1** (ir delante, Dep) to go ahead: Me adelanté para comprar los boletos. I went ahead to buy the tickets. ◊ La UNAM se adelantó (en el marcador) en el minuto 4. UNAM went ahead in the 4th minute. **2** adelantarse a algn (anticiparse): Iba a responder pero él se me adelantó. I was about to answer, but he beat me to it. **3** (estación, cosecha) to be early: Este año se ha adelantado la primavera. Spring's early this year. LOC adelantarse a los acontecimientos to jump the gun

**adelante** adv forward: un paso ~ a step forward ▶ ¡**adelante!** interj **1** (entre) come in! **2** (siga) go ahead! LOC hacia/para adelante forward más adelante **1** (en el espacio) further on **2** (en el tiempo) later Ver tb AHORA, HOY

**adelanto** nm advance: los ~s de la medicina advances in medicine ◊ Pedí un ~. I asked for an advance.

**adelgazar** vi to lose weight ▶ vt: ~ tres kilos to lose three kilos

**además** adv **1** (también) also: Se le acusa ~ de estafa. He's also accused of fraud. ⊃ Ver nota en TAMBIÉN **2** (lo que es más) (and) what's more: Además, no creo que vengan. What's more, I don't think they'll come. LOC además de as well as

**adentro** adv inside: Está muy ~. It's right inside. LOC más adentro further in para mis adentros to myself, yourself, etc.: Rió para sus ~s. He laughed to himself. Ver tb AHÍ, MAR, TIERRA

**aderezar** vt (ensalada) to dress

**aderezo** nm (ensalada) dressing

**adhesivo, -a** adj adhesive ▶ nm (etiqueta) sticker LOC Ver CINTA

**adicción** *nf* addiction: ~ *a las drogas* drug addiction

**adicto, -a** *adj* ~ **(a)** addicted (to *sth*)
▶ *nm-nf* addict

**adiestrar** *vt* to train *sth/sb* (*as/in sth*)

**¡adiós!** *interj* (*despedida*) goodbye, bye (*coloq*) **LOC** **decir adiós con la mano** to wave goodbye (to *sth/sb*)

**adivinanza** *nf* riddle

**adivinar** *vt* **1** to guess: *Adivina lo que traigo.* Guess what I have. **2** (*predecir*) to predict **LOC** *Ver* PENSAMIENTO

**adivino, -a** *nm-nf* fortune-teller

**adjetivo** *nm* adjective

**adjuntar** *vt* **1** (*Informát*) to attach: ~ *un archivo* to attach a file **2** (*en una carta*) to enclose: *Les adjunto mi curriculum.* Please find enclosed my resumé.

**administración** *nf* administration: *la* ~ *de la justicia* the administration of justice **LOC** **administración de empresas** (*Educ*) business administration, business studies (*GB*)

**administrador, -ora** *nm-nf* administrator

**administrar** *vt* **1** (*gestionar*) to run, to manage (*más formal*): ~ *un negocio* to run a business **2** (*dinero, recursos*) to manage **3** (*dar*) to administer *sth* (to *sb*): ~ *un medicamento/justicia* to administer a medicine/justice
▶ **administrarse** *vpr* to manage your money

**administrativo, -a** *adj* administrative
▶ *nm-nf* administrative assistant **LOC** *Ver* CONSEJO

**admirable** *adj* admirable

**admiración** *nf* (*signo de puntuación*) exclamation point, exclamation mark (*GB*) ➔ *Ver pág 308*

**admirador, -ora** *nm-nf* admirer

**admirar** *vt* **1** (*apreciar*) to admire: ~ *el paisaje* to admire the scenery **2** (*asombrar*) to amaze: *Me admira tu sabiduría.* Your knowledge amazes me.

**admisión** *nf* **1** (*entrada*) admission (*to/into sth*) **2** (*reconocimiento*) acceptance **LOC** *Ver* EXAMEN

**admitir** *vt* **1** (*culpa, error*) to admit: *Admito que fue culpa mía.* I admit (that) it was my fault. **2** (*dejar entrar*) to admit *sth/sb* (*to/into sth*): *Me admitieron en el colegio.* I've been admitted to the school. **3** (*aceptar*) to accept **LOC** **no se admite(n)...**: *No se admiten perros.* No dogs. ◇ *No se admite a menores de 18 años.* No entrance to children under 18.

◇ *No se admiten tarjetas de crédito.* We do not accept credit cards.

**ADN** *nm* DNA

**adolescencia** *nf* adolescence

**adolescente** *adj* teenage, adolescent (*más formal*)
▶ *nmf* teenager, adolescent (*más formal*)

**adolorido, -a** *adj* sore: *Tengo el hombro* ~. My shoulder is sore.

**adonde** *adv* where

**adónde** *adv* where: *¿Adónde vas?* Where are you going?

**adoptar** *vt* to adopt

**adoptivo, -a** *adj* **1** adopted: *hijo/país* ~ adopted child/country **2** (*padres*) adoptive

**adoquín** *nm* paving stone

**adorar** *vt* to adore

**adormecerse** *vpr* to doze off

**adormecido, -a** *adj* sleepy *Ver tb* ADORMECERSE

**adornar** *vt* to decorate, to adorn (*formal*)

**adorno** *nm* **1** (*decoración*) decoration: ~*s de Navidad* Christmas decorations **2** (*objeto*) ornament

**adosar** *vt* (*documento*) to attach

**adquirir** *vt* **1** to acquire: ~ *riqueza/fama* to acquire wealth/fame **2** (*comprar*) to buy **LOC** **adquirir el hábito** to get into the habit (*of doing sth*) *Ver tb* IMPORTANCIA

**adrede** *adv* on purpose

**adrenalina** *nf* adrenalin

**aduana** *nf* (*oficina*) customs [*pl*]: *Pasamos la* ~. We went through customs.

**adulterio** *nm* adultery

**adulto, -a** *adj, nm-nf* adult: *las personas adultas* adults

**adverbio** *nm* adverb

**adversario, -a** *nm-nf* adversary [*pl* adversaries]

**advertir** *vt* **1** (*avisar*) to warn *sb* (*about/of sth*): *Les advertí del peligro.* I warned them about the danger. **2** (*decir*) to tell: *Ya te lo había advertido.* I told you so! ◇ *Te advierto que a mí me da lo mismo.* I'm telling you, it's all the same to me.

**aéreo, -a** *adj* **1** air: *tráfico* ~ air traffic **2** (*vista, fotografía*) aerial **LOC** *Ver* ACCIDENTE, COMPAÑÍA, CORREO, FUERZA, LÍNEA, PUENTE, VÍA

**aerobics** *nm* aerobics [*incontable*]

**aeronave** *nf* aircraft [*pl* aircraft] **LOC** **aeronave espacial** spacecraft [*pl* spacecraft]

**aeroplano** *nm* airplane, aeroplane (*GB*)

**aeropuerto** nm airport: *Vamos a ir a buscarlos al ~.* We're going to meet them at the airport.

**aerosol** nm aerosol

**afán** nm ~ **(por)** desire (for *sth*) **LOC con (mucho) afán:** *Trabajó con mucho ~ hasta terminar el proyecto.* He worked hard to finish the project. ◊ *buscar algo con mucho ~* to look everywhere for sth **poner mucho afán** to put a lot of effort *into sth*

**afanador, -ora** nm-nf cleaner

**afectar** vt to affect: *El golpe le afectó el oído.* The blow affected his hearing. ◊ *Su muerte me afectó mucho.* I was deeply affected by his death.

**afecto** nm affection **LOC tenerle/tomarle afecto a algn/algo** to be/become fond of sth/sb: *Le tengo mucho ~.* I'm very fond of him.

**afeminado** adj effeminate

**aferrarse** vpr ~ **(a)** to cling to *sth/sb*: ~ *a una idea* to cling to an idea

**afición** nf **1** ~ **(a/por)** interest (in *sth*): *Ahora hay menos ~ por la lectura.* Nowadays there's less interest in reading. **2** (*pasatiempo*) hobby [*pl* hobbies]: *Su ~ es la fotografía.* Her hobby is photography. **3 la afición** (*Fútbol*) the fans [*pl*] **LOC por afición** as a hobby

**aficionado, -a** adj **1** ~ **a** (*entusiasta*) into *sth*: *Soy muy ~ al tenis.* I'm really into tennis. **2** (*amateur*) amateur: *una compañía de actores ~s* an amateur theater company
▸ nm-nf **1 (a)** (*Dep, música pop*) fan: *un ~ al fútbol* a soccer fan **(b)** (*Cine, Teat, música clásica*) lover: *un ~ a la ópera* an opera lover **2** (*amateur*) amateur: *No tocan mal para ser ~s.* They don't play badly for amateurs. *Ver tb* AFICIONARSE

**aficionarse** vpr ~ **a** to get into *sth/doing sth*: *Se ha aficionado al ajedrez.* She's gotten really into chess.

**afilado, -a** adj sharp *Ver tb* AFILAR

**afilar** vt to sharpen

**afiliarse** vpr ~ **(a)** to join: *Decidí afiliarme al partido.* I decided to join the party.

**afinar** vt (*instrumento musical, motor, etc.*) to tune **LOC afinar la puntería** to take better aim

**afirmar** vt to state, to say (*más coloq*): *Afirmó sentirse preocupado.* He said that he was worried. **LOC afirmar con la cabeza** to nod (your head)

**afirmativo, -a** adj affirmative

**aflojar** vt to loosen: *Le aflojé la corbata.* I loosened his tie.
▸ **aflojarse** vpr **1** to loosen: *Me aflojé el cinturón.* I loosened my belt. **2** (*tornillo,*

nudo) to come loose: *Se aflojó el nudo.* The knot has come loose.

**afluente** nm tributary [*pl* tributaries]

**afónico, -a** adj **LOC estar afónico** to have lost your voice **quedarse afónico** to lose your voice

**afortunadamente** adv fortunately, luckily (*más coloq*)

**afortunado, -a** adj lucky, fortunate (*más formal*)

**África** nf Africa

**africano, -a** adj, nm-nf African

**afrontar** vt to face up to *sth*: ~ *la realidad* to face up to reality

**afuera** adv **1** outside: *Vámonos ~.* Let's go outside.
▸ **afueras** nfpl outskirts: *Viven en las ~s de Roma.* They live on the outskirts of Rome. **LOC** *Ver* AHÍ

**agachar** vt to lower: ~ *la cabeza* to lower your head
▸ **agacharse** vpr to bend down **LOC ¡agáchate!, ¡agáchense!** duck!

**agarrar** vt **1** (*asir*) to grab: *Me agarró del brazo.* He grabbed me by the arm. **2** (*sujetar*) to hold: *Agarra esto para que no se caiga.* Hold this and don't let it fall. **3** (*atrapar, contraer*) to catch: ~ *una pelota* to catch a ball ◊ *Si agarro a ese mocoso lo mato.* If I catch the little brat I'll kill him. ◊ ~ *una pulmonía* to catch pneumonia
▸ **agarrarse** vpr **agarrarse (a)** to hold on (to *sth/sb*): *Agárrate de mí.* Hold on to me. **LOC agarrar a algn con las manos en la masa** to catch sb red-handed **agarrar al toro por los cuernos** to take the bull by the horns **agarrar el chiste** to get the joke **agarrar el truco** to get the hang *of sth* **agarrar la costumbre** to get into the habit (*of doing sth*) **agarrar la indirecta** to take the hint **agarrar la onda** to get it *Ver tb* CARIÑO, VICIO

**agazaparse** vpr to crouch (down)

**agencia** nf agency [*pl* agencies] **LOC agencia de viajes** travel agency **agencia inmobiliaria** real estate agency, estate agent's (*GB*)

**agenda** nf **1** (*calendario*) datebook, diary [*pl* diaries] (*GB*) **2** (*de direcciones, teléfonos*) address book **LOC agenda electrónica** personal organizer

**agente** nmf **1** (*representante, espía*) agent: *Eso trátelo con mi ~.* See my agent about that. **2** (*policía*) (police) officer

**ágil** adj (*persona*) agile

**agilidad** nf agility

**agitado, -a** adj **1** (*vida, día*) hectic **2** (*mar*) rough **3** (*persona*) out of breath *Ver tb* AGITAR

**agitar** vt **1** (*botella*) to shake: *Agítese antes de usarlo.* Shake (well) before using. **2** (*pañuelo, brazos*) to wave **3** (*alas*) to flap

**agobiante** adj **1** (*persona*) tiresome **2** (*calor*) stifling: *Hace un calor ~.* It's stiflingly hot.

**agobiar** vt to overwhelm
▶ **agobiarse** vpr to get worked up (*about sth*)

**agobio** nm: *Para mí es un ~ cuando no llegas a tiempo.* I get worried when you don't arrive on time. ◊ *Para entonces estaré con el ~ de los exámenes.* I'll be in a sweat about the exams by then.

**agonía** nf agony [pl agonies]

**agonizar** vi to be dying

**agosto** nm August (*abrev* Aug.) ⊃ *Ver ejemplos en* ENERO **LOC** **hacer el/su agosto** to make a fortune

**agotado, -a** adj **1** (*cansado*) worn out, exhausted (*más formal*) **2** (*reservas*) used up **3** (*libros, boletos, etc.*) sold out *Ver tb* AGOTAR

**agotador, -ora** adj exhausting

**agotamiento** nm exhaustion

**agotar** vt **1** (*cansar*) to wear sb out: *Los niños me agotan.* The children wear me out. **2** (*reservas*) to use sth up: *Hemos agotado las existencias.* We've used up all our supplies. **3** (*libros, boletos, etc.*) to sell out of sth **4** (*tema*) to exhaust: *~ un tema* to exhaust a subject
▶ **agotarse** vpr **1** (*gastarse*) to run out: *Se me está agotando la paciencia.* My patience is running out. **2** (*libros, boletos, etc.*) to sell out **3** (*cansarse*) to wear yourself out

**agraciado, -a** adj **1** (*físico*) attractive **2** (*número*) winning

**agradable** adj pleasant **LOC** **agradable a la vista/al oído** pleasing to the eye/ear

**agradar** vi to please sb: *Intenta ~ a todo el mundo.* He tries to please everyone. ◊ *Me agradó que lo dijera.* I was pleased (that) he said it.

**agradecer** vt **1** (*dar las gracias*) to thank sb (*for sth/doing sth*): *Agradezco mucho que hayan venido.* Thank you very much for coming. **2** (*sentir agradecimiento*) to be grateful (*to sb*) (*for sth/doing sth*): *Te agradecería mucho que aceptaras.* I'd be very grateful if you'd accept.

**agradecido, -a** adj grateful: *Le quedo muy ~.* I am very grateful to you. *Ver tb* AGRADECER

**agradecimiento** nm gratitude: *Deberías mostrar tu ~.* You should show your gratitude. **LOC** **de agradecimiento**:

*unas palabras de ~* a few words of thanks ◊ *una carta de ~* a thank you letter

**agrandar** vt to enlarge

**agrario, -a** adj **1** (*sector, productos*) agricultural **2** (*ley, reforma*) agrarian

**agravar** vt to make sth worse
▶ **agravarse** vpr to get worse

**agredir** vt to attack

**agregar** vt to add sth (to sth) **LOC** *Ver* IMPUESTO

**agresión** nf **1** aggression: *un pacto de no ~* a non-aggression pact **2** (*ataque*) attack

**agresivo, -a** adj aggressive

**agrícola** adj agricultural **LOC** *Ver* FAENA, PRODUCTO

**agricultor, -ora** nm-nf farmer

**agricultura** nf farming, agriculture (*más formal*)

**agridulce** adj sweet and sour

**agrietar(se)** vt, vpr **1** to crack **2** (*piel*) to chap

**agrio, -a** adj **1** (*leche, vino, carácter*) sour **2** (*limón, experiencia*) bitter

**agrónomo, -a** adj agricultural **LOC** *Ver* INGENIERO, PERITO

**agrupar** vt to put sth/sb in a group
▶ **agruparse** vpr to get into groups: *~se de dos en dos* to get into groups of two

**agruras** nf heartburn [*incontable*]

**agua** nf water **LOC** **agua corriente** running water **agua de la llave** tap water **agua de limón** (still) lemonade **agua dulce/salada** fresh/salt water: *peces de ~ salada* saltwater fish **agua mineral con/sin gas** sparkling/non-carbonated mineral water **agua oxigenada** hydrogen peroxide **agua potable/pura** drinking water **estar con el agua al cuello** to be in deep water *Ver tb* AHOGAR, BOLSA¹, CLARO, GOTA, JAMAICA, MOLINO, OJO, TANQUE, TROMBA

**aguacate** nm avocado [pl avocados]

**aguacero** nm (heavy) shower

**aguafiestas** nmf spoilsport

**aguanieve** nf sleet

**aguantar** vt **1** to put up with sth/sb: *Tendrás que ~ el dolor.* You'll have to put up with the pain.

Cuando la frase es negativa se utiliza el verbo **stand**: *No aguanto este calor.* I can't stand this heat. ◊ *No los aguanto.* I can't stand them. ◊ *¡No hay quien te aguante!* You're unbearable!

**2** (*peso*) to take: *El puente no aguantó el peso del camión.* The bridge couldn't take the weight of the truck.

▸ *vi* **1** (*durar*) to last: *La alfombra aguantará otro año.* The carpet will last another year. **2** (*esperar*) to hold on: *Aguanta, que ya casi llegamos.* Hold on, we're almost there. **3** (*resistir*) to hold: *Esta estantería no aguantará.* This shelf won't hold.

▸ **aguantarse** *vpr* to put up with it: *Yo también tengo hambre, pero me aguanto.* I'm hungry as well, but I put up with it. ◇ *Si no te gusta, te aguantas.* If you don't like it, tough! **LOC aguantar la respiración** to hold your breath

**aguante** *nm* **1** (*físico*) stamina: *Tienen muy poco ~.* They have very little stamina. **2** (*paciencia*) patience: *¡Tienes un ~!* You're so patient!

**aguardiente** *nm* eau de vie

**aguarrás** *nm* turpentine

**¡aguas!** *interj* watch out!

**agudo, -a** *adj* **1** (*punta, dolor, sentidos, etc.*) sharp: *una inteligencia aguda* a sharp mind **2** (*ángulo, enfermedad*) acute: *apendicitis ~* acute appendicitis **3** (*sonido, voz*) high-pitched **4** (*gracioso*) witty: *un comentario ~* a witty remark **5** (*palabra*): *Es una palabra aguda.* The accent is on the last syllable.

▸ **agudos** *nmpl* (*Mús*) treble [*incontable*]. *No se oyen bien los ~s.* You can't hear the treble very well.

**aguijón** *nm* (*insecto*) sting: *clavar el ~* to sting

**águila** *nf* eagle **LOC ¿águila o sol?** heads or tails?

**aguja** *nf* **1** (*Costura, Med*) needle: *ensartar una ~* to thread a needle ◇ *~s de pino* pine needles **2** (*de reloj*) hand ➔ *Ver dibujo en* RELOJ **LOC** *Ver* BUSCAR

**agujero** *nm* hole: *hacer un ~* to make a hole

**agujetas** *nf* shoestrings, shoelaces (*GB*): *Amárrate las ~.* Tie your shoestrings.

**ahí** *adv* there: *Ahí van.* There they go ◇ *Ahí lo tienes.* There it is. ◇ *¡Ponte ~!* Stand over there! **LOC ahí abajo/arriba** down/up there: *¿Están mis libros ~ abajo?* Are my books down there? **ahí adentro/afuera** in/out there: *¡Ahí dentro yo no me meto!* I'm not going in there! **¡ahí va!** (*¡agárralo!*) catch! **¡ahí voy!** coming! **por ahí 1** (*lugar determinado*) over there **2** (*lugar no determinado*): *He estado por ~.* I've been out. ◇ *ir por ~ a dar una vuelta* to go out for a walk *Ver tb* MISMO

**ahijado, -a** *nm-nf* **1** (*masc*) godson **2** (*fem*) god-daughter **3** **ahijados** godchildren: *Tengo dos ~s: un niño y una niña.* I have two godchildren: one boy and one girl.

**ahogar** *vt* **1** (*asfixiar*) to suffocate: *El humo me ahogaba.* The smoke was suffocating me. **2** (*en agua*) to drown

▸ **ahogarse** *vpr* **1** (*asfixiarse*) to suffocate: *Por poco se ahogan con el humo del incendio.* They nearly suffocated in the smoke from the fire. **2** (*en agua*) to drown **3** (*respirar mal*) to be unable to breathe: *Cuando me da el asma me ahogo.* When I have an asthma attack, I can't breathe. **4** (*al atragantarse*) to choke: *Casi me ahogo con esa espina.* I almost choked on that bone. **LOC ahogarse en un vaso de agua** to get worked up over nothing

**ahora** *adv* now: *¿Qué voy a hacer ~?* What am I going to do now? ◇ *Ahora voy.* I'm coming. **LOC ahora mismo 1** (*en este momento*) right now: *Ahora mismo no puedo.* I can't do it right now. **2** (*enseguida*) right away: *Ahora mismo te lo doy.* I'll give it to you right away. **de ahora en adelante** from now on **hasta ahora** up until now

**ahorcado** *nm* hangman: *jugar al ~* to play hangman

**ahorcar(se)** *vt, vpr* to hang (yourself)

En el sentido de *ahorcar* el verbo **hang** es regular y por lo tanto forma el pasado añadiendo **-ed**.

**ahorita** *adv* **1** (*en este momento*) right now **2** (*enseguida*) right away

**ahorrador, -ora** *adj* thrifty

▸ *nm-nf* saver **LOC ser poco ahorrador** to be bad with money

**ahorrar** *vt, vi* to save: *~ tiempo/dinero* to save time/money

**ahorro** *nm* saving: *mis ~s de toda la vida* my life savings **LOC libreta de ahorro(s)** savings book *Ver tb* BONO

**ahumado, -a** *adj* smoked: *salmón ~* smoked salmon *Ver tb* AHUMAR

**ahumar** *vt* **1** (*alimentos*) to smoke **2** (*habitación, etc.*) to fill sth with smoke

▸ **ahumarse** *vpr* (*llenarse de humo*) to fill with smoke

**ahuyentar** *vt* to frighten sth/sb away

**aire** *nm* **1** air: *~ puro* fresh air **2** (*viento*) wind: *Hace mucho ~.* It's very windy. **LOC aire acondicionado** air conditioning **al aire**: *con el pecho al ~* bare-chested ◇ *un vestido con la espalda al ~* a backless dress **al aire libre** in the open air: *un concierto al ~ libre* an open-air concert **darse aires de superioridad** to put on airs **estar al aire** (*TV, Radio*) to be on the air **saltar/volar por los aires** to blow up **tomar el aire** to get a breath of fresh air *Ver tb* BOMBA², PISTOLA

**airear** vt to air
▶ **airearse** vpr to get some fresh air

**aislado, -a** adj isolated: casos ~s isolated cases Ver tb AISLAR

**aislante** adj insulating
▶ nm insulation **LOC** Ver CINTA

**aislar** vt 1 (separar) to isolate sth/sb (from sth/sb) 2 (incomunicar) to cut sth/sb off (from sth/sb): Las inundaciones aislaron la aldea. The village was cut off by the floods. 3 (con material aislante) to insulate

**ajedrez** nm 1 (juego) chess 2 (tablero y piezas) chess set **LOC** Ver TABLERO

**ajeno, -a** adj 1 (de otro) someone else's: en casa ajena in someone else's house 2 (de otros) other people's: meterse en los problemas ~s to interfere in other people's lives

**ajetreado, -a** adj 1 (persona) busy 2 (día) hectic

**ajo** nm garlic **LOC** Ver CABEZA, DIENTE

**ajonjolí** nm sesame

**ajustado, -a** adj tight: un vestido muy ~ a tight-fitting dress Ver tb AJUSTAR

**ajustar** vt 1 (regular) to adjust: ~ los frenos to adjust the brakes 2 (apretar) to tighten: ~ un tornillo to tighten a screw
▶ vi to fit: La puerta no ajusta. The door doesn't fit.
▶ **ajustarse** vpr **ajustarse (a)** to fit in (with sth): Es lo que mejor se ajusta a nuestras necesidades. It's what suits our needs best. **LOC** **ajustar cuentas** to settle accounts (with sb)

**al** prep [con infinitivo] 1 (después de) when: Se echaron a reír al verme. They burst out laughing when they saw me. 2 (simultaneidad) as: Lo vi al salir. I saw him as I was leaving. Ver tb A

**ala** nf 1 wing: las ~s de un avión the wings of a plane ◊ el ~ conservadora del partido the conservative wing of the party 2 (sombrero) brim: un sombrero de ~ ancha a wide-brimmed hat

**alabanza** nf praise [incontable]: Se deshicieron en ~s hacia ti. They were full of praise for you.

**alabar** vt to praise sb/sth (for sth): Lo alabaron por su valentía. They praised him for his courage.

**alacrán** nm scorpion

**alambrado** nm (tb **alambrada** nf) wire fence

**alambre** nm wire

**álamo** nm poplar

**alarde** nm **LOC** **hacer alarde de** to boast about/of sth, to show off about sth (más coloq)

**alardear** vi ~ (de) to boast (about/of sth), to show off (about sth) (más coloq)

**alargado, -a** adj long Ver tb ALARGAR

**alargar** vt 1 (extender) to extend: ~ una carretera to extend a road 2 (prenda) to let sth down 3 (duración) to prolong: ~ la guerra to prolong the war 4 (estirar, brazo, mano) to stretch sth out
▶ **alargarse** vpr 1 to get longer: Los días se van alargando. The days are getting longer. 2 (prolongarse demasiado) to drag on: La reunión se alargó hasta las dos. The meeting dragged on till two. 3 (hablando, explicando) to go on for too long

**alarma** nf alarm: dar la ~ to raise the alarm ◊ Sonó la ~. The alarm went off. **LOC** **alarma antirrobo** burglar alarm **alarma de incendios** fire alarm

**alarmante** adj alarming

**alarmarse** vpr ~ (por) to be alarmed (at/by sth)

**alba** nf dawn: al ~ at dawn

**albahaca** nf basil

**albañil** nm 1 construction worker 2 (que sólo pone ladrillos) bricklayer

**alberca** nf swimming pool **LOC** **alberca cubierta/techada** indoor pool

**albergar** vt to house
▶ **albergarse** vpr to stay

**albergue** nm (residencia) hostel: ~ juvenil youth hostel **LOC** **albergue de montaña** mountain refuge

**albóndiga** nf meatball

**alborotado, -a** adj 1 (excitado) in a state of excitement: Los ánimos están ~s. Feelings are running high. 2 (con confusión) in confusion: La gente corría alborotada. People were running around in confusion. Ver tb ALBOROTAR

**alborotar** vt 1 (desordenar) to mess sth up: El viento nos alborotó el pelo. The wind messed up our hair. 2 (revolucionar) to stir sb up: ~ al resto de la clase to stir up the rest of the class
▶ vi (hacer relajo) to make a racket
▶ **alborotarse** vpr to get excited

**alboroto** nm 1 (relajo) racket: ¿A qué viene tanto ~? What's all the racket about? 2 (disturbio) disturbance: El ~ hizo que viniera la policía. The disturbance led the police to intervene.

**álbum** nm (Fot, Mús) album

**albur** nm pun

**alburear** vi to play with words

**alcachofa** nf artichoke

**alcalde, -esa** nm-nf mayor

**alcance** nm 1 reach: fuera de tu ~ out of your reach 2 (arma, emisora, telescopio) range: misiles de medio ~ medium-

**range missiles** `LOC` **al alcance de la mano** within reach

**alcantarilla** *nf* sewer

**alcantarillado** *nm* sewage system

**alcanzar** *vt* **1** (*llegar a*) to reach: ~ *un acuerdo* to reach an agreement **2** (*conseguir*) to achieve: ~ *los objetivos* to achieve your objectives **3** (*atrapar*) to catch up with *sb*: *No pude* ~*los.* I couldn't catch up with them. ◇ *Vete saliendo, ya te alcanzaré.* You go on. I'll catch up with you. **4** (*pasar*) to pass: *¿Me alcanzas la pluma?* Can you pass the pen please?
▸ *vi* **1** (*ser suficiente*) to be enough: *La comida no alcanzará para todos.* There won't be enough food for everybody. **2** (*llegar*) to reach: *No alcanzo.* I can't reach.

**alcaparra** *nf* caper

**alcohol** *nm* alcohol `LOC` **sin alcohol** non-alcoholic *Ver tb* CERVEZA

**alcohólico, -a** *adj, nm-nf* alcoholic

**alcoholímetro** *nm* breathalyzer®

**alcoholismo** *nm* alcoholism

**aldea** *nf* small village `LOC` **la aldea global** the global village

**aldeano, -a** *nm-nf* villager

**alebrestarse** *vpr* **1** to get worked up **2** (*caballo*) to rear up

**alegar** *vt* **1** to claim: *Alegan que existió fraude.* They're claiming that there was a fraud. ◇ *Alegan no tener dinero.* They claim not to have money. **2** (*razones, motivos*) to cite: *Alegó motivos personales.* He cited personal reasons. **3** (*disputar*) to argue

**alegrar** *vt* **1** (*hacer feliz*) to make *sb* happy: *La carta me alegró mucho.* The letter made me very happy. **2** (*animar*) **(a)** (*persona*) to cheer *sb* up: *Intentamos* ~ *a los ancianos.* We tried to cheer the old people up. **(b)** (*fiesta*) to liven *sth* up: *La orquesta alegró la fiesta.* The band livened up the party **3** (*casa, lugar*) to brighten *sth* up
▸ **alegrarse** *vpr* **1** (*estar contento*) **(a) alegrarse (de/por)** to be pleased (about *sth/to do sth*): *Me alegro de saberlo.* I'm pleased to hear it. **(b) alegrarse por algn** to be delighted for *sb*: *Me alegro por ustedes.* I'm delighted for you. **2** (*cara, ojos*) to light up: *Se le alegró la cara.* His face lit up.

**alegre** *adj* **1** (*feliz*) happy **2** (*de buen humor*) cheerful: *Tiene un carácter* ~. He's a cheerful person. **3** (*música, espectáculo*) lively **4** (*color, habitación*) bright

**alegría** *nf* joy: *gritar/saltar de* ~ to shout/jump for joy `LOC` **¡qué/vaya alegría!** great! *Ver tb* CABER

**alejar** *vt* **1** (*retirar*) to move *sb/sth* away (*from sb/sth*): *Debes* ~*lo de la ventana.* You should move it away from the window. **2** (*distanciar*) to distance *sth/sb* (*from sth/sb*): *El desacuerdo nos alejó de mis padres.* The disagreement distanced us from my parents.
▸ **alejarse** *vpr* **alejarse (de) 1** (*apartarse*) to move away (from *sth/sb*): ~*se de un objetivo* to move away from a goal ◇ *No se alejen mucho.* Don't go too far away. **2** (*camino*) to leave

**¡aleluya!** *interj* hallelujah!

**alemán, -ana** *adj, nm-nf, nm* German: *los alemanes* the Germans ◇ *hablar* ~ to speak German `LOC` *Ver* PASTOR

**Alemania** *nf* Germany

**alergia** *nf* ~ **(a)** allergy [*pl* allergies] (to *sth*): *Tengo* ~ *a los mariscos.* I'm allergic to shellfish.

**alérgico, -a** *adj* ~ **(a)** allergic (to *sth*)

**alero** *nm* **1** (*tejado*) eaves [*pl*] **2** (*Dep*) winger

**alerta** *nf* alert: *en estado de* ~ on alert ◇ *Dieron la (voz de)* ~. They gave the alert.
▸ *adj* ~ **(a)** alert (to *sth*)

**alertar** *vt* to alert *sb* (*to sth*): *Nos alertaron del riesgo.* They alerted us to the risk.

**aleta** *nf* **1** (*pez*) fin **2** (*buzo, foca*) flipper **3** (*vehículo*) wing

**alfabético, -a** *adj* alphabetical

**alfabeto** *nm* alphabet

**alfalfa** *nf* alfalfa

**alfil** *nm* bishop

**alfiler** *nm* pin ➔ *Ver dibujo en* PIN

**alfombra** *nf* **1** (*grande*) carpet **2** (*más pequeña*) rug

**alga** *nf* **1** (*de agua dulce*) weed [*incontable*]: *El estanque está lleno de* ~s The pond is full of weed. **2** (*de agua salada*) seaweed [*incontable*] ❶ También existe la palabra *algae*, pero es más científica.

**álgebra** *nf* algebra

**algo** *pron* something, anything ❶ La diferencia entre **something** y **anything** es la misma que hay entre *some* y *any.* ➔ *Ver tb nota en* SOME
▸ *adv* **1** [*con adjetivo*] pretty: ~ *ingenuo* pretty naive ➔ *Ver nota en* FAIRLY **2** [*con verbo*] a little (bit): *Mi hija me ayuda* ~. My daughter helps me a little. `LOC` **¿algo más?** (*tienda*) anything else? **en algo** in any way: *Si en* ~ *puedo ayudarlos...* If I can help you in any way... **o algo así** or something like that **por algo será** there must be a reason

**algodón** nm **1** (*planta, fibra*) cotton **2** (*Med*) cotton ball, cotton wool [*incontable*] (*GB*): *Me tapé los oídos con algodones.* I put cotton balls in my ears. **LOC** algodón de azúcar/dulce cotton candy, candyfloss (*GB*)

**alguien** *pron* someone/somebody, anyone/anybody: *¿Crees que vendrá ~?* Do you think anyone will come? **❶** La diferencia entre **someone** y **anyone** es la misma que hay entre **some** y **any**. ➔ *Ver tb nota en* SOME

> **Someone** y **anyone** llevan el verbo en singular. Sin embargo, suelen ir seguidos de un pronombre en plural (p. ej. "their"): *Alguien dejó el abrigo.* Someone's left their coat behind.

**algún** *adj Ver* ALGUNO

**alguno, -a** *adj* **1** some, any: *Te compré ~s libros para que te entretengas.* I've bought you some books to pass the time. ◊ *¿Hay algún problema?* Are there any problems? ➔ *Ver nota en* SOME **2** (*con número*) several: *~s centenares de personas* several hundred people **3** (*uno que otro*) the occasional: *Habrá algún chubasco débil.* There will be the occasional light shower.
▸ *pron*: *Algunos de ustedes son muy vagos.* Some of you are very lazy. ◊ *Seguro que fue ~ de ustedes.* It must have been one of you. ◊ *Algunos protestaron.* Some (people) protested. **LOC** alguna cosa something, anything **❶** La diferencia entre **something** y **anything** es la misma que hay entre **some** y **any**. algunas veces sometimes alguna vez ever: *¿Has estado allá alguna vez?* Have you ever been there? algún día some day en algún lugar/sitio/en alguna parte somewhere, anywhere **❶** La diferencia entre **somewhere** y **anywhere** es la misma que hay entre **some** y **any**. ➔ *Ver tb nota en* SOME

**aliado, -a** *adj* allied
▸ *nm-nf* ally [*pl* allies] *Ver tb* ALIARSE

**alianza** *nf* **1** (*unión*) alliance: *una ~ entre cinco partidos* an alliance between five parties **2** (*anillo*) wedding ring

**aliarse** *vpr* ~ (con/contra) to form an alliance (with/against *sth/sb*)

**aliciente** nm incentive

**aliento** nm breath: *tener mal ~* to have bad breath **LOC** sin aliento out of breath: *Vengo sin ~.* I'm out of breath.

**alimaña** *nf* pest

**alimentación** *nf* **1** (*acción*) feeding **2** (*dieta*) diet: *una ~ equilibrada* a balanced diet **3** (*comida*) food: *una tienda de ~* a food store

**alimentar** *vt* to feed *sth/sb* (*on sth*): *~ a los caballos con heno* to feed the horses (on) hay
▸ *vi* to be nourishing: *Alimenta mucho.* It's very nourishing.
▸ **alimentarse** *vpr* **alimentarse de** to live on *sth*

**alimenticio, -a** (*tb* **alimentario, -a**) *adj* food: *la cadena alimenticia* the food chain ◊ *productos ~s* foodstuffs **LOC** *Ver* INTOLERANCIA

**alimento** nm food [*gen incontable*]: *~ para perros* dog food ◊ *~s enlatados* canned food(s) **LOC** *Ver* CHATARRA

**alineación** *nf* **1** (*Dep*) line-up **2** (*Mec*) alignment

**alinear** *vt* **1** (*poner en hilera*) to line *sth/sb* up **2** (*Dep*) to field

**alisar** *vt* to smooth

**alistarse** *vpr* **1** ~ (en) (*enlistarse*) to enlist (in *sth*) **2** (*prepararse*) to get ready

**alivianarse** *vpr* to cool down

**aliviar** *vt* to relieve: *~ el dolor* to relieve pain ◊ *El masaje me alivió un poco.* The massage made me feel a bit better.
▸ **aliviarse** *vpr* to recover (*from sth*): *¿Ya te aliviaste de tu gripa?* Have you gotten over the flu?

**alivio** nm relief: *¡Qué ~!* What a relief! ◊ *Ha sido un ~ para todos.* It came as a relief to everybody.

**allá** *adv* **1** (*lugar*) (over) there: *Déjalo ~.* Leave it (over) there. ◊ *de Taxco para ~* from Taxco on **2** ~ **en/por…** (*tiempo*) back in…: *~ por los años 80* back in the 80s **LOC** allá abajo/arriba down/up there allá dentro/fuera in/out there allá tú it's your, his, etc. problem ¡allá voy! here I come! el más allá the afterlife más allá **1** (*más lejos*) further on: *seis kilómetros más ~* six kilometers further on **2** (*hacia un lado*) further over: *correr la mesa más ~* to push the table further over más allá de beyond: *más ~ del río* beyond the river *Ver tb* ACÁ

**allanamiento** nm **LOC** allanamiento de morada breaking and entering

**allanar** *vt* **1** (*suelo*) to level **2** (*casa*) to break into *sth* **3** (*policía*) to raid

**allí** *adv* there: *Tengo un amigo ~.* I have a friend there. ◊ *¡Allí están!* There they are! ◊ *a 30 kilómetros de ~* 30 kilometers from there ◊ *una muchacha que pasaba por ~* a girl who was passing by **LOC** allí abajo/arriba down/up there allí dentro/fuera in/out there es allí donde… that's where…: *Es ~ donde me caí.* That's where I fell. *Ver tb* MISMO

**alma** *nf* **1** soul: *No había ni un ~.* There wasn't a soul. **2** (*carácter, mente*) spirit: *un ~ noble* a noble spirit **LOC** con toda mi

**alma** with all my, etc. heart: *La quiere con toda su ~.* He loves her with all his heart. ◊ *correr/estudiar con toda su ~* to run as fast as you can/study as hard as you can *Ver tb* PARTIR, SENTIR

**almacén** *nm* **1** (*edificio*) warehouse **2** (*habitación*) storeroom **3** (*tienda*) store, shop (*GB*) ➔ *Ver nota en* TIENDA **LOC** *Ver* GRANDE

**almacenar** *vt* to store

**almeja** *nf* clam

**almendra** *nf* almond

**almendro** *nm* almond tree

**almíbar** *nm* syrup

**almirante** *nmf* admiral

**almohada** *nf* pillow **LOC** *Ver* CONSULTAR

**almorzar** *vt* to have *sth* mid-morning

**almuerzo** *nm* **1** (*a media mañana*) brunch ➔ *Ver nota en* BRUNCH **2** (*al mediodía*) lunch

**alocado, -a** *adj* **1** (*atolondrado*) scatty **2** (*precipitado, imprudente*) rash: *una decisión alocada* a rash decision

**alojar** *vt* **1** to accommodate: *El hotel puede ~ a 200 personas.* The hotel can accommodate 200 people. **2** (*sin cobrar*) to put *sb* up: *Tras el incendio nos alojaron en un colegio.* After the fire, they put us up in a school.
▸ **alojarse** *vpr* to stay: *Nos alojamos en un hotel.* We stayed in a hotel.

**alpinismo** *nm* mountaineering: *hacer ~* to go mountaineering

**alpiste** *nm* birdseed

**alquilar** *vt* to rent ➔ *Ver nota en* RENTAR

**alquiler** *nm* **1** (*acción de alquilar*) hire: *una compañía de ~ coches* a car hire company **2** (*precio*) hire charge ➔ *Ver nota en* RENTAR **LOC** *Ver* COCHE

**alquitrán** *nm* tar

**alrededor** *adv* ~ (**de**) **1** (*en torno a*) around: *las personas a mi ~* the people around me **2** (*aproximadamente*) about: *Llegaremos ~ de las diez y media.* We'll get there at about half past ten.
▸ **alrededores** *nmpl* (*ciudad*) outskirts **LOC** **en los alrededores de** (*cerca de*) around *sth*: *en los ~es del zócalo* around the square *Ver* GIRAR, VUELTA

**alta** *nf* **LOC** **dar de/el alta a algn** to discharge *sb* (*from hospital*)

**altar** *nm* altar

**altavoz** *nm* (*loud*)speaker: *Lo anunciaron por los altavoces.* They announced it over the loudspeakers. ➔ *Ver dibujo en* COMPUTADORA

**alterar** *vt* to alter
▸ **alterarse** *vpr* **1** (*enojarse*) to get angry **2** (*ponerse nervioso*) to get nervous: *¡No te*

*alteres!* Keep calm! **LOC** **alterar el orden público** to cause a breach of the peace

**A**

**alternar** *vt, vi* to alternate
▸ *vi* (*con gente*) to socialize
▸ **alternarse** *vpr* to take turns (*to do sth*)

**alternativa** *nf* ~ (**a**) alternative (to *sth*): *Es nuestra única ~.* It is our only option.

**alterno, -a** *adj* alternate: *en días ~s* on alternate days

**altibajos** *nmpl* ups and downs

**altitud** *nf* height, altitude (*más formal*): *a 3,000 metros de ~* at an altitude of 3 000 meters

**alto, -a** *adj* **1** tall, high

> **Tall** se usa para referirnos a personas, árboles y edificios que suelen ser estrechos además de altos: *el edificio más alto del mundo* the tallest building in the world ◊ *una niña muy alta* a tall girl.
> **High** se utiliza mucho con sustantivos abstractos: *altos niveles de contaminación* high levels of pollution ◊ *altas tasas de interés* high interest rates, y para referirnos a la altura sobre el nivel del mar: *La Paz es la capital más alta del mundo.* La Paz is the highest capital in the world.
> Los antónimos de **tall** son **short** y **small**, y el antónimo de **high** es **low**. Las dos palabras tienen en común el sustantivo **height**, altura.

**2** (*mando, funcionario*) high-ranking **3** (*clase social, región*) upper: *el ~ Amazonas* the upper Amazon **4** (*sonido, voz*) loud: *No pongas la música tan alta.* Don't play the music so loud.
▸ *adv* **1** (*posición*) high: *Ese cuadro está muy ~.* That picture is too high up. **2** (*hablar, tocar, etc.*) loudly
▸ *nm* height: *Tiene tres metros de ~.* It is three meters in height
▸ **¡alto!** *interj* stop! **LOC** **alta fidelidad** hi-fi **alta mar** the high sea(s): *El barco estaba en alta mar.* The ship was on the high sea. **alta tecnología** state-of-the-art technology **alto el fuego** ceasefire **alto mando** high-ranking officer/official **pasar por alto** to overlook *Ver tb* CLASE, CUELLO, LUZ, POTENCIA

**altura** *nf* height: *caerse desde una ~ de tres metros* to fall from a height of three meters **LOC** **a estas alturas** at this stage **a la altura de…**: *una cicatriz a la ~ del codo* a scar near the elbow **altura máxima** maximum headroom **de gran/poca altura** high/low **tener dos, etc. metros de altura** (*cosa*) to be two, etc. meters high *Ver tb* SALTO

**alubia** *nf* kidney bean, haricot bean (*GB*)

**alucinación** *nf* hallucination

**alucinar** *vi* (*delirar*) to hallucinate

**aludido, -a** *adj* **LOC** darse por aludido: *No se dieron por ~*. They didn't take the hint. ◇ *Enseguida te das por ~.* You always take things personally.

**alumbrado** *nm* lighting [*incontable*] **LOC** alumbrado público street lighting

**alumbrar** *vt* to light *sth* (up): *Una gran lámpara alumbra la sala.* The room is lit by a huge lamp.
▸ *vi* to give off light: *Ese foco alumbra mucho.* That bulb gives off a lot of light. ◇ *Alumbra debajo de la cama.* Shine a light under the bed.

**aluminio** *nm* aluminum, aluminium (*GB*) **LOC** *Ver* PAPEL

**alumno, -a** *nm-nf* student ❶ También existe la palabra **pupil**, pero ya no se utiliza mucho.

**alzada** *nf* height

**alzar** *vt* to raise: *~ el telón* to raise the curtain
▸ alzarse *vpr* alzarse (contra) to rebel (against *sth/sb*): *Los militares se alzaron contra el gobierno.* The military rebelled against the government.

**ama** *nf* **LOC** ama de casa housewife [*pl* housewives] ama de llaves housekeeper

**amable** *adj* ~ (con) kind (to *sb*): *Gracias, es usted muy ~.* Thank you, that's very kind of you. ◇ *Deberías ser ~ con ella.* You should be kind to her. **LOC** si es tan amable (de…) if you would be so kind (as to…): *Si es tan ~ de cerrar la puerta…* If you would be so kind as to close the door…

**amaestrar** *vt* to train **LOC** sin amaestrar untrained

**amamantar** *vt* **1** (*persona*) to breastfeed **2** (*animal*) to suckle

**amanecer¹** *nm* **1** (*alba*) dawn: *Nos levantamos al ~.* We got up at dawn. **2** (*salida del sol*) sunrise: *contemplar el ~* to watch the sunrise

**amanecer²** *v imp* to dawn: *Estaba amaneciendo.* Day was dawning. ◇ *Amaneció soleado.* It was sunny in the morning.
▸ *vi* (*despertarse*) to wake up: *Amanecí con dolor de cabeza.* I woke up with a headache.

**amanerado, -a** *adj* **1** (*rebuscado*) affected **2** (*afeminado*) effeminate

**amante** *adj* loving: *~ padre y esposo* loving husband and father ◇ *~ de la música* music-loving
▸ *nmf* lover

**amapola** *nf* poppy [*pl* poppies]

**amar** *vt* to love

**amargado, -a** *adj* bitter: *estar ~ por algo* to be bitter about sth
▸ *nm-nf* bellyacher, moaner (*GB*): *Son un par de ~s.* They're a couple of bellyachers.

**amargar** *vt* **1** (*persona*) to make *sb* bitter **2** (*ocasión*) to ruin: *Eso nos amargó las vacaciones.* That ruined our vacation.
▸ amargarse *vpr* to get upset: *No te amargues (la vida) por eso.* Don't get upset over something like that. **LOC** amargarle la vida a algn to make sb's life a misery

**amargo, -a** *adj* bitter

**amarillento, -a** *adj* yellowish

**amarillo, -a** *adj, nm* yellow: *Es de color ~.* It's yellow. ◇ *Yo iba de ~.* I was wearing yellow. ◇ *pintar algo de ~* to paint sth yellow ◇ *el chavo de la camisa amarilla* the boy in the yellow shirt ◇ *No me gusta el ~.* I don't like yellow. **LOC** sección amarilla/páginas amarillas yellow pages [*pl*] *Ver tb* PRENSA

**amarra** *nf* (*Náut*) mooring rope **LOC** *Ver* SOLTAR

**amarrar** *vt* **1** (*atar*) to tie *sth/sb* up: *Lo amarraron con cuerdas.* They tied him up with a rope. **2** (*zapatos*) to do *sth* up **3** (*Náut*) to moor

**amasar** *vt* **1** (*Cocina*) to knead **2** (*fortuna*) to amass

**amate** *nm* type of bark

**amateur** *adj, nmf* amateur

**amazona** *nf* (*jinete*) horsewoman [*pl* -women]

**ámbar** *nm* amber

**ambición** *nf* ambition

**ambicionar** *vt* (*desear*) to want: *Lo que más ambiciono es…* What I want more than anything else is…

**ambicioso, -a** *adj* ambitious

**ambientación** *nf* (*película, obra de teatro*) setting

**ambiental** *adj* **1** (*del medio ambiente*) environmental **2** (*del aire*) atmospheric: *condiciones ~es* atmospheric conditions **LOC** *Ver* MÚSICA

**ambientar** *vt* (*novela, película*) to set *sth* in…

**ambiente** *nm* **1** atmosphere: *un ~ contaminado* a polluted atmosphere ◇ *El local tiene buen ~.* The place has a good atmosphere. ◇ *No hay ~ en la calle.* The streets are dead. **2** (*entorno*) environment: *El ~ familiar nos influye.* Our family environment has quite a big influence on us. **LOC** estar en su ambiente to be in your element no estar en su

**ambiente** to be like a fish out of water *Ver tb* MEDIO

**ambiguo, -a** *adj* ambiguous

**ambos, -as** *pron* both (of us, you, them): *Me llevo bien con ~.* I get on well with both of them. ◊ *A ~ nos gusta viajar.* Both of us like traveling./We both like traveling.

**ambulancia** *nf* ambulance

**ambulante** *adj* traveling: *un circo ~* a traveling circus LOC *Ver* VENDEDOR

**amén** *nm* amen

**amenaza** *nf* threat LOC **amenaza de bomba** bomb threat, bomb scare (*GB*)

**amenazador, -ora** (*tb* **amenazante**) *adj* threatening

**amenazar** *vt* to threaten (*to do sth*): *Amenazaron con acudir a los tribunales.* They threatened to take them to court. ◊ *Lo han amenazado de muerte.* They've threatened to kill him. ◊ *Me amenazó con una navaja.* He threatened me with a knife.
▶ *v imp*: *Amenaza lluvia.* It looks like (it's going to) rain.

**ameno, -a** *adj* **1** (*libro, película, etc.*) entertaining: *una novela muy amena* a very entertaining novel **2** (*conversación, velada, etc.*) pleasant

**América** *nf* America ❶ Las palabras **America** y **American** en inglés suelen referirse a Estados Unidos.
LOC **América Central/del Norte/Sur** Central/North/South America **América Latina** Latin America

**americano, -a** *adj, nm-nf* American ➔ *Ver nota en* AMÉRICA

**ametralladora** *nf* machine gun

**amígdala** *nf* tonsil: *Me operaron de las ~s.* I had my tonsils out.

**amigo, -a** *adj* **1** (*voz*) friendly **2** (*mano*) helping
▶ *nm-nf* friend: *mi mejor ~* my best friend ◊ *Es íntimo ~ mío.* He's a very close friend of mine. LOC **ser muy amigo(s)** to be good friends (*with sb*): *Soy muy ~ suyo.* We're good friends.

**amiguismo** *nm* favoritism

**amistad** *nf* **1** (*relación*) friendship: *romper una ~* to end a friendship **2 amistades** friends: *Tiene ~es influyentes.* He has friends in high places. LOC **entablar/hacer amistad** to become friends *Ver tb* DÍA

**amistoso, -a** *adj* friendly LOC *Ver* PARTIDO

**amnesia** *nf* amnesia

**amnistía** *nf* amnesty [*pl* amnesties]

**amo, -a** *nm-nf* owner

**amodorrarse** *vpr* **1** (*adormilarse*) to get drowsy **2** (*dormirse*) to doze off

**amolado, -a** *adj* **1** (*lastimado*) in bad shape: *Quedó muy ~ después del accidente.* He was left in very bad shape after the accident. **2** (*pobre*) poverty-stricken

**amoniaco** (*tb* **amoníaco**) *nm* ammonia

**amontonar** *vt* **1** (*apilar*) to pile *sth* up **2** (*acumular*) to amass: *~ cachivaches* to amass junk
▶ **amontonarse** *vpr* **1** to pile up: *Se me amontonó el trabajo.* My work piled up. **2** (*apiñarse*) to cram (*into sth*): *Se amontonaron en el coche.* They crammed into the car.

**amor** *nm* love: *una canción/historia de ~* a love song/love story ◊ *el ~ de mi vida* the love of my life ◊ *con ~* lovingly
LOC **amor propio** pride **hacer el amor (a/con)** to make love (to/with *sb*) **¡por (el) amor de Dios!** for God's sake! *Ver tb* DÍA

**amoratado, -a** *adj* **1** (*de frío*) blue **2** (*con moretones*) black and blue: *Tenía todo el cuerpo ~.* My whole body was black and blue. **3** (*ojo*) black

**amordazar** *vt* to gag

**amorío** *nm* (love) affair

**amoroso, -a** *adj* **1** (*relativo al amor*) love: *vida/carta amorosa* love life/letter **2** (*cariñoso*) loving LOC *Ver* DESENGAÑO

**amortiguador** *nm* shock absorber

**amotinarse** *vpr* **1** (*preso, masas*) to riot **2** (*Náut, Mil*) to mutiny (*against sth/sb*)

**amparar** *vt* to protect *sth/sb* (*against/from sth/sb*): *La ley nos ampara contra los abusos.* The law protects us from abuse.
▶ **ampararse** *vpr* **1 ampararse (de)** (*refugiarse*) to shelter (from *sth/sb*): *~se de una tormenta* to shelter from a storm **2 ampararse en** (*apoyarse*) to seek the protection of *sth/sb*: *Se amparó en su familia.* He sought the protection of his family.

**amparo** *nm* **1** (*protección*) protection **2** (*apoyo*) support LOC **(recurso de) amparo** (*Jur*) judicial appeal

**amperio** *nm* amp

**ampliación** *nf* **1** (*número, cantidad*) increase: *una ~ de personal* an increase in personnel **2** (*local, negocio, información*) expansion: *la ~ del aeropuerto* the expansion of the airport **3** (*plazo, acuerdo*) extension **4** (*Fot*) enlargement

**ampliar** *vt* **1** (*local, plazo, etc.*) to extend: *~ el local/plazo de inscripción* to extend the premises/registration period **2** (*número, cantidad*) to increase: *La*

*revista amplió su difusión.* The magazine increased its circulation. **3** (*negocio, imperio, etc.*) to expand **4** (*Fot*) to enlarge

**amplificador** *nm* amplifier

**amplio, -a** *adj* **1** (*gama, margen*) wide: *una amplia gama de productos* a wide range of goods **2** (*lugar*) spacious: *un departamento ~* a spacious apartment **3** (*ropa*) baggy

**ampolla** *nf* blister

**amputar** *vt* to amputate

**amueblar** *vt* to furnish LOC **sin amueblar** unfurnished

**amuleto** *nm* amulet LOC **amuleto de la suerte** good-luck charm

**amurallado, -a** *adj* walled

**analfabeto, -a** *adj, nm-nf* illiterate [*adj*]: *ser un ~* to be illiterate ◊ *¡Pero mira que eres ~!* How stupid can you get!

**analgésico** *nm* painkiller

**análisis** *nm* analysis [*pl* analyses] LOC **análisis de sangre** blood test

**analizar** *vt* to analyse

**anarquía** *nf* anarchy

**anarquismo** *nm* anarchism

**anarquista** *adj, nmf* anarchist

**anatomía** *nf* anatomy [*pl* anatomies]

**ancho, -a** *adj* **1** (*de gran anchura*): *el ~ mar* the wide sea **2** (*ropa*) baggy: *un suéter ~* a baggy sweater ◊ *La cintura me queda ancha.* The waist is too big. **3** (*sonrisa, hombros, espalda*) broad: *Es muy ~ de espaldas.* He has broad shoulders. ➔ *Ver nota en* BROAD
▶ *nm* width: *¿Cuánto mide de ~?* How wide is it? ◊ *Tiene dos metros de ~.* It's two meters wide. LOC **a mis anchas** **1** (*como en casa*) at home: *Ponte a tus anchas.* Make yourself at home. **2** (*con libertad*) quite happily: *Aquí los niños pueden jugar a sus anchas.* The children can play here quite happily. *Ver tb* BANDA

**anchoa** *nf* anchovy [*pl* anchovies]

**anchura** *nf* (*medida*) width: *No tiene suficiente ~.* It isn't wide enough.

**anciano, -a** *adj* elderly
▶ *nm-nf* elderly man/woman [*pl* men/women]: *los ~s* the elderly LOC **asilo/residencia de ancianos** old people's home

**ancla** *nf* anchor LOC **echar/levar el ancla/anclas** to drop/weigh anchor

**andamio** *nm* scaffolding [*incontable*]: *Hay ~s por todas partes.* There's scaffolding everywhere.

**andar¹** *vi* **1** (*funcionar*) to work: *Este reloj no anda.* This clock's not working. **2** (*estar*) to be: *¿Quién anda ahí?.* Who's

there? ◊ *~ ocupado/deprimido* to be busy/depressed ◊ *¿Qué andas buscando?* What are you looking for? **3** *~ con* (*salir*) to go out with *sb*: *Sandra anda con Felipe.* Sandra is going out with Felipe. **4** *~ por* to be about *sth*: *Debe ~ por los 50 años.* He must be about 50.
▶ **andarse** *vpr* **andarse con**: *No te andes con bromas.* Stop fooling around. ◊ *Habrá que ~se con cuidado.* We'll have to be careful. LOC **¡ándale! 1** come on: *¡Ándale, muévete!* Come on, get a move on! **2** (*sorpresa*) hey: *¡Ándale, si está lloviendo!* Hey, it's raining! ❶ Para otras expresiones con **andar**, véanse las entradas del sustantivo, adjetivo, etc., p. ej. **andar a gatas** en GATO.

**andar²** *nm* andares walk: *Lo reconocí por sus ~es.* I recognized him by his walk.

**andén** *nm* platform

**andrajoso, -a** *adj* **1** (*persona*) dressed in rags **2** (*ropa*) ragged
▶ *nm-nf* person dressed in rags

**anécdota** *nf* anecdote: *contar una ~* to tell an anecdote

**anemia** *nf* anemia LOC **tener anemia** to be anemic

**anémico, -a** *adj* anemic

**anestesia** *nf* anesthetic: *Me pusieron ~ general/local.* They gave me a general/local anesthetic.

**anestesiar** *vt* to anesthetize

**anestesista** *nmf* anesthetist

**anfetamina** *nf* amphetamine

**anfibio, -a** *adj* amphibious
▶ *nm* amphibian

**anfiteatro** *nm* (*romano*) amphitheater

**anfitrión, -ona** *nm-nf* **1** (*masc*) host **2** (*fem*) hostess

**ángel** *nm* angel: *~ de la guarda* guardian angel LOC *Ver* SOÑAR

**angina** *nf* **1** tonsil **2** anginas tonsillitis [*incontable*]

**anglicano, -a** *adj, nm-nf* Anglican

**anglosajón, -ona** *adj, nm-nf* Anglo-Saxon

**anguila** *nf* eel

**angula** *nf* baby eel

**ángulo** *nm* angle: *~ recto/agudo/obtuso* right/acute/obtuse angle ◊ *Yo veo las cosas desde otro ~.* I see things from a different angle.

**angustia** *nf* anguish: *Gritó con tremenda ~.* He cried out in anguish.

**angustiado, -a** *adj* anxious: *Esperaba ~.* I waited anxiously. *Ver tb* ANGUSTIAR

**angustiar** *vt* to worry: *Me angustian los exámenes.* I'm worried about my exams.
▶ **angustiarse** *vpr* **angustiarse (por) 1** to worry (about *sth/sb*): *No debes ~te cada*

*vez que llegan tarde.* You mustn't worry every time they're late. **2** (*apenarse*) to get upset (about *sth*)

**anidar** *vi* ~ (**en**) (*aves*) to nest (in *sth*)

**anillo** *nm* ring **LOC** **anillo periférico** beltway, ring road (*GB*) **venir como anillo al dedo** to be just right

**animado, -a** *adj* **1** (*divertido*) lively: *La fiesta estuvo muy animada.* It was a very lively party. **2** ~ (**a**) (*dispuesto*) keen (*to do sth*): *Yo estoy ~ a ir.* I am keen to go. **LOC** *Ver* DIBUJO; *Ver tb* ANIMAR

**animal** *adj, nm* animal: ~ *doméstico/salvaje* domestic/wild animal ◊ *el reino* ~ the animal kingdom

**animar** *vt* **1** (*persona*) to cheer *sb* up: *Animé a mi hermana y dejó de llorar.* I cheered my sister up and she stopped crying. **2** (*conversación, partido*) to liven *sth* up **3** (*apoyar*) to cheer *sb* on: ~ *a un equipo* to cheer a team on
▶ **animarse** *vpr* **1** (*persona*) to cheer up: *¡Anímate hombre!* Cheer up! **2** (*decidirse*) to decide (*to do sth*): *A lo mejor me animo a ir.* I may decide to go.
**LOC** **animar a algn a que haga algo** to encourage sb to do sth: *Yo los animo a que hagan deporte.* I'm encouraging them to take up sport.

**ánimo** *nm* spirits [*pl*]: *Estábamos bajos de ~.* Our spirits were low.
▶ **¡ánimo!** *interj* cheer up!

**aniquilar** *vt* to annihilate: ~ *al adversario* to annihilate the enemy

**anís** *nm* **1** (*semilla*) aniseed **2** (*licor*) anisette

**aniversario** *nm* anniversary [*pl* anniversaries]: *nuestro ~ de boda* our wedding anniversary

**ano** *nm* anus

**anoche** *adv* last night

**anochecer** *v imp* to get dark: *En invierno anochece temprano.* In winter it gets dark early.
▶ *nm* dusk: *al* ~ at dusk **LOC** **antes/después del anochecer** before/after dark

**anónimo, -a** *adj* anonymous
▶ *nm* (*carta*) anonymous letter **LOC** *Ver* SOCIEDAD

**anorexia** *nf* anorexia

**anormal** *adj* abnormal: *un comportamiento* ~ abnormal behavior

**anotador, -ora** *nm-nf* (*jugador*) goalscorer: *el máximo* ~ *de la liga* the league's top goalscorer

**anotar** *vt* **1** (*apuntar*) to note *sth* down: *Anoté la dirección.* I noted down the address. **2** (*gol, triunfo*) to score: *Anotaron (tres goles) en el primer tiempo.* They scored (three goals) in the first half. ◊ *El equipo anotó su primera victoria.* The team scored its first victory.

**ansia** *nf* **1** ~ (**de**) longing (for *sth*): ~ *de cambio* a longing for change **2** ~ (**por**) desire (for *sth/to do sth*): ~ *por mejorar* a desire to improve

**ansiedad** *nf* anxiety [*pl* anxieties]

**antártico, -a** *adj* Antarctic
▶ **Antártico** *nm* Antarctic Ocean **LOC** *Ver* CÍRCULO

**ansia** → see above

**ante¹** *prep* **1** (*delante de*) before: ~ *las cámaras* before the cameras ◊ *comparecer* ~ *el juez* to appear before the judge **2** (*enfrentado con*) in the face of *sth*: ~ *las dificultades* in the face of adversity **LOC** **ante todo** *Ver* TODO

**ante²** *nm* (*piel*) suede

**anteanoche** *adv* the night before last

**anteayer** *adv* the day before yesterday

**antebrazo** *nm* forearm

**antecomedor** *nm* breakfast nook

**antelación** *nf* **LOC** **con antelación** in advance: *con dos años de* ~ two years in advance

**antemano** *adv* **LOC** **de antemano** beforehand

**antena** *nf* **1** (*Zool*) antenna [*pl* antennae] **2** (*Radio, TV*) antenna [*pl* antennas] **LOC** *Ver* PARABÓLICO

**anteojos** *nmpl* glasses

**antepasado, -a** *nm-nf* ancestor

**anteponer** *vt* (*poner delante*) to put *sth* in front of *sth*: *Anteponga el adjetivo al nombre.* Put the adjective before the noun.

**anterior** *adj* previous

**antes** *adv* **1** (*previamente*) before: *Ya lo habíamos discutido* ~. We had discussed it before. **⊃** *Ver nota en* AGO **2** (*más temprano*) earlier: *Los lunes cerramos* ~. We close earlier on Mondays. **LOC** **antes de** before *sth/doing sth*: ~ *de ir a la cama* before going to bed ◊ ~ *de Navidad* before Christmas **antes que nada** above all **de antes** previous: *en el trabajo de* ~ in my previous job **lo antes posible** as soon as possible *Ver tb* CONSUMIR, CUANTO

**antiaéreo, -a** *adj* anti-aircraft

**antibala** (*tb* **antibalas**) *adj* bulletproof **LOC** *Ver* CHALECO

**antibiótico** *nm* antibiotic

**anticipación** *nf* **LOC** **con anticipación** in advance: *reservar boletos con* ~ to book tickets in advance

**anticipado, -a** *adj* **LOC** **por anticipado** in advance *Ver tb* ANTICIPAR

**anticipar** *vt* **1** (*adelantar*) to bring *sth* forward: *Anticipamos la boda.* We

brought the wedding forward. **2** (*dinero*) to advance *sth* (*to sb*): *Me anticipó dos mil pesos.* He advanced me two thousand pesos. **3** (*sueldo, renta*) to pay *sth* in advance

**anticipo** *nm* (*dinero*) advance: *Pedí un ~ del sueldo.* I've asked for an advance on my salary.

**anticonceptivo, -a** *adj, nm* contraceptive: *los métodos ~s* contraceptive methods

**anticuado, -a** *adj, nm-nf* old-fashioned [*adj*]: *Esta camisa se ve anticuada.* This shirt's old-fashioned. ◊ *¡Eres un ~, papá!* You're really old-fashioned, Dad!

**anticuario** *nm* antique shop

**anticuerpo** *nm* antibody [*pl* antibodies]

**antidisturbios** *adj* riot: *policía ~* riot police

**antidoping** *adj* LOC **control/prueba antidoping** drug test: *Salió positivo en la prueba ~.* He tested positive for drugs.

**antídoto** *nm* ~ **(de/contra)** antidote (to *sth*)

**antidroga** *adj* anti-drug: *organizar una campaña ~* to organize an anti-drug campaign

**antifaz** *nm* mask

**antiguamente** *adv* in the olden days

**antigüedad** *nf* **1** (*cualidad*) age: *la ~ de las viviendas* the age of the housing **2** (*en trabajo*) seniority **3** (*época*) ancient times **4** (*objeto*) antique: *tienda de ~es* antique shop

**antiguo, -a** *adj* **1** (*viejo*) old: *coches ~s* old cars **2** (*anterior*) former, old (*más coloq*): *la antigua Unión Soviética* the former Soviet Union ◊ *mi ~ jefe* my old boss **3** (*Hist*) ancient: *la Grecia antigua* ancient Greece LOC *Ver* CASCO, CHAPADO

**antílope** *nm* antelope

**antipático, -a** *adj* unpleasant

**antipatriótico, -a** *adj* unpatriotic

**antirrobo** *adj* anti-theft: *sistema ~* anti-theft device LOC *Ver* ALARMA

**antojarse** *vpr* to feel like *sth*: *Se me antojaron unos tacos.* I felt like some tacos. ◊ *¿Se te antoja un café?* Do you feel like a coffee? ◊ *Iré cuando se me antoje.* I'll go when I feel like it.

**antojitos** *nmpl* (savory) snacks

**antojo** *nm* (*capricho*) whim LOC **tener antojo de** to have a craving for *sth* **tener antojos** to have cravings: *Algunas embarazadas tienen ~s.* Some pregnant women have cravings.

**antónimo, -a** *adj, nm* opposite: *¿Cuál es el ~ de alto?* What's the opposite of tall? ◊ *Alto y bajo son ~s.* Tall and short are opposites.

**antorcha** *nf* torch: *la ~ olímpica* the Olympic torch

**antro** *nm* (*club nocturno*) nightclub

**anual** *adj* annual

**anualmente** *adv* annually

**anulación** *nf* **1** (*pedido, documento, compromiso*) cancellation: *la ~ del torneo* the cancellation of the tournament **2** (*matrimonio*) annulment

**anular¹** *vt* **1** (*cancelar*) to cancel: *Tendremos que ~ la cena/el examen.* We'll have to cancel the dinner/exam. **2** (*matrimonio*) to annul **3** (*gol, tanto*) to disallow **4** (*votación*) to declare *sth* invalid

**anular²** *nm* (*dedo*) ring finger

**anunciar** *vt* **1** (*informar*) to announce: *Anunciaron el resultado por los altavoces.* They announced the result over the loudspeakers. **2** (*hacer publicidad*) to advertise
▶ **anunciarse** *vpr* **anunciarse (en…)** (*hacer publicidad*) to advertise (in…)

**anuncio** *nm* **1** (*prensa, televisión*) advertisement, ad (*coloq*) **2** (*cartel*) poster **3** (*declaración*) announcement (*about sth*) LOC **anuncio espectacular** billboard **anuncio luminoso** neon sign *Ver tb* PROHIBIDO

**anzuelo** *nm* hook LOC *Ver* MORDER

**añadir** *vt* to add

**añicos** *nmpl* LOC **hacerse añicos** to shatter

**año** *nm* year: *todo el ~* all year (round) ◊ *todos los ~s* every year ◊ *~ académico/escolar* academic/school year LOC **año bisiesto** leap year **año(s) luz** light year(s) **de dos, etc. años**: *una mujer de treinta ~s* a woman of thirty/a thirty-year-old woman ◊ *A Miguel, de 12 ~s, le gusta el cine.* Miguel, aged 12, likes movies. **los años 50, 60, etc.** the 50s, 60s, etc. **quitarse años** to lie about your age **tener dos, etc. años** to be two, etc. (years old): *Tengo diez ~s.* I'm ten (years old). ◊ *¿Cuántos ~s tienes?* How old are you? ➔ *Ver nota* en OLD **un año sí y otro no** every other year *Ver tb* CURSO

**añorar** *vt* (*echar de menos*) to miss

**apachurrar** *vt* **1** (*gente, ropa*) to squash **2** (*botón, pedal*) to press

**apaciguar** *vt* to appease
▶ **apaciguarse** *vpr* to calm down: *cuando se hayan apaciguado los ánimos* once everybody has calmed down

**apagado, -a** *adj* **1** (*persona*) listless **2** (*color*) dull **3** (*volcán*) extinct LOC **estar**

**apagado 1** (*luz, aparato*) to be off **2** (*fuego*) to be out *Ver tb* APAGAR

**apagar** *vt* **1** (*fuego*) to put *sth* out **2** (*vela*) to blow *sth* out **3** (*cigarro*) to stub *sth* out **4** (*luz, aparato*) to switch *sth* off

▶ **apagarse** *vpr* to go out: *Se me apagó la vela/el cigarro.* My candle/cigarette went out.

**apagón** *nm* power outage, power cut (*GB*)

**apantallar** *vt* to impress

**apapachar** *vt* to cuddle

**apapachos** *nmpl* cuddles

**aparador** *nm* sideboard

**aparato** *nm* **1** (*máquina*) machine: *¿Cómo funciona este ~?* How does this machine work? **2** (*doméstico*) appliance **3** (*radio, televisión*) set **4** (*Anat*) system: *el ~ digestivo* the digestive system **5** (*Gimnasia*) apparatus [*incontable*]

**aparatoso, -a** *adj* (*caída, choque*) dramatic

**aparecer** *vi* **1** (*dejarse ver*) to appear: *Aparece mucho en la televisión.* He appears a lot on TV. **2** (*algn/algo que se había perdido*) to turn up: *Perdí los anteojos pero aparecieron.* I lost my glasses but they turned up later. **3** (*figurar*) to be: *Mi número de teléfono no aparece en la guía.* My number isn't in the directory. **4** (*llegar*) to show up: *A eso de las diez apareció Pedro.* Pedro showed up around ten.

▶ **aparecerse** *vpr* **aparecerse (a/ante)** to appear (to *sb*)

**aparejador, -ora** *nm-nf* quantity surveyor

**aparentar** *vt* **1** (*fingir*) to pretend: *Tuve que ~ alegría.* I had to pretend I was happy. **2** (*edad*) to look: *Aparenta unos 50 años.* He looks about 50.

▶ *vi* to show off: *Les gusta ~.* They love showing off.

**aparente** *adj* apparent: *sin un motivo ~* for no apparent reason

**aparición** *nf* **1** (*hallazgo*) appearance **2** (*Relig*) vision **3** (*fantasma*) apparition **LOC** **hacer (su) aparición** to appear

**apariencia** *nf* appearance **LOC** *Ver* GUARDAR

**apartado, -a** *adj* remote

▶ *nm* **1** (*sección*) section **2** (*párrafo*) paragraph **LOC** **apartado postal** PO box *Ver tb* APARTAR

**apartamento** *nm* apartment, flat (*GB*)

**apartar** *vt* **1** (*obstáculo*) to move *sth* (out of the way) **2** (*alejar*) to separate *sth/sb* from *sth/sb*: *Sus padres lo apartaron de sus amigos.* His parents separated him from his friends.

▶ **apartarse** *vpr* to move (over): *Apártate, que estorbas.* Move (over), you're in the way. **LOC** **apartar la vista** to look away

**aparte** *adv* **1** (*a un lado*) aside: *Voy a poner estos papeles ~.* I'll set these documents aside. **2** (*separadamente*) separately: *Esto lo pago ~.* I'll pay for this separately.

▶ *adj* **1** (*diferente*) different: *un mundo ~* a different world **2** (*separado*) separate: *Dame una cuenta ~ para estas cosas.* Give me a separate bill for these items. **LOC** **aparte de 1** (*excepto*) apart from *sth/sb*: *Aparte de eso no pasó nada.* Apart from that nothing happened. ◊ *No lo dijo nadie ~ de mí.* Nobody said it apart from me. **2** (*además de*) as well as: *Aparte de bonito, parece práctico.* It's practical as well as pretty. *Ver tb* CASO, PUNTO

**apasionado, -a** *adj* passionate: *un temperamento muy ~* a very passionate temperament

▶ *nm-nf* **~ de/por** lover of *sth*: *los ~s de la ópera* opera lovers *Ver tb* APASIONAR

**apasionante** *adj* exciting

**apasionar** *vi* to love *sth/doing sth* [*vt*]: *Me apasiona el jazz.* I love jazz.

▶ **apasionarse** *vpr* **apasionarse con/por** to be mad about *sth/sb*

**apedrear** *vt* to stone

**apego** *nm* **~ (a/por)** affection for *sth/sb* **LOC** **tenerle apego** to be very attached to *sth*

**apelación** *nf* appeal

**apelar** *vi* to appeal: *Han apelado a nuestra generosidad.* They have appealed to our generosity. ◊ *Apelaron contra la sentencia.* They appealed against the sentence.

**apellidarse** *vpr*: *¿Cómo te apellidas?* What's your surname? ◊ *Se apellidan Morán.* Their surname's Morán.

**apellido** *nm* last name, surname (*GB*) **LOC** *Ver* NOMBRE

**apenado, -a** *adj* **~ (por)** embarrassed (about *sth*) *Ver tb* APENAR

**apenar** *vt* to embarrass: *Lo apenaste delante de la clase.* You embarrassed him in front of the class.

▶ **apenarse** *vpr* to get embarrassed (*about sth*)

**apenas** *adv* **1** (*casi no*) hardly: *Apenas había cola.* There was hardly any line. ◊ *Apenas dijeron nada.* They hardly said anything. ◊ *Apenas vino ~ nadie.* Hardly anyone came. **2** (*casi nunca*) hardly ever: *Ahora ~ los vemos.* We hardly ever see them now. ➔ *Ver nota en* ALWAYS

**3** (*escasamente*) scarcely: *hace ~ un año* scarcely a year ago **4** (*en cuanto*) as soon as: *Apenas llegaron…* As soon as they arrived…

**apéndice** *nm* **1** (*Anat*) appendix [*pl* appendixes] **2** (*libro, documento*) appendix [*pl* appendices]

**apendicitis** *nf* appendicitis

**aperitivo** *nm* **1** (*bebida*) aperitif **2** (*tapa*) appetizer

**apertura** *nf* **1** opening: *la ceremonia de ~* the opening ceremony **2** (*comienzo*) beginning: *la ~ del curso* the beginning of the academic year

**apestar** *vi* ~ (a) to stink (of *sth*) `LOC` *Ver* OLER

**apetecer** *vi* to fancy *sth/doing sth* [*vt*]

**apetito** *nm* appetite: *El paseo te abrirá el ~.* The walk will give you an appetite. ◊ *tener buen ~* to have a good appetite

**apiadarse** *vpr* ~ de to take pity on *sb*

**apicultura** *nf* bee-keeping

**apilar** *vt* to stack

**apiñarse** *vpr* to crowd (together)

**apio** *nm* celery

**aplanadora** *nf* steamroller

**aplastante** *adj* overwhelming: *ganar por mayoría ~* to win by an overwhelming majority

**aplastar**

squash        squeeze        crush

**aplastar** *vt* **1** (*cosa hueca, persona*) to crush **2** (*cosa blanda, insecto*) to squash **3** (*derrotar*) to crush

**aplaudir** *vt, vi* to applaud

**aplauso** *nm* applause [*incontable*]: *grandes ~s* loud applause

**aplazar** *vt* **1** to put *sth* off, to postpone (*más formal*) **2** (*pago*) to defer

**aplicable** *adj* ~ (a) applicable (to *sth/sb*)

**aplicación** *nf* application

**aplicado, -a** *adj* **1** (*persona*) hard-working **2** ~ (a) applied (to *sth*): *matemática aplicada* applied mathematics *Ver tb* APLICAR

**aplicar** *vt* **1** to apply *sth* (*to sth*): ~ *una regla* to apply a rule ◊ *Aplique la crema sobre la zona afectada.* Apply the cream to the affected area. **2** (*poner en práctica*) to put *sth* to use: *Vamos a ~ los conoci-*

*mientos aprendidos.* Let's put what we've learned to use.

▶ **aplicarse** *vpr* **aplicarse (a/en)** to apply yourself (to *sth*): ~*se a una tarea* to apply yourself to a task

**apoderarse** *vpr* ~ de to take: *Se apoderaron de las joyas.* They took the jewels.

**apodo** *nm* nickname: *Me pusieron de ~ "la flaca".* They nicknamed me "Skinny".

**apolítico, -a** *adj* apolitical

**apología** *nf* ~ de defense of *sth/sb*

**aporrear** *vt* **1** (*puerta*) to hammer at *sth* **2** (*piano*) to bang away on *sth*

**aportación** *nf* ~ a/para contribution to *sth*

**aportar** *vt* to contribute: ~ *una idea interesante* to contribute an interesting idea

**apostar** *vt, vi* ~ (por) to bet (on *sth/sb*): ~ *por un caballo* to bet on a horse ◊ *Te apuesto lo que quieras a que no vienen.* I bet anything you like they won't come. ◊ *¿Qué me apuestas?* What do you bet?

**apóstol** *nm* apostle

**apoyado, -a** *adj* ~ en/sobre/contra **1** (*descansando*) resting on/against *sth*: *Tenía la cabeza apoyada en el respaldo.* I was resting my head on the back of the chair. **2** (*inclinado*) leaning against *sth*: ~ *contra la pared* leaning against the wall ➔ *Ver dibujo en* LEAN²; *Ver tb* APOYAR

**apoyar** *vt* **1** (*recostar*) to lean *sth* against *sth*: *No lo apoyes contra la pared.* Don't lean it against the wall. ➔ *Ver dibujo en* LEAN² **2** (*descansar*) to rest *sth* on/against *sth*: *Apoya la cabeza en mi hombro.* Rest your head on my shoulder. **3** (*defender*) to support: ~ *una huelga/a un compañero* to support a strike/colleague

▶ **apoyarse** *vpr* to lean on/against *sth*: ~*se en un bastón/contra una pared* to lean on a stick/against a wall

**apoyo** *nm* support: *una manifestación de ~ a la huelga* a demonstration in support of the strike

**apreciar** *vt* **1** (*cosa*) to value: *Aprecio el trabajo bien hecho.* I value a job well done. **2** (*persona*) to think highly of *sb*: *Te aprecian mucho.* They think very highly of you. **3** (*percibir*) to see

**aprecio** *nm* regard (for *sth/sb*) `LOC` **tenerle mucho aprecio a algn** to be very fond of sb

**aprender** *vt, vi* to learn: ~ *francés* to learn French ◊ *Deberías ~ a escuchar a los demás.* You should learn to listen to other people. ◊ *Quiero ~ a manejar.* I want to learn to drive.

▶ **aprenderse** *vpr* to learn: *~se tres capítulos* to learn three chapters ◇ *~se algo de memoria* to learn sth by heart

**aprendiz, -iza** *nm-nf* apprentice: *~ de peluquero* apprentice hairdresser

**aprendizaje** *nm*: *el ~ de un idioma* learning a language

**apresurarse** *vpr* *~ a* to hasten *to do sth*: *Me apresuré a darles las gracias.* I hastened to thank them. **LOC** *¡apresúrate!* hurry up!

**apretado, -a** *adj* **1** (*ajustado*) tight **2** (*gente*) squashed together *Ver tb* APRETAR

**apretar** *vt* **1** (*botón, pedal*) to press **2** (*tuerca, tapa, nudo*) to tighten **3** (*estrujar*) to squeeze ➔ *Ver dibujo en* APLASTAR **4** (*gatillo*) to pull **5** (*exigir*) to be strict with *sb*
▶ *vi* **1** (*ropa*) to be too tight (*for sb*): *El pantalón me aprieta.* The trousers are too tight (for me). **2** (*zapatos*) to pinch
▶ **apretarse** *vpr* **apretarse (contra)** to squeeze up (against *sth*) **LOC** **apretarse el cinturón** to tighten your belt

**aprieto** *nm* **LOC** **estar en aprietos/un aprieto** to be in a fix **poner en un aprieto** to put *sb* in a tight spot

**aprisa** *adv* fast
▶ *¡aprisa!* *interj* hurry up!

**aprobación** *nf* approval **LOC** **dar su aprobación** to give your consent (*to sth*)

**aprobar** *vt* **1** (*examen, ley*) to pass: *Aprobé a la primera.* I passed the first time. ◇ *No aprobé ni una materia.* I haven't passed a single subject. **2** (*aceptar*) to approve of *sth/sb*: *No apruebo su comportamiento.* I don't approve of their behavior.

**apropiado, -a** *adj* appropriate *Ver tb* APROPIARSE

**apropiarse** *vpr* *~ de* to take: *Niegan haberse apropiado del dinero.* They say they didn't take the money.

**aprovechado, -a** *nm-nf* sponger

**aprovechar** *vt* **1** (*utilizar*) to use: *~ bien el tiempo* to use your time well **2** (*recursos naturales*) to exploit: *~ la energía solar* to exploit solar energy **3** (*oportunidad, abusar*) to take advantage of *sth/sb*: *Aproveché el viaje para visitar a mi hermano.* I took advantage of the journey to visit my brother.
▶ *vi*: *Aprovecha ahora que no está el jefe.* Seize the chance now that the boss isn't here.
▶ **aprovecharse** *vpr* **aprovecharse (de)** to take advantage (of *sth/sb*)

**aproximado, -a** *adj* **LOC** *Ver* CÁLCULO; *Ver tb* APROXIMARSE

**aproximarse** *vpr* to approach, to get closer (*más coloq*): *Se aproximan los exámenes.* The exams are getting closer.

**aptitud** *nf* **1** aptitude (*for sth/doing sth*): *prueba de ~* aptitude test **2** aptitudes gift: *tener ~es musicales* to have a gift for music

**apto, -a** *adj* suitable (*for sth/to do sth*): *No son ~s para este trabajo.* They're not suitable for this job.

**apuesta** *nf* bet: *hacer una ~* to make a bet

**apuntar** *vt* **1** (*anotar*) to note *sth* down: *Voy a ~ la dirección.* I'm going to note down the address. **2** (*inscribir*) to put *sb's* name down
▶ *vt, vi* to aim (*sth*) (*at sth/sb*): *Apunté demasiado alto.* I aimed too high. ◇ *Me apuntó con una pistola.* He aimed his gun at me.
▶ **apuntarse** *vpr* **1** (*inscribirse*) to enroll, to put your name down *for sth* (*más coloq*): *Me apunté para un curso de judo.* I've enrolled for judo lessons. **2** (*Dep, triunfo*) to score: *El equipo se apuntó una gran victoria.* The team scored a great victory.

**apunte** *nm* note: *tomar ~s* to take notes

**apuñalar** *vt* to stab

**apurarse** *vpr* **1** (*preocuparse*): *¡No te apures!* Don't worry! **2** (*darse prisa*) to hurry, to get a move on (*coloq*): *¡Apúrate!* Get a move on!

**apuro** *nm* **1** (*aprieto*) fix: *Eso nos sacaría del ~.* That would get us out of this fix. **2** apuros trouble [*incontable*]: *un alpinista en ~s* a climber in trouble

**aquel, aquella** *adj* that [*pl* those]
▶ (*tb* aquél, aquélla) *pron* **1** (*cosa*) that one [*pl* those (ones)]: *Este coche es mío y ~ de Pedro.* This car's mine and that one is Pedro's. ◇ *Prefiero aquellos.* I prefer those (ones). **2** (*persona*): *¿Conoces a aquellos?* Do you know those people? **LOC** *Ver* ENTONCES

**aquello** *pron*: *¿Ves ~ de allí?* Can you see that thing over there? ◇ *No te imaginas lo que fue ~.* You can't imagine what it was like. ◇ *~ de tu jefe* that business involving your boss **LOC** **aquello que…** what…: *Recuerda ~ que tu madre siempre decía.* Remember what your mother always used to say.

**aquí** *adv* **1** (*lugar*) here: *Ya están ~.* They're here. ◇ *Es ~ mismo.* It's right here. **2** (*ahora*) now: *de ~ en adelante* from now on ◇ *Hasta ~ todo va bien.* Up till now everything's been fine. **LOC** **(por) aquí cerca** near here **aquí**

**mismo** right here **por aquí (por favor)** this way (please)

**árabe** nm (*lengua*) Arabic LOC Ver NUMERACIÓN, NÚMERO

**arado** nm plow

**arancel** nm tariff

**araña** nf spider

**arañar(se)** vt, vpr to scratch: *Me arañé los brazos recogiendo zarzamoras.* I scratched my arms picking blackberries.

**arañazo** nm scratch

**arar** vt to plow

**arbitrar** vt **1** (*Fútbol, Boxeo*) to referee **2** (*Tenis*) to umpire

**arbitrario, -a** adj arbitrary

**árbitro, -a** nm-nf **1** (*Fútbol, Boxeo*) referee **2** (*Tenis*) umpire **3** (*mediador*) arbitrator

**árbol** nm tree: ~ *frutal* fruit tree LOC **árbol genealógico** family tree

**arboleda** nf grove

**arbusto** nm bush

**arcada** nf LOC **dar arcadas** to retch: *Me daban ~s.* I was retching.

**archipiélago** nm archipelago [pl archipelagos/archipelagoes]

**archivador** nm **1** (*tb* **archivero**) (*mueble*) filing cabinet **2** (*carpeta*) file

**archivar** vt **1** (*clasificar*) to file **2** (*Informát*) to store: ~ *datos* to store data **3** (*asunto*) to shelve

**archivo** nm **1** (*policía*) file **2** (*Hist*) archive(s): *un ~ histórico* historical archives

**arcilla** nf clay

**arco** nm **1** (*Arquit*) arch **2** (*Mat*) arc: *un ~ de 36°* a 36° arc **3** (*Dep, Mús*) bow: *el ~ y las flechas* a bow and arrows LOC **arco iris** rainbow: *¡Mira!, ya salió el ~ iris.* Look! There's a rainbow. Ver tb TIRO

**arcón** nm large chest

**arder** vi **1** (*quemarse*) to burn **2** (*estar muy caliente*) to be boiling hot: *La sopa está ardiendo.* The soup is boiling hot. LOC **arder la garganta**: *Me arde la garganta.* I have a sore throat. **estar que arde** (*persona*) to be fuming: *Tu padre está que arde.* Your father is fuming.

**ardiente** adj LOC Ver CAPILLA

**ardilla** nf squirrel

**ardor** nm (*entusiasmo*) enthusiasm LOC **ardor de estómago** heartburn

**área** nf area: *el ~ de un rectángulo* the area of a rectangle ◊ *un ~ de servicio* a service area LOC Ver VERDE

**arena** nf sand: *jugar en la ~* to play in the sand LOC **arenas movedizas** quicksands Ver tb BANCO, CASTILLO

**arenque** nm herring

**arete** nm earring

**Argentina** nf Argentina

**argentino, -a** adj, nm-nf Argentinian

**argolla** nf ring

**argot** nm **1** (*lenguaje coloquial*) slang **2** (*profesional*) jargon

**argumento** nm **1** (*razón*) argument: *los ~s a favor y en contra* the arguments for and against **2** (*Cine, Liter*) plot

**árido, -a** adj (*terreno, tema*) dry

**aries** (*tb* **Aries**) nm, nmf (*Astrología*) Aries ➔ Ver ejemplos en AQUARIUS

**arisco, -a** adj unfriendly

**arista** nf (*Geom*) edge

**aristocracia** nf aristocracy

**aristócrata** nmf aristocrat

**aritmética** nf arithmetic

**arma** nf **1** weapon: ~s *nucleares* nuclear weapons **2** **armas** arms: *un traficante de ~s* an arms dealer LOC **arma blanca** knife [pl knives] **arma de doble filo** double-edged sword **arma de fuego** firearm **arma homicida** murder weapon Ver tb CONTRABANDISTA, CONTRABANDO, ESCUDO

**armada** nf navy [pl navies]: *tres buques de la ~* three navy ships

**armadura** nf armor [incontable]: *una ~* a suit of armor

**armamento** nm arms [pl]: *el control de ~s* arms control LOC Ver CARRERA

**armar** vt **1** to arm sb (with sth): *Armaron a los soldados con fusiles.* They armed the soldiers with guns. **2** (*ensamblar*) to assemble LOC **armar jaleo** to make a racket **armarse de paciencia** to be patient **armarse de valor** to pluck up courage **armarse un lío** to get confused: *Con tantas puertas me armo un lío.* I get confused with all these doors. **armar un lío** to kick up a fuss Ver tb BRONCA, ESCÁNDALO, MANO, TOS

**armario** nm **1** (*de cocina, etc.*) cupboard **2** (*para ropa*) closet, wardrobe (*GB*)

**armazón** nm (*lentes*) frames [pl]

**armisticio** nm armistice

**armonía** nf harmony [pl harmonies]

**armónica** nf harmonica

**arneses** nmpl harness [v sing]

**aro** nm **1** ring: *los ~s olímpicos* the Olympic rings **2** (*Gimnasia*) hoop

**aroma** nm aroma ➔ Ver nota en SMELL

**aromático, -a** adj aromatic

**arpa** nf harp

**arpón** nm harpoon

**arqueología** nf archaeology

**arqueólogo, -a** nm-nf archaeologist

**arquitecto, -a** nm-nf architect

**arquitectura** nf architecture

**arrabal** nm (barrio) slum

**arraigado, -a** adj deep-rooted: *una costumbre muy arraigada* a deep-rooted custom *Ver tb* ARRAIGAR(SE)

**arraigar(se)** vi, vpr to take root

**arrancar** vt **1** (sacar) to pull sth out: ~ *un clavo* to pull a nail out **2** (planta) to pull sth up: ~ *las hierbas* to pull the weeds up **3** (página) to tear sth out **4** (quitar) to pull sth off: ~ *la etiqueta de una camisa* to pull the label off a shirt
▶ vt, vi (motor) to start

**arranque** nm **1** (principio) start **2** ~ **de** fit of sth: *un* ~ *de celos* a fit of jealousy

**arrasar** vt to destroy: *El incendio arrasó varios edificios.* The fire destroyed several buildings.
▶ vi (ganar) to win hands down: *El equipo local arrasó.* The local team won hands down.

**arrastrar** vt **1** (por el suelo) to drag: *No arrastres los pies.* Don't drag your feet. **2** (problema, deuda, materia): *Todavía arrastro el catarro.* I haven't got over my cold yet. ◊ *Todavía arrastro la física de primero.* I still haven't passed my first year physics exam.
▶ **arrastrarse** vpr **1** (gatear) to crawl: ~se *por el suelo* to crawl along the floor **2** arrastrarse (ante) (humillarse) to grovel (to sb)

**¡arre!** interj giddy up!

**arrear** vt (ganado) to drive

**arrecife** nm reef

**arreglado, -a** adj **1** (persona) dressed up: *¿Dónde vas tan arreglado?* Where are you off to all dressed up? ◊ *una señora muy arreglada* a smartly-dressed lady **2** (ordenado) tidy **3** (asunto) sorted out: *Ya está ~ el problema.* The problem's sorted out now. *Ver tb* ARREGLAR

**arreglar** vt **1** (reparar) to fix: *Van a venir a ~ la lavadora.* They're coming to fix the washing machine. **2** (hacer obras) to do up: *Estamos arreglando el cuarto de baño.* We're doing up the bathroom. **3** (ordenar) to clear sth up **4** (asunto, problema) to sort sth out: *No te preocupes que yo lo arreglaré.* Don't worry, I'll sort it out.
▶ **arreglarse** vpr **1** (acicalarse) to get ready **2** (mejorar) to get better, to improve (más formal): *Si se arregla la situación económica…* If the economic situation improves… **3** (salir bien) to work out: *Al*

final *todo se arregló.* It all worked out in the end. **LOC** **arreglárselas** to get by

**arreglo** nm **1** (reparación) repair: *hacer* ~s to do repairs **2** (acuerdo) agreement **LOC** **no tiene arreglo 1** (objeto) it can't be fixed **2** (problema) it can't be solved **3** (persona) he/she is a hopeless case

**arrendar** vt to rent sth out: *Arrendaron su casa de la playa el año pasado.* They rented out their beach house last year. ➔ *Ver nota en* RENTAR

**arrepentido, -a** adj **estar arrepentido (de)** to be sorry (for/about sth) *Ver tb* ARREPENTIRSE

**arrepentimiento** nm **1** (pesar) regret **2** (Relig) repentance

**arrepentirse** vpr ~ **(de) 1** (lamentar) to regret: *Me arrepiento de habérselo prestado.* I regret lending it to him. **2** (pecado) to repent (of sth)

**arrestar** vt **1** (detener) to arrest **2** (encarcelar) to imprison

**arresto** nm **1** (detención) arrest **2** (prisión) imprisonment: *10 meses de* ~ 10 months' imprisonment

**arriar** vt to lower: ~ *(la) bandera* to lower the flag

**arriba** adv **1** up: *aquel castillo allá* ~ that castle up there ◊ *cuesta* ~ up the hill ◊ *de cintura para* ~ from the waist up **2** (piso) upstairs: *Viven* ~. They live upstairs. ◊ *los vecinos de* ~ our upstairs neighbors
▶ **¡arriba!** interj come on!: *¡Arriba el América!* Come on América! **LOC** **arriba del todo** at the very top **¡arriba las manos!** hands up! **de arriba abajo 1** up and down: *Me miró de* ~ *abajo.* He looked me up and down. ◊ *mover algo de* ~ *abajo* to move something up and down **2** (completamente): *cambiar algo de* ~ *abajo* to change sth completely **hacia arriba** upwards *Ver tb* AHÍ, ALLÁ, ALLÍ, BOCA, CALLE, CUESTA, PARTE¹, PATA, RÍO

**arriesgado, -a** adj **1** (peligroso) risky **2** (audaz) daring *Ver tb* ARRIESGAR

**arriesgar** vt to risk: ~ *la salud/el dinero/ la vida* to risk your health/money/life
▶ **arriesgarse** vpr to take a risk/risks: *Yo que tú no me arriesgaría.* If I were you I wouldn't take that risk. **LOC** *Ver* PELLEJO

**arrimar** vt to bring sth closer (to sth): *Arrima la silla a la estufa.* Bring your chair closer to the fire.
▶ **arrimarse** vpr **arrimarse (a)** to go/come near: *No te arrimes a esa puerta, está recién pintada.* Don't go near that door. It's just been painted.

**arrinconar** vt **1** (acorralar) to corner **2** (marginar) to exclude

**arroba** *nf* (*Informát*) at ➊ El símbolo @ se lee **at**: *juan@rednet.mx* se lee "juan at rednet dot m x" /dɑt em eks/.

**arrodillarse** *vpr* to kneel (down)

**arrogante** *adj* arrogant

**arrojar** *vt* to throw: ~ *piedras a la policía* to throw stones at the police

**arrollar** *vt* **1** (*peatón*) to run over *sb*: *Lo arrolló un coche.* A car ran over him. **2** (*viento, agua*) to carry *sth* away: *El viento arrolló el tejado.* The wind carried the roof away. **3** (*vencer*) to whip, to thrash (*GB*)

**arropar(se)** *vt, vpr* to wrap (*sb*) up: *Arrópate bien.* Wrap up well.

**arroyo** *nm* stream

**arroz** *nm* rice LOC **arroz con leche** rice pudding

**arrozal** *nm* ricefield

**arruga** *nf* **1** (*piel*) wrinkle **2** (*papel, ropa*) crease

**arrugar(se)** *vt, vpr* **1** (*piel*) to wrinkle **2** (*ropa*) to crease: *Esta falda se arruga enseguida.* This skirt creases very easily. **3** (*papel*) to crumple *sth* (up): *Dóblalo bien para que no se arrugue.* Fold it properly so that it doesn't get crumpled.

**arruinar** *vt* to ruin: *La tormenta arruinó las cosechas.* The storm has ruined the crops.

▶ **arruinarse** *vpr* to go bankrupt

**arsenal** *nm* (*armas*) arsenal

**arsénico** *nm* arsenic

**arte** *nm* **1** art: *una obra de* ~ a work of art **2** (*habilidad*) skill (*at sth/doing sth*): *Tienes* ~ *para pintar.* You show great skill at painting. LOC **como por arte de magia** as if by magic *Ver tb* BELLO

**artefacto** *nm* **1** (*dispositivo*) device: *un* ~ *explosivo* an explosive device **2** (*aparato extraño*) contraption

**arteria** *nf* artery [*pl* arteries]

**artesanía** *nf* **1** (*habilidad*) craftsmanship **2** (*productos*) handicrafts [*pl*] LOC **de artesanía** handmade

**artesano, -a** *nm-nf* craftsman/woman [*pl* -men/-women]

**ártico, -a** *adj* Arctic

▶ **Ártico** *nm* (*océano*) Arctic Ocean LOC *Ver* CÍRCULO

**articulación** *nf* **1** (*Anat, Mec*) joint **2** (*pronunciación*) articulation

**artículo** *nm* article: *Ojalá publiquen mi* ~. I hope my article gets published. ◇ *el* ~ *definido* the definite article

**artificial** *adj* artificial LOC *Ver* FUEGO, PULMÓN, RESPIRACIÓN

**artillería** *nf* artillery

**artista** *nmf* **1** (*creador, cantante, etc.*) artist **2** (*Cine, Teat*) actor ➔ *Ver nota en* ACTRESS

**arzobispo** *nm* archbishop

**as** *nm* ace: *ases del ciclismo* ace cyclists ◇ *el as de corazones* the ace of hearts ➔ *Ver nota en* BARAJA

**asa** *nf* handle ➔ *Ver dibujo en* CUP

**asado, -a** *adj, nm* roast: *cordero* ~ roast lamb *Ver tb* ASAR

**asalariado, -a** *nm-nf* wage earner

**asaltante** *nmf* **1** (*agresor*) attacker **2** (*ladrón*) raider

**asaltar** *vt* **1** (*establecimiento*) to raid: *Dos tipos asaltaron el banco.* Two men raided the bank. **2** (*persona*) to mug: *Nos asaltó un enmascarado.* We were mugged by a masked man.

**asalto** *nm* **1** ~ (**a**) (*a un establecimiento*) raid (*on sth*): *un* ~ *a una joyería* a raid on a jewelry store **2** ~ (**a**) (*a una persona*) attack (*on sb*) **3** (*Boxeo*) round

**asamblea** *nf* **1** (*reunión*) meeting **2** (*parlamento*) assembly [*pl* assemblies]

**asar** *vt* **1** (*carne*) to roast **2** (*papa entera*) to bake

▶ **asarse** *vpr* to roast: *Me estoy asando vivo.* I'm roasting alive.

**ascendente** *nm* (*Astrol*) ascendant

**ascender** *vt* to promote *sb* (*to sth*): *Lo ascendieron a capitán.* He was promoted to captain.

▶ *vi* **1** (*elevarse*) to go up, to rise (*más formal*) **2** (*montañismo*) to climb (up) *sth* **3** (*trabajador*) to be promoted (*to sth*)

**ascenso** *nm* **1** (*temperatura, precios*) rise: *Habrá un* ~ *de las temperaturas.* There will be a rise in temperatures. **2** (*montaña*) ascent **3** (*de un empleado, equipo*) promotion

**asco** *nm* LOC **dar asco**: *Los riñones me dan* ~. I can't stand kidney. ◇ *Este país da* ~. This country makes me sick. **estar hecho un asco 1** (*sitio*) to be filthy **2** (*persona*) to feel terrible **hacer ascos** to turn your nose up (*at sth*) **¡qué asco!** **1** (*qué repugnante*) how revolting! **2** (*qué fastidio*) what a pain! **¡qué asco de…!** *: ¡Qué* ~ *de tiempo!* What lousy weather! *Ver tb* CARA

**ascua** *nf* LOC **estar en ascuas** to be on tenterhooks

**aseado, -a** *adj* **1** (*persona*) clean **2** (*lugar*) tidy *Ver tb* ASEARSE

**asearse** *vpr* **1** (*lavarse*) to have a wash **2** (*arreglarse*) to tidy yourself up

**asegurar** *vt* **1** (*garantizar*) to ensure: ~ *que todo funcione* to ensure that everything works **2** (*afirmar*) to assure: *Asegura que no los vio.* She assures us she didn't see them. **3** (*con una compañía de seguros*) to insure *sth/sb* (*against sth*):

*Quiero ~ el carro contra incendio y robo.* I want to insure my car against fire and theft.

▶ **asegurarse** *vpr* (*comprobar*) to make sure (*of sth/that…*): *Asegúrate de cerrar las ventanas.* Please make sure you close the windows.

**asentir** *vi* LOC asentir con la cabeza to nod

**aseo** *nm* (*limpieza*) cleanliness: *el ~ de la casa* cleaning the house LOC aseo personal personal hygiene

**aserrín** *nm* sawdust

**asesinar** *vt* to murder: *Parece que lo asesinaron.* He seems to have been murdered.

> Existe también el verbo **assassinate** y los sustantivos **assassination** (*asesinato*) y **assassin** (*asesino*), pero sólo se utilizan cuando nos referimos a un personaje importante: *¿Quién asesinó al ministro?* Who assassinated the minister? ◊ *Hubo un intento de asesinato contra el Presidente.* There was an assassination attempt on the President. ◊ *un asesino a sueldo* a hired assassin.

**asesinato** *nm* murder: *cometer un ~* to commit (a) murder ➔ *Ver nota en* ASESINAR

**asesino, -a** *nm-nf* murderer ➔ *Ver nota en* ASESINAR

**asfaltar** *vt* to blacktop, to surface (*GB*): *Asfaltaron la carretera.* They blacktopped the road.

**asfalto** *nm* blacktop, asphalt (*GB*)

**asfixia** *nf* suffocation, asphyxia (*más formal*)

**asfixiar** *vt* **1** (*con humo, gas*) to suffocate, to asphyxiate (*más formal*) **2** (*con una almohada*) to smother

▶ **asfixiarse** *vpr* to suffocate

**así** *adv, adj* **1** (*de este modo, como este*) like this: *Sujétalo ~* Hold it like this. **2** (*de ese modo, como ese*) like that: *Quiero un coche ~.* I want a car like that. ◊ *Con gente ~ da gusto trabajar.* It's nice working with people like that. ◊ *Yo soy ~.* That's the way I am. LOC así, así so so así de grande, gordo, etc. this big, fat, etc. así que so: *No llegaban, ~ que me fui.* They didn't come so I left. ◊ *¡Así que se mudan!* So you're moving, are you? **¡así se habla/hace!** well said/done! **y así sucesivamente** and so on (and so forth) *Ver tb* ALGO

**Asia** *nf* Asia

**asiático, -a** *adj, nm-nf* Asian

**asiento** *nm* seat

**asignar** *vt* to assign

**asilo** *nm* **1** (*residencia*) home **2** (*Pol*) asylum: *buscar ~ político* to seek political asylum LOC *Ver* ANCIANO

**asimilar** *vt* to assimilate

**asistencia** *nf* **1** (*presencia*) attendance **2** (*a enfermos*) care: *~ médica/de salud* medical/health care LOC asistencia técnica technical support *Ver tb* FALTA

**asistente** *adj, nmf* **(a)** present (at *sth*) [*adj*]: *entre los ~s a la reunión* among those present at the meeting

**asistir** *vi ~* **(a)** (*acudir*) to attend: *~ a una clase/una reunión* to attend a lesson/meeting

**asma** *nf* asthma

**asmático, -a** *adj, nm-nf* asthmatic

**asno, -a** *nm-nf* ass

**asociación** *nf* association

**asociar** *vt* to associate *sth/sb* (*with sth/sb*): *~ el calor a las vacaciones* to associate good weather with vacations

▶ **asociarse** *vpr* to form a partnership (*to do sth*)

**asomar** *vt: ~ la cabeza por la ventana* to put your head out of the window ◊ *~ la cabeza por la puerta* to put your head around the door

▶ **asomarse** *vpr: Me asomé a la ventana para verlo mejor.* I put my head out of the window to get a better look. ◊ *Asómate al balcón.* Come out onto the balcony.

**asombrarse** *vpr* to be amazed: *Se asombraron al vernos.* They were amazed to see us. ◊ *Me asombré del desorden.* I was amazed by the mess.

**asombro** *nm* amazement: *mirar con ~* to look in amazement ◊ *poner cara de ~* to look amazed

**aspa** *nf* (*molino*) sail

**aspecto** *nm* **1** (*apariencia*) look: *No puedo salir con este ~.* I can't go out looking like this. ◊ *Tu abuela no tiene muy buen ~.* Your granny doesn't look very well. **2** (*faceta*) aspect: *el ~ jurídico* the legal aspect

**aspereza** *nf* LOC *Ver* LIMAR

**áspero, -a** *adj* rough

**aspiradora** *nf* vacuum cleaner: *pasar la ~* to vacuum

**aspirante** *nmf ~* **(a)** candidate (for *sth*): *los ~s al puesto* the candidates for the job

**aspirar** *vt* **1** (*respirar*) to breathe *sth* in **2** (*máquina*) to suck *sth* up

▶ *vi ~* **a** to aspire to *sth*: *~ a ganar un sueldo decente* to aspire to a decent salary

**aspirina** *nf* aspirin: *tomarse una ~* to take an aspirin

**asqueroso, -a** *adj* **1** (*sucio*) filthy **2** (*repugnante*) disgusting

**asta** *nf* **1** (*bandera*) flagpole **2** (*alce*) horn LOC *Ver* MEDIO

**asterisco** *nm* asterisk

**astilla** *nf* splinter LOC *Ver* TAL

**astillero** *nm* shipyard

**astro** *nm* star

**astrología** *nf* astrology

**astrólogo, -a** *nm-nf* astrologer

**astronauta** *nmf* astronaut

**astronomía** *nf* astronomy

**astrónomo, -a** *nm-nf* astronomer

**astucia** *nf* **1** (*habilidad*) shrewdness: *tener mucha ~* to be very shrewd **2** (*malicia*) cunning **3** (*ardid*) trick: *Emplearon todo tipo de ~s para ganar.* They used all kinds of tricks to win.

**astuto, -a** *adj* **1** (*hábil*) shrewd: *un hombre muy ~* a very shrewd man **2** (*malicioso*) cunning: *Elaboraron un ~ plan.* They devised a cunning plan.

**asunto** *nm* **1** (*tema*) matter: *un ~ de interés general* a matter of general interest **2** (*Pol*) affair LOC **no es asunto mío** it's none of my, your, etc. business *Ver tb* MINISTRO

**asustar** *vt* to scare, to frighten (*más formal*): *Me asustó el perro.* The dog frightened me. ◇ *¿Te asusta la oscuridad?* Are you scared of the dark?
▶ **asustarse** *vpr* to be scared (*más coloq*): *Te asustas por nada.* You're frightened of everything.

**atacar** *vt* to attack

**atajar** *vi* to take a short cut: *Podemos ~ por aquí.* We can take a short cut through here.

**atajo** *nm* short cut: *tomar un ~* to take a short cut

**ataque** *nm* **1** ~ **(a/contra)** attack (on *sth/sb*): *un ~ al corazón* a heart attack **2** (*risa, tos*) fit: *Le dio un ~ de tos.* He had a coughing fit. LOC **ataque de nervios** nervous breakdown *Ver tb* CARDIACO

**atar** *vt* to tie *sth/sb* (up): *Nos ataron las manos.* They tied our hands. ◇ *Ata bien el paquete.* Tie the package tightly.

**atarantado, -a** *adj* **1** (*por un golpe*) dazed **2** (*tonto*) scatterbrained

**atarantar** *vt* to daze
▶ **atarantarse** *vpr* to get muddled: *Me ataranté y compré dos iguales.* I got muddled and bought two just the same.

**atardecer** *nm* dusk: *al ~* at dusk

**atareado, -a** *adj* busy

**atascar** *vt* to block *sth* (up)
▶ **atascarse** *vpr* **1** (*comer demasiado*) to stuff yourself (*with sth*) **2** (*atorarse*) to get stuck **3** (*mecanismo*) to jam

**ataúd** *nm* casket, coffin (*GB*)

**atención** *nf* attention
▶ **¡atención!** *interj* attention, please LOC **con atención** attentively **poner/prestar atención** to pay attention (*to sth/sb*) *Ver tb* LLAMAR

**atender** *vt* **1** (*recibir*) to see: *Tienen que ~ a muchas personas.* They have to see lots of people. **2** (*en una tienda*) to serve: *¿Le atienden?* Are you being served? **3** (*tarea, problema, solicitud*) to deal with *sth*: *Sólo atendemos casos urgentes.* We only deal with emergencies. **4** (*contestar*) to answer: *~ llamadas/al teléfono* to answer calls/the phone
▶ *vi* to pay attention (*to sth/sb*): *No atienden a lo que el profesor dice.* They don't pay any attention to what the teacher says.

**atenerse** *vpr* ~ **a 1** (*reglas, órdenes*) to abide by *sth*: *Nos atendremos a las normas.* We'll abide by the rules. **2** (*consecuencias*) to face: *Aténganse a las consecuencias.* You'll have to face the consequences. LOC **(no) saber a qué atenerse** (not) to know what to expect

**atentado** *nm* **1** (*ataque*) attack (on *sth/sb*): *un ~ contra un cuartel del ejército* an attack on an army headquarters **2** (*intento de asesinato*) attempt on *sb's* life: *un ~ contra dos senadores* an attempt on the lives of two senators

**atentamente** *adv* (*fórmula de despedida*) Sincerely (yours), Yours sincerely (*GB*) ➔ *Ver nota en* SINCERELY *y ver págs* 310-311 LOC *Ver* SALUDAR

**atentar** *vi* ~ **contra** to make an attempt on *sb's* life: *Atentaron contra el juez.* They made an attempt on the judge's life.

**atento, -a** *adj* **1** (*prestando atención*) attentive: *Escuchaban ~s.* They listened attentively. **2** (*amable*) kind LOC **estar atento a algo 1** (*mirar*) to watch out for *sth*: *estar ~ a la llegada del tren* to watch out for the train **2** (*prestar atención*) to pay attention to *sth*

**ateo, -a** *nm-nf* atheist: *ser ~* to be an atheist

**aterrador, -ora** *adj* terrifying

**aterrizaje** *nm* landing LOC **aterrizaje forzoso** emergency landing *Ver tb* TREN

**aterrizar** *vi* to land: *Aterrizaremos en Gatwick.* We will be landing at Gatwick.

**aterrorizar** *vt* **1** (*dar miedo*) to terrify: *Me aterrorizaba que pudieran tirar la*

*puerta.* I was terrified they might knock the door down. **2** (*con violencia*) to terrorize: *Esos matones aterrorizan a los vecinos.* Those thugs terrorize the neighborhood.

**atiborrarse** *vpr* ~ **(de)** to stuff yourself (with *sth*): *Nos atiborramos de langosta.* We stuffed ourselves with lobster.

**ático** *nm* attic

**atizar** *vt* (*fuego*) to poke LOC **atizar un golpe** to hit *sth/sb*

**atlántico, -a** *adj* Atlantic
▶ **Atlántico** *nm* Atlantic (Ocean)

**atlas** *nm* atlas

**atleta** *nmf* athlete

**atlético, -a** *adj* athletic

**atletismo** *nm* track and field, athletics (*GB*) [*incontable*]

**atmósfera** *nf* atmosphere: *una ~ cargada/de malestar* a stuffy/an uneasy atmosphere

**atole** *nm* cornmeal mush

**atómico, -a** *adj* atomic LOC *Ver* REACTOR

**átomo** *nm* atom

**atontado, -a** *adj* **1** (*alelado*) groggy: *Esas pastillas me han dejado ~.* Those pills have made me groggy. **2** (*por un golpe*) stunned
▶ *nm-nf* idiot *Ver tb* ATONTAR

**atontar** *vt* **1** (*marear*) to make *sb* dopey **2** (*volver tonto*) to dull your senses: *Esas revistas te atontan.* Magazines like these dull your senses.

**atorado, -a** *adj* stuck *Ver tb* ATORARSE

**atorarse** *vpr* to get stuck: *Me atoré en el alambre de púas.* I got stuck on the barbed wire. ◊ *Siempre me atoro en esa palabra.* I always get stuck on that word. ◊ *Se me atoró una espina.* I got a bone stuck in my throat.

**atormentar** *vt* to torment

**atornillar** *vt* to screw *sth* down/in/on: ~ *la última pieza* to screw on the last part

**atracador, -ora** *nm-nf* **1** (*ladrón*) robber **2** (*en la calle*) mugger

**atracar** *vt* **1** (*asaltar*) to hold *sth/sb* up: ~ *una sucursal del Banco Central* to hold up a branch of the Central Bank **2** (*en la calle*) to mug: *Me atracaron en el metro.* I was mugged on the subway.
▶ *vt, vi* (*barco*) to dock

**atracción** *nf* attraction: *una ~ turística* a tourist attraction ◊ *sentir ~ por algn* to be attracted to *sb* LOC *Ver* PARQUE

**atraco** *nm* **1** (*robo*) hold-up: *Cometieron un ~ en una joyería.* They held up a jewelry store. **2** (*en la calle*) mugging LOC *Ver* MANO

**atracón** *nm* LOC **darse un atracón** to stuff yourself full (*of sth*)

**atractivo, -a** *adj* attractive
▶ *nm* **1** (*cosa que atrae*) attraction: *uno de los ~s de la ciudad* one of the city's attractions **2** (*interés*) appeal [*incontable*] **3** (*persona*) charm

**atraer** *vt* **1** to attract: ~ *a los turistas* to attract tourists ◊ *Me atraen los hombres italianos.* I'm attracted to Italian men. **2** (*idea*) to appeal to *sb*

**atragantarse** *vpr* **1** (*comer mucho*) to stuff yourself (with *sth*) **2** ~ (**con**) (*atorarse*) to choke (on *sth*): *Me atraganté con una espina.* I choked on a bone.

**atrapado, -a** *adj* LOC **estar/quedarse atrapado** to be trapped *Ver tb* ATRAPAR

**atrapar** *vt* to catch

**atrás** *adv* back: *Vamos a ponernos más ~.* Let's sit further back. ◊ *Siempre se sientan ~.* They always sit at the back. LOC **dejar atrás** to leave *sth/sb* behind **echarse/volverse atrás** (*desdecirse*) to go back on your word **hacia/para atrás** backwards: *andar hacia ~* to walk backwards *Ver tb* PARTE¹

**atrasado, -a** *adj* **1** (*publicación, sueldo*) back: *los números ~s de una revista* the back issues of a magazine **2** (*país, región*) backward **3** (*reloj*) slow: *Tu reloj está ~.* Your watch is slow. LOC **tener trabajo, etc. atrasado** to be behind with your work, etc. *Ver tb* ATRASAR

**atrasar** *vt* **1** (*aplazar*) to put *sth* off, to postpone (*más formal*): *Tuvieron que ~ la reunión una semana.* They had to postpone the meeting for a week. **2** (*reloj*) to put *sth* back: ~ *el reloj una hora* to put the clock back an hour
▶ **atrasar(se)** *vi, vpr* (*reloj*) to be slow: *(Se) atrasa cinco minutos.* It's five minutes slow.

**atraso** *nm* **1** (*demora*) delay **2** (*subdesarrollo*) backwardness

**atravesar** *vt* **1** (*cruzar*) to cross: ~ *la frontera* to cross the border **2** (*perforar, experimentar*) to go through *sth*: *La bala le atravesó el corazón.* The bullet went through his heart. ◊ *Atraviesan una grave crisis.* They're going through a serious crisis.
▶ **atravesarse** *vpr* (*en el camino*) to block *sb's* path: *Se nos atravesó un elefante.* An elephant blocked our path.

**atreverse** *vpr* ~ (**a**) to dare (*do sth*): *No me atrevo a pedirle dinero.* I daren't ask him for money. ➲ *Ver nota en* DARE

**atrevido, -a** *adj* **1** daring: *una blusa/decisión atrevida* a daring blouse/decision **2** (*insolente*) sassy *Ver tb* ATREVERSE

**atributo** *nm* attribute

**atropellado, -a** *adj (por un vehículo)*: *Murió ~.* He died after being run over by a car. *Ver tb* ATROPELLAR

**atropellar** *vt* to run *sb* over: *Me atropelló un coche.* I was run over by a car.

**atufar** *vt* to make *sth* stink *(of sth)*
▸ *vi ~* **(a)** to stink *(of sth)*

**atún** *nm* tuna [*pl* tuna/tunas]

**audaz** *adj* bold

**audición** *nf* **1** *(oído)* hearing: *perder ~* to lose your hearing **2** *(prueba)* audition

**audiencia** *nf* audience: *el programa de mayor ~* the program with the largest audience

**audífonos** *nmpl* headphones

**auditorio** *nm* **1** *(audiencia)* audience **2** *(edificio)* concert hall

**aula** *nf* **1** *(de escuela)* classroom **2** *(de universidad)* lecture room

**aullar** *vi* to howl

**aullido** *nm* howl

**aumentar** *vt* **1** to increase: *~ la competitividad* to increase competition **2** *(lupa, microscopio)* to magnify
▸ *vi* to increase: *Aumenta la población.* The population is increasing.

**aumento** *nm* rise, increase *(más formal)* *(in sth)*: *un ~ de la población* an increase in population

**aun** *adv* even: *Aun así no lo aceptaría.* Even so, I wouldn't accept it.

**aún** *adv* **1** [*en oraciones afirmativas e interrogativas*] still: *Aún faltan dos horas.* There are still two hours to go. ◊ *¿Aún estás aquí?* Are you still here? **2** [*en oraciones negativas e interrogativas-negativas*] yet: *—¿Aún no te han contestado? —No, ~ no.* "Haven't they written back yet?" "No, not yet." **➔** *Ver nota en* STILL[1] **3** [*en oraciones comparativas*] even: *Ésta me gusta ~ más.* I like this one even better.

**aunque** *conj* **1** *(a pesar de que)* although, though *(más coloq)*

Although es más formal que though. Si se quiere dar más énfasis se puede usar **even though**: *No quisieron venir, aunque sabían que estarían ustedes.* They didn't want to come, although/though/even though they knew you'd be here.

**2** *(incluso si)* even if: *Ven, ~ sea tarde.* Come along even if it's late.

**auricular** *nm* **1** *(teléfono)* receiver **2 auriculares** headphones

**aurora** *nf* dawn

**ausencia** *nf* absence

**ausentarse** *vpr ~* **(de)** **1** *(no ir)* to stay away (from…): *~ de la escuela* to stay home from school **2** *(estar fuera)* to be away (from…)

**ausente** *adj* absent *(from…)*: *Estaba ~ de la reunión.* He was absent from the meeting.
▸ *nmf* absentee

**austeridad** *nf* austerity

**austero, -a** *adj* austere

**Australia** *nf* Australia

**australiano, -a** *adj, nm-nf* Australian

**Austria** *nf* Austria

**austriaco, -a** *(tb* **austríaco, -a)** *adj, nm-nf* Austrian: *los ~s* the Austrians

**auténtico, -a** *adj* genuine, authentic *(más formal)*: *un Renoir ~* an authentic Renoir

**auto** *nm (coche)* car **LOC** *Ver* CHOQUE

**autobiografía** *nf* autobiography [*pl* autobiographies]

**autobiográfico, -a** *adj* autobiographical

**autobús** *nm* bus [*pl* buses/busses]: *tomar/perder el ~* to catch/miss the bus **LOC** *Ver* TERMINAL

**autocar** *nm* bus, coach *(GB)*

**autodefensa** *nf* self-defense

**autodidacta** *adj, nmf* self-taught [*adj*]: *Fue esencialmente un ~.* He was basically self-taught.

**autoescuela** *nf* driving school

**autógrafo** *nm* autograph

**automático, -a** *adj* automatic **LOC** *Ver* CAJERO, CONTESTADOR, PILOTO

**automóvil** *nm* car

**automovilismo** *nm* auto racing, motor racing *(GB)*

**automovilista** *nmf* motorist

**autonomía** *nf* **1** *(autogobierno)* autonomy **2** *(independencia)* independence: *la ~ del poder judicial* the independence of the judiciary

**autónomo, -a** *adj* **1** *(departamento, entidad)* autonomous **2** *(trabajador)* self-employed
▸ *nm-nf (trabajador)* self-employed person [*pl* people]

**autopista** *nf* freeway, motorway *(GB)* **LOC** **autopista de cuota** turnpike, toll road *(GB)*

**autopsia** *nf* post-mortem

**autor, -ora** *nm-nf* **1** *(escritor)* author **2** *(compositor musical)* composer **3** *(crimen)* perpetrator

**autoridad** *nf* authority [*pl* authorities]

**autorización** *nf* permission

**autorizar** vt **1** (*permitir*) to authorize: *No han autorizado la huelga*. They haven't authorized the strike. **2** (*dar derecho*) to give *sb* the right (*to do sth*): *El cargo nos autoriza a utilizar un coche oficial*. The job gives us the right to use an official car.

**autorretrato** nm self-portrait

**autoservicio** adj (*restaurante, etc.*) self-service

**auxilio** nm help: *un grito de* ~ a cry for help **LOC** Ver PRIMERO

**avalancha** nf avalanche

**avanzar** vi to advance

**avaricia** nf greed

**avaricioso, -a** adj, nm-nf greedy [adj]: *Es un* ~. He's greedy.

**avaro, -a** adj miserly
▶ nm-nf miser

**ave** nf bird

**avellana** nf hazelnut
▶ nm (*color*) hazel: *ojos de color* ~ hazel eyes

**avellano** nm hazel

**avemaría** nf Hail Mary [pl Hail Marys]: *rezar tres* ~s to say three Hail Marys

**avena** nf oats [pl]

**avenida** nf avenue (*abrev* Ave.)

**aventar** vt to throw *sth* (*to sb*): *Aviéntame la pelota*. Throw me the ball.

Cuando se avienta algo a alguien con intención de hacerle daño, se dice **throw sth at sb**: *Le aventaban piedras al pobre gato*. They were throwing stones at the poor cat.

**aventón** nm ride **LOC** dar un aventón a algn to give sb a ride pedir aventón to hitch a ride

**aventura** nf **1** (*peripecia*) adventure: *Vivimos una* ~ *fascinante*. We had a fascinating adventure. **2** (*amorío*) fling

**aventurero, -a** adj adventurous
▶ nm-nf adventurer

**avergonzar** vt **1** (*humillar*) to make *sb* feel ashamed: ~ *a la familia* to make your family feel ashamed **2** (*abochornar*) to embarrass: *Tu manera de vestir me avergüenza*. The way you dress embarrasses me.
▶ **avergonzarse** vpr **1** (*arrepentirse*) to be ashamed (*of sth/doing sth*): *Me avergüenzo de haberles mentido*. I'm ashamed of having told them a lie. **2** (*sentirse incómodo*) to be embarrassed: *Se avergüenzan de su propia ignorancia*. They're embarrassed by their own ignorance.

**avería** nf **1** (*vehículo, mecanismo*) breakdown: *La* ~ *del coche me va a costar un*

*ojo de la cara*. The breakdown's going to cost me an arm and a leg. **2** (*fallo*) fault: *una* ~ *en la instalación eléctrica* a fault in the electrical system

**averiarse** vpr (*Mec*) to break down

**averiguar** vt to find *sth* out, to discover (*más formal*)

**avestruz** nm ostrich

**aviación** nf **1** aviation: ~ *civil* civil aviation **2** (*fuerzas aéreas*) air force

**avinagrado, -a** adj vinegary

**avión** nm airplane, aeroplane (GB) **LOC** ir/viajar en avión to fly por avión (*correo*) airmail

**avioneta** nf light aircraft [pl light aircraft]

**avisar** vt **1** (*informar*) to let *sb* know (*about sth*): *Avísame cuando lleguen*. Let me know when they arrive. **2** (*advertir*) to warn: *Te aviso que si no me pagas…* I'm warning you that if you don't pay… **LOC** sin avisar: *Vinieron sin* ~. They showed up unexpectedly. ◊ *Se fue de casa sin* ~. He left home without saying anything.

**aviso** nm **1** notice: *Cerrado hasta nuevo* ~. Closed until further notice. **2** (*advertencia*) warning: *sin previo* ~ without prior warning **LOC** aviso de ocasión/oportuno want ad, classified ad (GB) Ver tb TABLERO

**avispa** nf wasp

**avispero** nm (*nido*) wasps' nest

**axila** nf armpit

**¡ay!** interj **1** (*de dolor*) ow! **2** (*de aflicción*) oh (dear)!

**ayer** adv yesterday **LOC** antes de ayer the day before yesterday ayer por la noche last night de ayer: *el periódico de* ~ yesterday's paper ◊ *Este pan es de* ~. This bread isn't fresh.

**ayuda** nf help [incontable]: *Gracias por tu* ~. Thanks for your help. ◊ *Necesito* ~. I need some help.

**ayudante** nmf, adj assistant

**ayudar** vt, vi to help *sb* (*to do sth*): *¿Te ayudo?* Can I help you?

**ayunar** vi to fast

**ayunas** **LOC** en ayunas: *Estoy en* ~. I've had nothing to eat or drink.

**ayuno** nm fast: *40 días de* ~ 40 days of fasting

**ayuntamiento** nm **1** (*concejo*) council **2** (*edificio*) city/town hall

**azabache** nm jet: *negro como el* ~ jet black

**azada** nf hoe

**azafrán** *nm* saffron

**azahar** *nm* orange blossom

**azar** *nm* **1** (*casualidad*) chance: *juego de ~* game of chance **2** (*destino*) fate `LOC` **al azar** at random: *Elige un número al ~.* Choose a number at random. *Ver tb* JUEGO

**azotador** *nm* caterpillar

**azotar** *vt* to whip
▶ *vi* (*caerse*) to fall on the ground

**azote** *nm* smack: *Como te agarre te doy un ~.* I'll give you a smack if I catch you.

**azotea** *nf* (flat) roof

**azteca** *nm-nf, adj* Aztec

**azúcar** *nm* sugar: *un terrón de ~* a lump of sugar `LOC` *Ver* ALGODÓN, FÁBRICA

**azucarero, -a** *adj* sugar [*n*]
▶ *nm* sugar bowl `LOC` *Ver* BETABEL, INGENIO

**azucena** *nf* lily [*pl* lilies]

**azufre** *nm* sulphur

**azul** *adj, nm* blue ➜ *Ver ejemplos en* AMARILLO `LOC` **azul celeste/marino** sky/navy blue **azul turquesa** turquoise *Ver tb* PESCADO, PRÍNCIPE

**azulejo** *nm* tile

**azuloso, -a** *adj* bluish

# B b

**baba** *nf* **1** (*de persona*) dribble **2** (*de animal*) foam **LOC** **caérsele la baba a algn** to dote on sb: *Se le cae la ~ por sus nietos.* She dotes on her grandchildren.

**babear** *vi* to dribble

**babero** *nm* bib

**Babia** *nf* **LOC** **estar en Babia** to be day-dreaming

**babor** *nm* port: *a ~* to port

**babosa** *nf* slug

**bacalao** *nm* cod [*pl* cod]

**bache** *nm* **1** (*hoyo*) pothole: *Estas carreteras tienen muchos ~s.* These roads are full of potholes. **2** (*dificultad*) bad patch: *atravesar un ~* to go through a bad patch

**bachillerato** *nm* senior high school, sixth form (*GB*)

**bacilo** *nm* bacillus [*pl* bacilli]

**bacteria** *nf* bacterium [*pl* bacteria]

**bahía** *nf* bay

**bailar** *vt, vi* **1** (*danza*) to dance: *¿Bailas?* Would you like to dance? ◇ *~ un tango* to dance a tango **2** (*trompo*) to spin
▶ *vi* (*estar suelto*) to be loose: *Me baila un diente.* I have a loose tooth. **LOC** **bailar pegado** to dance very closely **sacar a bailar** to ask *sb* to dance

**bailarín, -ina** *nm-nf* dancer

**baile** *nm* **1** (*fiesta, danza*) dance: *El ~ empieza a las doce.* The dance begins at twelve. **2** (*acción*) dancing: *Me gusta mucho el ~.* I like dancing very much. **LOC** **baile de disfraces** costume ball *Ver tb* PISTA

**baja** *nf* **1** (*precio*) fall (*in sth*): *una ~ en el precio del pan* a fall in the price of bread **2** (*Mil*) casualty [*pl* casualties] **3** (*puesto*) discharge **LOC** **darse de baja** to drop out: *Se dio de ~ en la universidad.* He dropped out of college.

**bajada** *nf* **1** (*descenso*) descent: *durante la ~* during the descent **2** (*pendiente*) slope: *La calle tiene mucha ~.* The street slopes steeply. **3** (*Econ*) fall (*in sth*): *Continúa la ~ de las tasas de interés.* Interest rates continue to fall. **4** (*parada*) stop

**bajamar** *nf* low tide

**bajar** *vt* **1** to get *sth* down: *¿Me ayuda a ~ la maleta?* Could you help me get my suitcase down? **2** (*traer, poner más abajo*) to bring *sth* down: *Bájalo un poco más.* Bring it down a bit. **3** (*llevar*) to take *sth*

down: *¿Tenemos que ~ esta silla al segundo?* Do we have to take this chair down to the second floor? **4** (*ir/venir abajo*) to go/come down: *~ la cuesta* to go down the hill **5** (*cabeza*) to bow **6** (*vista, voz*) to lower **7** (*volumen*) to turn *sth* down **8** (*precio*) to bring *sth* down, to lower (*más formal*)
▶ *vi* **1** (*ir/venir abajo*) to go/to come down: *¿Puede ~ a recepción, por favor?* Can you come down to the reception desk, please? ➔ *Ver nota en* IR **2** (*temperatura, río*) to fall: *La temperatura ha bajado.* The temperature has fallen. **3** (*hinchazón*) to go down **4** (*marea*) to go out **5** (*precios*) to come down: *El pan ha vuelto a ~.* The price of bread has come down again.
▶ **bajar(se)** *vi, vpr* **bajar(se) (de)** **1** (*automóvil*) to get out (*of sth*): *Nunca (te) bajes de un coche en marcha.* Never get out of a moving car. **2** (*transporte público, caballo, bici*) to get off (*sth*): *~(se) de un camión* to get off a bus **LOC** **bajarle los humos a algn** to bring/take sb down a notch or two *Ver tb* BASTILLA, ESCALERA

**bajo¹** *nm* (*voz, instrumento*) bass

**bajo²** *prep* under: *Nos resguardamos ~ un paraguas.* We sheltered under an umbrella. ◇ *~ la lluvia* in the rain

**bajo³** *adv* (*a poca altura*) low: *Los pájaros vuelan ~.* The birds are flying low. **2** (*suave*) quietly: *Toca más ~.* Play more quietly.

**bajo, -a** *adj* **1** *~ (en)* low (*in sth*): *una sopa baja en calorías* a low-calorie soup ◇ *La tele está demasiado baja.* The volume is too low. **2** (*persona*) short **3** (*zapato*) flat **4** (*voz*) quiet: *hablar en voz baja* to speak quietly/softly **5** (*metales nobles*) low quality: *oro ~* low-quality gold **6** (*pobre*) poor: *los barrios ~s de la ciudad* the poor areas of the city **LOC** **bajo de moral** in low spirits *Ver tb* CLASE, CONTROL, GOLPE, HABLAR, LUZ, PAÍS

**bala** *nf* (*arma*) bullet **LOC** **como una bala** like a shot *Ver tb* PRUEBA

**balacear** *vt* to riddle *sth/sb* with bullets

**balacera** *nf* shoot-out

**balance** *nm* **1** (*Fin*) balance: *~ positivo/negativo* a positive/negative balance **2** (*número de víctimas*) toll

**balancear(se)** *vt, vpr* **1** to swing **2** (*cuna, mecedora*) to rock

**balanza** *nf* **1** (*instrumento*) scale **2** (*Com*) balance

**balar** *vi* to bleat

**balazo** *nm* **1** (*disparo*) shot **2** (*herida*) bullet wound

**balbucear** (*tb* **balbucir**) *vt, vi* (*adulto*) to mumble: *Balbuceó unas palabras.* He mumbled a few words.
▸ *vi* (*bebé*) to babble

**balcón** *nm* balcony [*pl* balconies]: *salir al ~* to go out onto the balcony

**balde¹** *nm* bucket

**balde²** *nm* **LOC** **en balde** in vain: *Nuestros esfuerzos fueron en ~.* Our efforts were in vain.

**baldosa** *nf* **1** (*interior*) floor tile **2** (*exterior*) paving stone

**balear** *vt* to shoot

**balero** *nm* **1** (*juguete*) cup and ball toy **2** (*Mec*) ball bearing

**ballena** *nf* whale

**ballet** *nm* ballet

**balneario** *nm* spa

**balón** *nm* **1** ball **2** (*para cuerpos gaseosos*) bag **LOC** *Ver* CABEZAZO

**baloncesto** *nm* basketball: *jugar al ~* to play basketball

**balsa** *nf* (*embarcación*) raft

**bambolearse** *vpr* to sway

**bambú** *nm* bamboo: *una mesa de ~* a bamboo table

**banca** *nf* **1** (*bancos*) banks [*pl*]: *la ~ japonesa* Japanese banks **2** (*sector*) banking: *los sectores de ~ y comercio* the banking and business sectors

**bancada** *nf* (*Pol*) group: *la ~ mayoritaria del Senado* the majority group in the Senate ◇ *La ~ del partido votó en contra de la ley.* The party voted against the bill.

**bancario, -a** *adj* **LOC** *Ver* GIRO, TRANSFERENCIA

**bancarrota** *nf* bankruptcy **LOC** **estar en bancarrota** to be bankrupt

**banco** *nm* **1** bank: *~ de datos/sangre* data/blood bank **2** (*asiento*) bench **3** (*iglesia*) pew **4** (*peces*) shoal **LOC** **banco de arena** sandbank

**banda¹** *nf* **1** band: *una ~ del pelo* a hairband **banda ancha** broadband **banda sonora** soundtrack *Ver tb* ELÁSTICO, SAQUE

**banda²** *nf* **1** (*cuadrilla*) gang: *una ~ de rufianes* a gang of thugs **2** (*grupo musical*) band **LOC** **banda terrorista** terrorist group

**bandada** *nf* **1** (*aves*) flock **2** (*peces*) shoal

**bandeja** *nf* tray **LOC** **poner/servir en bandeja** to hand *sb sth* on a plate

**bandera** *nf* **1** flag: *Las ~s están a media asta.* The flags are flying at half-mast. **2** (*Mil*) colors [*pl*] **LOC** **bandera blanca** white flag *Ver tb* JURAR

**banderín** *nm* pennant

**bandido, -a** *nm-nf* bandit

**bando** *nm* **1** (*Mil, Pol*) faction **2** (*en juegos*) side: *Jugaremos en ~s distintos.* We'll be playing on different sides.

**banquero, -a** *nm-nf* banker

**banqueta** *nf* sidewalk, pavement (*GB*)

**banquete** *nm* dinner, banquet (*más formal*): *Dieron un ~ en su honor.* They organized a dinner in his honor. ➔ *Ver nota en* MATRIMONIO

**banquillo** *nm* **1** (*Dep*) bench: *Me dejaron en el ~.* I was left on the bench. **2** (*Jur*) dock: *estar en el ~* to be in the dock

**bañado, -a** *adj* bathed: *~ en lágrimas/sudor/sangre* bathed in tears/sweat/blood **LOC** **bañado en oro/plata** gold-plated/silver-plated *Ver tb* BAÑAR

**bañar** *vt* **1** to bathe **2** (*en metal*) to plate *sth* (*with sth*) **3** (*Cocina*) to coat *sth* (*in/with sth*): *~ un pastel con chocolate* to coat a cake in chocolate
▸ **bañarse** *vpr* **1** (*ducharse*) to take a shower **2** (*en bañera*) to take a bath **3** (*nadar*) to go for a swim

**bañera** *nf* bathtub, bath (*GB*)

**baño** *nm* **1** (*en la bañera*) bath: *Me di un ~ de espuma.* I had a bubble bath. **2** (*cuarto de baño*) bathroom **3** (*w.c.*) bathroom, toilet (*GB*) ➔ *Ver nota en* BATHROOM **4** **baños** baths: *los ~s romanos* the Roman baths **LOC** **baño María** double boiler: *cocer algo al ~ María* to cook *sth* in a double boiler *Ver tb* CUARTO, GORRO, TRAJE

**bar** *nm* **1** (*bebidas alcohólicas*) pub **2** (*cafetería*) snack bar

**baraja** *nf* deck of cards

Los palos de la baraja española (*oros, copas, espadas* y *bastos*) no tienen traducción porque en Estados Unidos y Gran Bretaña se utiliza la baraja francesa. La baraja francesa consta de 52 cartas divididas en cuatro *palos* o **suits**: **hearts** (*corazones*), **diamonds** (*diamantes*), **clubs** (*tréboles*) y **spades** (*espadas*). Cada palo tiene un **ace** (*as*), **king** (*rey*), **queen** (*reina*), **jack** (*joto*), y nueve cartas numeradas del 2 al 10. Antes de empezar a jugar, se *baraja* (**shuffle**), se *corta* (**cut**) y se *reparten* las cartas (**deal**).

**barajar** *vt* to shuffle

**barandal** *nm* **1** (*de una escalera*) banister(s): *bajar por el ~* to slide down the banisters **2** (*de un balcón*) railing(s)

**barata** nf (venta) sale: la ~ anual de la tienda the store's annual sale ◇ las ~s de enero the January sales

**barato, -a** adj cheap: Aquel es más ~. That one's cheaper.
▸ adv: comprar algo ~ to buy sth cheaply ◇ Esa tienda vende ~. Prices are low in that store.

**barba** nf beard: dejarse ~ to grow a beard ◇ un hombre con ~ a bearded man **LOC** hacer la barba to suck up to sb

**barbacoa** nf meat cooked in an underground pit

**barbaridad** nf 1 (crueldad) barbarity [pl barbarities] 2 (disparate) nonsense [incontable]: ¡No digas ~es! Don't talk nonsense! **LOC** ¡qué barbaridad! good heavens!

**bárbaro, -a** adj 1 (Hist) barbarian 2 (estupendo) terrific: ¡Es un tipo ~! He's a terrific guy!
▸ nm-nf barbarian **LOC** ¡qué bárbaro! good Lord!

**barbecho** nm fallow land **LOC** dejar en barbecho to leave sth fallow

**barbilla** nf chin

**barca** nf (small) boat: dar un paseo en ~ to go out in a boat ➔ Ver nota en BOAT **LOC** barca de remos row boat

**barco** nm 1 (buque) ship 2 (más pequeño) boat ➔ Ver nota en BOAT **LOC** barco de vapor steamship barco de vela sailing boat ir en barco to go by boat/ship

**barda** nf 1 (pared) high wall 2 (cerca) high fence

**barítono** nm baritone

**barniz** nm 1 (madera) varnish 2 (cerámica) glaze

**barnizar** vt 1 (madera) to varnish 2 (cerámica) to glaze

**barómetro** nm barometer

**barquillo** nm ice-cream cone

**barra** nf bar: Tomaban cerveza sentados en la ~. They were sitting at the bar having a beer. **LOC** barra (de pan) baguette, loaf (of bread) [pl loaves] ➔ Ver dibujo en PAN barra de herramientas (Informát) toolbar barra diagonal/invertida (Informát) slash/backslash ➔ Ver pág 308 barra libre free bar

**barranca** nf ravine

**barrendero, -a** nm-nf road sweeper

**barrer** vt 1 (limpiar, arrasar) to sweep: Una ola de terror barrió el país. A wave of terror swept the country. 2 (derrotar) to whip, to thrash (GB): Los vamos a ~. We're going to whip you.
▸ vi to sweep up: Si tú barres, yo lavo. If you sweep up, I'll do the dishes.

**barrera** nf 1 barrier: La ~ estaba subida. The barrier was up. ◇ la ~ de la comunicación the language barrier 2 (Fútbol) wall

**barricada** nf barricade: construir una ~ to build a barricade

**barriga** nf 1 (estómago) tummy [pl tummies]: Me duele un poco la ~. I have a tummy ache. 2 (panza) beer belly [pl beer bellies] (coloq): Estás echando ~. You're getting a beer belly.

**barril** nm barrel **LOC** Ver CERVEZA

**barrio** nm 1 neighborhood: Yo me crié en este ~. I grew up in this neighborhood. 2 (zona típica) quarter: el ~ chino the Chinese quarter **LOC** barrio (bajo) (colonia pobre) slum del barrio local: el carnicero del ~ the local butcher

**barro** nm (arcilla) clay **LOC** de barro earthenware: cacharros de ~ earthenware pots

**barroco, -a** adj, nm baroque

**barrote** nm iron bar

**barullo** nm 1 (ruido) racket: armar mucho ~ to make a terrible racket 2 (confusión) muddle: Se organizó un ~ tremendo. There was a terrible muddle.

**basar** vt to base sth on sth: Basaron la película en una novela. They've based the movie on a novel.
▸ basarse vpr basarse en 1 (persona) to have grounds (for sth/doing sth): ¿En qué te basas para decir eso? What grounds do you have for saying that? 2 (teoría, película) to be based on sth

**báscula** nf scales [pl]: ~ de baño bathroom scales

**base** nf 1 base: un jarrón con poca ~ a vase with a small base ◇ ~ militar military base 2 (fundamento) basis [pl bases]: La confianza es la ~ de la amistad. Trust is the basis of friendship. **LOC** base de datos database base espacial space station

**básico, -a** adj basic

**bastante** adj 1 (número considerable, mucho): Tengo ~s cosas que hacer. I have quite a lot of things to do. ◇ Hace ~ tiempo que no voy a verla. It's quite a long time since I last visited her. 2 (suficiente) enough
▸ pron 1 (mucho) quite a lot 2 (suficiente) enough: No, gracias; ya comimos ~s. No thank you; we've had enough.
▸ adv 1 [con adjetivo o adverbio] pretty: Es ~ inteligente. He's pretty intelligent. ◇ Leen ~ bien para su edad. They read pretty well for their age. ➔ Ver nota en FAIRLY 2 (mucho) quite a lot: Aprendí ~ en

*tres meses.* I learned quite a lot in three months.

**bastar** *vi* to be enough: *Bastará con 300 pesos.* 300 pesos will be enough. LOC **¡basta (ya)!** that's enough!

**basto** (*tb* **bastos**) *nm* (*Naipes*) ➔ *Ver nota en* BARAJA

**basto, -a** *adj* **1** (*persona, tejido, lenguaje*) coarse **2** (*superficie*) rough

**bastón** *nm* walking stick LOC **bastón de esquí** ski pole

**basura** *nf* garbage [*incontable*] trash [*incontable*]: *En esta calle hay mucha ~.* There's a lot of trash in this street. ◊ *Esa película es una ~.* That movie is garbage. ➔ *Ver nota en* GARBAGE LOC **tirar algo a la basura** to throw sth away *Ver tb* CAMIÓN, BOTE

**basurero, -a** *nm-nf* garbage collector
▶ *nm* **1** (*tiradero*) dump **2** (*en casa*) wastebasket, waste-paper basket (*GB*) **3** (*en la calle*) trash can, dustbin (*GB*) ➔ *Ver dibujo en* GARBAGE CAN

**bat** *nm* bat: *~ de béisbol* baseball bat

**bata** *nf* **1** (*de casa*) bathrobe, dressing gown (*GB*) **2** (*de colegio, trabajo*) smock **3** (*de laboratorio*) lab coat **4** (*de hospital*) white coat

**batalla** *nf* battle LOC **de batalla** everyday: *Llevo las botas de ~.* I'm wearing my everyday boots. *Ver tb* CAMPO

**batallón** *nm* battalion

**batería** *nf* **1** (*Electrón, Mil*) battery [*pl* batteries]: *Se quedó sin ~.* The battery is dead. **2** (*Mús*) drums [*pl*]: *Lars Ulrich en la ~* Lars Ulrich on drums
▶ *nmf* drummer LOC **batería de cocina** set of saucepans ➔ *Ver dibujo en* POT

**batidora** *nf* mixer

**batir** *vt* **1** to beat: *~ huevos* to beat eggs ◊ *~ al contrincante* to beat your opponent **2** (*crema*) to whip **3** (*récord*): *~ el récord mundial* to beat the world record LOC *Ver* CREMA

**batuta** *nf* baton

**baúl** *nm* trunk ➔ *Ver dibujo en* LUGGAGE

**bautismal** *adj* LOC *Ver* PILA

**bautismo** *nm* **1** (*iglesia católica*) baptism **2** (*iglesia protestante*) christening

**bautizar** *vt* **1** (*sacramento*) (a) (*iglesia católica*) to baptize (b) (*iglesia protestante*) to christen: *La bautizaremos con el nombre de Marta.* We're going to christen her Marta. **2** (*barco, invento*) to name

**bautizo** *nm* baptism: *Mañana celebramos el ~ de mi hermano.* We're celebrating my brother's baptism tomorrow.

**baya** *nf* (*Bot*) berry [*pl* berries]

**baza** *nf* **1** (*Naipes*) trick: *Gané tres ~s.* I won three tricks. **2** (*recurso*) asset: *La experiencia es tu mejor ~.* Experience is your greatest asset.

**bazo** *nm* spleen

**bebé** *nm* baby [*pl* babies]

**bebedor, -ora** *nm-nf* (*heavy*) drinker

**beber(se)** *vt, vi, vpr* to drink: *Bébetelo todo.* Drink it up. ◊ *Se bebieron la botella entera.* They drank the whole bottle. LOC **beber a la salud de algn** to drink to sb's health **beber de la llave/de la botella** to drink straight from the faucet/bottle **beber a sorbos** to sip **beber como un cosaco** to drink like a fish **beber en vaso** to drink from a glass *Ver tb* TRAGO

**bebida** *nf* drink: *~ no alcohólica* non-alcoholic drink

**bebido, -a** *adj* **1** (*ligeramente*) tipsy **2** (*borracho*) drunk *Ver tb* BEBER(SE)

**beca** *nf* **1** (*del Estado*) grant **2** (*de entidad privada*) scholarship

**beige** *adj, nm* beige ➔ *Ver ejemplos en* AMARILLO

**béisbol** *nm* baseball

**belén** *nm* (*nacimiento*) crèche, crib (*GB*): *Vamos a poner el ~.* Let's set up the crèche.

**belga** *adj, nmf* Belgian: *los ~s* the Belgians

**Bélgica** *nf* Belgium

**Belice** *nm* Belize

**bélico, -a** *adj* **1** (*actitud*) warlike **2** (*armas, juguetes*) war: *películas bélicas* war movies

**belleza** *nf* beauty [*pl* beauties] LOC *Ver* CONCURSO, SALÓN

**bello, -a** *adj* beautiful LOC **bellas artes** fine art **la Bella Durmiente** Sleeping Beauty

**bellota** *nf* acorn

**bendecir** *vt* to bless LOC **bendecir la mesa** to say grace *Ver tb* DIOS

**bendición** *nf* blessing LOC **dar/echar la bendición** to bless sth/sb

**bendito, -a** *adj* blessed

**beneficiar** *vt* **~ (a)** to benefit sth/sb
▶ **beneficiarse** *vpr* **beneficiarse (con/de)** to benefit (from sth): *Se beneficiaron del descuento.* They benefited from the reduction.

**beneficio** *nm* **1** (*bien*) benefit **2** (*Com, Fin*) profit: *dar/obtener ~s* to produce/make a profit LOC **en beneficio de** to the advantage of sth/sb: *en ~ tuyo* to your advantage

**beneficioso, -a** *adj* beneficial

**benéfico, -a** *adj* charity: *obras benéficas* charity work ◇ *una institución benéfica* a charity

**bengala** *nf* **1** flare **2** (*de mano*) sparkler

**benigno, -a** *adj* **1** (*tumor*) benign **2** (*clima*) mild

**benjamín, -ina** *nm-nf* youngest child

**berberecho** *nm* cockle

**berenjena** *nf* eggplant, aubergine (*GB*)

**bermudas** *nm o nf* Bermuda shorts

**berrinche** *nm* tantrum: *estar con/tener un ~* to have a tantrum

**berro** *nm* watercress [*incontable*]

**besar** *vt* to kiss: *Le besó la mano.* He kissed her hand. ◇ *Me besó en la frente.* She kissed me on the forehead.

**beso** *nm* kiss: *Dale un ~ a tu prima.* Give your cousin a kiss. ◇ *Nos dimos un ~.* We kissed. **LOC** **tirar un beso** to blow (*sb*) a kiss *Ver tb* COMER

**bestia** *nf* beast
▶ *adj, nmf* brute [*n*]: *¡Qué ~ eres!* You're such a brute! **LOC** **a lo bestia** like crazy: *Manejan a lo ~.* They drive like crazy.

**bestial** *adj* **1** (*enorme*) huge: *Tengo un hambre ~.* I'm famished. **2** (*genial*) great

**bestialidad** *nf* **1** (*brutalidad*): *Hicieron muchas ~es.* They did a lot of disgusting things. **2** (*grosería*): *decir ~es* to be rude **3** (*estupidez*): *hacer muchas ~es* to do a lot of stupid things **LOC** **una bestialidad** (*cantidad, número*) loads *of sth*: *una ~ de gente* loads of people

**besugo** *nm* bream [*pl* bream]

**betabel** *nm* beet, beetroot (*GB*) **LOC** **betabel azucarero** sugar beet

**betún** *nm* **1** (*pastel*) frosting, icing (*GB*) **2** (*calzado*) (shoe) polish

**biberón** *nm* bottle

**Biblia** *nf* Bible

**bíblico, -a** *adj* biblical

**bibliografía** *nf* bibliography [*pl* bibliographies]

**biblioteca** *nf* (*edificio, conjunto de libros*) library [*pl* libraries] **LOC** *Ver* RATÓN

**bibliotecario, -a** *nm-nf* librarian

**bicarbonato** *nm* bicarbonate

**bíceps** *nm* biceps [*pl* biceps]

**bicho** *nm* **1** (*insecto*) bug **2** (*cualquier animal*) animal **LOC** **¿qué bicho te ha picado?** what's bugging you, him, her, etc.? **ser un bicho raro** to be a little weird

**bici** *nf* bike

**bicicleta** *nf* bicycle, bike (*más coloq*): *¿Sabes andar en ~?* Can you ride a bike? ◇ *dar un paseo en ~* to go for a ride on your bicycle ◇ *ir en ~ al trabajo* to cycle to work **LOC** **bicicleta de carreras/montaña** racing/mountain bike

**bicimoto** *nf* moped

**bidé** *nm* bidet

**bidón** *nm* drum

**bien¹** *adv* **1** well: *portarse ~* to behave well ◇ *Hoy no me siento ~.* I don't feel well today. ◇ *—¿Cómo está tu padre? —Muy ~, gracias.* "How's your father?" "Very well, thanks." **2** (*de acuerdo, adecuado*) OK: *Les parecía ~.* They thought it was OK. ◇ *—¿Me lo prestas? —Está ~, pero ten cuidado.* "Can I borrow it?" "OK, but be careful." **3** (*calidad, aspecto, olor, sabor*) good: *La escuela está ~.* The school is good. ◇ *¡Qué ~ huele!* That smells really good! **4** (*correctamente*): *Contesté ~ la pregunta.* I got the right answer. ◇ *Hablas ~ el español.* You speak good Spanish. **LOC** **andar/estar bien de** to have plenty of *sth* **¡(muy) bien!** (very) good! ❶ Para otras expresiones con **bien**, véanse las entradas del adjetivo, verbo, etc., p. ej. **llevarse bien** en LLEVAR.

**bien²** *conj* **LOC** **bien… bien…** either… or…: *Iré ~ en tren, ~ en camión.* I'll go either by train or by bus.

**bien³** *nm* **1** (*lo bueno*) good: *el ~ y el mal* good and evil **2 bienes** possessions **LOC** **bienes de consumo** consumer goods **por el bien de** for the good of *sth/sb* **por tu bien** for your, his, her, etc. own good *Ver tb* MAL

**bien⁴** *adj* well-to-do: *Son de familia ~.* They're from a well-to-do family. **LOC** *Ver* GENTE, NIÑO

**bienestar** *nm* well-being

**bienvenida** *nf* welcome: *dar la ~ a algn* to welcome sb

**bienvenido, -a** *adj* welcome

**bigote** *nm* **1** (*persona*) mustache: *un hombre con ~* a man with a mustache ◇ *Lleva unos grandes ~s.* He has a large mustache. **2** (*gato*) whiskers [*pl*]

**bikini** *nm* bikini [*pl* bikinis]

**biliar** *adj* **LOC** *Ver* VESÍCULA

**bilingüe** *adj* bilingual

**bilis** *nf* bile

**billar** *nm* **1** (*juego*) pool, billiards: *jugar al ~* to play pool

El billar americano, de 16 bolas, se llama **pool**. **Billiards** se refiere a la modalidad que se juega con sólo tres bolas, y el billar de 22 bolas, muy popular en Gran Bretaña, se llama **snooker**.

**2** (*mesa*) pool/billiard table **3 billares** (*local*) pool hall

**billete** *nm* bill, note (*GB*): *billetes de 100 pesos* 100 peso bills

**billetera** *nf* wallet

**billón** *nm* (*un millón de millones*) trillion
➲ *Ver nota en* MILLION

**binario, -a** *adj* binary

**bingo** *nm* **1** (*juego*) bingo: *jugar al ~* to play bingo **2** (*sala*) bingo hall

**biodegradable** *adj* biodegradable

**biodiversidad** *nf* biodiversity

**biografía** *nf* biography [*pl* biographies]

**biología** *nf* biology

**biólogo, -a** *nm-nf* biologist

**biquini** *nm Ver* BIKINI

**bisabuelo, -a** *nm-nf* **1** (*masc*) great-grandfather **2** (*fem*) great-grandmother **3** **bisabuelos** great-grandparents

**bisagra** *nf* hinge

**bisiesto** *adj* LOC *Ver* AÑO

**bisnieto, -a** *nm-nf* **1** (*masc*) great-grandson **2** (*fem*) great-granddaughter **3** **bisnietos** great-grandchildren

**bisonte** *nm* bison [*pl* bison]

**bistec** *nm* steak ➲ *Ver nota en* COCER

**bisturí** *nm* scalpel

**bisutería** *nf* costume jewelry

**bit** *nm* bit

**bizco, -a** *adj* cross-eyed

**bizcocho** *nm* biscuit

**biznieto, -a** *nm-nf Ver* BISNIETO

**blanca** *nf* (*Mús*) half note, minim (*GB*)

**Blancanieves** *n pr* Snow White

**blanco, -a** *adj* white: *pescado/vino ~* white fish/wine ➲ *Ver ejemplos en* AMARILLO
▶ *nm-nf* (*persona*) white man/woman [*pl* men/women]
▶ *nm* **1** (*color*) white **2** (*tiro al blanco*) target: *dar en el ~* to hit the target LOC **en blanco** blank: *un cheque/página en ~* a blank check/page **en blanco y negro** black and white: *ilustraciones en ~ y negro* black and white illustrations **más blanco que la nieve** as white as snow *Ver tb* ARMA, BANDERA, CHEQUE, PESCADO, PIZARRÓN

**blando, -a** *adj* **1** soft: *queso ~* soft cheese ◊ *un profesor ~* a soft teacher **2** (*carne*) tender

**blanquear** *vt* **1** (*lejía*) to whiten **2** (*encalar*) to whitewash **3** (*dinero*) to launder

**blasfemar** *vi* to blaspheme (*against sth/sb*)

**blasfemia** *nf* blasphemy [*incontable*]: *decir ~s* to blaspheme

**blindado, -a** *adj* **1** (*vehículo*) armored: *un coche ~* an armored car **2** (*puerta*) reinforced

**bloc** *nm* writing pad

**bloque** *nm* **1** block: *un ~ de mármol* a marble block **2** (*Pol*) bloc

**bloquear** *vt* **1** (*obstruir*) to block: *~ el paso/una carretera* to block access/a road ◊ *~ a un jugador* to block a player **2** (*Mil*) to blockade
▶ **bloquearse** *vpr* (*persona*) to freeze

**bloqueo** *nm* **1** (*Dep*) block **2** (*Mil*) blockade

**blusa** *nf* blouse

**bobada** *nf* nonsense [*incontable*]: *decir ~s* to talk nonsense ◊ *Deja de hacer ~s.* Stop being silly.

**bobina** *nf* **1** (*hilo*) reel **2** (*Electrón, alambre*) coil

**bobo, -a** *adj, nm-nf* **1** (*tonto*) silly [*adj*] **2** (*ingenuo*) naive [*adj*]: *Eres un ~.* You're so naive.

**boca** *nf* **1** (*Anat*) mouth: *No hables con la ~ llena.* Don't talk with your mouth full. **2** (*entrada*) entrance: *la ~ del metro* the subway entrance LOC **boca abajo/arriba** (*acostado*) face down/up **boca a boca**: *Le dieron respiración de ~ a ~.* They gave him mouth-to-mouth resuscitation. **boca de incendio/riego** hydrant **quedarse con la boca abierta** (*por sorpresa*) to be dumbfounded *Ver tb* ABRIR, CALLAR, CERRAR, PALABRA, RESPIRACIÓN

**bocacalle** *nf* side street: *Está en una ~ de la calle Santiago.* It's in a side street off Santiago Street.

**bocadillo** *nm* snack

**bocado** *nm* bite: *Se lo comieron de un ~.* They ate it all in one bite.

**boceto** *nm* **1** (*Arte*) sketch **2** (*idea general*) outline

**bochorno** *nm* (*pena*) embarrassment: *¡Qué ~!* How embarrassing!

**bocina** *nf* speaker

**boda** *nf* wedding: *aniversario de ~(s)* wedding anniversary ◊ *Mañana vamos a una ~.* We're going to a wedding tomorrow. ➲ *Ver nota en* MATRIMONIO LOC **bodas de oro/plata** golden/silver wedding [*v sing*]

**bodega** *nf* **1** (*para vino*) wine cellar **2** (*almacén*) warehouse **3** (*cuarto*) storeroom

**bodegón** *nm* (*Arte*) still life [*pl* still lifes]

**bofetón** *nm* (*tb* **bofetón** *nm*) slap (in the face): *Me dio una ~.* She slapped me (in the face).

**boicot** *nm* boycott

**boicotear** *vt* to boycott

**boina** *nf* beret

**bola** nf **1** ball: *una ~ de cristal* a crystal ball **2** (*montón*) a lot: *Tengo una ~ de cosas que hacer.* I've got a bunch of things to do. LOC **bola del mundo** globe **bola de nieve** snowball **bolas de alcanfor** mothballs **estar en bolas** to be buck naked, to be stark naked (*GB*)

**bolear** vt (*zapatos*) to polish

**boleta** nf (*escuela*) report

**boletín** nm bulletin: *~ informativo* news bulletin

**boleto** nm **1** (*lotería, rifa*) ticket: *No hay ~s.* Sold out. **2** (*quiniela*) coupon LOC **boleto de cortesía** free ticket **boleto de ida** one-way ticket, single (ticket) (*GB*) **boleto de ida y vuelta/de viaje redondo** round-trip ticket, return (ticket) (*GB*)

**boliche** nm **1** (*Dep*) bowling: *jugar al ~* to go bowling **2** (*local*) bowling alley [*pl* bowling alleys]

**bolígrafo** nm ballpoint pen

**bolillo** nm (*pan*) bread roll ➲ Ver dibujo en PAN

**bollo** nm **1** (*dulce*) bun **2** (*de pan*) roll ➲ Ver dibujo en PAN

**bolsa**¹ nf **1** bag: *una ~ de deportes* a sports bag ◊ *una ~ de plástico* a plastic bag ◊ *una ~ de caramelos* a bag of candy ➲ Ver dibujo en CONTAINER **2** (*concentración*) pocket: *una ~ de aire* an air pocket **3** (*de mujer*) purse, handbag (*GB*) LOC **bolsa de agua caliente** hot-water bottle **bolsa de trabajo** job openings [*pl*] **¡la bolsa o la vida!** your money or your life!

**bolsa**² nf stock exchange: *la ~ londinense* the London Stock Exchange

**bolsillo** nm pocket: *Está en el ~ de mi chamarra.* It's in my coat pocket. LOC **de bolsillo** pocket(-sized): *guía de ~* pocket guide Ver tb LIBRO

**bomba**¹ nf **1** (*Mil*) bomb: *~ atómica* atomic bomb ◊ *colocar una ~* to plant a bomb **2** (*noticia*) bombshell LOC **carta/coche/paquete bomba** letter/car/parcel bomb Ver tb AMENAZA

**bomba**² nf (*Mec*) pump LOC **bomba de aire** air pump

**bombardear** vt to bombard: *Me bombardearon con preguntas.* They bombarded me with questions.

**bombazo** nm (*bomb*) explosion

**bombero, -a** nm-nf firefighter LOC **los bomberos** the fire department, the fire brigade (*GB*) Ver tb COCHE, CUERPO

**bombo** nm (*Mús*) bass drum LOC **a bombo y platillo** with a great song and dance: *Lo anunciaron a ~ y platillo.* They made a great song and dance about it. **dar bombo** to make a fuss (*about sth/sb*)

**bombón** nm marshmallow

**bonachón, -ona** adj good-natured

**bondad** nf goodness LOC **tener la bondad de** to be so kind as *to do sth*: *¿Tiene la ~ de ayudarme?* Would you be so kind as to help me?

**bondadoso, -a** adj ~ **(con)** kind (to *sth/sb*)

**bonito, -a** adj **1** (*agradable*) nice: *una voz bonita* a nice voice ◊ *Es ~ ver a una familia tan unida.* It's nice to see such a close family. **2** (*aspecto físico*) pretty: *una niña muy bonita* a pretty little girl ◊ *un paisaje ~* pretty scenery

**bono** nm voucher LOC **bono del ahorro** savings bond

**boquiabierto, -a** adj (*sorprendido*) speechless

**boquilla** nf (*Mús*) mouthpiece

**borda** nf side of the ship: *asomarse por la ~* to lean over the side of the ship LOC **echar/tirar por la borda** (*fig*) to throw *sth* away: *echar por la ~ una ocasión de oro* to throw away a golden opportunity

**bordado, -a** adj (*Costura*) embroidered: *~ a mano* hand-embroidered
▸ nm embroidery [*incontable*]: *un vestido con ~s en las mangas* a dress with embroidery on the sleeves Ver tb BORDAR

**bordar** vt **1** (*Costura*) to embroider **2** (*hacer perfectamente*) to do *sth* brilliantly

**borde** nm **1** (*objeto circular*) edge: *al ~ de la mesa* on the edge of the table **2** (*objeto circular*) rim: *el ~ del vaso* the rim of the glass **3** (*tb bordillo*) (*banqueta*) curb LOC **al borde de** (*fig*) on the verge of *sth*: *al ~ de las lágrimas* on the verge of tears

**bordo** nm LOC **a bordo** on board: *subir a ~ del avión* to get on board the plane

**borrachera** nf: *agarrar/ponerse una ~ (de whisky)* to get drunk (on whisky)

**borracho, -a** adj, nm-nf drunk

**borrador** nm **1** (*texto provisional*) draft **2** (*pizarrón*) eraser, board duster (*GB*)

**borrar** vt **1** (*con goma*) to erase: *~ una palabra* to erase a word **2** (*pizarrón*) to clean **3** (*Informát*) to delete
▸ **borrarse** vpr **borrarse (de)** to withdraw (from *sth*)

**borrasca** nf storm

**borrascoso, -a** adj stormy

**borrego** nm-nf lamb

**borrón** nm ~ **(en)** smudge (on *sth*): *hacer borrones* to make smudges LOC **(hacer) borrón y cuenta nueva** let bygones be bygones

**borroso, -a** *adj* **1** (*impreciso*) blurred: *Sin lentes lo veo todo ~.* Everything is blurred without my glasses. **2** (*escritura*) illegible

**bosque** *nm* wood

**bostezar** *vi* to yawn

**bostezo** *nm* yawn

**bota¹** *nf* boot **LOC** *Ver* COLGAR

**bota²** *nf* (*vino*) wineskin

**botana** *nf* appetizer

**botanear** *vi* (*comer*) to snack
▸ *vt* (*burlarse de*) to tease: *Me botanearon por mis nuevos zapatos.* They teased me about my new shoes.

**botánica** *nf* botany

**botar** *vt* **1** (*pelota*) to bounce **2** (*buque*) to launch **3** (*expulsar*) to throw *sb* out (*of sth*)
▸ *vi* to bounce: *Esta pelota bota mucho.* This ball is very bouncy.

**bote¹** *nm* boat **LOC** **bote salvavidas** lifeboat

**bote²** *nm* **1** can **2** (*cárcel*) prison **LOC** **bote (de basura)** garbage can, bin (*GB*) ▸ *Ver dibujo en* GARBAGE CAN **bote de la ropa sucia** laundry basket

**bote³** *nm* (*pelota*) bounce **LOC** **dar/pegar botes** to bounce

**botella** *nf* bottle **LOC** **de/en botella** bottled: *Compramos la leche en ~.* We buy bottled milk. *Ver tb* BEBER, VERDE

**botín¹** *nm* (*bota*) ankle boot

**botín²** *nm* (*dinero*) loot

**botiquín** *nm* **1** (*maletín*) first-aid kit **2** (*armario*) medicine chest **3** (*habitación*) sickroom

**botón** *nm* **1** (*ropa*) button: *Traes desabrochado un ~.* One of your buttons is undone. **2** (*control*) knob: *El ~ rojo es el del volumen.* The red knob is the volume control. **3 botones** (*en un hotel*) bellboy

**bóveda** *nf* vault

**boxeador** *nm* boxer

**boxear** *vi* to box

**boxeo** *nm* boxing **LOC** *Ver* COMBATE

**boya** *nf* buoy

**bozal** *nm* muzzle

**bragueta** *nf* fly: *Llevas la ~ abierta.* Your fly is undone.

**brasa** *nf* ember **LOC** **a las brasas** grilled: *chuletas a las ~* grilled chops

**brasero** *nm* small stove

**Brasil** *nm* Brazil

**brasileño, -a** *adj, nm-nf* Brazilian

**bravo, -a** *adj* (*animal*) fierce
▸ **¡bravo!** *interj* bravo!

**braza** *nf* (*Náut*) fathom

**brazada** *nf* (*Natación, remos*) stroke

**brazalete** *nm* armband

**brazo** *nm* **1** arm: *Me rompí el ~.* I've broken my arm. **2** (*lámpara*) bracket **3** (*río*) branch **LOC** **brazo de gitano** Swiss roll **ponerse con los brazos en cruz** to stretch your arms out to the side **quedarse de brazos cruzados**: *No te quedes ahí de ~s cruzados y haz algo.* Don't just stand there! Do something. **(tomados) del brazo** arm in arm *Ver tb* CRUZAR

**brea** *nf* tar

**brecha** *nf* narrow dirt road

**breve** *adj* short: *una estancia ~* a short stay **LOC** **en breve** shortly **en breves palabras** in a few words **ser breve** (*hablando*) to be brief

**brigada** *nf* **1** (*Mil*) brigade **2** (*policía*) squad: *la ~ antidroga* the drug squad
▸ *nmf* sergeant major

**brillante** *adj* **1** (*luz, color*) bright **2** (*superficie*) shiny **3** (*fenomenal*) brilliant
▸ *nm* diamond

**brillar** *vi* to shine: *Sus ojos brillaban de alegría.* Their eyes shone with joy. ◇ *¡Cómo brilla!* Look how shiny it is! **LOC** **no todo lo que brilla es oro** all that glitters is not gold

**brillo** *nm* gleam **LOC** **sacar brillo** to polish

**brincar** *vi* to jump **LOC** **brincar de cojito** to hop ➲ *Ver dibujo en* SALTAR

**brinco** *nm* jump **LOC** **¡brincos dieras!** you wish! **dar/pegar un brinco/brincos** to jump: *dar ~s de alegría* to jump for joy

**brindar** *vi* **~ (a/por)** to drink a toast (to *sth/sb*): *Brindemos por su felicidad.* Let's drink (a toast) to their happiness.
▸ *vt* **1** (*dedicar*) to dedicate *sth* to *sb* **2** (*proporcionar*) to provide: *~ ayuda* to provide help
▸ **brindarse** *vpr* **brindarse a** to offer *to do sth*

**brindis** *nm* toast **LOC** **hacer un brindis** to drink a toast (*to sth/sb*)

**brisa** *nf* breeze

**británico, -a** *adj* British
▸ *nm-nf* Briton: *los ~s* the British ➲ *Ver nota en* GRAN BRETAÑA **LOC** *Ver* ISLA

**brocha** *nf* brush ➲ *Ver dibujo en* BRUSH **LOC** **brocha de rasurar** shaving brush

**broche** *nm* **1** (*Costura*) fastener **2** (*joya*) pin, brooch (*GB*) ➲ *Ver dibujo en* PIN

**broma** *nf* joke: *Le hicieron muchas ~s.* They played a lot of jokes on him. **LOC** **broma pesada** practical joke **de/en broma** jokingly: *Lo digo en ~.* I'm only joking. **¡ni en broma(s)!** no way! *Ver tb* FUERA

**bromear** *vi* to joke

**bromista** *adj*, *nmf* joker [*n*]: *Es muy ~.* He's a real joker.

**bronca** *nf* **1** (*pelea*) row **2** (*reprimenda*) reprimand, good talking-to (*coloq*): *Me volvieron a echar ~.* I've been told off again. LOC **armar una bronca** to kick up a fuss

**bronce** *nm* bronze

**bronceado** *nm* (sun)tan

**bronceador** *nm* suntan lotion

**broncearse** *vpr* to get a suntan

**bronquitis** *nf* bronchitis [*incontable*]

**brotar** *vi* **1** (*plantas*) to sprout **2** (*flores*) to bud **3** (*líquido*) to gush (out) (*from sth*)

**brote** *nm* **1** (*planta*) shoot **2** (*flor*) bud **3** (*epidemia, violencia*) outbreak: *un ~ de cólera* an outbreak of cholera

**bruces** LOC **caerse de bruces** to fall flat on your face

**bruja** *nf* witch

**brujería** *nf* witchcraft

**brujo** *nm* **1** (*hechicero*) wizard **2** (*en tribus primitivas*) witch doctor

**brújula** *nf* compass

**bruma** *nf* mist

**brusco, -a** *adj* **1** (*repentino*) sudden **2** (*persona*) abrupt

**brutal** *adj* (*violento*) brutal

**bruto, -a** *adj* **1** (*necio*) dense: *¡No seas ~!* Don't be so dense! **2** (*grosero*) crude **3** (*peso, ingresos*) gross
▸ *nm-nf* **1** (*necio*) idiot **2** (*grosero*) slob

**buceador, -ora** *nm-nf* diver

**bucear** *vi* to dive

**buceo** *nm* diving: *practicar el ~* to go diving

**budismo** *nm* Buddhism

**budista** *adj*, *nmf* Buddhist

**buen** *adj Ver* BUENO

**buen mozo** *adj* good-looking: *¡Qué hombre tan ~!* What a good-looking man!

**bueno, -a** *adj* **1** good: *Es una buena noticia.* That's good news. ◊ *Es ~ hacer ejercicio.* It's good to exercise. **2** (*amable*) kind: *Fueron muy ~s conmigo.* They were very nice to me. **3** (*comida*) tasty **4** (*correcto*) right: *No andas por buen camino.* You're on the wrong road.
▸ *nm-nf* good guy: *Ganó el ~.* The good guy won. ◊ *Lucharon los ~s contra los malos.* There was a fight between the good guys and the bad guys.
▸ *adv*: *—¿Quieres ir al cine? —Bueno.* "Would you like to go to the movies?" "OK." ◊ *Bueno, yo pienso que…* Well, I think that…

▸ *interj* (*teléfono*): *¿Bueno?* Hello?
LOC **¡(muy) buenas!** good day! **por las buenas**: *Es mejor que lo hagas por las buenas.* It would be better if you did it willingly. ◊ *Te lo pido por las buenas.* I'm asking you nicely. **por las buenas o por las malas** whether you like it or not, whether he/she likes it or not, etc.
❶ Para otras expresiones con **bueno**, véanse las entradas del sustantivo, p. ej. **¡buen provecho!** en PROVECHO.

**buey** *nm* ox [*pl* oxen] LOC *Ver* OJO

**búfalo** *nm* buffalo [*pl* buffalo/buffaloes]

**bufanda** *nf* scarf [*pl* scarves/scarfs]

**bufet** *nm* buffet

**bufete** *nm* (*abogado*) legal practice

**buhardilla** *nf* **1** (*ático*) loft **2** (*ventana*) dormer window

**búho** *nm* owl

**buitre** *nm* vulture

**bujía** *nf* (*Mec*) spark plug

**buldog** *nm* bulldog

**bulla** *nf* racket: *armar/hacer ~* to make a racket

**bullicio** *nm* **1** (*ruido*) racket **2** (*actividad*) hustle and bustle: *el ~ de la capital* the hustle and bustle of the capital

**bulto** *nm* **1** (*paquete*) package **2** (*objeto indeterminado*) shape: *Me pareció ver un ~ que se movía.* I thought I saw a shape moving. LOC **a bulto** roughly

**buque** *nm* ship LOC **buque de guerra** warship

**burbuja** *nf* bubble: *un baño de ~s* a bubble bath LOC **con/sin burbujas** fizzy/non-carbonated **hacer burbujas** to bubble **tener burbujas** (*bebida*) to be fizzy: *Tiene muchas ~s.* It's very fizzy.

**burgués, -esa** *adj* middle-class

**burguesía** *nf* middle class

**burla** *nf* **1** (*mofa*) mockery [*incontable*]: *un tono de ~* a mocking tone **2** (*broma*) joke: *Déjate de ~s.* Stop joking. LOC **hacer burla** to make fun *of sth/sb*: *No me hagas ~.* Don't make fun of me.

**burlar** *vt* (*eludir*) to evade: *~ la justicia* to evade justice
▸ **burlarse** *vpr* **burlarse (de)** to make fun of *sth/sb*

**burlón, -ona** *adj* (*gesto, sonrisa*) mocking

**buró** *nm* bedside table

**burocracia** *nf* (*excesivo papeleo*) red tape

**burócrata** *nm-nf* civil servant

**burrada** *nf*: *Eso sí que fue una verdadera ~.* That was a really stupid thing to do. ◊ *decir ~s* to talk nonsense

**burro, -a** *adj* (*estúpido*) dense

▸ *nm-nf* **1** (*animal*) donkey [*pl* donkeys] **2** (*persona*) idiot: *el ~ de mi cuñado* my idiotic brother-in-law `LOC` **burro de planchar** ironing board

**busca** *nf ~* (**de**) search (for *sth*) `LOC` **en busca de** in search of *sth/sb*

**buscador** *nm* (*Internet*) search engine `LOC` **buscador de oro** gold prospector

**buscar** *vt* **1** to look for *sth/sb*: *Busco trabajo.* I'm looking for work. **2** (*sistemáticamente*) to search for *sth/sb*: *Usan perros para ~ droga.* They use dogs to search for drugs. **3** (*en un libro, en una lista*) to look *sth* up: *~ una palabra en el diccionario* to look a word up in the dictionary **4** (*recoger a algn*) (**a**) (*en coche*) to pick *sb* up: *Fuimos a ~lo a la estación.* We picked him up at the station. (**b**) (*a pie*) to meet **5** (*conseguir y traer*) to get: *Fui a ~ al médico.* I went to get the doctor.

▸ *vi ~* (**en/por**) to look (in/through *sth*): *Busqué en el archivo.* I looked in the file. `LOC` **buscar una aguja en un pajar** to look for a needle in a haystack **se busca** wanted: *Se busca departamento.* Apartment wanted. **te la estás buscando** you're asking for it

**búsqueda** *nf ~* (**de**) search (for *sth*): *la ~ de una solución pacífica* the search for a peaceful solution `LOC` **a la búsqueda de** in search of *sth*

**busto** *nm* bust

**butaca** *nf* **1** (*sillón*) armchair **2** (*Cine, Teat*) seat

**buzo** *nm* diver

**buzón** *nm* mailbox, letter box (*GB*) ➔ *Ver dibujo en* MAILBOX `LOC` **buzón de voz** voicemail **echar al buzón** to mail, to post (*GB*)

**byte** *nm* (*Informát*) byte

# C c

**cabal** *adj* (*persona*) upright LOC **(no) estar en sus cabales** (not) to be in your right mind

**cabalgar** *vi* ~ **(en)** to ride (on *sth*): *Cabalgar en mula es muy divertido.* Riding (on) a mule is a lot of fun.

**caballerango** *nm* groom

**caballería** *nf* **1** (*animal*) mount **2** (*Mil*) cavalry **3** (*caballeros andantes*) chivalry

**caballeriza** *nf* stable

**caballero** *nm* **1** gentleman [*pl* -men]: *Mi abuelo era todo un ~.* My grandfather was a real gentleman. **2** (*Hist*) knight LOC **de caballero(s)**: *sección de ~s* men's clothing department

**caballete** *nm* **1** (*Arte*) easel **2** (*soporte*) trestle

**caballitos** *nmpl* merry-go-round [*v sing*]

**caballo** *nm* **1** (*animal, Gimnasia*) horse **2** (*Ajedrez*) knight **3** (*Mec*) horsepower (*abrev* hp): *un motor de doce ~s* a twelve horsepower engine LOC **a caballo entre…** halfway between… **caballo de carrera(s)** racehorse **caballo de mar** sea horse *Ver tb* CARRERA, COLA¹, MONTAR, POTENCIA

**cabaña** *nf* (*choza*) cabin

**cabecear** *vi* **1** (*afirmar, de sueño*) to nod **2** (*caballo*) to toss its head **3** (*Dep*) to head: ~ *a la red* to head the ball into the net

**cabecera** *nf* **1** (*extremo*) head: *sentarse en la ~ de la mesa* to sit at the head of the table **2** (*cama*) headboard LOC *Ver* MÉDICO

**cabecilla** *nmf* ringleader

**cabello** *nm* hair

**caber** *vi* ~ **(en)** to fit (in/into *sth*): *Mi ropa no cabe en la maleta.* My clothes won't fit in the suitcase. ◊ *¿Quepo?* Is there room for me? **2** ~ **por** to go through *sth*: *El piano no cabía por la puerta.* The piano wouldn't go through the door. LOC **no cabe duda** there is no doubt **no caber en sí de contento/alegría** to be beside yourself with joy *Ver tb* DENTRO

**cabestrillo** *nm* sling: *con el brazo en ~* with your arm in a sling

**cabeza** *nf* **1** head: *tener buena/mala ~ para las matemáticas* to have a good head/to have no head for math **2** (*lista, liga, etc.*) top: *en la ~ de la lista* at the top

of the list **3** (*juicio*) sense: *¡Qué poca ~ tienes!* You have no sense! LOC **cabeza abajo** upside down ➔ *Ver dibujo en* REVÉS **cabeza de ajo(s)** head of garlic **cabeza de familia** head of the household **de cabeza** headlong: *tirarse a la alberca de ~* to dive headlong into the swimming pool **estar mal/tocado de la cabeza** to be touched **ir a la cabeza** to be in the lead **írsele la cabeza a algn** to feel dizzy **metérsele a algn en la cabeza hacer algo** to take it into your head to do sth: *Se les metió en la cabeza ir al puesto caminando.* They took it into their heads to walk to the town. **por cabeza** a/per head **ser un cabeza de chorlito** to be a scatterbrain *Ver tb* ABRIR, AFIRMAR, ASENTIR, DOLOR, ENTRAR, LAVAR, PERDER, PIE, SENTAR, SITUAR, SUBIR

**cabezada** *nf* LOC **dar cabezadas** (*dormirse*) to nod off

**cabezazo** *nm* **1** (*golpe*) butt **2** (*Dep*) header LOC **dar un cabezazo (al balón)** to head the ball

**cabina** *nf* **1** (*avión*) cockpit **2** (*barco*) cabin **3** (*camión*) cab LOC **cabina (telefónica/de teléfonos)** telephone booth

**cabizbajo, -a** *adj* downcast

**cable** *nm* cable LOC **echar un cable** to lend *sb* a hand

**cabo** *nm* **1** (*extremo*) end **2** (*Náut*) rope **3** (*Geog*) cape: *el ~ de Buena Esperanza* the Cape of Good Hope
▶ *nmf* (*Mil*) corporal: *el ~ Ramos* Corporal Ramos LOC **al cabo de** after: *al ~ de un año* after a year **de cabo a rabo** from beginning to end **llevar a cabo** to carry *sth* out *Ver tb* FIN

**cabra** *nf* goat LOC **estar loco como una cabra/más loco que una cabra** to be off your rocker

**cabrito** *nm* (*animal*) kid

**caca** *nf* poop, poo (*GB*) LOC **hacer caca** to poop, to poo (*GB*)

**cacahuate** (*tb* **cacahué**) *nm* peanut

**cacao** *nm* **1** (*planta*) cacao **2** (*en polvo*) cocoa **3** (*labios*) lip balm

**cacarear** *vi* **1** (*gallo*) to crow **2** (*gallina*) to cackle

**cacería** *nf* **1** (*caza mayor*) hunt: *una ~ de elefantes* an elephant hunt **2** (*caza menor*) shoot LOC **ir de cacería 1** (*caza mayor*) to go hunting **2** (*caza menor*) to go shooting

**cacerola** *nf* casserole ➔ *Ver dibujo en* POT

**cacharro** *nm* **1** (*vasija*) pot **2** (*vehículo*) old banger

**cachear** vt to search, to frisk (más coloq): *Cachearon a todos los pasajeros.* All the passengers were searched.

**cachetada** nf slap

**cachete** nm cheek

**cachetón, -ona** adj: *Es ~.* He has chubby cheeks.

**cacho** nm piece

**cachorro, -a** nm-nf **1** (perro) puppy [pl puppies] **2** (león, tigre, zorro) cub

**caco** nm burglar ➔ Ver nota en THIEF

**cactus** (tb **cacto**) nm cactus [pl cacti/cactuses]

**cada** adj **1** each: *Dieron un regalo a ~ niño.* They gave each child a present. ➔ Ver nota en EVERY **2** (con expresiones de tiempo, expresiones numéricas) every: *~ semana/vez* every week/time ◇ *~ diez días* every ten days **3** (con valor exclamativo): *¡Dices ~ cosa!* The things you come out with! **LOC** cada cosa a su tiempo all in good time **cada cual** everyone **¿cada cuánto?** how often? **cada dos días, semanas, etc.** every other day, week, etc. **cada loco con su tema** to each his own **cada uno** each (one): *Cada una valía 50 pesos.* Each one cost 50 pesos. ◇ *Nos dieron una bolsa a ~ uno.* They gave each of us a bag./They gave us a bag each. **cada vez más** more and more: *Cada vez hay más problemas.* There are more and more problems. ◇ *Estás ~ vez más guapa.* You're looking prettier and prettier. **cada vez mejor/peor** better and better/worse and worse **cada vez menos**: *Tengo ~ vez menos dinero.* I have less and less money. ◇ *Cada vez hay menos alumnos.* There are fewer and fewer students. ◇ *Nos vemos ~ vez menos.* We see less and less of each other. **cada vez que…** whenever… **para cada…** between: *un libro para ~ dos/tres alumnos* one book between two/three students

**cadáver** nm corpse, body [pl bodies] (más coloq) **LOC** Ver DEPÓSITO

**cadena** nf **1** chain **2** (Radio) station **3** (TV) channel **LOC** cadena perpetua life imprisonment

**cadera** nf hip

**cadete** nmf cadet

**caducar** vi **1** (documento, plazo) to expire **2** (alimento) to go past its expiration date **3** (medicamento) to be out of date: *¿Cuándo caduca?* When does it have to be used by?

**caducidad** nf **LOC** Ver FECHA

**caduco, -a** adj **LOC** Ver HOJA

**caer** vi **1** to fall: *La maceta cayó desde el balcón.* The flowerpot fell off the bal-

cony. ◇ *~ en la trampa* to fall into the trap ◇ *Mi cumpleaños cae en martes.* My birthday falls on a Tuesday. ◇ *Caía la noche.* Night was falling. **2 ~ (en)** (entender) to get sth [vt]: *Ya caigo.* Now I get it. **3** (persona): *Me caíste muy bien a mi madre.* My mother really liked you. ◇ *Me cae muy mal.* I can't stand him. ◇ *¿Qué tal te cayó su novia?* What did you think of his girlfriend?

▸ **caerse** vpr **1** to fall: *Cuidado, no te caigas.* Careful you don't fall. ◇ *Se me caen los pantalones.* My pants are falling down. **2** (diente, pelo) to fall out: *Se le cae el pelo.* His hair is falling out. **LOC** caérsele algo a algn to drop sth: *Se me cayó el helado.* I dropped my ice cream. **❶** Para otras expresiones con **caer**, véanse las entradas del sustantivo, adjetivo, etc., p. ej. **caer gordo** en GORDO.

**café** nm **1** (bebida) coffee: *¿Quieres un ~?* Would you like some/a coffee? **2** (establecimiento) cafe **3** (color) brown **LOC** café exprés espresso [pl espressos] **café Internet** Internet cafe **café solo/con leche** black coffee/coffee with milk

**cafeína** nf caffeine: *sin ~* caffeine free

**cafetal** nm coffee plantation

**cafetera** nf coffee pot **LOC** cafetera eléctrica coffee maker **cafetera exprés** espresso machine

**cafetería** nf snack bar

**cafetero, -a** adj coffee: *la industria cafetera* the coffee industry

**cafre** adj, nmf reckless driver: *Es bien ~ para manejar.* He's a very reckless driver.

**caída** nf **1** fall: *una ~ de tres metros* a three-meter fall ◇ *la ~ del gobierno* the fall of the government **2 ~ de** (descenso) fall in sth: *una ~ de los precios* a fall in prices **3** (pelo) loss: *prevenir la ~ del pelo* to prevent hair loss **LOC** a la caída de la tarde/noche at dusk/nightfall **caída libre** free fall

**caído, -a** adj fallen: *un pino ~* a fallen pine

▸ nm: *los ~s en la guerra* those who died in the war **LOC** caído del cielo **1** (inesperado) out of the blue **2** (oportuno): *Nos viene ~ del cielo.* It's a real godsend. Ver tb CAER

**caimán** nm alligator

**caja** nf **1** box: *una ~ de cartón* a cardboard box ◇ *una ~ de bombones* a box of chocolates ➔ Ver dibujo en CONTAINER **2** (botellas) (a) (refrescos, etc.) crate (b) (vino) case **3** (ataúd) casket, coffin (GB) **4** (supermercado) checkout **5** (otras tiendas) cash register **6** (banco) teller's window **LOC** caja de cambios/velocidades gearbox **caja de herramientas** toolbox **caja de seguridad** safe deposit box **caja**

**fuerte** safe **caja negra** black box **caja registradora** till *Ver tb* PAN

**cajero, -a** *nm-nf* cashier **LOC cajero automático** ATM, cash machine (*GB*)

**cajeta** *nf* caramel, toffee (*GB*)

**cajetilla** *nf* packet: *una ~ de cigarros* a pack of cigarettes

**cajón** *nm* **1** (*mueble*) drawer **2** (*de madera*) crate

**cajuela** *nf* trunk, boot (*GB*) ➔ *Ver dibujo en* COCHE

**cal** *nf* lime

**cala** *nf* cove

**calabacita** *nf* zucchini [*pl* zucchini/zucchinis], courgette (*GB*)

**calabaza** *nf* pumpkin

**calabozo** *nm* **1** (*mazmorra*) dungeon **2** (*celda*) cell

**calamar** *nm* squid [*pl* squid/squids]

**calambre** *nm* cramp: *Me dan ~s en las piernas.* I get cramps in my legs.

**calamidad** *nf* (*desgracia*) misfortune: *pasar ~es* to suffer misfortune **LOC ser una calamidad** (*persona*) to be useless: *Eres una ~.* You're useless.

**calar** *vi* **calar hasta los huesos**: *Hace un frío que cala hasta los huesos.* It's bitterly cold. ◇ *El viento cala hasta los huesos.* There's a bitterly cold wind.

**calavera** *nf* **1** skull **2** (*en coche*) tail light

**calcar** *vt* to trace

**calceta** *nf* knee sock

**calcetín** *nm* sock

**calcinado, -a** *adj* charred *Ver tb* CALCINAR

**calcinar** *vt* to burn *sth* down: *El fuego calcinó la fábrica.* The fire burned the factory down.

**calcio** *nm* calcium

**calcomanía** *nf* decal, transfer (*GB*)

**calculadora** *nf* calculator

**calcular** *vt* **1** (*averiguar*) to work *sth* out, to calculate (*más formal*): *Calcule cuánto necesitamos.* Work out how much we need. **2** (*suponer*) to reckon: *Calculo que habrá 60 personas.* I reckon there must be around 60 people.

**cálculo** *nm* calculation: *Según mis ~s son 105.* It's 105 according to my calculations. ◇ *Tengo que hacer unos ~s antes de decidir.* I have to make some calculations before deciding. **LOC hacer un cálculo aproximado** to make a rough estimate

**caldera** *nf* boiler

**caldo** *nm* **1** (*para cocinar*) stock: *~ de pollo* chicken stock **2** (*sopa*) broth: *Para mí el ~ de verduras.* I'd like the vegetable broth.

**calefacción** *nf* heating: *~ central* central heating

**calendario** *nm* calendar

**calentador** *nm* heater: *~ de agua* water heater

**calentamiento** *nm* warm-up: *ejercicios de ~* warm-up exercises ◇ *Primero haremos un poco de ~.* We're going to warm up first.

**calentar** *vt* **1** (*Cocina*) to heat *sth* up: *Voy a ~te la comida.* I'll heat up your dinner. **2** (*templar*) to warm *sth/sb* up
▸ **calentarse** *vpr* **1** (*ponerse muy caliente*) to get very hot: *El motor se calentó demasiado.* The engine overheated. **2** (*templarse, Dep*) to warm up

**calibre** *nm* caliber: *una pistola del ~ 38* a .38 caliber gun ◇ *un imbécil de mucho ~* a complete idiot

**calidad** *nf* quality: *la ~ de vida en las ciudades* the quality of life in the cities ◇ *fruta de ~* good-quality fruit **LOC en calidad de**: *en ~ de portavoz* as a spokesperson *Ver tb* RELACIÓN

**cálido, -a** *adj* warm

**caliente** *adj* hot, warm: *agua ~* hot water ◇ *La casa está ~.* The house is warm.

No se deben confundir las palabras **hot** y **warm**. **Hot** describe una temperatura bastante más caliente que **warm**. **Warm** es más bien *cálido, templado* y muchas veces tiene connotaciones agradables. Compara los siguientes ejemplos: *No lo puedo beber, está muy caliente.* I can't drink it, it's too hot. ◇ *¡Qué calor el que hace aquí!* It's too hot here! ◇ *Siéntate al lado del fuego, pronto entrarás en calor.* Sit by the fire, you'll soon warm up.

**LOC** *Ver* BOLSA¹, VENDER

**calificación** *nf* **1** (*nota escolar*) grade, mark (*GB*): *buenas calificaciones* good grades ◇ *Obtuvo la ~ de ocho.* He got a B. **2** (*descripción*) description: *Su comportamiento no merece otra ~.* His behavior cannot be described in any other way.

**calificar** *vt* **1** (*corregir*) to grade, to mark (*GB*) **2** (*a un alumno*) to give *sb* a grade: *La calificaron con diez.* They gave her an A. **3** (*describir*) to label *sb* (*as sth*): *La calificaron de excéntrica.* They labeled her as eccentric.

**caligrafía** *nf* handwriting

**callado, -a** *adj* **1** (*sin hablar apenas*) quiet: *Tu hermano está muy ~ hoy.* Your brother is very quiet today. **2** (*en completo silencio*) silent: *Permaneció ~.* He remained silent. *Ver tb* CALLAR

**callar** vt **1** (*persona*) to get *sb* to be quiet: *¡Calla a esos niños!* Get those children to be quiet! **2** (*información*) to keep quiet about *sth*
▶ **callar(se)** vi, vpr **1** (*no hablar*) to say nothing: *Prefiero ~(me).* I'd rather say nothing. **2** (*dejar de hablar o hacer ruido*) to go quiet, to shut up (*coloq*): *Dáselo, a ver si (se) calla.* Give it to him and see if he shuts up. LOC **¡calla!/¡cállate (la boca)!** be quiet!, shut up! (*coloq*)

**calle** nf street (*abrev* St.): *una ~ peatonal* a pedestrian street ◊ *Está en la ~ Juárez.* It's in Juárez Street.

Cuando se menciona el número de la casa o portal se usa la preposición **at**: *Vivimos en la calle Juárez 49.* We live at 49 Juárez Street. ➔ *Ver tb nota en* STREET

LOC **calle arriba/abajo** up/down the street **quedarse en la calle** (*sin nada*) to lose everything

**callejero, -a** adj LOC *Ver* PERRO

**callejón** nm alley [*pl* alleys] LOC **callejón sin salida** dead end

**callejuela** nf side street

**callo** nm **1** (*dedo del pie*) corn **2** (*mano, planta del pie*) callus [*pl* calluses]

**calma** nf calm: *mantener la ~* to keep calm LOC **¡(con) calma!** calm down! **tomarse algo con calma** to take it easy: *Tómatelo con ~.* Take it easy. *Ver tb* PERDER

**calmante** nm **1** (*dolor*) painkiller **2** (*nervios*) tranquillizer

**calmar** vt **1** (*nervios*) to calm **2** (*dolor*) to relieve **3** (*hambre, sed*) to satisfy
▶ **calmarse** vpr to calm down

**calor** nm heat: *Hoy aprieta el ~.* It's stiflingly hot today. **hacer calor** to be hot: *Hace mucho ~.* It's very hot. ◊ *¡Qué ~ hace!* It's so hot! **tener calor** to be/feel hot: *Tengo ~.* I'm hot. ➔ *Ver nota en* CALIENTE; *Ver tb* ENTRAR

**caloría** nf calorie: *una dieta baja en ~s* a low-calorie diet ◊ *quemar ~s* to burn off calories

**caluroso, -a** adj **1** (*muy caliente*) hot: *Fue un día muy ~.* It was a very hot day. **2** (*tibio, afectuoso*) warm: *una noche/ bienvenida calurosa* a warm night/welcome

**calva** nf bald patch

**calvo, -a** adj bald: *quedarse ~* to go bald

**calzada** nf avenue

**calzado** nm footwear: *~ de piel* leather footwear

**calzar** vt **1** (*zapato*) to wear: *Calzo zapato plano.* I wear flat shoes. **2** (*número*) to

wear: *¿Qué número calzas?* What size do you wear? **3** (*persona*) to put *sb's* shoes on: *¿Puedes ~ al niño?* Can you put the little boy's shoes on for him?
▶ **calzarse** vpr to put your shoes on

**calzón** nm **calzones, calzoncillos 1** (*hombre*) **(a)** underpants [*pl*] **(b)** (*boxers*) (boxer) shorts [*pl*] **2** (*mujer*) panties ❶ *Nótese que* unos calzoncillos *se dice* **a pair of underpants/panties.** ➔ *Ver tb notas en* UNDERPANTS *y* PAIR

**cama** nf bed: *irse a la ~* to go to bed ◊ *¿Todavía estás en la ~?* Are you still in bed? ◊ *meterse en la ~* to get into bed ◊ *salir de la ~* to get out of bed LOC **cama individual/matrimonial** single/double bed *Ver tb* COCHE, JUEGO, SOFÁ

**camada** nf litter

**camaleón** nm chameleon

**cámara** nf **1** (*Cine, Fot*) camera **2** (*Pol, Mús*) chamber: *la ~ de comercio* the chamber of commerce ◊ *música de ~* chamber music
▶ nmf **1** (*masc*) cameraman [*pl* -men] **2** (*fem*) camerawoman [*pl* -women] LOC **a/en cámara lenta** in slow motion **Cámara de Diputados** Chamber of Deputies **Cámara de Senadores** Senate ➔ *Ver nota en* CONGRESS **cámara fotográfica** camera

**camarada** nmf **1** (*Pol*) comrade **2** (*colega*) buddy

**camarógrafo, -a** nm-nf **1** (*masc*) cameraman [*pl* -men] **2** (*fem*) camerawoman [*pl* -women]

**camarón** nm shrimp, prawn (*GB*) LOC *Ver* COLORADO

**camarote** nm cabin

**cambiante** adj changing

**cambiar** vt **1** to change *sth* (*for sth*): *Voy a ~ mi coche por uno más grande.* I'm going to trade in my car for a bigger one. **2** (*dinero*) to change *sth* (*into sth*): *~ pesos a/en dólares* to change pesos into dollars **3** (*intercambiar*) to exchange *sth* (*for sth*): *Si no te queda bien lo puedes ~.* You can exchange it if it doesn't fit you.
▶ vi **(de)** to change: *~ de trabajo/tren* to change jobs/trains ◊ *No van a ~.* They're not going to change. ◊ *~ de velocidad* to shift gears ◊ *~ de tema* to change the subject
▶ **cambiarse** vpr **1 cambiarse (de)** to change: *~se de zapatos* to change your shoes **2** (*persona*) to get changed: *Voy a ~me porque tengo que salir.* I'm going to get changed because I have to go out. LOC **cambiar de opinión** to change your mind **cambiar(se) de casa** to move house

**cambio** nm **1** **~ (de)** change (in/of *sth*): *un ~ de temperatura* a change in temperature ◊ *Hubo un ~ de planes.* There

has been a change of plan. **2** (*intercambio*) exchange: *un ~ de impresiones* an exchange of views **3** (*dinero suelto*) change: *Me dieron mal el cambio.* They gave me the wrong change. ◊ *¿Tiene ~ de 100 pesos?* Do you have change for 100 pesos? **4** (*Fin*) exchange rate **LOC** **a cambio (de/de que)** in return (for *sth/doing sth*): *No recibieron nada a ~.* They got nothing in return. ◊ *a ~ de que me ayudes con las matemáticas* in return for you helping me with my math **cambio climático** climate change **cambio de guardia** changing of the guard **en cambio** on the other hand *Ver tb* CAJA, CASA, PALANCA

**camello**, **-a** *nm-nf* camel

**camellón** *nm* median (strip), central reservation (*GB*)

**camerino** *nm* dressing room

**camilla** *nf* (*Med*) stretcher

**caminar** *vt, vi* to walk: *Hemos caminado 20 km.* We've walked 20 km. **LOC** **ir caminando** to go on foot

**caminata** *nf* trek **LOC** **dar una caminata** to go on a long walk

**camino** *nm* **1** (*ruta, medio*) way: *No me acuerdo del ~.* I can't remember the way. ◊ *Me la encontré en el ~.* I met her on the way. **2 ~ (a/de)** (*senda*) path (to *sth*): *el ~ a la fama* the path to fame **3** (*carretera no asfaltada*) dirt road **LOC** **camino de brecha** narrow dirt road **camino de terracería** dirt road **(estar/ir) camino de…** (to be) on the/your way to… **ir por buen/mal camino** to be on the right/wrong track **ponerse en camino** to set off *Ver tb* ABRIR, INGENIERO, MEDIO

**camión** *nm* **1** (*autobús*) bus [*pl* buses/busses] **2** (*de carga*) truck, lorry [*pl* lorries] (*GB*) **LOC** **camión cisterna** tanker **camión de la basura** garbage truck **camión de mudanzas** moving van, removal van (*GB*) **camión materialista** truck, lorry [*pl* lorries] (*GB*) *Ver tb* PARADA, TERMINAL

**camionero**, **-a** *nm-nf* **1** (*carga*) truck driver, lorry driver (*GB*) **2** (*pasajeros*) bus driver

**camioneta** *nf* **1** (*de carga*) van **2** (*pasajeros*) station wagon, estate car (*GB*)

**camisa** *nf* shirt **LOC** **camisa de fuerza** straitjacket

**camiseta** *nf* **1** T-shirt **2** (*Dep*) shirt **3** (*ropa interior*) undershirt, vest (*GB*)

**camisón** *nm* nightgown, nightie (*coloq*)

**camote** *nm* sweet potato [*pl* sweet potatoes] **LOC** **poner a algn como camote** to tell sb off

**campamento** *nm* camp: *ir de ~* to go to a camp

**campana** *nf* **1** bell: *¿Oyes las ~s?* Can you hear the bells ringing? **2** (*extractor*) extractor hood

**campanada** *nf* **1** (*campana*): *Sonaron las ~s.* The bells rang out. **2** (*reloj*) stroke: *las doce ~s de medianoche* the twelve strokes of midnight **LOC** **dar dos, etc. campanadas** to strike two, etc.: *El reloj dio seis ~s.* The clock struck six.

**campanario** *nm* belfry [*pl* belfries]

**campaña** *nf* (*Com, Pol, Mil*) campaign: *~ electoral* election campaign **LOC** *Ver* TIENDA

**campeón**, **-ona** *nm-nf* champion: *el ~ del mundo/de Europa* the world/European champion

**campeonato** *nm* championship: *los Campeonatos Mundiales de Atletismo* the World Athletics Championships

**campesino**, **-a** *nm-nf* **1** (*agricultor*) farmworker ❶ También se puede decir **peasant**, pero tiene connotaciones de pobreza. **2** (*aldeano*) countryman/-woman [*pl* -men/-women]: *los ~s* country people

**camping** *nm* campground, campsite (*GB*) **LOC** **ir de camping** to go camping

**campo** *nm* **1** (*naturaleza*) country: *vivir en el ~* to live in the country **2** (*paisaje*) countryside: *El ~ está precioso en abril.* The countryside looks lovely in April. **3** (*tierra de cultivo, ámbito, Fís, Informát*) field: *~s de maíz* corn fields ◊ *~ magnético* magnetic field ◊ *el ~ de la ingeniería* the field of engineering **4** (*Dep*) **(a)** (*terreno*) field, pitch (*GB*): *salir al ~* to come out onto the field **(b)** (*estadio*) ground: *el ~ del Toluca* Toluca's ground **5** (*campamento*) camp: *~ de concentración/prisioneros* concentration/prison camp **LOC** **campo de batalla** battlefield **campo de golf** golf course *Ver tb* FAENA, MEDIO, PRODUCTO

**camuflaje** *nm* camouflage

**camuflar** *vt* to camouflage

**cana** *nf* gray hair: *tener ~s* to have gray hair

**Canadá** *nm* Canada

**canadiense** *adj, nmf* Canadian

**canal** *nm* **1** (*TV, estrecho marítimo natural*) channel: *un ~ de televisión* a TV channel ◊ *el ~ de la Mancha* the English Channel **2** (*estrecho marítimo artificial, de riego*) canal: *el ~ de Suez* the Suez Canal **LOC** *Ver* INGENIERO

**canario** *nm* (*pájaro*) canary [*pl* canaries]

**canasta** *nf* basket: *meter una ~* to score a basket **LOC** **canasta de Navidad**

Christmas basket **canasta familiar** family shopping basket

**cancelar** *vt* **1** to cancel: ~ *un vuelo/una reunión* to cancel a flight/meeting **2** *(deuda)* to settle

**cáncer** *nm* cancer *[incontable]*: ~ *de pulmón* lung cancer
▸ *(tb* **Cáncer)** *nm, nmf (Astrol)* Cancer ➔ *Ver ejemplos en* AQUARIUS

**cancha** *nf* **1** *(Tenis, Frontón, Baloncesto, etc.)* court: ~ *de tenis/squash* tennis/squash court ◊ *Los jugadores ya están en la* ~. The players are on court. **2** *(Fútbol)* field, pitch *(GB)*

**canción** *nf* **1** *(Mús)* song **2** *(excusa)* story *[pl* stories]: *No me vengas con canciones.* Don't come to me with stories.
**LOC canción de cuna** lullaby *[pl* lullabies]

**candado** *nm* padlock: *cerrado con* ~ padlocked

**candidato, -a** *nm-nf* **~ (a)** candidate (for *sth*): *el* ~ *a la presidencia del club* the candidate for chair of the club

**candidatura** *nf* **~ (a)** candidacy (for *sth*): *renunciar a una* ~ to withdraw your candidacy ◊ *Presentó su* ~ *al senado.* He is running for the senate.

**canela** *nf* cinnamon

**canelón** *nm* **canelones** cannelloni *[incontable]*

**cangrejo** *nm* **1** *(de mar)* crab **2** *(de río)* crayfish *[pl* crayfish]

**canguro** *nm* kangaroo *[pl* kangaroos]

**caníbal** *adj, nmf* cannibal: *una tribu* ~ a cannibal tribe

**canibalismo** *nm* cannibalism

**canica** *nf* marble: *jugar a las* ~*s* to play marbles

**canino, -a** *adj* canine

**canjear** *vt* to exchange *sth* (for *sth*): ~ *un vale* to exchange a voucher

**canoa** *nf* canoe

**canoso, -a** *adj* gray

**cansado, -a** *adj* **1** **~ (de)** *(fatigado)* tired (from *sth/doing sth*): *Están* ~*s de tanto correr.* They're tired from all that running. **2** *(que fatiga)* tiring: *El viaje fue* ~. It was a tiring journey. **3** **~ de** *(harto)* tired of *sth/sb/doing sth*: *¡Estoy* ~ *de ti!* I'm tired of you! ➔ *Ver nota en* BORING
**LOC** *Ver* VISTA; *Ver tb* CANSAR

**cansancio** *nm* tiredness **LOC** *Ver* MUERTO

**cansar** *vt* **1** *(fatigar)* to tire *sth/sb* (out) **2** *(aburrir, hartar)*: *Me cansa tener que repetir las cosas.* I get tired of having to repeat things.

▸ *vi* to be tiring: *Este trabajo cansa mucho.* This work is very tiring.
▸ **cansarse** *vpr* **cansarse (de)** to get tired (of *sth/sb/doing sth*): *Se cansa enseguida.* He gets tired very easily.

**cantante** *nmf* singer

**cantar** *vt, vi* to sing
▸ *vi* **1** *(cigarra, pájaro pequeño)* to chirp **2** *(gallo)* to crow **LOC cantar las verdades** to tell *sb* a few home truths **cantar victoria** to celebrate

**cántaro** *nm* pitcher **LOC** *Ver* LLOVER

**cantautor, -ora** *nm-nf* singer-songwriter

**cantera** *nf* *(de piedra)* quarry *[pl* quarries]

**cantidad** *nf* **1** *[con sustantivo incontable]* amount: *una* ~ *pequeña de pintura/agua* a small amount of paint/water ◊ *¿Qué* ~ *necesitas?* How much do you need? **2** *(dinero)* amount, sum *(más formal)* **3** *(personas, objetos)* a lot of *sth/sb*: *¡Qué* ~ *de coches!* What a lot of cars! **4** *(magnitud)* quantity: *Prefiero la calidad a la* ~. I prefer quality to quantity. **LOC en cantidades industriales** in huge amounts

**cantimplora** *nf* water bottle

**cantina** *nf* bar

**cantinero, -a** *nm-nf* bartender, barman/barmaid *(GB)*

**canto¹** *nm* **1** *(arte)* singing: *estudiar* ~ to study singing **2** *(canción, poema)* song: *un* ~ *a la belleza* a song to beauty

**canto²** *nm* **1** *(borde)* edge **2** *(cuchillo)* back **LOC de canto** on its/their side: *poner algo de* ~ to put sth on its side

**canturrear** *vt, vi* to hum

**caña** *nf* **1** *(junco)* reed **2** *(bambú, azúcar)* cane: ~ *de azúcar* sugar cane **LOC caña (de pescar)** fishing rod

**cañería** *nf* pipe: *la* ~ *de desagüe* the drainpipe

**cañón** *nm* **1** *(de artillería)* cannon **2** *(fusil)* barrel: *una escopeta de dos cañones* a double-barreled shotgun **3** *(Geog)* canyon: *el* ~ *del Colorado* the Grand Canyon

**caoba** *nf* mahogany

**caos** *nm* chaos *[incontable]*: *La noticia causó el* ~. The news caused chaos.

**capa** *nf* **1** layer: *la* ~ *de ozono* the ozone layer **2** *(pintura, barniz)* coat **3** *(prenda)* **(a)** *(larga)* cloak **(b)** *(corta)* cape

**capacidad** *nf* **~ (de/para)** **1** capacity (for *sth*): *una gran* ~ *de trabajo* a great capacity for work ◊ *un hotel con* ~ *para 300 personas* a hotel with capacity for 300 guests **2** *(aptitud)* ability *(to do sth)*: *Tiene la* ~ *para hacerlo.* She has the ability to do it.

**capar** *vt* to castrate

**caparazón** *nm* shell: *un ~ de tortuga* a tortoise shell

**capataz** *nmf* **1** (*masc*) foreman [*pl* -men] **2** (*fem*) forewoman [*pl* -women]

**capaz** *adj* ~ **(de)** capable (of *sth/doing sth*): *Quiero gente ~ y trabajadora.* I want capable, hard-working people. LOC **ser capaz de** to be able *to do sth*: *No sé cómo fueron capaces de decírselo así.* I don't know how they could tell her like that. ◇ *No soy ~ de aprenderlo.* I just can't learn it.

**capellán** *nm* chaplain

**Caperucita** LOC **Caperucita Roja** Little Red Riding Hood

**capicúa** *nm* palindromic number

**capilla** *nf* chapel LOC **capilla ardiente** chapel of rest

**capital** *nf* capital
▶ *nm* (*Fin*) capital

**capitalismo** *nm* capitalism

**capitalista** *adj, nmf* capitalist

**capitán, -ana** *nm-nf* captain: *el ~ del equipo* the team captain
▶ *nmf* (*Mil*) captain

**capítulo** *nm* **1** (*libro*) chapter: *¿En qué ~ vas?* What chapter are you on? **2** (*Radio, TV*) episode

**caporal** *nm* foreman

**capote** *nm* cape

**capricho** *nm* (*antojo*) whim: *los ~s de la moda* the whims of fashion LOC **dar un capricho a algn** to give sb a treat

**caprichoso, -a** *adj* **1** (*que quiere cosas*): *¡Qué niño más ~!* That child's never satisfied! **2** (*que cambia de idea*): *Tiene un carácter ~.* He's always changing his mind. ◇ *un cliente ~* a fussy customer

**capricornio** (*tb* **Capricornio**) *nm, nmf* Capricorn ➋ *Ver ejemplos en* AQUARIUS

**captura** *nf* **1** (*fugitivo*) capture **2** (*armas, drogas*) seizure

**capturar** *vt* **1** (*fugitivo*) to capture **2** (*armas, drogas*) to seize

**capucha** *nf* (*prenda*) hood

**capullo** *nm* **1** (*flor*) bud **2** (*insecto*) cocoon

**caqui** *nm* khaki: *unos pantalones ~* a pair of khaki trousers ➋ *Ver ejemplos en* AMARILLO

**cara** *nf* (*rostro*) face LOC **cara a cara** face to face **cara o cruz** heads or tails **dar la cara** to face the music **la otra cara de la moneda** the other side of the story **partirle/romperle la cara a algn** to smash sb's face in **poner cara de asco** to make a face: *No pongas ~ de asco y cómetelo.* Don't make a face. Just eat it. **tener buena/mala cara** (*persona*) to look well/sick *Ver tb* CERRAR, COSTAR, VOLVER

**carabina** *nf* (*arma*) carbine LOC **hacer/ir de carabina** to chaperone

**caracol** *nm* **1** (*de tierra*) snail **2** (*de mar*) conch LOC *Ver* ESCALERA

**carácter** *nm* **1** (*modo de ser*) character: *un defecto de mi ~* a character defect **2** (*índole*) nature LOC **tener buen/mal carácter** to be good-natured/ill-tempered **tener mucho/poco carácter** to be strong-minded/weak-minded

**característica** *nf* characteristic

**característico, -a** *adj* characteristic

**caracterizar** *vt* **1** (*distinguir*) to characterize: *El orgullo caracteriza a este pueblo.* Pride characterizes this people. **2** (*disfrazar*) to dress sb up as *sth/sb*: *Me caracterizaron de ~.* They dressed me up as an old man.
▶ **caracterizarse** *vpr* **caracterizarse de** to dress up as *sth/sb*

**¡caramba!** *interj* **1** (*sorpresa*) my goodness! **2** (*enojo*) for heaven's sake!

**caramelo** *nm* **1** (*golosina*) candy [*pl* candies], sweet (*GB*) **2** (*azúcar quemado*) caramel

**carátula** *nf* (*de reloj*) dial

**caravana** *nf* **1** (*expedición*) caravan **2** (*cortesía*) compliment LOC **ir en caravana** to go in single file

**carbón** *nm* coal LOC **carbón vegetal** charcoal

**carboncillo** *nm* charcoal (for drawing)

**carbonizar(se)** *vt, vpr* to burn

**carbono** *nm* carbon LOC *Ver* DIÓXIDO, HIDRATO, MONÓXIDO

**carburante** *nm* fuel

**carcajada** *nf* roar of laughter [*pl* roars of laughter] LOC *Ver* REÍR, SOLTAR

**cárcel** *nf* prison: *ir a la ~* to go to prison ◇ *Lo metieron en la ~.* They put him in prison.

**carcelero, -a** *nm-nf* jailer

**cardenal** *nm* cardinal

**cardiaco, -a** (*tb* **cardíaco, -a**) *adj* LOC **ataque/paro cardiaco** cardiac arrest

**cardinal** *adj* cardinal

**cardo** *nm* thistle

**carecer** *vi* ~ **de** to lack *sth* [*vt*]: *Carecemos de medicinas.* We lack medicines. LOC **carece de sentido** it doesn't make sense

**careta** *nf* mask

**carga** *nf* **1** (*acción*) loading: *~ y descarga* loading and unloading ◇ *La ~ del buque llevó varios días.* Loading the ship took several days. **2** (*peso*) load: *~ máxima* maximum load **3** (*mercancía*) **(a)** (*avión,*

*barco*) cargo [*pl* cargoes/cargos]
**(b)** (*camión*) load **4** (*explosivo, munición, Electrón*) charge: *una ~ eléctrica* an electric charge **5** (*obligación*) burden `LOC` ¡a **la carga!** charge!

**cargado, -a** *adj* **1** ~ **(de/con)** loaded (with *sth*): *Venían ~s de maletas.* They were loaded down with suitcases. ◇ *un arma cargada* a loaded weapon **2** ~ **de** (*responsabilidades*) burdened down with *sth* **3** (*atmósfera*) stuffy **4** (*bebida*) strong: *un café muy ~* a very strong coffee *Ver tb* CARGAR

**cargador** *nm* (*Electrón*) charger: ~ *de pilas* battery charger

**cargamento** *nm* **1** (*avión, barco*) cargo [*pl* cargoes/cargos] **2** (*camión*) load

**cargar** *vt* **1** to load: *Cargaron el camión de cajas.* They loaded the truck with boxes. ◇ ~ *un arma* to load a weapon **2** (*pila, batería*) to charge **3** (*encendedor, etc.*) to fill
▸ *vi* **1** ~ **con (a)** (*llevar*) to carry *sth* [*vt*]: *Siempre me toca ~ con todo.* I always end up carrying everything.
**(b)** (*responsabilidad*) to shoulder *sth* [*vt*] **2** ~ **(contra)** (*Mil*) to charge (at *sb*)

**cargo** *nm* **1** (*puesto*) post: *un ~ importante* an important post **2** (*Pol*) office: *el ~ de presidente municipal* the office of mayor **3** (*Jur*) charges `LOC` **cargo de conciencia** to feel guilty: *Me da ~ de conciencia.* I feel guilty. **hacerse cargo de 1** (*responsabilizarse*) to take charge of *sth* **2** (*cuidar de algn*) to look after *sb*

**caricatura** *nf* **1** caricature: *hacer una ~* to draw a caricature **2** **caricaturas** (*dibujos*) cartoons

**caricia** *nf* caress `LOC` **hacer caricias** to caress

**caridad** *nf* charity: *vivir de la ~* to live on charity

**caries** *nf* **1** (*enfermedad*) tooth decay [*incontable*]: *para prevenir la ~* to prevent tooth decay **2** (*agujero*) cavity [*pl* cavities]: *Tengo ~ en la muela.* I have a cavity in my tooth.

**cariño** *nm* **1** (*afecto*) affection **2** (*delicadeza*) loving care: *Trata sus cosas con mucho ~.* He treats his things with loving care. **3** (*apelativo*) sweetheart: *¡Cariño mío!* Sweetheart! `LOC` **agarrarle cariño a algn** to become fond of *sb* **con cariño** (*en cartas*) with love **tenerle cariño a algo/algn** to be fond of *sth/sb*

**cariñoso, -a** *adj* ~ **(con) 1** affectionate (toward *sth/sb*) **2** (*abrazo, saludos*) warm

**caritativo, -a** *adj* ~ **(con)** charitable (to/toward *sb*)

**carnada** *nf* bait

**carnal** *adj* (*sensual*) carnal
▸ *nm* (*amigo*) friend, buddy [*pl* buddies] (*coloq*)

**carnaval** *nm* carnival `LOC` *Ver* MARTES

**carne** *nf* **1** (*Anat, Relig, fruta*) flesh **2** (*alimento*) meat: *Me gusta la ~ bien cocida.* I like my meat well done.

> El inglés suele emplear distintas palabras para referirse al animal y a la carne que se obtiene de ellos: del *cerdo* (**pig**) se obtiene **pork**, de la *vaca* (**cow**), **beef**, del *ternero* (**calf**), **veal**. **Mutton** es la carne de la *oveja* (**sheep**), y del *cordero* (**lamb**) se obtiene la carne de cordero o **lamb**.

`LOC` **carne molida** ground meat **en carne viva** raw: *Tienes la rodilla en ~ viva.* Your knee is red and raw. **ser de carne y hueso** to be only human *Ver tb* GALLINA, PARRILLA, RES, UÑA

**carnero** *nm* ram

**carnicería** *nf* **1** (*tienda*) butcher shop **2** (*matanza*) massacre

**carnicero, -a** *nm-nf* butcher

**carnívoro, -a** *adj* carnivorous

**caro, -a** *adj* expensive
▸ *adv*: *comprar/pagar algo muy ~* to pay a lot for *sth* `LOC` **costar/pagar caro** to cost *sb* dearly: *Pagarán ~ su error.* Their mistake will cost them dearly.

**carpa¹** *nf* (*pez*) carp [*pl* carp]

**carpa²** *nf* (*entoldado*) tent, marquee (*GB*)

**carpeta** *nf* **1** (*delgada*) folder **2** (*con argollas*) binder

**carpintería** *nf* carpentry

**carpintero, -a** *nm-nf* carpenter

**carraspear** *vi* to clear your throat

**carraspera** *nf* hoarseness `LOC` **tener carraspera** to be hoarse

**carreola** *nf* stroller, pushchair (*GB*)

**carrera** *nf* **1** (*corrida*) run: *Ya no estoy para ~s.* I'm not up to running any more. **2** (*Dep*) race: ~ *de relevos/costales* relay/sack race **3** **carreras** (*caballos*) races **4** (*licenciatura*) degree: *¿Qué estudiaste?* What did you major in? **5** (*profesión*) career: *Estoy en el mejor momento de mi ~.* I'm at the peak of my career. `LOC` **carrera de armamentos** arms race **carrera de caballos** horse race *Ver tb* BICICLETA, CABALLO, COCHE

**carreta** *nf* cart

**carrete** *nm* (*bobina*) reel

**carretera** *nf* road `LOC` **carretera secundaria** back road, B-road (*GB*) **carretera de circunvalación** beltway, ring road (*GB*) **carretera nacional** interstate, A-road (*GB*) **por carretera** by road

**carretilla** nf wheelbarrow

**carril** nm **1** (*carretera*) lane: ~ *de autobús/ bicicletas* bus/cycle lane **2** (*de tren*) rail

**carrillo** nm cheek

**carrito** nm (shopping) cart, trolley [pl trolleys] (GB): ~ *de compras* shopping cart

**carro** nm **1** (*coche*) car **2** (*supermercado, aeropuerto*) cart, trolley [pl trolleys] (GB) **3** (*de caballos*) cart LOC Ver SITIO, VUELTA

**carrocería** nf bodywork [*incontable*]

**carromato** nm caravan

**carroña** nf carrion

**carroza** nf **1** (*tirada por caballos*) carriage **2** (*en un desfile*) float

**carruaje** nm carriage

**carrusel** nm (*caballitos*) merry-go-round

**carta** nf **1** (*misiva*) letter: *mandar una* ~ to mail a letter ◇ *¿Hay alguna* ~ *para mí?* Are there any letters for me? ◇ ~ *certificada/urgente* certified/express letter **2** (*Naipes*) card: *jugar a las* ~*s* to play cards ➲ *Ver nota en* BARAJA **3** (*menú*) menu **4** (*documento*) charter LOC **carta de navegación** chart **echar las cartas** to tell *sb's* fortune *Ver tb* BOMBA¹

**cartearse** vpr ~ (con) to write to *sb*

**cartel** nm poster: *poner un* ~ to put up a poster LOC **cartel indicador** sign *Ver tb* PROHIBIDO

**cartelera** nf (*sección de periódico*) listings [pl]: ~ *teatral* theater listings LOC **en cartelera** on: *Lleva un mes en* ~. It's been on for a month.

**cartera** nf (*billetero*) wallet

**carterista** nmf pickpocket

**cartero, -a** nm-nf letter carrier, postman/-woman [pl -men/-women] (GB)

**cartilla** nf (*Mil*) identity card LOC Ver LEER, LIBERAR

**cartón** nm **1** (*material*) cardboard: *cajas de* ~ cardboard boxes **2** (*huevos, cigarrillos, leche*) carton ➲ *Ver dibujo en* CONTAINER

**cartucho** nm (*proyectil, repuesto*) cartridge

**cartulina** nf card

**casa** nf **1** (*vivienda*) **(a)** house **(b)** (*departamento*) apartment, flat (GB) **(c)** (*edificio*) apartment building, block of flats (GB) **2** (*hogar*) home: *No hay nada como estar en la* ~. There's no place like home. **3** (*empresa*) company [pl companies]: *una* ~ *discográfica* a record company LOC **casa de cambio** bureau de change [pl bureaus de change] **casa de empeño** pawnshop **en la casa** at home: *Me quedé en la* ~. I stayed home. ◇ *¿Está tu madre en la* ~? Is your mother home? **en la casa de** at *sb's* (house): *Estaré en la*

~ *de mi hermana.* I'll be at my sister's (house). ❶ En lenguaje coloquial se omite la palabra **house**: *Estaré en la* ~ *de Ana.* I'll be at Ana's. **ir a casa** to go home **ir a casa de** to go to *sb's* (house): *Iré a la* ~ *de mis padres.* I'll go to my parents' (house). **pasar por la casa de algn** to drop in (on sb): *Pasaré por tu* ~ *mañana.* I'll drop in tomorrow. *Ver tb* AMO, CAMBIAR, LLEGAR

**casaca** nf (*blusón*) smock

**casado, -a** adj: *estar* ~ (*con algn*) to be married (to sb)
▶ nm-nf married man/woman LOC Ver RECIÉN; *Ver tb* CASAR

**casarse** vpr **1** to get married: *¿Sabes quién se casa?* Guess who's getting married. **2** **casarse con** to marry *sb*: *Jamás me casaré contigo.* I'll never marry you. LOC **casarse por la Iglesia/por lo civil** to get married in church/a civil ceremony ➲ *Ver nota en* MATRIMONIO

**cascabel** nm bell LOC Ver VÍBORA

**cascada** nf waterfall

**cascado, -a** adj **1** (*roto*) clapped-out **2** (*voz*) cracked **3** (*persona*) worn out *Ver tb* CASCAR

**cascajo** nm (*escombros*) rubble [*incontable*]: *La calle estaba llena de* ~. The street was full of rubble.

**cascanueces** nm nutcracker

**cascar** vt (*romper*) to crack: ~ *un jarrón* to crack a vase ◇ ~ *nueces* to crack nuts
▶ vi (*morir*) to kick the bucket

**cáscara** nf **1** (*limón, naranja*) peel ➲ *Ver nota en* PEEL **2** (*plátano*) skin **3** (*nuez*) shell **4** (*cereal*) husk

**cascarón** nm eggshell

**cascarrabias** nmf grouch

**casco** nm **1** (*cabeza*) helmet: *llevar* ~ to wear a helmet **2** (*botella*) empty bottle [pl empties]: *Tengo que devolver estos* ~*s.* I have to take these empties back. **3** (*animal*) hoof [pl hoofs/hooves] **4** (*barco*) hull LOC **casco antiguo/viejo** old town

**caserío** nm **1** (*casa*) farmhouse **2** (*aldea*) hamlet

**casero, -a** adj **1** (*producto*) homemade: *mermelada casera* homemade jam **2** (*persona*) home-loving
▶ nm-nf **1** (*masc*) landlord **1** (*fem*) landlady [pl landladies]

**caseta** nf **1** booth **2** (*de teléfono*) phone booth LOC **caseta electoral** voting booth

**casi** adv **1** [*en frases afirmativas*] almost, nearly ➲ *Ver nota en pág 52*

A menudo **almost** y **nearly** son intercambiables: *Casi me caigo.* I almost/nearly fell. ◊ *Estaba ~ lleno.* It was almost/nearly full. Sin embargo, sólo **almost** se puede usar para calificar otro adverbio en **-ly**: *almost completely* casi completamente. En Gran Bretaña **nearly** puede ser calificado por otros adverbios: *I very nearly left.* Me faltó muy poco para irme.

**2** [*en frases negativas*] hardly: *No la veo ~ nunca.* I hardly ever see her. ◊ *No vino ~ nadie.* Hardly anyone came. ◊ *No queda ~ nada.* There's hardly anything left. **LOC** **casi, casi** very nearly: *Casi, casi llegaban a mil personas.* There were very nearly a thousand people.

**casilla** *nf* **1** (*Ajedrez, Damas*) square **2** (*formulario*) box: *marcar la ~ con una cruz* to put a check mark in the box **3** (*cartas, llaves*) pigeonhole **4** (*electoral*) voting booth **LOC** *Ver* SACAR

**casillero** *nm* **1** (*con llave*) locker **2** (*mueble*) pigeonholes [*pl*]

**casino** *nm* **1** (*juego*) casino [*pl* casinos] **2** (*de socios*) club

**caso** *nm* case: *en cualquier ~* in any case **LOC** **el caso es que... 1** (*el hecho es que...*) the fact is (that)…: *El ~ es que no puedo ir.* The fact is I can't go. **2** (*lo que importa*) the main thing is that…: *No importa cómo, el ~ es que vaya.* It doesn't matter how he goes, the main thing is that he comes. **en caso de** in the event of *sth*: *Rómpase en ~ de incendio.* Break the glass in the event of fire. **en caso de que...** if…: *En ~ de que te pregunte…* If he asks you… **en el mejor/peor de los casos** at best/worst **en todo caso** in any case **hacer caso a/de** to take notice of *sth/sb* **hacer/venir al caso** to be relevant **ser un caso** to be a right one **ser un caso aparte** to be something else **yo en tu caso** if I were you *Ver tb* TAL

**caspa** *nf* dandruff

**cassette** *nm* cassette

**casta** *nf* (*grupo social*) caste **LOC** **de casta** thoroughbred

**castaña** *nf* (*fruto*) chestnut

**castañetear** *vi* (*dientes*) to chatter

**castaño, -a** *adj* brown: *ojos ~s* brown eyes ◊ *Tiene el pelo ~.* He has brown hair.
▶ *nm* chestnut (tree)

**castañuelas** *nf* castanets

**castellano** *nm* (*lengua*) Castilian Spanish

**castidad** *nf* chastity

**castigar** *vt* **1** to punish *sb* (*for sth*): *Me castigaron por mentir.* I was punished for telling lies. ◊ *Nos castigaron sin recreo.* We were kept in at recess. **2** (*Dep*) to penalize

**castigo** *nm* punishment: *Habrá que ponerles un ~.* They'll have to be punished. ◊ *levantar un ~* to withdraw a punishment

**castillo** *nm* castle **LOC** **castillo de arena** sandcastle

**casto, -a** *adj* chaste

**castor** *nm* beaver

**castrar** *vt* to castrate

**casual** *adj* chance: *un encuentro ~* a chance meeting

**casualidad** *nf* chance: *Nos conocimos de/por pura ~.* We met by sheer chance. ◊ *¿No tendrás por ~ su teléfono?* You wouldn't have their number by any chance? **LOC** **da la casualidad (de) que…** it so happens that… **¡qué casualidad!** what a coincidence!

**catalán** *nm* (*lengua*) Catalan

**catálogo** *nm* catalog

**catar** *vt* to taste

**catarata** *nf* **1** (*cascada*) waterfall **2** (*Med*) cataract

**catarina** *nf* ladybug, ladybird (*GB*)

**catarro** *nm* cold: *Tengo ~.* I have a cold. ◊ *pescar un ~* to catch a cold

**catástrofe** *nf* catastrophe

**catear** *vt* (*policía*) to search

**catecismo** *nm* catechism

**catedral** *nf* cathedral

**catedrático, -a** *nm-nf* **1** university professor **2** (*coordinador*) head of department

**categoría** *nf* **1** (*sección*) category [*pl* categories] **2** (*nivel*) level: *un torneo de ~ intermedia* an intermediate-level tournament **3** (*estatus*) status: *mi ~ profesional* my professional status **LOC** **de categoría 1** (*nivel, calidad*) first-rate **2** (*considerable*) serious: *un regaño de ~* a serious talking-to **de primera/segunda/tercera categoría** first-rate/second-rate/third-rate

**categórico, -a** *adj* categorical

**cateo** *nm* (*policía*) search **LOC** *Ver* ORDEN

**catolicismo** *nm* Catholicism

**católico, -a** *adj, nm-nf* Catholic: *ser ~* to be a Catholic **LOC** *Ver* COLEGIO

**catorce** *nm, adj, pron* **1** fourteen **2** (*fecha*) fourteenth ➔ *Ver ejemplos en* ONCE *y* SEIS

**catsup** *nm o nf* ketchup

**cauce** *nm* **1** (*río*) river bed **2** (*fig*) channel

**caudal** *nm* (*agua*) flow: *el ~ del río* the flow of the river

**caudaloso, -a** *adj* large: *El Usumacinta es un río muy ~.* The Usumacinta is a very large river.

**caudillo** *nm* **1** (*líder*) leader: *Vasconcelos fue un ~ de la Revolución.* Vasconcelos was one of the leaders of the (Mexican) Revolution. **2** (*jefe militar*) commander

**causa** *nf* **1** (*origen, ideal*) cause: *la ~ principal del problema* the main cause of the problem ◊ *Lo abandonó todo por la ~.* He left everything for the cause. **2** (*motivo*) reason: *sin ~ aparente* for no apparent reason LOC **a/por causa de** because of *sth/sb*

**causar** *vt* **1** (*ser la causa de*) to cause: *~ la muerte/heridas/daños* to cause death/injury/damage **2** (*alegría, pena*): *Me causó una gran alegría/pena.* It made me very happy/sad. LOC *Ver* SENSACIÓN

**cautela** *nf* LOC **con cautela** cautiously

**cauteloso, -a** (*tb* **cauto, -a**) *adj* cautious

**cautivador, -ora** *adj* captivating

**cautivar** *vt* (*atraer*) to captivate

**cautiverio** *nm* captivity

**cautivo, -a** *adj, nm-nf* captive

**cavar** *vt, vi* to dig

**caverna** *nf* cavern

**caviar** *nm* caviar

**cavilar** *vi* to think deeply (*about sth*): *después de mucho ~* after much thought

**caza¹** *nf* **1** (*cacería*) hunting: *No me gusta la ~.* I don't like hunting. ◊ *ir de ~* to go hunting **2** (*animales*) game: *Nunca he comido ~.* I've never tried game.
LOC **andar/ir a la caza de** to be after *sth/sb* **caza mayor** big game hunting **caza menor** shooting *Ver tb* FURTIVO, TEMPORADA

**caza²** *nm* (*avión*) fighter (plane)

**cazador, -ora** *nm-nf* hunter LOC *Ver* FURTIVO

**cazar** *vt* **1** to hunt **2** (*capturar*) to catch: *~ mariposas* to catch butterflies **3** (*con escopeta*) to shoot
▸ *vi* **1** to hunt **2** (*con escopeta*) to shoot LOC **andar cazando 1** to look for *sth/sb*: *Anda cazando la estampa 23 del álbum.* He's looking for sticker number 23 of the album. **2** (*insistir*) to chase after *sb*: *¿Todavía anda cazándola?* Is he still chasing after her?

**cazo** *nm* **1** (*cacerola*) saucepan ➔ *Ver dibujo en* POT **2** (*cucharón*) ladle

**cazuela** *nf* casserole ➔ *Ver dibujo en* POT

**CD** *nm* CD: *poner un ~ de Shakira* to play a Shakira CD

**CD-ROM** *nm* CD-ROM

**cebada** *nf* barley

**cebar** *vt* **1** (*engordar*) to fatten *sth/sb* up **2** (*atiborrar*) to fill *sth/sb* up: *Su madre los ceba.* Their mother fills them up.

**cebo** *nm* bait

**cebolla** *nf* onion

**cebollín** *nf* green onion, spring onion (*GB*)

**cebra** *nf* zebra

**ceder** *vt* to hand *sth* over (*to sb*): *~ el poder* to hand over power ◊ *Cedieron el edificio al ayuntamiento.* They handed over the building to the council.
▸ *vi* **1** (*transigir*) to give in (*to sth/sb*): *Es importante saber ~.* It's important to know how to give in gracefully. **2** (*intensidad, fuerza*) to ease off: *El viento cedió.* The wind eased off. **3** (*romperse*) to give way: *La estantería cedió por el peso de los libros.* The shelf gave way under the weight of the books. LOC **ceda el paso** yield, give way (*GB*): *No vi el ceda el paso.* I didn't see the Yield sign. **ceder el paso** to yield, to give way (*GB*) **ceder la palabra** to hand over to *sb*

**cedro** *nm* cedar

**cegar** *vt* to blind: *Las luces me cegaron.* I was blinded by the lights.

**ceguera** *nf* blindness

**ceja** *nf* eyebrow

**celda** *nf* cell

**celebración** *nf* **1** (*fiesta, aniversario*) celebration **2** (*acontecimiento*): *La ~ de las elecciones será en junio.* The elections will be held in June.

**celebrar** *vt* **1** (*festejar*) to celebrate: *~ un cumpleaños* to celebrate a birthday **2** (*llevar a cabo*) to hold: *~ una reunión* to hold a meeting
▸ **celebrarse** *vpr* to take place

**celeste** *adj* heavenly LOC *Ver* AZUL

**celo** *nm* **celos** jealousy [*gen* incontable]: *No son más que ~s.* That's just jealousy. ◊ *Sentía ~s.* He felt jealous. LOC **dar celos a algn** to make *sb* jealous **en celo 1** (*hembra*) in heat **2** (*macho*) in rut **tener celos (de algn)** to be jealous (of sb) *Ver tb* CORROER(SE)

**celofán** *nm* Cellophane®: *papel de ~* Cellophane wrapping

**celosía** *nf* lattice

**celoso, -a** *adj, nm-nf* jealous [*adj*]: *Es un ~.* He's very jealous.

**célula** *nf* cell

**celular** *adj* cellular
▸ *nm* cell phone, mobile (phone) (*GB*)

**celulitis** *nf* cellulite

**cementerio** *nm* **1** cemetery [*pl* cemeteries] **2** (*de iglesia*) graveyard

**cemento** *nm* cement

**cena** nf dinner, supper: *¿Qué hay de ~?* What's for dinner? ➔ *Ver nota en* DINNER LOC *Ver* MERIENDA

**cenar** vi to have dinner/supper
▶ vt to have *sth* for dinner/supper: *~ un omelette* to have an omelette for supper ➔ *Ver nota en* DINNER

**cencerro** nm bell

**cenicero** nm ashtray

**Cenicienta** n pr Cinderella

**cenit** nm zenith

**ceniza** nf ash: *esparcir las ~s* to scatter the ashes LOC *Ver* MIÉRCOLES

**censo** nm census [pl censuses] LOC **censo electoral** electoral register

**censor, -ora** nm-nf censor

**censura** nf censorship

**censurar** vt 1 (*libro, película*) to censor 2 (*desaprobar*) to censure

**centella** nf spark

**centellear** vi 1 (*estrellas*) to twinkle 2 (*luz*) to flash

**centena** nf hundred: *unidades, decenas y ~s* hundreds, tens and units

**centenar** nm (*cien aproximadamente*) a hundred or so: *un ~ de espectadores* a hundred or so spectators LOC **centenares de...** hundreds of...: *~es de personas* hundreds of people

**centenario** nm centennial: *el ~ de su fundación* the centennial of its founding ◊ *el sexto ~ de su nacimiento* the 600th anniversary of his birth

**centeno** nm rye

**centésimo, -a** adj, pron, nm-nf hundredth: *una centésima de segundo* a hundredth of a second ➔ *Ver pág 678*

**centígrado, -a** adj Celsius (*abrev* C)

En Estados Unidos se usa el sistema **Fahrenheit** para medir la temperatura: *Estamos a treinta grados ~s.* It's eighty-six degrees Fahrenheit.

**centímetro** nm centimeter (*abrev* cm): *~ cuadrado/cúbico* square/cubic centimeter ➔ *Ver pág 681*

**centinela** nmf 1 (*Mil*) sentry [pl sentries] 2 (*vigía*) lookout

**centrado, -a** adj 1 (*en el centro*) centered: *El título no está bien ~.* The heading isn't centered. 2 (*persona*) settled *Ver tb* CENTRAR

**central** adj central: *calefacción ~* central heating
▶ nf 1 (*oficina principal*) head office 2 (*energía*) power plant: *una ~ nuclear* a nuclear power plant LOC **central telefónica** telephone exchange *Ver tb* AMÉRICA

**centrar** vt 1 (*colocar en el centro*) to center: *~ la fotografía en una página* to center the photo on a page 2 (*atención, mirada*) to focus *sth* on *sth*: *Centraron sus críticas en el gobierno.* They focused their criticism on the government. 3 (*esfuerzos*) to concentrate *sth* on *sth/ doing sth*
▶ vi (*Dep*) to center (the ball): *Rápidamente centró y su compañero marcó gol.* He centered (the ball) quickly and his teammate scored.
▶ **centrarse** vpr 1 centrarse en (*girar en torno*) to center on/around *sth/doing sth*: *La vida del estudiante se centra en el estudio.* Students' lives center around studying. 2 (*adaptarse*) to settle down

**céntrico, -a** adj: *un departamento muy ~* an apartment right in the center of town ◊ *calles céntricas* downtown streets

**centro** nm center: *el ~ de atención* the center of attention ◊ *el ~ de la ciudad* downtown LOC **centro comercial** shopping mall **centro cultural** arts center **centro escolar** school **ir al centro** to go downtown

**ceño** nm frown LOC *Ver* FRUNCIR

**cepa** nf 1 (*vid*) vine 2 (*árbol*) stump

**cepillar** vt 1 (*prenda de vestir, pelo*) to brush 2 (*madera*) to plane
▶ **cepillarse** vpr (*prenda de vestir, pelo*) to brush: *~se la chaqueta/el pelo* to brush your jacket/hair LOC **cepillarse los dientes** to brush your teeth

**cepillo** nm 1 brush ➔ *Ver dibujo en* BRUSH 2 (*madera*) plane LOC **cepillo de dientes/pelo** toothbrush/hairbrush **cepillo de uñas** nail brush

**cepo** nm 1 (*trampa*) trap 2 (*para coche*) Denver boot®, clamp (*GB*)

**cera** nf 1 wax 2 (*oídos*) earwax

**cerámica** nf pottery

**cerca¹** nf (*valla*) fence

**cerca²** adv near, nearby: *Vivimos muy ~.* We live very nearby. ➔ *Ver nota en* NEAR LOC **cerca de 1** (*a poca distancia*) near: *~ de aquí* near here 2 (*casi*) nearly: *El tren se retrasó ~ de una hora.* The train was nearly an hour late. **de cerca**: *Deja que lo vea de ~.* Let me see it close up. *Ver tb* AQUÍ

**cercanías** nf outskirts

**cercano, -a** adj 1 ~ (a) close (to *sth*): *un amigo/pariente ~* a close friend/relative ◊ *fuentes cercanas a la familia* sources close to the family 2 ~ a (*referido a distancia*) near: *un pueblo ~ a Londres* a small town near London ➔ *Ver nota en* NEAR LOC *Ver* ORIENTE

**cercar** vt 1 (*poner una valla*) to fence *sth* in 2 (*rodear*) to surround

**cerdo, -a** nm-nf pig

**Pig** es el sustantivo genérico, **boar** se refiere sólo al macho y su plural es "boar" o "boars". Para referirnos sólo a la hembra utilizamos **sow**. **Piglet** es la cría del cerdo.

▸ nm (carne) pork: *lomo de* ~ loin of pork ⟳ *Ver nota en* CARNE **LOC** *Ver* MANTECA

**cereal** nm **1** (planta, grano) cereal **2** cereales cereal [gen incontable]: *Desayuno* ~es. I have cereal for breakfast.

**cerebral** adj (Med) brain: *un tumor* ~ a brain tumor **LOC** *Ver* CONMOCIÓN

**cerebro** nm **1** (Anat) brain **2** (persona) brains: *el* ~ *de la banda* the brains behind the gang **LOC** *Ver* LAVAR

**ceremonia** nf ceremony [pl ceremonies]

**cereza** nf cherry [pl cherries]

**cerezo** nm cherry tree

**cerillo** nm match: *encender un* ~ to strike a match ◊ *una caja de* ~s a box of matches

**cero** nm **1** (en cifras) zero, nought (GB): *un cinco y dos* ~s a five and two zeros ◊ ~ *punto cinco* zero point five ⟳ *Ver págs 678-683* **2** (temperaturas, grados) zero: *temperaturas bajo* ~ temperatures below zero ◊ *Estamos a diez grados bajo* ~. It's ten below (zero). **3** (para teléfonos) O ❶ Se pronuncia /oʊ/: *Mi teléfono es el veintinueve,* ~ *dos, cuarenta.* My telephone number is two nine O two four O. **4** (Dep) **(a)** nothing: *uno a* ~ one to nothing ◊ *un empate a* ~ a scoreless tie **(b)** (Tenis) love: *quince a* ~ fifteen love **LOC** **empezar/partir de cero** to start from scratch **ser un cero a la izquierda** to be a nobody

**cerrada** nf cul-de-sac: *Por ahí no puedes pasar, es una* ~. You can't get through there, it's a cul-de-sac.

**cerrado, -a** adj **1** closed, shut (más coloq) **2** (con llave) locked **3** (espacio) enclosed **4** (noche) dark **5** (curva) sharp **LOC** *Ver* CALLE, HERMÉTICAMENTE; *Ver tb* CERRAR

**cerradura** nf lock

**cerrajero, -a** nm-nf locksmith

**cerrar** vt **1** to close, to shut (más coloq): *Cierra la puerta.* Shut the door. ◊ *Cerré los ojos.* I closed my eyes. **2** (gas, llave, etc.) to turn sth off **3** (sobre) to seal **4** (botella) to put the top on sth
▸ vi to close, to shut (más coloq): *No cerramos para comer.* We don't close for lunch.
▸ **cerrarse** vpr to close, to shut (más coloq): *Se me cerró la puerta.* The door closed on me. ◊ *Se me cerraban los ojos.* My

eyes were closing. **LOC** **cerrar con cerrojo** to bolt sth **cerrar con llave** to lock ¡**cierra la boca!** shut up! **cerrar la puerta en la cara a algn** to shut the door in sb's face **cerrar(se) de un golpe/portazo** to slam *Ver tb* ABRIR

**cerrojo** nm bolt **LOC** **echar/correr el cerrojo** to bolt sth *Ver tb* CERRAR, DESCORRER

**certeza** (tb **certidumbre**) nf certainty [pl certainties] **LOC** **tener la certeza de que…** to be certain that…

**certificado, -a** adj certified: *por correo* ~ by certified mail
▸ nm certificate: ~ *médico* medical certificate **LOC** **certificado escolar** school leaving certificate *Ver tb* CERTIFICAR

**certificar** vt **1** (dar por cierto) to certify **2** (carta, paquete) to register

**cervatillo** nm fawn ⟳ *Ver nota en* VENADO

**cervecería** nm brewery [pl breweries]

**cerveza** nf beer: *Me da dos* ~s, *por favor.* Two beers, please. ◊ *Nos tomamos unas* ~s con los de la oficina. We had a few beers with the guys from the office. **LOC** **cerveza de barril** beer on tap **cerveza negra** stout **cerveza sin alcohol** alcohol-free beer *Ver tb* FÁBRICA

**cesar** vi ~ (**de**) to stop (doing sth)
▸ vt (despedir) to fire **LOC** **sin cesar** incessantly

**césped** nm **1** grass: *No pisar el* ~. Keep off the grass. **2** (en un jardín privado) lawn

**cesta** nf basket: *una* ~ *con comida* a basket of food

**cesto** nm (big) basket

**chabacano** nm **1** apricot **2** (árbol) apricot tree

**chacal** nm jackal

**chacha** nf **1** (sirvienta) maid **2** (niñera) nanny [pl nannies]

**cháchara** nf cháncharas knick-knacks

**chacharear** vt to shop for knick-knacks

**chafa** adj useless, of bad quality (más formal)

**chal** nm shawl: *un* ~ *de seda* a silk shawl

**chaleco** nm vest, waistcoat (GB) **LOC** **chaleco antibalas** bulletproof vest **chaleco salvavidas** life jacket

**chalupa** nf **1** (canoa) narrow barge **2** (Cocina) oblong stuffed tortilla

**chamaco, -a** nm-nf **1** (masc) boy, kid (coloq) **2** (fem) girl

**chamaquear** vt **1** to trick: *Lo hice porque me chamaquearon.* I did it because they tricked me. **2** (dinero) to swindle sb (out of sth): *Le*

*chamaquearon su dinero.* He was swindled out of his money.

**chamarra** *nf* jacket

**chamba** *nf* **1** (*empleo*) job: *dar (una) ~ a algn* to give sb a job **2** (*actividad*) work: *Tengo mucha ~.* I have a lot of work to do.

**champán** (*tb* **champaña**) *nm* champagne

**champiñón** *nm* mushroom

**champú** *nm* shampoo [*pl* shampoos]: *~ anticaspa* dandruff shampoo

**chamuscar** *vt* to singe

**chanchullo** *nm* swindle `LOC` **hacer chanchullo a algn** to trick sb: *¡Me hicieron chanchullo!* I was tricked! **hacer chanchullos** to be involved in a racket

**chancla** (*tb* **chancleta**) *nf* flip-flop

**changarro** *nm* (*local*) small shop

**chango, -a** *nm-nf* monkey [*pl* monkeys]

**chantaje** *nm* blackmail `LOC` **hacer chantaje** to blackmail

**chantajear** *vt* to blackmail *sb* (*into doing sth*)

**chantajista** *nmf* blackmailer

**chapa** *nf* **1** (*cerradura*) lock **2** (*insignia*) badge **3** (*madera*) veneer: *La mesa tiene ~ de caoba.* The table has a mahogany finish.

**chapado, -a** *adj* (*metal*) plated: *un anillo ~ en oro* a gold-plated ring `LOC` **chapado a la antigua** old-fashioned

**chaparrón** *nm* downpour: *¡Menudo ~!* What a downpour!

**chapopote** *nm* tar

**chapotear** *vi* to splash about: *Los niños chapoteaban en los charcos.* The children were splashing about in the puddles.

**chapucero, -a** *adj, nm-nf* (*persona*) cheat [*adj*]: *Lo corrieron por ~.* They kicked him out for being a cheat.

**chapulín** *nm* grasshopper

**chapurrear** (*tb* **chapurrar**) *vt* to have a smattering of *sth*: *~ el italiano* to have a smattering of Italian

**chapuza** *nf* trick `LOC` **hacer chapuza** to cheat

**chapuzón** *nm* dip `LOC` **darse un chapuzón** to go for a dip

**chaqueta** *nf* jacket

**chaquetero, -a** *nm-nf* turncoat

**chaquetón** *nm* jacket: *un ~ tres cuartos* a three-quarter length jacket

**charco** *nm* puddle

**charla** *nf* **1** (*conversación*) chat **2** (*conferencia*) talk (*on sth/sb*)

**charlar** *vi* to chat (*to/with sb*) (*about sth/sb*)

**charlatán, -ana** *nm-nf* (*embaucador*) charlatan

**charol** *nm* patent leather: *una bolsa de ~* a patent leather bag

**charola** *nf* (*bandeja*) tray

**charro, -a** *adj* **1** (*deficiente*) badly-made **2** (*excesivo*) kitsch
▶ *nm* (*jinete, vaquero*) horseman [*pl* -men]

**chárter** *adj, nm*: *un (vuelo) ~* a charter flight

**chascar** *vt* **1** (*lengua*) to click **2** (*látigo*) to crack **3** (*dedos*) to snap
▶ *vi* **1** (*látigo*) to crack **2** (*madera*) to crackle

**chasco** *nm* (*decepción*) let-down, disappointment (*más formal*): *¡Vaya ~!* What a let-down! `LOC` **llevarse un chasco** to be disappointed

**chasis** *nm* chassis [*pl* chassis]

**chasquido** *nm* **1** (*látigo*) crack **2** (*madera*) crackle **3** (*lengua*) click: *dar un ~ con la lengua* to click your tongue **4** (*dedos*) snap

**chat** *nm* (*Internet*) chat room

**chatarra** *nf* (*metal*) scrap [*incontable*]: *vender un coche como ~* to sell a car for scrap ◊ *Este refrigerador es una ~.* This fridge is only fit for scrap. `LOC` **alimento/comida chatarra** junk food

**chatarrero, -a** *nm-nf* scrap merchant

**chatear** *vi* (*Internet*) to chat

**chato, -a** *adj* **1** (*persona*) snub-nosed **2** (*nariz*) snub **3** (*objeto*) squat

**chavo, -a** *nm-nf* **1** (*masc*) guy **2** (*fem*) girl **3** chavos young people

**checar** *vt* **1** to check **2** (*en el trabajo*) (**a**) (*al llegar*) to punch in, to clock in/on (*GB*) (**b**) (*al salir*) to punch out, to clock off/out (*GB*) `LOC` **¡checa eso!** check it out!

**chelín** *nm* shilling

**chepa** *nf* hump

**cheque** *nm* check: *depositar un ~* to deposit a check `LOC` **cheque de viajero** traveler's check **cheque en blanco/sin fondos** blank/bad check *Ver tb* PAGAR

**chequeo** *nm* check-up: *hacerse un ~* to have a check-up

**chequera** *nf* checkbook

**chícharo** *nm* pea

**chicharra** *nf* **1** (*insecto*) cicada **2** (*alarma*) buzzer

**chicharrón** *nm* crackling [*incontable*]

**chichón** *nm* lump: *tener un ~ en la frente* to have a lump on your forehead

**chicle** *nm* chewing gum [*incontable*]: *Cómprame un ~ de menta.* Buy me some spearmint chewing gum.

**chico, -a** adj **1** (joven) little: cuando yo era ~ when I was little **2** (el más joven) youngest: mi hijo ~ my youngest son
▶ nm-nf **1** (el más joven) youngest (one): El ~ está estudiando derecho. The youngest one is studying law. **2** (muchacho) **(a)** (masc) boy: el ~ de la oficina the office boy **(b)** (fem) girl **(c)** chicos (niños y niñas) children, kids (coloq) ❶ Si ya no son niños, también se puede decir **young man/woman**: un ~ de 25 años a young man of twenty-five.

**chicote** nm whip

**chido, -a** adj cool

**chiflado, -a** adj ~ (por) (loco) crazy (about sth/sb)
▶ nm-nf crackpot Ver tb CHIFLAR

**chifladura** nf **1** (locura) madness **2** (idea) wild notion

**chiflar** vi to whistle
▶ vt **1** (con la boca) to whistle: ~ una canción to whistle a song **2** (instrumento) to blow
▶ chiflarse vpr (enloquecer) to go mad

**chilango, -a** nm-nf native of Mexico City

**Chile** nm Chile

**chile** nm chili (pepper) **LOC** Ver TAMAL

**chillar** vi **1** (berrear) to bawl **2** (aves, frenos) to screech **3** (cerdo) to squeal **4** (ratón) to squeak

**chillido** nm **1** (persona) shriek **2** (ave, frenos) screech **3** (cerdo) squeal **4** (ratón) squeak

**chillón, -ona** adj **1** (persona) **(a)** (ruidoso) noisy **(b)** (llorón): ¡No seas tan ~! Don't be such a crybaby! **2** (sonido, color) loud

**chimenea** nf **1** (hogar) fireplace: sentados al lado de la ~ sitting by the fireplace ◇ Enciende la ~. Light the fire. **2** (exterior) chimney [pl chimneys]: Se ven las ~s de la fábrica. You can see the factory chimneys. **3** (de barco) funnel

**chimpancé** nm chimpanzee

**chimuelo, -a** adj toothless

**China** nf China

**chinche** nf **1** bedbug **2** thumbtack, drawing pin (GB)

**chinchín** nm (brindis) cheers!

**chino, -a¹** adj, nm Chinese: hablar ~ to speak Chinese
▶ nm-nf Chinese man/woman [pl men/women]: los ~s the Chinese **LOC** estar en chino **1** (ser incomprensible) to be incomprehensible **2** (ser muy difícil) to be very difficult Ver tb DAMA, TINTA

**chino, -a²** (pelo) curly: Tengo el pelo ~. I have curly hair.
▶ nm (en el pelo) curl

**chip** nm (Informát) chip

**chipi chipi** nm drizzle

**chipote** nm lump

**chiqueado, -a** adj (mimado) spoiled

**chiquillo, -a** nm-nf kid

**chirimoya** nf custard apple

**chiripa** nf stroke of luck: ¡Qué ~! What a stroke of luck! **LOC** de chiripa by sheer luck

**chirriar** vi **1** (bicicleta) to squeak: La cadena de mi bicicleta chirría. My bicycle chain squeaks. **2** (puerta) to creak **3** (frenos) to screech **4** (ave) to squawk

**chirrido** nm **1** (bicicleta) squeak **2** (puerta) creak **3** (frenos) screech **4** (ave) squawk

**¡chis!** interj **1** (¡silencio!) sh! **2** (¡oiga!) hey!

**chisme** nm (cuento) gossip [incontable]: No quiero ~s en la oficina. I don't want any gossip in the office. ◇ contar ~s to gossip

**chismear** (tb **chismorrear**) vi to gossip

**chismoso, -a** adj gossipy
▶ nm-nf gossip: ¡Es un ~! He's such a gossip!

**chispa** nf **1** spark **2** (pizca) bit: Lleva una ~ de pimienta. It has a little pepper. **LOC** estar algn que echa chispas to be raging mad estar chispa to be tipsy tener chispa to be witty

**chispazo** nm spark: pegar un ~ to send out sparks

**chispear** v imp (llover) to spit: Sólo chispeaba. It was only spitting.

**chistar** vi **LOC** sin chistar without saying a word

**chiste** nm **1** (hablado) joke: contar un ~ to tell a joke **2** (dibujo) cartoon **LOC** chiste colorado rude joke Ver tb AGARRAR

**chistera** nf top hat

**chistoso, -a** adj funny

**chivato, -a** nm-nf **1** (cobarde) coward **2** (informante) informer

**chivear(se)** vpr to get embarrassed

**chivo, -a** nm-nf kid

**chocar** vi **1** (estrellarse) to crash: El coche chocó contra una pared. The car crashed into a wall. ◇ El balón chocó contra la puerta. The ball crashed against the door. **2** (molestar) to annoy: Me chocó que se presentase sin avisar. I was annoyed he didn't tell us he was coming. ◇ A María le chocó este calor veraniego. María hates this summer heat.
▶ vt: ¡Choca esos cinco!/¡Chócala! Put it there!

**chochear** vi to go senile

**chocolate** nm **1** chocolate: una tableta de ~ a candy bar **2** (líquido) hot chocolate

**chofer** *nmf* **1** (*coche privado*) chauffeur **2** (*camión, etc.*) driver

**chongo** *nm* (*cabello*) bun **LOC** *Ver* SOLTAR

**chopo** *nm* poplar

**choque** *nm* **1** (*colisión, ruido*) crash **2** (*enfrentamiento*) clash **LOC** auto/coche de choque bumper car: *montarse en los coches de* ~ to go on the bumper cars

**chorcha** *nf* get-together **LOC** echar/estar en la chorcha to have a whale of a time

**chorillo** *nm* the runs [*pl*]

**chorizo** *nm* chorizo

**chorlito** *nm* **LOC** *Ver* CABEZA

**chorrear** *vi* **1** (*gotear*) to drip **2** (*estar empapado*) to be dripping wet: *Estas sábanas están chorreando.* These sheets are dripping wet.

**chorro** *nm* **1** (*agua, gas*) **(a)** jet **(b)** (*abundante*) gush **2** (*Cocina*) dash: *Añadir un* ~ *de limón.* Add a dash of lemon. **LOC** a chorros: *salir a* ~*s* to gush out

**chotear** *vi* to joke
▸ *vt* to tease: *Te estoy choteando.* I'm just teasing (you).

**choza** *nf* hut

**chubasco** *nm* shower: *inestable con claros y* ~*s* changeable with sunny spells and showers

**chuchería** *nf* trinket

**chueco, -a** *adj* **1** crooked **2** (*negocios*) shady

**chulear** *vt* to compliment

**chuleta** *nf* (*alimento*) chop: ~*s de cerdo* pork chops

**chulo, -a** *adj* **1** (*persona*) attractive **2** (*cosa*) lovely

**chupada** *nf* **1** suck: *El niño le daba* ~*s a la paleta.* The boy was sucking his Popsicle. **2** (*cigarrillo*) puff: *dar una* ~ *a un cigarrillo* to have a puff of a cigarette

**chupado, -a** *adj* (*persona*) skinny ➔ *Ver nota en* DELGADO; *Ver tb* CHUPAR

**chupar** *vt* **1** to suck **2** (*absorber*) to soak *sth* up: *Esta planta chupa mucha agua.* This plant soaks up a lot of water. **LOC** chuparse el dedo **1** to suck your thumb **2** (*fig*): *¿Te crees que me chupo el dedo?* Do you think I'm stupid? **chuparse los dedos** to lick your fingers: *Estaba para* ~*se los dedos.* It was delicious.

**chupatintas** *nmf* pen-pusher

**chupón** *nm* pacifier, dummy [*pl* dummies] (*GB*)

**churrero, -a** *adj* lucky

**churro** *nm* **1** (*comida*) sugar-coated stick made of donut mix **2** (*película*) bad

movie: *Esa película fue un verdadero* ~. That was a really bad movie. **3** (*marihuana*) joint **LOC** de churro by chance: *Me los encontré de* ~. I ran into them by pure chance.

**chutar** *vi* to shoot
▸ **chutarse** *vpr* to shoot *sth* up **LOC** ir que chuta **1** (*asunto*) to go really well **2** (*persona*): *20, y vas que chutas.* 20, and you can count yourself lucky.

**cicatriz** *nf* scar: *Me quedó una* ~. I was left with a scar.

**cicatrizar** *vi* to heal

**ciclismo** *nm* (*Dep*) bicycle racing, cycling (*GB*) **LOC** hacer ciclismo to go bike riding

**ciclista** *nmf* bicyclist, cyclist (*GB*) **LOC** *Ver* VUELTA

**ciclo** *nm* cycle: *un* ~ *de cuatro años* a four-year cycle

**ciclón** *nm* cyclone

**ciego, -a** *adj* **(de)** blind (with *sth*): *quedarse* ~ to go blind ◊ ~ *de cólera* blind with rage
▸ *nm-nf* blind man/woman [*pl* men/women]: *una colecta para los* ~*s* a collection for the blind **LOC** a ciegas: *Lo compraron a ciegas.* They bought it without seeing it. *Ver tb* GALLINA

**cielo** *nm* **1** (*firmamento*) sky [*pl* skies] **2** (*Relig*) heaven
▸ **¡cielos!** *interj* good heavens! **LOC** ser un cielo to be an angel *Ver tb* CAÍDO, SANTO, SÉPTIMO

**ciempiés** *nm* centipede

**cien** *nm, adj, pron* **1** a hundred: *Hoy cumple* ~ *años.* She's a hundred today. ◊ *Había* ~ *mil personas.* There were a hundred thousand people. ➔ *Ver nota en* MILLION **2** (*centésimo*) hundredth: *Soy el* ~ *en la lista.* I'm hundredth on the list. ➔ *Ver pág 678* **LOC** (al) cien por ciento a hundred percent **cien mil veces** hundreds of times

**ciencia** *nf* **1** science **2 ciencias** (*Educ*) science [*incontable*]: *mi profesor de* ~*s* my science teacher ◊ *Estudié* ~*s.* I studied science. **LOC** a ciencia cierta for sure: *No sabemos nada a* ~ *cierta.* We don't know anything for sure. **ciencias naturales** natural science [*incontable*]

**ciencia-ficción** *nf* science fiction

**científico, -a** *adj* scientific
▸ *nm-nf* scientist

**ciento** *nm, adj* **(a)** hundred [*pl* hundred]: ~ *sesenta y tres* a hundred and sixty-three ◊ *varios* ~*s* several hundred ➔ *Ver págs xxx-xxx* **LOC** cientos de... hundreds of...: ~ *de libras* hundreds of pounds **por ciento** per cent: *un/el 50 por* ~ *de la*

*población* 50 per cent of the population
*Ver tb* TANTO

**cierre** *nm* **1** (*acto de cerrar*) closure **2** (*collar, bolso*) clasp **3** (*zipper*) zipper, zip (*GB*) LOC *Ver* LIQUIDACIÓN

**cierto, -a** *adj* **1** (*determinado*) certain: *con cierta inquietud* with a certain anxiety ◊ *Sólo están a ciertas horas del día.* They're only there at certain times of the day. **2** (*verdadero*) true: *Es* ~. It's true. LOC **hasta cierto punto** up to a point **por cierto** by the way *Ver tb* CIENCIA

**ciervo** *nm* stag ➔ *Ver nota en* VENADO

**cifra** *nf* **1** figure: *un número de tres* ~*s* a three-figure number ◊ *una* ~ *de un millón de pesos* a figure of one million pesos **2** (*teléfono*) digit: *un teléfono de seis* ~*s* a six-digit phone number

**cigarro** (*tb* cigarillo) *nm* cigarette

**cigüeña** *nf* stork

**cilíndrico, -a** *adj* cylindrical

**cilindro** *nm* cylinder

**cima** *nf* top: *llegar a la* ~ to reach the top

**cimientos** *nmpl* foundations

**cinc** *nm Ver* ZINC

**cincel** *nm* chisel

**cinco** *nm, adj, pron* **1** five **2** (*fecha*) fifth ➔ *Ver ejemplos en* SEIS

**cincuenta** *nm, adj, pron* **1** fifty **2** (*cincuentavo*) fiftieth ➔ *Ver ejemplos en* SESENTA

**cine** *nm* movie theater, cinema (*GB*): *ir al* ~ to go to the movies LOC **de cine** (*festival, director, crítico*) film: *un actor/director de* ~ a film actor/director

**cinematográfico, -a** *adj* film: *la industria cinematográfica* the film industry

**cínico, -a** *adj* hypocritical
▸ *nm-nf* hypocrite

**cinta** *nf* **1** (*cassette, video*) tape: *una* ~ *virgen* a blank tape **2** (*lazo, máquina de escribir*) ribbon **3** (*artes marciales*) belt: *ser* ~ *negra* to be a black belt LOC **cinta adhesiva/aislante** adhesive/insulating tape **cinta de video** video tape **cinta para el pelo** hairband

**cinto** *nm* belt

**cintura** *nf* waist: *Tengo 60 cm de* ~. I have a 24 inch waist.

**cinturón** *nm* belt LOC **cinturón (de seguridad)** seat belt *Ver tb* APRETAR

**ciprés** *nm* cypress

**circo** *nm* **1** (*espectáculo*) circus [*pl* circuses] **2** (*anfiteatro*) amphitheater

**circuito** *nm* **1** (*Dep*) track: *El piloto dio diez vueltas al* ~. The driver did ten laps of the track. **2** (*Electrón*) circuit

**circulación** *nf* **1** circulation: *mala* ~ *de la sangre* poor circulation **2** (*tráfico*) traffic LOC *Ver* CÓDIGO

**circular¹** *adj, nf* circular: *una mesa* ~ a round table ◊ *remitir una* ~ to send out a circular

**circular²** *vt, vi* to circulate: *La sangre circula por las venas.* Blood circulates through your veins. ◊ ~ *una carta* to circulate a letter
▸ *vi* **1** (*coche*) to drive: *Circulen con precaución.* Drive carefully. **2** (*tren, autobús*) to run **3** (*rumor*) to go around LOC **¡circulen!** move along!

**círculo** *nm* **1** circle: *formar un* ~ to form a circle **2** (*asociación*) society [*pl* societies] LOC **círculo polar ártico/antártico** Arctic/Antarctic Circle **círculo vicioso** vicious circle

**circunferencia** *nf* **1** (*círculo*) circle: *El diámetro divide una* ~ *en dos partes iguales.* The diameter divides a circle into two equal halves. ◊ *dos* ~*s concéntricas* two concentric circles **2** (*perímetro*) circumference: *La Tierra tiene unos 40,000 kilómetros de* ~. The earth has a circumference of about 40 000 kilometers.

**circunstancia** *nf* circumstance

**circunvalación** *nf* LOC *Ver* CARRETERA

**cirio** *nm* candle

**ciruela** *nf* plum LOC **ciruela pasa** prune

**ciruelo** *nm* plum tree

**cirugía** *nf* surgery: ~ *estética/plástica* cosmetic/plastic surgery

**cirujano, -a** *nm-nf* surgeon

**cisma** *nm* schism

**cisne** *nm* swan

**cisterna** *nf* **1** (*depósito*) tank **2** (*en baño*) cistern LOC *Ver* CAMIÓN

**cita** *nf* **1** (*amigos, pareja, etc.*) date **2** (*médico, abogado*) appointment: *Tengo una* ~ *con el dentista.* I have a dental appointment. **3** (*frase*) quotation LOC *Ver* PEDIR

**citadino, -a** *nm-nf* city dweller
▸ *adj* city: *el tráfico* ~ city traffic

**citar** *vt* **1** (*convocar*) to arrange to meet *sb* **2** (*Jur*) to summons **3** (*hacer referencia*) to quote (from *sth/sb*)
▸ **citarse** *vpr* **citarse (con)** to arrange to meet (*sb*)

**cítricos** *nmpl* citrus fruits

**ciudad** *nf* **1** (*importante*) city [*pl* cities] **2** (*más pequeña*) town LOC **ciudad natal** home town

**ciudadanía** *nf* **1** (*de un país*) citizenship **2** (*sociedad*) public: *La* ~ *está molesta por*

*el aumento de precios*. The public is angry about price increases.

**ciudadano, -a** *adj*: *por razones de seguridad ciudadana* for reasons of public safety ◊ *El presidente municipal pidió la colaboración ciudadana*. The mayor asked everyone to work together.

▶ *nm-nf* citizen: *ser ~ de la República Mexicana* to be a citizen of the Mexican Republic ◊ *Dio las gracias a todos los ~s de Torreón*. He thanked the people of Torreón. **LOC** *Ver* INSEGURIDAD

**cívico, -a** *adj* public-spirited: *sentido ~* public-spiritedness

**civil** *adj* civil: *un enfrentamiento ~* a civil disturbance

▶ *nmf* civilian **LOC** *Ver* CASAR, ESTADO, REGISTRO

**civilización** *nf* civilization

**civilizado, -a** *adj* civilized

**civismo** *nm* community spirit

**clamar** *vt* (*exigir*) to demand

▶ *vi* (*gritar*) to shout

**clamor** *nm* **1** (*gritos*) shouts [*pl*]: *el ~ de la muchedumbre* the shouts of the crowd **2** (*en espectáculos*) cheers [*pl*]: *el ~ del público* the cheers of the audience

**clan** *nm* clan

**clandestino, -a** *adj* clandestine

**clara** *nf* egg white

**claraboya** *nf* skylight

**clarear** *v imp* **1** (*despejarse*) to clear up **2** (*amanecer*) to get light

**claridad** *nf* **1** (*luz*) light **2** (*fig*) clarity

**clarificar** *vt* to clarify

**clarín** *nm* bugle

**clarinete** *nm* clarinet

**claro, -a** *adj* **1** (*evidente, nítido*) clear **2** (*color*) light: *verde ~* light green **3** (*luminoso*) bright **4** (*pelo*) fair **5** (*poco espeso*) thin

▶ *nm* **1** (*bosque*) clearing **2** (*Meteor*) sunny spell

▶ *adv* clearly: *No oigo ~*. I can't hear clearly.

▶ **¡claro!** *interj* of course **LOC** **claro que no** of course not **claro que sí** of course **dejar claro** to make *sth* clear **llevarlo claro** to have another think coming **más claro que el agua** crystal clear **poner en claro** to make *sth* clear

**clase** *nf* **1** (*categoría, curso, Ciencias, Sociol, etc*) class: *Estudiamos en la misma ~*. We were in the same class. ◊ *viajar en primera ~* to travel first class **2** (*variedad*) kind: *distintas ~s de pan* different kinds of bread **3** (*aula*) classroom **4** (*lección*)

lesson: *~s de manejar* driving lessons ◊ *~ particular* private lesson **LOC** **clase alta/baja/media** upper/lower/middle class(es) **dar clase** to teach: *Doy ~ en un colegio privado*. I teach at a private school. *Ver tb* COMPAÑERO

**clásico, -a** *adj* **1** (*Arte, Hist, Mús*) classical **2** (*típico*) classic: *el ~ comentario* the classic remark

▶ *nm* **1** classic **2** (*Fútbol*) classic, (local) derby [*pl* (local) derbies] (*GB*)

**clasificación** *nf* **1** classification: *la ~ de las plantas* the classification of plants **2** (*Dep*): *El tenista alemán encabeza la ~ mundial*. The German player is number one in the world rankings. ◊ *la ~ general de la liga* the league table ◊ *partido de ~* qualifying game

**clasificar** *vt* to classify: *~ los libros por materias* to classify books according to subject

▶ **clasificarse** *vpr* **clasificarse (para)** to qualify (for *sth*): *~se para la final* to qualify for the final **LOC** **clasificarse en segundo, tercer, etc. lugar** to come second, third, etc.

**clasificatorio, -a** *adj* qualifying

**clasista** *adj* snobbish

▶ *nmf* snob

**claudicar** *vi* to surrender

**claustro** *nm* **1** (*Arquit*) cloister **2** (*conjunto de profesores*) faculty [*pl* faculties] **3** (*reunión*) faculty meeting

**claustrofobia** *nf* claustrophobia: *tener ~* to suffer from claustrophobia

**claustrofóbico, -a** *adj* claustrophobic

**cláusula** *nf* clause

**clausura** *nf* (*cierre*) closure **LOC** **de clausura** closing: *acto/discurso de ~* closing ceremony/speech

**clausurar(se)** *vt, vpr* **1** (*terminar*) to end **2** (*cerrar*) to close (*sth*) down

**clavado, -a** *adj* nailed **LOC** **estar clavado 1** (*con algn*) to be crazy *about sb*: *Está bien ~ con su novia*. He's very devoted to his girlfriend. **2** (*en algo*) to be busy *with sth*: *Estoy clavadísimo en este asunto*. I'm totally obsessed with all this. *Ver tb* CLAVAR

**clavar** *vt* **1** (*clavo, estaca*) to hammer *sth into sth*: *~ clavos en la pared* to hammer nails into the wall **2** (*cuchillo, puñal*) to stick *sth into sth/sb*: *Clavó el cuchillo en la mesa*. He stuck the knife into the table. **3** (*sujetar con clavos*) to nail: *Clavaron el cuadro en la pared*. They nailed the picture onto the wall. **4** (*estafar*) to rip *sb* off

▶ **clavarse** *vpr* **1** : *Me clavé una espina en el dedo*. I have a thorn in my finger. ◊ *Ten cuidado, te vas a ~ las tijeras*. Be careful

you don't hurt yourself with the scissors. **2** (*robar*) to swipe: *Se clavó una pluma de su oficina.* He swiped a pen from his office.

**clave** *nf* **1** (*código*) code **2** ~ **(de/para)** key (to *sth*): *la* ~ *de su éxito* the key to their success **3** (*fundamental*) key: *factor/persona* ~ key factor/person **4** (*Mús*) clef **LOC** **clave de sol/fa** treble/bass clef **clave LADA** area code **ser clave** to be central *to sth*

**clavel** *nm* carnation

**clavícula** *nf* collarbone

**clavo** *nm* **1** nail **2** (*Cocina*) clove **LOC** **dar en el clavo** to hit the nail on the head

**claxon** *nm* horn: *tocar el* ~ to honk your horn

**clero** *nm* clergy [*pl*]

**clic** *nm* (*Informát*) click **LOC** **hacer (doble) clic** to (double) click (*on sth*)

**cliché** *nm* (*tópico*) cliché

**cliente, -a** *nm-nf* **1** (*tienda, restaurante*) customer: *uno de mis mejores* ~s one of my best customers **2** (*empresa*) client

**clima** *nm* **1** climate: *un* ~ *húmedo* a damp climate **2** (*ambiente*) atmosphere: *un* ~ *de cordialidad/tensión* a friendly/tense atmosphere

**climático, -a** *adj* **LOC** *Ver* CAMBIO

**climatizado, -a** *adj* air-conditioned

**clímax** *nm* climax

**clínica** *nf* clinic

**clip** *nm* **1** (*papel*) paper clip **2** (*pelo*) hair clip **3** (*video*) video [*pl* videos]

**cloaca** *nf* sewer

**cloro** *nm* chlorine

**clorofila** *nf* chlorophyll

**club** *nm* club

**clutch** *nm* clutch: *meter el* ~ to put the clutch in

**coacción** *nf* coercion

**coaccionar** *vt* to coerce *sb* (*into doing sth*)

**coagular(se)** *vt, vpr* to clot

---

**coágulo** *nm* clot

**coala** *nm* *Ver* KOALA

**coalición** *nf* coalition

**coartada** *nf* alibi [*pl* alibis]: *tener una buena* ~ to have a good alibi

**cobarde** *adj* cowardly: *No seas* ~. Don't be so cowardly.
▶ *nmf* coward

**cobardía** *nf* cowardice [*incontable*]: *Es una* ~. It's an act of cowardice.

**cobertizo** *nm* shed

**cobija** *nf* blanket

**cobijar** *vt* to shelter *sb* (*from sth*)
▶ **cobijarse** *vpr* **cobijarse (de)** to shelter (from *sth*): ~*se del frío* to shelter from the cold

**cobra** *nf* cobra

**cobrador, -ora** *nm-nf* **1** (*microbús*) conductor **2** (*deudas, recibos*) collector

**cobrar** *vt, vi* **1** (*pedir un pago*) to charge (*sb*) (*for sth*): *Me cobraron veinte pesos por un café.* They charged me twenty pesos for a coffee. ◊ *¿Me cobra, por favor?* Can I have the check, please? **2** (*salario*): *Todavía no he cobrado las clases.* I still haven't been paid for those classes. ◊ *¡El jueves cobramos!* Thursday is pay day!
▶ *vt* **1** (*cheque*) to cash **2** (*adquirir*) to gain: ~ *fuerza* to gain momentum **3** (*costar*) to cost: *La guerra ha cobrado muchas vidas.* The war has cost many lives.
▶ **cobrarse** *vpr* (*en un bar, restaurante*): *Cóbrese, por favor.* Here you are. ◊ *¿Te cobras las bebidas?* How much are the drinks? **LOC** **cobrar de más/menos** to overcharge/undercharge *Ver tb* IMPORTANCIA, LLAMADA, LLAMAR

**cobre** *nm* copper **LOC** **enseñar/mostrar el cobre** to show your true colors

**cobro** *nm* **1** (*pago*) payment **2** (*recaudación*) charging

**Coca-Cola**® *nf* Coke®

**cocaína** *nf* cocaine

---

**coche**

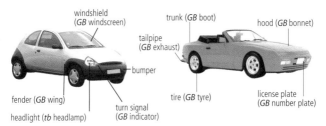

windshield (*GB* windscreen)
fender (*GB* wing)
headlight (*tb* headlamp)
turn signal (*GB* indicator)
bumper
tailpipe (*GB* exhaust)
trunk (*GB* boot)
hood (*GB* bonnet)
tire (*GB* tyre)
license plate (*GB* number plate)

**cocción** *nf* cooking: *tiempo de ~* cooking time

**cocer** *vt* **1** (*hervir*) to boil **2** (*pan*) to bake **3** (*cerámica*) to fire
▶ *vi* (*alimento*) to cook
▶ **cocerse** *vpr* **1** (*alimento*) to cook

> Un filete o carne poco cocida se dice **rare** y en su punto **medium rare**.

**2** (*tener calor*) to boil: *Me estoy cociendo con este suéter.* I'm boiling in this sweater. **LOC cocer a fuego lento** to simmer

**coche** *nm* **1** (*automóvil*) car: *ir en ~* to go by car ⊃ *Ver dibujo en pág 61* **2** (*vagón*) car, carriage (*GB*) **3** (*carruaje*) carriage **4** (*para bebé*) baby carriage, pram (*GB*) **LOC coche cama** sleeping car **coche de alquiler** rental car **coche de bomberos** fire engine **coche de carreras** race car, racing car (*GB*) **coche fúnebre** hearse *Ver tb* ACCIDENTE, BOMBA¹, CHOQUE, SITIO

**cochera** *nf* garage

**cochinillo** *nm* suckling pig

**cochino, -a** *nm-nf* **1** (*animal*) pig ⊃ *Ver nota en* CERDO **2** (*persona*) pig

**cocido** *nm* stew **LOC** *Ver* JAMÓN

**cocina** *nf* **1** (*lugar*) kitchen **2** (*gastronomía*) cooking: *la ~ china* Chinese cooking ◊ *un libro de ~* a cookbook **LOC paño/trapo de cocina** dish towel, tea towel (*GB*) *Ver tb* BATERÍA, GORRO, MENAJE, TRASTE

**cocinar** *vt, vi* to cook: *No sé ~.* I can't cook.

**cocinero, -a** *nm-nf* cook: *ser buen ~* to be a good cook **LOC** *Ver* GORRO

**coco** *nm* **1** (*fruto*) coconut **2** (*cabeza*) nut **3** (*ser fantástico*) boogeyman **LOC tener mucho coco** to be very brainy *Ver tb* LAVAR

**cocodrilo** *nm* crocodile **LOC** *Ver* LÁGRIMA

**cocotero** *nm* coconut palm

**coctel** *nm* **1** (*bebida*) cocktail **2** (*reunión*) cocktail party [*pl* cocktail parties] **LOC coctel de frutas** fruit cocktail

**codazo** *nm* **1** (*violento, para abrirse paso*): *Me abrí paso a ~s.* I elbowed my way through the crowd. **2** (*para llamar la atención*) nudge: *Me dio un ~.* He gave me a nudge.

**codearse** *vpr* ~ **con** to rub shoulders with *sb*

**codera** *nf* (*parche*) elbow patch

**codicia** *nf* **1** (*avaricia*) greed **2** ~ **de** lust for *sth*: *su ~ de poder/riquezas* their lust for power/riches

**codiciar** *vt* (*ambicionar*) to covet

**codificar** *vt* (*Informát*) to encode

**código** *nm* code **LOC código de circulación** Traffic Laws [*pl*] Highway Code (*GB*) **código postal** ZIP code, postcode (*GB*)

**codo, -a** *adj* (*tacaño*) stingy
▶ *nm* elbow **LOC** *Ver* HABLAR

**codorniz** *nf* quail [*pl* quail/quails]

**coeficiente** *nm* coefficient **LOC coeficiente de inteligencia** intelligence quotient (*abrev* IQ)

**coexistencia** *nf* coexistence

**cofradía** *nf* brotherhood

**cofre** *nm* **1** (*caja*) box **2** (*coche*) hood, bonnet (*GB*) ⊃ *Ver dibujo en* COCHE

**cogote** *nm* back of the neck

**coherencia** *nf* coherence

**cohete** *nm* rocket

**cohibir** *vt* to inhibit
▶ **cohibirse** *vpr* to feel inhibited

**coincidencia** *nf* coincidence **LOC da la coincidencia de que…** it just so happens (that)…

**coincidir** *vi* **1** (*estar de acuerdo*) to agree (with *sb*) (*on/about sth*): *Coinciden conmigo en que es una estupenda persona.* They agree with me (that) he's a great guy. ◊ *Coincidimos en todo.* We agree on everything. **2** (*en un lugar*): *Coincidimos en el congreso.* We were both at the conference. **3** (*acontecimientos, resultados*) to coincide (with *sth*): *Espero que no coincida con los exámenes.* I hope it doesn't coincide with my exams.

**cojear** *vi* ~ **(de)** **1** (*ser cojo*) to be lame (in *sth*): *Cojeo del pie derecho.* I'm lame in my right foot. **2** (*por lesión*) to limp: *Todavía cojeo un poco, pero estoy mejor.* I'm still limping, but I feel better. **3** (*mueble*) to be wobbly **LOC cojear del mismo pie** to have the same faults (as *sb*)

**cojera** *nf* limp: *Casi no se le nota la ~.* He's got a very slight limp.

**cojín** *nm* cushion

**cojo, -a** *adj* **1** (*persona*): *estar ~ (de un pie)* to have a limp ◊ *Se quedó ~ después del accidente.* The accident left him with a limp. **2** (*animal*) lame **3** (*mueble*) wobbly
▶ *nm-nf* cripple **LOC andar/ir cojo** to limp *Ver tb* BRINCAR

**col** *nf* cabbage **LOC coles de Bruselas** Brussels sprouts

**cola¹** *nf* **1** (*animal*) tail **2** (*vestido*) train: *El vestido tiene un poco de ~.* The dress has a short train. **3** (*fila*) line, queue (*GB*): *ponerse en la ~* to join the line ◊ *Había mucha ~ para el cine.* There was a long line for the theater. **LOC ¡a la cola!** get in line! **cola de caballo** ponytail **hacer cola** to stand in line *Ver tb* PIANO

**cola²** nf (pegamento) glue

**colaboración** nf collaboration: hacer algo en ~ con algn to do sth in collaboration with sb

**colaborador, -ora** nm-nf collaborator

**colaborar** vi ~ **(con) (en)** to collaborate (with sb) (on sth)

**colador** nm **1** (infusión, café) strainer **2** (verduras, etc.) colander

**colar** vt **1** (infusión) to strain **2** (café) to filter **3** (verduras, etc.) to drain
▶ **colarse** vpr **1** (líquido) to seep through sth **2** (persona) **(a)** to sneak in: Vi cómo se colaban. I noticed them sneaking in. ◊ Nos colamos en el camión sin pagar. We sneaked onto the bus without paying. **(b)** (en una cola) to cut in, to push in (GB): ¡Oiga, no se cuele! Hey! No cutting in! **LOC colarse a una fiesta** to crash a party

**colcha** nf bedspread

**colchón** nm mattress

**colchoneta** nf quilt

**colección** nf collection

**coleccionar** vt to collect

**coleccionista** nmf collector

**colecta** nf collection **LOC hacer una colecta** (con fines caritativos) to collect for charity

**colectivo, -a** adj, nm collective

**colega** nmf **1** (compañero) colleague: un ~ mío a colleague of mine **2** (amigo) friend

**colegial, -ala** nm-nf **1** (masc) schoolboy **2** (fem) schoolgirl **3 colegiales** schoolchildren

**colegiatura** nf tuition

**colegio** nm **1** (Educ) school: Los niños están en el ~. The children are at school. ◊ ir al ~ to go to school ➔ Ver nota en SCHOOL **2** (asociación) association: el ~ de médicos the medical association **LOC colegio católico/de monjas** Catholic school **colegio electoral** electoral college **colegio particular/de gobierno** private/public school ➔ Ver nota en ESCUELA

**cólera** nm (enfermedad) cholera

**colesterol** nm cholesterol: Me ha subido el ~. My cholesterol (level) has gone up.

**coleta** nf ponytail

**colgado, -a** adj ~ **en/de** hanging on/from sth **LOC colgado al teléfono** on the phone **dejar a algn colgado** to leave sb in the lurch **mal colgado**: Creo que tienen el teléfono mal ~. They must have left the phone off the hook. Ver tb COLGAR

**colgante** nm pendant

**colgar** vt **1** to hang sth (from/on sth) **2** (prenda de vestir) to hang sth up

**3** (ahorcar) to hang: Lo colgaron en 1215. He was hanged in 1215. ➔ Ver nota en AHORCAR(SE)
▶ vi to hang (from/on sth) **LOC colgar (el teléfono)** to hang up: Se enojó y me colgó el teléfono. He got angry and hung up. ◊ No cuelgue, por favor. Please hold. **colgar las botas** to retire **colgar los libros** to give up studying

**colibrí** nm hummingbird

**cólico** nm colic [incontable]

**coliflor** nf cauliflower

**colilla** nf cigarette butt

**colina** nf hill

**colirio** nm eye drops [pl]

**colisión** nf collision (with sth): una ~ de frente a head-on collision

**colitis** nf irritable bowel syndrome

**collage** nm collage: hacer un ~ to make a collage

**collar** nm **1** (adorno) necklace: un ~ de esmeraldas an emerald necklace **2** (perro, gato) collar

**collarín** nm (surgical) collar

**collón -ona** adj cowardly

**colmena** nf beehive

**colmillo** nm **1** (persona) canine (tooth) **2** (elefante, jabalí) tusk

**colmo** nm **LOC ser el colmo** to be the limit **para colmo** to make matters worse

**colocado, -a** adj **LOC estar colocado** (tener trabajo) to be employed: estar bien ~ to have a good job Ver tb COLOCAR

**colocar** vt **1** to place **2** (bomba) to plant **3** (emplear) to find sb a job (with sb)
▶ **colocarse** vpr **1** (situarse) to stand: Colócate allí. Stand over there. **2** colocarse (de/como) to get a job (as sth)

**colombiano, -a** adj, nm-nf Colombian

**colon** nm colon

**colonia¹** nf **1** (territorio) colony [pl colonies] **2** (área) neighborhood

**colonia²** nf (perfume) cologne [incontable]: ponerse ~ to put (some) cologne on

**colonial** adj colonial

**colonización** nf colonization

**colonizador, -ora** adj colonizing
▶ nm-nf settler

**colonizar** vt to colonize

**coloquial** adj colloquial

**coloquio** nm discussion (about/on sth)

**color** nm color **LOC de colores** colored: lápices de ~es colored pencils **en color**: fotos en ~ color photos Ver tb PEZ

**colorado, -a** *adj* red **LOC colorado como un tomate/camarón** as red as a beet, as red as a beetroot (GB) **ponerse colorado** to blush *Ver tb* CHISTE, COLORÍN

**colorante** *adj, nm* coloring **LOC sin colorantes** no artificial colors

**colorear** *vt* to color sth (in)

**colorete** *nm* blusher: *darse un poco de ~* to put on some blusher

**colorido** *nm* coloring: *una ceremonia de gran ~* a very colorful ceremony

**colorín** *nm* **LOC colorín colorado…** and they all lived happily ever after

**columna** *nf* **1** column **2** (Anat) spine **LOC columna vertebral 1** (Anat) spinal column **2** (fig) backbone

**columpiar** *vt* to give sb a swing
▸ **columpiarse** *vpr* to have a swing

**columpio** *nm* swing: *jugar en los ~s* to play on the swings

**coma**[1] *nm* (Med) coma: *estar en ~* to be in a coma **LOC** *Ver* ESTADO

**coma**[2] *nf* (puntuación) comma ➔ *Ver pág 308* **LOC** *Ver* PUNTO

**comadre** *nf* **1** (madrina) godmother (in relation to parents) **2** (amiga) friend

**comadreja** *nf* weasel

**comadrona** *nf* midwife [pl midwives]

**comal** *nm* griddle

**comandancia** *nf* police station

**comandante** *nmf* major

**comando** *nm* **1** (Mil) commando [pl commandos] **2** (terrorista) cell

**comarca** *nf* area

**combate** *nm* combat [incontable]: *soldados caídos en ~* soldiers killed in combat ◊ *Hubo feroces ~s.* There was fierce fighting. **LOC combate de boxeo** fight **de combate** fighter: *avión/piloto de ~* fighter plane/pilot *Ver tb* FUERA

**combatiente** *nmf* combatant

**combatir** *vt* to combat: *~ a la guerrilla* to combat the guerrillas
▸ *vi ~* **(contra/por)** to fight (against/for sth/sb): *~ contra los rebeldes* to fight (against) the rebels

**combinación** *nf* combination: *la ~ de una caja fuerte* the combination of a safe

**combinar** *vt* **1** (mezclar) to combine **2** (ropa) to match sth (with sth)
▸ *vi* **1** (colores) to go with sth: *El negro combina bien con todos los colores.* Black goes well with any color. **2** (ropa) to match: *Esos zapatos no combinan con el bolso.* Those shoes don't match the handbag.

**combustible** *adj* combustible
▸ *nm* fuel

**combustión** *nf* combustion

**comedia** *nf* comedy [pl comedies] **LOC comedia musical** musical *Ver tb* PROGRAMA

**comedor** *nm* **1** (casa, hotel) dining room **2** (colegio, fábrica) cafeteria **3** (muebles) dining room suite

**comentar** *vt* **1** (decir) to say: *Se limitó a que estaba enfermo.* He would only say he was sick. **2** (tema) to discuss

**comentario** *nm* comment: *hacer un ~* to make a comment **LOC comentario de texto** textual criticism **hacer comentarios** to comment (on sth/sb) **sin comentarios** no comment

**comentarista** *nmf* commentator

**comenzar** *vt, vi ~* **(a)** to start, to begin (sth/doing sth/to do sth): *Comencé a sentirme mal.* I started to feel sick. ➔ *Ver nota en* START

**comer** *vt* **1** (ingerir) to eat: *Deberías ~ algo antes de salir.* You should eat something before you go. **2** (insectos) to eat sb alive: *Me han comido los mosquitos.* I've been eaten alive by the mosquitos. **3** (Ajedrez, Damas) to take
▸ *vi* **1** (ingerir) to eat: *Tu hijo no quiere ~.* Your son won't eat. **2** (al mediodía) to have lunch: *¿A qué hora comemos?* What time are we going to have lunch? ◊ *¿Qué hay para ~?* What's for lunch? ◊ *Mañana comemos fuera.* We're going out for lunch tomorrow.
▸ **comerse** *vpr* **1** (ingerir) to eat: *~se un sandwich* to eat a sandwich **2** (omitir) to miss sth: *~se una palabra* to miss a word **LOC comer a besos** to smother sb with kisses **comer como una fiera/como niño de hospicio** to eat like a horse **dar de comer** to feed

**comercial** *nm* commercial, ad (coloq)
▸ *adj* commercial **LOC** *Ver* CENTRO, GALERÍA

**comercializar** *vt* to market

**comerciante** *nmf* (dueño de una tienda) store owner, shopkeeper (GB)

**comerciar** *vi ~* **con 1** (producto) to trade (in sth): *~ con armas* to trade in arms **2** (persona) to do business (with sb)

**comercio** *nm* **1** (negocio) trade: *~ exterior* foreign trade **2** (tienda) store, shop (GB): *¿A qué hora abre el ~?* What time do the stores open? ◊ *Tienen un pequeño ~.* They have a small shop. ➔ *Ver nota en* TIENDA **LOC comercio electrónico** e-commerce

**comestible** *adj* edible
▸ **comestibles** *nmpl* groceries

**cometa** *nm* (astro) comet
▸ *nf* (juguete) kite

**cometer** *vt* **1** (*delito*) to commit **2** (*error*) to make

**cometido** *nm* **1** (*encargo*) assignment **2** (*obligación*) duty [*pl* duties]

**cómic** *nm* comic

**comicios** *nmpl* elections

**cómico, -a** *adj* **1** (*gracioso*) funny **2** (*de comedia*) comedy: *actor* ~ comedy actor ▸ *nm-nf* comedian **LOC** *Ver* PELÍCULA

**comida** *nf* **1** (*alimento*) food: *Tenemos el refrigerador lleno de* ~. The fridge is full of food. **2** (*desayuno, cena, etc.*) meal: *una* ~ *ligera* a light meal **3** (*al mediodía*) lunch: *Nos vemos a la hora de la* ~. See you at lunchtime. **LOC** *Ver* CHATARRA

**comidilla** *nf* **LOC** ser la comidilla to be the talk *of sth*

**comido, -a** *adj*: *Ya vinieron* ~*s*. They had already eaten. **LOC** *Ver* PAN

**comienzo** *nm* start, beginning (*más formal*) **LOC** a comienzos de... at the beginning of... dar comienzo to begin en sus comienzos in its early stages

**comillas** *nf* quotation marks, quotes (*coloq*) ➲ *Ver pág 308* **LOC** entre comillas in quotation marks, quotes (*coloq*)

**comilón, -ona** *adj* greedy ▸ *nm-nf* big eater

**comilona** *nf* feast **LOC** darse/pegarse una ~ to have a feast

**comisaría** *nf* police station

**comisario, -a** *nm* superintendent

**comisión** *nf* commission: *una* ~ *del 10%* a 10% commission **LOC** a/por comisión on commission

**comité** *nm* committee

**como** *adv* **1** (*modo, en calidad de, según*) as: *Respondí* ~ *pude.* I answered as best I could. ◇ *Me lo llevé* ~ *recuerdo.* I took it home as a souvenir. ◇ *Como te iba diciendo...* As I was saying... **2** (*comparación, ejemplo*) like: *Tiene un coche* ~ *el nuestro.* He has a car like ours. ◇ *infusiones* ~ *la manzanilla y la menta* herbal teas like camomile and peppermint ◇ *suave* ~ *la seda* smooth as silk **3** (*aproximadamente*) around: *Llamé* ~ *a diez personas.* I called about ten people. ▸ *conj* **1** (*condición*) if: *Como vengas tarde, no podremos ir.* If you're late, we won't be able to go. **2** (*causa*) as: *Como llegué pronto, me preparé un café.* As I was early, I made myself a cup of coffee. **LOC** como que/si as if: *Me trata* ~ *si fuera su hija.* He treats me as if I were his daughter.

En este tipo de expresiones lo más correcto es decir "as if I/he/she/it were", pero hoy en día en el lenguaje

hablado se usa mucho "as if I/he/she/it **was**".

**como sea 1** (*a cualquier precio*) at all costs: *Tenemos que ganar* ~ *sea.* We must win at all costs. **2** (*no importa*): —*¿Cómo quieres el café?* —*Como sea.* "How do you like your coffee?" "I don't care."

**cómo** *adv* **1** (*interrogación*) how: *¿Cómo se traduce esta palabra?* How do you translate this word? ◇ *No sabemos* ~ *pasó.* We don't know how it happened. **2** (*¿por qué?*) why: *¿Cómo no me lo dijiste?* Why didn't you tell me? **3** (*cuando no se ha oído o entendido algo*) sorry: *¿Cómo? ¿Puedes repetir?* Sorry? Can you say that again? **4** (*exclamación*): *¡Cómo te pareces a tu padre!* You're just like your father! ▸ **¡cómo!** *interj* (*asombro, enojo*) what!: *¡Cómo! ¿No estás vestido aún?* What! Aren't you dressed yet? **LOC** ¿a cómo está/están? how much is it/are they? **¿cómo es?** (*descripción*) what is he, she, it, etc. like? **¿cómo es eso?** how come? **¿cómo es que... ?** how come?: *¿Cómo es que no has salido?* How come you didn't go out? **¿cómo estás?** how are you? ➲ *Ver nota en* HOW **¡cómo no!** of course! **¿cómo que... ?** (*asombro, enojo*): *¿Cómo que no lo sabías?* What do you mean, you didn't know? **¡cómo voy a... !** how am I, are you, etc. supposed to... !: *¡Cómo lo iba a saber!* How was I supposed to know!

**cómoda** *nf* dresser, chest of drawers [*pl* chests of drawers] (*GB*)

**comodidad** *nf* **1** (*confort*) comfort **2** (*conveniencia*) convenience: *la* ~ *de tener el metro cerca* the convenience of having the subway nearby

**comodín** *nm* joker

**cómodo, -a** *adj* **1** (*confortable*) comfortable, comfy (*coloq*): *sentirse* ~ to feel comfortable **2** (*conveniente*) convenient: *Es muy* ~ *olvidarse del asunto.* It's very convenient to forget about it. **LOC** ponerse cómodo to make yourself comfortable

**compact disc** (*tb* **compacto**) *nm* **1** (*disco*) compact disc (*abrev* CD) **2** (*aparato*) CD player

**compacto, -a** *adj* compact **LOC** *Ver* DISCO

**compadecer(se)** *vt, vpr* **compadecer(se)** **(de)** to feel sorry for *sb*

**compadre** *nm* **1** (*padrino*) godfather (in relation to parent) **2** (*amigo*) friend, buddy (*coloq*)

**compaginar** *vt* to combine *sth* (*with sth*): ~ *el trabajo con la familia* to combine work with your family life

**compañerismo** nm comradeship

**compañero, -a** nm-nf **1** (*amigo*) companion **2** (*en pareja*) partner **3** (*en trabajo*) colleague `LOC` **compañero de clase** classmate **compañero de equipo** team-mate **compañero de habitación/departamento** room-mate, flatmate (*GB*)

**compañía** nf company [*pl* companies]: *Trabaja en una ~ de seguros.* He works for an insurance company. `LOC` **compañía aérea** airline **hacer compañía a algn** to keep sb company

**comparable** adj ~ **a/con** comparable to/with *sth/sb*

**comparación** nf comparison: *Esta casa no tiene ~ con la anterior.* There's no comparison between this house and the old one. `LOC` **en comparación con** compared to/with *sth/sb*

**comparar** vt to compare *sth/sb* (*to/with sth/sb*): *¡No compares esta ciudad con la mía!* Don't go comparing this town to mine!

**compartimento** (*tb* **compartimiento**) nm compartment

**compartir** vt to share: ~ *un departamento* to share an apartment

**compás** nm **1** (*Mat, Náut*) compass **2** (*Mús*) **(a)** (*tiempo*) time: *el ~ de tres por cuatro* three four time **(b)** (*división de pentagrama*) bar: *los primeros compases de una sinfonía* the first bars of a symphony `LOC` *Ver* MARCAR

**compasión** nf pity, compassion (*más formal*) `LOC` **tener compasión de algn** to take pity on sb

**compasivo, -a** adj ~ **(con)** compassionate (*toward sb*)

**compatible** adj compatible

**compatriota** nmf **1** (*masc*) fellow countryman [*pl* -men] **2** (*fem*) fellow countrywoman [*pl* -women]

**compenetrarse** vpr ~ **(con)** to get on well (*with sb*)

**compensación** nf compensation

**compensar** vt **1** (*dos cosas*) to make up for *sth*: *para ~ la diferencia de precios* to make up for the difference in price **2** (*a una persona*) to repay *sb* (*for sth*): *No sé cómo ~los por todo lo que han hecho.* I don't know how to repay them for all they've done.
▸ vi (*merecer la pena*) to be worth it: *A la larga compensa.* It's worth it in the long run.

**competencia** nf **1** (*rivalidad*) competition: *La ~ siempre es buena.* Competition is a good thing. **2** (*eficacia, habilidad*) competence: *falta de ~* incompe-

tence `LOC` **hacer la competencia** to compete with *sth/sb*

**competente** adj competent: *un profesor ~* a competent teacher

**competición** nf competition

**competir** vi to compete: ~ *por el título* to compete for the title ◇ ~ *con empresas extranjeras* to compete with foreign companies

**complacer** vt to please: *Es bastante difícil ~los.* They're pretty hard to please.

**complejo, -a** adj, nm complex: *Es un problema muy ~.* It's a very complex problem. ◇ *un ~ de oficinas* an office complex ◇ *tener ~ de gordo* to have a complex about being fat ◇ *tener ~ de superioridad* to have a superiority complex

**complemento** nm **1** (*suplemento*) supplement: *como ~ a su dieta* as a dietary supplement **2** (*accesorio*) accessory [*pl* accessories]: *bisutería y ~s* costume jewelry and accessories **3** (*Gram*) object

**completar** vt to complete

**completo, -a** adj **1** (*entero*) complete: *la colección completa* the complete collection **2** (*lleno*) full: *El hotel está ~.* The hotel is full. `LOC` *Ver* JORNADA, PENSIÓN, TIEMPO

**complicado, -a** adj complicated *Ver tb* COMPLICAR

**complicar** vt **1** (*liar*) to complicate **2** (*implicar*) to implicate *sb* (*in sth*)
▸ **complicarse** vpr to become complicated `LOC` **complicarse la vida/existencia** to make life difficult for yourself

**cómplice** nmf accomplice (*in/to sth*)

**complot** (*tb* **compló**) nm plot

**componer** vt **1** (*formar*) to make *sth* up: *Cuatro relatos componen el libro.* The book is made up of four stories. **2** (*Mús*) to compose
▸ **componerse** vpr **componerse de** to consist of *sth*: *El curso se compone de seis asignaturas.* The course consists of six subjects. `LOC` **componérselas** to manage to do *sth*: *Me las compuse para salir.* I managed to go out.

**comportamiento** nm behavior [*incontable*]: *Tuvieron un ~ ejemplar.* Their behavior was exemplary.

**comportarse** vpr to behave

**composición** nf composition

**compositor, -ora** nm-nf composer

**compota** nf compote: ~ *de manzana* apple compote

**compra** nf buy, purchase (*formal*): *una buena ~* a good buy `LOC` **hacer las com-**

**pras** to do the shopping **ir/salir de compras** to go shopping

**comprar** *vt* to buy: *Quiero ~les un regalo.* I want to buy them a present. ◊ *¿Me lo compras?* Will you buy it for me? ◊ *Le compré la bici a un amigo.* I bought the bicycle from a friend. **➔** *Ver nota en* GIVE **LOC comprar a plazos** to buy *sth* on hire purchase

**comprender** *vt, vi* (*entender*) to understand: *Mis padres no me comprenden.* My parents don't understand me. ◊ *Como usted comprenderá…* As you will understand…
▶ *vt* **1** (*darse cuenta*) to realize: *Han comprendido su importancia.* They've realized how important it is. **2** (*incluir*) to include

**comprendido, -a** *adj*: *niños de edades comprendidas entre los 11 y 13 años* children aged between 11 and 13 *Ver tb* COMPRENDER

**comprensión** *nf* understanding **LOC tener/mostrar comprensión** to be understanding (*toward sb*)

**comprensivo, -a** *adj* understanding (*toward sb*)

**comprimido, -a** *adj, nm* (*pastilla*) tablet **LOC** *Ver* PISTOLA

**comprobar** *vt* to check

**comprometedor, -ora** *adj* compromising

**comprometer** *vt* **1** (*obligar*) to commit *sb* to *sth/doing sth* **2** (*poner en un compromiso*) to put *sb* in an awkward position
▶ **comprometerse** *vpr* **1** (*dar tu palabra*) to promise (*to do sth*): *No me comprometo a ir.* I'm not promising I'll go. **2** (*en matrimonio*) to get engaged (*to sb*)

**comprometido, -a** *adj* (*situación*) awkward *Ver tb* COMPROMETER

**compromiso** *nm* **1** (*obligación*) commitment: *El matrimonio es un gran ~.* Marriage is a great commitment. **2** (*acuerdo*) agreement **3** (*cita, matrimo-*

*nial*) engagement **4** (*aprieto*) awkward situation: *Me pones en un ~.* You're putting me in an awkward situation. **❶** La palabra **compromiso** no significa "compromise" sino *acuerdo*. **LOC por compromiso** out of a sense of duty **sin compromiso** without obligation

**compuesto, -a** *adj* **1** compound: *palabras compuestas* compound words **2** ~ **de/por** consisting of *sth*
▶ *nm* compound *Ver tb* COMPONER

**computadora** *nm* computer

Al encender la computadora, entras en el sistema (**log in/on**). A veces tienes que introducir una contraseña (**key in/enter your password**) y entonces puedes abrir un archivo (**open a file**). También puedes navegar por Internet (**surf the Net**) y mandar correos a tus amigos (**email your friends**). Cuando terminas, hay que guardar el documento (**save the document**) y es buena idea hacer una copia de seguridad (**make a backup copy**) antes de salir del sistema (**log off/out**).

**LOC computadora de mano** PDA [*pl* PDAs] **computadora personal** personal computer (*abrev* PC) **computadora portátil** laptop *Ver tb* JUEGO

**comulgar** *vi* (*Relig*) to take Communion

**común** *adj* **1** common: *un problema ~* a common problem ◊ *características comunes a un grupo* characteristics common to a group (*compartido*) joint: *un esfuerzo ~* a joint effort **LOC común y corriente** ordinary **poner algo en común** to discuss *sth* **tener algo en común 1** (*aficiones*) to share *sth* **2** (*parecerse*) to have *sth* in common *Ver tb* GENTE, SENTIDO

**comunicación** *nf* **1** communication: *la falta de ~* lack of communication

---

### computadora

monitor
screen
keyboard
mouse
keys
space bar

### Comandos Commands

| | |
|---|---|
| **abrir** open | **guardar como** save as |
| **avanzar página** page down | **imprimir** print |
| **borrar** clear/delete | **insertar** insert |
| **buscar** find | **pegar** paste |
| **cerrar** close | **reemplazar** replace |
| **copiar** copy | **rehacer** redo |
| **cortar** cut | **renombrar** rename |
| **cortar y pegar** cut and paste | **retroceder página** page up |
| **deshacer** undo | **salir** quit/exit |
| **ejecutar** run | **seleccionar** select |
| **guardar** save | **seleccionar todo** select all |
| | **ver** view |
| | **vista preliminar** preview |

**2** (*teléfono*): *Se cortó la ~.* We were cut off. **LOC** *Ver* MEDIO

**comunicado, -a** *adj* (*transporte*): *Toda esa zona está mal comunicada.* All that area is poorly served by public transportation.
▶ *nm* announcement *Ver tb* COMUNICAR

**comunicar** *vt* to communicate *sth* (to *sb*): *Comunicaron sus sospechas a la policía.* They communicated their suspicions to the police.
▶ **comunicarse** *vpr* **comunicarse (con)**
**1** (*relacionarse, conectarse*) to communicate with *sth/sb*: *Me cuesta ~me con los demás.* I find it difficult to communicate with other people. ◊ *Mi habitación (se) comunica con la tuya.* My room communicates with yours. **2** (*ponerse en contacto*) to get in touch with *sb*: *No puedo ~me con ellos.* I can't get in touch with them.

**comunidad** *nf* community [*pl* communities] **LOC** **comunidad de vecinos** residents' association

**comunión** *nf* communion **LOC** **hacer la (primera) comunión** to take (your) first Communion

**comunismo** *nm* communism

**comunista** *adj, nmf* communist

**con** *prep* **1** with: *Vivo ~ mis padres.* I live with my parents. ◊ *Sujétalo ~ una chinche.* Stick it up with a thumbtack. ◊ *¿Con qué lo limpias?* What do you clean it with?

A veces *con* se traduce por **and**: *pan con mantequilla* bread and butter ◊ *agua con azúcar* sugar and water. También se puede traducir por **to**: *¿Con quién hablabas?* Who were you talking to? ◊ *Es muy simpática con todo el mundo.* She is very nice to everyone.

**2** (*contenido*) of: *una maleta ~ ropa* a suitcase (full) of clothes ◊ *una cubeta ~ agua y jabón* a bucket of soapy water **3** (*a pesar de*): *Con lo duro que trabajan y no lo acabarán.* They're working so hard but they won't get it done. ◊ *¡Pero ~ lo que te gusta el chocolate!* But you're so fond of chocolate! **4** [+ *infinitivo*]: *Con estudiar el fin de semana, aprobarás.* You'll pass if you study at the weekend. ◊ *Será suficiente ~ llamarles por teléfono.* All you'll need to do is call them. **LOC** **con (tal de) que...** as long as...: *Con tal de que me avises...* As long as you tell me...

**cóncavo, -a** *adj* concave

**concebir** *vt* **1** (*idea, plan, novela*) to conceive **2** (*entender*) to understand: *¡Es que no lo concibo!* I just don't understand!
▶ *vt, vi* (*inicio del embarazo*) to conceive

**conceder** *vt* **1** to give: *~ un préstamo a algn* to give sb a loan ◊ *¿Me concede unos minutos, por favor?* Could you spare me a couple of minutes, please? **2** (*premio, beca*) to award: *Me concedieron una beca.* I was awarded a scholarship. **3** (*reconocer*) to acknowledge: *Hay que ~les algún mérito.* We have to acknowledge that they have some merit.

**concejal, -ala** *nm-nf* (city) councilor

**concejo** *nm* (city) council

**concentración** *nf* concentration: *falta de ~* lack of concentration

**concentrado, -a** *adj* **1** (*persona*): *Estaba tan ~ en la lectura que no te oí entrar.* I was so immersed in the book that I didn't hear you come in. **2** (*sustancia*) concentrated
▶ *nm* concentrate: *~ de uva* grape juice concentrate *Ver tb* CONCENTRAR

**concentrar** *vt* to concentrate
▶ **concentrarse** *vpr* **concentrarse (en)** to concentrate (on *sth*): *Concéntrate en lo que haces.* Concentrate on what you are doing.

**concepto** *nm* **1** (*idea*) concept **2** (*opinión*) opinion: *No sé qué ~ tienes de mí.* I don't know what you think of me.

**concha** *nf* shell

**conciencia** *nf* **1** (*sentido moral*) conscience: *tener la ~ limpia* to have a clear conscience **2** (*conocimiento*) consciousness: *~ de clase* class consciousness **LOC** **a conciencia** thoroughly **tener la conciencia tranquila** to have a clear conscience *Ver tb* CARGO, REMORDER

**concientizar** *vt* to make *sb* aware (*of sth*)
▶ **concientizarse** *vpr* to become aware (*of sth*)

**concierto** *nm* **1** (*recital*) concert **2** (*composición musical*) concerto [*pl* concertos]

**concilio** *nm* council

**conciso, -a** *adj* concise

**conciudadano, -a** *nm-nf* fellow citizen

**concluir** *vt, vi* (*terminar*) to conclude, to finish (*más coloq*)
▶ *vt* (*deducir*) to conclude *sth* (*from sth*): *Concluyeron que era inocente.* They concluded that he was innocent.

**conclusión** *nf* conclusion: *llegar a/ sacar una ~* to reach/draw a conclusion

**concordar** *vi* **~ (con) (en que...)** to agree (with *sth/sb*) (that...): *Tu respuesta no concuerda con la suya.* Your answer doesn't agree with his. ◊ *Todos con-*

*cuerdan en que fue un éxito.* Everyone agrees (that) it was a success.

**concretar** *vt* **1** (*precisar*) to specify **2** (*fecha*) to fix

**concreto, -a** *adj* **1** (*específico*) specific: *las tareas concretas que desempeñan* the specific tasks they perform **2** (*preciso*) definite: *una fecha concreta* a definite date
▶ *nm* (*material*) concrete

**concurrido, -a** *adj* **1** (*lleno de gente*) crowded **2** (*popular*) popular

**concursante** *nmf* contestant

**concursar** *vi* **1** (*en un concurso*) to take part (*in sth*) **2** (*para un puesto*) to compete (*for sth*)

**concurso** *nm* **1** (*Dep, juegos de habilidad*) competition **2** (*Radio, TV*) game show **LOC** **concurso de belleza** beauty pageant

**condado** *nm* county [*pl* counties]

**conde, -esa** *nm-nf* **1** (*masc*) count **2** (*fem*) countess

**condecoración** *nf* medal

**condecorar** *vt* to award *sb* a medal (*for sth*)

**condena** *nf* sentence **LOC** **poner una condena** to give *sb* a sentence

**condenado, -a** *adj* **1** (*maldito*) wretched: *¡Ese ~ perro!* That wretched dog! **2** ~ **a** (*predestinado*) doomed (*to sth*) *Ver tb* CONDENAR

**condenar** *vt* **1** (*desaprobar*) to condemn **2** (*Jur*) **(a)** (*a una pena*) to sentence *sb* (*to sth*): ~ *a algn a muerte* to sentence sb to death **(b)** (*por un delito*) to convict *sb* (*of sth*)
▶ **condenarse** *vpr* to go to hell

**condensado, -a** *adj* **LOC** *Ver* LECHE

**condensar(se)** *vt, vpr* to condense

**condesa** *nf Ver* CONDE

**condescendiente** *adj* **1** (*amable*) kind (*to sb*) **2** (*transigente*) tolerant (*of/toward sb*): *Sus padres son muy ~s con él.* His parents are very tolerant (toward him). **3** (*con aires de superioridad*) condescending: *una sonrisita ~* a condescending smile

**condición** *nf* **1** condition: *Esa es mi única ~.* That is my one condition. ◊ *Lo hago con la ~ de que me ayudes.* I'll do it on condition that you help me. ◊ *Ellos pusieron las condiciones.* They laid down the conditions. ◊ *La mercancía llegó en perfectas condiciones.* The goods arrived in perfect condition. **2** (*social*) background **LOC** **estar en condiciones de 1** (*físicamente*) to be fit *to do sth* **2** (*tener la posibilidad*) to be in a position *to do sth* **sin condiciones** unconditional: *una rendición sin condiciones* an unconditional surrender ◊ *Aceptó sin*

*condiciones.* He accepted unconditionally.

**condicional** *adj* conditional **LOC** *Ver* LIBERTAD

**condicionar** *vt* to condition: *La educación te condiciona.* You are conditioned by your upbringing.

**condimentar** *vt* to season *sth* (*with sth*)

**condimento** *nm* seasoning

**condominio** *nm* condominium, condo (*coloq*)

**condón** *nm* condom

**conducir** *vt* **1** (*coche, camión, etc*) to drive **2** (*moto*) to ride **3** (*llevar*) to lead *sb* (*to sth/sb*): *Las pistas nos condujeron al ladrón.* The clues led us to the thief.
▶ *vi* **1** (*vehículo*) to drive: *Estoy aprendiendo a ~.* I'm learning to drive. **2** ~ **(a)** (*llevar*) to lead (*to sth*): *Este camino conduce al palacio.* This path leads to the palace.

**conducta** *nf* behavior [*incontable*]

**conducto** *nm* **1** (*tubo*) pipe **2** (*Med*) duct **3** (*medio*) way: *La noticia se conoció por ese ~.* That was the way the news came out.

**conductor, -ora** *nm-nf* driver ❶ En inglés **conductor** significa *cobrador* o *revisor*, o también *director de orquesta*.

**conectar** *vt* **1** (*unir*) to connect *sth* (*up*) (*with/to sth*): ~ *la impresora a la computadora* to connect the printer to the computer **2** (*enchufar*) to plug *sth* in

**conejillo** *nm* **LOC** **conejillo de Indias** guinea pig

**conejo, -a** *nm-nf* rabbit

**conexión** *nf* **1** ~ **(con)** connection (to/with *sth*) **2** ~ **(entre)** connection (between…)

**confección** *nf* **LOC** *Ver* CORTE

**confeccionar** *vt* to make

**conferencia** *nf* **1** (*charla*) lecture **2** (*por teléfono*) long-distance call **3** (*congreso*) conference **LOC** *Ver* PRENSA

**conferenciante** *nmf* lecturer

**confesar** *vt, vi* **1** to confess (*to sth/doing sth*): ~ *un crimen/asesinato* to confess to a crime/murder ◊ *Confesaron haber robado el banco.* They confessed to robbing the bank. ◊ *Tengo que ~ que prefiero el tuyo.* I must confess I prefer yours. **2** (*cura*) to hear (*sb's*) confession: *Los domingos no confiesan.* They don't hear confessions on Sundays. ◊ *¿Quién te confiesa?* Who is your confessor?
▶ **confesarse** *vpr* **1** (*Relig*) **(a)** to go to confession **(b)** **confesarse de** to confess *sth*,

to confess (to *doing sth*) **2** (*declararse*): *Se confesaron autores/culpables del crimen*. They confessed they had committed the crime. **LOC** confesar la verdad to tell the truth

**confesión** *nf* confession

**confesonario** (*tb* **confesionario**) *nm* confessional

**confesor** *nm* confessor

**confeti** *nm* confetti

**confianza** *nf* **1 ~ (en)** confidence (in *sth/sb*): *No tienen mucha ~ en él.* They don't have much confidence in him. **2** (*naturalidad, amistad*): *tratar a algn con ~* to treat sb in a friendly way ◊ *Te lo puedo decir porque tenemos ~.* I can tell you because we're friends. **LOC** confianza en uno mismo self-confidence: *No tengo ~ en mí mismo.* I lack self-confidence. de confianza **1** trustworthy **2** (*no sindicalizado*) non-union: *los empleados de ~* non-union employees en confianza in confidence *Ver tb* DIGNO

**confiar** *vi* **1** (*fiarse*) to trust *sth/sb* [*vt*]: *Confía en mí.* Trust me. ◊ *No confío en los bancos.* I don't trust banks. **2** (*esperar*) to hope: *Confío en que no llueva.* I hope it doesn't rain. ◊ *Confío en que lleguen a tiempo.* I hope they arrive on time.
▶ *vt* to entrust *sth/sb* with *sth*: *Sé que puedo ~le la organización de la fiesta.* I know I can entrust him with the arrangements for the party.
▶ **confiarse** *vpr* to be overconfident

**confidencial** *adj* confidential

**configuración** *nf* (*Informát*) settings [*pl*]

**confirmar** *vt* to confirm

**confitería** *nf* **1** (*tienda*) confectioner's [*pl* confectioners] **2** (*ramo comercial*) confectionery

**confitura** *nf* preserve

**conflicto** *nm* conflict: *un ~ entre las dos potencias* a conflict between the two powers **LOC** conflicto de intereses clash of interests

**conformarse** *vpr* **~ (con)** **1** (*resignarse*) to put up with *sth*: *No me gusta, pero tendré que conformarme.* I don't like it, but I'll have to put up with it. **2** (*contentarse*) to be happy (with *sth/doing sth*): *Me conformo con un seis.* I'll be happy with a passing grade. ◊ *Se conforman con poco.* They're easily pleased.

**conforme** *conj* as: *Se sentaban ~ iban entrando.* They sat down as they arrived.

▶ *adj* **LOC** estar conforme (con) **1** (*de acuerdo*) to agree with (*sth*): *Estoy ~ con las condiciones del contrato.* I agree with the terms of the contract. **2** (*contento*) to be satisfied (with *sth/sb*)

**conformista** *adj, nmf* conformist

**confundir** *vt* **1** (*mezclar*) to mix *sth* up: *La bibliotecaria confundió todos los libros.* The librarian has mixed up all the books. ◊ *Sepáralos, no los confundas.* Separate them, don't mix them up. **2** (*dejar perplejo*) to confuse: *No me confundas.* Don't confuse me. **3** (*equivocar*) to mistake *sth/sb* for *sth/sb*: *Creo que me ha confundido con otra persona.* I think you've mistaken me for somebody else. ◊ *~ la sal con el azúcar* to mistake the salt for the sugar
▶ **confundirse** *vpr* **confundirse (de)** (*equivocarse*): *~se de puerta* to knock at the wrong door ◊ *Se confundió de número.* You have the wrong number.

**confusión** *nf* **1** (*falta de claridad*) confusion: *crear ~* to cause confusion **2** (*equivocación*) mistake: *Debe haber sido una ~.* It must have been a mistake.

**confuso, -a** *adj* **1** (*poco claro*) confusing: *Sus indicaciones eran muy confusas.* His directions were very confusing. **2** (*desconcertado*) confused

**congelador** *nm* freezer

**congelar** *vt* to freeze
▶ **congelarse** *vpr* **1** (*helarse*) to freeze (over): *El lago ya se congeló.* The lake has frozen over. **2** (*tener frío*) to be freezing: *Me estoy congelando.* I'm freezing. **3** (*Med*) to get frostbite

**congénito, -a** *adj* congenital

**congestionado, -a** *adj* **1** (*calles*) congested: *Las calles están congestionadas por el tráfico.* The streets are congested with traffic. **2** (*nariz*) blocked up: *Todavía tengo la nariz muy congestionada.* My nose is still blocked up. **3** (*cara*) flushed *Ver tb* CONGESTIONAR

**congestionar** *vt*: *El accidente congestionó el tráfico.* The accident caused traffic congestion.
▶ **congestionarse** *vpr* (*enrojecer*) to get red in the face

**congreso** *nm* congress **LOC** Congreso de los Diputados Congress, Parliament (*GB*) ➔ *Ver notas en* CONGRESS *y* PARLIAMENT

**cónico, -a** *adj* conical

**conífera** *nf* conifer

**conjugar** *vt* to conjugate

**conjunción** *nf* conjunction

**conjuntivitis** *nf* conjunctivitis [*incontable*]

**conjunto** *nm* **1** (*de objetos, obras*) collection **2** (*totalidad*) whole: *el ~ de la indus-*

*tria alemana* German industry as a whole **3** (*musical*) group **4** (*ropa*) outfit **5** (*Mat*) set LOC **conjunto habitacional 1** (*edificio*) apartment building, block of flats (*GB*) **2** (*fraccionamiento*) housing development, housing estate (*GB*)

**conjuro** *nm* spell

**conmigo** *pron* with me: *Ven ~.* Come with me. ◊ *No quiere hablar ~.* He doesn't want to speak to me. LOC **conmigo mismo** with myself: *Estoy contenta ~ misma.* I'm very pleased with myself.

**conmoción** *nf* shock LOC **conmoción cerebral** concussion

**conmovedor, -ora** *adj* moving

**conmover** *vt* to move

**conmutador** *nm* switchboard

**cono** *nm* cone

**conocer** *vt* **1** to know: *Los conozco de la universidad.* I know them from college. ◊ *Conozco muy bien París.* I know Paris very well. **2** (*a una persona por primera vez*) to meet: *Los conocí durante las vacaciones.* I met them on vacation. **3** (*saber de la existencia*) to know of *sth/sb*: *¿Conoces un buen hotel?* Do you know of a good hotel? LOC **conocer algo como la palma de la mano** to know sth like the back of your hand **conocer de vista** to know *sb* by sight **se conoce que…** it seems (that)… *Ver tb* ENCANTADO

**conocido, -a** *adj* (*famoso*) well known ⮑ *Ver nota en* WELL BEHAVED
▶ *nm-nf* acquaintance *Ver tb* CONOCER

**conocimiento** *nm* knowledge [*incontable*]: *Pusieron a prueba sus ~s.* They put their knowledge to the test. LOC **perder/recobrar el conocimiento** to lose/regain consciousness **sin conocimiento** unconscious

**conquista** *nf* conquest

**conquistador, -ora** *adj* conquering
▶ *nm-nf* **1** conqueror: *Guillermo el Conquistador* William the Conqueror **2** (*de América*) conquistador [*pl* conquistadores/conquistadors]

**conquistar** *vt* **1** (*Mil*) to conquer **2** (*enamorar*) to win *sb's* heart

**consagrar** *vt* **1** (*Relig*) to consecrate **2** (*dedicar*) to devote *sth* (*to sth*): *Consagraron su vida al deporte.* They devoted their lives to sport. **3** (*lograr fama*) to establish *sth/sb* (*as sth*): *La exposición lo consagró como pintor.* The exhibit established him as a painter.

**consciente** *adj* **1** ~ (**de**) aware, conscious (*más formal*) (of *sth*) **2** (*Med*) conscious

**consecuencia** *nf* **1** (*secuela*) consequence: *pagar las ~s* to suffer the con-

**C**

sequences **2** (*resultado*) result: *como ~ de aquello* as a result of that

**consecuente** *adj* consistent

**conseguir** *vt* **1** (*obtener*) to obtain, to get (*más coloq*): ~ *una visa* to obtain a visa ◊ ~ *que algn haga algo* to get sb to do sth **2** (*lograr*) to achieve: *para ~ nuestros objetivos* to achieve our aims **3** (*ganar*) to win: ~ *una medalla* to win a medal

**consejo** *nm* **1** (*recomendación*) advice [*incontable*]

> Hay algunas palabras en español, como *consejo, noticia,* etc., que tienen una traducción incontable (**advice, news,** etc.). Existen dos formas de usar estas palabras. "Un consejo/una noticia" se dice **some advice/news** o **a piece of advice/news**: *Te voy a dar un consejo.* I'm going to give you some advice/a piece of advice. Si se usa el plural (*consejos, noticias,* etc.) se traduce por el sustantivo incontable: *No seguí sus consejos.* I didn't follow her advice. ◊ *Tengo buenas noticias.* I have some good news.

**2** (*organismo*) council LOC **consejo administrativo** board of directors **consejo de guerra** court martial

**consentido, -a** *adj* (*mimado*) spoiled *Ver tb* CONSENTIR

**consentimiento** *nm* consent

**consentir** *vt* **1** (*tolerar*) to allow: *No consentiré que me trates así.* I won't allow you to treat me like this. ◊ *No se lo consientas.* Don't let him get away with it. **2** (*mimar*) to spoil: *Sus padres lo consienten demasiado.* His parents really spoil him.

**conserje** *nmf* **1** janitor, porter (*GB*) **2** (*escuela, instituto*) custodian, caretaker (*GB*) **3** (*hotel*) receptionist

**conserjería** *nf* **1** janitor's quarters, porter's lodge (*GB*) **2** (*escuela, instituto*) custodian's quarters, caretaker's lodge (*GB*) **3** (*hotel*) reception

**conserva** *nf* **1** (*en lata*) canned food: *tomates en ~* canned tomatoes **2** (*en cristal*) food in jars

**conservador, -ora** *adj, nm-nf* (*Pol*) conservative
▶ *nm* (*para comida*) preservative

**conservar** *vt* **1** (*comida*) to preserve **2** (*cosas*) to keep: *Aún conservo sus cartas.* I still have his letters. **3** (*calor*) to retain

**conservatorio** *nm* school of music

**consideración** *nf* **1** (*reflexión, cuidado*) consideration: *tomar algo en ~* to take sth into consideration **2** ~ (**por/hacia**)

(*respeto*) respect (for *sb*) **LOC** **con/sin consideración** considerately/inconsiderately

**considerado, -a** *adj* (*respetuoso*) considerate **LOC** **bien/mal considerado**: *un médico bien ~* a highly-regarded doctor ◊ *El apostar está mal ~ en este país.* Betting is frowned upon in this country. *Ver tb* CONSIDERAR

**considerar** *vt* **1** (*sopesar*) to weigh, to consider (*más formal*): *~ los pros y los contras* to weigh the pros and cons **2** (*ver, apreciar*) to regard *sth/sb* (*as sth*): *La considero nuestra mejor jugadora.* I regard her as our best player.

**consigna** *nf* **1** (*tb* consignaciones) (*para equipaje*) baggage room, left luggage office (*GB*) **2** (*instrucciones*) instructions [*pl*]

**consignación** *nf* (*de dinero*) deposit

**consigo** *pron* **1** (*él, ella*) with him/her **2** (*usted, ustedes*) with you **3** (*ellos, ellas*) with them **LOC** **consigo mismo** with himself, herself, etc.

**consistir** *vi* ~ **en** to consist of *sth/doing sth*: *Mi trabajo consiste en atender al público.* My work consists of dealing with the public.

**consola** *nf* control panel

**consolación** *nf* consolation: *premio de ~* consolation prize

**consolar** *vt* to console: *Traté de ~le por la pérdida de su madre.* I tried to console him for the loss of her mother.

**consonante** *nf* consonant

**conspiración** *nf* conspiracy [*pl* conspiracies]

**constancia** *nf* **1** (*perseverancia*) perseverance **2** (*certificado*) certificate

**constante** *adj* **1** (*continuo*) constant **2** (*perseverante*) hard-working: *Mi hijo es muy ~ en sus estudios.* My son works hard at his studies.

**constar** *vi* **1** (*ser cierto*) to be sure (*of sth/ that…*): *Me consta que ellos no lo hicieron.* I'm sure they didn't do it. **2** ~ **de** to consist of *sth*: *La obra consta de tres actos.* The play consists of three acts.

**constelación** *nf* constellation

**constipado, -a** *adj*: *Estoy ~.* I have a bad cold.
▶ *nm* cold: *pescar un ~* to catch a cold **❶** La palabra **constipated** no significa "constipado", sino *estreñido*.

**constitución** *nf* constitution **LOC** *Ver* HIERRO

**constitucional** *adj* constitutional

**constituir** *vt* to be, to constitute (*formal*): *Puede ~ un riesgo para la salud.* It may be a health hazard.

**construcción** *nf* building, construction (*más formal*): *en ~* under construction ◊ *Trabajan en la ~.* They're construction workers.

**constructor, -ora** *nm-nf* building contractor

**constructora** *nf* construction company [*pl* construction companies]

**construir** *vt, vi* to build: *No han empezado a ~ todavía.* They haven't started building yet. ◊ *~ un futuro mejor* to build a better future

**consuelo** *nm* consolation: *Es un ~ saber que no soy el único.* It is (of) some consolation to know that I am not the only one. ◊ *buscar ~ en algo* to seek consolation in sth

**cónsul** *nmf* consul

**consulado** *nm* consulate

**consulta** *nf* **1** (*pregunta*) question: *¿Le puedo hacer una ~?* Could I ask you a question? **2** (*Med*) office hours [*pl*], surgery (*GB*): *La doctora tiene ~ hoy.* The doctor has office hours today. **LOC** **de consulta** reference: *libros de ~* reference books

**consultar** *vt* **1** (*pedir consejo*) to consult *sth/sb* (*about sth*): *Nos consultaron sobre ese tema.* They consulted us about this matter. **2** (*palabra, dato*) to look *sth* up: *Consúltalo en el diccionario.* Look it up in the dictionary. **LOC** **consultar algo con la almohada** to sleep on sth

**consultorio** *nm* (*Med*) doctor's office, surgery [*pl* surgeries] (*GB*)

**consumidor, -ora** *adj* consuming: *países ~es de petróleo* oil-consuming countries
▶ *nm-nf* consumer

**consumir** *vt* **1** to consume: *un país que consume más de lo que produce* a country which consumes more than it produces **2** (*energía*) to use: *Este radiador consume mucha luz.* This radiator uses a lot of electricity. **LOC** **consumir preferentemente antes de…** best before…

**consumismo** *nm* consumerism

**consumo** *nm* consumption **LOC** *Ver* BIEN³

**contabilidad** *nf* **1** (*cuentas*) accounts [*pl*]: *la ~ de una empresa* a firm's accounts **2** (*profesión*) accounting, accountancy (*GB*) **LOC** **llevar la contabilidad** to do the accounts

**contactar** *vt* to contact: *Intenté ~ a mi familia.* I tried to contact my family.

**contacto** *nm* **1** contact **2** (*enchufe*) plug **3** (*en coche*) ignition **LOC** **mantenerse/**

**ponerse en contacto con algn** to keep/get in touch with sb **poner a algn en contacto con algn** to put sb in touch with sb *Ver tb* LENTE, LLAVE

**contado** LOC **al contado** cash: *pagar algo al ~* to pay cash for sth

**contador, -ora** *nm-nf* accountant

**contagiar** *vt* to pass *sth* on *to sb*: *Le contagió la varicela.* He passed the chickenpox on to her.
▶ **contagiarse** *vpr* **1** (*enfermedad*) to be contagious **2** (*persona*) to become infected

**contagioso, -a** *adj* contagious

**contaminación** *nf* **1** pollution: *~ atmosférica* atmospheric pollution **2** (*radiactiva, alimenticia*) contamination

**contaminar** *vt, vi* **1** to pollute: *Los vertidos de la fábrica contaminan el río.* Waste from the factory is polluting the river. **2** (*radiactividad, alimentos*) to contaminate

**contante** *adj* LOC *Ver* DINERO

**contar** *vt* **1** (*enumerar, calcular, incluir*) to count: *Contó el número de viajeros.* He counted the number of passengers. **2** (*explicar*) to tell: *Nos contaron un cuento.* They told us a story. ◊ *Cuéntame lo de ayer.* Tell me about yesterday.
▶ *vi* **1** to count: *Cuenta hasta 50.* Count to 50. **2** *~ con* (*confiar*) to count *on sth/sb*: *Cuento con ellos.* I'm counting on them. LOC *¿qué cuentas?* how are things? *Ver tb* LARGO

**contemplar** *vt* to contemplate: *~ un cuadro/una posibilidad* to contemplate a painting/possibility

**contemporáneo, -a** *adj, nm-nf* contemporary [*pl* contemporaries]

**contenedor** *nm* **1** (*de basura*) garbage can, dustbin (*GB*) ➔ *Ver dibujo en* GARBAGE CAN **2** (*de mercancías*) container

**contener** *vt* **1** (*tener*) to contain: *Este texto contiene algunos errores.* This text contains a few mistakes. **2** (*aguantarse*) to hold *sth* back: *El niño no podía ~ el llanto.* The little boy couldn't hold back his tears.

**contenido** *nm* contents [*pl*]: *el ~ de un frasco* the contents of a bottle

**contentarse** *vpr ~ con* to be satisfied with *sth*: *Se contenta con poco.* He's easily pleased.

**contento, -a** *adj* **1** (*feliz*) happy **2** *~ (con/ de)* (*satisfecho*) pleased (*with sth/sb*): *Estamos ~s con el nuevo profesor.* We're pleased with the new teacher. ➔ *Ver nota en* GLAD LOC *Ver* CABER

**contestación** *nf* reply [*pl* replies]: *Espero ~.* I await your reply.

**contestador** *nm* LOC **contestador (automático)** answering machine

**contestar** *vt* *~ (a)* to answer *sth* [*vt*], to reply *to sth* (*más formal*): *Nunca contestan a mis cartas.* They never answer my letters.
▶ *vi* **1** (*dar una respuesta*) to answer, to reply (*más formal*) **2** (*replicar*) to mouth off: *¡No me contestes!* Don't mouth off to me!

**contigo** *pron* with you: *Se fue ~.* He left with you. ◊ *Quiero hablar ~.* I want to talk to you. LOC **contigo mismo** with yourself

**continente** *nm* continent

**continuación** *nf* continuation LOC **a continuación** (*ahora*) next: *Y a ~ les ofrecemos una película de terror.* And next we have a horror movie.

**continuar** *vi* **1** (*actividad*) to go on (*with sth/doing sth*), to continue (*with sth/to do sth*) (*más formal*): *Continuaremos apoyándote.* We will go on supporting you. **2** (*estar todavía*) to be still…: *Continúa haciendo mucho calor.* It's still very hot. LOC **continuará…** to be continued…

**continuo, -a** *adj* **1** (*ininterrumpido*) continuous: *el ~ descenso de la natalidad* the continuous decline in the birth rate **2** (*repetido*) continual: *~s cambios* continual changes ➔ *Ver nota en* CONTINUAL

**contorno** *nm* **1** (*perfil*) outline **2** (*medida*) measurement: *~ de cintura* waist measurement

**contra** *prep* **1** against: *Ponte ~ la pared.* Stand against the wall. ◊ *la lucha ~ el crimen* the fight against crime **2** (*con verbos como lanzar, disparar, tirar*) at: *Lanzaron piedras ~ las ventanas.* They threw stones at the windows. **3** (*con verbos como chocar, arremeter*) into: *Mi vehículo chocó ~ el muro.* My car crashed into the wall. ◊ *Se estrelló ~ un árbol.* He hit a tree. **4** (*golpe, ataque*) on: *Se dio un buen golpe ~ el asfalto.* She fell down on the concrete. ◊ *un atentado ~ su vida* an attempt on his life **5** (*resultado*) to: *Ganaron por once votos ~ seis.* They won by eleven votes to six. **6** (*tratamiento, vacuna*) for: *una cura ~ el cáncer* a cure for cancer **7** (*enfrentamiento*) versus (*abrev v., vs.*): *el Chivas ~ el Toluca* Chivas v Toluca LOC **en contra (de)** against (*sth/sb*): *¿Estás a favor o en ~?* Are you for or against? ◊ *en ~ de su voluntad* against their will *Ver tb* PRO², PRONUNCIAR, RELOJ

**contraatacar** *vi* to fight back

**contraataque** *nm* counter-attack

**contrabajo** *nm* (*instrumento*) double bass

**contrabandista** nmf smuggler
**LOC** contrabandista de armas gunrunner

**contrabando** nm 1 (actividad) smuggling 2 (mercancía) contraband
**LOC** contrabando de armas gunrunning
pasar algo de contrabando to smuggle sth in

**contradecir** vt to contradict

**contradicción** nf contradiction

**contradictorio, -a** adj contradictory

**contraer** vt 1 to contract: ~ un músculo to contract a muscle ◊ ~ deudas/la malaria to contract debts/malaria 2 (compromisos, obligaciones) to take sth on
▶ **contraerse** vpr (materiales, músculos) to contract **LOC** contraer matrimonio to get married (to sb)

**contraluz** nm o nf **LOC** a contraluz against the light

**contrapeso** nm counterweight

**contrapié** **LOC** a contrapié on the wrong foot

**contraportada** nf 1 (libro) back cover 2 (revista, periódico) back page

**contrariedad** nf setback

**contrario, -a** adj 1 (equipo, opinión, teoría) opposing 2 (dirección, lado) opposite 3 ~ (a) (persona) opposed (to sth)
▶ nm-nf opponent **LOC** al/por el contrario on the contrary **de lo contrario** otherwise **llevar la contraria** to disagree: Les gusta llevar siempre la contraria. They always like to disagree. **(todo) lo contrario** (quite) the opposite: Sus profesores opinan lo ~. His teachers think the opposite. Ver tb SENTIDO

**contraseña** nf password

**contrastar** vt, vi ~ (con) to contrast (sth) (with sth): ~ unos resultados con otros to contrast one set of results with another

**contraste** nm contrast

**contratar** vt 1 to take sb on, to contract (más formal) 2 (deportista, artista) to sign sb up

**contratiempo** nm 1 (problema) setback 2 (accidente) mishap

**contrato** nm contract

**contraventana** nf shutter

**contribuir** vi 1 to contribute (sth) (to/toward sth): Contribuyeron con diez millones de pesos a la construcción del hospital. They contributed ten million pesos to the construction of the hospital. 2 ~ a hacer algo to help (to) do sth: Contribuirá a mejorar la imagen del colegio. It will help (to) improve the school's image.

**contribuyente** nmf taxpayer

**contrincante** nmf rival

**control** nm 1 control: ~ de natalidad birth control ◊ perder el ~ to lose control 2 (de policía, Mil) checkpoint **LOC** bajo/fuera de control under/out of control **control remoto** remote control Ver tb ANTIDOPING

**controlar** vt to control: ~ a la gente/una situación to control people/a situation

**convalidar** vt to recognize: ~ un título to have a degree recognized

**convencer** vt 1 (de una idea) to convince sb (of sth/to do sth/that…): Nos convencieron de que estaba bien. They convinced us that it was right. 2 (persuadir) to persuade sb (to do sth) to talk sb (into doing sth) (más coloq): A ver si lo convences para que venga. See if you can persuade him to come.
▶ vi to be convincing
▶ **convencerse** vpr **convencerse de** to get sth into your head: Tienes que ~te de que se acabó. You must get it into your head that it's over.

**conveniente** adj convenient: una hora/un lugar ~ a convenient time/place **LOC** ser conveniente to be a good idea (to do sth): Creo que es ~ que salgamos de madrugada. I think it's a good idea to leave early.

**convenio** nm agreement

**convenir** vi 1 (ser conveniente) to suit: Haz lo que más te convenga. Do whatever suits you best. 2 (ser aconsejable): No te conviene trabajar tanto. You shouldn't work so hard. ◊ Convendría repasarlo. We should go over it again.
▶ vt, vi ~ (en) to agree on sth/to do sth: Hay que ~ la fecha de la reunión. We must agree on the date of the meeting.

**convento** nm 1 (de monjas) convent 2 (de monjes) monastery [pl monasteries]

**conversación** nf conversation: un tema de ~ a topic of conversation

**conversar** vi to talk (to/with sb) (about sth/sb): Conversamos sobre temas de actualidad. We talked about current affairs.

**convertible** nm (coche) convertible

**convertir** vt 1 to turn sth/sb into sth, to convert sth into sth (más formal): Convirtieron su casa en museo. His house was turned into a museum. 2 (Relig) to convert sb (to sth)
▶ **convertirse** vpr 1 **convertirse en** (llegar a ser) to become 2 **convertirse en** (transformarse) to turn into sth: El príncipe se convirtió en rana. The prince turned into a frog. 3 **convertirse (a)** (Relig) to

convert (to sth): *Se convertieron al islam.* They have converted to Islam. **LOC** **convertirse en realidad** to come true

**convexo, -a** *adj* convex

**convivir** *vi* to live together (harmoniously)

**convocar** *vt* **1** (*huelga, elecciones, reunión*) to call: *~ una huelga general* to call a general strike **2** (*citar*) to summon: *~ a los líderes a una reunión* to summon the leaders to a meeting

**convocatoria** *nf* **1** (*huelga, elecciones*) call: *una ~ de huelga/elecciones* a strike call/a call for elections **2** (*Educ*): *Aprobé en la ~ de junio.* I passed in June. ◊ *Lo intentaré otra vez en la ~ de septiembre.* I'll try again when they give the exam in September.

**coñac** *nm* brandy [*pl* brandies]

**cooperar** *vi* ~ **(con) (en)** to cooperate (with *sb*) (on *sth*): *Se negó a ~ con ellos en el proyecto.* He refused to cooperate with them on the project.

**coordenada** *nf* **LOC** *Ver* EJE

**coordinar** *vt* to coordinate

**copa** *nf* **1** (*vaso*) (wine) glass **2** (*bebida*) drink: *tomarse unas ~s* to have a few drinks **3** (*árbol*) top **4** **Copa** (*Dep*) Cup: *la Copa Mundial* the World Cup **LOC** *Ver* SOMBRERO

**copia** *nf* copy [*pl* copies]: *hacer/sacar una ~* to make a copy **LOC** **copia de seguridad** (*Informát*) backup copy

**copiar** *vt, vi* to copy *sth* (*from sth/sb*): *¿Copiaste este cuadro del original?* Did you copy this painting from the original? ◊ *Se lo copié a Luis.* I copied it from Luis.
▶ *vt* (*escribir*) to copy *sth* down: *Copiaban lo que el profesor iba diciendo.* They copied down what the teacher said.

**copiloto** *nmf* **1** (*avión*) copilot **2** (*automóvil*) relief driver

**copión, -ona** *nm-nf* copycat

**copo** *nm* flake: *~s de nieve* snowflakes

**coquetear** *vi* to flirt (*with sb*)

**coqueto, -a** *adj* (*que coquetea*) flirtatious
▶ *nm-nf* flirt: *Es un ~.* He's a flirt.

**coral**¹ *nm* (*Zool*) coral

**coral**² *adj* choral

**corazón** *nm* **1** heart: *en el fondo de su ~* at the bottom of his heart ◊ *en pleno ~ de la ciudad* in the very heart of the city **2** (*fruta*) core: *Pelar y quitar el ~.* Peel and remove the core. **3** (*dedo*) middle finger **4 corazones** (*Naipes*) hearts **⊃** *Ver nota en* BARAJA **LOC** **de todo corazón**: *Lo digo de todo ~.* I'm speaking from the heart. **tener buen corazón** to be kind-hearted

**corazonada** *nf* hunch

**corbata** *nf* tie: *Todo el mundo iba con ~.* They were all wearing ties.

**corchea** *nf* (*Mús*) eighth note, quaver (*GB*)

**corcho** *nm* **1** cork **2** (*pesca*) float

**corcholata** *nf* bottle top

**cordel** *nm* string

**cordero, -a** *nm-nf* (*animal, carne*) lamb: *~ asado* roast lamb **⊃** *Ver nota en* CARNE

**cordillera** *nf* mountain range: *la ~ de los Andes* the Andean mountains

**cordón** *nm* cord **LOC** **cordón policial** police cordon **cordón umbilical** umbilical cord

**córnea** *nf* cornea

**córner** *nm* corner

**corneta** *nf* bugle

**coro** *nm* (*Arquit, coral*) choir

**corona** *nf* **1** (*de un rey, la monarquía, diente, moneda*) crown **2** (*de flores*) wreath

**coronación** *nf* (*de un rey*) coronation

**coronar** *vt* to crown: *Lo coronaron rey.* He was crowned king.

**coronel** *nmt* colonel

**coronilla** *nf* **1** (*parte de la cabeza*) crown **2** (*calva*) bald patch **LOC** **hasta la coronilla** sick to death *of sth/sb/doing sth*

**corporal** *adj* **1** body: *lenguaje/temperatura ~* body language/temperature **2** (*necesidades, funciones, contacto*) bodily: *las necesidades ~es* bodily needs

**corpulento, -a** *adj* hefty

**corral** *nm* farmyard

**correa** *nf* **1** strap: *~ del reloj* watch strap **⊃** *Ver dibujo en* LUGGAGE, RELOJ **2** (*para perro*) leash, lead (*GB*)

**corrección** *nf* correction: *hacer correcciones en un texto* to make corrections to a text

**correcto, -a** *adj* correct: *el resultado ~* the correct result ◊ *Tu abuelo es muy ~.* Your grandfather is very correct.

**corredizo, -a** *adj* **LOC** *Ver* NUDO, PUERTA

**corredor, -ora** *nm-nf* **1** (*atleta*) runner **2** (*ciclista*) cyclist

**corregir** *vt* to correct: *Corrígeme si lo digo mal.* Correct me if I get it wrong. ◊ *~ exámenes* to correct exams

**correo** *nm* **1** mail: *Me llegó en el ~ del jueves.* It came in the mail on Thursday. **⊃** *Ver nota en* MAIL **2** (*oficina*) post office: *¿Dónde está el ~?* Where is the post office? **LOC** **correo aéreo** airmail **correo electrónico** email **de correos** postal: *huelga/servicio de ~s* postal strike/

service **enviar/mandar algo por correo** to mail sth, to post sth *(GB)* *Ver tb* TREN

**correr** *vi* **1** to run: *Corrían por el patio.* They were running around the playground. ◊ *Salí corriendo detrás de él.* I ran out after him. ◊ *Cuando me vio echó a ~.* He ran off when he saw me. **2** *(darse prisa)* to hurry: *No corras, aún tienes tiempo.* There's no need to hurry, you've still got time. ◊ *¡Córrele!* Hurry up! **3** *(automóvil)* to go fast: *Su moto corre mucho.* His motorcycle goes very fast. **4** *(conducir deprisa)* to drive fast **5** *(líquidos)* to flow: *El agua corría por la calle.* Water flowed down the street.
▸ *vt* **1** *(mover)* to move *sth* (along/down/over/up): *Corre un poco la silla.* Move your chair over a little. **2** *(cortina)* to draw **3** *(Dep)* to compete in *sth*: *~ los 100 metros planos* to compete in the 100 meters **4** **(a)** *(echar)* to kick *sb* out **(b)** *(despedir)* to fire
▸ **correrse** *vpr* **1** *(moverse una persona)* to move up/over **2** *(tinta, maquillaje)* to run **LOC** **correr como un galgo** to run like the wind *Ver tb* VOZ

**correspondencia** *nf* **1** *(correo)* correspondence **2** *(relación)* relation

**corresponder** *vi* **1** *(tener derecho)* to be entitled to *sth*: *Te corresponde lo mismo que a los demás.* You're entitled to exactly the same as the others. **2** *(pertenecer, ser adecuado)*: *Pon una cruz donde corresponda.* Check as appropriate. ◊ *Ese texto corresponde a otra foto.* That text goes with another photograph.

**correspondiente** *adj* **1 ~ (a)** *(relacionado)* corresponding (to *sth*): *¿Cuál es la expresión ~ en chino?* What's the corresponding expression in Chinese? ◊ *las palabras ~s a las definiciones* the words corresponding to the definitions **2** *(propio)* own: *Cada estudiante tendrá su título ~.* Each student will have his/her own diploma. **3** *(adecuado)* relevant: *presentar la documentación ~* to produce the relevant documents **4 ~ a** for: *temas ~s al primer trimestre* subjects for the first term

**corresponsal** *nmf* correspondent

**corrida** *nf* **LOC** **corrida (de toros)** bullfight

**corriente** *adj* **1** *(normal)* ordinary: *gente ~* ordinary people **2** *(común)* common: *un árbol muy ~* a very common tree
▸ *nf* **1** *(agua, electricidad)* current: *Fueron arrastrados por la ~.* They were swept away by the current. **2** *(aire)* draft **LOC** **ponerse al corriente** to get up to date (with *sth*) *Ver tb* AGUA, COMÚN, GENTE, TOMA

**corrimiento** *nm* **LOC** *Ver* TIERRA

**corro** *nm* **1** *(personas)* circle: *hacer (un) ~* to form a circle **2** *(juego)* ring-around-the-rosy

**corroer(se)** *vt, vpr* *(metales)* to corrode **LOC** **corroído por la envidia/la rabia/los celos** eaten up with envy/anger/jealousy

**corromper** *vt* to corrupt

**corrupción** *nf* corruption

**cortada** *nf* cut: *Me hice una ~ con el cuchillo.* I cut myself with the knife. *Ver tb* CORTAR

**cortar** *vt* **1** to cut: *Córtalo en cuatro trozos.* Cut it into four pieces. **2** *(parte del cuerpo, rama, agua, luz)* to cut *sth* off: *La máquina le cortó un dedo.* The machine cut off one of his fingers. ◊ *Nos cortaron el teléfono/gas.* The telephone/gas has been cut off. **3** *(con tijeras)* to cut *sth* out: *Corté los pantalones siguiendo el patrón.* I cut out the pants according to the pattern. **4** *(calle)* to close
▸ *vi* to cut: *Este cuchillo no corta.* This knife doesn't cut.
▸ **cortarse** *vpr* **1** *(herirse)* to cut: *Me corté la mano con los cristales.* I cut my hand on the glass. **2** *(leche, mayonesa)* to curdle **3** *(teléfono)*: *Estábamos hablando y de repente se cortó.* We were talking and then suddenly we got cut off. **LOC** **cortar el pasto** to mow the lawn **cortarse el pelo 1** *(en la peluquería)* to have your hair cut **2** *(uno mismo)* to cut your hair

**cortaúñas** *nm* nail clippers [*pl*] ➔ *Ver nota en* PAIR

**corte¹** *nm* cut: *Sufrió varios ~s en el brazo.* He got several cuts on his arm. ◊ *un ~ de luz* a power outage **LOC** **corte de pelo** haircut **corte (y confección)** dressmaking

**corte²** *nf* **1** *(realeza)* court **2** *(tribunal)* court of law

**cortesía** *nf* courtesy [*pl* courtesies]: *por ~* out of courtesy **LOC** *Ver* BOLETO

**corteza** *nf* **1** *(árbol)* bark **2** *(pan)* crust ➔ *Ver dibujo en* PAN **3** *(queso)* rind **4** *(fruta)* peel ➔ *Ver nota en* PEEL **LOC** **la corteza terrestre** the earth's crust

**cortina** *nf* curtain: *abrir/cerrar las ~s* to draw the curtains

**corto, -a** *adj* short: *Ese pantalón te queda ~.* Those pants are too short for you. ◊ *una camisa de manga corta* a short-sleeved shirt
▸ *nm* *(Cine)* short **LOC** **ni corto ni perezoso** without thinking twice **ser corto de vista** to be nearsighted, to be short-sighted *(GB)* *Ver tb* PANTALÓN

**cortocircuito** *nm* short-circuit

**cosa** *nf* **1** thing: *Una ~ ha quedado clara…* One thing is clear… **2** *(algo)*: *Te*

quería preguntar una ~. I wanted to ask you something. **3** (*nada*) nothing, anything: *No hay ~ más impresionante que el mar.* There's nothing more impressive than the ocean. ➔ *Ver nota en* NADA **4 cosas** (*asuntos*) affairs: *Quiero solucionar primero mis ~s.* I want to sort out my own affairs first. ◊ *Nunca habla de sus ~s.* He never talks about his personal life. **LOC** ¡**cosas de la vida!** that's life! **entre una cosa y otra** what with one thing and another ¡**lo que son las cosas!** would you believe it! ¡**qué cosa más rara!** how odd! **ser cosa de algn**: *Esta broma es ~ de mi hermana.* This joke must be my sister's doing. **ser poca cosa 1** (*herida*) not to be serious **2** (*persona*) to be a poor little thing **ver cosa igual/semejante**: ¿*Habráse visto ~ igual?* Did you ever see anything like it? *Ver tb* ALGUNO, CADA, CUALQUIERA, OTRO

**cosecha** *nf* **1** harvest: *Este año habrá buena ~.* There's going to be a good harvest this year. **2** (*vino*) vintage: *la ~ del 2005* the 2005 vintage

**cosechar** *vt, vi* to harvest

**coser** *vt, vi* to sew: *~ un botón* to sew a button on

**cosmético, -a** *adj, nm* cosmetic

**cósmico, -a** *adj* cosmic

**cosmos** *nm* cosmos

**cosquillas** *nf* **LOC** **hacer cosquillas** to tickle **tener cosquillas** to be ticklish: *Tengo muchas ~ en los pies.* My feet are very ticklish.

**costa**¹ *nf* coast: *Veracruz está en la ~ este.* Veracruz is on the east coast.

**costa**² **LOC** **a costa de** at *sb's* expense: *a ~ nuestra* at our expense **a costa de lo que sea/a toda costa** at all costs *Ver tb* VIVIR

**costado** *nm* side: *Duermo de ~.* I sleep on my side.

**costal** *nm* sack: *un ~ de papas* a sack of potatoes

**costar** *vi* **1** (*dinero, vidas*) to cost: *El boleto cuesta 30 dólares.* The ticket costs 30 dollars. ◊ *El accidente costó la vida a cien personas.* The accident cost the lives of a hundred people. **2** (*tiempo*) to take: *Leer el libro me costó un mes.* It took me a month to read the book. **3** (*resultar difícil*) to find it hard (*to do sth*): *Me cuesta levantarme temprano.* I find it hard to get up early. **LOC** **costar mucho/poco 1** (*dinero*) to be expensive/cheap **2** (*esfuerzo*) to be hard/easy **costar un riñón/un ojo de la cara** to cost an arm and a leg *Ver tb* CARO, CUÁNTO, TRABAJO

**Costa Rica** *nf* Costa Rica

**costeable** *adj* affordable

**costilla** *nf* rib

**costo** (*tb* **coste**) *nm* cost: *el ~ de la vida* the cost of living

**costra** *nf* scab

**costumbre** *nf* **1** (*de una persona*) habit: *Escuchamos la radio por ~.* We listen to the radio out of habit. **2** (*de un país*) custom: *Es una ~ mexicana.* It's a Mexican custom. **LOC** **de costumbre** usual: *más simpático que de ~* nicer than usual *Ver tb* AGARRAR, QUITAR

**costura** *nf* **1** (*labor*) sewing: *una clase de ~* a sewing class **2** (*cosido*) seam: *Se descosió el abrigo de la ~.* The seam of the coat has come undone.

**costurera** *nf* (*confección*) dressmaker

**costurero** *nm* **1** (*caja*) sewing box **2** (*hilos y agujas*) sewing kit

**cotidiano, -a** *adj* daily

**coyote** *nm* **1** (*animal*) coyote **2** (*intermediario*) fixer

**cráneo** *nm* skull

**cráter** *nm* crater

**creación** *nf* creation

**creador, -ora** *nm-nf* creator

**crear** *vt* **1** to create: *~ problemas* to create problems **2** (*empresa*) to set *sth* up
▸ **crearse** *vpr*: *~se enemigos* to make enemies

**creatividad** *nf* creativity

**creativo, -a** *adj* creative

**crecer** *vi* **1** to grow: ¡*Cómo te ha crecido el pelo!* Hasn't your hair grown! **2** (*criarse*) to grow up: *Crecí en el campo.* I grew up in the country. **3** (*río*) to rise **LOC** **dejar crecer el pelo, la barba, etc.** to grow your hair, a beard, etc.

**creciente** *adj* increasing **LOC** *Ver* CUARTO, LUNA

**crecimiento** *nm* growth

**credencial** *nf* (*club, sociedad*) (membership) card: *Necesitas tu ~ para sacar un DVD.* You need your card to rent a DVD.

**crédito** *nm* **1** (*préstamo*) loan **2** (*forma de pago*) credit: *comprar algo a ~* to buy sth on credit **LOC** *Ver* SECRETARIA, TARJETA

**credo** *nm* creed

**crédulo, -a** *adj* gullible

**creencia** *nf* belief [*pl* beliefs]

**creer** *vt, vi* **1** (*aceptar como verdad, tener fe*) to believe (*in sth/sb*): *Nadie me creerá.* Nobody will believe me. ◊ *~ en la justicia* to believe in justice **2** (*pensar*) to think: *Creen haber descubierto la verdad.* They think they've uncovered the truth. ◊ ¿*Tú crees?* Do you think so? ◊ *—¿Lloverá mañana? —No creo.* "Will it rain tomorrow?" "I don't think so."

# creído

▶ **creerse** *vpr* **1** (*aceptar como verdad*) to believe: *No me lo creo.* I don't believe it. **2** (*a uno mismo*) to think you are *sth/sb*: *Se cree muy listo.* He thinks he's very clever. ◊ *¿Qué se habrán creído?* Who do they think they are? **LOC** **creo que sí/no** I think so/I don't think so

**creído, -a** *adj, nm-nf* (*engreído*) conceited [*adj*]: *ser un ~* to be conceited *Ver tb* CREER

**crema** *nf* cream: *fresas con ~* strawberries and cream ◊ *Ponte un poco de ~ en la espalda.* Put some cream on your back. ◊ *una bufanda color ~* a cream (-colored) scarf **crema de batida** whipped cream **crema de rasurar** shaving cream *Ver tb* DESMAQUILLADOR, HIDRATANTE, NATA

**crematorio** *nm* crematorium [*pl* crematoriums/crematoria]

**crepe** *nf* crêpe ➔ *Ver nota en* MARTES

**crepúsculo** *nm* twilight

**cresta** *nf* **1** crest **2** (*gallo*) comb

**creyente** *nmf* believer **LOC** **no creyente** non-believer

**cría** *nf* **1** (*animal recién nacido*) baby [*pl* babies]: *una ~ de conejo* a baby rabbit **2** (*crianza*) breeding: *la ~ de perros* dog breeding

**criadero** *nm* farm: *~ de peces* fish farm **LOC** **criadero de perros** kennel

**criado, -a** *nm-nf* servant

**criar** *vt* **1** (*amamantar*) **(a)** (*persona*) to nurse **(b)** (*animal*) to suckle **2** (*educar*) to bring up **3** (*ganado*) to rear
▶ **criarse** *vpr* to grow up: *Me crié en la ciudad.* I grew up in the city. **LOC** *Ver* MOHO

**crimen** *nm* **1** crime: *cometer un ~* to commit a crime **2** (*asesinato*) murder

**criminal** *adj, nmf* criminal

**crin** *nf* **crines** mane

**crisis** *nf* crisis [*pl* crises]

**cristal** *nm* **1** (*material*) glass [*incontable*]: *Me corté con un ~ roto.* I cut myself on a piece of broken glass. **2** (*vidrio fino, mineral*) crystal: *una licorera de ~* a crystal decanter **3** (*lámina*) pane: *el ~ de la ventana* the windowpane

**cristalero, -a** *nm-nf* glazier

**cristalino, -a** *adj* (*agua*) crystal clear

**cristianismo** *nm* Christianity

**cristiano, -a** *adj, nm-nf* Christian

**Cristo** *n pr* Christ **LOC** **antes/después de Cristo** BC/AD **hecho un Cristo** a mess: *Tienes la cara hecha un ~.* Your face is a mess.

**criterio** *nm* **1** (*principio*) criterion [*pl* criteria] **2** (*Jur, capacidad de juzgar*) judge-

ment: *tener buen ~* to have sound judgement **3** (*opinión*) opinion: *según nuestro ~* in our opinion

**crítica** *nf* **1** criticism: *Estoy harta de tus ~s.* I'm fed up with your criticism(s). **2** (*en un periódico*) review, write-up (*más coloq*): *La obra ha tenido una ~ excelente.* The play got an excellent review. **3** (*conjunto de críticos*) critics [*pl*]: *bien acogida por la ~* well received by the critics

**criticar** *vt, vi* to criticize

**crítico, -a** *nm-nf* critic

**crol** *nm* crawl **LOC** *Ver* NADAR

**cromo** *nm* **1** (*de colección*) picture card **2** (*Quím*) chromium

**crónico, -a** *adj* chronic

**cronológico, -a** *adj* chronological

**cronometrar** *vt* to time

**cronómetro** *nm* (*Dep*) stopwatch

**croqueta** *nf* croquette

**cross** *nm* cross-country race: *participar en un ~* to take part in a cross-country race

**cruasán** *nm* croissant ➔ *Ver dibujo en* PAN

**cruce** *nm* **1** (*de carreteras*) intersection, crossroads (*GB*): *Al llegar al ~, gira a la derecha.* Turn right when you reach the intersection. **2** (*para peatones*) crosswalk, zebra crossing (*GB*)

**crucero** *nm* **1** (*de calles*) intersection, crossroads (*GB*) **2** (*viaje*) cruise: *hacer un ~* to go on a cruise

**crucificar** *vt* to crucify

**crucifijo** *nm* crucifix

**crucigrama** *nm* crossword: *hacer un ~* to do a crossword

**cruda** *nf* hangover

**crudo, -a** *adj* **1** (*sin cocinar*) raw **2** (*poco cocido*) underdone **3** (*clima, realidad*) harsh **4** (*ofensivo*) shocking: *unas escenas crudas* some shocking scenes **5** (*de borracho*) hungover
▶ *nm* crude oil

**cruel** *adj* cruel

**crueldad** *nf* cruelty [*pl* cruelties]

**crujido** *nm* **1** (*hojas secas, papel*) rustle **2** (*madera, huesos*) creak

**crujiente** *adj* (*alimentos*) crunchy

**crujir** *vi* **1** (*hojas secas*) to rustle **2** (*madera, huesos*) to creak **3** (*alimentos*) to crunch **4** (*dientes*) to grind

**crustáceo** *nm* crustacean

**cruz** *nf* cross: *Señale la respuesta con una ~.* Put an X next to the answer. ➔ *Ver dibujo en* CHECK **LOC** **Cruz Roja** Red Cross *Ver tb* BRAZO, CARA

**cruza** nf cross: *una ~ de bóxer y dobberman* a cross between a boxer and a Dobermann

**cruzado, -a** adj LOC Ver BRAZO, PIERNA; Ver tb CRUZAR

**cruzar** vt **1** to cross: *~ la calle/un río* to cross the street/a river ◊ *~ la calle corriendo* to run across the street ◊ *el río a nado* to swim across the river ◊ *las piernas* to cross your legs **2** (*palabras, miradas*) to exchange
▶ **cruzarse** vpr to meet (*sb*): *Nos cruzamos en el camino.* We met on the way. LOC **cruzar los brazos** to fold your arms

**cuaderno** nm **1** (*para apuntar*) notebook **2** (*de ejercicios*) exercise book

**cuadra** nf **1** (*caballos*) stable **2** (*manzana*) block

**cuadrado, -a** adj, nm square LOC **estar cuadrado** to be stocky Ver tb ELEVADO, RAÍZ; Ver tb CUADRAR

**cuadrante** nm (*Radio*) dial

**cuadrar** vi *~ (con)* to square (with *sth*): *La noticia no cuadra con lo ocurrido.* The news doesn't square with what happened.
▶ vt (*Com*) to balance: *Las cuentas no cuadraban.* The accounts didn't balance.
▶ **cuadrarse** vpr to stand to attention

**cuadriculado, -a** adj LOC Ver PAPEL

**cuadrilla** nf squad

**cuadro** nm **1** (*Arte*) painting **2** **cuadros** (*tela*) check: *unos pantalones de ~s* checked pants LOC **cuadro escocés** plaid, tartan (*GB*) Ver tb ÓLEO

**cuádruple** adj quadruple
▶ nm four times: *¿Cuál es el ~ de cuatro?* What is four times four?

**cuajar(se)** vt, vpr **1** (*leche*) to curdle **2** (*yogurt, etc.*) to set

**cual** pron **1** (*persona*) whom: *Tengo diez alumnos, de los ~es dos son ingleses.* I have ten students, two of whom are English. ◊ *la familia para la ~ trabaja* the family he works for ➔ Ver nota en WHOM **2** (*cosa*) which: *Te pegó, lo ~ no está nada bien.* He hit you, which just isn't right. ◊ *un trabajo en el ~ me siento muy cómodo* a job I feel very comfortable in ➔ Ver nota en WHICH LOC **por lo cual** so: *Lo perdí, por lo ~ no te lo puedo prestar.* I've lost it, so I won't be able to lend it to you. Ver tb CADA

**cuál** pron what: *¿Cuál es la capital de Perú?* What's the capital of Peru? **2** (*entre varios*) which (one): *¿Cuál prefieres?* Which one do you prefer? ➔ Ver nota en WHAT

**cualidad** nf quality [*pl* qualities]

**cualquiera** (*tb* **cualquier**) adj **1** any: *Toma cualquier camión que vaya al centro.* Catch any bus that goes into town. ◊ *en cualquier caso* in any case ➔ Ver nota en SOME **2** (*uno cualquiera*) any old: *Trae un trapo ~.* Get any old cloth.
▶ **cualquiera** pron **1** (*cualquier persona*) anyone: *Cualquiera puede equivocarse.* Anyone can make a mistake. **2** (*entre dos*) either (one): *Cualquiera de los dos me sirve.* Either (of them) will do. ◊ *—¿Cuál de los dos libros tomo? —Cualquiera.* "Which of the two books should I take?" "Either one (of them)." **3** (*entre más de dos*) any (one): *en ~ de esas ciudades* in any one of those cities
▶ **cualquiera** nmf (*don nadie*) nobody: *No es más que un ~.* He's just a nobody. LOC **cualquier cosa** anything **cualquier cosa que…** whatever: *Cualquier cosa que pide, se la compran.* They buy her whatever she wants. **de cualquier forma/manera/modo** whatever happens: *De cualquier forma, llámame.* Whatever happens, call me. **en cualquier lugar/parte/sitio** anywhere **por cualquier cosa** over the slightest thing: *Discuten por cualquier cosa.* They argue over the slightest thing.

**cuando** adv when: *Cuando venga Juan iremos al zoológico.* When Juan gets here, we'll go to the zoo. ◊ *Me atacaron ~ volvía del cine.* I was attacked as I was going home from the movie theater. ◊ *Pase por el banco ~ quiera.* Stop by the bank whenever you want.
▶ conj if: *Cuando lo dicen los periódicos, será verdad.* If the papers say so, it must be true. LOC **de cuando en cuando** from time to time Ver tb VEZ

**cuándo** adv when: *¿Cuándo es tu examen?* When's your exam? ◊ *Pregúntale ~ llegará.* Ask him when he'll be arriving. LOC **¿desde cuándo?** how long…?: *¿Desde ~ juegas al tenis?* How long have you been playing tennis?

Además de **how long…?** también se puede decir **since when…?**, pero tiene un fuerte matiz irónico: *Pero tú ¿desde cuándo te interesas por el deporte?* And since when have you been interested in sport?

**cuanto, -a** adj: *Lo haré cuantas veces haga falta.* I will do it as many times as I have to. ◊ *Haz cuantas pruebas sean necesarias.* Do whatever tests are necessary.
▶ pron: *Llora ~ quieras.* Cry as much as you want. ◊ *Le dimos ~ teníamos.* We gave him everything we had. LOC **cuanto antes** as soon as possible **cuanto más/menos…** the more/less…:

*Cuanto más tiene, más quiere.* The more he has, the more he wants. ◇ *Cuanto más lo pienso, menos lo entiendo.* The more I think about it, the less I understand. **en cuanto** as soon as: *En ~ me vieron, echaron a correr.* As soon as they saw me, they started running. **en cuanto a…** as for… *unos cuantos* a few: *unos ~s amigos* a few friends ◇ *Unos ~s llegaron tarde.* A few people were late.

**cuánto, -a** *adj*
● **uso interrogativo 1** [con sustantivo incontable] how much: *¿Cuánto dinero te gastaste?* How much money did you spend? **2** [con sustantivo contable] how many: *¿Cuántas personas había?* How many people were there?
● **uso exclamativo** *¡Cuánto vino han tomado!* What a lot of wine they've drunk! ◇ *¡A cuántas personas ha ayudado!* He's helped so many people!
▶ *pron* how much [pl how many]: *¿Cuántos hay?* How many are there?
▶ *adv* **1** [uso interrogativo] how much **2** [uso exclamativo]: *¡Cuánto los quiero!* I'm so fond of them!
**LOC** **¿cuánto es/cuesta/vale?** how much is it? **¿cuánto (tiempo)/cuántos días, meses, etc.?** how long…?: *¿Cuánto te tomó llegar?* How long did it take you to get here? ◇ *¿Cuántos años llevas en Londres?* How long have you been living in London? Ver tb CADA

**cuarenta** *nm, adj, pron* **1** forty **2** (cuadragésimo) fortieth ⊃ Ver ejemplos en SESENTA **LOC** Ver tb CANTAR

**cuaresma** *nf* Lent: *Estamos en ~.* It's Lent.

**cuartel** *nm* barracks: *El ~ está muy cerca de aquí.* The barracks is very near here. **LOC** **cuartel general** headquarters

**cuartilla** *nf* sheet of paper

**cuarto** *nm* room: *No entres en mi ~.* Don't go into my room. **LOC** **cuarto de baño** bathroom ⊃ Ver nota en BATHROOM **cuarto de estar** living room

**cuarto, -a** *adj, pron, nm-nf* fourth (abrev 4th) ⊃ Ver ejemplos en SEXTO
▶ *nm* quarter: *un ~ de hora/kilo* a quarter of an hour/a kilogram
▶ **cuarta** *nf* (velocidad) fourth (gear)
**LOC** **cuarto creciente/menguante** first/last quarter **cuartos de final** quarter finals **un cuarto para** a quarter to: *Llegaron al ~ para las diez.* They arrived at a quarter to ten. **y cuarto** a quarter after, a quarter past (GB): *Es la una y ~.* It's a quarter after one.

**cuate, -a** *nm-nf* **1** (gemelo) twin **2** (amigo) friend, buddy [pl buddies] (coloq)

**cuatro** *nm, adj, pron* **1** four **2** (fecha) fourth ⊃ Ver ejemplos en SEIS **LOC** **cuatro por cuatro** (= 4x4) four-by-four Ver tb PATA

**cuatrocientos, -as** *adj, pron, nm* four hundred ⊃ Ver ejemplos en SEISCIENTOS

**cubero** *nm* Ver OJO

**cubeta** *nf* bucket

**cúbico, -a** *adj* cubic: *metro ~* cubic meter **LOC** Ver RAÍZ

**cubierta** *nf* (Náut) deck: *subir a ~* to go up on deck

**cubierto, -a** *adj* **1 ~ (de/por)** covered (in/with sth): *~ de manchas* covered in stains ◇ *El sillón estaba ~ con una sábana.* The chair was covered with a sheet. **2** (instalación) indoor: *una alberca cubierta* an indoor swimming pool
▶ **cubiertos** *nmpl* silverware [incontable], cutlery [incontable] (GB): *Sólo me falta poner los ~s.* I have just to put out the silverware. ◇ *Todavía no ha aprendido a usar los ~s.* He hasn't learned how to use a knife and fork yet. **LOC** **ponerse a cubierto** to take cover (from sth/sb) Ver tb ALBERCA; Ver tb CUBRIR

**cubilete** *nm* (para dados) shaker

**cubo** *nm* (Geom) cube **LOC** Ver ELEVADO

**cubrir** *vt* to cover sth/sb (with sth): *Han cubierto las paredes de propaganda electoral.* They've covered the walls with election posters. ◇ *~ los gastos de viaje* to cover traveling expenses

**cucaracha** *nf* cockroach

**cuchara** *nf* spoon **LOC** **cuchara de palo/madera** wooden spoon

**cucharada** *nf* spoonful: *dos ~s de azúcar* two spoonfuls of sugar

**cucharadita** *nf* teaspoonful

**cucharita** *nf* teaspoon

**cucharón** *nm* ladle

**cuchichear** *vi* to whisper

**cuchilla** *nf* blade

**cuchillo** *nm* knife [pl knives]

**cuclillas** **LOC** **en cuclillas** squatting **ponerse en cuclillas** to squat

**cucú** *nm* cuckoo [pl cuckoos] **LOC** Ver RELOJ

**cucurucho** *nm* **1** (papel) cone **2** (gorro) pointed hood

**cuello** *nm* **1** neck: *Me duele el ~.* My neck hurts. ◇ *el ~ de una botella* the neck of a bottle **2** (prenda de vestir) collar: *el ~ de la camisa* the shirt collar **LOC** **cuello alto/de tortuga** turtleneck, polo neck (GB) **cuello en pico** V-neck Ver tb AGUA, SOGA

**cuenca** *nf* (Geog) basin: *la ~ del Usumacinta* the Usumacinta basin **LOC** **cuenca minera** (de carbón) coalfield

**cuenco** nm (recipiente) bowl

**cuenta** nf **1** (Com, Fin) account: ~ *corriente* checking account **2** (factura) bill: *la ~ del teléfono* the phone bill **3** (operación aritmética) sum: *No me salen las ~s.* I can't work this out. **4** (rosario) bead **cuenta regresiva** countdown **darse cuenta de 1** to realize (that...): *Me di ~ de que no me estaban escuchando.* I realized (that) they weren't listening. **2** (ver) to notice sth/that... **hacer cuentas** to work sth out **por mi, tu, etc. cuenta 1** (punto de vista) as far as I'm, you're, etc. concerned: *Por mi ~ no hay problema.* It's no problem as far as I'm concerned. **2** (por sí solo) on my, your, etc. own: *Lo hizo por su ~.* He did it on his own. **tener/tomar en cuenta 1** (hacer caso) to bear sth in mind: *Tendré en ~ los consejos que me das.* I'll bear your advice in mind. **2** (reprochar) to take sth to heart: *No se lo tomes en ~.* Don't take it to heart. *Ver tb* AJUSTAR, BORRÓN

**cuentista** nmf short-story writer

**cuento** nm **1** story [pl stories]: *~s de hadas* fairy stories ◇ *Cuéntame un ~.* Tell me a story. **2** (mentira) fib: *No me vengas con ~s.* Don't tell fibs.

**cuerda**

rope

string

**cuerda** nf **1** (gruesa) rope: *una ~ de saltar* a jump rope ◇ *Átalo con una ~.* Tie it with some rope. **2** (fina, Mús) string: *instrumentos* LOC *cuerdas vocales* vocal cords **dar cuerda a algn** to encourage sb (to talk) **dar cuerda a un reloj** to wind a clock/watch *Ver tb* SALTAR

**cuerdo, -a** adj sane

**cuernito** nm croissant ⊃ *Ver dibujo en* PAN

**cuerno** nm horn LOC *Ver* AGARRAR

**cuero** nm leather: *una chamarra de ~* a leather jacket LOC **en cueros** buck naked, stark naked (GB) *Ver tb* ENCHINAR

**cuerpo** nm body [pl bodies] LOC **a cuerpo de rey** like a king **cuerpo de bomberos** fire department, fire brigade (GB) **de cuerpo entero** full-length: *una fotografía de ~ entero* a full-length photograph

**cuervo** nm crow

**cuesta** nf slope LOC **a cuestas** on your back **cuesta abajo/arriba** downhill/uphill

**cuestión** nf (asunto, problema) matter: *en ~ de horas* in a matter of hours ◇ *Es ~ de vida o muerte.* It's a matter of life or death. LOC **en cuestión** in question **la cuestión es...** the thing is...

**cuestionario** nm questionnaire: *rellenar un ~* to fill out a questionnaire

**cueva** nf cave

**cuidado** nm care
▸ **¡cuidado!** interj **1** look out!: *¡Cuidado! Viene un coche.* Look out! There's a car coming. **2** ~ **con**: *¡Cuidado con el escalón!* Watch the step! ◇ *¡Cuidado con el perro!* Beware of the dog! LOC **al cuidado de** in charge of sth/sb: *Estoy al ~ de la oficina.* I'm in charge of the office. **con (mucho) cuidado** (very) carefully **tener cuidado (con)** to be careful (with sth/sb) *Ver tb* UNIDAD

**cuidadoso, -a** adj ~ **(con)** careful (with sth): *Es muy ~ con sus juguetes.* He's very careful with his toys.

**cuidar** vt, vi ~ **(de)** to look after sth/sb: *Siempre he cuidado mis plantas.* I've always looked after my plants. ◇ *¿Puedes ~ de los niños?* Can you look after the children?
▸ **cuidarse** vpr to look after yourself: *No se cuida nada.* She doesn't look after herself at all. ◇ *Cuídate.* Look after yourself. LOC *Ver* LÍNEA

**cuitlacoche** nm *Ver* HUITLACOCHE

**culata** nf (arma) butt LOC *Ver* TIRO

**culebra** nf snake

**culinario, -a** adj culinary

**culpa** nf fault: *No es ~ mía.* It isn't my fault. LOC **echar la culpa a algn (de algo)** to blame sb (for sth) **por culpa de** because of sth/sb **tener la culpa (de algo)** to be to blame (for sth): *Nadie tiene la ~ de lo que pasó.* Nobody is to blame for what happened.

**culpabilidad** nf guilt

**culpable** adj ~ **(de)** guilty (of sth): *ser ~ de asesinato* to be guilty of murder
▸ nmf culprit LOC *Ver* DECLARAR

**culpar** vt to blame sb (for sth): *Me culpan de lo ocurrido.* They blame me for what happened.

**cultivar** vt to grow

**cultivo** nm growing, cultivation (más formal): *el ~ de tomates* tomato growing

**culto, -a** adj **1** (persona) cultured **2** (lengua, expresión) formal
▸ nm **1** ~ **(a)** (veneración) worship (of sth/sb): *el ~ al sol* sun worship ◇ *libertad de ~*

freedom of worship **2** (*secta*) cult: *los miembros de un ~ religioso* the members of a religious cult **3** (*misa*) service LOC *Ver* RENDIR

**cultura** *nf* culture

**cultural** *adj* cultural LOC *Ver* CENTRO

**cumbre** *nf* summit

**cumpleaños** *nm* birthday: *El lunes es mi ~.* It's my birthday on Monday. ◊ *¡Feliz ~!* Happy Birthday!

**cumplido, -a** *adj* LOC *Ver* RECIÉN
▶ *nm* compliment LOC *sin cumplidos* without ceremony *Ver tb* CUMPLIR

**cumplir** *vt* **1** (*años*) to be: *En agosto cumplirá 30.* She'll be 30 in August. ◊ *¿Cuántos años cumples?* How old are you? **2** (*condena*) to serve
▶ *vt, vi* **(con)** **1** (*orden*) to carry *sth* out **2** (*promesa, obligación*) to fulfill
▶ *vi* **1** (*hacer lo que corresponde*) to do your part: *Yo he cumplido.* I've done my part. **2** (*plazo*) to expire
▶ **cumplirse** *vpr* (*realizarse*) to come true: *Se cumplieron sus sueños.* His dreams came true. LOC *cumplir/no cumplir (con) su palabra* to keep/break your word *hacer algo por cumplir* to do sth just to be polite: *No lo hagas por ~.* Don't do it just to be polite.

**cuna** *nf* (*bebé*) crib, cot (*GB*) LOC *Ver* CANCIÓN

**cundir** *vi* (*extenderse*) to spread: *Cundió el pánico.* Panic spread. ◊ *Que no cunda el pánico.* Don't panic.

**cuña** *nf* wedge

**cuñado, -a** *nm-nf* **1** (*masc*) brother-in-law [*pl* brothers-in-law] **2** (*fem*) sister-in-law [*pl* sisters-in-law]

**cuota** *nf* fee: *la ~ de socio* the membership fee LOC *Ver* AUTOPISTA

**cupón** *nm* **1** (*vale*) coupon **2** (*para un sorteo*) ticket

**cúpula** *nf* dome

**cura¹** *nf* **1** (*de una herida*) bandage: *Después de lavar la herida, aplique la ~.* After washing the wound apply the bandage. **2** (*curación, tratamiento*) cure: *~ de reposo* rest cure LOC *tener/no tener cura* to be curable/incurable

**cura²** *nm* priest ➜ *Ver nota en* PRIEST

**curandero, -a** *nm-nf* **1** (*sanador*) healer **2** (*charlatán*) quack

**curar** *vt* **1** (*sanar*) to cure (*sb*) (of *sth*): *Esas pastillas me curaron el catarro.* Those pills have cured my cold. **2** (*herida*) to bandage **3** (*alimentos*) to cure
▶ **curarse** *vpr* **1** curarse (de) (*ponerse bien*) to recover (from *sth*): *El niño se curó del*

sarampión. The little boy recovered from the measles. **2** (*herida*) to heal (over/up)

**curiosidad** *nf* curiosity LOC *por curiosidad* out of curiosity: *Entré por pura ~.* I went in out of pure curiosity. *tener curiosidad (por)* to be curious (about *sth*): *Tengo ~ por saber cómo son.* I'm curious to find out what they're like.

**curioso, -a** *adj* curious
▶ *nm-nf* **1** (*mirón*) onlooker **2** (*indiscreto*) busybody [*pl* busybodies]

**curita** *nf* Band-Aid®, plaster (*GB*)

**currículum** (*tb* **currículo**) *nm* resumé, CV (*GB*)

**cursi** *adj* **1** (*sentimental*) sentimental, cheesy (*coloq*): *Pablo es muy ~ con su novia* Pablo's very sentimental with his girlfriend. **2** (*cosa, estilo*) twee: *¡Qué niña tan ~, parece una muñeca!* She's so twee! She looks like a doll. **3** (*modo de hablar*) affected: *Tu amiga es muy ~ hablando.* Your friend speaks in a very affected way.

**curso** *nm* **1** course: *el ~ de un río* the course of a river ◊ *~s de idiomas* language courses **2** (*año académico*) school/academic year: *al final del ~* at the end of the school year **3** (*ciclo*) year: *Está en mi ~.* He's in the same year as me. LOC *el año/mes en curso* the current year/month

**cursor** *nm* (*Informát*) cursor

**curtir** *vt* to tan: *~ pieles* to tan leather hides
▶ **curtirse** *vpr* (*endurecerse*) to become hardened (*to sth*)

**curul** *nm* (*Pol*) congressional/parliamentary seat

**curva** *nf* **1** (*línea, gráfica*) curve: *dibujar una ~* to draw a curve **2** (*carretera, río*) bend: *una ~ peligrosa/cerrada* a dangerous/sharp bend ◊ *Maneja con cuidado que hay muchas ~s.* There are a lot of bends so drive carefully.

**curvo, -a** *adj* **1** (*forma*) curved: *una línea curva* a curved line **2** (*doblado*) bent

**custodia** *nf* custody

**custodiar** *vt* to guard: *~ a los prisioneros/la caja fuerte* to guard the prisoners/safe

**cutícula** *nf* cuticle

**cutis** *nm* **1** (*piel*) skin **2** (*tez*) complexion: *Tu ~ es muy pálido.* You have a very pale complexion.

**cuyo, -a** *adj* whose: *Esa es la muchacha ~ padre me presentaron.* That's the girl whose father was introduced to me. ◊ *la casa cuyas puertas pintaste* the house whose doors you painted

# D d

**dactilar** *adj* LOC *Ver* HUELLA

**dado** *nm* die [*pl* dice]: *echar/tirar los* ~*s* to roll the dice

**dálmata** *nmf* Dalmatian

**daltónico, -a** *adj* color-blind

**dama** *nf* **1** (*señora*) lady [*pl* ladies] **2** (*en el juego de damas*) king **3 damas** checkers [*incontable*], draughts [*incontable*] (*GB*): *jugar a las* ~*s* to play checkers LOC **dama de honor** bridesmaid ➜ *Ver nota en* MATRIMONIO **damas chinas** Chinese checkers [*incontable*]

**danés, -esa** *adj, nm* Danish: *hablar* ~ to speak Danish
▸ *nm-nf* Dane: *los daneses* the Danes
LOC *Ver* GRANDE

**danza** *nf* dance

**dañar** *vt* to damage: *La sequía dañó las cosechas.* The drought damaged the crops. ◊ *El fumar puede ~ la salud.* Smoking can damage your health.

**dañino, -a** *adj* harmful

**daño** *nm* damage (*to sth*) [*incontable*]: *La lluvia ha ocasionado muchos* ~*s.* The rain has caused a lot of damage.
LOC **daños y perjuicios** damages **hacer daño** to be bad for *sth/sb*: *Hace* ~ *fumar.* Smoking is bad for you.

**dar** *vt* **1** (*pasar, hacer sentir*) to give: *Me dio la llave.* He gave me the key. ◊ ~*le un susto a algn* to give sb a scare ➜ *Ver nota en* GIVE **2** (*Educ, profesor*) to teach: ~ *ciencias* to teach science **3** (*reloj*): *¿Ya dieron las cinco?* Is it five o'clock yet? ◊ *El reloj dio las doce.* The clock struck twelve.
**❶** Se usa el verbo **strike** para los relojes que suenan, como los de las iglesias.
**4** (*fruto, flores*) to bear **5** (*olor*) to give *sth* off
▸ *vi* **1** ~ **a** to overlook *sth* [*vt*]: *El balcón da a una plaza.* The balcony overlooks a square. **2** ~ (**con/contra**) (*golpear*) to hit *sth/sb* [*vt*]: *El coche dio contra el árbol.* The car hit the tree. ◊ *La rama me dio en la cabeza.* The branch hit me on the head. **3** (*ataque*) to have: *Le dio un ataque al corazón/de tos.* He had a heart attack/a coughing fit. **4** (*luz*) to shine: *La luz me daba de lleno en los ojos.* The light was shining in my eyes.
▸ **darse** *vpr* **1** (*tomarse*) to take: ~*se un baño/una ducha* to take a shower/

shower **2 darse (con/contra/en)** to hit *sth*: *Se dio con la rodilla en la mesa.* He hit his knee against the table. LOC **dárselas de** to make out you are *sth*: *dárselas de listo/inocente* to make out you're clever/innocent **no doy ni una** I, you, etc. can't do anything right: *Hoy no das ni una.* You can't do anything right today. **se me da bien/mal** I am, you are, etc. good/bad at *sth*: *Se le da muy mal el inglés.* He's very bad at English. **❶** Para otras expresiones con **dar**, véanse las entradas del sustantivo, adjetivo, etc., p. ej. **dar la cara** en CARA.

**dátil** *nm* date

**dato** *nm* **1** (*información*) information [*incontable*]: *un* ~ *importante* an important piece of information ➜ *Ver nota en* CONSEJO **2 datos** (*Informát*) data: *procesamiento de* ~*s* data processing
LOC **datos personales** personal details *Ver tb* BASE

**de** *prep*
●**posesión 1** (*de algn*): *el libro de Pedro* Pedro's book ◊ *el perro de mis amigos* my friends' dog ◊ *Es de ella/mi abuela.* It's hers/my grandmother's. **2** (*de algo*): *una página del libro* a page of the book ◊ *las habitaciones de la casa* the rooms in the house ◊ *la catedral de Puebla* Puebla cathedral
●**origen, procedencia** from: *Son de Zacatecas.* They're from Zacatecas. ◊ *de Londres a México* from London to Mexico City
●**en descripciones de personas 1** (*cualidades físicas*) **(a)** with: *una niña de pelo güero* a girl with fair hair **(b)** (*ropa, colores*) in: *la señora del vestido verde* the lady in the green dress **2** (*cualidades no físicas*) of: *una persona de gran carácter* a person of great character ◊ *una mujer de 30 años* a woman of 30
●**en descripciones de cosas 1** (*cualidades físicas*) **(a)** (*materia*): *un vestido de lino* a linen dress **(b)** (*contenido*): *un vaso de leche* a glass of milk **2** (*cualidades no físicas*) of: *un libro de gran interés* a book of great interest
●**tema, asignatura**: *un libro/profesor de física* a physics book/teacher ◊ *una clase de historia* a history class ◊ *No entiendo de política.* I don't understand anything about politics.
●**con números y expresiones de tiempo**: *más/menos de diez* more/less than ten ◊ *un timbre de cinco pesos* a five peso stamp ◊ *un cuarto de kilo* a quarter of a kilogram ◊ *de noche/día* at night/during the day ◊ *a las diez de la mañana* at ten in the morning

● **agente** by: *un libro de Fuentes* a book by Fuentes ◊ *seguido de tres jóvenes* followed by three young people

● **causa**: *morirse de hambre* to die of hunger ◊ *Saltamos de alegría.* We jumped for joy.

● **otras construcciones**: *el mejor actor del mundo* the best actor in the world ◊ *Lo rompió de un golpe.* He broke it with one blow. ◊ *de un trago* in one gulp ◊ *¿Qué hay de postre?* What's for dessert?

**debajo** *adv* **1** underneath: *Tengo una camiseta ~.* I'm wearing a T-shirt underneath. ◊ *Toma el de ~.* Take the bottom one. **2** ~ **de** under: *Está ~ de la mesa.* It's under the table. **LOC** **por debajo de** below *sth*: *por ~ de la rodilla* below the knee

**debate** *nm* debate: *hacer un ~* to have a debate

**deber¹** *vt* **1** [*con sustantivo*] to owe: *Te debo 3,000 pesos/una explicación.* I owe you 3 000 pesos/an explanation. **2** [*con infinitivo*] **(a)** [*en presente o futuro*] must: *Debes estudiar/obedecer las reglas.* You must study/obey the rules. ◊ *La ley deberá ser anulada.* The law must be abolished. ➔ *Ver nota en* MUST **(b)** [*en pasado o condicional*] should: *Hace una hora que debías estar aquí.* You should have been here an hour ago. ◊ *No deberías salir así.* You shouldn't go out like that.

▶ *v aux* ~ **de 1** [*en frases afirmativas*] must: *Ya debe de estar en la casa.* She must be home by now. **2** [*en frases negativas*]: *No debe de ser fácil.* It can't be easy.

▶ **deberse** *vpr* to be due *to sth*: *Esto se debe a la falta de fondos.* This is due to lack of funds.

**deber²** *nm* (*obligación moral*) duty [*pl* duties]: *cumplir con un ~* to do your duty

**debido, -a** *adj* proper **LOC** **debido a** because *of sth/sb Ver tb* DEBER¹

**débil** *adj* weak: *Está ~ del corazón.* He has a weak heart. **LOC** *Ver* PUNTO

**debilidad** *nf* weakness

**debilitar(se)** *vt, vpr* to weaken

**década** *nf* decade **LOC** **la década de los ochenta, noventa, etc.** the eighties, nineties, etc. [*pl*]

**decadente** *adj* decadent

**decano, -a** *nm-nf* dean

**decapitar** *vt* **1** (*castigo*) to behead **2** (*accidente*) to decapitate

**decena** *nf* **1** (*Mat, numeral colectivo*) ten **2** (*aproximadamente*) about ten: *una ~ de personas/veces* about ten people/times

**decente** *adj* decent

**decepción** *nf* disappointment: *llevarse una ~* to be disappointed

**decepcionante** *adj* disappointing

**decepcionar** *vt* **1** (*desilusionar*) to disappoint: *Me decepcionó la película.* The movie was disappointing. **2** (*fallar*) to let *sb* down: *Me has vuelto a ~.* You've let me down again.

**decidir** *vt, vi* to decide: *Decidieron vender la casa.* They've decided to sell the house.

▶ **decidirse** *vpr* **1** **decidirse (a)** to decide (*to do sth*): *Al final me decidí a salir.* In the end I decided to go out. **2** **decidirse por** to decide on *sth/sb*: *Todos nos decidimos por el rojo.* We decided on the red one. **LOC** **¡decídete!** make up your mind!

**decimal** *adj, nm* decimal

**décimo, -a** *adj, pron, nm-nf* tenth ➔ *Ver ejemplos en* SEXTO **LOC** **tener unas décimas (de fiebre)** to have a slight fever

**decimotercero, -a** *adj, pron* thirteenth **ⓘ** *Para decimocuarto, decimoquinto, etc., ver pág 678*

**decir¹** *vt* to say, to tell

> *Decir* se traduce generalmente por el verbo **say**: —*Son las tres, dijo Rosa.* "It's three o'clock," said Rosa. ◊ *¿Qué dijo?* What did he say? Cuando especificamos la persona con la que hablamos, es más normal utilizar **tell**: *Me dijo que llegaría tarde.* He told me he'd be late. ◊ *¿Quién te lo dijo?* Who told you? **Tell** se utiliza también para dar órdenes: *Me dijo que me lavara las manos.* She told me to wash my hands. ➔ *Ver tb nota en* SAY

**LOC** **¡diga!** (*teléfono*) hello **digamos…** let's say…: *Digamos las seis.* Let's say six o'clock. **digo…** I mean…: *Cuesta cuatro, digo cinco mil pesos.* It costs four, I mean five, thousand pesos. **el qué dirán** what people will say **¡no me digas!** you don't say! **se dice que…** they say that… **sin decir nada** without a word **ⓘ** *Para otras expresiones con* decir, *véanse las entradas del sustantivo, adjetivo, etc., p. ej.* **no decir ni pío** *en* PÍO.

**decir²** *nm* saying **LOC** **es un decir** you know what I mean

**decisión** *nf* **1** decision: *la ~ del árbitro* the referee's decision **2** (*determinación*) determination: *Hace falta mucha ~.* You need a lot of determination. **LOC** **tomar una decisión** to make/take a decision

**decisivo, -a** *adj* decisive

**declaración** *nf* **1** declaration: *una ~ de amor* a declaration of love **2** (*Jur, manifestación pública*) statement: *La policía le tomó ~.* The police took his statement. ◊ *No quiso hacer declaraciones.* He

didn't want to make a statement.
**LOC** declaración de impuestos tax return
Ver tb PRESTAR

**declarar** vt, vi **1** to declare: ¿Algo que ~? Anything to declare? **2** (en público) to state: según declaró el ministro according to the minister's statement **3** (Jur) to testify
▶ **declararse** vpr **1** declararse a favor/en contra de to come out in favor of/against sth **2** (incendio, epidemia) to break out **3** (confesar amor): Se me declaró. He asked me to be his girlfriend.
**LOC** declararse culpable/inocente to plead guilty/not guilty

**decodificador** nm decoder

**decoración** nf **1** (acción, adorno) decoration **2** (estilo) decor

**decorado** nm (Teat) set

**decorar** vt to decorate

**dedal** nm thimble

**dedicación** nf dedication: Tu ~ a los pacientes es admirable. Your dedication to your patients is admirable.

**dedicar** vt **1** (destinar) to devote sth to sth/sb: Dedicaron su vida a los animales. They devoted their lives to animals. **2** (tiempo) to spend sth (doing sth): las personas que dedican su tiempo a ayudar a los demás people who spend their free time helping others ◇ ¿A qué dedicas el tiempo libre? How do you spend your free time? **3** (canción, poema) to dedicate sth (to sb): Dediqué el libro a mi padre. I dedicated the book to my father. **4** (ejemplar) to autograph
▶ **dedicarse** vpr dedicarse a: ¿A qué te dedicas? What do you do for a living? ◇ Se dedica a las antigüedades. He's in antiques.

**dedicatoria** nf dedication

**dedillo** nm **LOC** al dedillo by heart

**dedo** nm **1** (de la mano) finger **2** (del pie) toe **3** (medida) half an inch: Ponga dos ~s de agua en la cazuela. Put an inch of water in the pan. **LOC** dedo anular/corazón/índice ring/middle/index finger **dedo meñique 1** (de la mano) little finger **2** (del pie) little toe **dedo pulgar/gordo 1** (de la mano) thumb **2** (del pie) big toe **no tener dos dedos de frente** to be (as) dumb as a post Ver tb ANILLO, CHUPAR

**deducir** vt **1** (concluir) to deduce sth (from sth): Deduje que no estaba en la casa. I deduced that he wasn't home. **2** (restar) to deduct sth (from sth)

**defecto** nm **1** defect: un ~ en el habla a speech defect **2** (moral) fault **3** (ropa) flaw ➔ Ver nota en MISTAKE
**LOC** encontrar/sacar defectos a todo to find fault with everything

**defectuoso, -a** adj faulty, defective (más formal)

**defender** vt to defend sth/sb (against/from sth/sb)
▶ **defenderse** vpr to get by: No sé mucho inglés pero me defiendo. I don't know much English but I get by.

**defendido, -a** nm-nf defendant

**defensa** nf **1** defense: las ~s del cuerpo the body's defenses ◇ un equipo con muy buena ~ a team with a very good defense **2** (coche) bumper ➔ Ver dibujo en COCHE
▶ nmf (Dep) defender **LOC** en defensa propia in self-defense

**defensivo, -a** adj defensive **LOC** estar/ponerse a la defensiva to be/go on the defensive

**defensor, -ora** adj **LOC** Ver ABOGADO

**deficiencia** nf deficiency [pl deficiencies]

**deficiente** adj **1** (inadecuado) poor: tener una salud ~ to be in poor health **2** ~ en lacking (in) sth
▶ adj, nmf mentally disabled: los ~s the mentally disabled

**definición** nf definition

**definir** vt to define

**definitivamente** adv **1** (para siempre) for good: Volvió ~ a su país. He returned home for good. **2** (de forma determinante) definitely

**definitivo, -a** adj **1** final: el resultado ~ the final result ◇ el número ~ de víctimas the final death toll **2** (solución) definitive **LOC** en definitiva in short

**deforestación** nf deforestation

**deformado, -a** adj (prenda) out of shape Ver tb DEFORMAR

**deformar** vt **1** (cuerpo) to deform **2** (prenda) to pull sth out of shape **3** (imagen, realidad) to distort
▶ **deformarse** vpr **1** (cuerpo) to become deformed **2** (prenda) to lose its shape

**deforme** adj deformed

**defraudar** vt **1** (decepcionar) to disappoint **2** (estafar) to defraud

**defunción** nf **LOC** Ver ACTA

**degeneración** nf degeneration

**degenerado, -a** adj, nm-nf degenerate Ver tb DEGENERAR(SE)

**degenerar(se)** vi, vpr to degenerate

**degradar** vt to degrade

**dejar** vt **1** (poner, cesar una actividad, no molestar) to leave: ¿Dónde dejaste las llaves? Where did you leave the keys? ◇ Déjalo para después. Leave it till later. ◇ ¡Déjame en paz! Leave me alone! **2** (abandonar) to give sth up: ~ el trabajo

to give up work **3** (*permitir*) to let *sb* (*do sth*): *Mis padres no me dejan salir por la noche.* My parents don't let me go out at night.

▶ *vi* **~ de 1** (*parar*) to stop doing *sth*: *Dejó de llover.* It's stopped raining. **2** (*abandonar una costumbre*) to give up doing *sth*: *~ de fumar* to give up smoking

▶ *v aux* [con *participio*]: *La noticia nos dejó preocupados.* We were worried by the news.

▶ **dejarse** *vpr* to let yourself go
**LOC ❶** Para expresiones con **dejar**, véanse las entradas del sustantivo, adjetivo, etc., p. ej. **dejar colgado** en COLGADO.

**del** *Ver* DE

**delantal** *nm* apron

**delante**

on the front of the bus

at the front of the bus

in front of the bus

**delante** *adv* **~ (de)** in front (of *sth/sb*): *~ del televisor* in front of the television ◇ *Si no ves el pizarrón, ponte ~.* Sit at the front if you can't see the board. ◇ *Me lo contó estando otros ~.* She told me in front of other people. ➋ *Ver dibujo en* ENFRENTE **LOC de delante**: *los asientos de ~* the front seats ◇ *el conductor de ~* the driver in front **hacia delante** forwards *Ver tb* PARTE¹

**delantero, -a** *adj* front
▶ *nm-nf* (*Dep*) forward: *Juega de ~ centro.* He plays center forward. **LOC llevar la delantera** to be in the lead

**delatar** *vt* to inform on *sb*

**delegación** *nf* **1** (*comisión*) delegation: *una ~ de paz* a peace delegation **2** (*entidad política*) district: *Vivo en la ~ Cuauhtémoc.* I live in the Cuauhtémoc district. **3** (*comandancia*) police station

**delegado, -a** *nm-nf* (*Pol*) delegate

**deletrear** *vt* to spell

**delfín** *nm* dolphin

**delgado, -a** *adj* thin, slim

**Thin** es la palabra más general para decir *delgado* y se puede utilizar para personas, animales o cosas. **Slim** se utiliza para referirnos a una persona delgada y con buen tipo. Existe también la palabra **skinny**, que significa *flaco* o *flacucho*.

**deliberado, -a** *adj* deliberate

**delicadeza** *nf* (*tacto*) tact: *Podías haberlo dicho con más ~.* You could have put it more tactfully. ◇ *Es una falta de ~.* It's very tactless. **LOC tener la delicadeza de** to have the courtesy *to do sth*

**delicado, -a** *adj* delicate

**delicioso, -a** *adj* delicious

**delincuencia** *nf* crime
**LOC delincuencia juvenil** juvenile delinquency

**delincuente** *nmf* criminal

**delineante** *nmf* **1** (*masc*) draftsman [*pl* -men] **2** (*fem*) draftswoman [*pl* -women]

**delinquir** *vi* to commit an offense

**delirar** *vi* **1** (*Med*) to be delirious **2** (*decir bobadas*) to talk nonsense

**delito** *nm* crime: *cometer un ~* to commit a crime

**delta** *nm* delta

**demanda** *nf* **1** (*Com*) demand: *la oferta y la ~* supply and demand **2** (*Jur*) claim (*for sth*): *presentar/poner una ~ por algo* to submit a claim for sth

**demandar** *vt* **1** (*exigir*) to demand **2** (*Jur*) to sue *sb* (*for sth*)

**demás** *adj* other: *los ~ estudiantes* (the) other students
▶ *pron* (the) others: *Sólo vino Juan; los ~ se quedaron en la casa.* Only Juan came; the others stayed home. ◇ *ayudar a los ~* to help others **LOC lo demás** the rest: *Lo ~ no importa.* Nothing else matters. **y demás** and so on

**demasiado, -a** *adj* **1** [con *sustantivo incontable*] too much: *Hay demasiada comida.* There's too much food. **2** [con *sustantivo contable*] too many: *Llevas demasiadas cosas.* You're carrying too many things.
▶ *pron* too much [*pl* too many]
▶ *adv* **1** [*modificando a un verbo*] too much: *Fumas ~.* You smoke too much. **2** [*modificando a un adjetivo o adverbio*] too: *Vas ~ aprisa.* You're going too fast. **LOC demasiadas veces** too often

**democracia** *nf* democracy [*pl* democracies]

**demócrata** *nmf* democrat

**democrático, -a** *adj* democratic

**demonio** *nm* **1** (*diablo*) devil **2** (*espíritu*) demon **LOC de mil/de todos los demonios**: *Hace un frío de mil ~s.* It's freezing. **¿dónde, cómo, qué, etc. demonios?** where, how, what, etc. on earth? **saber a demonios** to taste foul **ser un demonio** to be a (little) devil

**demostrar** *vt* **1** (*probar*) to prove: *Le demostré que estaba equivocado.* I proved him wrong. **2** (*mostrar*) to show

**denegar** *vt* to refuse

**densidad** *nf* **1** density [*pl* densities] **2** (*niebla*) thickness

**denso, -a** *adj* dense

**dentadura** *nf* teeth [*pl*]: ~ *postiza* false teeth

**dental** *adj* dental **LOC** *Ver* HILO

**dentista** *nmf* dentist

**dentro** *adv* **1** in, inside: *El gato está ~.* The cat is inside. ◊ *allí/aquí ~* in there/here **2** (*edificio*) inside: *Prefiero que nos quedemos ~.* I'd rather stay indoors. **3** ~ **de (a)** (*espacio*) in, inside: ~ *del sobre* in/inside the envelope **(b)** (*tiempo*) in: ~ *de una semana* in a week ◊ ~ *de un rato* in a little while ◊ ~ *de tres meses* in three months' time **LOC de/desde dentro** from (the) inside **dentro de lo que cabe** all things considered **dentro de nada** very soon **hacia/hasta dentro** inside por down (the) inside: *pintado por ~* painted on the inside *Ver tb* ALLÁ, ALLÍ

**denuncia** *nf* **1** (*accidente, delito*) report: *presentar una ~* to report sth to the police **2** (*contra una persona*) complaint: *presentar una ~ contra algn* to make a formal complaint against sb

**denunciar** *vt* **1** to report sth/sb (to sb): *Denunció el robo de su bicicleta.* He reported the theft of his bicycle. ◊ *Me denunciaron a la policía.* They reported me to the police. **2** (*criticar*) to denounce

**departamento** *nm* **1** (*sección*) department **2** (*mueble, recipiente, tren*) compartment **3** (*casa*) apartment, flat (*GB*) **LOC** *Ver* COMPAÑERO

**depender** *vi* **1** ~ **de/de que/de si...** to depend on sth/on whether...: *Depende del tiempo que haga.* It depends on the weather. ◊ *Eso depende de que me traigas el dinero.* That depends on whether you bring me the money. ◊ —*¿Vendrás?* —*Depende.* "Will you be coming?" "That depends." **2** ~ **de algn (que...)** to be up to sb (whether...): *Depende de mi jefe que pueda tener un día libre.* It's up to my boss whether I can have a day off. **3** ~ **de** (*económicamente*) to be dependent on sth/sb

**dependiente, -a** *nm-nf* salesclerk, shop assistant (*GB*)

**depilar(se)** *vt, vpr* **1** (*cejas*) to pluck **2** (*piernas, axilas*) **(a)** (*con cera*) to wax: *Me tengo que ~ para ir de vacaciones.* I need to have my legs waxed before we go on vacation. **(b)** (*con rastrillo*) to shave

**deporte** *nm* **1** sport: *¿Practicas algún ~?* Do you play any sports?

En inglés hay tres construcciones que se pueden utilizar al hablar de deportes. *Jugar al fútbol, golf, etc.* se dice **play soccer, golf**, etc. *Hacer aerobics, karate, etc.* se dice **do aerobics, karate**, etc. *Hacer natación, ciclismo, etc.* se dice **go swimming, bicycling**, etc. Esta última construcción se usa sobre todo cuando en inglés existe un verbo relacionado con ese deporte, como **swim** o **cycle**.

**2** (*clase*) physical education (*abrev* P.E.) **LOC hacer deporte** to get some exercise *Ver tb* PANTALÓN, ROPA

**deportista** *adj* athletic: *Siempre fue muy ~.* She's always been very athletic. ▸ *nmf* **1** (*masc*) sportsman [*pl* -men] **2** (*fem*) sportswoman [*pl* -women]

**deportivo, -a** *adj* **1** sports: *una competición deportiva* a sports competition **2** (*conducta*) sporting: *una conducta poco deportiva* unsporting behavior ▸ *nm* (*coche*) sports car

**depositar** *vt* (*dinero*) to deposit sth (*in sth*), to put sth (*into sth*) (*más coloq*)

**depósito** *nm* **1** (*Geol, Quím*) deposit **2** (*dinero*) deposit **3** (*bodega*) warehouse **LOC depósito de cadáveres** morgue

**depresión** *nf* depression

**deprimente** *adj* depressing

**deprimir** *vt* to depress ▸ **deprimirse** *vpr* to get depressed

**deprisa** *adv* quickly ▸ **¡deprisa!** *interj* hurry up!

**derecha** *nf* **1** right: *Es la segunda puerta a la ~.* It's the second door on the right. ◊ *Cuando llegue al semáforo, voltee a la ~.* Turn right at the traffic lights. ◊ *Muévete un poco hacia la ~.* Move a little to the right. **2** (*mano*) right hand: *escribir con la ~* to be right-handed **3** (*pie*) right foot **LOC de derecha(s)** right-wing: *grupos de ~* right-wing groups **la derecha** (*Pol*) the Right

**derecho** *nm* **1** (*facultad legal o moral*) right: *¿Con qué ~ entras aquí?* What right do you have to come in here? ◊ *los ~s humanos* human rights ◊ *el ~ de voto* the right to vote **2** (*estudios*) law **3** (*anverso*) right side **LOC estar en su**

**derecho** to be within my, your, etc. rights: *Estoy en mi ~.* I'm within my rights. *¡no hay derecho!* it's not fair!

**derecho, -a** *adj* **1** (*diestro*) right: *romperse el pie ~* to break your right foot **2** (*recto*) straight: *Ese cuadro no está ~.* That picture isn't straight. ◇ *Ponte ~.* Sit up straight. **3** (*erguido*) upright
▶ *adv* straight: *Vete ~ a la casa.* Go straight home. **LOC** **todo derecho** straight ahead: *Siga todo ~ hasta el final de la calle.* Go straight ahead to the end of the road. *Ver tb* HECHO, MANO

**deriva** *nf* **LOC** **a la deriva** adrift

**derivar(se)** *vi, vpr* **derivar(se) de 1** (*Ling*) to derive from *sth* **2** (*proceder*) to stem from *sth*

**derramamiento** *nm* **LOC** **derramamiento de sangre** bloodshed

**derramar(se)** *vt, vpr* to spill: *He derramado un poco de vino en la alfombra.* I spilled some wine on the carpet. **LOC** **derramar sangre/lágrimas** to shed blood/tears *Ver tb* GOTA

**derrame** *nm* hemorrhage

**derrapar** *vi* to skid

**derretir(se)** *vt, vpr* to melt

**derribar** *vt* **1** (*edificio*) to demolish **2** (*puerta*) to batter *sth* down **3** (*persona*) to knock *sb* down **4** (*avión, pájaro*) to bring *sth* down

**derrochador, -ora** *adj* wasteful
▶ *nm-nf* squanderer

**derrochar** *vt* **1** (*dinero*) to squander **2** (*rebosar*) to be bursting with *sth*: *~ felicidad* to be bursting with happiness

**derrota** *nf* defeat

**derrotar** *vt* to defeat

**derruir** *vt* to demolish

**derrumbamiento** *nm* **1** (*hundimiento*) collapse **2** (*demolición*) demolition

**derrumbar** *vt* to demolish
▶ **derrumbarse** *vpr* to collapse

**desabrigado, -a** *adj*: *Vas muy ~.* You're not very warmly dressed.

**desabrochar** *vt* (*botón, etc.*) to undo
▶ **desabrocharse** *vpr* to come undone: *Se me desabrochó la falda.* My skirt came undone.

**desactivar** *vt* to defuse

**desafiar** *vt* **1** (*retar*) to challenge *sb* (*to sth*): *Te desafío al ajedrez.* I challenge you to a game of chess. **2** (*peligro*) to brave

**desafilado, -a** *adj* blunt

**desafinado, -a** *adj* out of tune *Ver tb* DESAFINAR

**desafinar** *vi* **1** (*cantando*) to sing out of tune **2** (*instrumentista*) to play out of tune **3** (*instrumento*) to be out of tune

**desafío** *nm* challenge

**desafortunado, -a** *adj* unfortunate

**desagradable** *adj* unpleasant

**desagradar** *vi* to dislike *sth/doing sth* [*vt*]: *No me desagrada.* I don't dislike it.

**desagradecido, -a** *adj* ungrateful

**desagüe** *nm* waste pipe

**desahogarse** *vpr* **1** to let off steam **2** *~ con algn* to confide in *sb*

**desalentador, -ora** *adj* discouraging

**desaliñado, -a** *adj* scruffy

**desalmado, -a** *adj* heartless

**desalojar** *vt* to clear: *Desalojen la sala por favor.* Please clear the hall.

**desamarrar** *vt* (*nudo, cuerda, animal*) to untie
▶ **desamarrarse** *vpr* **1** (*paquete, cuerda*) to come undone: *Se me ha desamarrado un zapato.* One of my laces has come undone. **2** (*animal*) to get loose

**desamparado, -a** *adj* helpless

**desangrarse** *vpr* to bleed to death

**desanimado, -a** *adj* (*deprimido*) depressed *Ver tb* DESANIMAR

**desanimar** *vt* to discourage
▶ **desanimarse** *vpr* to lose heart

**desapacible** *adj* unpleasant: *Hace un día muy ~.* The weather's very unpleasant today.

**desaparecer** *vi* to disappear
**LOC** **desaparecer del mapa** to vanish off the face of the earth

**desaparición** *nf* disappearance

**desapercibido, -a** *adj* unnoticed: *pasar ~* to go unnoticed

**desaprovechar** *vt* to waste: *No desaproveches esta oportunidad.* Don't waste this opportunity.

**desarmador** *nm* screwdriver

**desarmar** *vt* **1** (*persona, ejército*) to disarm **2** (*desmontar*) to take *sth* to pieces

**desarme** *nm* disarmament: *el ~ nuclear* nuclear disarmament

**desarrollado, -a** *adj* developed: *los países ~s* developed countries **LOC** **poco desarrollado** undeveloped *Ver tb* DESARROLLAR(SE)

**desarrollar(se)** *vt, vpr* to develop: *~ los músculos* to develop your muscles

**desarrollo** *nm* development **LOC** *Ver* VÍA

**desastre** *nm* disaster

**desastroso, -a** *adj* disastrous

**desatar** *vt* (*nudo, cuerda, animal*) to untie

▶ **desatarse** *vpr* **1** (*animal*) to get loose **2** (*paquete, cuerda*) to come undone **3** (*soltarse el pelo*) to let your hair down: *Adela se desató en la fiesta.* Adela really let her hair down at the party. **4** (*estallar*) to break out: *Se desató un relajo en la reunión.* A riot broke out during the meeting.

**desatascar** *vt* to unblock

**desatender** *vt* (*descuidar*) to neglect

**desatornillar** *vt* to unscrew

**desatrancar** *vt* **1** (*desatascar*) to unblock **2** (*puerta*) to unbolt

**desayunar** *vi* to have breakfast: *Me gusta ~ en la cama.* I like having breakfast in bed. ◊ *antes de ~* before breakfast
▶ *vt* to have *sth* for breakfast: *¿Qué quieres ~?* What would you like for breakfast? ◊ *Sólo desayuno un café.* I just have a cup of coffee for breakfast.

**desayuno** *nm* breakfast: *¿Te preparo el ~?* Should I get you some breakfast?

**desbandada** *nf* **LOC** **salir en desbandada** to scatter in all directions

**desbarajuste** *nm* mess: *¡Qué ~!* What a mess!

**desbaratar** *vt* **1** (*plan*) to ruin **2** (*desarreglar*) to mess *sth* up **3** (*nudo, tejido*) to undo

**desbocado, -a** *adj* (*caballo*) runaway *Ver tb* DESBOCARSE

**desbocarse** *vpr* (*caballo*) to bolt

**desbordar** *vt*: *La basura desborda el bote.* The garbage can is overflowing with trash.
▶ **desbordarse** *vpr* (*río*) to burst its banks

**descafeinado, -a** *adj* decaffeinated

**descalificación** *nf* (*Dep*) disqualification

**descalificar** *vt* (*Dep*) to disqualify: *Lo descalificaron por hacer trampa.* He was disqualified for cheating.

**descalzarse** *vpr* to take your shoes off

**descalzo, -a** *adj* barefoot. *Me gusta andar descalza por la arena.* I love walking barefoot on the sand. ◊ *No andes ~.* Don't go around in your bare feet.

**descampado** *nm* area of open ground

**descansado, -a** *adj* refreshed *Ver tb* DESCANSAR

**descansar** *vt, vi* to rest (*sth*) (*on sth*): *Déjame ~ un rato.* Let me rest for a few minutes. ◊ *~ la vista* to rest your eyes
▶ *vi* to take a break: *Terminamos esto y descansamos cinco minutos.* We'll finish this and take a break for five minutes. **LOC** **¡que descanses!** sleep well!

**descanso** *nm* **1** (*reposo*) rest: *El médico le mandó ~ y aire fresco.* The doctor

prescribed rest and fresh air. **2** (*en el trabajo*) break: *trabajar sin ~* to work without a break **3** (*Fútbol*) half-time **4** (*escalera*) landing

**descarado, -a** *adj* impudent

**descarga** *nf* **1** (*mercancía*) unloading: *la carga y ~ de mercancías* the loading and unloading of goods **2** (*eléctrica*) discharge

**descargado, -a** *adj* (*pila, batería*) dead, flat (*GB*) *Ver tb* DESCARGAR

**descargar** *vt* **1** to unload: *~ un camión/ una pistola* to unload a truck/gun **2** (*Internet*) to download
▶ **descargarse** *vpr* (*pila, batería*) to go dead

**descaro** *nm* nerve: *¡Qué ~!* What (a) nerve!

**descarriarse** *vpr* to go off the straight and narrow

**descarrilamiento** *nm* derailment

**descarrilarse** *vpr* to be derailed: *El tren se descarriló.* The train was derailed.

**descartar** *vt* to rule *sth/sb* out: *~ una posibilidad/a un candidato* to rule out a possibility/candidate

**descendencia** *nf* descendants [*pl*]

**descender** *vi* **1** (*ir/venir abajo*) to go/come down, to descend (*formal*) ➔ *Ver nota en* IR **2** (*temperatura, precios, nivel*) to fall **3** ~ **de** (*familia*) to be descended from *sb*: *Desciende de un príncipe ruso.* He's descended from a Russian prince. **4** (*Dep*) to be relegated: *Han descendido a tercera división.* They've been relegated to the third division.

**descendiente** *nmf* descendant

**descenso** *nm* **1** (*bajada*) descent: *Es un ~ peligroso.* It's a dangerous descent. ◊ *El avión tuvo problemas en el ~.* The plane had problems during the descent. **2** (*temperatura*) drop (*in sth*) **3** (*precios*) fall (*in sth*) **4** (*Dep*) relegation

**descifrar** *vt* **1** (*mensaje*) to decode **2** (*escritura*) to decipher **3** (*enigma*) to solve

**descodificador** *nm* decoder

**descodificar** *vt* to decode

**descolgado, -a** *adj* (*teléfono*) off the hook: *Lo deben haber dejado ~.* They must have left it off the hook. *Ver tb* DESCOLGAR

**descolgar** *vt* **1** (*algo colgado*) to take *sth* down: *Ayúdame a ~ el espejo.* Help me take the mirror down. **2** (*teléfono*) to pick *sth* up

**descolorido, -a** *adj* faded

**descomponer** *vt* (*Quím*) to split *sth* (*into sth*)

▶ **descomponer(se)** *vt, vpr* **1** (*pudrirse*) to rot **2** (*averiarse*) to break down

**descompuesto, -a** *adj* LOC **estar descompuesto** to be out of order *Ver tb* DESCOMPONER

**desconcertado, -a** *adj* LOC **estar/ quedar desconcertado** to be taken aback: *Quedaron ~s ante mi negativa.* They were taken aback by my refusal. *Ver tb* DESCONCERTAR

**desconcertar** *vt* to disconcert: *Su reacción me desconcertó.* I was disconcerted by his reaction.

**desconectar** *vt* **1** (*cortar*) to disconnect: *Nos desconectaron el teléfono.* Our phone's been disconnected. **2** (*apagar*) to turn *sth* off **3** (*desenchufar*) to unplug
▶ **desconectarse** *vpr* **1** (*aparato*) to turn off **2** (*persona*) to cut yourself off (*from sth/ sb*)

**desconfiado, -a** *adj* wary *Ver tb* DESCONFIAR

**desconfiar** *vi* ~ **de** not to trust *sth/sb* [*vt*]: *Desconfía hasta de su sombra.* He doesn't trust anyone.

**descongelar** *vt* (*refrigerador, alimento*) to defrost

**desconocer** *vt* not to know: *Desconozco el porqué.* I don't know the reason why.

**desconocido, -a** *adj* **1** unknown: *un equipo ~* an unknown team **2** (*irreconocible*) unrecognizable: *Estaba ~ con ese disfraz.* He was unrecognizable in that disguise. ◊ *Últimamente está ~, siempre sonriendo.* He's been a changed man recently; he's always smiling.
▶ *nm-nf* stranger *Ver tb* DESCONOCER

**desconsiderado, -a** *adj* inconsiderate

**descontado, -a** *adj* LOC **dar por descontado que…** to take it for granted that… **por descontado** of course *Ver tb* DESCONTAR

**descontar** *vt* **1** (*hacer un descuento*) to give a discount (*on sth*): *Descontaban el 10% en todos los juguetes.* They were giving a 10% discount on all toys. **2** (*restar*) to deduct: *Tienes que ~ los gastos del viaje.* You have to deduct your traveling expenses. **3** (*no contar*) not to count: *Si descontamos el mes de vacaciones…* If we don't count our month of vacation…

**descontento, -a** *adj* ~ (**con**) dissatisfied (with *sth/sb*)

**descorchar** *vt* to uncork

**descorrer** *vt* to open: ~ *las cortinas* to open the curtains LOC **descorrer el cerrojo** to unbolt the door

**descortés** *adj* rude

**descoser** *vt* to unpick
▶ **descoserse** *vpr* to come apart at the seams

**descremado, -a** *adj* LOC *Ver* LECHE, YOGURT

**describir** *vt* to describe

**descripción** *nf* description

**descuartizar** *vt* **1** (*carnicero*) to carve *sth* up **2** (*asesino*) to chop *sth/sb* into pieces

**descubierto, -a** *adj* uncovered LOC **al descubierto** (*al aire libre*) in the open air *Ver tb* DESCUBRIR

**descubridor, -ora** *nm-nf* discoverer

**descubrimiento** *nm* discovery [*pl* discoveries]

**descubrir** *vt* **1** (*encontrar, darse cuenta*) to discover: ~ *una isla/vacuna* to discover an island/a vaccine ◊ *Descubrí que no tenía dinero.* I discovered I had no money. **2** (*averiguar*) to find *sth* (out), to discover (*más formal*): *Descubrí que me engañaban.* I found out that they were deceiving me. **3** (*estatua, placa*) to unveil LOC **se descubrió todo (el asunto)** it all came out

**descuento** *nm* discount: *Me hicieron un cinco por ciento de ~.* They gave me a five percent discount. ◊ *Son 5,000 menos el ~.* It's 5 000 before the discount.

**descuidado, -a** *adj* **1** (*desatendido*) neglected **2** (*poco cuidadoso*) careless **3** (*desaliñado*) scruffy *Ver tb* DESCUIDAR

**descuidar** *vt* to neglect
▶ *vi* not to worry: *Descuida.* Don't worry.
▶ **descuidarse** *vpr*: *Si te descuidas, te engañan.* They'll cheat you the moment your back is turned. ◊ *Si me descuido, pierdo el tren.* I nearly missed the train.

**descuido** *nm*: *El accidente ocurrió por un ~ del conductor.* The driver lost his concentration and caused an accident. ◊ *El perro se le escapó en un ~.* His attention wandered and he lost the dog.

**desde** *prep* **1** (*tiempo*) since: *Vivo en esta casa ~ 2003.* I've been living in this house since 2003. ◊ *Desde que se fueron…* Since they left… ➔ *Ver nota en* FOR **2** (*lugar, cantidad*) from: ~ *abajo* from below ◊ *Desde el apartamento se ve la playa.* You can see the beach from the apartment. LOC **desde… hasta…** from… to…: ~ *el 8 hasta el 15* from the 8th to the 15th

**desdoblar** *vt* to unfold

**desear** *vt* **1** (*suerte*) to wish *sb sth*: *Te deseo suerte.* I wish you luck. **2** (*anhelar*) to wish for *sth*: *¿Qué más podría ~?* What more could I wish for?

**desechable** *adj* disposable

**desechar** *vt* to throw *sth* out

**desembarcar** *vt* **1** (*mercancía*) to unload **2** (*persona*) to set *sb* ashore
▶ *vi* to disembark

**desembocadura** *nf* **1** (*río*) mouth **2** (*calle*) end

**desembocar** *vi* ~ **en 1** (*río*) to flow into *sth* **2** (*calle, túnel*) to lead to *sth*

**desembolsar** *vt* to pay *sth* (out)

**desempatar** *vi* **1** (*Dep*) to break a tie, to play off (*GB*) **2** (*Pol*) to break the deadlock

**desempate** *nm* tiebreaker, play-off (*GB*)

**desempeñar** *vt* **1** (*cargo*) to hold: ~ *el puesto de decano* to hold the post of dean **2** (*papel*) to play

**desempleado, -a** *adj, nm-nf* unemployed [*adj*]: *los* ~*s* the unemployed

**desempleo** *nm* unemployment

**desencajado, -a** *adj* **1** (*cara*) contorted **2** (*hueso*) dislocated

**desenchufar** *vt* to unplug

**desenfadado, -a** *adj* **1** (*informal*) casual: *ropa desenfadada* casual clothes **2** (*sin inhibiciones*) uninhibited

**desenfocado, -a** *adj* out of focus

**desenfundar** *vt* to pull *sth* out

**desenganchar** *vt* to unhook
▶ **desengancharse** *vpr* (*droga*) to quit doing drugs

**desengañar** *vt* **1** (*desilusionar*) to disillusion **2** (*revelar la verdad*) to open *sb's* eyes
▶ **desengañarse** *vpr* **1** (*desilusionarse*) to become disillusioned **2** (*enfrentarse a la verdad*) to face the facts: *Desengáñate, no van a venir.* Face the facts. They're not coming.

**desengaño** *nm* disappointment LOC **llevarse/sufrir un desengaño amoroso** to be disappointed in love

**desenredarse** *vpr* LOC **desenredarse el pelo** to get the tangles out of your hair

**desenrollar(se)** *vt, vpr* **1** (*papel*) to unroll **2** (*cable*) to unwind

**desenroscar** *vt* to unwind

**desenterrar** *vt* to dig *sth* up: ~ *un hueso* to dig up a bone

**desentonar** *vi* **1** (*ser adecuado*) to be appropriate (for *sth*), to be right (for *sth*) (*más coloq*): *¿Crees que este pantalón desentonaría en la fiesta?* Do you think these pants would be right for the party? **2** ~ (**con**) (*no combinar*) to clash (with *sth*)

**desenvolver** *vt* to unwrap: ~ *un paquete* to unwrap a package

▶ **desenvolverse** *vpr* to get along: *Se desenvuelve bien en el trabajo/colegio.* He's getting along well at work/school.

**deseo** *nm* wish: *Pide un* ~. Make a wish.

**desértico, -a** *adj* **1** (*zona*) desert: *una zona desértica* a desert area **2** (*clima*) arid

**desertificación** *nf* desertification

**desertor, -ora** *nm-nf* deserter

**desesperación** *nf* despair: *para* ~ *mía/ de los médicos* to my despair/the despair of the doctors

**desesperado, -a** *adj* **1** desperate: *Estoy* ~ *por verla.* I'm desperate to see her. **2** (*situación, caso*) hopeless LOC **a la desesperada** in desperation *Ver tb* DESESPERAR

**desesperar** *vt* to drive *sb* crazy: *Lo desesperaba no conseguir trabajo.* Not being able to get a job was driving him crazy.
▶ *vi* ~ (**de**) to despair (of doing *sth*): *No desesperes, aún puedes aprobar.* Don't despair. You can still pass.

**desfasado, -a** *adj* out of date: *ideas desfasadas* out-of-date ideas ➜ *Ver nota en* WELL BEHAVED

**desfavorable** *adj* unfavorable

**desfigurar** *vt* **1** (*rostro, etc.*) to disfigure **2** (*cambiar*) to distort: ~ *una imagen/los hechos* to distort an image/the facts

**desfiladero** *nm* gorge

**desfilar** *vi* **1** (*Mil, manifestación*) to march **2** (*modelos*) to parade

**desfile** *nm* parade LOC **desfile de modas** fashion show

**desgarrar(se)** *vt, vpr* to tear: ~*se el pantalón/un ligamento* to tear your pants/a ligament

**desgastar(se)** *vt, vpr* **1** (*ropa, zapatos*) to wear (*sth*) out: ~ *unas botas* to wear out a pair of boots **2** (*rocas*) to wear (*sth*) away, to erode (*más formal*)

**desgaste** *nm* **1** (*rocas*) erosion **2** (*por el uso*) wear: *Esta alfombra sufre mucho* ~. This rug gets very heavy wear.

**desgracia** *nf* misfortune: *Han tenido muchas* ~*s*. They've had many misfortunes. LOC **por desgracia** unfortunately **tener la desgracia de** to be unlucky enough *to do sth*

**desgraciado, -a** *adj* **1** (*sin suerte*) unlucky **2** (*infeliz*) unhappy: *llevar una vida desgraciada* to lead an unhappy life
▶ *nm-nf* **1** (*pobre*) wretch **2** (*mala persona*) swine

**deshabitado, -a** *adj* deserted

**deshacer** vt **1** (*nudo, paquete*) to undo **2** (*cama*) to unmake **3** (*desmontar*) to take *sth* apart: ~ *un rompecabezas* to take a jigsaw apart **4** (*derretir*) to melt
▸ **deshacerse** vpr **1** (*nudo, costura*) to come undone **2** **deshacerse de** to get rid of *sth/sb*: ~*se de un coche viejo* to get rid of an old car

**deshelar(se)** (*tb* **deshielar(se)**) vt, vpr to thaw

**deshincharse** vpr to go down: *Ya se me deshinchó el tobillo.* The swelling in my ankle has gone down.

**deshonesto, -a** adj dishonest

**desierto, -a** adj deserted
▸ nm desert LOC Ver ISLA

**designar** vt **1** (*persona*) to appoint *sb* (*sth/to sth*): *Ha sido designado (como) presidente/para el puesto.* He has been appointed chairman/to the post. **2** (*sitio*) to designate *sth* (*as sth*): ~ *México como sede de los Juegos* to designate Mexico City as the location for the Games

**desigual** adj (*irregular*) uneven: *un terreno* ~ uneven terrain

**desigualdad** nf inequality [*pl* inequalities]

**desilusión** nf disappointment LOC **llevarse una desilusión** to be disappointed

**desilusionar** vt to disappoint

**desinfectante** nm disinfectant

**desinfectar** vt to disinfect

**desinflar** vt to let the air out of *sth*
▸ **desinflarse** vpr (*objeto inflado*) to deflate

**desintegración** nf disintegration

**desintegrarse** vpr to disintegrate

**desinterés** nm lack of interest

**desistir** vi ~ **(de)** to give up (*sth/doing sth*): ~ *de buscar trabajo* to give up looking for work

**desleal** adj disloyal

**deslizador** nm surfboard

**deslizar** vt **1** to slide: *Puedes ~ el asiento hacia adelante.* You can slide the seat forward. **2** (*con disimulo*) to slip: *Deslizó la carta en su bolsillo.* He slipped the letter into his pocket.
▸ **deslizarse** vpr to slide: ~*se sobre el hielo* to slide on the ice

**deslumbrante** adj dazzling: *una luz/ actuación* ~ a dazzling light/performance

**deslumbrar** vt to dazzle

**desmantelar** vt to dismantle

**desmaquillador, -ora** adj LOC **crema/ loción desmaquilladora** makeup remover

**desmayarse** vpr to faint

**desmayo** nm fainting fit LOC **darle a algn un desmayo** to faint

**desmedido, -a** adj excessive

**desmejorado, -a** adj: *La encontré un poco desmejorada.* She wasn't looking too well. ◊ *Está muy ~ desde la última vez que lo vi.* He's gone rapidly downhill since the last time I saw him.

**desmelenarse** vpr to let your hair down

**desmentir** vt to deny: *Desmintió las acusaciones.* He denied the accusations.

**desmenuzar** vt **1** (*pescado*) to break *sth* into small pieces **2** (*carne*) to shred

**desmontar** vt **1** (*máquina*) to take *sth* apart: ~ *una bici* to take a bike apart **2** (*andamio, estantería, tienda de campaña*) to take *sth* down
▸ vi (*bajar de un caballo*) to dismount

**desmoralizarse** vpr to lose heart: *Sigue adelante, no te desmoralices.* Keep going, don't lose heart.

**desnivel** nm: *una casa en* ~ a split-level house LOC Ver PASO

**desnivelado, -a** adj not level: *El suelo está* ~. The ground isn't level.

**desnudar** vt to undress
▸ **desnudarse** vpr to get undressed: *Se desnudó y se metió en la cama.* He got undressed and went to bed.

**desnudo, -a** adj **1** (*persona*) naked: *El niño está medio* ~. The child is half-naked. **2** (*parte del cuerpo, vacío*) bare: *brazos* ~*s/paredes desnudas* bare arms/ walls ➔ *Ver nota en* NAKED

**desnutrido, -a** adj undernourished

**desobedecer** vt to disobey: ~ *órdenes/ a tus padres* to disobey orders/your parents

**desobediencia** nf disobedience

**desobediente** adj, nmf disobedient [*adj*]: *¡Eres una* ~! You're a very disobedient girl!

**desodorante** nm deodorant

**desolador, -ora** adj devastating

**desolar** vt to devastate: *La noticia nos desoló.* We were devastated by the news.

**desorden** nm mess: *Perdona el* ~. Sorry for the mess. ◊ *Tenía la casa en* ~. The house was a mess.

**desordenado, -a** adj, nm-nf messy [*adj*]: *¡Eres un* ~! You're so messy! LOC **dejar algo desordenado** to leave *sth* a mess *Ver tb* DESORDENAR

**desordenar** vt to make a mess of *sth*: *Me desordenaste el armario.* You've made a mess of my closet.

**desorganizado, -a** *adj, nm-nf* disorganized [*adj*]: *Ya sé que soy un ~.* I know I'm disorganized. *Ver tb* DESORGANIZAR

**desorganizar** *vt* to disrupt: *La huelga nos desorganizó las clases.* The classes were disrupted by the strike.

**desorientar** *vt* (*desconcertar*) to confuse: *Sus instrucciones me desorientaron.* I was confused by his directions.

**despachar** *vt* **1** (*atender*) to serve **2** (*solucionar*) to settle: *Despachamos el tema en media hora.* We settled the matter in half an hour. **3** (*librarse de algn*) to get rid of *sb*: *Nos despachó rápido.* He soon got rid of us.

**despacho** *nm* **1** (*bufete*) legal practice **2** (*espacio de trabajo*) **(a)** office **(b)** (*en casa*) study [*pl* studies]

**despacio** *adv* **1** (*lentamente*) slowly: *Maneja ~.* Drive slowly. **2** (*largo y tendido*) at length: *¿Por qué no lo hablamos más ~ durante la comida?* Why don't we talk about it at length over dinner?
▶ **¡despacio!** *interj* slow down! **LOC** *Ver* TORTUGA

**despampanante** *adj* stunning

**despectivo, -a** *adj* scornful: *en tono ~* in a scornful tone

**despedida** *nf* goodbye, farewell (*más formal*): *cena de ~* farewell dinner **LOC** **despedida de soltero** bachelor party [*pl* bachelor parties], stag night (*GB*) **despedida de soltera** hen party [*pl* hen parties]

**despedir** *vt* **1** (*decir adiós*) to see *sb* off: *Fuimos a ~los a la estación.* We went to see them off at the station. **2** (*empleado*) to dismiss, to fire (*más coloq*) **3** (*calor, luz, olor*) to give *sth* off
▶ **despedirse** *vpr* **despedirse (de)** to say goodbye (to *sth/sb*): *Ni siquiera se despidieron.* They didn't even say goodbye.

**despegado, -a** *adj* **1** (*separado*) unstuck **2** (*persona*) cold: *Es muy despegada con su familia.* She's very cold toward her family. *Ver tb* DESPEGAR

**despegar** *vt* to pull *sth* off
▶ *vi* (*avión*) to take off: *El avión está despegando.* The plane is taking off.
▶ **despegarse** *vpr* to come off: *Se le despegó el asa.* The handle came off.

**despegue** *nm* take-off

**despeinado, -a** *adj* messy: *Estás ~.* Your hair's messy. *Ver tb* DESPEINAR(SE)

**despeinar(se)** *vt, vpr* to mess *sb's*/your hair up: *No me despeines.* Don't mess my hair up.

**despejado, -a** *adj* clear: *un cielo ~/una mente despejada* a clear sky/mind *Ver tb* DESPEJAR

**despejar** *vt* to clear: *¡Despejen la zona!* Clear the area!
▶ *v imp* (*cielo*) to clear up: *Despejó a eso de las cinco.* It cleared up at about five.
▶ **despejarse** *vpr* **1** (*nubes*) to clear (away) **2** (*animarse*) to liven up

**despensa** *nf* pantry [*pl* pantries] **LOC** *Ver* VALE

**desperdiciar** *vt* to waste

**desperdicio** *nm* **1** (*desaprovechamiento*) waste **2** **desperdicios** scraps

**desperezarse** *vpr* to stretch

**desperfecto** *nm* **1** (*deterioro*) damage [*incontable*]: *Sufrió algunos ~s.* It suffered some damage. **2** (*imperfección*) flaw

**despertador** *nm* alarm (clock): *Puse el ~ para las siete.* I set the alarm for seven. *Ver dibujo en* RELOJ

**despertar** *vt* **1** (*persona*) to wake *sb* up: *¿A qué hora quieres que te despierte?* What time do you want me to wake you up? **2** (*interés, sospecha*) to arouse
▶ **despertar(se)** *vi, vpr* to wake up **LOC** **tener (un) buen/mal despertar** to wake up in a good/bad mood

**despido** *nm* dismissal

**despierto, -a** *adj* **1** (*no dormido*) awake: *¿Estás ~?* Are you awake? **2** (*espabilado*) bright **LOC** *Ver* SOÑAR; *Ver tb* DESPERTAR

**despintar** *vt* to remove the paint from *sth*
▶ **despintarse** *vpr* **1** (*decolorarse*) to fade **2** (*maquillaje*) to remove your makeup

**despistado, -a** *adj* **1** (*por naturaleza*) absent-minded **2** (*distraído*) miles away: *Iba ~ y no los vi.* I was miles away and didn't see them. **LOC** **hacerse el despistado**: *Nos vio pero se hizo el ~.* He saw us but pretended not to. *Ver tb* DESPISTAR

**despistar** *vt* **1** (*desorientar*) to confuse **2** (*dar esquinazo*) to shake *sb* off: *Despistó a la policía.* He shook off the police.

**desplazado, -a** *adj* out of place: *sentirse ~* to feel out of place *Ver tb* DESPLAZAR

**desplazar** *vt* (*sustituir*) to take the place of *sth/sb*: *El computador ha desplazado a la máquina de escribir.* Computers have taken the place of typewriters.
▶ **desplazarse** *vpr* to go: *Se desplazan a todos los sitios en taxi.* They go everywhere by taxi.

**desplegar** *vt* **1** (*mapa, papel*) to unfold **2** (*velas*) to unfurl **3** (*tropas, armamento*) to deploy

**despliegue** *nm* deployment

**desplomarse** *vpr* to collapse

**despoblación** nf depopulation

**despoblado, -a** adj (*sin habitantes*) uninhabited

**déspota** nmf tyrant

**despreciable** adj despicable

**despreciar** vt 1 (*menospreciar*) to despise, to look down on *sb* (*más coloq*): *Despreciaban a los otros alumnos.* They looked down on the other students. 2 (*rechazar*) to reject: *Despreciaron nuestra ayuda.* They rejected our offer of help.

**desprecio** nm contempt (*for sth/sb*): *mostrar ~ por algn* to show contempt for *sb*

**desprender** vt 1 (*separar*) to take *sth* off, to remove (*más formal*): *Desprende la etiqueta.* Take the price tag off. 2 (*emanar*) to give *sth* off: *Esta estufa desprende gas.* This stove is giving off gas.

**desprendimiento** nm loosening **LOC** *Ver* TIERRA

**desprestigiar** vt to discredit

**desprevenido, -a** adj **LOC** agarrar a algn desprevenido to catch sb unawares

**desproporcionado, -a** adj disproportionate (*to sth*)

**desprovisto, -a** adj ~ de lacking in *sth*

**después** adv 1 (*más tarde*) afterward, later: *Después dijo que no le había gustado.* He said afterward he hadn't liked it. ◊ *Salieron poco ~.* They came out shortly afterward(s). ◊ *Si estudias ahora, ~ puedes ver la televisión.* If you do your homework now, you can watch TV later. ◊ *No me lo dijeron hasta mucho ~.* They didn't tell me until much later. 2 (*a continuación*) next: *¿Y qué pasó ~?* And what happened next? **LOC** después de after *sth/doing sth*: *~ de las dos* after two o'clock ◊ *~ de hablar con ellos* after talking to them ◊ *La farmacia está ~ del banco.* The drugstore is after the bank. después de que when: *Después de que acabes las tareas pon la mesa.* When you've finished your homework, you can set the table. después de todo after all

**despuntar** vi 1 (*plantas*) to bud: *Ya despuntan los rosales.* The roses are starting to bud. 2 (*alba, día*) to break 3 (*persona*) to stand out ▸ vt (*pelo*) to trim

**destacar** vt to point *sth* out: *El profesor destacó varios aspectos de su obra.* The teacher pointed out various aspects of his work.

▸ **destacar(se)** vi, vpr to stand out: *El rojo destaca sobre el verde.* Red stands out against green.

**destapador** nm bottle-opener

**destapar** vt 1 (*quitar la tapa*) to take the lid off *sth*: *~ una olla* to take the lid off a saucepan 2 (*en la cama*) to pull the covers off *sb*: *No me destapes.* Don't pull the covers off me.

▸ **destaparse** vpr (*en la cama*) to throw the covers off

**destaponar(se)** vt, vpr to unblock

**desteñir(se)** vt, vpr to fade: *Se te ha desteñido la falda.* Your skirt's faded. ▸ vi: *Esa camisa roja destiñe.* The color runs in that red shirt.

**destinatario, -a** nm-nf addressee

**destino** nm 1 (*sino*) fate 2 (*avión, barco, tren, pasajero*) destination 3 (*lugar de trabajo*): *Me van a cambiar de ~.* I'm going to be transferred somewhere else. **LOC** con destino a... for...: *el ferry con ~ a La Paz* the ferry for La Paz

**destrozado, -a** adj (*abatido*) devastated: *~ por la pérdida de su hijo* devastated by the loss of his son *Ver tb* DESTROZAR

**destrozar** vt 1 (*destruir*) to destroy 2 (*hacer trozos*) to smash: *Destrozaron los cristales del escaparate.* They smashed the display window. 3 (*arruinar*) to ruin: *~ la vida de algn* to ruin sb's life

**destrucción** nf destruction

**destructivo, -a** adj destructive

**destructor** nm (*Náut*) destroyer

**destruir** vt to destroy

**desvalido, -a** adj helpless

**desvalijar** vt 1 (*lugar*): *Me habían desvalijado el coche.* Everything had been stolen from my car. 2 (*persona*) to rob *sb* of all they have

**desván** nm loft

**desvanecerse** vpr 1 (*desmayarse*) to faint 2 (*desaparecer*) to disappear

**desvariar** vi 1 (*delirar*) to be delirious 2 (*decir disparates*) to talk nonsense

**desvelar** vt 1 (*espabilar*) to keep *sb* awake 2 (*revelar*) to reveal

▸ **desvelarse** vpr 1 (*quedarse despierto*) to stay up late 2 (*desvivirse*) to do your utmost *for sb*

**desventaja** nf disadvantage **LOC** estar en desventaja to be at a disadvantage

**desvergonzado, -a** adj, nm-nf 1 (*que no tiene vergüenza*) shameless [adj]: *Es un ~.* He has no shame. 2 (*insolente*) sassy [adj], cheeky [adj] (*GB*)

**desvestir** vt to undress

▸ **desvestirse** vpr to get undressed

**desviación** nf **1** (tráfico) detour, diversion (GB) **2** ~ (de) (irregularidad) deviation (from sth)

**desviar** vt to divert: ~ el tráfico to divert traffic ◊ ~ los fondos de una sociedad to divert company funds
▶ **desviarse** vpr **1** (carretera) to branch off: La carretera se desvía hacia la izquierda. The road branches off to the left. **2** (coche) to turn off **LOC** **desviar la mirada** to avert your eyes **desviarse del tema** to wander off the subject

**desvío** nm detour, diversion (GB)

**desvivirse** vpr ~ **por** to live for sth/sb: Se desviven por sus hijos. They live for their children.

**detalladamente** adv in detail

**detallado, -a** adj detailed Ver tb DETALLAR

**detallar** vt **1** (contar con detalle) to give details of sth **2** (especificar) to specify

**detalle** nm **1** (pormenor) detail **2** (atención) gesture **LOC** **¡qué detalle!** how thoughtful! **tener muchos detalles (con algn)** to be very considerate (to sb)

**detallista** adj thoughtful: Tú siempre tan ~. You're always so thoughtful.

**detectar** vt to detect

**detective** nmf detective

**detector** nm detector: un ~ de mentiras/metales a lie/metal detector

**detención** nf **1** (arresto) arrest **2** (paralización) halt: La falta de material motivó la ~ de las obras. Lack of materials brought the construction work to a halt.

**detener** vt **1** (parar) to stop **2** (arrestar) to arrest
▶ **detenerse** vpr to stop

**detenidamente** adv carefully

**detenido, -a** adj: estar/quedar ~ to be under arrest
▶ nm-nf person under arrest Ver tb DETENER

**detergente** nm detergent

**deteriorar** vt to damage
▶ **deteriorarse** vpr to deteriorate: Su salud se deterioraba día a día. Her health deteriorated day by day.

**determinado, -a** adj **1** (cierto) certain: en ~s casos in certain cases **2** (artículo) definite Ver tb DETERMINAR

**determinar** vt to determine: ~ el precio de algo to determine the price of sth

**detestar** vt to detest sth/doing sth, to hate sth/doing sth (más coloq)

**detrás** adv **1** (ir, venir) behind: Los otros vienen ~. The others are coming behind. **2** (atrás) at/on the back: El mercado está ~. The market is at the back. ◊ El precio está ~. The price is on the back.
**LOC** **detrás de 1** (en el espacio) behind: ~

de nosotros/la casa behind us/the house **2** (después de) after: Fuma un cigarrillo ~ de otro. He smokes one cigarette after another. **andar detrás de algn** (gustar) to be after sb **por detrás** from behind

**deuda** nf debt **LOC** **tener una deuda** to be in debt (to sth/sb): tener una ~ con el banco to be in debt to the bank

**devaluar** vt to devalue

**devastador, -ora** adj devastating

**devolución** nf **1** (artículo) return: la ~ de mercancías defectuosas the return of defective goods **2** (dinero) refund

**devolver** vt **1** to return sth (to sth/sb): ¿Devolviste los libros a la biblioteca? Did you return the books to the library? **2** (dinero) to refund: Se le devolverá el importe. You will have your money refunded. **3** (vomitar) to bring sth up

**devorar** vt to devour

**devoto, -a** adj (piadoso) devout

**día** nm **1** day: Pasamos el ~ en México. We spent the day in Mexico City. ◊ —¿Qué ~ es hoy? —Martes. "What day is it today?" "Tuesday." ◊ al ~ siguiente the following day **2** (en fechas): Llegaron el ~ 10 de abril. They arrived on April 10. **❶** Se dice "April tenth" o "the tenth of April": Termina el ~ 10. It ends on the 10th. **LOC** **al/por día** a day: tres veces al ~ three times a day **¡buenos días!** good morning!, morning! (coloq) **dar los buenos días** to say good morning **de día/durante el día** in the daytime/during the daytime: Duermen de ~. They sleep in the daytime. **día festivo** holiday **día de la madre/del padre** Mother's/Father's Day **día del amor y la amistad** Valentine's Day ➲ Ver nota en VALENTINE'S DAY **día de los inocentes** ≈ April Fool's Day ➲ Ver nota en APRIL **día de Navidad** Christmas Day ➲ Ver nota en NAVIDAD **día de Reyes** January 6 **día de los Muertos** Day of the Dead ➲ Ver nota en MUERTO **día libre 1** (no ocupado) free day **2** (sin ir a trabajar) day off [pl days off]: Mañana es mi ~ libre. Tomorrow's my day off. **el día de mañana** in the future **estar al día** to be up to date **hacer buen día** to be a nice day: Hace buen ~ hoy. It's a nice day today. **hacerse de día** to get light **poner al día** to bring sth/sb up to date **ser de día** to be light **todos los días** every day ➲ Ver nota en EVERYDAY; Ver tb ALGUNO, HOY, MENÚ, OTRO, PLENO, QUINCE, VIVIR

**diabetes** nf diabetes [incontable]

**diabético, -a** adj, nm-nf diabetic

**diablo** nm devil **LOC** Ver ABOGADO, PATÍN

**diadema** nf (cinta) hairband

**diagnóstico** nm diagnosis [pl diagnoses]

**diagonal** adj, nf diagonal **LOC** Ver BARRA

**diagrama** nm diagram

**dialecto** nm dialect: un ~ del inglés a dialect of English

**diálogo** nm conversation: Tuvimos un ~ interesante. We had an interesting conversation.

**diamante** nm **1** (piedra) diamond **2** diamantes (Naipes) diamonds ➜ Ver nota en BARAJA

**diámetro** nm diameter

**diapositiva** nf slide: una ~ en color a color slide

**diariamente** adv every day, daily (más formal)

**diario, -a** adj daily
▶ nm **1** (periódico) newspaper **2** (personal) diary [pl diaries] **LOC** a diario every day de/para diario everyday: ropa de ~ everyday clothes ➜ Ver nota en EVERYDAY

**diarrea** nf diarrhea [incontable]

**dibujante** nmf **1** (a) (masc) draftsman [pl -men] (b) (fem) draftswoman [pl -women] **2** (humor) cartoonist

**dibujar** vt to draw

**dibujo** nm **1** drawing: estudiar ~ to study drawing ◇ Haz un ~ de tu familia. Draw your family. **2** (motivo) pattern **LOC** dibujo lineal technical drawing dibujos animados cartoons

**diccionario** nm dictionary [pl dictionaries]: Búscalo en el ~. Look it up in the dictionary. ◇ un ~ bilingüe a bilingual dictionary

**dicho, -a** adj that [pl those]: ~ año that year
▶ nm (refrán) saying **LOC** dicho de otra forma/manera in other words dicho y hecho no sooner said than done Ver tb MEJOR; Ver tb DECIR[1]

**diciembre** nm December (abrev Dec.) ➜ Ver ejemplos en ENERO

**dictado** nm dictation: Vamos a hacer un ~. We're going to do a dictation.

**dictador, -ora** nm-nf dictator

**dictadura** nf dictatorship: durante la ~ militar under the military dictatorship

**dictar** vt, vi to dictate **LOC** dictar sentencia to pass sentence

**didáctico, -a** adj **LOC** Ver MATERIAL

**diecinueve** nm, adj, pron **1** nineteen **2** (fecha) nineteenth ➜ Ver ejemplos en ONCE y SEIS

**dieciocho** nm, adj, pron **1** eighteen **2** (fecha) eighteenth ➜ Ver ejemplos en ONCE y SEIS

**dieciséis** nm, adj, pron **1** sixteen **2** (fecha) sixteenth ➜ Ver ejemplos en ONCE y SEIS

**diecisiete** nm, adj, pron **1** seventeen **2** (fecha) seventeenth ➜ Ver ejemplos en ONCE y SEIS

**diente** nm tooth [pl teeth] **LOC** diente de ajo clove of garlic diente de leche baby tooth [pl baby teeth] Ver tb CEPILLAR, CEPILLO, PASTA

**diesel** nm (motor) diesel engine

**diestro, -a** adj (persona) right-handed **LOC** a diestra y siniestra right, left and center

**dieta** nf diet: estar a ~ to be on a diet

**diez** nm, adj, pron **1** ten **2** (fechas) tenth ➜ Ver ejemplos en SEIS **LOC** dar diez y las malas to run rings around sb sacar un diez to get an "A"

**difamar** vt **1** (de palabra) to slander **2** (por escrito) to libel

**diferencia** nf **1** ~ con/entre difference between sth and sth: México tiene una hora de ~ con Cancún. There's an hour's difference between Mexico City and Cancún. ◇ la ~ entre dos telas the difference between two fabrics **2** ~ (de) difference (in/of sth): No hay mucha ~ de precio entre los dos. There's not much difference in price between the two. ◇ ~ de opiniones difference of opinion **LOC** a diferencia de unlike con diferencia by far: Es el más importante con ~. It's by far the most important.

**diferenciar** vt to differentiate sth (from sth) to differentiate between sth and sth
▶ diferenciarse vpr: No se diferencian en nada. There's no difference between them. ◇ ¿En qué se diferencia? What's the difference?

**diferente** adj ~ (a/de) different (from sth/sb)
▶ adv differently: Pensamos ~. We think differently.

**difícil** adj difficult

**dificultad** nf difficulty [pl difficulties]

**difuminar** vt to blur

**difundir** vt **1** (Radio, TV) to broadcast **2** (publicar) to publish **3** (oralmente) to spread
▶ difundirse vpr (noticia, luz) to spread

**difunto, -a** adj late: el ~ presidente the late president
▶ nm-nf deceased [pl deceased]: los familiares del ~ the family of the deceased

**difusión** nf **1** (ideas) dissemination **2** (programas) broadcasting **3** (diario, revista) circulation

**digerir** vt to digest

**digestión** nf digestion **LOC** hacer la digestión: Todavía estoy haciendo la ~.

I've just eaten. ◇ *Hay que hacer la ~ antes de nadar.* You shouldn't go swimming right after meals.

**digestivo, -a** *adj* digestive: *el aparato ~* the digestive system

**digital** *adj* digital

**dignarse** *vpr* to deign *to do sth*

**dignidad** *nf* dignity

**digno, -a** *adj* **1** decent: *el derecho a un trabajo ~* the right to a decent job **2** ~ **de** worthy *of sth*: *~ de atención* worthy of attention **LOC** **digno de confianza** reliable

**dilatar(se)** *vt, vpr* **1** (*agrandar, ampliar*) to expand **2** (*poros, pupilas*) to dilate **3** (*llegar tarde*) to be late

**dilema** *nm* dilemma

**diluir** *vt* **1** (*sólido*) to dissolve **2** (*líquido*) to dilute **3** (*salsa, pintura*) to thin
▶ **diluirse** *vpr* (*sólido*) to dissolve

**diluvio** *nm* flood **LOC** **el Diluvio Universal** the Flood

**dimensión** *nf* dimension: *las dimensiones de una sala* the dimensions of a room ◇ *la cuarta ~* the fourth dimension **LOC** **de grandes/enormes dimensiones** huge

**diminutivo, -a** *adj, nm* diminutive

**diminuto, -a** *adj* tiny

**dimisión** *nf* resignation: *Presentó su ~.* He handed in his resignation.

**dimitir** *vi* ~ **(de)** to resign (from *sth*): *~ de un cargo* to resign from a position

**dinámica** *nf* dynamics

**dinámico, -a** *adj* dynamic

**dinamita** *nf* dynamite

**dínamo** (*tb* **dinamo**) *nf* dynamo [*pl* dynamos]

**dinastía** *nf* dynasty [*pl* dynasties]

**dineral** *nm* fortune: *Cuesta un ~.* It costs a fortune.

**dinero** *nm* money [*incontable*]: *¿Tienes ~? Do you have any money? ◇ Necesito ~.* I need some money. **LOC** **andar/estar mal de dinero** to be short of money **dinero contante y sonante** hard cash **dinero suelto** (loose) change *Ver tb* LAVADO

**dinosaurio** *nm* dinosaur

**dioptría** *nf*: *¿Cuántas ~s tienes?* How strong are your glasses?

**dios** *nm* god **LOC** **como Dios manda** proper(ly): *hacer algo como Dios manda* to do sth properly ◇ *una oficina como Dios manda* a proper office **¡Dios me libre!** God forbid! **¡Dios mío!** my God! **Dios sabe** God knows **¡Dios te bendiga!** God bless you! **ni Dios** not a soul **¡por Dios!** for God's sake! *Ver tb* AMOR, PEDIR

**diosa** *nf* goddess

**dióxido** *nm* dioxide **LOC** **dióxido de carbono** carbon dioxide

**diploma** *nm* diploma

**diplomacia** *nf* diplomacy

**diplomático, -a** *adj* diplomatic
▶ *nm-nf* diplomat

**diputado, -a** *nm-nf* deputy [*pl* deputies]

Para referirse a un diputado federal, se dice **congressman** o **congresswoman** en Estados Unidos, y **MP (Member of Parliament)** en Gran Bretaña. ➲ *Ver tb notas en* CONGRESS *y* PARLIAMENT

**LOC** *Ver* CÁMARA, CONGRESO

**dique** *nm* dyke **LOC** **dique (seco)** dry dock

**dirección** *nf* **1** (*rumbo*) direction: *Iban en ~ opuesta.* They were going in the opposite direction. ◇ *salir con ~ a México* to set off for Mexico City **2** (*señas*) address: *nombre y ~* name and address

**directamente** *adv* (*derecho*) straight: *Volvimos ~ a México.* We went straight back to Mexico City.

**directivo, -a** *adj* management: *el equipo ~* the management team
▶ *nm-nf* director

**directo, -a** *adj* **1** direct: *un vuelo ~* a direct flight ◇ *¿Cuál es el camino más ~?* What's the most direct way? **2** (*tren*) through: *el tren ~ a Guanajuato* the through train to Guanajuato

**director, -ora** *nm-nf* **1** director: *~ artístico/financiero* artistic/financial director ◇ *un ~ de cine/teatro* a movie/theater director **2** (*colegio*) principal, head (teacher) (GB) **3** (*banco*) manager **4** (*periódico, editorial*) editor **LOC** **director (de orquesta)** conductor **director general** chief executive officer (*abrev* CEO), managing director (GB)

**dirigente** *adj* (Pol) ruling
▶ *nmf* **1** (Pol) leader **2** (*empresa*) manager
**LOC** *Ver* MÁXIMO

**dirigir** *vt* **1** (*película, obra de teatro, tráfico*) to direct **2** (*carta, mensaje*) to address *sth to sth/sb* **3** (*arma, manguera, telescopio*) to point *sth at sth/sb* **4** (*debate, campaña, expedición, partido*) to lead **5** (*negocio*) to run
▶ **dirigirse** *vpr* **1** dirigirse a/hacia (*ir*) to head for...: *~se hacia la frontera* to head for the border **2** dirigirse a (a) (*hablar*) to speak to *sb* (b) (*por carta*) to write to *sb*
**LOC** **dirigir la palabra** to speak *to sb*

**discapacidad** *nf* disability [*pl* disabilities]

**discapacitado, -a** *adj, nm-nf* disabled [*adj*]: *asientos reservados para los ~s* seats for the disabled

**disciplina** *nf* **1** discipline: *mantener la ~* to maintain discipline **2** (*asignatura*) subject

**discípulo, -a** *nm-nf* **1** (*seguidor*) disciple **2** (*alumno*) student

**disc-jockey** *nmf* disc jockey [*pl* disc jockeys] (*abrev* DJ)

**disco** *nm* **1** (*Informát*) disk: *el ~ duro* the hard disk **2** (*objeto circular*) disc **3** (*Mús*) record: *grabar un ~* to make a record **4** (*Dep*) discus LOC **disco compacto** compact disc (*abrev* CD)

**discográfico, -a** *adj* record: *una empresa discográfica* a record company

**discoteca** *nf* club

**discreción** *nf* discretion

**discreto, -a** *adj* **1** (*prudente*) discreet **2** (*mediocre*) unremarkable

**discriminación** *nf* discrimination (*against sb*): *la ~ racial* racial discrimination ◊ *la ~ de la mujer* discrimination against women

**discriminar** *vt* to discriminate against sb

**disculpa** *nf* **1** (*excusa*) excuse: *Esto no tiene ~.* There's no excuse for this. **2** (*pidiendo perdón*) apology [*pl* apologies] LOC *Ver* PEDIR

**disculpar** *vt* to forgive: *Disculpe la interrupción.* Forgive the interruption. ◊ *Disculpa que llegue tarde.* Sorry I'm late. ➔ *Ver nota en* EXCUSE
▶ **disculparse** *vpr* to apologize (*to sb*) (*for sth*): *Me disculpé con ella por no haber escrito.* I apologized to her for not writing.

**discurso** *nm* speech: *pronunciar un ~* to give a speech

**discusión** *nf* **1** (*debate*) discussion **2** (*disputa*) argument

**discutido, -a** *adj* (*polémico*) controversial *Ver tb* DISCUTIR

**discutir** *vt* **1** (*debatir*) to discuss **2** (*cuestionar*) to question: *~ una decisión* to question a decision
▶ *vi* **1** **de/sobre** (*hablar*) to discuss *sth* [*vt*]: *~ de política* to discuss politics **2** (*reñir*) to argue (*with sb*) (*about sth*)

**disecar** *vt* **1** (*animal*) to stuff **2** (*flor*) to press **3** (*hacer la disección*) to dissect

**diseñador, -ora** *nm-nf* designer

**diseñar** *vt* **1** to design **2** (*plan*) to draw *sth* up

**diseño** *nm* design: *~ gráfico* graphic design

**disfraz** *nm* costume: *un sitio donde alquilan disfraces* a store where you can rent costumes LOC *Ver* BAILE

**disfrazarse** *vpr* **~ (de)** (*para una fiesta*) to dress up (as *sth/sb*): *Se disfrazó de Cenicienta.* She dressed up as Cinderella.

**disfrutar** *vt, vi* to enjoy *sth/doing sth*: *Disfrutamos bailando/con el fútbol.* We enjoy dancing/soccer. ◊ *Disfruto de buena salud.* I enjoy good health.
▶ *vi* (*pasarlo bien*) to enjoy yourself: *¡Que disfrutes mucho!* Enjoy yourself!

**disgustado, -a** *adj* upset *Ver tb* DISGUSTAR

**disgustar** *vi* to upset *sb* [*vt*]: *Les disgustó mucho que reprobara.* They were very upset he failed.
▶ **disgustarse** *vpr* to get upset: *Se disgusta siempre que llego tarde.* She gets upset whenever I'm late.

**disgusto** *nm* **1** (*tristeza*) sorrow: *Su decisión les causó un gran ~.* His decision caused them great sorrow. **2** (*desgracia*) accident: *Corres tanto que un día tendrás un ~.* You're going to have an accident if you carry on driving so fast. LOC **a disgusto** unwillingly: *hacer algo a ~* to do something unwillingly **dar disgustos** to upset *sb*: *Da muchos ~s a sus padres.* He's always upsetting his parents. **llevarse un disgusto** to be upset: *Cuando me dieron las calificaciones me llevé un ~.* I was upset when I got my scores.

**disimular** *vt* to hide: *~ la verdad/una cicatriz* to hide the truth/a scar
▶ *vi* to pretend: *Disimula, haz como que no sabes nada.* Pretend you don't know anything. ◊ *¡Ahí vienen! ¡Disimula!* There they are! Pretend you haven't seen them.

**disimulo** *nm* LOC **con/sin disimulo** surreptitiously/openly

**dislexia** *nf* dyslexia

**disléxico, -a** *adj, nm-nf* dyslexic

**dislocar(se)** *vt, vpr* to dislocate

**disminución** *nf* drop (*in sth*): *una ~ en el número de accidentes* a drop in the number of accidents

**disminuir** *vt* to reduce: *Disminuye la velocidad.* Reduce your speed.
▶ *vi* to drop: *Han disminuido los precios.* Prices have dropped.

**disolver(se)** *vt, vpr* **1** (*en un líquido*) to dissolve: *Disuelva el azúcar en la leche.* Dissolve the sugar in the milk. **2** (*manifestación*) to break (*sth*) up: *La manifestación se disolvió enseguida.* The demonstration broke up immediately.

**disparado, -a** *adj* LOC **salir disparado** to shoot out (of…): *Salieron ~s del banco.* They shot out of the bank. *Ver tb* DISPARAR

**disparar** *vt, vi* to shoot: ~ *una flecha* to shoot an arrow ◊ *¡No disparen!* Don't shoot! ◊ *Disparaban contra todo lo que se movía.* They were shooting at everything that moved.

▸ **dispararse** *vpr* **1** (*arma, dispositivo*) to go off: *La pistola se disparó.* The pistol went off. **2** (*aumentar*) to shoot up: *Se han disparado los precios.* Prices have shot up.

**disparate** *nm* **1** (*dicho*) nonsense [*incontable*]: *¡No digas ~s!* Don't talk nonsense! **2** (*hecho*) stupid thing LOC *Ver* SARTA

**disparo** *nm* shot: *Murió a consecuencia de un ~.* He died from a gunshot wound. ◊ *Oí un ~.* I heard a shot.

**dispersar(se)** *vt, vpr* to disperse

**disponer** *vi* ~ **de 1** (*tener*) to have *sth* [*vt*] **2** (*utilizar*) to use *sth* [*vt*]: ~ *de tus ahorros* to use your savings

▸ **disponerse** *vpr* **disponerse a** to get ready for *sth/to do sth*: *Me disponía a salir cuando llegó mi suegra.* I was getting ready to leave when my mother-in-law arrived.

**disponible** *adj* available

**dispuesto, -a** *adj* **1** (*ordenado*) arranged **2** (*preparado*) ready (*for sth*): *Todo está ~ para la fiesta.* Everything is ready for the party. **3** (*servicial*) willing (*to do sth*) **4** ~ **a** (*decidido*) prepared *to do sth*: *No estoy ~ a dimitir.* I'm not prepared to resign. *Ver tb* DISPONER

**disputado, -a** *adj* hard-fought *Ver tb* DISPUTAR

**disputar** *vt* (*Dep*) to play

▸ **disputarse** *vpr* to compete for *sth*

**distancia** *nf* distance: *¿A qué ~ está la próxima gasolinera?* How far is it to the next gas station? LOC **a mucha distancia de…** a long way from… **a poca distancia de…** not far from…: *a poca ~ de nuestra casa* not far from our house ➔ *Ver nota en* LEJOS; *Ver tb* LLAMADA

**distante** *adj* distant

**distinción** *nf* **1** distinction: *hacer distinciones* to make distinctions **2** (*premio*) award LOC **sin distinción de raza, sexo, etc.** regardless of race, gender, etc.

**distinguido, -a** *adj* distinguished *Ver tb* DISTINGUIR

**distinguir** *vt* **1** (*diferenciar*) to distinguish *sth/sb* (*from sth/sb*): *¿Puedes ~ los machos de las hembras?* Can you distinguish the males from the females? ◊ *No puedo ~ a los dos hermanos.* I can't

tell the difference between the two brothers. **2** (*divisar*) to make *sth* out: ~ *una silueta* to make out an outline

▸ **distinguirse** *vpr* **distinguirse por** to be known for *sth*: *Se distingue por su tenacidad.* He's known for his tenacity.

**distinto, -a** *adj* **1** ~ **(a/de)** different (*from/to sth/sb*): *Es muy ~ de/a su hermana.* He's very different from/to his sister. **2** **distintos** (*diversos*) various: *los ~s aspectos del problema* the various aspects of the problem

**distracción** *nf* (*pasatiempo*) pastime: *Su ~ favorita es leer.* Reading is her favorite pastime.

**distraer** *vt* **1** (*entretener*) to keep *sb* amused: *Les conté cuentos para ~los.* I told them stories to keep them amused. **2** (*apartar la atención*) to distract *sb* (*from sth*): *No me distraigas (de mi labor).* Don't distract me (from what I'm doing).

▸ **distraerse** *vpr* **1** **distraerse haciendo algo** (*pasar el tiempo*) to pass your time doing *sth* **2** (*despistarse*) to be distracted: *Me distraje un momento.* I was distracted for a moment.

**distraído, -a** *adj* absent-minded LOC **estar/andar distraído** to be in a fog *Ver tb* DISTRAER

**distribución** *nf* **1** distribution **2** (*casa, departamento*) layout

**distribuir** *vt* to distribute: *Distribuirán alimentos a/entre los refugiados.* They will distribute food to/among the refugees.

**distrito** *nm* district LOC **distrito electoral** (*parlamento*) congressional district, constituency [*pl* constituencies] (*GB*)

**disturbio** *nm* riot

**disuadir** *vt* to dissuade *sb* (*from sth/doing sth*)

**diversión** *nf* **1** (*pasatiempo*) pastime **2** (*placer*) fun: *Pinto por ~.* I paint for fun. **3** (*espectáculo*) entertainment: *lugares de ~* places of entertainment LOC *Ver* PARQUE

**diverso, -a** *adj* **1** (*variado, diferente*) different: *personas de ~ origen* people from different backgrounds **2** **diversos** (*varios*) various: *El libro abarca ~s aspectos.* The book covers various aspects.

**divertido, -a** *adj* **1** (*gracioso*) funny ➔ *Ver nota en* FUN **2** (*agradable*) enjoyable: *unas vacaciones divertidas* an enjoyable vacation LOC **estar/ser (muy) divertido** to be a lot of fun *Ver tb* DIVERTIR

**divertir** *vt* to amuse

**▸ divertirse** *vpr* to have fun **LOC** ¡que te diviertas! have a good time!

**dividir** *vt* **1** to divide *sth* (up): ~ *el trabajo/el pastel* to divide (up) the work/cake ◊ ~ *algo en tres partes* to divide something into three parts ◊ *Lo dividieron entre sus hijos.* They divided it between their children. **2** (*Mat*) to divide *sth* (*by sth*): ~ *ocho entre/por dos* to divide eight by two

**▸ dividir(se)** *vt, vpr* **dividir(se) (en)** to split (into *sth*): *Ese asunto ha dividido a la familia.* That affair has split the family. ◊ ~*se en dos facciones* to split into two factions

**divino, -a** *adj* divine

**divisa** *nf* (*dinero*) (foreign) currency [*gen incontable*]: *pagar en ~s* to pay in foreign currency

**divisar** *vt* to make *sth/sb* out

**división** *nf* league: *un equipo de primera ~* a major-league team

**divisorio, -a** *adj* **LOC** *Ver* LÍNEA

**divorciado, -a** *adj* divorced

**▸ nm-nf 1** (*masc*) divorcé, divorcee (*GB*) **2** (*fem*) divorcée, divorcee (*GB*) *Ver tb* DIVORCIARSE

**divorciarse** *vpr* ~ (**de**) to get divorced (from *sb*)

**divorcio** *nm* divorce

**divulgar(se)** *vt, vpr* to spread

**do** *nm* **1** (*nota de la escala*) do **2** (*tonalidad*) C: *en do mayor* in C major

**dobladillo** *nm* hem

**doblar** *vt* **1** (*plegar*) to fold: ~ *un papel en ocho* to fold a piece of paper into eight **2** (*torcer, flexionar*) to bend: ~ *la rodilla/una barra de hierro* to bend your knee/an iron bar **3** (*duplicar*) to double: *Doblaron la oferta.* They doubled their offer. **4** (*esquina*) to turn **5** (*película*) to dub: ~ *una película al español* to dub a movie into Spanish

**▸ vi 1** (*girar*) to turn: ~ *a la derecha* to turn right **2** (*campanas*) to toll

**▸ doblarse** *vpr* **1** (*cantidad*) to double **2** (*torcerse*) to bend

**doble** *adj* double

**▸ nm 1** (*cantidad*) twice as much/many: *Cuesta el ~.* It costs twice as much. ◊ *Gana el ~ que yo.* She earns twice as much as me. ◊ *Había el ~ de gente.* There were twice as many people. **2** [*con adjetivo*] twice as...: *el ~ de ancho* twice as wide **3** (*persona parecida*) double **4** (*Cine*) (stunt) double **LOC de doble sentido** (*chiste, palabra*) with a double meaning *Ver tb* ARMA, ESTACIONARSE, HABITACIÓN

**doblez** *nm* fold

**doce** *nm, adj, pron* **1** twelve **2** (*fecha*) twelfth ➔ *Ver ejemplos en* ONCE *y* SEIS

**doceavo, -a** *adj, nm* twelfth

**docena** *nf* dozen: *una ~ de personas* a dozen people **LOC por docenas** by the dozen

**doctor, -ora** *nm-nf* doctor (*abrev* Dr.)

**doctorado** *nm* Ph.D.: *estudiantes de ~* Ph.D. students

**doctrina** *nf* doctrine

**documentación** *nf* **1** (*de una persona*) (identity) papers [*pl*]: *Me pidieron la ~.* They asked to see my (identity) papers. **2** (*de un coche*) documents [*pl*]

**documental** *nm* documentary [*pl* documentaries]: *Esta noche pasan un ~ sobre la India.* There's a documentary about India tonight.

**documento** *nm* document

**dólar** *nm* dollar ➔ *Ver pág* 682

**doler** *vi* **1** to hurt: *Esto no te va a ~ nada.* This won't hurt (you) at all. ◊ *Me duele la pierna/el estómago.* My leg/stomach hurts. ◊ *Me dolió que no me apoyaran.* I was hurt by their lack of support. **2** (*cabeza, muela*) to ache: *Me duele la cabeza.* I have a headache.

**dolido, -a** *adj* **1** hurt: *Está ~ por lo que dijiste.* He's hurt at what you said. **2** ~ **con** upset with *sb Ver tb* DOLER

**dolor** *nm* **1** (*físico*) pain: *algo contra/para el ~* something for the pain **2** (*pena*) grief **LOC dolor de cabeza/muelas/oídos** headache/toothache/earache **dolor de estómago** stomach ache *Ver tb* ESTREMECER(SE), RETORCER

**doloroso, -a** *adj* painful

**domador, -ora** *nm-nf* tamer

**domar** *vt* **1** to tame **2** (*caballo*) to break *sth* in

**domesticar** *vt* to domesticate

**doméstico, -a** *adj* **1** (*relativo a la casa*) household: *tareas domésticas* household chores **2** (*animal*) domestic **LOC** *Ver* LABOR, VIOLENCIA

**domicilio** *nm*: *cambio de ~* change of address ◊ *reparto/servicio a ~* delivery service

**dominante** *adj* dominant

**dominar** *vt* **1** to dominate: ~ *a los demás* to dominate other people **2** (*idioma*) to be fluent in *sth*: *Domina el ruso.* He's fluent in Russian. **3** (*materia, técnica*) to be good at *sth*

**domingo** *nm* **1** Sunday (*abrev* Sun.) ➔ *Ver ejemplos en* LUNES **2** (*dinero semanal*) allowance, pocket money (*GB*) **LOC Domingo de Ramos/Resurrección** Palm/Easter Sunday

**dominguero, -a** *nm-nf* Sunday driver

**dominio** *nm* **1** (*control*) control: *su ~ del balón* his ball control **2** (*lengua*) command **3** (*técnica*) mastery **LOC** **ser del dominio público** to be common knowledge

**dominó** *nm* (*juego*) dominoes [*incontable*]: *jugar ~* to play dominoes **LOC** *Ver* FICHA

**don, doña** *nm-nf* **1** (*masc*) Mr.: *~ José Ruiz* Mr. José Ruiz **2** (*fem*) Mrs. **LOC** **ser un don nadie** to be a nobody

**dona** *nf* donut

**donador, -a** *nm-nf* donor: *un ~ de sangre* a blood donor

**donar** *vt* to donate

**donativo** *nm* donation

**donde** *adv* **1** where: *la ciudad ~ nací* the city where I was born ◊ *Déjalo ~ puedas.* Leave it over there somewhere. ◊ *un lugar ~ vivir* a place to live **2** [*con preposición*]: *la ciudad a/hacia ~ se dirigen* the city they're heading for ◊ *un alto de/ desde ~ se ve el mar* a hill you can see the sea from ◊ *la calle por ~ pasa el autobús* the street the bus goes along

**dónde** *adv* where: *¿Dónde lo pusiste?* Where did you put it? ◊ *¿De ~ eres?* Where are you from? **LOC** **¿hacia dónde?** which way?: *¿Hacia ~ se fueron?* Which way did they go? ◊ **¿por dónde se va a…?** how do you get to…?

**doña** *nf Ver* DON

**dorado, -a** *adj* **1** gold: *una bolsa ~* a gold bag ◊ *colores/tonos ~s* gold colors/tones **2** (*época, pelo*) golden: *la época dorada* the golden age

**dormir** *vi* **1** to sleep: *No puedo ~.* I can't sleep. ◊ *No dormí nada.* I didn't sleep a wink. **2** (*estar dormido*) to be asleep: *mientras mi madre dormía* while my mother was asleep
▶ *vt* (*niño*) to put *sb* to sleep
▶ **dormirse** *vpr* **1** (*conciliar el sueño*) to fall asleep, to get to sleep (*más coloq*) **2** (*despertarse tarde*) to oversleep: *Me dormí y llegué tarde a trabajar.* I overslept and was late for work. **3** (*parte del cuerpo*) to go to sleep: *Se me durmió la pierna.* My leg's gone to sleep. **LOC** **¡a dormir!** time for bed! **dormir como un lirón/tronco** to sleep like a log *Ver tb* SIESTA

**dormitorio** *nm* bedroom

**dorsal** *adj* **LOC** *Ver* ESPINA

**dorso** *nm* back: *al ~ de la tarjeta* on the back of the card

**dos** *nm, adj, pron* **1** two **2** (*fecha*) second ⊃ *Ver ejemplos en* SEIS **LOC** **las/los dos** both: *las ~ manos* both hands ◊ *Fuimos los ~.* Both of us went./We both went. *Ver tb* CADA, DEDO, GOTA, VEZ

**doscientos, -as** *adj, pron, nm* two hundred ⊃ *Ver ejemplos en* SEISCIENTOS

**dosis** *nf* dose

**dotado, -a** *adj ~* **de 1** (*de una cualidad*) endowed with *sth*: *~ de inteligencia* endowed with intelligence **2** (*equipado*) equipped with *sth*: *vehículos ~s de radio* vehicles equipped with a radio

**dote** *nf* **1** (*de una mujer*) dowry [*pl* dowries] **2 dotes** talent (*for sth*): *Tiene ~s de cómico.* He has a talent for comedy.

**dragón** *nm* dragon

**drama** *nm* drama

**dramático, -a** *adj* dramatic

**droga** *nf* **1** (*sustancia*) drug: *una ~ blanda/dura* a soft/hard drug **2 la droga** (*adicción, tráfico*) drugs [*pl*]: *la lucha contra la ~* the fight against drugs **LOC** **meterse en la droga** to get hooked on drugs

**drogadicto, -a** *nm-nf* drug addict

**drogar** *vt* to drug
▶ **drogarse** *vpr* to take drugs

**dromedario** *nm* dromedary [*pl* dromedaries]

**ducha** *nf* shower: *darse una ~* to take a shower

**duda** *nf* **1** (*incertidumbre*) doubt: *sin ~ (alguna)* without doubt ◊ *fuera de (toda) ~* beyond (all) doubt **2** (*problema*) question: *¿Tienen alguna ~?* Are there any questions? **LOC** **sacar de dudas** to dispel *sb's* doubts *Ver tb* CABER, LUGAR

**dudar** *vt, vi ~* **(de/que…)** to doubt: *Lo dudo.* I doubt it. ◊ *¿Dudas de mi palabra?* Do you doubt my word? ◊ *Dudo que sea fácil.* I doubt that it'll be easy.
▶ *vi* **1 ~ de** (*persona*) to mistrust *sb* [*vt*]: *Duda de todos.* She mistrusts everyone. **2 ~ en** to hesitate *to do sth*: *No dudes en preguntar.* Don't hesitate to ask. **3 ~ entre**: *Dudamos entre los dos coches.* We couldn't make up our minds between the two cars.

**dudoso, -a** *adj* **1** (*incierto*) doubtful: *Estoy algo ~.* I'm pretty doubtful. **2** (*sospechoso*) dubious: *un penalty ~* a dubious penalty

**duelo** *nm* (*enfrentamiento*) duel

**duende** *nm* elf [*pl* elves]

**dueño, -a** *nm-nf* owner

**dulce** *adj* **1** sweet: *un vino ~* a sweet wine **2** (*persona, voz*) gentle
▶ *nm* candy [*pl* candies], sweet (*GB*) **LOC** *Ver* AGUA, ALGODÓN, TAMAL

**duna** *nf* dune

**dúo** *nm* **1** (*composición*) duet **2** (*pareja*) duo [*pl* duos]

**duodécimo, -a** *adj, pron, nm-nf* twelfth

**dúplex** *nm* duplex

**duque, -esa** *nm-nf* **1** (*masc*) duke **2** (*fem*) duchess

El plural de **duke** es "dukes", pero cuando decimos *los duques* refiriéndonos al duque y a la duquesa, se traduce por **the duke and duchess**.

**duración** *nf* **1** length: *la ~ de una película* the length of a movie **2** (*foco, pila*) life: *pilas de larga ~* long-life batteries

**durante** *prep* during, for: *~ el concierto* during the concert ◇ *~ dos años* for two years

During se utiliza para referirnos al tiempo o al momento en que se desarrolla una acción, y **for** cuando se especifica la duración de esta acción: *Me encontré mal durante la reunión.* I felt sick during the meeting. ◇ *Anoche llovió durante tres horas.* Last night it rained for three hours.

**durar** *vi* to last: *La crisis duró dos años.* The crisis lasted two years. ◇ *~ mucho* to last a long time ◇ *Duró poco.* It didn't last long.

**durazno** *nm* **1** peach **2** (*árbol*) peach tree

**durex**® *nm* Scotch tape®, Sellotape® (*GB*)

**durmiente** *adj* **LOC** *Ver* BELLO

**duro, -a** *adj* **1** hard: *La mantequilla está dura.* The butter is hard. ◇ *una vida dura* a hard life ◇ *ser ~ con algn* to be hard on sb **2** (*castigo, clima, crítica, disciplina*) harsh **3** (*fuerte, resistente, carne*) tough: *Hay que ser ~ para sobrevivir.* You have to be tough to survive.
▶ *adv* hard: *trabajar ~* to work hard
**LOC** *Ver* HUEVO, MANO, PAN

**DVD** *nm* DVD

# E e

**e** conj and

**ébano** nm ebony

**ebullición** nf LOC Ver PUNTO

**echado, -a** adj LOC **estar echado** to be lying down Ver tb ECHAR

**echar** vt **1** (tirar) to throw: Echa los dados. Throw the dice. **2** (dar) to give: Échame un poco de agua. Give me some water. **3** (humo, olor) to give sth off: La chimenea echaba mucho humo. The fire was giving off a lot of smoke. **4** (correo) to mail, to post (GB) **5** (expulsar) **(a)** to kick sb out: Nos echaron del bar. We were kicked out of the bar. **(b)** (escuela) to expel: Me echaron del colegio. I've been expelled from school. **(c)** (trabajo) to fire **6** (calcular): ¿Cuántos años le echas? How old do you think she is?
▸ vi ~ **a** to start doing sth/to do sth: Echaron a correr. They started to run.
▸ **echarse** vpr **1 echarse a** to start doing sth/to do sth **2** (acostarse) to lie down LOC **echar a andar** (motor) to start **ⓘ** Para otras expresiones con **echar**, véanse las entradas del sustantivo, adjetivo, etc., p. ej. **echarse una siesta** en SIESTA.

**eclesiástico, -a** adj ecclesiastical

**eclipse** nm eclipse

**eco** nm echo [pl echoes]: Había ~ en la cueva. The cave had an echo.

**ecología** nf ecology

**ecológico, -a** adj ecological

**ecologismo** nm environmentalism

**ecologista** adj environmental: grupos ~s environmental groups
▸ nmf environmentalist

**economía** nf economy [pl economies]: la ~ de nuestro país our country's economy

**económico, -a** adj **1** (que gasta poco) economical: un coche muy ~ a very economical car **2** (Econ) economic

**economista** nmf economist

**ecoturismo** nm ecotourism

**ecuación** nf equation LOC **ecuación de segundo/tercer grado** quadratic/cubic equation

**ecuador** nm equator

**ecuatorial** adj equatorial

**edad** nf age: ¿Qué ~ tienen? How old are they? ◇ a tu ~ at your age ◇ niños de todas las ~es children of all ages LOC **de mi edad** my, your, etc. age: No había nadie de mi ~. There wasn't anybody my age. **la Edad Media** the Middle Ages [pl]: la Alta/Baja Edad Media the Early/Late Middle Ages **no tener edad** to be too young/too old (for sth/to do sth) **tener edad** to be old enough (for sth/to do sth) Ver tb MAYOR, MEDIANO, TERCERO

**edecán** nf hostess

**edición** nf **1** (tirada, versión, Radio, TV) edition: la primera ~ del libro the first edition of the book ◇ ~ pirata/semanal pirate/weekly edition **2** (publicación) publication

**edificar** vt, vi (construir) to build

**edificio** nm building: No queda nadie en el ~. There is nobody left in the building.

**editar** vt **1** (publicar) to publish **2** (preparar texto, Informát) to edit

**editor, -ora** nm-nf **1** (empresario) publisher **2** (textos, Period, Radio, TV) editor

**editorial** adj (sector) publishing: el mundo ~ de hoy the publishing world of today
▸ nm (periódico) editorial
▸ nf publisher: ¿De qué ~ es? Who's the publisher?

**edredón** nm comforter

**educación** nf **1** (enseñanza) education: ~ preescolar/sexual preschool/sex education **2** (crianza) upbringing: Han tenido una buena ~. They've been well brought up. LOC **educación física** physical education (abrev P.E.): un profesor de ~ a P.E. teacher **ser de buena/mala educación** to be good/bad manners (to do sth): Bostezar es de mala ~. It's bad manners to yawn. Ver tb FALTA

**educado, -a** adj polite **ⓘ** La palabra **educated** no significa "educado" sino culto. LOC **bien/mal educado** well-mannered/rude: No seas tan mal ~. Don't be so rude. Ver tb EDUCAR

**educar** vt **1** (enseñar) to educate **2** (criar) to bring sb up: Es difícil ~ bien a los hijos. It's difficult to bring your children up well. LOC **educar el oído** to train your ear

**educativo, -a** adj **1** educational: juguetes ~s educational toys **2** (sistema) education: el sistema ~ the education system LOC Ver MATERIAL

**efectivamente** adv (respuesta) that's right: —¿Dice que lo vendió ayer? —Efectivamente. "Did you say you sold it yesterday?" "That's right."

**efectivo, -a** adj effective
▸ nm cash LOC Ver PAGAR

**efecto** nm **1** effect: *hacer/no hacer* ~ to have an effect/no effect **2** (*pelota*) spin: *La pelota iba con* ~. The ball had (a) spin on it. `LOC` **efecto invernadero** greenhouse effect **efectos (personales)** belongings **en efecto** indeed *Ver tb* SURTIR

**efectuar** vt to carry sth out: ~ *un ataque/una prueba* to carry out an attack/a test

**efervescente** adj effervescent

**eficaz** adj **1** (*efectivo*) effective: *un remedio* ~ an effective remedy **2** (*eficiente*) efficient

**eficiente** adj efficient: *un ayudante muy* ~ a very efficient assistant

**egoísta** adj, nmf selfish [adj]: *No seas tan* ~. Don't be so selfish. ◊ *Son unos* ~s. They're really selfish.

**¡eh!** interj hey!: *¡Eh, cuidado!* Hey, watch out!

**eje** nm **1** (*ruedas*) axle **2** (*Geog, Geom, Pol*) axis [pl axes] `LOC` **eje de coordenadas** x and y axes [pl]

**ejecutar** vt **1** (*realizar*) to carry sth out: ~ *una operación* to carry out an operation **2** (*pena de muerte, Jur*) to execute **3** (*Informát*) to run

**ejecutivo, -a** adj, nm-nf executive: *órgano* ~ executive body ◊ *un* ~ *importante* an important executive `LOC` *Ver* PODER

**¡ejem!** interj ahem!

**ejemplar** adj exemplary
▶ nm (*libro, etc.*) copy [pl copies]

**ejemplo** nm example: *Espero que les sirva de* ~. Let this be an example to you. `LOC` **dar ejemplo** to set an example **por ejemplo** for example (*abrev* e.g.)

**ejercer** vt **1** (*profesión*) to practice: ~ *la medicina* to practice medicine **2** (*autoridad, poder, derechos*) to exercise
▶ vi to practice: *Ya no ejerzo.* I no longer practice.

**ejercicio** nm **1** exercise: *hacer un* ~ *de matemáticas* to do a math exercise ◊ *Deberías hacer más* ~. You should get more exercise. **2** (*profesión*) practice

**ejército** nm army [pl armies]: *enlistarse en el* ~ to join the army

**ejidatario, -a** nm-nf member of a rural cooperative

**ejido** nm **1** (*sistema*) rural cooperative farming system **2** (*pueblo*) (small) village

**ejote** nm string bean, green bean (*GB*)

**el, la** art the: *El tren llegó tarde.* The train was late. ➔ *Ver nota en* THE `LOC` **el/la de...** **1** (*posesión*): *La de Marisa es mejor.* Marisa's (one) is better. **2** (*característica*) the one (with...): *el de los ojos verdes/la barba* the one with green eyes/the beard ◊ *Prefiero la de rayas.* I'd prefer the striped one. **3** (*ropa*) the one in...: *el del abrigo gris* the one in the gray coat ◊ *la de rojo* the one in red **4** (*procedencia*) the one from...: *el de México* the one from Mexico City **el/la que...** **1** (*persona*) the one (who/that)...: *Ese no es el que vi.* He isn't the one I saw. **2** (*cosa*) the one (which/that)...: *La que compramos ayer era mejor.* The one (that) we bought yesterday was nicer. **3** (*quienquiera*) whoever: *El que llegue primero que haga café.* Whoever gets there first has to make the coffee.

**él** pron **1** (*persona*) **(a)** [sujeto] he: *José y él son primos.* José and he are cousins. **(b)** [complemento, en comparaciones] him: *Es para él.* It's for him. ◊ *Eres más alta que él.* You're taller than him. **2** (*cosa*) it: *Perdí el reloj y no puedo estar sin él.* I've lost my watch and I can't go without it. `LOC` **de él** (*posesivo*) his: *No son de ella, son de él.* They're not hers, they're his. **es él** it's him

**elaborar** vt **1** (*producto*) to produce **2** (*preparar*) to prepare: ~ *un informe* to prepare a report

**elástico, -a** adj **1** elastic **2** (*atleta*) supple `LOC` **banda/liga elástica** rubber band

**elección** nf **1** choice: *no tener* ~ to have no choice **2 elecciones** election(s): *convocar elecciones* to call an election `LOC` **elecciones generales/legislativas** general election(s) **elecciones municipales** local election(s)

**elector, -ora** nm-nf voter

**electorado** nm electorate: *El* ~ *está desilusionado.* The electorate is disillusioned.

**electoral** adj electoral: *campaña* ~ electoral campaign ◊ *lista* ~ list of (election) candidates `LOC` *Ver* CASETA, CENSO, COLEGIO, DISTRITO, PADRÓN

**electricidad** nf electricity

**electricista** nmf electrician

**eléctrico, -a** adj electric, electrical

**Electric** se emplea para referirnos a electrodomésticos y aparatos eléctricos concretos, por ejemplo *electric razor/car/fence*, en frases hechas como *an electric shock*, y en sentido figurado en expresiones como *The atmosphere was electric*. **Electrical** se refiere a la electricidad en un sentido más general, como por ejemplo *electrical engineering, electrical goods* o *electrical appliances*.

`LOC` *Ver* CAFETERA, ENERGÍA, ESCALERA, INSTALACIÓN, TENDIDO

**electrocutarse** *vpr* to be electrocuted

**electrodo** *nm* electrode

**electrodoméstico** *nm* electrical appliance

**electrónica** *nf* electronics [*incontable*]

**electrónico, -a** *adj* electronic **LOC** *Ver* AGENDA, COMERCIO, CORREO, PIZARRÓN

**elefante, -a** *nm-nf* elephant

**elegante** *adj* elegant

**elegir** *vt* (*votar*) to elect: *Van a ~ un nuevo presidente.* They're going to elect a new president.
▶ *vt, vi* (*optar*) to choose: *No me dieron a ~.* They didn't let me choose. ◊ *~ entre matemáticas y latín* to choose between Math and Latin

**elemental** *adj* elementary

**elemento** *nm* **1** element: *los ~s de la tabla periódica* the elements of the periodic table **2** (*persona*) person [*pl* people]

**elepé** *nm* LP

**elevado, -a** *adj* high: *temperaturas elevadas* high temperatures **LOC** **elevado al cuadrado/cubo** squared/cubed **elevado a cuatro, etc.** (raised) to the fourth power, etc. *Ver tb* ELEVAR

**elevador** *nm* elevator, lift (*GB*): *llamar al ~* to call the elevator

**elevar** *vt* to raise: *~ el nivel de vida* to raise living standards

**eliminación** *nf* elimination

**eliminar** *vt* to eliminate

**eliminatoria** *nf* **1** (*concurso, competencia*) qualifier **2** (*Atletismo, Natación*) heat

**elipse** *nf* ellipse

**ella** *pron* **1** (*persona*) **(a)** [*sujeto*] she: *María y ~ son primas.* She and María are cousins. **(b)** [*complemento, en comparaciones*] her: *Es para ~.* It's for her. ◊ *Eres más alto que ~.* You're taller than her. **2** (*cosa*) it **LOC** **de ella** [*posesivo*] hers: *la tía de ~* her auntie ◊ *Ese collar era de ~.* This necklace was hers. **es ella** it's her

**ello** *pron* [*complemento*] it

**ellos, -as** *pron* **1** [*sujeto*] they **2** [*complemento, en comparaciones*] them: *Dígaselo a ~.* Tell them. **LOC** **de ellos** (*posesivo*) theirs **son ellos** it's them

**elogiar** *vt* to praise

**elote** *nm* **1** corn, sweetcorn (*GB*) [*incontable*] **2** (*mazorca*) corn (on the cob) [*incontable*]: *Me comí un ~ en la feria.* I had corn (on the cob) at the fair.

**El Salvador** *nm* El Salvador

**e-mail** (*tb* **email**) *nm* email

**emanciparse** *vpr* to become independent

**embajada** *nf* embassy [*pl* embassies]

**embajador, -ora** *nm-nf* ambassador

**embarazada** *adj* pregnant: *Está ~ de cinco meses.* She is five months pregnant.
▶ *nf* pregnant woman [*pl* pregnant women]

**embarazo** *nm* pregnancy [*pl* pregnancies]

**embarcación** *nf* boat, craft [*pl* craft] (*más formal*) ➲ *Ver nota en* BOAT

**embarcadero** *nm* pier

**embarcar** *vt* **1** (*pasajeros*) to embark **2** (*mercancías*) to load
▶ *vi* to board: *El barco está listo para ~.* The ship is ready for boarding.

**embargo** *nm* **LOC** **sin embargo** however, nevertheless (*más formal*) **y sin embargo…** and yet…

**embarrado, -a** *adj* **~ de** smeared (with *sth*)

**embestida** *nf* (*toro*) charge

**embestir** *vt, vi* (*toro*) to charge (at *sth/sb*)

**emblema** *nm* emblem

**embolsar(se)** *vt, vpr* to pocket: *Se embolsaron un dineral.* They pocketed a fortune.

**emborracharse** *vpr* **~ (con)** to get drunk (on *sth*)

**emboscada** *nf* ambush: *tender una ~ a algn* to lay an ambush for sb

**embotellamiento** *nm* (*tráfico*) traffic jam

**embrión** *nm* embryo [*pl* embryos]

**embrujado, -a** *adj* **1** (*persona*) bewitched **2** (*lugar*) haunted: *una casa embrujada* a haunted house

**embrujo** *nm* spell

**embudo** *nm* funnel

**embustero, -a** *nm-nf* (*mentiroso*) liar

**embutido** *nm* sausage

**emergencia** *nf* emergency [*pl* emergencies]

**emigración** *nf* **1** (*personas*) emigration **2** (*animales*) migration

**emigrante** *adj, nmf* emigrant: *trabajadores ~s* emigrant workers

**emigrar** *vi* **1** to emigrate **2** (*dentro de un mismo país, animales*) to migrate

**eminencia** *nf* **1** (*persona*) leading figure **2 Eminencia** Eminence: *Su Eminencia* Your/His/Her Eminence

**emisión** *nf* **1** (*emanación*) emission **2** (*Radio, TV*) broadcast **3** (*transmisión*) transmission: *problemas con la ~* transmission problems

**emisora** *nf* (*Radio*) radio station

**emitir** vt **1** (Radio, TV) to broadcast **2** (luz, sonido) to emit

**emoción** nf emotion

**emocionante** adj **1** (conmovedor) moving **2** (apasionante) exciting

**emocionar** vt **1** (conmover) to move **2** (apasionar) to thrill
▶ **emocionarse** vpr **1** (conmoverse) to be moved (by sth) **2** (apasionarse) to get excited (about/at/by sth)

**empacar** vt (maletas) to pack

**empachado, -a** adj LOC **estar empachado** to have indigestion Ver tb EMPACHARSE

**empacharse** vpr to get indigestion

**empacho** nm indigestion [incontable]

**empalagar** vt, vi to be (too) sweet (for sb): Este licor empalaga. This liqueur is too sweet.

**empalagoso, -a** adj **1** (alimento) oversweet **2** (persona) smarmy

**empalmar** vt to connect sth (to/with sth)
▶ vi ~ **con** (transportes) to connect with sth

**empalme** nm **1** (cables) connection **2** (ferrocarril, carreteras) junction

**empanada** nf turnover

**empanizado, -a** adj breaded

**empañar** vt (vapor) to cloud
▶ **empañarse** vpr to steam up

**empapado, -a** adj soaked through Ver tb EMPAPAR

**empapar** vt **1** (mojar) to soak: El último chaparrón nos empapó. We got soaked in the last shower. ◇ ¡Me empapaste la falda! You've made my skirt soaking wet! **2** (absorber) to soak sth up, to absorb (más formal)
▶ **empaparse** vpr to get soaked (through)

**empapelar** vt to (wall)paper

**empaquetar** vt to pack

**emparejar** vt **1** (personas) to pair sb off (with sb) **2** (cosas) to match sth (with sth): ~ las preguntas con las respuestas to match the questions with the answers **3** (nivelar) to make sth level
▶ **emparejarse** vpr to pair off (with sb)

**empatado, -a** adj LOC **ir empatados**: Cuando me fui iban ~s. They were tied when I left. ◇ Van ~s a cuatro. It's tied at four. Ver tb EMPATAR

**empatar** vt, vi **1** (Dep) **(a)** (referido al resultado final) to tie, to draw (GB): Empataron con el Toluca. They tied with Toluca. **(b)** (en el marcador) to catch up, to equalize (GB): Tenemos que ~ antes del descanso. We must catch up before halftime. **2** (votación, concurso) to tie (with sb)

LOC **empatar a cero, uno, etc.** to tie at zero, one, etc.

**empate** nm tie, draw (GB): un ~ a dos a two-two tie LOC Ver GOL

**empedrado** nm cobbles [pl]

**empeine** nm instep

**empeñado, -a** adj LOC **estar empeñado (en hacer algo)** to be determined (to do sth) Ver tb EMPEÑAR

**empeñar** vt to pawn
▶ **empeñarse** vpr **empeñarse (en)** to insist (on sth/doing sth): No te empeñes, que no voy a ir. I'm not going however much you insist.

**empeño** nm ~ **(en/por)** determination (to do sth) LOC **poner empeño** to take pains (with sth/to do sth) Ver tb CASA

**empeorar** vt to make sth worse
▶ vi to get worse: La situación ha empeorado. The situation has gotten worse.

**emperador** nm emperor

**emperatriz** nf empress

**empezar** vt, vi ~ **(a)** to start, to begin (sth/doing sth/to do sth): De repente empezó a llorar. All of a sudden he started to cry. ➲ Ver nota en START LOC **para empezar** to start with Ver tb CERO

**empinado, -a** adj (cuesta) steep

**empírico, -a** adj empirical

**empleado, -a** nm-nf **1** employee **2** (oficina) clerk

**emplear** vt **1** (dar trabajo) to employ **2** (utilizar) to use **3** (tiempo, dinero) to spend: He empleado demasiado tiempo en esto. I've spent too long on this.
◇ ~ mal el tiempo to waste your time

**empleo** nm **1** (puesto de trabajo) job: conseguir un buen ~ to get a good job ➲ Ver nota en WORK **2** (Pol) employment LOC **estar sin empleo** to be unemployed Ver tb FOMENTO, OFERTA, OFICINA

**empollar** vt, vi (ave) to sit (on sth): Las gallinas empollan casi todo el día. The hens sit for most of the day.

**empotrado, -a** adj built-in Ver tb EMPOTRARSE

**empotrarse** vpr: El coche se empotró en el árbol. The car embedded itself in the tree.

**emprendedor, -ora** adj enterprising

**emprender** vt **1** (iniciar) to begin **2** (negocio) to start sth (up) **3** (viaje) to set off on sth: ~ una gira to set off on a tour LOC **emprender la marcha/viaje (hacia)** to set out (for)

**empresa** nf **1** (Com) company [pl companies] **2** (proyecto) enterprise LOC **empresa estatal/pública** state-owned company **empresa particular/**

**privada** private company *Ver tb* ADMINISTRACIÓN

**empresarial** *adj* business: *sentido ~* business sense LOC ➔ *Ver ejemplos en* PARQUE

**empresario, -a** *nm-nf* **1** (*masc*) businessman [*pl* -men] (*b*) (*fem*) businesswoman [*pl* -women] **2** (*espectáculo*) impresario [*pl* impresarios]

**empujar** *vt* **1** to push: *¡No me empujes!* Don't push me! **2** (*carretilla, bicicleta*) to wheel **3** (*obligar*) to push *sb* into doing *sth*: *Su familia la empujó a que estudiara periodismo.* Her family pushed her into studying journalism.

**empujón** *nm* shove: *dar un ~ a algn* to give *sb* a shove LOC **a empujones**: *Salieron a empujones.* They pushed (and shoved) their way out.

**empuñar** *vt* **1** (*de forma amenazadora*) to brandish **2** (*tener en la mano*) to hold

**en** *prep*
●**lugar 1** (*a*) (*dentro*) in, inside: *Las llaves están en el cajón.* The keys are in the drawer. (*b*) (*dentro, con movimiento*) into: *Entró en la habitación.* He went into the room. **2** (*a*) (*sobre*) on: *Está en la mesa.* It's on the table. (*b*) (*sobre, con movimiento*) onto: *Está goteando agua en el suelo.* Water is dripping onto the floor. **3** (*ciudad, país, campo*) in: *Trabajan en Puebla/el campo.* They work in Puebla/the country. **4** (*punto de referencia*) at

Cuando nos referimos a un lugar sin considerarlo un área, sino como punto de referencia, utilizamos at: *Espérame en la esquina.* Wait for me at the corner. ◇ *Nos encontraremos en la estación.* We'll meet at the station. También se utiliza at para referirse a edificios donde la gente trabaja, estudia o se divierte: *Están en el colegio.* They're at school. ◇ *Mis padres están en el cine/teatro.* My parents are at the movies/theater. ◇ *Trabajo en el súper.* I work at the supermarket.

●**con expresiones de tiempo 1** (*meses, años, siglos, estaciones*) in: *en verano/el siglo XII* in the summer/the twelfth century **2** (*día*) on: *¿Qué hiciste en Nochevieja?* What did you do on New Year's Eve? ◇ *Cae en lunes.* It falls on a Monday. **3** (*Navidad, Semana Santa, momento*) at: *Siempre voy a la casa en Navidad.* I always go home at Christmas. ◇ *en ese momento* at that moment **4** (*dentro de*) in: *Te veo en una hora.* I'll see you in an hour.

●**otras construcciones 1** (*medio de transporte*) by: *en tren/avión/coche* by train/plane/car **2** [*con infinitivo*]: *Fuimos los*

*primeros en llegar.* We were the first to arrive.

**enamorado, -a** *adj* in love: *estar ~ de algn* to be in love with *algn*
▶ *nm-nf* (*aficionado*) lover: *un ~ del arte* an art lover *Ver tb* ENAMORAR

**enamorar** *vt* to win *sb's* heart
▶ **enamorarse** *vpr* **enamorarse (de)** to fall in love (with *sth/sb*)

**enano, -a** *adj* **1** (*Bot, Zool*) dwarf: *una conífera enana* a dwarf conifer **2** (*muy pequeño*) tiny: *un departamento ~* a tiny apartment
▶ *nm-nf* dwarf [*pl* dwarfs/dwarves]

**encabezado** *nm* **1** (*página, documento*) heading **2** (*Period*) headline

**encabezar** *vt* to head

**encadenar** *vt* **1** (*amarrar*) to chain *sth/sb* (*to sth*) **2** (*ideas*) to link

**encajar** *vt* **1** (*colocar, meter*) to fit *sth* (*into sth*) **2** (*juntar*) to fit *sth* together: *Estoy tratando de ~ las piezas del rompecabezas.* I'm trying to fit the pieces of the jigsaw together.
▶ *vi* to fit: *No encaja.* It doesn't fit. ◇ *Susana encaja muy bien en el equipo.* Susana fits into the team very well.
▶ **encajarse** *vpr* **encajarse (en)** to get stuck (in *sth*): *Esta puerta se ha encajado.* This door has gotten stuck.

**encaje** *nm* lace

**encalar** *vt* to whitewash

**encallar** *vi* (*embarcación*) to run aground

**encaminarse** *vpr* ~ **a/hacia** to head (for...): *Se encaminaron hacia su casa.* They headed for home.

**encantado, -a** *adj* **1** ~ (**con**) (very) pleased (with *sth/sb*) **2** ~ **de/de que** (very) pleased to do *sth /that...*: *Estoy encantada de que hayan venido.* I'm very pleased (that) you've come. ➔ *Ver nota en* GLAD **3** (*hechizado*) (*a*) enchanted: *un príncipe ~* an enchanted prince (*b*) (*edificio*) haunted: *una casa encantada* a haunted house LOC **encantado (de conocerle)** pleased to meet you ➔ *Ver nota en* PRESENTAR; *Ver tb* ENCANTAR

**encantador, -ora** *adj* lovely

**encantamiento** *nm* spell: *romper un ~* to break a spell

**encantar** *vt* (*hechizar*) to cast a spell on *sth/sb*
▶ *vi* (*gustar*) to love *sth/doing sth* [*vt*]: *Me encanta ese vestido.* I love that dress. ◇ *Nos encanta ir al cine.* We love going to the movies.

**encanto** *nm* charm: *Tiene mucho ~.* He has a lot of charm. LOC **como por**

**encanto** as if by magic **ser un encanto** to be lovely

**encapricharse** *vpr* ~ **(con/de)** to take a fancy to *sth/sb: Se ha encaprichado con ese vestido.* She's taken a fancy to that dress.

**encapuchado, -a** *adj* hooded: *dos hombres ~s* two hooded men

**encarcelar** *vt* to imprison

**encargado, -a** *adj, nm-nf* in charge (*of sth/doing sth*): *el juez ~ del caso* the judge in charge of the case ◊ *¿Quién es el ~?* Who's in charge? ◊ *Eres la encargada de recoger el dinero.* You're in charge of collecting the money. *Ver tb* ENCARGAR

**encargar** *vt* **1** (*mandar*) to ask *sb* to do *sth: Me encargaron que regara el jardín.* They asked me to water the garden. **2** (*producto*) to order: *Ya encargamos el sofá a la tienda.* We've already ordered the couch from the store.
▶ **encargarse** *vpr* **encargarse de 1** (*ser responsable*) to be in charge of *sth/doing sth* **2** (*cuidar*) to look after *sth/sb: ¿Quién se encarga del niño?* Who will look after the baby?

**encargo** *nm* **1** (*recado*) errand: *hacer un ~* to run an errand **2** (*Com*) order: *hacer/ anular un ~* to place/cancel an order

**encariñado, -a** *adj* **LOC** **estar encariñado con** to be fond of *sth/sb Ver tb* ENCARIÑARSE

**encariñarse** *vpr* ~ **con** to get attached to *sth/sb*

**encarrilarse** *vpr* (*persona*) to get back on track

**encauzar** *vt* **1** (*agua*) to channel **2** (*asunto*) to conduct

**encendedor** *nm* lighter

**encender** *vt* **1** (*con llama*) to light: *Encendimos una hoguera para calentarnos.* We lit a bonfire to warm ourselves. **2** (*aparato, luz*) to turn *sth* on: *Enciende la luz.* Turn the light on. **3** (*coche*) to start
▶ **encenderse** (*aparato, luz*) to come on: *Se encendió una luz roja.* A red light came on.

**encendido, -a** *adj* **1** (*con llama*) (a) [*con el verbo estar*] lit: *Vi que el fuego estaba ~.* I noticed that the fire was lit. (b) [*detrás de un sustantivo*] lighted: *un cigarrillo ~* a lighted cigarette **2** (*aparato, luz*) on: *Tenían la luz encendida.* The light was on. *Ver tb* ENCENDER

**encerado, -a** *adj* waxed

**encerrar** *vt* **1** to shut *sth/sb* up **2** (*con llave*) to lock *sth/sb* in **3** (*encarcelar*) to lock *sth/sb* up

▶ **encerrarse** *vpr* **1** to shut yourself in **2** (*con llave*) to lock yourself in

**encestar** *vi* to score (a basket)

**encharcado, -a** *adj* (*terreno*) covered with puddles

**enchilado, -a** *adj* seasoned with chili, hot (*más coloq*)

**enchinar** *vt* (*pelo*) **1** (*con rizadora*) to curl **2** (*en un salón*) to perm
▶ **enchinarse** *vpr* to curl: *Con la lluvia se me ha enchinado el pelo.* My hair's gone curly because of the rain.
**LOC** **enchinarse el cuero/pellejo** to get goose bumps

**enchufar** *vt* (*aparato*) to plug *sth* in/

**enchufe**

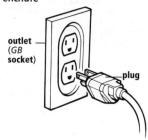

outlet
(*GB* socket)

plug

**enchufe** *nm* **1** (*macho*) plug **2** (*hembra*) outlet, socket (*GB*)

**encía** *nf* gum

**enciclopedia** *nf* encyclopedia [*pl* encyclopedias]

**encima** *adv* ~ **(de) 1** (*en*) on: *Déjalo ~ de la mesa.* Leave it on the table. **2** (*sobre*) on top (*of sth/sb*): *Lo dejé ~ de los otros DVDs.* I put it on top of the other DVDs. ◊ *Toma el de ~.* Take the top one. **3** (*cubriendo algo*) over: *poner una manta ~ del sofá* to put a blanket over the sofa **4** (*además*) on top of everything: *¡Y ~ te ríes!* And on top of everything, you stand there laughing! **LOC** **estar encima de algn** (*fig*) to be on sb's back **hacer algo por encima** to do sth superficially **llevar encima** to have *sth* on you: *No llevo un peso ~.* I don't have a cent on me. **por encima de** above: *El agua nos llegaba por ~ de las rodillas.* The water came above our knees. ◊ *Está por ~ de los demás.* He is above the rest. **venirse encima** (*estar cerca*): *La Navidad se nos viene ~.* Christmas is just around the corner. *Ver tb* MIRAR, QUITAR

**encino** *nm* (*tb* **encina** *nf*) holm oak

**encoger(se)** *vi, vpr* to shrink: *En agua fría no encoge.* It doesn't shrink in cold

water. **LOC** encogerse de hombros to shrug your shoulders

**encontrar** vt to find: *No encuentro mi reloj.* I can't find my watch. ◊ *Encontré a tu padre mucho mejor.* Your father is looking a lot better.
▶ **encontrarse** vpr **1** encontrarse (con) (persona) (a) (citarse) to meet sb: *Decidimos ~nos en la librería.* We decided to meet in the bookstore. (b) (por casualidad) to run into sb: *Me la encontré en el súper.* I ran into her in the supermarket. **2** (sentirse) to feel: *Me encuentro mal.* I don't feel well. ◊ *¿Te encuentras bien?* Are you all right? **LOC** Ver DEFECTO

**encorbatado, -a** adj wearing a tie

**encorvarse** vpr (persona) to become stooped

**encuadernador, -ora** nm-nf bookbinder

**encuadernar** vt to bind

**encubrir** vt **1** to conceal: *~ un delito to* conceal a crime **2** (delincuente) to harbor

**encuentro** nm **1** (reunión) meeting **2** (Dep) game

**encuesta** nf **1** survey [pl surveys]: *efectuar una ~* to carry out a survey **2** (sondeo) (opinion) poll: *según las últimas ~s* according to the latest polls

**encurtido, -a** adj pickled: *chiles ~s* pickled chili peppers

**enderezar** vt **1** (poner derecho) to straighten: *Endereza la espalda.* Straighten your back. **2** (persona) to correct
▶ **enderezarse** vpr to straighten (up): *¡Enderézate!* Stand up straight!

**endeudarse** vpr to get into debt

**endibia** nf endive, chicory [incontable] (GB)

**endulzar** vt to sweeten

**endurecer** vt **1** (material, ley) to harden **2** (músculos) to firm sth up
▶ **endurecerse** vpr to harden

**enemigo, -a** adj, nm-nf enemy [pl enemies]: *las tropas enemigas* the enemy troops

**enemistarse** vpr ~ (con) to have a falling-out (with sb)

**energía** nf energy [gen incontable]: *No tengo ~s ni para levantarme de la cama.* I don't even have the energy to get out of bed. ◊ *~ nuclear* nuclear energy **LOC** energía eléctrica electric power

**enero** nm January (abrev Jan.): *Los exámenes son en ~.* We have exams in January. ◊ *Mi cumpleaños es el 12 de ~.* My birthday's (on) January 12. **❶** Se dice "January twelfth" o "the twelfth of January".

**E**

**enésimo, -a** adj (Mat) nth **LOC** por enésima vez for the umpteenth time

**enfadado, -a** adj ~ (con) (por) angry (with/at sb) (about/at sth) Ver tb ENFADAR

**enfadar** vt to make sb mad
▶ **enfadarse** vpr enfadarse (con) (por) to get mad (at sb) (about sth)

**énfasis** nm emphasis [pl emphases]

**enfermar** vi ~ (de) to get sick (with sth), to fall ill (with sth) (GB)
▶ **enfermarse** vpr to get sick, to fall ill (GB): *Me enfermé de la garganta.* I had a sore throat. **➔** Ver nota en ENFERMO

**enfermedad** nf **1** illness: *Acaba de salir de una ~ gravísima.* He has just recovered from a very serious illness. **2** (específica, contagiosa) disease: *~ hereditaria/de Parkinson* hereditary/ Parkinson's disease **➔** Ver nota en DISEASE

**enfermería** nf infirmary [pl infirmaries]

**enfermero, -a** nm-nf nurse

**enfermo, -a** adj sick, ill (GB)

Sick e ill significan *enfermo*, pero no son intercambiables. Sick es la palabra más común en Estados Unidos: *estar/caer enfermo* to be/ get sick, pero en Gran Bretaña suele ir delante de un sustantivo: *cuidar a un animal enfermo* to look after a sick animal. En Gran Bretaña es más común la palabra ill, salvo en el caso de que el adjetivo precede a un sustantivo. Cuando se usa la palabra sick con be o feel, no significa "estar enfermo", sino *tener ganas de vomitar*. *Estoy mareado.* I feel sick.

▶ nm-nf **1** sick person **❶** Cuando nos referimos al conjunto de los enfermos, decimos the sick: *cuidar de los enfermos* to look after the sick. **2** (paciente) patient **LOC** poner enfermo a algn (irritar) to make someone sick

**enfocar** vt **1** to focus sth (on sth/sb) **2** (iluminar) to shine a light on sth: *Enfócame la caja de los fusibles.* Shine a light on the fuse box. **3** (asunto, problema) to approach

**enfoque** nm (Fot) focus [pl focuses]

**enfrenón** nm: *Se oyó un ~.* There was a screech of brakes. **LOC** dar un enfrenón to slam on the brakes

**enfrentamiento** nm confrontation

**enfrentar** vt **1** (encarar) to bring sb face to face with sth/sb **2** (enemistar) to set sb at odds (with sb): *Con sus habladurías*

# enfrente

*enfrentaron a las dos hermanas.* With their gossip they set the sisters at odds.
▶ **enfrentarse** *vpr* **1** **enfrentarse a** (*situación, peligro*) to face: *El país se enfrenta a una profunda crisis.* The country is facing a serious crisis. **2** **enfrentarse a** (*Dep*) to take *sb* on: *México se enfrenta a Colombia en la Copa América.* Mexico is taking on Colombia in the Copa America. **3** **enfrentarse (con)** to argue (with *sb*): *Si te enfrentas con ellos será peor.* You'll only make things worse if you argue with them.

## enfrente

They're sitting **across from** each other.    She's sitting **in front of** him.

**enfrente** *adv* ~ **(de)** across from, opposite (*GB*): *Mi casa está ~ del estadio.* My house is across from the stadium. ◇ *el señor que estaba sentado ~* the man sitting across from me ◇ *El hospital está ~.* The hospital is across the road.

**enfriar** *vt* to cool *sth* (down)
▶ **enfriarse** *vpr* to get cold: *Se te está enfriando la sopa.* Your soup's getting cold.

**enfurecer** *vt* to infuriate
▶ **enfurecerse** *vpr* **enfurecerse (con) (por)** to become furious (with *sb*) (at *sth*)

**enganchar** *vt* **1** (*acoplar*) to hitch: *~ un remolque al tractor* to hitch a trailer to the tractor **2** (*garfio, anzuelo*) to hook

**enganche** *nm* (*Fin*) down payment

**engañar** *vt* **1** (*mentir*) to lie to *sb*: *No me engañes.* Don't lie to me. ◇ *Me engañaron diciéndome que era de oro.* They told me it was gold but it wasn't. ➔ *Ver nota en* LIE² **2** (*ser infiel*) to cheat on *sb*
▶ **engañarse** *vpr* to fool yourself

**engatusar** *vt* to sweet-talk *sb* (*into doing sth*)

**engendrar** *vt* **1** (*concebir*) to conceive **2** (*causar*) to generate

**engomado** *nm* (*trámites burocráticos*) road tax sticker

**engordar** *vt* (*cebar*) to fatten *sth/sb* (up)

▶ *vi* **1** (*persona*) to put on weight: *He engordado mucho.* I've put on a lot of weight. **2** (*alimento*) to be fattening: *Los caramelos engordan.* Candy is fattening.

**engrapadora** *nf* stapler

**engrapar** *vt* to staple

**engrasar** *vt* **1** (*con grasa*) to grease **2** (*con aceite*) to oil

**engreído, -a** *adj, nm-nf* conceited [*adj*]: *No eres más que un ~.* You're so conceited.

**engullir** *vt* to gobble *sth* (up/down)

**enhebrar** *vt* to thread

**enhorabuena** *nf* ~ **(por)** congratulations (on *sth/doing sth*): *¡Enhorabuena por los exámenes!* Congratulations on passing your exams! **LOC** **dar la enhorabuena** to congratulate *sb* (*on sth*)

**enigma** *nm* enigma

**enjabonar(se)** *vt, vpr* to soap: *Primero me gusta enjabonarme la espalda.* I like to soap my back first.

**enjambre** *nm* swarm

**enjaular** *vt* to cage

**enjuagar** *vt* to rinse
▶ **enjuagarse** *vpr* to rinse (out) your mouth

**enjugarse** *vpr* (*sudor, lágrimas*) to wipe *sth* (away): *Se enjugó las lágrimas.* He wiped his tears away.

**enlace** *nm* **1** (*conexión, Internet, Ling*) link **2** (*autobuses, trenes*) connection

**enlatar** *vt* to can

**enlazar** *vt, vi* to connect (*sth*) (*to/with sth*)
▶ *vt* (*ganado*) to lasso

**enlistarse** *vpr* ~ **(en)** to enlist (in *sth*)

**enloquecedor, -ora** *adj* maddening

**enloquecer** *vi* **1** (*volverse loco*) to go crazy: *El público enloqueció de entusiasmo.* The audience went crazy with excitement. **2** (*gustar mucho*) to be crazy about *sth*: *Los chocolates me enloquecen.* I'm crazy about chocolate.
▶ *vt* to drive *sb* crazy

**enmarcar** *vt* to frame

**enmascarar** *vt* to mask
▶ **enmascararse** *vpr* to put on a mask

**enmendar** *vt* **1** (*errores, defectos*) to correct **2** (*daños*) to repair **3** (*ley*) to amend
▶ **enmendarse** *vpr* to mend your ways

**enmienda** *nf* (*ley*) amendment (*to sth*)

**enmohecerse** *vpr* to go moldy

**enmudecer** *vi* **1** (*perder el habla*) to lose your voice **2** (*callar*) to get quiet

**ennegrecer** *vt* to blacken
▶ **ennegrecerse** *vpr* to go black

**enojado, -a** *adj* ~ **(con) (por)** angry (with/at *sb*) (about/at *sth*): *Están ~s conmigo.*

They're mad at me. ◊ *Pareces ~*. You look mad. *Ver tb* ENOJAR

**enojar** *vt* to make *sb* mad
▶ **enojarse** *vpr* **enojarse (con) (por)** to get mad (with/at *sb*) (about *sth*): *No te enojes con ellos.* Don't get mad with them.

**enojo** *nm* anger: *Ya se me pasó el ~*. I'm over the anger now.

**enorgullecer** *vt* to make *sb* proud: *Tu labor nos enorgullece.* We're proud of your achievements.
▶ **enorgullecerse** *vpr* to be proud (*of sth/ sb*)

**enorme** *adj* enormous LOC *Ver* DIMENSIÓN

**enredadera** *nf* creeper

**enredar** *vt* **1** (*pelo, cuerdas*) to get *sth* tangled (up) **2** (*involucrar*) to involve *sb* (*in sth*)
▶ **enredarse** *vpr* **1** (*pelo, cuerdas*) to get tangled (up) **2** **enredarse (en)** (*disputa, asunto*) to get involved (in *sth*)

**enrejado** *nm* **1** (*jaula, ventana*) bars [*pl*] **2** (*para plantas*) trellis

**enrevesado, -a** *adj* **1** (*explicación, problema*) complicated **2** (*persona*) awkward

**enriquecer** *vt* **1** (*lit*) to make *sb* rich **2** (*fig*) to enrich: *Enriqueció su vocabulario con la lectura.* He enriched his vocabulary by reading.
▶ **enriquecerse** *vpr* to get rich

**enrojecer** *vt* to redden
▶ **enrojecer(se)** *vi, vpr* **enrojecer(se) (de)** to get red (with *sth*): *Enrojeció de ira.* He got red with anger.

**enrollar** *vt* to roll *sth* up
▶ **enrollarse** *vpr* **1** (*con explicaciones*) to go on **2** (*ponerse a hablar*) to get talking (to *sb*) **3** (*amorío*) to get involved with *sb*

**enroscar** *vt* **1** (*tapón*) to screw *sth* on: *Enrosca bien el tapón.* Screw the top on tightly. **2** (*piezas, tuercas*) to screw *sth* together

**ensalada** *nf* salad LOC **ensalada de lechuga/mixta** green/mixed salad

**ensaladera** *nf* salad bowl

**ensamblar** *vt* to assemble

**ensanchar** *vt* to widen
▶ **ensancharse** *vpr* **1** (*extenderse*) to widen **2** (*dar de sí*) to stretch: *Estos zapatos se han ensanchado.* These shoes have stretched.

**ensangrentado, -a** *adj* bloodstained *Ver tb* ENSANGRENTAR

**ensangrentar** *vt* (*manchar*) to get blood on *sth*

**ensartar** *vt* **1** (*aguja*) to thread **2** (*cuentas*) to string

**ensayar** *vt, vi* **1** to practice **2** (*Mús, Teat*) to rehearse

**ensayo** *nm* **1** (*experimento*) test: *un tubo de ~* a test tube **2** (*Mús, Teat*) rehearsal **3** (*Liter*) essay LOC **ensayo general** dress rehearsal

**enseguida** (*tb* **en seguida**) *adv* right away

**ensenada** *nf* inlet

**enseñado, -a** *adj* LOC **bien enseñado** well trained ➔ *Ver nota en* WELL BEHAVED **tener a algn mal enseñado**: *Los tienes muy mal ~s.* You spoil them. *Ver tb* ENSEÑAR

**enseñanza** *nf* **1** teaching **2** (*sistema nacional*) education: *~ primaria/secundaria* primary/secondary education

**enseñar** *vt* **1** (*Educ*) to teach *sth*, to teach *sb* to do *sth*: *Enseña matemáticas.* He teaches Math. ◊ *¿Quién te enseñó a jugar?* Who taught you how to play? **2** (*mostrar*) to show: *Enséñame tu habitación.* Show me your room. LOC *Ver* COBRE

**ensillar** *vt* to saddle *sth* (up)

**ensimismado, -a** *adj* **1** (*pensativo*) lost in thought **2** *~* (*embebido*) engrossed (in *sth*): *Estaba muy ~ leyendo el libro.* He was deeply engrossed in his book.

**ensordecedor, -ora** *adj* deafening: *un ruido ~* a deafening noise

**ensordecer** *vt* to deafen
▶ *vi* to go deaf: *Corres el peligro de ~*. You run the risk of going deaf.

**ensuciar** *vt* to get *sth* dirty: *No me ensucies la mesa.* Don't get the table dirty.
▶ **ensuciarse** *vpr* to get dirty: *Te ensuciaste el vestido de aceite.* You've got oil on your dress.

**ensueño** *nm* LOC **de ensueño** dream: *una casa de ~* a dream home

**entablar** *vt* (*comenzar*) to start *sth* (up): *~ una conversación* to start up a conversation LOC *Ver* AMISTAD

**entablillar** *vt* to put *sth* in a splint

**entender** *vt* to understand: *No lo entiendo.* I don't understand.
▶ *vi* **1** to understand: *fácil/difícil de ~* easy/difficult to understand **2** *~* **de** to know about *sth*: *No entiendo mucho de eso.* I don't know much about that.
▶ **entenderse** *vpr* **entenderse (con)** to get along (with *sb*): *Nos entendemos muy bien.* We get along very well. LOC **dar a entender** to imply **entender mal** to misunderstand

**entendido, -a** *nm-nf* *~* **(en)** expert (at/in/ on *sth*)
▶ *interj*: ¡**Entendido!** Right! ◊ *¿Entendido?* All right?

# enterado

**enterado, -a** *adj* **LOC estar enterado (de)**
to know (about *sth*) **no darse por enterado** to turn a deaf ear (*to sth*) *Ver tb*
ENTERARSE

**enterarse** *vpr* ~ **(de) 1** (*descubrir*) to find
out (about *sth*) **2** (*noticia*) to hear (about
*sth*): *Ya me he enterado de lo de tu abuelo.*
I've heard about your grandfather.
**LOC te vas a enterar** (*amenaza*) you, he,
they, etc. will get what for

**entero, -a** *adj* **1** (*completo*) whole, entire
(*más formal*) **2** (*intacto*) intact **3** (*leche*)
whole **LOC** *Ver* CUERPO

**enterrador, -ora** *nm-nf* gravedigger

**enterrar** *vt* (*lit y fig*) to bury
**LOC enterrarse en vida** to shut yourself
away

**entierro** *nm* **1** funeral: *Había mucha
gente en el ~.* There were a lot of people
at the funeral. **2** (*sepelio*) burial **LOC** *Ver*
VELA¹

**entonación** *nf* intonation

**entonar** *vt* **1** (*cantar*) to sing **2** (*marcar el
tono*) to tune
▶ *vi* **1** (*Mús*) to sing in tune **2** ~ **(con)** to go
(with *sth*): *La colcha no entona con la
alfombra.* The bedspread doesn't go
with the carpet.
▶ **entonarse** *vpr* to perk up: *Date un baño,
verás como te entonas.* Take a bath and
you'll soon perk up.

**entonces** *adv* then **LOC en/por aquel
entonces** at that time

**entorno** *nm* **1** (*ambiente*) environment
**2** (*círculo*) circle: ~ *familiar* family circle
**3** (*alrededores*): *en el ~ de la ciudad* in and
around the city

**entrada** *nf* **1** ~ **(en)** (*acción de entrar*)
**(a)** entry (into *sth*): *Prohibida la ~.* No
entry. **(b)** (*club, asociación*) admission (to
*sth*): *No cobran ~ a los socios.* Admission
is free for members. **2** (*puerta*) entrance
(*to sth*): *Te espero a la ~.* I'll wait for you
at the entrance. **3** (*boleto*) ticket
**4** (*Béisbol*) inning **5 entradas** (*pelo*) receding hairline [*v sing*]: *Cada vez tienes
más ~s.* Your hairline is receding fast.
**LOC entrada gratuita/libre** free admission

**entrañas** *nfpl* (*Anat*) entrails

**entrañable** *adj* (*querido*) much-loved

**entrar** *vi* **1 (a)** (*ir dentro*) to go/come in:
*No me atreví a ~.* I didn't dare to go in.
◇ *El clavo no ha entrado bien.* The nail
didn't go in properly. ➔ *Ver nota en* IR
**(b)** (*pasar*) to come in/inside: *Hazlo ~.*
Ask him to come in. **2** ~ **en (a)** (*ir dentro,
ahondar*) to go into…, to enter (*más
formal*): *No entres en mi oficina cuando*

*no estoy.* Don't go into my office when
I'm not there. ◇ ~ *en detalles* to go into
detail **(b)** (*pasar*) to come into…, to enter
(*más formal*): *No entres en mi habitación
sin llamar.* Knock before you come into
my room. **3** ~ **en** (*ingresar*) **(a)** (*profesión,
esfera social*) to enter *sth* [*vt*] **(b)** (*institución, club*) to join *sth* [*vt*] **4** (*caber*)
**(a)** (*ropa*) to fit: *Esta falda no me entra.*
This skirt doesn't fit (me). **(b)** ~ **(en)** to fit
(in/into *sth*): *No creo que entre en la
cajuela.* I don't think it'll fit in the trunk.
**5** (*velocidades*) to engage: *La primera
nunca entra bien.* First gear never seems
to engage right. **LOC entrar en calor** to
warm up **entrar ganas de** to feel like
*doing sth* **entrarle a algn el pánico** to be
panic-stricken: *Me entró el pánico.* I was
panic-stricken. **no me entra (en la
cabeza)**… I, you, etc. just don't understand… *Ver tb* FLOJERA, PROHIBIDO

**entre**

a small house
**between** two large ones

a house
**among**
some trees

**entre** *prep* **1** (*dos cosas o personas*) between: ~ *la tienda y el cine* between the
store and the movie theater **2** (*más de
dos cosas o personas*) among: *Nos sentamos ~ los árboles.* We sat among the
trees. **3** (*en medio*) somewhere between:
*Tienes los ojos ~ agrisados y azules.* Your
eyes are somewhere between gray and
blue. **LOC entre sí 1** (*dos personas*) each
other: *Hablaban ~ sí.* They were talking
to each other. **2** (*varias personas*) among
themselves: *Los muchachos lo discutían
~ sí.* The boys were discussing it among
themselves. **entre tanto** *Ver* ENTRETANTO
**entre todos** together: *Lo haremos ~
todos.* We'll do it together.

**entreabierto, -a** *adj* half-open

**entreacto** *nm* interval

**entrecejo** *nm* space between the eyebrows

**entrecortado, -a** *adj* **1** (*voz*) faltering
**2** (*frases*) broken

**entrecot** *nm* (beef) tenderloin

**entredicho** *nm* **LOC poner en entredicho**
to call *sth* into question

**entrega** nf **1** (*acción*) handing over: *la ~ del dinero* the handing over of the money **2** (*mercancía*) delivery [pl deliveries] **3** (*fascículo*) installment: *Se publicará por ~s.* It will be published in installments. LOC **entrega de medallas/premios** medal/awards ceremony [pl medal/awards ceremonies]

**entregado**, **-a** adj **~ (a)** devoted (to *sth/sb*) Ver tb ENTREGAR

**entregar** vt **1** to hand *sth/sb* over (*to sb*): *~ los documentos/las llaves* to hand over the documents/keys *◊ ~ a algn a las autoridades* to hand sb over to the authorities **2** (*premio, medallas*) to present *sth* (*to sb*) **3** (*mercancía*) to deliver
▶ **entregarse** vpr **entregarse (a) 1** (*rendirse*) to give yourself up, to surrender (*más formal*) (*to sb*): *Se entregaron a la policía.* They gave themselves up to the police. **2** (*dedicarse*) to devote yourself to *sth/sb*

**entrenador**, **-ora** nm-nf **1** (*Dep*) coach **2** (*animales*) trainer

**entrenamiento** nm training

**entrenar(se)** vt, vpr to train

**entrepierna** nf crotch

**entresemana** adv on weekdays, during the week (*más coloq*)

**entretanto** adv in the meantime

**entretener** vt **1** (*demorar*) to keep: *No quiero ~te demasiado.* I won't keep you long. **2** (*divertir*) to keep *sb* amused **3** (*distraer*) to keep *sb* busy: *Entreténlo mientras yo entro.* Keep him busy while I go in.
▶ **entretenerse** vpr **1 entretenerse (con)** (*disfrutar*) to pass the time (*doing sth*): *Lo hago por ~me.* I just do it to pass the time. *◊ Me entretengo con cualquier cosa.* I'm easily amused. **2** (*distraerse*) to hang around (*doing sth*): *No se entretengan y vengan a casa enseguida.* Don't hang around; come home straight away.

**entretenido**, **-a** adj entertaining LOC **estar entretenido** to be happy (*doing sth*) Ver tb ENTRETENER

**entretenimiento** nm **1** (*diversión*) entertainment **2** (*pasatiempo*) pastime

**entrevista** nf **1** (*reunión*) meeting **2** (*trabajo, Period*) interview

**entrevistador**, **-ora** nm-nf interviewer

**entrevistar** vt to interview
▶ **entrevistarse** vpr **entrevistarse (con)** to meet: *Se entrevistó con él en el hotel.* She met him in the hotel.

**entristecer** vt to sadden
▶ **entristecerse** vpr **entristecerse (por)** to be sad (because of/about *sth*)

**entrometerse** vpr **~ (en)** to interfere (*in sth*)

**entrometido**, **-a** adj interfering
▶ nm-nf meddler Ver tb ENTROMETERSE

**enturbiar** vt **1** (*líquido*) to make *sth* cloudy **2** (*relaciones, asunto*) to cloud
▶ **enturbiarse** vpr **1** (*líquido*) to become cloudy **2** (*relaciones, asunto*) to become muddled

**entusiasmado**, **-a** adj **~ (con)** delighted (by/at/with *sth*) Ver tb ENTUSIASMAR

**entusiasmar** vt to thrill
▶ **entusiasmarse** vpr **entusiasmarse (con/por)** to get excited (about/at/by *sth*)

**entusiasmo** nm **~ (por)** enthusiasm (for *sth*) LOC **con entusiasmo** enthusiastically

**enumerar** vt to list, to enumerate (*formal*)

**enunciado** nm **1** (*oración*) statement **2** (*Gram*) utterance

**enunciar** vt to enunciate

**envasado**, **-a** adj LOC **envasado al vacío** vacuum-packed Ver tb ENVASAR

**envasar** vt **1** (*embotellar*) to bottle **2** (*enlatar*) to can

**envase** nm **1** (*botella*) bottle **2** (*lata*) can **3** (*caja*) packet, package (*GB*)

**envejecer** vt, vi to age: *La enfermedad lo ha envejecido.* Illness has aged him. *◊ Ha envejecido mucho.* He's gotten very old.

**envenenar** vt to poison
▶ **envenenarse** vpr: *Se envenenaron comiendo hongos.* They ate poisonous mushrooms.

**enviado**, **-a** nm-nf **1** (*emisario*) envoy **2** (*Period*) correspondent: *~ especial* special correspondent

**enviar** vt to send ➋ Ver nota en GIVE LOC Ver CORREO

**enviciarse** vpr Ver VICIARSE

**envidia** nf envy: *hacer algo por ~* to do sth out of envy *◊ ¡Qué ~!* I really envy you! LOC **dar envidia** to make *sb* jealous **tener envidia** to be jealous (*of sth/sb*) Ver tb CORROER(SE), MUERTO

**envidiar** vt to envy

**envidioso**, **-a** adj, nm-nf envious [adj]: *Eres un ~.* You're very envious.

**envío** nm **1** (*acción*) sending **2** (*paquete*) package **3** (*Com*) consignment LOC **envío contra reembolso** cash on delivery (*abrev* COD) Ver tb GASTO

**enviudar** vi to be widowed

**envoltorio** nm wrapper

**envolver** vt to wrap *sth/sb* (up) (*in sth*): *¿Se lo envolvemos?* Would you like it wrapped? LOC **envolver para regalo** to gift-wrap: *¿Me lo envuelve para regalo?*

Can you gift-wrap it for me, please? Ver tb PAPEL

**envuelto, -a** adj LOC **verse envuelto en** to find yourself involved in *sth* Ver tb ENVOLVER

**enyesar** vt to put *sth* in a cast: *Me enyesaron una pierna.* They put my leg in a cast.

**epicentro** nm epicenter

**epidemia** nf epidemic: *una ~ de cólera* a cholera epidemic

**epilepsia** nf epilepsy

**episodio** nm episode: *una serie de cinco ~s* a serial in five episodes

**época** nf **1** (*periodo*) time: *en aquella ~* at that time ◊ *la ~ más fría del año* the coldest time of the year **2** (*era*) age: *la ~ de Maximiliano* the age of Maximillian LOC **de época** period: *mobiliario de ~* period furniture Ver tb GLACIAR

**equilátero, -a** adj LOC Ver TRIÁNGULO

**equilibrio** nm **1** balance: *mantener/perder el ~* to keep/lose your balance ◊ *~ de fuerzas* balance of power **2** (*Fis*) equilibrium

**equilibrista** nmf **1** (*en la cuerda floja*) tightrope walker **2** (*acróbata*) acrobat

**equino, -a** adj LOC Ver GANADO

**equipaje** nm baggage [*incontable*], luggage [*incontable*] (*GB*): *No llevo mucho ~.* I don't have much baggage. ◊ *~ de mano* hand baggage ➔ Ver dibujo en LUGGAGE LOC **hacer el equipaje** to pack Ver tb EXCESO

**equipar** vt **1** (*casa, oficina*) to equip *sth/sb* (*with sth*): *~ una oficina con muebles* to equip an office with furniture **2** (*ropa, Náut*) to outfit *sth/sb* (*with sth*): *~ a los niños para el invierno* to outfit the children for the winter

**equipo** nm **1** (*grupo de personas*) team: *un ~ de fútbol* a soccer team ◊ *un ~ de expertos* a team of experts **2** (*equipamiento*) **(a)** equipment [*incontable*]: *un ~ de laboratorio* laboratory equipment **(b)** (*Dep*) gear: *~ de caza/pesca* hunting/fishing gear LOC **equipo de música** hi-fi (system) Ver tb COMPAÑERO, TRABAJO

**equitación** nf horseback riding, riding (*GB*)

**equivaler** vi ~ **a** (*valer*) to be equivalent to *sth*: *Esto equivale a mil pesos.* That would be equivalent to one thousand pesos.

**equivocación** nf **1** (*error*) mistake: *cometer una ~* to make a mistake **2** (*malentendido*) misunderstanding

**equivocado, -a** adj wrong: *estar ~* to be wrong

**equivocarse** vpr **1** ~ (**en**) (*confundirse*) to be wrong (about *sth*): *En eso te equivocas.* You're wrong about that. **2** ~ (**de**): *Se equivocó de número.* You have the wrong number. ◊ *~ de carretera* to take the wrong road ◊ *Todo el mundo se puede equivocar.* We all make mistakes.

**era¹** nf (*periodo*) era

**era²** nf (*Agric*) threshing floor

**erección** nf erection

**erguir** vt (*cabeza*) to hold *your* head up

**erizo** nm hedgehog LOC **erizo de mar** sea urchin

**ermita** nf hermitage

**ermitaño** nm hermit

**erosión** nf erosion

**erosionar** vt to erode

**erótico, -a** adj erotic

**errar** vt to miss: *Erró el tiro.* He missed (with) his shot.
▶ vi (*vagar*) to wander

**errata** nf mistake

**erróneo, -a** adj wrong, incorrect (*más formal*): *Tomaron la decisión errónea.* They made the wrong decision. ◊ *La información era errónea.* The information was incorrect.

**error** nm mistake: *cometer un ~* to make a mistake ➔ Ver nota en MISTAKE

**eructar** vi to belch, to burp (*coloq*)

**eructo** nm belch, burp (*coloq*)

**erupción** nf **1** (*volcán*) eruption **2** (*Med*) rash

**esbelto, -a** adj **1** (*delgado*) slender **2** (*elegante*) graceful

**escabeche** nm LOC **en escabeche** in brine

**escabullirse** vpr **1** (*irse*) to slip away **2** ~ **de/de entre** to slip from/out of/through *sth*: *~ de las manos* to slip out of your hands

**escala** nf **1** (*en mediciones*) scale: *en una ~ de uno a diez* on a scale of one to ten **2** (*viajes*) stopover LOC **escala musical** scale **hacer escala** to stop (over) *in…*

**escalada** nf (*montaña*) climb

**escalador, -ora** nm-nf climber

**escalar** vt, vi to climb

**escaleno** adj LOC Ver TRIÁNGULO

**escalera** nf (*de un edificio*) stairs [*pl*], staircase (*más formal*): *Me caí por las ~s.* I fell down the stairs. ◊ *La casa tiene una ~ antigua.* The house has an antique staircase. LOC **bajar/subir las escaleras** to go downstairs/upstairs **escalera de caracol** spiral staircase **escalera de incen-**

**dios** fire escape **escalera eléctrica** escalator *Ver tb* RODAR

**escalofrío** *nm* shiver **LOC** **dar escalofríos** to send shivers down your spine **tener/sentir escalofríos** to shiver

**escalón** *nm* step

**escama** *nf* scale

**escandalizar** *vt* to shock

**escándalo** *nm* **1** (*asunto*) scandal **2** (*ruido*) racket: *¡Qué ~!* What a racket! **LOC** **hacer/armar un escándalo** to make a scene

**escandaloso, -a** *adj* (*risa, color*) loud

**escapada** *nf* **1** (*fuga*) escape **2** (*viaje*) short break: *una ~ de fin de semana* a weekend break **3** (*Dep*) breakaway

**escaparate** *nm* display window, shop window (*GB*)

**escapar(se)** *vi, vpr* **escapar(se) (de)** **1** (*lograr salir*) to escape (from *sth/sb*): *El loro se escapó de la jaula.* The parrot escaped from its cage. **2** (*evitar*) to escape *sth* [*vt*]: *~ de la justicia* to escape arrest
▶ **escaparse** *vpr* **1** (*gas, líquido*) to leak **2** (*involuntariamente*): *Se le escapó una grosería.* He accidentally swore. **3** (*secreto*) to let *sth* slip: *Se me escapó que estaba embarazada.* I let (it) slip that she was expecting. **4** (*detalles, oportunidad, medio de transporte*) to miss: *No se te escapa nada.* You don't miss a thing. **LOC** **dejar escapar 1** (*persona*) to let *sb* get away **2** (*oportunidad*) to let *sth* slip: *Dejaste ~ la mejor ocasión de tu vida.* You've let slip the chance of a lifetime.

**escapatoria** *nf* way out: *Es nuestra única ~.* It's the only way out.

**escape** *nm* **1** (*gas, líquido*) leak **2** (*coche*) tailpipe, exhaust (pipe) (*GB*) ➔ *Ver dibujo en* COCHE

**escarabajo** *nm* beetle

**escarbar** *vi, vt* (*tierra*) to dig

**escarcha** *nf* frost

**escarchar** *v imp*: *Anoche escarchó.* It was frosty last night.

**escarmentado, -a** *adj* **LOC** **estar escarmentado** to have learned your lesson *Ver tb* ESCARMENTAR

**escarmentar** *vt* to teach *sb* a lesson
▶ *vi* to learn your lesson: *No escarmientas, ¿eh?* Will you never learn?

**escasear** *vi* to be scarce

**escasez** *nf* shortage: *Hay ~ de profesorado.* There is a shortage of teachers.

**escaso, -a** *adj* **1** [*con sustantivo contable en plural*] few: *a ~s metros de distancia* a few meters away **2** [*con sustantivo incontable*] little: *La ayuda que recibieron fue escasa.* They received very little help. ◊ *debido al ~ interés* due to lack of inter-

---

est ◊ *productos de escasa calidad* poor-quality products **3** (*apenas*) barely, just (*más coloq*): *Tiene tres años ~s.* She is barely three. **LOC** **andar escaso de** to be short of *sth*

**escena** *nf* scene: *acto primero, ~ segunda* act one, scene two **LOC** **poner en escena** to stage

**escenario** *nm* **1** (*Teat, auditorio*) stage: *salir al ~* to come onto the stage **2** (*lugar*) scene: *el ~ del crimen* the scene of the crime

**escenificar** *vt* **1** (*representar*) to stage **2** (*adaptar*) to dramatize

**esclarecer** *vt* **1** (*explicar*) to clarify **2** (*delito*) to clear *sth* up: *~ un asesinato* to clear a murder up

**esclavitud** *nf* slavery

**esclavizado, -a** *adj* **LOC** **tener esclavizado a algn** to treat sb like a slave *Ver tb* ESCLAVIZAR

**esclavizar** *vt* to enslave

**esclavo, -a** *adj, nm-nf* slave: *Los tratan como a ~s.* You are treated like slaves. ◊ *ser ~ del dinero* to be a slave to money

**escoba** *nf* **1** broom, brush ➔ *Ver dibujo en* BRUSH **2** (*de bruja*) broomstick

**escobilla** *nf* small broom, brush ➔ *Ver dibujo en* BRUSH

**escocer** *vi* to sting
▶ **escocerse** *vpr* (*irritarse*) to get sore

**escocés, -esa** *adj* Scottish
▶ *nm-nf* Scotsman/-woman [*pl* -men/-women]: *los escoceses* the Scots **LOC** *Ver* CUADRO, FALDA

**Escocia** *nf* Scotland ➔ *Ver nota en* GRAN BRETAÑA

**escoger** *vt, vi* to choose: *Escoge tú.* You choose. ◊ *~ entre dos cosas* to choose between two things ◊ *Hay que ~ del menú.* You have to choose from the menu.

**escolar** *adj* **1** school: *año/curso ~* school year ◊ *el comienzo de las vacaciones ~es* the start of school vacation **2** (*sistema*) education: *el sistema ~* the education system
▶ *nmf* **1** (*masc*) schoolboy **2** (*fem*) schoolgirl **3** escolares schoolchildren **LOC** *Ver* CENTRO, CERTIFICADO, MOCHILA

**escolta** *nf, nmf* escort

**escoltar** *vt* to escort

**escombro** *nm* **escombros** rubble [*incontable*]: *un montón de ~s* a pile of rubble ◊ *reducir algo a ~s* to reduce sth to rubble

**esconder** *vt* to hide: *Lo escondieron debajo de la cama.* They hid it under the

bed. ◊ *Esconde el regalo para que no lo vea mi madre.* Hide the present from my mother.

▶ **esconderse** *vpr* **esconderse (de)** to hide (from *sth/sb*): *¿De quién se esconden?* Who are you hiding from?

**escondido, -a** *adj* (*recóndito*) secluded **LOC a escondidas** in secret **jugar a las escondidas** to play hide-and-seek *Ver tb* ESCONDER

**escondite** *nm* (*escondrijo*) hiding place

**escopeta** *nf* **1** rifle **2** (*de perdigones*) shotgun

**escorpión¹** *nm* (*alacrán*) scorpion

**escorpión²** (*tb* **Escorpión, escorpio, Escorpio**) *nm, nmf* (*Astrología*) Scorpio [*pl* Scorpios] ➔ *Ver ejemplos en* AQUARIUS

**escotado, -a** *adj* low-cut: *Es demasiado ~.* It's too low-cut. ◊ *un vestido ~ por detrás* a dress with a low-cut back *Ver tb* ESCOTAR

**escotar** *vt* (*prenda*) to lower the neckline of *sth*

**escote** *nm* **1** (*prenda*) neckline: *¡Menudo ~!* That's some neckline! **2** (*pecho*) chest **LOC escote en pico** V-neck

**escotilla** *nf* hatch

**escozor** *nm* sting

**escribir** *vt* **1** to write: *~ un libro* to write a book **2** (*ortografía*) to spell: *No sé ~lo.* I don't know how to spell it. ◊ *¿Cómo se escribe?* How do you spell it?
▶ *vi* to write: *Nunca me escribes.* You never write me. ◊ *Todavía no sabe ~.* He can't write yet.
▶ **escribirse** *vpr* **escribirse con**: *Me gustaría ~me con un inglés.* I'd like to have an English pen pal. **LOC escribir a mano** to write *sth* in longhand *Ver tb* MÁQUINA

**escrito, -a** *adj*: *poner algo por ~* to put sth in writing
▶ *nm* **1** (*carta*) letter **2** (*documento*) document *Ver tb* ESCRIBIR

**escritor, -ora** *nm-nf* writer

**escritorio** *nm* desk

**escritura** *nf* **1** writing **2 Escritura(s)** Scripture: *la Sagrada Escritura/las Escrituras* the Holy Scripture(s)/the Scriptures

**escrupuloso, -a** *adj* **1** (*aprensivo*) fussy: *Déjame tu vaso, no soy ~.* Give me your glass. I'm not fussy. **2** (*honrado*) scrupulous

**escrutinio** *nm* **1** (*recuento*) count **2** (*inspección*) inspection

**escuadra** *nf* **1** (*regla*) set square **2** (*Mil*) squad

**escuadrón** *nm* squadron

**escuchar** *vt, vi* to listen (to *sth/sb*): *Nunca me escuchas.* You never listen to me. ◊ *¡Escucha! ¿Lo oyes?* Listen! Can you hear it?

**escudero** *nm* squire

**escudo** *nm* **1** shield: *~ protector* protective shield **2** (*insignia*) emblem **LOC escudo de armas** coat of arms

**escuela** *nf* **1** school: *Iremos después de la ~.* We'll go after school. ◊ *El lunes no habrá ~.* There'll be no school on Monday. ◊ *Todos los días voy a la ~ en el camión.* I go to school on the bus every day. ◊ *El martes iré a la ~ para hablar con su profesor.* On Tuesday I'll go to the school to talk to your teacher.

> Una escuela de gobierno en Estados Unidos se llama **public school**. Sin embargo, los **public schools** en Gran Bretaña son un tipo de escuelas particulares más tradicionales y conocidas, como por ejemplo Eton y Harrow. ➔ *Ver nota en* SCHOOL

**2** (*academia*) academy [*pl* academies]: *~ de policía* police academy **LOC escuela de manejo** driving school **escuela primaria** elementary school, primary school **escuela secundaria obligatoria** secondary school **escuela técnica** career school, technical college (*GB*)

**escuincle** *nm* kid

**esculcar** *vt* (*persona*) to search
▶ *vi* to rummage (around): *No andes esculcando en mis cajones.* Don't go rummaging around in my drawers.

**esculpir** *vt, vi* to sculpt: *Me gustaría ~ en piedra.* I'd like to sculpt in stone.

**escultor, -ora** *nm-nf* sculptor

**escultura** *nf* sculpture

**escupir** *vt* to spit *sth* (out)
▶ *vi* to spit (at *sb*)

**escupitajo** *nm* spit [*incontable*]: *Había un ~ en el suelo.* There was some spit on the ground. ◊ *soltar un ~* to spit

**escurridor** *nm* (*tb* **escurridora** *nf*) **1** (*verduras, etc.*) colander **2** (*escurreplatos*) dishrack

**escurrir** *vt* **1** (*ropa*) to wring *sth* (out) **2** (*platos, verduras, legumbres*) to drain
▶ *vi* **1** (*platos*) to drain: *Pon los platos a ~.* Leave the dishes to drain. **2** (*ropa*) to drip
▶ **escurrirse** *vpr* **escurrirse (de/entre/de entre)** to slip (out of/from *sth*): *El jabón se le escurrió de entre las manos.* The soap slipped out of his hands.

**escusado** *nm* toilet ➔ *Ver nota en* BATHROOM

**ese** *nf* **LOC hacer eses 1** (*vehículo*) to zigzag **2** (*persona*) to stagger

**ese, -a** *adj* that [*pl* those]: *a partir de ~ momento* from that moment on ◊ *esos libros* those books
▶ (*tb* **ése, -a**) *pron* **1** (*cosa*) that one [*pl* those (ones)]: *Yo no quiero ~/esos.* I don't want that one/those ones. **2** (*persona*): *¡Fue ésa!* It was her! ◊ *Yo no voy con esos.* I'm not going with them.

**esencia** *nf* essence

**esencial** *adj* ~ **(para)** essential (to/for *sth*)

**esfera** *nf* **1** sphere **2** (*reloj*) face

**esférico, -a** *adj* spherical

**esfinge** *nf* sphinx

**esforzarse** *vpr* ~ **(en/para/por)** to try (hard) (*to do sth*): *Se esforzaron mucho.* They tried very hard.

**esfuerzo** *nm* **1** effort: *Haz un ~ y come algo.* Make an effort to eat something. ◊ *No deberías hacer ~s, aún no estás recuperado.* You shouldn't overdo it, you're still recovering. **2** (*intento*) attempt (*at doing sth/to do sth*): *en un último ~ por evitar el desastre* in a last attempt to avoid disaster **LOC sin esfuerzo** effortlessly

**esfumarse** *vpr* to vanish
**LOC ¡esfúmate!** get lost!

**esgrima** *nf* (*Dep*) fencing

**esgrimir** *vt* (*arma*) to wield

**esguince** *nm* (*Med*) sprain: *hacerse un ~ en el tobillo* to sprain your ankle

**esmaltar** *vt* to enamel

**esmalte** *nm* enamel **LOC esmalte de uñas** nail polish

**esmeralda** *nf* emerald

**esmerarse** *vpr* ~ **(en/por)** to try very hard (*to do sth*): *Esmérate un poco más.* Try a bit harder.

**esmero** *nm* **LOC con esmero** (very) carefully

**esnob** *adj* snobbish
▶ *nmf* snob

**esnórquel** *nm* **1** (*objeto*) snorkel **2** (*actividad*) snorkeling

**eso** *pron* that: *¿Qué es ~?* What's that? ◊ *Eso es, muy bien.* That's right, very good. **LOC a eso de** at about: *a ~ de la una* at about one o'clock ➜ *Ver nota en* AROUND **¡de eso nada!** no way! **por eso** (*por esa razón*) so, therefore (*más formal*)

**esófago** *nm* esophagus [*pl* esophaguses/esophagi]

**espabilado, -a** *adj* bright **LOC estar espabilado** to be wide awake *Ver tb* ESPABILAR

**espabilar** *vt* (*despertar*) to wake *sb* up
▶ *vi* **1** to get with it: *¡A ver si espabilas de una vez!* It's about time you got with it! **2** (*apresurarse*) to get a move on: *Espabila*

*o perderás el tren.* Get a move on or you'll miss the train.

**espacial** *adj* space: *misión/vuelo ~* space mission/flight **LOC** *Ver* AERONAVE, BASE, NAVE, TRAJE

**espacio** *nm* **1** space **2** (*sitio*) room: *En mi maleta hay ~ para tu suéter.* There is room for your sweater in my suitcase. **3** (*Radio, TV*) program

**espada** *nf* **1** (*arma*) sword **2** **espadas** (*Naipes*) spades ➜ *Ver nota en* BARAJA **LOC entre la espada y la pared** between a rock and a hard place

**espagueti** *nm* **espaguetis** spaghetti [*incontable*]: *Me encantan los ~s.* I love spaghetti.

**espalda** *nf* **1** back: *Me duele la ~.* My back hurts. **2** (*Natación*) backstroke: *100 metros ~* 100-meter backstroke **LOC dar la espalda** to turn your back on *sth/sb* **de espaldas**: *Ponte de ~s a la pared.* Stand with your back to the wall. ◊ *ver a algn de ~s* to see sb from behind **hacer algo a espaldas de algn** to do sth behind sb's back *Ver tb* NADAR

**espantapájaros** *nm* scarecrow

**espantar** *vt* **1** (*asustar*) to terrify **2** (*ahuyentar*) to drive *sth/sb* away
▶ *vi* **1** (*detestar*) to hate *sth/doing sth* [*vt*]: *Me espanta viajar sola.* I hate traveling alone. **2** (*horrorizar*) to appal: *Nos espantaron las condiciones del hospital.* We were appalled by conditions at the hospital.

**espanto** *nm* (*miedo*) fear **LOC de espanto** (*mucho*) terrible: *Hace un calor de ~.* It's terribly hot. **¡qué espanto!** how awful!

**espantoso, -a** *adj* dreadful

**España** *nf* Spain

**español, -ola** *adj, nm* Spanish: *hablar ~* to speak Spanish
▶ *nm-nf* Spaniard: *los ~es* the Spanish

**esparcir** *vt* to scatter

**espárrago** *nm* asparagus [*incontable*]

**espatarrarse** *vpr* to sprawl

**espátula** *nf* spatula

**especia** *nf* spice

**especial** *adj* special **LOC en especial** **1** (*sobre todo*) especially: *Me gustan mucho los animales, en ~ los perros.* I'm very fond of animals, especially dogs. ➜ *Ver nota en* SPECIALLY **2** (*en concreto*) in particular: *Sospechan de uno de ellos en ~.* They suspect one of them in particular.

**especialidad** *nf* specialty [*pl* specialties]

**especialista** nmf ~ **(en)** specialist (in *sth*): *un ~ en informática* a computer specialist

**especializarse** vpr ~ **(en)** to specialize (in *sth*)

**especialmente** adv **1** (*sobre todo*) especially: *Me encantan los animales, ~ los gatos.* I love animals, especially cats. **2** (*en particular*) particularly: *Estoy ~ preocupada por el abuelo.* I'm particularly concerned about grandpa. ◊ *No es un hombre ~ corpulento.* He's not a particularly fat man. **3** (*expresamente*) specially: *~ diseñado para discapacitados* specially designed for handicapped people ➔ *Ver nota en* SPECIALLY

**especie** nf **1** (*Biol*) species [*pl* species] **2** (*clase*) kind: *Era una ~ de barniz.* It was a kind of varnish.

**especificar** vt to specify

**específico, -a** adj specific

**espécimen** nm specimen

**espectacular** adj spectacular LOC *Ver* ANUNCIO

**espectáculo** nm **1** (*escena, suceso*) spectacle: *un ~ impresionante* an impressive spectacle **2** (*función*) show LOC **dar un espectáculo** to make a scene *Ver tb* MUNDO

**espectador, -ora** nm-nf **1** (*Teat, Mús*) member of the audience **2** (*Dep*) spectator

**espejismo** nm mirage

**espejo** nm mirror: *mirarse en el ~* to look (at yourself) in the mirror LOC **espejo retrovisor** rear-view mirror

**espera** nf wait LOC *Ver* LISTA, SALA

**esperanza** nf hope LOC **esperanza de vida** life expectancy

**esperar** vt to wait for *sth/sb*, to expect, to hope

> Los tres verbos **wait**, **expect** y **hope** significan esperar, pero no deben confundirse.
> **Wait** indica que una persona espera, sin hacer otra cosa, a que alguien llegue o a que algo suceda por fin: *Espérame, por favor.* Wait for me, please. ◊ *Estoy esperando al camión.* I'm waiting for the bus. ◊ *Estamos esperando a que deje de llover.* We're waiting for it to stop raining.
> **Expect** se utiliza cuando lo esperado es lógico y muy probable: *Había más tráfico de lo que yo esperaba.* There was more traffic than I had expected. ◊ *Esperaba carta suya ayer, pero no recibí ninguna.* I was expecting a letter from him yesterday, but didn't receive one. Si una mujer está embarazada, también se dice **expect**: *Está esperando un bebé.* She's expecting a baby.
> Con **hope** se expresa el deseo de que algo suceda o haya sucedido: *Espero volver a verte pronto.* I hope to see you again soon. ◊ *Espero que sí/no.* I hope so/no.

▸ vi to wait: *Estoy harta de ~.* I'm fed up of waiting.

**esperma** nf sperm

**espesar(se)** vt, vpr to thicken

**espeso, -a** adj thick: *La salsa está muy espesa.* This sauce is very thick.

**espía** nmf spy [*pl* spies]

**espiar** vt, vi to spy (on *sb*): *No me espíes.* Don't spy on me.

**espiga** nf (*cereal*) ear

**espigado, -a** adj lanky

**espina** nf **1** (*Bot*) thorn **2** (*pez*) bone LOC **darle a uno mala espina** to have a bad feeling (*about sth*): *Ese asunto me da mala ~.* I have a bad feeling about it. **espina dorsal** spine

**espinaca** nf spinach [*incontable*]: *Me encantan las ~s.* I love spinach.

**espinilla** nf **1** (*pierna*) shin **2** (*grano*) blackhead

**espionaje** nm spying: *Me acusan de ~.* I've been accused of spying. ◊ *Se dedica al ~.* He's a spy.

**espiral** adj, nf spiral

**espiritismo** nm spiritualism LOC **hacer espiritismo** to attend a seance

**espíritu** nm **1** spirit: *~ de equipo* team spirit **2** (*alma*) soul LOC **Espíritu Santo** Holy Spirit

**espiritual** adj spiritual

**espléndido, -a** adj **1** (*magnífico*) splendid: *Fue una cena espléndida.* It was a splendid dinner. **2** (*generoso*) generous

**espolvorear** vt to sprinkle *sth* (*with sth*)

**esponja** nf sponge

**esponjoso, -a** adj **1** (*pastel, pan*) light **2** (*lana*) soft

**espontáneo, -a** adj **1** (*impulsivo*) spontaneous **2** (*natural*) natural

**esporádico, -a** adj sporadic

**esposar** vt to handcuff

**esposas** nf handcuffs LOC **ponerle las esposas a algn** to handcuff sb

**esposo, -a** nm-nf **1** (*masc*) husband **2** (*fem*) wife [*pl* wives]

**espuela** nf spur

**espuma** *nf* **1** (*olas, de afeitar*) foam **2** (*cerveza, café, huevo*) froth **3** (*jabón, champú*) lather **4** (*pelo*) mousse **LOC hacer espuma 1** (*olas*) to foam **2** (*jabón*) to lather

**espumoso, -a** *adj* (*vino*) sparkling

**esquela** *nf* **LOC esquela mortuoria** obituary [*pl* obituaries]

**esquelético, -a** *adj* (*flaco*) skinny ➔ *Ver nota en* DELGADO

**esqueleto** *nm* **1** (*Anat*) skeleton **2** (*estructura*) framework

**esquema** *nm* **1** (*diagrama*) diagram **2** (*resumen*) outline

**esquí** *nm* **1** (*tabla*) ski [*pl* skis] **2** (*Dep*) skiing **LOC esquí acuático** water-skiing: *hacer ~ acuático* to go water-skiing *Ver tb* BASTÓN, PISTA

**esquiador, -ora** *nm-nf* skier

**esquiar** *vi* to ski: *Me gusta mucho ~.* I love skiing. ◊ *Esquían todos los fines de semana.* They go skiing every weekend.

**esquilar** *vt* to shear

**esquimal** *nmf* Eskimo [*pl* Eskimo/ Eskimos] ❶ Ellos mismos prefieren el término **the Inuit**.

**esquina** *nf* corner: *Es la casa que hace ~ con la calle Michoacán.* It's the house on the corner of Michoacán Street. **LOC** *Ver* TIRO, VUELTA

**esquivar** *vt* **1** (*golpe, obstáculo*) to dodge **2** (*persona, responsabilidad*) to avoid

**esquizofrenia** *nf* schizophrenia

**esquizofrénico, -a** *adj, nm-nf* schizophrenic

**esta, ésta** *adj Ver* ESTE, -A

**estabilidad** *nf* stability

**estabilizar(se)** *vt, vpr* to stabilize: *El enfermo se ha estabilizado.* The patient's condition has stabilized.

**estable** *adj* stable

**establecer** *vt* **1** (*crear*) to set *sth* up: *~ una compañía* to set up a company **2** (*determinar, ordenar*) to establish: *~ la identidad de una persona* to establish the identity of a person **3** (*récord*) to set ▸ **establecerse** *vpr* **1** (*afincarse*) to settle **2** (*en un negocio*) to set up: *~te por tu cuenta* to set up your own business

**establo** *nm* **1** (*vacas*) barn **2** (*caballos*) stable

**estación** *nf* **1** (*trenes, autobuses*) station: *¿Dónde está la ~ de camiones?* Where's the bus station? **2** (*del año*) season **LOC estación de servicio** service station *Ver tb* JEFE

**estacionamiento** *nm* **1** parking lot, car park (*GB*) **2** (*espacio*) parking space: *No encuentro ~.* I can't find a parking space.

**estacionarse** *vpr* to park: *¿Dónde te estacionaste?* Where did you park? **LOC estacionarse en doble fila** to double-park

**estadio** *nm* (*Dep*) stadium [*pl* stadiums]

**estadística** *nf* **1** (*Ciencia*) statistics [*incontable*] **2** (*cifra*) statistic

**estado** *nm* **1** (*Pol, Fís, situación*) state: *la seguridad del ~* state security **2** (*condición médica*) condition: *Su ~ no reviste gravedad.* Her condition isn't serious. **LOC en buen/mal estado 1** in good/bad condition **2** (*alimento*): *El pescado estaba en mal ~.* The fish was bad. ◊ *agua en mal ~* contaminated water **en estado de coma** in a coma **estado civil** marital status **estar en estado (de buena esperanza)** to be expecting **los Estados Unidos** the United States (*abrev* U.S./ U.S.A.) ➔ *Ver págs* 688-689; *Ver tb* GOLPE

**estadounidense** *adj* American, of the United States (*más formal*)

**estafa** *nf* swindle

**estafar** *vt* to swindle *sb* (out of *sth*): *Les ha estafado millones de dólares a los inversores.* He has swindled investors out of millions of dollars.

**estalactita** *nf* stalactite

**estalagmita** *nf* stalagmite

**estallar** *vi* **1** (*bomba*) to explode **2** (*globo*) to burst **3** (*guerra, epidemia*) to break out **4** (*escándalo, tormenta*) to break

**estallido** *nm* **1** (*bomba*) explosion **2** (*guerra*) outbreak

**estampa** *nf* **1** (*dibujo*) picture **2** (*con pegamento*) sticker

**estampado, -a** *adj* (*tela*) patterned *Ver tb* ESTAMPAR

**estampar** *vt* **1** (*imprimir*) to print **2** (*arrojar*) to hurl *sth/sb* (*against sth*) ▸ **estamparse** *vpr* **estamparse contra** to smash into *sth*

**estampida** *nf* stampede

**estampilla** *nf* (*correos*) stamp

**estancado, -a** *adj* (*agua*) stagnant *Ver tb* ESTANCARSE

**estancarse** *vpr* **1** (*agua*) to stagnate **2** (*negociación*) to come to a standstill

**estancia** *nf* **1** (*periodo de tiempo*) stay: *su ~ en el hospital* his stay in hospital **2** (*gastos*) living expenses [*pl*]: *pagar los viajes y la ~* to pay travel and living expenses

**estándar** *adj, nm* standard

**estandarte** *nm* banner

**estanque** *nm* (*jardín, parque*) pond

**estanquillo** *nm* tobacconist's

**estante** nm shelf [pl shelves]

**estantería** nf **1** shelves [pl]: *Esa ~ está torcida.* Those shelves are crooked. **2** (*libros*) bookcase

**estaño** nm tin

**estar** v aux, vi **1** to be: *¿Dónde está la biblioteca?* Where's the library? ◊ *¿Está Ana?* Is Ana in? ◊ ~ *enfermo/cansado* to be sick/tired **2** (*aspecto*) to look: *Hoy estás muy guapo.* You look very nice today.
▶ v aux [+ -ing] to be doing sth: *Estaban jugando.* They were playing.
▶ **estarse** vpr to be: *~se callado/quieto* to be quiet/still **LOC** **está bien 1** (*de acuerdo*) OK: —*¿Me lo prestas?* —*Está bien.* "Can I borrow it?" "OK." **2** (*¡basta!*) that's enough **¿estamos?** all right? **estar a 1** (*fecha*): *Estamos a tres de mayo.* It's May third. **2** (*temperatura*): *En Acapulco están a 30°C.* It's 30°C in Acapulco. **3** (*precio*): *¿A cuánto/cómo están los bananos?* How much are the bananas? **estar con** (*apoyar*) to be behind sb: *¡Ánimo, estamos contigo!* Go for it, we're behind you! **estar/ponerse bien** to be/get well **estar que...**: *Estoy que me caigo de sueño.* I'm dead on my feet. **no estar para** not to be in the mood for sth: *No estoy para chistes.* I'm not in the mood for jokes. ❶ Para otras expresiones con **estar**, véanse las entradas del sustantivo, adjetivo, etc., p. ej. **estar de acuerdo** en ACUERDO.

**estatal** adj state: *universidad ~* state university **LOC** Ver EMPRESA

**estático, -a** adj static

**estatua** nf statue

**estatura** nf height: *Es una mujer de mediana ~.* She's of average height. ◊ *Es pequeño de ~.* He's short.

**estatuto** nm statute

**este** nm east (abrev E): *en/por el ~* in the east ◊ *en la costa ~* on the east coast

**este, -a** adj this [pl these]
▶ (tb **éste, -a**) pron **1** (*cosa*) this one [pl these (ones)]: *Prefiero aquel traje a ~.* I prefer that suit to this one. ◊ *¿Prefieres estos?* Do you prefer these ones? **2** (*persona*): *¿Quién es ~?* Who's this? **3** (*vacilación*) er: *Quería decirte que, ~...* I wanted to tell you... er...

**estela** nf **1** (*embarcación*) wake **2** (*avión*) vapor trail **3** (*Arqueología*) stela

**estelar** adj **1** (*Astron*) stellar **2** (*importante*) starring: *un papel ~ en la nueva película* a starring role in the new movie

**estelarizar** vt to star in sth

**estera** nf mat

**estercolero** nm manure heap

**estéreo** adj, nm stereo [pl stereos]: *un tocatintas ~* a stereo cassette player

**estéril** adj sterile

**esterilizar** vt to sterilize

**esterlina** adj sterling: *libras ~s* pounds sterling

**esternón** nm breastbone

**estética** nf aesthetics [incontable]

**esteticista** nmf beautician

**estético, -a** adj aesthetic

**estiércol** nm manure

**estilista** nmf stylist

**estilizar** vt (*arreglar*) to style

**estilo** nm **1** style: *tener mucho ~* to have a lot of style **2** (*Natación*) stroke: ~ *espalda* backstroke ◊ ~ *mariposa* butterfly (stroke) **LOC** **algo por el estilo** something like that: *pimienta o algo por el ~* pepper or something like that

**estiloso, -a** adj stylish

**estima** nf esteem **LOC** **tener estima a/por algn** to think highly of sb

**estimado, -a** adj (*cartas*) dear ➔ Ver págs 310-311

**estimulante** adj stimulating
▶ nm stimulant: *La cafeína es un ~.* Caffeine is a stimulant.

**estimular** vt to stimulate

**estímulo** nm stimulus [pl stimuli] (to sth/to do sth)

**estirado, -a** adj (*altivo*) stiff Ver tb ESTIRAR

**estirar** vt **1** to stretch: ~ *una cuerda* to stretch a rope tight **2** (*brazo, pierna*) to stretch sth out **3** (*dinero*) to spin sth out **4** (*alisar*) to smooth
▶ **estirarse** vpr **1** (*desperezarse*) to stretch **2** (*mostrarse generoso*) to be generous
▶ **estirar(se)** vi, vpr (*crecer*) to shoot up **LOC** **estirar la pata** to kick the bucket

**estirón** nm **LOC** **dar/pegar un estirón** (*crecer*) to shoot up

**estofado** nm stew

**estómago** nm stomach: *Me duele el ~.* I have stomach ache. **LOC** Ver ARDOR, DOLOR, VOLVER

**estorbar** vt, vi to be in sb's way, to be in the way: *Si te estorban esas cajas dímelo.* Tell me if those boxes are in your way. ◊ *¿Estorbo?* Am I in the way?

**estornudar** vi to sneeze ➔ Ver nota en ¡ACHÚ!

**estrago** nm **LOC** **hacer estragos** to create havoc

**estrangular** vt to strangle

**estrategia** *nf* strategy [*pl* strategies]

**estratégico, -a** *adj* strategic

**estrato** *nm* (*Geol, Sociol*) stratum [*pl* strata]

**estrechar** *vt* (*ropa*) to take *sth* in
▶ **estrechar(se)** *vt, vpr* (*río, camino, etc.*) to narrow: *La carretera se estrecha a 50 metros.* The road narrows in 50 meters. **2** (*abrazar*) to embrace

**estrecho, -a** *adj* **1** narrow **2** (*ropa*) tight: *Esa falda te queda estrecha.* That skirt's too tight (for you).
▶ *nm* strait(s): *el ~ de Bering* the Bering Strait(s) **LOC** *Ver* MENTALIDAD

**estrella** *nf* star: *~ polar* pole star ◊ *un hotel de tres ~s* a three-star hotel ◊ *una ~ de cine* a movie star **LOC** **estrella fugaz** shooting star **estrella invitada** celebrity guest **ver las estrellas** to see stars

**estrellado, -a** *adj* **1** (*noche, cielo*) starry **2** (*figura*) star-shaped *Ver tb* ESTRELLAR

**estrellar** *vt* to smash *sth* (*into/against sth*): *Estrellaron el coche contra un árbol.* They smashed the car into a tree.
▶ **estrellarse** *vpr* **1 estrellarse (contra)** (*chocar*) to crash (into *sth*): *~se contra otro vehículo* to crash into another vehicle **2** (*fracasar*) to founder **LOC** *Ver* HUEVO

**estremecer(se)** *vt, vpr* to shake **LOC** **estremecerse de dolor** to wince with pain

**estrenar** *vt* **1** (*ropa, casa, etc*): *Estreno zapatos.* I'm wearing new shoes. ◊ *¿Estrenas coche?* Is that a new car you're driving? **2** (*película*) to première **3** (*obra de teatro*) to stage *sth* for the first time

**estreno** *nm* **1** (*película*) première **2** (*obra de teatro*) first night

**estreñido, -a** *adj* constipated *Ver tb* ESTREÑIR

**estreñimiento** *nm* constipation

**estreñir** *vt* to make *sb* constipated
▶ **estreñirse** *vpr* to become constipated

**estrés** *nm* stress **LOC** **tener estrés** to be suffering from stress

**estresante** *adj* stressful

**estría** *nf* **1** (*decoración*) groove **2** (*piel*) stretch mark

**estribillo** *nm* **1** (*canción*) chorus **2** (*poema*) refrain

**estribo** *nm* stirrup

**estribor** *nm* starboard **LOC** **a estribor** to starboard

**estricto, -a** *adj* strict

**estridente** *adj* **1** (*sonido*) shrill **2** (*color*) gaudy

**estrofa** *nf* verse

**estropajo** *nm* loofah

**estropear** *vt* **1** to spoil: *Nos estropeaste los planes.* You've spoiled our plans. **2** (*aparato*) to break
▶ **estropearse** *vpr* **1** (*averiarse*) to break down **2** (*comida*) to go bad

**estructura** *nf* structure

**estruendo** *nm* racket

**estrujar** *vt* **1** (*naranja, mano, etc.*) to squeeze **2** (*papel*) to crumple *sth* (up)

**estuario** *nm* estuary [*pl* estuaries]

**estuche** *nm* **1** (*pinturas, maquillaje, joyas*) box **2** (*lápices, instrumento musical*) case

**estudiante** *nmf* student: *un grupo de ~s de medicina* a group of medical students **LOC** *Ver* RESIDENCIA

**estudiantina** *nf* student musical group

**estudiar** *vt, vi* to study: *Me gustaría ~ francés.* I'd like to study French. ◊ *Estudia en un colegio privado.* She goes to a private school. **LOC** **estudiar de memoria** to learn *sth* by heart *Ver tb* MATAR

**estudio** *nm* **1** (*actividad de estudiar, trabajo, habitación*) study [*pl* studies]: *Han realizado ~s sobre la materia.* They've done studies on the subject. ◊ *Tiene todos los libros en el ~.* All her books are in the study. **2** (*Cine, TV, Fot*) studio [*pl* studios] **3** (*apartamento*) studio (apartment) **4 estudios** education: *~s primarios* elementary education **LOC** *Ver* PLAN, PROGRAMA

**estudioso, -a** *adj* studious

**estufa** *nf* fire: *~ eléctrica/de gas* electric/gas fire

**estupendo, -a** *adj* fantastic

**estúpido, -a** *adj* stupid
▶ *nm-nf* idiot

**etapa** *nf* stage: *Hicimos el viaje en dos ~s.* We made the trip in two stages. **LOC** **por etapas** in stages

**etcétera** *nm* et cetera (*abrev* etc.)

**eternidad** *nf* eternity **LOC** **una eternidad** forever: *Te tardaste una ~.* You took forever.

**etiqueta**

label

price tag

**eternizarse** *vpr* to take forever (*doing/ to do sth*): *Se eterniza en el baño.* He takes forever in the bathroom.

**eterno, -a** *adj* eternal

**ética** *nf* ethics

**ético, -a** *adj* ethical

**etimología** *nf* etymology [*pl* etymologies]

**etiqueta** *nf* 1 label: *la ~ de un paquete/ una botella* the label on a package/bottle 2 (*precio*) price tag ➜ *Ver dibujo en pág 121* **LOC de etiqueta** formal: *traje de ~* formal dress

**etiquetar** *vt* to label

**etnia** *nf* ethnic group

**étnico, -a** *adj* ethnic

**eucalipto** *nm* eucalyptus [*pl* eucalyptuses/eucalypti]

**Eucaristía** *nf* Eucharist

**euforia** *nf* euphoria

**eufórico, -a** *adj* euphoric

**euro** *nm* euro [*pl* euros]

**Europa** *nf* Europe

**europeo, -a** *adj, nm-nf* European **LOC** *Ver* UNIÓN

**eutanasia** *nf* euthanasia

**evacuación** *nf* evacuation

**evacuar** *vt* 1 (*desalojar*) to vacate: *El público evacuó el cine.* The audience vacated the movie theater. 2 (*trasladar*) to evacuate: *~ a los refugiados* to evacuate the refugees

**evadido, -a** *nm-nf* escapee

**evadir** *vt* 1 (*eludir*) to evade: *~ impuestos* to evade taxes 2 (*dinero*) to smuggle *sth* out of the country
▶ **evadirse** *vpr* **evadirse (de)** to escape (from *sth*)

**evaluación** *nf* (*Educ*) assessment

**evaluar** *vt* to assess

**evangelio** *nm* gospel: *el ~ según San Juan* the gospel according to Saint John

**evaporación** *nf* evaporation

**evaporar(se)** *vt, vpr* to evaporate

**evasión** *nf* 1 (*fuga*) escape 2 (*distracción*) distraction **LOC evasión de impuestos** tax evasion

**evasiva** *nf* excuse: *Siempre estás con ~s.* You're always making excuses.

**evidencia** *nf* evidence **LOC poner a algn en evidencia** to make a fool of sb

**evidente** *adj* obvious

**evitar** *vt* 1 (*impedir*) to prevent: *~ una catástrofe* to prevent a disaster 2 (*rehuir*) to avoid *sth/sb/doing sth*: *Me evita a toda costa.* He does everything he can to

avoid me. **LOC no lo puedo evitar** I, you, etc. can't help it **si puedo evitarlo** if I, you, etc. can help it

**evocar** *vt* to evoke

**evolución** *nf* 1 (*Biol*) evolution 2 (*desarrollo*) development

**evolucionar** *vi* 1 (*Biol*) to evolve 2 (*desarrollarse*) to develop

**ex** *nmf* ex

**exactitud** *nf* 1 (*precisión*) exactness 2 (*descripción, reloj*) accuracy **LOC con exactitud** exactly: *No se sabe con ~.* We don't know exactly.

**exacto, -a** *adj* 1 (*preciso*) exact: *Necesito las medidas exactas.* I need the exact measurements. ◇ *Dos kilos ~s.* Exactly two kilograms. 2 (*descripción, reloj*) accurate: *No me dieron una descripción muy exacta.* They didn't give me a very accurate description. 3 (*idéntico*) identical: *Las dos copias son exactas.* The two copies are identical.
▶ **¡exacto!** *interj* exactly
▶ *nm* (*navaja*) cutter knife [*pl* cutter knives]

**exageración** *nf* exaggeration

**exagerado, -a** *adj* 1 (*que exagera*) exaggerated: *No seas ~.* Don't exaggerate. 2 (*excesivo*) excessive: *El precio me parece ~.* I think the price is excessive. *Ver tb* EXAGERAR

**exagerar** *vt, vi* to exaggerate: *~ la importancia de algo* to exaggerate the importance of sth ◇ *No exageres.* Don't exaggerate.

**exaltado, -a** *adj* angry (*about/at sth*)
▶ *nm-nf* hothead: *un grupo de ~s* a group of hotheads *Ver tb* EXALTAR

**exaltar** *vt* (*alabar*) to praise
▶ **exaltarse** *vpr* to get heated

**examen** *nm* exam, examination (*formal*): *tomar un ~* to take an exam **LOC examen de admisión/ingreso** entrance exam **examen de manejo** driving test **examen extraordinario** retake **examen final** finals [*pl*] **tener exámenes** to be taking exams *Ver tb* PRESENTAR

**examinador, -ora** *nm-nf* examiner

**examinar** *vt* to examine

**excavación** *nf* excavation

**excavadora** *nf* digger

**excavar** *vt* 1 to dig: *~ un túnel* to dig a tunnel 2 (*Arqueología*) to excavate

**excelencia** *nf* **LOC por excelencia** par excellence **Su Excelencia** His/Her Excellency **Su/Vuestra Excelencia** Your Excellency

**excelente** *adj* excellent

**excepción** *nf* exception **LOC a/con excepción de** except (for) *sth/sb*

**excepcional** *adj* exceptional

**excepto** *prep* except (for) *sth/sb*: *todos ~ yo* everybody except me ◊ *todos ~ el último* all of them except (for) the last one

**exceptuar** *vt*: *Exceptuando a uno, el resto son veteranos.* Except for one, the rest are all veterans.

**excesivo, -a** *adj* excessive

**exceso** *nm* ~ **(de)** excess (of *sth*) **LOC** **con/en exceso** too much **exceso de equipaje** excess baggage

**excitar** *vt* **1** (*estimular, sexualmente*) to excite **2** (*nervios*) to make *sb* nervous
▶ **excitarse** *vpr* to get excited (*about/at/by sth*)

**exclamación** *nf* (*signo de puntuación*) exclamation point, exclamation mark (*GB*) ➔ *Ver pág 308*

**exclamar** *vi, vt* to exclaim

**excluir** *vt* to exclude *sth/sb* (*from sth*)

**exclusiva** *nf* (*reportaje*) exclusive

**exclusive** *adv*: *hasta el 24 de mayo ~* up to, but not including, 24 May

**exclusivo, -a** *adj* exclusive

**excomulgar** *vt* to excommunicate

**excomunión** *nf* excommunication

**excursión** *nf* excursion **LOC** **ir/salir de excursión** to go on an excursion

**excursionismo** *nm* hiking: *hacer ~* to go hiking

**excursionista** *nmf* hiker

**excusa** *nf* excuse (*for sth/doing sth*): *Siempre pone ~s para no venir.* He always finds an excuse not to come.

**excusado** *nm Ver* ESCUSADO

**exento, -a** *adj* ~ **(de) 1** (*exonerado*) exempt (from *sth*) **2** (*libre*) free (from *sth*)

**exhalar** *vt* **1** (*gas, vapor, olor*) to give *sth* off **2** (*suspiro, queja*): *~ un suspiro de alivio* to heave a sigh of relief ◊ *~ un gemido de dolor* to groan with pain
▶ *vi* to breathe out, to exhale (*más formal*)

**exhaustivo, -a** *adj* thorough, exhaustive (*más formal*)

**exhausto, -a** *adj* exhausted

**exhibición** *nf* exhibition

**exhibicionismo** *nm* **1** exhibitionism **2** (*sexual*) indecent exposure

**exhibicionista** *nmf* **1** exhibitionist **2** (*sexual*) flasher

**exhibir** *vt* **1** (*exponer*) to exhibit **2** (*película*) to show
▶ **exhibirse** *vpr* (*presumir*) to show off

**exigencia** *nf* **1** (*requerimiento*) requirement **2** (*pretensión*) demand (*for sth/that…*)

**exigente** *adj* **1** (*que pide mucho*) demanding **2** (*estricto*) strict

**exigir** *vt* **1** (*pedir*) to demand *sth* (*from sb*): *Exijo una explicación.* I demand an explanation. **2** (*requerir*) to require: *Exige una preparación especial.* It requires special training. **LOC** *Ver* RESCATE

**exiliado, -a** *adj* exiled
▶ *nm-nf* exile *Ver tb* EXILIAR

**exiliar** *vt* to exile *sb* (*from…*)
▶ **exiliarse** *vpr* **exiliarse (a/en)** to go into exile (in…)

**exilio** *nm* exile

**existencia** *nf* **1** (*hecho de existir*) existence **2** **existencias (a)** (*provisiones*) stock(s): *Se nos están acabando las ~s de carne.* Our stock of meat is running low. **(b)** (*Com*) stock [*incontable*] **LOC** *Ver* COMPLICAR

**existir** *vi* **1** (*haber*) there is/there are: *No existe una voluntad de colaboración.* There is no spirit of cooperation. **2** (*tener existencia*) to exist: *Esa palabra no existe.* That word doesn't exist.

**éxito** *nm* **1** success **2** (*canción, película, etc.*) hit: *su último ~* their latest hit **LOC** **tener éxito** to be successful

**exorcismo** *nm* exorcism

**exótico, -a** *adj* exotic

**expandir** *vt* **1** to expand **2** (*incendio, rumor*) to spread
▶ **expandirse** *vpr* to spread

**expansión** *nf* **1** expansion **2** (*diversión*) relaxation

**expansionar** *vt* to expand
▶ **expansionarse** *vpr* **1** to expand **2** **expansionarse (con)** (*divertirse*) to relax (with *sth*)

**expatriado, -a** *adj, nm-nf* expatriate: *americanos ~s en México* expatriate Americans living in Mexico *Ver tb* EXPATRIAR

**expatriar** *vt* to exile
▶ **expatriarse** *vpr* to emigrate

**expectación** *nf* **1** (*espera*) waiting: *Se acabó la ~.* The waiting came to an end. **2** (*interés*) expectancy: *La ~ está creciendo.* Expectancy is growing.

**expectativa** *nf* **1** (*esperanza*) expectation: *Superó mis ~s.* It exceeded my expectations. **2** (*perspectiva*) prospect: *~s electorales* electoral prospects **LOC** **estar a la expectativa** to be on the lookout (*for sth*)

**expedición** *nf* (*viaje*) expedition

**expediente** *nm* **1** (*documentación*) file: *los ~s municipales* municipal files **2** (*empleado, estudiante*) record: *tener un buen ~ académico* to have a good academic record **3** (*Jur*) proceedings [*pl*] **LOC** *Ver* ABRIR

**expedir** vt **1** (carta, paquete) to send **2** (emitir) to issue: ~ un pasaporte to issue a passport

**expensas** nf: a nuestras ~ at our expense

**experiencia** nf experience: años de ~ laboral years of work experience ◊ Fue una gran ~. It was a great experience. **LOC** sin experiencia inexperienced

**experimentado, -a** adj (persona) experienced Ver tb EXPERIMENTAR

**experimental** adj experimental: con carácter ~ on an experimental basis

**experimentar** vi ~ (con) to experiment (with sth)
▶ vt **1** (aumento, mejoría) to show **2** (cambio) to undergo

**experimento** nm experiment: hacer un ~ to carry out an experiment

**experto, -a** nm-nf ~ (en) expert (at/in/on sth)

**expirar** vi to expire

**explanada** nf open area

**explicación** nf explanation

**explicar** vt to explain sth (to sb): Me explicó sus problemas. He explained his problems to me.
▶ explicarse vpr (entender) to understand: No me explico cómo sucedió todo esto. I don't understand how all that happened. **LOC** ¿me explico? do you see what I mean?

**explorador, -ora** nm-nf explorer

**explorar** vt **1** (país, región) to explore **2** (Med) to examine

**explosión** nf explosion: una ~ nuclear a nuclear explosion ◊ la ~ demográfica the population explosion **LOC** hacer **explosión** to explode

**explosivo, -a** adj, nm explosive

**explotar** vi (hacer explosión) to explode

**exponer** vt **1** (cuadro) to exhibit **2** (ideas) to present **3** (vida) to risk
▶ exponerse vpr **exponerse a** to expose yourself to sth: No te expongas demasiado al sol. Don't stay out in the sun too long. **LOC** exponerse a que… to risk sth: Te expones a que te multen. You're risking a fine.

**exportación** nf export **LOC** Ver IMPORTACIÓN

**exportador, -ora** adj exporting: los países ~es de petróleo the oil-exporting countries
▶ nm-nf exporter

**exportar** vt to export

**exposición** nf **1** (de arte) exhibition: una ~ de fotografías an exhibition of photographs ◊ montar una ~ to put on an exhibition **2** (de un tema) presentation

**exprés** adj express: una carta ~ an express letter **LOC** Ver CAFÉ, CAFETERA, OLLA

**expresar** vt to express

**expresión** nf expression **LOC** Ver LIBERTAD

**expresivo, -a** adj **1** expressive: una expresiva pieza musical an expressive piece of music **2** (mirada) meaningful **3** (afectuoso) affectionate

**expreso, -a** adj, nm express **LOC** Ver CAFÉ

**exprimidor** nm **1** (manual) lemon squeezer **2** (eléctrico) juicer

**exprimir** vt (fruta) to squeeze

**expulsar** vt **1** to expel sb (from… ): La van a ~ del colegio. They're going to expel her (from school). **2** (Dep) to expel, to send sb off (GB): Fue expulsado del terreno de juego. He was expelled from the field (of play).

**expulsión** nf **1** expulsion: Este año ha habido tres expulsiones en la escuela. There have been three expulsions from the school this year. **2** (Dep) expulsion, sending-off [pl sendings-off] (GB)

**exquisito, -a** adj **1** (comida, bebida) delicious **2** (gusto, objeto) exquisite

**éxtasis** nm ecstasy [pl ecstasies]

**extender** vt **1** (desdoblar, desplegar) to spread sth (out): ~ un mapa sobre la mesa to spread a map out on the table **2** (alargar) to extend: ~ una mesa to extend a table **3** (brazo) to stretch sth out **4** (alas, mantequilla, pintura) to spread
▶ extenderse vpr **1** (costumbre, noticia, epidemia) to spread: La epidemia se extendió por todo el país. The epidemic spread through the whole country. **2** (en el espacio) to stretch: El jardín se extiende hasta el lago. The garden stretches down to the lake. **3** (en el tiempo) to last: El debate se extendió durante horas. The debate lasted for hours.

**extendido, -a** adj **1** (general) widespread **2** (brazos) outstretched **LOC** Ver PLATO; Ver tb EXTENDER

**extensión** nf **1** (superficie) area: una ~ de 30 metros cuadrados an area of 30 square meters **2** (duración): una gran ~ de tiempo a long period of time ◊ ¿Cuál es la ~ del contrato? How long is the contract for? **3** (teléfono) extension

**extenso, -a** adj **1** (superficie) extensive **2** (periodo de tiempo) long

**exterior** adj **1** outer: la capa ~ de la Tierra the outer layer of the earth **2** (comercio, política) foreign: política ~ foreign policy

▶ *nm* outside: *el ~ de la casa* the outside of the house ◊ *desde el ~ del teatro* from outside the theater **LOC** *Ver* MINISTERIO, MINISTRO, SECRETARIA, SECRETARIO

**exterminar** *vt* to exterminate

**externo, -a** *adj* **1** external: *influencias externas* external influences **2** (*capa, superficie*) outer: *la capa externa de la piel* the outer layer of skin **3** (*comercio, política*) foreign
▶ *nm-nf* day student **LOC** *Ver* USO

**extinción** *nf* (*especie*) extinction: *en peligro de ~* in danger of extinction

**extinguir** *vt* **1** (*fuego*) to put *sth* out **2** (*especie*) to wipe *sth* out
▶ **extinguirse** *vpr* **1** (*fuego*) to go out **2** (*especie*) to become extinct

**extintor** *nm* fire extinguisher

**extirpar** *vt* (*Med*) to remove

**extra** *adj* **1** (*superior*) top quality **2** (*adicional*) extra: *una capa ~ de barniz* an extra coat of varnish
▶ *nmf* (*Cine, Teat*) extra **LOC** *Ver* HORA

**extraer** *vt* **1** to extract *sth* (*from sth/sb*): *~ oro de una mina* to extract gold from a mine ◊ *~le información a algn* to extract information from sb **2** (*sangre*) to take *sth* (*from sb*)

**extraescolar** *adj* extracurricular: *actividades ~es* extracurricular activities

**extranjero, -a** *adj* foreign
▶ *nm-nf* foreigner **LOC** al/en el extranjero abroad

**extrañar** *vt* **1** (*echar de menos*) to miss: *Extraño mucho mi cama.* I really miss my bed. **2** (*sorprender*) to surprise: *Me extrañó ver tanta gente.* I was surprised to see so many people.
▶ **extrañarse** *vpr* to be surprised (*at/by sth/sb*): *No me extraña que no quiera venir.* I'm not surprised he doesn't want to come. **LOC** ya me extrañaba a mí I thought it was strange

**extraño, -a** *adj* strange: *Oí un ruido ~.* I heard a strange noise.
▶ *nm-nf* stranger

**extraordinario, -a** *adj* **1** (*excelente*) excellent: *La comida estaba extraordinaria.* The food was excellent. **2** (*especial*) special: *edición extraordinaria* special edition **3** (*convocatoria, reunión*) extraordinary: *convocatoria extraordinaria* extraordinary meeting
▶ **extraordinarios** *nmpl* **1** (*exámenes*) retakes **2** (*clases*) summer school

**extraterrestre** *adj* extraterrestrial
▶ *nmf* alien

**extraviado, -a** *adj* **1** (*persona, cosa*) lost **2** (*animal*) stray *Ver* EXTRAVIAR

**extraviar** *vt* to lose
▶ **extraviarse** *vpr* **1** (*persona*) to get lost: *Se extraviaron los niños en el bosque.* The children got lost in the woods. **2** (*animal*) to stray **3** (*objeto*) to be missing: *Se me extraviaron las gafas.* My glasses are missing.

**extremar** *vt* to maximize: *~ las medidas de seguridad* to maximize security controls ◊ *~ las precauciones* to take strict precautions

**extremidad** *nf* **1** (*extremo*) end **2** extremidades (*cuerpo*) extremities

**extremo, -a** *adj* extreme: *un caso ~* an extreme case ◊ *hacer algo con extrema precaución* to do sth with extreme care
▶ *nm* **1** extreme: *ir de un ~ a otro* to go from one extreme to another **2** (*punta*) end: *Agarra el mantel por los ~s.* Take hold of the ends of the tablecloth. ◊ *Viven en el otro ~ de la ciudad.* They live at the other end of town.

**extrovertido, -a** *adj* extrovert [*n*]: *Es muy ~.* He's a real extrovert.

# F f

**fa** nm **1** (nota de la escala) fa **2** (tonalidad) F: *fa mayor* F major

**fábrica** nf **1** factory [pl factories]: *una ~ de conservas* a canning factory **2** (cemento, acero, ladrillos) works: *Va a cerrar la ~ de acero.* The steelworks is closing down. LOC **fábrica de azúcar/papel** sugar/paper mill **fábrica de cerveza** brewery [pl breweries]

**fabricación** nf manufacture, making (*más coloq*): *~ de aviones* aircraft manufacture LOC **de fabricación mexicana, holandesa, etc.** made in Mexico, Holland, etc.

**fabricante** nmf manufacturer

**fabricar** vt to manufacture, to make (*más coloq*): *~ coches* to manufacture cars LOC **fabricar en serie** to mass-produce

**facha** nf **1** (aspecto) look: *No me gusta mucho su ~.* I don't much like the look of him. **2** (adefesio) sight: *Con esa chamarra está hecho una ~.* He's a real sight in that jacket.

**fachada** nf (Arquit) façade, front (*más coloq*): *la ~ del hospital* the front of the hospital

**fácil** adj **1** (sencillo) easy: *Es más ~ de lo que parece.* It's easier than it looks.: *Eso es ~ de decir.* That's easy to say. **2** (probable): *No es ~ que me lo den.* They're unlikely to let me have it. ◊ *Es ~ que llegue tarde.* He's likely to be late.

**factor** nm factor: *un ~ clave* a key factor

**factura** nf invoice: *¿Va a requerir ~?* Do you need an invoice?

**facturar** vt to invoice, to bill (*más coloq*)

**facultad** nf **1** (capacidad) faculty [pl faculties]: *en plena posesión de sus ~es mentales* in full possession of his mental faculties ◊ *Perdió sus ~es.* He's lost his faculties. **2** (Educ) **(a)** (universidad) college: *un compañero de la ~* a friend of mine from college **(b) Facultad** Faculty [pl Faculties]: *~ de Filosofía y Letras* Faculty of Arts

**faena** nf LOC **faenas agrícolas/del campo** farm work [incontable]

**faja** nf **1** (fajín) sash **2** (ropa interior) girdle

**fajo** nm bundle: *un ~ de billetes nuevos* a bundle of crisp bills

**falda** nf **1** (prenda) skirt **2** (montaña) lower slope LOC **falda escocesa 1** plaid skirt **2** (traje típico) kilt **falda pantalón** culottes [pl]

**faldero, -a** adj LOC Ver PERRO

**fallar** vi **1** to fail: *Me falla la vista.* My eyesight's failing. **2** (a un amigo) to let sb down
▶ vt to miss: *El cazador falló el tiro.* The hunter missed. LOC **¡no falla!** it, he, etc. is always the same: *Seguro que llega tarde, no falla nunca.* He's bound to be late; he's always the same.

**fallecer** vi to pass away

**fallo** nm **1** (error) mistake, error (*más formal*): *debido a un ~ humano* due to human error **2** (defecto) fault: *un ~ en los frenos* a fault in the brakes **3** (Jur) ruling **⊃** Ver nota en MISTAKE

**falluca** nf smuggled goods [pl]

**falsificación** nf forgery [pl forgeries]

**falsificar** vt to forge

**falso, -a** adj **1** false: *una falsa alarma* a false alarm **2** (de imitación) fake: *diamantes ~s* fake diamonds

**falta** nf **1** ~ **de** (carencia) lack of sth: *su ~ de ambición/respeto* his lack of ambition/respect **2** (error) mistake: *muchas ~s de ortografía* a lot of spelling mistakes **3** (Dep) foul: *hacer (una) ~* to commit a foul LOC **falta (de asistencia)** absence: *Ya tienes tres ~s este mes.* That's three times you've been absent this month. ◊ *No quiero que me pongan ~.* I don't want to be marked absent. **falta de educación** rudeness: *¡Qué ~ de educación!* How rude! **hace(n) falta** to need sth/to do sth [vt]: *Me hace ~ un carro.* I need a car. ◊ *Hacen ~ cuatro sillas más.* We need four more chairs. ◊ *Llévatelo, no me hace ~.* Take it, I don't need it. ◊ *Te hace ~ estudiar más.* You need to study harder. ◊ *No hace ~ que vengas.* You don't have to come. **sin falta** without fail Ver tb MARCAR

**faltar** vi **1** (necesitar) to need sth/sb [vt]: *Les falta cariño.* They need affection. ◊ *Aquí falta un director.* This place needs a manager. ◊ *Me faltan dos monedas para poder llamar.* I need two coins to make a phone call. ◊ *Faltan medicinas en muchos hospitales.* Many hospitals need medicines. **2** (no estar) to be missing: *¿Falta alguien?* Is there anybody missing? **3** ~ **(a)** (no acudir a un sitio) to miss sth [vt]: *~ a una clase* to miss a class **4** (quedar tiempo): *Faltan diez minutos (para que se termine la clase).* There are ten minutes to go (till the end of class). ◊ *Faltan cinco para las doce.* It's five to twelve. ◊ *¿Falta mucho para comer?* Is it long till lunch? ◊ *¿Te falta mucho?* Are

you going to be long? **LOC** faltar al respeto to show no respect *to sb* faltarle un tornillo a algn to have a screw loose ¡lo que faltaba! that's all I/we needed!

**fama** *nf* **1** (*celebridad*) fame: *alcanzar la ~* to achieve fame **2** ~ (de) (*reputación*) reputation (for *sth/doing sth*): *tener buena/mala ~* to have a good/bad reputation ◊ *Tiene ~ de ser muy estricto.* He has a reputation for being very strict.

**familia** *nf* family [*pl* families]: *una ~ numerosa* a large family ◊ *¿Cómo está tu ~?* How's your family? ◊ *Mi ~ vive en Francia.* My family lives in France. ◊ *Mi ~ es del norte.* My family is from the north.

Hay dos formas posibles de expresar el apellido de la familia en inglés: con la palabra **family** ("the Robinson family") o poniendo el apellido en plural ("the Robinsons").

**LOC** madre/padre de familia mother/father venir de familia to run in the family *Ver tb* CABEZA

**familiar** *adj* **1** (*de la familia*) family: *lazos ~es* family ties **2** (*conocido*) familiar: *una cara ~* a familiar face
▸ *nmf* (*pariente*) relative **LOC** *Ver* CANASTA, PLANIFICACIÓN

**famoso, -a** *adj* ~ (por) **1** (*célebre*) famous (for *sth*): *hacerse ~* to become famous **2** (*de mala fama*) notorious (for *sth*): *Es ~ por su genio.* He's notorious for his bad temper.

**fan** *nmf* fan

**fanático, -a** *nm-nf* fanatic

**fanfarrón, -ona** *adj, nm-nf* show-off [*n*]: *Es un ~ sin remedio.* He's a terrible show-off.

**fantasía** *nf* fantasy [*pl* fantasies]: *Son ~s suyas.* That's just a fantasy of his.

**fantasma** *nm* ghost: *un relato de ~s* a ghost story

**fantástico, -a** *adj* fantastic

**farmacéutico, -a** *nm-nf* pharmacist

**farmacia** *nf* drugstore, chemist's (*GB*): *¿Dónde hay una ~ por aquí?* Is there a drugstore near here? ➲ *Ver nota en* PHARMACY

**faro** *nm* **1** (*torre*) lighthouse **2** (*coche, moto, bicicleta*) headlight ➲ *Ver dibujo en* COCHE

**farol** *nm* **1** (*en la calle*) street light **2** (*lámpara*) lantern **3** (*fanfarronada*) bluff **LOC** ser un farol (*presuntuoso*) to be a show-off

**fascículo** *nm* installment: *publicar/vender algo en/por ~s* to publish/sell sth in installments

**fascinante** *adj* fascinating

**fascinar** *vt* to fascinate: *Aquellos trucos fascinaron a los niños.* The children were fascinated by those tricks.

**fascismo** *nm* fascism

**fascista** *adj, nmf* fascist

**fase** *nf* stage, phase (*más formal*): *la ~ previa/clasificatoria* the preliminary/ qualifying stage

**fastidiar** *vt* **1** (*molestar, zapatos*) to annoy, to bug (*coloq*): *Deja de ~a los niños.* Stop annoying the children. **2** (*estropear*) to ruin: *La lluvia nos fastidió los planes.* The rain ruined our plans.
▸ *vi*: *Me fastidia mucho tener que ir.* I'm really annoyed that I have to go. ◊ *¿No te fastidia madrugar tanto?* Doesn't having to get up early bother you?
▸ **fastidiarse** *vpr* to be ruined: *Se nos fastidiaron las vacaciones.* Our vacations were ruined. **LOC** ¡no fastidies! stop bothering me! ¡para que te fastidies! so there! ¡te fastidias! tough!

**fastidioso, -a** *adj* annoying, tiresome (*más formal*)

**fatal** *adj* **1** (*muy malo*) terrible: *Tuvieron un año ~.* They had a terrible year. ◊ *Me encuentro ~.* I feel terrible. **2** (*irreparable*) fatal: *un accidente ~* a fatal accident
▸ *adv* really badly: *Se portaron ~.* They behaved really badly. **LOC** *Ver* OLER

**fauna** *nf* fauna

**favor** *nm* favor: *¿Me haces un ~?* Can you do me a favor? ◊ *pedirle un ~ a algn* to ask sb a favor **LOC** a favor de in favor of *sth/sb/doing sth*: *Estamos a ~ de actuar.* We're in favor of taking action. **por favor** please *Ver tb* PRONUNCIAR

**favorable** *adj* favorable

**favorecer** *vt* **1** (*beneficiar*) to favor: *Estas medidas nos favorecen.* These measures favor us. **2** (*ropa, peinado*) to look good on *sb*. *Te favorece el rojo.* Red looks good on you.

**favoritismo** *nm* favoritism

**favorito, -a** *adj, nm-nf* favorite

**fax** *nm* fax: *mandar un ~* to send a fax ◊ *Lo mandaron por ~.* They faxed it.

**fayuca** *nf Ver* FALLUCA

**fe** *nf* faith (*in sth/sb*)

**febrero** *nm* February (*abrev* Feb.) ➲ *Ver ejemplos en* ENERO

**fecha** *nf* **1** date: *¿A qué ~ estamos?* What's the date today? ◊ *Tiene ~ del 3 de mayo.* It is dated May 3. **2 fechas** (*época*) time [*v sing*]: *en/por estas ~s* at/around this time (of the year) **LOC** fecha de caducidad expiration date, expiry date

(GB) **fecha límite/tope 1** (solicitud) closing date **2** (proyecto) deadline Ver tb PASADO

**fecundar** vt to fertilize

**federación** nf federation

**federal** adj federal

**felicidad** nf **1** (dicha) happiness: cara de ~ a happy face **2 felicidades (a)** best wishes (on…): Te deseo muchas ~es por tu cumpleaños. Best wishes on your birthday. **(b)** (enhorabuena) congratulations (on sth/doing sth): Felicidades por tu nuevo trabajo/por haber aprobado. Congratulations on your new job/on passing your exams. LOC ¡felicidades! congratulations!

**felicitar** vt **1** (dar la enhorabuena) to congratulate sb (on sth): Lo felicité por el ascenso. I congratulated him on his promotion. ◊ ¡Te felicito! Congratulations! **2** (fiestas) to wish sb (a) happy…: Me felicitaron por las Navidades. They wished me a merry Christmas.

**feliz** adj happy LOC ¡Feliz cumpleaños! Happy birthday! ¡Feliz Navidad! Merry Christmas! Ver tb VIAJE

**femenil** adj women's: voleibol ~ women's volleyball

**femenino, -a** adj **1** female: el sexo ~ the female sex **2** (Dep, moda) women's: el equipo ~ the women's team **3** (característico de la mujer, Gram) feminine: Lleva ropa muy femenina. She wears very feminine clothes. ➔ Ver nota en FEMALE

**feminista** adj, nmf feminist

**fenomenal** adj fantastic LOC pasarla fenomenal to have a fantastic time

**fenómeno** nm phenomenon [pl phenomena]: ~s climatológicos meteorological phenomena LOC ser un fenómeno to be fantastic: Este actor es un ~. This actor is fantastic.

**feo, -a** adj **1** (aspecto) ugly: una persona/casa fea an ugly person/house **2** (desagradable) nasty: Esa es una costumbre muy fea. That's a very nasty habit.

**féretro** nm casket, coffin (GB)

**feria** nf **1** fair: ~ del libro book fair ◊ Ayer fuimos a la ~. We went to the fair yesterday. **2** (dinero) money LOC feria de muestras trade fair irle a algn como en (la) feria to go very badly

**fermentar** vt, vi to ferment

**feroz** adj fierce LOC Ver HAMBRE

**ferretería** nf **1** (tienda) hardware store **2** (objetos) hardware: artículos de ~ hardware

**ferrocarril** nm railroad, train (más coloq): estación de ~ train station ◊ viajar por ~ to travel by train

**ferry** nm ferry [pl ferries]

**fértil** adj (tierra, persona) fertile

**festín** nm feast: ¡Vaya ~ que nos dimos! What a feast we had!

**festival** nm festival

**festividad** nf **1** (día festivo) holiday: la ~ del primero de mayo the May Day holiday **2** (Relig) festival

**festivo, -a** adj LOC Ver DÍA

**fétido, -a** adj foul-smelling

**feto** nm fetus [pl fetuses]

**fiable** adj reliable

**fianza** nf **1** (Jur) bail [incontable]: una ~ de tres millones de pesos bail of three million pesos **2** (Com) deposit LOC Ver LIBERTAD

**fiar** vt to let sb have sth on credit: Me fiaron el pan. They let me have the bread on credit.
▶ vi to give credit
▶ **fiarse** vpr fiarse de to trust sb/sth: No me fío de ella. I don't trust her. LOC ser de fiar to be trustworthy

**fibra** nf fiber LOC fibra de vidrio fiberglass

**ficción** nf fiction

**ficha** nf **1** (tarjeta) (index) card **2** (pieza de juego) (playing) piece: Se perdió una ~. We lost a piece. **3** (equivalente al dinero) token: ~s para maquinitas slot machine tokens LOC ficha médica/policial medical/police record fichas de dominó dominoes

**fichaje** nm (Dep) signing: el nuevo ~ del Chelsea Chelsea's new signing

**fichar** vt **1** (policía) to open a file on sb **2** (Dep) to sign

**fichero** nm **1** (mueble) filing cabinet **2** (caja) card index

**fidelidad** nf faithfulness LOC Ver ALTO

**fideo** nm noodle: sopa de ~s noodle soup LOC estar hecho un fideo to be as skinny as a rail

**fiebre** nf **1** (temperatura anormal) temperature: Ya te bajó/subió la ~. Your temperature has gone down/up. ◊ tener ~ to have a temperature ◊ Tiene 38° de ~. He has a temperature of 38°. **2** (enfermedad, interés exagerado) fever: ~ amarilla yellow fever LOC Ver DÉCIMO

**fiel** adj **1** ~ (a) (leal) faithful (to sth/sb) **2** ~ a (creencias, palabra) true to sth: ~ a sus ideas true to his ideas

**fieltro** nm felt

**fiera** nf wild animal LOC estar/ponerse hecho una fiera to be furious, to blow your top (coloq) Ver tb COMER

**fiero, -a** *adj* fierce

**fierro** *nm* **1** (*metal*) iron **2** (*para marcar ganado*) branding iron

**fiesta** *nf* **1** (*celebración*) party [*pl* parties]: *dar una ~ de cumpleaños* to hold a birthday party **2** (*día festivo*) public holiday, bank holiday (*GB*): *Mañana es ~.* Tomorrow is a holiday. **3** fiestas: *las ~s navideñas* the Christmas festivities ◊ *las ~s del pueblo* the town festival **LOC** **fiesta nacional** (*fiesta oficial*) public holiday: *Mañana es ~ nacional.* It's a public holiday tomorrow. **hacer/tener fiesta** to have a party *Ver tb* COLAR, SALÓN

**figura** *nf* figure: *una ~ de arcilla* a clay figure ◊ *una ~ política* a political figure

**figurar** *vi* **1** (*hallarse*) to be: *Mexico figura entre los países de la America Latina.* Mexico is one of the Latin American countries. **2** (*destacar*) to stand out from the crowd: *Les encanta ~.* They love standing out from the crowd.
▶ **figurarse** *vpr* to imagine: *Me figuro que ya habran salido.* I imagine they must have left by now ◊ *Ya me lo figuraba yo.* I thought as much.

**fijamente** *adv* **LOC** *Ver* MIRAR

**fijar** *vt* **1** (*sujetar, establecer*) to fix: *~ un precio/una fecha* to fix a price/date **2** (*atención*) to focus
▶ **fijarse** *vpr* **fijarse (en) 1** (*darse cuenta*) to see: *¿Te fijaste si estaban?* Did you see if they were there? **2** (*prestar atención*) to pay attention (to *sth*): *sin ~se en los detalles* without paying attention to detail **3** (*mirar*) to look at *sth/sb*: *Se fijaba mucho en ti.* He was looking at you a lot. **LOC** *Ver* PROHIBIDO

**fijo, -a** *adj* **1** (*sujeto, establecido*) fixed: *Las patas están fijas al suelo.* The legs are fixed to the ground. **2** (*permanente*) permanent: *un puesto/contrato ~* a permanent position/contract

**fila** *nf* **1** (*uno al lado de otro*) row: *Se sentaron en la primera/última ~.* They sat in the front/back row. **2** (*uno detrás de otro*) line: *Formad una ~.* Get in line. **3** filas (*Mil, Pol*) ranks **LOC** **(en) fila india** (in) single file *Ver tb* ESTACIONARSE, ROMPER

**filete** *nm* **1** (*fino*) filet: *~s de bacalao* cod filets **2** (*grueso*) steak ➔ *Ver nota en* COCER

**filmar** *vt* to film **LOC** *Ver* VIDEO

**filo** *nm* cutting edge **LOC** *Ver* ARMA

**filología** *nf* philology **LOC** **filología hispánica, inglesa, etc.** Spanish, English, etc.: *Soy licenciado en Filología Hispánica.* I have a degree in Spanish.

**filoso, -a** *adj* sharp

**filosofía** *nf* philosophy [*pl* philosophies]

**filósofo, -a** *nm-nf* philosopher

**filtrar** *vt* to filter
▶ **filtrarse** *vpr* **1** to filter (in/out) (*through sth*): *La luz se filtraba por los resquicios.* Light was filtering in through the cracks. **2** (*líquido*) to leak (in/out) (*through sth*): *Se filtró el agua por la pared.* Water has leaked in through the wall.

**filtro** *nm* filter **LOC** **filtro solar** sunscreen

**fin** *nm* **1** end: *a ~ de mes* at the end of the month ◊ *No es el ~ del mundo.* It's not the end of the world. **2** (*película, novela*) the end **3** (*finalidad*) purpose **LOC** **al/por fin** at last **al fin y al cabo** after all **en fin 1** (*bien*) well: *En ~, así es la vida.* Well, that's life. **2** (*en resumen*) in short **fin de semana** weekend: *Sólo nos vemos los ~es de semana.* We only see each other on weekends.

**final** *adj* final: *la decisión ~* the final decision
▶ *nm* **1** end: *a dos minutos del ~* two minutes from the end **2** (*novela, película*) ending: *un ~ feliz* a happy ending
▶ *nf* final: *la ~ de la copa* the Cup Final **LOC** **a finales de...** at the end of...: *a ~es del año* at the end of the year *Ver tb* CUARTO, EXAMEN, OCTAVO, PUNTO, RECTA, RESULTADO

**finalista** *adj, nmf* finalist: *Quedó ~ del torneo.* He reached the final round. ◊ *los equipos ~s* the finalists

**finca** *nf* **1** (*casa en el campo*) (country) estate **2** (*terreno de cultivo*) (plot of) land

**fingir** *vt, vi* to pretend: *Seguro que está fingiendo.* He's probably just pretending. ◊ *Fingieron no vernos.* They pretended they hadn't seen us.

**finlandés, -esa** *adj, nm* Finnish
▶ *nm-nf* Finn: *los finlandeses* the Finns

**fino, -a** *adj* **1** (*delgado*) fine: *un lápiz fino* a fine pencil **2** (*dedos, talle*) slender **3** (*elegante*) fancy, posh (*GB*): *¡Qué ~ te has vuelto!* You've become very fancy! **4** (*educado*) polite **5** (*vista, oído*) sharp **LOC** *Ver* SAL

**firma** *nf* **1** (*nombre*) signature: *Han recogido cien ~s.* They've collected a hundred signatures. **2** (*acto*) signing: *Hoy es la ~ del contrato.* The signing of the contract takes place today.

**firmar** *vt, vi* to sign: *Firme en la línea de puntos.* Sign on the dotted line.

**firme** *adj* firm: *un colchón ~* a firm mattress ◊ *Me mostré ~.* I stood firm.
▶ **¡firmes!** *interj* attention! **LOC** **ponerse (en) firmes** to stand to attention *Ver tb* MANTENER, TIERRA

**fiscal** *adj* tax: *los impuestos ~es* taxes
▶ *nmf* public prosecutor **LOC** *Ver* FRAUDE

**fisgón, -ona** adj nosy
▸ nm-nf busybody [pl busybodies]

**fisgonear** vt, vi ~ **(en)** to snoop around (in sth) [vi]: *Alguien ha estado fisgoneando en mis cosas.* Somebody has been snooping around in my things.

**física** nf physics [incontable]

**físico, -a** adj physical
▸ nm-nf (científico) physicist
▸ nm (aspecto) appearance: *El ~ es muy importante.* Appearance is very important. LOC Ver EDUCACIÓN

**fistol** nm tie tack

**flaco, -a** adj 1 (delgado) thin, skinny (coloq) ⊃ Ver nota en DELGADO 2 (débil) weak LOC Ver PUNTO

**flama** nf flame

**flamante** adj 1 (espléndido) smart 2 (nuevo) brand new

**flamenco, -a** adj, nm (cante y baile) flamenco
▸ nm (ave) flamingo [pl flamingos/flamingoes]

**flan** nm crème caramel ❶ En Gran Bretaña, la palabra **flan** significa *pay*.

**flaquear** vi to flag: *Me flaquean las fuerzas.* My strength is flagging.

**flash** nm flash

**flato** nm gases [pl], wind (GB)

**flauta** nf flute

**flautista** nmf flautist

**flecha** nf arrow

**flechazo** nm love at first sight: *Fue un ~.* It was love at first sight.

**fleco** nm **flecos 1** (adorno) fringe: *una chamarra de cuero con ~s* a fringed leather jacket **2** (borde deshilachado) frayed edge **3** (pelo) bangs pl fringe (GB)

**flequillo** nm fringe

**flexible** adj flexible

**flojera** nf laziness LOC dar/entrar flojera not to feel like *doing sth*: *Le da ~ ponerse a trabajar.* He doesn't feel like starting work. ◇ *Me da ~.* I really don't feel like it. ◇ *Después de comer me entra mucha ~.* I always feel very sleepy after lunch. ¡qué flojera!: *¡Qué ~ tener que levantarme ahora!* I really don't feel like getting up now.

**flojo, -a** adj 1 (perezoso) lazy 2 (poco apretado) **(a)** (tornillo, foco) loose: *un tornillo ~* a loose screw **(b)** (goma, cuerda) slack
▸ nm-nf (perezoso) lazy person [pl people]: *Mi hermano es un ~.* My brother is really lazy. LOC estar flojo en algo to be weak at/in sth: *Estoy muy ~ en historia.* I'm very weak at history.

**flor** nf **1** flower: *~es secas* dried flowers **2** (árbol frutal, arbusto) blossom [gen incontable]: *las ~es del almendro* almond blossom LOC en flor in bloom Ver tb NATA

**flora** nf flora

**floreado, -a** adj 1 flowery 2 (fig) elaborate

**florecer** vi 1 (planta) to flower 2 (árbol frutal, arbusto) to blossom 3 (prosperar) to flourish: *La industria está floreciendo.* Industry is flourishing.

**florería** nf flower shop

**florero** nm vase

**flota** nf fleet

**flotador** nm 1 (para nadar) float 2 (en cisterna) ballcock

**flotar** vi to float: *El balón flotaba en el agua.* The ball was floating on the water.

**flote** LOC a flote afloat: *El barco/negocio sigue a ~.* The ship/business is still afloat. sacar a flote 1 (barco) to refloat 2 (negocio) to put sth back on its feet salir a flote (fig) to pull through

**fluido, -a** adj 1 (circulación, diálogo) free-flowing 2 (lenguaje, estilo) fluent
▸ nm fluid Ver tb FLUIR

**fluir** vi to flow

**flúor** nm 1 (gas) fluorine 2 (dentífrico) fluoride

**fluorescente** adj fluorescent
▸ nm fluorescent light

**fluvial** adj river: *el transporte ~* river transport

**foca** nf seal

**foco** nm 1 (centro, Fot) focus [pl focuses]: *Eres el ~ de todas las miradas.* You're the focus of attention. **2** (lámpara) (light) bulb

**fogueo** nm LOC de fogueo blank: *munición de ~* blank ammunition

**folclore** (tb folklore) nm folklore

**folio** nm sheet (of paper)

**follaje** nm foliage

**folleto** nm 1 (librito) **(a)** (de publicidad) brochure: *un ~ de viajes* a travel brochure **(b)** (de información, instrucciones) booklet **2** (hoja) leaflet: *Recogí un ~ con el horario.* I picked up a leaflet with the timetable in it.

**fomentar** vt to promote

**fomento** nm promotion LOC fomento de empleo job creation

**fondo** nm **1** bottom: *llegar al ~ del asunto* to get to the bottom of things **2** (mar, río) bed **3 (a)** (calle, pasillo) end: *Está al ~ del pasillo, a la derecha.* It's at the end of the hallway on the right. **(b)** (habitación, escenario) back: *al ~ del restaurante* at the back of the restaurant

◇ *la habitación del* ~ the back room
**4** (*bote*) kitty [*pl* kitties]: *poner/hacer un* ~ (*común*) to have a kitty **5** (*prenda*) slip **6 fondos** (*dinero*) funds: *recaudar ~s* to raise funds **LOC a fondo 1** [*con sustantivo*] thorough: *una revisión a* ~ a thorough review **2** [*con verbo*] thoroughly: *Límpialo a* ~. Clean it thoroughly. **de fondo** (*Dep*) **1** (*Atletismo*) distance: *un corredor de* ~ a distance runner **2** (*Esquí*) cross-country **en el fondo 1** (*a pesar de las apariencias*) deep down: *Dices que no, pero en el* ~ *sí que te importa.* You say you don't mind, but deep down you do. **2** (*en realidad*) basically: *En el* ~ *todos pensamos lo mismo.* We are all basically in agreement. **sin fondo** bottomless *Ver tb* CHEQUE, MÚSICA

**fontanero, -a** *nm-nf* plumber

**forastero, -a** *nm-nf* stranger

**forcejear** *vi* to struggle

**forense** *nmf* forensic scientist

**forestal** *adj* forest: *un guarda/incendio* ~ a forest ranger/fire

**forjar** *vt* to forge **LOC forjarse ilusiones** to get your hopes up

**forma** *nf* **1** (*contorno*) shape: *en* ~ *de cruz* in the shape of a cross ◇ *La sala tiene* ~ *rectangular* The room is rectangular. **2** (*modo*) way: *Si lo hace de esta* ~ *es más fácil.* It's easier if you do it this way. ◇ *Es su* ~ *de ser.* It's just the way he is. ◇ *¡Vaya* ~ *de conducir!* What a way to drive! **3** (*formulario*) form **LOC de forma espontánea, indefinida, etc.** spontaneously, indefinitely, etc. **de todas formas** anyway **estar/ponerse en forma** to be/get in shape *Ver tb* CUALQUIERA, DICHO, MANTENER, PLENO

**formación** *nf* **1** (*creación*) formation: *la* ~ *de un gobierno* the formation of a government **2** (*educación*) education **LOC formación profesional** vocational training *Ver tb* INSTITUTO

**formado, -a** *adj* **LOC estar formado por** to consist of *sth/sb Ver tb* FORMAR

**formal** *adj* **1** formal: *una cena* ~ a formal dinner **2** (*de fiar*) reliable **3** (*que se porta bien*) well behaved: *un niño muy* ~ a very well-behaved child ➔ *Ver nota en* WELL BEHAVED

**formar** *vt* **1** (*crear*) to form: ~ *un grupo* to form a group **2** (*educar*) to educate
▶ *vi* (*Mil*) to fall in: *¡A* ~! Fall in!
▶ **formarse** *vpr* **1** (*hacerse*) to form **2** (*educarse*) to train

**formato** *nf* format

**fórmula** *nf* formula [*pl* formulas/formulae]

**formulario** *nm* form: *llenar un* ~ to fill out a form

**forrado, -a** *adj* ~ **(de)** (*libros, etc.*) covered (with *sth*) **LOC estar forrado** (*tener dinero*) to be rolling in it *Ver tb* FORRAR

**forrar** *vt* **1** (*el interior*) to line *sth* (with *sth*): ~ *una caja de terciopelo* to line a box with velvet **2** (*el exterior*) to cover *sth* (with *sth*): ~ *un libro con papel* to cover a book with paper

**forro** *nm* **1** (*interior*) lining: *poner un* ~ *a un abrigo* to put a lining in a coat **2** (*exterior*) cover

**fortaleza** *nf* **1** (*fuerza*) strength **2** (*fortificación*) fortress

**fortuna** *nf* **1** (*riqueza*) fortune **2** (*suerte*) fortune, luck (*más coloq*): *probar* ~ to try your luck **LOC** *Ver* RUEDA

**forzado, -a** *adj* **LOC** *Ver* MARCHA, TRABAJO; *Ver tb* FORZAR

**forzar** *vt* to force

**forzoso, -a** *adj* **LOC** *Ver* ATERRIZAJE

**fosa** *nf* **1** (*hoyo*) ditch **2** (*sepultura*) grave **3** (*de castillo*) moat

**fosforescente** *adj* phosphorescent **LOC** *Ver* PLUMÓN

**fósforo** *nm* **1** (*Quím*) phosphorus **2** (*cerillo*) match

**fósil** *nm* fossil

**foto** *nf* photo [*pl* photos]: *un álbum de* ~*s* a photograph album ◇ *Me tomó una* ~. He took a photo of me. **LOC sacarse/tomarse una foto** to have your picture taken *Ver tb* CÁMARA

**fotocopia** *nf* (photo)copy [*pl* (photo) copies]: *hacer/sacar una* ~ *de algo* to photocopy *sth*

**fotocopiadora** *nf* (photo)copier

**fotocopiar** *vt* to (photo)copy

**fotogénico, -a** *adj* photogenic

**fotografía** *nf* **1** (*actividad*) photography **2** (*foto*) photograph

**fotografiar** *vt* to photograph

**fotográfico, -a** *adj* **LOC** *Ver* CÁMARA

**fotógrafo, -a** *nm-nf* photographer

**fracasado, -a** *nm-nf* failure

**fracasar** *vi* **1** to fail **2** (*planes*) to fall through

**fracaso** *nm* failure

**fracción** *nf* **1** (*porción, Mat*) fraction **2** (*Pol*) faction

**fraccionamiento** *nm* housing development, housing estate (*GB*)

**fractura** *nf* fracture

**fracturar(se)** *vt, vpr* to fracture

**frágil** *adj* fragile

**fragmento** *nm* fragment

**fraile** *nm* monk

**frambuesa** *nf* raspberry [*pl* raspberries]

**francamente** *adv* (*muy*) really: *Es ~ difícil.* It's really hard.

**francés, -esa** *adj, nm* French: *hablar ~* to speak French
▸ *nm-nf* Frenchman/-woman [*pl* -men/-women]: *los franceses* the French

**Francia** *nf* France

**franco, -a** *adj* **1** (*sincero*) frank **2** (*claro*) marked: *un ~ deterioro* a marked decline

**franela** *nf* flannel

**franja** *nf* strip

**franquear** *vt* (*carta, paquete*) to pay postage on *sth*

**franqueza** *nf* frankness: *Hablemos con ~.* Let's be frank.

**franquicia** *nf* franchise

**frasco** *nm* **1** (*colonia, medicina*) bottle **2** (*conservas, mermelada*) jar ⊃ *Ver dibujo en* CONTAINER

**frase** *nf* **1** (*oración*) sentence **2** (*locución*) phrase LOC **frase hecha** set phrase

**fraternal** (*tb* **fraterno, -a**) *adj* brotherly, fraternal (*más formal*): *el amor ~* brotherly love

**fraude** *nm* fraud LOC **fraude fiscal** tax evasion

**fraudulento, -a** *adj* fraudulent

**frecuencia** *nf* frequency [*pl* frequencies] LOC **con frecuencia** frequently, often (*más coloq*)

**frecuentar** *vt* **1** (*lugar*) to frequent **2** (*amigos*) to go around with *sb*: *Ya no frecuento ese grupo de amigos.* I don't go around with that group of friends any more.

**frecuente** *adj* **1** (*reiterado*) frequent: *Tengo ~s ataques de asma.* I have frequent asthma attacks. **2** (*habitual*) common: *Es una práctica ~ en este país.* It is (a) common practice in this country.

**fregadero** *nm* sink

**fregar** *vt, vi* (*molestar*) to bother [*vt*]: *¡Cómo friegas!* How you rattle on!
▸ *vt* (*lavar*) to scrub: *~ los trastes* to scrub the pots and pans
▸ **fregarse** *vpr* (*averiarse*) to break down

**freír(se)** *vt, vpr* to fry

**frenar** *vi* to brake: *Frené de golpe.* I slammed on the brakes. LOC *Ver* SECO

**freno** *nm* **1** (*vehículo*) brake: *Me fallaron los ~s.* My brakes failed. ◇ *poner/quitar el ~* to apply/release the brake(s) **2** (*reducción*) curb (*on sth*): *un ~ a las exportaciones* a curb on exports **3** **frenos** (*en dientes*) braces *pl* **4** (*de caballo*) bit

LOC **freno de mano/emergencia** hand brake

**frente** *nf* (*Anat*) forehead
▸ *nm* front: *un ~ frío* a cold front LOC **al frente** forward: *Di un paso al ~.* I took a step forward. **al frente de** in charge of *sth*: *Está al ~ de la empresa.* He's in charge of the company. **de frente** (*choque, enfrentamiento*) head-on **hacer frente a algo/algn** to stand up to sth/sb *Ver tb* DEDO

**fresa** *nf* strawberry [*pl* strawberries]
▸ *adj* (*elegante*) fancy, posh (GB)

**fresco, -a** *adj* **1** (*temperatura, ropa*) cool: *El día está ~.* It's pretty cool today. ⊃ *Ver nota en* FRÍO **2** (*comida*) fresh **3** (*noticia*) latest: *noticias frescas* the latest news **4** (*cínico*) sassy, cheeky (GB): *¡Qué ~ eres!* You have a nerve!
▸ *adj, nm-nf* (*persona*) dirty so-and-so [*n*]: *El muy ~ me estafó.* The dirty so-and-so swindled me. LOC **hacer fresco** to be chilly: *Por la noche hace ~.* It's chilly at night. **tomar el fresco** to get some fresh air

**fresno** *nm* ash (tree)

**frijol** *nm* bean LOC **frijoles refritos** refried beans

**frío, -a** *adj, nm* cold: *Cierra la puerta, que entra ~.* Shut the door, you're letting the cold in.

No se deben confundir las siguientes palabras: **cold**, **cool**, y **chilly**. **Cold** indica una temperatura baja: *Ha sido un invierno muy frío.* It's been a very cold winter. **Chilly** se utiliza cuando no hace frío del todo pero la sensación es desagradable: *Hace fresco, ponte un suéter.* It's chilly. Put a sweater on. **Cool** significa *fresco* más que frío y expresa una temperatura agradable: *Afuera hace calor, pero aquí está fresquito.* It's hot outside but it's nice and cool in here.

LOC **dar (a uno) frío** to get cold **hacer frío** to be cold: *Hace mucho ~ en la calle.* It's very cold outside. **pasar/tener frío** to be/feel cold: *Tengo ~ en las manos.* My hands are cold. *Ver tb* MORIR(SE), MUERTO, SANGRE, TEMBLAR, TIESO

**friolento, -a** *adj, nm-nf*: *Soy muy ~.* I feel the cold a lot.

**frito, -a** *adj* fried LOC **estar frito** (*acabado*) to be finished **quedarse frito** to doze off *Ver tb* PAPA; *Ver tb* FREÍR(SE)

**frondoso, -a** *adj* leafy

**frontal** *adj* **1** (*ataque*) frontal **2** (*choque, enfrentamiento*) head-on

**frontera** *nf* border, frontier (*más formal*): *pasar la ~* to cross the border ◇ *en la ~ con Estados Unidos* on the bor-

der with the United States ➲ Ver nota en BORDER

**fronterizo, -a** adj **1** (en la frontera) border: *región fronteriza* border area **2** (limítrofe) neighboring: *dos países ~s* two neighboring countries

**frontón** nm **1** (juego) jai alai **2** (cancha) jai alai court

**frotar(se)** vt, vpr to rub **LOC** **frotarse las manos** to rub your hands together

**fruncir** vt (Costura) to gather **LOC** **fruncir el ceño** to frown

**frustración** nf frustration

**frustrado, -a** adj frustrated

**fruta** nf fruit [gen incontable]: *¿Quieres ~? Do you want some fruit?* ◇ *un pieza de ~* a piece of fruit **LOC** Ver CÓCTEL

**frutal** adj fruit: *un árbol ~* a fruit tree

**frutería** nf greengrocer's [pl greengrocers]

**frutero, -a** nm-nf greengrocer
▶ nm fruit bowl

**fruto** nm fruit **LOC** **frutos secos** (fruto desecado) dried fruit [incontable]

**¡fuchi!** interj ugh

**fuego** nm fire: *encender el ~* to light the fire **LOC** **a fuego lento/vivo** over a low/high heat **fuegos artificiales** fireworks Ver tb ALTO, ARMA, COCER, PRENDER

**fuente** nf **1** (manantial) spring **2** (en plaza, jardín) fountain **3** (bandeja) dish: *una ~ de carne* a dish of meat **4** (origen) source: *~s cercanas al gobierno* sources close to the government **LOC** **saber algo de buena fuente** to have sth on good authority Ver tb PLUMA

**fuera** adv **1** ~ (de) (en el exterior) outside: *Se oían ruidos ~.* You could hear noises outside. ◇ *~ de México* outside Mexico ◇ *Hay grietas por ~.* There are cracks on the outside. **2** (no en casa) out: *cenar ~* to eat out ◇ *Se pasan todo el día ~.* They're out all day. **3** (de viaje) away: *Está ~ de viaje de negocios.* He's away on business. **4** ~ **de** (fig) out of sth: *~ de peligro/de lo normal* out of danger/the ordinary ◇ *Mantener ~ del alcance de los niños.* Keep out of reach of children.
▶ **¡fuera!** interj get out! **LOC** **dejar a algn fuera de combate** to knock sb out **fuera (de) bromas** joking apart **fuera de combate 1** (Boxeo) knocked out **2** (fig) out of action **fuera de juego** offside **fuera de sí** beside himself, herself, etc. **fuera de tono** inappropriate Ver tb ALLÁ, ALLÍ, CONTROL

**fuerte** adj **1** strong: *un queso/olor muy ~* a very strong cheese/smell **2** (lluvia, nevada, tráfico, pesado) heavy: *un ~ ritmo de trabajo* a heavy work schedule **3** (dolor, crisis, descenso) severe **4** (abrazo,

---

comida) big: *un desayuno ~* a big breakfast
▶ adv **1** (con fuerza, intensamente) hard: *tirar ~ de una cuerda* to pull a rope hard **2** (firmemente) tight: *¡Agárrate ~!* Hold on tight! **3** (sonido) loud: *No hables tan ~.* Don't talk so loud ◇ *Ponlo más ~.* Turn it up.
▶ nm (fortaleza) fort **LOC** Ver ABRAZO, CAJA

**fuerza** nf **1** (potencia, Fis, Mil, Pol) force: *la ~ de la gravedad* the force of gravity ◇ *las ~s armadas* the armed forces **2** (energía física) strength [incontable]: *recobrar las ~s* to get your strength back ◇ *No tengo ~s para continuar.* I don't have the strength to carry on. **LOC** **a la fuerza 1** (forzando) by force: *Los sacaron a la ~.* They removed them by force. **2** (por necesidad): *Tengo que hacerlo a la ~.* I just have to do it. **fuerza de voluntad** willpower **fuerzas aéreas** air force [v sing] Ver tb CAMISA

**fuga** nf **1** (huida) flight: *emprender la ~* to take flight **2** (gas, agua) leak: *La tubería tiene una ~.* The pipe is leaking.

**fugarse** vpr **1** (de un país) to flee [vt]: *Se fugaron del país.* They have fled the country. **2** (de la cárcel) to escape (from sth) **3** (de casa, del colegio) to run away (from sth)

**fugaz** adj fleeting **LOC** Ver ESTRELLA

**fugitivo, -a** nm-nf fugitive

**fulano, -a** nm-nf so-and-so [pl so-and-sos]: *Imagínate que viene ~…* Just suppose so-and-so comes… **LOC** **(señor/don) Fulano de Tal** Mr. So-and-so

**fulminante** adj **1** (instantáneo) immediate: *un éxito ~* an immediate success **2** (mirada) withering **3** (muerte) sudden

**fumador, -ora** nm-nf smoker

**fumar** vt, vi to smoke: *~ pipa* to smoke a pipe ◇ *Deberías dejar de ~.* You should give up smoking. **LOC** Ver PROHIBIDO, ROGAR, SECCIÓN

**función** nf **1** (tarea, cometido) function: *Nuestra ~ es informar.* Our function is to inform. **2** (Teat) performance: *una ~ de gala* a gala performance

**funcionamiento** nm operation: *poner algo en ~* to put sth into operation

**funcionar** vi **1** to work: *La alarma no funciona.* The alarm doesn't work. ◇ *¿Cómo funciona?* How does it work? **2** ~ **(con)** to run (on sth): *Este coche funciona con diesel.* This car runs on diesel. **LOC** **no funciona** (en un cartel) out of order

**funcionario, -a** nm-nf civil servant

**funda** nf **1** (estuche) case *una ~ de lentes* a glasses case **2** (disco) sleeve

**3** (*almohada*) pillowcase **4** (*edredón, cojín*) cover

**fundación** *nf* (*institución*) foundation

**fundador**, **-ora** *adj* charter, founder (*GB*): *los miembros ~es* the charter members
▸ *nm-nf* founder

**fundamental** *adj* fundamental

**fundar** *vt* to found

**fundir(se)** *vt, vpr* **1** (*derretir*) to melt: *~ queso* to melt cheese **2** (*fusible*) to blow: *Se fundieron los fusibles.* The fuses blew. LOC *Ver* QUESO

**fúnebre** *adj* **1** (*para un funeral*) funeral: *la marcha ~* the funeral march **2** (*triste*) mournful LOC *Ver* COCHE, POMPA

**funeral** (*tb* **funerales**) *nm* funeral: *los ~es de un vecino* a neighbor's funeral

**funeraria** *nf* undertaker's [*pl* undertakers]

**furia** *nf* fury LOC **con furia** furiously **estar hecho una furia** to be in a rage **ponerse hecho una furia** to fly into a rage

**furioso**, **-a** *adj* furious: *Estaba ~ con ella.* I was furious with her.

**furtivo**, **-a** *adj* furtive LOC **cazador/pescador furtivo** poacher **caza/pesca furtiva** poaching

**fusible** *nm* fuse: *Se fundieron los ~s.* The fuses blew.

**fusil** *nm* rifle

**fusión** *nf* **1** (*Fis*) fusion: *la ~ nuclear* nuclear fusion **2** (*hielo, metales*) melting **3** (*empresas, partidos políticos*) merger LOC *Ver* PUNTO

**fusta** *nf* riding crop

**fútbol** (*tb* **futbol**) *nm* soccer, football (*GB*)

> En Estados Unidos el juego de fútbol se llama **soccer**, y **football** se refiere al fútbol americano.

**futbolista** *nmf* soccer player, footballer (*GB*)

**futbolito** *nm* foosball, table football (*GB*)

**futuro**, **-a** *adj, nm* future

# G g

**gabacho, -a** *nm-nf* (*persona*) Yank
▶ *nm* **el gabacho** (*país*) America ➲ *Ver nota en* AMÉRICA
▶ *adj* American: *unos jeans ~s* American jeans

**gabardina** *nf* raincoat

**gabinete** *nm* **1** (*despacho*) office **2** (*Pol*) Cabinet

**gacela** *nf* gazelle

**gacho, -a** *adj* unpleasant

**gachupín, -ina** *nm-nf* Spaniard

**gaita** *nf* (*Mús*) bagpipes [*pl*]: *tocar la ~* to play the bagpipes

**gaitero, -a** *nm-nf* piper

**gajes** *nmpl* **LOC** **ser gajes del oficio** to go along with the job

**gajo** *nm* segment

**gala** *nf* **1** (*recepción, ceremonia, actuación*) gala: *Asistiremos a la ~ inaugural.* We'll attend the gala opening. ◊ *una cena de ~* a gala dinner **2 galas** best clothes: *Llevaré mis mejores ~s.* I'll wear my best clothes. **LOC** **ir/vestir de gala** to be dressed up

**galáctico, -a** *adj* galactic

**galán** *nm* **1** attractive man [*pl* men] **2** (*Don Juan*) ladies' man [*pl* men] **3** (*pretendiente*) suitor

**galante** *adj* gallant

**galápago** *nm* turtle

**galardón** *nm* award

**galardonado, -a** *adj* prize-winning: *un autor/libro ~* a prize-winning author/book *Ver tb* GALARDONAR

**galardonar** *vt* to award sb a prize

**galaxia** *nf* galaxy [*pl* galaxies]

**galería** *nf* **1** (*Arte, Teat*) gallery [*pl* galleries]: *una ~ de arte* an art gallery ➲ *Ver nota en* MUSEO **2** (*balcón*) balcony [*pl* balconies] **LOC** **galerías (comerciales)** shopping center/mall

**Gales** *nm* Wales ➲ *Ver nota en* GRAN BRETAÑA

**galés, -esa** *adj, nm* Welsh
▶ *nm-nf* Welshman/-woman [*pl* -men/-women]: *los galeses* the Welsh

**galgo** *nm* greyhound **LOC** *Ver* CORRER

**gallego** *nm* (*lengua*) Galician

**galleta** *nf* cookie, biscuit (*GB*)

**gallina** *nf* hen

▶ *adj, nmf* (*cobarde*) chicken [n]: *¡No seas tan ~!* Don't be such a chicken!
**LOC** **carne/piel de gallina** goose bumps: *Se me puso la piel de ~.* I got goose bumps. **la gallina/gallinita ciega** blind man's buff

**gallinero** *nm* **1** (*para gallinas*) hen house **2** (*griterío*) madhouse **3 el gallinero** (*Teat*) the gallery

**gallo** *nm* **1** (*ave*) rooster, cock (*GB*) **2** (*nota desafinada*) wrong note: *Le salió un ~.* He hit the wrong note. **LOC** **llevar gallo a algn** to serenade sb *Ver tb* MISA, PATA

**galón¹** *nm* (*uniforme*) stripe

**galón²** *nm* (*medida*) gallon (*abrev* gal.) ➲ *Ver pág* 680

**galopar** *vi* to gallop: *salir a ~* to go for a gallop

**galope** *nm* gallop **LOC** **al galope**: *El caballo se puso al ~.* The horse started to gallop. ◊ *Se fueron al ~.* They galloped off.

**gama** *nf* range: *una amplia ~ de colores* a wide range of colors

**gana** *nf* **LOC** **como me da la gana** however I, you, etc. want: *Lo haré como me dé la ~.* I'll do it however I want. **con/sin ganas** enthusiastically/half-heartedly **darle a algn la (real) gana** to want to do sth: *Lo hago por que me da la ~.* I'm doing it it because I want to. **de buena/mala gana** willingly/reluctantly: *Lo hizo de mala ~.* She did it reluctantly. **hacer lo que me da la gana** to do as I, you, etc. please: *Haz lo que te dé la ~.* Do what you like. **¡las ganas!** you wish! **tener/sentir ganas (de)** to feel like sth/doing sth: *Tengo ~s de comer algo.* I feel like having something to eat. *Ver tb* ENTRAR, QUITAR

**ganadería** *nf* **1** (*actividad*) livestock farming **2** (*conjunto de ganado*) livestock

**ganadero, -a** *nm-nf* livestock farmer

**ganado** *nm* livestock **LOC** **ganado equino** horses [*pl*] **ganado lanar/ovino** sheep [*pl*] **ganado porcino** pigs [*pl*] **ganado (vacuno)** cattle [*pl*]

**ganador, -ora** *adj* winning
▶ *nm-nf* winner

**ganancia** *nf* profit **LOC** *Ver* PÉRDIDA

**ganar** *vt* **1** (*sueldo, sustento*) to earn: *Este mes he ganado poco.* I didn't earn much this month. ◊ *~se la vida* to earn your living **2** (*premio, partido, guerra*) to win: *~ la lotería* to win the lottery ◊ *¿Quién ganó el partido?* Who won the match? **3** (*a un contrincante*) to beat: *Inglaterra ganó a Alemania.* England beat Germany. **4** (*conseguir*) to gain (*by/from*

*sth/doing sth):* ¿*Qué gano yo con decírtelo?* What do I get by telling you?
▶ **ganarse** *vpr* **1** (*dinero, respeto*) to earn: *Se ha ganado el respeto de todos.* He has earned everybody's respect. **2** (*castigo, recompensa*) to deserve: *Te has ganado unas buenas vacaciones.* You deserve a vacation. **LOC** **ganarse el pan** to earn your living **ganar tiempo** to save time **salir ganando** to do well (*out of sth*): *Salí ganando con la reorganización.* I've done well out of the reorganization.

**gancho** *nm* **1** (*para colgar*) hook **2** (*cebo*) bait: *utilizar a algn como ~* to use sb as bait **3** (*para ropa*) clothes hanger

**ganga** *nf* bargain

**gangrena** *nf* gangrene

**gángster** *nm* gangster

**ganso, -a** *nm-nf* goose [*pl* geese]

**garabatear** *vt, vi* **1** (*dibujar*) to doodle **2** (*escribir*) to scribble

**garabato** *nm* **1** (*dibujo*) doodle **2** (*escritura*) scribble

**garaje** *nm* garage

**garantía** *nf* guarantee

**garantizar** *vt* **1** (*dar garantía*) to guarantee: *Garantizamos la calidad del producto.* We guarantee the quality of the product. **2** (*asegurar*) to assure: *Vendrán, te lo garantizo.* They'll come, I assure you.

**garbanzo** *nm* chickpea

**garbo** *nm* **LOC** **andar con garbo** to walk gracefully **tener garbo** to be graceful

**garfio** *nm* hook

**garganta** *nf* **1** (*Anat*) throat: *Me duele la ~.* I have a sore throat. **2** (*Geog*) gorge **LOC** *Ver* ARDER, NUDO

**gargantilla** *nf* necklace

**gárgaras** *nf* **LOC** **hacer gárgaras** to gargle

**garita** *nf* **1** (*centinela*) sentry box **2** (*fronteriza*) inspection booth

**garra** *nf* **1** (*animal*) claw **2** (*ave de rapiña*) talon

**garrafal** *adj* monumental

**garrafón** *nm* large jug

**garrapata** *nf* tick

**garrocha** *nf* vaulting pole **LOC** *Ver* SALTO

**garrote** *nm* **1** (*palo*) stick **2** (*tortura*) garrote

**gas** *nm* **1** gas: *Huele a ~.* It smells like gas. **2 gases** (*Med*) gas, wind (*GB*) [*incontable*]: *El bebé tiene ~es.* The baby has gas. **LOC** **gases lacrimógenos** tear gas [incontable] *Ver tb* AGUA, TANQUE, YACIMIENTO

**gasa** *nf* **1** (*tejido*) gauze **2** (*vendaje*) bandage

**gaseoso, -a** *adj* (*Quím*) gaseous

**gasolina** *nf* gas, petrol (*GB*) **LOC** **gasolina sin plomo** unleaded gas/petrol *Ver tb* INDICADOR, TANQUE

**gasolinera** *nf* gas station, petrol station (*GB*)

**gastado, -a** *adj* (*desgastado*) worn out *Ver tb* GASTAR

**gastar** *vt* **1** (*dinero*) to spend *sth* (*on sth/sb*) **2** (*consumir*) to use: *~ menos electricidad* to use less electricity

**gasto** *nm* **1** (*dinero*) expense: *No gano ni para ~s.* I don't earn enough to cover my expenses. **2** (*agua, energía, gasolina, etc.*) consumption **LOC** **gastos de envío** postage and handling

**gatear** *vi* to crawl

**gatillo** *nm* trigger: *apretar el ~* to pull the trigger

**gato, -a** *nm-nf* cat

> Tomcat (o **tom**) es un gato macho, y **kittens** son los gatitos. Los gatos ronronean (**purr**) y hacen miau (**meow**).

▶ *nm* **1** (*coche*) jack **2** (*juego*) tic-tac-toe, noughts and crosses (*GB*) **LOC** **andar a gatas** to crawl **dar gato por liebre** to take *sb* in **gato siamés** Siamese (cat) *Ver tb* JUGAR, PERRO

**gaviota** *nf* seagull

**gay** *adj, nm* gay

**gel** *nm* gel: *~ para el pelo* hair gel

**gelatina** *nf* **1** (*sustancia*) gelatine **2** (*Cocina*) Jell-O®, jelly [*pl* jellies] (*GB*)

**gemelo, -a** *adj, nm-nf* twin: *hermanas gemelas* twin sisters
▶ **gemelos** *nmpl* (*anteojos*) binoculars

**gemido** *nm* **1** (*persona*) groan: *Se podían oír los ~s del enfermo.* You could hear the sick man groaning. **2** (*animal*) whine: *los ~s del perro* the whining of the dog

**géminis** (*tb* **Géminis**) *nm, nmf* (*Astrología*) Gemini ➲ *Ver ejemplos en* AQUARIUS

**gemir** *vi* **1** (*persona*) to groan **2** (*animal*) to whine

**gene** (*tb* **gen**) *nm* gene

**genealógico, -a** *adj* genealogical **LOC** *Ver* ÁRBOL

**generación** *nf* generation

**general¹** *adj* general **LOC** **en general/por lo general** as a general rule *Ver tb* CUARTEL, DIRECTOR, ELECCIÓN, ENSAYO

**general²** *nmf* (*Mil*) general

**generalizar** *vt, vi* to generalize: *No se puede ~.* You can't generalize.

**generar** *vt* to generate: *~ energía* to generate energy

**género** *nm* **1** (*tipo*) kind: *problemas de ese ~* problems of that kind **2** (*Arte, Liter*) genre **3** (*Gram*) gender **4** (*tela*) material ⊃ *Ver nota en* TELA **LOC género policiaco** crime writing *Ver tb* VIOLENCIA

**generoso, -a** *adj* generous: *Es muy ~ con sus amigos.* He is very generous to his friends.

**genética** *nf* genetics [*incontable*]

**genético, -a** *adj* genetic

**genial** *adj* brilliant: *una idea/un pianista ~* a brilliant idea/pianist

**genio** *nm* **1** *~* (**con/para**) (*lumbrera*) genius [*pl* geniuses] (*at sth/doing sth*): *Eres un ~ haciendo arreglos.* You're a genius at doing repairs. **2** (*mal humor*) temper: *¡Qué ~ tienes!* What a temper you have! **LOC estar de mal genio** to be in a bad mood **tener mal genio** to be bad-tempered

**genital** *adj* genital
▶ **genitales** *nmpl* genitals

**gente** *nf* people [*pl*]: *Había mucha ~.* There were a lot of people. ◊ *La ~ lloraba de alegría.* People were crying with joy. **LOC gente bien** well-off people **gente común y corriente** ordinary people **ser buena gente** to be a good guy *Ver tb* ABARROTADO

**geografía** *nf* geography

**geográfico, -a** *adj* geographical

**geología** *nf* geology

**geológico, -a** *adj* geological

**geometría** *nf* geometry

**geométrico, -a** *adj* geometric

**geranio** *nm* geranium

**gerente** *nmf* manager

**germen** *nm* germ

**germinar** *vi* to germinate

**gesticular** *vi* **1** (*con las manos*) to gesticulate **2** (*con la cara*) to pull a face, to grimace (*más formal*)

**gestión** *nf* **1 gestiones** (*trámites*) business [*v sing*]: *Tengo que hacer unas gestiones en el ayuntamiento.* I have some business to attend to in the city hall. ◊ *hacer las gestiones necesarias para conseguir un visa* to take the necessary steps to obtain a visa **2** (*administración*) management

**gesto** *nm* **1** gesture: *un ~ simbólico* a symbolic gesture ◊ *comunicarse/hablar por ~s* to communicate by gesture **2** (*cara*) expression: *con ~ pensativo* with a thoughtful expression **LOC hacer un gesto/gestos 1** (*con la mano*) to signal (*to sb*): *Me hizo un ~ para que entrara.* He signalled to me to come in. **2** (*con la cara*) to make a face/faces (*at sb*)

**gigante** *adj* **1** (*enorme*) gigantic **2** (*Bot*) giant: *un olmo ~* a giant elm
▶ **gigante, -a** *nm-nf* **1** (*masc*) giant **2** (*fem*) giantess

**gigantesco, -a** *adj* enormous

**gimnasia** *nf* gymnastics [*incontable*]: *el campeonato de ~ deportiva* the gymnastics championships **LOC hacer gimnasia** to work out, to exercise (*más formal*)

**gimnasio** *nm* gym

**ginebra** *nf* gin

**gira** *nf* tour **LOC estar/ir de gira** to be/go on tour

**girar** *vt, vi* to turn: *~ el volante hacia la derecha* to turn the steering wheel to the right **LOC girar alrededor de algo/algn** to revolve around sth/sb: *La Tierra gira alrededor del Sol.* The earth revolves around the sun. **girar en torno de algo/algn** to center on/around sth/sb: *La protesta gira en torno a los recortes salariales.* The protest centers on pay cuts.

**girasol** *nm* sunflower

**giratorio, -a** *adj* **LOC** *Ver* PUERTA

**giro** *nm* **LOC giro bancario** bank draft **giro postal** postal money order

**gis** *nm* chalk [*gen incontable*]: *Dame un ~.* Give me a piece of chalk. ◊ *Tráeme unos ~es.* Bring me some chalk **LOC gis de colores** colored chalk

**gitano, -a** *adj, nm-nf* Gypsy [*pl* Gypsies] **LOC** *Ver* BRAZO

**glacial** *adj* **1** (*viento*) icy **2** (*temperatura*) freezing **3** (*periodo, zona*) glacial

**glaciar** *nm* glacier **LOC época/periodo glaciar** Ice Age

**glándula** *nf* gland

**globalización** *nf* globalization

**globo** *nm* balloon: *una excursión en ~* a balloon trip **LOC el globo terráqueo** the globe

**gloria** *nf* **1** (*grandeza, esplendor*) glory [*pl* glories]: *fama y ~* fame and glory **2** (*persona célebre*) great name: *las viejas ~s del deporte* the great sporting names of the past **LOC huele/sabe a gloria** it smells/tastes delicious

**glorieta** *nf* traffic circle, roundabout (*GB*)

**glotón, -ona** *adj* greedy
▶ *nm-nf* glutton

**glucosa** *nf* glucose

**Gobernación** *nf* **LOC** *Ver* SECRETARÍA

**gobernador, -ora** *nm-nf* governor

**gobernante** *adj* governing
▶ *nmf* leader

**gobernar** vt 1 (*país*) to govern 2 (*barco*) to steer

**gobierno** nm government: ~ *federal/central* federal/central government **LOC** Ver COLEGIO

**gol** nm goal: *marcar/meter un* ~ to score a goal **LOC** gol del empate equalizer

**goleador, -ora** nm-nf (*jugador*) goal-scorer

**golear** vt, vi: *Alemania goleó a Holanda por cinco a cero.* Germany whipped Holland five to nothing.

**golf** nm golf **LOC** Ver CAMPO

**golfa** nf hooker

**golfo¹** nm gulf: *el ~ Pérsico* the Persian Gulf

**golfo²** nm (*sinvergüenza*) scoundrel

**golondrina** nf swallow

**golosina** nf sweet

**goloso, -a** adj, nm-nf: *ser muy/un* ~ to have a sweet tooth ◇ *la gente golosa* people with a sweet tooth

**golpe** nm 1 (*choque, impacto*) blow: *un buen* ~ *en la cabeza* a severe blow to the head ◇ *Su muerte fue un duro* ~ *para nosotros.* Her death came as a heavy blow. ◇ *Lo mataron a* ~*s.* They beat him to death. 2 (*accidente*): *No corras o nos daremos un* ~. Slow down or we'll have an accident. ◇ *Me di un* ~ *en la cabeza.* I hit my head. 3 (*moretón*) bruise 4 (*para llamar la atención*) knock: *Oí un* ~ *en la puerta.* I heard a knock on the door. ◇ *Di unos* ~*s en la puerta a ver si había alguien.* I knocked on the door to see if anybody was in. 5 (*Dep*) stroke **LOC** de golpe (y porrazo) out of the blue: *Hombre, si se lo dices de* ~ *y porrazo…* Well, if you tell him out of the blue… de (un) golpe all at once golpe de estado coup no dar (ni) golpe to be good for nothing tener buenos golpes to be very funny un golpe bajo: *Eso fue un* ~ *bajo.* That hit below the belt. Ver tb ATIZAR, CERRAR, LLEGAR

**golpear** vt 1 to hit: *El balón le golpeó la cabeza.* The ball hit him on the head. 2 (*puerta, ventana*) to bang: *Esa puerta golpea la pared.* That door is banging against the wall. 3 (*repetidamente*) to beat (against/on *sth*): *El granizo golpeaba los cristales.* The hail was beating against the windows. ◇ *Golpeaban los tambores con fuerza.* They were beating the drums.

**goma** nf 1 (*de borrar, hule*) eraser, rubber (*GB*) 2 (*de pegar*) glue 3 (*de mascar*) chewing gum **LOC** Ver MANDAR

**gordo, -a** adj 1 (*persona, animal*) fat ❶ **Fat** es la palabra más común, pero existen palabras menos directas. **Overweight** es la palabra más neutra, mientras que **plump** y **chubby** tienen un matiz más positivo. 2 (*grueso*) thick 3 (*grave*) serious: *un error* ~ a serious mistake
▶ nm-nf fat man/woman [*pl* men/women]
▶ nm (*lotería*) first prize **LOC** caer gordo: *Me cae muy* ~. I can't stand him. Ver tb DEDO, PEZ, SUDAR, VISTA

**gorila** nm 1 (*animal*) gorilla 2 (*guarda-espaldas*) bodyguard

**gorra** nf cap **LOC** de gorra (*gratis*) free: *A ver si entramos de* ~. Let's see if we can get in free.

**gorrión** nm sparrow

**gorro** nm hat **LOC** gorro de baño 1 (*para alberca*) swimming cap 2 (*para regadera*) shower cap gorro de cocina/cocinero chef's hat gorro de lana wooly hat hasta el gorro fed up *with sth/sb*

**gorrón, -ona** nm-nf scrounger

**gota** nf drop **LOC** ser como dos gotas de agua to be like two peas in a pod ser la gota que derramó el vaso to be the last straw Ver tb SUDAR

**gotear** vi 1 to drip: *Esa llave gotea.* That faucet's dripping. 2 (*tubería*) to leak

**gotera** nf leak: *Cada vez que llueve tenemos* ~*s.* The roof leaks every time it rains.

**gotero** nm dropper

**gótico, -a** adj, nm Gothic

**gozar** vi ~ (**con/de**) to enjoy *sth/doing sth*: *Gozan fastidiando a la gente.* They enjoy annoying people. ◇ ~ *de buena salud* to enjoy good health

**grabación** nf recording

**grabado** nm 1 (*técnica*) engraving 2 (*en un libro*) illustration

**grabadora** nf tape recorder

**grabar** vt 1 (*sonido, imagen*) to record 2 (*metal, piedra*) to engrave **LOC** Ver VIDEO

**gracia** nf 1 (*encanto, simpatía*) charm: *No es guapa pero tiene* ~. She's not pretty but there's something about her all the same. 2 (*elegancia, Relig*) grace 3 gracias (*sentido del humor*) witty remarks: *Con sus* ~*s nos hizo reír.* She made us laugh with her witty remarks. 4 gracias (*talentos*) talents: *No te conocía esas* ~*s.* I didn't know you had such talents.
▶ **¡gracias!** interj thank you, thanks! (*más coloq*): *Muchas* ~*s.* Thank you very much. ➔ Ver nota en PLEASE **LOC** dar las gracias to thank *sb* (*for sth/doing sth*): *sin darme las* ~*s* without thanking me gracias a… thanks to *sth/sb*: *Gracias a ti, me dieron el puesto.* Thanks to you, I got

the job. **hacer gracia** to amuse: *Me hace ~ su forma de hablar.* The way he talks amuses me. **¡qué gracia!** how funny! **tener gracia** to be funny: *Tus chistes no tienen ~.* Your jokes aren't funny. ◊ *No tiene ~ ¿sabes?* It's not funny, you know.

**gracioso, -a** *adj* funny, amusing (*más formal*): *Ese chiste no me parece ~.* I don't find that joke very funny. ➔ *Ver nota en* FUN **LOC** **hacerse el gracioso** to play the clown

**grada** *nf* stand: *Las ~s estaban llenas.* The stands were full.

**grado** *nm* **1** degree: *Estamos a dos ~s bajo cero.* It's two degrees below zero. ◊ *quemaduras de tercer ~* third-degree burns **2** **grados** (*alcohol*): *Este vino tiene 14 ~s.* The alcoholic content of this wine is 14%. ◊ *Esta cerveza tiene muchos ~s.* This beer is very strong.

**graduar** *vt* (*regular*) to adjust: *Gradúa la temperatura, por favor.* Please adjust the temperature.
▸ **graduarse** *vpr* to graduate: *Se graduó en derecho el año pasado.* She graduated with a law degree last year.
**LOC** **graduarse la vista** to have your eyes tested

**gráfico, -a** *adj* graphic
▸ **gráfico** *nm* (*tb* **gráfica** *nf*) graph

**gramática** *nf* grammar

**gramo** *nm* gram (*abrev* g) ➔ *Ver pág 680*

**gran** *adj Ver* GRANDE

**granadero** *nm* **granaderos** riot police

**granate** *adj, nm* maroon ➔ *Ver ejemplos en* AMARILLO

**Gran Bretaña** *nf* Great Britain (*abrev* GB)

> **Great Britain** está compuesta por tres países: Inglaterra (**England**), Escocia (**Scotland**) y Gales (**Wales**). Junto con Irlanda del Norte (**Northern Ireland**), forma el Reino Unido (**the United Kingdom**). ➔ *Ver tb págs 690-691*

**grande** *adj* **1** (*tamaño*) big, large (*más formal*): *una casa/ciudad ~* a big house/city ◊ *¿Grande o pequeño?* Large or small? ➔ *Ver nota en* BIG **2** (*número, cantidad*) large: *una gran cantidad de arena* a large amount of sand ◊ *una gran cantidad de gente* a large number of people **3** (*importante*) big: *un gran problema* a big problem **4** (*destacado*) great: *un gran músico* a great musician **LOC** **a grandes rasgos** in general terms **gran danés** Great Dane **grandes almacenes** department store **(la/una) gran parte de** most of: *Una gran parte de la audiencia eran niños.* Most of the audience members were children. **pasarla en grande** to have a

great time *Ver tb* DIMENSIÓN, MANECILLA, POTENCIA

**granel** **LOC** **a granel** (*sin envasar*) bulk, loose (*GB*)

**granero** *nm* barn

**granito** *nm* granite

**granizada** *nf* hailstorm

**granizar** *v imp* to hail: *Anoche granizó.* It hailed last night.

**granizo** *nm* hail

**granja** *nf* farm

**granjero, -a** *nm-nf* farmer

**grano** *nm* **1** (*arena, arroz, cereal*) grain: *un ~ de arena* a grain of sand **2** (*semilla*) seed **3** (*café*) bean **4** (*en la piel*) pimple: *Me han salido ~s.* My face has broken out. **LOC** **ir al grano** to get to the point

**grapa** *nf* **1** (*para papel*) staple **2** (*Med*) stitch

**grapadora** *nf* stapler

**grasa** *nf* **1** (*manteca*) fat: *Fríe las crepas con un poco de ~.* Fry the crêpes in a little fat. **2** (*suciedad*) grease **LOC** *Ver* UNTAR

**grasiento, -a** *adj* greasy

**graso, -a** (*tb* **grasoso, -a**) *adj* **1** (*cutis, pelo*) oily: *para pelo ~* for oily hair **2** (*comida*) greasy

**gratis** *adj, adv* free: *La bebida era ~.* The drinks were free. ◊ *Los jubilados viajan ~.* Senior citizens travel free. ◊ *trabajar ~* to work for nothing

**grato, -a** *adj* **1** (*agradable*) pleasant: *una grata sorpresa* a pleasant surprise **2** (*placentero*) pleasing: *~ al oído* pleasing to the ear

**gratuito, -a** *adj* free **LOC** *Ver* ENTRADA

**grava** *nf* gravel

**grave** *adj* **1** (*importante, serio*) serious: *un problema/una enfermedad ~* a serious problem/illness **2** (*solemne*) solemn: *una expresión ~* a solemn expression **3** (*sonido, nota*) low: *El bajo produce sonidos ~s.* The bass guitar produces low notes. **4** (*voz*) deep

**gravedad** *nf* **1** (*Fís*) gravity **2** (*importancia*) seriousness **LOC** **de gravedad** seriously: *Está herido de ~.* He's seriously injured.

**gravemente** *adv* seriously

**graznar** *vi* **1** (*cuervo*) to caw **2** (*pato*) to quack

**gremio** *nm* **1** (*oficio*) trade **2** (*artesanos, artistas*) guild

**greña** *nf* (*pelo revuelto*) (a mop of) matted/messy hair: *Qué ~s traes.* Your hair is a mess.

**griego, -a** adj, nm Greek: hablar ~ to speak Greek
▸ nm-nf Greek man/woman [pl men/women]: los ~s the Greeks

**grieta** nf crack

**grillo** nm cricket

**gringo, -a** adj, nm-nf gringo [pl gringos]

**gripa** nf flu [incontable]: Tengo ~. I have (the) flu.

**gris** adj 1 (color) gray ➲ Ver ejemplos en AMARILLO 2 (tiempo) dull: Hace un día ~. It's a dull day.
▸ nm gray

**gritar** vt, vi to shout (at sb): El profesor nos gritó para que nos calláramos. The teacher shouted at us to be quiet. ◊ Gritaron pidiendo ayuda. They shouted for help. ◊ ~ de dolor to cry out in pain ➲ Ver nota en SHOUT

**grito** nm 1 shout: Oímos un ~. We heard a shout. 2 (auxilio, dolor, alegría) cry [pl cries]: ~s de alegría cries of joy **LOC** a gritos at the top of your voice dar/pegar un grito to shout grito de Dolores/Independencia proclamation of (Mexican) independence Ver tb VOZ

**grosella** nf redcurrant **LOC** grosella negra blackcurrant

**grosería** nf 1 (palabrota) swear word 2 (mala educación) rudeness

**grosero, -a** adj, nm-nf rude [adj]: Eres un ~. You're so rude.

**grosor** nm thickness: Esta madera tiene dos centímetros de ~. This piece of wood is two centimeters thick.

**grúa** nf 1 (máquina) crane 2 (para vehículos) (a) (averiados) tow truck, breakdown truck (GB) (b) (de la policía): Se usará ~. Vehicles will be towed away. ◊ La ~ se llevó el coche. My car has been towed away.

**grueso, -a** adj thick **LOC** Ver SAL

**grulla** nf (Zool) crane

**grumo** nm lump: una salsa con ~s a lumpy sauce

**gruñir** vi 1 (persona, cerdo) to grunt 2 (perro, león) to growl 3 (refunfuñar) to grumble

**gruñón, -ona** adj, nm-nf grumpy [adj]: Es una gruñona. She's really grumpy.

**grupo** nm group: Nos pusimos en ~s de seis. We got into groups of six. ◊ Me gusta el trabajo en ~. I enjoy group work. **LOC** grupo sanguíneo blood group

**gruta** nf 1 (natural) cave 2 (artificial) grotto [pl grottoes/grottos]

**¡guácala!** interj ugh

**guacamaya** nf (Zool) macaw

**guadaña** nf scythe

**guajalote** nm turkey

**guaje** nm gourd **LOC** hacer guaje a algn to fool sb hacerse guaje to pretend not to know sth: No te hagas ~, tú sabes quién fue. Don't pretend you don't know who it was.

**guajiro, -a** adj **LOC** Ver SUEÑO

**guante** nm glove **LOC** echarle el guante a algn to catch sb: La policía les echó el ~. The police caught them. Ver tb SENTAR

**guantera** nf glove compartment

**guapo, -a** adj 1 (hombre) good-looking 2 (mujer) pretty **LOC** estar guapo to look nice: Estás muy guapa con ese vestido. You look really nice in that dress. ir guapo to look sharp

**guarda** nmf 1 guard: ~ de seguridad security guard 2 (zoológico) keeper

**guardaespaldas** nmf bodyguard: rodeado de ~ surrounded by bodyguards

**guardar** vt 1 to keep: Guarda el boleto. Keep your ticket. ◊ ~ un secreto to keep a secret ◊ ¿Me puede ~ el lugar? Could you please keep my place in line? 2 (recoger) to put sth away: Ya guardé toda la ropa de invierno. I've put away all my winter clothes. 3 (custodiar) to guard: Dos soldados guardan la entrada al cuartel. Two soldiers guard the entrance to the barracks. 4 (Informát) to save: ~ un archivo to save a file **LOC** guardar la línea to keep in shape guardar las apariencias to keep up appearances guardarle rencor a algn to bear a grudge against sb: No le guardo ningún rencor. I don't bear any grudge against him.

**guardarropa** nm (en locales públicos) coat check, cloakroom (GB)

**guardería** nf daycare center, crèche (GB)

**guardia** nmf 1 (masc) policeman [pl -men] 2 (fem) policewoman [pl -women]
▸ nf guard **LOC** de guardia on duty estar en guardia to be on your guard hacer guardia to mount guard Ver tb CAMBIO

**guardián, -ana** nm-nf guardian **LOC** Ver PERRO

**guarecer** vt to shelter sb (from sth)
▸ guarecerse vpr to take shelter (from sth)

**guarida** nf 1 (animales) den 2 (ladrones) hideout

**guarnición** nf 1 (Cocina) garnish: una ~ de verduras a garnish of vegetables 2 (Mil) garrison

**guarura** nm bodyguard

**Guatemala** nf Guatemala

**guateque** nm party [pl parties]

**guau** *nm* woof

**guayaba** *nf* (*fruta*) guava

**güero, -a** *adj* (*pelo, persona*) fair, blond(e)

**Fair** (o **fair-haired**) se usa sólo si el rubio es natural y **blonde** tanto si es natural como si es teñido: *Es rubia. She has fair/blonde hair.* La variante **blond** se suele usar cuando nos referimos a un hombre.

**LOC** *Ver* TEÑIR

**guerra** *nf* war: *estar en* ~ to be at war ◊ *en la Primera Guerra Mundial* during the First World War ◊ *declarar la* ~ *a algn* to declare war on sb **LOC** **dar guerra** to give *sb* trouble: *Estos niños dan mucha* ~. These kids are a real handful. *Ver tb* BUQUE, CONSEJO

**guerrera** *nf* tunic

**guerrero, -a** *adj* (*bélico*) warlike
▶ *nm-nf* warrior

**guerrilla** *nf* **1** (*grupo*) guerrillas [*pl*] **2** (*tipo de guerra*) guerrilla warfare

**gueto** *nm* ghetto [*pl* ghettoes/ghettos]

**güey** *nm* **1** (*idiota*) guy: *No hay que confiar en ese* ~. That guy's not to be trusted. **2** (*apelativo*) man: *Oye,* ~, *¿qué hora es?* Hey man, what time is it? **3** (*idiota*) idiot

**guía** *nmf* (*persona*) guide
▶ *nf* **1** (*folleto, libro*) guide: ~ *turística/de hoteles* tourist/hotel guide **2** (*estudios*) prospectus: *La universidad publica una* ~ *anual.* The university publishes a prospectus every year. **LOC** **guía (telefónica/de teléfonos)** telephone directory, phone book (*más coloq*): *Búscalo en la* ~. Look it up in the phone book.

**guiar** *vt* to guide **LOC** **guiarse por algo** to go by sth: *No deberías* ~*te por las apariencias.* You can't go by appearances.

**guijarro** *nm* pebble

**guiñar** *vt, vi* to wink (*at sb*): *Me guiñó el ojo.* He winked at me.

**guiño** *nm* wink

**guiñol** *nm* puppet show **LOC** *Ver* TEATRO

**guión** *nm* **1** (*Cine*) script **2** (*esquema*) plan **3** (*Ortografía*) **(a)** (*para unir o separar*

*palabras*) hyphen **(b)** (*diálogo*) dash ➔ *Ver pág 308*

**guisado** (*tb* **guiso**) *nm* stew

**guisar** *vt, vi* to cook

**guitarra** *nf* guitar

**guitarrista** *nmf* guitarist

**gula** *nf* greed

## gusano

worm          maggot

**gusano** *nm* **1** (*lombriz*) worm **2** (*en los alimentos*) maggot **3** (*de mariposa*) caterpillar **LOC** **gusano de seda** silkworm

**gustar** *vi* **1** to like *sth/doing sth* [*vt*]: *No me gusta.* I don't like it. ◊ *Les gusta pasear.* They like walking. ◊ *Me gusta cómo explica.* I like the way she explains things.

En el sentido de "disfrutar haciendo algo", se utiliza **like doing sth**: *¿Te gusta pintar?* Do you like painting? En el sentido de "preferir hacer algo", se usa **like to do sth**: *Me gusta bañarme antes de dormir.* I like to take a shower before I go to bed.

**2** (*atraer sentimentalmente*) to have a crush on *sb* [*vt*]: *Creo que le gustas.* I think he has a crush on you. **LOC** **me gusta más** I, you, etc. prefer *sth/doing sth*: *Me gusta más el vestido rojo.* I prefer the red dress.

**gusto** *nm* taste: *Tenemos* ~*s totalmente diferentes.* Our tastes are completely different. ◊ *Hizo un comentario de mal* ~. His remark was in bad taste. ◊ *para todos los* ~*s* to suit all tastes **LOC** **estar a gusto** to feel comfortable **¡mucho gusto!** pleased to meet you! ➔ *Ver nota en* PRESENTAR

# H h

**haba** *nf* fava bean, broad bean (*GB*)

**haber** *v aux* **1** [*tiempos compuestos*] to have: *No he terminado.* I haven't finished. ◇ *Me habían dicho que vendrían.* They had told me they would come. **2** ~ **que** must: *Hay que ser valiente.* You must be brave.
▶ *v imp* there is, there are

> **There is** se utiliza con sustantivos en singular e incontables: *Hay una botella de vino en la mesa.* There's a bottle of wine on the table. ◇ *No hay pan.* There isn't any bread. ◇ *No había nadie.* There wasn't anyone. **There are** se utiliza con sustantivos en plural: *¿Cuántas botellas de vino hay?* How many bottles of wine are there?

**LOC** **de haber…** if…: *De ~lo sabido no le habría dicho nada.* If I'd known, I wouldn't have said anything. **¡haberlo dicho, hecho, etc.** you should have said so, done it, etc.: *¡Haberlo dicho antes de salir!* You should have said so before we left! **❶** Para otras expresiones con **haber**, véanse las entradas del sustantivo, adjetivo, etc., p. ej. **no hay derecho** en DERECHO.

**hábil** *adj* **1** (*diestro*) skillful: *un jugador muy ~* a very skillful player **2** (*astuto*) clever: *una maniobra muy ~* a clever move

**habilidad** *nf* skill

**habilidoso, -a** *adj* handy

**habilitar** *vt* (*edificio, local*) to convert

**habitación** *nf* **1** (*cuarto*) room: *un departamento de cuatro habitaciones* a four-room apartment **2** (*dormitorio*) bedroom **LOC** **habitación individual/doble** single/double room *Ver tb* COMPAÑERO

**habitacional** *adj* **LOC** *Ver* CONJUNTO

**habitante** *nmf* inhabitant

**habitar** *vt, vi* ~ **(en)** to live in…: *la fauna que habita (en) los bosques* the animals that live in the woods

**hábitat** *nm* habitat

**hábito** *nm* habit **LOC** *Ver* ADQUIRIR

**habitual** *adj* **1** (*acostumbrado*) usual **2** (*cliente, lector, visitante*) regular

**habituarse** *vpr* ~ **(a)** to get used to *sth/sb/doing sth*: *Terminarás por habituarte.* You'll get used to it eventually.

**habla** *nf* **1** (*facultad*) speech **2** (*modo de hablar*) way of speaking: *el ~ yucateco* the Yucatán way of speaking **LOC** **de habla francesa, hispana, etc.** French-speaking, Spanish-speaking, etc. **sin habla** speechless: *Me dejó sin ~.* It left me speechless.

**hablado, -a** *adj* spoken: *el inglés ~* spoken English **LOC** *Ver* RETRATO; *Ver tb* HABLAR

**hablador, -ora** *adj* **1** talkative **2** (*mentiroso*) lying
▶ *nm-nf* chatterbox

**hablante** *nmf* speaker

**hablar** *vt* **1** (*idioma*) to speak: *¿Hablas ruso?* Do you speak Russian? **2** (*tratar*) to talk about *sth*: *Ya lo hablaremos.* We'll talk about it. **3** (*telefonear*) to call: *Háblame cuando llegues.* Give me a ring when you get there.
▶ *vi* **1** ~ **(con algn) (de/sobre algo/algn)** to speak, to talk (to/with sb) (about sth/sb)

> **Speak** y **talk** tienen prácticamente el mismo significado, aunque **speak** es el término más general: *Habla más despacio.* Speak more slowly. ◇ *hablar en público* to speak in public ◇ *¿Puedo hablar con Juan?* Can I speak to Juan?
> **Talk** se utiliza más cuando nos referimos a una conversación o a un comentario, o cuando nos referimos a varios hablantes: *hablar de política* to talk about politics ◇ *Están hablando de nosotros.* They're talking about us. ◇ *Hablan de mudarse.* They're talking about moving. ◇ *Estuvimos hablando toda la noche.* We talked all night.

**2** (*telefonear*) to call: *No habló nadie.* No one called. **LOC** **hablar más alto/bajo** speak up/lower your voice **hablar por los codos** to talk a blue streak, to talk nineteen to the dozen (*GB*) **¡ni hablar!** no way! **no hablarse con algn** not to be on speaking terms with sb *Ver tb* ASÍ

**hacer** *vt*
● se traduce por **make** en los siguientes casos: **1** (*fabricar*): *~ bicicletas/una blusa* to make bicycles/a blouse **2** (*dinero, ruido, comentario, promesa, esfuerzo, amor*): *Siempre haces mucho ruido al entrar.* You always make a lot of noise when you come in. ◇ *Tienes que ~ un esfuerzo.* You must make an effort. ◇ *Haz el amor y no la guerra.* Make love, not war. **3** (*convertir en*): *Dicen que los sufrimientos te hacen más fuerte.* They say

suffering makes you stronger. ➔ *Ver ejemplos en* MAKE¹

● se traduce por **do** en los siguientes casos: **1** (*cuando hablamos de una actividad sin decir de qué se trata*): *¿Qué hacemos esta tarde?* What should we do this afternoon? ◊ *Hago lo que puedo.* I do what I can. ◊ *Cuéntame lo que haces en el colegio.* Tell me what you do at school. **2** (*cuando nos referimos a actividades como lavar, planchar, limpiar y comprar*): *¿Cuándo haces las compras?* When do you do the shopping? ◊ *Si tú haces el baño, yo haré la cocina.* If you do the bathroom, I'll do the kitchen. **3** (*estudios*): ~ *la tarea* to do your homework ◊ ~ *sumas y restas* to do arithmetic **4** (*favor*): *¿Me haces un favor?* Will you do me a favor? ➔ *Ver ejemplos en* DO¹

● **hacer (que...)** to get *sb* to do *sth*: *Nos hacen venir todos los sábados.* They're getting us to come in every Saturday. ◊ *Hice que cambiaran la llanta.* I got them to change the tire.

● **otros usos 1** (*escribir*) to write: ~ *una redacción* to write an essay **2 (a)** (*pintar*) to paint: ~ *un cuadro* to paint a picture **(b)** (*dibujar*) to draw: ~ *una raya* to draw a line **3** (*nudo*) to tie: ~ *un moño* to tie a bow **4** (*distancia*): *Todos los días hago 50 km.* I travel/drive 50 km every day. ◊ *A veces hacemos cinco kilómetros corriendo.* We sometimes go for a five-kilometer run. **5** (*pregunta*) to ask: *¿Por qué haces tantas preguntas?* Why do you ask so many questions? **6** (*papel*) to play: *Hice el papel de Julieta.* I played the part of Juliet. **7** (*deportes*): ~ *judo/aerobics* to do judo/aerobics ◊ ~ *ciclismo/alpinismo* to do bicycling/climbing

▶ *vi* – **de 1** (*oficio*) to work as *sth*: *Hago de jardinero.* I'm working as a gardener. **2** (*ejercer*) to act as *sth*: *No hagas de padre conmigo.* Don't act as if you were my father. **3** (*cosa*) to serve as *sth*: *Una caja de cartón hacía de mesa.* A cardboard box served as a table.

▶ *v imp* **1** (*tiempo meteorológico*): *Hace frío/calor/viento/sol.* It's cold/hot/windy/sunny. ◊ *Hizo muy buen tiempo el verano pasado.* We had very nice weather last summer. **2** (*tiempo cronológico*): *Me casé hace diez años.* I got married ten years ago. ◊ *Se habían conocido hacía pocos meses.* They had met a few months earlier. ◊ *¿Hace mucho que vives aquí?* Have you been living here long? ◊ *Hace años que nos conocemos.* We've known each other for ages. ➔ *Ver nota en* AGO

▶ **hacerse** *vpr* **1** [*con sustantivo*] to become: *Se hizo taxista.* He became a taxi driver. **2** [*con adjetivo*]: *Me estoy haciendo viejo.* I'm getting old. ◊ *La última clase se me*

hace eterna. The last class seems to go on for ever. **3 hacerse el/la + adjetivo** to pretend to be *sth*: *No te hagas el sordo.* It's no good pretending to be deaf. ◊ *No te hagas la lista conmigo.* Don't try and be smart with me. **4** (*cuando otra persona realiza la acción*) to have *sth* done: *Se están haciendo una casa.* They're having a house built.

**LOC** **desde hace/hacía...** for...: *Viven aquí desde hace dos años.* They've been living here for two years. **hacer bien/mal** to be right/wrong (*to do sth*): *¿Hice bien en ir?* Was I right to go? **hacer como que/si...** to pretend: *Hizo como que no me hubiera visto.* He pretended he hadn't seen me. **hacerse pasar por...** to pass yourself off as *sth/sb*: *Se hizo pasar por el hijo del dueño.* He passed himself off as the owner's son. **hacer de las suyas** to be up to his, her, etc. old tricks again: *David ha vuelto a ~ de las suyas.* David's been up to his old tricks again. **¿qué haces?** **1** (*profesión*) what do you do?: *—¿Qué hace? —Es profesora.* "What does she do?" "She's a teacher." **2** (*en este instante*) what are you doing?: *—Hola, ¿qué haces? —Ver una película.* "Hi, what are you doing?" "Watching a movie." **❶** Para otras expresiones con **hacer**, véanse las entradas del sustantivo, adjetivo, etc., p. ej. **hacer trampa(s)** en TRAMPA.

**hacha** *nf* axe **LOC** **ser un hacha** to be a genius (*at sth/doing sth*)

**hacia** *prep* **1** (*dirección*) toward, towards (*GB*): *ir ~ algo/algn* to go toward sth/sb **2** (*tiempo*): ~ *principios de verano* in early summer ◊ ~ *finales de la guerra* toward the end of the war

**hacienda** *nf* **1 Hacienda** the Treasury, the Inland Revenue (*GB*) (*finca*) estate **LOC** *Ver* MINISTRO, SECRETARÍA, SECRETARIO

**hada** *nf* fairy [*pl* fairies]: *un cuento de ~s* a fairy tale **LOC** **hada madrina** fairy godmother

**halagar** *vt* to flatter

**halcón** *nm* falcon

**hallar** *vt* to find
▶ **hallarse** *vpr* to be

**hallazgo** *nm* **1** (*descubrimiento*) discovery [*pl* discoveries]: *Los científicos han hecho un gran ~.* Scientists have made an important discovery. **2** (*persona, cosa*) find: *La nueva bailarina ha sido un auténtico ~.* The new dancer is a real find.

**hamaca** *nf* hammock

**hambre** *nf* hunger, starvation, famine

No deben confundirse las palabras **hunger**, **starvation** y **famine**.
**Hunger** es el término general y se usa en casos como: *hacer huelga de hambre* to go on (a) hunger strike, o para expresar un deseo: *hambre de conocimiento/poder* hunger for knowledge/power.
**Starvation** se refiere al hambre sufrida durante un período prolongado de tiempo: *Lo dejaron morir de hambre*. They let him die of starvation. El verbo **starve** significa *morir de hambre* y se utiliza mucho en la expresión: *Me muero de hambre*. I'm starving.
**Famine** es hambre que afecta normalmente a un gran número de personas y suele ser consecuencia de una catástrofe natural: *una población debilitada por el hambre* a population weakened by famine ◊ *A la larga sequía siguieron meses de hambre*. The long drought was followed by months of famine.

**LOC** pasar hambre to go hungry **tener hambre** to be hungry **tener un hambre feroz** to be starving *Ver tb* MATAR, MORIR(SE), MUERTO

**hambriento, -a** *adj* **1** hungry: *La niña está hambrienta*. The baby is hungry. **2** (*muerto de hambre*) starving

**hamburguesa** *nf* hamburger, burger (*más coloq*)

**hámster** *nm* hamster

**harapo** *nm* rag

**harina** *nf* flour

**hartarse** *vpr* **1** ~ **(de)** (*cansarse*) to be fed up (with *sth/sb/doing sth*): *Ya me harté de tus quejas*. I'm fed up with your complaints. **2** (*atiborrarse*) **(a)** to be full (up): *Comí hasta hartarme*. I ate till I was full (up). **(b)** ~ **de** to stuff yourself (with *sth*): *Me harté de galletas*. I stuffed myself with cookies.

**harto, -a** *adj* **1** (*lleno*) full **2** ~ **(de)** (*cansado*) fed up (with *sth/sb/doing sth*): *Me tienes* ~. I'm fed up with you.

**hasta** *prep*
●**tiempo 1** [*con sentido positivo*] until, till (*coloq*): *Abren* ~ *las seis*. They're open until six.

Until se usa tanto en inglés formal como informal. Till se usa sobre todo en inglés hablado y no suele aparecer al principio de la frase: *No llegaré hasta las siete*. I won't be there until seven.

**2** [*con sentido negativo*]: *Abren* ~ *las diez*. They don't open until ten.
●**lugar 1** (*distancia*) as far as…: *Vinieron conmigo* ~ *Monterrey*. They came with me as far as Monterrey. **2** (*altura, longitud, cantidad*) up to…: *El agua llegó* ~ *aquí*. The water came up to here. **3** (*hacia abajo*) down to…: *La falda me llega* ~ *los tobillos*. The skirt comes down to my ankles.
●**saludos** see you…: *¡Hasta mañana/el lunes!* See you tomorrow/on Monday! ◊ *¡Hasta luego!* Bye!
▶ *adv* even: *Hasta yo lo hice*. Even I did it. **LOC** hasta cuándo how long: *¿Hasta cuándo te quedas?* How long are you staying?

**haya** *nf* beech (tree)

**hazaña** *nf* exploit **LOC** ser toda una **hazaña** to be quite a feat

**hebilla** *nf* buckle

**hebra** *nf* (piece of) thread

**hechicero, -a** *nm-nf* **1** (*masc*) wizard **2** (*fem*) witch

**hechizar** *vt* to cast a spell (on *sb*): *La bruja hechizó al príncipe*. The witch cast a spell on the prince.

**hechizo** *nm* spell: *estar bajo un* ~ to be under a spell

**hecho, -a** *adj* (*manufacturado*) made: *¿De qué está* ~? What's it made of? ◊ ~ *a mano/máquina* handmade/machine-made
▶ *nm* **1** (*asunto*) fact **2** (*acontecimiento*) event: *su versión de los* ~s his version of the events **LOC** ¡bien hecho! well done! **dar por hecho** to take *sth* for granted **de hecho** in fact **hecho y derecho** grown: *un hombre* ~ *y derecho* a grown man **mal hecho**: *Si se lo dijiste, mal* ~. You shouldn't have told him. *Ver tb* CRISTO, DICHO, FRASE, TRATO; *Ver tb* HACER

**hectárea** *nf* hectare (*abrev* ha)

**helada** *nf* frost

**heladería** *nf* ice-cream parlor

**helado, -a** *adj* **1** (*congelado*) frozen: *un estanque* ~ a frozen pond **2** (*persona, habitación*) freezing: *Estoy* ~. I'm freezing!
▶ *nm* ice cream: ~ *de chocolate* chocolate ice cream **LOC** *Ver* PALETA, PASTEL; *Ver tb* HELAR(SE)

**helar(se)** *vt, vi, vpr* to freeze: *El frío heló las cañerías*. The pipes are frozen. ◊ *Nos vamos a* ~ *de frío*. We're going to freeze to death.
▶ *v imp*: *Anoche heló*. There was a frost last night.

**helecho** *nm* fern

**hélice** *nf* (*avión, barco*) propeller

**helicóptero** *nm* helicopter

**helio** *nm* helium

**hembra** *nf* (*animal, persona*) female: *un leopardo* ~ a female leopard ➲ *Ver nota en* FEMALE

**hemisferio** *nm* hemisphere: *el* ~ *norte/sur* the northern/southern hemisphere

**hemorragia** *nf* haemorrhage

**heno** *nm* hay

**hepatitis** *nf* hepatitis [*incontable*]

**herbívoro, -a** *adj* herbivorous

**heredar** *vt* to inherit *sth* (*from sb*): *A su muerte heredé sus propiedades.* On his death I inherited all his property.

**heredero, -a** *nm-nf* ~ (**de**) heir (to *sth*): *el* ~/*la heredera del trono* the heir to the throne ❶ También existe el femenino **heiress**, pero sólo se usa para referirnos a una rica heredera. **LOC** *Ver* PRÍNCIPE

**hereditario, -a** *adj* hereditary

**herencia** *nf* inheritance

**herida** *nf* **1** injury [*pl* injuries] **2** (*bala, navaja*) wound

> Es difícil saber cuándo usar **wound** y cuándo **injury**, o los verbos **wound** y **injure**.
> **Wound** se utiliza para referirnos a heridas causadas por un arma (p. ej. una navaja, pistola, etc.) de forma deliberada: *heridas de bala* gunshot wounds ◊ *La herida no tardará en cicatrizar.* The wound will soon heal. ◊ *Lo hirieron en la guerra.* He was wounded in the war.
> Si la herida es resultado de un accidente utilizamos **injury** o **injure**, que también se puede traducir a veces por *lesión* o *lesionarse*: *Sólo sufrió heridas leves.* He only suffered minor injuries. ◊ *Los trozos de cristal hirieron a varias personas.* Several people were injured by flying glass. ◊ *El casco protege a los jugadores de posibles lesiones cerebrales.* Helmets protect players from brain injuries.

**herido, -a** *nm-nf* casualty [*pl* casualties] *Ver tb* HERIR

**herir** *vt* **1** to injure **2** (*bala, navaja*) to wound ➲ *Ver nota en* HERIDA

**hermanastro, -a** *nm-nf* **1** (*masc*) stepbrother **2** (*fem*) stepsister

> Para referirse a un hermano por parte de padre o de madre decimos **half-brother** o **half-sister**: *Son hermanos por parte de padre.* They're half-brothers.

**hermandad** *nf* **1** (*entre hombres*) brotherhood **2** (*entre mujeres*) sisterhood **3** (*gremio*) association

**hermano, -a** *nm-nf* **1** (*masc*) brother: *Tengo un* ~ *mayor/menor.* I have an older/younger brother. **2** (*fem*) sister: *mi hermana la pequeña/mayor* my younger/older sister ❶ Estas traducciones se usan también en un contexto religioso, pero en este caso se escriben con mayúscula: *el Hermano Francisco/la Hermana Ángela* Brother Francis/Sister Angela. **3 hermanos** ❶ A veces decimos *hermanos* refiriéndonos a hermanos y hermanas, en cuyo caso debemos decir en inglés **brothers and sisters**: *¿Tienes hermanos?* Do you have any brothers and sisters? ◊ *Somos seis hermanos.* I have five brothers and sisters. **LOC** **hermanos siameses** Siamese twins *Ver tb* MEDIO, PRIMO

**H**

**herméticamente** *adv* **LOC** **herméticamente cerrado** airtight

**hermético, -a** *adj* airtight

**hermoso, -a** *adj* beautiful

**hermosura** *nf* beauty: *¡Qué* ~*!* How beautiful!

**hernia** *nf* hernia

**héroe** *nm* hero

**heroína¹** *nf* (*mujer*) heroine

**heroína²** *nf* (*droga*) heroin

**herradura** *nf* horseshoe

**herramienta** *nf* tool **LOC** *Ver* BARRA, CAJA

**herrar** *vt* to shoe

**herrería** *nf* forge

**herrero, -a** *nm-nf* blacksmith

**hervir** *vt, vi* to boil: *La leche está hirviendo.* The milk is boiling. ◊ *Pon a* ~ *las papas.* Put the potatoes on to boil. ◊ *Me hierve la sangre cuando me acuerdo.* Just thinking about it makes my blood boil.

**heterosexual** *adj, nmf* heterosexual

**hexágono** *nm* hexagon

**hibernar** *vi* to hibernate

**hidratante** *adj* moisturizing **LOC** **crema/leche hidratante** moisturizer

**hidratar** *vt* (*piel*) to moisturize

**hidrato** *nm* hydrate **LOC** **hidratos de carbono** carbohydrates

**hidráulico, -a** *adj* hydraulic: *energía/bomba hidráulica* hydraulic power/pump

**hidroavión** *nm* seaplane

**hidroeléctrico, -a** *adj* hydroelectric

**hidrógeno** *nm* hydrogen

**hiedra** *nf* ivy

**hielo** *nm* ice [*incontable*]: *Saca unos* ~*s.* Bring me some ice. ◊ *una charola para el*

~ an ice-cube tray **LOC** Ver HOCKEY, PALETA, PISTA, ROMPER

**hiena** nf hyena

**hierba** nf **1** (Med, Cocina) herb **2** (marihuana) pot **LOC** **mala hierba** weed

**hierbabuena** nf mint

**hierro** nm iron: una barra de ~ an iron bar ⋄ ~ forjado/fundido wrought/cast iron **LOC** **tener una constitución/naturaleza de hierro** to have an iron constitution

**hígado** nm liver **LOC** **ser un hígado** to be a pain in the neck

**higiene** nf hygiene: la ~ bucal/corporal oral/personal hygiene

**higiénico, -a** adj hygienic **LOC** Ver PAPEL

**higo** nm fig

**higuera** nf fig tree

**hijastro, -a** nm-nf **1** (masc) stepson **2** (fem) stepdaughter **3 hijastros** stepchildren

**hijo, -a** nm-nf **1** (masc) son **2** (fem) daughter: Tienen dos hijas y un ~. They have two daughters and a son. **3 hijos** children

Cuando la palabra hijos se refiere a hijos e hijas, debemos decir en inglés **children**: ¿Cuantos hijos tienen? How many children do they have? ⋄ No tenemos ~s. We don't have any children.

**LOC** **hijo de papá** daddy's boy/girl **hijo de papi** rich kid ¡híjole! goodness! **hijo único** only child: Soy ~ único. I'm an only child.

**hilacha** nf loose thread **LOC** Ver VUELO

**hilera** nf **1** (fila) row: una ~ de niños/árboles a row of children/trees **2** (Mil, hormigas) column

**hilo** nm **1** thread: un carrete de ~ a spool of thread ⋄ Perdí el ~ de la conversación. I've lost the thread of the argument. **2** (metal) wire: ~ de acero/cobre steel/copper wire **3** (tela) linen: una falda de ~ a linen skirt **LOC** **hilo dental** dental floss

**himno** nm hymn **LOC** **himno nacional** national anthem

**hincapié** nm **LOC** **hacer hincapié en algo** to stress sth

**hincar** vt **1** (diente) to sink your teeth into sth: Hincó los dientes en la sandía. He sank his teeth into the watermelon. **2** (clavo, estaca) to drive sth into sth: Hincó las estacas en la tierra. He drove the stakes into the ground.

**hinchado, -a** adj **1** swollen: un brazo/pie ~ a swollen arm/foot **2** (estómago) bloated Ver tb HINCHARSE

**hincharse** vpr to swell (up): Se me hinchó el tobillo. My ankle has swollen up.

**hinchazón** nf (Med) swelling: Parece que bajó la ~. The swelling seems to have gone down.

**hindú** adj, nmf (Relig) Hindu

**hinduismo** nm Hinduism

**hipermercado** nm superstore

**hipermétrope** adj farsighted, longsighted (GB)

**hipermetropía** nf farsightedness, long-sightedness (GB): tener ~ to be farsighted

**hípica** nf riding

**hípico, -a** adj riding: club/concurso ~ riding club/competition

**hipnotizar** vt to hypnotize

**hipo** nm hiccups [pl]: Tengo ~. I have the hiccups. ⋄ quitar el ~ to cure the hiccups

**hipócrita** adj hypocritical
▶ nmf hypocrite

**hipódromo** nm racetrack, racecourse (GB)

**hipopótamo** nm hippo [pl hippos] ❶ Hippopotamus es la palabra científica.

**hipótesis** nf hypothesis [pl hypotheses]

**hippy** (tb **hippie**) adj, nmf hippie

**hispano, -a** adj **1** (hispanohablante) Spanish-speaking: los países de habla hispana Spanish-speaking countries **2** (latinoamericano) Latin American: la cultura/música hispana Latin American culture/music **3** (en EE.UU.) Hispanic: barrios ~s Hispanic neighborhoods
▶ nm-nf (latinoamericano en Estados Unidos) Hispanic

**hispanohablante** adj Spanish-speaking
▶ nmf Spanish speaker

**histeria** nf hysteria: Le dio un ataque de ~. He became hysterical.

**histérico, -a** adj hysterical **LOC** **ponerse histérico** to have a fit **ser un histérico** to get worked up about things

**historia** nf **1** (disciplina, asignatura) history: ~ antigua/natural ancient/natural history ⋄ Aprobé ~. I've passed history. **2** (relato) story [pl stories]: Cuéntanos una ~. Tell us a story. **LOC** **dejarse de historias** to get to the point

**historiador, -ora** nm-nf historian

**historial** nm record **LOC** **historial médico** medical history [pl medical histories] **historial profesional** résumé, CV (GB)

**histórico, -a** adj **1** (de la historia) historical: documentos/personajes ~s historical documents/figures **2** (importante)

historic: *un triunfo/acuerdo* ~ a historic victory/agreement

**historieta** *nf* **1** (*cómic*) cartoon: *Les encantan las ~s de Batman.* They love Batman cartoons. **2** (*anécdota*) story [*pl* stories]

**hobby** *nm* hobby [*pl* hobbies]

**hocico** *nm* **1** (*perro, caballo*) muzzle **2** (*cerdo*) snout

**hockey** *nm* field hockey, hockey (*GB*) **LOC** **hockey sobre hielo** hockey, ice hockey (*GB*)

**hogar** *nm* **1** (*casa*) home: *~ dulce ~* home sweet home **2** (*familia*) family [*pl* families]: *casarse y fundar un ~* to get married and start a family **3** (*chimenea*) fireplace

**hogareño, -a** *adj* (*persona*) home-loving: *ser muy ~* to love being at home

**hoguera** *nf* bonfire: *hacer una ~* to make a bonfire **➔** *Ver nota en* BONFIRE NIGHT

**hoja** *nf* **1** (*planta*) leaf [*pl* leaves]: *las ~s de un árbol* the leaves of a tree ◇ *En otoño se caen las ~s.* Leaves fall off the trees in autumn. **2** (*libro, periódico*) page **3** (*folio*) sheet (of paper): *Dame una ~ de papel.* Can I have some paper/a sheet of paper, please? ◇ *una ~ en blanco* a clean sheet of paper **4** (*arma blanca, herramienta*) blade **LOC** **de hoja caduca/perenne** deciduous/evergreen **hoja de rasurar** razor blade **pasar la hoja/página** to turn over

**hojalata** *nf* tin

**hojalatería** *nf* sheet-metal work

**hojaldre** *nm* puff pastry

**hojear** *vt* **1** (*pasar hojas*) to flip through *sth*: *~ una revista* to flip through a magazine **2** (*mirar por encima*) to glance at *sth*: *~ el periódico* to glance at the paper

**¡hola!** *interj* hello, hi (*coloq*)

La palabra más general es **hello**, que se usa en cualquier situación, y también para contestar el teléfono. **Hi** es más coloquial y muy común. Muchas veces estas palabras van seguidas de **how are you?** o **how are you doing?** (*más coloq*). La respuesta puede ser **fine, thanks** o **very well, thank you** (*formal*), y en Estados Unidos se dice también **good**.

**holán** *nm* flounce, ruffle

**Holanda** *nf* Holland

**holandés, -esa** *adj, nm* Dutch: *hablar ~* to speak Dutch
▸ *nm-nf* Dutchman/-woman [*pl* -men/-women]: *los holandeses* the Dutch

**holgazán, -ana** *adj* lazy
▸ *nm-nf* slacker: *Es un ~.* He's a slacker.

**holgazanear** *vi* to laze around

**hollín** *nm* soot

**holocausto** *nm* holocaust: *un ~ nuclear* a nuclear holocaust

**holograma** *nm* hologram

**hombre** *nm* **1** man [*pl* men]: *el ~ contemporáneo* modern man ◇ *tener una conversación de ~ a ~* to have a man-to-man talk ◇ *el ~ de la calle* the man in the street **2** (*humanidad*) mankind: *la evolución del ~* the evolution of mankind **➔** *Ver nota en* MAN
▸ **¡hombre!** *interj*: *¡Hombre! ¡Qué bien que hayas venido!* Great! You've come! ◇ *¡Hombre! ¿Qué hace aquí?* Gee! What are you doing here? **LOC** **hacerse hombre** to grow up **hombre del tiempo** weatherman [*pl* -men] **hombre lobo** werewolf [*pl* werewolves] **hombre rana** frogman [*pl* -men] *Ver tb* NEGOCIO

**hombrera** *nf* shoulder pad

**hombro** *nm* shoulder **LOC** **llevar/sacar a hombros** to carry *sth/sb* on your shoulders *Ver tb* ENCOGER(SE), MIRAR

**homenaje** *nm* homage [*incontable*]: *hacer un ~ a algn* to pay homage to *sb* **LOC** **en homenaje a** in honor of *sth/sb*

**homicida** *nmf* murderer **LOC** *Ver* ARMA

**homicidio** *nm* homicide

**homogéneo, -a** *adj* homogeneous

**homónimo** *nm* homonym

**homosexual** *adj, nmf* homosexual

**hondo, -a** *adj* deep: *Es un pozo muy ~.* It's a very deep well. **LOC** *Ver* PLATO

**Honduras** *nf* Honduras

**honestidad** *nf* honesty: *Nadie duda de su ~.* Nobody doubts his honesty.

**honesto, -a** *adj* honest: *una persona honesta* an honest person

**hongo** *nm* **1** fungus [*pl* fungi/funguses] **2** (*comestible*) mushroom **LOC** **hongo venenoso** toadstool

**honor** *nm* **1** (*privilegio*) honor: *el invitado de ~* the guest of honor ◇ *Es un gran ~ para mí estar hoy aquí.* It's a great honor for me to be here today. **2** (*buen nombre*) good name: *El ~ del banco está en peligro.* The bank's good name is at risk. **LOC** **tener el honor de** to have the honor of *doing sth Ver tb* DAMA, PALABRA

**honra** *nf* honor **LOC** **¡(y) a mucha honra!** and proud of it!

**honradez** *nf* honesty

**honrado, -a** *adj* honest *Ver tb* HONRAR

**honrar** *vt* **1** (*mostrar respeto*) to honor *sb* (*with sth*): *un acto para ~ a los soldados* a ceremony to honor the soldiers **2** (*ennoblecer*) to do *sb* credit: *Tu*

# hora

*comportamiento te honra.* Your behavior does you credit.

**hora** *nf* **1** (*unidad de tiempo, horario*) hour: *La clase dura dos ~s.* The class lasts two hours. ◊ *120 km por ~* 120 km an hour ◊ *~s de oficina/visita* office/visiting hours **2** (*reloj, momento*) time: *¿Qué ~s son?* What time is it? ◊ *¿A qué ~ vienen?* What time are they coming? ◊ *a cualquier ~ del día* at any time of the day ◊ *a la ~ de la comida/cena* at lunchtime/ supper time ➜ *Ver tb pág 683* **LOC** **a la hora de la verdad** when it comes down to it: *A la ~ de la verdad nunca hacen nada.* When it comes down to it they never do anything. **entre horas** between meals: *Nunca como entre ~.* I never eat between meals. **hora pico/punta** rush hour **horas extras** overtime [*incontable*] **pasarse las horas muertas haciendo algo** to do sth for hours on end **ser hora de:** *Es ~ de irse a la cama.* It's time to go to bed. ◊ *Creo que ya es ~ de que nos vayamos.* I think it's time we were going. ◊ *Ya era ~ de que nos escribieras.* It was about time you wrote to us. *¡ya era hora!* about time too! *Ver tb* ÚLTIMO

**horario** *nm* **1** (*clases, camión, etc.*) timetable **2** (*consulta, trabajo*) hours [*pl*]: *El ~ de oficina es de nueve a tres.* Office hours are nine to three. **LOC** **horario (de atención) al público** opening hours [*pl*]

**horca** *nf* **1** (*cadalso*) gallows [*pl* gallows] **2** (*Agric*) pitchfork

**horizontal** *adj* horizontal

**horizonte** *nm* horizon: *en el ~* on the horizon

**hormiga** *nf* ant

**hormigueo** *nm* pins and needles [*pl*]: *Siento un ~ en las yemas de los dedos.* I have pins and needles in my fingers.

**hormiguero** *nm* **1** (*agujero*) ants' nest **2** (*montículo*) anthill **LOC** *Ver* OSO

**hormona** *nf* hormone

**horno** *nm* **1** (*en cocina*) oven: *encender el ~* to turn the oven on ◊ *Esta sala es un ~.* It's like an oven in here. **2** (*industrial*) furnace **3** (*cerámica, ladrillos*) kiln **LOC** **al horno** roast: *pollo al ~* roast chicken

**horóscopo** *nm* horoscope

**horquilla** *nf* **1** (*para cabello*) hairpin [*pl*] **2** (*palo, rama, bicicleta*) fork **LOC** **horquilla de moño** hairpin

**horrible** *adj* awful

**horror** *nm* **1** (*miedo*) horror: *un grito de ~* a cry of horror ◊ *los ~es de la guerra* the horrors of war **2** (*mucho*): *Les gustaron ~es.* They loved them. ◊ *Había un ~ de coches.* There were loads of cars.

**LOC** *¡qué horror!* how awful! **tenerle horror a** to hate *sth/doing sth*

**horrorizar** *vt* to frighten: *Lo horroriza la oscuridad.* He's frightened of the dark.
▸ *vi* to hate *sth/doing sth* [*vt*]: *Me horroriza ese vestido.* I hate that dress.

**horroroso, -a** *adj* **1** (*aterrador*) horrific: *un incendio ~* a horrific fire **2** (*muy feo*) hideous: *Tiene una nariz horrorosa.* He has a hideous nose. **3** (*malo*) awful: *Hace un tiempo ~.* The weather is awful.

**hortaliza** *nf* vegetable

**hospedarse** *vpr* to stay

**hospital** *nm* hospital ➜ *Ver nota en* SCHOOL

**hospitalidad** *nf* hospitality

**hospitalizar** *vt* to hospitalize

**hostelería** *nf* (*estudios*) catering and hotel management

**hot cake** *nm* pancake, drop scone (*GB*)

**hotel** *nm* hotel **LOC** **hotel de paso** love hotel

**hoy** *adv* today: *Hay que terminarlo ~.* We have to get it finished today. **LOC** **de hoy:** *la música de ~* present-day music ◊ *el periódico de ~* today's paper ◊ *Este pan no es de ~.* This bread isn't fresh. **de hoy en adelante** from now on **hoy (en) día** nowadays

**hoyo** *nm* hole: *hacer/cavar un ~* to dig a hole

**hoyuelo** *nm* dimple

**hoz** *nf* sickle

**huacal** *nm* wooden crate **LOC** **salirse del huacal** to stray from the fold

**huachinango** *nm* (*pescado*) red snapper

**huarache** *nm* huarache, leather sandal (*GB*)

**hueco, -a** *adj* hollow: *Este muro está ~.* This wall is hollow. ◊ *sonar a ~* to sound hollow
▸ *nm* **1** (*cavidad*) space: *Aprovecha este ~.* Use this space. **2** (*espacio en blanco*) gap: *Completa los ~s con preposiciones.* Fill in the gaps with prepositions. **3** (*rato libre*) free time [*incontable*]: *El lunes por la tarde tengo un ~.* I have some free time on Monday afternoon.

**huelga** *nf* strike: *estar/ponerse en ~* to be/go on strike ◊ *una ~ general/de hambre* a general/hunger strike

**huelguista** *nmf* striker

**huella** *nf* **1** (*pie, zapato*) footprint **2** (*animal, vehículo*) track: *~s de oso* bear tracks **LOC** **huella (dactilar)** fingerprint **sin dejar huella** without trace: *Desaparecieron sin dejar ~.* They disappeared without trace.

**huérfano, -a** adj, nm-nf orphan [n]: ~s de guerra war orphans ◊ ser ~ to be an orphan LOC **huérfano de madre/padre** motherless/fatherless **quedarse huérfano de madre/padre** to lose your mother/father

**huerta** nf 1 (huerto grande) truck farm, market garden (GB) 2 (tierra de regadío) irrigated region

**huerto** nm 1 (de verduras, legumbres) vegetable garden 2 (de árboles frutales) orchard

**hueso** nm 1 (Anat) bone 2 (fruta) pit, stone (GB) 3 (color) ivory LOC **estar/quedarse en los huesos** to be nothing but skin and bone Ver tb CALAR, CARNE

**huésped, -eda** nm-nf guest

**hueva** nf **huevas** 1 (Zool) spawn [incontable]: ~s de rana frog spawn 2 (Cocina) roe [incontable]

**huevo** nm egg: poner un ~ to lay an egg LOC **huevo duro/estrellado** hard-boiled/fried egg **huevos rancheros** eggs on tortillas with chili sauce **huevos revueltos** scrambled eggs

**huida** nf escape

**huir** vi ~ **(de)** (escaparse) to escape (from sth/sb): Huyeron de la prisión. They escaped from prison.
▶ vt, vi ~ **(de)** (evitar) to avoid sth/sb [vt]: No nos huyas. Don't try to avoid us. ◊ Conseguimos ~ de la prensa. We managed to avoid the press. LOC **huir del país** to flee the country

**huitlacoche** nm edible fungus (on corn)

**hule** nm rubber

**hule-espuma** nm foam rubber

**humanidad** nf 1 humanity 2 **humanidades** (estudios) humanities

**humanitario, -a** adj humanitarian: ayuda humanitaria humanitarian aid

**humano, -a** adj 1 (del ser humano) human: el cuerpo ~ the human body ◊ los derechos ~s human rights 2 (comprensivo, justo) humane: un sistema judicial más ~ a more humane judicial system
▶ nm human being

**humareda** nf cloud of smoke

**humedad** nf 1 (ropa, pared, etc.) dampness: Esta pared tiene ~. This wall is damp. 2 (atmósfera) humidity

**humedecer** vt to dampen: ~ la ropa para plancharla to dampen clothes before ironing them
▶ **humedecerse** vpr to get wet

**húmedo, -a** adj 1 (ropa, pared, etc.) damp: Estas medias están húmedas. These socks are damp. 2 (aire, calor) humid 3 (lugar) wet: un país ~ a wet country ➲ Ver nota en MOIST

**humildad** nf humility

**humilde** adj humble

**humillante** adj humiliating

**humo** nm 1 smoke: Había demasiado ~. There was too much smoke. ◊ Salía ~ por la puerta. There was smoke coming out of the door. 2 (coche) fumes [pl]: el ~ del escape exhaust fumes 3 **humos** (arrogancia) airs: darse muchos ~s to put on airs LOC Ver BAJAR, SUBIR

**humor** nm 1 humor: tener sentido del ~ to have a sense of humor ◊ ~ negro black humor 2 (comicidad) comedy: una serie de ~ a comedy series LOC **estar de buen/mal humor** to be in a good/bad mood **estar de humor** to be in the mood (for sth/doing sth) **poner a algn de mal humor** to make sb angry **tener buen/mal humor** to be good-tempered/bad-tempered

**humorista** nmf humorist

**hundido, -a** adj 1 (barco) sunken: un galeón ~ a sunken galleon 2 (persona) depressed Ver tb HUNDIR

**hundir** vt 1 to sink: Una bomba hundió el barco. A bomb sank the boat. ◊ ~ los pies en la arena to sink your feet into the sand 2 (persona) to destroy
▶ **hundirse** vpr 1 (irse al fondo) to sink 2 (derrumbarse) to collapse: El puente se hundió. The bridge collapsed. 3 (negocio) to go under: Muchas empresas se han hundido. Many firms have gone under.

**huracán** nm hurricane

**hurgar** vi ~ en to rummage among/in/through sth: No hurgues en mis cosas. Don't rummage through my things.

**¡hurra!** interj hooray

**husmear** vi 1 (olfatear) to sniff around 2 (curiosear) to snoop around: La policía ha estado husmeando por aquí. The police have been snooping around here.
▶ vt (olfatear) to sniff

# I i

**iceberg** *nm* iceberg

**ida** *nf* outward journey: *durante la ~* on the way there **LOC** **ida y vuelta** there and back (*coloq*): *Son tres horas ~ y vuelta.* It's three hours there and back. *Ver tb* BOLETO, PARTIDO

**idea** *nf* **1** (*ocurrencia*) idea: *Tengo una ~.* I have an idea. **2** (*concepto*) concept: *la ~ de la democracia* the concept of democracy **3** ideas (*ideología*) convictions: *~s políticas/religiosas* political/religious convictions **LOC** **¡ni idea!** I don't have a clue! **no tener la más remota/menor idea** not to have the faintest idea

**ideal** *adj, nm* ideal: *Eso sería lo ~.* That would be ideal/the ideal thing. ◊ *Es un hombre sin ~es.* He's a man without ideals.

**idealista** *adj* idealistic
▶ *nmf* idealist

**idealizar** *vt* to idealize

**ídem** *pron* (*en una lista*) ditto **⊃** *Ver nota en* DITTO

**idéntico, -a** *adj ~ (a)* identical (to *sth/sb*): *gemelos ~s* identical twins ◊ *Es ~ al mío.* It's identical to mine.

**identidad** *nf* identity [*pl* identities]

**identificar** *vt* to identify
▶ **identificarse** *vpr* **identificarse con** to identify with *sth/sb*: *No acababa de ~me con el personaje principal.* I couldn't quite identify with the main character. **LOC** **sin identificar** unidentified

**ideología** *nf* ideology [*pl* ideologies]

**idioma** *nm* language

**idiota** *adj* stupid
▶ *nmf* idiot: *¡Qué ~ (es)!* What an idiot (he is)! ◊ *¡Qué ~! Eres!* You idiot!

**idiotez** *nf* stupidity: *el colmo de la ~* the height of stupidity **LOC** **decir idioteces** to talk nonsense

**ido, -a** *adj* **1** (*distraído*) absent-minded **2** (*loco*) crazy *Ver tb* IR

**ídolo** *nm* idol

**iglesia** *nf* (*institución, edificio*) church: *la Iglesia católica* the Catholic Church **⊃** *Ver nota en* SCHOOL **LOC** *Ver* CASAR

**ignorante** *adj* ignorant
▶ *nmf* moron

**ignorar** *vt* **1** (*desconocer*) not to know: *Ignoro si ya salieron.* I don't know if

they've already left. **2** (*hacer caso omiso*) to ignore

**igual** *adj* **1** *~ (a/que)* (*idéntico*) the same (as *sth/sb*): *Esa falda es ~ que la suya.* That skirt is the same as yours. **2** (*Pol, Mat*) equal: *Todos los ciudadanos son ~es.* All citizens are equal. ◊ *A es ~ a B.* A is equal to B.
▶ *nmf* equal
▶ *adv* **1** *~ de* equally: *Son ~ de culpables.* They are equally guilty. **2** *~ de… que* as… as: *Son ~ de responsables que nosotros.* They're as responsible as we are. **3** (*posiblemente*) maybe: *Igual no vienen.* Maybe they won't come. **LOC** **me da igual** it's all the same to me, you, etc. *Ver tb* COSA

**igualado, -a** *adj* sassy, cheeky (*GB*)
▶ *nm-nf* disrespectful person [*pl* people]

**igualar** *vt* **1** (*Dep*) to equalize **2** (*terreno*) to level

**igualmente** *adv* equally
**LOC** **¡igualmente!** the same to you!

**iguana** *nf* iguana

**ilegal** *adj* illegal

**ileso, -a** *adj* unharmed: *resultar ~* to escape unharmed

**ilimitado, -a** *adj* unlimited

**iluminado, -a** *adj ~ (con)* lit (up) (with *sth*): *La cocina estaba iluminada con velas.* The kitchen was lit (up) with candles. *Ver tb* ILUMINAR

**iluminar** *vt* to light *sth* up: *~ un monumento* to light a monument up

**ilusión** *nf* **1** (*noción falsa*) illusion **2** (*sueño*) dream: *Era la ~ de su vida.* It was her dream. **3** (*esperanza*) hope: *lleno de ilusiones* full of hope **LOC** **con la ilusión de (que…)** hoping to/that…: *con la ~ de ganar* hoping to win **hacerse ilusiones** to build up your hopes **me hace mucha ilusión** I am, you are, etc. really looking forward (*to sth/doing sth*): *Le hace mucha ~ ir en avión.* She's really looking forward to going on a plane. **me hizo mucha ilusión** I was, you were, etc. delighted (*with sth/to do sth*) **¡qué ilusión!** how nice! *Ver tb* FORJAR

**ilusionado, -a** *adj* **1** (*esperanzado*) enthusiastic: *Vine muy ~ al puesto.* I was very enthusiastic when I started. **2** *~ con* excited about/at/by *sth*: *Están muy ~s con el viaje.* They're really excited about the trip.

**iluso, -a** *adj* gullible
▶ *nm-nf* mug: *Es un auténtico ~.* He's a real mug.

**ilustración** *nf* (*dibujo*) illustration **LOC** **la Ilustración** the Enlightenment

**ilustrar** *vt* to illustrate

**ilustre** *adj* illustrious: *personalidades ~s* illustrious figures

**imagen** *nf* **1** image: *Los espejos distorsionaban su ~.* The mirrors distorted his image. ◊ *Me gustaría un cambio de ~.* I'd like to change my image. **2** (*Cine, TV*) picture

**imaginación** *nf* imagination

**imaginario, -a** *adj* imaginary

**imaginar(se)** *vt, vpr* to imagine: *Me imagino (que sí).* I imagine so. ◊ *¡Imagínate!* Just imagine!

**imán** *nm* magnet

**imbécil** *adj* stupid: *No seas ~.* Don't be stupid.
▶ *nmf* idiot: *¡Cállate, ~!* Be quiet, you idiot!

**imitación** *nf* imitation **LOC de imitación** fake **ser una imitación** to be a fake

**imitar** *vt* **1** (*copiar*) to imitate **2** (*parodiar*) to mimic: *Imita fenomenal a los profesores.* He's really good at mimicking the teachers.

**impacientar** *vt* to exasperate
▶ **impacientarse** *vpr* **impacientarse (por)** to get worked up (about sth)

**impaciente** *adj* impatient

**impacto** *nm* **1** (*colisión, impresión, repercusión*) impact: *el ~ ambiental* the impact on the environment **2** (*huella*) hole: *dos ~s de bala* two bullet holes

**impar** *adj* odd: *número ~* odd number

**imparcial** *adj* unbiased

**impecable** *adj* impeccable

**impedido, -a** *adj, nm-nf* disabled [*adj*]: *ser un ~* to be disabled *Ver tb* IMPEDIR

**impedimento** *nm* **1** (*obstáculo*) obstacle **2** (*Jur*) impediment

**impedir** *vt* **1** (*imposibilitar*) to prevent sth/sb (*from doing sth*): *La lluvia impidió que se celebrase la boda.* The rain prevented the wedding from taking place. ◊ *Nada te lo impide.* There's nothing stopping you. **2** (*paso*) to block sth (up): *~ la entrada* to block the entrance (up)

**impenetrable** *adj* impenetrable

**imperativo, -a** *adj, nm* imperative

**imperdible** *nm* safety pin ◆ *Ver dibujo en* PIN

**imperfección** *nf* imperfection

**imperialismo** *nm* imperialism

**imperio** *nm* empire

**impermeable** *adj* waterproof
▶ *nm* raincoat

**impersonal** *adj* impersonal

**impertinente** *adj* impertinent

**implantar** *vt* to introduce: *Quieren ~ un nuevo sistema.* They want to introduce a new system.

**implicar** *vt* **1** (*mezclar a algn en algo*) to implicate: *Lo implicaron en el asesinato.* He was implicated in the murder. **2** (*significar*) to imply

**imponer** *vt* to impose: *~ condiciones/una multa* to impose conditions/a fine
▶ **imponerse** *vpr* to prevail (*over sth/sb*): *La justicia se impuso.* Justice prevailed.

**importación** *nf* import: *la ~ de trigo* the import of wheat ◊ *reducir la ~* to reduce imports **LOC de importación** imported: *un coche de ~* an imported car **de importación y exportación** import-export: *un negocio de ~ y exportación* an import-export business

**importador, -ora** *nm-nf* importer

**importancia** *nf* importance
**LOC adquirir/cobrar importancia** to become important **no tiene importancia** it doesn't matter **quitar/restar importancia** to play sth down: *Siempre quita ~ a sus triunfos.* She always plays down her achievements. **sin importancia** unimportant

**importante** *adj* **1** important: *Es ~ que asistas a clase.* It's important for you to attend lectures. **2** (*considerable*) considerable: *un número ~ de ofertas* a considerable number of offers

**importar¹** *vt* to import: *México importa vino.* Mexico imports wine.

**importar²** *vi* **1** (*tener importancia*) to matter: *Lo que importa es la salud.* Health is what matters most. ◊ *No importa.* It doesn't matter. **2** (*preocupar*) to care (*about sth/sb*): *No me importa lo que piensen.* I don't care what they think. ◊ *No parecen ~le sus hijos.* He doesn't seem to care about his children. ◊ *¡Claro que me importa!* Of course I care! **LOC me importa un bledo, comino, pito, etc.** I, you, etc. couldn't care less **no me importa** (*me da igual*) I, you, etc. don't mind (*sth/doing sth*): *No me importa levantarme temprano.* I don't mind getting up early. *¿te importa…?* do you mind…?: *¿Te importa cerrar la puerta?* Do you mind shutting the door? ◊ *¿Te importa que abra la ventana?* Do you mind if I open the window?

**importe** *nm* **1** (*cantidad*) amount: *el ~ de la deuda* the amount of the debt **2** (*costo*) cost: *el ~ de la reparación* the cost of the repair

**imposible** *adj, nm* impossible: *No pidas ~s.* Don't ask (for) the impossible.

**impotente** *adj* impotent

**imprenta** *nf* **1** (*taller*) print shop, printer's (*GB*) **2** (*máquina*) printing press

**imprescindible** *adj* essential

**impresión** nf **1** (sensación) impression **2** (proceso) printing: listo para ~ ready for printing LOC **me da la impresión de que…** I get the impression that…

**impresionante** adj **1** impressive: un logro ~ an impressive achievement **2** (espectacular) striking: una belleza ~ striking beauty

**impresionar** vt **1** (favorablemente) to impress: Me impresiona su eficacia. I'm impressed by her efficiency. **2** (desagradablemente) to shock: Nos impresionó el accidente. We were shocked by the accident. **3** (emocionar) to move: El final me impresionó mucho. The ending was very moving.

**impreso, -a** adj printed

**impresora** nf printer

**imprevisto, -a** adj unexpected
▸ nm: Surgió un ~. Something unexpected has come up. ◊ Tengo un dinero ahorrado para ~s. I have some money set aside for a rainy day.

**imprimir** vt **1** (imprenta) to print **2** (huella) to imprint

**improvisar** vt to improvise

**imprudente** adj **1** rash **2** (conductor) careless

**impuesto** nm tax: libre de ~s tax free LOC **Impuesto al Valor Agregado** (abrev IVA) sales tax, value added tax (abrev VAT) (GB) **impuesto predial** property tax Ver tb DECLARACIÓN, EVASIÓN

**impulsar** vt **1** (llevar) to drive: La curiosidad me impulsó a entrar. Curiosity drove me to enter. **2** (estimular) to stimulate: ~ la producción to stimulate production

**impulsivo, -a** adj impulsive

**impulso** nm **1** (deseo) impulse: actuar por ~ to act on impulse **2** (empujón) boost: El buen tiempo ha dado gran ~ al turismo. The good weather has given tourism a boost.

**impuro, -a** adj impure

**inaccesible** adj inaccessible

**inaceptable** adj unacceptable

**inadaptado, -a** adj maladjusted

**inadecuado, -a** adj inappropriate

**inadvertido, -a** adj unnoticed: pasar ~ to go unnoticed

**inagotable** adj **1** (inacabable) inexhaustible **2** (incansable) tireless

**inaguantable** adj unbearable

**inalámbrico, -a** adj cordless: un teléfono ~ a cordless telephone

**inapreciable** adj (valioso) invaluable: su ~ ayuda their invaluable help

**inauguración** nf opening, inauguration (más formal): la ceremonia de ~ the opening ceremony ◊ Había unas cien personas en la ~. There were a hundred people at the inauguration.

**inaugurar** vt to open, to inaugurate (más formal)

**incapacidad** nf **1** (enfermedad) sick leave **2** (maternidad) maternity leave

**incapaz** adj ~ **de** incapable of sth/doing sth: Son incapaces de prestar atención. They are incapable of paying attention.

**incautar** vt to seize: La policía incautó 10 kg de cocaína. The police seized 10 kg of cocaine.

**incendiar** vt to set fire to sth: Un loco incendió la escuela. A madman set fire to the school.
▸ **incendiarse** vpr to catch fire: El establo se incendió. The stable caught fire.

**incendio** nm fire: apagar un ~ to put out a fire LOC **incendio provocado** arson [incontable] Ver tb ALARMA, BOCA, ESCALERA

**incentivar** vt to encourage sb (to do sth)

**incentivo** nm incentive

**incienso** nm incense

**incinerar** vt **1** (residuos) to incinerate **2** (cadáver) to cremate

**incisivo** nm (diente) incisor

**inclinar** vt **1** (ladear) to tilt: Inclina el paraguas un poco. Tilt the umbrella a little. **2** (cabeza para asentir o saludar) to nod
▸ **inclinarse** vpr **1** to lean: El edificio se inclina hacia un lado. The building leans over to one side. **2** inclinarse por (simpatizar): Nos inclinamos por el partido verde. Our sympathies lie with the Green Party.

**incluido, -a** adj including: con el IVA ~ including sales tax LOC **todo incluido** all-inclusive: Son 10,000 pesos todo ~. It's 10 000 pesos all-inclusive. Ver tb INCLUIR

**incluir** vt to include: El precio incluye el servicio. The price includes a service charge.

**inclusive** adv: hasta el sábado ~ up to and including Saturday ◊ del 3 al 7 ambos ~ from the 3rd through the 7th

**incluso** adv even: Incluso me dieron dinero. They even gave me money. ◊ Eso sería ~ mejor. That would be even better.

**incógnito, -a** adj LOC **de incógnito** incognito: viajar de ~ to travel incognito

**incoherente** adj **1** (sin sentido) incoherent: palabras ~s incoherent words **2** (contradictorio) inconsistent: comportamiento ~ inconsistent behavior

**incoloro, -a** *adj* colorless

**incombustible** *adj* fireproof

**incomible** *adj* inedible

**incómodo, -a** *adj* uncomfortable

**incompatible** *adj* incompatible

**incompetente** *adj, nmf* incompetent

**incompleto, -a** *adj* **1** *(fragmentario)* incomplete: *información incompleta* incomplete information **2** *(sin acabar)* unfinished

**incomprensible** *adj* incomprehensible

**incomunicado, -a** *adj* **1** *(aislado)* cut off: *Nos quedamos ~s por la nieve.* We were cut off by the snow. **2** *(preso)* in solitary confinement

**inconfundible** *adj* unmistakable

**inconsciente** *adj* **1** *(sin conocimiento, involuntario)* unconscious: *El paciente está ~.* The patient is unconscious. ◊ *un gesto ~* an unconscious gesture **2** *(irresponsable)* irresponsible
▶ *nmf: Es un ~.* He's so irresponsible.

**incontable** *adj* **1** *(incalculable)* countless **2** *(Gram)* uncountable

**inconveniente** *adj* **1** *(inoportuno, molesto)* inconvenient: *una hora ~* an inconvenient time **2** *(no apropiado)* inappropriate: *un comentario ~* an inappropriate comment
▶ *nm* **1** *(dificultad, obstáculo)* problem: *Surgieron algunos ~s.* Some problems have arisen. **2** *(desventaja)* disadvantage: *Tiene ventajas e ~s.* It has its advantages and disadvantages.

**incorporación** *nf* ~ (a) *(entrada)* entry (into *sth*): *la ~ de México al TLCAN* Mexico's entry into NAFTA

**incorporado, -a** *adj* **1** ~ a incorporated into *sth*: *nuevos vocablos ~s al idioma* new words incorporated into the language **2** *(incluido)* built-in: *con antena incorporada* with a built-in antenna *Ver tb* INCORPORAR

**incorporar** *vt* **1** *(agregar)* to include *sb* (*in sth*): *Me incorporaron al equipo.* I've been included in the team. **2** *(territorio)* to annex **3** *(persona tumbada)* to sit *sb* up: *Lo incorporé para que no se ahogara.* I sat him up so he wouldn't choke.
▶ *incorporarse vpr* **incorporarse (a)** **1** *(participar)* to join *sth* **2** *(trabajo)* to start *sth*: *El lunes me incorporo a mi nuevo empleo.* I start my new job on Monday.

**incorrecto, -a** *adj* **1** *(erróneo)* incorrect **2** *(conducta)* impolite

**increíble** *adj* incredible

**incrustarse** *vpr* *(proyectil)*: *La bala se incrustó en la pared.* The bullet embedded itself in the wall.

**incubadora** *nf* incubator

**incubar(se)** *vt, vpr* to incubate

**inculto, -a** *adj, nm-nf* ignorant [*adj*]: *Eres un ~.* You're so ignorant.

**incultura** *nf* lack of culture

**incurable** *adj* incurable

**incursión** *nf* (Mil) raid

**indagación** *nf* enquiry [*pl* enquiries]

**indecente** *adj* **1** *(espectáculo, gesto, lenguaje)* obscene **2** *(ropa)* indecent

**indeciso, -a** *adj, nm-nf* *(de carácter)* indecisive [*adj*]: *ser un ~* to be indecisive

**indecoroso, -a** *adj* unseemly LOC *Ver* PROPOSICIÓN

**indefenso, -a** *adj* defenseless

**indefinido, -a** *adj* **1** *(periodo, artículo)* indefinite: *una huelga indefinida* an indefinite strike **2** *(color, edad, forma)* indeterminate

**indemnizar** *vt* to compensate *sb* (*for sth*)

**independencia** *nf* independence LOC *Ver* GRITO

**independiente** *adj* independent

**independizarse** *vpr* **1** *(individuo)* to leave home **2** *(país, colonia)* to gain independence

**indestructible** *adj* indestructible

**indicación** *nf* **1** *(señal)* sign **2** **indicaciones (a)** *(instrucciones)* instructions: *Siga las indicaciones del folleto.* Follow the instructions in the leaflet. **(b)** *(camino)* directions

**indicado, -a** *adj* **1** *(conveniente)* suitable **2** *(convenido)* specified: *la fecha indicada en el documento* the date specified in the document **3** *(aconsejable)* advisable *Ver tb* INDICAR

**indicador** *nm* indicator LOC **indicador de gasolina/presión** gas/pressure gauge *Ver tb* CARTEL

**indicar** *vt* **1** *(mostrar)* to show, to indicate (*más formal*): ~ *el camino* to show the way **2** *(señalar)* to point *sth* out (*to sb*): *Indicó que se trataba de un error.* He pointed out that it was a mistake.

**índice** *nm* **1** index **2** *(dedo)* index finger LOC **índice (de materias)** table of contents **índice de natalidad** birth rate

**índico, -a** *adj* Indian
▶ **Índico** *nm* Indian Ocean

**indiferencia** *nf* indifference (*to sth/sb*)

**indiferente** *adj* indifferent (*to sth/sb*), not interested (*in sth/sb*) (*más coloq*): *Es ~ a la moda.* She isn't interested in fashion. LOC **me es indiferente** I, you, etc. don't care **ser indiferente**: *Es ~ que*

*sea blanco o negro.* It doesn't matter whether it's black or white.

**indígena** *adj* indigenous
▶ *nmf* native

**indigestión** *nf* indigestion

**indignado, -a** *adj* indignant (*at/about/over sth*) *Ver tb* INDIGNAR

**indignante** *adj* outrageous

**indignar** *vt* to infuriate
▶ **indignarse** *vpr* **indignarse (con) (por)** to get angry (with/at *sb*) (about/at *sth*)

**indigno, -a** *adj* **1** (*despreciable*) contemptible **2 ~ de** unworthy of *sth/sb*: *una conducta indigna de un director* behavior unworthy of a director

**indio, -a** *adj, nm-nf* Indian: *los ~s* the Indians **❶** A los indios de Estados Unidos y Canadá también se les llama **Native Americans.** LOC *Ver* CONEJILLO, FILA

**indirecta** *nf* hint LOC **echar/lanzar/soltar una indirecta** to drop a hint *Ver tb* AGARRAR

**indirecto, -a** *adj* indirect

**indiscreción** *nf*: *Fue una ~ de su parte preguntarlo.* She shouldn't have asked. ◊ *si no es ~* if you don't mind my asking

**indiscutible** *adj* indisputable

**indispensable** *adj* essential LOC **lo indispensable** the bare essentials [*pl*]

**indispuesto, -a** *adj* (*enfermo*) not well: *No ha venido a clase porque está ~.* He hasn't come to school because he's not well.

**individual** *adj* individual LOC *Ver* CAMA, HABITACIÓN

**individuo, -a** *nm-nf* individual

**indudable** *adj* undoubted LOC **es indudable que…** there is no doubt that…

**indulto** *nm* pardon: *El juez le concedió el ~.* The judge pardoned him.

**industria** *nf* industry [*pl* industries]: *la ~ alimentaria/siderúrgica* the food/iron and steel industry

**industrial** *adj* industrial
▶ *nmf* industrialist LOC *Ver* CANTIDAD

**industrialización** *nf* industrialization

**industrializar** *vt* to industrialize
▶ **industrializarse** *vpr* to become industrialized

**inédito, -a** *adj* (*desconocido*) previously unknown

**ineficaz** *adj* **1** (*medida*) ineffective: *un tratamiento ~* ineffective treatment **2** (*persona*) inefficient

**ineficiente** *adj* (*persona*) inefficient

**inercia** *nf* inertia LOC **por inercia** through force of habit

**inesperado, -a** *adj* unexpected

**inestable** *adj* **1** unstable: *Tiene un carácter muy ~.* He's very unstable. **2** (*tiempo*) changeable

**inevitable** *adj* inevitable

**inexperiencia** *nf* inexperience

**inexperto, -a** *adj* inexperienced

**infancia** *nf* childhood

**infantería** *nf* infantry LOC **infantería de marina** marines [*pl*]

**infantil** *adj* **1** (*de niño*) children's: *literatura/programación ~* children's books/programs **2** (*inocente*) childlike: *una sonrisa ~* a childlike smile **3** (*peyorativo*) childish, infantile (*más formal*): *No seas ~.* Don't be childish.

**infarto** *nm* heart attack

**infección** *nf* infection

**infeccioso, -a** *adj* infectious

**infectar** *vt* to infect *sth/sb* (*with sth*)
▶ **infectarse** *vpr* to become infected: *Se infectó la herida.* The wound has become infected.

**infeliz** *adj* unhappy
▶ *nmf* (*desgraciado*) wretch

**inferior** *adj* **~ (a) 1** (*cantidad, posición*) lower (than *sth*): *una tasa de natalidad ~ a la del año pasado* a lower birth rate than last year **2** (*calidad*) inferior (to *sth/sb*): *de una calidad ~ a la suya* inferior to yours

**infidelidad** *nf* infidelity [*pl* infidelities]

**infiel** *adj* unfaithful (*to sth/sb*): *Le ha sido ~.* He has been unfaithful to her.

**infierno** *nm* hell: *ir al ~* to go to hell LOC *Ver* QUINTO

**infinidad** *nf* (*multitud*) a great many: *una ~ de gente/cosas* a great many people/things

**infinito, -a** *adj* infinite: *Las posibilidades son infinitas.* The possibilities are infinite. ◊ *Se necesita una paciencia infinita.* You need infinite patience.

**inflación** *nf* inflation

**inflamación** *nf* (*Med*) swelling, inflammation (*más formal*)

**inflamarse** *vpr* **1** (*encenderse*) to catch fire: *Se inflamó el tanque de la gasolina.* The gas tank caught fire. **2** (*Med*) to swell: *Se me inflamó un poco el tobillo.* My ankle is a little swollen.

**inflar** *vt* to blow *sth* up, to inflate (*más formal*)

**influencia** *nf* influence (*on/over sth/sb*): *No tengo ~ sobre él.* I have no influence over him.

**influir** *vi* **~ en** to influence *sth/sb* [*vt*]: *No quiero ~ en tu decisión.* I don't want to influence your decision.

**información** *nf* **1** information (*on/ about sth/sb*) [*incontable*]: *pedir* ~ to ask for information **2** (*noticias*) news [*incontable*]: *La televisión ofrece mucha ~ deportiva.* There's a lot of sports news on television. ➲ *Ver nota en* CONSEJO **3** (*telefónica*) directory assistance [*incontable*], directory enquiries [*incontable*] (*GB*) **4** (*recepción*) information desk **LOC** *Ver* OFICINA

**informal** *adj* **1** (*ropa, acto*) informal: *una reunión* ~ an informal gathering **2** (*poco fiable*) unreliable
▶ *nmf*: *Es un* ~, *siempre llega tarde.* He's very unreliable; he's always late.

**informar** *vt* **1** (*notificar*) to inform *sb* (*of/ about sth*): *Debemos* ~ *a la policía del accidente.* We must inform the police of the accident. **2** (*anunciar*) to announce: *Informaron en el radio que…* It was announced on the radio that…
▶ *vi* ~ (**de/acerca de**) (*dar un informe*) to report (on *sth*): ~ *de lo decidido en la reunión* to report on what was decided at the meeting
▶ **informarse** *vpr* **informarse (de/sobre/ acerca de)** to find out (about *sth/sb*): *Tengo que* ~*me de lo sucedido.* I have to find out what happened.

**informática** *nf* information technology (*abrev* IT)

**informe** *nm* **1** (*documento, exposición oral*) report: *el* ~ *anual de una sociedad* the company's annual report ◊ *un* ~ *escolar* a school report **2 informes** information [*incontable*]: *de acuerdo con sus* ~*s* according to their information **LOC informe de prensa** press release **Informe Presidencial** State of the Union Address

**infracción** *nf* **1** (*de tráfico*) violation: *una* ~ *de tránsito* a traffic violation **2** (*multa*) fine **3** (*acuerdo, contrato, regla*) breach *of sth*: *una* ~ *de la ley* a breach of the law

**infrarrojo, -a** *adj* infrared

**infundado, -a** *adj* unfounded

**infundir** *vt* **1** (*miedo*) to instill *sth* (*in/ into sb*) **2** (*sospechas*) to arouse *sb's suspicions* **3** (*respeto, confianza*) to inspire *sth* (*in sb*)

**infusión** *nf* herbal tea

**ingeniar** *vt* to think *sth* up, to devise (*más formal*) **LOC ingeniárselas** to find a way (*to do sth/of doing sth*): *Nos las ingeniamos para entrar en la fiesta.* We found a way to get into the party. ◊ *Ingéniatelas como puedas.* You'll have to manage somehow.

**ingeniería** *nf* engineering

**ingeniero, -a** *nm-nf* engineer **LOC ingeniero agrónomo** agriculturalist

**ingeniero de caminos, canales y puertos** civil engineer **ingeniero técnico** engineer

**ingenio** *nm* **1** (*inventiva*) ingenuity **2** (*humor*) wit **3** (*fábrica*) mill **LOC ingenio azucarero** sugar refinery [*pl* sugar refineries]

**ingenioso, -a** *adj* **1** (*imaginativo*) ingenious **2** (*perspicaz*) witty

**ingenuo, -a** *adj* **1** (*inocente*) innocent **2** (*crédulo*) naive
▶ *nm-nf*: *¡Eres un* ~! You're so naive!

**ingerir** *vt* to consume

**Inglaterra** *nf* England ➲ *Ver nota en* GRAN BRETAÑA

**ingle** *nf* groin

**inglés, -esa** *adj, nm* English: *hablar* ~ to speak English
▶ *nm-nf* Englishman/-woman [*pl* -men/ -women]: *los ingleses* the English **LOC** *Ver* LLAVE

**ingrato, -a** *adj* **1** (*persona*) ungrateful **2** (*trabajo, tarea*) thankless

**ingrediente** *nm* ingredient

**ingresar** *vi* ~ (**en**) **1** (*Mil, club*) to join *sth* [*vt*]: ~ *en el ejército* to join the army **2** (*hospital*). *Ingreso mañana.* I'm going into hospital tomorrow. ◊ *Ingresó en Nutrición a las 4:30.* He was admitted to Nutrición hospital at 4:30.
▶ *vt* (*hospital*) to admit *sb* (*to/into sth*): *Lo ingresan mañana.* They're admitting him (to hospital) tomorrow. ◊ *Me tuvieron que* ~. I had to be taken to hospital.

**ingreso** *nm* **1** (*entrada*) **(a)** (*ejército*) enlistment (*in sth*) **(b)** (*organización*) entry (*into sth*): *el* ~ *de México en la OCDE* Mexico's entry into the OECD **(c)** (*institución*) admission (*to sth*) **2 ingresos** **(a)** (*persona, institución*) income [*incontable*] **(b)** (*Estado, municipio*) revenue **LOC** *Ver* EXAMEN

**inhabitado, -a** *adj* uninhabited

**inhalador** *nm* inhaler

**inhalar** *vt* to inhale

**inherente** *adj* ~ **(a)** inherent (*in sth/sb*): *problemas* ~*s al cargo* problems inherent in the job

**inhumano, -a** *adj* **1** (*cruel*) inhuman **2** (*injusto*) inhumane

**iniciación** *nf* ~ **(a)** **1** introduction (to *sth*): ~ *a la música* an introduction to music **2** (*rito*) initiation (into *sth*)

**inicial** *adj, nf* initial **LOC** *Ver* PÁGINA

**iniciar** *vt* **1** (*comenzar*) to begin: ~ *la reunión* to begin the meeting **2** (*reformas*) to initiate

**iniciativa** nf initiative: *tener ~* to show initiative ◊ *tomar la ~* to take the initiative **LOC** **por iniciativa propia** on your own initiative

**inicio** nm **1** (*principio*) beginning: *desde los ~s de su carrera* right from the beginning of his career **2** (*guerra, enfermedad*) outbreak **LOC** *Ver* PÁGINA

**injusticia** nf injustice: *Cometieron muchas ~s.* Many injustices were done. **LOC** **ser una injusticia** to be unfair: *Es una ~.* It's not fair.

**injusto, -a** adj ~ **(con/para)** unfair (on/to sb): *Es ~ para los demás.* It's unfair on the others.

**inmaduro, -a** adj, nm-nf (*persona*) immature [*adj*]: *Es un ~.* He's so immature.

**inmejorable** adj **1** (*resultado, referencia, tiempo*) excellent **2** (*calidad, nivel*) top **3** (*precio, récord*) unbeatable

**inmenso, -a** adj **1** immense: *de una importancia inmensa* of immense importance **2** (*sentimientos*) great: *una alegría/pena inmensa* great happiness/sorrow **LOC** **la inmensa mayoría** the vast majority

**inmigración** nf immigration

**inmigrante** nmf (*tb* **inmigrado, -a** nm-nf) immigrant

**inmigrar** vi to immigrate

**inmobiliaria** nf real estate agency [*pl* real estate agencies], estate agent's (*GB*)

**inmoral** adj immoral

**inmortal** adj, nmf immortal

**inmóvil** adj still: *permanecer ~* to stand still

**inmunidad** nf immunity: *gozar de/tener ~ diplomática* to have diplomatic immunity

**inmutarse** vpr: *No se inmutaron.* They didn't bat an eye.

**innato, -a** adj innate

**innovador, -ora** adj innovative

**innumerable** adj innumerable

**inocente** adj **1** (*no culpable*) innocent: *Soy ~.* I'm innocent. **2** (*ingenuo*) naive **3** (*broma*) harmless
▸ nmf: *hacerse el ~* to play the innocent **LOC** *Ver* DECLARAR, DÍA

**inofensivo, -a** adj harmless

**inolvidable** adj unforgettable

**inoportuno, -a** adj inopportune: *un momento ~* an inopportune moment **LOC** **¡qué inoportuno!** what a nuisance!

**inoxidable** adj (*acero*) stainless

**inquieto, -a** adj **1** (*agitado, activo*) restless: *un niño ~* a restless child **2** ~ **(por)** (*preocupado*) worried (about *sth/sb*): *Estoy ~ por los niños.* I'm worried about the children.

**inquietud** nf **1** (*preocupación*) anxiety **2** **inquietudes** interest [*v sing*]: *Es una persona sin ~es.* He has no interest in anything.

**inquilino, -a** nm-nf tenant

**insatisfecho, -a** adj dissatisfied (*with sth/sb*)

**inscribir** vt **1** (*en un registro*) to register **2** (*matricular*) to enroll *sb: Voy a ~ a mi hijo en el colegio.* I'm going to enroll my son in school. **3** (*grabar*) to inscribe
▸ **inscribirse** vpr **1** (*curso*) to enroll (*for/on sth*) **2** (*organización, partido*) to join (*sth*) **3** (*competencia, concurso*) to enter (*sth*)

**inscripción** nf **1** (a) (*registro*) registration (b) (*curso, ejército*) enrollment **2** (*grabado*) inscription

**insecticida** nm insecticide

**insecto** nm insect

**inseguridad** nf **1** (*falta de confianza*) insecurity **2** (*tiempo, trabajo, proyecto*) uncertainty [*pl* uncertainties] **LOC** **inseguridad ciudadana** lack of safety on the streets

**inseguro, -a** adj **1** (*sin confianza en uno mismo*) insecure **2** (*peligroso*) unsafe **3** (*paso, voz*) unsteady

**insensible** adj **1** ~ **(a)** insensitive (to *sth*): *~ al frío/sufrimiento* insensitive to cold/suffering **2** (*miembro, nervio*) numb

**inservible** adj useless

**insignia** nf badge

**insignificante** adj insignificant

**insinuación** nf **1** (*sugerencia*) hint **2** (*ofensiva*) insinuation

**insinuar** vt **1** (*sugerir*) to hint: *Insinuó que había aprobado.* He hinted that I'd passed. **2** (*algo desagradable*) to insinuate: *¿Qué insinúas, que miento?* Are you insinuating that I'm lying? **LOC** **insinuársele a algn** to make a pass at sb

**insípido, -a** adj (*comida*) tasteless

**insistente** adj **1** (*con palabras*) insistent **2** (*actitud*) persistent

**insistir** vi ~ **(en/sobre)** to insist (on *sth/doing sth*): *Insistió en que fuéramos.* He insisted that we go.

**insolación** nf sunstroke [*incontable*]: *dar(le) a uno ~* to get sunstroke

**insomnio** nm insomnia

**insonorizar** vt to soundproof

**insoportable** adj unbearable

**inspeccionar** vt to inspect

**inspector, -ora** nm-nf inspector

**inspiración** nf inspiration

**inspirar** *vt* to inspire (*sb*) (with *sth*): *Ese médico no me inspira ninguna confianza.* That doctor doesn't inspire me with confidence.
▸ **inspirarse (en)** *vpr* to get inspiration (from *sth*): *El autor se inspiró en un hecho real.* The author got his inspiration from a real-life event.

**instalación** *nf* **1** (*colocación*) installation **2** instalaciones facilities: *instalaciones deportivas* sports facilities [LOC] **instalación eléctrica** (electrical) wiring

**instalar** *vt* to install
▸ **instalarse** *vpr* **1** (*en una ciudad, en un país*) to settle (down) **2** (*en una casa*) to move into *sth*: *Acabamos de ~nos en la nueva casa.* We've just moved into our new house.

**instantáneo, -a** *adj* instantaneous

**instante** *nm* moment: *en ese mismo ~* at that very moment

**instinto** *nm* instinct [LOC] **por instinto** instinctively

**institución** *nf* (*organismo*) institution

**instituto** *nm* **1** (*organismo, institución*) institute **2** (*Educ*) secondary school [LOC] **instituto de formación profesional** career school, technical college (*GB*)

**instrucción** *nf* **1** (*Mil*) training **2** instrucciones instructions: *instrucciones de uso* instructions for use

**instructor, -ora** *nm-nf* instructor

**instrumental** *nm* instruments [*pl*]: *el ~ médico* medical instruments

**instrumento** *nm* instrument

**insubordinado, -a** *adj* rebellious, insubordinate (*más formal*)

**insuficiencia** *nf* **1** (*deficiencia*) inadequacy [*pl* inadequacies] **2** (*Med*) failure: *~ cardiaca/renal* heart/kidney failure

**insuficiente** *adj* **1** (*escaso*) insufficient **2** (*deficiente*) inadequate

**insultar** *vt* to insult

**insulto** *nm* insult

**insuperable** *adj* **1** (*hazaña, belleza*) matchless **2** (*dificultad*) insurmountable **3** (*calidad, oferta*) unbeatable

**insustituible** *adj* irreplaceable

**intachable** *adj* irreproachable

**intacto, -a** *adj* **1** (*no tocado*) untouched **2** (*no dañado*) intact: *Su reputación permaneció intacta.* His reputation remained intact.

**integración** *nf* ~ **(a/en)** integration (into *sth*)

**integral** *adj* comprehensive: *reforma ~* comprehensive reform ◇ *Es un idiota ~.* He's a complete idiot. [LOC] *Ver* PAN

**integrarse** *vpr* ~ **(a/en)** (*adaptarse*) to integrate (into *sth*)

**integridad** *nf* integrity

**integrismo** *nm* fundamentalism

**integrista** *adj, nmf* fundamentalist

**íntegro, -a** *adj* whole: *mi sueldo ~* my whole salary

**intelectual** *adj, nmf* intellectual

**inteligencia** *nf* intelligence [LOC] *Ver* COEFICIENTE

**inteligente** *adj* intelligent

**intemperie** *nf* [LOC] **a la intemperie** out in the open

**intención** *nf* intention: *tener malas intenciones* to have evil intentions [LOC] **con (mala) intención** maliciously **hacer algo con buena intención** to mean well: *Lo hizo con buena ~.* He meant well. **tener intención de** to intend *to do sth*: *Tenemos ~ de comprar una casa.* We intend to buy a house.

**intencionado, -a** (*tb* intencional) *adj* deliberate [LOC] **bien/mal intencionado** well-meaning/malicious

**intensidad** *nf* **1** (*color, luz, lluvia, sentimiento*) intensity **2** (*corriente eléctrica, viento, voz*) strength

**intensificar(se)** *vt, vpr* to intensify

**intensivo, -a** *adj* intensive [LOC] *Ver* UNIDAD

**intenso, -a** *adj* **1** (*temperatura, color, sentimientos, dolor*) intense: *una ola de frío ~* intense cold **2** (*vigilancia*) close **3** (*negociaciones*) intensive

**intentar** *vt* to try (*sth/to do sth*): *Inténtalo.* Just try.

**intento** *nm* attempt [LOC] **al primer, segundo, etc. intento** at the first, second, etc. attempt

**intercambiar** *vt* to exchange, to trade (*más coloq*): *~ prisioneros* to exchange prisoners ◇ *~ estampas* to trade stickers

**intercambio** *nm* exchange [LOC] *Ver* VIAJE

**interceder** *vi* ~ **(a favor de/por)** to intervene (on *sb's* behalf): *Intercedieron por mí.* They intervened on my behalf.

**interés** *nm* **1** ~ **(en/por)** interest (in *sth/sb*): *La novela ha suscitado un gran ~.* The novel has aroused a lot of interest. ◇ *tener ~ en la política* to be interested in politics ◇ *a un 10% de ~* at 10% interest **2** (*egoísmo*) self-interest: *Lo hicieron por puro ~.* They did it in their own self-interest. [LOC] **hacer algo sin ningún interés** to show no interest in *sth*: *Trabajan sin ningún ~.* They show no interest in their work. *Ver tb* CONFLICTO

**interesante** *adj* interesting

**interesar** *vi* to be interested in *sth/doing sth*: *Nos interesa el arte.* We're interested in art. ◊ *¿Te interesa participar?* Are you interested in taking part?
▸ *vt* – **a algn (en algo)** to interest sb (in sth): *No consiguió ~ al público en la reforma.* He didn't manage to interest the public in the reforms.
▸ **interesarse** *vpr* **interesarse por 1** (*mostrar interés*) to show (an) interest in *sth*: *El director se interesó por mi obra.* The director showed (an) interest in my work. **2** (*preocuparse*) to ask after *sth/sb*: *Se interesó por mi salud.* He asked after my health.

**interferencia** *nf* interference [*incontable*]: *Se ha producido ~ en la emisión.* The program has been affected by interference. ◊ *Hay mucha ~.* We're getting a lot of interference.

**interferir** *vi* ~ (**en**) to meddle, to interfere (*más formal*) (in *sth*): *Deja de ~ en mis asuntos.* Stop meddling in my affairs.

**interior** *adj* **1** inner: *una habitación ~* an inner room **2** (*bolsillo*) inside **3** (*dentro de un país*) domestic: *comercio ~* domestic trade
▸ *nm* interior: *el ~ de un edificio/país* the interior of a building/country **LOC** *Ver* **ROPA**

**interjección** *nf* interjection

**intermediario, -a** *nm-nf* **1** (*mediador*) mediator: *La ONU actuó de ~ en el conflicto.* The UN acted as a mediator in the conflict. **2** (*mensajero*) go-between [*pl* go-betweens] **3** (*Com*) middleman [*pl* -men]

**intermedio, -a** *adj* intermediate
▸ *nm* intermission, interval (*GB*)

**interminable** *adj* endless

**intermitente** *nm* (*coche*) turn signal, indicator (*GB*) ◆ *Ver dibujo en* **COCHE**

**internacional** *adj* international

**internado** *nm* boarding school

**internar** *vt*: *Lo internaron en el hospital.* He was admitted to hospital. ◊ *Internaron a su padre en un asilo.* They got their father into a home.

**Internet** *nm o nf* (the) Internet ◆ *Ver dibujo en pág 486*

En inglés **Internet** se usa casi siempre con el artículo definido **the**: *Lo encontré en Internet.* I found it on the Internet. Sin embargo, cuando va delante de un sustantivo, no se utiliza el artículo: *un proveedor de (servicio) Internet* an Internet service provider.

**LOC** *Ver* **CAFÉ**

**interno, -a¹** *adj* **1** internal: *órganos ~s* internal organs **2** (*cara, parte*) inner: *la parte interna del muslo* the inner thigh **3** (*comercio, política*) domestic

**interno, -a²** *nm-nf* **1** (*alumno*) boarder **2** (*cárcel*) inmate **3** (*residente*) resident

**interpretación** *nf* interpretation

**interpretar** *vt* **1** (*explicar, traducir*) to interpret: *~ la ley* to interpret the law **2** (*Cine, Teat, Mús*) to perform

**intérprete** *nmf* **1** (*traductor*) interpreter **2** (*Teat, Cine, Mús*) performer

**interrogación** *nf* question mark ◆ *Ver pág 308*

**interrogar** *vt* to question

**interrogatorio** *nm* interrogation

**interrumpir** *vt* **1** to interrupt: *~ la emisión* to interrupt a program ◊ *No me interrumpas.* Don't interrupt me. **2** (*tráfico, clase*) to disrupt: *Las obras interrumpirán el tráfico.* The roadworks will disrupt the traffic.

**interruptor** *nm* switch

**intervalo** *nm* interval: *a ~s de media hora* at half-hourly intervals

**intervenir** *vi* **1** ~ (**en**) to intervene (in *sth*): *Tuvo que ~ la policía.* The police had to intervene. **2** (*hablar*) to speak
▸ *vt* (*operar*) to operate (on *sb*)

**intestino** *nm* intestine: *~ delgado/ grueso* small/large intestine

**intimidad** *nf* (*vida privada*) private life: *No le gusta que se metan en su ~.* He doesn't like people interfering in his private life. ◊ *el derecho a la ~* the right to privacy

**íntimo, -a** *adj* **1** (*personal, familiar*) intimate: *una conversación íntima* an intimate conversation **2** (*amistad, relación*) close: *Son ~s amigos.* They're very close friends.

**intolerable** *adj* intolerable

**intriga** *nf* **1** (*película, novela*) suspense: *una película con mucha ~* a movie with lots of suspense **2** (*complot*) *Hijo, ¡qué ~! Cuéntamelo.* Come on, don't keep me in suspense.

**intrigar** *vt* to intrigue: *Ahora me intriga.* I'm intrigued now.

**introducción** *nf* introduction: *una ~ a la música* an introduction to music

**introducir** *vt* **1** to put *sth* in, to put *sth into sth*, to insert (*más formal*): *Introduzca la moneda en la ranura.* Insert the coin in the slot. **2** (*iniciar*) to introduce *sb to sth*: *Me introdujo al reggaeton.* He introduced me to reggaeton. **3** (*Informát*) to enter: *Introduce tu contraseña.* Enter your password.

**introvertido, -a** *adj* introverted

▶ *nm-nf* introvert

**intruso, -a** *nm-nf* intruder

**intuición** *nf* intuition: *Contesté por ~.* I answered intuitively.

**intuir** *vt* to sense

**inundación** *nf* flood

**inundar(se)** *vt, vpr* to flood: *Se inundaron los campos.* The fields flooded.

**inútil** *adj* useless: *cacharros ~es* useless junk ◊ *Es un esfuerzo ~.* It's a waste of time.
▶ *nmf* (*persona*) good-for-nothing **LOC** **es inútil (que…)** there's no point (in *doing sth*): *Es ~ que grites.* There's no point in shouting. ◊ *Es ~ que intentes convencerlo.* It's pointless trying to convince him.

**invadir** *vt* to invade

**inválido, -a** *adj* (*Med*) disabled
▶ *nm-nf* disabled person: *los ~s* the disabled

**invasión** *nf* invasion

**invasor, -ora** *adj* invading
▶ *nm-nf* invader

**invencible** *adj* invincible

**inventar** *vt* **1** (*descubrir*) to invent: *Gutenberg inventó la imprenta.* Gutenberg invented the printing press. **2** (*historia, excusa*) to make *sth* up: *Lo inventaste.* You've made that up.

**invento** *nm* invention: *Esto es un ~ mío.* This is an invention of mine.

**inventor, -ora** *nm-nf* inventor

**invernadero** *nm* greenhouse **LOC** *Ver* EFECTO

**inversión** *nf* (*Fin*) investment
**LOC** **inversión térmica** thermal inversion

**inverso, -a** *adj* **1** (*proporción*) inverse **2** (*orden*) reverse **3** (*dirección*) opposite: *en sentido ~ a la rotación* in the opposite direction from the rotation **LOC** **a la inversa** the other way round

**invertebrado, -a** *adj, nm* invertebrate

**invertir** *vt* (*tiempo, dinero*) to invest: *Han invertido diez millones en la compañía.* They've invested ten million pesos in the company. **LOC** *Ver* BARRA

**investigación** *nf* ~ (**de/sobre**) **1** (*policial*) investigation (into *sth*): *Habrá una ~ sobre el accidente.* There'll be an investigation into the accident. **2** (*científica, académica*) research [*incontable*] (into/on *sth*): *Están haciendo un trabajo de ~ sobre la malaria.* They're doing research on malaria.

**investigador, -ora** *nm-nf* **1** (*policial*) investigator **2** (*científico, académico*) researcher **LOC** **investigador privado** private detective

**investigar** *vt, vi* **1** (*policial*) to investigate: *~ un caso* to investigate a case **2** (*científico, académico*) to do research (*into/on sth*): *Están investigando sobre el virus del sida.* They're doing research on the AIDS virus.

**invierno** *nm* winter: *ropa de ~* winter clothes ◊ *Nunca uso la bicicleta en ~.* I never ride my bicycle in the winter.

**invisible** *adj* invisible

**invitación** *nf* invitation (*to sth/to do sth*)

**invitado, -a** *adj, nm-nf* guest: *el artista ~* the guest artist ◊ *Los ~s llegarán a las siete.* The guests will arrive at seven. **LOC** *Ver* ESTRELLA; *Ver tb* INVITAR

**invitar** *vt* to invite *sb* (*to sth/to do sth*): *Me invitó a su fiesta de cumpleaños.* She's invited me to her birthday party.
▶ *vi* (*pagar*): *Invito yo.* I'll get this one. ◊ *Invita la casa.* It's on the house.

**inyección** *nf* injection: *poner una ~ a algn* to give sb an injection

**ir** *vi* **1** to go: *Van a Roma.* They're going to Rome. ◊ *ir en coche/tren/avión* to go by car/train/plane ◊ *ir a pie* to go on foot ◊ *¿Cómo te va (con tu novio)?* How are things going (with your boyfriend)?

En inglés se traduce por **come** cuando te acercas a la persona con la que estás hablando: *¡Voy!* I'm coming! ◊ *Mañana voy a ir a Oxford, así que nos vemos entonces.* I'm coming to Oxford tomorrow, so I'll see you then.

**2** (*estar, haber diferencia*) to be: *Íbamos sedientos.* We were thirsty. ◊ *ir bien/mal vestido* to be well/badly dressed ◊ *De nueve a doce van tres.* Nine from twelve is three. **3** (*sentar bien*) to suit *sb* [*vt*]: *Te va el pelo corto.* Short hair suits you. **4** (*funcionar*) to work: *El elevador no va.* The elevator isn't working.
▶ *v aux* **1** ~ **a hacer algo** (a) [*indicando futuro*] to be going to do sth: *Vamos a vender la casa.* We're going to sell the house. ◊ *Íbamos a comer cuando sonó el teléfono.* We were just going to eat when the phone rang. (b) [*en órdenes*] to go and do sth: *Ve a hablar con tu padre.* Go and talk to your father. (c) [*en sugerencias*]: *¡Vamos a comer!* Let's go and eat! ◊ *¡Vamos a ver!* Let's see! **2** ~ **haciendo algo** to start doing sth: *Vayan preparando la mesa.* Start laying the table.
▶ **irse** *vpr* **1** (*marcharse*) to leave: *Mañana me voy para España.* I'm leaving for Spain tomorrow. ◊ *irse de casa* to leave home **2** (*mancha, luz, dolor*) to go: *Se fue la luz.* The electricity's gone (off). **LOC** **(a mí) ni me va ni me viene** that's nothing to do with me, you, etc. **ir a dar a**

(calle, etc.) to lead to sth: *Este camino va a dar al pueblo.* This track leads to the town. **ir a lo suyo** to think only of yourself: *Tú siempre vas a lo tuyo.* You always think only of yourself. **ir con** (combinar) to go with sth: *Esos calcetines no van con estos zapatos.* Those socks don't go with these shoes. **ir de 1** (vestido) to be dressed as sth/sb/in sth: *Iba de payaso.* I was dressed as a clown. ◊ *ir de azul* to be dressed in blue **2** (aparentar): *Tu hermano va de liberal por la vida.* Your brother claims he's a liberal. **ir(le) a algo** to be for sth/sb: *Yo le voy a los rojos.* I'm for the red team. **ir por 1** (buscar) to go and get sth/sb: *Tengo que ~ por pan.* I have to go and get some bread. **2** (llegarse) to be up to sth: *Voy por la página 100.* I'm up to page 100. **¡que te vaya bien!** so long! **¡qué va!** no way! **¡vamos!** come on!: *¡Vamos, que perdemos el tren!* Come on or we'll miss the train! **¡vaya! 1** (sorpresa) good heavens! **2** (compasión) oh dear!: *¡Vaya, cuánto lo siento!* Oh dear, I'm so sorry! **3** [uso enfático] what (a/an...)!: *¡Vaya película más mala!* What a terrible movie! **¡(ya) voy!** coming! **❶** Para otras expresiones con **ir**, véanse las entradas del sustantivo, adjetivo, etc., p. ej. **ir empatados** en EMPATADO.

**iris** nm iris LOC Ver ARCO

**Irlanda** nf Ireland LOC **Irlanda del Norte** Northern Ireland

**irlandés, -esa** adj, nm Irish: *hablar ~* to speak Irish
▶ nm-nf Irishman/-woman [pl -men/ -women]: *los irlandeses* the Irish

**ironía** nf irony [pl ironies]: *una de las ~s de la vida* one of life's little ironies

**irónico, -a** adj, nm-nf ironic [adj]: *ser un ~* to be ironic

**irracional** adj irrational: *un miedo ~* irrational fear

**irreal** adj unreal

**irreconocible** adj unrecognizable

**irregular** adj **1** irregular: *verbos ~es* irregular verbs ◊ *un latido ~* an irregular heartbeat **2** (anormal) abnormal: *una situación ~* an abnormal situation

**irremediable** adj irremediable: *una pérdida/un error ~* an irremediable loss/ mistake ◊ *Eso ya es ~.* Nothing can be done about that now.

**irreparable** adj irreparable

**irrepetible** adj (excelente) unique: *una experiencia/obra de arte ~* a unique experience/work of art

**irresistible** adj irresistible: *un atractivo/una fuerza ~* an irresistible attraction/force ◊ *Tenían unas ganas ~s de verse.* They were dying to see each other.

**irrespetuoso, -a** adj ~ (con/para con) disrespectful (to/toward sth/sb)

**irrespirable** adj **1** unbreathable **2** (ambiente) unbearable

**irresponsable** adj, nmf irresponsible [adj]: *¡Eres un ~!* You're so irresponsible!

**irreversible** adj irreversible

**irritar** vt to irritate
▶ **irritarse** vpr **1** irritarse (con algn) (por algo) to get annoyed (with sb) (about/at sth): *Se irrita por nada.* He gets annoyed very easily. **2** (Med) to get irritated

**irrompible** adj unbreakable

**isla** nf island: *las Islas Canarias* the Canary Islands LOC **isla desierta** desert island **las Islas Británicas** the British Isles ➲ Ver nota en GRAN BRETAÑA y págs 690-691

**islam** nm **el islam** Islam

**islámico, -a** adj Islamic

**isleño, -a** nm-nf islander

**isósceles** adj LOC Ver TRIÁNGULO

**istmo** nm isthmus: *el ~ de Tehuantepec* the Isthmus of Tehuantepec

**Italia** nf Italy

**italiano, -a** adj, nm-nf, nm Italian: *los ~s* the Italians ◊ *hablar ~* to speak Italian

**itinerario** nm itinerary [pl itineraries], route (más coloq)

**IVA** nm sales tax, VAT (GB)

**izquierda** nf **1** left: *Siga por la ~.* Keep left. ◊ *manejar por la ~* to drive on the left ◊ *la casa de la ~* the house on the left ◊ *La carretera se desvía hacia la ~.* The road bears left. **2** (mano) left hand: *escribir con la ~* to be left-handed **3** (pie) right foot LOC **de izquierda(s)** left-wing: *grupos de ~* left-wing groups **la izquierda** (Pol) the Left: *La ~ ganó las elecciones.* The Left has won the election. Ver tb CERO

**izquierdo, -a** adj left: *Me rompí el brazo ~.* I've broken my left arm. ◊ *la orilla izquierda del Sena* the left bank of the Seine LOC Ver LEVANTAR, MANO

# J j

**¡ja!** *interj* ha! ha!

**jabalí, -ina** *nm-nf* wild boar [*pl* wild boar]

**jabalina** *nf* (*Dep*) javelin: *lanzamiento de* ~ javelin throwing

**jabón** *nm* soap [*incontable*]: *una pastilla de* ~ a bar of soap ◇ ~ *para rasurar* shaving soap

**jabonar(se)** *vt, vpr* Ver ENJABONAR(SE)

**jabonera** *nf* soap dish

**jacal** *nm* shack

**jacinto** *nm* hyacinth

**jadear** *vi* to pant

**jaguar** *nm* jaguar

**jalado, -a** *adj* hard to believe

**jalador, -ora** *adj* ready to join in

**jalar** *vt* **1** (*tirar*) to pull: *Me jalaba la manga.* She was pulling (at) my sleeve. **2** (*arrimar*) to draw *sth* up: *Jaló una silla y se sentó.* She drew up a chair and sat down. **3** (*atraer*): *Ahora lo jalan más sus amigos.* He's more interested in seeing his friends these days.
▶ *vi* **1** (*tirar*) to pull (*on sth*): *Jala de la cuerda para cerrarlo.* Pull on the cord to close it. **2** (*funcionar*) to work: *¡Ya no jala!* It stopped working! **LOC** **jalarle** (*escusado*) to flush the toilet **jalar parejo** to pull your weight

**jalea** *nf* **LOC** **jalea real** royal jelly

**jaleo** *nm* **1** (*ruido*) fight: *Montaron un buen* ~ *en la discoteca.* They started a terrible fight at the disco. **2** (*desorden*) mess: *¡Vaya* ~ *que tienes en el despacho!* What a mess your office is! **LOC** Ver ARMAR

**jalón** *nm* pull, yank (*coloq*) **LOC** **de un jalón** all in one go

**jamaica** *nf* hibiscus tea

**jamás** *adv* never: *Jamás volveré a dejarle nada.* I'll never ever lend him anything again. ◆ Ver nota en ALWAYS **LOC** Ver NUNCA

**jamón** *nm* ham **LOC** **jamón cocido/de York** cooked ham **jamón serrano** cured ham

**Japón** *nm* Japan

**japonés, -esa** *adj, nm* Japanese: *hablar* ~ to speak Japanese
▶ *nm-nf* Japanese man/woman [*pl* men/women]: *los japoneses* the Japanese

**jaque** *nm* check **LOC** **jaque mate** checkmate: *dar/hacer* ~ *mate* to checkmate

**jaqueca** *nf* migraine

**jarabe** *nm* mixture: ~ *para la tos* cough syrup

**jardín** *nm* garden **LOC** **jardín de niños** preschool, nursery school (*GB*)

**jardinera** *nf* (*macetero*) planter

**jardinería** *nf* gardening

**jardinero, -a** *nm-nf* gardener

**jarra** *nf* pitcher, jug (*GB*)

**jarro** *nm* (large) jug

**jarrón** *nm* vase

**jaula** *nf* cage

**jauría** *nf* (*perros*) pack

**jeans** *nmpl* jeans

**jefatura** *nf* (*oficina central*) headquarters (*abrev* HQ): *La* ~ *de policía está al final de la calle.* The police headquarters is at the end of the street.

**jefe, -a** *nm-nf* **1** (*superior*) boss: *ser el* ~ to be the boss **2** (*de una sección, de gobierno*) head: ~ *de departamento/estado* head of department/state **3** (*de partido, banda, expedición*) leader: *el* ~ *de un partido* the party leader **4** (*de una tribu*) chief **LOC** **jefe de estación** station master **jefe de policía** police chief

**jerarquía** *nf* hierarchy [*pl* hierarchies]

**jerez** *nm* sherry [*pl* sherries]

**jerga** *nf* floorcloth

**jeringa** *nf* (*Med*) syringe

**jeroglífico** *nm* hieroglyph

**Jesucristo** *n pr* Jesus Christ

**jesuita** *adj, nm* Jesuit

**jeta** *nf* scowl **LOC** **estar (de) jeta** to be in a bad mood

**jilguero** *nm* goldfinch

**jinete** *nmf* **1** (*persona que va a caballo*) rider **2** (*jockey*) jockey [*pl* jockeys]

**jirafa** *nf* giraffe

**jitomate** *nm* tomato [*pl* tomatoes]

**jockey** *nmf* jockey [*pl* jockeys]

**jolgorio** *nm* celebrations [*pl*]: *El* ~ *continuó hasta bien entrada la noche.* The celebrations continued till well into the night.

**jornada** *nf* **1** (*día*) day: *una* ~ *de ocho horas* an eight-hour day ◇ *al final de la* ~ at the end of the day **2 jornadas** (*congreso*) conference [*v sing*] **LOC** **jornada completa/media jornada** full-time/part-time: *trabajar media* ~ to have a part-time job **jornada laboral** working day

**jornalero, -a** *nm-nf* casual laborer

**joroba** *nf* hump

**jorobado**, **-a** *adj* hunched
▶ *nm-nf* hunchback *Ver tb* JOROBAR

**jorobar** *vt* to get on *sb's* nerves

**jorongo** *nm* poncho

**joto** *adj* effeminate
▶ *nm* (*Naipes*) jack ➔ *Ver nota en* BARAJA

**joven** *adj* young
▶ *nmf* **1** (*muchacho*) young man [*pl* men]
**2** (*muchacha*) girl, young woman [*pl* women] (*más formal*) **3** **jóvenes** young people

**joya** *nf* **1** (*objeto de valor*) **(a)** [*en singular*] piece of jewelry: *Le regaló una ~ preciosa.* He gave her a beautiful piece of jewelry. **(b) joyas** jewelry [*incontable*]: *Las ~s estaban en la caja fuerte.* The jewelry was in the safe. ◇ *~s robadas* stolen jewelry **2** (*cosa, persona*) treasure: *Eres una ~.* You're a treasure.

**joyería** *nf* jewelry store, jeweller's [*pl* jewellers] (*GB*)

**joyero**, **-a** *nm-nf* jeweler
▶ *nm* jewelry box

**juanete** *nm* bunion

**jubilación** *nf* **1** (*retiro*) retirement
**2** (*pensión*) pension

**jubilado**, **-a** *adj* retired: *estar ~* to be retired
▶ *nm-nf* senior citizen

**jubilarse** *vpr* to retire

**judaísmo** *nm* Judaism

**judicial** *adj* **LOC** *Ver* PODER²

**judío**, **-a** *adj* Jewish
▶ *nm-nf* Jew

**judo** *nm* judo

**juego** *nm* **1** (*objeto de valor*) game: *~s de pelota* ball games ◇ *El tenista mexicano gana tres ~s a uno.* The Mexican player is winning by three games to one. **2** (*azar*) gambling **3** (*conjunto*) set: *~ de llaves* set of keys **juego a juego** matching: *Lleva falda y chaqueta a ~.* She's wearing a skirt and matching jacket. **estar (algo) en juego** to be at stake **hacer juego (con)** to match: *Los aretes hacen ~ con el collar.* The earrings match the necklace. **juego de azar** game of chance **juego de cama** bedding [*incontable*] **juego de computadora/video** computer/video game **juego de mesa/salón** board game **juego de niños** child's play **juego de palabras** pun **juego limpio/sucio** fair/foul play **Juegos Olímpicos** Olympic Games **poner en juego** to put *sth* at stake *Ver tb* FUERA, TERRENO

**juerga** *nf*: *Montamos una gran ~ el día de la boda.* We had a big party on the day of the wedding. **LOC** **ir(se) de juerga** to go out

**jueves** *nm* Thursday (*abrev* Thur(s).)
➔ *Ver ejemplos en* LUNES **LOC** **Jueves Santo** Holy Thursday, Maundy Thursday (*GB*)

**juez** *nmf* judge

**jugada** *nf* move **LOC** **hacer una mala jugada** to play a dirty trick *on sb*

**jugador**, **-ora** *nm-nf* **1** (*competidor*) player **2** (*que apuesta*) gambler

**jugar** *vt* **1** to play: *~ un partido de fútbol/ una partida de cartas* to play a game of soccer/cards ◇ *El trabajo juega un papel importante en mi vida.* Work plays an important part in my life. ➔ *Ver nota en* DEPORTE **2** (*dinero*) to put *sth* on *sth*: *~ 300 pesos a un caballo* to put 300 pesos on a horse
▶ *vi* **1** ~ **(a)** to play: *~ al fútbol* to play soccer **2** ~ **con/contra** to play *sth/sb* [*vt*]: *Jugamos contra los Pumas.* We're playing the Pumas. **3** (*apostar*) to gamble
▶ **jugarse** *vpr* **1** (*apostar*) to gamble *sth* (away) **2** (*arriesgarse*) to risk: *~se la vida* to risk your life **LOC** **jugar a la lotería** to buy a lottery ticket **jugar gato** to play tic-tac-toe, to play noughts and crosses (*GB*) **jugar limpio/sucio** to play fair/dirty *Ver tb* PASADA, PELLEJO

**jugarreta** *nf* **LOC** **hacer una jugarreta** to play a dirty trick *on sb*

**jugo** *nm* **1** juice **2** (*salsa*) gravy [*incontable*] **LOC** **sacar jugo a algo** to get the most out of sth

**jugoso**, **-a** *adj* **1** (*fruta*) juicy **2** (*carne*) succulent

**juguete** *nm* toy **LOC** **de juguete** toy: *camión de ~* toy truck

**juguetería** *nf* toy store, toy shop (*GB*)

**juguetón**, **-ona** *adj* playful

**juicio** *nm* **1** (*cualidad*) judgment: *Confío en el ~ de las personas.* I trust people's judgment. **2** (*sensatez*) (common) sense: *Careces totalmente de ~.* You're totally lacking in common sense. **3** (*opinión*) opinion: *emitir un ~* to give an opinion **4** (*Jur*) trial *A mi juicio* in my, your, etc. opinion **llevar a juicio** to take *sth/sb* to court *Ver tb* MUELA, PERDER, SANO

**juicioso**, **-a** *adj* sensible

**julio** *nm* July (*abrev* Jul.) ➔ *Ver ejemplos en* ENERO

**jungla** *nf* jungle

**junio** *nm* June (*abrev* Jun.) ➔ *Ver ejemplos en* ENERO

**juntar** *vt* **1** (*poner juntos*) to put *sth/sb* together: *¿Juntamos las mesas?* Should we put the tables together? **2** (*unir*) to join *sth* (together): *Junté los dos trozos.* I've joined the two pieces (together). **3** (*reunir*) to get *sth/sb* together

**junto**, **-a** *adj* **1** (*a la vez, en compañía*) together: *todos ~s* all together ◇ *Siempre*

estudiamos ~s. We always study together. **2** (*cerca*) close together: *Los árboles están muy ~s.* The trees are very close together.
▶ *adv* **1** ~ **a** next to: *El teatro está ~ al café.* The movie theater is next to the cafe. **2** ~ **con** with: *Este paquete llegó ~ el otro.* This package arrived with the other one.

**Júpiter** *nm* Jupiter

**jurado** *nm* jury [*pl* juries]: *El ~ salió para deliberar.* The jury retired to consider its verdict.

**juramento** *nm* oath [*pl* oaths] **LOC** *Ver* PRESTAR

**jurar** *vt, vi* to swear **LOC** **jurar a la bandera** to swear allegiance to the flag **jurar lealtad a algo/algn** to swear allegiance to sth/sb

**justicia** *nf* **1** justice: *Espero que se haga ~.* I hope justice is done. **2** (*organización estatal*) law: *No tomes la ~ en tus (propias) manos.* Don't take the law into your own hands.

**justificar** *vt* to justify

**justo, -a** *adj* **1** (*razonable*) fair: *una decisión justa* a fair decision **2** (*correcto,*

*exacto*) right: *el precio ~* the right price **3** (*apretado*) tight: *Esta falda me queda muy justa.* This skirt is too tight for me. **4 justos** (*suficientes*) just enough: *Tenemos los platos ~s.* We have just enough plates.
▶ *adv* (*exactamente*) just, exactly (*más formal*): *Lo encontré ~ donde dijiste.* I found it just where you told me. **LOC justo cuando…** just as…: *Llegaron ~ cuando nos marchábamos.* They arrived just as we were leaving.

**juvenil** *adj* **1** (*de los jóvenes*): *la moda ~* young people's fashion **2** (*carácter, aspecto, voz, risa*) youthful **3** (*Dep*) junior **LOC** *Ver* DELINCUENCIA

**juventud** *nf* **1** (*edad*) youth **2** (*los jóvenes*) young people [*pl*]: *A la ~ de hoy en día le gusta tener libertad.* The young people of today like to have their freedom.

**juzgado** *nm* court

**juzgar** *vt* to judge **LOC juzgar mal** to misjudge

**K**

# K k

**karaoke** *nm* karaoke
**karate** (*tb* **kárate**) *nm* karate: *ir al ~* to do karate
**kilo** (*tb* **kilogramo**) *nm* kilogram (*abrev* kg) ➔ *Ver págs* 680
**kilómetro** *nm* kilometer (*abrev* km) ➔ *Ver págs* 681
**kilovatio** *nm* kilowatt (*abrev* kw)

**kimono** *nm Ver* QUIMONO
**kinder** *nm* preschool, nursery school (*GB*)
**kiosco** *nm Ver* QUIOSCO
**kiwi** *nm* kiwi fruit [*pl* kiwi fruit]
**kleenex**® *nm* Kleenex®, tissue
**koala** *nm* koala (bear)

# L l

**la¹** *art* the: *La casa es vieja.* The house is old. ➔ *Ver nota en* THE
▸ *pron* **1** (*ella*) her: *La sorprendió.* It surprised her. **2** (*cosa*) it: *Déjame que la vea.* Let me see it. **3** (*usted*) you LOC **la de/ que...** *Ver* EL

**la²** *nm* **1** (*nota de la escala*) la **2** (*tonalidad*) A: *la menor* A minor

**laberinto** *nm* **1** labyrinth **2** (*en un jardín*) maze

**labio** *nm* lip LOC *Ver* LEER, PINTAR

**labor** *nf* **1** (*trabajo*) work [*incontable*]: *Llevaron a cabo una gran ~.* They did some great work. **2** (*de coser*) needlework [*incontable*] **3** (*de punto*) knitting [*incontable*] LOC **labores domésticas** housework [*incontable*]

**laborable** *adj* working: *los días ~s* working days

**laboral** *adj* LOC *Ver* JORNADA

**laboratorio** *nm* laboratory [*pl* laboratories], lab (*coloq*)

**labrador, -ora** *nm-nf* **1** (*jornalero*) farm laborer **2** (*propietario*) small farmer

**laca** *nf* lacquer [*incontable*]

**lacio, -a** *adj* (*pelo*) straight

**lacrimógeno, -a** *adj* LOC *Ver* GAS

**lácteo, -a** *adj* (*producto*) dairy LOC *Ver* VÍA

**ladera** *nf* hillside

**lado** *nm* **1** side: *Un triángulo tiene tres ~s.* A triangle has three sides. ◇ *Escribí tres hojas por los dos ~s.* I wrote three pages on both sides. ◇ *ver el ~ bueno de las cosas* to look on the bright side **2** (*lugar*) place: *de un ~ para otro* from one place to another ◇ *¿Nos vamos a otro ~?* Shall we go somewhere else? ◇ *en algún/ningún ~* somewhere/nowhere **3** (*dirección*) way: *Fueron por otro ~.* They went a different way. ◇ *mirar a todos ~s* to look in all directions ◇ *Se fueron cada uno por su ~.* They all went their separate ways. LOC **al lado 1** (*cerca*) really close: *Está aquí al ~.* It's really close. **2** (*contiguo*) next door: *el edificio de al ~* the building next door ◇ *los vecinos de al ~* the next-door neighbors **al lado de** next to *sth/sb*: *Se sentó al ~ de su amiga.* She sat down next to her friend. ◇ *Ponte a mi ~.* Stand next to me. **de lado** sideways: *ponerse de*

*~ to turn sideways* **estar/ponerse del lado de algn** to be on/take sb's side: *¿De qué ~ estás?* Whose side are you on? **por un lado... por otro (lado)** on the one hand... on the other (hand) *Ver tb* OTRO

**ladrar** *vi* to bark (*at sb/sth*): *El perro no dejaba de ~nos.* The dog wouldn't stop barking at us. LOC *Ver* PERRO

**ladrillo** *nm* brick

**ladrón, -ona** *nm-nf* **1** thief [*pl* thieves]: *Los de esa tienda son unos ladrones.* They're a bunch of thieves at that store. **2** (*en una casa*) burglar **3** (*en un banco*) robber ➔ *Ver nota en* THIEF
▸ *nm* (*enchufe*) adapter

**lagaña** *nf* sleep [*incontable*]: *Tienes los ojos llenos de ~s.* Your eyes are full of sleep.

**lagartija** *nf* **1** (*animal*) (small) lizard **2** (*ejercicio*) push-up, press-up (*GB*)

**lagarto, -a** *nm-nf* (large) lizard

**lago** *nm* lake

**lágrima** *nf* tear LOC **lágrimas de cocodrilo** crocodile tears *Ver tb* DERRAMAR(SE), LLORAR

**laguna** *nf* **1** (*lago*) (small) lake **2** (*omisión*) gap

**lamentable** *adj* **1** (*aspecto, condición*) pitiful **2** (*desafortunado*) regrettable

**lamentar** *vt* to regret *sth/doing sth/to do sth*: *Lamentamos haberles causado tanto trastorno.* We regret having caused you so much trouble. ◇ *Lamentamos comunicarle que...* We regret to inform you that... ◇ *Lo lamento mucho.* I'm terribly sorry.
▸ **lamentarse** *vpr* to complain (*about sth*): *Ahora no sirve de nada ~se.* It's no use complaining now.

**lamer** *vt* to lick

**lámina** *nf* **1** (*hoja*) sheet **2** (*ilustración*) plate: *~s en color* color plates

**lámpara** *nf* (*de luz*) lamp: *una ~ de escritorio* a desk lamp LOC **lámpara de pie** floor lamp

**lana** *nf* **1** wool **2** (*dinero*) cash LOC **de lana** wool: *un suéter de ~* a wool sweater **lana virgen** new wool *Ver tb* GORRO

**lanar** *adj* LOC *Ver* GANADO

**lancha** *nf* launch LOC **lancha de motor** motor boat

**langosta** *nf* **1** (*de mar*) lobster **2** (*insecto*) locust

**langostino** *nm* jumbo shrimp [*pl* jumbo shrimps/shrimp], king prawn (*GB*)

**lánguido, -a** *adj* languid

**lanza** *nf* spear

**lanzamiento** *nm* **1** (*misil, satélite, producto*) launch: *el ~ de su nuevo CD* the

launch of their new CD **2** (*bomba*) dropping **3** (*Dep*) throw: *Su último ~ fue el mejor.* His last throw was the best one.

**lanzar** *vt* **1** (*en un juego o deporte*) to throw *sth* (*to sb*): *Lánzale la pelota a tu compañero.* Throw the ball to your teammate. **2** (*con intención de hacer daño*) to throw *sth at sb* ➔ *Ver nota en* THROW **3** (*misil, producto*) to launch **4** (*bomba*) to drop

▸ **lanzarse** *vpr* **1** (*arrojarse*) to throw yourself: *Me lancé al agua.* I threw myself into the water. **2 lanzarse sobre** to pounce on *sth/sb*: *Se lanzaron sobre mí/el dinero.* They pounced on me/the money. **LOC** *Ver* INDIRECTA, PARACAÍDAS

**lapicero** *nm* mechanical pencil, propelling pencil (*GB*)

**lápida** *nf* gravestone

**lápiz** *nm* pencil: *lápices de colores* colored pencils **LOC a lápiz** in pencil **lápiz labial** lipstick

**largarse** *vpr* to take off, to get out (*más coloq*): *Se largó con el dinero.* He took off with the money. ◇ *¡Lárgate!* Beat it!

**largo, -a** *adj* long: *El abrigo te queda muy ~.* That coat is too long for you.

▸ *nm* length: *nadar seis ~s* to swim six lengths ◇ *¿Cuánto mide de ~?* How long is it? ◇ *Tiene cincuenta metros de ~.* It's fifty meters long. **LOC a lo largo** lengthwise **a lo largo de** **1** (*referido a espacio*) along…: *a lo ~ de la frontera* along the frontier **2** (*referido a tiempo*) throughout…: *a lo ~ del día* throughout the day **es largo de contar** it's a long story **hacerse largo** to drag: *El día se me está haciendo muy ~.* Today is really dragging on. **¡largo (de aquí)!** get out!, beat it! (*argot*) **tener para largo**: *Yo aquí tengo para ~.* I'm going to be a while. **pasar de largo** to go straight past *sth/sb*

**las** *art, pron* **LOC** *Ver* LOS

**lasaña** *nf* lasagne

**láser** *nm* laser **LOC** *Ver* RAYO

**lástima** *nf* pity: *¡Qué ~!* It's too bad! ◇ *Es una ~ que no nos puedas acompañar.* It's too bad you can't come along. **LOC dar lástima 1** (*persona*) to feel sorry *for sb*: *Esos niños me dan mucha ~.* I feel very sorry for those children. **2** (*cosa, situación*) to be sorry (*about sth/that…* ): *Me da ~ que se tengan que ir.* I'm sorry you have to go.

**lastimar** *vt* to hurt: *¡Ay, me lastimas!* Ouch, you're hurting me!

**lata** *nf* **1** (*envase*) can, tin (*GB*) **2** (*material*) tin **3** (*molestia*) pain: *¡Vaya ~!* What a pain! **LOC dar lata 1** (*molestar*) to be a pain: *¡Cuánta ~ das!* You are such a pain! **2** (*pedir con insistencia*) to pester: *Nos estuvo dando ~ para que le comprá-ramos la bici.* He kept pestering us to get

him the bike. **de/en lata** canned, tinned (*GB*): *atún en ~* canned tuna

**lateral** *adj, nm* side: *una calle ~* a side street

▸ *nmf* (*Dep*) back: *~ izquierdo/derecho* left/right back

**latido** *nm* (*corazón*) (heart)beat

**latifundio** *nm* large estate

**latigazo** *nm* **1** (*golpe*) lash **2** (*chasquido*) crack

**látigo** *nm* whip

**latín** *nm* Latin

**latino, -a** *adj* **1** (*del latín, de los habitantes de los países latinos*) Latin: *la gramática latina* Latin grammar ◇ *el temperamento ~* the Latin temperament **2** (*de Latinoamérica*) Latin American: *la música latina* Latin American music

▸ *nm-nf* (*latinoamericano en Estados Unidos*) Hispanic **LOC** *Ver* AMÉRICA

**latir** *vi* to beat **LOC me late que…** I have a hunch that…

**latitud** *nf* latitude

**latón** *nm* brass

**latoso, -a** *adj* pain [*n*]: *¡Que niño más ~!* What a pain that child is!

**laurel** *nm* **1** (*Cocina*) bay leaf [*pl* bay leaves]: *una hoja de ~* a bay leaf ◇ *No tengo ~.* I don't have any bay leaves. **2** (*árbol*) bay tree

**lava** *nf* lava

**lavabo** *nm* **1** (*pila*) (bathroom) sink, washbasin (*GB*) **2** (*cuarto de baño*) bathroom, toilet (*GB*): *¿Los ~s, por favor?* Where's the bathroom, please? ➔ *Ver nota en* BATHROOM

**lavada** *nf* wash: *Echo dos ~s al día.* I do two washes a day.

**lavado** *nm* **LOC lavado de dinero** money laundering

**lavadora** *nf* washing machine **LOC lavadora de trastes** dishwasher

**lavanda** *nf* lavender

**lavandería** *nf* **1** (*servicio*) cleaners **2** (*establecimiento*) laundromat®, launderette (*GB*)

**lavaplatos** *nm* dishwasher

**lavar** *vt* to wash: *~ la ropa* to wash your clothes

▸ **lavarse** *vpr*: *Me gusta ~me con agua caliente.* I like to wash in hot water. ◇ *~se los pies* to wash your feet ◇ *Lávate bien.* Wash yourself thoroughly. ◇ *Me lavé antes de acostarme.* I washed up before I went to bed. **LOC lavar a mano** to wash *sth* by hand **lavar el cerebro/coco a algn** to brainwash sb **lavar los trastes/los platos**

to do the dishes **lavarse la cabeza** to wash your hair *Ver tb* SECO

**lavavajillas** *nm* dishwasher

**laxante** *adj, nm* laxative

**lazo** *nm* **1** (*vínculo*) tie: *los ~s familiares* family ties **2** (*Agric*) lasso [*pl* lassos/lassoes] **3** (*adorno*) **(a)** (*moño*) bow: *una blusa con ~s rojos* a blouse with red bows **(b)** (*cinta*) ribbon: *Ponle un ~ en el pelo.* Put a ribbon in her hair.

**le** *pron* **1** (*él/ella/ello*) **(a)** (*complemento*) him/her/it: *Le compramos la casa.* We bought our house from him/her. ◊ *Vi a mi jefa pero no le hablé.* I saw my boss but I didn't speak to her. ◊ *Le vamos a comprar un vestido.* We're going to buy her a dress. ◊ *No le des importancia.* Ignore it. **(b)** (*partes del cuerpo, efectos personales*): *Le quitaron la credencial.* They took away his membership card. ◊ *Le arreglaron la falda.* She's had her skirt repaired. **2** (*usted*) **(a)** (*complemento*) you: *Le hice una pregunta.* I asked you a question. **(b)** (*partes del cuerpo, efectos personales*): *Tenga cuidado, o le robarán la bolsa.* Be careful or they'll steal your bag.

**leal** *adj* **1** (*persona*) loyal (*to sth/sb*) **2** (*animal*) faithful (*to sb*)

**lealtad** *nf* loyalty (*to sth/sb*) **LOC con lealtad** loyally *Ver tb* JURAR

**lección** *nf* lesson **LOC preguntar/tomar la lección** to test *sb* (*on sth*): *Repasa los verbos, que luego te preguntaré la ~.* Review your verbs and then I'll test you (on them).

**leche** *nf* milk: *Se nos acabó la ~.* We've run out of milk. ◊ *¿Compro ~?* Should I get some milk? **LOC leche descremada** skim milk **leche en polvo** powdered milk **leche entera/condensada** whole/condensed milk *Ver tb* ARROZ, CAFÉ, DIENTE, HIDRATANTE

**lechería** *nf* dairy [*pl* dairies]

**lechero, -a** *adj* dairy: *una vaca lechera* a dairy cow
▶ *nm-nf* milkman [*pl* -men]

**lechuga** *nf* lettuce **LOC** *Ver* ENSALADA

**lechuza** *nf* barn owl

**lector, -ora** *nm-nf* reader

**lectura** *nf* reading: *Mi pasatiempo favorito es la ~.* My favorite hobby is reading.

**leer** *vt, vi* to read: *Léeme la lista.* Read me the list. ◊ *Me gusta ~.* I like reading. **LOC leer la cartilla** to tell *sb* off **leer los labios** to lip-read **leer para sí** to read to yourself *Ver tb* PENSAMIENTO

**legal** *adj* **1** (*Jur*) legal **2** (*persona*) trustworthy

**legalizar** *vt* to legalize

**legislación** *nf* legislation

**legislar** *vi* to legislate

**legislativo, -a** *adj* **LOC** *Ver* ELECCIÓN, PODER²

**legumbre** *nf* vegetable

**leguminosa** *nf* pulse: *pasta y ~s* pasta and pulses

**lejano, -a** *adj* distant: *un lugar/pariente ~* a distant place/relative **LOC** *Ver* ORIENTE

**lejía** *nf* bleach

**lejos** *adv* ~ (**de**) far (away), a long way (away) (from sth/sb)

Se suele utilizar **far** en frases negativas o interrogativas: *No vivo lejos del colegio.* I don't live far from the school. ◊ *¿Queda lejos?* Is it far? En frases afirmativas es más normal usar **a long way (away)**: *Queda lejos de aquí.* It's a long way from here. Nótese que *demasiado lejos* se traduce por **too far**: *Es demasiado lejos para caminar.* It's too far to walk.

**LOC a lo lejos** in the distance **de/desde lejos** from a distance *Ver tb* LLEGAR

**lema** *nm* **1** (*Com, Pol*) slogan **2** (*regla de conducta*) motto [*pl* mottoes/mottos]

**lencería** *nf* (*ropa interior*) lingerie

**lengua** *nf* **1** (*Anat*) tongue: *sacar la ~ a algn* to stick your tongue out at sb **2** (*idioma*) language **LOC irse de la lengua** to talk too much **las malas lenguas** gossip [*incontable*]: *Dicen las malas ~s que...* Word has it that... **lengua materna** mother tongue **no tener lengua** to have lost your tongue **tirarle a algn de la lengua** to make sb talk *Ver tb* MORDER(SE), PELO

**lenguado** *nm* sole [*pl* sole]

**lenguaje** *nm* **1** language **2** (*hablado*) speech

**lengüeta** *nf* tongue

**lente** *nm* lens [*pl* lenses]: *la ~ de la cámara* the camera lens **LOC lentes de contacto** contact lenses

**lenteja** *nf* lentil

**lentes** *nmpl* **1** glasses [*pl*]: *un hombre güero, con ~* a fair-haired man with glasses ◊ *No lo vi porque no llevaba ~.* I couldn't see because I didn't have my glasses on. ◊ *Me tienen que poner ~.* I need glasses. **2** (*motociclista, esquiador*) goggles [*pl*] **LOC lentes de contacto** contact lenses [*pl*] **lentes oscuros/de sol** sunglasses [*pl*]

**lento, -a** *adj* slow `LOC` **lento pero seguro** slowly but surely *Ver tb* CÁMARA, COCER, FUEGO, TORTUGA

**leña** *nf* firewood

**leñador, -ora** *nm-nf* lumberjack

**leño** *nm* log

**leo** (*tb* **Leo**) *nm, nmf* (*Astrología*) Leo [*pl* Leos] ➔ *Ver ejemplos en* AQUARIUS

**león, -ona** *nm-nf* lion **❶** Al referirse a la hembra se utiliza **lioness** /'laɪənes/.

**leopardo** *nm* leopard

**leotardo** *nm* leotard

**lepra** *nf* leprosy

**leproso, -a** *adj* leprous
▸ *nm-nf* leper

**les** *pron* **1** (*a ellos, a ellas*) **(a)** (*complemento*) them: *Les di todo lo que tenía.* I gave them everything I had. ◇ *Les compré un pastel.* I bought them a cake./I bought a cake for them. **(b)** (*partes del cuerpo, efectos personales*): *Les robaron la bolsa.* Their bag was stolen. **2** (*a ustedes*) **(a)** (*complemento*) you: *¿Se les antoja un café?* Would you like a coffee? **(b)** (*partes del cuerpo, efectos personales*): *¿Les quito los abrigos?* Can I take your coats?

**lesbiana** *nf* lesbian

**lesión** *nf* **1** injury [*pl* injuries]: *lesiones graves* serious injuries **2** (*por accidente*) wound: *lesiones de bala* bullet wounds ➔ *Ver nota en* HERIDA **3** (*hígado, riñón, cerebro*) damage [*incontable*]

**lesionado, -a** *adj* injured: *Está ~.* He's injured.
▸ *nm-nf* injured person: *la lista de los ~s* the list of people injured *Ver tb* LESIONARSE

**lesionarse** *vpr* to hurt yourself: *Me lesioné la pierna.* I hurt my leg.

**letargo** *nm* **1** (*sopor*) lethargy **2** (*hibernación*) hibernation

**letra** *nf* **1** (*abecedario, grafía*) letter **2** (*caracteres*) character: *las ~s chinas* Chinese characters **3** (*escritura*) writing **4** (*canción*) lyrics [*pl*]: *La ~ de esta canción es muy difícil.* The lyrics of this song are very difficult. `LOC` *Ver* PIE, PUÑO

**letrero** *nm* **1** (*aviso*) notice: *Había un ~ en la puerta.* There was a notice on the door. **2** (*rótulo*) sign: *Pon el ~ de cerrado en la puerta.* Put the closed sign on the door.

**leucemia** *nf* leukemia

**levadizo, -a** *adj* `LOC` *Ver* PUENTE

**levadura** *nf* yeast

**levantar** *vt* **1** to raise: *Levanta el brazo izquierdo.* Raise your left arm. ◇ *~ la moral/voz* to raise your spirits/voice **2** (*peso, tapa*) to lift *sth* up: *Levanta esa tapa.* Lift that lid up. **3** (*recoger*) to pick

*sth/sb* up: *Lo levantaron entre todos.* They picked him up between them.
▸ **levantarse** *vpr* **1** (*ponerse de pie*) to stand up **2** (*de la cama, viento*) to get up: *Suelo ~me temprano.* I usually get up early. `LOC` **levantarse con el pie izquierdo** to get up on the wrong side of the bed

**leve** *adj* slight

**ley** *nf* **1** law: *la ~ de gravedad* the law of gravity ◇ *ir contra la ~* to break the law **2** (*parlamento*) act `LOC` *Ver* PROYECTO

**leyenda** *nf* legend

**libélula** *nf* dragonfly [*pl* dragonflies]

**liberación** *nf* **1** (*país*) liberation **2** (*presos*) release

**liberado, -a** *adj* **1** (*prisionero, rehén*) freed **2** (*mujer*) liberated *Ver tb* LIBERAR

**liberal** *adj, nmf* liberal

**liberar** *vt* **1** (*país*) to liberate **2** (*prisionero*) to free `LOC` **liberar la cartilla (militar)** to fulfill military duty

**libertad** *nf* freedom `LOC` **libertad bajo fianza/provisional** bail: *salir en ~ bajo fianza* to be released on bail **libertad condicional** parole **libertad de expresión** freedom of speech **libertad de prensa** freedom of the press

**libra**[1] *nf* **1** (*dinero*) pound: *cincuenta ~s (£50)* fifty pounds ◇ *~s esterlinas* pounds sterling **2** (*peso*) pound (*abrev* lb.) ➔ *Ver págs 678-683*

**libra**[2] (*tb* **Libra**) *nm, nmf* (*Astrología*) Libra ➔ *Ver ejemplos en* AQUARIUS

**librar** *vt* to save *sth/sb* from *sth/doing sth*: *Lo libraron de perecer en el incendio.* They saved him from the fire.
▸ **librarse** *vpr* **librarse (de)** **1** (*escabullirse*) to get out of *sth/doing sth*: *Me libré del servicio militar.* I got out of doing military service. **2** (*desembarazarse*) to get rid of *sth/sb*: *Quiero ~me de esta estufa.* I want to get rid of this stove. `LOC` **librarse por un pelo** to escape by the skin of your teeth *Ver tb* DIOS

**libre** *adj* **1** free: *Soy ~ de hacer lo que quiera.* I'm free to do what I want. ◇ *¿Está ~ esta silla?* Is this seat free? **2** (*disponible*) vacant: *No quedan plazas ~s.* There are no vacant seats. `LOC` *Ver* AIRE, BARRA, CAÍDA, DÍA, ENTRADA, LUCHA, TIRO

**librería** *nf* (*tienda*) bookstore, bookshop (*GB*) **❶** La palabra **library** no significa "librería" sino *biblioteca*. `LOC` **librería de ocasión** second-hand bookstore

**librero, -a** *nm-nf* bookseller
▸ *nm* (*estantería*) bookcase

**libreta** *nf* notebook `LOC` *Ver* AHORRO

**libro** *nm* book LOC **libro de bolsillo** paperback **libro de texto** textbook *Ver tb* COLGAR, SUSPENSO

**licencia** *nf* license: ~ *de manejo* driver's license

**licenciado, -a** *adj, nm-nf* **(en)** person with a degree (in *sth*), graduate (in *sth*) (*GB*): ~ *en ciencias biológicas* a person with a degree in biology ◊ *un ~ de la UNAM* a person with a degree from the UNAM *Ver tb* LICENCIARSE

**licenciarse** *vpr* ~ **(en)** to graduate (in *sth*): ~ *en la Universidad de Guadalajara* to graduate from Guadalajara University

**licenciatura** *nf* **1** (*título*) degree **2** (*estudios*) program of study

**licor** *nm* liqueur: ~ *de manzana* apple liqueur

**licuado** *nm* milkshake

**licuadora** *nf* blender

**líder** *nmf* leader

**liebre** *nf* hare LOC *Ver* GATO

**liendre** *nf* nit

**lienzo** *nm* canvas

**liga** *nf* **1** league: *la ~ de baloncesto* the basketball league **2** (*cinta*) garter **3** (*de hule*) rubber band **4** (*de pelo*) hairband

**ligamento** *nm* ligament: *sufrir una fractura/rotura de ~s* to tear a ligament

**ligar** *vi* ~ **(con)**: *Se ligó al más guapo de la clase.* She went out with the best-looking boy in the class. ◊ *Me gusta ~ con las chicas.* I like sweet-talking girls. ◊ ~ *mucho* to be popular with the boys/girls

**ligeramente** *adv* slightly: ~ *inestable* slightly unsettled

**ligero, -a** *adj* **1** (*liviano*) light: *comida/ropa ligera* light food/clothing ◊ *tener el sueño* ~ to sleep lightly **2** (*que casi no se nota*) slight: *un ~ acento norteño* a slight Northern accent **3** (*ágil*) agile LOC **hacer algo a la ligera** to do sth hastily **tomarse algo a la ligera** to take sth lightly

**light** *adj* (*comida*) low-calorie, diet: *Pepsi Light* Diet Pepsi ➔ *Ver nota en* LOW-CALORIE

**lija** *nf* sandpaper

**lijar** *vt* to sand

**lila** *nf* (*flor*) lilac
▸ *adj, nm* (*color*) lilac: *El ~ te sienta muy bien.* Lilac looks good on you. ➔ *Ver ejemplos en* AMARILLO

**lima** *nf* **1** (*herramienta*) file: ~ *de uñas* nail file **2** (*fruta*) sweet lime

**limar** *vt* to file LOC **limar asperezas** to smooth things over

**limbo** *nm* limbo LOC **estar en el limbo** to have your head in the clouds

**limitación** *nf* limitation: *Conoce sus limitaciones.* He knows his limitations.

**limitado, -a** *adj* limited: *un número ~ de plazas* a limited number of places LOC *Ver* SOCIEDAD; *Ver tb* LIMITAR

**limitar** *vt* to limit
▸ *vi* ~ **con** to border on…: *México limita con Belice.* Mexico borders on Belize.
▸ **limitarse** *vpr* **limitarse a**: *Limítese a responder a la pregunta.* Just answer the question.

**límite** *nm* **1** limit: *el ~ de velocidad* the speed limit **2** (*Geog, Pol*) boundary [*pl* boundaries] ➔ *Ver nota en* BORDER LOC **sin límite** unlimited: *kilometraje sin* ~ unlimited mileage ◊ *Tiene una paciencia sin* ~. She has unlimited patience. *Ver tb* FECHA

**limón** *nm* lime: *un vestido verde* ~ a lime green dress LOC *Ver* AGUA, RALLADURA

**limonada** *nf* lemonade

**limonero** *nm* lime tree

**limosna** *nf*: *Le dimos una* ~. We gave him some money. ◊ *Una ~ por favor.* Could you spare some change, please? LOC *Ver* PEDIR

**limpiabotas** *nmf* shoeshine

**limpiaparabrisas** *nm* windshield wipe, windscreen wiper (*GB*)

**limpiar** *vt* **1** to clean: *Tengo que ~ las ventanas.* I have to clean the windows. **2** (*pasar un trapo*) to wipe **3** (*sacar brillo*) to polish
▸ **limpiarse** *vpr* to clean yourself up LOC **limpiarse la nariz** to wipe your nose *Ver tb* POLVO, SECO

**limpieza** *nf* **1** (*acción de limpiar*) cleaning: *productos de* ~ cleaning products **2** (*pulcritud*) cleanliness LOC **limpieza en seco** dry cleaning

**limpio, -a** *adj* **1** clean: *El hotel estaba bastante* ~. The hotel was quite clean. ◊ *Mantén limpia tu ciudad.* Keep your city clean. **2** (*sin dinero*) broke
▸ *adv* fair: *jugar* ~ to play fair LOC **pasar en limpio** to make a final copy *of sth* **sacar en limpio 1** (*entender*) to get *sth* out of *sth*: *No he sacado nada en* ~. I didn't get anything out of it. **2** (*dinero*) to clear: *Sacó en* ~ *cinco millones de pesos.* He cleared five million pesos. *Ver tb* JUEGO, JUGAR

**lince** *nm* lynx

**lindo, -a** *adj* **1** (*bonito*) pretty **2** (*agradable*) nice: *Fue un detalle muy* ~. It was a very nice gesture. LOC **de lo lindo**: *divertirse de lo* ~ to have a great time

**línea** *nf* line: *una ~ recta* a straight line ◊ *En la casa vieja no hay* ~. There's no

telephone line in the old house. ◊ *Descuelga para ver si hay ~.* Pick up the phone to see if there's a dial tone. **LOC** **cuidar/mantener la línea** to watch your weight **línea aérea** airline **línea de meta** finishing line **línea divisoria** dividing line **por línea materna/paterna** on my, your, etc. mother's/father's side *Ver tb* GUARDAR, PATÍN

**lineal** *adj* **LOC** *Ver* DIBUJO

**lingote** *nm* ingot

**lingüística** *nf* linguistics [*incontable*]

**lino** *nm* **1** (*tela*) linen **2** (*planta*) flax

**linterna** *nf* flashlight, torch (*GB*)

**lío** *nm* (*desorden*) mess: *¡Qué ~!* What a mess! **LOC** **estar hecho un lío** to be really confused **hacerse lío** (*confundirse*) to get into a muddle **meterse/meter a algn en un lío** to get (sb) into trouble *Ver tb* ARMAR

**liquidación** *nf* **1** (*rebaja*) sale **2** (*laboral*) severance pay **LOC** **liquidación por cierre (de negocio)** clearance sale

**liquidar** *vt* **1** (*deuda*) to settle **2** (*negocio*) to liquidate **3** (*en tienda*) to sell *sth* off **4** (*matar*) to kill, to bump *sb* off (*coloq*)

**líquido, -a** *adj, nm* liquid: *Sólo puedo comer ~s.* I can only have liquids.

**lírica** *nf* lyric poetry

**lirio** *nm* iris

**lirón** *nm* dormouse [*pl* dormice] **LOC** *Ver* DORMIR

**liso, -a** *adj* **1** (*llano*) flat **2** (*superficie, piel*) smooth **3** (*sin adornos, de un solo color*) plain **4** (*pelo*) straight

**lista** *nf* list: *~ de compras* shopping list **LOC** **lista de espera** waiting list **pasar lista** to take attendance, to take the register (*GB*)

**listo, -a** *adj* **1** (*inteligente*) smart, clever (*GB*) **2** (*preparado*) all set: *Estamos ~s para salir.* We're all set to leave. **LOC** **pasarse de listo** to be/get smart: *No te pases de ~ conmigo.* Don't try and be smart with me. *Ver tb* MARCA, PREPARADO

**listón** *nm* ribbon

**litera** *nf* **1** (*en casa*) bunk bed: *Los niños duermen en ~s.* The children sleep in bunk beds. **2** (*en barco*) bunk **3** (*en tren*) couchette

**literario, -a** *adj* literary

**literatura** *nf* literature

**litro** *nm* liter (*abrev* l): *medio ~* half a liter ➔ *Ver pág 680*

**llaga** *nf* ulcer

**llama¹** *nf* (*de fuego*) flame **LOC** **estar en llamas** to be ablaze

**llama²** *nf* (*animal*) llama

**llamada** *nf* call: *hacer una ~ (telefónica)* to make a (phone) call **LOC** **llamada por cobrar** collect call, reverse charge call (*GB*) **darle/pegarle una llamada a algn** to give sb a call **llamada de larga distancia**

long-distance call: *hacer una ~ de larga distancia* to make a long-distance call

**llamado, -a** *adj* so-called: *el ~ Tercer Mundo* the so-called Third World
▶ *nm* call: *el ~ del deber* the call of duty *Ver tb* LLAMAR

**llamar** *vt* to call: *Se llama Guadalupe pero la llaman Lupe.* Her name's Guadalupe but they call her Lupe. ◊ *~ a la policía* to call the police ◊ *Llámame cuando llegues.* Give me a call when you get there.
▶ *vi* **1** (*telefonear*) to call: *¿Quién llama?* Who's calling? **2** (*puerta*) to knock: *Están llamando a la puerta.* Someone's knocking at the door. **3** (*timbre*) to ring *sth* [*vt*]: *~ al timbre* to ring the bell
▶ **llamarse** *vpr* to be called: *¿Cómo te llamas?* What's your name? ◊ *Me llamo Ana.* I'm called Ana./My name's Ana. **LOC** **llamar la atención 1** (*sobresalir*) to attract attention: *Se viste así para ~ la atención.* He dresses like that to attract attention. **2** (*sorprender*) to surprise: *Nos llamó la atención que volvieras sola.* We were surprised that you came back alone. **3** (*reprender*) to tell *sb* off: *Nos llamó la atención por ser tan descuidados.* We were reprimanded for our carelessness. **llamar por cobrar** to call collect, to reverse (the) charges (*GB*) **llamar por teléfono** to telephone *sb*, to give *sb* a call (*más coloq*) *Ver tb* PAN

**llamativo, -a** *adj* **1** (*impactante*) striking **2** (*ostentoso*) flashy: *un coche muy ~* a flashy car

**llano, -a** *adj* **1** (*terreno*) flat **2** (*persona*) straightforward
▶ *nm* (*llanura*) plain

**llanta** *nf* tire ➔ *Ver dibujo en* COCHE

**llanto** *nm* crying [*incontable*]

**llanura** *nf* plain

**llave** *nf* **1** ~ **(de)** key [*pl* keys] (*to sth*): *la ~ del armario* the key to the closet ◊ *la ~ de la puerta* the door key **2** (*de agua*) faucet, tap (*GB*) **3** (*Mec*) wrench, spanner (*GB*) **LOC** **bajo llave** under lock and key **echar llave** to lock up **llave de contacto** (*en coche*) ignition key **llave de paso** (*del agua*) stopcock **llave inglesa** monkey wrench, adjustable spanner (*GB*) *Ver tb* AGUA, AMO, BEBER, CERRAR

**llavero** *nm* keyring

**llegada** *nf* arrival

**llegar** *vi* **1** to arrive (at/in…): *Llegamos al aeropuerto/hospital a las cinco.* We arrived at the airport/hospital at five o'clock. ◊ *Llegué a Inglaterra hace un mes.* I arrived in England a month ago. ➔ *Ver nota en* ARRIVE **2** (*alcanzar*) to reach: *¿Llegas?* Can you reach? ◊ *~ a una conclusión* to reach a conclusion **3** (*altura*) to come up *to sth*: *Mi hija ya me llega al*

*hombro*. My daughter comes up to my shoulder. **4 ~ hasta** (*extenderse*) to go as far as…: *La finca llega hasta el río.* The estate goes as far as the river. **5** (*tiempo*) to come: *cuando llegue el verano* when summer comes ◊ *Ha llegado el momento de…* The time has come to… LOC **estar por llegar** to be due (to arrive) any time: *Tu padre debe estar por ~.* Your father must be due any time now. **llegar a casa** to get home **llegar a hacer algo** (*lograr*) to manage to do sth **llegar a los golpes** to come to blows **llegar a saber** to find out **llegar a ser** to become **llegar a tiempo** to be on time **llegar lejos** to go far **llegar tarde/temprano** to be late/early **si no llega a ser por él** if it hadn't been for him, her, etc.: *Si no llega a ser por él, me mato.* If it hadn't been for him, I would have been killed.

**llenar** *vt* **1** to fill *sth/sb* (*with sth*): *Llena la jarra de agua.* Fill the pitcher with water. ◊ *No lo llenes tanto que se sale.* Don't fill it too much or it'll run over. **2** (*satisfacer*) to satisfy: *Aquel estilo de vida no me llenaba.* That lifestyle didn't satisfy me. **3** (*formulario, impreso*) to fill *sth* out: ~ *un formulario,* to fill out a form
▸ **llenarse** *vpr* **1** to fill (up) (*with sth*): *La casa se llenó de invitados.* The house filled (up) with guests. **2** (*comiendo*) to stuff yourself (*with sth*) **3** (*cubrirse*) to get covered (*with sth*): *Se llenó la cara de chocolate.* His face is covered with chocolate.

**lleno, -a** *adj* **1** full (*of sth*): *Esta habitación está llena de humo.* This room is full of smoke. ◊ *El camión estaba ~ hasta el tope.* The bus was packed full. ◊ *No quiero más, estoy ~.* I don't want any more, I'm full. **2** (*cubierto*) covered *in/with sth*: *El techo estaba ~ de telarañas.* The ceiling was covered in cobwebs. LOC *Ver* LUNA

**llevadero, -a** *adj* bearable

**llevar** *vt* **1** to take: *Lleva las sillas a la cocina.* Take the chairs to the kitchen. ◊ *Me llevará un par de días arreglarlo.* It'll take me a couple of days to fix it. ◊ *Llevé el perro al veterinario.* I took the dog to the vet.

> Cuando el hablante se ofrece a llevarle algo al oyente, se utiliza el verbo **bring**: *No hace falta que vengas, te lo llevo el viernes.* You don't need to come, I'll bring it on Friday. ➔ *Ver tb dibujo en* TAKE *y nota en* GIVE

**2** (*carga*) to carry: *Se ofreció a ~le la maleta.* He offered to carry her suitcase. **3** (*lentes, ropa, peinado*) to wear: *Lleva lentes.* She wears glasses.

¿**Wear** o **carry**?
**Wear** se utiliza para referirse a ropa, calzado y complementos, y también a perfumes y lentes: *Do you have to wear a suit at work?* ¿Tienes que llevar traje para ir a trabajar? ◊ *What perfume are you wearing?* ¿Qué perfume llevas? ◊ *He doesn't wear glasses.* No usa lentes.
Utilizamos **carry** cuando nos referimos a objetos que llevamos con nosotros, sobre todo en las manos o en los brazos: *She wasn't wearing her raincoat, she was carrying it over her arm.* No llevaba puesta la gabardina, la tenía en el brazo.

**4** (*tener*) to have: *No llevaba dinero encima.* I didn't have any cash on me. ◊ ¿*Llevas cambio?* Do you have any change? **5** (*conducir*) to drive: ¿*Quién llevaba el coche?* Who was driving? **6** (*tiempo*) to have been (*doing sth*): *Llevan dos horas esperando.* They've been waiting for two hours. ◊ ¿*Cuánto tiempo llevas en México?* How long have you been in Mexico City?
▸ *vi* to lead to *sth*: *Esta carretera lleva a la desembocadura del río.* This road leads to the mouth of the river.
▸ *v aux* [*con participio*] to have: *Llevo vistas tres películas esta semana.* I've seen three movies this week.
▸ **llevarse** *vpr* **1** (*robar*) to take: *El ladrón se llevó el DVD.* The thief took the DVD (player). **2** (*estar de moda*) to be in: *Este invierno se lleva el verde.* Green is in this winter. **3** (*Mat*) to carry: *22 y llevo dos.* 22 and carry two. LOC **llevarle a algn dos, etc. años, etc.** to be two, etc. years older than sb: *Me lleva seis meses.* She's six months older than me. **llevarse bien/mal** to get along well/badly (*with sb*) **para llevar** to go, to take away (*GB*): *una pizza para ~* a pizza to go ❶ *Para otras expresiones con* **llevar**, *véanse las entradas del sustantivo, adjetivo, etc., p. ej.* **llevarse un disgusto** *en* DISGUSTO.

**llorar** *vi* **1** to cry: *No llores.* Don't cry. ◊ *ponerse a ~* to burst into tears ◊ *~ de alegría/rabia* to cry with joy/rage **2** (*ojos*) to water: *Me lloran los ojos.* My eyes are watering. LOC **llorar a lágrima viva/a moco tendido** to cry your eyes out

**llorón, -ona** *adj, nm-nf* crybaby [*n*] [*pl* crybabies]: *No seas tan ~.* Don't be such a crybaby. LOC *Ver* SAUCE

**llover** *v imp* to rain: *Estuvo lloviendo toda la tarde.* It was raining all afternoon. ◊ ¿*Llueve?* Is it raining? LOC **llover a cántaros** to pour: *Está lloviendo a cántaros.* It's pouring. *Ver tb* PARECER

**llovizna** *nf* drizzle

**lloviznar** *v imp* to drizzle

**lluvia** *nf* **1** rain: *La ~ no me dejó dormir.* The rain kept me awake. ◊ *un día de ~* a

rainy day ◇ *Estas son unas buenas botas para la ~.* These boots are good for wet weather. **2** ~ **de** (*boletos, regalos, polvo*) shower of *sth* **3** ~ **de** (*balas, piedras, golpes, insultos*) hail of *sth* **LOC bajo la lluvia** in the rain **lluvia ácida** acid rain **lluvia radiactiva** radioactive fallout

**lluvioso, -a** *adj* **1** (*zona, país, temporada*) wet **2** (*tiempo, día, tarde, etc.*) rainy

**lo** *art* [*para sustantivar*] the... thing: *lo interesante/difícil es...* the interesting/difficult thing is...
▸ *pron* **1** (*él*) him: *Lo eché de casa.* I threw him out of the house. **2** (*cosa*) it: *¿Dónde lo tienes?* Where is it? ◇ *No lo creo.* I don't believe it.

> Cuando se usa como complemento directo de algunos verbos como *decir, saber* y *ser* no se traduce: *Te lo diré mañana.* I'll tell you tomorrow.
> ◇ *Todavía no eres médico pero lo serás.* You're not a doctor yet, but you will be.

**3** (*usted*) you **LOC lo cual** which: *lo cual no es cierto* which isn't true **lo de...**
**1** (*posesión*): *Todo ese equipaje es lo de Juan.* All that baggage is Juan's.
**2** (*asunto*): *Lo del viaje fue muy inesperado.* The journey came as a real surprise. ◇ *Lo de la fiesta era una broma ¿no?* What you said about the party was a joke, wasn't it? **lo mío 1** (*posesión*) my, your, etc. things: *Todo lo mío es tuyo.* Everything I have is yours. **2** (*afición*) my, your, etc. thing: *Lo suyo es la música.* Music's his thing. **lo que...** what: *No te imaginas lo que fue aquello.* You can't imagine what it was like. ◇ *Haré lo que digas.* I'll do whatever you say. ◇ *Haría lo que fuera por aprobar.* I'd do anything to pass.

**lobo, -a** *nm-nf* wolf [*pl* wolves] **LOC** Ver HOMBRE

**local** *adj* local
▸ *nm* premises [*pl*]: *El ~ es bastante grande.* The premises are quite big.

**localidad** *nf* **1** (*pueblo*) village **2** (*ciudad pequeña*) town **3** (*Cine, Teat*) seat **LOC no hay localidades** sold out

**localizar** *vt* **1** (*encontrar*) to locate: *Ya localizaron su paradero.* They've located his whereabouts. **2** (*contactar*) to get hold of *sb*: *Llevo toda la mañana tratando de ~te.* I've been trying to get hold of you all morning.

**loción** *nf* lotion **LOC** Ver DESMAQUILLADOR

**loco, -a** *adj* crazy: *volverse ~* to go crazy ◇ *El chocolate me vuelve ~.* I'm crazy about chocolate.
▸ *nm-nf* **1** (*masc*) madman [*pl* -men] **2** (*fem*) madwoman [*pl* -women] **LOC estar como loco (con)** (*encantado*) to be crazy about *sth/sb* **estar loco de** to be beside yourself with *sth*: *Está loca de alegría.* She's beside herself with joy.

**hacerse el loco** to pretend not to notice **loco de remate** around the bend *Ver tb* CABRA, CADA

**locura** *nf* (*disparate*) crazy thing: *He hecho muchas ~s.* I've done a lot of crazy things. ◇ *Es una ~ ir solo.* It's crazy to go alone.

**locutor, -ora** *nm-nf* **1** (*de noticias*) newscaster, news anchor **2** (*de radio, TV*) announcer

**lodo** *nm* mud

**lógico, -a** *adj* **1** (*normal*) natural: *Es ~ que te preocupes.* It's only natural that you're worried. **2** (*pensamiento, deducción*) logical

**logotipo** *nm* logo [*pl* logos]

**lograr** *vt* **1** (*obtener*) to get, to achieve (*más formal*): *Logré buenos resultados.* I got good results. **2** [*con infinitivo*] to manage to do *sth*: *Logré convencerlos.* I managed to persuade them. **3** ~ **que...** to get *sb* to do *sth*: *No lograrás que vengan.* You'll never get them to come.

**logro** *nm* achievement

**lombriz** *nf* worm

**lomo** *nm* **1** (*Anat*) back **2** (*Cocina*) loin: ~ *de cerdo* pork loin **3** (*libro*) spine

**longitud** *nf* **1** length: *Tiene dos metros de ~.* It's two meters long. **2** (*Geog*) longitude **LOC** Ver SALTO

**lonja** *nf* roll of fat

**loro** *nm* (*ave*) parrot

**los, las** *art* the: *los libros que compré ayer* the books I bought yesterday ➔ *Ver nota en* THE
▸ *pron* them: *Los/las vi en el cine.* I saw them at the movie theater. **LOC de los/las de...**: *un terremoto de los de verdad* a really violent earthquake ◇ *El diseño del coche es de los de antes.* The design of the car is old-fashioned. **los/las de...**
**1** (*posesión*): *los de mi abuela* my grandmother's **2** (*característica*) the ones (with...): *Prefiero los de punta fina.* I prefer the ones with a fine point. ◇ *Me gustan las de cuadros.* I like the plaid ones. **3** (*ropa*) the ones in...: *las de rojo* the ones in red **4** (*procedencia*) the ones from...: *los de Tlaxcala* the ones from Tlaxcala **los/las hay**: *Los hay con muy poco dinero.* There are some with very little money. ◇ *Dígame si los hay o no.* Tell me if there are any or not. **los/las que...** **1** (*personas*): *los que se encontraban en la casa* the ones who were in the house ◇ *los que tenemos que madrugar* those of us who have to get up early ◇ *Entrevistamos a todos los que se presentaron.* We interviewed everyone who applied. **2** (*cosas*) the ones (which/that)...: *las que compramos ayer* the ones we bought yesterday

**losa** *nf* flagstone

**lote** nm **1** set: *un ~ de libros* a set of books **2** (*Com*) batch

**lotería** nf lottery [pl lotteries] **LOC** *Ver* JUGAR

**loto** nm lotus [pl lotuses]

**loza** nf china: *un plato de* ~ a china plate

**lubina** nf sea bass [pl sea bass]

**lucha** nf ~ **(contra/por)** fight (against/for sth/sb): *la ~ contra la contaminación/por la igualdad* the fight against pollution/for equality **LOC** **lucha libre** wrestling

**luchador, -ora** adj, nm-nf fighter [n]: *Es un hombre muy ~.* He's a real fighter. ► nm-nf (*deportista*) wrestler

**luchar** vi **1** to fight (*for/against sth/sb*) to fight sth/sb: *~ por la libertad* to fight for freedom ◊ *~ contra los prejuicios raciales* to fight racial prejudice **2** (*Dep*) to wrestle

**lúcido, -a** adj lucid

**lucir** vt (*ropa*) to wear
► vi **1** (*astro*) to shine **2** (*resaltar*) to look nice: *Esa figura luce mucho ahí.* That figure looks very nice there.
► **lucirse** vpr to show off: *Lo hace para ~se.* He just does it to show off.

**luego** adv **1** (*más tarde*) later: *Te lo cuento ~.* I'll tell you later. **2** (*a continuación*) then: *Se baten los huevos y ~ se añade el azúcar.* Beat the eggs and then stir in the sugar. ◊ *Primero está el sanatorio y ~ la farmacia.* First there's the hospital and then the drugstore.
► conj therefore: *Pienso, ~ existo.* I think therefore I am. **LOC** **desde luego** of course: *¡Desde ~ que no!* Of course not! **¡hasta luego!** bye!

**lugar** nm **1** (*sitio*) place: *Me gusta este ~.* I like this place. ◊ *Ya no quedan ~es.* There are no places left. ◊ *En esta fiesta estoy fuera de ~.* I feel out of place at this party. **2** (*posición, puesto*) position: *ocupar un ~ importante en la empresa* to have an important position in the company **3** (*pueblo*) town: *los del ~* the people from the town **LOC** **dar lugar a algo** to cause sth **en lugar de** instead of sth/sb/doing sth: *En ~ de salir tanto, más te valdría estudiar.* Instead of going out so much, you'd be better off studying. **en primer, segundo, etc. lugar 1** (*posición*) first, second, etc.: *El equipo francés quedó clasificado en último ~.* The French team came last. **2** (*en un discurso*) first of all, secondly, etc.: *En último ~…* Last of all… **lugar de nacimiento 1** birthplace **2** (*en impresos*) place of birth **sin lugar a dudas** undoubtedly **tener lugar** to take place: *El accidente tuvo ~ a las dos de la madrugada.* The accident took place at two in the morning. **yo en tu lugar** if I were you: *Yo, en tu ~, aceptaría*

*la invitación.* If I were you, I'd accept the invitation. *Ver tb* ALGUNO, CLASIFICAR, CUALQUIERA, NINGUNO, OTRO

**lúgubre** adj gloomy

**lujo** nm luxury [pl luxuries]: *No puedo permitirme esos ~s.* I can't afford such luxuries. **LOC** **a todo lujo** in style: *Viven a todo ~.* They live in style. **de lujo** luxury: *un apartamento de ~* a luxury apartment

**lujoso, -a** adj luxurious

**lujuria** nf lust

**lumbre** nf **1** fire: *Nos sentamos al calor de la ~.* We sat down by the fire. **2** (*cocina*) stove: *Tengo la comida en la ~.* The food's on the stove.

**luminoso, -a** adj **1** bright: *una habitación/idea luminosa* a bright room/idea **2** (*que despide luz*) luminous: *un reloj ~* a luminous watch **LOC** *Ver* ANUNCIO

**luna** nf **1** moon: *un viaje a la Luna* a trip to the moon **2** (*espejo*) mirror **LOC** **estar en la luna** to be lost in thought **luna creciente/menguante** waxing/waning moon **luna de miel** honeymoon **luna llena/nueva** full/new moon

**lunar** adj lunar
► nm **1** (*piel*) mole **2** (*dibujo*) polka dot: *una falda de ~es* a polka-dot skirt

**lunático, -a** adj, nm-nf lunatic

**lunes** nm Monday (*abrev* Mon.): *el ~ por la mañana/tarde* on Monday morning/afternoon ◊ *Los ~ no trabajo.* I don't work on Mondays. ◊ *un ~ sí y otro no* every other Monday ◊ *Ocurrió el ~ pasado.* It happened last Monday. ◊ *Nos veremos el ~ que viene.* We'll meet next Monday. ◊ *Mi cumpleaños cae en ~ este año.* My birthday falls on a Monday this year. ◊ *Se casarán el ~ 25 de julio.* They're getting married on Monday July 25. **❶** Se lee: "Monday, July twenty-fifth".

**lupa** nf magnifying glass

**luto** nm mourning: *una jornada de ~* a day of mourning **LOC** **estar de/llevar luto** to be in mourning (*for sb*) **ir de luto** to be dressed in mourning

**luz** nf **1** light: *encender/apagar la ~* to turn the light on/off ◊ *Hay mucha ~ en este departamento.* This apartment gets a lot of light. **2** (*electricidad*) electricity: *Con la tormenta se fue la ~.* The electricity went out during the storm. **3** (*día*) daylight **4 luces** (*inteligencia*): *tener muchas/pocas luces* to be bright/dim **5 luces** (*pelo*) highlights **LOC** **dar a luz** to give birth (*to sb*): *Dio a ~ una niña.* She gave birth to a baby girl. **luces bajas** dimmed headlights: *Puse las luces bajas.* I dimmed my headlights. **luces altas** headlights **sacar a la luz** to bring sth (out) into the open **salir a la luz** (*secreto*) to come to light *Ver tb* AÑO, PLANTA, PLENO

# M m

**macabro, -a** *adj* macabre

**macarra** *nmf* flashy person [*pl* people]

**macarrón** *nm* **macarrones** macaroni [*incontable*]: *Los macarrones son fáciles de hacer.* Macaroni is easy to cook.

**maceta** *nf* flowerpot

**machacar** *vt* **1** (*ajo, nueces, etc*) to crush ➔ *Ver dibujo en* APLASTAR **2** (*fruta, papa, zanahoria*) to mash
▶ *vt, vi* (*insistir*) to go over (and over) *sth*: *Les machaqué la canción hasta que se la aprendieron.* I went over and over the song until they learned it.

**machete** *nm* machete

**machismo** *nm* machismo

**machista** *adj, nmf* sexist: *publicidad/ sociedad* ~ sexist advertising/society ◇ *Mi jefe es un verdadero* ~. My boss is really sexist.

**macho** *adj, nm* **1** (*Zool*) male: *una camada de dos* ~*s y tres hembras* a litter of two males and three females ◇ *¿Es* ~ *o hembra?* Is it male or female? ➔ *Ver nota en* FEMALE **2** (*agresivo*) macho [*adj*]: *Ese se cree muy* ~. He's kind of a macho man.
▶ *nm* (*enchufe*) plug ➔ *Ver dibujo en* ENCHUFE

**machote** *nm* template

**machucar** *vt* to crush: *Se machucó el dedo con la puerta.* She crushed her finger in the door.

**macizo, -a** *adj* (*objeto*) solid

**madeja** *nf* skein

**madera** *nf* **1** (*material*) wood: *El roble es una* ~ *de gran calidad.* Oak is a high quality wood. ◇ ~ *procedente de Noruega* wood from Norway ◇ *hecho de* ~ made of wood **2** (*tabla*) piece of wood: *Esa* ~ *puede servir para tapar el agujero.* We could use that piece of wood to block the hole. **3** (*de construcción*) lumber [*incontable*], timber [*incontable*] (*GB*): *las* ~*s del tejado* the roof beams LOC **de madera** wooden: *una silla/viga de* ~ a wooden chair/beam **madera de pino, roble, etc.** pine, oak, etc.: *una mesa de* ~ *de pino* a pine table **tener madera de artista, líder, etc.** to be a born artist, leader, etc. **¡toca madera!** knock on wood!, touch wood! (*GB*) *Ver tb* CUCHARA

**madero** *nm* **1** (*tronco*) log **2** (*tablón*) piece of lumber, piece of timber (*GB*)

**madrastra** *nf* stepmother

**madre** *nf* mother: *ser* ~ *de dos hijos* to be the mother of two children LOC **¡madre mía!** good heavens! **madre soltera** single mother **madre superiora** Mother Superior *Ver tb* DÍA, FAMILIA, HUÉRFANO, OCIOSIDAD

**madriguera** *nf* **1** (*lobo, león, etc.*) den: *una* ~ *de león* a lion's den **2** (*conejo, topo*) burrow

**madrina** *nf* **1** (*bautizo*) godmother **2** (*confirmación*) sponsor **3** (*boda*) bridesmaid ➔ *Ver nota en* MATRIMONIO *Ver tb* HADA

**madrugada** *nf*: *a las dos de la* ~ at two in the morning ◇ *en la* ~ *del viernes al sábado* in the early hours of Saturday morning

**madrugar** *vi* to get up early

**madurar** *vi* **1** (*fruta*) to ripen **2** (*persona*) to mature

**maduro, -a** *adj* **1** (*fruta*) ripe **2** (*de mediana edad*) middle-aged: *un hombre ya* ~ a middle-aged man **3** (*sensato*) mature: *Javier es muy* ~ *para su edad.* Javier is very mature for his age.

**maestría** *nf* master's (degree)

**maestro, -a** *nm-nf* **1** (*educador*) teacher **2** ~ (**de/en**) (*figura destacada*) master: *un* ~ *del ajedrez* a chess master LOC *Ver* OBRA

**mafia** *nf* mafia: *la* ~ *de la droga* the drug mafia ◇ *la Mafia* the Mafia

**magdalena** *nf* cupcake

**magia** *nf* magic: ~ *blanca/negra* white/ black magic LOC *Ver* ARTE

**mágico, -a** *adj* (*ilusionismo*) magic: *poderes* ~*s* magic powers LOC *Ver* VARITA

**magisterio** *nm* teachers [*pl*]: *Elena estudió* ~ *en Hermosillo.* Elena trained as a teacher in Hermosillo.

**magma** *nm* magma

**magnate** *nmf* tycoon, magnate (*más formal*)

**magnético, -a** *adj* magnetic

**magnetismo** *nm* magnetism

**magnífico, -a** *adj, interj* wonderful: *Hizo un tiempo* ~. The weather was wonderful. ◇ *una magnífica nadadora* a wonderful swimmer

**mago, -a** *nm-nf* (*ilusionista*) magician LOC *Ver* REY

**maguey** *nm* maguey plant

**maicena**® *nf* cornstarch

**maillot** *nm* (*Ciclismo*) jersey [*pl* jerseys]: *el* ~ *amarillo* the yellow jersey

**maíz** *nm* **1** (*planta*) corn, maize (*GB*) **2** (*grano*) corn LOC *Ver* PALOMITA

**Majestad** nf Majesty [pl Majesties]: *Su ~* His/Her/Your Majesty

**mal** adj Ver MALO
▶ adv **1** badly: *portarse/hablar ~* to behave/speak badly ◊ *un trabajo ~ pagado* a poorly/badly paid job ◊ *Mi abuela oye muy ~.* My grandmother's hearing is very bad. ◊ *¡Qué ~ lo pasamos!* What a terrible time we had! **2** (*calidad, aspecto*) bad: *Esa chaqueta no está ~.* That jacket's not bad. **3** (*equivocadamente, moralmente*) wrong: *Escogiste ~.* You've made the wrong choice. ◊ *contestar ~ a una pregunta* to give the wrong answer ◊ *Está ~ que le contestes a tu madre.* It's wrong to mouth off to your mother.
▶ nm **1** (*daño*) harm: *No le deseo ningún ~.* I don't wish you any harm. **2** (*problema*) problem: *La venta de la casa nos salvó de ~es mayores.* The sale of the house saved us any further problems. **3** (*Fil*) evil: *el bien y el ~* good and evil **LOC andar/estar mal de** to be short of sth **estar/encontrarse mal 1** (*enfermo*) to be/feel sick, to be/feel ill (*GB*) ➔ *Ver nota en* ENFERMO **2** (*deprimido*) to be/feel depressed, to be/feel down (*coloq*) **no hay mal que por bien no venga** every cloud has a silver lining **❶** Para otras expresiones con **mal**, véanse las entradas del sustantivo, adjetivo, etc., p. ej. **mal hecho** en HECHO.

**malcriar** vt to spoil

**maldad** nf wickedness [*incontable*]: *Siempre se han caracterizado por su ~.* Their wickedness is notorious. ◊ *Ha sido una ~ de su parte.* It was a wicked thing to do.

**maldecir** vt to curse

**maldición** nf curse: *Nos ha caído una ~.* There's a curse on us. ◊ *echarle una ~ a algn* to put a curse on sb ◊ *No paraba de soltar maldiciones.* He kept cursing and swearing.

**maldito, -a** adj **1** (*Relig*) damned **2** (*fig*) rotten: *¡Estos ~s zapatos me aprietan!* These rotten shoes are too tight for me! Ver tb MALDECIR

**maleducado, -a** adj, nm-nf rude [*adj*]: *¡Que niños tan ~s!* What rude children! ◊ *¡Eres un ~!* You're so rude!

**malentendido** nm misunderstanding: *Ha habido un ~.* There has been a misunderstanding.

**malestar** nm **1** (*indisposición*): *Siento un ~ general.* I don't feel very well. **2** (*inquietud*) unease: *Sus palabras causaron ~ en el medio político.* His words caused unease in political circles.

**maleta** nf suitcase, case (*más coloq*)
➔ *Ver dibujo en* LUGGAGE **LOC hacer la(s) maleta(s)** to pack

**maletero, -a** nm-nf porter

**maletín** nm **1** (*documentos*) briefcase
➔ *Ver dibujo en* LUGGAGE **2** (*médico*) (doctor's) bag

**malgastar** vt to waste

**malhablado, -a** adj, nm-nf foul-mouthed [*adj*]: *ser un ~* to be foul-mouthed

**malherido, -a** adj badly injured

**maligno, -a** adj (*Med*) malignant

**malinchista** adj preferring foreign things
▶ nm-nf someone who prefers foreign things

**malla** nf **1** (*ballet, gimnasia*) tights [*pl*] **2** (*red*) mesh

**malo, -a** adj **1** bad: *una mala persona* a bad person ◊ *~s modales/mala conducta* bad manners/behavior ◊ *Tuvimos muy mal tiempo.* We had very bad weather. **2** (*inadecuado*) poor: *mala alimentación/ visibilidad* poor food/visibility ◊ *debido al mal estado del terreno* due to the poor condition of the ground **3** (*travieso*) naughty: *No seas ~ y tómate la leche.* Don't be naughty. Drink your milk. **4** *~ en/para* (*torpe*) bad at sth/doing sth: *Soy malísimo en matemáticas.* I'm hopeless at math.
▶ nm-nf villain, bad guy (*coloq*): *El ~ muere en el último acto.* The villain dies in the last act. ◊ *Al final luchan los buenos contra los ~s.* At the end there is a fight between the good guys and the bad guys. **LOC estar malo** to be sick, to be ill (*GB*) ➔ *Ver nota en* ENFERMO **lo malo es que…** the trouble is (that)… *¿qué tiene de malo…?* what's wrong with… ?: *¿Qué tiene de ~ comer entre comidas?* What's wrong with eating between meals? **❶** Para otras expresiones con **malo**, véanse las entradas del sustantivo, p. ej. **mala hierba** en HIERBA.

**malpensado, -a** adj, nm-nf **1** (*que siempre sospecha*) suspicious [*adj*]: *Eres un ~.* You have a really suspicious mind. **2** (*obsceno*) dirty-minded [*adj*]: *¡Qué ~ eres!* What a dirty mind you have!

**maltratar** vt to mistreat: *Dijeron que los habían maltratado.* They said they had been mistreated. ◊ *Nos maltrataron física y verbalmente.* We were subjected to physical and verbal abuse.

**malucho, -a** adj under the weather

**malva** nf (*flor*) mallow
▶ nm (*color*) mauve ➔ *Ver ejemplos en* AMARILLO

**malvado, -a** adj wicked

**mama** *nf* breast: *cáncer de ~* breast cancer

**mamá** *nf* mom, mum (GB) **❶** *Los niños pequeños suelen decir* **mommy** (GB **mummy**).

**mamar** *vi* to feed
▸ **mamarse** *vpr* En cuanto termina de ~se duerme. He falls asleep as soon as he's finished feeding. **LOC** **dar de mamar** to breastfeed

**mamífero** *nm* mammal

**mamila** *nf* (*biberón*) (baby) bottle: *Dale la ~ al bebé.* Give the baby his bottle.

**mampara** *nf* **1** (*pared*) partition **2** (*en un mostrador de banco*) screen

**manada** *nf* **1** (*animales*) **(a)** herd: *una ~ de elefantes* a herd of elephants **(b)** (*lobos, perros*) pack **(c)** (*leones*) pride **2** (*gente*) crowd

**manantial** *nm* spring: *agua de ~* spring water

**manar** *vi* to flow (*from sth/sb*)

**mancha** *nf* **1** (*suciedad*) stain: *una ~ de grasa* a grease stain **2** (*leopardo*) spot

**manchado, -a** *adj* **1** ~ **(de)** (*embadurnado*) stained (with sth): *una carta manchada de sangre/tinta* a bloodstained/ink-stained letter ◇ *Llevas la camisa manchada de vino.* You have a wine stain on your shirt. **2** (*animal*) spotted *Ver tb* MANCHAR

**manchar** *vt* to get sth dirty: *Ya manchaste la alfombra.* You've stained the carpet.
▸ **mancharse** *vpr* to get dirty

**manco, -a** *adj* **1** (*sin un brazo*) one-armed **2** (*sin una mano*) one-handed

**mancuernilla** *nf* cufflink

**mandado** *nm* **1** (*encargo*) errand **2 el mandado** (*compras*) the shopping **LOC** **me hace los mandados** he does what I tell him

**mandamiento** *nm* (*Relig*) commandment

**mandar** *vt* **1** (*ordenar*) to tell sb to do sth: *Mandó a los niños que se callaran.* He told the children to be quiet. **2** (*enviar*) to send: *Te mandé una carta.* I sent you a letter. ◇ *La secretaria mandó a un inspector.* The ministry has sent an inspector. **➲** *Ver nota en* GIVE **3** (*llevar a reparar, etc.*) to have sth done: *Lo voy a ~ limpiar.* I'm going to have it cleaned.
▸ *vi* **1** (*ser el jefe*) to be in charge, to be the boss (*coloq*) **2** (*gobierno*) to be in power **LOC** **mandar a algn a la goma/la porra** to tell sb to get lost **¿mande?** (*¿perdone?*) excuse me? **2** (*¿en qué le puedo servir?*) can I help you? *Ver tb* CORREO, DIOS

**mandarina** *nf* tangerine

**mandíbula** *nf* jaw

**mando** *nm* **1** (*liderazgo*) leadership: *tener don de ~* to be a born leader **2** (*Mil*) command: *entregar/tomar el ~* to hand over/take command **3** (*Informát*) joystick **4 mandos** controls: *tablero de ~s* control panel **LOC** *Ver* ALTO

**mandón, -ona** *adj, nm-nf* bossy [*adj*]: *Eres un ~.* You're very bossy.

**manecilla** *nf* hand: *la ~ grande del reloj* the big hand of the clock **➲** *Ver dibujo en* RELOJ

**manejar** *vt* **1** to handle: *~ un arma* to handle a weapon **2** (*máquina*) to operate **3** (*conducir*) to drive

**manejo** *nm* **LOC** *Ver* ESCUELA, EXAMEN

**manera** *nf* ~ **(de)** **1** (*modo*) way (of doing sth): *su ~ de hablar/vestir* her way of speaking/dressing ◇ *pedir algo de buena ~* to ask nicely for sth **2** (*modales*) manners: *buenas ~s* good manners ◇ *pedir algo de buena ~* to ask nicely for sth **LOC** **a mi manera** my, your, etc. way **de todas (las) maneras** anyway **manera de ser**: *Es mi ~ de ser.* It's just the way I am. **no haber manera de** to be impossible *to do sth*: *No ha habido ~ de arrancar el coche.* It was impossible to start the car. **¡que manera de...!** what a way to...!: *¡Qué ~ de hablar!* What a way to speak! *Ver tb* CUALQUIERA, DICHO, NINGUNO

**manga** *nf* sleeve: *una camisa de ~ larga/corta* a long-sleeved/short-sleeved shirt **LOC** **sacarse algo de la manga** to make sth up **sin mangas** sleeveless

**mango¹** *nm* (*asa*) handle **➲** *Ver dibujo en* POT

**mango²** *nm* (*fruta*) mango [*pl* mangoes]

**mango³** *nm* (*hombre guapo*) good-looking man [*pl* men], hunk (*coloq*)

**mangonear** *vi* to boss people around

**manguera** *nf* hose

**manía** *nf* quirk: *Todo el mundo tiene sus pequeñas ~s.* Everybody has their own little quirks. ◇ *¡Qué ~!* You're getting obsessed about it! **LOC** **tener la manía de hacer algo** to have the strange habit of doing sth *Ver tb* QUITAR

**maniático, -a** *adj* (*quisquilloso*) fussy

**manicomio** *nm* psychiatric hospital

**manifestación** *nf* **1** (*protesta*) demonstration **2** (*expresión*) expression: *una ~ de apoyo* an expression of support **3** (*declaración*) statement

**manifestante** *nmf* demonstrator

**manifestar** *vt* **1** (*opinión*) to express **2** (*mostrar*) to show
▸ **manifestarse** *vpr* to demonstrate: *~se en contra/a favor de algo* to demonstrate against/in favor of sth

**manifiesto** *nm* manifesto [*pl* manifestos]

**manija** *nf* (*puerta*) handle

**maniobra** *nf* maneuver

**maniobrar** *vi* **1** (*vehículo*) to maneuver **2** (*ejército*) to be on maneuvers

**manipular** *vt* **1** (*deshonestamente*) to manipulate: ~ *los resultados de las elecciones* to manipulate the election results **2** (*con las manos*) to handle: ~ *alimentos* to handle food

**maniquí** *nm* dummy [*pl* dummies]

**manirroto, -a** *nm-nf* big spender

**manivela** *nf* handle

**manjar** *nm* delicacy [*pl* delicacies]

**mano** *nf* **1** (*persona*) hand: *Levanta la ~.* Put your hand up. ◇ *estar en buenas ~s* to be in good hands **2** (*animal*) front foot [*pl* front feet] **3** (*pintura*) coat **LOC** **a la mano** (*cerca*) at hand: *¿Tienes un diccionario a la ~?* Do you have a dictionary at hand? **a mano** (*manualmente*) by hand: *Hay que lavarlo a ~.* It needs to be washed by hand. ◇ *hecho a ~* handmade **a mano derecha/izquierda** on the right/left **atraco/robo a mano armada 1** (*lit*) armed robbery **2** (*fig*) daylight robbery **dar la mano** to hold *sb's* hand: *Dame la ~.* Hold my hand. **dar(se) la mano** to shake hands (*with sb*): *Se dieron la ~.* They shook hands. **echar una mano** to give *sb* a hand **en la mano** in person: *Entrégueselo en la ~.* Give it to him in person. **estar/quedar a mano** to be even **la mano asesina** the murderer **mano de obra** labor **mano dura** firm hand **¡manos arriba!** hands up! **tener buena mano** to be good *at sth/with sb*: *Tiene muy buena ~ para la cocina/los niños.* She's very good at cooking/with children. **tener mano izquierda** to be tactful **(tomados) de la mano** hand in hand (*with sb*), holding hands (*with sb*) (*más coloq*): *Paseaban (tomados) de la ~.* They were walking along hand in hand. *Ver tb* ¡ADIÓS!, AGARRAR, ARRIBA, COMPUTADORA, CONOCER, ESCRIBIR, FRENO, FROTAR(SE), LAVAR, PÁJARO, SALUDAR, SEGUNDO

**manojo** *nm* bunch

**manopla** *nf* mitten

**manosear** *vt* **1** to touch **2** (*tortear*) to grope **3** (*manipular*) to manipulate

**manotazo** *nm* slap

**mansión** *nf* mansion

**manso, -a** *adj* **1** (*animal*) tame **2** (*persona*) meek: *más ~ que un cordero* as meek as a lamb

**manta** *nf* (*tela*) coarse cloth ➔ *Ver nota en* TELA

**manteca** *nf* fat **LOC** **manteca (de cerdo)** lard

**mantel** *nm* tablecloth

**mantener** *vt* **1** (*conservar*) to keep: ~ *la comida caliente* to keep food hot ◇ ~ *una promesa* to keep a promise **2** (*económicamente*) to support: ~ *a una familia de ocho* to support a family of eight **3** (*afirmar*) to maintain **4** (*sujetar*) to hold: *Mantén bien sujeta la botella.* Hold the bottle tight.

▶ **mantenerse** *vpr* to live on *sth*: ~*se a base de comida de lata* to live on canned food **LOC** **mantenerse en forma** to keep in shape **mantenerse en pie** to stand (up): *No puede ~se en pie.* He can't stand (up) anymore. **mantenerse firme** to stand your ground **mantener vivo** to keep *sth/sb* alive: ~ *viva la ilusión* to keep your hopes alive *Ver tb* CONTACTO, LÍNEA

**mantenimiento** *nm* maintenance

**mantequilla** *nf* butter

**manual** *adj, nm* manual: ~ *de instrucciones* instruction manual **LOC** *Ver* TRABAJO

**manubrio** *nm* handlebars [*pl*]

**manufacturar** *vt* to manufacture

**manuscrito** *nm* manuscript

**manzana** *nf* **1** (*fruta*) apple **2** (*de casas*) block **LOC** **manzana de Adán** Adam's apple *Ver tb* VUELTA

**manzanilla** *nf* **1** (*planta*) chamomile **2** (*infusión*) chamomile tea

**manzano** *nm* apple tree

**maña** *nf* **1** (*habilidad*) skill **2 mañas** cunning [*incontable*]: *Empleó todas sus ~s para que lo ascendieran.* He used all his cunning to get promoted. **LOC** **tener/darse maña** to be good *at sth/doing sth*: *tener ~ para la carpintería* to be good at woodworking

**mañana** *nf* morning: *Se va esta ~.* He's leaving this morning. ◇ *a la ~ siguiente* the following morning ◇ *a las dos de la ~* at two o'clock in the morning ◇ *El examen es el lunes por la ~.* The exam is on Monday morning. ◇ *Salimos ~ por la ~.* We're leaving tomorrow morning. ➔ *Ver nota en* MORNING

▶ *nm* future: *No pienses en el ~.* Don't think about the future.

▶ *adv* tomorrow: *Mañana es sábado, ¿no?* Tomorrow is Saturday, isn't it? ◇ *el periódico de ~* tomorrow's paper **LOC** **¡hasta mañana!** see you tomorrow! *Ver tb* DÍA, MEDIO, NOCHE, PASADO

**mapa** *nm* map: *Está en el ~.* It's on the map. **LOC** *Ver* DESAPARECER

**mapache** *nm* raccoon

**mapamundi** *nm* world map

**maple** *nm* **LOC** *Ver* MIEL

**maqueta** *nf* model

**maquiladora** *nf* assembly plant

**maquillaje** *nm* makeup

**maquillar** *vt* to make *sb* up
▸ **maquillarse** *vpr* to put on your makeup: *No he tenido tiempo de ~me.* I haven't had time to put on my makeup.

**máquina** *nf* **1** machine: *~ de coser* sewing machine **2** (*tren*) engine **LOC** **escribir/pasar a máquina** to type **máquina de escribir** typewriter **máquina tragamonedas** slot machine

**maquinaria** *nf* machinery

**maquinista** *nmf* train driver

**mar** *nm o nf* sea, ocean

La palabra **ocean** es más común en Estados Unidos: *Este verano quiero ver el ~.* I want to see the ocean this summer. En Gran Bretaña se usa más **sea**, mientras que **ocean** se utiliza solo cuando se refiere a los océanos en un contexto geográfico. Estas palabras se escriben con mayúscula cuando aparecen con el nombre del mar: *el mar Negro* the Black Sea.

**LOC** **hacerse a la mar** to put out to sea **mar adentro** out to sea **por mar** by sea *Ver tb* ALTO, CABALLO, ERIZO, ORILLA

**maratón** *nm o nf* marathon

**maravilla** *nf* wonder **LOC** **hacer maravillas** to work wonders: *Este jarabe hace ~s.* This cough mixture works wonders. **¡qué maravilla!** how wonderful!

**maravilloso, -a** *adj* wonderful

**marca** *nf* **1** (*señal*) mark **2** (*productos de limpieza, alimentos, ropa*) brand: *una ~ de jeans* a brand of jeans **3** (*coches, motos, electrodomésticos, computadoras, tabaco*) make: *¿Qué ~ de coche tienes?* What make of car have you got? **4** (*récord*) record: *batir/establecer una ~* to beat/set a record **LOC** **de marca**: *productos de ~* brand-name goods ◊ *ropa de ~* designer clothes **en sus marcas, listos, ¡fuera!** on your marks, get set, go! **marca (registrada)** (registered) trademark

**marcado, -a** *adj* (*fuerte*) strong: *hablar con ~ acento yucateco* to speak with a strong Yucatán accent *Ver tb* MARCAR

**marcador** *nm* **1** (*plumón*) marker **2** (*de libro*) bookmark **3** (*Dep*) scoreboard

**marcar** *vt* **1** to mark: *~ el suelo con gis* to mark the ground with chalk **2** (*ganado*) to brand **3** (*indicar*) to say: *El reloj marcaba las cinco.* The clock said five o'clock.
▸ *vt, vi* (*teléfono*) to dial: *Marcaste mal.* You've dialed the wrong number. **LOC** **marcar el compás/ritmo** to beat time/

the rhythm **marcar un penalty/una falta** to award a penalty/free kick

**marcha** *nf* **1** (*Mil, Mús, manifestación*) march **2** (*coche*) starter **marchas forzadas** against the clock **a toda marcha** at top speed **dar marcha atrás** to reverse **poner en marcha 1** (*máquina*) to turn on **2** (*coche*) to start **sobre la marcha** as I, you, etc. go (along): *Lo decidiremos sobre la ~.* We'll decide as we go along. *Ver tb* EMPRENDER

**marchar** *vi* to go: *¿Cómo marchan las cosas?* How are things going?
▸ **marchar(se)** *vi, vpr* **marchar(se) (de)** to leave: *~se de casa* to leave home ◊ *¿Se marchan ya?* Are you leaving already?

**marchito, -a** *adj* (*flor*) withered

**marcial** *adj* martial

**marciano, -a** *adj, nm-nf* Martian

**marco** *nm* (*cuadro, puerta*) frame

**marea** *nf* tide: *~ alta/baja* high/low tide ◊ *Subió/bajó la ~.* The tide has come in/gone out. **LOC** **marea negra** oil slick *Ver tb* VIENTO

**mareado, -a** *adj* **1** sick: *Estoy un poco ~.* I'm feeling pretty sick. **2** (*harto*) sick and tired: *Me tiene ~ con la idea de la moto* I'm sick and tired of him going on about that motorcycle. *Ver tb* MAREAR

**marear** *vt* **1** to make *sb* feel sick: *Ese olor me marea.* That smell makes me feel sick. **2** (*hartar*) to get on *sb's* nerves: *La están mareando con esa música.* Their music is getting on her nerves. ◊ *¡No me marees!* Don't bug me!
▸ **marearse** *vpr* **1** to get sick: *Me mareo en el asiento de atrás.* I get sick if I sit in the back seat. **2** (*perder el equilibrio*) to feel dizzy **3** (*en el mar*) to get seasick

**maremoto** *nm* tidal wave

**mareo** *nm* dizziness: *sufrir/tener ~s* to feel dizzy **LOC** *Ver* PASTILLA

**marfil** *nm* ivory

**margarina** *nf* margarine

**margarita** *nf* daisy [*pl* daisies]

**margen** *nf* bank
▸ *nm* **1** (*en una página*) margin **2** (*espacio*) room (*for sth*): *~ de duda* room for doubt **LOC** **al margen**: *Lo dejan al ~ de todo.* They leave him out of everything.

**marginado, -a** *adj* (*persona*) left out: *sentirse ~* to feel left out **2** (*zona*) deprived
▸ *nm-nf* outcast *Ver tb* MARGINAR

**marginar** *vt* to shun

**marica** *nm* fag, poof (*GB*) ❶ Estas dos palabras se consideran ofensivas.

**marido** *nm* husband

M

**marihuana** *nf* marijuana

**marina** *nf* navy: *la Marina Mercante* the Merchant Marine **LOC** *Ver* INFANTERÍA

**marinero, -a** *adj, nm* sailor [*n*]: *una gorra marinera* a sailor hat

**marino, -a** *adj* **1** marine: *la vida/contaminación marina* marine life/pollution **2** (*aves, sal, flora*) sea: *algas marinas* seaweed
▶ *nm* sailor **LOC** *Ver* AZUL

**marioneta** *nf* **1** puppet **2** marionetas puppet show [*v sing*]

**mariposa** *nf* butterfly [*pl* butterflies]: *los 200 metros ~* the 200-meter butterfly **LOC** *Ver* NADAR

**marisco** *nm* shellfish [*incontable*]

**marisma** *nf* marsh

**marítimo, -a** *adj* **1** (*pueblo, zona*) coastal **2** (*puerto, ruta*) sea: *puerto ~* sea port **LOC** *Ver* PASEO

**marketing** *nm* marketing

**mármol** *nm* marble

**maroma** (*tb* **marometa**) *nf* somersault: *dar una ~* to do a somersault

**marqués, -esa** *nm-nf* **1** (*masc*) marquis **2** (*fem*) marchioness

**marranada** *nf* **1** (*suciedad*) filthy [*adj*]: *La calle quedó hecha una ~.* The street was filthy. **2** (*asquerosidad*) disgusting [*adj*]: *Lo que estás haciendo con la comida es una ~.* What you're doing with your food is disgusting.

**marrano, -a** *adj* filthy
▶ *nm-nf* pig **LOC** ➔ *Ver nota en* CERDO

**marrón** *adj, nm* maroon ➔ *Ver ejemplos en* AMARILLO

**Marte** *nm* Mars

**martes** *nm* Tuesday (*abrev* Tue(s).) ➔ *Ver ejemplos en* LUNES **LOC** **Martes de Carnaval** Mardi Gras, Shrove Tuesday (*GB*)

El Martes de Carnaval en Gran Bretaña también se llama **Pancake Day** porque es típico comer crepas con jugo de limón y azúcar.

**martes trece** ≈ Friday the thirteenth

**martillo** *nm* hammer

**mártir** *nmf* martyr

**marxismo** *nm* marxism

**marzo** *nm* March (*abrev* Mar.) ➔ *Ver ejemplos en* ENERO

**más** *adv*

● **uso comparativo** more (*than sth/sb*): *Es ~ alta/inteligente que yo.* She's taller/more intelligent than me. ◊ *Tú has viajado ~ que yo.* You have traveled more than me/than I have. ◊ *~ de cuatro semanas* more than four weeks ◊ *Me gusta ~ que el tuyo.* I like it better than yours. ◊ *durar/trabajar ~* to last longer/work harder ◊ *Son ~ de las dos.* It's after two.

En comparaciones como *más blanco que la nieve, más sordo que una tapia,* etc. el inglés utiliza la construcción **as... as**: "as white as snow", "as deaf as a post", etc.

● **uso superlativo** most (*in/of...*): *el edificio ~ antiguo de la ciudad* the oldest building in the town ◊ *el ~ simpático de todos* the nicest one of all ◊ *la tienda que ~ libros ha vendido* the shop that has sold most books

Cuando el superlativo se refiere sólo a dos cosas o personas, se utiliza la forma **more** o **-er**. Compárense las frases siguientes: *¿Cuál es la cama más cómoda (de las dos)?* Which bed is more comfortable? ◊ *¿Cuál es la cama más cómoda de la casa?* Which is the most comfortable bed in the house?

● **con pronombres negativos, interrogativos e indefinidos** else: *Si tienes algo ~ que decirme...* If you have anything else to tell me... ◊ *¿Alguien ~?* Anyone else? ◊ *nada/nadie ~* nothing/no one else ◊ *¿Qué ~ puedo hacer por ustedes?* What else can I do for you? ➔ *Ver nota en* ELSE

● **otras construcciones 1** (*exclamaciones*): *¡Qué paisaje ~ hermoso!* What lovely scenery! ◊ *¡Es ~ aburrido!* He's so boring! **2** (*negaciones*) only: *No sabemos ~ que lo que dijeron en el radio.* We only know what it said on the radio. ◊ *Esto no lo sabe nadie ~ que tú.* Only you know this.

▶ *nm, prep* plus: *Dos ~ dos, cuatro.* Two plus two is four.
**LOC** **a más no poder**: *Gritamos a ~ no poder.* We shouted as loud as we could. **de lo más...** really: *una cara de lo ~ antipática* a really nasty face **de más 1** (*que sobra*) too much, too many: *Pagaste tres dólares de ~.* You paid three dollars too much. ◊ *Hay dos sillas de ~.* There are two chairs too many. **2** (*de sobra*) spare: *No te preocupes, yo llevo una pluma de ~.* Don't worry. I have a spare pen. **más bien** fairly: *Es ~ bien feo, pero muy simpático.* He's fairly ugly, but very nice. **más o menos** *Ver* MENOS **más que nada** particularly **por más que** however much: *Por ~ que grites...* However much you shout... **¿qué más da?** what difference does it make? **sin más ni más** just like that ❶ Para otras expresiones con **más**, véanse las entradas del adjetivo,

adverbio, etc., p. ej. **más que nunca** en NUNCA.

**masa** *nf* **1** mass: ~ *atómica* atomic mass ◊ *una ~ de gente* a mass of people **2** (*pan*) dough **3** (*de torta*) pastry **LOC de masas** mass: *cultura/movimientos de ~s* mass culture/movements *Ver tb* AGARRAR

**masaje** *nm* massage: *¿Me das un poco de ~ en la espalda?* Can you massage my back for me?

**mascada** *nf* scarf [*pl* scarves/scarfs]: *Se cubrió la cabeza con una ~.* She covered her head with a scarf.

**mascar** *vt, vi* to chew

**máscara** *nf* mask

**mascota** *nf* mascot

**masculino, -a** *adj* **1** male: *la población masculina* the male population **2** (*Dep, moda*) men's: *la prueba masculina de los 100 metros* the men's 100 meters **3** (*característico del hombre, Gram*) masculine ⭢ *Ver nota en* FEMALE

**masivo, -a** *adj* huge, massive (*más formal*): *una afluencia masiva de turistas* a huge influx of tourists

**masticar** *vt, vi* to chew: *Hay que ~ bien la comida.* You should chew your food thoroughly.

**mástil** *nm* **1** (*barco*) mast **2** (*bandera*) flagpole

**masturbarse** *vpr* to masturbate

**mata** *nf* bush

**matadero** *nm* slaughterhouse

**matado, -a** *adj* overly studious ▸ *nm-nf* grind, swot (*GB*)

**matanza** *nf* slaughter

**matar** *vt, vi* to kill: *¡Te voy a ~!* I'm going to kill you! ◊ *~ el tiempo* to kill time **LOC matar a tiros/de un tiro** to shoot *sb* dead **matar dos pájaros de un tiro** to kill two birds with one stone **matar el hambre**: *Compramos fruta para ~ el hambre.* We bought some fruit to keep us going. **matarse a estudiar/trabajar** to work like mad

**matasellos** *nm* postmark

**matatena** *nf* jacks [*pl*]

**mate¹** *nm* (*Ajedrez*) mate **LOC** *Ver* JAQUE

**mate²** *adj* (*sin brillo*) matte

**matemáticas** *nf* math, maths (*GB*), mathematics (*más formal*): *Se le dan bien las ~.* He's good at math.

**matemático, -a** *adj* mathematical ▸ *nm-nf* mathematician

**materia** *nf* **1** matter: ~ *orgánica* organic matter **2** (*asignatura, tema*) subject: *ser un experto en la ~* to be an expert on the subject **LOC materia prima** raw material *Ver tb* ÍNDICE

**material** *adj* material
▸ *nm* **1** (*materia, datos*) material: *un ~ resistente al fuego* fire-resistant material ◊ *Tengo todo el ~ que necesito para el artículo.* I have all the material I need for the article. **2** (*equipo*) equipment [*incontable*]: ~ *deportivo/de laboratorio* sports/laboratory equipment **LOC material didáctico/educativo** teaching materials [*pl*]

**materialista** *adj* materialistic
▸ *nmf* **1** (*Fil*) materialist **2** (*trabajo*) **(a)** (*de camión*) truck driver **(b)** (*construcción*) building contractor **LOC** *Ver* CAMIÓN

**maternal** *adj* motherly, maternal (*más formal*)

**maternidad** *nf* **1** (*condición*) motherhood, maternity (*más formal*) **2** (*clínica*) maternity ward

**materno, -a** *adj* **1** (*maternal*) motherly: *amor ~* motherly love **2** (*parentesco*) maternal: *abuelo ~* maternal grandfather **LOC** *Ver* LENGUA, LÍNEA

**matiz** *nm* **1** (*color*) shade **2** (*rasgo*) nuance: *matices de significado* nuances of meaning ◊ *un ~ irónico* a touch of irony

**matizar** *vt* **1** (*puntualizar*) to clarify: *Me gustaría que matizara sus palabras.* I'd like you to clarify what you said. **2** (*color*) to blend

**matón** *nm* bully [*pl* bullies]

**matorral** *nm* scrub [*incontable*]: *Estábamos escondidos en unos ~es.* We were hidden in the scrub.

**matraca** *nf* rattle

**matrícula** *nf* (*placa*) license plate, number plate (*GB*) **LOC (número de) matrícula** license plate number, registration number (*GB*)

**matrimonial** *adj* **LOC** *Ver* CAMA

**matrimonio** *nm* **1** (*institución*) marriage ⭢ *Ver nota en* BODA **2** (*ceremonia*) wedding: *La próxima semana es el ~ de su hija.* It's their daughter's wedding next week.

Wedding se refiere a la ceremonia, y **marriage** suele referirse al matrimonio como institución. En Estados Unidos y Gran Bretaña los matrimonios se pueden celebrar en una *iglesia* (a **church wedding**) o en un *juzgado* (a **civil ceremony**). La novia (**bride**) suele ir acompañada de las *damas de honor* (**bridesmaids**). El *novio* (**groom**) no lleva *madrina*, sino que va acompañado del **best man** (normalmente su mejor amigo). Tampoco se habla del *padrino*, aunque la novia normalmente entra con su padre. Después de la ceremonia se da un *banquete* (a **reception**).

**M**

**3** (*pareja*) (married) couple `LOC` Ver CONTRAER, PROPOSICIÓN

**matriz** *nf* **1** (*Anat*) womb **2** (*Mat*) matrix [*pl* matrices]

**matutino, -a** *adj* morning: *al final de la sesión matutina* at the end of the morning session

**maullar** *vi* to meow

**máximo, -a** *adj* maximum: *temperatura máxima* maximum temperature ◊ *Tenemos un plazo ~ de siete días para pagar.* We have a maximum of seven days in which to pay. ◊ *el ~ anotador de la liga* the top scorer in the league
▶ *nm* maximum: *un ~ de diez personas* a maximum of ten people
▶ **máxima** *nf* maximum temperature: *Chihuahua dio la máxima con 35°.* Chihuahua had the maximum temperature with 35 degrees. `LOC` **al máximo**: *Debemos aprovechar los recursos al ~.* We must make maximum use of our resources. ◊ *Me esforcé al ~.* I tried my best. **como máximo** at most **máximo dirigente** leader Ver tb ALTURA

**mayo** *nm* May ➔ Ver ejemplos en ENERO

**mayonesa** *nf* mayonnaise

**mayor** *adj*
●**uso comparativo 1** (*edad*) older (*than sb*): *Soy ~ que mi hermano.* I'm older than my brother. ➔ Ver nota en ELDER **2** (*tamaño*) bigger (*than sth*): *Londres es de ~ tamaño que Madrid.* London is bigger than Madrid. ◊ *~ de lo que parece* bigger than it looks
●**uso superlativo ~ (de)** (*edad*) oldest (*in…*): *Es el alumno ~ de la clase.* He's the oldest student in the class. ➔ Ver nota en ELDER
●**otros usos 1** (*adulto*) grown-up: *Sus hijos son ya ~es.* Their children are grown-up now. **2** (*anciano*) old **3** (*principal*) main: *calle ~* main street **4** (*Mús*) major: *en do ~* in C major
▶ *nmf* **1 ~ (de)** oldest (one) (*in/of…*): *El ~ tiene quince años.* The oldest (one) is fifteen. ◊ *la ~ de las tres hermanas* the oldest of the three sisters ➔ Ver nota en ELDER **2 mayores** (*adultos*) grown-ups: *Los ~es no llegarán hasta las ocho.* The grown-ups won't get here till eight. `LOC` **al por mayor** wholesale **de mayor** when I, you, etc. grow up: *De ~ quiero ser médico.* I want to be a doctor when I grow up. **hacerse mayor** to grow up **la mayor parte (de)** most (*of sth/sb*): *La ~ parte son católicos.* Most of them are Catholics. ➔ Ver nota en MOST **ser mayor de edad**: *Cuando sea ~ de edad podré votar.* I'll be able to vote when I'm eighteen. ◊ *Puede ver esa película*

*porque es ~ de edad.* He can watch that movie because he is over eighteen. **de mayor importancia, prestigio, etc.** the most important, prestigious, etc.: *la zona de ~ riesgo* the most dangerous area Ver tb CAZA¹, PERSONA

**mayordomo** *nm* butler

**mayoría** *nf* majority [*pl* majorities]: *obtener la ~ absoluta* to get an absolute majority `LOC` **la mayoría de…** most (of…): *A la ~ de nosotros nos gusta.* Most of us like it. ◊ *La ~ de los ingleses prefiere vivir en el campo.* Most English people would prefer to live in the country. ➔ Ver nota en MOST Ver tb INMENSO

**mayúscula** *nf* capital letter `LOC` **con mayúscula** with a capital letter **en mayúsculas** in capitals

**mazapán** *nm* marzipan

**mazo** *nm* (*martillo*) mallet

**mazorca** *nf* (*de maíz*) corn cob

**me** *pron* **1** [*complemento*] me: *¿No me viste?* Didn't you see me? ◊ *Dámelo.* Give it to me. ◊ *¡Cómpramelo!* Buy it for me. **2** (*partes del cuerpo, efectos personales*): *Me voy a lavar las manos.* I'm going to wash my hands. **3** [*reflexivo*] (myself): *Me vi en el espejo.* I saw myself in the mirror. ◊ *Me vestí enseguida.* I got dressed right away.

**mear** *vi* to pee

**mecánica** *nf* mechanics [*incontable*]

**mecánico, -a** *adj* mechanical
▶ *nmf* mechanic

**mecanismo** *nm* mechanism: *el ~ de un reloj* a watch mechanism

**mecanografía** *nf* typing

**mecanografiar** *vt* to type

**mecanógrafo, -a** *nm-nf* typist

**mecate** *nm* **1** (*cuerda*) **(a)** (*gruesa*) rope **(b)** (*fina*) string ➔ Ver dibujo en CUERDA **2** (*material*) twine

**mecedora** *nf* rocking chair

**mecer(se)** *vt, vpr* **1** (*columpio*) to swing **2** (*cuna, bebé, barca*) to rock

**mecha** *nf* **1** (*vela*) wick **2** (*bomba*) fuse **3 mechas** (*pelo*) **(a)** hair: *Me voy a hacer cortar las ~s.* I'm going to have my hair cut. **(b)** (*luces*) highlights `LOC` **a toda mecha** at full speed

**mechero** *nm* (*en laboratorio*) burner

**mechón** *nm* lock

**medalla** *nf* medal: *~ de oro* gold medal `LOC` Ver ENTREGA

**media¹** *nf* **1** (*promedio*) average **2** (*Mat*) mean **3** (*reloj*): *Son las tres y ~.* It's three thirty.

**media²** *nf* **medias** tights

**mediados** LOC a mediados de... in the middle of... hacia mediados de... around the middle of...

**mediano, -a** *adj* **1** medium: *de tamaño ~* of medium size ◊ *Uso la talla mediana.* I wear a medium size. **2** *(promedio)* average: *de mediana estatura/inteligencia* of average height/intelligence LOC **de mediana edad** middle-aged

**medianoche** *nf* midnight: *Llegaron a ~.* They arrived at midnight.

**medicamento** *nm* medicine

**medicina** *nf* medicine: *recetar una ~* to prescribe a medicine

**médico, -a** *adj* medical: *un reconocimiento ~* a medical examination
▶ *nm-nf* doctor: *ir al ~* to go to the doctor LOC **médico de cabecera** family physician, GP *(GB)* Ver tb FICHA, HISTORIAL

**medida** *nf* **1** *(dimensión)* measurement: *¿Qué ~s tiene esta habitación?* What are the measurements of this room? ◊ *El sastre me tomó las ~s.* The tailor took my measurements. **2** *(unidad, norma)* measure: *pesos y ~s* weights and measures ◊ *Habrá que tomar ~s al respecto.* Something must be done about it. LOC **(hecho) a la medida** custom-made

**medidor** *nm* meter. ~ *de gas* gas meter

**medieval** *adj* medieval

**medio, -a** *adj* **1** *(la mitad de)* half a, half an: *media botella de vino* half a bottle of wine ◊ *media hora* half an hour **2** *(promedio, normal)* average: *temperatura/velocidad media* average temperature/speed ◊ *un niño de inteligencia media* a boy of average intelligence
▶ *adv* half: *Cuando llegó estábamos ~ dormidos.* We were half asleep when he arrived.
▶ *nm* **1** *(centro)* middle: *una plaza con un puesto en el ~* a square with a newsstand in the middle **2** *(entorno)* environment **3** *(Mat)* half *[pl* halves]: *Dos ~s suman un entero.* Two halves make a whole. **4** *(procedimiento, recurso)* means *[pl* means]: *~ de transporte* means of transport ◊ *No tienen ~s para comprar una casa.* They lack the means to buy a house. LOC **a media asta** at half-mast **a media mañana/tarde** in the middle of the morning/afternoon **a medias 1** *(no del todo)*: *Hace las cosas a medias.* He only half does things. ◊ *—¿Estás contento? —A medias.* "Are you happy?" "Kind of." **2** *(entre dos)*: *En los gastos de la casa vamos a medias.* We share the household expenses (between us). ◊ *Lo pagamos a medias.* We split the cost. **a medio camino** halfway: *A ~ camino paramos a descansar.* We stopped to rest halfway. **en medio de** in the middle

of *sth* **estar/ponerse en el medio** to be/get in the way: *No puedo pasar, siempre estás en el ~.* I can't get by. You're always (getting) in the way. **medias tintas**: *No me gustan las medias tintas.* I don't like to do things by halves. **medio ambiente** environment **medio campo** midfield: *un jugador de ~ campo* a midfield player **medio (de comunicación)** medium *[pl* media]: *un ~ tan poderoso como la televisión* a powerful medium like TV **medio hermano, -a 1** *(masc)* half-brother **2** *(fem)* half-sister **medio mundo** lots of people *[pl]* **medio tiempo 1** *(trabajo)* part-time: *trabajar ~ tiempo* to have a part-time job **2** *(Dep)* half-time: *En el ~ tiempo iban tres a uno.* The score was three to one at half-time. **y medio** and a half: *kilo y ~ de jitomates* one and a half kilograms of tomatoes ◊ *Tardamos dos horas y media.* It took us two and a half hours. Ver tb CLASE, EDAD, JORNADA, ORIENTE, PENSIÓN, QUITAR, TÉRMINO, VUELTA

**mediodía** *nm* noon: *la comida del ~* the noon meal ◊ *Llegaron al ~.* They arrived at lunchtime.

**medir** *vt* to measure: ~ *la cocina* to measure the kitchen
▶ *vi*: *¿Cuánto mides?* How tall are you? ◊ *La mesa mide 1.50 m de largo por 1 m de ancho.* The table is 1.50 m long by 1 m wide.

**meditar** *vt, vi* **(sobre)** to think (about *sth*): *Meditó sobre su respuesta.* He thought about his answer.

**mediterráneo, -a** *adj, nm* Mediterranean

**médula** *(tb* medula) *nf* marrow: ~ *ósea* bone marrow

**medusa** *nf* jellyfish *[pl* jellyfish]

**mejilla** *nf* cheek

**mejillón** *nm* mussel

**mejor** *adj, adv* [uso comparativo] better *(than sth/sb)*: *Tienen un departamento ~ que el nuestro.* Their apartment is better than ours. ◊ *Me siento mucho ~.* I feel much better. ◊ *cuanto antes ~* the sooner the better ◊ *Cantas ~ que yo.* You're a better singer than me.
▶ *adj, adv, nmf* ~ **(de)** [uso superlativo] best *(in/of...)*: *mi ~ amigo* my best friend ◊ *el ~ equipo de la liga* the best team in the league ◊ *Es la ~ de la clase.* She's the best in the class. ◊ *el que ~ canta* the one who sings best LOC **a lo mejor** maybe **hacer algo lo mejor posible** to do your best: *Preséntate al examen y házlo lo ~ posible.* Go to the exam and do your best. **mejor dicho** I mean: *cinco, ~ dicho,*

*seis* five, I mean six **mejor que nunca** better than ever *Ver tb* CADA, CASO

**mejorar** *vt* **1** to improve: *~ las carreteras* to improve the roads **2** (*enfermo*) to make *sb* feel better
▸ *vi* to improve, to get better (*más coloq*): *Si las cosas no mejoran…* If things don't improve…
▸ **mejorarse** *vpr* to get better: *¡Que te mejores!* Get well soon!

**mejoría** *nf* improvement (*in sth/sb*): *la ~ de su estado de salud* the improvement in his health

**melancólico, -a** *adj* sad

**melena** *nf* hair: *llevar la ~ larga* to have long hair

**melindroso, -a** *adj* finicky

**mellizo, -a** *adj, nm-nf* twin

**melodía** *nf* tune

**melón** *nm* melon

**membretado, -a** *adj* LOC *Ver* PAPEL

**membrillo** *nm* quince

**memorable** *adj* memorable

**memoria** *nf* **1** memory: *Tienes buena ~.* You have a good memory. ◊ *perder la ~* to lose your memory **2 memorias** (*autobiografía*) memoirs LOC **de memoria** by heart: *saberse algo de ~* to know something by heart **hacer memoria** to try to remember **tener memoria de teflón** to have a memory like a sieve *Ver tb* ESTUDIAR

**memorizar** *vt* to memorize

**menaje** *nm* LOC **menaje de cocina** kitchenware [*incontable*]

**mención** *nf* mention

**mencionar** *vt* to mention LOC **sin mencionar** not to mention

**mendigar** *vt, vi* to beg (for *sth*): *~ comida* to beg for food

**mendigo, -a** *nm-nf* beggar

**mendrugo** *nm* crust

**menear** *vt* **1** (*sacudir*) to shake **2** (*cabeza*) **(a)** (*para decir que sí*) to nod **(b)** (*para decir que no*) to shake **3** (*cola*) to wag

**menguante** *adj* (*luna*) waning LOC *Ver* CUARTO

**menopausia** *nf* menopause

**menor** *adj*
● **uso comparativo 1** (*edad*) younger (*than sb*): *Eres ~ que ella.* You're younger than her. **2** (*tamaño*) smaller (*than sth*): *Mi jardín es de ~ tamaño que el tuyo.* My garden is smaller than yours.
● **uso superlativo ~ (de)** (*edad*) youngest (*in…*): *el alumno ~ de la clase* the youngest student in the class ◊ *el her-*

*mano ~ de María* María's youngest brother
● **música** minor: *una sinfonía en mi ~* a symphony in E minor
▸ *nmf* **1 ~ (de)** youngest (one) (*in/of…*): *La ~ tiene cinco años.* The youngest (one) is five. ◊ *el ~ de la clase* the youngest in the class **2** (*menor de edad*) minor: *No se sirve alcohol a ~es.* Alcohol will not be served to minors. LOC **al por menor** retail **menor de 18, etc. años:** *Prohibida la entrada a los ~es de 18 años.* No entry for persons under 18. *Ver tb* CAZA¹, PAÑO

**menos** *adv*
● **uso comparativo** less (*than sth/sb*): *A mí sírveme ~.* Give me less. ◊ *Tardé ~ de lo que yo pensaba.* It took me less time than I thought it would.
● **uso superlativo** least (*in/of…*): *la ~ habladora de la familia* the least talkative member of the family ◊ *el alumno que ~ trabaja* the student who works least

Con sustantivos contables son más correctas las formas **fewer** y **fewest**, aunque cada vez más gente utiliza **less**: *Había menos gente/coches que ayer.* There were fewer people/cars than yesterday. ◊ *la clase con menos alumnos* the class with fewest pupils
➔ *Ver tb nota en* LESS

▸ *prep* **1** (*excepto*) except: *Fueron todos ~ yo.* Everyone went except me. **2** (*Mat, temperatura*) minus: *Estamos a ~ diez grados.* It's minus ten. ◊ *Cinco ~ tres, dos.* Five minus three is two.
▸ *nm* (*signo matemático*) minus (sign)
LOC **al menos** at least **a menos que** unless: *a ~ que deje de llover* unless it stops raining **de menos** too little, too few: *Me dieron diez pesos de ~.* They gave me ten pesos too little. ◊ *tres tenedores de ~* three forks too few **echar de menos** to miss *sth/sb/doing sth*: *Echaremos de ~ el ir al cine.* We'll miss going to the movies. **lo menos** the least: *¡Es lo ~ que puedo hacer!* It's the least I can do! ◊ *lo ~ posible* as little as possible **más o menos 1** more or less **2** (*con números*) about: *50 dólares más o ~* about 50 dollars **¡menos mal!** thank goodness! **por lo menos** at least

**mensaje** *nm* message LOC **mensaje (de texto)** text message, text (*más coloq*)

**mensajero, -a** *nm-nf* messenger

**mensajito** *nm* text message, text (*más coloq*)

**menstruación** *nf* menstruation

**mensual** *adj* monthly: *un salario ~* a monthly salary LOC *Ver* PUBLICACIÓN

**menta** *nf* mint

**mental** *adj* mental

**mentalidad** *nf* mentality [*pl* mentalities] LOC **tener una mentalidad abierta/estrecha** to be open-minded/narrow-minded

**mentalizar** *vt* (*concienciar*) to make *sb* aware (*of sth*): ~ *a la población de la necesidad de cuidar el medio ambiente* to make people aware of the need to look after the environment

**mente** *nf* mind LOC **tener algo en mente** to have sth in mind: *¿Tienes algo en* ~? Do you have anything in mind?

**mentir** *vi* to lie: *¡No me mientas!* Don't lie to me! ➲ *Ver nota en* LIE²

**mentira** *nf* lie: *contar/decir* ~*s* to tell lies ◊ *¡Eso es* ~*!* That isn't true!
▸ **¡mentiras!** *interj* nonsense! [*incontable*]: *¿Que van a crear empleos? ¡Mentiras!* They're going to create jobs? That's nonsense! LOC **de mentiras** pretend: *La niña llevaba una corona de* ~*s.* The girl wore a pretend crown. **una mentira piadosa** a white lie *Ver tb* PARECER, SARTA

**mentiroso, -a** *adj* deceitful: *una persona mentirosa* a deceitful person
▸ *nm-nf* liar

**menú** *nm* menu: *No estaba en el* ~. It wasn't on the menu. ◊ *un* ~ *desplegable* a drop-down menu LOC **menú del día** set menu

**menudo, -a** *adj* **1** (*pequeño*) small **2** [*en exclamaciones*]: *¡Menuda suerte tienes!* You're so lucky! ◊ *¡Menuda gracia me hace tener que cocinar!* It's not much fun having to cook! LOC **a menudo** often
▸ *nm* tripe stew

**meñique** *nm* **1** (*de la mano*) little finger **2** (*del pie*) little toe

**mercadillo** *nm* street market

**mercado** *nm* market: *Lo compré en el* ~. I bought it at the market. LOC **mercado negro** black market **mercado único** single market

**mercancía** *nf* goods [*pl*]: *La* ~ *estaba defectuosa.* The goods were damaged. LOC *Ver* TREN, VAGÓN

**mercería** *nf* (*tienda*) notions store, haberdasher's (*GB*)

**mercurio** *nm* **1** (*Quím*) mercury **2** **Mercurio** (*planeta*) Mercury

**merecer(se)** *vt, vpr* to deserve: (*Te*) *mereces un castigo.* You deserve to be punished. ◊ *El equipo mereció perder.* The team deserved to lose.

**merecido, -a** *adj* well deserved: *una victoria bien merecida* a well-deserved victory ➲ *Ver nota en* WELL BEHAVED
LOC **lo tienes bien merecido** it serves you right *Ver tb* MERECER(SE)

**merendar** *vt* to have *sth* for supper: *¿Qué quieren* ~? What do you want for supper?
▸ *vi* **1** to have supper: *Merendamos a las seis.* We have supper at six o'clock. **2** (*al aire libre*) to have a picnic

**merengue** *nm* **1** (*Cocina*) meringue **2** (*baile*) merengue

**meridiano** *nm* meridian

**merienda** *nf* **1** supper, tea (*GB*): *Termínate la* ~. Finish your supper. ➲ *Ver nota en* DINNER **2** (*al aire libre*) picnic: *Fueron de* ~ *al campo.* They went for a picnic in the country. LOC **merienda-cena** early dinner

**mérito** *nm* merit LOC **tener mérito** to be praiseworthy

**merluza** *nf* hake [*pl* hake]

**mermelada** *nf* **1** jam: ~ *de durazno* peach jam **2** (*de cítricos*) marmalade

**mero, -a** *adj* **1** mere: *Fue una mera casualidad.* It was mere coincidence. **2** (*mismo*) very: *la mera orilla del río* the very edge of the river **3** (*preciso*) exact: *a la mera hora* when it comes down to it
▸ *adv* soon: *Ya* ~ *acaba.* It's almost finished.
▸ *nm* (*pez*) grouper LOC **el mero mero** the top dog **ser el mero mole de algn** to be what sb likes and is good at: *Las matemáticas son su* ~ *mole.* Math is his favorite subject.

**mes** *nm* month: *Dentro de un* ~ *empiezan las vacaciones.* Vacation starts in a month. ◊ *el* ~ *pasado/que viene* last/next month ◊ *a primeros de* ~ at the beginning of the month LOC **al mes 1** (*cada mes*) a month: *¿Cuánto gastas al* ~? How much do you spend a month? **2** (*transcurrido un mes*) within a month: *Al* ~ *de empezar enfermó.* Within a month of starting he got sick. **estar de dos, etc. meses** to be two, etc. months pregnant **por meses** monthly: *Nos pagan por* ~ *es.* We're paid monthly. **un mes sí y otro no** every other month *Ver tb* CURSO, ÚLTIMO

**mesa** *nf* table: *No pongas los pies en la* ~. Don't put your feet on the table. ◊ *¿Nos sentamos a la* ~? Shall we sit at the table? LOC **mesa redonda** round table **poner la mesa** to set the table *Ver tb* BENDECIR, JUEGO, RECOGER, TENIS

**mesero, -a** *nm-nf* **1** (*masc*) waiter **2** (*fem*) waitress

**meseta** *nf* plateau [*pl* plateaux/plateaus]

**mesita** *nf* LOC **mesita (de ruedas)** trolley [*pl* trolleys]

**mesón** *nm* inn

**mestizo, -a** *adj, nm-nf* (person) of mixed race [*pl* people of mixed race]

**meta** *nf* **1** (*objetivo*) goal: *alcanzar una ~* to achieve a goal **2** (*Atletismo*) finishing line: *el primero en cruzar la ~* the first across the finishing line **LOC** *Ver* LÍNEA

**metáfora** *nf* metaphor

**metal** *nm* metal

**metálico, -a** *adj* **1** metal: *una barra metálica* a metal bar **2** (*color, sonido*) metallic **LOC** **en metálico** cash: *un premio en ~* a cash prize *Ver tb* TELA

**metedura** *nf* **LOC** **metedura de pata** blunder

**meteorito** *nm* meteor

**meteorológico, -a** *adj* weather, meteorological (*más formal*): *un reporte ~* a weather bulletin

**meter** *vt* **1** to put: *Mete el coche en el garaje.* Put the car in the garage. ◇ *¿Dónde metiste mis llaves?* Where did you put my keys? **2** (*gol, canasta*) to score

▸ **meterse** *vpr* **1** (*introducirse*) to get into sth: *~se en la cama/regadera* to get into bed/the shower ◇ *Se me metió una piedra en el zapato.* I have a stone in my shoe. **2** (*involucrarse, interesarse*) to get involved *in* sth: *~se en política* to get involved in politics **3** (*en los asuntos de otro*) to interfere (*in* sth): *Se meten en todo.* They interfere in everything. **4** **meterse con** (*criticar*) to pick on sb **LOC** ❶ Para expresiones con **meter**, véanse las entradas del sustantivo, adjetivo, etc., p. ej. **meter la pata** en PATA.

**metiche** *adj* nosy: *No seas tan ~.* Don't be so nosy.
▸ *nmf* busybody [*pl* busybodies]

**método** *nm* method

**metomentodo** *nmf* busybody [*pl* busybodies]

**metralleta** *nf* sub-machine gun

**métrico, -a** *adj* metric: *el sistema ~* the metric system

**metro¹** *nm* **1** (*medida*) meter (*abrev* m): *los 200 ~s braza* the 200-meters breast-stroke ◇ *Se vende por ~s.* It's sold by the meter. ➔ *Ver pág 681* **2** (*cinta para medir*) tape measure

**metro²** *nm* subway, underground (*GB*): *Podemos ir en ~.* We can go there on the subway.

El metro de Londres se llama también **the tube**: *Tomamos el último metro.* We caught the last tube train.

**mexicano, -a** *adj, nm-nf* Mexican

**México** *nm* Mexico

**mezcla** *nf* **1** mixture: *una ~ de aceite y vinagre* a mixture of oil and vinegar **2** (*tabaco, alcohol, café, té*) blend **3** (*racial, social, musical*) mix

**mezclar** *vt* **1** to mix: *Hay que ~ bien los ingredientes.* Mix the ingredients well. **2** (*desordenar*) to get sth mixed up: *No mezcles las fotos.* Don't get the photos mixed up.
▸ **mezclarse** *vpr* **1** (*alternar*) to mix *with* sb: *No quiere ~se con la gente del pueblo.* He doesn't want to mix with people from the town. **2** (*meterse*) to get mixed up *in* sth: *No quiero ~me en asuntos de familia.* I don't want to get mixed up in family affairs.

**mezclilla** *nf* (*tela*) denim **LOC** *Ver* PANTALÓN

**mezquita** *nf* mosque

**mi¹** *adj* my: *mis amigos* my friends

**mi²** *nm* **1** (*nota de la escala*) mi **2** (*tonalidad*) E: *mi mayor* E major

**mí** *pron* me: *¿Es para mí?* Is it for me? ◇ *No me gusta hablar de mí misma.* I don't like talking about myself.

**miau** *nm* meow ➔ *Ver nota en* GATO

**microbio** *nm* germ, microbe (*más formal*)

**microbús** (*tb* **micro**) *nm* fixed-route collective taxi

**micrófono** *nm* microphone, mike (*coloq*)

**microondas** *nm* microwave (oven)

**microscopio** *nm* microscope

**miedo** *nm* fear (*of* sth/sb/doing sth): *el ~ a volar/al fracaso* fear of flying/failure **LOC** **dar miedo** to frighten, to scare (*más coloq*): *Sus amenazas no me dan ningún ~.* His threats don't frighten me. **meterle miedo a algn** to frighten sb **pasar miedo** to be frightened: *Pasé un ~ espantoso.* I was terribly frightened. **por miedo a/de** for fear of sth/sb/doing sth: *No lo hice por ~ a que me regañaran.* I didn't do it for fear of being scolded. **¡qué miedo!** how scary! **tener miedo** to be afraid (*of* sth/sb/doing sth), to be scared (*más coloq*): *Tiene mucho ~ a los perros.* He's very scared of dogs. ◇ *¿Tenías ~ de reprobar?* Were you afraid you'd fail? *Ver tb* MORIR(SE), MUERTO, PELÍCULA

**miel** *nf* honey **LOC** **miel de maple** maple syrup *Ver tb* LUNA

**miembro** *nm* **1** member: *hacerse ~* to become a member **2** (*Anat*) limb

**mientras** *adv* in the meantime
▸ *conj* **1** (*simultaneidad*) while: *Canta ~ pinta.* He sings while he paints. **2** (*tanto tiempo como, siempre que*) as long as: *Aguanta ~ te sea posible.* Put up with it

as long as you can. LOC **mientras que** while **mientras tanto** in the meantime

**miércoles** nm Wednesday (abrev Wed.) ➲ Ver ejemplos en LUNES LOC **Miércoles de Ceniza** Ash Wednesday

**miga** nf crumb: ~s de galleta cookie crumbs LOC **hacer buenas migas** to get along well (with sb)

**migración** nf migration

**mil** nm, adj, pron **1** (cifra) (a) thousand: ~ personas a thousand people

Mil puede traducirse también por **one thousand** cuando va seguido de otro número: mil trescientos sesenta one thousand three hundred and sixty, o para dar énfasis: Te dije mil, no dos mil. I said one thousand, not two. De 1,100 a 1,900 es muy frecuente usar las formas **eleven hundred, twelve hundred**, etc.: una carrera de mil quinientos metros a fifteen-hundred-meter race. ➲ Ver tb nota en MILLION

**2** (años): en 1600 in sixteen hundred ◇ 1713 seventeen thirteen ◇ el año 2000 the year two thousand ➲ Ver pág 678 LOC **miles de…** thousands of…: ~es de moscas thousands of flies **mil millones** (a) billion: Costó tres ~ millones de pesos. It cost three billion pesos. Ver tb CIEN, DEMONIO

**milagro** nm miracle

**milanesa** nf cutlet

**milésimo, -a** adj, pron, nm-nf thousandth: una milésima de segundo a thousandth of a second ➲ Ver pág 678

**milímetro** nm millimeter (abrev mm) ➲ Ver pág 681

**militar** adj military: uniforme ~ military uniform
▸ nmf soldier: Mi padre era ~. My father was in the army. LOC Ver SERVICIO

**milla** nf mile

**millar** nm thousand [pl thousand]: dos ~es de libros two thousand books LOC **millares de…** thousands of…: ~es de personas thousands of people

**millón** nm million [pl million]: dos millones trescientas quince two million three hundred and fifteen ◇ Tengo un ~ de cosas que hacer. I have a million things to do. ➲ Ver nota en MILLION LOC **millones de…** millions of…: millones de partículas millions of particles Ver tb MIL

**millonario, -a** nm-nf millionaire

**mimar** vt to spoil

**mimbre** nm wicker: un cesto de ~ a wicker basket

**mímica** nf (lenguaje) sign language LOC **hacer mímica** to mime

**mimo** nm mimos **1** (cariño) fuss [incontable]: Los niños necesitan ~s. Children need to be made a fuss of. **2** (excesiva tolerancia): No le des tantos ~s. Don't spoil him.
▸ nmf mime artist

**mina** nf **1** (yacimiento) mine: una ~ de carbón a coal mine **2** (lápiz) lead

**mineral** nm mineral LOC Ver AGUA

**minero, -a** adj mining: una empresa minera a mining company
▸ nm-nf miner LOC Ver CUENCA

**miniatura** nf miniature

**minifalda** nf miniskirt

**minimizar** vt **1** (reducir) to minimize: ~ los costos to minimize costs **2** (infravalorar) to play sth down: Intenta ~ la importancia de sus problemas. He tries to play down the problems he has.

**mínimo, -a** adj **1** (menor) minimum: la tarifa mínima the minimum charge **2** (insignificante) minimal: La diferencia entre ellos era mínima. The difference between them was minimal.
▸ nm minimum: reducir al ~ la contaminación to cut pollution to a minimum LOC **como mínimo** at least Ver tb SALARIO

**ministerio** nm (Pol, Relig) ministry [pl ministries]

**ministro, -a** nm-nf minister LOC Ver PRIMERO

**minoría** nf minority [pl minorities] LOC **ser minoría** to be in the minority

**minúscula** nf small letter, lower case letter (más formal)

**minúsculo, -a** adj **1** (diminuto) tiny **2** (letra) small, lower case (más formal): una "m" minúscula a small "m"

**minutero** nm minute hand ➲ Ver dibujo en RELOJ

**minuto** nm minute: Espere un ~. Just a minute.

**mío, -a** adj, pron mine: Estos libros son ~s. These books are mine.

Nótese que un amigo mío se traduce por **a friend of mine** porque significa uno de mis amigos.

**miope** adj nearsighted, short-sighted (GB)

**miopía** nf nearsightedness, short-sightedness (GB)

**mirada** nf **1** look: tener una ~ inexpresiva to have a blank look (on your face) **2** (vistazo) glance: Sólo me dio tiempo de echar una ~ rápida al periódico. I only

M

had time for a glance at the newspaper. **LOC** *Ver* DESVIAR

**mirador** *nm* viewpoint

**mirar** *vt* **1** to look at *sth/sb*: ~ *el reloj* to look at the clock **2** (*observar*) to watch: *Estaban mirando cómo jugaban los niños.* They were watching the children play.
▶ *vi* to look: ~ *hacia arriba/abajo* to look up/down ◇ ~ *por una ventana/un agujero* to look out of a window/through a hole **LOC** **estar de/que mírame y no me toques** to be very touchy: *Ni le hables. Está de mírame y no me toques.* Don't talk to him. He's very touchy. **¡mira que…!**: *Mira que casarse con ese sinvergüenza!* Just imagine marrying that good-for-nothing! ◇ *¡Mira que eres despistado!* You're so absent-minded! **mirar a los ojos** to look into *sb's* eyes **mirar de reojo** to look *at sb* out of the corner of your eye **mirar fijamente** to stare (at *sth/sb*): *Me miró fijamente.* He stared at me. **mirar por encima del hombro** to look down your nose at *sb* **mirarse a los ojos** to look into each other's eyes **se mire como/por donde se mire** whichever way you look at it

**mirilla** *nf* peephole

**mirlo** *nm* blackbird

**misa** *nf* mass **LOC** **misa de gallo** midnight mass

**miscelánea** *nf* corner store, corner shop (*GB*) ➔ *Ver nota en* TIENDA

**miserable** *adj* **1** (*sórdido, escaso*) miserable: *un cuarto/sueldo* ~ a miserable room/wage **2** (*persona, vida*) wretched
▶ *nmf* **1** (*malvado*) wretch **2** (*tacaño*) miser

**miseria** *nf* **1** (*pobreza*) poverty **2** (*cantidad pequeña*) pittance: *Gana una* ~. He earns a pittance.

**misil** *nm* missile

**misión** *nf* mission

**misionero, -a** *nm-nf* missionary [*pl* missionaries]

**mismo, -a** *adj* **1** (*idéntico*) same: *al* ~ *tiempo* at the same time ◇ *Vivo en la misma casa que él.* I live in the same house as him. **2** [*uso enfático*]: *Yo* ~ *lo vi.* I saw it myself. ◇ *estar en paz contigo* ~ to be at peace with yourself ◇ *la princesa misma* the princess herself
▶ *pron* same one: *Es la misma que vino ayer.* She's the same one who came yesterday.
▶ *adv*: *delante* ~ *de mi casa* right in front of my house ◇ *Te prometo hacerlo hoy* ~. I promise you I'll get it done today. **LOC** **ahí/allí mismo** right there **lo mismo** the same: *Deme lo* ~ *de siempre.* I'll have the same as usual. **me da lo mismo** I, you,

etc. don't mind: —*¿Café o té?* —*Me da lo* ~. "Coffee or tea?" "I don't mind." **quedarse en las mismas** not to understand a thing: *Me quedé en las mismas.* I didn't understand a thing. **ya mismo** right away *Ver tb* AHORA, AQUÍ, COJEAR, CONFIANZA

**misterio** *nm* mystery [*pl* mysteries]

**misterioso, -a** *adj* mysterious

**mitad** *nf* half [*pl* halves]: *La* ~ *de los diputados votó en contra.* Half the representatives voted against. ◇ *en la primera* ~ *del partido* in the first half of the match ◇ *partir algo por la* ~ to cut sth in half **LOC** **a/por (la) mitad (de)**: *Haremos una parada a* ~ *de camino.* We'll stop halfway. ◇ *La botella estaba a la* ~. The bottle was half empty. **a mitad de precio** half-price: *Lo compré a* ~ *de precio.* I bought it half-price.

**mitin** *nm* rally [*pl* rallies]: *hacer un* ~ to hold a rally

**mito** *nm* **1** (*leyenda*) myth **2** (*persona famosa*) legend: *Es un* ~ *del fútbol mexicano.* He's a Mexican soccer legend.

**mitología** *nf* mythology

**mixto, -a** *adj* (*colegio, instituto*) coeducational **LOC** *Ver* ENSALADA

**mobiliario** *nm* furniture

**mochila** *nf* backpack ➔ *Ver dibujo en* LUGGAGE **LOC** **mochila escolar** school bag

**moco** (*tb* **mocos**) *nm* mucus, snot (*coloq*) **LOC** **tener mocos** to have a runny nose *Ver tb* LLORAR

**moda** *nf* fashion: *seguir la* ~ to follow fashion **LOC** **(estar/ponerse) de moda** (to be/become) fashionable: *un bar de* ~ a fashionable bar **pasarse de moda** to go out of fashion *Ver tb* DESFILE, PASADO

**modales** *nmpl* manners: *tener buenos* ~ to have good manners

**modelo** *nm* **1** model: *un* ~ *a escala* a scale model **2** (*ropa*) style: *Tenemos varios* ~*s de chaqueta.* We have several styles of jacket.
▶ *nmf* (*persona*) model

**moderado, -a** *adj* moderate *Ver tb* MODERAR

**moderador, -ora** *nm-nf* moderator

**moderar** *vt* **1** (*velocidad*) to reduce **2** (*lenguaje*) to watch: *Modera tus palabras.* Watch your language.

**modernizar(se)** *vt, vpr* to modernize

**moderno, -a** *adj* modern

**modestia** *nf* modesty

**modesto, -a** *adj* modest

**modificar** *vt* **1** (*cambiar*) to change **2** (*Gram*) to modify

**modista** *nf* (*costurera*) dressmaker

**modisto, -a** *nm-nf* (*diseñador*) designer

**modo** *nm* **1** (*manera*) way (*of doing sth*): *un ~ especial de reír* a special way of laughing ◊ *Lo hace del mismo ~ que yo.* He does it the same way as me. **2 modos** (*modales*) manners: *malos ~s* bad manners **LOC a mi modo** my, your, etc. way: *Déjalos que lo hagan a su ~.* Let them do it their way. **de modo que** (*por tanto*) so: *Has estudiado poco, de ~ que no puedes aprobar.* You haven't studied much, so you won't pass. **de todos modos** anyway **¡ni modo! 1** (*¡te fastidias!*) tough! **2** (*¿qué se le puede hacer?*) it can't be helped! *Ver tb* CUALQUIERA, NINGUNO

**moflete** *nm* chubby cheek

**moho** *nm* mold **LOC criar/tener moho** to get/be moldy

**mojado, -a** *adj Ver tb* MOJAR

**mojar** *vt* **1** to get *sth/sb* wet: *No mojes el suelo.* Don't get the floor wet. **2** (*en café, sopa, etc.*) to dip: *~ el pan en la sopa* to dip your bread in the soup
▶ **mojarse** *vpr* to get wet: *~se los pies* to get your feet wet ◊ *¿Te mojaste?* Did you get wet?

**molcajete** *nm* mortar

**molde** *nm* **1** (*Cocina*) can, tin (*GB*) **2** (*de yeso*) cast: *un ~ de yeso* a plaster cast

**mole** *nm* chocolate chili sauce **LOC** *Ver* MERO

**molécula** *nf* molecule

**moler** *vt* **1** (*café, trigo*) to grind **2** (*cansar*) to wear *sb* out **LOC moler a palos** to give *sb* a beating *Ver tb* CARNE, PAN

**molestar** *vt* **1** (*importunar*) to bother: *Siento ~te a estas horas.* I'm sorry to bother you so late. **2** (*interrumpir*) to disturb: *No quiere que la molesten mientras trabaja.* She doesn't want to be disturbed while she's working. **3** (*ofender*) to upset
▶ *vi* to be a nuisance: *No quiero ~.* I don't want to be a nuisance.
▶ **molestarse** *vpr* **molestarse (en)** (*tomarse trabajo*) to bother (*to do sth*): *Ni se molestó en contestar mi carta.* He didn't even bother to reply to my letter. **LOC no molestar** do not disturb *¿te molesta que…?* do you mind if…?: *¿Te molesta que fume?* Do you mind if I smoke?

**molestia** *nf* **1** (*dolor*) discomfort [*incontable*] **2 molestias** inconvenience [*incontable*]: *causar ~s a algn* to cause inconvenience to *sb* ◊ *Disculpen las ~s.* We apologize for any inconvenience. **LOC si no es molestia** if it's no trouble **tomarse la molestia (de)** to take the trouble (*to do sth*)

**molesto, -a** *adj* **1** (*que fastidia*) annoying, tiresome (*más formal*) **2** (*disgustado*) annoyed (*with sb*) (*about/at sth*): *Está ~*

---

*conmigo por lo del coche.* He's annoyed with me about the car.

**molino** *nm* mill **LOC molino de agua/viento** watermill/windmill

**momento** *nm* **1** (*instante*) moment: *Espera un ~.* Hold on a moment. **2** (*periodo*) time: *en estos ~s de crisis* at this time of crisis **LOC al momento** immediately **del momento** contemporary: *el mejor cantante del ~* the best contemporary singer **de un momento a otro** from one minute to the next **en el momento menos pensado** when I, you, etc. least expect it **de momento** for the moment: *De ~ tengo bastante trabajo.* I have enough work for the moment. **por el momento** for the time being *Ver tb* NINGUNO

**momia** *nf* mummy [*pl* mummies]

**monaguillo** *nm* altar boy

**monarca** *nmf* monarch

**monarquía** *nf* monarchy [*pl* monarchies]

**monasterio** *nm* monastery [*pl* monasteries]

**moneda** *nf* **1** (*pieza*) coin: *¿Tienes una ~ de 20?* Do you have a 20 peso coin? **2** (*unidad monetaria*) currency [*pl* currencies]: *la ~ europea* the European currency **LOC** *Ver* CARA

**monedero** *nm* change purse, purse (*GB*)

**monitor, -ora** *nm-nf* instructor: *un ~ de gimnasia* a gym instructor
▶ *nm* (*pantalla*) monitor ➔ *Ver dibujo en* COMPUTADORA

**monje, -a** *nm-nf* **1** (*masc*) monk **2** (*fem*) nun **LOC** *Ver* COLEGIO

**mono, -a** *adj* pretty: *Va siempre muy mona.* She always looks very pretty. ◊ *¡Qué niño más ~!* What a pretty baby!
▶ *nm-nf* (*animal*) monkey [*pl* monkeys]

**monolito** *nm* monolith

**monólogo** *nm* monologue

**monopolio** *nm* monopoly [*pl* monopolies]

**monótono, -a** *adj* monotonous

**monóxido** *nm* monoxide **LOC monóxido de carbono** carbon monoxide

**monstruo** *nm* **1** monster: *un ~ de tres ojos* a three-eyed monster **2** (*genio*) genius [*pl* geniuses]: *un ~ de las matemáticas* a mathematical genius

**montado, -a** *adj*: *~ en un caballo/una motocicleta* riding a horse/a motorcycle *Ver tb* MONTAR

**montadura** *nf* (*joyas*) setting

**montaje** *nm* **1** (*máquina*) assembly: *una cadena de ~* an assembly line **2** (*truco*) set-up: *Seguro que todo es un ~.* I bet it's all a set-up. **3** (*Cine*) montage

**montaña** *nf* **1** mountain: *en lo alto de una ~* at the top of a mountain **2** (*tipo de paisaje*) mountains [*pl*]: *Prefiero la ~ a la playa.* I prefer the mountains to the beach. **LOC montaña rusa** roller coaster *Ver tb* ALBERGUE, BICICLETA

**montañismo** *nm* mountaineering

**montañoso, -a** *adj* mountainous **LOC** *Ver* SISTEMA

**montar** *vt* **1** (*establecer*) to set *sth* up: *~ un negocio* to set up a business **2** (*máquina, mueble, etc.*) to assemble **3** (*tienda de campaña*) to put *sth* up **4** (*obra de teatro*) to put *sth* on
▶ *vi* to ride: *~ en bici* to ride a bike ◊ *botas/ traje de ~* riding boots/clothes
▶ **montar(se)** *vi, vpr* to get on (*sth*): *Se montaron dos pasajeros.* Two passengers got on. **LOC montar a caballo** to ride: *Me gusta ~ a caballo.* I like horseback riding. *Ver tb* SILLA

**monte** *nm* **1** hill, mountain **❶** Si se refiere a un monte muy alto o a una montaña, se dice **mountain**. **2** [*con nombre propio*] Mount: *el ~ Everest* Mount Everest

**montón** *nm* **1** (*pila*) pile: *un ~ de arena/ libros* a pile of sand/books **2** (*muchos*) lot (*of sth*): *un ~ de problemas* a lot of problems ◊ *Tienes montones de amigos.* You have lots of friends. **LOC del montón** ordinary: *una chava del ~* an ordinary girl

**montura** *nf* (*caballo*) saddle

**monumento** *nm* monument

**moño** *nm* bow: *Siempre va peinada con ~.* She always wears a bow in her hair. **LOC ponerse moños** to give yourself airs *Ver tb* HORQUILLA

**mora** *nf* mulberry [*pl* mulberries]

**morado, -a** *adj, nm* purple ➔ *Ver ejemplos en* AMARILLO

**moral** *adj* moral
▶ *nf* **1** (*principios*) morality **2** (*ánimo*) morale: *La ~ está baja.* Morale is low. **LOC** *Ver* BAJO

**moraleja** *nf* moral

**morcilla** *nf* blood sausage, black pudding (*GB*)

**mordaza** *nf* gag **LOC ponerle una mordaza a algn** to gag sb: *Los asaltantes le pusieron una ~.* The robbers gagged him.

**morder(se)** *vt, vi, vpr* to bite: *El perro me mordió en la pierna.* The dog bit my leg. ◊ *Mordí la manzana.* I bit into the apple.

◊ *~se las uñas* to bite your nails **LOC estar que muerde**: *No le preguntes, está que muerde.* Don't ask him; he'll bite your head off. **morder el anzuelo** to swallow the bait **morderse la lengua** (*fig*) to bite your tongue

**mordida** *nf* **1** bite **2** (*soborno*) bribe

**mordisco** *nm* bite **LOC dar/pegar un mordisco** to bite

**mordisquear** *vt* to nibble

**moreno, -a** *adj* **1** (*pelo, piel*) dark: *Mi hermana es mucho más morena que yo.* My sister has a much darker complexion than me. **2** (*bronceado, azúcar, pan*) brown: *ponerse ~* to go brown

**moretón** *nm* bruise

**morfina** *nf* morphine

**moribundo, -a** *adj* dying

**morir(se)** *vi, vpr* to die: *~ de un infarto/en un accidente* to die of a heart attack/in an accident **LOC morirse de aburrimiento** to be bored stiff **morirse de frío/hambre** to be freezing/starving **morirse de miedo** to be scared stiff **morirse por hacer algo** to be dying to do sth *Ver tb* MOSCA, RISA

**moro, -a** *adj* Moorish
▶ *nm-nf* Moor

**morralla** *nf* small change

**morro** *nm* (*avión*) nose

**morrón** *adj* **LOC** *Ver* PIMIENTO

**morsa** *nf* walrus

**morse** *nm* Morse Code

**mortadela** *nf* bologna, mortadella (*GB*)

**mortal** *adj* **1** (*no inmortal, pecado*) mortal: *Los seres humanos son ~es.* Human beings are mortal. ◊ *pecado ~* mortal sin **2** (*enfermedad, accidente*) fatal **3** (*veneno, enemigo*) deadly **4** (*aburrición, ruido, trabajo*) dreadful: *La película es de una pesadez ~.* The movie is terribly boring.
▶ *nmf* mortal **LOC** *Ver* RESTO

**mortalidad** *nf* mortality

**mortero** *nm* mortar

**mortuorio, -a** *adj* **LOC** *Ver* ESQUELA

**mosaico** *nm* mosaic

**mosca** *nf* fly [*pl* flies] **LOC caer/morir como moscas** to drop like flies **¿qué mosca te ha picado?** what's eating you?

**mosquito** (*tb* mosco) *nm* mosquito [*pl* mosquitoes] **LOC** *Ver* PIQUETE

**mostaza** *nf* mustard

**mostrador** *nm* **1** (*tienda, aeropuerto*) counter **2** (*bar*) bar

**mostrar** *vt* to show: *Mostraron mucho interés por ella.* They showed great interest in her.
▶ **mostrarse** *vpr* (*parecer*) to seem: *Se mostraba algo pesimista.* He seemed pretty pessimistic. **LOC** *Ver* COBRE

**mota** *nf* speck

**mote** *nm* nickname

**motín** *nm* mutiny [*pl* mutinies]

**motivar** *vt* **1** (*causar*) to cause **2** (*incentivar*) to motivate

**motivo** *nm* reason (*for sth/doing sth*): *el ~ de nuestro viaje* the reason for our trip ◊ *por ~s de salud* for health reasons ◊ *Se enojó conmigo sin ~ alguno.* He got angry with me for no reason.

**moto** (*tb* **motocicleta**) *nf* motorcycle: *ir en ~* to ride a motorcycle ➔ *Ver nota y dibujo en* MOTORCYCLE **LOC** **moto acuática** Jet Ski®

**motociclismo** *nm* motorcycling

**motociclista** *nmf* motorcyclist

**motocross** *nm* motocross

**motoneta** *nm* moped ➔ *Ver dibujo en* MOTORCYCLE

**motor, -ora** *adj* motive: *potencia motora* motive power
▶ *nm* **1** (*vehículo*) engine **2** (*electrodomésticos*) motor ➔ *Ver nota en* ENGINE **LOC** *Ver* LANCHA, VUELO

**movedizo, -a** *adj* **LOC** *Ver* ARENA

**mover(se)** *vt, vi, vpr* to move: *mover una pieza del ajedrez* to move a chess piece ◊ *Te toca mover.* It's your move. ◊ *Muévete un poco para que me siente.* Move over a little so I can sit down. **LOC** **mover(le) el tapete a algn** to pull the rug from under sb

**movido, -a** *adj* **1** (*espabilado*) wide awake **2** (*foto*) blurry *Ver tb* MOVER(SE)

**móvil** *adj* mobile

**movimiento** *nm* **1** (*cambio de posición, político, cultural*) movement: *un leve ~ de la mano* a slight movement of the hand ◊ *el ~ obrero/romántico/* Romantic movement **2** (*marcha*) motion: *El coche estaba en ~.* The car was in motion. ◊ *poner algo en ~* to set sth in motion **3** (*actividad*) activity

**mu** *nm* moo

**muchacho, -a** *nm-nf* **1** (*masc*) boy, guy (*coloq*) **2** (*fem*) girl **3 muchachos** (*chicos y chicas*) youngsters

**muchedumbre** *nf* crowd

**mucho, -a** *adj*
● **en oraciones afirmativas** a lot of *sth*: *Tengo ~ trabajo.* I have a lot of work. ◊ *Había ~s coches.* There were a lot of cars.
● **en oraciones negativas e interrogativas 1** [*con sustantivo incontable*] much, a lot of *sth* (*más coloq*): *No tiene mucha suerte.* He doesn't have much luck. ◊ *¿Tomas ~ café?* Do you drink a lot of coffee? **2** [*con sustantivo contable*] many, a lot of *sth* (*más coloq*): *No había ~s ingleses.* There weren't many English people.

---

● **otras construcciones**: *¿Tienes mucha hambre?* Are you very hungry? ◊ *hace ~ tiempo* a long time ago
▶ *pron* **1** [*en oraciones afirmativas*] a lot: *~s de mis amigos* a lot of my friends **2** [*en oraciones negativas e interrogativas*] much [*pl* many] ➔ *Ver nota en* MANY
▶ *adv* **1** a lot: *Se parece ~ al padre.* He's a lot like his father. ◊ *Tu amigo viene ~ por aquí.* Your friend comes around here a lot. ◊ *trabajar ~* to work hard **2** [*con formas comparativas*] much: *Eres ~ mayor que ella.* You're much older than her. ◊ *~ más interesante* much more interesting **3** (*mucho tiempo*) a long time: *Llegaron ~ antes que nosotros.* They got here a long time before us. ◊ *hace ~* a long time ago **4** (*en respuestas*) very: *—¿Estás cansado? —No ~.* "Are you tired?" "Not very." ◊ *—¿Te gustó? —Mucho.* "Did you like it?" "Very much." **LOC** **como mucho** at most **ni mucho menos** hardly any **por mucho que…** however much…: *Por ~ que insistas…* However much you insist…

**mudanza** *nf* (*de casa*) move **LOC** **estar de mudanza** to be moving *Ver tb* CAMIÓN

**mudar(se)** *vt, vpr* **mudarse (de)** to move: *mudarse de casa* to move (house)

**mudo, -a** *adj* mute: *Es ~ de nacimiento.* He was born mute. **LOC** *Ver* PELÍCULA

**mueble** *nm* **1** [*en singular*] piece of furniture: *un ~ muy elegante* a lovely piece of furniture **2 muebles** (*conjunto*) furniture [*incontable*]: *Los ~s estaban cubiertos de polvo.* The furniture was covered in dust.

**mueca** *nf* **LOC** **hacer muecas** to make faces (*at sb*)

**muela** *nf* (*back*) tooth [*pl* (back) teeth] **LOC** **muela del juicio** wisdom tooth [*pl* wisdom teeth] *Ver tb* DOLOR

**muelle** *nm* **1** (*resorte*) spring **2** (*de un puerto*) wharf [*pl* wharves/wharfs]

**muerte** *nf* death **LOC** **dar muerte a algo/algn** to kill sth/sb **de mala muerte** horrible: *un barrio de mala ~* a horrible neighborhood *Ver tb* PENA, SUSTO

**muerto, -a** *adj, nm-nf* dead [*adj*]: *La habían dado por muerta.* They had given her up for dead. ◊ *El pueblo se queda ~ durante el invierno.* The town is dead in winter. ◊ *los ~s en la guerra* the war dead ◊ *Hubo tres ~s en el accidente.* Three people were killed in the accident. **LOC** **muerto de cansancio** tired as a dog **muerto de envidia** green with envy **muerto de frío/hambre** freezing/starving **muerto de miedo** scared to death **muerto de risa** in hysterics **muerto de sed** dying of thirst *Ver tb* DÍA, HORA, NATURALEZA, PESAR¹, PUNTO, VIVO; *Ver tb* MORIR(SE)

M

**muestra** nf **1** (*Med, Estadística, mercancía*) sample: *una ~ de sangre* a blood sample **2** (*prueba*) token: *una ~ de amor* a token of love **3** (*señal*) sign: *dar ~s de cansancio* to show signs of fatigue **LOC** Ver FERIA

**mugir** vi **1** (*vaca*) to moo **2** (*toro*) to bellow

**mugre** nf filth

**mujer** nf **1** woman [*pl* women] **2** (*esposa*) wife [*pl* wives] **LOC mujer del tiempo** weathergirl Ver tb NEGOCIO

**mula** (*Zool*) nf mule

▸ adj, nm-nf mean [*adj*]: *Es una ~.* She's mean.

**muleta** nf (*para andar*) crutch: *andar con ~s* to walk on crutches

**mullido, -a** adj soft

**multa** nf fine **LOC dar una multa** to fine: *Le dieron una ~.* He's been fined.

**multinacional** adj multinational

▸ nf multinational company [*pl* multinational companies]

**múltiple** adj **1** (*no simple*) multiple: *una fractura ~* a multiple fracture **2** (*numeroso*) numerous: *en ~s casos* on numerous occasions

**multiplicación** nf multiplication

**multiplicar** vt, vi (*Mat*) to multiply: *~ dos por cuatro* to multiply two by four ◊ *¿Ya sabes ~?* Do you know how to do multiplication yet?

**multirracial** adj multiracial

**multitud** nf **1** (*muchedumbre*) crowd **2** *~ de* (*muchos*) a lot of *sth*: *(una) ~ de problemas* a lot of problems

**mundial** adj world: *el récord ~* the world record

▸ nm world championship: *los Mundiales de Atletismo* the World Athletics Championships ◊ *el Mundial de fútbol* the World Cup

**mundo** nm world: *dar la vuelta al ~* to go around the world **LOC el mundo del espectáculo** show business **todo el mundo** everyone Ver tb BOLA, MEDIO, OTRO, VUELTA

**munición** nf ammunition [*incontable*]: *quedarse sin municiones* to run out of ammunition

**municipal** adj municipal **LOC policía municipal 1** (*individuo*) police officer **2** (*cuerpo*) local police force Ver tb ELECCIÓN, PRESIDENTE

**municipio** nm **1** (*unidad territorial*) town **2** (*ayuntamiento*) city/town council

**muñeca** nf **1** (*juguete*) doll: *¿Te gusta jugar con ~s?* Do you like playing with dolls? **2** (*parte del cuerpo*) wrist: *fracturarse la ~* to fracture your wrist

**muñeco** nm **1** (*juguete*) doll: *un ~ de trapo* a rag doll **2** (*de un ventrílocuo,*

*maniquí*) dummy [*pl* dummies] **LOC muñeco de nieve** snowman [*pl* -men] **muñeco de peluche** stuffed toy

**muñequera** nf wristband

**mural** nm mural

**muralla** nf wall(s): *la ~ medieval* the medieval walls

**murciélago** nm bat

**murmullo** nm murmur: *el ~ de su voz/ del viento* the murmur of his voice/the wind

**murmurar** vt, vi (*hablar en voz baja*) to mutter

▸ vi (*cotillear*) to gossip (*about sth/sb*)

**muro** nm wall

**musa** nf muse

**muscular** adj muscle: *una lesión ~* a muscle injury

**músculo** nm muscle

**musculoso, -a** adj muscular

**museo** nm museum: *Está en el Museo de Antropología.* It's in the Anthropology Museum.

> En Gran Bretaña, **museum** se utiliza para referirse a los museos en los que se exponen esculturas, piezas históricas, científicas, etc. **Gallery** o **art gallery** se utilizan para referirse a museos en los que se exponen principalmente cuadros y esculturas. En Estados Unidos **museum** se emplea en ambos casos.

**musgo** nm moss

**música** nf music: *la ~ clásica* classical music **LOC música ambiental/de fondo** background music **música en vivo** live music Ver tb EQUIPO

**musical** adj, nm musical **LOC** Ver COMEDIA, ESCALA

**músico** nmf musician

**muslo** nm **1** (*humano*) thigh **2** (*ave*) leg

**mustio, -a** adj hypocritical

**musulmán, -ana** adj, nm-nf Muslim

**mutante** adj, nmf mutant

**mutilar** vt to mutilate

**mutuamente** adv each other, one another: *Se odian ~.* They hate each other. ➔ Ver nota en EACH OTHER

**mutuo, -a** adj mutual

**muy** adv **1** [con adjetivo o adverbio] very: *Están ~ bien/cansados.* They're very well/tired. ◊ *~ despacio/temprano* very slowly/early **2** [con sustantivo]: *El ~ sinvergüenza se marchó sin pagar.* The pig left without paying. ◊ *Es ~ hombre.* He's a real man. **LOC muy bien** (*de acuerdo*) OK **por muy… que…** however…: *Por ~ simpático que sea…* However nice he is…

# N n

**nabo** *nm* turnip

**nácar** *nm* mother-of-pearl

**nacer** *vi* **1** (*persona, animal*) to be born: *¿Dónde naciste?* Where were you born? ◊ *Nací en 1991.* I was born in 1991. **2** (*río*) to rise **3** (*planta, pelo, plumas*) to grow **LOC** nacer para actor, cantante, etc. to be a born actor, singer, etc.

**nacido, -a** *adj* **LOC** Ver RECIÉN; Ver tb NACER

**naciente** *adj* (*sol*) rising

**nacimiento** *nm* **1** birth: *fecha de ~* date of birth ◊ *ser mexicano por ~* to be Mexican by birth **2** (*río*) source **3** (*pelo, uña*) root **4** (*belén*) crèche, crib (GB) **LOC** de nacimiento: *Es ciega de ~.* She was born blind. Ver tb ACTA, LUGAR

**nación** *nf* nation **LOC** Ver ORGANIZACIÓN

**nacional** *adj* **1** (*de la nación*) national: *la bandera ~* the national flag **2** (*interno*) domestic: *el mercado ~* the domestic market ◊ *vuelos/salidas ~es* domestic flights/departures **LOC** Ver CARRETERA, FIESTA, HIMNO

**nacionalidad** *nf* **1** nationality [*pl* nationalities] **2** (*ciudadanía*) citizenship

**nacionalizar** *vt* to nationalize
▸ **nacionalizarse** *vpr* to become an American, Mexican, etc. citizen

**nada** *pron* **1** nothing, anything

**Nothing** se utiliza cuando el verbo va en forma afirmativa en inglés y **anything** cuando va en negativa: *No queda nada.* There's nothing left. ◊ *No tengo nada que perder.* I have nothing to lose. ◊ *No quiero nada.* I don't want anything. ◊ *No tienen nada en común.* They don't have anything in common. ◊ *¿No quieres nada?* Don't you want anything?

**2** (*en absoluto*) at all: *No tengo ~ de hambre.* I'm not hungry at all. **3** (*Tenis*) love: *treinta, ~* thirty love
▸ *adv* at all: *No está ~ claro.* It's not at all clear. **LOC** de nada **1** (*sin importancia*) little: *Es un arañazo de ~.* It's only a little scratch. **2** (*exclamación*) you're welcome: *—Gracias por la cena. —¡De ~!* "Thank you for the meal." "You're welcome!" **❶** También se puede decir **don't mention it. nada más 1** (*eso es todo*) that's all **2** (*sólo*) only: *Tengo un hijo ~ más.* I

only have one son. **nada más hacer algo**: *Lo reconocí ~ más verle.* I recognized him as soon as I saw him. **nada más y nada menos que... 1** (*persona*) none other than...: *~ más y ~ menos que el Presidente* none other than the President **2** (*cantidad*) no less than...: *~ más y ~ menos que 100 personas* no less than 100 people Ver tb DENTRO

**nadador, -ora** *nm-nf* swimmer

**nadar** *vi* to swim: *No sé ~.* I can't swim. **LOC** nadar pecho/mariposa to do (the) breaststroke/butterfly **nadar a crol** to do the crawl **nadar de espalda/muertito** to do (the) backstroke

**nadie** *pron* no one, nobody: *Eso no lo sabe ~.* No one knows that. ◊ *No había ~ más.* There was no one else there.

Nótese que cuando el verbo en inglés va en forma negativa, usamos **anyone** o **anybody**: *Está enojado y no habla con nadie.* He's angry and won't talk to anyone. **⊃** Ver tb nota en NO ONE

**LOC** Ver DON

**nado** **LOC** a nado: *Cruzaron el río a ~.* They swam across the river.

**nalga** *nf* **1** buttock **2** nalgas backside [*v sing*]

**nalgada** *nf* **1** smack on the behind **2** nalgadas spanking [*v sing*]

**nana** *nf* nanny [*pl* nannies]

**naranja** *nf* (*fruta*) orange
▸ *adj, nm* (*color*) orange **⊃** Ver ejemplos en AMARILLO **LOC** Ver RALLADURA

**naranjada** *nf* orangeade

**naranjo** *nm* orange tree

**narco** *nm* (*tráfico*) drug trafficking
▸ *nmf* (*persona*) drug trafficker
▸ *adj*: *una ~ casa* a house built with drug money

**narcótico** *nm* narcóticos drugs

**narcotraficante** *nmf* drug dealer

**narcotráfico** *nm* drug trafficking

**nariz** *nf* nose: *Suénate la ~.* Blow your nose. **LOC** en mis propias narices under my very nose **hasta las narices (de)** fed up (with *sth/sb/doing sth*) **meter las narices** to poke/stick your nose *into sth* Ver tb LIMPIAR, PICAR

**narrador, -ora** *nm-nf* narrator

**narrar** *vt* to tell

**nasal** *adj* **LOC** Ver TABIQUE

**nata** *nf* (*de leche hervida*) skin **LOC** la crema/flor y nata the crème de la crème

**natación** *nf* swimming

**natal** *adj* native: *país ~* native country **LOC** Ver CIUDAD

**natalidad** *nf* birth rate **LOC** *Ver* ÍNDICE

**nativo, -a** *adj, nm-nf* native

**nato, -a** *adj* born: *un músico ~* a born musician

**natural** *adj* **1** natural: *causas ~es* natural causes ◊ *¡Es ~!* It's only natural! **2** (*fruta, flor*) fresh **3** (*espontáneo*) unaffected: *un gesto ~* an unaffected gesture **LOC** **ser natural de…** to come from… *Ver tb* CIENCIA

**naturaleza** *nf* nature **LOC** **naturaleza muerta** still life **por naturaleza** by nature *Ver tb* HIERRO

**naturalidad** *nf: con la mayor ~ del mundo* as if it were the most natural thing in the world **LOC** **con naturalidad** naturally

**naturalmente** *adv* of course: *Sí, ~ que sí.* Yes, of course.

**naturismo** *nm* natural lifestyle

**naturista** *adj* (*medicina, etc.*) natural **LOC** *Ver* TIENDA

**naufragar** *vi* to be wrecked

**naufragio** *nm* shipwreck

**náufrago, -a** *nm-nf* castaway

**náusea** *nf* **LOC** **dar náuseas** to make *sb* feel nauseous **sentir/tener náuseas** to feel nauseous

**náutico, -a** *adj* sailing: *club ~* sailing club

**navaja** *nf* **1** (*de tipo suizo*) penknife [*pl* penknives] **2** (*arma*) knife [*pl* knives]: *Me sacaron una ~ en la calle.* They pulled a knife on me in the street. **LOC** *Ver* PUNTA

**navajazo** *nm* knife wound: *Tenía un ~ en la cara.* He had a knife wound on his face. **LOC** **dar un navajazo** to stab

**nave** *nf* **1** (*Náut*) ship **2** (*iglesia*) nave **LOC** **nave espacial** spaceship

**navegación** *nf* navigation **LOC** *Ver* CARTA

**navegar** *vi* **1** (*barcos*) to sail **2** (*aviones*) to fly **3** **en/por** (*Internet*) to surf *sth* [*vt*]: *~ por Internet* to surf the Net/Internet

**Navidad** *nf* Christmas: *¡Feliz ~!* Merry Christmas! ◊ *Siempre nos reunimos en ~.* We always get together at Christmas.

En Estados Unidos y Gran Bretaña apenas se celebra el día de Nochebuena o **Christmas Eve**. El día más importante es el 25 de diciembre, llamado **Christmas Day**. La familia se levanta por la mañana y todos abren los regalos que ha traído **Santa Claus**, o **Father Christmas** en Gran Bretaña.

**LOC** *Ver* CANASTA

**navideño, -a** *adj* Christmas: *las fiestas navideñas* the Christmas vacation

**necesario, -a** *adj* necessary: *Haré lo que sea ~.* I'll do whatever's necessary. ◊ *No lleves más de lo ~.* Only take what you need. ◊ *No es ~ que vengas.* You don't have to come. **LOC** **si es necesario** if necessary

**neceser** *nm* toiletry bag, sponge bag (*GB*)

**necesidad** *nf* **1** (*cosa imprescindible*) necessity [*pl* necessities]: *La calefacción es una ~.* Heating is a necessity. **2** **~ (de)** need (for *sth*/to do *sth*): *No veo la ~ de ir en coche.* I don't see the need to go by car. **LOC** **no hay necesidad** there's no need (*for sth*/to do *sth*) **pasar necesidades** to suffer hardship *Ver tb* PRIMERO

**necesitado, -a** *adj* (*pobre*) needy
▶ *nm-nf*: *ayudar a los ~s* to help the poor *Ver tb* NECESITAR

**necesitar** *vt* to need

**negado, -a** *adj, nm-nf* useless **LOC** **ser (un) negado** to be useless (*at sth/doing sth*): *Soy un ~ para las matemáticas.* I'm useless at math. *Ver tb* NEGAR

**negar** *vt* **1** (*hecho*) to deny *sth*/doing *sth*/that…: *Negó haber robado el cuadro.* He denied stealing the picture. **2** (*permiso, ayuda*) to refuse: *Nos negaron la entrada en el país.* We were refused admittance into the country.
▶ **negarse** *vpr* **negarse a** to refuse *to do sth*: *Se negaron a pagar.* They refused to pay.

**negativa** *nf* refusal

**negativo, -a** *adj, nm* negative

**negociación** *nf* negotiation

**negociante** *nmf* **1** (*masc*) businessman [*pl* -men] **2** (*fem*) businesswoman [*pl* -women]

**negociar** *vt, vi* to negotiate

**negocio** *nm* **1** (*comercio, asunto*) business: *hacer ~* to do business ◊ *Muchos ~s han fracasado.* A lot of businesses have gone broke. ◊ *Los ~s son los ~s.* Business is business. ◊ *Estoy aquí por/de ~s.* I'm here on business. **2** (*irónicamente*) bargain: *¡Vaya ~ que hemos hecho!* Some bargain we got there! **LOC** **hombre de negocios** businessman [*pl* -men] **mujer de negocios** businesswoman [*pl* -women]

**negro, -a** *adj, nm* black ➲ *Ver ejemplos en* AMARILLO
▶ *nm-nf* black man/woman [*pl* men/women] **LOC** *Ver* BLANCO, CAJA, CERVEZA, GROSELLA, MAREA, MERCADO, OVEJA

**Neptuno** *nm* Neptune

**nervio** *nm* **1** (*Anat, nerviosismo*) nerve: *Eso son los ~s.* That's nerves. **2** (*carne*) gristle: *Esta carne tiene mucho ~.* This

meat is very gristly. **LOC** **poner los nervios de punta** to set *sb's* nerves on edge *Ver tb* ATAQUE

**nerviosismo** *nm* nervousness

**nervioso, -a** *adj* **1** nervous: *el sistema ~* the nervous system ◇ *estar ~* to be nervous **2** (*Anat, célula, fibra*) nerve: *tejido ~* nerve tissue **3** (*fácilmente excitable*) highstrung, highly strung (GB): *Es muy ~.* He's very high-strung. **LOC** **poner nervioso a algn** to get on sb's nerves **ponerse nervioso** to get worked up

**neto, -a** *adj* net: *ingresos ~s* net income ◇ *peso ~* net weight

**neumonía** *nf* pneumonia [*incontable*]: *pescar una ~* to catch pneumonia

**neutral** *adj* neutral

**neutro, -a** *adj* **1** neutral **2** (*Biol, Gram*) neuter

**neutrón** *nm* neutron

**nevada** *nf* snowfall

**nevado, -a** *adj* (*cubierto de nieve*) snow-covered *Ver tb* NEVAR

**nevar** *v imp* to snow: *Creo que va a ~.* I think it's going to snow. **LOC** *Ver* PARECER

**ni** *conj* **1** (*doble negación*) neither… nor…: *Ni tú ni yo hablamos inglés.* Neither you nor I speak English. ◇ *Ni lo sabe ni le importa.* He neither knows nor cares. ◇ *No ha dicho ni que sí ni que no.* He hasn't said either yes or no. **2** (*ni siquiera*) not even: *Ni él mismo sabe lo que gana.* Not even he knows how much he earns. **LOC** **ni aunque** even if: *ni aunque me dieran dinero* not even if they paid me **¡ni que fuera… !** anyone would think…: *¡Ni que yo fuera millonario!* Anyone would think I was a millionaire! **ni una palabra, un día, etc. más** not another word, day, etc. more **ni uno** not a single (one): *No me queda ni un peso.* I don't have a single peso left. **ni yo (tampoco)** neither am I, do I, have I, etc.: *—Yo no voy a la fiesta. —Ni yo tampoco.* "I'm not going to the party." "Neither am I."

**Nicaragua** *nf* Nicaragua

**nicotina** *nf* nicotine

**nido** *nm* nest: *hacer un ~* to build a nest

**niebla** *nf* fog: *Hay mucha ~.* It's very foggy.

**nieto, -a** *nm-nf* **1** (*masc*) grandson **2** (*fem*) granddaughter **3** **nietos** grandchildren: *¿Cuántos ~s tienen?* How many grandchildren do they have?

**nieve** *nf* snow **LOC** *Ver* BLANCO, BOLA, MUÑECO, PUNTO

**ningún** *adj Ver* NINGUNO

**ninguno, -a** *adj* no, any: *No es ningún imbécil.* He's no fool.

Se utiliza **no** cuando el verbo va en forma afirmativa en inglés: *Aún no ha llegado ningún alumno.* No students have arrived yet. ◇ *No mostró ningún entusiamo.* He showed no enthusiasm. **Any** se utiliza cuando el verbo va en negativa: *No le dio ninguna importancia.* He didn't pay any attention to it.

▶ *pron* **1** (*entre dos personas o cosas*) neither, either

Neither se utiliza cuando el verbo va en forma afirmativa en inglés: —*¿Cuál de los dos prefieres?* —*Ninguno.* "Which one do you prefer?" "Neither (of them)." **Either** se utiliza cuando va en negativa: *No reñí con ninguno de los dos.* I didn't argue with either of them.

**2** (*entre más de dos personas o cosas*) none: *Había tres, pero no queda ~.* There were three, but there are none left. ◇ *Ninguno de los concursantes acertó.* None of the participants got the right answer. **LOC** **de ninguna manera/de ningún modo 1** (*exclamación*) certainly not!, no way! (*coloq*) **2** (*uso enfático*): *No quiso quedarse de ninguna manera.* He absolutely refused to stay. **en ningún lugar/sitio/en ninguna parte** nowhere, anywhere

Nowhere se utiliza cuando el verbo va en forma afirmativa en inglés: *Al final no iremos a ningún sitio.* We'll go nowhere in the end. **Anywhere** se utiliza cuando va en negativa: *No lo encuentro en ninguna parte.* I can't find it anywhere.

**en ningún momento** never: *En ningún momento pensé que lo harían.* I never thought they would do it.

**niñez** *nf* childhood

**niño, -a** *nm-nf* **1** (a) (*sin distinción de sexo*) child [*pl* children] (b) (*masc*) boy (c) (*fem*) girl **2** (*bebé*) baby [*pl* babies]: *tener un ~* to have a baby **LOC** **niño bien/popis** rich kid **niño prodigio** child prodigy [*pl* child prodigies] *Ver tb* HOSPICIO, JARDÍN, JUEGO

**nitrógeno** *nm* nitrogen

**nivel** *nm* **1** (*altura, grado*) level: *~ del agua/mar* water/sea level ◇ *a todos los ~es* in every respect **2** (*calidad, preparación*) standard: *un excelente ~ de juego* an excellent standard of play **LOC** **nivel de vida** standard of living

**nivelar** *vt* **1** (*superficie, terreno*) to level **2** (*desigualdades*) to even *sth* out

**no** *adv* **1** (*respuesta*) no: *No, gracias.* No, thank you. ◇ *Dije que no.* I said no.

**2** [referido a verbos, adverbios, frases] not: *No lo sé.* I don't know. ◊ *No es un buen ejemplo.* It's not a good example. ◊ *¿Empezamos ya o no?* Are we starting now or not? ◊ *Por supuesto que no.* Of course not. ◊ *Que yo sepa, no.* Not as far as I know. **3** [doble negación]: *No sale nunca.* He never goes out. ◊ *No sé nada de fútbol.* I know nothing about soccer. **4** [palabras compuestas] non-: *no fumador* non-smoker ◊ *fuentes no oficiales* unofficial sources **5** ¿no?: *Hoy es jueves ¿no?* Today is Thursday, isn't it? ◊ *Lo compraste, ¿no?* You did buy it, didn't you? ◊ *¡Estate quieta! ¿no?* Keep still, will you!

▸ *nm* no [pl noes]: *un no categórico* a categorical no **LOC** ¿a que no… ? **1** (confirmando): *¿A que no han venido?* They haven't come, have they? **2** (desafío) I bet…: *¿A que no ganas?* I bet you don't win. ❶ Para otras expresiones con **no**, véanse las entradas del verbo, sustantivo, etc., p. ej. **no obstante** en OBSTANTE.

**noble** adj **1** (de la nobleza, honesto) noble **2** (madera, material) fine
▸ *nmf* **1** (masc) nobleman [pl -men] **2** (fem) noblewoman [pl -women]

**nobleza** nf nobility

**noche** nf night: *el lunes por la ~* on Monday night ◊ *las diez de la ~* ten o'clock at night **LOC** ¡buenas noches! good night!

> Good night se utiliza sólo como fórmula de despedida. Si se quiere saludar con buenas noches, decimos good evening: *Buenas noches, damas y caballeros.* Good evening, ladies and gentlemen.

**dar las buenas noches** to say good night **de la noche a la mañana** overnight **de noche 1** (trabajar, estudiar) at night **2** (función, vestido) evening: *sesión de ~* evening performance **esta noche** tonight **estar/pasarse la noche en vela 1** to stay up all night **2** (con un enfermo) to keep watch (over sb) **hacerse de noche** to get dark Ver tb AYER, CAÍDA, TRAJE

**Nochebuena** nf Christmas Eve: *El día de ~ nos reunimos todos.* We all get together on Christmas Eve. ➋ Ver nota en NAVIDAD

**Nochevieja** nf New Year's Eve: *¿Qué hiciste en ~?* What did you do on New Year's Eve?

**noción** nf notion **LOC** tener nociones de algo to have a basic grasp of sth

**nocivo, -a** adj *~* (para) harmful (to sth/ sb)

**nocturno, -a** adj **1** (horario, trabajo, tarifa, club) night: *servicio ~ de camiones* night bus service **2** (clases) evening: *clases nocturnas* evening classes

**nogal** nm walnut (tree)

**nómada** adj nomadic
▸ *nmf* nomad

**nombrar** vt **1** (citar) to mention sb's name: *sin ~lo* without mentioning his name **2** (designar para un cargo) to appoint

**nombre** nm **1 (a)** name **(b)** (en formularios) first name ➋ Ver nota en MIDDLE NAME **2** (Gram) noun: *~ común* common noun **LOC** en nombre de on behalf of sb: *Le dio las gracias en ~ del presidente.* He thanked her on behalf of the president. **nombre de pila** given name **nombre propio** proper noun **nombre y apellido** full name

**nómina** nf (de sueldo) payroll

**nominar** vt to nominate sth/sb (for sth): *Fue nominada al Oscar.* She was nominated for an Oscar.

**nones** nmpl odd numbers

**nopal** nmf prickly pear (cactus)

**nordeste** (tb noreste) nm **1** (punto cardinal, región) north-east (abrev NE) **2** (viento, dirección) north-easterly

**norma** nf rule **LOC** tener por norma hacer/no hacer algo to always/never do sth: *Tengo por ~ no comer entre comidas.* I never eat between meals.

**normal** adj **1** (común) normal: *el curso ~ de los acontecimientos* the normal course of events ◊ *Es lo ~.* That's the normal thing. **2** (corriente) ordinary: *un empleo ~* an ordinary job **3** (estándar) standard: *el procedimiento ~* the standard procedure
▸ *nf* **LOC** (escuela) normal teacher training college

**normalizar** vt (relaciones, situación) to restore sth to normal
▸ **normalizarse** vpr to return to normal

**noroeste** nm **1** (punto cardinal, región) north-west (abrev NW) **2** (dirección, viento) north-westerly

**norte** nm north (abrev N): *en el ~ de México* in the north of Mexico ◊ *en la costa ~* on the north coast **LOC** Ver AMÉRICA, IRLANDA

**noruego, -a** adj, nm-nf, nm Norwegian: *los ~s* the Norwegians ◊ *hablar ~* to speak Norwegian

**nos** pron **1** [complemento] us: *Ya ~ vieron.* They've seen us. ◊ *Nunca ~ dicen la verdad.* They never tell us the truth. ◊ *Nos mintieron.* They lied to us. ◊ *Nos prepararon la cena.* They've made supper for us. **2** (partes del cuerpo, efectos per-

*sonales*): *Nos quitamos el abrigo.* We took our coats off. **3** [*reflexivo*] (ourselves): *Nos divertimos mucho.* We enjoyed ourselves very much. ◊ *Nos acabamos de bañar.* We've just taken a bath. ◊ *¡Vámonos!* Let's go! **4** [*recíproco*] each other, one another: *Nos queremos mucho.* We love each other very much. **➔** *Ver nota en* EACH OTHER

**nosotros**, **-as** *pron* **1** [*sujeto*] we: *Tú no lo sabes. Nosotros sí.* You don't know. We do. ◊ *Lo haremos* ~. We'll do it. **2** [*complemento, en comparaciones*] us: *¿Vienes con* ~? Are you coming with us? ◊ *Hace menos deporte que* ~. He takes less exercise than us. **LOC** **entre nosotros** (*confidencialmente*) between ourselves **somos nosotros** it's us

**nota** *nf* **1** (*escrito, Mús*) note: *Te dejé una* ~ *en la cocina.* I left you a note in the kitchen. **2** (*Educ*) **(a)** (*calificación*) grade: *sacar buenas/malas* ~*s* to get good/bad grades **(b)** **las notas** (school) report [*v sing*]: *El jueves me dan las* ~*s.* I'm getting my report on Thursday. **LOC** **tomar nota** to take note (*of sth*)

**notable** *adj* noteworthy

**notar** *vt* **1** (*advertir*) to notice: *No he notado ningún cambio.* I haven't noticed any change. **2** (*encontrar*): *Lo noto muy triste.* He seems very sad.
▸ **notarse** *vpr* **1** (*sentirse*) to feel: *Se nota la tensión.* You can feel the tension. **2** (*verse*) to show: *No se le notan los años.* He doesn't look his age. **LOC** **se nota que…** you can tell (that)…: *Se notaba que estaba nerviosa.* You could tell she was nervous.

**notario, -a** *nm-nf* notary public, solicitor (*GB*) **➔** *Ver nota en* ABOGADO

**noticia** *nf* **1** news [*incontable*]: *Te tengo que dar una buena/mala* ~. I have some good/bad news for you. ◊ *Las* ~*s son alarmantes.* The news is alarming. **➔** *Ver nota en* CONSEJO **2 las noticias** the news [*incontable*]: *Lo dijeron en las* ~*s de las tres.* It was on the three o'clock news. **3** (*Period, TV*) news item **LOC** **tener noticias de algn** to hear from sb: *¿Tienes* ~*s de tu hermana?* Have you heard from your sister?

**noticiero** (*tb* **noticiario**) *nm* news [*incontable*]

**notificar** *vt* to notify *sb* of *sth*: *Notificamos el robo a la policía.* We notified the police of the theft.

**novato, -a** *adj* inexperienced
▸ *nm-nf* **1** (*principiante*) beginner **2** (*colegio*) new student **3** (*cuartel*) new recruit

**novecientos, -as** *adj, pron, nm* nine hundred **➔** *Ver ejemplos en* SEISCIENTOS

**novedad** *nf* **1** (*cosa nueva*) novelty [*pl* novelties]: *la* ~ *de la situación* the novelty of the situation ◊ *El iPod es para mí una* ~. The iPod is a novelty to me. ◊ *la gran* ~ *de la temporada* the latest thing **2** (*cambio*) change: *No hay* ~ *en el estado del enfermo.* There's no change in the patient's condition. **3** (*noticia*) news [*incontable*]: *¿Alguna* ~? Any news?

**novedoso, -a** *adj* novel

**novela** *nf* novel: ~ *de aventuras/espionaje/terror* adventure/spy/horror novel **LOC** **novela rosa/policíaca** romance/detective novel

**novelista** *nmf* novelist

**noveno, -a** *adj, pron, nm-nf* ninth **➔** *Ver ejemplos en* SEXTO

**noventa** *nm, adj, pron* **1** ninety **2** (*nonagésimo*) ninetieth **➔** *Ver ejemplos en* SESENTA

**noviembre** *nm* November (*abrev* Nov.) **➔** *Ver ejemplos en* ENERO

**novillo, -a** *nm* young bull

**novio, -a** *nm-nf* **1** (*pareja*) **(a)** (*masc*) boyfriend **(b)** (*fem*) girlfriend: *¿Tienes novia?* Do you have a girlfriend? **2** (*prometido*) **(a)** (*masc*) fiancé **(b)** (*fem*) fiancée **3** (*en la boda, recién casado*) **(a)** (*masc*) bridegroom **(b)** (*fem*) bride **➔** *Ver nota en* MATRIMONIO **LOC** **los novios 1** (*en una boda*) the bride and groom **2** (*recién casados*) the newly-weds **ser novios**: *Hace dos años que somos* ~*s.* We've been going together for two years. *Ver tb* VESTIDO

**nube** *nf* cloud **LOC** **estar en las nubes** to have your head in the clouds

**nublado, -a** *adj* cloudy *Ver tb* NUBLARSE

**nublarse** *vpr* **1** (*cielo*) to cloud over **2** (*vista*) to be blurred

**nubosidad** *nf* **LOC** **nubosidad variable** patchy cloud

**nuca** *nf* nape (of the neck)

**nuclear** *adj* nuclear **LOC** *Ver* REACTOR

**núcleo** *nm* nucleus [*pl* nuclei]

**nudillo** *nm* knuckle

**nudo** *nm* knot: *hacer/deshacer un* ~ to tie/undo a knot **LOC** **nudo corredizo** slip knot **tener un nudo en la garganta** to have a lump in your throat

**nuera** *nf* daughter-in-law [*pl* daughters-in-law]

**nuestro, -a** *adj* our: *nuestra familia* our family
▸ *pron* ours: *Su coche es mejor que el* ~. Your car is better than ours.

Nótese que *una amiga nuestra* se traduce por **a friend of ours** porque significa *una de nuestras amigas*.

**nueve** *nm, adj, pron* **1** nine **2** (*fecha*) ninth ➔ *Ver ejemplos en* SEIS

**nuevo, -a** *adj* **1** new: *¿Son ~s esos zapatos?* Are those new shoes? **2** (*adicional*) further: *Se han presentado ~s problemas.* Further problems have arisen. LOC **de nuevo** again *Ver tb* LUNA

**nuez** *nf* **1** (*fruto*) pecan **2** (*Anat*) Adam's apple LOC **nuez de Castilla** walnut **nuez moscada** nutmeg

**nulo, -a** *adj* **1** (*inválido*) invalid: *un acuerdo ~* an invalid agreement **2** (*inexistente*) non-existent: *Las posibilidades son prácticamente nulas.* The chances are almost non-existent. LOC *Ver* VOTO

**numeración** *nf* numbers [*pl*] LOC **numeración árabe/romana** Arabic/ Roman numerals [*pl*]

**numeral** *nm* numeral

**numerar** *vt* to number
▶ **numerarse** *vpr* to number off

**número** *nm* **1** number: *un ~ de teléfono* a telephone number ◇ *~ par/impar* even/odd number **2** (*talla*) size: *¿Qué ~ de zapatos usas?* What size shoe do you wear? **3** (*publicación*) issue: *un ~ atrasado* a back issue **4** (*Teat*) act: *un ~ circense* a circus act LOC **en números rojos**

in the red **número primo** prime number **números árabes/romanos** Arabic/Roman numerals *Ver tb* MATRÍCULA

**numeroso, -a** *adj* **1** (*grande*) large: *una familia numerosa* a large family **2** (*muchos*) numerous: *en numerosas ocasiones* on numerous occasions

**nunca** *adv* never, ever

Never se utiliza cuando el verbo va en forma afirmativa en inglés: *Nunca he estado en París.* I've never been to Paris. Ever se utiliza cuando el verbo va en negativa o la oración contiene palabras negativas como **nothing, no one**, etc.: *Nunca pasa nada.* Nothing ever happens. ◇ *sin ver nunca el sol* without ever seeing the sun ➔ *Ver tb nota en* ALWAYS

LOC **casi nunca** hardly ever: *No nos vemos casi ~.* We hardly ever see each other. **como nunca** better than ever **más que nunca** more than ever: *Hoy hace más calor que ~.* It's hotter than ever today. **nunca jamás** never ever: *Nunca jamás volveré a dejarle nada.* I'll never ever lend him anything again. **nunca más** never again

**nupcial** *adj* wedding: *tarta ~* wedding cake

**nutria** *nf* otter

**nutrición** *nf* nutrition

**nutritivo, -a** *adj* nutritious: *Los plátanos son muy ~s.* Bananas are very nutritious.

# Ñ ñ

**ñango, -a** *adj* feeble

**ñoño, -a** *adj* (*sin estilo*) tacky
▶ *adj, nm-nf* **1** (*remilgado*) affected [*adj*]: *ser un ~* to be affected **2** (*zonzo*) thick [*adj*] **3** (*puritano*) prim [*adj*]: *Es un ~, todo le parece inmoral.* He's so prim. He thinks everything's immoral.

**ñoqui** *nm* ñoquis (*Cocina*) gnocchi [*incontable*]

**ñu** *nm* wildebeest [*pl* wildebeest]

# O o

**o** *conj* or: *¿Té o café?* Tea or coffee? ◊ *O te comes todo, o no sales a jugar.* If you don't eat it all up, you're not going out to play.

**oasis** *nm* oasis [*pl* oases]

**obedecer** *vt* to obey: *~ a tus padres* to obey your parents
▶ *vi* to do as you are told: *¡Obedece!* Do as you're told!

**obediente** *adj* obedient

**obesidad** *nf* obesity

**obeso** *adj* obese ➋ *Ver nota en* GORDO

**obispo** *nm* bishop

**objetar** *vt* to object

**objetivo, -a** *adj* objective
▶ *nm* **1** (*finalidad*) objective, aim (*más coloq*): *~ a largo plazo* long-term objectives **2** (*Mil*) target **3** (*Fot*) lens

**objeto** *nm* **1** (*cosa, Gram*) object **2** (*propósito*) purpose LOC **objetos perdidos** lost and found [*incontable*], lost property [*incontable*] (*GB*): *oficina de ~s perdidos* lost and found

**objetor, -ora** *nm-nf* LOC **objetor (de conciencia)** conscientious objector

**oblicuo, -a** *adj* oblique

**obligación** *nf* obligation LOC **tener (la) obligación de** to be obliged to do sth

**obligado, -a** *adj* LOC **estar obligado a** to have to do sth: *Estamos ~s a cambiarlo.* We have to change it. **sentirse/verse obligado** to feel obliged to do sth *Ver tb* OBLIGAR

**obligar** *vt* to force sb to do sth, to make sb do sth (*más coloq*): *Me obligaron a entregar el maletín.* They forced me to hand over the case.

**obligatorio, -a** *adj* compulsory: *la enseñanza obligatoria* compulsory education LOC *Ver* ESCUELA

**oboe** *nm* oboe

**obra** *nf* **1** (*trabajo, creación*) work: *una ~ de arte* a work of art ◊ *la ~ completa de Machado* the complete works of Machado **2** (*acción*) deed: *realizar buenas ~s* to do good deeds **3** (*lugar en construcción*) (building) site: *Hubo un accidente en la ~.* There was an accident at the (building) site. **4 obras** (*de carretera*) roadwork [*incontable*] ❶ En Gran Bretaña se dice **roadworks** [*pl*]. **5 obras** (*en una casa, etc.*): *Estamos en ~s.* We're having some work done on the house.

LOC **obra maestra** masterpiece **obra (teatral/de teatro)** play *Ver tb* MANO

**obrero, -a** *adj* **1** (*familia, barrio*) blue-collar, working-class (*GB*) **2** (*sindicato*) labor: *el movimiento ~* the labor movement
▶ *nm-nf* worker LOC *Ver* ABEJA

**obsceno, -a** *adj* obscene

**observación** *nf* observation: *capacidad de ~* powers of observation LOC **estar en observación** to be under observation

**observador, -ora** *adj* observant
▶ *nm-nf* observer

**observar** *vt* **1** (*mirar*) to watch, to observe (*más formal*): *Observaba a la gente desde mi ventana.* I was watching people from my window. **2** (*notar*) to notice: *¿Has observado algo extraño en él?* Have you noticed anything odd about him?

**observatorio** *nm* observatory [*pl* observatories]

**obsesión** *nf* obsession (*with sth/sb/ doing sth*): *una ~ por las motos/ganar* an obsession with motorcycles/winning LOC **tener obsesión por** to be obsessed with sth/sb/doing sth

**obsesionar** *vt* to obsess: *Lo obsesionan los libros.* He's obsessed with books.
▶ **obsesionarse** *vpr* to become obsessed (*with sth/sb/doing sth*)

**obstaculizar** *vt* to block

**obstáculo** *nm* obstacle

**obstante** LOC **no obstante** however, nevertheless (*más formal*)

**obstruir** *vt* **1** (*cañería, lavabo*) to block **2** (*dificultar*) to obstruct: *~ la justicia* to obstruct justice

**obtener** *vt* to obtain, to get (*más coloq*): *~ un préstamo/el apoyo de algn* to get a loan/sb's support

**obvio, -a** *adj* obvious

**ocasión** *nf* **1** (*vez*) occasion: *en numerosas ocasiones* on numerous occasions **2** (*oportunidad*) opportunity [*pl* opportunities], chance (*más coloq*) (*to do sth*): *una ~ única* a unique opportunity LOC *Ver* AVISO, LIBRERÍA

**ocasional** *adj* **1** (*trabajo*) casual **2** (*lluvia, visita, etc.*) occasional **3** (*fortuito*) chance: *un encuentro ~* a chance meeting

**occidental** *adj* western: *el mundo ~* the western world
▶ *nmf* westerner

**occidente** *nm* west: *las diferencias entre Oriente y Occidente* the differences between East and West

**océano** nm ocean ⊃ Ver nota en MAR

**ochenta** nm, adj, pron **1** eighty **2** (octogésimo) eightieth ⊃ Ver ejemplos en SESENTA

**ocho** nm, adj, pron **1** eight **2** (fecha) eighth ⊃ Ver ejemplos en SEIS

**ochocientos, -as** adj, pron, nm eight hundred ⊃ Ver ejemplos en SEISCIENTOS

**ocio** nm leisure: tiempo/ratos de ~ leisure time

**ociosidad** nf idleness LOC **la ociosidad es la madre de todos los vicios** the devil finds work for idle hands

**ocioso, -a** adj idle

**octavo, -a** adj, pron, nm-nf eighth ⊃ Ver ejemplos en SEXTO LOC **octavos de final** round prior to the quarter-finals

**octubre** nm October (abrev Oct.) ⊃ Ver ejemplos en ENERO

**oculista** nmf optometrist, optician (GB)

**ocultar** vt to hide sth/sb (from sth/sb): Me ocultaron de la policía. They hid me from the police. ◊ No tengo nada que ~. I have nothing to hide.
▶ **ocultarse** vpr to hide (from sth/sb): el sitio donde se ocultaban the place where they were hiding

**ocupado, -a** adj **1** ~ (en/con) (persona) busy (with sth/sb), busy (doing sth): Si llaman, di que estoy ~. If anyone calls, say I'm busy. **2** (teléfono) busy, engaged (GB) **3** (baño) occupied, engaged (GB) **4** (asiento, taxi) taken: ¿Está ~ este sitio? Is this seat taken? **5** (país) occupied Ver tb OCUPAR

**ocupar** vt **1** (espacio, tiempo) to take up sth: Ocupa media página. It takes up half a page. ◊ Ocupa todo mi tiempo libre. It takes up all my spare time. **2** (cargo oficial) to hold **3** (país) to occupy **4** (usar) to use: ¿Puedo ~ el teléfono? May I use the phone?

**ocurrencia** nf idea LOC **¡qué ocurrencia(s)!** what will you, he, etc. think of next?

**ocurrir** vi to happen, to occur (formal): Lo que ocurrió fue… What happened was that… ◊ No quiero que vuelva a ~. I don't want it to happen again.
▶ **ocurrirse** vpr to occur to sb, to think of sth/doing sth: Se me acaba de ~ que… It has just occurred to me that… ◊ ¿Se te ocurre algo? Can you think of anything?

**odiar** vt to hate sth/sb/doing sth: Odio cocinar. I hate cooking.

**odio** nm hatred (for/of sth/sb)

**odioso, -a** adj horrible

**odontólogo, -a** nm-nf dental surgeon

**oeste** nm west (abrev W): en/por el ~ in the west ◊ en la costa ~ on the west coast ◊ más al ~ further west LOC Ver PELÍCULA

**ofender** vt to offend
▶ **ofenderse** vpr to take offense (at sth): Te ofendes por cualquier tontería. You take offense at the slightest thing.

**ofensa** nf offense

**ofensiva** nf offensive

**ofensivo, -a** adj offensive

**oferta** nf **1** (rebaja) offer: una ~ especial a special offer **2** (Econ, Fin) supply: La demanda supera a la ~. Demand outstrips supply. LOC **de/en oferta** on special (offer) **ofertas de empleo** job vacancies

**oficial** adj official
▶ nmf (Mil, policía) officer LOC **no oficial** unofficial

**oficina** nf office: ~ de correos post office ◊ Estaré en la ~. I'll be at the office. LOC **oficina de empleo** employment office, job center (GB) **oficina de información y turismo** tourist information center

**oficinista** nmf office worker

**oficio** nm trade: Es plomero de ~. He is a plumber by trade. ◊ aprender un ~ to learn a trade LOC Ver GAJES

**ofrecer** vt to offer: Nos ofrecieron un café. They offered us a cup of coffee. ⊃ Ver nota en GIVE
▶ **ofrecerse** vpr **ofrecerse (a/para)** to volunteer (to do sth): Me ofrecí para llevarlos a casa. I volunteered to take them home.

**oída** LOC **de oídas**: Lo conozco de ~s pero no nos han presentado. I've heard a lot about him but we haven't been introduced.

**oído** nm **1** (Anat) ear **2** (sentido) hearing LOC **al oído**: Dímelo al ~. Whisper it in my ear. **de oído** by ear: Toco el piano de ~. I play the piano by ear. **tener buen oído** to have a good ear Ver tb DOLOR, EDUCAR, ZUMBAR

**oír** vt **1** (percibir sonidos) to hear: No oyeron el despertador. They didn't hear the alarm. ◊ No te oí entrar. I didn't hear you come in.

Para referirse a lo que se oye en un momento dado, se usan **can** y **could** con el verbo **hear**. Raramente se usa **hear** con tiempos continuos: ¿Oyes eso? Can you hear that? ◊ No se oía nada. You couldn't hear a thing.

**2** (escuchar) to listen (to sth/sb): ~ el radio to listen to the radio LOC **¡oiga!** excuse me! Ver tb PARED

**ojal** nm buttonhole

**¡ojalá!** interj **1** (espero que) I hope…: ¡Ojalá ganen! I hope they win! ◊ —Verás

*que apruebas.* —*¡Ojalá!* "I'm sure you'll pass." "I hope so!" **2** (*ya quisiera yo*) if only: *¡Ojalá pudiera ir!* If only I could go!

**ojeada** *nf* glance: *con una sola ~* at a glance **LOC** *echar una ojeada* to have a (quick) look (*at sth*)

**ojeras** *nf* dark circles under the eyes: *¡Qué ~ tienes!* You have really dark circles under your eyes.

**ojo** *nm* **1** eye: *Es morena con los ~s verdes.* She has dark hair and green eyes. ◊ *tener los ~s saltones* to have bulging eyes **2** (*cerradura*) keyhole
▶ **¡ojo!** *interj* (be) careful: *¡Ojo con esa jarra!* (Be) careful with that pitcher! **LOC** *andar con cien ojos* to be very careful **a ojo (de buen cubero)** roughly: *Lo calculé a ~ (de buen cubero).* I worked it out roughly. **con los ojos vendados** blindfold **echarle un ojo a algo/algn** (*cuidar*) to keep an eye on sth/sb **no pegar (el) ojo** not to sleep a wink **ojo de agua** spring **ojo de buey** (*ventana*) porthole **ojos que no ven…** what the eye doesn't see… **tener buen ojo para algo** to have a good eye for sth **tener (mucho) ojo** to be (very) careful: *Debes tener ~ con lo que haces.* You must be careful what you do. *Ver tb* ABRIR, COSTAR, MIRAR, PINTAR, QUITAR, RABILLO, SOMBRA, VENDAR

**ola** *nf* wave

**¡olé!** (*tb* **¡ole!**) *interj* bravo!

**oleaje** *nm* swell: *un fuerte ~* a heavy swell

**óleo** *nm* oil **LOC** *cuadro/pintura al óleo* oil painting *Ver tb* PINTAR

**oler** *vt, vi ~* **(a)** to smell (*of sth*): *~ a pintura* to smell of paint ◊ *¿A qué huele?* What's that smell? ◊ *Ese perfume huele bien.* That perfume smells nice. ➔ *Ver nota en* SMELL **LOC** *oler a quemado* to smell like something is burning **oler fatal/que apesta** to stink **olerse algo** to suspect sth *Ver tb* GLORIA

**olfatear** *vt* **1** (*oler*) to sniff **2** (*seguir el rastro*) to scent

**olfato** *nm* (*sentido*) smell **LOC** *tener olfato* to have a nose *for sth*: *Tienen ~ para las antigüedades.* They have a nose for antiques.

**olimpiada** (*tb* **olimpíada**) *nf* Olympics [*pl*] **LOC** *las Olimpiadas* the Olympic Games

**olímpico, -a** *adj* Olympic: *el récord ~* the Olympic record **LOC** *Ver* JUEGO, VILLA

**oliva** *nf* olive

**olivar** *nm* olive grove

**olivo** *nm* olive tree

**olla** *nf* pot, pan ➔ *Ver dibujo en* POT **LOC** *olla (exprés/a presión)* pressure cooker

**olmo** *nm* elm (tree)

**olor** *nm* smell (*of sth*): *Había un ~ a rosas/quemado.* There was a smell of roses/burning. ➔ *Ver nota en* SMELL

**oloroso, -a** *adj* sweet-smelling

**olvidadizo, -a** *adj* forgetful

**olvidado, -a** *adj* **LOC** *dejar algo olvidado* to leave sth (behind): *No lo dejes ~.* Don't leave it behind. *Ver tb* OLVIDAR(SE)

**olvidar(se)** *vt, vpr* **1** to forget: *Olvidé (comprar) el detergente.* I forgot (to buy) the laundry detergent. **2** (*dejar*) to leave sth (behind): *Olvidé el paraguas en el camión.* I left my umbrella on the bus.

**ombligo** *nm* navel, belly button (*coloq*)

**omitir** *vt* to omit, to leave sth out (*más coloq*)

**once** *nm, adj, pron* **1** eleven **2** (*fecha*) eleventh **3** (*títulos*) the Eleventh: *Alfonso XI* Alfonso XI **❶** *Se lee:* "Alfonso the Eleventh". ➔ *Ver ejemplos en* SEIS

**onceavo, -a** *adj, nm* eleventh

**onda** *nf* wave: *~ sonora/expansiva* sound/shock wave ◊ *~ corta/media/larga* short/medium/long wave **LOC** *buena/mala onda* cool/uncool: *Tu mamá es bien buena ~.* Your mother is really cool. **estar en la onda** to be hip, to be up to date (*más formal*) **¿qué onda?** how's it going? **tirar la onda a algn** to flirt with sb *Ver tb* AGARRAR

**ondear** *vt* to wave: *~ una pancarta* to wave a banner
▶ *vi* (*bandera*) to fly

**ondulado, -a** *adj* **1** (*pelo*) wavy **2** (*superficie*) undulating **3** (*cartón, papel*) corrugated

**ONG** *nf* NGO [*pl* NGOs]

En inglés, el término **NGO** se usa sobre todo en el contexto político, mientras que para referirse a organizaciones como Amnistía Internacional, Greenpeace, etc. lo normal es utilizar la palabra **charity** [*pl* **charities**].

**ONU** *nf* UN

**opaco, -a** *adj* opaque

**opción** *nf* option: *No tiene otra ~.* He has no option.

**opcional** *adj* optional

**ópera** *nf* opera

**operación** *nf* **1** (*quirúrgica, policial*) operation: *sufrir una ~ cardiaca* to have a

heart operation ◊ *una ~ policial* a police operation **2** (*Fin*) transaction

**operadora** *nf* operator

**operar** *vt* **1** to operate on *sb*: *Me operaron de apendicitis.* I had my appendix out. **2** (*máquina*) to use: *¿Sabes ~ esta cosa?* Do you know how to work this thing?
▶ *vi* to operate
▶ **operarse** *vpr* to have an operation: *Tengo que ~me del pie.* I have to have an operation on my foot. **LOC operarse de anginas, apendicitis, etc.** to have your tonsils, appendix, etc. out

**operativo, -a** *adj* operating: *sistema ~* operating system

**opinar** *vt* to think: *¿Qué opinas?* What do you think?

**opinión** *nf* opinion: *en mi ~* in my opinion **LOC tener buena/mala opinión de** to have a high/low opinion of *sth/sb Ver tb* CAMBIAR

**oponente** *nmf* opponent

**oponer** *vt* to offer: *~ resistencia a algo/algn* to offer resistance to sth/sb
▶ **oponerse** *vpr* **1 oponerse a** (*estar en contra*) to oppose *sth*: *~se a una idea* to oppose an idea **2** (*poner reparos*) to object: *Iré a la fiesta si mis padres no se oponen.* I'll go to the party if my parents don't object.

**oportunidad** *nf* **1** (*ocasión*) chance, opportunity [*pl* opportunities] (*más formal*): *Tuve la ~ de ir al teatro.* I had the chance to go to the theater. **2** (*ganga*) bargain

**oportuno, -a** *adj* **1** (*en buen momento*) timely: *una visita oportuna* a timely visit **2** (*adecuado*) appropriate: *Tu respuesta no fue muy oportuna.* Your reply wasn't very appropriate. **LOC Ver** AVISO

**oposición** *nf* (*rechazo, Pol*) opposition (*to sth/sb*): *el líder de la ~* the leader of the opposition

**opresivo, -a** *adj* oppressive

**oprimir** *vt* **1** (*tiranizar*) to oppress **2** (*apretar*) to be too tight: *La cintura de la falda me oprimía.* The waistband on my skirt was too tight.

**optar** *vi* **1 ~ por** (*decidir*) to opt for *sth/to do sth*: *Optaron por seguir estudiando.* They opted to continue studying. **2 ~ a** (*solicitar*) to apply for *sth*

**optativo, -a** *adj* optional

**óptica** *nf* (*establecimiento*) optician, optician's (*GB*)

**óptico, -a** *adj* optical

**optimismo** *nm* optimism

**optimista** *adj* optimistic
▶ *nmf* optimist

**opuesto, -a** *adj* **1** (*extremo, lado, dirección*) opposite: *El frío es lo ~ al calor.* Cold is the opposite of heat. **2** (*dispar*) different: *Mis dos hermanos son totalmente ~s.* My two brothers are totally different. **LOC Ver** POLO; *Ver tb* OPONER

**oración** *nf* **1** (*Relig*) prayer: *rezar una ~* to say a prayer **2** (*Gram*) (**a**) sentence: *una ~ compuesta* a complex sentence (**b**) (*proposición*) clause: *una ~ subordinada* a subordinate clause

**oral** *adj* oral

**orar** *vi* to pray

**órbita** *nf* (*Astron*) orbit

**orden** *nm* order: *en/por ~ alfabético* in alphabetical order ◊ *por ~ de importancia* in order of importance
▶ *nf* **1** (*indicación, Relig*) order: *por ~ del juez* by order of the court ◊ *la ~ franciscana* the Franciscan Order **2** (*Jur*) warrant **LOC orden de cateo/registro** search warrant *Ver tb* ALTERAR

**ordenado, -a** *adj* neat: *una niña/habitación muy ordenada* a very neat girl/room *Ver tb* ORDENAR

**ordenar** *vt* **1** (*lugar*) to clean *sth* up: *¿Podrías ~ tu habitación?* Could you clean your bedroom up? **2** (*apuntes, carpetas, etc.*) to put *sth* in order: *~ las tarjetas alfabéticamente* to put the cards in alphabetical order **3** (*mandar*) to order *sb to do sth*: *Me ordenó que me sentara.* He ordered me to sit down. **4** (*pedir*) to order: *¿Quieres ~ la comida?* Do you want to order some food?

**ordeñar** *vt* to milk

**ordinario, -a** *adj* **1** (*habitual*) ordinary: *acontecimientos ~s* ordinary events **2** (*vulgar*) vulgar
▶ *nm-nf*: *¡Eres un ~!* You're so vulgar!

**orégano** *nm* oregano

**oreja** *nf* ear

**orfanatorio** (*tb* orfelinato) *nm* orphanage

**organismo** *nm* **1** (*Biol*) organism **2** (*organización*) organization

**organización** *nf* organization: *organizaciones internacionales* international organizations ◊ *una ~ juvenil* a youth group **LOC Organización de las Naciones Unidas** (abrev **ONU**)) the United Nations (abrev **UN**)

**organizador, -ora** *adj* organizing
▶ *nm-nf* organizer

**organizar** *vt* to organize
▶ **organizarse** *vpr* (*persona*) to get yourself organized: *Debería ~me mejor.* I should get myself better organized.

**órgano** *nm* (*Anat, Mús*) organ

**orgullo** nm pride: *herir el ~ de algn* to hurt sb's pride

**orgulloso, -a** adj, nm-nf proud [adj]: *Está ~ de sí mismo.* He is proud of himself. ◊ *Son unos ~s.* They're very proud.

**orientación** nf **1** (*posición*): *¿Qué ~ tiene la casa?* Which way does the house face? **2** (*tendencia*) orientation: *~ sexual* sexual orientation **3** (*guía, consejo*) guidance: *~ vocacional* career guidance

**orientado, -a** adj **LOC** estar orientado a/hacia (*edificio, habitación*) to face: *El balcón está ~ hacia el sureste.* The balcony faces south-east. *Ver tb* ORIENTAR

**oriental** adj eastern: *Europa Oriental* Eastern Europe
▸ nmf oriental [adj]: *En mi clase hay dos ~es.* There are two Asian people in my class.

Existe la palabra **Oriental** como sustantivo en inglés, pero es preferible no usarla porque puede ofender.

**orientar** vt **1** (*colocar*) to position: *~ una antena* to position an antenna **2** (*dirigir*) to direct: *El policía los orientó.* The policeman directed them. **3** (*guiar, informar*) to advise sb (*on/about sth*): *¿Me puedes ~ un poco?* Can you give me some advice?
▸ **orientarse** vpr (*encontrar el camino*) to find your way around

**oriente** nm east **LOC** el Cercano/Lejano/Medio Oriente the Near/Far/Middle East

**origen** nm origin **LOC** dar origen a to give rise to sth

**original** adj, nm original **LOC** Ver VERSIÓN

**originar** vt to lead to sth
▸ **originarse** vpr to start: *Se originó un incendio en el bosque.* A fire started in the woods.

**orilla** nf **1** (*borde*) edge: *a la ~ del camino* at the edge of the path **2** (*río*) bank: *a ~s del Sena* on the banks of the Seine **3** (*lago, mar*) shore **LOC** a la orilla del mar/río on the seashore/riverside

**orina** nf urine

**orinar** vi to urinate, to pass water (*más coloq*)
▸ **orinarse** vpr to wet your pants

**oro** nm (*metal*) gold: *tener un corazón de ~* to have a heart of gold ◊ *una medalla de ~* a gold medal **LOC** Ver BAÑADO, BODA, BRILLAR, BUSCADOR, SIGLO

**orquesta** nf **1** (*de música clásica*) orchestra **2** (*de música popular*) band: *una ~ de baile/jazz* a dance/jazz band **LOC** Ver DIRECTOR

**ortografía** nf spelling: *faltas de ~* spelling mistakes

**orzuela** nf split ends [pl]

**oscilar** vi **1** (*lámpara, péndulo*) to swing **2** ~ (entre) (*precios, temperaturas*) to vary (from sth to sth): *El precio oscila entre los cinco y los siete dólares.* The price varies from five to seven dollars.

**oscurecer** vt to darken
▸ **oscurecer(se)** v imp, vpr to get dark

**oscuridad** nf **1** darkness [incontable]: *la ~ de la noche* the darkness of the night ◊ *Me da miedo la ~.* I'm afraid of the dark. **2** (*fig*) obscurity: *vivir en la ~* to live in obscurity

**oscuro, -a** adj **1** dark: *azul ~* dark blue **2** (*poco conocido*) obscure: *un ~ poeta* an obscure poet **LOC** a oscuras in the dark: *Nos quedamos a oscuras.* We were left in the dark. *Ver tb* LENTES, TABACO

**oso, -a** nm-nf bear: *~ polar* polar bear **LOC** oso de peluche teddy bear **oso hormiguero** anteater

**ostión** nf oyster

**otoño** nm fall, autumn (GB): *en ~* in (the) fall

**otorgar** vt to award sth (to sb)

**otro, -a** adj another, other

Another se usa con sustantivos en singular y **other** con sustantivos en plural: *No hay otro tren hasta las cinco.* There isn't another train until five. ◊ *en otra ocasión* on another occasion ◊ *¿Tienes otros colores?* Do you have any other colors? Other también se utiliza en expresiones como: *la otra noche* the other night ◊ *mi otro hermano* my other brother.
A veces **another** va seguido de un número y un sustantivo plural cuando tiene el sentido de *más*: *Me quedan otros tres exámenes.* I have another three exams to take. También se puede decir en estos casos "I have three more exams."

▸ pron another (one) [pl others]: *un día u ~* one day or another ◊ *¿Tienes ~?* Do you have another (one)? ◊ *No me gustan. ¿Hay ~s?* I don't like these. Are there any others? ❶ **El otro, la otra** se traducen por "the other one": *¿Dónde está el otro?* Where's the other one? **LOC** en otro lugar/sitio/en otra parte somewhere else **lo otro 1** (*la otra cosa*) the other thing: *¿Qué era lo ~ que querías?* What was the other thing you wanted? **2** (*lo demás*) the rest: *Lo ~ no importa.* The rest doesn't matter. **nada del otro mundo** nothing to write home about **otra cosa** something else: *Había otra cosa que*

**O**

# oval

*quería decirte.* There was something else I wanted to tell you.

Si la oración es negativa podemos decir **nothing else** o **anything else**, dependiendo de si hay o no otra partícula negativa en la frase: *No hay otra cosa.* There's nothing else./There isn't anything else. ◊ *No pudieron hacer otra cosa.* They couldn't do anything else.

**otra vez** again: *Reprobé otra vez.* I've failed again. **otro día** some other time: *¡Por supuesto que iremos ~ día!* Of course we'll go some other time! **otro(s) tanto(s)** as much/as many again: *Ya me pagó 5,000 pesos y todavía me debe ~ tanto.* He paid me 5 000 pesos and still owes me as much again. **por otra parte/ otro lado** on the other hand *Ver tb* COSA, MES, SEMANA, SITIO

**oval** (*tb* **ovalado, -a**) *adj* oval

**ovario** *nm* ovary [*pl* ovaries]

**oveja** *nf* sheep [*pl* sheep]: *un rebaño de ~s* a flock of sheep ➲ *Ver nota en* CARNE **LOC** **oveja negra** black sheep

**overol** *nm* coveralls [*pl*], boiler suit (*GB*) ➲ *Ver dibujo en* OVERALL

**ovillo** *nm* ball: *un ~ de lana* a ball of wool **LOC** **hacerse un ovillo** to curl up

**ovino, -a** *adj* **LOC** *Ver* GANADO

**ovni** *nm* UFO [*pl* UFOs]

**oxidado, -a** *adj* rusty *Ver tb* OXIDAR(SE)

**oxidar(se)** *vt, vpr* to rust: *Se oxidaron las tijeras.* The scissors have rusted.

**oxígeno** *nm* oxygen

**oyente** *nmf* **1** (*Radio*) listener **2** (*Educ*) unregistered student

**ozono** *nm* ozone: *la capa de ~* the ozone layer

# P p

**pabellón** nm **1** (exposición) pavilion: el ~ de Francia the French pavilion **2** (Dep) sports hall **3** (hospital) block

**pacer** vi to graze

**pachanga** nf party [pl parties] **LOC** irse de pachanga to party: Anda de ~ todas las noches. He's out partying every night.

**pacheco, -a** adj (marihuana) stoned

**pachón, -ona** adj squashy

**paciencia** nf patience: Se me está acabando la ~. My patience is wearing thin.
▶ ¡paciencia! interj be patient! **LOC** tener paciencia to be patient: Hay que tener ~. You must be patient. Ver tb ARMAR

**paciente** adj, nmf patient

**pacificar** vt to pacify
▶ pacificarse vpr to calm down

**pacífico, -a** adj peaceful
▶ Pacífico adj, nm Pacific (Ocean)

**pacifista** nmf pacifist

**pactar** vt to agree on sth: Pactaron un alto al fuego. They agreed on a ceasefire.
▶ vi to make an agreement (with sb) (to do sth)

**pacto** nm agreement: romper un ~ to break an agreement

**padecer** vi ~ de to suffer (from sth): Padece de dolores de cabeza. He suffers from headaches. **LOC** padecer de la espalda, del corazón, etc. to have back, heart, etc. trouble

**padrastro** nm **1** stepfather **2** (en la uña) hangnail

**padre** nm **1** father: Es ~ de dos hijos. He is the father of two children. ◊ el ~ García Father García **2** padres (padre y madre) parents
▶ adj (chido) cool: ¡Qué ~! That's really cool! **LOC** Ver DÍA, FAMILIA, HUÉRFANO

**padrenuestro** nm Our Father: rezar dos ~s to say two Our Fathers

**padrino** nm **1** (bautizo) godfather **2** (boda) man who accompanies the bride, usually her father ➔ Ver nota en MATRIMONIO **3** padrinos godparents

**padrón** nm **LOC** padrón electoral electoral register

**paga** nf (sueldo) pay

**pagano, -a** adj pagan

**pagar** vt to pay (for) sth: ~ las deudas/los impuestos to pay your debts/taxes ◊ Mi abuelo me paga los estudios. My grandfather is paying for my education.
▶ vi to pay: Pagan bien. They pay well. **LOC** ¡me las pagarás! you'll pay for this! pagar con cheque/tarjeta to pay (for sth) by check/credit card pagar en efectivo to pay (for sth) in cash Ver tb CARO

**página** nf page (abrev p): en la ~ tres on page three **LOC** página inicial/principal/de inicio (Internet) home page página web web page Ver tb AMARILLO, HOJA

**pago** nm (dinero) payment: efectuar/hacer un ~ to make a payment

**país** nm country [pl countries] **LOC** los Países Bajos the Netherlands Ver tb HUIR

**paisaje** nm landscape ➔ Ver nota en SCENERY

**paisano, -a** nm-nf **1** (compatriota) fellow countryman/-woman [pl -men/-women] **2** (pueblerino) countryman/-woman [pl -men/-women] **LOC** de paisano **1** (Mil) in civilian dress **2** (policía) in plain clothes

**paja** nf straw

**pajar** nm hay loft **LOC** Ver BUSCAR

**pajarita** nf **1** (corbata) bow tie **2** (de papel) paper airplane, paper aeroplane (GB)

**pájaro** nm bird **LOC** más vale pájaro en mano que cien volando a bird in the hand is worth two in the bush Ver tb MATAR

**paje** nm page

**pala** nf **1** shovel **2** (de playa) spade: jugar con la cubeta y la ~ to play with your bucket and spade

**palabra** nf word: una ~ de tres letras a three-letter word ◊ No dijo ni ~. He didn't say a word. ◊ en otras ~s in other words ◊ Te doy mi ~. I give you my word. **LOC** dejarle a algn con la palabra en la boca to cut sb short: Me dejó con la ~ en la boca y se fue. He cut me short and walked off. en pocas palabras briefly ¡palabra (de honor)! honestly! tener la última palabra to have the last word (on sth) tomar la palabra a algn to take sb at their word Ver tb BREVE, CEDER, CUMPLIR, DIRIGIR, JUEGO, SOLTAR

**palabrota** nf swear word: decir ~s to swear

**palacio** nm palace

**paladar** nm palate **LOC** Ver VELO

**palanca** nf lever: En caso de emergencia, tirar de la ~. In an emergency, pull the lever. **LOC** palanca de cambio gearshift, gearstick (GB) tener palancas to have friends in high places

**palangana** nf (large) bowl

**palco** *nm* box

**paleta** *nf* **1** (*de albañil*) trowel **2** (*de pintor*) palette **3** (*dulce*) lollipop **LOC** **paleta de hielo/helada** Popsicle®, ice lolly [*pl* ice lollies] (*GB*)

**paliacate** *nm* bandanna

**palidecer** *vi* to go pale

**pálido, -a** *adj* pale: *rosa* ~ pale pink **LOC** **ponerse/quedarse pálido** to go pale

**palillo** *nm* **1** (*de dientes*) toothpick **2** **palillos** (a) (*para tambor*) drumsticks (b) (*para comida*) chopsticks **LOC** **estar hecho un palillo** to be as thin as a toothpick, to be as thin as a rake (*GB*)

**paliza** *nf* beating: *Las Chivas les metió una buena* ~. Chivas gave them a good beating. **LOC** **darse una paliza** to wear yourself out: *No dimos una buena* ~. We wore ourselves out. **dar una paliza a algn** (*pegar*) to beat sb up

**palm** *nm* PDA [*pl* PDAs]

**palma** *nf* **1** (*mano*) palm **2** (*árbol*) palm (tree) **LOC** **dar las palmas** (*aplaudir*) to clap *Ver tb* CONOCER

**palmada** *nf* pat: *Me dio una* ~ *en la espalda.* He gave me a pat on the back. **LOC** **dar palmadas** to clap: *Dio tres* ~. He clapped three times.

**palmera** *nf* palm (tree)

**palmo** *nm*: *Es un* ~ *más alto que yo.* He's several inches taller than me. **LOC** **palmo a palmo** inch by inch

**palo** *nm* **1** (*vara*) stick **2** (*barco*) mast **3** (*Naipes*) suit ➔ *Ver nota en* BARAJA **4** (*golf*) (golf) club **LOC** **de palo** wooden: *cuchara/pata de* ~ wooden spoon/leg *Ver tb* CUCHARA, MOLER, TAL

**paloma** *nf* **1** (*gris o azulada*) pigeon: *una* ~ *mensajera* a carrier pigeon **2** (*blanca*) dove: *la* ~ *de la paz* the dove of peace

**palomar** *nm* dovecote

**palomita** *nf* check, tick (*GB*): *Pon una* ~ *junto a lo que necesites.* Put a check by the items you need. ➔ *Ver dibujo en* CHECK **LOC** **palomitas (de maíz)** popcorn [*incontable*]: *¿Quieres unas* ~*s?* Would you like some popcorn?

**palpar(se)** *vt, vi, vpr* to feel: *El médico me palpó el vientre.* The doctor felt my stomach. ◊ *Se palpó los bolsillos.* He felt his pockets.

**palpitar** *vi* to beat

**pan** *nm* **1** bread [*incontable*]: *Me gusta el* ~ *recién hecho.* I like freshly-baked bread. ◊ *¿Quieres* ~? Do you want some bread? ➔ *Ver nota en* BREAD **2** (*pieza*) (a) (*barra*) loaf of French bread [*pl* loaves], baguette: *¿Me da tres* ~*es?* Could I have three loaves (of French bread), please? (b) (*hogaza*) (round) loaf [*pl* (round) loaves] **LOC** **(llamar) al pan pan y al vino vino** to call a spade a spade **pan dulce** pastry [*pl* pastries] **pan duro** stale bread **pan integral/de caja** whole wheat/sliced bread **pan molido** breadcrumbs [*pl*] **pan tostado** toast [*incontable*] **ser pan comido** to be a piece of cake *Ver tb* BARRA, GANAR, VENDER

**pana** *nf* corduroy: *Ponte los pantalones de* ~. Wear your corduroy pants.

**panadería** *nf* bakery [*pl* bakeries]

**panadero, -a** *nm-nf* baker

**panal** *nm* honeycomb

**Panamá** *nm* Panama

**pancarta** *nf* **1** (*de cartón*) placard **2** (*de tela*) banner

**páncreas** *nm* pancreas

**panda** *nm* (*animal*) panda

**pandero** *nm* (*tb* **pandereta** *nf*) tambourine

**pandilla** *nf* (*de amigos, criminales*) gang: *Vendrá toda la* ~. All the gang are coming.

**panfleto** *nm* pamphlet

**pánico** *nm* panic **LOC** **tenerle pánico a algo/algn** to be scared stiff of sth/sb: *Le tienen* ~ *al mar.* They're scared stiff of the sea. *Ver tb* ENTRAR, PRESA

**panorama** *nm* **1** (*vista*) view: *contemplar un hermoso* ~ to look at a lovely view **2** (*perspectiva*) prospect: *¡Menudo* ~! What a prospect!

**panorámico, -a** *adj* **LOC** *Ver* PANTALLA

**panqué** *nm* pound cake, Madeira cake (*GB*)

**pantaleta** *nf* panties ❶ *Nótese que unas pantaletas* se dice **a pair of panties**. ➔ *Ver tb nota en* PAIR

**pantalla** *nf* **1** (*de televisor, etc.*) screen: *una* ~ *de computadora* a computer screen **2** (*lámpara*) lampshade **LOC** **pantalla panorámica** widescreen: *un televisor de* ~ *panorámica* a widescreen

**pan**

baguette/French bread

slice

crust

hot dog

loaf

bun

roll

bagel

croissant

TV **pantalla táctil** touch screen *Ver tb* PROTECTOR

**pantalón** (*tb* **pantalones**) *nm* pants [*pl*], trousers [*pl*] (GB): *No encuentro el ~ de la piyama.* I can't find my pajama pants.

**Pants**, **shorts**, etc. son palabras que sólo existen en plural en inglés, y por lo tanto para referirnos a *un pantalón* o *unos pantalones* utilizamos **some/a pair of pants**: *Llevaba un pantalón viejo.* He was wearing some old pants/an old pair of pants. ◇ *Necesito unos pantalones negros.* I need a pair of black pants. ➔ *Ver tb nota en* PAIR

**LOC** **pantalón corto/de deporte** shorts [*pl*] **pantalón de mezclilla/vaqueros** jeans [*pl*] *Ver tb* FALDA

**pantano** *nm* **1** (*embalse*) reservoir **2** (*terreno*) marsh

**pantera** *nf* panther

**pantimedia** *nm* pantyhose [*pl*], tights [*pl*] (GB)

**pants** *nm* **1** sweatsuit, tracksuit (GB) **2** (*pantalón*) sweatpants [*pl*], tracksuit bottoms [*pl*] (GB) ➔ *Ver notas en* PAIR *y* PANTALÓN

**pantufla** *nf* slipper

**pañal** *nm* diaper, nappy [*pl* nappies] (GB): *cambiar el ~ a un niño* to change a baby's diaper

**paño** *nm* (*bayeta*) cloth **LOC** **en paños menores** in your underwear *Ver tb* COCINA

**pañuelo** *nm* **1** (*moquero*) handkerchief [*pl* handkerchiefs/handkerchieves] **2** (*cabeza, cuello*) scarf [*pl* scarves/scarfs] **LOC** **pañuelo de papel** tissue

**papa**¹ *nm* pope: *el ~ Juan Pablo II* Pope John Paul II

### papa

**French fries**
(GB chips)

**potato chips**
(GB crisps)

**papa**² *nf* potato [*pl* potatoes] **LOC** **papas fritas 1** (*a la francesa*) (French) fries, chips (GB) **2** (*de bolsa*) (potato) chips, crisps (GB) *Ver tb* PURÉ, TORTA

**papá** *nm* **1** (*padre*) dad: *Pregúntaselo a ~.* Ask your dad. ❶ Los niños pequeños suelen decir **daddy**. **2** **papás** mom and dad **LOC** *Ver* HIJO

**papagayo** *nm* parrot

**papalote** *nm* kite

**papaya** *nf* papaya

**papel** *nm* **1** (*material*) paper [*incontable*]: *una hoja de ~* a sheet of paper ◇ *La banqueta está llena de ~es.* The sidewalk is covered in bits of paper. ◇ *servilletas de ~* paper napkins ◇ *~ reciclado* recycled paper **2** (*recorte, cuartilla*) piece of paper: *anotar algo en un ~* to note sth down on a piece of paper **3** (*personaje, función*) part: *hacer el ~ de Otelo* to play the part of Othello ◇ *Jugará un ~ importante en la reforma.* It will play an important part in the reform. **LOC** **papel cuadriculado** graph paper **papel de aluminio** (aluminum) foil **papel de envolver/regalo** wrapping paper **papel higiénico** toilet paper **papel membretado** letterhead, headed notepaper (GB) **papel principal/secundario** (*Cine, Teat*) starring/supporting role **papel tapiz** wallpaper *Ver tb* FÁBRICA, PAÑUELO, VASO

**papeleo** *nm* paperwork [*incontable*]

**papelera** *nf* wastebasket, waste-paper basket (GB): *Tíralo en la ~.* Throw it in the wastebasket. ➔ *Ver dibujo en* GARBAGE CAN

**papelería** *nf* office supply store, stationer's (GB)

**paperas** *nf* mumps [*incontable*]: *tener ~* to have (the) mumps

**papi** *nm* daddy [*pl* daddies] **LOC** *Ver* HIJO

**papilla** *nf* (*de bebé*) baby food

**papitas** *nf* (potato) chips, crisps (GB) ➔ *Ver dibujo en* PAPA

**paquete** *nm* **1** (*comida, tabaco*) pack, packet (GB): *un ~ de cigarrillos* a pack of cigarettes ➔ *Ver dibujo en* CONTAINER **2** (*bulto*) package, parcel (GB): *mandar un ~ por correo* to mail a package ➔ *Ver nota en* PACKAGE **3** (*conjunto*) package: *un ~ de software* a software package **LOC** *Ver* BOMBA¹

**par** *adj* even: *números ~es* even numbers ▸ *nm* **1** (*pareja*) pair: *un ~ de calcetines* a pair of socks **2** (*número indefinido*) couple: *hace un ~ de meses* a couple of months ago **LOC** **a la par** (*a la vez*) at the same time **de par en par** wide open: *dejar la puerta de ~ en ~* to leave the door wide open

**para** *prep* **1** for: *muy útil ~ la lluvia* very useful for the rain ◇ *demasiado complicado ~ mí* too complicated for me ◇ *¿Para qué lo quieres?* What do you want it for? **2** [*con infinitivo*] to do sth: *Vinieron ~ quedarse.* They've come to stay. ◇ *Lo hice ~ no molestarte.* I did it so as not to bother you. **3** [*futuro*]: *Lo necesito ~ el lunes.* I need it for Monday. ◇ *Estará acabado ~ otoño.* It will be

P

finished by fall. **4** (*dirección*): *Ahora mismo voy ~ la casa.* I'm going home now. ◇ *Van ~ allá.* They're on their way. **LOC para eso**: *Para eso, me compro uno nuevo.* I might as well buy a new one. ◇ *¿Para eso me hiciste venir?* You got me here just for that? **para que…** so (that)…: *Los reprendió ~ que no lo volvieran a hacer.* He told them off so that they wouldn't do it again. **para sí** to yourself: *hablar ~ sí* to talk to yourself

**parábola** nf **1** (*Biblia*) parable **2** (*Geom*) parabola

**parabólico, -a** adj **LOC (antena) parabólica** satellite dish

**parabrisas** nm windshield, windscreen (GB) ➋ *Ver dibujo en* COCHE

**paracaídas** nm parachute **LOC lanzarse/tirarse en paracaídas** to parachute

**paracaidista** nmf **1** parachutist **2** (*invasor*) squatter

**parada** nf **1** (*transportes públicos*) stop: *Bájate en la próxima ~.* Get off at the next stop. **2** (*Dep*) save: *El portero hizo una ~ fantástica.* The goalkeeper made a spectacular save. **LOC parada de camión** bus stop **hacer parada** to stop: *Este tren hace ~ en todas las estaciones.* This train stops at every station.

**parado, -a** adj **1** (*de pie*) standing up **2** (*paralizado*) at a standstill: *Las obras están paradas desde hace dos meses.* The construction work has been at a standstill for two months. **LOC salir bien/mal parado** to come off well/badly *Ver tb* PARAR

**paraguas** nm umbrella: *abrir/cerrar un ~* to put up/take down an umbrella

**paragüero** nm umbrella stand

**paraíso** nm paradise **LOC paraíso terrenal** heaven on earth

**paraje** nm spot

**paralelas** nf (*Gimnasia*) parallel bars

**paralelo, -a** adj **(a)** parallel (to *sth*): *líneas paralelas* parallel lines

**parálisis** nf paralysis [*incontable*]

**paralítico, -a** adj paralyzed: *quedarse ~ de cintura para abajo* to be paralyzed from the waist down

**paralizar** vt to paralyze

**páramo** nm moor

**parapente** nm paragliding

**parar** vt **1** to stop: *Para el coche.* Stop the car. **2** (*gol*) to save
▶ **parar(se)** vi, vpr **1** to stop: *El tren no paró.* The train didn't stop. ◇ *Me paré a hablar con una amiga.* I stopped to talk

to a friend. **2** (*ponerse de pie*) to stand (up): *Me paré en la cola.* I stood in line. **LOC ir a parar** to end up: *Fueron a ~ a la cárcel.* They ended up in prison. ◇ *¿Dónde habrá ido a ~?* Where can it have gone? **no parar** to be always on the go **sin parar** non-stop: *trabajar sin ~* to work non-stop *Ver tb* SECO

**pararrayos** nm lightning rod

**parásito** nm parasite

**parcela** nf (*terreno*) plot

**parche** nm patch

**parchís** nm Parcheesi®, ludo (GB)

**parcial** adj **1** (*incompleto*) partial: *una solución ~* a partial solution **2** (*partidista*) biased **LOC** *Ver* TIEMPO

**parecer** vi **1** (*dar la impresión*) to seem: *Parecen (estar) seguros.* They seem certain. ◇ *Parece que fue ayer.* It seems like only yesterday. **2** (*tener aspecto*) **(a)** [con adjetivo] to look: *Parece más joven de lo que es.* She looks younger than she really is. **(b)** [con sustantivo] to look like *sth/sb*: *Parece una actriz.* She looks like an actress. **3** (*opinar*) to think: *Me pareció que no tenía razón.* I thought he was wrong. ◇ *¿Qué te parecieron mis primos?* What did you think of my cousins? ◇ *No me parece bien que no los llames.* I think you ought to phone them. ◇ *¿Te parece bien mañana?* Is tomorrow all right?
▶ **parecerse** vpr **parecerse (a) 1** (*personas*) **(a)** (*físicamente*) to look alike, to look like *sb*: *Se parecen mucho.* They look very much alike. ◇ *Te pareces mucho a tu hermana.* You look very much like your sister. **(b)** (*en carácter*) to be alike, to be like *sb*: *Nos llevamos mal porque nos parecemos mucho.* We don't get along because we are so much alike. ◇ *En eso te pareces a tu padre.* You're like your father in that. **2** (*cosas*) to be similar (to *sth*): *Se parece mucho al mío.* It's very similar to mine. **LOC al parecer/según parece** apparently **parece mentira (que…)**: *¡Parece mentira!* I can hardly believe it! ◇ *Parece mentira que seas tan despistado.* How can you be so absent-minded? **parece que va a llover/nevar** it looks like rain/snow: *Parece que va a llover.* It looks like rain.

**parecido, -a** adj **(a) 1** (*personas*) alike, like *sb*: *¡Son tan ~s!* You're so much alike! ◇ *Eres muy parecida a tu madre.* You're very like your mother. **2** (*cosas*) similar (to *sth*): *Tienen estilos ~s.* They have similar styles. ◇ *Ese vestido es muy ~ al de Ana.* That dress is very similar to Ana's.
▶ nm similarity [*pl* similarities] **LOC algo parecido** something like that **LOC bien**

**parecido** (*guapo*) handsome *Ver tb* PARECER

**pared** *nf* wall: *Hay varios carteles en la ~.* There are several posters on the wall. **LOC** **las paredes oyen** walls have ears *Ver tb* ESPADA

**pareja** *nf* **1** (*relación amorosa*) couple: *Hacen muy buena ~.* They make a really nice couple. **2** (*de animales, como equipo*) pair: *la ~ vencedora del torneo* the winning pair **3** (*cónyuge, compañero, de juegos, de baile*) partner: *No puedo jugar porque no tengo ~.* I can't play because I don't have a partner. ◊ *María vino con su ~.* María came with her partner. **LOC** **en parejas** two by two: *Entraron en ~s.* They went in two by two.

**parejo, -a** *adj* **1** (*nivel*) even: *Las dos hojas tienen que quedar parejas.* The two sheets have to be even. **2** (*justo*) fair: *Mis papás siempre son muy ~s con nosotros.* My parents are always very fair with us. **LOC** *Ver* JALAR

**parentela** *nf* relations [*pl*]

**parentesco** *nm* relationship **LOC** **tener parentesco con algn** to be related to sb

**paréntesis** *nm* (*signo*) parenthesis [*pl* parentheses], brackets [*pl*] (*GB*): *abrir/cerrar el ~* to open/close (the) parentheses ➜ *Ver pág 308* **LOC** **entre paréntesis** in parentheses, in brackets (*GB*)

**pariente, -a** *nm-nf* relation: *~ cercano/lejano* close/distant relation

**parir** *vt, vi* to give birth (*to sth/sb*)

**parlamentario, -a** *adj* parliamentary
▶ *nm-nf* congressman/-woman [*pl* -men/-women], MP (*GB*) ➜ *Ver notas en* CONGRESS *y* PARLIAMENT

**parlamento** *nm* parliament ➜ *Ver nota en* PARLIAMENT

**parlanchín, -ina** *adj* talkative
▶ *nm-nf* chatterbox

**paro** *nm* (*huelga*) strike **LOC** *Ver* CARDIACO

**parpadear** *vi* **1** (*ojos*) to blink **2** (*luz*) to flicker

**párpado** *nm* eyelid

**parque** *nm* **1** (*jardín*) park **2** (*munición*) ammunition **LOC** **parque de atracciones/diversiones** amusement park **parque empresarial/tecnológico** business/technology park **parque temático** theme park

**párrafo** *nm* paragraph

**parrilla** *nf* grill **LOC** **carne/pescado a la parrilla** grilled meat/fish

**párroco** *nm* (parish) priest ➜ *Ver nota en* PRIEST

**parroquia** *nf* **1** (*iglesia*) parish church **2** (*comunidad*) parish

**parte¹** *nf* **1** (*porción, lugar*) part: *tres ~s iguales* three equal parts ◊ *¿En qué ~ de*

*la ciudad vives?* What part of the town do you live in? ◊ *Vete a hacer ruido a otra ~.* Go and make a noise somewhere else. ◊ *Esto te lo arreglan en cualquier ~.* This can be repaired anywhere. **2** (*en fracciones*): *las dos terceras ~s* two thirds **3** (*persona*) party [*pl* parties]: *la ~ contraria* the opposing party **4** (*refacción*) spare part **LOC** **de parte de algn** (*en nombre de*) on behalf of sb: *de ~ de todos nosotros* on behalf of us all **2** (*a favor de*) on sb's side: *No estoy de ~ de nadie.* I'm not on anyone's side. **¿de parte de quién?** (*por teléfono*) who's calling? **en/por todas partes** everywhere **la parte de abajo/arriba** the bottom/top **la parte de atrás/delante** the back/front **por mi parte** as far as I am, you are, etc. concerned: *Por nuestra ~ no hay ningún problema.* As far as we're concerned there's no problem. **por partes** little by little: *Estamos arreglando el tejado por ~s.* We're repairing the roof little by little. **por una parte… por la otra…** on the one hand… on the other…: *Por una ~ me alegro, pero por la otra me da pena.* On the one hand I'm pleased, but on the other I think it's sad. **tomar parte en algo** to take part in sth *Ver tb* ALGUNO, CUALQUIERA, GRANDE, MAYOR, NINGUNO, OTRO, SALUDAR, SEXTO

**parte²** *nm* (*informe*) report: *~ médico/meteorológico* medical/weather report **LOC** **dar parte** to inform *sb* (*of/about sth*)

**participación** *nf* **1** (*intervención*) participation: *la ~ del público* audience participation **2** (*Fin, lotería*) share

**participante** *adj* participating: *los países ~s* the participating countries
▶ *nmf* participant

**participar** *vi* ~ **(en)** to participate (*in sth*), to take part (*in sth*) (*más coloq*): *~ en un proyecto* to participate in a project

**partícula** *nf* particle

**particular** *adj* **1** (*característico*) characteristic: *Cada vino tiene su sabor ~.* Each wine has its own characteristic taste. **2** (*privado*) private: *clases ~es* private classes **LOC** *Ver* COLEGIO, EMPRESA

**partida** *nf* **1** (*juego*) game: *echar una ~ de ajedrez* to have a game of chess **2** (*salida*) departure

**partidario, -a** *adj* ~ **de** in favor of *sth/doing sth*: *No soy ~ de hacer eso.* I'm not in favor of doing that.
▶ *nm-nf* supporter

**partido** *nm* **1** (*Pol*) party [*pl* parties] **2** (*Dep*) game: *ver un ~ de fútbol* to watch a soccer game **LOC** **partido amistoso** scrimmage, friendly (match) (*GB*) **partido de ida/vuelta** (*Fútbol*) first/second

game, first/second leg (*GB*) **sacar partido a/de algo** to make the most of sth **tomar partido** to take sides

**partir** *vt* **1** (*con cuchillo*) to cut sth (up): ~ *el pastel* to cut up the cake **2** (*con las manos*) to break sth (off): *¿Me partes un pedazo de pan?* Could you break me off a piece of bread? **3** (*nueces, etc.*) to crack
▶ *vi* (*irse*) to leave (*for…*): *Parten mañana hacia Mérida.* They're leaving for Mérida tomorrow.
▶ **partirse** *vpr* **1** to split: *Si te caes te partirás la cabeza.* You'll split your head open if you fall. **2** (*diente*) to break LOC **a partir de** from… (on): *a ~ de entonces* from then on ◊ *a ~ de las nueve de la noche* from 9 p.m. onwards ◊ *a ~ de mañana* starting from tomorrow **partírsele el alma a algn** to break sb's heart *Ver tb* CARA, CERO, RISA

**partitura** *nf* (*Mús*) score

**parto** *nm* birth LOC **estar de parto** to be in labor

**pasa** *nf* raisin LOC *Ver* CIRUELA

**pasada** *nf* wipe: *Dale una ~ a la mesa.* Give the table a wipe. LOC **de pasada** in passing **hacer/jugar una mala pasada** to play a dirty trick on sb

**pasadizo** *nm* passage

**pasado, -a** *adj* **1** (*día, semana, mes, verano, etc.*) last: *el martes ~* last Tuesday **2** (*Gram, época*) past: *siglos ~s* past centuries **3** (*comida*) **(a)** (*demasiado cocida*) overdone **(b)** (*estropeada*) bad
▶ *nm* past LOC **estar pasado de fecha** (*producto*) to be past its expiration date, to be past its expiry date (*GB*) **pasado de moda** (*ropa, etc.*) unfashionable **pasado mañana** the day after tomorrow *Ver tb* PASAR

**pasador** *nm* **1** (*de puerta*) bolt **2** (*de pelo*) hairpin

**pasajero, -a** *nm-nf* passenger: *un barco de ~s* a passenger boat

**pasamontañas** *nm* ski mask, balaclava (*GB*)

**pasaporte** *nm* passport

**pasar** *vi* **1** (*vehículo, tiempo*) to pass: *La moto pasó a toda velocidad.* The motorcycle passed at top speed. ◊ *Ese camión pasa por el museo.* That bus goes past the museum. ◊ *Pasaron tres horas.* Three hours passed. ◊ *Ya pasaron dos días desde que llamó.* It's two days since he phoned. ◊ *¡Cómo pasa el tiempo!* Doesn't time fly! **2** (*entrar*) to come in: *¿Puedo ~?* May I come in? **3** (*ir*) to go: *Mañana pasaré por el banco.* I'll go to the bank tomorrow. ➔ *Ver nota en* IR **4** (*ocurrir*) to happen: *A mí me pasó lo*

mismo. The same thing happened to me.
▶ *vt* **1** to pass: *¿Me pasas ese libro?* Can you pass me that book, please? ◊ *Teje para ~ el tiempo.* She knits to pass the time. **2** (*periodo de tiempo*) to spend: *Pasamos la tarde/dos horas charlando.* We spent the afternoon/two hours chatting. **3** (*película*) to show: *Hoy pasan una buena película en la tele.* There's a good movie on TV today.
▶ **pasarse** *vpr* **1** (*ir demasiado lejos*): *¡Esta vez te pasaste!* You've gone too far this time! ◊ *~se de parada* to go past your stop **2** (*comida*) to be overcooked: *Se te pasó el arroz.* The rice is overcooked. **3** (*olvidarse*) to forget: *Se me pasó completamente lo del entrenamiento.* I completely forgot about the training session. LOC **¿pasa algo?** anything the matter? **pasarlo bien** to have a good time **pasarla mal** to have a hard time: *La está pasando muy mal.* She's having a very hard time. **pasar por algo/algn** (*parecer*) to pass for sth/sb: *Esa muchacha pasa por italiana.* That girl could easily pass for an Italian. **2** (*recoger*) to pick sth/sb up: *Paso por ti a las tres.* I'll pick you up at three. **¿qué pasa?** (*¿hay problemas?*) what's the matter? **¿qué pasó?** how are you? ➔ *Ver nota en* HOW ❶ Para otras expresiones con **pasar**, véanse las entradas del sustantivo, adjetivo, etc., p. ej. **pasarse de listo** en LISTO.

**pasatiempo** *nm* **1** (*afición*) hobby [*pl* hobbies] **2** **pasatiempos** (*en periódico, etc.*) puzzles: *la página de ~s* the puzzle page

**Pascua** *nf* **1** (*Semana Santa*) Easter **2** **Pascuas** (*Navidades*) Christmas: *¡Felices Pascuas!* Merry Christmas!

**pase** *nm* (*permiso, autorización*) pass: *No puedes entrar sin ~.* You can't get in without a pass. LOC **pase de abordar** boarding pass

**pasear** *vt, vi* to walk: ~ *al perro* to walk the dog ◊ *Todos los días salgo a ~.* I go for a walk every day.

**paseo** *nm* **1** (*a pie*) walk **2** (*en bicicleta, en caballo*) ride **3** (*avenida*) avenue LOC **dar un paseo** to go for a walk **paseo marítimo** boardwalk, promenade (*GB*)

**pasillo** *nm* **1** (*casa*) corridor: *No corras por los ~s.* Don't run through the corridors. **2** (*iglesia, avión, teatro, supermercado*) aisle

**pasión** *nf* passion LOC **tener pasión por algo/algn** to be crazy about sth/sb

**pasiva** *nf* (*Gram*) passive (voice)

**pasivo, -a** *adj* passive
▶ **pasivos** *nmpl* (*Fin*) liabilities LOC *Ver* TABAQUISMO

**pasmado, -a** adj amazed (at/by sth): *Me quedé ~ ante su insolencia.* I was amazed at their insolence.
▶ nm-nf halfwit

**paso** nm **1** step: *dar un ~ adelante/atrás* to step forward/back ◇ *un ~ hacia la paz* a step toward peace **2** (*acción de pasar*) passage: *el ~ del tiempo* the passage of time **3** (*camino*) way (through): *Por aquí no hay ~.* There's no way through. **4** pasos footsteps: *Me pareció oír ~s.* I thought I heard footsteps. **LOC abrir/dejar paso** to make way (*for sth/sb*): *¡Abran ~ a la ambulancia!* Make way for the ambulance! ◇ *Nos abrimos ~ a codazos entre la gente.* We elbowed our way through the crowd. **a paso de tortuga** at a snail's pace **de paso 1** (*en el camino*): *Me queda de ~.* It's on my way. **2** (*al mismo tiempo*): *Lleva esto a la oficina y de ~ habla con la secretaria.* Take this to the office, and while you're there have a word with the secretary. **3** (*temporalmente*) passing through: *turistas de ~ por Valladolid* tourists passing through Valladolid **paso a desnivel/subterráneo** underpass **paso a paso** step by step *Ver tb* ACELERAR, CEDER, HOTEL, LLAVE, PEATONAL, PROHIBIDO

**pasta** nf **1** paste: *Mézclese hasta que la ~ quede espesa.* Mix to a thick paste. **2** (*masa*) **(a)** (*de pan*) dough **(b)** (*de pay*) pastry **3** (*fideos, macarrones, etc.*) pasta [*incontable*] **4** (*galleta*) cookie, biscuit (*GB*) **5** (*libro*) cover **LOC pasta de dientes** toothpaste

**pastar** vt, vi to graze

**pastel** nm **1** cake: *~ de cumpleaños* a birthday cake **2** (*Arte*) pastel **LOC pastel helado** ice-cream cake

**pastelería** nf cake shop

**pastilla** nf **1** (*píldora*) tablet **2** (*de chocolate, jabón*) bar **LOC pastillas contra el mareo** travel-sickness pills

**pasto** nm **1** (*hierba*) grass **2** (*jardín*) lawn **LOC** *Ver* CORTAR, PROHIBIDO

**pastor, -ora** nm-nf **1** (*masc*) shepherd **2** (*fem*) shepherdess **LOC pastor alemán** German shepherd

**pata** nf **1** leg: *la ~ de la mesa* the table leg **2** (*pie*) **(a)** (*de cuadrúpedo con uñas*) paw: *El perro se hizo daño en la ~.* The dog has hurt its paw. **(b)** (*pezuña*) hoof [*pl* hoofs/hooves]: *las ~s de un caballo* a horse's hooves **3** (*animal*) duck ➔ *Ver nota en* PATO **LOC en cuatro patas** on all fours: *ponerse a cuatro ~s* to get down on all fours **mala pata** bad luck: *¡Qué mala ~ tienen!* They're so unlucky! **meter la pata** to put your foot in it **patas arriba**: *La casa está ~s arriba.* The house is a dump.

**patas de gallo** crow's feet *Ver tb* ESTIRAR, METEDURA

**patada** nf **1** (*puntapié*) kick: *Le dio una ~ a la mesa.* He kicked the table. **2** (*en el suelo*) stamp **LOC caer/sentar como una patada (en el estómago)** to be like a kick in the teeth **echar a algn a patadas** to kick sb out **irle a algn de la patada** to do very badly: *Me fue de la ~ en el examen.* I did badly on the exam.

**patalear** vi **1** (*en el suelo*) to stamp (your feet) **2** (*en el aire*) to kick (your feet)

**pataleta** nf tantrum: *agarrarse una ~* to throw a tantrum

**patatús** nm **LOC darle a algn un patatús 1** (*desmayarse*) to faint **2** (*disgustarse*) to have a fit

**paté** nm pâté

**patear** vt to kick

**patente** nf patent

**paternal** adj fatherly, paternal (*más formal*)

**paternidad** nf fatherhood, paternity (*más formal*)

**paterno, -a** adj **1** (*paternal*) fatherly **2** (*parentesco*) paternal: *abuelo ~ paterno* grandfather **LOC** *Ver* LÍNEA

**patilla** nf **1** (*pelo*) sideburn **2** (*lentes*) arm

**patines**

ice skates   Rollerblades®   roller skates

**patín** nm **1** (*con ruedas*) roller skate **2** (*con cuchilla*) ice skate **LOC patín del diablo** scooter **patín en línea** Rollerblade®

**patinador, -ora** nm-nf skater

**patinaje** nm skating: *~ sobre hielo/artístico* ice skating/figure skating **LOC** *Ver* PISTA

**patinar** vi **1** (*persona*) to skate **2** (*vehículo*) to skid

**patineta** nf skateboard

**patio** nm **1** (*casa*) courtyard **2** (*colegio*) playground

**patito, -a** nm-nf duckling

**pato, -a** nm-nf duck

**Duck** es el sustantivo genérico. Para referirnos sólo al macho decimos **drake**. **Ducklings** son los patitos.

**patria** nf (native) country [pl (native) countries]

**patrimonio** nm heritage: ~ de la humanidad world heritage

**patriota** nmf patriot

**patriotismo** nm patriotism

**patrocinador, -ora** nm-nf sponsor

**patrocinar** vt to sponsor

**patrón, -ona** nm-nf **1** (Relig) patron saint: San Isidro es el ~ de Madrid. Saint Isidore is the patron saint of Madrid. **2** (jefe) boss
▸ nm (Costura) pattern

**patrulla** nf patrol: un coche ~ a patrol car

**patrullar** vt, vi to patrol

**pausa** nf pause **LOC** hacer una pausa to have a short break

**pavimento** nm pavement, surface (GB)

**pavo, -a** nm-nf turkey [pl turkeys] **LOC** pavo real peacock

**pay** nm pie: ~ de manzana apple pie ➜ Ver nota en pág 553

**payasada** nf **LOC** hacer payasadas to goof around, to mess about/around (GB): Siempre estás haciendo ~s. You're always goofing around.

**payaso, -a** nm-nf clown **LOC** hacer el payaso to clown around

**paz** nf peace: plan de ~ peace plan ◇ en tiempo(s) de ~ in peacetime **LOC** dejar en paz to leave sth/sb alone: No me dejan en ~. They won't leave me alone. estar/quedar en paz to be even (with sth/sb): Yo te pago el boleto y así estamos en ~. I'll pay for your ticket and then we're even. hacer las paces to make up (with sb): Hicieron las paces. They've made up.

**pe** nf **LOC** de pe a pa from beginning to end

**peaje** nm toll

**peatón, -ona** nm-nf pedestrian

**peatonal** adj pedestrian: calle ~ pedestrian street **LOC** cruce/paso peatonal crosswalk, zebra crossing (GB)

**peca** nf freckle: Me han salido muchas ~s. I've gotten freckles all over.

**pecado** nm sin

**pecador, -ora** nm-nf sinner

**pecar** vi to sin **LOC** pecar de... to be too...: Pecas de confiado. You're too trusting.

**pecera** nf fish bowl

**pecho** nm **1** chest: Tengo catarro de ~. I have a chest cold. **2** (sólo mujer) **(a)** (busto) bust **(b)** (mama) breast **LOC** tomarse algo a pecho **1** (en serio) to take sth seriously: Se toma el trabajo

demasiado a ~. He takes his work too seriously. **2** (ofenderse) to take sth to heart: Era una broma, no te lo tomes a ~. It was a joke; don't take it to heart. Ver tb NADAR

**pechuga** nf (ave) breast: ~ de pollo chicken breast

**pedagogía** nf education

**pedagógico, -a** adj educational

**pedal** nm pedal

**pedalear** vi to pedal

**pedante** adj pedantic
▸ nmf pedant

**pedazo** nm piece, bit (más coloq): un ~ de pastel a piece of cake **LOC** caerse algo a pedazos to fall apart hacerse pedazos to smash (to pieces)

**pediatra** nmf pediatrician

**pedido** nm order: hacer un ~ to place an order

**pedir** vt **1** to ask (sb) for sth: ~ pan/la cuenta to ask for bread/the bill ◇ ~ ayuda a los vecinos to ask the neighbors for help **2** (permiso, favor, cantidad) to ask (sb) (sth): Te quiero ~ un favor. I want to ask you a favor. ◇ Piden dos mil dólares. They're asking two thousand dollars. **3** ~ a algn que haga algo to ask sb to do sth: Me pidió que esperara. He asked me to wait. **4** (encargar) to order: Primero pedimos sopa. We ordered soup as a first course. **LOC** pedir cita to make an appointment pedir disculpas/perdón to apologize (to sb) (for sth) ➜ Ver nota en EXCUSE pedir (limosna) to beg pedir prestado to borrow sth: Me pidió prestado el coche. He borrowed my car. ➜ Ver dibujo en BORROW te pido por Dios/por lo que más quieras que... I beg you to... Ver tb RESCATE

**pedo** nm (gases) gas [incontable], fart (coloq) **LOC** tirarse/echarse un pedo to pass gas, to fart (coloq)

**pedrada** nf: Lo recibieron a ~s. They threw stones at him.

**pegajoso, -a** adj **1** (adhesivo) sticky **2** (molesto) clingy **3** (música) catchy

**pegamento** nm glue

**pegar** vt **1** (golpear) to hit **2** (adherir) to stick: ~ una etiqueta en un paquete to stick a label on a package ◇ ~ una taza rota to glue a broken cup together **3** (Informát) to paste: copiar y ~ copy and paste **4** (acercar) to put sth against sth: Pegó la cama a la ventana. He put his bed against the window. **5** (contagiar) to give: Me pegaste la gripa. You've given me your flu.
▸ vi (sol, bebida) to be strong
▸ **pegarse** vpr **1** (pelearse) to fight **2** (adherirse, comida) to stick **3** (enfermedad) to be catching **LOC** estar pegado a algo (muy

*cerca*) to be right next to sth **❶** Para otras expresiones con **pegar**, véanse las entradas del sustantivo, adjetivo, etc., p. ej. **pegar un tiro** en TIRO.

**pegoste** *nmf* stalker

**peinado, -a** *adj*: ¿Todavía no estás peinada? Haven't you done your hair yet?
▸ *nm* hairstyle **LOC ir bien/mal peinado**: *Iba muy bien peinada.* Her hair looked really nice. ◇ *Siempre va muy mal ~.* His hair is always a mess. *Ver tb* PEINAR

**peinar** *vt* **1** to comb *sb's* hair: *Déjame que te peine.* Let me comb your hair. **2** (*peluquero*) to do *sb's* hair: *Voy a que me peinen.* I'm going to have my hair done. **3** (*rastrear*) to comb
▸ **peinarse** *vpr* to comb your hair: *Péinate antes de salir.* Comb your hair before you go out.

**peine** *nm* comb

**pelado, -a** *adj* **1** (*cabeza*) shaven **2** (*persona*) rude *Ver tb* PELAR

**pelar** *vt* **1** (*fruta, verdura*) to peel: *~ una naranja* to peel an orange **2** (*chícharos, mariscos*) to shell **3** (*caramelo*) to unwrap **4 ~ a algn** to pay attention to sb
▸ **pelarse** *vpr* to peel: *Se te va a ~ la nariz.* Your nose will peel

**peldaño** *nm* step

**pelea** *nf* fight: *meterse en una ~* to get into a fight ◇ *Siempre están de ~.* They're always fighting.

**pelear(se)** *vi, vpr* **1** (*luchar*) to fight (*for/against/over sth/sb*): *Los niños se peleaban por los juguetes.* The children were fighting over the toys. **2** (*reñir*) to quarrel

**peleonero, -a** *adj* quarrelsome

**peletería** *nf* furrier's

**pelícano** (*tb* **pelicano**) *nm* pelican

**película** *nf* movie, film (*GB*) **LOC de película** fantastic **pasar una película** to show a movie **película cómica/de risa** comedy [*pl* comedies] **película de miedo/terror** horror movie **película muda** silent movie **película policiaca/de suspenso** thriller **película subtitulada** movie with subtitles

**peligrar** *vi* to be in danger

**peligro** *nm* danger: *Está en ~.* He's in danger. ◇ *fuera de ~* out of danger

**peligroso, -a** *adj* dangerous

**pelirrojo, -a** *adj* red-haired
▸ *nm-nf* redhead

**pellejo** *nm* **1** skin **2** (*en la uña*) hangnail **LOC arriesgar/jugarse el pellejo** to risk your neck *Ver tb* ENCHINARSE

**pellizcar** *vt* to pinch

**pellizco** *nm* **1** (*sal*) pinch **2** (*pedacito*) little bit: *un ~ de pan* a little bit of bread **LOC dar/pegar un pellizco** to pinch

**pelo** *nm* **1** hair: *tener el ~ chino/lacio* to have curly/straight hair **2** (*piel de animal*) fur [*incontable*], coat: *Ese perro tiene un ~ muy suave.* That dog has a silky coat. **LOC de pelos** cool **no tener ni un pelo en la lengua** not to mince your words **ponérsele los pelos de punta a algn**: *Se me pusieron los ~s de punta.* My hair stood on end. **por un pelo** by the skin of your teeth: *Se libraron del accidente por un ~.* They missed having an accident by the skin of their teeth. **tomarle el pelo a algn** to pull *sb's* leg *Ver tb* CEPILLO, CINTA, CORTAR, CORTE¹, DESENREDARSE, LIBRAR, RECOGER, SOLTAR, TOMADA

**pelón, -ona** *adj* bald

**pelota** *nf* **1** (*balón*) ball: *una ~ de tenis* a tennis ball **2** (*cabeza*) head **LOC estar en pelotas** to be buck naked, to be stark naked (*GB*)

**pelotón** *nm* **1** (*Ciclismo*) peloton **2** (*Mil*) platoon

**peluca** *nf* wig

**peluche** *nm* plush **LOC** *Ver* MUÑECO, OSO

**peludo, -a** *adj* **1** (*persona*) hairy: *unos brazos ~s* hairy arms **2** (*animal*) long-haired

**peluquería** *nf* **1** (*para mujeres, unisex*) salon **2** (*para hombres*) barber shop

**peluquero, -a** *nm-nf* **1** (*para mujeres, unisex*) hair stylist **2** (*para hombres*) barber

**peluquín** *nm* toupee

**pelusa** (*tb* **pelusilla**) *nf* fuzz [*incontable*]

**pena** *nf* **1** (*tristeza*) sorrow: *ahogar las ~s* to drown your sorrows **2** (*lástima*) shame: *¡Qué ~ que no puedas venir!* What a shame you can't come! **3** (*condena*) sentence **4** (*vergüenza*) embarrassment: *Le dio ~ que lo vieran así.* He was embarrassed to be seen like that. **5 penas** (*problemas*) troubles: *No me cuentes tus ~s.* Don't tell me your troubles. **LOC dar pena 1** (*persona*) to feel sorry *for sb*: *Esos niños me dan mucha ~.* I feel very sorry for those children. **2** (*cosa, situación*): *Me da ~ que se tengan que ir.* I'm sorry you have to go. **pena de muerte** death penalty **¡qué pena!** how embarrassing! *Ver tb* VALER

**penal** *adj* penal

**penalty** (*tb* **penalti**) *nm* penalty [*pl* penalties]: *meter un (gol de) ~* to score (from) a penalty **LOC** *Ver* MARCAR

**pendiente** adj 1 (asunto, factura, problema) outstanding 2 (decisión, veredicto) pending

▸ nf (terreno) slope: una ~ suave/pronunciada a gentle/steep slope LOC **darle pendiente algo a algn** to worry sb **estar pendiente (de)** 1 (vigilar) to keep an eye on sth/sb: Estate ~ de los niños. Keep an eye on the children. 2 (estar atento) to be attentive (to sth/sb): Estaba muy ~ de sus invitados. He was very attentive to his guests. 3 (estar esperando) to be waiting (for sth): Estamos ~s de su decisión. We're waiting for his decision.

**pene** nm penis

**penetrante** adj 1 penetrating: una mirada ~ a penetrating look 2 (frío, viento) bitter

**penetrar** vt, vi ~ (en) 1 (entrar) to enter, to get into sth (más coloq): El agua penetró en la bodega. The water got into the basement. 2 (bala, flecha, sonido) to pierce: La bala le penetró el corazón. The bullet pierced his heart.

**penicilina** nf penicillin

**península** nf peninsula

**penique** nm penny [pl pennies] ⊅ Ver pág 682

**penitencia** nf penance: hacer ~ to do penance

**pensamiento** nm thought
LOC **adivinar/leer el pensamiento** to read sb's mind

**pensar** vt, vi 1 ~ (en) to think (about/of sth/sb), to think (about/of doing sth): ¿En quién piensas? Who are you thinking about? ◊ Estamos pensando en casarnos. We're thinking about getting married. ◊ Piensa un número. Think of a number. ◊ ¿Piensas que vendrán? Do you think they'll come? 2 (opinar) to think sth of sth/sb: ¿Qué piensas de Juan? What do you think of Juan? ◊ No pienses mal de ellos. Don't think badly of them. 3 (tener decidido): Pensábamos irnos mañana. We were going to go tomorrow. ◊ No pienso ir. I'm not going. ◊ ¿Piensas venir? Are you going to come? LOC **¡ni pensarlo!** no way! **pensándolo bien...** on second thought... **piénsalo** think it over

**pensativo, -a** adj thoughtful

**pensión** nf 1 (jubilación) pension: una ~ de retiro a retirement pension 2 (hostal) guest house LOC **pensión completa/media pensión** full/half board

**pensionista** nmf retired person [pl retired people]

**pentagrama** nm staff

**penúltimo, -a** adj penultimate, second-to-last (más coloq): el ~ capítulo the penultimate chapter ◊ la ~ parada the second-to-last stop

▸ nm-nf second-to-last

**peñón** nm rock: el Peñón de Gibraltar the Rock of Gibraltar

**peón** nm 1 (obrero) laborer 2 (Ajedrez) pawn

**peonza** nf (spinning) top: bailar una ~ to spin a top

**peor** adj, adv [uso comparativo] worse (than sth/sb): Este coche es ~ que aquel. This car is worse than that one. ◊ Hoy me encuentro mucho ~. I feel much worse today. ◊ Fue ~ de lo que me esperaba. It was worse than I had expected. ◊ Cocina aún ~ que su madre. She's an even worse cook than her mother.

▸ adj, adv, nmf ~ (de) [uso superlativo] worst (in/of...): Soy el ~ corredor del mundo. I'm the worst runner in the world. ◊ la ~ de todas the worst of all ◊ el que ~ canta the one who sings worst LOC Ver CADA, CASO

**pepinillo** nm pickle, gherkin (GB): ~s en vinagre pickles

**pepino** nm cucumber

**pepita** nf 1 (semilla) seed 2 (oro) nugget: ~s de oro gold nuggets

**pequeño, -a** adj 1 small: un ~ problema/detalle a small problem/detail ◊ El cuarto es demasiado ~. The room is too small. ⊅ Ver nota en SMALL 2 (poco importante) minor: unos ~s cambios a few minor changes

**pera** nf pear

**peral** nm pear tree

**percha** nf 1 (de pie) coat stand 2 (de pared) coat hook

**perdedor, -ora** adj losing: el equipo ~ the losing team

▸ nm-nf loser: ser un buen/mal ~ to be a good/bad loser

**perder** vt 1 to lose: Perdí el reloj. I've lost my watch. ◊ ~ altura/peso to lose height/weight 2 (medio de transporte, oportunidad) to miss: ~ el camión/avión to miss the bus/plane ◊ ¡No pierda esta oportunidad! Don't miss this opportunity! 3 (desperdiciar) to waste: ~ el tiempo to waste time ◊ sin ~ un minuto without wasting a minute 4 (dejar escapar) (a) (líquido, gas) to leak: El tanque pierde gasolina. The tank is leaking gas. ◊ ~ aceite/gas to have an oil/gas leak (b) (aire) to lose air

▸ vi 1 ~ (a) to lose (at sth): Hemos perdido. We've lost. ◊ ~ al ajedrez to lose at chess 2 (salir perjudicado) to lose out: Tú eres el

único que pierde. You're the only one to lose out.

▸ **perderse** *vpr* **1** to get lost: *Si no llevas mapa te perderás.* If you don't take a map you'll get lost. **2** (*película, espectáculo*) to miss: *No te pierdas esa película.* Don't miss that movie. **LOC** echar algo a perder to ruin sth echarse a perder (*comida*) to go bad perder algo/a algn de vista to lose sight of sth/sb perder el rastro to lose track *of sth/sb* perder la cabeza/el juicio to go crazy perder la calma to lose your temper salir perdiendo to lose out *Ver tb* CONOCIMIENTO

**pérdida** *nf* **1** loss: *Su marcha fue una gran ~.* His leaving was a great loss. ◇ *sufrir ~s económicas* to lose money **2** (*de tiempo, dinero*) waste: *Esto es una ~ de tiempo.* This is a waste of time. **3** **pérdidas** (*daños*) damage [*incontable*]: *Las ~s a causa de la tormenta son cuantiosas.* The storm damage is extensive. **LOC** no tiene pérdida you can't miss it pérdidas y ganancias profit and loss

**perdido, -a** *adj* **1** lost: *Estoy completamente perdida.* I'm completely lost. **2** (*perro*) stray **LOC** *Ver* OBJETO; *Ver tb* PERDER

**perdigón** *nm* pellet

**perdiz** *nf* partridge

**perdón** *nm* forgiveness
▸ **¡perdón!** *interj* sorry ➔ *Ver nota en* EXCUSE **LOC** *Ver* PEDIR

**perdonar** *vt* **1** to forgive *sb* (*for sth/doing sth*): *¿Me perdonas?* Will you forgive me? ◇ *Jamás le perdonaré lo que me hizo.* I'll never forgive him for what he did. **2** (*deuda, obligación, condena*) to write *sth* off: *Me perdonó los mil pesos que le debía.* He wrote off the thousand pesos I owed him. **LOC** perdona, perdone, etc. **1** (*para pedir disculpas*) sorry: *¡Ay! Perdona, ¿te pisé?* Sorry, did I stand on your foot? **2** (*para llamar la atención*) excuse me: *¡Perdone! ¿Tiene hora?* Excuse me! Do you have the time, please? **3** (*cuando no se ha oído bien*) sorry, I beg your pardon (*formal*): —*Soy la señora de Rodríguez.* —*¡Perdone! ¿Señora de qué?* "I am Mrs. Rodríguez." "Sorry? Mrs. who?" ➔ *Ver nota en* EXCUSE

**peregrinación** *nf* (*tb* **peregrinaje** *nm*) pilgrimage: *ir en ~* to go on a pilgrimage

**peregrino, -a** *nm-nf* pilgrim

**perejil** *nm* parsley

**perenne** *adj* **LOC** *Ver* HOJA

**pereza** *nf* laziness

**perezoso, -a** *adj* lazy **LOC** *Ver* CORTO

**perfeccionar** *vt* (*mejorar*) to improve: *Quiero ~ mi alemán.* I want to improve my German.

**perfecto, -a** *adj* perfect

**perfil** *nm* **1** (*persona*) profile: *Está más guapo de ~.* He's better looking in profile. ◇ *un retrato de ~* a profile portrait ◇ *Ponte de ~.* Stand sideways. **2** (*edificio, montaña*) outline

**perfilar** *vt* (*dibujo*) to draw the outline of *sth*

**perfumado, -a** *adj* scented *Ver tb* PERFUMAR

**perfumar** *vt* to perfume
▸ **perfumarse** *vpr* to put perfume on

**perfume** *nm* perfume

**perfumería** *nf* perfumery [*pl* perfumeries]

**perico** *nm* **1** (*ave*) parrot **2** (*persona*) windbag

**periférico, -a** *adj* **LOC** *Ver* ANILLO

**perímetro** *nm* perimeter

**periódico, -a** *adj* periodic
▸ *nm* newspaper, paper (*más coloq*) **LOC** puesto/quiosco de periódicos newsstand *Ver tb* REPARTIDOR

**periodismo** *nm* journalism

**periodista** *nmf* journalist

**periodo** (*tb* **período**) *nm* period **LOC** tener el período to have your period *Ver tb* GLACIAR

**periquito** *nm* parakeet

**perito** *nmf* expert (*at/in/on sth*) **LOC** perito agrónomo agronomist

**perjudicar** *vt* **1** (*salud*) to damage **2** (*intereses*) to prejudice

**perjudicial** *adj* ~ (**para**) (*salud*) bad (*for sth/sb*): *El tabaco es ~ para la salud.* Cigarettes are bad for your health.

**perjuicio** *nm* harm: *ocasionar un ~ a algn* to cause/do sb harm **LOC** ir en perjuicio de algn to go against sb *Ver tb* DAÑO

**perla** *nf* pearl **LOC** ir/venir de perlas to come in (very) handy: *Me viene de ~s.* It will come in very handy.

**permanecer** *vi* to remain, to be (*más coloq*): ~ *pensativo/sentado* to remain thoughtful/seated ◇ *Permanecí despierta toda la noche.* I was awake all night.

**permanente** *adj* permanent
▸ *nm o nf* (*pelo*) perm: *hacerse un ~* to have your hair permed

**permiso** *nm* **1** (*autorización*) permission (*for sth/to do sth*): *pedir/dar ~* to ask for/give permission **2** (*documento*) permit: ~ *de residencia/trabajo* residence/work permit **LOC** con (su) permiso: *Con ~, ¿puedo pasar?* May I come in? ◇ *Me siento aquí, con su ~.* I'll sit here, if you don't mind.

P

**permitir** vt **1** (dejar) to let sb (do sth): *Permítame ayudarle.* Let me help you. ◇ *No me lo permitirían.* They wouldn't let me. **2** (autorizar) to allow sb to do sth: *No permiten entrar sin corbata.* You are not allowed in without a tie. ➔ *Ver nota en* ALLOW

▶ **permitirse** vpr **1** (atreverse, tomarse) to take: *Se permite demasiadas confianzas con ellos.* He takes too many liberties with them. **2** (económicamente) to afford: *No nos lo podemos ~.* We can't afford it. **LOC** *¿me permite…?:* ¿*Me permite su encendedor?* May I use your lighter? **no se permite…** it is forbidden to do sth: *No se permite fumar en esta zona.* It is forbidden to smoke in this area.

**permutación** nf (Mat) permutation

**pero** conj but: *lento ~ seguro* slowly but surely

▶ nm (defecto) fault: *Le encuentra ~s a todo.* You find fault with everything.

**perpendicular** adj perpendicular (to sth)

▶ nf (línea) perpendicular

**perpetuo, -a** adj perpetual **LOC** *Ver* CADENA

**perplejo, -a** adj puzzled: *Me quedé ~.* I was puzzled.

**perra** nf (animal) bitch ➔ *Ver nota en* PERRO

**perrera** nf kennel

**perrilla** nf sty(e) [pl sties/styes]: *Me salió una ~.* I have a stye.

**perrito, -a** nm-nf puppy [pl puppies] ➔ *Ver nota en* PERRO

**perro, -a** nm-nf dog

Para referirnos sólo a la hembra, decimos **bitch**. A los perros recién nacidos se les llama **puppies**.

**LOC** **llevarse como perros y gatos** to fight like cat and dog **perro callejero** stray (dog) **perro faldero** (lit y fig) lapdog **perro guardián** guard dog **perro ladrador…** his/her bark is worse than his/her bite **perro lobo** German shepherd **perro pastor** sheepdog **perro San Bernardo** St. Bernard *Ver tb* CRIADERO

**persecución** nf **1** (tratando de alcanzar) pursuit: *La policía iba en ~ de los atracadores.* The police went in pursuit of the robbers. **2** (Pol, Relig) persecution

**perseguir** vt **1** (tratar de alcanzar) to pursue: *~ un coche/objetivo* to pursue a car/an objective **2** (Pol, Relig) to persecute

**persiana** nf blinds [pl]: *subir/bajar las ~s* to raise/lower the blinds

**persistente** adj persistent

**persistir** vi to persist (in sth)

**persona** nf person [pl people]: *miles de ~s* thousands of people ➔ *Ver nota en* PERSON **LOC** **persona mayor** grown-up **por persona** a head: *5,000 pesos por ~* 5 000 pesos a head **ser (una) buena persona** to be nice: *Son muy buenas ~s.* They're very nice.

**personaje** nm **1** (de libro, película, etc.) character: *el ~ principal* the main character **2** (persona importante) personality [pl personalities]

**personal** adj personal

▶ nm (empleados) staff, personnel (más formal) **LOC** *Ver* ASEO, COMPUTADORA, DATO, EFECTO

**personalidad** nf personality [pl personalities]

**perspectiva** nf **1** (punto de vista, en dibujo) perspective: *A ese cuadro le falta ~.* The perspective's not quite right in that painting. **2** (vista) view **3** (en el futuro) prospect: *buenas ~s* good prospects

**perspicacia** nf insight

**perspicaz** adj perceptive

**persuadir** vt to persuade

▶ **persuadirse** vpr to become convinced (of sth/that…)

**persuasivo, -a** adj persuasive

**pertenecer** vi to belong to sth/sb: *Este collar perteneció a mi abuela.* This necklace belonged to my grandmother.

**perteneciente** adj ~ a belonging to sth/sb: *los países ~s a la OPEP* the countries belonging to OPEC

**pertenencia** nf **1** (a un partido, club, etc.) membership **2 pertenencias** belongings

**pertinente** adj relevant

**Perú** nm Peru

**pervertir** vt to pervert

**pesa** nf **1** weight **2** (balanza) scale, scales [pl] (GB) **LOC** **hacer pesas** to lift weights

**pesadez** nf **1** (aburrimiento): ¡*Qué ~ de película!* What a boring movie! **2** (molestia) nuisance: *Estas moscas son una ~.* These flies are a nuisance.

**pesadilla** nf nightmare: *Anoche tuve una ~.* I had a nightmare last night.

**pesado, -a** adj **1** heavy: *una maleta/comida pesada* a heavy suitcase/meal **2** (aburrido) boring

▶ adj, nm-nf (pelmazo) pain [n]: *Son unos ~s.* They're a pain. ◇ *No seas ~.* Don't be such a pain. **LOC** *Ver* BROMA; *Ver tb* PESAR¹

**pésame** nm condolences [pl]: *Mi más sentido ~.* My deepest condolences. **LOC** **dar el pésame** to offer sb your condolences

**pesar¹** *vt* to weigh: *~ una maleta* to weigh a suitcase
▶ *vi* **1** to weigh: *¿Cuánto pesas?* How much do you weigh? **2** *(tener mucho peso)* to be heavy: *¡Este paquete sí que pesa!* This package is very heavy. ◊ *¿Te pesa?* Is it very heavy? ◊ *¡Cómo pesa!* It weighs a ton! ◊ *¡No pesa nada!* It hardly weighs a thing! **LOC** **pesar como un muerto** to weigh a ton

**pesar²** *nm* *(tristeza)* sorrow **LOC** **a pesar de algo** in spite of sth: *Fuimos a ~ de la lluvia.* We went in spite of the rain. **a pesar de que...** although...: *A ~ de que implicaba riesgos...* Although it was risky...

**pesca** *nf* fishing: *ir de ~* to go fishing **LOC** *Ver* FURTIVO

**pescadería** *nf* fish market, fishmonger's

**pescadero, -a** *nm-nf* fish seller, fishmonger *(GB)*

**pescado** *nm* fish [*incontable*]: *Voy a comprar ~.* I'm going to buy some fish. ◊ *Es un tipo de ~.* It's a kind of fish. ➔ *Ver nota en* FISH **LOC** **pescado azul/blanco** blue/white fish *Ver tb* PARRILLA

**pescador, -ora** *nm-nf* **1** *(masc)* fisherman [*pl* -men] **2** *(fem)* fisherwoman [*pl* -women] **LOC** *Ver* FURTIVO

**pescar** *vi* to fish: *Habían salido a ~.* They'd gone out fishing.
▶ *vt* to catch: *Pesqué dos truchas.* I caught two trout. ◊ *~ una pulmonía* to catch pneumonia **LOC** *Ver* CAÑA

**pesero** *nm* fixed-route collective taxi

**pesimista** *adj* pessimistic
▶ *nmf* pessimist

**pésimo, -a** *adj* dreadful

**peso** *nm* **1** weight: *subir/bajar de ~* to put on/lose weight ◊ *vender algo a ~* to sell sth by weight ◊ *~ bruto/neto* gross/net weight **2** *(moneda)* peso **LOC** **de peso 1** *(persona)* influential **2** *(asunto)* weighty **no tener ni un peso** not to have a dime, not to have a penny *(GB)*: *No puedo comprarte nada, no tengo ni un ~.* I can't buy you anything, I don't have a dime. *Ver tb* QUITAR

**pesquero, -a** *adj* fishing: *un puerto ~* a fishing port
▶ *nm* *(barco)* fishing boat

**pestaña** *nf* **1** *(ojo)* eyelash **2** *(Informát)* tab

**pestañear** *vi* to blink **LOC** **sin pestañear** without batting an eye, without batting an eyelid *(GB)*: *Escuchó la noticia sin ~.* He heard the news without batting an eye.

**peste** *nf* **1** *(enfermedad)* plague **2** *(mal olor)* (rotten) smell: *¡Qué ~ hay!* What a smell! **LOC** **decir/echar pestes (de)** to rag on sth/sb, to slag sth/sb off *(GB)*

**pestillo** *nm* latch: *echar el ~* to put the latch on

**petaca** *nf* suitcase, case *(más coloq)* ➔ *Ver dibujo en* LUGGAGE **LOC** **hacer la petaca** to pack

**pétalo** *nm* petal

**petardo** *nm* *(explosivo)* firecracker

**petatearse** *vpr* to kick the bucket

**petición** *nf* **1** *(ruego)* request: *hacer una ~ de ayuda* to make a request for help **2** *(instancia)* petition: *redactar una ~* to draw up a petition

**petirrojo** *nm* robin

**peto** *nm* (bib) overalls [*pl*]

**petróleo** *nm* oil: *un pozo de ~* an oil well

**petrolero, -a** *adj* oil: *la industria petrolera* the oil industry
▶ *nm* *(barco)* oil tanker **LOC** *Ver* YACIMIENTO

**pez** *nm* fish [*pl* fish]: *peces de agua dulce* freshwater fish ◊ *Hay dos peces en la pecera.* There are two fish in the fish bowl. ➔ *Ver nota en* FISH **LOC** **pez de colores** goldfish [*pl* goldfish] **pez gordo** big shot

**pezón** *nm* **1** *(persona)* nipple **2** *(animal)* teat

**pezuña** *nf* hoof [*pl* hoofs/hooves]

**piadoso, -a** *adj* devout **LOC** *Ver* MENTIRA

**pianista** *nmf* pianist

**piano** *nm* piano [*pl* pianos]: *tocar una pieza al ~* to play a piece of music on the piano **LOC** **piano de cola** grand piano

**piar** *vi* to chirp

**picadero** *nm* riding school

**picado, -a** *adj* **1** *(diente)* bad **2** *(mar)* choppy **LOC** **caer en picada** to nosedive *Ver tb* PICAR

**picadura** *nf* **1** *(mosquito, serpiente)* bite: *una ~ de serpiente* a snake bite **2** *(abeja, avispa)* sting

**picante** *adj* *(Cocina)* hot: *una salsa ~* a hot sauce

**picapica** *nm* itching powder [*incontable*]

**picaporte** *nm* door handle

**picar** *vt, vi* **1** *(mosquito, serpiente)* to bite **2** *(abeja, avispa)* to sting **3** *(pájaro)* to peck
▶ *vt* *(cebolla, verdura)* to chop sth (up)
▶ *vi* **1** *(producir picor)* to itch: *Este suéter pica.* This sweater makes me itch. **2** *(ojos)* to sting: *Me pican los ojos.* My eyes are stinging. **3** *(pez)* to bite: *¡Ya picó uno!* I've got a bite! **4** *(ser picante)* to be

P

hot: *¡Esta salsa pica muchísimo!* This sauce is terribly hot!
▶ **picarse** *vpr* **1** (*diente, fruta*) to go bad **2** **picarse (con) (algo)** (*interesarse*) to get interested in *sth*, to get into *sth* (*coloq*): *Se pica con su trabajo.* He's really into his job. **3** (*pincharse*) to prick yourself: *Se picó el dedo.* She pricked her finger. **LOC** **picarse la nariz** to pick your nose *Ver tb* BICHO, MOSCA

**picardía** *nf* craftiness: *tener mucha ~* to be very crafty ◊ *Tienes que hacerlo con ~.* You have to be crafty.

**pichón** *nm* young pigeon

**picnic** *nm* picnic: *ir de ~* to go for a picnic

**pico** *nm* **1** (*pájaro*) beak **2** (*montaña*) peak: *los ~s cubiertos de nieve* the snow-covered peaks **3** (*herramienta*) pick **LOC** **y pico 1** odd: *dos mil y ~ pesos/personas* two thousand odd pesos/people ◊ *Tiene treinta y ~ años.* He's thirty something. **2** (*hora*) just after: *Eran las dos y ~.* It was just after two. *Ver tb* CUELLO, ESCOTE¹, HORA

**picor** *nm* **1** (*picazón*) itch: *Tengo ~ en la espalda.* I have an itchy back. **2** (*escozor*) stinging **3** (*garganta*) tickle

**picoso, -a** *adj* hot

**picotazo** *nm* **1** (*mosquito*) bite **2** (*abeja, avispa*) sting: *No te muevas o te pegará un ~.* Don't move or it'll sting you. **3** (*pájaro*) peck

**pie** *nm* **1** foot [*pl* feet]: *el ~ derecho/izquierdo* your right/left foot ◊ *tener los ~s planos* to have flat feet ◊ *al ~ de la cama* at the foot of the bed **2** (*página, escalera, colina*) bottom, foot (*más formal*): *a ~ de página* at the bottom of the page **3** (*estatua, columna*) pedestal **4** (*copa*) stem **5** (*lámpara*) stand **LOC** **al pie de la letra** word for word **a pie** on foot **de pies a cabeza** from head to toe **estar de pie** to be standing (up) **hacer pie** *No hago ~.* My feet don't touch the bottom. **no tener ni pies ni cabeza** to be absurd **ponerse de pie** to stand up *Ver tb* COJEAR, LÁMPARA, LEVANTAR, MANTENER, PLANTA, SEGUIR

**piedad** *nf* **1** (*compasión*) mercy (*on sb*): *Señor, ten ~.* Lord have mercy. **2** (*devoción*) piety **3** (*imagen, escultura*) pietà

**piedra** *nf* stone: *una pared de ~* a stone wall ◊ *una ~ preciosa* a precious stone **LOC** **quedarse como/de piedra** to be speechless *Ver tb* TIRO

**piel** *nf* **1** (*Anat*) skin: *tener la ~ blanca/morena* to have fair/dark skin **2** (*zorro, visón, etc.*) fur: *un abrigo de ~es* a fur coat **3** (*cuero*) leather: *una cartera de ~* a leather wallet **4** (*fruta*) **(a)** skin: *Quítale la ~ a las uvas.* Peel the grapes. **(b)** (*cítricos,*

*papas, etc.*) peel ➔ *Ver nota en* PEEL **LOC** *Ver* GALLINA

**piercing** *nm* piercing: *un ~ en la lengua* a tongue piercing ◊ *hacerse un ~ en el ombligo* to have your belly button pierced

**pierna** *nf* leg: *romperse una ~* to break your leg ◊ *cruzar/estirar las ~s* to cross/stretch your legs **LOC** **con las piernas cruzadas** cross-legged ➔ *Ver dibujo en* CROSS-LEGGED

**pieza** *nf* **1** (*Ajedrez, Mús*) piece **2** (*Mec*) part: *una ~ de repuesto* a spare part **LOC** **quedarse de una pieza** to be speechless

**pigmento** *nm* pigment

**pila** *nf* **1** (*montón*) pile: *una ~ de periódicos* a pile of newspapers **2** (*Electrón*) battery [*pl* batteries]: *Se acabaron las ~s.* The batteries have run out. **3** (*fuente*) basin **LOC** **pila bautismal** font *Ver tb* NOMBRE

**pilar** *nm* pillar

**píldora** *nf* pill: *¿Estás tomando la ~?* Are you on the pill?

**pillaje** *nm* plunder

**piloncillo** *nm* sugarloaf [*pl* sugarloaves]

**pilotar** *vt* **1** (*avión*) to fly **2** (*coche*) to drive

**piloto** *nmf* **1** (*avión*) pilot **2** (*coche*) racing driver **LOC** **piloto automático** automatic pilot: *El avión iba con el ~ automático.* The plane was on automatic pilot.

**pimentón** *nm* paprika

**pimienta** *nf* pepper

**pimiento** *nm* pepper **LOC** **pimiento morrón** bell pepper, pepper (*GB*)

**pincel** *nm* paintbrush ➔ *Ver dibujo en* BRUSH

**pinchar** *vt* to prick: *~ a algn con un alfiler* to prick sb with a pin

**pingo** *nm* rascal

**ping-pong®** *nm* Ping-Pong®

**pingüino** *nm* penguin

**pino** *nm* pine (tree)

**pinta** *nf* **1** (*aspecto*) look: *No me gusta la ~ de ese pescado.* I don't like the look of that fish. **2** (*medida*) pint (*abrev* pt.) ➔ *Ver págs 680* **LOC** **irse de pinta** to play hooky, to play truant (*GB*) **tener pinta (de)** to look (like *sth*): *Con ese traje tienes ~ de payaso.* You look like a clown in that suit. ◊ *Esos pasteles no tienen muy buena ~.* Those cakes don't look very nice.

**pintada** *nf* graffiti [*incontable*]: *Había ~s por toda la pared.* There was graffiti all over the wall. ◊ *Había una ~ que decía…* There was graffiti saying…

**pintado, -a** adj LOC **pintado de** painted: *Las paredes están pintadas de azul.* The walls are painted blue. Ver tb PINTAR

**pintar** vt, vi **1** to paint: ~ *una pared de rojo* to paint a wall red ◊ *Me gusta* ~. I like painting. **2** (*colorear*) to color (*sth*) (*in*): *El niño había pintado la casa de azul.* The little boy had colored the house blue. ◊ *Dibujó una pelota y luego la pintó.* He drew a ball and then colored it in.
▸ vi to write: *Esta pluma no pinta.* This pen doesn't write.
▸ **pintarse** vpr **1** to paint: ~*se las uñas* to paint your nails **2** (*maquillarse*) to put on your makeup: *No he tenido tiempo de* ~*me.* I haven't had time to put on my makeup. LOC **pintar al óleo/a la acuarela** to paint in oils/watercolors **pintarse los labios/ojos** to put on your lipstick/eye makeup

**pintor, -ora** nm-nf painter

**pintoresco, -a** adj picturesque: *un paisaje* ~ a picturesque landscape

**pintura** nf **1** (*actividad, cuadro*) painting: *La* ~ *es una de mis aficiones.* Painting is one of my hobbies. **2** (*producto*) paint: *una mano de* ~ a coat of paint LOC Ver ÓLEO

**pinza** nf **1** (*para tender*) clothespin, clothes peg (*GB*) **2** (*de pelo*) hair clip **3** (*cangrejo, langosta*) claw **4 pinzas** **(a)** tweezers: *unas* ~*s para las cejas* tweezers **(b)** (*azúcar, hielo, carbón*) tongs **(c)** (*alicates*) pliers ❯ Ver nota en PAIR

**piña** nf **1** (*fruta*) pineapple **2** (*de pino*) pine cone

**piñón** nm (*Cocina*) pine nut

**pío** nm (*sonido*) tweet LOC **no decir ni pío** not to open your mouth

**piocha** nf goatee

**piojo** nm louse [*pl* lice]

**pionero, -a** adj pioneering
▸ nm-nf pioneer (*in sth*): *un* ~ *de la cirugía estética* a pioneer in cosmetic surgery

**pipa** nf **1** (*para fumar*) pipe: *fumar en* ~ to smoke a pipe ◊ *la* ~ *de la paz* the pipe of peace **2** (*camión*) tanker truck, tanker (*GB*)

**pique** nm (*enojo*) quarrel: *Siempre están de* ~. They're always quarreling. LOC **irse a pique 1** (*negocio*) to go broke **2** (*plan*) to fall through

**piquete** nm **1** prick **2** (*con jeringa*) jab LOC **piquete de mosco** mosquito bite

**pirado, -a** adj nuts: *estar* ~ to be nuts Ver tb PIRARSE

**piragua** nf canoe

**piragüismo** nm canoeing: *hacer* ~ to go canoeing

**pirámide** nf pyramid

**pirata** adj, nmf pirate: *un barco/una emisora* ~ a pirate boat/radio station

**piratear** vt **1** (*CD, DVD, etc.*) to pirate **2** (*entrar en un sistema informático*) to hack into *sth*

**pirómano, -a** nm-nf arsonist

**piropo** nm **1** (*cumplido*) compliment **2** (*en la calle*): *echar un* ~ *a algn* to whistle at sb

**pirueta** nf pirouette

**pirulí** nm lollipop

**pis** nm pee LOC **hacer pis** to pee

**pisada** nf **1** (*sonido*) footstep **2** (*huella*) footprint

**pisar** vt **1** to step on/in *sth*: ~*le el pie a algn* to step on sb's foot ◊ ~ *un charco* to step in a puddle **2** (*tierra*) to tread *sth* down **3** (*acelerador, freno*) to put your foot on *sth* **4** (*humillar*) to walk all over *sb*: *No te dejes* ~. Don't let people walk all over you.
▸ vi to tread LOC Ver PROHIBIDO

**piscina** nf swimming pool

**piscis** (*tb* Piscis) nm, nmf Pisces ❯ Ver ejemplos en AQUARIUS

**piso** nm (*suelo, planta*) floor: *Vivo en el tercer* ~. I live on the third floor. ❯ Ver nota en FLOOR LOC **de dos, etc. pisos** (*edificio*) two-story, etc.: *un edificio de cinco* ~*s* a five-story building

**pisotear** vt **1** (*pisar*) to stamp on *sth* **2** (*humillar, maltratar*) to trample on *sth*: ~ *los derechos de algn* to trample on sb's rights

**pisotón** nm LOC **dar un pisotón a algn** to step on sb's foot

**pista** nf **1** (*huella*) track(s): *seguir la* ~ *de un animal* to follow an animal's tracks ◊ *Le he perdido la* ~ *a Jorge.* I've lost track of Jorge. **2** (*dato*) clue: *Dame más* ~*s.* Give me more clues. **3** (*Atletismo*) track: *una* ~ *al aire libre/cubierta* an outdoor/indoor track **4** (*Aeronáut*) runway LOC **estar sobre la pista de algn** to be on sb's trail **pista de baile** dance floor **pista de esquí** ski slope **pista de hielo/patinaje** ice/skating rink

**pistache** nm pistachio [*pl* pistachios]

**pistola** nf gun LOC **pistola de aire comprimido** airgun Ver tb PUNTA

**pitar** vi **1** (*policía, árbitro*) to blow your whistle (*at sth/sb*): *El policía nos pitó.* The policeman blew his whistle at us. **2** (*claxon*) to honk (*at sth/sb*): *El conductor me pitó.* The driver honked at me. LOC **irse/salir pitando** to dash off

**pitido** nm **1** (tren, árbitro, policía) whistle: los ~s del tren the whistle of the train **2** (claxon) honk

**pito** nm (silbato) whistle

**pitón** nm python

**piyama** nf pajamas [pl]: Esa ~ te queda pequeña. Those pajamas are too small for you. **⊕** Nótese que una piyama se dice **a pair of pajamas**: Mete dos piyamas en la maleta. Pack two pairs of pajamas. **➲** Ver tb notas en PAIR y PANTALÓN

**pizarra** nf (roca) slate: un tejado de ~ a slate roof

**pizarrón** nm (tb **pizarra** nf) board: ir al ~ to go up to the board

> Existen también las palabras **whiteboard**, para los de plumón, y **blackboard**, para los de gis.

**LOC** **pizarrón electrónico** interactive whiteboard

**pizca** nf: una ~ de sal a pinch of salt ◊ una ~ de humor a touch of humor **LOC** **ni pizca**: Hoy no hace ni ~ de frío. It's not at all cold today. ◊ No tiene ni ~ de gracia. It's not the least bit funny.

**pizza** nf pizza

**placa** nf **1** (lámina, Fot, Geol) plate: ~s de acero steel plates ◊ La ~ de la puerta dice "dentista". The plate on the door says "dentist". **2** (conmemorativa) plaque: una ~ conmemorativa a commemorative plaque **3** (policía) badge **4** (coche) license plate, number plate (GB) **➲** Ver dibujo en COCHE

**placer** nm pleasure: un viaje de ~ a pleasure trip ◊ Tengo el ~ de presentarles al Dr García. It is my pleasure to introduce Dr. García.

**plaga** nf plague: una ~ de mosquitos a plague of mosquitos

**plan** nm **1** (intención, proyecto) plan: Cambié de ~es. I've changed my plans. ◊ ¿Tienes ~ para el sábado? Do you have anything planned for Saturday? **2** (actitud): Si sigues en ese ~, me voy. If you're going to keep this up, I'm going. **LOC** **plan de estudios** curriculum [pl curricula/curriculums]

**plancha** nf (electrodoméstico) iron **LOC** **a la plancha** grilled

**planchar** vt to iron: ~ una camisa to iron a shirt
> vi to do the ironing: Hoy me toca ~. I have to do the ironing today. **LOC** Ver BURRO

**planear¹** vt (organizar) to plan: ~ la fuga to plan your escape

**planear²** vi (avión, pájaro) to glide

**planeta** nm planet

**planificación** nf planning **LOC** **planificación familiar** family planning

**planilla** nf (electoral) ballot

**plano, -a** adj flat: una superficie plana a flat surface
> nm **1** (nivel) level: Las casas están construidas en distintos ~s. The houses are built on different levels. ◊ en el ~ personal on a personal level **2** (diagrama) **(a)** (ciudad, metro) map **(b)** (Arquit) plan **3** (Cine) shot **LOC** Ver PRIMERO

**planta** nf **1** (Bot, local de producción) plant: ~ de tratamiento de aguas residuales sewage plant **2** (piso) floor: Vivo en la ~ baja. I live on the ground floor. **➲** Ver nota en FLOOR **LOC** **planta de luz** generator **planta del pie** sole

**plantación** nf plantation

**plantado, -a** adj **LOC** **dejar plantado** to stand sb up Ver tb PLANTAR

**plantar** vt **1** to plant **2** (dar plantón) to stand sb up

**planteamiento** nm **1** (enfoque) approach: Tenemos distintos ~s en cuanto a ese tema. We have different approaches to that subject. **2** (análisis) analysis [pl analyses]: Hizo un ~ muy interesante del tema. He gave us a very interesting analysis of the subject. **3** (pregunta) question: Tú tienes que hacerte el siguiente ~… You need to ask yourself the question…

**plantear** vt to raise: ~ dudas/preguntas to raise doubts/questions ◊ El libro plantea temas muy importantes. The book raises very important issues.
> **plantearse** vpr to think (about sth/doing sth), to consider (sth/doing sth) (más formal): ¡Eso ni me lo planteo! I don't even think about that!

**plantel** nm **1** (personal) staff, personnel (más formal) **2** (Educ) **(a)** school (building): El ~ está muy lejos. The school is a long way away. **(b)** (universitario) campus [pl campuses]

**plantilla** nf **1** (zapato) insole **2** (personal) personnel

**plasta** adj, nmf (persona) pain (in the neck): ¡Qué ~ eres! You're a pain (in the neck)!
> nf (sustancia espesa) putty

**plástico, -a** adj plastic: la cirugía plástica plastic surgery
> nm plastic: un envase de ~ a plastic container ◊ Tápalo con un ~. Cover it with a plastic sheet. **LOC** Ver VASO

**plastilina®** nf play dough®, Plasticine® (GB)

**plata** nf silver: *un anillo de ~* a silver ring LOC *Ver* BAÑADO, BODA

**plataforma** nf platform

**plátano** nm **1** (*fruta*) banana **2** (*planta*) banana plant

**plateado, -a** adj **1** (*color*) silver: *pintura plateada* silver paint **2** (*revestido de plata*) silver-plated

**plática** nf **1** (*informal*) chat **2** (*charla pública*) talk **3** pláticas (*negociaciones*) discussions

**platicar** vi to chat

**platillo** nm **1** (*para taza*) saucer ◆ *Ver dibujo en* CUP **2** platillos (*Mús*) cymbals **3** (*guiso*) dish **4** (*parte de la comida*) course LOC **platillo volador** flying saucer *Ver tb* BOMBO

**platino** nm platinum

**plato** nm **1** (*utensilio*) **(a)** plate: *¡Ya se rompió otro ~!* There goes another plate! ◊ *No dejes los ~s sin fregar.* Don't forget to do the pots and pans. **(b)** (*para debajo de la taza*) saucer ◆ *Ver dibujo en* CUP **2** (*guiso*) dish: *un ~ típico del país* a national dish **3** (*parte de la comida*) course: *De primer ~ comí sopa.* I had soup for my first course. ◊ *el ~ fuerte* the main course LOC **plato hondo/sopero** soup plate **plato extendido/de postre** dinner/dessert plate *Ver tb* LAVAR, SECAR

**platón** nm serving dish

**playa** nf beach: *Pasamos el verano en la ~.* We spent the summer at the beach.

**playera** nf T-shirt

**plaza** nf **1** (*espacio abierto*) square: *la ~ mayor* the main square **2** (*tianguis*) marketplace **3** (*asiento*) seat: *¿Queda alguna ~ en el autobús?* Are there any seats left on the bus? **4** (*puesto de trabajo*) post LOC **plaza de toros** bullring

**plazo** nm **1** (*periodo*): *el ~ de inscripción* the registration period ◊ *Tenemos un mes de ~ para pagar.* We have a month to pay. ◊ *El ~ vence mañana.* The deadline is tomorrow. **2** (*pago*) installment: *pagar algo a ~s* to pay for sth in installments LOC *Ver* COMPRAR

**plegable** adj folding: *una cama ~* a folding bed

**plegar** vt to fold

**pleito** nm **1** (*Jur*) lawsuit **2** (*pelea*) fight: *Tuve un ~ con Juan.* I had a fight with Juan.

**pleno, -a** adj full: *~s poderes* full powers ◊ *Soy miembro de ~ derecho.* I'm a full member. LOC **a plena luz del día** in broad daylight **en plena forma** in peak condition **en pleno…** (right) in the middle of…: *en ~ invierno* in the middle of winter ◊ *en ~ centro de la ciudad* right in the center of the city

**pliegue** nm **1** fold: *La tela caía formando ~s.* The material hung in folds. **2** (*falda*) pleat

**plomero, -a** nm-nf plumber

**plomo** nm (*metal*) lead LOC *Ver* GASOLINA

**pluma** nf **1** (*de ave*) feather: *una almohada de ~s* a feather pillow **2** (*bolígrafo*) ballpoint pen LOC **pluma fuente** fountain pen

**plumero** nm feather duster

**plumón** nm felt-tip pen LOC **plumón fosforescente** highlighter (pen)

**plural** adj, nm plural

**plutonio** nm plutonium

**población** nf **1** (*conjunto de personas*) population: *la ~ activa* the working population **2** (*localidad*) **(a)** (*ciudad grande*) city [pl cities] **(b)** (*ciudad pequeña*) town

**poblado** nm small town

**pobre** adj poor
▶ nmf **1** poor man/woman [pl men/women]: *los ricos y los ~s* the rich and the poor **2** (*desgraciado*) poor thing: *¡Pobre! Tiene hambre.* He's hungry, poor thing!

**pobreza** nf poverty

**pocilga** nf pigsty [pl pigsties]

**poco, -a** adj **1** [con sustantivo incontable] not much, little (*más formal*): *Tengo poco dinero.* I don't have much money. ◊ *Tienen muy ~ interés.* They have very little interest. **2** [con sustantivo contable] not many, few (*más formal*): *Tiene ~s amigos.* He doesn't have many friends. ◊ *en muy pocas ocasiones* on very few occasions ◆ *Ver nota en* LESS
▶ pron little [pl few]: *Vinieron muy ~s.* Very few came.
▶ adv **1** (*poca cantidad, pocas veces*) not much: *Come ~ para lo alto que está.* He doesn't eat much for his size. **2** (*poco tiempo*) not long: *Lo vi hace ~.* I saw her not long ago/recently. **3** [con adjetivo] not very: *Es ~ inteligente.* He's not very intelligent. LOC **¿a poco?** really? **a poco de** shortly after: *a ~ de irte* shortly after you left **poco a poco** gradually **poco más/menos (de)** just over/under: *~ menos de 5,000 personas* just under 5 000 people **por poco** almost: *Por ~ me atropellan.* I was almost run over. **unos pocos** a few: *unos ~s claveles* a few carnations ◊ *—¿Cuántos quieres? —Dame unos ~s.* "How many would you like?" "Just a few." ◆ *Ver nota en* FEW **un poco** a little, a bit (*más coloq*): *un ~ más/mejor* a little more/better ◊ *un ~ de azúcar* a little sugar ◊ *Espera un ~.* Wait a moment.

**ℹ** Para otras expresiones con **poco**, véanse las entradas del sustantivo, adjetivo, etc., p. ej. **al poco tiempo** en TIEMPO.

**podadora** nf lawnmower

**podar** vt **1** (árbol) to prune **2** (pasto) to cut

**poder¹** vt, vi **1** (tener la posibilidad, ser capaz) can do sth, to be able to do sth (más formal): Puedo escoger Ixtapa o Cancún. I can choose Ixtapa or Cancún. ◊ No podía creerlo. I couldn't believe it. ◊ Desde entonces no ha podido caminar. He hasn't been able to walk since then. ➔ Ver nota en CAN¹ **2** (tener permiso) can, may (más formal): ¿Puedo hablar con Andrés? Can I talk to Andrés? ➔ Ver nota en MAY **3** (probabilidad) may, could, might

El uso de **may, could, might** depende del grado de probabilidad de realizarse la acción: **could** y **might** expresan menor probabilidad que **may**: Pueden llegar en cualquier momento. They may arrive at any minute. ◊ Podría ser peligroso. It could/might be dangerous. ➔ Ver tb pág 306

**LOC** **no poder más 1** (estar cansado) to be exhausted **2** (no aguantar más): Tengo que dejar este trabajo, no puedo más. I have to leave this job. I can't take any more. **no puede ser (que)…** I can't believe…: ¡No puede ser! I can't believe it! ◊ No puede ser que no lo sepa. I can't believe he doesn't know. **poder con** to cope with sth: No puedo con tanta tarea. I can't cope with so much homework. **puede (que…)** maybe: Puede que sí, puede que no. Maybe, maybe not. **se puede/no se puede:** ¿Se puede? May I come in? ◊ No se puede fumar aquí. You can't smoke in here. **ℹ** Para otras expresiones con **poder**, véanse las entradas del sustantivo, adjetivo, etc., p. ej. **sálvese quien pueda** en SALVAR.

**poder²** nm power: tomar el ~ to seize power **LOC** **el poder ejecutivo/judicial/legislativo** the executive/judiciary/legislature

**poderoso, -a** adj powerful

**podrido, -a** adj rotten: una manzana/sociedad podrida a rotten apple/society

**poema** nm poem

**poesía** nf **1** (género literario) poetry: la ~ épica epic poetry **2** (poema) poem

**poeta** nmf poet

**poético, -a** adj poetic

**polaco, -a** adj, nm Polish: hablar ~ to speak Polish
▶ nm-nf Pole: los ~s the Poles

**polar** adj polar
▶ nm (ropa) fleece **LOC** Ver CÍRCULO

**polea** nf pulley [pl pulleys]

**polémica** nf controversy [pl controversies]

**polémico, -a** adj controversial

**polen** nm pollen

**poli** nmf cop
▶ nf cops [pl]: Viene la ~. The cops are coming.

**policía** nmf police officer **ℹ** Se puede decir también **policeman** o **policewoman**.
▶ nf police [pl]: La ~ está investigando el caso. The police are investigating the case. **LOC** **policía de tránsito 1** (organismo) traffic police **2** (individuo) **(a)** (masc) traffic policeman [pl -men] **(b)** (fem) traffic policewoman [pl -women] Ver tb JEFE, MUNICIPAL

**policiaco, -a** (tb policíaco, -a) adj **LOC** Ver GÉNERO, NOVELA, PELÍCULA

**policial** adj **LOC** Ver CORDÓN, FICHA

**polígono** nm (Geom) polygon

**polilla** nf moth

**politécnico, -a** adj polytechnic

**política** nf **1** (Pol) politics [incontable]: meterse en ~ to get involved in politics **2** (postura, programa) policy [pl policies]: la ~ exterior foreign policy

**político, -a** adj **1** (Pol) political: un partido ~ a political party **2** (diplomático) diplomatic **3** (familia) in-law: padre ~ father in-law ◊ mi familia política my in-laws
▶ nm-nf politician: un ~ de izquierda a left-wing politician

**póliza** nf (seguros) policy [pl policies]: sacar una ~ to take out a policy

**polizón** nmf stowaway: colarse de ~ to stow away

**pollito** (tb polluelo) nm chick

**pollo** nm chicken: ~ asado/rostizado roast chicken

**polo** nm (Geog, Fis) pole: el ~ Norte/Sur the North/South Pole **LOC** **ser polos opuestos** (carácter) to be as different as night and day

**Polonia** nf Poland

**polvareda** nf cloud of dust: levantar una ~ to raise a cloud of dust

**polvo** nm **1** (suciedad) dust: Hay mucho ~ en el librero. There's a lot of dust on the bookcase. ◊ Estás levantando ~. You're kicking up the dust. **2** (Cocina, Quím) powder **3** polvos (tocador) powder [incontable] **LOC** **hecho polvo** (cansado) worn out **limpiar/quitar el polvo (a/de)** to dust (sth) Ver tb LECHE

**pólvora** nf gunpowder

**polvoriento, -a** adj dusty

**pomada** *nf* ointment

**pompa** *nf* **1** (*solemnidad*) pomp **2** **pompas** bottom [*v sing*] **LOC pompas fúnebres 1** (*entierro*) funeral [*v sing*] **2** (*funeraria*) funeral home, undertaker's (*GB*)

**pomposo, -a** *adj* pompous: *un lenguaje retórico y ~* rhetorical, pompous language

**pómulo** *nm* cheekbone

**ponchadura** *nf* (*de llanta*) flat, puncture (*GB*)

**ponchar** *vt* to puncture
▸ **poncharse** *vpr*: *Se ponchó la llanta.* The tire is flat.

**poner** *vt* **1** (*colocar*) to put: *Pon los libros sobre la mesa/en una caja.* Put the books on the table/in a box. ◇ *Me pones en una situación difícil.* You're putting me in a difficult position. ◇ *Puse 2,000 pesos en mi cuenta.* I put 2 000 pesos into my account. **2** (*aparato*) to turn *sth* on: *~ el radio* to turn on the radio **3** (*CD, etc.*) to play **4** (*reloj*) to set: *Pon el despertador a las seis.* Set the alarm for six. **5** (*vestir*) to put *sth* on (*for sb*): *Ponle la bufanda a tu hermano.* Put your brother's scarf on for him. **6** (*servir*) to give: *Ponme un poco más de sopa.* Give me some more soup please. **7** (*huevos, mesa*) to lay **8** (*tarea*) to set **9** (*película, programa*) to show: *¿Qué ponen esta noche?* What's on tonight? **10** (*obra de teatro*) to put *sth* on **11** (*sábana, mantel*) to put *sth* on: *Pon el mantel/la sábana.* Put the tablecloth on the table./Put the sheet on the bed. **12** (*negocio, tienda*) to open: *Pusieron una zapatería nueva en el centro.* They opened a new shoe store downtown.
▸ **ponerse** *vpr* **1** (*de pie*) to stand: *Ponte a mi lado.* Stand next to me. **2** (*sentado*) to sit **3** (*vestirse*) to put *sth* on: *~se los zapatos* to put your shoes on ◇ *¿Qué me pongo?* What shall I put on? **4** (*sol*) to set **5** (*con adjetivo*) to get: *Se puso enfermo.* He got sick. ◇ *¡No te pongas fresco conmigo!* Don't get fresh with me! **6 ponerse a** to start *doing sth/to do sth*: *Ponte a estudiar.* Get on with some work. **7 ponerse de** to get covered in *sth*: *¡Cómo te pusiste de pintura!* You're covered in paint! ❶ Para expresiones con **poner**, véanse las entradas del sustantivo, adjetivo, etc., p. ej. **ponerse rojo** en ROJO.

**poni** (*tb* **pony**) *nm* pony [*pl* ponies]

**pontífice** *nm* pontiff: *el Sumo Pontífice* the Supreme Pontiff

**popa** *nf* stern

**popis** *adj* **LOC** Ver NIÑO

**popote** *nm* (drinking) straw

**popular** *adj* popular

**por** *prep*
●**lugar 1** (*con verbos de movimiento*): *circular ~ la derecha/izquierda* to drive on the right/left ◇ *¿Pasas ~ una farmacia?* Are you going past a drugstore? ◇ *pasar ~ el centro de París* to go through the center of Paris ◇ *Pasaré ~ tu casa mañana.* I'll drop by tomorrow. ◇ *viajar ~ Europa* to travel around Europe **2** (*con verbos como agarrar*) by: *Lo agarré ~ el brazo.* I grabbed him by the arm.
●**tiempo 1** (*tiempo determinado*): *~ la mañana/tarde* in the morning/afternoon ◇ *~ la noche* at night ◇ *mañana ~ la mañana* tomorrow morning **2** (*duración*) for: *sólo ~ unos días* only for a few days ➔ Ver nota en FOR
●**causa**: *Se suspende ~ el mal tiempo.* It's been canceled because of bad weather. ◇ *hacer algo ~ dinero* to do sth for money ◇ *Lo despidieron ~ robar/vago.* He was fired for stealing/being lazy.
●**finalidad**: *Por ti haría cualquier cosa.* I'd do anything for you. ◇ *~ ver las noticias* to watch the news ◇ *~ no perdérselo* so as not to miss it
●**agente** by: *firmado por…* signed by… ◇ *pintado ~ Rivera* painted by Rivera
●**hacia/en favor de** for: *sentir cariño ~ algn* to feel affection for sb ◇ *¡Voté ~ nosotros!* Vote for us!
●**con expresiones numéricas**: *4 por 3 son 12.* 4 times 3 is 12. ◇ *Mide 7 por 2.* It measures 7 by 2. ◇ *50 dólares ~ hora* 50 dollars an/per hour
●**otras construcciones 1** (*medio, instrumento*): *~ correo/mar/avión* by mail/sea/air **2** (*en sustitución de*): *Ella irá ~ mí.* She'll go instead of me. ◇ *Lo compré ~ dos millones.* I bought it for two million pesos. **3** (*en sucesión*) by: *uno ~ uno* one by one ◇ *paso ~ paso* step by step **4** [*adjetivo o adverbio*] however: *Por simple que…* However simple… ◇ *Por mucho que trabajes…* However much you work… **LOC por mí** as far as I am, you are, etc. concerned **por que** (*finalidad*) Ver PORQUE **por qué** why: *No dijo ~ qué no venia.* He didn't say why he wasn't coming. ◇ *¿Por qué no?* Why not? **por si…** in case…: *Llévatelo ~ si te hace falta.* Take it in case you need it.

**porcelana** *nf* porcelain

**porcentaje** *nm* percentage

**porcino, -a** *adj* **LOC** Ver GANADO

**pornografía** *nf* pornography

**pornográfico, -a** *adj* pornographic

**poro** *nm* **1** (*piel*) pore **2** (*verdura*) leek

**poroso, -a** *adj* porous

**porque** conj **1** (razón) because: No viene ~ no quiere. He's not coming because he doesn't want to. **2** (finalidad) so (that): Vine ~ tuvieses compañía. I came so (that) you'd have company.

**porqué** nm ~ (de) reason (for sth): el ~ de la huelga the reason for the strike

**porquería** nf **1** (suciedad): En esta cocina hay mucha ~. This kitchen is filthy. **2** (comida basura) junk (food) [incontable]: Deja de comer ~s. Stop eating junk food. **3** (objeto) junk [incontable]: ¡Cómo tienes ~s! You certainly have a lot of junk!

**porra** nf **1** (de policía) nightstick, truncheon (GB) **2** (canto) chant LOC **echar porras** to root for sb Ver tb MANDAR

**porrazo** nm LOC Ver GOLPE

**portaaviones** nm aircraft carrier

**portada** nf **1** (libro, revista) cover **2** (CD, etc.) sleeve

**portafolios** nm briefcase ➔ Ver dibujo en LUGGAGE

**portal** nm **1** (edificio) (entrance) hall **2** (Internet) portal

**portarse** vpr to behave: ~ bien/mal to behave well/badly ◊ Pórtate bien. Be good.

**portátil** adj portable: una televisión ~ a portable television LOC Ver COMPUTADORA

**portavasos** nm coaster

**portavoz** nmf spokesperson [pl spokespersons/spokespeople] ➔ Ver nota en SPOKESMAN

**portazo** nm bang LOC **dar un portazo** to slam the door Ver tb CERRAR

**portería** nf **1** (garita) janitor's quarters, porter's lodge (GB) **2** (Dep) goal

**portero, -a** nm-nf **1** (de un edificio) janitor, porter (GB) **2** (Dep) goalkeeper

**Portugal** nm Portugal

**portugués, -esa** adj, nm Portuguese: hablar ~ to speak Portuguese.
▶ nm-nf Portuguese man/woman [pl men/women]: los portugueses the Portuguese

**porvenir** nm future: tener un buen ~ to have a good future ahead of you

**posar** vi (para una foto) to pose
▶ **posarse** vpr **1** posarse (en/sobre) (aves, insectos) to land (on sth) **2** (polvo, sedimento) to settle (on sth)

**posdata** nf postscript (abrev P.S.)

**poseer** vt (ser dueño) to own

**posesivo, -a** adj possessive

**posibilidad** nf possibility [pl possibilities] LOC **tener (muchas) posibilidades de...** to have a (good) chance of doing sth

**posible** adj **1** possible: Es ~ que ya hayan llegado. It's possible that they've already arrived. ◊ lo más rápido ~ as fast as possible **2** (potencial) potential: un ~ accidente a potential accident LOC **en (la medida de) lo posible** as far as possible **hacer (todo) lo posible (por/para)** to do your best (to do sth) Ver tb ANTES, MEJOR

**posición** nf position: Terminaron en última ~. They finished last.

**positivo, -a** adj positive: La prueba salió positiva. The test was positive.

**poso** nm (sedimento) dregs [pl]

**postal** adj postal
▶ nf (tarjeta) postcard LOC Ver CÓDIGO, GIRO

**poste** nm **1** pole: ~ telegráfico telegraph pole **2** (Dep) (goal)post: El balón dio en el ~. The ball hit the post.

**póster** nm poster

**posterior** adj ~ (a) **1** (tiempo): un suceso ~ a subsequent event ◊ los años ~es a la guerra the years after the war **2** (lugar): en la parte ~ del camión at the back of the bus ◊ la fila ~ a la suya the row behind yours

**postizo, -a** adj false: dentadura postiza false teeth

**postre** nm dessert: ¿Qué hay de ~? What's for dessert? ◊ De ~ comí un pastelito. I had cake for dessert. LOC Ver PLATO

**postura** nf **1** (del cuerpo) position: dormir en mala ~ to sleep in an awkward position **2** (actitud) stance

**potable** adj drinkable LOC Ver AGUA

**potencia** nf power: ~ atómica/económica atomic/economic power ◊ una ~ de 80 vatios 80 watts of power LOC **de alta/gran potencia** powerful **potencia (en caballos)** horsepower [pl horsepower] (abrev hp)

**potente** adj powerful

**potro, -a** nm-nf foal

Foal es el sustantivo genérico. Para referirnos sólo al macho decimos **colt**. Filly [ pl **fillies**] se refiere sólo a la hembra.

**pozo** nm well: un ~ de petróleo an oil well

**práctica** nf **1** practice: En teoría funciona, pero en la ~... It's all right in theory, but in practice... ◊ poner algo en ~ to put sth into practice **2** prácticas (Educ) practical [v sing]

**prácticamente** adv practically

**practicante** adj practicing: Soy católico ~. I'm a practicing Catholic.

▶ *nmf* nurse

**practicar** *vt* **1** to practice: *~ la medicina* to practice medicine **2** (*deporte*) to play: *¿Practicas algún deporte?* Do you play any sports? ➜ *Ver nota en* DEPORTE **LOC** *Ver* ABOGACÍA

**práctico, -a** *adj* practical

**pradera** *nf* meadow

**prado** *nm* meadow

**preámbulo** *nm* **1** (*prólogo*) introduction **2** (*rodeos*): *Déjate de ~s.* Stop beating about the bush.

**precaución** *nf* precaution: *tomar precauciones contra incendios* to take precautions against fire **LOC con precaución** carefully: *Circulen con ~.* Drive carefully. **por precaución** as a precaution

**preceder** *vt* **~ a** to go/come before *sth/sb*, to precede (*más formal*): *El adjetivo precede al nombre.* The adjective goes before the noun. ◊ *Al incendio precedió una gran explosión.* A huge explosion preceded the fire.

**precepto** *nm* rule

**precinto** *nm* seal

**precio** *nm* price: *~s de fábrica* factory prices ◊ *¿Qué ~ tiene la habitación doble?* How much is a double room? **LOC** *Ver* MITAD, RELACIÓN

**preciosidad** *nf* **LOC ser una preciosidad** to be lovely: *Ese vestido es una ~.* That dress is lovely.

**precioso, -a** *adj* **1** (*valioso*) precious: *el ~ don de la libertad* the precious gift of freedom ◊ *una piedra preciosa* a precious stone **2** (*persona, cosa*) lovely: *¡Qué gemelos tan ~s!* What lovely twins!

**precipicio** *nm* precipice

**precipitaciones** *nf* (*lluvia*) rainfall [*incontable*]: *~ abundantes* heavy rainfall

**precipitado, -a** *adj* hasty *Ver tb* PRECIPITARSE

**precipitarse** *vpr* **1** (*actuar sin pensar*) to be hasty: *No te precipites, piénsalo bien.* Don't be hasty. Think it over. **2** (*arrojarse*) to jump *out of sth*: *El paracaidista se precipitó al vacío desde el avión.* The parachutist jumped out of the plane.

**precisar** *vt* **1** (*necesitar*) to need, to require (*formal*) **2** (*especificar*) to specify: *~ hasta el mínimo detalle* to specify every detail

**preciso, -a** *adj* **1** (*exacto*) precise: *una descripción precisa* a precise description **2** (*adecuado*): *decir algo en el momento ~* to say sth at the right moment **LOC ser preciso** (*necesario*): *No fue ~ recurrir a los bomberos.* They didn't have to call the fire brigade. ◊ *Es ~ que vengas.* You must come.

**precoz** *adj* (*niño*) precocious

**predecir** *vt* to foretell

**predial** *adj* **LOC** *Ver* IMPUESTO

**predicar** *vt, vi* to preach

**predominante** *adj* predominant

**preescolar** *adj, nm* preschool: *niños en edad ~* preschool children

**prefabricado, -a** *adj* prefabricated

**prefacio** *nm* preface

**preferencia** *nf* preference

**preferible** *adj* preferable **LOC ser preferible**: *Es ~ que no entres ahora.* It would be better not to go in now.

**preferido, -a** *adj, nm-nf* favorite *Ver tb* PREFERIR

**preferir** *vt* to prefer *sth/sb (to sth/sb)*: *Prefiero el té al café.* I prefer tea to coffee. ◊ *Prefiero estudiar por las mañanas.* I prefer to study in the morning.

> Cuando se pregunta qué prefiere una persona, se suele utilizar **would prefer** si se trata de dos cosas o **would rather** si se trata de dos acciones, por ejemplo: *¿Prefieres té o café?* Would you prefer tea or coffee? *¿Prefieres ir al cine o ver un DVD?* Would you rather go to movies or watch a DVD?
> Para contestar a este tipo de preguntas se suele utilizar **I'd rather, he/she'd rather**, etc.: *—¿Prefieres té o café? —Prefiero té.* "Would you prefer tea or coffee?" "I'd rather have tea, please." ◊ *—¿Quieres salir? —No, prefiero quedarme en casa esta noche.* "Would you like to go out?" "No, I'd rather stay at home tonight."
> Nótese que **would rather** siempre va seguido de infinitivo sin **to**.

**prefijo** *nm* (*Ling*) prefix

**pregonar** *vt* (*divulgar*) *Lo ha ido pregonando por todo el colegio.* He told the whole school.

**pregunta** *nf* question: *contestar a una ~* to answer a question **LOC hacer una pregunta** to ask a question

**preguntar** *vt, vi* to ask
▶ *vi* **~ por 1** (*buscando algo/a algn*) to ask for *sth/sb*: *Vino un señor preguntando por ti.* A man was asking for you. **2** (*interesándose por algo/algn*) to ask about *sth/sb*: *Le pregunté por el examen.* I asked her about the exam. ◊ *Pregúntale por el niño.* Ask about her little boy.
▶ **preguntarse** *vpr* to wonder: *Me pregunto quién será a estas horas.* I wonder who it can be at this time. **LOC** *Ver* LECCIÓN

**P**

**preguntón, -ona** adj nosy

**prehistórico, -a** adj prehistoric

**prejuicio** nm prejudice

**prematuro, -a** adj premature

**premiar** vt to award sb a prize: *Premiaron al novelista.* The novelist was awarded a prize. ◊ *Fue premiado con un Oscar.* He was awarded an Oscar.

**premio** nm **1** prize: *Gané el primer ~.* I won first prize. ◊ *~ de consolación* consolation prize **2** (*recompensa*) reward: *como ~ a tu esfuerzo* as a reward for your efforts **LOC** Ver ENTREGA

**prenatal** adj prenatal, antenatal (GB)

**prenda** nf **1** (*ropa*) garment **2 prendas** (*juego*) forfeits

**prender** vt **1** (*con alfileres*) to pin sth (to/ on sth): *Prendí la manga con alfileres.* I pinned on the sleeve. **2** (*encender*) to turn sth on: *Prende la tele.* Turn on the television.
▶ vi to light: *Si está mojado no prende.* It won't light if it's wet.
▶ **prenderse** vpr **1** (*aparato, luz*) to come on: *Se prendió una luz roja.* A red light came on. **2** (*madera, etc.*) to catch fire: *Prendieron fuego al carbón.* They set fire to the coal.
**LOC prender fuego** to set fire to sth: *Prendieron fuego al carbón.* They set fire to the coal.

**prendido, -a** adj lively: *Fue una fiesta muy ~.* It was a very lively party. Ver tb PRENDER

**prensa** nf **1** (*Mec, imprenta*) press: *~ hidráulica* hydraulic press **2** (*periódicos*) papers [pl]: *No te olvides de comprar la ~.* Don't forget to buy the papers. **3 la prensa** (*periodistas*) the press: *Acudió toda la ~ internacional.* All the international press was there.
**LOC conferencia/rueda de prensa** press conference **prensa amarilla** tabloid press Ver tb INFORME, LIBERTAD

**prensar** vt to press

**preñado, -a** adj pregnant

**preocupación** nf worry [pl worries]

**preocupar** vt to worry: *Me preocupa la salud de mi padre.* My father's health worries me.
▶ **preocuparse** vpr **preocuparse (por)** to worry (about sth/sb): *No te preocupes por mí.* Don't worry about me.

**prepa** nf Ver PREPARATORIA

**preparación** nf **1** preparation: *tiempo de ~: 10 minutos* preparation time: 10 minutes **2** (*entrenamiento*) training: *~ profesional/física* professional/physical training **3** (*educación*) education: *una buena ~ académica* a good academic education

**preparado, -a** adj **1** (*listo*) ready: *La cena está preparada.* Dinner is ready. **2** (*persona*) qualified **LOC preparados, listos, ¡ya!** ready, set, go! Ver tb PREPARAR

**preparador, -ora** nm-nf trainer

**preparar** vt to prepare, to get sth/sb ready (*más coloq*) (*for sth*): *~ la cena* to get supper ready
▶ **prepararse** vpr **prepararse para** to prepare for sth: *Se prepara para el examen de manejar.* He's preparing for his driver's test.

**preparativos** nmpl preparations

**preparatoria** nf senior high school, sixth form (GB)

**preposición** nf preposition

**presa** nf **1** (*animal*) prey [*incontable*]: *aves de ~* birds of prey **2** (*embalse*) dam **LOC ser presa del pánico** to be seized by panic

**presagio** nm omen

**prescindir** vi **~ de 1** (*privarse*) to do without sth: *No puedo ~ del coche.* I can't do without the car. **2** (*deshacerse*) to dispense with sb: *Prescindieron del entrenador.* They dispensed with the trainer.

**presencia** nf **1** presence: *Su ~ me pone nerviosa.* I get nervous when he's around. **2** (*apariencia*) appearance: *buena/mala ~* pleasant/unattractive appearance

**presencial** adj **LOC** Ver TESTIGO

**presenciar** vt **1** (*ser testigo*) to witness: *Mucha gente presenció el accidente.* Many people witnessed the accident. **2** (*estar presente*) to attend: *Presenciaron el partido más de 10,000 espectadores.* More than 10 000 spectators attended the game.

**presentación** nf **1** (*exposición, forma de presentar*) presentation: *La ~ es muy importante.* Presentation is very important. **2 presentaciones** introductions: *No has hecho las presentaciones.* You haven't introduced us.

**presentador, -ora** nm-nf host, presenter (GB)

**presentar** vt **1** to present (sb) (with sth), to present (sth) (to sb): *~ un programa* to present a program ◊ *Presentó las pruebas ante el juez.* He presented the judge with the evidence. **2** (*dimisión*) to submit: *Presentó su renuncia.* She submitted her resignation. **3** (*denuncia, demanda, queja*) to make: *~ una denuncia* to make an official complaint **4** (*persona*) to introduce sb (to sb): *¿Cuándo nos la presentarás?* When are you going to introduce her to us? ◊ *Les presento a mi marido.* This is my husband.

Hay varias formas de presentar a la gente en inglés según el grado de formalidad de la situación, por ejemplo: "John, meet Mary." (*coloq*); "Helen, this is my daughter Jane." (*coloq*); "May I introduce you? Bob Smith, this is Mary Jones. Mary, Bob Smith." (*formal*). Cuando te presentan a alguien, se puede responder **hi**, **hello** o **nice to meet you** si la situación es informal, o **how do you do?** si es más formal. A **how do you do?** la otra persona responde **how do you do?** ➜ Ver tb nota en HOW

▶ **presentarse** *vpr* **1** (*a elecciones*) to run (*for sth*): *~se para diputado* to run for Congress **2** (*aparecer*) to turn up: *Se presenta cuando le da la gana.* He turns up whenever he feels like it. LOC **presentar un examen** to take an exam: *No presenté el examen.* I didn't take the exam. *Ver tb* VOLUNTARIO

**presente** *adj, nmf* present [*adj*]: *los ~s* those present
▶ *nm* (*Gram*) present LOC **presente** by hand

**presentimiento** *nm* feeling: *Tengo el ~ de que…* I have a feeling that…

**presentir** *vt* to have a feeling (*that…*): *Presiento que vas a aprobar.* I have a feeling that you're going to pass.

**preservativo** *nm* condom ❶ La palabra inglesa **preservative** significa *conservador*.

**presidencia** *nf* **1** (*país*) presidency [*pl* presidencies]: *la ~ de un país* the presidency of a country **2** (*club, comité, empresa, partido*) chairmanship

**presidencial** *adj* presidential LOC *Ver* INFORME

**presidente**, **-a** *nm-nf* **1** (*nación*) president **2** (*club, comité, empresa, partido*) **(a)** (*masc*) chairman [*pl* -men] **(b)** (*fem*) chairwoman [*pl* -women]

Cada vez se utiliza más la palabra **chairperson** para evitar el sexismo.

LOC **presidente municipal** mayor

**presidiario**, **-a** *nm-nf* convict

**presidio** *nm* prison

**presidir** *vt* to preside at/over *sth*: *El secretario presidirá la asamblea.* The secretary will preside at/over the meeting.

**presión** *nf* pressure: *la ~ atmosférica* atmospheric pressure ◇ *trabajar bajo ~* to work under pressure LOC *Ver* INDICADOR, OLLA

**presionar** *vt* **1** (*apretar*) to press **2** (*forzar*) to put pressure on *sb* (*to do sth*): *No lo presiones.* Don't put pressure on him.

**preso**, **-a** *adj*: *estar ~* to be in prison ◇ *Se lo llevaron ~.* They took him prisoner.
▶ *nm-nf* prisoner

**prestado**, **-a** *adj*: *No es mío, es ~.* It's not mine. I borrowed it. ◇ *¿Por qué no se lo pides ~?* Why don't you ask him if you can borrow it? ➜ *Ver dibujo en* BORROW; *Ver tb* PRESTAR

**préstamo** *nm* loan

**prestar** *vt* to lend: *Le presté mis libros.* I lent her my books. ◇ *¿Me lo prestas?* Can I borrow it? ◇ *¿Me prestas 100 pesos?* Can you lend me 100 pesos, please? ➜ *Ver dibujo en* BORROW
LOC **prestar declaración** to testify **prestar juramento** to take an oath *Ver tb* ATENCIÓN

**prestigio** *nm* prestige LOC **de mucho prestigio** very prestigious

**presumido**, **-a** *adj* vain *Ver tb* PRESUMIR

**presumir** *vi* **1** (*exhibirse*) to show off: *Les encanta ~.* They love showing off. **2** *~ de*: *Presume de listo.* He thinks he's so smart. ◇ *Siempre están presumiendo de su coche.* They're always bragging about their car.

**presunto**, **-a** *adj* alleged: *el ~ criminal* the alleged criminal

**presupuesto** *nm* **1** (*estimación*) estimate: *Pedí que me dieran un ~ para el cuarto de baño.* I asked for an estimate for the bathroom. **2** (*plan de gastos*) budget: *No quiero pasarme del ~.* I don't want to exceed my budget.

**pretender** *vt* **1** (*querer*): *¿Qué pretendes de mí?* What do you want from me? ◇ *Si pretendes ir sola, ni lo sueñes.* Don't even think about going alone. ◇ *¿No pretenderá quedarse en nuestra casa?* He's not expecting to stay at our house, is he? ◇ *No pretenderás que me lo crea, ¿verdad?* You don't expect me to believe that, do you? **2** (*intentar*) to try *to do sth*: *¿Qué pretende decirnos?* What's he trying to tell us?

**pretexto** *nm* excuse: *Siempre encuentras algún ~ para no lavar.* You always find some excuse not to do the dishes.

**prevención** *nf* prevention

**prevenido**, **-a** *adj* **1** (*preparado*) prepared: *estar ~ para algo* to be prepared for sth **2** (*prudente*) prudent: *ser ~* to be prudent *Ver tb* PREVENIR

**prevenir** *vt* **1** (*evitar*) to prevent: *~ un accidente* to prevent an accident **2** (*avisar*) to warn *sb about sth*: *Te previne de lo que planeaban.* I warned you that they were planning.

**preventiva** *nf* (*semáforo*) yellow light, amber light (*GB*)

**prever** vt to foresee

**previo, -a** adj: experiencia previa previous experience ◊ sin ~ aviso without prior warning

**previsor, -ora** adj farsighted

**prieto, -a** adj dark-skinned: Ese hombre es muy ~. That man is very dark-skinned.

**prima** nf bonus [pl bonuses]

**primaria** nf (escuela) elementary school, primary school (GB): maestra de ~ elementary school teacher

**primario, -a** adj primary: color ~ primary color ◊ enseñanza primaria elementary education LOC Ver ESCUELA

**primavera** nf spring: en ~ in (the) spring

**primer** adj Ver PRIMERO

**primera** nf 1 (automóvil) first (gear): Metí la ~ y salí zumbando. I put it into first and sped off. 2 (clase) first class LOC a la primera first time: Me salió bien a la ~. I got it right first time.

**primero, -a** adj 1 first (abrev 1st): Me gustó desde el primer momento. I liked it from the first moment. ◊ viajar en primera clase to travel first class 2 (principal) main, principal (más formal): el primer país azucarero del mundo the principal sugar-producing country in the world
▶ pron, nm-nf 1 first (one): Fuimos los ~s en salir. We were the first (ones) to leave. 2 (mejor) top: Eres el ~ de la clase. You're at the top of the class.
▶ adv first: Prefiero hacer los deberes ~. I'd rather do my homework first. LOC de primera necesidad absolutely essential primer ministro prime minister primeros auxilios first aid [incontable] primer plano close-up

**primitivo, -a** adj primitive

**primo, -a** nm-nf (pariente) cousin LOC primo hermano/segundo first/second cousin Ver tb MATERIA, NÚMERO

**princesa** nf princess

**principal** adj main, principal (más formal): comida/oración ~ main meal/clause ◊ Eso es lo ~. That's the main thing. LOC actor/actriz principal male/female lead Ver tb PÁGINA, PAPEL

**príncipe** nm prince

El plural de **prince** es "princes", pero si nos referimos a la pareja de príncipes, diremos **prince and princess**: Los príncipes los recibieron en palacio. The prince and princess received them at the palace.

**príncipe azul** Prince Charming
**príncipe heredero** Crown prince

**principiante, -a** nm-nf beginner

**principio** nm 1 (comienzo) beginning: al ~ de la novela at the beginning of the novel ◊ desde el ~ from the beginning 2 (concepto, moral) principle LOC al principio at first a principio(s) de... at the beginning of...: a ~s del año at the beginning of the year ◊ a ~s de enero in early January en principio in principle: En ~ me parece bien. It seems fine to me, in principle. por principio on principle: Estamos en contra por ~. We're against it on principle.

**prioridad** nf priority [pl priorities]

**prisa** nf hurry [incontable]: No hay ~. There's no hurry. ◊ Con las ~s se me olvidó desenchufarlo. I was in such a hurry that I forgot to unplug it. LOC darse prisa to hurry up meter prisa to rush: No me metas ~. Don't rush me. tener prisa to be in a hurry

**prisión** nf prison

**prisionero, -a** nm-nf prisoner LOC hacer prisionero to take sb prisoner

**prismáticos** nmpl binoculars

**privada** nf private drive

**privado, -a** adj private: en ~ in private LOC Ver COLEGIO, EMPRESA, INVESTIGADOR

**privilegiado, -a** adj 1 (excepcional) exceptional: una memoria privilegiada an exceptional memory 2 (favorecido) privileged: las clases privilegiadas the privileged classes
▶ nm-nf privileged [adj]: Somos unos ~s. We're privileged people.

**privilegio** nm privilege

**pro¹** prep for: la organización ~ ciegos the association for the blind LOC en pro de in favor of sth/sb

**pro²** nm LOC los pros y los contras the pros and cons

**proa** nf bow(s)

**probabilidad** nf ~ (de) chance (of sth/doing sth): Creo que tengo muchas ~es de aprobar. I think I have a good chance of passing. ◊ Tiene pocas ~es. He doesn't have much chance.

**probable** adj likely, probable (más formal): Es muy ~ que llueva. It's likely to rain. ◊ Es ~ que no esté en la casa. He probably won't be in. LOC poco probable unlikely, improbable (más formal)

**probador** nm dressing room, fitting room (GB)

**probar** vt 1 (demostrar) to prove: Esto prueba que yo tenía razón. This proves I was right. 2 (comprobar que funciona) to try sth out: ~ la lavadora to try out the washing machine 3 (comida, bebida)

**(a)** (*por primera vez*) to try: *Nunca he probado el caviar.* I've never tried caviar. **(b)** (*catar, degustar*) to taste: *Prueba esto. ¿Le falta sal?* Taste this. Does it need salt?
▶ *vi* ~ **(a)** to try (*doing sth*): *¿Has probado abrir la ventana?* Did you try opening the window? ◊ *He probado con todo y no hay manera.* I've tried everything but with no success.
▶ **probar(se)** *vt, vpr* (*ropa*) to try *sth* on

**probeta** *nf* test tube

**problema** *nm* problem

**procedencia** *nf* origin

**procedente** *adj* ~ **de** from…: *el tren ~ de Guanajuato* the train from Guanajuato

**proceder** *vi* ~ **de** to come from…: *La sidra procede de la manzana.* Cider comes from apples.

**procedimiento** *nm* procedure: *según los ~s establecidos* according to established procedure

**procesador** *nm* processor: *~ de datos/textos* data/word processor

**procesamiento** *nm* processing **LOC** **procesamiento de textos** word processing

**procesar** *vt* **1** (*juzgar*) to prosecute *sb* (*for sth/doing sth*): *La procesaron por fraude.* She was prosecuted for fraud. **2** (*producto, Informát*) to process

**procesión** *nf* procession

**proceso** *nm* **1** process: *un ~ químico* a chemical process **2** (*Jur*) proceedings [*pl*]

**procurar** *vt* **1** ~ **hacer algo** to try to do sth: *Procuremos descansar.* Let's try to rest. **2** ~ **que** to make sure (that…): *Procuraré que vengan.* I'll make sure they come. ◊ *Procura que todo esté en orden.* Make sure everything's OK.

**prodigio** *nm* (*persona*) prodigy [*pl* prodigies] **LOC** *Ver* NIÑO

**producción** *nf* **1** (*fabricación, Cine, Teat*) production: *la ~ del acero* steel production **2** (*agrícola*) harvest **3** (*industrial, artística*) output

**producir** *vt* to produce: *~ aceite/papel* to produce oil/paper **LOC** *Ver* VÉRTIGO

**producto** *nm* product: *~s de belleza/limpieza* beauty/cleaning products **LOC** **productos agrícolas/del campo** agricultural/farm produce [*incontable*] ➔ *Ver nota en* PRODUCT

**productor, -ora** *adj* producing: *un país ~ de petróleo* an oil-producing country
▶ *nm-nf* producer

**productora** *nf* (*Cine*) production company [*pl* production companies]

**profesión** *nf* profession ➔ *Ver nota en* WORK

**profesional** *adj, nmf* professional: *un ~ del ajedrez* a professional chess player **LOC** *Ver* FORMACIÓN, HISTORIAL, INSTITUTO

**profesor, -ora** *nm-nf* **1** teacher: *un ~ de geografía* a geography teacher **2** (*de universidad*) professor, lecturer (*GB*)

**profesorado** *nm* faculty, teachers [*pl*] (*GB*): *El ~ está muy descontento.* The faculty members are very unhappy. ◊ *la formación del ~* teacher training

**profeta, -isa** *nm-nf* prophet

**profundidad** *nf* depth: *a 400 metros de ~* at a depth of 400 meters **LOC** **tener dos metros, etc. de profundidad** to be two meters, etc. deep: *¿Qué ~ tiene?* How deep is it? **tener poca profundidad** to be shallow

**profundo, -a** *adj* deep: *una voz profunda* a deep voice ◊ *sumirse en un sueño ~* to fall into a deep sleep **LOC** **poco profundo** shallow

**programa** *nm* **1** (*TV, Radio, Informát, plan, folleto*) program: *un ~ de televisión* a TV program **2** (*temario de una asignatura*) syllabus [*pl* syllabuses/syllabi] **3** (*calendario*) schedule: *Tengo un ~ muy apretado.* I have a very tight schedule. **LOC** **programa de estudios** curriculum [*pl* curricula/curriculums] **programa de comedia** comedy program

**programación** *nf* **1** (*TV, Radio*) programs [*pl*]: *la ~ infantil* children's programs **2** (*Informát*) (computer) programming: *un curso de ~* a (computer) programming course

**programador, -ora** *nm-nf* (*Informát*) programmer

**programar** *vt* **1** (*elaborar*) to plan **2** (*aparato*) to set: *~ la video* to set the video
▶ *vt, vi* (*Informát*) to program

**progresar** *vi* to make progress. *Ha progresado mucho.* He's made good progress.

**progreso** *nm* progress [*incontable*]: *hacer ~s* to make progress

**prohibido, -a** *adj* forbidden **LOC** **prohibido el paso/entrar** no entry **prohibido fijar anuncios/carteles** post no bills **prohibido fumar** no smoking **prohibido pisar el pasto** keep off the grass *Ver tb* PROHIBIR

**prohibir** *vt* **1** to forbid *sb* to do sth: *Mi padre me ha prohibido salir de noche.* My father has forbidden me to go out at night. ◊ *Le han prohibido los dulces.* She's been forbidden to eat sweets.

**2** (*oficialmente*) to prohibit *sth/sb* (*from doing sth*): *Han prohibido la circulación por el centro.* Traffic has been prohibited downtown.
▸ **prohibirse** *vpr*: *Se prohíbe fumar.* No smoking.

**prójimo** *nm* neighbor: *amar al ~* to love your neighbor

**prólogo** *nm* prologue

**prolongar** *vt* **1** (*plazo, estancia, calle, etc.*) to extend: *Prolongaron la calle hasta el mar.* They extended the road as far as the ocean. **2** (*vida*) to prolong: *~ la vida de un enfermo* to prolong a patient's life
▸ **prolongarse** *vpr* to go on: *La reunión se prolongó demasiado.* The meeting went on too long.

**promedio** *nm* average **LOC** **como/de promedio** on average

**promesa** *nf* promise: *cumplir/hacer una ~* to keep/make a promise ◇ *una joven ~* a young woman with great promise

**prometer** *vt* to promise: *Te prometo que volveré.* I promise I'll come back. ◇ *Te lo prometo.* I promise.

**prometido, -a** *nm-nf* **1** (*masc*) fiancé **2** (*fem*) fiancée

**promoción** *nf* **1** promotion: *la ~ de una película* the promotion of a movie **2** (*oferta*) special offer: *Las naranjas están en ~.* Oranges are on special offer.

**promover** *vt* (*fomentar*) to promote: *~ el diálogo* to promote dialogue

**pronombre** *nm* pronoun

**pronosticar** *vt* to forecast

**pronóstico** *nm* **1** (*predicción*) forecast: *el ~ del tiempo* the weather forecast **2** (*Med*) prognosis [*pl* prognoses]: *Sufrió heridas de ~ grave.* He was seriously injured. ◇ *¿Cuál es el ~ de los especialistas?* What do the specialists think?

**pronto** *adv* **1** (*enseguida*) soon: *Vuelve ~.* Come back soon. ◇ *lo más ~ posible* as soon as possible **2** (*rápidamente*) quickly: *Por favor, doctor, venga ~.* Please, doctor, come quickly. **3** (*temprano*) early **LOC** **de pronto** suddenly ¡**hasta pronto!** see you soon!

**pronunciación** *nf* pronunciation

**pronunciar** *vt* **1** (*sonidos*) to pronounce **2** (*discurso*) to give: *~ un discurso* to give a speech
▸ *vi*: *Pronuncias muy bien.* Your pronunciation is very good.
▸ **pronunciarse** *vpr* **pronunciarse en contra/a favor de** to speak out against/in favor of *sth*: *~se en contra de la violencia* to speak out against violence

**propaganda** *nf* **1** (*publicidad*) advertising: *hacer ~ de un producto* to advertise a product **2** (*material publicitario*): *Estaban repartiendo ~ de la nueva discoteca.* They were handing out flyers for the new club. ◇ *En el buzón no había más que ~.* The mailbox was full of junk mail. ❶ El correo electrónico no deseado se llama **spam**. **3** (*Pol*) propaganda: *~ electoral* election propaganda

**propagar(se)** *vt, vpr* to spread: *El viento propagó las llamas.* The wind spread the flames.

**propenso, -a** *adj* **~ a** prone to *sth/to do sth*

**propiedad** *nf* property [*pl* properties]: *~ particular/privada* private property ◇ *las ~es medicinales de las plantas* the medicinal properties of plants

**propietario, -a** *nm-nf* owner

**propina** *nf* tip: *¿Dejamos ~?* Should we leave a tip? ◇ *Le di tres dólares de ~.* I gave him a three-dollar tip.

**propio, -a** *adj* **1** (*de uno*) my, your, etc. own: *Todo lo que haces es en beneficio ~.* Everything you do is for your own benefit. **2** (*mismo*) himself/herself [*pl* themselves]: *El ~ pintor inauguró la exposición.* The painter himself opened the exhibition. **3** (*característico*) typical of *sb*: *Llegar tarde es ~ de ella.* It's typical of her to be late. **LOC** *Ver* AMOR, DEFENSA, INICIATIVA, NARIZ, NOMBRE

**proponer** *vt* **1** (*medida, plan*) to propose: *Te propongo un trato.* I have a deal for you. **2** (*acción*) to suggest *doing sth/ (that…)*: *Propongo ir al cine esta tarde.* I suggest going to the cinema this evening. ◇ *Propuso que nos fuéramos.* He suggested (that) we should leave.
▸ **proponerse** *vpr* to set out *to do sth*: *Me propuse acabarlo.* I set out to finish it.

**proporción** *nf* **1** (*relación, tamaño*) proportion: *El largo debe estar en ~ con el ancho.* The length must be in proportion to the width. **2** (*Mat*) ratio: *La ~ de niños y niñas es de uno a tres.* The ratio of boys to girls is one to three.

**proposición** *nf* proposal **LOC** **hacer proposiciones indecorosas** to make improper suggestions **proposición de matrimonio** proposal (of marriage): *hacerle una ~ de matrimonio a algn* to propose to sb

**propósito** *nm* **1** (*intención*) intention: *buenos ~s* good intentions **2** (*objetivo*) purpose: *El ~ de esta reunión es…* The purpose of this meeting is… **LOC** **a propósito 1** (*adrede*) on purpose **2** (*por cierto*) by the way

**propuesta** *nf* proposal: *Desestimaron la ~.* The proposal was turned down.

**prórroga** nf 1 (de un plazo) extension 2 (Fútbol) overtime, extra time (GB)

**prosa** nf prose

**prospecto** nm 1 (de instrucciones) instructions [pl]: ¿Has leído el ~? Have you read the instructions? 2 (de propaganda) leaflet

**prosperar** vi to prosper

**prosperidad** nf prosperity

**próspero, -a** adj prosperous

**prostituta** nf prostitute

**protagonista** nmf main character

**protagonizar** vt to star in sth: Protagonizan la película dos actores desconocidos. Two unknown actors star in this movie.

**protección** nf protection

**protector, -ora** adj protective (toward sb)
▶ nm **LOC** protector de pantalla screen saver

**proteger** vt to protect sb (against/from sth/sb): El sombrero te protege del sol. Your hat protects you from the sun.

**proteína** nf protein

**protesta** nf protest: Ignoraron las ~s de los alumnos. They ignored the students' protests. ◊ una carta de ~ a letter of protest

**protestante** adj, nmf Protestant

**protestantismo** nm Protestantism

**protestar** vi 1 ~ (por) (quejarse) to complain (about/at sth): Deja ya de ~. Stop complaining. 2 ~ (contra/por) (reivindicar) to protest (against/about sth): ~ contra una ley to protest against a law

**prototipo** nm 1 (primer ejemplar) prototype: el ~ de las nuevas locomotoras the prototype for the new engines 2 (modelo) epitome: el ~ del hombre moderno the epitome of modern man

**provecho** nm benefit **LOC** ¡buen provecho! enjoy your meal! sacar provecho to benefit from sth

**proveedor** nm **LOC** proveedor de (servicio) Internet Internet Service Provider (abrev ISP)

**proverbio** nm proverb

**providencia** nf providence

**provincia** nf outside of Mexico City: Yo vivo en ~. I don't live in Mexico City.

**provisional** adj provisional **LOC** Ver LIBERTAD

**provocado, -a** adj **LOC** Ver INCENDIO; Ver tb PROVOCAR

**provocar** vt 1 (hacer enojar) to provoke 2 (causar) to cause: ~ un accidente to cause an accident 3 (incendio) to start

**proximidad** nf proximity, nearness (más coloq): la ~ del mar the proximity of the ocean

**próximo, -a** adj 1 (siguiente) next: la próxima parada the next stop ◊ el mes/ martes ~ next month/Tuesday 2 (en el tiempo): La Navidad/primavera está próxima. It will soon be Christmas/ spring.

**proyectar** vt 1 (imagen) to project: ~ una imagen sobre una pantalla to project an image onto a screen 2 (película, diapositivas) to show

**proyectil** nm projectile

**proyecto** nm 1 (de investigación, obra) project: Estamos casi al final del ~. We're almost at the end of the project. 2 (plan) plan: ¿Tienes algún ~ para el futuro? Do you have any plans for the future? **LOC** proyecto de ley bill

**proyector** nm projector

**prudencia** nf good sense **LOC** con prudencia carefully: manejar con ~ to drive carefully

**prudente** adj 1 (sensato) sensible: un hombre/una decisión ~ a sensible man/ decision 2 (cauto) careful

**prueba** nf 1 (test) test: una ~ de aptitud an aptitude test ◊ hacerse la ~ de embarazo to have a pregnancy test 2 (Jur) evidence [incontable]: No hay ~s contra mí. There's no evidence against me. 3 (Dep): Hoy comienzan las ~s de salto de altura. The high jump competition begins today. 4 (Mat) proof **LOC** a prueba on trial: Me admitieron a ~ en la fábrica. I was hired at the factory for a trial period. **a prueba de balas** bulletproof **poner a prueba** to test: Puso a ~ mis conocimientos. He tested my knowledge. Ver tb ANTIDOPING

**psicología** nf psychology

**psicólogo, -a** nm-nf psychologist

**psiquiatra** nmf psychiatrist

**psiquiatría** nf psychiatry

**psiquiátrico, -a** adj psychiatric

**púa** nf 1 (animal) spine 2 (peine) tooth [pl teeth] 3 (Mús) plectrum [pl plectrums/ plectra]

**pub** nm bar

**pubertad** nf puberty

**pubis** nm pubis

**publicación** nf publication **LOC** de publicación mensual/semanal monthly/ weekly: una revista de ~ semanal a weekly magazine

**publicar** vt **1** (*editar*) to publish: ~ *una novela* to publish a novel **2** (*divulgar*) to publicize

**publicidad** nf **1** (*divulgación*) publicity: *Han dado demasiada ~ al caso.* The case has had too much publicity. **2** (*propaganda*) advertising: *hacer ~ en la tele* to advertise on TV

**publicitario, -a** adj advertising: *una campaña publicitaria* an advertising campaign LOC Ver VALLA

**público, -a** adj **1** public: *la opinión pública* public opinion ◇ *transporte ~* public transportation **2** (*del Estado*) public, state (*GB*): *el sector ~* the public sector ◇ *una escuela pública* a public school ➔ Ver nota en ESCUELA
▶ nm **1** public: *abierto/cerrado al ~* open/closed to the public ◇ *El ~ está a favor de la nueva ley.* The public is in favor of the new law. ◇ *hablar en ~* to speak in public **2** (*clientela*) clientele: *un ~ selecto* a select clientele **3** (*espectadores*) audience LOC Ver ALTERAR, ALUMBRADO, COLEGIO, DOMINIO, EMPRESA, HORARIO, RELACIÓN, SECRETARÍA

**puchero** nm **1** (*recipiente*) cooking pot ➔ Ver dibujo en POT **2** (*cocido*) stew LOC **hacer pucheros** to pout

**pudiente** adj wealthy

**pudor** nm shame

**pudrirse** vpr to rot

**pueblo** nm **1** (*gente*) people [*pl*]: *el ~ mexicano* the Mexican people **2** (*población*) (small) town, village (*GB*) ➔ Ver nota en VILLAGE

**puente** nm bridge: *un ~ colgante* a suspension bridge LOC **hacer puente** to have a long weekend **puente aéreo** shuttle service **puente levadizo** drawbridge

**puerco, -a** nm-nf pig LOC **chuleta/lomo de puerco** pork chop/loin ➔ Ver nota en CERDO

**puericultor, -ora** nm-nf pediatrician

**puerta** nf **1** (*casa, coche, etc.*) door: *la ~ principal/trasera* the front/back door ◇ *Llaman a la ~.* There's somebody at the door. **2** (*de ciudad, palacio, etc.*) gate LOC **puerta corrediza/giratoria** sliding/revolving door **puerta de abordar** gate Ver tb CERRAR

**puerto** nm **1** (*de mar, río*) port: *un ~ comercial/pesquero* a commercial/fishing port **2** (*de montaña*) pass LOC Ver INGENIERO

**pues** conj well: *Pues como íbamos diciendo…* Well, as we were saying… ◇ *¡Pues a mí no me dijo nada!* Well, he didn't mention it to me! ◇ *¿Que no quieres salir? Pues no salgas.* You don't feel like going out? Well, don't.

**puesta** nf LOC **puesta de sol** sunset

**puesto, -a** adj **1**: *Dejaré la mesa puesta.* I'll leave the table set. ◇ *No lo envuelva, me lo llevo ~.* There's no need to put it in a bag, I'll wear it. **2** (*bien arreglado*) sharp, smart (*GB*)
▶ nm **1** (*lugar*) place: *El ciclista mexicano ocupa el primer ~.* The Mexican cyclist is in first place. ◇ *llegar en tercer ~* to be third ◇ *¡Todo el mundo a sus ~s!* Places, everyone! **2** (*empleo*) job: *solicitar un ~ de trabajo* to apply for a job ◇ *Su mujer tiene un buen ~.* His wife has a good job. ➔ Ver nota en WORK **3** (*caseta*) **(a)** (*en mercado, calle*) stall **(b)** (*en feria*) stand LOC **estar (muy) bien puesto para algo** to be eager to do sth Ver tb PERIÓDICO; Ver tb PONER

**¡puf!** nm, interj ugh

**pugilista** nm boxer

**pulcritud** nf neatness

**pulcro, -a** adj neat

**pulga** nf flea LOC **tener malas pulgas** to have a bad temper

**pulgada** nf inch (*abrev* in.) ➔ Ver pág 681

**pulgar** nm **1** (*de la mano*) thumb **2** (*del pie*) big toe

**Pulgarcito** n pr Tom Thumb

**pulir** vt to polish
▶ **pulirse** vpr (*refinarse*) to polish yourself

**pulmón** nm lung LOC **pulmón artificial** iron lung

**pulmonar** adj lung: *una infección ~* a lung infection

**pulmonía** nf pneumonia [*incontable*]: *pescar una ~* to catch pneumonia

**pulpa** nf pulp

**púlpito** nm pulpit

**pulpo** nm octopus [*pl* octopuses]

**pulsación** nf (*corazón*) pulse rate: *Con el ejercicio aumenta el número de pulsaciones.* Your pulse rate increases after exercise.

**pulsar** vt **1** (*tecla, botón*) to press: *Pulse la tecla dos veces.* Press the key twice. **2** (*timbre*) to ring
▶ vi **1** (*corazón, etc.*) to beat, to pulsate (*más formal*) **2** ~ **en** (*Informát*) to click on *sth*: *Pulse en la imagen.* Click on the image.

**pulsera** nf **1** (*brazalete*) bracelet **2** (*de reloj*) strap

**pulso** nm **1** (*Med*) pulse: *Tienes el ~ muy débil.* You have a very weak pulse. ◇ *El médico me tomó el ~.* The doctor took my pulse. **2** (*mano firme*) (steady) hand: *tener buen ~* to have a steady hand ◇ *Me tiembla el ~.* My hand is trembling. LOC **a pulso** with my, your, etc. bare hands: *Me levantó a ~.* He lifted me up with his bare hands.

**pulverizar** vt (*destrozar*) to pulverize

**puma** nm puma

**punk** *adj, nmf* punk

**punta** *nf* **1** (*cuchillo, arma, lápiz*) point **2** (*lengua, dedo, isla, iceberg*) tip: *Lo tengo en la ~ de la lengua.* It's on the tip of my tongue. **3** (*extremo, pelo*) end: *en la otra ~ de la mesa* at the other end of the table ◊ *~s maltratadas* damaged ends **LOC** **a punta de navaja/pistola** at knifepoint/gunpoint **de punta a punta**: *de ~ a ~ de México* from one end of Mexico to the other **sacar punta** (*afilar*) to sharpen *Ver tb* HORA, NERVIO, PELO

**puntada** *nf* **1** (*Costura, Med*) stitch: *Dale una ~ a ese dobladillo.* Put a stitch in the hem. **2** (*comentario*) witty comment: *Ese tipo siempre sale con buenas ~.* That guy always says witty things.

**puntapié** *nm* kick: *Le di un ~.* I kicked him.

**puntería** *nf* aim: *¡Qué ~ la mía!* What good aim I have! **LOC** **tener buena/mala puntería** to be a good/bad shot *Ver tb* AFINAR

**puntiagudo, -a** *adj* pointed

**puntita** *nf* **LOC** **de puntitas** on tiptoe: *andar de ~s* to walk on tiptoe ◊ *Entré/salí de ~s.* I tiptoed in/out.

**punto** *nm* **1** (*cuestión, zona, tanto, Mat*) point: *Pasemos al siguiente ~.* Let's go on to the next point. ◊ *en todos los ~s del país* all over the country ◊ *Perdimos por dos ~s.* We lost by two points. ◊ *cuarenta ~ cinco (40.5)* forty point five (40.5) **➲** *Ver pág 679* **2** (*signo de puntuación*) period, full stop (*GB*) **➲** *Ver pág 308* **3** (*grado*) extent: *¿Hasta qué ~ es cierto?* To what extent is this true? **4** (*Costura, Med*) stitch: *Me dieron tres ~s.* I had three stitches. **LOC** **a punto de nieve** stiffly beaten: *batir/montar las claras a ~ de nieve* to beat the egg whites until they are stiff **con puntos y comas** down to the last detail **de punto** knitted: *un vestido de ~* a knit dress **dos puntos** colon **➲** *Ver pág 308* **en punto** precisely, on the dot (*coloq*): *Son las dos en ~.* It is two o'clock precisely. **en su punto** (*comida*) just right **estar a punto de hacer algo 1** to be about to do sth: *Está a ~ de terminar.* It's about to finish. **2** (*por poco*) to almost do sth: *Estuvo a ~ de perder la vida.* He almost lost his life. **hacer punto** to knit **punto débil/flaco** weak point **punto de ebullición/fusión** boiling point/melting point **punto de vista** point of view **punto final** period, full stop (*GB*) **➲** *Ver pág 308* **punto muerto 1** (*coche*) neutral **2** (*negociaciones*) deadlock **puntos suspensivos** ellipsis **punto y aparte** new paragraph **punto y coma** semicolon **➲** *Ver pág 308; Ver tb* CIERTO, DOS

**puntuación** *nf* **1** (*escritura*) punctuation: *signos de ~* punctuation marks

**2** (*en competencia, examen*) score(s): *Todo depende de la ~ que le den los jueces.* It all depends on what scores the judges award him. ◊ *Obtuvo la ~ más alta.* He got the highest score of all.

**puntual** *adj* punctual

> **Punctual** se suele utilizar para referirnos a la cualidad o virtud de una persona: *Es importante ser puntual.* It's important to be punctual. Cuando nos referimos a la idea de "llegar a tiempo" se utiliza la expresión **on time**: *Procura ser/llegar puntual.* Try to get there on time. ◊ *Este muchacho nunca es puntual.* He's always late./ He's never on time.

**puntualidad** *nf* punctuality

**puntuar** *vt* **1** (*escritura*) to punctuate **2** (*calificar*) to mark

**punzada** *nf* sharp pain: *Siento ~s en la barriga.* I have sharp pains in my stomach.

**punzante** *adj* sharp: *un objeto ~* a sharp object

**puñado** *nm* handful: *un ~ de arroz* a handful of rice

**puñal** *nm* dagger

**puñalada** *nf* stab

**puñetazo** *nm* punch: *Me dio un ~ en el estómago.* He punched me in the stomach.

**puño** *nm* **1** (*mano cerrada*) fist **2** (*manga*) cuff **3** (*bastón, paraguas*) handle **4** (*espada*) hilt **LOC** **de su puño y letra** in his/her own handwriting *Ver tb* VERDAD

**pupila** *nf* pupil

**pupitre** *nm* desk

**purasangre** *nm* thoroughbred

**puré** *nm* (*muy espeso*) purée: *~ de tomate/manzana* tomato/apple purée **LOC** **estar hecho puré** (*agotado*) to be worn out **puré de papas** mashed potato [*incontable*]

**pureza** *nf* purity

**purgatorio** *nm* purgatory

**purificar** *vt* to purify

**puritanismo** *nm* puritanism

**puritano, -a** *adj* **1** (*ñoño*) puritanical **2** (*Relig*) Puritan ▸ *nm-nf* Puritan

**puro** *nm* (*cigarro*) cigar

**puro, -a** *adj* **1** pure: *oro ~* pure gold ◊ *por pura casualidad* purely by chance [*uso enfático*] simple: *la pura verdad* the simple truth **LOC** *Ver* AGUA, SUGESTIÓN

**púrpura** *nf* purple

**pus** *nm* pus

# Q q

**que¹** *pron*

●**sujeto 1** (*personas*) who: *el hombre ~ vino ayer* the man who came yesterday ◊ *Mi hermana, ~ vive allá, dice que es precioso.* My sister, who lives there, says it's lovely. **2** (*cosas*) that: *el coche ~ está estacionado en la plaza* the car that's parked in the square ❶ Cuando **que** equivale a *el cual, la cual,* etc., se traduce por **which**: *Este edificio, ~ antes fue sede del Gobierno, hoy es una biblioteca.* This building, which previously housed the Government, is now a library.

●**complemento**

En inglés se prefiere no traducir **que** cuando funciona como complemento, aunque también es correcto usar **that/who** para personas y **that/which** para cosas: *la mujer ~ conociste en Roma* the woman (that/who) you met in Rome ◊ *la revista ~ me prestaste ayer* the magazine (that/which) you lent me yesterday.

**LOC** el que/la que/los que/las que *Ver* EL

**que²** *conj* **1** (*con oraciones subordinadas*) (that): *Dijo ~ vendría esta semana.* He said (that) he would come this week. ◊ *Quiero ~ viajes en primera clase.* I want you to travel first class. **2** (*en comparaciones*): *Mi hermano es más alto ~ tú.* My brother's taller than you. **3** (*en mandatos*): *¡Que la pasen bien!* Have a good time! ◊ *¡Que te calles!* Shut up! **4** (*resultado*) (that): *Estaba tan cansada ~ me quedé dormida.* I was so tired (that) I fell asleep. **5** (*otras construcciones*): *Súbele al radio ~ no lo oigo.* Turn the radio up. I can't hear it. ◊ *Cuando lavo el coche queda ~ parece nuevo.* When I wash the car, it looks like new. ◊ *No hay día ~ no llueva.* There isn't a single day when it doesn't rain. ◊ *¡Qué dijiste! ¿Que ya pasó el plazo?* What! It's too late to apply? **LOC** ¡que sí/no! yes/no!

**qué** *adj*

●**interrogación** what: *¿Qué hora es?* What time is it? ◊ *¿En ~ piso vives?* What floor do you live on? ❶ Cuando existe un número limitado de posibilidades solemos usar **which**: *¿Qué coche llevamos hoy? ¿El tuyo o el mío?* Which car shall we take today? Yours or mine?

●**exclamación 1** [*con sustantivos contables en plural e incontables*] what: *¡Qué casas más bonitas!* What lovely houses! ◊ *¡Qué valor!* What courage! **2** [*con sustantivos contables en singular*] what a: *¡Qué vida!* What a life! **3** [*cuando se traduce por adjetivo*] how: *¡Qué rabia/horror!* How annoying/awful!

▶ *pron* what: *¿Qué? Habla más alto.* What? Speak up. ◊ *No sé ~ quieres.* I don't know what you want.

▶ *adv* how: *¡Qué interesante!* How interesting! **LOC** ¡qué bien! great! ¡qué de... ! what a lot of... !: *¡Qué de turistas!* What a lot of tourists! ¡qué mal! oh no! ¿qué tal? **1** (*saludo*) how are things? **2** (*¿cómo está/están?*) how is/are... ?: *¿Qué tal los padres?* How are your parents? ➜ *Ver nota en* HOW **3** (*¿cómo es/son?*) what is/are sth/sb like?: *¿Qué tal la película?* What was the movie like? ¡qué va! no way! ¿y a mí qué? what's it to me, you, etc.? ¿y qué? so what?

**quebrado** *nm* fraction

**quebrar** *vt* to break: *~ un plato* to break a plate
▶ *vi* (*Fin*) to go bankrupt

**queda** *nf* **LOC** *Ver* TOQUE

**quedada** *nf* spinster, old maid (*más coloq*)

**quedar** *vi* **1** (*haber*) to be left: *¿Queda café?* Is there any coffee left? ◊ *Quedan tres días para las vacaciones.* There are three days left before we go on vacation. ◊ *Quedan cinco kilómetros para Ixtapa.* It's still five kilometers to Ixtapa. **2** (*tener*) to have *sth* left: *Todavía nos quedan dos botellas.* We've still two bottles left. ◊ *No me queda dinero.* I don't have any money left. **3** (*estar situado, llegar*) to be: *¿Dónde queda tu hotel?* Where is your hotel? ◊ *Quedamos terceros en el concurso.* We were third in the competition. **4** (*ropa*): *¿Qué tal le queda la chaqueta?* How does the jacket look on her? ◊ *La falda me quedaba grande.* The skirt was too big for me. ◊ *Ese suéter te queda muy bien.* That sweater really suits you. **5** ~ **de** (*acordar*) to agree to *do sth*: *Quedamos de vernos el martes.* We agreed to meet on Tuesday.

▶ **quedarse** *vpr* **1** (*en un sitio*) to stay: *~se en la cama/en casa* to stay in bed/at home **2** (*con adjetivo*) to go: *~se calvo/ciego* to go bald/blind **3** quedarse (con) to keep: *Quédese con el cambio.* Keep the change. **LOC** quedar bien, mal, etc. **1** (*convenir*) to be good/bad (for sb): *Mañana me queda mal/difícil.* Tomorrow isn't good for me. ◊ *Si lo dejamos para la próxima semana me quedaría más fácil.* It would be better if we left it till next week. **2** (*causar impre-*

*sión*) to make a good/bad impression (*on sb*): *He quedado muy mal con Raúl.* I made a bad impression on Raúl. **quedarse sin algo** to run out of sth: *Me quedé sin cambio.* I've run out of change. ❶ Para otras expresiones con **quedar**, véanse las entradas del sustantivo, adjetivo, etc., p. ej. **quedarse como/de piedra** en PIEDRA.

**queja** *nf* complaint

**quejarse** *vpr* ~ **(de/por)** to complain (about *sth/sb*), to moan (about *sth/sb*) (*coloq*)

**quejido** *nm* **1** (*de dolor*) moan **2** (*lamento, suspiro*) sigh **3** (*animal*) whine

**quemado, -a** *adj* burned: *El pan está ~.* The toast is burned. **LOC saber a quemado** to taste burned *Ver tb* OLER; *Ver tb* QUEMAR

**quemador** *nm* burner: *El ~ de atrás no funciona.* The back burner doesn't work.

**quemadura** *nf* **1** burn: *~s de segundo grado* second-degree burns **2** (*con líquido hirviendo*) scald **LOC quemadura de sol** sunburn [*incontable*]: *Esta crema es para las ~s de sol.* This cream is for sunburn.

**quemar** *vt* **1** to burn: *Vas a ~ la tortilla.* You're going to burn the tortilla. **2** (*edificio, bosque*) to burn *sth* down: *Ya quemó tres edificios.* He's already burned down three buildings.
▸ *vi* to be hot: *¡Cómo quema!* It's very hot!
▸ **quemarse** *vpr* **1 quemarse (con)** (*persona*) to burn *sth/yourself* (on *sth*): *~se la lengua* to burn your tongue ◊ *Me quemé con la sartén.* I burned myself on the frying pan. **2** (*comida*) to be burned **3** (*con el sol*) to get sunburned: *Me quemo muy rápido.* I get sunburned very easily. **LOC** *Ver* SESO

**querer** *vt* **1** ~ **algo/hacer algo** to want sth/to do sth: *¿Cuál quieres?* Which one do you want? ◊ *Quiero salir.* I want to go out. ◊ *Quiere que vayamos a su casa.* He wants us to go to his house. ◊ *De entrada, quiero sopa de pescado.* I'd like fish soup to start with. ➔ *Ver nota en* WANT **2** (*amar*) to love
▸ *vi* to want to: *No quiero.* I don't want to. ◊ *Pues claro que quiere.* Of course he wants to. **LOC querer decir** to mean: *¿Qué quiere decir esta palabra?* What does this word mean? **queriendo** (*a propósito*) on purpose **quisiera…** I, he, etc. would like *to do sth*: *Quisiera saber por qué siempre llegas tarde.* I'd like to know why you're always late. **sin querer** by accident: *Te prometo que lo hice sin ~.* I promise I did it by accident. ◊ *Perdona, fue sin ~.* Sorry, it was an accident.

**querido, -a** *adj* dear *Ver tb* QUERER

**quesadilla** *nf* quesadilla

**queso** *nm* cheese: *No me gusta el ~.* I don't like cheese. ◊ *un sandwich de ~* a cheese sandwich **LOC queso fundido/rallado** melted/grated cheese

**quicio** *nm* **LOC** *Ver* SACAR

**quiebra** *nf* bankruptcy [*pl* bankruptcies]

**quien** *pron* **1** [*sujeto*] who: *Fue mi hermano ~ me lo dijo.* It was my brother who told me. ◊ *Aquí no hay ~ trabaje.* No one can work here. **2** [*complemento*]

El inglés prefiere no traducir **quien** cuando funciona como complemento, aunque también es correcto usar **who** o **whom**: *Es a mi madre a quien quiero ver.* It's my mother I want to see. ◊ *Fue a él a quien se lo dije.* He was the one I told. ◊ *El muchacho con quien la vi ayer es su primo.* The boy (who) I saw her with yesterday is her cousin. ◊ *la actriz de quien se ha escrito tanto* the actress about whom so much has been written.

**3** (*cualquiera, todo el que*) whoever: *Invita a ~ quieras.* Invite whoever you want. ◊ *Quien esté a favor, que levante la mano.* Those in favor, raise your hands. ◊ *Paco, Julián o ~ sea* Paco, Julián or whoever

**quién** *pron* who: *¿Quién es?* Who is it? ◊ *¿A ~ viste?* Who did you see? ◊ *¿Quiénes vienen?* Who's coming? ◊ *¿Para ~ es este regalo?* Who is this present for? ◊ *¿De ~ hablas?* Who are you talking about? **LOC ¿de quién es/son?** (*posesión*) whose is it/are they?: *¿De ~ es este abrigo?* Whose is this coat?

**quienquiera** *pron* whoever: *Quienquiera que sea el culpable recibirá su castigo.* Whoever is responsible will be punished.

**quieto, -a** *adj* still: *estarse/quedarse ~* to keep still

**química** *nf* chemistry

**químico, -a** *adj* chemical
▸ *nm-nf* chemist

**quimono** *nm* kimono [*pl* kimonos]

**quince** *nm, adj, pron* **1** fifteen **2** (*fecha*) fifteenth ➔ *Ver ejemplos en* ONCE *y* SEIS **LOC quince días** two weeks, fortnight (GB): *Sólo vamos ~ días.* We're only going for two weeks.

**quincena** *nf* **1** (*quince días*) two weeks [*pl*], fortnight (GB): *la segunda ~ de mayo* the last two weeks of May **2** (*salario*) salary [*pl* salaries]

**quiniela** *nf* **quinielas** sports lottery [*pl* sports lotteries], (football) pools [*pl*] (*GB*) **LOC** **hacer la(s) quiniela(s)** to enter a sports lottery, to do the pools (*GB*)

**quinientos, -as** *adj, pron, nm* five hundred ➜ *Ver ejemplos en* SEISCIENTOS

**quinto, -a** *adj, pron, nm-nf* fifth ➜ *Ver ejemplos en* SEXTO
▸ **quinta** *nf* (*velocidad*) fifth (gear) **LOC** **en el quinto infierno** in the middle of nowhere

**quiosco** *nm* stand **LOC** *Ver* PERIÓDICO

**quiquiriquí** *nm* cock-a-doodle-doo

**quirófano** *nm* operating room, operating theater (*GB*)

**quirúrgico, -a** *adj* surgical: *una intervención quirúrgica* an operation

**quisquilloso, -a** *adj* **1** (*exigente*) fussy **2** (*susceptible*) touchy

**quitamanchas** *nm* stain remover

**quitar** *vt* **1** (*apartar, retirar*) to take *sth* off/down/out: *Quita tus cosas de mi escritorio.* Take your things off my desk. ◇ *Quítate el suéter.* Take your sweater off. ◇ *Quitó el cartel.* He took the poster down. **2** (*Mat, sustraer*) to take *sth* away (*from sth/sb*): *Si a tres le quitas uno…* If

you take one (away) from three… ◇ *Me quitaron la licencia de manejar.* I had my driver's license taken away. **3** (*mancha*) to remove, to get *sth* out (*más coloq*) **4** (*dolor*) to relieve **5** (*tiempo*) to take up *sb's time*: *Los niños me quitan mucho tiempo.* The children take up a lot of my time.
▸ **quitarse** *vpr* **1** (*ropa, lentes, maquillaje*) to take *sth* off: *Quítate los zapatos.* Take your shoes off. **2** (*mancha*) to come out: *Esta mancha no se quita.* This stain won't come out. **LOC** **no quitar la vista/los ojos (de encima)** not to take your eyes off *sth/sb* **quitarse a algn de encima** to get rid of *sb* **quitarse la costumbre/manía** to kick the habit (*of doing sth*): *~se la costumbre de morderse las uñas* to kick the habit of biting your nails **quitarse las ganas** to go off the idea (*of doing sth*): *Ya se me quitaron las ganas de ir al cine.* I've gone off the idea of going to the movies. **quitarse un peso de encima**: *Me he quitado un gran peso de encima.* That's a great weight off my mind. **¡quítate (de ahí/de en medio)!** get out of the way! *Ver tb* IMPORTANCIA, POLVO

**quizá** (*tb* **quizás**) *adv* maybe: —*¿Crees que vendrá?* —*Quizás sí.* "Do you think she'll come?" "Maybe."

# R r

**rábano** (*tb* **rabanito**) *nm* radish

**rabia** *nf* **1** (*Med*) rabies [*incontable*]: *El perro tenía* ~. The dog had rabies. **2** (*ira*) anger **LOC** *Ver* CORROER(SE)

**rabieta** *nf* tantrum: *Hace muchas* ~*s*. He's always throwing tantrums.

**rabillo** *nm* **LOC** **con/por el rabillo del ojo** out of the corner of your eye

**rabioso, -a** *adj* **1** (*furioso*) furious: *Roberto llegó como perro* ~. Roberto was absolutely furious when he arrived. ◊ *Me contestó* ~. He replied furiously. **2** (*Med*) rabid: *un perro* ~ a rabid dog

**rabo** *nm* **1** (*animal*) tail **2** (*planta, fruta*) stalk **LOC** *Ver* CABO

**racha** *nf* **1** (*serie*) run: *una* ~ *de suerte* a run of good luck ◊ *una* ~ *de desgracias* a series of misfortunes **2** (*viento*) gust **LOC** **pasar por una mala racha** to go through a bad spell

**racial** *adj* racial: *la discriminación* ~ racial discrimination ◊ *relaciones* ~*es* race relations

**racimo** *nm* bunch

**ración** *nf* (*comida*) portion, helping (*más coloq*): *Tomaron unas buenas raciones*. They took big helpings.

**racional** *adj* rational

**racionamiento** *nm* rationing: *el* ~ *del agua* water rationing

**racismo** *nm* racism

**racista** *adj, nmf* racist

**radar** *nm* radar [*incontable*]: *los* ~*es enemigos* enemy radar

**radiactivo, -a** *adj* radioactive **LOC** *Ver* LLUVIA

**radiador** *nm* radiator

**radiante** *adj* **1** (*brillante*) bright: *Lucía un sol* ~. The sun was shining brightly. **2** (*persona*) radiant: ~ *de alegría* radiant with happiness

**radical** *adj, nmf* radical

**radicar** *vi* **en 1** (*basarse*) to lie in *sth*: *El éxito del grupo radica en su originalidad*. The group's success lies in their originality. **2** (*residir*) to live in…: *Actualmente radica en San Andrés*. He currently lives in San Andrés.

**radio¹** *nm* **1** (*Geom*) radius [*pl* radii] **2** (*rueda*) spoke

**radio²** *nm* (*Quím*) radium

---

**radio³** *nm* radio [*pl* radios]: *oír/escuchar el* ~ to listen to the radio **LOC** **en/por el radio** on the radio: *Lo oí en el* ~. I heard it on the radio. ◊ *hablar por el* ~ to speak on the radio

**radioaficionado, -a** *nm-nf* ham radio operator

**radioescucha** *nmf* listener

**radiograbadora** *nf* radio cassette player

**radiografía** *nf* X-ray: *hacer/tomar una* ~ to take an X-ray

**radiolocalizador** *nm* pager

**ráfaga** *nf* **1** (*viento*) gust **2** (*disparos*) burst: *una* ~ *de disparos* a burst of gunfire

**raído, -a** *adj* threadbare

**raíz** *nf* root **LOC** **a raíz de** as a result of *sth*: *a* ~ *del accidente* as a result of the accident **echar raíces 1** (*planta*) to take root **2** (*persona*) to put down roots **raíz cuadrada/cúbica** square/cube root: *La* ~ *cuadrada de 49 es 7*. The square root of 49 is 7.

**raja** *nf* **rajas** sliced pickled green chilis

**rajadura** *nf* **1** (*fisura*) crack **2** (*en tela, papel, etc.*) tear

**rajar** *vt* **1** (*cortar*) to slit: *Me rajaron las llantas*. They slit my tires. **2** (*tela, papel, etc.*) to tear ➔ *Ver dibujo en* TEAR¹ **3** (*cristal, cerámica, plástico*) to crack **4** (*apuñalar*) to stab
▸ **rajarse** *vpr* **1** (*echarse atrás*) to back out **2** (*romperse*) to crack: *El espejo se rajó*. The mirror has cracked.

**rallado, -a** *adj* **LOC** *Ver* QUESO; *Ver tb* RALLAR

**ralladura** *nf* **LOC** **ralladura de limón/naranja** grated lemon/orange rind

**rallar** *vt* to grate

**rama** *nf* branch: *la* ~ *de un árbol* the branch of a tree ◊ *una* ~ *de la filosofía* a branch of philosophy **LOC** **andarse/irse por las ramas** to beat about the bush

**ramo** *nm* **1** (*de flores*) bunch **2** (*sector*) sector **LOC** *Ver* DOMINGO

**rampa** *nf* ramp

**rana** *nf* frog **LOC** *Ver* HOMBRE

**ranchero, -a** *nm-nf* rancher **LOC** *Ver* HUEVO

**rancho** *nm* ranch

**rancio, -a** *adj* **1** (*mantequilla, etc.*) rancid: *Sabe a* ~. It tastes rancid. **2** (*pan*) stale **3** (*olor*) musty: *El sótano olía a* ~. The basement smelt musty.

**rango** *nm* rank

**ranura** nf slot: *Hay que introducir la moneda por la ~.* You have to put the coin in the slot.

**rap** nm (*Mús*) rap LOC **hacer rap** to rap

**rapar** vt (*pelo*) to crop

**rapaz** nf (*ave*) bird of prey [pl birds of prey]

**rape** nm monkfish [pl monkfish]

**rapidez** nf speed LOC **con rapidez** quickly

**rápido, -a** adj quick, fast

> Tanto **fast** como **quick** significan rápido, pero **fast** suele utilizarse para describir a una persona o cosa que se mueve a mucha velocidad: *a fast horse/car/runner* un caballo/coche/corredor rápido, mientras que **quick** se refiere a algo que se realiza en un breve espacio de tiempo: *a quick decision/visit* una decisión/visita rápida ◊ *¿Puedo hacer una llamada rápida?* Can I make a quick phone call?

> adv quickly
> nmpl **rápidos** (*río*) rapids

**rappel** (*tb* **rápel**) nm rappel, abseiling (*GB*)

**raptar** vt to kidnap

**rapto** nm kidnapping

**raptor, -ora** nm-nf kidnapper

**raqueta** nf racket: *una ~ de tenis* a tennis racket

**raro, -a** adj 1 (*extraño*) strange: *una manera muy rara de hablar* a very strange way of speaking ◊ *¡Qué ~!* How strange! 2 (*poco común*) rare: *una planta rara* a rare plant LOC Ver BICHO, COSA

**ras** nm LOC **a ras de suelo/tierra** along the floor/ground

**rascacielos** nm skyscraper

**rascar** vt 1 (*con las uñas*) to scratch: *Oí al perro rascando la puerta.* I heard the dog scratching at the door. 2 (*con cuchillo, espátula, etc.*) to scrape sth (*off sth*): *Rascamos la pintura del suelo.* We scraped the paint off the floor.
> vi to be rough: *Estas toallas rascan.* These towels are rough.
> **rascarse** vpr to scratch: *~se la cabeza* to scratch your head

**rasgado** adj (*ojos*) almond-shaped Ver tb RASGAR

**rasgar** vt to tear sth (up) ➔ Ver dibujo en TEAR[1]
> **rasgarse** vpr to tear

**rasgo** nm 1 (*característica, facción*) feature: *los ~s distintivos de su obra* the distinctive features of her work 2 (*personalidad*) characteristic 3 (*de la pluma*) stroke LOC Ver GRANDE

**rasguño** nm scratch

**raso, -a** adj 1 (*llano*) flat 2 (*cucharada, medida*) level 3 (*tiro*) low
> nm satin

**raspar** vt 1 (*arañar*) to scratch 2 (*quitar*) to scrape sth (*off sth*): *Raspa el papel de la pared.* Scrape the paper off the wall.
> vi to be rough: *Esta toalla raspa.* This towel is rough.
> **rasparse** vpr to graze: *~se la mano* to graze your hand

**rastra** nf LOC **a rastras**: *Trajo la bolsa a ~s.* He dragged the bag in. ◊ *No querían irse, los tuve que sacar a ~s.* They didn't want to go so I had to drag them away. ◊ *Se acercó a ~s.* He crawled over.

**rastrear** vt 1 (*seguir la pista*) to follow: *Los perros rastreaban el olor.* The dogs followed the scent. 2 (*zona*) to comb

**rastreo** nm search: *Realizaron un ~ de los bosques.* They searched the woods.

**rastrillo** nm 1 (*para rasurar*) razor 2 (*para jardín*) rake

**rastro** nm 1 (*huella, pista*) trail: *Los perros siguieron el ~.* The dogs followed the trail. 2 (*señal*) trace: *No había ni ~ de ella.* There was no trace of her. ◊ *Del dinero no quedó ni ~.* There was no trace of the money. 3 (*matadero*) slaughterhouse LOC **sin dejar rastro** without trace Ver tb PERDER

**rasuradora** nf shaver

**rasurarse** vpr 1 to shave: *~ la cabeza* to shave your head ◊ *¿Te rasuraste hoy?* Did you shave today? 2 (*barba, bigote*) to shave sth off: *Se rasuró el bigote.* He shaved off his mustache. LOC Ver BROCHA, CREMA, HOJA

**rata** nf rat
> adj, nmf (*persona*) stingy [adj]: *¡Qué ~ eres!* You're so stingy!

**ratero, -a** nm-nf thief [pl thieves] ➔ Ver nota en THIEF

**ratificar** vt 1 (*tratado, acuerdo*) to ratify 2 (*noticia*) to confirm

**rato** nm while: *Un ~ más tarde sonó el teléfono.* The telephone rang a while later. LOC **al (poco) rato** shortly after: *Llegaron al poco ~ de irte tú.* They arrived shortly after you left. **a ratos** sometimes **para rato**: *Todavía tengo para ~, no me esperes.* I still have a lot to do, so don't wait for me. **pasar el rato** to pass the time

**ratón** nm 1 (*animal*) mouse [pl mice] 2 (*Informát*) mouse [pl mouses] ➔ Ver dibujo en COMPUTADORA 3 (*de los dientes*) tooth fairy LOC **ratón de biblioteca** bookworm

**ratonera** nf **1** (trampa) mousetrap **2** (madriguera) mousehole

**raya** nf **1** (línea) line: marcar una ~ to draw a line **2** (en ropa, etc.) stripe: una camisa de ~s a striped shirt **3** (pelo) part, parting (GB): un peinado con ~ en medio a hairstyle with a center part **4** (pantalón) crease **LOC** tener a algn a raya to keep a tight rein on sb pasarse de la raya to go too far: Esta vez te pasaste de la ~. This time you've gone too far.

**rayar** vt (arañar) to scratch
▶ vi ~ (en/con) to border on sth: Mi admiración por él rayaba en la devoción. My admiration for him bordered on devotion.

**rayo** nm **1** (solar) ray: un ~ de sol a ray of sunshine ◊ los ~s del sol the sun's rays **2** (Meteorología) lightning [incontable]: Los ~s y los truenos me asustan. Thunder and lightning frighten me. **3** rayos (pelo) highlights **LOC** rayo láser laser beam rayos X X-rays

**raza** nf **1** (humana) race **2** (animal) breed: ¿De qué ~ es? What breed is it? **LOC** de raza (animal) pedigree

**razón** nf reason (for sth/doing sth): La ~ de su renuncia es obvia. The reason for his resignation is obvious. **LOC** con razón: Con ~ no quiso sentarse aquí. She had good reason not to want to sit here. darle la razón a algn to admit sb was right: Algún día me darán la ~. Some day they'll admit I was right. hacer entrar en razón to make sb see sense tener razón to be right no tener razón to be wrong

**razonable** adj reasonable

**razonamiento** nm reasoning

**razonar** vi (pensar) to think: No razonaba con claridad. He wasn't thinking clearly.
▶ vt (explicar) to give reasons for sth: Razona tu respuesta. Give reasons for your answer.

**re** nm **1** (nota de la escala) re **2** (tonalidad) D: re mayor D major

**reacción** nf reaction

**reaccionar** vi to react

**reactor** nm **LOC** reactor atómico/nuclear nuclear reactor

**readmitir** vt to readmit sb (to...): Lo readmitieron en el colegio. He was readmitted to school.

**real¹** adj (caso, historia) true

**real²** adj (de reyes) royal **LOC** Ver JALEA, PAVO

**realidad** nf reality [pl realities] **LOC** en realidad actually hacerse realidad to come true Ver tb CONVERTIR

**realismo** nm realism

**realista** adj realistic
▶ nmf realist

**realización** nf **1** (proyecto, trabajo) carrying out: Yo me encargaré de la ~ del plan. I'll take charge of carrying out the plan. **2** (sueño, objetivo) fulfillment

**realizar** vt **1** (llevar a cabo) to carry sth out: ~ un proyecto to carry out a project **2** (sueño, objetivo) to fulfill
▶ realizarse vpr **1** (hacerse realidad) to come true: Mis sueños se realizaron. My dreams came true. **2** (persona) to fulfill yourself

**realmente** adv really

**realzar** vt to enhance

**reanimar** vt to revive
▶ reanimarse vpr **1** (fortalecerse) to get your strength back **2** (volver en sí) to regain consciousness

**reanudar** vt **1** to resume: ~ el trabajo to resume work **2** (amistad, relación) to renew

**rearme** nm rearmament

**rebaja** nf **1** (descuento) discount: Nos hicieron una ~ del 15%. They gave us a 15% discount. **2** rebajas (baratas) sales **3** (salarios, tarifas, etc.) cut: una ~ salarial/ de impuestos a salary/tax cut

**rebajar** vt **1** (reducir) to reduce: ~ una condena to reduce a sentence ◊ Nos rebajó un 15 por ciento. He gave us a 15 percent reduction. **2** (humillar) to humiliate: Me rebajó delante de todos. He humiliated me in front of everyone. **3** (color) to soften
▶ rebajarse vpr **1** rebajarse (a hacer algo) to lower yourself (by doing sth): No me rebajaría a aceptar tu dinero. I wouldn't lower myself by accepting your money. **2** rebajarse ante algn to bow down to sb

**rebanada** nf slice: dos ~s de pan two slices of bread ➋ Ver dibujo en PAN

**rebaño** nm (de ovejas) flock

**rebelarse** vpr ~ (contra) to rebel (against sth/sb)

**rebelde** adj **1** (Mil) rebel: el general ~ the rebel general **2** (espíritu) rebellious **3** (niño) difficult
▶ nmf rebel

**rebelión** nf rebellion

**rebosante** adj ~ (de) overflowing (with sth): ~ de alegría overflowing with joy

**rebosar** vi ~ (de) to be overflowing (with sth)

**rebotar** vi **1** to bounce (off sth): El balón rebotó en el aro. The ball bounced off the hoop. **2** (bala) to ricochet (off sth)

**rebote** nm rebound **LOC** de rebote **1** (pelota) on the rebound **2** (por casualidad) purely by chance: De ~ me tocó el premio. I got the prize purely by chance.

R

**3** (*consecuencia inesperada*): *La decisión puede afectar de ~ a otros equipos.* The decision may have an indirect effect on other teams.

**rebuznar** *vi* to bray

**recado** *nm* **1** (*mensaje*) message: *dejar (un) ~* to leave a message **2** (*encargo*) errand: *Tengo que hacer unos ~s.* I have to run a few errands.

**recaer** *vi* **1** (*Med*) to have a relapse **2** (*vicio*) to go back to your old ways **3** ~ **en (a)** (*responsabilidad, sospecha*) to fall on *sb*: *Todas las sospechas recayeron sobre mí.* Suspicion fell on me. **(b)** (*premio*) to go to *sth/sb*: *El premio recayó en mi grupo.* The prize went to my group.

**recalcar** *vt* to stress

**recalentar** *vt* to warm *sth* up
▶ **recalentarse** *vpr* (*motor*) to overheat

**recámara** *nf* bedroom: *una casa de tres ~s* a three-bedroom house

**recapacitar** *vt* to think *sth* over
▶ *vi* to think things over

**recargable** *adj* rechargeable

**recargado, -a** *adj* **1** (*de peso*) overloaded (*with sth*) **2** (*estética*): *Iba un poco recargada para mi gusto.* She was a little overdressed for my taste. **3** (*apoyado*) leaning (*against sth*): *Hay un joven ~ en la pared.* There's a guy leaning against the wall. *Ver tb* RECARGAR

**recargar** *vt* **1** (*cargar de nuevo*) **(a)** (*pila, batería*) to recharge **(b)** (*arma*) to reload **2** (*de peso*) to overload **3** (*apoyar*) to lean *sth against sth*: *Recarga el libro contra los demás.* Lean the book against the others.

**recargo** *nm* surcharge

**recaudar** *vt* to collect

**recepción** *nf* reception

**recepcionista** *nmf* receptionist

**receta** *nf* **1** (*Cocina*) recipe (*for sth*): *Tienes que darme la ~ de este platillo.* You must give me the recipe for this dish. **2** (*Med*) prescription: *Sólo se vende con ~.* Only available with a prescription.

**recetar** *vt* to prescribe

**rechazar** *vt* to turn *sth/sb* down, to reject (*más formal*): *Rechazaron nuestra propuesta.* Our proposal was turned down.

**rechupete** LOC **de rechupete** delicious

**recibir** *vt* **1** to receive, to get (*más coloq*): *Recibí tu carta.* I received/got your letter. **2** (*persona*) to welcome: *Salió a ~nos.* He came out to welcome us.

**recibo** *nm* **1** (*comprobante*) receipt: *Para cambiarlo necesita el ~.* You'll need the receipt if you want to exchange it. **2** (*factura*) bill: *el ~ de la luz* the electric bill

**reciclaje** *nm* recycling

**reciclar** *vt* (*materiales*) to recycle

**recién** *adv* recently: *~ creado* recently formed LOC **los recién casados** the newly-weds **recién cumplidos**: *Tengo 15 años ~ cumplidos.* I've just turned 15. **recién nacido** newborn: *un ~ nacido* a newborn baby **recién pintado** (*cartel*) wet paint

**reciente** *adj* **1** (*acontecimiento*) recent **2** (*pan, huella*) fresh

**recipiente** *nm* container ➔ *Ver dibujo en* CONTAINER

**recitar** *vt* to recite

**reclamación** *nf* complaint: *hacer/presentar una ~* to make/lodge a complaint

**reclamar** *vt* to demand: *Reclaman justicia.* They are demanding justice.
▶ *vi* (*quejarse*) to complain: *Deberías ~, no funciona.* This doesn't work so you ought to complain.

**reclinable** *adj* reclining LOC *Ver* SILLÓN

**reclinar** *vt* to lean *sth* (*on sth/sb*): *Reclinó la cabeza en mi hombro.* He leant his head on my shoulder.
▶ **reclinarse** *vpr* (*persona*) to lean back (*against sth/sb*)

**recluso, -a** *nm-nf* **1** prisoner **2** (*ermitaño*) recluse

**reclusorio** *nm* prison

**recluta** *nmf* recruit

**recobrar** *vt* **1** (*posesión, conocimiento, control*) to regain, to get *sth* back (*más coloq*): *~ el dinero* to get your money back **2** (*salud, memoria*) to recover, to get *sth* back (*más coloq*): *~ la memoria* to get your memory back
▶ **recobrarse** *vpr* to recover (*from sth*), to get over *sth* (*más coloq*): *~se de una enfermedad* to recover from an illness LOC *Ver* CONOCIMIENTO

**recogedor** *nm* dustpan ➔ *Ver dibujo en* BRUSH

**recogepelotas** *nmf* **1** (*masc*) ballboy **2** (*fem*) ballgirl

**recoger** *vt* **1** (*objeto caído*) to pick *sth* up: *Recoge el pañuelo.* Pick up the handkerchief. **2** (*reunir*) to collect: *~ firmas* to collect signatures **3** (*ordenar*) to clean *sth* up: *~ la casa* to clean up the house **4** (*ir a buscar*) to pick *sth/sb* up: *~ a los niños del colegio* to pick the children up from school
▶ *vi* to clean up: *¿Me ayudas a ~?* Will you help me clean up? LOC **recoger la mesa**

to clear the table **recogerse el pelo** (*en una coleta*) to tie your hair back

**recogido, -a** *adj* **1** (*tranquilo*) quiet **2** (*pelo*) up: *Te ves mejor con el pelo ~.* You look better with your hair up. *Ver tb* RECOGER

**recolectar** *vt* **1** to collect **2** (*frutas, etc.*) to pick

**recomendación** *nf* recommendation: *Fuimos por ~ de mi hermano.* We went on my brother's recommendation.

**recomendado, -a** *adj* recommended: *muy ~* highly recommended *Ver tb* RECOMENDAR

**recomendar** *vt* to recommend

**recompensa** *nf* reward **LOC** **en/como recompensa (por)** as a reward (for *sth*)

**recompensar** *vt* to reward *sb* (*for sth*)

**reconciliarse** *vpr* ~ **con/en** to make up (with *sb*): *Se pelearon pero ya se reconciliaron.* They quarreled but they've made up now.

**reconocer** *vt* **1** (*identificar*) to recognize: *No la reconocí.* I didn't recognize her. **2** (*admitir*) to admit: *~ un error* to admit a mistake **3** (*examinar*) to examine: *~ a un paciente* to examine a patient

**reconocido, -a** *adj* (*apreciado*) well known: *un ~ sociólogo* a well-known sociologist ➔ *Ver nota en* WELL BEHAVED; *Ver tb* RECONOCER

**reconocimiento** *nm* recognition **LOC** **reconocimiento (médico)** physical (examination), medical (GB): *Tienes que hacerte un ~ médico.* You have to have a physical.

**reconquista** *nf* reconquest

**reconstruir** *vt* **1** (*edificio, monumento*) to rebuild **2** (*hechos, suceso*) to reconstruct

**recopilar** *vt* to collect

**récord** *nm* record: *batir/tener un ~* to break/hold a record

**recordar** *vt* **1** ~ **le algo a algn** to remind *sb* (*about sth/to do sth*): *Recuérdame que compre pan.* Remind me to buy some bread. ◊ *Recuérdamelo mañana o se me olvidará.* Remind me tomorrow or I'll forget. **2** (*por asociación*) to remind *sb* of *sth/sb*: *Me recuerda a mi hermano.* He reminds me of my brother. ◊ *¿Sabes a qué/quién me recuerda esta canción?* Do you know what/who this song reminds me of? ➔ *Ver nota en* REMIND **3** (*acordarse*) to remember *sth/doing sth*: *No recuerdo su nombre.* I can't remember his name. ◊ *No recuerdo habértelo dicho.* I don't remember telling you. ◊ *Recuerdo que los vi.* I remember seeing them. ➔ *Ver nota en* REMEMBER **LOC** **que yo recuerde** as far as I remember **te recuerdo que…** remember…: *Te recuerdo que mañana*

*tienes un examen.* Remember you have an exam tomorrow.

**recorrer** *vt* **1** (*lugar*) to go around…: *Recorrimos Francia en tren.* We went around France by train. **2** (*distancia*) to cover, to do (*más coloq*): *Tardamos tres horas en ~ un kilómetro.* It took us three hours to do one kilometer.

**recorrido** *nm* route: *el ~ del camión* the bus route

**recortar** *vt* **1** (*artículo, figura*) to cut *sth* out: *Recorté la foto de una revista vieja.* I cut the photograph out of an old magazine. **2** (*lo que sobra*) to trim **3** (*gastos*) to cut

**recrearse** *vpr* ~ **con/en** to take pleasure in *sth/doing sth*: *~ con las desgracias ajenas* to take pleasure in other people's misfortunes

**recreo** *nm* recess, break (GB): *A las once salimos al ~.* Recess is at eleven. **LOC** **de recreo** recreational

**recta** *nf* straight line **LOC** **recta final 1** (*Dep*) home stretch **2** (*última fase*) closing stages [*pl*]: *en la ~ final de la campaña* in the closing stages of the campaign

**rectangular** *adj* rectangular

**rectángulo** *nm* rectangle **LOC** *Ver* TRIÁNGULO

**rectificar** *vt* **1** (*error*) to rectify: *La empresa tendrá que ~ los daños.* The company will have to rectify the damage. **2** (*actitud, conducta*) to improve

**recto, -a** *adj* straight
▶ *nm* (*Anat*) rectum [*pl* rectums/recta] **LOC** **todo recto** straight ahead

**recuadro** *nm* (*casilla*) box

**recuerdo** *nm* **1** (*memoria*) memory [*pl* memories]: *Guardo un buen ~ de nuestra amistad.* I have happy memories of our friendship. **2** (*objeto*) souvenir

**recuperar** *vt* **1** (*recobrar*) to recover, to get *sth* back (*más coloq*): *Confío en que recupere la vista.* I'm sure he'll recover his sight. **2** (*tiempo, clases*) to make *sth* up: *Tienes que ~ tus horas de trabajo.* You'll have to make up the time.
▶ **recuperarse** *vpr* **recuperarse de** to recover from *sth*, to get over *sth* (*más coloq*)

**recurrir** *vi* ~ **a 1** (*utilizar*) to resort to *sth* **2** (*pedir ayuda*) to turn to *sb*: *No tenía a quién ~.* I had no one to turn to.

**recurso** *nm* **1** (*solución*) resort: *como último ~* as a last resort **2 recursos** resources: *~s humanos/económicos* human/economic resources

**red** *nf* **1** (*Dep, caza, pesca*) net **2** (*Informát, Comunicaciones*) network: *la ~ de*

**R**

*ferrocarriles/carreteras* the railway/road network **3** (*organizaciones, sucursales*) chain **4 la red** (*Internet*) the Net: *Lo busqué en la ~.* I looked for it on the Net. **LOC caer en la red** to fall into the trap

**redacción** *nf* essay: *hacer una ~ sobre tu ciudad* to write an essay on your town **LOC tener buena redacción** to write well

**redactar** *vt, vi* to write: *~ una carta* to write a letter ◊ *Para ser tan pequeño redacta bien.* He writes well for his age.

**redactor, -ora** *nm-nf* (*Period*) editor

**redada** *nf* raid: *efectuar una ~* to carry out a raid

**redoblar** *vi* (*tambor*) to roll

**redomado, -a** *adj* out-and-out: *un mentiroso ~* an out-and-out liar

**redonda** *nf* (*Mús*) whole note, semibreve (*GB*)

**redondear** *vt* **1** (*completar*) to round *sth* off: *~ un negocio* to round off a business deal **2** (*precio, cifra*) to round *sth* up/down

**redondo, -a** *adj* round: *en números ~s* in round figures **LOC a la redonda**: *No había ninguna casa en diez kilómetros a la redonda.* There were no houses within ten kilometers. **salir redondo** to turn out perfectly: *Nos salió todo ~.* It all turned out perfectly for us. *Ver tb* BOLETO, MESA, VIAJE

**reducción** *nf* reduction

**reducido, -a** *adj* (*pequeño*) small *Ver tb* REDUCIR

**reducir** *vt* to reduce: *~ la velocidad* to reduce your speed ◊ *El fuego redujo la casa a cenizas.* The fire reduced the house to ashes. **LOC todo se reduce a...** it all boils down to...

**redundancia** *nf* redundancy

**reelegir** *vt* to re-elect: *Lo han reelegido como su representante.* They've re-elected him as their representative.

**reembolsar** *vt* **1** (*cantidad pagada*) to refund **2** (*gastos*) to reimburse

**reembolso** *nm* **LOC contra reembolso** cash on delivery (*abrev* COD) *Ver tb* ENVÍO

**reemplazar** *vt* to replace *sth/sb* (*with sth/sb*)

**reencarnación** *nf* reincarnation

**reencarnarse** *vpr* ~ **(en)** to be reincarnated (in/as *sth/sb*)

**refacción** *nf* spare part: *Aquí venden la ~ que necesito.* They sell the part I need here.

**referencia** *nf* reference (*to sth/sb*): *servir de/como ~* to serve as a (point of) reference ◊ *Con ~ a su carta...* With reference to your letter... ◊ *tener buenas ~s* to have good references **LOC hacer referencia a** to refer to *sth/sb*

**referéndum** (*tb* **referendo**) *nm* referendum [*pl* referendums/referenda]

**referente** *adj* ~ **a** regarding *sth/sb* **LOC (en lo) referente a** with regard to *sth/sb*

**referirse** *vpr* ~ **a** to refer to *sth/sb*: *¿A qué te refieres?* What are you referring to?

**refilón** *nm* **LOC de refilón**: *Me miraba de ~.* He was looking at me out of the corner of his eye. ◊ *La vi sólo de ~.* I only caught a glimpse of her.

**refinería** *nf* refinery [*pl* refineries]

**reflejar** *vt* to reflect

**reflejo, -a** *adj* reflex: *un acto ~* a reflex action

▸ *nm* **1** (*imagen*) reflection: *Veía mi ~ en el espejo.* I could see my reflection in the mirror. **2** (*reacción*) reflex: *tener buenos ~s* to have good reflexes

**reflexionar** *vi* ~ **(sobre)** to reflect (on *sth*), to think (about *sth*) (*más coloq*)

**reforestación** *nf* reforestation

**reforma** *nf* reform

**reformar** *vt* to reform: *~ una ley/a un delincuente* to reform a law/delinquent

▸ **reformarse** *vpr* to mend your ways

**reformatorio** *nm* reform school

**reforzar** *vt* to reinforce *sth* (*with sth*)

**refrán** *nm* saying: *Como dice el ~...* As the saying goes...

**refrescante** *adj* refreshing

**refrescar** *vt* **1** (*enfriar*) to cool **2** (*memoria*) to refresh **3** (*conocimientos*) to brush up on *sth*: *Necesito ~ mi inglés.* I have to brush up on my English.

▸ *v imp* to get cooler: *Por las noches refresca.* It gets cooler at night.

▸ **refrescarse** *vpr* to freshen up

**refresco** *nm* soft drink

**refrigerador** (*tb* **refri**) *nm* refrigerator, fridge (*más coloq*)

**refrigerar** *vt* to refrigerate

**refuerzo** *nm* reinforcement

**refugiado, -a** *nm-nf* refugee: *un campo de ~s* a refugee camp

**refugiar** *vt* to shelter *sth/sb* (*from sth/sb*)

▸ **refugiarse** *vpr* **refugiarse (de)** to take refuge (from *sth*): *~se de la lluvia* to take refuge from the rain

**refugio** *nm* refuge: *~ de montaña* mountain refuge

**refunfuñar** *vi* to grumble (*about sth*)

**regadera** *nf* **1** (*ducha*) shower: *estar en la ~* to be taking a shower **2** (*plantas*) watering can

**regadío** nm irrigation: *tierra de ~* irrigated land

**regalado, -a** adj **1** (fácil) easy: *El examen estuvo ~.* The test was really easy. **2** (muy barato) very cheap Ver tb REGALAR

**regalar** vt **1** (hacer un regalo) to give: *Me regaló un ramo de flores.* She gave me a bunch of flowers. *◇ Te lo regalo.* It's a gift. **2** (cuando no se quiere algo) to give sth away: *Voy a ~ tus muñecas.* I'm going to give your dolls away.

**regaliz** nm licorice

**regalo** nm **1** (obsequio) present **2** (algo fácil de conseguir) gift: *La última pregunta fue un ~.* The last question was an absolute gift. **LOC** Ver ENVOLVER, PAPEL

**regañadientes** **LOC** a regañadientes reluctantly

**regañar** vt to tell sb off (for sth/doing sth): *Me regañó por no haber regado las plantas.* He told me off for not watering the plants.

**regaño** nm reprimand, good talking-to (coloq)

**regar** vt **1** (planta, jardín) to water **2** (esparcir) to scatter

**regatear** vt, vi (precio) to haggle (over sth)

**regazo** nm lap

**regenerar** vt to regenerate
▶ **regenerarse** vpr **1** to regenerate **2** (persona) to mend your ways

**regente** adj, nmf regent: *el príncipe ~* the Prince Regent

**régimen** nm **1** (Pol, normas) regime: *un ~ muy liberal* a very liberal regime **2** (dieta) diet: *estar a ~* to be on a diet

**regimiento** nm regiment

**región** nf region

**regional** adj regional

**regir** vt **1** (país, sociedad) to rule **2** (empresa, proyecto) to run
▶ vi to be in force: *El convenio rige desde el pasado día 15.* The agreement has been in force since the 15th.

**registrado, -a** adj registered Ver tb REGISTRAR

**registrador, -ora** adj **LOC** Ver CAJA, MÁQUINA

**registrar** vt **1** (inspeccionar) to search **2** (grabar, hacer constar) to record: *~ información* to record information **3** (equipaje) to check sth in **4** (en un registro, correo) to register: *~ un nacimiento* to register a birth
▶ **registrarse** vpr to register

**registro** nm **1** (inscripción) registration **2** (inspección) search **3** (lugar, oficina)

registry [pl registries] **LOC** registro civil city hall, registry office (GB) Ver tb ORDEN

**regla** nf **1** (norma) rule: *Va contra las ~s del colegio.* It's against the school rules. *◇ por ~ general* as a general rule **2** (instrumento) ruler **3** (menstruación) period **LOC** en regla in order

**reglamentario, -a** adj regulation: *uniforme ~* regulation uniform

**reglamento** nm regulations [pl]

**regocijarse** vpr to be delighted (by/at/with sth): *Se regocijaron con la noticia.* They were delighted at the news.

**regocijo** nm delight

**regresar** vi to go/come back (to…): *No quieren ~ a su país.* They don't want to go back to their own country. *◇ Creo que regresan mañana.* I think they're coming back tomorrow. **◆** Ver nota en IR

**regreso** nm return: *a mi ~ a la ciudad* on my return to the city

**reguero** nm trickle: *un ~ de agua/aceite* a trickle of water/oil

**regular¹** vt to regulate

**regular²** adj **1** (no irregular) regular: *verbos ~es* regular verbs **2** (mediocre) poor: *Sus calificaciones han sido muy ~es.* His grades have been very poor. **3** (mediano) medium: *de altura ~* of medium height
▶ adv: *—¿Qué tal te va? —Regular.* "How are things?" "So so." *◇ El negocio va ~.* Business isn't going too well. *◇ La abuela está ~ (de salud).* Granny isn't doing too well. **LOC** Ver VUELO

**regularidad** nf regularity **LOC** con regularidad regularly

**rehabilitación** nf rehabilitation: *programas para la ~ de delincuentes* rehabilitation programs for young offenders

**rehabilitar** vt to rehabilitate

**rehacer** vt to redo **LOC** rehacer la vida to rebuild your life

**rehén** nmf hostage

**rehuir** vt to avoid sth/sb/doing sth: *Rehuyó mi mirada.* She avoided my gaze.

**rehusar** vt to refuse sth/to do sth, to turn sth down (más coloq): *Rehusaron venir.* They refused to come. *◇ Rehusé su invitación.* I turned their invitation down.

**reina** nf queen **LOC** Ver ABEJA

**reinado** nm reign

**reinar** vi **1** (gobernar) to reign **2** (prevalecer) to prevail

**reincidir** vi ~ (en) to relapse (into sth/doing sth)

R

**reiniciar** vt **1** to resume: ~ *el trabajo* to resume work **2** (*Informát*) to restart

**reino** nm **1** kingdom: *el ~ animal* the animal kingdom **2** (*ámbito*) realm **LOC el Reino Unido** the United Kingdom (*abrev* U.K.) ➔ *Ver nota en* GRAN BRETAÑA *y págs* 690-691

**reintegro** nm **1** (*pago, reembolso*) refund **2** (*en un sorteo*) return of stake

**reír** vi to laugh: *echarse a ~* to burst out laughing
▸ vt to laugh at sth: *Le ríen todas las gracias.* They laugh at all his jokes.
▸ **reírse** vpr **1 reírse con algn** to have a laugh with sb: *Siempre nos reímos con él.* We always have a laugh with him. **2 reírse con algo** to laugh at sth **3 reírse de** to laugh at sth/sb: *¿De qué te ríes?* What are you laughing at? ◊ *Siempre se ríen de mí.* They always laugh at me. **LOC reír(se) a carcajadas** to split your sides (laughing)

**reivindicación** nf **1** (*derecho*) claim (*for sth*) **2** (*atentado*): *No se ha producido una ~ de la bomba.* Nobody has claimed responsibility for the bomb.

**reivindicar** vt **1** (*reclamar*) to claim **2** (*atentado*) to claim responsibility for sth

**reja** nf **1** (*ventana*) grill **2** (*cerca*) railing(s) [*gen pl*]: *saltar una ~ de hierro* to jump over some iron railings **3** (*puerta*) gate: *Cierra la ~, por favor.* Shut the gate, please. **4 rejas** (*cárcel*) bars: *entre ~s* behind bars

**rejilla** nf **1** grill **2** (*de alcantarilla*) grating

**rejuvenecer** vt to make sb look younger

**relación** nf **1** ~ (**con**) relationship (with sth/sb): *Nuestra ~ es puramente laboral.* Our relationship is strictly professional. ◊ *mantener relaciones con algn* to have a relationship with sb **2** ~ (**entre**) (*conexión*) connection (between... ) **LOC con/en relación a** in/with relation to sth/sb **relación calidad precio** value (for money) **relaciones públicas** public relations (*abrev* PR) *Ver tb* SECRETARÍA

**relacionado, -a** adj ~ (**con**) related (to sth) *Ver tb* RELACIONAR

**relacionar** vt to relate sth (*to/with sth*): *Los médicos relacionan los problemas del corazón con el estrés.* Doctors relate heart disease to stress.
▸ **relacionarse** vpr **relacionarse (con) 1** (*personas*) to mix (with sb) **2** (*cosas*) to be related (to sth): *Este caso se relaciona con el otro.* This case is related to the other (one).

**relajación** nf **1** relaxation: *técnicas de ~* relaxation techniques **2** (*tensión*) easing: *la ~ de las tensiones internacionales* the easing of international tension

**relajar** vt to relax: *Relaja la mano.* Relax your hand.
▸ **relajarse** vpr **1** to relax: *Tienes que ~te.* You must relax. **2** (*reglas, disciplina*) to become lax

**relajo** nm **1** (*desmadre*) disorder [*incontable*]: *Se armó un ~ en el salón cuando salió el maestro.* The students ran riot when the teacher left the classroom. **2** (*ruido*) racket: *No hagas tanto ~ con las ollas.* Don't make such a racket with the pots.

**relamer** vt to lick sth clean
▸ **relamerse** vpr to lick your lips

**relámpago** nm lightning [*incontable*]: *Un ~ y un trueno anunciaron la tormenta.* A flash of lightning and a clap of thunder heralded the storm. ◊ *Me asustan los ~s.* Lightning frightens me. ◊ *un viaje/ una visita ~* a lightning trip/visit

**relatar** vt to relate

**relatividad** nf relativity

**relativo, -a** adj **1** (*no absoluto*) relative: *Hombre, eso es ~.* Well, that depends. **2** ~ **a** related (to sth): *un problema ~ a la contaminación* a pollution-related problem

**relato** nm **1** (*cuento*) story [*pl* stories]: *un ~ histórico* a historical story **2** (*descripción*) account: *hacer un ~ de los hechos* to give an account of events

**relevar** vt **1** (*sustituir*) to take over (from sb): *Estuve de guardia hasta que me relevó un compañero.* I was on duty until a colleague took over from me. **2** (*de un cargo*) to relieve sb of sth: *Fue relevado del cargo.* He has been relieved of his duties.
▸ **relevarse** vpr to take turns (*at sth/doing sth*)

**relevo** nm **1** (*sustitución*): *El hijo tomó el ~ al frente del negocio.* His son took over the business. **2** (*turno*) shift: *¿Quién va a organizar los ~s?* Who is going to organize the shifts? **3 relevos** (*Dep*) relay [*v sing*]: *una carrera de ~s* a relay race

**relieve** nm **1** (*Geog*) relief: *un mapa en ~* a relief map ◊ *una región de ~ accidentado* an area with a rugged landscape **2** (*importancia*) significance: *un acontecimiento de ~ internacional* an event of international significance **LOC poner de relieve** to highlight

**religión** nf religion

**religioso, -a** adj religious

▶ nm-nf **1** (*sacerdote*) priest ➲ *Ver nota en* PRIEST **2** (*enclaustrado*) **(a)** (*masc*) monk **(b)** (*fem*) nun

**relinchar** *vi* to neigh

**reliquia** *nf* relic

**rellenar** *vt* **1** (*recipiente, con dulce*) to fill *sth* (*with sth*): *Rellené las tartaletas de/ con fruta.* I filled the cakes with fruit. **2** (*con salado*) to stuff *sth* (*with sth*) **3** (*volver a llenar*) to refill: *No hacía más que ~ los vasos.* He just kept on refilling everybody's glasses. **4** (*formulario, impreso*) to fill *sth* out: ~ *un formulario* to fill out a form

**relleno** *nm* **1** (*Cocina*) **(a)** (*con dulce*) filling: *pasteles con ~ de crema* cream-filled cakes **(b)** (*con salado*) stuffing **2** (*cojín*) stuffing

**reloj**

watch    clock

digital watch    alarm clock

hands
strap

**reloj** *nm* **1** (*de pared, mesa*) clock: *¿Qué hora tiene el ~ de la cocina?* What time does the kitchen clock say? **2** (*de pulsera, bolsillo*) watch: *Tengo el ~ atrasado.* My watch is slow. LOC **contra reloj** against the clock **reloj de cucú** cuckoo clock **reloj de sol** sundial *Ver tb* CUERDA

**relojería** *nf* watch repair shop

**relojero, -a** *nm-nf* watchmaker

**relucir** *vi* to shine

**remangar(se)** *vt, vpr* (*manga, pantalón*) to roll *sth* up: *Se remangó los pantalones.* He rolled up his pants.

**remar** *vi* to row

**rematar** *vt* **1** (*acabar*) to finish *sth/sb* off: *Remataré el informe este fin de semana.* I'll finish off the report this weekend. **2** (*Dep*) to shoot: *La pelota pasó al capitán, que remató la jugada.* The ball went to the captain, who shot at goal.

**remate** *nm* **1** (*término*) end **2** (*extremo*) top: *el ~ de una torre* the top of a tower **3** (*borde*) border: *un ~ de encaje* a lace border **4** (*Dep*) shot: *El portero evitó el ~.* The goalkeeper saved the shot. LOC **de remate** (*uso enfático*): *ser un imbécil de ~* to be a total idiot **2** (*de oferta*) on special offer, on special (*coloq*) *Ver tb* LOCO

**remediar** *vt* **1** (*solucionar*) to remedy: ~ *la situación* to remedy the situation **2** (*daño*) to repair: *Quisiera ~ el daño que causé.* I'd like to repair the damage I've caused. LOC **no lo puedo remediar** I, you, etc. can't help it

**remedio** *nm* **1** ~ (**para/contra**) remedy [*pl* remedies] (for *sth*) **2** (*solución*) solution (*to sth*): *Esto ya no tiene ~.* There's no solution to this. LOC **no haber/quedar/ tener más remedio (que…)** to have no choice (but to…)

**remendar** *vt* **1** to mend **2** (*zurcir*) to darn

**remiendo** *nm* (*Costura*) patch

**remilgoso, -a** *adj* fussy

**remite** *nm* return address

**remitente** *nmf* sender

**remo** *nm* **1** (*instrumento*) oar **2** (*Dep*) rowing: *un club de ~* a rowing club ◊ *practicar el ~* to row LOC **a remo**: *Cruzaron el estrecho a ~.* They rowed across the straits. *Ver tb* BARCA

**remojar** *vt* to soak: *Pon los garbanzos a ~.* Soak the chickpeas.

**remojón** *nm*: *Me puse los nuevos zapatos y me dieron el ~.* I wore my new shoes and everyone jumped on them to christen them. ◊ *Cuando te mudes, hay que darle el ~ a tu casa.* When you move, you'll have to have a housewarming party.

**remolcar** *vt* to tow

**remolino** *nm* **1** (*de agua*) **(a)** (*pequeño*) eddy [*pl* eddies] **(b)** (*grande*) whirlpool **2** (*pelo*) cowlick

**remolque** *nm* **1** (*grúa*) tow **2** (*para transportar*) trailer **3** (*casa rodante*) trailer, caravan (*GB*) ➲ *Ver dibujo en* CAMPER

**remontar** *vt* **1** (*cuesta, río*) to go up *sth* **2** (*dificultad*) to overcome *sth* **3** (*partido, marcador*) to turn *sth* around: *El equipo no consiguió ~ el partido.* The team didn't manage to turn the match around. ▶ **remontarse** *vpr* **remontarse a** (*hecho, tradición*) to date back to *sth* LOC **remontar el vuelo** to fly off

**remorder** *vi* LOC **remorderle a algn la conciencia** to have a guilty conscience

R

# remordimiento

**remordimiento** nm remorse [*incontable*] **LOC** **tener remordimientos (de conciencia)** to feel guilty

**remoto, -a** adj remote: *una posibilidad remota* a remote possibility **LOC** Ver CONTROL, IDEA

**remover** vt **1** (*líquido*) to stir **2** (*ensalada*) to toss **3** (*tierra*) to turn *sth* over **4** (*asunto*) to bring *sth* up

**renacimiento** nm **1** (*resurgimiento*) revival **2** **Renacimiento** Renaissance

**renacuajo** nm tadpole

**rencor** nm resentment **LOC** Ver GUARDAR

**rencoroso, -a** adj resentful

**rendición** nf surrender

**rendido, -a** adj (*agotado*) worn out, exhausted (*más formal*) Ver tb RENDIR

**rendija** nf crack

**rendimiento** nm **1** (*desempeño*) performance: *su ~ en los estudios* his academic performance ◊ *un motor de alto ~* a high-performance engine **2** (*producción*) output

**rendir** vt (*cansar*) to tire *sb* out
▸ vi **1** (*persona, producto, etc.*) to be productive: *Rindo mucho mejor por la mañana.* I'm much more productive in the mornings. ◊ *El nuevo modelo rinde el doble.* The new model is twice as productive. ◊ *Este detergente no rinde mucho.* This detergent doesn't go far. **2** (*negocio*) to be profitable: *Este negocio ya no rinde.* This business is not profitable anymore.
▸ **rendirse 1** to give up: *No te rindas.* Don't give up. **2** (*Mil*) to surrender (*to sth/sb*) **LOC** **rendir culto** to worship

**renegar** vi **1 ~ de** to renounce *sth* [vt]: ~ *de la religión/política* to renounce your religion/politics **2** (*quejarse*) to grumble (*about sth*): *Deja ya de ~.* Stop grumbling.

**renglón** nm line

**reno** nm reindeer [*pl* reindeer]

**renovable** adj renewable: *fuentes de energía ~* renewable energy sources

**renovación** nf **1** (*contrato, documento*) renewal: *la fecha de ~* the renewal date **2** (*estructural*) renovation: *Están haciendo renovaciones en el edificio.* They're doing renovation work in the building. **3** (*modernización*) modernization

**renovar** vt **1** (*contrato, documento*) to renew: ~ *un contrato/el pasaporte* to renew a contract/your passport **2** (*edificio*) to renovate **3** (*modernizar*) to modernize

**renta** nf **1** (*alquiler*) rent **2** (*Fin, ingresos*) income: *el impuesto sobre la ~* income tax

**rentable** adj profitable: *un negocio ~* a profitable deal

**rentar** vt to rent
● **referido a la persona que toma algo en alquiler**

> En los Estados Unidos **rent** equivale a *rentar* o *alquilar*: *Rentó/alquiló un smoking para la boda.* He rented a tuxedo for the wedding. ◊ *¿Cuánto me costaría rentar un departamento de dos recámaras?* How much would it cost me to rent a two-bedroom apartment?
> En Gran Bretaña, se utiliza otro verbo, **hire**, cuando se trata de rentar/alquilar coches, ropa, etc. por periodos cortos: *¿Por qué no rentas/alquilas un coche?* Why don't you hire a car? ◊ *Rentó/Alquiló un disfraz para la fiesta.* She hired a costume for the party.
> **Rent** se utiliza cuando se trata de periodos más largos, esp con la vivienda: *¿Qué tal si rentas un departamento?* Why don't you rent a flat?

● **referido a la persona que deja algo en alquiler**

> En los Estados Unidos, **rent out** equivale a *rentar* o *alquilar*: *Una compañía que renta/alquila muebles.* A company that rents out furniture. ◊ *Viven de rentar departamentos.* They make a living by renting out apartments. ◊ *Rentan/alquilan caballos para el paseo.* They rent out horses for the trail ride.
> En Gran Bretaña, se utiliza el verbo **hire** cuando se trata de rentar coches, ropa, etc. por periodos cortos: *Viven de alquilar/rentar caballos a los turistas.* They make their living hiring out horses to tourists. Cuando se trata de vivienda, se puede usar **rent sth (out)** o **let sth (out)**: *Viven de alquilar/rentar departamentos.* They make a living by letting/renting out flats.

**LOC** **se renta** for rent, to let (*GB*)

**renunciar** vi **1 ~ a** (*derecho*) to renounce, to give *sth* up (*más coloq*): ~ *a una herencia/un derecho* to renounce an inheritance/a right **2 ~ (a)** (*puesto*) to resign (*from sth*): *Renunció a su cargo.* She resigned from her post.

**reñido, -a** *adj* hard-fought: *El partido estuvo muy ~.* It was a hard-fought game.

**reojo** LOC *Ver* MIRAR

**reparación** *nf* repair: *reparaciones en el acto* repairs while you wait ◊ *Esta casa necesita reparaciones.* This house is in need of repair.

**reparar** *vt* to repair
▸ *vi* ~ **en** to notice *sth/(that… )*: *Reparé en que sus zapatos estaban mojados.* I noticed (that) his shoes were wet.

**reparo** *nm* reservation LOC **poner reparos** to find fault *with sth*

**repartidor, -ora** *nm-nf* delivery man/ woman [*pl* men/women] LOC **repartidor de periódicos 1** (*masc*) paperboy **2** (*fem*) papergirl

**repartir** *vt* **1** (a) (*distribuir*) to distribute (b) (*correo, mercancías*) to deliver (c) (*Naipes, golpes*) to deal **2** (*dividir*) to divide *sth* up: *~ el trabajo* to divide the work up

**reparto** *nm* **1** (*distribución*) distribution **2** (*mercancías, correo*) delivery [*pl* deliveries] **3** (*Cine, Teat*) cast

**repasar** *vt* **1** (*revisar*) to check: *~ un texto* to check a text **2** (*Educ, estudiar*) to review, to revise (*GB*)

**repaso** *nm* **1** (*Educ*) review, revision (*GB*): *Hoy vamos a hacer ~.* We're going to do some reviewing today. ◊ *dar un ~ a algo* to review sth **2** (*revisión, inspección*) check

**repatriar** *vt* to repatriate

**repelar** *vi* to complain: *Siempre encuentra de que ~.* He always finds something to complain about.

**repente** *nm* LOC **de repente** suddenly

**repentino, -a** *adj* sudden

**repercusión** *nf* repercussion

**repercutir** *vi* to have repercussions (*on sth*): *Podría ~ en la economía.* It could have repercussions on the economy.

**repertorio** *nm* (*musical*) repertoire

**repetición** *nf* repetition

**repetir** *vt* **1** (*volver a decir*) to repeat: *¿Puede repetírmelo?* Could you repeat that please? ◊ *No te lo pienso ~.* I'm not going to tell you again. **2** (*volver a hacer*) to do *sth* again: *Lo voy a tener que ~.* I'm going to have to do it again.
▸ *vi* **1** (*servirse otro poco*) to have another helping: *¿Puedo ~?* Can I have another helping? **2** (*ajo, cebolla, etc.*): *Estoy repitiendo el pimiento.* I can still taste the peppers (I had for lunch).
▸ **repetirse** *vpr* **1** (*acontecimiento*) to happen again: *¡Y que no se repita!* And don't let it happen again! **2** (*persona*) to repeat yourself

**repicar** *vt, vi* to ring

**repisa** *nf* **1** (*estante*) ledge **2** (*chimenea*) mantel, mantelpiece (*GB*) **3** (*ventana*) windowsill

**repleto, -a** *adj* ~ **(de)** full (of *sth/sb*)

**replicar** *vt* to retort: *—¿Quién pidió tu opinión?, replicó.* "Who asked you?" he retorted.
▸ *vi* to answer back: *No me repliques, ¿eh?* Don't answer me back!

**repollo** *nm* cabbage

**reponer** *vt* to replace
▸ **reponerse** *vpr* **reponerse (de)** to recover (from *sth*), to get over *sth* (*más coloq*)

**reportaje** *nm* report

**reporte** *nm* report

**reportero, -a** *nm-nf* reporter

**reposacabezas** *nm* headrest

**reposar** *vi* **1** (*descansar*) to rest: *Necesitas ~.* You need to rest. **2** (*estar enterrado*) to lie: *Sus restos reposan en este cementerio.* His remains lie in this cemetery. ⊃ *Ver nota en* LIE²

**reposo** *nm* **1** (*descanso*) rest: *Los médicos me mandaron ~.* The doctors have told me to rest. **2** (*paz*) peace: *No tengo ni un momento de ~.* I don't get a moment's peace.

**repostería** *nf* baking: *La ~ se me da muy mal.* I'm not very good at baking.

**represalia** *nf* reprisal: *Esperemos que no haya ~s contra los vecinos.* Let's hope there are no reprisals against the local people.

**representación** *nf* **1** representation **2** (*Teat*) performance

**R**

**representante** *nmf* **1** representative: *el ~ del partido* the party representative **2** (*Cine, Teat*) agent: *el ~ de la actriz* the actress's agent

**representar** *vt* **1** (*organización, país*) to represent: *Representaron a México en las Olimpiadas.* They represented Mexico in the Olympics. **2** (*cuadro, estatua, etc.*) to depict: *El cuadro representa una batalla.* The painting depicts a battle. **3** (*simbolizar*) to symbolize: *El verde representa la esperanza.* Green symbolizes hope. **4** (*Teat*) (a) (*obra*) to perform (b) (*papel*) to play: *Representó el papel de Otelo.* He played the part of Othello. **5** (*edad*) to look: *Representa unos 30 años.* She looks about 30.

**representativo, -a** *adj* representative

**represión** *nf* repression

**represivo, -a** *adj* repressive

**reprimido, -a** *adj, nm-nf* repressed [*adj*]: *Es un ~.* He's really repressed.

**reprobar** *vt* to fail: *Vas a ~ si no estudias.* You'll fail if you don't study.

**reprochar** *vt* to reproach *sb (for/with sth)*: *Me reprochó el no haberle llamado.* He reproached me for not telephoning him.

**reproducción** *nf* reproduction

**reproducir(se)** *vt, vpr* to reproduce

**reproductor** *nm* **1** *(de CDs, DVDs, etc.)* CD, DVD, etc. player **2** *(de video)* VCR

**reptar** *vi* **1** *(serpiente)* to slither **2** *(persona)* to crawl

**reptil** *nm* reptile

**república** *nf* republic

**republicano, -a** *adj, nm-nf* republican

**repuesto** *nm* spare part **LOC de repuesto** spare: *una pila de ~* a spare battery

**repugnante** *adj* revolting

**reputación** *nf* reputation *(for sth/doing sth)*: *tener buena/mala ~* to have a good/bad reputation

**requisar** *vt* to seize: *La policía les requisó los documentos.* The police seized their documents.

**requisito** *nm* requirement *(for sth/to do sth)*

**res** *nf* **1** *(animal)* **(a)** *(masc)* bull **(b)** cow **2** *(carne)* beef **LOC carne de res** beef ➔ *Ver nota en* CARNE

**resaca** *nf* *(mar)* undertow

**resaltar** *vt* **1** *(color, belleza)* to bring *sth* out **2** *(poner énfasis)* to highlight
▸ *vi (sobresalir)* to stand out *(from sth)* **LOC hacer resaltar** to bring *sth* out

**resbaladilla** *nf* slide: *Los niños juegan en la ~.* The children are playing on the slide.

**resbaladizo, -a** *adj* slippery

**resbalar** *vi* **1** *(vehículo)* to skid **2** *(superficie)* to be slippery **3** *~ (por)* to slide *(along/down sth)*: *La lluvia resbalaba por los cristales.* The rain slid down the windows.
▸ **resbalarse** *vpr* to slip *(on sth)*: *Resbalé con una mancha de aceite.* I slipped on a patch of oil. **LOC resbalarle algo a algn** not to care about *sth*: *Los estudios se le resbalan.* He doesn't care about school.

**resbalón** *nm* slip: *dar/pegarse un ~* to slip

**resbaloso, -a** *adj Ver* RESBALADIZO

**rescatar** *vt* **1** *(salvar)* to rescue *sb (from sth)* **2** *(recuperar)* to recover *sth (from sth/sb)*, to get *sth* back *(from sth/sb)* *(más coloq)*: *Pudieron ~ el dinero.* They were able to recover the money.

**rescate** *nm* **1** *(salvación)* rescue: *las labores de ~* rescue work **2** *(pago)* ransom: *pedir un elevado ~* to demand a high ransom **LOC exigir/pedir rescate por algn** to hold *sb* to ransom

**rescoldo** *nm* embers *[pl]*

**reseco, -a** *adj* very dry

**resentirse** *vpr* **1** *(deteriorarse)* to deteriorate: *Su salud empieza a ~.* His health is starting to deteriorate. **2** *(enojarse)* to be annoyed *(with sb) (about/at sth)*: *Se resintió con ella porque le mintió.* He was annoyed with her because she'd lied to him. **3** *(dolerse)* to hurt: *La pierna aún se resiente de la caída.* My leg still hurts from the fall.

**reserva** *nf* **1** *~ (de)* reserve(s): *una buena ~ de carbón* good coal reserves ◇ *~s de petróleo* oil reserves **2** *(animales, plantas)* reserve **3** *(gasolina)* reserve tank

**reservación** *nf* *(hotel, viaje, restaurante)* reservation, booking *(GB)*: *hacer una ~* to make a reservation

**reservado, -a** *adj (persona)* reserved *Ver tb* RESERVAR

**reservar** *vt* **1** *(guardar)* to save: *Resérvame un sitio.* Save me a place. **2** *(pedir con antelación)* to reserve, to book *(GB)*: *Quiero ~ una mesa para tres.* I'd like to reserve a table for three.

**resfriado, -a** *adj: estar ~* to have a cold
▸ *nm* cold *Ver tb* RESFRIARSE

**resfriarse** *vpr* to catch a cold

**resguardar** *vt* to protect *sth/sb against/from sth*
▸ **resguardarse** *vpr* **resguardarse (de)** to shelter *(from sth)*: *~se de la lluvia* to shelter from the rain

**resguardo** *nm* protection

**residencia** *nf* residence **LOC residencia de estudiantes** dormitory, hall of residence *(GB)* *Ver tb* ANCIANO

**residuo** *nm* **residuos** waste *[incontable]*: *~s tóxicos* toxic waste

**resina** *nf* resin

**resistencia** *nf* *(física)* stamina

**resistir** *vt* **1** *(soportar)* to withstand: *Las chozas no resistieron el vendaval.* The shanty town didn't withstand the gale. **2** *(peso)* to take: *El puente no resistirá el peso de ese camión.* The bridge won't take the weight of that truck. **3** *(tentación)* to resist *sth/doing sth*: *No lo pude ~ y me comí todo el pastel.* I couldn't resist eating all the cake.
▸ *vi (aguantar)* to hold up: *El librero no resistirá.* The bookcase won't hold up much longer.
▸ **resistirse** *vpr* to refuse *to do sth*: *Me resistía a creerlo.* I refused to believe it.

**resolver** vt **1** (problema, misterio, caso) to solve **2** ~ **hacer algo** to resolve to do sth: *Resolvimos no decírselo.* We've resolved not to tell her.

**resonar** vi **1** (metal, voz) to ring **2** (producir eco) to resound

**resoplar** vi to huff and puff: *Deja de ~.* Stop huffing and puffing.

**resortera** nf slingshot, catapult (GB)

**respaldar** vt to back sth/sb up: *Mis padres siempre me respaldaron.* My parents always backed me up.

**respaldo** nm **1** (apoyo) support **2** (silla) back

**respectivo, -a** adj respective

**respecto** nm LOC **al respecto** about it: *No sé nada al ~.* I don't know anything about it. **con respecto a** with regard to sth/sb, about sth/sb (más coloq)

**respetable** adj respectable: *una persona/cantidad ~* a respectable person/amount

**respetar** vt **1** (estimar) to respect sth/sb (for sth): ~ *las opiniones de los demás* to respect other people's opinions **2** (código, ley, etc.) to obey: ~ *las señales de tráfico* to obey road signs

**respeto** nm **1** ~ (a/hacia) (consideración, veneracion) respect (for sth/sb): *el ~ a los demás/la naturaleza* respect for others/nature **2** ~ **a** (miedo) fear of sth: *tenerle ~ al agua* to be afraid of water LOC Ver FALTAR

**respetuoso, -a** adj respectful

**respingado, -a** adj (nariz) turned-up

**respiración** nf breathing [incontable]: *ejercicios de ~* breathing exercises ◇ *quedarse sin ~* to be out of breath ◇ *contener la ~* to hold your breath LOC **respiración artificial** artificial respiration **respiración boca a boca** mouth-to-mouth resuscitation Ver tb AGUANTAR

**respirar** vt, vi to breathe: ~ *aire puro* to breathe fresh air ◇ *Respira hondo.* Take a deep breath. LOC **no dejar a algn ni respirar** not to give sb a minute's rest

**respiratorio, -a** adj respiratory

**resplandecer** vi to shine

**resplandeciente** adj shining

**resplandor** nm **1** brightness: *el ~ de la lámpara* the brightness of the lamp **2** (fuego) blaze

**responder** vt, vi ~ (a) to answer, to reply (to sth/sb) (más formal): ~ *a una pregunta* to answer a question ◇ *Tengo que ~ a estas cartas.* I have to reply to these letters.
▶ vi **1** (reaccionar) to respond (to sth): ~ *a un tratamiento* to respond to treatment ◇ *Los frenos no respondían.* The brakes

didn't respond. **2** ~ **de/por** to answer for sth/sb: *¡No respondo de mí!* I won't answer for my actions! ◇ *Yo respondo por él.* I'll answer for him.

**responsabilidad** nf responsibility [pl responsibilities]

**responsabilizarse** vpr **responsabilizarse (de)** to assume responsibility (for sth): *Me responsabilizo de mis decisiones.* I assume responsibility for my decisions.

**responsable** adj responsible (for sth)
▶ nmf **1** (encargado) person in charge: *el ~ de las obras* the person in charge of the building work **2** (culpable) person responsible (for sth): *Los ~s se entregaron.* Those responsible gave themselves up. ◇ *¿Quién es el ~ de este desastre?* Who's responsible for this disaster?

**respuesta** nf **1** (contestación) answer, reply [pl replies] (más formal): *una ~ clara* a clear answer ◇ *Quiero una ~ a mi pregunta.* I want an answer to my question. ◇ *No hemos obtenido ~.* We haven't had a reply. **2** (en examen) answer: *Sólo tuve tres ~s correctas.* I only got three answers correct. **3** (reacción) response (to sth): *una ~ favorable* a favorable response

**resquebrajar(se)** vt, vpr to crack

**resta** nf (Mat) subtraction

**restablecer** vt **1** (normalidad, calma) to restore: ~ *el orden* to restore order **2** (diálogo, negociaciones) to resume
▶ **restablecerse** vpr to recover (from sth), to get over sth (más coloq): *Tardó varias semanas en ~se.* He took several weeks to recover.

**restar** vt to take sth away, to subtract (más formal): ~ *3 de 7* to take 3 away from 7 LOC Ver IMPORTANCIA

**restauración** nf restoration

**restaurador, -ora** nm-nf restorer

**restaurante** nm restaurant LOC Ver VAGÓN, VALE

**restaurar** vt to restore

**resto** nm **1** (lo que queda) rest: *El ~ te lo contaré mañana.* I'll tell you the rest tomorrow. **2 restos (a)** (comida) leftovers **(b)** (Arqueología) remains LOC **restos mortales** mortal remains

**restregar** vt to scrub
▶ **restregarse** vpr to rub: *El pequeño se restregaba los ojos.* The little boy was rubbing his eyes.

**resucitar** vi (Relig) to rise from the dead
▶ vt (Med) to resuscitate

**resultado** nm **1** result: *como ~ de la pelea* as a result of the fight **2** (Mat)

answer: *¿Qué ~ te da?* What's the answer? LOC **dar/no dar resultado** to be successful/unsuccessful **resultado final** (*Dep*) final score

**resultar** *vi* **1** (*ser, quedar*) to be: *Resulta difícil de creer.* It's hard to believe. ◊ *Su cara me resulta familiar.* His face is familiar to me. **2** ~ **que...** to turn out (that...): *Resultó que se conocían.* It turned out (that) they knew each other. **3** (*parecer*) to find: *Este libro me está resultando muy divertido.* I'm finding this book very entertaining. **4** (*funcionar*) to work: *Mi plan no resultó.* My plan didn't work.

**resumen** *nm* summary [*pl* summaries]: ~ *informativo* news summary ◊ *hacer un* ~ *de algo* to summarize sth LOC **en resumen** in short

**resumir** *vt* **1** to summarize: ~ *un libro* to summarize a book **2** (*concluir*) to sum sth up: *Resumiendo,...* To sum up,...

**resurrección** *nf* resurrection LOC *Ver* DOMINGO

**retablo** *nm* (*altar*) altarpiece

**retador, -ora** *nm-nf* challenger
▶ *adj* challenging

**retar** *vt* to challenge

**retardado, -a** *adj* delayed: *de acción retardada* delayed-action

**retazo** *nm* remnant

**retener** *vt* **1** (*detener*) to hold: ~ *a algn en contra de su voluntad* to hold sb against their will **2** (*guardar*) to keep **3** (*memorizar*) to remember

**retina** *nf* retina

**retirada** *nf* (*de soldados vencidos*) retreat: *El general ordenó la* ~. The general ordered a retreat.

**retirado, -a** *adj* **1** (*remoto*) remote **2** (*jubilado*) retired *Ver tb* RETIRAR

**retirar** *vt* **1** (*quitar*) to withdraw (*sth/sb*) (*from sth*): ~ *le la licencia a algn* to withdraw sb's license ◊ ~ *una revista de circulación* to withdraw a magazine from circulation **2** (*apartar*) to pull sth away (*from sth*): ~ *una silla de la pared* to pull a chair away from the wall
▶ **retirarse** *vpr* **1** (*irse*) to withdraw (*from sth*): ~*se de una lucha* to withdraw from a fight **2** (*jubilarse*) to retire (*from sth*): *Se retiró de la política.* He retired from politics. **3** (*Mil*) to retreat

**retiro** *nm* **1** (*jubilación*) retirement **2** (*pensión*) (retirement) pension **3** (*lugar, Relig*) retreat

**reto** *nm* challenge

**retocar** *vt* (*pintura, fotos*) to retouch

**retoque** *nm* finishing touch: *dar los últimos* ~*s a un dibujo* to put the finishing touches to a drawing

**retorcer** *vt* to twist: *Me retorció el brazo.* He twisted my arm. LOC **retorcerse de dolor** to writhe in pain **retorcerse de risa** to double up with laughter

**retornable** *adj* returnable LOC **no retornable** non-returnable

**retorno** *nm* return

**retortijón** *nm* cramp: *retortijones de estómago* stomach cramps

**retransmisión** *nf* broadcast: *una* ~ *en vivo/diferida* a live/recorded broadcast

**retransmitir** *vt* to broadcast

**retrasado, -a** *adj* **1** (*atrasado*) behind (*with sth*): *Voy muy* ~ *en mi trabajo.* I'm very behind with my work. **2** (*transporte*) late: *El camión está* ~. The bus is late. **3** (*país, región*) backward *Ver tb* RETRASAR

**retrasar** *vt* **1** (*retardar*) to hold *sth/sb* up, to delay (*más formal*): *Retrasaron todos los vuelos.* All the flights were delayed. **2** (*reloj*) to put *sth* back: ~ *el reloj una hora* to put your watch back an hour **3** (*aplazar*) to postpone, to put *sth* off (*más coloq*): ~ *una reunión* to postpone a meeting
▶ **retrasarse** *vpr* **1** (*llegar tarde*) to be late: *Siento haberme retrasado.* Sorry I'm late. **2** (*en trabajo*) to fall behind (*in/with sth*): *Empezó a* ~*se en sus estudios.* He began to fall behind in his studies. **3** (*reloj*) to be slow: *Este reloj se retrasa diez minutos.* This watch is ten minutes slow.

**retraso** *nm* **1** (*demora*) delay: *Algunos vuelos sufrieron* ~*s.* Some flights were subject to delays. ◊ *Empezó con cinco minutos de* ~. It began five minutes late. **2** (*subdesarrollo*) backwardness LOC **llevar/tener retraso** to be late: *El avión lleva cinco horas de* ~. The plane is five hours late.

**retratar** *vt* **1** (*pintar*) to paint *sb's* portrait: *El artista la retrató en 1897.* The artist painted her portrait in 1897. **2** (*Fot*) to take a photograph/picture (of *sth/sb*) **3** (*describir*) to portray: *La obra retrata la vida aristocrática.* The play portrays aristocratic life.

**retrato** *nm* **1** (*cuadro*) portrait **2** (*foto*) photograph **3** (*descripción*) portrayal LOC **retrato hablado** composite picture

**retroceder** *vi* **1** (*ir hacia atrás*) to go back: *Este no es el camino, retrocedamos.* We're going the wrong way, let's go back. **2** (*echarse atrás*) to back down: *No retrocederé ante las dificultades.* I won't back down in the face of adversity.

**retroceso** *nm* **1** (*movimiento*) backward movement **2** (*de arma*) recoil **3** (*Econ*) recession: ~ *económico* economic recession

**retrovisor** *nm* rear-view mirror

**retumbar** *vi* to resound

**reuma** *nm* rheumatism

**reunificar** *vt* to reunify

**reunión** *nf* **1** meeting: *Mañana tenemos una ~ importante.* We have an important meeting tomorrow. **2** (*de antiguos colegas*) reunion: *una ~ de antiguos alumnos* a school reunion

**reunir** *vt* **1** (*personas, objetos*) to gather sth/sb together: *Reuní a mis amigas/la familia.* I gathered my friends/family together. **2** (*información*) to collect **3** (*dinero*) to raise **4** (*cualidades*) to have: ~ *cualidades para ser líder* to have leadership qualities
▶ **reunirse** *vpr* to meet: *Nos reuniremos esta tarde.* We'll meet this evening.

**revancha** *nf* revenge LOC **tomar la revancha** to get/take your revenge (*on sb*) (*for sth*)

**revelado** *nm* (*Fot*) developing

**revelar** *vt* **1** (*dar a conocer*) to reveal: *Nunca nos reveló su secreto.* He never revealed his secret to us. **2** (*Fot*) to develop

**reventar(se)** *vt, vi, vpr* **1** to burst: *Si comes más vas a reventar.* If you eat any more you'll burst. ◊ ~ *de alegría* to be bursting with happiness **2** (*irse de pachanga*) to party: *Nos gusta reventarnos el fin de semana.* We like to party at weekends.

**reventón** *nm* wild party [*pl* wild parties]

**revés**

**inside out**        **backwards**

**upside down**

**reverencia** *nf* LOC **hacer una reverencia** **1** (*hombres*) to bow **2** (*mujeres*) to curtsy

**reversa** *nf* (*velocidad*) reverse: *Mete la ~.* Put it in reverse.

**reversible** *adj* reversible

**reverso** *nm* **1** (*papel*) back **2** (*moneda*) reverse

**revés** *nm* **1** (*tela*) wrong side **2** (*Tenis, etc.*) backhand **3** (*bofetada*) slap **4** (*contratiempo*) setback: *sufrir un ~* to suffer a setback LOC **al revés 1** (*mal*) wrong: *¡Todo me está saliendo al ~!* Everything's going wrong for me! **2** (*al contrario*) the other way round: *Yo lo hice al ~ que tú.* I did it the other way around than you did. **3** (*ropa, etc.*) **(a)** (*con lo de arriba abajo*) upside down **(b)** (*con lo de dentro afuera*) inside out: *Llevas puesto el suéter al ~.* Your sweater's on inside out. **(c)** (*con lo de delante atrás*) backwards **del revés** (*con lo de dentro afuera*) inside out

**revestir** *vt* (*cubrir*) to cover

**revisar** *vt* to check: *Vinieron a ~ el gas.* They came to check the gas.

**revisión** *nf* **1** (*trabajo, tarea*) check: *Antes de entregarlo, voy a hacer la última ~.* I'm going to check it one last time before I hand it in. **2** (*para exámenes*) review, revision (*GB*) **3** (*vehículo*) service **4** (*Med*) check-up

**revisor, -ora** *nm-nf* conductor

**revista** *nf* **1** (*publicación*) magazine **2** (*Teat*) revue **3** (*Mil*) review: *pasar ~ a las tropas* to review the troops

**revivir** *vt, vi* to revive: ~ *el pasado/una vieja amistad* to revive the past/an old friendship

**revolcar** *vt* to knock sb over
▶ **revolcarse** *vpr* **1** to roll around: *Nos revolcamos en el pasto.* We rolled around on the lawn. **2** (*en agua, lodo*) to wallow

**revolotear** *vi* to fly about

**revoltijo** *nm* mess: *Tu cuarto es un ~.* Your room is a mess.

**revoltoso, -a** *adj, nm-nf* naughty [*adj*]: *Eres un ~.* You're very naughty.

**revolución** *nf* revolution

**revolucionar** *vt* **1** (*transformar*) to revolutionize **2** (*alborotar*) to stir *sb* up: *No revoluciones a todo el mundo.* Don't stir everybody up.

**revolucionario, -a** *adj, nm-nf* revolutionary [*pl* revolutionaries]

**revolver** *vt* **1** (*remover*) **(a)** (*salsa, café, etc.*) to stir: *Revuélvelo bien.* Stir it well. **(b)** (*ensalada*) to toss **2** (*desordenar*) **(a)** to mess *sth* up: *No revuelvas los cajones.*

R

Don't mess the drawers up. **(b)** (*ladrones*) to turn *sth* upside down: *Los ladrones revolvieron todo el departamento.* The burglars turned the apartment upside down. **3** (*estómago*) to turn
▶ *vi* (*fisgar*) to rummage: *Estuvo revolviendo en la bolsa un rato.* She spent some time rummaging through her bag.

**revólver** *nm* revolver

**revuelta** *nf* revolt

**revuelto, -a** *adj* **1** (*desordenado*) messy **2** (*agitado*) worked up: *El pueblo anda ~ con las elecciones.* People are worked up about the elections. **3** (*estómago*) upset: *Tengo el estómago ~.* I have an upset stomach. **LOC** *Ver* HUEVO; *Ver tb* REVOLVER

**rey** *nm* **1** (*monarca*) king

El plural de **king** es regular ("kings"), pero cuando decimos *los reyes* refiriéndonos al rey y la reina, se dice **the king and queen**.

**2 Reyes** Epiphany **LOC los Reyes Magos** the Three Wise Men *Ver tb* CUERPO, DÍA

**rezagado, -a** *adj*: *Apúrate, no te quedes ~.* Come on, don't get left behind.
▶ *nm-nf* straggler

**rezar** *vt* to say: *~ una oración* to say a prayer
▶ *vi* **~ (por)** to pray (for *sth/sb*)

**riachuelo** *nm* stream

**ribera** *nf* **1** (*orilla*) bank **2** (*vega*) riverside

**rico, -a** *adj* **1 ~ (en)** rich (in *sth*): *una familia rica* a rich family ◊ *~ en minerales* rich in minerals **2** (*comida*) delicious **3** (*cómodo*) comfortable, comfy (*coloq*): *un sofá muy ~* a comfy couch
▶ *nm-nf* rich man/woman [*pl* men/women]: *los ~s* the rich

**ridiculez** *nf*: *¡Qué ~!* How ridiculous! ◊ *Lo que dice es una ~.* He's talking nonsense.

**ridiculizar** *vt* to ridicule

**ridículo, -a** *adj* ridiculous **LOC dejar/poner a algn en ridículo** to make a fool of *sb* **hacer el ridículo** to make a fool of yourself **quedar en ridículo** to look stupid

**riego** *nm* (*Agric*) irrigation **LOC riego sanguíneo** circulation *Ver tb* BOCA

**riel** *nm* rail

**rienda** *nf* rein **LOC dar rienda suelta** to give free rein *to sth/sb* **llevar las riendas** to be in charge (*of sth*)

**riesgo** *nm* risk: *Corren el ~ de perder su dinero.* They run the risk of losing their money. **LOC a todo riesgo** (*seguro*) comprehensive

**rifa** *nf* raffle

**rifar** *vt* to raffle

**rifle** *nm* rifle

**rígido, -a** *adj* **1** (*tieso*) rigid **2** (*severo*) strict: *Tiene unos padres muy ~s.* She has very strict parents.

**riguroso, -a** *adj* **1** (*estricto*) strict **2** (*minucioso*) thorough **3** (*castigo, clima*) harsh

**rima** *nf* rhyme

**rimar** *vi* to rhyme

**rimbombante** *adj* (*lenguaje*) pompous

**rímel** *nm* mascara: *ponerse ~* to apply mascara

**rincón** *nm* corner: *en un tranquilo ~ de Puebla* in a quiet corner of Puebla

**rinoceronte** *nm* rhino [*pl* rhinos]
**❶** Rhinoceros es la palabra científica.

**riña** *nf* **1** (*pelea*) fight **2** (*discusión*) argument

**riñón** *nm* **1** (*órgano*) kidney [*pl* kidneys] **2 riñones** (*zona lumbar*) lower back [*v sing*] **LOC** *Ver* COSTAR

**río** *nm* river

En inglés **river** se escribe con mayúscula cuando aparece con el nombre de un río: *el río Amazonas* the River Amazon. ➔ *Ver tb nota en* MAR

**LOC río abajo/arriba** downstream/upstream *Ver tb* ORILLA

**riqueza** *nf* **1** (*dinero*) wealth [*incontable*]: *amontonar ~s* to amass wealth **2** (*cualidad*) richness: *la ~ del terreno* the richness of the land

**risa** *nf* **1** laugh: *una ~ nerviosa/contagiosa* a nervous/contagious laugh ◊ *¡Qué ~!* What a laugh! **2 risas** laughter [*incontable*]: *Se oían las ~s de los pequeños.* You could hear the children's laughter. **LOC dar risa** to make *sb* laugh **me dio la risa** I, you, etc. got the giggles **morirse/partirse de risa** to die laughing *Ver tb* MUERTO, PELÍCULA, RETORCER

**risueño, -a** *adj* **1** (*cara*) smiling **2** (*persona*) cheerful

**ritmo** *nm* **1** (*Mús*) rhythm, beat (*más coloq*): *seguir el ~* to keep time **2** (*velocidad*) rate: *el ~ de crecimiento* the growth rate **LOC ritmo de vida** pace of life **tener ritmo 1** (*persona*) to have a good sense of rhythm **2** (*melodía*) to have a good beat *Ver tb* MARCAR

**rito** *nm* rite

**ritual** *nm* ritual

**rival** *adj, nmf* rival

**rizado, -a** *adj* curly

**rizo** *nm* **1** (*pelo*) curl **2** (*Aeronáut*) loop

**róbalo** *nm* sea bass [*pl* sea bass]

**robar** *vt* **1** (*banco, tienda, persona*) to rob: *~ un banco* to rob a bank **2** (*dinero, objetos*)

to steal: *Me robaron el reloj.* My watch has been stolen. **3** (*casa, caja fuerte*) to break into sth: *Le enseñaron a ~ cajas fuertes.* They taught him how to break into a safe.
▸ vi **1** to steal: *Lo echaron del colegio por ~.* He was expelled for stealing. **2** (*a una persona*) to rob: *¡Me robaron!* I've been robbed! **3** (*en una casa*): *Robaron en casa de los vecinos.* Our neighbors' house has been broken into. **➔** *Ver nota en* ROB **4** (*Naipes*) to draw: *Te toca ~.* It's your turn to draw.

**roble** *nm* oak (tree)

**robo** *nm* **1** (*de un banco, una tienda, a una persona*) robbery [*pl* robberies]: *el ~ al supermercado* the supermarket robbery ◇ *He sido víctima de un ~.* I've been robbed. **2** (*de objetos*) theft: *acusado de ~ de coches/bicicletas* car/bicycle theft **3** (*a una casa, oficina*) burglary [*pl* burglaries]: *El domingo hubo tres ~s en esta calle.* There were three burglaries in this street on Sunday. **➔** *Ver nota en* THEFT **4** (*estafa*) rip-off: *¡Vaya ~!* That's a rip-off! **LOC** *Ver* MANO

**robot** *nm* robot

**robusto, -a** *adj* robust

**roca** *nf* rock

**roce** *nm* **1** (*rozamiento*) rubbing [*incontable*] **2** (*discusión*) clash: *Ya he tenido varios ~s con él.* I've already clashed with him several times.

**rociar** *vt* to spray sth (*with sth*): *Hay que ~ las plantas dos veces al día.* The plants should be sprayed twice a day.

**rocío** *nm* dew

**rocoso, -a** *adj* rocky

**rodaballo** *nm* turbot [*pl* turbot]

**rodaja** *nf* slice: *una ~ de melón* a slice of melon **LOC** en rodajas: *Córtalo en ~s.* Slice it. ◇ *piña en ~s* pineapple rings

**rodaje** *nm* **1** (*Cine*) filming: *el ~ de una serie de televisión* the filming of a TV series **2** (*coche*): *El coche está todavía en ~.* I'm still running my car in.

**rodar** *vi* **1** (*dar vueltas*) to roll: *Las canicas ruedan.* Marbles roll. ◇ *Las rocas rodaron por el precipicio.* The rocks rolled down the cliff. **2** (*ir de un lado a otro*) to lie around: *Esta carta lleva un mes rodando por la oficina.* This letter has been lying around the office for a month now.
▸ vt (*película*) to film **LOC** rodar escaleras abajo to fall down the stairs

**rodear** *vt* **1** to surround sth/sb (*with sth/sb*): *Hemos rodeado al enemigo.* We've surrounded the enemy. ◇ *Sus amigas la rodearon para felicitarla.* She was sur-

rounded by friends wanting to congratulate her. **2** (*con los brazos*): *Sus brazos me rodearon.* He put his arms around me.
▸ vt, vi ~ (**por**) to make a detour: *Podemos ~ (por) el bosque.* We can make a detour through the woods.
▸ **rodearse** *vpr* **rodearse de** to surround yourself with sth/sb: *Les encanta ~se de gente joven.* They love to surround themselves with young people.

**rodeo** *nm* **1** (*desvío*) detour: *Tuvimos que dar un ~ de cinco kilómetros.* We had to make a five-kilometer detour. **2** (*espectáculo*) rodeo [*pl* rodeos] **LOC** andarse con rodeos to beat about the bush

**rodilla** *nf* knee **LOC** de rodillas: *Todo el mundo estaba de ~s.* Everyone was kneeling down. ◇ *Tendrás que pedírmelo de ~s.* You'll have to get down on your knees and beg. **ponerse de rodillas** to kneel (down)

**rodillera** *nf* **1** (*Dep*) kneepad **2** (*Med*) knee support **3** (*parche*) knee patch

**rodillo** *nm* **1** (*Cocina*) rolling pin **2** (*pintura*) roller

**roedor** *nm* rodent

**roer** *vt* to gnaw (*at*) sth: *El perro roía su hueso.* The dog was gnawing (at) its bone.

**rogar** *vt* **1** (*suplicar*) to beg (*sb*) for sth, to beg (*sth*) of sb: *Le rogaron misericordia.* They begged him for mercy. ◇ *Les rogué que me soltaran.* I begged them to let me go. **2** (*pedir*) to ask sb to do sth: *Me rogaron que me fuera.* They asked me to go. ◇ *Tranquilízate, te lo ruego.* Calm down, please. **3** (*rezar*) to pray: *Roguemos al Señor.* Let us pray. **LOC** hacerse del rogar to play hard to get **se ruega no fumar** please do not smoke **se ruega silencio** silence please

**rojizo, -a** *adj* reddish

**rojo, -a** *adj, nm* red **➔** *Ver ejemplos en* AMARILLO **LOC** al rojo vivo (*metal*) red-hot **ponerse rojo** to turn red *Ver tb* CAPERUCITA, CRUZ, NÚMERO

**rollo** *nm* **1** (*de papel, tela, etc.*) roll: *~s de papel higiénico* rolls of toilet paper ◇ *un ~ de película* a roll of film **2** (*asunto*): *¿Qué ~ te traes?* What are you up to? ◇ *Está metido en un ~ muy raro.* He's involved in something very odd. ◇ *¿Te gusta el ~ de los coches?* Are you into cars? **3** (*pesadez, aburrimiento*): *¡Qué ~ de libro!* What a boring book! ◇ *Esa clase es un ~.* That class is really boring. **LOC** echar/tirar (un) rollo to give a spiel: *Eché puro ~ porque no sabía nada.* I

**R**

didn't know anything, so I just gave a spiel.

**romano, -a** *adj* Roman LOC *Ver* NUMERACIÓN, NÚMERO

**romántico, -a** *adj, nm-nf* romantic

**rombo** *nm* **1** (*Geom*) rhombus [*pl* rhombuses] **2** (*forma, estampado*) diamond: *un suéter de ~s* a diamond-patterned sweater

**romero** *nm* rosemary

**rompecabezas** *nm* **1** (*de piezas*) jigsaw: *hacer un ~* to do a jigsaw **2** (*acertijo*) puzzle

**rompeolas** *nm* breakwater

**romper** *vt* **1** to break: *Rompí la ventana de un pelotazo.* I broke the window with a ball. ◇ *~ una promesa* to break a promise **2** (*papel, tela*) to tear: *Rompió la carta.* He tore up the letter. ➔ *Ver dibujo en* TEAR[1] **3** (*por el uso*) to wear *sth* out: *Rompe todos los suéteres por los codos.* He wears out all his sweaters at the elbows.
▶ *vi* **1** ~ **con** to fall out with *sb*: *~ con la familia política* to fall out with your in-laws **2** (*novios*) to split up (with *sb*)
▶ **romperse** *vpr* **1** to break: *Me rompí el brazo jugando al fútbol.* I broke my arm playing soccer. ◇ *Se rompió sola.* It broke of its own accord. **2** (*papel, tela*) to tear: *Esta tela se rompe fácilmente.* This material tears easily. ➔ *Ver dibujo en* TEAR[1] **3** (*cuerda*) to snap **4** (*ropa, zapatos*) to wear out: *Seguro que se rompen a los dos días.* They're bound to wear out in no time. LOC **romper el hielo** to break the ice **romper filas** to fall out *Ver tb* CARA

**ron** *nm* rum

**roncar** *vi* to snore

**ronco, -a** *adj* (*afónico*) hoarse LOC **quedarse ronco** to lose your voice: *Me quedé ~ de gritar.* I lost my voice from so much shouting.

**ronda** *nf* round: *Esta ~ la pides tú.* It's your round. ◇ *Tu casa no está incluida en mi ~.* My house isn't on my round. LOC **hacer la ronda 1** (*soldado, vigilante, policía*) to be on patrol **2** (*repartidor*) to do your rounds

**ronronear** *vi* to purr

**ronroneo** *nm* purr: *Se oía el ~ del gato.* You could hear the cat purring.

**roña** *nf* **1** (*mugre*) dirt: *Tienes ~ en el cuello.* You have dirt on your collar. **2** (*enfermedad de la piel*) mange

**roñoso, -a** *adj* **1** (*mugriento*) grimy **2** (*tacaño*) mean, stingy (*coloq*)

**ropa** *nf* **1** (*de persona*) clothes [*pl*]: *~ infantil* children's clothes ◇ *~ usada/*

*sucia* second-hand/dirty clothes ◇ *¿Qué ~ me pongo hoy?* What shall I wear today? **2** (*de casa*) linen: *~ blanca/de cama* household/bed linen LOC **ropa de deportes** sportswear **ropa interior** underwear *Ver tb* BOTE[2]

**ropero** *nm* wardrobe

**rosa** *nf* rose
▶ *adj, nm* pink ◇ *Ver ejemplos en* AMARILLO LOC *Ver* NOVELA

**rosado, -a** *adj* pink

**rosal** *nm* rose bush

**rosario** *nm* (*Relig*) rosary [*pl* rosaries]: *rezar el ~* to say the rosary

**rosca** *nf* **1** (*pan*) (ring-shaped) roll ➔ *Ver dibujo en* PAN **2** (*tornillo*) thread LOC **pasarse de rosca** (*persona*) to go over the top *Ver tb* TAPÓN

**rostizado, -a** *adj* roast: *pollo ~* roast chicken

**rostizar** *vt* to roast

**rostro** *nm* (*cara*) face: *La expresión de su ~ lo decía todo.* The look on his face said it all.

**rotación** *nf* rotation: *~ de cultivos* crop rotation

**rotar** *vt* to rotate

**roto, -a** *adj* (*quebrado*) broken *Ver tb* ROMPER

**rótula** *nf* kneecap

**rotulador** *nm* marker

**rotular** *vt* (*poner rótulos*) to put the lettering on *sth*

**rótulo** *nm* **1** (*en un cartel, mapa*) lettering [*incontable*]: *Los ~s son demasiado pequeños.* The lettering's too small. **2** (*letrero*) sign

**rotundo, -a** *adj* **1** (*contundente*) resounding: *un sí/fracaso ~* a resounding "yes"/flop **2** (*negativa*) emphatic

**rozar** *vt, vi* **1** (*tocar ligeramente*) to brush (*against sth/sb*): *Le rocé el vestido.* I brushed against her dress. ◇ *La pelota me rozó la pierna.* The ball grazed my leg. **2** (*raspar*) to rub: *Estas botas me rozan atrás.* These boots rub at the back. ◇ *La salpicadera roza con la rueda.* The fender rubs against the wheel.
▶ *vt* (*rayar*) to scratch: *No me roces el coche.* Don't scratch my car.

**rubeola** (*tb* **rubéola**) *nf* German measles [*incontable*]

**rubí** *nm* ruby [*pl* rubies]

**rubio, -a** *adj* fair, blond(e) ➔ *Ver nota en* GÜERO LOC *Ver* TABACO

**rueda** *nf* wheel: *~ delantera/trasera* front/back wheel ◇ *cambiar la ~* to change the wheel LOC **ir sobre ruedas** to go really well **rueda de la fortuna** Ferris

wheel, big wheel (*GB*) *Ver tb* MESITA, PRENSA, SILLA

**ruedo** *nm* ring: *El torero dio la vuelta al ~.* The bullfighter paraded around the ring.

**ruego** *nm* plea

**rugby** *nm* rugby: *un partido de ~* a rugby match

**rugido** *nm* roar

**rugir** *vi* to roar

**ruido** *nm* noise: *No hagas ~.* Don't make any noise. ◊ *Oí ~s raros y me dio miedo.* I heard some strange noises and got frightened. ◊ *¿Oíste un ~?* Did you hear something?

**ruidoso, -a** *adj* noisy

**ruina** *nf* **1** (*restos de edificio, quiebra*) ruin: *las ~s de una ciudad romana* the ruins of a Roman city ◊ *La ciudad estaba en ~s.* The city was in ruins. ◊ *~ económica* financial ruin **2** (*hundimiento*) collapse: *Ese edificio amenaza ~.* That building is in danger of collapsing. LOC **estar en la ruina** to be broke **ser la/una ruina**: *Las bodas son una ~.* Weddings cost a fortune.

**ruiseñor** *nm* nightingale

**ruleta** *nf* roulette

**rulo** *nm* roller

**rumba** *nf* rumba

**rumbo** *nm* **1** (*camino, dirección*) direction **2** (*avión, barco*) course: *El barco puso ~ al*

*sur.* The ship set course southwards. LOC **(con) rumbo a** bound for: *El barco iba con ~ a Veracruz.* The ship was bound for Veracruz. **sin rumbo (fijo)**: *andar sin ~* to wander aimlessly

**rumiante** *adj, nm* ruminant

**rumiar** *vi* (*vaca*) to chew the cud, to ruminate (*formal*)

**rumor** *nm* **1** (*noticia*) rumor: *Corre el ~ de que se van a casar.* There's a rumor going around that they're getting married. **2** (*murmullo*) murmur

**rumorar** *vt* LOC **se rumora que…** there are rumors (that…): *Se rumora que hicieron un fraude.* There are rumors about a fraud.

**rural** *adj* rural

**Rusia** *nf* Russia

**ruso, -a** *adj, nm-nf, nm* Russian: *los ~s* the Russians ◊ *hablar ~* to speak Russian LOC *Ver* MONTAÑA

**rústico, -a** *adj* rustic

**ruta** *nf* route: *¿Qué ~ seguiremos?* What route will we take? ◊ *la ~ de la seda* the silk road

**rutina** *nf* routine: *No quiere cambiar la ~ diaria.* She doesn't want to change her daily routine. ◊ *inspecciones de ~* routine inspections ◊ *Se ha convertido en ~.* It's become a routine.

R

# S s

**sábado** *nm* Saturday (*abrev* Sat.) ➲ *Ver ejemplos en* LUNES

**sábana** *nf* sheet

**saber** *vt* **1** to know: *No supe qué contestar.* I didn't know what to say. ◊ *No sé nada de mecánica.* I don't know anything about mechanics. ◊ *Sabía que volvería.* I knew he would be back. ◊ *¡Ya lo sé!* I know! **2** ~ **hacer algo**: *¿Sabes nadar?* Can you swim? ◊ *No sé esquiar.* I can't ski. **3** (*enterarse*) to find out: *Lo supe ayer.* I found out yesterday. **4** (*idioma*) to speak: *Sabe mucho inglés.* He speaks good English.
▸ *vi* **1** to know: *Le tengo mucho aprecio, ¿sabes?* I'm very fond of her, you know. ◊ *¿Sabes? Ana se casa.* Know what? Ana's getting married. ◊ *Nunca se sabe.* You never know. **2** ~ **de** (*tener noticias*) to hear of *sth/sb*: *Nunca más supimos de él.* That was the last we heard of him. **3** ~ **(a)** (*tener sabor*) to taste (like *sth*): *Sabe a menta.* It tastes like mint. ◊ *¡Qué bien sabe!* It tastes really good! **LOC no sé qué/cuántos** something or other: *Me habló de no sé qué.* He talked to me about something or other. **¡qué sé yo!/¡yo qué sé!** how should I know? **que yo sepa** as far as I know ❶ Para otras expresiones con **saber**, véanse las entradas del sustantivo, adjetivo, etc., p. ej. **saber a quemado** en QUEMADO.

**sabiduría** *nf* wisdom

**sabio, -a** *adj* wise

**sabor** *nm* ~ **(a)** **1** taste (of *sth*): *Tiene un ~ muy raro.* It tastes very strange. ◊ *El agua no tiene ~.* Water is tasteless. **2** (*gusto*) flavor: *Lo hay de siete ~es distintos.* It comes in seven different flavors. ◊ *¿De qué ~ lo quieres?* Which flavor would you like? **LOC con sabor a** flavored: *un yogurt con ~ a plátano* a banana-flavored yogurt **dejar mal sabor (de boca)** (*fig*) to leave a nasty taste in the mouth

**saborear** *vt* to savor: *Le gusta ~ su café.* He likes to savor his coffee.

**sabotaje** *nm* sabotage

**sabotear** *vt* to sabotage

**sabroso, -a** *adj* delicious

**sacacorchos** *nm* corkscrew

**sacapuntas** *nm* pencil sharpener

**sacar** *vt* **1** (*extraer, llevar fuera*) to take *sth/sb* out (*of sth*): *Sacó una carpeta del cajón.* He took a folder out of the drawer. ◊ *El dentista le sacó una muela.* The dentist took his tooth out. ◊ ~ *la basura* to take the trash out **2** (*conseguir*) to get: *¿Qué sacaste en matemáticas?* What did you get in math? ◊ *No sé de dónde ha sacado el dinero.* I don't know where she got the money from. **3** (*parte del cuerpo*) to stick *sth* out: *No me saques la lengua.* Don't stick your tongue out at me. ◊ ~ *la cabeza por la ventanilla* to stick your head out of the window ◊ *¡Casi me sacas un ojo!* You nearly poked my eye out! **4** (*poner a la venta*) to launch: *Cada año sacan un modelo nuevo.* They launch a new model every year. **5** (*producir*) to make *sth* (*from sth*): *Sacan la mantequilla de la leche.* They make butter from milk.
▸ *vt, vi* (*Tenis*) to serve
▸ **sacarse** *vpr*: *¡Sácate las manos de los bolsillos!* Take your hands out of your pockets. **LOC sacar de quicio/de sus casillas** to drive *sb* mad ❶ Para otras expresiones con **sacar**, véanse las entradas del sustantivo, adjetivo, etc., p. ej. **sacar punta** en PUNTA.

**sacarina** *nf* saccharin

**sacerdote** *nm* priest ➲ *Ver nota en* PRIEST

**saciar** *vt* **1** (*hambre, ambición, deseo*) to satisfy **2** (*sed*) to quench

**saco** *nm* **1** (*a*) (*grande*) sack (*b*) (*pequeño*) bag **2** (*prenda*) jacket

**sacramento** *nm* sacrament

**sacrificar** *vt* to sacrifice: *Sacrificó su carrera para tener hijos.* She sacrificed her career to have children. ◊ *Lo sacrifiqué todo para sacar adelante a mi familia.* I sacrificed everything for my family.
▸ **sacrificarse** *vpr* **sacrificarse (por/para)** to make sacrifices (for *sb*): *Mis padres se han sacrificado mucho.* My parents have made a lot of sacrifices.

**sacrificio** *nm* sacrifice: *Tendrás que hacer algunos ~s.* You'll have to make some sacrifices.

**sacudida** *nf* **1** (*zarandeo*) shake **2** (*eléctrica*) shock: *Me pegó una buena ~.* I got an electric shock.

**sacudidor** *nm* dustcloth, duster (*GB*)

**sacudir** *vt* **1** to shake: *Sacude el mantel.* Shake the tablecloth. ◊ ~ *la arena (de la toalla)* to shake the sand off (the towel) **2** (*pegar*) to give *sb* a smack **3** (*quitar el polvo*) to dust: *Sacude los muebles de la sala, por favor.* Please dust the living room.

▶ **sacudirse** *vpr* (*limpiarse*) to brush *sth* (off): *~se la caspa del abrigo* to brush the dandruff off your coat

**sádico, -a** *nm-nf* sadist

**sagitario** (*tb* **Sagitario**) *nm, nmf* (*Astrología*) Sagittarius ➲ *Ver ejemplos en* AQUARIUS

**sagrado, -a** *adj* **1** (*Relig*) holy: *un lugar ~* a holy place ◇ *la Sagrada Familia* the Holy Family **2** (*intocable*) sacred: *Los domingos para mí son ~s.* My Sundays are sacred.

**sal** *nf* salt LOC **echar la sal** to put a jinx on *sb* **sal fina/gruesa** table/sea salt

**sala** *nf* **1** (*de reuniones, en museo*) room: *~ de juntas* meeting room **2** (*en casa*) living room **3** (*Cine*) screen: *La ~ 1 es la más grande.* Screen 1 is the largest. **4** (*hospital*) ward LOC **sala de espera** waiting room **sala de estar** living room

**salado, -a** *adj* **1** (*gusto*) salty **2** (*desafortunado*) jinxed LOC *Ver* AGUA

**salario** *nm* salary [*pl* salaries] LOC **salario base/mínimo** basic/minimum wage

**salchicha** *nf* sausage

**salchichón** *nm* spicy sausage

**salchichonería** *nf* delicatessen, deli (*más coloq*)

**saldar** *vt* (*cuenta, deuda*) to settle

**saldo** *nm* **1** (*en una cuenta*) balance **2** **saldos** (*ropa, etc.*) sale items

**salero** *nm* (*para la sal*) salt shaker, salt cellar (*GB*)

**salida** *nf* **1** (*acción de salir*) way out (*of sth*): *a la ~ del cine* on the way out of the cinema **2** (*puerta*) exit: *la ~ de emergencia* the emergency exit **3** (*avión, tren*) departure: *~s nacionales/internacionales* domestic/international departures ◇ *tablero de ~s* departures board LOC **salida del sol** sunrise *Ver tb* CALLEJÓN

**salir** *vi* **1** (*ir/venir fuera*) to go/come out: *¿Salimos al jardín?* Should we go out into the garden? ◇ *No quería ~ del baño.* He wouldn't come out of the bathroom. ◇ *Salí a ver qué pasaba.* I went out to see what was going on. ➲ *Ver nota en* IR **2** (*partir*) to leave: *¿A qué hora sale el avión?* What time does the plane leave? ◇ *Salimos de la casa a las dos.* We left home at two. ◇ *The train leaves from track five.* El tren sale del andén número cinco. ◇ *~ para Taxco* to leave for Taxco **3** (*alternar*) to go out: *Anoche salimos a cenar.* We went out for a meal last night. ◇ *Sale con un estudiante.* She's going out with a student. **4** (*producto, flor*) to come out: *El libro sale en abril.* The book is coming out in April. **5** (*resultar*) to turn out: *¿Qué tal te salió la receta?* How did the recipe turn out? ◇ *El viaje salió fenomenal.* The trip turned out really well. **6** (*sol*) **(a)** (*amanecer*) to rise **(b)** (*de entre las nubes*) to come out: *Por la tarde salió el sol.* The sun came out in the afternoon. **7** **~ de** (*superar*): *~ de una operación* to pull through an operation ◇ *~ de las drogas* to quit taking drugs **8** **~ a algn** (*parecerse*) to take after sb **9** **~ a/por** (*costar*) to work out at *sth*: *Sale a 60 pesos el metro.* It works out at 60 pesos a meter. **10** (*al hacer cuentas*): *A mí me sale 18.* I make it 18. **11** (*saber hacer algo*): *Todavía no me sale bien la vuelta de carro.* I still can't do cartwheels right. **12** (*Informát*) to log off/out: *~ del sistema* to log off/out

▶ **salirse** *vpr* **1** to come off: *Se salió una pieza.* A piece has come off. ◇ *El coche se salió de la carretera.* The car went off the road. **2** (*líquido*) to leak LOC **salir adelante** (*tener éxito*) to make it: *Estoy seguro de que saldrás adelante.* I'm sure you'll make it. **salirse con la suya** to get your own way

**saliva** *nf* saliva

**salmo** *nm* psalm

**salmón** *nm* salmon [*pl* salmon]

▶ *adj, nm* (*color*) salmon ➲ *Ver ejemplos en* AMARILLO

**salón** *nm* **1** (*de una casa*) living room **2** (*de un hotel*) lounge **3** (*de una escuela*) classroom LOC **salón de belleza** beauty salon **salón de fiestas** party/reception hall *Ver tb* JUEGO

**salpicadera** *nf* **1** (*bicicleta*) fender, mudguard (*GB*) **2** (*coche*) fender, wing (*GB*) ➲ *Ver dibujo en* COCHE

**salpicar** *vt* to splash *sth/sb* (*with sth*): *Un coche me salpicó los pantalones.* A car splashed my pants.

**salsa** *nf* **1** sauce: *~ de soya* soy sauce **2** (*de jugo de carne*) gravy **3** (*Mús*) salsa

**saltamontes** *nm* grasshopper

**saltar** *vt, vi* to jump: *El caballo saltó la valla.* The horse jumped the fence.

**saltar**

**hop** **jump**

S

◇ *Saltaron al agua/por la ventana.* They jumped into the water/out of the window. ◇ *Salté de la silla cuando oí el timbre.* I jumped up from my chair when I heard the bell. ◇ ~ *sobre algn* to jump on sb

▶ **saltarse** *vpr* **1** (*omitir*) to skip: *~se una comida* to skip a meal **2** (*cola, semáforo*) to jump: *~se un semáforo* to jump the lights **LOC** **saltar a la pata coja** to hop **saltar a la vista** to be obvious **saltar a la cuerda** to jump rope, to skip (*GB*) *Ver tb* AIRE

**salto** *nm* **1** jump: *Los niños daban ~s de alegría.* The children were jumping for joy. ◇ *Atravesé el arroyo de un ~.* I jumped over the stream. **2** (*pájaro, conejo, canguro*) hop: *El conejo se escapó dando ~s.* The rabbit hopped away to safety. **3** (*de trampolín*) dive **4** (*salto vigoroso, progreso*) leap **LOC** **salto de altura/longitud** high jump/long jump **salto con garrocha** pole vault

**saltón, -ona** *adj* (*ojos*) bulging

**salud** *nf* health: *estar bien/mal de ~* to be in good/poor health

▶ **¡salud!** *interj* **1** (*brindis*) cheers! **2** (*al estornudar*) bless you! ➋ *Ver nota en* ¡ACHÚ! **LOC** *Ver* BEBER

**saludable** *adj* healthy

**saludar** *vt* to say hello (*to sb*), to greet (*más formal*): *Me vio pero no me saludó.* He saw me but didn't say hello. **LOC** **le saluda atentamente** Sincerely (yours), Yours sincerely (*GB*) ➋ *Ver nota en* SINCERELY *y ver págs 310-311* **salúdalo de mi parte** give him my regards **saludar con la mano** to wave (*at/to sb*)

**saludo** *nm* **1** greeting **2** saludos: best wishes, regards (*más formal*): *Te mandan ~s.* They send their regards.

**salvación** *nf* salvation: *Has sido mi ~.* You've saved my life.

**salvador, -ora** *nm-nf* savior

**salvajada** *nf* atrocity [*pl* atrocities] **LOC** **ser una salvajada** to be outrageous

**salvaje** *adj* **1** (*planta, animal, tierra*) wild: *animales ~s* wild animals **2** (*pueblo, tribu*) uncivilized **3** (*cruel*) brutal: *un asesinato ~* a brutal murder

**salvamento** *nm* rescue: *equipo de ~* rescue team

**salvar** *vt* **1** to save: *El cinturón de seguridad le salvó la vida.* The seat belt saved his life. **2** (*obstáculo, dificultad*) to overcome

▶ **salvarse** *vpr* to survive **LOC** **¡sálvese quien pueda!** every man for himself!

**salvavidas** *nm* **1** (*llanta*) life preserver, lifebelt (*GB*) **2** (*persona*) lifeguard **LOC** *Ver* BOTE¹, CHALECO

**salvo** *prep* except: *Todos vinieron ~ él.* Everybody came except him. **LOC** **estar a salvo** to be safe **salvo que...** unless...: *Lo haré, ~ que me digas lo contrario.* I'll do it, unless you say otherwise.

**San** *adj* Saint (*abrev* St.)

**sanar** *vi* **1** (*herida*) to heal **2** (*enfermo*) to recover

**sanción** *nf* **1** (*castigo*) sanction: *sanciones económicas* economic sanctions **2** (*multa*) fine

**sancionar** *vt* **1** (*penalizar*) to penalize **2** (*económicamente*) to impose sanctions against *sb*

**sandalia** *nf* sandal

**sandía** *nf* watermelon

**sandwich** *nm* sandwich

**sangrar** *vt, vi* to bleed: *Estoy sangrando por la nariz.* I have a nosebleed.

**sangre** *nf* blood: *donar ~* to give blood **LOC** **a sangre fría** in cold blood **sacarse sangre**: *Me caí y me saqué ~ de la rodilla.* I fell and cut my knee. **tener sangre fría** (*serenidad*) to keep your cool *Ver tb* ANÁLISIS, DERRAMAMIENTO, DERRAMAR(SE), SUDAR

**sangría** *nf* sangria

**sangriento, -a** *adj* **1** (*lucha*) bloody **2** (*herida*) bleeding

**sangrón, -ona** *adj* mean: *No seas ~.* Don't be mean.

**sanguíneo, -a** *adj* blood: *grupo ~* blood group **LOC** *Ver* RIEGO

**sanidad** *nf* **1** (*pública*) public health **2** (*higiene*) sanitation

**sanitario, -a** *adj* **1** (*de salud*) health: *medidas sanitarias* health measures **2** (*de higiene*) sanitary **LOC** *Ver* TOALLA

**sano, -a** *adj* **1** (*clima, vida, ambiente, cuerpo, comida*) healthy **2** (*en forma*) fit **LOC** **no estar en su sano juicio** not to be in your right mind **sano y salvo** safe and sound

**Santa Claus** *nm* Santa Claus, Father Christmas (*GB*) ➋ *Ver nota en* NAVIDAD

**santiamén** **LOC** **en un santiamén** in no time at all

**santo, -a** *adj* **1** (*Relig*) holy: *la santa Biblia* the Holy Bible **2** [*uso enfático*]: *No salimos de casa en todo el ~ día.* We didn't go out of the house all day.

▶ *nm-nf* **1** saint: *Esa mujer es una santa.* That woman is a saint. **2** (*título*) Saint (*abrev* St.)

▶ *nm* saint's day: *¿Cuándo es tu ~?* When is your saint's day? ❶ En Estados Unidos y en Gran Bretaña no se cele-

bran los santos. **LOC** **se me ha ido el santo al cielo** it's gone right out of my head *Ver tb* DÍA, ESPÍRITU, JUEVES, SEMANA, TIERRA, VIERNES

**santuario** *nm* shrine

**sapo** *nm* toad

**saque** *nm* **1** (*Fútbol*) kickoff **2** (*Tenis*) serve **LOC** **saque de banda** throw-in

**saquear** *vt* **1** (*ciudad*) to sack **2** (*despensa, etc.*) to raid **3** (*robar*) to loot

**sarampión** *nm* measles [*incontable*]

**sarape** *nm* blanket

**sarcástico, -a** *adj* sarcastic

**sardina** *nf* sardine

**sargento** *nmf* sergeant

**sarta** *nf* string **LOC** **decir una sarta de disparates/tarugadas/tonterías** to talk nonsense **una sarta de mentiras** a bunch of lies

**sartén** *nf* frying pan **➲** *Ver dibujo en* POT

**sastre, -a** *nm-nf* tailor

**satélite** *nm* satellite **LOC** *Ver* VÍA

**satín** *nm* satin

**satisfacción** *nf* satisfaction

**satisfacer** *vt* **1** (*dejar satisfecho*) to satisfy: ~ *el hambre/la curiosidad* to satisfy your hunger/curiosity ◊ *Nada le satisface.* He's never satisfied. **2** (*complacer*) to please: *Me satisface poder hacerlo.* I'm pleased to be able to do it. **3** (*sed*) to quench **4** (*ambición, sueño*) to fulfill **5** (*demanda, necesidad*) to meet

**satisfactorio, -a** *adj* satisfactory

**satisfecho, -a** *adj* **1** (*contento*) satisfied (*with sth*): *un cliente* ~ a satisfied customer **2** (*complacido*) pleased (*with sth/sb*): *Estoy muy satisfecha del rendimiento de mis alumnos.* I'm very pleased with the way my students are working. **LOC** **darse por satisfecho** to be happy with sth: *Me daría por ~ con un seis.* I'd be happy with a passing grade. **satisfecho de sí mismo** self-satisfied *Ver tb* SATISFACER

**Saturno** *nm* Saturn

**sauce** *nm* willow **LOC** **sauce llorón** weeping willow

**sauna** *nf* sauna

**savia** *nf* (*Bot*) sap

**saxofón** *nm* saxophone, sax (*coloq*)

**sazón** *nm o nf* flavor **LOC** **tener buen sazón** to be a good cook

**sazonar** *vt* to season

**se** *pron*
● **reflexivo 1** (*él, ella, ello*) himself, herself, itself: *Se compró un DVD.* He bought himself a DVD. ◊ *Se hizo daño.*

She hurt herself. **2** (*usted, ustedes*) yourself [*pl* yourselves*] **3** (*ellos, ellas*) themselves **4** (*partes del cuerpo, efectos personales*): *Se lavó las manos.* He washed his hands. ◊ *Se secó el pelo.* She dried her hair.
● **recíproco** each other, one another: *Se quieren.* They love each other. **➲** *Ver nota en* EACH OTHER
● **pasivo**: *Se construyó hace años.* It was built a long time ago. ◊ *Se registraron tres muertos.* Three deaths were recorded. ◊ *Se dice que están arruinados.* They are said to be broke. ◊ *No se admiten tarjetas de crédito.* No credit cards. ◊ *Se prohíbe fumar.* No smoking.
● **impersonal**: *Se vive bien aquí.* Life here is terrific. ◊ *Se les recompensará.* They'll get their reward.
● **en lugar de le, les** him, her, you, them: *Se lo di.* I gave it to him/her. ◊ *Se lo robamos.* We stole it from them.

**secadora** *nf* **1** (*para ropa*) dryer **2** (*para pelo*) hair dryer

**secar** *vt, vi* to dry
▶ **secarse** *vpr* **1** to dry: *Se secó las lágrimas.* He dried his tears. **2** (*planta, río, estanque, tierra, herida*) to dry up: *El estanque se había secado.* The pond had dried up. **LOC** **secar los platos** to dry up

**sección** *nf* **1** (*Arquit, Mat, etc.*) section **2** (*tienda*) department: ~ *de caballeros* men's clothing department **3** (*periódico, revista*) pages [*pl*]: *la* ~ *deportiva* the sports pages **LOC** **sección de fumar/no fumar** smoking/no smoking area/seats **sección transversal** cross-section *Ver tb* AMARILLO

**seco, -a** *adj* **1** dry: *¿Está* ~? Is it dry? ◊ *un clima muy* ~ a very dry climate **2** (*persona*) unfriendly **3** (*sin vida*) dead: *hojas secas* dead leaves **4** (*frutos, flores*) dried: *higos* ~s dried figs **5** (*sonido, golpe*) sharp **LOC** **a secas** just: *Me dijo que no, a secas.* He just said "no". **frenar/parar en seco** to stop in your tracks **lavar/limpiar en seco** to dry-clean *Ver tb* DIQUE, FRUTO, LIMPIEZA

**secretaría** *nf* **1** (*oficina para matricularse*) admissions office **2** (*oficina del secretario*) secretary's office **3** (*cargo*) secretariat: *la* ~ *de la ONU* the UN secretariat **4** (*Pol*) department, ministry (*GB*) **LOC** **Secretaría de Gobernación** ≈ Office of Internal Affairs, Home Office (*GB*) **Secretaría de Hacienda y Crédito Público** ≈ Treasury **Secretaría de Relaciones Exteriores** ≈ State Department, Foreign Office (*GB*)

**secretariado** *nm* (*estudios*) secretarial course

**secretario, -a** nm-nf **1** secretary [pl secretaries] **2** (Pol) Secretary [pl Secretaries] **LOC** **Secretario, -a de Hacienda** ≈ Treasury Secretary, Chancellor of the Exchequer (GB) **Secretario, -a de Relaciones Exteriores** ≈ Secretary of State, Foreign Secretary (GB)

**secreto, -a** adj, nm secret **LOC** **en secreto** secretly **secreto a voces** open secret

**secta** nf sect

**sector** nm **1** (zona, industria) sector **2** (grupo de personas) section: un pequeño ~ de la población a small section of the population

**secuencia** nf sequence

**secuestrador, -ora** nm-nf **1** (de una persona) kidnapper **2** (de un avión) hijacker

**secuestrar** vt **1** (persona) to kidnap **2** (avión) to hijack

**secuestro** nm **1** (de una persona) kidnapping **2** (de un avión) hijacking

**secundaria** nf secondary school

**secundario, -a** adj secondary **LOC** Ver CARRETERA, ESCUELA, PAPEL

**sed** nf thirst **LOC** **pasar/tener sed** to be thirsty: Tengo mucha ~. I'm very thirsty. Ver tb MUERTO

**seda** nf silk: una camisa de ~ a silk shirt **LOC** Ver GUSANO

**sedante** nm sedative

**sede** nf headquarters (abrev HQ)

**sediento, -a** adj thirsty

**sedimento** nm sediment

**seducción** nf seduction

**seducir** vt to seduce

**seductor, -ora** adj seductive
▶ nm-nf seducer

**segadora** nf combine harvester

**segar** vt to cut

**segmento** nm segment

**segregar** vt to segregate sth/sb (from sth/sb)

**seguida** Ver ENSEGUIDA

**seguido, -a** adj in a row: cuatro veces seguidas four times in a row ◊ Lo hizo tres días ~s. He did it three days running. **LOC** **todo seguido** straight ahead Ver tb ACTO; Ver tb SEGUIR

**seguir** vt to follow: Sígueme. Follow me.
▶ vi **1** (continuar) to go on (doing sth), to continue (doing sth/to do sth) (más formal): Sigue hasta la plaza. Go on till you reach the square. ◊ Siguieron trabajando hasta las nueve. They went on working till nine. **2** (en una situación) to

be still…: ¿Sigue enferma? Is she still sick? ◊ Sigo en el mismo trabajo. I'm still in the same job. **LOC** **seguir adelante** (continuar) to carry on (with sth), to continue (with sth) (más formal): Hay que ~ adelante con el trabajo. We must carry on with the work. **seguir en pie** (invitación, oferta, etc.) to stand: La propuesta sigue en pie. The proposal still stands.

**según** prep according to sth/sb: ~ ella/los planes according to her/the plans
▶ adv **1** (dependiendo de) depending on sth: ~ sea el tamaño depending on what size it is ◊ Tal vez lo haga, ~. I might do it; it depends. **2** (de acuerdo con, a medida que) as: ~ van entrando as they come in

**segundero** nm second hand ➜ Ver dibujo en RELOJ

**segundo, -a** adj, pron, nm-nf second (abrev 2nd) ➜ Ver ejemplos en SEXTO
▶ nm (tiempo) second
▶ **segunda** nf (velocidad) second (gear) **LOC** **de segunda mano** second-hand Ver tb ECUACIÓN, PRIMO

**seguramente** adv probably

**seguridad** nf **1** (contra accidente) safety: la ~ ciudadana/vial public/road safety **2** (garantía, contra un ataque, etc.) security: controles de ~ security checks **3** (certeza) certainty **4** (en sí mismo) self-confidence **LOC** Ver CAJA, CINTURÓN, COPIA

**seguro, -a** adj **1** (sin riesgo) safe: un lugar ~ a safe place **2** (convencido) sure: Estoy ~ de que vendrán. I'm sure they'll come. **3** (firme, bien sujeto) secure
▶ nm **1** (póliza) insurance [incontable]: sacarse un ~ de vida to take out life insurance **2** (mecanismo) safety catch **3** (imperdible) safety pin ➜ Ver dibujo en PIN **LOC** **seguro que…**: Seguro que llegan tarde. They're bound to be late. Ver tb LENTO

**seis** nm, adj, pron **1** six: el número ~ number six ◊ sacar un ~ en un examen to get six on an exam ◊ El ~ sigue al cinco. Six comes after five. ◊ Seis y tres son nueve. Six and three are/make nine. ◊ Seis por tres (son) dieciocho. Three sixes (are) eighteen. **2** (fecha, sexto) sixth: en el minuto ~ in the sixth minute ◊ Fuimos el 6 de mayo. We went on May 6. ❶ Se lee: "May sixth". **LOC** **a las seis** at six o'clock **dar las seis** to strike six: Dieron las ~ en el reloj. The clock struck six. **las seis menos cinco, etc.** five, etc. to six **las seis menos cuarto** a quarter to six **las seis y cinco, etc.** five, etc. after six, five, etc. past six (GB) **las seis y cuarto** a quarter past six, a quarter past six (GB) **las seis y media** six thirty, half past six (GB) ➜ Ver nota en HALF **seis de cada diez** six out of ten **son las seis** it's six o'clock ❶ Para más

**seiscientos, -as** *adj, pron* six hundred: *~ cuarenta y dos* six hundred (and) forty-two ◊ *Éramos ~ en la boda.* There were six hundred of us at the wedding. ◊ *hace ~ años* six hundred years ago
▶ *nm* six hundred **LOC seiscientos un(o), seiscientos dos, etc.** six hundred (and) one, six hundred (and) two, etc. ᗌ *Ver pág 678*

**selección** *nf* **1** selection **2** (*equipo*) (national) team: *la ~ mexicana de fútbol* the Mexican soccer team

**seleccionar** *vt* to select

**selecto, -a** *adj* select: *un grupo/restaurante ~* a select group/restaurant

**sellar** *vt* **1** (*cerrar*) to seal: *~ un sobre/una amistad* to seal an envelope/a friendship **2** (*marcar con un sello*) to stamp: *~ una carta/un pasaporte* to stamp a letter/passport

**sello** *nm* **1** stamp: *El oficial puso un ~ en mi pasaporte.* The officer stamped my passport. **2** (*de cera*) seal: *El ~ del príncipe estaba en el sobre.* The prince's seal was on the envelope.

**selva** *nf* jungle

**semáforo** *nm* traffic light: *un ~ en rojo* a red light

**semana** *nf* week: *la ~ pasada/que viene* last/next week ◊ *dos veces por ~* twice a week **LOC Semana Santa** Easter: *¿Qué vais a hacer en Semana Santa?* What are you doing at Easter?

También existe la expresión **Holy Week**, pero se usa solamente para referirse a las festividades religiosas.

**una semana sí y otra no** every other week *Ver tb* FIN

**semanal** *adj* **1** (*de cada semana*) weekly: *una revista ~* a weekly magazine **2** (*a la semana*): *Tenemos una hora ~ de gimnasia.* We have one hour of P.E. a week. **LOC** *Ver* PUBLICACIÓN

**sembrar** *vt* **1** to sow: *~ trigo/un campo* to sow wheat/a field **2** (*hortalizas*) to plant: *Sembraron ese campo de papas.* They've planted that field with potatoes.

**semejante** *adj* **1** (*parecido*) similar: *un modelo ~ a este* a model similar to this one **2** (*tal*): *¿Cómo pudiste hacer ~ cosa?* How could you do a thing like that? **LOC** *Ver* COSA

**semejanza** *nf* similarity [*pl* similarities]

**semen** *nm* semen

**semicírculo** *nm* semicircle

**semicorchea** *nf* (*Mús*) sixteenth note, semiquaver (*GB*)

**semifinal** *nf* semi-final

**semifinalista** *nmf* semi-finalist

**semilla** *nf* seed

**seminario** *nm* **1** (*clase*) seminar **2** (*Relig*) seminary [*pl* seminaries]

**senado** *nm* senate ᗌ *Ver nota en* CONGRESS

**senador, -o** *nm-nf* senator **LOC** *Ver* CÁMARA

**sencillez** *nf* simplicity

**sencillo, -a** *adj* **1** (*sin ostentación, fácil*) simple: *una comida sencilla* a simple meal **2** (*persona*) straightforward
▶ *nm* (*disco*) single: *el último ~ del grupo* the group's latest single

**sendero** *nm* (*tb* **senda** *nf*) trail, path (*GB*)

**seno** *nm* breast

**sensación** *nf* feeling **LOC causar/hacer sensación 1** (*hacer furor*) to cause a sensation **2** (*emocionar*) to make an impression *on sb*: *Volver a verme me causó una gran ~.* Seeing him again made a deep impression on me.

**sensacional** *adj* sensational

**sensatez** *nf* good sense

**sensato, -a** *adj* sensible

**sensibilidad** *nf* sensitivity [*pl* sensitivities]

**sensible** *adj* **1** sensitive (*to sth*): *Mi piel es muy ~ al sol.* My skin is very sensitive to the sun. ◊ *Es una niña muy ~.* She's a very sensitive child. **2** (*grande*) noticeable: *una mejora ~* a noticeable improvement

**sensual** *adj* sensual

**sentada** *nf* **LOC de/en una sentada** in one try

**sentado, -a** *adj* sitting, seated (*más formal*): *Estaban ~s a la mesa.* They were sitting at the table. ◊ *Se quedaron ~s.* They remained seated. **LOC dar algo por sentado** to assume sth *Ver tb* SENTAR

**sentar** *vt* to sit: *Sentó al niño en la carreola.* He sat the baby in its stroller.
▶ *vi* to look good (*on sb*): *Te sienta mejor el rojo.* The red one looks better on you. ◊ *¿Qué tal me sienta?* How does it look?
▶ **sentarse** *vpr* to sit (down): *Siéntese.* Sit down, please. ◊ *Nos sentamos en el suelo.* We sat (down) on the floor. **LOC sentar bien/mal 1** (*ropa*) to look good/bad *on sb*: *Este vestido me sienta muy mal.* This dress doesn't look good on me at all. **2** (*alimentos*) to agree/not to agree *with sb*: *El café no me sienta bien.* Coffee doesn't agree with me. **3** (*hacer buen efecto*) to do *sb* good/no good: *Me sentó bien el descanso.* The rest did me

good. **4** (*tomar bien/mal*): *Me sentó mal
que no me invitaran.* I was upset that I
wasn't invited. **sentar (la) cabeza** to settle
down **sentar como un guante** to fit like a
glove *Ver tb* PATADA

**sentencia** *nf* (*Jur*) sentence `LOC` *Ver*
DICTAR

**sentenciar** *vt* to sentence *sb* to *sth*

**sentido** *nm* **1** sense: *los cinco ~s* the five
senses ◇ *~ del humor* sense of humor
◇ *No tiene ~.* It doesn't make sense.
**2** (*significado*) meaning **3** (*dirección*) direction `LOC` **sentido común** common
sense **sentido contrario** the other way:
*Esta calle corre en ~ contrario.* This
street runs the other way. *Ver tb* CARECER,
DOBLE, SEXTO, SOLO

**sentimental** *adj* **1** (*valor, persona*) sentimental: *valor ~* sentimental value
**2** (*vida*) love: *vida ~* love life

**sentimiento** *nm* feeling

**sentir** *vt* **1** (*sensación, sentimiento*) to feel:
*~ frío/hambre* to feel cold/hungry **2** (*oír*)
to hear **3** (*lamentar*) to be sorry about
*sth/(that…* ): *Siento no poder ayudarte.*
I'm sorry (that) I can't help you.
◇ *Sentimos mucho tu desgracia.* We're
very sorry about your bad luck.
▸ **sentirse** *vpr* to feel: *Me siento muy bien.* I
feel very well. `LOC` **lo siento (mucho)** I'm
(very) sorry ➲ *Ver nota en* EXCUSE **sentirlo
en el alma** to be really sorry *Ver tb*
ESCALOFRÍO, GANA, NÁUSEA, OBLIGADO,
SIMPATÍA, SOLO

**seña** *nf* **1** (*gesto*) sign **2** señas (*dirección*)
address [*v sing*] `LOC` **hacer señas** to signal: *Me hacían ~s para que parara.* They
were signaling to me to stop.

**señal** *nf* **1** (*indicio, signo*) sign: *~es de tráfico* road signs ◇ *Es una buena/mala ~.*
It's a good/bad sign. ◇ *en ~ de protesta* as
a sign of protest **2** (*marca*) mark **3** (*teléfono*) tone: *la ~ para marcar/de ocupado*
the dial tone/busy signal `LOC` **dar
señales** to show signs *of sth/doing sth*
**hacer una señal/señales** to signal: *El conductor me hacía ~es.* The driver was
signaling to me.

**señalar** *vt* **1** (*marcar*) to mark: *Señala las
faltas con un lápiz rojo.* Mark the mistakes in red pencil. **2** (*mostrar, afirmar*) to
point *sth* out: *~ algo en un mapa* to point
sth out on a map ◇ *Señaló que…* He
pointed out that…

**señalizar** *vt* to signpost

**señor, -ora** *nm-nf* **1** (*masc*) man [*pl*
men]: *Hay un ~ que quiere hablar contigo.* There's a man who wants to talk to
you. **2** (*fem*) lady [*pl* ladies]: *una

---

*peluquería de señoras* a ladies' hairdresser

> En algunos contextos, sobre todo más
> formales, se usa **gentleman** para hom-
> bres y **lady** para mujeres: *Señoras y
> señores…* Ladies and gentlemen…
> ◇ *ser todo un ~* to be a real gentleman.

**3 el señor/la señora Pérez, etc.** (*delante del
apellido*) Mr./Mrs. Pérez, etc. **❶** En
inglés no se usa el artículo delante de
**Mr.** o **Mrs.**: *¿Está el ~ López?* Is Mr. López
in? ◇ *los ~es de Soler* Mr. and Mrs. Soler.
**4** (*en saludos formales*) **(a)** (*masc*) sir:
*Buenos días, ~.* Good morning, sir.
**(b)** (*fem*) madam **5** (*delante del nombre o de
un cargo*): *La señora Luisa es la costurera.* Luisa is the dressmaker. ◇ *el ~
alcalde* the mayor **6** (*para llamar la atención*) excuse me!: *¡Señor! Se le cayó el
boleto.* Excuse me! You've dropped
your ticket.
▸ **Señor** *nm* (*Relig*) Lord
▸ **¡señor!** *interj* good Lord! `LOC` **¡no señor!**
no way! **¡sí señor!** that's right!

**señora** *nf* (*esposa*) wife [*pl* wives]

**señorita** *nf* **1** (*fórmula de cortesía*) Miss,
Ms.

> **Miss** se utiliza con el apellido o con el
> nombre y el apellido: "Miss Jones" o
> "Miss Mary Jones". Nunca se utiliza
> sólo con el nombre propio: *Llame a la
> señorita Elena/a la señorita Pelayo.*
> Phone Elena/Miss Pelayo. **Ms.** se usa
> para mujeres casadas o solteras
> cuando no se conoce su estado civil.

**2** (*maestra*) teacher: *La ~ nos pone
mucha tarea.* Our teacher gives us a lot
of homework. **3** (*para llamar la atención*)
excuse me: *¡Señorita! ¿Me puede
atender, por favor?* Excuse me! Can you
help me please?

**separación** *nf* **1** separation **2** (*distancia*) gap: *Hay siete metros de ~.* There's a
seven-meter gap.

**separado, -a** *adj* **1** (*matrimonio*) separated: *—¿Soltera o casada? —Separada.*
"Married or single?" "Separated."
**2** (*distinto*) separate: *llevar vidas separadas* to lead separate lives `LOC` **por
separado** separately *Ver tb* SEPARAR

**separar** *vt* **1** (*dividir*) to separate *sth/sb
(from sth/sb)*: *Separa las bolas rojas de
las verdes.* Separate the red balls from
the green ones. **2** (*alejar*) to move *sth/sb
away (from sth/sb)*: *~ la mesa de la ventana* to move the table away from the
window **3** (*guardar*) to put *sth* aside:
*Sepárame un pan.* Put a loaf aside for
me.
▸ **separarse** *vpr* **1** to separate, to split up
(*más coloq*): *Se separó de su marido.* She

separated from her husband. ◇ *Nos separamos a mitad de camino.* We split up halfway. **2** (*apartarse*) to move away (*from sth/sb*): *~se de la familia* to move away from your family

**separo** *nm* jail cell

**sepia** *nf* cuttlefish [*pl* cuttlefish]

**septiembre** *nm* September (*abrev* Sept.) ➔ *Ver ejemplos en* ENERO

**séptimo, -a** *adj, pron, nm-nf* seventh ➔ *Ver ejemplos en* SEXTO **LOC en el séptimo cielo** in seventh heaven

**sepultura** *nf* grave

**sequía** *nf* drought

**ser¹** *v aux, vi* **1** to be: *Es alta.* She's tall. ◇ *Soy de Jalisco.* I'm from Jalisco. ◇ *Dos y dos son cuatro.* Two and two are four. ◇ *Son las siete.* It's seven o'clock. ◇ *—¿Cuánto es? —Son 320 pesos.* "How much is it?" "(It's) 320 pesos." ◇ *—¿Quién es? —Soy Ana.* "Who's that?" "It's Ana." ◇ *En mi familia somos seis.* There are six of us in my family.

En inglés se utiliza el artículo indefinido **a/an** delante de profesiones en oraciones con el verbo **be**: *Es médico/ingeniero.* He's a doctor/an engineer.

**2 ~ de** (*material*) to be made of *sth*: *Es de aluminio.* It's made of aluminum. ▸ *v aux* to be: *Será juzgado el lunes.* He will be tried on Monday. **LOC a no ser que…** unless… **es más** what's more **¡eso es!** that's right! **es que…**: *Es que no se me antoja.* I just don't feel like it. ◇ *Es que es muy caro.* It's very expensive. ◇ *¿Es que no se conocían?* Didn't you know each other, then? **lo que sea** whatever **no sea que/no vaya a ser que** (just) in case **o sea**: *¿O sea que se van mañana?* So you're leaving tomorrow, are you? ◇ *El día 17, o sea el martes pasado.* The 17th, that is to say last Tuesday. **por si fuera poco** to top it all **¿qué es de…?**: *¿Qué es de tu hermana?* What's your sister been up to? ◇ *¿Qué es de su vida?* What have you been up to? **sea como sea/sea lo que sea/sea quien sea** no matter how/what/who **si no es/fuera por** if it weren't for *sth/sb* **si yo fuera** if I were you, you, etc. **soy yo** it's me, you, etc. ❶ Para otras expresiones con **ser**, véanse las entradas del sustantivo, adjetivo, etc., p. ej. **ser el colmo** en COLMO.

**ser²** *nm* being: *un ~ humano/vivo* a human/living being

**serenata** *nf* serenade

**sereno, -a** *adj* calm ▸ *nm* nightwatchman [*pl* -men]

**serial** *nm* serial ➔ *Ver nota en* SERIES

**serie** *nf* series [*pl* series]: *una ~ de desgracias* a series of disasters ◇ *una nueva ~ televisiva* a new TV series

En inglés utilizamos la palabra **series** para referirnos a las series que tratan una historia diferente en cada episodio, y **serial** para referirnos a una sola historia dividida en capítulos.

**LOC** *Ver* FABRICAR

**serio, -a** *adj* **1** (*riguroso, importante, de aspecto severo*) serious: *un libro/asunto ~* a serious book/matter **2** (*cumplidor*) reliable: *Es un hombre de negocios ~.* He's a reliable businessman. **LOC en serio** seriously: *tomar algo en ~* to take sth seriously ◇ *¿Lo dices en ~?* Are you serious? **ponerse serio con algn** to get angry with sb

**sermón** *nm* (*Relig*) sermon **LOC echar un sermón** to give *sb* a lecture *Ver tb* SOLTAR

**serpentina** *nf* streamer

**serpiente** *nf* snake

**serrano, -a** *adj* **LOC** *Ver* JAMÓN

**serrar** *vt* to saw *sth* (up): *Serré la madera.* I sawed up the wood.

**servicio** *nm* **1** (*Tenis*) service: *~ de autobuses* bus service **2** (*doméstico*) domestic help **LOC hacer el servicio (militar)** to do (your) military service *Ver tb* ESTACIÓN

**servidor** *nm* (*Internet*) server

**servilleta** *nf* napkin: *~s de papel* paper napkins

**servilletero** *nm* **1** (*argolla*) napkin ring **2** (*cajita*) napkin holder

**servir** *vt* to serve: *Tardaron mucho en ~nos.* They took a long time to serve us. ◇ *¿Te sirvo un poco más?* Would you like some more? ▸ *vi* **1** (*en el ejército, Tenis*) to serve: *~ en la marina* to serve in the navy **2 ~ de/como/para** to serve as *sth/to do sth*: *Sirvió para aclarar las cosas.* It served to clarify things. ◇ *La caja me sirvió de mesa.* I used the box as a table. **3 ~ para** (*usarse*) to be (used) for doing *sth*: *Sirve para cortar.* It is used for cutting. ◇ *¿Para qué sirve?* What do you use it for? ▸ **servirse** *vpr* (*comida*) to help yourself (to *sth*): *Me serví ensalada.* I helped myself to salad. ◇ *Sírvase usted mismo.* Help yourself. **LOC no servir 1** (*utensilio*) to be no good (*for doing sth*): *Este cuchillo no sirve para cortar carne.* This knife is no good for cutting meat. **2** (*persona*) to be no good *at sth/doing sth*: *No sirvo para enseñar.* I'm no good at teaching. *Ver tb* BANDEJA

**sesenta** *nm, adj, pron* **1** sixty **2** (*sexagésimo*) sixtieth: *Eres el ~ en la lista.* You're sixtieth on the list. ◇ *el ~ aniversario* the sixtieth anniversary **LOC los sesenta** (*los años 60*) the sixties **sesenta y un(o),**

**S**

**sesenta y dos, etc.** sixty-one, sixty-two, etc. ➔ *Ver pág 678*

**sesión** *nf* **1** session: ~ *de entrenamiento/clausura* training/closing session **2** (*Cine*) showing **3** (*Teat*) performance

**seso** *nm* brain LOC **quemarse los sesos** to rack your brains

**seta** *nf* mushroom LOC **seta venenosa** toadstool

**setecientos, -as** *adj, pron, nm* seven hundred ➔ *Ver ejemplos en* SEISCIENTOS

**setenta** *nm, adj, pron* **1** seventy **2** (*septuagésimo*) seventieth ➔ *Ver ejemplos en* SESENTA

**seudónimo** *nm* pseudonym

**severo, -a** *adj* **1** (*intenso*) severe: *un golpe* ~ a severe blow **2** ~ (**con**) (*estricto*) strict (with *sb*): *Mi padre era muy* ~ *con nosotros.* My father was very strict with us. **3** (*castigo, crítica*) harsh

**sexista** *adj, nmf* sexist

**sexo** *nm* sex

**sexto, -a** *adj* **1** sixth: *la sexta hija* the sixth daughter **2** (*en títulos*) *Felipe VI* Philip VI ❶ Se lee: "Philip the Sixth". ➔ *Ver pág 678*
▸ *pron, nm-nf* sixth: *Es el* ~ *de la familia.* He's sixth in the family. ◇ *Fui* ~ *en cruzar la meta.* I was the sixth to finish.
▸ *nm* **1** sixth: *cinco* ~*s* five sixths **2** (*piso*) sixth floor: *Vivo en el* ~. I live on the sixth floor. LOC **la/una sexta parte** a sixth **sexto sentido** sixth sense

**sexual** *adj* **1** sexual **2** (*educación, órganos, vida*) sex: *educación* ~ sex education LOC *Ver* ABUSO, ACOSO

**sexualidad** *nf* sexuality

**si¹** *nm* (*Mús*) **1** (*nota de la escala*) ti **2** (*tonalidad*) B: *si mayor* B major

**si²** *conj* **1** (*condición*) if: *Si llueve no iremos.* If it rains, we won't go. ◇ *Si fuera rico me compraría una moto.* If I were rich, I'd buy a motorcycle.

Es más correcto decir "if I/he/she/it **were**", pero hoy en día en el lenguaje hablado se suele usar "if I/he/she/it **was**".

**2** (*duda*) whether: *No sé si quedarme o irme.* I don't know whether to stay or go. **3** (*deseo*) if only: *¡Si me lo hubieras dicho antes!* If only you had told me before! **4** (*protesta*) but: *¡Si no me lo habías dicho!* But you didn't tell me! **5** [*uso enfático*] really: *Si será despistada.* She's really scatterbrained. LOC **si no** otherwise

**sí¹** *adv* **1** (*afirmación*) yes: —*¿Quieres un poco más?* —*Sí.* "Would you like a bit

more?" "Yes, please." **2** (*énfasis*): *Sí que estoy contenta.* I am really happy. ◇ *Ella no irá, pero yo sí.* She's not going but I am.
▸ *nm*: *Contestó con un tímido sí.* He shyly said yes. ◇ *Aún no me ha dado el sí.* He still hasn't said yes. LOC **¡eso sí que no!** definitely not!

**sí²** *pron* **1** (*él*) himself: *Hablaba para sí (mismo).* He was talking to himself. **2** (*ella*) herself: *Sólo sabe hablar de sí misma.* She can only talk about herself. **3** (*ello*) itself: *El problema se solucionó por sí mismo.* The problem solved itself. **4** (*ellos, ellas*) themselves **5** (*impersonal, usted*) yourself: *querer algo para sí* to want sth for yourself ➔ *Ver nota en* YOU **6** (*ustedes*) yourselves LOC **darse de sí** (*prendas, zapatos*) to stretch **de por sí/en sí (mismo)** in itself

**siamés, -esa** *adj* LOC *Ver* GATO, HERMANO

**sida** (*tb* SIDA) *nm* AIDS

**siderurgia** *nf* iron and steel industry

**siderúrgico, -a** *adj* iron and steel: *el sector* ~ *mexicano* the Mexican iron and steel sector

**sidra** *nf* (hard) cider

**siembra** *nf* sowing

**siempre** *adv* always: *Siempre dices lo mismo.* You always say the same thing. ◇ *Siempre he vivido con mis primos.* I've always lived with my cousins. ➔ *Ver nota en* ALWAYS LOC **como siempre** as usual **de siempre** (*acostumbrado*) usual: *Nos veremos en el sitio de* ~. We'll meet in the usual place. **lo de siempre** the usual thing **para siempre 1** (*permanentemente*) for good: *Me voy de México para* ~. I'm leaving Mexico for good. **2** (*eternamente*) forever: *Nuestro amor es para* ~. Our love will last for ever. **siempre que…** whenever…: *Siempre que vamos de vacaciones te pones enfermo.* Whenever we go on vacation you get sick.

**sien** *nf* temple

**sierra** *nf* **1** (*herramienta*) saw **2** (*región*) mountains [*pl*]: *una casita en la* ~ a cabin in the mountains **3** (*Geog*) mountain range

**siesta** *nf* siesta LOC **dormir/echarse la siesta** to have a siesta

**siete** *nm, adj, pron* **1** seven **2** (*fecha*) seventh ➔ *Ver ejemplos en* SEIS LOC *Ver* VIDA

**sigilosamente** *adv* very quietly

**sigla** *nf* siglas: *¿Cuáles son las* ~*s de…* ? What's the abbreviation for… ? ◇ *UE son las* ~*s de la Unión Europea.* UE stands for "Unión Europea".

**siglo** *nm* **1** (*centuria*) century [*pl* centuries]: *en el* ~ *XX* in the 20th century ❶ Se lee: "in the twentieth century". **2** (*era*)

age: *Vivimos en el ~ de las computadoras.* We live in the age of computers. **LOC** **Siglo de Oro** Golden Age

**significado** *nm* meaning

**significar** *vt* to mean (*sth*) (*to sb*): *¿Qué significa esta palabra?* What does this word mean? ◊ *Él significa mucho para mí.* He means a lot to me.

**signo** *nm* **1** (*señal, gesto, Astrol*) sign: *los ~s del zodíaco* the signs of the zodiac **2** (*imprenta, fonética*) symbol **LOC** **signo de admiración/exclamación** exclamation point, exclamation mark (*GB*) **signo de interrogación** question mark ➔ *Ver pág 308*

**siguiente** *adj* next: *al día ~* the next day
▶ *nmf* next one: *Que pase la ~.* Tell the next one to come in. **LOC** **lo siguiente** the following

**sílaba** *nf* syllable

**silbar** *vt, vi* **1** to whistle: *~ una canción* to whistle a tune **2** (*abuchear*) to boo

**silbato** *nm* whistle: *El árbitro tocó el ~.* The referee blew the whistle.

**silbido** *nm* **1** (*sorpresa, admiración*) whistle: *el ~ del viento* the whistling of the wind **2** (*protesta, serpiente*) hiss **3** (*oídos*) buzzing

**silenciar** *vt* **1** (*persona*) to silence **2** (*suceso*) to hush *sth* up

**silencio** *nm* silence: *En la clase había ~ absoluto.* There was total silence in the classroom.
▶ *¡silencio!* *interj* be quiet! **LOC** *Ver* ROGAR

**silencioso, -a** *adj* **1** (*en silencio, callado*) silent: *La casa estaba completamente silenciosa.* The house was totally silent. ◊ *un motor ~* a silent engine **2** (*tranquilo*) quiet: *una calle muy silenciosa* a very quiet street

**silla** *nf* **1** (*mueble*) chair: *sentado en una ~* sitting on a chair **2** (*alta, de niño*) high chair **LOC** **silla de montar** saddle **silla de ruedas** wheelchair

**sillón** *nm* armchair: *sentado en un ~* sitting in an armchair **LOC** **sillón reclinable** recliner

**silueta** *nf* silhouette

**silvestre** *adj* wild

**simbólico, -a** *adj* symbolic

**simbolizar** *vt* to symbolize

**símbolo** *nm* symbol

**simétrico, -a** *adj* symmetrical

**similar** *adj* ~ **(a)** similar (to *sth/sb*)

**simio, -a** *nm-nf* ape

**simpatía** *nf* charm **LOC** **sentir/tener simpatía hacia/por algn** to like sb

**simpático, -a** *adj* nice: *Es una muchacha muy simpática.* She's a very

nice girl. ◊ *Me pareció muy ~.* I thought he was very nice.

La palabra **sympathetic** no significa "simpático" sino *comprensivo, compasivo*: *Todos fueron muy comprensivos.* Everyone was very sympathetic.

**LOC** **hacerse el simpático**: *Se estaba haciendo el ~.* He was trying to be nice.

**simpatizante** *nmf* sympathizer: *ser ~ del partido comunista* to be a communist party sympathizer

**simpatizar** *vi* (*llevarse bien*) to get along (well) (*with sb*)

**simple** *adj* **1** (*sencillo, fácil*) simple: *No es tan ~ como parece.* It's not as simple as it looks. **2** (*mero*): *Es un ~ apodo.* It's just a nickname. **LOC** **a simple vista** at first glance

**simplificar** *vt* to simplify

**simultáneo, -a** *adj* simultaneous

**sin** *prep* **1** without: *~ azúcar* without sugar ◊ *~ pensar* without thinking ◊ *Salió ~ decir nada.* She went out without saying anything. ◊ *Salieron ~ que nadie los viera.* They left without anybody seeing them. **2** (*por hacer*): *Los platos estaban todavía ~ lavar.* The dishes still hadn't been done. ◊ *Tuve que dejar el trabajo ~ terminar.* I had to leave the work unfinished. **LOC** **sin embargo** *Ver* EMBARGO

**sinagoga** *nf* synagogue

**sinceridad** *nf* sincerity

**sincero, -a** *adj* sincere

**sincronizar** *vt* to synchronize: *Sincronicemos los relojes.* Let's synchronize our watches.

**sindicato** *nm* (trade) union: *el ~ de mineros* the miners' union

**síndrome** *nm* syndrome **LOC** **síndrome de abstinencia** withdrawal symptoms [*pl*] **síndrome de inmunodeficiencia adquirida** (abrev (SIDA)) Acquired Immune Deficiency Syndrome (abrev AIDS)

**sinfonía** *nf* symphony [*pl* symphonies]

**sinfónico, -a** *adj* **1** (*música*) symphonic **2** (*orquesta*) symphony: *orquesta sinfónica* symphony orchestra

**singular** *adj* (*Gram*) singular

**siniestro, -a** *adj* sinister: *aspecto ~* sinister appearance **LOC** *Ver* DIESTRO

**sino** *conj* but: *no sólo en México, ~ también en otros sitios* not only in Mexico City but also in other places ◊ *No haces ~ criticar.* You do nothing but criticize.

**sinónimo, -a** *adj* ~ **(de)** synonymous (with *sth*)
▶ *nm* synonym

**S**

**síntoma** *nm* symptom

**sintonizar** *vt, vi* to tune in (*to sth*): ~ *(en) XEW* to tune in to XEW

**sinvergüenza** *nmf* scoundrel

**siquiera** *adv* **1** [*en oraciones negativas*] even: *Ni ~ me llamaste.* You didn't even call me. ◊ *sin vestirme ~* without even getting dressed **2** (*al menos*) at least: *Dame ~ una idea.* At least give me an idea.

**sirena** *nf* **1** (*señal acústica*) siren: ~ *de policía* police siren **2** (*mujer-pez*) mermaid

**sirviente, -a** *nm-nf* servant
▸ **sirvienta** *nf* maid

**sísmico, -a** *adj* seismic

**sistema** *nm* **1** system: ~ *político/educativo* political/education system ◊ *el ~ solar* the solar system **2** (*método*) method: *los ~s pedagógicos modernos* modern teaching methods **LOC** **sistema montañoso** mountain range

**sitio** *nm* **1** (*lugar*) place: *un ~ para dormir* a place to sleep **2** (*espacio*) room: *¿Hay ~?* Is there any room? ◊ *Creo que no habrá ~ para todos.* I don't think there'll be enough room for everyone. **3** (*asiento*): *La gente buscaba ~.* People were looking for seats. **4** (*local*) taxi stand **LOC** **carro/coche/taxi de sitio** taxi stand **hacer sitio** to make room *(for sth/sb)* **ir de un sitio a/para otro** to rush around **sitio web** website *Ver tb* ALGUNO, CUALQUIERA, NINGUNO, OTRO

**situación** *nf* situation: *una ~ difícil* a difficult situation

**situado, -a** *adj* situated *Ver tb* SITUAR

**situar** *vt* (*en un mapa*) to find: *Sitúame Suiza en el mapa.* Find Switzerland on the map.
▸ **situarse** *vpr* (*lugar, clasificación*) to be: *¿Dónde se sitúa Detroit?* Where is Detroit? ◊ *~se entre las cinco primeras* to be among the top five **LOC** **situarse a la cabeza** to lead the field

**slogan** *nm* slogan

**smoking** *nm* tuxedo [*pl* tuxedos]

**snob** *adj, nmf* snob

**sobaco** *nm* armpit

**sobar** *vt* **1** (*cosa*) to finger: *Deja de ~ la tela.* Stop fingering the material. **2** (*persona*) to paw **3** (*músculo*) to rub

**soberano, -a** *adj, nm-nf* sovereign

**sobornar** *vt* to bribe

**soborno** *nm*: *intento de ~* attempted bribery ◊ *aceptar ~s* to accept/take bribes

**sobra** *nf* **1** (*exceso*) surplus: *Hay mano de obra barata de ~.* There is a surplus of cheap labor. **2** **sobras** (*restos*) leftovers **LOC** **de sobra 1** (*suficiente*) plenty (of *sth*): *Hay comida de ~.* There's plenty of food. ◊ *Tenemos tiempo de ~.* We have plenty of time. **2** (*muy bien*) very well: *Sabes de ~ que no me gusta.* You know very well that I don't like it.

**sobrar** *vi* **1** (*quedar*): *Sobra queso de anoche.* There's some cheese left (over) from last night. **2** (*haber más de lo necesario*): *Sobra tela para la falda.* There's plenty of material for the skirt. ◊ *Sobran dos sillas.* There are two chairs too many. **3** (*estar de más*) **(a)** (*cosa*) to be unnecessary: *Sobran las palabras.* Words are unnecessary. **(b)** (*persona*) to be in the way: *Aquí sobramos.* We're in the way here. **LOC** **sobrarle algo a algn 1** (*quedar*) to have sth left: *Me sobran dos caramelos.* I have two pieces of candy left. **2** (*tener demasiado*) to have too much/many…: *Me sobra trabajo.* I have too much work.

**sobre¹** *nm* (*carta*) envelope

**sobre²** *prep* **1** (*encima de*) on: ~ *la mesa* on the table **2** (*por encima, sin tocar*) over: *Volamos ~ México.* We flew over Mexico City. **3** (*temperatura*) above: *un grado ~ cero* one degree above zero **4** (*acerca de, expresando aproximación*) about: *una película ~ Escocia* a movie about Scotland ◊ *Llegaré ~ las ocho.* I'll arrive about eight. **LOC** **sobre todo** especially

**sobrecargado, -a** *adj* overloaded: *una línea sobrecargada* an overloaded line

**sobrecargo** *nmf* flight attendant

**sobredosis** *nf* overdose

**sobremesa** *nf* (*conversación*) after-dinner chat: *estar de ~* to have an after-dinner chat ◊ *La ~ estuvo muy agradable.* We had a very nice chat after dinner.

**sobrenatural** *adj* supernatural

**sobrentenderse** (*tb* **sobreentenderse**) *vpr* to be understood

**sobrepasar** *vt* **1** (*cantidad, límite, medida, esperanzas*) to exceed: *Sobrepasó los 170 km por hora.* It exceeded 170 km an hour. **2** (*rival, récord*) to beat

**sobresaliente** *adj* outstanding: *una actuación ~* an outstanding performance

**sobresalir** *vi* **1** (*objeto, parte del cuerpo*) to stick out, to protrude (*formal*) **2** (*destacar, resaltar*) to stand out (*from sth/sb*): *Sobresale entre sus compañeras.* She stands out from her friends.

**sobresaltar** *vt* to startle

**sobrevivencia** *nf* survival

**sobreviviente** *adj* surviving
▶ *nmf* survivor

**sobrevivir** *vi* to survive

**sobrino, -a** *nm-nf* **1** (*masc*) nephew **2** (*fem*) niece **3 sobrinos**

A veces decimos *sobrinos* refiriéndonos a sobrinos y sobrinas, en cuyo caso debemos decir en inglés **nephews and nieces**: *¿Cuántos sobrinos tienes?* How many nephews and nieces do you have?

**sobrio, -a** *adj* sober

**sociable** *adj* sociable

**social** *adj* social

**socialismo** *nm* socialism

**socialista** *adj, nmf* socialist

**sociedad** *nf* **1** society [*pl* societies]: *la ~ de consumo* the consumer society **2** (*Com*) company [*pl* companies] LOC **sociedad anónima** public corporation, public limited company (*abrev* plc) (GB) **sociedad limitada** limited company (*abrev* Ltd)

**socio, -a** *nm-nf* **1** (*club*) member: *hacerse ~ de un club* to become a member of a club/to join a club **2** (*Com*) partner

**sociología** *nf* sociology

**sociólogo, -a** *nm-nf* sociologist

**socorrer** *vt* to help

**socorrido, -a** *adj* handy: *una excusa socorrida* a handy excuse *Ver tb* SOCORRER

**socorro** *nm* help
▶ **¡socorro!** *interj* help

**sofá** *nm* couch, sofa (GB) LOC **sofá cama** sofa bed

**sofisticado, -a** *adj* sophisticated

**sofocante** *adj* stifling: *Hacía un calor ~.* It was stiflingly hot.

**sofocar** *vt* **1** (*fuego*) to smother **2** (*rebelión*) to put *sth* down
▶ **sofocarse** *vpr* **1** (*de calor*) to suffocate: *Me estaba sofocando en el metro.* I was suffocating on the subway. **2** (*quedarse sin aliento*) to get out of breath

**sofoco** *nm* **1** (*sudores*) hot flush **2** (*vergüenza*) embarrassment

**soga** *nf* rope LOC **con la soga al cuello** in a bind

**sol**¹ *nm* sun: *Me daba el ~ en la cara.* The sun was shining on my face. ◊ *sentarse al ~* to sit in the sun ◊ *una tarde de ~* a sunny afternoon LOC **de sol a sol** from morning to night **hacer sol** to be sunny **no dejar a algn ni a sol ni a sombra** not to leave sb in peace **tomar el sol** to sunbathe *Ver tb* ÁGUILA, LENTES, PUESTA, QUEMADURA, RELOJ, SALIDA

**sol**² *nm* **1** (*nota de la escala*) so **2** (*tonalidad*) G: *~ bemol* G flat LOC *Ver* CLAVE

**solamente** *adv Ver* SÓLO

**solapa** *nf* **1** (*chaqueta*) lapel **2** (*libro, sobre*) flap

**solar**¹ *adj* (*del sol*) solar

**solar**² *nm* (*terreno*) plot

**soldadera** *nf* (*Hist*) camp-follower

**soldado** *nmf* soldier

**soldar** *vt* to solder

**soleado, -a** *adj* sunny

**solemne** *adj* solemn

**soler** *vi* **1** (*en presente*) to usually do sth: *No suelo desayunar.* I don't usually have breakfast. ➔ *Ver nota en* ALWAYS **2** (*en pasado*) used to do sth: *Solíamos visitarlo en el verano.* We used to visit him in the summer. ◊ *No solíamos salir.* We didn't use to go out. ➔ *Ver nota en* USED TO

**solfeo** *nm* music theory

**solicitante** *nmf* applicant (*for sth*)

**solicitar** *vt* **1** (*información, permiso, apoyo, servicio*) to request: *~ una entrevista* to request an interview **2** (*empleo, beca*) to apply for *sth*

**solicitud** *nf* **1** (*petición*) request (*for sth*). *una ~ de información* a request for information **2** (*instancia*) application (*for sth*): *una ~ de trabajo* a job application ◊ *rellenar una ~* to fill in an application (form)

**solidez** *nf* solidity

**solidificar(se)** *vt, vpr* **1** to solidify **2** (*agua*) to freeze

**sólido, -a** *adj, nm* solid

**solista** *nmf* soloist

**solitario, -a** *adj* **1** (*sin compañía*) solitary: *Lleva una vida solitaria.* She leads a solitary life. **2** (*lugar*) lonely: *las calles solitarias* the lonely streets
▶ *nm* (*baraja*) solitaire, patience (GB) [*incontable*]: *hacer un ~* to play a game of solitaire

**sollozo** *nm* sob

**solo, -a** *adj* **1** (*sin compañía*) alone: *Estaba sola en casa.* She was alone in the house. **2** (*sin ayuda*) by myself, yourself, etc.: *El niño ya come ~.* He can eat by himself now. ➔ *Ver nota en* ALONE
▶ *nm* solo [*pl* solos]: *hacer un ~* to play/sing a solo LOC **de un solo sentido** one-way: *una calle de un ~ sentido* a one-way street **estar a solas** to be alone **estar/sentirse solo** to be/feel lonely ➔ *Ver nota en* ALONE **quedarse solo** to be (left) on your own *Ver tb* CAFÉ

**sólo** (*tb* **solamente**) *adv* only: *Trabajo ~ los sábados.* I only work on Saturdays.

◇ *Es ~ un niño.* He's only a child. ◇ *Tan ~ te pido una cosa.* I'm just asking you one thing. **LOC no sólo... sino también...** not only... but also...

**soltar** *vt* **1** (*desasir*) to let go of *sth/sb*: *¡Suéltame!* Let go of me! **2** (*dejar caer*) to drop **3** (*dejar libre*) to set *sth/sb* free, to release (*más formal*) **4** (*perro*) to set *sth* loose **5** (*cable, cuerda*) to let *sth* out: *Suelta un poco de cuerda.* Let the rope out a bit. **6** (*olor, humo*) to give *sth* off: *Suelta mucho humo.* It gives off a lot of smoke. **7** (*dinero*) to cough *sth* up, to provide (*más formal*) **8** (*grito, suspiro*) to let *sth* out
▸ **soltarse** *vpr* **1** (*separarse*) to let go (*of sth/ sb*): *No te sueltes de mi mano.* Don't let go of my hand. **2 soltarse (en)** to get the hang of *sth: Ya se está soltando en inglés.* She's getting the hang of English now. **LOC no soltar palabra** not to say a word **soltar amarras** to cast off **soltarse el chongo/pelo** to let your hair down **soltar una carcajada** to burst out laughing **soltar un sermón** to give *sb* a lecture (*on sth*) *Ver tb* INDIRECTA

**soltero, -a** *adj* single: *ser/estar ~* to be single
▸ *nm-nf* single man/woman [*pl* men/ women] **LOC** *Ver* DESPEDIDA, MADRE

**solterón** *nm* bachelor: *Es un ~ empedernido.* He's a confirmed bachelor.

**solterona** *nf* spinster, old maid (*más coloq*)

**soltura** *nf* **1** (*desparpajo*) self-confidence: *Se desenvuelve con ~.* He's very confident. **2** (*facilidad*): *Habla francés con ~.* She speaks fluent French. ◇ *manejar con ~* to drive well ◇ *agarrar ~ en la computadora* to get the hang of the computer

**soluble** *adj* soluble: *aspirina ~ soluble* aspirin

**solución** *nf* solution (*to sth*): *encontrar la ~ del problema* to find a solution to the problem

**solucionar** *vt* to solve: *Lo solucionaron con una llamada.* They solved the problem with a phone call.

**solvente** *adj* solvent

**sombra** *nf* **1** (*ausencia de sol*) shade: *Nos sentamos en la ~.* We sat in the shade. ◇ *El árbol daba ~ al coche.* The car was shaded by the tree. ◇ *Me estás haciendo ~.* You're keeping the sun off me. **2** (*silueta*) shadow: *proyectar una ~* to cast a shadow ◇ *No es ni la ~ de lo que era.* She is a shadow of her former self. **LOC sombra (de ojos)** eyeshadow *Ver tb* SOL¹

**sombreado, -a** *adj* shady

**sombrero** *nm* hat **LOC sombrero de copa** top hat

**sombrilla** *nf* (*playa*) sunshade

**someter** *vt* **1** (*dominar*) to subdue **2** (*exponer*) to subject *sth/sb* to *sth: ~ a los presos a torturas* to subject prisoners to torture ◇ *Sometieron el metal al calor.* The metal was subjected to heat. **3** (*buscar aprobación*) to submit *sth* (*to sth/sb*): *Tienen que ~ el proyecto al consejo.* The project must be submitted to the council.
▸ **someterse** *vpr* (*rendirse*) to surrender (*to sb*) **LOC someter a votación** to put *sth* to the vote

**somnífero** *nm* sleeping pill

**sonado, -a** *adj* **1** (*comentado*) much talked-about: *la sonada dimisión del ministro* the much talked-about resignation of the minister **2** (*impresionante*) incredible *Ver tb* SONAR

**sonajero** *nm* rattle

**sonámbulo, -a** *nm-nf* sleepwalker

**sonante** *adj* **LOC** *Ver* DINERO

**sonar** *vi* **1** (*alarma, sirena*) to go off **2** (*timbre, campanilla, teléfono*) to ring **3 ~ (a)** to sound: *Esta pared suena a hueco.* This wall sounds hollow. ◇ *El piano suena de maravilla.* The piano sounds great. ◇ *¿Cómo te suena este párrafo?* How does this paragraph sound to you? **4** (*ser familiar*) to ring a bell: *Ese nombre me suena.* That name rings a bell. **5** (*tripas*) to rumble: *Me sonaban las tripas.* My tummy was rumbling.
▸ **sonarse** *vpr* (*nariz*) to blow your nose **LOC sonarse a algn** to beat *sb* up

**sonda** *nf* (*Med*) **1** probe **2** (*gotera*) drip

**sombra**

a **shadow**

They're sitting in the **shade**.

**sondear** *vt* **1** (*persona*) to sound *sb* out (*about/on sth*) **2** (*opinión, mercado*) to test

**sondeo** *nm* (*opinión, mercado*) poll: *un ~ de opinión* an opinion poll

**sonido** *nm* sound

**sonoro, -a** *adj* **1** sound: *efectos ~s* sound effects **2** (*voz*) loud **LOC** *Ver* **BANDA**

**sonreír** *vi* to smile (*at sb*): *Me sonrió.* He smiled at me.

**sonriente** *adj* smiling

**sonrisa** *nf* smile

**sonrojarse** *vpr* to blush

**sonrosado, -a** *adj* rosy

**soñador, -ora** *nm-nf* dreamer

**soñar** *vi* ~ **con 1** (*durmiendo*) to dream about *sth/sb*: *Anoche soñé contigo.* I dreamed about you last night. **2** (*desear*) to dream of *doing sth*: *Sueño con una moto.* I dream of having a motorcycle. ◇ *Sueñan con ser famosos.* They dream of becoming famous.
▸ *vt* to dream: *No sé si lo soñé.* I don't know if I dreamed it. **LOC** **ni lo sueñes** no chance **soñar con los angelitos** to have sweet dreams **soñar despierto** to daydream

**sopa** *nf* soup: *~ de lata/fideos* canned/noodle soup **LOC** **hasta en la sopa** all over the place

**sopera** *nf* soup tureen

**sopero, -a** *adj* soup: *cuchara sopera* soup spoon **LOC** *Ver* **PLATO**

**soplar** *vt* **1** (*para apagar algo*) to blow *sth* out: *~ una vela* to blow out a candle **2** (*para enfriar algo*) to blow on *sth*: *~ la sopa* to blow on your soup **3** (*decir en voz baja*) to whisper: *Me soplaba las respuestas.* He whispered the answers to me. **4** (*delatar*) **(a)** (*entre niños*) to tell (on *sb*): *Si no me lo devuelves se lo soplo a la maestra.* If you don't give it back to me, I'll tell the teacher on you. **(b)** (*a la policía*) to inform on *sb*, to grass (*GB*)
▸ *vi* **1** (*persona, viento*) to blow **2** (*beber*) to drink

**soplo** *nm* **1** (*soplido*) blow: *Apagó todas las velas de un ~.* He blew out the candles in one try. **2** (*viento*) gust

**soplón, -ona** *nm-nf* **1** (*entre niños*) tattletale, telltale (*GB*) **2** (*de la policía*) informant

**soportar** *vt* to put up with *sth/sb*: *~ el calor* to put up with the heat **❶** Cuando la frase es negativa se utiliza mucho **stand**: *No la soporto.* I can't stand her. ◇ *No soporto tener que esperar.* I can't stand waiting.

**soporte** *nm* **1** (*persona*) support **2** (*estantería*) bracket **3** (*medio*) medium [*pl* media/mediums]: *un nuevo ~ publicitario* a new medium for advertising

**soprano** *nf* soprano [*pl* sopranos]

**sorber** *vt, vi* **1** (*líquido*) **(a)** to sip **(b)** (*con un popote*) to suck **2** (*por las narices*) to sniff

**sorbete** *nm* sorbet

**sorbo** *nm* sip: *tomar un ~ de café* to have a sip of coffee **LOC** *Ver* **BEBER(SE)**

**sordera** *nf* deafness

**sórdido, -a** *adj* sordid

**sordo, -a** *adj* deaf: *quedarse ~* to go deaf
▸ *nm-nf* deaf man/woman [*pl* men/women]: *un colegio especial para ~s* a special school for the deaf **LOC** **hacerse el sordo** to turn a deaf ear (*to sth/sb*) **sordo como una tapia** as deaf as a post

**sordomudo, -a** *adj* deaf and dumb
▸ *nm-nf* deaf mute

**sorprendente** *adj* surprising

**sorprender** *vt* **1** (*causar sorpresa*) to surprise: *Me sorprende que no haya llegado todavía.* I'm surprised he hasn't arrived yet. **2** (*agarrar desprevenido*) to catch *sb* (unawares): *Los sorprendió robando.* He caught them stealing. ◇ *Sorprendieron a los atracadores.* They caught the robbers off guard.
▸ **sorprenderse** *vpr* to be surprised: *Se sorprendieron al vernos.* They were surprised to see us.

**sorprendido, -a** *adj* surprised (*at/by sth/sb*) *Ver tb* **SORPRENDER**

**sorpresa** *nf* surprise **LOC** **tomar por sorpresa** to take *sb* by surprise

**sortear** *vt* **1** (*echar a suertes*) to draw straws for *sth* **2** (*rifar*) to raffle **3** (*golpe, obstáculo*) to dodge **4** (*dificultad, trabas*) to overcome

**sorteo** *nm* **1** (*lotería, adjudicación*) draw **2** (*rifa*) raffle

**sortija** *nf* ring

**SOS** *nm* SOS: *enviar un ~* to send out an SOS

**sosegado, -a** *adj* calm *Ver tb* **SOSEGARSE**

**sosegarse** *vpr* to calm down

**sosiego** *nm* calm

**soso, -a** *adj* **1** (*persona, actuación, etc.*) dull **2** (*chiste*): *Los chistes que cuentan son ~s.* Their jokes aren't funny. **3** (*comida*) tasteless: *La sopa está algo sosa.* This soup needs a little salt.

**sospecha** *nf* suspicion

**sospechar** *vt, vi* ~ (**de**) to suspect: *Sospechan del joven como terrorista.* They suspect the young man of being a terrorist. **LOC** **¡ya (me) lo sospechaba!** just as I thought!

**sospechoso, -a** *adj* suspicious
▸ *nm-nf* suspect

**sostén** *nm* (*brasier*) bra

**sostener** vt **1** (*sujetar*) to hold **2** (*peso, carga*) to support **3** (*afirmar*) to maintain
▸ **sostenerse** vpr to stand up

**sostenible** adj sustainable: *el desarrollo* ~ sustainable development

**sostenido, -a** adj (*Mús*) sharp: *fa* ~ F sharp Ver tb SOSTENER

**sotana** nf cassock

**sótano** nm basement

**soya** nf soy, soya (*GB*)

**sport** nm LOC **sport** casual: *zapatos/ropa* ~ casual shoes/clothes

**squash** nm (*Dep*) squash

**stress** nm Ver ESTRÉS

**su** adj **1** (*de él*) his **2** (*de ella*) her **3** (*de objeto, animal, concepto*) its **4** (*de ellos/ellas*) their **5** (*impersonal*) their: *Cada quien tiene su opinión.* Everyone has their own opinion. **6** (*de usted, de ustedes*) your

**suave** adj **1** (*color, luz, música, piel, ropa, voz*) soft **2** (*superficie*) smooth **3** (*brisa, persona, curva, pendiente, sonido*) gentle **4** (*castigo, clima, sabor*) mild **5** (*ejercicios, lluvia, viento*) light

**suavizante** nm (*ropa*) (fabric) softener

**suavizar** vt (*piel*) to moisturize

**subasta** nf auction

**subcampeón, -ona** nm-nf runner-up [*pl* runners-up]

**subconsciente** adj, nm subconscious

**subdesarrollado, -a** adj underdeveloped

**subdesarrollo** nm underdevelopment

**súbdito, -a** nm-nf subject: *una súbdita británica* a British subject

**subida** nf **1** (*acción*) ascent **2** (*pendiente*) hill: *al final de esta* ~ at the top of this hill **3** (*aumento*) rise (*in sth*): *una* ~ *de precios* a rise in prices

**subido, -a** adj (*color*) bright Ver tb SUBIR

**subir** vt **1** (*llevar*) to take/bring *sth* up: *Subió las maletas a la habitación.* He took the suitcases up to the room. ➔ Ver dibujo en TAKE **2** (*poner más arriba*) to put *sth* up: *Súbelo un poco más.* Put it up a little higher. **3** (*levantar*) to lift *sth* (up): *Subí el equipaje al tren.* I lifted the baggage onto the train. **4** (*ir/venir arriba*) to go/come up: ~ *una calle* to go up a street ➔ Ver nota en IR **5** (*volumen*) to turn *sth* up **6** (*precios*) to put *sth* up, to raise (*más formal*)
▸ vi **1** (*ir/venir arriba*) to go/come up: *Subimos al segundo piso.* We went up to the second floor. ◇ ~ *al tejado* to go up onto the roof ➔ Ver nota en IR **2** (*temperatura, río*) to rise **3** (*marea*) to come in **4** (*precios*) to go up (in price), to rise (*más*

formal): *Ya subió la gasolina.* Gas has gone up in price. **5** (*volumen, voz*) to get louder
▸ **subir(se)** vi, vpr subir(se) (a) **1** (*automóvil*) to get in, to get into *sth*: *Subí al taxi.* I got into the taxi. **2** (*transporte público, caballo, bici*) to get on (*sth*) LOC **subirse a la cabeza** to go to your head **subírsele los humos a algn** to become high and mighty Ver tb BASTILLA, ESCALERA

**subjetivo, -a** adj subjective

**subjuntivo, -a** adj, nm subjunctive

**sublevación** nf uprising

**sublime** adj sublime

**submarino, -a** adj underwater
▸ nm submarine

**subnormal** adj subnormal
▸ nmf (*como insulto*) cretin

**subordinado, -a** adj, nm-nf subordinate

**subrayar** vt to underline

**subsidiar** vt to subsidize

**subsidio** nm subsidy [*pl* subsidies]: *un* ~ *del gobierno* government subsidy

**subsistir** vi to subsist (*on sth*)

**subterráneo, -a** adj underground LOC Ver PASO

**subtitulado, -a** adj subtitled LOC Ver PELÍCULA

**subtítulo** nm subtitle

**suburbio** nm (*alrededores de una ciudad*) suburb

**sucedáneo** nm substitute (*for sth*)

**suceder** vi **1** (*ocurrir*) to happen (*to sth/sb*): *¡Que no vuelva a* ~! Don't let it happen again! **2** (*cargo, trono*) to succeed: *Su hijo lo sucederá en el trono.* His son will succeed to the throne.

**sucesión** nf succession

**sucesivamente** adv successively LOC Ver ASÍ

**suceso** nm **1** (*acontecimiento*) event: *los* ~*s de los últimos días* the events of the past few days **2** (*incidente*) incident

**sucesor, -ora** nm-nf ~ (a) successor (to sth/sb): *Todavía no han nombrado a su sucesora.* They have yet to name her successor.

**suciedad** nf dirt

**sucio, -a** adj dirty LOC **en sucio** rough draft: *Escribe la redacción en* ~ *primero.* Write a rough draft on the essay first. Ver tb BOTE², JUEGO, JUGAR, TRAPO

**suculento, -a** adj succulent

**sucursal** nf branch

**sudadera** nf sweatshirt

**sudar** vi to sweat LOC **sudar la gota gorda/sangre/tinta** to sweat blood

**sudeste** nm Ver SURESTE

**sudoeste** *nm* Ver SUROESTE

**sudor** *nm* sweat

**sudoroso, -a** *adj* sweaty

**Suecia** *nf* Sweden

**sueco, -a** *adj, nm* Swedish: *hablar* ~ to speak Swedish
▶ *nm-nf* Swede: *los* ~s the Swedes

**suegro, -a** *nm-nf* **1** (*masc*) father-in-law **2** (*fem*) mother-in-law **3 suegros** parents-in-law, in-laws (*más coloq*)

**suela** *nf* sole: *zapatos con* ~ *de hule* rubber-soled shoes

**sueldo** *nm* **1** pay [*incontable*]: *pedir un aumento de* ~ to ask for a pay increase **2** (*mensual*) salary [*pl* salaries]

**suelo** *nm* **1** (*superficie de la tierra*) ground: *caer al* ~ to fall (to the ground) **2** (*dentro de un edificio*) floor **3** (*terreno*) land LOC Ver RAS

**suelto, -a** *adj* loose: *una página suelta* a loose page ◊ *Creo que hay un tornillo* ~. I think there's a screw loose. ◊ *Siempre llevo el pelo* ~. I always wear my hair loose. LOC Ver DINERO, RIENDA

**sueño** *nm* **1** (*descanso*) sleep: *debido a la falta de* ~ due to lack of sleep ◊ *No dejes que te quite el* ~. Don't lose any sleep over it. **2** (*somnolencia*) drowsiness: *Estas pastillas producen* ~. These pills make you drowsy. **3** (*lo soñado, ilusión*) dream: *Fue un* ~ *hecho realidad.* It was a dream come true. LOC **caerse de sueño** to be dead on your feet **dar sueño** to make *sb* drowsy **sueño guajiro** wishful thinking [*incontable*]: *Deja de pensar en eso. No es más que un* ~ *guajiro.* Stop thinking about that. It's just wishful thinking. **tener sueño** to be sleepy

**suerte** *nf* **1** (*fortuna*) luck: *¡Buena* ~ *con el examen!* Good luck with your test! ◊ *dar/traer buena/mala* ~ to bring good/bad luck **2** (*destino*) fate LOC **de la suerte** lucky: *mi número de la* ~ my lucky number **por suerte** fortunately **tener mala suerte** to be unlucky **tener suerte** to be lucky Ver tb AMULETO

**suéter** *nm* sweater ➋ Ver nota en SWEATER

**suficiente** *adj* enough: *No tengo arroz* ~ *para tantas personas.* I don't have enough rice for all these people. ◊ *¿Serán* ~s? Will there be enough? ◊ *Gano lo* ~ *para vivir.* I earn enough to live on.

**sufrido, -a** *adj* (*persona*) long-suffering Ver tb SUFRIR

**sufrimiento** *nm* suffering

**sufrir** *vt* **1** to suffer: ~ *una derrota/lesión* to suffer a defeat/an injury **2** (*tener*) to have: ~ *un accidente/ataque al corazón* to have an accident/a heart attack ◊ *La ciudad sufre problemas de tráfico.* The

city has traffic problems. **3** (*cambio*) to undergo
▶ *vi* ~ **(de)** to suffer (from *sth*): *Sufre del corazón.* He suffers from heart trouble. LOC Ver DESENGAÑO

**sugerencia** *nf* suggestion

**sugerir** *vt* to suggest

**sugestión** *nf* LOC **es (pura) sugestión** it's all in the mind

**sugestionar** *vt* to influence
▶ **sugestionarse** *vpr* to convince yourself that…

**suicidarse** *vpr* to commit suicide

**suicidio** *nm* suicide

**Suiza** *nf* Switzerland

**suizo, -a** *adj* Swiss
▶ *nm-nf* Swiss man/woman [*pl* men/women]: *los* ~s the Swiss

**sujetar** *vt* **1** (*agarrar*) to hold: *Sujeta bien el paraguas.* Hold the umbrella tight. **2** (*asegurar*) to fasten: ~ *unos papeles con un clip* to fasten papers together with a paper clip
▶ **sujetarse** *vpr* **sujetarse (a)** (*agarrarse*) to hold on (to *sth*): *Sujétate a mi brazo.* Hold on to my arm.

**sujeto, -a** *adj* **1** (*amarrado*) fastened: *El equipaje iba bien* ~. The baggage was tightly fastened. **2** (*fijo*) secure: *El gancho no estaba bien* ~. The hook wasn't secure. **3** (*agarrado*): *Dos policías lo tenían* ~. Two policemen were holding him down. **4** ~ **a** (*sometido*) subject to *sth*: *Estamos* ~s *a las reglas del club.* We are subject to the rules of the club.
▶ *nm* **1** (*tipo*) character **2** (*Gram*) subject Ver tb SUJETAR

**suma** *nf* sum: *hacer una* ~ to do a sum

**sumar** *vt, vi* to add (*sth*) up: *Suma dos y cinco.* Add up two and five. ◊ *¿Saben* ~? Can you add up?

**sumergible** *adj* water-resistant

**sumergir(se)** *vt, vpr* to submerge

**suministrar** *vt* to supply (*sb*) (with *sth*): *Me suministró los datos.* He supplied me with the information.

**sumiso, -a** *adj* submissive

**súper** *nm* supermarket

**superar** *vt* **1** (*dificultad, problema*) to overcome, to get over *sth* (*más coloq*): *He superado el miedo a volar.* I've got over my fear of flying. **2** (*récord*) to beat **3** (*prueba*) to pass **4** (*ser mejor*) to surpass: ~ *las expectativas* to surpass expectations ◊ *El equipo mexicano superó a los italianos en el juego.* The Mexican team outplayed the Italians.
▶ **superarse** *vpr* to better yourself

S

**superficial** *adj* superficial

**superficie** *nf* **1** surface: *la ~ del agua* the surface of the water **2** (*Mat, extensión*) area

**superfluo, -a** *adj* **1** superfluous: *detalles ~s* superfluous detail **2** (*gastos*) unnecessary

**superior** *adj* **1** ~ (a) (*cantidad*) higher (than *sth/sb*): *una cifra 20 veces ~ a la normal* a figure 20 times higher than normal ◊ *estudios ~es* higher education **2** ~ (a) (*calidad*) superior (to *sth/sb*): *Fue ~ a su rival.* He was superior to his rival. **3** (*posición*) top: *el ángulo ~ izquierdo* the top left-hand corner ◊ *el labio ~* the upper/top lip
▸ *nm* superior

**superiora** *nf* (*Relig*) **1** (*priora*) Mother Superior **2** (*prior*) prior

**superioridad** *nf* superiority LOC *Ver* AIRE

**supermercado** *nm* supermarket

**superpoblado, -a** *adj* overpopulated

**superstición** *nf* superstition

**supersticioso, -a** *adj* superstitious

**supervisar** *vt* to supervise

**supervivencia** *nf Ver* SOBREVIVENCIA

**superviviente** *adj, nmf Ver* SOBREVIVIENTE

**suplemento** *nm* supplement: *el ~ dominical* the Sunday supplement

**suplente** *adj, nmf* **1** relief: *un conductor ~* a relief driver **2** (*maestro*) substitute (teacher), supply (teacher) (*GB*) **3** (*Dep*) substitute: *estar de ~* to be a substitute

**súplica** *nf* plea

**suplicar** *vt* to beg (*sb*) (for *sth*): *Le supliqué que no lo hiciera.* I begged him not to do it. ◊ *~ piedad* to beg for mercy

**suplicio** *nm* **1** (*tortura*) torture: *Estos tacones son un ~.* These high heels are torture. **2** (*experiencia*) ordeal: *Aquellas horas de incertidumbre fueron un ~.* Those hours of uncertainty were an ordeal.

**suponer** *vt* **1** (*creer*) to suppose: *Supongo que vendrán.* I suppose they'll come. ◊ *Supongo que sí/no.* I suppose so/not. **2** (*significar*) to mean: *Esos ahorros suponen mucho para nosotros.* Those savings mean a lot to us. LOC **supón/ supongamos que...** supposing...

**suposición** *nf* supposition

**supositorio** *nm* suppository [*pl* suppositories]

**supremacía** *nf* supremacy (over *sth/sb*)

**supremo, -a** *adj* supreme

**suprimir** *vt* **1** (*omitir, excluir*) to leave *sth* out, to omit (*formal*): *Yo suprimiría este párrafo.* I'd leave this paragraph out. **2** (*abolir*) to abolish: *~ una ley* to abolish a law

**supuesto, -a** *adj* (*presunto*) alleged: *el ~ culpable* the alleged culprit LOC **dar por supuesto** to take *sth* for granted **por supuesto (que...)** of course *Ver tb* SUPONER

**sur** *nm* south (*abrev* S): *en el ~ de Francia* in the south of France ◊ *Queda al ~ de Morelia.* It's south of Morelia. ◊ *en la costa ~* on the south coast LOC *Ver* AMÉRICA

**surco** *nm* **1** (*agricultura, arruga*) furrow **2** (*en el agua*) wake **3** (*disco, metal*) groove

**sureste** *nm* **1** (*punto cardinal, región*) south-east (*abrev* SE): *la fachada ~ del edificio* the south-east face of the building **2** (*viento, dirección*) south-easterly: *en dirección ~* in a south-easterly direction

**surf** *nm* surfing: *hacer/practicar el ~* to go surfing LOC *Ver* TABLA

**surgir** *vi* to arise: *Espero que no surja ningún problema.* I hope that no problems arise.

**suroeste** *nm* **1** (*punto cardinal, región*) south-west (*abrev* SW) **2** (*viento, dirección*) south-westerly

**surtido, -a** *adj* (*variado*) assorted: *bombones ~s* assorted chocolates
▸ *nm* selection: *Tienen muy poco ~.* They have a very poor selection. *Ver tb* SURTIR

**surtidor** *nm* supplier

**surtir** *vt* to supply LOC **surtir efecto** to have an effect

**susceptible** *adj* (*irritable*) touchy

**suscribirse** *vpr* ~ (a) **1** (*publicación*) to take out a subscription (to *sth*) **2** (*asociación*) to become a member (of *sth*) **3** (*idea, opinión*) to subscribe (to *sth*)

**suscripción** *nf* subscription

**susodicho, -a** *adj, nm-nf* above-mentioned [*adj*]: *los ~s* the above-mentioned

**suspender** *vt* to suspend: *El árbitro suspendió el partido media hora.* The referee suspended the game for half an hour.

**suspensivo, -a** *adj* LOC *Ver* PUNTO

**suspenso** *nm* suspense LOC **libro/ película de suspenso** thriller

**suspirar** *vi* to sigh

**suspiro** *nm* sigh

**sustancia** *nf* substance

**sustancial** *adj* substantial

**sustancioso, -a** *adj* (*comida*) nourishing

**sustantivo** *nm* noun

**sustentable** *adj* Ver SOSTENIBLE

**sustento** *nm* **1** (*alimento*) sustenance **2** (*soporte, apoyo*) support

**sustitución** *nf* **1** (*permanente*) replacement **2** (*temporal, Dep*) substitution

**sustituir** *vt* (*suplir*) to stand in for *sb*: *Me sustituirá mi ayudante.* My assistant will stand in for me.

**sustituto, -a** *nm-nf* **1** (*permanente*) replacement: *Están buscando un ~ para el jefe de personal.* They're looking for a replacement for the personnel manager. **2** (*suplente*) stand-in

**susto** *nm* **1** (*miedo, sobresalto*) fright: *¡Qué ~ me diste!* What a fright you gave me! **2** (*falsa alarma*) scare LOC **llevarse un**

**susto de muerte** to get the fright of your life

**sustraer** *vt* (*Mat*) to subtract

**susurrar** *vt, vi* to whisper

**susurro** *nm* whisper

**sutil** *adj* subtle

**suyo, -a** *adj, pron* **1** (*de él*) his: *Es culpa suya.* It's his fault. ◊ *un despacho junto al ~* an office next to his **2** (*de ella*) hers

Nótese que *un amigo suyo* se traduce por "a friend of his, hers, etc." porque significa *uno de sus amigos*.

**3** (*de animal*) its **4** (*de usted/ustedes*) yours **5** (*de ellas/ellos*) theirs

S

# T t

**tabaco** *nm* tobacco: ~ *de pipa* pipe tobacco **LOC** **tabaco rubio/oscuro** Virginia/black tobacco

**tabaquismo** *nm* nicotine addiction **LOC** **tabaquismo pasivo** passive smoking

**taberna** *nf* pub

**tabique** *nm* 1 (*división*) partition: *tirar un* ~ to knock down a partition 2 (*ladrillo*) brick: *una casa de* ~ a brick house **LOC** **tabique nasal** nasal septum

**tabla** *nf* 1 (*de madera sin alisar*) plank: *un puente construido con* ~*s* a bridge made from planks 2 (*de madera pulida, plancha*) board 3 (*lista, índice, Mat*) table: ~ *de equivalencias* conversion table ◊ *saberse las* ~*s (de multiplicar)* to know your (multiplication) tables **LOC** **la tabla del dos, etc.** the two, etc. times table **tabla de surf/windsurf** surfboard/sailboard

**tablero** *nm* 1 (*de juegos, anuncios*) board: *Lo escribió en el* ~. He wrote it up on the board. 2 (*panel*) panel: ~ *de control/mandos* control/instrument panel **LOC** **tablero de ajedrez** chessboard **tablero de avisos** bulletin board, noticeboard (*GB*)

**tableta** *nf* 1 (*Med*) tablet 2 (*tb* **tablilla**) (*de chocolate*) bar

**tablón** *nm* plank

**tabú** *nm* taboo [*pl* taboos]: *un tema/una palabra* ~ a taboo subject/word

**taburete** *nm* stool

**tacaño, -a** *adj* mean, stingy (*coloq*)
▶ *nm-nf* cheapskate

**tachar** *vt* to cross *sth* out: *Tacha todos los adjetivos.* Cross out all the adjectives.

**tache** *nf* (*cruz*) cross: *poner un* ~ *a algo* to put a cross next to *sth* **LOC** **poner un tache a algn** (*fig*) to give *sb* a black mark

**tachón** *nm* (*palabra tachada*) crossed-out word

**tachuela** *nf* 1 tack 2 (*chincheta*) thumbtack, drawing pin (*GB*)

**taco** *nm* 1 (*comida*) taco 2 (*Fútbol*) cleat, stud (*GB*) 3 (*Billar*) pool/billiards cue
➔ *Ver nota en* BILLAR

**tacón** *nm* heel: *Se me rompió el* ~. I've broken my heel. ◊ *Nunca lleva tacones.* She never wears high heels. **LOC** **de tacón** high-heeled

**táctica** *nf* 1 (*estrategia*) tactics [*pl*]: *la* ~ *de guerra de los romanos* Roman military tactics ◊ *un cambio de* ~ a change of tactics 2 (*maniobra*) tactic: *una brillante* ~ *electoral* a brilliant electoral tactic

**táctil** *adj* **LOC** *Ver* PANTALLA

**tacto** *nm* sense of touch: *tener un* ~ *muy desarrollado* to have a highly developed sense of touch ◊ *reconocer algo por el* ~ to recognize *sth* by touch

**tajada** *nf* 1 (*trozo*) slice 2 (*corte*) cut: *una* ~ *en el dedo* a cut on your finger 3 (*ganancia*) share: *Se llevó una buena* ~. He got a big share (of the money).

**tajante** *adj* adamant: *una negativa* ~ an adamant refusal

**tal** *adj* 1 [*con sustantivos contables en plural e incontables*] such: *en* ~*es situaciones* in such situations ◊ *un hecho de* ~ *gravedad* a matter of such importance 2 [*con sustantivos contables en singular*] such a: *¿Cómo puedes decir* ~ *cosa?* How can you say such a thing? **LOC** **con tal de** to do *sth*: *Haría cualquier cosa con* ~ *de ganar.* I'd do anything to win. **de tal palo tal astilla** like father like son **el/la tal** the so-called: *La* ~ *esposa no era más que su cómplice.* His so-called wife was only his accomplice. **en tal caso** in that case **(ser) tal para cual** to be two of a kind **un/una tal**: *Le habló un* ~ *Luis Moreno.* A Luis Moreno called for you. **tal como** the way: *Se escribe* ~ *como suena.* It's spelled the way it sounds. **tales como…** such as… **tal vez** maybe *Ver tb* FULANO, QUÉ

**talacha** *nf* 1 (*reparación de llantas*) tire repair 2 **talachas** (*local*) tire repair shop [*v sing*]

**taladrar** *vt* (*pared, madera*) to drill a hole in *sth*: *Los albañiles taladraron el cemento.* The workmen drilled a hole in the cement.

**taladro** *nm* drill

**talar** *vt* (*árboles*) to cut *sth* down

**talco** *nm* talcum powder, talc (*coloq*)

**talento** *nm* 1 (*habilidad*) talent (*for sth*): *Tiene* ~ *para la música/pintar.* He has a talent for music/painting. 2 (*inteligencia*) ability: *Tiene* ~ *pero no le gusta estudiar.* He has ability but doesn't like studying. 3 (*persona*) star: *un joven* ~ a young star

**talla** *nf* 1 (*prenda*) size: *¿Qué* ~ *de camisa usas?* What size shirt do you wear? ◊ *No tienen la* ~. They don't have the right size. 2 (*escultura*) carving

**tallar** *vt* 1 (*madera, piedra*) to carve: ~ *algo en coral* to carve *sth* in coral 2 (*joya, cristal*) to cut 3 (*piso, ropa*) to scrub: *Hay que* ~ *la ropa sucia.* We have to scrub the

dirty clothes. **4** (*ojos*) to rub: *No te talles los ojos.* Don't rub your eyes.

**taller** *nm* **1** (*lugar de trabajo, curso*) workshop: *un ~ de teatro/carpintería* a theater/carpenter's workshop **2** (*Mec*) garage **3** (*Arte*) studio [*pl* studios]

**tallo** *nm* stem

**talón¹** *nm* (*pie, zapato*) heel

**talón²** *nm* check stub: *Llena el ~ cuando hagas un cheque.* Fill out the stub when you write a check.

**talonario** *nm* **1** (*cheques*) checkbook **2** (*boletos, recibos*) book

**tamal** *nm* tamale **LOC** **tamal de chile/dulce** hot/sweet tamale

**tamaño** *nm* size: *¿Qué ~ tiene la caja?* What size is the box? ◇ *ser del/tener el mismo ~* to be the same size

**tamarindo** *nm* tamarind

**también** *adv* also, too, as well

Too y as well suelen ir al final de la frase: *Yo también quiero ir.* I want to go too/as well. ◇ *Yo también llegué tarde.* I was late too/as well. **Also** es la variante más formal y se coloca delante del verbo principal, o detrás si es un verbo auxiliar: *También venden zapatos.* They also sell shoes. ◇ *Ya conocí a Jane y también a sus padres.* I've met Jane and I've also met her parents.

**LOC** **yo también** me too: *—Quiero un bocadillo. —Yo ~.* "I want a snack." "Me too." *Ver tb* SÓLO

**tambor** *nm* drum: *tocar el ~* to play the drum ◇ *el ~ de una lavadora* the drum of a washing machine

**tampoco** *adv* neither, nor, either: *—No he visto esa película. —Yo ~.* "I haven't seen that movie." "Neither have I./Me neither./Nor have I." ◇ *—No me gusta. —A mí ~.* "I don't like it." "Neither do I./I don't either." ◇ *Yo ~ fui.* I didn't go either. *Ver nota en* NEITHER

**tampón** *nm* tampon

**tan** *adv* **1** [*delante de adjetivo/adverbio*] so: *No creo que sea ~ ingenuo.* I don't think he's so naive. ◇ *No creí que llegarías ~ tarde.* I didn't think you'd be so late. ◇ *Es ~ difícil que…* It's so hard that… **2** [*detrás de sustantivo*] such: *No me esperaba un regalo ~ caro.* I wasn't expecting such an expensive present. ◇ *Son unos niños ~ buenos que…* They're such good children that… ◇ *¡Qué casa ~ bonita tienes!* What a lovely house you have!

**LOC** **tan… como…** as… as…: *Es ~ apuesto como su padre.* He's as handsome as his father. ◇ *~ pronto como llegues* as soon as you arrive

| 273 | **tapa** |

**tangente** *nf* tangent

**tanque** *nm* tank **LOC** **tanque de agua/gas** water/propane tank **tanque de gasolina** gas tank, petrol tank (*GB*)

**tantear** *vt* **1** (*persona*) to sound *sb* out **2** (*situación*) to weigh

**tanteo** *nm* **LOC** **al tanteo** by rough calculation

**tanto** *nm* **1** (*cantidad*) so much: *Me dan un ~ al mes.* They give me so much a month. **2** (*gol*) goal: *marcar un ~* to score a goal **LOC** **poner al tanto** to fill *sb* in (*on sth*): *Me puso al ~ de la situación.* He filled me in on what was happening. **un tanto** (*bastante*) fairly ➜ *Ver nota en* FAIRLY **un tanto por ciento** a percentage *Ver tb* MIENTRAS, OTRO

**tanto, -a** *adj* **1** [*con sustantivo incontable*] so much: *No me pongas ~ arroz.* Don't give me so much rice. ◇ *Nunca había pasado tanta hambre.* I'd never been so hungry. **2** [*con sustantivo contable*] so many: *¡Había tanta gente!* There were so many people! ◇ *¡Tenía ~s problemas!* He had so many problems!
▶ *pron* so much [*pl* so many]: *¿Por qué compraste ~s?* Why did you buy so many?
▶ *adv* **1** (*tanta cantidad*) so much: *He comido ~ que no me puedo mover.* I've eaten so much (that) I can't move. **2** (*tanto tiempo*) so long: *¡Hace ~ que no te veo!* I haven't seen you for so long! **3** (*tan rápido*) so fast: *No corras ~ con el coche.* Don't drive so fast. **4** (*tan a menudo*) so often **LOC** **a/hasta las tantas** in/until the small hours **entre tanto** *Ver* ENTRETANTO **no ser para tanto**: *¡Sé que te duele, pero no es para ~!* I know it hurts but it's not as bad as all that! **por (lo) tanto** therefore **tanto… como…** **1** (*en comparaciones*) (a) [*con sustantivo incontable*] as much… as…: *Bebí tanta cerveza como tú.* I drank as much beer as you. (b) [*con sustantivo contable*] as many… as…: *No tenemos ~s amigos como antes.* We don't have as many friends as we had before. **2** (*los dos*) both… and…: *Lo sabían ~ él como su hermana.* He and his sister both knew. **tanto si… como si…** whether… or…: *~ si llueve como si no* whether it rains or not **y tantos** (*con cantidad, edad*) odd: *cuarenta y tantas personas* forty-odd people **2** (*con año*): *mil novecientos sesenta y ~s* nineteen sixty something *Ver tb* MIENTRAS

**tapa** *nf* **1** (*tapadera*) lid: *Pon la ~.* Put the lid on. ➜ *Ver dibujo en* POT **2** (*libro*) cover **3** (*zapatos*) heel: *Estas botas necesitan ~s.* These boots need new heels.

**tapadera** nf **1** (*tapa*) lid **2** (*de un fraude, engaño*) cover: *La empresa es sólo una ~.* The company is just a cover.

**tapanco** nm sleeping loft

**tapar** vt **1** (*cubrir*) to cover *sth/sb* (*with sth*): *~ una herida con una venda* to cover a wound with a bandage **2** (*abrigar*) to bundle *sb* up (*in sth*), to wrap *sb* up (*in sth*) (GB): *La tapé con una cobija.* I bundled her up in a blanket. **3** (*con una tapa*) to put the lid on *sth*: *Tapa la cazuela.* Put the lid on the saucepan. **4** (*con un tapón*) to put the top on *sth*: *~ la pasta de dientes* to put the top on the toothpaste **5** (*agujero, gotera*) to plug *sth* (up) (*with sth*): *Tapé los agujeros con yeso.* I plugged (up) the holes with plaster. **6** (*obstruir*) to block: *La basura tapó el desagüe.* The garbage blocked the drainpipe. **7** (*la vista*) to block *sb's* view of *sth*: *No me tapes la tele.* Don't block my view of the TV.
▶ **taparse** vpr **taparse (con)** (*abrigarse*) to bundle up (*in sth*), to wrap up (*in sth*) (GB): *Tápate bien.* Bundle up well.

**tapete** nm rug: *~ persa* Oriental rug **LOC** Ver MOVER(SE)

**tapia** nf wall **LOC** Ver SORDO

**tapicería** nf (*coche, mueble*) upholstery [*incontable*]

**tapiz** nm tapestry [pl tapestries] **LOC** Ver PAPEL

**tapizar** vt **1** (*mueble, coche*) to upholster **2** (*cuarto*) to wallpaper

**tapón** nm **1** top **2** (*de corcho*) cork **3** (*bañera, para los oídos, etc.*) plug: *ponerse tapones en los oídos* to put plugs in your ears **4** (*cerumen*) earwax [*incontable*]: *Creo que tengo tapones porque no oigo bien.* I must have wax in my ears because I can't hear right. **LOC** **tapón de rosca** screwtop

**taquete** nm (*para clavos/tornillos*) wall anchor, Rawlplug® (GB): *Necesitas un ~ para fijar el clavo.* You need a wall anchor to secure the nail.

**taquigrafía** nf shorthand

**taquilla** nf **1** (*estación, Dep*) ticket office **2** (*Cine, Teat*) box office

**tarántula** nf tarantula

**tararear** vt, vi to hum

**tardar** vi to take (time) *to do sth*: *¡Cómo tarda tu hermana!* Your sister's taking a long time! ◊ *Tardaron bastante en contestar.* It took them a long time to reply. ◊ *Tardé dos meses en recuperarme.* It took me two months to get better. **LOC** **no tardar nada** not to be long: *No tardes.* Don't be long. **se tarda…** it

takes…: *En coche se tarda dos horas.* It takes two hours by car.

**tarde** nf afternoon, evening: *El concierto es por la ~.* The concert is in the afternoon/evening. ◊ *Llegaron el domingo por la ~.* They arrived on Sunday afternoon/evening. ◊ *Te veré mañana por la ~.* I'll see you tomorrow afternoon/evening. ◊ *¿Qué haces esta ~?* What are you doing this afternoon/evening? ◊ *a las cuatro de la ~* at four o'clock in the afternoon

**Afternoon** se utiliza desde el mediodía hasta aproximadamente las seis de la tarde, y **evening** desde las seis de la tarde hasta la hora de acostarse.
➔ Ver tb nota en MORNING

▶ adv **1** late: *Nos levantamos ~.* We got up late. ◊ *Me voy, que se hace ~.* I'm going; it's getting late. **2** (*demasiado tarde*) too late: *Es ~ para llamarlos por teléfono.* It's too late to call them. **LOC** **¡buenas tardes!** good afternoon/evening!, afternoon/evening! (*coloq*) **tarde o temprano** sooner or later Ver tb CAÍDA, LLEGAR, MEDIA

**tarea** nf **1** (*actividad*) task: *una ~ imposible* an impossible task **2** (*Educ*) homework [*incontable*]: *No nos han puesto ~ para el lunes.* We don't have any homework to do for Monday.

**tarima** nf platform

**tarjeta** nf card: *~ de Navidad* Christmas card ◊ *Le sacaron ~ amarilla.* He was given a yellow card. **LOC** **tarjeta de crédito** credit card Ver tb PAGAR

**tarro** nm mug ➔ Ver dibujo en CUP

**tartamudear** vt to stutter

**tartamudo, -a** adj, nm-nf: *los ~s* people who stutter **LOC** **ser tartamudo** to have a stutter

**tarugada** nf something stupid: *Eso que dices es una ~.* What you said is a bunch of nonsense. **LOC** Ver SARTA

**tasa** nf **1** (*índice*) rate: *la ~ de natalidad* the birth rate **2** (*impuesto*) tax

**tatarabuelo, -a** nm-nf **1** (*masc*) great-great-grandfather (*fem*) great-great-grandmother **3** tatarabuelos great-great-grandparents

**tatuaje** nm tattoo [pl tattoos]

**tauro** (*tb* Tauro) nm, nmf (*Astrología*) Taurus ➔ Ver ejemplos en AQUARIUS

**taxi** nm taxi **LOC** Ver SITIO

**taxista** nmf taxi driver

**taza** nf **1** cup: *una ~ de café* a cup of coffee **2** (*sin platillo*) mug ➔ Ver dibujo en CUP **3** (*escusado*) toilet (bowl)

**tazón** nm bowl

**te** pron **1** [*complemento*] you: *¿Ya te vio?* Did he see you? ◊ *Te traje un libro.* I

brought you a book. ◊ *Te escribiré pronto.* I'll write to you soon. ◊ *Te lo compré.* I bought it for you. **2** (*partes del cuerpo, efectos personales*): *Quítate el abrigo.* Take your coat off. ◊ *¿Te duele la espalda?* Does your back hurt? **3** [*reflexivo*] (yourself): *Te vas a hacer daño.* You'll hurt yourself. ◊ *Vístete.* Get dressed.

**té** *nm* tea: *¿Quieres un té?* Would you like a cup of tea? **LOC** *Ver* JAMAICA

**teatral** *adj* **LOC** *Ver* OBRA

**teatro** *nm* theater: *el ~ clásico/moderno* classical/modern theater **LOC** **hacer teatro (por algo)** to put on an act: *Le duele el pie, pero también hace un poco de ~.* His foot does hurt, but he's also putting on a bit of an act. **teatro guiñol** puppet theater *Ver tb* OBRA

**techado, -a** *adj* **LOC** *Ver* ALBERCA

**techo** *nm* **1** (*habitación, etc.*) ceiling: *Hay una mancha de humedad en el ~.* There's a damp patch on the ceiling. **2** (*coche*) roof **LOC** **bajo techo** indoor(s): *atletismo bajo* ~ indoor track and field ◊ *Cuando llovió, nos pusimos bajo ~.* We went indoors when it started raining.

**tecla** *nf* key [*pl* keys]: *tocar una ~* to press a key

**teclado** *nm* keyboard ➔ *Ver dibujo en* COMPUTADORA

**teclear** *vt* (*computadora*) to enter: *Teclee su número personal.* Enter in your PIN.

**técnica** *nf* **1** (*método*) technique **2** (*tecnología*) technology: *los avances de la ~* technological advances

**técnico, -a** *adj* technical
▶ *nm-nf* technician **LOC** *Ver* ASISTENCIA, ESCUELA, INGENIERO

**tecnología** *nf* technology [*pl* technologies] **LOC** *Ver* ALTO

**tecnológico, -a** *adj* technological **LOC** *Ver* PARQUE

**Teflón®** *nm* Tcflon® **LOC** *Ver* MEMORIA

**teja** *nf* tile

**tejado** *nm* roof

**tejer** *vt* **1** (*en un telar*) to weave: *~ una cesta* to weave a basket **2** (*araña, gusano*) to spin **3** (*hacer punto*) to knit

**tejido** *nm* **1** (*tela*) fabric ➔ *Ver nota en* TELA **2** (*Anat*) tissue

**tela** *nf* cloth, material, fabric

**Cloth** es la palabra más general para decir *tela* y se puede utilizar tanto para referirnos a la tela con la que se hacen los trajes, cortinas, etc. como para describir de qué está hecha una cosa: *Está hecho de tela.*

It's made of cloth. ◊ *una bolsa de tela* a cloth bag.
**Material** y **fabric** se utilizan sólo para referirnos a tela que se usa en sastrería y tapicería, aunque **fabric** suele indicar que tiene distintos colores. **Material** y **fabric** son sustantivos contables e incontables, mientras que **cloth** suele ser incontable cuando significa tela: *Algunas telas encogen al lavar.* Some materials/fabrics shrink when you wash them. ◊ *Necesito más tela para las cortinas.* I need to buy some more cloth/material/fabric for the curtains.

**LOC** **tela metálica** wire mesh [*incontable*]

**telaraña** *nf* cobweb

**tele** *nf Ver* TELEVISIÓN

**telecomunicaciones** *nf* telecommunications [*pl*]

**teleférico** *nm* cable car

**telefonazo** *nm* call: *Échame un ~ mañana.* Give me a call tomorrow.

**telefonear** *vt, vi* to telephone, to phone (*más coloq*)

**telefónico, -a** *adj* telephone, phone (*más coloq*): *hacer una llamada telefónica* to make a phone call **LOC** *Ver* CABINA, CASETA, CENTRAL, GUÍA

**telefonista** *nmf* (telephone) operator

**teléfono** *nm* **1** (*aparato*) telephone, phone (*más coloq*): *¡Ana, un ~!* Phone for you, Ana! ◊ *Está hablando por ~ con su madre.* She's on the phone with her mother. ◊ *¿Puedes contestar el ~?* Can you answer the phone? **2** (*número*) (tele)phone number: *¿Tienes mi ~?* Do you have my phone number? **LOC** *Ver* CABINA, COLGADO, COLGAR, GUÍA, LLAMAR

**telegrama** *nm* telegram

**telenovela** *nf* soap (opera)

**teleobjetivo** *nm* telephoto lens

**telepatía** *nf* telepathy

**telescopio** *nm* telescope

**telespectador, -ora** *nm-nf* viewer

**televisar** *vt* to televise

**televisión** *nf* television (*abrev* TV): *salir en la ~* to be on television ◊ *Prende/apaga la ~.* Turn the TV on/off. ◊ *¿Qué pasan en la ~ esta noche?* What's on tonight? ◊ *Estábamos viendo ~.* We were watching television.

**televisor** *nm* television (set) (*abrev* TV)

**telón** *nm* curtain: *Subieron el ~.* The curtain went up.

**tema** nm **1** subject: *el ~ de una charla/poema* the subject of a talk/poem ◊ *No cambies de ~.* Don't change the subject. **2** (*cuestión importante*) question: *~s ecológicos/económicos* ecological/economic questions **3** (*Mús*) theme **LOC** Ver CADA, DESVIAR

**temario** nm syllabus [pl syllabuses/syllabi]

**temático, -a** adj **LOC** Ver PARQUE

**temblar** vi **1 ~ (de)** to tremble (with *sth*): *La mujer temblaba de miedo.* The woman was trembling with fear. ◊ *Le temblaba la voz.* His voice trembled. **2** (*edificio, muebles*) to shake: *El terremoto hizo ~ el pueblo entero.* The earthquake made the whole town shake. **LOC** temblar de frío to shiver

**temblor** nm tremor: *un ligero ~ en la voz* a slight tremor in his voice ◊ *un ~ de tierra* an earth tremor

**temer** vt to be afraid of *sth/sb/doing sth*: *Le teme a la oscuridad.* He's afraid of the dark. ◊ *Temo equivocarme.* I'm afraid of making mistakes.
▸ **temerse** vpr to be afraid: *Me temo que no vendrán.* I'm afraid they won't come.

**temible** adj fearful

**temor** nm fear: *No lo dije por ~ a que se enojara.* I didn't say it for fear of offending him.

**temperamento** nm temperament

**temperatura** nf temperature: *Mañana bajará la temperatura.* The temperature will fall tomorrow.

**tempestad** nf storm

**templado, -a** adj **1** (*clima*) mild **2** (*comida, líquidos*) lukewarm

**templo** nm temple **LOC** Ver VERDAD

**temporada** nf **1** (*periodo de tiempo*) time: *Llevaba enfermo una larga ~.* He had been sick for a long time. **2** (*época*) season: *la ~ de béisbol* the baseball season ◊ *la ~ alta/baja* the high/low season **LOC** de temporada seasonal **temporada de caza** open season

**temporal** adj temporary
▸ nm storm

**temprano, -a** adj, adv early: *Llegó ~ en la mañana.* He arrived early in the morning. **LOC** Ver TARDE

**tenaz** adj tenacious

**tenazas** nf tongs ➔ Ver nota en PAIR

**tendedero** nm **1** (*cuerda*) (clothes) line **2** (*plegable*) (clothes) drying rack

**tendencia** nf **1** (*predisposición*) tendency [pl tendencies]: *Tiene ~ a engordar.* He has a tendency to put on weight.

**2** (*moda*) trend: *las últimas ~s de la moda* the latest trends in fashion

**tender** vt **1** (*ropa*) **(a)** (*fuera*) to hang *sth* out: *Todavía tengo que ~ la ropa.* I've still to hang the wash out. **(b)** (*dentro*) to hang *sth* up **2** (*cama*) to make
▸ vi **~ a**: *Tiende a complicar las cosas.* He tends to complicate things. ◊ *La economía tiende a recuperarse.* The economy is recovering.
▸ **tenderse** vpr to lie down ➔ Ver nota en LIE²

**tendero, -a** nm-nf store owner, shopkeeper (GB)

**tendido, -a** adj **1** (*persona*) lying: *Estaba ~ en el sofá.* He was lying on the sofa. **2** (*ropa*): *La ropa limpia está tendida.* The wash is on the line. **LOC** irse tendido to race (along): *El camión iba ~.* The bus was racing along. **tendido eléctrico** cables [pl] Ver tb LLORAR; Ver tb TENDER

**tendón** nm tendon

**tenebroso, -a** adj sinister

**tenedor** nm fork

**tenencia** nf (*de coche*) registration (fee): *Hay que pagar la ~ en mayo.* You have to pay the car registration in May.

**tener** vt
● **posesión** to have

Existen dos formas para expresar *tener* en presente: **have** y **have got**. **Have** es más frecuente en Estados Unidos y siempre va acompañado de un auxiliar en forma interrogativa y negativa: *Do you have any brothers or sisters?* ◊ *He doesn't have any money.* **Have got** no necesita un auxiliar en oraciones negativas e interrogativas: *Have you got any brothers or sisters?* ◊ *He hasn't got any money.*
En los demás tiempos verbales se utiliza **have**: *Cuando era pequeña tenía una bicicleta.* I had a bicycle when I was little.

● **estados, actitudes 1** (*edad, tamaño*) to be: *Mi hija tiene diez años.* My daughter is ten (years old). ◊ *Tiene tres metros de largo.* It's three meters long. **2** (*sentir, tener una actitud*) to be

Cuando *tener* significa "sentir", el inglés utiliza el verbo **be** con un adjetivo mientras que en español usamos un sustantivo: *Tengo mucha hambre.* I'm very hungry. ◊ *tener calor/frío/sed/miedo* to be hot/cold/thirsty/frightened ◊ *Le tengo un gran cariño a tu madre.* I'm very fond of your mother. ◊ *tener cuidado/paciencia* to be careful/patient.

● **en construcciones con adjetivos**: *Me tiene harta de tanto esperar.* I'm sick of waiting for him. ◇ *Tienes las manos sucias.* Your hands are dirty. ◇ *Tengo a mi madre enferma.* My mother is sick.
▶ *v aux* **1** ~ **que hacer algo** to have to do sth: *Tuvieron que irse enseguida.* They had to leave straight away. ◇ *Tienes que decírselo.* You must tell him. ➋ *Ver nota en* MUST **2** [con participio]: *Lo tienen todo planeado.* It's all arranged. ◇ *Su comportamiento nos tiene preocupados.* We're worried about the way he's been behaving.
**LOC** **tener a algn por algo** to think sb is sth: *Parece que me tienes por idiota.* You seem to think I'm an idiot. **tener que ver** (*asunto*) to have to do with *sth/sb*: *Pero ¿eso qué tiene que ver?* What does that have to do with it? ◇ *Eso no tiene nada que ver.* That has nothing to do with it.
🛈 *Para otras expresiones con* **tener**, *véanse las entradas del sustantivo, adjetivo, etc., p. ej.* **tener razón** *en* RAZÓN.

**teniente** *nmf* lieutenant

**tenis** *nm* **1** (*Dep*) tennis **2** (*zapatos*) sneakers, trainers (*GB*) **LOC** **tenis de mesa** table tennis

**tenista** *nmf* tennis player

**tenor** *nm* tenor

**tensar** *vt* to tighten: ~ *las cuerdas de una raqueta* to tighten the strings of a racket

**tensión** *nf* **1** tension: *la ~ de una cuerda* the tension of a rope ◇ *Hubo mucha ~ durante la cena.* There was a lot of tension during dinner. **2** (*eléctrica*) voltage: *cables de alta ~* high voltage cables **3** (*Med*) blood pressure

**tenso, -a** *adj* tense

**tentación** *nf* temptation: *No pude resistir la ~ de comérmelo.* I couldn't resist the temptation to eat it up. ◇ *caer en la ~* to fall into temptation

**tentáculo** *nm* tentacle

**tentador, -ora** *adj* tempting

**tentar** *vt* **1** (*inducir*) to tempt: *Me tienta la idea de irme de vacaciones.* I'm tempted to go on vacation. **2** (*palpar*) to feel

**tentativa** *nf* attempt

**tenue** *adj* (*luz, sonido, línea*) faint

**teñir** *vt* to dye: ~ *una camisa de rojo* to dye a shirt red
▶ **teñirse** *vpr* to dye your hair: ~*se de moreno* to dye your hair dark brown ◇ *Me toca ~me esta semana.* I have to dye my hair this week. **LOC** **teñirse de güero** to bleach your hair

**teología** *nf* theology

**teoría** *nf* theory [*pl* theories]

**teórico, -a** *adj* theoretical

**tepache** *nm* fermented pineapple drink

**tequila** *nf* tequila

**terapia** *nf* therapy [*pl* therapies]: ~ *de grupo* group therapy

**tercer** *adj Ver* TERCERO

**tercero, -a** *adj, pron, nm-nf* third (*abrev* 3rd) ➋ *Ver ejemplos en* SEXTO
▶ *nm* third party: *seguro a/contra ~s* third-party insurance
▶ **tercera** *nf* (*velocidad*) third (gear) **LOC** **la tercera es la vencida** the third time is the charm, third time lucky (*GB*) **tercera edad**: *actividades para la tercera edad* activities for senior citizens *Ver tb* ECUACIÓN

**tercio** *nm* third: *dos ~s de la población* two thirds of the population

**terciopelo** *nm* velvet

**térmico, -a** *adj* thermal **LOC** *Ver* INVERSIÓN

**terminación** *nf* ending

**terminal** *adj, nf, nm* terminal: *enfermos ~es* terminally ill patients ◇ ~ *de pasajeros* passenger terminal **LOC** **terminal de autobuses/camiones** bus station

**terminar** *vt* to finish
▶ *vi* **1** ~ **(en algo)** to end (in sth): *Las fiestas terminan el próximo lunes.* The festivities end next Monday. ◇ *La manifestación terminó en tragedia.* The demonstration ended in tragedy. **2** ~ **(de hacer algo)** to finish (doing sth): *Ya terminé de hacer la tarea.* I've finished doing my homework. **3** ~ **haciendo/por hacer algo** to end up doing sth: *Terminamos riéndonos.* We ended up laughing. **4** ~ **como/igual que...** to end up like *sth/ sb*: *Vas a ~ igual que tu padre.* You'll end up like your father.
▶ **terminarse** *vpr* **1** (*acabarse*) to run out: *Se ha terminado el azúcar.* The sugar's run out. ◇ *Se nos ha terminado el pan.* We've run out of bread. **2** (*llegar a su fin*) to be over: *Se terminó la fiesta.* The party's over.

**término** *nm* **1** term: *en ~s generales* in general terms **2** (*fin*) end **LOC** **término medio** (*carne*) medium rare ➋ *Ver nota en* COCER

**termo** *nm* Thermos® bottle, Thermos® flask (*GB*)

**termómetro** *nm* thermometer **LOC** **poner el termómetro** to take *sb's* temperature

**termostato** *nm* thermostat

**ternera** *nf* (*Cocina*) veal

**ternero, -a** *nm-nf* calf [*pl* calves] ➋ *Ver nota en* CARNE

**ternura** *nf* tenderness: *tratar a algn con* ~ to treat sb tenderly

**terracería** *nf* LOC *Ver* CAMINO

**terráqueo, -a** *adj* LOC *Ver* GLOBO

**terrateniente** *nmf* landowner

**terraza** *nf* **1** (*balcón*) balcony [*pl* balconies] **2** (*de cafetería*): *Sentémonos en la ~.* Let's sit outside. **3** (*azotea*) roof (terrace) **4** (*Agric*) terrace

**terregal** *nm* dust cloud: *El Jeep levantó un ~.* The Jeep left a trail of dust.

**terremoto** *nm* earthquake

**terrenal** *adj* LOC *Ver* PARAÍSO

**terreno** *nm* **1** (*tierra*) land [*incontable*]: *un ~ muy fértil* very fertile land ◊ *Compraron un ~.* They bought some land. **2** (*ámbito*) field: *el ~ de la biología* the field of biology LOC **sobre el terreno 1** (*en el lugar*) on the spot **2** (*sobre la marcha*) as I, you, etc. go along **terreno de juego** field, pitch (*GB*)

**terrestre** *adj* land: *un animal/ataque ~* a land animal/attack LOC *Ver* CORTEZA

**terrible** *adj* terrible

**territorio** *nm* territory [*pl* territories]

**terrón** *nm* cube: ~ *de azúcar* sugar cube

**terror** *nm* terror LOC *Ver* PELÍCULA

**terrorífico, -a** *adj* terrifying

**terrorismo** *nm* terrorism

**terrorista** *adj, nmf* terrorist LOC *Ver* BANDA²

**tertulia** *nf* get-together: *hacer/tener una ~* to have a get-together

**tesis** *nf* thesis [*pl* theses]

**tesón** *nm* determination: *trabajar con ~* to work with determination

**tesorero, -a** *nm-nf* treasurer

**tesoro** *nm* treasure: *encontrar un ~ escondido* to find hidden treasure ◊ *¡Eres un ~!* You're a treasure!

**testamento** *nm* **1** (*Jur*) will: *hacer ~* to make a will **2 Testamento** Testament: *el Antiguo/Nuevo Testamento* the Old/New Testament

**testarudo, -a** *adj* stubborn

**testículo** *nm* testicle

**testigo** *nmf* witness
▶ *nm* (*Dep*) baton: *entregar el ~* to pass the baton LOC **ser testigo de algo** to witness sth **testigo presencial** eyewitness

**tetera** *nf* teapot

**Tetra Brik**® (*tb* **tetrapak**®) *nm* carton ➔ *Ver dibujo en* CONTAINER

**tétrico, -a** *adj* gloomy

**textil** *adj* textile: *una fábrica ~* a textile factory

**texto** *nm* text LOC *Ver* COMENTARIO, LIBRO, MENSAJE, PROCESAMIENTO

**textualmente** *adv* word for word

**textura** *nf* texture

**tez** *nf* complexion

**tezontle** *nm* volcanic rock

**ti** *pron* you: *Lo hago por ti.* I'm doing it for you. ◊ *Siempre estás pensando en ti misma.* You're always thinking of yourself.

**tianguis** *nm* street market

**tibio, -a** *adj* lukewarm

**tiburón** *nm* shark

**ticket** *nm* **1** (*recibo*) receipt **2** (*entrada*) ticket

**tiempo** *nm* **1** time: *en ~s de los romanos* in Roman times ◊ *Hace mucho ~ que vivo aquí.* I've been living here for a long time. ◊ *en mi ~ libre* in my spare time ◊ *¿Cuánto ~ hace que estudias inglés?* How long have you been studying English? **2** (*Meteor*) weather: *Ayer hizo buen/mal ~.* The weather was good/bad yesterday. **3** (*bebé*): *¿Qué ~ tiene?* How old is she? **4** (*Dep*) half [*pl* halves]: *el primer ~* the first half **5** (*verbal*) tense LOC **al poco tiempo** soon afterward **al tiempo** (*bebida*) at room temperature **a tiempo** in time: *Quiero llegar a ~ para comer.* I want to arrive in time for lunch. ◊ *Todavía estás a ~ de mandarlo.* You still have time to send it. **con el tiempo** in time: *Lo entenderás con el ~.* You'll understand in time. **con tiempo (de sobra)** in good time: *Avísame con ~.* Let me know in good time. **hacer tiempo** to while away your time **tiempo completo/parcial** (*trabajo*) full-time/part-time: *Buscan a alguien que trabaje ~ completo.* They're looking for someone to work full-time. *Ver tb* CADA, CUÁNTO, GANAR, HOMBRE, LLEGAR, MEDIO, MUJER

**tienda** *nf* store, shop

La palabra **store** es más usada en Estados Unidos, pero en Gran Bretaña suele utilizarse para referirse a los grandes almacenes. En Estados Unidos sólo se usa **shop** para tiendas pequeñas, mientras que en Gran Bretaña su uso es más generalizado.

LOC **tienda de abarrotes** food store, grocer's (*GB*) **tienda (de campaña)** tent: *montar/quitar una ~* to put up/take down a tent **tienda naturista** health-food store, health-food shop (*GB*)

**tierno, -a** *adj* **1** (*blando, cariñoso*) tender: *un filete ~* a tender steak ◊ *una mirada tierna* a tender look **2** (*verdura*) fresh

**tierra** *nf* **1** (*por oposición al mar, campo, fincas*) land [*incontable*]: *viajar por ~* to

travel by land ◇ *cultivar la ~* to work the land ◇ *Vendió las ~s de su familia.* He sold his family's land. **2** (*para plantas, terreno*) soil: *~ para las macetas* soil for the plants ◇ *una ~ fértil* fertile soil **3** (*suelo*) ground: *Cayó a ~.* He fell to the ground. **4** (*patria*) home: *costumbres de mi ~* customs from back home **5 Tierra** (*planeta*) earth: *La Tierra es un planeta.* The earth is a planet. `LOC` **corrimiento/ desprendimiento de tierra(s)** landslide **tierra adentro** inland **¡tierra a la vista!** land ahoy! **tierra firme** dry land **Tierra Santa** the Holy Land **tomar tierra** to land *Ver tb* RAS, TOMA

**tieso, -a** *adj* **1** (*duro*) stiff: *Me molesta llevar los cuellos ~s.* I can't stand wearing stiff collars. **2** (*recto*) straight: *¡Ponte ~!* Stand up straight! **3** (*muerto*) dead `LOC` **dejar a algn tieso** (*asombrar*) to leave sb speechless: *La noticia nos dejó ~s.* The news left us speechless. **quedarse tieso (de frío)** to be frozen stiff

**tifón** *nm* typhoon

**tigre, -esa** *nm-nf* tiger **❶** Al referirse a la hembra se utiliza **tigress** /'taɪgrəs/.

**tijera** *nf* **tijeras** scissors [*pl*]

> **Scissors** es una palabra plural en inglés, por lo tanto para referirnos a *unas tijeras* utilizamos **some/a pair of scissors**: *Necesito unas tijeras nuevas.* I need some new scissors/a new pair of scissors. ➔ *Ver tb nota en* PAIR

**tila** *nf* (*infusión*) lime-flower tea

**tiliche** *nm* **tiliches 1** belongings [*pl*], stuff [*incontable*] (*coloq*): *Saca tus ~s de ahí.* Get your stuff out of there. **2** (*cosas inútiles*) junk [*incontable*]: *Su cuarto está lleno de ~s.* Her room is full of junk.

**timbre** *nm* **1** (*campanilla*) bell: *tocar el ~* to ring the bell **2** (*voz*) pitch: *Tiene un ~ de voz muy alto.* He has a very high-pitched voice. **3** (*postal*) stamp: *Ponle un ~ a la postal.* Put a stamp on the postcard.

**tímido, -a** *adj, nm-nf* shy [*adj*]: *Es un ~.* He's shy.

**timón** *nm* rudder

**tímpano** *nm* (*oído*) eardrum

**tina** *nf* bathtub, bath (*GB*)

**tinaco** *nm* water tank

**tinaja** *nf* large earthenware jar

**tinieblas** *nf* darkness [*incontable*]

**tinta** *nf* ink: *un dibujo a ~* an ink drawing `LOC` **tinta china** Indian ink *Ver tb* MEDIO, SUDAR

**tinte** *nm* (*producto*) dye

**tinto** *adj* (*vino*) red
> *nm* red wine

**tintorería** *nf* (dry) cleaner's

**tío, -a** *nm-nf* **1** (*masc*) uncle: *el ~ Daniel* Uncle Daniel **2** (*fem*) aunt, auntie (*coloq*) **3 tíos** *nm* uncle and aunt: *Voy a la casa de mis ~s.* I'm going to my uncle and aunt's.

**típico, -a** *adj* **1** (*característico*) typical (*of sth/sb*): *Eso es ~ de Lupe.* That's just typical of Lupe. **2** (*tradicional*) traditional: *un baile/traje ~* a traditional dance/ costume

**tipo** *nm* **1** (*clase*) kind (*of sth*): *todo ~ de gente/animales* all kinds of people/animals ◇ *el ~ de persona nerviosa* the nervous kind ◇ *No es mi ~.* He's not my type. **2** (*cuerpo*) **(a)** (*de mujer*) figure: *Tiene un ~ bonito.* She has a nice figure. **(b)** (*de hombre*) body [*pl* bodies] **3** (*individuo*) guy: *¡Qué ~ más feo!* What an ugly guy!

**tira¹** *nf* **1** (*papel, tela*) strip: *Corta el papel en ~s.* Cut the paper into strips. **2** (*zapato*) strap

**tira²** *nmf* (*policía*) cop
> **la tira** *nf* the cops [*pl*]: *Viene la ~.* The cops are coming.

**tirada** *nf* (*turno*) throw `LOC` **de/en una tirada** in one go

**tiradero** *nm* (*lit y fig*) dump, tip (*GB*): *Este cuarto es un ~.* This room is a dump.

**tirado, -a** *adj* (*en el suelo*) lying (around): *~ en el suelo* lying on the ground ◇ *Lo dejaron todo ~.* They left everything lying around. `LOC` **dejar a algn tirado** to let sb down *Ver tb* TIRAR

**tirador, -ora** *nm-nf* shot: *Es un buen ~.* He's a good shot.

**tiranizar** *vt* to tyrannize

**tirano, -a** *adj* tyrannical
> *nm-nf* tyrant

**tirante** *adj* **1** (*estirado*) tight: *Pon la cuerda bien ~.* Make sure the rope is tight. **2** (*ambiente, situación*) tense
> *nm* **1** (*vestido*) shoulder strap **2 tirantes** suspenders, braces (*GB*)

**T**

**tirar** *vt* **1** (*desechar*) to throw *sth* away: *Tíralo, está muy viejo.* Throw it away, it's really old now. **2** (*lanzar*) to throw *sth* (*to sb*): *Los niños tiraban piedras.* The children were throwing stones. ➔ *Ver nota en* AVENTAR **3** (*derramar*) to spill: *Ten cuidado, vas a ~ el café.* Be careful or you'll spill the coffee. **4** (*tumbar*) to knock *sth/ sb* over: *Cuidado con ese jarrón, no lo tires.* Careful you don't knock that vase over. **5** (*malgastar*) to waste: *~ el dinero* to waste money
> *vi* **1** *~ (de)* to pull *sth*: *Tira de la cadena.* Pull the chain. **2** *~ a*: *Tiene el pelo tirando a rubio.* He has blondish hair. ◇ *rosa tirando a rojo* pinky red ◇ *Tira un poco a la familia de su madre.* He looks a little like his mother's side of the family.

# tiritar

**3** (*disparar, Dep*) to shoot (at *sth/sb*): ~ *a gol* to shoot at goal
▸ **tirarse** *vpr* (*lanzarse*) to jump: ~*se por la ventana/al agua* to jump out of the window/into the water **LOC** ❶ *Para expresiones con* **tirar**, *véanse las entradas del sustantivo, adjetivo, etc., p. ej.* **tirar la toalla** *en* TOALLA.

**tiritar** *vi* ~ **(de)** to shiver (with *sth*): ~ *de frío* to shiver with cold

**tiro** *nm* **1** (*lanzamiento*) throw **2** (*disparo, Dep*) shot: *un* ~ *a gol* a shot at goal **3** (*herida de disparo*) bullet wound: *un* ~ *en la cabeza* a bullet wound in the head **4** (*chimenea*) draft **LOC** **a tiro de piedra (de aquí)** a stone's throw away (from here) **de a tiro:** *Nos fue de a* ~ *mal.* We did really badly. **ni a tiros** for love nor money: *Este niño no come ni a* ~*s.* This child won't eat for love nor money. **pegar un tiro** to shoot: *Se pegó un* ~. He shot himself. **salir el tiro por la culata** to backfire **tiro con arco** archery **tiro de esquina** corner **tiro libre** free kick *Ver tb* MATAR

**tirón** *nm* tug: *dar un* ~ *de pelo* to give sb's hair a tug ◊ *Sentí un* ~ *en la manga.* I felt a tug on my sleeve.

**tiroteo** *nm* **1** (*entre policía y delincuentes*) shoot-out: *Murió en el* ~. He died in the shoot-out. **2** (*ruido de disparos*) shooting [*incontable*]: *Escuchamos un* ~ *desde la calle.* We heard shooting out in the street. **3** (*durante una guerra*) fighting [*incontable*]

**títere** *nm* **1** (*muñeco*) puppet **2** **títeres** (*guiñol*) puppet show [*v sing*]

**titipuchal** *nm* loads [*pl*]: *Tienes un* ~ *de cosas por hacer.* You have loads of things to do. ◊ *Había un* ~ *de gente.* There was a huge crowd.

**titulado, -a** *adj* (*libro, película*) called, entitled (*más formal*) *Ver tb* TITULAR[1]

**titular[1]** *vt* to call: *No sé cómo* ~ *el poema.* I don't know what to call the poem.
▸ **titularse** *vpr* **titularse (en)** (*graduarse*) to graduate (in *sth*): ~*se en historia* to graduate with a degree in history

**titular[2]** *adj* varsity: *el equipo* ~ the varsity team ◊ *un jugador* ~ a varsity player
▸ *nmf* (*pasaporte, cuenta bancaria*) holder
▸ **titulares** *nmpl* (*Period*) headlines

**título** *nm* **1** (*nombre, nobiliario, Dep*) title: *¿Qué* ~ *le pusiste a tu novela?* What title have you given your novel? ◊ *Mañana boxearán por el* ~. They're fighting for the title tomorrow. **2** (*estudios*) degree: *obtener el* ~ *de abogado* to get a degree in law ◊ ~ *universitario* university degree **3** (*diploma*) diploma: *Quiero enmarcar el* ~. I want to frame my diploma.

**tlapalería** *nf* hardware store, hardware shop (*GB*)

**toalla** *nf* towel: ~ *de baño/de las manos* bath/hand towel **LOC** **tirar la toalla** to throw in the towel **toalla sanitaria** sanitary pad, sanitary towel (*GB*)

**tobillera** *nf* ankle sock

**tobillo** *nm* ankle: *Me torcí el* ~. I've sprained my ankle.

**tobogán** *nm* (*parque*) slide

**tocadiscos** *nm* record player

**tocar** *vt* **1** to touch: *¡No lo toques!* Don't touch it! **2** (*palpar*) to feel: *¿Me dejas* ~ *la tela?* Can I feel the fabric? **3** (*Mús*) to play: ~ *la guitarra/un villancico* to play the guitar/a carol **4** (*hacer sonar*) **(a)** (*campana, timbre*) to ring **(b)** (*claxon, sirena*) to sound
▸ *vi* **1** (*Mús*) to play **2** (*turno*) to be sb's turn (*to do sth*): *Te toca tirar.* It's your turn to throw. ◊ *¿Ya me toca?* Is it my turn yet? **3** (*en un sorteo*) to win: *Me tocó una muñeca.* I won a doll. **LOC** *Ver* CABEZA, MADERA, MADERA

**tocayo, -a** *nm-nf* namesake: *¡Somos* ~*s!* We have the same name!

**tocino** *nm* bacon

**todavía** *adv* **1** [*en oraciones afirmativas e interrogativas*] still: *¿Todavía vives en Londres?* Do you still live in London? **2** [*en oraciones negativas e interrogativas-negativas*] yet: *Todavía no están maduras.* They're not ripe yet. ◊ —*¿Todavía no te contestan?* —*No,* ~ *no.* "Haven't they written back yet?" "No, not yet." ➲ *Ver nota en* STILL[1] **3** [*en oraciones comparativas*] even: *Ella pinta* ~ *mejor.* She paints even better.

**todo** *nm* whole: *considerado como un* ~ taken as a whole

**todo, -a** *adj* **1** all: *Ya hice* ~ *el trabajo.* I've done all the work. ◊ *Llevas* ~ *el mes enfermo.* You've been sick all month. ◊ *Van a limpiar* ~*s los edificios del pueblo.* They're going to clean up all the buildings in town.

Con un sustantivo contable en singular, el inglés prefiere utilizar **the whole**: *Van a limpiar todo el edificio.* They're going to clean the whole building.

**2** (*cada*) every: *Todos los días me levanto a las siete.* I get up at seven every day. ➲ *Ver nota en* EVERY
▸ *pron* **1** all: *Eso es* ~ *por hoy.* That's all for today. ◊ *A* ~*s nos gustó la obra.* We all/All of us liked the play. ◊ *ante/después de* ~ above/after all **2** (*todas las cosas*) everything: *Todo lo que te dije era verdad.* Everything I told you was true. **3** (*cualquier cosa*) anything: *Mi perico come de* ~.

My parrot eats anything. **4 todos** everyone, everybody [*v sing*]: *Todos dicen lo mismo.* Everyone says the same thing.

Nótese que **everyone** y **everybody** llevan el verbo en singular, pero sin embargo suelen ir seguidos de un pronombre en plural (p. ej. "their"): *¿Todos tienen sus lápices?* Does everyone have their pencils?

**LOC** ante todo above all **a todo esto** by the way **por todo México, todo el mundo, etc.** throughout Mexico, the world, etc. ❶ Para otras expresiones con **todo**, véanse las entradas del sustantivo, adjetivo, etc., p. ej. **todo el mundo** en MUNDO.

**toldo** *nm* awning

**tolerar** *vt* **1** (*soportar*) to bear, to tolerate (*más formal*): *No tolera a las personas como yo.* He can't bear people like me. **2** (*consentir*) to let *sb* get away with *sth*: *Te toleran demasiadas cosas.* They let you get away with too much.

**toma** *nf* **1** (*ocupación*) taking: *la ~ de la ciudad* the taking of the city **2** (*medicina*) dose **3** (*Cine, TV*) take **LOC** **toma de corriente** outlet, socket (*GB*) ➔ *Ver dibujo en* ENCHUFE **toma de tierra** ground, earth (*GB*): *El cable está conectado a la ~ de tierra.* The cord is grounded.

**tomada** *nf* **LOC** **tomada de pelo 1** (*burla*) joke **2** (*estafa*) rip-off

**tomar** *vt* **1** to take: *Toma los libros que quieras.* Take as many books as you like. ◇ *~ una decisión* to take a decision ◇ *~ apuntes/precauciones* to take notes/precautions ◇ *¿Por quién me tomas?* Who do you take me for? **2** (*comer, beber*) to have: *¿Qué vas a ~?* What are you going to have?
▶ *vi*: *Toma, es para ti.* Here, it's for you.
▶ **tomarse** *vpr* to take: *He decidido ~me unos días de descanso.* I've decided to take a few days off. ◇ *No deberías habértelo tomado así.* You shouldn't have taken it like that. **LOC** ¡**toma**! take that! ❶ Para otras expresiones con **tomar**, véanse las entradas del sustantivo, adjetivo, etc., p. ej. **tomar el sol** en SOL.

**tomate** *nm* tomato [*pl* tomatoes] **LOC** **ponerse como un tomate** to get as red as a beet, to go as red as a beetroot (*GB*) *Ver tb* COLORADO

**tomillo** *nm* thyme

**tomo** *nm* volume

**ton** *nm* **LOC** **sin ton ni son** for no particular reason

**tonalidad** *nf* **1** (*Mús*) key [*pl* keys] **2** (*color*) tone

**tonel** *nm* barrel

**tonelada** *nf* ton

**tónico, -a** *adj* (*Ling*) stressed
▶ *nm* tonic

**tono** *nm* **1** tone: *¡No me hables en ese ~!* Don't speak to me in that tone of voice! **2** (*color*) shade **3** (*Mús*) key [*pl* keys] **LOC** *Ver* FUERA

**tontear** *vi* to fool around (*with sb*)

**tontería** *nf* **1** tonterías nonsense [*incontable*]: *decir ~* to talk nonsense ◇ *¡Esas son ~s!* That's nonsense! **2** (*cosa sin importancia*) silly thing: *Siempre discutimos por ~s.* We're always arguing over silly little things. **3** (*cosa de poco valor*) (little) thing: *Te compré un par de ~s para la casa.* I bought you a couple of little things for the house. **LOC** **dejarse de tonterías** to stop messing around *Ver tb* SARTA

**tonto, -a** *adj* dumb, stupid

**Dumb** y **stupid** son prácticamente sinónimos, aunque **stupid** es un poco más fuerte: *una excusa tonta* a dumb excuse ◇ *No seas tan tonto, y deja de llorar.* Don't be so stupid. Stop crying. En Gran Bretaña se usa más **stupid**.

▶ *nm-nf* fool **LOC** **hacer el tonto** to play dumb

**toparse** *vpr* ~ **con** to bump into *sth/sb*

**tope** *nm* **1** (*calle*) speed bump **2** (*límite*) limit: *¿Hay una edad ~?* Is there an age limit? **LOC** **hasta el tope**: *El supermercado estaba hasta el ~.* The supermarket was packed. ◇ *Estoy hasta el ~ de trabajo.* I'm up to my neck in work. *Ver tb* FECHA

**tópico** *nm* subject **LOC** *Ver* USO

**topo** *nm* mole

**toque** *nm* **1** (*golpecito*) tap **2** (*matiz*) touch: *dar el ~ final a algo* to put the finishing touch to sth **3** (*electricidad*) shock: *Me dio un ~ el enchufe.* The outlet gave me a shock. **4** (*de marihuana*) joint **LOC** **darle/pegarle un toque a algn** (*llamar*) to give sb a call **toque de queda** curfew

**tórax** *nm* thorax [*pl* thoraxes/thoraces]

**torbellino** *nm* whirlwind

**torcedura** *nf* sprain

**torcer** *vt* **1** (*retorcer*) to twist: *Le torció el brazo.* She twisted his arm. **2** (*cabeza*) to turn
▶ *vi* to turn: *~ a la derecha/izquierda* to turn right/left
▶ **torcerse** *vpr* (*tobillo, muñeca*) to sprain: *Se torció el tobillo.* He sprained his ankle.

**torcido, -a** *adj* **1** not straight: *¿No ves que ese cuadro está ~?* Can't you see that

**T**

picture isn't straight? **2** (*muñeca, tobillo*) sprained *Ver tb* TORCER

**torear** *vt, vi* (*Tauromaquia*) to fight
▶ *vt* **1** (*esquivar*) to dodge **2** (*molestar*) to tease

**torera** *nf* bolero jacket

**torero, -a** *nm-nf* bullfighter

**tormenta** *nf* storm: *Se avecina una ~.* There's a storm brewing. ◊ *Parece que va a haber una ~.* It looks like there's going to be a storm.

**tormento** *nm* **1** (*tortura*) torture **2** (*persona, animal*) pest: *Este niño es un ~.* This child's a pest.

**tornado** *nm* tornado [*pl* tornadoes/tornados]

**tornamesa** *nf* turntable

**torneo** *nm* **1** tournament **2** (*atletismo*) meeting

**tornillo** *nm* **1** screw: *apretar un ~* to put a screw in **2** (*para tuerca*) bolt LOC *Ver* FALTAR

**torniquete** *nm* **1** (*Med*) tourniquet **2** (*puerta de entrada*) turnstile

**torno** *nm* **1** (*mecanismo elevador*) winch **2** (*alfarero*) (potter's) wheel **3** (*carpintero*) lathe LOC **en torno a** about, concerning (*formal*): *la polémica en ~ al aborto* the controversy about abortion *Ver tb* GIRAR

**toro** *nm* **1** (*animal*) bull **2** toros: *ir a los ~s* to go to a bullfight ◊ *A mi hermano le encantan los ~s.* My brother loves bullfighting. LOC *Ver tb* AGARRAR, CORRIDA, PLAZA

**toronja** *nf* grapefruit [*pl* grapefruit/grapefruits]

**torpe** *adj* **1** (*poco hábil*) clumsy **2** (*zoquete*) slow

**torpedo** *nm* torpedo [*pl* torpedoes]

**torpeza** *nf* **1** (*falta de habilidad*) clumsiness **2** (*lentitud*) slowness

**torrar(se)** *vt, vpr* to roast

**torre** *nf* **1** tower **2** (*electricidad*) tower, pylon (*GB*) **3** (*telecomunicaciones*) antenna, mast (*GB*) **4** (*Ajedrez*) rook LOC **torre de vigilancia** watch tower

**torrencial** *adj* torrential: *lluvias ~es* torrential rain

**torrente** *nm* (*río*) torrent

**torso** *nm* torso [*pl* torsos]

**torta** *nf* large sandwich LOC **torta de papa** potato patty [*pl* potato patties]

**tortazo** *nm* smack

**tortícolis** *nm o nf* crick in your neck: *Me dio ~.* I have a crick in my neck.

**tortilla** *nf* tortilla

**tortuga** *nf* **1** (*de tierra*) tortoise **2** (*de mar*) turtle LOC **ir más despacio/lento que una tortuga** to go at a snail's pace *Ver tb* CUELLO, PASO

**tortura** *nf* torture: *métodos de ~* methods of torture

**torturar** *vt* to torture

**tos** *nf* cough: *El humo del tabaco me produce ~.* Cigarette smoke makes me cough. LOC **armarla/hacerla de tos** to make things difficult: *Ya no la hagas de ~. Cálmate.* Don't make things difficult. Calm down.

**toser** *vi* to cough

**tostada** *nf* tostada, fried tortilla

**tostador** *nm* toaster

**tostar** *vt* **1** (*pan, frutos secos*) to toast **2** (*café*) to roast **3** (*piel*) to tan LOC *Ver* PAN

**total** *adj, nm* total
▶ *adv* so: *Total, que reprobaste.* So you failed. ◊ *Total, que los agarraron desprevenidos.* To cut a long story short, they caught them by surprise. LOC **en total** altogether: *Somos diez en ~.* There are ten of us altogether.

**tóxico, -a** *adj* toxic

**toxicómano, -a** *nm-nf* drug addict

**trabajador, -ora** *adj* hard-working
▶ *nm-nf* worker: *~es calificados/no calificados* skilled/unskilled workers

**trabajar** *vt, vi* to work: *~ la tierra* to work the land ◊ *Trabaja para una compañía inglesa.* She works for an English company. ◊ *Nunca he trabajado de profesora.* I've never worked as a teacher. ◊ *¿En qué trabaja tu hermana?* What does your sister do? LOC *Ver* MATAR

**trabajo** *nm* **1** (*actividad*) work [*incontable*]: *Tengo mucho ~.* I have a lot of work to do. ◊ *Debes ponerte al día con el ~ atrasado.* You must get up to date with your work. ◊ *Me dieron la noticia en el ~.* I heard the news at work. **2** (*empleo*) job: *dar (un) ~ a algn* to give sb a job ◊ *un ~ bien pagado* a well-paid job ◊ *quedarse sin ~* to lose your job ➔ *Ver nota en* WORK **3** (*en el colegio*) project: *hacer un ~ sobre el medio ambiente* to do a project on the environment LOC **costar/dar trabajo**: *Me cuesta ~ madrugar.* I find it hard to get up early. ◊ *Este vestido me dio mucho ~.* This dress was a lot of work. **estar sin trabajo** to be out of work **trabajo de/en equipo** teamwork [*incontable*] **trabajos forzados** hard labor [*incontable*] **trabajos manuales** arts and crafts *Ver tb* BOLSA

**trabalenguas** *nm* tongue-twister

**tractor** *nm* tractor

**tradición** *nf* tradition: *seguir una ~ familiar* to follow a family tradition

**tradicional** *adj* traditional

**traducción** *nf* translation (*from sth*) (*into sth*): hacer una ~ *del español al ruso* to do a translation from Spanish into Russian

**traducir** *vt, vi* to translate (*from sth*) (*into sth*): ~ *un libro del francés al inglés* to translate a book from French into English ➔ *Ver nota en* INTERPRET

**traductor, -ora** *nm-nf* translator

**traer** *vt* **1** to bring: *¿Qué quieres que te traiga?* What shall I bring you? ➔ *Ver dibujo en* TAKE **2** (*causar*) to cause: *El nuevo sistema nos va a ~ problemas.* The new system is going to cause problems.
▸ **traerse** *vpr* to bring *sth/sb* (with you): *Tráete una almohada.* Bring a pillow with you. LOC **traerse algo (entre manos)** to be up to sth: *¿Qué te traes entre manos?* What are you up to? *Ver tb* CUENTA

**traficante** *nmf* dealer: *un ~ de armas* an arms dealer

**traficar** *vi* ~ **con/en** to deal in *sth*: *Traficaban con drogas.* They dealt in drugs.

**tráfico** *nm* **1** traffic: *Hay mucho ~ en el centro.* There's a lot of traffic in the downtown. **2** (*de drogas, armas, etc.*) trafficking

**tragamonedas** *adj* LOC *Ver* MÁQUINA

**tragar** *vt, vi* **1** (*ingerir*) to swallow: *Me duele la garganta al ~.* My throat hurts when I swallow. **2** (*soportar*) to put up with *sth*: *No sé cómo puedes ~ tanto.* I don't know how you put up with it. **3** (*comer*) to eat a lot, to stuff yourself (*más coloq*)
▸ **tragarse** *vpr* to swallow: *Me tragué un hueso de aceituna.* I swallowed an olive pit. ◇ *~se el orgullo* to swallow your pride ◇ *Se tragó lo del ascenso de Miguel.* He's swallowed the story about Miguel's promotion. ◇ *~se un libro/una película* to get through a book/to sit through a movie

**tragedia** *nf* tragedy [*pl* tragedies]

**trágico, -a** *adj* tragic

**trago** *nm* **1** drink: *un ~ de agua* a drink of water **2** (*disgusto*) shock LOC **beberse algo de (un) trago** to drink sth in one go

**traición** *nf* **1** (*deslealtad*) betrayal: *cometer ~ contra tus amigos* to betray your friends **2** (*contra el Estado*) treason: *Lo juzgarán por alta ~.* He will be tried for high treason. LOC **a traición**: *Le dispararon a ~.* They shot him in the back. ◇ *Lo hicieron a ~.* They went behind his back.

**traicionar** *vt* **1** to betray: *~ a un compañero/una causa* to betray a friend/cause

**2** (*nervios*) to let *sb* down: *Los nervios me traicionaron.* My nerves let me down.

**traidor, -ora** *nm-nf* traitor

**tráiler** *nm* **1** (*casa rodante*) camper, caravan (GB) ➔ *Ver dibujo en* CAMPER **2** (*camión*) trailer

**trailero, -a** *nm-nf* truck driver

**traje** *nm* **1** (*de dos piezas*) suit: *Juan lleva un ~ muy elegante.* Juan is wearing a very sharp suit. **2** (*de un país, de una región*) dress [*incontable*]: *Me encanta el ~ típico poblano.* I love Puebla's regional dress. LOC **traje de baño 1** (*de hombre*) swimming trunks [*pl*] ➔ *Ver nota en* PANTALÓN **2** (*de mujer*) swimsuit **traje de noche** evening wear [*incontable*]: *Me compré un ~ de noche.* I bought an evening dress. **traje espacial** spacesuit

**trama** *nf* plot

**tramar** *vt* to plot: *Sé que están tramando algo.* I know they're up to something.

**tramitar** *vt* to process

**trámite** *nm* procedure [*incontable*]: *Cumplió con los ~s habituales.* He followed the usual procedure. LOC **en trámite(s) de** in the process of *doing sth*: *Estamos en ~s de divorcio.* We're in the process of getting a divorce.

**tramo** *nm* **1** (*carretera*) stretch **2** (*escalera*) flight

**trampa** *nf* **1** trap: *caer en una ~* to fall into a trap ◇ *tenderle una ~ a algn* to set a trap for sb **2** (*en un juego*) cheating [*incontable*]: *Una ~ más y estás eliminado.* Any more cheating and you're out of the game. ◇ *Eso es ~.* That's cheating. LOC **hacer trampa(s)** to cheat: *Siempre haces ~s.* You always cheat.

**trampilla** *nf* trapdoor

**trampolín** *nm* **1** (*Gimnasia*) springboard **2** (*Natación*) diving board: *tirarse del ~* to dive from the board

**tramposo, -a** *adj, nm-nf* cheater, cheat (GB): *No seas tan ~.* Don't be such a cheater.

**trancazo** *nm* blow LOC **de trancazo** all of a sudden

**tranquilidad** *nf* **1** (*atmósfera*) calm: *un ambiente de ~* an atmosphere of calm ◇ *la ~ del campo* the peace and quiet of the countryside ◇ *¡Qué ~, no tener que trabajar!* What a relief, no work! **2** (*mental*) peace of mind: *Para tu ~, te diré que es cierto.* For your peace of mind, I can tell you it is true.

**tranquilizante** *nm* (*medicamento*) tranquilizer

**tranquilizar** *vt* **1** (*calmar*) to calm *sb* down: *No consiguió ~la.* He couldn't

T

calm her down. **2** (*aliviar*) to reassure: *Las noticias lo tranquilizaron.* The news reassured him.
▸ **tranquilizarse** *vpr* to calm down: *Tranquilízate, que pronto llegarán.* Calm down, they'll soon be here.

**tranquilo, -a** *adj* **1** calm: *Es una mujer muy tranquila.* She's a very calm person. ◇ *El mar está* ~. The sea is calm. **2** (*lento*) laid-back: *Es tan* ~ *que me pone nerviosa.* He's so laid-back he makes me nervous. **3** (*apacible*) quiet: *Vivo en una zona tranquila.* I live in a quiet area. **LOC** **tan tranquilo** not upset: *Reprobó y se quedó tan tranquila.* She failed, but she didn't seem upset about it. *Ver tb* CONCIENCIA

**transatlántico** *nm* (ocean) liner

**transbordo** *nm* **LOC** **hacer transbordo** to change: *Tuvimos que hacer dos* ~*s.* We had to change twice.

**transcripción** *nf* transcription: *una* ~ *fonética* a phonetic transcription

**transcurrir** *vi* **1** (*tiempo*) to pass: *Han transcurrido dos días desde su partida.* Two days have passed since he left. **2** (*ocurrir*) to take place

**transeúnte** *nmf* passer-by [*pl* passers-by]

**transferencia** *nf* transfer **LOC** **transferencia bancaria** credit transfer

**transferir** *vt* to transfer

**transformador** *nm* transformer

**transformar** *vt* to transform *sth/sb* (*into sth*): ~ *un lugar/a una persona* to transform a place/person
▸ **transformarse** *vpr* **transformarse en** to turn into *sth/sb*: *La rana se transformó en príncipe.* The frog turned into a prince.

**transfusión** *nf* transfusion: *Le hicieron dos transfusiones (de sangre).* He was given two (blood) transfusions.

**transición** *nf* transition

**transistor** *nm* (transistor) radio

**transitivo, -a** *adj* transitive

**tránsito** *nf* traffic **LOC** *Ver* POLICÍA

**transmitir** *vt* **1** to transmit: ~ *una enfermedad* to transmit a disease **2** (*información*) to pass *sth* on: *Les transmitimos la noticia.* We passed the news on to them.
▸ *vt, vi* (*programa*) to broadcast: ~ *un partido* to broadcast a match

**transparentar(se)** *vi, vpr*: *Esa tela (se) transparenta demasiado.* That material is really see-through. ◇ *Con esa falda se*

te transparentan las piernas. You can see your legs through that skirt.

**transparente** *adj* **1** (*cristal, agua, papel, persona*) transparent: *El cristal es* ~. Glass is transparent. **2** (*ropa*) see-through: *una blusa* ~ a see-through blouse ◇ *Es demasiado* ~. You can see right through it.

**transportar** *vt* to carry

**transporte** *nm* transportation: ~ *público/escolar* public/school transportation ◇ *El* ~ *marítimo es más barato que el aéreo.* Sending goods by sea is cheaper than by air.

**transportista** *nmf* carrier

**transversal** *adj* transverse: *eje* ~ transverse axis ◇ *Insurgentes es* ~ *a Reforma.* Insurgentes crosses Reforma. **LOC** *Ver* SECCIÓN

**tranvía** *nm* streetcar, tram (*GB*)

**trapeador** *nm* (floor) mop

**trapear** *vt, vi* to mop (the floor)

**trapecio** *nm* **1** (*circo*) trapeze **2** (*Geom*) trapezoid

**trapecista** *nmf* trapeze artist

**trapo** *nm* **1** (*limpieza*) cloth **2** **trapos** (*ropa*) clothes **LOC** **sacar (a relucir) los trapos sucios** to wash your dirty linen in public **trapo viejo** old rag *Ver tb* COCINA

**tráquea** *nf* windpipe, trachea [*pl* tracheas/tracheae] (*más formal*)

**tras** *prep* **1** (*después de*) after: *día* ~ *día* day after day **2** (*detrás de*) behind: *La puerta se cerró* ~ *ella.* The door closed behind her. **3** (*más allá de*) beyond: *Tras las montañas está el mar.* Beyond the mountains is the sea. **LOC** **andar/estar/ir tras algo/algn** to be after *sth/sb*

**trasatlántico** *nm Ver* TRANSATLÁNTICO

**trasbordo** *nm Ver* TRANSBORDO

**trascripción** *nf Ver* TRANSCRIPCIÓN

**trascurrir** *vi Ver* TRANSCURRIR

**trasero, -a** *adj* back: *la puerta trasera* the back door
▸ *nm* bottom, butt (*coloq*)

**trasladar** *vt* **1** to move: *Trasladaron todas mis cosas al otro despacho.* They moved all my things to the other office. **2** (*destinar*) to transfer: *Lo trasladaron al servicio de inteligencia.* He's been transferred to the intelligence service.
▸ **trasladarse** *vpr* to move: *Nos trasladamos al número tres.* We moved to number three.

**traslado** *nm* **1** (*mudanza, desplazamiento*) move **2** (*cambio de destino*) transfer

**traslucir** *vt* to reveal

**trasluz** *nm* **LOC** **al trasluz** against the light: *mirar los negativos al* ~ to look at the negatives against the light

**trasnochar** *vi* to stay up late

**traspapelarse** *vpr* to be mislaid

**traspasar** *vt* **1** (*atravesar*) to go through sth: *~ la barrera del sonido* to go through the sound barrier **2** (*líquido*) to soak **3** (*negocio*) to sell

**traspié** *nm* LOC **dar un traspié** to trip

**trasplantar** *vt* to transplant

**trasplante** *nm* transplant

**traste** *nm* dish LOC **trastes de cocina** pots and pans: *No dejes los ~s sin fregar.* Don't forget to do the pots and pans. ➜ *Ver dibujo en* POT; *Ver tb* LAVADORA, LAVAR

**trasto** *nm* (*cosa*) junk [*incontable*]: *Tienes la habitación llena de ~s.* Your room is full of junk.

**trastornar** *vt* **1** (*alterar*) to upset: *La huelga ha trastornado todos mis planes.* The strike has upset all my plans. **2** (*volver loco*) to drive sb out of their mind

▸ **trastornarse** *vpr* **1** (*persona*) to go crazy **2** (*planes*) to be upset

**trastorno** *nm* **1** (*Med*) disorder: *un ~ alimenticio* an eating disorder **2** (*molestia*) disruption [*incontable*]: *los ~s ocasionados por la huelga* the disruption caused by the strike

**tratado** *nm* (*Pol*) treaty [*pl* treaties]

**tratamiento** *nm* **1** treatment: *un ~ contra la celulitis* treatment for cellulite **2** (*Informát*) processing

**tratar** *vt* **1** to treat: *Nos gusta que nos traten bien.* We like people to treat us well. **2** (*discutir*) to deal with sth: *Trataremos estas cuestiones mañana.* We will deal with these matters tomorrow.

▸ *vi* **1** ~ **de/sobre** to be about sth: *¿De qué trata la película?* What's the movie about? ◊ *El libro trata sobre el mundo del espectáculo.* The book is about show business. **2** ~ **con** to deal with sb/sth: *No trato con ese tipo de gente.* I don't have any dealings with people like that. **3** ~ **de** to try to do sth: *Trata de llegar a tiempo.* Try to/and get there on time. ➜ *Ver nota en* TRY

▸ **tratarse** *vpr* **tratarse de** to be about sth/sb/doing sth: *Se trata de tu hermano.* It's about your brother. ◊ *Se trata de aprender, no de aprobar.* It's about learning, not just passing. LOC **tratar a algn de tú/usted** to be on first-name/formal terms with sb

**trato** *nm* **1** (*tratamiento*) treatment: *el mismo ~ para todos* the same treatment for everyone **2** (*relación*): *Debemos mejorar nuestro ~ con los vecinos.* We must try to get along with our neighbors

a little better. ◊ *Nuestro ~ no es muy bueno.* We don't get along very well. **3** (*acuerdo*) deal: *hacer/cerrar un ~* to make/close a deal LOC **malos tratos** mistreatment [*incontable*]: *Sufrieron malos ~s en la cárcel.* They were subjected to mistreatment in prison. **tener/no tener trato con algn** to see/not to see sb: *No tengo demasiado ~ con ellos.* I don't see much of them. **trato hecho** it's a deal

**trauma** *nm* trauma

**través** LOC **a través de** through: *Corría a ~ del bosque.* He was running through the wood. ◊ *Huyeron a ~ del parque/de los campos.* They ran across the park/fields.

**travesti** (*tb* **travestí**) *nmf* transvestite

**travesura** *nf* prank LOC **hacer travesuras** to play pranks

**travieso, -a** *adj* naughty

**trayecto** *nm* route, trip (*más coloq*): *Es muy largo el ~ del DF a Cancún.* The trip from Mexico City to Cancún is very long.

**trayectoria** *nf* trajectory [*pl* trajectories]

**trazar** *vt* **1** (*línea, plano*) to draw **2** (*plan, proyecto*) to draw sth up, to devise (*más formal*): *~ un plan* to draw up a plan

**trébol** *nm* **1** (*Bot*) clover **2** **tréboles** (*Naipes*) clubs ➜ *Ver nota en* BARAJA

**trece** *nm, adj, pron* **1** thirteen **2** (*fecha*) thirteenth ➜ *Ver ejemplos en* ONCE *y* SEIS LOC *Ver* MARTES

**treceavo, -a** *adj, nm* thirteenth ✪ Para *catorceavo, quinceavo*, etc., ver pág 678

**trecho** *nm* stretch: *un ~ peligroso* a dangerous stretch of road

**tregua** *nf* truce: *romper una ~* to break a truce

**treinta** *nm, adj, pron* **1** thirty **2** (*trigésimo*) thirtieth ➜ *Ver ejemplos en* SESENTA

**tremendo, -a** *adj* **1** (*algo negativo*) terrible: *un disgusto/dolor ~* a terrible blow/pain **2** (*positivo*) tremendous: *El niño tiene una fuerza tremenda.* That child is tremendously strong. ◊ *Tuvo un éxito ~.* It was a tremendous success.

**tren** *nm* train: *tomar/perder el ~* to catch/miss the train ◊ *Fui a Londres en ~.* I went to London by train. LOC **tren correo/de mercancías** mail/freight train **tren de aterrizaje** undercarriage **tren de vida** lifestyle

**trenza** *nf* braid, plait (*GB*): *Házte una ~.* Braid your hair.

**T**

**trepar** vi to climb sth: ~ a un árbol to climb (up) a tree

**tres** nm, adj, pron **1** three **2** (fecha) third ➔ Ver ejemplos en SEIS LOC Ver CADA

**trescientos, -as** adj, pron, nm three hundred ➔ Ver ejemplos en SEISCIENTOS

**triangular** adj triangular

**triángulo** nm triangle LOC **triángulo equilátero/escaleno/isósceles** equilateral/scalene/isosceles triangle **triángulo rectángulo** right triangle, right-angled triangle (GB)

**tribu** nf tribe

**tribuna** nf bleachers [pl], terraces [pl] (GB): Montaron una ~. They've put up bleachers. ◊ Tenemos entradas de ~. We have bleacher tickets.

**tribunal** nm court: comparecer ante el ~ to appear before the court LOC **llevar a los tribunales** to take sth/sb to court

**triciclo** nm tricycle, trike (coloq)

**trigo** nm wheat

**trigonometría** nf trigonometry

**trillar** vt to thresh

**trillizos, -as** nm-nf triplets

**trimestral** adj quarterly: revistas/facturas ~es quarterly magazines/bills

**trimestre** nm **1** (periodo de tres meses) quarter **2** (Educ) term

**trinar** vi (pájaro) to sing

**trinchera** nf **1** (foso) trench **2** (prenda) trench coat

**trineo** nm **1** sled **2** (tirado por animales) sleigh: Santa Claus viaja siempre en ~. Santa Claus always travels by sleigh.

**trinidad** nf trinity

**trino** nm trill

**trío** nm trio [pl trios]

**tripa** nf **1** (intestino) gut **2** (vientre) stomach, tummy [pl tummies] (coloq): tener dolor de ~ to have a tummy ache **3** (barriga) belly [pl bellies]

**triple** adj triple: ~ salto triple jump
▶ nm three times: Nueve es el ~ de tres. Nine is three times three. ◊ Este es el ~ de grande que el otro. This one's three times bigger than the other one. ◊ Gana el ~ que yo. He earns three times as much as me.

**triplicado, -a** adj LOC **por triplicado** in triplicate Ver tb TRIPLICAR(SE)

**triplicar(se)** vt, vpr to treble

**tripulación** nf crew

**tripular** vt **1** (barco) to sail **2** (avión) to fly

**triste** adj **1** (persona) sad: estar/sentirse ~ to be/feel sad **2** (lugar, ambiente) gloomy: un paisaje/una habitación ~ a gloomy landscape/room

**tristeza** nf **1** (de persona) sadness **2** (de lugar) gloominess

**triturar** vt **1** (carne) to mince **2** (cosas duras) to crush **3** (papel) to shred

**triunfal** adj **1** (arco, entrada) triumphal **2** (gesto, regreso) triumphant

**triunfar** vi **1** (tener éxito) to succeed: ~ en la vida to succeed in life ◊ Esta canción va a ~ en el extranjero. This song will do well abroad. **2** ~ (en) (ganar) to win: ~ a cualquier precio to win at any price **3** ~ (sobre) to triumph (over sth/sb): Triunfaron sobre sus enemigos. They triumphed over their enemies.

**triunfo** nm **1** (Pol, Mil, Dep) victory [pl victories] **2** (logro personal, proeza) triumph: un ~ de la ingeniería a triumph of engineering **3** (Mús, éxito) hit: sus últimos ~s cinematográficos his latest box-office hits **4** (Naipes) trump

**trivial** adj trivial

**trivialidad** nf **1** (cosa trivial) triviality [pl trivialities] **2** (comentario) trite remark: decir ~es to make trite remarks

**triza** nf LOC **hacer trizas 1** (cristal, etc.) to shatter **2** (papel, tela) to tear sth to shreds **3** (persona): Terminé hecho ~s. I was worn out by the end.

**trofeo** nm trophy [pl trophies]

**tromba** nf LOC **tromba (de agua)** downpour: Ayer cayó una buena ~. It really poured down yesterday.

**trombón** nm (instrumento) trombone

**trompa** nf (Zool) **1** (elefante) trunk **2** (insecto) proboscis [pl proboscises/probosces]

**trompeta** nf (instrumento) trumpet

**tronar** v imp to thunder: ¡Está tronando! It's thundering!
▶ vt, vi to fail: Vas a ~ mate. You're going to fail math.

**tronco** nm **1** (árbol, Anat) trunk **2** (leño) log LOC Ver DORMIR

**trono** nm throne: subir al ~ to come to the throne ◊ el heredero del ~ the heir to the throne

**tropa** nf troop

**tropezar(se)** vi, vpr **tropezar(se) (con) 1** (caerse) to trip (over sth): ~ con una raíz to trip over a root **2** (encontrarse por algn) to bump into sb: Me tropecé con él ayer. I bumped into him yesterday. **3** (problemas) to come up against sth: Tropezamos con serias dificultades. We've come up against serious difficulties.

**tropezón** nm (traspié) stumble

**tropical** adj tropical

**trópico** *nm* tropic: *el ~ de Cáncer/Capricornio* the tropic of Cancer/Capricorn

**trotar** *vi* **1** (*caballo*) to trot **2** (*persona*) to jog: *Le dimos dos vueltas al parque trotando.* We jogged around the park twice.

**trote** *nm* **1** (*caballo, etc.*) trot: *ir al ~* to go at a trot **2** (*actividad intensa*): *Tanto ~ acabará conmigo.* All this rushing around will finish me off. **LOC no estar para muchos/esos trotes**: *Ya no estoy para esos ~s.* I'm not up to it any more.

**trozar** *vt* to cut *sth* up

**trozo** *nm* piece: *un ~ de pan* a piece of bread ◊ *Corta la carne en ~s.* Cut the meat into pieces.

**trucha** *nf* trout [*pl* trout] **LOC ¡ponte trucha!** watch out!

**truco** *nm* trick **LOC tener truco** to have a catch: *Esa oferta tiene ~.* There's a catch to that offer. *Ver tb* AGARRAR

**trueno** *nm* thunder [*incontable*]: *¿No oíste un ~?* Wasn't that a clap of thunder? ◊ *Ya pararon los truenos.* The thunder's stopped. ◊ *rayos y ~s* thunder and lightning

**trufa** *nf* truffle

**tu** *adj* your: *tus libros* your books

**tu** *pron* you: *¿Eres tú?* Is that you? **LOC** *Ver* YO

**tuberculosis** *nf* tuberculosis (*abrev* TB)

**tubería** *nf* pipe: *Se rompió una ~.* A pipe has burst.

**tubo** *nm* **1** (*de conducción*) pipe **2** (*recipiente*) tube: *un ~ de pasta de dientes* a tube of toothpaste ➔ *Ver dibujo en* CONTAINER

**tuerca** *nf* nut

**tuerto, -a** *adj* one-eyed **LOC ser tuerto** to be blind in one eye

**tugurio** *nm* **1** (*choza*) hovel **2** (*bar*) dive

**tulipán** *nm* tulip

**tumba** *nf* **1** grave **2** (*mausoleo*) tomb: *la ~ de Marx* Marx's tomb

**tumbar** *vt* **1** (*objeto*) to knock *sth* over **2** (*persona*) to knock *sb* down: *Me tumbó de un guantazo.* He knocked me down.
▸ **tumbarse** *vpr* to lie down: *Se tumbó unos minutos.* He lay down a few minutes. ➔ *Ver nota en* LIE²

**tumbo** *nm* **LOC dar tumbos 1** (*tambalearse*) to stagger **2** (*tener dificultades*) to lurch from one crisis to another

**tumbona** *nf* (*de playa, alberca*) sunlounger

**tumor** *nm* tumor: *~ benigno/cerebral* benign/brain tumor

**tumulto** *nm* (*multitud*) crowd

**tuna** *nf* prickly pear

**túnel** *nm* tunnel: *pasar por un ~* to go through a tunnel

**tupido, -a** *adj* **1** (*vegetación*) dense **2** (*tela*) densely woven

**turbante** *nm* turban

**turbio, -a** *adj* **1** (*líquido*) cloudy **2** (*asunto*) shady

**turismo** *nm* **1** (*industria*) tourism **2** (*turistas*) tourists [*pl*]: *un 40% del ~ que visita nuestra zona* 40% of the tourists visiting our area **LOC hacer turismo 1** (*por un país*) to tour: *hacer ~ por África* to tour Africa **2** (*por una ciudad*) to go sightseeing *Ver tb* OFICINA

**turista** *nmf* tourist

**turístico, -a** *adj* **1** tourist: *una atracción turística* a tourist attraction ◊ *el sector ~* the tourist industry **2** (*con muchos turistas*) popular with tourists: *Este pueblo es demasiado ~ para mi gusto.* This village is too popular with tourists for my liking. ◊ *La zona no es muy turística.* Not many tourists visit the area. **3** (*empresa, guía*) tour: *un guía ~* a tour guide

**turnarse** *vpr* **~ (con) (para)** to take turns (with *sb*) (doing *sth*): *Nos turnamos para hacer la limpieza de la casa.* We take turns doing the housework.

**turno** *nm* **1** (*orden*) turn: *Espera tu ~ en la cola.* Wait your turn in line. **2** (*trabajo*) shift: *~ de día/noche* day/night shift **LOC estar de turno** to be on duty

**turquesa** *nf* **LOC** *Ver* AZUL

**turrón** *nm* Spanish nougat [*incontable*]

**tutear(se)** *vt, vpr* to be on first-name terms (with *sb*)

**tutor, -ora** *nm-nf* **1** (*Jur*) guardian **2** (*profesor*) tutor

**tuyo, -a** *adj, pron* yours: *Esos zapatos no son ~s.* Those shoes aren't yours. ◊ *No es asunto ~.* That's none of your business.

Nótese que *un amigo tuyo* se traduce por "a friend of yours" porque significa *uno de tus amigos.*

# U u

**u** *conj* or

**UCI** *nf* LOC *Ver* UNIDAD

**¡uf!** *interj* **1** (*alivio, cansancio, sofoco*) phew: *¡Uf, qué calor!* Phew, it's hot! **2** (*asco*) ugh: *¡Uf, qué mal huele!* Ugh, what an awful smell!

**úlcera** *nf* ulcer

**últimamente** *adv* lately

**ultimátum** *nm* ultimatum [*pl* ultimatums]

**último, -a** *adj* **1** last: *el ~ episodio* the last episode ◊ *estos ~s días* the last few days ◊ *Te lo digo por última vez.* I'm telling you for the last time. **2** (*más reciente*) latest: *ir a la última moda* to wear the latest fashion ◊ *lo ~ en tecnología* the latest technology

> **Last** se refiere al último de una serie que ya terminó: *el último álbum de John Lennon* John Lennon's last album, y **latest** al último de una serie que podría aún continuar: *el último CD de Shakira* Shakira's latest CD.

**3** (*más alto*) top: *en el ~ piso* on the top floor **4** (*más bajo*) bottom: *Están en última posición de la liga.* They're at the bottom of the league. ▸ *nm-nf* **1** last (one): *Fuimos los ~s en llegar.* We were the last (ones) to arrive. **2** (*mencionado en último lugar*) latter LOC **a última hora 1** (*en último momento*) at the last moment **2** (*al final del día*) late: *a última hora de la tarde de ayer* late yesterday evening ◊ *a última hora del martes* late last Tuesday **a últimos de mes** at the end of the month **ir/vestir a la última** to be fashionably dressed *Ver tb* PALABRA

**ultraderecha** *nf* (*Pol*) extreme right

**ultrasonido** *nm* (*Med*) scan

**umbilical** *adj* LOC *Ver* CORDÓN

**umbral** *nm* threshold: *en el ~ del nuevo siglo* on the threshold of the new century

**un, una** *art* a, an ❶

> La forma **an** se emplea delante de sonido vocálico: *un árbol* a tree ◊ *un brazo* an arm ◊ *una hora* an hour. En plural se utiliza **some**, o, en algunos casos, se omite el artículo por completo: *Necesito unos*

*zapatos nuevos.* I need some new shoes. ◊ *Ya que vas, compra unos plátanos.* Get some bananas while you're there. ◊ *Tienes unos ojos preciosos.* You have beautiful eyes. ◊ *Tengo unos amigos maravillosos.* I have wonderful friends.

▸ *adj Ver* UNO

**unánime** *adj* unanimous

**unanimidad** *nf* unanimity LOC **por unanimidad** unanimously

**undécimo, -a** *adj, pron, nm-nf* eleventh

**único, -a** *adj* **1** (*solo*) only: *la única excepción* the only exception **2** (*excepcional*) extraordinary: *una mujer única* an extraordinary woman **3** (*sin igual*) unique: *una obra de arte única* a unique work of art ▸ *nm-nf* only one: *Es la única que sabe nadar.* She's the only one who can swim. LOC **lo único** the only thing: *Lo ~ que me importa es…* The only thing that matters to me is… *Ver tb* HIJO, MERCADO

**unidad** *nf* **1** unit: *~ de medida* unit of measurement **2** (*unión*) unity: *falta de ~* lack of unity LOC **Unidad de Cuidados Intensivos (UCI)** intensive care unit (*abrev* ICU)

**unido, -a** *adj* **1** (*relaciones personales*) close: *una familia muy unida* a very close family ◊ *Están muy ~s.* They're very close. **2** (*con un objetivo común*) together: *Tenemos que mantenernos ~s.* We have to work together. LOC *Ver* ESTADO, ORGANIZACIÓN, REINO; *Ver tb* UNIR

**unificar** *vt* to unify

**uniforme** *adj* **1** (*igual*) uniform: *de tamaño ~* of uniform size **2** (*superficie*) even ▸ *nm* uniform LOC **con/de uniforme**: *soldados de ~* uniformed soldiers ◊ *alumnos con ~* children in school uniform

**unión** *nf* **1** (*asociación, relación, matrimonio*) union: *la ~ monetaria* monetary union **2** (*unidad*) unity: *La ~ es nuestra mejor arma.* Unity is our best weapon. **3** (*acción*) joining (together): *la ~ de las dos partes* the joining together of the two parts LOC **Unión Europea (UE)** European Union (*abrev* EU)

**unir** *vt* **1** (*intereses, personas*) to unite: *los objetivos que nos unen* the aims that unite us **2** (*piezas, objetos*) to join **3** (*carretera, ferrocarril*) to link ▸ **unirse** *vpr* **1** unirse a to join *sth*: *Se unieron al grupo.* They joined the group. **2** (*juntar fuerzas*) to unite, to come together (*más coloq*): *El pueblo se unió en contra de las reformas.* The people united against the reforms.

**universal** *adj* **1** (*siempre vigente*) universal: *Provocan condena ~.* They arouse universal condemnation. **2** (*mundial*) world: *historia ~* world history ◇ *un artista de fama ~* a world-famous artist **LOC** *Ver* DILUVIO

**universidad** *nf* university [*pl* universities]

En Estados Unidos es más común la palabra **college**: *ir a la ~* to go to college, y **university** se utiliza para una universidad donde se pueden realizar estudios de posgrado. En Gran Bretaña, la palabra más normal es **university**, y la palabra **college** se suele usar para cursos de formación profesional.

**universo** *nm* universe

**uno, -a** *adj* **1** (*cantidad*) one: *Dije un kilo, no dos.* I said one kilogram, not two. **2** (*fecha*) first: *el día ~ de mayo* the first of May **3** *unos* (*aproximadamente*): *~s quince días* about two weeks ◇ *Sólo estaré ~s días.* I'll only be there a few days. ◇ *Tendrá ~s 50 años.* He must be about 50.
▸ *pron* **1** one: *No tenía corbata y le presté una.* He didn't have a tie, so I lent him one. **2** [*uso impersonal*] you, one (*formal*): *Uno no sabe a qué atenerse.* You don't know what to think, do you? **3** *unos*: *A ~s les gusta y a otros no.* Some (people) like it; some don't.
▸ *nm* uno: ~, *dos, tres* one, two, three **ⓘ** *Para más información sobre el uso del numeral* **uno***, ver ejemplos en* SEIS. **LOC** ¡a la una, a las dos y a las tres! ready, set, go!, ready, steady, go! (*GB*) **de uno en uno** one by one: *Mételos de ~ en ~.* Put them in one by one. **es la una** it's one o'clock **(los) unos a (los) otros** each other, one another: *Se ayudaban (los) ~s a (los) otros.* They helped each other. ➔ *Ver nota en* EACH OTHER

**untar** *vt* **1** (*extender*) to spread *sth* on *sth*: *~ las tostadas con/de mermelada* to spread jam on toast **2** (*en salsa*) to dip: *~ papas fritas con catsup* to dip fries in ketchup **LOC** **untar con aceite/grasa** to grease: *~ un molde con aceite* to grease a tin

**uña** *nf* **1** (*mano*) (finger)nail: *morderse las ~s* to bite your nails **2** (*pie*) toenail **LOC** **ser uña y carne** to be inseparable *Ver tb* CEPILLO, ESMALTE

**uranio** *nm* uranium

**Urano** *nm* Uranus

**urbanización** *nf* (urban) development, town planning (*GB*)

**urbano, -a** *adj* urban

**urgencia** *nf* **1** (*emergencia, caso urgente*) emergency [*pl* emergencies]: *en caso de ~* in case of emergency **2** *urgencias* (*en un hospital*) emergency room (*abrev* ER), accident and emergency (*abrev* A & E) (*GB*)

**urgente** *adj* **1** urgent: *un pedido/trabajo ~* an urgent order/job **2** (*correo*) express

**urna** *nf* **1** (*cenizas*) urn **2** (*Pol*) ballot box

**urraca** *nf* magpie

**usado, -a** *adj* **1** (*de segunda mano*) second-hand: *ropa usada* second-hand clothes **2** (*desgastado*) worn out: *unos zapatos ~s* worn-out shoes ➔ *Ver nota en* WELL BEHAVED; *Ver tb* USAR

**usar** *vt* **1** (*utilizar*) to use: *Uso mucho la computadora.* I use the computer a lot. **2** (*ponerse*) to wear: *¿Qué colonia usas?* What cologne do you wear?

**uso** *nm* use: *instrucciones de ~* instructions for use **LOC** **de uso externo/tópico** (*pomada, etc.*) for external application

**usted** *pron* you: *Todo se lo debo a ~es.* I owe it all to you.

**usuario, -a** *nm-nf* user

**utensilio** *nm* **1** (*herramienta*) tool **2** (*Cocina*) utensil ➔ *Ver dibujo en* POT

**útero** *nm* womb

**útil** *adj* useful
▸ *útiles* *nmpl* supplies: *~es escolares* school supplies

**utilidad** *nf* usefulness **LOC** **ser de/tener mucha utilidad** to be very useful

**utilizar** *vt* to use

**utopía** *nf* utopia

**uva** *nf* grape

**U**

# V v

**vaca** nf **1** (animal) cow **2** (carne) beef
➲ Ver nota en CARNE

**vacación** (tb **vacaciones**) nf vacation,
holiday (GB) LOC **estar/ir(se) de vacaciones** to be/go on vacation, to be/go on
holiday (GB)

**vacacionista** nmf vacationer, holidaymaker (GB)

**vaciar** vt **1** (dejar vacío) to empty sth (out)
(into sth): Vaciemos esta caja. Let's
empty (out) that box. **2** (despejar) to
clear sth (of sth): Quiero que vacíes tu
cuarto de tiliches. I want you to clear
your room of junk.

**vacilar** vt (tomar el pelo) to tease: Te estoy
vacilando. I'm just teasing.
▶ vi (dudar) to hesitate

**vacío, -a** adj empty: una caja/casa vacía
an empty box/house
▶ nm **1** (Fís, Pol) vacuum **2** (sensación)
emptiness, void (formal): Su muerte dejó
un gran ~ en mi vida. Her death left a
great void in my life. LOC Ver ENVASADO

**vacuna** nf vaccine: la ~ contra la polio
the polio vaccine

**vacunar** vt to vaccinate sth/sb (against
sth): Tenemos que ~ al perro contra la
rabia. We have to get the dog vaccinated
against rabies.

**vacuno, -a** adj LOC Ver GANADO

**vado** nm (de un río) ford

**vagabundo, -a** adj **1** (persona) wandering **2** (animal) stray
▶ nm-nf tramp

**vagar** vi to wander: Pasaron toda la
noche vagando por las calles de la
ciudad. They spent all night wandering
the city streets.

**vagina** nf vagina

**vago, -a** adj **1** (perezoso) lazy **2** (impreciso)
vague: una respuesta vaga a vague an-
swer ◊ un ~ parecido a vague resemblance
▶ nm-nf slacker LOC **andar/estar de vago** to
goof off, to laze around (GB)

**vagón** nm (train) car: ~ del metro subway car LOC **vagón de mercancías** freight
car **vagón restaurante** dining car

**vaho** nm **1** (vapor) steam **2** (aliento)
breath

**vainilla** nf vanilla

**vaivén** nm swinging: el ~ del péndulo the
swinging of the pendulum

**vajilla** nf **1** stoneware [incontable],
crockery [incontable] (GB) **2** (juego completo) dinner service

**vale** nm **1** (cupón) voucher **2** (recibo) receipt **3** (entrada) (free) ticket LOC **vale
de despensa** food coupon **vale de restaurante** meal ticket

**valentía** nf courage

**valer** vt **1** (costar) to cost: El boleto valía
500 pesos. The ticket cost 500 pesos.
**2** (tener un valor) to be worth: Una libra
vale unos veinte pesos. One pound is
worth about twenty pesos.
▶ vi **1** ~ **por** to entitle sb to sth: Este cupón
vale por un descuento. This coupon en-
titles you to a discount. **2** ~ **(para)** (persona) to be good: Yo no valdría para
maestra. I'd be no good as a teacher.
**3** (documento, etc.) to be valid: Este
pasaporte ya no vale. This passport is no
longer valid.
▶ **valerse** vpr **1** (estar permitido) to be allowed: No se vale hacer trampas. No
cheating. **2** **valerse de** (hacer uso de) to
use: Se valió de todos los medios para
triunfar. He used every means possible
to get ahead. LOC **más vale…**: Más vale
que lleves el paraguas. You'd better take
your umbrella. ◊ Más te vale decir la
verdad. You're better off telling the
truth. **¡me vale!** I don't give a damn! **no
(se) vale** (no es justo) it's not fair: No se
vale que digas mentiras. Telling lies is
not fair. **no valer para nada** to be useless
**valer la pena** to be worth doing sth: Vale
la pena leerlo. It's worth reading. **valerse
(por sí mismo)** to get around (on your
own) Ver tb CUÁNTO

**válido, -a** adj valid

**valiente** adj, nmf brave [adj]: ¡Eres un ~!
You're very brave!

**valioso, -a** adj valuable

**valla** nf **1** (cerca) fence **2** (Dep) hurdle:
los 500 metros con ~s the 500-meters
hurdles LOC **valla publicitaria** billboard

**vallar** vt to fence

**valle** nm valley [pl valleys]

**valor** nm **1** value: Tiene un gran ~ sentimental para mí. It has great sentimental
value for me. **2** (precio) price: Las joyas
alcanzaron un ~ muy alto. The jewels
sold for a very high price. **3** (valentía)
courage: Me falta ~. I don't have the
courage. LOC **sin valor** worthless Ver tb
ARMAR, IMPUESTO

**valorar** vt **1** (tasar) to value sth (at sth):
Valoraron el anillo en un millón de pesos.
The ring was valued at a million pesos.
**2** (considerar) to assess: Llegó el

*momento de ~ los resultados.* It was time to assess the results.

**vals** *nm* waltz

**válvula** *nf* valve: *~ de escape/seguridad* exhaust/safety valve

**vampiro** *nm* **1** (*murciélago*) vampire bat **2** (*Cine, Liter*) vampire

**vandalismo** *nm* vandalism

**vanguardia** *nf* **1** (*Arte*) avant-garde: *teatro de ~* avant-garde theater **2** (*Mil*) vanguard

**vanguardismo** *nm* (*Arte, Liter*) avant-garde movement

**vanidad** *nf* vanity

**vanidoso, -a** *adj, nm-nf* vain [*adj*]: *Eres un ~.* You're so vain.

**vano, -a** *adj* vain: *un intento ~* a vain attempt **LOC** **en vano** in vain

**vapor** *nm* **1** (*de agua*) steam: *una locomotora de ~* a steam engine ◊ *una plancha de ~* a steam iron **2** (*Quím*) vapor: *~es tóxicos* toxic vapors **LOC** **al vapor** steamed *Ver tb* BARCO

**vaporera** *nf* (*Cocina*) steamer ➔ *Ver dibujo en* POT

**vaquero, -a** *nm-nf* (*pastor*) cowherd
▸ *nm* (*cowboy*) cowboy **LOC** *Ver* PANTALÓN

**vara** *nf* **1** (*palo*) stick **2** (*rama*) branch

**variable** *adj* (*carácter*) changeable
▸ *nf* variable

**variación** *nf* variation: *ligeras variaciones de presión* slight variations in pressure

**variar** *vt, vi* **1** (*ser variado, dar variedad*) to vary: *Los precios varían según el restaurante.* Prices vary depending on the restaurant. ◊ *Hay que ~ la alimentación.* You should vary your diet. **2** (*modificar*) to change: *No varía en plural.* It doesn't change in the plural. **LOC** **para variar** for a change

**varicela** *nf* chickenpox

**variedad** *nf* variety [*pl* varieties]

**varilla** *nf* rod

**varios, -as** *adj, pron* several: *en varias ocasiones* on several occasions ◊ *Hay varias posibilidades.* There are several possibilities. ◊ *Varios de ustedes tendrán que estudiar más.* Several of you will have to work harder.

**varita, -a** *nf* stick **LOC** **varita mágica** magic wand

**variz** (*tb* **varice**) *nf* varicose vein

**varo** *nm* (*dinero*) cash [*incontable*]: *No tengo ni un ~.* I don't have any cash. ◊ *Me costó 150 ~s.* It cost me 150 pesos.

**varón** *nm* (*hijo*) boy: *Nos gustaría un ~.* We would like a boy.

**varonil** *adj* manly, virile (*más formal*): *una voz ~* a manly voice

**vasco, -a** *adj, nm-nf* Basque: *el País Vasco* the Basque Country

**vasija** *nf* vessel

**vaso** *nm* **1** (*para beber*) glass: *un ~ de agua* a glass of water **2** (*Anat, Bot*) vessel: *~s capilares/sanguíneos* capillary/blood vessels **LOC** **vaso de plástico/papel** plastic/paper cup *Ver tb* AHOGAR, BEBER, GOTA

**vatio** *nm* watt: *una bombilla de 60 ~s* a 60-watt light bulb

**vecindad** *nf* (*edificio*) tenement house

**vecindario** *nm* (*barrio*) neighborhood: *una de las escuelas del ~* one of the schools in the neighborhood ◊ *Todo el ~ salió a la calle.* The whole neighborhood took to the streets.

**vecino, -a** *adj* neighboring: *países ~s* neighboring countries
▸ *nm-nf* neighbor: *¿Qué tal son tus ~s?* What are your neighbors like? **LOC** *Ver* COMUNIDAD

**veda** *nf* closed season: *El salmón está en ~.* It's the closed season for salmon.

**vegetación** *nf* **1** vegetation **2** vegetaciones (*Med*) adenoids

**vegetal** *adj* vegetable: *aceites ~es* vegetable oils ◊ *el reino ~* the vegetable kingdom
▸ *nm* vegetable **LOC** *Ver* CARBÓN

**vegetar** *vi* **1** (*Bot*) to grow **2** (*persona*) to be a vegetable

**vegetariano, -a** *adj, nm-nf* vegetarian: *ser ~* to be a vegetarian

**vehículo** *nm* vehicle

**veinte** *nm, adj, pron* **1** twenty **2** (*vigésimo*) twentieth: *el siglo ~* the twentieth century ➔ *Ver ejemplos en* SESENTA

**vejestorio** *nm* old thing

**vejez** *nf* old age

**vejiga** *nf* bladder

**vela**[1] *nf* (*cirio*) candle: *encender/apagar una ~* to light/put out a candle **LOC** **¿quién te ha dado vela en este entierro?** who asked you to butt in? *Ver tb* NOCHE

**vela**[2] *nf* **1** (*de un barco*) sail **2** (*Dep*) sailing: *practicar la ~* to go sailing **LOC** *Ver* BARCO

**velada** *nf* evening

**velador** *nm* (night)watchman [*pl* -men]

**veladora** *nf* candle

**velar** *vt* **1** (*cadáver*) to keep vigil over *sb* **2** (*enfermo*) to sit up with *sb*
▸ *vi* **~ por** to look after *sth/sb*: *Tu padrino velará por ti.* Your godfather will look after you.

**velarse** *vpr* (*Fot*) to be exposed: *No abras la máquina que se vela el rollo.* Don't open the camera or you'll expose the film.

**velero** *nm* sailing boat

**veleta** *nf* weathervane

**vello** *nm* (*Anat*) hair: *tener ~ en las piernas* to have hair on your legs

**velo** *nm* veil LOC **velo del paladar** soft palate

**velocidad** *nf* **1** (*rapidez*) speed: *la ~ del sonido* the speed of sound ◊ *trenes de gran ~* high-speed trains **2** (*Mec*) gear: *cambiar de ~* to change gear ◊ *un coche con cinco ~es* a car with a five-speed gearbox LOC **a toda velocidad** as fast as possible *Ver tb* CAJA

**velocímetro** *nm* speedometer

**velocista** *nmf* sprinter

**velódromo** *nm* velodrome, cycle track (*más coloq*)

**velorio** *nm* wake

**veloz** *adj* fast: *No es tan ~ como yo.* He isn't as fast as me. ➔ *Ver nota en* RÁPIDO

**vena** *nf* vein

**venado** *nm* **1** deer [*pl* deer]

> La palabra **deer** es el sustantivo genérico, **stag** (o **buck**) se refiere sólo al ciervo macho y **doe** sólo a la hembra. **Fawn** es el cervatillo.

**2** (*carne*) venison

**vencedor, -ora** *adj* **1** (*de concurso, competencia*) winning: *el equipo ~* the winning team **2** (*país, ejército*) victorious
▶ *nm-nf* **1** (*en concurso, competencia*) winner: *el ~ de la prueba* the winner of the competition **2** (*Mil*) victor

**vencer** *vt* **1** (*Dep*) to beat: *Nos vencieron en la semifinal.* We were beaten in the semi-final. **2** (*Mil*) to defeat **3** (*rendir*) to overcome: *Me venció el sueño.* I was overcome with sleep.
▶ *vi* **1** to win: *Venció el equipo visitante.* The visiting team won. **2** (*plazo, contrato*) to expire: *El plazo venció ayer.* The deadline expired yesterday. **3** (*pago*) to be due: *El pago del préstamo vence hoy.* Repayment of the loan is due today.

**vencido, -a** *adj*: *darse por ~* to give in
▶ *nm-nf* loser: *vencedores y ~s* winners and losers LOC *Ver* TERCERO; *Ver tb* VENCER

**venda** *nf* bandage: *Me puse una ~ en el dedo.* I bandaged (up) my finger.

**vendado, -a** *adj* LOC *Ver* OJO; *Ver tb* VENDAR

**vendar** *vt* to bandage *sth/sb* (up): *Me vendaron el tobillo.* They bandaged (up) my ankle. ◊ *La vendaron de pies a cabeza.* She was bandaged from head to foot. LOC **vendarle los ojos a algn** to blindfold *sb*

**vendaval** *nm* gale

**vendedor, -ora** *nm-nf* **1** (*viajante*) **(a)** (*masc*) salesman [*pl* -men] **(b)** (*fem*) saleswoman [*pl* -women] **2** (*dependiente*) salesclerk, shop assistant (*GB*) LOC **vendedor ambulante** hawker

**vender** *vt* to sell: *Venden el departamento de arriba.* The upstairs apartment is for sale. ➔ *Ver nota en* GIVE
▶ **venderse** *vpr* **1** (*estar a la venta*) to be on sale: *Se venden en el mercado.* They're on sale in the market. **2** (*dejarse sobornar*) to sell yourself LOC **se vende** for sale **venderse como pan caliente** to sell like hot cakes

**vendimia** *nf* grape harvest

**vendimiar** *vi* to harvest grapes

**veneno** *nm* poison

**venenoso, -a** *adj* poisonous LOC *Ver* HONGO, SETA

**venganza** *nf* revenge

**vengarse** *vpr* to take revenge (*on sb*) (*for sth*): *Se vengó de lo que le hicieron.* He took revenge for what they'd done to him. ◊ *Me vengaré de él.* I'll take my revenge on him.

**venir** *vi* **1** to come: *¡Ven aquí!* Come here! ◊ *Nunca vienes a verme.* You never come to see me. ◊ *No me vengas con excusas.* Don't come to me with excuses.

> En el uso coloquial **come + infinitivo** se puede sustituir por **come and + verbo**, sobre todo en órdenes: *Ven a verme mañana.* Come and see me tomorrow. ➔ *Ver tb* nota en IR

**2** (*volver*) to be back: *Vengo enseguida.* I'll be back in a minute. **3** (*estar*) to be: *Viene en todos los periódicos.* It's in all the papers. ◊ *Hoy vengo un poco cansado.* I'm a little tired today.
▶ *v aux* ~ **haciendo algo** to have been doing *sth*: *Hace años que te vengo diciendo lo mismo.* I've been telling you the same thing for years. LOC **que viene** next: *el martes que viene* next Tuesday ❶ *Para otras expresiones con* **venir**, *véanse las entradas del sustantivo, adjetivo, etc., p. ej.* **venir de familia** *en* FAMILIA.

**venta** *nf* sale: *en ~* for sale ◊ *salir a la ~* to go on sale

**ventaja** *nf* **1** advantage: *Vivir en el campo tiene muchas ~s.* Living in the country has a lot of advantages. **2** (*Dep*) lead: *El América tiene una ~ de tres puntos.* America has a three-point lead. LOC **llevarle ventaja a algn** to have an advantage over *sb*

**ventana** *nf* window

**ventanilla** *nf* (*coche*) window: *Baja/sube la ~.* Open/close the window.

**ventear** *vi*: *En Tehuantepec ventea mucho.* It's very windy in Tehuantepec. ◊ *Está venteando muy fuerte.* There's a strong wind (blowing).

**ventilación** *nf* ventilation

**ventilador** *nm* fan

**ventilar** *vt* (*habitación, ropa*) to air

**ventrílocuo, -a** *nm-nf* ventriloquist

**Venus** *nm* Venus

**ver** *vt* **1** to see: *Hace mucho que no la veo.* I haven't seen her for a long time. ◊ *¿Ves?, ya te volviste a caer.* You see? You've fallen down again. ◊ *No veo por qué.* I don't see why.

> Para referirse a lo que se ve en un momento dado, se usan **can** y **could** con el verbo **see**. Raramente se usa **see** con tiempos continuos: *¿Ves aquel edificio de allí?* Can you see that building over there? ◊ *No se veía nada.* You couldn't see anything.

**2** (*televisión*) to watch: *~ tele* to watch TV **3** (*examinar*) to look at *sth*: *Necesito ~lo con más calma.* I need more time to look at it.
▸ *vi* to see: *Espera, voy a ~.* Wait, I'll go and see.
▸ **verse** *vpr* **1** **verse (con)** (*encontrarse*) to meet (*sb*): *Me vi con tu hermana en el parque.* I met your sister in the park. ◊ *¿Dónde nos vemos?* Where should we meet? **2** (*estar*) to be: *Nunca me había visto en una situación igual.* I'd never been in a situation like that. **LOC a ver si… 1** (*deseo*) I hope…: *A ~ si apruebo esta vez.* I hope I pass this time. **2** (*temor*) what if…: *¡A ~ si les pasó algo!* What if something has happened to them? **3** (*ruego, mandato*) how about…?: *¡A ~ si me escribes de una vez!* How about writing to me sometime! **ver venir algo** to see *sth* coming: *Lo estaba viendo venir.* I could see it coming. ❶ Para otras expresiones con **ver**, véanse las entradas del sustantivo, adjetivo, etc., p. ej. **tener que ver** en TENER.

**veranear** *vi* to spend the summer: *~ en la playa* to spend the summer by the sea

**veraneo** *nm* vacation, holiday (*GB*): *estar/ir de ~* to be/go on vacation

**verano** *nm* summer: *En ~ hace mucho calor.* It's very hot in (the) summer. ◊ *las vacaciones de ~* summer vacation

**verbo** *nm* verb

**verdad** *nf* truth: *Di la ~.* Tell the truth. **LOC ser una verdad como un puño/templo** to be as plain as day **ser verdad** to be true: *No puede ser ~.* It can't be true.

*¿verdad?*: *Este coche es más rápido, ¿verdad?* This car's faster, isn't it? ◊ *No te gusta la leche, ¿verdad?* You don't like milk, do you? *Ver tb* CANTAR, CONFESAR, HORA

**verdadero, -a** *adj* true: *la verdadera historia* the true story

**verde** *adj* **1** (*color*) green ➔ *Ver ejemplos en* AMARILLO **2** (*fruta*) unripe: *Todavía están ~s.* They're not ripe yet.
▸ *nm* **1** (*color*) green **2** (*hierba*) grass **3** **los verdes** (*Pol*) the Green Party **LOC área/zona verde** park **verde botella** bottle-green *Ver tb* VIEJO

**verdugo** *nm* (*persona*) executioner

**verdura** *nf* vegetable(s): *frutas y ~s* fruit and vegetables ◊ *La ~ es muy sana.* Vegetables are good for you. ◊ *sopa de ~s* vegetable soup

**vergonzoso, -a** *adj* **1** (*tímido*) shy **2** (*indignante*) disgraceful

**vergüenza** *nf* **1** (*timidez, sentido del ridículo*) embarrassment: *¡Qué ~!* How embarrassing! **2** (*sentido de culpabilidad, modestia*) shame: *No tienes ~.* You have no shame. ◊ *Le daba ~ confesarlo.* He was ashamed to admit it. **LOC dar/pasar vergüenza** to be embarrassed (*to do sth*): *Me da ~ preguntarles.* I'm too embarrassed to ask them.

**verídico, -a** *adj* true

**verificación** *nf* inspection, check-up (*más coloq*) **LOC verificación (ambiental)** (*para coches*) emissions control

**verificar** *vt* to check

**verruga** *nf* wart

**versión** *nf* version **LOC en versión original** (*Cine*) with subtitles

**verso** *nm* **1** (*línea de un poema*) line **2** (*género literario*) poetry **3** (*poema*) verse

**vértebra** *nf* vertebra [*pl* vertebrae]

**vertebrado, -a** *adj, nm* vertebrate

**vertebral** *adj* **LOC** *Ver* COLUMNA

**verter** *vt* **1** (*en un recipiente*) to pour: *Vierte la leche en otra taza.* Pour the milk into another cup. **2** (*residuos*) to dump

**vertical** *adj* **1** (*dirección*) vertical: *una línea ~* a vertical line **2** (*posición*) upright: *en posición ~* in an upright position

**vértice** *nm* vertex [*pl* vertexes/vertices]

**vértigo** *nm* vertigo: *tener ~* to get vertigo **LOC dar/producir vértigo** to make *sb* dizzy

**vesícula** *nf* **LOC vesícula (biliar)** gall bladder

**vestíbulo** *nm* **1** (*entrada, recibidor*) hall **2** (*teatro, cine, hotel*) foyer

V

**vestido** nm dress: *Llevas un ~ precioso.* You're wearing a beautiful dress. LOC **vestido de novia** wedding dress

**vestir** vt **1** to dress: *Vestí a los niños.* I got the children dressed. **2** (*llevar*) to wear: *Él vestía un traje gris.* He was wearing a gray suit.

▸ **vestir(se)** vi, vpr **vestir(se) (de)** to dress (in sth): *~ bien/de blanco* to dress well/in white

▸ **vestirse** vpr to get dressed: *Vístete o llegarás tarde.* Get dressed or you'll be late. LOC *Ver* GALA, ÚLTIMO

**vestuario** nm (*ropa, Cine, Teat*) wardrobe

**veterano, -a** adj experienced: *el jugador más ~ del equipo* the most experienced player in the team

▸ nm-nf veteran: *ser ~* to be a veteran

**veterinaria** nf veterinary science

**veterinario, -a** nm-nf veterinarian, vet (*GB*)

**veto** nm veto [*pl* vetoes]

**vez** nf time: *tres veces al año* three times a year ◊ *Te lo he dicho cien veces.* I've told you hundreds of times. ◊ *Gano cuatro veces más que él.* I earn four times as much as he does. LOC **a la vez (que)** at the same time (as): *Lo dijimos a la ~.* We said it at the same time. ◊ *Terminó a la ~ que yo.* He finished at the same time as I did. **a veces** sometimes **de una vez (por todas)** once and for all: *¡Contéstalo de una ~!* Hurry up and answer! **de vez en cuando** from time to time **dos veces** twice **en vez de** instead of *sth/sb/doing sth* **érase una vez…** once upon a time there was… **una vez** once *Ver tb* ALGUNO, CADA, CIEN, DEMASIADO, OTRO

**vía** nf **1** (*Ferrocarril*) track: *la ~ del tren* the train track **2** vías (*Med*) tract [*v sing*]: *~s respiratorias* respiratory tract LOC **en vías de desarrollo** developing: *países en ~s de desarrollo* developing countries **(por) vía aérea** (*correos*) by airmail **Vía Láctea** Milky Way **vía satélite** satellite: *una conexión ~ satélite* a satellite link

**viajar** vi to travel: *~ en avión/coche* to travel by plane/car

**viaje** nm journey [*pl* journeys], trip, travel

Las palabras **travel**, **journey** y **trip** no deben confundirse.
El sustantivo **travel** es incontable y se refiere a la actividad de viajar en general: *Sus principales aficiones son los libros y los viajes.* Her main interests are reading and travel. **Journey** y **trip** se refieren a un viaje concreto. **Journey** indica sólo el desplazamiento de un lugar a otro: *El*

*viaje fue agotador.* The journey was exhausting. **Trip** incluye también la estancia: *¿Qué tal tu viaje a París?* How did your trip to Paris go? ◊ *un viaje de negocios* a business trip. Otras palabras que se utilizan para referirnos a viajes son **tour** y **voyage**. **Tour** es un viaje organizado donde se va parando en distintos sitios: *Jane va a hacer un viaje por Tierra Santa.* Jane is going on a tour around the Holy Land. **Voyage** es un viaje largo por mar o por el espacio: *Colón es famoso por sus viajes al Nuevo Mundo.* Columbus is famous for his voyages to the New World. Se utiliza también en sentido figurado: *un viaje interior* a voyage of personal discovery.

LOC **¡buen/feliz viaje!** have a good trip! **estar/irse de viaje** to be/go away **viaje de intercambio** exchange visit **viaje redondo** round trip *Ver tb* AGENCIA, BOLETO, EMPRENDER

**viajero, -a** nm-nf **1** (*pasajero*) passenger **2** (*turista*) traveler: *un ~ incansable* a tireless traveler LOC *Ver* CHEQUE

**vial** adj road: *educación ~* road safety awareness

**víbora** nf snake LOC **víbora de cascabel** rattlesnake

**vibrar** vi to vibrate

**vicepresidente, -a** nm-nf vice-president

**viceversa** adv vice versa

**viciarse** vpr **~ (con)** to get hooked (on sth)

**vicio** nm **1** (*mala costumbre*) vice: *No tengo ~s.* I don't have any vices. **2** (*adicción*) addiction: *El juego se convirtió en ~.* Gambling became an addiction. LOC **agarrar/tener el vicio de algo** to get/be addicted to sth **darse al vicio** to turn to drink, drugs, etc. *Ver tb* OCIOSIDAD

**vicioso, -a** adj depraved LOC *Ver* CÍRCULO

**víctima** nf victim: *ser ~ de un robo* to be the victim of a burglary

**victoria** nf **1** victory [*pl* victories] **2** (*Dep*) win: *una ~ en campo contrario* a win on the road LOC *Ver* CANTAR

**victorioso, -a** adj LOC **salir victorioso** to triumph

**vid** nf vine

**vida** nf **1** life [*pl* lives]: *¿Qué es de tu ~?* How's life? ◊ *una ciudad con mucha ~* a very lively city **2** (*sustento*) living: *ganarse la ~* to make a living LOC **con vida** alive: *Siguen con ~.* They're still alive. **de toda la vida**: *La conozco de toda la ~.* I've known her all my life. ◊ *amigos de toda la ~* lifelong friends **en la vida**

never: *En la ~ he visto una cosa igual.* I've never seen anything like it. **¡esto es vida!** this is the life! **llevar una vida de perros** to lead a dog's life **para toda la vida** for life **tener siete vidas** to have nine lives *Ver tb* ABRIR, AMARGAR, BOLSA[1], COMPLICAR, COSA, ENTERRAR, ESPERANZA, NIVEL, REHACER, RITMO, TREN

**video** *nm* (*cinta*) video [*pl* videos]
▸ *nm o nf* (*aparato*) VCR, video [*pl* videos] (*GB*) LOC **filmar/grabar en video** to film/to tape *Ver tb* CINTA, JUEGO

**videocámara** *nf* video camera

**videoclip** *nm* video [*pl* videos]

**videoclub** *nm* video store, video shop (*GB*) ➔ *Ver nota en* TIENDA

**videojuego** *nm* video game

**videoteca** *nf* video library [*pl* video libraries]

**vidrio** *nm* glass [*incontable*]: *una botella de ~* a glass bottle LOC *Ver* FIBRA

**viejo, -a** *adj* old: *estar/hacerse ~* to look/get old
▸ *nm-nf* old man/woman [*pl* men/women] LOC **viejo (rabo) verde** dirty old man *Ver tb* CASCO, TRAPO

**viento** *nm* wind LOC **contra viento y marea** come what may: *Quiere seguir como presidente contra ~ y marea.* He wants to continue as president come what may. **hacer viento** to be windy: *Hacía demasiado ~.* It was too windy. *Ver tb* MOLINO

**vientre** *nm* **1** (*abdomen*) belly [*pl* bellies] **2** (*materno*) womb

**viernes** *nm* Friday (*abrev* Fri.) ➔ *Ver ejemplos en* LUNES LOC **Viernes Santo** Good Friday

**viga** *nf* **1** (*madera*) beam **2** (*metal*) girder

**vigente** *adj* current LOC **estar vigente** to be in force

**vigía** *nmf* lookout

**vigilancia** *nf* (*control*) surveillance: *Van a aumentar la ~.* They're going to increase surveillance. LOC *Ver* TORRE

**vigilante** *nmf* guard

**vigilar** *vt* **1** (*prestar atención, atender*) to keep an eye on *sth/sb* **2** (*custodiar*) to guard: *~ la frontera/a los presos* to guard the border/prisoners **3** (*enfermo*) to look after *sb* **4** (*examen*) to proctor, to supervise (*GB*)

**vigor** *nm* **1** (*Jur*) force: *entrar en ~* to come into force **2** (*energía*) vigor

**villa** *nf* **1** (*chalet*) villa LOC **villa olímpica** Olympic village

**villancico** *nm* (Christmas) carol

**vilo** LOC **en vilo** (*intranquilo*) on tenterhooks: *Nos has tenido en ~ toda la noche.* You've kept us on tenterhooks all night.

**vinagre** *nm* vinegar

**vinagreras** *nf* cruets

**vinagreta** *nf* vinaigrette

**vínculo** *nm* **1** (*relación, lazo, Internet*) link **2** (*afectivo*) bond

**vinícola** *adj* wine: *la industria ~* the wine industry ◇ *una región ~* a wine-growing region

**vino** *nm* wine: *¿Quieres un ~?* Would you like a glass of wine? ◇ *~ blanco/tinto/de mesa* white/red/table wine LOC *Ver* PAN

**viña** *nf* (*tb* **viñedo** *nm*) vineyard

**viñeta** *nf* (*tira cómica*) comic strip

**violación** *nf* **1** (*de persona*) rape **2** (*de ley, tratado, etc.*) violation

**violador, -ora** *nm-nf* rapist

**violar** *vt* **1** (*persona*) to rape **2** (*ley, tratado, etc.*) to break **3** (*profanar*) to violate

**violencia** *nf* violence LOC **violencia doméstica/de género** domestic/gender violence

**violentar** *vt* **1** (*forzar*) to force: *~ una cerradura* to force a lock **2** (*incomodar*) to make *sb* uncomfortable

**violento, -a** *adj* **1** violent: *una película violenta* a violent movie **2** (*incómodo*) embarrassing: *una situación violenta* an embarrassing situation

**violeta** *adj, nm* (*color, flor*) violet ➔ *Ver ejemplos en* AMARILLO

**violín** *nm* violin

**violinista** *nmf* violinist

**violonchelo** (*tb* **violoncelo**) *nm* cello [*pl* cellos]

**virar** *vi* to swerve: *Tuvo que ~ rápidamente hacia la derecha.* He had to swerve to the right.

**virgen** *adj* **1** virgin: *bosques vírgenes* virgin forests ◇ *aceite de oliva ~* extra virgin olive oil **2** (*cinta, CD*) blank
▸ *nmf* virgin: *la Virgen del Guadalupe* the Virgin of Guadalupe ◇ *ser ~* to be a virgin LOC *Ver* LANA

**virginidad** *nf* virginity

**virgo** (*tb* **Virgo**) *nm, nmf* (*Astrología*) Virgo [*pl* Virgos] ➔ *Ver ejemplos en* AQUARIUS

**viril** *adj* manly, virile (*más formal*)

**virilidad** *nf* manliness

**virtualmente** *adv* virtually

**virtud** *nf* virtue: *tu mayor ~* your greatest virtue

**virtuoso, -a** *adj* (*honesto*) virtuous

**viruela** *nf* **1** (*Med*) smallpox **2** (*ampolla*) pockmark

**virus** *nm* virus [*pl* viruses]

**visa** nm visa: ~ de entrada/salida entry/exit visa

**visar** vt (pasaporte) to stamp a visa in sth

**viscoso, -a** adj viscous

**visera** nf **1** (gorra) cap **2** (de deportista) (sun) visor

**visibilidad** nf visibility: poca ~ poor visibility

**visible** adj visible

**visillo** nm net curtain

**visión** nf **1** (vista) (eye)sight: Tiene problemas de ~. She has problems with her eyesight. ◊ perder la ~ en un ojo to lose the sight of one eye **2** (punto de vista) view: una ~ personal/de conjunto a personal/an overall view **3** (alucinación) vision: tener una ~ to have a vision **4** (instinto): un político con mucha ~ a very farsighted politician **LOC** ver visiones to hallucinate

**visita** nf **1** visit: horario de ~(s) visiting hours **2** (visitante) visitor: Me parece que tienes ~. I think you have visitors/a visitor. **LOC** hacer una visita to pay sb a visit

**visitante** adj visiting: el equipo ~ the visiting team
▸ nmf visitor: los ~s al palacio visitors to the palace

**visitar** vt to visit: Lo fui a ~ al hospital. I went to visit him in hospital.

**visón** nm mink

**víspera** nf day before (sth): Dejé todo preparado la ~. I got everything ready the day before. ◊ la ~ del examen the day before the exam

También existe la palabra **eve**, que se usa cuando es la víspera de una fiesta religiosa o de un acontecimiento importante: la víspera de San Juan Midsummer Eve ◊ Llegaron la víspera de las elecciones. They arrived on the eve of the elections.

**LOC** en vísperas de just before sth: en ~s de exámenes just before the exams

**vista** nf **1** (facultad, ojos) eyesight: La zanahoria es muy buena para la ~. Carrots are very good for your eyesight. ◊ Lo operaron de la ~. He had eye surgery. **2** (panorama) view: la ~ desde mi habitación the view from my room ◊ con ~s al mar overlooking the sea
▸ nmf customs inspector **LOC** dejar algo a la vista: Déjalo a la ~ para que no se me olvide. Leave it where I can see it or I'll forget it. **en vista de** in view of sth: en ~ de lo ocurrido in view of what has happened **hacerse de la vista gorda** to turn a blind eye (to sth) **¡hasta la vista!** see you! **tener (la) vista cansada** to be farsighted,

to be long-sighted (GB) Ver tb APARTAR, CONOCER, CORTO, GRADUAR, PERDER, PUNTO, QUITAR, SALTAR, SIMPLE, TIERRA

**vistazo** nm look: Con un ~ es suficiente. Just a quick look will do. **LOC** dar/echar un vistazo to have a look (at sth/sb)

**visto, -a** adj **LOC** estar bien/mal visto to be well thought of/frowned upon estar muy visto to be unoriginal: Eso ya está muy ~. That's not very original. ◊ La minifalda está muy vista. Miniskirts have been around for ages. **por lo visto** apparently **visto bueno** approval Ver tb VER

**vistoso, -a** adj colorful

**visual** adj visual

**vital** adj **1** (Biol) life: el ciclo ~ the life cycle **2** (persona) full of life **3** (decisivo) vital

**vitalidad** nf vitality

**vitamina** nf vitamin: la ~ C vitamin C

**viticultor, -ora** nm-nf wine producer

**viticultura** nf vine growing

**vitral** nm stained-glass window

**vitrina** nf **1** (de tienda) display window, shop window (GB) **2** (mueble) glass cabinet

**viudo, -a** adj widowed: Se quedó viuda muy joven. She was widowed at an early age.
▸ nm-nf **1** (masc) widower **2** (fem) widow

**viva** nm cheer: ¡Tres ~s al campeón! Three cheers for the champion!
▸ **¡viva!** interj hooray: ¡Viva, aprobé! Hooray! I passed! ◊ ¡Viva el rey! Long live the king!

**víveres** nmpl provisions

**vivero** nm **1** (plantas) nursery [pl nurseries]: un ~ de árboles a tree nursery **2** (peces) fish farm

**vivienda** nf **1** (alojamiento) housing [incontable]: el problema de ~ the housing problem **2** (casa) house: buscar ~ to look for a house **3** (departamento) apartment: edificios de ~s apartment buildings

**vivir** vi **1** to live: Vivió casi setenta años. He lived for almost seventy years. ◊ ¿Dónde vives? Where do you live? ◊ Viven en León/el tercero. They live in León/on the third floor. ◊ ¡Qué bien vives! What a nice life you have! **2** (subsistir) to live on sth: No sé de qué viven. I don't know what they live on. ◊ Vivimos con 10.000 pesos al mes. We live on 10 000 pesos a month. **3** (estar vivo) to be alive: Mi bisabuelo aún vive. My great-grandfather is still alive.
▸ vt to live (through sth): ~ una mala experiencia to live through a bad experience ◊ Vive tu vida. Live your own life. **LOC** no dejar vivir not to leave sb in

peace: *El jefe no nos deja ~.* Our boss won't leave us in peace. **vivir a costa de algn** to live off sb **vivir al día** to live from hand to mouth

**vivo, -a** *adj* **1** living: *seres ~s* living beings ◊ *lenguas vivas* living languages **2** (*inteligente, luz, color, ojos*) bright **3** (*activo*) lively: *una ciudad muy viva* a very lively city **LOC en vivo** live **estar vivo** to be alive: *¿Está ~?* Is he alive? **vivo o muerto** dead or alive *Ver tb* CARNE, FUEGO, LLORAR, MANTENER, MÚSICA, ROJO

**vocabulario** *nm* vocabulary [*pl* vocabularies]

**vocación** *nf* vocation

**vocacional** *nf* career school, technical college (*GB*)

**vocal** *adj* vocal
▶ *nf* (*letra*) vowel
▶ *nmf* member **LOC** *Ver* CUERDA

**vocalizar** *vi* to speak clearly

**voceador** *nm* newsdealer, newsagent (*GB*)

**vocear** *vt* to page

**vocero, -a** *nm-nf* spokesperson [*pl* spokespersons/spokespeople] ➲ *Ver nota en* SPOKESMAN

**vodka** *nm* vodka

**volada** *nf* **LOC de volada** double speed

**volado** *nm* **LOC echar un volado** to toss for *sth*

**volador, -ora** *adj* flying **LOC** *Ver* PLATILLO

**volante** *nm* **1** (*automóvil*) steering wheel **2** (*propaganda*) flyer **3** (*de tela*) frill **4** (*médico*) referral note: *un ~ para el otorrino* a referral for the ENT specialist

**volar** *vi* **1** to fly: *Volamos a Roma desde Madrid.* We flew to Rome from Madrid. ◊ *El tiempo vuela.* Time flies. **2** (*con el viento*) to blow away: *El sombrero voló por los aires.* His hat blew away.
▶ *vt* (*hacer explotar*) to blow *sth* up. *~ un edificio* to blow up a building
▶ **volarse** *vpr* **1** (*robar*) to steal, to swipe (*coloq*): *Alguien se voló mi radio.* Somebody stole my radio. **2** (*clase*) to miss, to skip (*más coloq*): *Se volaron la clase y se fueron al cine.* They skipped class and went to a movie. **LOC hacer algo volando** to do sth in a rush **irse, salir, etc. volando** (*de prisa*) to rush off: *Fuimos volando a la estación.* We rushed off to the station. *Ver tb* AIRE

**volcán** *nm* volcano [*pl* volcanoes]

**volcar** *vt* **1** (*derribar*) to knock *sth* over: *Los niños volcaron el contenedor.* The children knocked the garbage can over. **2** (*vaciar*) to empty *sth* out

▶ **volcar(se)** *vi, vpr* to overturn: *El coche se volcó al patinar.* The car skidded and overturned.

**voleibol** *nm* volleyball

**voleo** *nm* **LOC a voleo** at random

**voltaje** *nm* voltage

**voltear** *vt* **1** to turn *sth* over: *Volteen sus exámenes.* Turn over your exam papers. **2** (*derribar*) to knock *sth* over: *Mary volteó el vaso.* Mary knocked over the glass.
▶ *vi* (*girar*) to turn: *Voltea a la izquierda.* Turn left.
▶ **voltearse** *vpr* **1** to turn around: *Voltéense.* Turn around. **2** (*caerse*): *El vaso se volteó sobre el mantel.* The glass spilled over the tablecloth.

**voltio** *nm* volt

**voluble** *adj* changeable

**volumen** *nm* volume: *bajar/subir el ~* to turn the volume down/up ◊ *Compré el primer ~.* I bought the first volume.

**voluntad** *nf* **1** will: *No tiene ~ propia.* He has no will of his own. ◊ *contra mi ~* against my will **2** (*deseo*) wishes [*pl*]: *Debemos respetar su ~.* We must respect his wishes. **LOC buena voluntad** goodwill: *mostrar buena ~* to show goodwill *Ver tb* FUERZA

**voluntario, -a** *adj* voluntary
▶ *nm-nf* volunteer: *Trabajo de ~.* I work as a volunteer. **LOC prestarse como/salir voluntario** to volunteer (*for sth/to do sth*)

**volver** *vi* **1** (*regresar*) to go/come back: *Volví a la casa.* I went back home. ◊ *Vuelve aquí.* Come back here. ◊ *¿A qué hora volverás?* What time will you be back? ➲ *Ver nota en* IR **2** ~ **a hacer algo** to do sth again: *No vuelvas a decirlo.* Don't say that again.
▶ *vt* (*girar*) to turn: *Volví la cabeza.* I turned my head. ◊ *Me volvió la espalda.* He turned his back on me.
▶ **volverse** *vpr* **1** *volverse (a/hacia)* to turn (to/toward *sth/sb*): *Se volvió y me miró.* She turned around and looked at me. ◊ *Se volvió hacia Elena.* He turned toward Elena. **2** (*convertirse*) to become: *Se ha vuelto muy tranquilo.* He's become very calm. ◊ *~se loco* to go mad **LOC volver en sí** to come around/to **volver la cara** to look the other way **volver el estómago** to throw up: *El niño volvió el estómago.* The baby threw up.

**vomitar** *vt* to throw *sth* up: *Vomité toda la cena.* I threw up all my dinner.
▶ *vi* to be sick, to vomit (*más formal*): *Tengo ganas de ~.* I think I'm going to be sick.

**vómito** *nm* vomit

**votación** nf vote LOC **hacer una votación** to vote Ver tb SOMETER

**votar** vt, vi to vote (for sth/sb): Voté por el PAN. I voted (for) PAN. ◇ ~ a favor/en contra de algo to vote for/against sth

**voto** nm **1** (Pol) vote: 100 ~s a favor y dos en contra 100 votes in favor, two against **2** (Relig) vow LOC **voto nulo** spoiled ballot

**voz** nf voice: decir algo en ~ alta/baja to say sth in a loud/quiet voice LOC **a voz en grito** at the top of your voice Ver tb BUZÓN, CORRER, SECRETO

**vuelo** nm **1** (pájaro, avión) flight: el ~ México-Monterrey the Mexico City-Monterrey flight ◇ ~s nacionales/internacionales domestic/international flights **2** (prenda): Esa falda tiene mucho ~. That skirt's very full. LOC **dar vuelo a la hilacha** to have a wild time **vuelo regular** scheduled flight **vuelo sin motor** gliding Ver tb REMONTAR

**vuelta** nf **1** (regreso) return: la ~ a la normalidad the return to normality ◇ Te veré a la ~. I'll see you when I get back. **2** (Dep) lap: Dieron tres ~s a la pista. They did three laps of the track. LOC **a la vuelta de la esquina** (just) around the corner: El verano está a la ~ de la esquina. Summer's just around the corner. **dar (dos, etc.) vueltas a/alrededor de algo** to go around sth (twice, etc.): La Luna da ~s alrededor de la Tierra. The moon goes around the earth. **dar la vuelta a la manzana/al mundo** to go around the block/world **darle la vuelta a algo** to turn sth over: Dale la ~ al filete. Turn the steak over. **darle vueltas a algo 1** (girar) to turn sth: Siempre le doy dos ~s a la llave. I always turn the key twice. **2** (comida) to stir sth: No dejes de dar ~s al caldo. Keep stirring the broth. **3** (pensar) to worry about sth: Deja de darle ~s al asunto. Stop worrying about it. **dar media vuelta** to turn around **dar vueltas** to spin: La Tierra da ~s sobre su eje. The earth spins on its axis. **(ir/salir a) dar una vuelta** to go out (for a walk) **vuelta ciclística** cycle race **vuelta de campana** somersault **vuelta de carro** cartwheel Ver tb BOLETO, IDA, PARTIDO

**vulgar** adj vulgar

# W w

**walkie-talkie** nm walkie-talkie
**walkman**® nm Walkman® [pl Walkmans]
**waterpolo** nm water polo
**web** nm o nf (sitio web) website: el/la ~ de la empresa the company's website

▸ nf **la web** (Internet) the Web: buscar algo en la ~ to look for sth on the Web LOC Ver PÁGINA, SITIO
**whisky** nm whiskey [pl whiskeys/whiskies]
**windsurf** nm windsurfing: practicar el ~ to go windsurfing LOC Ver TABLA

# X x

**xenofobia** nf xenophobia
**xenófobo, -a** adj xenophobic
▸ nm-nf xenophobe
**xilófono** nm xylophone

# Y y

**y** *conj* **1** (*copulativa*) and: *niños y niñas* boys and girls **2** (*en interrogaciones*) and what about… ?: *¿Y tú?* And what about you? **3** (*para expresar las horas*) after, past (*GB*): *Son las dos y diez.* It's ten after two. **LOC** *¿y qué?* so what?

**ya** *adv* **1** [*referido al presente o al pasado*] already: *Ya son las tres.* It's already three o'clock. ◇ *¿Ya terminaste?* Have you finished it already? ◇ *Estaba muy enfermo pero ya está bien.* He was very sick but he's fine now. ➜ *Ver nota en* YET **2** [*referido al futuro*]: *Ya veremos.* We'll see. ◇ *Ya te escribirán.* They'll write to you (eventually). **3** [*uso enfático*]: *Ya lo sé.* I know. ◇ *Sí, ya entiendo.* Yes, I understand. ◇ *Ya verás, ya.* Just you wait and see.
▸ **¡ya!** *interj* (*¡claro!*) of course **LOC** *ya no…* not… anymore: *Ya no vivo allí.* I don't live there anymore. *¡ya voy!* coming! *Ver tb* BASTAR

**yacimiento** *nm* **1** (*Geol*) deposit **2** (*Arqueología*) site **LOC** **yacimiento petrolero/de gas** oilfield/gas field

**yanqui** *adj, nmf* Yankee: *la hospitalidad ~* Yankee hospitality

**yate** *nm* yacht

**yegua** *nf* mare

**yema** *nf* **1** (*huevo*) (egg) yolk **2** (*dedo*) (finger)tip: *No siento las ~s de los dedos.* I can't feel my fingertips. ◇ *la ~ del pulgar* the tip of the thumb **3** (*Bot*) bud

**yerba** *nf Ver* HIERBA

**yerno** *nm* son-in-law [*pl* sons-in-law]

**yeso** *nm* plaster

**yo** *pron* **1** (*sujeto*) I: *Iremos mi hermana y yo.* My sister and I will go. ◇ *Lo haré yo mismo.* I'll do it myself. **2** [*en comparaciones, con preposición*] me: *excepto yo* except (for) me ◇ *Llegaste antes que yo.* You got here before me. **LOC** **soy yo** it's me **¿yo?** me?: *¿Quién dices? ¿Yo?* Who do you mean? Me? **yo que tú** if I were you: *Yo que tú no iría.* I wouldn't go if I were you.

**yodo** *nm* iodine

**yoga** *nm* yoga: *hacer ~* to practice yoga

**yogurt** (*tb* **yogur**) *nm* yogurt **LOC** **yogurt descremado** low-fat yogurt

**yugular** *adj, nf* jugular

# Z z

**zacate** *nm* loofah

**zafiro** *nm* sapphire

**zaguán** *nm* hallway

**zambomba** *nf* traditional percussion instrument

**zambullirse** *vpr* (*bañarse*) to take a dip

**zanahoria** *nf* carrot

**zancada** *nf* stride

**zancadilla** *nf* LOC hacer/meter zancadilla to trip *sb* up: *Le hiciste ~.* You
tripped him up.

**zángano, -a** *nm-nf* slacker

**zanja** *nf* trench

**zanjar** *vt* to put an end to *sth*

**zapatería** *nf* shoe store, shoe shop (*GB*)
➔ *Ver nota en* TIENDA

**zapatero, -a** *nm-nf* shoemaker

**zapatilla** *nf* (*de ballet*) shoe

**zapato** *nm* shoe: *~s planos* flat shoes
◊ *~s de tacón* high-heeled shoes

**zarandear** *vt* to shake: *La zarandeó
para que dejara de gritar.* He shook her
to stop her shouting.

**zarpa** *nf* paw LOC echar la(s) zarpa(s) to
get your hands on *sth/sb*

**zarpar** *vi ~ (hacia/con rumbo a)* to set sail
(for…): *El buque zarpó hacia Panamá.*
The boat set sail for Panama.

**zarza** *nf* bramble

**zarzamora** *nf* blackberry [*pl* black-
berries]

**¡zas!** *interj* bang

**zigzag** *nm* zigzag: *un camino en ~* a zigzag path

**zinc** *nm* zinc

**zipper** *nm* zipper, zip (*GB*)

**zócalo** *nm* (town) square

**zodiaco** (*tb* **zodíaco**) *nm* zodiac: *los
signos del ~* the signs of the zodiac

**zombi** *adj, nmf* zombie [*n*]: *ir ~* to go
around like a zombie

**zona** *nf* **1** (*área*) area: *~ industrial/resi-
dencial* industrial/residential area
**2** (*Anat, Geog, Mil*) zone: *~ fronteriza/
neutral* border/neutral zone LOC **zona
norte, etc.** north, etc.: *la ~ sur de la ciudad*
the south of the city *Ver tb* VERDE

**zonzo, -a** *adj* dumb, stupid ➔ *Ver nota en*
TONTO
▸ *nm* idiot

**zoológico** *nm* zoo [*pl* zoos]

**zopenco, -a** *adj* dumb, stupid ➔ *Ver nota
en* TONTO
▸ *nm-nf* jerk

**zopilote** *nm* buzzard

**zoquete** *adj* dim-witted
▸ *nmf* idiot

**zorrillo** *nm* skunk

**zorro, -a** *nm-nf* (*animal*) fox

> Para referirnos sólo a la hembra,
> decimos **vixen**. A los cachorros se les
> llama **cubs**.

▸ *nm* (*piel*) fox fur: *un abrigo de ~* a fox fur
coat

**zueco** *nm* clog

**zumbado, -a** *adj* (*loco*) crazy *Ver tb*
ZUMBAR

**zumbar** *vt, vi* (*insecto, máquina*) to hum
LOC irse/salir zumbando to rush off: *Miró
su reloj y salió zumbando.* He looked at
his watch and rushed off. **zumbarle los
oídos a algn** to have a buzzing in your
ears

**zumbido** *nm* **1** (*insecto, en el oído*) buzzing [*incontable*]: *Se oían los ~s de las
moscas.* You could hear the flies buzzing. **2** (*máquina*) humming [*incontable*]

**zurcir** *vt* to darn

**zurdo, -a** *adj* left-handed: *ser ~* to be
left-handed

**zurrar** *vt* to wallop

**zurrón** *nm* bag

# Páginas de estudio

## Preposiciones de lugar

The lamp is **above/over** the table.

The meat is **on** the table.

The cat is **under** the table.

The truck is **in front of** the car.

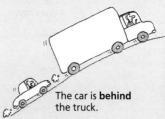

The car is **behind** the truck.

Sam is **between** Kim and Tom.

The bird is **in/inside** the cage.

The temperature is **below** zero.

Kim is **next to/beside** Sam.

The girl is leaning **against** the wall.

Tom is **opposite/across from** Kim.

The house is **among** the trees.

# Preposiciones de movimiento

**up** the ladder

**along** the pole

**down** the slide

**into** the pool

**across** the pool

**out of** the pool

FINISH

**toward** the finish

**through** the tunnel

**over** the wall

**around** the track

# El verbo  The verb

## Simple tenses

En inglés **I, you, we** y **they** comparten la misma forma verbal: *I live – we live* ◊ *I've eaten – you've eaten* ◊ *I don't drive – they don't drive*

En el presente la forma para **he, she, it** lleva **s**: *he seems – it seems* ◊ *Does it hurt?* ◊ *she doesn't speak*

| Present simple | | |
|---|---|---|
| I look | I don't (do not) look | do I look? |
| he looks | he doesn't look (does not) | does he look? |
| **Past simple** | | |
| I looked | I didn't look (did not) | did I look? |
| he looked | he didn't look | did he look? |
| **Present perfect** | | |
| I've (I have) looked | I haven't (have not) looked | have I looked? |
| he's (he has) looked | he hasn't (has not) looked | has he looked? |
| **Past perfect** | | |
| I'd (I had) looked | I hadn't (had not) looked | had I looked? |
| he'd (he had) looked | he hadn't looked | had he looked? |
| **Future simple** | | |
| I'll (I will) look | I won't (will not) look | will I look? |
| he'll (he will) look | he won't look | will he look? |
| **Future perfect** | | |
| I'll have looked | I won't have looked | will I have looked? |
| he'll have looked | he won't have looked | will he have looked? |

## Formación de la tercera persona del singular del *present simple*

| regla general | + s | look - looks |
|---|---|---|
| si termina en **sh, ch, ss, x** u **o** | + es | push - pushes |
| si termina en **consonante + y** | y → ies | copy - copies |

## Formación del *past simple*

| regla general | + ed | look - looked |
|---|---|---|
| si termina en **e** | + d | love - loved |
| si termina en **consonante + y** | y → ied | copy - copied |
| si termina en **una sola vocal + una sola consonante** | la consonante se duplica + ed | fit – fitted |

## Continuous tenses

Los tiempos continuos se forman con el verbo **be** + gerundio del verbo (la forma *ing*).

| Present continuous | | |
|---|---|---|
| I'm (I am) looking | I'm not looking | am I looking? |
| you're (you are) looking | you aren't (are not) looking | are you looking? |
| he's (he is) looking | he isn't (is not) looking | is he looking? |
| **Past continuous** | | |
| I was looking | I wasn't (was not) looking | was I looking? |
| you were looking | you weren't (were not) looking | were you looking? |
| he was looking | he wasn't looking | was he looking? |
| **Present perfect continuous** | | |
| I've (I have) been looking | I haven't (have not) been looking | have I been looking? |
| he's (he has) been looking | he hasn't (has not) been looking | has he been looking? |
| **Past perfect continuous** | | |
| I'd (I had) been looking | I hadn't (had not) been looking | had I been looking? |
| he'd (he had) been looking | he hadn't been looking | had he been looking? |
| **Future continuous** | | |
| I'll (I will) be looking | I won't (will not) be looking | will I be looking? |
| he'll (he will) be looking | he won't be looking | will he be looking? |
| **Future perfect continuous** | | |
| I'll have been looking | I won't have been looking | will I have been looking? |
| he'll have been looking | he won't have been looking | will he have been looking? |

## Formación del gerundio

| regla general | + ing | look - look**ing** |
|---|---|---|
| si termina en **e** | e → ing | lov**e** - lov**ing** |
| si termina en **una sola vocal** **+ una sola consonante** | la consonante se duplica + ing | fi**t** – fi**tting** |

## Respuestas breves

Las respuestas breves se forman utilizando el auxiliar del tiempo verbal de la pregunta:
*'Do you smoke?' 'No, I don't.'* ◇ *'Did you see that?' 'Yes, I did.'*
◇ *'Can you swim?' 'Yes, I can.'*

# Modal verbs

Can, could, may, might, must, will, would, shall, should y ought to son verbos modales. Siempre se utilizan con otro verbo aportando a su significado un matiz de posibilidad, probabilidad, deber, etc.

Gramaticalmente estos verbos no funcionan como los demás ya que:

- deben ir seguidos de otro verbo en infinitivo sin to:
  I **can** swim. ◇ You **must** be Jane.
- su forma no varía, es decir, no tienen formas con ing o ed ni se añade s a la tercera persona del singular:
  She **might** know. ◇ He **may** be late.
- no necesitan el auxiliar **do** para formar oraciones interrogativas y negativas:
  **Can** you swim? ◇ I **can't** believe it.

Ought to es un verbo modal especial que siempre se usa seguido de un infinitivo con to.

Dare y need pueden utilizarse también como verbos modales. Para más información, ver sus entradas en el diccionario.

## Posibilidad y probabilidad

- Must y can't sirven para hablar de cosas que se consideran seguras. Se utiliza **must** en frases afirmativas y **can't** en frases negativas:
  You **must** be hungry - you haven't eaten all day. ◇ You **can't** be hungry - we've just eaten!
- May, might o could pueden usarse para hablar de algo que es posible pero no seguro:
  You **may** be right. ◇ He **might** be upstairs. ◇ It **could** be dangerous.
- Should y ought to se pueden utilizar para hacer predicciones de futuro:
  Five **should** be enough. ◇ She **ought to** pass - she has studied hard.

## Obligación y deber

- **Must** se utiliza para expresar una obligación o para dar énfasis a un consejo:
  You **must** be back by three. ◇ I **must** stop smoking. ◇ You **must** see that movie – it's great!
- **Have to** (y have got to en Gran Bretaña) también se pueden utilizar para expresar obligación y deber. Por lo general, sólo se utiliza en presente.
  ➲ Ver tb nota en MUST
  I **have to** hand my essay in before Friday. ◇ I **have to** give up smoking.

## Prohibición

- **Mustn't** y **can't** se utilizan para expresar algo que está prohibido:
  You **mustn't** take photos inside the museum. ◇ They **can't** come in here.

## Consejos

- **Should** y **ought to** se utilizan para dar y pedir consejo:
  You **should** go to bed. ◇ You **ought to** clean your room more often. ◇ **Should** I take an umbrella?

You **shouldn't** leave the water running.

## Ofrecimientos, sugerencias y peticiones

- **Can, could, will** y **shall** (y en Estados Unidos should también) se usan para ofrecer, sugerir y pedir cosas:
  **Can** I help you? ◇ **Could** you open the door, please? ◇ **Will** you stay for tea? ◇ **Shall** we go out for a meal?

## Permiso

- **Can** y **could** se utilizan en presente y en pasado para expresar permiso para hacer algo:
  **Can** I go now? ◇ **Could** I possibly borrow your car? ◇ You **can** come if you want.

- En presente también se pueden usar **may** y **might**, pero son más formales:
  **May** I use your phone? ◇ Books **may** only be borrowed for two weeks. ◇ **Might** I make a suggestion?

## Capacidades y habilidades

- **Can** y **could** se utilizan para expresar lo que uno puede o sabe hacer, tanto en presente como en pasado:
  I **can** speak Italian. ◇ **Can** you ride a bike? ◇ She **couldn't** do it. ◇ I **could** run for miles when I was younger.

Recuerda que **be able to** también se utiliza en este sentido:
He **has been able to** swim for a year now. ◇ One day **we will be able to** travel to Mars.
➔ Ver tb nota en CAN¹

---

## Phrasal verbs

Los *phrasal verbs* son verbos formados por dos o tres palabras. La primera palabra es siempre un verbo y puede ir seguido de un adverbio (**lie down**), una preposición (**look after sb/sth**) o ambas (**put up with sb/sth**).

Los *phrasal verbs* aparecen al final de la entrada del verbo principal, en la sección marcada PHRV. Esta es la última parte de la entrada de **give**:

> PHRV **give sth away** regalar algo
> **give sth/sb away** delatar algo/a algn  **give (sb) back sth; give sth back (to sb)** devolver algo (a algn)  **give in (to sth/sb)** ceder (a algo/algn)  **give sth in** (GB) (USA **hand sth in**) entregar algo  **give sth out** repartir algo  **give up** abandonar, rendirse  **give sth up; give up doing sth** dejar algo, dejar de hacer algo: to give up smoking dejar de fumar ◇ to give up hope perder las esperanzas

Como puedes ver, los *phrasal verbs* de cada verbo están ordenados alfabéticamente según las partículas que les siguen (**away, back, in**, etc.).

Muchas veces un *phrasal verb* puede ser sustituido por otro verbo con el mismo significado. Sin embargo, los *phrasal verbs* se utilizan mucho en el inglés hablado y los equivalentes no "*phrasal*" en el inglés escrito o en situaciones más formales. Tanto **get over** como **overcome** significan "superar", pero se utilizan en contextos diferentes.

Algunas partículas tienen significados especiales que se mantienen incluso cuando ocurren con verbos distintos. Fíjate en el uso de **back, on** y **up** en las siguientes frases:

I'll **call** you **back** later. ◇ She wrote him but he never **wrote back**. ◇ **Carry on** with your work. ◇ They **stayed on** for another week at the hotel. ◇ **Drink up!** We have to go. ◇ **Eat up** all your vegetables. They're good for you.

I'll **call** you **back** later.

En estas frases **back** indica que se devuelve algo (una llamada, una carta), **on** da un sentido de continuidad a los verbos y **up** indica que algo se ha terminado por completo.

# La puntuación inglesa

**.** El punto (**period**, *GB* **full stop**) pone fin a la frase siempre que esta no sea una pregunta o una exclamación:
*We're leaving now.* ◊ *Thank you.*
También se usa en abreviaturas:
*Walton St.*
y en direcciones de Internet o de e-mail, donde se lee "dot":
*www.oup.com*

**?** El signo de interrogación (**question mark**) se pone al final de una frase interrogativa directa:
*'Who's that man?', Jenny asked.*

**!** El signo de admiración (**exclamation point**, *GB* **exclamation mark**) se pone al final de una frase exclamativa y después de una interjección:
*Oh no! The cat's been run over.* ◊ *Wow!*

**,** La coma (**comma**) indica una breve pausa dentro de una frase:
*I ran all the way to the station, but I still missed the train.*
También se usa para citar a una persona:
*Fiona said, 'I'll help you.'*
◊ *'I'll help you', she said.*
y para separar los elementos de una lista:
*This store sells books, DVDs and CDs.*
La coma se usa también para separar un *question tag* del resto de la frase:
*It's pretty expensive, isn't it?*

**:** Los dos puntos (**colon**) se utilizan para introducir listas de objetos:
*There is a choice of main course: roast beef, turkey or omelet.*

**;** El punto y coma (**semicolon**) se usa en lugar de una coma para separar elementos de una lista cuando la frase ya contiene comas:
*The school uniform consists of navy blue skirt or pants; gray, white or pale blue shirt; navy sweater or cardigan.*

**'** El apóstrofo (**apostrophe**) se usa para indicar que se ha omitido una letra, como en el caso de las formas contractas:
*hasn't* ◊ *don't* ◊ *I'm* ◊ *he's*
También indica posesión:
*my friend's car* ◊ *Jane's mother*

**""** Las comillas (**quotation marks**, **inverted commas** o **quotes**) pueden ser simples (') o dobles ("). Se usan para introducir las palabras o los pensamientos de una persona:
*'Come and see,' said Martin.*
También se usan para hacer referencia a títulos de libros, películas, etc.:
*'Have you read "Emma"?' he asked.*

**-** El guión (**hyphen**) se usa para unir dos o más palabras que forman una unidad:
*mother-in-law* ◊ *a ten-ton truck*
También se usa para unir un prefijo a una palabra:
*non-violent* ◊ *anti-British*
y en números compuestos:
*thirty-four* ◊ *seventy-nine*

**—** La raya (**dash**) se utiliza para separar una frase o explicación dentro de una oración más amplia:
*A few people — not more than ten — had already arrived.*
También se utiliza al final de la oración para resumir su contenido:
*Men were shouting, women were screaming, children were crying — it was chaos.*

**/** La barra (**slash**) se usa para separar los diferentes componentes de una dirección de Internet. Se le llama también **forward slash** para distinguirla de la barra invertida (**backslash**):
*http://www.oup.com/elt*

# La ortografía inglesa

La ortografía inglesa puede resultar
un poco complicada porque la forma
escrita es bastante diferente de la forma
oral. Para ayudarte, aquí tienes algunos
consejos y ejercicios útiles para entender
cómo se escriben las palabras en inglés.

## Consonantes mudas

Hay muchas palabras que tienen
consonantes mudas, es decir, una o más
letras que no se pronuncian:

| | | |
|---|---|---|
| **although** | **doubt** | **foreign** |
| **listen** | **Wednesday** | **which** |

*Ejercicio*

Mira estas palabras y decide cuál es la
letra que no se pronuncia en cada una
de ellas:

| | | | | |
|---|---|---|---|---|
| **comb** | **knife** | **muscle** | **calm** | **sign** |
| **science** | **castle** | **autumn** | **would** | **iron** |

## Consonantes dobles

En algunas palabras la consonante final
se repite antes de las desinencias
**ed, er, est, ing,** y **y:**

*slip* Y *slipped*          *fit* Y *fitter*
*put* Y *putting*          *faithful* Y *faithfully*

Esto sólo ocurre cuando la palabra acaba
en consonante + vocal + consonante:

*tap* Y *tapping* PERO *tape* Y *taping*
*fat* Y *fatter* PERO *fast* Y *faster*
*bet* Y *betting* PERO *beat* Y *beating*

y lo indicamos en la entrada de la
siguiente forma:

**ʅ mad** /mæd/ *adj* (**madder, -est**) **1** ~ (**at/with
sb**); ~ (**about sth**) (*esp USA, coloq*) furioso
(con algn), furioso (por algo) **2** (*esp GB*)
loco: *to be/go mad* estar/volverse loco
**3** ~ **about/on sth/sb** (*GB, coloq*) loco por
algo/algn **LOC** *like mad* (*esp GB, coloq*)
como loco

**skim** /skɪm/ (**-mm-**) **1** *vt* descremar,
espumar **2** *vt* pasar casi rozando **3** *vt, vi*
~ (**through/over**) **sth** leer algo por encima

**Respuestas**

**Ejercicio**

comb knife muscle calm sign
science castle autumn would iron

A continuación tienes una lista de algunas
palabras que se escriben con consonante
doble:

acco**mm**odation
di**ff**erent
a**dd**ress
disa**pp**ointed
ca**ss**ette
e**x**cellent
co**ff**ee
mi**ll**ion
co**ll**eague
reco**mm**end
co**mm**ercial
su**cc**e**ss**ful
co**mm**i**tt**ee
su**ff**er

¿Cómo se escribe
"dirección" en inglés?

## Mayúsculas

Recuerda que en inglés se escriben con
mayúscula:

● los días de la semana:
  *Sunday, Thursday*

● los meses:
  *January, December*

● las festividades:
  *Easter, Halloween, Christmas*

● los gentilicios:
  *She's Italian.* ◇ *Spanish music*

● los idiomas:
  *I speak Russian.*

● los sustantivos y los adjetivos relativos
  a las creencias religiosas, políticas, etc.:
  *He's Jewish.* ◇ *I'm a Catholic.* ◇ *Nationalist
  movements*

❶ Las estaciones del año se escriben con
minúscula (p. ej. *summer*).

## Palabras con guión

Muchas palabras se pueden escribir con
o sin guión, p. ej. **email** o **e-mail** (en este
diccionario utilizamos la forma **email**).

Normalmente se usa guión en los adjetivos
compuestos acabados en **ed** o **ing:**

*dark-eyed* ◇ *hard-working*
◇ *good-looking*

⊃ *Ver tb nota en* WELL BEHAVED

# Cómo escribir cartas y correos electrónicos

## Cartas formales

No escribas tu nombre al principio de la carta.

Escribe tu dirección aquí, alineada con la despedida y la firma al final de la carta. Puedes también preferir alinear todos los párrafos al margen izquierdo de la página.

3 Brook Road
St. Louis, Missouri
63130

Escribe el nombre, puesto, y dirección de la persona a quien está dirigida la carta.

Chris Summit
Director of Human Resources
BLC Computers
15 Laclede Street
St. Louis, Missouri 63157

Escribe la fecha completa aquí.

April 20, 2007

Usa el título de la persona a quien está dirigida la carta (*Mr.*, *Ms.*, etc..), acompañado de su apellido. Usa los saludos *Dear Sir* o *Dear Madam* sólo cuando no sabes el nombre de la persona.

Dear Mr. Summit,

I am writing to apply for the position of software technician advertised in The Echo on April 16. I have enclosed a copy of my résumé. ❶

Evita contracciones o formas abreviadas.

Since graduating from the University of Michigan, I have been working in software design and have gained considerable experience in developing personalized packages. I am proficient at programming in five different languages, including C++ and Java. My job has also given me some insight into systems analysis. ❷

Usa conjunciones y expresiones formales.

I am now seeking employment with a company where I can gain more experience and where there are more opportunities for promotion. I am sure I could make a significant contribution and would be happy to demonstrate some of my programs to you. ❸

I am available for an interview at your convenience and look forward to hearing from you soon. ❹

Termina tu carta con *Sincerely* o *Sincerely Yours*.

Sincerely yours,

*Andrew Mason*

Andrew Mason

Firma arriba de tu nombre completo.

### párrafo ❶
Explica cuál es el puesto que estás solicitando y cómo y dónde fue que supiste sobre dicho puesto.

### párrafo ❷
Describe brevemente lo más relevante de tus estudios y tu experiencia.

### párrafo ❸
Explica por qué quieres este puesto y por qué te consideras capacitado para ejercerlo.

### párrafo ❹
Informa sobre tus datos de contacto y acerca de tu disponibilidad para entrevistas.

## Correos electrónicos

Los mensajes de correo electrónico pueden ser formales o informales, dependiendo de la relación entre las personas involucradas. De cualquier manera, todos los e-mails deben seguir ciertas reglas básicas:

- Presentar un estilo consistente. No pasar de estilo informal a formal, o viceversa.

- Las apariencias son importantes y hay que recordar que las frases y los párrafos deben estar bien construidos.

- Los correos electrónicos deben ser breves y objetivos.

En un e-mail formal, se recomienda comenzar con *Dear*.... Sin embargo, no hay un fórmula específica sobre cómo finalizar el mensaje, y puede usarse simplemente el nombre.

### Ejercicio

Ve los siguientes dos e-mails que solicitan algo. La relación entre el remitente y el destinatario es diferente en cada uno de los dos mensajes. Usa las expresiones de la lista de abajo para completar los espacios en los dos e-mails.

a  I am writing to ask you

b  Should we also

c  We would like you to

d  Could you

e  I would be grateful if you

f  Can you arrange this

**Solicitud informal a un compañero de trabajo:**

Andrew

1 _____ order 20 packs of the photocopy paper? 2 _____ and let me know the delivery date? 3 _____ get some packs of staples at the same time?

Sarah

**Solicitud formal a alguien que tú no conoces personalmente:**

Dear Mr. Webb,

4 _____ if you would be able to give a presentation at our board meeting on Thursday, February 7.

5 _____ talk about your current projects and how your consultants could help our company.

6 _____ could let me know as soon as possible.

Regards,
Elaine Jackson

# Cómo corregir tus propios textos

Si cometes muchos errores y faltas de ortografía al escribir una carta, una redacción o cualquier otro documento, a la gente le puede costar entenderlo. Además, estos errores te pueden bajar la calificación en un examen. Por eso, es importante que revises tu trabajo y corrijas todos los errores que encuentres, para lo cual te puede ser de gran ayuda el *Oxford Escolar*.

Observa ahora un texto que fue escrito por un alumno y que contiene numerosos errores. Intenta corregirlos con la ayuda del diccionario y las pistas que te damos en la página siguiente.

Last summer I went to Boston to study english in a langage school. I was in Boston during two months. I stayed with an american family, who dwell in a suburb near the city. Mrs Taylor works as an atorney and her spouse has a good work with an insuranse company.

I enjoyed to be at the langage school. I meeted students of many diferent nationalitys — Japanesse, Italien, Portugal and spain. The professors were very sympathetic and teached me a lot, but I didn't like making so many homeworks!

## Pistas para la corrección de textos

### ☐ ¿He utilizado la palabra correcta?

En este diccionario incluimos notas sobre palabras que la gente tiende a confundir. Busca entradas como **sympathetic**, **work** o cualquier otra que lo haga dudar.

### ☐ ¿He escogido el estilo más adecuado?

Puede que algunas de las palabras que has utilizado sean demasiado formales o informales para el texto que escribiste. Compruébalo en las entradas correspondientes del *Oxford Escolar*.

### ☐ ¿He combinado correctamente las palabras?

¿Se dice *to **make** your **homework*** o *to **do** your **homework***? Si no estás seguro, consulta las entradas de los verbos correspondientes, donde encontrarás un ejemplo que lo aclare.

### ☐ ¿Qué preposición debo utilizar?

¿Se dice *close to* o *close from*? Las preposiciones en inglés pueden llegar a ser una pesadilla... ¡parece que cada sustantivo, adjetivo y verbo lleva una preposición diferente! Este diccionario te ayudará a la hora de hacer la elección.

### ☐ ¿He acertado con la estructura sintáctica?

¿*Enjoy to do sth* o *enjoy doing sth*? La entrada **enjoy** te ayudará a solucionar esta duda. Asegúrate de comprobar este tipo de estructuras en el texto.

### ☐ ¿He cometido faltas de ortografía?

Ten cuidado con aquellas palabras que se parecen a las de tu propia lengua, ya que a menudo se escriben de distinta manera. Fíjate también en los nombres de países y nacionalidades (encontrarás una lista en las páginas 684–687). Comprueba las terminaciones del plural, las formas en *ing*, las dobles consonantes, etc.

### ☐ ¿Es el texto gramaticalmente correcto?

¿Te fijaste en si los sustantivos son contables o incontables? ¿Utilizaste el pasado y el participio correctos en los verbos? Consulta la lista de verbos irregulares del interior de la contraportada para asegurarte.

Ahora ya puedes darle la vuelta a la página para comprobar las respuestas.

---

# Cómo aprender vocabulario

## 1  Categorías

Mira la ilustración en la entrada **coche**. Puedes usarla para rellenar la columna de *fuera del coche*, para objetos que son parte del exterior del coche. Usa el *Oxford Escolar* para encontrar palabras para objetos que están *dentro del coche*.

| Coches | |
|---|---|
| fuera del coche | dentro del coche |
| *bumper* | |

Ahora mira la ilustración en **contenedor** y haz una lista para las categorías *para sólidos* y *para líquidos*.

## 2  Mapas mentales

Busca la palabra **computadora** en tu diccionario. Usa esta ilustración y también la de la página 486 para rellenar el mapa mental con palabras relacionadas con **computadora**.

Ahora dibuja otro mapa mental para la palabra **comida**.

## 3  Partes de la oración

Revisa un texto que hayas estudiado recientemente y escoge cinco verbos importantes que estén en el texto. Haz una lista con estos verbos en la tabla de la derecha y usa tu diccionario para encontrar si tienen adjetivos y sustantivos que sean similares en su forma. Puede ser que algunos verbos no tienen ambas formas.

| verbo | adjetivo | sustantivo |
|---|---|---|
| *pollute* | *polluted* | *pollution* |

## 4   ¿Qué palabra debo usar?

*El Oxford Escolar* puede mostrarte
qué palabras se usan en combinación
con otras palabras. Mira las entradas
de los sustantivos a la derecha y usa la
información para decir qué palabras van
con **give** y qué palabras van con **take**.

Ejemplo : *to give sb a push*

| give | take |
|------|------|
| *push* | |

bus

risk

shower

exam

push

hug

lift

lecture

photo

ring

## 5   Acrónimos y abreviaturas

¿Qué significan los siguientes acrónimos y abreviaturas? Escribe la
forma completa de cada uno de los acrónimos.

| BC | FAQ | DIY | ISP | CD |
|------|------|------|------|------|
| UFO | VIP | EU | NGO | |

### Acrónimos y abreviaturas

| Forma corta | Forma completa |
|-------------|----------------|
| *BC* | *before Christ* |

# Falsos cognados

¡Ojo con los falsos cognados!

Muchas palabras inglesas se parecen a las palabras en español. Algunas tienen el mismo significado, como **television** (televisión) y **biology** (biología), pero otras tienen significados totalmente distintos. Estas palabras parecidas pero de distinto significado se llaman **false friends** (falsos cognados). Es muy importante aprender las diferencias para no cometer errores, como, por ejemplo, decir que alguien es **sympathetic** (comprensivo) cuando lo que quieres decir es que es **nice** (simpático).

Aquí hay una lista de algunos **false friends** con su verdadero significado en inglés.

| Esta palabra en español... | se dice en inglés... | y no... | que es... |
|---|---|---|---|
| actual | current; present-day | actual | exacto; real; propiamente dicho |
| actualmente | at the moment | actually | en realidad, de hecho |
| agenda | datebook; address book | agenda | orden del día |
| asistir | to attend | to assist | ayudar, asistir |
| aviso | notice; warning | advice | consejos |
| compromiso | commitment; agreement; engagement; awkward situation | compromise | acuerdo |
| conductor, -ora | driver | conductor | director, -ora (de orquesta) |
| diversión | pastime; fun; entertainment | diversion | desviación |
| educado | polite | educated | culto |
| embarazada | pregnant | embarrassed | avergonzado |
| éxito | success; hit | exit | salida |
| genial | brilliant | genial | simpático |
| intentar | to try | to intend | tener la intención de |
| largo | long | large | grande; extenso, amplio |
| lectura | reading | lecture | conferencia; sermón |
| librería | bookstore | library | biblioteca |
| molestar | to bother; to disturb; to upset | to molest | agredir sexualmente |
| noticia | news; news item | notice | anuncio, cartel; aviso; dimisión; reseña |
| pariente | relation | parent | madre/padre |
| receta | recipe; prescription | receipt | recibo |
| recordar | to remind; to remember | to record | registrar, anotar; grabar; marcar |
| resumir | to summarize; to sum up | to resume | reanudar(se); recobrar, volver a tomar |
| sensible | sensitive; noticeable | sensible | sensato; acertado |
| simpático | nice | sympathetic | comprensivo, compasivo |

## ¡No te confundas!

Cuando leas un texto en inglés, no te dejes engañar por palabras como las siguientes, que se parecen mucho a palabras españolas, pero tienen un significado completamente distinto.

| Que no te engañe... | que significa... |
| --- | --- |
| carpet | alfombra |
| casual | superficial; sin importancia; informal; fortuito |
| comprehensive | global, completo |
| compromise | acuerdo |
| constipated | estreñido |
| to contest | rebatir; impugnar; disputar |
| costume | traje, disfraz; vestuario |
| crude | burdo; grosero |
| deception | engaño |
| disgust | asco, repugnancia |
| fabric | tejido, tela |
| intoxication | embriaguez |
| marmalade | mermelada (de cítricos) |
| mascara | rímel |
| petrol | gasolina |
| to presume | asumir |
| to realize | darse cuenta; cumplir |
| stranger | desconocido, -a; forastero, -a |
| topic | tema |

## Busca las diferencias

La palabra española *collar* se traduce **collar** cuando nos referimos al collar de un perro, un gato, etc. Sin embargo, si hablamos del adorno que se pone alrededor del cuello, se dice **necklace**.

collar *nm* **1** (*adorno*) necklace: *un ~ de esmeraldas* an emerald necklace **2** (*perro, gato*) collar

collar /ˈkɑlər/ *n* **1** (*camisa, etc.*) cuello **2** (*perro*) collar

Ten cuidado al utilizar palabras como estas, ya que a veces tienen el mismo significado en los dos idiomas, pero otras veces no.

1 Completa el siguiente cuadro dando una segunda traducción de las palabras en **negrita**:

| | | |
| --- | --- | --- |
| **collar** → collar | | floor |
| **carrera** → career | | warn |
| **prevenir** → prevent | | necklace |
| **planta** → plant | | royal |
| **precioso** → precious | | degree |
| **real** → real | | lovely |

2 Elige ahora la palabra correcta en las siguientes frases:

1 Have you finished your **degree/career** yet?

2 Our dog has a leather **necklace/collar**.

3 I **prevented/warned** him that he would get into trouble.

4 In hot weather, water your **floors/plants** every day.

5 What a **lovely/precious** dress!

6 The **real/royal** family have a palace on the island.

# El inglés de Estados Unidos y Gran Bretaña

Las diferencias entre el inglés americano y el británico no se limitan a la pronunciación, sino que también se extienden al vocabulario, la ortografía y las estructuras gramaticales.

## VOCABULARIO

A pesar de que el inglés británico y el americano son muy parecidos, existen diferencias léxicas importantes entre ambos. A continuación algunos de los ejemplos más comunes:

| USA | GB |
|---|---|
| fall | autumn |
| movie theater | cinema |
| (potato) chips | crisps |
| cell phone | mobile (phone) |
| sidewalk | pavement |
| gas | petrol |
| trash | rubbish |
| candy | sweets |
| pants | trousers |
| zucchini | courgette |

Este diccionario incluye tanto el inglés americano como el británico. Cuando una palabra tiene una variante geográfica, esta aparece en la entrada correspondiente.

**eggplant** /'egplænt; GB -plɑ:nt/ (GB **aubergine**) n berenjena

**aubergine** /'oʊbərʒi:n/ n (GB) **1** (USA **eggplant**) berenjena **2** color morado

## ORTOGRAFIA

### En inglés británico

La l al final de algunos verbos se duplica:

| USA | GB |
|---|---|
| cancel**i**ng | cancel**l**ing |
| trave**l**ed | trave**l**led |

La terminacion **ter** del inglés americano se cambia a **tre**:

| USA | GB |
|---|---|
| cen**ter** | cen**tre** |
| thea**ter** | thea**tre** |

La terminacion **ense** del inglés americano se cambia normalmente a **ence**:

| USA | GB |
|---|---|
| def**ense** | def**ence** |
| lic**ense** | lic**ence** |

Muchas palabras que tienen terminación **or** en el inglés americano, así como sus derivadas, en inglés británico se escriben con **our**:

| USA | GB |
|---|---|
| fav**or** | fav**our** |
| col**or** | col**our** |
| col**or**ful | col**our**ful |

Varias palabras que se escriben con **og** o **ogue** del inglés americano, se escriben solamente con **ogue** en inglés británico:

| USA | GB |
|---|---|
| catal**og**/catal**ogue** | catal**ogue** |
| dial**ogue**/dial**og** | dial**ogue** |

Muchos verbos que en inglés americano sólo existen en la forma **ize** pueden terminar con **ize** o **ise** en inglés británico. Lo mismo sucede con sus derivados:

| USA | GB |
|---|---|
| real**ize** | real**ize**, -**ise** |
| real**iz**ation | real**iz**ation, -**is**ation |

Sin embargo, hay palabras como **advise**, **surprise** y **exercise** que se escriben con **ise** tanto en inglés americano como británico.

Otros casos en que la ortografía cambia:

| USA | GB |
|---|---|
| analyze | analyse |
| anemia | anaemia |
| check | cheque |
| cozy | cosy |
| gray | grey |
| jewelry | jewellery |
| mold | mould |
| pajamas | pyjamas |
| plow | plough |
| practice | practise (*verbo*) |
| skeptical | sceptical |
| tire | tyre |

## GRAMÁTICA

*Present perfect y past simple*

En el inglés americano se puede utilizar el *past simple* con adverbios como **just**, **yet** y **already**. En estos casos, a su vez, en el inglés británico se utiliza el *present perfect*:

| USA | GB |
| --- | --- |
| *I just saw her.* | *I've just seen her.* |
| *Did you hear the news yet?* | *Have you heard the news yet?* |
| *I already gave her my present.* | *I have already given her my present.* |

*Have* en frases interrogativas y negativas

Para indicar la idea de posesión el inglés americano utiliza **have** cuando la frase es interrogativa o negativa. En el inglés británico se puede usar **have** o **have got**:

| USA | GB |
| --- | --- |
| *I don't have enough time.* | *I haven't (got) enough time./I don't have enough time.* |
| *Do you have a camera?* | *Have you got a camera?/Do you have a camera?* |

*Gotten y got*

En el inglés americano el participio pasado de **got** es **gotten**, y en el inglés británico se utiliza **got**:

| USA | GB |
| --- | --- |
| *Her driving has gotten much better.* | *Her driving has got much better.* |

*Will y shall*

En el inglés americano, para formar la primera persona del futuro, sólo se utiliza **will**. En el inglés británico se puede usar **shall** o **will**:

| USA | GB |
| --- | --- |
| *I will be here tomorrow.* | *I shall/will be here tomorrow.* |

En el inglés británico también se utiliza **shall** para ofrecer algo o hacer una sugerencia. En el inglés americano se emplea **should**:

| USA | GB |
| --- | --- |
| *Should I open the window?* | *Shall I open the window?* |

Preposiciones y adverbios

| USA | GB |
| --- | --- |
| *to stay home* | *to stay at home* |
| *Monday through Friday* | *Monday to Friday* |
| *on the weekend* | *at the weekend* |
| *a quarter after ten* | *a quarter past ten* |
| *Write me.* | *Write to me.* |

Verbos irregulares

Los verbos **burn**, **dream**, **lean**, **leap**, **learn**, **smell**, **spill**, y **spoil** tienen dos formas de pasado y participio, una regular (**burned**, **dreamed**, etc.) y otra irregular (**burnt**, **dreamt**, etc.) En el inglés americano se utiliza solamente la forma regular para el pasado y participio, pero en el inglés británico se usan ambas formas indistintamente:

| USA | GB |
| --- | --- |
| *They burned the old sofa.* | *They burned/burnt the old sofa.* |

# Palabras que van juntas

El *Oxford Escolar* no solo te da traducciones, sino que además te muestra cómo utilizar las palabras de forma correcta.

## ¡Sigue el ejemplo!

Recuerda que cuando buscas una palabra en el diccionario hay ejemplos que ilustran con qué otras palabras se utiliza normalmente.

¿Se dice *to say a joke* o *to tell a joke*? Si miras los ejemplos en **joke** verás que se dice "*to tell a joke*".

**joke** /dʒəʊk/ *n* **1** chiste: *to tell a joke* contar un chiste **2** broma, guasa: *to play a joke on sb* hacer una broma a algn **3** [*sing*] (*coloq*) cachondeo

---

## Ejercicio 1   Combinaciones únicas

Une cada palabra del grupo **A** con otra del grupo **B** con la que suele utilizarse. Busca las palabras del grupo **B** en el diccionario y apunta los ejemplos.

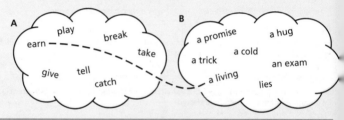

**A**
play
break
earn
take
give   tell
catch

**B**
a promise          a hug
a trick     a cold
an exam
a living          lies

---

## ¡Elige la palabra correcta!

Los ejemplos del lado español también te pueden ayudar a elegir la palabra correcta. Por ejemplo, a veces puede resultar difícil saber si se usa *do* o *make* con un sustantivo determinado. Mira la entrada **llamada**:

**llamada** *nf* call: *hacer una ~ (telefónica)* to make a (phone) call ╟LOC╢ **llamada por cobrar** collect call, reverse charge call

El ejemplo te indica que *Tengo que hacer una llamada urgente* se dice *I need to make an urgent phone call.*

---

## Ejercicio 2   ¿Qué "hacer"?

Indica cuál de los dos verbos es el correcto en estos ejemplos:

**1** I need to *do/make* sit-ups twice a day. (**abdominal**)
**2** Can you *do/make* a copy of this key, please? (**copia**)
**3** Come on! Let's *do/make* a jigsaw! (**rompecabezas**)
**4** Will you call the restaurant to *do/make* a reservation? (**reservación**)
**5** I'd like to *do/make* a request. (**petición**)

Comprueba tus respuestas en las entradas de las palabras en **negrita**.

320

El *Oxford Escolar* te indica qué preposición se utiliza detrás de un sustantivo, verbo o adjetivo. Mira la entrada **married**:

**married** /'mærid/ *adj* ~ **(to sb)** casado (con algn): *to get married* casarse ◊ *a married couple* un matrimonio

En esta entrada se nos dice que **married** va seguido de la preposición **to**.

### Ejercicio 3 Lo que falta

Busca la palabra en **negrita** en el lado inglés–español del diccionario y completa las frases siguientes con la preposición adecuada:

**to   of   on   for**

1 **Wait** ........ me in the hall.
2 Who does that book **belong** ........?
3 He's very **proud** ........ his new car.
4 Everybody was very **nice** ........ me when I was in hospital.
5 They want a **ban** ........ carbon emissions.
6 The whole house **smells** ........ garlic.

El *Oxford Escolar* te dice qué construcción se debe utilizar detrás de un verbo determinado. Mira la entrada **begin**:

**begin** /bɪ'gɪn/ *vt, vi* (-nn-) (*pt* **began** /bɪ'gæn/ *pp* **begun** /bɪ'gʌn/) ~ **(doing/to do sth)** empezar (a hacer algo): *Shall I begin?* ¿Empiezo yo?

La entrada indica que se puede decir tanto *to begin doing something* como *to begin to do something*.

### Ejercicio 4 ¿Qué sigue?

Completa las frases siguientes, poniendo la forma correcta del verbo entre paréntesis. Si necesitas ayuda, busca la palabra en **negrita** en el lado inglés–español de tu diccionario:

1 Please **stop** ........................ (*annoy*) me!
2 I've **persuaded** Kate ........................ (*come*) to the party.
3 My mother won't **let** me ............... (*swim*) after lunch.
4 Haven't you **finished** ...................... (*clean*) your room yet?
5 He **keeps** (on) ................................ (*call*) me late at night.
6 You're not **allowed** ........................ (*talk*) in here.
7 I **enjoy** ........................ (*go*) to the movies.
8 I don't want to **risk** ........................ (*lose*) my place in the line.

---

## Respuestas

Ejercicio 1
**Combinaciones únicas**
earn a living, tell lies, give a hug, take an exam, play a trick, catch a cold, break a promise

Ejercicio 2
**¿Qué "hacer"?**
1 do   2 make   3 do   4 make   5 make

Ejercicio 3
**Lo que falta**
1 for   2 to   3 of   4 to   5 on   6 of

Ejercicio 4
**¿Qué sigue?**
1 annoying   2 to come   3 swim
4 cleaning   5 calling   6 to talk
7 going   8 losing

# ¡A comer en los EE.UU.!

Muchas familias estadounidenses suelen salir a comer varias veces por semana, sobre todo si los padres trabajan. La gente disfruta de comer fuera en una variedad de restaurantes ya que no resulta tan caro en los Estados Unidos como en otros países.

Si una persona tiene prisa, puede ir a un **fast-food restaurant**, donde la comida se puede ordenar desde el coche (**the drive-through**) o en el mostrador (**at the counter**). Puede pedir la comida para comer ahí mismo (**to eat in**) o para llevar (**to go**). Otra manera de ahorrar tiempo es comprar comida preparada (**takeout**) en una salchichonería (**delicatessen** – también se le llama **deli**), para luego servir y comerla en casa.

## El desayuno

Algunos disfrutan de salir a desayunar en un restaurante los fines de semana. Pueden pedir un omelette, hot cakes (llamados **pancakes** en Estados Unidos) o **waffles** con miel (**syrup**). Algunos restaurantes ofrecen los domingos un **brunch** especial, que es una combinación de desayuno y comida tipo buffet que incluye carnes, ensaladas, huevos revueltos, pan y postres. Entresemana, lo normal es desayunar en casa de manera más ligera. El desayuno se compone de cereal, pan tostado, jugo, café, etc.

| EE.UU. | México y Centroamérica |
|---|---|
| breakfast | el desayuno/almuerzo |
| lunch/dinner | la comida |
| dinner/supper | la cena/merienda |

## La comida y la cena

**Lunch**, **dinner** y **supper** significan cosas distintas en las diferentes regiones de los Estados Unidos. La comida principal es la cena (**dinner**), que la mayoría de la gente come alrededor de las seis de la tarde. Algunas personas llaman esta comida **supper**.

La comida del mediodía (**lunch**) se come aproximadamente a las doce, y es más ligera que la cena. Puede consistir en un sandwich acompañado por sopa o una pequeña ensalada (**side salad**). La gente que trabaja a veces toma un **coffee break** con café y una dona o algún otro bocado a media mañana y otra vez a media tarde.

# El sistema de educación en los EE.UU.

## Escuelas

La mayoría de los niños norteamericanos van a escuelas oficiales, que son gratuitas. En los Estados Unidos estas se llaman **public schools**, y no deben confundirse con las **public schools** británicas. También existen los colegios particulares (**private schools**) que a veces son respaldados por organizaciones religiosas.
➲ *Ver tb nota en* ESCUELA

## Graduación

Los alumnos pueden graduarse en **high school** si han reunido suficientes **units** (aproximadamente 120 horas de clase en una materia). Casi todos los alumnos reúnen **units** en materias básicas (y obligatorias) llamadas **requirements** en sus primeros años de **high school**. En los dos últimos años pasan a materias electivas y más especializadas llamadas **electives**.

## Evaluaciones

No existe un sistema nacional de exámenes, aunque algunas escuelas y algunos estados hacen sus propios exámenes al final de cada semestre. En general, se evalúa a los alumnos por el proceso de **continuous assessment**, lo que significa que los maestros evalúan a los alumnos durante todo el año con base en sus calificaciones en pruebas, discusiones, y trabajo escrito y oral. Si los estudiantes quieren continuar su educación, algunas universidades y colegios les exigen presentar un examen, el **SAT (Scholastic Aptitude Test)**.

## Estudios superiores

La mayoría de los programas universitarios tienen una duración de cuatro años. Muchas universidades son privadas, pero los estudiantes también tienen que pagar para asistir a las universidades públicas. No hay exámenes finales; los estudiantes reciben un **degree** si han reunido suficientes **credits** en la materia elegida.

Los estudiantes extranjeros que quieran hacer estudios universitarios en Estados Unidos deben presentar el **SAT** y obtener el número de puntos requeridos por la universidad a la que solicitan admisión, además de presentar el examen de **TOEFL** si no son hablantes nativos de inglés.

Esta tabla muestra cómo se organiza generalmente la educación en los Estados Unidos, aunque existen sistemas diferentes en algunos estados.

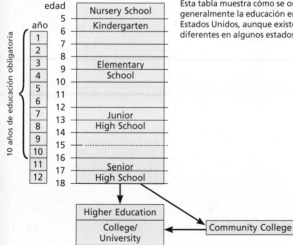

# Sinónimos y antónimos

## Sinónimos

En algunas ocasiones existe una palabra más normal para decir algo u
otra forma de decirlo. El diccionario contiene notas de uso con sinónimos
para ayudarte a aprender más vocabulario.

> **construct** /kən'strʌkt/ *vt* construir
> ❶ La palabra más normal es **build**.

**1** Forma parejas de palabras que tengan el mismo significado. En las
entradas de las palabras en **negrita** hay notas de uso que te ayudarán a
elegir.

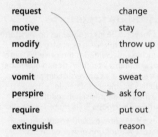

| | |
|---|---|
| request | change |
| motive | stay |
| modify | throw up |
| remain | need |
| vomit | sweat |
| perspire | ask for |
| require | put out |
| extinguish | reason |

## Antónimos

El diccionario te da también antónimos de palabras. En el lado español–inglés esto
viene ilustrado en muchos ejemplos. Mira la entrada **pendiente**:

> **pendiente** *adj* **1** (*asunto, factura, pro-*
> *blema*) outstanding **2** (*decisión, veredicto*)
> pending
> ▶ *nf* (*terreno*) slope: *una ~ suave/pronun-*
> *ciada* a gentle/steep slope

**2** Busca la palabra en español en el diccionario y mira el ejemplo.

¿Cuál es el antónimo de…

1 to turn the volume down (volumen)? .............................................
2 dark skin (piel)? .............................................
3 a high tide (marea)? .............................................
4 good grades (nota)? .............................................
5 to turn the TV on (televisión)? .............................................
6 an even number (número)? .............................................
7 to put up a tent (tienda)? .............................................
8 good health (salud)? .............................................

## Por teléfono

Hello.
*Hello, is that Helen?*
Yes, speaking.
*Oh, hello. This is Mike.*

Hello, could I speak to Simon, please?
*Yes, of course. Can I ask who's calling?*
It's Liz.
*OK, just a minute, please.*

Good morning. Could I speak to Dr Jones, please?
*I'm afraid Dr Jones is out at the moment. Can I take a message?*
No, thank you. I'll call back later. Goodbye.

Hi, Will. This is Sarah.
*Hi, Sarah. Where are you calling from?*
I'm on my cell phone. I just wanted to tell you that I'll be an hour late.
*Thanks for letting me know. I'll see you later then.*
OK. See you later.

## Los mensajes de texto

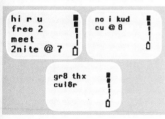

- Hi. Are you free to meet tonight at 7?
- No. I could see you at 8.
- Great. Thanks. See you later.

Para mandar mensajes de texto, se pueden usar las siguientes formas abreviadas:

| | |
|---|---|
| 2 | to, too, two |
| 2day | today |
| 2moro | tomorrow |
| 2nite | tonight |
| 4 | for, four |
| 4eva | forever |
| @ | at |
| asap | as soon as possible |
| b | be |
| b4 | before |
| brb | be right back |
| btw | by the way |
| cn | can |
| cu | see you |
| cud | could |
| evry1 | everyone |
| ez | easy |
| fone | phone |
| gd | good |
| gr8 | great |
| l8 | late |
| l8r | later |
| lol | laugh out loud |
| luvu | love you |
| msg | message |
| ne1 | anyone |
| neway | anyway |
| no1 | no one |
| pls | please |
| ppl | people |
| ruok? | are you OK? |
| sn | soon |
| spksn | speak soon |
| txt | text |
| thanx o thx | thanks |
| u | you |
| ur | you are |
| v | very |
| w | with |
| xoxoxo | hugs and kisses |
| yr | your, you're |

# A a

**A, a** /eɪ/ n (pl **As, A's, a's** /eɪz/) **1** A, a: *A as in apple* A de Andrés ◇ *"bean" (spelled) with an "a"* bean con "a" ◇ *"Awful" begins/starts with an "A".* "Awful" empieza por "A". ◇ *"Data" ends in an "a".* "Data" termina en "a". **2** (*Mús*) la **3** (*esp GB, Educ*) sobresaliente: *to get an A in French* sacar un diez en francés

**ℓ a** /ə, eɪ/ (tb **an** /ən, æn/) art **❶** A, an corresponde al español *un, una* excepto en los siguientes casos: **1** (*números*): *a hundred and twenty people* ciento veinte personas **2** (*profesiones*): *My mother is a lawyer.* Mi madre es abogada. **3** por: *200 words a minute* 200 palabras por minuto ◇ *two dollars a dozen* dos dólares la docena **4** (*con desconocidos*) un(a) tal: *Do we know a Tim Smith?* ¿Conocemos a un tal Tim Smith?

**aback** /əˈbæk/ adv **LOC** **be taken aback (by sth/sb)** quedarse sorprendido (por algo/algn)

**ℓ abandon** /əˈbændən/ vt abandonar: *We abandoned the attempt.* Abandonamos el intento. ◇ *an abandoned baby/car/village* un bebé/coche/pueblo abandonado

**abbey** /ˈæbi/ n (pl **abbeys**) abadía

**abbreviate** /əˈbriːvieɪt/ vt abreviar **abbreviation** n **1** ~ **(of/for sth)** abreviatura (de algo) **2** abreviación

**ABC** /ˌeɪ biː ˈsiː/ n **1** abecedario **2** abecé

**abdicate** /ˈæbdɪkeɪt/ vt, vi **1** abdicar **2** renunciar a: *to abdicate (all) responsibility* renunciar a toda responsabilidad

**abdomen** /ˈæbdəmən/ n abdomen **abdominal** /æbˈdɑmɪnl/ adj abdominal

**abduct** /əbˈdʌkt, æb-/ vt secuestrar **abduction** n secuestro

**abide** /əˈbaɪd/ vt **can't/couldn't ~ sth/sb** no soportar algo/a algn: *I can't abide them.* No los puedo soportar. **PHR V** **abide by sth 1** (*veredicto, decisión*) acatar algo **2** (*promesa*) cumplir con algo

**ℓ ability** /əˈbɪləti/ n (pl **abilities**) **1** capacidad: *her ability to accept change* su capacidad para asumir los cambios **2** aptitud, habilidad: *Despite his ability*

*as a dancer…* A pesar de sus aptitudes como bailarín…

**ablaze** /əˈbleɪz/ adj **1** en llamas: *to set sth ablaze* prender fuego a algo **2** be ~ **with sth** resplandecer de algo: *The garden was ablaze with flowers.* El jardín estaba inundado de flores.

**ℓ able** /ˈeɪbl/ adj **1** be ~ **to do sth** poder hacer algo: *Will he be able to help you?* ¿Podrá ayudarte? ◇ *They are not yet able to swim.* No saben nadar todavía. **➲** *Ver nota en* CAN¹ **2** (**abler, -est**) capaz: *the ablest students in the class* los estudiantes más capaces de la clase

**abnormal** /æbˈnɔːrml/ adj anormal **abnormality** /ˌæbnɔːrˈmæləti/ n (pl **abnormalities**) anormalidad

**aboard** /əˈbɔːrd/ adv, prep a bordo: *aboard the ship* a bordo del barco ◇ *Welcome aboard.* Bienvenidos a bordo.

**abode** /əˈboʊd/ n (formal) morada **LOC** *Ver* FIXED

**abolish** /əˈbɑlɪʃ/ vt abolir **abolition** /ˌæbəˈlɪʃn/ n abolición

**abominable** /əˈbɑmɪnəbl/ adj abominable

**aborigine** /ˌæbəˈrɪdʒəni/ n aborigen (australiano)

**abort** /əˈbɔːrt/ vt, vi abortar: *They aborted the launch.* Detuvieron el lanzamiento.

**abortion** /əˈbɔːrʃn/ n aborto (*intencionado*): *to have an abortion* abortar **➲** *Comparar con* MISCARRIAGE

**abortive** /əˈbɔːrtɪv/ adj (formal) fracasado: *an abortive coup/attempt* un golpe de estado/intento fracasado

**abound** /əˈbaʊnd/ vi ~ **(with/in sth)** abundar (en algo)

**ℓ about** /əˈbaʊt/ adv, prep, adj **❶** Para los usos de **about** en PHRASAL VERBS ver las entradas de los verbos correspondientes, p. ej. **lie about** en LIE².
▸ adv **1** más o menos: *about the same height as you* más o menos de tu misma altura **2** cerca de: *I got home at about seven thirty.* Llegué a la casa cerca de las siete y media. **➲** *Ver nota en* AROUND **3** (*esp GB*) por aquí: *She's somewhere about.* Está por aquí. ◇ *There are no jobs about at the moment.* De momento no hay ningún trabajo. **4** casi: *Dinner's about ready.* La cena está casi lista. **5** (*esp GB*) de un lado a otro: *I could hear people moving about.* Oía gente yendo de un lado para otro. **6** (*esp GB*) aquí y allá: *People were standing about in the street.* Había gente parada por la calle.

---

i: see    ɪ sit    e ten    æ cat    ɑ hot    ɔ: saw    ʌ cup    ʊ put    u: too

▶ prep **1** por: *papers strewn about the room* papeles esparcidos por la habitación ◇ *She's somewhere about the place.* Anda por aquí. **2** sobre: *a book about flowers* un libro sobre flores ◇ *What's the book about?* ¿De qué trata el libro? **3** [con adjetivo] por: *angry/happy about sth* enojado/contento por algo **4** (característica): *There's something about her I like.* Tiene algo que me gusta. **LOC** **how/what about? 1** (pregunta): *What about his car?* ¿Y su coche? **2** (sugerencia): *How about it?* ¿Qué te parece? ◇ *What about going swimming?* ¿Qué les parece ir a nadar?

▶ adj **LOC** **be about to do sth** estar a punto de hacer algo

ℓ **above** /əˈbʌv/ adv arriba: *the people in the apartment above* la gente del departamento de arriba ◇ *children aged eleven and above* niños de once años y mayores

▶ prep **1** sobre, por encima de: *1 000 meters above sea level* 1,000 metros sobre el nivel del mar ◇ *I live in the apartment above the store.* Vivo en el departamento que está justo encima de la tienda. **2** más de: *above 50%* más del 50% **LOC** **above all** sobre todo

**abrasive** /əˈbreɪsɪv/ adj **1** (superficie, sustancia) áspero: *abrasive paper* papel de lija **2** (persona) brusco y desagradable

**abreast** /əˈbrest/ adv: *to cycle two abreast* andar en bicicleta parejo con algn **LOC** **keep abreast of sth** mantenerse al corriente de algo

ℓ **abroad** /əˈbrɔːd/ adv en el extranjero: *to go abroad* ir al extranjero ◇ *Have you ever been abroad?* ¿Has estado en el extranjero?

**abrupt** /əˈbrʌpt/ adj (cambio, comportamiento) brusco

**abseil** /ˈæbseɪl/ (GB) (USA **rappel**) vi hacer rappel **abseiling** (GB) (USA **rappel**) n rappel

ℓ **absence** /ˈæbsəns/ n ausencia: *absences due to illness* ausencias por enfermedad ◇ *in the absence of new evidence* a falta de nuevas pruebas **LOC** Ver CONSPICUOUS

ℓ **absent** /ˈæbsənt/ adj **1** ausente: *to be absent from school* faltar al colegio **2** distraído

**absentee** /ˌæbsənˈtiː/ n ausente: *absentee ballot* voto por correo

**absent-minded** /ˌæbsənt ˈmaɪndɪd/ adj distraído

ℓ **absolute** /ˈæbsəluːt/ adj absoluto

ℓ **absolutely** /ˈæbsəluːtli/ adv **1** absolutamente: *You are absolutely right.* Tienes toda la razón. ◇ *Are you abso-*

*lutely sure/certain that… ?* ¿Estás completamente seguro de que… ? ◇ *It's absolutely essential/necessary that…* Es imprescindible que… **2** [en negativa]: *absolutely nothing* nada en absoluto **3** /ˌæbsəˈluːtli/ (mostrando acuerdo con algn): *Oh absolutely!* ¡Sin duda!

**absolve** /əbˈzɑlv/ vt ~ sb (from/of sth) absolver a algn (de algo)

ℓ **absorb** /əbˈsɔːrb, əbˈz-/ vt **1** absorber, asimilar: *The root hairs absorb the water.* Los pelos de la raíz absorben el agua. ◇ *easily absorbed into the bloodstream* fácilmente asimilado por la sangre ◇ *to absorb information* asimilar información **2** amortiguar: *to absorb the shock* amortiguar el golpe

**absorbed** /əbˈsɔːrbd, əbˈz-/ adj absorto

**absorbent** /əbˈsɔːrbənt, əbˈz-/ adj absorbente (papel, etc.)

**absorbing** /əbˈsɔːrbɪŋ, əbˈz-/ adj absorbente (libro, película, etc.)

**absorption** /əbˈsɔːrpʃn, əbˈz-/ n **1** (líquidos) absorción **2** (minerales, ideas) asimilación

**abstain** /əbˈsteɪn/ vi ~ (from sth) abstenerse (de algo)

**abstract** /ˈæbstrækt/ adj abstracto
▶ n (Arte) obra de arte abstracto **LOC** **in the abstract** en abstracto

**absurd** /əbˈsɜːrd/ adj absurdo: *How absurd!* ¡Qué disparate! ◇ *You look absurd in that hat.* Te ves ridículo con ese sombrero. **absurdity** n (pl **absurdities**) absurdo: *our absurdities and inconsistencies* nuestros absurdos e incoherencias ◇ *the absurdity of the situation* lo absurdo de la situación

**abundance** /əˈbʌndəns/ n (formal) abundancia

**abundant** /əˈbʌndənt/ adj (formal) abundante

ℓ **abuse** /əˈbjuːz/ vt **1** abusar de: *to abuse your power* abusar de su poder **2** insultar **3** maltratar
▶ n /əˈbjuːs/ **1** abuso: *drug abuse* abuso de las drogas ◇ *human rights abuses* abusos contra los derechos humanos **2** [incontable] insultos: *They shouted abuse at him.* Le gritaron insultos. **3** malos tratos **abusive** /əˈbjuːsɪv/ adj insultante, grosero

ℓ **academic** /ˌækəˈdemɪk/ adj **1** académico **2** especulativo

**academy** /əˈkædəmi/ n (pl **academies**) academia

**accelerate** /əkˈseləreɪt/ vt, vi acelerar **acceleration** n **1** aceleración **2** (vehículo) arranque **accelerator** n (GB) (USA **gas pedal**) acelerador

**accent** /ˈæksent, ˈæksənt/ n **1** acento **2** énfasis **3** tilde

**accentuate** /əkˈsentʃueɪt/ vt **1** acentuar **2** resaltar

**accept** /əkˈsept/ **1** vt, vi aceptar **2** vt, vi admitir: *I've been accepted by the university.* Me han admitido en la universidad.

**acceptable** /əkˈseptəbl/ adj ~ **(to sb)** aceptable (para algn)

**acceptance** /əkˈseptəns/ n **1** aceptación **2** aprobación **3** admisión

**access** /ˈækses/ n ~ **(to sth/sb)** acceso (a algo/algn)
▶ vt acceder a

**accessible** /əkˈsesəbl/ adj accesible

**accessory** /əkˈsesəri/ n (pl **accessories**) **1** accesorio **2** ~ **(to sth)** (Jur) cómplice (de algo)

**accident** /ˈæksɪdənt/ n **1** accidente **2** casualidad **LOC by accident 1** accidentalmente, sin querer **2** por casualidad

**accidental** /ˌæksɪˈdentl/ adj **1** accidental **2** casual

**accidentally** /ˌæksɪˈdentəli/ adv **1** accidentalmente, sin querer **2** por casualidad

**acclaim** /əˈkleɪm/ vt aclamar
▶ n [incontable] elogios

**accommodate** /əˈkɒmədeɪt/ vt **1** alojar **2** tener (suficiente) espacio para: *The parking lot can accommodate a thousand cars.* El estacionamiento tiene espacio para mil carros.

**accommodations** /əˌkɒməˈdeɪʃnz/ [pl] (GB **accommodation** [incontable]) n alojamiento

**accompaniment** /əˈkʌmpənimənt/ n acompañamiento

**accompany** /əˈkʌmpəni/ vt (pt, pp -ied) acompañar

**accomplice** /əˈkʌmplɪs; GB əˈkʌm-/ n cómplice

**accomplish** /əˈkʌmplɪʃ; GB əˈkʌm-/ vt llevar a cabo, lograr

**accomplished** /əˈkʌmplɪʃt; GB əˈkʌm-/ adj logrado, consumado

**accomplishment** /əˈkʌmplɪʃmənt; GB əˈkʌm-/ n **1** logro **2** talento

**accord** /əˈkɔːrd/ n acuerdo **LOC in accord (with sth/sb)** (formal) en concordancia (con algo/algn) **of your own accord** por decisión propia
▶ (formal) **1** vi ~ **with sth** concordar con algo **2** vt otorgar, conceder

**accordance** /əˈkɔːrdns/ n **LOC in accordance with sth** (formal) de acuerdo con algo

**accordingly** /əˈkɔːrdɪŋli/ adv **1** por lo tanto, por consiguiente **2** en consecuencia: *to act accordingly* obrar en consecuencia

**according to** prep según

**accordion** /əˈkɔːrdiən/ n acordeón

**account** /əˈkaʊnt/ n **1** (Fin, Com, Informát) cuenta: *checking account* cuenta corriente **2** factura **3 accounts** [pl] contabilidad **4** relato, relación **LOC by/from all accounts** por lo que dicen **of no account** (formal) sin ninguna importancia **on account of sth** a causa de algo **on no account; not on any account** bajo ningún concepto, de ninguna manera **on this/that account** (formal) según esto/eso **take account of sth; take sth into account** tomar algo en cuenta **take sth/sb into account** considerar algo/a algn
▶ v **PHRV account for sth 1** explicar algo **2** rendir cuentas de algo **3** constituir algo: *Coffee accounts for a fraction of exports.* El café constituye una parte mínima de las exportaciones.

**accountability** /əˌkaʊntəˈbɪləti/ n responsabilidad de la que hay que dar cuenta

**accountable** /əˈkaʊntəbl/ adj ~ **(to sb) (for sth)** responsable (ante algn) (de algo)

**accountant** /əˈkaʊntənt/ n contador, -ora

**accounting** /əˈkaʊntɪŋ/ (GB **accountancy** /əˈkaʊntənsi/) n contabilidad

**accuracy** /ˈækjərəsi/ n precisión

**accurate** /ˈækjərət/ adj exacto: *an accurate shot* un disparo certero

**accusation** /ˌækjuˈzeɪʃn/ n acusación

**accuse** /əˈkjuːz/ vt ~ **sb (of sth)** acusar a algn (de algo): *He was accused of murder.* Fue acusado de asesinato. **the accused** n (pl **the accused**) el acusado, la acusada **accusingly** adv: *to look accusingly at sb* lanzar una mirada acusadora a algn

**accustomed** /əˈkʌstəmd/ adj ~ **to sth** acostumbrado a algo: *to become/get/grow accustomed to sth* acostumbrarse a algo

**ace** /eɪs/ n as
▶ adj (coloq) padre: *We had an ace time.* Nos la pasamos muy padre.

**ache** /eɪk/ n dolor
▶ vi doler

---

ɜː **bird**  ɪə **near**  eə **hair**  ʊə **tour**  ʒ **vision**  h **hat**  ŋ **sing**

# achieve

**achieve** /əˈtʃiːv/ vt **1** (objetivo, éxito) lograr **2** (resultados) conseguir

**achievement** /əˈtʃiːvmənt/ n logro

**aching** /ˈeɪkɪŋ/ adj dolorido

**acid** /ˈæsɪd/ n ácido
▸ adj (tb **acidic** /əˈsɪdɪk/) ácido
**acidity** /əˈsɪdəti/ n acidez

**acid rain** n lluvia ácida

**acknowledge** /əkˈnɒlɪdʒ/ vt **1** reconocer **2** (carta) acusar recibo de **3** darse por enterado **acknowledgement** (tb **acknowledgment**) n **1** reconocimiento **2** acuse de recibo **3** agradecimiento (en un libro, etc.)

**acne** /ˈækni/ n acné

**acorn** /ˈeɪkɔːrn/ n bellota

**acoustic** /əˈkuːstɪk/ adj acústico
**acoustics** n [pl] acústica

**acquaintance** /əˈkweɪntəns/ n **1** amistad **2** conocido, -a LOC **make sb's acquaintance/make the acquaintance of sb** (formal) conocer a algn (por primera vez) **acquainted** adj (formal) familiarizado: to become/get acquainted with sb (llegar a) conocer a algn

**acquiesce** /ˌækwiˈes/ vi ~ (**in sth**) (formal) consentir (algo/en algo), aceptar (algo) **acquiescence** n (formal) consentimiento

**acquire** /əˈkwaɪər/ vt (formal) **1** (conocimientos, posesiones) adquirir **2** (información) obtener **3** (reputación) adquirir, ganarse

**acquisition** /ˌækwɪˈzɪʃn/ n adquisición

**acquit** /əˈkwɪt/ vt (-tt-) ~ **sb** (**of sth**) absolver a algn (de algo) **acquittal** n absolución

**acre** /ˈeɪkər/ n acre (4,047 metros cuadrados) ➔ Ver pág 681

**acrobat** /ˈækrəbæt/ n acróbata

**across** /əˈkrɔːs; GB əˈkrɒs/ adv, prep
❶ Para los usos de **across** en PHRASAL VERBS véase las entradas de los verbos correspondientes, p. ej. **come across sth/sb** en COME. **1** de un lado a otro: to swim across cruzar nadando ◊ to walk across the border cruzar la frontera a pie ◊ to take the path across the fields tomar el camino que atraviesa los campos **2** al otro lado: We were across in no time. Llegamos al otro lado en un instante. ◊ from across the room desde el otro lado de la habitación **3** sobre, a lo largo de: a bridge across the river un puente sobre el río ◊ A branch lay across the path. Había una rama atravesada en el camino. **4** de ancho: The river is half a mile across. El río tiene media milla de ancho.

**across from** prep enfrente de ➔ Ver dibujo en ENFRENTE

**acrylic** /əˈkrɪlɪk/ adj, n acrílico

**act** /ækt/ n **1** acto: an act of violence/kindness un acto de violencia/amabilidad **2** (Teat) acto **3** número: a circus act un número de circo **4** (Jur) decreto LOC **get your act together** (coloq) organizarse **in the act** con las manos en la masa: He was caught in the act of stealing the car. Lo agarraron robando el coche. **put on an act** (coloq) fingir
▸ **1** vi actuar **2** vi comportarse **3** vt (Teat) hacer el papel de LOC Ver FOOL

**acting** /ˈæktɪŋ/ n [incontable] teatro, actuación: his acting career su carrera como actor ◊ Her acting was awful. Actuó muy mal.
▸ adj en funciones: He was acting chairman at the meeting. Actuó como presidente en la reunión.

**action** /ˈækʃn/ n **1** acción: to go into action entrar en acción **2** [incontable] medidas: to take action tomar medidas **3** acto LOC **in action** en acción **out of action**: This machine is out of action. Esta máquina está fuera de servicio. **put sth into action** poner algo en práctica Ver tb COURSE, SPRING

**activate** /ˈæktɪveɪt/ vt activar

**active** /ˈæktɪv/ adj **1** activo: to take an active part in sth participar activamente en algo ◊ to take an active interest in sth interesarse vivamente por algo **2** (volcán) en actividad
▸ n (tb **active voice**) (Gram) (voz) activa

**activity** /ækˈtɪvəti/ n **1** (pl **activities**) actividad **2** [incontable] bullicio

**actor** /ˈæktər/ n actor, actriz ➔ Ver nota en ACTRESS

**actress** /ˈæktrəs/ n actriz

Hay mucha gente que prefiere el término **actor** tanto para el femenino como para el masculino.

**actual** /ˈæktʃuəl/ adj **1** exacto: What were his actual words? ¿Qué es lo que dijo exactamente? **2** real: based on actual events basado en hechos reales **3** propiamente dicho: the actual city center el centro propiamente dicho ➔ Comparar con CURRENT (1), PRESENT-DAY LOC **in actual fact** en realidad

**actually** /ˈæktʃuəli/ adv en realidad, de hecho

**Actually** se usa principalmente:
● **para dar énfasis:** He actually expected me to leave. En realidad esperaba que me fuera. ◊ You actually met her? ¿Realmente la conociste? ◊ What did she actually say?

chin dʒ June   v van   θ then   s so   z zoo   ʃ she

¿Qué dijo exactamente?
● **para corregir una equivocación**: *He's actually very bright.* En realidad es muy inteligente. ◊ *Actually, my name's Sue, not Ann.* En realidad, me llamo Sue, no Ann.

➲ Comparar con AT PRESENT en PRESENT, CURRENTLY

**acupuncture** /ˈækjupʌŋktʃər/ n acupuntura

**acute** /əˈkjuːt/ adj **1** grave: *acute environmental problems* problemas ambientales graves ◊ *to become more acute* agudizarse **2** agudo: *acute angle* ángulo agudo ◊ *acute appendicitis* apendicitis aguda

**A.D.** (tb AD) /ˌeɪ ˈdiː/ abrev de *anno domini* después de Cristo

**ʔ ad** /æd/ n (coloq) anuncio (publicidad)

**adamant** /ˈædəmənt/ adj firme, categórico: *He was adamant about staying behind.* Se empeñó en quedarse.

**ʔ adapt** /əˈdæpt/ vt, vi adaptar(se) **adaptable** adj **1** (persona) adaptable: *to learn to be adaptable* aprender a adaptarse **2** (aparatos, etc.) adaptable **adaptation** /ˌædæpˈteɪʃn/ n adaptación

**adapter** (tb adaptor) /əˈdæptər/ n (Electrón) **1** adaptador **2** (GB) ladrón

**ʔ add** /æd/ vt **1** añadir **2** ~ A to B; ~ A and B together sumar A y B **PHRV** add sth on (to sth) añadir algo (a algo) add to sth **1** aumentar algo **2** ampliar algo add up (coloq) encajar: *His story doesn't add up.* Hay cosas en su relato que no encajan. add (sth) up sumar (algo) add up to sth ascender a algo: *The bill adds up to 40 dollars.* La cuenta asciende a 40 dólares.

**adder** /ˈædər/ n víbora

**addict** /ˈædɪkt/ n adicto, -a: *drug addict* drogadicto **addicted** /əˈdɪktɪd/ adj ~ (to sth) adicto (a algo) **addiction** /əˈdɪkʃn/ n adicción **addictive** /əˈdɪktɪv/ adj adictivo

**ʔ addition** /əˈdɪʃn/ n **1** (Mat) suma: *Children are taught addition and subtraction.* Los niños aprenden a sumar y a restar. **2** incorporación **3** adquisición **LOC** in addition (to sth) además (de algo)

**ʔ additional** /əˈdɪʃənl/ adj adicional

**additive** /ˈædətɪv/ n aditivo

**ʔ address** /ˈædres; GB əˈdres/ n **1** dirección, señas: *address book* libreta de direcciones **2** discurso **LOC** Ver FIXED
▶ vt /əˈdres/ **1** (carta, etc.) dirigir **2** (formal) dirigirse a (una persona)

**adept** /əˈdept/ adj hábil

**ʔ adequate** /ˈædɪkwət/ adj **1** adecuado **2** aceptable

**adhere** /ədˈhɪər/ vi (formal) adherirse **PHRV** adhere to sth (formal) (creencia, etc.) observar algo

**adhesive** /ədˈhiːsɪv/ adj, n adhesivo

**adjacent** /əˈdʒeɪsnt/ adj adyacente

**adjective** /ˈædʒɪktɪv/ n adjetivo

**adjoining** /əˈdʒɔɪnɪŋ/ adj contiguo, colindante

**adjourn** /əˈdʒɜːrn/ **1** vt aplazar **2** vt, vi (reunión, sesión) suspender(se)

**ʔ adjust** /əˈdʒʌst/ **1** vt ajustar, arreglar **2** vt, vi ~ (sth/yourself) (to sth) adaptar algo/adaptarse a (algo) **adjustable** adj ajustable **adjustment** n **1** ajuste, modificación **2** adaptación

**administer** /ədˈmɪnɪstər/ vt **1** administrar **2** (organización) dirigir **3** (castigo) aplicar

**administration** /ədˌmɪnɪˈstreɪʃn/ n administración, dirección

**administrative** /ədˈmɪnɪstreɪtɪv; GB -strətɪv/ adj administrativo

**administrator** /ədˈmɪnɪstreɪtər/ n administrador, -ora

**admirable** /ˈædmərəbl/ adj (formal) admirable

**admiral** /ˈædmərəl/ n almirante

**ʔ admiration** /ˌædməˈreɪʃn/ n admiración

**ʔ admire** /ədˈmaɪər/ vt admirar, elogiar **admirer** n admirador, -ora **admiring** adj lleno de admiración

**admission** /ədˈmɪʃn/ n **1** entrada, admisión **2** (hospital, colegio, etc.) ingreso **3** reconocimiento (de culpa, etc.)

**ʔ admit** /ədˈmɪt/ (-tt-) **1** vt, vi ~ (to) sth (crimen) confesar algo **2** vt, vi ~ (to) sth (error) reconocer algo **3** vt ~ sth/sb (to/into sth) dejar entrar, admitir algo/a algn (en algo) **admittedly** adv: *Admittedly, it is fairly expensive.* Hay que admitir que es bastante caro.

**adolescence** /ˌædəˈlesns/ n adolescencia

**adolescent** /ˌædəˈlesnt/ adj, n adolescente

**adopt** /əˈdɒpt/ vt adoptar **adopted** adj adoptivo **adoption** n adopción

**adore** /əˈdɔːr/ vt adorar: *I adore cats.* Me encantan los gatos.

**adorn** /əˈdɔːrn/ vt (formal) adornar

**adrenalin** /əˈdrenəlɪn/ n adrenalina

**adrift** /əˈdrɪft/ adj a la deriva

**ʔ adult** /əˈdʌlt, ˈædʌlt/ adj adulto, mayor de edad
▶ n adulto, -a

i: see   ɪ sit   e ten   æ cat   ɑ hot   ɔ: saw   ʌ cup   ʊ put   u: too

**adultery** /əˈdʌltəri/ n adulterio

**adulthood** /ˈædʌlthʊd/ n edad adulta

**advance** /ədˈvæns; GB -ˈvɑːns/ n
**1** avance **2** (sueldo) adelanto **LOC** **in advance 1** de antemano **2** con antelación **3** por adelantado
▸ adj anticipado: advance warning previo aviso
▸ 1 vi avanzar **2** vt hacer avanzar

**advanced** /ədˈvænst; GB -ˈvɑːnst/ adj avanzado

**advantage** /ədˈvæntɪdʒ; GB -ˈvɑːn-/ n
**1** ventaja **2** provecho **LOC** **take advantage of sth 1** aprovecharse de algo **2** sacar provecho de algo **take advantage of sth/sb** abusar de algo/algn
**advantageous** /ˌædvənˈteɪdʒəs/ adj ventajoso

**advent** /ˈædvent/ n **1** advenimiento **2** Advent (Relig) Adviento

**adventure** /ədˈventʃər/ n aventura
**adventurer** n aventurero, -a **adventurous** adj **1** audaz **2** aventurero **3** (viaje, etc.) lleno de aventuras

**adverb** /ˈædvɜːrb/ n adverbio

**adversary** /ˈædvərseri; GB -səri/ n (pl adversaries) (formal) adversario, -a

**adverse** /ˈædvɜːrs/ adj **1** adverso **2** (crítica) negativo **adversely** adv negativamente

**adversity** /ədˈvɜːrsəti/ n (pl adversities) (formal) adversidad

**advertise** /ˈædvərtaɪz/ **1** vt anunciar **2** vi hacer publicidad **3** vi ~ for sth/sb poner un anuncio para conseguir algo/a algn

**advertisement** /ˌædvərˈtaɪzmənt; GB ədˈvɜːtɪsmənt/ (GB coloq **advert** /ˈædvɜːrt/) n ~ (for sth/sb) comercial, anuncio (de algo/algn)

**advertiser** /ˈædvərtaɪzər/ n publicitario, -a, anunciante

**advertising** /ˈædvərtaɪzɪŋ/ n [incontable] **1** publicidad: advertising campaign campaña publicitaria **2** anuncios, comerciales

**advice** /ədˈvaɪs/ n [incontable] consejo(s): a piece of advice un consejo ◊ I asked for her advice. Le pedí consejo. ◊ to seek/take legal advice consultar a un abogado ➔ Ver nota en CONSEJO

**advisable** /ədˈvaɪzəbl/ adj aconsejable

**advise** /ədˈvaɪz/ vt, vi **1** aconsejar, recomendar: to advise sb to do sth aconsejar a algn que haga algo ◊ You would be well advised to... Sería prudente... **2** asesorar **3** informar **adviser** (tb **advisor**) n

consejero, -a, asesor, -ora **advisory** adj consultivo

**advocacy** /ˈædvəkəsi/ n ~ (of sth) (formal) apoyo (a algo)

**advocate** /ˈædvəkeɪt/ vt (formal) abogar por
▸ n /ˈædvəkət/ **1** ~ (of/for sth) defensor, -ora (de algo) **2** abogado defensor, abogada defensora

**aerial** /ˈeəriəl/ (GB) (USA **antenna**) n antena
▸ adj aéreo

**aerobics** /əˈroʊbɪks/ n [incontable] aerobics

**aerodynamic** /ˌeərəʊdaɪˈnæmɪk/ adj aerodinámico

**aeroplane** /ˈeərəpleɪn/ (GB) (USA **airplane**) n avión

**aesthetic** /esˈθetɪk/ GB tb iːsˈθ-/ adj estético

**affair** /əˈfeər/ n **1** asunto: the Colosio affair el caso Colosio ◊ current affairs sucesos de actualidad **2** acontecimiento **3** (amorosa): to have an affair with sb estar metido con algn **LOC** Ver STATE¹

**affect** /əˈfekt/ vt **1** afectar, influir en **2** conmover, emocionar ➔ Comparar con EFFECT

**affection** /əˈfekʃn/ n cariño **affectionate** adj ~ (toward sth/sb) cariñoso (con algo/algn)

**affinity** /əˈfɪnəti/ n (pl affinities) (formal) **1** afinidad **2** simpatía

**affirm** /əˈfɜːrm/ vt (formal) afirmar, sostener

**affirmative action** /əˌfɜːrmətɪv ˈækʃn/ n acción afirmativa

**afflict** /əˈflɪkt/ vt (formal) afligir: to be afflicted with sth sufrir de algo

**affluence** /ˈæfluəns/ n riqueza, prosperidad

**affluent** /ˈæfluənt/ adj rico, próspero

**afford** /əˈfɔːrd/ vt permitirse (el lujo de) **ⓘ** Afford se utiliza normalmente con **can** o **could**: Can you afford it? ¿Lo puedes costear? ◊ I can't afford it. No me alcanza. **affordable** adj costeable

**afield** /əˈfiːld/ adv **LOC** **far/further afield** muy lejos/más allá: from as far afield as China desde lugares tan lejanos como China

**afloat** /əˈfloʊt/ adj a flote

**afraid** /əˈfreɪd/ adj **1** be ~ (of sb/sth/doing sth) tener miedo (de algn/algo/hacer algo) **2** be ~ to do sth no atreverse a hacer algo **3** be ~ for sb/sth temer por algn/algo **LOC** **I'm afraid (that...)** me temo que..., lo siento, pero...: I'm afraid so/not. Me temo que sí/no.

**afresh** /əˈfreʃ/ *adv* (*formal*) de nuevo

**African** /ˈæfrɪkən/ *adj, n* africano, -a

**African American** *adj, n* afro-americano, -a

> **African American** se utiliza para referirse a la población de origen africano en Estados Unidos. En Gran Bretaña se dice **Afro-Caribbean** o también **black**, pero **black** puede resultar ofensivo en Estados Unidos.

**after** /ˈæftər; *GB* ˈɑːf-/ *adv* **1** después: *soon after* poco después ◇ *the day after* al día siguiente **2** detrás: *She came running after.* Llegó corriendo detrás.
> *prep* **1** después de: *after doing your homework* después de hacer la tarea ◇ *after lunch* después de comer ◇ *the day after tomorrow* pasado mañana ◇ *It's a quarter after six.* Son las seis y cuarto. **2** detrás de, tras: *time after time* una y otra vez **3** *We named him after you.* Le pusimos tu nombre. **LOC** **after all** después de todo, al fin y al cabo **be after sth** buscar algo: *What are you after?* ¿Qué estás buscando? ◇ *She's after a job in advertising.* Está buscando un trabajo en publicidad.
> *conj* después de que

**aftermath** /ˈɑːftərmæθ; *GB* ˈɑːf-/ *n* [*gen sing*] secuelas: *in the aftermath of the war* en el periodo subsiguiente a la guerra

**afternoon** /ˌæftərˈnuːn; *GB* ˌɑːf-/ *n* tarde: *tomorrow afternoon* mañana por la tarde **LOC** **good afternoon** buenas tardes ➲ *Ver notas en* MORNING *y* TARDE

**aftershave** /ˈæftərʃeɪv; *GB* ˈɑːf-/ *n* loción para después de afeitarse

**afterthought** /ˈæftərθɔːt; *GB* ˈɑːf-/ *n* ocurrencia tardía

**afterward** /ˈæftərwərd; *GB* ˈɑːf-/ (*tb* **afterwards**) *adv* después: *shortly/soon afterward* poco después

**again** /əˈgen, əˈgeɪn/ *adv* otra vez, de nuevo: *once again* una vez más ◇ *never again* nunca más ◇ *Don't do it again.* No lo vuelvas a hacer. **LOC** **again and again** una y otra vez **then/there again** por otra parte *Ver tb* LOOK, OVER, TIME, YET

**against** /əˈgenst, əˈgeɪnst/ *prep* ❶ Para los usos de **against** en PHRASAL VERBS, ver las entradas de los verbos correspondientes, p. ej. **come up against sth** en COME. **1** contra, en contra de: *We were rowing against the current.* Remábamos contra la corriente. ◇ *I'm against it.* Estoy en contra. **2** (*contacto*) contra: *Put the piano against the wall.* Pon el piano contra la pared. **3** (*contraste*) sobre: *The mountains stood out against the blue sky.* Las montañas se recortaban sobre el azul del cielo.

**age** /eɪdʒ/ *n* **1** edad: *to be six years of age* tener seis años **2** vejez: *It improves with age.* Mejora con el tiempo. **3** época, era **4** **ages** [*pl*] (*coloq*) *It's been ages since I saw her.* Hace años que no la veo. **LOC** **age of consent** edad legal para mantener relaciones sexuales **come of age** alcanzar la mayoría de edad **under age** demasiado joven, menor de edad *Ver tb* LOOK
> *vt, vi* (*part pres* **aging**, *pt, pp* **aged** /eɪdʒd/) (hacer) envejecer

**aged** /eɪdʒd/ *adj* **1** de... años de edad: *He died aged 81.* Murió a la edad de 81 años. **2** /ˈeɪdʒɪd/ anciano
> *n* /ˈeɪdʒɪd/ **the aged** [*pl*] los ancianos

**ageism** /ˈeɪdʒɪzəm/ *n* discriminación por razones de edad

**agency** /ˈeɪdʒənsi/ *n* (*pl* **agencies**) agencia, organismo

**agenda** /əˈdʒendə/ *n* orden del día ❶ La palabra española *agenda* se traduce como **datebook** o **diary** (*GB*).

**agent** /ˈeɪdʒənt/ *n* agente, representante

**aggravate** /ˈægrəveɪt/ *vt* **1** agravar **2** (*coloq*) fastidiar **aggravating** *adj* irritante **aggravation** *n* **1** agravamiento **2** (*coloq*) fastidio

**aggression** /əˈgreʃn/ *n* [*incontable*] agresión, agresividad

**aggressive** /əˈgresɪv/ *adj* agresivo

**agile** /ˈædʒl; *GB* ˈædʒaɪl/ *adj* ágil **agility** /əˈdʒɪləti/ *n* agilidad

**aging** (*GB tb* **ageing**) /ˈeɪdʒɪŋ/ *adj* **1** envejecido **2** no tan joven
> *n* envejecimiento

**agitated** /ˈædʒɪteɪtɪd/ *adj* agitado: *to get agitated* ponerse nervioso **agitation** *n* **1** inquietud, perturbación **2** (*Pol*) agitación

**ago** /əˈgoʊ/ *adv* hace: *ten years ago* hace diez años ◇ *How long ago did she die?* ¿Cuánto hace que murió? ◇ *as long ago as 1950* ya en 1950

> **Ago** se usa con el *past simple* y el *past continuous*, pero nunca con el *present perfect*: *She arrived a few minutes ago.* Ha llegado/Llegó hace unos minutos. Con el *past perfect* se usa **before** o **earlier**: *She had arrived two days before.* Había llegado hacía dos días/dos días antes. ➲ *Ver tb ejemplos en* FOR

**agonize** (*GB tb* **-ise**) /ˈægənaɪz/ *vi* ~ (**over/about sth**) atormentarse (por/con motivo de algo): *to agonize over a decision* angustiarse tratando de decidir

---

ɜː **b**ird    ɪə **n**ear    eə **h**air    ʊə **t**our    ʒ **vi**sion    h **h**at    ŋ **si**ng

algo **agonizing** (*GB* **-ising**) *adj* **1** angustioso, acongojante **2** (*dolor*) horroroso

**agony** /'ægəni/ *n* (*pl* **agonies**) **1** *to be in agony* tener unos dolores horrorosos **2** (*coloq*): *It was agony!* ¡Fue una pesadilla!

**agree** /ə'griː/ **1** *vi* ~ **(with sb) (about/on sth)** estar de acuerdo (con algn) (en/sobre algo): *They agreed with me on all the major points.* Estuvieron de acuerdo conmigo en todos los puntos fundamentales. **2** *vi* ~ **(to sth)** consentir (en algo), acceder (a algo): *He agreed to let me go.* Consintió en que me fuera. **3** *vt* acordar: *It was agreed that…* Se acordó que… **4** *vi* llegar a un acuerdo **5** *vi* concordar **6** *vt* (*informe, etc.*) aprobar **PHRV** **not agree with sb** no sentarle bien a algn (*comida, clima*): *The climate didn't agree with him.* El clima no le sentaba bien. **agreeable** *adj* (*formal*) **1** agradable **2** ~ **(to sth)** conforme (con algo)

**agreement** /ə'griːmənt/ *n* **1** conformidad, acuerdo **2** convenio, acuerdo **3** (*Com*) contrato **LOC** **in agreement with sth/sb** de acuerdo con algo/algn

**agricultural** /ˌæɡrɪ'kʌltʃərəl/ *adj* agrícola

**agriculture** /'æɡrɪkʌltʃər/ *n* agricultura

**ah** /ɑ/ *interj* ¡ah!

**ahead** /ə'hed/ *adv* ❶ Para los usos de **ahead** en PHRASAL VERBS, ver las entradas de los verbos correspondientes, p. ej. **forge ahead** en FORGE. **1** hacia adelante: *She looked (straight) ahead.* Miró hacia adelante. **2** próximo: *during the months ahead* durante los próximos meses **3** por delante: *the road ahead* la carretera que se abre por delante de nosotros **LOC** **be ahead** llevar ventaja ▸ *prep* ~ **of sth/sb 1** (por) delante de algo/algn: *directly ahead of us* justo delante de nosotros **2** antes que algo/algn: *We're a month ahead of schedule.* Vamos un mes adelantados. **LOC** **be/get ahead of sth/sb** llevar ventaja a/adelantarse a algo/algn

**aid** /eɪd/ *n* **1** ayuda **2** (*formal*) auxilio: *to come/go to sb's aid* acudir en auxilio de algn **3** apoyo **LOC** **in aid of sth/sb** (*GB*) a beneficio de algo/algn ▸ *vt* (*formal*) ayudar, facilitar

**AIDS** /eɪdz/ *n* (*abrev de* **acquired immune deficiency syndrome**) SIDA

**ailment** /'eɪlmənt/ *n* achaque, dolencia

**aim** /eɪm/ **1** *vt, vi* ~ **(sth) (at sth/sb)** (*arma*) apuntar (algo/a algn) (con algo) **2** *vt* ~ **sth at sth/sb** dirigir algo contra algo/

algn: *She aimed a blow at his head.* Le dirigió un golpe a la cabeza. ◇ *The course is aimed at young people.* El curso va dirigido a los jóvenes. **3** *vi* ~ **at/for sth**; ~ **at doing sth** aspirar a algo, aspirar a hacer algo **4** *vi* ~ **to do sth** tener la intención de hacer algo ▸ *n* **1** objetivo, propósito **2** puntería **LOC** **take aim** apuntar

**aimless** /'eɪmləs/ *adj* sin objeto **aimlessly** *adv* sin rumbo

**ain't** /eɪnt/ (*coloq*) **1** = AM/IS/ARE NOT *Ver* BE **2** = HAS/HAVE NOT *Ver* HAVE ❶ Esta forma no se considera gramaticalmente correcta.

**air** /eər/ *n* aire: *air fares* tarifas aéreas ◇ *air pollution* contaminación atmosférica **LOC** **be on (the) air** (*TV, Radio*) estar al aire **by air** vía aérea, por vía aérea **give yourself/put on airs** darse aires **in the air**: *There's something in the air.* Se está tramando algo. **up in the air**: *The plan is still up in the air.* El proyecto sigue en el aire. *Ver tb* BREATH, CLEAR, OPEN, THIN ▸ *vt* **1** airear **2** (*ropa*) orear **3** (*queja*) ventilar

**air-conditioned** /'eər kəndɪʃənd/ *adj* climatizado **air-conditioning** (*tb* **air con** /ˌeər 'kɑn/) *n* aire acondicionado

**aircraft** /'eərkræft; *GB* -krɑːft/ *n* (*pl* **aircraft**) avión, aeronave

**airfield** /'eərfiːld/ *n* aeródromo

**air force** *n* fuerza(s) aérea(s)

**airline** /'eərlaɪn/ *n* línea aérea **airliner** *n* avión (de pasajeros)

**airmail** /'eərmeɪl/ *n* correo aéreo: *by airmail* por vía aérea

**airplane** /'eərpleɪn/ (*GB* **aeroplane**) *n* avión

**airport** /'eərpɔːrt/ *n* aeropuerto

**air raid** *n* ataque aéreo

**airtight** /'eərtaɪt/ *adj* hermético

**aisle** /aɪl/ *n* pasillo (*de iglesia, avión, supermercado, etc.*)

**akin** /ə'kɪn/ *adj* ~ **to sth** (*formal*) semejante a algo

**alarm** /ə'lɑːrm/ *n* **1** alarma: *to raise/ sound the alarm* dar la alarma ◇ *a false alarm* una falsa alarma **2** (*tb* **alarm clock**) (reloj) despertador ➔ *Ver dibujo en* RELOJ **3** timbre de alarma ▸ *vt* alarmar: *to be/become/get alarmed* alarmarse

**alarming** /ə'lɑːrmɪŋ/ *adj* alarmante

**alas** /ə'læs/ *interj* (*antic*) ¡por desgracia!

**albeit** /ˌɔːl'biːɪt/ *conj* (*formal*) aunque

**album** /'ælbəm/ *n* álbum

**alcohol** /'ælkəhɔːl; *GB* -hɒl/ *n* alcohol: *alcohol-free* sin alcohol **alcoholic**

| ʃ chin | dʒ June | v van | θ then | s so | z zoo | ʃ she |

**alcohol** /ˈælkəhɔːl; GB -hɒl/ n alcohol: *alcohol-free* sin alcohol **alcoholic** /ˌælkəˈhɒlɪk; GB -hɒl-/ adj, n alcohólico, -a

**alcoholism** /ˈælkəhɔːlɪzəm; GB -hɒl-/ n alcoholismo

**ale** /eɪl/ n cerveza

**alert** /əˈlɜːrt/ adj **1** despierto **2** ~ **to sth** atento a algo
▶ n **1** alerta: *to be on the alert* estar alerta **2** amenaza: *bomb alert* amenaza de bomba
▶ vt ~ **sb (to sth)** alertar a algn (de algo)

**algae** /ˈældʒiː; ˈælɡiː/ n [incontable o pl] algas ❶ Se usa más la palabra **weed**, o **seaweed** si se refiere a las algas marinas.

**algebra** /ˈældʒɪbrə/ n álgebra

**alibi** /ˈæləbaɪ/ n (pl **alibis**) coartada

**alien** /ˈeɪliən/ adj **1** extraño **2** extranjero **3** ~ **to sth/sb** ajeno a algo/algn
▶ n **1** (formal) extranjero, -a **2** extraterrestre

**alienate** vt enajenar **alienation** n alejamiento (psicológico)

**alight** /əˈlaɪt/ adj [nunca antes de sustantivo]: *to be alight* estar ardiendo **LOC** Ver SET

**align** /əˈlaɪn/ vt **1** ~ **sth (with sth)** alinear algo (con algo) **2** ~ **yourself with sb** (Pol) aliarse con algn

**alike** /əˈlaɪk/ adj **1** parecido: *to be/look alike* parecerse **2** igual: *No two are alike.* No hay dos iguales.
▶ adv por igual: *It appeals to young and old alike.* Atrae a viejos y jóvenes por igual. **LOC** Ver GREAT

**alimony** /ˈælɪmoʊni; GB -məni/ n [incontable] pensión alimenticia (para cónyuge separado)

**alive** /əˈlaɪv/ adj [nunca antes de sustantivo] **1** vivo, con vida: *to keep yourself/stay alive* sobrevivir **2** en el mundo: *He's the best player alive.* Es el mejor jugador del mundo. ➔ Comparar con LIVING **LOC** **alive and kicking** vivito y coleando **keep sth alive 1** (tradición) conservar algo **2** (recuerdo) mantener fresco algo

**all** /ɔːl/ adj **1** todo: *all four of us* los cuatro **2** *He denied all knowledge of the crime.* Negó todo conocimiento del crimen. **LOC** **not all that good, well, etc.** no muy bien, etc.: *He doesn't sing all that well.* No canta muy bien. **not as… as all that**: *They're not as rich as all that.* No son tan ricos. **on all fours** a gatas **LOC** Ver FOR
▶ pron **1** todo: *I ate all of it.* Me lo comí todo. ◇ *All of us liked it.* Nos gustó a todos. ◇ *Are you all going?* ¿Se van todos? **2** *All I want is…* Lo único que quiero es… **LOC** **all in all** en conjunto **all the more** tanto más, aún más **in all** en total **(not) at all** no, en absoluto: *I didn't like it at all.* No me gustó nada. ◇ *if it's at*

*all possible* si existe la más mínima posibilidad **not at all** (respuesta) de nada
▶ adv **1** todo: *all in white* todo de blanco ◇ *all alone* completamente solo **2** *all excited* muy emocionado **3** (Dep): *The score is two all.* Están empatados a dos. **LOC** **all along** todo el tiempo **all but** casi: *It was all but impossible.* Era casi imposible. **all over 1** por todas partes **2** *That's her all over.* Eso es muy de ella. **all the better** tanto mejor **all too** demasiado: *I'm all too aware of the problem.* Estoy más que consciente del problema. **be all for sth** estar totalmente a favor de algo

**all-around** /ˌɔːl əˈraʊnd/ (GB **all-round**) adj [sólo antes de sustantivo] **1** general **2** (persona) completo

**allegation** /ˌæləˈɡeɪʃn/ n denuncia (sin pruebas)

**allege** /əˈledʒ/ vt alegar **alleged** adj presunto **allegedly** /əˈledʒɪdli/ adv presuntamente

**allegiance** /əˈliːdʒəns/ n lealtad

**allergic** /əˈlɜːrdʒɪk/ adj ~ **(to sth)** alérgico (a algo)

**allergy** /ˈælərdʒi/ n (pl **allergies**) alergia

**alleviate** /əˈliːvieɪt/ vt aliviar **alleviation** n alivio

**alley** /ˈæli/ n (pl **alleys**) (tb **alleyway** /ˈæliweɪ/) callejón **LOC** **(right) up your alley** (USA, coloq): *This job seems right up your alley.* Este trabajo parece hecho a tu medida.

**alliance** /əˈlaɪəns/ n alianza

**allied 1** /ˈælaɪd/ adj (Pol) aliado **2** /əˈlaɪd, ˈælaɪd/ ~ **(to/with sth)** (formal) relacionado (con algo)

**alligator** /ˈælɪɡeɪtər/ n caimán

**allocate** /ˈæləkeɪt/ vt asignar **allocation** n asignación

**allot** /əˈlɒt/ vt (-tt-) ~ **sth (to sth/sb)** asignar algo a algo/algn **allotment** n **1** asignación **2** (GB) parcela (para cultivar)

**all-out** /ˌɔːl ˈaʊt/ adj [sólo antes de sustantivo] total
▶ adv **all out** **LOC** **go all out** no reparar en nada

**allow** /əˈlaʊ/ vt **1** ~ **sth/sb to do sth** permitir a algo/algn que haga algo: *Dogs are not allowed.* No se admiten perros.

**Allow** se usa igualmente en inglés formal y coloquial. La forma pasiva **be allowed to** es muy común. **Permit** es una palabra muy formal y se usa fundamentalmente en lenguaje escrito. **Let** es más informal y se usa mucho en inglés hablado.

**2** conceder **3** calcular **4** (*formal*) admitir `PHRV` **allow for sth** tener algo en cuenta **allowable** *adj* admisible, permisible

**allowance** /əˈlaʊəns/ *n* **1** límite permitido **2** concesión **3** (*mesada*) domingo `LOC` **make allowances for sth/sb** tener algo en cuenta/ser indulgente con algn

**alloy** /ˈælɔɪ/ *n* aleación

**all right** (*tb* **alright**) *adj*, *adv* **1** bien: *Did you get here all right?* ¿Llegaste bien? **2** (*adecuado*): *The food was all right.* La comida no estaba mal. **3** (*consentimiento*) de acuerdo **4** *That's him all right.* Seguro que es él.

**all-round** /ˌɔːl ˈraʊnd/ (*GB*) *Ver* ALL-AROUND

**all-time** /ˈɔːl taɪm/ *adj* de todos los tiempos

**ally** /əˈlaɪ/ *vt*, *vi* (*pt, pp* **allied**) ~ (**yourself**) **with sth/sb** aliarse con algo/algn
▸ *n* /ˈælaɪ/ (*pl* **allies**) aliado, -a

**almond** /ˈɑːmənd/ *n* **1** almendra **2** (*tb* **almond tree**) almendro

**almost** /ˈɔːlmoʊst/ *adv* casi ➔ *Ver nota en* CASI

**alone** /əˈloʊn/ *adj*, *adv* **1** solo: *Are you alone?* ¿Estás sola?

Nótese que **alone** no se usa delante de sustantivo y es una palabra neutra, mientras que **lonely** sí puede ir delante del sustantivo y siempre tiene connotaciones negativas: *I want to be alone.* Quiero estar solo. ◊ *She was feeling very lonely.* Se sentía muy sola. ◊ *a lonely house* una casa solitaria.

**2** sólo: *You alone can help me.* Sólo tú me puedes ayudar. `LOC` **leave sth/sb alone** dejar algo/a algn en paz **let alone** mucho menos: *I can't afford new clothes, let alone a vacation.* No me puedo permitir ropa nueva, ni mucho menos unas vacaciones.

**along** /əˈlɔːŋ/ *GB* əˈlɒŋ/ **❶** Para los usos de **along** en PHRASAL VERBS, ver las entradas de los verbos correspondientes, p. ej. **get along** en GET.
▸ *prep* por, a lo largo de: *a walk along the beach* un paseo por la playa
▸ *adv*: *I was driving along.* Iba conduciendo. ◊ *Bring some friends along (with you).* Tráete a algunos amigos. ◊ *Come along!* ¡Vamos!

**Along** se emplea a menudo con verbos de movimiento en tiempos continuos cuando no se menciona ningún destino. Generalmente no se traduce en español.

`LOC` **along with** junto con

**alongside** /əˌlɔːŋˈsaɪd; *GB* əˌlɒŋ-/ *prep*, *adv* junto (a): *A car drew up alongside.* Un coche se paró junto al nuestro.

**aloud** /əˈlaʊd/ *adv* **1** en voz alta **2** a voces

**alphabet** /ˈælfəbet/ *n* alfabeto

**already** /ɔːlˈredi/ *adv* ya: *We got there at 6:30 but James had already left.* Llegamos a las 6:30, pero James ya se había ido. ◊ *Have you already eaten?* ¿Ya comiste? ◊ *Surely you're not going already!* ¿Ya te vas? ➔ *Ver nota en* YET

**alright** /ɔːlˈraɪt/ *Ver* ALL RIGHT

**also** /ˈɔːlsoʊ/ *adv* también, además: *I've also met her parents.* También conocí a sus padres. ◊ *She was also very rich.* Además era muy rica. ➔ *Ver nota en* TAMBIÉN

**altar** /ˈɔːltər/ *n* altar

**alter** /ˈɔːltər/ **1** *vt*, *vi* cambiar **2** *vt* (*ropa*) arreglar: *The skirt needs altering.* La falda necesita arreglos. **alteration** *n* **1** cambio **2** (*ropa*) arreglo

**alternate** /ˈɔːltərnət; *GB* ɔːlˈtɜːnət/ *adj* alterno
▸ *vt*, *vi* /ˈɔːltərneɪt/ alternar(se)

**alternative** /ɔːlˈtɜːrnətɪv/ *n* alternativa: *She had no alternative but to…* No tuvo otro remedio que…
▸ *adj* alternativo

**although** (*USA coloq* **altho**) /ɔːlˈðoʊ/ *conj* aunque ➔ *Ver nota en* AUNQUE

**altitude** /ˈæltɪtuːd; *GB* -tjuːd/ *n* altitud

**altogether** /ˌɔːltəˈɡeðər/ *adv* **1** completamente: *I don't altogether agree.* No estoy completamente de acuerdo. **2** en total **3** *Altogether, it was disappointing.* En general, fue decepcionante.

**aluminum** /əˈluːmɪnəm/ (*GB* **aluminium** /ˌæljəˈmɪniəm/) *n* aluminio

**always** /ˈɔːlweɪz/ *adv* siempre `LOC` **as always** como siempre

La posición de los adverbios de frecuencia (**always**, **never**, **ever**, **usually**, etc.) depende del verbo al que acompañan, es decir, van detrás de los verbos auxiliares y modales (**be**, **have**, **can**, etc.) y delante de los demás verbos: *I have never visited her.* Nunca la he visitado. ◊ *I'm always tired.* Siempre estoy cansado. ◊ *I usually go shopping on Mondays.* Normalmente hago las compras los lunes.

**a.m.** /ˌeɪ 'em/ *abrev* de la mañana: *at 11 a.m.* a las once de la mañana ➜ *Ver nota en* P.M.

**am** /əm, æm/ *Ver* BE

**amalgam** /ə'mælgəm/ *n* amalgama

**amalgamate** /ə'mælgəmeɪt/ *vt, vi* fusionar(se)

**amateur** /'æmətər, -tʃʊər/ *adj, n* **1** aficionado, -a **2** (*gen pey*) embustero, -a

**amaze** /ə'meɪz/ *vt* asombrar: *to be amazed at/by sth* quedar asombrado por algo **amazement** *n* asombro

**amazing** /ə'meɪzɪŋ/ *adj* asombroso

**ambassador** /æm'bæsədər/ *n* embajador, -ora

**amber** /'æmbər/ *adj, n* ámbar

**ambiguity** /ˌæmbɪ'gjuːəti/ *n* (*pl* **ambiguities**) ambigüedad

**ambiguous** /æm'bɪgjuəs/ *adj* ambiguo

**ambition** /æm'bɪʃn/ *n* ambición

**ambitious** /æm'bɪʃəs/ *adj* ambicioso

**ambulance** /'æmbjələns/ *n* ambulancia

**ambush** /'æmbʊʃ/ *n* emboscada

**amen** (*tb* **Amen**) /ɑ'men, eɪ'men/ *interj, n* amén

**amend** /ə'mend/ *vt* enmendar **amendment** enmienda

**amends** /ə'mendz/ *n* [*pl*] LOC **make amends (to sb) (for sth)** compensar (a algn) (por algo)

**amenity** /ə'menəti; *GB* ə'miːn-/ *n* (*pl* **amenities**) [*gen pl*] **1** comodidad **2** instalación (*pública*)

**American** /ə'merɪkən/ *adj, n* americano, -a ➜ *Ver nota en* AMÉRICA; *Ver tb* NATIVE AMERICAN

**amiable** /'eɪmiəbl/ *adj* amable

**amicable** /'æmɪkəbl/ *adj* amistoso

**amid** /ə'mɪd/ (*tb* **amidst** /ə'mɪdst/) *prep* (*formal*) entre, en medio de: *Amid all the confusion, the thieves got away.* Entre tanta confusión, los ladrones se escaparon.

**ammunition** /ˌæmju'nɪʃn/ *n* [*incontable*] **1** municiones: *live ammunition* fuego real **2** (*fig*) argumentos (*para discutir*)

**amnesty** /'æmnəsti/ *n* (*pl* **amnesties**) amnistía

**among** /ə'mʌŋ/ (*tb* **amongst** /ə'mʌŋst/) *prep* entre (*más de dos cosas/personas*): *I was among the last to leave.* Estuve entre los últimos en irse. ➜ *Ver dibujo en* ENTRE

**amount** /ə'maʊnt/ *n* **1** cantidad **2** (*factura*) importe **3** (*dinero*) suma LOC **any amount of**: *any amount of money* cualquier cantidad de dinero

▶ *v* PHRV **amount to sth 1** ascender a algo: *The cost amounted to 250 dollars.* El costo llegó a 250 dólares. ◇ *Our information doesn't amount to much.* No tenemos muchos datos. **2** equivaler a algo

**amphibian** /æm'fɪbiən/ *n* anfibio

**amphitheater** (*GB* **amphitheatre**) /'æmfɪθɪətər/ *n* anfiteatro

**ample** /'æmpl/ *adj* **1** abundante **2** (*suficiente*) bastante **3** (*extenso*) amplio

**amplifier** /'æmplɪfaɪər/ *n* amplificador

**amplify** /'æmplɪfaɪ/ *vt* (*pt, pp* **-fied**) **1** amplificar **2** (*formal*) (*relato, etc.*) ampliar

**amply** /'æmpli/ *adv* ampliamente

**amuse** /ə'mjuːz/ *vt* **1** hacer gracia **2** distraer, divertir **amusement** *n* **1** diversión **2** (*atracción*): *amusement park* parque de atracciones ◇ *amusement arcade* local de maquinitas

**amusing** /ə'mjuːzɪŋ/ *adj* divertido, gracioso

**an** *Ver* A

**anaemia, anaemic** (*GB*) = ANEMIA, ANEMIC

**anaesthetic** (*GB*) = ANESTHETIC

**analogy** /ə'nælədʒi/ *n* (*pl* **analogies**) analogía: *by analogy with sth* por analogía con algo

**analysis** /ə'næləsɪs/ *n* (*pl* **analyses** /-siːz/) **1** análisis **2** *Ver* PSYCHOANALYSIS LOC **in the last/final analysis** a fin de cuentas

**analyst** /'ænəlɪst/ *n* analista

**analytical** /ˌænə'lɪtɪkl/ (*tb* **analytic**) *adj* analítico

**analyze** (*GB* **analyse**) /'ænəlaɪz/ *vt* analizar

**anarchic** /ə'nɑrkɪk/ *adj* anárquico

**anarchist** /'ænərkɪst/ *adj, n* anarquista

**anarchy** /'ænərki/ *n* anarquía

**anatomy** /ə'nætəmi/ *n* (*pl* **anatomies**) anatomía

**ancestor** /'ænsestər/ *n* antepasado, -a **ancestral** /æn'sestrəl/ *adj* ancestral: *ancestral home* casa de los antepasados **ancestry** /'ænsestri/ *n* (*pl* **ancestries**) ascendencia

**anchor** /'æŋkər/ *n* **1** ancla: *to be at anchor* estar anclado **2** (*fig*) soporte **3** (*TV, Radio*) presentador, -ora LOC *Ver* WEIGH
▶ *vt, vi* anclar

**ancient** /'eɪnʃənt/ *adj* **1** antiguo **2** (*coloq*) viejísimo

---

3: bird ɪə near eə hair ʊə tour ʒ vision h hat ŋ sing

**and** /ænd, ənd/ *conj* **1** y **2** con: *bacon and eggs* huevos con tocino **3** (*números*): *One hundred and three.* Ciento tres. **4** a: *Come and help me.* Ven a ayudarme. **5** [con comparativos]: *bigger and bigger* cada vez más grande **6** (*repetición*): *They shouted and shouted.* Gritaron sin parar. ◇ *I've tried and tried.* Lo he intentado repetidas veces. **LOC** *Ver* TRY

**anecdote** /'ænɪkdoʊt/ *n* anécdota

**anemia** (*GB* anaemia) /ə'niːmiə/ *n* anemia **anemic** (*GB* anaemic) *adj* anémico

**anesthetic** (*GB* anaesthetic) /ˌænəs'θetɪk/ *n* anestesia: *to give sb an anesthetic* anestesiar a algn

**angel** /'eɪndʒl/ *n* ángel: *guardian angel* ángel de la guarda

**anger** /'æŋgər/ *n* enojo, ira
▶ *vt* enojar

**angle** /'æŋgl/ *n* **1** ángulo: *right angle* ángulo recto **2** punto de vista **LOC** **at an angle** inclinado

**angling** /'æŋglɪŋ/ *n* pesca (con caña)

**angrily** /'æŋgrəli/ *adv* con enojo

**angry** /'æŋgri/ *adj* (angrier, -iest) **1** ~ (with/at sb); ~ (about/at sth) enojado (con algn), enojado (por algo) **2** (*cielo*) tormentoso **LOC** **get angry** enojarse **make sb angry** hacer enojar a algn

**anguish** /'æŋgwɪʃ/ *n* angustia **anguished** *adj* angustiado

**angular** /'æŋgjələr/ *adj* **1** angular **2** (*facciones*) anguloso **3** (*complexión*) huesudo

**animal** /'ænɪml/ *n* animal: *animal experiments* experimentos con animales

**animate** /'ænɪmət/ *adj* (*formal*) animado (*vivo*)
▶ *vt* /'ænɪmeɪt/ animar

**ankle** /'æŋkl/ *n* tobillo

**anniversary** /ˌænɪ'vɜːrsəri/ *n* (*pl* anniversaries) aniversario **LOC** **golden/silver (wedding) anniversary** bodas de oro/plata

**announce** /ə'naʊns/ *vt* anunciar (*hacer público*) **announcement** *n* anuncio (*en público*) **LOC** **make an announcement** comunicar algo **announcer** *n* locutor, -ora (*Radio, etc.*)

**annoy** /ə'nɔɪ/ *vt* molestar, fastidiar **annoyance** *n* fastidio: *much to our annoyance* para fastidio nuestro

**annoyed** /ə'nɔɪd/ *adj* ~ (with sb); ~ (about/at sth) enojado (con algn), enojado (por algo) **LOC** **get annoyed** enojarse

**annoying** /ə'nɔɪɪŋ/ *adj* molesto, fastidioso

**annual** /'ænjuəl/ *adj* anual

**annually** /'ænjuəli/ *adv* anualmente

**anonymity** /ˌænə'nɪməti/ *n* anonimato

**anonymous** /ə'nɑnɪməs/ *adj* anónimo

**another** /ə'nʌðər/ *adj* otro: *another one* otro (más) ◇ *another five* cinco más ◇ *I'll do it another time.* Lo haré en otro momento. ➔ *Ver nota en* OTRO
▶ *pron* otro, -a: *one way or another* de una manera u otra ❶ El plural del pronombre **another** es others. ➔ *Ver tb* ONE ANOTHER

**answer** /'ænsər/ *GB* /'ɑːn-/ *n* **1** respuesta: *I called, but there was no answer.* Llamé, pero no contestaban. **2** solución **3** (*Mat*) resultado **LOC** **have/know all the answers** (*coloq*) saberlo todo **in answer (to sth)** en respuesta (a algo)
▶ *vt, vi* contestar: *to answer the door* abrir la puerta **2** *vt* (*acusación, propósito*) responder a **3** *vt* (*ruegos*) oír **PHRV** **answer back** replicar (*con insolencia*) **answer for sth/sb** responder de algo/por algn **answer to sb (for sth)** responder ante algn (de algo) **answer to sth** responder a algo (*descripción*)

**ant** /ænt/ *n* hormiga

**antagonism** /æn'tægənɪzəm/ *n* antagonismo **antagonistic** /æn,tægə'nɪstɪk/ *adj* hostil

**antenna** /æn'tenə/ *n* **1** (*pl* antennae /-niː/) (*insecto*) antena **2** (*pl* antennas) (*GB* aerial, mast) (*TV, Radio*) antena

**anthem** /'ænθəm/ *n* himno

**anthology** /æn'θɑlədʒi/ *n* (*pl* anthologies) antología

**anthropological** /ˌænθrəpə'lɑdʒɪkl/ *adj* antropológico

**anthropologist** /ˌænθrə'pɑlədʒɪst/ *n* antropólogo, -a

**anthropology** /ˌænθrə'pɑlədʒi/ *n* antropología

**antibiotic** /ˌæntibaɪ'ɑtɪk/ *adj, n* antibiótico

**antibody** /'æntibɑdi/ *n* (*pl* antibodies) anticuerpo

**anticipate** /æn'tɪsɪpeɪt/ *vt* **1** prever: *as anticipated* de acuerdo con lo previsto ◇ *We anticipate some difficulties.* Contamos con tener algunas dificultades. **2** anticiparse a

**anticipation** /æn,tɪsɪ'peɪʃn/ *n* **1** previsión **2** expectativa

**antics** /'æntɪks/ *n* [*pl*] payasadas

**antidote** /'æntidoʊt/ *n* ~ (to sth) antídoto (contra algo)

**antiquated** /ˈæntɪkweɪtɪd/ adj anticuado

**antique** /ænˈtiːk/ n (objeto) antigüedad: antique shop tienda de antigüedades
▶ adj antiguo (generalmente de objetos valiosos)
**antiquity** /ænˈtɪkwəti/ n (pl antiquities) antigüedad

**antithesis** /ænˈtɪθəsɪs/ n (pl antitheses /-siːz/) antítesis

**antler** /ˈæntlər/ n **1** asta de ciervo, reno, alce **2** antlers [pl] cornamenta

**anus** /ˈeɪnəs/ n ano

**anxiety** /æŋˈzaɪəti/ n (pl anxieties) **1** inquietud, preocupación **2** (Med) ansiedad **3** ~ for sth/to do sth ansia de algo/de hacer algo

**anxious** /ˈæŋkʃəs/ adj **1** ~ (about sth) preocupado (por algo): an anxious moment un momento de inquietud **2** ~ for sth/to do sth ansioso por algo/hacer algo

**anxiously** /ˈæŋkʃəsli/ adv con ansia

**any** /ˈeni/ adj, pron ➔ Ver nota en SOME
• frases interrogativas **1** Do you have any cash? ¿Tienes dinero? **2** algo (de): Do you know any French? ¿Sabes algo de francés? **3** algún. Are there any problems? ¿Hay algún problema? ❶ En este sentido el sustantivo suele ir en plural en inglés.
• frases negativas **1** He doesn't have any friends. No tiene amigos. ◊ There isn't any left. No queda nada. ➔ Ver nota en NINGUNO **2** [uso enfático]: We won't do you any harm. No te haremos ningún daño.
• frases condicionales **1** If I had any relatives… Si tuviera parientes… **2** algo (de): If he has any sense, he won't go. Si tiene un mínimo de sentido común, no irá. **3** algún: If you see any mistakes, tell me. Si ves algún error, dímelo. ❶ En este sentido el sustantivo suele ir en plural en inglés.

En frases condicionales se puede emplear la palabra **some** en vez de **any** en muchos casos: If you need some help, tell me. Si necesitas ayuda, dímelo.

• frases afirmativas **1** cualquier(a): just like any other boy igual que cualquier otro niño **2** Take any one you like. Toma el que quieras. **3** todo: Give her any help she needs. Préstale toda la ayuda que necesite.
▶ adv [antes de comparativo] más: She doesn't work here any longer. Ya no trabaja aquí. ◊ I can't walk any faster. No puedo caminar más deprisa.

**anyhow** /ˈenihaʊ/ adv **1** (tb coloq any old how) de cualquier manera **2** de todas formas

**anymore** /ˌeniˈmɔːr/ (GB tb any more) adv: She doesn't live here anymore. Ya no vive aquí.

**anyone** /ˈeniwʌn/ (tb anybody /ˈenibɑdi/) pron **1** alguien: Is anyone there? ¿Hay alguien? **2** [en frases negativas] nadie: I can't see anyone. No veo a nadie. ➔ Ver notas en NO ONE **3** [en frases afirmativas]: Invite anyone you like. Invita a quien quieras. ◊ Ask anyone. Pregúntale a cualquiera. **4** [en frases comparativas] nadie: He spoke more than anyone. Habló más que nadie. ➔ Ver nota en EVERYONE y SOMEONE **LOC** anyone else alguien más: Anyone else would have refused. Cualquier otro se habría negado. Ver tb GUESS

**anything** /ˈeniθɪŋ/ pron **1** algo: Is anything wrong? ¿Pasa algo? ◊ Is there anything of truth in these rumours? ¿Hay algo de verdad en estos rumores? **2** [en frases afirmativas] cualquier cosa, todo: We'll do anything you say. Haremos lo que nos digas. **3** [frases negativas y comparativas] nada: He never says anything. Nunca dice nada. ◊ It was better than anything he'd seen before. Era mejor que nada que hubiera visto antes. ➔ Ver notas en NO ONE y SOMETHING **LOC** anything but: It was anything but pleasant. Fue todo menos agradable. ◊ "Are you tired?" "Anything but." —¿Estás cansado? —¡En absoluto! if anything: I'm a pacifist, if anything. En todo caso, soy pacifista.

**anyway** /ˈeniweɪ/ adv de todas formas

**anywhere** /ˈeniweər/ (USA tb coloq anyplace /ˈenipleɪs/) adv, pron **1** [en frases interrogativas] en/a alguna parte **2** [en frases afirmativas]: I'd live anywhere. Viviría en cualquier sitio. ◊ anywhere you like donde quieras **3** [en frases negativas] en/a/por ninguna parte: I didn't go anywhere special. No fui a ningún sitio en especial. ◊ I don't have anywhere to stay. No tengo donde alojarme. ➔ Ver nota en NO ONE **4** [en frases comparativas]: more beautiful than anywhere más bonito que ningún otro sitio ➔ Ver nota en SOMEWHERE **LOC** Ver NEAR

**apart** /əˈpɑrt/ adv **1** The two men were five meters apart. Los dos hombres estaban a cinco metros uno del otro. ◊ They're a long way apart. Están muy lejos el uno del otro. **2** aislado **3** separado: They live apart. Viven separados. ◊ I can't pull them apart. No puedo

separarlos. **LOC** take sth apart **1** desarmar algo **2** (fig) hacer pedazos algo Ver tb JOKE, POLE

**apart from** prep aparte de

**apartment** /əˈpɑrtmənt/ (GB flat) n departamento: apartment building conjunto habitacional

**apathetic** /ˌæpəˈθetɪk/ adj apático

**apathy** /ˈæpəθi/ n apatía

**ape** /eɪp/ n simio
▶ vt remedar

**apologetic** /əˌpɑləˈdʒetɪk/ adj de disculpa: an apologetic look una mirada de disculpa ◇ to be apologetic (about sth) disculparse (por algo)

**apologize** (GB tb -ise) /əˈpɑlədʒaɪz/ vi ~ (for sth) disculparse (por algo)

**apology** /əˈpɑlədʒi/ n (pl apologies) disculpa **LOC** make no apologies/apology (for sth) no disculparse (por algo)

**apostle** /əˈpɑsl/ n apóstol

**apostrophe** /əˈpɑstrəfi/ n apóstrofo
➔ Ver pág. 308

**appall** (GB appal) /əˈpɔːl/ vt (-ll-) horrorizar: He was appalled at/by her behavior. Le horrorizó su comportamiento. appalling adj espantoso, horrible

**apparatus** /ˌæpəˈrætəs/ GB -ˈreɪtəs/ n [incontable] aparato (en un gimnasio, laboratorio)

**apparent** /əˈpærənt/ adj **1** evidente: to become apparent hacerse evidente **2** aparente: for no apparent reason sin motivo aparente

**apparently** /əˈpærəntli/ adv al parecer: Apparently not. Parece que no.

**appeal** /əˈpiːl/ vi **1** ~ (to sb) for sth pedir algo (a algn) **2** ~ to sb to do sth hacer un llamado a algn para que haga algo **3** apelar **4** ~ (to sb) atraer (a algn) **5** ~ (against sth) (sentencia, etc.) recurrir (algo)
▶ n **1** llamado: an appeal for help un llamado pidiendo ayuda **2** súplica **3** atractivo **4** recurso: appeal(s) court tribunal de apelación
appealing adj **1** atractivo: to look appealing tener un aspecto atractivo **2** suplicante

**appear** /əˈpɪər/ vi **1** aparecer: to appear on TV salir en televisión **2** parecer: You appear to have made a mistake. Parece que cometiste un error. **3** (acusado) comparecer

**appearance** /əˈpɪərəns/ n **1** apariencia **2** aparición **LOC** keep up appearances mantener las apariencias

**appendicitis** /əˌpendəˈsaɪtɪs/ n apendicitis

**appendix** /əˈpendɪks/ n (pl appendices /-dɪsiːz/) (Anat, escrito) apéndice

**appetite** /ˈæpɪtaɪt/ n **1** apetito: to give sb an appetite abrir el apetito a algn **2** apetencia **LOC** Ver WHET

**appetizer** /ˈæpɪtaɪzər/ n entremés

**applaud** /əˈplɔːd/ vt, vi aplaudir

**applause** /əˈplɔːz/ n [incontable]: a big round of applause un fuerte aplauso

**apple** /ˈæpl/ n **1** manzana **2** (tb apple tree) manzano Ver tb THE BIG APPLE

**appliance** /əˈplaɪəns/ n aparato: electrical/kitchen appliances electrodomésticos

**applicable** /ˈæplɪkəbl, əˈplɪkəbl/ adj aplicable

**applicant** /ˈæplɪkənt/ n solicitante, aspirante

**application** /ˌæplɪˈkeɪʃn/ n **1** solicitud: application form formulario de solicitud **2** aplicación

**applied** /əˈplaɪd/ adj (ciencia, etc.) aplicado Ver tb APPLY

**apply** /əˈplaɪ/ (pt, pp applied) **1** vt aplicar **2** vt (fuerza, etc.) ejercer: to apply the brakes frenar **3** vi hacer una solicitud **4** vi aplicarse: In this case, the condition does not apply. En este caso, no se aplica esta condición. **PHRV** apply for sth solicitar algo **apply to sb/sb** aplicarse a algo/algn: This applies to men and women. Esto se aplica tanto a los hombres como a las mujeres. **apply yourself (to sth)** aplicarse (a algo)

**appoint** /əˈpɔɪnt/ vt **1** nombrar **2** (formal) (hora, lugar) señalar

**appointment** /əˈpɔɪntmənt/ n **1** cita (profesional) **2** (acto) nombramiento **3** puesto (de trabajo)

**appraisal** /əˈpreɪzl/ n evaluación, valoración

**appreciate** /əˈpriːʃieɪt/ **1** vt apreciar **2** vt (ayuda, etc.) agradecer **3** vt (problema, etc.) comprender **4** vi revalorizarse **appreciation** n **1** apreciación **2** agradecimiento **3** valoración **appreciative** /əˈpriːʃətɪv/ adj **1** ~ (of sth) agradecido (por algo) **2** (mirada, comentario) de admiración **3** (público) agradecido

**apprehend** /ˌæprɪˈhend/ vt (formal) detener, capturar **apprehension** n aprensión: filled with apprehension lleno de aprensión **apprehensive** adj aprensivo

**apprentice** /əˈprentɪs/ n **1** aprendiz: apprentice plumber aprendiz de plomero **2** principiante **apprenticeship** n aprendizaje

**approach** /ə'prəʊtʃ/ **1** vt, vi acercarse (a) **2** vt (tema, persona) abordar **3** vt ~ **sb** (about/for sth) (para ayuda) acudir a algn (por/para algo)
▶ n **1** llegada **2** aproximación **3** acceso **4** ~ (to sth) enfoque (respecto a algo)

**appropriate¹** /ə'prəʊpriət/ adj **1** apropiado, adecuado **2** (momento, etc.) oportuno

**appropriate²** /ə'prəʊprieɪt/ vt (formal) apropiarse de

**appropriately** /ə'prəʊpriətli/ adv apropiadamente, adecuadamente

**approval** /ə'pru:vl/ n aprobación, visto bueno LOC **on approval** a prueba

**approve** /ə'pru:v/ **1** vt aprobar **2** vi ~ (of sth) estar de acuerdo (con algo) **3** vi ~ (of sb): I don't approve of him. No tengo un buen concepto de él.

**approving** /ə'pru:vɪŋ/ adj de aprobación

**approximate** /ə'prɒksɪmət/ adj aproximado

**approximately** /ə'prɒksɪmətli/ adv aproximadamente

**apricot** /'eɪprɪkɒt, 'æp-/ n **1** chabacano **2** (tb apricot tree) chabacano **3** color chabacano

**April** /'eɪprəl/ n (abrev Apr.) abril: April Fool's Day Día de los Inocentes **❶** April Fool's Day es el 1 de Abril, y equivale al Día de los Inocentes. ➔ Ver nota y ejemplos en JANUARY

**apron** /'eɪprən/ n delantal

**apt** /æpt/ adj acertado LOC **be apt to do sth** tener tendencia a hacer algo

**aptitude** /'æptɪtu:d; GB -tju:d/ n aptitud

**aptly** /'æptli/ adv acertadamente

**aquarium** /ə'kweəriəm/ n (pl **aquariums** o **aquaria** /-riə/) acuario

**Aquarius** /ə'kweəriəs/ n acuario: My sister is (an) Aquarius. Mi hermana es acuario. ◊ born under Aquarius nacido acuario

**aquatic** /ə'kwætɪk/ adj acuático

**arable** /'ærəbl/ adj cultivable: arable land tierra de cultivo ◊ arable farming agricultura

**arbitrary** /'ɑrbɪtreri; GB -trəri; -tri/ adj **1** arbitrario **2** indiscriminado

**arbitrate** /'ɑrbɪtreɪt/ vt, vi arbitrar **arbitration** n arbitrio

**arc** /ɑrk/ n arco

**arcade** /ɑr'keɪd/ n **1** galería: amusement arcade salón recreativo **2** portales

**arch** /ɑrtʃ/ n arco
▶ vt, vi (espalda, cejas) arquear(se)

**archaic** /ɑr'keɪɪk/ adj arcaico

**archbishop** /ˌɑrtʃ'bɪʃəp/ n arzobispo

**archeological** (GB **archaeological**) /ˌɑrkiə'lɑdʒɪkl/ adj arqueológico

**archeologist** (GB **archaeologist**) /ˌɑrki'ɑlədʒɪst/ n arqueólogo, -a

**archeology** (GB **archaeology**) /ˌɑrki'ɑlədʒi/ n arqueología

**archery** /'ɑrtʃəri/ n tiro con arco

**architect** /'ɑrkɪtekt/ n arquitecto, -a

**architectural** /ˌɑrkɪ'tektʃərəl/ adj arquitectónico

**architecture** /'ɑrkɪtektʃər/ n arquitectura

**archive** /'ɑrkaɪv/ n archivo (histórico)

**archway** /'ɑrtʃweɪ/ n arco (arquitectónico)

**ardent** /'ɑrdnt/ adj (formal) ferviente, entusiasta

**ardor** (GB **ardour**) /'ɑrdər/ n (formal) fervor

**arduous** /'ɑrdʒuəs/ adj arduo

**are** /ər, ɑr/ Ver BE

**area** /'eəriə/ n **1** (Geog) zona, región: area manager director regional **2** (de uso específico) zona, recinto **3** superficie **4** (Mat, de actividad, etc.) área

**area code** n clave LADA

**arena** /ə'ri:nə/ n **1** (Dep) estadio **2** (circo) pista **3** (plaza de toros) ruedo **4** (formal) ámbito

**aren't** /ɑrnt/ = ARE NOT Ver BE

**arguable** /'ɑrgjuəbl/ adj (formal) **1** It is arguable that… Podemos afirmar que… **2** discutible **arguably** adv posiblemente

**argue** /'ɑrgju:/ **1** vi discutir **2** vt, vi argumentar: to argue for/against sth dar argumentos a favor/en contra de algo

**argument** /'ɑrgjumənt/ n **1** discusión: to have an argument discutir ➔ Comparar con DISCUSSION, ROW **2** ~ (for/against sth) argumento a favor/en contra de algo

**arid** /'ærɪd/ adj árido

**Aries** /'eəri:z/ n aries ➔ Ver ejemplos en AQUARIUS

**arise** /ə'raɪz/ vi (pt **arose** /ə'rəʊz/ pp **arisen** /ə'rɪzn/) **1** (problema, oportunidad, etc.) surgir, presentarse **2** (cuestión, etc.) plantearse **3** (tormenta) levantarse **4** (situación, etc.) producirse: should the need arise si fuera preciso **5** (antic) alzarse

**aristocracy** /ˌærɪ'stɑkrəsi/ n (pl **aristocracies**) aristocracia

**aristocrat** /ə'rɪstəkræt; GB 'ærɪstəkræt/ n aristócrata **aristocratic** /əˌrɪstə'krætɪk; GB ˌærɪstə-/ adj aristocrático

3: bird    ɪə near    eə hair    ʊə tour    ʒ vision    h hat    ŋ sing

**arithmetic** /əˈrɪθmətɪk/ n aritmética: *mental arithmetic* cálculo mental

**ark** /ɑrk/ n arca

⚡ **arm** /ɑrm/ n **1** brazo

> Nótese que en inglés las partes del cuerpo van normalmente precedidas por un adjetivo posesivo (*my, your, her*, etc.): *I've broken my arm.* Me rompí el brazo.

**2** (*camisa, etc.*) manga Ver tb ARMS **LOC** **arm in arm (with sb)** del brazo (de algn) Ver tb CHANCE, FOLD
> vt, vi armar(se): *to arm yourself with sth* armarse con/de algo

**armament** /ˈɑrməmənt/ n armamento: *armaments factory* fábrica de armamento

**armchair** /ˈɑrmtʃeər/ n sillón

⚡ **armed** /ɑrmd/ adj armado

**the armed forces** n [*pl*] las fuerzas armadas

**armed robbery** n (*pl* **armed robberies**) asalto a mano armada

**armistice** /ˈɑrmɪstɪs/ n armisticio

**armor** (*GB* **armour**) /ˈɑrmər/ n [*incontable*] **1** armadura: *a suit of armor* una armadura **2** blindaje **LOC** Ver CHINK **armored** (*GB* **armoured**) adj **1** (*vehículo*) blindado **2** (*barco*) acorazado

**armpit** /ˈɑrmpɪt/ n axila

⚡ **arms** /ɑrmz/ n [*pl*] **1** armas: *arms race* carrera armamentística **2** escudo (de armas) **LOC** **up in arms (about/over sth)** en pie de guerra (por algo)

⚡ **army** /ˈɑrmi/ n (*pl* **armies**) ejército

**arose** *pt de* ARISE

⚡ **around** /əˈraʊnd/ (*tb esp GB* **round**)
**❶** Para los usos de **around** en PHRASAL VERBS con las entradas de los verbos correspondientes, p. ej. **lie around** en LIE².

> adv **1** alrededor de: *around 200 people* más o menos 200 personas **2** hacia: *around 1850* hacia 1850

> En expresiones temporales, la palabra **about** suele ir precedida por las preposiciones **at, on, in**, etc., mientras que la palabra **around** no requiere preposición: *around/at about five o'clock* a eso de las cinco ◇ *around/on about June 15* hacia el 15 de junio.

**3** por aquí: *There are few good teachers around.* No hay muchos profesores buenos por aquí. **4** de aquí para allá: *I've been dashing around all morning.* Llevo toda la mañana de aquí para allá.

**5** a su alrededor: *to look around* mirar (algn) a su alrededor
> prep **1** por: *to travel around the world* viajar por todo el mundo ◇ *to show sb around the house* enseñarle a algn la casa **2** alrededor de: *sitting around the table* sentados alrededor de la mesa **3** a la vuelta de: *just around the corner* a la vuelta de la esquina

**arouse** /əˈraʊz/ vt **1** provocar **2** excitar (sexualmente) **3** ~ **sb (from sth)** despertar a algn (de algo)

⚡ **arrange** /əˈreɪndʒ/ vt **1** disponer **2** ordenar **3** (*evento*) organizar **4** ~ **for sb to do sth** asegurarse de que algn haga algo **5** ~ **to do sth/that…** quedar en hacer algo/en que… **6** (*Mús*) arreglar

⚡ **arrangement** /əˈreɪndʒmənt/ n **1** disposición **2** arreglo **3** acuerdo **4** **arrangements** [*pl*] preparativos

⚡ **arrest** /əˈrest/ vt (*delincuente*) detener
> n **1** detención **2** *cardiac arrest* paro cardiaco **LOC** **be under arrest** estar/quedar detenido

⚡ **arrival** /əˈraɪvl/ n **1** llegada **2** (*persona*): *new/recent arrivals* recién llegados

⚡ **arrive** /əˈraɪv/ vi **1** llegar

> **¿Arrive in o arrive at?**
> **Arrive in** se utiliza cuando se llega a un país o a una población: *When did you arrive in England?* ¿Cuándo llegaste a Inglaterra?
> **Arrive at** se usa seguido de lugares específicos como un edificio, una estación, etc.: *We'll call you as soon as we arrive at the airport.* Los llamaremos en cuanto lleguemos al aeropuerto. El uso de **at** seguido del nombre de una población implica que se está considerando esa población como un punto en un itinerario. Nótese que "llegar a una casa" se dice **arrive home** o **get home** (*más coloq*).

**2** (*coloq*) (*éxito*) llegar a la cima

**arrogance** /ˈærəgəns/ n arrogancia

**arrogant** /ˈærəgənt/ adj arrogante

⚡ **arrow** /ˈæroʊ/ n flecha

**arson** /ˈɑrsn/ n [*incontable*] incendio premeditado

⚡ **art** /ɑrt/ n **1** arte: *a work of art* una obra de arte **2** **the arts** [*pl*] las Bellas Artes **3** **arts** [*pl*] (*asignatura*) letras: *Bachelor of Arts* Licenciado (en una carrera de humanidades) **4** maña

**artery** /ˈɑrtəri/ n (*pl* **arteries**) arteria

**arthritic** /ɑrˈθrɪtɪk/ adj, n artrítico, -a

**arthritis** /ɑrˈθraɪtɪs/ n [*incontable*] artritis

artichoke /ˈɑrtɪtʃoʊk/ n alcachofa

**article** /ˈɑrtɪkl/ n **1** artículo: *definite/indefinite article* artículo definido/indefinido **2** *articles of clothing* prendas de vestir

articulate /ɑrˈtɪkjuleɪt/ *vt, vi (formal)* articular

▶ *adj* /ɑrˈtɪkjələt/ capaz de expresarse con claridad

**artificial** /ˌɑrtɪˈfɪʃl/ *adj* artificial

artillery /ɑrˈtɪləri/ n artillería

artisan /ˈɑrtəzn; *GB* ˌɑːtɪˈzæn/ n *(formal)* artesano, -a ❶ La palabra más normal es **craftsman** o **craftswoman**.

**artist** /ˈɑrtɪst/ n artista

**artistic** /ɑrˈtɪstɪk/ *adj* artístico

artwork /ˈɑrtwɜːrk/ n material gráfico *(en una publicación)*

**as** /əz, æz/ *prep* **1** *(en calidad de)* como: *Treat me as a friend.* Trátame a un amigo. ◊ *Use this plate as an ashtray.* Usa este plato como cenicero. **2** *(con profesiones)* de: *to work as a waiter* trabajar de mesero **3** *(cuando algn es/era)* de: *as a child* de pequeño

Nótese que para comparaciones y ejemplos usamos **like**: *a car like yours* un coche como el tuyo ◊ *Romantic poets, like Byron, Shelley, etc.* poetas románticos (tales) como Byron, Shelley, etc..

▶ *adv* **1** *as… as* tan… como: *She is as tall as me/as I am.* Es tan alta como yo. ◊ *as soon as possible* lo antes posible ◊ *I earn as much as her/as she does.* Gano tanto como ella. **2** *(según)* como: *as you can see* como puedes ver

▶ *conj* **1** mientras: *I watched her as she combed her hair.* La miré mientras se peinaba. **2** como: *as you weren't there…* como no estabas… **3** tal como: *Leave it as you find it.* Déjalo tal como lo encuentres. LOC **as for sth/sb; as to sth** en cuanto a algo/algn **as from/of** a partir de: *as from/of May 12* a partir del 12 de mayo **as if; as though** como si: *as if nothing had happened* como si no hubiera sucedido nada **as it is** dada la situación **as many 1** tantos: *We no longer have as many members.* Ya no tenemos tantos socios. **2** otros tantos: *four jobs in as many months* cuatro trabajos en otros tantos meses **as many again/more** otros tantos **as many… as** tantos… como **as much 1** tanto: *I don't have as much as you.* No tengo tanto como tú. ◊ *I had three times as much as you.* Comí tres veces más que tú. **2** *I thought as much.* Eso pensé. **as much again** otro tanto

**ASAP** *(tb* asap) /ˌeɪ es eɪ ˈpiː/ *abrev de* **as soon as possible** lo más rápido posible

asbestos /æsˈbestəs/ n asbesto

ascend /əˈsend/ *(formal)* **1** *vi* ascender **2** *vt (escaleras, trono)* subir

ascendancy /əˈsendənsi/ n ~ **(over sth/sb)** *(formal)* ascendiente (sobre algo/algn)

ascent /əˈsent/ n ascenso

ascertain /ˌæsərˈteɪn/ *vt (formal)* averiguar

ascribe /əˈskraɪb/ *vt* ~ **sth to sth/sb** atribuir algo a algo/algn

ash /æʃ/ n **1** ceniza **2** *(tb* ash tree) fresno

**ashamed** /əˈʃeɪmd/ *adj* ~ **(of sth/sb)** avergonzado (de algo/algn) LOC **be ashamed to do sth** darle vergüenza a uno hacer algo

ashore /əˈʃɔːr/ *adv, prep* en/a tierra: *to go ashore* desembarcar

ashtray /ˈæʃtreɪ/ n cenicero

Ash Wednesday n Miércoles de Ceniza

Asian /ˈeɪʒn; *GB tb* ˈeɪʃn/ *adj, n* asiático, -a

Asian American *adj, n* americano, -a de origen asiático

**aside** /əˈsaɪd/ *adv* **1** a un lado **2** en reserva LOC *Ver* JOKE

▶ *n (Teat)* aparte

aside from *prep* aparte de

**ask** /æsk; *GB* ɑːsk/ **1** *vt, vi* ~ **(sb) (sth)** preguntar (algo) (a algn): *to ask about sth* preguntar acerca de algo ◊ *to ask a question* hacer una pregunta **2** *vt, vi* ~ **(sb) for sth** pedir algo (a algn) **3** *vt* ~ **sb to do sth** pedir a algn que haga algo **4** *vt* ~ **sb (to sth)** invitar a algn (a algo) LOC **be asking for trouble/it** *(coloq)* buscársela **don't ask me!** *(coloq)* ¡yo qué sé! **for the asking** con sólo pedirlo PHRV **ask about sb** preguntar cómo está algn **ask sb around/over** invitar a algn (a tu casa) **ask for sb** preguntar por algn *(para verle)* **ask sb out** pedirle a algn que salga con uno *(como pareja)*

**asleep** /əˈsliːp/ *adj* dormido: *to fall asleep* dormirse ◊ *fast/sound asleep* profundamente dormido

Nótese que **asleep** no se usa antes de un sustantivo, por lo tanto, para traducir "un niño dormido" tendríamos que decir *a sleeping baby*.

asparagus /əˈspærəɡəs/ n *[incontable]* espárrago(s)

**aspect** /ˈæspekt/ n **1** aspecto *(de una situación, etc.)* **2** *(formal) (Arquit)* orientación

asphalt /ˈæsfɔːlt; *GB* -fælt/ n asfalto

**asphyxiate** /əsˈfɪksieɪt/ *vt* asfixiar

i: see   ɪ sit   e ten   æ cat   ɑ hot   ɔː saw   ʌ cup   ʊ put   uː too

**aspiration** /ˌæspəˈreɪʃn/ n aspiración

**aspire** /əˈspaɪər/ vi ~ **to sth** aspirar a algo: *aspiring musicians* aspirantes a músicos

**aspirin** /ˈæsprɪn, ˈæspərɪn/ n aspirina

**ass** /æs/ n **1** (USA, argot) culo **2** (GB, coloq) (idiota) burro **3** asno

**assailant** /əˈseɪlənt/ n (formal) agresor, -ora

**assassin** /əˈsæsn; GB -sɪn/ n asesino **assassinate** vt asesinar **assassination** n asesinato ➤ Ver nota en ASESINAR

**assault** /əˈsɔːlt/ vt agredir
▶ n **1** agresión **2** ~ **(on sth/sb)** ataque (contra algo/algn)

**assemble** /əˈsembl/ **1** vt, vi reunir(se) **2** vt (Mec) montar

**assembly** /əˈsembli/ n (pl **assemblies**) **1** asamblea **2** (escuela) reunión matutina **3** montaje: *assembly line* línea de montaje

**assert** /əˈsɜːrt/ vt **1** afirmar **2** (derechos, etc.) hacer valer **3** ~ **yourself** imponerse **assertion** n afirmación

**assertive** /əˈsɜːrtɪv/ adj asertivo

**assess** /əˈses/ vt **1** (propiedad, etc.) valorar **2** (impuestos, etc.) calcular **assessment** n **1** valoración **2** análisis **assessor** n tasador, -ora

**asset** /ˈæset/ n **1** ventaja, baza: *to be an asset to sth/sb* ser muy valioso para algo/algn **2** **assets** [pl] (Com) bienes

**assign** /əˈsaɪn/ vt asignar

**assignment** /əˈsaɪnmənt/ n **1** (en colegio) trabajo **2** misión

**assimilate** /əˈsɪməleɪt/ **1** vt asimilar **2** vi ~ **into sth** asimilarse a algo

🔑 **assist** /əˈsɪst/ vt, vi (formal) ayudar, asistir

🔑 **assistance** /əˈsɪstəns/ n (formal) **1** ayuda **2** auxilio

🔑 **assistant** /əˈsɪstənt/ n **1** ayudante **2** *the assistant manager* la subdirectora **3** (GB) Ver SHOP ASSISTANT

🔑 **associate** /əˈsoʊʃieɪt, -sieɪt/ **1** vt ~ **sth/sb with sth/sb** relacionar algo/a algn con algo/algn **2** vi ~ **with sb** tratar con algn
▶ n /əˈsoʊʃiət, -siət/ socio, -a

🔑 **association** /əˌsoʊʃiˈeɪʃn, -siˈeɪʃn/ n **1** asociación **2** implicación

**assorted** /əˈsɔːrtɪd/ adj **1** variado **2** (galletas, etc.) surtido

**assortment** /əˈsɔːrtmənt/ n variedad, surtido

🔑 **assume** /əˈsuːm; GB əˈsjuːm/ vt **1** suponer **2** dar por hecho **3** (expresión, nombre falso) adoptar **4** (significado) adquirir **5** (control) asumir

**assumption** /əˈsʌmpʃn/ n **1** supuesto **2** (de poder, etc.) toma

**assurance** /əˈʃʊərəns; GB tb əˈʃɔːr-/ n **1** garantía **2** confianza

🔑 **assure** /əˈʃʊər; GB tb əˈʃɔː(r)/ vt **1** asegurar **2** ~ **sb of sth** prometer algo a algn **3** ~ **sb of sth** convencer a algn de algo **4** ~ **yourself that…** cerciorarse de que… **assured** adj seguro **LOC** be assured of sth tener algo asegurado

**asterisk** /ˈæstərɪsk/ n asterisco

**asthma** /ˈæzmə; GB ˈæsmə/ n asma **asthmatic** /æzˈmætɪk; GB æs-/ adj, n asmático, -a

**astonish** /əˈstɒnɪʃ/ vt asombrar **astonishing** adj asombroso **astonishingly** adv increíblemente **astonishment** n asombro

**astound** /əˈstaʊnd/ vt dejar atónito: *We were astounded to find him playing chess with his dog.* Nos quedamos atónitos al encontrarlo jugando al ajedrez con el perro. **astounding** adj increíble

**astray** /əˈstreɪ/ adv **LOC** go astray extraviarse

**astride** /əˈstraɪd/ adv, prep a horcajadas en

**astrology** /əˈstrɒlədʒi/ n astrología

**astronaut** /ˈæstrənɔːt/ n astronauta

**astronomer** /əˈstrɒnəmər/ n astrónomo, -a

**astronomical** /ˌæstrəˈnɑmɪkl/ adj astronómico

**astronomy** /əˈstrɒnəmi/ n astronomía

**astute** /əˈstuːt; GB əˈstjuːt/ adj astuto

**asylum** /əˈsaɪləm/ n **1** asilo (político) **2** (antic) manicomio

🔑 **at** /æt, ət/ prep **1** (posición) en: *at home* en la casa ◇ *at the door* en la puerta ◇ *at the top* en lo alto ➤ Ver nota en EN **2** (tiempo): *at 3:35* a las 3:35 ◇ *at dawn* al amanecer ◇ *at times* a veces ◇ *at night* por la noche ◇ *at Christmas* en Navidades ◇ *at the moment* de momento **3** (precio, frecuencia, velocidad) a: *at 50 mph* a 80 km/h ◇ *at full volume* a todo volumen ◇ *two at a time* de dos en dos **4** (hacia): *to stare at sb* mirar fijamente a algn **5** (reacción): *surprised at sth* sorprendido por algo ◇ *At this, she fainted.* Al ver eso, se desmayó. **6** (actividad) en: *She's at work.* Está en el trabajo. ◇ *to be at war* estar en guerra ◇ *children at play* niños jugando

**ate** pt de EAT

**atheism** /ˈeɪθiɪzəm/ n ateísmo **atheist** n ateo, -a

**athlete** /ˈæθliːt/ n atleta

**athletic** /æθˈletɪk/ adj atlético **athletics** n [incontable] **1** (USA) esporte **2** (GB) (USA **track and field**) atletismo

**atlas** /'ætləs/ n **1** atlas **2** (de carreteras) mapa

**ATM** /ˌeɪ tiː 'em/ n (abrev de **automated teller machine**) cajero automático

ꞵ **atmosphere** /'ætməsfɪər/ n **1** atmósfera **2** ambiente

ꞵ **atom** /'ætəm/ n átomo

**atomic** /ə'tɑmɪk/ adj atómico: *atomic weapons* armas nucleares

**atrocious** /ə'trouʃəs/ adj **1** atroz **2** pésimo **atrocity** /ə'trɑsəti/ n (pl **atrocities**) atrocidad

ꞵ **attach** /ə'tætʃ/ vt **1** amarrar **2** unir **3** (documentos) adjuntar **4** to attach importance/value to sth dar importancia/valor a algo

ꞵ **attached** /ə'tætʃt/ adj: to be attached to sth/sb tenerle cariño a algo/algn **LOC** Ver STRING

**attachment** /ə'tætʃmənt/ n **1** accesorio **2** ~ (to sth) apego (a algo) **3** (Informát) documento/archivo anexo

ꞵ **attack** /ə'tæk/ n ~ (on sth/sb) ataque (contra algo/algn)
▶ vt, vi atacar
**attacker** n agresor, -ora

**attain** /ə'teɪn/ vt alcanzar **attainment** n éxito

ꞵ **attempt** /ə'tempt/ vt intentar: *to attempt to do sth* intentar hacer algo
▶ n **1** ~ (at doing/to do sth) intento (de hacer algo) **2** atentado

ꞵ **attempted** /ə'temptɪd/ adj: attempted robbery intento de robo ◇ attempted murder asesinato frustrado

ꞵ **attend** /ə'tend/ vt, vi asistir (a) **PHRV** attend to sth/sb ocuparse de algo/algn **attendance** n asistencia **LOC** in attendance presente

**attendant** /ə'tendənt/ n encargado, -a

ꞵ **attention** /ə'tenʃn/ n atención: *for the attention of…* a la atención de… **LOC** Ver CATCH, PAY
▶ interj (Mil) ¡firmes!

**attentive** /ə'tentɪv/ adj atento

**attic** /'ætɪk/ n desván, tapanco

ꞵ **attitude** /'ætɪtuːd; GB -tjuːd/ n actitud

ꞵ **attorney** /ə'tɜːrni/ n (pl **attorneys**) **1** abogado, -a ⊃ Ver nota en ABOGADO **2** apoderado, -a

**Attorney-General** /əˌtɜːrni 'dʒenrəl/ n **1** (USA) procurador, -ora general **2** (GB) asesor, -ora legal del gobierno

ꞵ **attract** /ə'trækt/ vt **1** atraer **2** (atención) llamar

ꞵ **attraction** /ə'trækʃn/ n **1** atracción **2** atractivo

ꞵ **attractive** /ə'træktɪv/ adj **1** (persona) atractivo **2** (salario, etc.) interesante

**attribute** /'ætrɪbjuːt/ n atributo
▶ vt /ə'trɪbjuːt/ ~ sth to sth atribuir algo a algo

**aubergine** /'oʊbɜːrʒiːn/ n (GB) **1** (USA **eggplant**) berenjena **2** color morado

**auction** /'ɔːkʃn/ n subasta
▶ vt subastar
**auctioneer** /ˌɔːkʃə'nɪər/ n subastador, -ora

**audible** /'ɔːdəbl/ adj audible

ꞵ **audience** /'ɔːdiəns/ n **1** (Teat, etc.) público **2** ~ with sb audiencia con algn

**audit** /'ɔːdɪt/ n auditoría
▶ vt auditar

**audition** /ɔː'dɪʃn/ n audición
▶ vi ~ (for sth) presentarse a una audición (para algo)

**auditor** /'ɔːdɪtər/ n auditor, -ora

**auditorium** /ˌɔːdɪ'tɔːriəm/ n (pl **auditoriums** o **auditoria** /-riə/) auditorio

**August** /'ɔːgəst/ n (abrev Aug.) agosto ⊃ Ver nota y ejemplos en JANUARY

ꞵ **aunt** /ænt; GB ɑːnt/ (tb coloq **auntie**) n tía: *Aunt Louise* la tía Luisa ◇ *my aunt and uncle* mis tíos

**au pair** /ˌoʊ 'peər/ n nana

Se usa **au pair** sobre todo para estudiantes en el extranjero quienes realizan servicio doméstico o cuidado de niños a cambio de la estancia y un pequeño sueldo.

**austere** /ɔː'stɪər/ adj austero **austerity** /ɔː'sterəti/ n austeridad

**Australian** /ɔː'streɪliən; GB ɒs'treɪ-/ adj, n australiano, -a

**authentic** /ɔː'θentɪk/ adj auténtico **authenticity** /ˌɔːθen'tɪsəti/ n autenticidad

ꞵ **author** /'ɔːθər/ n autor, -ora

**authoritarian** /ɔːˌθɔːrə'teəriən; GB ɔːˌθɒrɪ't-/ adj, n autoritario, -a

**authoritative** /ɔː'θɔːrəteɪtɪv; GB ɔː'θɒrətətɪv/ adj **1** (libro, etc.) de gran autoridad **2** (voz, etc.) autoritario

ꞵ **authority** /ɔː'θɔːrəti/ n (pl **authorities**) autoridad **LOC** have it on good authority that… saber de buena fuente que…

**authorization** (GB tb **-isation**) /ˌɔːθərə'zeɪʃn; GB -raɪ'z-/ n autorización

**authorize** (GB tb **-ise**) /'ɔːθəraɪz/ vt autorizar

**autobiographical** /ˌɔːtəˌbaɪə'græfɪkl/ adj autobiográfico

**autobiography** /ˌɔːtəbaɪ'ɑgrəfi/ n (pl **autobiographies**) autobiografía

**autograph** /'ɔ:təgræf; GB -grɑːf/ n autógrafo
▶ vt firmar

**automate** /'ɔ:təmeɪt/ vt automatizar

**automatic** /,ɔ:tə'mætɪk/ adj automático
▶ n 1 arma automática 2 coche automático

**automatically** /,ɔ:tə'mætɪkli/ adv automáticamente

**automation** /,ɔ:tə'meɪʃn/ n automatización

**automobile** /'ɔ:təməbiːl, ,ɔ:təmə'biːl/ n automóvil

**autonomous** /ɔ:'tɑnəməs/ adj autónomo **autonomy** n autonomía

**autopsy** /'ɔ:tɑpsi/ n (pl **autopsies**) autopsia

**auto racing** /'ɔ:toʊ reɪsɪŋ/ (GB **motor racing**) n automovilismo

**autumn** /'ɔ:təm/ (GB) (USA **fall**) n otoño

**auxiliary** /ɔːg'zɪliəri/ adj, n auxiliar

**avail** /ə'veɪl/ n LOC **to little/no avail** (formal) en vano

**availability** /ə,veɪlə'bɪləti/ n disponibilidad

**available** /ə'veɪləbl/ adj disponible

**avalanche** /'ævəlæntʃ; GB -lɑːnʃ/ n avalancha

**avant-garde** /,ævɑŋ 'gɑrd/ adj vanguardista, de vanguardia

**avenue** /'ævənuː; GB -njuː/ n 1 (abrev Ave.) avenida 2 (fig) camino

**average** /'ævərɪdʒ/ n promedio: on average como media
▶ adj 1 medio: average earnings el sueldo medio 2 mediocre
▶ vt promediar: It averages out at 10%. Sale a un promedio del 10%.

**aversion** /ə'vɜːrʒn/ n aversión

**avert** /ə'vɜːrt/ vt 1 (mirada) apartar 2 (crisis, etc.) evitar

**aviation** /,eɪvi'eɪʃn/ n aviación

**avid** /'ævɪd/ adj ávido

**avocado** /,ævə'kɑdoʊ/ n (pl **avocados**) aguacate

**avoid** /ə'vɔɪd/ vt 1 ~ (doing) sth evitar (hacer) algo: She avoided going. Evitó ir. 2 (responsabilidad, etc.) eludir

**await** /ə'weɪt/ vt (formal) 1 estar en espera de 2 aguardar: A surprise awaited us. Nos aguardaba una sorpresa.

**awake** /ə'weɪk/ adj [nunca antes de sustantivo] despierto

▶ vt, vi (pt **awoke** /ə'woʊk/ pp **awoken** /ə'woʊkən/) despertar(se)

Los verbos **awake** y **awaken** sólo se emplean en lenguaje formal o literario. La expresión normal es **wake (sb) up**.

**awaken** /ə'weɪkən/ (formal) 1 vt, vi despertar(se) ➔ Ver nota en AWAKE 2 vt ~ sb to sth (peligro, etc.) advertir a algn de algo

**award** /ə'wɔːrd/ vt (premio, etc.) conceder
▶ n premio, galardón

**aware** /ə'weər/ adj ~ (of sth) consciente (de algo) LOC **as far as I am aware** que yo sepa **make sb aware of sth** informar a algn de algo Ver tb BECOME **awareness** n conciencia

**away** /ə'weɪ/ adv ❶ Para los usos de away en PHRASAL VERBS, ver las entradas de los verbos correspondientes, p. ej. get away en GET. 1 [indicando distancia]: The hotel is two kilometers away. El hotel está a dos kilómetros. ◊ It's a long way away. Queda muy lejos. 2 [con verbos de movimiento]: She moved away from him. Se alejó de él. ◊ He limped away. Se fue cojeando. 3 [uso enfático con tiempos continuos]: I was working away all night. Pasé toda la noche trabajando. 4 por completo: The snow had melted away. La nieve se había derretido del todo. 5 (GB, Dep) fuera (de casa): Chelsea are playing away on Saturday. El Chelsea juega fuera de casa el sábado. LOC Ver RIGHT

**awe** /ɔː/ n admiración LOC **be in awe of sb** sentirse intimidado por algn

**awesome** /'ɔːsəm/ adj 1 impresionante 2 (esp USA, coloq) genial

**awful** /'ɔːfl/ adj 1 (accidente, etc.) horroroso 2 (coloq): an awful lot of money un montón de dinero

**awfully** /'ɔːfli/ adv (coloq) terriblemente: I'm awfully sorry. Lo siento muchísimo.

**awkward** /'ɔːkwərd/ adj 1 (momento, etc.) inoportuno 2 (sensación, etc.) incómodo 3 (persona) difícil 4 (movimiento) desgarbado

**awoke, awoken** pt, pp de AWAKE

**ax** (GB **axe**) /æks/ n hacha LOC **have an ax to grind** tener un interés particular en algo
▶ vt 1 (servicio, etc.) cortar 2 despedir

**axis** /'æksɪs/ n (pl **axes** /'æksiːz/) eje

**axle** /'æksl/ n eje (de ruedas)

**aye** /aɪ/ interj (antic) sí ❶ **Aye** es común en Escocia y en el norte de Inglaterra.

---

| ʃ chin | dʒ June | v van | θ then | s so | z zoo | ʃ she |

# B b

**B, b** /biː/ n (pl **Bs, B's, b's**) **1** B, b ☼ Ver ejemplos en A, A **2** (Mús) si **3** (esp GB, Educ) ocho: *to get (a) B in Science* sacar un ocho en Ciencias

**babble** /'bæbl/ n **1** (voces) murmullo **2** (bebé) balbuceo
▶ vt, vi farfullar, balbucear

**babe** /beɪb/ n (coloq) nena (chica)

**baby** /'beɪbi/ n (pl **babies**) **1** bebé: *a new-born baby* un recién nacido ◇ *a baby girl* una niña **2** (animal) cría **3** (esp USA, argot) cariño

**babysit** /'beɪbɪsɪt/ vi (**-tt-**) (pt, pp **-sat**) cuidar a un niño **babysitter** n niñero, -a

**bachelor** /'bætʃələr/ n soltero: *bachelor party* despedida de soltero ☼ Comparar con SPINSTER

**back** /bæk/ n **1** parte de atrás/detrás **2** dorso **3** revés **4** espalda: *to lie on your back* estar acostado boca arriba **5** (silla) respaldo **LOC at/in the back of your mind** en lo (más) recóndito de la mente **back to back** espalda con espalda **back to front** (GB) al revés ☼ Ver dibujo en REVÉS **be glad, etc. to see the back of sth/sb** (esp GB, coloq) alegrarse de librarse de algo/algn **be on sb's back** (coloq) estar encima de algn **behind sb's back** (fig) a espaldas de algn **break your back (to do sth)** partirse la espalda (para hacer algo) **get/put sb's back up** (coloq) sacar de quicio a algn **have your back to the wall** (coloq) estar entre la espada y la pared **turn your back on sth/sb** volverle la espalda a algo/algn Ver tb PAT
▶ adj **1** trasero: *the back door* la puerta trasera **2** (número de revista) atrasado **LOC by/through the back door** por la puerta de atrás
▶ adv ❶ Para los usos de **back** en PHRASAL VERBS, ver las entradas de los verbos correspondientes, p. ej. **go back** en GO¹. **1** (movimiento, posición) hacia atrás: *Stand back.* Manténganse alejados. ◇ *a mile back* una milla más atrás **2** (regreso, repetición) de vuelta: *They're back in power.* Están en el poder otra vez. ◇ *on the way back* de regreso ◇ *to go there and back* ir y volver **3** (tiempo) allá: *back in the seventies* allá por los años setenta ◇ *a few years back* hace algunos años

**4** (reciprocidad): *He smiled back (at her).* Le devolvió la sonrisa. **LOC go, travel, etc. back and forth** ir y venir Ver tb OWN
▶ **1** vt ~ **sth/sb (up)** respaldar algo/a algn **2** vt financiar **3** vt apostar por **4** vi ~ **(up)** dar marcha atrás **PHRV back away (from sth/sb)** retroceder (ante algo/algn) **back down/off** retractarse **back on to sth** (GB): *Our house backs on to the river.* La parte de atrás de nuestra casa da al río. **back out (of sth)** echarse para atrás (en algo) (un acuerdo, etc.) **back sth up** (Informát) hacer una copia de seguridad de algo

**backache** /'bækeɪk/ n dolor de espalda

**backbone** /'bækboʊn/ n **1** columna vertebral **2** fortaleza, agallas

**backdrop** /'bækdrɑp/ (GB tb **backcloth** /'bækklɒθ; GB -klɒθ/) n telón de fondo

**backfire** /ˌbæk'faɪər/ vi **1** (coche) petardear **2** ~ **(on sb)** salirle (a algn) el tiro por la culata

**background** /'bækgraʊnd/ n **1** fondo **2** contexto, antecedentes **3** (persona) origen, clase social, formación

**backing** /'bækɪŋ/ n **1** respaldo, apoyo **2** (Mús) acompañamiento

**backlash** /'bæklæʃ/ n [sing] reacción violenta

**backlog** /'bæklɔːg; GB -lɒg/ n atraso: *a huge backlog of work* un montón de trabajo atrasado

**backpack** /'bækpæk/ n mochila ☼ Ver dibujo en LUGGAGE

**back seat** n (coche) asiento trasero **LOC take a back seat** pasar a segundo plano

**backside** /'bæksaɪd/ n trasero

**backslash** /'bækslæʃ/ n (Informát) barra invertida ☼ Ver pág. 308 y comparar con SLASH

**backstage** /ˌbæk'steɪdʒ/ adv entre bastidores

**backup** /'bækʌp/ n **1** refuerzos, asistencia **2** (Informát) copia (de seguridad)

**backward** /'bækwərd/ adj **1** hacia atrás: *a backward glance* una mirada hacia atrás **2** atrasado
▶ adv (tb **backwards**) **1** hacia atrás **2** de espaldas: *He fell backward.* Se cayó de espaldas. **3** (GB **back to front**) al revés ☼ Ver dibujo en REVÉS **LOC backward(s) and forward(s)** de un lado a otro

**backyard** /ˌbæk'jɑrd/ (tb **yard**) n jardín (de atrás) ❶ En Gran Bretaña se refiere al área de patio detrás de la casa, no al jardín.

**bacon** /'beɪkən/ n tocino

**bacteria** /bæk'tɪərɪə/ n [pl] bacterias

**bad** /bæd/ adj (comp **worse**, superl **worst**)
**1** malo: It's bad for your health. Es malo para la salud. ◊ This movie's not bad. Esta película no está mal. **2** grave **3** (dolor de cabeza, etc.) fuerte **LOC** be bad at sth: I'm bad at Math. Soy muy malo en matemáticas. **too bad 1** una pena: It's too bad you can't come. Es una pena que no puedas venir. **2** (irónico) ¡peor para ti! ❶ Para otras expresiones con **bad**, véanse las entradas del sustantivo, adjetivo, etc., p. ej. be in sb's bad books en BOOK.

**bade** pt de BID

**badge** /bædʒ/ n **1** insignia, placa **2** (formal) (fig) símbolo

**badger** /'bædʒər/ n tejón

**bad language** n [incontable] palabrotas

**badly** /'bædli/ adv (comp **worse** /wɜːrs/, superl **worst** /wɜːrst/) **1** mal: It's badly made. Está mal hecho. **2** [uso enfático]: The house was badly damaged. La casa sufrió muchos daños. **3** (necesitar, etc.) con urgencia **LOC** (not) be badly off (no) andar mal de fondos

**badminton** /'bædmɪntən/ n bádminton

**bad-tempered** /ˌbæd 'tempərd/ adj de mal genio

**baffle** /'bæfl/ vt **1** desconcertar **2** frustrar **baffling** adj desconcertante

**bag** /bæg/ n bolsa ➲ Ver dibujo en CONTAINER **LOC** bags of sth (GB, coloq) un montón de algo **be in the bag** (coloq) estar asegurado Ver tb LET¹, PACK

**bagel** /'beɪgl/ n bollo (en forma de rosca) ➲ Ver dibujo en PAN

**baggage** /'bægɪdʒ/ n equipaje

**bag lunch** (GB **packed lunch**) n almuerzo para llevar

**bagpipes** /'bægpaɪps/ (tb **pipes**) n [pl] gaita: bagpipe music música de gaita

**baguette** /bæ'get/ n barra de pan ➲ Ver dibujo en PAN

**bail** /beɪl/ n [incontable] fianza, libertad bajo fianza **LOC** go/stand bail (for sb) pagar la fianza (de algn) Ver tb POST

**bailiff** /'beɪlɪf/ n alguacil

**bait** /beɪt/ n cebo

**bake** /beɪk/ **1** vt, vi (pan, pastel) hornear(se), hacer(se): baking tray charola de horno **2** vt, vi (papas) asar(se)

**baked beans** n [pl] frijoles en salsa de tomate

**baker** /'beɪkər/ n panadero, -a

**bakery** /'beɪkəri/ n (pl **bakeries**) (GB **baker's**) panadería

**balance** /'bæləns/ n **1** equilibrio: to lose your balance perder el equilibrio **2** (Fin) saldo, balance **3** (instrumento) balanza **LOC** catch/throw sb off balance agarrar desprevenido a algn **on balance** (GB) bien mirado
▸ **1** vi ~ (on sth) mantener el equilibrio (sobre algo) **2** vt ~ sth (on sth) mantener algo en equilibrio (sobre algo) **3** vt equilibrar **4** vt compensar, contrarrestar **5** vt, vi (cuentas) (hacer) cuadrar

**balcony** /'bælkəni/ n (pl **balconies**) balcón

**bald** /bɔːld/ adj calvo

**ball** /bɔːl/ n **1** (Dep) balón, pelota, bola **2** esfera, ovillo **3** baile (de etiqueta) **LOC** (be) on the ball (estar) al tanto **get/set/start the ball rolling** empezar **have a ball** (coloq) pasárselo bomba

**ballad** /'bæləd/ n balada, romance

**ballet** /'bæleɪ; GB 'bæleɪ/ n ballet

**ballet dancer** n bailarín, -ina

**balloon** /bə'luːn/ n globo

**ballot** /'bælət/ n votación

**ballot box** n urna (electoral)

**ballpoint pen** /ˌbɔːlpɔɪnt 'pen/ (tb **ballpoint**) n pluma, bolígrafo

**ballroom** /'bɔːlruːm, -rʊm/ n salón de baile: ballroom dancing baile de salón

**bamboo** /ˌbæm'buː/ n bambú

**ban** /bæn/ vt (-nn-) prohibir
▸ n ~ (on sth) prohibición (de algo)

**banana** /bə'nænə; GB bə'nɑːnə/ n plátano: banana skin cáscara de plátano

**band** /bænd/ n **1** (Mús, Radio, de ladrones, etc.) banda: a jazz band un grupo de jazz **2** cinta, franja **3** (en tabulados) rango (de tributación), escala

**bandage** /'bændɪdʒ/ n vendaje
▸ vt vendar

**Band-Aid**® /'bænd eɪd/ (GB **plaster**) n curita, esparadrapo

**bandwagon** /'bændwægən/ n **LOC** climb/jump on the bandwagon (coloq) subirse al (mismo) carro/tren

**bang** /bæŋ/ **1** vt dar un golpe en: He banged his fist on the table. Dio un golpe en la mesa con el puño. ◊ I banged the box down on the floor. Tiré la caja al suelo de un golpe. **2** vt ~ your head, etc. (against/on sth) darse en la cabeza, etc. (con algo) **3** vi ~ into sth darse contra algo **4** vi (petardo, etc.) estallar **5** vi (puerta, etc.) dar golpes
▸ n **1** golpe **2** estallido **3** bangs [pl] (GB **fringe** [sing]) fleco
▸ adv (esp GB, coloq) justo, completamente: bang on time justo a tiempo

◊ ~ **bang up to date** completamente al día **LOC bang goes sth** (GB) se acabó algo **go bang** (coloq) estallar
▶ interj ¡pum!

**banger** /'bæŋər/ n (GB, coloq) **1** salchicha **2** petardo **3** (coche) cacharro: an old banger un viejo cacharro

**banish** /'bænɪʃ/ vt desterrar

**banister** /'bænɪstər/ n barandal, pasamanos

ȵ **bank¹** /bæŋk/ n banco: bank manager director de banco ◊ bank statement estado de cuenta ◊ bank account cuenta bancaria ◊ bank balance saldo bancario **LOC not break the bank** (coloq): A meal out won't break the bank. Cenar fuera no nos va a arruinar.
▶ **1** vt (dinero) ingresar **2** vi tener cuenta: Who do you bank with? ¿En qué banco tienes cuenta? **PHRV bank on sth/sb** contar con algo/algn

ȵ **bank²** /bæŋk/ n orilla (de río, lago)
⊃ Comparar con SHORE

**banker** /'bæŋkər/ n banquero, -a

**bank holiday** n (GB) día festivo

**bankrupt** /'bæŋkrʌpt/ adj en bancarrota **LOC go bankrupt** ir a la bancarrota **bankruptcy** n bancarrota, quiebra

**banner** /'bænər/ n pancarta, estandarte

**banning** /'bænɪŋ/ n prohibición

**banquet** /'bæŋkwɪt/ n banquete

**baptism** /'bæptɪzəm/ n bautismo, bautizo

**baptize** (GB tb **-ise**) /'bæptaɪz; GB bæp'taɪz/ vt bautizar

ȵ **bar** /bɑr/ n **1** barra **2** bar **3** (de chocolate) tablilla **4** (de jabón) pastilla **5** (Fútbol) larguero **6** prohibición **7** (Mús) compás **LOC behind bars** (coloq) tras las rejas
▶ vt (-rr-) ~ **sb from doing sth** prohibir a algn hacer algo **LOC bar the way** cerrar el paso
▶ prep excepto

**barbarian** /bɑr'beəriən/ n bárbaro, -a **barbaric** /bɑr'bærɪk/ adj bárbaro

**barbecue** /'bɑrbɪkjuː/ n carne asada a la parrilla (al aire libre)

**barbed wire** /ˌbɑrbd 'waɪər/ n alambre de púas

**barber** /'bɑrbər/ n peluquero

**barbershop** /'bɑrbərʃɑp/ (GB **barber's**) n peluquería

**bare** /beər/ adj (**barer**, **-est**) **1** desnudo ⊃ Ver nota en NAKED **2** descubierto **3** ~ (**of sth**): a room bare of furniture una habitación sin muebles **4** mínimo: the bare essentials lo mínimo

**barefoot** /'beərfʊt/ adv descalzo

**barely** /'beərli/ adv apenas

ȵ **bargain** /'bɑrgən/ n **1** trato **2** ganga **LOC in the bargain** (GB **into the bargain**) además Ver tb DRIVE
▶ vi **1** negociar **2** regatear **PHRV bargain for/on sth** (coloq) esperar algo **bargaining** n [incontable] **1** negociación: pay bargaining negociaciones salariales **2** regateo

**barge** /bɑrdʒ/ n barcaza

**bar graph** n gráfica de barras

**baritone** /'bærɪtoʊn/ n barítono

**bark¹** /bɑrk/ n corteza (árbol)

**bark²** /bɑrk/ n ladrido
▶ **1** vi ladrar **2** vt, vi (persona) gritar **barking** n [incontable] ladridos

**barley** /'bɑrli/ n cebada

**barmaid** /'bɑrmeɪd/ (GB) (USA **bartender**) n cantinera

**barman** /'bɑrmən/ n (pl **-men** /-mən/) (GB) (USA **bartender**) cantinero, tabernero

**barn** /bɑrn/ n granero

**barometer** /bə'rɑmɪtər/ n barómetro

**baron** /'bærən/ n barón

**baroness** /ˌbærə'nes, 'bærənəs/ n baronesa

**barracks** /'bærəks/ n (pl **barracks**) cuartel

**barrel** /'bærəl/ n **1** barril, tonel **2** cañón

**barren** /'bærən/ adj árido, improductivo (tierra, etc.)

**barricade** /ˌbærɪ'keɪd/ n barricada
▶ vt bloquear (con una barricada) **PHRV barricade yourself in** parapetarse (poniendo barricadas)

ȵ **barrier** /'bæriər/ n barrera

**barrister** /'bærɪstər/ n (GB) abogado, -a ⊃ Ver nota en ABOGADO

**barrow** /'bæroʊ/ n carretilla (de mano)

**bartender** /'bɑrtendər/ (GB **barman/ barmaid**) n cantinero, -a, tabernero, -a

ȵ **base** /beɪs/ n base
▶ vt **1** basar **2** be based in/at… tener su base en…

**baseball** /'beɪsbɔːl/ n béisbol

**basement** /'beɪsmənt/ n sótano

**bash** /bæʃ/ vt, vi (coloq) **1** golpear fuertemente **2** ~ **your head, elbow, etc. (against/on/into sth)** darse un golpe en la cabeza, el codo, etc. (con algo)
▶ n golpe fuerte **LOC have a bash (at sth)** (GB, coloq) intentar (algo)

ȵ **basic** /'beɪsɪk/ adj **1** fundamental **2** básico **3** elemental
▶ n **basics** [pl] lo esencial, la base

ȵ **basically** /'beɪsɪkli/ adv básicamente

---

3: bird   ɪə near   eə hair   ʊə tour   ʒ vision   h hat   ŋ sing

**basin** /'beɪsn/ n **1** (GB) (USA **sink**) lavabo **2** palangana **3** (Geog) cuenca

**ʔbasis** /'beɪsɪs/ n (pl **bases** /-siːz/) base: on the basis of sth basándose en algo **LOC** Ver REGULAR

**basket** /'bæskɪt; GB 'bɑːs-/ n canasta, cesto **LOC** Ver EGG

**basketball** /'bæskɪtbɔːl; GB 'bɑːs-/ n baloncesto

**bass** /beɪs/ n **1** (cantante) bajo **2** graves: to turn up the bass subir los graves **3** (tb **bass guitar**) bajo **4** (tb **double bass**) contrabajo
▶ adj bajo

**bat¹** /bæt/ n murciélago

**bat²** /bæt/ n **1** bate **2** (GB) (USA **paddle**) (Tenis de mesa) raqueta
▶ vt, vi (**-tt-**) batear **LOC** **not bat an eye** (GB **not bat an eyelid**) (coloq) no pestañear

**batch** /bætʃ/ n lote

**ʔbath** /bɑːθ; GB bɑːθ/ n (pl **baths** /bæðz; GB bɑːðz/) **1** baño: to take/have a bath darse un baño **2** tina

**bathe** /beɪð/ **1** vt (ojos, herida) lavar **2** vi bañarse **3** vt (GB **bath**) bañar

**bathrobe** /'bæθroʊb; GB 'bɑː-/ (GB **dressing gown**) n bata

**ʔbathroom** /'bæθruːm, -rʊm; GB 'bɑːθ-/ n (cuarto de) baño

En inglés norteamericano se dice **bathroom** si es en una casa particular, y **men's room**, **women's/ ladies' room** o **restroom** en edificios públicos. En inglés británico se dice **toilet** o **loo** (coloq) para referirnos al baño de las casas particulares, y **the Gents**, **the Ladies**, **toilets**, **cloakroom** o **WC** se usan si hablamos de los baños en lugares públicos.

**baton** /bə'tɑn; GB 'bætɒn/ n **1** (policía) bastón **2** (Mús) batuta **3** (Dep) testigo

**battalion** /bə'tæliən/ n batallón

**batter** /'bætər/ **1** vt apalear: to batter sb to death matar a algn a palos **2** vt, vi ~ **(at/ on)** sth aporrear algo **PHRV** **batter sth down** derribar algo a golpes **battered** adj deformado

**ʔbattery** /'bætəri/ n (pl **batteries**) **1** (Electrón) batería, pila **2** (GB) de cría intensiva: a battery hen una gallina de cría industrial ➔ Comparar con FREE- RANGE

**ʔbattle** /'bætl/ n batalla, lucha **LOC** Ver FIGHT, WAGE
▶ vi **1** ~ **(with/against sth/sb) (for sth)** luchar (con/contra algo/algn) (por algo) **2** ~ **(on)** seguir luchando

**battlefield** /'bætlfiːld/ (tb **battleground** /'bætlgraʊnd/) n campo de batalla

**battleship** /'bætlʃɪp/ n acorazado

**bauble** /'bɔːbl/ n adorno, chuchería

**bawl** /bɔːl/ **1** vi berrear **2** vt gritar

**ʔbay** /beɪ/ n **1** bahía **2** loading bay zona de carga **3** (tb **bay tree**) laurel **LOC** **hold/ keep sth/sb at bay** mantener algo/a algn a raya
▶ vi aullar

**bayonet** /'beɪənət/ n bayoneta

**bay window** n ventana (en forma de mirador redondo)

**bazaar** /bə'zɑr/ n **1** tianguis **2** kermés

**B.C.** (tb **BC**) /ˌbiː 'siː/ abrev de **before Christ** antes de Cristo

**ʔbe** /bi, biː/ ➔ Para los usos de BE con **there** ver THERE.
● v intransitivo **1** ser: Life is unfair. La vida es injusta. ◊ "Who is it?" "It's me." —¿Quién es? —Soy yo. ◊ It's John's. Es de John. ◊ Be quick! ¡Date prisa! ◊ I was late. Llegué tarde. **2** (estado) estar: How are you? ¿Cómo estás? ◊ Is he alive? ¿Está vivo?

Compara las dos oraciones: He's bored. Está aburrido. ◊ He's boring. Es aburrido. Con adjetivos terminados en **-ed**, como interested, tired,

| **be** | | | |
|---|---|---|---|
| **present simple** | | | **past simple** |
| **afirmativa** | | **negativa** | |
| | formas contractas | formas contractas | |
| I **am** | I'**m** | I'**m not** | I **was** |
| you **are** | you'**re** | you **aren't** | you **were** |
| he/she/it **is** | he'**s**/she'**s**/it'**s** | he/she/it **isn't** | he/she/it **was** |
| we **are** | we'**re** | we **aren't** | we **were** |
| you **are** | you'**re** | you **aren't** | you **were** |
| they **are** | they'**re** | they **aren't** | they **were** |
| forma en -ing **being** | participio pasado **been** | | |

| ʃ ch in | dʒ June | v van | θ then | s so | z zoo | ʃ she |

etc., el verbo **be** expresa un estado y se traduce por "estar", mientras que con adjetivos terminados en **-ing**, como *interesting, tiring*, etc., expresa una cualidad y se traduce por "ser".

**3** (*localización*) estar: *Mary's upstairs.* Mary está arriba. **4** (*origen*) ser: *She's from Italy.* Es italiana. **5** [*sólo en tiempo perfecto*] visitar: *I've never been to Spain.* Nunca he estado en España. ◊ *Has the plumber been yet?* ¿Ha venido ya el plomero? ◊ *I've been into town.* He ido al centro. **❶** A veces **been** se utiliza como participio de **go**. *Ver tb nota en* GO¹. **6** tener: *I'm right, aren't I?* ¿A que tengo razón? ◊ *I'm hot/afraid.* Tengo calor/miedo. ◊ *Are you in a hurry?* ¿Tienes prisa?

Nótese que en español se usa *tener* con sustantivos como *calor, frío, hambre, sed*, etc., mientras que en inglés se usa **be** con el adjetivo correspondiente.

**7** (*edad*) tener: *He's ten (years old).* Tiene diez años. ⊃ *Ver notas en* OLD y YEAR **8** (*tiempo*): *It's cold/hot.* Hace frío/calor. ◊ *It's foggy.* Hay niebla. **9** (*medida*) medir: *He's six feet tall.* Mide 1,80 m. **10** (*hora*) ser: *It's two o'clock.* Son las dos. **11** (*precio*) costar: *How much is that dress?* ¿Cuánto cuesta ese vestido? **12** (*Mat*) ser: *Two and two is/are four.* Dos y dos son cuatro.
- **v auxiliar 1** [*con participios para formar la pasiva*]: *He was killed in the war.* Lo mataron en la guerra. ◊ *It is said that he is/He is said to be rich.* Dicen que es rico. **2** [*con* **-ing** *para formar tiempos continuos*]: *What are you doing?* ¿Qué haces/Qué estás haciendo? ◊ *I'm just coming!* ¡Ya voy! **3** [*con infinitivo*]: *I am to inform you that…* Debo informarle que… ◊ *They were to be married.* Se iban a casar. **❶** Para expresiones con **be**, véanse las entradas del sustantivo, adjetivo, etc., p. ej. **be on edge** en EDGE.

**beach** /biːtʃ/ *n* playa
▶ *vt* varar

**bead** /biːd/ *n* **1** cuenta **2** beads [*pl*] collar de cuentas **3** (*de sudor, etc.*) gota

**beak** /biːk/ *n* pico

**beaker** /'biːkər/ *n* **1** vaso de precipitados **2** (*GB*) vaso alto (*de plástico*)

**beam** /biːm/ *n* **1** viga, travesaño **2** (*de luz*) rayo **3** (*de linterna, etc.*) haz de luz **4** sonrisa radiante
▶ *vi* ~ (**at sb**) echar una sonrisa radiante (a algn)
▶ *vt* transmitir (*programa, mensaje*)

**bean** /biːn/ *n* **1** (*semilla*): *kidney beans* frijoles rojos ◊ *lima beans* habas *Ver tb* BAKED BEANS **2** (*vaina*) frijol **3** (*café, cacao*) grano

**bear¹** /beər/ (*pt* **bore** /bɔːr/ *pp* **borne** /bɔːrn/) **1** *vt* aguantar **2** *vt* (*firma, etc.*) llevar **3** *vt* (*carga*) soportar **4** *vt* (*gastos*) hacerse cargo de **5** *vt* (*responsabilidad*) asumir **6** *vt* resistir: *It won't bear close examination.* No resistirá un examen a fondo. **7** *vt* (*formal*) (*hijo*) dar a luz **8** *vt* (*cosecha, resultado*) producir **9** *vi* (*carretera, etc.*) torcer **❶** Para expresiones con **set**, véanse las entradas del sustantivo, adjetivo, etc., p. ej. **bear sth/sb in mind** en MIND. PHRV **bear sth/sb out** confirmar algo/lo que algn ha dicho **bear with sb** tener paciencia con algn

**bear²** /beər/ *n* oso

**bearable** /'beərəbl/ *adj* tolerable

**beard** /bɪərd/ *n* barba **bearded** *adj* barbudo, con barba

**bearer** /'beərər/ *n* (*formal*) **1** (*noticias, cheque, etc.*) portador, -ora **2** (*documento*) titular

**bearing** /'beərɪŋ/ *n* (*Náut*) marcación LOC **find/get/take your bearings** orientarse **have a bearing on sth** tener que ver con algo

**beast** /biːst/ *n* animal, bestia: *wild beasts* fieras

**beat** /biːt/ (*pt* **beat**, *pp* **beaten** /'biːtn/) **1** *vt* golpear **2** *vt* (*huevos, alas*) batir **3** *vt* (*tambor*) tocar **4** *vt, vi* dar golpes (en) **5** *vi* (*corazón*) latir **6** *vt, vi* ~ (**against/on**) **sth** golpear (contra) algo **7** *vt* ~ **sb** (**at sth**) vencer a algn (a algo) **8** *vt* (*récord*) batir **9** *vt* superar: *Nothing beats home cooking.* No hay nada como la cocina casera. LOC **beat around the bush** andarse con rodeos **beat it** (*argot*) ¡lárgate! **off the beaten track** (*en un lugar*) apartado PHRV **beat sb up; beat up on sb** dar una paliza a algn
▶ *n* **1** ritmo **2** (*tambor*) redoble **3** (*policía*) ronda

**beating** /'biːtɪŋ/ *n* **1** (*castigo, derrota*) paliza **2** batir **3** (*corazón*) latido LOC **take a lot of/some beating** ser difícil de superar

**beautiful** /'bjuːtɪfl/ *adj* **1** hermoso **2** magnífico

**beautifully** /'bjuːtɪfli/ *adv* estupendamente

**beauty** /'bjuːti/ *n* (*pl* **beauties**) **1** belleza **2** (*persona o cosa*) preciosidad

**beaver** /'biːvər/ *n* castor

**became** *pt de* BECOME

**because** /br'kɔ:z; GB -'kɒz/ conj porque
**because of** prep a causa de, debido a: *because of you* por ti

**beckon** /'bekən/ **1** vi ~ **to sb** hacer señas a algn **2** vt llamar con señas

**become** /br'kʌm/ vi (pt **became** /br'keɪm/ pp **become**) **1** [con sustantivo] llegar a ser, convertirse en, hacerse: *She became a doctor.* Se hizo médico. **2** [con adjetivo] ponerse, volverse: *to become fashionable* ponerse de moda **LOC** **become aware of sth** darse cuenta de algo: *She became aware of...* Se dio cuenta de que... **PHRV** **become of sth/sb** pasar con algo/algn: *What will become of me?* ¿Qué será de mí?

**bed** /bed/ n **1** cama: *a twin/queen-size bed* una cama individual/de matrimonio ◇ *to make the bed* hacer la cama

> Nótese que en las siguientes expresiones no se usa el artículo determinado en inglés: *to go to bed* irse a la cama ◇ *It's time for bed.* Es hora de irse a la cama.

**2** (tb **river bed**) lecho (*de un río*) **3** (tb **sea bed**) fondo (*del océano*) **4** Ver **FLOWER BED** **LOC** Ver **WET**

**bed and breakfast** (tb **B and B, B & B**) n (casa de huéspedes con) alojamiento y desayuno

**bedding** /'bedɪŋ/ [incontable] (tb **bedclothes** /'bedkloʊðz/ [pl]) n ropa de cama

**bedroom** /'bedru:m, -rʊm/ n cuarto, recámara

**bedside** /'bedsaɪd/ n cabecera: *bedside table* mesilla de noche

**bedsit** /'bedsɪt/ n (GB) habitación con cama y cocina

**bedspread** /'bedspred/ n colcha

**bedtime** /'bedtaɪm/ n hora de acostarse

**bee** /bi:/ n abeja

**beech** /bi:tʃ/ (tb **beech tree**) n haya

**beef** /bi:f/ n carne de res: *roast beef* rosbif ➔ Ver nota en **CARNE**

**beefburger** /'bi:fbɜːrgər/ n (GB) hamburguesa

**beehive** /'bi:haɪv/ n colmena

**been** /bɪn; GB tb bi:n/ pp de **BE**

**beer** /bɪər/ n cerveza

**beet** /bi:t/ (GB **beetroot**) /'bi:tru:t/ n betabel

**beetle** /'bi:tl/ n escarabajo

**before** /br'fɔːr/ adv antes: *the day/week before* el día/la semana anterior ◇ *I'd never seen her before.* No la había visto nunca.

▸ prep **1** antes de (que), antes que: *before lunch* antes de comer ◇ *the day before yesterday* anteayer ◇ *He arrived before me.* Llegó antes que yo. ◇ *Before he goes on vacation...* Antes de que se vaya de vacaciones... **2** ante: *right before my eyes* ante mis propios ojos **3** delante de: *He puts his work before everything else.* Pone su trabajo antes que todo lo demás.

▸ conj antes de que

**beforehand** /br'fɔ:rhænd/ adv de antemano

**beg** /beg/ (-gg-) **1** vt, vi ~ **(sth/for sth) (from sb)** mendigar algo (a algn): *They had to beg (for) scraps from shopkeepers.* Tenían que mendigar sobras a los tenderos. **2** vt ~ **sb to do sth** rogar, suplicar a algn que haga algo **LOC** **I beg your pardon** (formal) perdón ❶ Se usa para pedir perdón o para pedir a alguien que repita lo que dijo. **beggar** n mendigo, -a

**begin** /br'gɪn/ vt, vi (-nn-) (pt **began** /br'gæn/ pp **begun** /br'gʌn/) ~ **(doing/to do sth)** empezar (a hacer algo): *Shall I begin?* ¿Empiezo yo? ➔ Ver nota en **START** **LOC** **to begin with 1** para empezar **2** al principio **beginner** n principiante

**beginning** /br'gɪnɪŋ/ n **1** comienzo, principio: *at/in the beginning* al principio ◇ *from beginning to end* de principio a fin **2** origen

**begrudge** /br'grʌdʒ/ vt **1** envidiar **2** escatimar

**behalf** /br'hæf; GB -'hɑ:f/ n **LOC** **on/in behalf of sb; on/in sb's behalf** en nombre de algn

**behave** /br'heɪv/ vi ~ **well, badly, etc. (toward sb)** comportarse bien, mal, etc. (con algn): *Behave yourself!* ¡Pórtate bien! ◇ *well-behaved* bien educado

**behavior** (GB **behaviour**) /br'heɪvjər/ n comportamiento

**behind** /br'haɪnd/ ❶ Para los usos de **behind** en PHRASAL VERBS ver las entradas de los verbos correspondientes, p. ej. **stay behind** en **STAY**.
▸ prep **1** detrás de, tras: *I put it behind the dresser.* Lo puse detrás de la cómoda. ◇ *What's behind this sudden change?* ¿Qué hay detrás de este cambio repentino? **2** retrasado con respecto a: *to be behind schedule* estar atrasado (con respecto a los planes) **3** a favor de
▸ adv **1** atrás: *to leave sth behind* dejar algo atrás ◇ *to look behind* mirar hacia atrás ◇ *He was shot from behind.* Le dispararon por la espalda. ◇ *to stay behind* quedarse **2** ~ **(in/with sth)** (en/con algo)
▸ n trasero

**being** /'bi:ɪŋ/ n **1** ser: *human beings* seres humanos **2** existencia **LOC** **come into being** crearse

**belated** /bɪ'leɪtɪd/ adj tardío

**belch** /beltʃ/ vi eructar
▶ n eructo

**belief** /bɪ'li:f/ n **1** creencia **2** ~ **in sth** confianza, fe en algo **LOC** **beyond belief** increíble **in the belief that...** confiando en que... *Ver tb* BEST

**believable** /bɪ'li:vəbl/ adj creíble

**believe** /bɪ'li:v/ vt, vi creer: *I believe so.* Creo que sí. **LOC** **believe it or not** aunque no te lo creas **LOC** *Ver* LEAD² **PHRV** **believe in sth** creer en algo, confiar en algo

**believer** /bɪ'li:vər/ n creyente **LOC** **be a (great/firm) believer in sth** ser (gran) partidario de algo

**bell** /bel/ n **1** campana, campanilla **2** timbre: *to ring the bell* tocar el timbre **LOC** *Ver* RING²

**bell-bottoms** /'bel batəmz/ n [pl] pantalón acampanado

**bellow** /'beloʊ/ **1** vi bramar **2** vt, vi gritar
▶ n **1** bramido **2** grito

**bell pepper** (GB **pepper**) n pimiento

**belly** /'beli/ n (pl **bellies**) **1** (coloq) (persona) vientre, barriga **2** (animal) panza

**belong** /bɪ'lɔ:ŋ; GB -'lɒŋ/ vi **1** ~ **to sth/sb** pertenecer a algo/algn **2** deber estar: *Where does this belong?* ¿Dónde se pone esto? **belongings** n [pl] pertenencias

**below** /bɪ'loʊ/ prep (por) debajo de, bajo: *five degrees below freezing* cinco grados bajo cero
▶ adv (más) abajo: *above and below* arriba y abajo

**belt** /belt/ n **1** cinturón **2** (Mec) cinta, correa: *conveyor belt* cinta transportadora **3** (Geog) zona **LOC** **below the belt** golpe bajo: *That remark hit below the belt.* Ese comentario fue un golpe bajo.

**beltway** /'beltweɪ/ (tb **outer belt**) (GB **ring road**) n anillo periférico

**bemused** /bɪ'mju:zd/ adj perplejo

**bench** /bentʃ/ n **1** (asiento) banco **2** **the bench** [sing] el tribunal **3** (GB, Pol) escaño **4** **the bench** [sing] (Dep) el banquillo

**benchmark** /'bentʃmɑrk/ n punto de referencia

**bend** /bend/ (pt, pp **bent** /bent/) **1** vt, vi doblar(se) **2** vi ~ **(down)** agacharse, inclinarse
▶ n **1** curva **2** (tubería) codo

**beneath** /bɪ'ni:θ/ prep (formal) **1** bajo, debajo de **2** indigno de
▶ adv (formal) abajo

**benefactor** /'benɪfæktər/ n benefactor, -ora

**beneficial** /ˌbenɪ'fɪʃl/ adj beneficioso, provechoso

**benefit** /'benɪfɪt/ n **1** beneficio: *to be of benefit to* ser beneficioso para **2** subsidio: *unemployment benefit* subsidio de desempleo **3** función benéfica **LOC** **give sb the benefit of the doubt** conceder a algn el beneficio de la duda
▶ (-t-, -tt-) **1** vt beneficiar **2** vi ~ **(from/by sth)** beneficiarse, sacar provecho (de algo)

**benevolence** /bə'nevələns/ n benevolencia

**benevolent** /bə'nevələnt/ adj **1** (formal) benévolo **2** benéfico

**benign** /bɪ'naɪn/ adj benigno

**bent** /bent/ adj torcido, curvado **LOC** **bent on (doing) sth** empeñado en (hacer) algo *Ver tb* BEND

**bequeath** /bɪ'kwi:ð/ vt ~ **sth (to sb)** (formal) legar algo (a algn)

**bequest** /bɪ'kwest/ n (formal) legado

**bereaved** /bɪ'ri:vd/ adj (formal) afligido por la muerte de un ser querido **bereavement** n pérdida (de un ser querido)

**beret** /bə'reɪ; GB 'bereɪ/ n boina

**berry** /'beri/ n (pl **berries**) baya

**berserk** /bər'zɜ:rk, -'sɜ:rk/ adj loco: *to go berserk* volverse loco

**berth** /bɜ:rθ/ n **1** (barco) camarote **2** (tren) litera **3** (Náut) muelle
▶ vt, vi atracar (un barco)

**beset** /bɪ'set/ vt (-tt-) (pt, pp **beset**) (formal) acosar: *beset by doubts* asaltado por las dudas

**beside** /bɪ'saɪd/ prep junto a, al lado de **LOC** **beside yourself (with sth)** fuera de sí (por algo)

**besides** /bɪ'saɪdz/ prep **1** además de **2** aparte de: *No one writes to me besides you.* Nadie me escribe más que tú.
▶ adv además

**besiege** /bɪ'si:dʒ/ vt **1** asediar **2** (fig) acosar

**best** /best/ adj (superl de **good**) mejor: *the best dinner I've ever had* la mejor cena que he comido en mi vida ◊ *the best soccer player in the world* el mejor futbolista del mundo ◊ *my best friend* mi mejor amigo *Ver tb* GOOD, BETTER **LOC** **best before**: *best before May 2010* consumir antes de mayo 2010 **best wishes**: *Best wishes, Ann.* Un fuerte abrazo, Ann. ◊ *Give her my best wishes.* Dale muchos saludos.

3: bird    ɪə near    eə hair    ʊə tour    ʒ vision    h hat    ŋ sing

▸ adv (superl de **well**) **1** mejor: best dressed mejor vestido ◇ Do as you think best. Haz lo que te parezca más oportuno. **2** más: best-known más conocido **LOC** as best you can lo mejor que puedas
▸ n the best [sing] el/la/lo mejor: She's the best by far. Ella es por mucho la mejor. ◇ to want the best for sb querer lo mejor para algn ◇ We're (the) best of friends. Somos excelentes amigos. **LOC** all the best (en cartas, etc.) saludos at best en el mejor de los casos be at its/your best estar mejor/algn en su mejor momento do/try your (level/very) best hacer todo lo posible make the best of sth sacar el máximo partido de algo to the best of your belief/knowledge que tú sepas

**best man** n padrino (de boda) ➔ Ver nota en MATRIMONIO

**bestseller** /best'selər/ (tb **best-seller**) n éxito editorial/de ventas

🐑 **bet** /bet/ vt, vi (-tt-) (pt, pp bet) ~ (on) sth apostar (en) algo **I bet...** (coloq): I bet you he doesn't come. ¡A que no viene!
▸ n apuesta: to place/put a bet (on sth) apostar (por algo)

**betide** /bɪ'taɪd/ v **LOC** Ver WOE

**betray** /bɪ'treɪ/ vt **1** (país, principios) traicionar **2** (secreto) revelar **betrayal** n traición

🐑 **better** /'betər/ adj (comp de **good**) mejor: It was better than I expected. Fue mejor de lo que esperaba. ◇ He is much better today. Hoy está mucho mejor. Ver tb BEST, GOOD **LOC** be little/no better than... no valer más que... get better mejorar have seen/known better days no ser lo que era Ver tb ALL
▸ adv **1** (comp de **well**) mejor: She sings better than me/than I (do). Canta mejor que yo. **2** más: I like him better than before. Me gusta más que antes. **LOC** be better off (doing sth): He'd be better off leaving now. Más le valdría irse ahora. be better off (without sth/sb) estar mejor (sin algo/algn) better late than never (refrán) más vale tarde que nunca better safe than sorry (refrán) más vale prevenir que lamentar I'd, you'd, etc. better/best (do sth) ser mejor (que haga, hagas, etc. algo): I'd better be going now. Será mejor que me vaya ahora. Ver tb KNOW, SOON
▸ n (algo) mejor: I expected better of him. Esperaba más de él. **LOC** get the better of sb vencer a algn: His shyness got the better of him. Lo venció la timidez.

**betting shop** n (GB) agencia de apuestas

🐑 **between** /bɪ'twiːn/ prep entre (dos cosas/personas) ➔ Ver dibujo en ENTRE

▸ adv (tb **in between**) en medio

**beverage** /'bevrɪdʒ/ n (formal) bebida

**beware** /bɪ'weər/ vi ~ (of sth/sb) tener cuidado (con algo/algn) ❶ Se usa solamente en imperativo o infinitivo.

**bewilder** /bɪ'wɪldər/ vt dejar perplejo **bewildered** adj perplejo **bewildering** adj desconcertante **bewilderment** n perplejidad

**bewitch** /bɪ'wɪtʃ/ vt hechizar

🐑 **beyond** /bɪ'jɒnd/ prep, adv más allá **LOC** be beyond sb (coloq): It's beyond me. No lo puedo entender.

**bias** /'baɪəs/ n **1** ~ toward sth/sb predisposición a favor de algo/algn **2** ~ against sth/sb prejuicios contra algo/algn **3** parcialidad **biased** adj parcial

**bib** /bɪb/ n **1** babero **2** peto (de delantal)

**Bible** /'baɪbl/ n biblia **biblical** (tb **Biblical**) /'bɪblɪkl/ adj bíblico

**bibliography** /,bɪbli'ɒɡrəfi/ n (pl **bibliographies**) bibliografía

**biceps** /'baɪseps/ n (pl **biceps**) bíceps

**bicker** /'bɪkər/ vi discutir (por asuntos triviales)

🐑 **bicycle** /'baɪsɪkl/ n bicicleta: to ride a bicycle andar en bicicleta

🐑 **bid** /bɪd/ (-dd-) (pt, pp bid) **1** vi ~ (on sth) (subasta) pujar (por algo) **2** vi (Com) hacer ofertas **3** vt (cantidad) ofrecer **LOC** Ver FAREWELL
▸ n **1** (subasta) puja **2** (Com) oferta **3** intento: to make a bid for sth intentar conseguir algo **bidder** n postor, -ora

**bide** /baɪd/ vt **LOC** bide your time esperar el momento oportuno

**biennial** /bar'eniəl/ adj bienal

🐑 **big** /bɪɡ/ adj (bigger, -est) **1** grande: the biggest desert in the world el desierto más grande del mundo

> **Big** y **large** describen el tamaño, la capacidad o la cantidad de algo, pero **big** es menos formal.

**2** mayor: my big sister mi hermana mayor **3** (decisión) importante **4** (error) grave **5** (coloq) popular: The band's very big in Japan. El grupo ha pegado mucho en Japón. **LOC** a big cheese/fish/noise/shot (coloq) un pez gordo big business: This is big business. Esto es una mina. the big time (coloq) el estrellato
▸ adv (bigger, -est) (coloq) a lo grande: Let's think big. Vamos a planearlo a lo grande.

**bigamy** /'bɪɡəmi/ n bigamia

**the Big Apple** n [sing] (coloq) la Gran Manzana, Nueva York

**bigoted** /'bɪɡətɪd/ adj intolerante

**bike** /baɪk/ n (coloq) **1** bici: to go bike riding ir de paseo en bici **2** moto

**bikini** /bɪˈkiːni/ n bikini

**bilingual** /ˌbaɪˈlɪŋgwəl/ adj, n bilingüe

**bill** /bɪl/ n **1** factura: phone/gas bills recibos del teléfono/del gas ◊ a bill for 5 000 pesos una factura de 5,000 pesos **2** (GB) (USA **check**) (restaurante) cuenta: The bill, please. La cuenta, por favor. **3** (USA) (GB **note**) billete: a ten-dollar bill un billete de diez dólares **4** programa **5** proyecto de ley **6** (USA) (GB **peak**) (de ave) **LOC fill/fit the bill** satisfacer los requisitos Ver tb FOOT
▸ vt **1** to bill sb for sth pasar la factura (de algo) a algn **2** anunciar (en un programa)

**billboard** /ˈbɪlbɔːrd/ n anuncio espectacular

**billiards** /ˈbɪliərdz/ n [incontable] billar ⟳ Ver nota en BILLAR

**billing** /ˈbɪlɪŋ/ n: to get top/star billing encabezar el cartel

**billion** /ˈbɪljən/ adj, n mil millones ⟳ Comparar con TRILLION y ver nota en MILLION

**bin** /bɪn/ n **1** bote **2** (GB) (USA **garbage can**) basurero, bote de basura ⟳ Ver dibujo en GARBAGE CAN

**bind** /baɪnd/ vt (pt, pp **bound** /baʊnd/) **1** ~ sth/sb (together) amarrar algo/a algn **2** ~ sth/sb (together) (fig) unir, ligar algo/a algn **3** ~ sb (to sth) obligar a algn (a algo)
▸ n [sing] (GB, coloq) lata: It's a terrible bind. Es una lata. **LOC in a bind** en un apuro

**binder** /ˈbaɪndər/ n carpeta

**binding** /ˈbaɪndɪŋ/ n **1** encuadernación **2** ribete
▸ adj ~ (on/upon sb) vinculante (para algn)

**binge** /bɪndʒ/ n (coloq) juerga
▸ vi **1** atracarse de comida **2** emborracharse

**bingo** /ˈbɪŋgoʊ/ n bingo

**binoculars** /bɪˈnɑkjələrz/ n [pl] binoculares, prismáticos

**biochemical** /ˌbaɪoʊˈkemɪkl/ adj bioquímico

**biochemist** /ˌbaɪoʊˈkemɪst/ n bioquímico, -a **biochemistry** n bioquímica

**biographer** /baɪˈɑgrəfər/ n biógrafo, -a

**biographical** /ˌbaɪəˈgræfɪkl/ adj biográfico

**biography** /baɪˈɑgrəfi/ n (pl **biographies**) biografía

**biological** /ˌbaɪəˈlɑdʒɪkl/ adj biológico

**biologist** /baɪˈɑlədʒɪst/ n biólogo, -a

**biology** /baɪˈɑlədʒi/ n biología

**B**

**bird** /bɜːrd/ n ave, pájaro: bird of prey ave de rapiña **LOC** Ver EARLY

**birth** /bɜːrθ/ n **1** nacimiento **2** natalidad **3** parto **4** cuna, origen **LOC give birth (to sth/sb)** dar a luz (a algo/algn)

**birthday** /ˈbɜːrθdeɪ/ n **1** cumpleaños: Happy birthday! ¡Feliz cumpleaños! ◊ birthday card tarjeta de cumpleaños **2** aniversario

**birthplace** /ˈbɜːrθpleɪs/ n lugar de nacimiento

**biscuit** /ˈbɪskɪt/ n **1** bísquet **2** (GB) (USA **cookie**) galleta

**bishop** /ˈbɪʃəp/ n **1** obispo **2** (Ajedrez) alfil

**bit** /bɪt/ n **1** trocito, pedacito **2** freno (para un caballo) **3** (Informát) bit **LOC a bit much** (GB, coloq) demasiado **a little bit** un poco: I have a little bit of shopping to do. Tengo que hacer algunas compras. **bit by bit** poco a poco **bits and pieces** (GB, coloq) cosillas **do your bit** (esp GB, coloq) hacer tu parte **not one little bit** en absoluto: I don't like it one little bit. No me gusta nada. **quite a bit** (esp GB, coloq) mucho: It rained quite a bit. Llovió mucho. **to bits** Ver TO PIECES en PIECE; Ver tb BITE

**bitch** /bɪtʃ/ n perra ⟳ Ver nota en PERRO

**bite** /baɪt/ (pt bit /bɪt/ pp bitten /ˈbɪtn/) **1** vt, vi ~ (into sth) morder (algo): to bite your nails morderse las uñas **2** vt (insecto) picar
▸ n **1** mordisco **2** bocado **3** picadura

**bitter** /ˈbɪtər/ adj **1** amargo **2** resentido **3** glacial
▸ n (GB) cerveza amarga

**bitterly** /ˈbɪtərli/ adv amargamente: It's bitterly cold. Hace un frío de perros.

**bitterness** /ˈbɪtərnəs/ n amargura

**bizarre** /bɪˈzɑr/ adj **1** (suceso) insólito **2** (aspecto) estrafalario

**black** /blæk/ adj (**blacker, -est**) **1** negro: black eye ojo morado ◊ black market mercado negro **2** (cielo, noche) oscuro **3** (café, té) solo
▸ n **1** negro **2** (persona) negro, -a ⟳ Ver nota en AFRICAN AMERICAN
▸ v **PHRV black out** perder el conocimiento

**blackbird** /ˈblækbɜːrd/ n mirlo

**blackboard** /ˈblækbɔːrd/ n pizarrón

**blackcurrant** /ˌblækˈkʌrənt/ n grosella negra

**blacken** /ˈblækən/ vt **1** (reputación, etc.) manchar **2** ennegrecer

**blacklist** /ˈblæklɪst/ n lista negra
▸ vt poner en la lista negra

**blackmail** /'blækmeɪl/ n chantaje
▸ vt chantajear
**blackmailer** n chantajista

**blacksmith** /'blæksmɪθ/ (tb smith) n herrero, -a

**blacktop** /'blæktɑp/ (GB asphalt) n asfalto

**bladder** /'blædər/ n vejiga

ᵇ **blade** /bleɪd/ n 1 (cuchillo, etc.) hoja 2 (patín) cuchilla 3 (ventilador) aspa 4 (remo) pala 5 (pasto) brizna Ver tb SHOULDER BLADE

ᵇ **blame** /bleɪm/ vt 1 culpar: He blames it on her/He blames her for it. Le echa la culpa a ella. ❶ Nótese que blame sb for sth es igual que blame sth on sb. 2 [en oraciones negativas]: You couldn't blame him for being annoyed. No me extraña que se enojara. **LOC** be to blame (for sth) tener la culpa (de algo)
▸ n ~ (for sth) culpa (de algo) **LOC** lay/to put the blame (for sth) on sb echar la culpa (de algo) a algn

**bland** /blænd/ adj (blander, -est) soso

ᵇ **blank** /blæŋk/ adj 1 (papel, cheque, etc.) en blanco 2 (pared, espacio, etc.) desnudo 3 (casete) virgen 4 (municiones) de fogueo 5 (expresión) vacío
▸ n 1 espacio en blanco 2 (tb blank cartridge) bala de salva

**blanket** /'blæŋkɪt/ n cobija
▸ adj [sólo antes de sustantivo] general: a blanket ban una prohibición total
▸ vt cubrir (por completo)

**blare** /bleər/ vi ~ (out) sonar a todo volumen

**blasphemous** /'blæsfəməs/ adj blasfemo

**blasphemy** /'blæsfəmi/ n blasfemia

**blast** /blæst; GB blɑːst/ n 1 explosión 2 onda expansiva 3 ráfaga: a blast of air una ráfaga de viento 4 [sing] (esp USA, coloq): We had a blast at the party/The party was a blast. Nos divertimos mucho en la fiesta. **LOC** Ver FULL
▸ vt volar (con explosivos) **PHRV** blast off (Aeronáut) despegar
▸ interj (esp GB, coloq) maldición

**blasted** /'blæstɪd; GB 'blɑːstɪd/ adj (coloq) condenado

**blatant** /'bleɪtnt/ adj descarado

**blaze** /bleɪz/ n 1 incendio 2 hoguera 3 [sing] a ~ of sth: a blaze of color una explosión de color ◇ in a blaze of publicity con mucha publicidad
▸ vi 1 arder 2 brillar 3 (formal): Her eyes were blazing with fury. Estaba tan enojada que echaba chispas por los ojos.

**blazer** /'bleɪzər/ n saco: an elegant blue blazer un elegante saco azul

**bleach** /bliːtʃ/ vt blanquear
▸ n cloro, blanqueador

**bleachers** /'bliːtʃərz/ (GB terraces) n [pl] gradas

**bleak** /bliːk/ adj (bleaker, -est) 1 (paisaje) inhóspito 2 (tiempo) crudo 3 (día) gris y deprimente 4 (situación) poco prometedor **bleakly** adv desoladamente **bleakness** n 1 desolación 2 crudeza

**bleed** /bliːd/ vi (pt, pp bled /bled/) sangrar **bleeding** n hemorragia

**blemish** /'blemɪʃ/ n mancha
▸ vt manchar

**blend** /blend/ 1 vt, vi mezclar(se) 2 vi difuminarse **PHRV** blend in (with sth) armonizar (con algo)
▸ n mezcla
**blender** n licuadora

**bless** /bles/ vt (pt, pp blessed /blest/) bendecir **LOC** be blessed with sth gozar de algo **bless you!** 1 ¡que Dios te bendiga! 2 (al estornudar) ¡salud! ➔ Ver nota en ¡ACHÚ!

**blessed** /'blesɪd/ adj 1 santo 2 bendito 3 (antic, coloq): the whole blessed day todo el santo día

**blessing** /'blesɪŋ/ n 1 bendición 2 [gen sing] visto bueno **LOC** it's a blessing in disguise (refrán) no hay mal que por bien no venga

**blew** pt de BLOW

ᵇ **blind** /blaɪnd/ adj ciego **LOC** turn a blind eye (to sth) hacerse de la vista gorda (ante algo)
▸ vt 1 (momentáneamente) deslumbrar 2 cegar
▸ n 1 persiana 2 the blind [pl] los ciegos

**blindfold** /'blaɪndfoʊld/ n venda (en los ojos)
▸ vt vendar los ojos a
▸ adv con los ojos vendados

**blindly** /'blaɪndli/ adv ciegamente

**blindness** /'blaɪndnəs/ n ceguera

**blink** /blɪŋk/ vi parpadear
▸ n parpadeo

**bliss** /blɪs/ n [incontable] (una) dicha **blissful** adj dichoso

**blister** /'blɪstər/ n 1 ampolla 2 (pintura) burbuja

**blistering** /'blɪstərɪŋ/ adj abrasador (calor)

**blitz** /blɪts/ n 1 (Mil) ataque relámpago 2 ~ (on sth) (coloq) campaña (contra/sobre algo)

**blizzard** /'blɪzərd/ n ventisca (de nieve)

**bloated** /'bloʊtɪd/ adj hinchado

**blob** /blɑb/ n gota (líquido espeso)

**bloc** /blɑk/ n bloque

**block** /blɑk/ n **1** (piedra, hielo, etc.) bloque **2** (edificios) manzana, cuadra **3** (entradas, acciones, etc.) paquete: a block reservation una reservación en grupo **4** obstáculo, impedimento: a mental block un bloqueo mental Ver tb STUMBLING BLOCK **LOC** Ver CHIP
▶ vt **1** atascar, bloquear **2** tapiar **3** impedir

**blockade** /blɑˈkeɪd/ n bloqueo (Mil)
▶ vt bloquear (puerto, ciudad, etc.)

**blockage** /ˈblɑkɪdʒ/ n **1** obstrucción **2** bloqueo **3** atasco

**blockbuster** /ˈblɑkbʌstər/ n superproducción, éxito de taquilla/ventas

**block capitals** (tb block letters) n [pl] mayúsculas

**blog** /blɑg/ n (Internet) blog
▶ vi (-gg-) bloguear, hacer un blog

**bloke** /bloʊk/ n (GB, coloq) tío, tipo

**blonde** (tb blond) /blɑnd/ adj, n güero, -a, rubio, -a **ᐅ** Ver nota en GÜERO

**blood** /blʌd/ n sangre: blood group grupo sanguíneo ◊ blood pressure presión arterial ◊ blood test análisis de sangre **LOC** Ver FLESH

**bloodshed** /ˈblʌdʃed/ n derramamiento de sangre

**bloodshot** /ˈblʌdʃɑt/ adj (ojos) inyectado con sangre

**blood sports** n [pl] caza

**bloodstream** /ˈblʌdstriːm/ n torrente sanguíneo

**bloody**¹ /ˈblʌdi/ adj (bloodier, -iest) **1** ensangrentado **2** sanguinolento **3** (batalla, etc.) sangriento

**bloody**² /ˈblʌdi/ adj (GB, argot): That bloody car! ¡Ese maldito coche!
▶ adv (GB, argot): It was a bloody good meal. La comida fue buenísima.

**bloom** /bluːm/ n flor
▶ vi florecer

**blossom** /ˈblɑsəm/ n flor (de árbol frutal)
▶ vi florecer

**blot** /blɑt/ n **1** borrón **2** ~ (on sth) mancha (en algo)
▶ vt (-tt-) **1** (carta, etc.) emborronar **2** (con secante) secar **PHRV blot sth out 1** (memoria, etc.) borrar algo **2** (panorama, luz, etc.) tapar algo

**blotch** /blɑtʃ/ n mancha (esp en la piel)

**blouse** /blaʊs; GB blaʊz/ n blusa

**blow** /bloʊ/ (pt blew /bluː/ pp blown /bloʊn/) **1** vi soplar **2** vi (movido por el viento): to blow shut/open cerrarse/abrirse de golpe **3** vi (silbato) sonar **4** vt (silbato) tocar **5** vt (viento, etc.) llevar: The wind blew us toward the island. El viento

nos llevó hacia la isla. **LOC blow your nose** sonarse (la nariz) **PHRV blow away** irse volando (llevado por el viento) **blow down/over** ser derribado por el viento **blow sth/sb down/over** derribar algo/a algn (el viento) **blow sth out** apagar algo **blow over** pasar sin más (tormenta, escándalo) **blow up 1** (bomba, etc.) explotar **2** (tormenta, escándalo) estallar **3** (coloq) cabrearse **blow sth up 1** (reventar) volar algo **2** (globo, etc.) inflar algo **3** (Fot) ampliar algo **4** (coloq) (asunto) exagerar algo
▶ n ~ (to sth/sb) golpe (para algo/algn) **LOC a blow-by-blow account, description, etc.** un relato, descripción, etc. con pelos y señales **at one blow/at a single blow** de un (solo) golpe **come to blows (over sth)** llegar a las manos (por algo)

**blue** /bluː/ adj azul **2** (coloq) triste **3** (película, etc.) pornográfico
▶ n **1** azul **2 the blues** [incontable] (Mús) el blues **3 the blues** [pl] la depre **LOC out of the blue** de repente

**blueberry** /ˈbluːberi; GB -bəri/ n (pl blueberries) arándano

**bluejay** /ˈbluːdʒeɪ/ n arrendajo azul

**blueprint** /ˈbluːprɪnt/ n ~ (for sth) anteproyecto (de algo)

**bluff** /blʌf/ vi farolear(se)
▶ n fanfarronada

**bluish** /ˈbluːɪʃ/ adj azulado

**blunder** /ˈblʌndər/ n metedura de pata
▶ vi cometer una equivocación

**blunt** /blʌnt/ vt embotar
▶ adj (blunter, -est) **1** despuntado, desafilado **2** romo: blunt instrument instrumento contundente **3** (negativa) liso y llano: to be blunt with sb hablar a algn sin rodeos **4** (comentario) brusco

**blur** /blɜːr/ n imagen borrosa
▶ vt (-rr-) **1** hacer borroso **2** (diferencia) atenuar
**blurred** adj borroso

**blurt** /blɜːrt/ v **PHRV blurt sth out** soltar algo (información)

**blush** /blʌʃ/ vi sonrojarse
▶ n sonrojo
**blusher** (tb blush) n colorete

**boar** /bɔːr/ n (pl boar o boars) **1** jabalí **2** verraco **ᐅ** Ver nota en CERDO

**board** /bɔːrd/ n **1** tabla: ironing board burro de planchar **2** pizarrón **3** Ver BULLETIN BOARD **4** (Ajedrez, etc.) tablero **5** cartón **6 the board** (tb **the board of directors**) la mesa directiva **7** (comida) pensión: full/half board pensión completa/media pensión **LOC above board** limpio **across the board** en todos los

niveles: *a 10% pay increase across the board* un aumento general de sueldo del 10% **on board** a bordo
▸ **1** vt ~ **sth (up/over)** cubrir algo con tablas **2** vi embarcar **3** vt subir a

**boarder** /ˈbɔːrdər/ n **1** (*colegio*) interno, -a **2** (*casa de huéspedes*) huésped

**boarding house** n casa de huéspedes

**boarding pass** (*tb* **boarding card**) n pase de abordar

**boarding school** n internado

**boardwalk** /ˈbɔːrdwɔːk/ n malecón

**boast** /boʊst/ **1** vi ~ **(about/of sth)** alardear (de algo) **2** vt (*formal*) gozar de: *The town boasts a famous museum.* La ciudad presume de tener un museo famoso.
▸ n alarde

**boastful** adj **1** presuntuoso **2** pretencioso

🐟 **boat** /boʊt/ n **1** barco: *to go by boat* ir en barco **2** lancha: *boat race* regata **3** buque LOC *Ver* SAME

**Boat** y **ship** tienen significados muy similares, pero **boat** se suele utilizar para embarcaciones más pequeñas.

**bob** /bɑb/ vi (-bb-) ~ **(up and down)** (*en el agua*) balancearse PHRV **bob up** surgir

**bobby** /ˈbɑbi/ n (*pl* **bobbies**) (GB, *coloq*) poli

**bode** /boʊd/ vt LOC **bode ill/well (for sth/sb)** (*formal*) ser de mal agüero/buena señal (para algo/algn)

**bodice** /ˈbɑdɪs/ n corpiño

**bodily** /ˈbɑdɪli/ adj del cuerpo, corporal
▸ adv **1** a la fuerza **2** en conjunto

🐟 **body** /ˈbɑdi/ n (*pl* **bodies**) **1** cuerpo **2** cadáver **3** grupo: *a government body* un organismo gubernamental **4** conjunto LOC **body and soul** en cuerpo y alma

**bodyguard** /ˈbɑdigɑrd/ n **1** guardaespaldas **2** (*grupo*) guardia personal

**bodywork** /ˈbɑdiwɜːrk/ n [*incontable*] carrocería

**bog** /bɔːg; GB bɒg/ n **1** ciénaga, pantano **2** (GB, *coloq*) escusado
▸ v (-gg-) PHRV **get bogged down 1** (*fig*) estancarse **2** (*lit*) atascarse

**bogeyman** /ˈboʊgimæn/ n = BOOGEY-MAN

**boggy** /ˈbɔːgi; GB ˈbɒgi/ adj pantanoso

**bogus** /ˈboʊgəs/ adj falso, fraudulento

🐟 **boil¹** /bɔɪl/ **1** vt, vi hervir **2** vt (*huevo*) cocer PHRV **boil down to sth** reducirse a algo **boil over** rebosarse
▸ n LOC **be on the boil** (GB) estar hirviendo

**boil²** /bɔɪl/ n forúnculo

**boiler** /ˈbɔɪlər/ n calentador

**boiling** /ˈbɔɪlɪŋ/ adj hirviendo: *boiling point* punto de ebullición ◊ *boiling hot* muy caliente

**boisterous** /ˈbɔɪstərəs/ adj bullicioso, alborotado

**bold** /boʊld/ adj (**bolder, -est**) **1** valiente **2** osado, atrevido **3** bien definido, marcado **4** llamativo LOC **be/make so bold (as to do sth)** (*formal*) atreverse (a hacer algo) **boldly** adv **1** resueltamente **2** audazmente, atrevidamente **3** marcadamente **boldness** n **1** valentía **2** audacia, atrevimiento

**bolster** /ˈboʊlstər/ vt ~ **sth (up)** reforzar algo

**bolt¹** /boʊlt/ n **1** cerrojo **2** tornillo **3** *a bolt of lightning* un rayo
▸ vt **1** cerrar con cerrojo **2** ~ **A to B**; ~ **A and B together** atornillar A a B

**bolt²** /boʊlt/ **1** vi (*caballo*) desbocarse **2** vi salir disparado **3** vt ~ **sth (down)** (*esp* GB) engullir algo

🐟 **bomb** /bɑm/ n **1** bomba: *bomb disposal* desactivación de bombas ◊ *bomb scare* amenaza de bomba ◊ *bomb scare* amenaza de bomba ◊ *to plant a bomb* poner una bomba **2** **the bomb** [*sing*] la bomba atómica LOC **go like a bomb** (GB, *coloq*) ir como rayo *Ver tb* COST
▸ **1** vt, vi bombardear **2** vt, vi poner una bomba (*en un edificio, etc.*) **3** vi ~ **along, down, up, etc.** (GB, *coloq*) ir zumbando

**bombard** /bɑmˈbɑrd/ vt **1** bombardear **2** (*a preguntas, etc.*) acosar **bombardment** n bombardeo

**bomber** /ˈbɑmər/ n **1** (*avión*) bombardero **2** persona que pone bombas

**bombing** /ˈbɑmɪŋ/ n **1** bombardeo **2** atentado con explosivos

**bombshell** /ˈbɑmʃel/ n bomba: *The news came as a bombshell.* La noticia cayó como una bomba.

**bond** /bɑnd/ vt unir
▸ n **1** pacto **2** lazos **3** bono: *Government bonds* bonos de la Tesorería **4** bonds [*pl*] cadenas

🐟 **bone** /boʊn/ n **1** hueso **2** (*pez*) espina LOC **be a bone of contention** ser la manzana de la discordia **bone dry** completamente seco **have a bone to pick with sb** (*coloq*) tener una queja con algn **make no bones about sth** no andarse con rodeos en cuanto a algo *Ver tb* CHILL, WORK
▸ vt deshuesar

**bone marrow** n médula

**bonfire** /ˈbɑnfaɪər/ n hoguera, fogata

**Bonfire Night** n

El 5 de noviembre se celebra en Gran Bretaña lo que llaman **Bonfire Night**. La gente hace hogueras por la noche y hay fuegos artificiales para recordar aquel 5 de noviembre de 1605 cuando Guy Fawkes intentó quemar el Parlamento.

**bonnet** /'bɒnɪt/ n **1** (bebé) gorrito **2** (señora) sombrero **3** (GB) (USA **hood**) (coche) cofre ⊃ Ver dibujo en COCHE

**bonus** /'bəʊnəs/ n (pl **bonuses**) **1** incentivo, bono: a productivity bonus un bono de productividad **2** aguinaldo **3** (fig) ventaja añadida, bonificación

**bony** /'bəʊni/ adj **1** óseo **2** lleno de espinas/huesos **3** huesudo

**boo** /buː/ vt, vi abuchear
▸ n (pl **boos**) abucheo
▸ interj ¡bu!

**booby trap** /'buːbi træp/ n trampa (explosiva)

**boogeyman** /'buːɡɪmæn/ (tb **bogeyman**) n (pl **-men** /-men/) coco (espíritu maligno)

ʆ **book** /bʊk/ n **1** libro: book club club de lectura **2** libreta **3** cuaderno **4** (cheques) talonario **5** the books [pl] las cuentas: to do the books llevar las cuentas ᴸᴼᶜ be in sb's bad/good books (esp GB, coloq) gozar del favor/estar en la lista negra de algn: I'm in his bad books. Me tiene en su lista negra. **do sth by the book** hacer algo según las normas Ver tb COOK, LEAF, TRICK
▸ **1** vt, vi reservar, hacer una reservación **2** vt contratar **3** vt (policía) fichar **4** vt (esp GB, Dep) sancionar ᴸᴼᶜ be **booked up 1** agotarse las localidades **2** (coloq): I'm booked up. No tengo ni un hueco en la agenda. ᴾᴴᴿⱽ **book in; book into sth** (GB) registrarse (en algo)

**bookcase** /'bʊkkeɪs/ n librero (mueble)

**booking** /'bʊkɪŋ/ n (esp GB) reservación

**booking office** n (GB) taquilla

**booklet** /'bʊklət/ n folleto

**bookmaker** /'bʊkmeɪkər/ (tb coloq **bookie** /'bʊki/) n corredor, -ora de apuestas

**bookmark** /'bʊkmɑrk/ n **1** marcalibros **2** (Internet) favorito, marcador
▸ vt (Internet) añadir a la lista de favoritos: I bookmarked the page. Marqué la página en favoritos.

**bookseller** /'bʊkselər/ n librero, -a

**bookshelf** /'bʊkʃelf/ n (pl **bookshelves** /-ʃelvz/) estante para libros

**bookstore** /'bʊkstɔr/ (GB **bookshop**) n librería

**boom** /buːm/ n **1** ~ (in sth) boom (en algo): a boom in sales un boom en las ventas **2** estruendo
▸ vi **1** (Econ) prosperar: Sales have boomed. Las ventas viven un boom. **2** resonar, retumbar

**boost** /buːst/ vt **1** (ventas, confianza) aumentar **2** (moral) levantar
▸ n **1** aumento **2** estímulo grato

**boot** /buːt/ n **1** bota **2** (GB) (USA **trunk**) (coche) cajuela ⊃ Ver dibujo en COCHE **3** (USA) (tb **Denver boot** /ˌdenvər 'buːt/) (GB **clamp, wheel clamp**) candado (para coche mal estacionado) ᴸᴼᶜ Ver TOUGH

**booth** /buːθ; GB buːð/ n **1** caseta **2** cabina: polling/telephone booth caseta electoral/telefónica

**booty** /'buːti/ n [incontable] botín

**booze** /buːz/ n [incontable] (coloq) bebida (alcohólica)
▸ vi (coloq): to go out boozing ir de borrachera

ʆ **border** /'bɔːrdər/ n **1** frontera

**Border** se usa para referirse a la división entre países o estados: The river forms the border between the two countries. El río constituye la frontera entre los dos países. Por otro lado, **frontier** se refiere a un área no colonizada: Space is the final frontier. El espacio es lo último por colonizar.

**2** (jardín) arriate **3** borde, ribete
▸ vt limitar con, lindar con ᴾᴴᴿⱽ **border on sth** rayar en algo

**borderline** /'bɔːrdərlaɪn/ n límite ᴸᴼᶜ a **borderline case** un caso dudoso

ʆ **bore** /bɔːr/ vt **1** aburrir **2** (agujero) hacer (con taladro) Ver tb BEAR¹
▸ n **1** (persona) aburrido, -a **2** rollo, lata **3** (escopeta) calibre

ʆ **bored** /bɔːrd/ adj aburrido ⊃ Ver nota en BORING

**boredom** /'bɔːrdəm/ n aburrimiento

ʆ **boring** /'bɔːrɪŋ/ adj aburrido

Compara las dos oraciones: He's boring. Es aburrido. ◊ He's bored. Está aburrido. Con adjetivos terminados en **-ing**, como interesting, tiring, etc., el verbo **be** expresa una cualidad y se traduce por "ser", mientras que con adjetivos terminados en **-ed**, como interested, tired, etc., expresa un estado y se traduce por "estar".

ʆ **born** /bɔːrn/ adj nacido ᴸᴼᶜ be **born** nacer: She was born in Chicago. Nació en Chicago. ◊ He was born blind. Es ciego de nacimiento.

▶ *adj* [*sólo antes de sustantivo*] nato: *He's a born actor.* Es un actor nato.

**born-again** /ˌbɔːrn əˈgen/ *adj* renacido, vuelto a nacer: *a born-again Christian* un cristiano renacido

**borne** *pp de* BEAR¹

**borrow**

She's **lending** her son some money. He's **borrowing** some money from his mother.

**borough** /ˈbʌroʊ; *GB* ˈbʌrə/ *n* municipio, delegación

᛭ **borrow** /ˈbɑroʊ/ *vt* ~ **sth (from sth/sb)** pedir (prestado) algo (a algo/algn)

> Lo más normal en español es cambiar la estructura de la frase y emplear un verbo como *prestar*: *Could I borrow a pen?* ¿Me prestas una pluma?

**borrower** *n* prestatario, -a **borrowing** *n* crédito: *public sector borrowing* crédito al sector público

**bosom** /ˈbʊzəm/ *n* **1** pecho, busto **2** (*fig*) seno

᛭ **boss** /bɔːs; *GB* bɒs/ *n* jefe, -a
▶ *vt* ~ **sb around/about** (*pey*) dar órdenes a algn, mangonear a algn
**bossy** *adj* (*pey*) mandón

**botanical** /bəˈtænɪkl/ (*tb* **botanic**) *adj* botánico

**botanist** /ˈbɑtənɪst/ *n* botánico, -a

**botany** /ˈbɑtəni/ *n* botánica

᛭ **both** /boʊθ/ *pron, adj* ambos, -as, los/las dos: *both of us* nosotros dos ◇ *Both of us went./We both went.* Los dos fuimos.
▶ *adv* **both… and…** a la vez … y…: *The report is both reliable and readable.* El informe es a la vez fiable e interesante. ◇ *both you and me* tanto tú como yo ◇ *He both plays and sings.* Canta y toca.

᛭ **bother** /ˈbɑðər/ **1** *vt* molestar **2** *vt* preocupar: *What's bothering you?* ¿Qué es lo que te preocupa? **3** *vi* ~ **(to do sth)** molestarse (en hacer algo): *He didn't even bother to say thank you.* No se molestó ni siquiera en dar las gracias.

**4** *vi* ~ **about sth/sb** preocuparse por algo/ algn **LOC** (*GB*) no se me antoja (hacer algo) **I'm not bothered** (*GB*) me da igual
▶ *n* [*incontable*] molestia
▶ *interj* (*GB*) ¡caray!

᛭ **bottle** /ˈbɑtl/ *n* **1** botella **2** frasco **3** biberón
▶ *vt* **1** embotellar **2** envasar

**bottle bank** *n* (*GB*) contenedor para vidrio

᛭ **bottom** /ˈbɑtəm/ *n* **1** (*colina, página, escaleras*) pie **2** (*mar, barco, taza*) fondo **3** (*Anat*) trasero **4** (*calle*) final **5** último: *He's at the bottom of the class.* Es el último de la clase. **6** bikini bottom el calzón del bikini ◇ *pajama bottoms* pantalones de piyama **LOC** **be at the bottom of sth** estar detrás de algo **get to the bottom of sth** llegar al fondo de algo *Ver tb* ROCK
▶ *adj* último, de abajo: *the bottom step* el último escalón ◇ *bottom lip* labio inferior

**bough** /baʊ/ *n* (*formal*) rama

**bought** *pt, pp de* BUY

**boulder** /ˈboʊldər/ *n* roca (*grande*)

**bounce** /baʊns/ **1** *vi* botar, rebotar **2** *vt* botar **PHRV** **bounce back** recuperarse
▶ *n* bote

᛭ **bound¹** /baʊnd/ *adj* **1** be ~ to do/be sth: *You're bound to pass the exam.* Seguro que apruebas el examen. **2** obligado (*por la ley o el deber*) **3** ~ **for…** con destino a… **LOC** **bound up with sth** ligado a algo

**bound²** /baʊnd/ *vi* saltar
▶ *n* salto *Ver tb* BIND

**boundary** /ˈbaʊndri/ *n* (*pl* **boundaries**) límite

**boundless** /ˈbaʊndləs/ *adj* ilimitado

**bounds** /baʊndz/ *n* [*pl*] límites **LOC** **out of bounds** prohibido

**bouquet** /buˈkeɪ/ *n* **1** (*flores*) ramo **2** (*vino*) aroma, buqué

**bourgeois** /ˌbʊərˈʒwɑ, ˈbʊərʒwɑ/ *adj, n* burgués, -esa

**bout** /baʊt/ *n* **1** (*actividad*) racha **2** (*enfermedad*) ataque **3** (*Boxeo*) combate, encuentro

**bow¹** /boʊ/ *n* **1** lazo, moño **2** (*Dep, violín*) arco

**bow²** /baʊ/ **1** *vi* inclinarse, hacer una reverencia **2** *vt* (*cabeza*) inclinar, bajar
▶ *n* **1** reverencia **2** bows [*pl*] (*Náut*) proa

**bowel** /ˈbaʊəl/ *n* **1** [*gen pl*] (*Med*) intestino(s) **2** [*pl*] **the ~s of sth** (*fig*) las entrañas de algo

᛭ **bowl** /boʊl/ *n* **1** tazón ❶ **Bowl** se usa en muchas formas compuestas, cuya traducción es generalmente una sola

palabra: *a fruit bowl* un frutero ◇ *a sugar bowl* un azucarero ◇ *a salad bowl* una ensaladera. **2** plato hondo **3** (*excusado*) taza *Ver tb* SUPER BOWL
▸ *vt, vi* lanzar (la pelota)

**bowler** /'boʊlər/ *n* (*esp GB*) **1** (*críquet*) lanzador, -ora **2** (*tb* **bowler hat**) bombín

**bowling** /'boʊlɪŋ/ *n* [*incontable*] boliche: *bowling alley* boliche

**bow tie** *n* corbata de moño

**box** /bɑks/ *n* **1** caja: *cardboard box* caja de cartón ➔ *Ver dibujo en* CONTAINER **2** estuche **3** (*correo*) buzón **4** (*Teat*) palco **5** the box [*sing*] (*GB, coloq*) la tele
▸ **1** *vt, vi* boxear (contra) **2** *v* ~ **sth (up)** embalar algo

**boxer** /'bɑksər/ *n* **1** boxeador **2** boxers (*tb* **boxer shorts**) [*pl*] (*ropa interior*) boxers ➔ *Ver nota en* PAIR **3** (*perro*) bóxer

**boxing** /'bɑksɪŋ/ *n* boxeo

**Boxing Day** *n* (*GB*) 26 de diciembre ➔ *Ver nota en* NAVIDAD

**box lunch** *n Ver* BAG LUNCH

**box number** *n* apartado de correos

**box office** *n* taquilla

**boy** /bɔɪ/ *n* **1** niño: *It's a boy!* ¡Es un niño! **2** hijo: *his oldest boy* su hijo mayor ◇ *I have three children, two boys and one girl.* Tengo tres hijos: dos niños y una niña. **3** muchacho: *boys and girls* muchachos y muchachas

**boycott** /'bɔɪkɑt/ *vt* boicotear
▸ *n* boicot

**boyfriend** /'bɔɪfrend/ *n* novio: *Is he your boyfriend, or just a friend?* ¿Es tu novio o sólo un amigo?

**boyhood** /'bɔɪhʊd/ *n* niñez

**boyish** /'bɔɪʃ/ *adj* **1** (*hombre*) aniñado, juvenil **2** (*mujer*): *She has a boyish figure.* Tiene tipo de muchacho.

**bra** /brɑ/ *n* brasier

**brace** /breɪs/ *n* **1** braces (*USA*) [*pl*] (*GB* **brace** [*sing*]) (*para los dientes*) frenos **2** braces (*GB*) (*USA* **suspenders**) [*pl*] tirantes
▸ *vt* ~ **yourself (for sth)** prepararse (para algo) (*desagradable*)

**bracelet** /'breɪslət/ *n* pulsera

**bracing** /'breɪsɪŋ/ *adj* estimulante

**bracket** /'brækɪt/ *n* **1** (*USA*) (*GB* **square bracket**) corchete **2** (*GB*) (*USA* **parenthesis**) paréntesis **3** soporte (*de estantería*) **4** categoría: *the 20-30 age bracket* el grupo de edad de 20 a 30 años
▸ *vt* **1** poner entre paréntesis **2** agrupar

**brag** /bræg/ *vi* (**-gg-**) ~ **(about sth)** (*pey*) fanfarronear (de algo)

**braid** /breɪd/ (*GB tb* **plait**) *n* trenza

**brain** /breɪn/ *n* **1** cerebro: *He's the brains of the family.* Es el cerebro de la familia. **2** brains [*pl*] sesos ◇ mente **LOC have sth on the brain** (*coloq*) tener algo metido en la cabeza *Ver tb* PICK, RACK

**brainless** *adj* insensato, estúpido

**brainstorm** /'breɪnstɔrm/ (*GB* **brainwave** /'breɪnweɪv/) *n* idea genial **brainstorming** *n* [*incontable*] lluvia de ideas: *We had a brainstorming session.* Nos reunimos para intercambiar ideas.

**brainwash** /'breɪnwɑʃ/ *vt* ~ **sb (into doing sth)** lavar el cerebro a algn (para que haga algo) **brainwashing** *n* lavado de cerebro/coco

**brainy** /'breɪni/ *adj* (*coloq*) inteligente

**brake** /breɪk/ *n* freno: *to put on/apply the brake(s)* frenar/meter el freno
▸ *vt, vi* frenar: *to brake hard* frenar de golpe

**bramble** /'bræmbl/ *n* zarza

**bran** /bræn/ *n* salvado

**branch** /bræntʃ; *GB* brɑːntʃ/ *n* **1** rama **2** sucursal: *your nearest/local branch* la sucursal más cercana
▸ *v* PHRV **branch off** desviarse, ramificarse **branch out (into sth)** extenderse (a algo), comenzar (con algo). *They're branching out into Asia.* Están comenzando a operar en Asia.

**brand** /brænd/ *n* **1** (*Com*) marca (*productos de limpieza, tabaco, ropa, alimentos, etc.*) ➔ *Comparar con* MAKE² **2** (*fig*): *a strange brand of humor* un sentido del humor muy peculiar
▸ *vt* **1** (*ganado*) marcar, herrar **2** ~ **sb (as sth)** etiquetar a algn (de algo)

**brandish** /'brændɪʃ/ *vt* blandir

**brand new** *adj* completamente nuevo

**brandy** /'brændi/ *n* coñac, brandy

**brash** /bræʃ/ *adj* (*pey*) descarado **brashness** *n* desparpajo

**brass** /bræs; *GB* brɑːs/ *n* **1** latón **2** [*incontable*] (*Mús*) metales: *the brass section* los instrumentos de metal

**bravado** /brə'vɑdoʊ/ *n* bravuconería

**brave** /breɪv/ *vt* **1** (*peligro, intemperie, etc.*) desafiar **2** (*dificultades*) soportar
▸ *adj* (**braver, -est**) valiente **LOC put on a brave face; put a brave face on sth** poner al mal tiempo buena cara

**brawl** /brɔːl/ *n* pleito, bronca

**breach** /briːtʃ/ *n* **1** (*contrato, etc.*) incumplimiento **2** (*ley*) violación **3** (*relaciones*) ruptura **4** (*seguridad*) fallo **LOC breach of confidence/faith/trust** abuso de confianza

▶ vt **1** (contrato, etc.) incumplir **2** (ley) violar **3** (muro, defensas) abrir una brecha en

⚿ **bread** /bred/ n [incontable] pan: *I bought a loaf/two loaves of bread.* Compré una barra/dos barras de pan. ◇ *a slice of bread* una rebanada de pan

> Nótese que el plural **breads** sólo se usa para referirse a distintos tipos de pan, no a varias piezas de pan. ➔ *Ver tb dibujo en* PAN

**breadcrumbs** /ˈbredkrʌmz/ n [pl] pan molido: *fish in breadcrumbs* pescado empanizado

**breadth** /bredθ/ n **1** amplitud **2** anchura

⚿ **break** /breɪk/ (pt **broke** /brəʊk/ pp **broken** /ˈbrəʊkən/) **1** vt romper: *to break sth in two/in half* romper algo en dos/por la mitad ◇ *She's broken her leg.* Se rompió la pierna. ❶ **Break** no se usa con materiales flexibles, como la tela o el papel. **2** vi romperse, hacerse pedazos **3** vt (ley) violar **4** vt (promesa, palabra) no cumplir **5** vt (récord) batir **6** vt (caída) amortiguar **7** vt (viaje) interrumpir **8** vi hacer un descanso: *Let's break for coffee.* Vamos a parar para tomar un café. **9** vt (voluntad) quebrantar **10** vt (mala costumbre) dejar **11** vt (código) descifrar **12** vt (caja fuerte) forzar **13** vi (tiempo) cambiar **14** vi (tormenta, escándalo) estallar **15** vi (noticia, historia) hacerse público **16** vi (voz) quebrarse, cambiar **17** vi (olas, aguas) romper: *Her waters broke.* Rompió aguas. **LOC** **break it up!** ¡basta ya! ❶ Para otras expresiones con **break**, véanse las entradas del sustantivo, adjetivo, etc., p. ej. **not break the bank** en BANK¹.

**PHR V** **break away (from sth)** separarse (de algo), romper (con algo)
**break down 1** (coche) descomponerse: *We broke down.* Se nos descompuso el coche. **2** (máquina) estropearse **3** (persona) venirse abajo: *He broke down and cried.* Rompió a llorar. **4** (negociaciones) romperse **break sth down 1** echar abajo algo **2** vencer algo **3** descomponer algo **break in** forzar la entrada **break into sth 1** (ladrones) entrar en algo **2** (mercado) introducirse en algo **3** (empezar a hacer algo): *to break into a run* echar a correr ◇ *He broke into a cold sweat.* Le dio un sudor frío.
**break off** dejar de hablar **break sth off 1** partir algo (trozo) **2** romper algo (compromiso)
**break out 1** (epidemia) declararse **2** (guerra, violencia) estallar **3** (incendio)

producirse **4** llenarse: *I've broken out in spots.* Me he llenado de granos.
**break through sth** abrirse camino a través de algo
**break up 1** (reunión) disolverse **2** (relación) terminarse **3** (esp GB, Educ): *The school breaks up on 20 July.* Las clases terminan el 20 de julio. **break up (with sb)** romper (con algn) **break sth up** disolver, hacer fracasar algo

▶ n **1** descanso: *a coffee break* un descanso para tomar café **2** vacaciones cortas **3** ruptura, cambio: *a break in the routine* un cambio de rutina **4** rotura, abertura **5** (GB) (USA **recess**) (Educ) recreo **6** (coloq) golpe de suerte **LOC** **give sb a break** dar un respiro a algn **make a break (for it)** intentar escapar *Ver tb* CLEAN

**breakdown** /ˈbreɪkdaʊn/ n **1** descompostura **2** (salud) crisis: *a nervous breakdown* una crisis nerviosa **3** (estadística) análisis

⚿ **breakfast** /ˈbrekfəst/ n desayuno: *to have breakfast* desayunar *Ver tb* BED AND BREAKFAST

**break-in** /ˈbreɪk ɪn/ n robo

**breakthrough** /ˈbreɪkθruː/ n avance (importante)

⚿ **breast** /brest/ n seno, pecho (de mujer): *breast cancer* cáncer de mama

⚿ **breath** /breθ/ n aliento: *to take a deep breath* respirar a fondo **LOC** **a breath of fresh air** un soplo de aire fresco **catch your breath** recuperar el aliento **hold your breath 1** contener el aliento **2** (fig): *Don't hold your breath!* ¡Espérate sentado! **out of breath** sin aliento **say sth, speak, etc. under your breath** decir algo, hablar, etc. en voz baja **take sb's breath away** dejar a algn boquiabierto *Ver tb* WASTE

**breathalyze** /ˈbreθəlaɪz/ vt hacer la prueba del alcoholímetro a **Breathalyzer**® n alcoholímetro

⚿ **breathe** /briːð/ **1** vi respirar **2** vt, vi ~ (sth) (in/out) aspirar, espirar (algo) **LOC** **breathe down sb's neck** (coloq) estar encima de algn **breathe (new) life into sth/sb** infundir vida a algo/algn **not breathe a word (about/of sth)** no soltar ni una palabra (de algo)

⚿ **breathing** /ˈbriːðɪŋ/ n respiración: *heavy breathing* jadeo

**breathless** /ˈbreθləs/ adj jadeante, sin aliento

**breathtaking** /ˈbreθteɪkɪŋ/ adj impresionante, vertiginoso

⚿ **breed** /briːd/ (pt, pp **bred** /bred/) **1** vi (animal) reproducirse **2** vt (ganado) criar **3** vt producir, engendrar: *Dirt breeds*

*disease*. La suciedad produce enfermedad.
▶ *n* raza, casta

**breeze** /briːz/ *n* brisa

**brew** /bruː/ **1** *vt* (*cerveza*) elaborar **2** *vt, vi* hacer(se) **3** *vi* (*fig*) prepararse: *Trouble is brewing*. Se está armando un lío.

**bribe** /braɪb/ *n* soborno, mordida
▶ *vt* ~ **sb (into doing sth)** sobornar a algn (para que haga algo)
**bribery** *n* [*incontable*] cohecho, soborno

🔧 **brick** /brɪk/ *n* ladrillo **LOC** *Ver* DROP
▶ *v* **PHRV** **brick sth in/up** enladrillar algo

**bride** /braɪd/ *n* novia: *the bride and groom* los novios

**bridegroom** /ˈbraɪdgruːm/ *n* novio (*en una boda*)

**bridesmaid** /ˈbraɪdzmeɪd/ *n* dama/madrina de honor ⊃ *Ver nota en* MATRIMONIO

🔧 **bridge** /brɪdʒ/ *n* **1** puente **2** (*fig*) vínculo
▶ *vt* **LOC** **bridge the gap/gulf between…** acortar la distancia entre…

**bridle** /ˈbraɪdl/ *n* brida

🔧 **brief** /briːf/ *adj* (**briefer, -est**) breve
**LOC** **in brief** en pocas palabras

**briefcase** /ˈbriːfkeɪs/ *n* portafolio ⊃ *Ver dibujo en* LUGGAGE

🔧 **briefly** /ˈbriːfli/ *adv* **1** brevemente **2** en pocas palabras

**briefs** /briːfs/ *n* [*pl*] **1** calzoncillos **2** calzones ⊃ *Ver nota en* PAIR

🔧 **bright** /braɪt/ *adj* (**brighter, -est**) **1** brillante, luminoso: *bright eyes* ojos vivos **2** (*color*) vivo **3** (*sonrisa, expresión, carácter*) radiante, alegre **4** (*inteligente*) listo **LOC** *Ver* LOOK
▶ *adv* (**brighter, -est**) brillantemente

**brighten** /ˈbraɪtn/ **1** *vt, vi* ~ (**sth**) (**up**) animar algo, animarse **2** *vt, vi* hacer(se) más brillante **3** *vi* ~ (**up**) (*tiempo*) despejar

**brightly** /ˈbraɪtli/ *adv* **1** brillantemente **2** *brightly lit* con mucha iluminación ◊ *brightly painted* pintado con colores vivos **3** radiantemente, alegremente

**brightness** /ˈbraɪtnəs/ *n* **1** brillo, claridad **2** alegría **3** inteligencia

**brilliance** /ˈbrɪliəns/ *n* **1** brillo, resplandor **2** brillantez

🔧 **brilliant** /ˈbrɪliənt/ *adj* **1** brillante **2** (*GB, coloq*) genial

**brim** /brɪm/ *n* **1** borde: *full to the brim* lleno hasta el borde **2** ala (*de sombrero*)

🔧 **bring** /brɪŋ/ *vt* (*pt, pp* **brought** /brɔːt/) **1** ~ **sth/sb (with you)** traer algo/a algn (consigo): *Can I bring a friend to your party?* ¿Puedo llevar a un amigo a tu

fiesta? **2** ~ **sb sth**; ~ **sth (to sb)** llevar algo (a algn) ⊃ *Ver notas en* GIVE *y dibujo en* TAKE **3** (*acciones judiciales*) entablar **4** ~ **yourself to do sth**: *I couldn't bring myself to tell her*. No tuve fuerzas para decírselo.
❶ *Para expresiones con* **bring**, *véanse las entradas del sustantivo, adjetivo, etc., p. ej.* **bring sth home to sb** *en* HOME.
**PHRV** **bring sth about/on** provocar algo
**bring sb around** hacer que algn vuelva en sí **bring sb around (to sth)** (*GB*) convencer a algn (de algo)
**bring sth back 1** restaurar algo **2** hacer pensar en algo
**bring sth down 1** derribar, derrocar algo **2** (*inflación, etc.*) reducir, bajar algo
**bring sth forward** adelantar algo
**bring sth in** introducir algo (*ley*)
**bring sth off** lograr algo
**bring sth on yourself** buscarse algo
**bring sth out 1** producir algo **2** publicar algo **3** realzar algo
**bring sth/sb together** reconciliar, unir algo/a algn
**bring sb up** criar a algn: *She was brought up by her granny*. La crió su abuela.
**bring sth up 1** vomitar algo **2** sacar algo a colación

**brink** /brɪŋk/ *n* [*sing*] borde: *on the brink of war* al borde de la guerra

**brisk** /brɪsk/ *adj* (**brisker, -est**) **1** (*paso*) enérgico **2** (*negocio*) activo

**brittle** /ˈbrɪtl/ *adj* **1** quebradizo **2** (*fig*) frágil

**broach** /brəʊtʃ/ *vt* abordar (*asunto*)

🔧 **broad** /brɔːd/ *adj* (**broader, -est**) **1** ancho **2** (*sonrisa*) amplio **3** (*esquema, acuerdo*) general, amplio: *in the broadest sense of the word* en el sentido más amplio de la palabra

Para referirnos a la distancia entre los dos extremos de algo es más común utilizar **wide**: *The gate is four meters wide*. La reja tiene cuatro metros de ancho. **Broad** se utiliza para referirnos a características geográficas: *a broad expanse of desert* una amplia extensión de desierto, y también en frases como: *broad shoulders* espalda ancha.

**LOC** **in broad daylight** en pleno día

**broadband** /ˈbrɔːdbænd/ *n* (*Informát*) banda ancha

**broad bean** *n* (*GB*) haba

🔧 **broadcast** /ˈbrɔːdkæst; *GB* -kɑːst/ (*pt, pp* **broadcast**) **1** *vt* (*Radio, TV*) transmitir **2** *vt* (*opinión, etc.*) propagar **3** *vi* emitir
▶ *n* transmisión

**broaden** /ˈbrɔːdn/ *vt, vi* ensanchar(se)

**broadly** /'brɔːdli/ *adv* **1** ampliamente: *smiling broadly* con una amplia sonrisa **2** en general: *broadly speaking* hablando en términos generales

**broccoli** /'brɒkəli/ *n* [*incontable*] brócoli

**brochure** /broʊ'ʃʊər; GB 'brəʊʃə(r)/ *n* folleto (*esp de viajes o publicidad*)

**broil** /brɔɪl/ *vt* asar a la parrilla

**broke** /broʊk/ *adj* (*coloq*) sin dinero **LOC** go broke quebrar (*negocio*) *Ver tb* BREAK

**broken** /'broʊkən/ *adj* **1** roto **2** (*corazón, hogar*) destrozado *Ver tb* BREAK

**broker** /'broʊkər/ *n Ver* STOCKBROKER

**bronchitis** /brɒŋ'kaɪtɪs/ *n* [*incontable*] bronquitis: *to catch bronchitis* pescar una bronquitis

**bronze** /brɒnz/ *n* bronce
▸ *adj*, *n* color bronce

**brooch** /broʊtʃ/ (*esp GB*) (*USA* **pin**) *n* broche

**brood** /bruːd/ *vi* ~ (on/over sth) dar vueltas a algo

**brook** /brʊk/ *n* arroyo

**broom** /bruːm/ *n* **1** escoba ⊃ *Ver dibujo en* BRUSH **2** (*Bot*) retama

**broomstick** /'bruːmstɪk/ *n* (palo de) escoba

**broth** /brɔːθ; GB brɒθ/ *n* caldo

**brother** /'brʌðər/ *n* hermano: *Does she have any brothers or sisters?* ¿Tiene hermanos? ◊ *Brother Luke* el Hermano Luke **brotherhood** *n* **1** hermandad **2** cofradía

**brother-in-law** /'brʌðər ɪn lɔː/ *n* (*pl* **brothers-in-law**) cuñado

**brotherly** /'brʌðərli/ *adj* fraternal

**brought** *pt, pp de* BRING

**brow** /braʊ/ *n* **1** (*Anat*) frente ❶ La palabra más normal es **forehead**. **2** [*gen pl*] (*tb* **eyebrow**) ceja **3** (*colina*) cima

**brown** /braʊn/ *adj, n* (**browner, -est**) **1** café **2** (*pelo*) castaño **3** (*piel, azúcar*) moreno **4** (*oso*) pardo **5** *brown rice* arroz integral ◊ *brown paper* papel de estrasa
▸ *vt, vi* dorar(se)

**brownie** /'braʊni/ *n* **1** pastelillo de chocolate **2** Brownie niña exploradora

**brownish** /'braʊnɪʃ/ *adj* pardusco

**browse** /braʊz/ *vt, vi* **1** echar un vistazo (a), curiosear **2** ~ (through) sth (*revista, libro*) hojear algo

**browser** /'braʊzər/ *n* (*Informát*) navegador

**bruise** /bruːz/ *n* **1** moretón **2** (*fruta*) golpe
▸ **1** *vt, vi* (*persona*) magullar(se) **2** *vt* (*fruta*) golpear

**bruising** *n* [*incontable*]: *He had a lot of bruising.* Tenía muchas magulladuras.

**brunch** /brʌntʃ/ *n* almuerzo

> El **brunch** es una combinación de desayuno y almuerzo, que se acostumbra sobre todo los domingos en Estados Unidos. Se suele comer alrededor de las 11 de la mañana.

**brushes**

dustpan    brush    nail brush

broom   hairbrush   paint-brushes   toothbrush

**brush** /brʌʃ/ *n* **1** cepillo **2** escoba **3** pincel **4** brocha **5** cepillado **6** ~ with sth/sb roce con algo/algn
▸ *vt* cepillar: *to brush your hair/teeth* cepillarse el pelo/los dientes **2** *vt* barrer **3** *vt, vi* ~ (against/by/past) sth/sb rozarse contra algo/con algn **PHRV** brush sth aside hacer caso omiso de algo **brush up on sth** pulir algo (*idioma, etc.*)

**brusque** /brʌsk; GB bruːsk/ *adj* (*comportamiento, voz*) brusco

**Brussels sprout** (*tb* **sprout**) *n* col de Bruselas

**brutal** /'bruːtl/ *adj* brutal **brutality** /bruː'tæləti/ *n* (*pl* **brutalities**) brutalidad

**brute** /bruːt/ *n* **1** bestia **2** bruto
▸ *adj* bruto
**brutish** *adj* brutal

**btw** *abrev de* by the way a propósito

**bubble** /'bʌbl/ *n* **1** burbuja **2** bomba: *to blow bubbles* hacer bombas
▸ *vi* **1** borbotear **2** burbujear

**bubble bath** *n* espuma para baño

**bubblegum** /'bʌblɡʌm/ *n* [*incontable*] chicle (*que hace bombas*)

**bubbly** /'bʌbli/ *adj* **1** burbujeante, efervescente **2** (*persona*) saleroso

**buck** /bʌk/ *n* **1** (*esp USA, coloq*) (dólar) varo: *It'll cost big bucks.* Va a costar mucha lana. **2** macho (*de venado, conejo*) ⊃ *Ver nota en* VENADO **LOC** make a fast/

quick buck hacer uno su agosto **the buck stops here** yo soy el último responsable
▶ **1** vi dar brincos **2** vt oponerse a: to buck the trend ir contra la corriente
**PHRV buck sb up** (GB, coloq) animar a algn

**bucket** /'bʌkɪt/ n cubeta **LOC** Ver DROP, KICK

**buckle** /'bʌkl/ n hebilla
▶ **1** vt ~ sth (up) abrochar algo **2** vi (piernas) doblarse **3** vt, vi (metal) deformar(se)

**bud** /bʌd/ n **1** (flor) capullo **2** (Bot) yema, brote

**Buddhism** /'bʊdɪzəm/ n budismo
**Buddhist** adj, n budista

**budding** /'bʌdɪŋ/ adj en ciernes

**buddy** /'bʌdi/ n (pl buddies) (coloq) cuate

**budge** /bʌdʒ/ **1** vt, vi mover(se) **2** vi (opinión) ceder

**budgerigar** /'bʌdʒərɪɡɑr/ (tb coloq **budgie** /'bʌdʒi/) (GB) (USA **parakeet**) n periquito

**budget** /'bʌdʒɪt/ n **1** presupuesto: a budget deficit un déficit presupuestario **2** (Pol) presupuestos generales
▶ **1** vt hacer los presupuestos para **2** vi (gastos) planificarse **3** vi ~ for sth contar con algo
**budgetary** /'bʌdʒɪteri; GB -təri/ adj presupuestario

**buff** /bʌf/ n entusiasta: a film buff un entusiasta del cine
▶ adj, n beige

**buffalo** /'bʌfələʊ/ n (pl buffalo o buffaloes) **1** bisonte **2** (tb water buffalo) búfalo

**buffer** /'bʌfər/ n amortiguador, barrera

**buffet¹** /bə'feɪ; GB 'bʊfeɪ/ n **1** cafetería: buffet car coche bar/restaurante **2** bufé

**buffet²** /'bʌfɪt/ vt zarandear

**bug** /bʌɡ/ n **1** insecto, bicho **2** (coloq) virus, infección **3** (Informát) error de programación **4** (coloq) micrófono oculto
▶ vt (-gg-) **1** poner un micrófono escondido en **2** escuchar mediante un micrófono oculto **3** (coloq) sacar de quicio

**buggy** /'bʌɡi/ n (pl buggies) cochecito (de niño), carreola

**build** /bɪld/ vt (pt, pp built /bɪlt/) **1** construir **2** crear, producir Ver tb WELL BUILT
**PHRV build sth in 1** incorporar algo **2** (mueble) empotrar algo **build on sth** partir de la base de algo **build up 1** intensificarse **2** acumularse **build sth/sb up** poner algo/a algn muy bien **build sth up 1** (colección) acumular algo **2** (negocio) crear algo

**builder** /'bɪldər/ n constructor, -ora, contratista

**building** /'bɪldɪŋ/ n **1** edificio **2** construcción

**building society** n (pl building societies) (GB) banco hipotecario

**build-up** /'bɪld ʌp/ n **1** aumento gradual **2** acumulación **3** ~ (to sth) preparación (para algo)

**built** pt, pp de BUILD

**built-in** /,bɪlt 'ɪn/ adj **1** empotrado **2** incorporado

**built-up** /,bɪlt 'ʌp/ adj (esp GB) edificado: built-up areas zonas edificadas

**bulb** /bʌlb/ n **1** (Bot) bulbo **2** foco

**bulge** /bʌldʒ/ n **1** bulto **2** protuberancia **3** aumento (transitorio)
▶ vi **1** ~ (with sth) rebosar (de algo) **2** abombarse

**bulk** /bʌlk/ n **1** volumen: bulk buying compra al por mayor **2** mole **3** the bulk (of sth) la mayor parte (de algo) **LOC in bulk 1** al por mayor **2** a granel **bulky** adj (bulkier, -iest) voluminoso

**bull** /bʊl/ n toro

**bulldoze** /'bʊldəʊz/ vt **1** (con excavadora) aplanar **2** derribar

**bullet** /'bʊlɪt/ n bala

**bulletin** /'bʊlətɪn/ n **1** (declaración) parte **2** boletín: news bulletin boletín de noticias

**bulletin board** (GB **noticeboard**) n tablero (de avisos)

**bulletproof** /'bʊlɪtpruːf/ adj a prueba de balas

**bullfight** /'bʊlfaɪt/ n corrida de toros
**bullfighter** n torero, -a **bullfighting** n toreo

**bullfrog** /'bʊlfrɒɡ; GB -frɒɡ/ n rana toro

**bullion** /'bʊliən/ n oro/plata (en lingotes)

**bullring** /'bʊlrɪŋ/ n plaza de toros

**bullseye** /'bʊlzaɪ/ n (centro del) blanco

**bully** /'bʊli/ n (pl bullies) abusón, -ona
▶ vt (pt, pp bullied) meterse con algn, intimidar a algn
**bullying** n acoso escolar

**bum** /bʌm/ n (coloq) **1** (USA) vagabundo, -a **2** (GB) (USA **butt**) culo
▶ v (-mm-) **PHRV bum around** (coloq) vagabundear, holgazanear

**bumblebee** /'bʌmblbiː/ n abejorro

**bump** /bʌmp/ vt ~ sth (against/on sth) dar(se) con algo (contra/en algo) **2** vi ~ into sth/sb darse con algo/algn
**PHRV bump into sth/sb** (coloq) toparse con algn **bump sb off** (coloq) matar a algn
▶ n **1** golpe **2** sacudida **3** (Anat) chichón **4** abolladura Ver tb SPEED BUMP

**bumper** /'bʌmpər/ n **1** (coche) defensa: bumper car auto de choque ➔ Ver dibujo en COCHE
▶ adj [sólo antes de sustantivo] abundante

**bumpy** /'bʌmpi/ *adj* (**bumpier, -iest**)
**1** (*superficie*) desigual **2** (*carretera*) lleno
de baches **3** (*viaje*) agitado

**bun** /bʌn/ *n* **1** pan (*de hamburguesa*) ➲ *Ver
dibujo en* PAN **2** bollo (*dulce*) **3** (*pelo*)
chongo

**bunch** /bʌntʃ/ *n* **1** (*uvas, plátanos*) racimo
**2** (*flores*) ramo **3** (*hierbas, llaves*) manojo
**4** [*sing*] (*coloq*) grupo **5** [*sing*] **a ~ (of sth)**
(*esp USA, coloq*) un montón (de algo): *I
have a whole bunch of stuff to do today.*
Tengo un montón de cosas que hacer
hoy.
▸ *vt, vi* agrupar(se), apiñar(se)

**bundle** /'bʌndl/ *n* **1** (*ropa*) bulto
**2** (*papeles*) montón **3** (*billetes*) fajo **4** haz
▸ *v* PHRV **bundle sth together/up** empaquetar algo

**bung** /bʌŋ/ *n* tapón
▸ *vt* (*GB, coloq*) poner: *Bung your stuff in
the car.* Mete tus cosas en el carro.

**bungalow** /'bʌŋɡələʊ/ *n* (*GB*) bungalow

**bungle** /'bʌŋɡl/ **1** *vt* echar a perder **2** *vi*
fracasar, meter la pata

**bunk** /bʌŋk/ *n* litera LOC **do a bunk** (*GB,
coloq*) largarse

**bunny** /'bʌni/ (*tb* **bunny rabbit**) *n* conejito

**buoy** /'buːi, bɔi/ *n* boya
▸ **~ sb (up)** animar a algn

**buoyant** /'bɔiənt/ *adj* (*Econ*) boyante

**burble** /'bɜːrbl/ *vi* **1** (*arroyo*) susurrar
**2 ~ (on) (about sth)** (*GB, pey*) farfullar
(algo)

**burden** /'bɜːrdn/ *n* **1** carga **2** peso
▸ *vt* **1** cargar **2** (*fig*) agobiar

**bureau** /'bjʊərəʊ/ *n* (*pl* **bureaus**, *GB tb*
**bureaux** /-rəʊz/) **1** (*USA*) cómoda **2** (*GB*)
escritorio **3** (*esp USA, Pol*) departamento
(*de gobierno*) **4** (*GB*) agencia: *travel
bureau* agencia de viajes

**bureaucracy** /bjʊə'rɑkrəsi/ *n* (*pl* **bur-
eaucracies**) burocracia **bureaucrat**
/'bjʊərəkræt/ *n* burócrata **bureaucratic**
/,bjʊərə'krætɪk/ *adj* burocrático

**burger** /'bɜːrɡər/ *n* hamburguesa

La palabra **burger** se usa mucho en
compuestos como: *cheeseburger*
hamburguesa con queso.

**burglar** /'bɜːrɡlər/ *n* ladrón, -ona:
*burglar alarm* alarma antirrobo ➲ *Ver
nota en* THIEF **burglarize** (*GB* **burgle**) *vt*
robar en ➲ *Ver nota en* ROB **burglary** *n* (*pl*
**burglaries**) robo (*en una casa*) ➲ *Ver nota
en* THEFT

**burgundy** /'bɜːrɡəndi/ *n* **Burgundy** (*vino*)
borgoña
▸ *adj, n* color burdeos

**burial** /'beriəl/ *n* entierro

**burly** /'bɜːrli/ *adj* fornido

**burn** /bɜːrn/ (*pt, pp* **burned** *o* **burnt**
/bɜːrnt/) **1** *vt, vi* ➲ *Ver nota en* DREAM **1** *vt, vi*
quemar: *to be badly burned* sufrir graves
quemaduras **2** *vi* arder: *a burning building* un edificio en llamas **3** *vi* escocer **4** *vi*
(*luz, etc.*): *He left the lamp burning.* Dejó
la lámpara encendida. **5** *vt*: *The furnace
burns oil.* La caldera funciona con
petróleo.
▸ *n* quemadura

**burner** /'bɜːrnər/ *n* quemador (*cocina*)

**burning** /'bɜːrnɪŋ/ *adj* **1** ardiente **2** (*vergüenza*) intenso **3** (*tema*) candente

**burnt** /bɜːrnt/ *adj* quemado *Ver tb* BURN

**burp** /bɜːrp/ (*coloq*) **1** *vi* eructar **2** *vt*
(*bebé*) hacer eructar
▸ *n* (*coloq*) eructo

**burrow** /'bɜːrəʊ; *GB* 'bʌrəʊ/ *n* madriguera
▸ *vt* excavar

**burst** /bɜːrst/ *vt, vi* (*pt, pp* **burst**) **1** reven-
tar(se) **2** explotar: *The river burst its
banks.* El río se salió de cauce. LOC **be
bursting to do sth** morirse por hacer algo
**burst open** abrirse de golpe **burst out
laughing** echarse a reír PHRV **burst in;
burst into sth** irrumpir (en algo): *to burst
into a room* irrumpir en un cuarto **burst
into sth**: *to burst into tears* romper a
llorar **burst out** salir de golpe (*de un
cuarto*)
▸ *n* **1** (*ira, etc.*) arranque **2** (*risa*) carcajada
**3** (*disparos*) ráfaga **4** (*aplausos*) salva

**bury** /'beri/ *vt* (*pp* **buried**) **1** enterrar
**2** sepultar **3** (*cuchillo, etc.*) clavar **4** *She
buried her face in her hands.* Ocultó la
cara en las manos.

**bus** /bʌs/ *n* (*pl* **buses**, *USA tb* **busses**)
camión, autobús: *bus driver* chofer de
autobús ◇ *bus stop* parada (*de camión*)

**bush** /bʊʃ/ *n* **1** arbusto: *a rose bush* un
rosal **2** (*tb* **the bush**) (el) monte LOC *Ver
BEAT* **bushy** *adj* **1** (*barba*) poblado **2** (*rabo*)
peludo **3** (*planta*) frondoso

**busily** /'bɪzɪli/ *adv* afanosamente

**business** /'bɪznəs/ *n* **1** [*incontable*]
negocios: *business trip* viaje de negocios ◇ *business card* tarjeta de presentación ◇ *business studies* ciencias
empresariales **2** negocio, empresa
**3** [*incontable*] asunto: *It's none of your
business!* ¡No es asunto tuyo! **4** (*en una
reunión*): *Any other business?* ¿Algún
otro asunto? *Ver tb* SHOW BUSINESS
LOC **business before pleasure** (*refrán*) primero es la obligación que la devoción
**do business with sb** hacer negocios con
algn **get down to business** ir al grano **go
out of business** quebrar **have no business
doing sth** no tener derecho a hacer algo
**on business** en viaje de negocios *Ver tb*
BIG, MEAN[1], MIND

**businesslike** /ˈbɪznəslaɪk/ adj **1** formal **2** sistemático

ʒ **businessman** /ˈbɪznəsmæn/ n (pl **-men** /-men/) hombre de negocios

ʒ **businesswoman** /ˈbɪznɪswʊmən/ n (pl **-women** /-wɪmɪn/) mujer de negocios

**busk** /bʌsk/ vi tocar música en un lugar público **busker** n músico callejero

**bust¹** /bʌst/ n **1** (escultura) busto **2** (Anat) pecho

**bust²** /bʌst/ vt, vi (pt, pp **busted** o **bust**) (coloq) romper(se) ➜ Ver nota en DREAM
▸ adj (coloq) roto **LOC** **go bust** (coloq) ir a la quiebra

**bustle** /ˈbʌsl/ vi ~ **(around/about)** trajinar
▸ n bullicio, ajetreo
**bustling** adj bullicioso

ʒ **busy** /ˈbɪzi/ adj (**busier, -iest**) **1** ~ **(with sth)** ocupado (con algo) **2** (sitio) concurrido **3** (temporada) de mucha actividad **4** (programa) apretado **5** (teléfono): The line is busy. Está ocupado.
▸ vt ~ **yourself with (doing) sth** ocuparse con algo/haciendo algo

**busybody** /ˈbɪzibɑdi/ n (pl **busybodies**) entrometido, -a

ʒ **but** /bʌt, bət/ conj **1** pero **2** sino: Not only him but me too. No sólo él, sino yo también. ◇ What could I do but cry? ¿Qué podía hacer sino llorar?
▸ prep excepto: nobody but you sólo tú **LOC** **but for sth/sb** de no haber sido por algo/algn **we can but hope, try, etc.** sólo nos queda esperar, intentar, etc.

**butcher** /ˈbʊtʃər/ n **1** carnicero, -a **2** **butcher's** (GB) (USA **butcher shop**) carnicería
▸ vt **1** (animal) matar **2** (persona) matar brutalmente

**butler** /ˈbʌtlər/ n mayordomo

**butt** /bʌt/ n **1** culata **2** (cigarrillo) colilla **3** (esp USA, coloq) culo **LOC** **be the butt of sth** ser el blanco de algo
▸ vt dar un cabezazo a **PHRV** **butt in (on sth/sb)** (coloq) interrumpir (algo/a algn)

ʒ **butter** /ˈbʌtər/ n mantequilla
▸ vt untar con mantequilla

**butterfly** /ˈbʌtərflaɪ/ n (pl **butterflies**) mariposa **LOC** **have butterflies (in your stomach)** estar muy nervioso

**buttock** /ˈbʌtək/ n nalga

ʒ **button** /ˈbʌtn/ n botón
▸ vt, vi ~ **(sth) (up)** abrochar algo, abrocharse

**buttonhole** /ˈbʌtnhoʊl/ n ojal

ʒ **buy** /baɪ/ vt (pt, pp **bought** /bɔːt/) **1** ~ **sb sth; ~ sth (for sb)** comprar algo a/para algn: He bought his girlfriend a present. Compró un regalo para su novia. ◇ I bought one for myself for $10. Yo me compré uno por diez dólares. ➜ Ver nota

en GIVE **2** ~ **sth from sb** comprar algo a algn
▸ n compra: a good buy una buena compra

ʒ **buyer** /ˈbaɪər/ n comprador, -ora

**buzz** /bʌz/ n **1** zumbido **2** (voces) murmullo **3** [sing] (coloq): I get a real buzz out of flying. Ir en avión me entusiasma. **LOC** **give sb a buzz** (coloq) llamar a algn (por teléfono)
▸ vi zumbar **PHRV** **buzz off!** (coloq) ¡lárgate!

**buzzard** /ˈbʌzərd/ n águila ratonera

**buzzer** /ˈbʌzər/ n timbre eléctrico

**buzzword** /ˈbʌzwɜːrd/ n palabra/concepto de moda

ʒ **by** /baɪ/ ❶ Para los usos de **by** en PHRASAL VERBS ver las entradas de los verbos correspondientes, p. ej. **go by** en GO¹.
▸ prep **1** por: by mail por correo ◇ ten (multiplied) by six diez (multiplicado) por seis ◇ designed by Wren diseñado por Wren **2** al lado de, junto a: Sit by me. Siéntate a mi lado. **3** antes de, para: to be home by ten o'clock estar en la casa antes de las diez **4** de: by day/night de día/noche ◇ by birth/profession de nacimiento/profesión ◇ a novel by Steinbeck una novela de Steinbeck **5** en: to go by boat/car/bicycle ir en barco/coche/bicicleta ◇ two by two de dos en dos **6** según: by my watch según mi reloj **7** con: to pay by check pagar con un cheque **8** a: little by little poco a poco **9** a base de: by working hard a base de trabajo duro **10** by doing sth haciendo algo: Let me begin by saying… Permítanme que empiece diciendo… **LOC** **have/keep sth by you** tener algo a mano
▸ adv **LOC** **by and by** dentro de poco **by the way** a propósito **go, drive, run, etc. by** pasar por delante (en coche, corriendo, etc.) **keep/put sth by** guardar algo para más tarde Ver tb LARGE

ʒ **bye** /baɪ/ (tb **bye bye** /ˌbaɪ ˈbaɪ/) interj (coloq) ¡adiós!

**by-election** /ˈbaɪ ɪlekʃn/ n (GB): She won the by-election. Ganó las elecciones parciales.

**bygone** /ˈbaɪɡɒn/ adj pasado

**bypass** /ˈbaɪpæs; GB -pɑːs/ n carretera de circunvalación
▸ vt **1** circunvalar **2** evitar

**by-product** /ˈbaɪ prɑdʌkt/ n **1** subproducto **2** (fig) consecuencia

**bystander** /ˈbaɪstændər/ n presente: seen by bystanders visto por los presentes

# C c

**C, c** /siː/ n (pl **Cs**, **C's**, **c's**) **1** C, c ➔ Ver ejemplos en A, A **2** (Mús) do **3** (esp GB, Educ) bien: to get a C in Physics sacar un siete en Física

**cab** /kæb/ n **1** taxi **2** cabina (de un camión)

**cabbage** /'kæbɪdʒ/ n col

**cabin** /'kæbɪn/ n **1** (Náut) camarote **2** (Aeronáut) cabina (de pasajeros): pilot's cabin cabina de mando **3** cabaña

**cabinet** /'kæbɪnət/ n **1** armario: bathroom cabinet armario de baño ◊ filing cabinet archivero ◊ drinks cabinet mueble bar **2** the Cabinet (Pol) el gabinete

**cable** /'keɪbl/ n **1** cable **2** amarra

**cable car** n **1** teleférico **2** tranvía

**cackle** /'kækl/ n **1** cacareo **2** carcajada desagradable
▸ vi **1** (gallina) cacarear **2** (persona) reírse a carcajadas

**cactus** /'kæktəs/ n (pl **cacti** /'kæktaɪ/ o **cactuses**) cactus

**cadet** /kə'det/ n cadete

**Caesarean** (esp GB) = CESAREAN

**cafe** (tb **café**) /'kæ'feɪ; GB 'kæfeɪ/ n café (establecimiento)

**cafeteria** /ˌkæfə'tɪəriə/ n restaurante de autoservicio, cafetería

**caffeine** /'kæfiːn/ n cafeína

**cage** /keɪdʒ/ n jaula
▸ vt enjaular

**cagey** /'keɪdʒi/ adj (**cagier, -iest**) ~ (about sth) (coloq) reservado (con respecto a algo): He's very cagey about his family. No suelta nada sobre su familia.

**Cajun** /'keɪdʒn/ adj de la cultura de origen francés de Nueva Orleans

**cake** /keɪk/ n pastel: birthday cake pastel de cumpleaños LOC **have your cake and eat it too** (coloq) andar en la misa y la procesión Ver tb PIECE

**caked** /keɪkt/ adj ~ **with sth** cubierto de algo: caked with mud cubierto de lodo

**calamity** /kə'læməti/ n (pl **calamities**) calamidad

**calculate** /'kælkjuleɪt/ vt calcular LOC **be calculated to do sth** estar pensado para hacer algo **calculating** adj calculador

**calculation** /ˌkælkju'leɪʃn/ n cálculo

**calculator** /'kælkjuleɪtər/ n calculadora

**calendar** /'kælɪndər/ n calendario: calendar month mes (de calendario)

**calf** /kæf; GB kɑːf/ n (pl **calves** /kævz; GB kɑːvz/) **1** becerro, ternero ➔ Ver nota en CARNE **2** cría (de foca, etc.) **3** pantorrilla

**caliber** (GB **calibre**) /'kælɪbər/ n calibre, valía

**call** /kɔːl/ **1** vi ~ **(out) (to sb) (for sth)** llamar (a voces) (a algn) (pidiendo algo): I thought I heard somebody calling. Creí que había oído llamar a alguien. ◊ She called to her father for help. Pidió ayuda a voces a su padre. **2** vt ~ **sth (out)** gritar algo (a voces), llamar (a voces): Why didn't you come when I called (out) your name? ¿Por qué no viniste cuando te llamé? **3** vt, vi llamar (por teléfono): Please call me at seven o'clock. Por favor llámame a las siete. **4** vt llamarse: What's your dog called? ¿Cómo se llama tu perro? **5** vi (GB) ~ **(in/round) (on sb); ~ (in/round) (at…)** visitar (a algn), pasarse (por…): Let's call (in) on John/at John's house. Vamos a pasar por la casa de John. ◊ He was out when I called (round) (to see him). No estaba cuando fui a su casa. ◊ Will you call in at the supermarket for some eggs? ¿Puedes pasar al supermercado a comprar huevos? **6** vi ~ **at…** (GB) (tren) tener parada en… **7** vt (reunión, elección) convocar LOC **call it a day** (coloq) dejarlo por hoy: Let's call it a day. Dejémoslo por hoy. Ver QUESTION PHRV **call by** (GB, coloq) pasar: Could you call by on your way home? ¿Puedes pasar al volver a la casa? **call for sb** ir a buscar a algn: I'll call for you at seven o'clock. Iré a buscarte a las siete. **call for sth** requerir algo: The situation calls for prompt action. La situación requiere acción rápida. **call sth off** cancelar, abandonar algo **call sb out** llamar a algn: to call out the troops/the fire department llamar al ejército/a los bomberos **call sb up 1** (esp USA) (por teléfono) llamar a algn **2** (GB) llamar a algn al servicio militar
▸ n **1** grito, llamada **2** (Ornit) canto **3** visita **4** (tb phone call) llamada (telefónica) **5** ~ **(for sth)** demanda (para algo): There isn't much call for such things. Hay poca demanda para esas cosas. LOC **be on call** estar de guardia Ver tb CLOSE²

**caller** /'kɔːlər/ *n* **1** el/la que llama (por teléfono) **2** visita

**callous** /'kæləs/ *adj* insensible, cruel

**calm** /kɑm/ *adj* (**calmer**, **-est**) tranquilo
▸ *n* calma
▸ *vt, vi* ~ **(sb) (down)** calmar(se), tranquilizar(se): *Just calm down a little!* ¡Tranquilízate un poco!

**calorie** /'kæləri/ *n* caloría

**calves** *plural de* CALF

**came** *pt de* COME

**camel** /'kæml/ *n* **1** camello **2** (*color*) beige

**camera** /'kæmərə/ *n* cámara (fotográfica): *television/video camera* cámara de televisión/video

**camouflage** /'kæməflɑʒ/ *n* camuflaje
▸ *vt* camuflar

**camp** /kæmp/ *n* **1** campamento **2** campo: *concentration camp* campo de concentración
▸ *vi* acampar: *to go camping* ir de camping

**campaign** /kæm'peɪn/ *n* campaña
▸ *vi* ~ **(for/against sth/sb)** hacer campaña (a favor de/en contra de algo/algn)
**campaigner** *n* militante

**camper**

camper (*GB* caravan)

RV (*GB* camper)

**camper** /'kæmpər/ *n* **1** (*USA*) (*GB* **caravan**) tráiler, remolque **2** (*GB*) (**camper van**) (*USA* **RV**) cámper, casa rodante **3** (*persona*) campista

**campground** /'kæmpgraʊnd/ (*GB* **campsite** /'kæmpsaɪt/) *n* camping

**campus** /'kæmpəs/ *n* (*pl* **campuses**) campus

**can¹** /kən, kæn/ *v modal* (*neg* **cannot** /'kænɑt/ *o* **can't** /kænt; *GB* kɑːnt/ *pt* **could** /kəd, kʊd/ *neg* **could not** *o* **couldn't** /'kʊdnt/)

**Can** es un verbo modal al que sigue un infinitivo sin **to**, y las oraciones interrogativas y negativas se construyen sin el auxiliar **do**. Sólo tiene presente: *I can't swim.* No sé nadar., y pasado, que también tiene un valor condicional: *He couldn't do it.* No pudo hacerlo. ◇ *Could you come?* ¿Podrías venir? Cuando queremos utilizar otras formas, tenemos que usar **be able to**: *Will you be able to come?* ¿Podrás venir? ◇ *I'd like to be able to go.* Me gustaría poder ir. ➲ *Ver tb pág. 306*

- **posibilidad** poder: *We can catch a bus from here.* Podemos tomar un camión aquí. ◇ *She can be very forgetful.* A veces es muy olvidadiza.
- **conocimentos, habilidades** saber: *They can't read or write.* No saben leer ni escribir. ◇ *Can you swim?* ¿Sabes nadar? ◇ *He couldn't answer the question.* No supo contestar a la pregunta.
- **permiso** poder: *Can I open the window?* ¿Puedo abrir la ventana? ◇ *You can't go swimming today.* No puedes ir a nadar hoy. ➲ *Ver nota en* MAY
- **ofrecimientos, sugerencias, peticiones** poder: *Can I help?* ¿Puedo ayudarle? ◇ *We can eat in a restaurant, if you want.* Podemos comer en un restaurante si quieres. ◇ *Could you help me with this box?* ¿Me puede ayudar con esta caja? ➲ *Ver nota en* MUST
- **con verbos de percepción**: *You can see it everywhere.* Se puede ver por todas partes. ◇ *She could hear them clearly.* Los oía claramente. ◇ *I can smell something burning.* Huele a quemado. ◇ *She could still taste the garlic.* Le quedaba en la boca el sabor a ajo.
- **incredulidad, perplejidad**: *I can't believe it.* No lo puedo creer. ◇ *Whatever can they be doing?* ¿Qué estarán haciendo? ◇ *Where can she have put it?* ¿Dónde la habrá puesto?

**can²** /kæn/ (*tb esp GB* **tin**) *n* lata: *a can of sardines* una lata de sardinas ◇ *a gasoline can* un bote (de gasolina) LOC *Ver* CARRY ➲ *Ver dibujo en* CONTAINER
▸ *vt* (**-nn-**) enlatar, hacer conservas en lata de

**canal** /kə'næl/ *n* **1** canal **2** tubo, conducto: *birth canal* canal del parto

**canary** /kə'neəri/ *n* (*pl* **canaries**) canario

**cancel** /'kænsl/ *vt, vi* (**-l-**, *GB* **-ll-**) **1** (*vuelo, pedido, vacaciones*) cancelar **2** (*contrato*) anular PHR V **cancel sth out** eliminar algo **cancellation** (*tb* **cancelation**) *n* cancelación

**Cancer** /'kænsər/ *n* cáncer ➲ *Ver ejemplos en* AQUARIUS

**cancer** /'kænsər/ *n* [*incontable*] cáncer

**candid** /'kændɪd/ *adj* franco

**candidacy** /'kændɪdəsi/ *n* (*pl* **candidacies**) candidatura

**candidacy** *n* (*pl* **candidacies**) candidatura

**candidate** /'kændɪdət, -deɪt/ n 1 candidato, -a 2 (GB) persona que se presenta a un examen

**candle** /'kændl/ n 1 vela 2 (Relig) cirio

**candlelight** /'kændllaɪt/ n luz de una vela

**candlestick** /'kændlstɪk/ n 1 candelero 2 candelabro

**candy** /'kændi/ n 1 [incontable] golosinas 2 (pl candies) (GB sweet) golosina (caramelo, bombón, etc.)

**cane** /keɪn/ n 1 (Bot) caña 2 mimbre 3 bastón

**canister** /'kænɪstər/ n 1 lata (de café, té, galletas) 2 bote (de humo)

**canned** /kænd/ adj en lata, de lata

**cannibal** /'kænɪbl/ n caníbal

**cannon** /'kænən/ n (pl cannon o cannons) cañón

**canoe** /kə'nu:/ n canoa, piragua **canoeing** n canotaje

**can-opener** /'kæn oʊpənər/ n abrelatas

**canopy** /'kænəpi/ n (pl canopies) 1 toldo, marquesina 2 carpa (para jardín) 3 dosel 4 (fig) techo

**cantaloupe** /'kæntəloʊp/ n melón chino

**canteen** /kæn'ti:n/ n 1 cantimplora 2 (esp GB) comedor

**canter** /'kæntər/ n medio galope

**canvas** /'kænvəs/ n 1 lona 2 (Arte) lienzo

**canvass** /'kænvəs/ 1 vt, vi ~ (sb) (for sth) pedir apoyo (a algn) (para algo) 2 vt, vi (Pol): to canvass for/on behalf of sb hacer campaña por algn ◊ to go out canvassing (for votes) salir a captar votos 3 vt (opinión) sondear

**canyon** /'kænjən/ n (Geog) cañón

**cap** /kæp/ n 1 gorra 2 cachucha 3 gorro 4 tapa, tapón
▸ vt (-pp-) superar **LOC** to cap it all para colmo

**capability** /ˌkeɪpə'bɪləti/ n (pl capabilities) 1 capacidad, aptitud 2 capabilities [pl] potencial

**capable** /'keɪpəbl/ adj capaz

**capacity** /kə'pæsəti/ n (pl capacities) 1 capacidad: filled to capacity lleno a rebosar/completo 2 nivel máximo de producción: at full capacity a pleno rendimiento **LOC** in your capacity as sth en su calidad de algo

**cape** /keɪp/ n 1 capotillo 2 (Geog) cabo

**caper** /'keɪpər/ vi ~ (about) brincar
▸ n 1 alcaparra 2 (coloq) broma, travesura

**capillary** /'kæpəleri; GB kə'pɪləri/ n (pl capillaries) capilar

**capital¹** /'kæpɪtl/ n 1 (tb capital city) capital 2 (tb capital letter) mayúscula 3 (Arquit) capitel
▸ adj 1 capital: capital punishment pena de muerte 2 mayúsculo

**capital²** /'kæpɪtl/ n capital: capital gains plusvalía ◊ capital goods bienes capitales **LOC** make capital (out) of sth sacar partido de algo **capitalism** n capitalismo **capitalist** adj, n capitalista **capitalize** (GB tb -ise) vt (Fin) capitalizar **PHRV** capitalize on sth aprovecharse, sacar partido de algo

**capitulate** /kə'pɪtʃuleɪt/ vi ~ (to sth/sb) capitular (ante algo/algn)

**capricious** /kə'prɪʃəs/ adj (formal) caprichoso

**Capricorn** /'kæprɪkɔ:rn/ n capricornio Ↄ Ver ejemplos en AQUARIUS

**capsize** /'kæpsaɪz; GB kæp'saɪz/ vt, vi volcar(se)

**capsule** /'kæpsl; GB -sju:l/ n cápsula

**captain** /'kæptən/ n 1 (Dep, Náut) capitán, -ana 2 (avión) comandante
▸ vt capitanear, ser el capitán de **captaincy** n (pl captaincies) capitanía

**caption** /'kæpʃn/ n 1 encabezado, título 2 pie (de foto) 3 (Cine, TV) subtítulo

**captivate** /'kæptɪveɪt/ vt cautivar **captivating** adj cautivador, encantador

**captive** /'kæptɪv/ adj cautivo **LOC** hold/take sb captive tener preso/apresar a algn
▸ n preso, -a, cautivo, -a **captivity** /kæp'tɪvəti/ n cautividad

**captor** /'kæptər/ n captor, -ora

**capture** /'kæptʃər/ vt 1 capturar 2 (interés, etc.) atraer 3 (Mil) tomar 4 (Arte) captar 5 She captured his heart. Le conquistó el corazón.
▸ n 1 captura 2 (ciudad) toma

**car** /kɑr/ n 1 (USA tb automobile) coche, automóvil: by car en coche ◊ car accident accidente de coche ◊ car bomb coche-bomba Ↄ Ver dibujo en COCHE 2 (Ferrocarril) vagón: dining car coche restaurante ◊ sleeping car coche cama

**caramel** /'kærəməl/ n caramelo (azúcar quemado)
▸ adj, n color caramelo

**carat** = KARAT

**caravan** /'kærəvæn/ n 1 (GB) (USA trailer) tráiler, remolque: caravan site camping para remolques Ↄ Ver dibujo en CAMPER 2 caravana (de camellos)

**carbohydrate** /ˌkɑrboʊˈhaɪdreɪt/ *n* carbohidrato, hidrato de carbono

**carbon** /ˈkɑrbən/ *n* **1** carbono: *carbon dioxide/monoxide* dióxido/monóxido de carbono ◇ *carbon dating* datar por medio de la técnica del carbono 14 **2** *carbon paper* papel carbón

**carbon copy** *n* (*pl* **carbon copies**) **1** copia al carbón **2** (*fig*) réplica: *She's a carbon copy of her sister.* Es idéntica a su hermana.

**carburetor** (*GB* **carburettor**) /ˈkɑrbəreɪtər; *GB* ˌkɑːbəˈretə(r)/ *n* carburador

**carcass** (*tb* **carcase**) /ˈkɑrkəs/ *n* **1** restos (*de pollo, etc.*) **2** res muerta lista para trocear

**card** /kɑrd/ *n* **1** tarjeta **2** ficha: *card index* fichero **3** (*de socio, identidad, etc.*) credencial **4** carta (*de baraja*) **5** [*incontable*] cartulina **LOC in the cards** (*GB* **on the cards**) (*coloq*) probable **lay your cards on the table** poner las cartas sobre la mesa **play your cards right** jugar bien tus cartas

**cardboard** /ˈkɑrdbɔrd/ *n* cartón

**cardholder** /ˈkɑrdhoʊldər/ *n* tarjetahabiente

**cardiac** /ˈkɑrdiæk/ *adj* cardiaco

**cardigan** /ˈkɑrdɪɡən/ *n* suéter (abierto) **Ɔ** *Ver nota en* SWEATER

**cardinal** /ˈkɑrdɪnl/ *adj* **1** (*pecado, etc.*) cardinal **2** (*formal*) (*regla, etc.*) fundamental
▶ *n* (*Relig, Ornit*) cardenal

**care** /keər/ *n* **1** ~ (**over sth/in doing sth**) cuidado (con algo/al hacer algo): *to take care* tener cuidado **2** atención: *child care* servicio de cuidado de los niños **3** preocupación **LOC (in) care of sb** (*abrev* c/o) (*correos*) a la atención de algn **take care of sth/sb** encargarse de algo/algn **take care of yourself/sth/sb** cuidarse/cuidar algo/a algn **take sb into care; put sb in care** (*GB*) poner a algn al cuidado de una institución (*esp niños*) **that takes care of that** eso zanja la cuestión
▶ *vi* **1** ~ (**about sth**) importarle a algn (algo): *See if I care.* ¿Y a mí qué me importa? **2** ~ **to do sth** querer hacer algo **LOC for all I, you, etc. care** para lo que a mí me, a ti te, etc. importa **I, you, etc. couldn't care less** me, te, etc. importa un comino **PHRV care for sb 1** querer a algn **2** cuidar a algn **not care for sth** (*formal*) no gustarle algo a algn

**career** /kəˈrɪər/ *n* (*actividad profesional*) carrera: *career prospects* perspectivas profesionales **❶** Una carrera universitaria se dice **a (university) degree**.
▶ *vi* correr a toda velocidad

**career school** (*GB* **technical college**) *n* instituto de formación profesional

**carefree** /ˈkeərfriː/ *adj* libre de preocupaciones

**careful** /ˈkeərfl/ *adj* **to be careful (about/of/with sth)** tener cuidado (con algo) (*trabajo, etc.*) cuidadoso

**carefully** /ˈkeərfəli/ *adv* con cuidado, cuidadosamente: *to listen/think carefully* escuchar con atención/pensar bien **LOC** *Ver* TREAD

**caregiver** /ˈkeərɡɪvər/ (*GB* **carer** /ˈkeərər/) *n* cuidador, -ora (*de persona anciana o enferma*)

**careless** /ˈkeərləs/ *adj* **1** ~ (**about sth**) descuidado, despreocupado (con algo): *to be careless of sth* no preocuparse por algo **2** imprudente

**caress** /kəˈres/ *n* caricia
▶ *vt* acariciar

**caretaker** /ˈkeərteɪkər/ (*esp GB*) (*USA* **janitor**) *n* conserje, portero, -a
▶ *adj* (*gobierno, etc.*) interino

**cargo** /ˈkɑrɡoʊ/ *n* (*pl* **cargoes** o **cargos**) **1** carga **2** cargamento

**caricature** /ˈkærɪkətʃər/ *n* caricatura
▶ *vt* caricaturizar

**caring** /ˈkeərɪŋ/ *adj* bondadoso: *a caring image* una imagen bondadosa

**carnation** /kɑrˈneɪʃn/ *n* clavel

**carnival** /ˈkɑrnɪvl/ *n* carnaval

**carnivore** /ˈkɑrnɪvɔr/ *n* carnívoro **carnivorous** /kɑrˈnɪvərəs/ *adj* carnívoro

**carol** /ˈkærəl/ *n* villancico

**car park** (*GB*) (*USA* **parking lot**) *n* estacionamiento

**carpenter** /ˈkɑrpəntər/ *n* carpintero, -a **carpentry** *n* carpintería

**carpet** /ˈkɑrpɪt/ *n* alfombra
▶ *vt* alfombrar
**carpeting** *n* [*incontable*] alfombrado

**carriage** /ˈkærɪdʒ/ *n* **1** carruaje **2** (*GB*) (*USA* **car**) (*Ferrocarril*) vagón, coche **3** (*correos*) porte

**carriageway** /ˈkærɪdʒweɪ/ *n* carril

**carrier** /ˈkæriər/ *n* **1** portador **2** empresa de transportes

**carrier bag** (*tb* **carrier**) *n* (*GB*) bolsa (*de plástico/papel*)

**carrot** /ˈkærət/ *n* zanahoria

**carry** /ˈkæri/ (*pt, pp* **carried**) **1** *vt* llevar: *to carry a gun* estar armado **Ɔ** *Ver nota en* LLEVAR **2** *vt* soportar **3** *vt* ~ **yourself**: *She carries herself well.* Anda con mucha elegancia. **4** *vi* oírse: *Her voice carries well.* Tiene una voz muy fuerte. **5** *vt* (*votación*) aprobar **LOC carry the can (for**

**sth** (GB, coloq) cargar con la culpa (de algo) **carry weight** tener gran peso Ver tb DAY **PHRV be/get carried away** entusiasmarse, dejarse llevar **carry sth off 1** (premio, etc.) llevarse algo **2** salir airoso de algo, realizar acción con éxito **carry on (with sth/doing sth); carry sth on** continuar (con algo/haciendo algo): to carry on a conversation mantener una conversación **carry sth out 1** (promesa, orden, etc.) cumplir algo **2** (plan, investigación, etc.) llevar algo a cabo **carry sth through** llevar algo a término

**carry-out** /ˈkæri aʊt/ (GB **takeaway**) n comida para llevar

**cart** /kɑrt/ n **1** carro **2** (tb **shopping cart**) (GB **trolley**) carrito (del súper)
▸ vt acarrear **PHRV cart sth around** (GB tb **cart sth about**) (coloq) cargar con algo **cart sth/sb off/away** (coloq) llevarse (algo/a algn)

**carton** /ˈkɑrtn/ n caja, cartón ➔ Ver dibujo en CONTAINER

**cartoon** /kɑrˈtuːn/ n **1** caricatura **2** tira cómica **3** dibujos animados **4** (Arte) cartón **cartoonist** n caricaturista

**cartridge** /ˈkɑrtrɪdʒ/ n cartucho

**carve** /kɑrv/ **1** vt, vi esculpir: carved out of/from/in marble esculpido en mármol **2** vt, vi (madera) tallar **3** vt (iniciales, etc.) grabar **4** vt, vi (carne) trinchar **PHRV carve sth out (for yourself)** ganarse algo **carve sth up** (pey) repartir algo **carving** n escultura, talla

**cascade** /kæˈskeɪd/ n cascada

**case¹** /keɪs/ n **1** (Med, Gram, situación) caso: It's a case of… Se trata de… **2** (argumentos): to make out a case for sth presentar argumentos convincentes para algo ◇ There is a case for… Hay razones para… **3** (Jur) causa: the case for the defense/prosecution la defensa/la parte acusadora **LOC in any case** en cualquier caso **(just) in case** por si acaso Ver tb BORDERLINE, JUST

**case²** /keɪs/ n **1** estuche **2** cajón (de embalaje) **3** caja (de vino) **4** maleta

**cash** /kæʃ/ n [incontable] dinero (en efectivo): to pay (in) cash pagar en efectivo ◇ cash card tarjeta de cajero automático ◇ cash price precio al contado ◇ cash flow movimiento de fondos ◇ cash register caja ◇ to be short of cash andar corto de lana Ver tb COLD CASH **LOC cash on delivery** (abrev COD) pago contra entrega **cash up front** (GB tb **cash down**) pago al contado Ver tb HARD
▸ vt hacer efectivo **PHRV cash sth in** canjear algo **cash in (on sth)** (pey) aprovecharse (de algo)

**cashier** /kæˈʃɪər/ n cajero, -a

**cash machine** (GB) (USA **ATM**) n cajero automático

**cashmere** /ˌkæʃˈmɪər/ n cachemir

**casino** /kəˈsiːnoʊ/ n (pl **casinos**) casino

**cask** /kæsk; GB kɑːsk/ n barril

**casket** /ˈkæskɪt; GB ˈkɑːs-/ n **1** (USA) ataúd **2** (GB) cofre (para joyas, etc.)

**casserole** /ˈkæsəroʊl/ n **1** (tb **casserole dish**) cazuela ➔ Ver dibujo en POT **2** guisado

**cassette** /kəˈset/ n cinta: cassette player/recorder grabadora

**cast** /kæst; GB kɑːst/ n **1** (Teat) reparto **2** (Med): My arm's in a cast. Tengo el brazo enyesado. **3** (Arte) vaciado
▸ vt (pt, pp **cast**) **1** (Teat): to cast sb as Othello dar a algn el papel de Otelo **2** (formal) arrojar, lanzar **3** (mirada) echar: to cast an eye over sth echar un vistazo a algo **4** (sombra) proyectar **5** (voto) emitir: to cast your vote votar **LOC cast a spell on sth/sb** hechizar algo/a algn Ver tb CAUTION, DOUBT **PHRV cast sth/sb aside; cast sth off** (formal) deshacerse de algo/algn

**castaway** /ˈkæstəweɪ; GB ˈkɑːst-/ n náufrago, -a

**caste** /kæst; GB kɑːst/ n casta: caste system sistema de castas

**cast iron** n hierro fundido
▸ adj **1** de hierro fundido **2** (constitución) de hierro **3** (coartada) sólido

**castle** /ˈkæsl; GB ˈkɑːsl/ n **1** castillo **2** (Ajedrez) torre

**castrate** /ˈkæstreɪt; GB kæˈstreɪt/ vt castrar **castration** n castración

**casual** /ˈkæʒuəl/ adj **1** superficial: a casual acquaintance un conocido ◇ a casual glance un vistazo **2** (comentario) sin importancia **3** (comportamiento) informal, despreocupado: casual sex sexo sin compromisos **4** (ropa) informal **5** (encuentro) fortuito **6** (GB) (trabajo) ocasional: casual workers empleados temporales **casually** adv **1** informalmente **2** despreocupadamente **3** como por casualidad **4** (GB) temporalmente

**casualty** /ˈkæʒuəlti/ n (pl **casualties**) víctima, baja

**cat** /kæt/ n **1** gato: cat food comida para gatos ➔ Ver nota en GATO **2** felino: big cat felino salvaje **LOC let the cat out of the bag** irse de la lengua

**catalog** (tb esp GB **catalogue**) /ˈkætəlɔːg; GB -lɒg/ n **1** catálogo **2** (fig): a catalogue of disasters una serie de desastres
▸ vt catalogar

**cataloguing** n catalogación

**catalyst** /ˈkætəlɪst/ n catalizador

**catapult** /'kætəpʌlt/ n **1** catapulta **2** (GB) (USA **slingshot**) resortera
▶ vt catapultar

**cataract** /'kætərækt/ n (Geog, Med) catarata

**catarrh** /kə'tɑr/ n catarro, flujo gripal

**catastrophe** /kə'tæstrəfi/ n catástrofe
**catastrophic** /ˌkætə'strɑfɪk/ adj catastrófico

**catch** /kætʃ/ (pt, pp **caught** /kɔːt/) **1** vt, vi agarrar: *Here, catch!* ¡Toma! **2** vt atrapar, agarrar **3** vt sorprender **4** vt (coloq) pillar **5** vt ir a ver: *I'll catch you later.* Te veré luego. **6** vt ~ **sth (in/on sth)** enganchar algo (en/con algo): *He caught his thumb in the door.* Se machucó el dedo con la puerta. **7** vt (Med) contagiarse de, pescar **8** vt oír, entender **9** vt (fuego) prenderse **LOC catch hell** (GB **catch it**) (coloq): *You'll catch hell!* ¡Te la vas a ganar! **catch sb's attention/eye** captar la atención de algn **catch sight/a glimpse of sth/sb** vislumbrar algo/a algn **❶** Para otras expresiones con **catch**, véanse las entradas del sustantivo, adjetivo, etc., p. ej. **catch fire** en FIRE. **PHRV be caught up in sth** estar metido en algo **catch at sth** agarrarse a/de algo **catch on** (coloq) hacerse popular **catch on (to sth)** (coloq) entender (algo) **catch sb out** agarrar en falta a algn **catch up (on sth)** ponerse al día (con algo) **catch up (with sb)** (GB tb **catch sb up**) alcanzar a algn
▶ n **1** acción de agarrar (esp una pelota) **2** captura **3** (peces) pesca **4** cierre, cerradura **5** [sing]: *He's a good catch.* Es un buen partido. **6** (fig) trampa: *It's a catch-22 (situation).* Es una situación sin salida.
**catcher** n (Béisbol) catcher **catching** adj contagioso

**catchment area** /'kætʃmənt eəriə/ n (GB) área de captación (de un hospital, colegio, etc.)

**catchphrase** /'kætʃfreɪz/ n dicho (de persona famosa)

**catchy** /'kætʃi/ adj (**catchier, -iest**) (coloq) fácil de recordar, pegajoso

**catechism** /'kætəkɪzəm/ n catecismo

**categorical** /ˌkætə'gɔːrɪkl; GB -'gɒr-/ adj **1** (respuesta) categórico **2** (rechazo) rotundo **3** (regla) terminante **categorically** adv categóricamente

**categorize** (GB tb **-ise**) /'kætəgəraɪz/ vt clasificar

**category** /'kætəgɔːri; GB -gəri/ n (pl **categories**) categoría

**cater** /'keɪtər/ vi abastecer: *to cater for a party* proveer la comida para una fiesta ◊ *to cater for all tastes* atender a todos

los gustos **catering** n comida: *the catering industry* la restaurantería

**caterpillar** /'kætərpɪlər/ n oruga

**Caterpillar track**® n cadena (de tanque, etc.)

**catfish** /'kætfɪʃ/ n bagre

**cathedral** /kə'θiːdrəl/ n catedral

**Catholic** /'kæθlɪk/ adj, n católico, -a **Catholicism** /kə'θɑləsɪzəm/ n catolicismo

**cattle** /'kætl/ n [pl] ganado

**caught** pt, pp de CATCH

**cauldron** (tb **caldron**) /'kɔːldrən/ n caldera

**cauliflower** /'kɔːlɪflaʊər; GB 'kɒlɪ-/ n coliflor

**cause** /kɔːz/ vt causar
▶ n **1** ~ **(of sth)** causa (de algo) **2** [incontable] ~ **(for sth)** motivo, razón (de/para algo): *cause for complaint* motivo de queja **LOC** Ver ROOT

**causeway** /'kɔːzweɪ/ n carretera o camino más elevado que el terreno a los lados

**caustic** /'kɔːstɪk/ adj **1** cáustico **2** (comentario, etc.) mordaz

**caution** /'kɔːʃn/ **1** vt, vi ~ **(sb) against sth** advertir (a algn) contra algo **2** vt amonestar
▶ n **1** precaución, cautela: *to exercise extreme caution* extremar las precauciones **2** (GB) amonestación **LOC throw/cast caution to the wind(s)** abandonar la prudencia
**cautionary** adj **1** de advertencia **2** ejemplar: *a cautionary tale* un relato ejemplar

**cautious** /'kɔːʃəs/ adj ~ **(about sth)** cauteloso (con algo): *a cautious driver* un conductor precavido **cautiously** adv con cautela

**cavalry** /'kævlri/ n caballería

**cave** /keɪv/ n cueva: *cave painting* pintura rupestre
▶ v **PHRV cave in 1** derrumbarse **2** (fig) ceder

**cavern** /'kævərn/ n caverna **cavernous** adj cavernoso

**cavity** /'kævəti/ n (pl **cavities**) **1** cavidad **2** caries

**CD** /ˌsiː 'diː/ n (abrev de **compact disc**) CD: *CD player/writer* reproductor/grabador de CD ➔ Ver dibujo en COMPUTADORA

**CD-ROM** /ˌsiː diː 'rɑm/ n CD-ROM

**cease** /siːs/ vt, vi (formal) cesar, terminar: *to cease to do sth* dejar de hacer algo

3: bird     ɪə near     eə hair     ʊə tour     ʒ vision     h hat     ŋ sing

**ceasefire** /'siːsfaɪər/ n cese de hostilidades

**ceaseless** /'siːsləs/ adj (formal) incesante

**cede** /siːd/ vt ~ sth (to sb) (formal) ceder algo (a algn)

**ceiling** /'siːlɪŋ/ n **1** techo **2** altura máxima **3** (de precios, salarios, etc.) tope, límite

**celebrate** /'selɪbreɪt/ **1** vt celebrar **2** vi festejar **3** vt (formal) alabar **celebrated** adj ~ (for sth) célebre (por algo)

**celebration** /ˌselɪ'breɪʃn/ n celebración: in celebration of en conmemoración de

**celebratory** /'seləbrətɔːri; GB ˌselə'breɪtəri/ adj conmemorativo, festivo

**celebrity** /sə'lebrəti/ n (pl celebrities) celebridad

**celery** /'seləri/ n apio

**cell** /sel/ n **1** celda **2** (Anat, Pol) célula **3** (Electrón) pila

**cellar** /'selər/ n sótano

**cellist** /'tʃelɪst/ n violonchelista

**cello** /'tʃeloʊ/ n (pl cellos) violonchelo

**cell phone** (tb cellphone /'selfoʊn/) (GB **mobile, mobile phone**) n (teléfono) celular

**cellular** /'seljulər/ adj celular

**Celsius** /'selsiəs/ (abrev C) adj centígrado ➔ Ver nota en CENTÍGRADO

**cement** /sɪ'ment/ n cemento
▶ vt **1** revestir de cemento, pegar con cemento **2** (fig) cimentar

**cemetery** /'semətri; GB -tri/ n (pl cemeteries) cementerio

**censor** /'sensər/ n censor, -ora
▶ vt censurar
**censorship** n [incontable] censura

**censure** /'senʃər/ vt ~ sb (for sth) (formal) censurar a algn (por algo)
▶ n (formal) censura

**census** /'sensəs/ n (pl censuses) censo

**cent** /sent/ n **1** centavo **2** céntimo

**centennial** /sen'teniəl/ n centenario

**center** (GB **centre**) /'sentər/ n **1** centro: the center of town el centro de la ciudad **2** núcleo: a center of commerce un núcleo comercial **3** (tb **center forward**) (Dep) centro delantero
▶ vt, vi centrar(se) PHRV **center (sth) around/on sth/sb** centrar algo/centrarse en/alrededor de algo/algn

**center back** (tb **center half**) n (Fútbol) defensa central

**centigrade** /'sentɪɡreɪd/ (abrev C) adj centígrado ➔ Ver nota en CENTÍGRADO

**centimeter** (GB **centimetre**) /'sentɪˌmiːtər/ n (abrev cm) centímetro ➔ Ver pág 681

**centipede** /'sentɪpiːd/ n ciempiés

**central** /'sentrəl/ adj **1** (en una población) céntrico: central London el centro de Londres **2** central: central air conditioning aire acondicionado central **3** principal

**centralization** /ˌsentrəlaɪ'zeɪʃn/ (GB tb **-isation**) n centralización

**centralize** /'sentrəlaɪz/ (GB tb **-ise**) vt centralizar

**centrally** /'sentrəli/ adv centralmente

**centre** (GB) = CENTER

**century** /'sentʃəri/ n (pl centuries) **1** siglo **2** (críquet) cien carreras

**cereal** /'sɪəriəl/ n cereal(es)

**cerebral** /sə'riːbrəl; GB 'serəbrəl/ adj cerebral

**ceremonial** /ˌserɪ'moʊniəl/ adj, n ceremonial

**ceremony** /'serəmoʊni; GB -məni/ n (pl ceremonies) ceremonia

**certain** /'sɜːrtn/ adj **1** seguro: That's far from certain. No es nada seguro. ◇ It's certain that he'll be elected. Es seguro que será elegido. **2** cierto: to a certain extent hasta cierto punto **3** tal: a certain Mr. Brown un tal Sr Brown LOC **for certain** con seguridad **make certain of (doing) sth** asegurarse de (que se haga) algo **make certain (that…)** asegurarse (de que…)
▶ pron ~ of…: certain of those present algunos de los presentes

**certainly** /'sɜːrtnli/ adv **1** con toda certeza **2** (como respuesta) desde luego: Certainly not! ¡Desde luego que no!

**certainty** /'sɜːrtnti/ n (pl certainties) certeza

**certificate** /sər'tɪfɪkət/ n **1** certificado **2** (nacimiento, etc.) partida

**certification** /ˌsɜːrtɪfɪ'keɪʃn/ n [incontable] certificación

**certify** /'sɜːrtɪfaɪ/ vt (pt, pp -fied) **1** certificar **2** (GB) (tb **certify insane**): He was certified (insane). Declararon que no estaba en posesión de sus facultades mentales.

**cesarean** (tb **Caesarean**) /sɪ'zeəriən/ (tb **cesarean section, C-section**) n cesárea

**chain** /tʃeɪn/ n **1** cadena: chain reaction reacción en cadena **2** (Geog) cordillera LOC **in chains** encadenado
▶ vt ~ sth/sb (up) encadenar algo/a algn

**chainsaw** /'tʃeɪnsɔː/ n sierra mecánica

| ʃ chin | dʒ June | v van | θ then | s so | z zoo | ʃ she |

**chain-smoke** /'tʃeɪn smoʊk/ *vi* fumar uno tras otro

**chair** /tʃeər/ *n* **1** silla: *Pull up a chair.* Toma asiento. ◊ *easy chair* sillón **2** the **chair** [*sing*] (*reunión*) la presidencia, el presidente, la presidenta **3** the **(electric) chair** la silla eléctrica **4** cátedra
▶ *vt* presidir (*reunión*)

**chairman** /'tʃeərmən/ *n* (*pl* -**men** /-mən/) presidente ❶ Se prefiere utilizar la forma **chairperson**, que se refiere tanto a un hombre como a una mujer.

**chairperson** /'tʃeərpɜːrsn/ *n* presidente, -a

**chairwoman** /'tʃeərwʊmən/ *n* (*pl* -**women** /-'wɪmɪn/) presidenta ⊃ Ver nota en CHAIRMAN

**chalet** /ʃæ'leɪ; *GB* 'ʃæleɪ/ *n* chalé (*esp de estilo suizo*)

**chalk** /tʃɔːk/ *n* **1** (*Geol*) creta **2** gis: *a piece/stick of chalk* un gis
▶ *v* PHRV **chalk up sth** (*coloq*) apuntarse algo

**chalkboard** /'tʃɔːkbɔːrd/ (*GB* **blackboard**) *n* pizarrón

**challenge** /'tʃæləndʒ/ *n* **1** desafío: *to issue a challenge to sb* desafiar a algn **2** reto
▶ *vt* **1** desafiar **2** dar el alto a **3** (*derecho, etc.*) poner en duda **4** (*trabajo, etc.*) estimular
**challenger** *n* **1** (*Dep*) aspirante **2** desafiador, -ora **challenging** *adj* estimulante, exigente

**chamber** /'tʃeɪmbər/ *n* cámara: *Chamber of Commerce* Cámara de Comercio ◊ *chamber music* música de cámara

**champagne** /ʃæm'peɪn/ *n* champán

**champion** /'tʃæmpiən/ *n* **1** (*Dep, etc.*) campeón, -ona: *the defending/reigning champion* el actual campeón **2** defensor, -ora (*de una causa*)
▶ *vt* defender
**championship** *n* campeonato: *world championship* campeonato mundial

**chance** /tʃæns; *GB* tʃɑːns/ *n* **1** azar **2** casualidad: *a chance meeting* un encuentro casual **3** posibilidad **4** oportunidad **5** riesgo LOC **by (any) chance** por casualidad **on the off chance** por si acaso **take a chance (on sth)** correr el riesgo (de algo) **take chances** arriesgarse **the chances are (that)...** (*coloq*) lo más probable es que... *Ver tb* STAND
▶ *vt* ~ **doing sth** correr el riesgo de hacer algo LOC **chance your arm/luck** (*coloq*) arriesgarse PHRV **chance on/upon sth/ sb** encontrarse con algo/algn por casualidad

---

375 | **character**

**chancellor** /'tʃænsələr; *GB* 'tʃɑːns-/ *n* **1** canciller **2** (*GB*): *Chancellor of the Exchequer* Secretario de Hacienda y Crédito Público **3** (*universidad*) rector, -ora

**chandelier** /ˌʃændə'lɪər/ *n* candelabro

**change** /tʃeɪndʒ/ *vt, vi* cambiar(se): *to change your mind* cambiar de opinión **2** *vt* ~ **(sth/sb) (into sth)** convertir algo/a algn, convertirse (en algo) **3** *vi* ~ **from sth into sth** pasar de algo a algo LOC **change hands** cambiar de manos **change your mind** cambiar de opinión **change your tune** (*coloq*) cambiar de actitud *Ver tb* CHOP, PLACE PHRV **change back into sth 1** (*ropa*) ponerse algo otra vez **2** volver a convertirse en algo **change into sth** (*ropa*) ponerse algo **change over (from sth) (to sth)** cambiar (de algo) (a algo)
▶ *n* **1** cambio: *a change of socks* otro par de calcetines **2** transbordo **3** [*incontable*] monedas: *loose change* cambio **4** (*dinero*) cambio, vuelto LOC **a change for the better/worse** un cambio para bien/mal **a change of heart** un cambio de actitud **for a change** para variar **make a change** (*esp GB*) cambiar las cosas

**changeable** /'tʃeɪndʒəbl/ *adj* variable

**changeover** /'tʃeɪndʒoʊvər/ *n* cambio (*p. ej. de un sistema político a otro*)

**changing room** (*esp GB*) (*USA* **locker room**) *n* vestidor, camerino

**channel** /'tʃænl/ *n* **1** (*TV*) cadena, canal **2** (*Radio*) banda **3** cauce **4** canal (*de navegación*) **5** vía (*de comunicación*)
▶ *vt* (-**ll**-, -**l**-) **1** encauzar **2** acanalar

**chant** /tʃænt; *GB* tʃɑːnt/ *n* **1** (*Relig*) canto (*litúrgico*) **2** (*multitud*) consigna, canción
▶ *vt, vi* **1** (*Relig*) cantar **2** (*multitud*) gritar, corear

**chaos** /'keɪɑs/ *n* [*incontable*] caos: *to cause chaos* provocar un caos **chaotic** /keɪ'ɑtɪk/ *adj* caótico

**chap** /tʃæp/ *n* (*GB, coloq*) tipo: *He's a good chap.* Es un buen tipo.

**chapel** /'tʃæpl/ *n* capilla

**chaplain** /'tʃæplɪn/ *n* capellán

**chapped** /tʃæpt/ *adj* agrietado

**chapter** /'tʃæptər/ *n* **1** capítulo **2** época LOC **chapter and verse** con pelos y señales

**char** /tʃɑr/ *vt, vi* (-**rr**-) carbonizar(se), chamuscar(se)

**character** /'kærəktər/ *n* **1** carácter: *character references* referencias personales ◊ *character assassination* difamación **2** (*coloq*) tipo **3** (*Liter*) personaje: *the*

---

*main character* el protagonista **4** reputación **LOC in/out of character** típico/ poco típico (de algn)

**characteristic** /ˌkærəktəˈrɪstɪk/ *adj* característico

▸ *n* rasgo, característica

**characteristically** *adv*: *His answer was characteristically frank.* Respondió con la franqueza que lo caracteriza.

**characterization** (*GB tb* **-isation**) /ˌkærəktəraɪˈzeɪʃn/ *n* descripción, caracterización

**characterize** (*GB tb* **-ise**) /ˈkærəktəraɪz/ *vt* **1** ~ **sth/sb as sth** calificar algo/a algn de algo **2** caracterizar: *It is characterized by...* Se caracteriza por...

**charade** /ʃəˈreɪd; *GB* ʃəˈrɑːd/ *n* farsa

**charcoal** /ˈtʃɑrkoʊl/ *n* **1** carbón vegetal **2** (*Arte*) carboncillo **3** (*tb* **charcoal gray**) color gris marengo

**charge** /tʃɑrdʒ/ *n* **1** acusación **2** (*Mil*) carga **3** (*Dep*) ataque **4** (*animales*) embestida **5** cargo: *free of charge* gratis/ sin cargo adicional **6** (*tb* **charge account**) cuenta de crédito: *charge card* tarjeta de crédito (de un negocio específico) ◇ *Will that be cash or charge?* ¿Su pago es en efectivo o con tarjeta? **7** cargo: *to leave a child in a friend's charge* dejar a un amigo a cargo de un niño **8** carga (*eléctrica o de un arma*) **LOC bring/press charges against sb** presentar cargos contra algn **have charge of sth** estar a cargo de algo **in charge (of sth/sb)** a cargo (de algo/ algn): *Who's in charge here?* ¿Quién es el encargado aquí? **in/under sb's charge** a cargo/bajo el cuidado de algn **take charge (of sth)** hacerse cargo (de algo) *Ver tb* REVERSE

▸ **1** *vt, vi* cobrar **2** *vt* ~ **sth to sth** cargar algo a la cuenta de algn **3** *vt* ~ **sb (with sth)** acusar a algn (de algo) **4** *vt, vi* ~ **(sth/sb)**; ~ **at sth/sb** lanzarse (contra algo/algn): *The children charged down/up the stairs.* Los niños se lanzaron escaleras abajo/ arriba. **5** *vt, vi* ~ **(at sth/sb)** (*animal*) embestir (algo/a algn) **6** *vt* (*pistola, pila*) cargar **7** *vt* (*formal*) ~ **sb with sth** encomendar algo a algn

**chargeable** /ˈtʃɑrdʒəbl/ *adj* **1** imponible, sujeto a pago **2** ~ **to sb/sth** (*pago*) a cargo de algn/algo

**chariot** /ˈtʃæriət/ *n* carro (*romano*)

**charisma** /kəˈrɪzmə/ *n* carisma **charismatic** /ˌkærɪzˈmætɪk/ *adj* carismático

**charitable** /ˈtʃærətəbl/ *adj* **1** caritativo **2** bondadoso **3** (*organización*) benéfico

**charity** /ˈtʃærəti/ *n* (*pl* **charities**) **1** caridad **2** comprensión **3** (*organismo*) organización benéfica: *for charity* con fines benéficos ⊃ *Ver nota en* ONG

**charm** /tʃɑrm/ *n* **1** encanto **2** amuleto: *a charm bracelet* una pulsera de amuletos **3** hechizo **LOC** *Ver* WORK

▸ *vt* encantar: *a charmed life* una vida afortunada **PHR V charm sth out of sb** conseguir algo de algn por medio del encanto

**charming** *adj* encantador

**chart** /tʃɑrt/ *n* **1** carta de navegación **2** gráfica: *flow chart* organigrama **3 the charts** [*pl*] (*discos*) los cuarenta más vendidos

▸ *vt* trazar (*un mapa*): *to chart the course/ progress of sth* hacer una gráfica de la trayectoria/del progreso de algo

**charter** /ˈtʃɑrtər/ *n* **1** estatuto: *the UN charter* los estatutos de las Naciones Unidas **2** flete: *a charter flight* un vuelo chárter ◇ *a charter plane/boat* un avión/ barco fletado

▸ *vt* **1** otorgar autorización a **2** (*avión*) fletar

**chartered** *adj* (*GB*) diplomado: *chartered accountant* auditor

**chase** /tʃeɪs/ **1** *vt, vi* ~ **(after) sth/sb** perseguir algo/a algn **2** *vt* (*coloq*) andar detrás de: *He's always chasing women.* Siempre anda persiguiendo mujeres. **PHR V chase about, around, etc.** (*coloq*) correr de un lado para otro **chase sth/sb away, off, out, etc.** echar, ahuyentar algo/ a algn **chase sth down** (*GB* **chase sth up**) averiguar qué pasó con algo **chase sb up** contactar a algn (*para reclamar algo*)

▸ *n* **1** persecución **2 the chase** [*sing*] la cacería

**chasm** /ˈkæzəm/ *n* (*formal*) abismo

**chassis** /ˈtʃæsi/ *n* (*pl* **chassis** /-siz/) chasis

**chastened** /ˈtʃeɪsnd/ *adj* (*formal*) **1** escarmentado **2** (*tono*) sumiso

**chastening** *adj* que sirve de escarmiento

**chastity** /ˈtʃæstəti/ *n* castidad

**chat** /tʃæt/ *n* charla: *chat room* (sala de) chat

▸ *vi* (**-tt-**) **1** ~ **(to/with sb) (about sth/sb)** charlar (con algn) (de algo/algn) **2** (*Informát*) chatear **PHR V chat sb up** (*GB, coloq*) intentar ligar con algn

**chatter** /ˈtʃætər/ *vi* **1** ~ **(away/on)** parlotear **2** (*mono*) chillar **3** (*pájaro*) trinar **4** (*dientes*) castañetear

▸ *n* [*incontable*] parloteo

**chatty** /ˈtʃæti/ *adj* (**chattier, -iest**) (*esp GB, coloq*) **1** (*persona*) parlanchín **2** (*carta*) informal

**chauffeur** /ʃoʊˈfɜːr; *GB* ˈʃoʊfə(r)/ *n* chofer

▸ *vt* ~ **sb (around)** hacer de chofer para algn, llevar en coche a algn

**chauvinism** /ˈʃoʊvɪnɪzəm/ n chovinismo, patriotería

**chauvinist** /ˈʃoʊvɪnɪst/ n chovinista, patriotero, -a
▸ adj (tb **chauvinistic** /ˌʃoʊvɪˈnɪstɪk/) chovinista

ʔ **cheap** /tʃiːp/ adj (**cheaper**, -**est**) **1** barato **2** económico **3** de mala calidad **4** (coloq) (comentario, chiste, etc.) vulgar, de mal gusto **5** (USA, coloq, pey) (GB **mean**) tacaño LOC **cheap at the price** regalado
▸ adv (**cheaper**) (coloq) barato LOC **to be going cheap** estar de oferta **sth does not come cheap**: Success doesn't come cheap. El éxito no lo regalan.
▸ n LOC **on the cheap** barato
**cheapen** vt abaratar: to cheapen yourself rebajarse

ʔ **cheaply** /ˈtʃiːpli/ adv barato, a bajo precio

ʔ **cheat** /tʃiːt/ **1** vi hacer trampas **2** vi (colegio) copiar(se) **3** vt engañar PHRV **cheat sb (out) of sth** quitar algo a algn (por medio de engaños) **cheat on sb** engañar a algn (siendo infiel)
▸ n **1** (tb **cheater**) tramposo, -a **2** [sing] engaño, trampa

**check**

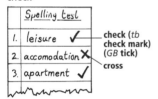

| Spelling test | |
|---|---|
| 1. leisure | ✓ |
| 2. accomodation | ✗ |
| 3. apartment | ✓ |

**check** (tb **check mark**) (GB **tick**)
**cross**

ʔ **check** /tʃek/ **1** vt checar, revisar Ver tb DOUBLE-CHECK **2** vt, vi asegurar(se) **3** vt contener **4** vi detenerse **5** vt (GB **tick**) marcar con una palomita LOC **check (sth) for sth** checar que no haya algo (en algo) PHRV **check in (at…)**; **check into…** (hotel, etc.) registrarse (en) **check sth in** documentar algo (equipaje) **check sth/sb off** (GB **tick sth/sb off**) tachar algo/a algn de una lista **check (up) on sth/sb** hacer averiguaciones sobre algo/algn **check out (of…)** (hotel, etc.) saldar la cuenta y marcharse (de) **check sth/sb out 1** hacer averiguaciones sobre algo/algn **2** (coloq) checar algo/a algn: Check out that girl. She's gorgeous! ¡Checa a esa chava! ¡Está guapísima!
▸ n **1** comprobación, revisión **2** investigación **3** (GB **bill**) (restaurante) cuenta: The check, please. La cuenta, por favor. **4** (GB **cheque**) cheque: to pay by check pagar con cheque **5** (Ajedrez) jaque **6** (tb

**check mark**) (GB **tick**) (marca) palomita LOC **hold/keep sth in check** contener/controlar algo

**checkbook** (GB **cheque book**) /ˈtʃekbʊk/ n chequera

**checked** /tʃekt/ (tb **check**) adj a cuadros

**checkers** /ˈtʃekərz/ (GB **draughts**) n [incontable] damas (juego)

**check-in** /ˈtʃek ɪn/ n documentación (en un aeropuerto)

**checklist** /ˈtʃeklɪst/ n lista

**checkmate** /ˈtʃekmeɪt/ n jaque mate

**checkout** /ˈtʃekaʊt/ n **1** caja (en una tienda) **2** (en hotel) acto de pagar e irse

**checkpoint** /ˈtʃekpɔɪnt/ n puesto de control

**check-up** /ˈtʃek ʌp/ n **1** chequeo (médico) **2** verificación

ʔ **cheek** /tʃiːk/ n **1** mejilla **2** (GB) cara: What (a) cheek! ¡Qué descaro! LOC Ver TONGUE **cheeky** adj (**cheekier**, -**iest**) (GB) (USA **sassy**) descarado

**cheer** /tʃɪər/ **1** vt, vi aclamar, vitorear, echar porras **2** vt animar, alegrar: to be cheered by sth animarse con algo PHRV **cheer sb on** alentar a algn **cheer up** animarse: Cheer up! ¡Anímate! **cheer sth/sb up** alegrar algo, animar a algn
▸ n ovación, vítor: Three cheers for… ¡Tres porras para…!

ʔ **cheerful** /ˈtʃɪərfl/ adj **1** alegre **2** agradable

**cheering** /ˈtʃɪərɪŋ/ n [incontable] vítores
▸ adj alentador, reconfortante

**cheerio** /ˌtʃɪəriˈoʊ/ interj (GB, coloq) ¡adiós!

**cheerleader** /ˈtʃɪərliːdər/ n animador, -ora, porrista

**cheers** /tʃɪərz/ interj **1** ¡salud! **2** (GB, coloq) ¡adiós! **3** (GB, coloq) ¡gracias!

**cheery** /ˈtʃɪəri/ adj (**cheerier**, -**iest**) (coloq) alegre

ʔ **cheese** /tʃiːz/ n queso: Would you like some cheese? ¿Quieres queso? ◇ a wide variety of cheeses una amplia selección de quesos LOC Ver BIG

**cheesecake** /ˈtʃiːzkeɪk/ n pastel de queso

**cheetah** /ˈtʃiːtə/ n guepardo

**chef** /ʃef/ n cocinero, -a jefe

ʔ **chemical** /ˈkemɪkl/ adj químico
▸ n sustancia química

ʔ **chemist** /ˈkemɪst/ n **1** químico, -a **2** (GB) (USA **pharmacist**) farmacéutico, -a **3** **chemist's** (GB) (USA **drugstore**) farmacia

ʔ **chemistry** /ˈkemɪstri/ n química

**cheque** (*GB*) = CHECK

**cheque book** (*GB*) = CHECKBOOK

**cherish** /'tʃerɪʃ/ *vt* (*formal*) **1** (*libertad, tradiciones*) valorar **2** (*persona*) querer, cuidar **3** (*esperanza*) abrigar **4** (*recuerdo*) guardar con cariño

**cherry** /'tʃeri/ *n* (*pl* **cherries**) **1** cereza **2** (*tb* **cherry tree**) (*árbol*) cerezo: *cherry blossom* flor del cerezo **3** (*tb* **cherry red**) color rojo cereza

**cherub** /'tʃerəb/ *n* (*pl* **cherubs** o **cherubim** /'tʃerəbɪm/) querubín

**chess** /tʃes/ *n* ajedrez

**chessboard** /'tʃesbɔːrd/ *n* tablero de ajedrez

**chest** /tʃest/ *n* **1** baúl **2** pecho (*tórax*) **LOC** **get sth off your chest** quitarse un peso de encima, desahogarse

**chestnut** /'tʃesnʌt/ *n* **1** castaña **2** (*árbol, madera*) castaño **3** **old chestnut** (*coloq*) chiste viejo
▶ *adj, n* color caoba

**chest of drawers** *n* (*pl* **chests of drawers**) cómoda

**chew** /tʃuː/ *vt* ~ **sth** (**up**) masticar algo **PHRV** **chew sth over** (*coloq*) rumiar algo

**chewing gum** *n* [*incontable*] chicle

**chick** /tʃɪk/ *n* polluelo

**chicken** /'tʃɪkɪn/ *n* **1** (*carne*) pollo **2** (*ave*) gallina *Ver tb* HEN, ROOSTER **3** (*coloq*) miedoso, -a
▶ *v* **PHRV** **chicken out** (*coloq*) rajarse
▶ *adj* (*coloq*) cobarde

**chickenpox** /'tʃɪkɪnpɑks/ *n* [*incontable*] varicela

**chickpea** /'tʃɪkpiː/ *n* garbanzo

**chicory** /'tʃɪkəri/ *n* [*incontable*] **1** escarola **2** achicoria

**chief** /tʃiːf/ *n* jefe, -a
▶ *adj* principal
**chiefly** *adv* **1** sobre todo **2** principalmente

**chieftain** /'tʃiːftən/ *n* cacique (*de tribu o clan*)

**child** /tʃaɪld/ *n* (*pl* **children** /'tʃɪldrən/) **1** niño, -a: *children's clothes/television* ropa para niños/programación infantil **2** hijo, -a: *an only child* un hijo único **3** (*fig*) producto **LOC** **child's play** (*coloq*) juego de niños

**childbirth** /'tʃaɪldbɜːrθ/ *n* [*incontable*] parto

**childcare** /'tʃaɪldkeər/ *n* puericultura, cuidado de niños: *childcare facilities* servicios de guardería

**childhood** /'tʃaɪldhʊd/ *n* infancia, niñez

**childish** /'tʃaɪldɪʃ/ *adj* **1** infantil **2** (*gen pey*) inmaduro: *to be childish* portarse como un niño

**childless** /'tʃaɪldləs/ *adj* sin hijos

**childlike** /'tʃaɪldlaɪk/ *adj* de (un) niño

**childminder** /'tʃaɪldmaɪndər/ *n* (*GB*) persona que cuida niños en su casa

**chili** (*GB* **chilli**) /'tʃɪli/ *n* (*pl* **chilies/chillies**) **1** (*tb* **chili pepper**) chile **2** (*tb* **chili con carne**) chile con carne estilo tejano

**chill** /tʃɪl/ *n* **1** frío **2** resfriado: *to catch/get a chill* resfriarse **3** escalofrío
▶ **1** *vt* helar **2** *vt, vi* (*comestibles*) enfriar(se), refrigerar(se): *frozen and chilled foods* alimentos congelados y refrigerados **LOC** **chill sb to the bone/marrow** helar a algn hasta los huesos

**chilling** /'tʃɪlɪŋ/ *adj* escalofriante

**chilly** /'tʃɪli/ *adj* frío: *It's chilly today.* Hace un poco de frío hoy. ➔ *Ver nota en* FRÍO

**chime** /tʃaɪm/ *n* **1** repique **2** campanada
▶ *vi* repicar

**chimney** /'tʃɪmni/ *n* (*pl* **chimneys**) chimenea

**chimpanzee** /ˌtʃɪmpæn'ziː/ (*tb coloq* **chimp**) *n* chimpancé

**chin** /tʃɪn/ *n* barbilla **LOC** **keep your chin up** (*esp GB, coloq*) poner al mal tiempo buena cara

**china** /'tʃaɪnə/ *n* **1** porcelana **2** vajilla (*de porcelana*)

**chink** /tʃɪŋk/ *n* grieta, abertura **LOC** **a chink in sb's armor** el punto débil de algn

**chip** /tʃɪp/ *n* **1** trocito **2** (*madera*) astilla **3** desportilladura **4** (*GB*) (*USA* **fry, French fry**) papa frita ➔ *Ver dibujo en* PAPA **5** (*USA*) (*GB* **crisp**) papa frita (*de bolsa*) ➔ *Ver dibujo en* PAPA **6** (*casino*) ficha **7** (*Electrón*) (*micro*)chip **LOC** **a chip off the old block** (*coloq*) de tal palo tal astilla **have a chip on your shoulder** (*coloq*) estar resentido
▶ *vt, vi* mellar(se), desconchar(se) **PHRV** **chip away at sth** minar algo (*destruir poco a poco*) **chip in (with sth)** (*coloq*) **1** (*comentario*) interrumpir (diciendo algo) **2** (*dinero*) contribuir (con algo)

**chipmunk** /'tʃɪpmʌŋk/ *n* ardillita

**chippings** /'tʃɪpɪŋz/ *n* [*pl*] **1** grava **2** (*tb* **wood chippings**) virutas de madera

**chirp** /tʃɜːrp/ *n* **1** pío **2** (*grillo*) canto
▶ *vi* **1** piar **2** (*grillo*) cantar
**chirpy** *adj* alegre

**chisel** /'tʃɪzl/ *n* cincel
▶ *vt* **1** cincelar: *finely chiseled features* rasgos finos **2** (*con cincel*) tallar

**chivalry** /'ʃɪvəlri/ *n* **1** caballería **2** caballerosidad

**chives** /tʃaɪvz/ n [pl] cebollín

**chloride** /'klɔːraɪd/ n cloruro

**chlorine** /'klɔːriːn/ n cloro

**chock-a-block** /ˌtʃɒk ə 'blɒk/ adj (GB, coloq) ~ (with sth) atestado (de algo)

**chock-full** /ˌtʃɒk 'fʊl/ adj ~ (of sth) (coloq) lleno a rebosar (de algo)

**chocolate** /'tʃɒklət/ n 1 chocolate: milk/dark chocolate chocolate con/sin leche 2 bombón 3 color chocolate

**choice** /tʃɔɪs/ n 1 elección: to make a choice escoger 2 selección 3 posibilidad: If I had the choice… Si pudiera escoger… LOC by/out of choice por decisión propia have no choice no tener más remedio
▶ adj (choicer, -est) 1 de calidad 2 escogido

**choir** /'kwaɪər/ n coro: choir boy niño de coro

**choke** /tʃəʊk/ 1 vi ~ (on sth) atragantarse con algo: to choke to death asfixiarse 2 vt ahogar, estrangular 3 vt ~ sth (up) (with sth) atascar algo (con algo) PHRV choke sth back (lágrimas, ira) contener algo
▶ n ahogador

**cholera** /'kɒlərə/ n cólera

**cholesterol** /kə'lestərɔl; GB -rɒl/ n colesterol

**choose** /tʃuːz/ (pt chose /tʃəʊz/ pp chosen /'tʃəʊzn/) 1 vi ~ (between A and/or B) elegir, escoger (entre A y B) 2 vt ~ A from B elegir, escoger A de entre B 3 vt ~ sth/sb (as sth) elegir, escoger algo/a algn (como algo) 4 vt (Dep) seleccionar 5 vt, vi ~ (to do sth) decidir (hacer algo) 6 vi preferir: whenever I choose cuando quiero LOC Ver PICK choosy adj (choosier, -iest) (coloq) melindroso, quisquilloso

**chop** /tʃɒp/ vt (-pp-) 1 ~ sth (up) (into sth) cortar algo (en algo): to chop sth in two partir algo por la mitad 2 picar: chopping board tabla de picar 3 (coloq) reducir LOC chop and change (GB, coloq) cambiar de opinión varias veces PHRV chop sth down talar algo chop sth off (sth) cortar algo
▶ n 1 hachazo 2 golpe 3 (carne) chuleta **chopper** n 1 hacha 2 (carne) tajadera 3 (coloq) helicóptero **choppy** adj (choppier, -iest) picado (mar)

**chopsticks** /'tʃɒpstɪks/ n [pl] palillos chinos

**choral** /'kɔːrəl/ adj coral (de coro)

**chord** /kɔːrd/ n acorde

**chore** /tʃɔːr/ n trabajo (rutinario): household chores quehaceres domésticos

**choreographer** /ˌkɔːri'ɒgrəfər; GB ˌkɒri-/ n coreógrafo, -a

**choreography** /ˌkɔːri'ɒgrəfi; GB ˌkɒri-/ n coreografía

**chorus** /'kɔːrəs/ n 1 (Mús, Teat) coro: chorus girl corista 2 estribillo LOC in chorus a coro
▶ vt corear

**chose, chosen** pt, pp de CHOOSE

**Christ** /kraɪst/ (tb Jesus, Jesus Christ) n Cristo

**christen** /'krɪsn/ vt bautizar (con el nombre de) **christening** n bautizo

**Christian** /'krɪstʃən/ n cristiano, -a **Christianity** /ˌkrɪsti'ænəti/ n cristianismo

**Christian name** n (GB) nombre de pila

**Christmas** /'krɪsməs/ n Navidad: Christmas Day Día de Navidad ◇ Christmas Eve Nochebuena ◇ Merry/ Happy Christmas! ¡Feliz Navidad! ➔ Ver nota en NAVIDAD

**chrome** /krəʊm/ n cromo

**chromium** /'krəʊmiəm/ n cromo: chromium-plating/plated cromado

**chromosome** /'krəʊməsəʊm/ n cromosoma

**chronic** /'krɒnɪk/ adj 1 crónico 2 (mentiroso, alcohólico, etc.) empedernido

**chronicle** /'krɒnɪkl/ n crónica
▶ vt registrar

**chrysalis** /'krɪsəlɪs/ n (pl chrysalises) crisálida

**chubby** /'tʃʌbi/ adj llenito ➔ Ver nota en GORDO

**chuck** /tʃʌk/ vt (coloq) 1 (esp GB) tirar 2 ~ sth (in/up) dejar algo PHRV chuck sth away/out (esp GB) tirar algo (a la basura) chuck sb out (esp GB) echar a algn

**chuckle** /'tʃʌkl/ vi reírse para uno mismo
▶ n risita

**chum** /tʃʌm/ n (coloq) colega

**chunk** /tʃʌŋk/ n trozo **chunky** adj (chunkier, -iest) macizo

**church** /tʃɜːrtʃ/ n iglesia: church hall salón parroquial LOC go to church ir a misa/ir al servicio religioso ➔ Ver nota en SCHOOL

**churchyard** /'tʃɜːrtʃjɑːrd/ n cementerio (alrededor de una iglesia)

**churn** /tʃɜːrn/ 1 vt ~ sth (up) (agua, lodo) remover algo 2 vi (aguas) agitarse 3 vi (estómago) revolverse PHRV churn sth out (coloq, gen pey) fabricar algo como churros

**chute** /ʃuːt/ n tobogán

**cider** /'saɪdər/ n sidra

**cigar** /sɪ'gɑːr/ n puro

**cigarette** /'sɪɡəret; GB ˌsɪɡə'ret/ n cigarrillo: *cigarette butt* colilla

**cinder** /'sɪndər/ n ceniza

**cinema** /'sɪnəmə/ (GB) (USA **movie theater**) n cine

**cinnamon** /'sɪnəmən/ n canela

**circle** /'sɜːrkl/ n 1 círculo, circunferencia: *the circumference of a circle* el perímetro de una circunferencia 2 corro: *to stand in a circle* hacer una rueda 3 (Teat) anfiteatro (*primer piso*) LOC **go around in circles** no hacer progresos *Ver tb* FULL, VICIOUS
▸ vt 1 dar una vuelta/vueltas a 2 rodear 3 marcar con un círculo

**circuit** /'sɜːrkɪt/ n 1 gira 2 vuelta 3 pista 4 (Electrón) circuito

**circular** /'sɜːrkjələr/ adj redondo, circular
▸ n circular

**circulate** /'sɜːrkjəleɪt/ vt, vi (hacer) circular

**circulation** /ˌsɜːrkjə'leɪʃn/ n 1 circulación 2 (*periódico*) tirada

**circumcise** /'sɜːrkəmsaɪz/ vt circuncidar **circumcision** /ˌsɜːrkəm'sɪʒn/ n circuncisión

**circumference** /sər'kʌmfərəns/ n circunferencia: *the circumference of a circle* el perímetro de una circunferencia ◊ *the circumference of the earth* la circunferencia de la Tierra

**circumstance** /'sɜːrkəmstæns/ n 1 circunstancia 2 **circumstances** [*pl*] situación económica LOC **in/under no circumstances** en ningún caso **in/under the circumstances** dadas las circunstancias

**circus** /'sɜːrkəs/ n circo

**cistern** /'sɪstərn/ n 1 cisterna 2 depósito

**cite** /saɪt/ vt 1 citar 2 (Mil) mencionar

**citizen** /'sɪtɪzn/ n ciudadano, -a *Ver tb* SENIOR CITIZEN **citizenship** n ciudadanía

**citrus** /'sɪtrəs/ adj cítrico: *citrus fruit(s)* cítricos

**city** /'sɪti/ n (pl **cities**) 1 ciudad: *the center of the city* el centro de la ciudad 2 **the City** (GB) el centro financiero de Londres

**city hall** n ayuntamiento

**civic** /'sɪvɪk/ adj 1 municipal: *civic center* centro cívico 2 cívico

**civil** /'sɪvl/ adj 1 civil: *civil strife* disensión social ◊ *civil law* código/derecho civil ◊ *civil rights/liberties* derechos/libertades civiles 2 educado, atento

**civilian** /sə'vɪliən/ n civil

**civilization** /ˌsɪvələ'zeɪʃn; GB -laɪ'z-/ n civilización

**civilized** /'sɪvəlaɪzd/ adj civilizado

**civil servant** n funcionario, -a (del Estado)

**the civil service** n [*sing*] la Administración Pública

**clad** /klæd/ adj ~ (**in sth**) (formal) vestido (de algo)

**claim** /kleɪm/ 1 vt reclamar 2 vt afirmar, sostener 3 vt (*atención*) merecer 4 vt (formal) (*vidas*) cobrarse
▸ n 1 ~ (**for sth**) reclamación (de algo) 2 ~ (**against sth/sb**) reclamación, demanda (contra algo/algn) 3 ~ (**on/to sth**) derecho (sobre/a algo) 4 afirmación, pretensión LOC **lay claim to sth** reclamar algo *Ver tb* STAKE **claimant** n demandante

**clam** /klæm/ n almeja
▸ v (**-mm-**) PHRV **clam up** (coloq) cerrar el pico

**clamber** /'klæmbər/ vi trepar (*esp con dificultad*)

**clammy** /'klæmi/ adj sudoroso, pegajoso

**clamor** (GB **clamour**) /'klæmər/ n clamor, griterío
▸ vi ~ **for sth** (formal) pedir algo a voces

**clamp** /klæmp/ n 1 grapa 2 abrazadera 3 (esp GB) (tb **wheel clamp**) (USA **Denver boot, boot**) candado (*para coche mal estacionado*)
▸ vt 1 sujetar 2 (GB) poner el cepo a PHRV **clamp down on sth/sb** apretar los tornillos a algo/algn

**clampdown** /'klæmpdaʊn/ n ~ (**on sth**) restricción (de algo), medidas drásticas (contra algo)

**clan** /klæn/ n clan

**clandestine** /klæn'destɪn; GB tb 'klændestaɪn/ adj (formal) clandestino

**clang** /klæŋ/ n tañido (*metálico*)
▸ vt, vi (hacer) sonar

**clank** /klæŋk/ vi hacer un ruido metálico (*cadenas, maquinaria*)

**clap** /klæp/ v (**-pp-**) vt, vi: *to clap your hands (together)* aplaudir
▸ n 1 aplauso 2 *a clap of thunder* un trueno
**clapping** n [*incontable*] aplausos

**clarification** /ˌklærəfɪ'keɪʃn/ n aclaración

**clarify** /'klærəfaɪ/ vt (pt, pp **-fied**) aclarar

**clarinet** /ˌklærə'net/ n clarinete

**clarity** /'klærəti/ n lucidez, claridad

**clash** /klæʃ/ vi ~ (**with sb**) tener un enfrentamiento (con algn) 2 vi ~ (**with sb**) (**over/on sth**) discrepar (con algn) (en

algo) **3** *vi (fechas)* coincidir **4** *vi (colores)* desentonar **5** *vi* chocarse (con ruido)
▶ *n* **1** estruendo **2** enfrentamiento **3** ~ **(over sth)** discrepancia (por algo): *a clash of interests* un conflicto de intereses

**clasp** /klæsp; *GB* klɑːsp/ *n* cierre
▶ *vt* apretar

ჶ **class** /klæs; *GB* klɑːs/ *n* **1** clase: *They're in class.* Están en clase. ◇ *class struggle/system* lucha/sistema de clases **2** categoría: *They're not in the same class.* No se pueden comparar. **LOC** **in a class of your, its, etc. own** sin par
▶ *vt* ~ **sth/sb (as sth)** clasificar algo/a algn (como algo)

ჶ **classic** /ˈklæsɪk/ *adj* **1** clásico **2** típico: *It was a classic case.* Fue un caso típico.
▶ *n* clásico

**classical** /ˈklæsɪkl/ *adj* clásico

**classification** /ˌklæsɪfɪˈkeɪʃn/ *n* **1** clasificación **2** categoría

**classified** /ˈklæsɪfaɪd/ *adj* **1** clasificado **2** confidencial **3** *classified advertisements/ads* avisos de ocasión

**classify** /ˈklæsɪfaɪ/ *vt (pt, pp* **-fied)** clasificar

**classmate** /ˈklæsmeɪt; *GB* ˈklɑːs-/ *n* compañero, -a de clase

ჶ **classroom** /ˈklæsruːm, -rʊm; *GB* ˈklɑːs-/ *n* aula, clase, salón

**classy** /ˈklæsi; *GB* ˈklɑːsi/ *adj* **(classier, -iest)** con mucho estilo

**clatter** /ˈklætər/ *(tb* **clattering)** *n* **1** estrépito **2** *(tren)* traqueteo
▶ *vi* **1** hacer ruido (con platos, etc.) **2** *(tren)* traquetear

**clause** /klɔːz/ *n* **1** *(Gram)* proposición **2** *(Jur)* cláusula

**claw** /klɔː/ *n* **1** garra **2** *(gato)* uña **3** *(cangrejo)* pinza **4** *(máquina)* garfio
▶ *vt* arañar

**clay** /kleɪ/ *n* arcilla, barro

ჶ **clean** /kliːn/ *adj* **(cleaner, -est) 1** limpio: *to wipe sth clean* limpiar **2** *(papel, etc.)* en blanco **LOC** **make a clean break** (with sth) romper por completo (con algo)
▶ *vt, vi* limpiar(se) **PHR V** **clean sth from/off sth** limpiar algo de algo **clean sb out** *(coloq)* dejar a algn sin un clavo **clean sth out** limpiar algo a fondo **clean (sth) up** limpiar (algo): *to clean up your image* mejorar su imagen

**clean-cut** /ˌkliːn ˈkʌt/ *adj* pulcro

**cleaner** /ˈkliːnər/ *n* **1** limpiador, -ora **2 cleaners** [*pl*] tintorería

**cleaning** /ˈkliːnɪŋ/ *n* limpieza *(trabajo)*

**cleanliness** /ˈklenlinəs/ *n* limpieza *(cualidad)*

**cleanly** /ˈkliːnli/ *adv* limpiamente

---

**cleanse** /klenz/ *vt* **1** limpiar en profundidad **2** ~ **sth/sb (of sth)** *(formal)* purificar algo/a algn (de algo) **cleanser** *n* **1** producto de limpieza **2** *(para cara)* crema limpiadora

**clean-shaven** /ˌkliːn ˈʃeɪvn/ *adj* afeitado

**clean-up** /ˈkliːn ʌp/ *n* limpieza

ჶ **clear** /klɪər/ *adj* **(clearer, -est) 1** claro: *Are you quite clear about what the job involves?* ¿Tienes claro lo que implica el trabajo? **2** *(tiempo, cielo, carretera)* despejado **3** *(cristal)* transparente **4** *(recepción)* nítido **5** *(conciencia)* tranquilo **6** libre: *clear of debt* libre de deudas ◇ *to keep next weekend clear* dejar libre el fin de semana que viene **LOC** **(as) clear as day** más claro que el agua **(as) clear as mud** nada claro **in the clear** *(coloq)* **1** fuera de sospecha **2** fuera de peligro **make sth clear (to sb)** dejar algo claro (a algn) *Ver tb* CRYSTAL
▶ **1** *vi (tiempo)* despejar(se) **2** *vt (duda)* despejar **3** *vi (agua)* aclararse **4** *vt (tubería)* desatascar **5** *vt (de gente)* desalojar **6** *vt* ~ **sb (of sth)** absolver a algn (de algo): *to clear your name* limpiar tu nombre **7** *vt (obstáculo)* salvar **LOC** **clear the air** aclarar las cosas **clear the table** quitar la mesa **PHR V** **clear (sth) away/up** recoger, ordenar (algo) **clear off** *(coloq)* largarse **clear (sth) out** ordenar algo **clear up** *(tiempo)* despejarse **clear sth up** dejar algo claro
▶ *adv* **(clearer, -est) 1** claramente **2** completamente **LOC** **keep/stay/steer clear (of sth/sb)** mantenerse alejado (de algo/algn)

**clearance** /ˈklɪərəns/ *n* **1** despeje: *a clearance sale* una liquidación **2** espacio libre **3** autorización

**clear-cut** /ˌklɪər ˈkʌt/ *adj* definido

**clear-headed** /ˌklɪər ˈhedɪd/ *adj* de mente despejada

**clearing** /ˈklɪərɪŋ/ *n* claro *(de bosque)*

ჶ **clearly** /ˈklɪərli/ *adv* claramente

**clear-sighted** /ˌklɪər ˈsaɪtɪd/ *adj* lúcido

**cleavage** /ˈkliːvɪdʒ/ *n* escote

**clef** /klef/ *n (Mús)* clave

**clench** /klentʃ/ *vt* apretar *(puños, dientes)*

**clergy** /ˈklɜːrdʒi/ *n* [*pl*] clero

**clergyman** /ˈklɜːrdʒimən/ *n (pl* **-men** /-mən/) **1** clérigo **2** sacerdote anglicano ➔ *Ver nota en* PRIEST

**clerical** /ˈklerɪkl/ *adj* **1** de oficina: *clerical staff* personal administrativo **2** *(Relig)* eclesiástico

---

**ɜː** bird    **ɪə** near    **eə** hair    **ʊə** tour    **ʒ** vision    **h** hat    **ŋ** sing

**clerk** /klɜːrk; *GB* klɑːk/ *n* **1** oficinista, empleado, -a **2** (*ayuntamiento, juzgado*) secretario, -a **3** (*tb* **desk clerk**) recepcionista **4** *Ver* SALESCLERK

**clever** /ˈklevər/ *adj* (**cleverer**, **-est**) **1** (*esp GB*) (*USA* **smart**) listo **2** hábil: *to be clever at sth* tener aptitud para algo **3** ingenioso **4** astuto LOC **be too clever (by half)** (*GB, pey*) pasarse de listo **cleverness** *n* inteligencia, habilidad, astucia

**cliché** /kliːˈʃeɪ; *GB* ˈkliːʃeɪ/ *n* cliché

**click** /klɪk/ *n* **1** clic **2** chasquido **3** taconazo
▶ **1** *vt*: *to click your heels* dar un taconazo ◇ *to click your fingers* chasquear los dedos **2** *vi* (*cámara, etc.*) hacer clic **3** *vt, vi* ~ **(on)** (*Informát*) hacer clic en algo **4** *vi* (*coloq*) (*hacerse amigos*) conectar **5** *vi* (*coloq*) caer en la cuenta LOC **click open/shut** abrir(se)/cerrar(se) con un clic

**client** /ˈklaɪənt/ *n* **1** cliente, -a **2** (*de abogado*) defendido, -a

**clientele** /ˌklaɪənˈtel; *GB* ˌkliːənˈtel/ *n* clientela

**cliff** /klɪf/ *n* acantilado, precipicio

**climate** /ˈklaɪmət/ *n* clima: *the economic climate* las condiciones económicas

**climax** /ˈklaɪmæks/ *n* clímax

**climb** /klaɪm/ **1** *vt, vi* escalar **2** *vt, vi* subir: *The road climbs steeply.* La carretera es muy empinada. **3** *vt, vi* trepar **4** *vi* (*sociedad*) ascender LOC **go climbing** hacer alpinismo *Ver tb* BANDWAGON PHRV **climb down 1** bajar **2** (*fig*) dar marcha atrás **climb (up) on to sth** subirse a algo **climb out of sth 1** (*coche, etc.*) bajarse de algo **2** (*cama*) levantarse de algo **climb up sth** subirse a algo, trepar por algo
▶ *n* **1** escalada, subida **2** pendiente

**climber** /ˈklaɪmər/ *n* alpinista

**clinch** /klɪntʃ/ *vt* **1** (*trato, etc.*) cerrar **2** (*partido, etc.*) ganar **3** (*victoria, etc.*) conseguir: *That clinched it.* Eso fue decisivo.

**cling** /klɪŋ/ *vi* (*pt, pp* **clung** /klʌŋ/) ~ **(on) to sth/sb** agarrarse, aferrarse a algo/algn: *to cling to each other* abrazarse estrechamente **clinging** (*tb* **clingy**) *adj* **1** (*ropa*) ceñido **2** (*pey*) (*persona*) pegajoso

**clinic** /ˈklɪnɪk/ *n* clínica

**clinical** /ˈklɪnɪkl/ *adj* **1** clínico **2** (*pey*) imparcial

**clink** /klɪŋk/ **1** *vi* tintinear **2** *vt*: *They clinked glasses.* Brindaron.

**clip** /klɪp/ *n* **1** clip **2** (*joya*) broche
▶ *vt* (**-pp-**) **1** cortar, recortar **2** ~ **sth (on) to sth** prender algo a algo (con un clip)

PHRV **clip sth together** unir algo (con un clip)

**clipboard** /ˈklɪpbɔːrd/ *n* tablilla con sujetapapeles

**clique** /kliːk/ *n* (*gen pey*) grupo que excluye a los demás

**cloak** /kloʊk/ *n* capa
▶ *vt* (*formal*) envolver: *cloaked in secrecy* rodeado de un gran secreto

**cloakroom** /ˈkloʊkruːm, -rʊm/ *n* **1** (*esp GB*) (*USA* **coat check**, **coatroom**) guardarropa (*en teatro, etc.*) **2** (*GB*) (*USA* **restroom**) baño ➔ *Ver nota en* BATHROOM

**clock** /klɑk/ *n* **1** reloj (*de pared o de mesa*) ➔ *Ver dibujo en* RELOJ **2** (*coloq*) cuentakilómetros **3** (*coloq*) taxímetro LOC **around the clock** las veinticuatro horas **turn back the clock** volver al pasado
▶ *vt* cronometrar PHRV **clock in/on** (*GB*) (*USA* **punch in**) checar (*al llegar al trabajo*) **clock off/out** (*GB*) (*USA* **punch out**) checar (*al salir*) **clock sth up** registrar, acumular algo

**clockwise** /ˈklɑkwaɪz/ *adv, adj* en el sentido de las agujas del reloj

**clockwork** /ˈklɑkwɜːrk/ *adj* con mecanismo de relojería
▶ *n* mecanismo LOC **like clockwork** como un reloj, a pedir de boca

**clog** /klɑg/ *n* zueco
▶ *vt, vi* ~ **(sth) (up)** obstruir(se), atascar(se), taparse

**cloister** /ˈklɔɪstər/ *n* claustro

**close¹** /kloʊz/ **1** *vt, vi* cerrar(se) **2** *vt, vi* (*reunión, etc.*) concluir(se) LOC **close your mind to sth** no querer saber nada de algo PHRV **close (sth) down** (*empresa*) cerrar (algo) (*definitivamente*) **close sth down** cerrar algo (*empresa, etc.*) **close in 1** (*niebla, noche, enemigo*) venirse encima **2** (*día*) acortarse
▶ *n* [*sing*] (*formal*) final: *toward the close of sth* a finales de algo LOC **bring sth to a close** concluir algo **come/draw to a close** llegar a su fin

**close²** /kloʊs/ *adj* (**closer**, **-est**) **1** (*pariente*) cercano **2** (*amigo*) íntimo **3** (*vínculos, etc.*) estrecho **4** (*vigilancia*) estricto **5** (*examen*) minucioso **6** (*Dep, partido*) muy reñido **7** (*tiempo*) bochornoso, pesado **8** ~ **to sth** cerca de, al lado de algo: *close to tears* casi llorando **9** ~ **to sb** (*emocionalmente*) unido a algn LOC **it/that was a close call/shave** (*coloq*) por un pelo me, te, etc... **keep a close eye/watch on sth/sb** mantener algo/a algn bajo estricta vigilancia
▶ *adv* (**closer**, **-est**) (*tb* **close by**) cerca LOC **close on** casi **close together** juntos *Ver tb* CUT

**closed** /kloʊzd/ *adj* cerrado: *a closed door* una puerta cerrada

**close-knit** /ˌkloʊs ˈnɪt/ *adj* muy unido (*comunidad*, etc.)

**closely** /ˈkloʊsli/ *adv* **1** estrechamente **2** atentamente **3** (*examinar*) minuciosamente

**closeness** /ˈkloʊsnəs/ *n* **1** proximidad **2** intimidad

**closet** /ˈklɑzɪt/ *n* clóset

**close-up** /ˈkloʊs ʌp/ *n* primer plano

**closing** /ˈkloʊzɪŋ/ *adj* **1** último **2** (*fecha*) límite **3** *closing time* hora de cierre

**closure** /ˈkloʊʒər/ *n* cierre

**clot** /klɑt/ *n* **1** coágulo **2** (*GB, antic, coloq*) bobo, -a

**cloth** /klɔːθ; *GB* klɒθ/ *n* (*pl* **cloths** /klɔːðz; *GB* klɒθs/) **1** tela, paño ⊃ *Ver nota en* TELA **2** trapo

**clothe** /kloʊð/ *vt* ~ **sb/yourself (in sth)** vestir a algn/vestirse (de algo)

**clothes** /kloʊðz, klouz/ *n* [*pl*] ropa: *clothes line* tendedero *Ver tb* PLAIN CLOTHES

**clothespin** /ˈkloʊðzpɪn, ˈkloʊz-/ (*GB* **clothes peg**) *n* gancho (*para tender la ropa*)

**clothing** /ˈkloʊðɪŋ/ *n* ropa: *the clothing industry* la industria textil

**cloud** /klaʊd/ *n* nube
▸ *vt* **1** (*juicio*) ofuscar **2** (*asunto*) complicar **3** (*expresión*) ensombrecerse **PHRV** **cloud over** nublarse
**cloudless** *adj* despejado **cloudy** *adj* **1** nublado **2** (*recuerdo*) vago

**clout** /klaʊt/ *n* **1** influencia **2** (*coloq*) trancazo
▸ *vt* (*coloq*) dar un trancazo a

**clove** /kloʊv/ *n* **1** clavo (*especia*) **2** *clove of garlic* diente de ajo

**clover** /ˈkloʊvər/ *n* trébol

**clown** /klaʊn/ *n* payaso, -a

**club** /klʌb/ *n* **1** club **2** *Ver* NIGHTCLUB **3** garrote **4** palo (*de golf*) **5** **clubs** [*pl*] (*Naipes*) trébol ⊃ *Ver nota en* BARAJA
▸ *vt, vi* (**-bb-**) **1** aporrear: *to club sb to death* matar a algn a garrotazos **2 go clubbing** (*coloq*) ir de discotecas **PHRV** **club together (to do sth)** hacer un fondo (*para hacer algo*)

**clue** /kluː/ *n* **1** ~ **(to sth)** pista (*de algo*) **2** indicio **3** (*crucigrama*) definición **LOC** **not have a clue** (*coloq*) **1** no tener ni idea **2** ser un inútil

**clump** /klʌmp/ *n* grupo (*plantas, etc.*)

**clumsy** /ˈklʌmzi/ *adj* (**clumsier, -iest**) **1** torpe, desgarbado **2** tosco

**clung** *pt, pp de* CLING

**cluster** /ˈklʌstər/ *n* grupo
▸ *vi* ~ **(together)** apiñarse

383 | **cockney**

**clutch** /klʌtʃ/ *vt* **1** agarrar **2** (*tener*) apretar, estrechar **PHRV** **clutch at sth** agarrarse a/de algo
▸ *n* **1** cloch, embrague **2 clutches** [*pl*] (*coloq*) garras

**clutter** /ˈklʌtər/ *n* (*pey*) desorden, confusión
▸ *vt* ~ **sth (up)** (*pey*) atestar algo

**coach** /koʊtʃ/ *n* **1** entrenador, -ora **2** (*GB*) (*USA* **bus**) camión (*de pasajeros*) **3** carroza **4** (*GB*) *Ver* CARRIAGE (2) **5** (*esp GB*) profesor, -ora particular **6** (*USA*) (*avión*) clase turista/económica
▸ *vt* ~ **sb (for/in sth)** **1** (*Dep*) entrenar a algn (*para algo*): *to coach a swimmer for the Olympics* entrenar a una nadadora para las Olimpiadas **2** dar clases particulares (*de algo*) a algn

**coaching** /ˈkoʊtʃɪŋ/ *n* [*incontable*] entrenamiento, preparación

**coal** /koʊl/ *n* **1** carbón **2** trozo de carbón: *hot/live coals* brasas

**coalfield** /ˈkoʊlfiːld/ *n* yacimiento de carbón

**coalition** /ˌkoʊəˈlɪʃn/ *n* coalición

**coarse** /kɔːrs/ *adj* (**coarser, -est**) **1** (*arena, etc.*) grueso **2** (*tela, manos*) áspero **3** vulgar **4** (*lenguaje, persona*) grosero **5** (*chiste*) colorado

**coast** /koʊst/ *n* costa
▸ *vi* **1** (*coche*) ir en neutral **2** (*bicicleta*) ir sin pedalear
**coastal** *adj* costero

**coastguard** /ˈkoʊstɡɑrd/ *n* (servicio de) guardacostas

**coastline** /ˈkoʊstlaɪn/ *n* litoral

**coat** /koʊt/ *n* **1** abrigo, saco: *coat hanger* gancho (*para ropa*) **2** bata: *white coat* bata blanca **3** (*animal*) pelo, lana **4** (*pintura*) capa, mano
▸ *vt* ~ **sth (in/with sth)** cubrir, bañar, rebozar algo (*de algo*)

**coat check** (*tb* **coatroom** /ˈkoʊtruːm, -rʊm/) (*GB* **cloakroom**) *n* guardarropa (*en teatro, etc.*)

**coating** /ˈkoʊtɪŋ/ *n* capa, baño

**coax** /koʊks/ *vt* ~ **sb into/out of (doing) sth**; ~ **sb to do sth** engatusar, persuadir a algn (*para que haga/deje de hacer algo*) **PHRV** **coax sth out of/from sb** sonsacar algo a algn

**cobbles** /ˈkɑblz/ (*tb* **cobblestones** /ˈkɑblstoʊnz/) *n* [*pl*] adoquines

**cobweb** /ˈkɑbweb/ *n* telaraña

**cocaine** /koʊˈkeɪn/ *n* cocaína

**cock** /kɑk/ (*GB*) (*USA* **rooster**) *n* gallo

**cockney** /ˈkɑkni/ *adj* del este de Londres

i: see   ɪ sit   e ten   æ cat   ɑ hot   ɔː saw   ʌ cup   ʊ put   uː too

▶ **n 1** (*pl* **cockneys**) nativo, -a del este de Londres **2** dialecto del este de Londres

**cockpit** /'kɑkpɪt/ *n* cabina (del piloto)

**cockroach** /'kɑkroʊtʃ/ *n* cucaracha

**cocktail** /'kɑkteɪl/ *n* **1** coctel **2** (*de fruta*) coctel **3** (*fig*) mezcla

**cocoa** /'koʊkoʊ/ *n* **1** cacao **2** (*bebida*) chocolate

**coconut** /'koʊkənʌt/ *n* coco

**cocoon** /kə'ku:n/ *n* **1** (*gusano*) capullo **2** (*fig*) caparazón

**cod** /kɑd/ *n* (*pl* **cod**) bacalao

ℂ **code** /koʊd/ *n* **1** código **2** (*mensaje*) clave: *code name* nombre en clave

**coercion** /koʊ'ɜːrʃn/ *n* coacción

ℂ **coffee** /'kɔːfi/ *GB* 'kɒfi/ *n* **1** café: *coffee bar/shop* cafetería **2** color café

**coffin** /'kɔːfɪn/ *GB* 'kɒf-/ *n* ataúd

**cog** /kɑg/ *n* **1** rueda dentada **2** (*de rueda dentada*) diente

**cogent** /'koʊdʒənt/ *adj* (*formal*) lógico

**coherent** /koʊ'hɪərənt/ *adj* **1** coherente **2** (*habla*) inteligible

**coil** /kɔɪl/ *n* **1** rollo **2** (*serpiente*) anillo
▶ *vt, vi* ~ **(sth) (up) (around sth)** enrollar algo, enrollarse, enroscarse (en algo)

ℂ **coin** /kɔɪn/ *n* moneda
▶ *vt* acuñar

**coincide** /ˌkoʊɪn'saɪd/ *vi* ~ **with sth** coincidir (con algo)

**coincidence** /koʊ'ɪnsɪdəns/ *n* **1** casualidad **2** coincidencia

**coke** /koʊk/ *n* **1** **Coke** Coca-Cola **2** (*coloq*) coca **3** coque

ℂ **cold** /koʊld/ *adj* (**colder, -est**) frío ➔ *Ver nota en* **FRÍO** **LOC** **be cold 1** (*persona*) tener frío **2** (*tiempo*) hacer frío **3** (*objeto*) estar frío **4** (*lugares, periodos de tiempo*) ser (muy) frío **get cold** enfriarse **2** (*tiempo*) ponerse frío **get/have cold feet** (*coloq*) sentir miedítis
▶ *n* **1** frío **2** resfriado: *to catch (a) cold* resfriarse
▶ *adv* de improviso

**cold-blooded** /ˌkoʊld 'blʌdɪd/ *adj* **1** (*Biol*) de sangre fría **2** desalmado

**cold cash** (*GB* **hard cash**) *n* dinero contante

**collaboration** /kəˌlæbə'reɪʃn/ *n* **1** colaboración **2** colaboracionismo

ℂ **collapse** /kə'læps/ *vi* **1** derrumbarse, desplomarse **2** caer desmayado **3** (*negocio, etc.*) hundirse **4** (*valor*) caer en picado **5** (*mueble, etc.*) plegarse
▶ *n* **1** derrumbamiento **2** caída en picada **3** (*Med*) colapso

**collar** /'kɑlər/ *n* **1** (*camisa, etc.*) cuello **2** (*perro*) collar

**collateral** /kə'lætərəl/ *n* [*incontable*] garantía
▶ *adj* (*formal*) colateral

ℂ **colleague** /'kɑli:g/ *n* colega, compañero, -a (*de profesión*)

ℂ **collect** /kə'lekt/ *vt* recoger: *collected works* obras completas **2** *vt* (**up/together**) juntar, reunir algo **3** *vt* (*datos*) recopilar **4** *vt* (*fondos, impuestos*) recaudar **5** *vt* (*sellos, monedas, etc.*) coleccionar **6** *vi* (*muchedumbre*) reunirse **7** *vi* (*polvo, agua*) acumularse
▶ *adj, adv* (*USA*) por cobrar: *to call collect* llamar por cobrar

ℂ **collection** /kə'lekʃn/ *n* **1** colección **2** recogida **3** (*en iglesia*) colecta **4** conjunto, grupo

**collective** /kə'lektɪv/ *adj, n* colectivo

**collector** /kə'lektər/ *n* coleccionista

ℂ **college** /'kɑlɪdʒ/ *n* **1** centro de educación superior *Ver tb* **TECHNICAL COLLEGE** **2** (*USA*) universidad ➔ *Ver nota en* **UNIVERSIDAD** **3** (*GB*) colegio universitario

Las universidades británicas de Oxford y Cambridge se dividen en instituciones llamadas **colleges**.

**collide** /kə'laɪd/ *vi* ~ **(with sth/sb)** chocar (con algo/algn)

**collision** /kə'lɪʒn/ *n* choque

**colon** /'koʊlən/ *n* **1** colon **2** dos puntos ➔ *Ver pág 308*

**colonel** /'kɜːrnl/ *n* coronel

**colonial** /kə'loʊniəl/ *adj* colonial

**colony** /'kɑləni/ *n* (*pl* **colonies**) colonia

ℂ **color** (*GB* **colour**) /'kʌlər/ *n* **1** color **2** **colors** [*pl*] (*equipo, partido, etc.*) colores **3** **colors** [*pl*] (*Mil*) bandera **LOC** **be/feel off color** (*GB, coloq*) no estar muy bien
▶ **1** *vt, vi* colorear, pintar **2** *vi* ~ **(at sth)** ruborizarse (ante algo) **3** *vt* (*afectar*) marcar **4** *vt* (*juicio*) ofuscar **PHR V** **color sth in** colorear algo

**color-blind** (*GB* **colour-blind**) /'kʌlər blaɪnd/ *adj* daltónico

ℂ **colored** (*GB* **coloured**) /'kʌlərd/ *adj* **1** de colores: *cream-colored* (de) color crema **2** (*antic o pey*) (*persona*) de color **3** (*exagerado*) adornado

**colorful** (*GB* **colourful**) /'kʌlərfl/ *adj* **1** lleno de color, colorido **2** (*personaje, vida*) interesante

**coloring** (*GB* **colouring**) /'kʌlərɪŋ/ *n* **1** colorido **2** tez **3** colorante

**colorless** (*GB* **colourless**) /'kʌlərləs/ *adj* **1** incoloro, sin color **2** (*personaje, estilo*) gris

**colossal** /kə'lɑsl/ *adj* colosal

**colt** /koʊlt/ n potro ➲ Ver nota en POTRO

**column** /ˈkɑləm/ n columna

**coma** /ˈkoʊmə/ n coma

**comb** /koʊm/ n **1** peine **2** (adorno) peineta
▶ **1** vt peinar **2** vt, vi ~ **(through) sth (for sth/sb)** rastrear, peinar algo (en busca de algo/algn)

**combat** /ˈkɑmbæt/ n combate
▶ vt combatir, luchar contra

**combination** /ˌkɑmbɪˈneɪʃn/ n combinación

**combine** /kəmˈbaɪn/ **1** vt, vi combinar(se) **2** vi ~ **with sth/sb** (Com) fusionarse con algo/algn **3** vt (cualidades) reunir

**come** /kʌm/ vi (pt **came** /keɪm/ pp **come**) **1** venir: to come running venir corriendo **2** llegar **3** recorrer **4** (posición) ser: to come first ser el/lo primero ◊ It came as a surprise. Fue una sorpresa. **5** (resultar): to come undone desatarse **6** ~ **to/into sth**: to come to a halt detenerse ◊ to come into a fortune heredar una fortuna **LOC** come to nothing; not come to anything quedarse en nada come what may pase lo que pase when it comes to (doing) sth cuando se trata de (hacer) algo ❶ Para otras expresiones con **come**, véanse las entradas del sustantivo, adjetivo, etc., p. ej. come of age en AGE.
**PHRV** come about (that…) ocurrir, suceder (que…)
come across sth/sb encontrar algo/encontrarse con algn
come along **1** aparecer, presentarse **2** venir también **3** hacer progresos
come apart deshacerse
come around volver en sí come around (to…) venir (a…)
come away (from sth) desprenderse (de algo) come away (with sth) irse, marcharse (con algo)
come back volver
come by sth **1** (obtener) conseguir algo **2** (recibir) adquirir algo
come down **1** (precios, temperatura) bajar **2** desplomarse, venirse abajo
come forward ofrecerse
come from… ser de…: Where do you come from? ¿De dónde eres?
come in **1** entrar: Come in! ¡Adelante! **2** llegar come in for sth (crítica, etc.) recibir algo
come off **1** (mancha) quitarse **2** (pieza): Does it come off? ¿Se puede quitar? **3** (coloq) tener éxito, resultar (plan)
come off (sth) caerse, desprenderse (de algo)
come on **1** (actor) salir a la escena **2** hacer progresos

come out **1** salir **2** ponerse de manifiesto **3** declararse homosexual come out with sth soltar algo, salir con algo
come over (to…) venir (a…) come over sb invadir a algn: I can't think what came over me. No sé qué me pasó.
come round (GB) Ver COME AROUND
come through (sth) sobrevivir (algo)
come to volver en sí come to sth **1** ascender a algo **2** llegar a algo
come up **1** (planta, sol) salir **2** (tema) surgir come up against sth tropezar con algo come up to sb acercarse a algn

**comeback** /ˈkʌmbæk/ n: to make/stage a comeback reaparecer en escena

**comedian** /kəˈmiːdiən/ n cómico, -a, comediante

**comedy** /ˈkɑmədi/ n (pl **comedies**) **1** comedia **2** comicidad

**comet** /ˈkɑmət; GB -mɪt/ n cometa

**comfort** /ˈkʌmfərt/ n **1** bienestar, comodidad **2** consuelo **3** [gen pl] comodidad
▶ vt consolar

**comfortable** /ˈkʌmftəbl, -fərt-/ adj **1** cómodo **2** (victoria) fácil **3** (mayoría) amplio

**comfortably** /ˈkʌmftəbli, -fərt-/ adv (ganar) cómodamente **LOC** be comfortably off vivir holgadamente

**comforter** /ˈkʌmfərtər/ (GB **duvet**) n edredón

**comfy** /ˈkʌmfi/ adj (**comfier**, **-iest**) (coloq) cómodo

**comic** /ˈkɑmɪk/ adj cómico
▶ n **1** (GB) (tb **comic book**) cómic, tira cómica **2** humorista, cómico, -a

**coming** /ˈkʌmɪŋ/ n **1** llegada **2** (Relig) advenimiento
▶ adj próximo

**comma** /ˈkɑmə/ n coma (puntuación) ➲ Ver pág 308

**command** /kəˈmænd; GB -ˈmɑːnd/ vt **1** ordenar **2** vt, vi tener el mando (de) **3** (formal) (recursos) disponer de **4** vt (formal) (vista) tener **5** vt (respeto) infundir **6** vt (atención) llamar
▶ n **1** orden **2** (Informát) orden, comando **3** (Mil) mando **4** (idioma) dominio
**commander** n **1** (Mil) comandante **2** jefe, -a

**commemorate** /kəˈmeməreɪt/ vt conmemorar

**commence** /kəˈmens/ vt, vi (formal) dar comienzo (a)

**commend** /kəˈmend/ vt **1** ~ **sb (for/on sth)** elogiar a algn (por algo) **2** ~ **sb to sb** (formal) recomendar a algn a algn

ɜː bird    ɪə near    eə hair    ʊə tour    ʒ vision    h hat    ŋ sing

**commendable** adj (formal) meritorio, digno de mención

**comment** /'kɑment/ n **1** comentario **2** [incontable] comentarios: "No comment." "Sin comentarios."
▸ vi **1** ~ (that…) comentar (que…) **2** ~ (on sth) hacer comentarios (sobre algo)

**commentary** /'kɑmənteri; GB -tri/ n (pl **commentaries**) **1** (Dep) comentarios **2** (texto) comentario

**commentator** /'kɑmenteɪtər/ n comentarista

**commerce** /'kɑmɜrs/ n comercio
🛈 Se usa más la palabra **trade**.

**commercial** /kə'mɜːrʃl/ adj **1** comercial **2** (derecho) mercantil **3** (TV, Radio) financiado por medio de la publicidad
▸ n anuncio

**commission** /kə'mɪʃn/ n **1** (porcentaje, organismo) comisión **2** encargo
▸ vt encargar

**commissioner** /kə'mɪʃənər/ n jefe, -a de policía

**commit** /kə'mɪt/ (-tt-) vt cometer **2** vt, vi ~ (yourself) (to sth/to doing sth) comprometerse (a algo/a hacer algo) **3** vt ~ yourself (on sth) definirse (en algo) **4** vt: to commit sth to memory aprenderse algo de memoria

**commitment** /kə'mɪtmənt/ n **1** ~ (to sth/to do sth) compromiso (con algo/de hacer algo) ➲ Comparar con ENGAGEMENT (1) **2** entrega

**committee** /kə'mɪti/ n comité

**commodity** /kə'mɑdəti/ n (pl **commodities**) **1** producto **2** (Fin) mercancía

**common** /'kɑmən/ adj **1** corriente **2** ~ (to sth/sb) común (a algo/algn): common sense sentido común **3** (pey) ordinario, vulgar **LOC** in common en común
▸ n (GB) **1** (tb **common land**) tierra comunal **2** the Commons Ver THE HOUSE OF COMMONS

**commonly** /'kɑmənli/ adv generalmente

**commonplace** /'kɑmənpleɪs/ adj normal

**commotion** /kə'moʊʃn/ n revuelo

**communal** /kə'mjuːnl, 'kɑmjənl/ adj comunal

**commune** /'kɑmjuːn/ n comuna

**communicate** /kə'mjuːnɪkeɪt/ **1** vt comunicar **2** vi ~ (with sth/sb) comunicarse (con algo/algn)

**communication** /kə,mjuːnɪ'keɪʃn/ n **1** comunicación **2** mensaje

**communion** /kə'mjuːniən/ (tb **Holy Communion**) n comunión

**communiqué** /kə,mjuːnə'keɪ; GB kə'mjuːnɪkeɪ/ n comunicado

**communism** /'kɑmjuːnɪzəm/ n comunismo **communist** adj, n comunista

**community** /kə'mjuːnəti/ n (pl **communities**) **1** comunidad: community center centro social **2** (de expatriados) colonia

**commute** /kə'mjuːt/ vi viajar para ir al trabajo **commuter** n persona que tiene que viajar para ir al trabajo

**compact** /'kɑmpækt, kəm'pækt/ adj compacto
▸ n /'kɑmpækt/ polvera

**compact disc** n (abrev CD) disco compacto, CD

**companion** /kəm'pæniən/ n compañero, -a **companionship** n compañerismo

**company** /'kʌmpəni/ n (pl **companies**) **1** compañía **2** (Com) compañía, empresa **LOC** keep sb company hacer compañía a algn Ver tb PART

**comparable** /'kɑmpərəbl/ adj ~ (to/ with sth/sb) comparable (a algo/algn)

**comparative** /kəm'pærətɪv/ adj **1** comparativo **2** relativo

**compare** /kəm'peər/ **1** vt ~ sth/sb with/ to sth/sb comparar algo/algn con algo/algn **2** vi ~ (with sth/sb) compararse (con algo/algn)

**comparison** /kəm'pærɪsn/ n comparación **LOC** there's no comparison no hay punto de comparación

**compartment** /kəm'pɑrtmənt/ n compartimento

**compass** /'kʌmpəs/ n **1** brújula **2** compás

**compassion** /kəm'pæʃn/ n compasión **compassionate** adj compasivo

**compatible** /kəm'pætəbl/ adj compatible

**compel** /kəm'pel/ vt (-ll-) (formal) **1** obligar **2** forzar **compelling** adj **1** irresistible **2** (motivo) apremiante **3** (argumento) convincente

**compensate** /'kɑmpenseɪt/ **1** vi ~ (for sth) compensar (por algo) **2** vt ~ sb (for sth) indemnizar a algn (por algo) **compensation** n **1** compensación **2** indemnización

**compete** /kəm'piːt/ vi **1** ~ (against/with sb) (for sth) competir (con algn) (por algo) **2** ~ (in sth) (Dep) tomar parte (en algo)

**competence** /'kɑmpɪtəns/ n aptitud, eficiencia

**competent** /'kɒmpɪtənt/ adj competente

**competition** /ˌkɒmpə'tɪʃn/ n **1** competencia, concurso **2** ~ (**between/with sb**) (**for sth**) enfrentamiento (entre/con algn) (por algo) **3 the competition** [sing] la competencia

**competitive** /kəm'petətɪv/ adj competitivo

**competitor** /kəm'petɪtər/ n competidor, -ora, concursante

**compile** /kəm'paɪl/ vt compilar

**complacency** /kəm'pleɪsnsi/ n ~ (**about sth/sb**) autosatisfacción (con algo/algn) **complacent** adj satisfecho de sí mismo

**complain** /kəm'pleɪn/ vi ~ (**to sb**) (**about sth/that…**) quejarse (a algn) (de algo/de que…)

**complaint** /kəm'pleɪnt/ n **1** queja, reclamación **2** (Med) afección

**complement** /'kɒmplɪmənt/ n **1** ~ (**to sth**) complemento (para algo) **2** dotación
▸ vt complementar
**complementary** /ˌkɒmplɪ'mentəri, -tri/ adj ~ (**to sth**) complementario (a algo)

**complete** /kəm'pliːt/ vt **1** completar **2** terminar **3** (impreso) rellenar
▸ adj **1** completo **2** total **3** (éxito) rotundo **4** terminado

**completely** /kəm'pliːtli/ adv completamente, totalmente

**completion** /kəm'pliːʃn/ n **1** conclusión **2** (GB) formalización del contrato de venta (de una casa)

**complex** /kəm'pleks; GB 'kɒmpleks/ adj complejo, complicado
▸ n /'kɒmpleks/ complejo

**complexion** /kəm'plekʃn/ n **1** tez, cutis **2** (fig) pinta

**compliance** /kəm'plaɪəns/ n obediencia: in compliance with sth conforme a algo

**complicate** /'kɒmplɪkeɪt/ vt complicar

**complicated** /'kɒmplɪkeɪtɪd/ adj complicado

**complication** /ˌkɒmplɪ'keɪʃn/ n complicación

**compliment** /'kɒmplɪmənt/ n **1** cumplido: to pay sb a compliment hacer un cumplido a algn **2 compliments** [pl] (formal) saludos: with the compliments of con un atento saludo de
▸ vt ~ **sb** (**on sth**) felicitar a algn (por algo)
**complimentary** /ˌkɒmplɪ'mentəri, -tri/ adj **1** elogioso, favorable **2** (entrada, etc.) de regalo

**comply** /kəm'plaɪ/ vi (pt, pp **complied**) ~ (**with sth**) obedecer (algo)

**component** /kəm'pəʊnənt/ n **1** componente **2** (Mec) pieza
▸ adj: component parts piezas integrantes

**compose** /kəm'pəʊz/ vt **1** (Mús) componer **2** (escrito) redactar **3** (pensamientos) poner en orden **4** ~ **yourself** serenarse **composed** adj sereno **composer** n compositor, -ora

**composition** /ˌkɒmpə'zɪʃn/ n **1** composición **2** (colegio) redacción

**compost** /'kɒmpəʊst; GB -pɒst/ n composta, abono

**composure** /kəm'pəʊʒər/ n calma

**compound** /'kɒmpaʊnd/ adj compuesto
▸ n **1** compuesto **2** recinto
▸ vt /kəm'paʊnd/ agravar

**comprehend** /ˌkɒmprɪ'hend/ vt (formal) comprender (en su totalidad) **comprehensible** adj ~ (**to sb**) comprensible (para algn) **comprehension** n comprensión

**comprehensive** /ˌkɒmprɪ'hensɪv/ adj global, completo

**comprehensive school** n (GB) instituto de enseñanza secundaria

**compress** /kəm'pres/ vt **1** comprimir **2** (argumento, tiempo) condensar **compression** n compresión

**comprise** /kəm'praɪz/ vt **1** constar de **2** formar

**compromise** /'kɒmprəmaɪz/ n acuerdo
▸ **1** vi ~ (**on sth**) llegar a un acuerdo (en algo), ceder **2** vt comprometer **compromising** adj comprometedor

**compulsion** /kəm'pʌlʃn/ n ~ (**to do sth**) **1** obligación (de hacer algo) **2** deseo irresistible

**compulsive** /kəm'pʌlsɪv/ adj **1** compulsivo **2** (novela) absorbente **3** (jugador) empedernido

**compulsory** /kəm'pʌlsəri/ adj **1** obligatorio **2** (despido) forzoso

**compulsory purchase** n expropiación

**computer** /kəm'pjuːtər/ n computadora: computer programmer programador de computadoras ➲ Ver nota y dibujo en COMPUTADORA **computerize** (GB tb -**ise**) vt computarizar **computing** n informática

**comrade** /'kɒmræd; GB -reɪd/ n **1** (Pol) camarada **2** compañero, -a

**con** /kɒn/ n (coloq) estafa: con artist/man estafador **LOC** Ver PRO
▸ vt (-nn-) ~ **sb** (**out of sth**) (coloq) estafar (algo) a algn

▸ n concreto

**conceal** /kən'si:l/ vt (formal) **1** ocultar **2** (alegría) disimular

**concede** /kən'si:d/ vt **1** conceder **2** ~ that… admitir que…

**conceit** /kən'si:t/ n vanidad **conceited** adj vanidoso

**conceivable** /kən'si:vəbl/ adj concebible **conceivably** adv posiblemente

**conceive** /kən'si:v/ vt, vi **1** concebir **2** ~ (of) sth imaginar algo

⚱ **concentrate** /'kɑnsntreɪt/ vt, vi concentrar(se)

⚱ **concentration** /,kɑnsn'treɪʃn/ n concentración

⚱ **concept** /'kɑnsept/ n concepto

**conception** /kən'sepʃn/ n **1** concepción **2** idea

⚱ **concern** /kən'sɜ:rn/ vt **1** tener que ver con: *as far as I'm concerned* por lo que a mí se refiere/en cuanto a mí **2** referirse a **3** ~ yourself with sth interesarse por algo **4** preocupar
▸ n **1** preocupación **2** interés **3** negocio

⚱ **concerned** /kən'sɜ:rnd/ adj preocupado **LOC** be concerned with sth tratar de algo

⚱ **concerning** /kən'sɜ:rnɪŋ/ prep (formal) **1** acerca de **2** en lo que se refiere a

⚱ **concert** /'kɑnsərt/ n concierto: *concert hall* sala de conciertos

**concerted** /kən'sɜ:rtɪd/ adj **1** (ataque) coordinado **2** (intento, esfuerzo) conjunto

**concerto** /kən'tʃɜ:rtoʊ/ n (pl **concertos**) concierto

**concession** /kən'seʃn/ n **1** concesión **2** (Fin) exención

**conciliation** /kən,sɪli'eɪʃn/ n conciliación **conciliatory** /kən'sɪliətɔ:ri; GB -təri/ adj conciliador

**concise** /kən'saɪs/ adj conciso

⚱ **conclude** /kən'klu:d/ **1** vt, vi (formal) concluir **2** vt ~ that… llegar a la conclusión de que… **3** vt (acuerdo) concertar

⚱ **conclusion** /kən'klu:ʒn/ n conclusión **LOC** Ver JUMP

**conclusive** /kən'klu:sɪv/ adj definitivo, decisivo

**concoct** /kən'kɑkt/ vt **1** elaborar **2** (pretexto) inventar **3** (plan, intriga) tramar **concoction** n **1** mezcolanza **2** (líquido) menjurje

**concord** /'kɑŋkɔ:rd/ n (formal) concordia, armonía

**concourse** /'kɑŋkɔ:rs/ n vestíbulo (de edificio)

⚱ **concrete** /'kɑŋkri:t/ adj concreto, tangible

**concur** /kən'kɜ:r/ vi (-rr-) ~ (with sb) (in sth) (formal) estar de acuerdo, coincidir (con algn) (en algo) **concurrent** /kən'kɜ:rənt; GB -'kʌr-/ adj simultáneo (con algo) **concurrently** adv al mismo tiempo

**concussion** /kən'kʌʃn/ n conmoción cerebral

**condemn** /kən'dem/ vt **1** ~ sth/sb (for/as sth) condenar algo/a algn (por algo) **2** ~ sb (to sth) condenar a algn (a algo) **3** (edificio) declarar ruinoso

**condemnation** /,kɑndem'neɪʃn/ n condena

**condensation** /,kɑnden'seɪʃn/ n **1** condensación **2** vaho **3** (texto) versión resumida

**condense** /kən'dens/ **1** vt, vi ~ (sth) (into sth) condensar algo, condensarse (en algo) **2** vt ~ sth (into sth) resumir algo (en algo)

**condescend** /,kɑndɪ'send/ vi ~ to do sth dignarse a hacer algo

⚱ **condition** /kən'dɪʃn/ n **1** estado, condición **2** to be out of condition no estar en forma **3** (contrato) requisito **4** conditions [pl] circunstancias, condiciones **LOC** on condition (that…) a condición (de que…) on one condition con una condición on/under no condition (formal) bajo ninguna circunstancia Ver tb MINT
▸ vt **1** condicionar, determinar **2** acondicionar
**conditional** adj condicional: *to be conditional on/upon sth* depender de algo
**conditioner** n suavizante, acondicionador (cabello)

**condolence** /kən'doʊləns/ n [gen pl] condolencia: *to give/send your condolences* dar el pésame

**condom** /'kɑndəm; GB -dʊm/ n preservativo, condón

**condominium** /,kɑndə'mɪniəm/ (esp USA coloq **condo** /'kɑndoʊ/) n condominio

**condone** /kən'doʊn/ vt **1** condonar **2** (abuso) sancionar

**conducive** /kən'du:sɪv; GB -'dju:s-/ adj ~ to sth propicio para algo

⚱ **conduct** /'kɑndʌkt/ n **1** conducta **2** ~ of sth gestión de algo
▸ vt /kən'dʌkt/ **1** guiar **2** dirigir **3** (investigación) llevar a cabo **4** (orquesta) dirigir **5** ~ yourself (formal) comportarse **6** (Electrón) conducir
**conductor** /kən'dʌktər/ n **1** (Mús) director, -ora **2** (Ferrocarril) jefe, -a de tren **3** (esp GB) (camión) cobrador, -ora **❶** Para referirnos al conductor de un autobús, decimos **driver**. **4** (Electrón) conductor

**cone** /koʊn/ n **1** cono **2** (*helado*) barquillo **3** piña (*de pino, etc.*)

**confectioner's sugar** (*GB* **icing sugar**) n azúcar glas

**confectionery** /kənˈfekʃəneri; *GB* -nəri/ n [*incontable*] dulces

**confederation** /kənˌfedəˈreɪʃn/ n confederación

**confer** /kənˈfɜːr/ (**-rr-**) **1** *vi* deliberar **2** *vi* ~ **with sb** consultar a algn **3** *vt* ~ **sth (on sb)** (*título, etc.*) conceder algo (a algn)

**conference** /ˈkɑnfərəns/ n **1** congreso: *conference hall* sala de conferencias ➲ *Comparar con* LECTURE **2** (*discusión*) reunión

**confess** /kənˈfes/ *vt, vi* confesar(se): *to confess (to) sth* confesar algo **confession** n **1** confesión **2** (*crimen*) declaración de culpabilidad

**confide** /kənˈfaɪd/ *vt* ~ **sth to sb** confiar algo a algn (*secretos, etc.*) PHRV **confide in sb** hacer confidencias a algn

**confidence** /ˈkɑnfɪdəns/ n **1** ~ (**in sth/sb**) confianza (en algo/algn): *confidence trick* estafa **2** confidencia LOC **take sb into your confidence** hacer confidencias a algn *Ver tb* BREACH, STRICT, VOTE

**confident** /ˈkɑnfɪdənt/ *adj* **1** seguro (de sí mismo) **2** be ~ of sth/that... confiar en algo/en que...

**confidential** /ˌkɑnfɪˈdenʃl/ *adj* **1** confidencial **2** (*tono, etc.*) de confianza

**confidently** /ˈkɑnfɪdəntli/ *adv* con toda confianza

**confine** /kənˈfaɪn/ *vt* **1** confinar: *to be confined to bed* tener que guardar cama **2** limitar

**confined** /kənˈfaɪnd/ *adj* limitado (*espacio*)

**confinement** /kənˈfaɪnmənt/ n confinamiento: *solitary confinement* aislamiento en celda de castigo

**confines** /ˈkɑnfaɪnz/ n [*pl*] (*formal*) límites, confines

**confirm** /kənˈfɜːrm/ *vt* confirmar

**confirmation** /ˌkɑnfərˈmeɪʃn/ n confirmación

**confirmed** /kənˈfɜːrmd/ *adj* empedernido

**confiscate** /ˈkɑnfɪskeɪt/ *vt* confiscar

**conflict** /ˈkɑnflɪkt/ n conflicto
▸ *vi* /kənˈflɪkt/ ~ (**with sth**) discrepar (de algo)
**conflicting** *adj* discrepante: *conflicting evidence* pruebas contradictorias

**conform** /kənˈfɔːrm/ *vi* **1** ~ **to sth** atenerse a algo **2** seguir las reglas **3** ~ **to/with sth** ajustarse a algo **conformist** n conformista **conformity** n (*formal*) conformidad: *in conformity with* de conformidad con

**confront** /kənˈfrʌnt/ *vt* hacer frente a, enfrentarse con: *They confronted him with the facts.* Lo hicieron afrontar los hechos. **confrontation** /ˌkɑnfrənˈteɪʃn/ n enfrentamiento

**confuse** /kənˈfjuːz/ *vt* **1** confundir **2** (*persona*) desorientar **3** (*asunto*) complicar

**confused** /kənˈfjuːzd/ *adj* **1** confuso **2** (*persona*) desorientado: *to get confused* desorientarse/ofuscarse

**confusing** /kənˈfjuːzɪŋ/ *adj* confuso

**confusion** /kənˈfjuːʒn/ n confusión

**congeal** /kənˈdʒiːl/ *vi* coagularse, cuajarse

**congenial** /kənˈdʒiːniəl/ *adj* (*formal*) **1** ~ (**to sb**) agradable (para algn) **2** ~ (**to sth**) propicio (para algo)

**congenital** /kənˈdʒenɪtl/ *adj* congénito

**congested** /kənˈdʒestɪd/ *adj* ~ (**with sth**) congestionado (de algo) **congestion** n colapso, congestión

**conglomerate** /kənˈglɑmərət/ n grupo (*de empresas*)

**congratulate** /kənˈgrætʃuleɪt/ *vt* ~ **sb (on)** felicitar a algn (por) **congratulation** n felicitación LOC **congratulations!** ¡enhorabuena!

**congregate** /ˈkɑŋgrɪgeɪt/ *vi* congregarse **congregation** n feligreses

**congress** /ˈkɑŋgrəs; *GB* -gres/ n congreso

El Congreso de Estados Unidos está formado por dos cámaras: el Senado (**the Senate**) y la Cámara de los Representantes (**House of Representatives**). En el **Senate** hay dos representantes por cada estado, y en el **House of Representatives** el número de representantes de cada estado depende de su población.

**congressional** /kənˈgreʃənl/ *adj* del congreso

**congressman** /ˈkɑŋgrəsmən; *GB* -gres-/ n (*pl* **-men** /-mən/) diputado

**congresswoman** /ˈkɑŋgrəswʊmən; *GB* -gres-/ n (*pl* **-women** /-wɪmɪn/) diputada

**conical** /ˈkɑnɪkl/ *adj* cónico

**conifer** /ˈkɑnɪfər/ n conífera

**conjecture** /kənˈdʒektʃər/ n **1** conjetura **2** [*incontable*] conjeturas

**conjunction** /kən'dʒʌŋkʃn/ n (Gram) conjunción **LOC in conjunction with** conjuntamente con

**conjure** /'kʌndʒər/ vi hacer juegos de manos **PHRV** conjure sth up **1** (imagen, etc.) evocar algo **2** hacer aparecer algo como por arte de magia **3** (espíritu) invocar algo **conjurer** n prestidigitador, -ora

**connect** /kə'nekt/ **1** vt, vi conectar(se) **2** vt (habitaciones) comunicar **3** vt emparentar: connected by marriage emparentados políticamente **4** vt ~ sth/sb **(with sth/sb)** relacionar algo/a algn (con algo/algn) **5** vt ~ sb (with sb) (teléfono) comunicar a algn (con algn)

**connection** /kə'nekʃn/ n **1** conexión **2** relación **3** (transporte) enlace **LOC have connections** tener palancas **in connection with sth/sb** en relación con algo/algn

**connoisseur** /ˌkɒnə'sɜːr/ n conocedor, -ora, experto, -a

**conquer** /'kɒŋkər/ vt **1** conquistar **2** vencer, derrotar **conqueror** n **1** conquistador, -ora **2** vencedor, -ora

**conquest** /'kɒŋkwest/ n conquista

**conscience** /'kɒnʃəns/ n (moral) conciencia **LOC have sth on your conscience** tener la conciencia sucia en cuanto a algo Ver tb EASE

**conscientious** /ˌkɒnʃi'enʃəs/ adj concienzudo: conscientious objector objetor de conciencia

**conscious** /'kɒnʃəs/ adj **1** consciente **2** (esfuerzo, decisión) deliberado **consciously** adv deliberadamente **consciousness** n **1** conocimiento **2** ~ (of sth) conciencia (sobre algo)

**conscript** /'kɒnskrɪpt/ n recluta **conscription** n reclutamiento (obligatorio)

**consecrate** /'kɒnsɪkreɪt/ vt consagrar

**consecutive** /kən'sekjətɪv/ adj consecutivo

**consent** /kən'sent/ vi ~ (to sth) acceder (a algo)
▶ n consentimiento **LOC** Ver AGE

**consequence** /'kɒnsəkwens; GB -sɪkwəns/ n **1** [gen pl] consecuencia: as a/in consequence of sth a consecuencia de algo **2** (formal) importancia

**consequent** /'kɒnsɪkwənt/ adj (formal) **1** consiguiente **2** ~ on/upon sth que resulta de algo **consequently** adv por consiguiente

**conservation** /ˌkɒnsər'veɪʃn/ n conservación, ahorro: conservation area zona protegida

**conservative** /kən'sɜːrvətɪv/ adj **1** conservador **2** Conservative (GB, Pol) conservador
▶ n (tb Conservative) conservador, -ora

**conservatory** /kən'sɜːrvətɔːri; GB -tri/ n (pl conservatories) **1** invernadero **2** (Mús) conservatorio

**conserve** /kən'sɜːrv/ vt **1** conservar **2** (energía) ahorrar **3** (fuerzas) reservar **4** (naturaleza) proteger

**consider** /kən'sɪdər/ vt **1** considerar: to consider doing sth pensar hacer algo **2** tener en cuenta

**considerable** /kən'sɪdərəbl/ adj considerable

**considerably** /kən'sɪdərəbli/ adv bastante

**considerate** /kən'sɪdərət/ adj ~ (toward sth/sb) considerado (con algo/algn)

**consideration** /kənˌsɪdə'reɪʃn/ n **1** consideración: It is under consideration. Lo están considerando. **2** factor **LOC take sth into consideration** tener algo en cuenta

**considering** /kən'sɪdərɪŋ/ conj teniendo en cuenta

**consign** /kən'saɪn/ vt ~ sth/sb (to sth) abandonar algo/a algn (a/en algo): consigned to oblivion relegado al olvido **consignment** n **1** envío **2** pedido

**consist** /kən'sɪst/ v **PHRV** consist of sth consistir en algo, estar formado de algo

**consistency** /kən'sɪstənsi/ n (pl consistencies) **1** consistencia **2** (actitud) coherencia

**consistent** /kən'sɪstənt/ adj **1** (persona) consecuente **2** ~ (with sth) en concordancia (con algo) **consistently** adv **1** constantemente **2** (actuar) consecuentemente

**consolation** /ˌkɒnsə'leɪʃn/ n consuelo

**console** /kən'soʊl/ vt consolar

**consolidate** /kən'sɒlɪdeɪt/ vt, vi consolidar(se)

**consonant** /'kɒnsənənt/ n consonante

**consortium** /kən'sɔːrtiəm/ n (pl consortiums o consortia /-tiə/) consorcio

**conspicuous** /kən'spɪkjuəs/ adj **1** llamativo: to make yourself conspicuous llamar la atención **2** visible **LOC be conspicuous by your absence** brillar por su ausencia **conspicuously** adv notablemente

**conspiracy** /kən'spɪrəsi/ n (pl conspiracies) **1** conspiración **2** conjura **conspiratorial** /kənˌspɪrə'tɔːriəl/ adj conspirador

**conspire** /kən'spaɪər/ vi conspirar

**constable** /'kʌnstəbl; GB 'kʌn-/ n (esp GB) (agente de) policía

**constant** /'kʌnstənt/ adj **1** constante, continuo **2** (amigo, seguidor, etc.) fiel
▶ n constante

**constantly** /'kʌnstəntli/ adv constantemente

**constipated** /'kʌnstɪpeɪtɪd/ adj estreñido

**constipation** /ˌkʌnstɪ'peɪʃn/ n estreñimiento

**constituency** /kən'stɪtjuənsi/ n (pl **constituencies**) (esp GB) **1** distrito electoral **2** Ver nota en PARLIAMENT **2** votantes de un distrito electoral

**constituent** /kən'stɪtjuənt/ n **1** (Pol) elector, -ora **2** componente

**constitute** /'kʌnstɪtuːt/ GB -stɪtjuːt/ vt constituir

**constitution** /ˌkʌnstɪ'tuːʃn; GB -'tjuːʃn/ n constitución **constitutional** adj constitucional

**constraint** /kən'streɪnt/ n **1** coacción **2** limitación

**constrict** /kən'strɪkt/ vt **1** apretar **2** limitar

**construct** /kən'strʌkt/ vt construir
**⊙** La palabra más normal es **build**.

**construction** /kən'strʌkʃn/ n construcción

**construe** /kən'struː/ vt (formal) interpretar

**consul** /'kʌnsl/ n cónsul

**consulate** /'kʌnsələt/ GB -sjəl-/ n consulado

**consult** /kən'sʌlt/ vt, vi consultar: consulting room consultorio **consultancy** n (pl **consultancies**) asesoría

**consultant** /kən'sʌltənt/ n **1** asesor, -ora **2** (Med) especialista

**consultation** /ˌkʌnsl'teɪʃn/ n consulta

**consume** /kən'suːm; GB -'sjuːm/ vt consumir: He was consumed with envy. Lo corroía la envidia.

**consumer** /kən'suːmər; GB -'sjuːm-/ n consumidor, -ora

**consummate** /'kʌnsəmət, kən'sʌmət/ adj (formal) **1** consumado **2** (habilidad, etc.) extraordinario
▶ vt /'kʌnsəmeɪt/ (formal) **1** culminar **2** (matrimonio) consumar

**consumption** /kən'sʌmpʃn/ n consumo

**contact** /'kʌntækt/ n contacto: contact lens lente de contacto **LOC make contact (with sth/sb)** ponerse en contacto (con algo/algn)
▶ vt ponerse en contacto con

**contagious** /kən'teɪdʒəs/ adj contagioso

**contain** /kən'teɪn/ vt contener: to contain yourself contenerse

**container** /kən'teɪnər/ n **1** recipiente **2** contenedor: container ship buque contenedor

**contaminate** /kən'tæmɪneɪt/ vt contaminar

## container

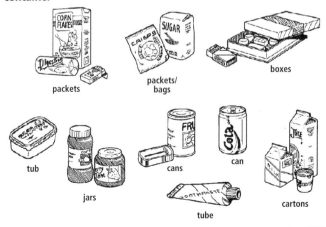

packets

packets/
bags

boxes

tub

jars

cans

can

tube

cartons

**contemplate** /'kɒntəmpleɪt/ **1** vt, vi contemplar, meditar (sobre) **2** vt considerar: *to contemplate doing sth* considerar la idea de hacer algo

**contemporary** /kən'tempərəri; GB -prəri/ adj **1** contemporáneo **2** de la época
▶ n (pl **contemporaries**) contemporáneo, -a

**contempt** /kən'tempt/ n **1** desprecio **2** (tb **contempt of court**) desacato (al tribunal) LOC **beneath contempt** despreciable **hold sth/sb in contempt** despreciar algo/a algn **contemptible** adj despreciable **contemptuous** adj desdeñoso, despectivo

**contend** /kən'tend/ **1** vi ~ **(for sth)** competir, luchar (por algo) **2** vt (formal) afirmar PHRV **contend with sth** luchar contra algo: *She's had a lot of problems to contend with.* Ha tenido que enfrentarse con muchos problemas. **contender** n contendiente

**content¹** /'kɒntent/ (tb **contents** [pl]) n contenido: *table of contents* índice

**content²** /kən'tent/ adj ~ **(with sth/to do sth)** contento (con algo/con hacer algo), satisfecho con algo
▶ vt ~ **yourself with sth** contentarse con algo
**contented** adj satisfecho

**contention** /kən'tenʃn/ n **1** contienda: *the teams in contention for…* los equipos en contienda para… **2** (formal) controversia LOC Ver BONE

**contentious** /kən'tenʃəs/ adj **1** polémico **2** pendenciero

**contentment** /kən'tentmənt/ n contento, satisfacción

**contest** /'kɒntest/ n **1** concurso, competencia **2** (fig) ~ **(for sth)** competencia, lucha (por algo)
▶ vt /kən'test/ **1** (afirmación) rebatir **2** (decisión) impugnar **3** (premio, escaño) disputar **contestant** /kən'testənt/ n concursante

**context** /'kɒntekst/ n contexto

**continent** /'kɒntɪnənt/ n **1** (Geog) continente **2** the **Continent** (GB) el continente europeo **continental** /ˌkɒntɪ'nentl/ adj continental: *continental breakfast* desayuno continental

**contingency** /kən'tɪndʒənsi/ n (pl **contingencies**) **1** eventualidad **2** contingencia: *contingency plan* plan de emergencia

**contingent** /kən'tɪndʒənt/ n **1** (Mil) contingente **2** representación

**continual** /kən'tɪnjuəl/ adj [sólo antes de sustantivo] continuo

> ¿**Continual** o **continuous**?
> **Continual** y **continually** suelen emplearse para describir acciones que se repiten sucesivamente y a menudo tienen un matiz negativo: *His continual phone calls started to annoy her.* Sus continuas llamadas empezaban a fastidiarla.
> **Continuous** y **continuously** se utilizan para describir acciones ininterrumpidas: *There has been a continuous improvement in his work.* Su trabajo ha mostrado una mejora constante. ◊ *It has rained continuously here for three days.* Ha llovido sin parar durante tres días.

**continually** /kən'tɪnjuəli/ adv continuamente

**continuation** /kənˌtɪnju'eɪʃn/ n continuación

**continue** /kən'tɪnju:/ vt, vi continuar, seguir: *to continue doing sth/to do sth* continuar haciendo algo **continued** adj continuo **continuing** adj continuado

**continuity** /ˌkɒntɪ'nu:əti; GB -'nju:-/ n continuidad

**continuous** /kən'tɪnjuəs/ adj constante, continuo ⊃ Ver nota en CONTINUAL

**continuously** /kən'tɪnjuəsli/ adv continuamente, sin parar

**contort** /kən'tɔ:rt/ **1** vt (re)torcer **2** vi contorsionarse, retorcerse

**contour** /'kɒntʊər/ n contorno

**contraband** /'kɒntrəbænd/ n contrabando

**contraception** /ˌkɒntrə'sepʃn/ n anticoncepción **contraceptive** adj, n anticonceptivo

**contract** /'kɒntrækt/ n contrato LOC **under contract (to sth/sb)** bajo contrato (con algo/algn)
▶ /kən'trækt/ **1** vt (trabajador) contratar **2** vt (enfermedad, matrimonio, deudas) contraer **3** vi contraerse

**contraction** /kən'trækʃn/ n contracción **contractor** /kən'træktər/ n contratista

**contradict** /ˌkɒntrə'dɪkt/ vt contradecir **contradiction** n contradicción **contradictory** adj contradictorio

**contrary** /'kɒntreri; GB -trəri/ adj ~ **(to sth)** contrario (a algo): *Contrary to popular belief…* Contrario a la creencia popular…
▶ n the **contrary** [sing] lo contrario LOC **on the contrary** por el contrario

**contrast** /kən'træst; GB -'trɑːst/ **1** vt ~ **A and/with B** contrastar A con B **2** vi ~ **(with sth)** contrastar (con algo)
▸ n /'kɑntræst; GB -trɑːst/ contraste

**contribute** /kən'trɪbjuːt; GB tb 'kɒntrɪbjuːt/ **1** vt, vi contribuir **2** vt, vi ~ **(sth) to sth** (artículo) escribir (algo) para algo **3** vi ~ **to sth** (debate) participar en algo

**contribution** /ˌkɑntrɪ'bjuːʃn/ n **1** contribución, aportación **2** (publicación) artículo

**contributor** /kən'trɪbjətər/ n **1** contribuyente **2** (publicación) colaborador, -ora

**contributory** /kən'trɪbjətɔːri; GB -təri/ adj **1** que contribuye **2** (plan de jubilación) contributivo

**control** /kən'troʊl/ n **1** control, mando, dominio: to be in control of sth tener el control de algo/tener algo bajo control **2** controls [pl] mandos **LOC** be out of control estar fuera de control: Her car went out of control. Perdió el control del coche.
▸ vt **1** controlar, tener el mando de **2** (coche) manejar **3** ~ **yourself** dominarse **4** (ley) regular **5** (gastos, inflación) contener

**controversial** /ˌkɑntrə'vɜːrʃl/ adj controvertido, polémico

**controversy** /'kɑntrəvɜːrsi; GB tb kən'trɑvəːrsi/ n (pl controversies) ~ **(about/over sth)** controversia, polémica (acerca de algo)

**convene** /kən'viːn/ **1** vt convocar **2** vi reunirse

**convenience** /kən'viːniəns/ n **1** comodidad **2** [incontable] conveniencia

**convenient** /kən'viːniənt/ adj **1** if it's convenient (for you) si te es conveniente **2** (momento) oportuno **3** práctico **4** (accesible) a mano **5** ~ **for sth** bien situado en relación con algo **conveniently** adv oportunamente

**convent** /'kɑnvent, -vənt/ n convento

**convention** /kən'venʃn/ n **1** congreso **2** convencionalismo **3** (acuerdo) convención

**conventional** /kən'venʃənl/ adj convencional **LOC** conventional wisdom sabiduría popular

**converge** /kən'vɜːrdʒ/ vi **1** convergir **2** ~ **(on sth)** (personas) juntarse en algo **convergence** n convergencia

**conversant** /kən'vɜːrsnt/ adj ~ **with sth** (formal) versado en algo: to become conversant with sth familiarizarse con algo

**conversation** /ˌkɑnvər'seɪʃn/ n conversación: to make conversation hacer conversación

**converse¹** /kən'vɜːrs/ vi (formal) conversar

**converse²** /'kɑnvɜːrs/ n the converse [sing] lo contrario **conversely** adv (formal) a la inversa

**conversion** /kən'vɜːrʒn; GB -ʃn/ n ~ **(from sth) (into/to sth)** conversión (de algo) (en/a algo)

**convert** /kən'vɜːrt/ vt, vi convertir(se): The sofa converts (in)to a bed. El sofá se hace cama. ◊ to convert to Islam convertirse al Islam
▸ n /'kɑnvɜːrt/ ~ **(to sth)** converso, -a (a algo)

**convertible** /kən'vɜːrtəbl/ adj ~ **(into/to sth)** convertible (en algo)
▸ n (coche) convertible

**convey** /kən'veɪ/ vt **1** (formal) llevar, transportar **2** (idea, agradecimiento) expresar **3** (saludos) enviar **4** (propiedad) traspasar **conveyor** (tb conveyor belt) n cinta transportadora

**convict** /kən'vɪkt/ vt ~ **sb (of sth)** declarar culpable a algn (de algo)
▸ n /'kɑnvɪkt/ presidiario, -a: an escaped convict un preso fugado **conviction** n **1** ~ **(for sth)** condena (por algo) **2** ~ **(that...)** convicción (de que...): to lack conviction no ser convincente

**convince** /kən'vɪns/ vt **1** ~ **sb/yourself (of sth/that...)** convencer a algn, convencerse (de algo/de que...) **2** ~ **sb to do sth** convencer a algn para que haga algo **convinced** adj convencido **convincing** adj convincente

**convulse** /kən'vʌls/ vt convulsionar: convulsed with laughter muerto de risa **convulsion** n convulsión

**cook** /kʊk/ **1** vi (persona) cocinar, hacer la comida **2** vi (comida) cocer **3** vt preparar: The potatoes aren't cooked Las papas no están cocidas. **LOC** cook the books (coloq, pey) falsificar los libros de contabilidad **PHRV** cook sth up (coloq): to cook up an excuse inventar una excusa
▸ n cocinero, -a

**cookbook** /'kʊkbʊk/ n libro de cocina

**cooker** /'kʊkər/ (GB) (USA stove) n cocina (electrodoméstico), hornilla

**cookery** /'kʊkəri/ (GB) (USA cooking) n [incontable] cocina: Oriental cookery la cocina oriental

**cookie** /'kʊki/ n galleta

**cooking** /'kʊkɪŋ/ n [*incontable*] cocina: *French cooking* cocina francesa ◊ *to do the cooking* hacer la comida ◊ *cooking apple* manzana de guisar

**cool** /kuːl/ *adj* (**cooler**, **-est**) **1** fresco Ɔ *Ver nota en* FRÍO **2** (*coloq*) impasible **3** ~ (**about sth/toward sb**) indiferente (a algo/algn) **4** (*acogida*) frío **5** (*coloq*) padre LOC **keep/stay cool** no perder la calma: *Keep cool!* ¡Tranquilo!
▶ *vt, vi* ~ (**sth**) (**down/off**) enfriar algo, enfriarse PHRV **cool (sb) down/off** calmar a algn, calmarse
▶ *n* **the cool** [*sing*] el fresco LOC **keep/lose your cool** (*coloq*) mantener/perder la calma

**cooperate** /koʊˈɑpəreɪt/ *vi* **1** ~ (**with sb**) (**in/on sth**) cooperar (con algn) (en algo/para hacer algo) **2** colaborar **cooperation** *n* **1** cooperación **2** colaboración

**cooperative** /koʊˈɑpərətɪv/ *adj* **1** cooperativo **2** dispuesto a colaborar
▶ *n* cooperativa

**coordinate** /koʊˈɔːrdɪneɪt/ *vt* coordinar

**cop** /kɑp/ *n* (*coloq*) poli, tira

**cope** /koʊp/ *vi* ~ (**with sth**) arreglárselas (con algo), hacer frente a algo: *I can't cope.* No puedo más.

**copious** /'koʊpiəs/ *adj* copioso, abundante

**copper** /'kɑpər/ *n* **1** cobre **2** (*GB, coloq*) policía

**copy** /'kɑpi/ *n* (*pl* **copies**) **1** copia **2** (*libro, DVD, etc.*) ejemplar **3** (*revista, etc.*) número **4** texto (*para imprimir*)
▶ *vt* (*pt, pp* **copied**) **1** ~ **sth** (**down/out**) (**into/onto sth**) copiar algo (en algo) **2** copiar, imitar **3** fotocopiar

**copyright** /'kɑpiraɪt/ *n* derechos de autor, copyright
▶ *adj* registrado, protegido por los derechos de autor

**coral** /'kɔːrəl/ *GB* /'kɒrəl/ *n* coral
▶ *adj* de coral, coralino

**cord** /kɔːrd/ *n* **1** cordón **2** (*GB* **lead**) cable **3** (*coloq*) pana **4** **cords** [*pl*] pantalón de pana

**cordon** /'kɔːrdn/ *n* cordón
▶ *v* PHRV **cordon sth off** acordonar algo

**corduroy** /'kɔːrdərɔɪ/ *n* pana

**core** /kɔːr/ *n* **1** (*fruta*) corazón **2** centro, núcleo: *a hard core* un núcleo arraigado LOC **to the core** hasta la médula

**cork** /kɔːrk/ *n* corcho

**corkscrew** /'kɔːrkskruː/ *n* sacacorchos

**corn** /kɔːrn/ *n* **1** [*incontable*] (*USA*) maíz, elote **2** [*incontable*] (*GB*) cereal **3** callo

**corncob** /'kɔːrnkɑb/ *n* mazorca

**corner** /'kɔːrnər/ *n* **1** (*desde dentro*) rincón **2** (*desde fuera*) esquina **3** (*tb* **corner kick**) tiro de esquina LOC **(just) around the corner** a la vuelta de la esquina
▶ **1** *vt* acorralar **2** *vi* tomar una curva **3** *vt* monopolizar: *to corner the market in sth* acaparar el mercado de algo

**cornerstone** /'kɔːrnərstoʊn/ *n* piedra angular

**cornstarch** /'kɔːrnstɑrtʃ/ *n* harina de maíz

**corollary** /'kɔːrəleri/ *GB* /kəˈrɒləri/ *n* (*pl* **corollaries**) ~ (**of/to sth**) (*formal*) consecuencia lógica (de algo)

**coronation** /ˌkɔːrəˈneɪʃn/ *GB* /ˌkɒr-/ *n* coronación

**coroner** /'kɔːrənər/ *GB* /'kɒr-/ *n* juez de instrucción (*en casos de muerte violenta o accidentes*)

**corporal** /'kɔːrpərəl/ *n* (*Mil*) cabo
▶ *adj*: *corporal punishment* castigo corporal

**corporate** /'kɔːrpərət/ *adj* **1** colectivo **2** corporativo

**corporation** /ˌkɔːrpəˈreɪʃn/ *n* **1** ayuntamiento **2** corporación

**corps** /kɔːr/ *n* (*pl* **corps** /kɔːrz/) cuerpo (*diplomático, etc.*)

**corpse** /kɔːrps/ *n* cadáver

**correct** /kəˈrekt/ *adj* correcto: *Would I be correct in saying… ?* ¿Me equivoco si digo… ?
▶ *vt* corregir

**correlation** /ˌkɔːrəˈleɪʃn/ *GB* /ˌkɒr-/ *n* correlación

**correspond** /ˌkɔːrəˈspɒnd/ *GB* /ˌkɒr-/ *vi* **1** ~ (**to/with sth**) coincidir (con algo) **2** ~ (**to sth**) equivaler (a algo) **3** ~ (**with sb**) (*formal*) cartearse (con algn) **correspondence** *n* correspondencia **correspondent** *n* corresponsal **corresponding** *adj* correspondiente

**corridor** /'kɔːrɪdɔːr/ *GB* /'kɒr-/ *n* pasillo

**corrosion** /kəˈroʊʒn/ *n* corrosión

**corrugated** /'kɔːrəgeɪtɪd/ *GB* /'kɒr-/ *adj* corrugado

**corrupt** /kəˈrʌpt/ *adj* **1** corrupto, deshonesto **2** depravado
▶ *vt* corromper, sobornar **corruption** *n* corrupción

**cos** /kəz/ (*coloq*) = BECAUSE ❶ Esta forma no se considera gramaticalmente correcta.

**cosmetic** /kɑzˈmetɪk/ *adj* cósmetico: *cosmetic surgery* cirugía estética **cosmetics** *n* [*pl*] cosméticos

**cosmopolitan** /ˌkɑzməˈpɑlɪtən/ *adj, n* cosmopolita

**cost** /kɔːst/ *GB* /kɒst/ *vt* **1** (*pt, pp* **cost**) costar, valer **2** (*pt, pp* **costed**) (*Com*) pre-

supuestar LOC **cost a bomb** (GB, coloq) costar un dineral
▸ n **1** costo: *whatever the cost* cueste lo que cueste **2** [pl] costas, gastos LOC **at all costs** a toda costa *Ver tb* COUNT

**cost-effective** /ˌkɔːst ɪˈfektɪv; GB ˌkɒst/ adj rentable

**costly** /ˈkɔːstli; GB ˈkɒstli/ adj (**costlier, -iest**) costoso

**costume** /ˈkɑstuːm; GB -tjuːm/ n **1** traje, disfraz **2** (Teat) vestuario

**cosy** (GB) = COZY

**cot** /kɑt/ n **1** (USA) camastro **2** (GB) (USA **crib**) cuna

๐ **cottage** /ˈkɑtɪdʒ/ n casita (de campo)

๐ **cotton** /ˈkɑtn/ n [incontable] **1** algodón **2** hilo (de algodón) **3** (GB **cotton wool**) algodón (de farmacia)

**couch** /kaʊtʃ/ n sillón
▸ vt ~ **(in sth)** (formal) expresar algo (en algo)

๐ **cough** /kɔːf; GB kɒf/ **1** vi toser **2** vt ~ **sth up** escupir algo PHRV **cough (sth) up** (coloq) soltar algo
▸ n tos

**could** pt de CAN¹

๐ **council** /ˈkaʊnsl/ n **1** consejo municipal, ayuntamiento: *council flat/house* (GB) vivienda protegida perteneciente al ayuntamiento **2** consejo **councilor** (GB **councillor**) n concejal, -ala

**counsel** /ˈkaʊnsl/ n **1** (formal) consejo ❶ La palabra más normal es **advice**. **2** abogado ➩ *Ver nota en* ABOGADO
▸ vt (**-l-**, GB **-ll-**) (formal) aconsejar **counseling** (GB **counselling**) n asesoramiento, orientación, terapia **counselor** (GB **counsellor**) n **1** asesor, -ora, consejero, -a **2** (USA o Irl) abogado, -a

๐ **count** /kaʊnt/ **1** vt, vi ~ **(sth) (up)** contar (algo) **2** vi ~ **(as sth)** contar (como algo) **3** vi ~ **(for sth)** importar, contar (para algo) **4** vi valer **5** vt: *to count yourself lucky* considerarse afortunado LOC **count the cost (of sth)** pagar las consecuencias (de algo) PHRV **count down** hacer la cuenta regresiva **count sb in** contar a algn **count on sth/sb** contar con algo/algn **count sb out** no contar con algn **count toward sth** contribuir a algo

**countdown** /ˈkaʊntdaʊn/ n ~ **(to sth)** cuenta regresiva (de algo)

**countenance** /ˈkaʊntənəns/ vt (formal) aprobar, tolerar
▸ n rostro, semblante

๐ **counter** /ˈkaʊntər/ **1** vi rebatir, contraatacar **2** vt (ataque) contestar, responder a
▸ n **1** (juego) ficha **2** contador **3** mostrador **4** (GB **worktop**) superficie para trabajo (en cocina, taller)
▸ adv ~ **to sth** en contra de algo

---

**counteract** /ˌkaʊntərˈækt/ vt contrarrestar

**counter-attack** /ˈkaʊntər ətæk/ n contraataque

**counterfeit** /ˈkaʊntərfɪt/ adj falsificado

**counterpart** /ˈkaʊntərpɑrt/ n **1** homólogo, -a **2** equivalente

**counterproductive** /ˌkaʊntərprəˈdʌktɪv/ adj contraproducente

**countess** /ˈkaʊntəs/ n condesa

**countless** /ˈkaʊntləs/ adj innumerable

๐ **country** /ˈkʌntri/ n (pl **countries**) **1** país **2** patria **3** the country [sing] el campo, la campiña: *country life* la vida rural **4** zona, tierra

**countryman** /ˈkʌntrimən/ n (pl **-men** /-mən/) **1** compatriota **2** campesino ➩ *Ver nota en* CAMPESINO

๐ **countryside** /ˈkʌntrisaɪd/ n [incontable] **1** campo, campiña **2** paisaje

**countrywoman** /ˈkʌntriwʊmən/ n (pl **-women** /-wɪmɪn/) **1** compatriota **2** campesina

๐ **county** /ˈkaʊnti/ n (pl **counties**) condado

**coup** /kuː/ n (pl **coups** /kuːz/) **1** (tb **coup d'état** /kuːˈdeɪtɑ/) (pl **coups d'état**) golpe (de estado) **2** éxito

๐ **couple** /ˈkʌpl/ n **1** pareja (relación amorosa): *a married couple* un matrimonio ➩ *Comparar con* PAIR **2** par LOC **a couple of** un par de, unos, unas cuantos, -as
▸ vt **1** asociar, acompañar: *coupled with sth* junto con algo **2** acoplar, enganchar

**coupon** /ˈkuːpɑn/ n cupón, vale

๐ **courage** /ˈkɜːrɪdʒ; GB ˈkʌr-/ n valor LOC *Ver* DUTCH, PLUCK **courageous** /kəˈreɪdʒəs/ adj **1** (persona) valiente **2** (intento) valeroso

**courgette** /kʊərˈʒet/ (GB) (USA **zucchini**) n calabacita

**courier** /ˈkʊriər/ n **1** guía turístico, -a (persona) **2** mensajero, -a

๐ **course** /kɔːrs/ n **1** curso, transcurso **2** (barco, avión, río) rumbo, curso: *to be on/off course* seguir el rumbo/un rumbo equivocado **3** ~ **(in/on sth)** (Educ) curso (de algo) **4** ~ **of sth** (Med) tratamiento de algo **5** (golf) campo **6** (carreras) pista **7** (comida) plato LOC **a course of action** una línea de proceder **in the course of sth** en el transcurso de algo **of course** por supuesto *Ver tb* DUE, MATTER, MIDDLE

**coursebook** /ˈkɔːrsbʊk/ n libro de texto

๐ **court** /kɔːrt/ n **1** ~ **(of law)** juzgado, tribunal: *a court case* un pleito ◇ *court order* orden judicial *Ver tb* HIGH COURT, SUPREME COURT **2** (Dep) pista, cancha

---

i: see   ɪ sit   e ten   æ cat   ɑ hot   ɔː saw   ʌ cup   ʊ put   uː too

**3 Court** corte LOC **go to court (over sth)** ir a juicio (por algo) **take sb to court** demandar a algn
▸ vt **1** cortejar **2** (peligro, etc.) exponerse a

**courteous** /'kɜːrtiəs/ adj cortés

**courtesy** /'kɜːrtəsi/ n (pl **courtesies**) cortesía LOC **(by) courtesy of sb** (por) gentileza de algn

**courtship** /'kɔːrtʃɪp/ n (antic) **1** cortejo **2** noviazgo

**courtyard** /'kɔːrtjɑrd/ n patio

🔖 **cousin** /'kʌzn/ n (tb **first cousin**) n primo (hermano), prima (hermana)

**cove** /koʊv/ n bahía, rada

**covenant** /'kʌvənənt/ n convenio, pacto

🔖 **cover** /'kʌvər/ **1** vt ~ **sth (up/over) (with sth)** cubrir algo (con algo) **2** vt ~ **sth in/with sth** cubrir algo/a algn de algo **3** vt (cazuela, cara) tapar **4** vt (timidez, etc.) disimular **5** vt abarcar **6** vt tratar, encargarse de **7** vi ~ **for sb** sustituir a algn PHRV **cover sth up** (pey) ocultar algo **cover up for sb** cubrir las espaldas a algn
▸ n **1** cubierta **2** funda **3** (bote, libro): tapa: front cover portada **4** (revista): portada **5 the covers** [pl] las cobijas **6** ~ **(for sth)** (fig) tapadera (para algo) **7** identidad falsa **8** (Mil) protección **9** ~ **(for sb)** sustitución (de algn) **10** ~ **(against sth)** seguro (contra algo) LOC **from cover to cover** de principio a fin **take cover (from sth)** resguardarse (de algo) **under cover of sth** al amparo de algo Ver tb DIVE

**coverage** /'kʌvərɪdʒ/ n [incontable] cobertura

**coveralls** /'kʌvərɔːlz/ (GB **overalls**) n [pl] overol ⊃ Ver dibujo en OVERALL y notas en PANTALÓN y PAIR

🔖 **covering** /'kʌvərɪŋ/ n **1** envoltura **2** capa

**covert** /'koʊvɜːrt; GB tb 'kʌvət/ adj (formal) **1** secreto, encubierto **2** (mirada) furtivo

**cover-up** /'kʌvər ʌp/ n (pey) encubrimiento

**covet** /'kʌvət/ vt (formal) codiciar

🔖 **cow** /kaʊ/ n vaca ⊃ Ver nota en CARNE

**coward** /'kaʊərd/ n **1** cobarde **cowardice** /'kaʊərdɪs/ n [incontable] cobardía **cowardly** adj cobarde

**cowboy** /'kaʊbɔɪ/ n **1** vaquero **2** (GB, coloq, pey) pirata (albañil, plomero, etc.)

**coworker** (tb **co-worker**) /'koʊwɜːrkər/ n compañero, -a de trabajo

**coy** /kɔɪ/ adj **1** tímido (por coquetería) **2** reservado

**cozy** (GB **cosy**) /'koʊzi/ adj acogedor

---

**crab** /kræb/ n cangrejo

🔖 **crack** /kræk/ n **1** ~ **(in sth)** grieta (en algo) **2** ~ **(in sth)** (fig) defecto (de algo) **3** rendija, abertura **4** chasquido, estallido LOC **the crack of dawn** (coloq) el amanecer
▸ **1** vt, vi resquebrajar(se): a cracked cup una taza agrietada **2** vt ~ **sth (open)** abrir algo **3** vi ~ **(open)** abrirse (rompiéndose) **4** vt (nuez) cascar **5** vt ~ **sth (on/against sth)** golpear algo (contra algo) **6** vt, vi chascar **7** vt (látigo) restallar **8** vi desmoronarse **9** vt, vi (resistencia) quebrantar(se) **10** vt resolver **11** vi (voz) quebrarse **12** vt (coloq) (chiste) contar LOC **get cracking** (esp GB, coloq) poner manos a la obra PHRV **crack down (on sth/sb)** tomar medidas enérgicas (contra algo/algn) **crack up** (coloq) sufrir un colapso nervioso

**crackdown** /'krækdaʊn/ n ~ **(on sth)** medidas enérgicas (contra algo)

**cracker** /'krækər/ n **1** galleta salada **2** buscapiés **3** (tb **Christmas cracker**) (GB) rollo de cartón que estalla al romperlo

**crackle** /'krækl/ vi crepitar
▸ n (tb **crackling**) crujido, chisporroteo

**cradle** /'kreɪdl/ n cuna
▸ vt acunar

**craft** /kræft; GB krɑːft/ n **1** artesanía: a craft fair una feria de artesanía **2** (destreza) oficio **3** (pl **craft**) embarcación
▸ vt fabricar artesanalmente

**craftsman** /'kræftsmən; GB 'krɑːfts-/ n (pl -**men** /-mən/) artesano **craftsmanship** n **1** artesanía **2** arte

**crafty** /'kræfti; GB 'krɑːfti/ adj (**craftier**, -**iest**) astuto, ladino

**crag** /kræg/ n peñasco, risco **craggy** adj escarpado

**cram** /kræm/ **1** vt ~ **A into B** atiborrar, llenar B de A, meter A en B (a presión) **2** vi ~ **sth** meterse con dificultad en algo, abarrotar algo **3** vi empollar

**cramp** /kræmp/ n (muscular) **1** [incontable] calambre, tirón **2 cramps** (tb **stomach cramps**) [pl] retortijones
▸ vt (movimiento, desarrollo, etc.) obstaculizar

**cramped** adj **1** (letra) apretado **2** (espacio) estrecho

**crane** /kreɪn/ n **1** (Ornit) grulla **2** (Mec) grúa

**crank** /kræŋk/ n **1** (pey) bicho raro **2** gruñón, -ona **3** (Mec) manivela **cranky** adj (coloq) **1** (esp USA) gruñón **2** (GB) raro

🔖 **crash** /kræʃ/ n **1** estrépito **2** accidente, choque: crash helmet casco protector **3** (Com) quiebra **4** (bolsa) caída **5** (Informát) caída del sistema
▸ **1** vt (coche) chocar: He crashed his car last Monday. Chocó el lunes pasado. **2** vt, vi ~ **(sth) (into sth)** (vehículo) estrellar

algo, estrellarse (contra algo): *He crashed into a lamp post.* Se estrelló contra un farol. **3** *vi* (*Informát*) caer: *The system has crashed.* Se cayó el sistema.
▸ *adj* (*curso, dieta*) intensivo

**crash landing** *n* aterrizaje forzoso

**crass** /kræs/ *adj* **1** sumo **2** majadero

**crate** /kreɪt/ *n* **1** cajón **2** caja (*para botellas*)

**crater** /'kreɪtər/ *n* cráter

**crave** /kreɪv/ *vt* anhelar **craving** *n* ~ (**for sth**) ansia, antojo (de algo)

**crawl** /krɔːl/ *vi* **1** gatear, arrastrarse **2** ~ **along/by** (*tráfico*) avanzar a paso de tortuga **3** ~ (**to sb**) (*coloq, pey*) hacer la pelota (a algn) LOC **crawling with sth** lleno/cubierto de algo
▸ *n* **1** paso de tortuga **2** (*Natación*) crol

**crayfish** /'kreɪfɪʃ/ *n* (*pl* **crayfish**) langostino

**crayon** /'kreɪən/ *n* **1** lápiz de colores, crayón **2** (*Arte*) pastel

**craze** /kreɪz/ *n* moda, fiebre

♀ **crazy** /'kreɪzi/ *adj* (**crazier, -iest**) (*coloq*) **1** loco **2** (*idea*) disparatado

**creak** /kriːk/ *vi* crujir, chirriar

♀ **cream** /kriːm/ *n* **1** crema: *cream cheese* queso crema **2** crema, pomada **3 the ~ of sth** la crema y nata de algo
▸ *adj*, *n* color crema
▸ *vt* batir PHR V **cream sth off** quedarse con lo mejor de algo
**creamy** *adj* (**creamier, -iest**) cremoso

**crease** /kriːs/ *n* **1** arruga, pliegue **2** (*pantalón*) raya
▸ *vt*, *vi* arrugar(se)

♀ **create** /kri'eɪt/ *vt* crear, producir: *to create a fuss* hacer un escándalo **creation** *n* creación **creative** *adj* creativo

**creator** /kri:'eɪtər/ *n* creador, -ora

♀ **creature** /'kriːtʃər/ *n* criatura: *living creatures* seres vivos ◊ *a creature of habit* un animal de costumbres ◊ *creature comforts* necesidades básicas

**crèche** /kreʃ/ *n* **1** (*USA*) (*GB* **crib**) pesebre **2** (*GB*) (*USA* **daycare center**) guardería (*infantil*)

**credentials** /krə'denʃlz/ *n* [*pl*] **1** documentos (*de identidad, etc.*) **2** (*para un trabajo*) cualificaciones

**credibility** /ˌkredə'bɪləti/ *n* credibilidad

**credible** /'kredəbl/ *adj* verosímil, creíble

♀ **credit** /'kredɪt/ *n* **1** crédito: *on credit* a crédito **2** (*GB*) saldo positivo: *to be in credit* tener saldo positivo **3** (*contabilidad*) haber **4** mérito **5 credits** [*pl*] títulos de crédito LOC **be a credit to sth/sb** hacer honor a algo/algn **do sb credit** honrar a algn

▸ *vt* **1** ~ **sth/sb with sth** atribuir el mérito de algo a algo/algn **2** (*Fin*) abonar **3** creer

**creditable** *adj* (*formal*) encomiable **creditor** *n* acreedor, -ora

**creditworthy** /'kredɪtwɜːrði/ *adj* solvente

**creed** /kriːd/ *n* credo

**creek** /kriːk/ *n* **1** (*esp USA*) riachuelo **2** (*GB*) estero LOC **be up the creek (without a paddle)** (*coloq*) estar en un apuro

**creep** /kriːp/ *vi* (*pt, pp* **crept**) **1** deslizarse (sigilosamente): *to creep up on sb* aproximarse sigilosamente a algn **2** (*fig*): *A feeling of drowsiness crept over him.* Lo invadió una sensación de sopor. **3** (*planta*) trepar
▸ *n* (*coloq*) lambiscón, -ona LOC **give sb the creeps** (*coloq*) ponerle los pelos de punta a algn
**creepy** *adj* (**creepier, -iest**) *adj* (*coloq*) espeluznante

**cremation** /krə'meɪʃn/ *vt* incineración (*del cadáver*)

**crematorium** /ˌkremə'tɔːriəm/ *n* (*pl* **crematoriums** o **crematoria** /-riə/) crematorio

**crêpe** (*tb* **crepe**) /kreɪp/ *n* crepa

**crept** *pt, pp* de CREEP

**crescendo** /krə'ʃendoʊ/ *n* (*pl* **crescendos**) **1** (*Mús*) crescendo **2** (*fig*) cúspide

**crescent** /'kresnt/ *n* **1** media luna: *a crescent moon* la media luna **2** calle en forma de media luna

**cress** /kres/ *n* berro

**crest** /krest/ *n* **1** cresta **2** (*colina*) cima **3** (*Heráldica*) blasón

**crestfallen** /'krestfɔːlən/ *adj* cabizbajo

**crevice** /'krevɪs/ *n* grieta (*en roca*)

**crew** /kruː/ *n* **1** tripulación (*de un avión*) **2** (*remo, Cine*) equipo

**crew cut** *n* corte de pelo al rape

**crib** /krɪb/ *n* **1** (*USA*) (*GB* **cot**) cuna **2** (*GB*) (*USA* **crèche**) pesebre **3** (*coloq*) (*para un examen*) acordeón
▸ *vt, vi* copiar, plagiar

**cricket** /'krɪkɪt/ *n* **1** (*Zool*) grillo **2** (*Dep*) críquet **cricketer** *n* jugador, -ora (*de críquet*)

♀ **crime** /kraɪm/ *n* **1** delito, crimen **2** delincuencia

♀ **criminal** /'krɪmɪnl/ *adj* **1** delictivo, criminal: *criminal damage* daños y perjuicios ◊ *a criminal record* antecedentes penales **2** (*derecho*) penal **3** inmoral
▸ *n* delincuente, criminal

**crimson** /'krɪmzn/ *adj* carmesí

**cringe** /krɪndʒ/ vi **1** (*por miedo*) encogerse **2** (*fig*) morirse de vergüenza

**cripple** /ˈkrɪpl/ n inválido, -a
▸ vt **1** dejar inválido **2** (*fig*) perjudicar seriamente
**crippling** adj **1** (*enfermedad*) que deja inválido **2** (*deuda*) agobiante

**crisis** /ˈkraɪsɪs/ n (pl **crises** /-siːz/) crisis

**crisp** /krɪsp/ adj (**crisper, -est**) **1** crujiente **2** (*verduras*) fresco **3** (*papel*) tieso **4** (*tiempo*) seco y frío **5** (*manera*) tajante
▸ n (*GB*) (*USA* **chip, potato chip**) papa frita (*de bolsa*) ⊃ *Ver dibujo en* PAPA
**crisply** adv tajantemente **crispy** adj crujiente

**criterion** /kraɪˈtɪəriən/ n (pl **criteria** /-riə/) criterio

**critic** /ˈkrɪtɪk/ n **1** detractor, -ora **2** (*Cine*) crítico, -a

**critical** /ˈkrɪtɪkl/ adj **1** crítico: *to be critical of sth/sb* criticar algo/a algn ◇ *critical acclaim* el aplauso de la crítica **2** (*persona*) criticón **3** (*momento*) crítico, crucial **4** (*estado*) crítico **critically** adv **1** críticamente **2** *critically ill* gravemente enfermo

**criticism** /ˈkrɪtɪsɪzəm/ n **1** crítica **2** [*incontable*] críticas: *He can't take criticism.* No soporta que lo critiquen. **3** [*incontable*] crítica: *literary criticism* crítica literaria

**criticize** (*GB tb* **-ise**) /ˈkrɪtɪsaɪz/ vt, vi criticar

**critique** /krɪˈtiːk/ n análisis crítico

**croak** /krəʊk/ vi **1** croar **2** (*persona*) gruñir
▸ n (tb **croaking**) croar

**crochet** /ˈkrəʊʃeɪ; GB ˈkrəʊʃeɪ/ n (labor de) ganchillo

**crockery** /ˈkrɒkəri/ n [*incontable*] (*esp GB*) loza, vajilla

**crocodile** /ˈkrɒkədaɪl/ n cocodrilo

**crocus** /ˈkrəʊkəs/ n (pl **crocuses** /-sɪz/) azafrán

**croissant** /krəˈsɑːnt, krwɑˈsɑːn/ n cruasán ⊃ *Ver dibujo en* PAN

**crony** /ˈkrəʊni/ n (pl **cronies**) (*gen pey*) compinche

**crook** /krʊk/ n (*coloq*) ladrón **crooked** /ˈkrʊkɪd/ adj **1** torcido **2** (*camino*) tortuoso **3** (*persona, acción*) deshonesto

**crop** /krɒp/ n **1** cosecha **2** cultivo **3** [*sing*] **a ~ of sth** un montón de algo ⓛⓞⓒ *Ver* CREAM
▸ vt (**-pp-**) **1** (*pelo*) cortar muy corto **2** (*foto*) recortar **3** (*animales*) pacer ⓟⓗⓡⓥ **crop up** surgir, aparecer

**croquet** /ˈkrəʊkeɪ; GB ˈkrəʊkeɪ/ n croquet

**cross** /krɔːs; GB krɒs/ n **1** cruz ⊃ *Ver dibujo en* CHECK MARK **2** **~ (between...)** cruce, mezcla (de...)
▸ vt, vi cruzar, atravesar: *Shall we cross over?* ¿Pasamos al otro lado? **2** vt, vi **~ (each other/one another)** cruzarse **3** vt **~ yourself** santiguarse **4** vt llevar la contraria a **5** vt **~ sth with sth** cruzar algo con algo ⓛⓞⓒ **cross your fingers (for me)** deséame suerte **cross your mind** pasar por la mente, ocurrírsele a uno *Ver tb* DOT ⓟⓗⓡⓥ **cross sth/sb off** tachar algo/a algn: *to cross sb off the list* borrar a algn de la lista **cross sth out/ through** tachar algo
▸ adj (**crosser, -est**) (*esp GB*) **1** enojado: *to get cross* enojarse **2** (*viento*) de costado

**crossbar** /ˈkrɔːsbɑːr; GB ˈkrɒs-/ n **1** barra **2** (*Dep*) larguero

**crossbow** /ˈkrɔːsbəʊ; GB ˈkrɒs-/ n ballesta

**cross-country** /ˌkrɔːs ˈkʌntri; GB ˌkrɒs/ adj, adv a campo traviesa

**cross-examine** /ˌkrɔːs ɪgˈzæmɪn; GB ˌkrɒs/ vt interrogar

**cross-eyed** /ˌkrɔːs ˈaɪd; GB ˌkrɒs/ adj bizco

**crossfire** /ˈkrɔːsfaɪər; GB ˈkrɒs-/ n fuego cruzado, tiroteo (cruzado) ⓛⓞⓒ **get caught in the crossfire** encontrarse entre dos fuegos

**crossing** /ˈkrɔːsɪŋ; GB ˈkrɒs-/ n **1** (*viaje*) travesía **2** (*carretera*) cruce **3** *border crossing* frontera *Ver tb* LEVEL CROSSING, ZEBRA CROSSING

**cross-legged**

cross-legged    with her legs crossed

**cross-legged** /ˌkrɔːs ˈlegɪd; GB ˌkrɒs/ adj, adv con las piernas cruzadas

**crossly** /ˈkrɔːsli; GB ˈkrɒs-/ adv con enojo

**crossover** /ˈkrɔːsəʊvər; GB ˈkrɒs-/ n paso

**cross purposes** n ⓛⓞⓒ **at cross purposes**: *We're (talking) at cross purposes.* Aquí hay un malentendido.

**cross-reference** /ˌkrɔːs ˈrefrəns; GB ˌkrɒs/ n referencia

---

| ʃ chin | dʒ June | v van | θ then | s so | z zoo | ʃ she |

**crossroads** /ˈkrɔːsroʊdz; GB ˈkrɒs-/ n (pl **crossroads**) **1** cruce, encrucijada **2** (fig) encrucijada

**cross-section** /ˌkrɔːs ˈsekʃn; GB ˌkrɒs-/ n **1** sección **2** muestra representativa

**crosswalk** /ˈkrɔːswɔːk; GB ˈkrɒs-/ (GB **zebra crossing**) n cruce peatonal

**crossword** /ˈkrɔːswɜːrd; GB ˈkrɒs-/ (tb **crossword puzzle**) n crucigrama

**crotch** /krɑtʃ/ n entrepierna

**crouch** /kraʊtʃ/ vi agacharse, agazaparse, ponerse en cuclillas

**crow** /kroʊ/ n cuervo LOC **as the crow flies** en línea recta
▶ vi **1** cantar **2** ~ **(about/over sth)** (pey) jactarse (de algo)

**crowbar** /ˈkroʊbɑr/ n palanca

**crowd** /kraʊd/ n **1** multitud: *crowds of people* un montón de gente **2** (espectadores) concurrencia **3** (coloq) gente, grupo (de amigos) **4** the crowd [sing] (gen pey) las masas LOC Ver FOLLOW
▶ vt (espacio) llenar PHRV **crowd around (sth/sb)** apiñarse (alrededor de algo/algn) **crowd in** entrar en tropel **crowd sth/sb in** apiñar algo/a algn

**crowded** /ˈkraʊdɪd/ adj **1** lleno (de gente) **2** (fig) repleto

**crown** /kraʊn/ n **1** corona: *crown prince* príncipe heredero **2** the Crown (GB, Jur) el Estado **3** (cabeza) coronilla **4** (sombrero) copa **5** (colina) cumbre **6** (diente) corona
▶ vt coronar

**crucial** /ˈkruːʃl/ adj ~ **to/for sth/sb**) crucial (para algo/algn)

**crucifix** /ˈkruːsəfɪks/ n crucifijo

**crucify** /ˈkruːsɪfaɪ/ vt (pt, pp **-fied**) crucificar

**crude** /kruːd/ adj (**cruder, -est**) **1** burdo **2** grosero

**crude oil** n crudo (petróleo)

**cruel** /ˈkruːəl/ adj (**crueler, -est** o **crueller, -est**) ~ **(to sth/sb)** cruel (con algo/algn) **cruelty** n (pl **cruelties**) crueldad

**cruise** /kruːz/ vi **1** hacer un crucero **2** (avión) volar (a velocidad de crucero) **3** (coche) ir a velocidad constante
▶ n crucero (viaje)
**cruiser** n **1** (barco) crucero **2** (tb **cabin cruiser**) lancha motora con camarotes

**crumb** /krʌm/ n **1** miga **2** (fig) migaja

**crumble** /ˈkrʌmbl/ **1** vi ~ **(away)** desmoronarse, deshacerse **2** vt deshacer **3** vt, vi (Cocina) desmenuzar(se) **crumbly** adj que se desmorona, que se deshace en migajas

**crumple** /ˈkrʌmpl/ vt, vi ~ **(sth) (up)** arrugar algo, arrugarse

**crunch** /krʌntʃ/ **1** vt ~ **sth (up)** morder algo (haciendo ruido) **2** vt, vi (hacer) crujir

▶ n crujido
**crunchy** adj crujiente

**crusade** /kruːˈseɪd/ n cruzada **crusader** n (Hist) cruzado **2** luchador, -ora

**crush** /krʌʃ/ vt **1** aplastar: *to be crushed to death* morir aplastado ⟳ Ver dibujo en APLASTAR **2** ~ **sth (up)** (roca, etc.) triturar algo: *crushed ice* hielo picado **3** (ajo, etc.) machacar **4** (fruta) exprimir **5** moler **6** (ropa) arrugar **7** (ánimo) abatir
▶ n **1** (gentío) aglomeración **2** ~ **(on sb)** enamoramiento (breve) (de algn): *I had a crush on my teacher.* Me clavé con mi profesora. **3** (fruta) jugo
**crushing** adj (derrota, golpe) aplastante

**crust** /krʌst/ n corteza ⟳ Ver dibujo en PAN **crusty** adj (de corteza) crujiente

**crutch** /krʌtʃ/ n **1** muleta **2** (fig) apoyo

**crux** /krʌks/ n quid

**cry** /kraɪ/ (pt, pp **cried**) **1** vi ~ **(about/over sth/sb)** llorar (por algo/algn): *to cry for joy* llorar de alegría **2** vt, vi ~ **(out) (sth)** gritar (algo) LOC **cry your eyes/heart out** llorar a lágrima tendida **it's no use crying over spilled milk** a lo hecho, pecho PHRV **cry off** (GB, coloq) echarse atrás **cry out for sth** pedir algo a gritos
▶ n (pl **cries**) **1** grito **2** llorera: *to have a (good) cry* desahogarse llorando

**crybaby** /ˈkraɪbeɪbi/ n (pl **crybabies**) (coloq, pey) llorón, -ona

**crying** /ˈkraɪɪŋ/ adj LOC **a crying shame** una verdadera lástima

**crypt** /krɪpt/ n cripta

**cryptic** /ˈkrɪptɪk/ adj críptico

**crystal** /ˈkrɪstl/ n (Quím) cristal

Cuando **crystal** se refiere a vidrio, indica que es de muy alta calidad. Para el cristal de calidad normal se dice **glass**.

LOC **crystal clear 1** cristalino **2** (significado) claro como el agua

**cub** /kʌb/ n **1** (león, tigre, zorro) cachorro **2** osezno **3** lobezno **4** (GB) **Cub** (USA **Cub Scout**) lobato

**cube** /kjuːb/ n **1** cubo **2** (esp alimento) cubito: *sugar cube* terrón de azúcar **cubic** adj cúbico

**cubicle** /ˈkjuːbɪkl/ n **1** cubículo **2** probador **3** (piscina) vestidor **4** (baño) excusado

**cuckoo** /ˈkʊkuː/ n (pl **cuckoos**) cucú

**cucumber** /ˈkjuːkʌmbər/ n pepino

**cuddle** /ˈkʌdl/ **1** vt tener en brazos **2** vt, vi apapachar(se) PHRV **cuddle up (to sb)** acurrucarse (junto a algn)
▶ n abrazo
**cuddly** adj (coloq) mimoso: *cuddly toy* muñeco de peluche

**cue** /kjuː/ n **1** señal **2** (*Teat*) entrada: *He missed his cue.* Falló su entrada. **3** ejemplo: *to take your cue from sb* seguir el ejemplo de algn **4** taco (*de billar*) **LOC** **(right) on cue** en el momento preciso
▸ vt dar la señal a

**cuff** /kʌf/ n **1** (*ropa*) puño **2** manotazo **LOC** **off the cuff** de improviso
▸ vt dar un manotazo a

**cufflink** /'kʌflɪŋk/ n mancuernilla (*de camisa*)

**cuisine** /kwɪ'ziːn/ n cocina (*arte de cocinar*)

**cul-de-sac** /'kʌl də sæk/ n (*pl* **culs-de-sac** o **cul-de-sacs** /'kʌl də sæk/) cerrada

**cull** /kʌl/ vt **1** (*animales*) matar (*para controlar el número*) **2** (*información*) entresacar

**culminate** /'kʌlmɪneɪt/ vi ~ **(in sth)** (*formal*) culminar (en algo) **culmination** n culminación

**culottes** /kuː'lɒts/ GB kjuː-/ n [*pl*] falda pantalón

**culprit** /'kʌlprɪt/ n culpable

**cult** /kʌlt/ n **1** ~ **(of sth/sb)** culto (a algo/algn) **2** moda

**cultivate** /'kʌltɪveɪt/ vt **1** cultivar **2** (*fig*) fomentar **cultivated** adj **1** (*persona*) culto **2** cultivado **cultivation** n [*incontable*] cultivo

**cultural** /'kʌltʃərəl/ adj cultural

**culture** /'kʌltʃər/ n **1** cultura: *culture shock* choque cultural **2** (*Biol, Bot*) cultivo **cultured** adj **1** (*persona*) culto **2** *cultured pearl* perla cultivada

**cum** /kʌm/ prep (*esp GB*): *a kitchen-cum-dining room* una cocina-comedor

**cumbersome** /'kʌmbərsəm/ adj **1** engorroso **2** voluminoso

**cumulative** /'kjuːmjələtɪv/ adj **1** acumulado **2** acumulativo

**cunning** /'kʌnɪŋ/ adj **1** (*pey*) (*persona*) astuto **2** (*aparato, acción*) ingenioso
▸ n [*incontable*] astucia, maña **cunningly** adv astutamente

**cup** /kʌp/ n **1** taza: *paper cup* vaso de papel **2** (*premio*) copa **LOC** **(not) be sb's cup of tea** (*esp GB, coloq*) (no) ser plato del gusto de algn
▸ vt (*manos*) hacer un cuenco con, hacer bocina con: *She cupped a hand over the receiver.* Tapó el teléfono con la mano. ◇ *to cup your chin/face in your hands* apoyar la barbilla/cara en las manos

**cupboard** /'kʌbərd/ n armario, alacena

**cupful** /'kʌpfʊl/ n taza (*cantidad*)

**curate** /'kjʊərət/ n (*iglesia anglicana*) coadjutor, -ora (*del párroco*)

**curative** /'kjʊərətɪv/ adj (*formal*) curativo

**curator** /kjʊə'reɪtər/ n conservador, -ora (*de museo*)

**curb** /kɜːrb/ n **1** borde (de la banqueta) **2** ~ **(on sth)** freno (a algo)
▸ vt frenar

**curdle** /'kɜːrdl/ vt, vi (*leche, etc.*) cortar(se)

**cure** /kjʊər/ vt **1** curar **2** (*problema*) remediar **3** (*alimentos*) curar
▸ n **1** cura, curación **2** (*fig*) remedio

**curfew** /'kɜːrfjuː/ n toque de queda

**curiosity** /ˌkjʊəri'ɑsəti/ n **1** curiosidad **2** (*pl* **curiosities**) cosa rara

**curious** /'kjʊəriəs/ adj **1** (*interesado*) curioso: *I'm curious to…* Tengo curiosidad por…**2** (*extraño*) curioso **❶** En este sentido, la palabra más normal es **odd** o **strange**.

**curl** /kɜːrl/ n **1** rizo **2** (*humo*) espiral
▸ vt, vi rizar(se) **2** vi: *The smoke curled upwards.* El humo subía en espiral. **PHRV** **curl up** **1** rizarse **2** acurrucarse

**curly** /'kɜːrli/ adj (**curlier**, **-iest**) (*pelo*) chino

**currant** /'kɜːrənt/ GB 'kʌr-/ n **1** pasa **2** grosella (negra)

**currency** /'kɜːrənsi/ GB 'kʌr-/ n (*pl* **currencies**) **1** moneda: *foreign/hard currency* divisa extranjera/fuerte **2** aceptación: *to gain currency* generalizarse

**current** /'kɜːrənt/ GB 'kʌr-/ n corriente
▸ adj **1** actual: *current affairs* temas de actualidad **2** generalizado

**currently** /'kɜːrəntli/ GB 'kʌr-/ adv actualmente

**curriculum** /kə'rɪkjələm/ n (*pl* **curricula** /-lə/ o **curriculums**) plan de estudios

**curriculum vitae** /kəˌrɪkjələm 'viːtaɪ/ n (*GB*) Ver **cv**

**curry** /'kɜːri/ GB 'kʌri/ n (*pl* **curries**) (*plato al*) curry
▸ vt (*pt, pp* **curried**) **LOC** **curry favor (with sb)** (*pey*) congraciarse (con algn)

**curse** /kɜːrs/ n **1** maldición **2** maleficio **3** desgracia
▸ vt, vi maldecir **LOC** **be cursed with sth** estar atribulado por algo

**cup**

cup and saucer     mug

handles

saucer

**cursor** /'kɜːrsər/ n (Informát) cursor

**cursory** /'kɜːrsəri/ adj rápido, superficial

**curt** /kɜːrt/ adj (manera de hablar) brusco

**curtail** /kɜːr'teɪl/ vt (formal) acortar **curtailment** n (formal) **1** (poder) limitación **2** interrupción

**curtain** /'kɜːrtn/ n **1** cortina: *to draw the curtains* abrir/correr las cortinas ◇ *lace/net curtains* visillos **2** (Teat) telón
**LOC** be curtains (for sb) (coloq) ser el fin (para algn)

**curtsy** (tb **curtsey**) /'kɜːrtsi/ vi (pt, pp **curtsied** o **curtseyed**) (sólo mujeres) hacer una reverencia
▸ n (pl **curtsies** o **curtseys**) reverencia

**curve** /kɜːrv/ n curva
▸ vi describir/hacer una curva

**curved** /kɜːrvd/ adj **1** curvo **2** en curva, arqueado

**cushion** /'kʊʃn/ n **1** cojín **2** (fig) colchón
▸ vt **1** amortiguar **2** ~ **sth/sb (against/from sth)** (fig) proteger algo/a algn (de algo)

**custard** /'kʌstərd/ n [incontable] natillas

**custodian** /kʌ'stoʊdiən/ n **1** (GB **caretaker**) conserje, portero, -a **2** guardián, -ana **3** (museo, etc.) conservador, -ora

**custody** /'kʌstədi/ n **1** custodia: *in custody* bajo custodia **2** *to remand sb in custody* ordenar la detención de algn

**custom** /'kʌstəm/ n **1** costumbre **2** (GB, formal) clientela **customary** /'kʌstəməri; GB -məri/ adj acostumbrado, habitual: *It is customary to…* Es costumbre…

**customer** /'kʌstəmər/ n cliente

**customs** /'kʌstəmz/ n [pl] **1** (tb **customs duty**) derechos de aduana **2** aduana

**cut** /kʌt/ (**-tt-**) (pt, pp **cut**) **1** vt, vi cortar(se): *to cut sth in half* partir algo por la mitad **2** vt (gema, vidrio) tallar: *cut glass* cristal cortado **3** vt reducir, recortar **4** vt (precio) rebajar **5** vt (suprimir) cortar **6** vt (fig) herir **LOC** cut it/that out! (coloq) ¡Basta ya! **cut it/things close/fine** dejar algo hasta el último momento **cut sth/sb short** interrumpir algo/a algn **cut sth short** truncar algo
**PHRV** cut across sth **1** rebasar algo **2** atajar por algo
**cut sth back 1** (tb **cut back on sth**) recortar algo **2** podar algo
**cut down (on sth)** reducir algo: *to cut down on smoking* fumar menos **cut sth down 1** talar algo **2** reducir algo
**cut in (on sth/sb) 1** (GB **push in**) (en fila) meterse (delante de algo/algn), colarse **2** interrumpir (algo/a algn)
**cut sb off 1** desheredar a algn **2** (teléfono): *I've been cut off.* Se cortó la línea.
**cut sth off 1** cortar algo: *to cut 20 seconds*

*off the record* mejorar el récord en 20 segundos **2** (pueblo) aislar algo: *to be cut off* quedar incomunicado
**cut out** (motor) apagarse **cut sth out 1** recortar algo **2** (información) suprimir algo **3** *to cut out sweets* dejar de comer dulces **be cut out for sth; be cut out to be sth** (coloq) estar hecho para algo, tener madera de algo
**cut sth up** cortar algo (en pedazos), picar algo
▸ n **1** corte, incisión **2** reducción, recorte, rebaja **3** (carne) pieza **4** (ropa) corte **5** (coloq) (ganancias) parte **LOC** a cut above sth/sb (algo) superior a algo/algn *Ver tb* SHORT CUT

**cutback** /'kʌtbæk/ n recorte, reducción

**cute** /kjuːt/ adj (**cuter**, **-est**) (coloq) mono, lindo

**cutlery** /'kʌtləri/ (GB) (USA **silverware**) n [incontable] cubiertos

**cutlet** /'kʌtlət/ n chuleta

**cut-off** /'kʌt ɔːf; GB ɒf/ (tb **cut-off point**) n límite

**cut-rate** /ˌkʌt 'reɪt/ (GB **cut-price** /ˌkʌt 'praɪs/) adj, adv a precio reducido

**cutthroat** /'kʌtθroʊt/ adj despiadado

**cutting** /'kʌtɪŋ/ n **1** (Bot) esqueje, piecito **2** (GB) (periódico, etc.) recorte
▸ adj (comentario) mordaz

**CV** /ˌsiː 'viː/ n (abrev de **curriculum vitae**) (GB) (USA **résumé**) n historial profesional

**cyanide** /'saɪənaɪd/ n cianuro

**cycle** /'saɪkl/ n **1** ciclo **2** (obras) serie **3** bicicleta
▸ vi ir en bicicleta
**cyclic** /'saɪklɪk, 'sɪk-/ (tb **cyclical**) adj cíclico

**cycling** /'saɪklɪŋ/ (esp GB) (USA **bicycle racing**) n ciclismo

**cyclist** /'saɪklɪst/ n ciclista

**cyclone** /'saɪkloʊn/ n ciclón

**cylinder** /'sɪlɪndər/ n **1** cilindro **2** (gas) tanque **cylindrical** /sə'lɪndrɪkl/ adj cilíndrico

**cymbal** /'sɪmbl/ n platillo (música)

**cynic** /'sɪnɪk/ n malpensado, -a, desconfiado, -a **cynical** adj **1** malpensado, que desconfía de todo **2** sin escrúpulos, cínico **cynicism** /'sɪnɪsɪzəm/ n **1** desconfianza **2** falta de escrúpulos, cinismo

**cypress** /'saɪprəs/ n ciprés

**cyst** /sɪst/ n quiste

**cystic fibrosis** /ˌsɪstɪk faɪ'broʊsɪs/ n [incontable] fibrosis pulmonar

---

ɜː bird   ɪə near   eə hair   ʊə tour   ʒ vision   h hat   ŋ sing

# D d

**D, d** /diː/ n (pl **Ds, D's, d's**) **1** D, d: *D as in David* D de dedo ➲ *Ver ejemplos en* A, A **2** (*Mús*) re **3** (*esp GB, Educ*) aprobado

**dab** /dæb/ *vt, vi* (**-bb-**) ~ (**at**) **sth** tocar algo ligeramente PHRV **dab sth on (sth)** poner un poco de algo (en algo) ▸ *n* poquito

**ʔ dad** /dæd/ (*tb* **daddy** /'dædi/) *n* (*coloq*) papá

**daffodil** /'dæfədɪl/ *n* narciso

**daft** /dæft; *GB* dɑːft/ *adj* (**dafter, -est**) (*GB, coloq*) bobo, ridículo

**dagger** /'dægər/ *n* puñal, daga

**ʔ daily** /'deɪli/ *adj* diario, cotidiano ▸ *adv* a diario, diariamente ▸ *n* (pl **dailies**) diario (*periódico*)

**dairy** /'deəri/ *n* (pl **dairies**) lechería ▸ *adj*: *dairy products* productos lácteos ◇ *dairy farm/farming* granja/industria lechera

**daisy** /'deɪzi/ *n* (pl **daisies**) margarita

**dam** /dæm/ *n* presa (*de un río*) ▸ *vt* represar

**ʔ damage** /'dæmɪdʒ/ *vt* **1** dañar **2** perjudicar **3** estropear ▸ *n* **1** [*incontable*] daño **2** damages [*pl*] daños y perjuicios **damaging** *adj* perjudicial

**Dame** /deɪm/ *n* (*GB*) título aristocrático concedido a mujeres

**damn** /dæm/ *vt* condenar ▸ *n* LOC **not give a damn (about sth/sb)** (*coloq*) importar a algn un comino (algo/algn): *She doesn't give a damn about it.* Le importa un comino. ▸ *adj* (*tb* **damned**) (*coloq*) maldito ▸ *interj* ¡maldito sea! **damnation** /dæm'neɪʃn/ *n* condenación **damning** /'dæmɪŋ/ *adj* contundente (*críticas, pruebas*)

**ʔ damp** /dæmp/ *adj* (**damper, -est**) húmedo ➲ *Ver nota en* MOIST ▸ *n* humedad ▸ *vt* (*tb* **dampen** /'dæmpən/) mojar PHRV **damp down sth** (*sentimientos*) sofocar algo

**ʔ dance** /dæns; *GB* dɑːns/ *vt, vi* bailar ▸ *n* baile

**ʔ dancer** /'dænsər; *GB* 'dɑːnsər/ *n* bailarín, -ina

**ʔ dancing** /'dænsɪŋ; *GB* 'dɑːnsɪŋ/ *n* baile

**dandelion** /'dændɪlaɪən/ *n* diente de león

**dandruff** /'dændrʌf/ *n* caspa

**ʔ danger** /'deɪndʒər/ *n* peligro LOC **in danger of sth** en peligro de algo: *They're in danger of losing their jobs.* Corren el riesgo de quedarse sin empleo.

**ʔ dangerous** /'deɪndʒərəs/ *adj* **1** peligroso **2** nocivo

**dangle** /'dæŋgl/ *vi* colgar

**dank** /dæŋk/ *adj* húmedo y frío

**ʔ dare** /deər/ **1** *v modal, vi* (*neg* **don't/ doesn't dare** *o* **dare not** *o* **daren't** /deərnt/ *pt* **didn't dare** *o* **dared not**) [*en frases negativas y en preguntas*] atreverse a

> Sobre todo en Gran Bretaña, **dare** se usa también como verbo modal y le sigue un infinitivo sin **to**. Construye el pasado y las oraciones negativas e interrogativas sin el auxiliar **do**: *Nobody dared speak.* Nadie se atrevió a hablar. ◇ *I daren't ask my boss for a day off.* No me atrevo a pedirle a mi jefe un día libre. En Estados Unidos se diría: *I wouldn't dare ask my boss for a day off.* ➲ *Ver tb pág.* 306

**2** *vt* ~ **sb** (**to do sth**) desafiar a algn (a hacer algo) LOC **don't you dare** (*coloq*) ni se te ocurra: *Don't you dare tell her!* ¡No se te ocurra decírselo! **how dare you!** ¡cómo te atreves! **I dare say** diría yo

**daring** /'deərɪŋ/ *n* atrevimiento, osadía ▸ *adj* atrevido, audaz

**ʔ dark** /dɑːrk/ *adj* (**darker, -est**) **1** oscuro: *dark green* verde oscuro ◇ *to get/grow dark* anochecer **2** (*persona, tez*) moreno **3** secreto **4** triste, agorero: *These are dark days.* Estamos en tiempos difíciles. LOC **a dark horse** una persona de talentos ocultos ▸ *n* **the dark** [*sing*] la oscuridad LOC **before/after dark** antes/después del anochecer

**darken** /'dɑːrkən/ *vt, vi* oscurecer(se)

**dark glasses** *n* [*pl*] lentes oscuros

**darkly** /'dɑːrkli/ *adv* **1** misteriosamente **2** con pesimismo

**darkness** /'dɑːrknəs/ *n* [*incontable*] oscuridad, tinieblas: *in darkness* a oscuras

**darkroom** /'dɑːrkruːm, -rʊm/ *n* (*Fot*) cuarto oscuro

**darling** /'dɑːrlɪŋ/ *n* encanto: *Hello, darling!* ¡Hola, cariño!

**dart** /dɑːrt/ *n* dardo: *to play darts* jugar a los dardos

---

| ʃ chin | dʒ June | v van | θ then | s so | z zoo | ʃ she |

▶ *vi* precipitarse **PHRV** **dart away/off** salir disparado

**dash** /dæʃ/ *n* **1** ~ **(of sth)** pizca (de algo) **2** raya ➔ *Ver pág 308* **LOC** **make a dash for sth** precipitarse hacia algo
▶ **1** *vi* apresurarse: *I must dash.* Tengo que darme prisa. **2** *vi* ir a toda prisa: *He dashed across the room.* Cruzó la sala a toda prisa. ◊ *I dashed upstairs.* Subí las escaleras a todo correr. **LOC** **dash sb's hopes** destrozar las esperanzas de algn **PHRV** **dash sth off** hacer algo a toda prisa

**dashboard** /'dæʃbɔːrd/ *n* tablero de instrumentos (*en coche*)

**ʔ data** /'deɪtə, 'dætə; *GB tb* 'dɑːtə/ *n* **1** (*Informát*) datos **2** información

**database** /'deɪtəbeɪs, 'dætə-/ (*tb* **databank** /'deɪtəbæŋk, 'dætə-/) *n* base de datos

**ʔ date** /deɪt/ *n* **1** fecha **2** cita: *Did he ask you out for a date?* ¿Te pidió que salieran? **3** dátil *Ver tb* OUT OF DATE, UP TO DATE **LOC** **to date** hasta la fecha
▶ **1** *vt* fechar **2** *vt* (*fósiles, cuadros, etc.*) datar **3** *vt, vi* salir con: *Are you dating at the moment?* ¿Ahorita estás saliendo con alguien?

**datebook** /'deɪtbʊk/ (*GB* **diary**) *n* agenda

**dated** /'deɪtɪd/ *adj* pasado de moda

**ʔ daughter** /'dɔːtər/ *n* hija

**daughter-in-law** /'dɔːtər ɪn lɔː/ *n* (*pl* **daughters-in-law**) nuera

**daunting** /'dɔːntɪŋ/ *adj* sobrecogedor: *a daunting task* una impresionante tarea

**dawn** /dɔːn/ *n* amanecer: *from dawn till dusk* de sol a sol **LOC** *Ver* CRACK
▶ *vi* amanecer

**ʔ day** /deɪ/ *n* **1** día: *all day* todo el día **2** jornada **3 days** [*pl*] época **LOC** **by day/night** de día/noche **carry/win the day** (*formal*) triunfar **day after day** día tras día **day by day** día a día **day in, day out** todos los días sin excepción **from one day to the next** de un día para otro **one/some day; one of these days** algún día, un día de estos **the day after tomorrow** pasado mañana **the day before yesterday** anteayer **these days** (*coloq*) hoy en día **to this day** aun ahora *Ver tb* BETTER, CALL, CLEAR, EARLY, PRESENT

**daycare center** /'deɪkeər sentər/ (*GB* **crèche**) *n* guardería (*infantil*)

**daydream** /'deɪdriːm/ *n* ensueño
▶ *vi* soñar despierto

**daylight** /'deɪlaɪt/ *n* luz del día: *in daylight* de día **LOC** *Ver* BROAD

**day off** *n* día libre

| 403 | **death** |

**day return** *n* (*GB*) boleto de ida y vuelta para un mismo día

**daytime** /'deɪtaɪm/ *n* día: *in the daytime* de día

**day-to-day** /ˌdeɪ tə 'deɪ/ *adj* día a día

**day trip** *n* excursión de un día

**daze** /deɪz/ *n* **LOC** **in a daze** aturdido

**dazed** *adj* aturdido

**dazzle** /'dæzl/ *vt* deslumbrar

**ʔ dead** /ded/ *adj* **1** muerto **2** (*hojas*) seco **3** (*brazos, etc.*) dormido **4** (*GB* **flat**) (*pila*) descargado **5** (*teléfono*): *The line's gone dead.* Se cortó la línea.
▶ *adv* (*coloq*) completamente: *You are dead right.* Tienes toda la razón. **LOC** *Ver* FLOG, DROP
▶ *n* **LOC** **in the/at dead of night** en plena noche

**deaden** *vt* **1** (*sonido*) amortiguar **2** (*dolor*) aliviar

**dead end** *n* callejón sin salida

**dead heat** *n* empate

**deadline** /'dedlaɪn/ *n* fecha/hora límite

**deadlock** /'dedlɑːk/ *n* punto muerto

**deadly** /'dedli/ *adj* (**deadlier, -iest**) mortal **LOC** *Ver* EARNEST

**ʔ deaf** /def/ *adj* (**deafer, -est**) sordo: *deaf and dumb* sordomudo **deafen** *vt* ensordecer **deafening** *adj* ensordecedor **deafness** *n* sordera

**ʔ deal** /diːl/ *vt, vi* (*pt, pp* **dealt** /delt/) (*golpe, baraja*) dar **PHRV** **deal in sth** comerciar en algo: *to deal in drugs/arms* traficar en drogas/armas **deal with sb** tratar a/ con algn **2** ocuparse de algn **deal with sth 1** (*problema*) resolver algo **2** (*situación*) manejar algo **3** (*tema*) tratar de algo
▶ *n* **1** trato **2** contrato **LOC** **a good/great deal** mucho: *It's a good/great deal warmer today.* Hace mucho más calor hoy.

**dealer** /'diːlər/ *n* **1** vendedor, -ora, comerciante **2** (*de drogas, armas*) traficante **3** (*Naipes*) repartidor, -ora

**dealing** /'diːlɪŋ/ *n* (*drogas, armas*) tráfico **LOC** **have dealings with sth/sb** tratar con algo/algn

**dean** /diːn/ *n* **1** (*universidad*) decano, -a **2** (*GB, Relig*) deán

**ʔ dear** /dɪər/ *adj* (**dearer, -est**) **1** querido **2** (*carta*): *Dear Sir* Estimado señor ◊ *Dear Jason,…* Querido Jason:… **3** (*GB*) caro **LOC** **oh dear!** ¡vaya!
▶ *n* cariño

**dearly** *adv* mucho

**ʔ death** /deθ/ *n* muerte: *death certificate* certificado de defunción ◊ *death*

---

| i: see | ɪ sit | e ten | æ cat | ɑ hot | ɔː saw | ʌ cup | ʊ put | u: too |

*penalty/sentence* pena/condena de muerte ◇ *to beat sb to death* matar a algn a golpes **LOC** **put sb to death** dar muerte a algn *Ver tb* MATTER, SICK **deathly** *adj* sepulcral: *deathly cold/pale* frío/pálido como un muerto

**debase** /dɪˈbeɪs/ *vt* degradar

**debatable** /dɪˈbeɪtəbl/ *adj* discutible

ʕ **debate** /dɪˈbeɪt/ *n* debate
▶ *vt, vi* debatir

**debit** /ˈdebɪt/ *n* débito
▶ *vt* cobrar

**debris** /dəˈbriː; *GB* ˈdeɪbriː/ *n* [*incontable*] escombros

ʕ **debt** /det/ *n* deuda **LOC** **be in debt** tener deudas **debtor** *n* deudor, -ora

ʕ **decade** /ˈdekeɪd, dɪˈkeɪd/ *n* década

**decadence** /ˈdekədəns/ *n* decadencia

**decadent** /ˈdekədənt/ *adj* decadente

**decaf** /ˈdiːkæf/ *n* (*coloq*) (café) descafeinado

**decaffeinated** /ˌdiːˈkæfɪneɪtɪd/ *adj* descafeinado

ʕ **decay** /dɪˈkeɪ/ *vi* **1** (*dientes*) picarse **2** descomponerse **3** decaer
▶ *n* [*incontable*] **1** (*tb* **tooth decay**) caries **2** descomposición

**deceased** /dɪˈsiːst/ *adj* (*formal*) difunto
▶ *n* **the deceased** (*formal*) el difunto, la difunta

**deceit** /dɪˈsiːt/ *n* **1** (*doblez*) falsedad **2** engaño **deceitful** *adj* **1** mentiroso **2** engañoso

**deceive** /dɪˈsiːv/ *vt* engañar

**December** /dɪˈsembər/ *n* (*abrev* Dec.) diciembre ➔ *Ver nota y ejemplos en* JANUARY

**decency** /ˈdiːsnsi/ *n* decencia, decoro

**decent** /ˈdiːsnt/ *adj* **1** decente, correcto **2** adecuado, aceptable

**deception** /dɪˈsepʃn/ *n* engaño

**deceptive** /dɪˈseptɪv/ *adj* engañoso

ʕ **decide** /dɪˈsaɪd/ **1** *vi* ~ **(against sth/sb)** decidirse (en contra de algo/algn) **2** *vi* ~ **on sth/sb** optar por algo/algn **3** *vt* decidir, determinar **decided** *adj* **1** (*claro*) marcado **2** ~ **(about sth)** decidido, resuelto (en algo)

**decimal** /ˈdesɪml/ *adj, n* decimal: *decimal point* punto decimal

**decipher** /dɪˈsaɪfər/ *vt* descifrar

ʕ **decision** /dɪˈsɪʒn/ *n* ~ **(on/about sth)** decisión (sobre algo): *decision-making* toma de decisiones

**decisive** /dɪˈsaɪsɪv/ *adj* **1** decisivo **2** decidido, resuelto

**deck** /dek/ *n* **1** (*Náut*) cubierta **2** (*GB* **pack**) baraja **3** (*esp GB*) (*camión*) piso **4** *cassette/tape deck* tocacintas

**deckchair** /ˈdektʃeər/ *n* tumbona

**declaration** /ˌdekləˈreɪʃn/ *n* declaración

ʕ **declare** /dɪˈkleər/ *vt* declarar

ʕ **decline** /dɪˈklaɪn/ **1** *vi* disminuir **2** *vi* ~ **to do sth** (*formal*) negarse a hacer algo **3** *vt, vi* (*Gram*) declinar
▶ *n* **1** disminución **2** decadencia, deterioro

**decompose** /ˌdiːkəmˈpoʊz/ *vt, vi* descomponer(se), pudrir(se)

**decor** /deɪˈkɔːr; *GB* ˈdeɪkɔː(r)/ *n* [*incontable*] decoración

ʕ **decorate** /ˈdekəreɪt/ *vt* **1** ~ **sth (with sth)** adornar algo (con/de algo) **2** empapelar, pintar **3** ~ **sb (for sth)** condecorar a algn (por algo)

ʕ **decoration** /ˌdekəˈreɪʃn/ *n* **1** decoración **2** adorno **3** condecoración

ʕ **decorative** /ˈdekəreɪtɪv; *GB* -rətɪv/ *adj* decorativo

**decoy** /ˈdiːkɔɪ/ *n* señuelo

ʕ **decrease** /dɪˈkriːs/ **1** *vi* disminuir **2** *vt* reducir
▶ *n* /ˈdiːkriːs/ ~ **(in sth)** disminución, reducción (en/de algo)

**decree** /dɪˈkriː/ *n* decreto
▶ *vt* (*pt, pp* **decreed**) decretar

**decrepit** /dɪˈkrepɪt/ *adj* decrépito

**dedicate** /ˈdedɪkeɪt/ *vt* dedicar, consagrar **dedication** *n* **1** dedicación **2** dedicatoria

**deduce** /dɪˈduːs; *GB* dɪˈdjuːs/ *vt* deducir (*teoría, conclusión, etc.*)

**deduct** /dɪˈdʌkt/ *vt* deducir (*impuestos, gastos, etc.*) **deduction** *n* deducción

**deed** /diːd/ *n* **1** (*formal*) acción, obra **2** (*formal*) hazaña **3** (*Jur*) escritura

**deem** /diːm/ *vt* (*formal*) considerar

ʕ **deep** /diːp/ *adj* (**deeper, -est**) **1** profundo **2** de profundidad: *This pool is only one meter deep.* Esta piscina sólo tiene un metro de profundidad. **3** (*respiración*) hondo **4** (*voz, sonido, etc.*) grave **5** (*color*) intenso **6** ~ **in sth** sumido, absorto en algo
▶ *adv* (**deeper, -est**) muy profundo, con profundidad: *Don't go in too deep!* ¡No te metas muy adentro! **LOC** **deep down** en el fondo **go/run deep** estar muy arraigado

**deepen** /ˈdiːpən/ *vt, vi* hacer(se) más profundo, aumentar

**deep freezer** (*GB* **deep freeze**) *n* Ver FREEZER

**deeply** /'di:pli/ *adv* profundamente, a fondo, muchísimo

**deer** /dɪər/ *n* (*pl* **deer**) venado ⊃ *Ver nota en* VENADO

**default** /dɪ'fɔ:lt/ *GB tb* 'di:fɔ:lt/ *n* **1** incumplimiento **2** incomparecencia **3** (*Informát*): *the default option* la opción por defecto LOC **by default** por incomparecencia
▶ *vi* ~ **(on sth)** dejar incumplido (algo)

**defeat** /dɪ'fi:t/ *vt* **1** derrotar **2** (*planes, etc.*) frustrar
▶ *n* derrota: *to admit/accept defeat* darse por vencido

**defect¹** /dɪ'fekt/ *vi* **1** ~ **(from sth)** desertar (de algo) **2** ~ **to sth** pasarse a algo **defection** *n* **1** deserción **2** exilio **defector** *n* desertor, -ora

**defect²** /'di:fekt, dɪ'fekt/ *n* defecto ⊃ *Ver nota en* MISTAKE **defective** /dɪ'fektɪv/ *adj* defectuoso

**defend** /dɪ'fend/ *vt* ~ **sth/sb (against/from sth/sb)** defender, proteger algo/a algn (de algo/algn) **defendant** *n* acusado, -a, inculpado, -a

**defense** (*GB* **defence**) /dɪ'fens/ *n* **1** ~ **(of sth) (against sth)** defensa (de algo) (contra algo) **2 the defense** [*sing*] (*Jur*) la defensa **defenseless** *adj* indefenso **defensive** *adj* ~ **(about sth)** a la defensiva (sobre algo) LOC **on the defensive** a la defensiva

**defer** /dɪ'fɜ:r/ *vt* (**-rr-**) posponer **deference** /'defərəns/ *n* deferencia, respeto LOC **in deference to sth/sb** por deferencia a algo/algn

**defiance** /dɪ'faɪəns/ *n* desafío, desobediencia **defiant** *adj* desafiante

**deficiency** /dɪ'fɪʃnsi/ *n* (*pl* **deficiencies**) deficiencia **deficient** *adj* ~ **(in sth)** deficiente (en algo)

**define** /dɪ'faɪn/ *vt* ~ **sth (as sth)** definir algo (como algo)

**definite** /'defɪnət/ *adj* **1** definitivo, concreto **2** ~ **(about sth/that…)** seguro (sobre algo/de que…) **3** definido: *definite article* artículo definido

**definitely** /'defɪnətli/ *adv* **1** definitivamente **2** sin duda alguna

**definition** /ˌdefɪ'nɪʃn/ *n* definición

**definitive** /dɪ'fɪnətɪv/ *adj* definitivo, determinante

**deflate** /ˌdi:'fleɪt, dɪ'fleɪt/ *vt, vi* deshinchar(se), desinflar(se)

**deflect** /dɪ'flekt/ *vt* ~ **sth (from sth)** desviar algo (de algo)

**deform** /dɪ'fɔ:rm/ *vt* deformar **deformed** *adj* deforme **deformity** *n* (*pl* **deformities**) deformidad

**defrost** /ˌdi:'frɔ:st; *GB* -'frɒst/ *vt* descongelar

**deft** /deft/ *adj* hábil

**defunct** /dɪ'fʌŋkt/ *adj* (*formal*) muerto, fenecido

**defuse** /ˌdi:'fju:z/ *vt* **1** (*bomba*) desactivar **2** (*tensión, crisis*) atenuar

**defy** /dɪ'faɪ/ *vt* (*pt, pp* **defied**) **1** desafiar **2** ~ **sb to do sth** retar, desafiar a algn a que haga algo

**degenerate** /dɪ'dʒenəreɪt/ *vi* ~ **(into sth)** degenerar (en algo) **degeneration** *n* degeneración

**degradation** /ˌdegrə'deɪʃn/ *n* degradación

**degrade** /dɪ'greɪd/ *vt* degradar

**degree** /dɪ'gri:/ *n* **1** grado **2** título: *a college/university degree* un título universitario ◊ *to choose a degree course* escoger una carrera LOC **by degrees** poco a poco

**deity** /'deɪəti/ *n* (*pl* **deities**) deidad

**dejected** /dɪ'dʒektɪd/ *adj* desanimado

**delay** /dɪ'leɪ/ **1** *vt* retrasar: *The train was delayed.* El tren se retrasó. **2** *vi* esperar, tardar: *Don't delay!* ¡No te tardes! **3** *vt* aplazar: *delayed action* de acción retardada
▶ *n* retraso
**delaying** *adj* dilatorio: *delaying tactics* tácticas de distracción

**delegate** /'delɪgət/ *n* delegado
▶ *vt* /'delɪgeɪt/ ~ **sth (to sb)** encomendar algo (a algn)
**delegation** *n* delegación

**delete** /dɪ'li:t/ *vt* borrar, tachar **deletion** *n* borrado, eliminación

**deliberate** /dɪ'lɪbərət/ *adj* deliberado
▶ *vi* /dɪ'lɪbəreɪt/ deliberar
**deliberation** *n* [*gen pl*] deliberación

**delicacy** /'delɪkəsi/ *n* (*pl* **delicacies**) **1** delicadeza **2** manjar

**delicate** /'delɪkət/ *adj* delicado: *delicate china* porcelana fina ◊ *a delicate color* un color suave ◊ *a delicate flavor* un exquisito sabor

**delicatessen** /ˌdelɪkə'tesn/ (*tb* **deli** /'deli/) *n* salchichonería

**delicious** /dɪ'lɪʃəs/ *adj* delicioso

**delight** /dɪ'laɪt/ *n* deleite: *the delights of traveling* el placer de viajar LOC **take delight in (doing) sth 1** deleitarse en (hacer) algo **2** (*pey*) regodearse en (hacer) algo
▶ *vt* encantar PHRV **delight in (doing) sth** deleitarse en algo/haciendo algo

**delighted** /dɪˈlaɪtɪd/ adj **1 ~ (by/at/with sth)** encantado (con algo) **2 ~ (to do sth/that…)** encantado (de hacer algo/de que…)

**delightful** /dɪˈlaɪtfl/ adj encantador

**delinquency** /dɪˈlɪŋkwənsi/ n delincuencia

**delinquent** /dɪˈlɪŋkwənt/ adj, n delincuente

**delirious** /dɪˈlɪriəs/ adj delirante: *delirious with joy* loco de contento **delirium** n delirio

**deliver** /dɪˈlɪvər/ **1** vt (correo, géneros) repartir **2** vt (recado) comunicar **3** vt (discurso) pronunciar **4** vt **~ a baby** traer al mundo un bebé: *to deliver a baby by Cesarean section* practicar una cesárea **5** vt, vi **~ (on sth)** cumplir (con algo) (promesa, etc.): *If you can't deliver improved sales figures, you're fired.* Si no puedes lograr una mejoría en las ventas, serás despedido. **6** vt (golpe) dar

**delivery** /dɪˈlɪvəri/ n (pl deliveries) **1** reparto **2** entrega **3** parto **LOC** Ver CASH

**delta** /ˈdeltə/ n delta

**delude** /dɪˈluːd/ vt engañar

**deluge** /ˈdeljuːdʒ/ n **1** tromba (de agua) **2** (fig) avalancha: *a deluge of criticism* una lluvia de críticas
▸ vt **~ sth/sb (with sth)** inundar algo/a algn (de algo)

**delusion** /dɪˈluːʒn/ n engaño, espejismo

**deluxe** /dəˈlʌks, -ˈlʊks/ adj de lujo

**demand** /dɪˈmænd; GB dɪˈmɑːnd/ n **1 ~ (for sb to do sth)** exigencia (de que algn haga algo) **2 ~ (that…)** exigencia (de que…) **3 ~ (for sth)** demanda (de algo) **LOC** in demand solicitado **on demand** a petición Ver tb SUPPLY
▸ vt **1** exigir **2** requerir **demanding** adj exigente

**demise** /dɪˈmaɪz/ n **1** (negocio, idea, etc.) fracaso: *the demise of the business* el fracaso del negocio **2** (formal o hum) fallecimiento

**demo** /ˈdemoʊ/ n (pl demos) (coloq) Ver DEMONSTRATION

**democracy** /dɪˈmɑkrəsi/ n (pl democracies) democracia **democrat** /ˈdeməkræt/ n **1** demócrata **2 Democrat** (USA, Pol) demócrata **democratic** /ˌdeməˈkrætɪk/ adj democrático

**demographic** /ˌdeməˈɡræfɪk/ adj demográfico

**demolish** /dɪˈmɑlɪʃ/ vt derribar **demolition** /ˌdeməˈlɪʃn/ n demolición

**demon** /ˈdiːmən/ n demonio **demonic** /dɪˈmɑnɪk/ adj diabólico

**demonstrate** /ˈdemənstreɪt/ **1** vt demostrar **2** vi **~ (against/in favor of sth/sb)** manifestarse (en contra/a favor de algo/algn) **demonstration** n **1** demostración **2 ~ (against/in favor of sth/sb)** manifestación (en contra/a favor de algo/algn)

**demonstrative** /dɪˈmɑnstrətɪv/ adj **1** cariñoso **2** (Gram) demostrativo

**demonstrator** /ˈdemənstreɪtər/ n manifestante

**demoralize** (GB tb -ise) /dɪˈmɔːrəlaɪz; GB -ˈmɒr-/ vt desmoralizar

**demure** /dɪˈmjʊər/ adj recatado

**den** /den/ n guarida

**denial** /dɪˈnaɪəl/ n **1 ~ (of sth/that…)** negación (de algo/de que…) **2 ~ of sth** denegación de algo

**denim** /ˈdenɪm/ n mezclilla

**denomination** /dɪˌnɑmɪˈneɪʃn/ n secta

**denounce** /dɪˈnaʊns/ vt **~ sth/sb (as sth)** denunciar algo/a algn (como algo): *An informer denounced him to the police.* Un delator lo denunció a la policía.

**dense** /dens/ adj (denser, -est) **1** denso **2** (coloq) (persona) negado **density** n (pl densities) densidad

**dent** /dent/ n abolladura
▸ vt, vi abollar(se)

**dental** /ˈdentl/ adj dental

**dentist** /ˈdentɪst/ n dentista

**denunciation** /dɪˌnʌnsiˈeɪʃn/ n denuncia

**Denver boot** /ˌdenvər ˈbuːt/ (tb boot) (GB clamp, wheel clamp) n candado (para coche mal estacionado)

**deny** /dɪˈnaɪ/ vt (pt, pp denied) **1** negar **2** (verdad) desmentir

**deodorant** /diˈoʊdərənt/ n desodorante

**depart** /dɪˈpɑrt/ vi **~ (for…) (from…)** (formal) salir (hacia…) (de…)

**department** /dɪˈpɑrtmənt/ n (abrev Dept) **1** departamento, sección **2** ministerio **departmental** /ˌdiːpɑrtˈmentl/ adj de departamento

**department store** n tienda departamental

**departure** /dɪˈpɑrtʃər/ n **1 ~ (from…)** partida (de…) **2** (de avión, tren) salida

**depend** /dɪˈpend/ vi **LOC** that depends; it (all) depends depende **PHRV** depend on/upon sth/sb **1** contar con algo/algn **2** confiar en algo/algn **depend on sth/sb (for sth)** depender de algo/algn (para algo)

**dependable** /dɪˈpendəbl/ *adj* fiable

**dependence** /dɪˈpendəns/ *n* ~ (on/upon sth/sb) dependencia (de algo/algn)

**dependent** (GB tb **dependant**) /dɪˈpendənt/ *n* persona bajo el cargo de otra
▸ *adj* **1** be ~ on/upon sth/sb depender de algo/algn **2** (*persona*) poco independiente

**depict** /dɪˈpɪkt/ *vt* representar

**depleted** /dɪˈpliːtɪd/ *adj* reducido

**deplore** /dɪˈplɔːr/ *vt* (*formal*) **1** condenar **2** lamentar

**deploy** /dɪˈplɔɪ/ *vt, vi* desplegar(se)

**deport** /dɪˈpɔːrt/ *vt* deportar **deportation** /ˌdiːpɔːrˈteɪʃn/ *n* deportación

**depose** /dɪˈpəʊz/ *vt* destituir, deponer

**ꝗ deposit** /dɪˈpɑzɪt/ *vt* **1** (*dinero*) depositar **2** ~ sth (in sth/with sb) (*bienes*) dejar algo (en algo/a cargo de algn)
▸ *n* **1** depósito: *to leave a deposit on sth* dejar un depósito para algo ◇ *safety deposit box* caja de seguridad **2** depósito, sedimento

**depot** /ˈdiːpəʊ; GB ˈdep-/ *n* **1** depósito, almacén **2** (*USA*) estación (*de tren o de autobuses*) **3** (*GB*) (*para vehículos*) parque

**ꝗ depress** /dɪˈpres/ *vt* deprimir **depression** *n* depresión

**deprivation** /ˌdeprɪˈveɪʃn/ *n* pobreza, privación

**deprive** /dɪˈpraɪv/ *vt* ~ sth/sb of sth privar algo/a algn de algo **deprived** *adj* necesitado

**ꝗ depth** /depθ/ *n* profundidad **LOC** in depth a fondo, en profundidad

**deputation** /ˌdepjuˈteɪʃn/ *n* delegación

**deputize** /ˈdepjutaɪz/ (GB tb **-ise**) *vi* ~ (for sb) sustituir (a algn)

**deputy** /ˈdepjuti/ *n* (*pl* **deputies**) **1** sustituto, -a, suplente: *deputy chairman* vicepresidente **2** (*Pol*) diputado, -a, representante ❶ La traducción más normal es **congressman** o **congresswoman** en Estados Unidos, y MP en Gran Bretaña. **3** ayudante: *sheriff's deputy* ayudante del sheriff

**deranged** /dɪˈreɪndʒd/ *adj* trastornado, loco

**deregulation** /ˌdiːregjuˈleɪʃn/ *n* liberalización (*ventas, servicios, etc.*)

**derelict** /ˈderəlɪkt/ *adj* abandonado (*edificio*)

**deride** /dɪˈraɪd/ *vt* (*formal*) ridiculizar, burlarse de

**derision** /dɪˈrɪʒn/ *n* burla(s) **derisive** /dɪˈraɪsɪv/ *adj* burlón **derisory** /dɪˈraɪsəri/ *adj* irrisorio

**derivation** /ˌderɪˈveɪʃn/ *n* derivación

**derivative** /dɪˈrɪvətɪv/ *n* derivado

**ꝗ derive** /dɪˈraɪv/ **1** *vt* ~ sth from sth (*formal*) obtener, sacar algo de algo: *to derive comfort from sth* hallar consuelo en algo **2** *vt, vi* be derived from sth; ~ from sth derivar de algo

**derogatory** /dɪˈrɑgətɔːri; GB -tri-/ *adj* despectivo

**descend** /dɪˈsend/ *vt, vi* (*formal*) descender **descendant** *n* descendiente

**descent** /dɪˈsent/ *n* **1** descenso **2** ascendencia

**ꝗ describe** /dɪˈskraɪb/ *vt* ~ sth/sb (as sth) describir algo/a algn (como algo)

**ꝗ description** /dɪˈskrɪpʃn/ *n* descripción

**ꝗ desert¹** /ˈdezərt/ *n* desierto

**desert²** /dɪˈzɜːrt/ **1** *vt* abandonar **2** *vi* (*Mil*) desertar

**ꝗ deserted** /dɪˈzɜːrtɪd/ *adj* desierto

**deserter** /dɪˈzɜːrtər/ *n* desertor, -ora

**ꝗ deserve** /dɪˈzɜːrv/ *vt* merecer **LOC** Ver RICH **deserving** *adj* digno

**ꝗ design** /dɪˈzaɪn/ *n* **1** ~ (for/of sth) diseño (de algo) **2** plan **3** dibujo
▸ *vt* diseñar

**designate** /ˈdezɪgneɪt/ *vt* ~ sth/sb (as) sth designar, nombrar algo/a algn algo

**designer** /dɪˈzaɪnər/ *n* diseñador, -ora

**desirable** /dɪˈzaɪrəbl/ *adj* deseable

**ꝗ desire** /dɪˈzaɪər/ *n* **1** ~ (for sth/sb) deseo (de/por algo/algn) **2** ~ (to do sth) deseo (de hacer algo) **3** ~ (for sth/to do sth) ansias (de algo/de hacer algo): *He had no desire to see her.* No tenía nada de ganas de verla.
▸ *vt* desear

**ꝗ desk** /desk/ *n* escritorio

**desktop** /ˈdesktɑp/ *adj*: *a desktop computer* una computadora ◇ *desktop publishing* autoedición (por computadora)

**desolate** /ˈdesələt/ *adj* **1** (*paisaje*) desolado, desierto **2** (*futuro*) desolador **desolation** *n* **1** desolación **2** desconsuelo

**despair** /dɪˈspeər/ *vi* ~ (of sth/doing sth) perder las esperanzas (de algo/de hacer algo)
▸ *n* desesperación
**despairing** *adj* desesperado

**despatch** /dɪˈspætʃ/ (GB) = DISPATCH

**ꝗ desperate** /ˈdespərət/ *adj* desesperado

**despicable** /dɪˈspɪkəbl/ *adj* despreciable

**despise** /dɪˈspaɪz/ *vt* despreciar

**ꝗ despite** /dɪˈspaɪt/ *prep* a pesar de

**despondent** /dɪˈspɑndənt/ *adj* abatido, desalentado

---

i: see   ɪ sit   e ten   æ cat   ɑ hot   ɔː saw   ʌ cup   ʊ put   u: too

**despot** /'despɒt/ n déspota

**dessert** /dɪ'zɜːrt/ n postre

**dessertspoon** /dɪ'zɜːrtspuːn/ n
**1** cuchara de postre **2** (tb **dessertspoon-ful**) cucharada (de postre)

**destination** /ˌdestɪ'neɪʃn/ n destino (de avión, barco, etc.)

**destined** /'destɪnd/ adj ~ **(for sth)** (formal) destinado (a algo): It was destined to fail. Estaba condenado a fracasar.

**destiny** /'destəni/ n (pl **destinies**) destino (hado)

**destitute** /'destɪtuːt/ GB -tjuːt/ adj indigente

**ℓ destroy** /dɪ'strɔɪ/ vt destruir **destroyer** n destructor

**ℓ destruction** /dɪ'strʌkʃn/ n destrucción **destructive** adj destructivo

**detach** /dɪ'tætʃ/ vt ~ **sth (from sth)** separar algo (de algo) **detachable** adj que se puede separar

**detached** /dɪ'tætʃt/ adj **1** desapegado, imparcial **2** distante, indiferente **3** (vivienda) no unido a otra casa: detached house casa independiente

**detachment** /dɪ'tætʃmənt/ n **1** desapego, imparcialidad, indiferencia **2** (Mil) destacamento

**ℓ detail** /dɪ'teɪl, 'diːteɪl/ n detalle, pormenor **LOC** go into detail(s) entrar en detalles **in detail** en detalle, detalladamente
  ▸ vt detallar

**ℓ detailed** /dɪ'teɪld, 'diːteɪld/ adj detallado

**detain** /dɪ'teɪn/ vt retener **detainee** /ˌdiːteɪ'niː/ n detenido, -a

**detect** /dɪ'tekt/ vt **1** detectar **2** (fraude) descubrir **detectable** adj detectable **detection** n descubrimiento: to escape detection pasar inadvertido/desapercibido

**detective** /dɪ'tektɪv/ n detective, policía de incógnito: detective story novela policiaca

**detention** /dɪ'tenʃn/ n retención: detention center centro de detención preventiva

**deter** /dɪ'tɜːr/ vt (-rr-) ~ **sb (from doing sth)** disuadir a algn (de hacer algo)

**detergent** /dɪ'tɜːrdʒənt/ n detergente

**deteriorate** /dɪ'tɪəriəreɪt/ vi deteriorarse, empeorar **deterioration** n deterioro

**ℓ determination** /dɪˌtɜːrmɪ'neɪʃn/ n determinación

**ℓ determine** /dɪ'tɜːrmɪn/ vt determinar, decidir: to determine the cause of an accident determinar la causa de un accidente ◊ determining factor factor determinante

**ℓ determined** /dɪ'tɜːrmɪnd/ adj ~ **(to do sth)** resuelto (a hacer algo)

**determiner** /dɪ'tɜːrmɪnər/ n (Gram) determinante

**deterrent** /dɪ'tɜːrənt/ GB -'ter-/ n **1** escarmiento **2** argumento disuasorio **3** (Mil) fuerza disuasoria: nuclear deterrent fuerza disuasoria nuclear

**detest** /dɪ'test/ vt detestar

**detonate** /'detəneɪt/ vt, vi detonar

**detour** /'diːtʊər/ n desviación

**detox** /'diːtɒks/ n (coloq) (cura de) desintoxicación

**detract** /dɪ'trækt/ vi ~ **from sth** restar mérito a algo: The incident detracted from our enjoyment of the evening. El incidente le restó placer a nuestra velada.

**detriment** /'detrɪmənt/ n **LOC** to the detriment of sth/sb (formal) en detrimento de algo/algn **detrimental** /ˌdetrɪ'mentl/ adj ~ **(to sth/sb)** perjudicial (para/a algo/algn)

**devaluation** /ˌdiːvæljuː'eɪʃn/ n devaluación

**devalue** /ˌdiː'væljuː/ vt, vi devaluar(se)

**devastate** /'devəsteɪt/ vt **1** devastar, asolar **2** (persona) desolar, destrozar **devastating** adj **1** devastador **2** desastroso **devastation** n devastación

**ℓ develop** /dɪ'veləp/ **1** vt, vi desarrollar(se) **2** vt (plan, estrategia) elaborar **3** vt, vi (Fot) revelar(se) **4** vt (terreno) urbanizar, construir en **developed** adj desarrollado **developer** n promotor, -ora

**developing** /dɪ'veləpɪŋ/ adj en (vías de) desarrollo
  ▸ n (Fot) revelado

**ℓ development** /dɪ'veləpmənt/ n **1** desarrollo, evolución: development area área de desarrollo ◊ There has been a new development. Ha cambiado la situación. **2** (de terrenos) urbanización

**deviant** /'diːviənt/ adj, n **1** desviado, -a **2** (sexual) pervertido, -a

**deviate** /'diːvieɪt/ vi ~ **(from sth)** desviarse (de algo) **deviation** n ~ **(from sth)** desviación (de algo)

**ℓ device** /dɪ'vaɪs/ n **1** aparato, dispositivo, mecanismo: explosive device artefacto explosivo ◊ nuclear device artefacto nuclear **2** (plan) ardid, estratagema **LOC** Ver LEAVE

**devil** /'devl/ n demonio, diablo: *You lucky devil!* ¡Tienes una suerte del diablo!

**devious** /'di:viəs/ adj **1** tortuoso, intrincado **2** (*método, persona*) poco escrupuloso

**devise** /dɪ'vaɪz/ vt idear, elaborar

**devoid** /dɪ'vɔɪd/ adj ~ **of sth** (*formal*) desprovisto, exento de algo

**devolution** /ˌdevə'lu:ʃn; GB ˌdi:v-/ n **1** descentralización **2** (*de poderes*) delegación

ϙ **devote** /dɪ'voʊt/ vt **1** ~ **yourself to sth/sb** dedicarse a algo/algn **2** ~ **sth to sth/sb** dedicar algo a algo/algn **3** ~ **sth to sth** (*recursos*) destinar algo a algo

ϙ **devoted** /dɪ'voʊtɪd/ adj ~ **(to sth/sb)** fiel, leal (a algo/algn): *They're devoted to each other.* Están entregados el uno al otro.

**devotee** /ˌdevə'ti:/ n devoto, -a

**devotion** /dɪ'voʊʃn/ n ~ **(to sth/sb)** devoción (por/a algo/algn)

**devour** /dɪ'vaʊər/ vt devorar

**devout** /dɪ'vaʊt/ adj **1** devoto, piadoso **2** (*esperanza, deseo*) sincero **devoutly** adv **1** piadosamente, con devoción **2** sinceramente

**dew** /du:; GB dju:/ n rocío

**dexterity** /dek'sterəti/ n destreza

**diabetes** /ˌdaɪə'bi:ti:z/ n [*incontable*] diabetes **diabetic** /ˌdaɪə'betɪk/ adj, n diabético, -a

**diabolical** /ˌdaɪə'bɑlɪkl/ adj diabólico

**diagnose** /ˌdaɪəg'noʊs; GB 'daɪəgnoʊz/ vt diagnosticar: *She was diagnosed with cancer.* Le diagnosticaron cáncer. ◊ *I've been diagnosed as having hepatitis.* Me han diagnosticado una hepatitis. **diagnosis** /ˌdaɪəg'noʊsɪs/ n (*pl* **diagnoses** /-si:z/) diagnóstico **diagnostic** /ˌdaɪəg'nɑstɪk/ adj diagnóstico

**diagonal** /daɪ'æɡənl/ adj, n diagonal **diagonally** adv diagonalmente

ϙ **diagram** /'daɪəɡræm/ n diagrama

**dial** /'daɪəl/ n **1** (*instrumento*) indicador **2** (*reloj*) cara **3** (*teléfono*) disco
▸ vt (-l-, GB -ll-) marcar: *to dial a wrong number* marcar un número equivocado

**dialect** /'daɪəlekt/ n dialecto

**dialling code** (GB) (USA **area code**) n clave LADA

**dialogue** (USA tb **dialog**) /'daɪəlɔ:ɡ; GB -lɒɡ/ n diálogo

**dial tone** (GB **dialling tone**) n tono de marcar

**diameter** /daɪ'æmɪtər/ n diámetro: *It is 15 cm in diameter.* Tiene 15 cm de diámetro.

ϙ **diamond** /'daɪəmənd/ n **1** diamante **2** rombo **3** *diamond jubilee* sexagésimo aniversario **4** *diamonds* [*pl*] (*Naipes*) diamantes ➔ Ver nota en BARAJA

**diaper** /'daɪpər/ (GB **nappy**) n pañal

**diaphragm** /'daɪəfræm/ n diafragma

**diarrhea** (GB **diarrhoea**) /ˌdaɪə'ri:ə; GB -'rɪə/ n [*incontable*] diarrea

**diary** /'daɪəri/ n (*pl* **diaries**) **1** diario **2** (GB) (USA **datebook**) agenda

**dice** /daɪs/ (*tb* **die**) n (*pl* **dice**) dado: *to roll/throw the dice* tirar/lanzar los dados ◊ *to play dice* jugar a los dados
▸ vt cortar en cuadritos

**dictate** /'dɪkteɪt; GB dɪk'teɪt/ vt, vi ~ **(sth) (to sb)** dictar (algo) (a algn)
**PHRV** **dictate to sb**: *You can't dictate to your children how to run their lives.* No puedes decirles a tus hijos cómo vivir su vida. **dictation** n dictado

**dictator** /'dɪkteɪtər; GB dɪk'teɪtə(r)/ n dictador **dictatorship** /ˌdɪk'teɪtərʃɪp/ n dictadura

ϙ **dictionary** /'dɪkʃəneri; GB -nri/ n (*pl* **dictionaries**) diccionario

**did** pt de DO¹

**didactic** /daɪ'dæktɪk/ adj (*formal*) didáctico

**didn't** /'dɪdnt/ = DID NOT Ver DO¹

ϙ **die** /daɪ/ vi (pt, pp **died**, part pres **dying**) morir: *to die of/from sth* morir de algo **LOC** **be dying for sth/to do sth** (*coloq*) morirse por algo/por hacer algo **PHRV** **die away 1** disminuir poco a poco hasta desaparecer **2** (*ruido*) alejarse hasta perderse **die down 1** apagarse gradualmente, disminuir **2** (*viento*) amainar **die off** morir uno tras otro **die out 1** (*Zool*) extinguirse **2** (*tradiciones*) desaparecer
▸ n Ver DICE

**diesel** /'di:zl/ n diesel: *diesel fuel/oil* gasóleo

ϙ **diet** /'daɪət/ n dieta, régimen **LOC** **be/go on a diet** estar/ponerse a dieta ➔ Ver nota en LOW-CALORIE
▸ vi estar/ponerse a dieta
**dietary** /'daɪəteri; GB -təri/ adj dietético

**differ** /'dɪfər/ vi **1** ~ **(from sth/sb)** ser diferente (de algo/algn) **2** ~ **(with sb) (about/on sth)** no estar de acuerdo (con algn) (sobre/en algo)

ϙ **difference** /'dɪfrəns/ n diferencia: *to make up the difference (in price)* poner la diferencia (en el precio) ◊ *a difference of opinion* una desavenencia **LOC** **it makes all the difference** lo cambia todo ◊ *it*

makes no difference da lo mismo **what difference does it make?** ¿qué más da?

**ϟ different** /ˈdɪfrənt/ *adj* ~ **(from/than/to sth/sb)** diferente, distinto (a/de algo/algn) ❶ La preposición **than** se utiliza sólo en Estados Unidos, y en Gran Bretaña se usa **to**.

**differentiate** /ˌdɪfəˈrenʃieɪt/ *vt, vi* ~ **between A and B;** ~ **A from B** distinguir, diferenciar entre A y B, A de B **differentiation** *n* diferenciación

**differently** /ˈdɪfrəntli/ *adv* de otra manera, de distinta manera

**ϟ difficult** /ˈdɪfɪkəlt/ *adj* difícil

**ϟ difficulty** /ˈdɪfɪkəlti/ *n* (*pl* **difficulties**) **1** dificultad: *with great difficulty* a duras penas **2** (*situación difícil*) apuro, aprieto: *to get/run into difficulties* verse en un apuro/encontrarse en apuros ◊ *to make difficulties for sb* poner obstáculos a algn

**diffidence** /ˈdɪfɪdəns/ *n* falta de confianza en sí mismo

**diffident** /ˈdɪfɪdənt/ *adj* inseguro, tímido

**ϟ dig** /dɪg/ *vt, vi* (-gg-) (*pt, pp* **dug** /dʌg/) cavar: *to dig for sth* cavar en busca de algo 𝐋𝐎𝐂 **dig your heels in** montarse en su macho 𝐏𝐇𝐑𝐕 **dig in** (*coloq*) (*comida*) atacar **dig (sth) into sth** clavar algo, clavarse en algo: *The chair back was digging into his back.* El respaldo de la silla se le clavaba en la espalda. **dig sth/sb out** sacar algo/a algn (cavando) **dig sth up 1** (*planta*) sacar de la tierra **2** (*un objeto oculto*) desenterrar **3** (*calle*) levantar
▸ *n* excavación

**digest¹** /ˈdaɪdʒest/ *n* **1** resumen **2** compendio

**digest²** /daɪˈdʒest, dɪ-/ *vt, vi* digerir(se) **digestion** *n* digestión

**digger** /ˈdɪgər/ *n* excavadora

**digit** /ˈdɪdʒɪt/ *n* dígito

**digital** /ˈdɪdʒɪtl/ *adj* digital

**dignified** /ˈdɪgnɪfaɪd/ *adj* digno

**dignitary** /ˈdɪgnɪteri; *GB* -təri/ *n* dignatario, -a

**dignity** /ˈdɪgnəti/ *n* dignidad

**digression** /daɪˈgreʃn/ *n* digresión

**dike** = DYKE

**dilapidated** /dɪˈlæpɪdeɪtɪd/ *adj* **1** ruinoso **2** (*vehículo*) destartalado

**dilemma** /dɪˈlemə, daɪ-/ *n* dilema

**dilute** /daɪˈluːt, daɪ-; *GB tb* -ˈljuːt/ *vt* **1** diluir **2** (*fig*) suavizar, debilitar

**dim** /dɪm/ *adj* (**dimmer, -est**) **1** (*luz*) débil, tenue **2** (*recuerdo, noción*) vago **3** (*perspectiva*) poco prometedor, sombrío **4** (*GB, coloq*) (*persona*) tonto **5** (*vista*) turbio
▸ (**-mm-**) **1** *vt* (*luz*) bajar **2** *vi* (*luz*) apagarse poco a poco **3** *vt, vi* (*fig*) empañar(se), apagar(se)

**dime** /daɪm/ *n* (*Can, USA*) moneda de 10 centavos

**dimension** /dɪˈmenʃn, daɪ-/ *n* dimensión

**diminish** /dɪˈmɪnɪʃ/ *vt, vi* disminuir

**diminutive** /dɪˈmɪnjətɪv/ *adj* (*formal*) diminuto
▸ *adj, n* diminutivo

**dimly** /ˈdɪmli/ *adv* **1** (*iluminar*) débilmente **2** (*recordar*) vagamente **3** (*ver*) apenas

**dimple** /ˈdɪmpl/ *n* hoyuelo

**din** /dɪn/ *n* [*sing*] **1** (*de gente*) alboroto **2** (*de máquinas*) estruendo

**dine** /daɪn/ *vi* ~ **(on sth)** (*formal*) cenar, comer (algo) 𝐏𝐇𝐑𝐕 **dine out** cenar/comer fuera **diner** *n* **1** comensal **2** restaurante (*de carretera*)

**dinghy** /ˈdɪŋi/ *n* (*pl* **dinghies**) **1** bote, barca **2** (*GB*) lancha inflable

**dingy** /ˈdɪndʒi/ *adj* (**dingier, -iest**) **1** (*deprimente*) sombrío **2** sucio

**dining room** *n* comedor

**ϟ dinner** /ˈdɪnər/ *n* **1** [*incontable*] cena, almuerzo: *to have/eat dinner* cenar/almorzar/comer

> **Dinner** se utiliza para referirse a la comida principal del día.

**2** cena (de gala) ➔ *Ver nota en* NAVIDAD **3** (*tb* **dinner party**) (*entre amigos*) cena

**dinner jacket** (*GB*) (*USA* **tuxedo**) *n* smoking

**dinosaur** /ˈdaɪnəsɔːr/ *n* dinosaurio

**diocese** /ˈdaɪəsɪs/ *n* diócesis

**dioxide** /daɪˈɑksaɪd/ *n* dióxido

**dip** /dɪp/ *vt* (**-pp-**) **1** *vt* ~ **sth (in/into sth)** meter, mojar, bañar algo (en algo) **2** *vi* descender **3** *vt, vi* (*GB*) (*USA* **dim**) (*luces de un coche*) bajar
▸ *n* **1** (*coloq*) chapuzón **2** (*Geog*) depresión **3** declive **4** (*precios, etc.*) baja

**diploma** /dɪˈploʊmə/ *n* diploma

**diplomacy** /dɪˈploʊməsi/ *n* diplomacia **diplomat** /ˈdɪpləmæt/ *n* diplomático, -a **diplomatic** /ˌdɪpləˈmætɪk/ *adj* diplomático **diplomatically** *adv* diplomáticamente, con diplomacia

**dire** /ˈdaɪər/ *adj* **1** (*formal*) horrible, extremo **2** (*GB, coloq*) fatal

---

ʃ chin    dʒ June    v van    θ then    s so    z zoo    ʃ she

**direct** /dɪˈrekt, daɪ-/ *vt* dirigir: *Could you direct me to… ?* ¿Podría indicarme el camino a… ?
▸ *adj* **1** directo **2** franco **3** total
▸ *adv* **1** directamente: *You don't have to change, the train goes direct to London.* No tienes que trasbordar, el tren va directamente a Londres. **2** en persona

**direct billing** (*GB* **direct debit**) *n* cargo bancario

**direction** /dɪˈrekʃn, daɪ-/ *n* **1** dirección, sentido **2** instrucciones [*pl*]: *to ask (sb) for directions* preguntar (a algn) el camino a algún sitio

**directive** /dɪˈrektɪv, daɪ-/ *n* directiva

**directly** /dɪˈrektli, daɪ-/ *adv* **1** directamente: *directly opposite (sth)* justo enfrente (de algo) **2** enseguida

**directness** /dɪˈrektnəs, daɪ-/ *n* franqueza

**director** /dɪˈrektər, daɪ-/ *n* director, -ora

**directorate** /dɪˈrektərət, daɪ-/ *n* **1** junta directiva **2** Dirección General

**directory** /dəˈrektəri, daɪ-/ *n* (*pl* **directories**) guía (telefónica, etc.) directorio

**dirt** /dɜːrt/ *n* **1** suciedad, mugre **2** tierra **3** (*coloq*) grosería, porquería **LOC** *Ver* TREAT

**dirty** /ˈdɜːrti/ *vt*, *vi* (*pt*, *pp* **dirtied**) ensuciar(se)
▸ *adj* (**dirtier, -iest**) **1** sucio **2** (*chiste, libro, etc.*) colorado: *dirty word* palabrota **3** (*coloq*) sucio: *dirty trick* mala jugada

**disability** /ˌdɪsəˈbɪləti/ *n* (*pl* **disabilities**) **1** incapacidad **2** (*Med*) minusvalía

**disabled** /dɪsˈeɪbld/ *adj* discapacitado
▸ *n* **the disabled** [*pl*] los discapacitados

**disadvantage** /ˌdɪsədˈvæntɪdʒ; *GB* -ˈvɑːn-/ *n* desventaja **LOC at a disadvantage** en desventaja **disadvantaged** *adj* desventajado, marginado **disadvantageous** /ˌdɪsædvænˈteɪdʒəs/ *adj* (*formal*) desventajoso

**disagree** /ˌdɪsəˈgriː/ *vi* ~ (**with sth/sb**) (**about/on sth**) no estar de acuerdo (con algo/algn) (sobre algo): *He disagreed with her on how to spend the money.* No estuvo de acuerdo con ella sobre cómo gastar el dinero. **PHRV disagree with sb** sentarle mal a algn (*comida, clima*) **disagreeable** *adj* (*formal*) desagradable

**disagreement** /ˌdɪsəˈgriːmənt/ *n* **1** desacuerdo **2** discrepancia

**disappear** /ˌdɪsəˈpɪər/ *vi* desaparecer: *It disappeared into the bushes.* Desapareció entre los matorrales. **disappearance** *n* desaparición

**disappoint** /ˌdɪsəˈpɔɪnt/ *vt* decepcionar, defraudar

**disappointed** /ˌdɪsəˈpɔɪntɪd/ *adj* **1** ~ (**at/by sth**) decepcionado, defraudado (por algo) **2** ~ (**in/with sth/sb**) decepcionado (con algo/algn): *I'm disappointed in you.* Me has decepcionado.

**disappointing** /ˌdɪsəˈpɔɪntɪŋ/ *adj* decepcionante

**disappointment** /ˌdɪsəˈpɔɪntmənt/ *n* decepción

**disapproval** /ˌdɪsəˈpruːvl/ *n* desaprobación

**disapprove** /ˌdɪsəˈpruːv/ *vi* **1** ~ (**of sth**) desaprobar (algo) **2** ~ (**of sb**) tener mala opinión (de algn)

**disapproving** /ˌdɪsəˈpruːvɪŋ/ *adj* de desaprobación

**disarm** /dɪsˈɑːrm/ *vt*, *vi* desarmar(se) **disarmament** *n* desarme

**disassociate** /ˌdɪsəˈsoʊʃieɪt/ *Ver* DISSOCIATE

**disaster** /dɪˈzæstər; *GB* -ˈzɑːs-/ *n* desastre **disastrous** *adj* desastroso, catastrófico

**disband** /dɪsˈbænd/ *vt*, *vi* disolver(se)

**disbelief** /ˌdɪsbɪˈliːf/ *n* incredulidad

**disc** = DISK

**discard** /dɪsˈkɑːrd/ *vt* desechar, deshacerse de

**discern** /dɪˈsɜːrn/ *vt* (*formal*) **1** percibir **2** discernir

**discernible** /dɪˈsɜːrnəbl/ *adj* perceptible

**discharge** /dɪsˈtʃɑːrdʒ/ *vt* **1** (*residuos*) verter **2** (*Mil*) licenciar **3** (*Med, paciente*) dar de alta **4** (*formal*) (*deber*) desempeñar
▸ *n* /ˈdɪstʃɑːrdʒ/ **1** (*eléctrica, de cargamento, de artillería*) descarga **2** (*residuo*) vertido **3** (*Med*) supuración **4** (*Mil*) licenciamiento **5** (*Jur*): *conditional discharge* libertad condicional

**disciple** /dɪˈsaɪpl/ *n* discípulo, -a

**disciplinary** /ˈdɪsəplənəri; *GB* ˈdɪsəplɪməri; ˌdɪsəˈplɪməri/ *adj* disciplinario

**discipline** /ˈdɪsəplɪn/ *n* disciplina
▸ *vt* disciplinar

**disc jockey** *n* (*pl* **disc jockeys**) *Ver* DJ

**disclose** /dɪsˈkloʊz/ *vt* (*formal*) revelar **disclosure** /dɪsˈkloʊʒər/ *n* (*formal*) revelación

**discolor** (*GB* **discolour**) /dɪsˈkʌlər/ **1** *vt* decolorar **2** *vi* perder el color

**discomfort** /dɪsˈkʌmfərt/ *n* [*incontable*] incomodidad

**disconcerted** /ˌdɪskənˈsɜːrtɪd/ *adj* desconcertado **disconcerting** *adj* desconcertante

**disconnect** /ˌdɪskə'nekt/ *vt* **1** desconectar **2** (*luz*) cortar **disconnected** *adj* inconexo, incoherente

**discontent** /ˌdɪskən'tent/ (*tb* discontentment) *n* ~ (at/over/with sth) descontento (con algo) **discontented** *adj* descontento

**discontinue** /ˌdɪskən'tɪnjuː/ *vt* suspender, descontinuar

**discord** /'dɪskɔːrd/ *n* **1** (*formal*) discordia **2** (*Mús*) disonancia **discordant** /dɪs'kɔːrdənt/ *adj* **1** (*opiniones*) discorde **2** (*sonido*) disonante

ℙ **discount** /dɪs'kaʊnt, 'dɪskaʊnt/ *vt* **1** (*Com*) descontar, rebajar **2** (*formal*) descartar, ignorar
▶ *n* /'dɪskaʊnt/ descuento **LOC** at a discount a precio rebajado

**discourage** /dɪs'kɜːrɪdʒ; GB -'kʌr-/ *vt* **1** desanimar **2** ~ sth oponerse a algo, aconsejar que no se haga algo **3** ~ sb from doing sth disuadir a algn de hacer algo **discouraging** *adj* desalentador

ℙ **discover** /dɪ'skʌvər/ *vt* descubrir

ℙ **discovery** /dɪ'skʌvəri/ *n* (*pl* discoveries) descubrimiento

**discredit** /dɪs'kredɪt/ *vt* desacreditar

**discreet** /dɪ'skriːt/ *adj* discreto

**discrepancy** /dɪs'krepənsi/ *n* (*pl* discrepancies) discrepancia

**discretion** /dɪ'skreʃn/ *n* **1** discreción **2** albedrío **LOC** at sb's discretion a juicio de algn

**discriminate** /dɪ'skrɪmɪneɪt/ *vi* **1** ~ (between…) distinguir (entre…) **2** ~ against sb discriminar a algn **3** ~ in favor of sb dar trato de favor a algn **discriminating** *adj* perspicaz **discrimination** *n* **1** discernimiento, buen gusto **2** discriminación

ℙ **discuss** /dɪ'skʌs/ *vt* ~ sth (with sb) hablar, tratar de algo (con algn)

ℙ **discussion** /dɪ'skʌʃn/ *n* debate, deliberación ➔ *Comparar con* ARGUMENT, ROW

**disdain** /dɪs'deɪn/ *n* desdén, desprecio

ℙ **disease** /dɪ'ziːz/ *n* enfermedad, afección

> En general, **disease** se usa para enfermedades específicas como *heart disease, Parkinson's disease*, mientras que **illness** se suele referir a la enfermedad como estado o al periodo en que uno está enfermo. ➔ *Ver tb ejemplos en* ILLNESS

**diseased** *adj* enfermo

**disembark** /ˌdɪsɪm'bɑːrk/ *vi* ~ (from sth) desembarcar (de algo) (*barcos y aviones*)

**disenchanted** /ˌdɪsɪn'tʃæntɪd; GB -'tʃɑːntɪd/ *adj* ~ (with sth) desengañado, desilusionado (con algo/algn)

**disentangle** /ˌdɪsɪn'tæŋgl/ *vt* **1** desenredar **2** ~ sth/sb (from sth) liberar algo/a algn (de algo)

**disfigure** /dɪs'fɪɡjər; GB -ɡə(r)/ *vt* desfigurar

**disgrace** /dɪs'greɪs/ *vt* deshonrar: *to disgrace yourself* deshonrar su nombre
▶ *n* **1** desgracia, deshonra **2** ~ (to sth/sb) vergüenza (para algo/algn) **LOC** in disgrace (with sb) desacreditado (ante algn) **disgraceful** *adj* vergonzoso

**disgruntled** /dɪs'ɡrʌntld/ *adj* ~ (at sth/sb) disgustado (por algo/con algn)

**disguise** /dɪs'ɡaɪz/ *vt* **1** ~ sth/sb (as sth/sb) disfrazar, disimular algo/a algn (de algo/algn) **2** (*voz*) cambiar **3** (*emoción*) disimular
▶ *n* disfraz **LOC** in disguise disfrazado *Ver tb* BLESSING

ℙ **disgust** /dɪs'ɡʌst/ *n* asco, repugnancia

ℙ **dish** /dɪʃ/ *n* **1** (*guiso*) plato: *the national dish* el plato típico nacional **2** the dishes [*pl*]: *to wash/do the dishes* lavar los platos **3** (*para servir*) fuente
▶ *v* **PHRV** dish sth out **1** (*coloq*) repartir algo a manos llenas **2** (*comida*) servir algo **dish sth up** servir algo

**disheartened** /dɪs'hɑːrtnd/ *adj* desalentado, desanimado **disheartening** *adj* desalentador

**disheveled** (GB dishevelled) /dɪ'ʃevld/ *adj* **1** (*pelo*) despeinado **2** (*ropa, apariencia*) desaliñado

ℙ **dishonest** /dɪs'ɑnɪst/ *adj* **1** (*persona*) deshonesto **2** fraudulento **dishonesty** *n* falta de honradez

**dishonor** (GB dishonour) /dɪs'ɑnər/ *n* deshonor, deshonra
▶ *vt* deshonrar
**dishonorable** (GB dishonourable) *adj* deshonroso

**dishwasher** /'dɪʃwɑʃər/ *n* lavaplatos, lavavajillas

**disillusion** /ˌdɪsɪ'luːʒn/ *vt* desengañar, desilusionar

**disillusionment** /ˌdɪsɪ'luːʒnmənt/ (*tb* disillusion) *n* ~ (with sth) desengaño, desilusión (con algo)

**disinfect** /ˌdɪsɪn'fekt/ *vt* desinfectar **disinfectant** *n* desinfectante

**disintegrate** /dɪs'ɪntɪɡreɪt/ *vt, vi* desintegrar(se), desmoronar(se) **disintegration** *n* desintegración, desmoronamiento

**disinterested** /dɪs'ɪntrəstɪd/ *adj* desinteresado

**disjointed** /dɪs'dʒɔɪntɪd/ *adj* inconexo

**disk** /dɪsk/ n disco

**disk jockey** n Ver DJ

**dislike** /dɪsˈlaɪk/ vt no gustar, tener aversión a
▸ n ~ (of sth/sb) aversión (por/a algo/algn), antipatía (a/hacia algn) LOC **take a dislike to sth/sb** tener aversión a algo/algn, tenerle antipatía a algn

**dislocate** /dɪsˈloʊkeɪt, ˈdɪsloʊkeɪt; GB ˈdɪsləkeɪt/ vt dislocarse **dislocation** n dislocación

**dislodge** /dɪsˈlɑdʒ/ vt ~ sth/sb (from sth) desalojar, sacar algo/a algn (de algo)

**disloyal** /dɪsˈlɔɪəl/ adj ~ (to sth/sb) desleal (a algo/con algn) **disloyalty** n deslealtad

**dismal** /ˈdɪzməl/ adj **1** triste **2** (coloq) pésimo

**dismantle** /dɪsˈmæntl/ vt **1** desarmar **2** (edificio, buque, organización) desmantelar

**dismay** /dɪsˈmeɪ/ n ~ (at sth) consternación (ante algo)
▸ vt llenar de consternación

**dismember** /dɪsˈmembər/ vt desmembrar

**dismiss** /dɪsˈmɪs/ vt **1** ~ sb (from sth) despedir, destituir a algn (de algo) **2** ~ sth/sb (as sth) descartar, desechar algo/a algn (por ser algo) **dismissal** n **1** despido **2** rechazo **dismissive** adj desdeñoso

**dismount** /dɪsˈmaʊnt/ vi ~ (from sth) bajarse (de algo) (animal, vehículo)

**disobedience** /ˌdɪsəˈbiːdiəns/ n desobediencia

**disobedient** /ˌdɪsəˈbiːdiənt/ adj ~ (to sth/sb) desobediente (de algo/a algn)

**disobey** /ˌdɪsəˈbeɪ/ vt, vi desobedecer

**disorder** /dɪsˈɔːrdər/ n desorden: in disorder desordenado **disorderly** adj **1** desordenado **2** indisciplinado, descontrolado LOC Ver DRUNK

**disorganized** /dɪsˈɔːrɡənaɪzd/ adj desorganizado

**disorient** /dɪsˈɔːriənt/ (GB **disorientate** /dɪsˈɔːriənteɪt/) vt desorientar

**disown** /dɪsˈoʊn/ vt renegar de

**dispatch** /dɪˈspætʃ/ vt (formal) **1** enviar **2** (reunión, comida) despachar
▸ n **1** (formal) envío **2** (Period) despacho

**dispel** /dɪˈspel/ vt (-ll-) disipar

**dispense** /dɪˈspens/ vt repartir
PHRV **dispense with sth/sb** prescindir de algo/algn

**dispersal** /dɪˈspɜːrsl/ (tb **dispersion** /dɪˈspɜːrʒn/) n dispersión

**disperse** /dɪˈspɜːrs/ vt, vi dispersar(se)

| 413 | **dissociate** |

**displace** /dɪsˈpleɪs/ vt **1** desplazar (a) **2** reemplazar

**display** /dɪˈspleɪ/ vt **1** exponer, exhibir **2** (emoción, etc.) mostrar, manifestar **3** (Informát) mostrar en pantalla
▸ n **1** exposición, exhibición **2** demostración **3** (Informát) pantalla (de información) LOC **on display** expuesto

**disposable** /dɪˈspoʊzəbl/ adj **1** desechable **2** (Fin) disponible

**disposal** /dɪˈspoʊzl/ n desecho LOC **at your/sb's disposal** a su disposición/a la disposición de algn

**disposed** /dɪˈspoʊzd/ adj (formal) dispuesto: to be ill/well disposed toward sb estar bien/mal dispuesto hacia algn

**disposition** /ˌdɪspəˈzɪʃn/ n modo de ser, manera

**disproportionate** /ˌdɪsprəˈpɔːrʃənət/ adj desproporcionado

**disprove** /ˌdɪsˈpruːv/ vt refutar (teoría)

**dispute** /dɪˈspjuːt, ˈdɪspjuːt/ n **1** discusión **2** conflicto, disputa LOC **in dispute 1** en discusión **2** (Jur) en litigio
▸ vt /dɪˈspjuːt/ discutir, poner en duda

**disqualify** /dɪsˈkwɑlɪfaɪ/ vt (pt, pp -fied) descalificar: to disqualify sb from doing sth inhabilitar a algn para hacer algo

**disregard** /ˌdɪsrɪˈɡɑrd/ vt hacer caso omiso de (consejo, error)
▸ n ~ (for/of sth/sb) indiferencia (hacia algo/algn)

**disreputable** /dɪsˈrepjətəbl/ adj **1** de mala reputación **2** (método, aspecto) vergonzoso

**disrepute** /ˌdɪsrɪˈpjuːt/ n desprestigio

**disrespect** /ˌdɪsrɪˈspekt/ n falta de respeto

**disrupt** /dɪsˈrʌpt/ vt interrumpir **disruption** n trastorno, molestia(s)

**disruptive** /dɪsˈrʌptɪv/ adj molesto, que causa molestias

**dissatisfaction** /ˌdɪsˌsætɪsˈfækʃn/ n descontento

**dissatisfied** /dɪsˈsætɪsfaɪd/ adj ~ (with sth/sb) insatisfecho (con algo/algn)

**dissent** /dɪˈsent/ n desacuerdo **dissenting** adj en desacuerdo, contrario

**dissertation** /ˌdɪsərˈteɪʃn/ n ~ (on sth) tesis, disertación (sobre algo)

**dissident** /ˈdɪsɪdənt/ adj, n disidente

**dissimilar** /dɪˈsɪmɪlər/ adj ~ (from/to sth/sb) distinto (de algo/algn)

**dissociate** /dɪˈsoʊʃieɪt/ (tb **disassociate** /ˌdɪsəˈsoʊʃieɪt/) vt **1** ~ yourself from sth/sb desligarse de algo/algn **2** disociar

# dissolve

**dissolve** /dɪˈzɑlv/ **1** vt, vi disolver(se) **2** vi desvanecerse

**dissuade** /dɪˈsweɪd/ vt ~ **sb (from sth/doing sth)** disuadir a algn (de algo/hacer algo)

**distance** /ˈdɪstəns/ n distancia: *from/at a distance* a distancia LOC **in the distance** a lo lejos
▸ vt ~ **sb (from sth/sb)** distanciar a algn (de algo/algn)
  **distant** adj **1** distante, lejano **2** (*pariente*) lejano

**distaste** /dɪsˈteɪst/ n ~ **(for sth/sb)** repugnancia, aversión (a algo/algn)
  **distasteful** adj desagradable

**distill** (*GB* distil) /dɪsˈtɪl/ vt (**-ll-**) ~ **sth (from sth)** destilar algo (de algo) **distillery** n (*pl* **distilleries**) destilería

**distinct** /dɪsˈtɪŋkt/ adj **1** claro **2** ~ **(from sth)** distinto (de algo): *as distinct from sth* en contraposición a algo **distinction** n **1** distinción **2** honor **distinctive** adj particular

**distinguish** /dɪsˈtɪŋgwɪʃ/ **1** vt ~ **A (from B)** distinguir A (de B) **2** vi ~ **between A and B** distinguir entre A y B **3** vt ~ **yourself** distinguirse

**distort** /dɪsˈtɔːrt/ vt **1** deformar, distorsionar **2** (*fig*) tergiversar **distortion** n **1** distorsión **2** tergiversación

**distract** /dɪsˈtrækt/ vt ~ **sb (from sth)** distraer a algn (de algo) **distracted** adj distraído **distraction** n distracción: *to drive sb to distraction* volver loco a algn

**distraught** /dɪsˈtrɔːt/ adj consternado

**distress** /dɪsˈtres/ n **1** angustia **2** dolor **3** peligro: *a distress signal* una señal de peligro **distressed** adj afligido **distressing** adj penoso

**distribute** /dɪsˈtrɪbjuːt/ vt ~ **sth (to/among sth/sb)** repartir, distribuir algo (a/entre algo/algn)

**distribution** /ˌdɪstrɪˈbjuːʃn/ n distribución

**distributor** /dɪsˈtrɪbjətər/ n distribuidor, -ora

**district** /ˈdɪstrɪkt/ n **1** distrito, región **2** zona

**distrust** /dɪsˈtrʌst/ n desconfianza
▸ vt desconfiar de
  **distrustful** adj desconfiado

**disturb** /dɪsˈtɜːrb/ vt **1** molestar, interrumpir: *I'm sorry to disturb you.* Siento molestarte. **2** (*silencio, sueño*) perturbar LOC **do not disturb** no molestar **disturbance** n **1** molestia: *to cause a disturbance* causar alteraciones **2** disturbios **disturbed** adj trastornado

**disturbing** /dɪsˈtɜːrbɪŋ/ adj inquietante

**disuse** /dɪsˈjuːs/ n desuso: *to fall into disuse* caer en desuso **disused** adj abandonado

**ditch** /dɪtʃ/ n zanja
▸ vt (*coloq*) abandonar

**dither** /ˈdɪðər/ vi ~ **(over sth)** (*coloq*) vacilar (sobre algo)

**ditto** /ˈdɪtoʊ/ n ídem

> **Ditto** se suele referir al símbolo (") que se utiliza para evitar las repeticiones en una lista.

**dive** /daɪv/ vi (*pt* **dived**, *USA tb* **dove** /doʊv/ *pp* **dived**) **1** ~ **(from/off sth) (into sth)** tirarse de cabeza (desde algo) (en algo) **2** (*submarino*) sumergirse **3** ~ **(down) (for sth)** (*persona*) bucear (en busca de algo) **4** (*avión*) bajar en picado **5** ~ **into/under sth** meterse en/debajo de algo LOC **dive for cover** buscar cobijo precipitadamente
▸ n salto
  **diver** n buzo, -a

**diverge** /daɪˈvɜːrdʒ/ vi ~ **(from sth)** (*formal*) **1** (*líneas, carreteras*) divergir (de algo) **2** (*opiniones*) diferir (de algo) **divergence** n divergencia **divergent** adj divergente

**diverse** /daɪˈvɜːrs/ adj diverso **diversification** n diversificación **diversify** vt, vi (*pt, pp* **-fied**) diversificar(se)

**diversion** /daɪˈvɜːrʒn; *GB* -ˈvɜːʃn/ (*GB*) (*USA* **detour**) n desviación (*ocasionado por obras, etc.*)

**diversity** /daɪˈvɜːrsəti/ n diversidad

**divert** /daɪˈvɜːrt/ vt ~ **sth/sb (from sth)** desviar algo/a algn (de algo)

**divide** /dɪˈvaɪd/ **1** vt ~ **sth (up) (into sth)** dividir algo (en algo) **2** vi ~ **(up) into sth** dividirse en algo **3** vt ~ **sth (up/out) (between/among sb)** dividir, repartir algo (entre algn) **4** vt ~ **sth (between A and B)** dividir, repartir algo (entre A y B) **5** vt separar **6** vt ~ **sth by sth** (*Mat*) dividir algo por algo **divided** adj dividido

**divided highway** (*GB* **dual carriageway**) n carretera con camellón

**dividend** /ˈdɪvɪdend/ n dividendo

**divine** /dɪˈvaɪn/ adj divino

**diving** /ˈdaɪvɪŋ/ n buceo

**diving board** n trampolín

**division** /dɪˈvɪʒn/ n **1** división **2** sección, departamento (*en una empresa*) **divisional** adj divisionario

**divorce** /dɪˈvɔːrs/ n divorcio
▸ vt divorciarse de: *to get divorced* divorciarse
  **divorcé** /dɪˌvɔːrˈseɪ/ n divorciado **divorcée** /dɪˌvɔːrˈseɪ/ n divorciada ❶ En Gran

---

Bretaña, se usa la palabra **divorcee** /dɪˌvɔːˈsiː/ para hombres y mujeres.

**divulge** /daɪˈvʌldʒ/ vt ~ **sth (to sb)** (formal) revelar algo (a algn)

**DIY** /ˌdiː aɪ ˈwaɪ/ n (abrev de **do-it-yourself**) (GB) hágalo Ud. mismo

**dizziness** /ˈdɪzinəs/ n mareo, vértigo

**dizzy** /ˈdɪzi/ adj mareado

**DJ** /ˈdiː dʒeɪ/ n (abrev de **disc jockey**) disc-jockey, DJ

## do

### present simple

| afirmativa | negativa |
|---|---|
| | formas contractas |
| I do | I don't |
| you do | you don't |
| he/she/it does | he/she/it doesn't |
| we do | we don't |
| you do | you don't |
| they do | they don't |
| forma en -ing | doing |
| past simple | did |
| participio pasado | done |

**do¹** /duː/ (3a pers sing **does** /dʌz/ pt **did** /dɪd/ pp **done** /dʌn/) vt, vi hacer
❶ Usamos do cuando hablamos de una actividad sin decir exactamente de qué se trata, como por ejemplo, cuando va acompañado de palabras como *something, nothing, anything, everything*, etc.: *What are you doing this evening?* ¿Qué vas a hacer esta tarde? ◇ *Are you doing anything tomorrow?* ¿Vas a hacer algo mañana? ◇ *We'll do what we can to help you.* Haremos lo que podamos para ayudarte. ◇ *What does she want to do?* ¿Qué quiere hacer? ◇ *I have nothing to do.* No tengo nada que hacer. ◇ *What can I do for you?* ¿En qué puedo servirle? ◇ *I have a number of things to do today.* Hoy tengo varias cosas que hacer. ◇ *Do as you please.* Haz lo que quieras. ◇ *Do as you're told!* ¡Haz lo que se te dice!
• **do + the, my, etc. + -ing** vt (obligaciones y hobbies) hacer: *to do the washing up* lavar los platos ◇ *to do the ironing* planchar ◇ *to do the/your shopping* hacer las compras
• **do + (the, my, etc.) + sustantivo** vt: *to do your homework* hacer la tarea ◇ *to do business* hacer negocios ◇ *to do your duty* cumplir con tu deber ◇ *to do your job* hacer tu trabajo ◇ *to do the housework* hacer la casa ◇ *to do your hair/to have your hair done* arreglarse el pelo/ir a la peluquería ⟳ Ver tb ejemplos en MAKE

• **otros usos 1** vt: *to do your best* hacer lo que se pueda ◇ *to do good* hacer el bien ◇ *to do sb a favor* hacerle un favor a algn **2** vi ser suficiente, servir: *Will ten dollars do?* ¿Será suficiente con diez dólares? ◇ *All right, a pencil will do.* Da igual, un lápiz servirá. **3** vi acomodar: *Will next Friday do?* ¿Te acomoda el viernes? **4** vi ir: *She's doing well at school.* Va bien en la escuela. ◇ *How's the business doing?* ¿Qué tal va el negocio? ◇ *He did badly on the exam.* Le fue mal en el examen.
**LOC** be/have to do with sth/sb tener que ver con algo/algn: *She won't have anything to do with him.* No quiere tener nada que ver con él. ◇ *What does it have to do with you?* ¡Y a ti qué te importa! **could do with sth** (coloq): *I could do with a good night's sleep.* Me haría bien dormir toda la noche. ◇ *We could do with a vacation.* Nos sentarían bien unas vacaciones. **it/that will never/won't do** (esp GB): *It (simply) won't do.* No puede ser. ◇ *It would never do to…* No estaría bien que… **that does it!** (coloq) ¡se acabó! **that's done it** (GB, coloq) ¡ya la regamos! **that will do!** ¡ya está bien! ❶ Para otras expresiones con **do**, véanse las entradas del sustantivo, adjetivo, etc., p. ej. **do your bit** en BIT¹. **PHRV do away with sth** deshacerse de algo, abolir algo **do sth up 1** abrochar(se) algo **2** amarrar(se) algo **3** (GB) envolver algo **4** (GB) renovar algo **do without (sth/sb)** arreglárselas (sin algo/algn)

▸ v aux ❶ En español, **do** no se traduce. Lleva el tiempo y la persona del verbo principal de la oración.
• **frases interrogativas y negativas**: *Does she speak French?* ¿Habla francés? ◇ *Did you go home?* ¿Se fueron a la casa? ◇ *She didn't go to Paris.* No fue a París. ◇ *He doesn't want to come with us.* No quiere venir con nosotros.
• **question tags 1** [oración afirmativa] **do** + n't + pronombre personal?: *John lives here, doesn't he?* John vive aquí, ¿verdad? **2** [oración negativa] **do** + pronombre personal?: *Mary doesn't know, does she?* Mary no lo sabe, ¿verdad? **3** [oración afirmativa] **do** + pronombre personal?: *So you told them, did you?* O sea que se lo dijiste, ¿no?
• **en afirmativas con un uso enfático**: *He does look tired.* De verdad que se le ve cansado. ◇ *Well, I did warn you.* Bueno, ya te advertí. ◇ *Oh, do be quiet!* ¡Cállate ya!
• **para evitar repeticiones**: *He drives better than he did a year ago.* Maneja mejor de lo que lo hacía hace un año.

# do

416

◇ *She knows more than he does.* Ella sabe más que él. ◇ *"Who won?" "I did."* —¿Quién ganó? —Yo. ◇ *"He smokes." "So do I."* —Él fuma. —Yo también. ◇ *Peter didn't go and neither did I.* Peter no fue y yo tampoco. ◇ *You didn't know her but I did.* Tú no la conocías pero yo sí.

**do²** /duː/ *n* (*pl* **dos** o **do's** /duːz/) [LOC] **do's and don'ts** reglas

**docile** /'dɑsl; *GB* 'dɒʊsaɪl/ *adj* dócil

**dock** /dɑk/ *n* **1** muelle **2 docks** [*pl*] puerto **3** (*esp GB, Jur*) banquillo (de los acusados)
▸ **1** *vt, vi* (*Náut*) (hacer) entrar en dique, atracar (en un muelle) **2** *vi* llegar en barco **3** *vt, vi* (*Aeronáut*) acoplar(se) **4** *vt* ~ **sth (from/off sth)** (*sueldo*) deducir algo (de algo)

ʔ **doctor** /'dɑktər/ *n* (*abrev* Dr.) **1** (*Med*) médico, -a **2** ~ **(of sth)** (*título*) doctor, -ora (en algo)
▸ *vt* **1** amañar **2** (*comestibles*) adulterar

**doctorate** /'dɑktərət/ *n* doctorado

**doctrine** /'dɑktrɪn/ *n* doctrina

ʔ **document** /'dɑkjumənt/ *n* documento
▸ *vt* /'dɑkjument/ documentar

**documentary** /ˌdɑkju'mentəri, -tri/ *adj, n* (*pl* **documentaries**) documental

**dodge** /dɑdʒ/ **1** *vi* dar el esquinazo, hacer un quiebro: *She dodged around the corner.* Hizo un quiebro y dobló la esquina. **2** *vt* esquivar: *to dodge awkward questions* eludir preguntas embarazosas **3** *vt* (*perseguidor*) escabullirse de

**dodgy** /'dɑdʒi/ *adj* (*GB, coloq*) problemático: *Sounds a bit dodgy to me.* Me suena un poco peligroso. ◇ *a dodgy situation* una situación delicada ◇ *a dodgy wheel* una rueda defectuosa

**doe** /dɒʊ/ *n* cierva, coneja, liebre hembra ➔ *Ver nota en* VENADO

**does** /dʌz/ *Ver* DO¹

**doesn't** /'dʌznt/ = DOES NOT *Ver* DO¹

ʔ **dog** /dɔːg; *GB* dɒg/ *n* perro
▸ *vt* (**-gg-**) seguir: *He was dogged by misfortune.* Lo persiguió la mala suerte.

**dogged** /'dɔːgɪd; *GB* 'dɒgɪd/ *adj* tenaz
**doggedly** *adv* tenazmente

**doggie** (*tb* **doggy**) /'dɔːgi; *GB* 'dɒgi/ *n* (*coloq*) perrito

**dogsbody** /'dɔːgzbɑdi; *GB* 'dɒgz-/ *n* (*pl* **dogsbodies**) (*GB, coloq*) achichince

**do-it-yourself** /ˌduː ɪt jər'self/ *n Ver* DIY

**the dole** /dɒʊl/ *n* (*GB, coloq*) subsidio de desempleo: *to be/go on the dole* estar/quedarse en paro

**doll** /dɑl/ *n* muñeca

ʔ **dollar** /'dɑlər/ *n* dólar: *a dollar bill* un billete de dólar ➔ *Ver pág* 682

**dolly** /'dɑli/ *n* (*pl* **dollies**) muñequita

**dolphin** /'dɑlfɪn/ *n* delfín

**domain** /dɒʊ'meɪn; *GB tb* də'm-/ *n* **1** propiedad **2** campo: *outside my domain* fuera de mi competencia

**dome** /dɒʊm/ *n* cúpula, domo **domed** *adj* abovedado

ʔ **domestic** /də'mestɪk/ *adj* **1** doméstico **2** nacional **domesticated** *adj* **1** doméstico **2** casero

**dominance** /'dɑmɪnəns/ *n* dominación

**dominant** /'dɑmɪnənt/ *adj* dominante

ʔ **dominate** /'dɑmɪneɪt/ *vt, vi* dominar **domination** *n* dominio

**domineering** /ˌdɑmə'nɪərɪŋ; *GB* -mɪ'n-/ *adj* (*pey*) dominante

**dominion** /də'mɪnɪən/ *n* dominio

**domino** /'dɑmɪnɒʊ/ *n* **1** (*pl* **dominoes**) ficha de dominó **2 dominoes** [*incontable*]: *to play dominoes* jugar al dominó

**donate** /'dɒʊneɪt; *GB* dɒʊ'neɪt/ *vt* donar **donation** *n* **1** donativo **2** [*incontable*] donación

**done** /dʌn/ *pp de* DO¹
▸ *adj* hecho

**donkey** /'dɔːŋki; *GB* 'dɒŋki/ *n* (*pl* **donkeys**) burro

**donor** /'dɒʊnər/ *n* donante

**don't** /dɒʊnt/ = DO NOT *Ver* DO¹

**donut** /'dɒʊnʌt/ *n* dona

**doom** /duːm/ *n* [*incontable*] **1** perdición: *to send a man to his doom* mandar a un hombre a la muerte **2** pesimismo **doomed** *adj* condenado: *doomed to failure* destinado al fracaso

ʔ **door** /dɔːr/ *n* **1** puerta **2** (*tb* **doorway** /'dɔːrweɪ/) entrada [LOC] **from door to door** de puerta en puerta: *a door-to-door salesman* un vendedor a domicilio ◇ **out of doors** al aire libre *Ver tb* BACK

**doorbell** /'dɔːrbel/ *n* timbre (*de puerta*)

**doormat** /'dɔːrmæt/ *n* tapete (*en la entrada*)

**doorstep** /'dɔːrstep/ *n* escalón de la puerta [LOC] **on your doorstep** a un paso

**dope** /dɒʊp/ *n* (*coloq*) **1** droga **2** imbécil
▸ *vt* dopar

**dope test** *n* prueba antidoping

**dormant** /'dɔːrmənt/ *adj* inactivo

**dormitory** /'dɔːrmətɔːri; *GB* -tri/ *n* (*pl* **dormitories**) (*tb coloq* **dorm**) **1** (*USA*) (*GB* **hall**) residencia universitaria **2** (*GB*) (*internado*) dormitorio

**dosage** /'dɒʊsɪdʒ/ *n* dosificación

**dose** /dɒʊs/ *n* dosis

ʔ **dot** /dɑt/ *n* punto [LOC] **on the dot** (*coloq*) a la hora en punto

---

ə about    y yes    w woman    eɪ say    aɪ five    ɔɪ boy    aʊ now    ɒʊ go

▶ *vt* (**-tt-**) poner un punto sobre **LOC** **dot your i's and cross your t's** dar los últimos retoques

**dote** /dəʊt/ *vi* ~ **on sth/sb** adorar algo/a algn **doting** *adj* devoto

**double** /'dʌbl/ *adj* doble: *double figures* número de dos cifras
▶ *adv*: *to see double* ver doble ◊ *bent double* encorvado ◊ *to fold a blanket double* doblar una cobija en dos ◊ *She earns double what he does.* Gana el doble que él.
▶ *n* **1** doble **2** doubles [*incontable, pl*] dobles: *mixed doubles* dobles mixtos
▶ **1** *vt, vi* duplicar(se) **2** *vt* ~ **sth (over)** doblar algo (en dos) **3** *vi* ~ **(up) as sth** hacer de algo **PHRV** **double back** volver sobre sus pasos ◊ *to double (sb) up/over*: *to be doubled up with laughter* doblarse de risa ◊ *to double over/up with pain* doblarse de dolor

**double-barrelled** /ˌdʌbl 'bærəld/ *adj* **1** (*escopeta*) de dos cañones **2** (*GB*) (*apellido*) compuesto

**double bass** *n* contrabajo

**double bed** *n* cama matrimonial

**double-breasted** /ˌdʌbl 'brestɪd/ *adj* (*saco, chaleco*) cruzado

**double-check** /ˌdʌbl 'tʃek/ *vt* revisar

**double-cross** /ˌdʌbl 'krɔːs; *GB* 'krɒs/ *vt* engañar, traicionar

**double-decker** /ˌdʌbl 'dekər/ (*tb* **double-decker bus**) *n* camión de dos pisos

**double-edged** /ˌdʌbl 'edʒd/ *adj* de doble filo

**double glazed** *adj* (*esp GB*) con cristal doble

**double glazing** (*esp GB*) (*USA* **storm windows** [*pl*]) *n* doble acristalamiento

**doubly** /'dʌbli/ *adv* doblemente: *to make doubly sure of sth* volver a asegurarse de algo

**doubt** /daʊt/ *n* **1** ~ **(about sth)** duda (sobre algo) **2** ~ **to (whether)...** duda sobre (si)... **LOC** **beyond (any) doubt** fuera de toda duda **cast/throw doubt (on sth)** hacer dudar (de algo) **in doubt** dudoso **no doubt; without (a) doubt** sin duda *Ver tb* BENEFIT
▶ *vt, vi* dudar
**doubter** *n* escéptico, -a

**doubtful** /'daʊtfl/ *adj* dudoso: *to be doubtful about (doing) sth* tener dudas sobre (si hacer) algo **doubtfully** *adv* sin convicción

**doubtless** /'daʊtləs/ *adv* sin duda

**dough** /dəʊ/ *n* **1** masa **2** (*coloq*) lana

**doughnut** = DONUT

**dour** /dʊər/ *adj* austero

**douse** /daʊs/ *vt* ~ **sth/sb (in/with sth)** empapar algo/a algn (de algo)

**dove¹** /dʌv/ *n* paloma

**dove²** *pt de* DIVE

**dowdy** /'daʊdi/ *adj* (*pey*) **1** (*ropa*) sin gracia **2** (*persona*) vestido con un estilo muy gris

**down¹** /daʊn/ **❶** Para los usos de **down** en PHRASAL VERBS ver las entradas de los verbos correspondientes, p. ej. **go down** en GO¹. **D**
▶ *adv* **1** abajo: *He ran his eyes down the list.* Recorrió la lista de arriba abajo. ◊ *face down* boca abajo **2** bajo: *Inflation is down this month.* La inflación ha bajado este mes. ◊ *to be 50 euros down* faltarle a algn 50 euros **3** *Ten down, five to go.* Van diez, quedan cinco. **LOC** **down under** (*coloq*) (en) Australia y/o Nueva Zelanda **down with sth/sb** ¡abajo algo/algn!
▶ *prep* abajo: *down the hill* colina abajo ◊ *down the corridor on the right* bajando el pasillo a la derecha
▶ *adj* **1** (*coloq*) en la depre **2** (*Informát*): *The system's down.* El sistema no funciona.

**down²** /daʊn/ *n* **1** plumones **2** pelusa **3** vello

**down-and-out** /'daʊn ən aʊt/ *n* vagabundo, -a

**downcast** /'daʊnkæst; *GB* -kɑːst/ *adj* abatido

**downfall** /'daʊnfɔːl/ *n* [*sing*] caída: *Drink will be your downfall.* La bebida será tu ruina.

**downgrade** /'daʊnɡreɪd/ *vt* ~ **sth/sb (from sth) (to sth)** degradar algo/a algn (de algo) (a algo)

**downhearted** /ˌdaʊn'hɑːtɪd/ *adj* desanimado

**downhill** /ˌdaʊn'hɪl/ *adv, adj* cuesta abajo **LOC** **be (all) downhill** (*coloq*) **1** (*tb* **go downhill**) ir cuesta abajo **2** ser (todo) fácil

**download** /ˌdaʊn'ləʊd/ *vt* (*Informát*) bajar, descargar
▶ *n* /'daʊnləʊd/ (*Informát*) descarga (*información bajada de computadora remota*)
**downloadable** /ˌdaʊn'ləʊdəbl/ *adj* descargable

**downplay** /ˌdaʊn'pleɪ/ *vt* restarle importancia a, minimizar

**downpour** /'daʊnpɔːr/ *n* chaparrón

**downright** /'daʊnraɪt/ *adj* total: *downright stupidity* estupidez declarada
▶ *adv* completamente

**downscale** /ˌdaʊn'skeɪl/ (*GB* **downmarket** /ˌdaʊn'mɑːrkɪt/) *adj* (*pey*) de/para la gran masa, populachero

**downside** /'daʊnsaɪd/ n [sing] inconveniente

**Down's syndrome** n síndrome de Down

**downstairs** /ˌdaʊn'steərz/ adv (escaleras) abajo
▸ adj (en el/del piso de) abajo
▸ n [sing] planta baja

**downstream** /ˌdaʊn'striːm/ adv río abajo

**down-to-earth** /ˌdaʊn tu: 'ɜːrθ/ adj práctico, con los pies en la tierra

**downtown** /ˌdaʊn'taʊn/ adj, adv a/en el centro (de ciudad)

**downtrodden** /'daʊntrɑdn/ adj oprimido

**downturn** /'daʊntɜːrn/ n bajada: a downturn in sales un descenso en las ventas

**downward** /'daʊnwərd/ adj hacia abajo: a downward trend una tendencia a la baja
▸ adv (tb **downwards**) hacia abajo

**downy** /'daʊni/ adj con pelusa

**dowry** /'daʊri/ n (pl **dowries**) dote

**doze** /doʊz/ vi dormitar **PHRV** **doze off** cabecear
▸ n [sing] cabezada

**dozen** /'dʌzn/ n (abrev doz.) docena: There were dozens of people. Había muchísima gente. ◊ two dozen eggs dos docenas de huevos

**dozy** /'doʊzi/ adj (esp GB, coloq) amodorrado

**drab** /dræb/ adj (**drabber, -est**) monótono, gris

**draft** /dræft; GB drɑːft/ n 1 borrador: a draft bill un anteproyecto de ley 2 (Fin) orden de pago, letra de cambio 3 the draft la leva, la llamada al servicio militar 4 (GB **draught**) corriente (de aire)
▸ adj (GB **draught**) de barril: draft beer cerveza de barril
▸ vt 1 hacer un borrador de 2 (Mil) llamar al servicio militar, reclutar 3 ~ sth/sb (in) designar, enviar algo/a algn

**draftsman** (GB **draughtsman**) /'dræftsmən; GB 'drɑːfts-/ n (pl **-men** /-mən/) proyectista

**drafty** (GB **draughty**) /'dræfti; GB 'drɑːfti/ adj con muchas corrientes (de aire)

**drag** /dræg/ (**-gg-**) 1 vt, vi arrastrar(se) 2 vi ~ (on) (tiempo) pasar lentamente, hacerse eterno 3 vt (Náut) rastrear
▸ n 1 a drag [sing] (coloq) (persona, cosa) un rollo 2 a man in drag un hombre vestido de mujer

**dragon** /'drægən/ n dragón

**dragonfly** /'drægənflaɪ/ n libélula

**drain** /dreɪn/ n 1 desagüe 2 alcantarilla **LOC** **be a drain on sth** ser un agujero continuo de algo
▸ vt 1 (platos, verduras, etc.) escurrir 2 (terreno, lago, etc.) drenar **LOC** **be/feel drained** estar/sentirse agotado: She felt drained of all energy. Se sentía completamente agotada. **PHRV** **drain away** 1 perderse (por un desagüe) 2 (fig) consumirse (lentamente)

**drainage** /'dreɪnɪdʒ/ n drenaje

**draining board** n escurridor

**drainpipe** /'dreɪnpaɪp/ n tubería de desagüe

**drama** /'drɑːmə/ n 1 obra de teatro 2 drama: drama school escuela dramática ◊ drama student estudiante de arte dramático

**dramatic** /drə'mætɪk/ adj dramático

**dramatically** /drə'mætɪkli/ adv dramáticamente, de modo impresionante

**dramatist** /'dræmətɪst/ n dramaturgo, -a **dramatization** (GB tb **-isation**) n dramatización **dramatize** (GB tb **-ise**) vt, vi dramatizar

**drank** pt de DRINK

**drape** /dreɪp/ vt 1 ~ sth across/around/over sth (tejido) colgar algo sobre algo 2 ~ sth/sb in/with sth cubrir, envolver algo/a algn en/con algo

**drapes** /dreɪps/ (tb **draperies** /'dreɪpəriz/) n [pl] cortinas (gruesas)

**drastic** /'dræstɪk/ adj 1 drástico 2 grave **drastically** adv drásticamente

**draught** (GB) = DRAFT n, adj

**draughts** /dræfts; GB drɑːfts/ (GB) (USA **checkers**) n [incontable] damas (juego)

**draughty** (GB) = DRAFTY

**draw** /drɔː/ (pt **drew** /druː/ pp **drawn** /drɔːn/) 1 vt, vi dibujar, trazar 2 vi: to draw level with sb alcanzar a algn ◊ to draw near acercarse 3 vt (cortinas) correr, descorrer 4 vt (conclusión) sacar: to draw comfort from sth/sb hallar consuelo en algo/algn ◊ to draw inspiration from sth inspirarse en algo ◊ to draw a distinction hacer una distinción ◊ to draw an analogy/a parallel establecer una analogía/un paralelo 5 vt (sueldo) cobrar 6 vt provocar, causar 7 vt ~ sb (to sth/sb) atraer a algn (hacia algo/algn) 8 vi (esp GB, Dep) empatar **LOC** Ver CLOSE¹ **PHRV** **draw back** retroceder, retirarse **draw sth back** retirar, descorrer algo **draw on/upon sth** hacer uso de algo **draw up 1** pararse (vehículo) **2** (silla) acercar **draw sth up** redactar algo
▸ n 1 (esp GB) (USA **tie**) empate 2 (USA tb **drawing**) sorteo

**drawback** /'drɔːbæk/ n ~ **(of/to sth)** inconveniente, desventaja (de algo)

**drawer** /drɔːr/ n cajón

**drawing** /'drɔːɪŋ/ n dibujo

**drawing pin** (GB) (USA **thumbtack**) n tachuela

**drawing room** n (formal o antic) salón

**drawl** /drɔːl/ n voz lenta y pesada

**drawn** /drɔːn/ adj demacrado Ver tb DRAW

**dread** /dred/ n terror
▶ vt tener terror a: I dread to think what will happen. Sólo pensar qué pasará me horroriza.
**dreadful** adj (esp GB) **1** terrible, espantoso **2** horrible, pésimo: I feel dreadful. Me siento fatal. ◇ I feel dreadful about what happened. Me da vergüenza lo que pasó. ◇ How dreadful! ¡Qué horror!
**dreadfully** adv (esp GB) **1** terriblemente **2** muy mal **3** muy: I'm dreadfully sorry. Lo siento muchísimo.

**dream** /driːm/ n sueño: to have a dream about sth/sb soñar con algo/algn ◇ to go around in a dream/live in a dream world vivir de ensueños
▶ (pt, pp **dreamed** o **dreamt** /dremt/)

Algunos verbos poseen tanto formas regulares como irregulares para el pasado y el participio pasado: **spell**: **spelled/spelt**, **spill**: **spilled/spilt**, etc. En inglés americano se prefieren las formas regulares (**spelled**, **spilled**, etc.), mientras que en inglés británico se suelen utilizar las formas irregulares (**spelt**, **spilt**, etc.). ➔ Ver tb pág 319

**1** vt, vi ~ **(about/of sth/doing sth)** soñar (con algo/con hacer algo): I dreamed (that) I could fly. Soñé que podía volar. **2** vt imaginar: I never dreamed (that) I'd see you again. Nunca imaginé que te volvería a ver.

**dreamer** /'driːmər/ n soñador, -ora
**dreamily** /'driːmɪli/ adv distraídamente
**dreamy** /'driːmi/ adj (**dreamier**, **-iest**) **1** soñador, distraído **2** vago

**dreary** /'drɪəri/ adj (**drearier**, **-iest**) **1** deprimente **2** aburrido

**dredge** /dredʒ/ vt, vi dragar, rastrear
**dredger** n rastra

**drench** /drentʃ/ vt empapar: to get drenched to the skin/drenched through mojarse hasta los huesos ◇ (absolutely) drenched hecho una sopa

**dress** /dres/ n **1** vestido **2** [incontable] ropa Ver tb FANCY DRESS
▶ **1** vt, vi vestir(se): to dress as sth vestirse de algo ◇ to dress smartly vestir bien
❶ Cuando nos referimos simplemente

a la acción de vestirse decimos **get dressed**. **2** vt (herida) curar **3** vt (ensalada) aliñar **LOC** **(be) dressed in sth** vestido de algo **PHRV** **dress (sb) up (as sth/sb)** disfrazar a algn, disfrazarse (de algo/algn) **dress (sb) up (in sth)** disfrazar a algn, disfrazarse (con algo) **dress sth up** disfrazar algo **dress up** engalanarse

**dress circle** (esp GB) (USA **first balcony**) n (Teat) principal

**dresser** /'dresər/ n **1** (USA) (tb esp GB **chest of drawers**) cómoda **2** (GB) (USA **hutch**) aparador

**dressing** /'dresɪŋ/ n **1** vendaje **2** aderezo

**dressing gown** (USA **bathrobe**) n bata

**dressing room** n **1** vestidor, camerino **2** (GB **fitting room**) probador

**dressing table** n tocador

**dressmaker** /'dresmeɪkər/ n modisto, -a **dressmaking** n corte y confección

**drew** pt de DRAW

**dribble** /'drɪbl/ **1** vi babear **2** vt, vi regatear

**dried** pt, pp de DRY

**drift** /drɪft/ vi **1** flotar **2** (arena, nieve) amontonarse **3** ir a la deriva: to drift into (doing) sth hacer algo a la deriva
▶ n **1** population drift from rural areas el éxodo hacia las zonas urbanas ◇ the drift toward war la marcha para la guerra **2** [sing] idea general
**drifter** n (pey) vagabundo, -a

**drill** /drɪl/ n **1** taladro: a dentist's drill un torno de dentista **2** [incontable] (Mil) instrucción **3** (Educ) ejercicio **4** rutina
▶ vt **1** taladrar, perforar **2** instruir

**drily** = DRYLY

**drink** /drɪŋk/ n bebida: a drink of water un trago de agua ◇ to go for a drink ir a tomar algo ◇ a soft drink un refresco
▶ vt, vi (pt **drank** /dræŋk/ pp **drunk** /drʌŋk/) beber: Don't drink and drive. Si bebes, no manejes. **LOC** **drink to sb's health** beber a la salud de algn **PHRV** **drink (a toast) to sth/sb** brindar por algo/algn **drink sth down/up** tomarse algo (todo) **drink sth in** embeberse en algo
**drinker** n bebedor **drinking** n el beber

**drinking water** n agua potable

**drip** /drɪp/ vi (-pp-) gotear **LOC** **be dripping with sth** estar chorreando algo
▶ n **1** gota **2** (Med) sonda: to be on a drip tener puesto un gotero

**drive** /draɪv/ (pt **drove** /droʊv/ pp **driven** /'drɪvn/) **1** vt, vi manejar: Can you drive? ¿Sabes manejar? **2** vi viajar en coche: Did you drive? ¿Viniste en coche? **3** vt

llevar (en coche) **4** *vt* impulsar **5** *vt*: *to drive sb crazy* volver loco a algn ◇ *to drive sb to drink* llevar a algn a la bebida LOC **drive a hard bargain** ser un negociador duro **what sb is driving at**: *What are you driving at?* ¿Qué insinúas? PHR V **drive away/off** alejarse (*en coche*) **drive sth/sb away/off** ahuyentar algo/a algn

▸ *n* **1** vuelta, viaje (*en coche, etc.*): *to go for a drive* dar una vuelta en coche **2** (*tb* **driveway** /ˈdraɪvweɪ/) (*en una casa*) camino de la entrada **3** (*Dep*) golpe directo, drive **4** empuje **5** campaña **6** (*Mec*) mecanismo de transmisión: *four-wheel drive* tracción en las cuatro llantas ◇ *a left-hand drive car* un coche con el volante a la izquierda **7** (*Informát*): *disc drive* unidad de disco

**drive-in** /ˈdraɪv ɪn/ *n* lugar al aire libre, sobre todo cines, restaurantes, etc. donde se sirve a los clientes sin que tengan que salir del coche

⚷ **driver** /ˈdraɪvər/ *n* **1** chofer **2** (*GB*): *train driver* maquinista LOC **be in the driver's seat** tener la sartén por el mango

**driver's license** (*GB* **driving licence**) *n* licencia de manejo

**driving school** *n* escuela de manejo

**driving test** *n* examen de manejo

**drizzle** /ˈdrɪzl/ *n* llovizna

▸ *vi* lloviznar

**drone** /droʊn/ *vi* zumbar PHR V **drone on (about sth)** hablar (sobre algo) en un tono monótono

▸ *n* zumbido

**drool** /druːl/ *vi* babear: *to drool over sth/sb* caérsele la baba a uno por algo/algn

**droop** /druːp/ *vi* **1** caer **2** (*flor*) marchitarse **3** (*ánimo*) decaer **droopy** *adj* **1** caído **2** (*flor*) marchito

⚷ **drop** /drɑp/ (**-pp-**) **1** *vi* caer: *He dropped to his knees.* Se arrodilló. **2** *vt* dejar caer: *She dropped her book.* Se le cayó el libro. ◇ *to drop a bomb* lanzar una bomba ❶ Cuando se trata de un líquido, se usa el verbo **spill**: *She spilled coffee on her skirt.* Se le cayó café en la falda. **3** *vi* desplomarse: *I feel ready to drop.* Estoy que me caigo. ◇ *to work till you drop* matarse trabajando **4** *vt, vi* disminuir, caer: *to drop prices* reducir precios **5** *vt* ~ **sth/sb (off)** (*pasajero, paquete*) dejar algo/a algn **6** *vt* omitir: *He's been dropped from the team.* Lo han corrido del equipo. **7** *vt* (*amigos*) romper con **8** *vt* (*hábito, actitud*) dejar: *Drop everything!* ¡Déjalo todo! ◇ *Can we drop the subject?* ¿Podemos olvidar el tema? LOC **drop dead** (*coloq*) quedarse en el sitio: *Drop dead!* ¡Vete al cuerno! **drop (sb) a hint** soltar una indirecta (a algn) **drop sb a line** (*coloq*) mandarle unas líneas a algn LOC *Ver* MATTER PHR V **drop back/behind** quedarse atrás, rezagarse **drop by/in**; **drop in on sb** hacer una visita informal (a algn): *Why don't you drop by?* ¿Por qué no pasas por la casa? ◇ *They dropped in for breakfast.* Pasaron a desayunar. **drop off** (*GB, coloq*) quedarse dormido **drop out (of sth)** retirarse (de algo): *to drop out (of college)* dejar los estudios ◇ *to drop out (of society)* automarginarse

▸ *n* **1** gota: *Would you like a drop of wine?* ¿Te apetece un vaso de vino? **2** caída: *a sheer drop* un precipicio ◇ *a drop in prices* una caída de los precios ◇ *a drop in temperature* un descenso de la temperatura LOC **at the drop of a hat** sin pensarlo dos veces **be (only) a drop in the bucket** (*GB* **be only a drop in the ocean**) no ser más que una gota de agua en el océano

**dropout** /ˈdrɑpaʊt/ *n* estudiante que no termina los estudios

**droppings** /ˈdrɑpɪŋz/ *n* [*pl*] excrementos (*de animales o pájaros*)

**drought** /draʊt/ *n* sequía

**drove** *pt de* DRIVE

**drown** /draʊn/ *vt, vi* ahogar(se) PHR V **drown sth/sb out** ahogar algo/a algn: *His words were drowned out by the music.* La música ahogó sus palabras.

**drowsy** /ˈdraʊzi/ *adj* (**drowsier**, **-iest**) adormilado: *This drug can make you drowsy.* Este fármaco puede producir somnolencia.

**drudgery** /ˈdrʌdʒəri/ *n* [*incontable*] trabajo pesado

⚷ **drug** /drʌg/ *n* **1** (*Med*) fármaco, medicamento: *drug company* empresa farmacéutica **2** droga: *to be on drugs* consumir drogas habitualmente ◇ *drug abuse* abuso de drogas ◇ *drug addict* drogadicto

▸ *vt* (**-gg-**) drogar

**drugstore** /ˈdrʌgstɔːr/ *n* farmacia que también vende comestibles, periódicos, etc.

⚷ **drum** /drʌm/ *n* **1** (*Mús*) tambor, batería: *to play the drums* tocar la batería **2** tambor, bidón

▸ (**-mm-**) **1** *vi* tocar el tambor **2** *vt, vi* ~ **(sth) on sth** tamborilear (con algo) en algo PHR V **drum sth into sb/into sb's head** machacarle algo a algn **drum sb out (of sth)** echar a algn (de algo) **drum sth up** esforzarse por conseguir algo (*apoyo, clientes, etc.*): *to drum up interest in sth* fomentar el interés en algo **drummer** *n* batería

**drumstick** /'drʌmstɪk/ n **1** (Mús) baqueta **2** (Cocina) pata (de pollo, etc.)

**drunk** /drʌŋk/ adj borracho: to be drunk with joy estar ebrio de alegría **LOC** drunk and disorderly: to be charged with being drunk and disorderly ser acusado de borrachera y alboroto **get drunk** emborracharse Ver tb DRINK
▸ n borracho, -a

**drunken** /'drʌŋkən/ adj borracho: to be charged with drunken driving ser acusado de manejar en estado de embriaguez **drunkenness** n embriaguez

**dry** /draɪ/ adj (**drier, -est**) **1** seco: dry white wine vino blanco seco ◇ Tonight will be dry. Esta noche no va a llover. **2** árido **3** (humor) irónico **LOC** run dry secarse Ver tb BONE, HIGH, HOME
▸ vt, vi (pt, pp dried) secar(se): He dried his eyes. Se secó las lágrimas. **PHRV** dry out secarse **dry up** (río, etc.) secarse **dry sth up** secar algo (platos, etc.)

**dry-clean** /draɪ kli:n/ vt lavar en seco **dry cleaners** n [pl] tintorería **dry cleaning** n lavado en seco

**dryer** /'draɪər/ n secadora

**dry land** n tierra firme

**dryly** (tb **drily**) /'draɪli/ adv en tono seco

**dryness** /'draɪnəs/ n **1** sequedad **2** aridez **3** (humor) ironía

**dual** /'du:əl; GB 'dju:əl/ adj doble

**dual carriageway** (GB) (USA **divided highway**) n carretera de dos carriles

**dub** /dʌb/ vt (**-bb-**) doblar: dubbed into English doblado al inglés **dubbing** n doblaje

**dubious** /'du:biəs; GB 'dju:-/ adj **1** be ~ about sth tener dudas acerca de algo **2** (pey) (conducta) sospechoso **3** (honor) discutible **dubiously** adv **1** de un modo sospechoso **2** en tono dudoso

**duchess** /'dʌtʃəs/ n duquesa

**duck** /dʌk/ n pato, -a ⊃ Ver nota en PATO
▸ **1** vi agachar la cabeza: He ducked behind a rock. Se escondió detrás de una roca. **2** vt, vi ~ (out of) sth (responsabilidad) eludir algo

**duct** /dʌkt/ n conducto

**dud** /dʌd/ adj [sólo antes de sustantivo] **1** defectuoso **2** inútil **3** (cheque) sin fondos
▸ n (coloq): This battery is a dud. Esta pila es defectuosa.

**dude** /du:d/ n (esp USA, argot) tipo

**due** /du:; GB dju:/ adj **1** the money due to them el dinero que se les debe ◇ Our thanks are due to… Quedamos agradecidos a… ◇ Payment is due on the fifth. El próximo pago vence el cinco. **2** The bus is due (in) at five o'clock. El camión debe

llegar a las cinco. ◇ She's due to arrive soon. Debe llegar pronto. ◇ She's due back on Thursday. Se la espera el jueves. **3** ~ (for) sth: I reckon I'm due (for) a vacation. Creo que me merezco unas vacaciones. **4** debido: with all due respect con el debido respeto ◇ It's all due to her efforts. Se lo debemos todo a su esfuerzo. **LOC** in due course a su debido tiempo
▸ n dues [pl] cuota **LOC** to give sb their due para ser justo
▸ adv: due south directamente al sur

**duel** /'du:əl; GB 'dju:əl/ n duelo

**duet** /du'et; GB dju'et/ n dúo (pieza musical)

**duffel bag** /'dʌfl bæg/ (GB **holdall**) n bolsa de viaje ⊃ Ver dibujo en LUGGAGE

**dug** pt, pp de DIG

**duke** /du:k; GB dju:k/ n duque

**dull** /dʌl/ adj (**duller, -est**) **1** (tiempo) gris **2** (color) apagado **3** (superficie) deslustrado **4** (luz) sombrío: a dull glow una luz mortecina **5** (dolor, ruido) sordo **6** aburrido, soso **7** sin filo **dully** adv con desgana

**duly** /'du:li; GB 'dju:li/ adv **1** (formal) debidamente **2** a su debido tiempo

**dumb** /dʌm/ adj (**dumber, -est**) **1** (esp USA, coloq) tonto **2** mudo: to be deaf and dumb ser sordomudo

**dumbfounded** /dʌm'faʊndɪd/ (tb **dumbstruck** /'dʌmstrʌk/) adj mudo de asombro

**dumbly** /'dʌmli/ adv sin hablar

**dummy** /'dʌmi/ n (pl **dummies**) **1** maniquí **2** imitación **3** (GB) (USA **pacifier**) chupón **4** (coloq) imbécil

**dump** /dʌmp/ vt **1** verter, tirar: No dumping. Prohibido tirar basuras. ◇ dumping ground tiradero/vertedero **2** (coloq) (pareja) abandonar **3** deshacerse de
▸ n **1** tiradero, vertedero **2** (Mil) depósito **3** (coloq, pey) cochinero

**dumpling** /'dʌmplɪŋ/ n bola de una masa especial que se come en los pucheros

**dumps** /dʌmps/ n [pl] **LOC** (down) in the dumps (coloq) en la depre

**dune** /du:n; GB dju:n/ (tb **sand dune**) n duna

**dung** /dʌŋ/ n abono, estiércol

**dungarees** /ˌdʌŋgə'ri:z/ (GB) (USA **overalls**) n [pl] pantalones de peto ⊃ Ver dibujo en OVERALL

**dungeon** /'dʌndʒən/ n calabozo

**duo** /'du:oʊ; GB 'dju:-/ n (pl **duos**) dúo

**dupe** /duːp; GB djuːp/ vt engañar

**duplex** /ˈduːpleks; GB ˈdjuː-/ n **1** (casa) dúplex **2** apartamento dúplex

**duplicate** /ˈduːplɪkeɪt; GB ˈdjuː-/ vt duplicar

▶ adj, n /ˈduːplɪkət; GB ˈdjuː-/ duplicado: a duplicate (letter) una copia

**durability** /ˌdʊərəˈbɪləti; GB ˌdjʊə-/ n durabilidad

**durable** /ˈdʊərəbl; GB ˈdjʊə-/ adj duradero

▶ n [pl] (tb **consumer durables**) electrodomésticos

**duration** /duˈreɪʃn; GB djuˈ-/ n duración
**LOC** **for the duration** (coloq) durante el tiempo que dure

**duress** /duˈres; GB djuˈ-/ n **LOC** **do sth under duress** (formal) hacer algo bajo coacción

ᶠ **during** /ˈdʊərɪŋ; GB ˈdjʊər-/ prep durante: during the meal mientras comíamos ➔ Ver ejemplos en FOR (3) y nota en DURANTE

**dusk** /dʌsk/ n crepúsculo: at dusk al atardecer

**dusky** /ˈdʌski/ adj moreno

ᶠ **dust** /dʌst/ n polvo: gold dust oro en polvo
▶ vt, vi limpiar el polvo (de/en)
**PHRV** **dust sth/sb down/off** quitarle el polvo a algo/algn **dust sth with sth** espolvorear algo de algo

**dustbin** /ˈdʌstbɪn/ (GB) (USA **garbage can**, **trash can**) n basurero ➔ Ver dibujo en GARBAGE CAN

**dustman** /ˈdʌstmən/ n (pl **-men** /-mən/) (GB) (USA **garbage man**) basurero, barrendero

**dustpan** /ˈdʌstpæn/ n recogedor ➔ Ver dibujo en BRUSH

**dusty** /ˈdʌsti/ adj (**dustier**, **-iest**) polvoriento

**Dutch** /dʌtʃ/ adj holandés **LOC** **Dutch courage** (GB, coloq) valor infundido por el alcohol **go Dutch (with sb)** pagar cada uno su parte

**dutiful** /ˈduːtɪfl; GB ˈdjuː-/ adj obediente, concienzudo **dutifully** adv obedientemente, cumplidamente

ᶠ **duty** /ˈduːti; GB ˈdjuːti/ n (pl **duties**)
**1** deber, obligación: to do your duty (by sb) cumplir uno con su deber (para con algn) **2** obligación, función: the duties of the president las obligaciones de la presidenta ◇ duty officer oficial de guardia **3** ~ (**on sth**) aranceles (sobre algo)
**LOC** **be on/off duty** estar/no estar de servicio

**duty-free** /ˌduːti ˈfriː; GB ˌdjuːti/ adj libre de impuestos

**duvet** /ˈduːveɪ, duːˈveɪ/ (GB) (USA **comforter**) n edredón

**DVD** /ˌdiː viː ˈdiː/ n (abrev de **digital video/versatile disk**) DVD ➔ Ver dibujo en COMPUTADORA

**dwarf** /dwɔːf/ n (pl **dwarfs** o **dwarves** /dwɔːrvz/) enano, -a
▶ vt empequeñecer: a house dwarfed by skyscrapers una casa empequeñecida por los rascacielos

**dwell** /dwel/ vi (pt, pp **dwelled** o **dwelt** /dwelt/) (formal) morar ➔ Ver nota en DREAM **PHRV** **dwell on/upon sth 1** insistir en algo, extenderse en algo **2** dejarse obsesionar por algo **dwelling** n (formal) morada, vivienda

**dwindle** /ˈdwɪndl/ vi disminuir, reducirse: to dwindle (away) (to nothing) quedar reducido (a la nada)

**dye** /daɪ/ vt, vi (3a pers sing **dyes**, pt, pp **dyed**, part pres **dyeing**) teñir(se): to dye sth blue teñir algo de azul
▶ n (pl **dyes**) tinte (para el pelo, la ropa, etc.)

ᶠ **dying** /ˈdaɪɪŋ/ adj **1** (persona) moribundo, agonizante **2** (palabras, momentos, etc.) último: her dying wish su último deseo ◇ a dying breed una raza en vías de extinción

**dyke** /daɪk/ n **1** (ofen) lesbiana **2** dique **3** acequia

**dynamic** /daɪˈnæmɪk/ adj dinámico

**dynamics** /daɪˈnæmɪks/ n **1** [pl] dinámica **2** [incontable] (Ciencia) dinámica

**dynamism** /ˈdaɪnəmɪzəm/ n dinamismo

**dynamite** /ˈdaɪnəmaɪt/ n (lit y fig) dinamita
▶ vt dinamitar

**dynamo** /ˈdaɪnəmoʊ/ n (pl **dynamos**) dinamo, dínamo

**dynasty** /ˈdaɪnəsti; GB ˈdɪ-/ n (pl **dynasties**) dinastía

**dysentery** /ˈdɪsənteri; GB -tri/ n disentería

**dyslexia** /dɪsˈleksiə/ n dislexia **dyslexic** adj, n disléxico, -a

**dystrophy** /ˈdɪstrəfi/ n distrofia

---

| ʃ chin | dʒ June | v van | θ then | s so | z zoo | ʃ she |
|--------|---------|-------|--------|------|-------|-------|

# E e

**E, e** /iː/ n (pl **Es, E's, e's**) **1** E, e ◗ Ver ejemplos en A, A **2** (Mús) mi **3** (esp GB, Educ) cinco: to get (an) E in French sacar (un) cinco en Francés

**e-** /iː/ pref

Se usa el prefijo **e-** para formar palabras relacionadas con la comunicación electrónica: e-commerce comercio electrónico.

**each** /iːtʃ/ adj cada

**Each** casi siempre se traduce por cada (uno) y **every** por todo(s). Una excepción importante es cuando se expresa la repetición de algo a intervalos fijos de tiempo: The Olympics are held every four years. Los Juegos Olímpicos se celebran cada cuatro años. ◗ Ver tb nota en EVERY

▸ adv, pron cada uno (de dos o más): We have two each. Tenemos dos cada uno. ◊ each for himself cada cual por su cuenta

**each other** pron el uno al otro (mutuamente): We have each other. Nos tenemos el uno al otro. ❶ Cada vez hay una mayor tendencia a usar **each other** y **one another** indistintamente, aunque **each other** es más frecuente: They all looked at each other/one another. Todos se miraron (entre sí).

**eager** /ˈiːɡər/ adj ~ (for sth/to do sth) ávido (de algo), ansioso (por hacer algo): eager to please ansioso por complacer **eagerly** adv con impaciencia/ilusión **eagerness** n ansia

**eagle** /ˈiːɡl/ n águila

**ear** /ɪər/ n **1** oreja **2** oído: to have an ear/a good ear for sth tener buen oído para algo **3** espiga LOC **be all ears** (coloq) ser todo oídos **be up to your ears in sth** estar hasta el copete de algo **play it by ear** (coloq) improvisar **play (sth) by ear** tocar (algo) de oído Ver tb PRICK

**earache** /ˈɪəreɪk/ n dolor de oídos

**eardrum** /ˈɪərdrʌm/ n tímpano

**earl** /ɜːrl/ n conde

**early** /ˈɜːrli/ adj (**earlier, -iest**) **1** temprano: at an early age a una edad temprana **2** primero: my earliest memories

mis primeros recuerdos **3** (muerte) prematuro **4** (jubilación) anticipado LOC **an early bird** (humorístico) un madrugador **it's early days (yet)** (GB) es demasiado pronto **the early bird catches/gets the worm** (refrán) al que madruga, Dios le ayuda **the early hours** la madrugada

▸ adv (**earlier, -iest**) **1** temprano **2** con anticipación **3** prematuramente **4** a principios de: early last week a principios de la semana pasada LOC **as early as…**: as early as 1988 ya en 1988 **at the earliest** lo más pronto **early on** al poco tiempo de empezar: earlier on anteriormente

**earmark** /ˈɪərmɑrk/ vt destinar

**earn** /ɜːrn/ vt **1** (dinero) ganar: to earn a living ganarse la vida **2** merecer(se)

**earnest** /ˈɜːrnɪst/ adj **1** (carácter) serio **2** (deseo, etc.) ferviente LOC **in earnest 1** de veras **2** en serio: She said it in earnest. Hablaba con la mayor seriedad. **earnestly** adv con seriedad **earnestness** n fervor

**earnings** /ˈɜːrnɪŋz/ n [pl] ingresos

**earphones** /ˈɪərfoʊnz/ n [pl] auriculares

**earring** /ˈɪərɪŋ/ n pendiente

**earshot** /ˈɪərʃɑt/ n LOC **out of/within earshot** fuera del/al alcance del oído

**earth** /ɜːrθ/ n **1** (tb **the Earth**) (planeta) la Tierra **2** (Geol) tierra **3** (GB) (USA **ground**) (Electrón) tierra LOC **charge, cost, pay, etc. the earth** (GB, coloq) cobrar, costar, pagar, etc. un dineral **come back/down to earth (with a bang/bump)** (coloq) bajar de las nubes **how, what, why, etc. on earth** (coloq) ¿cómo/qué/por qué demonios?: What on earth are you doing? ¿Qué demonios estás haciendo?

▸ vt (GB) (USA **ground**) (Electrón) conectar a tierra

**earthly** /ˈɜːrθli/ adj **1** (formal) terrenal **2** concebible: You don't have an earthly chance of winning. No tienes la más remota posibilidad de ganar. ❶ En este sentido suele usarse en frases negativas o interrogativas.

**earthquake** /ˈɜːrθkweɪk/ n terremoto

**earthworm** /ˈɜːrθwɜːrm/ n lombriz

**ease** /iːz/ n **1** facilidad **2** desahogo **3** alivio LOC **at (your) ease** a gusto Ver tb ILL, MIND

▸ vt **1** (dolor) aliviar **2** (tensión, tráfico) reducir **3** (situación) suavizar **4** (restricción) aflojar LOC **ease sb's conscience/mind** tranquilizar la conciencia/mente de algn Ver tb MIND **PHRV ease (sth/sb) across/along, etc. sth** mover (algo/a algn)

---

iː see   ɪ sit   e ten   æ cat   ɑ hot   ɔː saw   ʌ cup   ʊ put   uː too

cuidadosamente a través de/a lo largo de, etc. algo **ease off/up** aligerarse

**easel** /ˈiːzl/ n caballete (de artista)

ℰ **easily** /ˈiːzəli/ adv **1** fácilmente **2** seguramente: *It's easily the best.* Es seguramente el mejor. **3** muy probablemente

ℰ **east** /iːst/ n **1** (tb **East**) (abrev **E**) (el) este: *Hull is in the east of England.* Hull está al este de Inglaterra. **2 the East** (el) Oriente
▶ adj (del) este, oriental: *east winds* vientos del este
▶ adv al este: *They headed east.* Fueron hacia el este.

**eastbound** /ˈiːstbaʊnd/ adj en/con dirección este

**Easter** /ˈiːstər/ n Pascua: *Easter egg* huevo de Pascua

ℰ **eastern** (tb **Eastern**) /ˈiːstərn/ adj (del) este, oriental

**eastward** /ˈiːstwərd/ (tb **eastwards**) adv hacia el este

ℰ **easy** /ˈiːzi/ adj (**easier, -iest**) **1** fácil **2** tranquilo: *My mind is easier now.* Estoy más tranquilo ahora. **LOC I'm easy** (GB, coloq) me da igual
▶ adv (**easier, -iest**) **LOC easier said than done** del dicho al hecho hay un gran trecho **go easy on sb** (coloq) tomárselo con tranquilidad con algn **go easy on/ with sth** (coloq) no pasarse con algo **take it/things easy** tomarse las cosas con calma: *Take it easy!* ¡Cálmate! Ver tb FREE

**easygoing** /ˌiːziˈɡoʊɪŋ/ adj tolerante: *She's very easygoing.* Es de trato muy fácil.

ℰ **eat** /iːt/ vt, vi (pt **ate** /eɪt; GB tb et/ pp **eaten** /ˈiːtn/) comer **LOC eat out of sb's hand** estar sometido a algn: *She had him eating out of her hand.* Lo tenía totalmente dominado. **eat your words** tragarse las palabras **what's eating him, you, etc.?** (coloq) ¿qué le, te, etc. molesta? Ver tb CAKE **PHRV eat away at sth; eat sth away 1** erosionar algo **2** (fig) consumir algo **eat into sth 1** corroer, desgastar algo **2** mermar algo (reservas, etc.) **eat out** comer fuera **eat (sth) up** comérselo todo **eat sth up** (fig) devorar algo: *This car eats up gas!* ¡Este coche traga un montón de gasolina! **be eaten up with sth** estar consumido por algo **eater** n: *He's a big eater.* Es un comelón.

**eavesdrop** /ˈiːvzdrɑp/ vi (-pp-) ~ (on sth/ sb) escuchar algo/a algn a escondidas

**ebb** /eb/ vi **1** (formal) (marea) bajar **2** ~ (away) (fig) disminuir
▶ n the **ebb** [sing] el reflujo **LOC the ebb and flow (of sth)** los altibajos (de algo)

**ebony** /ˈebəni/ n ébano

**echo** /ˈekoʊ/ n (pl **echoes**) **1** eco, resonancia **2** (fig) imitación
▶ vi ~ **(to/with sth)** resonar (con algo) **2** vt ~ **sth (back)** repetir, reflejar algo: *The tunnel echoed back their words.* El eco del túnel repitió sus palabras.

**ecological** /ˌiːkəˈlɑdʒɪkl/ adj ecológico **ecologically** adv ecológicamente

**ecologist** /iˈkɑlədʒɪst/ n ecologista

**ecology** /iˈkɑlədʒi/ n ecología

ℰ **economic** /ˌiːkəˈnɑmɪk, ˌekə-/ adj **1** (desarrollo, crecimiento, política) económico ➾ Comparar con ECONOMICAL **2** rentable

**economical** /ˌiːkəˈnɑmɪkl, ˌekə-/ adj (combustible, aparato, estilo) económico ❶ A diferencia de **economic**, **economical** puede ser calificado por palabras como *more, less, very*, etc.: *a more economical car* un coche más económico **LOC be economical with the truth** decir las verdades a medias **economically** adv económicamente

**economics** /ˌiːkəˈnɑmɪks, ˌekə-/ n [incontable] economía **economist** /iˈkɑnəmɪst/ n economista

**economize** (GB tb **-ise**) /iˈkɑnəmaɪz/ vi economizar: *to economize on gas* ahorrar gasolina

ℰ **economy** /iˈkɑnəmi/ n (pl **economies**) economía: *to make economies* economizar ◇ *economy size* envase de ahorro

**ecstasy** /ˈekstəsi/ n (pl **ecstasies**) éxtasis: *to be in/go into ecstasy/ecstasies (over sth)* extasiarse (con algo) **ecstatic** /ɪkˈstætɪk/ adj extasiado

ℰ **edge** /edʒ/ n **1** filo (de cuchillo, etc.) **2** borde **3** [sing] ~ **(on/over sth/sb)** ventaja (sobre algo/algn) **LOC on edge** con los nervios de punta **take the edge off sth** suavizar algo
▶ vt, vi ~ **(sth) (with sth)** bordear (algo) (de algo) **PHRV edge (your way) along, away,** etc. avanzar, alejarse, etc. poco a poco: *I edged slowly toward the door.* Me fui acercando poco a poco hacia la puerta.

**edgy** /ˈedʒi/ adj (coloq) nervioso

**edible** /ˈedəbl/ adj comestible

**edit** /ˈedɪt/ vt **1** (libro) preparar una edición de **2** (Cine, TV, texto) editar

ℰ **edition** /ɪˈdɪʃn/ n edición

ℰ **editor** /ˈedɪtər/ n director, -ora (de periódico, etc.): *the arts editor* el director de la sección de cultura

ℰ **educate** /ˈedʒukeɪt/ vt educar (académicamente): *He was educated abroad.* Se educó en el extranjero.

**educated** /ˈedʒukeɪtɪd/ *adj* culto LOC **an educated guess** una conjetura con fundamento

**education** /ˌedʒuˈkeɪʃn/ *n* **1** educación, enseñanza **2** pedagogía **educational** *adj* educativo, educacional, docente

**eel** /iːl/ *n* anguila

**eerie** /ˈɪəri/ *adj* misterioso, horripilante

**effect** /ɪˈfekt/ *n* efecto: *It had no effect on her.* No le hizo ningún efecto. *Ver tb* SIDE EFFECT LOC **for effect** para impresionar **in effect** en realidad **take effect 1** surtir efecto **2** (*tb* **come into effect**) entrar en vigor **to no effect** inútilmente **to this effect** con este propósito *Ver tb* WORD
▸ *vt* (*formal*) efectuar (*una cura, un cambio*) ➔ *Comparar con* AFFECT

**effective** /ɪˈfektɪv/ *adj* **1** (*sistema, medicina, etc.*) eficaz **2** de mucho efecto

**effectively** /ɪˈfektɪvli/ *adv* **1** eficazmente **2** en efecto

**effectiveness** /ɪˈfektɪvnəs/ *n* eficacia

**effeminate** /ɪˈfemɪnət/ *adj* afeminado

**efficiency** /ɪˈfɪʃnsi/ *n* eficiencia

**efficient** /ɪˈfɪʃnt/ *adj* **1** (*persona*) eficiente **2** (*máquina, sistema, etc.*) eficaz

**efficiently** /ɪˈfɪʃntli/ *adv* eficientemente

**effort** /ˈefət/ *n* **1** esfuerzo: *to make an effort* esforzarse/hacer un esfuerzo **2** intento

**e.g.** /ˌiː ˈdʒiː/ *abrev* por ejemplo (= p. ej.)

**egg** /eg/ *n* huevo LOC **put all your eggs in one basket** poner toda la carne en el asador
▸ *v* PHRV **egg sb on** animar mucho a algn

**eggplant** /ˈegplænt; *GB* -plɑːnt/ (*GB* **aubergine**) *n* berenjena

**eggshell** /ˈegʃel/ *n* cáscara de huevo

**ego** /ˈiːgoʊ; *GB tb* ˈegoʊ/ *n* ego: *to boost sb's ego* alimentar el ego a algn

**eight** /eɪt/ *adj, pron, n* ocho ➔ *Ver ejemplos en* FIVE **eighth** /eɪtθ/ **1** *adj, adv, pron* octavo **2** *n* octava parte, octavo ➔ *Ver ejemplos en* FIFTH

**eighteen** /ˌeɪˈtiːn/ *adj, pron, n* dieciocho ➔ *Ver ejemplos en* FIVE **eighteenth 1** *adj, adv, pron* decimoctavo **2** *n* dieciochava parte, dieciochavo ➔ *Ver ejemplos en* FIFTH

**eighty** /ˈeɪti/ *adj, pron, n* ochenta ➔ *Ver ejemplos en* FIFTY, FIVE **eightieth 1** *adj, adv, pron* octogésimo **2** *n* ochentava parte, ochentavo ➔ *Ver ejemplos en* FIFTH

**either** /ˈaɪðər, ˈiːðər/ *adj* **1** cualquiera de los dos: *Either kind of flour will do.* Cualquiera de los dos tipos de harina sirve. ◇ *either way...* de cualquiera de las dos maneras... **2** ambos: *on either side*

*of the road* en ambos lados de la calle **3** [*en frases negativas*] ninguno de los dos
▸ *pron* **1** cualquiera, uno u otro **2** ninguno: *I don't want either of them.* No quiero ninguno de los dos. ➔ *Ver nota en* NINGUNO
▸ *adv* **1** tampoco: *"I'm not going." "I'm not either."* —No pienso ir. —Yo tampoco. **2 either... or...** o... o..., ni... ni... ➔ *Comparar con* ALSO y TOO y ver nota en NEITHER

**eject** /iˈdʒekt/ **1** *vt* (*formal*) expulsar **2** *vt* arrojar **3** *vi* eyectar

**elaborate** /ɪˈlæbərət/ *adj* complicado, intrincado
▸ *vi* /ɪˈlæbəreɪt/ **~ (on sth)** dar detalles (sobre algo)

**elapse** /ɪˈlæps/ *vi* (*formal*) pasar (*tiempo*)

**elastic** /ɪˈlæstɪk/ *adj* **1** elástico **2** flexible
▸ *n* elástico

**elastic band** (*GB*) (*USA* **rubber band**) *n* liga

**elated** /iˈleɪtɪd/ *adj* jubiloso

**elbow** /ˈelboʊ/ *n* codo

**elder** /ˈeldər/ *adj, pron* mayor: *Pitt the Elder* Pitt el Viejo

Los comparativos más normales de **old** son **older** y **oldest**: *He is older than me.* Es mayor que yo. ◇ *the oldest building in the city* el edificio más antiguo de la ciudad. Cuando se comparan las edades de las personas, sobre todo de los miembros de una familia, **elder** y **eldest** se pueden usar como adjetivos y como pronombres: *my eldest brother* mi hermano el mayor ◇ *the elder of the two brothers* el mayor de los dos hermanos. Nótese que **elder** y **eldest** no se pueden usar con **than** y como adjetivos sólo pueden ir delante del sustantivo.

**elderly** /ˈeldərli/ *adj* anciano: *the elderly* los ancianos

**eldest** /ˈeldɪst/ *adj, pron* mayor ➔ *Ver nota en* ELDER

**elect** /ɪˈlekt/ *vt* elegir

**election** /ɪˈlekʃn/ *n* elección

**electoral** /ɪˈlektərəl/ *adj* electoral

**electorate** /ɪˈlektərət/ *n* electorado

**electric** /ɪˈlektrɪk/ *adj* eléctrico

**electrical** /ɪˈlektrɪkl/ *adj* eléctrico ➔ *Ver nota en* ELÉCTRICO

**electrician** /ɪˌlekˈtrɪʃn/ *n* electricista

---

ɜː bird   ɪə near   eə hair   ʊə tour   ʒ vision   h hat   ŋ sing

**℘ electricity** /ɪˌlek'trɪsəti/ n electricidad: *to turn off the electricity* cortar la corriente

**electrification** /ɪˌlektrɪfɪ'keɪʃn/ n electrificación

**electrify** /ɪ'lektrɪfaɪ/ vt (pt, pp **-fied**) **1** electrificar **2** (fig) electrizar

**electrocute** /ɪ'lektrəkjuːt/ vt electrocutar(se)

**electrode** /ɪ'lektroʊd/ n electrodo

**electron** /ɪ'lektrɑn/ n electrón

**℘ electronic** /ɪˌlek'trɑnɪk/ adj electrónico **electronics** n [incontable] electrónica

**elegance** /'elɪɡəns/ n elegancia

**℘ elegant** /'elɪɡənt/ adj elegante

**℘ element** /'elɪmənt/ n elemento

**elementary** /ˌelɪ'mentəri, -tri/ adj elemental

**elementary school** (GB **primary school**) n escuela primaria

**elephant** /'elɪfənt/ n elefante

**℘ elevator** /'elɪveɪtər/ (GB **lift**) n elevador

**eleven** /ɪ'levn/ adj, pron, n once ⊃ Ver ejemplos en FIVE **eleventh 1** adj, adv, pron undécimo **2** n onceava parte, onceavo ⊃ Ver ejemplos en FIFTH

**elicit** /ɪ'lɪsɪt/ vt (formal) obtener (esp con dificultad)

**eligible** /'elɪdʒəbl/ adj: *to be eligible for sth* tener derecho a algo ◊ *to be eligible to do sth* cubrir los requisitos para hacer algo ◊ *an eligible bachelor* un buen partido

**eliminate** /ɪ'lɪmɪneɪt/ vt **1** eliminar **2** (enfermedad, pobreza) erradicar

**elk** /elk/ n alce

**elm** /elm/ (tb **elm tree**) n olmo

**elope** /ɪ'loʊp/ vi fugarse con su amante

**eloquent** /'eləkwənt/ adj elocuente

**else** /els/ adv ❶ Se usa **else** con pronombres indefinidos, interrogativos o negativos: *Did you see anybody else?* ¿Viste a alguien más? ◊ *anyone else* cualquier otra persona ◊ *everyone/everything else* todos los/todo lo demás ◊ *It must have been somebody else.* Debe haber sido otro. ◊ *nobody else* nadie más ◊ *Anything else?* ¿Algo más? ◊ *somewhere else* en otra parte ◊ *What else?* ¿Qué más? **LOC or else 1** o, o si no: *Run, or else you'll be late.* Corre, o vas a llegar tarde. **2** (coloq) (como amenaza): *Stop that, or else!* ¡Deja de hacer eso, o vas a ver!

**℘ elsewhere** /ˌels'weər/ adv a/en otra parte

**elude** /i'luːd/ vt **1** escaparse de **2** eludir **elusive** adj escurridizo: *an elusive word* una palabra difícil de recordar

**emaciated** /ɪ'meɪʃieɪtɪd/ adj demacrado

**℘ email** (tb **e-mail**) /'iːmeɪl/ n correo electrónico
▸ vt **1** ~ sb mandar un correo electrónico a algn **2** ~ sth (to sb) mandar algo por correo electrónico (a algn)

**emanate** /'eməneɪt/ vi ~ **from sth** (formal) emanar, provenir de algo

**emancipation** /ɪˌmænsɪ'peɪʃn/ n emancipación

**embankment** /ɪm'bæŋkmənt/ n terraplén

**embargo** /ɪm'bɑrɡoʊ/ n (pl **embargoes** /-ɡoʊz/) prohibición, embargo

**embark** /ɪm'bɑrk/ vt, vi embarcar **PHRV embark on sth** emprender algo

**℘ embarrass** /ɪm'bærəs/ vt avergonzar, turbar

**℘ embarrassing** /ɪm'bærəsɪŋ/ adj embarazoso

**℘ embarrassment** /ɪm'bærəsmənt/ n **1** vergüenza **2** (persona o cosa que incomoda) estorbo

**embassy** /'embəsi/ n (pl **embassies**) embajada

**embedded** /ɪm'bedɪd/ adj **1** empotrado **2** (dientes, espada, etc.) clavado, hincado

**ember** /'embər/ n [gen pl] ascua

**embezzlement** /ɪm'bezlmənt/ n desfalco

**embittered** /ɪm'bɪtərd/ adj amargado

**embodiment** /ɪm'bɑdimənt/ n (formal) personificación

**embody** /ɪm'bɑdi/ vt (pt, pp **embodied**) encarnar

**embrace** /ɪm'breɪs/ vt, vi (formal) abrazar(se)
▸ n abrazo

**embroider** /ɪm'brɔɪdər/ vt, vi bordar **embroidery** n [incontable] bordado

**embryo** /'embrioʊ/ n (pl **embryos** /-oʊz/) embrión

**emerald** /'emərəld/ n esmeralda

**℘ emerge** /i'mɜːrdʒ/ vi ~ **(from sth)** emerger, surgir (de algo): *It emerged that...* Salió a relucir que... **emergence** n aparición, surgimiento

**℘ emergency** /i'mɜːrdʒənsi/ n (pl **emergencies**) emergencia: *emergency exit* salida de emergencia

**emergency room** (abrev **ER**) (USA) (GB **accident and emergency**) n urgencias

**emigrant** /'emɪɡrənt/ n emigrante

**emigrate** /'emɪgreɪt/ vi emigrar
  **emigration** n emigración

**eminent** /'emɪnənt/ adj eminente

**emission** /i'mɪʃn/ n emisión

**emit** /i'mɪt/ vt (-tt-) (formal) **1** (rayos, sonidos) emitir **2** (olores, vapores) despedir

**emoticon** /ɪ'moʊtɪkən/ n emoticono, carita emotiva

🎵 **emotion** /ɪ'moʊʃn/ n emoción

🎵 **emotional** /ɪ'moʊʃənl/ adj emocional, excitable

**emotive** /ɪ'moʊtɪv/ adj emotivo

**empathy** /'empəθi/ n empatía

**emperor** /'empərər/ n emperador

🎵 **emphasis** /'emfəsɪs/ n (pl emphases /-siːz/) ~ (on sth) énfasis (en algo)

🎵 **emphasize** (GB tb **-ise**) /'emfəsaɪz/ vt enfatizar, recalcar

**emphatic** /ɪm'fætɪk/ adj categórico, enfático

🎵 **empire** /'empaɪər/ n imperio

🎵 **employ** /ɪm'plɔɪ/ vt emplear

🎵 **employee** /ɪm'plɔɪiː, ˌɪmplɔɪ'iː/ n empleado, -a

🎵 **employer** /ɪm'plɔɪər/ n patrón, -ona

🎵 **employment** /ɪm'plɔɪmənt/ n empleo, trabajo ➜ Ver nota en WORK

**empress** /'emprəs/ n emperatriz

**emptiness** /'emptinəs/ n **1** vacío **2** (fig) futilidad

🎵 **empty** /'empti/ adj **1** vacío **2** vano, inútil
  ▶ (pt, pp **emptied**) **1** vt ~ **sth (out)** vaciar, verter algo **2** vt (habitación, edificio) desalojar **3** vi vaciarse, quedar vacío

**empty-handed** /ˌempti 'hændɪd/ adj con las manos vacías

🎵 **enable** /ɪ'neɪbl/ vt ~ **sb to do sth** permitir a algn hacer algo

**enact** /ɪ'nækt/ vt (formal) **1** (Teat) representar **2** be enacted suceder

**enamel** /ɪ'næml/ n esmalte

**enchanting** /ɪn'tʃæntɪŋ; GB -'tʃɑːnt-/ adj encantador

**encircle** /ɪn'sɜːrkl/ vt (formal) rodear, cercar

**enclose** /ɪn'kloʊz/ vt **1** ~ **sth (with sth)** cercar algo (de algo) **2** adjuntar: I enclose… /Please find enclosed… Le remito adjunto… **enclosure** /ɪn'kloʊʒər/ n **1** recinto **2** documento adjunto, anexo

**encore** /'ɑŋkɔːr/ interj ¡otra!
  ▶ n repetición, bis

🎵 **encounter** /ɪn'kaʊntər/ vt encontrarse con
  ▶ n encuentro

🎵 **encourage** /ɪn'kɜːrɪdʒ; GB -'kʌr-/ vt **1** ~ **sb (in sth/to do sth)** animar, alentar a algn (en algo/a hacer algo) **2** fomentar, estimular

🎵 **encouragement** /ɪn'kɜːrɪdʒmənt; GB -'kʌr-/ n ~ **(to sb) (to do sth)** aliento, estímulo (a algn) (para hacer algo)

**encouraging** /ɪn'kɜːrɪdʒɪŋ; GB -'kʌr-/ adj alentador

**encyclopedia** (GB tb **encyclopaedia**) /ɪnˌsaɪklə'piːdiə/ n enciclopedia

🎵 **end** /end/ n **1** (tiempo) fin, final: at the end of al final/a finales de ◇ from beginning to end de principio a fin **2** (espacio) final, extremo: from end to end de punta a punta **3** (palo, etc.) punta **4** (hilo, etc.) cabo **5** the east end of town la parte/zona del este de la ciudad **6** propósito, fin **7** (Dep) campo, lado Ver tb DEAD END **LOC** be at an end tocar a su fin, haber terminado (ya) be at the end of your rope (GB be at the end of your tether) no poder dar más in the end al final on end **1** de punta **2** for days on end durante varios días Ver tb LOOSE, MEANS, ODDS, WIT
  ▶ vt, vi terminar, acabar **PHRV** end in sth terminar en algo: Their argument ended in tears. Su discusión acabó en lágrimas. end up (as sth/doing sth) terminar (siendo algo/haciendo algo) end up (in…) ir a parar (a…) (lugar)

**endanger** /ɪn'deɪndʒər/ vt poner en peligro

**endear** /ɪn'dɪər/ vt ~ **sb/yourself to sb** granjear a algn/granjearse las simpatías de algn, hacerse querer por algn **endearing** adj atractivo

**endeavor** (GB **endeavour**) /ɪn'devər/ n (formal) esfuerzo
  ▶ vi ~ **to do sth** (formal) esforzarse por hacer algo

🎵 **ending** /'endɪŋ/ n final

**endless** /'endləs/ adj **1** interminable, sin fin: endless possibilities infinitas posibilidades **2** (paciencia) incansable

**endorse** /ɪn'dɔːrs/ vt aprobar **endorsement** n aprobación

**endow** /ɪn'daʊ/ vt dotar **PHRV** be endowed with sth ser dotado de algo **endowment** n dotación (dinero)

**endurance** /ɪn'dʊərəns; GB -'djʊə-/ n resistencia

**endure** /ɪn'dʊər; GB -djʊə(r)/ **1** vt soportar, aguantar ❶ En negativa es más común decir can't bear o can't stand. **2** vi (formal) perdurar **enduring** adj duradero

🎵 **enemy** /'enəmi/ n (pl **enemies**) enemigo, -a

**energetic** /ˌenərˈdʒetɪk/ adj enérgico

**energy** /ˈenərdʒi/ n (pl **energies**) energía

**enforce** /ɪnˈfɔːrs/ vt hacer cumplir (ley) **enforcement** n aplicación

**engage** /ɪnˈɡeɪdʒ/ **1** vt (formal) (tiempo, pensamientos) ocupar **2** vt (formal) (atención) llamar **3** vt ~ **sb** (as sth) (formal) contratar a algn (como algo) **4** vi ~ **with sth/sb** empatizar con algo/algn (intentando comprender): She has the ability to engage with young minds. Tiene la habilidad de empatizar con los jóvenes. **PHRV engage in sth** dedicarse a algo **engage sb in sth** ocupar a algn en algo

**engaged** /ɪnˈɡeɪdʒd/ adj **1** ocupado, comprometido **2** (GB) (USA **busy**) (teléfono) ocupado **3** ~ **(to sb)** prometido (a algn): to get engaged comprometerse

**engagement** /ɪnˈɡeɪdʒmənt/ n **1** ~ **(to sb)** compromiso matrimonial (con algn) **2** (periodo) noviazgo **3** cita, compromiso

**engaging** /ɪnˈɡeɪdʒɪŋ/ adj atractivo

**engine** /ˈendʒɪn/ n **1** motor: The engine is overheating. El motor del coche está demasiado caliente.

> La palabra **engine** se utiliza para referirnos al motor de un vehículo y **motor** para el de los electrodomésticos. **Engine** normalmente es de gasolina y **motor** eléctrico.

**2** locomotora: engine driver maquinista Ver tb FIRE ENGINE, SEARCH ENGINE

**engineer** /ˌendʒɪˈnɪər/ n **1** ingeniero, -a **2** (teléfono, mantenimiento, etc.) técnico, -a **3** (en barco o avión) maquinista **4** (GB **driver**) maquinista
▸ vt **1** (gen pey) maquinar **2** construir

**engineering** /ˌendʒɪˈnɪərɪŋ/ n ingeniería

**engrave** /ɪnˈɡreɪv/ vt ~ **B on A; ~ A with B** grabar B en A **engraving** n grabado

**engrossed** /ɪnˈɡroʊst/ adj absorto

**enhance** /ɪnˈhæns; GB -ˈhɑːns/ vt **1** aumentar, mejorar **2** (aspecto) realzar

**enjoy** /ɪnˈdʒɔɪ/ vt **1** disfrutar de: Enjoy your meal! ¡Buen provecho! **2** ~ **doing sth** gustarle a algn hacer algo **LOC enjoy!** (coloq) ¡que lo disfrutes! **enjoy yourself** pasarla bien: Enjoy yourself! ¡Que te la pases bien!

**enjoyable** /ɪnˈdʒɔɪəbl/ adj agradable, divertido

**enjoyment** /ɪnˈdʒɔɪmənt/ n satisfacción, disfrute: He spoiled my enjoyment of the movie. Me arruinó la película.

**enlarge** /ɪnˈlɑrdʒ/ vt ampliar **enlargement** n ampliación

**enlighten** /ɪnˈlaɪtn/ vt ~ **sb (about/as to sth)** aclarar (algo) a algn **enlightened** adj **1** (persona) culto **2** (política) inteligente **enlightenment** n (formal) **1** aclaración **2 the Enlightenment** (Hist) la Ilustración

**enlist** /ɪnˈlɪst/ **1** vt ~ **sth/sb (in sth)** reclutar algo/a algn (en/para algo) **2** vi ~ **(sb) (in/into/for sth)** (Mil) alistar a algn, alistarse, enrolarse (en algo)

**enmity** /ˈenməti/ n (pl **enmities**) enemistad

**enormous** /ɪˈnɔːrməs/ adj enorme **enormously** adv enormemente: I enjoyed it enormously. Me gustó muchísimo.

**enough** /ɪˈnʌf/ adj, pron, adv suficiente, bastante: Is that enough food for ten? ¿Será suficiente comida para diez? ◊ That's enough! ¡Ya basta! ◊ I've saved up enough to go on vacation. He ahorrado lo suficiente para ir de vacaciones. ◊ Is it near enough to go on foot? ¿Está lo bastante cerca como para ir a pie?

> Nótese que **enough** siempre aparece después del adjetivo y **too** delante: You're not old enough./You're too young. Eres demasiado joven. **Ↄ** Comparar con TOO

**LOC curiously, oddly, strangely, etc. enough** lo curioso, extraño, etc. es que... **have had enough (of sth/sb)** estar harto (de algo/algn)

**enquire, enquiring, enquiry** (esp GB) = INQUIRE, INQUIRING, INQUIRY

**enrage** /ɪnˈreɪdʒ/ vt enfurecer

**enrich** /ɪnˈrɪtʃ/ vt ~ **sth/sb (with sth)** enriquecer algo/algn (con algo)

**enroll** (GB **enrol**) /ɪnˈroʊl/ vt, vi (-ll-) ~ **(sb) (in/as sth)** inscribirse/inscribir a algn, matricularse/matricular a algn (en/como algo) **enrollment** (GB **enrolment**) n inscripción, matrícula

**ensure** /ɪnˈʃʊər/ vt asegurar, garantizar

**entangle** /ɪnˈtæŋɡl/ vt ~ **sth/sb (in/with sth)** enredar algo/a algn (en algo) **entanglement** n enredo

**enter** /ˈentər/ **1** vt entrar en: The thought never entered my head. La idea ni me pasó por la cabeza. **2** vt, vi ~ **(for) sth** inscribirse en algo **3** vt (colegio, universidad) matricularse en **4** vt (hospital, sociedad) ingresar en **5** vt ~ **sth (in/into/onto sth)** anotar, introducir algo (en algo) **PHRV enter into sth** (negociaciones) iniciar algo **2** (un acuerdo) llegar a algo **3** tener que ver con algo: What he wants doesn't enter into it. Lo que él quiera no tiene nada que ver.

**enterprise** /'entərpraɪz/ n **1** (*actividad*) empresa **2** espíritu emprendedor
**enterprising** *adj* emprendedor

ʔ **entertain** /ˌentər'teɪn/ **1** *vt, vi* recibir (invitados) (*en casa*) **2** *vt, vi* (*divertir*) entretener **3** *vt* (*formal*) (*idea*) albergar

ʔ **entertainer** /ˌentər'teɪnər/ n artista de variedades

ʔ **entertaining** /ˌentər'teɪnɪŋ/ *adj* entretenido, divertido

ʔ **entertainment** /ˌentər'teɪnmənt/ n entretenimiento, diversión

**enthralling** /ɪn'θrɔːlɪŋ/ *adj* cautivador

ʔ **enthusiasm** /ɪn'θuːziæzəm; GB -'θjuː-/ n ~ (**for/about sth**) entusiasmo (por algo)
**enthusiast** n entusiasta

ʔ **enthusiastic** /ɪnˌθuːzi'æstɪk; GB ˌθjuː-/ *adj* entusiasta

**entice** /ɪn'taɪs/ *vt* tentar, incentivar

ʔ **entire** /ɪn'taɪər/ *adj* entero, todo

ʔ **entirely** /ɪn'taɪərli/ *adv* totalmente, enteramente

**entirety** /ɪn'taɪərəti/ n (*formal*) totalidad

ʔ **entitle** /ɪn'taɪtl/ *vt* **1** ~ **sb to (do) sth** dar derecho a algn **a** (hacer) algo **2** (*libro, etc.*) titular **entitlement** n (*formal*) derecho

**entity** /'entəti/ n (*pl* **entities**) entidad, ente

ʔ **entrance** /'entrəns/ n ~ (**to sth**) entrada (de algo)

**entrant** /'entrənt/ n ~ (**to sth**) **1** recién ingresado, -a (en algo) **2** (*competencia, etc.*) participante (en algo)

**entrepreneur** /ˌɑntrəprə'nɜːr/ n empresario, -a

**entrust** /ɪn'trʌst/ *vt* ~ **sb with sth**; ~ **sth to sb** confiar algo a algn

ʔ **entry** /'entri/ n (*pl* **entries**) **1** ~ (**into sth**) entrada, ingreso (en algo): *No entry.* Prohibido el paso. **2** (*diario*) apunte, anotación **3** (*diccionario*) entrada

**enunciate** /ɪ'nʌnsieɪt/ *vt, vi* pronunciar, articular

**envelop** /ɪn'veləp/ *vt* ~ **sth/sb (in sth)** (*formal*) envolver algo/a algn (en algo)

ʔ **envelope** /'envəloup, 'ɑn-/ n sobre (*para carta*)

**enviable** /'enviəbl/ *adj* envidiable

**envious** /'enviəs/ *adj* envidioso: *to be envious of sb* tener envidia de algn/ envidiar a algn

ʔ **environment** /ɪn'vaɪrənmənt/ n **1** ambiente **2 the environment** [*sing*] el medio ambiente

**environmental** /ɪnˌvaɪrən'mentl/ *adj* del medio ambiente

**environmentalist** /ɪnˌvaɪrən'mentəlɪst/ n ecologista

**envision** /ɪn'vɪʒn/ (*tb* **envisage** /ɪn'vɪsɪdʒ/) *vt* imaginar(se)

**envoy** /'envɔɪ/ n enviado, -a

**envy** /'envi/ n envidia
▸ *vt* (*pt, pp* **envied**) envidiar

**enzyme** /'enzaɪm/ n enzima

**ephemeral** /ɪ'femərəl/ *adj* efímero

**epic** /'epɪk/ n épica, epopeya
▸ *adj* épico

**epidemic** /ˌepɪ'demɪk/ n epidemia

**epilepsy** /'epɪlepsi/ n epilepsia **epileptic** /ˌepɪ'leptɪk/ *adj, n* epiléptico, -a

**episode** /'epɪsoud/ n episodio

**epitaph** /'epɪtæf; GB -tɑːf/ n epitafio

**epitome** /ɪ'pɪtəmi/ n **LOC** **be the epitome of sth** ser la más pura expresión de algo

**epoch** /'epək; GB 'iːpɒk/ n (*formal*) época

ʔ **equal** /'iːkwəl/ *adj, n* igual: *equal opportunities* igualdad de oportunidades **LOC** **be on equal terms (with sb)** tener una relación de igual a igual (con algn)
▸ *vt* (**-l-**, GB **-ll-**) **1** igualar **2** (*Mat*): *13 plus 29 equals 42.* 13 más 29 son 42.
**equality** /ɪ'kwɑləti/ n igualdad

ʔ **equally** /'iːkwəli/ *adv* **1** igualmente **2** equitativamente

**equate** /i'kweɪt/ *vt* ~ **sth (with sth)** equiparar, comparar algo (con algo)

**equation** /ɪ'kweɪʒn/ n ecuación

**equator** /ɪ'kweɪtər/ n ecuador

**equilibrium** /ˌiːkwɪ'lɪbriəm, ˌek-/ n equilibrio

**equinox** /'iːkwɪnɑks, 'ek-/ n equinoccio

**equip** /ɪ'kwɪp/ *vt* (**-pp-**) ~ **sth/sb (with sth) (for sth)** equipar, proveer algo/a algn (con/de algo) (para algo)

ʔ **equipment** /ɪ'kwɪpmənt/ n [*incontable*] equipo, material

**equitable** /'ekwɪtəbl/ *adj* (*formal*) equitativo, justo

ʔ **equivalent** /ɪ'kwɪvələnt/ *adj, n* ~ (**to sth**) equivalente (a algo)

**era** /'ɪərə, 'eərə/ n era

**eradicate** /ɪ'rædɪkeɪt/ *vt* erradicar

**erase** /ɪ'reɪs; GB ɪ'reɪz/ *vt* ~ **sth (from sth)** borrar algo (de algo) **eraser** (GB **rubber**) n goma (de borrar)

**erect** /ɪ'rekt/ *vt* erigir
▸ *adj* **1** erguido **2** (*pene*) erecto
**erection** n erección

**erode** /ɪ'roud/ *vt* erosionar

**erotic** /ɪ'rɑtɪk/ *adj* erótico

---

ɜː bird    ɪə near    eə hair    ʊə tour    ʒ vision    h hat    ŋ sing

**errand** /'erənd/ n mandado: *to run errands for sb* hacer mandados para algn

**erratic** /ɪ'rætɪk/ adj (gen pey) irregular

**error** /'erər/ n error: *to make an error* cometer un error ◊ *The letter was sent to you in error.* Se le envió la carta por error. **LOC** Ver TRIAL

> Mistake es un término más común que **error**. Sin embargo, en algunas construcciones sólo se puede utilizar **error**: *human error* error humano ◊ *an error of judgment* un error de juicio. ➔ Ver tb nota en MISTAKE

**erupt** /ɪ'rʌpt/ vi **1** (volcán) entrar en erupción **2** (violencia) estallar

**escalate** /'eskəleɪt/ vt, vi **1** aumentar **2** intensificar(se) **escalation** n escalamiento, intensificación

**escalator** /'eskəleɪtər/ n escalera mecánica

**escapade** /ˌeskə'peɪd, 'eskəpeɪd/ n aventura

**escape** /ɪ'skeɪp/ vi ~ **(from sth/sb)** escapar (de algo/algn) **2** vt, vi salvarse (de): *They escaped unharmed.* Salieron ilesos. **3** vi (gas, líquido) fugarse **LOC** **escape sb's notice** pasar inadvertido a algn
> n **1** ~ **(from sth)** fuga (de algo): *to make your escape* darse a la fuga **2** (de gas, fluido) escape **LOC** Ver NARROW

**escort** /'eskɔːrt/ n **1** escolta **2** acompañante
> vt /ɪ'skɔːrt/ acompañar

**especially** /ɪ'speʃəli/ adv sobre todo, especialmente ➔ Ver nota en SPECIALLY

**espionage** /'espiənɑʒ/ n espionaje

**essay** /'eseɪ/ n **1** (Liter) ensayo **2** (colegio) redacción

**essence** /'esns/ n esencia

**essential** /ɪ'senʃl/ adj **1** ~ **(to/for sth)** imprescindible (para algo) **2** fundamental

**essentially** /ɪ'senʃəli/ adv básicamente

**establish** /ɪ'stæblɪʃ/ vt establecer **established** adj **1** (negocio) sólido **2** (religión) oficial **establishment** n **1** establecimiento **2** (formal) institución **3 the Establishment** el sistema

**estate** /ɪ'steɪt/ n **1** finca, hacienda **2** (bienes) herencia **3** Ver HOUSING ESTATE

**estate agent** (GB) (USA **real estate agent**) n corredor, -ora de bienes raíces

**estate car** (GB) (USA **station wagon**) n camioneta

**esteem** /ɪ'stiːm/ n **LOC** **hold sth/sb in high/low esteem** (formal) tener una buena/mala opinión de algo/algn

**estimate** /'estɪmət/ n **1** cálculo **2** valoración **3** (cálculo previo) presupuesto
> vt /'estɪmeɪt/ calcular

**estimation** /ˌestɪ'meɪʃn/ n **1** juicio **2** valoración

**estranged** /ɪ'streɪndʒd/ adj **LOC** **be estranged from sb** (formal) **1** estar enemistado con algn **2** vivir separado de algn

**estuary** /'estʃueri; GB -uəri/ n (pl **estuaries**) estuario

**etching** /'etʃɪŋ/ n grabado (al aguafuerte)

**eternal** /ɪ'tɜːrnl/ adj eterno **eternity** n eternidad

**ether** /'iːθər/ n éter **ethereal** /i'θɪəriəl/ adj etéreo

**ethic** /'eθɪk/ n [sing] ética **ethical** adj ético

**ethics** /'eθɪks/ n **1** [pl] (principios morales) ética **2** [incontable] (Filosofía) ética

**ethnic** /'eθnɪk/ adj étnico

**ethos** /'iːθɑs/ n (formal) carácter, espíritu

**etiquette** /'etɪket, -kɪt/ n etiqueta (modales)

**euro** /'jʊəroʊ/ n (pl **euros**) euro

**European** /ˌjʊərə'piːən/ adj, n europeo, -a

**evacuate** /ɪ'vækjueɪt/ vt evacuar (a personas) **evacuee** /ɪˌvækju'iː/ n evacuado, -a

**evade** /ɪ'veɪd/ vt evadir, eludir

**evaluate** /ɪ'væljueɪt/ vt evaluar

**evaporate** /ɪ'væpəreɪt/ vt, vi evaporar(se) **evaporation** n evaporación

**evasion** /ɪ'veɪʒn/ n evasión **evasive** adj evasivo

**eve** /iːv/ n víspera: *on the eve of the war* en vísperas de la guerra

**even¹** /'iːvn/ adj **1** (superficie) llano, liso **2** (color) uniforme **3** (temperatura) constante **4** (competencia, puntuación) empatado **5** (número) par
> v **PHRV** **even out** allanarse, nivelarse **even sth out** repartir algo equitativamente **even sth up** nivelar algo

**even²** /'iːvn/ adv **1** [uso enfático] aun, hasta: *He didn't even open the letter.* Ni siquiera abrió la carta. **2** [con adjetivo o adverbio comparativo] aún más **LOC** **even if/though** aunque, aun cuando **even so** aun así, no obstante

**evening** /'iːvnɪŋ/ n **1** tarde, noche: *tomorrow evening* mañana por la tarde/noche ◊ *evening class* clase nocturna ◊ *evening dress* traje de noche/etiqueta ◊ *the evening meal* la cena ◊ *an evening*

---

| ʃ chin | dʒ June | v van | θ then | s so | z zoo | ʃ she |

*newspaper* un periódico de la tarde ⊃ *Ver notas en* MORNING *y* TARDE **2** atardecer LOC **good evening** buenas tardes, buenas noches ⊃ *Ver nota en* NOCHE

**evenly** /'iːvənli/ *adv* **1** de modo uniforme **2** (*repartir, etc.*) equitativamente

ℛ **event** /ɪ'vent/ *n* suceso, acontecimiento LOC **at all events; in any event** en todo caso **in the event** al final **in the event of sth** en caso de (que) **eventful** *adj* memorable

**eventual** /ɪ'ventʃuəl/ *adj* final

ℛ **eventually** /ɪ'ventʃuəli/ *adv* finalmente

ℛ **ever** /'evər/ *adv* nunca, jamás: *more than ever* más que nunca ◊ *Has it ever happened before?* ¿Ha pasado alguna vez antes? LOC **ever since** desde entonces ⊃ *Ver notas en* ALWAYS *y* NUNCA

ℛ **every** /'evri/ *adj* cada, todos (los): *every (single) time* cada vez ◊ *every 10 minutes* cada 10 minutos

Utilizamos **every** para referirnos a todos los elementos de un grupo en conjunto: *Every player was in top form.* Todos los jugadores estaban en plena forma. **Each** se utiliza para referirnos individualmente a cada uno de ellos: *The Queen shook hands with each player after the game.* La Reina le dio la mano a cada jugador después del partido. ⊃ *Ver tb nota en* EACH

LOC **every last…** hasta el último… **every now and again/then** de vez en cuando **every other** uno sí y uno no: *every other week* cada dos semanas **every so often** alguna que otra vez

**everyday** /'evrideɪ/ *adj* cotidiano, de todos los días: *for everyday use* para uso diario ◊ *in everyday use* de uso corriente

**Everyday** sólo se usa antes de un sustantivo. No se debe confundir con la expresión **every day**, que significa "todos los días".

ℛ **everyone** /'evriwʌn/ (*tb* **everybody** /'evribɒdi/) *pron* todos, todo el mundo

**Everyone**, **anyone** y **someone** llevan el verbo en singular, pero suelen ir seguidos por un pronombre en plural, salvo en lenguaje formal: *Someone has left their coat behind.* Alguien dejó su abrigo.

ℛ **everything** /'evriθɪŋ/ *pron* todo

ℛ **everywhere** /'evriweər/ *adv* (en/a/por) todas partes

**evict** /ɪ'vɪkt/ *vt* ~ **sth/sb (from sth)** desahuciar algo/a algn (de algo)

ℛ **evidence** /'evɪdəns/ *n* [*incontable*] **1** (*derecho*) pruebas: *insufficient evidence* falta de pruebas **2** (*derecho*) testimonio **evident** *adj* ~ **(to sb) (that…)** evidente (para algn) (que…) **evidently** *adv* obviamente

ℛ **evil** /'iːvl/ *adj* malvado, muy malo ▸ *n* (*formal*) mal

**evocative** /ɪ'vɒkətɪv/ *adj* evocador

**evoke** /ɪ'vəʊk/ *vt* evocar

**evolution** /ˌevə'luːʃn; *GB* ˌiːv-/ *n* evolución

**evolve** /i'vɒlv/ *vi* evolucionar

**ewe** /juː/ *n* oveja hembra

**ex** /eks/ *n* (*pl* **exes**) (*coloq*) ex

ℛ **exact** /ɪg'zækt/ *adj* exacto

**exacting** /ɪg'zæktɪŋ/ *adj* exigente

ℛ **exactly** /ɪg'zæktli/ *adv* **1** exactamente **2** exacto

ℛ **exaggerate** /ɪg'zædʒəreɪt/ *vt* exagerar

**exaggerated** /ɪg'zædʒəreɪtɪd/ *adj* exagerado

ℛ **exam** /ɪg'zæm/ *n* (*Educ*) examen: *to take an exam* presentar un examen

ℛ **examination** /ɪgˌzæmɪ'neɪʃn/ *n* **1** (*formal*) examen **2** reconocimiento, revisión

ℛ **examine** /ɪg'zæmɪn/ *vt* revisar, examinar

ℛ **example** /ɪg'zɑːmpl; *GB* -'zɑːmpl/ *n* ejemplo LOC **for example** (*abrev* e.g.) por ejemplo **set a good/bad example (to sb)** dar buen/mal ejemplo (a algn)

**exasperate** /ɪg'zæspəreɪt; *GB* -'zɑːs-/ *vt* desesperar, sacar de quicio **exasperation** *n* desesperación

**excavate** /'ekskəveɪt/ *vt, vi* excavar

**exceed** /ɪk'siːd/ *vt* **1** exceder, superar **2** (*poder, responsabilidades*) excederse en **exceedingly** *adv* (*formal*) sumamente

**excel** /ɪk'sel/ *vi* (**-ll-**) ~ **(in/at sth)** sobresalir, destacar (en algo)

**excellence** /'eksələns/ *n* excelencia

ℛ **excellent** /'eksələnt/ *adj* excelente

ℛ **except** /ɪk'sept/ *prep* ~ **(for) sth/sb** excepto algo/algn ▸ *conj* ~ **(that…)** excepto que…

ℛ **exception** /ɪk'sepʃn/ *n* excepción **exceptional** /ɪk'sepʃənl/ *adj* excepcional

**excerpt** /'eksɜːrpt/ *n* ~ **(from sth)** extracto (de algo)

**excess** /ɪk'ses/ *n* exceso **excessive** *adj* excesivo

ℛ **exchange** /ɪks'tʃeɪndʒ/ *n* cambio, intercambio

| i: see | ɪ sit | e ten | æ cat | ɑ hot | ɔː saw | ʌ cup | ʊ put | uː too |

▶ vt **1** ~ **A for B** cambiar A por B **2** ~ **sth (with sb)** cambiar algo (con algn)

**the Exchequer** /ɪksˈtʃekər/ n (GB) Secretaría de Hacienda y Crédito Público

**excitable** /ɪkˈsaɪtəbl/ adj excitable

ᛃ **excite** /ɪkˈsaɪt/ vt excitar

ᛃ **excited** /ɪkˈsaɪtɪd/ adj ~ **(about/at/by sth)** excitado, emocionado (con/por algo)

ᛃ **excitement** /ɪkˈsaɪtmənt/ n emoción

ᛃ **exciting** /ɪkˈsaɪtɪŋ/ adj emocionante

**exclaim** /ɪkˈskleɪm/ vi exclamar **exclamation** /ˌekskləˈmeɪʃn/ n exclamación

**exclamation point** (GB **exclamation mark**) n signo de exclamación ➲ Ver pág 308

ᛃ **exclude** /ɪkˈskluːd/ vt ~ **sth/sb (from sth)** excluir algo/a algn (de algo) **exclusion** n ~ **(of sth/sb) (from sth)** exclusión (de algo/algn) (de algo)

**exclusive** /ɪkˈskluːsɪv/ adj **1** exclusivo **2** ~ **of sth/sb** sin incluir algo/a algn

**excursion** /ɪkˈskɜːrʒn; GB -ʃn/ n excursión

ᛃ **excuse** /ɪkˈskjuːs/ n ~ **(for sth/doing sth)** excusa, pretexto (por/para algo/hacer algo)

▶ vt /ɪkˈskjuːz/ **1** ~ **sth/sb (for sth/doing sth)** disculpar algo/a algn (por algo/por hacer algo)

Decimos **excuse me** cuando se quiere interrumpir o abordar a algn: *Excuse me, sir!* ¡Oiga, señor!, o para pedir perdón por algo que ha hecho: *Did I hit you? Excuse me!* ¿Te pegué? ¡Perdona! En Gran Bretaña se dice **sorry** para pedir perdón: *I'm sorry I'm late.* Siento llegar tarde.

**2** ~ **sb (from sth)** dispensar a algn (de algo)

**execute** /ˈeksɪkjuːt/ vt ejecutar **execution** n ejecución **executioner** n verdugo

ᛃ **executive** /ɪɡˈzekjətɪv/ n ejecutivo, -a

**exempt** /ɪɡˈzempt/ adj ~ **(from sth)** exento (de algo)

▶ vt ~ **sth/sb (from sth)** eximir algo/a algn (de algo), dispensar a algn (de algo) **exemption** n exención

ᛃ **exercise** /ˈeksərsaɪz/ n ejercicio
▶ **1** vi hacer ejercicio **2** vt (derecho, poder) ejercer

**exert** /ɪɡˈzɜːrt/ vt **1** ejercer **2** ~ **yourself** esforzarse **exertion** n esfuerzo

**exhaust¹** /ɪɡˈzɔːst/ n **1** [incontable] (tb **exhaust fumes** [pl]) gases del escape **2** (tb

exhaust pipe) escape ➲ Ver dibujo en COCHE

**exhaust²** /ɪɡˈzɔːst/ vt agotar **exhausted** adj exhausto **exhausting** adj agotador **exhaustion** n agotamiento **exhaustive** adj exhaustivo

ᛃ **exhibit** /ɪɡˈzɪbɪt/ n objeto expuesto
▶ **1** vt, vi exponer **2** vt (formal) manifestar

ᛃ **exhibition** /ˌeksɪˈbɪʃn/ n exposición

**exhilarating** /ɪɡˈzɪləreɪtɪŋ/ adj estimulante, emocionante **exhilaration** n euforia

**exile** /ˈeɡzaɪl, ˈeksaɪl/ n **1** exilio **2** (persona) exiliado, -a
▶ vt exiliar

ᛃ **exist** /ɪɡˈzɪst/ vi **1** existir **2** ~ **(on sth)** subsistir (a base de algo)

ᛃ **existence** /ɪɡˈzɪstəns/ n existencia

**existing** /ɪɡˈzɪstɪŋ/ adj existente

ᛃ **exit** /ˈeksɪt/ n salida

**exotic** /ɪɡˈzɑtɪk/ adj exótico

ᛃ **expand** /ɪkˈspænd/ vt, vi **1** (metal, etc.) dilatar(se) **2** (negocio) ampliar(se) **PHR V expand on sth** ampliar algo

**expanse** /ɪkˈspæns/ n ~ **(of sth)** extensión (de algo)

**expansion** /ɪkˈspænʃn/ n **1** expansión **2** desarrollo

**expansive** /ɪkˈspænsɪv/ adj comunicativo

**expatriate** /ˌeksˈpeɪtriət; GB -ˈpæt-/ (tb coloq **expat** /ˌeksˈpæt/) n expatriado, -a

ᛃ **expect** /ɪkˈspekt/ vt **1** ~ **sth (from/of sth/sb)** esperar algo (de algo/algn) ➲ Ver nota en ESPERAR **2** (esp GB, coloq) suponer **expectancy** n expectación: *life expectancy* esperanza de vida

**expectant** /ɪkˈspektənt/ adj expectante: *expectant mother* mujer embarazada

ᛃ **expectation** /ˌekspekˈteɪʃn/ n ~ **(of sth)** expectativa (de algo) **LOC against/contrary to (all) expectation(s)** contra todas las previsiones

**expedition** /ˌekspəˈdɪʃn/ n expedición

**expel** /ɪkˈspel/ vt (-ll-) ~ **sth/sb (from sth)** expulsar algo/a algn (de algo)

**expend** /ɪkˈspend/ vt ~ **sth (in/on sth/doing sth)** (formal) emplear algo (en algo/hacer algo)

**expendable** /ɪkˈspendəbl/ adj **1** (cosas) desechable **2** (personas) prescindible

**expenditure** /ɪkˈspendɪtʃər/ n [gen incontable] gasto(s)

ᛃ **expense** /ɪkˈspens/ n gasto(s), costo

ᛃ **expensive** /ɪkˈspensɪv/ adj caro, costoso

**experience** /ɪkˈspɪəriəns/ *n* experiencia
▶ *vt* experimentar

**experienced** /ɪkˈspɪəriənsd/ *adj* experimentado

**experiment** /ɪkˈsperɪmənt/ *n* experimento
▶ *vi* ~ **(on/with sth)** hacer experimentos, experimentar (con algo)

**expert** /ˈekspɜːt/ *adj, n* ~ **(at/in/on sth/at doing sth)** experto, -a, perito, -a (en algo/en hacer algo) **expertise** /ˌekspɜːˈtiːz/ *n* [*incontable*] conocimientos (técnicos), pericia

**expiration** /ˌekspəˈreɪʃn/ (*GB* **expiry** /ɪkˈspaɪəri/) *n* vencimiento: *expiration date* fecha de caducidad (de un alimento)

**expire** /ɪkˈspaɪər/ *vi* vencer, caducar: *My passport expired.* Mi pasaporte está vencido.

**explain** /ɪkˈspleɪn/ *vt* ~ **sth (to sb)** explicar, aclarar algo (a algn): *Explain this to me.* Explícame esto.

**explanation** /ˌekspləˈneɪʃn/ *n* ~ **(for sth)** explicación, aclaración (de algo)

**explanatory** /ɪkˈsplænətəri; *GB* -tri/ *adj* explicativo, aclaratorio

**explicit** /ɪkˈsplɪsɪt/ *adj* explícito

**explode** /ɪkˈsploʊd/ *vt, vi* estallar, explotar

**exploit** /ˈeksplɔɪt/ *n* proeza, hazaña
▶ *vt* /ɪkˈsplɔɪt/ explotar (*personas, recursos*) **exploitation** /ˌeksplɔɪˈteɪʃn/ *n* explotación

**exploration** /ˌekspləˈreɪʃn/ *n* exploración, investigación

**explore** /ɪkˈsplɔːr/ *vt, vi* explorar **explorer** *n* explorador, -ora

**explosion** /ɪkˈsploʊʒn/ *n* explosión **explosive** *adj, n* explosivo

**export** /ˈekspɔːrt/ *n* (artículo de) exportación
▶ *vt, vi* /ɪkˈspɔːrt/ exportar

**expose** /ɪkˈspoʊz/ *vt* ~ **sth/sb/yourself (to sth)** exponer algo/a algn, exponerse (a algo) **2** (*persona culpable*) desenmascarar **exposed** *adj* descubierto **exposure** /ɪkˈspoʊʒər/ *n* ~ **(to sth)** exposición (a algo): *to die of exposure* morir de frío (a la intemperie) **2** (*de falta*) descubrimiento, revelación

**express** /ɪkˈspres/ *adj* **1** (*Ferrocarril*) rápido **2** (*entrega*) urgente **3** (*formal*) (*deseo, etc.*) expreso
▶ *adv* por envío urgente
▶ *vt* expresar: *to express yourself* expresarse
▶ *n* **1** (*tb* **express train**) tren rápido **2** (*GB*) servicio/envío urgente

---

**expression** /ɪkˈspreʃn/ *n* **1** expresión **2** muestra, expresión: *as an expression of his gratitude* como muestra de su gratitud **3** expresividad

**expressive** /ɪkˈspresɪv/ *adj* expresivo

**expressly** /ɪkˈspresli/ *adv* expresamente

**expressway** /ɪkˈspresweɪ/ *n* autopista

**expulsion** /ɪkˈspʌlʃn/ *n* expulsión

**exquisite** /ˈekskwɪzɪt, ɪkˈskwɪzɪt/ *adj* exquisito

**extend** /ɪkˈstend/ **1** *vt* extender, ampliar **2** *vi* extenderse: *to extend as far as sth* llegar hasta algo **3** *vt* (*estancia, vida*) prolongar **4** *vt* (*plazo, crédito*) prorrogar **5** *vt* (*mano*) tender **6** *vt* (*formal*) (*bienvenida*) dar

**extension** /ɪkˈstenʃn/ *n* **1** extensión **2** ~ **(to sth)** ampliación, anexo (de algo): *to build an extension to sth* hacer ampliaciones a algo **3** (*periodo*) prolongación **4** (*plazo*) prórroga **5** (*teléfono*) extensión

**extensive** /ɪkˈstensɪv/ *adj* **1** extenso **2** (*daños*) cuantioso **3** (*conocimiento*) amplio **4** (*uso*) frecuente **extensively** *adv* **1** extensamente **2** (*usar*) comúnmente

**extent** /ɪkˈstent/ *n* alcance, grado: *the full extent of the losses* el valor real de las pérdidas **LOC** **to a large/great extent** en gran parte **to a lesser extent** en menor grado **to some/a certain extent** hasta cierto punto **to what extent** hasta qué punto

**exterior** /ɪkˈstɪəriər/ *adj* exterior
▶ *n* **1** exterior **2** (*persona*) aspecto

**exterminate** /ɪkˈstɜːrmɪneɪt/ *vt* exterminar

**external** /ɪkˈstɜːrnl/ *adj* externo, exterior

**extinct** /ɪkˈstɪŋkt/ *adj* **1** (*animal*) extinto, desaparecido: *to become extinct* extinguirse **2** (*volcán*) apagado

**extinguish** /ɪkˈstɪŋgwɪʃ/ *vt* extinguir, apagar ❶ La palabra más normal es **put sth out**. **extinguisher** *n* extintor

**extort** /ɪkˈstɔːrt/ *vt* ~ **sth (from sb)** **1** (*dinero*) obtener algo (de algn) mediante extorsión **2** (*confesión*) sacar algo (a algn) por la fuerza **extortion** *n* extorsión

**extortionate** /ɪkˈstɔːrʃənət/ *adj* (*pey*) **1** (*precio*) exorbitante **2** (*exigencia*) excesivo

**extra** /ˈekstrə/ *adj* **1** adicional, de más, extra: *extra charge* recargo ◊ *Wine is extra.* El vino no está incluido. **2** de sobra

---

ɜː bird    ɪə near    eə hair    ʊə tour    ʒ vision    h hat    ŋ sing

▸ *adv* súper, extra: *to pay extra* pagar un suplemento

▸ *n* **1** extra **2** (*precio*) suplemento **3** (*Cine*) extra

**extract** /ɪkˈstrækt/ *vt* **1** ~ **sth (from sth)** extraer algo (de algo) **2** ~ **sth (from sth/ sb)** conseguir algo (de algo/algn)

▸ *n* /ˈekstrækt/ **1** extracto **2** (*texto*) pasaje

ℰ **extraordinary** /ɪkˈstrɔːrdəneri; *GB* -dnri/ *adj* extraordinario

**extra time** (*GB*) (*USA* **overtime**) *n* [*incontable*] (*Dep*) prórroga

**extravagance** /ɪkˈstrævəgəns/ *n* extravagancia

**extravagant** /ɪkˈstrævəgənt/ *adj* **1** extravagante **2** exagerado

ℰ **extreme** /ɪkˈstriːm/ *adj, n* extremo: *with extreme care* con sumo cuidado

ℰ **extremely** /ɪkˈstriːmli/ *adv* extremadamente

**extremist** /ɪkˈstriːmɪst/ *n* extremista

**extremity** /ɪkˈstreməti/ *n* (*pl* **extremities**) extremidad

**extricate** /ˈekstrɪkeɪt/ *vt* ~ **sth/sb (from sth)** (*formal*) sacar algo/a algn (de algo)

**extrovert** /ˈekstrəvɜːrt/ *n* extrovertido, -a

**exuberant** /ɪgˈzuːbərənt; *GB* -ˈzjuː-/ *adj* desbordante de vida y entusiasmo

**exude** /ɪgˈzuːd; *GB* -ˈzjuːd/ *vt, vi* **1** exudar **2** (*fig*) rebosar

ℰ **eye** /aɪ/ *n* ojo: *to have sharp eyes* tener muy buena vista ◊ *at eye level* a la altura de los ojos **LOC** *before/in front of sb's very eyes* delante de las (propias) narices de algn *be up to your eyes in sth* estar hasta el copete de algo *in the eyes of sb*; *in sb's eyes* en opinión de algn *in the eyes of the law* a los ojos de la ley *keep an eye on sth/ sb* echarle un ojo a algo/algn *(not) see eye to eye with sb* (no) estar plenamente de acuerdo con algn *Ver tb* BAT², BLIND, BRING, CATCH, CLOSE², CRY, MEET, MIND, NAKED

▸ *vt* (*pt, pp* **eyed**, *part pres* **eyeing**) mirar

**eyeball** /ˈaɪbɔːl/ *n* globo ocular

**eyebrow** /ˈaɪbraʊ/ *n* ceja **LOC** *Ver* RAISE

**eye-catching** /ˈaɪ kætʃɪŋ/ *adj* vistoso

**eyelash** /ˈaɪlæʃ/ *n* pestaña

**eyelid** /ˈaɪlɪd/ *n* párpado **LOC** *Ver* BAT²

**eyesight** /ˈaɪsaɪt/ *n* vista

**eyewitness** /ˈaɪwɪtnəs/ *n* testigo ocular

# F f

**F, f** /ef/ n (pl **Fs, F's, f's**) **1** F, f ➜ Ver ejemplos en A, A **2** (Mús) fa **3** (esp GB, Educ): to get an F in History reprobar en Historia

**fable** /'feɪbl/ n fábula

**fabric** /'fæbrɪk/ n **1** tejido, tela ➜ Ver nota en TELA **2** [sing] the ~ (of sth) (formal) la estructura (de algo)

**fabulous** /'fæbjələs/ adj **1** (coloq) fabuloso **2** (formal) de leyenda, fantástico

**façade** /fə'sɑːd/ n (lit y fig) fachada

**ⴜ face** /feɪs/ n **1** cara, rostro: to wash your face lavarse la cara **2** cara: the south face of Everest la cara sur de Everest ◊ a rock face una pared de roca **3** cara (de reloj) **4** superficie [LOC] **face to face** cara a cara: to come face to face with sth enfrentarse con algo **face up/down** boca arriba/abajo **in the face of sth 1** a pesar de algo **2** frente a algo **on the face of it** (coloq) a primera vista **pull/make faces/a face (at sb)** hacer muecas (a algn) **to sb's face** a la cara ➜ Comparar con BEHIND SB'S BACK en BACK; Ver tb BRAVE, SAVE, STRAIGHT
▸ vt **1** estar de cara a: They sat down facing each other. Se sentaron uno frente al otro. **2** dar a: a house facing the park una casa que da al parque **3** enfrentarse con **4** afrontar: to face the facts afrontar los hechos **5** (sentencia, multa) correr el riesgo de recibir **6** revestir [LOC] **let's face it/facts** (coloq) reconozcámoslo [PHRV] **face up to sth/sb** enfrentarse a algo/algn

**faceless** /'feɪsləs/ adj anónimo

**facelift** /'feɪslɪft/ n **1** estiramiento (facial) **2** (fig) mano de gato

**facet** /'fæsɪt/ n faceta

**facetious** /fə'siːʃəs/ adj (pey) gracioso

**face value** n valor nominal [LOC] **take sth at (its) face value** tomar algo literalmente

**facial** /'feɪʃl/ adj facial
▸ n tratamiento facial

**facile** /'fæsl; GB 'fæsaɪl/ adj (pey) simplista

**facilitate** /fə'sɪlɪteɪt/ vt (formal) facilitar

**ⴜ facility** /fə'sɪləti/ n **1 facilities** [pl]: sports/banking facilities instalaciones deportivas/servicios bancarios **2** [sing] ~ (for sth) facilidad (para algo)

**ⴜ fact** /fækt/ n hecho: in fact de hecho ◊ the fact that… el hecho de que… [LOC] **facts and figures** hechos y números **the facts of life** de donde vienen los niños, la sexualidad Ver tb ACTUAL, FACE, MATTER

**ⴜ factor** /'fæktər/ n factor

**ⴜ factory** /'fæktəri/ n (pl **factories**) fábrica: a shoe factory una fábrica de zapatos ◊ factory workers obreros de fábrica

**factual** /'fæktʃuəl/ adj basado en los hechos

**faculty** /'fæklti/ n (pl **faculties**) **1** facultad: mental faculties facultades mentales **2** (USA) profesorado **3** (GB): the Arts Faculty la Facultad de Filosofía y Letras

**fad** /fæd/ n **1** manía **2** moda

**fade** /feɪd/ vt, vi **1** decolorar(se) **2** (tela) desteñir(se) [PHRV] **fade away** desvanecer(se)

**fag** /fæg/ n **1** (USA, argot, ofen) maricón **2** (GB, coloq) cigarrillo

**Fahrenheit** /'færənhaɪt/ (abrev F) adj Fahrenheit ➜ Ver nota en CENTÍGRADO

**ⴜ fail** /feɪl/ **1** vi ~ (in sth) fracasar (en algo): to fail in your duty faltar al deber **2** vi ~ to do sth: They failed to notice anything unusual. No notaron nada extraño. **3** vi (examen, candidato) reprobar **4** vi (fuerzas, motor, etc.) fallar **5** vi (salud) deteriorarse **6** vi (cosecha) arruinarse **7** vi (negocio) quebrar
▸ n [LOC] **without fail** sin falta

**failing** /'feɪlɪŋ/ n **1** debilidad **2** defecto
▸ prep a falta de: Failing this… Si esto no es posible…

**ⴜ failure** /'feɪljər/ n **1** fracaso **2** fallo: heart failure paro cardiaco ◊ engine failure avería del motor **3** ~ to do sth: His failure to answer puzzled her. Le extrañó que no contestara.

**ⴜ faint** /feɪnt/ vi desmayarse
▸ adj (fainter, -est) **1** (sonido) débil **2** (rastro) leve **3** (parecido) ligero **4** (esperanza) pequeño **5** mareado: to feel faint estar mareado

**faintly** /'feɪntli/ adv **1** débilmente **2** vagamente

**ⴜ fair** /feər/ n feria: a trade fair una feria de muestras
▸ adj **1** ~ (to/on sb) justo, imparcial (con algn) **2** bastante: a fair size bastante grande ◊ a fair number of people un buen número de personas **3** bastante bueno: There's a fair chance we might win. Existe una buena posibilidad de que ganemos. **4** (tiempo) despejado **5** (pelo) güero, rubio ➜ Ver nota en GÜERO [LOC] **fair game** objeto legítimo de

---

i: see    ɪ sit    e ten    æ cat    ɑ hot    ɔː saw    ʌ cup    ʊ put    uː too

persecución o burla **fair play** juego limpio **(more than) your fair share of sth**: *We had more than our fair share of rain.* Nos llovió más de lo que cabía esperar.
▶ *adv* **LOC** **fair and square 1** merecidamente **2** (*GB*) claramente

**fair-haired** /ˌfeər ˈheərd/ *adj* güero, rubio ➔ *Ver nota en* GÜERO

ʔ **fairly** /ˈfeərli/ *adv* **1** justamente, equitativamente **2** [*antes de adjetivo o adverbio*] bastante: *fairly quickly* bastante rápido ◊ *It's fairly good.* No está mal.

Los adverbios **fairly**, **pretty**, **quite** y **rather** modifican la intensidad de los adjetivos o adverbios a los que acompañan, y pueden significar *bastante, hasta cierto punto o no muy*. **Fairly** es el de grado más bajo, y puede tener una connotación negativa. En Estados Unidos, **quite** y **rather** no se suelen usar de esta manera.

**fairy** /ˈfeəri/ *n* (*pl* **fairies**) hada: *fairy tale* cuento de hadas ◊ *fairy godmother* hada madrina

ʔ **faith** /feɪθ/ *n* ~ **(in sth/sb)** fe (en algo/algn)
**LOC** **in bad/good faith** de mala/buena fe **put your faith in sth/sb** confiar en algo/algn *Ver tb* BREACH

ʔ **faithful** /ˈfeɪθfl/ *adj* fiel, leal

ʔ **faithfully** /ˈfeɪθfəli/ *adv* fielmente ➔ *Ver nota en* SINCERELY

**fake** /feɪk/ *n* imitación
▶ *adj* (*pey*) falso
▶ **1** *vt* (*firma, documento*) falsificar **2** *vt, vi* fingir

**falcon** /ˈfælkən/; *GB* ˈfɔːl- / *n* halcón

ʔ **fall** /fɔːl/ *vi* (*pt* **fell** /fel/ *pp* **fallen** /ˈfɔːlən/)
**1** caer(se) **2** (*precio, temperatura*) bajar

A veces usamos **fall** tiene el sentido de *volverse, quedarse, ponerse*, p. ej.: *He fell asleep.* Se quedó dormido. ◊ *The house had fallen into disrepair.* La casa había caído en el descuido.

**LOC** **fall in love (with sb)** enamorarse (de algn) **fall short of sth** no alcanzar algo **fall victim to sth** sucumbir a algo, enfermar con algo *Ver tb* FOOT
**PHRV** **fall apart** deshacerse
**fall back** retroceder **fall back on sth/sb** recurrir a algo/algn
**fall behind (sb/sth)** quedar(se) atrás, quedarse detrás de algo/algn **fall behind with sth** retrasarse con algo/en hacer algo
**fall down 1** (*persona, objeto*) caerse **2** (*plan*) fracasar

**fall for sb** (*coloq*) enamorarse de algn **fall for sth** (*coloq*) tragarse algo (*una trampa*)
**fall in 1** (*techo*) desplomarse **2** (*Mil*) formar
**fall off** descender, flojear
**fall on/upon sb** recaer en algn
**fall out (with sb)** reñir (con algn)
**fall over** caerse **fall over sth/sb** tropezar con algo/algn
**fall through** fracasar, irse a pique
▶ *n* **1** caída **2** baja, descenso **3** (*GB* **autumn**) otoño **4** *a fall of snow* una nevada **5** falls [*pl*] (*Geog*) catarata

**fallen** /ˈfɔːlən/ *adj* caído *Ver tb* FALL

ʔ **false** /fɔːls/ *adj* **1** falso **2** (*dentadura, etc.*) postizo **3** (*reclamación*) fraudulento
**LOC** **a false move** un paso en falso **a false start 1** (*Dep*) una salida en falso **2** un intento fallido

**falsify** /ˈfɔːlsɪfaɪ/ *vt* (*pt, pp* **-fied**) falsificar

**falter** /ˈfɔːltər/ *vi* **1** (*persona*) vacilar **2** (*voz*) titubear

ʔ **fame** /feɪm/ *n* fama

ʔ **familiar** /fəˈmɪljər/ *adj* **1** ~ **(to sb)** (*conocido*) familiar (para algn) **2** ~ **with sth** familiarizado con algo **familiarity** /fəˌmɪliˈærəti/ *n* **1** ~ **with sth** conocimientos de algo **2** familiaridad

ʔ **family** /ˈfæməli/ *n* (*pl* **families**) familia: *family name* apellido ◊ *family man* hombre casero ◊ *family tree* árbol genealógico ➔ *Ver nota en* FAMILIA
**LOC** **run in the family** ser de familia

**famine** /ˈfæmɪn/ *n* hambruna ➔ *Ver nota en* HAMBRE

ʔ **famous** /ˈfeɪməs/ *adj* famoso

ʔ **fan** /fæn/ *n* **1** abanico **2** ventilador **3** fan, aficionado, -a
▶ *vt* (**-nn-**) **1** abanicar **2** (*formal*) (*disputa, fuego*) atizar **PHRV** **fan out** desplegarse en abanico

**fanatic** /fəˈnætɪk/ *n* fanático, -a **fanatical** *adj* fanático

**fanciful** /ˈfænsɪfl/ *adj* **1** (*idea*) extravagante **2** (*persona*) fantasioso

ʔ **fancy** /ˈfænsi/ *adj* (**fancier, -iest**) **1** fuera de lo corriente: *nothing fancy* nada extravagante **2** elegante, fresa
▶ *n* (*esp GB*) **1** [*sing*] capricho **2** (*pl* **fancies**) fantasía **LOC** **catch/take sb's fancy** cautivar a algn: *whatever takes your fancy* lo que más se te antoje **take a fancy to sth/sb** encapricharse con algo/algn
▶ *vt* (*pt, pp* **fancied**) (*esp GB*) **1** (*coloq*) gustar: *I don't fancy him.* No me gusta. **2** (*coloq*) antojarse, tener ganas de **3** ~ **yourself (as) sth** presumir de algo **4** (*formal*) imaginarse **LOC** **fancy (that)!** ¡quién lo iba a decir!

**fancy dress** *n* [*incontable*] (*GB*) disfraz

**fantastic** /fænˈtæstɪk/ *adj* fantástico

**fantasy** /ˈfæntəsi/ n (pl **fantasies**)
fantasía

**FAQ** /ˌef eɪ ˈkjuː/ abrev de **frequently asked
questions** preguntas más frecuentes

**ʔ far** /fɑr/ adj (comp **farther** o **further**, superl
**farthest** o **furthest**) Ver tb FARTHER,
FARTHEST **1** extremo: the far end el otro
extremo **2** opuesto: on the far bank en la
margen opuesta **3** (antic) lejano
▸ adv (comp **farther** o **further**, superl **farthest**
o **furthest**) Ver tb FARTHER, FARTHEST
**1** lejos: Is it far? ¿Está lejos? ◇ How far
is it? ¿A qué distancia está? ❶ En este
sentido se usa en frases negativas o
interrogativas. En frases afirmativas es
mucho más frecuente decir **a long way**.
**2** [con preposiciones] muy: far above/far
beyond sth muy por encima/mucho más
allá de algo **3** [con comparativos] mucho:
It's far easier for him. Es mucho más
fácil para él. **LOC** as far as hasta as far as;
in so far as por lo que: as far as I know
que yo sepa **as/so far as sth/sb is concerned** por lo que se refiere a algn/algo
**be far from (doing) sth** distar mucho de
(hacer) algo **by far** con mucho **far and
wide** por todas partes **far away** muy
lejos **far from it** (coloq) ni mucho menos
**go too far** pasarse **so far 1** hasta ahora
**2** (coloq) hasta cierto punto Ver tb AFIELD,
FEW

**faraway** /ˈfɑrəweɪ/ adj **1** remoto
**2** (expresión) distraído

**fare** /feər/ n tarifa, precio del boleto
▸ vi: to fare well/badly irle bien/mal a uno

**farewell** /ˌfeərˈwel/ interj (antic o formal)
adiós
▸ n despedida: farewell party fiesta de
despedida **LOC** bid/say farewell to sth/sb
despedirse de algo/algn

**ʔ farm** /fɑrm/ n granja
▸ **1** vt, vi labrar, cultivar **2** vt criar

**ʔ farmer** /ˈfɑrmər/ n granjero, -a, agricultor, -ora

**farmhouse** /ˈfɑrmhaʊs/ n granja (casa)

**ʔ farming** /ˈfɑrmɪŋ/ n agricultura,
ganadería

**farmyard** /ˈfɑrmjɑrd/ n corral

**farsighted** /ˈfɑrsaɪtɪd/ adj **1** (GB long-
sighted) hipermétrope **2** con visión de
futuro

**fart** /fɑrt/ n (coloq) pedo
▸ vi (coloq) echarse un pedo

**ʔ farther** /ˈfɑrðər/ adj, adv (comp de **far**)
más lejos: I can swim farther than you.
Puedo nadar más lejos que tú. ◇ How
much farther is it to Oxford? ¿Cuánto
falta para Oxford? ➲ Ver nota en FURTHER

**ʔ farthest** /ˈfɑrðɪst/ adj, adv (superl de **far**)
más lejano/alejado: the farthest corner

of Europe el punto más lejano de
Europa

**fascinate** /ˈfæsɪneɪt/ vt fascinar
**fascinating** adj fascinante

**fascism** /ˈfæʃɪzəm/ n fascismo **fascist**
adj, n fascista

**ʔ fashion** /ˈfæʃn/ n **1** moda: to have no
fashion sense no saber vestirse **2** [sing]
(formal) manera **LOC** be/go out of fashion
estar pasado/pasar de moda **be in/come
into fashion** estar/ponerse de moda
▸ vt moldear, hacer

**ʔ fashionable** /ˈfæʃnəbl/ adj de moda

**ʔ fast¹** /fæst; GB fɑːst/ adj (**faster**, **-est**)
**1** rápido ➲ Ver nota en RÁPIDO **2** (reloj)
adelantado **LOC** Ver BUCK
▸ adv (**faster**, **-est**) rápido, rápidamente

**fast²** /fæst; GB fɑːst/ adj **1** fijo **2** (color)
que no destiñe
▸ adv: fast asleep dormido profundamente **LOC** Ver HOLD, STAND

**fast³** /fæst; GB fɑːst/ vi ayunar
▸ n ayuno

**ʔ fasten** /ˈfæsn; GB ˈfɑːsn/ **1** vt ~ sth (down)
asegurar algo **2** vt ~ sth (up) abrochar
algo **3** vt sujetar, fijar: to fasten A and B
(together) unir A y B **4** vi cerrarse,
abrocharse

**fastidious** /fæˈstɪdiəs/ adj meticuloso,
exigente, quisquilloso

**ʔ fat** /fæt/ adj (**fatter**, **-est**) gordo: You're
getting fat. Estás engordando. ➲ Ver nota
en GORDO
▸ n **1** grasa **2** manteca

**fatal** /ˈfeɪtl/ adj **1** mortal **2** fatídico
**fatality** /fəˈtæləti/ n (pl **fatalities**) víctima
mortal

**fate** /feɪt/ n destino, suerte **LOC** Ver QUIRK
**fated** adj predestinado **fateful** adj
fatídico

**ʔ father** /ˈfɑðər/ n padre
▸ vt engendrar **LOC** like father, like son de
tal palo, tal astilla

**Father Christmas** (GB) (USA Santa
Claus) n Santa Claus ➲ Ver nota en
NAVIDAD

**father-in-law** /ˈfɑðər ɪn lɔː/ n (pl
**fathers-in-law**) suegro

**fatigue** /fəˈtiːg/ n fatiga, cansancio

**fatten** /ˈfætn/ vt (animal) cebar **fattening**
adj que engorda: Butter is very fattening.
La mantequilla engorda mucho.

**fatty** /ˈfæti/ adj **1** (**fattier**, **-iest**) (alimento)
grasoso **2** (Med) adiposo

**ʔ faucet** /ˈfɔːsət/ (GB tap) n llave (de agua)

**ʔ fault** /fɔːlt/ n **1** defecto, fallo ➲ Ver nota
en MISTAKE **2** culpa: Whose fault is it?

---

ɜː bird   ɪə near   eə hair   ʊə tour   ʒ vision   h hat   ŋ sing

¿Quién tiene la culpa? **3** (*Tenis*) falta **4** (*Geol*) falla `LOC` **be at fault** tener la culpa *Ver tb* FIND
▸ *vt* criticar: *He can't be faulted.* Es irreprochable.

**faultless** /ˈfɔːltləs/ *adj* sin tacha, impecable

**faulty** /ˈfɔːlti/ *adj* defectuoso

**fauna** /ˈfɔːnə/ *n* fauna

**favor** (*GB* **favour**) /ˈfeɪvər/ *n* favor: *to ask a favor of sb* pedir un favor a algn ◇ *Can you do me a favor?* ¿Te puedo pedir un favor? `LOC` **in favor of (doing) sth** a favor de (hacer algo) *Ver tb* CURRY
▸ *vt* **1** favorecer **2** preferir, ser partidario de (*idea*)

**favorable** (*GB* **favour-**) /ˈfeɪvərəbl/ *adj* **1** ~ **(for sth)** favorable (para algo) **2** ~ **(to/ toward sth/sb)** a favor (de algo/algn)

**favorite** (*GB* **favour-**) /ˈfeɪvərɪt/ *n* favorito, -a
▸ *adj* preferido

**fawn** /fɔːn/ *n* venado menor de un año ➔ *Ver nota en* VENADO
▸ *adj*, *n* (*color*) beige

**fax** /fæks/ *n* fax
▸ *vt* **1** ~ **sb** mandar un fax a algn **2** ~ **sth (to sb)** mandar algo por fax (a algn)

**fear** /fɪər/ *vt* temer a: *I fear so.* Me temo que sí.
▸ *n* miedo, temor: *to shake with fear* temblar de miedo `LOC` **for fear of (doing) sth** por temor a (hacer) algo **for fear (that)…** por temor a… **in fear of sth/sb** con miedo de algo/algn

**fearful** /ˈfɪərfl/ *adj* (*formal*) **1** be ~ **(of sth)** temer (algo) **2** terrible

**fearless** /ˈfɪərləs/ *adj* intrépido

**fearsome** /ˈfɪərsəm/ *adj* temible

**feasibility** /ˌfiːzəˈbɪləti/ *n* viabilidad

**feasible** /ˈfiːzəbl/ *adj* factible

**feast** /fiːst/ *n* **1** banquete **2** (*Relig*) fiesta
▸ *vi* agasajarse

**feat** /fiːt/ *n* proeza, hazaña

**feather** /ˈfeðər/ *n* pluma

**feature** /ˈfiːtʃər/ *n* **1** característica **2** ~ **(on sth)** (*revista, TV, etc.*) reportaje especial (sobre algo) **3** features [*pl*] facciones
▸ *vt*: *featuring Brad Pitt* protagonizada por Brad Pitt
**featureless** *adj* sin rasgos característicos

**February** /ˈfebrueri; *GB* -uəri/ *n* (*abrev* Feb.) febrero ➔ *Ver nota y ejemplos en* JANUARY

**fed** *pt, pp de* FEED

**federal** /ˈfedərəl/ *adj* federal

**federation** /ˌfedəˈreɪʃn/ *n* federación

**fed up** *adj* ~ **(with sth/sb)** (*coloq*) harto (de algo/algn)

**fee** /fiː/ *n* **1** honorarios **2** cuota (*de club*) **3** school fees colegiatura

**feeble** /ˈfiːbl/ *adj* (**feebler, -est**) débil

**feed** /fiːd/ *n* (*pt, pp* **fed** /fed/) **1** *vi* ~ alimentarse, nutrirse (*de algo*) **2** *vt* dar de comer a, alimentar **3** *vt* (*datos, etc.*) suministrar
▸ *n* [*incontable*] **1** comida **2** pienso

**feedback** /ˈfiːdbæk/ *n* [*incontable*] reacción, comentarios

**feel** /fiːl/ (*pt, pp* **felt** /felt/) **1** *vt* sentir, tocar: *He feels the cold a lot.* Es muy sensible al frío. ◇ *She felt the water.* Probó la temperatura del agua. **2** *vi* sentirse: *I felt like a fool.* Me sentí como un idiota. ◇ *to feel sick/sad* sentirse enfermo/triste ◇ *to feel cold/hungry* tener frío/hambre **3** *vt, vi* (*pensar*) opinar: *How do you feel about him?* ¿Qué opinas de él? **4** *vi* (*cosa*) parecer: *It feels like leather.* Parece de piel. `LOC` **feel good** sentirse bien **feel like…; feel as if/as though…**: *I feel like I'm going to throw up.* Creo que voy a vomitar. **feel like (doing) sth**: *I felt like hitting him.* Me dieron ganas de pegarle. **feel your way** ir a tientas **not feel yourself** no sentirse bien *Ver tb* COLOR, DRAIN, EASE, SORRY
`PHRV` **feel (around/about) for sth** buscar algo a tientas **feel for sb** sentir pena por algn **feel up to (doing) sth** sentirse capaz de (hacer) algo
▸ *n* [*sing*]: *Let me have a feel.* Déjame tocarlo. `LOC` **get the feel of (doing) sth** (*coloq*) familiarizarse con algo

**feeling** /ˈfiːlɪŋ/ *n* **1** ~ **(of sth)** sensación (de algo): *I have a feeling that…* Se me hace que… **2** opinión **3** feelings [*pl*] sentimiento **4** sensibilidad: *to lose all feeling* perder toda la sensibilidad `LOC` **bad/ill feeling** resentimiento *Ver tb* MIX

**feet** *plural de* FOOT

**fell** /fel/ *vt* **1** (*árbol*) talar **2** (*formal*) derribar *Ver tb* FALL

**fellow** /ˈfeloʊ/ *n* **1** compañero: *fellow passenger* compañero de viaje ◇ *fellow countryman* compatriota ◇ *fellow Mexicans* compatriotas mexicanos **2** (*GB, coloq*) tipo: *He's a nice fellow.* Es un buen tipo.

**fellowship** /ˈfeloʊʃɪp/ *n* **1** compañerismo **2** beca

**felt** /felt/ *n* fieltro *Ver tb* FEEL

**female** /ˈfiːmeɪl/ *adj* **1** femenino

**Female** y **male** se aplican a las características físicas de las mujeres o hombres: *the female figure* la figura femenina, y **feminine** y **masculine** a las cualidades que consideramos típicas de cada sexo: *That dress makes you look very feminine*. Ese vestido te hace parecer muy femenina. **Female** y **male** especifican también el sexo de personas o animales: *a female friend, a male colleague; a female rabbit, a male eagle*, etc.

**2** hembra **3** de la mujer: *female equality* la igualdad de la mujer
▶ *n* hembra

**feminine** /'femənɪn/ *adj, n* femenino
➔ Ver nota en FEMALE

**feminism** /'femənɪzəm/ *n* feminismo **feminist** *n* feminista

**ʔ fence¹** /fens/ *n* **1** valla, cerca **2** alambrado
▶ *vt* cercar

**fence²** /fens/ *vi* practicar la esgrima **fencing** *n* esgrima

**fend** /fend/ *v* **PHRV** fend for yourself cuidar de sí mismo **fend sth/sb off** rechazar algo/a algn

**fender** /'fendər/ *n* **1** (*GB* wing) (*en coche*) salpicadera ➔ Ver dibujo en COCHE **2** (*GB* mudguard) (*en bicicleta*) salpicadera

**ferment** /fər'ment/ *vt, vi* fermentar
▶ *n* /'fɜːrment/ (*formal*) agitación (*política*)

**fern** /fɜːrn/ *n* helecho

**ferocious** /fə'roʊʃəs/ *adj* feroz

**ferocity** /fə'rɑːsəti/ *n* ferocidad

**ferry** /'feri/ *n* (*pl* ferries) **1** ferry: *car ferry* transbordador de coches **2** panga (*para cruzar ríos*)
▶ *vt* (*pt, pp* ferried) transportar

**fertile** /'fɜːrtl; *GB* -taɪl/ *adj* **1** fértil, fecundo **2** (*fig*) abonado

**fertility** /fər'tɪləti/ *n* fertilidad

**fertilization** /ˌfɜːrtələ'zeɪʃn; *GB* -laɪ'z-/ *n* fertilización

**fertilize** (*GB tb* -ise) /'fɜːrtəlaɪz/ *vt* **1** fertilizar **2** abonar **fertilizer** *n* **1** fertilizante **2** abono

**fervent** /'fɜːrvənt/ *adj* ferviente

**fester** /'festər/ *vi* infectarse

**ʔ festival** /'festɪvl/ *n* **1** (*de arte, cine, etc.*) festival **2** (*Relig*) fiesta

**ʔ fetch** /fetʃ/ *vt* **1** traer **2** buscar, ir a recoger ➔ Ver dibujo en TAKE **3** alcanzar (*precio*)

**fête** (*tb* fete) /feɪt/ *n* (*GB*) tipo de kermesse al aire libre: *the village fête* la fiesta del pueblo

**fetus** /'fiːtəs/ *n* (*pl* fetuses) (*GB* foetus) feto

**feud** /fjuːd/ *n* rencilla
▶ *vi* ~ **(with sth/sb)** tener un pleito (con algo/algn)

**feudal** /'fjuːdl/ *adj* feudal **feudalism** *n* feudalismo

**ʔ fever** /'fiːvər/ *n* (*lit y fig*) fiebre **feverish** *adj* febril

**ʔ few** /fjuː/ *adj, pron* **1** (fewer, -est) pocos: *every few minutes* cada pocos minutos ◇ *fewer than six* menos de seis ➔ Ver nota en LESS **2** a few unos cuantos, algunos

¿**Few** o **a few**? **Few** tiene un sentido negativo y equivale a *poco*. **A few** tiene un sentido mucho más positivo, equivale a *unos cuantos* o *algunos*. Compara las siguientes oraciones: *Few people turned up*. Vino poca gente. ◇ *I have a few friends coming for dinner*. Vienen unos cuantos amigos a cenar.

**LOC** quite a few (*GB tb* a good few) un buen número (de), bastantes **few and far between** escasos, contadísimos Ver tb PRECIOUS

**fiancé** (**fiancée**) /ˌfiːɑːn'seɪ; *GB* fɪ'ɒnseɪ/ *n* prometido, -a

**fib** /fɪb/ *n* (*coloq*) mentirita
▶ *vi* (-bb-) (*coloq*) contar cuentos o mentiras

**fiber** (*GB* fibre) /'faɪbər/ *n* fibra **fibrous** *adj* fibroso

**fickle** /'fɪkl/ *adj* (*pey*) voluble

**fiction** /'fɪkʃn/ *n* [*incontable*] ficción

**fiddle** /'fɪdl/ *n* (*coloq*) **1** violín **2** estafa
▶ **1** *vt* (*coloq*) (*gastos, etc.*) falsificar **2** *vi* tocar el violín **3** *vi* ~ **(around/about) with sth** juguetear con algo **LOC** Ver FIT¹ **PHRV** fiddle around perder el tiempo **fiddler** *n* violinista

**fiddly** /'fɪdli/ *adj* (*GB, coloq*) complicado

**fidelity** /fɪ'deləti/ *n* ~ **(to sth/sb)** fidelidad (a algo/algn) **❶** La palabra más normal es **faithfulness**.

**ʔ field** /fiːld/ *n* (*lit y fig*) campo

**fiend** /fiːnd/ *n* **1** desalmado, -a **2** (*coloq*) entusiasta **fiendish** *adj* endiablado

**fierce** /fɪərs/ *adj* (fiercer, -est) **1** (*animal*) feroz **2** (*oposición*) fuerte

**fifteen** /ˌfɪf'tiːn/ *adj, pron, n* quince ➔ Ver ejemplos en FIVE **fifteenth 1** *adj, adv, pron* decimoquinto **2** *n* quinceava parte, quinceavo ➔ Ver ejemplos en FIFTH

**fifth** /fɪfθ/ (*abrev* 5th) *adj, adv, pron* quinto: *We live on the fifth floor*. Vivimos en el quinto piso. ◇ *It's his fifth birthday today*.

i: see  ɪ sit  e ten  æ cat  ɑ hot  ɔ: saw  ʌ cup  ʊ put  u: too

Hoy cumple cinco años. ◊ *She came fifth in the world championships.* Llegó la quinta en los campeonatos del mundo. ◊ *the fifth to arrive* el quinto en llegar ◊ *I was fifth on the list.* Yo era la quinta de la lista. ◊ *I've had four cups of coffee already, so this is my fifth.* Ya me he tomado cuatro tazas de café, así que esta es la quinta.

▶ *n* **1** quinto, quinta parte: *three fifths* tres quintos **2 the fifth** el (día) cinco: *They'll be arriving on the fifth of March.* Llegarán el (día) cinco de marzo. **3** (*tb* **fifth gear**) quinta: *to change into fifth* meter la quinta

La abreviatura de los números ordinales se hace poniendo el número en cifra seguido por las dos últimas letras de la palabra: *1st, 2nd, 3rd, 20th, etc..* ➔ *Ver tb págs 678-683*

**fifty** /'fɪfti/ *adj, pron, n* cincuenta: *the fifties* los años cincuenta ◊ *to be in your fifties* tener cincuenta y pico años ➔ *Ver ejemplos en* FIVE **LOC go fifty-fifty** pagar a medias **fiftieth 1** *adj, adv, pron* quincuagésimo **2** *n* cincuentava parte, cincuentavo ➔ *Ver ejemplos en* FIFTH *y págs 678-683*

**fig** /fɪg/ *n* **1** higo **2** (*tb* **fig tree**) higuera

**fight** /faɪt/ *n* **1** lucha, pelea: *A fight broke out in the bar.* Se armó una pelea en el bar. **2** ~ (**for/against sth/sb**); ~ (**to do sth**) (*fig*) lucha (por/contra algo/algn), lucha (por hacer algo)

Cuando se trata de un conflicto continuado (normalmente en situaciones de guerra), se suele usar **fighting**: *There has been heavy/fierce fighting in the capital.* Ha habido combates intensos/encarnizados en la capital.

**3** combate **LOC give up without a fight** rendirse sin luchar **put up a good/poor fight** ponerle mucho/poco empeño a algo

▶ (*pt, pp* **fought** /fɔːt/) **1** *vt, vi* ~ (**against/with sth/sb**) (**about/over sth**) luchar (contra algo/algn) (por algo): *They fought (against/with) the Germans.* Lucharon contra los alemanes. **2** *vt, vi* ~ (**sb/with sb**) (**about/over sth**) pelearse (con algn) (por algo): *They fought (with) each other about/over the money.* Se pelearon por el dinero. **3** *vt* (*corrupción, droga, etc.*) combatir **LOC fight a battle (against sth)** librar una batalla (contra algo) **fight it out** *They must fight it out between them.* Deben arreglarlo entre ellos. **fight tooth and nail** luchar encarnizadamente **fight your way across, through, etc. sth** abrirse camino hacia,

por, etc. algo *Ver tb* PICK **PHRV fight back** contraatacar **fight for sth** luchar por algo **fight sth/sb off** repeler algo/a algn

**fighter** /'faɪtər/ *n* **1** luchador, -ora, combatiente **2** caza (*avión*)

**figure** /'fɪɡjər; *GB* 'fɪɡə(r)/ *n* **1** cifra, número **2** cantidad, suma **3** figura: *a key figure* un personaje clave **4** tipo: *have a good figure* tener buen tipo **5** silueta **LOC put a figure on sth** dar una cifra sobre algo, poner precio a algo *Ver tb* FACT

▶ **1** *vi* ~ (**in/among sth**) figurar (en/entre algo) **2** *vt* (*esp USA, coloq*) figurarse: *It's what I figured.* Es lo que me figuraba. **LOC go figure** (*USA, coloq*) quién lo diría **it/that figures** se comprende **PHRV figure sth/sb out** entender algo/a algn

**file** /faɪl/ *n* **1** carpeta **2** (*Informát*) archivo **3** expediente: *to be on file* estar archivado **4** lima **5** fila: *in single file* en fila india **LOC** *Ver* RANK

▶ **1** *vt* ~ **sth** (**away**) archivar algo **2** *vt* (*demanda*) presentar **3** *vt* limar **4** *vi* ~ **in, out, etc.** entrar, salir, etc. en fila: *to file past sth* desfilar ante algo

**filet** (*tb* **fillet**) /fɪ'leɪ; *GB* 'fɪlɪt/ *n* filete

**fill** /fɪl/ **1** *vt, vi* ~ (**sth**) (**with sth**) llenar algo, llenarse (de algo) **2** *vt* (*grieta, etc.*) rellenar **3** *vt* (*diente*) rellenar **4** *vt* (*cargo*) ocupar **LOC** *Ver* BILL **PHRV fill in (for sb)** sustituir (a algn) **fill sb in (on sth)** poner a algn al tanto (de algo) **fill sth in/out** completar (*formulario, etc.*)

**filling** /'fɪlɪŋ/ *n* **1** amalgama **2** relleno

**film** /fɪlm/ *n* **1** (*esp GB*) (*tb esp USA* **movie**) película **2** película (*capa fina*)

▶ *vt* filmar

**filming** *n* rodaje

**film-maker** /'fɪlm meɪkər/ *n* cineasta

**filter** /'fɪltər/ *n* filtro

▶ *vt, vi* filtrar(se)

**filth** /fɪlθ/ *n* [*incontable*] **1** porquería **2** groserías **3** (*revistas, etc.*) inmundicias

**filthy** /'fɪlθi/ *adj* (**filthier, -iest**) **1** (*costumbre, etc.*) asqueroso **2** (*manos, mente*) sucio **3** obsceno **4** (*esp GB, coloq*) desagradable

**fin** /fɪn/ *n* aleta

**final** /'faɪnl/ *n* **1** *the men's final(s)* la final masculina **2** finals [*pl*] (*exámenes*) finales

▶ *adj* último, final **LOC** *Ver* ANALYSIS, STRAW

**finally** /'faɪnəli/ *adv* **1** por último **2** finalmente **3** por fin, al final, al fin

**finance** /'faɪnæns, fə'næns/ *n* finanzas: *finance company* (compañía) financiera ◊ *the Minister of Finance* el secretario de Hacienda

▶ *vt* financiar

**financial** /faɪˈnænʃl, fə'n-/ *adj* financiero, económico

**find** /faɪnd/ *vt* (*pt, pp* **found** /faʊnd/)
**1** encontrar, hallar **2** buscar: *They came here to find work.* Vinieron para buscar trabajo. **3** (*Jur*): **to find sb guilty** declarar a algn culpable **LOC** **find fault (with sth/sb)** sacar faltas (a algo/algn) **find your feet** acostumbrarse **find your way** encontrar el camino **LOC** *Ver* BEARING, MATCH, NOWHERE **PHRV** **find (sth) out** enterarse (de algo) **find sb out** descubrirle el juego a algn **finding** *n* **1** [*gen pl*] descubrimiento **2** (*Jur*) fallo

**fine** /faɪn/ *adj* (**finer, -est**) **1** excelente: *I'm fine.* Estoy bien. **2** (*seda, polvo, etc.*) fino **3** (*rasgos*) delicado **4** (*tiempo*) bueno: *a fine day* un día estupendo **5** (*distinción*) sutil **LOC** *Ver* PRINT
▸ *adv* (*coloq*) bien: *That suits me fine.* Eso me cae muy bien. **LOC** *Ver* CUT
▸ *n* multa
▸ *vt* **~ sb (for sth/doing sth)** multar a algn (por algo/hacer algo)

**fine art** (*tb* **fine arts** [*pl*]) *n* bellas artes

**finger** /ˈfɪŋɡər/ *n* dedo (*de la mano*): *little finger* dedo meñique ◇ *forefinger/index finger* dedo índice ◇ *middle finger* dedo corazón ◇ *ring finger* dedo anular *Ver tb* THUMB, TOE **LOC** **be all fingers and thumbs** ser muy torpe **put your finger on sth** señalar/identificar algo (con precisión) *Ver tb* CROSS, WORK

**fingernail** /ˈfɪŋɡərneɪl/ *n* uña (*de la mano*)

**fingerprint** /ˈfɪŋɡərprɪnt/ *n* huella digital

**fingertip** /ˈfɪŋɡərtɪp/ *n* yema del dedo **LOC** **have sth at your fingertips** tener algo a mano, saberse algo de pe a pa

**finish** /ˈfɪnɪʃ/ **1** *vt, vi* **~ (sth/doing sth)** terminar (algo/de hacer algo) **2** *vt* **~ sth (off/up)** (*comida, etc.*) acabar algo **PHRV** **finish up** acabar: *He could finish up dead.* Podría acabar muerto.
▸ *n* **1** acabado **2** meta

**finish line** (*GB* **finishing line**) *n* línea de meta

**fir** /fɜːr/ (*tb* **fir tree**) *n* abeto

**fire** /ˈfaɪər/ *n* **1** fuego **2** estufa **3** incendio **4** [*incontable*] disparos **LOC** **be/come under fire 1** encontrarse bajo fuego enemigo **2** (*fig*) ser objeto de severas críticas **catch fire** incendiarse **on fire** en llamas: *to be on fire* estar ardiendo **set fire to sth; set sth on fire** prender fuego a algo *Ver tb* FRYING PAN
▸**1** *vt, vi* disparar: *to fire at sth/sb* abrir fuego contra algo/algn **2** *vt* despedir (*del trabajo*) **3** *vt* (*insultos, preguntas, etc.*) lanzar **4** *vt* (*imaginación*) estimular

**firearm** /ˈfaɪərɑːrm/ *n* [*gen pl*] (*formal*) arma de fuego

**fire engine** *n* coche de bomberos

**fire escape** *n* escalera de incendios

**fire extinguisher** *n* extintor

**firefighter** /ˈfaɪərfaɪtər/ *n* bombero

**fireman** /ˈfaɪərmən/ *n* (*pl* **-men** /-mən/) bombero

**fireplace** /ˈfaɪərpleɪs/ *n* hogar (*chimenea*)

**fire station** *n* estación de bomberos

**firewood** /ˈfaɪərwʊd/ *n* leña

**firework** /ˈfaɪərwɜːrk/ *n* **1** cohete **2 fireworks** [*pl*] fuegos artificiales

**firing** /ˈfaɪərɪŋ/ *n* [*incontable*] tiroteo: *firing line* línea de fuego ◇ *firing squad* pelotón de fusilamiento

**firm** /fɜːrm/ *n* firma, empresa
▸ *adj* (**firmer, -est**) firme **LOC** **a firm hand** mano dura **be on firm ground** pisar terreno firme *Ver tb* STAND
▸ *adv* **LOC** **hold firm to sth** (*formal*) mantenerse firme en algo

**first** /fɜːrst/ (*abrev* **1st**) *adj* primero: *the first night* el estreno ◇ *first name* nombre de pila **LOC** **at first hand** buena tinta **first things first** lo primero es lo primero *Ver tb* THING
▸ *adv* **1** primero: *to come first in the race* ganar la carrera **2** por primera vez: *I first came here in 2005.* Vine aquí por primera vez en 2005. **3** en primer lugar **4** antes: *Finish your dinner first.* Antes termina de cenar. **LOC** **at first** al principio **first come, first served** por orden de llegada **first of all 1** al principio **2** en primer lugar **put sth/sb first** poner algo/a algn por encima de todo *Ver tb* HEAD
▸ *pron* el primero, la primera, los primeros, las primeras
▸ *n* **1 the first** el (día) uno **2** (*tb* **first gear**) primera ➲ *Ver ejemplos en* FIFTH **LOC** **from first to last** de principio a fin **from the (very) first** desde el primer momento

**first aid** *n* [*incontable*] primeros auxilios: *first-aid kit* botiquín

**first class** /ˌfɜːrst ˈklæs; *GB* ˈklɑːs/ *n* primera (clase)
▸ *adv* en primera: *to travel first class* viajar en primera ◇ *to send sth first class* mandar algo por primera clase
▸ **first-class** *adj* de primera (clase): *a first-class ticket/stamp* un boleto de primera/una estampilla (de correo) de primera clase

**first floor** *n* **1** (*USA*) (*GB* **ground floor**) planta baja **2** (*GB*) primera planta ➲ *Ver nota en* FLOOR

---

3: bird   iə near   eə hair   ʊə tour   ʒ vision   h hat   ŋ sing

**first-hand** /ˌfɜːrst ˈhænd/ *adj, adv* de primera mano, directo

**firstly** /ˈfɜːrstli/ *adv* en primer lugar

**first-rate** /ˌfɜːrst ˈreɪt/ *adj* excelente, de primera categoría

ℓ **fish** /fɪʃ/ *n* pescado

> **Fish** como sustantivo contable tiene dos formas para el plural: **fish** y **fishes**. **Fish** es la forma más normal. **Fishes** es una forma anticuada, técnica o literaria.

LOC **like a fish out of water** como pescado fuera del agua *Ver tb* BIG

**fisherman** /ˈfɪʃərmən/ *n* (*pl* -men /-mən/) pescador

ℓ **fishing** /ˈfɪʃɪŋ/ *n* pesca: *fishing rod/pole* caña (de pescar)

**fishmonger** /ˈfɪʃmʌŋɡər/ *n* (*esp GB*) **1** pescadero, -a **2 fishmonger's** pescadería

**fishy** /ˈfɪʃi/ *adj* (**fishier, -iest**) **1** (*olor, sabor*) a pescado **2** (*coloq*) sospechoso, raro: *There's something fishy going on.* Aquí hay gato encerrado.

**fist** /fɪst/ *n* puño **fistful** *n* puñado

ℓ **fit¹** /fɪt/ *adj* (**fitter, -est**) **1** en forma **2** ~ (**for sth/sb**); ~ (**to do sth**) apto, adecuado (para algo/algn), en condiciones (para hacer algo): *a meal fit for a king* una comida digna de un rey **3** ~ **to do sth** (*GB, coloq*) listo (para hacer algo) LOC (**as**) **fit as a fiddle** muy en forma **keep fit** mantenerse en forma

ℓ **fit²** /fɪt/ (**-tt-**) (*pt, pp* **fit,** *GB* **fitted**) **1** *vi* ~ (**in/into sth**); ~ (**in**) caber (en algo): *It doesn't fit in/into the box.* No cabe en la caja. **2** *vt, vi* entrar en, quedar: *These shoes don't fit (me).* Estos zapatos no me quedan. **3** *vt* ~ **sth with sth** equipar algo de algo **4** ~ **sth on/onto sth** poner algo a/en algo **5** *vt* cuadrar con: *to fit a description* cuadrar con una descripción LOC **fit (sb) like a glove** venir (a algn) como un guante *Ver* BILL PHRV **fit in (with sth/sb)** encajar (con algo/algn)

▸ *n* LOC **be a good, tight, etc. fit** quedar a algn bien, ajustado, etc.

**fit³** /fɪt/ *n* ataque (*de risa, tos, etc.*): *She'll have/throw a fit!* ¡Le va a dar un ataque!

**fitness** /ˈfɪtnəs/ *n* forma (física)

**fitted** /ˈfɪtɪd/ *adj* **1** (*alfombra*) instalado **2** (*armario*) empotrado **3** (*habitación*) amueblado

**fitting** /ˈfɪtɪŋ/ *adj* apropiado

▸ *n* **1** (*gen pl*) accesorio, pieza **2** (*vestido*) prueba

**five** /faɪv/ *adj, pron, n* cinco: *page/chapter five* la página/el capítulo (número) cinco ◇ *five past/after nine* las nueve y cinco ◇ *on May 5* el 5 de mayo ◇ *all five of them* los cinco ◇ *There were five of us.* Éramos cinco. ➔ *Ver tb págs* 678-683 **fiver** *n* (*GB, coloq*) (billete de) cinco libras

ℓ **fix** /fɪks/ *vt* **1** ~ **sth (on sth)** fijar algo (en algo) **2** arreglar **3** establecer **4** ~ **sth (for sb)**; ~ **sb sth** (*comida, bebida*) preparar algo (para algn) **5** (*coloq*) (*elecciones, etc.*) arreglar **6** (*coloq*) ajustar las cuentas a PHRV **fix on sth/sb** decidirse por algo/algn **fix sb up (with sth)** (*coloq*) procurar algo a algn **fix sth up 1** arreglar algo **2** reparar, retocar algo

▸ *n* **1** [*sing*] lío: *to be in/get yourself into a fix* estar/meterse en un lío **2** (*coloq*) arreglo, solución provisional

**fixed** /fɪkst/ *adj* fijo LOC (**of**) **no fixed abode/address** sin paradero fijo

**fixture** /ˈfɪkstʃər/ *n* **1** accesorio fijo de una casa **2** (*GB*) cita deportiva **3** (*coloq*) inamovible

**fizz** /fɪz/ *vi* **1** burbujear **2** silbar

**fizzy** /ˈfɪzi/ *adj* con gas, gaseoso

**flabby** /ˈflæbi/ *adj* (*coloq, pey*) fofo

ℓ **flag** /flæɡ/ *n* **1** bandera **2** banderín

▸ *vi* (**-gg-**) flaquear

**flagrant** /ˈfleɪɡrənt/ *adj* flagrante

**flair** /fleər/ *n* **1** [*sing*] ~ **for sth** aptitud para algo **2** elegancia

**flake** /fleɪk/ *n* copo, hojuela

▸ *vi* ~ (**off/away**) desprenderse en escamas

**flamboyant** /flæmˈbɔɪənt/ *adj* **1** (*persona*) extravagante **2** (*vestido*) llamativo

ℓ **flame** /fleɪm/ *n* llama

**flammable** /ˈflæməbl/ (*tb* **inflammable**) *adj* inflamable

**flank** /flæŋk/ *n* **1** (*Mil, Dep*) flanco **2** (*animal*) ijada

▸ *vt* flanquear

**flannel** /ˈflænl/ *n* **1** franela **2** (*GB*) (*USA* **washcloth**) toalla de cara

**flap** /flæp/ *n* **1** (*sobre*) solapa **2** (*bolsa*) tapa **3** (*mesa*) hoja plegable **4** (*Aeronáut*) alerón

▸ (**-pp-**) **1** *vt, vi* agitar(se) **2** *vt* (*alas*) batir

**flare** /fleər/ *n* **1** luz de bengala **2** destello **3 flares** [*pl*] (*esp GB*) pantalón acampanado

▸ *vi* **1** llamear **2** (*fig*) estallar: *Tempers flared.* Se encendieron los ánimos. PHRV **flare up 1** (*fuego*) avivarse **2** (*conflicto*) estallar **3** (*problema*) reavivarse

ℓ **flash** /flæʃ/ *n* **1** destello: *a flash of lightning* un relámpago **2** ~ **of sth** (*fig*) golpe de algo: *a flash of genius* un golpe de genio **3** (*Fot, noticias*) flash LOC **a flash in**

the pan: *It was no flash in the pan.* No ocurrió de chiripa. **in a/like a flash** en un santiamén

▶ **1** *vi* centellear, brillar: *It flashed on and off.* Se encendía y apagaba. **2** *vt* dirigir (*luz*): *to flash your headlights* poner las altas **3** *vt* mostrar rápidamente **PHRV** **flash by, past, etc.** pasar, cruzar, etc. como un rayo

**flashy** /'flæʃi/ *adj* (**flashier, -iest**) (*coloq, gen pey*) ostentoso, llamativo

**flask** /flæsk; (GB) flɑːsk/ *n* **1** termo **2** (*licores*) ánfora

🔒 **flat** /flæt/ *adj* (**flatter, -est**) **1** plano, liso, llano **2** (*rueda*) desinflado **3** (GB) (USA **dead**) (*batería*) descargado **4** (*bebida*) sin gas **5** (*Mús*) desafinado **6** (*precio, etc.*) único

▶ *adv* (**flatter, -est**): *to lie down flat* acostarse completamente **LOC** **flat out** a tope (*trabajar, correr, etc.*) **in 10 seconds, etc. flat** en sólo 10 segundos, etc.

▶ *n* **1** (*esp GB*) (USA **apartment**) departamento **2** (GB **puncture**) ponchadura **3** [*sing*] **the ~ (of sth)** (GB) la parte plana de algo: *the flat of your hand* la palma de la mano **4** [*gen pl*] (*Geog*): *mud flats* marismas **5** (*Mús*) bemol

**flatly** /'flætli/ *adv* rotundamente, de lleno (*decir, rechazar, negar*)

**flatmate** /'flætmeɪt/ (GB) (USA **roommate**) *n* compañero, -a de departamento

**flatten** /'flætn/ **1** *vt* **~ sth (out)** aplanar, alisar algo **2** *vt* aplastar, arrasar **3** *vi* **~ (out)** (*paisaje*) allanarse

**flatter** /'flætər/ *vt* **1** adular, halagar: *I was flattered by your invitation.* Me halagó tu invitación. **2** (*ropa, etc.*) favorecer **3** **~ yourself (that)** hacerse ilusiones (de que) **flattering** *adj* favorecedor, halagador

**flaunt** /flɔːnt/ *vt* (*pey*) alardear de

🔒 **flavor** (GB **flavour**) /'fleɪvər/ *n* sabor, gusto

▶ *vt* dar sabor a, condimentar

**flaw** /flɔː/ *n* **1** (*objetos*) desperfecto **2** (*plan, carácter*) fallo, defecto **flawed** *adj* defectuoso **flawless** *adj* impecable

**flea** /fliː/ *n* pulga: *flea market* mercado de baratijas

**fleck** /flek/ *n* **~ (of sth)** mota (de algo) (*polvo, color*)

**flee** /fliː/ *vi* (*pt, pp* **fled** /fled/) **1** *vi* huir, escapar **2** *vt* abandonar

**fleece** /fliːs/ *n* **1** vellón **2** felpa

**fleet** /fliːt/ *n* flota (*de coches, pesquera*)

🔒 **flesh** /fleʃ/ *n* **1** carne **2** (*de fruta*) pulpa **LOC** **flesh and blood** carne y hueso **in the flesh** en persona **your own flesh and blood** (*pariente*) de tu propia sangre

**flew** *pt de* FLY

**flex** /fleks/ (GB) (USA **cord**) *n* flexible
▶ *vt* flexionar

**flexible** /'fleksəbl/ *adj* flexible

**flick** /flɪk/ *n* **1** movimiento rápido: *a flick of the wrist* un giro de muñeca **2** garnucho, capirotazo
▶ *vt* **1** pegar **2 ~ sth (off, on, etc.)** mover algo rápidamente **PHRV** **flick through (sth)** hojear (algo) rápidamente

**flicker** /'flɪkər/ *vi* parpadear: *a flickering light* una luz vacilante
▶ *n* **1** (*luz*) parpadeo **2** (*fig*) atisbo

🔒 **flight** /flaɪt/ *n* **1** vuelo **2** huida **3** (*aves*) bandada **4** (*escalera*) tramo **LOC** **take flight** darse a la fuga

**flight attendant** *n* sobrecargo

**flimsy** /'flɪmzi/ *adj* (**flimsier, -iest**) **1** (*tela*) fino **2** (*objeto, excusa*) endeble, débil

**flinch** /flɪntʃ/ *vi* **1** retroceder **2 ~ from sth/from doing sth** echarse atrás ante algo/a la hora de hacer algo

**fling** /flɪŋ/ *vt* (*pt, pp* **flung** /flʌŋ/) **1 ~ sth (at sth)** arrojar, lanzar algo (contra algo): *She flung her arms around him.* Le echó los brazos al cuello. **2** dar un empujón a: *He flung open the door.* Abrió la puerta de un golpe.
▶ *n* (*coloq*) **1** juerga **2** aventurilla

**flint** /flɪnt/ *n* **1** pedernal **2** piedra (*de mechero*)

**flip** /flɪp/ (**-pp-**) **1** *vt* echar: *to flip a coin* echar un volado **2** *vt, vi* **~ (sth) (over)** dar la vuelta a algo, darse la vuelta **3** *vi* (*coloq*) enloquecer

**flip-flop** /'flɪp flɑp/ *n* chancla

**flippant** /'flɪpənt/ *adj* frívolo, poco serio

**flirt** /flɜːrt/ *vi* coquetear
▶ *n* coqueto, -a: *He's a terrible flirt.* Siempre está coqueteando.

**flit** /flɪt/ *vi* (**-tt-**) revolotear

🔒 **float** /floʊt/ **1** *vi* flotar **2** *vt* (*barco*) poner a flote **3** *vt* (*proyecto, idea*) proponer
▶ *n* **1** boya **2** flotador **3** (*carnaval*) carroza

**flock** /flɑk/ *n* **1** rebaño (*de ovejas*) **2** bandada **3** multitud
▶ *vi* **1** agruparse **2 ~ to sth** acudir en tropel a algo

**flog** /flɑg/ *vt* (**-gg-**) **1** azotar **2 ~ sth (off) (to sb)** (GB, *coloq*) vender algo (a algn) **LOC** **flog a dead horse** (GB, *coloq*) malgastar saliva

🔒 **flood** /flʌd/ *n* **1** inundación **2 the Flood** (*Relig*) el Diluvio **3** (*fig*) torrente, avalancha
▶ *vt, vi* inundar(se) **PHRV** **flood in** llegar en avalancha

**flooding** /ˈflʌdɪŋ/ n [incontable] inundaciones

**floodlight** /ˈflʌdlaɪt/ n foco
▶ vt (pt, pp **floodlit** /-lɪt/) iluminar con focos

ʅ **floor** /flɔːr/ n **1** suelo: on the floor en el suelo **2** planta, piso ❶ En Estados Unidos, la planta baja se dice **ground floor** o **first floor**, y el primer piso **second floor**. En Gran Bretaña, el primer piso se llama **first floor**, al igual que en México. **3** (mar, valle) fondo
▶ vt **1** (contrincante) tumbar **2** ~ **sb** (fig) dejar a algn sin saber qué decir

**floorboard** /ˈflɔːrbɔːrd/ n tabla (del suelo)

**flop** /flɑp/ n (coloq) fracaso
▶ vi (-pp-) **1** desplomarse **2** (coloq) (obra, negocio) fracasar

**floppy** /ˈflɑpi/ adj (**floppier**, **-iest**) **1** flojo, flexible **2** (orejas) colgante

**floppy disk** (tb **floppy**) n disquete

**flora** /ˈflɔːrə/ n flora

**floral** /ˈflɔːrəl/ adj de flores: floral tribute corona de flores

**florist** /ˈflɔːrɪst/; GB ˈflɒr-/ n **1** florista **2** florist's (GB) (USA **flower shop**) florería

**flounder** /ˈflaʊndər/ vi **1** vacilar **2** balbucear **3** caminar con dificultad

ʅ **flour** /ˈflaʊər/ n harina

**flourish** /ˈflɜːrɪʃ/ vi prosperar, florecer
▶ n floreo: to do sth with a flourish hacer algo con gesto triunfal

ʅ **flow** /floʊ/ n **1** flujo **2** caudal **3** circulación **4** suministro
▶ vi **1** fluir: to flow into the sea desembocar en el mar **2** circular **3** flotar **4** (marea) subir **LOC** Ver EBB **PHRV** flow in/out (marea) subir/bajar **flow in/into sth** llegar sin parar a algo

ʅ **flower** /ˈflaʊər/ n flor
▶ vi florecer

**flower bed** n macizo de flores

**flowering** /ˈflaʊərɪŋ/ n florecimiento
▶ adj que da flores (planta)

**flowerpot** /ˈflaʊərpɑt/ n maceta

**flown** pp de FLY

ʅ **flu** /fluː/ n [incontable] gripa

**fluctuate** /ˈflʌktʃueɪt/ vi fluctuar, variar

**fluent** /ˈfluːənt/ adj **1** (Ling): She's fluent in Russian. Habla ruso con soltura. ◊ She speaks fluent French. Domina el francés. **2** (orador) elocuente **3** (estilo) fluido

**fluff** /flʌf/ n **1** pelusa: a piece of fluff una pelusa **2** (aves) plumón **fluffy** adj (**fluffier**, **-iest**) **1** lanudo, velludo, cubierto de pelusa **2** mullido, esponjoso

**fluid** /ˈfluːɪd/ adj **1** fluido, líquido **2** (estilo, movimiento) fluido, suelto **3** (situación) variable, inestable **4** (plan) flexible
▶ n **1** líquido **2** (Quím, Biol) fluido

**fluke** /fluːk/ n (coloq) chiripa

**flung** pt, pp de FLING

**flunk** /flʌŋk/ vt (esp USA, coloq) reprobar

**flurry** /ˈflɜːri/ n (pl **flurries**) **1** ráfaga: a flurry of snow una nevisca **2** ~ **(of sth)** (de actividad, emoción) frenesí (de algo)

**flush** /flʌʃ/ n rubor: hot flushes sofocos
▶ **1** vi ruborizarse **2** vt (baño) jalar la cadena

**fluster** /ˈflʌstər/ vt aturdir: to get flustered ponerse nervioso

**flute** /fluːt/ n flauta

**flutter** /ˈflʌtər/ **1** vi (pájaro) revolotear, aletear **2** vt, vi (alas) agitar(se), batir(se) **3** vi (cortina, bandera, etc.) ondear **4** vt (objeto) menear
▶ n **1** (alas) aleteo **2** (pestañas) pestañeo **3** all of a/in a flutter alterado/nervioso

ʅ **fly** /flaɪ/ n (pl **flies**) **1** mosca **2** (GB tb **flies** [pl]) bragueta
▶ (pt **flew** /fluː/ pp **flown** /floʊn/) **1** vi volar: to fly away/off irse volando **2** vi (persona) ir/viajar en avión: to fly in/out/back llegar/partir/regresar (en avión) **3** vt (avión) pilotar **4** vt (pasajeros o mercancías) transportar (en avión) **5** vi ir de prisa: I must fly. Me voy corriendo. **6** vi (repentinamente): The wheel flew off. La rueda salió disparada. ◊ The door flew open. La puerta se abrió de golpe. **7** vi (flotar al aire) ondear **8** vt (bandera) izar **9** vt (cometa) volar **LOC** fly high ser ambicioso **let fly (at sth/sb)** atacar algo/a algn **let fly with sth** disparar con algo Ver tb CROW, TANGENT **PHRV** fly at sb lanzarse sobre algn

**flyer** /ˈflaɪər/ n volante (propaganda)

ʅ **flying** /ˈflaɪɪŋ/ n volar: flying lessons clases de vuelo
▶ adj volador

**flying saucer** n platillo volador

**flying start** n **LOC** get off to a flying start empezar con buen pie

**flyover** /ˈflaɪoʊvər/ n (USA **overpass**) n puente elevado

**foam** /foʊm/ n **1** espuma **2** (tb **foam rubber**) huleespuma
▶ vi echar espuma

ʅ **focus** /ˈfoʊkəs/ n (pl **focuses**) foco **LOC** in focus/out of focus enfocado/desenfocado

▶ (-s- o -ss-) **1** vt, vi enfocar **2** vt ~ sth on sth concentrar algo en algo (*esfuerzo, etc.*) **LOC focus your attention/mind on sth** centrarse en algo

**fodder** /'fɑdər/ n forraje

**foetus** (GB) = FETUS

**fog** /fɔːg; GB fɒg/ n niebla ➲ Comparar con HAZE, MIST
▶ vt, vi (-gg-) ~ (sth) (up) empañar algo, empañarse

**foggy** /'fɔːgi; GB 'fɒgi/ adj (**foggier, -iest**): *a foggy day* un día de niebla

**foil** /fɔɪl/ n lámina: *aluminum foil* papel de aluminio
▶ vt frustrar

ᶠ **fold** /foʊld/ **1** vt, vi doblar(se), plegar(se) **2** vi (*empresa, negocio*) irse abajo **3** vi (*obra de teatro*) cerrar **LOC fold your arms** cruzar los brazos **PHRV fold (sth) back/down/up** doblar algo, doblarse
▶ n **1** pliegue **2** redil

**folder** /'foʊldər/ n carpeta, fólder

ᶠ **folding** /'foʊldɪŋ/ adj [*sólo antes de sustantivo*] plegable: *a folding table* una mesa plegable

**folk** /foʊk/ n [pl] **1** gente: *country folk* gente de pueblo **2** (tb **folks**) (*coloq*) gente **3** **folks** (*coloq*) parientes
▶ adj folklórico, popular

ᶠ **follow** /'fɑloʊ/ **1** vt, vi seguir **2** vt, vi (*explicación*) entender **3** vi ~ (**on**) (**from sth**) resultar, ser la consecuencia de algo **LOC as follows** como sigue **follow the crowd** hacer lo que hacen los demás **PHRV follow on** seguir **follow sth through** seguir con algo hasta el final **follow sth up 1** dar seguimiento a algo: *Follow up your call with a letter.* Envía una carta reafirmándote en lo que ya has dicho por teléfono. **2** investigar algo

**follower** /'fɑloʊər/ n seguidor, -ora

ᶠ **following** /'fɑloʊɪŋ/ adj siguiente
▶ n **1** the following lo siguiente/lo que sigue **2** [gen sing] seguidores
▶ prep tras: *following the burglary* tras el robo

**follow-up** /'fɑloʊ ʌp/ n continuación

**fond** /fɑnd/ adj (**fonder, -est**) **1** be ~ of sb tenerle cariño a algn **2** be ~ of (doing) sth ser aficionado a (hacer) algo **3** [*sólo antes de sustantivo*] cariñoso: *a fond smile* una sonrisa cariñosa ◇ *fond memories* gratos recuerdos **4** (*esperanza*) vano

**fondle** /'fɑndl/ vt acariciar

ᶠ **food** /fuːd/ n alimento, comida **LOC food for thought** algo en que pensar

**food processor** n procesador (*de comida*)

**foodstuffs** /'fuːdstʌfs/ n [pl] alimentos

**fool** /fuːl/ n tonto, -a, loco, -a **LOC act/play the fool** hacer(se) el tonto **be no/nobody's fool** no tener un pelo de tonto **make a fool of sth/yourself** poner a algn/ponerse en ridículo
▶ **1** vi bromear **2** vt engañar **PHRV fool around** (GB tb **fool about**) perder el tiempo: *Stop fooling around with that knife!* ¡Deja de jugar con ese cuchillo!

**foolish** /'fuːlɪʃ/ adj **1** tonto **2** ridículo

**foolproof** /'fuːlpruːf/ adj infalible

ᶠ **foot** /fʊt/ n **1** (pl **feet** /fiːt/) pie: *at the foot of the stairs* al pie de las escaleras **2** (pl **feet** o **foot**) (*abrev* ft.) (*unidad de longitud*) pie (*30,48 centímetros*) ➲ Ver pág 681 **LOC fall/land on your feet** salirle a algn todo bien **on foot** a pie **put your feet up** descansar **put your foot down** oponerse (*enérgicamente*) **put your foot in your mouth** (GB **put your foot in it**) meter la pata *Ver tb* COLD, FIND, SWEEP
▶ vt **LOC foot the bill (for sth)** pagar los gastos (de algo)

ᶠ **football** /'fʊtbɔːl/ n **1** (USA) (GB **American football**) fútbol americano: *football player* jugador de fútbol americano **2** (GB) (USA **soccer**) fútbol ➲ Ver nota en FÚTBOL **3** balón (de fútbol)

**footing** /'fʊtɪŋ/ n [sing] **1** equilibrio: *to lose your footing* perder el equilibrio **2** situación: *on an equal footing* en igualdad de condiciones

**footnote** /'fʊtnoʊt/ n nota (al pie de la página)

**footpath** /'fʊtpæθ; GB -pɑːθ/ n **1** camino, sendero: *public footpath* camino público **2** banqueta

**footprint** /'fʊtprɪnt/ n [gen pl] huella

**footstep** /'fʊtstep/ n pisada, paso

**footwear** /'fʊtweər/ n [incontable] calzado

ᶠ **for** /fər, fɔːr/ prep ❶ Para los usos de **for** en PHRASAL VERBS, ver las entradas de los verbos correspondientes, p. ej. **look for sth/sb** en LOOK. **1** para: *a letter for you* una carta para ti ◇ *What's it for?* ¿Para qué sirve? ◇ *the train for Glasgow* el tren que va a Glasgow ◇ *It's time for supper.* Es hora de cenar. **2** por: *for her own good* por su propio bien ◇ *What can I do for you?* ¿Qué puedo hacer por ti? ◇ *to fight for your country* luchar por su país **3** (*en expresiones de tiempo*) durante, desde hace: *They're going for a month.* Se van por un mes. ◇ *How long are you here for?* ¿Cuánto tiempo estarás aquí? ◇ *I haven't seen him for two days.* No lo veo desde hace dos días.) ➲ Ver nota en pág 446

**¿For o since?**
Cuando for se traduce por "desde hace" se puede confundir con since, "desde". Las dos palabras se usan para expresar el tiempo que ha durado la acción del verbo, pero **for** especifica la duración de la acción y **since** el comienzo de dicha acción:
*I've been living here for three months.* Vivo aquí desde hace tres meses. ◊ *I've been living here since May.* Vivo aquí desde mayo. Nótese que en ambos casos se usa el *present perfect* o el *past perfect*, nunca el presente. ➔ *Ver tb nota en* AGO

**4** [con infinitivo]: *There's no need for you to go.* No hace falta que vayas. ◊ *It's impossible for me to do it.* Me es imposible hacerlo. **5** (otros usos de for): *I for island* I de isla ◊ *for miles and miles* milla tras milla ◊ *What does he do for a job?* ¿Qué trabajo tiene? LOC **be for/against sth** estar a favor/en contra de algo **be for it** *Ver* BE IN FOR STH *en* IN **for all**: *for all his wealth* a pesar de toda su riqueza
▶ *conj* (antic o formal) ya que

**forbid** /fər'bɪd/ vt (pt **forbade** /fər'bæd, -'beɪd/ pp **forbidden** /fər'bɪdn/) ~ **sb from doing sth**; ~ **sb to do sth** prohibir a algn hacer algo: *It is forbidden to smoke.* Se prohíbe fumar. ◊ *They forbade them from entering.* Les prohibieron entrar. **forbidding** adj imponente, amenazante

**force** /fɔːrs/ n fuerza: *the armed forces* las fuerzas armadas LOC **by force** a la fuerza **in force** en vigor: *to be in/come into force* estar/entrar en vigor
▶ vt ~ **sth/sb (to do sth/into doing sth)** forzar, obligar a algo/algn (a hacer algo) PHRV **force sth on sb** imponer algo a algn

**forcible** /'fɔːrsəbl/ adj a/por la fuerza **forcibly** adv **1** por la fuerza **2** enérgicamente

**ford** /fɔːrd/ n vado, botadero
▶ vt vadear

**fore** /fɔːr/ adj (formal) delantero, anterior
▶ n proa LOC **be at/come to the fore** destacarse/hacerse importante

**forearm** /'fɔːrɑːrm/ n antebrazo

**forecast** /'fɔːrkæst; GB -kɑːst/ vt (pt, pp **forecast** o **forecasted**) pronosticar
▶ n pronóstico

**forefinger** /'fɔːrfɪŋɡər/ n dedo índice

**forefront** /'fɔːrfrʌnt/ n LOC **at/in/to the forefront of sth** en la vanguardia de algo

**foreground** /'fɔːrɡraʊnd/ n primer plano

**forehead** /'fɔːrhed, 'fɔːred; GB 'fɒrɪd/ n (Anat) frente

**foreign** /'fɔːrən; GB 'fɒr-/ adj **1** extranjero **2** exterior: *foreign exchange* divisas **3** ~ **to sth/sb** (formal) ajeno a algo/algn

**foreigner** /'fɔːrənər; GB 'fɒr-/ n extranjero, -a

**foremost** /'fɔːrmoʊst/ adj más destacado
▶ adv principalmente

**forerunner** /'fɔːrʌnər/ n precursor, -ora

**foresee** /fɔːr'siː/ vt (pt **foresaw** /fɔːr'sɔː/ pp **foreseen** /fɔːr'siːn/) prever **foreseeable** adj previsible LOC **for/in the foreseeable future** en un futuro previsible

**foresight** /'fɔːrsaɪt/ n previsión, precaución

**forest** /'fɔːrɪst; GB 'fɒr-/ n bosque

**foretell** /fɔːr'tel/ vt (pt, pp **foretold** /fɔːr'toʊld/) (formal) predecir

**forever** /fə'revər/ adv **1** (GB tb for ever) para siempre **2** (GB tb for ever) (coloq) mucho tiempo **3** (coloq) siempre

**foreword** /'fɔːrwɜːrd/ n prefacio

**forgave** pt de FORGIVE

**forge** /fɔːrdʒ/ n fragua
▶ vt **1** (metal, lazos) forjar **2** (dinero, etc.) falsificar PHRV **forge ahead** progresar con rapidez

**forgery** /'fɔːrdʒəri/ n (pl **forgeries**) falsificación

**forget** /fər'get/ (pt **forgot** /fər'gɑt/ pp **forgotten** /fər'gɑtn/) **1** vt, vi ~ **(about sth/to do sth)** olvidarse (de algo/hacer algo): *He forgot to pay me.* Se le olvidó pagarme. **2** vt dejar de pensar en, olvidar LOC **not forgetting...** sin olvidarse de...
PHRV **forget about sth/sb 1** olvidársele a uno algo/algn **2** olvidar algo/a algn **forgetful** adj **1** olvidadizo **2** descuidado

**forgive** /fər'gɪv/ vt (pt **forgave** /fər'geɪv/ pp **forgiven** /fər'gɪvn/) perdonar: *Forgive me for interrupting.* Perdóname por interrumpir. **forgiveness** n perdón: *to ask (for) forgiveness (for sth)* pedir perdón (por algo) **forgiving** adj indulgente

**fork** /fɔːrk/ n **1** tenedor **2** (Agric) horca **3** bifurcación
▶ vi **1** (camino) bifurcarse **2** (persona): *to fork left* torcer a la izquierda PHRV **fork out (sth) (for/on sth)** (coloq) soltar la lana (para algo)

**form** /fɔːrm/ n **1** forma: *in the form of sth* en forma de algo **2** forma, (impresa): *application form* hoja de solicitud **3** (esp GB) formas: *as a matter of form* para guardar las formas **4** (GB) (USA **grade**) año: *in the first form* en pri-

mero **LOC** **in/off form** en forma/en baja forma **LOC** *Ver* SHAPE
▸ **1** *vt* formar, constituir: *to form an idea about sth* formarse una idea de algo **2** *vi* formarse

ɤ **formal** /ˈfɔːrml/ *adj* **1** (ademán, etc.) ceremonioso **2** (comida, ropa) de etiqueta **3** (declaración, etc.) oficial **4** (formación) convencional

**formality** /fɔːrˈmæləti/ *n* (*pl* **formalities**) **1** formalidad, ceremonia **2** [*gen pl*] trámite: *legal formalities* requisitos legales

**formally** /ˈfɔːrməli/ *adv* **1** oficialmente **2** de etiqueta

**format** /ˈfɔːrmæt/ *n* formato
▸ *vt* (**-tt-**) formatear

**formation** /fɔːrˈmeɪʃn/ *n* formación

ɤ **former** /ˈfɔːrmər/ *adj* **1** antiguo: *the former champion* el antiguo campeón **2** anterior: *in former times* en tiempos pasados **3** primero: *the former option* la primera opción
▸ *pron* **the former** aquello, aquel, -la, -los, -las: *The former was much better than the latter.* Aquella fue mucho mejor que esta. ➔ *Comparar con* LATTER

ɤ **formerly** /ˈfɔːrmərli/ *adv* **1** anteriormente **2** antiguamente

**formidable** /ˈfɔːrmɪdəbl/ *adj* **1** extraordinario, formidable **2** (tarea) tremendo

ɤ **formula** /ˈfɔːrmjələ/ *n* (*pl* **formulas** o en uso científico **formulae** /-liː/) fórmula

**forsake** /fərˈseɪk/ *vt* (*pt* **forsook** /fərˈsʊk/ *pp* **forsaken** /fərˈseɪkən/) (formal) **1** renunciar a **2** abandonar

**fort** /fɔːrt/ *n* fortificación, fuerte

**forth** /fɔːrθ/ *adv* (formal) en adelante: *from that day forth* desde aquel día **LOC** **and (so on and) so forth** y demás, etcétera *Ver tb* BACK

**forthcoming** /ˌfɔːrθˈkʌmɪŋ/ *adj* **1** venidero, próximo: *the forthcoming election* las próximas elecciones **2** de próxima aparición **3** [*sólo antes de sustantivo*] disponible: *No offer was forthcoming.* No hubo ninguna oferta. **4** (persona) comunicativo

**forthright** /ˈfɔːrθraɪt/ *adj* **1** (persona) directo ➔ **2** (oposición) enérgico

**fortieth** *adj, adv, n, pron Ver* FORTY

**fortification** /ˌfɔːrtɪfɪˈkeɪʃn/ *n* fortalecimiento

**fortify** /ˈfɔːrtɪfaɪ/ *vt* (*pt, pp* **fortified**) **1** fortificar **2** fortalecer

**fortnight** /ˈfɔːrtnaɪt/ *n* (GB) quincena (dos semanas): *a fortnight today* de hoy en quince días

**fortnightly** /ˈfɔːrtnaɪtli/ *adj* (GB) quincenal

▸ *adv* (GB) cada quince días, quincenalmente

**fortress** /ˈfɔːrtrəs/ *n* fortaleza

**fortunate** /ˈfɔːrtʃənət/ *adj* afortunado: *to be fortunate* tener suerte

ɤ **fortune** /ˈfɔːrtʃuːn, -tʃən/ *n* **1** fortuna: *to be worth a fortune* valer una fortuna **2** suerte **LOC** *Ver* SMALL

**forty** /ˈfɔːrti/ *adj, pron, n* cuarenta ➔ *Ver ejemplos en* FIFTY, FIVE **fortieth 1** *adj, adv, pron* cuadragésimo **2** *n* cuarentava parte, cuarentavo ➔ *Ver ejemplos en* FIFTH

ɤ **forward** /ˈfɔːrwərd/ *adv* ❶ Para los usos de **forward** en PHRASAL VERBS ver las entradas de los verbos correspondientes, p. ej. **come forward** en COME. **1** (*tb* **forwards**) adelante, hacia adelante **2** en adelante: *from that day forward* a partir de entonces **LOC** *Ver* BACKWARD
▸ *adj* **1** hacia adelante **2** delantero: *a forward position* una posición avanzada **3** para el futuro: *forward planning* planificación para el futuro **4** atrevido, descarado
▸ *vt* ~ **sth** (**to sb**); ~ **sb sth** remitir, reenviar algo (a algn): *please forward* se ruega enviar ◊ *forwarding address* dirección (a la que han de remitirse las cartas)
▸ *n* (Dep) delantero, -a

**fossil** /ˈfɒsl/ *n* fósil: *fossil fuels* combustibles fósiles

**foster** /ˈfɒstər/ *vt* **1** fomentar **2** acoger en una familia

**fought** *pt, pp de* FIGHT

**foul** /faʊl/ *adj* **1** (agua, lenguaje) sucio **2** (comida, olor, sabor) asqueroso **3** (carácter, humor, tiempo) horrible
▸ *n* (Dep) falta
▸ *vt* (Dep) cometer una falta contra **PHRV** **foul sth up** estropear algo

**foul play** *n* [*incontable*] **1** crimen violento **2** (Dep) juego sucio

ɤ **found** /faʊnd/ *vt* **1** fundar **2** fundamentar: *founded on fact* basado en la realidad *Ver tb* FIND

ɤ **foundation** /faʊnˈdeɪʃn/ *n* **1** fundación **2 foundations** [*pl*] cimientos **3** fundamento **4** (*tb* **foundation cream**) maquillaje de fondo

**founder** /ˈfaʊndər/ *n* fundador, -ora

**fountain** /ˈfaʊntn; GB -tən/ *n* fuente

**fountain pen** *n* pluma fuente

**four** /fɔːr/ *adj, pron, n* cuatro ➔ *Ver ejemplos en* FIVE

**fourteen** /ˌfɔːrˈtiːn/ *adj, pron, n* catorce ➔ *Ver ejemplos en* FIVE **fourteenth 1** *adj, adv, pron* decimocuarto **2** *n* catorceava parte, catorceavo ➔ *Ver ejemplos en* FIFTH

# fourth

**fourth** /fɔːrθ/ (*abrev* 4th) *adj, adv, pron* cuarto
▸ *n* **1 the fourth** el (día) cuatro **2** (*tb* **fourth gear**) cuarta ➔ *Ver ejemplos en* FIFTH

> Para hablar de proporciones, "un cuarto" se dice **a quarter**: *We ate a quarter of the cake each*. Nos comimos un cuarto del pastel cada uno.

**the Fourth of July** *n Ver* INDEPENDENCE DAY

**fowl** /faʊl/ *n* (*pl* **fowl** o **fowls**) ave (*de corral*)

**fox** /fɑks/ *n* zorro ➔ *Ver nota en* ZORRO

**foyer** /ˈfɔɪer; *GB* ˈfɔɪeɪ/ *n* vestíbulo

**fraction** /ˈfrækʃn/ *n* fracción

**fracture** /ˈfræktʃər/ *n* fractura
▸ *vt, vi* fracturar(se)

**fragile** /ˈfrædʒl; *GB* -dʒaɪl/ *adj* frágil, delicado

**fragment** /ˈfrægmənt/ *n* fragmento, parte
▸ *vt, vi* /fræɡˈment/ fragmentar(se)

**fragrance** /ˈfreɪɡrəns/ *n* fragancia, aroma, perfume ➔ *Ver nota en* SMELL

**fragrant** /ˈfreɪɡrənt/ *adj* aromático, fragante

**frail** /freɪl/ *adj* frágil, delicado ❶ Se aplica sobre todo a personas ancianas o enfermas.

**frame** /freɪm/ *n* **1** marco **2** armazón, estructura **3** (*lentes*) armazón **LOC** **frame of mind** estado de ánimo
▸ *vt* **1** enmarcar **2** (*pregunta, etc.*) formular **3** ~ **sb** (**for sth**) (*coloq*) declarar en falso para incriminar a algn

**framework** /ˈfreɪmwɜːrk/ *n* **1** armazón, estructura **2** marco, coyuntura

**frank** /fræŋk/ *adj* franco, sincero

**frantic** /ˈfræntɪk/ *adj* frenético, desesperado

**fraternal** /frəˈtɜːrnl/ *adj* fraternal

**fraternity** /frəˈtɜːrnəti/ *n* (*pl* **fraternities**) **1** (*formal*) fraternidad **2** hermandad, cofradía, sociedad

**fraud** /frɔːd/ *n* **1** (*delito*) fraude **2** (*persona*) impostor, -ora

**fraught** /frɔːt/ *adj* **1** ~ **with sth** lleno, cargado de algo **2** (*esp GB*) preocupante, tenso

**fray** /freɪ/ *vt, vi* desgastar(se), raer(se), deshilachar(se)

**freak** /friːk/ *n* (*coloq*) **1** fanático, -a: *a sports freak* un fanático de los deportes **2** (*pey*) bicho raro

**freckle** /ˈfrekl/ *n* peca **freckled** *adj* pecoso

**free** /friː/ *adj* (**freer** /ˈfriːər/ **freest** /ˈfriːɪst/) **1** libre: *to be free of/from sth/sb* estar libre de algo/algn ◇ *free speech* libertad de expresión ◇ *free will* libre albedrío ◇ *to set sb free* poner a algn en libertad **2** (*sin amarrar*) suelto, libre **3** gratis, gratuito: *free admission* entrada libre ◇ *free of charge* gratis **4** ~ **with sth** generoso con algo **5** (*gen pey*) desvergonzado: *to be too free (with sb)* tomarse demasiadas libertades (con algn) **LOC** **free and easy** relajado, informal **get, have, etc. a free hand** tener las manos libres **of your own free will** por voluntad propia *Ver tb* HOME, WORK
▸ *vt* (*pt, pp* **freed**) **1** ~ **sth/sb** (**from sth**) liberar algo/a algn (de algo) **2** ~ **sth/sb of/from sth** librar, eximir algo/a algn de algo **3** ~ **sth/sb** (**from sth**) soltar algo/a algn (de algo)
▸ *adv* gratis

**freedom** /ˈfriːdəm/ *n* **1** libertad: *freedom of speech* libertad de expresión **2** ~ **from sth** inmunidad contra algo

**free kick** *n* tiro libre

**freely** /ˈfriːli/ *adv* **1** libremente, copiosamente **2** generosamente

**free-range** /ˌfriː ˈreɪndʒ/ *adj* de granja: *free-range eggs* huevos de granja ➔ *Comparar con* BATTERY (2)

**freeway** /ˈfriːweɪ/ (*GB* **motorway**) *n* autopista

**freeze** /friːz/ (*pt* **froze** /froʊz/ *pp* **frozen** /ˈfroʊzn/) **1** *vt, vi* helar(se), congelar(se): *I'm freezing!* ¡Estoy muerto de frío! ◇ *freezing point* punto de congelación **2** *vt, vi* (*comida, precios, salarios, etc.*) congelar(se) **3** *vi* quedarse rígido: *Freeze!* ¡No te muevas!
▸ *n* **1** helada **2** (*de salarios, precios*) congelación

**freezer** /ˈfriːzər/ (*tb* **deep freezer**) *n* congelador

**freight** /freɪt/ *n* carga: *freight car* vagón de carga

**French door** (*GB* **French window**) *n* puerta doble (*que da a un jardín, porche, etc.*)

**French fry** *n* (*pl* **French fries**) (*GB* **chip**) papa frita ➔ *Ver dibujo en* PAPA

**frenzied** /ˈfrenzid/ *adj* frenético, enloquecido

**frenzy** /ˈfrenzi/ *n* [*gen sing*] frenesí

**frequency** /ˈfriːkwənsi/ *n* (*pl* **frequencies**) frecuencia

**frequent** /ˈfriːkwənt/ *adj* frecuente
▸ *vt* /frɪˈkwent/ (*formal*) frecuentar

**frequently** /ˈfriːkwəntli/ *adv* con frecuencia, frecuentemente ➔ *Ver nota en* ALWAYS

**fresh** /freʃ/ *adj* (**fresher, -est**) **1** nuevo, otro **2** reciente **3** (*alimentos, aire, tiempo, tez*) fresco **4** (*agua*) dulce **LOC** *Ver* BREATH

**freshen** /'freʃn/ **1** *vt* ~ **sth (up)** dar nueva vida a algo **2** *vi* (*viento*) refrescar **PHRV** **freshen (yourself) up** arreglarse

**freshly** /'freʃli/ *adv* recién: *freshly baked* recién sacado del horno

**freshman** /'freʃmən/ *n* (*pl* **-men**) /-mən/ estudiante de primer año

**freshness** /'freʃnəs/ *n* **1** frescura **2** novedad

**freshwater** /'freʃwɔːtər/ *adj* de agua dulce

**fret** /fret/ *vi* (**-tt-**) ~ **(about/over sth)** apurarse, preocuparse (por algo)

**friar** /'fraɪər/ *n* fraile

**friction** /'frɪkʃn/ *n* **1** fricción, rozamiento **2** fricción, desavenencia

**Friday** /'fraɪdeɪ, -di/ *n* (*abrev* **Fri.**) viernes ➲ *Ver ejemplos en* MONDAY **LOC** **Good Friday** Viernes Santo

**fridge** /frɪdʒ/ *n* (*coloq*) refri

**fried** /fraɪd/ *adj* frito *Ver tb* FRY

**friend** /frend/ *n* **1** amigo, -a **2** ~ **of/to sth** partidario, -a de algo **LOC** **be/make friends (with sb)** ser/hacerse amigo de algn **have friends in high places** tener palancas **make friends** hacer amigos

**friendliness** /'frendlinəs/ *n* simpatía, cordialidad

**friendly** /'frendli/ *adj* (**friendlier, -iest**) **1** (*persona*) simpático, amable **❶** Nótese que **sympathetic** se traduce por *comprensivo* o *compasivo*. **2** (*relación, consejo*) amistoso **3** (*gesto, palabras*) amable **4** (*ambiente, lugar*) acogedor **5** (*partido*) amistoso

**friendship** /'frendʃɪp/ *n* amistad

**fright** /fraɪt/ *n* susto: *to give sb/get a fright* dar un susto a algn/darse un susto

**frighten** /'fraɪtn/ *vt* asustar, dar miedo a

**frightened** /'fraɪtnd/ *adj* asustado: *to be frightened (of sth/sb)* tener miedo (a/de algo/algn) **LOC** *Ver* WIT

**frightening** /'fraɪtnɪŋ/ *adj* alarmante, aterrador

**frightful** /'fraɪtfl/ *adj* **1** horrible, espantoso **2** (*coloq*) terrible: *a frightful mess* un desorden terrible **frightfully** *adv* (*esp GB, antic*): *I'm frightfully sorry.* Lo siento muchísimo.

**frigid** /'frɪdʒɪd/ *adj* frígido

**frill** /frɪl/ *n* **1** (*Costura*) volante **2** frills [*pl*] adornos: *a no-frills airline* una línea aérea sin extras

**fringe** /frɪndʒ/ *n* **1** flecos **2** (*GB*) (*USA* **bangs** [*pl*]) fleco **3** (*fig*) margen

▸ *vt* **LOC** **be fringed by/with sth** estar bordeado por/con algo

**frisk** /frɪsk/ **1** *vt* cachear **2** *vi* retozar **frisky** *adj* retozón, juguetón

**frivolity** /frɪ'vɒləti/ *n* frivolidad

**frivolous** /'frɪvələs/ *adj* (*pey*) frívolo

**fro** /froʊ/ *adv* **LOC** **to and fro** de un lado a otro

**frock** /frɒk/ *n* vestido

**frog** /frɔːg; *GB* frɒg/ *n* **1** rana **2** Frog (*pey*) franchute

**from** /frəm, frɒm/ *prep* **❶** Para los usos de **from** en PHRASAL VERBS *ver* las entradas de los verbos correspondientes, p. ej. **hear from sb** en HEAR. **1** de (*procedencia*): *from Mérida to Cancún* de Mérida a Cancún ◊ *I'm from New Zealand.* Soy de Nueva Zelanda. ◊ *from bad to worse* de mal en peor ◊ *a present from a friend* un regalo de un amigo ◊ *to take sth away from sb* quitarle algo a algn **2** (*tiempo, situación*) desde: *from above/below* desde arriba/abajo ◊ *from time to time* de vez en cuando ◊ *from yesterday* desde ayer ➲ *Ver nota en* SINCE **3** por: *from what I can gather* por lo que yo entiendo **4** entre: *to choose from…* elegir entre… **5** con: *Wine is made from grapes.* El vino se hace con uvas. **6** (*Mat*): *13 from 34 is/are 21.* 34 menos 13 son 21. **LOC** **from… on**: *from now on* de ahora en adelante ◊ *from then on* desde entonces

**front** /frʌnt/ *n* **1 the** ~ **(of sth)** el frente, la (parte) delantera (de algo): *If you can't see the board, sit at the front.* Si no ves el pizarrón, siéntate adelante. ◊ *The number is shown on the front of the bus.* El número está puesto en la parte delantera del camión. **2 the front** [*sing*] (*Mil*) el frente **3** fachada: *a front for sth* una fachada para algo **4** terreno: *on the financial front* en el terreno económico **LOC** *Ver* CASH

▸ *adj* delantero, de adelante (*rueda, habitación, etc.*)

▸ *adv* **LOC** **in front** adelante: *the row in front* la fila de adelante ➲ *Ver dibujo en* DELANTE **up front** (*coloq*) por adelantado *Ver tb* BACK

▸ *prep* **LOC** **in front of 1** delante de **2** ante **❶** Nótese que **enfrente de** se traduce por **across from** o **opposite**. ➲ *Ver dibujo en* ENFRENTE

**front door** *n* puerta de entrada

**frontier** /frʌn'tɪər; *GB* 'frʌntɪə(r)/ *n* frontera ➲ *Ver nota en* BORDER

**front page** *n* primera plana

**front row** *n* primera fila

**frost** /frɔːst; *GB* frɒst/ *n* **1** helada **2** escarcha
▸ *vt, vi* cubrir(se) de escarcha
**frosty** *adj* **1** helado **2** cubierto de escarcha

**froth** /frɔːθ; *GB* frɒθ/ *n* espuma
▸ *vi* hacer espuma

**frown** /fraʊn/ *n* ceño
▸ *vi* fruncir el ceño **PHRV** **frown on/upon sth** desaprobar algo

**froze, frozen** *pt, pp de* FREEZE

ℓ **fruit** /fruːt/ *n* **1** [*gen incontable*] fruta: *fruit and vegetables* frutas y verduras ◊ *tropical fruits* frutas tropicales **2** fruto: *the fruit(s) of your labors* el fruto de su trabajo

**fruitful** /ˈfruːtfl/ *adj* fructífero, provechoso

**fruition** /fruˈɪʃn/ *n* (*formal*) realización: *to come to fruition* verse realizado

**fruitless** /ˈfruːtləs/ *adj* infructuoso

**frustrate** /ˈfrʌstreɪt; *GB* frʌˈstreɪt/ *vt* frustrar

ℓ **fry** /fraɪ/ *vt, vi* (*pt, pp* **fried** /fraɪd/) freír(se)
▸ *n* (*pl* **fries**) (*GB* **chip**) papa frita ➜ *Ver dibujo en* PAPA

**frying pan** /ˈfraɪɪŋ pæn/ (*USA tb* **skillet**) *n* sartén ➜ *Ver dibujo en* POT **LOC** **out of the frying pan into the fire** de mal en peor

ℓ **fuel** /ˈfjuːəl/ *n* **1** combustible **2** carburante

**fugitive** /ˈfjuːdʒətɪv/ *adj, n* ~ **(from sth/sb)** fugitivo, -a, prófugo, -a (de algo/algn)

**fulfill** (*GB* **fulfil**) /fʊlˈfɪl/ *vt* (**-ll-**) **1** (*promesa*) cumplir **2** (*tarea*) llevar a cabo **3** (*deseo*) satisfacer **4** (*función*) realizar

ℓ **full** /fʊl/ *adj* (**fuller, -est**) **1** ~ **(of sth)** lleno (de algo) **2** ~ **of sth** obsesionado por algo **3** ~ **(up)** hasta arriba: *I'm full up.* Ya no puedo más. **4** (*instrucciones*) completo **5** (*discusiones*) extenso **6** (*sentido*) amplio **7** (*investigación*) detallado **8** (*ropa*) holgado **LOC** **(at) full blast** a tope **come, turn, etc. full circle** volver al principio **full of yourself** (*pey*): *You're very full of yourself.* Estás hecho un creído. **in full** detalladamente, íntegramente **in full swing** en plena marcha **to the full/fullest** al máximo *Ver tb* SPEED
▸ *adv* **1** *full in the face* en plena cara **2** muy: *You know full well that…* Sabes muy bien que…

**full-length** /ˌfʊl ˈleŋθ/ *adj* **1** (*espejo*) de cuerpo entero **2** (*tarea*) largo

**full stop** (*tb* **full point**) (*GB*) (*USA* **period**) *n* punto (y seguido) ➜ *Ver pág 308*

**full-time** /ˌfʊl ˈtaɪm/ *adj, adv* tiempo completo

ℓ **fully** /ˈfʊli/ *adv* **1** completamente **2** del todo **3** (*formal*) por lo menos: *fully two hours* por lo menos dos horas

**fumble** /ˈfʌmbl/ *vi* ~ **(with sth)** manipular torpemente algo

**fume** /fjuːm/ *vi* echar humo (*de rabia*)

**fumes** /fjuːmz/ *n* [*pl*] humo: *poisonous fumes* gases tóxicos

ℓ **fun** /fʌn/ *n* [*incontable*] diversión: *to have fun* pasarla bien ◊ *to take the fun out of sth* quitar toda la gracia a algo

> ¿**Fun** o **funny**?
> **Fun** se usa con el verbo **be** para decir que alguien o algo es divertido: *The party was really/great fun.* La fiesta fue divertidísima. **Funny** se utiliza para hablar de algo que te hace reír porque es gracioso: *The jokes were very funny.* Los chistes fueron muy graciosos., y también puede significar *extraño, raro*: *The car was making a funny noise.* El coche hacía un ruido raro.

**LOC** **make fun of sth/sb** reírse de algo/algn *Ver tb* POKE
▸ *adj* divertido, entretenido

ℓ **function** /ˈfʌŋkʃn/ *n* **1** función **2** ceremonia
▸ *vi* **1** funcionar **2** ~ **as sth** servir, hacer de algo

ℓ **fund** /fʌnd/ *n* **1** fondo (*de dinero*) **2** **funds** [*pl*] fondos
▸ *vt* financiar, subvencionar

ℓ **fundamental** /ˌfʌndəˈmentl/ *adj* ~ **(to sth)** fundamental (para algo)
▸ *n* [*gen pl*] fundamento

**fundamentalism** /ˌfʌndəˈmentəlɪzəm/ *n* fundamentalismo **fundamentalist** *adj, n* fundamentalista

ℓ **funeral** /ˈfjuːnərəl/ *n* **1** funeral, entierro: *funeral home/parlor* funeraria **2** cortejo fúnebre

**fungus** /ˈfʌŋɡəs/ *n* (*pl* **fungi** /-gaɪ, -dʒaɪ, -giː/ *o* **funguses**) hongo

**funnel** /ˈfʌnl/ *n* **1** embudo **2** (*de un barco*) chimenea
▸ *vt* (**-l-**, *GB* **-ll-**) canaliza

ℓ **funny** /ˈfʌni/ *adj* (**funnier, -iest**) **1** gracioso, divertido **2** extraño, raro ➜ *Ver nota en* FUN

ℓ **fur** /fɜːr/ *n* **1** pelo (*de animal*) **2** piel: *a fur coat* un abrigo de pieles

**furious** /ˈfjʊəriəs/ *adj* **1** ~ **(at sth/with sb)** furioso (con algo/algn) **2** (*esfuerzo, lucha, tormenta*) violento **3** (*debate*) acalorado **furiously** *adv* violentamente, furiosamente

---

| ʃ chin | dʒ June | v van | θ then | s so | z zoo | ʃ she |

**furnace** /'fɜːrnɪs/ *n* caldera

**furnish** /'fɜːrnɪʃ/ *vt* **1** amueblar: *a furnished apartment* un departamento amueblado **2** ~ sth/sb with sth (*formal*) proveer algo a algo/algn **furnishings** *n* [*pl*] mobiliario

**furniture** /'fɜːrnɪtʃər/ *n* [*incontable*] mobiliario, muebles: *a piece of furniture* un mueble

**furrow** /'fʌroʊ/ *n* surco

**furry** /'fɜːri/ *adj* **1** peludo **2** de peluche

**further** /'fɜːrðər/ *adj* **1** (*tb* farther) más lejos: *Which is further?* ¿Cuál está más lejos? **2** más: *until further notice* hasta nuevo aviso ◊ *for further details/information…* para más información…
▸ *adv* **1** más: *to hear nothing further* no tener más noticias **2** (*esp GB*) *Ver* FARTHER

**¿Farther o further?** Los dos son comparativos de **far**, pero sólo son sinónimos cuando nos referimos a distancias: *Which is farther/further?* ¿Cuál está más lejos?

**3** (*formal*) además: *Further to my letter…* En relación a mi carta… LOC *Ver* AFIELD

**furthermore** /ˌfɜːrðər'mɔːr/ *adv* (*formal*) además

**furthest** /'fɜːrðɪst/ *adj, adv* (*superl* far) *Ver* FARTHEST

**fury** /'fjʊəri/ *n* furia, rabia

**fuse** /fjuːz/ *n* **1** fusible **2** mecha **3** detonador
▸ **1** *vi* fundirse **2** *vt* ~ sth (together) soldar algo

**fusion** /'fjuːʒn/ *n* fusión

**fuss** /fʌs/ *n* [*incontable*] alboroto, lío LOC make a fuss of/over sb hacer fiestas a algn make, raise, etc. a fuss (about/over sth) armar un escándalo (por algo)
▸ *vi* **1** ~ (around); ~ (about sth) preocuparse (por algo) (*una menudencia*) **2** ~ over sb mimar a algn

**fussy** /'fʌsi/ *adj* (fussier, -iest) **1** quisquilloso, -a **2** ~ (about sth) exigente (con algo)

**futile** /'fjuːtl; *GB* -taɪl/ *adj* inútil

**future** /'fjuːtʃər/ *n* **1** futuro: *in the near future* en un futuro cercano **2** porvenir LOC in (the) future en el futuro, de ahora en adelante *Ver tb* FORESEE
▸ *adj* futuro

**fuze** = FUSE (3)

**fuzzy** /'fʌzi/ *adj* (fuzzier, -iest) **1** velludo, peludo **2** borroso **3** (*mente*) confuso

# G g

**G, g** /dʒiː/ n (pl **Gs, G's, g's**) **1** G, g ⊃ Ver ejemplos en A, A **2** (Mús) sol

**gab** /gæb/ n LOC Ver GIFT

**gable** /'geɪbl/ n hastial (triángulo de fachada que soporta el tejado)

**gadget** /'gædʒɪt/ n aparato

**gag** /gæg/ n **1** mordaza **2** (coloq) gag, chiste
▸ vt (**-gg-**) (lit y fig) amordazar

**gage** = GAUGE

**gaiety** /'geɪəti/ n alegría

**gain** /geɪn/ n **1** ganancia **2** aumento, subida
▸ **1** vt adquirir, ganar: to gain control adquirir control **2** vt aumentar, subir, ganar: to gain two kilograms engordar dos kilos ◇ to gain speed ganar velocidad **3** vi ~ by/from sth beneficiarse de algo **4** vt, vi (reloj) adelantarse PHRV **gain on sth/sb** ir alcanzando algo/a algn

**gait** /geɪt/ n [sing] (formal) paso, andar

**galaxy** /'gæləksi/ n (pl **galaxies**) galaxia

**gale** /geɪl/ n temporal

**gallant** /'gælənt/ adj **1** (formal) valiente **2** galante **gallantry** n (formal) valentía

**gallery** /'gæləri/ n (pl **galleries**) **1** (tb **art gallery**) museo ⊃ Ver nota en MUSEO **2** (tienda, Teat) galería

**galley** /'gæli/ n (pl **galleys**) **1** cocina (en avión o barco) **2** (Náut) galera

**gallon** /'gælən/ n (abrev gal.) galón ⊃ Ver pág 680

**gallop** /'gæləp/ vt, vi (hacer) galopar
▸ n galope

**the gallows** /'gæləʊz/ n (la) horca

**gamble** /'gæmbl/ vt, vi (dinero) jugar, apostar PHRV **gamble on (doing) sth** confiar en (hacer) algo, arriesgarse a (hacer) algo
▸ n [sing] jugada LOC **be a gamble** ser arriesgado
**gambler** n jugador, -ora

**gambling** /'gæmblɪŋ/ n juego

**game** /geɪm/ n **1** juego **2** partido **3** (Ajedrez, cartas) partido **4** [incontable] caza LOC Ver FAIR, MUG
▸ adj: Are you game? ¿Te animas?

**gammon** /'gæmən/ n [incontable] (GB) jamón (fresco salado)

**gang** /gæŋ/ n **1** banda, pandilla **2** cuadrilla
▸ v PHRV **gang up on sb** juntarse contra algn

**gangster** /'gæŋstər/ n gángster

**gangway** /'gæŋweɪ/ n **1** pasarela **2** (GB) pasillo (entre sillas, etc.)

**gaol** /dʒeɪl/ = JAIL

**gap** /gæp/ n **1** hueco, abertura **2** espacio **3** (tiempo) intervalo **4** separación **5** (deficiencia) laguna, vacío LOC Ver BRIDGE

**gape** /geɪp/ vi **1** ~ (at sth/sb) mirar boquiabierto (algo/a algn) **2** ~ (open) abrirse, quedar abierto **gaping** adj enorme: a gaping hole un agujero enorme

**gap year** (GB) (USA **year off**) n año sabático (antes de empezar la universidad)
**❶** Muchos jóvenes en Gran Bretaña se toman un año entre el instituto y la universidad para viajar o ganar dinero.

**garage** /gə'rɑːʒ, -'rɑːdʒ; GB 'gærɑːʒ; -rɪdʒ/ n **1** cochera **2** taller **3** estación de servicio

**garbage** /'gɑːrbɪdʒ/ n [incontable] **1** (GB **rubbish**) basura

> Dentro de una casa, **garbage** significa normalmente restos de alimentos, mientras que **trash** está compuesto de papel, cartón y otros materiales secos. En Gran Bretaña, se utiliza **rubbish** para ambos tipos de basura, y **garbage** y **trash** solamente se usan en sentido figurado.

**2** (fig) tonterías

**garbage can** (GB **bin, dustbin**) n basurero, bote de basura

**garbage can**

**trash can** (GB **litter bin**)

**garbage can** (GB **bin**)

**garbage can** (tb **trash can**) (GB **dustbin**)

**wastebasket** (GB **wastepaper basket**)

**garbage man** (*GB* **dustman**) *n* basurero, barrendero

**garbanzo** /ˈɡɑrbænzoʊ/ *n* (*pl* **garbanzos**) (*GB* **chickpea**) garbanzo

**garbled** /ˈɡɑrbld/ *adj* confuso

**ᖳ garden** /ˈɡɑrdn/ *n* jardín
  ▸ *vi* trabajar en el jardín
  **gardener** *n* jardinero, -a **gardening** *n* jardinería

**gargle** /ˈɡɑrɡl/ *vi* hacer gárgaras

**garish** /ˈɡeərɪʃ/ *adj* chillón (*color, ropa*)

**garland** /ˈɡɑrlənd/ *n* guirnalda

**garlic** /ˈɡɑrlɪk/ *n* [*incontable*] ajo: *clove of garlic* diente de ajo

**garment** /ˈɡɑrmənt/ *n* (*formal*) prenda (*de vestir*)

**garnish** /ˈɡɑrnɪʃ/ *vt* adornar, aderezar
  ▸ *n* adorno

**garrison** /ˈɡærɪsn/ *n* guarnición (*militar*)

**ᖳ gas** /ɡæs/ *n* (*pl* **gases**) **1** gas: *gas mask* careta antigás **2** (*tb* **gasoline** /ˈɡæsəliːn/) (*GB* **petrol**) gasolina **3** (*GB* **wind**) [*incontable*] (*Med*) gases
  ▸ *vt* (**-ss-**) asfixiar con gas

**gash** /ɡæʃ/ *n* herida profunda

**gasp** /ɡæsp; *GB* ɡɑːsp/ **1** *vi* dar un grito ahogado **2** *vi* jadear: *to gasp for air* hacer esfuerzos para respirar **3** *vt* ~ **sth** (**out**) decir algo con voz entrecortada
  ▸ *n* jadeo, grito ahogado

**gas pedal** (*GB* **accelerator**) *n* acelerador

**gas station** (*GB* **petrol station**) *n* gasolinera

**ᖳ gate** /ɡeɪt/ *n* puerta, portón, reja

**gatecrash** /ˈɡeɪtkræʃ/ *vt, vi* colarse (en)

**gateway** /ˈɡeɪtweɪ/ *n* **1** entrada, puerta **2** ~ **to sth** (*fig*) pasaporte hacia algo

**ᖳ gather** /ˈɡæðər/ **1** *vi* juntarse, reunirse **2** *vi* (*muchedumbre*) formarse **3** *vt* ~ **sth/sb** (**together**) reunir, juntar algo, reunir a algn **4** *vt* (*flores, fruta*) recoger **5** *vt* deducir, tener entendido **6** *vt* ~ **sth** (**in**) (*Costura*) fruncir algo **7** *vt* (*velocidad*) cobrar **PHRV** **gather around** acercarse **gather around sth/sb** agruparse en torno a algo/algn **gather sth up** recoger algo **gathering** *n* reunión

**gaudy** /ˈɡɔːdi/ *adj* (**gaudier, -iest**) (*pey*) chillón, llamativo

**gauge** (*USA tb* **gage**) /ɡeɪdʒ/ *n* **1** medida **2** indicador **3** (*Ferrocarril*) ancho de vía
  ▸ *vt* **1** calibrar, calcular **2** juzgar

**gaunt** /ɡɔːnt/ *adj* demacrado

**gauze** /ɡɔːz/ *n* gasa

**gave** *pt de* GIVE

**gay** /ɡeɪ/ *adj, n* gay, homosexual

**gaze** /ɡeɪz/ *vi* ~ (**at sth/sb**) mirar fijamente (algo/a algn): *They gazed into each*

*other's eyes.* Se miraron fijamente a los ojos. **LOC** *Ver* SPACE
  ▸ *n* [*sing*] mirada fija y larga

**GCSE** /ˌdʒiː siː es ˈiː/ *n* (*abrev de* **General Certificate of Secondary Education**) (*GB*) certificado de secundaria

**ᖳ gear** /ɡɪər/ *n* **1** equipo: *camping gear* equipo de acampar **2** (*automóvil, bicicleta*) velocidad: *to change gear* cambiar de velocidad ◇ *out of gear* en neutral **3** (*Mec*) engranes
  ▸ *v* **PHRV** **gear sth to/toward sth** adaptar, enfocar algo a algo **gear (sth/sb) up (for/ to do sth)** preparar algo/a algn, prepararse (para algo/para hacer algo)

**gearbox** /ˈɡɪərbɑks/ *n* caja de velocidades

**geek** /ɡiːk/ *n* (*coloq, pey*) nerd, teto

**geese** *plural de* GOOSE

**gem** /dʒem/ *n* **1** piedra preciosa **2** (*fig*) joya

**Gemini** /ˈdʒemɪnaɪ/ *n* géminis ➲ *Ver ejemplos en* AQUARIUS

**gender** /ˈdʒendər/ *n* **1** (*Gram*) género **2** sexo

**gene** /dʒiːn/ *n* gen

**ᖳ general** /ˈdʒenrəl/ *adj, n* general: *as a general rule* por regla general ◇ *the general public* el público/la gente (en general) **LOC** **in general** en general

**general election** *n* elecciones generales

**generalization** (*GB tb* **-isation**) /ˌdʒenrələˈzeɪʃn; *GB* -laɪˈz-/ *n* generalización

**generalize** (*GB tb* **-ise**) /ˈdʒenrəlaɪz/ *vi* ~ (**about sth**) generalizar (sobre algo)

**ᖳ generally** /ˈdʒenrəli/ *adv* generalmente, por lo general: *generally speaking…* en términos generales…

**general practice** *n* (*esp GB*) medicina general

**general practitioner** *n Ver* GP

**general-purpose** /ˌdʒenrəl ˈpɜːrpəs/ *adj* de uso general

**ᖳ generate** /ˈdʒenəreɪt/ *vt* generar

**ᖳ generation** /ˌdʒenəˈreɪʃn/ *n* generación: *the older/younger generation* los mayores/jóvenes ◇ *the generation gap* el conflicto generacional

**generator** /ˈdʒenəreɪtər/ *n* generador

**generosity** /ˌdʒenəˈrɑsəti/ *n* generosidad

**ᖳ generous** /ˈdʒenərəs/ *adj* **1** (*persona, regalo*) generoso **2** (*ración*) abundante: *a generous helping* una buena porción

**genetic** /dʒə'netɪk/ adj genético
  **genetics** n [incontable] genética

**genial** /'dʒi:niəl/ adj simpático

**genital** /'dʒenɪtl/ adj genital **genitals** (tb
  **genitalia** /ˌdʒenɪ'teɪliə/) n [pl] (formal)
  genitales

**genius** /'dʒi:niəs/ n (pl **geniuses**) genio

**genocide** /'dʒenəsaɪd/ n genocidio

**gent** /dʒent/ n **1 Gents** [sing] (GB, coloq)
  baño (de caballeros) ➔ Ver nota en
  BATHROOM **2** (antic o humorístico) caballero

**genteel** /dʒen'ti:l/ adj **1** refinado, elegante **2** (pey) remilgado **gentility**
  /dʒen'tɪləti/ n (formal) finura

**ℝ gentle** /'dʒentl/ adj (**gentler, -est**) **1** (persona, carácter) amable, benévolo **2** (brisa,
  caricia, ejercicio) suave **3** (animal) manso
  **4** (declive, toque) ligero

**ℝ gentleman** /'dʒentlmən/ n (pl -**men**
  /-mən/) caballero

**gentleness** /'dʒentlnəs/ n **1** amabilidad **2** suavidad **3** mansedumbre

**ℝ gently** /'dʒentli/ adv **1** suavemente
  **2** (freír) a fuego lento **3** (persuadir) poco a
  poco

**ℝ genuine** /'dʒenjuɪn/ adj **1** (cuadro)
  auténtico **2** (persona) sincero

**geographer** /dʒi'ɑgrəfər/ n geógrafo,
  -a

**geographical** /ˌdʒi:ə'græfɪkl/ adj geográfico

**ℝ geography** /dʒi'ɑgrəfi/ n geografía

**geological** /ˌdʒi:ə'lɑdʒɪkl/ adj geológico

**geologist** /dʒi'ɑlədʒɪst/ n geólogo, -a

**geology** /dʒi'ɑlədʒi/ n geología

**geometric** /ˌdʒiə'metrɪk/ (tb **geomet-
  rical**) adj geométrico

**geometry** /dʒi'ɑmətri/ n geometría

**geriatric** /ˌdʒeri'ætrɪk/ adj, n geriátrico,
  -a

**germ** /dʒɜːrm/ n germen, microbio

**ℝ get** /get/ (**-tt-**) (pt **got** /gɑt/ pp **gotten**
  /'gɑtn/, GB **got**)
  ● **get + sustantivo o pronombre** vt
  recibir, conseguir: to get a shock llevarse
  un susto ◇ to get a letter recibir una carta
  ◇ How much did you get for your car?
  ¿Cuánto te dieron por el coche? ◇ She
  gets bad headaches. Sufre de fuertes
  dolores de cabeza. ◇ I didn't get the joke.
  No entendí el chiste.
  ● **get + objeto + infinitivo o -ing** vt
  ~ sth/sb doing sth/to do sth hacer, conseguir que algo/algn haga algo: to get the
  car to start hacer que el coche arranque
  ◇ to get him talking hacerle hablar
  ● **get sth done** vt ❶ Se usa con actividades que queremos que sean reali-
  zadas por otra persona para nosotros: to

get your hair cut cortarse el pelo ◇ You
should get your watch repaired.
Deberías llevar tu reloj a arreglar.
● **get + objeto + adjetivo** vt (conseguir
que algo se vuelva/haga...): to get sth right
acertar algo ◇ to get the children ready
for school arreglar a los niños para ir a la
escuela ◇ to get (yourself) ready arreglarse
● **get + adjetivo** vi volverse, hacerse: to
get wet mojarse ◇ It's getting late. Se está
haciendo tarde. ◇ to get better mejorar/
recuperarse
● **get + participio** vi: to get fed up with sth
hartarse de algo ◇ to get used to sth
acostumbrarse a algo ◇ to get lost perderse

Algunas combinaciones frecuentes
de **get + participio** se traducen
por verbos pronominales: to get
bored aburrirse ◇ to get divorced
divorciarse ◇ to get dressed vestirse
◇ to get drunk emborracharse ◇ to
get married casarse. Para conju-
garlos, añadimos la forma correspondiente de **get**: She soon got used
to it. Se acostumbró enseguida.
◇ I'm getting dressed. Me estoy vis-
tiendo. ◇ We'll get married in the
summer. Nos casaremos este
verano.
**Get + participio** se utiliza también para expresar acciones que
ocurren o se realizan de forma accidental, inesperada o repentina: I
got caught in a heavy rainstorm. Me
agarró una tormenta muy fuerte.
◇ Simon got hit by a ball. A Simon le
dieron un pelotazo.

● **otros usos 1** vi ~ to do sth llegar a hacer
algo: to get to know sb (llegar a) conocer
a algn **2** vt, vi **have got sth** tener algo Ver tb
HAVE **3** vt **have got to do sth** tener que
hacer algo Ver tb HAVE **4** vi ~ to... (movimiento) llegar a...: How do you get to
Springfield? ¿Cómo llegas a Springfield? **LOC** be getting on (coloq) **1** (persona) hacerse viejo **2** (hora) hacerse
tarde  get away from it all (coloq) huir de
todo y de todos  get (sb) nowhere; not get
(sb) anywhere (coloq) no llevar (a algn) a
ninguna parte  get there lograrlo  what
are you, is he, etc. getting at? (coloq) ¿qué
estás, está, etc. insinuando?: What are
you getting at? ¿Qué quieres decir?
❶ Para otras expresiones con **get**,
véanse las entradas del sustantivo,
adjetivo, etc., p. ej. **get the hang of sth** en
HANG.
**PHRV** get sth across (to sb) comunicar
algo (a algn)
  get ahead (of sb) adelantarse (a algn)
  get along **1** tener éxito **2** arreglárselas
  get along with sb; get along (together)
  llevarse bien (con algn)

---

| ʃ chin | dʒ June | v van | θ then | s so | z zoo | ʃ she |

**get around** (*GB tb* **get about**) **1** (*persona, animal*) salir, moverse **2** (*rumor, noticia*) circular, correr **get around to sth** encontrar tiempo para algo

**get at sb** (*coloq*) meterse con algn

**get away (from…)** irse, salir (de…) **get away with (doing) sth** salirse sin castigo por (hacer) algo

**get back** regresar **get sth back** recuperar, recobrar algo **get back at sb** (*coloq*) vengarse de algn

**get behind (with sth)** retrasarse (con/en algo)

**get by** (lograr) pasar, arreglárselas

**get down 1** bajar **2** (*niños*) levantarse (de la mesa) **get sb down** (*coloq*) deprimir a algn **get down to (doing) sth** ponerse a hacer algo

**get in; get into sth 1** llegar (a algún sitio) **2** (*persona*) volver (a casa) **3** subirse (a algo) (*vehículo*) **get sth in** recoger algo

**get off (sth) 1** salir (del trabajo) **2** (*vehículo*) bajar (de algo) **get sth off (sth)** quitar algo (de algo) **get off with sb** (*GB, coloq*) ligar, enrollarse con algn

**get on** (*GB*) *Ver* GET ALONG **get on; get onto sth** subirse (a algo) **get sth on** poner(se) algo **get on to sth** ponerse a hablar de algo, pasar a considerar algo **get on with sb;** get on (together) (*GB*) *Ver* GET ALONG WITH SB **get on with sth** seguir con algo: *Get on with your work!* ¡Sigan trabajando!

**get out (of sth) 1** salir (de algo): *Get out (of here)!* ¡Fuera de aquí! **2** (*vehículo*) bajar (de algo) **get out of (doing) sth** librarse de (hacer) algo **get sth out of sth/sb** sacar algo (de algo)

**get over sth 1** (*problema, timidez*) superar algo **2** olvidar algo **3** recuperarse de algo

**get round (to sth)** (*GB*) *Ver* GET AROUND (TO STH) **get round sb** (*GB, coloq*) convencer a algn

**get through sth 1** (*dinero, comida*) consumir algo **2** (*tarea*) terminar algo **get through (to sb)** (*por teléfono*) ponerse en contacto (con algn) **get through to sb** entenderse con algn

**get together (with sb)** reunirse (con algn) **get sth/sb together** reunir, juntar algo/a algn

**get up** levantarse **get sb up** levantar a algn **get up to sth 1** llegar a algo **2** meterse en algo

**getaway** /ˈɡetəweɪ/ *n* fuga: *getaway car* coche de fuga

**ghastly** /ˈɡɑːstli; *GB* ˈɡɑːstli/ *adj* (**ghastlier, -iest**) espantoso: *the whole ghastly business* todo el asqueroso asunto

**gherkin** /ˈɡɜːrkɪn/ (*GB*) (*USA* **pickle**) *n* pepinillo

**ghetto** /ˈɡetoʊ/ *n* (*pl* **ghettoes** o **ghettos**) gueto

**ghost** /ɡoʊst/ *n* fantasma **LOC** **give up the ghost** entregar el alma **ghostly** *adj* fantasmal

**ghost story** *n* (*pl* **ghost stories**) historia de terror

**giant** /ˈdʒaɪənt/ *n* gigante

**gibberish** /ˈdʒɪbərɪʃ/ *n* [*incontable*] (*coloq*) tonterías

**giddy** /ˈɡɪdi/ *adj* (**giddier, -iest**) mareado: *The dancing made her giddy.* El baile la mareó.

**gift** /ɡɪft/ *n* **1** regalo **2** ~ **(for sth/doing sth)** don (para algo/hacer algo) **3** (*coloq*) ganga **LOC** *Ver* LOOK

**gift certificate** (*GB* **gift token, gift voucher**) *n* vale de regalo

**gifted** /ˈɡɪftɪd/ *adj* dotado

**gift-wrap** /ˈɡɪft ræp/ *vt* envolver en papel de regalo

**gig** /ɡɪɡ/ *n* (*coloq*) actuación (*musical*)

**gigantic** /dʒaɪˈɡæntɪk/ *adj* gigantesco

**giggle** /ˈɡɪɡl/ *vi* ~ **(at sth/sb)** reírse tontamente (de algo/algn)
▸ *n* **1** risita (*GB, coloq*) broma: *I only did it for a giggle.* Sólo lo hice por hacer una gracia. **3** the giggles [*pl*]: *a fit of the giggles* un ataque de risa

**gilded** /ˈɡɪldɪd/ (*tb* **gilt** /ɡɪlt/) *adj* dorado

**gimmick** /ˈɡɪmɪk/ *n* truco publicitario o de promoción

**gin** /dʒɪn/ *n* ginebra: *a gin and tonic* un gin-tonic

**ginger** /ˈdʒɪndʒər/ *n* jengibre
▸ *adj* (*GB*) pelirrojo: *ginger hair* pelo pelirrojo ◊ *a ginger cat* un gato atigrado

**gingerly** /ˈdʒɪndʒərli/ *adv* cautelosamente, sigilosamente

**Gipsy** = GYPSY

**giraffe** /dʒəˈræf; *GB* -ˈrɑːf/ *n* jirafa

**girl** /ɡɜːrl/ *n* niña, muchacha

**girlfriend** /ˈɡɜːrlfrend/ *n* **1** novia **2** amiga

**gist** /dʒɪst/ *n* **LOC** **get the gist of sth** captar lo esencial de algo

**give** /ɡɪv/ (*pt* **gave** /ɡeɪv/ *pp* **given** /ˈɡɪvn/) **1** *vt* ~ **sb sth; ~ sth (to sb)** dar algo (a algn): *I gave each of the boys an apple.* Le di una manzana a cada uno de los niños. ◊ *It gave us a big shock.* Nos dio un buen susto.

Algunos verbos como **give, buy, send** y **take** tienen dos objetos, uno directo y otro indirecto. El objeto indirecto suele ser una persona y va delante del objeto directo: *Give **me** the book.* ◊ *I bought **her** a present.*

Cuando el objeto indirecto va después, se usa una preposición, normalmente **to** o **for**: *Give the book to me.* ◇ *I bought a present for her.*

**2** *vi* ~ **(to sth)** dar dinero (para algo) **3** *vi* ceder **4** *vt* (*tiempo, pensamiento*) dedicar **5** *vt* (*contagiar*): *You've given me your cold.* Me has pegado tu resfriado. **6** *vt* conceder: *I'll give you that.* Te reconozco eso. **7** *vt* dar: *to give a lecture* dar una conferencia **LOC** don't give me that! (*coloq*) ¿te crees que soy tonto? **give or take sth**: *an hour and a half, give or take a few minutes* una hora y media, más o menos **❶** Para otras expresiones con **give**, véanse las entradas del sustantivo, adjetivo, etc., p. ej. **give rise to sth** en RISE. **PHRV** **give sth away** regalar algo **give sth/sb away** delatar algo/a algn **give (sb) back sth; give sth back (to sb)** devolver algo (a algn) **give in (to sth/sb)** ceder (a algo/algn) **give sth in** (*GB*) (*USA* **hand sth in**) entregar algo **give sth out** repartir algo **give up** abandonar, rendirse **give sth up** dejar algo, dejar de **give up doing sth** dejar algo, dejar de hacer algo: *to give up smoking* dejar de fumar ◇ *to give up hope* perder las esperanzas

▶ *n* **LOC** **give and take** toma y daca

**given** /'gɪvn/ *adj, prep* dado *Ver tb* GIVE

**given name** *n* nombre de pila

**glacier** /'gleɪʃər; *GB* 'glæsiə(r)/ *n* glaciar

**glad** /glæd/ *adj* **1** be ~ **(about sth/to do sth)** alegrarse (de algo/de hacer algo): *I'm glad (that) you could come.* Me alegro de que pudieras venir. **2** be ~ **to do sth** tener mucho gusto en hacer algo: *"Can you help?" "I'd be glad to."* —¿Puedes ayudar? —Con mucho gusto. **3** be ~ **of sth** agradecer algo

Glad y pleased se utilizan para referirse a una circunstancia o un hecho concretos: *Are you glad/ pleased about getting the job?* ¿Estás contento de haber conseguido el trabajo? Happy describe un estado mental y puede preceder al sustantivo al que acompaña: *Are you happy in your new job?* ¿Estás contento en tu nuevo trabajo? ◇ *a happy occasion* una ocasión feliz ◇ *happy memories* recuerdos felices.

**gladly** *adv* con gusto

**glamor** (*GB* **glamour**) /'glæmər/ *n* glamour **glamorous** *adj* **1** (*persona*) seductor **2** (*trabajo*) atractivo

**glance** /glæns; *GB* glɑːns/ *vi* ~ **at/down/ over/through sth** echar un vistazo/una mirada a algo

▶ *n* mirada (rápida), vistazo: *to take a glance at sth* echar un vistazo a algo **LOC** **at a glance** a simple vista

**gland** /glænd/ *n* glándula

**glare** /gleər/ *n* **1** luz deslumbrante **2** mirada airada

▶ *vi* ~ **at sth/sb** mirar airadamente a algo/ algn

**glaring** *adj* **1** (*error*) evidente **2** (*expresión*) airado **3** (*luz*) deslumbrante **glaringly** *adv*: *glaringly obvious* muy evidente

**glass** /glæs; *GB* glɑːs/ *n* **1** [*incontable*] vidrio, cristal: *a pane of glass* una lámina de cristal ◇ *broken glass* cristales rotos **2** copa, vaso: *a glass of water* un vaso de agua **LOC** *Ver* RAISE

**glasses** /'glæsɪz; *GB* 'glɑː-/ *n* [*pl*] lentes: *I need a new pair of glasses.* Necesito unos anteojos nuevos. ➔ *Ver nota en* PAIR

**glaze** /gleɪz/ *n* **1** (*cerámica*) barniz **2** (*Cocina*) glaseado

▶ *vt* **1** (*cerámica*) vidriar **2** (*Cocina*) glasear *Ver tb* DOUBLE GLAZING **PHRV** **glaze over** (*ojos*) ponerse vidrioso

**glazed** *adj* **1** (*ojos*) inexpresivo **2** (*cerámica*) vidriado

**gleam** /gliːm/ *n* **1** destello **2** brillo

▶ *vi* **1** destellar **2** brillar, relucir **gleaming** *adj* reluciente

**glean** /gliːn/ *vt* sacar (*información*)

**glee** /gliː/ *n* regocijo **gleeful** *adj* eufórico **gleefully** *adv* con euforia

**glen** /glen/ *n* valle estrecho (*esp en Escocia*)

**glide** /glaɪd/ *vi* **1** deslizarse **2** (*en el aire*) planear

▶ *n* deslizamiento

**glider** *n* planeador

**glimmer** /'glɪmər/ *n* **1** luz tenue **2** ~ **(of sth)** (*fig*) chispa (de algo): *a glimmer of hope* un rayo de esperanza

**glimpse** /glɪmps/ *n* visión momentánea **LOC** *Ver* CATCH

▶ *vt* vislumbrar

**glint** /glɪnt/ *vi* **1** destellar **2** (*ojos*) brillar

▶ *n* **1** destello **2** (*ojos*) chispa

**glisten** /'glɪsn/ *vi* relucir (*esp superficie mojada*)

**glitter** /'glɪtər/ *vi* relucir

▶ *n* **1** brillo **2** (*fig*) esplendor

**gloat** /gloʊt/ *vi* ~ **(about/at/over sth)** jactarse, regocijarse (de algo)

**global** /'gloʊbl/ *adj* **1** mundial **2** global

**globe** /gloʊb/ *n* **1** globo **2** globo terráqueo

**gloom** /gluːm/ *n* **1** penumbra **2** tristeza **3** pesimismo **gloomy** *adj* (**gloomier, -iest**) **1** (*lugar*) oscuro **2** (*día*) triste **3** (*pronóstico*) poco prometedor **4** (*aspecto, voz, etc.*) triste **5** (*carácter*) melancólico

**glorious** /ˈɡlɔːriəs/ *adj* **1** glorioso **2** espléndido

**glory** /ˈɡlɔːri/ *n* **1** gloria **2** esplendor
▸ *v* **PHRV** **glory in sth 1** vanagloriarse de algo **2** enorgullecerse de algo

**gloss** /ɡlɒs; *GB* ɡlɒs/ *n* **1** brillo **2** (*tb* **gloss paint**) pintura de esmalte **3** (*fig*) lustre
▸ *v* **PHRV** **gloss over sth** pasar algo por alto

**glossary** /ˈɡlɒsəri; *GB* ˈɡlɒs-/ *n* (*pl* **glossaries**) glosario

**glossy** /ˈɡlɔːsi; *GB* ˈɡlɒsi/ *adj* (**glossier**, **-iest**) reluciente, lustroso

**glove** /ɡlʌv/ *n* guante **LOC** *Ver* FIT²

**glow** /ɡloʊ/ *vi* **1** estar candente **2** brillar (suavemente) **3** (*cara*) enrojecerse **4** ~ (**with sth**) (*esp salud*) rebosar (de algo)
▸ *n* [*sing*] **1** luz suave **2** arrebol **3** (sentimiento de) satisfacción

**glucose** /ˈɡluːkoʊs/ *n* glucosa

**glue** /ɡluː/ *n* goma (*de pegar*), pegamento
▸ *vt* (*part pres* **gluing**) pegar

**glutton** /ˈɡlʌtn/ *n* **1** (*pey*) glotón, -ona **2** ~ **for sth** (*fig*) amante de algo: *to be a glutton for punishment* hacerse el mártir

**gnarled** /nɑːrld/ *adj* **1** (*árbol, mano*) retorcido **2** (*tronco*) nudoso

**gnaw** /nɔː/ *vt, vi* ~ **(at/on) sth** roer algo **PHRV** **gnaw at sb** atormentar a algn

**gnome** /noʊm/ *n* gnomo

**go¹** /ɡoʊ/ *vi* (3a *pers sing* **goes** /ɡoʊz/ *pt* **went** /went/ *pp* **gone** /ɡɔːn; *GB* ɡɒn/) **1** ir: *I went to bed at ten o'clock.* Me fui a la cama a las diez. ◊ *to go home* irse a la casa

**Been** se usa como participio pasado de **go** para expresar que alguien ha ido a un lugar y ha vuelto: *Have you ever been to London?* ¿Has ido alguna vez a Londres?
**Gone** implica que esa persona no ha regresado todavía: *John's gone to Peru. He'll be back in May.* John se fue a Perú. Volverá en mayo. ➲ *Ver tb nota en* IR

**2** irse, marcharse **3** (*tren, etc.*) salir **4 go + -ing** ir: *to go fishing/swimming/camping* ir a pescar/a nadar/de camping **5 go for a + sustantivo**: *to go for a walk* ir a dar un paseo **6** (*progreso*) ir, salir: *How's it going?* ¿Cómo te va? ◊ *Everything went well.* Todo salió bien. **7 go + adjetivo** volverse, quedarse: *to go crazy/blind/pale* volverse loco/quedarse ciego/palidecer **8** (*máquina*) funcionar **9** hacer (*emitir un sonido*): *Cats go "meow".* Los gatos hacen "miau". **10** desaparecer, terminarse: *My headache's gone.* Se me quitó el dolor de cabeza. ◊ *Is it all gone?* ¿Se acabó? **11** gastarse, romperse **12** (*tiempo*) pasar **LOC** **be going to do sth**: *We're going to buy a house.* Vamos a comprar una casa. ◊ *He's going to fall!* ¡Se va a caer! ❶ Para otras expresiones con **go**, véanse las entradas del sustantivo, adjetivo, etc., p. ej. **go astray** en ASTRAY.
**PHRV** **go about** *Ver* GO AROUND (2, 3) **go about sth**: *How should I go about telling him?* ¿Cómo debería decírselo?
**go ahead (with sth)** seguir adelante (con algo)
**go along with sth/sb** estar conforme con algo/con lo que dice algn
**go around 1** alcanzar **2** [*con adjetivo o -ing*] andar: *to go around criticizing everybody* andar criticando a todo el mundo **3** (*rumor*) circular
**go away 1** irse (de viaje) **2** (*mancha*) desaparecer
**go back** volver **go back on sth** faltar a algo (*promesa, etc.*)
**go by** pasar: *as time goes by* con el tiempo
**go down 1** bajar **2** (*barco*) hundirse **3** (*sol*) ponerse **go down (with sb)** (*película, obra*) ser recibido (por algn)
**go for sb** atacar a algn **go for sth/sb** ir por algo/algn: *That goes for you too.* Eso vale para ti también.
**go in** entrar **go in (sth)** caber (en algo)
**go in for sth** interesarse por algo (*hobby, etc.*) **go into sth 1** decidir dedicarse a algo (*profesión*) **2** examinar algo: *to go into (the) details* entrar en detalles
**go off 1** irse, marcharse **2** (*arma*) dispararse **3** (*bomba*) explotar **4** (*alarma*) sonar **5** (*luz*) apagarse **6** (*alimentos*) pasarse **7** (*acontecimiento*) salir: *It went off well.* Salió muy bien. **go off sth/sb** (*GB, coloq*) perder interés en algo/algn **go off with sth** llevarse algo
**go on 1** seguir adelante **2** (*situación*) continuar, durar **3** suceder: *What's going on here?* ¿Qué pasa aquí? **4** (*luz*) encenderse **go on (about sth/sb)** no parar de hablar (de algo/algn) **go on (with sth/doing sth)** seguir (con algo/haciendo algo)
**go out 1** salir **2** (*luz, fuego*) apagarse
**go over sth 1** examinar, revisar algo **2** (*de nuevo*) repasar algo **go over to sth** pasarse a algo (*opinión, partido*)
**go round** (*GB*) *Ver* GO AROUND
**go through** ser aprobado (*ley, etc.*) **go through sth 1** *Ver* GO OVER STH (1, 2) **2** sufrir, pasar por algo **go through with sth** llevar algo a cabo, seguir adelante con algo
**go together** hacer juego, armonizar

**go up 1** subir **2** (*edificio*) levantarse
**3** estallar, explotar
**go with sth** ir bien, hacer juego con algo
**go without** pasar privaciones **go without**
**sth** arreglarse sin algo

**go²** /goʊ/ *n* (GB) **1** (*pl* **goes** /goʊz/) (USA
turn) turno: *Whose go is it?* ¿A quién le
toca? **2** [*incontable*] (*coloq*) empuje
**LOC** **be on the go** (*coloq*) no parar **have a**
**go (at sth/doing sth)** probar la suerte (con
algo), intentar (hacer algo)

**goad** /goʊd/ *vt* ~ **sb (into sth/doing sth)**
incitar a algn (a algo/hacer algo)

**go-ahead** /'goʊ əhed/ *n* **the go-ahead**
[*sing*] luz verde
▸ *adj* emprendedor

🔒 **goal** /goʊl/ *n* **1** portería **2** gol **3** (*fig*)
meta

**goalkeeper** /'goʊlkiːpər/ (*tb coloq*
**goalie** /'goʊli:/) *n* portero, -a

**goalpost** /'goʊlpoʊst/ *n* poste (de la
portería)

**goat** /goʊt/ *n* cabra

**gobble** /'gɑbl/ *vt* ~ **sth (up/down)** engullir, tragarse algo

**go-between** /'goʊ bɪtwiːn/ *n* intermediario, -a

🔒 **god** /gɑd/ *n* **1** dios **2** God [*sing*] Dios
**LOC** *Ver* KNOW, SAKE

**godchild** /'gɑdtʃaɪld/ *n* (*pl* **-children**
/-tʃɪldrən/) ahijado, -a

**god-daughter** /'gɑd dɔːtər/ *n* ahijada

**goddess** /'gɑdes/ *n* diosa

**godfather** /'gɑdfɑðər/ *n* padrino

**godmother** /'gɑdmʌðər/ *n* madrina

**godparent** /'gɑdpeərənt/ *n* **1** padrino,
madrina **2 godparents** [*pl*] padrinos

**godsend** /'gɑdsend/ *n* regalo del cielo

**godson** /'gɑdsʌn/ *n* ahijado

**goggles** /'gɑglz/ *n* [*pl*] anteojos (*protec-
toras*)

**going** /'goʊɪŋ/ *n* **1** [*sing*] (*marcha*) ida
**2** *Good going!* ¡Bien hecho! ◊ *That was*
*good going.* Fue muy rápido. ◊ *The trail*
*was rough going.* El camino estaba en
muy mal estado. **LOC** **get out, etc. while**
**the going is good** irse, etc. mientras las
condiciones son favorables

🔒 **gold** /goʊld/ *n* oro: *a gold bracelet* una
pulsera de oro **LOC** **(as) good as gold** más
bueno que el pan

**gold dust** *n* oro en polvo

**golden** /'goʊldən/ *adj* **1** de oro **2** (*color*,
*fig*) dorado **LOC** *Ver* ANNIVERSARY

**goldfish** /'goʊldfɪʃ/ *n* pez dorado

**golf** /gɑlf/ *n* golf: *golf course* campo de
golf ◊ *golf club* club/palo de golf **golfer** *n*
golfista

**gone** /gɔːn; GB gɒn/ *prep* (GB, *coloq*): *It was*
*gone midnight.* Eran las doce pasadas.
*Ver tb* GO¹

**gonna** /'gɔːnə, 'gənə/ (*coloq*) = GOING TO
*Ver* GO¹ 🛈 Esta forma no se considera
gramaticalmente correcta.

🔒 **good** /gʊd/ *adj* (*comp* **better**, *superl* **best**)
**1** bueno: *good nature* bondad **2 be ~ (at**
**sth)** tener aptitud (para algo) **3 ~ to sb**
bueno, amable con algn **4** *Vegetables*
*are good for you.* Las verduras son
buenas para la salud. **LOC** **as good as**
prácticamente **good for you, her, etc.!**
(*coloq*) ¡bien hecho! 🛈 Para otras
expresiones con **good**, véanse las
entradas del sustantivo, adjetivo, etc.,
p. ej. **a good many** en MANY.
▸ *n* **1** bien **2 the good** [*pl*] los buenos
**LOC** **be no good (doing sth)** no servir de
nada (hacer algo) **do sb good** hacer bien
a algn **for good** para siempre

🔒 **goodbye** /,gʊd'baɪ/ *interj*, *n* adiós: *to say*
*goodbye* despedirse 🛈 La palabra **bye**
es más informal que **goodbye**. En Gran
Bretaña existen también **cheerio** y
**cheers**, ambos informales. **LOC** *Ver* WAVE

**good-humored** /,gʊd 'hjuːmərd/ (GB
**-humoured**) *adj* **1** afable **2** de buen
humor

**good-looking** /,gʊd 'lʊkɪŋ/ *adj* guapo

**good-natured** /,gʊd 'neɪtʃərd/ *adj*
**1** amable **2** de buen corazón

**goodness** /'gʊdnəs/ *n* **1** bondad **2** valor
nutritivo
▸ *interj* ¡cielos! **LOC** *Ver* KNOW

🔒 **goods** /gʊdz/ *n* [*pl*] **1** bienes **2** artículos,
mercancías, productos

**goodwill** /,gʊd'wɪl/ *n* buena voluntad

**goof** /guːf/ *vi* (*esp USA*, *coloq*) cometer un
error tonto **PHRV** **goof around** (*esp USA*,
*coloq*) hacer el tonto **goof off** (USA, *coloq*)
holgazanear
▸ *n* (*esp USA*, *coloq*) error tonto

**goose** /guːs/ *n* (*pl* **geese** /giːs/) ganso, -a

**gooseberry** /'guːsberi; GB 'gʊzbəri/ *n*
(*pl* **gooseberries**) grosella silvestre

**goose bumps** (*tb* **goose pimples**) *n* [*pl*]
carne de gallina

**gorge** /gɔːrdʒ/ *n* (*Geog*) cañón

**gorgeous** /'gɔːrdʒəs/ *adj* **1** magnífico
**2** (*coloq*) guapísimo

**gorilla** /gə'rɪlə/ *n* gorila

**gory** /'gɔːri/ *adj* **1** sangriento **2** morboso

**go-slow** /,goʊ 'sloʊ/ (GB) (USA **slow-**
**down**) *n* huelga de celo

**gospel** /'gɑspl/ *n* evangelio

**gossip** /'gɑsɪp/ n (pey) **1** [incontable] chismes **2** chismoso, -a
  ▸ vi ~ (about sth) chismear (de algo)

**got** pt, pp de GET

**Gothic** /'gɑθɪk/ adj gótico

**gotten** pp de GET

**gouge** /gaʊdʒ/ vt hacer (agujero)
  **PHRV** gouge sth out arrancar algo

**gout** /gaʊt/ n (Med) gota

**govern** /'gʌvərn/ **1** vt, vi gobernar **2** vt (acto, negocio) regir

**governing** /'gʌvərnɪŋ/ adj **1** (partido) del gobierno **2** (organismo) rector

**government** /'gʌvərnmənt/ n gobierno: to be in government estar en el gobierno **governmental** /,gʌvərn'mentl/ adj gubernamental

**governor** /'gʌvərnər/ n **1** gobernador, -ora **2** director, -ora

**gown** /gaʊn/ n **1** vestido largo **2** (Educ, Jur) toga **3** (Med) bata

**GP** /,dʒiː 'piː/ n (abrev de **general practitioner**) (GB) médico, -a de cabecera

**GPA** /,dʒiː piː 'eɪ/ n (abrev de **grade point average**) promedio académico (en el sistema educacional americano)

**grab** /græb/ (-bb-) **1** vt agarrar **2** vi ~ at/for sth/sb tratar de agarrar algo/a algn **3** vt ~ sth (from sb) quitar algo (a algn) **4** vt (atención) captar **LOC** Ver HOLD
  ▸ n **LOC** make a grab at/for sth intentar hacerse de algo

**grace** /greɪs/ n **1** gracia, elegancia **2** plazo: five days' grace cinco días de gracia **3** to say grace bendecir la mesa
  ▸ vt (formal) **2** ~ sth/sb (with sth) honrar algo/a algn (con algo)
  **graceful** adj **1** grácil, elegante **2** delicado (cortés)

**gracious** /'greɪʃəs/ adj **1** afable **2** elegante, lujoso

**grade** /greɪd/ n **1** clase, categoría **2** (GB mark) (Educ) calificación: a good/poor grade una calificación buena/mediocre **3** (GB year) (Educ) año **4** (GR gradient) (Geog) pendiente **LOC** make the grade (coloq) tener éxito
  ▸ vt **1** clasificar **2** (GB mark) (exámenes, trabajo escolar) calificar, corregir

**grade point average** n Ver GPA

**gradient** /'greɪdiənt/ n (Geog) pendiente

**grading** /'greɪdɪŋ/ n clasificación

**gradual** /'grædʒuəl/ adj **1** gradual, paulatino **2** (pendiente) suave

**gradually** /'grædʒuəli/ adv paulatinamente, poco a poco

**graduate** /'grædʒuət/ n **1** ~ (in sth) licenciado, -a (en algo) **2** graduado, -a

  ▸ /'grædʒueɪt/ **1** vi ~ (in sth); ~ (from…) (universidad) licenciarse (en algo), licenciarse (por…) **2** vi ~ (from…) (colegio) graduarse (de…) **3** vt graduar
  **graduation** n graduación

**graffiti** /grə'fiːti/ n [incontable] pintadas

**graft** /græft; GB grɑːft/ n (Bot, Med) injerto
  ▸ vt ~ sth (onto sth) injertar algo (en algo)

**grain** /greɪn/ n **1** [incontable] cereales **2** grano **3** veta (madera)

**gram** (GB tb **gramme**) /græm/ n (abrev g) gramo ⊃ Ver pág 680

**grammar** /'græmər/ n gramática

**grammar school** n **1** (USA, antic) escuela primaria **2** (GB) instituto (para alumnos de 12 a 18 años)

**grammatical** /grə'mætɪkl/ adj **1** gramatical **2** (gramaticalmente) correcto

**gramme** (GB) = GRAM

**grand** /grænd/ adj (**grander, -est**) **1** espléndido, magnífico, grandioso **2** Grand (títulos) gran **3** estupendo **4** grand piano piano de cola
  ▸ n (pl **grand**) (coloq) mil dólares o libras

**grandad** /'grændæd/ n (coloq) abuelo, abuelito

**grandchild** /'græntʃaɪld/ n (pl **-children** /-tʃɪldrən/) nieto, -a

**granddaughter** /'grændɔːtər/ n nieta

**grandeur** /'grændʒər/ n grandiosidad, grandeza

**grandfather** /'grænfɑðər/ n abuelo

**grandma** /'grænmɑ/ n (coloq) abuela, abuelita

**grandmother** /'grænmʌðər/ n abuela

**grandpa** /'grænpɑ/ n (coloq) abuelo, abuelito

**grandparent** /'grænpeərənt/ n abuelo, -a

**grandson** /'grænsʌn/ n nieto

**grandstand** /'grændstænd/ n (Dep) tribuna

**granite** /'grænɪt/ n granito

**granny** /'græni/ n (pl **grannies**) (coloq) abuela, abuelita

**grant** /grænt; GB grɑːnt/ vt ~ sth (to sb) conceder algo (a algn) **LOC** take sth/sb for granted dar algo por descontado, no darse cuenta de lo que vale algn
  ▸ n **1** subvención **2** (Educ) beca

**grape** /greɪp/ n uva

**grapefruit** /'greɪpfruːt/ n (pl **grapefruit** o **grapefruits**) toronja

**grapevine** /'greɪpvaɪn/ n viña **LOC** Ver HEAR

i: see    ɪ sit    e ten    æ cat    ɑ hot    ɔː saw    ʌ cup    ʊ put    uː too

**graph** 460

**graph** /græf; GB grɑːf/ n gráfico

**graphic** /'græfɪk/ adj gráfico **graphics** n [pl]: *computer graphics* gráficas (computarizadas)

**grapple** /'græpl/ vi ~ (**with sth/sb**) (*lit y fig*) luchar (con algo/algn)

**grasp** /græsp; GB grɑːsp/ vt **1** agarrar **2** (*oportunidad*) aprovechar **3** comprender
▸ n **1** alcance: *within/beyond the grasp of sb* al alcance/fuera del alcance de algn **2** conocimiento
**grasping** adj (*pey*) codicioso

ℙ **grass** /græs; GB grɑːs/ n hierba, pasto

**grasshopper** /'græshɑpər; GB 'grɑːs-/ n saltamontes, chapulín

**grassland** /'græslænd, -lənd; GB 'grɑːs-/ n [incontable] (tb **grasslands** [pl]) pradera(s)

**grass roots** n [pl] (*Pol*) base popular

**grassy** /'græsi; GB 'grɑːsi/ adj cubierto de pasto

**grate** /greɪt/ **1** vt rallar **2** vi chirriar **3** vi ~ (**on/with sb**) irritar (a algn)
▸ n parrilla (*de chimenea*)

ℙ **grateful** /'greɪtfl/ adj ~ (**to sb**) (**for sth**); ~ (**that…**) agradecido (a algn) (por algo), agradecido (de que…)

**grater** /'greɪtər/ n rallador

**gratitude** /'grætɪtuːd; GB -tjuːd/ n gratitud

ℙ **grave** /greɪv/ adj (**graver, -est**) (*formal*) grave, serio ❶ La palabra más normal es **serious**.
▸ n tumba

**gravel** /'grævl/ n grava

**graveyard** /'greɪvjɑrd/ n cementerio (*alrededor de una iglesia*)

**gravity** /'grævəti/ n **1** (*Fis*) gravedad **2** (*formal*) seriedad ❶ En este sentido, la palabra más normal es **seriousness**.

**gravy** /'greɪvi/ n [incontable] salsa (*hecha con el jugo de la carne*)

ℙ **gray** (tb esp GB **grey**) /greɪ/ adj **1** gris **2** (*pelo*) blanco: *to go/turn gray* encanecer ◇ *gray-haired* canoso
▸ n (pl **grays**) gris

**graze** /greɪz/ **1** vi pacer, pastar **2** vt ~ **sth** (**against/on sth**) (*pierna, etc.*) raspar algo (con algo) **3** vt rozar
▸ n (*Med*) raspadura

**grease** /griːs/ n **1** grasa **2** (*Mec*) lubricante
▸ vt engrasar
**greasy** adj (**greasier, -iest**) grasiento

ℙ **great** /greɪt/ adj (**greater, -est**) **1** gran, grande: *in great detail* con gran detalle ◇ *the world's greatest tennis player* la mejor tenista del mundo ◇ *We're great friends.* Somos muy amigos. ◇ *I'm not a great reader.* No soy muy aficionado a la lectura. **2** (*coloq*) estupendo: *We had a great time.* La pasamos genial. ◇ *It's great to see you!* ¡Qué alegría verte! **3** (*coloq*) muy: *a great big dog* un perro enorme **4** (*distancia*) largo **5** (*edad*) avanzado **6** (*cuidado*) mucho **7** ~ **at sth** muy bueno en algo **8** **great-** (*relación de parentesco*): *great-grandfather* bisabuelo ◇ *great-grandmother* bisabuela
**LOC** great minds think alike (*hum*) los grandes cerebros siempre coinciden *Ver tb* DEAL, EXTENT, MANY
▸ n [gen pl] (*coloq*): *one of the jazz greats* una de las grandes figuras del jazz

ℙ **greatly** /'greɪtli/ adv muy, mucho: *greatly exaggerated* muy exagerado ◇ *It varies greatly.* Varía mucho.

**greatness** /'greɪtnəs/ n grandeza

**greed** /griːd/ n **1** ~ (**for sth**) codicia (de algo) **2** gula **greedily** adv **1** codiciosamente **2** vorazmente **greedy** adj (**greedier, -iest**) **1** ~ (**for sth**) codicioso (de algo) **2** glotón

ℙ **green** /griːn/ adj (**greener, -est**) verde
▸ n **1** verde **2** **greens** [pl] verduras **3** (GB) prado
**greenery** n [incontable] verde, follaje

**greengrocer** /'griːngroʊsər/ n (esp GB) **1** verdulero, -a **2** **greengrocer's** verdulería

**greenhouse** /'griːnhaʊs/ n invernadero: *greenhouse effect* efecto invernadero

**greenish** /'griːnɪʃ/ adj verdoso

**greet** /griːt/ vt **1** saludar: *He greeted me with a smile.* Me recibió con una sonrisa. **2** ~ **sth with sth** recibir, acoger algo con algo **greeting** n **1** saludo **2** recibimiento

**grenade** /grə'neɪd/ n granada (*de mano*)

**grew** pt de GROW

**grey** (esp GB) = GRAY

**greyhound** /'greɪhaʊnd/ n galgo

**grid** /grɪd/ n **1** rejilla **2** (esp GB) (*electricidad, gas*) red **3** (*mapa*) cuadrícula

**grief** /griːf/ n ~ (**over/at sth**) dolor, pesar (por algo) **LOC** come to grief (esp GB, coloq) **1** fracasar **2** sufrir un accidente

**grievance** /'griːvns/ n **1** (motivo de) queja **2** (*de trabajadores*) reivindicación

**grieve** /griːv/ vi ~ (**for/over sth/sb**) llorar la pérdida (de algo/algn) **2** vi ~ **at/over sth** lamentarse de algo, afligirse por algo **3** vt (*formal*) afligir, dar pena a

**grill** /grɪl/ n **1** parrilla **2** (*plato*) parrillada **3** (tb **grille**) rejilla, reja

▶**1** vt, vi asar(se) a la parrilla **2** vt ~ **sb (about sth)** (coloq) interrogar a algn (sobre algo)

**grim** /grɪm/ adj (**grimmer, -est**) **1** (persona) severo, ceñudo **2** (lugar) triste, lúgubre **3** deprimente, triste

**grimace** /'grɪməs, grɪ'meɪs/ n mueca
▶ vi ~ **(at sth/sb)** hacer muecas (a algo/algn)

**grime** /graɪm/ n mugre **grimy** adj (**grimier, -iest**) mugriento

**grin** /grɪn/ vi (-nn-) ~ **(at sth/sb)** sonreír de oreja a oreja (a algo/algn) **LOC** grin and bear it poner al mal tiempo buena cara
▶ n sonrisa

**grind** /graɪnd/ (pt, pp ground /graʊnd/) **1** vt, vi moler **2** vt afilar **3** vt (dientes) rechinar **LOC** grind to a halt **1** pararse chirriando **2** (proceso) detenerse gradualmente Ver tb AX
▶ n **1** [sing] (coloq): the daily grind la rutina cotidiana **2** (GB swot) (coloq, pey) matado, -a

**grip** /grɪp/ (-pp-) **1** vt, vi agarrar(se), asir(se) **2** vt (mano) agarrar **3** vt (atención) absorber
▶ n **1** ~ **(on sth/sb)** agarre, adherencia (a algo/algn) **2** ~ **(on sth/sb)** (fig) dominio, control, presión (sobre algo/algn) **3** agarradera, empuñadura **LOC** come/get to grips with sth/sb enfrentarse a algo/algn
**gripping** adj fascinante, absorbente

**grit** /grɪt/ n **1** arena, arenilla **2** valor, determinación
▶ vt (-tt-) cubrir con arena **LOC** grit your teeth **1** apretar los dientes **2** (fig) armarse de valor

**groan** /groʊn/ vi **1** ~ **(at/with sth)** gemir (de algo) **2** (muebles, etc.) crujir
▶ n **1** gemido **2** crujido

**grocer** /'groʊsər/ n tendero, -a

**groceries** /'groʊsəriz/ n [pl] abarrotes

**grocery store** /'groʊsəri stɔːr/ (GB grocer's) n tienda de abarrotes

**groggy** /'grɑgi/ adj (coloq) mareado, grogui

**groin** /grɔɪn/ n ingle: a groin injury una herida en la ingle

**groom** /gruːm/ n **1** mozo, -a de cuadra **2** Ver BRIDEGROOM
▶ vt **1** (caballo) cepillar **2** (pelo) arreglar **3** ~ **sb (for/as sth)** preparar a algn (para algo)

**groove** /gruːv/ n ranura, estría, surco

**grope** /groʊp/ vi **1** andar a tientas **2** ~ **(around) for sth** buscar algo a tientas, titubear buscando algo

**gross** /groʊs/ n (pl gross o grosses) gruesa (doce docenas)

▶ adj (**grosser, -est**) **1** (total) bruto **2** (error, negligencia) craso **3** (injusticia, indecencia) grave **4** (exageración) flagrante **5** (coloq) asqueroso: That's gross! ¡Guácala! **6** grosero **7** repulsivamente gordo
▶ vt recaudar, ganar (en bruto)

**grossly** adv (pey) extremadamente

**grotesque** /groʊ'tesk/ adj grotesco

**grouch** /graʊtʃ/ n (coloq) cascarrabias
**grouchy** adj (coloq) cascarrabias

**ground** /graʊnd/ n **1** suelo, tierra, terreno **2** (fig) terreno **3** grounds [pl] jardines **4** (GB) zona, campo (de juego) **5** [gen pl] motivo, razón **6** grounds [pl] poso, sedimento **7** (GB earth) (Electrón) tierra **LOC** get (sth) off the ground poner algo/ponerse en marcha, resultar factible **give/lose ground (to sth/sb)** ceder/perder terreno (frente a algo/algn) **on the ground** (fig) en el suelo, sobre el terreno **to the ground** (destruir) completamente Ver tb FIRM, MIDDLE, THIN
▶ vt **1** (avión) impedir que despegue **2** (coloq) castigar sin salir **3** (GB earth) conectar a tierra Ver tb GRIND
▶ adj molido: ground beef carne molida

**ground floor** (GB) (USA **first floor**) n planta baja: a ground-floor apartment un departamento en la planta baja ⊃ Ver nota en FLOOR

**Groundhog Day** /'graʊndhɔːg deɪ; GB -hɒg/ n

En Estados Unidos, hay una fiesta el 2 de febrero para ver a la marmota (**groundhog**) salir de su madriguera. La leyenda cuenta que si hace sol y la marmota ve su propia sombra al salir, habrá seis semanas más de invierno.

**grounding** /'graʊndɪŋ/ n [sing] ~ **(in sth)** base, conceptos fundamentales (de algo)

**groundless** /'graʊndləs/ adj infundado

**group** /gruːp/ n grupo
▶ vt, vi ~ **(sth/sb) (together)** agrupar algo/a algn, agruparse
**grouping** n agrupación

**grouse** /graʊs/ n (pl grouse) urogallo

**grove** /groʊv/ n arboleda

**grovel** /'grɑvl/ vi (-l-, GB -ll-) ~ **(to sb)** (pey) humillarse (ante algn) **groveling** (GB **grovelling**) adj servil

**grow** /groʊ/ (pt grew /gruː/ pp grown /groʊn/) **1** vi crecer **2** vt (pelo, barba) dejar crecer **3** vt cultivar **4** vt [con adjetivo] hacerse: to grow old/rich envejecer/enriquecerse **5** vi ~ **to do sth** llegar

Llegó a depender de ella. **PHRV** **grow into sth** convertirse en algo **grow on sb** empezar a gustarle a uno cada vez más **grow up 1** desarrollarse **2** crecer: *when I grow up* cuando sea mayor ◊ *Oh, grow up!* ¡Déjate ya de niñerías! **growing** *adj* creciente

**growl** /graʊl/ *vi* gruñir
▶ *n* gruñido

**grown** /grəʊn/ *adj* adulto: *a grown man* un adulto *Ver tb* GROW

**grown-up** /ˌgrəʊn ˈʌp/ *adj* mayor
▶ *n* /ˈgrəʊn ʌp/ adulto, -a

**ꭓ growth** /grəʊθ/ *n* **1** crecimiento **2** ~ (in/of sth) aumento (de algo) **3** tumor

**grub** /grʌb/ *n* **1** larva **2** (*coloq*) comida

**grubby** /ˈgrʌbi/ *adj* (**grubbier, -iest**) sucio

**grudge** /grʌdʒ/ *n* rencor: *to bear sb a grudge/have a grudge against sb* guardar rencor a algn
▶ *vt* (*GB*) *Ver* BEGRUDGE
**grudgingly** *adv* de mala gana, a regañadientes

**grueling** (*GB tb* **gruelling**) /ˈgruːəlɪŋ/ *adj* muy duro, penoso

**gruesome** /ˈgruːsəm/ *adj* espantoso, horrible

**gruff** /grʌf/ *adj* (*voz*) tosco, áspero

**grumble** /ˈgrʌmbl/ *vi* ~ (**about/at sth/sb**) quejarse (de algo/algn), refunfuñar (por algo)
▶ *n* queja

**grumpy** /ˈgrʌmpi/ *adj* (**grumpier, -iest**) (*coloq*) gruñón

**grunt** /grʌnt/ *vi* gruñir
▶ *n* gruñido

**ꭓ guarantee** /ˌgærənˈtiː/ *n* ~ (**of sth/that…**) garantía (de algo/de que…)
▶ *vt* **1** garantizar **2** (*préstamo*) avalar

**ꭓ guard** /gɑːd/ *vt* **1** proteger, guardar **2** vigilar **PHRV** **guard against sth** protegerse contra algo
▶ *n* **1** guardia, vigilancia: *to be on guard* estar de guardia ◊ *guard dog* perro guardián **2** guardia, centinela **3** guardia (*grupo de soldados*) **4** (*maquinaria*) dispositivo de seguridad **5** (*GB*) (*USA* **conductor**) (*Ferrocarril*) jefe de tren **LOC** **be off/on your guard** estar desprevenido/alerta
**guarded** *adj* cauteloso, precavido

**guardian** /ˈgɑːdiən/ *n* **1** guardián, -ana: *guardian angel* ángel de la guarda **2** tutor, -ora

**guerrilla** (*tb* **guerilla**) /gəˈrɪlə/ *n* guerrillero, -a: *guerrilla war(fare)* guerra de guerrillas

**ꭓ guess** /ges/ *vt, vi* **1** ~ (**sth/at sth**) adivinar, imaginar (algo) **2** **I guess** (*esp USA, coloq*) creer, pensar: *I guess so/not.* Supongo que sí/no.
▶ *n* suposición, conjetura, cálculo: *to have/make a guess (at sth)* intentar adivinar algo **LOC** **it's anyone's guess** nadie lo sabe *Ver tb* EDUCATE, HAZARD

**guesswork** /ˈgeswɜːk/ *n* [*incontable*] conjeturas

**ꭓ guest** /gest/ *n* **1** invitado, -a **2** huésped, -eda: *guest house* casa de huéspedes/ pensión

**guidance** /ˈgaɪdns/ *n* orientación, supervisión

**ꭓ guide** /gaɪd/ *n* **1** (*persona*) guía **2** (*tb* **guidebook** /ˈgaɪdbʊk/) guía (*turística*) **3** (*GB*) (*tb* **Guide, Girl Guide**) (*USA* **Girl Scout**) guía (*de los scouts*)
▶ *vt* **1** guiar, orientar: *to guide sb to sth* llevar a algn hasta algo **2** influenciar
**guided** *adj* con guía

**guideline** /ˈgaɪdlaɪn/ *n* directriz, pauta

**guilt** /gɪlt/ *n* culpa, culpabilidad

**ꭓ guilty** /ˈgɪlti/ *adj* (**guiltier, -iest**) culpable **LOC** *Ver* PLEAD

**guinea pig** /ˈgɪni pɪg/ *n* (*lit y fig*) conejillo de Indias

**guise** /gaɪz/ *n* apariencia

**guitar** /gɪˈtɑː(r)/ *n* guitarra

**gulf** /gʌlf/ *n* **1** (*Geog*) golfo **2** (*fig*) abismo **LOC** *Ver* BRIDGE

**gull** /gʌl/ (*tb* **seagull**) *n* gaviota

**gullible** /ˈgʌləbl/ *adj* crédulo

**gulp** /gʌlp/ *vt* **1** *vt* ~ **sth (down)** tragarse algo **2** *vi* tragar saliva
▶ *n* trago

**gum** /gʌm/ *n* **1** (*Anat*) encía **2** goma, pegamento **3** chicle

**ꭓ gun** /gʌn/ *n* **1** arma (*de fuego*) **2** escopeta *Ver tb* MACHINE GUN
▶ *v* (**-nn-**) **PHRV** **gun sb down** matar/herir gravemente a algn a tiros

**gunfire** /ˈgʌnfaɪə(r)/ *n* [*incontable*] fuego (*disparos*)

**gunman** /ˈgʌnmən/ *n* (*pl* **-men** /-mən/) pistolero

**gunpoint** /ˈgʌnpɔɪnt/ *n* **LOC** **at gunpoint** a punta de pistola

**gunpowder** /ˈgʌnpaʊdə(r)/ *n* pólvora

**gunshot** /ˈgʌnʃɒt/ *n* disparo

**gurgle** /ˈgɜːgl/ *vi* **1** (*agua*) gorgotear **2** (*bebé*) gorjear

**gush** /gʌʃ/ *vi* **1** ~ (**out of/from sth**) salir a borbotones, manar (de algo) **2** ~ (**over sth/sb**) (*pey*) hablar con demasiado entusiasmo (de algo/algn)

**gust** /gʌst/ *n* ráfaga

**gusto** /ˈgʌstəʊ/ *n* entusiasmo

---

| ʃ chin | dʒ June | v van | θ then | s so | z zoo | ʃ she |

**gut** /gʌt/ n **1** intestino: *a gut reaction/feeling* una reacción visceral/un instinto **2 guts** [*pl*] (*coloq*) tripas **3 guts** [*pl*] (*fig*) agallas
▸ *vt* (**-tt-**) **1** destripar **2** (*edificio, etc.*) destruir por dentro

**gutter** /'gʌtər/ n **1** alcantarilla: *the gutter press* la prensa amarilla **2** canal de desagüe (*debajo de un tejado*)

**ϙ guy** /gaɪ/ n (*coloq*) tipo

También se usa para dirigirse a un grupo de personas, ya sean hombres o mujeres: *Hi guys!* ¡Hola, chicos!

**guzzle** /'gʌzl/ *vt* ~ **sth (down)** (*coloq, gen pey*) tragarse algo

**gym** /dʒɪm/ n **1** gimnasio ❶ En lenguaje más formal se dice **gymnasium** /dʒɪm-'neɪziəm/ [*pl* **gymnasiums** o **gymnasia**]. **2** (*coloq*) (*Educ*) educación física

**gymnast** /'dʒɪmnæst/ n gimnasta

**gymnastics** /dʒɪm'næstɪks/ n [*incontable*] gimnasia

**gynecologist** (*GB* **gynaecologist**) /ˌgaɪnə'kɑlədʒɪst/ n ginecólogo, -a

**Gypsy** /'dʒɪpsi/ n (*pl* **Gypsies**) gitano, -a

**G**

# H h

**H, h** /eɪtʃ/ n (pl **Hs, H's, h's**) H, h ➜ Ver ejemplos en A, a

**habit** /'hæbɪt/ n **1** costumbre, hábito **2** (Relig) hábito

**habitation** /ˌhæbɪ'teɪʃn/ n habitación: not fit for human habitation no apto para ser habitado

**habitual** /hə'bɪtʃuəl/ adj habitual

**hack¹** /hæk/ vt, vi ~ (at) sth golpear algo (con algo cortante)

**hack²** /hæk/ vt, vi ~ (into) sth (Informát) lograr acceso a algo ilegalmente **hacker** n pirata informático **hacking** n acceso ilegal

**had** /hæd, həd/ pt, pp de HAVE

**hadn't** /'hædnt/ = HAD NOT Ver HAVE

**haemo-** (GB) = HEMO-

**haggard** /'hægərd/ adj demacrado

**haggle** /'hægl/ vi ~ (over sth) regatear (por algo)

**hail¹** /heɪl/ n [incontable] granizo
▸ vi granizar

**hail²** /heɪl/ vt **1** llamar a (para atraer la atención) **2** ~ sth/sb (as) sth aclamar algo/a algn como algo

**hailstone** /'heɪlstoʊn/ n granizo

**hailstorm** /'heɪlstɔːrm/ n granizada

**hair** /heər/ n **1** pelo, cabello **2** vello **3** -haired: a fair-/dark-haired girl una muchacha güera/morena

**hairbrush** /'heərbrʌʃ/ n cepillo (para el pelo) ➜ Ver dibujo en BRUSH

**haircut** /'heərkʌt/ n corte de pelo: to have/get a haircut cortarse el pelo

**hairdo** /'heərduː/ n (pl **hairdos**) (coloq) peinado (de mujer)

**hairdresser** /'heərdresər/ n **1** peluquero, -a **2** hairdresser's (GB) (USA **salon**) peluquería

**hair dryer** (tb **hair drier**) n secador (de pelo)

**hairpin** /'heərpɪn/ n horquilla, pasador: hairpin curve/turn curva muy cerrada

**hairstyle** /'heərstaɪl/ n peinado

**hairy** /'heəri/ adj (**hairier, -iest**) peludo

**half** /hæf; GB haːf/ n (pl **halves** /hævz; GB haːvz/) mitad, medio: The second half of the book is more interesting. La segunda mitad del libro es más interesante. ◊ two and a half hours dos horas y media ◊ Two halves make a whole. Dos medios hacen un entero. **LOC break, etc. sth in half** partir, etc. algo por la mitad **go half and half/go halves (with sb)** ir a medias (con algn)
▸ adj, pron mitad, medio: half the team la mitad del equipo ◊ half an hour media hora ◊ to cut sth by half reducir algo a la mitad **LOC half past one, two, etc.** la una, las dos, etc. y media **❶** En Estados Unidos esta expresión es bastante formal y es mucho más común decir **one thirty, two thirty**, etc.
▸ adv a medio, a medias: The job will have been only half done. Habrán hecho el trabajo sólo a medias. ◊ half built a medio construir

**half-brother** /'hæf brʌðər; GB 'haːf/ n medio hermano

**half-hearted** /ˌhæf 'hɑːrtɪd; GB ˌhaːf/ adj poco entusiasta **half-heartedly** adv sin entusiasmo

**half-sister** /'hæf sɪstər; GB 'haːf/ n media hermana

**half-term** /ˌhæf 'tɜːrm; GB ˌhaːf/ n (GB) vacaciones escolares de una semana a mediados de cada trimestre

**halftime** /'hæftaɪm; GB ˌhaːf'taɪm/ (tb **half-time**) n (Dep) medio tiempo

**halfway** /ˌhæf'weɪ; GB ˌhaːf-/ adj, adv a medio camino, a mitad: halfway between London and Glasgow a medio camino entre Londres y Glasgow

**hall** /hɔːl/ n **1** (tb **hallway** /'hɔːlweɪ/) vestíbulo, entrada **2** sala (de conciertos o reuniones) **3** (GB) (tb **hall of residence**) (USA **dormitory**) residencia universitaria

**hallmark** /'hɔːlmɑːrk/ n **1** (de metales preciosos) contraste **2** (fig) sello

**Halloween** /ˌhæləˈwiːn/ n

> **Halloween** (31 de octubre) significa la víspera de Todos los Santos y es la noche de los fantasmas y las brujas. Mucha gente vacía una calabaza, le da la forma de cara y pone una vela dentro. Los niños se disfrazan y van por las casas pidiendo caramelos o dinero. Cuando les abres la puerta dicen **trick or treat** ("o nos das algo o te hacemos una broma").

**hallucination** /həˌluːsɪ'neɪʃn/ n alucinación

**hallway** Ver HALL (1)

**halo** /'heɪloʊ/ n (pl **haloes** o **halos**) halo, aureola

**halt** /hɔːlt/ n parada, alto, interrupción **LOC** Ver GRIND
▸ vt, vi parar(se), detener(se): Halt! ¡Alto!

**halting** /'hɔːltɪŋ/ adj vacilante, titubeante

**halve** /hæv; GB hɑːv/ vt **1** partir por la mitad **2** reducir a la mitad

**halves** plural de HALF

**ham** /hæm/ n jamón cocido

**hamburger** /ˈhæmbɜːrɡər/ n hamburguesa

**hamlet** /ˈhæmlət/ n aldea

**hammer** /ˈhæmər/ n martillo
▸ vt **1** martillear **2** (coloq) (fig) dar una paliza a **PHRV** **hammer sth in** clavar algo (a martillazos)

**hammock** /ˈhæmək/ n hamaca

**hamper** /ˈhæmpər/ vt obstaculizar
▸ n (GB) canasta (para alimentos)

**hamster** /ˈhæmstər/ n hámster

**hand** /hænd/ n **1** mano **2** (reloj, etc.) manecilla, aguja ➔ Ver dibujo en RELOJ **3** peón, jornalero **4** (Náut) tripulante **5** (Naipes) mano **6** (medida) palmo **LOC** **by hand** a mano: made by hand hecho a mano ◇ delivered by hand entregado en mano propia **(close/near) at hand** a la mano: I always keep my glasses close at hand. Siempre tengo mis anteojos a la mano. **give/lend (sb) a (helping) hand** (coloq) echar una mano (a algn) **hand in hand 1** cogidos de la mano **2** (fig) muy unido, a la par **hands up!** ¡manos arriba! **in hand 1** disponible, en reserva **2** entre manos **on hand** disponible **on (the) one hand... on the other (hand)...** por un lado... por otro... **out of hand 1** descontrolado **2** sin pensarlo **to hand** a la mano Ver tb CHANGE, EAT, FIRM, FIRST, FREE, HEAVY, HELP, MATTER, PALM, SHAKE, UPPER
▸ vt ~ **sb sth; ~ sth (to sb)** pasar algo (a algn) ➔ Ver nota en GIVE **PHRV** **hand sth back** devolver algo **hand sth in** entregar algo (trabajo escolar, etc.) **hand sth out** repartir algo

**handbag** /ˈhændbæɡ/ (USA purse) n bolsa

**handbook** /ˈhændbʊk/ n manual, guía

**handbrake** /ˈhændbreɪk/ n freno de mano

**handcuff** /ˈhændkʌf/ vt esposar
▸ n **handcuffs** [pl] esposas

**handful** /ˈhændfʊl/ n (pl **handfuls**) (lit y fig) puñado: a handful of students un puñado de estudiantes **LOC** **be a (real) handful** (coloq) ser una pesadilla

**handgun** /ˈhændɡʌn/ n pistola

**handicap** /ˈhændikæp/ n **1** (Med) discapacidad **2** (Dep) desventaja
▸ vt (-pp-) **1** perjudicar **2** (Dep) compensar
**handicapped** adj discapacitado

**handicrafts** /ˈhændikræfts; GB -krɑːfts/ n [pl] artesanía

**handkerchief** /ˈhæŋkərtʃɪf, -tʃiːf/ n (pl **handkerchiefs** o **handkerchieves** /-tʃiːvz/) pañuelo (de bolsillo)

**handle** /ˈhændl/ n **1** mango ➔ Ver dibujo en POT **2** manija **3** asa ➔ Ver dibujo en CUP
▸ vt **1** manejar **2** (maquinaria) operar **3** (gente) tratar **4** soportar

**handlebar** /ˈhændlbɑːr/ n [gen pl] manubrio

**handmade** /ˌhændˈmeɪd/ adj hecho a mano, de artesanía

En inglés se pueden formar adjetivos compuestos para todas las destrezas manuales: p. ej. **hand-built** (construido a mano), **hand-knitted** (tejido a mano), **hand-painted** (pintado a mano), etc.

**handout** /ˈhændaʊt/ n **1** donativo **2** folleto **3** (clase) fotocopia (con ejercicios)

**handshake** /ˈhændʃeɪk/ n apretón de manos

**handsome** /ˈhænsəm/ adj **1** guapo ❶ Se aplica sobre todo a los hombres. **2** (regalo) generoso

**handwriting** /ˈhændraɪtɪŋ/ n **1** escritura **2** letra

**handwritten** /ˌhændˈrɪtn/ adj escrito a mano

**handy** /ˈhændi/ adj (**handier**, **-iest**) **1** práctico **2** a la mano

**hang** /hæŋ/ (pt, pp **hung** /hʌŋ/) **1** vt colgar **2** vi estar colgado **3** vi (ropa, pelo) caer **4** (pt, pp **hanged**) vt, vi ahorcar(se) **5** vi ~ **(above/over sth/sb)** pender (sobre algo/algn) **PHRV** **hang around** (GB tb **hang about**) (coloq) esperar (sin hacer nada) **hang on 1** agarrarse **2** (coloq) esperar **hang out** pasar el tiempo **hang sth out** tender algo **hang up (on sb)** colgar (a algn) (el teléfono)
▸ n **LOC** **get the hang of sth** (coloq) agarrarle la onda a algo

**hangar** /ˈhæŋər/ n hangar

**hanger** /ˈhæŋər/ (tb **clothes hanger**, **coat hanger**) n gancho

**hang-glider** /ˈhæŋ ɡlaɪdər/ n planeador **hang-gliding** n ala delta

**hangman** /ˈhæŋmən/ n **1** (pl **-men** /-mən/) verdugo (de horca) **2** (juego) el ahorcado ❶ En este sentido también se pronuncia /ˈhæŋmæn/.

**hangover** /ˈhæŋoʊvər/ n cruda

**hang-up** /ˈhæŋ ʌp/ n (coloq) trauma, complejo

**haphazard** /hæpˈhæzərd/ adj al azar, de cualquier manera

**happen** /ˈhæpən/ vi ocurrir, suceder, pasar: whatever happens pase lo que pase ◇ if you happen to go into town si

por casualidad vas al centro **happening** n suceso, acontecimiento

**happily** /'hæpɪli/ adv **1** felizmente **2** afortunadamente

**happiness** /'hæpɪnəs/ n felicidad

**happy** /'hæpi/ adj (**happier**, **-iest**) **1** feliz: *a happy marriage/memory/child* un matrimonio/recuerdo/niño feliz **2** contento: *Are you happy in your work?* ¿Estás contento con tu trabajo? ➔ *Ver nota en* GLAD

**harass** /hə'ræs, 'hærəs/ vt hostigar, acosar **harassment** n hostigamiento, acoso

**harbor** (GB **harbour**) /'hɑrbər/ n puerto
▸ vt **1** proteger, dar cobijo a **2** (sospechas) albergar

**hard** /hɑrd/ adj (**harder**, **-est**) **1** duro **2** difícil: *It's hard to tell.* Es difícil saber con seguridad. ◇ *It's hard for me to say no.* Me cuesta decir que no. ◇ *hard to please* exigente **3** duro, agotador: *a hard worker* una persona trabajadora **4** (persona, trato) duro, severo, cruel **5** (bebida) alcohólico LOC **give sb a hard time** (coloq) hacer pasar a algn un mal rato **hard luck** (esp GB, coloq) mala pata **take a hard line (on/over sth)** adoptar una postura tajante (en algo) **the hard way** por la vía difícil *Ver tb* DRIVE
▸ adv (**harder**, **-est**) **1** mucho, duro: *She hit her head hard.* Se dio un fuerte golpe en la cabeza. ◇ *to try hard* esforzarse **2** (tirar) fuerte **3** (pensar) detenidamente **4** (mirar) fijamente LOC **be hard put to do sth** tener dificultad en hacer algo **be hard up** (coloq) andar mal de dinero

**hardback** /'hɑrdbæk/ (tb **hardcover** /'hɑrdkʌvər/) n libro de pasta dura: *hardback edition* edición de pasta dura

**hard cash** (GB) (USA **cold cash**) n dinero contante

**hard disk** n disco duro

**harden** /'hɑrdn/ vt, vi endurecer(se): *a hardened criminal* un criminal habitual **hardening** n endurecimiento

**hardly** /'hɑrdli/ adv **1** apenas: *I hardly know her.* Apenas la conozco. **2** difícilmente: *It's hardly surprising.* No es ninguna sorpresa. ◇ *He's hardly the world's best cook.* No es el mejor cocinero del mundo. **3** *hardly anybody* casi nadie ◇ *hardly ever* casi nunca

**hardship** /'hɑrdʃɪp/ n apuro, privación

**hardware** /'hɑrdweər/ n **1** ferretería: *hardware store* ferretería **2** (Informát) hardware **3** (Mil) armamento

**hard-working** /,hɑrd 'wɜːrkɪŋ/ adj trabajador

**hardy** /'hɑrdi/ adj (**hardier**, **-iest**) **1** robusto **2** (Bot) resistente

**hare** /heər/ n liebre

**harm** /hɑrm/ n daño, mal: *He meant no harm.* No tenía malas intenciones. ◇ *There's no harm in asking.* No se pierde nada con preguntar. ◇ *You'll come to no harm.* No te pasará nada. ◇ *(There's) no harm done.* No pasó nada. LOC **do more harm than good** ser peor el remedio que la enfermedad **out of harm's way** a buen recaudo
▸ vt **1** (persona) hacer daño a **2** (cosa) dañar

**harmful** /'hɑrmfl/ adj dañino, nocivo, perjudicial

**harmless** adj /'hɑrmləs/ **1** inocuo **2** inocente, inofensivo

**harmony** /'hɑrməni/ n (pl **harmonies**) armonía

**harness** /'hɑrnəs/ n arreos
▸ vt **1** (caballo) enjaezar **2** (recursos) aprovechar

**harp** /hɑrp/ n arpa
▸ v PHRV **harp on (about) sth** hablar repetidamente de algo

**harsh** /hɑrʃ/ adj (**harsher**, **-est**) **1** (textura, voz) áspero **2** (color, luz) chillón **3** (ruido, etc.) estridente **4** (clima, etc.) riguroso **5** (castigo, etc.) severo **6** (palabra, profesor) duro **harshly** adv duramente, severamente

**harvest** /'hɑrvɪst/ n cosecha
▸ vt cosechar

**has** /həz, hæz/ *Ver* HAVE

**hasn't** /'hæznt/ = HAS NOT *Ver* HAVE

**hassle** /'hæsl/ n (coloq) **1** (complicación) lío, rollo: *It's a big hassle.* Es mucho rollo. **2** molestias: *Don't give me any hassle!* ¡Déjame en paz!
▸ vt (coloq) molestar

**haste** /heɪst/ n (formal) prisa LOC **in haste** de prisa **hasten** /'heɪsn/ **1** vi darse prisa **2** vt (formal) acelerar **hastily** adv precipitadamente **hasty** adj (**hastier**, **-iest**) precipitado

**hat** /hæt/ n sombrero *Ver tb* TOP HAT LOC *Ver* DROP

**hatch** /hætʃ/ n **1** escotilla **2** ventanilla (para pasar comida)
▸ vi ~ (**out**) salir del huevo **2** vi (huevo) abrirse **3** vt incubar **4** vt ~ sth (**up**) tramar algo

**hate** /heɪt/ vt **1** odiar **2** lamentar: *I hate to bother you, but…* Siento molestarte, pero…
▸ n **1** odio **2** (coloq): *pet hate* la cosa que más se detesta **hateful** adj odioso

**hatred** /'heɪtrɪd/ n odio

---

| ʃ chin | dʒ June | v van | θ then | s so | z zoo | ʃ she |

**haul** /hɔːl/ *vt* tirar, arrastrar
▸ *n* **1** (*distancia*) camino **2** botín **3** redada (*de peces*)

**haunt** /hɔːnt/ *vt* **1** (*fantasma*) aparecerse en **2** (*lugar*) frecuentar **3** (*pensamiento*) atormentar
▸ *n* lugar predilecto
**haunted** *adj* (*casa*) embrujado

**have** /həv, hæv/ *v aux* haber: *"I've finished my work." "So have I."* —Terminé mi trabajo. —Yo también. ◇ *He's gone home, hasn't he?* Se fue a la casa, ¿no? ◇ *"Have you seen it?" "Yes, I have./No, I haven't."* —¿Lo has visto? —Sí./No.
▸ *vt* **1** (*tb* **have got**) tener: *She's got a new car.* Tiene un coche nuevo. ◇ *to have flu/a headache* tener gripa/dolor de cabeza ➲ *Ver nota en* TENER **2** ~ **(got) sth to do** tener algo que hacer: *I've got a bus to catch.* Tengo que tomar el camión. **3** ~ **(got) to do sth** tener que hacer algo: *I've got to go to the bank.* Tengo que ir al banco. ◇ *Did you have to pay a fine?* ¿Tuviste que pagar una multa? ◇ *It has to be done.* Hay que hacerlo. **4** (*tb* **have got**) llevar (consigo): *Do you have any money on you?* ¿Traes dinero? ℹ En Estados Unidos **have got** se usa normalmente en preguntas y frases negativas. **5** tomar: *to have a bath/wash* tomar un baño/lavarse ◇ *to have a cup of coffee* tomar un café ◇ *to have breakfast/lunch/dinner* desayunar/comer/cenar ℹ Nótese que la estructura **have + sustantivo** a menudo se expresa en español con un verbo. **6** ~ **sth done** hacer/mandar hacer algo: *to have your hair cut* cortarse el pelo ◇ *to have a dress made* encargar que te hagan un vestido ◇ *She had her bag stolen.* Le robaron la bolsa. **7** consentir: *I won't have it!* ¡No lo consentiré! LOC **have had it** (*coloq*): *The TV has had it.* La tele ya no funciona. **have it (that)**: *Rumor has it that...* Se dice que... ◇ *As luck would have it...* Como quiso la suerte... **have (sth) to do with sth/sb** tener (algo) que ver con algo/algn: *It has nothing to do with me.* No tiene nada que ver conmigo. ℹ Para otras expresiones con **have**, véanse las entradas del sustantivo, adjetivo, etc., p. ej. **have a sweet tooth** en SWEET. PHR V **have sth back**: *Let me have it back soon.* Devuélvemelo pronto. **have sb on** (*esp GB, coloq*) tomar el pelo a algn: *You're having me on!* ¡Me estás tomando el pelo! **have (got) sth on 1** (*ropa*) llevar algo puesto: *He's got a tie on today.* Hoy lleva corbata. **2** (*GB*) estar ocupado con algo: *I've got a lot on.* Estoy muy ocupado. ◇ *Have you got anything on tonight?* ¿Tienes algún plan para esta noche?

**haven** /ˈheɪvn/ *n* refugio

**haven't** /ˈhævnt/ = HAVE NOT *Ver* HAVE

**havoc** /ˈhævək/ *n* estragos LOC **wreak/play havoc with sth** hacer estragos en algo

**hawk** /hɔːk/ *n* halcón

**hay** /heɪ/ *n* heno: *hay fever* alergia al polen

**hazard** /ˈhæzərd/ *n* peligro, riesgo: *a health hazard* un peligro para la salud
▸ *vt* LOC **hazard a guess** aventurar una opinión
**hazardous** *adj* peligroso, arriesgado

**haze** /heɪz/ *n* neblina, bruma
➲ *Comparar con* FOG, MIST

**hazel** /ˈheɪzl/ *n* avellano
▸ *adj, n* color avellana

**hazelnut** /ˈheɪzlnʌt/ *n* avellana

**hazy** /ˈheɪzi/ *adj* (**hazier**, **-est**) **1** brumoso **2** (*idea, etc.*) vago **3** (*persona*) confuso

**he** /hiː/ *pron* él: *He's in Paris.* Está en París. ℹ El pronombre personal no se puede omitir en inglés. ➲ *Comparar con* HIM
▸ *n*: *Is it a he or a she?* ¿Es macho o hembra?

**head** /hed/ *n* **1** cabeza: *It never entered my head.* Jamás se me ocurrió. ◇ *to have a good head for business* tener talento para los negocios **2** cabecera: *the head*

**have**

| present simple | | | past simple |
|---|---|---|---|
| afirmativa | | negativa | |
| | *formas contractas* | *formas contractas* | *formas contractas* |
| I **have** | I**'ve** | I **haven't** | I**'d** |
| you **have** | you**'ve** | you **haven't** | you**'d** |
| he/she/it **has** | he**'s**/she**'s**/it**'s** | he/she/it **hasn't** | he**'d**/she**'d**/it**'d** |
| we **have** | we**'ve** | we **haven't** | we**'d** |
| you **have** | you**'ve** | you **haven't** | you**'d** |
| they **have** | they**'ve** | they **haven't** | they**'d** |

*forma en -ing* **having** *past simple* **had** *participio pasado* **had**

*of the table* la cabecera de la mesa **3** jefe: *the heads of government* los jefes de gobierno **4** (*GB*) (*tb* **head teacher**) (*USA* **principal**) director, -ora (*de colegio*) **LOC** **a/per head** por cabeza: *ten dollars a head* diez dólares por cabeza **be/go over sb's head** pasarle por encima a algn **go to sb's head** subírsele a la cabeza a algn **head first** de cabeza **heads or tails?** ¿águila o sol? **not make head nor/or tail of sth** no lograr entender algo: *I can't make head (n)or tail of it.* No logro entenderlo. *Ver tb* HIT, SHAKE, TOP
▸ *vt* **1** encabezar **2** (*Fútbol*) cabecear **PHRV** **head for sth** dirigirse a algo, ir camino de algo

ʔ **headache** /'hedeɪk/ *n* **1** dolor de cabeza **2** (*fig*) quebradero de cabeza

**heading** /'hedɪŋ/ *n* encabezado, apartado

**headlight** /'hedlaɪt/ (*tb* **headlamp** /'hedlæmp/) *n* faro (*de vehículo*) ➔ *Ver dibujo en* COCHE

**headline** /'hedlaɪn/ *n* **1** encabezado **2 the headlines** [*pl*] los titulares

**headmaster** /ˌhed'mæstər/ *n* director (*de un colegio*)

**headmistress** /ˌhed'mɪstrəs/ *n* directora (*de un colegio*)

**head office** *n* sede central

**head-on** /hed 'ɒn/ *adj, adv* de frente: *a head-on collision* una colisión de frente

**headphones** /'hedfoʊnz/ *n* [*pl*] auriculares

**headquarters** /'hedkwɔːrtərz; *GB* ˌhed'kwɔːtəz/ *n* (*pl* **headquarters**) (*abrev* HQ) **1** oficina matriz **2** (*Mil*) cuartel general

**head start** *n* [*sing*]: *You had a head start over me.* Me llevabas ventaja.

**headway** /'hedweɪ/ *n* **LOC** **make headway** avanzar

ʔ **heal** /hiːl/ **1** *vi* cicatrizar, sanar **2** *vt* sanar, curar

ʔ **health** /helθ/ *n* salud: *health center* centro médico **LOC** *Ver* DRINK

ʔ **healthy** /'helθi/ *adj* (**healthier**, **-iest**) **1** sano **2** saludable (*estilo de vida, etc.*)

**heap** /hiːp/ *n* montón
▸ *vt* ~ **sth (up)** amontonar algo

ʔ **hear** /hɪər/ (*pt, pp* **heard** /hɜːrd/) **1** *vt, vi* oír: *I couldn't hear a thing.* No oía nada. ◇ *I heard someone laughing.* Oí a alguien que se reía. **2** *vt* escuchar **3** *vt* (*Jur*) ver **LOC** **hear sth through/on the grapevine** oír algo por ahí **PHRV** **hear about sth** enterarse de algo **hear from sb** tener noticias

de algn **hear of sth/sb** oír hablar de algo/algn

ʔ **hearing** /'hɪərɪŋ/ *n* **1** (*tb* **sense of hearing**) oído **2** (*Jur*) vista, audiencia

ʔ **heart** /hɑːrt/ *n* **1** corazón: *heart attack/failure* ataque/paro cardiaco **2** (*centro*): *the heart of the matter* el meollo del asunto **3** (*de lechuga, etc.*) cogollo **4 hearts** [*pl*] (*en cartas*) corazones ➔ *Ver nota en* BARAJA **LOC** **at heart** en el fondo **by heart** de memoria **set your heart on sth; have your heart set on sth** poner el corazón en algo **take heart** alentarse **take sth to heart** tomar algo a pecho **your heart sinks**: *When I saw the line my heart sank.* Cuando vi la fila se me fue el alma al suelo. *Ver tb* CHANGE, CRY

**heartbeat** /'hɑːrtbiːt/ *n* latido (*del corazón*)

**heartbreak** /'hɑːrtbreɪk/ *n* congoja, angustia **heartbreaking** *adj* que parte el corazón, angustioso **heartbroken** *adj* acongojado, angustiado

**hearten** /'hɑːrtn/ *vt* animar **heartening** *adj* alentador

**heartfelt** /'hɑːrtfelt/ *adj* sincero

**hearth** /hɑːrθ/ *n* **1** chimenea **2** (*formal*) (*fig*) hogar

**heartless** /'hɑːrtləs/ *adj* inhumano, cruel

**hearty** /'hɑːrti/ *adj* (**heartier**, **-iest**) **1** (*enhorabuena*) cordial **2** (*persona*) jovial (*a veces en exceso*) **3** (*comida*) abundante

ʔ **heat** /hiːt/ *n* **1** calor **2** (*Dep*) prueba clasificatoria *Ver tb* DEAD HEAT **LOC** **in heat** (*GB* **on heat**) en celo
▸ *vt, vi* ~ **(up)** calentar(se) **heated** *adj* **1** *a heated pool* una piscina climatizada ◇ *centrally heated* con calefacción central **2** (*discusión, persona*) acalorado **heater** *n* calentador (*aparato*)

**heath** /hiːθ/ *n* brezal

**heathen** /'hiːðn/ *n* no creyente, pagano, -a

**heather** /'heðər/ *n* brezo

ʔ **heating** /'hiːtɪŋ/ *n* calefacción

**heatwave** /'hiːtweɪv/ *n* ola de calor

**heave** /hiːv/ **1** *vt, vi* arrastrar(se) (*con esfuerzo*) **2** *vi* ~ **(at/on sth)** tirar con esfuerzo (*de algo*) **3** *vt* arrojar (*algo pesado*)
▸ *n* tirón, empujón

ʔ **heaven** (*tb* **Heaven**) /'hevn/ *n* (*Relig*) cielo **ⓘ** Nótese que **heaven** no lleva artículo. **LOC** *Ver* KNOW, SAKE

**heavenly** /'hevnli/ *adj* **1** (*Relig*) celestial **2** (*Astron*) celeste **3** (*coloq*) divino

**heavily** /'hevɪli/ *adv* **1** muy, mucho: *heavily loaded* muy cargado ◇ *to rain*

*heavily* llover muchísimo **2** pesadamente

**heavy** /'hevi/ *adj* (**heavier, -iest**)
**1** pesado: *How heavy is it?* ¿Cuánto pesa? **2** pesado, más de lo normal: *heavy traffic* un tráfico pesado ◊ *heavy rain* fuertes lluvias **3** (*facciones, movimiento*) torpe **LOC** **with a heavy hand** con mano dura

**heavyweight** /'heviweɪt/ *n* **1** (*Dep*) peso completo **2** (*fig*) figura (importante)

**heckle** /'hekl/ *vt, vi* interrumpir (*con preguntas y comentarios*)

**hectare** /'hekteər/ *n* hectárea

**hectic** /'hektɪk/ *adj* frenético

**he'd** /hiːd/ **1** = HE HAD *Ver* HAVE **2** = HE WOULD *Ver* WOULD

**hedge** /hedʒ/ *n* seto
▸ *vt, vi* esquivar

**hedgehog** /'hedʒhɔːg; *GB* -hɒg/ *n* erizo

**heed** /hiːd/ *vt* (*formal*) prestar atención a
▸ *n* **LOC** **take heed (of sth)** (*formal*) hacer caso (de algo)

**heel** /hiːl/ *n* **1** talón **2** tacón **LOC** *Ver* DIG

**hefty** /'hefti/ *adj* (**heftier, -iest**) **1** fornido **2** (*objeto*) pesado **3** (*golpe*) fuerte

**height** /haɪt/ *n* **1** estatura **2** altura **3** (*Geog*) altitud **4** (*fig*) cumbre, colmo: *at/ in the height of summer* en pleno verano ◊ *the height of fashion* la última moda ➔ *Ver nota en* ALTO

**heighten** /'haɪtn/ *vt, vi* intensificar(se), aumentar

**heir** /eər/ *n* ~ **(to sth)** heredero, -a (de algo)

**heiress** /'eərəs; *GB* -res/ *n* heredera

**held** *pt, pp de* HOLD

**helicopter** /'helɪkɑːptər/ *n* helicóptero

**hell** /hel/ *n* infierno: *to go to hell* ir al infierno **ℹ** Nótese que **hell** no lleva artículo. **LOC** **a/one hell of a…** (*coloq*): *I got a hell of a shock.* Me llevé un susto terrible. *Ver tb* CATCH **hellish** *adj* infernal

**he'll** /hiːl/ = HE WILL *Ver* WILL

**hello** /he'ləʊ/ *interj, n* hola: *Say hello for me.* Salúdalo de mi parte. ➔ *Ver nota en* ¡HOLA!

**helm** /helm/ *n* timón

**helmet** /'helmɪt/ *n* casco

**help** /help/ *n, vt, vi* ayudar: *Help!* ¡Socorro! ◊ *How can I help you?* ¿En qué puedo servirle? **2** *vt* ~ **yourself (to sth)** servirse (algo) **LOC** **can/could not help sth**: *I couldn't help laughing.* No pude contener la risa. ◊ *He can't help it.* No lo puede evitar. **it can't/couldn't be helped** no hay/había remedio *Ver tb* HAND

**PHRV** **help (sb) out** echar una mano (a algn)
▸ *n* [*incontable*] **1** ayuda: *It wasn't much help.* No sirvió de mucho. **2** asistencia

**helper** /'helpər/ *n* ayudante

**helpful** /'helpfl/ *adj* **1** servicial **2** amable **3** (*consejo, etc.*) útil

**helping** /'helpɪŋ/ *n* porción

**helpless** /'helpləs/ *adj* **1** indefenso **2** desamparado **3** imposibilitado

**helpline** /'helplaɪn/ *n* línea telefónica de ayuda

**helter-skelter** /ˌheltər 'skeltər/ *n* (*GB*) resbaladilla (*en espiral*)
▸ *adj* precipitado

**hem** /hem/ *n* dobladillo
▸ *vt* (**-mm-**) coser el dobladillo de **PHRV** **hem sth/sb in 1** cercar algo/a algn **2** cohibir a algn

**hemisphere** /'hemɪsfɪər/ *n* hemisferio

**hemoglobin** (*GB* **haemoglobin**) /ˌhiːməˈgləʊbɪn/ *n* hemoglobina

**hemorrhage** (*GB* **haemorrhage**) /'hemərɪdʒ/ *n* hemorragia

**hen** /hen/ *n* gallina

**hence** /hens/ *adv* (*formal*) **1** (*tiempo*) desde ahora: *two years hence* de aquí a dos años **2** (*por esta razón*) de ahí, por eso

**henceforth** /ˌhensˈfɔːrθ/ *adv* (*formal*) de ahora en adelante

**hen party** (*tb* **hen night**) *n* (*GB*) despedida de soltera

**hepatitis** /ˌhepəˈtaɪtɪs/ *n* [*incontable*] hepatitis

**her** /hɜːr, ɜːr, ər/ *pron* **1** [*como objeto directo*] la: *I saw her.* La vi. **2** [*como objeto indirecto*] le, a ella: *I asked her to come.* Le pedí que viniera. ◊ *I said it to her.* Se lo dije a ella. **3** [*después de preposición y del verbo* be] ella: *I think of her often.* Pienso en ella a menudo. ◊ *She took it with her.* Se lo llevó consigo. ◊ *It wasn't her.* No fue ella. ➔ *Comparar con* SHE
▸ *adj* su(s) (*de ella*): *her book(s)* su(s) libro(s) **ℹ** **Her** se usa también para referirse a coches, barcos o naciones. ➔ *Comparar con* HERS *y ver nota en* MY

**herald** /'herəld/ *n* heraldo
▸ *vt* (*formal*) anunciar (*llegada, comienzo*)
**heraldry** *n* heráldica

**herb** /ɜːrb; *GB* hɜːb/ *n* hierba (fina) **herbal** *adj* (a base) de hierbas: *herbal tea* infusión

**herd** /hɜːrd/ *n* manada (*de vacas, cabras y cerdos*) ➔ *Comparar con* FLOCK
▸ *vt* llevar en manada

**here** /hɪər/ adv aquí: *I live a mile from here.* Vivo a una milla de aquí. ◇ *Please sign here.* Firme aquí, por favor.

En las oraciones que empiezan con **here** el verbo se coloca detrás del sujeto si éste es un pronombre: *Here they are, at last!* ¡Por fin llegan! ◇ *Here it is, on the table!* Aquí está, encima de la mesa., y antes si es un sustantivo: *Here comes the bus.* Ya viene el camión.

**LOC** be here llegar: *They'll be here any minute.* Están a punto de llegar. **here and there** aquí y allá **here you are** aquí tiene
▸ interj **1** ¡oye! **2** (ofreciendo algo) ¡toma! **3** (respuesta) ¡presente!

**hereditary** /hə'redɪteri; *GB* -tri/ adj hereditario

**heresy** /'herəsi/ n (pl **heresies**) herejía

**heritage** /'herɪtɪdʒ/ n patrimonio

**hermit** /'hɜːrmɪt/ n ermitaño, -a

**hero** /'hɪəroʊ/ n (pl **heroes**) **1** protagonista (de novela, película, etc.) **2** (persona) héroe, heroína: *sporting heroes* los héroes del deporte **heroic** /hə'roʊɪk/ adj heroico

**heroin** /'heroʊɪn/ n heroína (droga)

**heroine** /'heroʊɪn/ n heroína (persona)

**heroism** /'heroʊɪzəm/ n heroísmo

**herring** /'herɪŋ/ n (pl **herring** o **herrings**) arenque **LOC** Ver RED

**hers** /hɜːrz/ pron suyo, -a, -os, -as (de ella): *a friend of hers* un amigo suyo ◇ *Where are hers?* ¿Dónde están los suyos?

**herself** /hɜːr'self/ pron **1** [uso reflexivo] se, a ella misma: *She bought herself a book.* Se compró un libro. **2** [después de preposición] sí (misma): *"I'm free", she said to herself.* —Soy libre, se dijo a sí misma. **3** [uso enfático] ella misma: *She told me the news herself.* Me contó la noticia ella misma. **LOC** (all) by herself (completamente) sola

**he's** /hiːz/ **1** = HE IS Ver BE **2** = HE HAS Ver HAVE

**hesitant** /'hezɪtənt/ adj vacilante, indeciso

**hesitate** /'hezɪteɪt/ vi **1** dudar: *Don't hesitate to call.* No dudes en llamar. **2** vacilar **hesitation** n vacilación, duda

**heterogeneous** /ˌhetərə'dʒiːniəs/ adj heterogéneo

**heterosexual** /ˌhetərə'sekʃuəl/ adj, n heterosexual

**hexagon** /'heksəgən; *GB* -gən/ n hexágono

**heyday** /'heɪdeɪ/ n (días de) apogeo

**hi** /haɪ/ interj (coloq) ¡hola! ➔ Ver nota en ¡HOLA!

**hibernate** /'haɪbərneɪt/ vi invernar **hibernation** n hibernación

**hiccup** (tb **hiccough**) /'hɪkʌp/ n **1** hipo: *I got (the) hiccups.* Me dio hipo. **2** (coloq) problema

**hidden** /'hɪdn/ adj oculto, escondido Ver tb HIDE

**hide** /haɪd/ (pt hid /hɪd/ pp hidden /'hɪdn/) **1** vi ~ (from sb) esconderse, ocultarse (de algn): *The child was hiding under the bed.* El niño estaba escondido debajo de la cama. **2** vt ~ sth (from sb) ocultar algo (a algn): *The trees hid the house from view.* Los árboles ocultaban la casa.
▸ n piel (de animal)

**hide-and-seek** /ˌhaɪd n 'siːk/ n escondidillas: *to play hide-and-seek* jugar a las escondidillas

**hideous** /'hɪdiəs/ adj espantoso

**hiding** /'haɪdɪŋ/ n **1** to be in/go into hiding estar escondido/ocultarse **2** (coloq) tunda

**hierarchy** /'haɪərɑːrki/ n (pl **hierarchies**) jerarquía

**hieroglyphics** /ˌhaɪərə'glɪfɪks/ n [pl] jeroglíficos

**hi-fi** /'haɪ faɪ/ adj, n (equipo de) alta fidelidad

**high** /haɪ/ adj (**higher, -est**) **1** (precio, techo, velocidad) alto

**High**, como su contrario **low**, a veces se combina con un sustantivo para formar adjetivos como **high-speed** (de alta velocidad), **high-fibre** (de alto contenido en fibra) y **high-risk** (de alto riesgo). ➔ Ver tb nota en ALTO

**2** to have a high opinion of sb tener buena opinión de algn ◇ *high hopes* grandes esperanzas **3** (ideales, ganancias) elevado: *to set high standards* poner estándares muy altos ◇ *I have it on the highest authority.* Lo sé de muy buena fuente. ◇ *She has friends in high places.* Tiene amigos muy influyentes. **4** *the high life* la vida de lujo ◇ *the high point of the evening* el mejor momento de la tarde **5** (viento) fuerte **6** (sonido) agudo **7** *in high summer* en pleno verano ◇ *high season* temporada alta **8** ~ (on sth) (coloq) intoxicado (de algo) (drogas, alcohol) **LOC** be X meters, feet, etc. high medir X metros, pies, etc. de altura: *The wall is six feet high.* La pared mide seis pies de altura. ◇ *How high is it?* ¿Cuánto mide de altura? **high and**

**dry** plantado: *to leave sb high and dry* dejar plantado a algn *Ver tb* FLY, PROFILE
▸ *adv* (**higher, -est**) alto, a gran altura
▸ *n* punto alto

**highbrow** /'haɪbraʊ/ *adj* (*gen pey*) culto, intelectual

**high-class** /ˌhaɪ 'klæs; *GB* 'klɑːs/ *adj* de categoría

**the High Court** *n* la Suprema Corte

**higher education** *n* educación superior

**the high jump** *n* salto de altura

**highland** /'haɪlənd/ *adj* de las tierras altas
▸ *n* [*gen pl*] región montañosa, altos

**high-level** /ˌhaɪ 'levl/ *adj* de alto nivel

**ʅ highlight** /'haɪlaɪt/ *n* **1** punto culminante, aspecto notable **2 highlights** [*pl*] (*en el pelo*) rayos, luces
▸ *vt* poner de relieve, (hacer) resaltar

**ʅ highly** /'haɪli/ *adv* **1** muy, altamente, sumamente: *highly unlikely* altamente improbable **2** *to think/speak highly of sb* tener muy buena opinión/hablar muy bien de algn

**highly strung** *adj* nervioso

**Highness** /'haɪnəs/ *n* alteza: *your/his/ her Royal Highness* Su Alteza Real

**high-powered** /ˌhaɪ 'paʊəd/ *adj* **1** (*persona*) dinámico **2** (*trabajo*) de alta categoría **3** (*coche, etc.*) de gran potencia

**high pressure** /ˌhaɪ 'preʃə/ *n* [*incontable*] (*Meteor*) altas presiones
▸ *adj* estresante

**high-rise** /'haɪ raɪz/ *n* edificio de muchos pisos
▸ *adj* **1** (*edificio*) de muchos pisos **2** (*piso*) de un edificio alto

**high school** (*tb* **senior high school**) *n* (escuela) preparatoria *Ver tb* JUNIOR HIGH SCHOOL

**high street** (*GB*) (*USA* **main street**) *n* calle principal: *high-street shops* las tiendas del centro

**high-tech** (*tb* **hi-tech**) /ˌhaɪ 'tek/ *adj* (*coloq*) de alta tecnología

**ʅ highway** /'haɪweɪ/ *n* **1** (*esp USA*) carretera, autopista *Ver tb* DIVIDED HIGHWAY **2** (*GB, formal*) vía pública: *Highway Code* código de circulación/tránsito

**hijack** /'haɪdʒæk/ *vt* **1** secuestrar (*esp avión*) **2** (*fig*) (*pey*) acaparar
▸ *n* secuestro
**hijacker** *n* secuestrador, -ora

**hike** /haɪk/ *n* caminata
▸ *vi* ir de excursión a pie
**hiker** *n* caminante, excursionista

**hilarious** /hɪ'leəriəs/ *adj* divertidísimo, muy cómico

| 471 | **his** |

**ʅ hill** /hɪl/ *n* **1** colina, cerro **2** cuesta, pendiente

**hillside** /'hɪlsaɪd/ *n* ladera

**hilly** /'hɪli/ *adj* con/de muchas colinas, montañoso

**hilt** /hɪlt/ *n* empuñadura **LOC (up) to the hilt 1** hasta el cuello **2** (*apoyar*) incondicionalmente

**ʅ him** /hɪm/ *pron* **1** [*como objeto directo*] lo, le: *I hit him.* Le pegué. **2** [*como objeto indirecto*] le: *Give it to him.* Dáselo. **3** [*después de preposición y del verbo* **be**] él: *He always has it with him.* Siempre lo tiene consigo. ◊ *It must be him.* Debe ser él. ➔ *Comparar con* HE

**ʅ himself** /hɪm'self/ *pron* **1** [*uso reflexivo*] se **2** [*después de preposición*] sí (mismo): *"I tried", he said to himself.* —Lo intenté, se dijo a sí mismo. **3** [*uso enfático*] él mismo: *He said so himself.* Él mismo lo dijo. **LOC (all) by himself** (completamente) solo

**hinder** /'hɪndər/ *vt* entorpecer, dificultar: *It seriously hindered him in his work.* Lo entorpeció seriamente en su trabajo. ◊ *Our progress was hindered by bad weather.* El mal tiempo dificultó nuestro trabajo.

**hindrance** /'hɪndrəns/ *n* ~ (**to sth/sb**) estorbo, obstáculo (para algo/algn)

**hindsight** /'haɪndsaɪt/ *n*: *with the benefit of hindsight/in hindsight* viéndolo a posteriori

**Hindu** /'hɪnduː; *GB tb* ˌhɪn'duː/ *adj, n* hindú **Hinduism** *n* hinduismo

**hinge** /hɪndʒ/ *n* bisagra, gozne
▸ *v* **PHRV** **hinge on sth** depender de algo

**hint** /hɪnt/ *n* **1** insinuación, indirecta **2** indicio **3** consejo **LOC** *Ver* DROP
▸ **1** *vi* ~ **at sth** referirse indirectamente a algo **2** *vi* ~ (**to sb**) **that...** insinuar (a algn) que...

**ʅ hip** /hɪp/ *n* cadera
▸ *adj* (**hipper, -est**) (*coloq*) padre

**hippopotamus** /ˌhɪpə'pɒtəməs/ *n* (*pl* **hippopotamuses** o **hippopotami** /-maɪ/) (*tb coloq* **hippo** /'hɪpoʊ/) hipopótamo

**ʅ hire** /'haɪər/ *vt* **1** (*esp USA*) (*persona*) contratar **2** (*esp GB*) (*USA* **rent**) alquilar ➔ *Ver nota en* RENTAR
▸ *n* (*esp GB*) alquiler: *Bicycles for hire.* Se alquilan bicicletas. ◊ *hire purchase* compra a plazos

**ʅ his** /hɪz/ **1** *adj* su(s) (*de él*): *his bag(s)* su(s) bolsa(s) **2** *pron* suyo, -a, -os, -as (*de él*): *a friend of his* un amigo suyo ◊ *He*

*lent me his.* Me dejó el suyo. ➔ *Ver nota en* MY

**Hispanic** /hɪˈspænɪk/ *adj, n* latino, -a (*esp en Estados Unidos*)

**hiss** /hɪs/ **1** *vi* silbar **2** *vt, vi* (*desaprobación*) silbar ▸ *n* silbido, rechifla

**historian** /hɪˈstɔːriən/ *n* historiador, -ora

**historic** /hɪˈstɒrɪk; *GB* -ˈstɔːr-/ *adj* histórico (*importante*)

**ℓ historical** /hɪˈstɒrɪkl; *GB* -ˈstɔːr-/ *adj* histórico (*relativo a la historia*)

**ℓ history** /ˈhɪstri/ *n* (*pl* **histories**) **1** historia **2** (*Med*) historial

**ℓ hit** /hɪt/ *vt* (**-tt-**) (*pt, pp* **hit**) **1** golpear: *to hit a nail* darle a un clavo **2** alcanzar: *He's been hit in the leg by a bullet.* Le dieron con una bala en la pierna. **3** chocar contra **4** ~ **sth (on/against sth)** golpearse algo (con/contra algo): *I hit my knee against the table.* Me golpeé la rodilla contra la mesa. **5** (*pelota*) pegar a **6** afectar: *Rural areas have been worst hit by the strike.* Las zonas rurales han sido las más afectadas por la huelga. **LOC** **hit it off (with sb)** (*coloq*): *Pete and Sue hit it off immediately.* Pete y Sue se cayeron bien desde el principio. **hit the nail on the head** dar en el clavo **LOC** *Ver* HOME **PHRV** **hit back (at sth/sb)** contestar (a algo/algn), devolver el golpe (a algo/algn) **hit on sb** (*USA, argot*) intentar ligar con algn **hit out (at sth/sb)** lanzarse (contra algo/algn) ▸ *n* **1** golpe **2** éxito

**hit-and-run** /ˌhɪt n ˈrʌn/ *adj: a hit-and-run driver* conductor que atropella a alguien y se da a la fuga

**hitch** /hɪtʃ/ **1** *vt, vi* pedir aventón: *to hitch a ride* pedir aventón ◊ *Can I hitch a ride with you as far as the station?* ¿Me puedes llevar hasta la estación? **2** *vt* ~ **sth (up)** (*pantalón, etc.*) subirse algo ▸ *n* complicación: *without a hitch* sin dificultades

**hitchhike** /ˈhɪtʃhaɪk/ *vi* pedir aventón **hitchhiker** *n* persona que viaja pidiendo aventón

**hi-tech** = HIGH-TECH

**hive** /haɪv/ *n* colmena

**hoard** /hɔːrd/ *n* **1** tesoro **2** provisión ▸ *vt* acaparar

**hoarding** /ˈhɔːrdɪŋ/ (*USA* **billboard**) *n* cartelera publicitaria

**hoarse** /hɔːrs/ *adj* ronco

**hoax** /hoʊks/ *n* broma de mal gusto: *a bomb threat/hoax* un aviso de bomba falso

**hob** /hɑb/ *n* (*GB*) quemador

**ℓ hobby** /ˈhɑbi/ *n* (*pl* **hobbies**) hobby (*actividad de ocio*)

**hockey** /ˈhɑki/ *n* **1** (*USA*) (*GB* **ice hockey**) hockey sobre hielo **2** (*GB*) (*USA* **field hockey**) hockey

**hoe** /hoʊ/ *n* azadón

**hog** /hɔːg; *GB* hɒg/ *n* cerdo ▸ *vt* (*coloq*) acaparar

**hoist** /hɔɪst/ *vt* izar, levantar

**ℓ hold** /hoʊld/ (*pt, pp* **held** /held/) **1** *vt* sostener, tener en la mano: *to hold hands* ir de la mano **2** *vt* agarrarse a **3** *vt, vi* (*peso*) aguantar **4** *vt* (*criminal, rehén, etc.*) retener, tener detenido **5** *vt* (*opinión*) sostener **6** *vt* tener espacio para: *It won't hold you all.* No van a caber todos. **7** *vt* (*puesto, cargo*) ocupar **8** *vt* (*conversación*) mantener **9** *vt* (*reunión, elecciones*) celebrar **10** *vt* (*poseer*) tener **11** *vt* (*formal*) considerar **12** *vt* (*oferta, acuerdo*) ser válido **13** *vt* (*título*) ostentar **14** *vi* (*al teléfono*) esperar **LOC** **hold it!** (*coloq*) ¡espera! **❶** Para otras expresiones con **hold**, véanse las entradas del sustantivo, adjetivo, etc., p. ej. **hold your breath** en BREATH. **PHRV** **hold sth against sb** (*coloq*) tener algo en contra de algn **hold sth/sb back** refrenar algo/a algn **hold sth back** ocultar algo **hold sth/sb down** sujetar algo/a algn **hold forth** echar un discurso **hold on** (*coloq*) esperar **hold on (to sth/sb)** agarrarse (a algo/algn) **hold sth on** sujetar algo **hold out 1** (*provisiones*) durar **2** (*persona*) aguantar **hold sth/sb up** retrasar algo/a algn **hold sb up** asaltar algo (*banco, etc.*) **hold with sth** estar de acuerdo con algo ▸ *n* **1** *to keep a firm hold of sth* tener algo bien agarrado **2** (*judo*) llave **3** ~ **(on/over sth/sb)** influencia, control (sobre algo/algn) **4** (*avión, barco*) bodega **LOC** **catch/get/grab/take (a) hold of sth/sb** agarrar algo/a algn, hacerse con algo/algn **get hold of sb** ponerse en contacto con algn

**holdall** /ˈhoʊldɔːl/ (*GB*) (*USA* **duffel bag**) *n* bolsa de viaje ➔ *Ver dibujo en* LUGGAGE

**holder** /ˈhoʊldər/ *n* **1** titular **2** poseedor, -ora **3** recipiente

**hold-up** /ˈhoʊld ʌp/ *n* **1** (*tráfico*) atasco **2** retraso **3** asalto

**ℓ hole** /hoʊl/ *n* **1** agujero **2** perforación **3** (*carretera*) bache **4** boquete **5** madriguera **6** (*coloq*) aprieto **7** (*Golf*) hoyo **LOC** *Ver* PICK

---

ə about　y yes　w woman　eɪ say　aɪ five　ɔɪ boy　aʊ now　oʊ go

**holiday** /ˈhɒlədeɪ/ n **1** fiesta, día festivo **2** (esp GB) (USA **vacation**) vacaciones: to be/go on holiday estar/ir de vacaciones
▸ vi (GB) (USA **vacation**) estar de vacaciones

**holidaymaker** /ˈhɒlədeɪmeɪkər/ (GB) (USA **vacationer**) n turista

**holiness** /ˈhoʊlinəs/ n santidad

**hollow** /ˈhɒloʊ/ adj **1** hueco **2** (cara, ojos) hundido **3** (sonido) sordo **4** (fig) poco sincero, falso
▸ n **1** hoyo **2** hondonada **3** hueco
▸ v PHRV **hollow sth out** ahuecar algo

**holly** /ˈhɒli/ n (pl **hollies**) acebo

**holocaust** /ˈhɒləkɔːst/ n holocausto

**holster** /ˈhoʊlstər/ n funda (de pistola)

**holy** /ˈhoʊli/ adj (**holier, -est**) **1** santo **2** sagrado **3** bendito

**homage** /ˈhɒmɪdʒ/ n (formal) homenaje: to pay homage to sb rendir homenaje a algn

**home** /hoʊm/ n **1** (hogar) casa, hogar **2** (de ancianos, etc.) residencia **3** the ~ of sth [sing] la cuna de algo **4** (Zool) hábitat **5** (carrera) meta LOC **at home 1** en la casa **2** a sus anchas **3** en mi, su, nuestro, etc. país
▸ adj **1** (vida) familiar: home comforts las comodidades del hogar **2** (cocina, películas, etc.) casero **3** (esp GB) (no extranjero) nacional: the Home Office Secretaría de Gobernación **4** (Dep) de/en casa **5** (pueblo, país) natal
▸ adv **1** a casa: to go home irse a la casa **2** (fijar, clavar, etc.) a fondo LOC **bring sth home to sb** hacer que algn comprenda algo **hit/strike home** dar en el blanco **home free** (GB **home and dry**) a salvo

**homeboy** /ˈhoʊmbɔɪ/ n (USA, coloq) cuate, paisano

**homegirl** /ˈhoʊmɡɜːrl/ n (USA, coloq) cuata, paisana

**homeland** /ˈhoʊmlænd/ n tierra natal, patria

**homeless** /ˈhoʊmləs/ adj sin hogar
▸ n the homeless [pl] las personas sin hogar

**homely** /ˈhoʊmli/ adj (**homelier, -iest**) **1** (USA, pey) feo, poco atractivo **2** (GB) Ver HOMEY **3** (GB) (persona) hogareño

**homemade** /ˌhoʊmˈmeɪd/ (tb **home-made**) adj casero, hecho en casa

**home run** n (Béisbol) jonrón

**homesick** /ˈhoʊmsɪk/ adj nostálgico: to be/feel homesick extrañar el hogar

**homework** /ˈhoʊmwɜːrk/ n [incontable] (colegio) tarea

**homey** (tb **homy**) /ˈhoʊmi/ (GB **homely**) adj (ambiente, lugar) familiar, hogareño

**homicidal** /ˌhɒmɪˈsaɪdl/ adj homicida

**homicide** /ˈhɒmɪsaɪd/ n homicidio
↻ Comparar con MANSLAUGHTER, MURDER

**homogeneous** /ˌhoʊməˈdʒiːniəs/ adj homogéneo

**homosexual** /ˌhoʊməˈsekʃuəl/ adj, n homosexual **homosexuality** /ˌhoʊməsekʃuˈæləti/ n homosexualidad

**homy** = HOMEY

**honest** /ˈɒnɪst/ adj **1** (persona) honesto, honrado **2** (afirmación) franco, sincero **3** (sueldo) justo

**honestly** adv **1** honradamente **2** [uso enfático] de verdad, francamente

**honesty** /ˈɒnəsti/ n **1** honradez, honestidad **2** franqueza

**honey** /ˈhʌni/ n **1** miel **2** (coloq) (tratamiento) cariño

**honeymoon** /ˈhʌnimuːn/ n (lit y fig) luna de miel

**honk** /hɒŋk/ vt, vi ~ (**at sth/sb**) (coche) pitar (a algo/algn), tocar el claxon

**honor** (GB **honour**) /ˈɒnər/ n **1** honor **2** (título) condecoración **3** honors [pl] distinción: She graduated with honors. Se graduó con mención honorífica. **4** his/her/your Honor su Señoría LOC **in honor of sth/sb; in sth's/sb's honor** en honor de/a algo/algn
▸ vt **1** honrar **2** condecorar **3** (opinión, etc.) respetar **4** (compromiso, deuda) cumplir (con)

**honorable** (GB **honourable**) /ˈɒnərəbl/ adj **1** honorable **2** honroso

**honorary** /ˈɒnəreri; GB -rəri/ adj **1** honorífico **2** (doctor) honoris causa **3** (no remunerado) honorario

**hood** /hʊd/ n **1** capucha **2** (GB **bonnet**) (coche) cofre ↻ Ver dibujo en COCHE

**hoof** /huːf, hʊf/ n (pl **hoofs** o **hooves** /huːvz/) casco, pezuña

**hook** /hʊk/ n **1** gancho, garfio **2** (pesca) anzuelo LOC **get/let sb off the hook** (coloq) sacar a algn del apuro **off the hook** descolgado (teléfono)
▸ vt, vi enganchar(se) LOC **be/get hooked (on sth)** (coloq) estar enganchado/engancharse (a algo)

**hooky** (tb **hookey**) /ˈhʊki/ n LOC **play hooky** (esp USA, coloq) irse de pinta

**hooligan** /ˈhuːlɪɡən/ n (esp GB) vándalo, -a **hooliganism** n (esp GB) vandalismo

**hoop** /huːp/ n aro

**hooray** /huˈreɪ/ interj ~ (**for sth/sb**) ¡viva! (algo/algn)

**hoot** /huːt/ n **1** (búho) ululato **2** claxonazo, pitazo

▶**1** vi (*búho*) ulular **2** vt (*claxon*) tocar **3** vi (*GB*) (*USA* honk) ~ (at sth/sb) (*coche*) pitar (a algo/algn)

**hooves** /huːvz/ *plural de* HOOF

**hop** /hɑp/ vi (-pp-) **1** (*persona*) brincar de cojito ➲ *Ver dibujo en* SALTAR **2** (*animal*) dar saltitos
▶ n **1** salto **2** (*Bot*) lúpulo

♀ **hope** /hoʊp/ n ~ (of/for sth); ~ (of doing sth/that…) esperanza (de/para algo), esperanza (de hacer algo/de que…)
**LOC** *Ver* DASH
▶ vt, vi ~ (for sth/to do sth) esperar (algo/hacer algo): *I hope not/so.* Espero que no/sí. ➲ *Ver nota en* ESPERAR **LOC** **I should hope not!** ¡No faltaba más!

**hopeful** /ˈhoʊpfl/ adj **1** (*persona*) esperanzado, confiado: *to be hopeful that…* tener la esperanza de que… **2** (*situación*) prometedor, esperanzador **hopefully** adv **1** con optimismo, con esperanzas **2** con un poco de suerte

**hopeless** /ˈhoʊpləs/ adj **1** inútil, desastroso **2** (*tarea*) imposible **hopelessly** adv [*uso enfático*] totalmente

**horde** /hɔːrd/ n (*gen pey*) multitud: *hordes of people* mar de gente

**horizon** /həˈraɪzn/ n **1 the horizon** [*sing*] el horizonte **2** [*gen pl*] (*fig*) perspectiva

♀ **horizontal** /ˌhɔːrɪˈzɑntl; *GB* ˌhɒr-/ adj, n horizontal

**hormone** /ˈhɔːrmoʊn/ n hormona

♀ **horn** /hɔːrn/ n **1** cuerno, asta **2** (*Mús*) instrumento de viento con pabellón como el de la trompeta **3** (*coche, etc.*) claxon

**horoscope** /ˈhɔːrəskoʊp/; *GB* ˈhɒr-/ n horóscopo

**horrendous** /hɔːˈrendəs; *GB* hɒˈr-/ adj **1** horrendo **2** (*excesivo*) tremendo

**horrible** /ˈhɔːrəbl; *GB* ˈhɒr-/ adj horrible

**horrid** /ˈhɔːrɪd; *GB* ˈhɒrɪd/ adj horrible, horroroso

**horrific** /həˈrɪfɪk/ adj horripilante, espantoso

**horrify** /ˈhɔːrɪfaɪ; *GB* ˈhɒr-/ vt (*pt, pp* -**fied**) horrorizar **horrifying** adj horroroso, horripilante

♀ **horror** /ˈhɔːrər; *GB* ˈhɒr-/ n horror: *horror movie* película de terror

♀ **horse** /hɔːrs/ n caballo **LOC** *Ver* DARK, FLOG, LOOK

**horseback rider** /ˈhɔːrsbæk raɪdər/ (*GB* rider) n jinete

**horseback riding** (*GB* riding, horse riding) n equitación: *I like horseback riding.* Me gusta montar a caballo.

**horseman** /ˈhɔːrsmən/ n (*pl* -**men** /-mən/) jinete

**horsepower** /ˈhɔːrspaʊər/ n (*pl* horse-power) (*abrev* hp) caballo de fuerza, potencia

**horseshoe** /ˈhɔːrsʃuː/ n herradura

**horsewoman** /ˈhɔːrswʊmən/ n (*pl* -**women** /-wɪmɪn/) amazona

**horticultural** /ˌhɔːrtɪˈkʌltʃərəl/ n hortícola

**horticulture** /ˈhɔːrtɪkʌltʃər/ adj horticultura

**hose** /hoʊz/ (*GB tb* **hosepipe** /ˈhoʊzpaɪp/) n manguera

**hospice** /ˈhɑspɪs/ n hospital (*para incurables*)

**hospitable** /həˈspɪtəbl, ˈhɑspɪtəbl/ adj hospitalario

♀ **hospital** /ˈhɑspɪtl/ n hospital

**hospitality** /ˌhɑspɪˈtæləti/ n hospitalidad

♀ **host** /hoʊst/ n **1** multitud, montón: *a host of admirers* una multitud de admiradores **2** (**hostess**) anfitrión, -ona **3** (*TV*) presentador, -ora **4 the Host** (*Relig*) la hostia
▶ vt ser anfitrión de: *Beijing hosted the 2008 Olympics.* Beijing fue la sede de los Juegos Olímpicos de 2008.

**hostage** /ˈhɑstɪdʒ/ n rehén

**hostel** /ˈhɑstl/ n albergue: *youth hostel* albergue juvenil

**hostess** /ˈhoʊstəs; *GB tb* -tes/ n **1** anfitriona **2** (*TV*) presentadora

**hostile** /ˈhɑstl, -taɪl/ adj **1** hostil **2** (*territorio*) enemigo

**hostility** /hɑˈstɪləti/ n hostilidad

♀ **hot** /hɑt/ adj (**hotter, -est**) **1** (*agua, comida, objeto*) caliente ➲ *Ver nota en* CALIENTE; *Ver tb* PIPING HOT **2** (*día*) caluroso: *in hot weather* cuando hace calor **3** (*sabor*) picante **LOC** **be hot 1** (*persona*) tener calor **2** (*tiempo*): *It's very hot.* Hace mucho calor.

**hot dog** n salchicha (*en un hot-dog*)

♀ **hotel** /hoʊˈtel/ n hotel

**hotly** /ˈhɑtli/ adv ardientemente, enérgicamente

**hound** /haʊnd/ n perro de caza
▶ vt acosar

♀ **hour** /ˈaʊər/ n **1** hora: *half an hour* media hora **2 hours** [*pl*] horario: *office/opening hours* el horario de oficina/apertura **3** [*gen sing*] momento **LOC** **after hours** después del horario de trabajo/de apertura **on the hour** a la hora en punto *Ver tb* EARLY **hourly** adv, adj cada hora

♀ **house** /haʊs/ n (*pl* houses /ˈhaʊzɪz/) **1** casa **2** (*Teat*) sala de espectáculos:

*There was a full house.* Hubo lleno completo. LOC **on the house** cortesía de la casa *Ver tb* MOVE
▶ *vt* /haʊz/ alojar, albergar

**household** /'haʊshoʊld/ *n: a large household* una casa de mucha gente ◊ *household chores* quehacer(es) doméstico(s) **householder** *n* dueño, -a de la casa

**housekeeper** /'haʊskiːpər/ *n* ama de llaves **housekeeping** *n* **1** gobierno de la casa **2** gastos de la casa

**the House of Commons** (*tb* the **Commons**) *n* (*GB*) la Cámara de los Comunes ➲ *Ver nota en* PARLIAMENT

**the House of Lords** (*tb* the **Lords**) *n* (*GB*) la Cámara de los Lores ➲ *Ver nota en* PARLIAMENT

**the House of Representatives** *n* (*USA*) la Cámara de Diputados ➲ *Ver nota en* CONGRESS

**the Houses of Parliament** *n* [*pl*] (*GB*) el Parlamento (británico) ➲ *Ver nota en* PARLIAMENT

**housewife** /'haʊswaɪf/ *n* (*pl* **housewives** /-waɪvz/) ama de casa

**housework** /'haʊswɜːrk/ *n* [*incontable*] quehacer(es) doméstico(s)

**housing** /'haʊzɪŋ/ *n* [*incontable*] vivienda, alojamiento

**housing development** (*GB tb* **housing estate**) *n* fraccionamiento

**hover** /'hʌvər; *GB* 'hɒv-/ *vi* **1** (*ave*) planear **2** (*objeto*) quedarse suspendido (en el aire) **3** (*persona*) rondar

**how** /haʊ/ *adv* **1** cómo: *How are you?* ¿Cómo estás? ◊ *How can that be?* ¿Cómo puede ser? ◊ *Tell me how to spell it.* Dime cómo se escribe. ◊ *How is your job?* ¿Cómo va el trabajo? **2** [*antes de adjetivo o adverbio*]: *How old are you?* ¿Cuántos años tienes? ◊ *How fast were you going?* ¿A qué velocidad ibas? **3** (*para expresar sorpresa*) ¡qué...!: *How cold it is!* ¡Qué frío hace! ◊ *How you've grown!* ¡Cómo has crecido! **4** como: *I dress how I like.* Me visto como quiero. LOC **how are you?** ¿cómo estás? **how come...?** ¿cómo es que...? **how do you do?** es un placer

**How do you do?** se usa en presentaciones formales, y se contesta con *how do you do?* En cambio **how are you?** se usa en situaciones informales, y se responde según se encuentre uno: *fine, very well, not too well,* etc. ➲ *Ver tb nota en* ¡HOLA!

**how ever** cómo: *How ever did she do it?* ¿Cómo consiguió hacerlo? ➲ *Comparar con* HOWEVER **how many** cuántos,

cuántas: *How many letters did you write?* ¿Cuántas cartas escribiste? **how much** cuánto: *How much is it?* ¿Cuánto es? *Ver tb* ABOUT

**however** /haʊ'evər/ *adv* **1** sin embargo **2** por muy/mucho que: *however strong you are* por muy fuerte que seas ◊ *however hard he tries* por mucho que lo intente **3** como: *however you like* como quieras ➲ *Comparar con* HOW EVER *en* HOW

**howl** /haʊl/ *n* **1** aullido **2** grito
▶ *vi* **1** aullar **2** dar alaridos

**HQ** *Ver* HEADQUARTERS

**hub** /hʌb/ *n* **1** (*rueda*) cubo **2** ~ **(of sth)** (*fig*) eje (de algo)

**hubbub** /'hʌbʌb/ *n* jaleo, algarabía

**huddle** /'hʌdl/ *vi* **1** acurrucarse **2** apiñarse
▶ *n* grupo

**huff** /hʌf/ *n* rabieta: *to be in a huff* estar enfurruñado, hacer una rabieta

**hug** /hʌg/ *n* abrazo: *to give sb a hug* darle un abrazo a algn
▶ *vt* (**-gg-**) abrazar

**huge** /hjuːdʒ/ *adj* enorme

**hull** /hʌl/ *n* casco (*de un barco*)

**hullo** = HELLO

**hum** /hʌm/ *n* **1** zumbido **2** (*voces*) murmullo
▶ (**-mm-**) **1** *vi* zumbar **2** *vt, vi* tararear **3** *vi* bullir: *to hum with activity* bullir de actividad

**human** /'hjuːmən/ *adj, n* humano: *human being* ser humano ◊ *human rights* derechos humanos ◊ *human nature* la naturaleza humana ◊ *the human race* el género humano

**humane** /hjuːˈmeɪn/ *adj* humanitario, humano

**humanitarian** /hjuːˌmænɪˈteəriən/ *adj* humanitario

**humanity** /hjuːˈmænəti/ *n* **1** humanidad **2 humanities** [*pl*] humanidades

**humble** /'hʌmbl/ *adj* (**humbler, -est**) humilde
▶ *vt* ~ **yourself** adoptar una actitud humilde

**humid** /'hjuːmɪd/ *adj* húmedo **humidity** /hjuːˈmɪdəti/ *n* humedad

**Humid** y **humidity** sólo se refieren a la humedad atmosférica. ➲ *Ver tb nota en* MOIST

**humiliate** /hjuːˈmɪlieɪt/ *vt* humillar **humiliating** *adj* humillante, vergonzoso **humiliation** *n* humillación

**humility** /hjuːˈmɪləti/ *n* humildad

**hummingbird** /'hʌmɪŋbɜːrd/ n colibrí

🔒 **humor** (GB **humour**) /'hjuːmər/ n
**1** humor **2** (comicidad) gracia
▶ vt seguir la corriente a, complacer

🔒 **humorous** /'hjuːmərəs/ adj
humorístico, divertido

**hump** /hʌmp/ n joroba, giba

**hunch** /hʌntʃ/ n corazonada, presentimiento
▶ vt, vi encorvar(se)

**hundred** /'hʌndrəd/ adj, pron cien,
ciento ⊃ Ver nota en MILLION
▶ n ciento, centenar
**hundredth 1** adj, pron centésimo **2** n
centésima parte ⊃ Ver ejemplos en FIFTH

**hung** pt, pp de HANG

**hunger** /'hʌŋgər/ n hambre ⊃ Ver nota
en HAMBRE
▶ v PHRV **hunger for/after sth** (formal)
anhelar algo, tener sed de algo

🔒 **hungry** /'hʌŋgri/ adj (**hungrier**, **-iest**)
hambriento: *I'm hungry.* Tengo
hambre.

**hunk** /hʌŋk/ n (buen) trozo

🔒 **hunt** /hʌnt/ vt, vi **1** cazar, ir de cacería
**2** ~ (**for**) **sth/sb** buscar (algo/a algn)
▶ n **1** caza, cacería **2** búsqueda, busca
**hunter** n cazador, -ora

🔒 **hunting** /'hʌntɪŋ/ n caza, cacería

**hurdle** /'hɜːrdl/ n **1** valla **2** (fig) obstáculo

**hurl** /hɜːrl/ vt **1** lanzar, arrojar **2** (insultos,
etc.) soltar

**hurrah, hurray** interj = HOORAY

**hurricane** /'hɜːrɪkeɪn; GB 'hʌrɪkən/ n
huracán

**hurried** /'hɜːrid/ adj apresurado, rápido

🔒 **hurry** /'hɜːri; GB 'hʌri/ n [sing] prisa
LOC **be in a hurry** tener prisa
▶ vt, vi (pt, pp **hurried**) dar(se) prisa, apresurar(se) PHRV **hurry up** (coloq) darse
prisa

🔒 **hurt** /hɜːrt/ (pt, pp **hurt**) **1** vt lastimar,
hacer daño a: *to get hurt* lastimarse **2** vi
doler: *My leg hurts.* Me duele la pierna.
**3** vt (apenar) herir, ofender **4** vt (intereses,
reputación, etc.) perjudicar, dañar **hurtful**
adj hiriente, cruel, perjudicial

**hurtle** /'hɜːrtl/ vi precipitarse

🔒 **husband** /'hʌzbənd/ n marido

**hush** /hʌʃ/ n [sing] silencio

▶ v PHRV **hush sth/sb up** acallar algo/a
algn

**husky** /'hʌski/ adj (**huskier**, **-iest**) ronco
▶ n (pl **huskies**) perro esquimal

**hustle** /'hʌsl/ vt **1** empujar a **2** (coloq)
meter prisa a
▶ n LOC **hustle and bustle** ajetreo

**hut** /hʌt/ n choza, cabaña

**hutch** /hʌtʃ/ n **1** conejera (jaula) **2** (GB
**dresser**) aparador

**hybrid** /'haɪbrɪd/ adj, n híbrido

**hydrant** /'haɪdrənt/ n toma de agua: *fire
hydrant* hidrante para incendios

**hydraulic** /haɪ'drɔːlɪk/ adj hidráulico

**hydroelectric** /ˌhaɪdroʊɪ'lektrɪk/ adj
hidroeléctrico

**hydrogen** /'haɪdrədʒən/ n hidrógeno

**hyena** (tb **hyaena**) /haɪ'iːnə/ n hiena

**hygiene** /'haɪdʒiːn/ n higiene **hygienic**
/haɪ'dʒenɪk, -'dʒiːn-/ adj higiénico

**hymn** /hɪm/ n himno

**hype** /haɪp/ n [incontable] (coloq, pey)
propaganda (exagerada)
▶ vt ~ **sth (up)** (coloq, pey) anunciar algo
exageradamente

**hyperlink** /'haɪpərlɪŋk/ n (Informát)
enlace, link

**hypermarket** /'haɪpərmɑːrkɪt/ n (GB)
hipermercado

**hyphen** /'haɪfn/ n guión ⊃ Ver pág 308

**hypnosis** /hɪp'noʊsɪs/ n hipnosis

**hypnotic** /hɪp'nɑtɪk/ adj hipnótico

**hypnotism** /'hɪpnətɪzəm/ n hipnotismo **hypnotist** n hipnotizador, -ora

**hypnotize** (GB tb **-ise**) /'hɪpnətaɪz/ vt
hipnotizar

**hypochondriac** /ˌhaɪpə'kɑndriæk/ n
hipocondríaco, -a

**hypocrisy** /hɪ'pɑkrəsi/ n hipocresía

**hypocrite** /'hɪpəkrɪt/ n hipócrita **hypocritical** /ˌhɪpə'krɪtɪkl/ adj hipócrita

**hypothesis** /haɪ'pɑθəsɪs/ n (pl **hypotheses** /-siːz/) hipótesis

**hypothetical** /ˌhaɪpə'θetɪkl/ adj hipotético

**hysteria** /hɪ'stɪəriə, hɪ'steriə/ n histeria

**hysterical** /hɪ'sterɪkl/ adj **1** (risa, etc.)
histérico **2** (coloq) para morirse de risa

**hysterics** /hɪ'sterɪks/ n [pl] **1** crisis de
histeria **2** (coloq) ataque de risa

---

ə about   y yes   w woman   eɪ say   aɪ five   ɔɪ boy   aʊ now   oʊ go

# I i

**I** /aɪ/ *pron* yo: *I am 15 (years old).* Tengo quince años. ❶ El pronombre personal no se puede omitir en inglés. ➜ *Comparar con* ME

**I, i** /aɪ/ *n (pl* **Is, I's, i's**) I, i: *I as in ice cream* I de Italia ➜ *Ver ejemplos en* A, A

**ice** /aɪs/ *n [incontable]* hielo: *ice cube* cubito de hielo
▸ *vt* glasear

**iceberg** /'aɪsbɜːrg/ *n* iceberg

**icebox** /'aɪsbɑːks/ *n (USA, antic)* refrigerador

**ice cream** *n* helado

**ice lolly** /ˌaɪs 'lɑli/ *n (pl* **ice lollies**) *(GB)* *(USA* **Popsicle**) paleta (de hielo)

**ice skate** /'aɪs skeɪt/ *n* patín de hielo ➜ *Ver dibujo en* PATÍN
▸ *vi* patinar sobre hielo
**ice skating** *n* patinaje sobre hielo

**icicle** /'aɪsɪkl/ *n* carámbano

**icing** /'aɪsɪŋ/ *n* glaseado: *icing sugar* azúcar glas

**icon** /'aɪkɒn/ *n (Relig, Informát)* icono

**icy** /'aɪsi/ *adj* **1** helado **2** *(voz, actitud, etc.)* gélido

**I'd** /aɪd/ **1** = I HAD *Ver* HAVE **2** = I WOULD *Ver* WOULD

**ID** /ˌaɪ 'diː/ *n* identificación, documento de identidad

**idea** /aɪ'dɪə/ *n* **1** idea **2** ocurrencia: *What an idea!* ¡Qué ocurrencia! **LOC** **get the idea** entender la idea **get the idea (that)…** tener la impresión de que… **give sb ideas** meter a algn ideas en la cabeza **have no idea** no tener ni idea

**ideal** /aɪ'diːəl/ *adj* ~ **(for sth/sb)** ideal (para algo/algn)
▸ *n* ideal

**idealism** /aɪ'diːəlɪzəm/ *n* idealismo **idealist** *n* idealista **idealistic** /ˌaɪdɪə'lɪstɪk/ *adj* idealista

**idealize** *(GB tb* **-ise**) /aɪ'diːəlaɪz/ *vt* idealizar

**ideally** /aɪ'diːəli/ *adv* **1** en el mejor de los casos: *Ideally, they should all help.* Lo ideal sería que todos ayudaran. **2** de forma ideal: *to be ideally suited* complementarse de una forma ideal

**identical** /aɪ'dentɪkl/ *adj* ~ **(to/with sth/sb)** idéntico a algo/algn

**identification** /aɪˌdentɪfɪ'keɪʃn/ *n* identificación: *identification papers* documento de identidad

**identify** /aɪ'dentɪfaɪ/ *vt (pt, pp* **-fied)** **1** ~ **sth/sb as sth/sb** identificar algo/a algn como algo/algn **2** ~ **sth with sth** identificar algo con algo

**identity** /aɪ'dentəti/ *n (pl* **identities)** **1** identidad **2** *a case of mistaken identity* un error de identificación

**ideology** /ˌaɪdi'ɑlədʒi/ *n (pl* **ideologies)** ideología

**idiom** /'ɪdiəm/ *n* modismo, locución

**idiosyncrasy** /ˌɪdiə'sɪŋkrəsi/ *n* idiosincrasia

**idiot** /'ɪdiət/ *n (coloq)* idiota **idiotic** /ˌɪdi'ɑtɪk/ *adj* estúpido

**idle** /'aɪdl/ *adj* **1** holgazán **2** desocupado **3** *(maquinaria)* parado **4** vano, inútil **idleness** *n* ociosidad, holgazanería

**idol** /'aɪdl/ *n* ídolo **idolize** *(GB tb* **-ise**) *vt* idolatrar

**idyllic** /aɪ'dɪlɪk; *GB* ɪ'd-/ *adj* idílico

**ie** /ˌaɪ 'iː/ *abrev* es decir

**if** /ɪf/ *conj* **1** si: *If he were here…* Si estuviera él aquí… **2** cuando, siempre que: *if in doubt* en caso de duda **3** *(tb* **even if**) aunque, incluso si: *If I were you* yo que tú, yo en tu lugar **if only** ojalá *If only I had known!* ¡De haberlo sabido! **if so** de ser así

**igloo** /'ɪgluː/ *n (pl* **igloos)** iglú

**ignite** /ɪg'naɪt/ *vt, vi* prender (fuego a), encender(se) **ignition** /ɪg'nɪʃn/ *n* **1** ignición **2** *(Mec)* encendido

**ignominious** /ˌɪgnə'mɪniəs/ *adj (formal)* vergonzoso

**ignorance** /'ɪgnərəns/ *n* ignorancia

**ignorant** /'ɪgnərənt/ *adj* ignorante: *to be ignorant of sth* desconocer algo

**ignore** /ɪg'nɔːr/ *vt* **1** no hacer caso de/a **2** ignorar **3** pasar por alto

**ill** /ɪl/ *adj* **1** *(esp GB)* *(USA* **sick**) enfermo: *to fall/be taken ill* caer enfermo ◇ *to feel ill* sentirse mal **2** malo ➜ *Ver nota en* ENFERMO
▸ *adv* mal: *to speak ill of sb* hablar mal de algn

❶ Se emplea mucho en compuestos, p. ej. **ill-fated** *(infortunado)*, **ill-equipped** *(mal equipado)*, **ill-advised** *(imprudente, poco aconsejable)*.

**LOC** **ill at ease** incómodo, molesto *Ver tb* BODE, FEELING
▸ *n (formal)* mal, daño

**LOC** ill at ease incómodo, molesto *Ver tb* BODE, FEELING
▸ n (*formal*) mal, daño

**I'll** /aɪl/ **1** = I WILL *Ver* WILL **2** = I SHALL *Ver* SHALL

**illegal** /ɪˈliːgl/ *adj* ilegal

**illegible** /ɪˈledʒəbl/ *adj* ilegible

**illegitimate** /ˌɪləˈdʒɪtəmət/ *adj* ilegítimo

**ill health** *n* mala salud

**illicit** /ɪˈlɪsɪt/ *adj* ilícito

**illiterate** /ɪˈlɪtərət/ *adj* **1** analfabeto **2** ignorante

**illness** /ˈɪlnəs/ *n* enfermedad: *mental illness* enfermedad mental ◊ *absences due to illness* ausencia por enfermedad ➔ *Ver nota en* DISEASE

**illogical** /ɪˈlɒdʒɪkl/ *adj* ilógico

**ill-treatment** /ˌɪl ˈtriːtmənt/ *n* maltrato

**illuminate** /ɪˈluːmɪneɪt/ *vt* iluminar **illuminating** *adj* revelador **illumination** *n* **1** iluminación **2** illuminations [*pl*] (*GB*) luminarias

**illusion** /ɪˈluːʒn/ *n* ilusión (*idea equivocada*) **LOC** be under the illusion that… hacerse ilusiones de que…

**illusory** /ɪˈluːsəri/ *adj* (*formal*) ilusorio

**illustrate** /ˈɪləstreɪt/ *vt* ilustrar **illustration** *n* **1** ilustración **2** ejemplo

**illustrious** /ɪˈlʌstriəs/ *adj* ilustre

**I'm** /aɪm/ = I AM *Ver* BE

**image** /ˈɪmɪdʒ/ *n* imagen **imagery** /ˈɪmɪdʒəri/ *n* [*incontable*] imágenes

**imaginary** /ɪˈmædʒəneri; *GB* -ɪnəri/ *adj* imaginario

**imagination** /ɪˌmædʒɪˈneɪʃn/ *n* imaginación **imaginative** /ɪˈmædʒɪnətɪv/ *adj* imaginativo

**imagine** /ɪˈmædʒɪn/ *vt, vi* imaginar(se)

**imbalance** /ɪmˈbæləns/ *n* desequilibrio

**imbecile** /ˈɪmbəsl; *GB* -siːl/ *n* imbécil

**imitate** /ˈɪmɪteɪt/ *vt* imitar

**imitation** /ˌɪmɪˈteɪʃn/ *n* **1** copia, reproducción **2** (*acción y efecto*) imitación

**immaculate** /ɪˈmækjələt/ *adj* **1** inmaculado **2** (*ropa*) impecable

**immaterial** /ˌɪməˈtɪəriəl/ *adj* irrelevante

**immature** /ˌɪməˈtʃʊər, -ˈtʊər; *GB* -ˈtjʊə (r)/ *adj* inmaduro

**immeasurable** /ɪˈmeʒərəbl/ *adj* (*formal*) inconmensurable

**immediate** /ɪˈmiːdiət/ *adj* **1** inmediato: *to take immediate action* actuar de inmediato **2** (*familia, parientes*) más cercano **3** (*necesidad, etc.*) urgente

**immediately** /ɪˈmiːdiətli/ *adv* **1** inmediatamente **2** directamente

▸ *conj* (*esp GB*) en cuanto: *immediately I saw her* en cuanto la vi/nada más verla

**immense** /ɪˈmens/ *adj* inmenso

**immerse** /ɪˈmɜːrs/ *vt* (*lit y fig*) sumergir **immersion** *n* inmersión

**immigrant** /ˈɪmɪgrənt/ *n* inmigrante

**immigration** /ˌɪmɪˈgreɪʃn/ *n* inmigración

**imminent** /ˈɪmɪnənt/ *adj* inminente

**immobile** /ɪˈmoʊbl; *GB* -baɪl/ *adj* inmóvil

**immobilize** (*GB tb* -ise) /ɪˈmoʊbəlaɪz/ *vt* inmovilizar

**immoral** /ɪˈmɔːrəl; *GB* ɪˈmɒrəl/ *adj* inmoral

**immortal** /ɪˈmɔːrtl/ *adj* **1** (*alma, vida*) inmortal **2** (*fama*) imperecedero **immortality** /ˌɪmɔːrˈtæləti/ *n* inmortalidad

**immovable** /ɪˈmuːvəbl/ *adj* **1** (*objeto*) inmóvil **2** (*persona, actitud*) inflexible

**immune** /ɪˈmjuːn/ *adj* ~ (**to sth**) inmune (a algo) **immunity** *n* inmunidad

**immunization** (*GB tb* -isation) /ˌɪmjunaˈzeɪʃn; *GB* -naɪˈz-/ *n* inmunización

**immunize** (*GB tb* -ise) /ˈɪmjunaɪz/ *vt* ~ **sb** (**against sth**) inmunizar a algn (contra algo)

**imp** /ɪmp/ *n* **1** diablillo **2** (*niño*) pillo

**impact** /ˈɪmpækt/ *n* **1** impacto **2** (*coche*) choque

**impair** /ɪmˈpeər/ *vt* (*formal*) deteriorar, debilitar: *impaired vision* vista debilitada **impairment** *n* (*formal*) deficiencia

**impart** /ɪmˈpɑrt/ *vt* (*formal*) **1** conferir **2** ~ **sth** (**to sb**) impartir algo (a algn)

**impartial** /ɪmˈpɑrʃl/ *adj* imparcial

**impasse** /ˈɪmpæs; *GB* ˈæmpɑːs/ *n* (*fig*) callejón sin salida

**impassioned** /ɪmˈpæʃnd/ *adj* apasionado

**impassive** /ɪmˈpæsɪv/ *adj* impasible

**impatience** /ɪmˈpeɪʃns/ *n* impaciencia

**impatient** /ɪmˈpeɪʃnt/ *adj* impaciente

**impeccable** /ɪmˈpekəbl/ *adj* impecable

**impede** /ɪmˈpiːd/ *vt* (*formal*) obstaculizar

**impediment** /ɪmˈpedɪmənt/ *n* **1** ~ (**to sth/sb**) obstáculo (para algo/algn) **2** (*habla*) defecto

**impel** /ɪmˈpel/ *vt* (-ll-) impulsar

**impending** /ɪmˈpendɪŋ/ *adj* inminente

**impenetrable** /ɪmˈpenɪtrəbl/ *adj* impenetrable

**imperative** /ɪmˈperətɪv/ *adj* **1** (*esencial*) urgente, imprescindible **2** (*tono de voz*) imperativo

---

| ʃ chin | dʒ June | v van | θ then | s so | z zoo | ʃ she |

▶ *n* imperativo

**imperceptible** /ˌɪmpərˈseptəbl/ *adj* imperceptible

**imperfect** /ɪmˈpɜːrfɪkt/ *adj, n* imperfecto

**imperial** /ɪmˈpɪəriəl/ *adj* imperial
**imperialism** *n* imperialismo

**impersonal** /ɪmˈpɜːrsənl/ *adj* impersonal

**impersonate** /ɪmˈpɜːrsəneɪt/ *vt*
**1** imitar **2** hacerse pasar por

**impertinent** /ɪmˈpɜːrtɪnənt/ *adj* impertinente

**impetus** /ˈɪmpɪtəs/ *n* impulso, ímpetu

**implausible** /ɪmˈplɔːzəbl/ *adj* inverosímil

**implement** /ˈɪmplɪmənt/ *n* utensilio
▶ *vt* /ˈɪmplɪment/ **1** llevar a cabo, realizar **2** (*decisión*) poner en práctica **3** (*ley*) aplicar
**implementation** *n* **1** realización, puesta en práctica **2** (*ley*) aplicación

**implicate** /ˈɪmplɪkeɪt/ *vt* ~ **sb** (**in sth**) involucrar a algn (en algo)

ℰ **implication** /ˌɪmplɪˈkeɪʃn/ *n* **1** ~ (**for sth/sb**) consecuencia (para algo/algn) **2** implicación (*en un delito*)

**implicit** /ɪmˈplɪsɪt/ *adj* **1** ~ (**in sth**) implícito (en algo) **2** absoluto

**implore** /ɪmˈplɔːr/ *vt* (*formal*) implorar, suplicar

ℰ **imply** /ɪmˈplaɪ/ *vt* (*pt, pp* **implied**) **1** dar a entender **2** implicar, suponer

ℰ **import** /ɪmˈpɔːrt/ *vt* importar
▶ *n* /ˈɪmpɔːrt/ importación

ℰ **importance** /ɪmˈpɔːrtns/ *n* importancia

ℰ **important** /ɪmˈpɔːrtnt/ *adj* importante: *vitally important* de suma importancia

ℰ **impose** /ɪmˈpoʊz/ **1** *vt* ~ **sth** (**on sth/sb**) imponer algo (a/sobre algo/algn) **2** *vi* ~ (**on sth/sb**) abusar (de la hospitalidad) (de algo/algn) **imposing** *adj* imponente
**imposition** /ˌɪmpəˈzɪʃn/ *n* **1** imposición (*restricción, etc.*) **2** molestia

**impossibility** /ɪmˌpɑːsəˈbɪləti/ *n* imposibilidad

ℰ **impossible** /ɪmˈpɑːsəbl/ *adj* **1** imposible **2** intolerable
▶ *n* the impossible [*sing*] lo imposible

**impotence** /ˈɪmpətəns/ *n* impotencia
**impotent** *adj* impotente

**impoverished** /ɪmˈpɑːvərɪʃt/ *adj* empobrecido

**impractical** /ɪmˈpræktɪkl/ *adj* poco práctico

ℰ **impress** /ɪmˈpres/ **1** *vt, vi* impresionar, causar buena impresión (a) **2** *vt* ~ **sth on/upon sb** (*formal*) recalcar algo a algn

ℰ **impression** /ɪmˈpreʃn/ *n* **1** impresión: *to be under the impression that…* tener la impresión de que… **2** imitación

ℰ **impressive** /ɪmˈpresɪv/ *adj* impresionante

**imprison** /ɪmˈprɪzn/ *vt* encarcelar
**imprisonment** *n* encarcelamiento

**improbable** /ɪmˈprɑːbəbl/ *adj* improbable, poco probable

**impromptu** /ɪmˈprɑːmptuː; *GB* -tjuː/ *adj* improvisado

**improper** /ɪmˈprɑːpər/ *adj* **1** incorrecto, indebido **2** (*formal*) impropio **3** (*transacción*) irregular

ℰ **improve** /ɪmˈpruːv/ *vt, vi* mejorar
**PHR V** **improve on/upon sth** superar algo

ℰ **improvement** /ɪmˈpruːvmənt/ *n*
**1** ~ (**on/in sth**) mejora (de algo): *to be an improvement on sth* suponer una mejora sobre algo **2** reforma

**improvise** /ˈɪmprəvaɪz/ *vt, vi* improvisar

**impulse** /ˈɪmpʌls/ *n* impulso **LOC** **on impulse** sin pensar

**impulsive** /ɪmˈpʌlsɪv/ *adj* impulsivo

ℰ **in** /ɪn/ ❶ Para los usos de **in** en PHRASAL VERBS, ver las entradas de los verbos correspondientes, p. ej. **go in** en **GO¹**.
▶ *prep* **1** en: *in here/there* aquí/ahí dentro **2** [*después de superlativo*] de: *the best stores in town* las mejores tiendas de la ciudad **3** (*tiempo*) en: *in the morning* por la mañana ◊ *in the daytime* de día ◊ *ten in the morning* las diez de la mañana **4** *I'll see you in two days.* Te veré dentro de dos días. ◊ *He did it in two days.* Lo hizo en dos días. **5** por: *one in ten people* una de cada diez personas **6** (*descripción, método*): *the girl in glasses* la muchacha de lentes ◊ *covered in mud* cubierto de lodo ◊ *Speak in English.* Habla en inglés. **7** + *ing*: *In saying that, you're contradicting yourself.* Al decir eso te contradices a ti mismo. **LOC** **in that** en tanto que
▶ *adv* **1** **be in** estar (*en la casa*): *Is anyone in?* ¿Hay alguien? **2** **be/get in** haber llegado/llegar: *Applications must be in by…* Las solicitudes deberán llegar antes del… **LOC** **be/get in on sth** (*coloq*) participar en algo, enterarse de algo **be in for sth** (*coloq*) esperarle a uno algo: *He's in for a surprise!* ¡Vaya sorpresa que se va a llevar! ◊ *He's in for it now!* ¡Ya le tocó! **have (got) it in for sb** (*coloq*): *He has it in for me.* Me tiene manía.
▶ *adj* (*coloq*) de moda
▶ *n* **LOC** **the ins and outs (of sth)** los pormenores (de algo)

**inability** /ˌɪnəˈbɪləti/ n ~ **(to do sth)** incapacidad (para hacer algo)

**inaccessible** /ˌɪnækˈsesəbl/ adj ~ **(to sb)** **1** inaccesible (para algn) **2** incomprensible (para algn)

**inaccurate** /ɪnˈækjərət/ adj inexacto, impreciso

**inaction** /ɪnˈækʃn/ n pasividad

**inadequate** /ɪnˈædɪkwət/ adj **1** insuficiente **2** incapaz

**inadvertently** /ˌɪnədˈvɜːrtəntli/ adv por descuido, sin darse cuenta

**inappropriate** /ˌɪnəˈproʊpriət/ adj ~ **(to/for sth/sb)** poco apropiado, impropio (para algo/algn)

**inaugural** /ɪˈnɔːɡjərəl/ adj **1** inaugural **2** (discurso) de apertura

**inaugurate** /ɪˈnɔːɡjəreɪt/ vt **1** ~ **sb (as sth)** investir a algn (como algo) **2** inaugurar

**inbox** /ˈɪnbɑːks/ n bandeja de entrada (para e-mails)

**incapable** /ɪnˈkeɪpəbl/ adj **1** ~ **of (doing) sth** incapaz de (hacer) algo **2** incompetente

**incapacity** /ˌɪnkəˈpæsəti/ n ~ **(to do sth)** incapacidad (para hacer algo)

**incense** /ˈɪnsens/ n incienso

**incensed** /ɪnˈsenst/ adj ~ **(by/at sth)** furioso (por algo)

**incentive** /ɪnˈsentɪv/ n ~ **(to do sth)** incentivo, aliciente (para hacer algo)

**incessant** /ɪnˈsesnt/ adj (gen pey) incesante **incessantly** adv sin parar

**incest** /ˈɪnsest/ n incesto

**inch** /ɪntʃ/ n (abrev in.) pulgada (25.4 milímetros) ➲ Ver pág 681 **LOC** **not give an inch** no ceder ni un palmo

**incidence** /ˈɪnsɪdəns/ n ~ **of sth** (formal) frecuencia, tasa, casos de algo

**incident** /ˈɪnsɪdənt/ n incidente, episodio: without incident sin novedad

**incidental** /ˌɪnsɪˈdentl/ adj **1** ~ **(to sth)** secundario (a algo) **2** ocasional, fortuito **3** (gastos, etc.) adicional **incidentally** adv **1** a propósito **2** de paso

**incisive** /ɪnˈsaɪsɪv/ adj **1** (comentario) incisivo **2** (tono) mordaz **3** (cerebro) penetrante

**incite** /ɪnˈsaɪt/ vt ~ **sb (to sth)** incitar a algn (a algo)

**inclination** /ˌɪnklɪˈneɪʃn/ n **1** ~ **for/ toward sth; ~ to do sth** disposición para algo, disposición a hacer algo **2** inclinación, tendencia

**incline** /ɪnˈklaɪn/ vt, vi inclinar(se)

▶ n /ˈɪnklaɪn/ (formal) pendiente
**inclined** /ɪnˈklaɪnd/ adj **1** be ~ **(to do sth)** (voluntad) estar dispuesto a (hacer algo), inclinarse a hacer algo **2** be ~ **to do sth** (tendencia) ser propenso a algo/hacer algo

**include** /ɪnˈkluːd/ vt ~ **sth/sb (in/among sth)** incluir algo/a algn (en algo)

**including** /ɪnˈkluːdɪŋ/ prep incluido, inclusive

**inclusion** /ɪnˈkluːʒn/ n inclusión

**inclusive** /ɪnˈkluːsɪv/ adj **1** incluido: to be inclusive of sth incluir algo **2** inclusive

**incoherent** /ˌɪnkoʊˈhɪərənt/ adj incoherente

**income** /ˈɪnkʌm, -kəm/ n [incontable] ingresos: income tax impuesto sobre la renta

**incoming** /ˈɪnkʌmɪŋ/ adj entrante

**incompetent** /ɪnˈkɑːmpɪtənt/ adj, n incompetente

**incomplete** /ˌɪnkəmˈpliːt/ adj incompleto

**incomprehensible** /ɪnˌkɑːmprɪˈhensəbl/ adj incomprensible

**inconceivable** /ˌɪnkənˈsiːvəbl/ adj inconcebible

**inconclusive** /ˌɪnkənˈkluːsɪv/ adj no concluyente: The meeting was inconclusive. La reunión no llegó a ninguna conclusión.

**incongruous** /ɪnˈkɑːŋɡruəs/ adj incongruente

**inconsiderate** /ˌɪnkənˈsɪdərət/ adj desconsiderado

**inconsistent** /ˌɪnkənˈsɪstənt/ adj inconsecuente, incongruente

**inconspicuous** /ˌɪnkənˈspɪkjuəs/ adj apenas visible, que no llama la atención: to make yourself inconspicuous procurar pasar inadvertido

**inconvenience** /ˌɪnkənˈviːniəns/ n **1** [incontable] inconveniente **2** molestia ▶ vt incomodar

**inconvenient** /ˌɪnkənˈviːniənt/ adj **1** molesto, incómodo **2** (momento) inoportuno

**incorporate** /ɪnˈkɔːrpəreɪt/ vt ~ **sth (in/ into sth)** incorporar algo (a algo), incluir algo (en algo) **incorporated** adj: incorporated company sociedad anónima

**incorrect** /ˌɪnkəˈrekt/ adj incorrecto

**increase** /ˈɪŋkriːs/ n ~ **(in sth)** aumento (de algo) **LOC** **on the increase** en aumento
▶ vt, vi /ɪnˈkriːs/ **1** aumentar **2** incrementar(se)
**increasing** adj creciente

**increasingly** /ɪnˈkriːsɪŋli/ adv cada vez más

**incredible** /ɪnˈkredəbl/ adj increíble

**indecisive** /ˌɪndɪˈsaɪsɪv/ adj 1 indeciso 2 no concluyente

**indeed** /ɪnˈdiːd/ adv (formal) 1 (comentario, respuesta, reconocimiento) de veras: *Did you indeed?* ¿De veras? 2 en efecto, de hecho 3 [uso enfático] (esp GB) de verdad: *Thank you very much indeed!* ¡Muchísimas gracias!

**indefensible** /ˌɪndɪˈfensəbl/ adj intolerable (comportamiento)

**indefinite** /ɪnˈdefnət/ adj 1 vago 2 indefinido: *indefinite article* artículo indefinido **indefinitely** adv 1 indefinidamente 2 por tiempo indefinido

**indelible** /ɪnˈdeləbl/ adj 1 imborrable 2 indeleble

**indemnity** /ɪnˈdemnəti/ n 1 (pl **indemnities**) indemnización 2 indemnidad

**independence** /ˌɪndɪˈpendəns/ n independencia

**Independence Day** n Día de la Independencia

> **Independence Day** es una fiesta que se celebra en Estados Unidos el 4 de julio, que también se llama **Fourth of July**. Las celebraciones consisten en fuegos artificiales y desfiles.

**independent** /ˌɪndɪˈpendənt/ adj 1 independiente 2 (colegio) privado

**in-depth** /ˌɪn ˈdepθ/ adj exhaustivo, a fondo

**indescribable** /ˌɪndɪˈskraɪbəbl/ adj indescriptible

**index** /ˈɪndeks/ n 1 (pl **indexes**) (libro, dedo) índice: *index finger* dedo índice 2 (pl **indexes** o **indices**) /ˈɪndɪsiːz/) índice: *the consumer price index* el índice de precios al consumo ◊ *index-linked* actualizado según el costo de la vida 3 (GB) (tb **card index**) (USA **card catalog**) (archivo) ficha

**indicate** /ˈɪndɪkeɪt/ 1 vt indicar 2 vi poner las intermitentes

**indication** /ˌɪndɪˈkeɪʃn/ n 1 indicación 2 indicio, señal

**indicative** /ɪnˈdɪkətɪv/ adj indicativo

**indicator** /ˈɪndɪkeɪtər/ n 1 indicador 2 (GB) (USA **turn signal**) (coche) intermitente ➔ Ver dibujo en COCHE

**indices** plural de INDEX (2)

**indictment** /ɪnˈdaɪtmənt/ n 1 acusación 2 procesamiento 3 ~ (of/on sth) crítica (de algo)

**indifference** /ɪnˈdɪfrəns/ n indiferencia

**indifferent** /ɪnˈdɪfrənt/ adj 1 indiferente 2 (calidad) mediocre

**indigenous** /ɪnˈdɪdʒənəs/ adj (formal) indígena

**indigestion** /ˌɪndɪˈdʒestʃən/ n [incontable] indigestión

**indignant** /ɪnˈdɪgnənt/ adj indignado

**indignation** /ˌɪndɪgˈneɪʃn/ n indignación

**indignity** /ɪnˈdɪgnəti/ n humillación

**indirect** /ˌɪndəˈrekt, -daɪˈr-/ adj indirecto

**indirectly** /ˌɪndəˈrektli, -daɪˈr-/ adv indirectamente

**indiscreet** /ˌɪndɪˈskriːt/ adj indiscreto

**indiscretion** /ˌɪndɪˈskreʃn/ n indiscreción

**indiscriminate** /ˌɪndɪˈskrɪmɪnət/ adj indiscriminado

**indispensable** /ˌɪndɪˈspensəbl/ adj imprescindible

**indisputable** /ˌɪndɪˈspjuːtəbl/ adj irrefutable

**indistinct** /ˌɪndɪˈstɪŋkt/ adj confuso (poco claro)

**individual** /ˌɪndɪˈvɪdʒuəl/ adj 1 suelto 2 individual 3 personal 4 particular, original
▶ n individuo

**individualism** /ˌɪndɪˈvɪdʒuəlɪzəm/ n individualismo

**individually** /ˌɪndɪˈvɪdʒuəli/ adv 1 por separado 2 individualmente

**indoctrination** /ɪnˌdɑktrɪˈneɪʃn/ n adoctrinamiento

**indoor** /ˈɪndɔːr/ adj interior: *indoor (swimming) pool* piscina cubierta ◊ *indoor activities* juegos de salón

**indoors** /ˌɪnˈdɔːrz/ adv en casa, bajo techo

**induce** /ɪnˈduːs; GB -ˈdjuːs/ vt 1 ~ sb to do sth inducir a algn que haga algo 2 (formal) causar 3 (Med) provocar el parto de

**induction** /ɪnˈdʌkʃn/ n iniciación: *an induction course* un curso de introducción

**indulge** /ɪnˈdʌldʒ/ 1 vt ~ yourself (with sth); ~ (in sth) darse el gusto/placer (de algo) 2 vt (capricho) complacer, satisfacer

**indulgence** /ɪnˈdʌldʒəns/ n 1 vicio, placer 2 (formal) tolerancia **indulgent** adj indulgente

**industrial** /ɪnˈdʌstriəl/ adj 1 industrial: *industrial park* parque industrial 2 laboral **industrialist** n empresario

**industrialization** /ɪnˌdʌstriələˈzeɪʃn; *GB* -laɪˈz-/ *n* industrialización

**industrialize** (*GB tb* **-ise**) /ɪnˈdʌstriəlaɪz/ *vt* industrializar

**industrious** /ɪnˈdʌstriəs/ *adj* trabajador

ℱ **industry** /ˈɪndəstri/ *n* (*pl* **industries**) **1** industria **2** (*formal*) aplicación

**inedible** /ɪnˈedəbl/ *adj* no comestible, incomible

**ineffective** /ˌɪnɪˈfektɪv/ *adj* **1** ineficaz **2** (*persona*) incapaz

**inefficiency** /ˌɪnɪˈfɪʃnsi/ *n* incompetencia **inefficient** *adj* **1** ineficaz **2** incompetente

**ineligible** /ɪnˈelɪdʒəbl/ *adj* **be ~ (for sth/ to do sth)** no tener derecho (a/para algo/ hacer algo)

**inept** /ɪˈnept/ *adj* inepto

**inequality** /ˌɪnɪˈkwɒləti/ *n* (*pl* **inequalities**) desigualdad

**inert** /ɪˈnɜːrt/ *adj* inerte

**inertia** /ɪˈnɜːrʃə/ *n* inercia

**inescapable** /ˌɪnɪˈskeɪpəbl/ *adj* ineludible

ℱ **inevitable** /ɪnˈevɪtəbl/ *adj* inevitable

ℱ **inevitably** /ɪnˈevɪtəbli/ *adv* inevitablemente

**inexcusable** /ˌɪnɪkˈskjuːzəbl/ *adj* imperdonable

**inexhaustible** /ˌɪnɪgˈzɔːstəbl/ *adj* inagotable

**inexpensive** /ˌɪnɪkˈspensɪv/ *adj* económico

**inexperience** /ˌɪnɪkˈspɪəriəns/ *n* inexperiencia **inexperienced** *adj* sin experiencia: *inexperienced in business* inexperto en los negocios

**inexplicable** /ˌɪnɪkˈsplɪkəbl/ *adj* inexplicable

**infallibility** /ɪnˌfæləˈbɪləti/ *n* infalibilidad

**infallible** /ɪnˈfæləbl/ *adj* infalible

**infamous** /ˈɪnfəməs/ *adj* infame

**infancy** /ˈɪnfənsi/ *n* **1** infancia: *in infancy* de niño **2** (*fig*): *It was still in its infancy.* Todavía estaba en desarrollo.

**infant** /ˈɪnfənt/ *n* niño pequeño, niña pequeña: *infant mortality rate* tasa de mortalidad infantil ❶ **Baby**, **toddler** y **child** son palabras más normales.
▸ *adj* naciente

**infantile** /ˈɪnfəntaɪl/ *adj* (*pey*) infantil

**infantry** /ˈɪnfəntri/ *n* infantería

**infatuated** /ɪnˈfætʃueɪtɪd/ *adj* **~ (with sb/sth)** encaprichado (con algo/algn)

**infatuation** *n* **~ (with/for sth/sb)** encaprichamiento (con algo/algn)

ℱ **infect** /ɪnˈfekt/ *vt* **1** infectar **2** **~ sb (with sth)** (*entusiasmo, etc.*) contagiar a algn (de algo)

ℱ **infection** /ɪnˈfekʃn/ *n* infección

ℱ **infectious** /ɪnˈfekʃəs/ *adj* infeccioso

**infer** /ɪnˈfɜːr/ *vt* (**-rr-**) **1** deducir **2** insinuar **inference** /ˈɪnfərəns/ *n* conclusión: *by inference* por deducción

**inferior** /ɪnˈfɪəriər/ *adj, n* inferior **inferiority** /ɪnˌfɪəriˈɔːrəti/ *n* inferioridad: *inferiority complex* complejo de inferioridad

**infertile** /ɪnˈfɜːrtl; *GB* -taɪl/ *adj* estéril **infertility** /ˌɪnfɜːrˈtɪləti/ *n* esterilidad

**infest** /ɪnˈfest/ *vt* infestar **infestation** *n* plaga

**infidelity** /ˌɪnfɪˈdeləti/ *n* infidelidad

**infiltrate** /ˈɪnfɪltreɪt/ *vt, vi* infiltrar(se)

**infinite** /ˈɪnfɪnət/ *adj* infinito **infinitely** *adv* muchísimo

**infinitive** /ɪnˈfɪnətɪv/ *n* infinitivo

**infinity** /ɪnˈfɪnəti/ *n* **1** infinidad **2** infinito

**infirm** /ɪnˈfɜːrm/ *adj* débil, achacoso

**infirmary** /ɪnˈfɜːrməri/ *n* (*pl* **infirmaries**) hospital

**infirmity** /ɪnˈfɜːrməti/ *n* (*pl* **infirmities**) **1** debilidad **2** achaque

**inflamed** /ɪnˈfleɪmd/ *adj* **1** (*Med*) inflamado **2** (*persona*) acalorado

**inflammable** /ɪnˈflæməbl/ *adj* inflamable ❶ Nótese que **inflammable** y **flammable** son sinónimos.

**inflammation** /ˌɪnfləˈmeɪʃn/ *n* inflamación

**inflate** /ɪnˈfleɪt/ *vt, vi* inflar(se), hinchar(se)

**inflation** /ɪnˈfleɪʃn/ *n* inflación

**inflexible** /ɪnˈfleksəbl/ *adj* inflexible

**inflict** /ɪnˈflɪkt/ *vt* **~ sth (on sb)** **1** (*sufrimiento, derrota*) infligir algo (a algn) **2** (*daño*) causar algo (a algn)

ℱ **influence** /ˈɪnfluəns/ *n* **1** influencia **2** palancas
▸ *vt* **1** influenciar **2** influir en/sobre

**influential** /ˌɪnfluˈenʃl/ *adj* influyente

**influenza** /ˌɪnfluˈenzə/ *n* (*formal*) gripa

**influx** /ˈɪnflʌks/ *n* afluencia

ℱ **inform** /ɪnˈfɔːrm/ *vt* **~ sb (of/about sth)** informar a algn (de algo) **PHRV** **inform on sb** delatar a algn

ℱ **informal** /ɪnˈfɔːrml/ *adj* **1** informal **2** (*persona, tono*) familiar, sencillo **3** (*lenguaje*) coloquial

**informant** /ɪnˈfɔːrmənt/ *n* informante

| ʃ chin | dʒ June | v van | θ then | s so | z zoo | ʃ she |

**information** /ˌɪnfərˈmeɪʃn/ n [incontable] información: a piece of information un dato ◊ I need some information on… Necesito información sobre… ➔ Ver nota en CONSEJO

**information technology** n (abrev IT) informática

**informative** /ɪnˈfɔːrmətɪv/ adj informativo

**informer** /ɪnˈfɔːrmər/ n soplón, -ona

**infrastructure** /ˈɪnfrəstrʌktʃər/ n infraestructura

**infrequent** /ɪnˈfriːkwənt/ adj poco frecuente

**infringe** /ɪnˈfrɪndʒ/ vt infringir, violar

**infuriate** /ɪnˈfjʊərieɪt/ vt enfurecer **infuriating** adj desesperante

**ingenious** /ɪnˈdʒiːniəs/ adj ingenioso

**ingenuity** /ˌɪndʒəˈnuːəti; GB -ˈnjuː-/ n ingenio

**ingrained** /ɪnˈgreɪnd/ adj arraigado

**ingredient** /ɪnˈgriːdiənt/ n ingrediente

**inhabit** /ɪnˈhæbɪt/ vt habitar

**inhabitant** /ɪnˈhæbɪtənt/ n habitante

**inhale** /ɪnˈheɪl/ **1** vi respirar **2** vi (fumador) tragarse el humo **3** vt inhalar

**inherent** /ɪnˈherənt/ adj ~ (in sth/sb) inherente (a algo/algn) **inherently** adv intrínsecamente

**inherit** /ɪnˈherɪt/ vt heredar **inheritance** n herencia

**inhibit** /ɪnˈhɪbɪt/ vt **1** ~ sb (from doing sth) impedir a algn (hacer algo) **2** (proceso, etc.) dificultar **inhibited** adj cohibido **inhibition** n inhibición

**inhospitable** /ˌɪnhɒˈspɪtəbl/ adj **1** inhospitalario **2** (lugar) inhóspito

**inhuman** /ɪnˈhjuːmən/ adj inhumano, despiadado

**initial** /ɪˈnɪʃl/ adj, n inicial
▶ vt (-l-, GB -ll-) poner las iniciales en

**initially** /ɪˈnɪʃəli/ adv en un principio, inicialmente

**initiate** /ɪˈnɪʃieɪt/ vt **1** (formal) (proceso) entablar **2** ~ sb (into sth) iniciar a algn (en algo) **initiation** n iniciación

**initiative** /ɪˈnɪʃətɪv/ n iniciativa

**inject** /ɪnˈdʒekt/ vt inyectar **injection** n inyección

**injure** /ˈɪndʒər/ vt herir, lesionar: Five people were injured in the crash. Cinco personas resultaron heridas en el accidente. ➔ Ver nota en HERIDA

**injured** /ˈɪndʒərd/ adj **1** herido, lesionado **2** (tono) ofendido

**injury** /ˈɪndʒəri/ n (pl **injuries**) **1** herida, lesión ➔ Ver nota en HERIDA **2** (esp Jur) perjuicio

**injustice** /ɪnˈdʒʌstɪs/ n injusticia

**ink** /ɪŋk/ n tinta

**inkling** /ˈɪŋklɪŋ/ n [sing] ~ (of sth/that…) indicio, idea (de algo/de que…)

**inland** /ˈɪnlænd/ adj (del) interior
▶ adv /ˌɪnˈlænd/ hacia el interior

**Inland Revenue** n (GB) Hacienda

**in-laws** /ˈɪn lɔːz/ n [pl] (coloq) familia política

**inlet** /ˈɪnlet/ n **1** ensenada **2** entrada (de aire, gasolina, etc.)

**in-line skate** /ˌɪn laɪn ˈskeɪt/ n patín de ruedas (en línea) ➔ Ver dibujo en PATÍN

**inmate** /ˈɪnmeɪt/ n interno, -a (en un recinto vigilado)

**inn** /ɪn/ n **1** (USA) posada **2** (GB, antic) taberna

**innate** /ɪˈneɪt/ adj innato

**inner** /ˈɪnər/ adj **1** interior **2** íntimo

**innermost** /ˈɪnərmoʊst/ adj **1** más secreto/íntimo **2** más recóndito

**innocence** /ˈɪnəsns/ n inocencia

**innocent** /ˈɪnəsnt/ adj inocente

**innocuous** /ɪˈnɒkjuəs/ adj **1** (comentario) inofensivo **2** (sustancia) inocuo

**innovate** /ˈɪnəveɪt/ vi introducir novedades **innovation** n innovación **innovative** /ˈɪnəveɪtɪv; GB -vətɪv/ adj innovador

**innuendo** /ˌɪnjuˈendoʊ/ n (pl **innuendoes** o **innuendos**) (pey) insinuación

**innumerable** /ɪˈnuːmərəbl; GB ɪˈnjuː-/ adj innumerable

**inoculate** /ɪˈnɒkjuleɪt/ vt vacunar **inoculation** n vacuna

**input** /ˈɪnpʊt/ n **1** contribución **2** (Informát) entrada

**inquest** /ˈɪnkwest/ n ~ (on/into sth) investigación (judicial) (acerca de algo)

**inquire** /ɪnˈkwaɪər/ (formal) **1** vt preguntar **2** vi ~ (about sth/sb) pedir información (sobre algo/algn) **inquiring** adj **1** (mente) curioso **2** (mirada) inquisitiva

**inquiry** /ˈɪnkwəri; GB ɪnˈkwaɪəri/ n (pl **inquiries**) **1** pregunta **2** investigación **3** inquiries [pl] (GB) oficina de información

**inquisition** /ˌɪnkwɪˈzɪʃn/ n (formal o hum) interrogatorio

**inquisitive** /ɪnˈkwɪzətɪv/ adj inquisitivo

**insane** /ɪnˈseɪn/ adj loco

**insanity** /ɪnˈsænəti/ n demencia, locura

**insatiable** /ɪnˈseɪʃəbl/ adj insaciable

**inscribe** /ɪnˈskraɪb/ vt ~ sth (in/on sth) grabar algo (en algo) **inscribed** adj

---

i: see   ɪ sit   e ten   æ cat   ɑ hot   ɔː saw   ʌ cup   ʊ put   uː too

grabado: *a plaque inscribed with his name* una placa con su nombre inscrito

**inscription** /ɪnˈskrɪpʃn/ n **1** inscripción (*en piedra, etc.*) **2** dedicatoria (*de un libro*)

ʄ **insect** /ˈɪnsekt/ n insecto

**insecticide** /ɪnˈsektɪsaɪd/ n insecticida

**insecure** /ˌɪnsɪˈkjʊər/ adj inseguro **insecurity** n inseguridad

**insensitive** /ɪnˈsensətɪv/ adj **1 ~ (to sth)** (*persona*) insensible (a algo) **2** (*acto*) falto de sensibilidad **insensitivity** /ɪnˌsensəˈtɪvəti/ n insensibilidad

**inseparable** /ɪnˈseprəbl/ adj inseparable

ʄ **insert** /ɪnˈsɜːrt/ vt introducir, insertar

ʄ **inside** /ˌɪnˈsaɪd/ prep (*USA tb* **inside of**) dentro de: *Is there anything inside the box?* ¿Hay algo dentro de la caja?
▶ adv (a)dentro: *Let's go inside.* Vamos adentro. ◊ *Pete's inside.* Pete está dentro.
▶ n **1** interior: *The door was locked from the inside.* La puerta estaba cerrada por dentro. **2 insides** [*pl*] (*coloq*) tripas **LOC inside out 1** al revés: *You have your sweater on inside out.* Llevas el suéter del revés. ➔ *Ver dibujo en* REVÉS **2** de arriba abajo: *She knows these streets inside out.* Se conoce estas calles como la palma de la mano.
▶ adj /ˈɪnsaɪd/ [*sólo antes de sustantivo*] **1** interior, interno: *the inside pocket* el bolsillo interior **2** interno: *inside information* información interna **insider** n alguien de adentro (*empresa, grupo*)

**insight** /ˈɪnsaɪt/ n **1** perspicacia, entendimiento **2 ~ (into sth)** idea, percepción (de algo)

**insignificance** /ˌɪnsɪgˈnɪfɪkəns/ n insignificancia

**insignificant** /ˌɪnsɪgˈnɪfɪkənt/ adj insignificante

**insincere** /ˌɪnsɪnˈsɪər/ adj falso, hipócrita **insincerity** /ˌɪnsɪnˈserəti/ n insinceridad

**insinuate** /ɪnˈsɪnjueɪt/ vt insinuar **insinuation** n insinuación

ʄ **insist** /ɪnˈsɪst/ vi **1 ~ (on sth)** insistir (en algo) **2 ~ on (doing) sth** empeñarse en (hacer) algo: *She always insists on a room to herself.* Siempre se empeña en tener una habitación para ella sola.

**insistence** /ɪnˈsɪstəns/ n insistencia **insistent** adj insistente

**insofar as** /ˌɪnsoʊˈfɑːr æz/ conj en la medida en que

**insolence** /ˈɪnsələnt/ n insolencia

**insolent** /ˈɪnsələnt/ adj insolente

**insomnia** /ɪnˈsɑmniə/ n insomnio

**inspect** /ɪnˈspekt/ vt **1** inspeccionar **2** (*equipaje*) registrar **inspection** n inspección **inspector** n **1** inspector, -ora **2** (*de boletos*) revisor, -ora

**inspiration** /ˌɪnspəˈreɪʃn/ n inspiración

**inspire** /ɪnˈspaɪər/ vt **1** inspirar **2 ~ sb with sth** (*entusiasmo, etc.*) infundir algo en algn

**instability** /ˌɪnstəˈbɪləti/ n inestabilidad

ʄ **install** /ɪnˈstɔːl/ vt instalar

**installation** /ˌɪnstəˈleɪʃn/ n instalación

**installment** (*GB tb* **instalment**) /ɪnˈstɔːlmənt/ n **1** (*publicaciones*) entrega, fascículo **2** (*televisión*) episodio **3** (*pago*) plazo: *to pay in installments* pagar a plazos

ʄ **instance** /ˈɪnstəns/ n caso **LOC for instance** por ejemplo

**instant** /ˈɪnstənt/ n instante
▶ adj **1** inmediato **2** *instant coffee* café instantáneo

**instantaneous** /ˌɪnstənˈteɪniəs/ adj instantáneo

**instantly** /ˈɪnstəntli/ adv inmediatamente, de inmediato

ʄ **instead** /ɪnˈsted/ adv en vez de eso
▶ prep **~ of sth/sb** en vez de algo/algn

**instigate** /ˈɪnstɪgeɪt/ vt instigar **instigation** n instigación

**instill** (*GB* **instil**) /ɪnˈstɪl/ vt (**-ll-**) **~ sth (in/ into sb)** infundir algo (a algn)

**instinct** /ˈɪnstɪŋkt/ n instinto **instinctive** /ɪnˈstɪŋktɪv/ adj instintivo

ʄ **institute** /ˈɪnstɪtuːt/ *GB* -tjuːt/ n instituto, centro
▶ vt (*formal*) iniciar (*investigación*)

ʄ **institution** /ˌɪnstɪˈtuːʃn/ *GB* -ˈtjuːʃn/ n institución **institutional** adj institucional

**instruct** /ɪnˈstrʌkt/ vt (*formal*) **1 ~ sb (in sth)** enseñar (algo) a algn **2** dar instrucciones

ʄ **instruction** /ɪnˈstrʌkʃn/ n **1 instructions** [*pl*] instrucciones **2 ~ (in sth)** (*formal*) formación (en algo)

**instructive** /ɪnˈstrʌktɪv/ adj instructivo

**instructor** /ɪnˈstrʌktər/ n profesor, -ora, instructor, -ora

ʄ **instrument** /ˈɪnstrəmənt/ n instrumento

**instrumental** /ˌɪnstrəˈmentl/ adj **1 be ~ in (doing) sth** contribuir materialmente a (hacer) algo **2** (*Mús*) instrumental

---

ə about  y yes  w woman  eɪ say  aɪ: five  ɔɪ: boy  aʊ now  oʊ go

**insufficient** /ˌɪnsəˈfɪʃnt/ adj insuficiente

**insular** /ˈɪnsələr/ GB -sjəl-/ adj de mente estrecha

**insulate** /ˈɪnsəleɪt/ GB -sjul-/ vt aislar **insulation** n material aislante

ℙ **insult** /ˈɪnsʌlt/ n insulto
▶ vt /ɪnˈsʌlt/ insultar

ℙ **insulting** /ɪnˈsʌltɪŋ/ adj insultante

ℙ **insurance** /ɪnˈʃʊərəns; GB tb -ˈʃɔːr-/ n [incontable] (Fin) seguro

**insure** /ɪnˈʃʊər; GB tb -ˈʃɔː(r)/ vt **1** ~ sth/sb (against sth) asegurar algo/a algn (contra algo): to insure sth for $5 000 asegurar algo en 5,000 dólares **2** = ENSURE

**intake** /ˈɪnteɪk/ n **1** (personas) número admitido: We have an annual intake of 20. Admitimos a 20 cada año. **2** (de comida, etc.) consumo

**integral** /ˈɪntɪɡrəl/ adj esencial, fundamental

**integrate** /ˈɪntɪɡreɪt/ vt, vi integrar(se) **integration** n integración

**integrity** /ɪnˈteɡrəti/ n integridad

**intellectual** /ˌɪntəˈlektʃuəl/ adj, n intelectual **intellectually** adv intelectualmente

ℙ **intelligence** /ɪnˈtelɪdʒəns/ n inteligencia

ℙ **intelligent** /ɪnˈtelɪdʒənt/ adj inteligente

**intelligently** /ɪnˈtelɪdʒəntli/ adv inteligentemente

ℙ **intend** /ɪnˈtend/ vt **1** ~ to do sth pensar hacer algo, tener la intención de hacer algo **2** intended for sth/sb destinado a algo/algn: It's intended for Sally. Está destinado a Sally. ◊ They're not intended for eating/to be eaten. No son para comer. **3** ~ sb to do sth: I intend you to take over. Es mi intención que te hagas cargo. ◊ You weren't intended to hear that remark. Tú no tenías que haber oído ese comentario. **4** ~ sth as sth: It was intended as a joke. Se suponía que era una broma.

**intense** /ɪnˈtens/ adj **1** intenso **2** (emociones) ardiente, fuerte **3** (persona) nervioso, serio **intensely** adv intensamente, sumamente **intensify** vt, vi (pt, pp -fied) intensificar(se), aumentar(se) **intensity** n intensidad, fuerza

**intensive** /ɪnˈtensɪv/ adj intensivo: intensive care cuidados intensivos

**intent** /ɪnˈtent/ adj **1** (concentrado) atento **2** ~ on/upon (doing) sth (formal) resuelto a (hacer) algo **3** ~ on/upon sth absorto en algo

---

▶ n LOC to all intents and purposes a efectos prácticos

ℙ **intention** /ɪnˈtenʃn/ n intención: to have the intention of doing sth tener la intención de hacer algo ◊ I have no intention of doing it. No tengo intención de hacerlo. **intentional** adj intencionado **intentionally** adv intencionadamente

**intently** /ɪnˈtentli/ adv fijamente

**interact** /ˌɪntərˈækt/ vi **1** (personas) relacionarse entre sí **2** (cosas) influirse mutuamente **interaction** n **1** relación (entre personas) **2** interacción

**interactive** /ˌɪntərˈæktɪv/ adj interactivo

**intercept** /ˌɪntərˈsept/ vt interceptar

**interchange** /ˌɪntərˈtʃeɪndʒ/ vt intercambiar
▶ n /ˈɪntərtʃeɪndʒ/ intercambio **inte·rchangeable** /ˌɪntərˈtʃeɪndʒəbl/ adj intercambiable

**interconnect** /ˌɪntərkəˈnekt/ vi **1** interconectarse, conectarse entre sí **2** comunicarse entre sí **interconnected** adj: to be interconnected tener conexión entre sí **interconnection** n conexión

**intercourse** /ˈɪntərkɔːrs/ n relaciones sexuales, coito

ℙ **interest** /ˈɪntrəst/ n **1** ~ (in sth) interés (por algo): It's of no interest to me. No me interesa. **2** afición: her main interest in life lo que más le interesa en la vida **3** (Fin) interés Ver tb VESTED INTEREST LOC in sb's interest(s) en interés de algn in the interest(s) of sth en aras de/con el fin de: in the interest(s) of safety por razones de seguridad
▶ vt **1** interesar **2** ~ sb in sth hacer que algn se interese por algo

ℙ **interested** /ˈɪntrəstɪd, ˈɪntərestɪd/ adj interesado: to be interested in sth interesarse por algo ➔ Ver nota en INTERESTING

ℙ **interesting** /ˈɪntrəstɪŋ, ˈɪntərestɪŋ/ adj interesante ➔ Ver nota en BORING **interestingly** adv curiosamente

**interfere** /ˌɪntərˈfɪər/ vi ~ (in sth) entrometerse (en algo) PHR V **interfere with sth 1** interponerse en algo, dificultar algo **2** meter mano en algo **interference** n [incontable] **1** ~ (in sth) intromisión (en algo) **2** (Radio) interferencias **3** (Dep) obstrucción **interfering** adj entrometido

**interim** /ˈɪntərɪm/ adj provisional
▶ n LOC in the interim en el ínterin

ℙ **interior** /ɪnˈtɪəriər/ adj, n interior

**interlude** /ˈɪntərluːd/ n intermedio

**intermediate** /ˌɪntərˈmiːdiət/ adj intermedio

---

ɜː bird    ɪə near    eə hair    ʊə tour    ʒ vision    h hat    ŋ sing

**intermission** /ˌɪntərˈmɪʃn/ (GB **interval**) n (Teat) intermedio

**intern** /ɪnˈtɜːrn/ vt internar

🐾 **internal** /ɪnˈtɜːrnl/ adj interno, interior: *internal injuries* heridas internas ◇ *internal affairs/market* asuntos internos/mercado interno **internally** adv internamente, interiormente

🐾 **international** /ˌɪntərˈnæʃnəl/ adj internacional
▶ n (GB, Dep) **1** partido internacional **2** jugador, -ora internacional
**internationally** adv internacionalmente

**Internet** /ˈɪntərnet/ n Internet ➋ Ver nota en pág 158

🐾 **interpret** /ɪnˈtɜːrprɪt/ vt **1** interpretar, entender **2** traducir ❶ **Interpret** se utiliza para referirse a la traducción oral, y **translate** a la traducción escrita.

🐾 **interpretation** /ɪnˌtɜːrprɪˈteɪʃn/ n interpretación

**interpreter** /ɪnˈtɜːrprɪtər/ n intérprete ➋ Comparar con TRANSLATOR

**interrelated** /ˌɪntərɪˈleɪtɪd/ adj interrelacionado

**interrogate** /ɪnˈterəgeɪt/ vt interrogar

**interrogation** /ɪnˌterəˈgeɪʃn/ n interrogación

**interrogative** /ˌɪntəˈrɑgətɪv/ adj interrogativo

**interrogator** /ɪnˈterəgeɪtər/ n interrogador, -ora

🐾 **interrupt** /ˌɪntəˈrʌpt/ vt, vi interrumpir: *I'm sorry to interrupt but there's a phone call for you.* Perdonen que los interrumpa, pero se llaman por teléfono.

🐾 **interruption** /ˌɪntəˈrʌpʃn/ n interrupción

**intersect** /ˌɪntərˈsekt/ vi cruzarse, cortar(se) **intersection** n intersección, cruce

**interspersed** /ˌɪntərˈspɜːrst/ adj ~ **with** sth intercalado de algo

**interstate** /ˈɪntərsteɪt/ (GB **motorway**) n autopista

**intertwine** /ˌɪntərˈtwaɪn/ vt, vi entrelazar(se)

🐾 **interval** /ˈɪntərvl/ n **1** intervalo **2** (GB) (USA **intermission**) (Teat) intermedio

**intervene** /ˌɪntərˈviːn/ vi (formal) **1** ~ (**in** sth) intervenir (en algo) **2** interponerse **3** (formal) (tiempo) transcurrir **intervening** adj intermedio

**intervention** /ˌɪntərˈvenʃn/ n intervención

🐾 **interview** /ˈɪntərvjuː/ n entrevista
▶ vt entrevistar
**interviewee** /ˌɪntərvjuːˈiː/ n entrevistado, -a **interviewer** n entrevistador, -ora

**interweave** /ˌɪntərˈwiːv/ vt, vi (pt **-wove** /-ˈwoʊv/ pp **-woven** /-ˈwoʊvn/) entretejer(se)

**intestine** /ɪnˈtestɪn/ n intestino: *small/large intestine* intestino delgado/grueso

**intimacy** /ˈɪntɪməsi/ n intimidad

**intimate** /ˈɪntɪmət/ adj **1** (amigo, restaurante, etc.) íntimo **2** (amistad) estrecho **3** (conocimiento) profundo

**intimidate** /ɪnˈtɪmɪdeɪt/ vt intimidar **intimidation** n intimidación

🐾 **into** /ˈɪntə/ ❶ Antes de vocal y al final de la frase se pronuncia /ˈɪntuː/.
▶ prep ❶ Para los usos de **into** en PHRASAL VERBS, ver las entradas de los verbos correspondientes, p. ej. **look into** sth en LOOK. **1** (dirección) en, dentro de: *to come into a room* entrar en una habitación ◇ *He put it into the box.* Lo metió dentro de la caja. **2** a: *to get into a taxi* subir al taxi ◇ *She went into town.* Fue al centro. ◇ *to translate into Spanish* traducir al español **3** (tiempo, distancia): *long into the night* bien entrada la noche ◇ *far into the*

---

## Internet

browser

contents

link

index    website

Para tener acceso a Internet (**to access the Net**) hace falta un navegador (**browser**). Desde la página de inicio (**home page**) puedes realizar una búsqueda (**do a search**) con un buscador (**a search engine**) o hacer clic en un enlace (**click on a link**). Esto te permite acceder a otras webs donde podrás leer el periódico o hacer una compra en línea (**online**), descargar un fichero (**download a file**) o entrar en un chat (**a chat room**).

**www.oup.com** se lee "www dot oup dot com".

---

| ʃ chin | dʒ June | v van | θ then | s so | z zoo | ʃ she |
|--------|---------|-------|--------|------|-------|-------|

*distance* a lo lejos **4** (*Mat*): *12 goes into 144 12 times.* 144 dividido por 12 son 12. LOC **be into sth** (*coloq*): *She's into motorcycles.* Es muy aficionada a las motos.

**intolerable** /ɪn'tɑlərəbl/ *adj* intolerable, insufrible

**intolerance** /ɪn'tɑlərəns/ *n* intolerancia, intransigencia

**intolerant** /ɪn'tɑlərənt/ *adj* intolerante

**intonation** /ˌɪntə'neɪʃn/ *n* entonación

**intoxicated** /ɪn'tɑksɪkeɪtɪd/ *adj* (*formal*) (*lit y fig*) ebrio

**intoxication** /ɪnˌtɑksɪ'keɪʃn/ *n* embriaguez

**intrepid** /ɪn'trepɪd/ *adj* intrépido

**intricate** /'ɪntrɪkət/ *adj* intrincado, complejo

**intrigue** /'ɪntri:g, ɪn'tri:g/ *n* intriga ▸ /ɪn'tri:g/ **1** *vi* intrigar **2** *vt* fascinar **intriguing** /ɪn'tri:gɪŋ/ *adj* intrigante, fascinante

**intrinsic** /ɪn'trɪnzɪk/ *adj* intrínseco

**introduce** /ˌɪntrə'du:s; *GB* -'dju:s/ *vt* **1** ~ **sth/sb (to sb)** presentar algo/a algn (a algn) ➲ *Ver nota en* PRESENTAR **2** ~ **sb to sth**; ~ **sth to sb** iniciar a algn en algo **3** (*producto, reforma, etc.*) introducir

**introduction** /ˌɪntrə'dʌkʃn/ *n* **1** [*incontable*] introducción (*producto, reforma, etc.*) **2** presentación **3** [*sing*] ~ **(to sth)** iniciación (a/en algo) **4** ~ **(to sth)** prólogo (de algo)

**introductory** /ˌɪntrə'dʌktəri/ *adj* **1** (*capítulo, curso*) preliminar **2** (*oferta*) introductorio

**introvert** /'ɪntrəvɜ:rt/ *n* introvertido, -a

**intrude** /ɪn'tru:d/ *vi* **1** importunar, molestar **2** ~ **(on/upon sth)** entrometerse, inmiscuirse (en algo) **intruder** *n* intruso, -a **intrusion** *n* **1** ~ **(into/onto/upon sth)** invasión (de algo) **2** intromisión **intrusive** *adj* intruso

**intuition** /ˌɪntu'ɪʃn; *GB* -tju-/ *n* intuición

**intuitive** /ɪn'tu:ɪtɪv; *GB* -'tju:-/ *adj* intuitivo

**Inuit** /'ɪnuɪt/ *n* **the Inuit** [*pl*] los esquimales

**inundate** /'ɪnʌndeɪt/ *vt* ~ **sth/sb (with sth)** inundar algo/a algn (de algo): *We were inundated with applications.* Nos vimos inundados de solicitudes.

**invade** /ɪn'veɪd/ *vt, vi* invadir **invader** *n* invasor, -ora

**invalid** /'ɪnvəlɪd/ *n* inválido, -a ▸ *adj* /ɪn'vælɪd/ no válido, nulo

**invalidate** /ɪn'vælɪdeɪt/ *vt* invalidar, anular

**invaluable** /ɪn'væljuəbl/ *adj* inestimable

**invariably** /ɪn'veəriəbli/ *adv* invariablemente

**invasion** /ɪn'veɪʒn/ *n* invasión

**invent** /ɪn'vent/ *vt* inventar

**invention** /ɪn'venʃn/ *n* **1** invención **2** invento

**invention** /ɪn'venʃn/ *n* **1** invención **2** invento

**inventive** /ɪn'ventɪv/ *adj* **1** (*poderes*) de invención **2** que tiene mucha imaginación **inventiveness** *n* inventiva

**inventor** /ɪn'ventər/ *n* inventor, -ora

**inventory** /'ɪnvəntɔ:ri; *GB* -tri/ *n* (*pl* **inventories**) inventario

**invert** /ɪn'vɜ:rt/ *vt* invertir

**invertebrate** /ɪn'vɜ:rtɪbrət/ *adj, n* invertebrado

**inverted commas** *n* [*pl*] (*GB*) comillas: *in inverted commas* entre comillas ➲ *Ver pág 308*

**invest** /ɪn'vest/ **1** *vt* invertir **2** *vi* ~ **(in sth)** invertir (en algo)

**investigate** /ɪn'vestɪgeɪt/ *vt, vi* investigar

**investigation** /ɪnˌvestɪ'geɪʃn/ *n* ~ **into sth** investigación de algo

**investigative** /ɪn'vestɪgeɪtɪv; *GB* -gətɪv/ *adj*: *investigative journalism* periodismo de investigación

**investigator** /ɪn'vestɪgeɪtər/ *n* investigador, -ora

**investment** /ɪn'vestmənt/ *n* ~ **(in sth)** inversión (en algo)

**investor** /ɪn'vestər/ *n* inversor, -ora

**invigorating** /ɪn'vɪgəreɪtɪŋ/ *adj* vigorizante, estimulante

**invincible** /ɪn'vɪnsəbl/ *adj* invencible

**invisible** /ɪn'vɪzəbl/ *adj* invisible

**invitation** /ˌɪnvɪ'teɪʃn/ *n* invitación

**invite** /ɪn'vaɪt/ *vt* **1** ~ **sb (to/for sth)**; ~ **sb to do sth** invitar a algn (a algo), invitar a algn a hacer algo: *to invite trouble* buscarse problemas **2** (*sugerencias, aportes*) pedir, solicitar PHR V **invite sb back** **1** invitar a algn a la casa (*para corresponder a su invitación previa*) **2** invitar a algn a volver con uno a su casa **invite sb in** invitar a algn a entrar **invite sb out** invitar a algn a salir **invite sb over** (*GB tb* **invite sb around/round**) invitar a algn a la casa ▸ *n* /'ɪnvaɪt/ (*coloq*) invitación **inviting** /ɪn'vaɪtɪŋ/ *adj* **1** atractivo, tentador **2** (*comida*) apetitoso

**invoice** /'ɪnvɔɪs/ *n* ~ **(for sth)** factura (de algo)

▶ vt ~ **sb (for sth)** pasar factura (de algo) a algn

**involuntary** /ɪn'vɑlənteri; GB -tri/ adj involuntario

ʔ **involve** /ɪn'vɑlv/ vt **1** suponer, implicar: *The job involves me/my living in London.* El trabajo requiere que viva en Londres. **2** ~ **sb in sth** hacer participar a algn en algo: *to be involved in sth* participar en algo **3** ~ **sb in sth** meter, enredar a algn en algo: *Don't involve me in your problems.* No me mezcles en tus problemas.

ʔ **involved** /ɪn'vɑlvd/ adj complicado, enrevesado LOC **be/get involved in sth 1** estar comprometido/comprometerse con algo **2** estar involucrado/involucrarse con algo **be/get involved with sb 1** estar enredado/enredarse con algn **2** (*emocionalmente*) estar involucrado/involucrarse con algn

ʔ **involvement** /ɪn'vɑlvmənt/ n **1** ~ **(in sth)** implicación, compromiso, participación (en algo) **2** ~ **(with sb)** compromiso, relación (con algn)

**inward** /'ɪnwərd/ adj **1** (*pensamientos, etc.*) interior, íntimo: *to give an inward sigh* suspirar uno para sí **2** (*dirección*) hacia dentro
▶ adv (*tb* **inwards**) hacia dentro
**inwardly** adv **1** por dentro **2** (*suspirar, sonreír, etc.*) para sí

**IQ** /ˌaɪ 'kjuː/ n (*abrev de* **intelligence quotient**) coeficiente de inteligencia: *She has an IQ of 120.* Tiene un coeficiente de inteligencia de 120.

**iris** /'aɪrɪs/ n **1** (*Anat*) iris **2** (*Bot*) lirio

ʔ **iron** /'aɪərn/ n **1** (*Quím*) hierro: *the Iron Curtain* el Telón de Acero *Ver tb* CAST IRON, WROUGHT IRON **2** (*para ropa*) plancha
▶ vt planchar PHRV **iron sth out 1** (*arrugas*) planchar algo **2** (*problemas, etc.*) resolver algo

**ironic** /aɪ'rɑnɪk/ adj irónico: *It's ironic that we only won the last match.* Resulta irónico que sólo hayamos ganado el último partido. ◊ *He gave an ironic smile.* Sonrió con sorna. **ironically** adv irónicamente, con ironía: *He smiled ironically.* Sonrió con sorna/ironía.

**ironing** /'aɪərnɪŋ/ n **1** planchado: *to do the ironing* planchar ◊ *ironing board* burro de planchar ◊ *ropa por planchar*, ropa planchada

**irony** /'aɪrəni/ n (*pl* **ironies**) ironía

**irrational** /ɪ'ræʃənl/ adj irracional **irrationality** /ɪ,ræʃə'næləti/ n irracionalidad **irrationally** adv de forma irracional

**irrelevance** /ɪ'reləvəns/ n algo que no viene al caso: *the irrelevance of the curriculum to their own life* lo poco que el programa tiene que ver con sus vidas

**irrelevant** /ɪ'reləvənt/ adj que no viene al caso: *irrelevant remarks* observaciones que no vienen al caso

**irresistible** /ˌɪrɪ'zɪstəbl/ adj irresistible **irresistibly** adv irresistiblemente

**irrespective of** /ˌɪrɪ'spektɪv əv/ prep (*formal*) sin consideración a

**irresponsibility** /ˌɪrɪ,spɑnsə'bɪləti/ n irresponsabilidad

**irresponsible** /ˌɪrɪ'spɑnsəbl/ adj irresponsable: *It was irresponsible of you.* Fue una irresponsabilidad de tu parte. **irresponsibly** adv de forma irresponsable

**irrigation** /ˌɪrɪ'ɡeɪʃn/ n riego, regado

**irritability** /ˌɪrɪtə'bɪləti/ n irritabilidad

**irritable** /'ɪrɪtəbl/ adj irritable **irritably** adv con irritación

ʔ **irritate** /'ɪrɪteɪt/ vt irritar: *He's easily irritated.* Se irrita con facilidad.

**irritating** /'ɪrɪteɪtɪŋ/ adj irritante: *How irritating!* ¡Qué fastidio!

**irritation** /ˌɪrɪ'teɪʃn/ n irritación

**IRS** /ˌaɪ ɑːr 'es/ n (*abrev de* **Internal Revenue Service**) Hacienda

**is** /ɪz/ *Ver* BE

**Islam** /'ɪzlɑm, ɪz'lɑm/ n Islam **Islamic** /ɪz'læmɪk/ adj islámico

ʔ **island** /'aɪlənd/ n (*abrev* I., Is.) isla: *a desert island* una isla desierta **islander** n isleño, -a

**isle** /aɪl/ n (*abrev* I., Is.) isla ❶ Se usa sobre todo en nombres de lugares, p. ej.: *the Isle of Man.*

**isn't** /'ɪznt/ = IS NOT *Ver* BE

**isolate** /'aɪsəleɪt/ vt ~ **sth/sb (from sth/sb)** aislar algo a algn (de algo/algn) **isolated** adj aislado **isolation** n aislamiento LOC **in isolation (from sth/sb)** aislado (de algo/algn): *Looked at in isolation…* Considerado fuera del contexto…

**ISP** /ˌaɪ es 'piː/ n (*abrev de* **Internet Service Provider**) proveedor de Internet

ʔ **issue** /'ɪʃuː; GB tb 'ɪsjuː/ n **1** asunto, cuestión **2** problema: *Let's not make an issue of it.* No armemos un problema. **3** emisión, provisión **4** (*de una revista, etc.*) número
▶ **1** vt ~ **sth (to sb)** distribuir algo (a algn) **2** ~ **sb with sth** proveer a algn de algo **3** vt (*visa, etc.*) expedir **4** vt publicar **5** vt (*estampilla, etc.*) poner en circulación **6** vt (*llamada*) emitir

▶**1** *vt* ~ **sth (to sb)** distribuir algo (a algn)
**2** *vt* ~ **sb with sth** proveer a algn de algo
**3** *vt* (*visa, etc.*) expedir **4** *vt* publicar **5** *vt*
(*estampilla, etc.*) poner en circulación **6** *vt*
(*llamada*) emitir

**IT** /ˌaɪ 'tiː/ *n* (*abrev de* **information technology**) informática

ʔ**it** /ɪt/ *pron*
• **como sujeto y objeto ❶** It sustituye
a un animal o una cosa. También se
puede utilizar para referirse a un bebé.
**1** [*como sujeto*] él, ella, ello: *Where is it?*
¿Dónde está? ◊ *The baby's crying, I
think it's hungry.* El bebé está llorando,
creo que tiene hambre. ◊ *Who is it?*
¿Quién es? ◊ *It's me.* Soy yo. ❶ El pronombre personal no se puede omitir en
inglés. **2** [*como objeto directo*] lo, la: *Did
you buy it?* ¿Lo compraste? ◊ *Give it to
me.* Dámelo. **3** [*como objeto indirecto*] le:
*Give it some milk.* Dale un poco de leche.
**4** [*después de preposición*]: *That box is
heavy. What's inside it?* Esa caja pesa
mucho, ¿qué hay dentro?
• **frases impersonales ❶** En muchos
casos **it** carece de significado, y se utiliza como sujeto gramatical para construir oraciones que en español suelen
ser impersonales. Normalmente no se
traduce. **1** (*de tiempo, distancia y tiempo
atmosférico*): *It's ten past twelve.* Son las
doce y diez. ◊ *It's May 12.* Es el 12 de
mayo. ◊ *It's two miles to the beach.* Hay
dos millas hasta la playa. ◊ *It's been a
long time since they left.* Hace mucho
tiempo que se fueron. ◊ *It's raining.* Está
lloviendo. ◊ *It's hot.* Hace calor. **2** (*en
otras construcciones*): *Does it matter what
color the hat is?* ¿Importa de qué color
sea el sombrero? ◊ *I'll come at seven if
it's convenient.* Vendré a las siete, si te
parece bien. ◊ *It's Jim who's the smart
one, not his brother.* Es Jim el que es
listo, no su hermano.

**LOC** **that's it 1** eso es (todo): *That's just
it.* Ahí está el problema. **2** ya está:
*That's it, I've had enough!* ¡Ya estuvo
bien, no aguanto más! **this is it** llegó la
hora

**italics** /ɪ'tælɪks/ *n* [*pl*] cursiva

**itch** /ɪtʃ/ *n* picor
▶ *vi* **1** picar: *My leg itches.* Me pica la
pierna. **2** ~ **for sth/to do sth** (*coloq*) tener
muchas ganas de hacer algo
**itchy** *adj* que pica: *My skin is itchy.* Me
pica la piel.

**it'd** /'ɪtəd/ **1** = IT HAD *Ver* HAVE **2** = IT
WOULD *Ver* WOULD

ʔ**item** /'aɪtəm/ *n* **1** artículo **2** (*tb* **news
item**) noticia

**itinerary** /aɪ'tɪnereri; *GB* -rəri/ *n* (*pl* **itin-
eraries**) itinerario

**it'll** /'ɪtl/ = IT WILL *Ver* WILL

ʔ**its** /ɪts/ *adj* su(s) (*que pertenece a una cosa,
un animal o un bebé*): *The table isn't in its
place.* La mesa no está en su lugar. ➔ *Ver
nota en* MY

**it's** /ɪts/ **1** = IT IS *Ver* BE **2** = IT HAS *Ver* HAVE
➔ *Comparar con* ITS

ʔ**itself** /ɪt'self/ *pron* **1** [*uso reflexivo*] se: *The
cat was washing itself.* El gato se estaba
lavando. **2** [*uso enfático*] él mismo, ella
misma, ello mismo **3** *She is kindness
itself.* Es la bondad personificada.
**LOC** **by itself 1** por sí mismo **2** (*completamente*) solo **in itself** de por sí

**I've** /aɪv/ = I HAVE *Ver* HAVE

**ivory** /'aɪvəri/ *n* marfil

**ivy** /'aɪvi/ *n* hiedra

**the Ivy League** *n* grupo de universidades de prestigio en los Estados
Unidos

**I**

# J j

**J, j** /dʒeɪ/ n (pl **Js, J's, j's**) J, j ⊃ Ver ejemplos en
A, A

**jab** /dʒæb/ vt, vi (**-bb-**) dar, picar(se): *He
jabbed his finger with a needle.* Se picó el
dedo con una aguja. ◊ *She jabbed at a
potato with her fork.* Intentó ensartar
una papa con su tenedor. **PHRV jab sth
into sth/sb** clavar algo en algo/a algn
▸ n **1** golpe **2** piquete **3** (GB, coloq) inyección

**jack** /dʒæk/ n **1** (Mec) gato **2** joto (baraja
francesa)

**jackal** /ˈdʒækl/ n chacal

**jackdaw** /ˈdʒækdɔː/ n grajilla

**jacket** /ˈdʒækɪt/ n **1** saco, chaqueta
**2** chamarra (de un libro) sobrecubierta

**jackpot** /ˈdʒækpɒt/ n premio gordo

**jade** /dʒeɪd/ adj, n jade

**jaded** /ˈdʒeɪdɪd/ adj agotado, con falta de
entusiasmo, hastiado

**jagged** /ˈdʒægɪd/ adj dentado

**jaguar** /ˈdʒægwɑr; GB -gjuə(r)/ n jaguar

**jail** /dʒeɪl/ n cárcel

**jam** /dʒæm/ n **1** mermelada ⊃ *Comparar
con* MARMALADE **2** atasque: *traffic jam*
embotellamiento **LOC be in a jam** (coloq)
estar en un aprieto
▸ (**-mm-**) **1** vt ~ **sth into, under, etc. sth**
meter algo a la fuerza en, debajo de, etc.
algo: *He jammed the flowers into a vase.*
Metió las flores en un jarrón, todas
apretujadas. **2** vt, vi apretujar(se): *The
three of them were jammed into a phone
booth.* Las tres estaban apretujados en
una cabina de teléfonos. **3** vt, vi atas-
car(se), obstruir(se) **4** vt (Radio) interferir

**jangle** /ˈdʒæŋgl/ vt, vi (hacer) sonar de
manera discordante

**janitor** /ˈdʒænətər/ (GB **caretaker**) n
conserje, portero, -a

**January** /ˈdʒænjueri; GB -juəri/ n (abrev
Jan.) enero: *They're getting married this
January/in January.* Se van a casar en
enero. ◊ *on January 1st* el 1 de enero
◊ *every January* cada enero ◊ *next
January* en enero del año que viene
❶ Los nombres de los meses en inglés
se escriben con mayúscula.

**jar** /dʒɑr/ n **1** tarro, frasco ⊃ *Ver dibujo en*
CONTAINER **2** jarra

▸ (**-rr-**) **1** vi ~ **(on sth/sb)** irritar (algo/a
algn) **2** vi ~ **(with sth)** desentonar (con
algo) **3** vt, vi ~ **(sth) (on sth)** golpear (algo)
(contra algo)

**jargon** /ˈdʒɑrgən/ n jerga, jerigonza

**jasmine** /ˈdʒæzmɪn/ n jazmín

**jaundice** /ˈdʒɔːndɪs/ n ictericia
**jaundiced** adj amargado

**javelin** /ˈdʒævlɪn/ n jabalina

**jaw** /dʒɔː/ n **1** (persona) mandíbula **2** (tb
**jaws** [pl]) (animal) quijada **3 jaws** [pl]
fauces

**jazz** /dʒæz/ n jazz
▸ v **PHRV jazz sth up** (coloq) animar algo
**jazzy** adj (coloq) vistoso

**jealous** /ˈdʒeləs/ adj **1** celoso: *He's very
jealous of her male friends.* Tiene
muchos celos de sus amigos. **2** envidioso: *I'm very jealous of your new car.*
Tu coche nuevo me da mucha envidia.
**jealousy** n [gen incontable] (pl **jealousies**)
celos, envidia

**jeans** /dʒiːnz/ n [pl] pantalones de mezclilla, jeans ⊃ *Ver nota en* PAIR

**jeer** /dʒɪər/ vt, vi ~ **(sb/at sb)** **1** mofarse
(de algn) **2** abuchear (a algn)
▸ n burla, abucheo

**Jell-O®** (tb jello) /ˈdʒeloʊ/ (GB **jelly**) n
gelatina

**jelly** /ˈdʒeli/ n (pl **jellies**) jalea
**jellyfish** /ˈdʒelifɪʃ/ n (pl **jellyfish**) (Zool)
medusa

**jeopardize** (GB tb **-ise**) /ˈdʒepərdaɪz/ vt
poner en peligro

**jeopardy** /ˈdʒepərdi/ n **LOC in jeopardy**
en peligro

**jerk** /dʒɜːrk/ n **1** sacudida, tirón **2** (coloq)
idiota
▸ vt, vi sacudir(se), mover(se) a sacudidas

**jet** /dʒet/ n **1** (avión) jet, reactor: *jet lag*
desfase horario **2** (de agua, gas) chorro
**3** azabache: *jet black* negro azabache

**Jet Ski®** n (pl **Jet Skis**) moto acuática **jet-
skiing** n motociclismo acuático

**jetty** /ˈdʒeti/ n (pl **jetties**) embarcadero,
malecón, muelle

**Jew** /dʒuː/ n judío, -a

**jewel** /ˈdʒuːəl/ n **1** joya **2** piedra preciosa **jeweler** (GB **jeweller**) n joyero, -a

**jewelry** (GB **jewellery**) /ˈdʒuːəlri/ n
[incontable] joyas: *jewelry box/case*
joyero ◊ *jewelry store* joyería ❶ En
Gran Bretaña, una *joyería* se dice **a jeweller's**.

**Jewish** /ˈdʒuːɪʃ/ adj judío

**jigsaw** /ˈdʒɪgsɔː/ (tb **jigsaw puzzle**) n
rompecabezas

**jingle** /ˈdʒɪŋgl/ n **1** [sing] tintineo, cas-
cabeleo **2** anuncio cantado
▸ vt, vi (hacer) tintinear

**jinx** /dʒɪŋks/ n [sing] persona o cosa que trae mala suerte
▸ vt traer mala suerte a

**job** /dʒɑb/ n **1** (puesto de) trabajo, empleo ⊃ Ver nota en WORK **2** tarea **3** deber, responsabilidad **LOC** a good job (coloq): It's a good job you've come. Menos mal que has venido. do the job (coloq) servir, funcionar out of a job sin trabajo

**jobless** /ˈdʒɑbləs/ adj sin empleo

**jockey** /ˈdʒɑki/ n (pl jockeys) jockey

**jog** /dʒɑg/ n [sing] **1** empujoncito **2** to go for a jog ir a correr
▸ (-gg-) **1** vt empujar (ligeramente) **2** vi correr, trotar **LOC** jog sb's memory refrescar la memoria a algn

**jogger** /ˈdʒɑgər/ n persona que corre (por ejercicio)

**jogging** /ˈdʒɑgɪŋ/ n correr

**join** /dʒɔɪn/ **1** vt ~ sth to/onto sth unir, juntar algo con algo **2** vi ~ (together/up) (with sb/sb) juntarse (con algo/algn), unirse (a algo/algn) **3** vt reunirse con **4** vt, vi (club, etc.) hacerse socio (de), afiliarse (a) **5** vt, vi (empresa) unirse (a) **6** vt (TLC, etc.) ingresar en **PHRV** join in (sth) participar en (algo)
▸ n **1** unión **2** costura

**joiner** /ˈdʒɔɪnər/ (GB) (USA carpenter) n carpintero, -a

**joint** /dʒɔɪnt/ adj conjunto, mutuo, colectivo
▸ n **1** (Anat) articulación **2** junta, ensambladura **3** (coloq) antro **4** (coloq) churro **5** (GB) cuarto de carne
**jointed** adj articulado, plegable

**joke** /dʒoʊk/ n **1** chiste: to tell a joke contar un chiste **2** broma, guasa: to play a joke on sb hacer una broma a algn **3** [sing] (coloq) cachondeo: The new dog laws are a joke. La nueva ley sobre perros es un chiste.
▸ vi ~ (with sb) (about sth) bromear (con algn) (sobre algo) **LOC** joking apart/aside fuera de broma

**joker** /ˈdʒoʊkər/ n **1** bromista **2** (coloq) hazmerreír **3** (Naipes) comodín

**jolly** /ˈdʒɑli/ adj (jollier, -iest) alegre, jovial
▸ adv (GB, antic, coloq) muy

**jolt** /dʒoʊlt/ **1** vi traquetear **2** vt sacudir
▸ n **1** sacudida **2** susto

**jostle** /ˈdʒɑsl/ vt, vi empujar(se), codear(se)

**jot** /dʒɑt/ v (-tt-) **PHRV** jot sth down apuntar algo

**journal** /ˈdʒɜːrnl/ n **1** revista, periódico (especializado) **2** diario

**journalism** /ˈdʒɜːrnəlɪzəm/ n periodismo

**journalist** /ˈdʒɜːrnəlɪst/ n periodista

**journey** /ˈdʒɜːrni/ n (pl journeys) viaje, recorrido ⊃ Ver nota en VIAJE

**joy** /dʒɔɪ/ n **1** alegría: to jump for joy saltar de alegría **2** encanto Ver PRIDE **joyful** adj alegre **joyfully** adv alegremente

**joystick** /ˈdʒɔɪstɪk/ n (Aeronáut, Informát) palanca (de control)

**jubilant** /ˈdʒuːbɪlənt/ adj jubiloso **jubilation** n júbilo

**jubilee** /ˈdʒuːbɪli/ n aniversario

**Judaism** /ˈdʒuːdeɪzəm; GB -deɪɪzəm/ n judaísmo

**judge** /dʒʌdʒ/ n **1** juez **2** (de competencia) juez, árbitro, -a **3** ~ (of sth) conocedor, -ora (de algo)
▸ vt, vi juzgar, considerar, calcular: judging by/from... a juzgar por...

**judgment** (GB tb judgement) /ˈdʒʌdʒmənt/ n juicio: to use your own judgment actuar según su propio juicio

**judicious** /dʒuːˈdɪʃəs/ adj juicioso **judiciously** adv juiciosamente

**judo** /ˈdʒuːdoʊ/ n judo

**jug** /dʒʌg/ n **1** (USA) (GB pitcher) jarrón, cántaro **2** (GB) (USA pitcher) jarra

**juggle** /ˈdʒʌgl/ **1** vi ~ (with sth) hacer juegos malabares (con algo) **2** vt ~ sth (with sth) compaginar algo (con algo): She juggles home, career and children. Se las arregla para llevar casa, trabajo e hijos al mismo tiempo.

**juice** /dʒuːs/ n jugo **juicy** adj (juicier, -iest) **1** jugoso **2** (coloq) (cuento, etc.) sabroso, jugoso

**July** /dʒuˈlaɪ/ n (abrev Jul.) julio ⊃ Ver nota y ejemplos en JANUARY

**jumble** /ˈdʒʌmbl/ vt ~ sth (up) revolver algo
▸ n **1** revoltijo **2** (GB) objetos o ropa usados para una venta benéfica

**jumbo** /ˈdʒʌmboʊ/ adj (coloq) (de tamaño) súper

**jump** /dʒʌmp/ n **1** salto Ver tb HIGH JUMP, LONG JUMP **2** aumento
▸ **1** vt, vi saltar: to jump up and down dar saltos ◇ to jump up levantarse de un salto ⊃ Ver dibujo en SALTAR **2** vi sobresaltarse: It made me jump. Me sobresalté. **3** vi aumentar **LOC** jump the line (GB jump the queue) colarse **jump to conclusions** sacar conclusiones precipitadas Ver tb BANDWAGON **PHRV** jump at sth aceptar algo con entusiasmo

**jumper** /ˈdʒʌmpər/ n **1** (USA) (vestido) jumper **2** (GB) (USA sweater) suéter ⊃ Ver nota en SWEATER **3** saltador, -ora

**jumpy** /ˈdʒʌmpi/ adj (coloq) nervioso

**junction** /'dʒʌŋkʃn/ n 1 (de calles, Ferrocarril) cruce 2 (de autopistas) entronque

**June** /dʒuːn/ n (abrev Jun.) junio ➲ Ver nota y ejemplos en JANUARY

**jungle** /'dʒʌŋgl/ n jungla

¶ **junior** /'dʒuːniər/ adj 1 subalterno 2 (abrev Jr.) júnior 3 (GB): junior school escuela primaria
▸ n 1 subalterno, -a 2 [precedido de adjetivos posesivos]: He is three years her junior. Es tres años más joven que ella. 3 (USA) estudiante de tercer año 4 (GB) alumno, -a de escuela primaria

**junior high school** n escuela secundaria

**junk** /dʒʌŋk/ n [incontable] 1 basura, chatarra 2 baratijas

**junk food** n [incontable] (coloq, pey) antojitos o comidas preparadas (y poco nutritivos), comida chatarra

**junk mail** n (pey) propaganda (por correo)

**Jupiter** /'dʒuːpɪtər/ n Júpiter

**juror** /'dʒuərər/ n miembro del jurado

**jury** /'dʒuəri/ n (pl juries) jurado

¶ **just** /dʒʌst/ adv 1 justo, exactamente: It's just what I need. Es justo lo que necesito. ◇ That's just it! ¡Exacto! ◇ just here aquí mismo 2 ~ as justo cuando, justo como: She arrived just as we were leaving. Llegó justo cuando no íbamos. ◇ It's just as I thought. Es justo como/lo que yo pensaba. 3 ~ as... as... igual de... que...: She's just as smart as her mother. Es igual de lista que su madre. 4 have ~ done sth acabar de hacer algo: She has just left. Acaba de irse. ◇ We had just arrived when... Acabábamos de llegar cuando... ◇ "Just married" "Recién casados" 5 ~ over/under: It's just over a kilogram. Pasa un poco del kilo. 6 (GB) (only) ~ por muy poco: I can (only) just reach the shelf. Llego al estante a duras penas. 7 ahora: I'm just going. Ahora mismo me voy. 8 be ~ about/going to do sth estar a punto de hacer algo: I was just about/going to phone you. Estaba a punto de llamarte. 9 sencillamente: It's just one of those things. Es una de esas cosas que pasan, nada más. 10 Just let me say something! ¡Déjame hablar un momento! 11 sólo: I waited an hour just to see you. Esperé una hora sólo para poder verte. ◇ just for fun para divertirnos **LOC** it's just as well (that...) menos mal (que...) just about (coloq) casi: I know just about everyone. Conozco más o menos a todo el mundo. just in case por si acaso just like 1 igual que: It was just like old times. Fue como en los viejos tiempos. 2 típico de: It's just like her to be late. Es muy propio de ella llegar tarde. just like that sin más just now 1 en estos momentos 2 hace un momento
▸ adj 1 justo 2 merecido

¶ **justice** /'dʒʌstɪs/ n 1 justicia 2 (tb Justice) juez: Justice of the Peace juez de lo civil **LOC** bring sb to justice llevar a algn ante los tribunales do justice to sth/sb; do sth/sb justice 1 hacerle justicia a algo/algn 2 We couldn't do justice to her cooking. No pudimos hacer los honores a su comida. do yourself justice: He didn't do himself justice in the exam. Podía haber hecho el examen mucho mejor. Ver tb MISCARRIAGE

**justifiable** /,dʒʌstɪ'faɪəbl, 'dʒʌstɪfaɪəbl/ adj justificable **justifiably** adv justificadamente: She was justifiably angry. Estaba enojada, y con razón.

¶ **justify** /'dʒʌstɪfaɪ/ vt (pt, pp -fied) justificar

**justly** /'dʒʌstli/ adv justamente, con razón

**jut** /dʒʌt/ v (-tt-) **PHRV** jut out (from/into/ over sth) sobresalir (de/por encima de algo)

**juvenile** /'dʒuːvənaɪl/ n menor
▸ adj 1 juvenil 2 (pey) pueril

**juxtapose** /,dʒʌkstə'pəʊz/ vt contraponer **juxtaposition** /,dʒʌkstəpə'zɪʃn/ n contraposición

# K k

**K, k** /keɪ/ n (pl **Ks, K's, k's**) K, k ➲ Ver ejemplos en A, a

**kaleidoscope** /kəˈlaɪdəskoʊp/ n calidoscopio

**kangaroo** /ˌkæŋɡəˈruː/ n (pl **kangaroos**) canguro

**karat** (GB **carat**) /ˈkærət/ n quilate

**karate** /kəˈrɑti/ n karate

**kebab** /kəˈbæb/ n brocheta

**keel** /kiːl/ n quilla
▸ v **PHRV** keel over desplomarse

**keen** /kiːn/ adj (**keener, -est**) **1** entusiasta **2** be ~ **(to do sth/on doing sth)** (esp GB) estar ansioso, tener ganas (de hacer algo) **3** be ~ **on sth/sb** (esp GB, coloq) gustarle a uno algo/algn **4** (interés) grande **5** (olfato) fino **6** (oído, inteligencia) agudo
**keenly** adv **1** con entusiasmo **2** (sentir) profundamente

**keep** /kiːp/ (pt, pp **kept** /kept/) **1** vi quedarse, permanecer: Keep still! ¡Estate quieto! ◊ Keep quiet! ¡Cállate! ◊ to keep warm no enfriarse **2** vi ~ **(on) doing sth** seguir haciendo algo, no parar de hacer algo: He keeps interrupting me. No para de interrumpirme. **3** vt [con adjetivo, adverbio o -ing] mantener, tener: to keep sb waiting hacer esperar a algn ◊ to keep sb amused/happy tener a algn entretenido/contento ◊ Don't keep us in suspense. No nos tengas en suspenso. **4** vt entretener, retener: What kept you? ¿Por qué tardaste tanto? **5** vt guardar, tener: Will you keep my place in line? ¿Me guardas el sitio en la cola? **6** vt (no devolver) quedarse con: Keep the change. Quédese con el cambio. **7** vt (negocio) tener, ser propietario de **8** vt (animales) criar, tener **9** vt (secreto) guardar **10** vi (alimentos) conservarse (fresco), durar **11** vt (diario) escribir, llevar **12** vt (cuentas, registro) llevar **13** vt (familia, persona) mantener **14** vt (cita) acudir a **15** vt (promesa) cumplir ❶ Para expresiones con keep, véanse las entradas del sustantivo, adjetivo, etc., p. ej. keep your word en WORD.
**PHRV** keep (sth/sb) away (from sth/sb) mantener a algn/algo/mantenerse alejado (de algo/algn)
keep sth down mantener algo (a)bajo
keep sb from (doing) sth impedir, no dejar a algn hacer algo
keep sth (back) from sb ocultar algo a algn   keep (yourself) from doing sth evitar

hacer algo
**keep off (sth)** no acercarse (a algo), no tocar (algo): Keep off the grass. Prohibida pisar el césped.   **keep sth/sb off (sth/sb)** no dejar a algo/algn acercarse (a algo/algn): Keep your hands off me! ¡No me toques!
**keep on (at sb) (about sth/sb)** (esp GB) no parar de dar lata (a algn) (sobre algo/algn)
**keep out (of sth)** no entrar (en algo): Keep Out! ¡Prohibida la entrada!   **keep sth/sb out (of sth)** no dejar a algo/algn entrar (en algo): Keep Out! ¡Prohibida la entrada!
**keep (yourself) to yourself** guardar las distancias   **keep sth to yourself** guardarse algo (para sí)
**keep up (with sth/sb)** seguir el ritmo (de algo/algn)   **keep sth up** mantener algo, seguir haciendo algo: Keep it up! ¡Dale!
▸ n manutención

**keeper** /ˈkiːpər/ n **1** (zoo) guarda **2** (en museo) conservador, -ora **3** portero, -a

**keeping** /ˈkiːpɪŋ/ n **LOC** in/out of keeping (with sth) de acuerdo/en desacuerdo (con algo)   in sb's keeping al cuidado de algn

**kennel** /ˈkenl/ n residencia canina

**kept** pt, pp de KEEP

**kerb** (GB) = CURB (2)

**kerosene** /ˈkerəsiːn/ n **1** queroseno **2** (GB **paraffin**) (para lámparas) petróleo

**ketchup** /ˈketʃəp/ n catsup

**kettle** /ˈketl/ (GB) (USA **teakettle**) n cafetera (para calentar agua) ➲ Ver dibujo en TEAKETTLE

**key** /kiː/ n (pl **keys**) **1** llave: the car keys las llaves del coche **2** (Mús) tono **3** tecla **4** ~ **(to sth)** clave (de algo): Exercise is the key (to good health). El ejercicio es la clave (de la buena salud).
▸ adj clave
▸ vt ~ **sth (in)** teclear algo

**keyboard** /ˈkiːbɔːrd/ n teclado ➲ Ver dibujo en COMPUTADORA

**keyhole** /ˈkiːhoʊl/ n ojo de la cerradura

**khaki** /ˈkɑki/ adj, n caqui

**kick** /kɪk/ **1** vt dar una patada a **2** vt (pelota) golpear (con el pie): to kick the ball into the river tirar la pelota al río de una patada **3** vi patear **LOC** kick the bucket (coloq) estirar la pata Ver tb ALIVE
**PHRV** kick off hacer el saque inicial   kick sb out (of sth) (coloq) echar a algn (de algo)
▸ n **1** puntapié, patada **2** (coloq): to do sth for kicks hacer algo para divertirse

**kickoff** /ˈkɪkɔːf; GB -ɒf/ (tb **kick-off**) n saque inicial

---

ɜː bird   ɪə near   eə hair   ʊə tour   ʒ vision   h hat   ŋ sing

**kid** /kɪd/ n **1** (coloq) niño, -a, escuincle: *How are your wife and the kids?* ¿Qué tal tu mujer y los niños? **2** (esp USA, coloq): *his kid sister* su hermana menor **3** (Zool) cabrito **4** (piel) cabritilla
▸ (-dd-) (coloq) **1** vt, vi bromear: *Are you kidding?* ¿Estás bromeando? **2** vt ~ yourself engañarse a sí mismo

**kidnap** /'kɪdnæp/ vt (-pp-) secuestrar **kidnapper** n secuestrador, -ora **kidnapping** n secuestro

**kidney** /'kɪdni/ n (pl kidneys) riñón

**kill** /kɪl/ vt, vi matar: *Smoking kills.* Fumar mata. *She was killed in a car crash.* Se mató en un accidente de coche. LOC kill time matar el tiempo PHRV kill sth/sb off exterminar algo, rematar a algn
▸ n (animal cazado) presa LOC go/move in for the kill entrar a matar **killer** n asesino, -a

**killing** /'kɪlɪŋ/ n matanza LOC make a killing (coloq) hacer el agosto

**kiln** /kɪln/ n horno (para cerámica)

**kilogram** (GB tb **kilogramme**) /'kɪləɡræm/ (tb **kilo** /'ki:loʊ/) n (abrev kg) kilo(gramo) ➔ Ver pág 680

**kilometer** (GB **kilometre**) /'kɪləmi:tər, kɪ'lɑmɪtər/ n (abrev km) kilómetro ➔ Ver pág 681

**kilt** /kɪlt/ n falda escocesa

**kin** /kɪn/ n Ver NEXT OF KIN

**kind** /kaɪnd/ n tipo, clase: *the best of its kind* el mejor de su categoría LOC in kind **1** en especie **2** (fig) con la misma moneda **kind of** (coloq) en cierto modo: *kind of scared* como asustado Ver tb NOTHING
▸ adj amable

**kindly** /'kaɪndli/ adv **1** amablemente **2** (formal): *Kindly leave me alone!* ¡Haz el favor de dejarme en paz! LOC not take kindly to sth/sb no gustarle algo/algn a uno
▸ adj (formal) amable

**kindness** /'kaɪndnəs/ n **1** amabilidad, bondad **2** favor

**king** /kɪŋ/ n rey

**kingdom** /'kɪŋdəm/ n reino

**kingfisher** /'kɪŋfɪʃər/ n martín pescador

**kiosk** /'ki:ɑsk/ n quiosco

**kiss** /kɪs/ vt, vi besar(se)
▸ n beso LOC the kiss of life (GB) respiración boca a boca

**kit** /kɪt/ n **1** equipo **2** conjunto para armar

**kitchen** /'kɪtʃɪn/ n cocina

**kite** /kaɪt/ n cometa, papalote

**kitten** /'kɪtn/ n gatito ➔ Ver nota en GATO

**kitty** /'kɪti/ n (pl kitties) (coloq) **1** fondo (de dinero) **2** gatito

**knack** /næk/ n maña: *to get the knack of sth* agarrarle el modo a algo

**knead** /ni:d/ vt amasar

**knee** /ni:/ n rodilla LOC be/go (down) on your knees estar/ponerse de rodillas

**kneecap** /'ni:kæp/ n rótula

**kneel** /ni:l/ vi (pt, pp knelt /nelt/ USA tb kneeled) ~ (down) arrodillarse, hincarse ➔ Ver nota en DREAM

**knew** pt de KNOW

**knickers** /'nɪkərz/ (GB) (USA **panties**) n [pl] pantaletas ➔ Ver nota en PAIR

**knife** /naɪf/ n (pl knives /naɪvz/) cuchillo
▸ vt acuchillar

**knight** /naɪt/ n **1** caballero **2** (Ajedrez) caballo
▸ vt nombrar caballero/Sir **knighthood** n título de caballero

**knit** /nɪt/ vt (-tt-) (pt, pp knit o knitted) **1** vt ~ sth (for sb) tejer algo (a algn) **2** vi tejer

**knitting** /'nɪtɪŋ/ n [incontable] tejido: *knitting needle* aguja (de tejer)

**knitwear** /'nɪtweər/ n [incontable] (prendas) tejidas

**knob** /nɑb/ n **1** manija **2** (de radio, televisor) botón

**knock** /nɑk/ **1** vt, vi golpear: *to knock your head on the ceiling* pegarse con la cabeza en el techo **2** vi ~ (at/on sth) (puerta, etc.) llamar (a algo) **3** vt (coloq) criticar LOC Ver WOOD PHRV knock sb down atropellar a algn **knock sth down** derribar algo **knock off (sth)** (coloq): *to knock off (work)* terminar de trabajar **knock sth/sb off (sth)** tirar algo/a algn (de algo) **knock sth off (sth)** hacer un descuento, descontar algo (de algo) (precio) **knock sb out 1** (Boxeo) dejar K.O., noquear a algn **2** (coloq) dejar boquiabierto a algn **knock sth/sb over** tirar algo/a algn
▸ n **1** *There was a knock at the door.* Llamaron a la puerta. **2** golpe

**knockout** /'nɑkaʊt/ n K.O.
▸ adj (esp GB): *knockout tournament* eliminatoria

**knot** /nɑt/ n **1** nudo **2** grupo (de gente)
▸ vt (-tt-) hacer un nudo a, anudar

**know** /noʊ/ (pt knew /nju:/ pp known /noʊn/) **1** vt, vi ~ (sth/how to do sth) saber (algo/hacer algo): *to know how to swim* saber nadar *Let me know if…* Avísame si… **2** vt: *I've never known anyone to…* Nunca se ha visto que… **3** vt conocer: *to get to know sb* llegar a conocer a algn LOC for all you, I, they, etc.

---

| ʃ chin | dʒ June | v van | θ then | s so | z zoo | ʃ she |
|--------|---------|-------|--------|------|-------|-------|

**know** por lo (poco) que uno sabe **God/goodness/Heaven knows** (*coloq*) (bien) sabrá Dios **know best** saber uno lo que hace **know better**: *You ought to know better!* ¡Parece mentira que tú hayas hecho eso! ◊ *I should have known better.* Debí haberlo sabido. **let sb know sth** informar a algn de algo **you never know** (*coloq*) nunca se sabe LOC *Ver* ANSWER, ROPE PHRV **know of sth/sb** saber de algo/algn: *Not that I know of.* Que yo sepa, no.
▸ *n* LOC **be in the know** (*coloq*) estar enterado

**knowing** /ˈnəʊɪŋ/ *adj* (*mirada, etc.*) de complicidad **knowingly** *adv* intencionadamente

**knowledge** /ˈnɑlɪdʒ/ *n* [*incontable*] **1** conocimiento(s): *not to my knowledge* que yo sepa, no **2** saber LOC **in the knowledge that…** a sabiendas de que… *Ver tb* BEST **knowledgeable** *adj* que posee muchos conocimientos sobre algo

**knuckle** /ˈnʌkl/ *n* nudillo
▸ *v* PHRV **knuckle down (to sth)** (*coloq*) poner manos a la obra **knuckle under** (*coloq*) doblegarse

**Koran** /kəˈræn; *GB* -ˈrɑːn/ *n* Corán

# Ll

**L, l** /el/ n (pl **Ls, L's, l's**) L, 1 ⊃ Ver ejemplos en A, A

**label** /'leɪbl/ n etiqueta ⊃ Ver dibujo en ETIQUETA
▶ vt (-l-, GB -ll-) **1** etiquetar, poner etiquetas a **2** ~ sth/sb as sth (fig) calificar algo/a algn de algo

**labor** (GB **labour**) /'leɪbər/ n [incontable] **1** trabajo **2** mano de obra: parts and labor los repuestos y la mano de obra ◊ labor relations relaciones laborales **3** (trabajo de) parto: to go into labor entrar en trabajo de parto **4** Labor (tb the Labor Party) (GB, Pol) el Partido Laborista
▶ vi esforzarse

**laboratory** /'læbrətɔːri; GB ləˈbɒrətri/ n (pl **laboratories**) (tb coloq **lab** /'læb/) laboratorio

**labored** (GB **laboured**) /'leɪbərd/ adj **1** dificultoso **2** pesado

**laborer** (GB **labourer**) /'leɪbərər/ n trabajador, -ora

**laborious** /ləˈbɔːriəs/ adj **1** laborioso **2** penoso

**labor union** (GB **trade union**) n sindicato

**labyrinth** /'læbərɪnθ/ n laberinto

**lace** /leɪs/ n **1** encaje **2** agujeta
▶ vt, vi amarrar(se) (zapatos, etc.)

**lack** /læk/ vt carecer de **LOC** be lacking faltar be lacking in sth carecer de algo
▶ n [incontable] falta, carencia

**lacquer** /'lækər/ n laca

**lacy** /'leɪsi/ adj de encaje

**lad** /læd/ n (GB, antic o coloq) muchacho

**ladder** /'lædər/ n **1** escalera (de mano): rope ladder escalera de cuerda **2** escala (social, profesional, etc.)

**laden** /'leɪdn/ adj ~ (with sth) cargado (de algo)

**ladies' room** (GB **Ladies** [sing]) n baño de mujeres ⊃ Ver nota en BATHROOM

**lady** /'leɪdi/ n (pl **ladies**) **1** señora: Ladies and gentlemen… Señoras y señores… **2** dama **3** Lady (GB) Lady (como título nobiliario)

**ladybug** /'leɪdibʌg/ (GB **ladybird** /'leɪdibɜːrd/) n catarina

**lag** /læg/ vi (-gg-) ~ behind (sth/sb) quedarse atrás (con respecto a algo/algn)
▶ n (tb **time lag**) retraso

**lager** /'lɑːgər/ n cerveza (clara)

**lagoon** /ləˈguːn/ n laguna

**laid** pt, pp de LAY¹

**laid-back** /ˌleɪd ˈbæk/ adj (coloq) tranquilo

**lain** pp de LIE²

**lake** /leɪk/ n lago

**lamb** /læm/ n cordero ⊃ Ver nota en CARNE

**lame** /leɪm/ adj **1** cojo **2** (excusa, etc.) poco convincente

**lament** /ləˈment/ vt, vi (formal) lamentar(se) (de)

**lamp** /læmp/ n lámpara

**lamp post** n (esp GB) farol

**lampshade** /'læmpʃeɪd/ n pantalla (de lámpara)

**land** /lænd/ n **1** [incontable] tierra: by land por tierra ◊ on dry land en tierra firme **2** [incontable] tierra(s): arable land tierra de cultivo ◊ a plot of land una parcela **3** the land [sing] el campo: to work on the land dedicarse a la agricultura **4** (formal) país: the finest in the land el mejor del país
▶ **1** vi aterrizar **2** vt (avión) poner en tierra **3** vi (pájaro) posarse **4** vi caer: The ball landed in the water. La pelota cayó al agua. **5** vt, vi desembarcar **6** vt (coloq) (lograr) conseguir, obtener **LOC** Ver FOOT **PHRV** land sb/yourself with sth (coloq) cargar a algn/cargarse con algo: I got landed with the washing up. A mí me tocó lavar los trastes.

**landing** /'lændɪŋ/ n **1** aterrizaje **2** desembarco **3** (escalera) descanso

**landlady** /'lændleɪdi/ n (pl **landladies**) **1** casera **2** (GB) patrona (de un pub o una pensión)

**landlord** /'lændlɔːrd/ n **1** casero **2** (GB) patrón (de un pub o una pensión)

**landmark** /'lændmɑːrk/ n **1** punto destacado **2** ~ (in sth) (fig) (algo que marca un) hito (en algo)

**landowner** /'lændoʊnər/ n terrateniente

**landscape** /'lændskeɪp/ n paisaje ⊃ Ver nota en SCENERY

**landslide** /'lændslaɪd/ n **1** derrumbe (de tierras) **2** (tb **landslide victory**) victoria aplastante (en elecciones)

**lane** /leɪn/ n **1** camino **2** callejón **3** carril: slow/fast lane carril de baja/alta velocidad **4** (Dep) calle

**language** /'læŋgwɪdʒ/ n **1** idioma, lengua **2** lenguaje: *to use bad language* decir palabrotas

**lantern** /'læntərn/ n **1** farol **2** linterna

**lap** /læp/ n **1** regazo **2** (*Dep*) vuelta
▸ vi (**-pp-**) (*agua*) chapotear **PHRV** **lap sth up 1** (*coloq*) tragarse algo **2** (*animales*) lamer algo

**lapel** /lə'pel/ n solapa

**lapse** /læps/ n **1** error, lapsus **2** ~ (**into sth**) caída (en algo) **3** (*de tiempo*) lapso, periodo: *after a lapse of six years* al cabo de seis años
▸ vi **1** (*contrato, acuerdo, etc.*) caducar **2** perderse **PHRV** **lapse into sth** caer en algo (*estado*): *to lapse into silence* quedarse callado

**laptop** /'læptɒp/ n computadora portátil

**larder** /'lɑːrdər/ (*esp GB*) (*USA* **pantry**) n despensa

**large** /lɑːrdʒ/ adj (**larger, -est**) **1** grande: *small, medium or large* pequeña, mediana o grande ◊ *to a large extent* en gran parte ⊃ *Ver nota en* BIG **2** extenso, amplio **LOC** **at large 1** en general: *the world at large* todo el mundo **2** en libertad **by and large** en términos generales **LOC** *Ver* EXTENT

**largely** /'lɑːrdʒli/ adv en gran parte

**large-scale** /'lɑːrdʒ skeɪl/ adj **1** a gran escala, extenso **2** (*mapa, etc.*) a gran escala

**lark** /lɑːrk/ n alondra

**laser** /'leɪzər/ n láser: *laser printer* impresora láser

**lash** /læʃ/ n **1** azote, latigazo **2** *Ver* EYELASH
▸ vt **1** azotar **2** (*rabo*) sacudir **PHRV** **lash out at sth/sb 1** agarrarla a golpes contra algo/algn **2** arremeter contra algo/algn

**lass** /læs/ n muchacha (*esp en Escocia y el norte de Inglaterra*)

**last** /læst; *GB* lɑːst/ adj **1** último: *last thing at night* lo último por la noche ⊃ *Ver nota en* ÚLTIMO **2** pasado: *last month* el mes pasado ◊ *last night* anoche ◊ *the night before last* anteanoche **LOC** **as a last resort; in the last resort** como último recurso **have the last laugh** reírse el último **have the last word** tener la última palabra **LOC** *Ver* ANALYSIS, EVERY, FIRST, STRAW, THING
▸ adv **1** último: *He came last.* Llegó en último lugar/al final. **2** por última vez **LOC** **last but not least** y por último, aunque no por ello de menor importancia
▸ n **the last 1** el último, la última **2** el/la anterior **LOC** **at (long) last** por fin **next/**

<sub>497</sub> **laundry**

**second to last** (*GB tb* **last but one**) penúltimo
▸ **1** vt, vi ~ (**for**) **hours, days, etc.** durar horas, días, etc. **2** vi perdurar
**lasting** adj duradero, permanente **lastly** adv por último

**last name** (*tb esp GB* **surname**) n apellido

**latch** /lætʃ/ n **1** cerrojo **2** (*puerta*) pasador
▸ v **PHRV** **latch on (to sth)** (*coloq*) enterarse (de algo) (*explicación, etc.*)

**late** /leɪt/ adj (**later, -est**) **1** tarde, tardío: *to be late* llegar tarde ◊ *My flight was an hour late.* Mi vuelo se retrasó una hora. **2** *in the late 19th century* a finales del siglo XIX ◊ *in her late twenties* rondando la treintena **3** latest último, más reciente ⊃ *Ver nota en* ÚLTIMO **4** [*sólo antes de sustantivo*] difunto **LOC** **at the latest** a más tardar
▸ adv (**later**) tarde: *He arrived half an hour late.* Llegó media hora tarde. **LOC** **later on** más tarde *Ver tb* BETTER, SOON

**lately** /'leɪtli/ adv últimamente

**lather** /'læðər; *GB* 'lɑːð-/ n espuma (*de jabón*)

**Latina** /læ'tiːnə/ n (*pl* **Latinas**) latina (*esp en Estados Unidos*)

**Latino** /læ'tiːnoʊ/ adj, n (*pl* **Latinos**) latino, -a (*esp en Estados Unidos*)

**latitude** /'lætɪtuːd; *GB* -tjuːd/ n latitud

**latter** /'lætər/ adj último: *the latter option* la última opción
▸ pron **the latter** este, esta, estos, estas: *The latter was not as good as the former.* Esta no fue tan buena como aquella. ⊃ *Comparar con* FORMER

**laugh** /læf; *GB* lɑːf/ vi reír(se) **LOC** *Ver* BURST **PHRV** **laugh at sth/sb 1** reírse de algo/algn **2** burlarse de algo/algn
▸ n **1** risa, carcajada **2** a laugh [*sing*] (*coloq*) (*suceso, persona*): *What a laugh!* ¡Es para morirse de risa! **LOC** *Ver* LAST **laughable** adj risible **laughter** n [*incontable*] risa(s): *to roar with laughter* reírse a carcajadas

**launch** /lɔːntʃ/ vt **1** (*proyectil, ataque, campaña*) lanzar **2** (*buque nuevo*) botar **PHRV** **launch (yourself) into sth** (*discurso, etc.*) comenzar algo (*con entusiasmo*)
▸ n **1** lanzamiento **2** lancha

**launder** /'lɔːndər/ vt (*dinero*) lavar: *money laundering* lavado de dinero

**laundromat**® /'lɔːndrəmæt/ (*GB* **launderette** /lɔːn'dret/) n lavandería (*establecimiento donde uno va a lavar la ropa*)

**laundry** /'lɔːndri/ n **1** [*incontable*] ropa sucia: *to do the laundry* lavar la ropa

**2** (*pl* **laundries**) lavandería (industrial): *laundry service* servicio de lavandería

**lava** /'lɑːvə/ *n* lava

**lavatory** /'lævətɔːri; *GB tb* -tri/ *n* (*pl* **lavatories**) **1** escusado, inodoro **2** (*en casa*) baño **3** (*público*) baños ➔ *Ver nota en* BATHROOM

**lavender** /'lævəndər/ *n* lavanda

**lavish** /'lævɪʃ/ *adj* **1** pródigo, generoso **2** abundante

**ℓ law** /lɔː/ *n* **1** (*tb* **the law**) ley: *against the law* en contra de la ley **2** (*carrera*) derecho [LOC] **law and order** orden público *Ver tb* EYE **lawful** *adj* (*formal*) legal, legítimo

**lawn** /lɔːn/ *n* pasto

**lawsuit** /'lɔːsuːt; *GB tb* -'sjuːt/ *n* pleito, litigio

**ℓ lawyer** /'lɔːjər/ *n* abogado, -a ➔ *Ver nota en* ABOGADO

**ℓ lay¹** /leɪ/ *vt, vi* (*pt, pp* **laid** /leɪd/) **1** colocar, poner **2** (*cimientos*) echar **3** (*cable, etc.*) tender **4** extender **5** (*huevos*) poner ➔ *Ver nota en* LIE² ❶ Para expresiones con **lay**, véanse las entradas del sustantivo, adjetivo, etc., p. ej. **lay claim to sth** en CLAIM. [PHRV] **lay sth aside** (*formal*) poner algo a un lado **lay sth down 1** (*armas*) deponer algo **2** (*regla, principio, etc.*) estipular, establecer algo **lay sb off** (*coloq*) despedir a algn **lay sth on** (*GB, coloq*) proveer algo **lay sth out 1** (*mapa, tela, etc.*) extender algo **2** (*jardín, ciudad, etc.*) diseñar, hacer el trazado de algo: *well laid out* bien distribuido/planeado **3** (*argumento*) exponer algo

**lay²** /leɪ/ *adj* **1** laico **2** (*no experto*) lego

**lay-by** /'leɪ baɪ/ *n* (*pl* **lay-bys**) (*GB*) área de descanso (*carretera*)

**ℓ layer** /'leɪər/ *n* **1** capa **2** (*Geol*) estrato **layered** *adj* en capas

**layoff** /'leɪɔːf; *GB* -ɒf/ *n* despido (*por cierre de empresa o recorte de personal*)

**ℓ lazy** /'leɪzi/ *adj* (**lazier, -iest**) **1** vago, flojo **2** perezoso

**lead¹** /led/ *n* plomo

**ℓ lead²** /liːd/ *n* **1** [*sing*] (*competencia*) ventaja: *to be in the lead* llevar la delantera **2** ejemplo, iniciativa: *If we take the lead, others will follow.* Si tomamos la iniciativa, los demás nos seguirán. **3** (*indicio*) pista **4** (*Cine, Teat*) papel principal **5** (*Naipes*) mano: *It's your lead.* Tú llevas la mano. **6** (*GB*) (*USA* **leash**) (*de perro, etc.*) correa **7** (*GB*) (*USA* **cord**) (*Electrón*) cable
▶ (*pt, pp* **led** /led/) **1** *vt* llevar, guiar **2** *vi* ~ **from/to sth** (*camino, puerta, etc.*) llevar de/a algo: *This door leads into the gar-*

den. Esta puerta da al jardín. ◊ *This road leads back to town.* Por este camino se vuelve a la ciudad. **3** *vt* ~ **sb** (**to sth/to do sth**) llevar a algn (a algo/a hacer algo) **4** *vi* ~ **to sth** dar lugar a algo **5** *vt* (*vida*) llevar **6** *vi* llevar la delantera **7** *vt* encabezar **8** *vi* (*Naipes*) salir [LOC] **lead sb to believe (that)…** hacer creer a algn (que)… **lead the way (to sth)** mostrar el camino (a algo) [PHRV] **lead up to sth 1** preceder a algo **2** conducir, llevar a algo

**leaded** /'ledɪd/ *adj* (*gasolina*) con plomo

**ℓ leader** /'liːdər/ *n* líder, dirigente

**leadership** /'liːdərʃɪp/ *n* **1** liderazgo **2** (*cargo*) jefatura

**ℓ leading** /'liːdɪŋ/ *adj* principal, más importante

**ℓ leaf** /liːf/ *n* (*pl* **leaves** /liːvz/) hoja [LOC] **take a leaf from/out of sb's book** seguir el ejemplo de algn *Ver tb* NEW

**leaflet** /'liːflət/ *n* folleto

**leafy** /'liːfi/ *adj* frondoso: *leafy vegetables* verduras de hoja

**ℓ league** /liːg/ *n* **1** (*alianza*) liga **2** (*coloq*) clase: *I'm not in her league.* No estoy a su altura. [LOC] **in league (with sb)** confabulado (con algn)

**leak** /liːk/ **1** *vi* (*recipiente*) estar agujereado, tener fuga **2** *vi* (*gas, líquido*) salirse, escaparse **3** *vt* dejar escapar **4** *vt* ~ **sth (to sb)** (*información, etc.*) filtrar algo (a algn): *The news was leaked to the press.* Filtraron las noticias a la prensa.
▶ *n* **1** agujero, gotera **2** fuga, escape **3** filtración (*de información, etc.*)

**lean¹** /liːn/ *adj* (**leaner, -est**) **1** (*persona, animal*) delgado, flaco **2** (*carne*) magro

**lean**

She's **leaning** against a tree.

He's **leaning out** of a window.

**ℓ lean²** /liːn/ (*pt, pp* **leaned**, *tb esp GB* **leant** /lent/) ➔ *Ver nota en* DREAM **1** *vi* inclinar(se), ladear(se): *to lean out of the window* asomarse a la ventana ◊ *to lean back/forward* inclinarse hacia atrás/adelante **2** *vt, vi* ~ **against/on sth**

recargar(se), apoyar(se) contra/en algo **leaning** n inclinación

**leap** /li:p/ vi (pt, pp **leaped** o **leapt** /lept/) ⊃ Ver nota en DREAM **1** saltar, brincar **2** (corazón) dar un salto
▶ n salto

**leap year** n año bisiesto

⚠ **learn** /lɜ:rn/ vt, vi (pt, pp **learned** o **learnt** /lɜ:rnt/) ⊃ Ver nota en DREAM **1** aprender **2** ~ (of/about) sth enterarse de algo **LOC** learn your lesson escarmentar Ver tb ROPE **learner** n aprendiz, -iza, principiante **learning** n [U] **1** (acción) aprendizaje **2** (conocimientos) erudición

**lease** /li:s/ n contrato de arrendamiento **LOC** a (new) lease on life (GB a new lease of life) una nueva vida
▶ vt ~ sth (to/from sb) arrendar algo (a algn) (propietario o inquilino)

**leash** /li:ʃ/ (GB lead) n correa (de perro, etc.)

⚠ **least** /li:st/ pron (superl de little) menos: It's the least I can do. Es lo menos que puedo hacer. **LOC** at least al menos, por lo menos not in the least en absoluto not least especialmente Ver tb LAST
▶ adv menos: when I least expected it cuando menos lo espera
▶ adj menor

⚠ **leather** /'leðər/ n cuero, piel

⚠ **leave** /li:v/ (pt, pp **left** /left/) **1** vt dejar: Leave it to me. Yo me encargo. **2** vt, vi irse (de), salir (de) **3** vt be left quedar: There are only two days left. Sólo quedan dos días. **LOC** leave sb to their own devices/to themselves dejar a algn a su libre albedrío **LOC** Ver ALONE **PHRV** leave sth/ sb behind dejar algo/a algn (atrás), olvidar algo/a algn be left over (from sth) sobrar (de algo)
▶ n permiso (vacaciones) **LOC** on leave de permiso

**leaves** plural de LEAF

⚠ **lecture** /'lektʃər/ n **1** conferencia: lecture hall/theater aula magna ◊ to give a lecture dar una conferencia ⊃ Comparar con CONFERENCE **2** (reprimenda) sermón
▶ **1** vi ~ (in/on sth) dar una conferencia/ conferencias (sobre algo) **2** vt ~ sb (about/on sth) sermonear a algn (sobre algo)
**lecturer** n **1** (GB) (USA professor) ~ (in sth) (de universidad) profesor, -ora (de algo) **2** conferenciante

**led** pt, pp de LEAD²

**ledge** /ledʒ/ n **1** repisa: window ledge alféizar **2** (Geog) saliente (en acantilado, etc.)

**leek** /li:k/ n poro

⚠ **left** /left/ adj izquierdo

▶ adv a la izquierda: Turn/Go left. Gira a la izquierda.
▶ n **1** izquierda: on the left a la izquierda **2** the Left (Pol) la izquierda Ver tb LEAVE

**left-hand** /'left hænd/ adj a/de (la) izquierda: on the left-hand side a mano izquierda **left-handed** adj zurdo

**left luggage office** n (GB) (oficina de) consignaciones

**leftover** /'leftoʊvər/ adj sobrante **leftovers** n [pl] sobras

**left wing** /,left 'wɪŋ/ n (Pol) izquierda
▶ adj **left-wing** izquierdista

⚠ **leg** /leg/ n **1** pierna **2** (de animal, mueble) pata **3** (carne) pierna, muslo **LOC** give sb a leg up (coloq) ayudar a algn a subirse a algo not have a leg to stand on (coloq) no tener uno nada que lo respalde Ver tb PULL, STRETCH

**legacy** /'legəsi/ n (pl **legacies**) **1** legado **2** (fig) patrimonio

⚠ **legal** /'li:gl/ adj jurídico, legal: to take legal action against sb entablar un proceso legal contra algn **legality** /li:'gæləti/ n legalidad **legalization** (GB tb -isation) n legalización **legalize** (GB tb -ise) vt legalizar

**legend** /'ledʒənd/ n leyenda **legendary** adj legendario

**leggings** /'legɪŋz/ n [pl] mallas (pantalón)

**legible** /'ledʒəbl/ adj legible

**legion** /'li:dʒən/ n legión

**legislate** /'ledʒɪsleɪt/ vi ~ (for/against sth) legislar (para/contra algo) **legislation** n legislación **legislative** /'ledʒɪslətɪv/ adj (formal) legislativo **legislature** /'ledʒɪsleɪtʃər/ n (formal) asamblea legislativa

**legitimacy** /lɪ'dʒɪtɪməsi/ n (formal) legitimidad

**legitimate** /lɪ'dʒɪtɪmət/ adj **1** legítimo, lícito **2** justo, válido

**leisure** /'li:ʒər; GB 'leʒə(r)/ n ocio: leisure time tiempo libre **LOC** at your leisure (formal) cuando le venga bien

**leisure center** n (GB) centro recreativo

**leisurely** /'li:ʒərli; GB 'leʒ-/ adj pausado, relajado
▶ adv tranquilamente

⚠ **lemon** /'lemən/ n limón real

**lemonade** /,lemə'neɪd/ n **1** agua de limón real **2** (GB) refresco de limón real

⚠ **lend** /lend/ vt (pt, pp **lent** /lent/) prestar **LOC** Ver HAND ⊃ Ver dibujo en BORROW

⚠ **length** /leŋθ/ n **1** largo, longitud: 20 metres in length 20 metros de largo

**2** duración: *for some length of time* durante un buen rato/una temporada **LOC go to any, some, great, etc. lengths (to do sth)** hacer todo lo posible (por hacer algo) **lengthen** *vt, vi* alargar(se), prolongar(se) **lengthy** *adj* (**lengthier, -iest**) largo

**lenient** /'li:niənt/ *adj* **1** indulgente **2** (*tratamiento*) clemente

**lens** /lenz/ *n* (*pl* **lenses**) **1** (*cámara*) objetivo **2** lente: *contact lenses* lentes de contacto

**lent** *pt, pp de* LEND

**lentil** /'lentl/ *n* lenteja

**Leo** /'li:oʊ/ *n* (*pl* **Leos**) leo ➜ *Ver ejemplos en* AQUARIUS

**leopard** /'lepərd/ *n* leopardo

**lesbian** /'lezbiən/ *n* lesbiana

**less** /les/ *adj, adv, pron* ~ (**than…**) menos (que/de…): *I have less than you.* Tengo menos que tú. ◇ *less often* con menos frecuencia

**Less** se usa como comparativo de **little** y normalmente va con sustantivos incontables: "*I have very little money.*" "*I have even less money (than you).*" —Tengo poco dinero. —Yo tengo aún menos (que tú).
**Fewer** es el comparativo de **few** y normalmente va con sustantivos en plural: *fewer accidents, people, etc.* menos accidentes, gente, etc. Sin embargo, en el inglés hablado se utiliza más **less** que **fewer**, aunque sea con sustantivos en plural.

**LOC less and less** cada vez menos *Ver tb* MORE **lessen 1** *vi* disminuir **2** *vt* reducir **lesser** *adj* menor **LOC** *Ver* EXTENT

**lesson** /'lesn/ *n* **1** clase: *four English lessons a week* cuatro clases de inglés a la semana **2** lección **LOC** *Ver* LEARN, TEACH

**let¹** /let/ *vt* (**-tt-**) (*pt, pp* **let**) **1** dejar, permitir: *to let sb do sth* dejar a algn hacer algo ◇ *My dad won't let me have a TV in my bedroom.* Mi padre no me deja tener tele en mi habitación. ➜ *Ver nota en* ALLOW **2 let's**

**Let us** + infinitivo sin **to** se utiliza para hacer sugerencias. Excepto en el habla formal, normalmente se usa la contracción **let's**: *Let's go!* ¡Vamos! En negativa, se usa **let's not**: *Let's not argue.* No discutamos.

**LOC let sth/sb go; let go of sth/sb** soltar algo/a algn **let yourself go** dejarse llevar por el instinto ➊ *Para otras expresiones con* **let**, *véanse las entradas del*

sustantivo, adjetivo, etc., p. ej. **let alone** en ALONE. **PHRV let sb down** fallar a algn **let sb in/out** dejar entrar/salir a algn **let sb off (sth)** perdonar (algo) a algn **let sth off 1** (*arma*) disparar algo **2** (*fuegos artificiales*) hacer estallar algo

**let²** /let/ *vt* (**-tt-**) (*pt, pp* **let**) (GB) (USA **rent**) ~ **sth (to sb)** rentar algo (a algn): *Flat to let.* Se renta departamento. ➜ *Ver nota en* RENTAR

**lethal** /'li:θl/ *adj* letal

**lethargic** /lə'θɑrdʒɪk/ *adj* aletargado

**lethargy** /'leθərdʒi/ *n* aletargamiento

**letter** /'letər/ *n* **1** letra **2** carta: *to mail a letter* mandar una carta por correo **LOC to the letter** al pie de la letra

**letter box** *n* (GB) **1** (USA **mailbox**) buzón (*en la calle*) **2** (USA **mail slot**) ranura en la puerta de una casa por la que se echan las cartas ➜ *Ver dibujo en* MAILBOX

**letter carrier** (GB **postman, postwoman**) *n* cartero

**lettuce** /'letɪs/ *n* lechuga

**leukemia** (GB **leukaemia**) /lu:'ki:miə/ *n* leucemia

**level** /'levl/ *adj* **1** raso **2** ~ (**with sth/sb**) al nivel (de algo/algn)
▶ *n* nivel: *1 000 meters above sea level* a 1,000 metros sobre el nivel del mar ◇ *noise levels* el nivel de ruido ◇ *high-/low-level negotiations* negociaciones de alto/bajo nivel
▶ *vt* (**-l-**, GB **-ll-**) nivelar **PHRV level sth against/at sth/sb** dirigir algo a algo/algn (*críticas, etc.*) **level off/out** estabilizarse

**level crossing** (GB) (USA **grade crossing**) *n* cruce (de tren)

**lever** /'levər; GB 'li:və-/ *n* palanca **leverage** /'levərɪdʒ; GB 'li:və-/ *n* **1** (*formal*) influencia **2** fuerza de la palanca, apalancamiento

**levy** /'levi/ *vt* (*pt, pp* **levied**) imponer (*impuestos, etc.*)
▶ *n* (*pl* **levies**) impuesto, gravamen

**liability** /ˌlaɪə'bɪləti/ *n* (*pl* **liabilities**) **1** [*incontable*] ~ (**for sth**) responsabilidad (por algo) **2** (*coloq*) problema

**liable** /'laɪəbl/ *adj* **1** responsable: *to be liable for sth* ser responsable de algo **2** be ~ **to do sth** tener tendencia a hacer algo **3** ~ **to sth** propenso a algo **4** ~ **to sth** sujeto a algo

**liaison** /li'eɪzɑn, 'liəzɑn; GB li'eɪzn/ *n* **1** vinculación **2** relación sexual (*esp extraconyugal*)

**liar** /'laɪər/ *n* mentiroso, -a

**libel** /'laɪbl/ *n* libelo, difamación por escrito

**liberal** /'lɪbərəl/ *adj* **1** liberal **2** libre
▶ *n* liberal

**liberate** /ˈlɪbəreɪt/ *vt* ~ **sth/sb (from sth)** liberar algo/a algn (de algo) **liberated** *adj* liberado **liberation** / n liberación

**liberty** /ˈlɪbərti/ *n* (*pl* **liberties**) libertad **❶** La palabra más normal es **freedom**. **LOC** **take liberties** tomarse libertades

**Libra** /ˈliːbrə/ *n* libra ➔ *Ver ejemplos en* AQUARIUS

**librarian** /laɪˈbreəriən/ *n* bibliotecario, -a

**ʔ library** /ˈlaɪbreri; *GB* -brəri/ *n* (*pl* **libraries**) biblioteca

**lice** *plural de* LOUSE

**ʔ license** (*GB* **licence**) /ˈlaɪsns/ *n* **1** licencia: *a driver's license* una licencia de manejo **2** (*formal*) permiso

**license plate** (*GB* **number plate**) *n* placa (de coche) ➔ *Ver dibujo en* COCHE

**lick** /lɪk/ *vt* lamer
▸ *n* lengüetazo

**licorice** (*GB* **liquorice**) /ˈlɪkərɪs, -ɪʃ/ *n* (caramelo de) regaliz

**ʔ lid** /lɪd/ *n* **1** tapa ➔ *Ver dibujo en* POT **2** *Ver* EYELID

**ʔ lie¹** /laɪ/ *vi* (*pt, pp* **lied**, *part pres* **lying**) ~ **(to sb) (about sth)** mentir (a algn) (sobre algo)
▸ *n* mentira: *to tell lies* decir mentiras

**ʔ lie²** /laɪ/ *vi* (*pt* **lay** /leɪ/ *pp* **lain** /leɪn/ *part pres* **lying**) **1** echarse, yacer **2** estar: *the life that lay ahead of him* la vida que lo esperaba ◊ *The problem lies in…* El problema está en… **3** extenderse **PHRV** **lie around** (*GB tb* **lie about**) **1** pasar el tiempo sin hacer nada **2** estar esparcido: *Don't leave all your clothes lying around.* No dejes toda la ropa por ahí tirada. **lie back** recostarse **lie down** acostarse **lie in** (*GB, coloq*) quedarse en la cama

Compárense los verbos **lie** y **lay**. El verbo **lie** (**lay, lain, lying**) es intransitivo y significa *estar acostado* o *acostarse*: *I was feeling sick, so I lay down on the bed for a while.* Me sentía mal, así que me acosté un rato. Es importante no confundirlo con **lie** (**lied, lied, lying**), que significa *mentir*. Por otro lado, **lay** (**laid, laid, laying**) es transitivo y tiene el significado de *poner sobre*: *She laid her dress on the bed to keep it neat.* Puso el vestido sobre la cama para que no se arrugara.

**lieutenant** /luːˈtenənt; *GB* lefˈt-/ *n* teniente

**ʔ life** /laɪf/ *n* (*pl* **lives** /laɪvz/) **1** vida: *a friend for life* un amigo de por vida ◊ *late in life* a una avanzada edad ◊ *home life* la vida casera **2** (*tb* **life sentence, life imprisonment**) cadena perpetua **LOC** **bring sth/**

---

**sb to life** animar algo/a algn **come to life** animarse **take your (own) life** suicidarse *Ver tb* BREATHE, FACT, KISS, LEASE, MATTER, PRIME, SPRING, TIME, TRUE, WALK, WAY

**lifeboat** /ˈlaɪfbəʊt/ *n* bote salvavidas

**lifebuoy** /ˈlaɪfbɔɪ/ (*GB* **lifebelt** /ˈlaɪfbelt/) *n* salvavidas (*llanta*)

**lifeguard** /ˈlaɪfɡɑːrd/ *n* salvavidas (*persona*)

**life jacket** (*tb* **life preserver, life vest**) *n* chaleco salvavidas

**lifelong** /ˈlaɪflɔːŋ; *GB* -lɒŋ/ *adj* de toda la vida

**life preserver** (*tb esp GB* **lifebelt** /ˈlaɪfbelt/) *n* salvavidas (*llanta*)

**lifestyle** /ˈlaɪfstaɪl/ *n* estilo de vida

**lifetime** /ˈlaɪftaɪm/ *n* toda una vida **LOC** **the chance, etc. of a lifetime** la oportunidad, etc. de tu vida

**ʔ lift** /lɪft/ **1** *vt* ~ **sth/sb (up)** levantar algo/a algn **2** *vt* (*embargo, toque de queda*) levantar **3** *vi* (*neblina, nubes*) disiparse **PHRV** **lift off** despegar
▸ *n* **1** (*sing*) impulso **2** (*GB*) (*USA* **elevator**) elevador **3** *to give sb a lift* dar un aventón a algn **LOC** *Ver* THUMB

**ʔ light** /laɪt/ *n* **1** luz: *to turn on/off the light* encender/apagar la luz **2** (*tb* **lights** [*pl*]) (*tb* **traffic light**) semáforo **3** **a light** [*sing*]: *Do you have a light?* ¿Tienes encendedor/cerillos? **LOC** **come to light** salir a la luz **in the light of sth** considerando algo *Ver tb* SET
▸ *adj* (**lighter, -est**) **1** (*habitación*) luminoso, claro **2** (*color, tono*) claro **3** ligero: *two kilograms lighter* dos kilos menos **4** (*golpe, viento*) suave
▸ *adv*: *to travel light* viajar ligero (de equipaje)
▸ (*pt, pp* **lit** /lɪt/o **lighted**) **1** *vt, vi* encender(se) **2** *vt* iluminar, alumbrar

Generalmente se usa **lighted** como adjetivo antes del sustantivo: *a lighted candle* una vela encendida, y **lit** como verbo: *He lit the candle.* Encendió la vela.

**PHRV** **light (sth) up** encender algo (*cigarrillo*) **light up (with sth)** iluminarse (con algo) (*cara, ojos*)

**light bulb** *n* foco

**lighten** /ˈlaɪtn/ *vt, vi* **1** iluminar(se) **2** aligerar(se) **3** alegrar(se)

**lighter** /ˈlaɪtər/ *n* encendedor

**light-headed** /ˌlaɪt ˈhedɪd/ *adj* mareado

**light-hearted** /ˌlaɪt ˈhɑːrtɪd/ *adj* **1** despreocupado **2** (*comentario*) desenfadado

---

ɜː bird    ɪə near    eə hair    ʊə tour    ʒ vision    h hat    ŋ sing

**lighthouse** /'laɪthaʊs/ n faro

**lighting** /'laɪtɪŋ/ n **1** iluminación **2** *street lighting* alumbrado público

**lightly** /'laɪtli/ adv **1** ligeramente, levemente, suavemente **2** ágilmente **3** a la ligera `LOC` **get off/be let off lightly** (coloq) salir bien parado

**lightness** /'laɪtnəs/ n **1** claridad **2** ligereza **3** suavidad **4** agilidad

**lightning** /'laɪtnɪŋ/ n [incontable] relámpago, rayo

**lightweight** /'laɪtweɪt/ adj **1** ligero **2** (boxeador) de peso ligero **3** (pey) superficial, poco serio
▶ n (Boxeo) peso ligero

**likable** (tb **likeable**) /'laɪkəbl/ adj agradable

**like¹** /laɪk/ prep **1** como: *It's like baking a cake.* Es como hacer un pastel. ◇ *to look/be like sb* parecerse a algn **2** (comparación) como, igual que: *He cried like a child.* Lloró como un niño. ◇ *He acted like our leader.* Se comportó como si fuera nuestro líder. **3** (ejemplo) como, tal como: *European countries like Spain, France, etc.* países europeos (tales) como España, Francia, etc. ➔ Comparar con AS `LOC` Ver JUST
▶ conj (coloq) **1** como: *It didn't end quite like I expected it to.* No terminó como esperaba. **2** como si

**like²** /laɪk/ vt gustar: *Do you like fish?* ¿Te gusta el pescado? ◇ *I like swimming.* Me gusta nadar. `LOC` **if you like** si quieres

**likelihood** /'laɪklɪhʊd/ n [sing] probabilidad

**likely** /'laɪkli/ adj (likelier, -iest) **1** probable: *It isn't likely to rain.* No es probable que llueva. ◇ *She's very likely to call me/It's very likely that she'll call me.* Es muy probable que me llame. **2** apropiado
▶ adv `LOC` **not likely!** (esp GB, coloq) ¡ni hablar!

**liken** /'laɪkən/ vt ~ **sth/sb to sth/sb** (formal) comparar algo/a algn con algo/algn

**likeness** /'laɪknəs/ n parecido: *a family likeness* un aire de familia

**likewise** /'laɪkwaɪz/ adv (formal) **1** de la misma forma: *to do likewise* hacer lo mismo **2** asimismo

**liking** /'laɪkɪŋ/ n `LOC` **take a liking to sb** tomar simpatía a algn **to sb's liking** (formal) del agrado de algn

**lilac** /'laɪlək/ n (color, Bot) lila

**lily** /'lɪli/ n (pl lilies) **1** lirio **2** azucena

**lima bean** /'laɪmə biːn/ n haba

**limb** /lɪm/ n (Anat) extremidad

**lime** /laɪm/ n **1** limón **2** (tb **lime green**) color verde limón **3** cal

**limelight** /'laɪmlaɪt/ n [sing]: *to be in the limelight* ser el foco de atención

**limestone** /'laɪmstəʊn/ n [incontable] piedra caliza

**limit** /'lɪmɪt/ vt ~ **sth/sb (to sth)** limitar algo/a algn (a algo)
▶ n límite: *the speed limit* el límite de velocidad `LOC` **within limits** dentro de ciertos límites
**limitation** n limitación

**limited** /'lɪmɪtɪd/ adj limitado

**limiting** /'lɪmɪtɪŋ/ adj restrictivo

**limitless** /'lɪmɪtləs/ adj ilimitado

**limousine** /'lɪməziːn, ˌlɪmə'ziːn/ n limusina

**limp¹** /lɪmp/ adj **1** flácido **2** débil

**limp²** /lɪmp/ vi cojear
▶ n cojera: *to have a limp* ser/estar cojo

**line** /laɪn/ n **1** línea, raya *Ver tb* FINISH LINE **2** fila **3** cuerda: *clothes line* tendedero ◇ *fishing line* sedal (de pesca) **4** lines [pl] (Teat): *to learn your lines* aprender tu papel **5** línea (telefónica): *The line is busy.* Está ocupado. ◇ *Hold the line.* Por favor no cuelgue. **6** (Ferrocarril) vía **7** the official line la postura oficial `LOC` **along/on the same, etc. lines** del mismo, etc. estilo **in line with sth** conforme a algo **out of line** (GB out of order) (coloq) inaceptable, poco apropiado *Ver tb* DROP, HARD, JUMP, TOE
▶ vt **1** ~ **sth (with sth)** forrar, revestir algo (de algo) **2** alinear(se) `PHRV` **line up** ponerse en fila

**lined** /laɪnd/ adj **1** forrado, revestido **2** (papel) rayado **3** (rostro) arrugado

**line drawing** n dibujo a lápiz o pluma

**linen** /'lɪnən/ n [incontable] **1** lino **2** ropa blanca

**liner** /'laɪnər/ n transatlántico

**linger** /'lɪŋgər/ vi **1** (persona) quedarse mucho tiempo **2** ~ **(on)** (duda, olor, memoria) perdurar, persistir

**linguist** /'lɪŋgwɪst/ n **1** políglota **2** lingüista **linguistic** /lɪŋ'gwɪstɪk/ adj lingüístico **linguistics** n [incontable] lingüística

**lining** /'laɪnɪŋ/ n **1** forro **2** revestimiento

**link** /lɪŋk/ n **1** conexión: *satellite link* vía satélite **2** lazo **3** vínculo **4** (Internet) enlace, link **5** eslabón
▶ vt **1** unir: *to link arms* tomarse del brazo **2** vincular, relacionar `PHRV` **link up (with sth/sb)** unirse con (algo/algn)

**lion** /'laɪən/ n león: *lion tamer* domador de leones ◇ *lion cub* cachorro de león

**lip** /lɪp/ n labio

**lip-read** /ˈlɪp riːd/ vi (pt, pp **lip-read** /-red/) leer los labios

**lipstick** /ˈlɪpstɪk/ n lápiz labial

**liqueur** /lɪˈkɜː(r); GB -ˈkjʊə(r)/ n licor

**liquid** /ˈlɪkwɪd/ n líquido
▸ adj líquido
**liquidize** (GB tb -**ise**) vt licuar

**liquor** /ˈlɪkər/ n [incontable] bebida fuerte

**liquorice** (GB) = LICORICE

**liquor store** (GB **off-licence**) n tienda de vinos y licores

**lisp** /lɪsp/ n ceceo
▸ vt, vi cecear

**list** /lɪst/ n lista: to make a list hacer una lista ◇ waiting list lista de espera
▸ vt **1** enumerar, hacer una lista de **2** catalogar

**listen** /ˈlɪsn/ vi **1** ~ (**to sth/sb**) escuchar (a algo/algn) **2** ~ **to sth/sb** hacer caso a algo/algn **PHRV** listen (out) for sth estar atento a algo **listener** n **1** (Radio) oyente **2** a good listener uno que sabe escuchar

**lit** pt, pp de LIGHT

**liter** (GB **litre**) /ˈliːtər/ n (abrev l) litro ⮕ Ver pág 680

**literacy** /ˈlɪtərəsi/ n capacidad de leer y escribir, alfabetismo

**literal** /ˈlɪtərəl/ adj literal **literally** adv literalmente

**literary** /ˈlɪtəreri; GB -rəri/ adj literario

**literate** /ˈlɪtərət/ adj que sabe leer y escribir

**literature** /ˈlɪtrətʃər, -tʃʊər/ n **1** literatura **2** ~ (**on sth**) (coloq) información (sobre algo)

**litter** /ˈlɪtər/ n **1** basura (papel, etc. en la calle) **2** (Zool) camada
▸ vt estar esparcido por: Newspapers littered the floor. Había periódicos tirados por el suelo.

**litter bin** (GB) (USA **trash can**) n basurero ⮕ Ver dibujo en GARBAGE CAN

**little** /ˈlɪtl/ adj ❶ El comparativo **littler** y el superlativo **littlest** son poco frecuentes y normalmente se usan **smaller** y **smallest**. **1** pequeño: When I was little… Cuando era pequeño… ◇ my little brother mi hermano pequeño ◇ little finger meñique ◇ Poor little thing! ¡Pobrecillo! **2** poco: to wait a little while esperar un poco ⮕ Ver nota en LESS **LOC** Ver PRECIOUS
▸ adv, pron poco: little more than an hour ago hace poco más de una hora ◇ There was little anyone could do. No se pudo hacer nada. ◇ I only want a little. Sólo quiero un poco.

**¿Little o a little?**
**Little** tiene un sentido negativo y equivale a poco. **A little** tiene un sentido mucho más positivo, equivale a algo de. Compara las siguientes oraciones: I have little hope. Tengo pocas esperanzas. ◇ You should always carry a little money with you. Siempre deberías llevar algo de dinero encima.

**LOC** little by little poco a poco **little or nothing** casi nada

**live¹** /lɪv/ vi **1** vivir: Where do you live? ¿Dónde vives? **2** (fig) permanecer vivo **PHRV** live for sth/sb vivir para algo/algn **live on** seguir viviendo **live on sth** vivir de algo **live through sth** sobrevivir algo **live up to sth** estar a la altura de algo **live with sth** aceptar algo

**live²** /laɪv/ adj **1** vivo **2** (TV, grabación, actuación) en vivo (y en directo) **3** (Electrón) conectado **4** (bomba, etc.) activado
▸ adv en vivo

**livelihood** /ˈlaɪvlihʊd/ n medio de subsistencia

**lively** /ˈlaɪvli/ adj (**livelier, -iest**) **1** (persona, imaginación) vivo **2** (conversación, fiesta) animado

**liver** /ˈlɪvər/ n hígado

**lives** plural de LIFE

**livestock** /ˈlaɪvstɑk/ n ganado

**living** /ˈlɪvɪŋ/ n vida: to earn/make a living ganarse la vida ◇ What do you do for a living? ¿Cómo te ganas la vida? ◇ cost/ standard of living costo de la vida/nivel de vida
▸ adj [sólo antes de sustantivo] vivo: living creatures seres vivos ⮕ Comparar con ALIVE **LOC** in/within living memory que se recuerda

**living room** n sala

**lizard** /ˈlɪzərd/ n lagarto, lagartija

**load** /loʊd/ n **1** carga **2** (tb **loads** [pl]) ~ (**of sth**) (coloq) montones (de algo): What a load of garbage! ¡Vaya montón de tonterías!
▸ **1** vt, vi ~ (**sth**) (**up**) (**with sth**) cargar algo (con/de algo) **2** vt ~ **sth** (**into/onto sth**) cargar algo (en algo) **3** vt ~ **sth/sb** (**down**) cargar (con mucho peso) algo/a algn **loaded** adj cargado **LOC** a loaded question una pregunta con doble intención

**loaf** /loʊf/ n (pl **loaves** /loʊvz/) pan (de molde, redondo, etc.): a loaf of bread una hogaza/barra de pan ⮕ Ver dibujo en PAN

**loan** /loʊn/ n préstamo

**loathe** /loʊð/ vt abominar, aborrecer **loathing** n (formal) aborrecimiento

**loaves** plural de LOAF

**lobby** /'lɑbi/ n (pl **lobbies**) **1** vestíbulo **2** lobby (de hotel) **3** (Pol) grupo (de presión)
▸ vt (pt, pp **lobbied**) ~ (sb) (for/against sth) presionar (a algn) (para que apoye/se oponga a algo)

**lobster** /'lɑbstər/ n langosta

ʔ **local** /'loʊkl/ adj **1** local, de la zona **2** (Med) localizado: *local anesthetic* anestesia local

**locally** /'loʊkəli/ adv localmente

ʔ **locate** /'loʊkeɪt; GB loʊ'keɪt/ vt **1** localizar **2** situar

ʔ **location** /loʊ'keɪʃn/ n **1** lugar **2** localización **3** (persona) paradero LOC **be on location** rodar en exteriores

**loch** /lɑk/ n (Escocia) lago

ʔ **lock** /lɑk/ n **1** cerradura **2** (canal) esclusa
▸ vt, vi **1** cerrar(se) con llave **2** (volante, etc.) bloquear(se) PHRV **lock sth away/up** guardar algo bajo llave **lock sb up** (coloq) encerrar a algn

**locker** /'lɑkər/ n casillero (armario): *locker room* vestidor

**lodge** /lɑdʒ/ n **1** casa del guarda **2** (de caza, pesca, etc.) pabellón **3** portería
▸ **1** vt (queja, etc.) presentar **2** vi hospedarse **3** vi ~ **in sth** alojarse en algo **lodger** n (esp GB) huésped **lodging** n [incontable] alojamiento

**loft** /lɔːft; GB lɒft/ n desván, tapanco

**log** /lɔːg; GB lɒg/ n **1** tronco **2** leño **3** diario de vuelo/navegación
▸ vt (-gg-) anotar PHRV **log in/on** (Informát) entrar en sesión **log off/out** (Informát) salir de sesión ➔ Ver nota en COMPUTADORA

ʔ **logic** /'lɑdʒɪk/ n lógica

ʔ **logical** /'lɑdʒɪkl/ adj lógico

**logo** /'loʊgoʊ/ n (pl **logos**) logotipo

**lollipop** /'lɑlipɑp/ (GB coloq **lolly**) n paleta (dulce)

**loneliness** /'loʊnlinəs/ n soledad

ʔ **lonely** /'loʊnli/ adj **1** solo: *to feel lonely* sentirse solo ➔ Ver nota en ALONE **2** solitario

**loner** /'loʊnər/ n solitario, -a

ʔ **long¹** /lɔːŋ; GB lɒŋ/ adj (**longer** /'lɔːŋgər/, **-est** /'lɔːŋgɪst/) **1** (longitud) largo: *It's two meters long.* Mide dos metros de largo. **2** (tiempo): *a long time ago* hace mucho tiempo ◇ *How long is the vacation?* ¿Cuánto duran las vacaciones? LOC **a long way (away)** lejos **at the longest** como máximo **in the long run** a la larga LOC Ver TERM

▸ adv (**longer** /'lɔːŋgər/, **-est** /'lɔːŋgɪst/) **1** mucho (tiempo): *Stay as long as you like.* Quédate todo el tiempo que quieras. ◇ *long ago* hace mucho tiempo ◇ *long before/after* mucho antes/después **2** todo: *the whole night long* toda la noche ◇ *all day long* todo el día LOC **as/so long as** con tal de que **for long** mucho tiempo **no longer; not any longer**: *I can't stay any longer.* No me puedo quedar más.

**long²** /lɔːŋ; GB lɒŋ/ vi **1** ~ **for sth/to do sth** ansiar algo/hacer algo **2** ~ **for sb to do sth** estar deseando que algn haga algo

**long-distance** /ˌlɔːŋ 'dɪstəns; GB ˌlɒŋ/ adj de larga distancia
▸ **long distance** adv: *to call long distance* pedir una conferencia/llamada de larga distancia

**longing** /'lɔːŋɪŋ; GB 'lɒŋɪŋ/ n anhelo

**longitude** /'lɑndʒɪtuːd; GB -tjuːd/ n (Geog) longitud

**the long jump** n salto de longitud

**long-life** /ˌlɔːŋ 'laɪf; GB ˌlɒŋ/ adj de larga duración

**long-range** /ˌlɔːŋ 'reɪndʒ; GB ˌlɒŋ/ adj **1** a largo plazo **2** de largo alcance

**long-sighted** /'lɔːŋ saɪtɪd; GB ˌlɒŋ/ (USA **farsighted**) adj hipermétrope

**long-standing** /ˌlɔːŋ 'stændɪŋ; GB ˌlɒŋ/ adj de hace mucho tiempo

**long-suffering** /ˌlɔːŋ 'sʌfərɪŋ; GB ˌlɒŋ/ adj resignado

**long-term** /ˌlɔːŋ 'tɜːrm; GB ˌlɒŋ/ adj a largo plazo

**loo** /luː/ n (pl **loos**) (GB, coloq) cuarto de baño ➔ Ver nota en BATHROOM

ʔ **look** /lʊk/ vi **1** mirar: *She looked out of the window.* Miró por la ventana. **2** parecer: *You look tired.* Te ves cansada. **3** ~ (**out) over/onto sth** dar a algo: *The house looks out over the river.* La casa da al río. LOC **don't look a gift horse in the mouth** (refrán) a caballo regalado no se le ve (el) colmillo **look on the bright side** mirar el lado bueno de las cosas **look sb up and down** mirar a algn de arriba abajo **look your age** aparentar uno la edad que tiene **not look yourself** no parecer uno mismo Ver tb SPACE PHRV **look after sth/sb/yourself** cuidar algo/a algn, cuidarse
**look around 1** volver la cabeza para mirar **2** mirar por ahí **look around sth** visitar algo
**look at sth 1** examinar algo **2** considerar algo **look at sth/sb** mirar algo/a algn
**look back (on sth)** pensar en el pasado, recordar algo
**look down on sth/sb** despreciar algo/a algn
**look for sth/sb** buscar algo/a algn
**look forward to (doing) sth** tener ganas de

(hacer) algo
**look into sth** investigar algo
**look on** mirar (sin tomar parte)
**look out** tener cuidado: *Look out!* ¡Cuidado! **look out for sth/sb** estar atento a algo/algn
**look sth over** examinar algo
**look round (sth)** (GB) Ver LOOK AROUND (STH)
**look up 1** alzar la vista **2** (*coloq*) mejorar **look up to sb** admirar a algn **look sth up** buscar algo (*en un libro o en Internet*)
▶ **n 1** mirada, vistazo: *to have/take a look at sth* echar un vistazo a algo **2** *to have a look for sth* buscar algo **3** aspecto, aire **4** [*sing*] moda **5 looks** [*pl*] físico: *good looks* belleza
**lookout** /'lʊkaʊt/ n vigía **LOC be on the lookout for sth/sb; keep a lookout for sth/sb** estar atento a algo/algn
**loom** /lu:m/ n telar
▶ *vi* **1** ~ **(up)** surgir, asomar(se) **2** (*fig*) amenazar, vislumbrarse
**loony** /'lu:ni/ *adj, n* (*coloq*) loco, -a
**loop** /lu:p/ n **1** curva, vuelta **2** (*con nudo*) lazo
▶ **1** *vt* ~ **sth around/over sth** pasar algo alrededor de/por algo **2** *vi* dar vueltas
**loophole** /'lu:phəʊl/ n escapatoria
**loose** /lu:s/ *adj* (**looser, -est**) **1** suelto: *loose change* (dinero) suelto **2** (*que se puede quitar*) flojo, suelto **3** (*vestido*) holgado, ancho **4** (*antic*) (*moral*) relajado **LOC be at a loose end** no tener nada que hacer **let sth/sb loose** soltar algo/a algn Ver tb WORK
▶ *n* **LOC be on the loose** andar suelto
**loosely** /'lu:sli/ *adv* **1** sin apretar **2** libremente, aproximadamente
**loosen** /'lu:sn/ **1** *vt, vi* aflojar(se), soltar(se), desatar(se) **2** *vt* (*control*) relajar **PHRV loosen up 1** relajarse, soltarse **2** entrar en calor
**loot** /lu:t/ n botín
▶ *vt, vi* saquear
**looting** n saqueo
**lop** /lɒp/ *vt* (**-pp-**) podar **PHRV lop sth off (sth)** cortar algo (de algo)
**lopsided** /ˌlɒpˈsaɪdɪd/ *adj* **1** torcido **2** (*fig*) desequilibrado
**lord** /lɔ:rd/ n **1** señor **2 the Lord** el Señor: *the Lord's Prayer* el padrenuestro **3** *Lord* (GB) Lord (*como título nobiliario*) **4 the Lords** (GB) Ver THE HOUSE OF LORDS **lordship** n **LOC your/his Lordship** su Señoría
**lorry** /'lɒri/ (GB) 'lɒrɪ/ n (*pl* **lorries**) (GB) (USA **truck**) camión
**lose** /lu:z/ (*pt, pp* **lost** /lɔ:st; GB lɒst/) **1** *vt, vi* perder: *He lost his title to the Russian.* El ruso le quitó el título. **2** *vt* ~ **sb sth** hacer perder algo a algn: *It lost us the game.* Nos costó el partido. **3** *vi* (*reloj*)

atrasarse ⓘ Para expresiones con **lose**, véanse las entradas del sustantivo, adjetivo, etc., p. ej. **lose your mind** en MIND. **PHRV lose out (on sth)** (*coloq*) salir perdiendo (en algo) **lose out to sth/sb** (*coloq*) perder terreno frente a algo/algn
**loser** n perdedor, -ora, fracasado, -a
**loss** /lɔ:s; GB lɒs/ n pérdida **LOC be at a loss** estar desorientado
**lost** /lɔ:st; GB lɒst/ *adj* perdido: *to get lost* perderse **LOC get lost!** (*coloq*) ¡lárgate! Ver tb LOSE
**lost and found** (GB **lost property**) n [*incontable*] objetos perdidos
**lot** /lɒt/ *adj, pron* **a lot (of)** (tb *coloq* **lots, lots of**) mucho(s): *He spends a lot on clothes.* Gasta mucho en ropa. ◊ *lots of people* un montón de gente ◊ *What a lot of presents!* ¡Qué cantidad de regalos! ➔ Ver nota en MANY **LOC see a lot of sb** ver bastante a algn
▶ *adv* (tb *coloq* **lots**) mucho: *It's a lot colder today.* Hoy hace mucho más frío. ◊ *Thanks a lot.* Muchas gracias.
▶ *n* **1 the (whole) lot** [*sing*] (*esp GB*) todo(s): *That's the lot!* ¡Eso es todo! **2** (*esp GB*) grupo: *What do you want?* ¿Qué quieren ustedes? ◊ *I don't go out with that lot.* No salgo con esos. **3** terreno **4** suerte (*destino*)
**lotion** /'ləʊʃn/ n loción
**lottery** /'lɒtəri/ n (*pl* **lotteries**) lotería
**loud** /laʊd/ *adj* (**louder, -est**) **1** (*volumen*) alto, fuerte **2** (*grito*) fuerte **3** (*color*) chillón
▶ *adv* (**louder, -est**) alto: *Speak louder.* Habla más fuerte. **LOC out loud** en voz alta
**loudspeaker** /ˌlaʊdˈspi:kər/ n altavoz
**lounge** /laʊndʒ/ *vi* ~ **(about/around)** holgazanear, no hacer nada
▶ *n* **1** sala: *departure lounge* sala de embarque **2** (GB) (USA **living room**) salón
**louse** /laʊs/ n (*pl* **lice** /laɪs/) piojo
**lousy** /'laʊzi/ *adj* (*coloq*) terrible
**lout** /laʊt/ n (GB) patán
**lovable** /'lʌvəbl/ *adj* encantador
**love** /lʌv/ n **1** amor: *love story/song* historia/canción de amor ⓘ Nótese que con personas se dice **love for sb** y con cosas **love of sth**. **2** (*Tenis*) cero **LOC give/send sb your love** dar/mandar, saludos a algn **in love (with sb)** enamorado (de algn) **make love (to sb)** hacer el amor (con algn) Ver tb FALL
▶ *vt* **1** amar, querer: *Do you love me?* ¿Me quieres? **2** *She loves horses.* Le encantan los caballos. ◊ *I'd love to come.* Me encantaría ir.

---

ɜ: bird    ɪə near    eə hair    ʊə tour    ʒ vision    h hat    ŋ sing

**lovely** /'lʌvli/ adj (**lovelier, -iest**) (esp GB)
**1** precioso **2** encantador **3** muy agradable: We had a lovely time. La pasamos muy bien.

**lovemaking** /'lʌvmeɪkɪŋ/ n [incontable] relaciones sexuales

**lover** /'lʌvər/ n amante

**loving** /'lʌvɪŋ/ adj cariñoso **lovingly** adv amorosamente

**low** /loʊ/ adj (**lower, -est**) **1** bajo: low pressure baja presión ◊ high and low temperatures temperaturas altas y bajas ◊ lower lip labio inferior ◊ the lower middle classes la clase media baja ◊ (letters in) lower case minúsculas **➔** Ver nota en HIGH **2** (voz, sonido) grave **3** abatido LOC Ver PROFILE
▶ adv (**lower, -est**) bajo: to shoot low disparar bajo LOC Ver STOOP
▶ n mínimo

**low-alcohol** /ˌloʊ 'ælkəhɔːl; GB -hɒl/ adj bajo en alcohol

**low-calorie** /ˌloʊ 'kæləri/ adj bajo en calorías

> **Low-calorie** es el término general para referirnos a los productos bajos en calorías o "light". Para bebidas se usa **diet**: diet drinks bebidas bajas en calorías.

**low-cost** /ˌloʊ 'kɔːst; GB 'kɒst/ adj barato

**lower** /'loʊər/ vt, vi bajar(se) Ver tb LOW

**low-fat** /ˌloʊ 'fæt/ adj de bajo contenido graso: low-fat yogurt yogurt descremado

**low-key** /ˌloʊ 'kiː/ adj discreto

**lowland** /'loʊlənd/ adj de las tierras bajas
▶ n [gen pl] tierras bajas

**loyal** /'lɔɪəl/ adj ~ (**to sth/sb**) fiel a algo/algn **loyalist** n partidario, -a del régimen **loyalty** n (pl **loyalties**) lealtad

**luggage**

**trunk**　　**briefcase**　　**duffel bag**
　　　　　　　　　　　　　　(GB **holdall**)

**backpack**　　**suitcase**
(tb **rucksack**)

**luck** /lʌk/ n suerte: a stroke of luck un golpe de suerte LOC **be in/out of luck** estar de suerte/tener la negra **no such luck** ¡ojalá! Ver tb CHANCE, HARD

**luckily** /'lʌkɪli/ adv por suerte

**lucky** /'lʌki/ adj (**luckier, -iest**) **1** (persona) afortunado **2** It's lucky she's still here. Suerte que todavía está aquí. ◊ a lucky number un número de la suerte

**ludicrous** /'luːdɪkrəs/ adj ridículo

**luggage** /'lʌgɪdʒ/ n [incontable] equipaje

**lukewarm** /ˌluːk'wɔːrm/ adj (gen pey) tibio

**lull** /lʌl/ vt **1** calmar **2** arrullar
▶ n periodo de calma

**lumber** /'lʌmbər/ **1** vt ~ **sb with sth/sb** hacer a algn cargar con algo/algn **2** vi moverse pesadamente
▶ n (GB **timber**) [incontable] madera
**lumbering** adj torpe, pesado

**lump** /lʌmp/ n **1** trozo: sugar lump terrón de azúcar **2** grumo **3** (Med) bulto
▶ vt ~ **sth/sb together** juntar algo/a algn

**lump sum** n **1** pago único **2** (terminación laboral) liquidación

**lumpy** /'lʌmpi/ adj **1** (salsa, etc.) lleno de grumos **2** (colchón, etc.) lleno de bolas

**lunacy** /'luːnəsi/ n [incontable] locura

**lunatic** /'luːnətɪk/ n loco, -a

**lunch** /lʌntʃ/ n almuerzo, comida: to have lunch comer ◊ the lunch hour la hora de la comida
▶ vi (formal) comer **➔** Ver nota en DINNER

**lunchtime** /'lʌntʃtaɪm/ n la hora de comer

**lung** /lʌŋ/ n pulmón

**lurch** /lɜːrtʃ/ n sacudida
▶ vi **1** tambalearse **2** dar un bandazo

**lure** /lʊər; GB tb ljʊə(r)/ n atractivo
▶ vt (pey) atraer

**lurid** /'lʊərɪd; GB tb 'ljʊərɪd/ adj (pey) **1** (color) chillón **2** (descripción, historia) horripilante

**lurk** /lɜːrk/ vi acechar

**luscious** /'lʌʃəs/ adj (comida) exquisito

**lush** /lʌʃ/ adj (vegetación) exuberante

**lust** /lʌst/ n **1** lujuria **2** ~ **for sth** sed de algo
▶ vi ~ **after/for sth/sb** codiciar algo, desear a algn

**luxurious** /lʌg'ʒʊəriəs/ adj lujoso

**luxury** /'lʌkʃəri/ n (pl **luxuries**) lujo: a luxury hotel un hotel de lujo

**lying** Ver LIE¹,²

**lyrical** /'lɪrɪkl/ adj lírico

**lyrics** /'lɪrɪks/ n [pl] letra (de una canción)

---

ʃ chin　　dʒ June　　v van　　θ then　　s so　　z zoo　　ʃ she

# M m

**M, m** /em/ n (pl **Ms, M's, m's**) M, m ➔ Ver ejemplos en A, A

**mac** (tb **mack**) /mæk/ (GB) (USA **raincoat**) n gabardina

**macabre** /mə'kɑːbrə/ adj macabro

**macaroni** /ˌmækə'roʊni/ n [incontable] macarrones

ℜ **machine** /mə'ʃiːn/ n máquina

**machine gun** n ametralladora

ℜ **machinery** /mə'ʃiːnəri/ n maquinaria

ℜ **mad** /mæd/ adj (**madder, -est**) **1** ~ (at/with sb); ~ (about sth) (esp USA, coloq) furioso (con algn), furioso (por algo) **2** (esp GB) loco: to be/go mad estar/volverse loco **3** ~ about/on sth/sb (GB, coloq) loco por algo/algn **LOC** like mad (esp GB, coloq) como loco

**madam** /'mædəm/ n [sing] (formal) señora

**maddening** /'mædnɪŋ/ adj desesperante

**made** pt, pp de MAKE¹

**madly** /'mædli/ adv locamente: to be madly in love with sb estar perdidamente enamorado de algn

**madness** /'mædnəs/ n [incontable] locura

ℜ **magazine** /ˌmægə'ziːn; GB ˌmægə'ziːn/ n revista

**maggot** /'mægət/ n gusano ➔ Ver dibujo en GUSANO

ℜ **magic** /'mædʒɪk/ n magia **LOC** like magic como por arte de magia
▸ adj mágico
**magical** adj mágico **magician** /mə'dʒɪʃn/ n mago, -a

**magistrate** /'mædʒɪstreɪt/ n magistrado, juez municipal: the magistrates' court el Juzgado Civil

**magnet** /'mægnət/ n imán **magnetic** /mæg'netɪk/ adj magnético: magnetic field campo magnético **magnetism** /'mægnətɪzəm/ n magnetismo **magnetize** (GB tb **-ise**) vt imantar

**magnification** /ˌmægnɪfɪ'keɪʃn/ n (capacidad de) aumento

**magnificence** /mæg'nɪfɪsns/ n magnificencia

**magnificent** /mæg'nɪfɪsnt/ adj magnífico

**magnify** /'mægnɪfaɪ/ vt, vi (pt, pp **-fied**) aumentar

**magnifying glass** n lupa

**magnitude** /'mægnɪtuːd; GB -tjuːd/ n magnitud

**mahogany** /mə'hɒgəni/ n caoba

**maid** /meɪd/ n **1** criada, sirvienta **2** (tb **maiden** /'meɪdn/) (antic) doncella

**maiden name** n apellido de soltera

En los países de habla inglesa, muchas mujeres toman el apellido del marido cuando se casan.

ℜ **mail** /meɪl/ n [incontable] correo

La palabra **post** sigue siendo más normal que **mail** en el inglés británico, aunque **mail** se ha ido introduciendo, especialmente en compuestos como **email** y **junk mail**.

▸ vt (GB **post**) ~ sth (to sb) enviar algo por correo (a algn)

**mailbox**

postbox    mail slot      mailboxes
(GB)       (GB letter box)

**mailbox** /'meɪlbɑks/ (GB **letter box**) n buzón (en la calle)

**mail carrier** n Ver LETTER CARRIER

**mailing list** n lista de direcciones

**mailman** /'meɪlmæn/ (GB **postman**) n (pl **-men** /-men/) cartero

**mail order** n venta por correo

**mail slot** (USA) (GB **letter box**) n buzón (en la puerta de una casa) ➔ Ver dibujo en MAILBOX

**maim** /meɪm/ vt mutilar, lisiar

ℜ **main¹** /meɪn/ adj principal: the main course el plato fuerte **LOC** the main thing lo principal

**main²** /meɪn/ n **1** cañería: a water main una tubería de agua **2** the mains [pl] (GB) la red de suministros **LOC** in the main en general

**mainland** /'meɪnlænd/ n tierra firme, continente

ℜ **mainly** /'meɪnli/ adv principalmente

M

**the mainstream** /'meɪnstriːm/ n [sing] la corriente principal

**main street** (GB **high street**) n calle principal

**maintain** /meɪn'teɪn/ vt **1** ~ sth (with sth/sb) mantener algo (con algo/algn) **2** conservar: well maintained bien cuidado **3** sostener

**maintenance** /'meɪntənəns/ n **1** mantenimiento **2** (GB, Jur) pensión de manutención

**maize** /meɪz/ (GB) (USA **corn**) n maíz

**majestic** /mə'dʒestɪk/ adj majestuoso

**majesty** /'mædʒəsti/ n (pl **majesties**) **1** majestuosidad **2** Her/His/Your Majesty Su Majestad

**major** /'meɪdʒər/ adj **1** de (gran) importancia: to make major changes realizar cambios de importancia ◊ a major road/problem una carretera principal/un problema importante **2** (Mús) mayor
▸ n **1** (Mil) comandante **2** (universidad) materia principal **3** estudiante que estudia una especialidad dentro de la carrera: She was a French major. Se especializó en francés.
▸ vi ~ in sth especializarse en algo (en la universidad)

**majority** /mə'dʒɔːrəti; GB -'dʒɒr-/ n (pl **majorities**) mayoría: The majority was/were in favor. La mayoría estaba a favor. ◊ majority rule gobierno mayoritario

La forma más normal de decir "la mayoría de la gente/de mis amigos" en inglés es most people/most of my friends. Esta expresión lleva el verbo en plural: Most of my friends go to the same school as me. La mayoría de mis amigos va al mismo colegio que yo.

**make¹** /meɪk/ vt (pt, pp made /meɪd/) **1** (causar, crear, llevar a cabo, proponer) hacer: to make a noise/hole/list hacer un ruido/un agujero/una lista ◊ to make an improvement/change hacer una mejora/un cambio ◊ to make a comment hacer un comentario ◊ to make an effort hacer un esfuerzo ◊ to make a phone call hacer una llamada de teléfono ◊ to make a visit/trip hacer una visita/un viaje ◊ to make an offer/a promise hacer una oferta/una promesa ◊ to make plans hacer planes ◊ to make a mistake cometer un error ◊ to make an excuse poner una excusa ◊ to make an impression (on sb) impresionar (a algn) ◊ to make a note of sth anotar algo ➔ Ver tb ejemplos en DO¹ **2** ~ sth (from/out of sth) hacer algo (con/de algo): He made a meringue from egg white. Hizo un

merengue con clara de huevo. ◊ What's it made (out) of? ¿De qué está hecho? ◊ made in Japan hecho en Japón **3** ~ sth (for sb) hacer algo (para/a algn): She makes movies for children. Hace películas para niños. ◊ I'll make you a meal/cup of coffee. Te voy a preparar una comida/taza de café. Hace películas para niños. ◊ I'll make you a meal/cup of coffee. Te voy a preparar una comida/taza de café. **4** ~ sth/sb + adjetivo/sustantivo: He made me angry. Me hizo enojar. ◊ He made my life hell. Me hizo la vida imposible. ◊ That will only make things worse. Eso sólo empeorará las cosas. **5** ~ sth/sb do sth hacer que algo/algn haga algo

El verbo en infinitivo que viene después de **make** se pone sin **to**, salvo en pasiva: I can't make him do it. No puedo obligarlo a hacerlo. ◊ You've made her feel guilty. Has hecho que se sienta culpable. ◊ He was made to wait at the police station. Lo hicieron esperar en la comandancia.

**6** ~ sb sth hacer a algn algo: to make sb king hacer a algn rey **7** llegar a ser: He'll make a good teacher. Tiene madera de profesor. **8** (dinero) hacer: She makes lots of money. Gana una fortuna. **9** (coloq) (conseguir) llegar a: We aren't going to make the deadline. No vamos a terminar a tiempo. **LOC** make do with sth arreglárselas (con algo) make it **1** triunfar **2** llegar: Can you make it (to the party)? ¿Podrás venir a la fiesta)? make the most of sth sacar el mayor provecho de algo ❶ Para otras expresiones con **make**, véanse las entradas del sustantivo, adjetivo, etc., p. ej. **make love** en LOVE.
**PHRV** be made for sb; be made for each other estar hecho para algn/estar hechos el uno para el otro make for sth **1** dirigirse a algo: to make for home dirigirse hacia la casa **2** contribuir a algo
make sth into sth convertir algo en algo, hacer algo con algo: We can make this room into a bedroom. Podemos convertir esta habitación en recámara.
make sth of sth/sb opinar algo de algo/algn: What do you make of it all? ¿Qué opinas de todo esto?
make off (with sth) largarse (con algo) make out (with sb) (USA, coloq) besarse (con algn) make sth out escribir algo: to make out a check for $100 escribir un cheque por valor de cien dólares make sth/sb out **1** distinguir algo/a algn: to make out sb's handwriting descifrar la escritura de algn **2** entender algo/a algn
make up (with sb) hacer las paces (con algn) make (sb/yourself) up maquillar a algn/maquillarse make sth up **1** formar

algo: *the groups that make up our society* los grupos que constituyen nuestra sociedad **2** inventar algo: *to make up an excuse* inventarse una excusa **make up for sth** compensar algo

**make²** /meɪk/ *n* marca (*electrodomésticos, coches, etc.*) ➔ *Comparar con* BRAND

**makeover** /'meɪkoʊvər/ *n* manita de gato, cambio de imagen

**maker** /'meɪkər/ *n* fabricante

**makeshift** /'meɪkʃɪft/ *adj* provisional, improvisado

**makeup** /'meɪkʌp/ (*tb* **make-up**) *n* [*incontable*] **1** maquillaje **2** constitución **3** carácter

**making** /'meɪkɪŋ/ *n* fabricación **LOC** **be the making of sb** ser la clave del éxito de algn **have the makings of sth 1** (*persona*) tener madera de algo **2** (*cosa*) tener los ingredientes para ser algo

**male** /meɪl/ *adj* **1** masculino ➔ *Ver nota en* FEMALE **2** macho
▶ *n* macho, varón

**malice** /'mælɪs/ *n* malevolencia, mala intención **malicious** /mə'lɪʃəs/ *adj* mal intencionado

**malignant** /mə'lɪgnənt/ *adj* maligno

**mall** /mɔːl/; *GB tb* mæl/ (*tb* **shopping mall**) *n* centro comercial

**malnutrition** /ˌmælnuː'trɪʃn; *GB* -njuː-/ *n* desnutrición

**malt** /mɔːlt/ *n* malta

**mammal** /'mæml/ *n* mamífero

**mammoth** /'mæməθ/ *n* mamut
▶ *adj* colosal

**man** /mæn/ *n* (*pl* **men** /men/) hombre: *a young man* un (hombre) joven ◊ *a man's shirt* una camisa de caballero

**Man** y **mankind** se utilizan con el significado genérico de "todos los hombres y mujeres". Sin embargo, mucha gente considera este uso discriminatorio, y prefiere utilizar palabras como **humanity**, **the human race** [*singular*] o **humans**, **human beings**, o **people** [*plural*].

**LOC** **the man (and/or woman) in/on the street** el ciudadano promedio
▶ *vt* (**-nn-**) **1** (*oficina*) dotar de personal **2** (*nave*) tripular

**manage** /'mænɪdʒ/ **1** *vt, vi* ~ (**sth/to do sth**) conseguir algo/hacer algo: *Can you manage all of it?* ¿Puedes con todo eso? ◊ *Can you manage six o'clock?* ¿Puedes venir a las seis? ◊ *I couldn't manage another mouthful.* Ya no puedo comer ni un bocado más. **2** *vi* ~ (**with/on/without sth/sb**) arreglárselas (con/sin algo/algn): *I can't manage on $50 a week.* No me alcanza con 50 dólares a la semana.

**3** *vt* (*empresa*) dirigir **4** *vt* (*propiedades, etc.*) administrar **manageable** *adj* **1** manejable **2** (*persona, animal*) tratable, dócil

**management** /'mænɪdʒmənt/ *n* dirección, gestión: *management committee* comité director/consejo de administración ◊ *management consultant* asesor de dirección de empresas

**manager** /'mænɪdʒər/ *n* **1** director, -ora, gerente **2** (*de una propiedad, etc.*) administrador, -ora **3** (*Teat, etc.*) mánager, empresario, -a **4** (*Dep*) mánager **managerial** /ˌmænə'dʒɪəriəl/ *adj* directivo, administrativo, de gerencia

**managing director** *n* director, -ora general

**mandate** /'mændeɪt/ *n* ~ (**to do sth**) mandato (para hacer algo) **mandatory** /'mændətɔːri; *GB* -təri/ *adj* (*formal*) obligatorio, preceptivo

**mane** /meɪn/ *n* **1** (*caballo*) crin **2** (*león, persona*) melena

**maneuver** (*GB* **manoeuvre**) /mə'nuːvər/ *n* maniobra
▶ *vt, vi* maniobrar

**manfully** /'mænfəli/ *adv* valientemente

**mangle** /'mæŋgl/ *vt* mutilar, destrozar

**manhood** /'mænhʊd/ *n* edad viril, virilidad

**mania** /'meɪniə/ *n* manía **maniac** *adj*, *n* maniaco, -a: *to drive like a maniac* manejar como un loco

**manic** /'mænɪk/ *adj* **1** maniaco **2** (*coloq*) frenético

**manicure** /'mænɪkjʊər/ *n* manicure

**manifest** /'mænɪfest/ *vt* (*formal*) manifestar, mostrar: *to manifest itself* manifestarse/hacerse patente **manifestation** *n* (*formal*) manifestación **manifestly** *adv* (*formal*) manifiestamente

**manifesto** /ˌmænɪ'festoʊ/ *n* (*pl* **manifestos** *o* **manifestoes**) manifiesto

**manifold** /'mænɪfoʊld/ *adj* (*formal*) múltiple

**manipulate** /mə'nɪpjuleɪt/ *vt* manipular, manejar **manipulation** *n* manipulación **manipulative** *adj* manipulador

**mankind** /mæn'kaɪnd/ *n* género humano ➔ *Ver nota en* MAN

**manly** /'mænli/ *adj* varonil, viril

**man-made** /ˌmæn 'meɪd/ *adj* artificial

**manned** /mænd/ *adj* tripulado

**mannequin** /'mænɪkən/ *n* maniquí

**manner** /'mænər/ *n* **1** [*sing*] (*formal*) manera, forma **2** [*sing*] actitud, modo de

M

---

ɜː bird    ɪə near    eə hair    ʊə tour    ʒ vision    h hat    ŋ sing

comportarse **3 manners** [*pl*] modales: *good/bad manners* buena educación/ mala educación ◊ *It's bad manners to stare.* Es de mala educación mirar fijamente. ◊ *He has no manners.* Es un mal educado.

**mannerism** /'mænərɪzəm/ *n* peculiaridad

**manoeuvre** (*GB*) = MANEUVER

**manor** /'mænər/ *n* (*GB*) **1** (*tb* **manor house**) casa señorial **2** (*territorio*) señorío

**manpower** /'mænpaʊər/ *n* mano de obra

**mansion** /'mænʃn/ *n* mansión

**manslaughter** /'mænslɔːtər/ *n* homicidio involuntario ➔ *Comparar con* HOMICIDE, MURDER

**mantel** /'mæntl/ (*GB* **mantelpiece** /'mæntlpiːs/) *n* repisa (de la chimenea)

**manual** /'mænjuəl/ *adj*, *n* manual: *a training manual* un manual de instrucciones **manually** *adv* manualmente

**manufacture** /ˌmænju'fæktʃər/ *vt* **1** fabricar **2** (*pruebas*) inventar

**manufacturer** /ˌmænju'fæktʃərər/ *n* fabricante

**manufacturing** /ˌmænjʊ'fæktʃərɪŋ/ *n* [*incontable*] industria (manufacturera)

**manure** /mə'nʊər; *GB* mə'njʊə(r)/ *n* estiércol

**manuscript** /'mænjuskrɪpt/ *n* manuscrito

**many** /'meni/ *adj*, *pron* **1** mucho, -a, -os, -as: *Many people would disagree.* Mucha gente no estaría de acuerdo. ◊ *I don't have many left.* No me quedan muchos. ◊ *In many ways, I regret it.* En cierta manera, lo lamento.

**Mucho** se traduce según el sustantivo al que acompaña o sustituye. En oraciones afirmativas usamos **a lot (of)** o **lots (of)**: *She has a lot of money.* Tiene mucho dinero. ◊ *Lots of people are poor.* Mucha gente es pobre. En oraciones negativas e interrogativas usamos **many** o **a lot of** cuando el sustantivo es contable: *I haven't seen many women as bosses.* No he visto muchas mujeres de jefe., y usamos **much** o **a lot of** cuando el sustantivo es incontable: *I haven't eaten much (food).* No he comido mucho. ➔ *Ver tb* MUCHO

**2 ~ a sth** (*formal*): *Many a politician has been ruined by scandal.* Muchos políticos han sido arruinados por escándalos. ◊ *many a time* muchas veces

**LOC a good/great many** muchísimos *Ver tb* SO, TOO

**map** /mæp/ *n* **1** mapa **2** (*ciudad*) plano **3** carta **LOC put sth/sb on the map** dar a conocer algo/a algn ▶ *vt* (**-pp-**) levantar mapas de **PHRV map sth out** planear algo

**maple** /'meɪpl/ *n* arce: *maple syrup* miel de maple

**marathon** /'mærəθən; *GB* -θən/ *n* maratón: *to run a marathon* tomar parte en un maratón ◊ *The interview was a real marathon.* Fue una entrevista interminable.

**marble** /'mɑrbl/ *n* **1** mármol: *a marble statue* una estatua de mármol **2** canica

**March** /mɑrtʃ/ *n* (*abrev* Mar.) marzo ➔ *Ver nota y ejemplos en* JANUARY

**march** /mɑrtʃ/ *vi* **1** marchar **2** manifestarse: *The students marched on Parliament.* Los estudiantes se manifestaron ante el Parlamento. **LOC get your marching orders** (*GB*, *coloq*) ser despedido **PHRV march sb away/off** llevarse a algn **march in** entrar resueltamente **march past** (*sb*) desfilar (ante algn) **march up to sb** abordar a algn con resolución ▶ *n* marcha **LOC on the march** en marcha **marcher** *n* manifestante

**mare** /'meər/ *n* yegua

**margarine** /'mɑrdʒərən; *GB* ˌmɑːdʒə'riːn/ *n* margarina

**margin** /'mɑrdʒɪn/ *n* margen **marginal** *adj* **1** marginal **2** (*notas*) al margen **marginally** *adv* ligeramente

**marina** /mə'riːnə/ *n* puerto de recreo

**marine** /mə'riːn/ *adj* **1** marino **2** marítimo ▶ *n* infante de marina: *the Marines* la Infantería de Marina

**marital** /'mærɪtl/ *adj* conyugal: *marital status* estado civil

**maritime** /'mærɪtaɪm/ *adj* marítimo

**mark** /mɑrk/ *n* **1** marca **2** señal: *punctuation marks* signos de puntuación *Ver tb* CHECK MARK, QUESTION MARK **3** (*GB*) (*USA* **grade**) (*Educ*) calificación **LOC be up to the mark** (*GB*) dar la talla **make your/a mark (on sth)** alcanzar el éxito, destacarse (en algo) **on your marks, get set, go!** en sus marcas, listos, ¡fuera! *Ver tb* OVERSTEP ▶ *vt* **1** marcar **2** señalar **3** (*GB*) (*USA* **grade**) (*exámenes, trabajo escolar*) calificar, corregir **LOC mark time 1** hacer tiempo **2** (*Mil*) marcar el paso **PHRV mark sth up/down** aumentar/rebajar el precio de algo

**marked** /mɑrkt/ *adj* notable **markedly** /'mɑrkɪdli/ *adv* de forma notable

**marker** /ˈmɑrkər/ n **1** marca: *marker buoy* boya de señalización **2** (GB tb **marker pen**) marcador

**market** /ˈmɑrkɪt/ n mercado **LOC** **in the market for sth** interesado en comprar algo **on the market** en el mercado: *to put sth on the market* poner algo en venta
▶ vt **1** vender **2** ofertar
**marketable** adj vendible

**marketing** /ˈmɑrkətɪŋ/ n marketing, mercadotecnia

**marketplace** /ˈmɑrkɪtpleɪs/ n mercado

**market research** n [incontable] estudio de mercado

**marmalade** /ˈmɑrməleɪd/ n mermelada (de cítricos)

**maroon** /məˈruːn/ adj, n rojo oscuro, granate
▶ vt abandonar (esp en una isla desierta)

**marquee** /mɑrˈkiː/ n **1** (USA) marquesina, lona **2** (GB) carpa

**marriage** /ˈmærɪdʒ/ n **1** (institución) matrimonio **2** (ceremonia) boda ➔ Ver nota en MATRIMONIO

**married** /ˈmærid/ adj ~ (to sb) casado (con algn): *to get married* casarse ◊ *a married couple* un matrimonio

**marrow** /ˈmæroʊ/ n médula, tuétano **LOC** Ver CHILL

**marry** /ˈmæri/ vt, vi (pt, pp **married**) casar(se)

**Mars** /mɑrz/ n Marte

**marsh** /mɑrʃ/ n ciénaga, pantano

**marshal** /ˈmɑrʃl/ n **1** mariscal **2** jefe, -a de policía
▶ vt (-l-, GB -ll-) **1** (tropas) formar **2** (ideas, datos) ordenar

**marshy** /ˈmɑrʃi/ adj pantanoso

**martial** /ˈmɑrʃl/ adj marcial

**Martian** /ˈmɑrʃn/ adj, n marciano, -a

**martyr** /ˈmɑrtər/ n mártir **martyrdom** /ˈmɑrtərdəm/ n martirio

**marvel** /ˈmɑrvl/ n maravilla, prodigio
▶ vi (-l-, GB -ll-) ~ (at sth) maravillarse (ante algo)

**marvelous** (GB **marvellous**)/ ˈmɑrvələs/ adj maravilloso, excelente: *We had a marvelous time.* La pasamos de maravilla. ◊ *(That's) marvelous!* ¡Estupendo!

**Marxism** /ˈmɑrksɪzəm/ n marxismo **Marxist** adj, n marxista

**marzipan** /ˈmɑrzɪpæn, ˈmɑrtsə-/ n mazapán

**mascara** /mæˈskærə; GB -ˈskɑːrə/ n rímel

**mascot** /ˈmæskɑt/ n mascota

**masculine** /ˈmæskjəlɪn/ adj, n masculino ➔ Ver nota en FEMALE **masculinity** /ˌmæskjuˈlɪnəti/ n masculinidad

**mash** /mæʃ/ vt **1** ~ sth (up) machacar, triturar algo **2** hacer puré de: *mashed potatoes* puré de papa
▶ n (esp GB) puré (de papas)

**mask** /mæsk; GB mɑːsk/ n **1** máscara, careta **2** antifaz **3** (de cirujano, cosmética) mascarilla, tapaboca
▶ vt enmascarar, encubrir
**masked** adj **1** enmascarado **2** (atracador) encapuchado

**mason** /ˈmeɪsn/ n **1** cantero, albañil **2** Mason masón **Masonic** /məˈsɑnɪk/ adj masónico

**masonry** /ˈmeɪsənri/ n albañilería, mampostería

**masquerade** /ˌmæskəˈreɪd; GB tb ˌmɑːsk-/ n mascarada, farsa
▶ vi ~ as sth hacerse pasar por algo, disfrazarse de algo

**Mass** (tb **mass**) /mæs/ n (Relig, Mús) misa

**mass** /mæs/ n **1** ~ (of sth) masa (de algo) **2 masses** [pl] (of sth) (coloq) un montón, gran cantidad (de algo): *masses of letters* un montón de cartas **3 the masses** [pl] las masas **LOC** **be a mass of sth** estar cubierto/lleno de algo **the (great) mass of...** la (inmensa) mayoría de...
▶ adj [sólo antes de sustantivo] masivo, de masas: *mass media* medios de comunicación masiva ◊ *a mass grave* una fosa común ◊ *mass hysteria* histeria colectiva
▶ vt, vi **1** juntar(se) (en masa), reunir(se) **2** (Mil) formar(se), concentrar(se)

**massacre** /ˈmæsəkər/ n masacre
▶ vt masacrar

**massage** /məˈsɑʒ; GB ˈmæsɑːʒ/ vt dar masaje a
▶ n masaje

**massive** /ˈmæsɪv/ adj **1** enorme, monumental **2** macizo, sólido **massively** adv enormemente

**mass-produce** /ˌmæs prəˈduːs; GB -ˈdjuːs/ vt fabricar en serie

**mass production** n fabricación en serie

**mast** /mæst; GB mɑːst/ n **1** (barco) mástil **2** (GB) (USA **antenna**) (TV, Radio) torre

**master** /ˈmæstər; GB ˈmɑːs-/ n **1** amo, dueño, señor **2** maestro **3** (Náut) capitán **4** (cinta, etc.) original
▶ adj: *a master plan* un plan maestro ◊ *master bedroom* recámara principal
▶ vt **1** dominar **2** controlar
**masterful** adj **1** con autoridad **2** (tb **masterly** /ˈmæstərli/; GB ˈmɑːs-/) magistral

**mastermind** /'mæstərmaɪnd; GB
'mɑːs-/ n cerebro
▶ vt planear, dirigir

**masterpiece** /'mæstərpiːs; GB 'mɑːs-/ n
obra maestra

**master's degree** (tb master's) n
maestría (posgrado)

**mastery** /'mæstəri; GB 'mɑːs-/ n 1 ~ (of
sth) dominio (de algo) 2 ~ (over sth/sb)
supremacía (sobre algo/algn)

**masturbate** /'mæstərbeɪt/ vi masturbarse **masturbation** n masturbación

**mat** /mæt/ n 1 tapete 2 colchoneta
3 salvamanteles 4 maraña

**match** /mætʃ/ n 1 (Dep) partido,
encuentro 2 igual 3 [sing] ~ (for sth/sb)
complemento (para algo/algn) 4 cerillo
**LOC** find/meet your match encontrar la
horma de tu zapato
▶ vt, vi combinar, hacer juego (con):
matching shoes and handbag zapatos y
bolsa a juego 2 vt igualar **PHRV** match
up coincidir **match sth up (with sth)** acoplar algo (a algo) **match up to sth/sb**
igualar algo/a algn

**matchbox** /'mætʃbɑks/ n caja de ceri-
llos

**mate** /meɪt/ n 1 (esp GB, coloq) amigo,
compañero 2 ayudante 3 (Náut)
segundo a bordo 4 (Zool) pareja
5 (Ajedrez) jaque mate
▶ vt, vi aparear(se)

**material** /mə'tɪəriəl/ n 1 material: raw
materials materias primas 2 tela ⊃ Ver
nota en TELA
▶ adj material

**materialism** /mə'tɪəriəlɪzəm/ n mate-
rialismo **materialist** /mə'tɪəriəlɪst/ n
materialista **materialistic** /mə,tɪəriə-
'lɪstɪk/ adj materialista

**materialize** (GB tb -ise) /mə'tɪəriəlaɪz/
vi convertirse en realidad

**materially** /mə'tɪəriəli/ adv sensible-
mente

**maternal** /mə'tɜːrnl/ adj 1 maternal
2 (familiares) materno

**maternity** /mə'tɜːrnəti/ n maternidad

**math** /mæθ/ (GB maths /mæθs/) n [incon-
table] (coloq) matemáticas

**mathematical** /,mæθə'mætɪkl/ adj
matemático **mathematician** /,mæθəmə-
'tɪʃn/ n matemático, -a

**mathematics** /,mæθə'mætɪks/ n
[incontable] matemáticas

**matinée** /,mætn'eɪ; GB 'mætɪneɪ/ n (Cine,
Teat) matiné

**mating** /'meɪtɪŋ/ n apareamiento:
mating season época de celo

**matrimonial** /,mætrɪ'moʊniəl/ adj
(formal) matrimonial

**matrimony** /'mætrɪmoʊni; GB -məni/ n
(formal) matrimonio

**matte** (GB matt) /mæt/ adj 1 mate 2 (tb
matte paint) pintura mate

**matted** /'mætɪd/ adj enmarañado

**matter** /'mætər/ n 1 asunto: I have
nothing further to say on the matter. No
tengo nada más que decir al respecto.
2 (Fis) materia 3 material: printed matter impresos **LOC** a matter of hours, minutes, days, etc. cosa de horas, minutos,
días, etc. a matter of life and death cuestión de vida o muerte a matter of opinion
cuestión de opinión as a matter of course
por costumbre as a matter of fact en
realidad be the matter (with sth/sb)
pasarle a algo/algn: What's the matter
with him? ¿Qué le pasa? ◊ Is anything
the matter? ¿Pasa algo? ◊ What's the
matter with my dress? ¿Qué pasa con mi
vestido? for that matter si vamos a eso
it's just/only a matter of time sólo es
cuestión de tiempo let the matter drop/
rest dejar el asunto por la paz no matter
who, what, where, etc.: no matter what he
says diga lo que diga ◊ no matter how
rich he is por muy rico que sea ◊ no matter what pase lo que pase take matters
into your own hands decidir obrar por
cuenta propia Ver tb WORSE
▶ vi ~ (to sb) importar (a algn)

**matter-of-fact** /,mætər əv 'fækt/ adj
1 realista 2 (persona) impasible 3 (estilo)
prosaico

**mattress** /'mætrəs/ n colchón

**mature** /mə'tʃʊər, -'tʊər; GB -'tjʊə(r)/ adj
1 maduro 2 (seguro, etc.) vencido
▶ 1 vi madurar 2 vt hacer madurar 3 vi
(seguro, etc.) vencer
**maturity** n madurez

**maul** /mɔːl/ vt 1 maltratar 2 (fiera) herir
seriamente

**mausoleum** /,mɔːsə'liːəm/ n mausoleo

**mauve** /moʊv/ adj, n malva (color)

**maverick** /'mævərɪk/ n inconformista

**maxim** /'mæksɪm/ n máxima

**maximize** (GB tb -ise) /'mæksɪmaɪz/ vt
potenciar, llevar al máximo

**maximum** /'mæksɪməm/ adj, n (pl max-
ima /-mə/) (abrev max) máximo

**May** /meɪ/ n mayo ⊃ Ver nota y ejemplos en
JANUARY

**may** /meɪ/ v modal (pt might /maɪt/ neg
might not o mightn't /'maɪtnt/)

> **May** es un verbo modal al que
> sigue un infinitivo sin **to**, y las ora-
> ciones interrogativas y negativas se

construyen sin el auxiliar **do**. Sólo tiene dos formas: presente, **may**, y pasado, **might**. ➔ *Ver tb pág 306*

**1** (*permiso*) poder: *You may come if you wish.* Puedes venir si quieres. ◊ *May I go to the toilet?* ¿Puedo ir al baño? ◊ *You may as well go home.* Más vale que vuelvas a la casa.

Para pedir permiso, **may** se considera más cortés que **can**, aunque **can** es mucho más normal: *Can I come in?* ¿Puedo pasar? ◊ *May I get down from the table?* ¿Puedo levantarme de la mesa? ◊ *I'll take a seat, if I may.* Tomaré asiento, si no le importa. Sin embargo, en el pasado se usa **could** mucho más que **might**: *She asked if she could come in.* Preguntó si podía pasar.

**2** (*tb might*) (*posibilidad*) poder (que): *They may/might not come.* Puede que no vengan. ➔ *Ver nota en* PODER¹ **LOC** *be that as it may* (*formal*) sea como fuere

**maybe** /'meɪbi/ *adv* quizá(s)

**mayhem** /'meɪhem/ *n* [*incontable*] alboroto

**mayonnaise** /'meɪəneɪz; *GB* ˌmeɪə'neɪz/ *n* mayonesa

**mayor** /'meɪər; *GB* meə(r)/ *n* alcalde, -esa, presidente, -a municipal

**maze** /meɪz/ *n* laberinto

**me** /miː/ *pron* **1** [*como objeto*] me: *Don't hit me.* No me pegues. ◊ *Tell me all about it.* Cuéntame todo. **2** [*después de preposición*] mí: *as for me* en cuanto a mí ◊ *Come with me.* Ven conmigo. **3** [*cuando va sólo o después del verbo* be] yo: *Hello, it's me.* Hola, soy yo. ➔ *Comparar con* I

**meadow** /'medoʊ/ *n* prado

**meager** (*GB* meagre) /'miːgər/ *adj* escaso, pobre

**meal** /miːl/ *n* comida **LOC** *make a meal of sth* (*coloq*) hacer algo con una atención o un esfuerzo exagerado *Ver tb* SQUARE

**mean¹** /miːn/ *vt* (*pt, pp* meant /ment/) **1** querer decir, significar: *Do you know what I mean?* ¿Sabes lo que quiero decir? ◊ *What does "cuero" mean?* ¿Qué quiere decir "cuero"? **2** ~ sth (to sb) significar algo (para algn): *You know how much Anita means to me.* Sabes lo mucho que Anita significa para mí. ◊ *That name doesn't mean anything to me.* Ese nombre no me dice nada. **3** suponer: *His new job means him traveling more.* Su nuevo trabajo significa que tiene que viajar más. **4** pretender: *I didn't mean to.* Fue sin querer. ◊ *I meant to have washed the car today.* Quería haber lavado el coche hoy. **5** decir en

serio: *She meant it as a joke.* No lo dijo en serio. ◊ *I'm never coming back — I mean it!* ¡No volveré nunca, lo digo en serio! **LOC** *be meant for each other* estar hechos el uno para el otro **I mean** (*coloq*) quiero decir: *It's very warm, isn't it? I mean, for this time of year.* Hace mucho calor ¿no? Quiero decir, para esta época del año. ◊ *We went there on Tuesday, I mean Thursday.* Fuimos el martes, quiero decir, el jueves. **mean business** (*coloq*) ir en serio **mean well** tener buenas intenciones

**mean²** /miːn/ *adj* (**meaner, -est**) **1** ~ (**to sb**) mezquino (con algn) **2** (*GB*) (*USA* **cheap**) tacaño

**mean³** /miːn/ *n* **1** término medio **2** (*Mat*) media
▸ *adj* medio

**meander** /mi'ændər/ *vi* **1** (*río*) serpentear **2** (*persona*) deambular **3** (*conversación*) divagar

**meaning** /'miːnɪŋ/ *n* significado **meaningful** *adj* trascendente **meaningless** *adj* sin sentido

**means** /miːnz/ *n* **1** (*pl* means) ~ of (doing) sth manera (de hacer algo) **2** [*pl*] medios (*económicos*) **LOC** *a means to an end* un medio para conseguir un fin **by all means** desde luego *Ver tb* WAY

**meant** *pt, pp de* MEAN¹

**meantime** /'miːntaɪm/ *n* **LOC** *in the meantime* mientras tanto

**meanwhile** /'miːnwaɪl/ *adv* mientras tanto

**measles** /'miːzlz/ *n* [*incontable*] sarampión

**measurable** /'meʒərəbl/ *adj* **1** medible **2** sensible

**measure** /'meʒər/ *vt, vi* medir **PHRV** *measure sth/sb up* medir algo/a algn: *The tailor measured me up for a suit.* El sastre me tomó medidas para un traje. **measure up (to sth)** estar a la altura (de algo)
▸ *n* **1** medida: *weights and measures* pesos y medidas ◊ *to take measures to do sth* tomar medidas para hacer algo **2** [*sing*] ~ of sth: *a/some measure of knowledge/success* cierto conocimiento/éxito **3** [*sing*] a ~ of sth un signo de algo *Ver tb* TAPE MEASURE **LOC** *for good measure* para no quedarse cortos **half measures** medias tintas **made to measure** (*GB*) hecho a medida

**measured** /'meʒərd/ *adj* **1** (*lenguaje*) comedido **2** (*pasos*) pausado

**measurement** /'meʒərmənt/ n
**1** medición **2** medida

**meat** /miːt/ n carne

**meatball** /'miːtbɔːl/ n albóndiga

**meaty** /'miːti/ adj (**meatier, -iest**) **1** carnoso **2** (artículo, libro, etc.) jugoso

**mechanic** /mə'kænɪk/ n mecánico, -a
**mechanical** adj mecánico **mechanically** adv mecánicamente: I'm not mechanically minded. No sirvo para las máquinas.

**mechanics** /mə'kænɪks/ n **1** [incontable] (Ciencia) mecánica **2 the mechanics** [pl] ~ (**of sth**) (fig) la mecánica, el funcionamiento (de algo)

**mechanism** /'mekənɪzəm/ n mecanismo

**medal** /'medl/ n medalla **medalist** (GB **medallist**) n medallista

**medallion** /mə'dæliən/ n medallón

**meddle** /'medl/ vi (pey) **1** ~ (**in/with sth**) entrometerse (en algo) **2** ~ **with sth** jugar con algo

**media** /'miːdiə/ n **1 the media** [pl] los medios de comunicación: media studies estudios de comunicación **2** plural de MEDIUM

**mediaeval** = MEDIEVAL

**mediate** /'miːdieɪt/ vi mediar **mediation** n mediación **mediator** n mediador, -ora

**medic** /'medɪk/ n (esp GB, coloq) **1** médico, -a **2** estudiante de medicina

**medical** /'medɪkl/ adj **1** médico: medical student estudiante de medicina **2** clínico
▸ n (esp GB) (USA **physical**) revisión médica

**medication** /ˌmedɪ'keɪʃn/ n medicación

**medicinal** /mə'dɪsɪnl/ adj medicinal

**medicine** /'medɪsn, 'medsn/ n medicina

**medieval** /ˌmedi'iːvl/ adj medieval

**mediocre** /ˌmiːdi'oʊkər/ adj mediocre **mediocrity** /ˌmiːdi'ɑːkrəti/ n **1** mediocridad **2** (pl **mediocrities**) (persona) mediocre

**meditate** /'medɪteɪt/ vi ~ (**on sth**) meditar (sobre algo) **meditation** n meditación

**medium** /'miːdiəm/ n **1** (pl **media** o **mediums**) medio Ver tb MEDIA **2** (pl **mediums**) médium
▸ adj medio: I'm medium. Uso la talla mediana.

**medley** /'medli/ n (pl **medleys**) popurrí

**meek** /miːk/ adj (**meeker, -est**) manso, dócil **meekly** adv mansamente

**meet** /miːt/ (pt, pp **met** /met/) **1** vt, vi encontrar(se): What time shall we meet? ¿A qué hora quedamos? ◇ Our eyes met across the table. Nuestras miradas se cruzaron en la mesa. ◇ Will you meet me at the station? ¿Irás a esperarme a la estación? **2** vi reunirse **3** vt, vi conocer(se): Pleased to meet you. Encantado de conocerle. ◇ I'd like you to meet… Quiero presentarte a… **4** vt, vi enfrentar(se) (en una competencia) **5** vt (demanda) satisfacer: They failed to meet payments on their loan. No pudieron pagar las letras del préstamo. **LOC** meet sb's eye mirar a algn a los ojos **LOC** Ver MATCH, PLEASED **PHRV** meet up (with sb) encontrarse (con algn) meet with sb reunirse con algn
▸ n **1** (esp USA, Dep) (GB tb **meeting**) encuentro **2** (GB) partida de caza

**meeting** /'miːtɪŋ/ n **1** encuentro: meeting place lugar de encuentro **2** (discusión, Pol) reunión: Annual General Meeting junta general anual

**megaphone** /'megəfoʊn/ n megáfono

**melancholy** /'melənkɑli/ n (formal) melancolía
▸ adj **1** (persona) melancólico **2** (cosa) triste

**melee** (tb **mêlée**) /'meɪleɪ; GB 'meleɪ/ n pelea, tumulto

**mellow** /'meloʊ/ adj (**mellower, -est**) **1** (color, sabor) suave **2** (sonido) dulce **3** (actitud) comprensivo **4** (coloq) alegre (de beber)
▸ vt, vi (persona) ablandar(se)

**melodic** /mə'lɑdɪk/ adj melódico

**melodious** /mə'loʊdiəs/ adj melodioso

**melodrama** /'melədrɑːmə/ n melodrama **melodramatic** /ˌmelədrə'mætɪk/ adj melodramático

**melody** /'melədi/ n (pl **melodies**) melodía

**melon** /'melən/ n melón

**melt** /melt/ vt, vi **1** derretir(se): melting point punto de fusión **2** disolver(se) **3** (persona, corazón) ablandar(se) **LOC** melt in the mouth deshacerse en la boca **PHRV** melt away derretirse, disolverse, fundirse melt sth down fundir algo melting n **1** derretimiento **2** fundición

**melting pot** n amalgama (de razas, culturas, etc.) **LOC** in the melting pot (esp GB) en proceso de cambio

**member** /'membər/ n **1** miembro: a member of the audience uno de los asistentes ◇ Member of Parliament diputado **2** (club) socio, -a **3** (Anat) miembro

**membership** /'membərʃɪp/ n **1** afiliación: to apply for membership solicitar

la entrada ◇ *membership card* tarjeta de socio **2** (número de) miembros/socios

**membrane** /'membreɪn/ n membrana

**memento** /mə'mentoʊ/ n (pl **mementos** o **mementoes**) recuerdo (*objeto*)

**memo** /'memoʊ/ n (pl **memos**) (tb formal **memorandum** /ˌmemə'rændəm/) circular: *an inter-office memo* una circular

**memoirs** /'memwɑrz/ n [pl] memoria

**memorabilia** /ˌmemərə'bɪliə/ n [pl] objetos para coleccionistas

**memorable** /'memərəbl/ adj memorable

**memorial** /mə'mɔːriəl/ n ~ **(to sth/sb)** monumento conmemorativo (de algo/algn)

**memorize** (GB tb **-ise**) /'meməraɪz/ vt memorizar

ʔ **memory** /'meməri/ n (pl **memories**) **1** memoria: *from memory* de memoria **2** recuerdo **LOC** **in memory of sb; to the memory of sb** en memoria de algn *Ver tb* JOG, LIVING, REFRESH

**men** plural de MAN

**menace** /'menəs/ n **1** ~ **(to sth/sb)** amenaza (para algo/algn) **2** (coloq) (*persona o cosa molesta*) peligro
▶ vt (formal) amenazar
**menacing** adj amenazador

**mend** /mend/ **1** vt (esp GB) (USA **repair**) arreglar **2** vi curarse **LOC** **mend your ways** reformarse
▶ n remiendo **LOC** **on the mend** (coloq) mejorando

**meningitis** /ˌmenɪn'dʒaɪtɪs/ n [incontable] meningitis

**menopause** /'menəpɔːz/ n menopausia

**men's room** n baño de caballeros ⊃ *Ver nota en* BATHROOM

**menstrual** /'menstruəl/ adj menstrual

**menstruation** /ˌmenstru'eɪʃn/ n menstruación

**menswear** /'menzweər/ n [incontable] ropa de caballero

ʔ **mental** /'mentl/ adj **1** mental: *mental hospital* hospital para enfermos mentales **2** (GB, argot) mal de la cabeza

**mentality** /men'tæləti/ n (pl **mentalities**) mentalidad

ʔ **mentally** /'mentəli/ adv mentalmente: *mentally ill/disturbed* enfermo/trastornado mental

ʔ **mention** /'menʃn/ vt mencionar, decir, hablar de: *worth mentioning* digno de mención **LOC** **don't mention it** no hay de qué **not to mention…** por no hablar de…, sin contar…
▶ n mención, alusión

**mentor** /'mentɔːr/ n mentor

ʔ **menu** /'menjuː/ n **1** menú, carta **2** (Informát) menú: *drop-down menu* menú desplegable

**meow** /mi'aʊ/ interj miau
▶ n maullido
▶ vi maullar

**mercantile** /'mɜːrkəntaɪl, -tiːl/ adj (formal) mercantil

**mercenary** /'mɜːrsəneri; GB -nəri/ adj **1** mercenario **2** (fig) interesado
▶ n (pl **mercenaries**) mercenario, -a

**merchandise** /'mɜːrtʃəndaɪz, -daɪs/ n [incontable] mercancía(s), mercadería(s) **merchandising** n comercialización

**merchant** /'mɜːrtʃənt/ n **1** comerciante que comercia con el extranjero, mayorista **2** (Hist) mercader
▶ adj [sólo antes de sustantivo]: *merchant bank* banco comercial ◇ *merchant navy* marina mercante

**merciful** /'mɜːrsɪfl/ adj ~ **(to/toward sb)** compasivo, clemente (con algn) **2** (suceso) feliz **mercifully** adv **1** compasivamente, con piedad **2** felizmente

**merciless** /'mɜːrsɪləs/ adj ~ **(to/toward sb)** despiadado (con algn)

**Mercury** /'mɜːrkjəri/ n Mercurio

**mercury** /'mɜːrkjəri/ n mercurio

**mercy** /'mɜːrsi/ n **1** compasión, clemencia: *to have mercy on sb* tener compasión de algn ◇ *mercy killing* eutanasia **2** (pl **mercies**) bendición: *It's a mercy that…* Es una suerte que… **LOC** **at the mercy of sth/sb** a merced de algo/algn

ʔ **mere** /mɪər/ adj mero, simple: *He's a mere child.* No es más que un niño. ◇ *mere coincidence* pura casualidad ◇ *the mere thought of him* con sólo pensar en él **LOC** **the merest…** el menor…: *The merest glimpse was enough.* Un simple vistazo fue suficiente.

ʔ **merely** /'mɪərli/ adv sólo, meramente

**merge** /mɜːrdʒ/ vt, vi ~ **(sth) (with/into sth)** **1** (Com) fusionar algo, fusionarse (con/en algo): *Three small companies merged into one large one.* Tres empresas pequeñas se fusionaron para formar una grande. **2** (fig) entremezclar algo/entremezclarse, unir algo/unirse (con/en algo): *Past and present merge in Oxford.* En Oxford se entremezclan el pasado y el presente. **merger** n fusión

**meringue** /mə'ræŋ/ n merengue

**merit** /'merɪt/ n mérito: *to judge sth on its merits* juzgar algo según sus méritos
▶ vt (formal) merecer, ser digno de

**mermaid** /'mɜːrmeɪd/ n sirena

**merriment** /ˈmerɪmənt/ n (formal) alegría, regocijo: amid merriment entre risas

**merry** /ˈmeri/ adj (merrier, -iest) **1** alegre: Merry Christmas! ¡Feliz Navidad! **2** (esp GB, coloq) alegre (de beber)

**merry-go-round** /ˈmeri gəʊ raʊnd/ n carrusel

**mesh** /meʃ/ n malla: wire mesh tela metálica

**mesmerize** (GB tb -ise) /ˈmezməraɪz/ vt hipnotizar

**mess** /mes/ n **1** desastre: This kitchen's a mess! ¡Esta cocina está hecha una porquería! **2** enredo, lío **3** [sing] (persona) desarreglado, -a **4** (coloq) (de animal) inmundicia **5** (Mil) (tb mess hall) comedor
▶ vt (esp USA, coloq) desordenar **PHRV** mess sb about/around (GB) tratar con desconsideración a algn **mess around** (GB tb mess about) **1** hacer el tonto **2** pasar el rato **mess around with sth** (GB tb mess about with sth) enredar con algo **mess sb up** (coloq) traumatizar a algn **mess sth up 1** ensuciar, enredar algo: Don't mess up my hair! ¡No me despeines! **2** hacer algo de forma chapucera **mess with sth/sb** entrometerse en algún asunto/en los asuntos de algn

**message** /ˈmesɪdʒ/ n **1** recado **2** mensaje Ver tb TEXT MESSAGE **LOC** get the message (coloq) enterarse

**messenger** /ˈmesɪndʒər/ n mensajero, -a

**Messiah** (tb messiah) /məˈsaɪə/ n Mesías

**messy** /ˈmesi/ adj (messier, -iest) **1** sucio **2** revuelto, desordenado **3** (situación) enredado, problemático

**met** pt, pp de MEET

**metabolism** /məˈtæbəlɪzəm/ n metabolismo

**metal** /ˈmetl/ n metal **metallic** /məˈtælɪk/ adj metálico

**metamorphose** /ˌmetəˈmɔːrfoʊz/ vt, vi (formal) convertir(se) **metamorphosis** /ˌmetəˈmɔːrfəsɪs/ n (pl **metamorphoses** /-siːz/) (formal) metamorfosis

**metaphor** /ˈmetəfɔːr, -fər/ n metáfora **metaphorical** /ˌmetəˈfɔːrɪkl; GB -ˈfɒr-/ adj metafórico

**metaphysical** /ˌmetəˈfɪzɪkl/ adj metafísico

**metaphysics** /ˌmetəˈfɪzɪks/ n [incontable] metafísica

**meteor** /ˈmiːtiər, -tiɔːr/ n meteorito **meteoric** /ˌmiːtiˈɔːrɪk; GB -ˈɒr-/ adj meteórico

**meteorite** /ˈmiːtiəraɪt/ n meteorito

**meter** /ˈmiːtər/ n **1** (GB metre) (abrev m) metro ⟳ Ver pág 681 **2** medidor
▶ vt medir

**methane** /ˈmeθeɪn; GB ˈmiː-/ n metano

**method** /ˈmeθəd/ n método: a method of payment un sistema de pago **methodical** /məˈθɑdɪkl/ adj metódico

**Methodist** /ˈmeθədɪst/ adj, n metodista

**methodology** /ˌmeθəˈdɑlədʒi/ n (pl **methodologies**) metodología

**methylated spirit(s)** /ˌmeθəleɪtɪd ˈspɪrɪt(s)/ (GB coloq **meths** /meθs/) n alcohol desnaturalizado

**meticulous** /məˈtɪkjələs/ adj meticuloso

**metre** (GB) = METER

**metric** /ˈmetrɪk/ adj métrico: the metric system el sistema métrico decimal

**metropolis** /məˈtrɑpəlɪs/ n (pl **metropolises**) metrópoli **metropolitan** /ˌmetrəˈpɑlɪtən/ adj metropolitano

**mice** plural de MOUSE

**mickey** /ˈmɪki/ n **LOC** take the mickey (out of sb) (GB, coloq) burlarse (de algn)

**microbe** /ˈmaɪkroʊb/ n microbio

**microchip** /ˈmaɪkroʊtʃɪp/ n microchip

**microcosm** /ˈmaɪkroʊkɑzəm/ n microcosmos

**micro-organism** /ˌmaɪkroʊ ˈɔːrɡənɪzəm/ n microorganismo

**microphone** /ˈmaɪkrəfoʊn/ n micrófono

**microprocessor** /ˌmaɪkroʊˈproʊsesər/ n microprocesador

**microscope** /ˈmaɪkrəskoʊp/ n microscopio **microscopic** /ˌmaɪkrəˈskɑpɪk/ adj microscópico

**microwave** /ˈmaɪkrəweɪv/ n microondas

**mid** /mɪd/ adj: in mid-July a mediados de julio ◊ mid-morning media mañana ◊ in mid sentence a mitad de frase ◊ mid-life crisis crisis de los cuarenta

**mid-air** /ˌmɪd ˈeər/ n en el aire: in mid-air en el aire ◊ to leave sth in mid-air dejar algo sin resolver

**midday** /ˌmɪdˈdeɪ/ (esp GB) (USA noon) n mediodía

**middle** /ˈmɪdl/ n **1** the middle [sing] el medio, el centro: in the middle of the night a mitad de la noche **2** (coloq) cintura **LOC** be in the middle of (doing) sth (coloq) estar haciendo algo **in the middle of nowhere** (coloq) en medio de la nada
▶ adj central, medio: middle finger dedo corazón ◊ middle management ejecutivos de nivel intermedio **LOC** (steer, take, etc.) a middle course (seguir, tomar,

etc.) una línea media **the middle ground** terreno neutral

**middle age** n madurez **middle-aged** adj de mediana edad, cuarentón

**middle class** /ˌmɪdl ˈklæs; GB ˈklɑːs/ (tb **middle classes** [pl]) n clase media
▶ **middle-class** adj de clase media

**middleman** /ˈmɪdlmæn/ n (pl -men /-men/) intermediario

**middle name** n segundo nombre
🛈 En los países de habla inglesa, utilizan dos nombres y un apellido.

**middle-of-the-road** /ˌmɪdl əv ðə ˈrəʊd/ adj moderado

**midfield** /ˌmɪdˈfiːld/ n centro del campo: *midfield player* centrocampista **midfielder** n centrocampista

**midge** /mɪdʒ/ n mosquito pequeño

**midget** /ˈmɪdʒɪt/ n (pey) enano, -a

🔰 **midnight** /ˈmɪdnaɪt/ n medianoche

**midriff** /ˈmɪdrɪf/ n abdomen

**midst** /mɪdst/ n (formal) medio: *in the midst of sth* en medio de algo **LOC in our, their, etc. midst** entre nosotros, ellos, etc.

**midsummer** /ˌmɪdˈsʌmər/ n periodo alrededor del solsticio de verano (21 de junio): *Midsummer('s) Day* día de San Juan (24 de junio)

**midway** /ˌmɪdˈweɪ/ adv ~ (between…) a medio camino (entre…)

**midweek** /ˌmɪdˈwiːk/ n entre semana **LOC in midweek** a mediados de semana

**midwife** /ˈmɪdwaɪf/ n (pl **midwives** /-waɪvz/) partero, -a, comadrón, -ona

**midwinter** /ˌmɪdˈwɪntər/ n periodo alrededor del solsticio de invierno (21 de diciembre)

**miffed** /mɪft/ adj (coloq) ofendido

🔰 **might¹** /maɪt/ v modal (neg **might not** o **mightn't** /ˈmaɪtnt/)

**Might** es un verbo modal al que sigue un infinitivo sin **to**, y las oraciones interrogativas y negativas se construyen sin el auxiliar **do**. ➔ Ver tb pág 306

**1** pt de MAY **2** (tb **may**) (posibilidad) poder (que): *They might not come.* Puede que no vengan. ◊ *I might be able to.* Es posible que pueda. **3** (formal): *Might I make a suggestion?* ¿Podría hacer una sugerencia? ◊ *And who might she be?* Y ¿esa quién será? **4** *You might at least offer to help!* Por lo menos podrías darme una mano. ◊ *You might have told me!* ¡Me lo podías haber dicho! ➔ Ver nota en PODER¹

**might²** /maɪt/ n [incontable] (formal) fuerza: *with all their might* con todas sus fuerzas ◊ *military might* poderío militar

**mighty** adj (**mightier, -iest**) **1** poderoso, potente **2** enorme

**migraine** /ˈmaɪɡreɪn; GB tb ˈmiː-/ n migraña

**migrant** /ˈmaɪɡrənt/ n **1** (persona) emigrante **2** (animal, ave) migratorio

**migrate** /ˈmaɪɡreɪt; GB maɪˈɡreɪt/ vi emigrar **migratory** /ˈmaɪɡrətɔːri; GB -tri; maɪˈɡreɪtəri/ adj migratorio

**mike** /maɪk/ n (coloq) micrófono

🔰 **mild** /maɪld/ adj (**milder, -est**) **1** (sabor, etc.) suave **2** (clima) templado: *a mild winter* un invierno suave **4** (enfermedad, castigo) leve **4** (carácter) apacible **5** ligero

**mildew** /ˈmɪlduː; GB -djuː/ n moho

**mildly** /ˈmaɪldli/ adv ligeramente, un tanto: *mildly surprised* un tanto sorprendido **LOC to put it mildly** por no decir otra cosa, cuando menos

**mild-mannered** /ˌmaɪld ˈmænərd/ adj apacible

🔰 **mile** /maɪl/ n **1** milla ➔ Ver pág 681 **2 the mile** [sing] carrera de una milla **3** (tb **miles** [pl]) (coloq): *He's miles better.* Él es mucho mejor. **LOC be miles away** (coloq) estar en la inopia **miles from anywhere** en el quinto infierno **see, tell, smell, etc. sth a mile off** (coloq) notar algo a la legua **mileage** /ˈmaɪlɪdʒ/ n **1** recorrido en millas, kilometraje **2** (coloq) ventaja: *to get a lot of mileage out of sth* sacarle mucho provecho de algo

**milestone** /ˈmaɪlstəʊn/ n **1** mojón (en carretera) **2** (fig) hito

**milieu** /ˌmiːlˈjɜː/ n (pl **milieux** o **milieus** /-ˈjɜːz/) (formal) entorno social

**militant** /ˈmɪlɪtənt/ adj, n militante

🔰 **military** /ˈmɪləteri; GB -tri/ adj militar
▶ n **the military** [sing] los militares, el ejército

**militia** /məˈlɪʃə/ n milicia **militiaman** n (pl -**men** /-mən/) miliciano

🔰 **milk** /mɪlk/ n leche: *milk products* productos lácteos **LOC** Ver CRY
▶ vt **1** ordeñar **2** (pey) (aprovecharse de) chupar

**milkman** /ˈmɪlkmæn/ n (pl -**men** /-mən/) lechero

**milkshake** /ˈmɪlkʃeɪk/ n licuado

**milky** /ˈmɪlki/ adj **1** (té, café, etc.) con leche **2** lechoso

**mill** /mɪl/ n **1** molino **2** molinillo **3** fábrica: *steel mill* acería
▶ vt moler **PHRV mill around** (GB tb **mill about**) arremolinarse

**millennium** /mɪˈleniəm/ n (pl **millenia** /-niə/o **milleniums**) milenio

**miller** /ˈmɪlər/ n molinero, -a

**millet** /ˈmɪlɪt/ n mijo

**millimeter** (GB **millimetre**) /ˈmɪlimiːtər/ n (abrev mm) milímetro ➔ Ver pág 681

**million** /ˈmɪljən/ n millón

Para referirnos a dos, tres, etc. millones, decimos **two, three, etc. million** sin la "s": *six million dollars*. La forma **millions** significa *mucho(s)*: *The company is worth millions*. La empresa vale una millonada. ◊ *I have millions of things to do*. Tengo un montón de cosas que hacer. Lo mismo se aplica a las palabras **hundred**, **thousand** y **billion**.

**LOC** one, etc. in a million excepcional

**millionaire** /ˌmɪljəˈneər/ n millonario, -a

**millionth** /ˈmɪljənθ/ **1** adj millonésimo **2** n millonésima parte ➔ Ver ejemplos en FIFTH

**mime** /maɪm/ n mimo: *a mime artist* un mimo
▶ vt, vi hacer mimo, imitar

**mimic** /ˈmɪmɪk/ vt (pt, pp mimicked, part pres mimicking) imitar
▶ n imitador, -ora
**mimicry** n [incontable] imitación

**mince** /mɪns/ vt moler (carne) **LOC** not mince (your) words no andarse con rodeos
▶ n (GB) (USA **ground beef**) carne molida

**mincemeat** /ˈmɪnsmiːt/ n relleno de frutas **LOC** make mincemeat of sth/sb (coloq) hacer picadillo algo/a algn

**mincemeat pie** (GB **mince pie**) n pastelillo navideño relleno de frutas

**mind** /maɪnd/ n **1** mente, cerebro **2** ánimo **3** pensamiento(s): *My mind was on other things*. Estaba pensando en otra cosa. **4** juicio: *to be sound in mind and body* estar sano en cuerpo y alma **LOC** bear sth/sb in mind tener a algo/algn en cuenta be of two minds about (doing) sth estar indeciso sobre (si hacer) algo be on your mind: *What's on your mind?* ¿Qué te preocupa? be out of your mind (coloq) estar como loco come/spring to mind ocurrírsele a algn have a good mind/half a mind to do sth tener ganas de hacer algo have a mind of your own ser una persona de mente independiente have sth/sb in mind (for sth) tener algo/a algn pensado (para algo) in your mind's eye en la imaginación keep your mind on sth concentrarse en algo lose your mind volverse loco make up your mind decidir(se) put/set/turn your mind to sth centrarse en algo, proponerse algo put/set sb's mind at ease/rest tranquilizar a algn take your mind off sth distraerse de algo to my mind a mi parecer Ver tb BACK, BEAR¹, CHANGE, CLOSE¹, CROSS, EASE, FOCUS, FRAME, GREAT, PREY, SIGHT, SLIP, SPEAK, STATE¹, UPPERMOST
▶**1** vt, vi (importar): *I wouldn't mind a drink*. No vendría mal tomar algo. ◊ *Do you mind if I smoke?* ¿Te molesta si fumo? ◊ *I don't mind*. Me da igual. ◊ *Would you mind going tomorrow?* ¿Te importa ir mañana? **2** vt preocuparse de: *Don't mind him*. No le hagas caso. **3** vt cuidar de **4** vt, vi (GB) (USA **watch**) tener cuidado (con): *Mind your head!* ¡Cuidado con la cabeza! **LOC** do you mind? (irónico) ¿te importa? mind (you) (GB, coloq) a decir verdad mind your own business (coloq) no meterse en lo que no le importa a uno never mind no importa never you mind (coloq) no preguntes **PHRV** mind out (for sth/sb) (GB) tener cuidado (con algo/algn)

**minder** /ˈmaɪndər/ n (esp GB) **1** cuidador, -ora **2** guardaespaldas

**mindful** /ˈmaɪndfl/ adj (formal) consciente

**mindless** /ˈmaɪndləs/ adj tonto

**mine¹** /maɪn/ pron mío, -a, -os, -as: *a friend of mine* un amigo mío ◊ *Where's mine?* ¿Dónde está la mía? ➔ Comparar con MY

**mine²** /maɪn/ n mina: *mine worker* minero
▶**1** vt extraer (minerales) **2** vt, vi minar **3** vt sembrar minas en

**minefield** /ˈmaɪnfiːld/ n **1** campo de minas **2** (fig) terreno peligroso/delicado

**miner** /ˈmaɪnər/ n minero, -a

**mineral** /ˈmɪnərəl/ n mineral: *mineral water* agua mineral

**mingle** /ˈmɪŋgl/ **1** vi charlar con gente (en una fiesta, reunión, etc.): *The president mingled with his guests*. El presidente charló con los invitados. **2** vt, vi mezclar(se)

**miniature** /ˈmɪnətʃʊər, -tʃər/ n miniatura

**minibus** /ˈmɪnibʌs/ n (esp GB) microbús

**minicab** /ˈmɪnikæb/ n (GB) radiotaxi

**minimal** /ˈmɪnɪml/ adj mínimo

**minimize** (GB tb -ise) /ˈmɪnɪmaɪz/ vt minimizar

**minimum** /ˈmɪnɪməm/ adj, n (pl **minima** /-mə/) (abrev min) mínimo: *There is a minimum charge of…* Se cobra un

mínimo de… ◊ *with a minimum of effort* con un esfuerzo mínimo

**mining** /'maɪnɪŋ/ n minería: *the mining industry* la industria minera

ʔ **minister** /'mɪnɪstər/ n **1** (*GB*) (*USA* **secretary**) ~ **(for/of sth)** secretario, -a (de algo) **2** ministro, -a (*protestante*) ➲ Ver nota en PRIEST
▶ vi ~ **to sth/sb** (*formal*) atender a algo/algn
**ministerial** /,mɪnɪ'stɪəriəl/ adj ministerial

ʔ **ministry** /'mɪnɪstri/ n (*pl* **ministries**) **1** (*esp GB*) (*USA* **department**) (*Pol*) secretaría **2 the ministry** [*sing*] el clero (*protestante*): *to enter/go into/take up the ministry* hacerse pastor/sacerdote

**minivan** /'mɪnivæn/ (*GB* **people carrier**) n minivan, pesero

**mink** /mɪŋk/ n visón

ʔ **minor** /'maɪnər/ adj **1** secundario: *minor repairs* reparaciones menores ◊ *minor injuries* heridas leves **2** (*Mús*) menor
▶ n menor de edad

ʔ **minority** /maɪ'nɔːrəti/ *GB* -'nɒr-/ n (*pl* **minorities**) minoría: *a minority vote* un voto minoritario LOC **be in a/the minority** estar en (una/la) minoría

**mint** /mɪnt/ n **1** menta **2** pastilla de menta **3** la Casa de la Moneda LOC **in mint condition** en perfectas condiciones
▶ vt acuñar

**minus** /'maɪnəs/ prep **1** menos **2** (*temperatura*) bajo cero: *minus five* cinco grados bajo cero **3** (*coloq*) sin: *I'm minus my car today.* Estoy sin coche hoy.
▶ adj (*Mat, Educ*) bajo: *B minus (B-)* ocho bajo
▶ n **1** (*coloq*) desventaja: *the pluses and minuses of sth* lo bueno y lo malo de algo **2** (*tb* **minus sign**) (signo) menos

ʔ **minute¹** /'mɪnɪt/ n **1** minuto **2** [*sing*] (*coloq*) minuto, momento: *Wait a minute!/Just a minute!* ¡Un momento! **3** [*sing*] instante: *at that very minute* en ese preciso instante **4 the minutes** [*pl*] las actas (*de una reunión*) LOC **not for a/one minute** ni por un segundo **the minute (that)…** en cuanto…

**minute²** /maɪ'njuːt; *GB* -'njuːt/ adj (**-est**) **1** diminuto **2** minucioso **minutely** adv minuciosamente

**miracle** /'mɪrəkl/ n milagro: *a miracle cure* una cura milagrosa LOC Ver WORK
**miraculous** /mɪ'rækjələs/ adj milagroso: *He had a miraculous escape.* Salió ileso de milagro.

**mirage** /mɪ'rɑːʒ/ n espejismo

ʔ **mirror** /'mɪrər/ n **1** espejo: *mirror image* réplica exacta/imagen invertida **2** (*en*

*coche*) retrovisor **3** [*sing*] ~ **of sth** reflejo de algo
▶ vt reflejar

**mirth** /mɜːrθ/ n (*formal*) **1** risa **2** alegría

**misadventure** /,mɪsəd'ventʃər/ n **1** (*formal*) desgracia **2** (*GB, Jur*): *death by misadventure* muerte accidental

**misbehave** /,mɪsbɪ'heɪv/ vi portarse mal **misbehavior** (*GB* **misbehaviour**) n mal comportamiento

**miscalculation** /,mɪskælkju'leɪʃn/ n error de cálculo

**miscarriage** /'mɪskærɪdʒ; *GB tb* ,mɪs'kærɪdʒ/ n (*Med*) aborto (*espontáneo*) ➲ *Comparar con* ABORTION
LOC **miscarriage of justice** error judicial

**miscellaneous** /,mɪsə'leɪniəs/ adj variado: *miscellaneous expenditures* gastos varios

**mischief** /'mɪstʃɪf/ n [*incontable*] travesura, diablura: *to keep out of mischief* no hacer travesuras **mischievous** adj **1** (*niño*) travieso **2** (*sonrisa*) pícaro

**misconception** /,mɪskən'sepʃn/ n idea equivocada: *It is a popular misconception that…* Es un error común el creer que…

**misconduct** /,mɪs'kɑndʌkt/ n (*formal*) **1** (*Jur*) mala conducta: *professional misconduct* error profesional **2** (*Com*) mala administración

**miser** /'maɪzər/ n avaro, -a

**miserable** /'mɪzrəbl/ adj **1** triste, infeliz **2** despreciable **3** miserable: *miserable weather* feo tiempo ◊ *I had a miserable time.* La pasé muy mal. **miserably** adv **1** tristemente **2** miserablemente: *Their efforts failed miserably.* Sus esfuerzos fueron un fracaso total.

**miserly** /'maɪzərli/ adj (*pey*) **1** avaro **2** mísero

**misery** /'mɪzəri/ n (*pl* **miseries**) **1** tristeza, sufrimiento: *a life of misery* una vida desgraciada **2** miseria **3** (*GB, coloq*) aguafiestas LOC **put sb out of their misery** (*coloq*) acabar con la agonía/el sufrimiento de algn

**misfortune** /,mɪs'fɔːrtʃən/ n desgracia

**misgiving** /,mɪs'gɪvɪŋ/ n [*gen pl*] duda (*aprensión*)

**misguided** /,mɪs'gaɪdɪd/ adj equivocado: *misguided generosity* generosidad mal entendida

**mishap** /'mɪshæp/ n **1** contratiempo **2** percance

**misinform** /,mɪsɪn'fɔːrm/ vt ~ **sb (about sth)** informar mal a algn (sobre algo)

**misinterpret** /ˌmɪsɪnˈtɜːrprɪt/ vt interpretar mal **misinterpretation** n interpretación errónea

**misjudge** /ˌmɪsˈdʒʌdʒ/ vt **1** juzgar mal **2** calcular mal

**mislay** /ˌmɪsˈleɪ/ vt (pt, pp **mislaid**) extraviar

**mislead** /ˌmɪsˈliːd/ vt (pt, pp **misled** /-ˈled/) ~ **sb (about sth)** llevar a conclusiones erróneas a algn (respecto a algo): *Don't be misled by...* No te dejes engañar por... **misleading** adj engañoso

**mismanagement** /ˌmɪsˈmænɪdʒmənt/ n mala administración

**misogynist** /mɪˈsɒdʒɪnɪst/ n misógino

**misplaced** /ˌmɪsˈpleɪst/ adj **1** fuera de lugar **2** (afecto, confianza) inmerecido

**misprint** /ˈmɪsprɪnt/ n errata

**misread** /ˌmɪsˈriːd/ vt (pt, pp **misread** /-ˈred/) **1** leer mal **2** interpretar mal

**misrepresent** /ˌmɪsˌreprɪˈzent/ vt tergiversar (las palabras de), presentar una imagen falsa de

**Miss** /mɪs/ n señorita ➔ *Ver nota en* SEÑORITA

**ʕ miss** /mɪs/ **1** vt, vi no acertar, fallar: *to miss your footing* dar un traspié **2** vt no ver: *You can't miss it.* No hay pierde. ◇ *I missed what you said.* Se me escapó lo que dijiste. ◇ *to miss the point* no ver la intención **3** vt perder, no llegar a tiempo para **4** vt extrañar **5** vt sentir/advertir la falta de **6** vt evitar: *to narrowly miss (hitting) sth* esquivar algo por un pelo **LOC not miss much; not miss a trick** (coloq) ser muy espabilado **PHRV miss out (on sth)** perder la oportunidad (de algo) **miss sth/sb out** (GB) olvidarse de algo/a algn
▸ n tiro errado **LOC give sth a miss** (esp GB, coloq): *No thanks, I'll give it a miss.* No gracias. Yo paso.

**missile** /ˈmɪsl; GB ˈmɪsaɪl/ n **1** proyectil **2** (Mil) misil

**ʕ missing** /ˈmɪsɪŋ/ adj **1** extraviado **2** que falta: *He has a tooth missing.* Le falta un diente. **3** desaparecido: *missing persons* desaparecidos

**mission** /ˈmɪʃn/ n misión

**missionary** /ˈmɪʃəneri; GB -nri/ n (pl **missionaries**) misionero, -a

**mist** /mɪst/ n **1** neblina ➔ *Comparar con* FOG, HAZE **2** (fig) bruma: *lost in the mists of time* perdido en la noche de los tiempos
▸ v **PHRV mist over/up** empañar(se)

**ʕ mistake** /mɪˈsteɪk/ n error, equivocación: *to make a mistake* equivocarse

Las palabras **mistake**, **error**, **fault** y **defect** están relacionadas. **Mistake** y **error** significan lo mismo, pero **error** es más formal. **Fault** indica la culpabilidad de una persona: *It's all your fault.* Todo es culpa tuya. También puede indicar una imperfección: *an electrical fault* un fallo eléctrico ◇ *He has many faults.* Tiene muchos defectos. **Defect** es una imperfección más grave.

**LOC by mistake** por equivocación
▸ vt (pt **mistook** /mɪˈstʊk/ pp **mistaken** /mɪˈsteɪkən/) equivocarse de: *I mistook your meaning/what you meant.* Entendí mal lo que dijiste. **LOC there's no mistaking sth/sb** es imposible confundir a algo/algn **PHRV mistake sth/sb for sth/sb** confundir algo/a algn con algo/algn

**ʕ mistaken** /mɪˈsteɪkən/ adj ~ **(about sth/sb)** equivocado (sobre algo/algn): *if I'm not mistaken* si no me equivoco

**mistakenly** /mɪˈsteɪkənli/ adv erróneamente, por equivocación

**mister** /ˈmɪstər/ n (abrev **Mr.**) Señor

**mistletoe** /ˈmɪsltoʊ/ n muérdago

**mistreat** /ˌmɪsˈtriːt/ vt maltratar

**mistress** /ˈmɪstrəs/ n **1** querida, amante **2** señora **3** (de situación, animal) dueña

**mistrust** /ˌmɪsˈtrʌst/ vt desconfiar de
▸ n ~ **(of sth/sb)** desconfianza (hacia algo/algn)

**misty** /ˈmɪsti/ adj **1** (tiempo) con neblina **2** (fig) borroso

**misunderstand** /ˌmɪsʌndərˈstænd/ vt, vi (pt, pp **misunderstood** /ˌmɪsʌndərˈstʊd/) entender mal **misunderstanding** n **1** malentendido **2** desavenencia

**misuse** /ˌmɪsˈjuːs/ n **1** abuso **2** (palabra) mal empleo **3** (fondos) malversación
▸ vt **1** (palabra) emplear mal **2** (fondos) malversar **3** maltratar

**mitigate** /ˈmɪtɪɡeɪt/ vt (formal) mitigar, atenuar

**mitten** /ˈmɪtn/ n manopla, guante (con un espacio grande para todos los dedos)

**ʕ mix** /mɪks/ **1** vt, vi mezclar(se) **2** vi ~ **(with sth/sb)** relacionarse con algo/algn: *She mixes well with other children.* Se relaciona bien con otros niños. **LOC be/get mixed up in sth** estar metido/meterse en algo **PHRV mix sth in; mix sth into sth** añadir algo (a algo) **mix sth/sb up (with sth/sb)** confundir algo/a algn (con algo/algn)
▸ n **1** mezcla **2** (Cocina) preparado

**ʕ mixed** /mɪkst/ adj **1** mixto **2** surtido **3** (tiempo) variable **LOC have mixed feel-**

**ings (about sth/sb)** tener sentimientos encontrados (sobre algo/algn)

**mixer** /ˈmɪksər/ n mezclador **LOC** **be a good/bad mixer** ser sociable/insociable

**mixture** /ˈmɪkstʃər/ n **1** mezcla **2** combinación

**mix-up** /ˈmɪks ʌp/ n (coloq) confusión

**moan** /moʊn/ **1** vi gemir **2** vt decir gimiendo **3** vi ~ (on) (about sth/sb) (coloq) quejarse (de algo/algn)
▸ n **1** gemido **2** (coloq) queja

**moat** /moʊt/ n foso (de castillo)

**mob** /mɑb/ n **1** chusma **2** the Mob [sing] (coloq) la mafia **3** (esp GB, coloq) banda (de delincuentes, etc.)
▸ vt (-bb-) acosar

🎵 **mobile** /ˈmoʊbl; GB -baɪl/ adj **1** móvil: *mobile library* biblioteca ambulante ◇ *mobile home* remolque **2** (cara) cambiante
▸ n (tb mobile phone) (GB) (USA cell phone) (teléfono) celular
**mobility** /moʊˈbɪləti/ n movilidad

**mobilize** (GB tb -ise) /ˈmoʊbəlaɪz/ **1** vt, vi (Mil) movilizar(se) **2** vt organizar

**mock** /mɑk/ vt, vi burlarse de: *a mocking smile* una sonrisa burlona
▸ adj [sólo antes de sustantivo] **1** ficticio: *a mock battle* un simulacro de combate **2** falso, de imitación
**mockery** n **1** [incontable] burla **2** [sing] ~ (of sth) (pey) parodia (de algo) **LOC** **make a mockery of sth** poner algo en ridículo

**mode** /moʊd/ n **1** (de transporte) medio **2** (de producción) modo **3** (de pensar) forma

🎵 **model** /ˈmɑdl/ n **1** modelo **2** maqueta: *scale model* maqueta a escala ◇ *model car* coche en miniatura
▸ (-l-, GB -ll-) **1** vi ser modelo, modelar **2** vt modelar **PHRV** **model sth/yourself on sth/sb** basar algo/basarse en algo/algn
**modeling** (GB **modelling**) n [incontable] **1** modelado **2** trabajo de modelo

**moderate** /ˈmɑdərət/ adj **1** moderado: *Cook over moderate heat.* Cocinar a fuego lento. **2** regular
▸ n moderado, -a
▸ vt, vi /ˈmɑdəreɪt/ moderar(se): *a moderating influence* una influencia moderadora
**moderation** n moderación **LOC** **in moderation** con moderación

🎵 **modern** /ˈmɑdərn/ adj moderno: *to study modern languages* estudiar idiomas **modernity** /məˈdɜːrnəti/ n modernidad **modernize** (GB tb -ise) vt, vi modernizar(se)

**modest** /ˈmɑdɪst/ adj **1** ~ (about sth) modesto (con algo) **2** pequeño, mode-

rado **3** (suma, precio) módico **4** recatado **modesty** n modestia

**modify** /ˈmɑdɪfaɪ/ vt (pt, pp **-fied**) modificar ❶ La palabra más normal es **change**.

**modular** /ˈmɑdʒələr/ adj modular

**module** /ˈmɑdʒuːl; GB -djuːl/ n módulo

**mogul** /ˈmoʊgl/ n magnate

**moist** /mɔɪst/ adj húmedo: *a rich, moist fruit cake* un pastel de frutas sabroso y esponjoso ◇ *in order to keep your skin soft and moist* para mantener tu piel suave e hidratada

Tanto **moist** como **damp** se traducen por *húmedo*; **damp** es el término más frecuente y puede tener un matiz negativo: *damp walls* paredes con humedad ◇ *Use a damp cloth.* Use un trapo húmedo. ◇ *cold damp weather* tiempo frío y húmedo.

**moisten** /ˈmɔɪsn/ vt, vi humedecer(se)
**moisture** /ˈmɔɪstʃər/ n humedad
**moisturize** (GB tb -ise) vt hidratar
**moisturizer** (GB tb -iser) n crema hidratante

**molar** /ˈmoʊlər/ n muela

**mold¹** (GB **mould**) /moʊld/ n molde
▸ vt moldear

**mold²** (GB **mould**) /moʊld/ n moho **moldy** (GB **mouldy**) adj mohoso

**mole** /moʊl/ n **1** lunar **2** topo (espía)

**molecular** /məˈlekjələr/ adj molecular

**molecule** /ˈmɑlɪkjuːl/ n molécula

**molest** /məˈlest/ vt agredir sexualmente

**mollify** /ˈmɑlɪfaɪ/ vt (pt, pp **-fied**) (formal) calmar, apaciguar

**molten** /ˈmoʊltən/ adj fundido

🎵 **mom** /mɑm/ (GB **mum**) n (coloq) mamá

🎵 **moment** /ˈmoʊmənt/ n momento, instante: *One moment/Just a moment/Wait a moment.* Un momento. ◇ *I'll only be/I won't be a moment.* Enseguida termino. **LOC** **at a moment's notice** inmediatamente, casi sin aviso **at the moment** de momento, por ahora **for the moment** de momento, por ahora **not for a/one moment** ni por un segundo **the moment of truth** la hora de la verdad **the moment (that)...** en cuanto... *Ver tb* SPUR

**momentarily** /ˌmoʊmənˈterəli; GB ˈmoʊməntrəli/ adv momentáneamente

**momentary** /ˈmoʊmənteri; GB -tri/ adj momentáneo

**momentous** /moʊˈmentəs, məˈm-/ adj trascendental

**momentum** /moʊˈmentəm, məˈm-/ n **1** impulso, ímpetu **2** (Fís) momento: *to*

*gain/gather momentum* cobrar velocidad

**mommy** /'mɑmi/ (*GB* **mummy**) *n* (*pl* **mommies**) mamá, mami

**monarch** /'mɑnərk, -ɑrk/ *n* monarca
**monarchy** *n* (*pl* **monarchies**) monarquía

**monastery** /'mɑnəsteri; *GB* -tri/ *n* (*pl* **monasteries**) monasterio

**monastic** /mə'næstɪk/ *adj* monástico

**Monday** /'mʌndeɪ, -di/ *n* (*abrev* **Mon.**) lunes ❶ Los nombres de los días de la semana en inglés llevan mayúscula: *every Monday* todos los lunes ◇ *last/next Monday* el lunes pasado/que viene ◇ *the Monday before last/after next* hace dos lunes/dentro de dos lunes ◇ *Monday morning/evening* el lunes por la mañana/tarde ◇ *a week from Monday* el lunes que viene no, el siguiente ◇ *I'll see you (on) Monday.* Nos vemos el lunes. ◇ *We usually play tennis on Mondays/on a Monday.* Solemos jugar al tenis los lunes. ◇ *The museum is open Monday through Friday.* El museo abre de lunes a viernes. ◇ *Did you read the article in Monday's paper?* ¿Leíste el artículo en el periódico del lunes?

**monetary** /'mɑnɪteri; *GB* -tri/ *adj* monetario

🔓 **money** /'mʌni/ *n* [*incontable*] dinero: *to spend/save money* gastar/ahorrar dinero ◇ *to earn/make money* ganar/hacer dinero ◇ *money worries* preocupaciones económicas **LOC** **get your money's worth** recibir buena calidad (*en una compra o un servicio*) Ver tb ROLL

🔓 **monitor** /'mɑnɪtər/ *n* **1** (*TV, Informát*) monitor ➜ *Ver dibujo en* COMPUTADORA **2** (*elecciones*) observador, -ora
▶ *vt* **1** controlar, observar **2** (*Radio, llamadas, etc.*) escuchar
**monitoring** *n* control, supervisión

**monk** /mʌŋk/ *n* monje

**monkey** /'mʌŋki/ *n* (*pl* **monkeys**) **1** chango, mono **2** (*esp GB, coloq*) (*niño*) diablillo

**monogamous** /mə'nɑgəməs/ *adj* monógamo

**monogamy** /mə'nɑgəmi/ *n* monogamia

**monolithic** /,mɑnə'lɪθɪk/ *adj* (*lit y fig*) monolítico

**monologue** (*USA tb* **monolog**) /'mɑnəlɔːg; *GB* -lɒg/ *n* monólogo

**monopolize** /mə'nɑpəlaɪz/ *vt* monopolizar

**monopoly** /mə'nɑpəli/ *n* (*pl* **monopolies**) monopolio

**monoxide** /mə'nɑksaɪd/ *n* monóxido

**monsoon** /,mɑn'suːn/ *n* **1** monzón **2** época de los monzones

**monster** /'mɑnstər/ *n* monstruo

**monstrosity** /mɑn'strɑsəti/ *n* (*pl* **monstrosities**) monstruosidad

**monstrous** /'mɑnstrəs/ *adj* monstruoso

🔓 **month** /mʌnθ/ *n* mes: *$50 a month* 50 dólares al mes ◇ *I haven't seen her for months.* Hace meses que no la veo.

**monthly** /'mʌnθli/ *adj* mensual
▶ *adv* mensualmente
▶ *n* (*pl* **monthlies**) publicación mensual

**monument** /'mɑnjumənt/ *n* ~ (**to sth**) monumento (a algo) **monumental** /,mɑnju'mentl/ *adj* **1** monumental **2** excepcional (*error, etc.*) garrafal

**moo** /muː/ *vi* mugir

🔓 **mood** /muːd/ *n* **1** humor: *to be in a good/bad mood* estar de buen/mal humor **2** mal humor: *He's in a mood.* Está de mal humor. **3** ambiente **4** (*Gram*) modo **LOC** **be in the mood/in no mood to do sth/for (doing) sth** (no) estar de humor para (hacer) algo **moody** *adj* (**moodier, -iest**) **1** de humor caprichoso **2** malhumorado

🔓 **moon** /muːn/ *n* luna **LOC** **over the moon** (*esp GB, coloq*) loco de contento
▶ *vi* ~ (**about/around**) (*GB, coloq*) ir de aquí para allá distraídamente
**moonless** *adj* sin luna

**moonlight** /'muːnlaɪt/ *n* luz de la luna
▶ *vi* (*pt, pp* **moonlighted**) (*coloq*) tener más de un trabajo
**moonlit** /'muːnlɪt/ *adj* iluminado por la luna

**moor** /mʊər; *GB tb* mɔː(r)/ *n* páramo
▶ *vt, vi* ~ **sth (to sth)** amarrar algo (a algo)
**mooring** /'mʊərɪŋ; *GB tb* 'mɔːr-/ *n* **1** **moorings** [*pl*] amarras **2** amarradero

**moorland** /'mʊərlənd; *GB tb* 'mɔː-/ *n* páramo

**moose** /muːs/ *n* (*pl* **moose**) alce

**mop** /mɑp/ *n* **1** trapeador **2** (*pelo*) greña, mata
▶ *vt* (**-pp-**) **1** limpiar, trapear **2** (*cara*) enjugarse **PHRV** **mop sth up** limpiar algo

**mope** /moʊp/ *vi* abatirse **PHRV** **mope around** (*GB tb* **mope about**) (*pey*) andar deprimido

**moped** /'moʊped/ *n* motoneta ➜ *Ver dibujo en* MOTORCYCLE

🔓 **moral** /'mɔːrəl; *GB* 'mɒrəl/ *n* **1** moraleja **2** **morals** [*pl*] moralidad
▶ *adj* moral: *a moral tale* un cuento con moraleja

---

| ʃ chin | dʒ June | v van | θ then | s so | z zoo | ʃ she |

**morale** /məˈræl; *GB* -ˈrɑːl/ *n* moral (ánimo)

**moralistic** /ˌmɒrəˈlɪstɪk; *GB* ˌmɒr-/ *adj* (*gen pey*) moralista

**morality** /məˈræləti/ *n* moral, moralidad: *standards of morality* valores morales

**moralize** (*GB tb -ise*) /ˈmɒrəlaɪz; *GB* ˈmɒr-/ *vt, vi* (*gen pey*) moralizar

ꭗ **morally** /ˈmɒrəli; *GB* ˈmɒrəli/ *adv* moralmente: *to behave morally* comportarse honradamente

**morbid** /ˈmɔːrbɪd/ *adj* **1** morboso **2** (*Med*) patológico **morbidity** /mɔːrˈbɪdəti/ *n* **1** morbosidad **2** (*Med*) patología

ꭗ **more** /mɔːr/ *adj, pron* más: *more than $50* más de 50 dólares ◊ *more money than sense* más dinero que buen sentido ◊ *more food than could be eaten* más comida de la que se podía comer ◊ *You've had more to drink than me/than I have.* Has bebido más que yo. ◊ *I hope we'll see more of you.* Espero que te veremos más a menudo.
▸ *adv* **1** más ❶ Se usa para formar comparativos de adjetivos y adverbios de dos o más sílabas: *more quickly* más de prisa ◊ *more expensive* más caro. **2** más: *once more* una vez más ◊ *It's more of a hindrance than a help.* Estorba más que ayuda. ◊ *That's more like it!* ¡Eso es! ◊ *even more so* aún más **LOC** be more than happy, glad, willing, etc. to do sth hacer algo con mucho gusto **more and more** cada vez más, más y más **more or less** más o menos: *more or less finished* casi terminado **what is more** es más, además *Ver tb* ALL

ꭗ **moreover** /mɔːrˈoʊvər/ *adv* (*formal*) además, por otra parte

**morgue** /mɔːrg/ *n* morgue

ꭗ **morning** /ˈmɔːrnɪŋ/ *n* **1** mañana: *on Sunday morning* el domingo por la mañana ◊ *tomorrow morning* mañana por la mañana ◊ *on the morning of the wedding* la mañana de la boda ◊ *the morning newspapers* los periódicos de la mañana **2** madrugada: *in the early hours of Sunday morning* en la madrugada del domingo ◊ *at three in the morning* a las tres de la madrugada **LOC** good morning! ¡buenos días!

En el uso familiar, muchas veces se dice simplemente **morning!** en vez de **good morning!**

**in the morning 1** por la mañana: *eleven o'clock in the morning* las once de la mañana **2** (*del día siguiente*): *I'll call her up in the morning.* La llamaré mañana por la mañana.

| 523 | **most** |

Utilizamos la preposición **in** con **morning, afternoon** y **evening** para referirnos a un periodo determinado del día: *at three o'clock in the afternoon* a las tres de la tarde, y **on** para hacer referencia a un punto en el calendario: *on a cool May morning* en una fría mañana de mayo ◊ *on Monday afternoon* el lunes por la tarde ◊ *on the morning of the 4th of September* el cuatro de septiembre por la mañana. Sin embargo, en combinación con **tomorrow, this, that** y **yesterday** no se usa preposición: *They'll leave this evening.* Se marchan esta tarde. ◊ *I saw her yesterday morning.* La vi ayer por la mañana.

**moron** /ˈmɔːrɑn/ *n* (*coloq*) imbécil

**morose** /məˈroʊs/ *adj* taciturno **morosely** *adv* malhumoradamente

**morphine** /ˈmɔːrfiːn/ *n* morfina

**morsel** /ˈmɔːrsl/ *n* bocado

**mortal** /ˈmɔːrtl/ *n* mortal
▸ *adj* mortal
**mortality** /mɔːrˈtæləti/ *n* **1** mortalidad **2** mortandad

**mortar** /ˈmɔːrtər/ *n* mortero

**mortgage** /ˈmɔːrgɪdʒ/ *n* hipoteca: *mortgage payment* pago hipotecario
▸ *vt* hipotecar

**mortician** /mɔːrˈtɪʃn/ (*GB* **undertaker**) *n* director, -ora de pompas fúnebres

**mortify** /ˈmɔːrtɪfaɪ/ *vt* (*pt, pp* **-fied**) humillar, mortificar

**mortuary** /ˈmɔːrtʃʊeri; *GB* -tʃəri/ *n* (*pl* **mortuaries**) depósito de cadáveres

**mosaic** /moʊˈzeɪɪk/ *n* mosaico

**Moslem** = MUSLIM

**mosque** /mɑsk/ *n* mezquita

**mosquito** /məsˈkiːtoʊ; *GB* mɒsˈk-/ *n* (*pl* **mosquitoes**) mosquito: *mosquito net* mosquitero

**moss** /mɔːs; *GB* mɒs/ *n* musgo

ꭗ **most** /moʊst/ *adj* **1** más, la mayor parte de: *Who got (the) most votes?* ¿Quién consiguió más votos? ◊ *We spent most time in Rome.* Pasamos la mayor parte del tiempo en Roma. **2** la mayoría de, casi todo: *most days* casi todos los días
▸ *pron* **1** el, la, lo, los, las más: *I ate (the) most.* Yo fui el que más comió. ◊ *the most I could offer you* lo máximo que le podría ofrecer **2** la mayoría de: *most of the day* casi todo el día ◊ *Most of you know.* La mayoría de ustedes sabe. ➔ *Ver nota en pág. 524*

---

| i: see | ɪ sit | e ten | æ cat | ɑ hot | ɔː saw | ʌ cup | ʊ put | uː too |

**Most** es el superlativo de **much** y de **many** y se usa con sustantivos incontables o en plural: *Who has most time?* ¿Quién es el que tiene más tiempo? ◊ *most children* la mayoría de los niños. Sin embargo, delante de pronombres o cuando el sustantivo al que precede lleva **the** o un adjetivo posesivo o demostrativo, se usa **most of**: *most of my friends* la mayoría de mis amigos ◊ *most of us* la mayoría de nosotros ◊ *most of these books* la mayoría de estos libros.

▸ *adv* **1** más ❶ Se usa para formar el superlativo de locuciones adverbiales, adjetivos y adverbios de dos o más sílabas: *This is the most interesting book I've read for a long time.* Este es el libro más interesante que he leído en mucho tiempo. ◊ *What upset me (the) most was that…* Lo que más me dolió es que… ◊ *most of all* sobre todo **2** muy: *most likely* muy probablemente LOC **at (the) most** como mucho/máximo

**mostly** /'moʊstli/ *adv* principalmente, por lo general

**moth** /mɔːθ; *GB* mɒθ/ *n* **1** palomilla **2** polilla

**mother** /'mʌðər/ *n* madre: *mother-to-be* futura madre
▸ *vt* **1** criar **2** mimar
**motherhood** *n* maternidad

**mother-in-law** /'mʌðər ɪn lɔː/ *n* (*pl* **mothers-in-law**) suegra

**motherly** /'mʌðərli/ *adj* maternal

**mother tongue** *n* lengua materna

**motif** /moʊ'tiːf/ *n* **1** motivo, adorno **2** tema

**motion** /'moʊʃn/ *n* **1** movimiento **2** (*en reunión*) moción **3** *motion picture* película (de cine) LOC **go through the motions (of doing sth)** fingir (hacer algo) **put/set sth in motion** poner algo en marcha *Ver tb* SLOW
▸ *vt, vi* **~ (to/for) sb to do sth** hacer señas a algn para que haga algo: *to motion sb in* indicar a algn que entre
**motionless** *adj* inmóvil

**motivate** /'moʊtɪveɪt/ *vt* motivar

**motive** /'moʊtɪv/ *n* **~ (for sth)** motivo, móvil (de algo): *He had an ulterior motive.* Iba detrás de algo. ❶ La traducción más normal de *motivo* es **reason**.

**motor** /'moʊtər/ *n* motor ➔ *Ver nota en* ENGINE

**motor boat** *n* lancha de motor

**motorcycle** /'moʊtərsaɪkl/ (*tb* **motorbike** /'moʊtərbaɪk/) *n* motocicleta

En Estados Unidos, se suele usar **motorcycle** para motos grandes y **motorbike** para motos más pequeñas. En Gran Bretaña ambos términos significan lo mismo, pero **motorbike** es más coloquial.

**motorcycle**

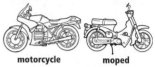

motorcycle          moped

scooter

**motorhome** /'moʊtərhoʊm/ *n* cámper, casa rodante

**motoring** /'moʊtərɪŋ/ *n* automovilismo

**motorist** /'moʊtərɪst/ *n* conductor, -ora de coche

**motorized** (*GB tb* **-ised**) /'moʊtəraɪzd/ *adj* motorizado

**motor racing** (*esp GB*) (*USA* **auto racing**) *n* automovilismo

**motorway** /'moʊtərweɪ/ (*GB*) (*USA* **freeway**) *n* autopista

**mottled** /'mɒtld/ *adj* moteado

**motto** /'mɒtoʊ/ *n* (*pl* **mottoes** o **mottos**) lema

**mould, mouldy** (*GB*) = MOLD, MOLDY

**mound** /maʊnd/ *n* **1** montículo **2** montón

**mount** /maʊnt/ *n* **1** Mount (*abrev* Mt.) monte **2** soporte, montura **3** (*animal*) montura, caballería **4** (*de cuadro*) marco
▸ **1** *vt* (*caballo, etc.*) subirse, montarse a **2** *vt* (*cuadro*) enmarcar **3** *vt* organizar, montar **4** *vt* instalar **5** *vi* **~ (up) (to sth)** crecer (hasta alcanzar algo)

**mountain** /'maʊntn; *GB* -tən/ *n* **1** montaña: *mountain range* cordillera **2 the mountains** [*pl*] (*por contraste con la costa*) la montaña **mountaineer** /ˌmaʊnt'nɪər; *GB* -tənɪə(r)/ *n* alpinista **mountaineering** /ˌmaʊnt'nɪərɪŋ; *GB* -tə'nɪər-/ *n* alpinismo **mountainous** /'maʊntənəs/ *adj* montañoso

**mountainside** /'maʊntənsaɪd/ *n* ladera de montaña

**mounting** /'maʊntɪŋ/ *adj* creciente

**mourn** /mɔːrn/ *vt, vi* **1** **~ (sb/for sb)** llorar la muerte de algn, estar de luto

2 lamentar(se) **mourner** n doliente
**mournful** adj triste, lúgubre **mourning** n
luto, duelo: *in mourning* de luto

**mouse** /maʊs/ n (pl **mice** /maɪs/) ratón
❶ Al hablar de computadoras, la forma
plural es **mouses**. ➲ Ver tb dibujo en
COMPUTADORA

**mousse** /muːs/ n **1** mousse **2** espuma
(*para el pelo*)

**moustache** /məˈstæʃ/ (GB) = MUSTACHE

**mouth** /maʊθ/ n (pl **mouths** /maʊðz/)
**1** boca **2** (*de río*) desembocadura
**LOC** Ver FOOT, LOOK, MELT **mouthful** n
**1** bocado **2** (*líquido*) trago

**mouthpiece** /ˈmaʊθpiːs/ n **1** (*Mús*)
boquilla **2** (*de teléfono*) micrófono
**3** ~ (of/for sb) portavoz (de algn)

**movable** (tb **moveable**) /ˈmuːvəbl/ adj
movible

**move** /muːv/ **1** vt, vi mover(se): *Don't
move!* ¡No te muevas! ◊ *I'm going to
move the car before they give me a ticket.*
Voy a mover el coche antes de que me
multen. ◊ *It's your turn to move.* Te toca
mover. **2** vt, vi trasladar(se), cam-
biar(se) (de sitio): *He has been moved to
London.* Lo han trasladado a Londres.
◊ *They sold the house and moved to
Scotland.* Vendieron la casa y se
mudaron a Escocia. **3** vt conmover **4** vt
~ sb (to do sth) (*formal*) inducir a algn (a
hacer algo) **LOC move house** cambiarse
de casa, mudarse *Ver tb* KILL **PHRV move
around** (GB tb **move about**) moverse (de
acá para allá) **move (sth) away** alejar
algo, alejarse **move forward** avanzar
**move in; move into sth** instalarse (en
algo), mudarse **move on** seguir (via-
jando) **move out** mudarse: *They had to
move out.* Tuvieron que dejar la casa.
▸ n **1** movimiento **2** (*de casa*) mudanza
**3** (*de trabajo*) cambio **4** (*Ajedrez, etc.*)
jugada, turno **5** paso **LOC get a move on**
(*coloq*) darse prisa **make a move** (GB,
*coloq*) **1** actuar **2** ponerse en marcha *Ver
tb* FALSE

**movement** /ˈmuːvmənt/ n **1** movimiento **2** ~ (toward/away from sth) tendencia (hacia/a distanciarse de algo)

**movie** /ˈmuːvi/ n película (*de cine*):
*movie star* estrella de cine ◊ *to go to the
movies* ir al cine

**movie theater** (GB **cinema**) n cine

**moving** /ˈmuːvɪŋ/ adj **1** móvil **2** conmovedor

**mow** /moʊ/ vt (pt **mowed**, pp **mown**
/moʊn/o **mowed**) podar, cortar
**PHRV mow sb down** aniquilar a algn
**mower** n podadora

**MP** /ˌem ˈpiː/ n (abrev de **Member of
Parliament**) (GB) diputado, -a ➲ *Ver nota
en* PARLIAMENT

**Mr.** /ˈmɪstər/ abrev señor

**Mrs.** /ˈmɪsɪz/ abrev señora

**Ms.** /mɪz, məz/ abrev señora ➲ *Ver nota en*
SEÑORITA

**much** /mʌtʃ/ adj, adv, pron mucho: *much-
needed* muy necesario ◊ *How much is it?*
¿Cuánto es? ◊ *so much traffic* tanto tráfico ◊ *too much* demasiado ◊ *much too
cold* demasiado frío ◊ *as much as you can*
todo lo que puedas ◊ *for much of the day*
la mayor parte del día ◊ *Much to her
surprise…* Para gran sorpresa suya…
➲ *Ver nota en* MANY **LOC much as** por más
que **much the same** prácticamente igual
**not much of a…**: *He's no much of an
actor.* No es gran cosa como actor. *Ver tb*
AS, HOW, SO, TOO

**muck** /mʌk/ n **1** estiércol **2** lodo **3** (*esp
GB, coloq*) porquería
▸ v **PHRV muck about/around** (GB, coloq)
perder el tiempo **muck sth up** (*esp GB,
coloq*) echar algo a perder
**mucky** adj sucio

**mucus** /ˈmjuːkəs/ n [*incontable*] muco-
sidad, moco

**mud** /mʌd/ n barro, lodo **LOC** Ver CLEAR

**muddle** /ˈmʌdl/ vt (*esp GB*) **1** ~ sth (up)
revolver algo **2** ~ sb (up) confundir a
algn **3** ~ sth (up); ~ A (up) with B armar un
lío con algo, confundir A con B
▸ n **1** desorden **2** ~ (about/over sth) confusión, lío (con algo): *to get (yourself)
into a muddle* armarse un lío
**muddled** adj (*esp GB*) enrevesado

**muddy** /ˈmʌdi/ adj (**muddier, -iest**)
**1** embarrado: *muddy footprints* pisadas
lodosas **2** (*fig*) turbio, poco claro

**mudguard** /ˈmʌdgɑːrd/ (GB) (USA **fender**) n salpicadera

**muffin** /ˈmʌfɪn/ n pan dulce hecho con
huevos

**muffled** /ˈmʌfld/ adj **1** (*grito*) ahogado
**2** (*voz*) apagado

**muffler** /ˈmʌflər/ (GB **silencer**) n (*coche*)
mofle

**mug** /mʌɡ/ n **1** taza (alta) ➲ *Ver dibujo en*
CUP **2** (*argot*) jeta **3** (GB, coloq) bobo, -a
**LOC a mug's game** (*esp GB, pey*) una pérdida de tiempo
▸ vt (**-gg-**) asaltar
**mugger** n asaltante **mugging** n asalto

**muggy** /ˈmʌɡi/ adj (*tiempo*) bochornoso

**mulberry** /ˈmʌlberi; GB -bəri/ n **1** (tb
**mulberry tree**) morera **2** mora **3** (*color*)
morado

---

| 3ː bird | ɪə near | eə hair | ʊə tour | ʒ vision | h hat | ŋ sing |

**mule** /mjuːl/ n **1** mulo, -a **2** chancla

**mull** /mʌl/ v PHR V **mull sth over** meditar algo

**multicolored** (GB **multicoloured**) /ˈmʌltikʌlərd/ (tb **multicolor**) adj multicolor

**multilingual** /ˌmʌltiˈlɪŋgwəl/ adj políglota

**multinational** /ˌmʌltiˈnæʃnəl/ adj, n multinacional

**multiple** /ˈmʌltɪpl/ adj múltiple
▶ n múltiplo

**multiple sclerosis** /ˌmʌltɪpl skləˈroʊsɪs/ n [incontable] esclerosis múltiple

**multiplex** /ˈmʌltipleks/ n cine multisalas

**multiplication** /ˌmʌltɪplɪˈkeɪʃn/ n multiplicación: multiplication table/sign tabla/signo de multiplicar

**multiply** /ˈmʌltɪplaɪ/ vt, vi (pt, pp **multiplied**) multiplicar(se)

**multi-purpose** /ˌmʌlti ˈpɜːrpəs/ adj multiuso

**multitasking** /ˌmʌltiˈtæskɪŋ; GB -ˈtɑːsk-/ n capacidad de hacer varias cosas al mismo tiempo

**multitude** /ˈmʌltɪtuːd; GB -tjuːd/ n (formal) multitud

**mum** /mʌm/ (GB, coloq) = MOM

**mumble** /ˈmʌmbl/ vt, vi hablar entre dientes, mascullar: Don't mumble. Habla alto y claro.

**mummy** /ˈmʌmi/ n (pl **mummies**) **1** momia **2** (GB, coloq) = MOMMY

**mumps** /mʌmps/ n [incontable] paperas

**munch** /mʌntʃ/ vt, vi ~ (on/at) sth masticar, mascar algo

**mundane** /mʌnˈdeɪn/ adj corriente, mundano

**municipal** /mjuːˈnɪsɪpl/ adj municipal

**munitions** /mjuːˈnɪʃnz/ n [pl] municiones

**mural** /ˈmjʊərəl/ n mural

**murder** /ˈmɜːrdər/ n **1** asesinato, homicidio ➔ Comparar con MANSLAUGHTER, HOMICIDE **2** (coloq) una pesadilla LOC **get away with murder** (coloq) hacer lo que le dé la gana a uno
▶ vt asesinar, matar ➔ Ver nota en ASESINAR
**murderer** n asesino, -a **murderous** adj **1** homicida: a murderous look una mirada asesina **2** (muy desagradable) matador

**murky** /ˈmɜːrki/ adj (**murkier, -iest**) **1** (agua, asunto, etc.) turbio **2** (día, etc.) lóbrego, sombrío

**murmur** /ˈmɜːrmər/ n murmullo LOC **without a murmur** sin rechistar
▶ vt, vi susurrar

**muscle** /ˈmʌsl/ n **1** músculo: Don't move a muscle! ¡No muevas ni las pestañas! **2** (fig) poder
▶ v PHR V **muscle in (on sth/sb)** (coloq, pey) participar sin derecho (en algo)
**muscular** /ˈmʌskjələr/ adj **1** muscular **2** musculoso

**muse** /mjuːz/ n musa
▶ **1** vi ~ (about/over/on sth) meditar (algo), reflexionar (sobre algo) **2** vt: "How interesting", he mused. —Qué interesante, dijo pensativo.

**museum** /mjuˈziːəm/ n museo ➔ Ver nota en MUSEO

**mushroom** /ˈmʌʃruːm, -rʊm/ n hongo, seta, champiñón
▶ vi crecer rápidamente

**mushy** /ˈmʌʃi/ adj **1** blando **2** (coloq, pey) muy sentimental

**music** /ˈmjuːzɪk/ n **1** música: a piece of music una pieza musical **2** (texto) partitura

**musical** /ˈmjuːzɪkl/ adj musical, de música: to be musical tener talento para la música
▶ n comedia musical

**musician** /mjuˈzɪʃn/ n músico, -a **musicianship** n maestría musical

**musk** /mʌsk/ n (perfume de) almizcle

**Muslim** /ˈmʌzləm, ˈmʊz-, -lɪm/ (tb **Moslem** /ˈmɒzləm/) adj, n musulmán, -ana

**muslin** /ˈmʌzlɪn/ n muselina

**mussel** /ˈmʌsl/ n mejillón

**must** /məst, mʌst/ v modal (neg **must not** o **mustn't** /ˈmʌsnt/)

Must es un verbo modal al que sigue un infinitivo sin to, y las oraciones interrogativas y negativas se construyen sin el auxiliar do: Must you go? ¿Tienes que irte? ◇ We mustn't tell her. No debemos decírselo.
Must sólo tiene la forma del presente: I must leave early. Tengo que salir temprano. Cuando necesitamos otras formas utilizamos have to: He'll have to come tomorrow. Tendrá que venir mañana. ◇ We had to eat quickly. Tuvimos que comer rápido. ➔ Ver tb pág 306

● obligación y prohibición deber, tener que: "Must you go so soon?" "Yes, I must." —¿Tienes que irte tan pronto? —Sí.

**Must** se emplea para dar órdenes o para hacer que alguien o uno mismo siga un determinado comportamiento: *The children must be back by four.* Los niños tienen que volver a las cuatro. ◊ *I must stop smoking.* Tengo que dejar de fumar. Cuando las órdenes son impuestas por un agente externo, p. ej. por una ley, una regla, etc., usamos **have to**: *The doctor says I have to stop smoking.* El médico dice que tengo que dejar de fumar. ◊ *You have to send it before Tuesday.* Tiene que mandarlo antes del martes.

En negativa, **must not** o **mustn't** expresan una prohibición: *You mustn't open other people's mail.* No debes abrir el correo de otras personas. Sin embargo, **haven't got to** o **don't have to** expresan que algo no es necesario, es decir, que hay una ausencia de obligación: *You don't have to go if you don't want to.* No tienes que ir si no quieres.

• **sugerencia** tener que: *You must come to lunch one day.* Tienes que venir a comer un día de estos. ❶ En la mayoría de los casos, para hacer sugerencias y dar consejos se usa **ought to** o **should**.

• **probabilidad** deber (de): *You must be hungry.* Debes de tener hambre. ◊ *You must be Mr. Smith.* Vd. debe ser el señor Smith.
**LOC** **if I, you, etc. must** si no hay más remedio
▶ *n* /mʌst/ (*coloq*): *It's a must.* Es imprescindible. ◊ *His new book is a must.* Su último libro no te lo puedes perder.

**mustache** (*GB* **moustache**) /'mʌstæʃ, mə'stæʃ/ *n* bigote(s)

**mustard** /'mʌstərd/ *n* mostaza

**muster** /'mʌstər/ *vt* ~ **sth (up)** reunir, juntar algo: *to muster (up) enthusiasm* cobrar entusiasmo ◊ *to muster a smile* conseguir sonreír

**musty** /'mʌsti/ *adj* rancio: *to smell musty* oler a rancio/humedad

**mutant** /'mjuːtənt/ *adj, n* mutante

**mutate** /'mjuːteɪt; *GB* mjuː'teɪt/ *vi* ~ **(into sth)** **1** transformarse (en algo) **2** (*Biol*) mutar (a algo) **mutation** *n* mutación

**mute** /mjuːt/ *adj* mudo
▶ *n* (*Mús*) sordina
▶ *vt* **1** amortiguar **2** (*Mús*) poner sordina a **muted** *adj* **1** (sonidos, colores) apagado **2** (*crítica, etc.*) velado **3** (*Mús*) sordo

**mutilate** /'mjuːtɪleɪt/ *vt* mutilar

**mutinous** /'mjuːtənəs/ *adj* (*fig*) rebelde

**mutiny** /'mjuːtəni/ *n* (*pl* **mutinies**) motín

**mutter** /'mʌtər/ **1** *vt, vi* ~ **(sth) (to sb) (about sth)** hablar entre dientes, murmurar (algo) (a algn) (sobre algo) **2** *vi* ~ **(about sth)** refunfuñar (de algo)

**mutton** /'mʌtn/ *n* (carne de) carnero ➜ *Ver nota en* CARNE

**mutual** /'mjuːtʃuəl/ *adj* **1** mutuo **2** común: *a mutual friend* un amigo común **mutually** *adv* mutuamente: *mutually beneficial* beneficioso para ambas partes

**muzzle** /'mʌzl/ *n* **1** hocico **2** bozal **3** (*de arma de fuego*) boca
▶ *vt* **1** poner bozal **2** (*fig*) amordazar

**my** /maɪ/ *adj* mi, mío: *It was my fault.* Fue culpa mía/mi culpa. ◊ *My God!* ¡Dios mío! ◊ *My feet are cold.* Tengo los pies fríos.

En inglés se usa el posesivo delante de partes del cuerpo y prendas de vestir. ➜ *Comparar con* MINE¹

**myopia** /maɪ'oupiə/ *n* miopía **myopic** /maɪ'ɑpɪk/ *adj* miope

**myself** /maɪ'self/ *pron* **1** [*uso reflexivo*] me: *I cut myself.* Me corté. ◊ *I said to myself…* Dije para mí… **2** [*uso enfático*] yo mismo, -a: *I myself will do it.* Yo misma lo haré. **LOC** **(all) by myself** (completamente) solo

**mysterious** /mɪ'stɪəriəs/ *adj* misterioso

**mystery** /'mɪstri/ *n* (*pl* **mysteries**) **1** misterio: *It's a mystery to me.* No logro entenderlo. **2** *mystery tour* viaje sorpresa ◊ *the mystery assailant* el agresor misterioso **3** obra de teatro, novela, etc. de misterio

**mystic** /'mɪstɪk/ *n* místico, -a
▶ *adj* (*tb* **mystical**) místico

**mysticism** /'mɪstɪsɪzəm/ *n* misticismo, mística

**mystification** /ˌmɪstɪfɪ'keɪʃn/ *n* **1** misterio, perplejidad **2** (*pey*) confusión (*deliberada*)

**mystify** /'mɪstɪfaɪ/ *vt* (*pt, pp* **-fied**) dejar perplejo **mystifying** *adj* desconcertante

**mystique** /mɪ'stiːk/ *n* [*sing*] misterio

**myth** /mɪθ/ *n* mito **mythical** *adj* mítico

**mythological** /ˌmɪθə'lɒdʒɪkl/ *adj* mitológico

**mythology** /mɪ'θɒlədʒi/ *n* mitología

# N n

**N, n** /en/ n (pl **Ns, N's, n's**) N, n ➜ Ver ejemplos en A, A

**nag** /næg/ vt, vi (**-gg-**) ~ **(at)** sb **1** dar la lata a algn **2** regañar a algn **3** (dolor, sospecha) corroer a algn **nagging** adj **1** (dolor, sospecha) persistente **2** (persona) criticón, pesado

**nail** /neɪl/ n **1** uña: *nail file/polish* lima/ esmalte de uñas **2** clavo **LOC** Ver FIGHT, HIT, TOUGH
▸ vt ~ **sth (to sth)** clavar algo (a/en algo) **PHRV** **nail sb down (to sth)** conseguir que algn se comprometa (a algo), conseguir que algn dé una respuesta concreta (sobre algo)

**naive** (tb **naïve**) /naɪˈiːv/ adj ingenuo

**naked** /ˈneɪkɪd/ adj **1** desnudo: *stark naked* en cueros

> Desnudo se traduce de tres formas en inglés: **bare, naked** y **nude**. Bare se usa para referirse a partes del cuerpo: *bare arms*, **naked** generalmente se refiere a todo el cuerpo: *a naked body*, y **nude** se usa para hablar de desnudos artísticos y eróticos: *a nude figure*.

**2** (llama) descubierto **LOC** **with the naked eye** a simple vista

**name** /neɪm/ n **1** nombre: *What's your name?* ¿Cómo te llamas? ◊ *first/Christian name* nombre (de pila) **2** apellido **3** fama **4** personaje **LOC** **by name** de nombre **by the name of** (formal) llamado **in the name of sth/sb; in sth's/sb's name** en nombre de algo/algn
▸ vt **1** ~ **sth/sb sth** llamar algo/a algn algo **2** ~ **sth/sb (after/for sb)** poner nombre a algn, poner a algo/algn el nombre de algn **3** (identificar) nombrar **4** (fecha, precio) fijar

**nameless** /ˈneɪmləs/ adj anónimo, sin nombre

**namely** /ˈneɪmli/ adv a saber

**namesake** /ˈneɪmseɪk/ n tocayo, -a

**nanny** /ˈnæni/ n (pl **nannies**) niñera, nana

**nap** /næp/ n sueñecito, siesta: *to have/ take a nap* echarse una siesta

**nape** /neɪp/ n ~ **(of sb's neck)** nuca

**napkin** /ˈnæpkɪn/ n servilleta Ver tb SANITARY NAPKIN

**nappy** /ˈnæpi/ n (pl **nappies**) (GB) (USA **diaper**) pañal

**narcotic** /nɑrˈkɑtɪk/ adj, n narcótico

**narrate** /ˈnæreɪt; GB nəˈreɪt/ vt narrar, contar

**narrative** /ˈnærətɪv/ n **1** relato **2** narrativa
▸ adj narrativo

**narrator** /ˈnæreɪtər (GB) nəˈreɪtə(r)/ n narrador, -ora

**narrow** /ˈnæroʊ/ adj (**narrower, -est**) **1** estrecho **2** limitado **3** (ventaja, mayoría) escaso **LOC** **have a narrow escape** escaparse por un pelo
▸ vt, vi hacer(se) más estrecho, estrechar(se), disminuir **PHRV** **narrow sth down (to sth)** reducir algo (a algo) **narrowly** adv: *He narrowly escaped drowning.* Por poco se ahogó.

**narrow-minded** /ˌnæroʊ ˈmaɪndɪd/ adj estrecho de miras

**nasal** /ˈneɪzl/ adj **1** nasal **2** (voz) gangoso

**nasty** /ˈnæsti; GB ˈnɑːs-/ adj (**nastier, -iest**) **1** desagradable **2** (olor) repugnante **3** (persona) antipático: *to be nasty to sb* tratar muy mal a algn **4** (situación, crimen) feo **5** grave, peligroso: *That's a nasty cut.* ¡Qué cortada tan fea!

**nation** /ˈneɪʃn/ n nación

**national** /ˈnæʃnəl/ adj nacional: *national service* servicio militar
▸ n ciudadano, -a, súbdito, -a

**National Health Service** n (abrev NHS) (GB) servicio de asistencia médica del Seguro Social

**National Insurance** n (GB) Seguro Social

**nationalism** /ˈnæʃnəlɪzəm/ n nacionalismo **nationalist** adj, n nacionalista

**nationality** /ˌnæʃəˈnæləti/ n (pl **nationalities**) nacionalidad

**nationalize** (GB tb **-ise**) /ˈnæʃnəlaɪz/ vt nacionalizar

**nationally** /ˈnæʃnəli/ adv nacionalmente, a nivel nacional

**nationwide** /ˌneɪʃnˈwaɪd/ adj, adv a nivel nacional, en todo el territorio nacional

**native** /ˈneɪtɪv/ n **1** nativo, -a, natural **2** (antic, pey) indígena **3** [se traduce por adjetivo] originario: *The koala is a native of Australia.* El koala es originario de Australia.

▸ *adj* **1** natal: *native land* patria ◇ *native language/tongue* lengua materna **2** indígena, nativo **3** innato **4** ~ to… originario de…

**Native American** *adj, n* indígena (*de América del Norte*)

ᶠ**natural** /'nætʃərəl/ *adj* **1** natural **2** nato, innato

**naturalist** /'nætʃrəlɪst/ *n* naturalista

ᶠ**naturally** /'nætʃrəli/ *adv* **1** naturalmente, con naturalidad **2** por supuesto

ᶠ**nature** /'neɪtʃər/ *n* **1** (*tb* Nature) naturaleza **2** carácter: *good nature* buen carácter ◇ *It's not in my nature to…* No soy capaz de… **3** [*sing*] tipo, índole
**LOC** in the nature of sth como algo

**naughty** /'nɔːti/ *adj* (**naughtier, -iest**) **1** travieso: *to be naughty* portarse mal **2** (*coloq*) atrevido

**nausea** /'nɔːziə, 'nɔːʒə/ *n* náusea

**nauseating** /'nɔːzieɪtɪŋ/ *adj* asqueroso, nauseabundo

**nautical** /'nɔːtɪkl/ *adj* náutico

**naval** /'neɪvl/ *adj* naval, marítimo

**nave** /neɪv/ *n* nave

**navel** /'neɪvl/ *n* ombligo

**navigate** /'nævɪgeɪt/ **1** *vt, vi* navegar (por) **2** *vi* (*en coche*) guiar **3** *vt* (*barco*) gobernar **navigation** *n* navegación **navigator** *n* navegante

ᶠ**navy** /'neɪvi/ *n* **1** (*pl* **navies**) flota **2** the navy, the Navy [*sing*] la marina **3** (*tb* navy blue) azul marino

**Nazi** /'nɑtsi; *GB* 'nɑːtsi/ *n* nazi

ᶠ**near** /nɪər/ *adj* (**nearer, -est**) **1** cercano: *Which town is nearer?* ¿Qué ciudad está más cerca? ◇ *to get nearer* acercarse

Nótese que antes de sustantivo se usa el adjetivo **nearby** en vez de **near**: *a nearby town* una ciudad cercana. Sin embargo, cuando queremos utilizar otras formas del adjetivo, como el superlativo, tenemos que utilizar **near**: *the nearest store* la tienda más cercana.

**2** próximo: *in the near future* en un futuro próximo
▸ *adv* (**nearer, -est**) cerca: *I live quite near.* Vivo bastante cerca. ◇ *We're getting near to Christmas.* Ya falta poco para la Navidad.

Nótese que la frase *I live nearby* es más común que *I live near*, pero **nearby** no suele ir modificado por **pretty, very**, etc.: *I live pretty near.*

**LOC** be nowhere near; not be anywhere near no acercarse ni con mucho, no parecerse en nada *Ver tb* HAND

▸ *prep* cerca de: *I live near the station.* Vivo cerca de la estación. ◇ *Is there a bank near here?* ¿Hay algún banco cerca de aquí? ◇ *near the beginning* hacia el principio
▸ *vt, vi* acercarse (a)

ᶠ**nearby** /,nɪər'baɪ/ *adj* cercano
▸ *adv* cerca: *She lives nearby.* Vive cerca (de aquí/allí). ➔ *Ver nota en* NEAR

ᶠ**nearly** /'nɪərli/ *adv* casi: *He nearly won.* Por poco ganó. ➔ *Ver nota en* CASI **LOC** not nearly para nada

**nearsighted** /'nɪərsaɪtɪd; *GB* ,nɪə-'saɪtɪd/ (*GB* short-sighted) *adj* miope

ᶠ**neat** /niːt/ *adj* **1** ordenado, bien cuidado **2** (*persona*) pulcro y ordenado **3** (*letra*) claro **4** (*USA, coloq*) estupendo, chido **5** (*GB*) (*USA* straight) (*bebida alcohólica*) solo

**neatly** /'niːtli/ *adv* **1** ordenadamente, pulcramente **2** hábilmente

ᶠ**necessarily** /,nesə'serəli; *GB* 'nesəsə-rəli/ *adv* forzosamente, necesariamente

ᶠ**necessary** /'nesəseri; *GB* -səri/ *adj* **1** necesario: *Is it necessary for us to meet/necessary that we meet?* ¿Es necesario que nos reunamos? ◇ *if necessary* si fuera necesario **2** inevitable

**necessitate** /nə'sesɪteɪt/ *vt* (*formal*) requerir, exigir

**necessity** /nə'sesəti/ *n* (*pl* **necessities**) **1** necesidad **2** artículo de primera necesidad

ᶠ**neck** /nek/ *n* cuello: *to break your neck* desnucarse **LOC** neck and neck (with sth/sb) a la par (con algo/algn) up to your neck in sth metido hasta el cuello en algo *Ver tb* BREATHE, RISK, SCRUFF, WRING

**necklace** /'nekləs/ *n* collar

**neckline** /'neklaɪn/ *n* escote

**necktie** /'nektaɪ/ *n* corbata

**nectarine** /'nektəriːn/ *n* durazno pelón

ᶠ**need** /niːd/ *vt* **1** necesitar: *Do you need any help?* ¿Necesitas ayuda? ◇ *It needs painting.* Hace falta pintarlo. **2** ~ to do sth (*obligación*) tener que hacer algo: *Do we really need to leave so early?* ¿Es realmente necesario que salgamos tan temprano? ❶ En este sentido se puede usar el verbo modal, pero es más formal: *Need we really leave so early?*
▸ *v modal* (*neg* need not *o* needn't /'niːdnt/) (*GB*) (*obligación*) tener que: *You needn't have come.* No hacía falta que vinieras. ◇ *Need I explain it again?* ¿Es necesario que lo explique otra vez?

—No he visto esa película. —Yo tampoco.

Cuando **need** es un verbo modal le sigue un infinitivo sin **to**, y las oraciones interrogativas y negativas se construyen sin el auxiliar **do**. ⮞ *Ver tb pág 306*

▸ n ~ **(for sth)** necesidad (de algo) **LOC** be in need of sth necesitar algo **if need be** si fuera necesario

**needle** /'niːdl/ n aguja **LOC** *Ver* PIN

**needless** /'niːdləs/ adj innecesario **LOC** needless to say no hace falta decir

**needlework** /'niːdlwɜːrk/ n [incontable] costura, bordado

**needy** /'niːdi/ adj (needier, -iest) necesitado

**negative** /'negətɪv/ adj, n negativo

**neglect** /nɪˈglekt/ vt 1 descuidar 2 to do sth (formal) olvidar hacer algo
▸ n abandono

**negligence** /'neglɪdʒəns/ n (formal) negligencia

**negligent** /'neglɪdʒənt/ adj (formal) negligente

**negligible** /'neglɪdʒəbl/ adj insignificante

**negotiate** /nɪˈgoʊʃieɪt/ 1 vt, vi ~ (sth) (with sb) negociar (algo) (con algn) 2 vt (obstáculo) salvar **negotiation** n negociación

**neigh** /neɪ/ vi relinchar
▸ n relincho

**neighbor** (GB neighbour) /'neɪbər/ n 1 vecino, -a 2 (formal) prójimo, -a

**neighborhood** (GB neighbourhood) /'neɪbərhʊd/ n 1 (distrito) colonia 2 (personas) vecindario

**neighboring** (GB neighbouring) /'neɪbərɪŋ/ adj vecino, contiguo

**neither** /'naɪðər, 'niː-/ adj, pron ninguno, -a ⮞ *Ver nota en* NINGUNO
▸ adv 1 tampoco

Cuando **neither** significa *tampoco* se puede sustituir por **nor**. Con ambos se utiliza la estructura: **neither/nor + v aux/v modal + sujeto**: "*I didn't go.*" "*Neither/nor did I.*" —Yo no fui. —Yo tampoco. ◇ *I can't swim and neither/nor can my brother.* Yo no sé nadar y mi hermano tampoco.
**Either** puede significar *tampoco*, pero requiere un verbo en negativa y su posición en la frase es distinta: *I don't like it, and I can't afford it either.* No me gusta, y tampoco puedo comprarlo. ◇ *My sister didn't go either.* Mi hermana tampoco fue. ◇ "*I haven't seen that movie.*" "*I haven't either.*"

2 neither... nor ni... ni

**neon** /'niːɒn/ n neón

**nephew** /'nefjuː; GB tb 'nev-/ n sobrino: *I have two nephews and one niece.* Tengo dos sobrinos y una sobrina.

**Neptune** /'neptuːn; GB -tjuːn/ n Neptuno

**nerve** /nɜːrv/ n 1 nervio 2 valor 3 (coloq, pey) descaro: *You have some nerve!* ¡Qué descaro! **LOC** get on sb's nerves (coloq) ponerle a algn los nervios de punta **lose your nerve** acobardarse

**nerve-racking** /'nɜːrv rækɪŋ/ adj desesperante

**nervous** /'nɜːrvəs/ adj 1 (Anat) nervioso: *nervous breakdown* ataque de nervios 2 ~ (about/of sth/doing sth) nervioso (ante algo/la idea de hacer algo) **nervousness** n nerviosismo

**nest** /nest/ n (lit y fig) nido

**nestle** /'nesl/ 1 vi arrellanarse 2 vi (pueblo, etc.) estar situado al abrigo de 3 vt, vi ~ (sth) against, on, etc. sth/sb recostar algo, recostarse sobre algo/algn

**net** /net/ n 1 red 2 [incontable] malla, tul: *net curtains* visillos 3 the Net (coloq) la red, Internet
▸ adj (GB tb nett) 1 (peso, sueldo) neto 2 (resultado) final

**netball** /'netbɔːl/ n deporte parecido al baloncesto jugado esp por mujeres

**netting** /'netɪŋ/ n [incontable] red: *a veil with white netting* un velo de tul blanco

**nettle** /'netl/ n ortiga

**network** /'netwɜːrk/ n 1 red 2 (TV, Radio) cadena
▸ 1 vt (TV, Radio) retransmitir 2 vt (Informát) conectar en red 3 vi crear una red de contactos

**neurotic** /nʊəˈrɑtɪk; GB njʊ-/ adj, n neurótico, -a

**neutral** /'nuːtrəl; GB 'njuː-/ adj 1 neutral 2 (color) neutro

**never** /'nevər/ adv 1 nunca ⮞ *Ver notas en* ALWAYS *y* NUNCA 2 *That will never do.* Eso es totalmente inaceptable. **LOC** well, I never (did)! (antic) ¡no me digas!

**nevertheless** /ˌnevərðəˈles/ adv, conj sin embargo

**new** /nuː; GB njuː/ adj (newer, -est) 1 nuevo: *What's new?* ¿Qué hay de nuevo? 2 otro: *a new job* otro trabajo 3 ~ (to sth) nuevo (en algo) **LOC** (as) good as new como nuevo **turn over a new leaf** empezar una nueva vida

**newcomer** /'nu:kʌmər; GB 'nju:-/ n recién llegado, -a

**newly** /'nu:li; GB 'nju:li/ adv recién

**newness** /'nu:nəs; GB 'nju:-/ n novedad

**news** /nu:z; GB nju:z/ n **1** [incontable] noticia(s): *The news is not good.* Las noticias no son buenas. ◊ *a piece of news* una noticia ◊ *Do you have any news?* ¿Tienes noticias? ◊ *It's news to me.* Me estoy enterando (ahora). ➔ *Ver nota en* CONSEJO **2 the news** [sing] (tb esp USA **newscast** /'nu:zkæst; GB 'nju:z-/) las noticias, el noticiario LOC **break the news (to sb)** dar la (mala) noticia (a algn)

**newsdealer** /'nu:zdi:lər; GB 'nju:z-/ (GB **newsagent** /'nu:zeɪdʒənt; GB 'nju:z-/) n vendedor, -ora de periódicos

**newspaper** /'nu:zpeɪpər; GB 'nju:z-/ n periódico

**newsstand** /'nu:zstænd; GB 'nju:z-/ n puesto de periódicos

**new year** (tb **New Year**) n año nuevo: *New Year's Day/Eve* Día de Año Nuevo/ Nochevieja

**next** /nekst/ adj **1** próximo, siguiente: *the next time you see her* la próxima vez que la veas ◊ *the next day* al día siguiente ◊ *next month* el mes que viene ◊ *It's not ideal, but it's the next best thing.* No es ideal, pero es lo mejor que hay. **2** (contiguo) de al lado LOC **the next few days, months, etc.** los próximos/siguientes días, meses, etc. *Ver tb* DAY, DEAD
▸ adv **1** después, ahora: *What shall we do next?* ¿Qué hacemos ahora? ◊ *What did they do next?* ¿Qué hicieron después? **2** *when we next meet* la próxima vez que nos veamos **3** (comparación): *the next oldest* el siguiente en antigüedad
▸ n **the next** [sing] el/la siguiente, el próximo, la próxima: *Who's next?* ¿Quién sigue?

**next door** /,nekst 'dɔ:r/ adv de al lado: *the room next door* la habitación de al lado ◊ *They live next door.* Viven en la puerta de al lado.
▸ **next-door** adj: *next-door neighbor* vecino de al lado

**next of kin** n (pl **next of kin**) pariente más cercano

**next to 1** (situación) al lado de, junto a **2** (orden) después de **3** casi: *next to nothing* casi nada ◊ *next to last* el penúltimo

**NGO** /,en dʒi: 'oʊ/ abrev de **non-governmental organization** ONG ➔ *Ver nota en* ONG

**nibble** /'nɪbl/ vt, vi ~ **(at) sth** mordisquear, picar algo

**nice** /naɪs/ adj (**nicer, -est**) **1** bonito: *You look nice.* Estás muy guapo. **2** agrada-

ble: *to have a nice time* pasarla bien ◊ *It smells nice.* Huele bien. **3** ~ **(to sb)** simpático, amable (con algn) ❶ Nótese que **sympathetic** se traduce por *comprensivo* o *compasivo*. **4** (tiempo) bueno LOC **nice and…** (coloq) bastante: *nice and warm* calentito

**nicely** /'naɪsli/ adv **1** bien **2** amablemente

**niche** /nɪtʃ, ni:ʃ/ n **1** nicho **2** (fig) rincón, lugar

**nick** /nɪk/ n **1** muesca, corte pequeño, mella **2 the nick** [sing] (GB, coloq) el bote, la comandancia LOC **in the nick of time** (coloq) justo a tiempo
▸ vt **1** hacer(se) un corte en, mellar **2** ~ **sth (from sth/sb)** (GB, coloq) volarse algo (de algo/algn)

**nickel** /'nɪkl/ n **1** níquel **2** (Can, USA) moneda de cinco centavos

**nickname** /'nɪkneɪm/ n apodo, mote
▸ vt apodar

**nicotine** /'nɪkəti:n/ n nicotina

**niece** /ni:s/ n sobrina

**night** /naɪt/ n **1** noche: *night shift* turno de noche ◊ *night school* escuela nocturna ◊ *the night before last* anteanoche **2** (Teat) representación: *first/opening night* estreno LOC **at night** de noche, por la noche: *ten o'clock at night* a las diez de la noche **good night** buenas noches, hasta mañana (como fórmula de despedida) ➔ *Ver nota en* NOCHE; *Ver tb* DAY, DEAD

**nightclub** /'naɪtklʌb/ n discoteca, cabaret

**nightfall** /'naɪtfɔ:l/ n (formal) anochecer

**nightgown** /'naɪtgaʊn/ (tb coloq **nightie** /'naɪti:/) n camisón

**nightingale** /'naɪtɪŋgeɪl/ n ruiseñor

**nightlife** /'naɪtlaɪf/ n vida nocturna

**nightly** /'naɪtli/ adv todas las noches, cada noche
▸ adj **1** nocturno **2** (regular) de todas las noches

**nightmare** /'naɪtmeər/ n (lit y fig) pesadilla **nightmarish** adj de pesadilla, espeluznante

**night-time** /'naɪt taɪm/ n [incontable] noche

**nil** /nɪl/ n **1** nulo **2** (esp GB, Dep) cero

**nimble** /'nɪmbl/ adj (**nimbler, -est**) **1** ágil **2** (mente) despierto

**nine** /naɪn/ adj, pron, n nueve ➔ *Ver ejemplos en* FIVE

**nineteen** /,naɪn'ti:n/ adj, pron, n diecinueve ➔ *Ver ejemplos en* FIVE **nineteenth 1** adj, adv, pron decimonoveno **2** n dieci-

nueveava parte, diecinueveavo ➔ *Ver ejemplos en* FIFTH

**ninety** /'naɪnti/ *adj, pron, n* noventa ➔ *Ver ejemplos en* FIFTY, FIVE **ninetieth 1** *adj, adv, pron* nonagésimo **2** *n* noventava parte, noventavo ➔ *Ver ejemplos en* FIFTH

**ninth** /naɪnθ/ **1** *adj, adv, pron* noveno **2** *n* novena parte, noveno ➔ *Ver ejemplos en* FIFTH

**nip** /nɪp/ (-pp-) **1** *vt* pellizcar **2** *vi* ~ **down, out, etc.** (*GB, coloq*) bajar, salir, etc. un momento

**nipple** /'nɪpl/ *n* pezón, tetilla

**nitrogen** /'naɪtrədʒən/ *n* nitrógeno

**no** /nəʊ/ *adj* [*sólo antes de sustantivo*] **1** ninguno: *No two people think alike.* No hay dos personas que piensen igual. ➔ *Ver nota en* NINGUNO **2** (*prohibición*): *No smoking.* Prohibido fumar. **3** [*para enfatizar una negación*]: *She's no fool.* No es ninguna tonta. ◊ *It's no joke.* No es broma.
▸ *adv* [*antes de adjetivo comparativo y adverbio*] no: *His car is no bigger/more expensive than mine.* Su coche no es más grande/caro que el mío.
▸ *interj* no

**nobility** /nəʊ'bɪləti/ *n* nobleza

**noble** /'nəʊbl/ *adj, n* (**nobler, -est**) noble

**ʃ nobody** *pron Ver* NO ONE
▸ *n* (*pl* **nobodies**) don nadie

**nocturnal** /nɑk'tɜ:rnl/ *adj* nocturno

**nod** /nɑd/ (-dd-) **1** *vt, vi* asentir con la cabeza: *He nodded (his head) in agreement.* Asintió (con la cabeza). **2** *vi* ~ (**to/ at sb**) saludar con la cabeza (a algn) **3** *vt, vi* indicar/hacer una señal con la cabeza **4** *vi* dar cabezadas PHRV **nod off** (*coloq*) dormirse
▸ *n* inclinación de la cabeza LOC **give sb the nod** (*coloq*) dar permiso a algn para hacer algo

**ʃ noise** /nɔɪz/ *n* ruido LOC **make a noise (about sth)** (*coloq*) armar un escándalo (por algo) *Ver tb* BIG

**noisily** /'nɔɪzɪli/ *adv* ruidosamente, escandalosamente

**ʃ noisy** /'nɔɪzi/ *adj* (**noisier, -iest**) **1** ruidoso **2** bullicioso

**nomad** /'nəʊmæd/ *n* nómada **nomadic** /nəʊ'mædɪk/ *adj* nómada

**nominal** /'nɑmɪnl/ *adj* nominal **nominally** *adv* en apariencia, de nombre

**nominate** /'nɑmɪneɪt/ *vt* **1** ~ **sb (as sth) (for sth)** nombrar/proponer a algn (como algo) (para algo) **2** ~ **sth (as sth)**

establecer, designar algo (como algo) **nomination** *n* nombramiento

**nominee** /ˌnɑmɪ'ni:/ *n* candidato, -a

**ʃ none** /nʌn/ *pron* **1** ninguno, -a, -os, -as: *None (of them) is/are alive now.* Ya no queda ninguno vivo. **2** [*con sustantivos o pronombres incontables*] nada: "*Is there any bread left?*" "*No, none.*" — ¿Queda algo de pan? — No, no queda nada. **3** (*formal*) nadie: *and none more so than…* y nadie más que… LOC **none but** (*formal*) sólo **none other than** ni más ni menos que
▸ *adv* nada: *I'm none the wiser.* Sigo sin entender nada. ◊ *He's none the worse for it.* No le pasó nada. ◊ *none too clean* nada limpio

**nonetheless** /ˌnʌnðə'les/ *adv* (*formal*) sin embargo

**non-existent** /ˌnɑn ɪg'zɪstənt/ *adj* inexistente

**non-fiction** /ˌnɑn 'fɪkʃn/ *n* [*incontable*] obras que no pertenecen al género de ficción

**ʃ nonsense** /'nɑnsens; *GB* -sns/ *n* [*incontable*] **1** disparates **2** tonterías **nonsensical** /nɑn'sensɪkl/ *adj* absurdo

**non-stop** /ˌnɑn 'stɑp/ *adj* **1** (*vuelo, etc.*) directo **2** ininterrumpido
▸ *adv* **1** directamente, sin hacer escala **2** (*hablar, trabajar, etc.*) sin parar, ininterrumpidamente

**noodle** /'nu:dl/ *n* fideo

**noon** /nu:n/ *n* mediodía: *at noon* al mediodía ◊ *twelve noon* las doce en punto

**no one** *pron* (*tb* **nobody** /'nəʊbɑdi/) nadie

> En inglés no se pueden usar dos negativas en la misma frase. Como las palabras **no one, nothing** y **nowhere** son negativas, el verbo siempre tiene que ir en afirmativo: *No one saw him.* No lo vio nadie. ◊ *She said nothing.* No dijo nada. ◊ *Nothing happened.* No pasó nada. Cuando el verbo va en negativa tenemos que usar **anybody, anything** y **anywhere**: *I didn't see anyone.* No vi a nadie. ◊ *She didn't say anything.* No dijo nada.

**noose** /nu:s/ *n* nudo corredizo, lazo

**ʃ nor** /nɔ:r/ *conj, adv* **1** ni **2** (ni…) tampoco: *Nor do I.* Yo tampoco. ➔ *Ver nota en* NEITHER

**norm** /nɔ:rm/ *n* norma

**normal** /'nɔ:rml/ *adj* normal
▸ *n* lo normal: *Things are back to normal.* Las cosas han vuelto a la normalidad.

**ʃ normally** /'nɔ:rməli/ *adv* normalmente ➔ *Ver nota en* ALWAYS

---

**north** /nɔːrθ/ (tb **North**) n (abrev N) (el) norte: *Leeds is in the north of England.* Leeds está en el norte de Inglaterra.
▶ adj (del) norte: *north winds* vientos del norte
▶ adv al norte: *We're going north on Tuesday.* Nos vamos al norte el martes.

**northbound** /ˈnɔːrθbaʊnd/ adj en/con dirección norte

**northeast** /ˌnɔːrθˈiːst/ n (abrev NE) noreste
▶ adj (del) noreste
▶ adv hacia el noreste
**northeastern** adj (del) noreste

**northern** (tb **Northern**) /ˈnɔːrðərn/ adj (del) norte: *She has a northern accent.* Tiene acento del norte. ◇ *the northern hemisphere* el hemisferio norte **northerner** n norteño, -a

**northward** /ˈnɔːrθwərd/ (tb **northwards**) adv hacia el norte

**northwest** /ˌnɔːrθˈwest/ n (abrev NW) noroeste
▶ adj (del) noroeste
▶ adv hacia el noroeste
**northwestern** adj (del) noroeste

**nose** /noʊz/ n 1 nariz 2 (avión) trompa 3 [sing] a ~ for sth olfato para algo **LOC** *Ver* BLOW
▶ v **PHRV** nose around (GB tb nose about) (coloq) husmear

**nostalgia** /nɑˈstældʒə/ n nostalgia

**nostril** /ˈnɑstrəl/ n fosa nasal: *nostrils* nariz

**nosy** (tb **nosey**) /ˈnoʊzi/ adj (coloq, pey) curioso, fisgón

**not** /nɑt/ adv no: *I hope not.* Espero que no. ◇ *I'm afraid not.* Me temo que no. ◇ *Certainly not!* ¡Ni hablar! ◇ *Not anymore.* Ya no. ◇ *Not even…* Ni siquiera…

> **Not** se usa para formar la negativa con verbos auxiliares o modales (**be**, **do**, **have**, **can**, **must**, etc.) y muchas veces se usa en su forma contracta **-n't**: *She is not/isn't going.* ◇ *We did not/didn't go.* ◇ *I must not/mustn't go.* La forma no contracta (**not**) tiene un uso más formal o enfático y se usa para formar la negativa de los verbos subordinados: *He warned me not to be late.* Me advirtió que no llegara tarde. ◇ *I suppose not.* Supongo que no. ⊃ *Comparar con* NO

**LOC** not at all 1 (respuesta) de nada 2 nada, en lo más mínimo **not that…** no es que…: *It's not that I mind…* No es que me importe…

**notably** /ˈnoʊtəbli/ adv notablemente

**notary public** /ˈnoʊtəri ˈpʌblɪk/ n (pl **notaries public** o **notary publics**) notario público, notaria pública

**notch** /nɑtʃ/ n 1 corte 2 grado (en escala)
▶ v **PHRV** notch sth up (coloq) apuntarse algo

**note** /noʊt/ n 1 nota: *to make a note (of sth)* tomar nota (de algo) ◇ *to take notes* tomar apuntes 2 (GB) (USA bill) billete 3 (Mús) nota 4 (piano, etc.) tecla
▶ vt advertir, fijarse en **PHRV** note sth down anotar algo

**notebook** /ˈnoʊtbʊk/ n 1 cuaderno, libreta 2 computadora portátil

**noted** /ˈnoʊtɪd/ adj ~ (for/as sth) célebre (por/por ser algo)

**notepaper** /ˈnoʊtpeɪpər/ n papel de escribir: *headed notepaper* papel membretado

**noteworthy** /ˈnoʊtwɜːrði/ adj digno de mención

**nothing** /ˈnʌθɪŋ/ pron 1 nada ⊃ *Ver nota en* NO ONE 2 cero **LOC** for nothing 1 gratis 2 en vano **have nothing to do with sth/sb** no tener nada que ver con algo/algn **nothing much** no gran cosa **nothing of the kind/sort** nada por el estilo

**notice** /ˈnoʊtɪs/ n 1 anuncio, cartel 2 aviso: *until further notice* hasta nuevo aviso ◇ *to give one month's notice* avisar con un mes de antelación 3 dimisión, carta de despido 4 reseña **LOC** take no notice/not take any notice (of sth/sb) no hacer caso (de algo/algn) *Ver tb* ESCAPE, MOMENT
▶ vt 1 darse cuenta de 2 prestar atención a, fijarse en

**noticeable** /ˈnoʊtɪsəbl/ adj perceptible

**noticeboard** /ˈnoʊtɪsbɔːrd/ (GB) (USA bulletin board) n tablero (de avisos)

**notify** /ˈnoʊtɪfaɪ/ vt (pt, pp -fied) ~ sb (of sth) (formal) notificar (algo) a algn

**notion** /ˈnoʊʃn/ n ~ (of sth/that…) noción, idea (de algo/de que…): *without any notion of what he would do* sin tener idea de lo que haría

**notorious** /noʊˈtɔːriəs/ adj ~ (for/as sth) (pey) conocido, famoso (por/por ser algo)

**notwithstanding** /ˌnɑtwɪθˈstændɪŋ/ prep, adv (formal) a pesar de, no obstante

**nought** /nɔːt/ (GB) (USA zero) n cero

**noughts and crosses** (GB) (USA tic-tac-toe) n gato (juego)

**noun** /naʊn/ n nombre, sustantivo

**nourish** /ˈnɜːrɪʃ/ vt 1 nutrir 2 (formal) (fig) alimentar **nourishing** adj nutritivo

**novel** /ˈnɑvl/ adj original

▶ *n* novela
**novelist** *n* novelista

**novelty** /'nɑvlti/ *n* (*pl* **novelties**)
novedad

**November** /noʊ'vembər/ *n* (*abrev* Nov.)
noviembre ➍ *Ver nota y ejemplos en*
JANUARY

**novice** /'nɑvɪs/ *n* novato, -a, principiante

⚡ **now** /naʊ/ *adv* **1** ahora: *by now* ya ◊ *right
now* ahora mismo **2** ahora bien
**LOC** **(every) now and again/then** de vez en
cuando
▶ *conj* ~ **(that…)** ahora que…, ya que…

**nowadays** /'naʊədeɪz/ *adv* hoy (en) día

⚡ **nowhere** /'noʊwear/ *adv* a/en/por ninguna parte: *There's nowhere to park.* No
hay donde estacionarse. ➍ *Ver nota en* NO
ONE **LOC** **be nowhere to be found/seen** no
aparecer por ninguna parte *Ver tb*
MIDDLE, NEAR

**nozzle** /'nɑzl/ *n* boquilla

**nuance** /'nu:ɑns; *GB* 'nju:-/ *n* matiz

⚡ **nuclear** /'nu:kliər; *GB* 'nju:-/ *adj* nuclear

**nucleus** /'nu:kliəs; *GB* 'nju:-/ *n* (*pl* **nuclei**
/-kliaɪ/) núcleo

**nude** /nu:d; *GB* nju:d/ *adj, n* desnudo
(*artístico y erótico*) ➍ *Ver nota en* NAKED
**LOC** **in the nude** desnudo

**nudge** /nʌdʒ/ *vt* **1** dar un codazo a
**2** empujar suavemente

**nudity** /'nu:dəti; *GB* 'nju:d-/ *n* desnudez

**nuisance** /'nu:sns; *GB* 'nju:-/ *n* **1** molestia **2** (*persona*) pesado, -a

**null** /nʌl/ *adj* **LOC** **null and void** nulo

**numb** /nʌm/ *adj* entumecido: *numb with
shock* paralizado del susto
▶ *vt* **1** entumecer **2** (*fig*) paralizar

⚡ **number** /'nʌmbər/ *n* (*abrev* No.) número
**LOC** **a number of…** varios/ciertos…
▶ *vt* **1** numerar **2** ascender a

**number plate** (*GB*) (*USA* **license plate**) *n*
placa (*de coche*) ➍ *Ver dibujo en* COCHE

**numerical** /nu:'merɪkl; *GB* nju:-/ *adj*
numérico

**numerous** /'nu:mərəs; *GB* 'nju:-/ *adj*
(*formal*) numeroso

**nun** /nʌn/ *n* monja

⚡ **nurse** /nɜːrs/ *n* enfermero, -a
▶**1** *vt* cuidar **2** *vt, vi* amamantar(se) **3** *vt*
acunar **4** *vt* (*sentimientos*) alimentar

**nursery** /'nɜːrsəri/ *n* (*pl* **nurseries**) **1** (*GB*)
(*tb* **day nursery**) guardería: *nursery
rhyme* canción infantil **2** (*GB*) (*tb* **nursery
school**) (*USA* **preschool**) preescolar,
kinder **3** habitación de los niños
**4** vivero

**nursing** /'nɜːrsɪŋ/ *n* [*incontable*] **1** enfermería: *nursing home* hogar para
ancianos **2** cuidado (*de enfermos*)

**nurture** /'nɜːrtʃər/ *vt* (*formal*) **1** (*esperanza, relación, etc.*) alimentar **2** (*interés,
desarrollo*) fomentar **3** (*niño*) criar

⚡ **nut** /nʌt/ *n* **1** nuez **2** tuerca **3** (*tb* **nutcase**
/'nʌtkeɪs/) (*coloq, pey*) loco, -a **4** (*coloq*)
fanático, -a

**nutcrackers** /'nʌtkrækərz/ *n* [*pl*] cascanueces ➍ *Ver nota en* PAIR

**nutmeg** /'nʌtmeg/ *n* nuez moscada

**nutrient** /'nu:triənt; *GB* 'nju:-/ *n*
nutriente, sustancia nutritiva

**nutrition** /nu:'trɪʃn; *GB* nju:-/ *n* nutrición **nutritional** *adj* nutritivo **nutritious**
*adj* nutritivo

**nuts** /nʌts/ *adj* (*coloq*) **1** loco **2** ~ **about
sth/sb** loco por algo/algn

**nutshell** /'nʌtʃel/ *n* cáscara (*de nuez*)
**LOC** **(put sth) in a nutshell** (decir algo) en
pocas palabras

**nutter** /'nʌtər/ *n* *Ver* NUT (3)

**nutty** /'nʌti/ *adj* **1** *a nutty flavor* un sabor
a nuez **2** (*coloq*) loco

**nylon** /'naɪlɑn/ *n* nailon, nylon

**nymph** /nɪmf/ *n* ninfa

---

# O o

**O, o** /oʊ/ n (pl **Os, O's, o's**) **1** O, o ➔ Ver ejemplos en A, A **2** cero

Cuando se nombra el cero en una serie de números, p. ej. 01865, se pronuncia como la letra **o**: /ˌoʊ wʌn eɪt sɪks 'faɪv/.

**oak** /oʊk/ (tb **oak tree**) n roble

**oar** /ɔːr/ n remo

**oasis** /oʊˈeɪsɪs/ n (pl **oases** /-siːz/) oasis

**oath** /oʊθ/ n **1** juramento **2** (antic) palabrota **LOC** **on/under oath** bajo juramento

**oats** /oʊts/ n [pl] (hojuelas de) avena

**obedience** /əˈbiːdiəns/ n obediencia

**obedient** /əˈbiːdiənt/ adj obediente

**obese** /oʊˈbiːs/ adj obeso ➔ Ver nota en GORDO

**₽ obey** /əˈbeɪ/ vt, vi obedecer

**obituary** /oʊˈbɪtʃueri; GB -əri/ n (pl **obituaries**) esquela (mortuoria)

**₽ object** /ˈɑbdʒɪkt/ n **1** objeto **2** objetivo, propósito **3** (Gram) complemento
▶ vi /əbˈdʒekt/ ~ (to sth/sb) oponerse (a algo/algn), estar en contra (de algo/algn): If he doesn't object... Si no tiene inconveniente...

**objection** /əbˈdʒekʃn/ n ~ (to sth/doing sth) oposición (a algo/a hacer algo), protesta contra algo, inconveniente en hacer algo

**₽ objective** /əbˈdʒektɪv/ adj, n objetivo: to remain objective mantener la objetividad

**obligation** /ˌɑblɪˈɡeɪʃn/ n **1** obligación **2** (Com) compromiso **LOC** **be under an/no obligation (to do sth)** (no) tener obligación (de hacer algo)

**obligatory** /əˈblɪɡətɔːri; GB -tri/ adj (formal) obligatorio, de rigor

**oblige** /əˈblaɪdʒ/ vt **1** (tb **obligate** /ˈɑblɪɡeɪt/) obligar **2** ~ sb (with sth/by doing sth) (formal) complacer a algn, hacer el favor a algn (de hacer algo)

**obliged** /əˈblaɪdʒd/ adj ~ (to sb) (for sth) (formal) agradecido (a algn) (por algo) **LOC** **much obliged** se agradece

**obliging** /əˈblaɪdʒɪŋ/ adj atento

**obliterate** /əˈblɪtəreɪt/ vt eliminar

**oblivion** /əˈblɪviən/ n olvido

**oblivious** /əˈblɪviəs/ adj ~ (of/to sth) no consciente (de algo)

**oblong** /ˈɑblɔːŋ; GB -lɒŋ/ n rectángulo
▶ adj rectangular

**oboe** /ˈoʊboʊ/ n oboe

**obscene** /əbˈsiːn/ adj obsceno

**obscure** /əbˈskjʊər/ adj **1** oscuro, poco claro **2** desconocido
▶ vt oscurecer, esconder

**observant** /əbˈzɜːrvənt/ adj observador

**₽ observation** /ˌɑbzərˈveɪʃn/ n observación

**observatory** /əbˈzɜːrvətɔːri; GB -tri/ n (pl **observatories**) observatorio

**₽ observe** /əbˈzɜːrv/ vt **1** observar **2** (ley, etc.) respetar **3** (formal) (fiesta) guardar **observer** n observador, -ora

**obsess** /əbˈses/ vt obsesionar: to be/become obsessed by/with sth estar obsesionado/obsesionarse con algo **obsession** n ~ (with sth/sb) obsesión (con algo/algn) **obsessive** adj obsesivo

**obsolete** /ˈɑbsəliːt/ adj obsoleto

**obstacle** /ˈɑbstəkl/ n obstáculo

**obstetrician** /ˌɑbstəˈtrɪʃn/ n ginecólogo, -a

**obstinate** /ˈɑbstɪnət/ adj obstinado

**obstruct** /əbˈstrʌkt/ vt obstruir

**obstruction** /əbˈstrʌkʃn/ n obstrucción

**₽ obtain** /əbˈteɪn/ vt (formal) obtener **obtainable** adj que se puede conseguir

**₽ obvious** /ˈɑbviəs/ adj obvio

**₽ obviously** /ˈɑbviəsli/ adv obviamente

**₽ occasion** /əˈkeɪʒn/ n **1** ocasión **2** acontecimiento **LOC** **on the occasion of sth** (formal) con motivo de algo

**occasional** /əˈkeɪʒənl/ adj esporádico: She reads the occasional book. Lee alguno que otro libro.

**₽ occasionally** /əˈkeɪʒənəli/ adv de vez en cuando ➔ Ver nota en ALWAYS

**occupant** /ˈɑkjəpənt/ n ocupante

**occupation** /ˌɑkjuˈpeɪʃn/ n **1** ocupación **2** profesión ➔ Ver nota en WORK

**occupational** /ˌɑkjuˈpeɪʃənl/ adj **1** laboral: occupational hazards gajes del oficio **2** (terapia) ocupacional

**occupier** /ˈɑkjupaɪər/ n ocupante

**₽ occupy** /ˈɑkjupaɪ/ vt (pt, pp **occupied**) **1** ocupar **2** ~ sb/yourself (in doing sth/with sth) entretener a algn, entretenerse (haciendo algo/con algo)

**O**

**occur** /əˈkɜːr/ vi (-rr-) **1** (formal) ocurrir, producirse **2** existir: *Sugar occurs naturally in fruit.* El azúcar se da naturalmente en las frutas. ▐PHRV▐ **occur to sb** ocurrirse a algn

**occurrence** /əˈkɜːrəns; GB əˈkʌr-/ n **1** hecho, caso **2** existencia, aparición **3** frecuencia

**ocean** /ˈoʊʃn/ n océano ▐LOC▐ Ver DROP ➲ Ver nota en MAR

**o'clock** /əˈklɑk/ adv: *six o'clock* las seis (en punto)

**October** /ɑkˈtoʊbər/ n (abrev Oct.) octubre ➲ Ver nota y ejemplos en JANUARY

**octopus** /ˈɑktəpəs/ n (pl octopuses) pulpo

**odd** /ɑd/ adj **1** (odder, -est) raro **2** (número) impar **3** (fascículo) suelto **4** (zapato) impar, sin pareja **5** sobrante **6** thirty-odd treinta y pico **7** *He has the odd beer.* Toma una cerveza de vez en cuando. ▐LOC▐ **be the odd man/one out** ser el único desparejado, sobrar

**oddity** /ˈɑdəti/ n (pl oddities) **1** (tb oddness) rareza **2** cosa rara **3** (persona) bicho raro

**oddly** /ˈɑdli/ adv extrañamente: *Oddly enough…* Lo extraño es que…

**odds** /ɑdz/ n [pl] **1** probabilidades: *The odds are that…* Lo más probable es que… **2** apuestas ▐LOC▐ **be at odds (with sb) (over/on sth)** estar peleado (con algn) (por algo), discrepar (sobre algo) **it makes no odds** (esp GB, coloq) da lo mismo **odds and ends** (coloq) cosas sin valor

**odor** (GB odour) /ˈoʊdər/ n (formal) olor: *body odor* olor corporal ➲ Ver nota en SMELL

**of** /əv, ʌv/ prep **1** de: *a girl of six* una niña de seis años ◇ *It's made of wood.* Es de madera. ◇ *two kilograms of rice* dos kilos de arroz ◇ *It was very kind of him.* Fue muy amable de su parte. **2** [con posesivos] de: *a friend of John's* un amigo de John ◇ *a cousin of mine* un primo mío **3** (con números y cantidades): *There were five of us.* Éramos cinco. ◇ *most of all* más que nada ◇ *The six of us went.* Fuimos los seis. **4** (fechas y tiempo) de: *the first of March* el primero de marzo **5** (causa) de: *What did she die of?* ¿De qué murió?

**off** /ɔːf; GB ɒf/ ❶ Para los usos de **off** en PHRASAL VERBS ver las entradas de los verbos correspondientes, p. ej. **go off** en GO¹.
▸ adv **1** (a distancia): *five miles off* a cinco millas de distancia ◇ *some way off* a

cierta distancia ◇ *not far off* no (muy) lejos **2** (quitado): *You left the lid off.* Lo dejaste destapado. ◇ *with her shoes off* descalza **3** *I must be off.* Tengo que irme. **4** *The meeting is off.* Se canceló la reunión. **5** (gas, electricidad) desconectado **6** (máquinas, etc.) apagado **7** (llave) cerrado **8** *a day off* un día libre **9** *five per cent off* un cinco por ciento de descuento Ver tb WELL OFF ▐LOC▐ **be off (for sth)** (esp GB, coloq): *How are you off for cash?* ¿Cómo estás de dinero? **off and on** o **on and off** de cuando en cuando
▸ prep **1** de: *to fall off sth* caerse de algo **2** *a street off the main road* una calle que sale de la carretera principal **3** *off the coast* a cierta distancia de la costa **4** (GB, coloq) sin ganas de: *to be off your food* estar desganado ▐LOC▐ **come off it!** ¡anda ya!
▸ adj (GB) **1** (comida) pasado **2** (leche) cortado

**off-duty** /ˌɔːfˈduːti; GB ˌɒfˈdjuːti/ adj fuera de servicio

**offend** /əˈfend/ vt ofender: *to be offended* ofenderse **offender** n **1** infractor, -ora **2** delincuente

**offense** (GB offence) /əˈfens/ n **1** delito **2** ofensa ▐LOC▐ **take offense (at sth)** ofenderse (por algo)

**offensive** /əˈfensɪv/ adj **1** ofensivo, insultante **2** (olor, etc.) repugnante
▸ n ofensiva

**offer** /ˈɔːfər; GB ˈɒf-/ vt, vi ofrecer: *to offer to do sth* ofrecerse a/para hacer algo ➲ Ver nota en GIVE
▸ n oferta
**offering** n **1** ofrecimiento **2** ofrenda

**offhand** /ˌɔːfˈhænd; GB ˌɒf-/ adv improvisadamente, así de pronto
▸ adj (pey) brusco

**office** /ˈɔːfɪs; GB ˈɒf-/ n **1** oficina: *office hours* horas de oficina **2** despacho **3** (GB surgery) consultorio (de un médico) **4** cargo: *to take office* asumir un cargo ▐LOC▐ **in office** en el poder

**officer** /ˈɔːfɪsər; GB ˈɒf-/ n **1** (ejército) oficial **2** (gobierno) funcionario, -a **3** (tb police officer) oficial de policía

**office supply store** (GB stationer's) n papelería

**official** /əˈfɪʃl/ adj oficial
▸ n funcionario, -a

**officially** /əˈfɪʃəli/ adv oficialmente

**off-licence** /ˈɔːf laɪsns; GB ˈɒf/ (GB) (USA liquor store) n tienda de vinos y licores

**off-peak** /ˌɔːfˈpiːk; GB ˌɒf/ adj **1** (precio, tarifa) de temporada baja **2** (periodo) de menor consumo

**off-putting** /ˈɔːf pʊtɪŋ; *GB* ˈɒf-/ *adj* (*esp GB, coloq*) **1** desconcertante **2** (*persona*) desagradable

**offset** /ˈɔːfset; *GB* ˈɒf-/ *vt* (**-tt-**) (*pt, pp* **offset**) contrarrestar

**offshore** /ˌɔːfˈʃɔːr; *GB* ˈɒf-/ *adj* **1** (*isla*) cercano a la costa **2** (*brisa*) terral **3** (*pesca*) de bajura

**offside** /ˌɔːfˈsaɪd; *GB* ˈɒf-/ *adj, adv* fuera de juego

**offspring** /ˈɔːfsprɪŋ; *GB* ˈɒf-/ *n* (*pl* **offspring**) (*formal o hum*) **1** hijo(s), descendencia **2** cría(s)

**often** /ˈɔːfn, ˈɔːftn; *GB* ˈɒf-/ *adv* **1** a menudo, muchas veces: *How often do you see her?* ¿Cada cuánto la ves? **2** con frecuencia ➜ *Ver nota en* ALWAYS **LOC** *Ver* EVERY

**oh** /oʊ/ *interj* **1** ¡oh!, ¡ah! **2** *Oh yes I will.* ¡Claro que lo haré! ◊ *Oh no you won't!* ¡Claro que no!

**oil** /ɔɪl/ *n* **1** petróleo: *oil well* pozo petrolífero ◊ *oil rig* plataforma/torre de perforación ◊ *oil tanker* petrolero **2** aceite **3** (*Arte*) óleo
▸ *vt* lubricar

**oilfield** /ˈɔɪlfiːld/ *n* yacimiento petrolífero

**oily** /ˈɔɪli/ *adj* (**oilier, -est**) **1** oleoso **2** aceitoso

**OK** (*tb* **okay**) /oʊˈkeɪ/ *adj, adv* (*coloq*) bien
▸ *interj* (*coloq*) ¡okay!, ¡sale!
▸ *vt* (*coloq*) dar el visto bueno a
▸ *n* (*coloq*) consentimiento, visto bueno

**old** /oʊld/ *adj* (**older, -est**) ➜ *Ver nota en* ELDER **1** viejo: *old age* vejez ◊ *old people* (los) ancianos ◊ *the Old Testament* el Antiguo Testamento **2** *How old are you?* ¿Cuántos años tienes? ◊ *She is two (years old).* Tiene dos años.

Para decir "tengo diez años", decimos *I am ten* o *I am ten years old*. Sin embargo, para decir "un niño de seis años", decimos *a boy of six* o *a six-year-old boy*. ➜ *Ver tb* nota en YEAR

**3** (*anterior*) antiguo **LOC** *Ver* CHIP
▸ *n* **the old** [*pl*] los ancianos

**old-fashioned** /ˌoʊld ˈfæʃnd/ *adj* **1** pasado de moda **2** tradicional

**olive** /ˈɑlɪv/ *n* **1** aceituna: *olive oil* aceite de oliva **2** (*tb* **olive tree**) olivo
▸ *adj* **1** (*tb* **olive green**) color verde oliva **2** (*piel*) aceitunado

**Olympic** /əˈlɪmpɪk/ *adj* olímpico: *the Olympic Games/the Olympics* los Juegos Olímpicos/las Olimpiadas

**omelet** (*tb* **omelette**) /ˈɑmlət/ *n* omelet, tortilla de huevo

**omen** /ˈoʊmən/ *n* presagio

**ominous** /ˈɑmɪnəs/ *adj* ominoso

**omission** /əˈmɪʃn/ *n* omisión, olvido

**omit** /əˈmɪt/ *vt* (**-tt-**) (*formal*) **1** omitir **2** ~ **to do sth** dejar de hacer algo

**omnipotent** /ɑmˈnɪpətənt/ *adj* omnipotente

**on** /ɑn, ɔːn/ ❶ Para los usos de **on** en PHRASAL VERBS, ver las entradas de los verbos correspondientes, p. ej. **get on** en GET.
▸ *prep* **1** (*tb* **upon**) en, sobre: *on the table* en/sobre la mesa ◊ *on the wall* en la pared **2** (*transporte*): *to go on the train/bus* ir en tren/camión ◊ *to go on foot* ir a pie **3** (*fechas*): *on Sunday(s)* el/los domingo(s) ◊ *on May 3* el tres de mayo **4** (*tb* **upon**) [+ *-ing*]: *on arriving home* al llegar a casa **5** (*acerca de*) sobre **6** (*consumo*): *to be on drugs* estar tomando drogas ◊ *to live on fruit/on 50 dollars a week* vivir de fruta/mantenerse con 50 dólares a la semana **7** *to speak on the telephone* hablar por teléfono **8** (*actividad, estado, etc.*) de: *on vacation* de vacaciones ◊ *to be on duty* estar de servicio
▸ *adv* **1** (*con un sentido de continuidad*): *to play on* seguir tocando ◊ *further on* más lejos/más allá ◊ *from that day on* a partir de aquel día **2** (*ropa, etc.*) puesto **3** (*máquinas, etc.*) conectado, encendido **4** (*llave*) abierto **5** programado: *When is the movie on?* ¿A qué hora empieza la película? **LOC** **on and off** de cuando en cuando **on and on** sin parar *Ver tb* OFF

**once** /wʌns/ *conj* una vez que: *when he'd gone…* Una vez que se hubo ido…
▸ *adv* una vez: *once a week* una vez a la semana **LOC** **at once 1** enseguida **2** a la vez **once again/more** una vez más **once and for all** de una vez por todas **(every) once in a while** de vez en cuando **once or twice** un par de veces **once upon a time** érase una vez

**oncoming** /ˈɑnkʌmɪŋ, ˈɔːn-/ *adj* (*tráfico, etc.*) en dirección contraria

**one** /wʌn/ *adj, n* **1** un(o), una

La palabra **one** nunca funciona como artículo indefinido (**a/an**), y cuando precede a un sustantivo lo hace como número, indicando cantidad: *I'm going with just one friend.* Voy con un amigo solamente. ◊ *I'm going with a friend, not with my family.* Voy con un amigo, no con mi familia.

➜ *Ver ejemplos en* FIVE **2** único: *the one way to succeed* la única forma de triunfar **3** mismo: *of one mind* de la misma opinión **LOC** **(all) in one** a la vez

**one by one** uno por uno **one or two** unos cuantos

▸ *pron* **1** [*después de adjetivo*]: *the little ones* los pequeños ◇ *I prefer this/that one.* Prefiero este/ese. ◇ *Which one?* ¿Cuál? ◇ *another one* otro ◇ *It's better than the old one.* Es mejor que el viejo. **2** el, los, la, las que: *the one at the end* el que está al final **3** uno, una: *I need a pen. Do you have one?* Necesito una pluma. ¿Tienes una? ◇ *one of her friends* uno de sus amigos ◇ *to tell one from the other* distinguir uno de otro **4** [*como sujeto*] (*formal*) uno, -a: *One must be sure.* Uno debe estar seguro. ◆ Ver nota en YOU

**one another** *pron* el uno al otro, los unos a los otros ◆ Ver nota en EACH OTHER

**one-off** /ˌwʌn ˈɔːf; *GB* ˈɒf/ *adj, n* (algo) excepcional/único

**oneself** /wʌnˈself/ *pron* **1** [*uso reflexivo*]: *to cut oneself* cortarse **2** [*uso enfático*] uno mismo: *to do it oneself* hacerlo uno mismo

**one-way** /ˌwʌn ˈweɪ/ *adj* **1** (*calle*) de un solo sentido **2** (*boleto*) de ida

**ongoing** /ˈɑːŋɡoʊɪŋ, ˈɔːn-/ *adj* **1** en curso **2** actual

**onion** /ˈʌnjən/ *n* cebolla

**online** /ˌɑːnˈlaɪn, ˌɔːn-/ *adj, adv* (*Internet*) en línea

**onlooker** /ˈɑːnlʊkər, ˈɔːn-/ *n* espectador, -ora

**only** /ˈoʊnli/ *adv* solamente, sólo **LOC** **not only... but also** no sólo… sino (también) **only just 1** *I've only just arrived.* Acabo de llegar. **2** *I can only just see.* Apenas si puedo ver. *Ver tb* IF
▸ *adj* [*sólo antes de sustantivo*] único: *He is an only child.* Es hijo único.
▸ *conj* (*coloq*) sólo que, pero

**onset** /ˈɑːnset, ˈɔːn-/ *n* [*sing*] llegada, inicio

**onslaught** /ˈɑːnslɔːt, ˈɔːn-/ *n* ~ (**on sth/sb**) ataque (contra algo/algn)

**onto** (*tb* on to) /ˈɑːntə, ˈɑːntuː; ˈɔːn-/ *prep* en, sobre, a: *to climb (up) onto sth* subirse a algo **PHRV** **be onto sb** (*coloq*) seguir la pista de algn **be onto sth** haber dado con algo

**onward** /ˈɑːnwərd, ˈɔːn-/ *adj* (*formal*) hacia delante: *your onward journey* la continuación de tu viaje
▸ *adv* (*tb* **onwards**) **1** en adelante: *from then onwards* a partir de entonces **2** (*formal*) hacia adelante

**ooze** /uːz/ **1** *vi* ~ **from/out of sth** rezumar (de algo) **2** *vt, vi* ~ (**with**) **sth** irradiar algo

**opaque** /oʊˈpeɪk/ *adj* opaco

**ꭗ open** /ˈoʊpən/ *adj* **1** abierto: *Don't leave the door open.* No dejes la puerta abierta. **2** (*persona*) sincero, franco **3** (*vista*) despejado **4** público **5** (*fig*): *to leave sth open* dejar algo pendiente **LOC** **in the open air** al aire libre **LOC** *Ver* BURST, CLICK, WIDE
▸ **1** *vt, vi* abrir(se) **2** *vt, vi* (*edificio, exposición, etc.*) inaugurar(se) **3** *vt* (*proceso*) empezar **PHRV** **open into/onto sth** dar a algo **open sth out** desplegar algo **open up** (*coloq*) (*persona*) abrirse **open (sth) up** abrir algo, abrirse: *Open up!* ¡Abra(n)!
▸ *n* **the open** el aire libre **LOC** **bring sth (out) into the open** sacar algo a la luz **come (out) into the open** salir a la luz

**open-air** /ˌoʊpən ˈeər/ *adj* al aire libre

**opener** /ˈoʊpənər/ *n* abridor

**ꭗ opening** /ˈoʊpnɪŋ/ *n* **1** (*hueco*) abertura **2** (*acto*) apertura **3** comienzo **4** (*tb* **opening night**) (*Teat*) estreno **5** inauguración **6** (*trabajo*) vacante **7** oportunidad
▸ *adj* [*sólo antes de sustantivo*] primero

**ꭗ openly** /ˈoʊpənli/ *adv* abiertamente

**open-minded** /ˌoʊpən ˈmaɪndɪd/ *adj* abierto, libre de prejuicios

**openness** /ˈoʊpənnəs/ *n* franqueza

**opera** /ˈɑːprə/ *n* ópera: *opera house* teatro de la ópera

**ꭗ operate** /ˈɑːpəreɪt/ **1** *vt, vi* funcionar, operar **2** *vt* (*máquina*) manejar **3** *vt* (*servicio*) ofrecer **4** *vt* (*negocio*) dirigir **5** *vi* ~ (**on sb**) (**for sth**) (*Med*) operar (a algn) (de algo): *operating room* quirófano

**ꭗ operation** /ˌɑːpəˈreɪʃn/ *n* **1** operación **2** funcionamiento **LOC** **be in/come into operation 1** estar/entrar en funcionamiento **2** (*Jur*) estar/entrar en vigor **operational** *adj* **1** de funcionamiento **2** operativo, en funcionamiento

**operative** /ˈɑːpərətɪv, -reɪt-/ *adj* **1** en funcionamiento **2** (*Jur*) en vigor **3** (*Med*) operatorio
▸ *n* (*formal*) operario, -a

**operator** /ˈɑːpəreɪtər/ *n* maquinista: *radio operator* radiotelegrafista ◇ *switchboard operator* telefonista/operador

**ꭗ opinion** /əˈpɪniən/ *n* ~ (**of/about/on sth/sb**) opinión (de/sobre/acerca de algo/algn) **LOC** **in my opinion** en mi opinión *Ver tb* MATTER

**ꭗ opponent** /əˈpoʊnənt/ *n* **1** adversario, -a, contrincante **2** *to be an opponent of sth* ser contrario a algo

**ꭗ opportunity** /ˌɑːpərˈtuːnəti; *GB* -ˈtjuːn-/ *n* (*pl* **opportunities**) ~ (**for/of doing sth**); ~ (**to do sth**) oportunidad (de hacer algo) **LOC** **take the opportunity to do sth/of**

doing sth aprovechar la ocasión para hacer algo

**Ɛ oppose** /əˈpəʊz/ vt **1** ~ sth oponerse a algo **2** ~ sb enfrentarse a algn

**Ɛ opposed** /əˈpəʊzd/ adj contrario: to be opposed to sth ser contrario a algo **LOC** as opposed to: quality as opposed to quantity calidad más que cantidad

**Ɛ opposing** /əˈpəʊzɪŋ/ adj contrario

**Ɛ opposite** /ˈɒpəzɪt/ adj **1** opuesto: the opposite sex el sexo opuesto **2** de enfrente: the house opposite la casa de enfrente
  ▸ adv enfrente: She was sitting opposite. Estaba sentada enfrente.
  ▸ prep enfrente de, frente a: opposite each other frente a frente
  ▸ n ~ (of sth) lo contrario (de algo)

**Ɛ opposition** /ˌɒpəˈzɪʃn/ n ~ (to sth/sb) oposición (a algo/algn)

**oppress** /əˈpres/ vt **1** oprimir **2** agobiar **oppressed** adj oprimido **oppression** n opresión **oppressive** adj **1** opresivo **2** agobiante, sofocante

**opt** /ɒpt/ vi ~ for sth/to do sth optar por algo/hacer algo **PHRV** opt out (of sth) optar por no hacer algo, no participar (en algo)

**optical** /ˈɒptɪkl/ adj óptico

**optician** /ɒpˈtɪʃn/ n **1** (GB **optician's**) (tienda) óptica **2** (GB) (USA **optometrist** /ɒpˈtɒmətrɪst/) oculista

**optimism** /ˈɒptɪmɪzəm/ n optimismo **optimist** n optimista **optimistic** /ˌɒptɪˈmɪstɪk/ adj ~ (about sth) optimista (sobre/en cuanto a algo)

**optimum** /ˈɒptɪməm/ (tb **optimal**) adj [sólo antes de sustantivo] óptimo

**Ɛ option** /ˈɒpʃn/ n opción **optional** adj opcional, optativo

**Ɛ or** /ɔːr/ conj **1** o, u Ver tb EITHER **2** (de otro modo) o, si no **3** [después de negativa] ni Ver tb NEITHER **LOC** or so: an hour or so una hora más o menos

**oral** /ˈɔːrəl/ adj **1** (hablado) oral **2** (Anat) bucal, oral
  ▸ n (examen) oral

**Ɛ orange** /ˈɒrɪndʒ; GB ˈɒr-/ n **1** naranja **2** (tb **orange tree**) naranjo **3** color naranja, anaranjado

**orbit** /ˈɔːrbɪt/ n (lit y fig) órbita
  ▸ vt, vi ~ (sth/around sth) describir una órbita (alrededor de algo)

**orchard** /ˈɔːrtʃərd/ n huerto

**orchestra** /ˈɔːrkɪstrə/ n **1** orquesta **2** the orchestra [sing] (GB the stalls [pl]) (en teatro) la luneta

**orchid** /ˈɔːrkɪd/ n orquídea

**ordeal** /ɔːrˈdiːl/ n experiencia terrible, suplicio

**Ɛ order** /ˈɔːrdər/ n **1** (disposición, calma) orden: in alphabetical order por/en orden alfabético **2** (mandato) orden **3** (Com) pedido **4** (Relig, Mil) orden **LOC** in order **1** en orden, en regla **2** (acceptable) permitido in order that... para que... in order to do sth para hacer algo in running/working order en perfecto estado de funcionamiento out of order **1** estropeado: It's out of order. No funciona. **2** (GB) (USA out of line) (coloq) inaceptable, poco apropiado Ver tb LAW, MARCH, PECK
  ▸ **1** vt ~ sb to do sth ordenar, mandar a algn hacer algo/que haga algo

La palabra más normal es **tell**. **Order** es una palabra más fuerte, y lo utilizan personas con autoridad: I'm not asking you, I'm ordering you. No te lo pido, te lo ordeno.

  **2** vt, vi ~ (sth) (from/for sb) pedir, encargar algo (de/para algn) **3** vt (formal) poner en orden, ordenar, organizar **PHRV** order sb around (GB tb order sb about) mandar a algn de acá para allá, ser mandón con algn

**orderly** /ˈɔːrdərli/ adj **1** ordenado, metódico **2** disciplinado, pacífico

**Ɛ ordinary** /ˈɔːrdəneri; GB ˈɔːdnri/ adj corriente, normal, medio: ordinary people gente común **LOC** out of the ordinary fuera de lo común, extraordinario

**ore** /ɔːr/ n mineral metalífero: gold/iron ore mineral de oro/hierro

**Ɛ oregano** /əˈregənəʊ; GB ˌɒrɪˈɡɑːnəʊ/ n orégano

**Ɛ organ** /ˈɔːrɡən/ n (Anat, Mús) órgano

**organic** /ɔːrˈɡænɪk/ adj orgánico

**organism** /ˈɔːrɡənɪzəm/ n organismo

**Ɛ organization** (GB tb **-isation**) /ˌɔːrɡənəˈzeɪʃn; GB -naɪˈz-/ n organización **organizational** (GB tb **-isational**) adj organizativo

**Ɛ organize** (GB tb **-ise**) /ˈɔːrɡənaɪz/ **1** vt, vi organizar(se) **2** vt (pensamientos) poner en orden **organizer** (GB tb **-iser**) n organizador, -ora

**orgy** /ˈɔːrdʒi/ n (pl **orgies**) (lit y fig) orgía

**orient** /ˈɔːriənt/ (GB tb **orientate** /ˈɔːriənteɪt/) vt ~ sth/sb (to/toward sth/sb) orientar algo/a algn (hacia algo/algn): to orient yourself orientarse
  ▸ n the Orient Oriente **oriental** /ˌɔːriˈentl/ adj oriental **orientation** n orientación

**Ɛ origin** /ˈɒrɪdʒɪn/ n **1** origen **2** [gen pl] origen, ascendencia

i: see   ɪ sit   e ten   æ cat   ɑ hot   ɔ: saw   ʌ cup   ʊ put   u: too

**original** /əˈrɪdʒənl/ *adj* **1** original
**2** primero, primitivo
▶ *n* original **LOC** **in the original** en su
idioma/versión original
**originality** /əˌrɪdʒəˈnæləti/ *n* originalidad

**originally** /əˈrɪdʒənəli/ *adv* **1** con originalidad **2** en un/al principio, antiguamente

**originate** /əˈrɪdʒɪneɪt/ (*formal*) **1** *vi* ~ **in sth** originarse, tener su origen en algo **2** *vi* ~ **from sth** provenir de algo **3** *vt* originar, crear

**ornament** /ˈɔːrnəmənt/ *n* (objeto de) adorno, ornamento **ornamental** /ˌɔːrnəˈmentl/ *adj* decorativo, de adorno

**ornate** /ɔːrˈneɪt/ *adj* **1** ornamentado, recargado **2** (*lenguaje, estilo*) florido

**orphan** /ˈɔːrfn/ *n* huérfano, -a
▶ *vt*: *to be orphaned* quedarse huérfano **orphanage** /ˈɔːrfənɪdʒ/ *n* orfanatorio

**orthodox** /ˈɔːrθədɑːks/ *adj* ortodoxo

**ostrich** /ˈɑːstrɪtʃ/ *n* avestruz

**other** /ˈʌðər/ *adj* otro: *other books* otros libros ◊ *Do you have other plans?* ¿Tienes otros planes? ◊ *All their other children have left home.* Sus otros hijos ya se han marchado de casa. ◊ *That other car was better.* Aquel otro coche era mejor. ◊ *some other time* otro día ◆ *Ver nota en* OTRO **LOC** **the other day, morning, week, etc.** el otro día, la otra mañana, semana, etc. *Ver tb* EVERY, WAY, WORD
▶ *pron* **1** others [*pl*] otros, -as: *Others have said this before.* Otros han dicho esto antes. ◊ *Do you have any others?* ¿Tienes más? **2** **the other** el otro, la otra: *I'll keep one and she can have the other.* Me quedo con uno y dejo el otro para ella. **3** **the others** [*pl*] los, las demás: *This shirt is too small and the others are too big.* Esta camisa es demasiado pequeña y las demás, demasiado grandes. **LOC** **other than 1** excepto, aparte de **2** (*formal*) de otra manera que **someone/something/somewhere or other** (*coloq*) algo/algn/en alguna parte

**otherwise** /ˈʌðərwaɪz/ *adv* **1** de otra manera, si no, de no ser así **2** por lo demás

**otter** /ˈɑːtər/ *n* nutria

**ouch** /aʊtʃ/ *interj* ¡ay!

**ought to** /ˈɔːt tə, ˈɔːt tuː/ *v modal* (*neg* **ought not** o **oughtn't** /ˈɔːtnt/)

> **Ought to** es un verbo modal, y las oraciones interrogativas y negativas se construyen sin el auxiliar **do**. ◆ *Ver tb pág 306*

**1** (*sugerencias y consejos*): *You ought to do it.* Deberías hacerlo. ◊ *I ought to have gone.* Debería haber ido. ◆ *Comparar con* MUST **2** (*probabilidad*): *Five ought to be enough.* Con cinco habrá suficiente.

**ounce** /aʊns/ *n* (*abrev* oz.) onza (*28.35 gramos*) ◆ *Ver pág 680*

**our** /ɑːr, ˈaʊər/ *adj* nuestro: *Our house is in the center.* Nuestra casa está en el centro. ◆ *Ver nota en* MY

**ours** /ɑːrz, ˈaʊərz/ *pron* nuestro, -a, -os, -as: *a friend of ours* una amiga nuestra ◊ *Where's ours?* ¿Dónde está el nuestro?

**ourselves** /ɑːrˈselvz, aʊər'z-/ *pron* **1** [*uso reflexivo*] nos **2** [*uso enfático*] nosotros mismos **LOC** **(all) by ourselves** (completamente) solos

**out** /aʊt/ *adv* ❶ Para los usos de **out** en PHRASAL VERBS, ver las entradas de los verbos correspondientes, p. ej. **pick sth out** en PICK. **1** fuera: *to be out* no estar (en la casa)/haber salido **2** *The sun is out.* Ya salió el sol. **3** pasado de moda **4** (*posibilidad, etc.*) descartado **5** (*luz, etc.*) apagado **6** *to call out (loud)* llamar en voz alta **7** (*cálculo*) equivocado: *The bill is out by five pounds.* Se han equivocado por cinco libras en la cuenta. **8** (*jugador*) eliminado **9** (*pelota*) fuera (*de la línea*) *Ver tb* OUT OF **LOC** **be out for sth/to do sth** buscar algo, estar decidido a hacer algo
▶ *n* **LOC** *Ver* IN

**outbreak** /ˈaʊtbreɪk/ *n* **1** (*enfermedad*) brote **2** (*guerra*) estallido

**outburst** /ˈaʊtbɜːrst/ *n* **1** explosión **2** (*emoción*) estallido

**outcast** /ˈaʊtkæst; GB -kɑːst/ *n* marginado, -a, paria

**outcome** /ˈaʊtkʌm/ *n* resultado

**outcry** /ˈaʊtkraɪ/ *n* (*pl* **outcries**) protestas

**outdo** /ˌaʊtˈduː/ *vt* (3a pers sing **outdoes** /-ˈdʌz/ *pt* **outdid** /-ˈdɪd/ *pp* **outdone** /-ˈdʌn/) superar

**outdoor** /ˈaʊtdɔːr/ *adj* al aire libre: *outdoor swimming pool* alberca descubierta

**outdoors** /ˌaʊtˈdɔːrz/ *adv* al aire libre, fuera

**outer** /ˈaʊtər/ *adj* externo, exterior

**outfit** /ˈaʊtfɪt/ *n* (*ropa*) conjunto

**outgoing** /ˈaʊtɡoʊɪŋ/ *adj* **1** extrovertido **2** (*Pol*) cesante, saliente **3** (*vuelo, etc.*) que sale, de salida

**outgrow** /ˌaʊtˈɡroʊ/ *vt* (*pt* **outgrew** /-ˈɡruː/ *pp* **outgrown** /-ˈɡroʊn/) **1** ser demasiado grande para: *He's outgrown his shoes.* Sus zapatos le han quedado pequeños. **2** (*hábito, etc.*) cansarse de, abandonar

---

| ə about | y yes | w woman | eɪ say | aɪ five | ɔɪ boy | aʊ now | oʊ go |

**outing** /'aʊtɪŋ/ n excursión

**outlandish** /aʊt'lændɪʃ/ adj estrafalario

**outlaw** /'aʊtlɔː/ vt declarar ilegal
▶ n forajido, -a

**outlet** /'aʊtlet/ n **1** (GB **socket**) enchufe (hembra) ➸ Ver dibujo en ENCHUFE **2** ~ (for sth) desahogo (para algo) **3** desagüe, salida **4** (Com) punto de venta

ℙ **outline** /'aʊtlaɪn/ n **1** contorno, perfil **2** líneas generales, esbozo
▶ vt **1** perfilar, esbozar **2** exponer en líneas generales

**outlive** /ˌaʊt'lɪv/ vt sobrevivir a

**outlook** /'aʊtlʊk/ n **1** ~ (on sth) punto de vista (sobre algo) **2** ~ (for sth) perspectiva, pronóstico (para algo)

**outnumber** /ˌaʊt'nʌmbər/ vt superar en número a

**out of** /'aʊt əv/ prep **1** fuera de: *I want that dog out of the house.* Quiero ese perro fuera de la casa. ◇ *to jump out of bed* saltar de la cama **2** de: *eight out of every ten* ocho de cada diez ◇ *to copy sth out of a book* copiar algo de un libro **3** (causa) por: *out of interest* por interés **4** (material) de, con: *made out of plastic* (hecho) de plástico **5** sin: *to be out of work* estar sin trabajo

**out of date** adj **1** pasado de moda, desfasado **2** (pasaporte, etc.) caducado ➸ Ver nota en WELL BEHAVED y comparar con UP TO DATE

**outpost** /'aʊtpoʊst/ n (puesto de) avanzada

ℙ **output** /'aʊtpʊt/ n **1** producción **2** (Fís) potencia

**outrage** /'aʊtreɪdʒ/ n **1** [incontable] escándalo **2** [incontable] ira **3** atrocidad
▶ vt ultrajar
**outrageous** adj **1** escandaloso, monstruoso **2** extravagante

**outright** /'aʊtraɪt/ adv **1** (sin reservas) abiertamente, de plano **2** instantáneamente, de golpe **3** en su totalidad **4** (ganar) rotundamente
▶ adj **1** abierto **2** (ganador) indiscutible **3** (negativa) rotundo

**outset** /'aʊtset/ n **LOC** at/from the outset (of sth) al/desde el principio (de algo)

ℙ **outside** /ˌaʊt'saɪd/ prep (USA tb **outside of**) fuera de: *Wait outside the door.* Espera en la puerta.
▶ adv fuera, afuera
▶ n exterior: *on/from the outside* por/desde fuera
▶ adj /'aʊtsaɪd/ exterior, de fuera

**outsider** /ˌaʊt'saɪdər/ n **1** forastero, -a **2** (pey) intruso, -a **3** (competidor) desconocido, -a

**outskirts** /'aʊtskɜːrts/ n [pl] afueras

**outspoken** /aʊt'spoʊkən/ adj sincero, franco

ℙ **outstanding** /aʊt'stændɪŋ/ adj **1** destacado, excepcional **2** (visible) sobresaliente **3** (pago, trabajo) pendiente

**outstretched** /ˌaʊt'stretʃt/ adj extendido, abierto

**outward** /'aʊtwərd/ adj **1** externo, exterior **2** (viaje) de ida
▶ adv (tb **outwards**) hacia fuera
**outwardly** adv por fuera, aparentemente

**outweigh** /ˌaʊt'weɪ/ vt pesar/importar más que

**oval** /'oʊvl/ adj oval, ovalado

**ovary** /'oʊvəri/ n (pl **ovaries**) ovario

ℙ **oven** /'ʌvn/ n horno

ℙ **over** /'oʊvər/ ❶ Para los usos de **over** en PHRASAL VERBS, ver las entradas de los verbos correspondientes, p. ej. **think sth over** en THINK.
▶ adv **1** *to knock sth over* tirar/volcar algo ◇ *to fall over* caer(se) **2** *to turn sth over* dar la vuelta a algo **3** (lugar): *over here/ there* por aquí/allí ◇ *They came over to see us.* Vinieron a vernos. **4** left over de sobra: *Is there any food left over?* ¿Queda algo de comida? **5** (más): *children of five and over* niños de cinco años en adelante **6** terminado **LOC** (all) over again otra vez, de nuevo over and done with terminado para siempre over and over (again) una y otra vez Ver tb ALL
▶ prep **1** sobre, por encima de: *clouds over the mountains* nubes por encima de las montañas **2** al otro lado de: *He lives over the hill.* Vive al otro lado de la colina. **3** más de: *(for) over a month* (durante) más de un mes **4** (tiempo) durante, mientras: *We'll discuss it over lunch.* Lo discutiremos durante la comida. **5** (a

**overalls**

overalls
(GB dungarees)

coveralls
(GB overalls)

---

ɜː bird   ɪə near   eə hair   ʊə tour   ʒ vision   h hat   ŋ sing

*causa de*): *an argument over money* una
discusión por cuestiones de dinero
**LOC** **over and above** además de

**over-** /'oʊvər/ *pref* **1** excesivamente:
*over-ambitious* excesivamente ambicioso **2** (*edad*) mayor de: *the over-60s* los
mayores de sesenta años

**overall** /ˌoʊvər'ɔːl/ *adj* **1** total **2** (*general*)
global **3** (*ganador*) absoluto
▶ *adv* **1** en total **2** en general
▶ *n* /'oʊvərɔːl/ **1** overalls [*pl*] (*USA*) (*GB*
**dungarees**) pantalones de peto **2** overalls [*pl*] (*GB*) (*USA* **coveralls**) overol ➔ *Ver*
*dibujo en pág 541* **3** (*GB*) guardapolvo,
bata

**overbearing** /ˌoʊvər'beərɪŋ/ *adj* (*pey*)
dominante

**overboard** /'oʊvərbɔːrd/ *adv* por la
borda

**overcast** /ˌoʊvər'kæst; *GB* -'kɑːst/ *adj*
nublado, cubierto

**overcharge** /ˌoʊvər'tʃɑrdʒ/ *vt, vi* ~ (**sb**)
(**for sth**) cobrar de más (a algn) (por algo)

**overcoat** /'oʊvərkoʊt/ *n* abrigo

**overcome** /ˌoʊvər'kʌm/ *vt* (*pt* **overcame**
/-'keɪm/ *pp* **overcome**) **1** (*dificultad, etc.*)
superar, dominar **2** (*oponente*) vencer
**3** abrumar, invadir: *overcome by fumes/*
*smoke* vencido por los gases/el humo
◊ *overcome with/by emotion* embargado
por la emoción

**overcrowded** /ˌoʊvər'kraʊdɪd/ *adj*
atestado (de gente) **overcrowding** *n*
congestión, hacinamiento

**overdo** /ˌoʊvər'duː/ *vt* (*3a pers sing* **over-**
**does** /-'dʌz/ *pt* **overdid** /-'dɪd/ *pp* **overdone**
/-'dʌn/) **1** exagerar, pasarse con **2** cocer
demasiado **LOC** **overdo it/things**
pasarse, exagerarse (*trabajando, estu-*
*diando, etc.*)

**overdose** /'oʊvərdoʊs/ *n* sobredosis

**overdraft** /'oʊvərdræft; *GB* -drɑːft/ *n*
sobregiro (*en una cuenta bancaria*)

**overdue** /ˌoʊvər'duː; *GB* -'djuː/ *adj*
**1** retrasado **2** (*Fin*) vencido y no pagado

**overestimate** /ˌoʊvər'estɪmeɪt/ *vt*
sobreestimar

**overflow** /ˌoʊvər'floʊ/ **1** *vt, vi* desbordarse **2** *vi* ~ (**with sth**) rebosar (de algo)
▶ *n* /'oʊvərfloʊ/ **1** desbordamiento,
derrame **2** exceso (*de gente, agua, etc.*)
**3** (*tb* **overflow pipe**) cañería de desagüe

**overgrown** /ˌoʊvər'groʊn/ *adj* **1** ~ (**with**
**sth**) (*jardín, etc.*) cubierto (de algo)
(*maleza*) **2** (*gen pey*) crecido, grande

**overhang** /ˌoʊvər'hæŋ/ *vt, vi* (*pt, pp*
**overhung** /-'hʌŋ/) colgar (por encima),
sobresalir (de) **overhanging** *adj* sobresaliente

**overhaul** /ˌoʊvər'hɔːl/ *vt* revisar, poner
a punto
▶ *n* /'oʊvərhɔːl/ revisión, puesta a punto

**overhead** /'oʊvərhed/ *adj* **1** elevado
**2** (*cable, etc.*) aéreo **3** (*luz*) de techo
▶ *adv* /ˌoʊvər'hed/ por encima de la
cabeza, en alto, por lo alto
▶ *n* /'oʊvərhed/ (*GB* **overheads** [*pl*]) (*Com*)
gasto fijo

**overhear** /ˌoʊvər'hɪər/ *vt* (*pt, pp* **over-**
**heard** /-'hɜːrd/) oír (*por casualidad*)

**overjoyed** /ˌoʊvər'dʒɔɪd/ *adj* **1** ~ (**at sth**)
eufórico (por/con algo) **2** ~ (**to do sth**)
contentísimo (de hacer algo)

**overland** /'oʊvərlænd/ *adj* terrestre
▶ *adv* por tierra

**overlap** /ˌoʊvər'læp/ (**-pp-**) **1** *vt, vi*
superponer(se) **2** *vi* (*fig*) coincidir en
parte
▶ *n* /'oʊvərlæp/ **1** superposición **2** (*fig*)
coincidencia

**overleaf** /ˌoʊvər'liːf/ *adv* en la página
siguiente

**overload** /ˌoʊvər'loʊd/ *vt* ~ **sth/sb** (**with**
**sth**) sobrecargar algo/a algn (de algo)
▶ *n* /'oʊvərloʊd/ sobrecarga

**overlook** /ˌoʊvər'lʊk/ *vt* **1** no notar
**2** pasar por alto, dejar pasar **3** dar a,
tener vista a

**overnight** /ˌoʊvər'naɪt/ *adv* **1** por la
noche **2** de la noche a la mañana
▶ *adj* /'oʊvərnaɪt/ **1** de la noche, para una
noche **2** (*éxito*) repentino

**overpass** /'oʊvərpæs; *GB* -pɑːs/ (*GB* **fly-**
**over**) *n* paso elevado

**overpower** /ˌoʊvər'paʊər/ *vt* dominar,
vencer, reducir **overpowering** *adj* agobiante, arrollador

**overrate** /ˌoʊvə'reɪt/ *vt* sobreestimar,
sobrevalorar

**override** /ˌoʊvə'raɪd/ *vt* (*pt* **overrode**
/-'roʊd/ *pp* **overridden** /-'rɪdn/) **1** (*deci-*
*sión*) invalidar, anular **2** (*objeción*)
rechazar **3** hacer caso omiso de ❶ En
los sentidos 1, 2, y 3 se usa también el
verbo **overrule** /ˌoʊvə'ruːl/ . **4** tener
preferencia sobre **overriding** *adj* capital,
primordial

**overrun** /ˌoʊvə'rʌn/ (*pt* **overran** /-'ræn/
*pp* **overrun**) **1** *vt* invadir **2** *vt, vi* rebasar
(*su tiempo*)

**overseas** /ˌoʊvər'siːz/ *adj* exterior,
extranjero
▶ *adv* en el/al extranjero

**oversee** /ˌoʊvər'siː/ *vt* (*pt* **oversaw** /-'sɔː/
*pp* **overseen** /-'siːn/) supervisar, inspeccionar

**overshadow** /ˌoʊvər'ʃædoʊ/ *vt*
**1** (*entristecer*) ensombrecer **2** (*persona,*
*logro*) eclipsar

**oversight** /'oʊvərsaɪt/ n omisión, olvido

**oversleep** /,oʊvər'sli:p/ vi (pt, pp **overslept** /-'slept/) quedarse dormido, no despertarse a tiempo

**overspend** /,oʊvər'spend/ (pt, pp **overspent** /-'spent/) **1** vi gastar en exceso **2** vt (presupuesto) pasarse de

**overstate** /,oʊvər'steɪt/ vt exagerar

**overstep** /,oʊvər'step/ vt (**-pp-**) sobrepasar (límites) **LOC** **overstep the mark** pasarse de la raya

**overt** /oʊ'vɜːrt, 'oʊvɜːrt/ adj (formal) abierto

**overtake** /,oʊvər'teɪk/ (pt **overtook** /-'tʊk/ pp **overtaken** /-'teɪkən/) **1** vt, vi (esp GB) (USA **pass**) (coche) rebasar (a) **2** vt sobrecoger, sobrepasar

**overthrow** /,oʊvər'θroʊ/ vt (pt **overthrew** /-'θruː/ pp **overthrown** /-'θroʊn/) derrocar
▸ n /'oʊvərθroʊ/ derrocamiento

**overtime** /'oʊvərtaɪm/ n [incontable] **1** horas extras **2** (GB **extra time**) (Dep) prórroga

**overtone** /'oʊvərtoʊn/ n [gen pl] connotación

**overture** /'oʊvərtʃər/ n (Mús) obertura **LOC** **make overtures (to sb)** hacer propuestas (a algn)

**overturn** /,oʊvər'tɜːrn/ **1** vt, vi volcar, dar la vuelta (a) **2** vt (decisión) anular

**overview** /'oʊvərvjuː/ n perspectiva (general)

**overweight** /,oʊvər'weɪt/ adj: to be overweight tener exceso de peso ➔ Ver nota en GORDO

**overwhelm** /,oʊvər'welm/ vt **1** abatir, derribar **2** (emoción) abrumar **3** agobiar (con trabajo, preguntas, etc.) **overwhelming** adj abrumador

**overwork** /,oʊvər'wɜːrk/ vt, vi (hacer) trabajar en exceso

ʔ **owe** /oʊ/ vt, vi deber, estar en deuda

**owing to** /'oʊɪŋ tu/ prep debido a, a causa de

**owl** /aʊl/ n búho, lechuza

ʔ **own** /oʊn/ adj, pron propio, mío, tuyo, suyo, nuestro, vuestro: It was my own idea. Fue idea mía. **LOC** **(all) on your own** **1** (completamente) solo **2** por sí solo, sin ayuda **get your own back (on sb)** (coloq) vengarse (de algn) **of your own** propio: a house of your own una casa propia
▸ vt poseer, tener, ser dueño de
**PHRV** **own up (to sth)** confesarse culpable (de algo)

ʔ **owner** /'oʊnər/ n dueño, -a **ownership** n [incontable] propiedad

**own goal** n (GB) autogol

**ox** /ɑks/ n (pl **oxen** /'ɑksn/) buey

**oxygen** /'ɑksɪdʒən/ n oxígeno

**oyster** /'ɔɪstər/ n ostión

**ozone** /'oʊzoʊn/ n ozono: ozone layer capa de ozono

P 544

**P p**

**P, p** /piː/ n (pl **Ps, P's, p's**) P, p ➜ Ver ejemplos en A, A

**pace** /peɪs/ n **1** paso **2** ritmo LOC **keep pace (with sth/sb)** ir al mismo paso (que algo/algn)
▸ vt, vi (con inquietud) pasearse (por): to pace up and down (a room) pasearse con inquietud (por una habitación)

**pacemaker** /ˈpeɪsmeɪkər/ n (Med) marcapasos

**pacifier** /ˈpæsɪfaɪər/ (GB **dummy**) n chupón

**pacify** /ˈpæsɪfaɪ/ vt (pt, pp **-fied**) **1** (temores, ira) apaciguar **2** (región) pacificar

**pack** /pæk/ n **1** mochila **2** (esp GB) (tb esp USA **set**) juego ➜ Ver nota en PACKAGE **3** (cigarrillos) cajetilla **4** (de animal) carga **5** (perros) jauría **6** (lobos) manada **7** (GB) (USA **deck**) (cartas) baraja
▸**1** vt (maleta) hacer **2** vi hacer/empacar las maletas **3** vt llevar **4** vt embalar **5** vt ~ **sth in/with sth** envolver algo con algo **6** vt (caja) llenar **7** vt (comida) empaquetar, envasar **8** vt (habitación) atestar LOC **pack your bags** (coloq) irse PHRV **pack sth in** (coloq) dejar algo: I packed in my job. Dejé mi trabajo. **pack (sth/sb) into sth** meter algo/a algn en algo, apiñarse en algo **pack up** (esp GB, coloq) (averiarse) descomponerse

**package** /ˈpækɪdʒ/ n **1** paquete, conjunto **2** (tb esp GB **parcel**) paquete

> **Package** (tb esp GB **parcel**) se usa para referirse a los paquetes que se envían por correo. **Pack** (GB **packet**) es la palabra más común para un paquete o una bolsa que contiene algún producto que se vende en una tienda: a pack of cigarettes/chips una cajetilla de cigarros/una bolsa de papas. **Pack** se utiliza también en Gran Bretaña para hablar de un conjunto de cosas diferentes que se venden juntos: The pack contains a pen, writing paper and ten envelopes. El estuche contiene una pluma, papel de escribir y diez sobres.

**3** (equipaje) bulto
▸ vt envasar

**package tour** (GB tb **package holiday**) n viaje todo pagado

**packaging** /ˈpækɪdʒɪŋ/ n [incontable] empaque

**packed** /pækt/ adj **1** al tope **2** ~ **with sth** abarrotado, lleno de algo

**packed lunch** (GB) Ver BAG LUNCH

**packet** /ˈpækɪt/ n (esp GB) paquete ➜ Ver nota en PACKAGE y dibujo en CONTAINER

**packing** /ˈpækɪŋ/ n **1** hacer las maletas: Did you do your packing yet? ¿Ya empacaste? **2** envase

**pact** /pækt/ n pacto

**pad** /pæd/ n **1** almohadilla **2** (papel) bloc
▸ (-dd-) **1** vt acolchar **2** vi ~ **along, around, etc. (sth)** andar (con pasos suaves) (por, alrededor de, etc. algo) PHRV **pad sth out** alargar algo con paja (libro, texto, etc.)

**padding** n [incontable] **1** acolchado **2** (texto, discurso, etc.) paja

**paddle** /ˈpædl/ n **1** pala (remo) **2** (USA) (GB **bat**) (Tenis de mesa) raqueta **3** a paddle [sing] (GB) (en el mar o en un río): to go for/have a paddle mojarse los pies LOC Ver CREEK
▸**1** vt (barca) dirigir (remando) **2** vi remar **3** vi (GB) (USA **wade**) mojarse los pies

**paddock** /ˈpædək/ n prado (donde pastan los caballos)

**padlock** /ˈpædlɑk/ n candado

**paediatrician** (GB) = PEDIATRICIAN

**pagan** /ˈpeɪɡən/ adj, n pagano, -a

**page** /peɪdʒ/ n (abrev **p**) página
▸ vt **1** llamar por el altavoz, vocear **2** localizar (por radiolocalizador)

**pager** /ˈpeɪdʒər/ n radiolocalizador

**paid** /peɪd/ adj **1** (empleado) a sueldo **2** (trabajo) remunerado LOC **put paid to sth** acabar con algo Ver tb PAY

**pain** /peɪn/ n dolor: I have a pain in my neck. Me duele el cuello. ◊ Is she in pain? ¿Le duele? LOC **a pain (in the neck)** (coloq) un pesado, un latoso **be at/go to/take pains to do sth** esforzarse por hacer algo **take (great) pains with/over sth** esmerarse mucho en algo

**pained** /peɪnd/ adj **1** afligido **2** ofendido

**painful** /ˈpeɪnfl/ adj **1** dolorido: to be painful doler **2** doloroso **3** (deber) penoso **4** (decisión) desagradable

**painfully** /ˈpeɪnfəli/ adv terriblemente

**painkiller** /ˈpeɪnkɪlər/ n calmante

**painless** /ˈpeɪnləs/ adj **1** que no duele **2** (procedimiento) sin dificultades

**painstaking** /ˈpeɪnzteɪkɪŋ/ adj laborioso

ə about   y yes   w woman   eɪ say   aɪ five   ɔɪ boy   aʊ now   oʊ go

**paint** /peɪnt/ n pintura
▸ vt, vi pintar

**paintbrush** /'peɪntbrʌʃ/ n pincel, brocha ➜ Ver dibujo en BRUSH

**painter** /'peɪntər/ n pintor, -ora

**painting** /'peɪntɪŋ/ n **1** pintura **2** cuadro

**paintwork** /'peɪntwɜːrk/ n pintura (superficie)

**pair** /peər/ n **1** par: a pair of pants unos pantalones/un pantalón

> Las palabras que designan objetos compuestos por dos elementos (como tenazas, tijeras, pantalones, etc.), llevan el verbo en plural: My pants are very tight. Los pantalones me quedan muy apretados. Cuando nos referimos a más de uno, utilizamos la palabra **pair**: I have two pairs of pants. Tengo dos pantalones.

**2** pareja (animales, equipo): the winning pair la pareja ganadora ➜ Comparar con COUPLE
▸ v **PHRV** pair (sb) off/up (with sb) emparejar a algn, emparejarse con algn

**pajamas** /pə'dʒɑːməz; GB -'dʒɑːm-/ (GB pyjamas) n [pl] piyama: a pair of pajamas una piyama ➜ Ver tb notas en PAIR y PANTALÓN ❶ Pajama se usa en singular cuando va delante de otro sustantivo: pajama pants el pantalón de piyama.

**pal** /pæl/ n (coloq) **1** compañero, -a **2** colega Ver tb PEN PAL

**palace** /'pæləs/ n palacio

**palate** /'pælət/ n paladar

**pale** /peɪl/ adj (paler, -est) **1** pálido **2** (color) claro **3** (luz) tenue **LOC** go/turn pale palidecer
▸ n **LOC** beyond the pale (conducta) inaceptable

**pallid** /'pælɪd/ adj pálido

**pallor** /'pælər/ n palidez

**palm** /pɑːm/ n **1** (mano) palma **2** (tb palm tree) palmera, palma **LOC** have sb in the palm of your hand tener a algn en un puño
▸ v **PHRV** palm sb off with sth (coloq) **1** (tb palm sth off on sb) endilgar algo a algn **2** engañar a algn con algo

**paltry** /'pɔːltri/ adj insignificante

**pamper** /'pæmpər/ vt mimar

**pamphlet** /'pæmflət/ n **1** folleto **2** (político) hoja de propaganda, panfleto

**pan** /pæn/ n término genérico que abarca cazuelas, cacerolas, cazos, ollas y sartenes ➜ Ver dibujo en POT **LOC** Ver FLASH

**pancake** /'pænkeɪk/ n hot cake, crepa ➜ Ver nota en MARTES

**panda** /'pændə/ n panda

**pander** /'pændər/ v **PHRV** pander to sth/sb (pey) complacer a algo/algn, condescender con algo/algn

**pane** /peɪn/ n cristal (de ventana): pane of glass hoja de vidrio

**panel** /'pænl/ n **1** (pared, puerta, etc.) plafón **2** tablero (de mandos) **3** (TV, Radio) tablero, panel **4** comisión, jurado **paneled** (GB panelled) adj (revestido) con plafones **paneling** (GB panelling) n revestimiento (esp de las paredes): oak paneling plafones de roble

**pang** /pæŋ/ n punzada (de hambre, celos, etc.)

**panic** /'pænɪk/ n pánico
▸ vt, vi (-ck-) aterrar(se), dejarse llevar por el pánico

**panic-stricken** /'pænɪk strɪkən/ adj preso del pánico

**pant** /pænt/ vi jadear

**panther** /'pænθər/ n **1** pantera **2** puma

**panties** /'pæntiz/ n [pl] pantaletas: a pair of panties unas pantaletas ➜ Ver notas en PAIR y PANTALÓN

**pantomime** /'pæntəmaɪm/ n (GB) **1** representación teatral con música para la Navidad, basada en cuentos de hadas **2** (fig) farsa

**pantry** /'pæntri/ n (pl pantries) despensa

**pants** /pænts/ n [pl] **1** (USA) (GB trousers) pantalones **2** (GB) (USA underpants) calzoncillos, calzones ➜ Ver notas en PAIR, PANTALÓN y UNDERPANTS

**pantyhose** /'pæntihoʊz/ (GB tights) n [pl] pantimedias

**paper** /'peɪpər/ n **1** [incontable] papel: a piece of paper una hoja/un pedazo de papel **2** periódico **3** papers [pl] documentación **4** papers [pl] papeles, papeleo **5** papel tapiz **6** examen (escrito) **7** (científico, académico) artículo, ponencia **LOC** on paper **1** por escrito **2** en teoría
▸ vt tapizar

**paperback** /'peɪpərbæk/ n libro de pasta blanda

**paperwork** /'peɪpərwɜːrk/ n [incontable] **1** papeleo **2** tareas administrativas

**par** /pɑːr/ n **LOC** below/under par en baja forma **on a par with sth/sb** en pie de igualdad con algo/algn

**parable** /'pærəbl/ n parábola (cuento)

**parachute** /'pærəʃuːt/ n paracaídas

**P**

---

ɜː bird   ɪə near   eə hair   ʊə tour   ʒ vision   h hat   ŋ sing

**parade** /pəˈreɪd/ n desfile
▶**1** vi desfilar **2** vi (Mil) pasar revista **3** vt, vi exhibir(se) (esp por la calle) **4** vt (pey) (conocimientos) hacer alarde de

**paradise** /ˈpærədaɪs/ n paraíso

**paradox** /ˈpærədɒks/ n paradoja

**paraffin** /ˈpærəfɪn/ (GB) (USA **kerosene**) n queroseno

**paragraph** /ˈpærəɡræf; GB -ɡrɑːf/ n párrafo

**parakeet** /ˈpærəkiːt/ n periquito

**⚲ parallel** /ˈpærəlel/ adj (en) paralelo
▶ n **1** paralelo **2** (línea) paralela

**paralysis** /pəˈræləsɪs/ n [incontable] **1** parálisis **2** (fig) paralización

**paralyze** (GB **paralyse**) /ˈpærəlaɪz/ vt paralizar

**paramount** /ˈpærəmaʊnt/ adj primordial: of paramount importance de suma importancia

**paranoid** /ˈpærənɔɪd/ adj paranoico

**paraphrase** /ˈpærəfreɪz/ vt parafrasear

**parasite** /ˈpærəsaɪt/ n parásito

**parcel** /ˈpɑːsl/ (esp GB) (USA **package**) n paquete ➜ Ver nota en PACKAGE

**parched** /pɑːtʃt/ adj **1** reseco **2** (coloq) (persona) muerto de sed

**parchment** /ˈpɑːtʃmənt/ n pergamino

**pardon** /ˈpɑːdn/ n **1** perdón **2** (Jur) indulto Ver BEG
▶ vt perdonar
▶ interj (tb **pardon me**) **1** ¿disculpe?, ¿qué dijiste? **2** perdón

**⚲ parent** /ˈpeərənt/ n madre, padre: parent company empresa matriz **parentage** /ˈpeərəntɪdʒ/ n **1** ascendencia **2** padres **parental** /pəˈrentl/ adj de los padres

**parenthesis** /pəˈrenθəsɪs/ n (pl **parentheses** /-siːz/) (GB **bracket**) paréntesis: in parentheses entre paréntesis

**parenthood** /ˈpeərənthʊd/ n maternidad, paternidad

**parish** /ˈpærɪʃ/ n parroquia: parish priest párroco

**⚲ park** /pɑːk/ n **1** parque **2** campo (de deportes)
▶ vt, vi estacionarse

**parking** /ˈpɑːkɪŋ/ n estacionamiento: parking ticket/fine multa por estacionamiento indebido ◊ parking garage estacionamiento de varios pisos ◊ parking meter parquímetro

**parking lot** (GB **car park**) n estacionamiento

**parkland** /ˈpɑːklænd/ n [incontable] zona verde, parque

**⚲ parliament** /ˈpɑːləmənt/ n parlamento: Member of Parliament diputado

El parlamento británico está dividido en dos cámaras: la Cámara de los Comunes (**the House of Commons**) y la Cámara de los Lores (**the House of Lords**). La Cámara de los Comunes está compuesta por 650 diputados (**MPs**) que son elegidos por los ciudadanos británicos. Cada uno de estos diputados representa a un distrito electoral (**constituency**).

**parliamentary** /ˌpɑːləˈmentəri; GB -tri/ adj parlamentario

**parlor** (GB **parlour**) /ˈpɑːlər/ n **1** sala (de recibir) **2** beauty/ice-cream parlor salón de belleza/heladería

**parody** /ˈpærədi/ n (pl **parodies**) parodia

**parole** /pəˈrəʊl/ n libertad condicional

**parrot** /ˈpærət/ n loro, perico

**parsley** /ˈpɑːsli/ n perejil

**parsnip** /ˈpɑːsnɪp/ n nabo blanco

**⚲ part** /pɑːt/ n **1** parte **2** pieza **3** (TV, libro, etc.) episodio **4** papel (de actor) **5** (GB **parting**) (pelo) raya **6** parts [pl] (antic) región: She's not from these parts. No es de aquí. **LOC** for my, his, etc. part por mi, su, etc. parte **for the most part** por lo general **on the part of sb; on sb's part**: It was an error on my part. Fue un error por mi parte. **take part (in sth)** tomar parte (en algo) **take sb's part** ponerse de parte de algn **the best/better part of sth** la mayor parte de algo: for the best part of a year casi un año
▶**1** vt, vi separar(se) **2** vt, vi apartar(se) **3** vt ~ your hair hacerse la raya **LOC** part company (with sb) separarse, despedirse (de algn) **PHRV** part with sth **1** renunciar a algo **2** (dinero) gastar algo

**partial** /ˈpɑːʃl/ adj **1** parcial **2** ~ (toward sth/sb) (pey) predispuesto (a favor de algo/algn) **partially** adv **1** parcialmente **2** de manera parcial

**participant** /pɑːˈtɪsɪpənt/ n participante

**participate** /pɑːˈtɪsɪpeɪt/ vi ~ (in sth) participar (en algo) **participation** n participación

**particle** /ˈpɑːtɪkl/ n partícula

**⚲ particular** /pərˈtɪkjələr/ adj **1** (concreto) en particular: in this particular case en este caso en particular **2** (excepcional) especial **3** ~ (about sth) exigente (con algo)
▶ n **particulars** [pl] (formal) datos

**⚲ particularly** /pərˈtɪkjələrli/ adv **1** particularmente, especialmente **2** en particular

| ʃ chin | dʒ June | v van | θ then | s so | z zoo | ʃ she |

**parting** /'pɑrtɪŋ/ n **1** despedida **2** (GB) (USA **part**) (pelo) raya

**partisan** /'pɑrtəzn, -sn; GB -zæn; ˌpɑːtɪ'zæn/ adj parcial
▸ n **1** partidario, -a **2** (Mil) partisano, -a

**partition** /pɑr'tɪʃn/ n **1** (Pol) división **2** mampara

ᵷ **partly** /'pɑrtli/ adv en parte

ᵷ **partner** /'pɑrtnər/ n **1** (baile, deportes, relación) pareja **2** (Com) socio, -a

ᵷ **partnership** /'pɑrtnərʃɪp/ n **1** asociación **2** (Com) sociedad (comanditaria)

**part of speech** n categoría gramatical, parte de la oración

**partridge** /'pɑrtrɪdʒ/ n (pl **partridges** o **partridge**) perdiz

**part-time** /ˌpɑrt 'taɪm/ adj, adv (de) medio tiempo

ᵷ **party** /'pɑrti/ n (pl **parties**) **1** (reunión) fiesta **2** (Pol) partido **3** grupo **4** (Jur) parte **LOC be (a) party to sth** (formal) participar en algo

ᵷ **pass** /pæs; GB pɑːs/ **1** vt, vi pasar **2** vt, vi rebasar (a) **3** vt (barrera) cruzar **4** vt (límite) superar **5** vt (examen, ley) aprobar **6** vi suceder **PHRV pass sth around** (GB tb **pass sth round**) circular algo **pass as sth/sb** Ver PASS FOR STH/SB **pass away** morir **pass by (sth/sb)** pasar al lado (de algo/algn) **pass sth/sb by** dejar algo/a algn de lado **pass for sth/sb** pasar, ser tomado por algo/algn **pass sth/sb off as sth/sb** hacer pasar algo/a algn por algo/algn **pass out** desmayarse **pass sth up** (coloq) dejar pasar algo (oportunidad)
▸ n **1** (examen) aprobado **2** (permiso, Dep) pase **3** (camión, etc.) bono **4** (montaña) paso **LOC make a pass at sb** (coloq) insinuarse a algn

**passable** /'pæsəbl; GB 'pɑːs-/ adj **1** aceptable **2** transitable

ᵷ **passage** /'pæsɪdʒ/ n **1** (tb **passageway** /'pæsɪdʒweɪ/) pasadizo, pasillo **2** pasaje (de libro, etc.) **3** paso

ᵷ **passenger** /'pæsɪndʒər/ n pasajero

**passer-by** /ˌpæsər 'baɪ; GB ˌpɑːs-/ n (pl **passers-by**) transeúnte

ᵷ **passing** /'pæsɪŋ; GB 'pɑːs-/ adj **1** pasajero **2** (referencia) de pasada **3** (tráfico) que pasa
▸ n **1** paso **2** (formal) desaparición **LOC in passing** de pasada

**passion** /'pæʃn/ n pasión **passionate** adj apasionado, ardiente

**passive** /'pæsɪv/ adj pasivo
▸ n (tb **passive voice**) (Gram) (voz) pasiva

**Passover** /'pæsoʊvər; GB 'pɑːs-/ n Pascua judía

ᵷ **passport** /'pæspɔrt; GB 'pɑːs-/ n pasaporte

**password** /'pæswɜrd; GB 'pɑːs-/ n contraseña

ᵷ **past** /pæst; GB pɑːst/ adj **1** pasado **2** antiguo: past students antiguos alumnos **3** último: the past few days los últimos días **4** (tiempo) acabado: The time is past. Se acabó el tiempo.
▸ n **1** pasado **2** (tb **past tense**) pretérito, pasado
▸ prep **1** past midnight más de medianoche ◊ It's past five o'clock. Son las cinco pasadas. **2** (GB) (USA **after**) (hora): half past two las dos y media **3** más allá de, después de: It's past your bedtime. Ya debías estar en cama. **4** (con verbos de movimiento): to walk past sth/sb pasar por delante de algo/al lado de algn **LOC not put it past sb (to do sth)** creer a algn capaz (de hacer algo)
▸ adv al lado, por delante: to walk past pasar por delante

**paste** /peɪst/ n **1** pasta, masa **2** engrudo **3** paté
▸ vt pegar

**pastime** /'pæstaɪm; GB 'pɑːs-/ n pasatiempo

**pastor** /'pæstər; GB 'pɑːs-/ n pastor (sacerdote)

**pastoral** /'pæstərəl; GB 'pɑːs-/ adj **1** pastoril, bucólico **2** pastoral care atención personal

**pastry** /'peɪstri/ n **1** [incontable] masa (de un pay, etc.) **2** (pl **pastries**) pan dulce

**pasture** /'pæstʃər; GB 'pɑːs-/ n pasto

**pat** /pæt/ vt (-tt-) **1** dar golpecitos a, dar una palmadita a **2** acariciar
▸ n **1** palmadita **2** caricia **3** (mantequilla) trozo **LOC give sb a pat on the back** felicitar a algn

**patch** /pætʃ/ n **1** (tela) parche **2** (color) mancha **3** (niebla, etc.) zona **4** pedazo de tierra (donde se cultivan verduras, etc.) **5** (GB, coloq) (área de trabajo) zona **LOC go through/hit a bad patch** (coloq) pasar/tener una mala racha **not be a patch on sth/sb** (esp GB, coloq) no tener ni comparación con algo/algn
▸ vt poner un parche a, parchar **PHRV patch sth up 1** ponerle parches a algo **2** (disputa) resolver algo

**patchwork** /'pætʃwɜrk/ n **1** [incontable] labor de aguja a base de parches geométricos **2** (fig) tapiz (de estilos, etc.)

**patchy** /'pætʃi/ adj **1** irregular: patchy rain/fog chubascos/bancos de niebla **2** desigual **3** (conocimientos) con lagunas

**patent** /'pætnt, 'peɪtnt/ adj **1** (Com) patentado **2** (formal) patente
▸ n /'pætnt; GB tb 'peɪtnt/ patente

P

---

i: see   ɪ sit   e ten   æ cat   ɑ hot   ɔ: saw   ʌ cup   ʊ put   u: too

▸ vt /'pætnt; GB tb /'peɪtnt/ patentar
**patently** /'pætntli, 'peɪt-/ adv claramente

**paternal** /pə'tɜ:rnl/ adj 1 paternal 2 (familiares) paterno

☐ **path** /pæθ; GB pɑ:θ/ (tb **pathway** /'pæθweɪ; GB 'pɑ:θ-/) n 1 camino, sendero 2 paso 3 trayectoria 4 (fig) camino

**pathetic** /pə'θetɪk/ adj 1 patético 2 (coloq) lamentable

**pathological** /ˌpæθə'lɑdʒɪkl/ adj patológico **pathology** /pə'θɑlədʒi/ n patología

**pathos** /'peɪθɑs/ n patetismo

☐ **patience** /'peɪʃns/ n 1 paciencia 2 (GB) (USA **solitaire**) (juego de cartas) solitario **LOC** Ver TRY

☐ **patient** /'peɪʃnt/ adj, n paciente

**patio** /'pætioʊ/ n (pl patios) 1 terraza 2 patio

**patriarch** /'peɪtriɑrk/ n patriarca

**patriot** /'peɪtriət; GB tb 'pæt-/ n patriota **patriotic** /ˌpeɪtri'ɑtɪk, ˌpæt-/ adj patriótico

**patrol** /pə'troʊl/ vt, vi (-ll-) 1 patrullar (por) 2 (guardia) hacer la ronda (por)
▸ n patrulla

**patron** /'peɪtrən/ n 1 patrocinador, -ora 2 mecenas 3 (formal) cliente **patronage** /'peɪtrənɪdʒ, 'pæt-/ n 1 patrocinio 2 patronazgo 3 apoyo (de cliente regular)

**patronize** (GB tb -ise) /'peɪtrənaɪz; GB 'pæt-/ vt 1 (pey) tratar condescendientemente a 2 (formal) patrocinar **patronizing** (GB tb -ising) adj (pey) condescendiente

☐ **pattern** /'pætərn/ n 1 dibujo (en tela, etc.) 2 (Costura, etc.) patrón 3 pauta, tendencia **patterned** adj estampado

☐ **pause** /pɔ:z/ n pausa
▸ vi hacer una pausa, pararse

**pave** /peɪv/ vt pavimentar **LOC pave the way (for sth/sb)** preparar el camino (para algo/algn)

**pavement** /'peɪvmənt/ n 1 (USA) pavimento 2 (GB) (USA **sidewalk**) banqueta

**pavilion** /pə'vɪliən/ n pabellón

**paving** /'peɪvɪŋ/ n pavimento: paving stone losa

**paw** /pɔ:/ n 1 pata 2 (coloq) mano
▸ vt, vi ~ (at) sth manosear algo

**pawn** /pɔ:n/ n (Ajedrez, fig) peón
▸ vt empeñar

☐ **pay** /peɪ/ (pt, pp **paid**) 1 vt ~ sb sth (for sth); ~ sth (to sb) (for sth) pagar algo (a algn) (por algo) ➔ Ver nota en GIVE 2 vt, vi ~ (sb) (for sth) pagar (algo) (a algn) 3 vi ser

rentable 4 vi valer la pena 5 vt, vi compensar **LOC pay attention (to sth/sb)** prestar atención (a algo/algn) **pay sb a compliment** hacer un cumplido a algn **pay sb a visit** visitar algo/a algn **PHRV pay sb back (sth); pay sth back (to sb)** devolver algo (a algn) (dinero) **pay sth in; pay sth into sth** depositar algo (en algo) **pay off** (coloq) dar fruto, valer la pena **pay sb off** 1 pagar y despedir a algn 2 (coloq) sobornar a algn **pay sth off** (terminar de) pagar algo **pay up** pagar (lo que se debe)
▸ n [incontable] sueldo: pay raise/increase aumento de sueldo ◊ pay claim reclamación salarial **payable** adj pagadero

**payday** /'peɪdeɪ/ n día de paga

☐ **payment** /'peɪmənt/ n 1 pago 2 [incontable]: in/as payment for sth como recompensa a/en pago a algo

**pay-off** /'peɪ ɔ:f; GB ɒf/ n (coloq) 1 pago, soborno 2 recompensa

**payroll** /'peɪroʊl/ n nómina

**PC** /ˌpi: 'si:/ abrev (pl PCs) 1 (abrev de **personal computer**) computadora personal 2 (GB) (abrev de **police constable**) (agente de) policía 3 (abrev de **politically correct**) políticamente correcto

**PDA** /ˌpi: di: 'eɪ/ n (abrev de **personal digital assistant**) (pl PDAs) palm, computadora de mano

**P.E.** /ˌpi: 'i:/ n (abrev de **physical education**) educación física

**pea** /pi:/ n chícharo

☐ **peace** /pi:s/ n 1 paz 2 tranquilidad: peace of mind tranquilidad de conciencia **LOC at peace (with sth/sb)** en armonía (con algo/algn) **make (your) peace with sb** hacer las paces con algn **peace and quiet** paz y tranquilidad

☐ **peaceful** /'pi:sfl/ adj 1 pacífico 2 tranquilo

**peach** /pi:tʃ/ n 1 durazno 2 (tb **peach tree**) durazno 3 color durazno

**peacock** /'pi:kɑk/ n pavo real

☐ **peak** /pi:k/ n 1 (montaña) pico, cumbre 2 punta 3 punto máximo 4 (GB) (USA **bill**) visera
▸ adj máximo: in peak condition en condiciones óptimas ◊ peak hours horas pico
▸ vi alcanzar el punto máximo **peaked** adj 1 en punta 2 (gorra) con visera

**peal** /pi:l/ n 1 (campanas) repique 2 peals of laughter carcajadas

**peanut** /'pi:nʌt/ n 1 cacahuate 2 **peanuts** [pl] (coloq) migajas

**pear** /peər/ n 1 pera 2 (tb **pear tree**) peral

**pearl** /pɜːrl/ n **1** perla **2** (fig) joya

**peasant** /'peznt/ n **1** campesino, -a ➲ Ver nota en CAMPESINO **2** (coloq, pey) payo

**peat** /piːt/ n turba (de carbón)

**pebble** /'pebl/ n guijarro

**peck** /pek/ **1** vt, vi ~ (at sth) picotear (algo) **2** (coloq) dar un besito a **LOC** **pecking order** (coloq) orden jerárquico
▶ n **1** picotazo **2** (coloq) besito

**peckish** /'pekɪʃ/ adj (GB, coloq): to feel peckish tener ganas de botanear

**peculiar** /prˈkjuːliər/ adj **1** extraño **2** especial **3** ~ (to sth/sb) peculiar (de algo/algn) **peculiarity** /prˌkjuːliˈærəti/ n (pl **peculiarities**) **1** peculiaridad **2** [incontable] rarezas **peculiarly** adv **1** especialmente **2** característicamente **3** de una manera extraña

**pedal** /'pedl/ n pedal
▶ vi (-l-, GB -ll-) pedalear

**pedantic** /prˈdæntɪk/ adj (pey) **1** maniático **2** pedante

**pedestrian** /pəˈdestriən/ n peatón, -ona
▶ adj **1** peatonal: pedestrian zone/crossing zona peatonal/paso de peatones **2** (pey) prosaico

**pediatrician** (GB **paedi-**) /ˌpiːdiəˈtrɪʃn/ n pediatra

**pedigree** /'pedigriː/ n **1** (animal) pedigrí **2** (persona) genealogía **3** casta

**pee** /piː/ vi (coloq) hacer pis
▶ n (coloq) pis

**peek** /piːk/ vi ~ (at sth/sb) echar una mirada (a algo/algn) **❶** Implica una mirada rápida y muchas veces furtiva.

**peel** /piːl/ vt, vi pelar(se) **2** ~ (sth) (away/off/back) despegar algo, despegarse, desprenderse
▶ n [incontable] **1** piel **2** corteza **3** cáscara

Para cáscaras duras, como de nuez o de huevo, se usa **shell** en vez de **peel**. Para la corteza del limón se utiliza **rind** o **peel**, mientras que para la naranja se usa sólo **peel**. **Skin** se utiliza para la piel del plátano y para otras frutas con piel más fina, como el durazno.

**peep** /piːp/ vi **1** ~ (at sth/sb) echar una ojeada (a algo/algn) **❶** Implica una mirada rápida y muchas veces cautelosa. **2** ~ over, through, etc. (sth) asomarse (por encima de, por, etc. algo)
▶ n vistazo: to have/take a peep at sth echar una ojeada a algo

**peer** /pɪər/ vi ~ (at sth/sb) mirar (algo/a algn): to peer out of the window mirar por la ventana **❶** Implica una mirada

prolongada que a veces supone esfuerzo.
▶ n **1** igual **2** contemporáneo, -a **3** (GB) noble

**peerage** /'pɪərɪdʒ/ n [sing] (GB) los pares, la nobleza

**peeved** /piːvd/ adj ~ (about sth) (coloq) molesto, enojado (por algo)

**peg** /peg/ n **1** (en la pared) percha **2** (GB) (tb clothes peg) (USA **clothespin**) gancho **LOC** **bring/take sb down a peg (or two)** bajarle a algn los humos
▶ vt (-gg-) **1** (precios, sueldos) fijar (el nivel de) **2** ~ sth to sth ligar algo a algo

**pejorative** /prˈdʒɔːrətɪv; GB -ˈdʒɒr-/ adj (formal) peyorativo

**pelican** /'pelɪkən/ n pelícano

**pellet** /'pelɪt/ n **1** (papel, etc.) bolita, píldora **2** perdigón **3** (fertilizantes, etc.) gránulo

**pelt** /pelt/ n **1** pellejo **2** piel
▶ **1** vt ~ sb with sth tirar algo a algn **2** vi ~ (down) (with rain) llover a cántaros **3** vi ~ along, down, up, etc. (sth) (GB) ir a toda velocidad (por algún sitio): They pelted down the hill. Bajaron la colina a toda velocidad.

**pelvic** /'pelvɪk/ adj pélvico

**pelvis** /'pelvɪs/ n pelvis

**pen** /pen/ n **1** pluma, bolígrafo **2** corral **3** (para ovejas) redil

**penalize** (GB tb **-ise**) /'piːnəlaɪz, 'pen-/ vt **1** sancionar, castigar **2** perjudicar

**penalty** /'penəlti/ n (pl **penalties**) **1** (castigo) pena **2** multa **3** (Dep) penalización **5** (Fútbol) penalty

**pence** /pens/ plural de PENNY (1)

**pencil** /'pensl/ n lápiz

**pendant** /'pendənt/ n colgante

**pending** /'pendɪŋ/ adj (formal) pendiente
▶ prep (formal) en espera de

**pendulum** /'pendʒələm; GB -djəl-/ n péndulo

**penetrate** /'penɪtreɪt/ **1** vt, vi ~ (sth/into sth) penetrar (algo): to penetrate new markets introducirse en nuevos mercados **2** vt, vi ~ (through) sth atravesar algo **3** vt (organización) infiltrar **penetrating** adj **1** perspicaz **2** (mirada, sonido) penetrante

**penguin** /'peŋgwɪn/ n pingüino

**penicillin** /ˌpenɪˈsɪlɪn/ n penicilina

**peninsula** /pəˈnɪnsələ; GB -sjələ/ n península

**penis** /'piːnɪs/ n pene

**penniless** /'penɪləs/ adj sin dinero

ʕ**penny** /'peni/ n 1 (pl pence /pens/) (GB) penique 2 (pl pennies) (Can, USA) centavo LOC every penny: It was worth every penny. Valía lo que costaba.

**pen pal** n amigo, -a por corresponcia

ʕ**pension** /'penʃn/ n pensión
▸ v PHRV pension sb off (esp GB) jubilar a algn

**pensioner** n jubilado, -a

**the Pentagon** /'pentəgɑn; GB -gən/ el Pentágono (sede de la Secretaría de Defensa de EE.UU.)

**penthouse** /'penthaʊs/ n penthouse

**pent-up** /,pent 'ʌp/ adj 1 (ira, etc.) contenido 2 (deseo) reprimido

**penultimate** /pen'ʌltɪmət/ adj penúltimo

ʕ**people** /'piːpl/ n 1 [pl] gente: People are saying that… Dice la gente que… 2 [pl] personas: ten people diez personas ➔ Ver nota en PERSON 3 the people [pl] (público) el pueblo 4 [contable] (nación) pueblo
▸ vt poblar

**people carrier** (GB) (USA minivan) n minivan, pesero

ʕ**pepper** /'pepər/ n 1 pimienta 2 (GB) (USA bell pepper) pimiento 3 chile

**peppercorn** /'pepərkɔːrn/ n grano de pimienta

**peppermint** /'pepərmɪnt/ n 1 menta 2 pastilla de menta

ʕ**per** /pər/ prep por: per person por persona ◊ 60 dollars per day 60 dólares al día ◊ per annum al año

**perceive** /pər'siːv/ vt (formal) 1 (observar) percibir, divisar 2 ~ sth (as sth) (considerar) interpretar algo (como algo)

ʕ**percent** /pər'sent/ (tb per cent) adj, adv por ciento **percentage** /pər'sentɪdʒ/ n porcentaje: percentage increase aumento porcentual

**perceptible** /pər'septəbl/ adj (formal) 1 perceptible 2 (mejora, etc.) sensible

**perception** /pər'sepʃn/ n (formal) 1 percepción 2 sensibilidad, perspicacia 3 punto de vista

**perceptive** /pər'septɪv/ adj perspicaz

**perch** /pɜːrtʃ/ n 1 percha (para pájaros) 2 posición (elevada) 3 (pl perch) (pez) perca
▸ vi 1 (pájaro) posarse 2 (coloq) (persona, edificio) encaramarse ❶ En este sentido se utiliza casi siempre en pasiva o como participio pasado.

**percussion** /pər'kʌʃn/ n percusión

**perennial** /pə'reniəl/ adj perenne

ʕ**perfect** /'pɜːrfɪkt/ adj 1 perfecto 2 ~ for sth/sb ideal para algo/algn 3 completo: a perfect stranger un perfecto extraño
▸ vt /pər'fekt/ perfeccionar

**perfection** /pər'fekʃn/ n perfección LOC to perfection a la perfección **perfectionist** n perfeccionista

ʕ**perfectly** /'pɜːrfɪktli/ adv 1 perfectamente 2 completamente

**perforate** /'pɜːrfəreɪt/ vt perforar **perforated** adj perforado **perforation** n 1 perforación 2 perforado

ʕ**perform** /pər'fɔːrm/ 1 vt (función) desempeñar 2 vt (operación, ritual, trabajo) realizar 3 vt (compromiso) cumplir 4 vt (Teat, danza) representar 5 vt, vi (música) interpretar 6 vi actuar, representarse

ʕ**performance** /pər'fɔːrməns/ n 1 (deberes) cumplimiento 2 (estudiante, empleado) rendimiento 3 (empresa) resultados 4 (Mús) actuación, interpretación 5 (Cine) función 6 (Teat) representación: the evening performance la función de la tarde

ʕ**performer** /pər'fɔːrmər/ n 1 (Mús) intérprete 2 (Teat) actor, actriz 3 artista (de variedades)

**perfume** /pər'fjuːm; GB 'pɜːfjuːm/ n perfume ➔ Ver nota en SMELL

ʕ**perhaps** /pər'hæps; GB tb præps/ adv quizá(s), tal vez, a lo mejor: perhaps not puede que no

**peril** /'perəl/ n (formal) peligro, riesgo

**perimeter** /pə'rɪmɪtər/ n perímetro

ʕ**period** /'pɪəriəd/ n 1 periodo: over a period of three years a lo largo de tres años 2 época: period dress/furniture prendas/muebles de época 3 (Educ) clase 4 (Med) periodo, regla 5 (GB full stop) punto (y seguido) ➔ Ver pág 308

**periodic** /,pɪəri'ɑdɪk/ (tb periodical) adj periódico

**periodical** /,pɪəri'ɑdɪkl/ n revista

**perish** /'perɪʃ/ vi (formal) perecer, fallecer **perishable** adj perecedero

**perjury** /'pɜːrdʒəri/ n perjurio

**perk** /pɜːrk/ v PHRV perk up (coloq) 1 animarse, sentirse mejor 2 (negocios, tiempo) mejorar
▸ n [gen pl] (coloq) beneficio (adicional) (de un trabajo, etc.)

**perm** /pɜːrm/ n permanente
▸ vt: to have your hair permed hacerse la permanente

| ʃ chin | dʒ June | v van | θ then | s so | z zoo | ʃ she |

**permanent** /'pɜːrmənənt/ *adj* **1** permanente, fijo **2** (*daño*) irreparable, para siempre

**permanently** /'pɜːrmənəntli/ *adv* permanentemente, para siempre

**permissible** /pər'mɪsəbl/ *adj* permisible, admisible

**permission** /pər'mɪʃn/ *n* ~ (**for sth/to do sth**) permiso, autorización (para algo/para hacer algo)

**permissive** /pər'mɪsɪv/ *adj* permisivo

**permit** /pər'mɪt/ *vt, vi* (**-tt-**) (*formal*) permitir: *If time permits…* Si da tiempo… ⊃ Ver nota en ALLOW
▸ *n* /'pɜːrmɪt/ **1** permiso, autorización **2** (*de entrada*) pase

**perpendicular** /ˌpɜːrpən'dɪkjələr/ *adj* **1** ~ (**to sth**) perpendicular (a algo) **2** (*pared de roca*) vertical

**perpetrate** /'pɜːrpətreɪt/ *vt* (*formal*) cometer, perpetrar

**perpetual** /pər'petʃuəl/ *adj* **1** perpetuo, continuo **2** constante, interminable

**perpetuate** /pər'petʃueɪt/ *vt* (*formal*) perpetuar

**perplexed** /pər'plekst/ *adj* perplejo

**persecute** /'pɜːrsɪkjuːt/ *vt* ~ **sb** (**for sth**) perseguir a algn (por algo) (*raza, religión, etc.*) **persecution** *n* persecución

**perseverance** /ˌpɜːrsə'vɪərəns/ *n* perseverancia

**persevere** /ˌpɜːrsə'vɪər/ *vi* **1** ~ (**in/with sth**) perseverar (en algo) **2** ~ (**with sb**) seguir insistiendo (con algn)

**persist** /pər'sɪst/ *vi* **1** ~ (**in sth/in doing sth**) insistir, empeñarse (en algo/en hacer algo) **2** ~ **with sth** continuar con algo **3** persistir **persistence** *n* **1** perseverancia **2** persistencia **persistent** *adj* **1** porfiado, pertinaz **2** continuo, persistente

**person** /'pɜːrsn/ *n* persona

El plural de **person** es normalmente **people**: *one hundred people.* También existe **persons** como plural, pero sólo se usa en lenguaje formal o legal: *The police have a list of missing persons.* La policía tiene una lista de personas desaparecidas.

**LOC** **in person** en persona

**personal** /'pɜːrsənl/ *adj* personal: *personal assistant* ayudante personal ◊ *personal ads* anuncios personales **LOC** **get personal** empezar a hacer críticas personales

**personality** /ˌpɜːrsə'næləti/ *n* (*pl* **personalities**) personalidad

**personalize** /'pɜːrsənəlaɪz/ (*GB tb* **-ise**) *adj* **1** personalizar **2** marcar con las iniciales de uno

**personally** /'pɜːrsənəli/ *adv* personalmente: *to know sb personally* conocer a algn personalmente **LOC** **take sth personally** ofenderse por algo

**personify** /pər'sɑnɪfaɪ/ *vt* (*pt, pp* **-fied**) personificar

**personnel** /ˌpɜːrsə'nel/ *n* (departamento de) personal: *personnel officer* jefe de personal

**perspective** /pər'spektɪv/ *n* perspectiva **LOC** **keep/put sth in perspective** mantener/poner algo en su sitio

**perspiration** /ˌpɜːrspə'reɪʃn/ *n* **1** sudor **2** transpiración

**perspire** /pər'spaɪər/ *vi* (*formal*) transpirar ❶ La palabra más normal es **sweat**.

**persuade** /pər'sweɪd/ *vt* **1** ~ **sb to do sth; ~ sb into (doing) sth** persuadir a algn de que haga algo **2** ~ **sb** (**of sth/that…**) convencer a algn (de algo/de que…) **persuasion** *n* **1** persuasión **2** creencia, opinión **persuasive** *adj* **1** convincente **2** persuasivo

**pertinent** /'pɜːrtnənt; *GB* -tɪnənt/ *adj* (*formal*) pertinente

**perturb** /pər'tɜːrb/ *vt* (*formal*) perturbar

**pervade** /pər'veɪd/ *vt* (*formal*) **1** (*olor*) extenderse por **2** (*luz*) difundirse por **3** (*obra, libro*) impregnar **pervasive** (*tb* **pervading**) *adj* generalizado

**perverse** /pər'vɜːrs/ *adj* **1** (*persona*) terco, retorcido **2** (*obra, comportamiento*) ilógico, inmoral **3** (*placer, deseo*) perverso **perversion** *n* **1** corrupción **2** perversión **3** tergiversación

**pervert** /pər'vɜːrt/ *vt* **1** tergiversar **2** corromper
▸ *n* /'pɜːrvɜːrt/ pervertido, -a

**pessimist** /'pesɪmɪst/ *n* pesimista **pessimistic** /ˌpesɪ'mɪstɪk/ *adj* pesimista

**pest** /pest/ *n* **1** insecto o animal dañino: *pest control* control de plagas **2** (*coloq*) (*fig*) molestia, lata

**pester** /'pestər/ *vt* molestar

**pet** /pet/ *n* **1** mascota **2** (*gen pey*) favorito, -a
▸ *adj* **1** predilecto **2** (*animal*) domesticado
▸ *vt* (*tb esp GB* **stroke**) acariciar: *to pet the cat* acariciar al gato

**petal** /'petl/ *n* pétalo

**peter** /'piːtər/ *v* **PHRV** **peter out 1** agotarse poco a poco **2** (*conversación*) apagarse

**petition** /pə'tɪʃn/ *n* petición

ʔ **petrol** /ˈpetrəl/ (GB) (USA **gasoline, gas**) n gasolina

**petroleum** /pəˈtrəʊliəm/ n petróleo

**petrol station** (GB) (USA **gas station**) n gasolinera

**petticoat** /ˈpetɪkəʊt/ n enaguas, fondo

**petty** /ˈpeti/ adj **1** (gen pey) insignificante **2** (gen pey) (persona, conducta) mezquino **3** (delito, gasto) menor: petty cash dinero para gastos menores

**pew** /pjuː/ n banco de iglesia

**phantom** /ˈfæntəm/ n fantasma
▸ adj ilusorio

**pharmaceutical** /ˌfɑːməˈsuːtɪkl; GB -ˈsjuː-/ adj farmacéutico

**pharmacist** /ˈfɑːməsɪst/ (GB tb **chemist**) n farmacéutico, -a

**pharmacy** /ˈfɑːməsi/ n (pl **pharmacies**) farmacia ❶ Las palabras más comunes son **drugstore** en inglés americano, y **chemist's** en inglés británico.

ʔ **phase** /feɪz/ n fase, etapa
▸ vt escalonar **PHRV** **phase sth in/out** introducir/retirar algo de una manera escalonada

**Ph.D.** /ˌpiː eɪtʃ ˈdiː/ n (abrev de **Doctor of Philosophy**) doctorado

**pheasant** /ˈfeznt/ n (pl **pheasants** o **pheasant**) faisán

**phenomenal** /fəˈnɒmɪnl/ adj fenomenal

**phenomenon** /fəˈnɒmɪnən, -nɑn/ n (pl **phenomena** /-mə/) fenómeno

**phew** /fjuː/ interj ¡uf!

**philanthropist** /fɪˈlænθrəpɪst/ n filántropo, -a

**philosopher** /fɪˈlɒsəfər/ n filósofo, -a

**philosophical** /ˌfɪləˈsɒfɪkl/ adj filosófico

ʔ **philosophy** /fəˈlɒsəfi/ n (pl **philosophies**) filosofía

**phlegm** /flem/ n flema **phlegmatic** /flegˈmætɪk/ adj flemático

**phobia** /ˈfəʊbiə/ n fobia

**phone** /fəʊn/ Ver **TELEPHONE**

**phone-in** /ˈfəʊn ɪn/ n programa de radio o televisión abierto al público

**phony** (tb **phoney**) /ˈfəʊni/ adj (coloq, pey) falso

ʔ **photo** /ˈfəʊtəʊ/ n (pl **photos**) foto: to take a photo sacar una foto

**photocopier** /ˈfəʊtəʊkɒpiər/ n fotocopiadora

ʔ **photocopy** /ˈfəʊtəʊkɒpi/ vt (pt, pp **photocopied**) fotocopiar
▸ n (pl **photocopies**) fotocopia

ʔ **photograph** /ˈfəʊtəɡræf; GB -ɡrɑːf/ n foto(grafía)
▸ **1** vt fotografiar **2** vi ~ **well, badly, etc.** ser/no ser fotogénico: He photographs well. Sale bien en fotos.

ʔ **photographer** /fəˈtɒɡrəfər/ n fotógrafo, -a

**photographic** /ˌfəʊtəˈɡræfɪk/ adj fotográfico

ʔ **photography** /fəˈtɒɡrəfi/ n fotografía (arte)

**phrasal verb** /ˌfreɪzl ˈvɜːrb/ n verbo con preposición o partícula adverbial ➔ Ver pág 307

ʔ **phrase** /freɪz/ n **1** ❶ Un **phrase** es un conjunto de palabras que no contiene verbo conjugado: a bar of chocolate ◇ running fast. **2** expresión, frase: phrase book libro de frases **LOC** Ver **TURN**
▸ vt expresar

ʔ **physical** /ˈfɪzɪkl/ adj físico: physical fitness buena forma física
▸ n (tb esp GB **medical**) revisión médica

ʔ **physically** /ˈfɪzɪkli/ adv físicamente: physically fit en buena forma física ◇ physically handicapped discapacitado

**physician** /fɪˈzɪʃn/ n (esp USA, formal) médico, -a

**physicist** /ˈfɪzɪsɪst/ n físico, -a

ʔ **physics** /ˈfɪzɪks/ n [incontable] física

**physiology** /ˌfɪziˈɒlədʒi/ n fisiología

**physiotherapist** /ˌfɪziəʊˈθerəpɪst/ n fisioterapeuta

**physiotherapy** /ˌfɪziəʊˈθerəpi/ n fisioterapia

**physique** /fɪˈziːk/ n físico (aspecto)

**pianist** /ˈpɪənɪst/ n pianista

ʔ **piano** /piˈænəʊ/ n (pl **pianos**) piano: piano stool taburete de piano

ʔ **pick** /pɪk/ **1** vt elegir, seleccionar **2** vt (flor, fruta, etc.) cortar **3** vt picar(se): to pick your teeth/nose picar(se) los dientes/la nariz ◇ to pick a hole (in sth) hacer un agujero (en algo) **4** vt ~ **sth from/off sth** quitar, recoger algo de algo **5** vt (cerradura) forzar **LOC** **pick a fight/quarrel (with sb)** buscar pelea (con algn) **pick and choose** ser muy exigente **pick holes in sth** encontrar defectos en algo **pick sb's brains** (coloq) explotar los conocimientos de algn **pick sb's pocket** robarle la cartera a algn **pick up speed** cobrar velocidad Ver tb **BONE** **PHRV** **pick at sth** comer algo con poca gana **pick on sb 1** meterse con algn **2** elegir a algn (para algo desagradable) **pick sth/sb out 1** escoger algo/a algn **2** distinguir algo/a algn (en una multitud, etc.) **pick sth out 1** identificar algo **2** destacar algo **pick up 1** mejorar **2** (viento) soplar más

fuerte **3** (*coloq*) seguir **pick sb up 1** (ir a) recoger a algn (*esp en coche*) **2** (*coloq*) ligar con algn **3** (*coloq*) detener a algn **pick sth up 1** recoger algo **2** aprender algo **3** (*enfermedad, acento, costumbre*) agarrar algo **pick yourself up** levantarse
▶ *n* **1** (derecho de) elección, selección: *Take your pick.* Escoge el/la que quieras. **2** [*sing*] **the ~ of sth** lo mejor (de algo) **3** pico

**pickle** /'pɪkl/ *n* **1** (*USA*) (*GB* **gherkin**) pepinillo en vinagre **2** [*pl*] (*GB*) encurtidos **LOC in a pickle** (*coloq*) en un lío

**pickpocket** /'pɪkpɒkɪt/ *n* carterista

**pickup** /'pɪkʌp/ (*tb* **pickup truck**) *n* camioneta pick-up

**picnic** /'pɪknɪk/ *n* picnic

**pictorial** /pɪk'tɔːriəl/ *adj* **1** gráfico **2** (*Arte*) pictórico

**P picture** /'pɪktʃər/ *n* **1** cuadro **2** ilustración **3** foto **4** retrato **5** imagen, idea **6** (*TV*) imagen **7** película **LOC be/look a picture** ser una preciosidad **put/keep sb in the picture** (*coloq*) poner/mantener a algn al corriente
▶ *vt* **1 ~ sb (as sth)** imaginar a algn (como algo) **2** retratar, fotografiar

**picturesque** /ˌpɪktʃə'resk/ *adj* pintoresco

**pie** /paɪ/ *n* pay, pie: *apple/tuna pie* pay de manzana/atún

**Pie** es un pastel o empanada de hojaldre o masa que tiene tapa y relleno dulce o salado. La palabra **tart** se usa para los pasteles, generalmente dulces, que tienen una base de hojaldre o masa pero que no tienen tapa.

**P piece** /piːs/ *n* **1** pedazo **2** pieza **3** trozo **4** (*de papel*) hoja **5** *a piece of advice/news* un consejo/una noticia **❶** A **piece of…** o **pieces of…** se usa con sustantivos incontables. ➔ *Ver tb nota en* CONSEJO **6** (*Mús*) obra **7** (*Period*) artículo **8** moneda **LOC be a piece of cake** (*coloq*) ser pan comido **in one piece** sano y salvo **to pieces**: *to pull/tear sth to pieces* hacer algo pedazos ◊ *to fall to pieces* hacerse pedazos ◊ *to take sth to pieces* desarmar algo ◊ *to smash sth to pieces* hacer algo/hacerse añicos *Ver tb* BIT
▶ *v* **PHRV piece sth together 1** (*pruebas, datos, etc.*) juntar algo **2** (*pasado*) reconstruir algo, atar cabos

**piecemeal** /'piːsmiːl/ *adv* (*gen pey*) poco a poco
▶ *adj* (*gen pey*) gradual

**pier** /pɪər/ *n* muelle, malecón

**pierce** /pɪərs/ *vt* **1** (*bala, cuchillo*) atravesar **2** perforar: *to have your ears*

*pierced* hacerse los agujeros en las orejas **3** (*sonido, etc.*) penetrar en

**piercing** /'pɪərsɪŋ/ *adj* **1** (*grito*) agudo **2** (*mirada, ojos*) penetrante
▶ *n* (*tb* **body piercing**) piercing

**piety** /'paɪəti/ *n* piedad (*religiosa*)

**P pig** /pɪg/ *n* **1** cerdo ➔ *Ver nota en* CARNE, CERDO **2** (*coloq, pey*) glotón, -ona

**pigeon** /'pɪdʒɪn/ *n* **1** paloma **2** pichón

**pigeonhole** /'pɪdʒɪnhoʊl/ *n* casilla

**piglet** /'pɪglət/ *n* cerdito, lechón ➔ *Ver nota en* CERDO

**pigment** /'pɪgmənt/ *n* pigmento

**pigsty** /'pɪgstaɪ/ *n* (*pl* **pigsties**) (*lit y fig*) pocilga

**pigtail** /'pɪgteɪl/ (*GB*) (*USA* **braid**) *n* trenza

**P pile** /paɪl/ *n* **1** montón **2 ~ (of sth)** (*coloq*) un montón de algo
▶ *vt* amontonar, apilar: *to be piled (high) with sth* estar colmado de algo **PHRV pile in/out** (*coloq*) entrar/salir en tropel **pile (sth) up** amontonar algo, amontonarse

**pile-up** /'paɪl ʌp/ *n* accidente múltiple

**pilgrim** /'pɪlgrɪm/ *n* peregrino, -a

**pilgrimage** /'pɪlgrɪmɪdʒ/ *n* peregrinación

**P pill** /pɪl/ *n* **1** píldora: *sleeping pill* somnífero **2 the pill** [*sing*] (*anticonceptivo*) la píldora

**pillar** /'pɪlər/ *n* pilar

**pillow** /'pɪloʊ/ *n* almohada

**pillowcase** /'pɪloʊkeɪs/ *n* funda de almohada

**P pilot** /'paɪlət/ *n* **1** piloto **2** (*TV*) programa piloto
▶ *adj* piloto (*experimental*)

**pimple** /'pɪmpl/ *n* grano (*en la piel*)

**PIN** /pɪn/ (*tb* **PIN number**) *n* (*abrev de* **personal identification number**) número de identificación personal (*de tarjeta bancaria*) NIP

**P pin** /pɪn/ *n* **1** alfiler **2** (*GB* **brooch**) broche **3** clavija **LOC pins and needles** hormigueo
▶ *vt* (**-nn-**) **1** (*con alfileres*) prender, sujetar **2** (*persona, brazos*) sujetar **PHRV pin sb down 1** inmovilizar a algn (*en el suelo*) **2** hacer que algn concrete

**pins**

safety pin      pin      pin

**pincer** /'pɪnsər/ n **1** (*cangrejo, etc.*) pinza **2 pincers** [*pl*] pinzas ➜ *Ver nota en* PAIR

**pinch** /pɪntʃ/ **1** *vt* pellizcar **2** *vt, vi* (*zapatos, etc.*) apretar **3** *vt* ~ **sth** (*from sth/sb*) (*GB, coloq*) volarse algo (de algo/a algn) ▸ n **1** pellizco **2** (*sal, etc.*) pizca LOC **in a pinch** (*GB* **at a pinch**) en caso de necesidad

**pine** /paɪn/ (*tb* **pine tree**) n pino ▸ vi **1** ~ (**away**) languidecer, consumirse **2** ~ **for sth/sb** echar de menos, añorar algo/a algn

**pineapple** /'paɪnæpl/ n piña

**ping** /pɪŋ/ n **1** sonido (metálico) **2** (*de bala*) silbido

**Ping-pong**® /'pɪŋ pɑŋ/ n ping-pong®

**pink** /pɪŋk/ *adj* **1** rosa, rosado **2** (*de vergüenza, etc.*) colorado ▸ n **1** rosa **2** (*Bot*) clavelina

**pinnacle** /'pɪnəkl/ n **1** ~ **of sth** cúspide de algo **2** (*Arquit*) pináculo **3** (*de montaña*) pico

**pinpoint** /'pɪnpɔɪnt/ *vt* **1** localizar exactamente **2** poner el dedo en, precisar

**pint** /paɪnt/ n **1** (*abrev* pt.) pinta ❶ Un **pint** equivale a 0.473 litros en Estados Unidos y 0.568 litros en Gran Bretaña. ➜ *Ver tb pág* 680 **2** (*GB*): *to go for/have a pint* tomar una cerveza

**pin-up** /'pɪn ʌp/ n foto (*de persona atractiva, clavada en la pared*)

**pioneer** /ˌpaɪə'nɪər/ n pionero, -a ▸ *vt* ser pionero en **pioneering** *adj* pionero

**pious** /'paɪəs/ *adj* **1** piadoso, devoto **2** (*pey*) beato

**pip** /pɪp/ (*esp GB*) (*USA* **seed**) n pepita

**pipe** /paɪp/ n **1** tubería, conducto **2 pipes** [*pl*] cañería(s) **3** pipa **4** (*Mús*) flauta **5 pipes** *Ver* BAGPIPES ▸ *vt* trasportar (*por tubería, gaseoducto, oleoducto*) PHRV **pipe down** (*coloq*) callarse

**pipeline** /'paɪplaɪn/ n tubería, gaseoducto, oleoducto LOC **be in the pipeline 1** (*pedido*) estar tramitándose **2** (*cambio, propuesta, etc.*) estar preparándose

**piping hot** /ˌpaɪpɪŋ 'hɑt/ *adj* hirviendo

**piracy** /'paɪrəsi/ n piratería

**pirate** /'paɪrət/ n pirata ▸ *vt* piratear

**Pisces** /'paɪsiːz/ n piscis ➜ *Ver ejemplos en* AQUARIUS

**pistol** /'pɪstl/ n pistola

**piston** /'pɪstən/ n pistón

**pit** /pɪt/ n **1** fosa **2** (*de carbón*) pozo **3** hoyo (*en una superficie*) **4** (*esp USA*) (*GB* **stone**) hueso (*de una fruta*) **5 the pit** (*tb* **the pits** [*pl*]) (*Automovilismo*) el box **6 the pit** (*esp GB, Teat*) la platea LOC **be the pits** (*coloq*) ser pésimo ▸ *v* (**-tt-**) PHRV **pit sth/sb against sth/sb** oponer algo/a algn con algo/algn

**pitch** /pɪtʃ/ n **1** (*intensidad, Mús*) tono **2** (*USA*) (*Béisbol*) lanzamiento **3** (*GB*) (*USA* **field**) (*Dep*) campo **4** (*tejado*) inclinación **5** (*GB*) puesto (*en mercado, calle*) **6** brea: *pitch-black* negro como la boca del lobo ▸ **1** *vt* lanzar, arrojar **2** *vt* montar (*tienda de campaña*) **3** *vt* tirarse **4** *vi* (*barco*) cabecear **5** *vt* ~ **sth** (*at sb*) (*producto, etc.*) dirigir algo (a algn) PHRV **pitch in** (*coloq*) poner manos a la obra **pitch in** (*with sth*) (*coloq*) ayudar (con algo), colaborar

**pitched** *adj* (*batalla*) campal

**pitcher** /'pɪtʃər/ n **1** (*GB* **jug**) jarra **2** (*Béisbol*) pítcher

**pitfall** /'pɪtfɔːl/ n peligro

**pith** /pɪθ/ n médula, meollo

**pitiful** /'pɪtɪfl/ *adj* **1** lastimoso, conmovedor **2** penoso

**pitiless** /'pɪtɪləs/ *adj* **1** despiadado **2** (*fig*) implacable

**pity** /'pɪti/ n **1** ~ (**for sth/sb**) pena, compasión (de algo/algn) **2 a pity** [*sing*] una lástima, una pena LOC **take pity on sb** apiadarse de algn ▸ *vt* (*pt, pp* **pitied**) compadecerse de: *I pity you.* Me das lástima.

**pivot** /'pɪvət/ n **1** pivote **2** (*fig*) eje

**pizza** /'piːtsə/ n pizza

**placard** /'plækɑrd/ n pancarta

**placate** /'pleɪkeɪt; *GB* plə'keɪt/ *vt* apaciguar

**place** /pleɪs/ n **1** sitio, lugar **2** (*en superficie*) parte **3** (*asiento, posición*) puesto, plaza, sitio **4** *It's not my place to…* No me compete… **5** [*sing*] casa LOC **all over the place** (*coloq*) **1** en todas partes **2** en desorden **change/swap places** (*with sb*) **1** cambiar de lugar (con algn) **2** (*fig*) cambiarse (por algn) **in place** en su sitio **in (the) first, second, etc. place** en primer, segundo, etc. lugar **out of place 1** desplazado, fuera de lugar **2** fuera de lugar **take place** tener lugar, ocurrir *Ver tb* FRIEND, HAPPEN ▸ *vt* **1** poner, colocar **2** identificar **3** ~ **sth** (**with sth/sb**) (*pedido, apuesta*) hacer algo (en algo/a algn): *We placed an order for… with…* Hicimos un pedido de… a… **4** situar

**plague** /pleɪg/ n **1** peste **2** ~ **of sth** plaga de algo ▸ *vt* **1** importunar, atormentar **2** acosar

**plaice** /pleɪs/ n (pl **plaice**) platija

**plaid** /plæd/ n tela escocesa

ℓ **plain** /pleɪn/ adj (**plainer, -est**) **1** claro **2** franco, directo **3** liso, neutro, sin dibujo: *plain paper* papel liso **4** sencillo: *plain yogurt* yogurt al natural **5** (físico) sin atractivo LOC **make sth plain (to sb)** dejar algo claro (a algn)
▸ adv (coloq) simplemente: *It's just plain stupid.* Es simplemente estúpido.

**plain-clothes** /ˌpleɪn ˈklouðz, ˈklouz/ adj (policía) no uniformado

**plainly** /ˈpleɪnli/ adv **1** claramente, con claridad **2** evidentemente

**plaintiff** /ˈpleɪntɪf/ n demandante

**plait** /plæt/ (GB) (USA **braid**) n trenza

ℓ **plan** /plæn/ n **1** plan, programa **2** plano **3** esquema
▸ (**-nn-**) **1** vt planear, proyectar: *What do you plan to do?* ¿Qué piensas hacer? **2** vi hacer planes PHRV **plan sth out** planificar algo

ℓ **plane** /pleɪn/ n **1** avión: *plane crash* accidente de aviación **2** plano **3** cepillo (de carpintero)

ℓ **planet** /ˈplænɪt/ n planeta

**plank** /plæŋk/ n **1** tabla, tablón **2** elemento fundamental (de política, etc.)

**planner** /ˈplænər/ n planificador, -ora

ℓ **planning** /ˈplænɪŋ/ n planificación

ℓ **plant** /plænt; GB plɑːnt/ n **1** planta **2** (Mec) maquinaria, equipo **3** fábrica **4** central: *power plant* central eléctrica
▸ vt **1** plantar **2** (jardín, campo) sembrar **3** (objetos robados, etc.) colocar **4** (dudas, etc.) sembrar

**plantation** /plænˈteɪʃn; GB plɑːn-/ n **1** (finca) plantación **2** arboleda

**plaque** /plæk; GB plɑːk/ n **1** placa **2** placa (dental)

**plaster** /ˈplæstər; GB ˈplɑːs-/ n **1** yeso: *to put sth in plaster* enyesar algo **2** (GB) (USA **Band-Aid®**) curita, esparadrapo
▸ vt **1** enyesar **2** embadurnar **3** (fig) llenar, cubrir

ℓ **plastic** /ˈplæstɪk/ n plástico
▸ adj de plástico

**Plasticine®** /ˈplæstəsiːn/ (GB) (USA **play dough®**) n plastilina®

ℓ **plate** /pleɪt/ n **1** plato **2** (metal) placa, plancha: *plate glass* vidrio cilindrado **3** hoja (de oro/plata) **4** (imprenta) lámina

**plateau** /plæˈtoʊ; GB ˈplætoʊ/ n (pl **plateaux** o **plateaus** /-toʊz/) meseta

ℓ **platform** /ˈplætfɔːrm/ n **1** tribuna **2** andén **3** (Pol) programa

**platinum** /ˈplætɪnəm/ n platino

**platoon** /pləˈtuːn/ n (Mil) pelotón

**plausible** /ˈplɔːzəbl/ adj **1** creíble **2** (persona) convincente

ℓ **play** /pleɪ/ **1** vt, vi jugar ➔ *Ver nota en* DEPORTE **2** vt (Dep) jugar con/contra **3** vt, vi (instrumento) tocar: *to play the guitar* tocar la guitarra **4** vt (CD, DVD, etc.) poner **5** vi (música) sonar **6** vt (golpe) dar **7** vt (broma pesada) hacer **8** vt (papel dramático) interpretar, hacer de **9** vt, vi (escena, obra) representar (se) **10** vt hacer(se): *to play dumb/the fool* hacer el tonto **11** vt (función) desempeñar
**❶** Para expresiones con **play**, véanse las entradas del sustantivo, adjetivo, etc., p. ej. **play it by ear** en EAR. PHRV **play along (with sb)** seguirle la corriente (a algn) **play sth down** restar importancia a algo **play A off (against) B** enfrentar a A y B **play (sb) up** (esp GB, coloq) dar guerra (a algn)
▸ n **1** juego: *children at play* niños jugando **2** (Teat) obra **3** (movimiento) holgura **4** (de fuerzas, personalidades, etc.) interacción LOC **a play on words** un juego de palabras **in play** en broma *Ver tb* CHILD, FAIR, FOOL

ℓ **player** /ˈpleɪər/ n **1** jugador, -ora **2** (Mús) músico, -a **3** reproductor: *DVD player* reproductor de DVD

**playful** /ˈpleɪfl/ adj **1** juguetón **2** (comentario, acción) en broma

**playground** /ˈpleɪgraʊnd/ n patio (de recreo), parque infantil

**playgroup** /ˈpleɪgruːp/ (GB) (USA **preschool**) n kínder

**playing card** n carta (de baraja)

**playing field** n campo de deportes

**play-off** /ˈpleɪ ɔːf; GB ɒf/ n partido de desempate

**playtime** /ˈpleɪtaɪm/ n (esp GB) recreo

**playwright** /ˈpleɪraɪt/ n dramaturgo, -a

**plea** /pliː/ n **1** ~ **(for sth)** petición (de algo): *to make a plea for sth* pedir algo **2** súplica **3** (Jur) declaración, alegación: *plea of guilty/not guilty* declaración de culpabilidad/inocencia **4** pretexto: *on a plea of ill health* bajo pretexto de padecer mala salud

**plead** /pliːd/ (pt, pp **pleaded**, USA tb **pled** /pled/) **1** vi ~ **(with sb) (for sth)** suplicar, pedir (algo) (a algn) **2** vi (Jur) ~ **for sb** hablar en favor de algn **3** vt (defensa) alegar LOC **plead guilty/not guilty** declararse culpable/inocente

ℓ **pleasant** /ˈpleznt/ adj agradable

**pleasantly** /ˈplezntli/ adv **1** agradablemente, gratamente **2** con amabilidad

i: see   ɪ sit   e ten   æ cat   ɑ hot   ɔː saw   ʌ cup   ʊ put   u: too

**please** /pli:z/ *interj* por favor: *Please come in.* Haga el favor de entrar. ◇ *Please do not smoke.* Se ruega no fumar.

> Se suele usar **please** en respuestas afirmativas y **thank you** o **thanks** (*más coloq*) en negativas: *"Would you like another cookie?" "Yes, please/No, thank you."* En general se considera poco educado omitir estas palabras en inglés.

**LOC** please do! ¡por supuesto!
▸ **1** *vt, vi* complacer **2** *vt* ser un placer para **3** *vi*: *for as long as you please* todo el tiempo que quieras ◇ *I'll do whatever I please.* Haré lo que me dé la gana. **LOC** as you please como quieras please yourself! ¡haz lo que te dé la gana!

**pleased** /pli:zd/ *adj* **1** contento ➔ *Ver nota en* GLAD **2** ~ (with sth/sb) satisfecho (de algo/con algn) **LOC** be pleased to do sth alegrarse de hacer algo, tener el placer de hacer algo: *I'd be pleased to come.* Me encantaría ir. **pleased to meet you** encantado de conocerle

**pleasing** /'pli:zɪŋ/ *adj* **1** grato, agradable **2** (*futuro*) halagüeño

**pleasurable** /'pleʒərəbl/ *adj* placentero

**pleasure** /'pleʒər/ *n* placer: *It gives me pleasure to…* Tengo el placer de… **LOC** my pleasure no hay de qué **take pleasure in sth** disfrutar con algo **with pleasure** con mucho gusto *Ver tb* BUSINESS

**pled** *pt, pp de* PLEAD

**pledge** /pledʒ/ *n* promesa, compromiso
▸ *vt* **1** ~ sth (to sth/sb) prometer algo (a algo/algn) **2** ~ sb/yourself to sth comprometer a algn, comprometerse a algo

**plentiful** /'plentɪfl/ *adj* abundante **LOC** *Ver* SUPPLY

**plenty** /'plenti/ *pron* **1** mucho, de sobra: *plenty to do* mucho que hacer **2** bastante: *That's plenty, thank you.* Ya basta, gracias.
▸ *adv* **1** ~ big, long, etc. enough (*coloq*) lo bastante: *plenty high enough* lo bastante alto **2** mucho **LOC** plenty more **1** de sobra **2** mucho más: *plenty more people* otros muchos

**pliable** /'plaɪəbl/ (*tb* pliant /'plaɪənt/) *adj* **1** flexible **2** influenciable

**pliers** /'plaɪərz/ *n* [*pl*] pinzas: *a pair of pliers* unas pinzas ➔ *Ver nota en* PAIR

**plight** /plaɪt/ *n* [*sing*] situación difícil, crisis

**plod** /plɑd/ *vi* (-dd-) caminar con dificultad **PHRV** plod along/on avanzar con esfuerzo

**plonk** /plɑŋk/ (GB) = PLUNK

**plot** /plɑt/ *n* **1** (*libro, película*) argumento **2** complot, intriga **3** parcela **4** solar
▸ (-tt-) **1** *vi* conjurarse, intrigar **2** *vt* (*intriga*) urdir **3** *vt* (*rumbo, etc.*) trazar

**plow** (GB plough) /plaʊ/ *n* arado
▸ *vt, vi* arar **PHRV** plow sth back (in/into sth) (*ganancias*) reinvertir algo (en algo) **plow into sth/sb** chocar contra algo/algn **LOC** plow (your way) through sth abrirse camino por/entre algo

**ploy** /plɔɪ/ *n* ardid, táctica

**pluck** /plʌk/ *vt* **1** arrancar **2** desplumar **3** (*cejas*) depilarse **4** (*cuerda*) pulsar **5** (*guitarra*) puntear **LOC** pluck up courage (to do sth) armarse de valor (y hacer algo)
▸ *n* (*coloq*) valor, agallas

**plug** /plʌg/ *n* **1** (*Electrón*) enchufe (*macho*) ➔ *Ver dibujo en* ENCHUFE **2** (GB stopper) tapón **3** (*tb* spark plug) bujía **4** (*coloq*) propaganda
▸ *vt* (-gg-) **1** (*agujero*) tapar **2** (*escape*) sellar **3** (*oídos*) taponar **4** (*hueco*) rellenar **5** hacer propaganda de **PHRV** plug sth in; plug sth into sth enchufar algo (en algo)

**plum** /plʌm/ *n* **1** ciruela **2** (*tb* plum tree) ciruelo

**plumage** /'plu:mɪdʒ/ *n* plumaje

**plumber** /'plʌmər/ *n* plomero, -a **plumbing** *n* plomería

**plummet** /'plʌmɪt/ *vi* **1** caer en picada **2** (*fig*) bajar drásticamente

**plump** /plʌmp/ *adj* rollizo ➔ *Ver nota en* GORDO
▸ *v* **PHRV** plump for sth/sb (*coloq*) decidirse por algo/algn, elegir algo/a algn

**plunder** /'plʌndər/ *vt* saquear

**plunge** /plʌndʒ/ *vi* **1** caer (en picada), precipitarse **2** zambullirse **PHRV** plunge sth in; plunge sth into sth **1** meter algo (en algo): *She plunged the knife into his chest.* Hundió el cuchillo en su pecho. **2** (*en agua*) sumergir algo (en algo) **plunge sth/sb into sth** sumir algo/a algn en algo (*depresión, guerra, etc.*)
▸ *n* **1** caída **2** zambullida **3** (*precios*) bajón **LOC** take the plunge (*coloq*) dar el gran paso

**plunk** /plʌŋk/ (GB plonk) *v* **PHRV** plunk sth/yourself down dejar caer algo/ dejarse caer pesadamente

**plural** /'plʊərəl/ *adj, n* plural

**plus** /plʌs/ *prep* **1** (*Mat*) más: *Five plus six equals eleven.* Cinco más seis son once.

---

**2** además de: *plus the fact that…* además de que…
▶ *adj* **1** como mínimo: *500 dollars plus* 500 dólares como mínimo ◊ *He must be forty plus.* Debe de tener cuarenta y pico años. **2** (*Electrón, Mat*) positivo
▶ *n* **1** (*pl* **pluses**) (*coloq*) punto a favor: *the pluses and minuses of sth* lo bueno y lo malo de algo **2** (*tb* **plus sign**) signo (de) más
▶ *conj* además

**plush** /plʌʃ/ *adj* (*coloq*) lujoso, de lujo

**plutonium** /pluːˈtəʊniəm/ *n* plutonio

**ply** /plaɪ/ *vt, vi* (*pt, pp* **plied** /plaɪd/) (*ruta*) hacer: *This ship plied between the Indies and Spain.* Este barco hacía la ruta entre las Indias y España. **LOC** **ply your trade** desempeñar su trabajo **PHRV** **ply sb with sth 1** (*comida, bebida*) ofrecer/dar algo a algn (constantemente) **2** acosar, asediar a algn (*con preguntas*)

**plywood** /ˈplaɪwʊd/ *n* madera contrachapada

 **p.m.** /ˌpiː ˈem/ *abrev* de la tarde: *at 4:30 p.m.* a las cuatro y media de la tarde

Nótese que cuando decimos **a.m.** o **p.m.** con las horas, no se puede usar **o'clock**: *Shall we meet at three o'clock?/3 p.m.?* ¿Quedamos a las tres (de la tarde)?

**pneumatic** /nuːˈmætɪk; *GB* njuː-/ *adj* neumático: *pneumatic drill* taladro neumático

**pneumonia** /nuːˈməʊniə; *GB* njuː-/ *n* [*incontable*] pulmonía

**PO** /ˌpiː ˈəʊ/ *abrev* de **Post Office**

**poach** /pəʊtʃ/ **1** *vt* cocer **2** *vt* (*huevo*) escalfar **3** *vt, vi* cazar/pescar furtivamente **4** *vt* (*ideas, empleados, etc.*) robar  **poacher** *n* cazador, -ora, pescador, -ora (*furtivo*)

 **pocket** /ˈpɒkɪt/ *n* **1** bolsillo, bolsa: *pocket-sized* tamaño bolsillo ◊ *pocket knife* navaja ◊ *pocket money* domingo (para niños) **2** (*fig*) núcleo **LOC** **be out of pocket** (*esp GB*) terminar perdiendo dinero *Ver tb* PICK
▶ *vt* **1** meterse en el bolsillo **2** embolsarse

**pod** /pɒd/ *n* vaina (*chícharos, etc.*)

**podcast** /ˈpɒdkæst; *GB* -kɑːst/ *n* podcast (*transmisión por Internet*)

**podium** /ˈpəʊdiəm/ *n* podio

 **poem** /ˈpəʊəm/ *n* poema

**poet** /ˈpəʊət/ *n* poeta

**poetic** /pəʊˈetɪk/ *adj* poético: *poetic justice* justicia poética

 **poetry** /ˈpəʊətri/ *n* poesía

**poignant** /ˈpɔɪnjənt/ *adj* conmovedor

**poinsettia** /ˌpɔɪnˈsetiə/ *n* flor de nochebuena

 **point** /pɔɪnt/ *n* **1** punto *Ver tb* STARTING POINT, TURNING POINT **2** punta **3** (*Mat*) punto (decimal) **4** cuestión: *The point is…* La cuestión es… **5** sentido: *What's the point?* ¿Para qué? **6** (*GB*) (*tb* **power point**) (*USA* **outlet**) enchufe (en la pared) ➲ *Ver dibujo en* ENCHUFE **LOC** **be beside the point** no tener nada que ver **make a point of doing sth** asegurarse de hacer algo **make your point** dejar clara una idea, propuesta, etc. **point of view** punto de vista **take sb's point** entender lo que algn dice **to the point** al caso, al grano *Ver tb* PROVE, SORE, STRONG
▶ **1** *vi* ~ (**at/to sth/sb**) señalar (con el dedo) (algo/a algn), apuntar (hacia algo/algn) **2** *vt* ~ **sth at sb** apuntar a algn con algo: *to point your finger (at sth/sb)* indicar (algo/a algn) con el dedo **3** *vi* ~ **to sth** (*fig*) indicar, señalar algo **PHRV** **point sth out (to sb)** señalar algo (a algn)

**point-blank** /ˌpɔɪnt ˈblæŋk/ *adj* **1** *at point-blank range* a quemarropa **2** (*negativa*) tajante
▶ *adv* **1** a quemarropa **2** (*fig*) de forma tajante

 **pointed** /ˈpɔɪntɪd/ *adj* **1** afilado, puntiagudo **2** (*crítica*) intencionado

**pointer** /ˈpɔɪntər/ *n* **1** (*coloq*) sugerencia **2** indicador **3** puntero **4** pista

**pointless** /ˈpɔɪntləs/ *adj* **1** sin sentido **2** inútil

**poise** /pɔɪz/ *n* **1** elegancia **2** aplomo  **poised** *adj* **1** suspendido **2** con aplomo

 **poison** /ˈpɔɪzn/ *n* veneno
▶ *vt* **1** envenenar **2** (*mente*) emponzoñar  **poisoning** *n* envenenamiento

 **poisonous** /ˈpɔɪzənəs/ *adj* venenoso

**poke** /pəʊk/ **1** *vt* dar (con el dedo, etc.): *to poke your finger into sth* meter el dedo en algo **2** *vi* ~ **out/through**; ~ **out of, through, etc. sth** asomar (por) **LOC** **poke fun at sth/sb** burlarse de algo/algn **PHRV** **poke around** (*GB tb* **poke about**) (*coloq*) **1** fisgonear **2** curiosear

**poker** /ˈpəʊkər/ *n* **1** póquer, pócar **2** atizador

**poker-faced** /ˈpəʊkər feɪst/ *adj* de rostro impasible

**poky** /ˈpəʊki/ *adj* (*coloq*) **1** (*tb* **pokey**) (*USA, pey*) lento **2** diminuto

**polar** /ˈpəʊlər/ *adj* polar: *polar bear* oso polar

 **pole** /pəʊl/ *n* **1** (*Geog, Fis*) polo **2** palo: *pole vault* salto con pértiga **3** (*telegráfico*) poste **LOC** **poles apart** en extremos opuestos

**the pole vault** n salto con pértiga

⚡**police** /pə'liːs/ n [pl] policía: *the police force* la policía ◇ *police station* delegación (de policía) ◇ *police state* estado policial
▸ vt vigilar

**policeman** /pə'liːsmən/ n (pl -men /-mən/) policía

**police officer** n (oficial de) policía

**policewoman** /pə'liːswʊmən/ n (pl -women /-wɪmɪn/) policía

⚡**policy** /'pɒləsi/ n (pl policies) **1** política **2** (*seguros*) póliza

**polio** /'pəʊliəʊ/ n [incontable] polio(mielitis)

⚡**polish** /'pɒlɪʃ/ vt **1** sacar brillo a, encerar, pulir **2** (*zapatos*) bolear, limpiar **3** (*fig*) pulir **PHRV** polish sb off (*esp USA, coloq*) acabar con algn (*matar*) polish sth off (*coloq*) **1** zampar algo **2** (*trabajo*) despachar algo
▸ n **1** lustre **2** brillo **3** (*muebles*) cera **4** (*zapatos*) betún **5** (*uñas*) esmalte **6** (*fig*) finura, refinamiento
**polished** adj **1** brillante, pulido **2** (*manera, estilo*) refinado, pulido **3** (*actuación*) impecable

⚡**polite** /pə'laɪt/ adj **1** cortés **2** (*persona*) educado **3** (*comportamiento*) correcto

⚡**political** /pə'lɪtɪkl/ adj político

**politically correct** adj (abrev PC) políticamente correcto

⚡**politician** /ˌpɒlə'tɪʃn/ n político, -a

⚡**politics** /'pɒlətɪks/ n **1** [incontable] política **2** [pl] opiniones políticas **3** [incontable] (*asignatura*) ciencias políticas

**polka dot** /'pəʊkə dɒt/ n lunar (*en tela*): *a blue skirt with red polka dots on it* una falda azul con puntitos rojos

**poll** /pəʊl/ n **1** (*tb* opinion poll) encuesta, sondeo **2** elección **3** votación: *to take a poll on something* someter algo a votación **4** the polls [pl] las urnas

**pollen** /'pɒlən/ n polen

**pollute** /pə'luːt/ vt **1** ~ sth (with sth) contaminar algo (de algo) **2** (*fig*) corromper

⚡**pollution** /pə'luːʃn/ n **1** contaminación **2** (*fig*) corrupción

**polo** /'pəʊləʊ/ n polo (*deporte*)

**polo neck** (GB) (USA **turtleneck**) n (suéter de) cuello de tortuga

**polyester** /ˌpɒli'estər/ n poliéster

**polyethylene** /ˌpɒli'eθəliːn/ n polietileno

**polystyrene** /ˌpɒli'staɪriːn/ n poliestireno

**pomp** /pɒmp/ n **1** pompa **2** (*pey*) ostentación

**pompous** /'pɒmpəs/ adj (*pey*) **1** pomposo **2** (*persona*) presumido

**pond** /pɒnd/ n estanque, charco

**ponder** /'pɒndər/ vt, vi ~ (about/on/over sth) (*formal*) reflexionar (sobre algo)

**pony** /'pəʊni/ n (pl ponies) poni: *pony trekking* excursión en poni

**ponytail** /'pəʊniteɪl/ n coleta

**poodle** /'puːdl/ n poodle

⚡**pool** /puːl/ n **1** (*tb* swimming pool) alberca, piscina **2** charco **3** estanque **4** (*río*) pozo **5** (*luz*) haz **6** billar americano: *pool table* mesa de billar ➔ *Ver nota en* BILLAR
▸ vt (*recursos, ideas, etc.*) aunar, juntar

⚡**poor** /pʊər, pɔːr/ adj (poorer, -est) **1** pobre **2** malo: *in poor taste* de mal gusto **3** (*nivel*) bajo **LOC** *Ver* FIGHT
▸ n the poor [pl] los pobres

**poorly** /'pʊərli, 'pɔːrli/ adv **1** mal **2** pobremente
▸ adj (GB, coloq) mal, enfermo

⚡**pop** /pɒp/ n **1** pequeño estallido **2** taponazo **3** (*música*) pop **4** (*bebida*) refresco **5** (USA, coloq) papá
▸ adv: *to go pop* reventar/hacer ¡pum!
▸ (-pp-) **1** vi dar un taponazo **2** vi hacer ¡pum! **3** vt, vi (*globo*) estallar **4** vt (*corcho*) hacer saltar **PHRV** pop across, back, down, out, etc. (GB, coloq) cruzar, volver, bajar, etc. (*rápida o repentinamente*) pop sth back, in, etc. (*esp GB, coloq*) devolver, meter, etc. algo (*rápida o repentinamente*) pop in (GB, coloq) visitar (*brevemente*) pop out (of sth) (*esp GB*) salir (de algo) (*repentinamente*) pop up (coloq) aparecer (*de repente*)

**popcorn** /'pɒpkɔːrn/ n [incontable] palomitas de maíz

**pope** /pəʊp/ n papa

**poplar** /'pɒplər/ n álamo, chopo

**poppy** /'pɒpi/ n (pl poppies) amapola

**Popsicle**® /'pɒpsɪkl/ (GB **ice lolly**) n paleta (de hielo)

**popular** /'pɒpjələr/ adj **1** popular: *to be popular with sb* caer bien a algn **2** de moda: *Turtlenecks are very popular this season.* Los suéteres de cuello alto se llevan mucho esta temporada. **3** corriente, de masa(s): *popular culture* la cultura de las masas **4** (*creencia, apoyo, etc.*) generalizado **popularize** (GB *tb* -ise) vt **1** popularizar **2** vulgarizar

⚡**population** /ˌpɒpju'leɪʃn/ n población: *population explosion* explosión demográfica

**porcelain** /'pɔːrsəlɪn/ n porcelana

**porch** /pɔːrtʃ/ n **1** porche **2** portal, terraza

**pore** /pɔːr/ n poro
▸ v **PHR V** **pore over sth** estudiar algo detenidamente

**pork** /pɔːrk/ n (carne de) cerdo ➲ *Ver nota en* CARNE

**pornography** /pɔːrˈnɑgrəfi/ (tb coloq **porn**) n pornografía

**porous** /ˈpɔːrəs/ adj poroso

**porpoise** /ˈpɔːrpəs/ n marsopa

**porridge** /ˈpɔːrɪdʒ; GB ˈpɒr-/ n [incontable] avena (preparada)

**port** /pɔːrt/ n **1** puerto **2** (barco) babor **3** (vino) oporto

**portable** /ˈpɔːrtəbl/ adj portátil

**porter** /ˈpɔːrtər/ n (estación, hotel) mozo, maletero

**porthole** /ˈpɔːrthoʊl/ n portilla

**portion** /ˈpɔːrʃn/ n **1** porción **2** (comida) ración

**portrait** /ˈpɔːrtrət; GB tb -treɪt/ n retrato

**portray** /pɔːrˈtreɪ/ vt **1** retratar **2** ~ sth/sb (as sth) representar algo/a algn (como algo) **portrayal** n representación

**pose** /poʊz/ **1** vi (para retratarse) posar **2** vi (pey) comportarse de forma afectada **3** vi ~ as sb hacerse pasar por algn **4** vt (dificultad, pregunta) presentar
▸ n **1** postura **2** (pey) pose

**posh** /pɑʃ/ adj (posher, -est) (coloq) **1** (hotel, coche, etc.) de lujo **2** (ambiente) elegante **3** (GB, pey) fresa **4** (GB) (acento) afectado

**position** /pəˈzɪʃn/ n **1** posición **2** situación **3** ~ (on sth) (opinión) posición respecto a algo **4** (formal) (trabajo) puesto **LOC** **be in a/no position to do sth** estar/no estar en condiciones de hacer algo
▸ vt colocar, situar

**positive** /ˈpɑzətɪv/ adj **1** positivo **2** definitivo, categórico **3** ~ (about sth/that…) seguro (de algo/de que…) **4** (coloq) total, auténtico: *a positive disgrace* un escándalo total **positively** adv **1** positivamente **2** con optimismo **3** categóricamente **4** verdaderamente

**possess** /pəˈzes/ vt **1** (formal) poseer, tener **2** (emoción, etc.) dominar: *What possessed you to do that?* ¿Cómo se te ocurrió hacer eso?

**possession** /pəˈzeʃn/ n **1** posesión **2** possessions [pl] pertenencias **LOC** **be in possession of sth** (formal) tener algo

**possibility** /ˌpɑsəˈbɪləti/ n (pl possibilities) **1** posibilidad: *within/beyond the bounds of possibility* dentro/más allá de lo posible **2** possibilities [pl] potencial

**possible** /ˈpɑsəbl/ adj posible: *if possible* si es posible ◊ *as quickly as possible* lo más rápido posible **LOC** **make sth possible** posibilitar algo

**possibly** /ˈpɑsəbli/ adv posiblemente: *You can't possibly go.* No puedes ir de ninguna manera.

**post** /poʊst/ n **1** poste, estaca, palo **2** (trabajo) puesto **3** (GB) (USA **mail**) correo ➲ *Ver nota en* MAIL **4** (Fútbol) poste (de la portería)
▸ vt **1** (GB) (USA **mail**) echar (al correo), mandar **2** (en Internet, etc.) publicar **3** (empleado) destinar, enviar **4** (soldado) apostar **LOC** **keep sb posted (about/on sth)** tener/mantener a algn al corriente (de algo) **post bail (for sb)** pagar la fianza (de algn)

**postage** /ˈpoʊstɪdʒ/ n franqueo: *postage stamp* timbre (de correo)

**postal** /ˈpoʊstl/ adj postal, de correos

**postbox** /ˈpoʊstbɑks/ (USA **mailbox**) n buzón (en la calle) ➲ *Ver dibujo en* MAILBOX

**postcard** /ˈpoʊstkɑːrd/ n (tarjeta) postal

**postcode** /ˈpoʊstkoʊd/ (GB) (USA **ZIP code**) n código postal

**poster** /ˈpoʊstər/ n **1** (anuncio) cartel **2** póster

**posterity** /pɑˈsterəti/ n posteridad

**postgraduate** /ˌpoʊstˈgrædʒuət/ n estudiante de posgrado

**posthumous** /ˈpɑstʃəməs; GB ˈpɒstjʊməs/ adj póstumo

**postman** /ˈpoʊstmən/ n (pl -men /-mən/) (esp GB) (USA **mailman**, **letter carrier**) cartero

**post-mortem** /ˌpoʊst ˈmɔːrtəm/ n autopsia

**post office** n (oficina de) correos

**postpone** /poʊstˈpoʊn, poʊsˈp-/ vt aplazar

**postscript** /ˈpoʊstskrɪpt/ n **1** posdata **2** (fig) nota final

**posture** /ˈpɑstʃər/ n **1** postura **2** actitud

**post-war** /ˌpoʊst ˈwɔːr/ adj de la posguerra

**pots and pans**

saucepan (tb pan)    frying pan    casserole

pressure    steamer    wok

P

i: see   ɪ sit   e ten   æ cat   ɑ hot   ɔ: saw   ʌ cup   ʊ put   u: too

**postwoman** /ˈpoʊstwʊmən/ n (pl -women) /-wɪmɪn/ (GB) (USA **letter carrier**) cartero (mujer)

**pot** /pɑt/ n **1** olla: *pots and pans* batería de cocina ➔ *Ver dibujo en pág 559* **2** tarro **3** (decorativo) cacharro **4** (para planta) maceta **5** (coloq) marihuana *Ver tb* MELTING POT LOC **go to pot** (coloq) echarse a perder

**potassium** /pəˈtæsiəm/ n potasio

**potato** /pəˈteɪtoʊ/ n (pl **potatoes**) papa

**potency** /ˈpoʊtnsi/ n fuerza

**potent** /ˈpoʊtnt/ adj potente, poderoso

**potential** /pəˈtenʃl/ adj, n potencial

**potentially** /pəˈtenʃəli/ adv potencialmente

**pothole** /ˈpɑthoʊl/ n **1** (Geol) cueva **2** (carretera) bache

**potter** /ˈpɑtər/ n alfarero, -a
▶ vi (GB) = PUTTER

**pottery** /ˈpɑtəri/ n **1** (lugar, arte) alfarería **2** (objetos) cerámica

**potty** /ˈpɑti/ adj (GB, coloq) ~ (**about sth/ sb**) loco (por algo/algn)
▶ n (pl **potties**) (coloq) bacinica

**pouch** /paʊtʃ/ n **1** bolsa pequeña **2** (tabaco) petaca **3** (Zool) bolsa

**poultry** /ˈpoʊltri/ n [incontable] aves (de corral)

**pounce** /paʊns/ vi ~ (**on sth/sb**) lanzarse (sobre algo/algn) PHRV **pounce on/ upon sth** saltar sobre algo (para criticar)

**pound** /paʊnd/ n **1** (abrev lb.) libra (0.454 kilogramos) **2** (dinero) libra (£) ➔ *Ver págs 678-683*
▶ vi ~ (**away**) (**at/against/on sth**) golpear (en algo) **2** vi caminar/correr pesadamente **3** vi ~ (**with sth**) latir fuertemente (de algo) (miedo, emoción, etc.) **4** vt machacar **5** vt aporrear
**pounding** n **1** paliza **2** (olas) embate **3** (corazón) latidos

**pour** /pɔːr/ **1** vi fluir, correr **2** vi (tb **pour with rain**) llover a cántaros **3** vt (bebida) servir **4** vi ~ **in/out**; ~ **into/out of sth** entrar/salir (de algo) en grandes cantidades/a raudales PHRV **pour sth out 1** (bebida) servir algo **2** (sentimientos, etc.) sacar algo

**pout** /paʊt/ vi **1** hacer un puchero **2** (provocativamente) parar los labios

**poverty** /ˈpɑvərti/ n **1** pobreza **2** miseria

**poverty-stricken** /ˈpɑvərti strɪkən/ adj necesitado

**powder** /ˈpaʊdər/ n polvo
▶ vt empolvar: *to powder your face* empolvarse la cara
**powdered** adj en polvo

**power** /ˈpaʊər/ n **1** poder: *power sharing* poder compartido **2** fuerza **3** potencia **4** energía **5** powers [pl] capacidad, facultades **6** luz, electricidad: *power outage* corte eléctrico
◊ **power plant** central eléctrica LOC **the powers that be** los que mandan
▶ vt impulsar, potenciar

**powerful** /ˈpaʊərfl/ adj **1** poderoso **2** (máquina) potente **3** (brazos, golpe, bebida) fuerte **4** (imagen, obra) intenso

**powerless** /ˈpaʊərləs/ adj **1** sin poder, impotente **2** ~ **to do sth** impotente para hacer algo

**PR** /ˌpiː ˈɑr/ n (abrev de **public relations**) relaciones públicas

**practicable** /ˈpræktɪkəbl/ adj factible

**practical** /ˈpræktɪkl/ adj **1** práctico: *practical joke* broma **2** (persona) pragmático

**practically** /ˈpræktɪkli/ adv prácticamente, de forma práctica

**practice** /ˈpræktɪs/ n **1** práctica **2** (Dep) entrenamiento **3** (Mús) ejercicios **4** (Med) consultorio **5** (profesión) ejercicio LOC **be out of practice** haber perdido práctica
▶ (tb GB **practise**) **1** vt, vi practicar **2** vi (Dep) entrenarse **3** vt (Dep) practicar **4** vt, vi ~ (**sth/as sth**) (profesión) ejercer (de algo)
**practiced** (GB **practised**) adj ~ (**in sth**) experto en algo

**practitioner** /prækˈtɪʃənər/ n (formal) **1** experto, -a **2** médico, -a *Ver tb* GP

**pragmatic** /prægˈmætɪk/ adj pragmático

**praise** /preɪz/ vt **1** elogiar **2** (Relig) alabar
▶ n [incontable] **1** elogio(s) **2** halago **3** (Relig) alabanza

**praiseworthy** /ˈpreɪzwɜːrði/ adj (formal) loable

**prawn** /prɔːn/ (GB) (USA **shrimp**) n camarón

**pray** /preɪ/ vi rezar, orar

**prayer** /preər/ n oración

**preach** /priːtʃ/ **1** vt, vi (Relig) predicar **2** vi ~ (**at/to sb**) (pey) sermonear (a algn) **3** vt aconsejar **preacher** n predicador, -ora

**precarious** /prɪˈkeəriəs/ adj precario

**precaution** /prɪˈkɔːʃn/ n precaución **precautionary** adj cautelar

**precede** /prɪˈsiːd/ vt **1** preceder a **2** (discurso) introducir

**precedence** /ˈpresɪdəns/ n precedencia

**precedent** /ˈpresɪdənt/ n precedente

**preceding** /prɪˈsiːdɪŋ/ *adj* **1** precedente **2** (*tiempo*) anterior

**precinct** /ˈpriːsɪŋkt/ *n* **1** (*USA*) distrito **2** (*GB*) zona comercial peatonal **3** [*gen pl*] recinto

**precious** /ˈpreʃəs/ *adj* precioso (*valioso*) ▸ *adv* (*coloq*) **LOC** **precious few/little** muy poco, -a, -os, -as

**precipice** /ˈpresəpɪs/ *n* precipicio

**precise** /prɪˈsaɪs/ *adj* **1** exacto, preciso **2** (*explicación*) claro **3** (*persona*) meticuloso

**precisely** /prɪˈsaɪsli/ *adv* **1** exactamente, precisamente **2** (*hora*) en punto **3** con precisión

**precision** /prɪˈsɪʒn/ *n* exactitud, precisión

**preclude** /prɪˈkluːd/ *vt* (*formal*) excluir

**precocious** /prɪˈkəʊʃəs/ *adj* precoz

**preconceived** /ˌpriːkənˈsiːvd/ *adj* preconcebido **preconception** /ˌpriːkənˈsepʃn/ *n* idea preconcebida

**precondition** /ˌpriːkənˈdɪʃn/ *n* condición previa

**predator** /ˈpredətər/ *n* depredador **predatory** *adj* **1** (*animal*) depredador **2** (*persona*) buitre

**predecessor** /ˈprediːsesər; *GB* ˈpriːdɪs-/ *n* predecesor, -ora

**predicament** /prɪˈdɪkəmənt/ *n* situación difícil, apuro

**predict** /prɪˈdɪkt/ *vt* **1** predecir, prever **2** pronosticar **predictable** *adj* previsible **prediction** *n* predicción, pronóstico

**predominant** /prɪˈdɒmɪnənt/ *adj* predominante **predominantly** *adv* predominantemente

**pre-empt** /pri ˈempt/ *vt* adelantarse a

**preface** /ˈprefəs/ *n* prefacio, prólogo

**prefer** /prɪˈfɜːr/ *vt* (-rr-) preferir: *Would you prefer cake or cookies?* ¿Qué prefieres, pastel o galletas? ➲ *Ver nota en* PREFERIR **preferable** /ˈprefrəbl/ *adj* preferible **preferably** /ˈprefrəbli/ *adv* preferiblemente

**preference** /ˈprefrəns/ *n* preferencia **LOC** **in preference to sth/sb** en lugar de algo/algn

**preferential** /ˌprefəˈrenʃl/ *adj* preferente

**prefix** /ˈpriːfɪks/ *n* prefijo

**pregnancy** /ˈpregnənsi/ *n* (*pl* **pregnancies**) embarazo

**pregnant** /ˈpregnənt/ *adj* **1** embarazada **2** (*animal*) preñada

**prejudice** /ˈpredʒudɪs/ *n* **1** [*incontable*] prejuicios **2** prejuicio **3** parcialidad **LOC** **without prejudice to sth/sb** (*Jur*) sin detrimento de algo/algn

▸ *vt* **1** (*persona*) predisponer **2** (*decisión, resultado*) influir en **3** (*formal*) perjudicar **prejudiced** *adj* **1** parcial **2** intolerante **3 ~ against sth/sb** predispuesto contra algo/algn

**preliminary** /prɪˈlɪmɪneri; *GB* -nəri/ *adj* preliminar ▸ *n* **1** preliminar **2 preliminaries** [*pl*] (*Dep*) eliminatorias

**prelude** /ˈpreljuːd/ *n* **1** (*Mús*) preludio **2 ~ (to sth)** prólogo (de algo)

**premature** /ˌpriːməˈtʃʊər, -ˈtʊər; *GB* ˈpremətjʊə(r)/ *adj* prematuro

**premier** /prɪˈmɪər; *GB* ˈpremiə(r)/ *n* primer ministro, primera ministra ▸ *adj* principal

**première** /prɪˈmɪər; *GB* ˈpremieə(r)/ *n* estreno

**premises** /ˈpremɪsɪz/ *n* [*pl*] **1** edificio **2** (*tienda, bar, etc.*) local **3** (*empresa*) oficinas

**premium** /ˈpriːmiəm/ *n* (*pago*) prima **LOC** **be at a premium** escasear

**preoccupation** /priˌɒkjuˈpeɪʃn/ *n* **~ (with sth)** preocupación (por algo) **preoccupied** *adj* **1** preocupado **2** abstraído

**preparation** /ˌprepəˈreɪʃn/ *n* **1** preparación **2 preparations** [*pl*] preparativos

**preparatory** /prɪˈpærətɔːri; *GB* -tri/ *adj* preparatorio

**prepare** /prɪˈpeər/ **1** *vi* **~ for sth/to do sth** prepararse para algo/para hacer algo, hacer preparativos para algo **2** *vt* preparar **LOC** **be prepared to do sth** estar dispuesto a hacer algo

**preposterous** /prɪˈpɒstərəs/ *adj* (*formal*) absurdo

**prerequisite** /ˌpriːˈrekwəzɪt/ *n* **~ (for/of sth)** (*formal*) requisito, condición previa (para algo)

**prerogative** /prɪˈrɒɡətɪv/ *n* prerrogativa

**preschool** /ˈpriːskuːl/ *n* preescolar, jardín de niños

**prescribe** /prɪˈskraɪb/ *vt* **1** (*medicina*) recetar **2** recomendar

**prescription** /prɪˈskrɪpʃn/ *n* **1** (*Med*) receta **2** (*acción*) prescripción

**presence** /ˈprezns/ *n* **1** presencia **2** asistencia **3** existencia

**present** /ˈpreznt/ *adj* **1 ~ (at/in sth)** presente (en algo) **2** (*tiempo*) actual **3** (*mes, año*) corriente **LOC** **to the present day** hasta hoy ▸ *n* **1** regalo: *to give sb a present* regalar algo a algn **2 the present** (*tiempo*) el presente **LOC** **at present** actualmente

➔ *Comparar con* ACTUALLY **for the present**
de momento, por ahora
▸ *vt* /prɪ'zent/ **1** presentar: *to present
yourself* presentarse **❶** Al presentar
una persona con otra se usa **introduce**:
*Let me introduce you to Peter.* Te presento a Peter. **2** ~ **sb with sth**; ~ **sth (to sb)**
hacer entrega de algo (a algn): *to present sb with a problem* plantearle a algn
un problema **3** (*argumento*) exponer
**4** ~ **itself (to sb)** (*oportunidad*) presentarse a algn **5** (*Teat*) representar
**presentable** /prɪ'zentəbl/ *adj* presentable: *to make yourself presentable*
arreglarse

ʔ **presentation** /ˌpriːznˈteɪʃn; *tb esp GB*
ˌprezn-/ *n* **1** presentación **2** (*premio*)
entrega **3** (*argumento*) exposición
**4** (*Teat*) representación

**present-day** /ˌpreznt 'deɪ/ *adj* actual
**presenter** /prɪ'zentər/ (*GB*) (*USA* **host**) *n*
presentador, -ora
**presently** /'prezntli/ *adv* **1** (*esp USA*) (*GB*
**currently**) actualmente **2** (*GB*) [*futuro: esp
al final de la frase*] en un momento, dentro
de poco: *I will follow on presently.* Voy
dentro de un momento. **3** (*GB*) [*pasado:
esp al principio de la frase*] al poco tiempo:
*Presently he got up to go.* Al poco tiempo
se levantó para irse.
**preservation** /ˌprezər'veɪʃn/ *n* conservación, preservación
**preservative** /prɪ'zɜːrvətɪv/ *n* conservador

ʔ **preserve** /prɪ'zɜːrv/ *vt* **1** preservar
**2** conservar (*comida, etc.*) **3** ~ **sth/sb (from
sth)** preservar, proteger algo/a algn (de
algo)
▸ *n* **1** [*sing*] ~ **(of sb)** dominio (de algn): *the
exclusive preserve of party members* la
reserva privada de los miembros del
partido **2** (*de caza, natural*) reserva
**3** [*gen pl*] (*esp GB*) conserva, confitura
**preside** /prɪ'zaɪd/ *vi* ~ **(at/over sth)** presidir (algo)
**presidency** /'prezɪdənsi/ *n* (*pl* **presidencies**) presidencia

ʔ **president** /'prezɪdənt/ *n* presidente, -a
**presidential** /ˌprezɪ'denʃl/ *adj* presidencial

ʔ **press** /pres/ *n* **1** (*tb* **the Press**) la prensa:
*press conference* rueda de prensa
◇ *press clipping* recorte de prensa
◇ *press release* comunicado de prensa
**2** prensa **3** (*tb* **printing press**) imprenta
▸ **1** *vt, vi* apretar **2** *vt* pulsar, presionar **3** *vi*
~ **(up) against sb** arrimarse a algn **4** *vt*
(*uvas*) pisar **5** *vt* (*aceitunas, flores*) prensar
**6** *vt* planchar **7** *vt* ~ **sb (for sth/to do sth)**;

~ **sb (into sth/doing sth)** presionar a algn
(para que haga algo) **LOC** **be pressed for
time** andar muy escaso de tiempo *Ver tb*
CHARGE **PHRV** **press ahead/on (with sth)**
seguir adelante (con algo) **press for sth**
presionar para que se haga algo
**pressing** /'presɪŋ/ *adj* apremiante,
urgente
**press-up** /'pres ʌp/ (*GB*) (*USA* **push-up**) *n*
lagartija

ʔ **pressure** /'preʃər/ *n* presión: *pressure
gauge* manómetro ◇ *pressure group*
grupo de presión *Ver tb* HIGH PRESSURE
**LOC** **put pressure on sb (to do sth)** presionar a algn (para que haga algo)
▸ *vt* ~ **sb into sth/doing sth** presionar a algn
para que haga algo
**pressure cooker** *n* olla express/a
presión ➔ *Ver dibujo en* POT
**pressurize** (*GB tb* **-ise**) /'preʃəraɪz/ *vt*
**1** (*Fís*) presurizar **2** (*GB*) *Ver* PRESSURE
**prestige** /pre'stiːʒ/ *n* prestigio **prestigious** /pre'stiːdʒəs/ *adj* prestigioso

ʔ **presumably** /prɪ'zuːməbli; *GB* -'zjuːm-/
*adv* es de suponer que
**presume** /prɪ'zuːm; *GB* -'zjuːm/ *vt*
asumir: *I presume so.* Eso creo.
**presumption** /prɪ'zʌmpʃn/ *n* **1** presunción **2** (*formal*) atrevimiento
**presumptuous** /prɪ'zʌmptʃuəs/ *adj*
impertinente
**presuppose** /ˌpriːsə'pəʊz/ *vt* presuponer

ʔ **pretend** /prɪ'tend/ **1** *vt, vi* fingir **2** *vi*
pretender **3** *vi* ~ **to be sth/that…** jugar a
algo: *They're pretending to be explorers/
that they're explorers.* Están jugando a
los exploradores.
▸ *adj* (*coloq*) **1** de juguete **2** fingido
**pretense** (*GB* **pretence**) /'priːtens,
prɪ'tens/ *n* **1** [*incontable*] engaño(s):
*They abandoned all pretense of objectivity.* Dejaron de fingir que eran objetivos. **2** ~ **to (doing) sth** (*formal*): *I have no
pretense to being an expert.* No pretendo
ser un experto.
**pretentious** /prɪ'tenʃəs/ *adj* pretencioso
**pretext** /'priːtekst/ *n* pretexto

ʔ **pretty** /'prɪti/ *adj* (**prettier, -iest**)
**1** bonito **2** (*mujer*) guapa **LOC** **not be a
pretty sight** no ser nada agradable
▸ *adv* bastante: *It's pretty easy.* Es bastante fácil. ➔ *Ver nota en* FAIRLY
**LOC** **pretty much/near/well** más o menos
**prevail** /prɪ'veɪl/ *vi* **1** predominar
**2** ~ **(against/over sth)** prevalecer (sobre
algo) **3** (*ley, condiciones*) imperar
**PHRV** **prevail on/upon sb to do sth** (*formal*) convencer a algn para que haga

---

ʃ chin    dʒ June    v van    θ then    s so    z zoo    ʃ she

algo **prevailing** adj **1** reinante **2** (viento) predominante

**prevalence** /'prevələns/ n (formal) **1** difusión **2** predominancia

**prevalent** /'prevələnt/ adj (formal) **1** difundido **2** predominante

**ᶠ prevent** /prɪ'vent/ vt **1** ~ **sb from doing sth** impedir que algn haga algo **2** evitar, prevenir

**prevention** /prɪ'venʃn/ n prevención

**preventive** /prɪ'ventɪv/ adj preventivo

**preview** /'priːvjuː/ n preestreno, avance

**ᶠ previous** /'priːviəs/ adj anterior **LOC** **previous to (doing) sth** antes de (hacer) algo

**previously** /'priːviəsli/ adv anteriormente

**pre-war** /ˌpriː 'wɔːr/ adj de (la) preguerra

**prey** /preɪ/ n [incontable] (lit y fig) presa
▸ vi **LOC** **prey on sb's mind** preocupar a algn **PHRV** **prey on sb** vivir a costa de algn **prey on sth** (animal, ave) cazar algo

**ᶠ price** /praɪs/ n precio: to go up/down in price subir/bajar de precio **LOC** **at any price** a toda costa **not at any price** por nada del mundo Ver tb CHEAP
▸ vt **1** fijar el precio de **2** valorar **3** poner el precio a

**priceless** adj que no tiene precio

**prick** /prɪk/ vt **1** pinchar **2** (conciencia) remorder **LOC** **prick up your ears 1** (persona) aguzar el oído **2** (animal) levantar las orejas
▸ n **1** punzada **2** pinchazo

**prickly** /'prɪkli/ adj **1** espinoso **2** que pica **3** (coloq) malhumorado

**ᶠ pride** /praɪd/ n **1** ~ (in sth) orgullo (por algo) **2** (pey) orgullo, soberbia **LOC** **sb's pride and joy** la niña de los ojos de algn **take pride in sth** hacer algo con orgullo
▸ vt **LOC** **pride yourself on sth** preciarse de algo

**ᶠ priest** /priːst/ n sacerdote, cura

En inglés se usa la palabra **priest** para referirse normalmente a los sacerdotes católicos. Los párrocos anglicanos se llaman **clergyman** o **vicar**, y los de las demás religiones protestantes, **minister**.

**priesthood** n **1** sacerdocio **2** clero

**prig** /prɪg/ n (pey) mojigato, -a **priggish** adj (pey) mojigato

**prim** /prɪm/ adj (**primmer**, **-est**) (pey) **1** remilgado **2** (aspecto) recatado

**ᶠ primarily** /praɪ'merəli; GB tb 'praɪmərəli/ adv principalmente, sobre todo

**ᶠ primary** /'praɪmeri; GB -məri/ adj **1** primario **2** primordial **3** principal
▸ n (pl **primaries**) (tb **primary election**) (USA) eleccion primaria

**primary school** (GB) (USA **elementary school**) n escuela primaria

**prime** /praɪm/ adj **1** principal **2** de primera: a prime example un ejemplo excelente
▸ n **LOC** **in your prime**; **in the prime of life** en la flor de la vida
▸ vt **1** ~ **sb (for sth)** preparar a algn (para algo) **2** ~ **sb (with sth)** poner al tanto a algn (de algo)

**Prime Minister** n primer ministro, primera ministra

**primeval** (GB tb **primaeval**) /praɪ'miːvl/ adj primitivo

**primitive** /'prɪmətɪv/ adj primitivo

**primrose** /'prɪmrəʊz/ n prímula
▸ adj, n amarillo pálido

**ᶠ prince** /prɪns/ n príncipe

**ᶠ princess** /ˌprɪn'ses/ n princesa

**principal** /'prɪnsəpl/ adj principal
▸ n (GB **head**, **head teacher**) director, -ora (de colegio)

**ᶠ principle** /'prɪnsəpl/ n principio: a woman of principle una mujer de principios **LOC** **in principle** en principio **on principle** por principio

**ᶠ print** /prɪnt/ vt **1** imprimir **2** (Period) publicar **3** escribir con letras de imprenta **4** (tela) estampar **PHRV** **print (sth) out/off** imprimir (algo)
▸ n **1** (tipografía) letra **2** huella **3** (Arte) grabado **4** (Fot) copia **5** tela estampada **LOC** **in print 1** (libro) en venta **2** publicado **out of print** agotado **the fine/small print** la letra pequeña (en un contrato)

**printer** /'prɪntər/ n **1** (máquina) impresora **2** (persona) impresor, -ora **3** **printer's** (GB) (USA **print shop**) (taller) imprenta

**ᶠ printing** /'prɪntɪŋ/ n **1** imprenta (técnica): a printing error una errata **2** (libros, etc.) impresión

**printout** /'prɪntaʊt/ n copia impresa (esp Informát)

**ᶠ prior** /'praɪər/ adj previo
▸ adv **prior to** (formal) **1** ~ **to doing sth** antes de hacer algo **2** ~ **to sth** anterior a algo

**ᶠ priority** /praɪ'ɔːrəti; GB -'ɒr-/ n (pl **priorities**) ~ (**over sth/sb**) prioridad (sobre algo/algn) **LOC** **get your priorities right** saber cuáles son tus prioridades

**prise** /praɪz/ vt (GB) Ver PRY (1)

**ᶠ prison** /'prɪzn/ n cárcel: prison camp campo de concentración

P

i: see    ɪ sit    e ten    æ cat    ɑ hot    ɔ: saw    ʌ cup    ʊ put    u: too

ʏ **prisoner** /'prɪznər/ n 1 preso, -a
2 detenido, -a 3 (cautivo) prisionero, -a
4 (en juzgado) acusado, -a **LOC** hold/take
sb prisoner tener preso/apresar a algn

**privacy** /'praɪvəsi; GB 'prɪv-/ n intimidad

ʏ **private** /'praɪvət/ adj 1 privado: private
enterprise empresa privada ◊ private
eye detective privado 2 (de individuo)
particular 3 (persona) reservado
4 (lugar) íntimo
▸ n 1 (Mil) soldado raso 2 privates [pl]
(coloq) partes (pudendas) **LOC** in private
en privado

**privately** /'praɪvətli/ adv en privado

**privatize** /'praɪvətaɪz/ (GB tb -ise) vt pri-
vatizar

**privilege** /'prɪvəlɪdʒ/ n 1 privilegio
2 (Jur) inmunidad **privileged** adj 1 privilegiado 2 (información) confidencial

**privy** /'prɪvi/ adj **LOC** be privy to sth (formal) tener conocimiento de algo

ʏ **prize** /praɪz/ n premio
▸ adj 1 premiado 2 (estudiante, ejemplar,
etc.) de primera 3 (error, etc.) tremendo
4 (idiota) de remate
▸ vt 1 estimar 2 Ver PRY (1)

**pro** /proʊ/ adj, n (coloq) profesional
**LOC** the pros and (the) cons los pros y los
contras

**probability** /ˌprɒbə'bɪləti/ n (pl prob-
abilities) probabilidad **LOC** in all probability con toda probabilidad

ʏ **probable** /'prɒbəbl/ adj probable: It
seems probable that he'll arrive tomorrow. Parece probable que llegue
mañana.

ʏ **probably** /'prɒbəbli/ adv probablemente

> En inglés se suele usar el adverbio en
> los casos en que se usaría "es pro-
> bable que" en español: They will
> probably go. Es probable que vayan.

**probation** /proʊ'beɪʃn; GB prə-/ n
1 libertad condicional 2 (empleado)
prueba: a three-month probation period
un periodo de prueba de tres meses

**probe** /proʊb/ n sonda
▸ 1 vt (Med) sondar 2 vt, vi explorar 3 vi
~ (sth/into sth) investigar (algo)
**probing** adj (pregunta) penetrante

ʏ **problem** /'prɒbləm/ n problema
**LOC** no problem (coloq) 1 no hay problema 2 no hay de qué Ver tb TEETHE
**problematic** /ˌprɒblə'mætɪk/ adj problemático 2 (discutible) dudoso

ʏ **procedure** /prə'siːdʒər/ n 1 procedimiento 2 (gestión) trámite(s)

ʏ **proceed** /proʊ'siːd; GB prə-/ vi 1 ~ (with
sth) continuar, ir adelante (con algo)
2 proceder 3 ~ to (do) sth pasar a
(hacer) algo 4 (formal) avanzar, ir **proceedings** n [pl] (formal) 1 acto 2 (Jur)
proceso 3 (reunión) actas

**proceeds** /'proʊsiːdz/ n [pl] ~ (of/from
sth) ganancias (de algo)

ʏ **process** /'prɒses, 'proʊ-/ n 1 (método)
procedimiento 2 (Jur) proceso **LOC** be in
the process of (doing) sth estar haciendo
algo in the process al hacerlo
▸ vt 1 (alimento, materia prima) tratar
2 (solicitud) tramitar 3 (Informát) procesar 4 (Fot) revelar
**processing** n 1 tratamiento 2 (Informát)
procesamiento: word processing procesamiento de textos 3 (Fot) revelado

**procession** /prə'seʃn/ n desfile, procesión

**processor** /'prɒsesər, 'proʊ-/ n procesador Ver tb FOOD PROCESSOR

**proclaim** /prə'kleɪm/ vt proclamar
**proclamation** /ˌprɒklə'meɪʃn/ n 1 pro-
clama 2 (acto) proclamación

**proctor** /'prɒktər/ vt vigilar (examen)

**prod** /prɒd/ vt, vi (-dd-) ~ (at) sth/sb
empujar, picar algo/a algn
▸ n empujón

**prodigious** /prə'dɪdʒəs/ adj prodigioso

**prodigy** /'prɒdədʒi/ n (pl prodigies) prodigio

ʏ **produce** /prə'djuːs; GB -'djuːs/ vt 1 producir 2 (cultivo) dar 3 (cría) criar 4 ~ sth
(from/out of sth) sacar algo (de algo)
5 (Cine, TV) producir 6 (Teat) poner en
escena
▸ n /'prɒdjuːs; GB -djuːs/ [incontable] productos: Produce of France Producto de
Francia ➔ Ver nota en PRODUCT

ʏ **producer** /prə'djuːsər; GB -'djuːs-/ n
1 (Cine, TV, Agric, etc.) productor, -ora
2 (Teat) director, -ora de escena

ʏ **product** /'prɒdʌkt/ n producto

> **Product** se utiliza para referirse a
> productos industriales, mientras que
> **produce** se usa para los productos
> del campo.

ʏ **production** /prə'dʌkʃn/ n producción:
production line línea de ensamblaje

**productive** /prə'dʌktɪv/ adj productivo
**productivity** /ˌprɒdʌk'tɪvəti/ n productividad

**profess** /prə'fes/ vt (formal) 1 ~ to be sth
pretender ser algo, declararse algo
2 ~ (yourself) sth declar(se) algo
3 (Relig) profesar **professed** adj (formal)
1 declarado 2 supuesto

ʏ **profession** /prə'feʃn/ n profesión ➔ Ver
nota en WORK

**professional** /prəˈfeʃənl/ *adj* profesional

**professor** /prəˈfesər/ *n* (*abrev* Prof.)
**1** (*USA*) profesor, -ora de universidad
**2** (*GB*) catedrático, -a de universidad

**proficiency** /prəˈfɪʃnsi/ *n* ~ (**in sth/doing sth**) competencia, capacidad en algo/para hacer algo **proficient** *adj* ~ (**in/at sth/doing sth**) competente (en algo): *She's very proficient in/at swimming.* Es una nadadora muy competente.

**profile** /ˈprəʊfaɪl/ *n* perfil **LOC** **a high/low profile**: *The issue has had a high profile recently.* El tema ha ocupado una posición destacada últimamente. ◇ *to keep a low profile* procurar pasar desapercibido

**profit** /ˈprɒfɪt/ *n* **1** ganancia(s), beneficio(s): *to make a profit of 20 dollars* sacar una ganancia de 20 dólares ◇ *to sell at a profit* vender con ganancia ◇ *to do sth for profit* hacer algo con fines lucrativos ◇ *profit-making* lucrativo **2** (*formal*) (*fig*) beneficio, provecho
▶ **1** *vi* ~ (**by/from sth**) beneficiarse (de algo) **2** *vt* beneficiar a
**profitable** *adj* **1** rentable **2** provechoso

**profound** /prəˈfaʊnd/ *adj* profundo
**profoundly** *adv* profundamente, extremadamente

**profusely** /prəˈfjuːsli/ *adv* profusamente

**profusion** /prəˈfjuːʒn/ *n* (*formal*) profusión, abundancia **LOC** **in profusion** en abundancia

**program** (*GB* **programme**) /ˈprəʊɡræm/ *n* programa
▶ *vt, vi* (**-mm-**) programar **❶** En lenguaje informático se escribe siempre **program**, incluso en Gran Bretaña.
**programmer** (*tb* **computer programmer**) *n* programador, -ora **programming** *n* programación

**progress** /ˈprɒɡres, -grəs; *GB* ˈprəʊ-/ [*incontable*] **1** progreso(s) **2** (*movimiento*) avance: *to make progress* avanzar **LOC** **in progress** (*formal*) en marcha
▶ *vi* /prəˈɡres/ avanzar

**progressive** /prəˈɡresɪv/ *adj* **1** progresivo **2** (*Pol*) progresista

**prohibit** /prəʊˈhɪbɪt, prə-/ *vt* ~ **sth**; ~ **sb from doing sth** (*formal*) **1** prohibir algo, prohibir a algn hacer algo **2** impedir algo, impedir a algn hacer algo **prohibition** /ˌprəʊəˈbɪʃn/ *n* prohibición

**project** /ˈprɒdʒekt/ *n* proyecto
▶ /prəˈdʒekt/ **1** *vt* proyectar **2** *vi* sobresalir
**projection** *n* proyección **projector** *n* proyector (*de cine*): *overhead projector* retroproyector

---

**prolific** /prəˈlɪfɪk/ *adj* prolífico

**prologue** /ˈprəʊlɒɡ; *GB* -lɒɡ/ *n* ~ (**to sth**) prólogo (de algo)

**prolong** /prəˈlɒːŋ; *GB* -lɒŋ/ *vt* prolongar, alargar

**prom** /prɒm/ *n* baile de fin de curso

**promenade** /ˌprɒməˈneɪd; *GB* -ˈnɑːd/ (*GB coloq* **prom**) *n* malecón, paseo marítimo

**prominent** /ˈprɒmɪnənt/ *adj* **1** prominente **2** importante

**promiscuous** /prəˈmɪskjuəs/ *adj* promiscuo

**promise** /ˈprɒmɪs/ *n* **1** promesa: *to keep/break/make a promise* cumplir/no cumplir/hacer una promesa **2** *to show promise* ser prometedor
▶ *vt, vi* prometer
**promising** *adj* prometedor

**promote** /prəˈməʊt/ *vt* **1** promover, fomentar **2** (*en el trabajo*) ascender **3** (*Com*) promocionar **promoter** *n* promotor, -ora

**promotion** /prəˈməʊʃn/ *n* **1** ascenso **2** promoción, promoción

**prompt** /prɒmpt/ *adj* **1** sin dilación **2** (*servicio*) rápido **3** (*persona*) puntual
▶ *adv* en punto
▶ **1** *vt* ~ **sb to do sth** incitar a algn a hacer algo **2** *vt* (*reacción*) provocar **3** *vt, vi* (*Teat*) apuntar

**promptly** /ˈprɒmptli/ *adv* **1** con prontitud **2** puntualmente **3** al punto

**prone** /prəʊn/ *adj* ~ **to (do) sth** propenso a (hacer) algo

**pronoun** /ˈprəʊnaʊn/ *n* pronombre

**pronounce** /prəˈnaʊns/ *vt* **1** pronunciar **2** declarar **pronounced** *adj* **1** (*acento*) fuerte **2** (*mejora*) marcado **3** (*movimiento*) pronunciado

**pronunciation** /prəˌnʌnsiˈeɪʃn/ *n* pronunciación

**proof** /pruːf/ *n* **1** [*incontable*] prueba(s) **2** comprobación

**prop** /prɒp/ *n* **1** apoyo **2** viga
▶ *vt* (**-pp-**) ~ **sth (up) (against sth)** apoyar algo (contra algo) **PHR V** **prop sth up** **1** sujetar algo **2** (*fig*) respaldar algo

**propaganda** /ˌprɒpəˈɡændə/ *n* propaganda **❶** En inglés **propaganda** sólo se usa en el sentido político.

**propel** /prəˈpel/ *vt* (**-ll-**) **1** impulsar **2** (*Mec*) propulsar **propellant** *n* propulsor

**propeller** /prəˈpelər/ *n* hélice

---

**P**

---

ɜː bird    ɪə near    eə hair    ʊə tour    ʒ vision    h hat    ŋ sing

**propensity** /prəˈpensəti/ n ~ (for sth/to do sth) (formal) propensión (a algo/a hacer algo)

ʦ **proper** /ˈprɑpər/ adj **1** debido **2** adecuado **3** (esp GB, coloq) de verdad **4** correcto **5** decente **6** en sí: the city proper la ciudad en sí

ʦ **properly** /ˈprɑpərli/ adv **1** bien **2** (comportarse) con propiedad **3** adecuadamente

ʦ **property** /ˈprɑpərti/ n **1** (pl properties) propiedad **2** [incontable] bienes: personal property bienes muebles

**prophecy** /ˈprɑfəsi/ n (pl prophecies) profecía

**prophesy** /ˈprɑfəsaɪ/ (pt, pp prophesied) **1** vt predecir **2** vi profetizar

**prophet** /ˈprɑfɪt/ n profeta

ʦ **proportion** /prəˈpɔːrʃn/ n proporción: sense of proportion sentido de la proporción **LOC** get/keep sth/things in proportion ver el asunto en su justa medida **out of (all) proportion 1** desmesuradamente **2** desproporcionado **proportional** adj ~ (to sth) proporcional (a algo), en proporción (con algo)

ʦ **proposal** /prəˈpoʊzl/ n **1** propuesta **2** propuesta de matrimonio

ʦ **propose** /prəˈpoʊz/ **1** vt (formal) (sugerencia) proponer **2** vt ~ to do sth/doing sth proponerse hacer algo **3** vt, vi ~ (marriage) (to sb) pedir la mano (a algn)

**proposition** /ˌprɑpəˈzɪʃn/ n **1** proposición **2** propuesta

**proprietor** /prəˈpraɪətər/ n (formal) propietario, -a

**prose** /proʊz/ n prosa

**prosecute** /ˈprɑsɪkjuːt/ vt procesar: prosecuting lawyer fiscal **prosecution** n **1** enjuiciamiento, procesamiento **2** (abogado) acusación **prosecutor** n fiscal

ʦ **prospect** /ˈprɑspekt/ n **1** ~ (of sth/doing sth) expectativa(s), posibilidad(es) (de algo/hacer algo) **2** perspectiva **prospective** /prəˈspektɪv/ adj **1** futuro **2** probable

**prospectus** /prəˈspektəs/ n prospecto (folleto promocional)

**prosper** /ˈprɑspər/ vi prosperar **prosperity** /prɑˈsperəti/ n prosperidad **prosperous** /ˈprɑspərəs/ adj próspero

**prostitute** /ˈprɑstɪtuːt; GB -tjuːt/ n **1** prostituta **2** (tb male prostitute) prostituto **prostitution** n prostitución

**prostrate** /ˈprɑstreɪt/ adj **1** postrado **2** ~ (with sth) abatido (por algo)

**protagonist** /prəˈtæɡənɪst/ n (formal) **1** protagonista **2** ~ (of sth) defensor, -ora (de algo)

ʦ **protect** /prəˈtekt/ vt ~ sth/sb (against/ from sth) proteger algo/a algn (contra/ de algo)

ʦ **protection** /prəˈtekʃn/ n ~ (for/against sth) protección (de/para/contra algo)

**protective** /prəˈtektɪv/ adj protector

**protein** /ˈproʊtiːn/ n proteína

ʦ **protest** /ˈproʊtest/ n protesta ▸ /ˈproʊtest, prəˈtest/ **1** vi ~ (about/at/ against sth) protestar (por/de/contra algo) **2** vt declarar

**Protestant** /ˈprɑtɪstənt/ adj, n protestante

**protester** /prəˈtestər, proʊ-/ n manifestante

**prototype** /ˈproʊtətaɪp/ n prototipo

**protrude** /proʊˈtruːd, prə-/ vi ~ (from sth) (formal) sobresalir (de algo): protruding teeth dientes salientes

ʦ **proud** /praʊd/ adj (prouder, -est) **1** ~ (of sth/sb) orgulloso (de algo/algn) **2** ~ (to do sth/that…) orgulloso (de hacer algo/ de que…) **3** (pey) soberbio

ʦ **proudly** /ˈpraʊdli/ adv con orgullo

ʦ **prove** /pruːv/ (pt proved, pp proven /ˈpruːvn/o proved) **1** vt ~ sth (to sb) probar, demostrar algo (a algn) **2** vt, vi ~ (yourself) (to be) sth resultar (ser) algo: The task proved (to be) very difficult. La tarea resultó (ser) muy difícil. **LOC** prove your point demostrar que se está en lo cierto

**proven** /ˈpruːvn/ adj comprobado Ver tb PROVE

**proverb** /ˈprɑvɜːrb/ n proverbio **proverbial** /prəˈvɜːrbiəl/ adj **1** proverbial **2** por todos conocido

ʦ **provide** /prəˈvaɪd/ vt ~ sb (with sth); ~ sth (for sb) proporcionar, suministrar algo a algn **PHRV** provide for sb mantener a algn **provide for sth** (formal) **1** prevenir algo **2** (ley, etc.) estipular algo

ʦ **provided** /prəˈvaɪdɪd/ (tb providing) conj ~ (that…) a condición de que, con tal (de) que

**province** /ˈprɑvɪns/ n **1** provincia **2** the provinces [pl] provincias **3** (formal) competencia: It's not my province. Está fuera de mi competencia. **provincial** /prəˈvɪnʃl/ adj **1** provincial **2** (gen pey) de provincias, provinciano

**provision** /prəˈvɪʒn/ n **1** suministro, abastecimiento **2** to make provision for sb asegurar el porvenir de algn ◇ to make provision against/for sth prever algo **3** provisions [pl] víveres, provisiones **4** (Jur) disposición, estipulación

**provisional** /prəˈvɪʒənl/ *adj* provisional

**proviso** /prəˈvaɪzoʊ/ *n* (*pl* **provisos**) condición

**provocation** /ˌprɑvəˈkeɪʃn/ *n* provocación **provocative** /prəˈvɑkətɪv/ *adj* provocador, provocativo

**provoke** /prəˈvoʊk/ *vt* **1** provocar, causar **2** (*persona*) provocar **3** ~ **sb into sth/doing sth** inducir, incitar a algn a hacer algo

**prow** /praʊ/ *n* proa

**prowess** /ˈpraʊəs/ *n* (*formal*) **1** proeza **2** habilidad

**prowl** /praʊl/ *vt, vi* ~ **(about/around)** rondar, merodear

**proximity** /prɑkˈsɪməti/ *n* proximidad

**proxy** /ˈprɑksi/ *n* **1** apoderado, -a, representante **2** poder: *by proxy* por poderes

**prude** /pruːd/ *n* (*pey*) mojigato, -a

**prudent** /ˈpruːdnt/ *adj* prudente

**prune**[1] /pruːn/ *n* ciruela pasa

**prune**[2] /pruːn/ *vt* **1** podar **2** (*gastos, etc.*) recortar **pruning** *n* poda

**pry** /praɪ/ (*pt, pp* **pried** /praɪd/) **1** *vt* (*tb* **prize**) (*GB tb* **prise**) ~ **sth apart, off, open, etc.** separar, quitar, abrir, etc. algo (*haciendo palanca*) **2** *vi* ~ **(into sth)** entrometerse (en algo), fisgonear

**P.S.** /ˌpiː ˈes/ *n* (*abrev de* **postscript**) posdata (= P.D.)

**psalm** /sɑm/ *n* salmo

**pseudonym** /ˈsuːdənɪm; *GB tb* ˈsjuː-/ *n* seudónimo

**psyche** /ˈsaɪki/ *n* psique, psiquis

**psychiatric** /ˌsaɪkiˈætrɪk/ *adj* psiquiátrico

**psychiatrist** /saɪˈkaɪətrɪst/ *n* psiquiatra

**psychiatry** /saɪˈkaɪətri/ *n* psiquiatría

**psychic** /ˈsaɪkɪk/ *adj* **1** (*tb* **psychical**) psíquico **2** (*persona*): *to be psychic* tener poderes parapsicológicos

**psychoanalysis** /ˌsaɪkoʊəˈnæləsɪs/ (*tb* **analysis**) *n* psicoanálisis

**psychological** /ˌsaɪkəˈlɑdʒɪkl/ *adj* psicológico

**psychologist** /saɪˈkɑlədʒɪst/ *n* psicólogo, -a

**psychology** /saɪˈkɑlədʒi/ *n* psicología

ʄ **pub** /pʌb/ *n* (*GB*) bar, cantina

**puberty** /ˈpjuːbərti/ *n* pubertad

**pubic** /ˈpjuːbɪk/ *adj* púbico: *pubic hair* vello púbico

ʄ **public** /ˈpʌblɪk/ *adj* público ➔ *Ver nota en* ESCUELA
 ▸ *n* público **LOC** **in public** en público

ʄ **publication** /ˌpʌblɪˈkeɪʃn/ *n* publicación

ʄ **publicity** /pʌbˈlɪsəti/ *n* publicidad: *publicity campaign* campaña publicitaria

**publicize** (*GB tb* **-ise**) /ˈpʌblɪsaɪz/ *vt* **1** hacer público **2** promover, promocionar

**publicly** /ˈpʌblɪkli/ *adv* públicamente

**public relations** *n* Ver PR

**public school** *n* **1** (*USA*) colegio público **2** (*GB*) colegio privado ➔ *Ver nota en* ESCUELA

ʄ **publish** /ˈpʌblɪʃ/ *vt* **1** publicar **2** hacer público **publisher** *n* **1** editor, -ora **2** (*casa*) editorial

ʄ **publishing** /ˈpʌblɪʃɪŋ/ *n* mundo editorial: *publishing house* casa editorial

**pudding** /ˈpʊdɪŋ/ *n* **1** pudín, budín **2** (*GB*) (*USA* **dessert**) postre **3** *black pudding* moronga

**puddle** /ˈpʌdl/ *n* charco

**puff** /pʌf/ *n* **1** (*cigarrillo, etc.*) fumada **2** (*humo, vapor*) bocanada **3** soplo, resoplido **4** (*esp GB, coloq*) aliento
 ▸ **1** *vt, vi* ~ **(at/on) sth** (*pipa, etc.*) fumar algo **2** *vt* (*humo*) salir a bocanadas **3** *vi* (*coloq*) jadear **PHRV** **puff sth out/up** hinchar algo **puff up** hincharse

**puffed** (*tb* **puffed out**) *adj* (*GB, coloq*) sin aliento **puffy** *adj* (**puffier, -iest**) hinchado (*esp cara*)

ʄ **pull** /pʊl/ **1** *vt, vi* ~ **(at/on) sth** dar un tirón a algo, tirar de algo **2** *vi* tirar **3** *vt*: *to pull a muscle* darle a algn un tirón en un músculo **4** *vt* (*gatillo*) apretar **5** *vt* (*corcho, muela, pistola*) sacar **LOC** **pull sb's leg** (*coloq*) tomarle el pelo a algn **pull strings/wires (for sb)** (*coloq*) mover palancas (para algn) **pull your socks up** (*GB, coloq*) esforzarse por mejorar **pull your weight** poner todo su esfuerzo *Ver tb* FACE
 **PHRV** **pull sth apart** partir algo en dos **pull sth down 1** bajar algo **2** (*edificio*) derribar algo
 **pull in (to sth); pull into sth 1** (*tren*) llegar (a algo) **2** (*coche*) detenerse (en algo)
 **pull sth off** (*coloq*) conseguir algo
 **pull out (of sth) 1** retirarse (de algo) **2** (*vehículo*) salir (de algo) **pull sth out** sacar algo **pull sth/sb out (of sth)** retirar algo/a algn (de algo)
 **pull over** hacerse a un lado (*coche, etc.*)
 **pull yourself together** dominarse
 **pull up** (*vehículo*) detenerse **pull sth up 1** levantar algo **2** (*planta*) arrancar algo
 ▸ *n* **1** ~ **(at/on) sth** tirón (en algo) **2** **the ~ of sth** la atracción, la llamada de algo

**pull date** (*GB* **sell-by date**) *n* fecha límite de venta

**pulley** /'pʊli/ n (pl **pulleys**) polea

**pullover** /'pʊləʊvər/ n suéter ➔ Ver nota en SWEATER

**pulp** /pʌlp/ n **1** pulpa **2** (de madera) pasta

**pulpit** /'pʊlpɪt/ n púlpito

**pulsate** /'pʌlseɪt; GB pʌl'seɪt/ (tb **pulse**) vi palpitar, latir

**pulse** /pʌls/ n **1** (Med) pulso **2** ritmo **3** pulsación **4 pulses** [pl] legumbres secas

**pumice** /'pʌmɪs/ (tb **pumice stone**) n piedra pómez

**pummel** /'pʌml/ vt (-l-, GB -ll-) aporrear

**pump** /pʌmp/ n **1** bomba: gas pump surtidor de gasolina **2** zapatilla (de dama)
▶ **1** vt, vi bombear **2** vi darle repetidamente a **3** vi (corazón) latir **4** vt ~ **sb (for sth)** (coloq) sonsacar a algn, sonsacarle algo a algn **PHRV pump sth up** inflar algo

**pumpkin** /'pʌmpkɪn/ n calabaza

**pun** /pʌn/ n ~ **(on sth)** juego de palabras (con algo)

**ℙ punch** /pʌntʃ/ n **1** puñetazo **2** punzón **3** (para boletos) perforadora **4** (bebida) ponche
▶ vt **1** dar un puñetazo a **2** perforar, picar: to punch a hole in sth hacer un agujero en algo **PHRV punch in** (GB **clock in/on**) checar (en el trabajo) **punch out** (GB **clock off/out**) fichar (al salir)

**punch-up** /'pʌntʃ ʌp/ n (GB, coloq) pelea a puñetazos

**punctual** /'pʌŋktʃuəl/ adj puntual ➔ Ver nota en PUNTUAL **punctuality** /,pʌŋktʃu-'æləti/ n puntualidad

**punctuate** /'pʌŋktʃueɪt/ vt **1** (Gram) puntuar **2** ~ **sth (with sth)** interrumpir algo (con algo)

**puncture** /'pʌŋktʃər/ n **1** perforación **2** (GB) (USA **flat**) ponchadura
▶ **1** vt, vi ponchar(se) **2** vt (Med) perforar

**pundit** /'pʌndɪt/ n entendido, -a, lumbrera

**pungent** /'pʌndʒənt/ adj **1** acre **2** punzante **3** (crítica, etc.) mordaz

**ℙ punish** /'pʌnɪʃ/ vt castigar

**ℙ punishment** /'pʌnɪʃmənt/ n ~ **(for sth)** castigo (por algo)

**punitive** /'pju:nətɪv/ adj (formal) **1** punitivo **2** (castigo) excesivo

**punk** /pʌŋk/ n **1** punk **2** (esp USA, coloq) patán
▶ adj punki

**punt** /pʌnt/ n (GB) bote largo y plano que se impulsa con una pértiga

**punter** /'pʌntər/ n (GB, coloq) **1** apostante **2** cliente, miembro del público

**pup** /pʌp/ n **1** Ver PUPPY **2** cría

**ℙ pupil** /'pju:pl/ n **1** pupila (del ojo) **2** (esp GB) alumno, -a **❶** Hoy en día la palabra **student** es mucho más común. **3** discípulo, -a

**puppet** /'pʌpɪt/ n **1** marioneta **2** (gen pey) (fig) títere

**puppy** /'pʌpi/ n (pl **puppies**) (tb **pup** /pʌp/) cachorro, -a

**ℙ purchase** /'pɜ:rtʃəs/ n (formal) compra, adquisición Ver tb COMPULSORY PURCHASE
▶ vt (formal) comprar
**purchaser** n (formal) comprador, -ora

**ℙ pure** /pjʊər/ adj (**purer**, **-est**) puro

**purée** /pjʊə'reɪ; GB 'pjʊəreɪ/ n puré

**ℙ purely** /'pjʊərli/ adv puramente, simplemente

**purge** /pɜ:rdʒ/ vt ~ **sth/sb (of/from sth)** purgar algo/algn (de algo)
▶ n purga

**purify** /'pjʊərɪfaɪ/ vt (pt, pp **-fied**) purificar

**puritan** /'pjʊərɪtən/ adj, n puritano, -a **puritanical** /,pjʊərɪ'tænɪkl/ adj (gen pey) puritano

**purity** /'pjʊərəti/ n pureza

**ℙ purple** /'pɜ:rpl/ adj, n morado

**purport** /pər'pɔ:rt/ vt (formal): It purports to be… Pretende ser…

**ℙ purpose** /'pɜ:rpəs/ n **1** propósito, motivo **2** determinación: to have a/no sense of purpose (no) tener una meta en la vida Ver tb CROSS PURPOSES **LOC for the purpose of sth** al efecto de algo **for this purpose** para este fin **on purpose** a propósito Ver tb INTENT **purposeful** adj decidido **purposely** adv intencionadamente

**purr** /pɜ:r/ vi ronronear

**purse** /pɜ:rs/ n **1** (GB **handbag**) bolsa **2** (esp GB) (USA **change purse**) monedero
▶ vt: to purse your lips fruncir los labios

**ℙ pursue** /pər'su:; GB -'sju:/ vt (formal) **1** perseguir **❶** La palabra más normal es **chase**. **2** (actividad) dedicarse a **3** (plan, conversación, etc.) continuar (con)

**pursuit** /pər'su:t; GB -'sju:t/ n (formal) **1** ~ **of sth** búsqueda de algo **2** [gen pl] actividad **LOC in pursuit (of sth/sb)** persiguiendo (algo/a algn) **in pursuit of sth** en busca de algo

**ℙ push** /pʊʃ/ **1** vt, vi empujar: to push past sb pasar a algn empujando **2** vt (botón, etc.) apretar **3** vt ~ **sb (into sth/doing sth)**; ~ **sb (to do sth)** presionar a algn (para que haga algo) **4** vt (coloq) (idea, producto, etc.) promover **LOC be pushed for sth** (coloq) andar justo de algo **push off!** (GB, coloq) ¡lárgate! **PHRV push ahead/forward (with sth)** seguir adelante (con algo) **push sb around** (coloq) mangonear a algn **push in** (GB) (USA **cut in**) colarse

▸ *n* empujón `LOC` **get the push/give sb the push** (*GB, coloq*) ser despedido/dar la patada a algn

## push

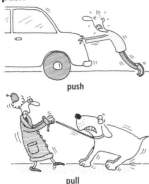

push

pull

**pushchair** /'pʊʃtʃeər/ (*GB*) (*USA* **stroller**) *n* carreola

**push-up** /'pʊʃ ʌp/ (*GB tb* **press-up**) *n* lagartija

**pushy** /'pʊʃi/ *adj* (**pushier, iest**) (*coloq, pey*) agresivo, insistente

 ⚡ **put** /pʊt/ *vt* (**-tt-**) (*pt, pp* **put**) **1** poner, colocar, meter: *Did you put sugar in the tea?* ¿Le pusiste azúcar al té? ◊ *to put sb out of work* dejar a algn sin trabajo ◊ *Put them together.* Júntalos. **2** decir, expresar **3** (*pregunta, sugerencia*) hacer **4** (*tiempo, esfuerzo*) dedicar ❶ Para expresiones con **put**, véanse las entradas del sustantivo, adjetivo, etc., p. ej. **put sth right** en RIGHT.
**`PHRV`** **put sth/yourself across** comunicar algo/comunicarse
**put sth aside 1** dejar algo a un lado **2** (*tb esp GB* **put sth by**) (*dinero*) ahorrar algo
**put sth away** guardar algo
**put sth back 1** devolver algo a su lugar, guardar algo **2** (*posponer*) aplazar algo **3** (*reloj*) retrasar algo
**put sb down** (*coloq*) humillar, despreciar a algn **put sth down 1** poner algo (en el suelo, etc.) **2** dejar, soltar algo **3** (*escribir*) apuntar algo **4** (*rebelión*) sofocar, reprimir algo **5** (*animal*) sacrificar algo
**put sth down to sth** atribuir algo a algo
**put sth forward 1** (*propuesta*) presentar

algo **2** (*sugerencia*) hacer algo **3** (*reloj*) adelantar algo
**put sth into (doing) sth 1** dedicar algo a (hacer) algo **2** (*dinero*) invertir algo en (hacer) algo
**put sb off 1** cancelar una cita con algn **2** distraer a algn **put sb off (sth)**
**1** disuadir a algn (de que haga algo)
**2** quitarle a algn las ganas (de algo) **put sth off 1** aplazar algo **2** (*luz, etc.*) apagar algo
**put sth on 1** (*ropa*) ponerse algo **2** (*luz, etc.*) poner, encender algo **3** engordar algo: *to put on weight* engordar ◊ *to put on two kilograms* engordar dos kilos
**4** (*obra de teatro*) hacer, montar algo
**5** fingir algo
**be put out** estar enojado **put sth out**
**1** sacar algo **2** (*luz, fuego*) apagar algo
**put yourself out (for sb)** (*coloq*) molestarse (por algn)
**put sth over** *Ver* PUT STH/YOURSELF ACROSS
**put sth through** llevar a cabo algo (*plan, reforma, etc.*) **put sb through (to sb)** comunicar a algn (con algn) (*por teléfono*) **put sb through sth** someter a algn a algo
**put sth to sb** sugerir, proponer algo a algn
**put sth together** armar, montar algo
**put sb up** alojar a algn **put sth up**
**1** (*mano*) levantar algo **2** (*edificio*) construir, levantar algo **3** (*letrero, etc.*) poner algo **4** (*precio*) subir algo **put up with sth/ sb** aguantar algo/a algn

**putrid** /'pju:trɪd/ *adj* **1** podrido, putrefacto **2** (*coloq*) (*color, etc.*) asqueroso

**putter** /'pʌtər/ (*GB* **potter**) *v*
**`PHRV`** **putter around** hacer trabajitos

**putty** /'pʌti/ *n* mastique

**puzzle** /'pʌzl/ *n* **1** acertijo **2** rompecabezas **3** misterio
▸ *vt* desconcertar **`PHRV`** **puzzle sth out** resolver algo **puzzle over sth** devanarse los sesos sobre algo

**pygmy** /'pɪgmi/ *n* pigmeo, -a
▸ *adj* enano: *pygmy horse* caballo enano

**pyjamas** (*GB*) = PAJAMAS

**pylon** /'paɪlɑn, -lən/ (*esp GB*) (*USA* **tower, electric tower**) *n* torre de conducción eléctrica

**pyramid** /'pɪrəmɪd/ *n* pirámide

**python** /'paɪθɑn; *GB* -θn/ *n* pitón

**P**

# Q q

**Q, q** /kjuː/ n (pl **Qs, Q's, q's**) Q, q ➔ Ver ejemplos en A, A

**quack** /kwæk/ n **1** graznido **2** (coloq, pey) curandero, -a
▶ vi graznar

**quadruple** /'kwɑdruːpl; GB 'kwɒdrʊpl/ adj cuádruple
▶ vt, vi /kwɑ'druːpl/ cuadruplicar(se)

**quagmire** /'kwægmaɪər, 'kwɑg-/ n (lit y fig) atolladero

**quail** /kweɪl/ n (pl **quails** o **quail**) codorniz

**quaint** /kweɪnt/ adj **1** (idea, costumbre, etc.) curioso **2** (lugar, edificio) pintoresco

**quake** /kweɪk/ vi temblar
▶ n (coloq) terremoto

**qualification** /ˌkwɑlɪfɪ'keɪʃn/ n **1** requisito **2** preparación **3** (GB) (diploma, etc.) título **4** reserva: without qualification sin reserva **5** calificación

**qualified** /'kwɑlɪfaɪd/ adj **1** capacitado **2** titulado **3** (éxito, etc.) limitado

**qualify** /'kwɑlɪfaɪ/ (pt, pp **-fied**) **1** vt ~ sb (for sth/to do sth) capacitar a algn (para algo/para hacer algo), dar derecho a algn a algo/a hacer algo **2** vi ~ for sth/to do sth tener derecho a algo/a hacer algo **3** vi ~ (as sth) obtener el título (de algo) **4** vi ~ (as sth) contar (como algo) **5** vi ~ (for sth) cumplir los requisitos (para algo) **6** vi ~ (for sth) (Dep) clasificarse (para algo) **7** vt (declaración) modificar
**qualifying** adj eliminatorio

**quality** /'kwɑləti/ n (pl **qualities**) **1** calidad **2** clase **3** cualidad **4** característica

**qualm** /kwɑlm/ n escrúpulo, duda

**quandary** /'kwɑndəri/ n LOC **be in a quandary** tener un dilema

**quantify** /'kwɑntɪfaɪ/ vt (pt, pp **-fied**) cuantificar

**quantity** /'kwɑntəti/ n (pl **quantities**) cantidad

**quarantine** /'kwɔːrəntiːn; GB 'kwɒr-/ n cuarentena

**quarrel** /'kwɔːrəl; GB 'kwɒrəl/ n **1** pleito, discusión **2** queja LOC Ver PICK

▶ vi (-l-, GB -ll-) ~ (with sb) (about/over sth) reñir (con algn) (por algo)
**quarrelsome** adj pendenciero

**quarry** /'kwɔːri; GB 'kwɒri/ n (pl **quarries**) **1** cantera **2** presa (de caza)

**quart** /kwɔːrt/ n (abrev qt.) cuarto de galón (0.95 litros) ➔ Ver pág 680

**quarter** /'kwɔːrtər/ n **1** cuarto: It's a quarter to/after one. Es cuarto para la una/la una y cuarto. **2** cuarta parte: a quarter full lleno en una cuarta parte **3** (recibos, etc.) trimestre **4** barrio **5** (USA, Can) veinticinco centavos **6 quarters** [pl] (esp Mil) alojamiento LOC **in/from all quarters** en/de todas partes

**quarter-final** /ˌkwɔːrtər 'faɪnəl/ n cuartos de final

**quarterly** /'kwɔːrtərli/ adj trimestral
▶ adv trimestralmente
▶ n (pl **quarterlies**) revista trimestral

**quartet** /kwɔːr'tet/ n cuarteto

**quartz** /kwɔːrts/ n cuarzo

**quash** /kwɑʃ/ vt **1** (sentencia) anular **2** (rebelión) sofocar **3** (rumor, sospecha, etc.) poner fin a

**quay** /kiː/ n (tb **quayside** /'kiːsaɪd/) n muelle

**queen** /kwiːn/ n reina

**queer** /kwɪər/ adj (**queerer, -est**) **1** (argot, ofen) maricón **2** (antic) raro
▶ n (argot, ofen) maricón

**quell** /kwel/ vt **1** (revuelta, etc.) aplastar **2** (miedo, dudas, etc.) disipar

**quench** /kwentʃ/ vt apagar (sed, fuego, pasión)

**query** /'kwɪəri/ n (pl **queries**) duda, pregunta: Do you have any queries? ¿Tienes alguna duda?
▶ vt (pt, pp **queried**) cuestionar

**quest** /kwest/ n (formal) búsqueda

**question** /'kwestʃən/ n **1** pregunta: to ask/answer a question hacer/responder a una pregunta **2** ~ (of sth) cuestión (de algo) LOC **bring/call sth into question** poner algo en duda **out of the question** impensable Ver tb LOAD
▶ vt **1** hacer preguntas a, interrogar **2** poner en duda, cuestionar
**questionable** adj dudoso

**questioning** /'kwestʃənɪŋ/ n interrogatorio
▶ adj inquisitivo, expectante

**question mark** n signo de interrogación ➔ Ver pág 308

**questionnaire** /ˌkwestʃə'neər/ n cuestionario

**question tag** n pregunta que se añade al final de una frase para confirmar una afirmación

| ʃ chin | dʒ June | v van | θ then | s so | z zoo | ʃ she |

**queue** /kju:/ (*esp GB*) (*USA* **line**) *n* fila (*de personas, etc.*) **LOC** *Ver* JUMP
▶ *vi* ~ (**up**) (*esp GB*) (*USA* **line up**) hacer cola

**quick** /kwɪk/ *adj* (**quicker, -est**) **1** rápido: *Be quick!* ¡Date prisa! ➲ *Ver nota en* RÁPIDO **2** (*persona, mente, etc.*) agudo, listo **LOC** **be quick to do sth** no tardar en hacer algo *Ver tb* BUCK, TEMPER
▶ *adv* (**quicker, -est**) rápido, rápidamente

**quicken** /'kwɪkən/ *vt, vi* **1** acelerar(se) **2** (*ritmo, interés*) avivar(se)

**quickly** /'kwɪkli/ *adv* de prisa, rápidamente

**quid** /kwɪd/ *n* (*pl* **quid**) (GB, *coloq*) libra: *It's five quid each.* Son cinco libras cada uno.

**quiet** /'kwaɪət/ *adj* (**quieter, -est**) **1** callado: *Be quiet!* ¡Cállate! **2** silencioso **3** (*lugar, vida*) tranquilo
▶ *n* **1** silencio **2** tranquilidad **LOC** **on the quiet** a hurtadillas *Ver tb* PEACE
▶ *vt* (GB *tb* **quieten** /'kwaɪətn/) ~ (**sth/sb**) (**down**) calmar algo/a algn, calmarse **quietly** *adv* **1** en silencio **2** tranquilamente **3** en voz baja **quietness** *n* tranquilidad

**quilt** /kwɪlt/ *n* **1** colcha: *patchwork quilt* colcha hecha de parches **2** (GB) (*USA* **comforter**) edredón

**quintet** /kwɪn'tet/ *n* quinteto

**quirk** /kwɜːrk/ *n* rareza **LOC** **a quirk of fate** un capricho del destino **quirky** *adj* extraño

**quit** /kwɪt/ (**-tt-**) (*pt, pp* **quit**) **1** *vt* dejar **2** *vi* (*trabajo, etc.*) dimitir **3** *vt* ~ (**doing**) **sth** (*esp USA, coloq*) dejar (de hacer) algo **4** *vt, vi* irse, marcharse (de)

**quite** /kwaɪt/ *adv* **1** muy: *You'll be quite comfortable here.* Aquí vas a estar muy cómodo. **2** (GB) (*USA* **pretty**) bastante: *He played quite well.* Jugó bastante bien. ➲ *Ver nota en* FAIRLY **3** (GB) totalmente, absolutamente: *quite empty/sure* absolutamente vacío/seguro **LOC** **not quite** no completamente **quite a; quite some** todo un: *It gave me quite a shock.* Me dio un buen susto. *Ver tb* FEW

**quiver** /'kwɪvər/ *vi* temblar, estremecerse
▶ *n* temblor, estremecimiento

**quiz** /kwɪz/ *n* (*pl* **quizzes**) **1** examen parcial **2** concurso, prueba (*de conocimientos*)
▶ *vt* (**-zz-**) ~ **sb** (**about sth/sb**) interrogar a algn (sobre algo/algn) **quizzical** *adj* inquisitivo

**quorum** /'kwɔːrəm/ *n* [*sing*] quórum

**quota** /'kwoʊtə/ *n* **1** cupo **2** cuota, parte

**quotation** /kwoʊ'teɪʃn/ *n* **1** (*de un libro, etc.*) cita **2** (*Fin*) cotización **3** presupuesto

**quotation marks** (*tb* **quotes**) *n* [*pl*] comillas ➲ *Ver pág 308*

**quote** /kwoʊt/ **1** *vt, vi* citar **2** *vt* dar un presupuesto **3** *vt* cotizar
▶ *n* (*coloq*) **1** *Ver* QUOTATION (1, 2) **2** **quotes** *Ver* QUOTATION MARKS

Q

# R r

**R, r** /ɑr/ *n* (*pl* **Rs, R's, r's**) R, r **⊃** *Ver ejemplos en* A, A

**rabbit** /'ræbɪt/ *n* conejo **⊃** *Ver nota en* CONEJO

**rabid** /'ræbɪd/ *adj* rabioso

**rabies** /'reɪbiːz/ *n* [*incontable*] rabia (*enfermedad*)

**raccoon** /ræ'kuːn; *GB* rə-/ *n* mapache

**race¹** /reɪs/ *n* raza: *race relations* relaciones raciales

**race²** /reɪs/ *n, vt*
▸ *n* carrera *Ver tb* RAT RACE
▸ **1** *vt, vi* ~ **(against)** *sb* echar una carrera con algn **2** *vi* (*en carrera*) correr **3** *vi* correr a toda velocidad **4** *vi* competir **5** *vi* (*pulso, corazón*) latir muy rápido **6** *vt* (*caballo*) hacer correr, presentar

**race car** (*GB* **racing car**) *n* coche de carreras

**racehorse** /'reɪshɔːrs/ *n* caballo de carreras

**racetrack** /'reɪstræk/ *n* **1** circuito (*de automovilismo, etc.*) **2** (*GB* **racecourse** /'reɪskɔːrs/) hipódromo

**racial** /'reɪʃl/ *adj* racial

**racing** /'reɪsɪŋ/ *n* carreras: *horse racing* carreras de caballos ◊ *racing bike* bici de carreras

**racism** /'reɪsɪzəm/ *n* racismo **racist** *adj, n* racista

**rack** /ræk/ *n* **1** soporte: *plate/wine rack* escurridor de platos/botellero **2** (*para equipaje*) porta equipaje: *luggage rack* parrilla del equipaje
▸ *vt* LOC **rack your brain(s)** devanarse los sesos

**racks**

vegetable rack   wine rack   plate rack

luggage rack   roof rack

**racket** /'rækɪt/ *n* **1** (*tb* **racquet**) raqueta **2** (*coloq*) alboroto **3** (*coloq*) estafa

**racy** /'reɪsi/ *adj* (**racier, -iest**) **1** (*estilo*) vivo **2** (*chiste*) picante

**radar** /'reɪdɑr/ *n* [*incontable*] radar

**radiance** /'reɪdiəns/ *n* resplandor

**radiant** /'reɪdiənt/ *adj* ~ **(with sth)** radiante (de algo): *radiant with joy* radiante de alegría

**radiate** /'reɪdieɪt/ **1** *vt, vi* (*luz, alegría*) irradiar **2** *vi* salir (*de un punto central*)

**radiation** /ˌreɪdi'eɪʃn/ *n* radiación: *radiation sickness* enfermedad por radiación

**radiator** /'reɪdieɪtər/ *n* radiador

**radical** /'rædɪkl/ *adj, n* radical

**radio** /'reɪdioʊ/ *n* (*pl* **radios**) radio: *radio station* emisora (de radio)

**radioactive** /ˌreɪdioʊ'æktɪv/ *adj* radiactivo **radioactivity** /ˌreɪdioʊ-æk'tɪvəti/ *n* radiactividad

**radish** /'rædɪʃ/ *n* rábano

**radius** /'reɪdiəs/ *n* (*pl* **radii** /-diaɪ/) (*Geom*) radio

**raffle** /'ræfl/ *n* rifa

**raft** /ræft; *GB* rɑːft/ *n* balsa: *life raft* balsa salvavidas

**rafter** /'ræftər; *GB* rɑːf-/ *n* viga (*del techo*)

**rag** /ræg/ *n* **1** trapo **2 rags** [*pl*] harapos **3** (*coloq, gen pey*) periodicucho

**rage** /reɪdʒ/ *n* (*ira*) cólera: *to fly into a rage* montar en cólera LOC **be all the rage** (*coloq*) causar furor
▸ *vi* **1** ponerse furioso **2** (*tormenta*) rugir **3** (*batalla*) continuar con furia

**ragged** /'rægɪd/ *adj* **1** (*ropa*) roto **2** (*persona*) andrajoso

**raging** /'reɪdʒɪŋ/ *adj* **1** (*dolor, sed*) atroz **2** (*mar*) enfurecido **3** (*tormenta*) violento

**raid** /reɪd/ *n* ~ **(on sth)** **1** ataque (contra algo) **2** (*policial*) redada (en algo) **3** (*robo*) asalto (a algo)
▸ *vt* **1** (*policía*) registrar **2** atacar **3** saquear
**raider** *n* asaltante

**rail** /reɪl/ *n* **1** barandal **2** (*cortinas*) riel **3** vía (*de tren*) **4** (*Ferrocarril*): *rail strike* huelga de ferroviarios ◊ *by rail* por ferrocarril

**railing** /'reɪlɪŋ/ *n* [*gen pl*] reja (*para cercar*)

**railroad** /'reɪlroʊd/ (*tb esp GB* **railway** /'reɪlweɪ/) *n* ferrocarril: *railroad station* estación de ferrocarril ◊ *railroad crossing/track* cruce de ferrocarril/vía del tren

**rain** /reɪn/ n lluvia: *It's pouring with rain.* Está lloviendo a cántaros.
▶ vi llover: *It's raining hard.* Está lloviendo mucho.

**rainbow** /ˈreɪnboʊ/ n arco iris

**raincoat** /ˈreɪnkoʊt/ n impermeable

**rainfall** /ˈreɪnfɔl/ n [incontable] precipitaciones

**rainforest** /ˈreɪnfɔːrɪst; GB -fɒr-/ n selva tropical

**rainy** /ˈreɪni/ adj (rainier, -iest) lluvioso

**raise** /reɪz/ vt 1 levantar 2 (salarios, precios) subir 3 (esperanzas) aumentar 4 (nivel) mejorar 5 (alarma) dar 6 (tema) plantear 7 (préstamo, fondos) conseguir 8 (niños, animales) criar 9 (ejército) reclutar **raise your eyebrows (at sth)** arquear las cejas (por algo) **raise your glass (to sb)** alzar las copas (por algn)
▶ n (GB **rise**) aumento (salarial)

**raisin** /ˈreɪzn/ n pasa

**rake** /reɪk/ n rastrillo
▶ vt, vi rastrillar **PHRV rake in** (coloq) ganar algo (grandes cantidades de dinero) **rake sth up** (coloq, pey) sacar a relucir algo (pasado, etc.)

**rally** /ˈræli/ (pt, pp rallied) 1 vi ~ (around) cerrar filas 2 vt, vi ~ (sth/sb) (around/behind/to sb) reunir a algn, reunirse (en torno a algn) 3 vi recuperarse
▶ n (pl **rallies**) 1 mitin 2 (Tenis, etc.) peloteo 3 (coches) rally

**ram** /ræm/ n carnero
▶ (-mm-) 1 vt, vi ~ (into) sth chocar con algo 2 vt ~ sth in, into, on, etc. sth meter algo en algo a la fuerza 3 vt (puerta, etc.) empujar con fuerza

**ramble** /ˈræmbl/ vi ~ (on) (about sth/sb) (fig) divagar (acerca de algo/algn) **rambling** adj 1 laberíntico 2 (Bot) trepador 3 (discurso) que se va por las ramas

**ramp** /ræmp/ n 1 rampa 2 (en carretera) desnivel

**rampage** /ˈræmpeɪdʒ, ræmˈpeɪdʒ/ vi desmandarse
▶ n /ˈræmpeɪdʒ/ desmán **LOC be/go on the rampage** desmandarse

**rampant** /ˈræmpənt/ adj 1 desenfrenado 2 (vegetación) exuberante

**ramshackle** /ˈræmʃækl/ adj destartalado

**ran** pt de RUN

**ranch** /ræntʃ; GB rɑːntʃ/ n rancho, granja

**ranch house** n casa en una sola planta

**rancid** /ˈrænsɪd/ adj rancio

**random** /ˈrændəm/ adj al azar
▶ n **LOC at random** al azar

**rang** pt de RING²

**range** /reɪndʒ/ n 1 gama 2 línea (de productos) 3 escala 4 (visión, sonido) campo (de alcance) 5 (armas) alcance 6 (montañas) cadena
▶ 1 vi ~ from sth to sth extenderse, ir desde algo hasta algo 2 vi ~ from sth to sth; ~ between sth and sth (cifra) oscilar entre algo y algo 3 vt (formal) alinear 4 vt, vi ~ (over/through) sth recorrer algo

**rank** /ræŋk/ n 1 categoría 2 (Mil) grado, rango **LOC the rank and file** la base
▶ 1 vt ~ sth/sb (as sth) clasificar algo/a algn (como algo), considerar algo/a algn (algo) 2 vi situarse: *He ranks among the top players.* Está entre los mejores jugadores. ◊ *high-ranking* de alto rango

**ransack** /ˈrænsæk/ vt 1 ~ sth (for sth) volver algo patas arriba (en busca de algo) 2 desvalijar

**ransom** /ˈrænsəm/ n rescate **LOC hold sb to ransom** (fig) chantajear a algn

**rap** /ræp/ n 1 (Mús) rap 2 golpe seco
▶ vt, vi (-pp-) 1 (Mús) rapear 2 golpear

**rape** /reɪp/ vt violar
▶ n 1 violación 2 (Bot) colza

**rapid** /ˈræpɪd/ adj rápido **rapidity** /rəˈpɪdəti/ n (formal) rapidez

**rapidly** /ˈræpɪdli/ adv (muy) deprisa

**rapist** /ˈreɪpɪst/ n violador

**rappel** /ræˈpel/ (GB abseil) vi hacer rappel
▶ n (GB abseiling) rappel

**rapper** /ˈræpər/ n rapero, -a

**rapport** /ræˈpɔːr/ n compenetración

**rapture** /ˈræptʃər/ n (formal) éxtasis **rapturous** adj delirante, extático

**rare²** /reər/ adj (rarer, -est) poco común: *a rare opportunity* una ocasión poco frecuente

**rare** /reər/ adj poco cocido (carne) ➔ Ver nota en COCER

**rarely** /ˈreərli/ adv pocas veces ➔ Ver nota en ALWAYS

**rarity** /ˈreərəti/ n (pl rarities) rareza

**rash** /ræʃ/ adj imprudente, precipitado: *In a rash moment I promised her…* En un arrebato le prometí…
▶ n sarpullido

**raspberry** /ˈræzberi; GB ˈrɑːzbəri/ n (pl raspberries) frambuesa

**rat** /ræt/ n rata

**rate** /reɪt/ n 1 proporción, razón: *at a rate of 20 a/per week* a razón de veinte por semana ◊ *the exchange rate/the rate of exchange* el tipo de cambio 2 tarifa: *an hourly rate of pay* una tarifa por hora ◊ *interest rate* tasa de interés 3 tasa: *birth rate* tasa de natalidad **LOC at any**

**rate** (*coloq*) de todos modos **at this/that rate** (*coloq*) a este/ese paso
▶ *vt* **1** estimar, valorar: *highly rated* tenido en gran estima **2** considerar como

ℛ **rather** /'ræðər; *GB* 'rɑːð-/ *adv* (*esp GB*) algo, bastante: *I rather suspect…* Me inclino a sospechar… ➔ *Ver nota en* FAIRLY LOC **I'd, you'd, etc. rather…** (**than**): *I'd rather walk than wait for the bus.* Prefiero ir a pie que esperar el camión. **or rather** mejor dicho **rather than** mejor que: *I'll have a sandwich rather than a full meal.* Comeré un sandwich en vez de una comida completa.

**rating** /'reɪtɪŋ/ *n* **1** clasificación: *a high/low popularity rating* un nivel alto/bajo de popularidad **2 the ratings** [*pl*] (*TV*) los niveles de popularidad

**ratio** /'reɪʃiou/ *n* (*pl* **ratios**) proporción: *The ratio of boys to girls in this class is three to one.* La proporción de niños y niñas en esta clase es de tres a una.

**ration** /'ræʃn/ *n* ración
▶ *vt* racionar

**rational** /'ræʃnəl/ *adj* racional, razonable **rationality** /ˌræʃə'næləti/ *n* racionalidad **rationalization** (*GB tb* **-isation**) *n* racionalización **rationalize** (*GB tb* **-ise**) *vt* racionalizar

**rationing** /'ræʃənɪŋ/ *n* racionamiento

**the rat race** *n* (*pey*) la carrera de la vida moderna

**rattle** /'rætl/ **1** *vt* hacer sonar **2** *vi* hacer ruido, tintinear **3** *vi* ~ **along, off, past, etc.** traquetear PHRV **rattle sth off** recitar algo (de memoria)
▶ *n* **1** traqueteo **2** sonaja

**rattlesnake** /'rætlsneɪk/ *n* víbora de cascabel

**ravage** /'rævɪdʒ/ *vt* devastar

**rave** /reɪv/ *vi* **1** ~ **about sth/sb** poner por las nubes algo/a algn **2** ~ **(at sb)** despotricar (contra algn)
▶ *n* (*esp GB*) fiesta con música acid

**raven** /'reɪvn/ *n* cuervo

ℛ **raw** /rɔː/ *adj* **1** crudo **2** sin refinar: *raw silk* seda bruta ◊ *raw material* materia prima **3** (*herida*) en carne viva

**ray** /reɪ/ *n* rayo: *X-rays* rayos X

**razor** /'reɪzər/ *n* rastrillo/navaja de rasurar: *razor blade* cuchilla de rasurar

ℛ **reach** /riːtʃ/ **1** *vt* llegar a: *to reach an agreement* llegar a un acuerdo **2** *vt* alcanzar **3** *vi* ~ **(out) (for sth)** alargar la mano (para agarrar algo) **4** *vt* localizar
▶ *n* LOC **beyond/out of/within (sb's) reach** fuera del alcance/al alcance (de algn) **within (easy) reach (of sth/sb)** a corta distancia (de algo/algn)

ℛ **react** /ri'ækt/ *vi* **1** ~ **(to sth/sb)** reaccionar (a/ante algo/algn) **2** ~ **against sth/sb** oponerse a algo/algn

ℛ **reaction** /ri'ækʃn/ *n* ~ **(to sth/sb)** reacción (a/ante algo/algn)

**reactionary** /ri'ækʃəneri; *GB* -nri/ *adj* reaccionario

**reactor** /ri'æktər/ (*tb* **nuclear reactor**) *n* reactor nuclear

ℛ **read** /riːd/ (*pt, pp* **read** /red/) **1** *vt, vi* ~ **(about/of sth/sb)** leer (sobre algo/algn) **2** *vt* ~ **sth (as sth)** interpretar algo (como algo) **3** *vt* (*anuncio, mensaje, etc.*) decir: *The sign reads "No admittance".* El letrero dice "Prohibida la entrada". **4** *vt* (*contador, etc.*) marcar PHRV **read sth into sth** atribuir algo a algo **read on** seguir leyendo **read sth out** leer algo en voz alta **readable** *adj* legible

ℛ **reader** /'riːdər/ *n* lector, -ora **readership** *n* [*incontable*] número de lectores

**readily** /'redɪli/ *adv* **1** de buena gana **2** fácilmente

**readiness** /'redɪnəs/ *n* disposición: *her readiness to help* su disposición para ayudar ◊ *to do sth in readiness for sth* hacer algo en preparación de algo

ℛ **reading** /'riːdɪŋ/ *n* lectura: *reading glasses* lentes para leer

ℛ **ready** /'redi/ *adj* (**readier, -iest**) **1** ~ **(for sth/to do sth)** listo, preparado (para algo/para hacer algo): *to get ready* prepararse **2** ~ **(to do sth)** dispuesto (a hacer algo): *He's always ready to help his friends.* Siempre está dispuesto a ayudar a sus amigos. **3** ~ **to do sth** a punto de hacer algo **4** *vt* a mano

**ready-made** /ˌredi 'meɪd/ *adj* ya hecho: *You can buy ready-made curtains.* Puedes comprar cortinas ya hechas.

ℛ **real** /'riːəl/ *adj* **1** real, verdadero: *real life* la vida real **2** verdadero, auténtico: *That's not his real name.* Ese no es su nombre verdadero. ◊ *The meal was a real disaster.* La comida fue un verdadero desastre.

**real estate** *n* [*incontable*] bienes raíces

**real estate agent** (*GB* **estate agent**) *n* corredor, -ora de bienes raíces

**realism** /'riːəlɪzəm/ *n* realismo **realist** *n* realista

ℛ **realistic** /ˌriːə'lɪstɪk/ *adj* realista

ℛ **reality** /ri'æləti/ *n* (*pl* **realities**) realidad LOC **in reality** en realidad

**realization** (*GB tb* **-isation**) /ˌriːələ'zeɪʃn; *GB* -laɪ'z-/ *n* comprensión

ℛ **realize** (*GB tb* **-ise**) /'riːəlaɪz/ **1** *vt, vi* darse cuenta (de): *Not realizing that…* Sin darse cuenta de que… **2** *vt* (*plan, ambición*) cumplir

**really** /'ri:əli, 'ri:li/ *adv* **1** [con verbo] de verdad: *I really mean that.* Te lo digo de verdad. **2** [con adjetivo] muy, realmente: *Is it really true?* ¿Es realmente cierto? **3** (expresa sorpresa, interés, duda, etc.): *Really?* ¿En serio?

**realm** /relm/ *n* terreno: *the realms of possibility* el ámbito de lo posible

**Realtor**® /'ri:əltər/ (GB **estate agent**) *n* corredor, -ora de bienes raíces

**reap** /ri:p/ *vt* segar, cosechar

**reappear** /,ri:ə'pɪər/ *vi* reaparecer
**reappearance** *n* reaparición

**rear** /rɪər/ *n* **the rear** [sing] la parte trasera: *a rear window* una ventana trasera **LOC bring up the rear** ir en último lugar
▶ **1** *vt* criar **2** *vi* ~ **(up)** (caballo) encabritarse **3** erguirse

**rearrange** /,ri:ə'reɪndʒ/ *vt* **1** arreglar, cambiar **2** (planes) volver a organizar

**reason** /'ri:zn/ *n* **1** ~ **(for sth/doing sth)** razón, motivo **2** ~ **(why…/that…)** razón, motivo (por la/el que…/de que…) **3** razón, sentido común **LOC in/within reason** dentro de lo razonable **make sb see reason** hacer entrar en razón a algn *Ver tb* STAND
▶ *vi* razonar

**reasonable** /'ri:znəbl/ *adj* **1** razonable, sensato **2** tolerable, regular

**reasonably** /'ri:znəbli/ *adv* **1** bastante **2** con sensatez

**reasoning** /'ri:zənɪŋ/ *n* razonamiento

**reassurance** /,ri:ə'ʃʊərəns; GB tb -'ʃɔ:r-/ *n* **1** consuelo, tranquilidad **2** palabras tranquilizadoras

**reassure** /,ri:ə'ʃʊər; GB tb -'ʃɔ:(r)/ *vt* tranquilizar **reassuring** *adj* tranquilizador

**rebate** /'ri:beɪt/ *n* reembolso

**rebel** /'rebl/ *n* rebelde
▶ *vi* /rɪ'bel/ (**-ll-**) rebelarse

**rebellion** /rɪ'beljən/ *n* rebelión

**rebellious** /rɪ'beljəs/ *adj* rebelde

**rebirth** /,ri:'bɜ:rθ/ *n* **1** renacimiento **2** resurgimiento

**rebound** /rɪ'baʊnd/ *vi* **1** ~ **(from/off sth)** rebotar (en algo) **2** ~ **(on sb)** (formal) repercutir (en algn)
▶ *n* /'ri:baʊnd/ **rebote LOC on the rebound** por despecho

**rebuff** /rɪ'bʌf/ *n* **1** desaire **2** rechazo
▶ *vt* **1** desairar **2** rechazar

**rebuild** /,ri:'bɪld/ *vt* (*pt, pp* **rebuilt** /,ri:'bɪlt/) reconstruir

**rebuke** /rɪ'bju:k/ *vt* (formal) reprender
▶ *n* (formal) reprimenda

**recall** /rɪ'kɔ:l/ *vt* **1** (formal) recordar **2** (producto, embajador, etc.) retirar

**recapture** /,ri:'kæptʃər/ *vt* **1** recobrar, reconquistar **2** capturar **3** (emoción, etc.) revivir, reproducir

**recede** /rɪ'si:d/ *vi* retroceder: *receding hair/hairline* entradas

**receipt** /rɪ'si:t/ *n* **1** ~ **(for sth)** (formal) recibo (de algo): *to acknowledge receipt of sth* acusar recibo de algo ◊ *a receipt for your expenses* un recibo de tus gastos **2** **receipts** [pl] (Com) ingresos

**receive** /rɪ'si:v/ *vt* **1** recibir, acoger **2** (herida) sufrir

**receiver** /rɪ'si:vər/ *n* **1** (teléfono) auricular: *to lift/pick up the receiver* descolgar **2** (TV, Radio) receptor **3** destinatario, -a

**recent** /'ri:snt/ *adj* reciente: *in recent years* en los últimos años

**recently** /'ri:sntli/ *adv* **1** recientemente: *until recently* hasta hace poco **2** (tb **recently-**) recién: *a recently-appointed director* una directora recién nombrada

**reception** /rɪ'sepʃn/ *n* **1** (tb **wedding reception**) banquete (de bodas) ⊃ *Ver nota en* MATRIMONIO **2** acogida **3** (esp GB) (USA **lobby**) recepción: *reception desk* (mesa de) recepción **receptionist** *n* recepcionista

**receptive** /rɪ'septɪv/ *adj* ~ **(to sth)** receptivo (a algo)

**recess** /'ri:ses, rɪ'ses/ *n* **1** (GB **break**) (en escuela) recreo **2** (parlamento, etc.) periodo de vacaciones **3** (nicho) hueco **4** [gen pl] escondrijo, lugar recóndito

**recession** /rɪ'seʃn/ *n* recesión

**recharge** /,ri:'tʃɑ:rdʒ/ *vt* recargar

**recipe** /'resəpi/ *n* **1** ~ **(for sth)** (Cocina) receta (de algo) **2** ~ **for sth** (fig) receta para/de algo

**recipient** /rɪ'sɪpiənt/ *n* **1** destinatario, -a **2** (dinero, etc.) beneficiario, -a

**reciprocal** /rɪ'sɪprəkl/ *adj* recíproco

**reciprocate** /rɪ'sɪprəkeɪt/ *vt, vi* corresponder (a)

**recital** /rɪ'saɪtl/ *n* recital

**recite** /rɪ'saɪt/ *vt* **1** recitar **2** enumerar

**reckless** /'rekləs/ *adj* **1** temerario **2** imprudente

**reckon** /'rekən/ *vt* **1** (esp GB, coloq) creer **2** (coloq) calcular **3** ~ **be reckoned (to be sth)** ser considerado algo **PHRV reckon on sth** contar con algo **reckon with sth/sb** contar con algn/algo, tomar algo/a algn en consideración: *There is still your*

**R**

i: see    ɪ sit    e ten    æ cat    ɑ hot    ɔ: saw    ʌ cup    ʊ put    u: too

*father to reckon with.* Todavía hay que vérselas con tu padre. **reckoning** n **1** cálculos: *by my reckoning* según mis cálculos **2** cuentas

**reclaim** /rɪˈkleɪm/ vt **1** recuperar **2** (*materiales, etc.*) reciclar **reclamation** /ˌreklǝˈmeɪʃn/ n recuperación

**recline** /rɪˈklaɪn/ vt, vi reclinar(se), recostar(se) **reclining** adj reclinable (*silla*)

**recognition** /ˌrekǝɡˈnɪʃn/ n reconocimiento: *in recognition of sth* en reconocimiento por algo ◇ *to have changed beyond recognition* estar irreconocible

**recognizable** (*GB tb* **-isable**) /ˈrekǝɡnaɪzǝbl, ˌrekǝɡˈnaɪzǝbl/ adj reconocible

**recognize** (*GB tb* **-ise**) /ˈrekǝɡnaɪz/ vt reconocer

**recoil** /rɪˈkɔɪl/ vi ~ (from sth/sb); ~ (at sth) **1** retroceder (de algo) **2** sentir repugnancia (ante algo/algn)

**recollect** /ˌrekǝˈlekt/ vt (*formal*) recordar **recollection** /ˌrekǝˈlekʃn/ n (*formal*) recuerdo

**recommend** /ˌrekǝˈmend/ vt recomendar

**recompense** /ˈrekǝmpens/ vt ~ sb (for sth) (*formal*) recompensar a algn (por algo)
▸ n (*formal*) recompensa

**reconcile** /ˈrekǝnsaɪl/ vt **1** ~ sth (with sth) conciliar algo (con algo) **2** ~ sb (with sb) reconciliar a algn (con algn) **3** ~ yourself (to sth) resignarse (a algo) **reconciliation** n **1** [*incontable*] conciliación **2** reconciliación

**reconnaissance** /rɪˈkɑnɪsns/ n (*Mil*) reconocimiento

**reconsider** /ˌriːkǝnˈsɪdǝr/ **1** vt reconsiderar **2** vi recapacitar

**reconstruct** /ˌriːkǝnˈstrʌkt/ vt ~ sth (from sth) reconstruir algo (a partir de algo)

**record** /ˈrekǝrd; GB ˈrekɔːd/ n **1** registro: *to make/keep a record of sth* hacer/llevar un registro de algo **2** historial: *a criminal record* antecedentes penales *Ver tb* TRACK RECORD **3** disco: *a record company* una casa discográfica **4** récord: *to beat/break a record* batir/superar un récord LOC put/set the record straight dejar/poner las cosas claras
▸ /rɪˈkɔːrd/ **1** vt registrar, anotar **2** vt, vi ~ (sth) (from sth) (on sth) grabar (algo) (de algo) (en algo) **3** vt (*termómetro, etc.*) marcar

**record-breaking** /ˈrekǝrd breɪkɪŋ; GB ˈrekɔːd/ adj sin precedentes

**recorder** /rɪˈkɔːrdǝr/ n **1** flauta dulce **2** *Ver* TAPE RECORDER

**recording** /rɪˈkɔːrdɪŋ/ n grabación

**record player** n tocadiscos

**recount** /rɪˈkaʊnt/ vt ~ sth (to sb) (*formal*) relatar algo (a algn)

**recourse** /rɪˈkɔːrs/ n (*formal*) recurso LOC have recourse to sth/sb (*formal*) recurrir a algo/algn

**recover** /rɪˈkʌvǝr/ **1** vt recuperar, recobrar: *to recover consciousness* recobrar el conocimiento **2** vi ~ (from sth) recuperarse, reponerse (de algo)

**recovery** /rɪˈkʌvǝri/ n (pl **recoveries**) **1** ~ (from sth) restablecimiento (de algo) **2** recuperación, rescate

**recreation** /ˌrekriˈeɪʃn/ n **1** recreo: *recreation ground* campo de deportes **2** (GB) pasatiempo, recreación

**recruit** /rɪˈkruːt/ n recluta
▸ vt reclutar
**recruitment** n reclutamiento

**rectangle** /ˈrektæŋɡl/ n rectángulo

**recuperate** /rɪˈkuːpǝreɪt/ **1** (*formal*) vi ~ (from sth) recuperarse, reponerse (de algo) **2** vt recuperar

**recur** /rɪˈkɜːr/ vi (-rr-) repetirse, volver a aparecer

**recyclable** /ˌriːˈsaɪklǝbl/ adj reciclable

**recycle** /ˌriːˈsaɪkl/ vt reciclar **recycling** n reciclaje

**red** /red/ adj (**redder, -est**) **1** rojo: *a red dress* un vestido rojo **2** (*rostro*) colorado **3** (*vino*) tinto LOC a red herring una pista falsa
▸ n **1** rojo **2** (*semáforo*): *You can turn right on red here.* La vuelta es continua aunque esté el alto. LOC in the red (*coloq*) en números rojos

**reddish** /ˈredɪʃ/ adj rojizo

**redeem** /rɪˈdiːm/ vt **1** redimir: *to redeem yourself* salvarse **2** recompensar **3** (*vale, etc.*) canjear

**redemption** /rɪˈdempʃn/ n (*formal*) redención

**redevelopment** /ˌriːdɪˈvelǝpmǝnt/ n nueva edificación, reurbanización

**redo** /ˌriːˈduː/ vt (3a pers sing **redoes** /-ˈdʌz/ pt **redid** /-ˈdɪd/ pp **redone** /-ˈdʌn/) rehacer

**red tape** n [*incontable*] (*pey*) papeleo (*burocrático*)

**reduce** /rɪˈduːs; GB -ˈdjuːs/ **1** vt ~ sth (from sth) (to sth) reducir, disminuir algo (de algo a algo) **2** vt ~ sth (by sth) disminuir, rebajar algo (en algo) **3** vi reducirse **4** vt ~ sth/sb (from sth) to sth: *The house was reduced to ashes.* La casa se redujo a cenizas. ◇ *to reduce sb to tears* hacer llorar a algn **reduced** adj rebajado

**reduction** /rɪˈdʌkʃn/ n **1** ~ (in sth) reducción (de algo) **2** ~ (of sth) rebaja, descuento (de algo): *a reduction of 5%* un descuento del 5%

**redundancy** /rɪˈdʌndənsi/ n (pl **redundancies**) (GB) (USA **layoff**) despido (*por cierre de empresa o recorte de personal*): *redundancy pay* indemnización por despido

**redundant** /rɪˈdʌndənt/ adj **1** (GB): *to be made redundant* ser despedido por cierre de empresa o reducción de plantilla **2** superfluo

**reed** /riːd/ n junco

**reef** /riːf/ n arrecife

**reek** /riːk/ vi ~ (of sth) (pey) apestar (a algo)

**reel** /riːl/ n **1** bobina, carrete **2** (*película*) rollo
▸ vi **1** tambalearse **2** (*cabeza*) dar vueltas **PHRV** reel sth off recitar algo (de memoria)

**re-enter** /ˌriː ˈentər/ vt volver a entrar, reingresar en **re-entry** n reentrada

**refer** /rɪˈfɜːr/ (-rr-) **1** vi ~ to sth/sb referirse a algo/algn **2** vt, vi remitir(se)

**referee** /ˌrefəˈriː/ n **1** (Dep) árbitro, -a **2** juez árbitro
▸ vt, vi arbitrar

**reference** /ˈrefərəns/ n **1** referencia **2** (GB **referee**) (*para empleo*) persona que da referencias **LOC** in/with reference to sth/sb (*formal*) en/con referencia a algo/algn

**referendum** /ˌrefəˈrendəm/ n (pl **referendums** o **referenda** /-də/) referéndum

**refill** /ˌriːˈfɪl/ vt rellenar
▸ n /ˈriːfɪl/ relleno, cambio

**refine** /rɪˈfaɪn/ vt **1** refinar **2** (*modelo, técnica, etc.*) pulir **refinement** n **1** mejora **2** refinamiento **refinery** n (pl **refineries**) refinería

**reflect** /rɪˈflekt/ **1** vt reflejar **2** vi ~ (on/upon sth) reflexionar (en algo) **LOC** reflect on sth/sb: *to reflect well/badly on sth/sb* decir mucho/poco en favor de algo/algn **reflection** n **1** reflejo **2** (*acto, pensamiento*) reflexión **LOC** be a reflection on sth/sb dar mala impresión de algo/algn on reflection pensándolo bien

**reflex** /ˈriːfleks/ (tb **reflex action**) n reflejo

**reform** /rɪˈfɔːrm/ vt, vi reformar(se)
▸ n reforma **reformation** /ˌrefərˈmeɪʃn/ n **1** reforma **2** the Reformation la Reforma

**refrain** /rɪˈfreɪn/ vi ~ (from sth) (*formal*) abstenerse (de algo): *Please refrain from smoking.* Por favor absténganse de fumar.

▸ n estribillo

**refresh** /rɪˈfreʃ/ vt refrescar **LOC** refresh sb's memory (about sth/sb) refrescar la memoria a algn (sobre algo/algn) **refreshing** adj **1** refrescante **2** (fig) alentador

**refreshments** /rɪˈfreʃmənts/ n [pl] botana y refrescos: *Refreshments will be served after the concert.* Habrá botana y refrescos después del concierto.

**refrigerate** /rɪˈfrɪdʒəreɪt/ vt refrigerar **refrigeration** n refrigeración

**refrigerator** /rɪˈfrɪdʒəreɪtər/ n refrigerador

**refuge** /ˈrefjuːdʒ/ n **1** ~ (from sth/sb) refugio (de algo/algn): *to take refuge* refugiarse **2** (Pol) asilo

**refugee** /ˌrefjuˈdʒiː/ n refugiado, -a

**refund** /rɪˈfʌnd/ vt reembolsar
▸ n /ˈriːfʌnd/ reembolso

**refusal** /rɪˈfjuːzl/ n **1** denegación, rechazo **2** ~ (to do sth) negativa (a hacer algo)

**refuse¹** /rɪˈfjuːz/ **1** vt rechazar, rehusar: *to refuse an offer* rechazar una oferta ◇ *to refuse (sb) entry/entry (to sb)* negar la entrada (a algn) **2** vi ~ (to do sth) negarse (a hacer algo)

**refuse²** /ˈrefjuːs/ n [incontable] desperdicios

**regain** /rɪˈɡeɪn/ vt recuperar: *to regain consciousness* recobrar el conocimiento

**regal** /ˈriːɡl/ adj regio

**regard** /rɪˈɡɑːrd/ vt **1** ~ sth/sb as sth considerar algo/a algn algo **2** ~ sth/sb (with sth) (*formal*) mirar algo/a algn (con algo) **LOC** as regards sth/sb (*formal*) en/por lo que se refiere a algo/algn
▸ n **1** ~ to/for sth/sb (*formal*) respeto a/por algo/algn: *with no regard for/to speed limits* sin respetar los límites de velocidad **2** regards [pl] (*en cartas*) saludos **LOC** in this/that regard (*formal*) en este/ese aspecto in/with regard to sth/sb (*formal*) con respecto a algo/algn

**regarding** /rɪˈɡɑːrdɪŋ/ prep referente a

**regardless** /rɪˈɡɑːrdləs/ adv pase lo que pase

**regardless of** prep sea cual sea, sin tener en cuenta

**regime** /reɪˈʒiːm/ n régimen (*gobierno, reglas, etc.*)

**regiment** /ˈredʒɪmənt/ n regimiento **regimented** adj reglamentado

**region** /ˈriːdʒən/ n región **LOC** in the region of sth alrededor de algo (*cantidad*)

**register** /'redʒɪstər/ n 1 registro 2 (esp GB) (en el colegio) lista: to call the register pasar lista
▶ vt 1 ~ sth (in sth) registrar algo (en algo) 2 vi ~ (at/for/with sth) inscribirse (en/para/con algo) 3 vt (formal) (sorpresa, etc.) acusar, mostrar 4 vt (correo) mandar certificado

**registered mail** n correo certificado

**registrar** /'redʒɪstrɑr/ n 1 funcionario, -a (del registro civil, etc.) 2 (Educ) subdirector, -ora (al cargo de inscripción, exámenes, etc.)

**registration** /,redʒɪ'streɪʃn/ n 1 registro 2 inscripción 3 (GB) (tb registration number) número de la placa

**registry office** /'redʒɪstri ɒfɪs/ (tb register office) n (GB) registro civil

**regret** /rɪ'gret/ n 1 ~ (at/about sth) pesar (por algo) 2 remordimiento
▶ vt (-tt-) 1 arrepentirse de 2 (formal) lamentar

**regretfully** adv con pesar, con pena

**regrettable** adj lamentable

**regular** /'regjələr/ adj 1 regular: to get regular exercise hacer ejercicio con regularidad 2 habitual 3 de tamaño normal: Regular or large fries? ¿Papas grandes o regulares? LOC on a regular basis con regularidad
▶ n cliente habitual

**regularity** /,regju'lærəti/ n regularidad

**regularly** /'regjələrli/ adv 1 regularmente 2 con regularidad

**regulate** /'regjuleɪt/ vt regular, reglamentar

**regulation** /,regju'leɪʃn/ n 1 [gen pl] norma: safety regulations normas de seguridad 2 regulación

**rehabilitate** /,ri:ə'bɪlɪteɪt/ vt rehabilitar **rehabilitation** n rehabilitación

**rehearsal** /rɪ'hɜrsl/ n ensayo: a dress rehearsal un ensayo general

**rehearse** /rɪ'hɜrs/ vt, vi ~ (sth/for sth) ensayar (algo/para algo)

**reign** /reɪn/ n reinado
▶ vi ~ (over sth/sb) reinar (sobre algo/algn)

**reimburse** /,ri:ɪm'bɜrs/ vt ~ sb (for sth) reembolsar algo (a algn)

**rein** /reɪn/ n rienda

**reindeer** /'reɪndɪər/ n (pl reindeer) reno

**reinforce** /,ri:ɪm'fɔrs/ vt reforzar **reinforcement** n 1 consolidación, refuerzo 2 reinforcements [pl] (Mil) refuerzos

**reinstate** /,ri:ɪm'steɪt/ vt ~ sth/sb (in/as sth) restituir algo/a algn (en algo)

**reject** /rɪ'dʒekt/ vt rechazar
▶ n /'ri:dʒekt/ 1 cosa defectuosa 2 marginado, -a
**rejection** /rɪ'dʒekʃn/ n rechazo

**rejoice** /rɪ'dʒɔɪs/ vi ~ (at/in/over sth) (formal) alegrarse, regocijarse (por/de algo)

**rejoin** /,ri:'dʒɔɪn/ vt 1 reincorporarse a 2 volver a juntarse con

**relapse** /rɪ'læps/ vi recaer
▶ n /'ri:læps/ recaída

**relate** /rɪ'leɪt/ 1 vt ~ sth to/with sth relacionar algo con algo 2 vt ~ sth (to sb) (formal) relatar algo (a algn) PHR V **relate to sth/sb 1** estar relacionado con algo/algn 2 identificarse con algo/algn

**related** /rɪ'leɪtɪd/ adj 1 ~ (to sth/sb) relacionado (con algo/algn) 2 ~ (to sb) emparentado (con algn): to be related by marriage ser pariente(s) político(s)

**relation** /rɪ'leɪʃn/ n 1 ~ (to sth/between...) relación (con algo/entre...) 2 pariente, -a 3 parentesco: What relation are you? ¿Que parentesco tienen? ◇ Is he any relation (to you)? ¿Es familiar tuyo? LOC bear little relation to sth tener poca relación con algo in/with relation to sth (formal) con relación a algo

**relationship** /rɪ'leɪʃnʃɪp/ n 1 ~ (between A and B); ~ (of A to/with B) relación entre A y B 2 relación (sentimental o sexual) 3 (relación de) parentesco

**relative** /'relətɪv/ n pariente, -a
▶ adj relativo

**relax** /rɪ'læks/ 1 vt, vi relajar(se) 2 vt aflojar **relaxation** /,ri:læk'seɪʃn/ n 1 relajación 2 descanso 3 pasatiempo

**relaxing** /rɪ'læksɪŋ/ adj relajante

**relay** /'ri:leɪ/ n 1 (tb relay race) carrera de relevos 2 relevo, tanda
▶ vt /'ri:leɪ, rɪ'leɪ/ (pt, pp relayed) transmitir

**release** /rɪ'li:s/ vt 1 liberar 2 poner en libertad 3 soltar: to release your grip on sth/sb soltar algo/a algn 4 (noticia) dar a conocer 5 (producto) poner a la venta 6 (película) estrenar
▶ n 1 liberación 2 puesta en libertad 3 (lanzamiento) publicación, estreno, aparición (en el mercado): The movie is in general release. Pasan la película en todos los cines.

**relegate** /'relɪgeɪt/ vt 1 relegar 2 (esp GB, Dep) bajar **relegation** n 1 relegación 2 (esp GB, Dep) descenso

**relent** /rɪ'lent/ vi ceder **relentless** adj 1 implacable 2 (ambición) tenaz

**relevance** /'relavəns/ n pertinencia

**relevant** /ˈreləvənt/ *adj* pertinente, que viene al caso

**reliability** /rɪˌlaɪəˈbɪləti/ *n* fiabilidad

**reliable** /rɪˈlaɪəbl/ *adj* **1** (*persona*) de confianza **2** (*datos*) fiable **3** (*fuente*) fidedigno **4** (*método, aparato*) seguro

**reliance** /rɪˈlaɪəns/ *n* ~ on sth/sb dependencia de algo/algn, confianza en algo/algn

**relic** /ˈrelɪk/ *n* reliquia

**relief** /rɪˈliːf/ *n* **1** alivio: *much to my relief* para mi consuelo **2** ayuda, auxilio **3** (*persona*) relevo **4** (*Arte, Geog*) relieve

**relieve** /rɪˈliːv/ *vt* **1** aliviar **2** ~ **yourself** hacer uno sus necesidades **3** relevar **PHRV** **relieve sb of sth** quitar algo a algn

**religion** /rɪˈlɪdʒən/ *n* religión

**religious** /rɪˈlɪdʒəs/ *adj* religioso

**relinquish** /rɪˈlɪŋkwɪʃ/ *vt* (*formal*) **1** renunciar a **2** abandonar ❶ La expresión más normal es **give sth up**.

**relish** /ˈrelɪʃ/ *n* ~ (for sth) gusto (por algo) ▸ *vt* disfrutar

**reluctance** /rɪˈlʌktəns/ *n* desgana

**reluctant** /rɪˈlʌktənt/ *adj* ~ (to do sth) reacio (a hacer algo) **reluctantly** *adv* de mala gana

**rely** /rɪˈlaɪ/ *v* (*pt, pp* **relied**) **PHRV** **rely on/upon sth/sb** depender de, confiar en, contar con algo/algn

**remain** /rɪˈmeɪn/ *vi* (*formal*) **1** quedar(se) ❶ La palabra más normal es **stay**. **2** (*continuar*) permanecer, seguir siendo **remainder** *n* [*sing*] (*Mat, etc.*) resto

**remains** /rɪˈmeɪnz/ *n* [*pl*] **1** restos **2** ruinas

**remand** /rɪˈmænd; *GB* -ˈmɑːnd/ *vt*: *to remand sb in custody/on bail* poner a algn en prisión preventiva/en libertad condicional ▸ *n* custodia **LOC** **on remand** detenido

**remark** /rɪˈmɑːrk/ *vt* comentar, mencionar **PHRV** **remark on/upon sth/sb** hacer un comentario sobre algo/algn ▸ *n* comentario

**remarkable** /rɪˈmɑːrkəbl/ *adj* **1** extraordinario **2** ~ (for sth) notable (por algo)

**remedial** /rɪˈmiːdiəl/ *adj* **1** (*acción, medidas*) reparador, rectificador **2** (*clases*) para niños con dificultades de aprendizaje

**remedy** /ˈremədi/ *n* (*pl* **remedies**) remedio ▸ *vt* (*pt, pp* **remedied**) remediar

**remember** /rɪˈmembər/ *vt, vi* acordarse (de): *as far as I remember* que yo recuerde ◇ *Remember that we have visitors tonight.* Recuerda que tenemos

visita esta noche. ◇ *Remember to call your mother.* Acuérdate de llamar a tu madre.

**Remember** varía de significado según se use con infinitivo o con una forma en **-ing**. Cuando va seguido de infinitivo, este hace referencia a una acción que todavía no se ha realizado: *Remember to mail that letter.* Acuérdate de mandar esa carta. Cuando se usa seguido por una forma en **-ing**, este se refiere a una acción que ya ha tenido lugar: *I remember mailing that letter.* Recuerdo haber echado esa carta al correo.

**PHRV** **remember sb to sb** saludar a algn de parte de algn: *Remember me to Anna.* Dile a Anna que le mando saludos. ➲ *Comparar con* REMIND **remembrance** *n* conmemoración, recuerdo

**remind** /rɪˈmaɪnd/ *vt* ~ **sb (about/of sth)**; ~ **sb to do sth** recordar a algn (algo), recordar a algn que haga algo: *Remind me to call my mother.* Recuérdame que llame a mi madre. ➲ *Comparar con* REMEMBER **PHRV** **remind sb of sth/sb**

La construcción **remind sb of sth/ sb** se utiliza cuando una cosa o una persona te recuerdan a cosa o a alguien: *Your brother reminds me of John.* Tu hermano me recuerda a John. ◇ *That song reminds me of my first girlfriend.* Esa canción me recuerda a mi primera novia.

**reminder** *n* **1** recuerdo, recordatorio **2** aviso

**reminisce** /ˌremɪˈnɪs/ *vi* ~ **(about sth)** rememorar (algo) **reminiscence** *n* recuerdo, evocación

**reminiscent** /ˌremɪˈnɪsnt/ *adj* ~ **of sth/ sb** con reminiscencias de algo/algn

**remnant** /ˈremnənt/ *n* **1** resto **2** vestigio **3** retazo (*de tela*)

**remorse** /rɪˈmɔːrs/ *n* [*incontable*] ~ **(for sth)** remordimiento (por algo) **remorseless** *adj* **1** despiadado **2** implacable

**remote** /rɪˈmoʊt/ *adj* (**remoter, -est**) **1** remoto, lejano, alejado **2** (*persona*) distante **3** (*posibilidad*) remoto ▸ *n* (*coloq*) (*tb* **remote control**) control remoto **remotely** *adv* remotamente

**removable** /rɪˈmuːvəbl/ *adj* que se puede quitar

**removal** /rɪˈmuːvl/ *n* **1** eliminación **2** mudanza

**remove** /rɪˈmuːv/ *vt* **1** ~ **sth (from sth)** quitar(se) algo (de algo): *to remove your*

---

i: see   ɪ sit   e ten   æ cat   ɑ hot   ɔ: saw   ʌ cup   ʊ put   u: too

*coat* quitarse el abrigo **❶** Es más normal decir **take sth off, take sth out**, etc. **2** (*obstáculos, dudas, etc.*) eliminar **3** ~ **sb (from sth)** sacar, destituir a algn (de algo)

**the Renaissance** /'renəsɑns; *GB* rɪ'neɪsns/ n el Renacimiento

**render** /'rendər/ vt (*formal*) **1** (*servicio, etc.*) prestar **2** hacer: *She was rendered speechless.* Quedó estupefacta.

**rendezvous** /'rɑndeɪvuː/ n (*pl* **rendez-vous** /-vuːz/) **1** cita **2** lugar de reunión

**renew** /rɪ'nuː; *GB* -'njuː/ vt **1** renovar **2** reanudar **3** reafirmar **renewable** *adj* renovable **renewal** n renovación

**renounce** /rɪ'naʊns/ vt (*formal*) renunciar a: *He renounced his right to be king.* Renunció a su derecho al trono.

**renovate** /'renəveɪt/ vt restaurar

**renowned** /rɪ'naʊnd/ *adj* ~ **(as/for sth)** famoso (como/por algo)

**❢ rent** /rent/ n renta **LOC** **for rent** se renta(n) ➜ *Ver nota en* RENTAR
  ▸ vt **1** ~ **sth (from sb)** rentar algo (de algn): *I rent a garage from a neighbor.* Un vecino me renta su garaje. **2** ~ **sth (out) (to sb)** rentar algo (a algn): *We rented out the house to some students.* Les rentamos nuestra casa a unos estudiantes. **rental** n alquiler (*coches, electrodomésticos, etc.*)

**reorganize** (*GB tb* -**ise**) /ˌriː'ɔːrɡənaɪz/ vt, vi reorganizar(se)

**rep** /rep/ n (*coloq*) representante

**❢ repair** /rɪ'peər/ vt **1** reparar **2** remediar
  ▸ n reparación: *It's beyond repair.* No tiene arreglo. **LOC** **in a good state of repair; in good repair** (*formal*) en buen estado

**repay** /rɪ'peɪ/ vt (*pt, pp* **repaid**) **1** (*dinero, favor*) devolver **2** (*persona*) reembolsar **3** (*préstamo, deuda*) pagar **4** (*amabilidad*) corresponder a **repayment** n **1** reembolso, devolución **2** (*cantidad*) pago

**❢ repeat** /rɪ'piːt/ **1** vt, vi repetir(se) **2** vt (*confidencia*) contar
  ▸ n repetición

**❢ repeated** /rɪ'piːtɪd/ *adj* **1** repetido **2** reiterado

**repeatedly** /rɪ'piːtɪdli/ *adv* repetidamente, en repetidas ocasiones

**repel** /rɪ'pel/ vt (-ll-) **1** (*formal*) repeler **2** repugnar

**repellent** /rɪ'pelənt/ *adj* ~ **(to sb)** repelente (para algn)
  ▸ n (*tb* **insect repellent**) loción antimosquitos

**repent** /rɪ'pent/ vt, vi ~ **(of)** sth arrepentirse de algo **repentance** n arrepentimiento

**repercussion** /ˌriːpər'kʌʃn/ n [*gen pl*] repercusión

**repertoire** /'repərtwɑr/ n repertorio (*de un músico, actor, etc.*)

**repetition** /ˌrepə'tɪʃn/ n repetición
**repetitive** /rɪ'petətɪv/ *adj* repetitivo

**❢ replace** /rɪ'pleɪs/ vt **1** ~ **sth/sb (with sth/sb)** reemplazar, sustituir algo/a algn (con algo/algn) **2** (*algo roto*) cambiar, reponer: *to replace a broken window* cambiar el cristal roto de una ventana **3** colocar de nuevo en su sitio **replacement** n **1** sustitución, reemplazo **2** (*persona*) suplente **3** (*pieza*) repuesto

**replay** /'riːpleɪ/ n **1** partido de desempate **2** (*TV*) repetición

**❢ reply** /rɪ'plaɪ/ vi (*pt, pp* **replied**) responder, contestar
  ▸ n (*pl* **replies**) contestación, respuesta

**❢ report** /rɪ'pɔːrt/ **1** vt informar de/sobre, dar parte de **2** vi ~ **(on sth)** informar (acerca de/sobre algo) **3** vt (*crimen, culpable*) denunciar **2** vi ~ **(for sth)** (*trabajo, etc.*) presentarse (para algo)
  **PHRV** **report to sb** rendir cuentas a algn
  ▸ n **1** informe **2** noticia **3** (*Period*) reportaje **4** (*GB*) (*USA* **report card**) informe escolar
  **reportedly** *adv* según nuestras fuentes
  **reporter** n reportero, -a

**❢ represent** /ˌreprɪ'zent/ vt **1** representar **2** describir **representation** n representación

**❢ representative** /ˌreprɪ'zentətɪv/ *adj* representativo
  ▸ n **1** representante **2** **Representative** (*USA, Pol*) diputado, -a ➜ *Ver nota en* CONGRESS

**repress** /rɪ'pres/ vt **1** reprimir **2** contener **repression** n represión

**reprieve** /rɪ'priːv/ n **1** indulto **2** (*fig*) respiro

**reprimand** /'reprɪmænd; *GB* -mɑːnd/ vt (*formal*) reprender
  ▸ n (*formal*) reprimenda

**reprisal** /rɪ'praɪzl/ n represalia

**reproach** /rɪ'proʊtʃ/ vt ~ **sb (for/with sth)** (*formal*) reprochar (algo) a algn
  ▸ n (*formal*) reproche **LOC** **above/beyond reproach** por encima de toda crítica

**❢ reproduce** /ˌriːprə'duːs; *GB* -'djuːs/ vt, vi reproducir(se) **reproduction** /ˌriːprə'dʌkʃn/ n reproducción **reproductive** /ˌriːprə'dʌktɪv/ *adj* reproductor

**reptile** /'reptl, -taɪl/ n reptil

**republic** /rɪˈpʌblɪk/ n república
**republican** /rɪˈpʌblɪkən/ adj, n **1** republicano, -a
**2 Republican** (USA, Pol) republicano, -a

**repugnant** /rɪˈpʌgnənt/ adj (formal) repugnante

**repulsive** /rɪˈpʌlsɪv/ adj repulsivo

**reputable** /ˈrepjətəbl/ adj **1** (persona) de buena reputación, de confianza
**2** (empresa) acreditado

**ʔreputation** /ˌrepjuˈteɪʃn/ n reputación, fama

**repute** /rɪˈpjuːt/ n (formal) reputación, fama **reputed** adj: He is reputed to be… Tiene fama de ser…/Se dice que es… **reputedly** adv según se dice

**ʔrequest** /rɪˈkwest/ n ~ (for sth) petición, solicitud (de algo): to make a request for sth pedir algo
▸ vt ~ sth (from sb) (formal) pedir algo (a algn) **❶** La palabra más normal es **ask**.

**ʔrequire** /rɪˈkwaɪər/ vt (formal) **1** requerir **2** necesitar **❶** La palabra más normal es **need**. **3** ~ sb to do sth exigir a algn que haga algo

**ʔrequirement** /rɪˈkwaɪərmənt/ n (formal) **1** necesidad **2** requisito

**ʔrescue** /ˈreskjuː/ vt rescatar, salvar
▸ n rescate: rescue operation/team operación/equipo de rescate **LOC** come/go to sb's rescue acudir al rescate de algn **rescuer** n salvador, -ora

**ʔresearch** /rɪˈsɜːrtʃ, ˈriːsɜːrtʃ/ n [incontable] ~ (into/on sth) investigación (sobre algo) (no policial) Ver tb MARKET RESEARCH
▸ vt, vi ~ (into/in/on) sth investigar algo **researcher** n investigador, -ora

**resemblance** /rɪˈzembləns/ n parecido **LOC** bear a resemblance to sth/sb tener un parecido a algo/algn

**resemble** /rɪˈzembl/ vt parecerse a

**resent** /rɪˈzent/ vt resentirse de/por **resentful** adj **1** ~ (of/at/about sth) resentido (por algo) **2** (mirada, etc.) de resentimiento **resentment** n resentimiento

**ʔreservation** /ˌrezərˈveɪʃn/ n (duda, de hotel, etc.) reserva: I have reservations on that subject. Tengo ciertas reservas sobre ese tema.

**ʔreserve** /rɪˈzɜːrv/ vt **1** reservar **2** (derecho) reservarse
▸ n **1** reserva(s) **2** (área protegida) reserva (natural) **3** reserves [pl] (Mil) reservistas **LOC** in reserve de reserva **reserved** adj reservado

**reservoir** /ˈrezərvwɑːr/ n **1** depósito, reserva **2** (formal) (fig) reserva

**reshuffle** /ˌriːˈʃʌfl/ n reorganización

**reside** /rɪˈzaɪd/ vi (formal) residir

**residence** /ˈrezɪdəns/ n **1** (formal) casa, residencia (esp oficial) **2** residencia: residence hall residencia universitaria

**ʔresident** /ˈrezɪdənt/ n **1** residente **2** (hotel) huésped
▸ adj residente: to be resident abroad residir en el extranjero
**residential** /ˌrezɪˈdenʃl/ adj **1** (zona) de viviendas **2** (curso, etc.) con alojamiento incluido

**residue** /ˈrezɪdjuː; GB -dju:/ n residuo

**resign** /rɪˈzaɪn/ **1** vi ~ (from/as sth) dimitir (de algo) **2** vt renunciar a **PHRV** resign yourself to sth resignarse a algo **resignation** /ˌrezɪgˈneɪʃn/ n **1** dimisión **2** resignación

**resilience** /rɪˈzɪliəns/ n **1** elasticidad **2** capacidad de recuperación

**resilient** /rɪˈzɪliənt/ adj **1** (material) elástico **2** (persona) resistente

**ʔresist** /rɪˈzɪst/ **1** vi resistir **2** vt resistirse (a): I had to buy it, I couldn't resist it. Tuve que comprarlo, no lo pude resistir. **3** vt (presión, reforma) oponerse a, oponer resistencia a

**ʔresistance** /rɪˈzɪstəns/ n ~ (to sth/sb) resistencia (a algo/algn): the body's resistance to diseases la resistencia del organismo a las enfermedades ◇ He didn't put up/offer much resistance. No presentó gran oposición.

**resolute** /ˈrezəluːt/ adj resuelto, decidido **❶** La palabra más normal es **determined**. **resolutely** adv **1** con firmeza **2** resueltamente

**resolution** /ˌrezəˈluːʃn/ n **1** resolución **2** propósito: New Year's resolutions propósitos para el año nuevo

**ʔresolve** /rɪˈzɒlv/ (formal) **1** vt (disputa, crisis, etc.) resolver **2** vi ~ to do sth resolverse a hacer algo **3** vi acordar: The senate resolved that… El Senado acordó que…

**ʔresort** /rɪˈzɔːrt/ n: a coastal resort un centro turístico costero ◇ a ski resort una estación de esquí **LOC** Ver LAST
▸ v **PHRV** resort to sth recurrir a algo: to resort to violence recurrir a la violencia

**resounding** /rɪˈzaʊndɪŋ/ adj rotundo: a resounding success un éxito rotundo

**ʔresource** /ˈriːsɔːrs/ n recurso **resourceful** adj de recursos: She's very resourceful. Tiene mucho ingenio para salir de apuros.

**ʔrespect** /rɪˈspekt/ n **1** ~ (for sth/sb) respeto, consideración (por algo/algn) **2** concepto: in this respect en este sentido **LOC** with respect to sth (formal) por lo que respecta a algo

R

---

3: bird    ɪə near    eə hair    ʊə tour    ʒ vision    h hat    ŋ sing

▶ vt ~ **sb (for sth)** respetar a algn (por algo): *I respect them for their honesty.* Los respeto por su honradez. ◊ *He respected her as a detective.* La respetaba como detective.

**respectable** /rɪ'spektəbl/ adj **1** respetable, decente **2** (*cantidad, etc.*) considerable

**respectful** /rɪ'spektfl/ adj respetuoso

**respective** /rɪ'spektɪv/ adj respectivo: *They all got on with their respective jobs.* Todos volvieron a sus respectivos trabajos.

**respite** /'respɪt/ n **1** respiro **2** alivio

ʕ **respond** /rɪ'spɒnd/ vi **1** contestar: *I wrote to them last week but they haven't responded.* Les escribí la semana pasada, pero no han contestado. ❶ Para contestar, **answer** y **reply** son palabras más normales. **2** ~ **(to sth)** responder (a algo): *The patient is responding to treatment.* El paciente está respondiendo al tratamiento.

ʕ **response** /rɪ'spɒns/ n ~ **(to sth/sb)** **1** respuesta, contestación (a algo/algn): *In response to your inquiry…* En contestación a su pregunta… **2** reacción (a algo /algn)

ʕ **responsibility** /rɪˌspɒnsə'bɪləti/ n (pl **responsibilities**) ~ **(for sth/sb)**; ~ **(to/ toward sb)** responsabilidad (por algo/ algn), responsabilidad (ante algn): *to take full responsibility for sth/sb* asumir toda la responsabilidad por algo/algn

ʕ **responsible** /rɪ'spɒnsəbl/ adj ~ **(for sth/ sb/doing sth)**; ~ **(to/toward sb)** responsable (de algo/algn/hacer algo), responsable (ante algn): *She's responsible for five patients.* Tiene cinco pacientes a su cargo. ◊ *to act in a responsible way* comportarse de una forma responsable

**responsive** /rɪ'spɒnsɪv/ adj **1** sensible: *to be responsive to sth* ser sensible a algo **2** receptivo: *a responsive audience* un público receptivo

ʕ **rest**[1] /rest/ **1** vt, vi descansar **2** vt, vi ~ **(sth) on/against sth** apoyar algo/apoyarse en/contra algo **3** vi quedar: *to let the matter rest* dejar el asunto
▶ n descanso: *to have a rest* tomarse un descanso ◊ *to get some rest* descansar **LOC** **at rest** en reposo, en paz **come to rest** detenerse *Ver tb* MIND

ʕ **rest**[2] /rest/ n **1** [sing] **the** ~ **(of sth)** el resto (de algo) **2** **the rest** [pl] los/las demás, los otros, las otras: *the rest of the players* los demás jugadores

ʕ **restaurant** /'restrɒnt, -tər-/ n restaurante

**restful** /'restfl/ adj descansado, sosegado

**restless** /'restləs/ adj **1** agitado **2** inquieto: *to become/grow restless* impacientarse **3** *to have a restless night* pasar una mala noche

**restoration** /ˌrestə'reɪʃn/ n **1** devolución **2** restauración **3** restablecimiento

ʕ **restore** /rɪ'stɔːr/ vt **1** ~ **sth (to sth/sb)** (*confianza, salud, etc.*) devolver algo (a algo/algn) **2** (*edificio, obra de arte*) restaurar **3** (*orden, paz*) restablecer **4** (*formal*) (*bienes*) restituir

**restrain** /rɪ'streɪn/ vt **1** ~ **sb (from doing sth)** contener a algn (para que no haga algo) **2** ~ **yourself** contenerse **3** (*entusiasmo, etc.*) dominar, contener
**restrained** adj moderado, comedido

**restraint** /rɪ'streɪnt/ n **1** [gen pl] limitación, restricción **2** compostura **3** moderación

ʕ **restrict** /rɪ'strɪkt/ vt limitar

ʕ **restricted** /rɪ'strɪktɪd/ adj ~ **(to sth)** limitado, restringido (a algo)

ʕ **restriction** /rɪ'strɪkʃn/ n restricción

**restrictive** /rɪ'strɪktɪv/ adj restrictivo

**restroom** /'restruːm, -rʊm/ n baño
➔ *Ver nota en* BATHROOM

ʕ **result** /rɪ'zʌlt/ n resultado: *As a result of…* A consecuencia de…
▶ vi ~ **(from sth)** ser el resultado (de algo), originarse (por algo) **PHRV** **result in sth** terminar en algo

**resume** /rɪ'zuːm/ GB -'zjuːm/ (*formal*) **1** vt, vi reanudar(se) **2** vt recobrar, volver a tomar

**résumé** (*tb* **resume**) /'rezəmeɪ, ˌrezə'meɪ/ (GB **CV, curriculum vitae**) n historial profesional

**resumption** /rɪ'zʌmpʃn/ n (*formal*) reanudación

**resurgence** /rɪ'sɜːrdʒəns/ n resurgimiento

**resurrect** /ˌrezə'rekt/ vt resucitar: *to resurrect old traditions* hacer revivir viejas tradiciones **resurrection** n resurrección

**resuscitate** /rɪ'sʌsɪteɪt/ vt reanimar **resuscitation** n reanimación

**retail** /'riːteɪl/ n venta al por menor: *retail price* precio de venta al público
▶ vt, vi vender(se) al público
**retailer** n (*comerciante*) minorista

ʕ **retain** /rɪ'teɪn/ vt (*formal*) **1** quedarse con **2** conservar **3** retener

**retaliate** /rɪ'tælieɪt/ vi ~ **(against sth/sb)** vengarse (de algo/algn), tomar represalias (contra algo/algn) **retaliation** n ~ **(against sth/sb)**; ~ **(for sth)** represalia (contra algo/algn), represalia (por algo)

| ʃ chin | dʒ June | v van | θ then | s so | z zoo | ʃ she |

**retarded** /rɪˈtɑrdɪd/ *adj (antic, pey)* retrasado

**retch** /retʃ/ *vi* querer vomitar

**retention** /rɪˈtenʃn/ *n (formal)* retención, conservación

**rethink** /ˌriːˈθɪŋk/ *vt (pt, pp* **rethought** /-ˈθɔːt/) reconsiderar

**reticence** /ˈretɪsns/ *n* reserva

**reticent** /ˈretɪsnt/ *adj* reservado

**retire** /rɪˈtaɪər/ *vi* **1** jubilarse **2** *(formal)* retirarse a sus aposentos

**retired** /rɪˈtaɪərd/ *adj* jubilado

**retirement** /rɪˈtaɪərmənt/ *n* jubilación, retiro

**retiring** /rɪˈtaɪərɪŋ/ *adj* **1** retraído **2** que se jubila

**retort** /rɪˈtɔːrt/ *n* réplica, contestación
▸ *vt* replicar

**retrace** /rɪˈtreɪs/ *vt* desandar *(camino)*: *to retrace your steps* volver sobre tus pasos

**retract** /rɪˈtrækt/ **1** *vt (formal) (declaración)* retractarse de **2** *vt (formal) (oferta, etc.)* retirar **3** *vt, vi (garra, uña, etc.)* retraer(se)

**retreat** /rɪˈtriːt/ *vi* batirse en retirada
▸ *n* **1** retirada **2** retiro **3** refugio

**retrial** /ˌriːˈtraɪəl/ *n* nuevo juicio

**retribution** /ˌretrɪˈbjuːʃn/ *n (formal)* **1** justo castigo **2** venganza

**retrieval** /rɪˈtriːvl/ *n (formal)* recuperación

**retrieve** /rɪˈtriːv/ *vt* **1** *(formal)* recobrar **2** *(Informát)* recuperar **retriever** *n* perro de caza

**retrograde** /ˈretrəgreɪd/ *adj (formal)* retrógrado

**retrospect** /ˈretrəspekt/ *n* LOC **in retrospect** mirando hacia atrás

**retrospective** /ˌretrəˈspektɪv/ *adj* **1** retrospectivo **2** retroactivo
▸ *n* exposición retrospectiva

**return** /rɪˈtɜːrn/ **1** *vi* regresar, volver **2** *vt* devolver **3** *vi (síntoma)* reaparecer **4** *vt (formal)* declarar **5** *vt (GB, Pol)* elegir
▸ *n* **1** regreso, vuelta: *on my return* a mi regreso ◇ *on the return journey* en el viaje de regreso **2** ~ **to sth** *[sing]* retorno a algo **3** reaparición **4** devolución **5** declaración: *(income) tax return* declaración de impuestos **6** ~ **(on sth)** rendimiento (de algo) **7** *(GB)* (*tb* **return ticket**) *(USA* **round-trip ticket***)* boleto de ida y vuelta *Ver tb* DAY RETURN LOC **in return (for sth)** en recompensa/a cambio (de algo)

**returnable** /rɪˈtɜːrnəbl/ *adj* **1** *(formal) (dinero)* reembolsable **2** *(envase)* retornable

---

**reunion** /riːˈjuːniən/ *n* reunión, reencuentro

**reunite** /ˌriːjuːˈnaɪt/ *vt, vi* **1** reunir(se), reencontrar(se) **2** reconciliar(se)

**rev** /rev/ *n (coloq)* revolución *(de motor)*
▸ *v* **(-vv-)** PHRV **rev (sth) up** acelerar (algo)

**revaluation** /ˌriːvæljuˈeɪʃn/ *n* revalorización

**revalue** /ˌriːˈvæljuː/ *vt* **1** *(propiedad, etc.)* revalorar **2** *(moneda)* revalorizar

**revamp** /ˌriːˈvæmp/ *vt* modernizar

**reveal** /rɪˈviːl/ *vt* **1** *(secretos, datos, etc.)* revelar **2** mostrar, descubrir **revealing** *adj* **1** revelador **2** *(vestido)* atrevido

**revel** /ˈrevl/ *vi* **(-l-,** *GB* **-ll-)** PHRV **revel in sth** deleitarse en (hacer) algo

**revelation** /ˌrevəˈleɪʃn/ *n* revelación

**revenge** /rɪˈvendʒ/ *n* venganza LOC **take (your) revenge (on sb)** vengarse (de algn)
▸ *v* PHRV **revenge yourself on sb; be revenged on sb** vengarse de algn

**revenue** /ˈrevənuː; *GB* -njuː/ *n [incontable]* ingresos: *a source of government revenue* una fuente de ingresos del gobierno

**reverberate** /rɪˈvɜːrbəreɪt/ *vi* **1** resonar **2** *(formal) (fig)* tener repercusiones **reverberation** *n* **1** *[gen pl]* retumbo **2** **reverberations** *[pl] (fig)* repercusiones

**revere** /rɪˈvɪər/ *vt (formal)* venerar

**reverence** /ˈrevərəns/ *n* reverencia *(veneración)*

**reverend** /ˈrevərənd/ *adj (abrev* **Rev.**) reverendo

**reverent** /ˈrevərənt/ *adj (formal)* reverente

**reversal** /rɪˈvɜːrsl/ *n* **1** cambio *(de opinión, política, etc.)* **2** *(de suerte, fortuna)* revés **3** *(Jur)* revocación **4** *(de papeles)* inversión

**reverse** /rɪˈvɜːrs/ *n* **1 the ~ (of sth)** lo contrario (de algo): *quite the reverse* todo lo contrario **2** reverso **3** *(papel)* dorso **4** *(tb* **reverse gear***)* reversa
▸ **1** *vt* invertir **2** *vt, vi* poner/ir en reversa **3** *vt (decisión)* revocar LOC **reverse (the) charges** *(GB) (USA* **call collect***)* llamar por cobrar

**revert** /rɪˈvɜːrt/ *vi* **1** ~ **to sth** volver a algo *(estado, tema, etc. anterior)* **2** ~ **(to sth/sb)** *(propiedad, etc.)* revertir (a algo/algn)

**review** /rɪˈvjuː/ *n* **1** examen, revisión **2** informe **3** *(de libro, película, etc.)* reseña
▸ **1** *vt* reconsiderar **2** *vt* examinar **3** *vt* hacer una reseña de **4** *vi (GB* **revise***)* repasar: *to review for a test* repasar para

---

i: see   ɪ sit   e ten   æ cat   ɑ hot   ɔ: saw   ʌ cup   ʊ put   u: too

una prueba **5** vt (*Mil*) pasar revista a
**reviewer** n crítico, -a

🎯 **revise** /rɪˈvaɪz/ **1** vt revisar **2** vt modificar **3** vt, vi (*GB*) (*USA* **review**) repasar (*para examen*)

🎯 **revision** /rɪˈvɪʒn/ n **1** revisión **2** modificación **3** (*GB*) [*incontable*] repaso: *to do some revision* repasar

**revival** /rɪˈvaɪvl/ n **1** restablecimiento **2** (*moda*) resurgimiento **3** (*Teat*) reposición

**revive** /rɪˈvaɪv/ **1** vt, vi (*enfermo*) reanimar(se) **2** vt (*carrera, interés, etc.*) renovar **3** vt, vi (*economía*) reactivar(se) **4** vt (*Teat*) reponer

**revoke** /rɪˈvəʊk/ vt (*formal*) revocar

**revolt** /rɪˈvəʊlt/ **1** vi ~ (*against sth/sb*) sublevarse, rebelarse (contra algo/algn) **2** vt repugnar, dar asco a: *The smell revolted him.* El olor le repugnaba.
▸ n sublevación, rebelión

**revolting** /rɪˈvəʊltɪŋ/ adj (*coloq*) repugnante

🎯 **revolution** /ˌrevəˈluːʃn/ n revolución
**revolutionary** adj, n (pl **revolutionaries**) revolucionario, -a

**revolve** /rɪˈvɒlv/ vt, vi (hacer) girar
**PHRV** **revolve around sth/sb** centrarse en/girar alrededor de algo/algn

**revolver** /rɪˈvɒlvər/ n revólver

**revulsion** /rɪˈvʌlʃn/ n (*formal*) repugnancia

🎯 **reward** /rɪˈwɔːrd/ n recompensa
▸ vt recompensar
**rewarding** adj gratificante

**rewrite** /ˌriːˈraɪt/ vt (pt **rewrote** /-ˈrəʊt/ pp **rewritten** /-ˈrɪtn/) volver a escribir

**rhetoric** /ˈretərɪk/ n retórica

**rhinoceros** /raɪˈnɒsərəs/ n (pl **rhinoceros** o **rhinoceroses**) (*tb coloq* **rhino** /ˈraɪnəʊ/) rinoceronte

**rhubarb** /ˈruːbɑːrb/ n ruibarbo

**rhyme** /raɪm/ n **1** rima **2** (*poema*) verso
▸ vt, vi rimar

🎯 **rhythm** /ˈrɪðəm/ n ritmo

**rib** /rɪb/ n (*Anat*) costilla

**ribbon** /ˈrɪbən/ n cinta, listón **LOC** **cut, tear, etc. sth to ribbons** hacer trizas algo

**ribcage** /ˈrɪbkeɪdʒ/ n caja torácica

🎯 **rice** /raɪs/ n arroz: *brown rice* arroz integral ◇ *rice pudding* arroz con leche ◇ *rice field* arrozal

🎯 **rich** /rɪtʃ/ adj (**richer**, **-est**) **1** rico: *to become/get rich* enriquecerse ◇ *to be rich in sth* ser rico/abundar en algo **2** (*lujoso*) suntuoso **3** (*tierra*) fértil **4** (*comida*) pesado, empalagoso

▸ n **the rich** [pl] los ricos
**riches** n [pl] riqueza(s) **richly** adv
**LOC** **richly deserve sth** tener algo bien merecido

**rickety** /ˈrɪkəti/ adj **1** (*estructura*) desvencijado **2** (*mueble*) cojo

🎯 **rid** /rɪd/ vt (**-dd-**) (pt, pp **rid**) ~ **sth/sb of sth/sb** (*formal*) librar algo/a algn de algo/algn, eliminar algo de algo **LOC** **get rid of sth/sb** deshacerse/librarse de algo/algn

**ridden** /ˈrɪdn/ pp de RIDE
▸ adj ~ **with sth** lleno de algo

**riddle** /ˈrɪdl/ n **1** acertijo, adivinanza **2** misterio, enigma
▸ vt acribillar (*a balazos*) **LOC** **be riddled with sth** (*pey*) estar plagado/lleno de algo

🎯 **ride** /raɪd/ (pt **rode** /rəʊd/ pp **ridden** /ˈrɪdn/) **1** vt (*caballo*) montar a **2** vt (*bicicleta, etc.*) montar en **3** vi montar a caballo **4** vi (*en vehículo*) viajar, ir
▸ n **1** (*en vehículo*) viaje: *to go for a ride* ir a dar una vuelta **2** (*a caballo*) paseo **3** *to give sb a ride* dar un aventón a algn **LOC** **take sb for a ride** (*coloq*) dar gato por liebre a algn *Ver tb* THUMB

🎯 **rider** /ˈraɪdər/ n **1** jinete **2** ciclista **3** motociclista

**ridge** /rɪdʒ/ n **1** (*montaña*) cresta **2** (*tejado*) caballete

**ridicule** /ˈrɪdɪkjuːl/ n ridículo
▸ vt ridiculizar

🎯 **ridiculous** /rɪˈdɪkjələs/ adj ridículo, absurdo

**rife** /raɪf/ adj **be ~ with sth** abundar en algo (*desagradable*)

**rifle** /ˈraɪfl/ n fusil, rifle

**rift** /rɪft/ n **1** división, distanciamiento **2** (*Geog*) grieta

**rig** /rɪg/ vt (**-gg-**) falsificar **PHRV** **rig sth up** armar, improvisar algo
▸ n **1** (*tb* **rigging**) aparejo, jarcia **2** aparato

🎯 **right** /raɪt/ adj **1** (*pie, mano*) derecho **2** correcto, cierto: *Are these figures right?* ¿Están correctas estas cifras? ◇ *You are absolutely right.* Tienes toda la razón. **3** adecuado, correcto: *Is this the right color for the curtains?* ¿Es éste el color adecuado para las cortinas? ◇ *to be on the right track* ir por buen camino **4** (*momento*) oportuno: *It wasn't the right time to say that.* No era el momento oportuno para decir aquello. **5** justo: *It's not right to pay people so badly.* No es justo pagar tan mal a la gente. ◇ *He was right to do that.* Hizo lo correcto al obrar así. **6** (*GB, coloq, gen pey*) de remate: *a right fool* un tonto de remate *Ver tb* ALL RIGHT **LOC** **get sth right 1** acertar, hacer algo bien **2** dejar algo claro **put/set sth/sb right** corregir algo/a algn, arreglar algo **LOC** *Ver* CUE, SIDE, TRACK

▶ *adv* **1** a la derecha: *to turn right* dar vuelta a la derecha **2** bien, correctamente: *Have I spelled your name right?* ¿Escribí bien tu nombre? **3** exactamente: *right beside you* justo a tu lado **4** completamente: *right to the end* hasta el final **5** (*coloq*) inmediatamente: *I'll be right back.* Vuelvo ahora mismo. **LOC** right away enseguida **right now** ahora mismo *Ver tb* SERVE

▶ *n* **1** derecha: *on the right* a la derecha **2** bien: *right and wrong* el bien y el mal **3** ~ (to sth/to do sth) derecho (a algo/a hacer algo): *human rights* los derechos humanos **4** the Right (*Pol*) derecha **LOC** be in the right tener razón **by rights 1** en buena ley **2** en teoría **in your own right** por derecho propio

▶ *vt* **1** enderezar **2** corregir

**righteous** /'raɪtʃəs/ *adj* (*formal*) **1** (*persona*) recto, honrado **2** (*indignación*) justificado

**rightful** /'raɪtfl/ *adj* (*formal*) legítimo: *the rightful heir* el heredero legítimo

**right-hand** /ˌraɪt hænd/ *adj* a/de (la) derecha: *on the right-hand side* a mano derecha **LOC** right-hand man brazo derecho **right-handed** *adj* diestro

**ℙ rightly** /'raɪtli/ *adv* correctamente, justificadamente: *rightly or wrongly* mal que bien

**right wing** /ˌraɪt 'wɪŋ/ *n* (*Pol*) derecha

▶ *adj* right-wing derechista, de derecha(s)

**rigid** /'rɪdʒɪd/ *adj* **1** rígido **2** (*actitud*) inflexible

**rigor** (*GB* **rigour**) /'rɪgər/ *n* rigor **rigorous** *adj* riguroso

**rim** /rɪm/ *n* **1** borde **2** (*lentes*) montura **3** (*de llanta*) rin

**rind** /raɪnd/ *n* corteza (*de tocino, queso, limón*) ➲ *Ver nota en* PEEL

**ℙ ring¹** /rɪŋ/ *n* **1** anillo **2** aro **3** círculo **4** (*tb* circus ring) pista (*de circo*) **5** (*tb* boxing ring) ring **6** *Ver* BULLRING

▶ *vt* (*pt, pp* -ed) **1** ~ sth/sb (with sth) rodear algo/a algn (de algo) **2** (*esp pájaro*) anillar

**ℙ ring²** /rɪŋ/ (*pt* rang /ræŋ/ *pp* rung /rʌŋ/) **1** *vi* sonar **2** *vt* (*timbre*) tocar **3** *vi* ~ (for sth/sb) llamar (a algo/algn) **4** *vi* (*oídos*) zumbar **5** *vt, vi* (*GB*) (*USA* call) ~ (sth/sb) (up) llamar a algo/algn (*por teléfono*) **LOC** ring a bell (*coloq*) sonar: *His name rings a bell.* Su nombre me suena. **PHRV** ring (sb) back (*GB*) volver a llamar (a algn), devolver la llamada (a algn) **ring off** (*GB*) colgar

▶ *n* **1** (*timbre*) timbrazo **2** (*campanas*) toque **3** [*sing*] sonido **LOC** give sb a ring (*GB, coloq*) dar un telefonazo a algn

**ringleader** /'rɪŋliːdər/ *n* (*pey*) cabecilla

**ring road** (*GB*) (*USA* **beltway**) *n* anillo periférico

**ringtone** /'rɪŋtoʊn/ *n* tono de llamada (*esp de celular*)

**rink** /rɪŋk/ *n* pista (*de hielo o patinaje*)

**rinse** /rɪns/ *vt* ~ sth (out) enjuagar algo

▶ *n* **1** enjuague **2** tinte

**riot** /'raɪət/ *n* disturbio, motín **LOC** run riot desmandarse

▶ *vi* causar disturbios, amotinarse **rioting** *n* disturbios **riotous** *adj* **1** (*fiesta, etc.*) desenfrenado, bullicioso **2** (*formal*) (*Jur*) alborotador

**rip** /rɪp/ *vt, vi* (-pp-) rasgar(se): *to rip sth open* abrir algo desgarrándolo **PHRV** rip sb off (*coloq*) estafar a algn **rip sth off/out** arrancar algo **rip sth up** desgarrar algo

▶ *n* desgarrón

**ripe** /raɪp/ *adj* (**riper, -est**) **1** (*fruta, queso*) maduro **2** ~ (for sth) listo (para algo): *The time is ripe for his return.* Ha llegado la hora de que regrese. **ripen** *vt, vi* madurar

**rip-off** /'rɪp ɔːf; *GB* ʊf/ *n* (*coloq*) estafa, robo

**ripple** /'rɪpl/ *n* **1** onda, rizo **2** ~ of sth murmullo de algo (*risas, interés, etc.*)

▶ *vt, vi* ondular(se)

**ℙ rise** /raɪz/ *vi* (*pt* rose /roʊz/ *pp* risen /'rɪzn/) **1** subir **2** ascender (*en rango*) **3** (*formal*) (*persona*) levantarse **❶** En este sentido, la expresión más normal es **get up**. **4** ~ (up) (against sth/algn) (*formal*) sublevarse (contra algo/algn) **5** (*sol, luna*) salir **6** (*voz*) alzarse **7** (*río*) nacer **8** (*nivel de un río*) crecer

▶ *n* **1** subida, ascenso **2** (*cantidad*) subida, aumento **3** cuesta **4** (*GB*) (*USA* raise) aumento (*salarial*) **LOC** give rise to sth (*formal*) dar lugar a algo

**rising** /'raɪzɪŋ/ *n* (*Pol*) levantamiento

▶ *adj* **1** creciente **2** (*sol*) naciente

**ℙ risk** /rɪsk/ *n* ~ (of sth/that…) riesgo (de algo/de que…) **LOC** at risk en peligro **run the risk (of doing sth)** correr el riesgo/peligro (de hacer algo) **take a risk; take risks** arriesgarse

▶ *vt* **1** arriesgar(se a) **2** ~ doing sth exponerse, arriesgarse a hacer algo **LOC** risk your neck arriesgar el pellejo **risky** *adj* (**riskier, -iest**) arriesgado

**rite** /raɪt/ *n* rito

**ritual** /'rɪtʃuəl/ *n* ritual, rito

▶ *adj* ritual

**ℙ rival** /'raɪvl/ *adj, n* ~ (to sth/sb) (for sth) rival (de algo/algn) (para/en algo)

▶ vt (**-l-**, *GB* **-ll-**) ~ sth/sb (for/in sth) rivalizar con algo/algn (en algo)
**rivalry** /n (pl **rivalries**) rivalidad

ʕ **river** /'rɪvər/ n río: *river bank* orilla (del río) ➔ *Ver nota en* RÍO

**riverside** /'rɪvərsaɪd/ n orilla (del río)

**rivet** /'rɪvɪt/ vt **1** remachar **2** (*atraer*) fascinar **riveting** adj fascinante

**roach** /roʊtʃ/ n (*USA, coloq*) cucaracha

ʕ **road** /roʊd/ n **1** (*entre ciudades*) carretera: *across/over the road* al otro lado de la carretera **2 Road** (*abrev* Rd.) (*en ciudad*) calle: *Banbury Road* la calle Banbury ➔ *Ver nota en* STREET LOC **by road** por carretera **on the road to sth** (*fig*) en camino de algo

**roadblock** /'roʊdblɑk/ n control (policial)

**roadside** /'roʊdsaɪd/ n [*sing*] borde de la carretera: *roadside cafe* café de carretera

**roadway** /'roʊdweɪ/ n calzada

**roadwork** /'roʊdwɜrk/ [*incontable*] (*GB* **roadworks** [*pl*]) n obras: *The bridge was closed because of roadwork.* El puente estaba cerrado por las obras.

**roam** /roʊm/ **1** vt vagar por, recorrer **2** vi vagar

**roar** /rɔːr/ n **1** (*león, etc.*) rugido **2** estruendo: *roars of laughter* carcajadas
▶**1** vi (*león, etc.*) rugir **2** vi gritar: *to roar with laughter* reírse a carcajadas **3** vt decir a gritos
**roaring** adj LOC **do a roaring trade (in sth)** hacer un negocio tremendo

**roast** /roʊst/ **1** vt, vi (*carne, papas, etc.*) asar(se) **2** vt, vi (*café, etc.*) tostar(se) **3** vi (*coloq*) (*persona*) asarse
▶ adj, n asado: *roast beef* rosbif

ʕ **rob** /rɑb/ vt (**-bb-**) ~ sth/sb (of sth) robar (algo) a algo/algn

Los verbos **rob** y **steal** significan *robar*. **Rob** se utiliza con complementos de persona o lugar: *He robbed me (of all my money).* Me robó (todo mi dinero). **Steal** se usa cuando mencionamos el objeto robado (de un lugar o a una persona): *He stole all my money (from me).* Me robó todo mi dinero. **Burglarize** (**burgle** en Gran Bretaña) se refiere a robos en casas particulares o tiendas, normalmente cuando los dueños están fuera: *The house has been burglarized.* Han robado en la casa.

**robber** n ladrón, -ona **2** (*tb* bank robber) asaltante ➔ *Ver nota en* THIEF **robbery**

n (pl **robberies**) **1** robo **2** (*violento*) atraco ➔ *Ver nota en* THEFT

**robe** /roʊb/ n **1** *Ver* BATHROBE **2** (*ceremonial*) manto

**robin** /'rɑbɪn/ n petirrojo

**robot** /'roʊbɑt/ n robot

**robust** /roʊ'bʌst/ adj robusto, enérgico

ʕ **rock** /rɑk/ n **1** roca: *rock climbing* montañismo/escalada **2** (*GB* **stone**) piedra **3** (*tb* rock music) (*música*) rock LOC **at rock bottom** en su punto más bajo, por los suelos **on the rocks 1** en crisis **2** (*bebida*) con hielo
▶**1** vt, vi mecer(se): *rocking chair* mecedora **2** vt (*niño*) arrullar **3** vt, vi estremecer(se), sacudir(se)

**rocket** /'rɑkɪt/ n cohete
▶ vi aumentar muy rápidamente

**rocky** /'rɑki/ adj (**rockier, -iest**) **1** rocoso **2** (*situación*) inestable

**rod** /rɑd/ n **1** barra **2** vara

**rode** pt de RIDE

**rodent** /'roʊdnt/ n roedor

ʕ **rogue** /roʊg/ n **1** (*hum*) pícaro, -a **2** (*antic*) sinvergüenza

ʕ **role** /roʊl/ n papel: *role model* modelo a imitar

ʕ **roll** /roʊl/ n **1** rollo **2** (*tb* bread roll) bolillo, panecillo ➔ *Ver dibujo en* PAN **3** (*con relleno*) bocadillo **4** (*de fotos*) rollo **5** balanceo **6** registro, lista: *roll call* (acto de pasar) lista **7** fajo
▶**1** vt, vi (hacer) rodar **2** vt, vi dar vueltas (a) **3** vt, vi ~ (sth) (up) enrollar algo, enrollarse **4** vt, vi ~ (sth/sb/yourself) (up) envolver algo/a algn, envolverse **5** vt (*cigarrillo*) hacer **6** vt allanar con un rodillo **7** vt, vi balancear(se) LOC **be rolling in it/money** (*coloq*) nadar en oro *Ver tb* BALL PHRV **roll in** (*coloq*) llegar en grandes cantidades **roll sth out** extender algo **roll over** darse la vuelta **roll up** (*coloq*) presentarse

**roller** /'roʊlər/ n **1** rodillo **2** tubo (*para pelo*)

**Rollerblade**® /'roʊlərbleɪd/ n patín de ruedas (en línea) ➔ *Ver dibujo en* PATÍN
▶ vi **Rollerblade** patinar

**roller coaster** /'roʊlər koʊstər/ n montaña rusa

**roller skate** n patín de ruedas ➔ *Ver dibujo en* PATÍN

**rolling** /'roʊlɪŋ/ adj (*paisaje*) ondulante

**rolling pin** n rodillo (*de cocina*)

**romance** /'roʊmæns/ n **1** amor, amorío: *a holiday romance* una aventura de verano **2** romanticismo: *the romance of foreign lands* el romanticismo de las tierras lejanas **3** novela de amor

---

| ʃ chin | dʒ June | v van | θ then | s so | z zoo | ʃ she |

**ɤ romantic** /roʊˈmæntɪk/ *adj* romántico
  **romp** /rɑmp/ *vi* ~ **(around/about)** retozar, corretear

**ɤ roof** /ruːf, rʊf/ *n* **1** tejado **2** (*coche*) techo
  **roofing** *n* techado

  **roof rack** *n* portaequipajes ➔ *Ver dibujo en* RACK

  **rooftop** /ˈruːftɑp, ˈrʊf-/ *n* **1** azotea **2** tejado

  **rook** /rʊk/ *n* **1** grajo **2** (*Ajedrez*) torre

**ɤ room** /ruːm, rʊm/ *n* **1** habitación, cuarto, sala **2** lugar: *Is there room for me?* ¿Hay lugar para mí? ◊ *room to breathe* espacio para respirar **3** *There's no room for doubt.* No cabe duda. ◊ *There's room for improvement.* Podría mejorarse.

  **room-mate** /ˈruːm meɪt, ˈrʊm/ *n* **1** (*USA*) (*GB* **flatmate**) compañero, -a de departamento **2** (*GB*) compañero, -a de cuarto

  **room service** *n* servicio de habitaciones

  **room temperature** *n* temperatura ambiente

  **roomy** /ˈruːmi/ *adj* (**roomier**, **-iest**) espacioso

  **roost** /ruːst/ *n* percha (*para aves*)
  ▸ *vi* posarse para dormir

  **rooster** /ˈruːstər/ (*GB* **cock**) *n* gallo

**ɤ root** /ruːt/ *n* raíz: *square root* raíz cuadrada *Ver tb* GRASS ROOTS **LOC** **put down roots** echar raíces **the root cause (of sth)** la causa fundamental (de algo)
  ▸ *vi* ~ **(around/about) (for sth)** revolver algo (buscando algo) **PHRV** **root for sth/sb** (*coloq*) apoyar, animar algo a algn **root sth out 1** erradicar algo, arrancar algo de raíz **2** encontrar algo

**ɤ rope** /roʊp/ *n* cuerda ➔ *Ver dibujo en* CUERDA **LOC** **show sb/know/learn the ropes** (*coloq*) enseñarle a algn/conocer/aprender el oficio **LOC** *Ver* END
  ▸ *v* **PHRV** **rope sb in (to do sth); rope sb into sth** (*coloq*) enganchar a algn (para hacer algo) **rope sth off** acordonar algo

  **rosary** /ˈroʊzəri/ *n* (*pl* **rosaries**) rosario (*oración y cuentas*)

  **rose** /roʊz/ *n* rosa *Ver tb* RISE

  **rosé** /roʊˈzeɪ; *GB* ˈroʊzeɪ/ *n* (*vino*) rosado

  **rosette** /roʊˈzet/ *n* escarapela

  **rosy** /ˈroʊzi/ *adj* (**rosier**, **-iest**) **1** sonrosado **2** (*futuro, imagen, etc.*) prometedor

  **rot** /rɑt/ *vt, vi* (*pt, pp* **rotted** /ˈrɑtɪd/) pudrir(se)

  **rota** /ˈroʊtə/ *n* (*pl* **rotas**) (*GB*) lista (*de turnos*)

  **rotary** /ˈroʊtəri/ *n* (*pl* **rotaries**) (*GB* **roundabout**) glorieta

  **rotate** /ˈroʊteɪt; *GB* roʊˈteɪt/ *vt, vi* **1** (hacer) girar **2** alternar(se) **rotation** *n* **1** rotación **2** alternancia **LOC** **in rotation** por turno

  **rotten** /ˈrɑtn/ *adj* **1** podrido **2** (*coloq*) asqueroso **3** (*coloq*) (*fig*) corrompido

**ɤ rough** /rʌf/ *adj* (**rougher, -est**) **1** (*superficie*) áspero **2** (*cálculo*) aproximado **3** (*comportamiento*) violento **4** (*trato, miento*) desconsiderado **5** (*mar*) picado **6** (*GB*) malo: *I feel a little rough.* No me encuentro bien. **LOC** **be rough (on sb)** (*coloq*) ser duro (con algn)
  ▸ *adv* duro
  ▸ *n* **LOC** **in rough** (*esp GB*) en sucio
  ▸ *vt* **LOC** **rough it** (*coloq*) pasar apuros

  **roughly** /ˈrʌfli/ *adv* **1** violentamente **2** aproximadamente

  **roulette** /ruːˈlet/ *n* ruleta

**ɤ round** /raʊnd/ *adv, prep* (*esp GB*) ❶ Para los usos de **round** en PHRASAL VERBS ver las entradas de los verbos correspondientes, p. ej. **get round sb** en GET. **1** *Ver* AROUND **2** *all year round* durante todo el año ◊ *a shorter way round* un camino más corto ◊ *round the clock* las 24 horas ◊ *round at María's* en casa de María **LOC** **round about** de alrededor: *the houses round about* las casas de alrededor
  ▸ *adj* redondo
  ▸ *n* **1** ronda: *a round of talks* una ronda de conversaciones ◊ *It's my round.* Esta ronda la pago yo. **2** recorrido (*del cartero*) **3** visitas (*del médico*) **4** (*Dep*) vuelta, ronda **5** (*Boxeo*) asalto **6** *a round of applause* una salva de aplausos **7** tiro, ráfaga
  ▸ *vt* doblar (*una esquina*) **PHRV** **round sth off** terminar algo **round sth/sb up** reunir, juntar algo a algn **round sth up/down** redondear algo por lo alto/bajo (*cifra, precio, etc.*)

  **roundabout** /ˈraʊndəbaʊt/ *adj* indirecto: *in a roundabout way* de forma indirecta/dando un rodeo
  ▸ *n* (*GB*) **1** (*USA* **merry-go-round**) carrusel **2** (*USA* **traffic circle**) glorieta

  **round trip** *n* viaje redondo: *round-trip ticket* boleto de ida y vuelta

  **rouse** /raʊz/ *vt* **1** ~ **sb (from/out of sth)** (*formal*) despertar a algn (de algo) **2** ~ **sb/yourself (to sth/to do sth)** incitar a algn, animarse (a algo/hacer algo) **3** provocar **rousing** *adj* **1** (*discurso*) enardecedor **2** (*aplauso*) caluroso

  **rout** /raʊt/ *n* [*sing*] derrota aplastante
  ▸ *vt* derrotar

**ɤ route** /ruːt, raʊt/ *n* ruta

**ɤ routine** /ruːˈtiːn/ *n* rutina

R

i: see   ɪ sit   e ten   æ cat   ɑ hot   ɔ: saw   ʌ cup   ʊ put   u: too

▸ *adj* de rutina, rutinario
**routinely** *adv* rutinariamente

**row¹** /roʊ/ *n* fila, hilera **LOC** **in a row** uno tras otro: *the third week in a row* la tercera semana seguida ◊ *four days in a row* cuatro días seguidos

**row²** /roʊ/ *vt, vi* remar, navegar a remo: *She rowed the boat to the bank.* Remó hacia la orilla. ◊ *Will you row me across the river?* ¿Me llevas al otro lado del río (en bote)? ◊ *to row across the lake* cruzar el lago a remo
▸ *n*: *to go for a row* salir a remar

**row³** /raʊ/ *n* (*esp GB, coloq*) **1** ~ (**about/over sth**) pelea (por algo): *to have a row* pelearse ➔ Comparar con ARGUMENT, DISCUSSION **2** jaleo **3** ruido
▸ *vi* (*GB, coloq*) pelear

**rowboat** /ˈroʊboʊt/ (*GB* **rowing boat**) *n* lancha/bote (de remos)

**rowdy** /ˈraʊdi/ *adj* (**rowdier, -iest**) **1** (*persona*) ruidoso, pendenciero **2** (*reunión*) alborotado

**row house** /ˈroʊ haʊs/ *n* casa (que colinda) con casas a ambos lados

**royal** /ˈrɔɪəl/ *adj* real

**royalty** /ˈrɔɪəlti/ *n* **1** [*incontable*] realeza **2** (*pl* **royalties**) [*gen pl*] derechos de autor

**rub** /rʌb/ (**-bb-**) **1** *vt* restregar, frotar: *to rub your hands together* frotarse las manos **2** *vt* friccionar **3** *vi* ~ (**on/against sth**) rozar (contra algo) **PHR V** **rub off (on/onto sb)** pegarse (a algn) **rub sth out** (*GB*) borrar algo
▸ *n* frote: *to give sth a rub* frotar algo

**rubber** /ˈrʌbər/ *n* **1** goma, hule: *rubber stamp* sello de goma ◊ *rubber band* liga (elástica) **2** (*GB*) (*USA* **eraser**) goma (de borrar) **3** (*esp USA, coloq*) preservativo

**rubbish** /ˈrʌbɪʃ/ (*esp GB*) (*USA* **garbage, trash**) *n* [*incontable*] **1** basura: *rubbish dump/tip* tiradero **2** (*coloq*) (*fig*) tonterías ➔ Ver nota en GARBAGE

**rubble** /ˈrʌbl/ *n* [*incontable*] escombros

**ruby** /ˈruːbi/ *n* (*pl* **rubies**) rubí

**rucksack** /ˈrʌksæk/ (*GB*) (*USA* **backpack**) *n* mochila ➔ Ver dibujo en LUGGAGE

**rudder** /ˈrʌdər/ *n* timón

**rude** /ruːd/ *adj* (**ruder, -est**) **1** grosero, maleducado: *It's rude to interrupt.* Es de mala educación interrumpir. **2** indecente **3** (*chiste, etc.*) colorado

**rudimentary** /ˌruːdɪˈmentəri; *GB* -tri-/ *adj* (*formal*) rudimentario

**ruffle** /ˈrʌfl/ *vt* **1** (*superficie*) agitar **2** (*pelo*) alborotar **3** (*plumas*) encrespar **4** (*tela*) arrugar **5** perturbar, desconcertar

**rug** /rʌg/ *n* **1** alfombra **2** (*GB*) manta de viaje

**rugby** /ˈrʌgbi/ *n* rugby

**rugged** /ˈrʌgɪd/ *adj* **1** (*terreno*) escabroso, accidentado **2** (*montaña*) escarpado **3** (*facciones*) duro

**ruin** /ˈruːɪn/ *n* (*lit y fig*) ruina
▸ *vt* **1** arruinar, destrozar **2** estropear, malograr

**rule** /ruːl/ *n* **1** regla, norma **2** costumbre **3** dominio, gobierno **4** mandato (*de un gobierno*) **5** (*de monarca*) reinado **LOC** **as a (general) rule** en general, por regla general
▸ **1** *vi* ~ (**over sth/sb**) (*Pol*) gobernar (algo/a algn) **2** *vt* dominar, regir **3** *vt, vi* (*Jur*) fallar, decidir **4** *vt* (*línea*) trazar **PHR V** **rule sth/sb out** descartar algo/a algn

**ruler** /ˈruːlər/ *n* **1** gobernante **2** (*instrumento*) regla

**ruling** /ˈruːlɪŋ/ *adj* **1** imperante **2** (*Pol*) en el poder
▸ *n* (*Jur*) fallo

**rum** /rʌm/ *n* ron

**rumble** /ˈrʌmbl/ *vi* **1** retumbar, hacer un ruido sordo **2** (*estómago*) sonar
▸ *n* estruendo, ruido sordo

**rummage** /ˈrʌmɪdʒ/ *vi* **1** ~ **about/around** revolver, rebuscar **2** ~ **among/in/through sth (for sth)** revolver, hurgar (en) algo (en busca de algo)

**rumor** (*GB* **rumour**) /ˈruːmər/ *n* rumor: *Rumor has it that…* Hay rumores de que…

**rump** /rʌmp/ *n* **1** grupa, ancas **2** (*tb* **rump steak**) (filete de) cadera

**run** /rʌn/ (**-nn-**) (*pt* **ran** /ræn/ *pp* **run**) **1** *vt, vi* correr: *I had to run to catch the bus.* Tuve que correr para alcanzar el camión. ◊ *I ran almost ten kilometers.* Corrí casi diez kilómetros. **2** *vt, vi* correr: *to run your fingers through sb's hair* pasar los dedos por el pelo de algn ◊ *to run your eyes over sth* echar un vistazo a algo ◊ *She ran her eye around the room.* Recorrió la habitación con la mirada. ◊ *A shiver ran down her spine.* Un escalofrío le recorrió la espalda. ◊ *The tears ran down her cheeks.* Las lágrimas le corrían por las mejillas. **3** *vt, vi* (*máquina, sistema, organización*) (hacer) funcionar: *Everything is running smoothly.* Todo marcha sobre ruedas. ◊ *Run the engine for a few minutes before you start off.* Ten el motor en marcha unos minutos antes de arrancar. **4** *vi* extenderse: *The cable runs the length of the wall.* El cable recorre todo el largo de la pared. ◊ *A fence runs around the field.* Una valla circunda el prado. **5** *vt* (*negocio, etc.*) administrar, dirigir **6** *vt* (*servicio, curso, etc.*) organizar, ofrecer **7** *vi* (*camión,*

tren, etc.): *The buses run every hour.* Hay un camión cada hora. ◊ *The train is running an hour late.* El tren lleva una hora de retraso. **8** *vt* (*coloq*) llevar (*en coche*): *Can I run you to the station?* ¿Te puedo llevar a la estación? **9** *vt* (*vehículo*) mantener **10** *vt* (*Informát*) ejecutar **11** *vi: to leave the faucet running* dejar la llave abierta **12** *vt: to run a bath* preparar un baño **13** *vi* (*tinte*) desteñir **14** *vi* (*nariz*) gotear **15** *vi* ~ **(for sth)** (*Pol*) presentarse (*como candidato*) (*a algo*) **16** *vi* ~ **(for...)** (*Teat*) representarse (*durante...*) **17** *vt* (*Period*) publicar LOC **run for it** echar a correr **❶** Para otras expresiones con **run**, véanse las entradas del sustantivo, adjetivo, etc., p. ej. **run dry** en DRY.

PHRV **run across sth/sb** toparse con algo/algn

**run after sb** perseguir a algn

**run around** (*GB tb* **run about**) corretear

**run at sth**: *Inflation is running at 15%.* La inflación alcanza el 15%.

**run away (from sth/sb)** huir (de algo/algn)

**run sb down** atropellar a algn

**run into sb** tropezar con algn  **run (sth) into sth/sb** chocar con/contra algo, atropellar a algn: *He ran the car into a tree.* Chocó contra un árbol.

**run off (with sth)** huir, escaparse (con algo)

**run out 1** acabarse, agotarse **2** caducar

**run out of sth** quedarse sin algo

**run sb over** atropellar a algn

▶ *n* **1** carrera: *to go for a run* salir a correr ◊ *to break into a run* echar a correr **2** paseo (*en coche, etc.*) **3** periodo: *a run of bad luck* una temporada de mala suerte **4** (*Cine, Teat*) temporada LOC **be on the run** haberse fugado/estar huido de la justicia  **make a run for it** intentar escapar *Ver tb* LONG¹

**runaway** /'rʌnəweɪ/ *adj* **1** fugitivo **2** fuera de control
▶ *n* fugitivo, -a

**run-down** /ˌrʌn 'daʊn/ *adj* **1** (*edificio, barrio*) en un estado de abandono **2** (*persona*) desmejorado

**rung** /rʌŋ/ *n* peldaño *Ver tb* RING²

**runner** /'rʌnər/ *n* corredor, -ora

**runner-up** /ˌrʌnər 'ʌp/ *n* (*pl* **runners-up**) subcampeón, -ona

**running** /'rʌnɪŋ/ *n* **1** atletismo: *to go running* ir a correr **2** funcionamiento **3** manejo LOC **be in/out of the running**

**(for sth)** (*coloq*) tener/no tener posibilidades (de conseguir algo)
▶ *adj* **1** consecutivo: *four days running* cuatro días seguidos **2** continuo **3** (*agua*) corriente LOC *Ver* ORDER

**runny** /'rʌni/ *adj* (**runnier, -iest**) (*coloq*) **1** líquido **2** *to have a runny nose* tener narices que moquean

**run-up** /'rʌn ʌp/ *n* ~ **(to sth)** periodo previo (a algo)

**runway** /'rʌnweɪ/ *n* pista (*de aterrizaje*)

**rupture** /'rʌptʃər/ *n* ruptura
▶ *vt, vi* desgarrar(se)

**rush** /rʌʃ/ **1** *vi* ir con prisa, apresurarse: *They rushed out of school.* Salieron corriendo del colegio. ◊ *They rushed to help her.* Se apresuraron a ayudarla. **2** *vt, vi* ~ **(sb) (into sth/doing sth)** apresurar a algn (para que haga algo), apresurarse (para hacer algo): *Don't rush me!* ¡No me apresures! **3** *vt* llevar de prisa: *He was rushed to the hospital.* Lo llevaron al hospital con la mayor urgencia. **4** *vi* actuar precipitadamente
▶ *n* **1** [*sing*] precipitación: *There was a rush to the exit.* La gente se precipitó hacia la salida. **2** prisa: *I'm in a terrible rush.* Tengo una prisa loca. ◊ *There's no rush.* No corre prisa. ◊ *the rush hour* la hora pico

**rust** /rʌst/ *n* óxido
▶ *vt, vi* oxidar(se)

**rustic** /'rʌstɪk/ *adj* rústico

**rustle** /'rʌsl/ *vt, vi* (hacer) crujir, (hacer) susurrar PHRV **rustle sth up** (*coloq*) preparar algo: *I'll rustle up some coffee for you.* Enseguida te preparo un café.
▶ *n* crujido, susurro, frufrú

**rusty** /'rʌsti/ *adj* **1** oxidado **2** (*coloq*) falto de práctica

**rut** /rʌt/ *n* bache LOC **be (stuck) in a rut** estar estancado

**ruthless** /'ruːθləs/ *adj* despiadado, implacable  **ruthlessly** *adv* despiadadamente  **ruthlessness** crueldad, implacabilidad

**RV** /ˌɑr 'viː/ *n* (*abrev de* **recreational vehicle**) (*GB* **camper, camper van**) cámper, casa rodante **⊃** *Ver dibujo en* CAMPER

**rye** /raɪ/ *n* centeno

# S s

**S, s** /es/ n (pl **Ss, S's, s's**) S, s ⬥ Ver ejemplos en A, A

**the Sabbath** /'sæbəθ/ n **1** (de los cristianos) domingo **2** (de los judíos) sábado

**sabotage** /'sæbətɑːʒ/ n sabotaje
▶ vt sabotear

**saccharin** /'sækərɪn/ n sacarina

**sack** /sæk/ n **1** costal, saco **2 the sack** [sing] (GB, coloq) despido: to give sb the sack despedir a algn ◊ to get the sack ser despedido
▶ vt (esp GB, coloq) despedir

**sacred** /'seɪkrɪd/ adj sagrado, sacro

**sacrifice** /'sækrɪfaɪs/ n sacrificio: to make sacrifices hacer sacrificios/sacrificarse
▶ vt ~ sth (for sth/sb) sacrificar algo (por algo/algn)

**sacrilege** /'sækrəlɪdʒ/ n sacrilegio

**sad** /sæd/ adj (**sadder, -est**) **1** triste **2** (situación) lamentable **sadden** vt (formal) entristecer

**saddle** /'sædl/ n **1** (para caballo) montura, silla **2** (para bicicleta o moto) silla
▶ v PHRV **saddle sb/yourself with sth** hacer cargar a algn/cargarse con algo

**sadism** /'seɪdɪzəm/ n sadismo

**sadly** /'sædli/ adv **1** tristemente, con tristeza **2** lamentablemente, desafortunadamente

**sadness** /'sædnəs/ n tristeza, melancolía

**safari** /sə'fɑːri/ n (pl **safaris**) safari

**safe** /seɪf/ adj (**safer, -est**) **1** ~ (from sth/sb) a salvo (de algo/algn) **2** seguro: Your secret is safe with me. Tu secreto está seguro conmigo. **3** ileso **4** (conductor) prudente **LOC on the safe side** por si acaso: It's best to be on the safe side. Es mejor no correr riesgos. **safe and sound** sano y salvo Ver tb BETTER
▶ n caja fuerte

**safeguard** /'seɪfgɑːd/ n ~ (against sth) salvaguarda, protección (contra algo)
▶ vt ~ sth/sb (against sth/sb) proteger algo/a algn (de algo/algn)

**safely** /'seɪfli/ adv **1** sin novedad, sin ningún percance **2** tranquilamente, sin peligro: safely locked away guardado bajo llave en un lugar seguro

**safety** /'seɪfti/ n seguridad

**safety belt** n cinturón de seguridad

**safety net** n **1** red de seguridad **2** (fig) red de protección

**safety pin** n seguro, imperdible ⬥ Ver dibujo en PIN

**sag** /sæg/ vi (**-gg-**) **1** (cama, sofá) hundirse **2** (madera) pandearse

**Sagittarius** /ˌsædʒɪ'teəriəs/ n sagitario ⬥ Ver ejemplos en AQUARIUS

**said** pt, pp de SAY

**sail** /seɪl/ n vela **LOC set sail (from/for…)** (formal) zarpar (desde/rumbo a…)
▶ **1** vt, vi navegar: to sail around the world dar la vuelta al mundo en barco **2** vi ~ (from…) (for/to…) salir (desde…) (para…): The ship sails at noon. El barco zarpa a las doce del mediodía. **3** vi (objeto) volar PHRV **sail through (sth)** hacer algo sin dificultad: She sailed through her exams. Aprobó facilmente los exámenes.

**sailboard** /'seɪlbɔːrd/ n tabla de windsurf

**sailboat** /'seɪlbəʊt/ (GB **sailing boat**) n velero

**sailing** /'seɪlɪŋ/ n **1** navegar: to go sailing ir a velear **2** There are three sailings a day. Hay tres salidas diarias.

**sailor** /'seɪlər/ n marinero, marino

**saint** /seɪnt, snt/ n (abrev **St.**) santo, -a, san: Saint Bernard/Teresa San Bernardo/Santa Teresa

**sake** /seɪk/ n **LOC for God's, goodness', Heaven's, etc. sake** por (el amor de) Dios **for sth's/sb's sake; for the sake of sth/sb** por algo/algn, por (el) bien de algo/algn

**salad** /'sæləd/ n ensalada

**salary** /'sæləri/ n (pl **salaries**) salario, sueldo (esp mensual) ⬥ Comparar con WAGE

**sale** /seɪl/ n **1** venta: sales department departamento de ventas **2** rebajas: to hold/have a sale tener rebajas **3** subasta **LOC for sale** en venta: For sale. Se vende. **on sale 1** a la venta **2** rebajado

**salesclerk** /'seɪlzklɑːrk; GB -klɑːk/ (GB **shop assistant**) n dependiente, -a (de una tienda)

**salesman** /'seɪlzmən/ n (pl **-men** /-mən/) vendedor, dependiente ❶ Se prefiere utilizar la forma **salesperson**, que se refiere tanto a un hombre como a una mujer.

---

ʃ chin    dʒ June    v van    θ then    s so    z zoo    ʃ she

**salesperson** /'seɪlzpɜːrsn/ n (pl **sales-people**) vendedor, -ora, dependiente, -a ⭢ Ver nota en SALESMAN

**sales tax** n impuesto sobre las ventas

**saleswoman** /'seɪlzwʊmən/ n (pl **-women** /-'wɪmɪn/) vendedora, dependienta ⭢ Ver nota en SALESMAN

**saliva** /sə'laɪvə/ n saliva

**salmon** /'sæmən/ n (pl **salmon**) salmón

**salon** /sə'lɑn; GB 'sælɒn/ n **1** salón (de belleza) **2** peluquería

**saloon** /sə'luːn/ n **1** (USA) bar **2** (GB) (USA **sedan**) automóvil de cuatro puertas

ᛒ **salt** /sɔːlt/ n sal **salted** adj salado

**salt shaker** (GB **salt cellar**) n salero

**saltwater** /'sɔːltwɔːtər/ adj de agua salada

ᛒ **salty** /'sɔːlti/ adj (**saltier, -iest**) salado

**salutary** /'sæljəteri; GB -tri/ adj saludable

**salute** /sə'luːt/ vt, vi saludar (a un militar)
▶ n **1** saludo **2** salva

**salvage** /'sælvɪdʒ/ n salvamento
▶ vt recuperar

**salvation** /sæl'veɪʃn/ n salvación

ᛒ **same** /seɪm/ adj, adv, pron igual (idéntico): the same thing lo mismo ◇ I left that same day. Salí ese mismo día. ❶ A veces se usa para dar énfasis a la oración: the very same man el mismísimo hombre. **LOC** at the same time **1** a la vez **2** no obstante, sin embargo **be in the same boat** estar en el mismo barco
▶ adv **the same** de la misma manera, igual: to treat everyone the same tratar a todos de la misma manera
▶ pron **the same (as sth/sb)** el mismo, la misma, etc. (que algo/algn): I think the same as you. Pienso igual que tú. **LOC** all/just the same de todos modos **be all the same to sb** dar lo mismo a algn: It's all the same to me. Me da igual. **same here** (coloq) lo mismo digo **(the) same to you** (coloq) igualmente

ᛒ **sample** /'sæmpl; GB 'sɑːmpl/ n muestra
▶ vt probar

**sanatorium** /ˌsænə'tɔːriəm/ n (pl **sanatoriums** o **sanatoria** /-riə/) sanatorio

**sanction** /'sæŋkʃn/ n **1** sanción: to lift sanctions levantar sanciones **2** (formal) aprobación
▶ vt (formal) dar el permiso para

**sanctuary** /'sæŋktʃueri; GB -uəri/ n (pl **sanctuaries**) **1** santuario **2** asilo: The rebels took sanctuary in the church. Los rebeldes se refugiaron en la iglesia.

ᛒ **sand** /sænd/ n arena

**sandal** /'sændl/ n sandalia, huarache

**sandcastle** /'sændkæsl; GB -kɑːsl/ n castillo de arena

**sandpaper** /'sændpeɪpər/ n papel de lija

**sandwich** /'sænwɪtʃ; GB tb -wɪdʒ/ n sandwich
▶ vt apretujar (entre dos personas o cosas)

**sandy** /'sændi/ adj (**sandier, -iest**) arenoso

**sane** /seɪn/ adj (**saner, -est**) **1** cuerdo **2** juicioso

**sang** pt de SING

**sanitarium** /ˌsænə'teəriəm/ n Ver SANATORIUM

**sanitary** /'sænəteri; GB -tri/ adj higiénico

**sanitary napkin** (tb **sanitary pad**) (GB **sanitary towel**) n toalla sanitaria

**sanitation** /ˌsænɪ'teɪʃn/ n saneamiento

**sanity** /'sænəti/ n **1** cordura **2** sensatez

**sank** pt de SINK

**Santa Claus** /'sæntə klɔːz/ (tb **Santa**) (GB tb **Father Christmas**) n Santa Claus ⭢ Ver nota en NAVIDAD

**sap** /sæp/ n savia
▶ vt (**-pp-**) (energía, etc.) socavar, minar

**sapphire** /'sæfaɪər/ n zafiro
▶ adj, n color zafiro

**sappy** (GB **soppy**) /'sæpi/ adj (coloq) cursi

**sarcasm** /'sɑrkæzəm/ n sarcasmo

**sarcastic** /sɑr'kæstɪk/ adj sarcástico

**sardine** /sɑr'diːn/ n sardina

**sash** /sæʃ/ n faja

**sassy** /'sæsi/ adj (**sassier, -iest**) (esp USA, coloq) **1** (GB **cheeky**) (pey) fresco **2** atrevido, desinhibido

**SAT®** /ˌes eɪ 'tiː/ n (abrev de **Scholastic Aptitude Test**) examen para entrar en la universidad en Estados Unidos: to take the SAT presentar el SAT ⭢ Ver tb pág 323

**sat** pt, pp de SIT

**satellite** /'sætəlaɪt/ n satélite: satellite TV televisión por satélite

**satin** /'sætn; GB 'sætɪn/ n raso, satín

**satire** /'sætaɪər/ n sátira **satirical** /sə'tɪrɪkl/ adj satírico

ᛒ **satisfaction** /ˌsætɪs'fækʃn/ n satisfacción

**satisfactory** /ˌsætɪs'fæktəri/ adj satisfactorio

ᛒ **satisfied** /'sætɪsfaɪd/ adj ~ **(with sth)** satisfecho (con algo)

ᛒ **satisfy** /'sætɪsfaɪ/ vt (pt, pp **-fied**) **1** satisfacer **2** (condiciones, etc.) cumplir con **3** ~ **sb (of sth/that…)** convencer a algn (de algo/de que…)

**satisfying** /'sætɪsfaɪɪŋ/ adj satisfactorio: *a satisfying meal* una comida que te deja satisfecho

**saturate** /'sætʃəreɪt/ vt **1** empapar **2** ~ **sth (with sth)** saturar algo (de algo): *The market is saturated.* El mercado está saturado. **saturation** n saturación

**Saturday** /'sætərdeɪ, -di/ n (abrev Sat.) sábado ➔ *Ver ejemplos en* MONDAY

**Saturn** /'sætərn/ n Saturno

**sauce** /sɔːs/ n salsa

**saucepan** /'sɔːspæn/ *GB* -pən/ n olla ➔ *Ver dibujo en* POT

**saucer** /'sɔːsər/ n plato para taza *Ver tb* FLYING SAUCER ➔ *Ver dibujo en* CUP

**sauna** /'sɔːnə/ *GB tb* /'saʊ-/ n sauna

**saunter** /'sɔːntər/ vi pasearse: *He sauntered over to the bar.* Fue hacia la barra con mucha tranquilidad.

**sausage** /'sɔːsɪdʒ/ *GB* 'sɒs-/ n salchicha, embutido

**sausage roll** n (GB) hojaldre relleno de carne de embutido

**savage** /'sævɪdʒ/ adj **1** salvaje **2** (perro, etc.) enfurecido **3** (ataque, régimen, etc.) brutal: *savage cuts in the budget* cortes terribles en el presupuesto
▸ vt atacar con ferocidad
**savagery** n salvajismo

**save** /seɪv/ **1** vt ~ **sb (from sth)** salvar a algn (de algo) **2** vt, vi ~ **(sth) (up) (for sth)** (dinero) ahorrar (para algo) **3** vt (Informát) guardar **4** vt ~ **(sb) sth/doing sth** evitar (a algn) algo/hacer algo: *That will save us a lot of trouble.* Eso nos evitará muchos problemas. **5** vt (Dep) parar **LOC** **save face** guardar las apariencias
▸ n parada (de balón)

**saving** /'seɪvɪŋ/ n **1** ahorro: *a saving of fifty dollars* un ahorro de cincuenta dólares **2** savings [pl] ahorros

**savior** (GB **saviour**) /'seɪvjər/ n salvador, -ora

**savory** (GB **savoury**) /'seɪvəri/ adj **1** sabroso **2** salado

**saw** /sɔː/ n sierra, serrucho
▸ vt (pt sawed, pp sawed o sawn /sɔːn/) serrar **PHRV** **saw sth down** talar algo con una sierra **saw sth off (sth)** cortar algo (de algo) con una sierra: *sawed-off shotgun* escopeta de cañones recortados **saw sth up** serrar algo *Ver tb* SEE

**sawdust** /'sɔːdʌst/ n aserrín

**saxophone** /'sæksəfoʊn/ (tb coloq **sax**) n saxofón

**say** /seɪ/ vt (3a pers sing **says** /sez/ pt, pp **said** /sed/) **1** ~ **sth (to sb)** decir algo (a algn): *to say yes* decir que sí

¿Say **¿Say o tell?**
**Say** suele utilizarse cuando se mencionan las palabras textuales o para introducir una oración en estilo indirecto precedida por **that**: *"I'll leave at nine", he said.* —Me marcho a las nueve, dijo. ◊ *He said that he would leave at nine.* Dijo que se iría a las nueve.
**Tell** se utiliza para introducir una oración en estilo indirecto y tiene que ir seguido de un sustantivo, un pronombre o un nombre propio: *He told me that he would leave at nine.* Me dijo que se iría a las nueve. Con órdenes o consejos se suele usar **tell**: *I told them to hurry up.* Les dije que se dieran prisa. ◊ *She's always telling me what I ought to do.* Siempre me está diciendo lo que tengo que hacer.

**2** digamos, pongamos (que): *Let's take any writer, say Dickens…* Pongamos por caso cualquier escritor, digamos Dickens… ◊ *Say there are 30 in a class…* Digamos que hay 30 en una clase… **3** *What does the sign say?* ¿Qué dice el letrero? ◊ *What time does it say on that clock?* ¿Qué hora tiene ese reloj? **LOC** **it goes without saying that…** ni que decir tiene que… **let us say** digamos **that is to say** es decir *Ver tb* DARE, FAREWELL, NEEDLESS, SORRY
▸ n **LOC** **have a/some say (in sth)** tener voz y voto (en algo) **have your say** (coloq) expresar su opinión

**saying** /'seɪɪŋ/ n dicho, refrán

**scab** /skæb/ n costra

**scaffolding** /'skæfəldɪŋ/ n [incontable] (tb **scaffold** /'skæfoʊld/) andamiaje, andamio

**scald** /skɔːld/ vt escaldar
▸ n escaldadura
**scalding** adj hirviendo

**scale** /skeɪl/ n **1** escala: *a large-scale map* un mapa a gran escala ◊ *a scale model* una maqueta **2** alcance, magnitud, envergadura: *the scale of the problem* la magnitud del problema **3** (GB **scales** [pl]) balanza, báscula **4** escama **LOC** **to scale** a escala
▸ vt (formal) escalar, trepar en

**scalp** /skælp/ n cuero cabelludo

**scalpel** /'skælpəl/ n bisturí

**scam** /skæm/ n (coloq) estafa, chanchullo

**scamper** /'skæmpər/ vi corretear

**scan** /skæn/ vt (-nn-) **1** escudriñar, examinar **2** explorar con un scanner **3** echar un vistazo a **4** (Informát) escanear **5** (Med) explorar con un scanner

about   y yes   w woman   eɪ say   aɪ five   ɔɪ boy   aʊ now   oʊ go

▶ *n* (*Med*) ultrasonido

**scandal** /'skændl/ *n* **1** escándalo **2** chisme **scandalize** (*GB tb* **-ise**) *vt* escandalizar **scandalous** *adj* escandaloso

**scant** /skænt/ *adj* escaso

**scantily** /'skæntɪli/ *adv* escasamente: *scantily dressed* ligero de ropa

**scanty** /'skænti/ *adj* (**scantier, -iest**) escaso

**scapegoat** /'skeɪpɡoʊt/ *n* chivo expiatorio: *She has been made a scapegoat for what happened.* Ha cargado con las culpas por lo que pasó.

**scar** /skɑr/ *n* cicatriz
▶ *vt* (**-rr-**) dejar una cicatriz en

**scarce** /skeərs/ *adj* escaso: *Food was scarce.* Los alimentos escaseaban.

**scarcely** /'skeərsli/ *adv* **1** apenas: *There were scarcely a hundred people present.* Apenas había un centenar de personas. **2** *You can scarcely expect me to believe that.* ¿Y esperas que me crea eso?

**scarcity** /'skeərsəti/ *n* (*pl* **scarcities**) escasez

**ℝ scare** /skeər/ *vt* asustar **PHRV** **scare sb away/off** ahuyentar a algn
▶ *n* susto: *bomb scare* amenaza de bomba

**scarecrow** /'skeər kroʊ/ *n* espantapájaros

**ℝ scared** /skeərd/ *adj* asustado: *to be scared of sth* tener miedo de algo ◇ *She's scared of the dark.* Le da miedo la oscuridad. **LOC** *Ver* **WIT**

**scarf** /skɑrf/ *n* (*pl* **scarves** /skɑrvz/ *o* **scarfs**) **1** bufanda **2** pañoleta, mascada

**scarlet** /'skɑrlət/ *adj, n* escarlata

**scary** /'skeəri/ *adj* (**scarier, -iest**) (*coloq*) espeluznante

**scathing** /'skeɪðɪŋ/ *adj* **1** feroz: *a scathing attack on the government* un feroz ataque contra el gobierno **2** (*crítica*) mordaz

**scatter** /'skætər/ **1** *vt, vi* dispersar(se) **2** *vt* esparcir **scattered** *adj* esparcido, disperso: *scattered showers* chubascos aislados

**scavenge** /'skævɪndʒ/ *vi* **1** (*animal, ave*) buscar carroña **2** (*persona*) hurgar (*en la basura*) **scavenger** *n* **1** animal/ave de carroña **2** persona que hurga entre la basura

**scenario** /sə'nærioʊ; *GB* -'nɑːr-/ *n* (*pl* **scenarios**) marco hipotético, perspectiva

**ℝ scene** /siːn/ *n* **1** escenario: *the scene of the crime* el lugar del crimen **2** escena: *a change of scene* un cambio de aires **3** escándalo: *to make a scene* montar un escándalo **4** **the scene** [*sing*] (*coloq*): *the music scene* el mundo de la música **LOC** **set the scene (for sth)** **1** preparar el

terreno (para algo) **2** describir el escenario (para algo)

**scenery** /'siːnəri/ *n* [*incontable*] **1** paisaje

La palabra **scenery** tiene un fuerte matiz positivo, tiende a usarse con adjetivos como *beautiful*, *spectacular*, etc., fundamentalmente para describir paisajes naturales. Por otro lado, **landscape** suele referirse a paisajes construidos por el hombre: *an urban/industrial landscape* un paisaje urbano/industrial.

**2** (*Teat*) decorado

**scenic** /'siːnɪk/ *adj* pintoresco, panorámico

**scent** /sent/ *n* **1** olor (*agradable*) **⊃** *Ver nota en* **SMELL** **2** perfume **3** rastro, pista **scented** *adj* perfumado

**sceptic** (*GB*) = **SKEPTIC**

**ℝ schedule** /'skedʒuːl, -dʒəl; *GB* 'ʃedjuːl/ *n* **1** programa: *to be two months ahead of/behind schedule* llevar dos meses de adelanto/retraso con respecto al calendario previsto ◇ *to arrive on schedule* llegar a la hora prevista **2** (*tb esp GB* **timetable**) horario
▶ *vt* programar: *scheduled flight* vuelo regular

**ℝ scheme** /skiːm/ *n* **1** conspiración **2** (*GB*) (*USA* **program, plan**) plan, proyecto: *pension scheme* plan de pensiones ◇ *training scheme* programa de formación **3** *color scheme* combinación de colores
▶ *vi* (*pey*) conspirar

**schizophrenia** /ˌskɪtsə'friːniə/ *n* esquizofrenia **schizophrenic** /ˌskɪtsə'frenɪk/ *adj, n* esquizofrénico, -a

**scholar** /'skɑlər/ *n* **1** becario, -a **2** erudito, -a **scholarship** *n* **1** beca **2** erudición

**ℝ school** /skuːl/ *n* **1** colegio, escuela: *school age/uniform* edad/uniforme escolar

Utilizamos las palabras **school** y **church** sin artículo cuando alguien va al colegio como alumno o profesor o a la iglesia para rezar: *I enjoyed being at school.* Me gustaba ir al colegio. ◇ *We go to church every Sunday.* Vamos a misa todos los domingos. Usamos el artículo cuando nos referimos a estos sitios por algún otro motivo: *I have to go to the school to talk to John's teacher.* Tengo que ir a la escuela a hablar con el profesor de John.

**2** clases: *School begins at nine o'clock.* Las clases empiezan a las nueve. **3** (*USA*,

*coloq*) universidad **4** facultad: *law
school* facultad de derecho **5** (*Arte, Liter*)
escuela LOC **school of thought** escuela
de pensamiento

**schoolboy** /'sku:lbɔɪ/ n colegial

**schoolchild** /'sku:ltʃaɪld/ n (pl **-children**
/-tʃɪldrən/) colegial, -ala

**schoolgirl** /'sku:lgɜ:rl/ n colegiala

**schooling** /'sku:lɪŋ/ n educación, estudios

**school-leaver** /ˌsku:l 'li:vər/ n (*GB*)
muchacho, -a que acaba de terminar la
escuela

**schoolteacher** /'sku:lti:tʃər/ n profesor, -ora

🔔 **science** /'saɪəns/ n ciencia
  **science fiction** (*tb coloq* **sci-fi** /'saɪ faɪ/)
  n ciencia ficción

🔔 **scientific** /ˌsaɪən'tɪfɪk/ adj científico
  **scientifically** adv científicamente

🔔 **scientist** /'saɪəntɪst/ n científico, -a

🔔 **scissors** /'sɪzərz/ n [pl] tijeras: *a pair of
scissors* unas tijeras ⟶ *Ver nota en* TIJERA

**scoff** /skɔ:f; *GB* skɒf/ vi ~ (**at sth/sb**) burlarse (de algo/algn)

**scold** /skoʊld/ vt ~ **sb** (**for sth**) (*formal*)
regañar a algn (por algo)

**scoop** /sku:p/ n **1** pala: *ice-cream scoop*
cuchara para servir el helado **2** cucharada: *a scoop of ice cream* una bola de
helado **3** (*Period*) primicia
  ▸ vt ~ **sth** (**up/out**) cavar, sacar algo (*con
pala, cuchara, etc.*)

**scooter** /'sku:tər/ n **1** escúter, motoneta
  ⟶ *Ver dibujo en* MOTORCYCLE **2** patín del
diablo

**scope** /skoʊp/ n **1** ~ (**for sth/to do sth**)
potencial (para algo/para hacer algo)
  **2** ámbito, alcance: *within/beyond the
scope of this dictionary* dentro/más allá
del ámbito de este diccionario

**scorch** /skɔ:rtʃ/ vt, vi chamuscar(se),
quemar(se) **scorching** adj abrasador

🔔 **score** /skɔ:r/ n **1** tanto: *to keep (the)
score* llevar la cuenta de los tantos ◇ *The
final score was 4-3.* El resultado final
fue de 4-3. ◇ *What's the score?* ¿Cuánto
van? **2** (*Educ*) puntuación **3** scores [pl]
montones **4** (*Mús*) partitura **5** (pl **score**)
veintena LOC **on that score** en ese sentido
  ▸ **1** vt, vi (*Dep*) anotar **2** vt (*Educ*) sacar
(*calificación*)

**scoreboard** /'skɔ:rbɔ:rd/ n marcador

**scorn** /skɔ:rn/ n ~ (**for sth/sb**) desdén
(hacia algo/algn)
  ▸ vt desdeñar
  **scornful** adj desdeñoso

**Scorpio** /'skɔ:rpioʊ/ n (pl **Scorpios**)
escorpión ⟶ *Ver ejemplos en* AQUARIUS

**scorpion** /'skɔ:rpiən/ n escorpión

**Scotch** /skɑtʃ/ n whisky escocés

**Scotch tape**® (*GB* **Sellotape**®) n cinta
adhesiva, durex®

**Scottish** /'skɑtɪʃ/ adj escocés

**scour** /'skaʊər/ vt **1** fregar **2** ~ **sth** (**for
sth/sb**) registrar, recorrer algo (en busca
de algo/algn)

**scourge** /skɜ:rdʒ/ n (*formal*) azote

**scout** /skaʊt/ n **1** (*Mil*) explorador **2** (*tb
Boy/Girl Scout, Scout*) scout

**scowl** /skaʊl/ n ceño fruncido
  ▸ vi mirar con el ceño fruncido

**scrabble** /'skræbl/ vi ~ (**around/about**)
(**for sth**) (*esp GB*) escarbar (en busca de
algo)

**scramble** /'skræmbl/ vi **1** trepar
  **2** ~ (**for sth**) pelearse (por algo)
  ▸ n [sing] ~ (**for sth**) barullo (por algo)

**scrambled eggs** n [pl] huevos
revueltos

**scrap** /skræp/ n **1** pedazo: *a scrap of
paper* un pedazo de papel **2** [incontable]
chatarra: *scrap paper* papel para
apuntes **3** scraps [pl] sobras (*de comida*)
  **4** [sing] (*pequeña cantidad*) pizca **5** (*coloq*)
pelea
  ▸ (-pp-) **1** vt descartar, desechar **2** vi
(*coloq*) pelearse

**scrapbook** /'skræpbʊk/ n álbum de
recortes

**scrape** /skreɪp/ **1** vt raspar **2** vi
~ (**against sth**) rozar algo PHRV **scrape
sth away/off; scrape sth off sth** quitar algo
(de algo), limpiar algo (*raspando*) **scrape
in; scrape into sth** conseguir algo a duras
penas: *She just scraped into college.*
Entró en la universidad a duras penas.
**scrape through (sth)** aprobar (algo) a
duras penas **scrape sth together/up**
reunir algo a duras penas
  ▸ n raspadura

🔔 **scratch** /skrætʃ/ **1** vt, vi arañar(se) **2** vt,
vi rascarse **3** vt rayar PHRV **scratch sth
away/off** quitar algo raspándolo
  ▸ n **1** rasguño, arañazo **2** [sing]: *The dog
gave itself a good scratch.* El perro se dio
una buena rascada. LOC **(be/come) up to
scratch** (estar/llegar) a la altura **(start
sth) from scratch** (empezar algo) de cero

**scrawl** /skrɔ:l/ **1** vt garabatear **2** vi
hacer garabatos
  ▸ n garabato

🔔 **scream** /skri:m/ **1** vi chillar: *to scream
with excitement* gritar de emoción **2** vt
gritar

| ʃ chin | dʒ June | v van | θ then | s so | z zoo | ʃ she |

▶ n **1** chillido, grito: *a scream of pain* un grito de dolor **2** [sing] (antic, coloq) algo/algn divertidísimo

**screech** /skri:tʃ/ vi chillar, chirriar
▶ n chillido, chirrido

🔑 **screen** /skri:n/ n **1** pantalla **2** biombo

**screen saver** n (Informát) protector de pantalla

🔑 **screw** /skru:/ n tornillo
▶ vt **1** atornillar, fijar con tornillos **2** enroscar **3** (argot) estafar
**PHRV** **screw sth up 1** (papel) hacer una pelota con algo **2** (cara) torcer algo **3** (argot) (planes, situación, etc.) estropear algo

**screwdriver** /skru:draivər/ n desarmador

**scribble** /skrɪbl/ **1** vt garabatear **2** vi hacer garabatos
▶ n [incontable] garabatos

**script** /skrɪpt/ n **1** guión **2** letra **3** escritura

**scripture** (tb Scripture) /skrɪptʃər/ [incontable] (tb the Scriptures [pl]) n las Sagradas Escrituras

**scroll** /skroʊl/ n **1** pergamino **2** rollo de papel
▶ vi ~ (down/up) (Informát) desplazarse (hacia abajo/arriba) (por un documento)

**scrub**[1] /skrʌb/ n [incontable] matorrales

**scrub**[2] /skrʌb/ vt (-bb-) tallar
▶ n [sing]: *Give your nails a good scrub.* Cepíllate bien las uñas.

**scruff** /skrʌf/ n **LOC** by the scruff of the neck por el pescuezo

**scruffy** /skrʌfi/ adj (scruffier, -iest) (coloq) desaliñado

**scrum** /skrʌm/ n (Rugby) melé

**scruples** /skru:plz/ n escrúpulos

**scrupulous** /skru:pjələs/ adj escrupuloso **scrupulously** adv escrupulosamente: *scrupulously clean* impecable

**scrutinize** (GB tb -ise) /skru:tənaɪz/ vt **1** examinar **2** inspeccionar

**scrutiny** /skru:təni/ n (formal) **1** examen **2** (Pol, etc.) escrutinio

**scuba diving** /sku:bə daɪvɪŋ/ n buceo con equipo

**scuff** /skʌf/ vt rayar(se)

**scuffle** /skʌfl/ n **1** enfrentamiento **2** forcejeo

**sculptor** /skʌlptər/ n escultor, -ora

**sculpture** /skʌlptʃər/ n escultura

**scum** /skʌm/ n **1** espuma (de suciedad) **2** [pl] (coloq) escoria

**scurry** /skʌri/ vi (pt, pp scurried) ir apresuradamente

**scuttle** /skʌtl/ vi: *She scuttled back to her car.* Volvió a su coche a toda prisa.
◊ to scuttle away/off escabullirse

**scythe** /saɪð/ n guadaña

🔑 **sea** /si:/ n **1** mar: *sea creatures* animales marinos ◊ *the sea air/breeze* la brisa marina ◊ *sea port* puerto marítimo ➜ Ver nota en MAR **2** seas [pl] mar: *heavy/rough seas* marejada **3** [sing] ~ **of sth** mar de algo: *a sea of people* un mar de gente **LOC at sea 1** en el mar **2** (fig) en medio de un mar de dudas

**seabed** /si:bed/ n lecho marino

**seafood** /si:fu:d/ n [incontable] mariscos

**seagull** /si:gʌl/ n gaviota

🔑 **seal**[1] /si:l/ n sello
▶ vt **1** sellar **2** (sobre) cerrar **PHRV** seal sth off acordonar algo

**seal**[2] /si:l/ n foca

**seam** /si:m/ n **1** costura **2** (Geol) veta

🔑 **search** /sɜ:rtʃ/ **1** vt, vi ~ (sth) (for sth) buscar (algo) (en algo) **2** vt ~ **sth/sb (for sth)** registrar algo/a algn (en busca de algo): *They searched the house for drugs.* Registraron la casa en busca de drogas.
▶ n **1** ~ **(for sth/sb)** búsqueda (de algo/algn) **2** (policial) registro

**search engine** n (Informát) buscador

**searching** /sɜ:rtʃɪŋ/ adj (mirada) penetrante

**searchlight** /sɜ:rtʃlaɪt/ n (foco) reflector

**seashell** /si:ʃel/ n concha marina

**seasick** /si:sɪk/ adj mareado

**seaside** /si:saɪd/ adj, n (de/en la) costa

🔑 **season**[1] /si:zn/ n **1** estación **2** temporada: *season ticket* abono de temporada **LOC** in season (que está) en temporada **seasonal** adj **1** propio de la estación **2** (trabajo) de temporada

**season**[2] /si:zn/ vt condimentar, sazonar **seasoned** adj **1** condimentado **2** (persona) con mucha experiencia **seasoning** n condimento

🔑 **seat** /si:t/ n **1** (coche, avión) asiento **2** (bicicleta, moto) silla **3** (parque) banca **4** (Teat) butaca **5** (Pol) curul **6** (GB, Pol) circunscripción electoral Ver tb BACK SEAT **LOC** Ver DRIVER
▶ vt tener cabida para: *The stadium can seat 5 000 people.* El estadio tiene cabida para 5,000 personas.

**seat belt** n cinturón de seguridad

**seating** /si:tɪŋ/ n [incontable] asientos

**seaweed** /si:wi:d/ n [incontable] alga

**secluded** /sɪ'klu:dɪd/ adj (lugar) apartado **seclusion** n **1** aislamiento **2** soledad

**second** /'sekənd/ (abrev 2nd) adj, adv, pron segundo LOC **second thought(s)**: We had second thoughts. Lo reconsideramos. ◇ On second thought… Pensándolo bien…
▸ n **1 the second** el (día) dos **2** (tb **second gear**) segunda **3** (tiempo) segundo: the second hand el segundero ➔ Ver ejemplos en FIFTH LOC Ver LAST
▸ vt secundar

**secondary** /'sekənderi; GB -dri/ adj secundario

**secondary school** adj escuela secundaria (de a 16/18 años)

**second-best** /ˌsekənd 'best/ adj segundo mejor

**second class** /ˌsekənd 'klæs; GB klɑ:s/ n segunda (clase)
▸ adv en segunda: to travel second class viajar en segunda
▸ **second-class** adj de segunda (clase): a second-class ticket un boleto de segunda (clase)

**second-hand** /ˌsekənd 'hænd/ adj, adv de segunda mano

**secondly** /'sekəndli/ adv en segundo lugar

**second-rate** /ˌsekənd 'reit/ adj de segunda categoría

**secrecy** n **1** secretismo **2** confidencialidad

**secret** /'si:krət/ adj, n secreto Ver tb TOP SECRET

**secretarial** /ˌsekrə'teəriəl/ adj (personal) administrativo **2** (trabajo) de secretario

**secretary** /'sekrəteri; GB -tri/ n (pl secretaries) secretario, -a
**Secretary of State** n **1** (USA) secretario, -a de estado **2** (GB) secretario, -a

**secrete** /sɪ'kri:t/ vt (formal) **1** segregar **2** (formal) ocultar **secretion** n secreción

**secretive** /'si:krətɪv/ adj reservado

**secretly** /'si:krətli/ adv en secreto

**sect** /sekt/ n secta

**sectarian** /sek'teəriən/ adj sectario

**section** /'sekʃn/ n **1** sección, parte **2** (carretera) tramo **3** (sociedad) sector **4** (ley, código) artículo

**sector** /'sektər/ n sector

**secular** /'sekjələr/ adj laico

**secure** /sə'kjʊər; GB sɪ'k-/ adj **1** seguro **2** (prisión) de alta seguridad
▸ vt **1** fijar **2** (formal) (acuerdo, contrato) conseguir
**securely** adv firmemente

**security** /sə'kjʊərəti; GB sɪ'k-/ n (pl securities) **1** seguridad: security guard guardia de seguridad **2** (préstamo) fianza

**sedan** /sɪ'dæn/ (GB **saloon**) n sedán

**sedate** /sɪ'deɪt/ adj serio
▸ vt sedar
**sedation** n sedación: to be under sedation estar bajo los efectos de calmantes **sedative** /'sedətɪv/ adj, n sedante

**sedentary** /'sednteri; GB -tri/ adj sedentario

**sediment** /'sedɪmənt/ n sedimento

**sedition** /sɪ'dɪʃn/ n sedición

**seduce** /sɪ'du:s; GB -'dju:s/ vt seducir **seduction** /sɪ'dʌkʃn/ n seducción **seductive** adj seductor

**see** /si:/ (pt **saw** /sɔ:/ pp **seen** /si:n/) **1** vt, vi ver: I saw a program on TV about that. Vi un programa en la tele sobre eso. ◇ to go and see a movie ir a ver una película ◇ She'll never see again. No volverá a ver nunca. ◇ See page 58. Véase la página 58. ◇ Go and see if the mailman's been here. Ve a ver si ha llegado el correo. ◇ Let's see. Vamos a ver. ◇ I'm seeing Sue tonight. Quedé de ver a Sue esta noche. **2** vt acompañar: He saw her to the door. La acompañó hasta la puerta. **3** vt salir con: Are you seeing anyone? ¿Estás saliendo con alguien? **4** vt encargarse: I'll see that it's done. Ya me encargaré de que se lleve a cabo. **5** vt, vi comprender LOC **seeing that…** en vista de que… **see you (around/later)** (coloq) hasta luego: See you tomorrow! ¡Hasta mañana! **❶** Para otras expresiones con **see**, véanse las entradas del sustantivo, adjetivo, etc., p. ej. **see sense** en SENSE. PHR V **see about (doing) sth** encargarse de (hacer) algo **see sb off** ir a despedir a algn **see through sth/sb** darse cuenta de cómo es algo/algn **see to sth** ocuparse de algo

**seed** /si:d/ n semilla

**seedy** /'si:di/ adj (seedier, -iest) (pey) sórdido

**seek** /si:k/ vt, vi (pt, pp **sought** /sɔ:t/) (formal) **1** buscar **2** ~ **to do sth** intentar hacer algo PHR V **seek sth/sb out** buscar y encontrar algo/a algn

**seem** /si:m/ vi parecer: It seems that… Parece que… **❶** No se usa en tiempos continuos. **seemingly** adv aparentemente

**seen** pp de SEE

**seep** /si:p/ vi filtrarse

**seething** /'siːðɪŋ/ *adj* ~ **with sth** abarrotado (de algo)

**see-through** /'siː θruː/ *adj* transparente

**segment** /'seɡmənt/ *n* **1** segmento **2** (*de naranja, etc.*) gajo

**segregate** /'seɡrɪɡeɪt/ *vt* ~ **sth/sb (from sth/sb)** segregar algo/a algn (de algo/algn)

**seize** /siːz/ *vt* **1** agarrar: *to seize hold of sth* agarrar algo ◇ *We were seized by panic.* El pánico se apoderó de nosotros. **2** (*armas, drogas, etc.*) incautarse de **3** (*personas, edificios*) capturar **4** (*bienes*) embargar **5** (*control*) hacerse con **6** (*oportunidad, etc.*) aprovechar: *to seize the initiative* tomar la iniciativa **PHRV** **seize on/upon sth** aprovecharse de algo **seize up** agarrotarse, atascarse

**seizure** /'siːʒər/ *n* **1** (*de contrabando, etc.*) incautación **2** captura **3** (*Med*) ataque

**seldom** /'seldəm/ *adv* rara vez: *We seldom go out.* Rara vez salimos. ➔ *Ver nota en* ALWAYS

**ᵎ select** /sɪ'lekt/ *vt* ~ **sth/sb (as/for sth)** elegir algo/a algn (como/para algo)
▸ *adj* selecto

**ᵎ selection** /sɪ'lekʃn/ *n* selección

**ᵎ selective** /sɪ'lektɪv/ *adj* (**about sth/sb**) selectivo (en cuanto a algo/a algn)

**ᵎ self** /self/ *n* (*pl* **selves** /selvz/) ser: *She's her old self again.* Es la misma de siempre otra vez.

**self-centered** (*GB* -**centred**) /,self 'sentərd/ *adj* egocéntrico

**self-confident** /,self 'kɑnfɪdənt/ *adj* seguro de sí mismo

**self-conscious** /,self 'kɑnʃəs/ *adj* inseguro

**self-contained** /,self kən'teɪnd/ *adj* (*GB*) (*departamento*) independiente

**self-control** /,self kən'troʊl/ *n* autocontrol

**self-defense** /,self dɪ'fens/ *n* defensa propia

**self-determination** /,self dɪ,tɜːrmɪ'neɪʃn/ *n* autodeterminación

**self-employed** /,self ɪm'plɔɪd/ *adj* que trabaja por su cuenta, autónomo

**self-interest** /,self 'ɪntrəst/ *n* interés propio

**selfish** /'selfɪʃ/ *adj* egoísta

**self-pity** /,self 'pɪti/ *n* autocompasión

**self-portrait** /,self 'pɔːrtrɪt; *GB tb* -treɪt/ *n* autorretrato

**self-respect** /,self rɪ'spekt/ *n* dignidad

**self-satisfied** /,self 'sætɪsfaɪd/ *adj* excesivamente satisfecho de sí mismo

**self-service** /,self 'sɜːrvɪs/ *adj* (de) autoservicio

**ᵎ sell** /sel/ (*pp, pt* **sold** /soʊld/) **1** *vt* ~ **sb sth**; ~ **sth (to sb)** vender algo (a algn) **2** *vi* ~ **(at/for sth)** venderse (a algo) ➔ *Ver nota en* GIVE **PHRV** **sell sth off** vender algo a bajo precio **LOC** **sell out; be sold out** (*existencias*) agotarse **sell out (of sth); be sold out (of sth)** vender todas las existencias (de algo)

**sell-by date** /'sel baɪ deɪt/ (*USA* **expiration date**) *n* fecha de caducidad

**seller** /'selər/ *n* vendedor, -ora

**selling** /'selɪŋ/ *n* [*incontable*] venta

**Sellotape®** /'seləteɪp/ *n* (*GB*) (*USA* **Scotch tape**) cinta adhesiva, durex®
▸ *vt* (*GB*) pegar con durex

**selves** *plural de* SELF

**semester** /sə'mestər/ *n* semestre: *the spring/fall semester* el primer/segundo semestre

**semi** /'semi/ *n* (*pl* **semis** /'semiz/) (*GB, coloq*) dúplex

**semicircle** /'semisɜːrkl/ *n* **1** semicírculo **2** semicircunferencia

**semicolon** /'semikoʊlən; *GB* ,semi-'koʊlən/ *n* punto y coma ➔ *Ver pág 308*

**semi-detached** /,semi dɪ'tætʃt/ *adj* (*esp GB*): *a semi-detached house* una casa dúplex

**semi-final** /,semi 'faɪnl/ (*tb* **semi**) *n* semifinal **semi-finalist** *n* semifinalista

**seminar** /'semɪnɑr/ *n* seminario (*clase*)

**ᵎ senate** /'senət/ *n* **1 the Senate** (*Pol*) el Senado ➔ *Ver nota en* CONGRESS **2** (*universidad*) junta de gobierno

**ᵎ senator** /'senətər/ *n* (*abrev* **Sen.**) senador, -ora

**ᵎ send** /send/ *vt* (*pt, pp* **sent** /sent/) **1** ~ **sb sth**; ~ **sth (to sb)** enviar, mandar algo (a algn): *She was sent to bed without any supper.* La mandaron a la cama sin cenar. ➔ *Ver nota en* GIVE **2** hacer (*que*): *The news sent prices soaring.* La noticia hizo que los precios se dispararan. ◇ *The story sent shivers down my spine.* La historia me dio escalofríos. **LOC** *Ver* LOVE **PHRV** **send for sb** llamar a algn, mandar buscar a algn **send sb in** enviar a algn (*esp tropas, policía, etc.*) **send sth in/off** enviar algo (*por correo*): *I sent my application in last week.* Envié mi solicitud la semana pasada. **send off for sth** pedir, encargar algo **send sth out** **1** (*rayos, etc.*) emitir algo **2** (*invitaciones, etc.*) enviar algo **send sth/sb up** (*esp GB, coloq*) parodiar algo/a algn

**sender** /'sendər/ *n* remitente

---

ɜː bird    ɪə near    eə hair    ʊə tour    ʒ vision    h hat    ŋ sing

**senile** /'si:naɪl/ adj senil **senility** /sə'nɪləti/ n senilidad

**senior** /'si:nɪər/ adj **1** superior: *senior partner* socio mayoritario **2** (*abrev* Snr., Sr.) padre: *John Brown, Senior* John Brown, padre
▸ n **1** mayor: *She is two years my senior.* Me lleva dos años. **2** estudiante del último año

**senior citizen** n persona de la tercera edad

**seniority** /ˌsi:ni'ɔːrəti; GB -'ɒr-/ n antigüedad (*rango, años, etc.*)

**sensation** /sen'seɪʃn/ n sensación **sensational** adj **1** sensacional **2** (*pey*) sensacionalista

**sense** /sens/ n **1** sentido: *sense of smell/touch/taste* olfato/tacto/gusto ◇ *sense of humor* sentido del humor **2** sensación: *It gives him a sense of security.* Lo hace sentirse seguro. **3** juicio, sensatez: *to come to your senses* recobrar el juicio ◇ *to make sb see sense* hacer que algn entre en razón **in a sense** en cierto sentido **make sense** tener sentido **make sense of sth** descifrar algo **see sense** entrar en razón
▸ vt **1** sentir, ser consciente de **2** (*máquina*) detectar

**senseless** /'sensləs/ adj **1** (*pey*) insensato **2** sin sentido (*inconsciente*)

**sensibility** /ˌsensə'bɪləti/ n sensibilidad

**sensible** /'sensəbl/ adj **1** sensato ❶ La palabra española *sensible* se traduce por **sensitive**. **2** (*decisión*) acertado **sensibly** adv **1** (*comportarse*) con prudencia **2** (*vestirse*) adecuadamente

**sensitive** /'sensətɪv/ adj **1** sensible: *She's very sensitive to criticism.* Es muy susceptible a la crítica. ❶ La palabra inglesa **sensible** se traduce por *sensato*. **2** (*asunto, piel*) delicado: *sensitive documents* documentos confidenciales **sensitivity** /ˌsensə'tɪvəti/ n **1** sensibilidad **2** susceptibilidad **3** (*asunto, piel*) delicadeza

**sensual** /'senʃuəl/ adj sensual **sensuality** /ˌsenʃu'æləti/ n sensualidad

**sensuous** /'senʃuəs/ adj sensual

**sent** pt, pp de SEND

**sentence** /'sentəns/ n **1** (*Gram*) frase, oración **2** sentencia: *a life sentence* cadena perpetua
▸ ~ sb (to sth) sentenciar, condenar a algn (a algo)

**sentiment** /'sentɪmənt/ n **1** (*formal*) sentimiento **2** sentimentalismo **sentimental** /ˌsentɪ'mentl/ adj **1** sentimental

**2** (*gen pey*) sensiblero **sentimentality** /ˌsentɪmen'tæləti/ n (*pey*) sentimentalismo, sensiblería

**sentry** /'sentri/ n (*pl* **sentries**) centinela

**separate** /'seprət/ adj **1** separado **2** distinto: *It happened on three separate occasions.* Ocurrió en tres ocasiones distintas.
▸ /'sepəreɪt/ **1** vt, vi separar(se) **2** vt dividir: *We separated the children into three groups.* Dividimos a los niños en tres grupos.

**separately** /'seprətli/ adv por separado **separation** /ˌsepə'reɪʃn/ n separación

**September** /sep'tembər/ n (*abrev* Sept.) se(p)tiembre ➾ Ver nota y ejemplos en JANUARY

**sequel** /'si:kwəl/ n **1** (*película, libro, etc.*) continuación **2** secuela

**sequence** /'si:kwəns/ n sucesión, serie

**serene** /sə'ri:n/ adj sereno

**sergeant** /'sɑːrdʒənt/ n sargento

**serial** /'sɪəriəl/ n serie: *radio serial* serie radiofónica ➾ Ver nota en SERIE

**series** /'sɪəriːz/ n (*pl* **series**) **1** serie, sucesión **2** (*Radio, TV*) serie: *a television series* una serie de televisión ➾ Ver nota en SERIE

**serious** /'sɪəriəs/ adj **1** serio: *Is he serious (about it)?* ¿Lo dice en serio? ◇ *to be serious about sb* andar en serio con algn **2** (*enfermedad, error, crimen*) grave

**seriously** /'sɪəriəsli/ adv **1** en serio **2** gravemente

**seriousness** /'sɪəriəsnəs/ n **1** seriedad **2** gravedad

**sermon** /'sɜːrmən/ n sermón

**servant** /'sɜːrvənt/ n criado, -a Ver tb CIVIL SERVANT

**serve** /sɜːrv/ **1** vt ~ sb sth; ~ sth (to sb) servir algo (a algn) ➾ Ver nota en GIVE **2** vi ~ (in/on/with sth) servir (en algo): *He served with the eighth squadron.* Sirvió en el octavo escuadrón. **3** vt (*cliente*) atender **4** vt (*condena*) cumplir **5** vt, vi (*deporte de raqueta*) sacar LOC **it serves sb right (for doing sth)**: *It serves him right for being so stupid!* ¡Se lo merecen por ser tan estúpidos! Ver tb FIRST
PHR V **serve sth up** servir algo
▸ n (*deporte de raqueta*) saque: *Whose serve is it?* ¿A quién le toca sacar?

**service** /'sɜːrvɪs/ n **1** servicio: *10% extra for service* un 10% de recargo por servicio ◇ *on active service* en servicio activo Ver tb ROOM SERVICE **2** (*Relig*) oficio: *morning service* los oficios de la mañana **3** (*de coche*) revisión **4** (*deporte de raqueta*) saque Ver tb CIVIL SERVICE
▸ vt (*coche*) hacer la revisión a

**serviceman** /'sɜːrvɪsmən/ *n* (*pl* -men /-mən/) militar

**service station** *n* **1** gasolinera **2** (*GB*) (*tb* **service area**, **services** [*pl*]) parador (*en carretera*)

**servicewoman** /'sɜːrvɪswʊmən/ *n* (*pl* -women /-ˈwɪmɪn/) militar

**session** /'seʃn/ *n* sesión

**set** /set/ (**-tt-**) (*pt*, *pp* **set**) **1** *vt* poner, colocar: *He set a bowl of soup in front of me.* Me puso un plato de sopa delante. **2** *vt* (*cambio de estado*): *They set the prisoners free.* Pusieron en libertad a los prisioneros. ◇ *It set me thinking.* Me dio que pensar. **3** *vt* (*película, libro, etc.*): *The movie is set in Austria.* La película se desarrolla en Austria. **4** *vt* (*preparar*) poner: *I've set the alarm clock for seven.* Puse el despertador para las siete. ◇ *Did you set the VCR to record that movie?* ¿Programaste la video para grabar esa película? **5** *vt* (*fijar*) establecer: *She's set a new world record.* Estableció un nuevo récord mundial. ◇ *They haven't set a date for their wedding yet.* No han fijado la fecha de la boda todavía. ◇ *Can we set a limit to the cost of the trip?* ¿Podemos fijar un límite al costo del viaje? **6** *vt* (*esp GB*) (*mandar*) poner: *She set them a difficult task.* Les puso una tarea difícil. **7** *vi* cuajar, fraguar, endurecerse: *Put the Jell-O in the fridge to set.* Mete la gelatina en el refri para que cuaje. **8** *vt* (*hueso roto*) enyesar **9** *vi* (*sol*) ponerse **10** *vt* (*pelo*) rizar **11** *vt* (*joya*) engarzar **LOC** **set sth alight**; **set light to sth** prender fuego a algo ❶ Para otras expresiones con **set**, véanse las entradas del sustantivo, adjetivo, etc., p. ej. **set a/the trend** en TREND. **PHRV** **set about (doing) sth** ponerse a hacer algo **set sth aside 1** reservar algo **2** dejar algo a un lado **set off/out** salir, emprender un viaje: *to set off on a journey* salir de viaje ◇ *to set out (from London) for Australia* salir (de Londres) para Australia **set sth off 1** hacer explotar algo **2** (*alarma*) hacer sonar algo **3** ocasionar algo **set out to do sth** proponerse hacer algo **set sth up 1** levantar algo **2** montar algo **3** establecer, crear algo

▸ *n* **1** juego: *a set of saucepans* una batería de cocina **2** círculo (*de personas*) **3** (*Electrón*) aparato **4** (*Tenis, etc.*) set **5** (*Teat*) decorado **6** (*Cine*) escenario

▸ *adj* **1** situado **2** determinado **3** ~ **for sth/ to do sth** preparado para algo/para hacer algo **LOC** *Ver* MARK

**setting** /'setɪŋ/ *n* **1** entorno **2** ambientación **3** (*tb* **settings** [*pl*]) (*Informát, etc.*) configuración **4** montadura

**settle** /'setl/ **1** *vt* (*disputa*) resolver **2** *vt* decidir **3** *vi* establecerse, quedarse a vivir **4** *vi* ~ (**on sth**) posarse (en algo) **5** *vt* (*cuenta, deuda*) pagar **6** *vt* (*estómago*) asentar **7** *vi* (*sedimento*) depositarse **PHRV** **settle down 1** acomodarse **2** sentar cabeza **settle for sth** aceptar algo **settle in**; **settle into sth** adaptarse (a algo) **settle on sth** decidirse por algo **settle up (with sb)** liquidar las cuentas (con algn) **settled** *adj* estable

**settlement** /'setlmənt/ *n* **1** acuerdo **2** poblado **3** colonización

**settler** /'setlər/ *n* poblador, -ora

**seven** /'sevn/ *adj, pron, n* siete ➔ *Ver ejemplos en* FIVE

**seventeen** /ˌsevn'tiːn/ *adj, pron, n* diecisiete ➔ *Ver ejemplos en* FIVE **seventeenth 1** *adj, adv, pron* decimoséptimo **2** *n* diecisieteava parte, diecisieteavo ➔ *Ver ejemplos en* FIFTH

**seventh** /'sevnθ/ **1** *adj, adv, pron* séptimo **2** *n* séptima parte, séptimo ➔ *Ver ejemplos en* FIFTH

**seventy** /'sevnti/ *adj, pron, n* setenta ➔ *Ver ejemplos en* FIFTY, FIVE **seventieth 1** *adj, adv, pron* septuagésimo **2** *n* setentava parte, setentavo ➔ *Ver ejemplos en* FIFTH

**sever** /'sevər/ *vt* (*formal*) **1** ~ **sth (from sth)** cortar algo (de algo) **2** (*relaciones*) romper

**several** /'sevrəl/ *adj, pron* varios, -as

**severe** /sɪ'vɪər/ *adj* (**severer**, **-est**) **1** (*semblante, castigo*) severo **2** (*tormenta, helada, dolor, etc.*) fuerte

**sew** /soʊ/ *vt, vi* (*pt* **sewed**, *pp* **sewn** /soʊn/ o **sewed**) coser **PHRV** **sew sth up** coser algo: *to sew up a hole* zurcir un agujero

**sewage** /'suːɪdʒ/; *GB tb* 'sjuː-/ *n* [*incontable*] aguas residuales

**sewer** /'suːər/; *GB tb* 'sjuː-/ *n* alcantarilla, cloaca

**sewing** /'soʊɪŋ/ *n* [*incontable*] costura

**sex** /seks/ *n* **1** sexo **2** relaciones sexuales

**sexism** /'seksɪzəm/ *n* sexismo

**sexual** /'sekʃuəl/ *adj* sexual: *sexual intercourse* relaciones sexuales/coito **sexuality** /ˌsekʃu'æləti/ *n* sexualidad

**sexy** /'seksi/ *adj* (**sexier**, **-iest**) sexy

**shabby** /'ʃæbi/ *adj* (**shabbier**, **-iest**) **1** (*ropa*) raído **2** (*cosas*) en mal estado **3** (*persona*) desharrapado **4** (*comportamiento*) mezquino

**shack** /ʃæk/ *n* choza

S

**shade** /ʃeɪd/ n **1** sombra ➲ Ver dibujo en SOMBRA **2** pantalla (de lámpara) **3** (GB blind) persiana **4** (color) tono **5** (significado) matiz
▸ vt dar sombra a

**shadow** /'ʃædoʊ/ n **1** sombra ➲ Ver dibujo en SOMBRA **2** shadows [pl] tinieblas
▸ vt seguir y vigilar secretamente
▸ adj (Pol) de la oposición
**shadowy** adj **1** (lugar) oscuro **2** (fig) indefinido

**shady** /'ʃeɪdi/ adj (shadier, -iest) sombreado

**shaft** /ʃæft; GB ʃɑːft/ n **1** mango (largo) **2** fuste **3** eje **4** pozo: the elevator shaft el hueco del elevador **5** ~ (of sth) (luz) rayo (de algo)

**shaggy** /'ʃægi/ adj (shaggier, -iest) peludo: shaggy eyebrows cejas peludas ◊ shaggy hair pelo desgreñado

**shake** /ʃeɪk/ (pt shook /ʃʊk/ pp shaken /'ʃeɪkən/) **1** vt sacudir, agitar **2** vi temblar **3** vt ~ sb (up) perturbar a algn LOC shake sb's hand; shake hands (with sb) dar la mano a algn  shake your head negar con la cabeza  PHRV shake sb off quitarse a algn de encima  shake sth up agitar algo
▸ n **1** [gen sing] sacudida: a shake of the head una negación con la cabeza **2** Ver MILKSHAKE
**shaky** adj (shakier, -iest) **1** tembloroso **2** poco firme

**shall** /ʃəl, ʃæl/ (contracción 'll, neg shall not o shan't /ʃænt; GB ʃɑːnt/) v modal

Shall es un verbo modal al que sigue un infinitivo sin **to**, y las oraciones interrogativas y negativas se construyen sin el auxiliar **do**.

**1** (esp GB) [para formar el futuro]: As we shall see… Como veremos… ◊ I shall tell her tomorrow. Se lo diré mañana.

Shall y will se usan para formar el futuro en inglés. Shall se utiliza con la primera persona del singular y del plural, **I** y **we**, y **will** con las demás personas. Sin embargo, en inglés hablado **will** (o 'll) tiende a utilizarse con todos los pronombres. ➲ Ver tb pág 306

**2** (oferta, petición): Shall we pick you up? ¿Te vamos a buscar? ❶ En Estados Unidos se usa **should** en lugar de **shall** con este significado. **3** (formal) (voluntad, determinación): He shall be given a fair trial. Tendrá un juicio justo. ◊ I shan't go. No iré. ❶ En este sentido, **shall** es más formal que **will**, especialmente

cuando se usa con pronombres que no sean **I** y **we**.

**shallow** /'ʃæloʊ/ adj (shallower, -est) **1** (agua) poco profundo **2** (pey) (persona) superficial

**shambles** /'ʃæmblz/ n [sing] (coloq) desastre: to be (in) a shambles estar hecho un desastre

**shame** /ʃeɪm/ n **1** vergüenza **2** deshonra **3** a shame (coloq) lástima: What a shame! ¡Qué lástima! LOC put sth/sb to shame superar a algo/algn por mucho Ver tb CRY
▸ vt **1** avergonzar **2** (formal) deshonrar

**shameful** /'ʃeɪmfl/ adj vergonzoso

**shameless** /'ʃeɪmləs/ adj (pey) descarado, sinvergüenza

**shampoo** /ʃæm'puː/ n (pl shampoos) champú
▸ vt (pt, pp shampooed, part pres shampooing) lavar (con champú)

**shan't** = SHALL NOT Ver SHALL

**shanty town** /'ʃænti taʊn/ n ciudad perdida

**shape** /ʃeɪp/ n **1** forma **2** figura LOC give shape to sth (fig) plasmar algo  in any (way,) shape or form (coloq) de cualquier tipo  in shape en forma  out of shape **1** deformado **2** en mala condición  take shape ir cobrando forma
▸ vt **1** ~ sth (into sth) dar forma (de algo) a algo **2** forjar
**shapeless** adj amorfo

**share** /ʃeər/ **1** vt, vi ~ (sth) (with sb) compartir (algo) (con algn) **2** vt ~ sth (out) (among/between sb) repartir algo (entre algn)
▸ n **1** ~ (of/in sth) parte (de/en algo) **2** (Fin) acción LOC Ver FAIR

**shareholder** /'ʃeərhoʊldər/ n accionista

**shark** /ʃɑrk/ n tiburón

**sharp** /ʃɑrp/ adj (sharper, -est) **1** (cuchillo, etc.) afilado **2** (cambio) pronunciado **3** nítido **4** (sonido, dolor, mente) agudo **5** (curva) cerrado **6** (sabor) ácido **7** (olor) acre **8** (viento) cortante **9** (ropa) elegante **10** (Mús) sostenido
▸ adv en punto
▸ n (Mús) sostenido
**sharpen** vt afilar  **sharpener** n: pencil sharpener sacapuntas

**shatter** /'ʃætər/ **1** vt, vi hacer(se) añicos **2** vt destruir  **shattering** adj demoledor

**shave** /ʃeɪv/ vt, vi afeitar(se), rasurar(se) LOC Ver CLOSE²

**she** /ʃiː/ pron ella: She didn't come. No vino. ❶ El pronombre personal no puede omitirse en inglés. ➲ Comparar con HER

▶ *n*: *Is it a he or a she?* ¿Es macho o hembra?

**shear** /ʃɪər/ *vt, vi* (*pt* **sheared**, *pp* **sheared** o **shorn** /ʃɔːrn/) **1** (*oveja*) trasquilar **2** cortar

**shears** /ʃɪərz/ *n* [*pl*] tijera (de podar)

**sheath** /ʃiːθ/ *n* (*pl* **sheaths** /ʃiːðz/) vaina, estuche

**shed** /ʃed/ *vt* (**-dd-**) (*pt, pp* **shed**) **1** deshacerse de **2** (*hojas*) perder **3** (*la piel*) mudar **4** (*formal*) (*sangre, lágrimas*) derramar **5** ~ **sth (on sth/sb)** (*luz*) arrojar, difundir algo (sobre algo/algn)
▶ *n* cobertizo

**she'd** /ʃiːd/ **1** = SHE HAD *Ver* HAVE **2** = SHE WOULD *Ver* WOULD

🐑 **sheep** /ʃiːp/ *n* (*pl* **sheep**) oveja *Ver tb* EWE, RAM ➲ *Ver nota en* CARNE **sheepish** *adj* tímido, avergonzado

**sheer** /ʃɪər/ *adj* **1** [*sólo antes de sustantivo*] puro, absoluto **2** (*casi vertical*) escarpado **3** (*tela*) diáfano

🐑 **sheet** /ʃiːt/ *n* **1** (*para cama*) sábana **2** (*de papel*) hoja **3** (*de vidrio, metal*) lámina

**sheikh** /ʃeɪk/ *n* jeque

🐑 **shelf** /ʃelf/ *n* (*pl* **shelves** /ʃelvz/) estante, anaquel, repisa

🐑 **shell** /ʃel/ *n* **1** (*de molusco*) concha **2** (*nuez*) cáscara ➲ *Ver nota en* PEEL **3** (*huevo*) cascarón **4** (*tortuga, crustáceo, insecto*) caparazón **5** obús **6** (*barco*) casco **7** (*edificio*) armazón
▶ *vt* bombardear

**she'll** /ʃiːl/ = SHE WILL *Ver* WILL

**shellfish** /ʃelfɪʃ/ *n* (*pl* **shellfish**) **1** (*Zool*) crustáceo **2** (*como alimento*) marisco

🐑 **shelter** /ʃeltər/ *n* **1** ~ **(from sth)** (*protección*) abrigo, resguardo (contra algo): *to take shelter* refugiarse **2** (*lugar*) refugio
▶ **1** *vt* ~ **sth/sb (from sth/sb)** resguardar, abrigar algo/a algn (de algo/algn) **2** *vi* ~ **(from sth)** refugiarse, ponerse al abrigo (de algo)
**sheltered** *adj* **1** (*lugar*) abrigado **2** (*vida*) protegido

**shelve** /ʃelv/ *vt* archivar

**shelves** *plural de* SHELF

**shelving** /ʃelvɪŋ/ *n* [*incontable*] estantería

**shepherd** /ʃepərd/ *n* pastor

**sherry** /ʃeri/ *n* (*pl* **sherries**) jerez

**she's** /ʃiːz/ **1** = SHE IS *Ver* BE **2** = SHE HAS *Ver* HAVE

**shield** /ʃiːld/ *n* escudo
▶ *vt* ~ **sth/sb (from sth/sb)** proteger algo/a algn (contra algo/algn)

🐑 **shift** /ʃɪft/ *vt, vi* mover(se), cambiar de sitio: *I can't shift it.* No lo puedo mover.

◇ *She shifted uneasily in her seat.* Se movió inquietamente en su asiento.
▶ *n* **1** cambio: *a shift in public opinion* un cambio en la opinión pública **2** (*trabajo*) turno **3** (*tb* **shift key**) (*Informát*) tecla shift

**shifty** /ʃɪfti/ *adj* (*coloq*) sospechoso

**shimmer** /ʃɪmər/ *vi* **1** (*agua, seda*) brillar **2** (*luz*) resplandecer **3** (*luz en agua*) relucir

**shin** /ʃɪn/ *n* **1** espinilla **2** (*tb* **shin bone**) tibia

🐑 **shine** /ʃaɪn/ (*pt, pp* **shone** /ʃoʊn; *GB* ʃɒn/) **1** *vi* brillar: *His face shone with excitement.* Su cara irradiaba excitación. **2** *vt* (*linterna, etc.*) dirigir **3** ~ **(at/in sth)** brillar (en algo): *She's always shone at languages.* Siempre se le han dado muy bien los idiomas.
▶ *n* brillo

**shingle** /ʃɪŋgl/ *n* **1** (*tejado*) tejamanil **2** [*incontable*] guijarros (*en la playa*)

**shiny** /ʃaɪni/ *adj* (**shinier, -iest**) brillante, reluciente

🐑 **ship** /ʃɪp/ *n* barco, buque: *The captain went on board ship.* El capitán subió al barco. ◇ *to launch a ship* botar un barco ◇ *a merchant ship* un buque mercante ➲ *Ver nota en* BOAT
▶ *vt* (**-pp-**) enviar (*esp por vía marítima*)

**shipbuilding** /ʃɪpbɪldɪŋ/ *n* construcción naval

**shipment** /ʃɪpmənt/ *n* cargamento

**shipping** /ʃɪpɪŋ/ *n* [*incontable*] **1** embarcaciones, buques: *shipping lane/route* vía/ruta de navegación **2** envío, entrega

**shipwreck** /ʃɪprek/ *n* naufragio
▶ *vt* **be shipwrecked** naufragar

🐑 **shirt** /ʃɜːrt/ *n* camisa

**shiver** /ʃɪvər/ *vi* **1** ~ **(with sth)** temblar (de algo) **2** estremecerse
▶ *n* escalofrío

**shoal** /ʃoʊl/ *n* banco (*de peces*)

🐑 **shock** /ʃɑk/ *n* **1** conmoción **2** (*tb* **electric shock**) descarga eléctrica **3** [*incontable*] (*Med*) shock
▶ **1** *vt* conmover, trastornar **2** *vt, vi* escandalizarse

🐑 **shocking** /ʃɑkɪŋ/ *adj* **1** (*noticia, crimen, etc.*) espantoso **2** (*comportamiento*) escandaloso **3** (*esp GB, coloq*) horrible, malísimo

**shoddy** /ʃɑdi/ *adj* (**shoddier, -iest**) **1** (*producto*) de baja calidad **2** (*trabajo*) mal hecho

🐑 **shoe** /ʃuː/ *n* zapato: *What shoe size do you wear?* ¿Qué número de zapato

usas? ◇ **shoe shop** zapatería ◇ **shoe pol-ish** betún ➔ *Ver nota en* PAIR
▸ *vt* (*pt, pp* **shod** /ʃɒd/) (*caballo*) herrar

**shoestring** /'ʃuːstrɪŋ/ (*tb* **shoelace** /'ʃuːleɪs/) *n* agujeta LOC **on a shoestring** (*coloq*) con escasos medios

**shone** *pt, pp de* SHINE

**shook** *pt de* SHAKE

**shoot** /ʃuːt/ (*pt, pp* **shot** /ʃɒt/) **1** *vt, vi* ~ **(sth) (at sth/sb)** disparar (algo) (a algo/contra algn): *She was shot in the leg.* Recibió un disparo en la pierna. ◇ *to shoot sb dead* matar (a tiros) a algn ◇ *to shoot rabbits* cazar conejos **2** *vt* fusilar **3** *vt* (*mirada*) lanzar **4** *vt* (*película*) rodar **5** *vi* ~ **along, past, out, etc.** ir, pasar, salir, etc., volando **6** *vi* (*Dep*) chutar PHRV **shoot sb down** matar a algn (a tiros) **shoot sth down** derribar algo (a tiros) **shoot up 1** (*precios*) dispararse **2** (*planta*) crecer rápidamente **3** (*niño*) estirarse
▸ *n* (*Bot*) brote

**shop** /ʃɒp/ *n* **1** (*esp GB*) (*tb esp USA* **store**) tienda: *a clothes shop* una tienda de ropa ◇ *I'm going to the shops.* Voy a hacer las compras. ➔ *Ver nota en* TIENDA **2** *Ver* WORKSHOP LOC *Ver* TALK
▸ *vi* (**-pp-**) ir de compras, hacer compras: *to shop for sth* buscar algo (en las tiendas) PHRV **shop around (for sth)** comparar precios (de algo)

**shop assistant** (*GB*) (*USA* **salesclerk**) *n* dependiente, -a (*de una tienda*)

**shopkeeper** /'ʃɒpkiːpər/ (*USA tb* **store owner**) *n* tendero, -a

**shoplifter** /'ʃɒplɪftər/ *n* ladrón, -ona ➔ *Ver notas en* THEFT *y* THIEF

**shoplifting** /'ʃɒplɪftɪŋ/ *n* [*incontable*] hurto (*en una tienda*): *She was charged with shoplifting.* La acusaron de haberse llevado cosas sin pagar en una tienda.

**shopper** /'ʃɒpər/ *n* comprador, -ora

**shopping** /'ʃɒpɪŋ/ *n* [*incontable*] compra(s): *to do the shopping* hacer las compras ◇ *She's gone shopping.* Fue de compras. ◇ *shopping bag* bolsa de compras

**shopping center** (*GB* **shopping centre**) (*tb* **shopping mall**) *n* centro comercial

**shore** /ʃɔːr/ *n* **1** costa: *to go on shore* desembarcar **2** orilla (*de mar, lago*): *on the shore(s) of Loch Ness* a orillas del Lago Ness ➔ *Comparar con* BANK²

**shorn** *pp de* SHEAR

**short** /ʃɔːrt/ *adj* (**shorter, -est**) **1** (*tiempo, distancia, pelo, vestido*) corto: *I was only there for a short while.* Sólo estuve allí

un rato. ◇ *a short time ago* hace poco **2** (*persona*) bajo **3** ~ **(of sth)** escaso de algo: *Water is short.* Hay escasez de agua. ◇ *I'm a little short on time just now.* Ando un poco justo de tiempo en estos momentos. ◇ *I'm five dollars short.* Me faltan cinco dólares. **4** ~ **for sth**: *Ben is short for Benjamin.* Ben es el diminutivo de Benjamin. LOC *Ver* SUPPLY, TEMPER, TERM
▸ *adv* LOC *Ver* CUT, FALL
▸ *n* (*Cine*) corto LOC **for short** para abreviar: *He's called Ben for short.* Lo llamamos Ben para abreviar. **in short** resumiendo

**shortage** /'ʃɔːrtɪdʒ/ *n* escasez

**short-circuit** /ˌʃɔːrt 'sɜːrkɪt/ (*tb coloq* **short**) **1** *vi* tener un cortocircuito **2** *vt* causar un cortocircuito en
▸ *n* (*tb coloq* **short**) cortocircuito

**shortcoming** /'ʃɔːrtkʌmɪŋ/ *n* [*gen pl*] deficiencia

**short cut** *n* atajo: *He took a short cut through the park.* Tomó un atajo por el parque.

**shorten** /'ʃɔːrtn/ *vt, vi* acortar(se)

**shorthand** /'ʃɔːrthænd/ *n* taquigrafía

**shortlist** /'ʃɔːrtlɪst/ *n* lista final de candidatos

**short-lived** /ˌʃɔːrt 'lɪvd, 'laɪvd/ *adj* efímero

**shortly** /'ʃɔːrtli/ *adv* **1** poco: *shortly afterward* poco después **2** dentro de poco

**shorts** /ʃɔːrts/ *n* [*pl*] **1** pantalón corto **2** calzoncillos ➔ *Ver notas en* PAIR *y* PANTALÓN

**short-sighted** /ˌʃɔːrt 'saɪtɪd/ *adj* **1** (*esp GB*) (*USA* **nearsighted**) miope **2** (*fig*) imprudente

**short-term** /ˌʃɔːrt 'tɜːrm/ *adj* a corto plazo: *short-term plans* planes a corto plazo

**shot** /ʃɒt/ *n* **1** ~ **(at sth/sb)** disparo (a/contra algo/algn) **2** (*coloq*) intento: *to have a shot at (doing) sth* intentar con algo/intentar hacer algo **3** foto **4** (*coloq*) pico **5** (*Dep*) golpe **6** (*Fútbol*) tiro **7** (*Dep*): *to put the shot* lanzar la bala LOC *Ver* BIG; *Ver tb* SHOOT

**shotgun** /'ʃɒtɡʌn/ *n* escopeta

**the shot put** *n* [*sing*] (*Dep*) lanzamiento de bala

**should** /ʃəd, ʃʊd/ *v modal* (*neg* **should not** *o* **shouldn't** /'ʃʊdnt/)

**Should** es un verbo modal al que sigue un infinitivo sin **to**, y las oraciones interrogativas y negativas se construyen sin el auxiliar **do**. ➔ *Ver tb* pág 306

**1** (*sugerencias, consejos*) deber: *You shouldn't drink and drive.* No deberías manejar si has bebido. ➔ *Comparar con* MUST **2** (*probabilidad*) deber de: *They should be there by now.* Ya deben de haber llegado. **3** *How should I know?* ¿Y yo qué sé? **4** (*GB* **shall**): *Should we pick you up?* ¿Te vamos a buscar?

**‽ shoulder** /ˈʃoʊldər/ *n* hombro LOC *Ver* CHIP
▸ *vt* (*responsabilidad, culpa*) cargar con

**shoulder blade** *n* omóplato

**‽ shout** /ʃaʊt/ *vt, vi* ~ (**sth**) (**at/to sb**) gritar (algo) (a algn)

Cuando utilizamos **shout** con **at sb** tiene el sentido de *reñir*, pero cuando lo utilizamos con **to sb** tiene el sentido de *decir a gritos*: *Don't shout at him, he's only little.* No le grites, que es muy pequeño. ◊ *She shouted the number out to me from the car.* Me gritó el número desde el coche.

PHRV **shout sb down** callar a algn con abucheos
▸ *n* grito

**shove** /ʃʌv/ **1** *vt, vi* empujar **2** *vt* (*coloq*) meter
▸ *n* [*gen sing*] empujón

**shovel** /ˈʃʌvl/ *n* pala
▸ *vt* (**-l-,** *GB* **-ll-**) remover con una pala

**‽ show** /ʃoʊ/ (*pt* **showed,** *pp* **shown** /ʃoʊn/o **showed**) **1** *vt* mostrar, enseñar **2** *vt* demostrar **3** *vi* verse, notarse **4** *vt* (*película*) proyectar **5** *vt* (*Arte*) exponer LOC *Ver* ROPE PHRV **show off** (*coloq, pey*) presumir (delante de algn) **show sth/sb off 1** lucir algo/a algn **2** presumir de algo/algn **show up** (*coloq*) presentarse **show sb up** (*GB, coloq*) avergonzar a algn
▸ *n* **1** espectáculo, función: *TV show* programa de televisión **2** exposición, feria **3** demostración, alarde: *a show of force* una demostración de fuerza ◊ *to make a show of sth* hacer alarde de algo LOC **for show** (*comportamiento*) para impresionar **on show** expuesto

**show business** (*tb coloq* **showbiz** /ˈʃoʊbɪz/) *n* mundo del espectáculo

**showdown** /ˈʃoʊdaʊn/ *n* enfrentamiento decisivo

**‽ shower** /ˈʃaʊər/ *n* **1** regadera: *to take a shower* bañarse **2** chubasco, chaparrón **3** ~ (**of sth**) (*fig*) lluvia (de algo) **4** fiesta donde se dan regalos a la futura mamá
▸ **1** *vt* ~ **sb with sth** (*regalos, etc.*) colmar a algn de algo **2** *vi* ducharse

**showing** /ˈʃoʊɪŋ/ *n* **1** (*Cine*) función **2** actuación

**shown** *pp de* SHOW

---

**showroom** /ˈʃoʊruːm, -rʊm/ *n* sala de exposición

**shrank** *pt de* SHRINK

**shrapnel** /ˈʃræpnəl/ *n* metralla

**shred** /ʃred/ *n* **1** (*de papel, verduras*) tira **2** (*de tela*) jirón **3** ~ **of sth** (*fig*) pizca de algo
▸ *vt* (**-dd-**) hacer tiras, desmenuzar

**shrewd** /ʃruːd/ *adj* (**shrewder, -est**) **1** astuto, perspicaz **2** (*decisión*) inteligente, acertado

**shriek** /ʃriːk/ **1** *vi* ~ (**with sth**) gritar, chillar (de algo): *to shriek with laughter* reírse a carcajadas **2** *vt, vi* ~ (**sth**) (**at sb**) gritar (algo) (a algn)
▸ *n* chillido

**shrill** /ʃrɪl/ *adj* (**shriller, -est**) **1** agudo, chillón **2** (*protesta, etc.*) estridente

**shrimp** /ʃrɪmp/ *n* (**shrimps** o **shrimp**) camarón

**shrine** /ʃraɪn/ *n* **1** santuario **2** sepulcro

**shrink** /ʃrɪŋk/ *vt, vi* (*pt* **shrank** /ʃræŋk/o **shrunk** /ʃrʌŋk/ *pp* **shrunk**) encoger(se), reducir(se) PHRV **shrink from sth** vacilar ante algo/en hacer algo

**shrivel** /ˈʃrɪvl/ *vt, vi* (**-l-,** *GB* **-ll-**) ~ (**sth**) (**up**) **1** secar algo, secarse **2** arrugar algo, arrugarse, marchitarse

**shroud** /ʃraʊd/ *n* **1** sudario **2** ~ (**of sth**) (*formal*) (*fig*) manto, velo (de algo)
▸ *vt* ~ **sth in sth** envolver algo de algo: *shrouded in secrecy* rodeado del mayor secreto

**shrub** /ʃrʌb/ *n* arbusto pequeño (*de ornato*) ➔ *Comparar con* BUSH

**shrug** /ʃrʌg/ *vt, vi* (**-gg-**) ~ (**your shoulders**) encogerse de hombros PHRV **shrug sth off** no dar importancia a algo
▸ *n* encogimiento de hombros

**shrunk** *pt, pp de* SHRINK

**shudder** /ˈʃʌdər/ *vi* **1** ~ (**with/at sth**) estremecerse (de/ante algo) **2** dar sacudidas
▸ *n* **1** estremecimiento, escalofrío **2** sacudida

**shuffle** /ˈʃʌfl/ **1** *vi* ~ (**along**) caminar arrastrando los pies **2** *vt* ~ **your feet** arrastrar los pies **3** *vt, vi* (*cartas*) barajar

**shun** /ʃʌn/ *vt* (**-nn-**) evitar, rehuir

**‽ shut** /ʃʌt/ *vt, vi* (**-tt-**) (*pt, pp* **shut**) PHRV cerrar(se) LOC *Ver* CLICK PHRV **shut sth/ sb away** encerrar algo/a algn **shut (sth) down** cerrar (algo) **shut sth in** machucar(se) algo con algo **shut sth off** (*suministro*) cortar algo **shut sth/sb/yourself off (from sth)** aislar algo/a algn/aislarse (de algo) **shut sth/sb out (of sth) 1** excluir algo/a algn (de algo) **2** no

---

i: see    ɪ sit    e ten    æ cat    ɑ hot    ɔ: saw    ʌ cup    ʊ put    u: too

dejar que algo/algn entre (en algo) **shut up** (coloq) callarse **shut sb up** (coloq) hacer callar a algn **shut sth up** cerrar algo **shut sth/sb up (in sth)** encerrar algo/a algn (en algo)
▸ adj [nunca antes de sustantivo] cerrado: *The door was shut.* La puerta estaba cerrada.

**shutter** /'ʃʌtər/ n **1** contraventana **2** (Fot) obturador

**shuttle** /'ʃʌtl/ n **1** puente (aéreo): *shuttle service* servicio de enlace **2** (tb **space shuttle**) transbordador espacial

ℚ **shy** /ʃaɪ/ adj (**shyer, -est**) tímido: *to be shy of sth/sb* asustarle a uno algo/algn
▸ vi (pt, pp **shied** /ʃaɪd/) **PHRV shy away from sth** rehuir algo (por timidez o miedo) **shyness** n timidez

ℚ **sick** /sɪk/ adj **1** (GB tb **ill**) enfermo: *to be out sick* estar enfermo ➲ *Ver nota en* ENFERMO **2** mareado **3** ~ **of sth/sb/doing sth** (coloq) harto de algo/algn/hacer algo **4** (coloq) morboso **LOC be sick** vomitar **make sb sick** (fig) poner a algn enfermo: *His attitude makes me sick.* Me enferma su actitud. **sick to death of sth; sick and tired of sth/sb** (coloq) hasta la coronilla de algo/algn
▸ n [incontable] (GB, coloq) vómito **sicken** vt dar asco a **sickening** adj **1** repugnante **2** (esp GB, coloq) chocante, irritante

**sickly** /'sɪkli/ adj **1** enfermizo **2** (gusto, olor) empalagoso

**sickness** /'sɪknəs/ n **1** enfermedad **2** náuseas

ℚ **side** /saɪd/ n **1** cara: *on the other side* al revés **2** lado: *to sit at/by sb's side* sentarse al lado de algn **3** (de persona, casa) costado: *a side door* una puerta lateral **4** (de animal) flanco **5** (de montaña) ladera **6** (de lago) orilla **7** parte: *to change sides* pasarse al otro bando ◊ *to be on our side* ser de los nuestros ◊ *Whose side are you on?* ¿De qué lado estás tú? **8** aspecto: *the different sides of a question* los distintos aspectos de un tema **9** (GB) (USA **team**) (Dep) equipo **LOC get on the right/wrong side of sb** caer bien/mal a algn **on/from all sides/every side** por/de todos lados, por/de todas partes **put sth on/to one side** dejar algo a un lado **side by side** uno al lado del otro **take sides (with sb)** tomar partido (con algn) **LOC** *Ver* LOOK, SAFE
▸ v **PHRV side with sb (against sb)** ponerse del lado de algn (contra algn)

**sideboard** /'saɪdbɔːrd/ n aparador

**sideburns** /'saɪdbɜːrnz/ (GB tb **sideboards**) n [pl] patillas

ℚ **side effect** n efecto secundario

**side street** n bocacalle

**sidetrack** /'saɪdtræk/ vt desviar

**sidewalk** /'saɪdwɔːk/ (GB **pavement**) n banqueta

ℚ **sideways** /'saɪdweɪz/ adv, adj **1** de/hacia un lado **2** (mirada) de reojo

**siege** /siːdʒ/ n **1** sitio **2** cerco policial

**sieve** /sɪv/ n (Cocina) coladera
▸ vt cernir, colar

**sift** /sɪft/ **1** vt cernir, colar **2** vt, vi ~ **(through) sth** (fig) examinar algo cuidadosamente

**sigh** /saɪ/ vi suspirar
▸ n suspiro

ℚ **sight** /saɪt/ n **1** vista: *to have poor sight* tener mala vista **2 the sights** [pl] los lugares de interés **LOC** **in sight** a la vista **lose sight of sth/sb** perder algo/a algn de vista: *We must not lose sight of the fact that…* Debemos tener presente el hecho de que… **out of sight, out of mind** ojos que no ven, corazón que no siente *Ver tb* CATCH, PRETTY

**sightseeing** /'saɪtsiːɪŋ/ n turismo

ℚ **sign** /saɪn/ n **1** signo: *the signs of the Zodiac* los signos del Zodiaco **2** (tráfico) señal, letrero **3** señal: *to make a sign at sb* hacerle una señal a algn **4** ~ **(of sth)** señal, indicio (de algo): *a good/bad sign* una buena/mala señal ◊ *There are signs that…* Hay indicios de que… **5** ~ **(of sth)** (Med) síntoma (de algo)
▸ vt, vi firmar **PHRV sign sb up 1** contratar a algn **2** (Dep) fichar a algn **sign up (for sth) 1** inscribirse (en algo) **2** hacerse socio de algo

ℚ **signal** /'sɪɡnəl/ n señal *Ver tb* TURN SIGNAL
▸ (-l-, GB -ll-) **1** vt, vi hacer señas (a): *to signal (to) sb to do sth* hacer señas a algn para que haga algo **2** vt mostrar: *to signal your discontent* dar muestras de descontento

ℚ **signature** /'sɪɡnətʃər/ n firma

**significance** /sɪɡ'nɪfɪkənt/ n **1** importancia **2** significado

ℚ **significant** /sɪɡ'nɪfɪkənt/ adj significativo

**signify** /'sɪɡnɪfaɪ/ vt (pt, pp **-fied**) (formal) **1** significar **2** indicar

**sign language** n lenguaje por señas

**signpost** /'saɪnpoʊst/ n poste indicador

ℚ **silence** /'saɪləns/ n, interj silencio
▸ vt callar

**silencer** /'saɪlənsər/ n (USA **muffler**) n mofle

ℚ **silent** /'saɪlənt/ adj **1** silencioso **2** callado **3** (letra, película) mudo

**silhouette**/ˌsɪluˈet/ n silueta
▸ vt **be silhouetted (against sth)** dibujarse (sobre algo)

**silk**/sɪlk/ n seda **silky** adj sedoso

**sill**/sɪl/ n alféizar

**silly**/ˈsɪli/ adj (**sillier, -iest**) **1** tonto: *That was a very silly thing to say.* Vaya tontería que has dicho. ➔ *Ver nota en* TONTO **2** ridículo: *to feel/look silly* sentirse/parecer ridículo

**silver**/ˈsɪlvər/ n **1** plata: *silver-plated* con baño de plata **2** [incontable] cambio **3** [incontable] (cubiertos de) plata
**LOC** *Ver* ANNIVERSARY
▸ adj **1** de plata **2** (color) plateado

**silverware**/ˈsɪlvərweər/ (GB **cutlery**) n [incontable] cubiertos

**silvery**/ˈsɪlvəri/ adj plateado

**similar**/ˈsɪmələr/ adj ~ **(to sth/sb)** parecido (a algo/algn) **similarity**/ˌsɪmə-ˈlærəti/ n (pl **similarities**) similitud, semejanza

**similarly**/ˈsɪmələrli/ adv **1** de forma parecida **2** (también) del mismo modo, igualmente

**simile**/ˈsɪməli/ n símil

**simmer**/ˈsɪmər/ vt, vi hervir a fuego lento

**simple**/ˈsɪmpl/ adj (**simpler, -est**) **1** sencillo, simple **2** fácil **3** (persona) tonto, lento

**simplicity**/sɪmˈplɪsəti/ n sencillez

**simplify**/ˈsɪmplɪfaɪ/ vt (pt, pp **-fied**) simplificar

**simplistic**/sɪmˈplɪstɪk/ adj (pey) simplista

**simply**/ˈsɪmpli/ adv **1** sencillamente, simplemente **2** de manera sencilla, modestamente **3** tan sólo

**simulate**/ˈsɪmjuleɪt/ vt simular

**simultaneous**/ˌsaɪmlˈteɪniəs; GB ˌsɪm-/ adj ~ **(with sth)** simultáneo (a algo) **simultaneously** adv simultáneamente

**sin**/sɪn/ n pecado
▸ vi (**-nn-**) pecar

**since**/sɪns/ prep desde (que): *It was the first time they'd won since 1974.* Era la primera vez que ganaban desde 1974.

Tanto **since** como **from** se traducen por *desde* y se usan para especificar el punto de partida de la acción del verbo. **Since** se usa cuando la acción se extiende en el tiempo hasta el momento presente: *She has been here since three.* Ha estado aquí desde las tres. **From** se usa cuando la acción ya ha terminado o no ha empezado todavía: *I was there from three until four.* Estuve allí desde las tres hasta

| 605 | **sink** |

las cuatro. ◊ *I'll be there from three.* Estaré allí a partir de las tres. ➔ *Ver tb nota en* FOR

▸ conj **1** desde (que): *How long has it been since we visited your mother?* ¿Cuánto hace desde que visitamos a tu madre? **2** puesto que
▸ adv desde entonces: *We haven't heard from him since.* No hemos sabido nada desde entonces.

**sincere**/sɪnˈsɪər/ adj sincero

**sincerely**/sɪnˈsɪərli/ adv sinceramente
**LOC Sincerely (yours)** (GB **Yours sincerely**) Le saluda atentamente

En Gran Bretaña se considera más correcto usar **Yours faithfully** para cartas que no empiezan con el nombre de la persona, sino con **Dear Sir/Madam**. ➔ *Ver tb pág 310*

**sincerity**/sɪnˈserəti/ n sinceridad

**sinful**/ˈsɪnfl/ adj **1** pecador **2** pecaminoso

**sing**/sɪŋ/ vt, vi (pt **sang** /sæŋ/ pp **sung** /sʌŋ/) ~ **(sth) (for/to sb)** cantar (algo) (a algn)

**singer**/ˈsɪŋər/ n cantante

**singing**/ˈsɪŋɪŋ/ n canto, cantar

**single**/ˈsɪŋgl/ adj **1** solo, único: *every single day* cada día **2** soltero: *single parent* madre soltera/padre soltero **3** (cama, habitación) individual **4** (GB, tb USA **one-way**) (boleto) de ida **LOC** *Ver* BLOW
▸ n **1** (CD, etc.) sencillo **2** singles [incontable] (Dep) individuales **3** (GB) (USA **one-way ticket**) boleto de ida
▸ v **PHRV** **single sth/sb out (for/as sth)** elegir algo/a algn (para/como algo)

**single-handedly**/ˌsɪŋgl ˈhændɪdli/ (tb **single-handed**) adv sin ayuda

**single-minded**/ˌsɪŋgl ˈmaɪndɪd/ adj decidido, resuelto

**singular**/ˈsɪŋgjələr/ adj **1** (Gram) singular **2** (formal) extraordinario, singular
▸ n: *in the singular* en singular

**sinister**/ˈsɪnɪstər/ adj siniestro

**sink**/sɪŋk/ (pt **sank** /sæŋk/ pp **sunk** /sʌŋk/) **1** vt, vi hundir(se) **2** vi bajar **3** vi (sol) ocultarse **4** vt (planes) echar a perder **LOC** **be sunk in sth** estar sumido en algo *Ver tb* HEART **PHRV** **sink in 1** (líquido) absorberse **2** (idea) ser asimilado: *It hasn't sunk in yet that…* Todavía no me he hecho a la idea de que… **sink into sth 1** (líquido) penetrar en algo **2** sumirse en algo (depresión,

*sueño, etc.)* **sink sth into sth** clavar algo en algo *(dientes, puñal, etc.)*
▶ *n* **1** *(GB* **washbasin***)* lavabo **2** *(tb* **kitchen sink***)* fregadero

**sinus** /ˈsaɪnəs/ *n* seno *(de hueso)*

**sip** /sɪp/ *vt, vi* (**-pp-**) beber a sorbos
▶ *n* sorbo

**sir** /sɜːr, sər/ *n* **1** *Yes, sir.* Sí, señor. **2 Dear Sir** *(en cartas)* Estimado Señor **3 Sir** *(GB)*: *Sir Paul McCartney*

**siren** /ˈsaɪrən/ *n* sirena *(de policía, ambulancia)*

**sister** /ˈsɪstər/ *n* **1** hermana **2 Sister** *(Relig)* hermana **3** *(GB, Med)* enfermera jefe **4** *sister ship* barco gemelo ◊ *sister organization* organización hermana

**sister-in-law** /ˈsɪstər ɪn lɔː/ *n (pl* **sisters-in-law***)* cuñada

**sit** /sɪt/ (**-tt-**) *(pt, pp* **sat** /sæt/*)* **1** *vi* sentarse, tomar asiento, estar sentado **2** *vt* ~ **sb (down)** (hacer) sentar a algn **3** *vi* ~ **in/on sth** *(comité, etc.)* formar parte de algo **4** *vi (parlamento)* permanecer en sesión **5** *vi (objeto)* estar **6** *vt (GB) (USA* **take***) (examen)* presentarse a **PHRV** **sit around** esperar sentado: *to sit around doing nothing* pasarse el día sin hacer nada **sit back** ponerse cómodo **sit (yourself) down** sentarse, tomar asiento **sit for sb** *(Arte)* posar para algn **sit up 1** incorporarse **2** quedarse levantado

**site** /saɪt/ *n* **1** emplazamiento: *construction site* solar de construcción **2** *(de suceso)* lugar **3** *(Internet)* sitio web

**sitting** /ˈsɪtɪŋ/ *n* **1** sesión **2** *(para comer)* tanda

**sitting room** *n (esp GB)* sala

**situated** /ˈsɪtʃueɪtɪd/ *adj* situado, ubicado

**situation** /ˌsɪtʃuˈeɪʃn/ *n* situación

**six** /sɪks/ *adj, pron, n* seis ➜ *Ver ejemplos en* FIVE

**six-pack** /ˈsɪks pæk/ *n* **1** paquete de seis unidades *(cervezas o refrescos)* **2** *(coloq)* estómago de lavadero

**sixteen** /ˌsɪksˈtiːn/ *adj, pron, n* dieciséis ➜ *Ver ejemplos en* FIVE **sixteenth 1** *adj, adv, pron* decimosexto **2** *n* dieciseisava parte, dieciseisavo ➜ *Ver ejemplos en* FIFTH

**sixth** /sɪksθ/ **1** *adj, adv, pron* sexto **2** *n* sexta parte, sexto ➜ *Ver ejemplos en* FIFTH

**sixth form** *n (GB)* preparatoria

**sixty** /ˈsɪksti/ *adj, pron, n* sesenta ➜ *Ver ejemplos en* FIFTY, FIVE **sixtieth 1** *adj, adv, pron* sexagésimo **2** *n* sesentava parte, sesentavo ➜ *Ver ejemplos en* FIFTH

**size** /saɪz/ *n* **1** tamaño **2** *(ropa, calzado)* talla: *I wear size seven.* Calzo del (número) siete.
▶ *v* **PHRV** **size sth/sb up** *(coloq)* calibrar algo/a algn: *She sized him up immediately.* Lo caló enseguida.
**sizeable** *(tb* **sizable***) adj* considerable

**skate** /skeɪt/ *n* patín *Ver tb* ICE SKATE, ROLLER SKATE ➜ *Ver dibujo en* PATÍN
▶ *vi* patinar

**skateboard** /ˈskeɪtbɔːrd/ *n* patineta

**skater** /ˈskeɪtər/ *n* patinador, -ora

**skating** /ˈskeɪtɪŋ/ *n* patinaje

**skeleton** /ˈskelɪtn/ *n* **1** esqueleto **2** *skeleton staff/service* personal/servicio mínimo ◊ *skeleton key* llave maestra

**skeptic** *(GB* **sceptic***)* /ˈskeptɪk/ *n* escéptico, -a

**skeptical** *(GB* **sceptical***)* /ˈskeptɪkl/ *adj* ~ **(about/of sth)** escéptico (acerca de algo)

**skepticism** *(GB* **scepticism***)* /ˈskeptɪsɪzəm/ *n* escepticismo

**sketch** /sketʃ/ *n* **1** esbozo **2** *(Teat)* sketch
▶ *vt, vi* esbozar

**sketchy** *adj* (**sketchier, -iest**) superficial, vago

**ski** /skiː/ *vi (pt, pp* **skied***, part pres* **skiing***)* esquiar
▶ *n* esquí

**skid** /skɪd/ *vi* (**-dd-**) **1** *(coche)* derrapar **2** *(persona)* resbalar
▶ *n* derrape

**skies** *plural de* SKY

**skiing** /ˈskiːɪŋ/ *n* esquí: *to go skiing* ir a esquiar

**skill** /skɪl/ *n* **1** ~ **(at/in sth/doing sth)** habilidad *(para algo/hacer algo)* **2** destreza

**skilled** /skɪld/ *adj* ~ **(at/in sth/doing sth)** hábil *(para algo/hacer algo)*, experto *(en algo/hacer algo)*: *skilled work/ worker* trabajo/trabajador especializado

**skillet** /ˈskɪlɪt/ *(GB* **frying pan***) n* sartén

**skillful** *(GB* **skilful***)* /ˈskɪlfl/ *adj* **1** ~ **(at/in sth/doing sth)** hábil *(para algo/hacer algo)* **2** *(jugador, pintor, etc.)* diestro

**skim** /skɪm/ (**-mm-**) **1** *vt* descremar, espumar **2** *vt* pasar casi rozando **3** *vt, vi* ~ **(through/over) sth** leer algo por encima

**skim milk** *(GB* **skimmed milk***) n* leche descremada

**skin** /skɪn/ *n* **1** *(de animal, persona)* piel **2** *(de fruta, embutidos)* piel, cáscara ➜ *Ver nota en* PEEL **3** *(de leche)* nata **LOC by the skin of your teeth** *(coloq)* por un pelo
▶ *vt* (**-nn-**) despellejar

**skinhead** /'skɪnhed/ n cabeza rapada

**skinny** /'skɪni/ adj (**skinnier**, **-iest**) (coloq, gen pey) flaco ⊃ Ver nota en DELGADO

**skip** /skɪp/ (**-pp-**) **1** vi brincar **2** vi (USA **jump**) saltar la cuerda: skipping rope la cuerda **3** vt (página, etc.) saltarse **4** vt (clase) volarse
▶ n brinco

**skipper** /'skɪpər/ n (coloq) capitán, -ana (de barco)

**skirmish** /'skɜːrmɪʃ/ n escaramuza

**♀ skirt** /skɜːrt/ n falda
▶ vt, vi ~ (**around**) sth **1** bordear algo **2** (tema) soslayar algo

**skull** /skʌl/ n calavera, cráneo

**skunk** /skʌŋk/ n zorrillo

**♀ sky** /skaɪ/ n (pl **skies**) cielo: sky-high por las nubes

**skylight** /'skaɪlaɪt/ n claraboya

**skyline** /'skaɪlaɪn/ n línea del horizonte (esp en una ciudad)

**skyscraper** /'skaɪskreɪpər/ n rascacielos

**slab** /slæb/ n **1** (mármol) losa **2** (concreto) bloque **3** (chocolate) tableta

**slack** /slæk/ adj (**slacker**, **-est**) **1** flojo **2** (persona) descuidado

**slacken** /'slækən/ vt, vi aflojar

**slain** pp de SLAY

**slam** /slæm/ (**-mm-**) **1** vt, vi ~ (sth) (**to/shut**) cerrar algo, cerrarse (de golpe) **2** vt arrojar, tirar (de golpe) **3** vt: to slam on your brakes frenar de golpe **4** vt (criticar) vapulear

**slander** /'slændər/; GB 'slɑːn-/ n calumnia
▶ vt calumniar

**slang** /slæŋ/ n argot

**slant** /slænt; GB slɑːnt/ **1** vt, vi inclinar(se), ladear(se) **2** vt presentar de forma subjetiva
▶ n **1** inclinación **2** ~ (**on sth**) (perspectiva) sesgo (en algo)

**slap** /slæp/ vt (**-pp-**) **1** (cara) cachetear **2** (espalda) dar palmadas en **3** arrojar, tirar, dejar caer (con un golpe)
▶ n **1** (cara) bofetada, cachetada **2** (espalda) palmada
▶ adv (coloq) de lleno: slap in the middle justo en medio

**slash** /slæʃ/ vt **1** cortar **2** destrozar a navajazos (ruedas, pinturas, etc.) **3** (precios, etc.) aplastar
▶ n **1** navajazo, cuchillada **2** tajo, corte **3** (Informát) barra diagonal ⊃ Ver pág 308 y comparar con BACKSLASH

**slate** /sleɪt/ n **1** pizarra **2** teja (de pizarra)

**slaughter** /'slɔːtər/ n **1** (animales) matanza **2** (personas) masacre
▶ vt **1** sacrificar (en matadero) **2** masacrar **3** (coloq) (esp Dep) dar una paliza a

**slave** /sleɪv/ n ~ (**of/to sth/sb**) esclavo, -a (de algo/algn)
▶ vi ~ (**away**) (**at sth**) matarse a trabajar (en algo)

**slavery** /'sleɪvəri/ n esclavitud

**slay** /sleɪ/ vt (pt **slew** /sluː/ pp **slain** /sleɪn/) matar (violentamente) ❶ En inglés británico, el verbo **slay** es anticuado o muy formal.

**sleazy** /'sliːzi/ adj (**sleazier**, **-iest**) (coloq) sórdido

**sled** /sled/ (GB tb **sledge** /sledʒ/) n trineo (de nieve)

**sleek** /sliːk/ adj (**sleeker**, **-est**) lustroso

**♀ sleep** /sliːp/ (pt, pp **slept** /slept/) **1** vi dormir: sleeping bag bolsa de dormir ◇ sleeping pill pastilla para dormir **2** vt albergar, tener camas para PHRV **sleep in** (coloq) quedarse en la cama **sleep off** dormir para recuperarse de algo: to sleep it off dormirla **sleep on sth** (coloq) consultar algo con la almohada **sleep through sth** no ser despertado por algo **sleep with sb** acostarse con algn
▶ n **1** [incontable] sueño **2** Did you have a good sleep? ¿Dormiste bien? LOC **go to sleep** dormirse

**sleeper** /'sliːpər/ n **1** durmiente: to be a heavy/light sleeper tener el sueño pesado/ligero **2** (tb **sleeping car**) (en el tren) coche cama

**sleepless** /'sliːpləs/ adj en vela

**sleepwalker** /'sliːpwɔːkər/ n sonámbulo, -a

**sleepy** /'sliːpi/ adj (**sleepier**, **-iest**) **1** somnoliento **2** (lugar) tranquilo LOC **be sleepy** tener sueño

**sleet** /sliːt/ n aguanieve

**♀ sleeve** /sliːv/ n **1** manga **2** (de CD, disco) cubierta, funda LOC **have/keep sth up your sleeve** tener algo guardado bajo la manga **sleeveless** adj sin mangas

**sleigh** /sleɪ/ n trineo (de caballos)

**slender** /'slendər/ adj (**slenderer**, **-est**) **1** delgado **2** (persona) esbelto **3** escaso

**slept** pt, pp de SLEEP

**slew** pt de SLAY

**♀ slice** /slaɪs/ n **1** (pan) rebanada ⊃ Ver dibujo en PAN **2** (fruta) rodaja **3** (jamón) rebanada **4** (carne) pedazo **5** (coloq) porción
▶ **1** vt ~ sth (**up**) cortar algo (en rebanadas, etc.) **2** vi ~ **through/into sth** cortar algo limpiamente

| i: see | ɪ sit | e ten | æ cat | ɑ hot | ɔː saw | ʌ cup | ʊ put | uː too |

**slick** /slɪk/ adj (**slicker, -est**) **1** (*representación, campaña, etc.*) logrado, ingenioso **2** (*vendedor*) de mucha labia
▸ n (tb **oil slick**) mancha de petróleo, marea negra

ʔ **slide** /slaɪd/ (*pt, pp* **slid** /slɪd/) **1** *vi* resbalar, deslizarse **2** *vt* deslizar, correr
▸ n **1** caída **2** resbaladilla **3** diapositiva: *slide projector* proyector de diapositivas **4** (*microscopio*) portaobjetos

**sliding door** n puerta corrediza

ʔ **slight** /slaɪt/ adj (**slighter, -est**) **1** mínimo, ligero: *without the slightest difficulty* sin la menor dificultad **2** (*persona*) delgado, frágil **LOC** **not in the slightest** ni lo más mínimo

ʔ **slightly** /'slaɪtli/ adv ligeramente: *He's slightly better.* Está un poco mejor.

**slim** /slɪm/ adj (**slimmer, -est**) **1** (*persona*) delgado ➔ *Ver nota en* DELGADO **2** (*oportunidad, ventaja*) escaso **3** (*esperanza*) ligero
▸ *vi* (**-mm-**) ~ (**down**) (*esp GB*) adelgazar

**slime** /slaɪm/ n **1** cieno **2** baba **slimy** adj baboso, viscoso

**sling** /slɪŋ/ *vt* (*pt, pp* **slung** /slʌŋ/) **1** (*coloq*) lanzar (con fuerza) **2** colgar
▸ n cabestrillo

**slingshot** /'slɪŋʃɑt/ (*GB* **catapult**) n resortera

**slink** /slɪŋk/ *vi* (*pt, pp* **slunk** /slʌŋk/) deslizarse (*sigilosamente*): *to slink away* retirarse furtivamente

ʔ **slip** /slɪp/ (**-pp-**) **1** *vt, vi* resbalar, deslizar(se) **2** *vi* ~ **from/out of/through sth** escurrirse de/entre algo **3** *vt* poner, deslizar (*sin que se note*) **LOC** **let slip sth**: *I let it slip that I was married.* Se me salió que estaba casado. **slip your mind**: *It slipped my mind.* Se me olvidó. **PHRV** **slip away** escabullirse **slip sth off/on** quitarse/ponerse algo **slip out 1** salir un momento **2** escabullirse **3** *It just slipped out.* Se me salió. **slip up** (*coloq*) equivocarse
▸ n **1** resbalón **2** error, desliz **3** (*ropa*) fondo **4** (*de papel*) resguardo **LOC** **give sb the slip** (*coloq*) perder a algn, escaparse

**slipper** /'slɪpər/ n pantufla

**slippery** /'slɪpəri/ adj **1** (*suelo*) resbaladizo **2** (*pez, persona*) escurridizo

**slit** /slɪt/ n **1** ranura **2** (*en una falda*) abertura **3** corte **4** rendija, abertura
▸ *vt* (**-tt-**) (*pt, pp* **slit**) cortar: *to slit sb's throat* degollar a algn ◊ *to slit sth open* abrir algo con un cuchillo

**slither** /'slɪðər/ *vi* **1** deslizarse **2** resbalar, patinar

**sliver** /'slɪvər/ n **1** astilla **2** rodaja fina

**slob** /slɑb/ n (*coloq, pey*) **1** vago, -a **2** fachoso, -a

**slog** /slɑg/ *vi* (**-gg-**) (*coloq*) **1** ~ (**away**) (**at sth**) trabajar largo y duro (en algo) **2** caminar trabajosamente

**slogan** /'sloʊgən/ n slogan

**slop** /slɑp/ (**-pp-**) **1** *vt, vi* derramar(se) **2** *vt* echar

ʔ **slope** /sloʊp/ n **1** pendiente **2** (*Esquí*) pista
▸ *vi* tener una pendiente

**sloppy** /'slɑpi/ adj (**sloppier, -iest**) **1** descuidado, mal hecho **2** desaliñado **3** (*esp GB, coloq*) sensiblero

**slot** /slɑt/ n **1** ranura **2** puesto: *a ten-minute slot on TV* un espacio de diez minutos en la tele
▸ (**-tt-**) **1** *vt* ~ **sth in**; ~ **sth into sth** introducir, meter algo (en algo) **2** *vi* ~ (**in/together**) encajar

**slot machine** n máquina de monedas

ʔ **slow** /sloʊ/ adj (**slower, -est**) **1** lento: *We're making slow progress.* Estamos avanzando lentamente. **2** torpe: *He's a little slow.* Le cuesta entender las cosas. **3** (*negocio*) lento: *Business is awfully slow today.* El negocio anda bastante lento hoy. **4** (*reloj*) atrasado: *That clock is five minutes slow.* Ese reloj va cinco minutos atrasado. **LOC** **be slow to do sth/(in) doing sth** tardar en hacer algo **in slow motion** a/en cámara lenta
▸ adv (**slower, -est**) despacio
▸ **1** *vt* ~ **sth (down/up)** reducir la velocidad de algo: *to slow up the development of research* frenar el desarrollo de la investigación **2** *vi* ~ (**down/up**) reducir la velocidad, ir más despacio: *Production has slowed (down/up).* El ritmo de la producción ha disminuido.

**slowdown** /'sloʊdaʊn/ (*GB* **go-slow**) n huelga de celo

ʔ **slowly** /'sloʊli/ adv **1** despacio **2** poco a poco

**sludge** /slʌdʒ/ n **1** fango **2** sedimento

**slug** /slʌg/ n babosa **sluggish** adj **1** lento **2** aletargado **3** (*Econ*) flojo

**slum** /slʌm/ n **1** barrio bajo **2** (*fig*) pocilga

**slump** /slʌmp/ *vi* **1** ~ (**down**) desplomarse **2** (*Com*) sufrir un bajón
▸ n depresión, bajón

**slung** *pt, pp de* SLING

**slunk** *pt, pp de* SLINK

**slur** /slɜːr/ *vt* (**-rr-**) articular mal
▸ n calumnia

**slush** /slʌʃ/ n nieve derretida y sucia

**sly** /slaɪ/ adj **1** (*pey*) astuto **2** (*mirada*) furtivo

**smack** /smæk/ n golpe, manotazo

---

▶ vt dar un manotazo a **PHRV** **smack of sth** oler a algo (hipocresía, falsedad, etc.)

**small** /smɔːl/ adj (**smaller**, **-est**)
**1** pequeño: *a small number of people* unas pocas personas ◊ *small change* cambio ◊ *to make small talk* hablar de cosas sin importancia

**¿Small o little?**
**Small** suele utilizarse como el opuesto de **big** o **large** y puede ser modificado por adverbios: *Our house is smaller than yours.* Nuestra casa es más pequeña que la de ustedes. ◊ *I have a fairly small income.* Tengo unos ingresos bastante modestos. **Little** no suele ir acompañado de adverbios y a menudo va detrás de otro adjetivo: *He's a horrible little man.* Es un hombre horrible. ◊ *What a lovely little house!* ¡Qué casita tan encantadora!

**2** (letra) minúscula **LOC** **a small fortune** un dineral **it's a small world** (refrán) que pequeño es el mundo *Ver tb* PRINT

**smallpox** /'smɔːlpɒks/ n [incontable] viruela

**small-scale** /'smɔːl skeɪl/ adj a pequeña escala

**smart** /smɑːt/ adj (**smarter**, **-est**) **1** (GB tb **clever**) listo, astuto **2** (esp GB) (USA **sharp**) elegante, puesto **3** (bomba, tarjeta, etc.) inteligente
▶ vi arder

**smart card** n tarjeta inteligente

**smarten** /'smɑːtn/ v **PHRV** **smarten (sb/sth/yourself) up** (esp GB) arreglar a algn/algo, arreglarse, mejorar el aspecto de algo

**smash** /smæʃ/ **1** vt romper, destrozar **2** vi hacerse trizas **3** vt, vi ~ (sth) against, into, through, etc. estrellar algo, estrellarse contra algo **PHRV** **smash sth up** destrozar algo
▶ n **1** estrépito **2** (tb smash hit) exitazo **3** (GB) (USA **crash**) accidente de tráfico

**smashing** /'smæʃɪŋ/ adj (GB, antic) estupendo

**smear** /smɪər/ vt **1** ~ sth on/over sth untar algo en algo **2** ~ sth with sth untar algo de algo **3** ~ sth with sth manchar algo de algo

**smell** /smel/ n **1** olor: *a smell of gas* un olor a gas

**Smell** es la palabra general. Para olores agradables, se pueden usar **fragrance**, **perfume** o **scent**. Todas estas palabras son algo formales, al igual que **odor**, que implica a menudo un olor desagradable. Para

---

olores repulsivos, se dice **stink** o **stench**.

**2** (tb sense of smell) olfato: *My sense of smell isn't very good.* No tengo muy buen (sentido del) olfato.
▶ (pt, pp smelled, tb esp GB smelt /smelt/) **Ɔ** *Ver nota en* DREAM **1** vi ~ (of sth) oler (a algo): *It smells like fish.* Huele a pescado. ◊ *What does it smell like?* ¿A qué huele? **2** vt oler: *Smell this rose!* ¡Huele esta rosa!

Es muy normal el uso del verbo **smell** con **can** o **could**: *I can smell something burning.* Huele a quemado. ◊ *I could smell gas.* Olía a gas.

**3** vt, vi olfatear

**smelly** adj (**smellier**, **-iest**) (coloq) apestoso: *It's smelly in here.* Huele mal aquí.

**smile** /smaɪl/ vi sonreír
▶ n sonrisa: *to give sb a smile* sonreírle a algn **LOC** **bring a smile to sb's face** hacerle sonreír a algn

**smirk** /smɜːk/ n sonrisa socarrona o de satisfacción
▶ vi sonreír con sorna

**smock** /smɒk/ n **1** (de pintor) guardapolvos **2** (de mujer) blusón

**smog** /smɒg/ n neblina producida por la contaminación

**smoke** /sməʊk/ **1** vt, vi fumar: *to smoke a pipe* fumar en pipa **2** vi echar humo **3** vt (pescado, etc.) ahumar
▶ n **1** humo **2** (coloq): *to have a smoke* fumar
**smoker** n fumador, -ora

**smoking** /'sməʊkɪŋ/ n fumar: "*No Smoking*" "Prohibido fumar"

**smoky** /'sməʊki/ adj (**smokier**, **-iest**) **1** (habitación) lleno de humo **2** (fuego) humeante **3** (sabor, color, etc.) ahumado

**smolder** (GB **smoulder**) /'sməʊldər/ vi consumirse, arder (sin llama)

**smooth** /smuːð/ adj (**smoother**, **-est**) **1** liso **2** (piel, whisky, etc.) suave **3** (carretera) llano **4** (viaje, periodo) sin problemas: *The smooth reformist period has ended.* El periodo de reformas sin obstáculos ha acabado. **5** (salsa, etc.) sin grumos **6** (gen pey) (persona) adulador
▶ vt alisar **PHRV** **smooth sth over** allanar algo (dificultades)

**smoothie** /'smuːði/ n **1** licuado de frutas **2** (coloq) hombre que trata de impresionar con modales encantadores

**smoothly** /'smuːðli/ adv: *to go smoothly* ir sobre ruedas

---

**smother** /'smʌðər/ vt **1** (persona) asfixiar **2 ~ sth/sb with/in sth** cubrir algo/a algn de algo **3** (llamas) sofocar

**SMS** /ˌes em 'es/ n (abrev de **short message service**) **1** [incontable] servicio de mensajes de texto **2** mensajito

**smudge** /smʌdʒ/ n borrón, manchón
▸ vt, vi emborronar(se)

**smug** /smʌg/ adj (pey) engreído, hueco

**smuggle** /'smʌgl/ vt pasar de contrabando **PHRV smuggle sth/sb in/out** meter/sacar algo/a algn en secreto **smuggler** n contrabandista **smuggling** n contrabando (acto)

**snack** /snæk/ n tentempié, refrigerio: to have a snack tomarse un tentempié ◇ snack bar cafetería
▸ vi **~ on sth** picar algo

**snag** /snæg/ n obstáculo

**snail** /sneɪl/ n caracol

**snake** /sneɪk/ n serpiente, culebra
▸ vi serpentear (carretera, etc.)

**snap** /snæp/ (-pp-) **1** vt, vi romper(se) en dos **2** vt, vi tronar **3** vi **~ (at sb)** hablar/contestar bruscamente (a algn)
▸ n **1** (ruido seco) chasquido **2** (tb **snapshot** /'snæpʃat/) foto
▸ adj repentino (decisión)

**snare** /sneər/ n trampa
▸ vt atrapar

**snarl** /snɑrl/ n gruñido
▸ vi gruñir

**snatch** /snætʃ/ vt **1** arrebatar, arrancar **2** robar de un tirón **3** raptar **4** (oportunidad) aprovechar, agarrarse a **PHRV snatch at sth 1** (objeto) tirar de algo, agarrar algo bruscamente **2** (oportunidad) aprovechar algo
▸ n **1** (conversación, canción) fragmento **2** (esp GB): to make a snatch at sth intentar arrebatar algo

**sneak** /sniːk/ **1** vi **~ in, out, away, etc.** entrar, salir, irse, etc. a hurtadillas **2** vi **~ into, out, past, etc. sth** entrar en, salir de, pasar por delante de, etc. algo a hurtadillas **3** vt: to sneak a look at sth/sb mirar algo/a algn a hurtadillas
▸ n (GB, coloq, antic) soplón, -ona

**sneakers** /'sniːkərz/ (GB **trainers**) n [pl] tenis (zapatos)

**sneer** /snɪər/ n **1** sonrisa sarcástica **2** comentario desdeñoso
▸ vi **~ (at sb/sth)** reírse con desprecio (de algo/algn)

**sneeze** /sniːz/ n estornudo
▸ vi estornudar

**snicker** /'snɪkər/ (GB **snigger** /'snɪgə(r)/) n risita sofocada

▸ vi **~ (at sth/sb)** reírse (con sarcasmo) (de algo/algn)

**sniff** /snɪf/ **1** vi husmear **2** vt oler **3** vt inhalar
▸ n inhalación

**snip** /snɪp/ vt (-pp-) cortar con tijeras **PHRV snip sth off** recortar algo

**sniper** /'snaɪpər/ n francotirador, -ora

**snob** /snɑb/ n esnob **snobbery** n esnobismo **snobbish** adj esnob

**snog** /snɑg/ vt, vi (-gg-) (GB, coloq) besuquearse

**snooker** /'snuːkər/ n billar, sinuca ➜ Ver nota en BILLAR

**snoop** /snuːp/ vi **~ (around sth)** (coloq, pey) fisgonear (en algo)
▸ n **LOC have a snoop around** reconocer el terreno **have a snoop around sth** fisgonear algo

**snore** /snɔːr/ vi roncar

**snorkel** /'snɔːrkl/ n esnórquel

**snort** /snɔːrt/ vi **1** (animal) bufar **2** (persona) bufar, gruñir
▸ n bufido

**snout** /snaʊt/ n hocico

**snow** /snoʊ/ n nieve
▸ vi nevar **LOC be snowed in/up** estar aislado por la nieve **be snowed under (with sth)**: I was snowed under with work. Estaba inundado de trabajo.

**snowball** /'snoʊbɔːl/ n bola de nieve
▸ vi multiplicarse (rápidamente)

**snowdrift** /'snoʊdrɪft/ n montón de nieve (acumulado por el viento)

**snowdrop** /'snoʊdrɑp/ n campanilla blanca (flor)

**snowfall** /'snoʊfɔːl/ n nevada

**snowflake** /'snoʊfleɪk/ n copo de nieve

**snowman** /'snoʊmæn/ n (pl **-men** /-men/) mono de nieve

**snowy** /'snoʊi/ adj **1** cubierto de nieve **2** (día, etc.) de nieve

**snub** /snʌb/ vt (-bb-) hacer un desaire a

**snug** /snʌg/ adj cómodo y agradable

**snuggle** /'snʌgl/ vi **~ (up to sb)** acurrucarse (junto a algn)

**so** /soʊ/ adv **1** tan: Don't be so silly! ¡No seas tan bobo! ◇ It's so cold! ¡Qué frío hace! ◇ I'm so sorry! ¡Cuánto lo siento! **2** así: So it seems. Así parece. ◇ Hold out your hand, like so. Extiende la mano, así. ◇ The table is about so big. La mesa es más o menos así de grande. ◇ If so,… Si es así,… **3** I believe/think so. Creo que sí. ◇ I expect/hope so. Espero que sí. **4** (para expresar acuerdo): "I'm hungry." "So am I." —Tengo hambre. —Yo también. ❶ En este caso el pronombre o sustantivo va detrás del verbo. **5** (expresando sorpresa):

*"Philip's gone home." "So he has."*
—Philip se ha ido a la casa. —Es cierto.
**6** [*uso enfático*]: *He's as clever as his brother, maybe more so.* Es tan listo como su hermano, puede que incluso más. ◊ *She has complained, and rightly so.* Se ha quejado, y con mucha razón. **LOC** **and so on (and so forth)** etcétera, etcétera **is that so?** no me digas **so as to do sth** para hacer algo **so many** tantos **so much** tanto

▸ *conj* **1** así que: *The stores were closed so I didn't get any milk.* Las tiendas estaban cerradas, así que no compré leche. **2 so (that…)** para que: *She whispered so (that) no one could hear.* Me lo susurró para que nadie más lo oyera. **3** entonces: *So why did you do it?* ¿Y entonces, por qué lo hiciste? **LOC** **so?; so what?** (*coloq*) ¿y qué?

**soak** /souk/ **1** *vt* remojar, empapar **2** *vi* estar en/a remojo **LOC** **get soaked (through)** empaparse **PHRV** **soak in/ through; soak into/through sth** penetrar (en algo) (*líquido*) **soak sth up 1** (*líquido*) absorber algo **2** empaparse de algo (*del ambiente, etc.*) **soaked** *adj* empapado

🐑 **soap** /soup/ *n* [*gen incontable*] jabón
  **soap opera** (*tb coloq* **soap**) *n* telenovela (*televisión*)
  **soapy** /'soupi/ *adj* jabonoso

**soar** /sɔːr/ *vi* **1** (*precios, temperaturas, etc.*) dispararse **2** (*ave*) planear **3** (*avión*) remontarse

**sob** /sɑb/ *vi* (**-bb-**) sollozar
  ▸ *n* sollozo
  **sobbing** *n* [*incontable*] sollozos

**sober** /'soubər/ *adj* **1** sobrio **2** serio
**so-called** /ˌsou 'kɔːld/ *adj* (mal) llamado
**soccer** /'sɑkər/ *n* fútbol ⊃ *Ver nota en* FÚTBOL

**sociable** /'souʃəbl/ *adj* sociable
🐑 **social** /'souʃəl/ *adj* social
**socialism** /'souʃəlɪzəm/ *n* socialismo
  **socialist** *n* socialista
**socialize** (*GB tb* **-ise**) /'souʃəlaɪz/ *vi* ~ **(with sb)** relacionarse (con algn): *He doesn't socialize much.* No sale mucho.
**social security** *n* seguro social
**social services** *n* [*pl*] servicios sociales
**social work** *n* trabajo social **social worker** *n* trabajador, -ora social
🐑 **society** /sə'saɪəti/ *n* (*pl* **societies**) **1** sociedad: *polite society* buena sociedad **2** asociación *Ver tb* BUILDING SOCIETY **3** (*formal*) compañía
**sociological** /ˌsousiə'lɑdʒɪkl/ *adj* sociológico
**sociologist** /ˌsousi'ɑlədʒɪst/ *n* sociólogo, -a **sociology** *n* sociología

🐑 **sock** /sɑk/ *n* calcetín **LOC** *Ver* PULL ⊃ *Ver nota en* PAIR
**socket** /'sɑkɪt/ *n* **1** (*ojo*) órbita **2** (*esp GB*) (*USA* **outlet**) enchufe (*hembra*) ⊃ *Ver dibujo en* ENCHUFE **3** (*esp GB*) (*tb* **light socket**) enchufe de foco
**soda** /'soudə/ *n* **1** (*tb* **soda pop**) refresco **2** soda
**sodden** /'sɑdn/ *adj* empapado
**sodium** /'soudiəm/ *n* sodio
**sofa** /'soufə/ *n* sofá
🐑 **soft** /sɔːft; *GB* sɒft/ *adj* (**softer, -est**) **1** blando: *the soft option* la opción fácil **2** (*piel, color, luz, sonido*) suave **3** (*brisa*) ligero **4** (*voz*) bajo **LOC** **have a soft spot for sth/sb** (*coloq*) tener debilidad por algo/algn
**soft drink** *n* refresco
**soften** /'sɔːfn; *GB* 'sɒfn/ *vt, vi* **1** ablandar(se) **2** suavizar(se)
🐑 **softly** /'sɔːftli; *GB* 'sɒftli/ *adv* suavemente
**soft-spoken** /ˌsɔːft 'spoukən; *GB* ˌsɒft/ *adj* de voz suave
🐑 **software** /'sɔːftweər; *GB* 'sɒft-/ *n* [*incontable*] software
**soggy** /'sɑgi, 'sɔːgi/ *adj* (**soggier, -iest**) **1** empapado **2** (*pastel, pan, etc.*) correoso
🐑 **soil** /sɔɪl/ *n* tierra
  ▸ *vt* (*formal*) **1** ensuciar **2** (*reputación*) manchar
**solace** /'sɑləs/ *n* (*formal*) solaz, consuelo
**solar** /'soulər/ *adj* solar: *solar energy* energía solar
**sold** *pt, pp de* SELL
🐑 **soldier** /'souldʒər/ *n* soldado
**sole** /soul/ *adj* **1** único: *her sole interest* su único interés **2** exclusivo
  ▸ *n* **1** (*pie*) planta **2** suela
**solemn** /'sɑləm/ *adj* **1** (*aspecto, manera*) serio **2** (*acontecimiento, promesa*) solemne **solemnity** /sə'lemnəti/ *n* solemnidad
**solicitor** /sə'lɪsɪtər/ *n* **1** (*USA*) vendedor, -ora (*televentas, etc.*) **2** (*USA*) notario, -a **3** (*esp GB*) abogado, -a ⊃ *Ver nota en* ABOGADO
🐑 **solid** /'sɑlɪd/ *adj* **1** sólido **2** compacto **3** (*coloq*) seguido: *I slept for ten hours solid.* Dormí diez horas seguidas.
  ▸ *n* **1** **solids** [*pl*] alimentos sólidos **2** (*Geom*) figura de tres dimensiones
**solidarity** /ˌsɑlɪ'dærəti/ *n* solidaridad
**solidify** /sə'lɪdɪfaɪ/ *vi* (*pt, pp* **-fied**) solidificarse
**solidity** /sə'lɪdəti/ (*tb* **solidness**) *n* solidez

| S |

| i: see | ɪ sit | e ten | æ cat | ɑ hot | ɔː saw | ʌ cup | ʊ put | u: too |

**solidly** /'sɑlɪdli/ *adv* **1** sólidamente
**2** sin interrupción

**solitaire** /ˌsɑlə'teər/ *n* (*USA*) (*GB* patience*) (*juego de cartas*) solitario

**solitary** /'sɑləteri; *GB* -tri/ *adj* **1** solitario: *to lead a solitary life* llevar una vida solitaria **2** (*lugar*) apartado **3** solo

**solitude** /'sɑlɪtuːd; *GB* -tjuːd/ *n* soledad

**solo** /'soʊloʊ/ *adj, adv* en solitario
▶ *n* (*pl* **solos**) solo
  **soloist** *n* solista

**soluble** /'sɑljəbl/ *adj* soluble

☞ **solution** /sə'luːʃn/ *n* solución

☞ **solve** /sɑlv/ *vt* resolver

**solvent** /'sɑlvənt/ *n* solvente

**somber** (*GB* **sombre**) /'sɑmbər/ *adj*
**1** sombrío **2** (*color*) oscuro **3** (*manera, humor*) melancólico

☞ **some** /səm/ *adj, pron* **1** algo de: *There's some ice in the freezer.* Hay hielo en el congelador. ◇ *Would you like some?* ¿Quieres un poco? **2** unos (cuantos), algunos: *Do you want some potato chips?* ¿Quieres papitas fritas?

¿**Some** o **any**?
Ambos se utilizan con sustantivos incontables o en plural, y aunque muchas veces no se traducen en español, en inglés no se pueden omitir. Normalmente, **some** se usa en las oraciones afirmativas y **any** en las interrogativas y negativas: *I have some money.* Tengo (algo de) dinero. ◇ *Do you have any children?* ¿Tienes hijos? ◇ *I don't want any candy.* No quiero caramelos. Sin embargo, **some** se puede usar en oraciones interrogativas cuando se espera una respuesta afirmativa, por ejemplo, para ofrecer o pedir algo: *Would you like some coffee?* ¿Quieres café? ◇ *Can I have some bread, please?* ¿Puedo tomar un poco de pan? Cuando **any** se usa en oraciones afirmativas significa *cualquiera*: *Any parent would have worried.* Cualquier padre se habría preocupado. ➔ *Ver tb ejemplos en* ANY

☞ **somehow** /'sʌmhaʊ/ *adv* **1** (*USA tb coloq* **someway**) de alguna manera: *Somehow we had gotten completely lost.* De alguna manera nos hallamos completamente perdidos. **2** por alguna razón: *I somehow get the feeling that I've been here before.* No sé por qué, me da la impresión de que ya he estado aquí.

☞ **someone** /'sʌmwʌn/ (*tb* **somebody** /'sʌmbɑdi/) *pron* alguien: *somebody else*

otra persona ❶ La diferencia entre **someone** y **anyone**, o entre **somebody** y **anybody**, es la misma que hay entre **some** y **any**. ➔ *Ver tb notas en* SOME *y* EVERYONE

**someplace** /'sʌmpleɪs/ *Ver* SOMEWHERE

**somersault** /'sʌmərsɔːlt/ *n* **1** marometa: *to do a forward/backward somersault* dar una marometa hacia delante/hacia atrás **2** (*de acróbata*) salto mortal **3** (*de coche*) vuelta de campana

☞ **something** /'sʌmθɪŋ/ *pron* algo: *something else* otra cosa ◇ *something to eat* algo de comer ❶ La diferencia entre **something** y **anything** es la misma que hay entre **some** y **any**. ➔ *Ver tb nota en* SOME

**sometime** /'sʌmtaɪm/ *adv* **1** algún/un día: *sometime or other* un día de estos **2** en algún momento: *Can I see you sometime today?* ¿Podemos hablar hoy en algún momento?

☞ **sometimes** /'sʌmtaɪmz/ *adv* **1** a veces **2** de vez en cuando ➔ *Ver nota en* ALWAYS

**someway** /'sʌmweɪ/ *Ver* SOMEHOW (1)

☞ **somewhat** /'sʌmwɑt/ *adv* algo, un tanto, bastante: *I have a somewhat different question.* Tengo una pregunta un tanto diferente. ◇ *We missed the bus, which was somewhat unfortunate.* Perdimos el camión, lo cual fue bastante mala suerte.

☞ **somewhere** /'sʌmweər/ (*USA tb* **someplace**) *adv* a/en/por algún sitio/lugar: *I've seen your glasses somewhere downstairs.* Vi tus lentes en algún lado abajo. ◇ *somewhere else* en algún otro lugar
▶ *pron*: *to have somewhere to go* tener algún lugar adonde ir ❶ La diferencia entre **somewhere** y **anywhere** es la misma que hay entre **some** y **any**. ➔ *Ver tb nota en* SOME

☞ **son** /sʌn/ *n* hijo **LOC** *Ver* FATHER

☞ **song** /sɔːŋ; *GB* sɒŋ/ *n* **1** canción **2** canto

**son-in-law** /'sʌn ɪn lɔː/ *n* (*pl* **sons-in-law**) yerno

☞ **soon** /suːn/ *adv* (**sooner, -est**) pronto, dentro de poco **LOC** **as soon as** en cuanto, tan pronto como: *as soon as possible* en cuanto sea posible **(just) as soon do sth (as do sth)**: *I'd (just) as soon stay at home as go for a walk.* Lo mismo me da quedarme en la casa que ir a dar un paseo. **sooner or later** tarde o temprano **the sooner the better** cuanto antes mejor

**soot** /sʊt/ *n* hollín

**soothe** /suːð/ *vt* **1** (*persona, etc.*) calmar **2** (*dolor, etc.*) aliviar

**sophisticated** /sə'fɪstɪkeɪtɪd/ *adj* sofisticado **sophistication** *n* sofisticación

**sophomore** /ˈsɑfmɔːr/ n estudiante de segundo año (de universidad)

**soppy** (GB) = SAPPY

**sordid** /ˈsɔːrdɪd/ adj 1 sórdido 2 (comportamiento) vil

**sore** /sɔːr/ n llaga
▸ adj dolorido: to have a sore throat tener dolor de garganta ◊ I have sore eyes. Me duelen los ojos. **LOC** a sore point un asunto delicado
**sorely** adv: She will be sorely missed. Se le echará de menos enormemente. ◊ I was sorely tempted to do it. Tuve grandes tentaciones de hacerlo.

**sorrow** /ˈsɑroʊ/ n pesar: to my great sorrow con gran pesar mío

**sorry** /ˈsɑri/ interj 1 (para disculparse) ¡perdón! ◆ Ver nota en EXCUSE 2 sorry? ¿cómo dice?, ¿qué has dicho?
▸ adj 1 I'm sorry I'm late. Siento llegar tarde. ◊ I'm so sorry! ¡Lo siento mucho! 2 ~ (for/about sth): You'll be sorry! ¡Te arrepentirás!

¿**Sorry for** o **sorry about**? Cuando **sorry** se usa para pedir perdón se pueden utilizar ambas preposiciones: He's very sorry for/about what he's done. Está muy arrepentido por lo que ha hecho. Al expresar que sientes lo que le ha pasado a otra persona, sin embargo, se usa **about**: I'm sorry about your car. Siento lo de tu coche.

3 (estado) lastimoso **LOC** be/feel sorry for sb compadecer a algn: I felt sorry for the children. Los niños me dieron lástima. feel sorry for yourself (pey) sentir lástima de uno mismo say you are sorry disculparse Ver tb BETTER

**sort** /sɔːrt/ n 1 tipo: They sell all sorts of gifts. Venden toda clase de regalos. 2 (esp GB, coloq) persona: He's not a bad sort really. No es mala persona. **LOC** a sort of sth. It's a sort of autobiography. Es una especie de autobiografía. **sort of** (coloq): I feel sort of uneasy. Me siento como inquieto. Ver tb NOTHING
▸ vt clasificar **PHRV** sort sth out 1 (coloq) organizar algo 2 arreglar, solucionar algo **sort through sth** clasificar, ordenar algo

**so-so** /ˈsoʊ soʊ/ adj, adv (coloq) regular

**sought** pt, pp de SEEK

**sought after** /ˈsɔːt æftər/ GB ɑːf-/ adj codiciado

**soul** /soʊl/ n alma: There wasn't a soul to be seen. No se veía un alma. ◊ Poor soul! ¡El pobre! **LOC** Ver BODY

| 613 | **southward** |

**sound¹** /saʊnd/ n 1 sonido: sound waves ondas sonoras 2 ruido: I could hear the sound of voices. Oía ruido de voces. ◊ She opened the door without a sound. Abrió la puerta sin hacer ruido. 3 the sound [sing] el volumen: Can you turn the sound up/down? ¿Puedes subir/bajar el volumen?
▸ vi sonar: Your voice sounds a little strange. Tu voz suena un poco rara. 2 vi parecer: She sounded very surprised. Se le oía muy sorprendida. ◊ He sounds like a very nice person from his letter. A juzgar por su carta, parece una persona muy agradable. 3 vt (alarma) dar 4 vt (trompeta, etc.) tocar 5 vt pronunciar: You don't sound the "h". No se pronuncia la "h". **PHRV** sound sb out (about/on sth) tantear a algn (sobre algo)

**sound²** /saʊnd/ adj 1 sano 2 (estructura, formación) sólido 3 (consejo, decisión) bueno **LOC** Ver SAFE
▸ adv **LOC** sound asleep profundamente dormido

**soundproof** /ˈsaʊndpruːf/ adj a prueba de ruido
▸ vt aislar contra el ruido

**soundtrack** /ˈsaʊndtræk/ n banda sonora

**soup** /suːp/ n sopa, caldo: chicken soup sopa de pollo ◊ soup spoon cuchara sopera

**sour** /ˈsaʊər/ adj 1 (sabor, cara) agrio 2 (fruta) ácido 3 (leche) cortado **LOC** go/turn sour agriarse, echarse a perder

**source** /sɔːrs/ n 1 fuente: They didn't reveal their sources. No revelaron sus fuentes. ◊ a source of income una fuente de ingresos 2 (río) nacimiento

**south** (tb South) /saʊθ/ n (abrev S) (el) sur: Brighton is in the south of England. Brighton está al sur de Inglaterra.
▸ adj (del) sur: south winds vientos del sur
▸ adv al sur: The house faces south. La casa mira hacia el sur.

**southbound** /ˈsaʊθbaʊnd/ adj en/con dirección sur

**southeast** /ˌsaʊθˈiːst/ n (abrev SE) sureste
▸ adj (del) sureste
▸ adv hacia el sureste
**southeastern** adj (del) sureste

**southern** (tb Southern) /ˈsʌðərn/ adj del sur, meridional: southern Italy el sur de Italia ◊ the southern hemisphere el hemisferio sur **southerner** n sureño, -a

**southward** /ˈsaʊθwərd/ (tb southwards) adv hacia el sur

| ɜː bird | ɪə near | eə hair | ʊə tour | ʒ vision | h hat | ŋ sing |

**southwest** /ˌsaʊθ'west/ n (abrev SW) suroeste
▸ adj (del) suroeste
▸ adv hacia el suroeste
**southwestern** adj (del) suroeste

**souvenir** /'suːvənɪər, ˌsuːvə'nɪə(r)/ n recuerdo (objeto)

**sovereign** /'sɒvərən, 'sɑvrən/ adj, n soberano, -a **sovereignty** n soberanía

**sow¹** /saʊ/ n marrana ⊃ Ver nota en CERDO

**sow²** /soʊ/ vt (pt sowed, pp sown /soʊn/o sowed) sembrar

**soy** /sɔɪ/ (GB **soya** /'sɔɪə/) n soya: soy bean frijol de soya

**spa** /spɑ/ n 1 balneario 2 (tb **health spa**) spa

**space** /speɪs/ n 1 [incontable] sitio, espacio: Leave some space for the dogs. Deja lugar para los perros. ◊ There's no space for my suitcase. No queda espacio para mi maleta. 2 (periodo, Aeronáut) espacio: in a short space of time un breve espacio de tiempo ◊ a space flight un vuelo espacial LOC **look/stare/gaze into space** mirar al vacío
▸ vt ~ **sth (out)** espaciar algo

**spacecraft** /'speɪskræft; GB -krɑːft/ n (pl **spacecraft**) (tb **spaceship** /'speɪsʃɪp/) nave espacial

**spacious** /'speɪʃəs/ adj espacioso, amplio

**spade** /speɪd/ n 1 pala 2 **spades** [pl] (Naipes) espadas ⊃ Ver nota en BARAJA

**spaghetti** /spə'geti/ n [incontable] espagueti(s)

**spam** /spæm/ n (Informát) spam, correo basura

**span** /spæn/ n 1 (de tiempo) lapso, duración: time span lapso de tiempo 2 (de un puente) luz
▸ vt (-nn-) 1 abarcar 2 (puente) cruzar

**spank** /spæŋk/ vt dar una nalgada a, dar un(os) azote(s) a

**spanner** /'spænər/ (GB) (USA **wrench**) n llave (herramienta): adjustable spanner llave inglesa

**spare** /speər/ adj 1 sobrante, de sobra: There are no spare seats. No quedan asientos. ◊ spare room habitación de invitados 2 (pieza) de repuesto, de reserva: spare tire/part llanta/pieza de refacción 3 (tiempo) libre, de ocio
▸ n (pieza de) repuesto
▸ vt 1 ~ **sth (for sth/sb)** (tiempo, dinero, etc.) tener algo (para algo/algn) 2 ~ **sb (from) sth** ahorrarle algo a algn: Spare me the gory details. Ahórrame los detalles

desagradables. 3 (formal) perdonar (la vida de algn) 4 escatimar: No expense was spared. No reparon en gastos. LOC **to spare** de sobra: with two minutes to spare faltando dos minutos

**sparing** adj ~ **with sth** parco en algo, mesurado con algo

**spark** /spɑrk/ n chispa
▸ vt ~ **sth (off)** provocar, ocasionar algo

**sparkle** /'spɑrkl/ vi centellear, destellar
▸ n centelleo

**sparkling** adj 1 (tb coloq **sparkly**) centelleante 2 (bebida) con gas: sparkling mineral water agua mineral 3 (vino) espumoso

**sparrow** /'spærou/ n gorrión

**sparse** /spɑrs/ adj 1 escaso, esparcido 2 (población) disperso 3 (pelo) ralo

**spartan** /'spɑrtn/ adj espartano

**spasm** /'spæzəm/ n espasmo

**spat** pt, pp de SPIT

**spate** /speɪt/ n racha, ola

**spatial** /'speɪʃl/ adj del espacio, en el espacio (como dimensión)

**spatter** /'spætər/ (tb **splatter**) vt ~ **sth (on/ over sth/sb)**; ~ **sb/sth with sth** rociar algo (sobre algo/algn), salpicar a algn (algo/ algo)

**speak** /spiːk/ (pt **spoke** /spoʊk/ pp **spoken** /'spoʊkən/) 1 vi ~ **(to sb) (about sth)** hablar (con algn) (de algo/algn): Can I speak to you a minute, please? ¿Puedo hablar contigo un minuto, por favor? ⊃ Ver nota en HABLAR 2 vt decir, hablar: to speak the truth decir la verdad ◊ Do you speak French? ¿Hablas francés? 3 vi ~ **(on/about sth)** pronunciar un discurso (sobre algo) LOC **generally speaking** en términos generales **so to speak** por así decirlo **speak for itself/themselves**: The statistics speak for themselves. Las estadísticas hablan por sí solas. **speak your mind** hablar sin rodeos Ver tb STRICT PHRV **speak for sb** hablar en favor de algn **speak up** hablar más alto

**speaker** /'spiːkər/ n 1 el/la que habla: Spanish speaker hispanohablante 2 (en público) orador, -ora, conferenciante 3 altavoz ⊃ Ver dibujo en COMPUTADORA

**spear** /spɪər/ n 1 lanza 2 (para pesca) arpón

**special** /'speʃl/ adj 1 especial 2 particular: nothing special nada en particular 3 (reunión, edición, pago) extraordinario
▸ n 1 (tren, programa, etc.) especial 2 (coloq) oferta especial

**specialist** /'speʃəlɪst/ n especialista

**specialization** (GB tb -**isation**) /ˌspeʃələ'zeɪʃn; GB -laɪ'z-/ n especialización

| ʃ chin | dʒ June | v van | θ then | s so | z zoo | ʃ she |

**specialize** (GB tb **-ise**) /'speʃəlaɪz/ vi ~ **(in sth)** especializarse (en algo) **specialized** (GB tb **-ised**) adj especializado

ℙ **specially** /'speʃəli/ adv especialmente, expresamente

> Aunque **specially** y **especially** tienen significados similares, se usan de forma distinta. **Specially** se usa fundamentalmente con participios y **especially** como conector entre frases: *specially designed for schools* diseñado especialmente para los colegios ◊ *He likes dogs, especially poodles.* Le encantan los perros, sobre todo los poodles. Sin embargo, en lenguaje coloquial se usa también **specially** en este sentido, sobre todo en Gran Bretaña.

**specialty** /'speʃəlti/ (GB **speciality**) /ˌspeʃɪ'æləti/ n (pl **specialties**) especialidad

**species** /'spiːʃiːz/ n (pl **species**) especie

ℙ **specific** /spə'sɪfɪk/ adj específico, preciso, concreto

ℙ **specifically** /spə'sɪfɪkli/ adv concretamente, específicamente, especialmente

**specification** /ˌspesɪfɪ'keɪʃn/ n **1** especificación **2** [gen pl] especificaciones, plan detallado

**specify** /'spesɪfaɪ/ vt (pt, pp **-fied**) especificar, precisar

**specimen** /'spesɪmən/ n espécimen, ejemplar, muestra

**speck** /spek/ n **1** (de suciedad) manchita **2** (de polvo) mota **3** *a speck on the horizon* un punto en el horizonte

**spectacle** /'spektəkl/ n espectáculo

**spectacles** /'spektəklz/ n [pl] (formal) (tb esp GB coloq **specs**) lentes, anteojos ❶ La palabra más normal es **glasses**. ➲ Ver nota en PAIR

**spectacular** /spek'tækjələr/ adj espectacular

**spectator** /'spekteɪtər; GB spek'teɪtə(r)/ n espectador, -ora

**specter** (GB **spectre**) /'spektər/ n (lit y fig) espectro, fantasma: *the specter of another war* el fantasma de una nueva guerra

**spectrum** /'spektrəm/ n (pl **spectra** /-trə/) **1** espectro **2** espectro, gama (de ideas, etc.)

**speculate** /'spekjuleɪt/ vi ~ **(about/on sth)** especular (sobre/acerca de algo) **speculation** n ~ **(about/over sth)** especulación (sobre algo)

**speculative** /'spekjələtɪv/ adj especulativo

**speculator** /'spekjuleɪtər/ n especulador, -ora

ℙ **speech** /spiːtʃ/ n **1** habla: *freedom of speech* libertad de expresión ◊ *to lose the power of speech* perder el habla ◊ *speech therapy* terapia lingüística **2** discurso: *to make/give a speech* pronunciar un discurso **3** lenguaje: *children's speech* el lenguaje de los niños **4** (Teat) parlamento

**speechless** /'spiːtʃləs/ adj sin habla, mudo: *The boy was almost speechless.* El niño apenas podía articular palabra.

ℙ **speed** /spiːd/ n velocidad, rapidez **LOC** **at (full) speed** a toda velocidad Ver tb PICK

> (pt, pp **speeded**) **1** ir a toda velocidad: *I was fined for speeding.* Me pusieron una multa por exceso de velocidad. ❶ En este sentido, se usa también **sped** /sped/ en pasado. **2** vt (formal) acelerar **PHRV** **speed up** apresurarse **speed sth up** acelerar algo

**speed bump** n tope (en carretera)

**speedily** /'spiːdɪli/ adv rápidamente

**speedometer** /spiː'dɒmɪtər/ n velocímetro

**speedy** /'spiːdi/ adj (**speedier**, **-iest**) pronto, rápido: *a speedy recovery* una pronta recuperación

ℙ **spell** /spel/ n **1** temporada, racha **2** turno **3** conjuro, hechizo **LOC** Ver CAST

> (pt, pp **spelled**, tb esp GB **spelt** /spelt/) ➲ Ver nota en DREAM **1** vt, vi deletrear, escribir **2** vt ~ **sth (for sb)** suponer, significar algo (para algn) **PHRV** **spell sth out** **1** explicar algo claramente **2** deletrear algo

ℙ **spelling** /'spelɪŋ/ n ortografía

ℙ **spend** /spend/ vt (pt, pp **spent** /spent/) **1** ~ **sth (on sth)** gastar algo (en algo) **2** (tiempo libre, etc.) pasar **3** ~ **sth on sth** dedicar algo a algo **spending** n [incontable] gasto: *public spending* el gasto público

**sperm** /spɜːrm/ n (pl **sperm**) esperma

**sphere** /sfɪər/ n esfera

**sphinx** /sfɪŋks/ (tb **the Sphinx**) n esfinge

ℙ **spice** /spaɪs/ n **1** especia(s) **2** (fig) interés: *to add spice to a situation* añadir interés a una situación

> vt ~ **sth (up)** **1** sazonar algo **2** (fig) dar más sabor a algo

ℙ **spicy** /'spaɪsi/ adj (**spicier**, **-iest**) condimentado, picante

ℙ **spider** /'spaɪdər/ n araña: *spider web* telaraña

**spied** pt, pp de SPY

**S**

**spike** /spaɪk/ n 1 púa, clavo 2 punta
**spiky** adj erizado de púas, puntiagudo

**spill** /spɪl/ vt, vi (pt, pp **spilled**, GB tb **spilt**
/spɪlt/) derramar(se), verter(se) ⊃ Ver
nota en DREAM LOC Ver CRY PHRV **spill
over** rebosar, desbordarse
▸ n (tb formal **spillage** /'spɪlɪdʒ/) 1 derramamiento 2 derrame

**spin** /spɪn/ (-nn-) (pt, pp **spun** /spʌn/) 1 vi
~ **(around)** dar vueltas, girar 2 vt ~ **sth
(around)** (hacer) girar algo, dar vueltas a
algo 3 vt, vi (lavadora) centrifugar 4 vt
hilar PHRV **spin sth out** alargar, prolongar algo
▸ n 1 vuelta, giro 2 (coloq) (paseo en coche/
moto) vuelta: to go for a spin dar una
vuelta 3 (pelota) efecto

**spinach** /'spɪnɪtʃ/ n [incontable] espi-
naca(s)

**spinal** /'spaɪnl/ adj espinal: spinal column columna vertebral

**spine** /spaɪn/ n 1 (Anat) columna vertebral 2 (Bot) espina 3 (Zool) púa 4 (de un
libro) lomo

**spinster** /'spɪnstər/ n soltera, solterona
❶ Esta palabra es un poco anticuada y
puede ser despectiva. ⊃ Comparar con
BACHELOR

**spiral** /'spaɪrəl/ n espiral
▸ adj (en) espiral, helicoidal: a spiral
staircase una escalera de caracol

**spire** /'spaɪər/ n aguja (en una torre de
iglesia)

**spirit** /'spɪrɪt/ n 1 espíritu, alma 2 **spirits**
[pl] estado de ánimo, humor: in high
spirits de muy buen humor 3 brío,
ánimo 4 temple 5 fantasma 6 **spirits** [pl]
(bebida alcohólica) licor **spirited** adj ani-
moso, brioso

**spiritual** /'spɪrɪtʃuəl/ adj espiritual

**spit** /spɪt/ (-tt-) (pt, pp **spat** /spæt/ USA tb
**spit**) 1 vt, vi escupir 2 vt (insulto, etc.)
soltar 3 vi (fuego, etc.) chisporrotear
PHRV **spit sth out** escupir algo
▸ n 1 saliva, esputo 2 punta (de tierra)
3 (Cocina) espetón, asador

**spite** /spaɪt/ n despecho, resentimiento:
out of/from spite por despecho LOC **in
spite of sth** a pesar de algo
▸ vt molestar, fastidiar
**spiteful** adj malévolo, rencoroso

**splash** /splæʃ/ n 1 chapoteo 2 salpica-
dura (de salsa, pintura, etc.) 3 (de color)
mancha LOC **make a splash** (coloq)
causar sensación
▸ 1 vi chapotear 2 vt ~ **sth/sb (with sth)**;
~ **sth (on/over sth/sb)** salpicar algo/a algn
(de algo) PHRV **splash out (on sth)** (GB,

coloq) derrochar dinero (en algo), permitirse el lujo de comprar (algo)

**splatter** /'splætər/ vt Ver SPATTER

**splendid** /'splendɪd/ adj espléndido,
magnífico

**splendor** (GB **splendour**) /'splendər/ n
esplendor

**splint** /splɪnt/ n tablilla (para entablillar un
hueso roto)

**splinter** /'splɪntər/ n astilla
▸ vt, vi 1 astillar(se) 2 dividir(se)

**split** /splɪt/ (-tt-) (pt, pp **split**) 1 vt, vi par-
tir(se): to split sth in two partir algo en
dos 2 vt, vi dividir(se) 3 vt, vi repartir(se)
4 vi ~ **(open)** henderse, rajarse
PHRV **split up (with sb)** separarse (de
algn)
▸ n 1 división, ruptura 2 abertura, hen-
didura 3 **the splits** [pl]: to do the splits
hacer un split
▸ adj partido, dividido

**splutter** /'splʌtər/ 1 vt, vi farfullar, balbucear 2 vi (tb **sputter**) (fuego, etc.) chisporrotear
▸ n chisporroteo

**spoil** /spɔɪl/ (pt, pp **spoiled**, tb esp GB
**spoilt**) ⊃ Ver nota en DREAM 1 vt, vi estro-
pear(se), arruinar(se), echar(se) a
perder 2 vt (niño) mimar, consentir

**spoils** /spɔɪlz/ n [pl] botín (de robo, guerra,
etc.)

**spoilt** /spɔɪlt/ adj mimado, consentido
Ver tb SPOIL

**spoke** /spoʊk/ n radio (de una rueda) Ver
tb SPEAK

**spoken** pp de SPEAK

**spokesman** /'spoʊksmən/ n (pl -**men**
/-mən/) portavoz ❶ Se prefiere utilizar
la forma **spokesperson**, que se refiere
tanto a un hombre como a una mujer:
spokespersons for the opposition los
portavoces de la oposición

**spokesperson** /'spoʊkspɜːrsn/ n (pl
**spokespersons** o **spokespeople**) portavoz

**spokeswoman** /'spoʊkswʊmən/ n (pl
-**women** /-ˈwɪmɪn/) portavoz ⊃ Ver nota
en SPOKESMAN

**sponge** /spʌndʒ/ n 1 esponja 2 (tb
**sponge cake**) pastel
▸ vi ~ **(off/on sb)** (coloq, pey) aprovecharse,
vivir a costa de algn

**sponsor** /'spɑːnsər/ n patrocinador, -ora
▸ vt patrocinar
**sponsorship** n patrocinio

**spontaneity** /ˌspɑːntəˈneɪəti/ n espon-
taneidad

**spontaneous** /spɑːnˈteɪniəs/ adj
espontáneo

**spooky** /ˈspuːki/ adj (**spookier, -iest**) (coloq) **1** de aspecto embrujado **2** misterioso

**spoon** /spuːn/ n **1** cuchara: a serving spoon un cucharón **2** (tb **spoonful**) cucharada
▶ vt sacar (con cuchara): She spooned the mixture out of the bowl. Sacó la mezcla del tazón con una cuchara.

**sporadic** /spəˈrædɪk/ adj esporádico

**sport** /spɔːrt/ n deporte: sports field campo de deportes ◇ sports center centro deportivo ◇ sports facilities instalaciones deportivas **LOC** be a (good) sport (coloq) ser buena gente **sporting** adj deportivo

**sports car** n coche deportivo

**sportsman** /ˈspɔːrtsmən/ n (pl -men /-mən/) deportista **sportsmanlike** adj que muestra un buen espíritu deportivo **sportsmanship** n deportividad

**sportswoman** /ˈspɔːrtswʊmən/ n (pl -women /-wɪmɪn/) deportista

**spot** /spɑt/ n **1** (en animales, etc.) mancha **2** (GB) (USA **polka dot**) (diseño) lunar (en tela) **3** (esp GB) (USA **pimple**) (Med) grano **4** lugar **5** ~ of sth (GB, coloq): Would you like a spot of lunch? ¿Quieres comer un poco? ◇ You seem to be having a spot of bother. Parece que estás pasando por un momento un poco difícil. **LOC** Ver SOFT
▶ vt (**-tt-**) divisar: He finally spotted a shirt he liked. Por fin encontró una camisa que le gustó. ◇ Nobody spotted the mistake. Nadie notó el error.

**spotless** /ˈspɑtləs/ adj **1** (casa) inmaculado **2** (reputación) intachable

**spotlight** /ˈspɑtlaɪt/ n **1** reflector **2** the spotlight [sing]: to be in the spotlight ser el centro de la atención

**spotted** /ˈspɑtɪd/ adj **1** (animal) con manchas **2** (ropa) con puntos

**spotty** /ˈspɑti/ adj **1** (USA) (GB **patchy**) irregular **2** (GB) con muchos granos

**spouse** /spaʊs/ n (Jur) cónyuge

**spout** /spaʊt/ n **1** (de tetera) pico **2** (de canalón) caño
▶ **1** vi ~ (out/up) (from sth) salir a chorros, brotar (de algo) **2** vt ~ sth (out/up) echar algo a chorros **3** vi ~ (off/on) (about sth) (coloq, pey) hablar sin parar (sobre algo) **4** vt (coloq, pey) recitar

**sprain** /spreɪn/ vt: to sprain your ankle torcerse el tobillo
▶ n torcedura, esguince

**sprang** pt de SPRING

**sprawl** /sprɔːl/ vi **1** acostarse, echarse **2** (ciudad, etc.) extenderse (desordenadamente)

**spray** /spreɪ/ n **1** rociada **2** espuma (del mar) **3** (para el pelo, etc.) spray **4** atomizador, spray
▶ **1** vi ~ sth (with sth) rociar, nebulizar algo/a algn (de algo) **2** vi ~ sth (on/over sth/sb) rociar algo (sobre algo/algn) **3** vi ~ (over, across, etc. sth/sb) salpicar (algo/a algn)

**spread** /spred/ (pt, pp **spread**) **1** vt ~ sth (out) (on/over sth) extender, desplegar algo (en/sobre/por algo) **2** vt, vi extender(se), propagar(se) **3** vt ~ sth with sth cubrir algo de/con algo **4** vt, vi untar(se) **5** vt, vi (noticia) divulgar(se) **6** vt distribuir
▶ n **1** (de infección, fuego) propagación **2** (de información) difusión **3** (de crimen, armas, etc.) proliferación **4** extensión **5** abanico (de opciones, etc.) **6** paté, queso, etc. para untar **7** (alas) envergadura

**spreadsheet** /ˈspredʃiːt/ n hoja de cálculo

**spree** /spriː/ n: to go on a shopping/ spending spree salir a gastar dinero

**spring** /sprɪŋ/ n **1** primavera: spring cleaning limpieza general **2** (colchón, sillón) muelle **3** resorte **4** elasticidad **5** manantial **6** salto
▶ vi (pt **sprang** /spræŋ/ pp **sprung** /sprʌŋ/) **1** saltar **2** (líquido) brotar **LOC** spring into action/life ponerse en acción Ver tb MIND **PHRV** spring back rebotar spring from sth (formal) provenir de algo spring sth on sb agarrar a algn de improviso con algo

**springboard** /ˈsprɪŋbɔːrd/ n (lit y fig) trampolín

**springtime** /ˈsprɪŋtaɪm/ n primavera

**sprinkle** /ˈsprɪŋkl/ vt **1** ~ sth (with sth) rociar, salpicar algo (de algo) **2** ~ sth (on/over sth) rociar algo (sobre algo) **sprinkling** n ~ (of sth/sb) un poquito (de algo), unos, -as cuantos, -as

**sprint** /sprɪnt/ vi correr a toda velocidad
▶ n carrera de velocidad

**sprout** /spraʊt/ **1** vi brotar, aparecer **2** vt (Bot) echar (flores, brotes, etc.)
▶ n **1** brote **2** Ver BRUSSELS SPROUT

**sprung** pp de SPRING

**spun** pt, pp de SPIN

**spur** /spɜːr/ n **1** espuela **2** ~ (to sth) aliciente (para algo) **LOC** on the spur of the moment impulsivamente
▶ vt (**-rr-**) ~ sth/sb (on) incitar a algn

**spurn** /spɜːrn/ vt rechazar

**spurt** /spɜːrt/ vi ~ (out) (from sth) salir a chorros (de algo)

S

▸ n **1** chorro **2** arranque (*de energía, velocidad, etc.*)

**sputter** /'spʌtər/ *vi* Ver SPLUTTER (2)

**spy** /spaɪ/ *n* (*pl* **spies**) espía: *spy thrillers* novelas de espionaje
▸ *vi* (*pt, pp* **spied**) ~ **(on sth/sb)** espiar (algo/a algn)

**squabble** /'skwɑbl/ *vi* ~ **(with sb) (about/over sth)** reñir (con algn) (por algo)
▸ *n* riña, disputa

**squad** /skwɑd/ *n* **1** (*Mil*) escuadrón **2** (*policía*) brigada: *the drug squad* la brigada antidroga **3** (*Dep*) plantilla

**squadron** /'skwɑdrən/ *n* escuadrón

**squalid** /'skwɑlɪd/ *adj* (*pey*) sórdido, repulsivo

**squalor** /'skwɑlər/ *n* miseria

**squander** /'skwɑndər/ *vt* ~ **sth (on sth)** **1** (*dinero*) despilfarrar algo (en algo) **2** (*tiempo*) malgastar (en algo) **3** (*energía, oportunidad*) desperdiciar (en algo)

ʔ **square** /skweər/ *adj* cuadrado: *one square meter* un metro cuadrado **LOC** a **square meal** una buena comida **be (all) square (with sb)** quedar en paz (con algn) **2** (*Dep*) estar empatado (con algn) Ver tb FAIR
▸ *n* **1** (*forma*) cuadrado **2** (*abrev* Sq.) plaza **3** (*en un tablero*) casilla
▸ *v* **PHRV** **square up (with sb)** pagar una deuda (a algn)

**squarely** /'skweərli/ *adv* directamente

**square root** *n* raíz cuadrada

**squash** /skwɑʃ/ *vt, vi* aplastar(se): *It was squashed flat.* Estaba aplastado. ➔ Ver dibujo en APLASTAR
▸ *n* **1** (*sing*): *What a squash!* ¡Qué apretujones! **2** (*Dep*) squash **3** calabaza **4** (*GB*) refresco (*de frutas edulcorado para diluir*)

**squat** /skwɑt/ *vi* (**-tt-**) ~ **(down) 1** (*persona*) ponerse en cuclillas **2** (*animal*) agazaparse
▸ *adj* achatado, rechoncho

**squawk** /skwɔːk/ *vi* graznar, chillar
▸ *n* graznido, chillido

**squeak** /skwiːk/ *vi* **1** (*animal, etc.*) chillido (*gozne, etc.*) rechinido
▸ *vi* **1** (*animal, etc.*) chillar **2** (*gozne, etc.*) rechinar
**squeaky** *adj* **1** (*voz*) chillón **2** (*gozne, etc.*) que rechina

**squeal** /skwiːl/ *n* alarido, chillido
▸ *vt, vi* chillar

**squeamish** /'skwiːmɪʃ/ *adj* delicado, remilgado, asqueroso

ʔ **squeeze** /skwiːz/ **1** *vt* apretar ➔ Ver dibujo en APLASTAR **2** *vt* exprimir, estrujar **3** *vt, vi* ~ **(sth/sb) into, past, through,** etc.

(sth): *to squeeze through a gap in the hedge* pasar con dificultad por un hueco en el seto ◊ *Can you squeeze past/by?* ¿Puedes pasar? ◊ *Can you squeeze anything else into that case?* ¿Puedes meter algo más en esa maleta?
▸ *n* **1** apretón: *a squeeze of lemon* un chorrito de limón **2** apretura **3** [*gen sing*] (*Fin*) recortes

**squint** /skwɪnt/ *vi* **1** ~ **(at/through sth)** mirar (algo/a través de algo) con los ojos entreabiertos **2** hacer bizcos
▸ *n* estrabismo

**squirm** /skwɜːrm/ *vi* **1** retorcerse **2** abochornarse

**squirrel** /'skwɜːrəl, 'skwə-; *GB* 'skwɪrəl/ *n* ardilla

**squirt** /skwɜːrt/ **1** *vt* echar un chorro de: *to squirt soda water into a glass* echar un chorro de soda en un vaso **2** *vt* ~ **sth/ sb (with sth)** cubrir algo/a algn con un chorro (de algo) **3** *vi* ~ **(out of/from sth)** salir a chorros (de algo)
▸ *n* chorro

**stab** /stæb/ *vt* (**-bb-**) **1** apuñalar **2** punzar
▸ *n* puñalada **LOC** have/take a stab at **(doing) sth** (*coloq*) intentar (hacer) algo
**stabbing** /'stæbɪŋ/ *n* apuñalamiento
▸ *adj* punzante

**stability** /stə'bɪləti/ *n* estabilidad

**stabilize** (*GB tb* -ise) /'steɪbəlaɪz/ *vt, vi* estabilizar(se)

ʔ **stable** /'steɪbl/ *adj* **1** estable **2** equilibrado
▸ *n* **1** establo **2** cuadra

**stack** /stæk/ *n* **1** montón (*de libros, leña, etc.*) **2** ~ **of sth** (*esp GB, coloq*) montón de algo
▸ *vt* ~ **sth (up)** amontonar algo

**stadium** /'steɪdiəm/ *n* (*pl* **stadiums** o **stadia** /-diə/) estadio

ʔ **staff** /stæf; *GB* stɑːf/ *n* personal, plantilla: *The whole staff is working long hours.* Todo el personal está trabajando tarde. ◊ *teaching staff* cuerpo docente
▸ *vt* equipar de personal

**stag** /stæg/ *n* ciervo ➔ Ver nota en VENADO

ʔ **stage** /steɪdʒ/ *n* **1** etapa: *to do sth in stages* hacer algo por etapas ◊ *at this stage* en este momento/a estas alturas **2** escenario **3** the stage [*sing*] el teatro (*profesión*): *to be/go on the stage* ser/hacerse actor/actriz **LOC** stage by stage paso por paso
▸ *vt* **1** poner en escena **2** (*evento*) organizar

**stagger** /'stægər/ **1** *vi* andar tambaleándose: *He staggered back home/to his feet.* Volvió a su casa/Se puso en pie

| ʃ chin | dʒ June | v van | θ then | s so | z zoo | ʃ she |

tambaleándose. **2** vt dejar atónito **3** vt (viaje, vacaciones) escalonar
▶ n tambaleo
**staggering** adj asombroso

**stagnant** /'stægnənt/ adj estancado

**stagnate** /'stægneɪt; GB stæg'neɪt/ vi estancarse **stagnation** n estancamiento

**stag night** (GB) (USA **bachelor party**) n despedida de soltero

**stain** /steɪn/ n **1** mancha **2** tinte (para madera)
▶**1** vt, vi manchar(se) **2** vt teñir: stained glass window vidriera
**stainless** adj: stainless steel acero inoxidable

**stair** /steər/ n **1** stairs [pl] escalera: to go up/down the stairs subir/bajar las escaleras **2** peldaño, escalón

**staircase** /'steərkeɪs/ n escalera (parte de un edificio)

**stairway** /'steərweɪ/ n escalera (esp exterior)

**stake** /steɪk/ n **1** estaca **2** the stake [sing] la hoguera **3** [gen pl] apuesta **4** (inversión) participación **LOC** at stake en juego: His reputation is at stake. Está en juego su reputación.
▶ vt **1** ~ sth (on sth) apostar algo (a algo) **2** apuntalar **LOC** stake a/your claim (to sth) mostrar interés (por algo)

**stale** /steɪl/ adj **1** duro **2** (pan) duro **2** (comida) pasado **3** (aire) enrarecido **4** (persona) anquilosado

**stalemate** /'steɪlmeɪt/ n **1** (en negociaciones, etc.) punto muerto **2** (Ajedrez) tablas

**stalk** /stɔːk/ n **1** tallo **2** (de fruta) rabo
▶**1** vt (persona, animal) acechar **2** vi ~ **away/off/out** irse muy ofendido/indignado

**stall** /stɔːl/ n **1** (esp USA) (en baño público) cubículo **2** (esp GB) (en mercado) puesto **3** (en establo) casilla **4** the stalls [pl] (GB) (USA the orchestra [sing]) (en teatro) la luneta
▶**1** vt, vi (coche, motor) matar(se) **2** vi buscar evasivas

**stallion** /'stæliən/ n semental (caballo)

**stalwart** /'stɔːlwərt/ adj, n incondicional

**stamina** /'stæmɪnə/ n resistencia

**stammer** /'stæmər/ vi tartamudear
▶ n tartamudeo

**stamp** /stæmp/ n **1** (de correos) timbre, estampilla: stamp collecting filatelia **2** (fiscal) timbre, estampilla **3** (de goma) sello **4** (para metal) cuño **5** (con el pie) patada
▶**1** vt, vi patear, dar patadas **2** vi (baile) zapatear **3** vt (carta) poner timbre a, franquear **4** vt imprimir, estampar,

sellar **PHRV** stamp sth out erradicar, acabar con algo

**stampede** /stæm'piːd/ n estampida, desbandada
▶ vi desbandarse

**stance** /stæns; GB stɑːns/ n **1** postura **2** ~ (on sth) postura, actitud (hacia algo)

**stand** /stænd/ (pt, pp stood /stʊd/) **1** vi estar de pie, mantenerse de pie: Stand still. Estáte quieto. **2** vi ~ (up) ponerse de pie, levantarse **3** vt poner, colocar **4** vi encontrarse: A house once stood here. Antes había una casa aquí. **5** vi permanecer, estar: as things stand tal como están las cosas **6** vi medir **7** vi (oferta, etc.) seguir en pie **8** vt aguantar, soportar

En este sentido, se usa sobre todo en frases negativas e interrogativas: I can't stand him. No lo aguanto.

**9** vi ~ (for/as sth) (esp GB, Pol) presentarse (como candidato) (a algo) **LOC** it stands to reason es lógico **stand a chance (of sth)** tener posibilidades (de algo) **stand fast/firm** mantenerse firme Ver tb BAIL, TRIAL **PHRV** stand by sb apoyar a algn **stand for sth 1** significar, representar algo **2** apoyar algo **3** tolerar algo ❶ En este sentido, se usa sólo en frases negativas e interrogativas. **stand in (for sb)** suplir (a algn) **stand out** (ser mejor) destacarse **stand sb up** (coloq) dejar plantado a algn **stand up for sth/sb** defender algo/a algn **stand up to sb** hacer frente a algn
▶ n **1** ~ (on sth) postura, actitud (hacia algo) **2** [a menudo en compuestos] pie, soporte: music stand atril **3** puesto, quiosco **4** (Dep) tribuna **5** (Jur) estrado **LOC** make a stand (against sth/sb) oponer resistencia (a algo/algn) **take a stand (on sth)** posicionarse (sobre algo)

**standard** /'stændərd/ n estándar: standard of living nivel de vida **LOC** be up to/below standard ser/no ser del nivel requerido
▶ adj **1** estándar **2** oficial

**standardize** (GB tb **-ise**) /'stændərdaɪz/ vt estandarizar

**standby** /'stændbaɪ/ n (pl standbys) **1** (cosa) recurso: I keep my old computer as a standby. Guardo mi computadora vieja de repuesto. **2** (persona) reserva **LOC** on standby **1** preparado para partir, ayudar, etc. **2** en lista de espera
▶ adj: standby ticket boleto en lista de espera

**stand-in** /'stænd ɪn/ n sustituto, -a, suplente

**standing** /'stændɪŋ/ n **1** prestigio **2** of long standing duradero

▶ *adj* permanente

**standing order** *n* (*GB*) orden bancaria

**standpoint** /'stændpɔɪnt/ *n* punto de vista

**standstill** /'stændstɪl/ *n* [*sing*]: *to be at/come to/bring sth to a standstill* estar parado/pararse/parar algo

**stank** *pt de* STINK

**staple¹** /'steɪpl/ *adj* principal

**staple²** /'steɪpl/ *n* grapa
▶ *vt* engrapar
**stapler** *n* engrapadora

⚲ **star** /stɑr/ *n* estrella
▶ *vi* (-rr-) ~ (**in sth**) protagonizar algo

**starboard** /'stɑrbərd/ *n* estribor

**starch** /stɑrtʃ/ *n* **1** almidón **2** fécula
**starched** *adj* almidonado

**stardom** /'stɑrdəm/ *n* estrellato

⚲ **stare** /steər/ *vi* ~ (**at sth/sb**) mirar fijamente (algo/a algn) LOC *Ver* SPACE

**stark** /stɑrk/ *adj* (**starker, -est**) **1** desolador **2** crudo **3** (*contraste*) manifiesto

**starry** /'stɑri/ *adj* estrellado

**the Stars and Stripes** *n* [*sing*] bandera de Estados Unidos

La bandera de Estados Unidos está formada por barras y estrellas. Las 13 barras representan los 13 estados originales de la Unión y las 50 estrellas los estados que ahora la componen.

⚲ **start** /stɑrt/ **1** *vt, vi* empezar

Aunque en principio **start** y **begin** pueden ir seguidos de un verbo en infinitivo o de una forma en **-ing**, cuando están en un tiempo continuo sólo pueden ir seguidos de infinitivo: *It started raining/to rain.* Empezó a llover. ◇ *It's starting to rain.* Está empezando a llover.

**2** *vt, vi* (*coche, motor*) arrancar **3** *vt* (*rumor*) iniciar LOC **to start with** para empezar *Ver tb* BALL, FALSE, SCRATCH PHRV **start off 1** salir **2** (*tb* **start out**) empezar **start over** empezar de nuevo **start (sth) up 1** (*motor*) arrancar (algo), poner algo en marcha **2** (*negocio*) montar algo, empezar
▶ *n* **1** principio **2 the start** [*sing*] (*Dep*) la salida *Ver tb* FLYING START, HEAD START LOC **for a start** (*coloq*) para empezar **get off to a good, bad, etc. start** tener un buen, mal, etc. comienzo

**starter** /'stɑrtər/ (*esp GB*) (*USA* **appetizer**) *n* entremés

**starting point** *n* punto de partida

**startle** /'stɑrtl/ *vt* sobresaltar **startling** *adj* asombroso

**starvation** /stɑr'veɪʃn/ *n* hambre ➋ *Ver nota en* HAMBRE

**starve** /stɑrv/ **1** *vi* pasar hambre: *to starve (to death)* morir de hambre **2** *vt* matar de hambre, hacer pasar hambre **3** *vt* ~ **sth/sb of sth** (*fig*) privar algo/a algn de algo LOC **be starving** (*coloq*) morirse de hambre

⚲ **state¹** /steɪt/ *n* **1** estado: *to be in no state to drive* no estar en condiciones para manejar ◇ *the State* el Estado **2 the States** [*pl*] (*coloq*) los Estados Unidos LOC **state of affairs** circunstancias **state of mind** estado mental LOC *Ver* REPAIR
▶ *adj* (*tb* **State**) estatal: *a state visit* una visita oficial

⚲ **state²** /steɪt/ *vt* **1** manifestar, afirmar: *State your name.* Haga constar su nombre. **2** establecer: *within the stated limits* en los límites establecidos

**stately** /'steɪtli/ *adj* majestuoso

⚲ **statement** /'steɪtmənt/ *n* declaración: *to issue a statement* dar un informe

**statesman** /'steɪtsmən/ *n* (*pl* **-men** /-mən/) estadista

**static** /'stætɪk/ *adj* estático
▶ *n* [*incontable*] **1** (*Radio, TV*) interferencias **2** (*tb* **static electricity**) electricidad estática

⚲ **station** /'steɪʃn/ *n* **1** estación: *train station* estación (de ferrocarril) **2** *police station* delegación ◇ *fire station* estación de bomberos ◇ *gas station* gasolinera **3** (*Radio*) emisora
▶ *vt* destinar

**stationary** /'steɪʃəneri; *GB* -nri/ *adj* detenido, parado

**stationer's** /'steɪʃənerz/ (*GB*) (*USA* **office supply store**) *n* papelería

**stationery** /'steɪʃəneri; *GB* -nri/ *n* [*incontable*] material de escritorio

**station wagon** (*GB* **estate car**) *n* camioneta

**statistic** /stə'tɪstɪk/ *n* estadística **statistics** *n* [*incontable*] estadística (*ciencia*)

⚲ **statue** /'stætʃuː/ *n* estatua

**stature** /'stætʃər/ *n* (*formal*) **1** estatus **2** (*tamaño*) estatura

⚲ **status** /'steɪtəs/ *n* categoría: *social status* posición social ◇ *marital status* estado civil ◇ *status symbol* símbolo de condición social

**statute** /'stætʃuːt/ *n* estatuto: *statute book* código **statutory** /'stætʃətɔːri; *GB* -tri/ *adj* estatutario, legal

**staunch** /stɔːntʃ/ *adj* (**stauncher, -est**) incondicional

**stave** /steɪv/ *v* **PHRV** **stave sth off 1** (*crisis*) evitar algo **2** (*ataque*) rechazar algo

**stay** /steɪ/ *vi* quedarse: *to stay (at) home* quedarse en la casa ◊ *What hotel are you staying at?* ¿En qué hotel te alojas? ◊ *to stay sober* permanecer sobrio **LOC** *Ver* CLEAR, COOL **PHRV** **stay away (from sth/sb)** permanecer alejado (de algo/algn) **stay behind** quedarse atrás **stay in** quedarse en la casa **stay on (at…)** quedarse en (…) **stay up** quedarse despierto: *to stay up late* acostarse tarde
▶ *n* estancia

**steady** /ˈstedi/ *adj* (**steadier, -iest**) **1** firme: *to hold sth steady* sujetar algo con firmeza **2** constante, regular: *a steady job/income* un empleo/sueldo fijo ◊ *a steady boyfriend* un novio formal
▶ (*pt, pp* **steadied**) **1** *vi* estabilizarse **2** *vt* ~ **yourself** recuperar el equilibrio

**steak** /steɪk/ *n* filete

**steal** /stiːl/ (*pt* **stole** /stoʊl/ *pp* **stolen** /ˈstoʊlən/) **1** *vt, vi* ~ (**sth**) (**from sth/sb**) robar (algo) (a algo/algn) ➔ *Ver nota en* ROB **2** *vi* ~ **in, out, away, etc.**: *He stole into the room.* Entró en la habitación a hurtadillas. ◊ *They stole away.* Salieron furtivamente. ◊ *to steal up on sb* acercarse a algn sin ruido

**stealth** /stelθ/ *n* sigilo: *by stealth* a hurtadillas **stealthy** *adj* sigiloso

**steam** /stiːm/ *n* vapor: *steam engine* máquina/motor de vapor **LOC** **let off steam** (*coloq*) desahogarse **run out of steam** (*coloq*) perder el ímpetu
▶ **1** *vi* echar vapor: *steaming hot coffee* café caliente humeante **2** *vt* cocinar al vapor **LOC** **get steamed (up) (about/over sth)** (*coloq*) sulfurarse (por algo) **PHRV** **steam up** empañarse

**steamer** /ˈstiːmər/ *n* **1** vaporera ➔ *Ver dibujo en* POT **2** buque de vapor

**steamroller** /ˈstiːmroʊlər/ *n* aplanadora

**steel** /stiːl/ *n* acero
▶ *vt* ~ **yourself (for/against sth)** armarse de valor (para algo)

**steep** /stiːp/ *adj* (**steeper, -est**) **1** empinado: *a steep hill* una montaña escarpada **2** (*coloq*) (*precio, etc.*) excesivo

**steeply** /ˈstiːpli/ *adv* con mucha pendiente: *The plane was climbing steeply.* El avión ascendía vertiginosamente. ◊ *Share prices fell steeply.* Las acciones bajaron en picada.

**steer** /stɪər/ **1** *vt, vi* conducir, navegar: *to steer north* seguir rumbo norte ◊ *to steer by the stars* guiarse por las estrellas **2** *vt* llevar: *He steered the discussion away from the subject.* Llevó la conversación

hacia otro tema. **LOC** *Ver* CLEAR **steering** *n* dirección

**steering wheel** *n* volante

**stem** /stem/ *n* tallo
▶ *vt* (**-mm-**) contener **PHRV** **stem from sth** tener el origen en algo

**stench** /stentʃ/ *n* hedor ➔ *Ver nota en* SMELL

**step** /step/ *vi* (**-pp-**) dar un paso, pisar: *to step on sth* pisar algo ◊ *to step over sth* pasar por encima de algo **PHRV** **step down** retirarse **step in** intervenir **step sth up** aumentar algo
▶ *n* **1** paso **2** escalón, peldaño **3** steps [*pl*] escalera **LOC** **be in step/out of step (with sth/sb) 1** (no) llevar el paso (de algo/algn) **2** (*fig*) estar de acuerdo/en desacuerdo (con algo/algn) **step by step** paso a paso **take steps to do sth** tomar medidas para hacer algo *Ver tb* WATCH

**stepbrother** /ˈstepbrʌðər/ *n* hermanastro ➔ *Ver nota en* HERMANASTRO

**stepchild** /ˈsteptʃaɪld/ *n* (*pl* **-children** /-tʃɪldrən/) hijastro, -a

**stepdaughter** /ˈstepdɔːtər/ *n* hijastra

**stepfather** /ˈstepfɑːðər/ *n* padrastro

**stepladder** /ˈsteplædər/ *n* escalera de tijera

**stepmother** /ˈstepmʌðər/ *n* madrastra

**step-parent** /ˈstep peərənt/ *n* padrastro, madrastra

**stepsister** /ˈstepsɪstər/ *n* hermanastra ➔ *Ver nota en* HERMANASTRO

**stepson** /ˈstepsʌn/ *n* hijastro

**stereo** /ˈsterioʊ/ *n* (*pl* **stereos**) estéreo

**stereotype** /ˈsteriətaɪp/ *n* estereotipo

**sterile** /ˈsterəl; *GB* -raɪl/ *adj* estéril **sterility** /stəˈrɪləti/ *n* esterilidad **sterilize** (*GB tb* **-ise**) /ˈsterəlaɪz/ *vt* esterilizar

**sterling** /ˈstɜːlɪŋ/ *adj* **1** (*plata*) de ley **2** (*formal*) excelente
▶ *n* (*GB*) libra esterlina

**stern** /stɜːrn/ *adj* (**sterner, -est**) severo, duro
▶ *n* popa

**stew** /stuː; *GB* stjuː/ *vt, vi* cocer, guisar
▶ *n* guisado, cocido

**steward** /ˈstuːərd; *GB* ˈstjuːəd/ *n* (*en avión*) sobrecargo

**stewardess** /ˈstuːərdes; *GB* ˌstjuːəˈdes; ˈstjuːədes/ *n* (*en avión*) sobrecargo (*mujer*)

**stick** /stɪk/ (*pt, pp* **stuck** /stʌk/) **1** *vt* hincar, clavar: *to stick a needle in your finger* clavarse una aguja en el dedo ◊ *to stick your fork into a potato* pescar una papa con el tenedor **2** *vt, vi* pegar(se): *Jam sticks to your fingers.* La

**S**

---

| ɜː bird | ɪə near | eə hair | ʊə tour | ʒ vision | h hat | ŋ sing |

mermelada se te pega a los dedos. **3** vt (coloq) poner: *He stuck the pen behind his ear.* Se puso la pluma detrás de la oreja. **4** vt atorarse: *The bus got stuck in the mud.* El camión se quedó atorado en el lodo. ◊ *The elevator got stuck between the floors.* El elevador se atoró entre los pisos. **5** vt (GB, coloq) aguantar ❶ En este sentido, se usa sobre todo en frases negativas e interrogativas. **PHRV** **stick around** (coloq) quedarse cerca **stick at sth** seguir trabajando, persistir en algo **stick by sb** apoyar a algn **stick out/up** (sobre)salir: *His ears stick out.* Tiene las orejas muy salidas. **stick it/sth out** (coloq) aguantar algo **stick sth out 1** (lengua, mano) sacar algo **2** (cabeza) asomar algo **stick to sth** atenerse a algo **stick together** (coloq) mantenerse unidos **stick up for sth/sb/yourself** defender algo/ a algn, defenderse

▸ n **1** palo, vara **2** bastón **3** barra: *a stick of celery* un tallo de apio ◊ *a stick of dynamite* un cartucho de dinamita

**sticker** /'stɪkər/ n calcomanía

**sticky** /'stɪki/ adj **1** pegajoso **2** (coloq) (situación) difícil

**stiff** /stɪf/ adj (**stiffer, -est**) **1** rígido, duro **2** (articulación) agarrotado **3** (sólido) espeso **4** difícil, duro **5** (persona) tieso **6** (brisa, bebida alcohólica) fuerte

▸ adv **LOC** **bored, scared, frozen, etc. stiff** (coloq) muerto de aburrimiento, miedo, frío, etc.

**stiffen** /'stɪfn/ vi **1** ponerse rígido/tieso **2** (articulación) agarrotarse

**stifle** /'staɪfl/ **1** vt, vi ahogar(se) **2** vt (rebelión) contener **3** vt (bostezo) ahogar **4** vt (ideas) ahogar, suprimir **stifling** adj sofocante

**stigma** /'stɪɡmə/ n estigma

**still1** /stɪl/ adv **1** todavía, aún

**¿Still o yet?**
**Still** se usa en frases afirmativas e interrogativas y siempre va después de los verbos auxiliares o modales: *Are you still here?* ¿Todavía estás aquí?, y antes de los demás verbos: *He still talks about her.* Todavía habla de ella.
**Yet** se usa en frases negativas y siempre va al final de la oración: *Aren't they here yet?* ¿Aún no han llegado? ◊ *He hasn't done it yet.* No lo ha hecho todavía. Sin embargo, **still** se puede usar con frases negativas cuando queremos darle énfasis a la oración. En este caso siempre se coloca delante del verbo, aunque sea auxiliar o modal: *He still hasn't*

*done it.* Aún no lo ha hecho. ◊ *He still can't do it.* Todavía no sabe hacerlo.

**2** aún así, sin embargo, no obstante: *Still, it didn't turn out badly.* De todos modos, no salió del todo mal.

**still2** /stɪl/ adj **1** quieto: *Stand still!* ¡No te muevas! ◊ *still life* bodegón **2** (agua, viento) tranquilo **3** (GB) (USA **non-carbonated**) (bebida) sin gas **stillness** n calma, quietud

**stilt** /stɪlt/ n **1** zanco **2** pilote

**stilted** /'stɪltɪd/ adj afectado, artificial

**stimulant** /'stɪmjələnt/ n estimulante

**stimulate** /'stɪmjuleɪt/ vt estimular **stimulating** adj **1** estimulante **2** interesante

**stimulus** /'stɪmjələs/ n (pl **stimuli** /-laɪ/) estímulo, incentivo

**sting** /stɪŋ/ n **1** aguijón **2** (herida) piquete **3** (dolor) picazón

▸ (pt, pp **stung** /stʌŋ/) **1** vt, vi picar **2** vi escocer **3** vt (fig) herir

**stingy** /'stɪndʒi/ adj (coloq) tacaño

**stink** /stɪŋk/ vi (pt **stank** /stæŋk/ o **stunk** /stʌŋk/ pp **stunk**) ~ (of sth) (coloq) **1** apestar (a algo) **2** (fig): *"What do you think of the idea?" "I think it stinks."* —¿Qué te parece la idea? —Me parece que apesta. **PHRV** **stink sth out** apestar algo

▸ n (coloq) peste, hedor ➔ Ver nota en SMELL **stinking** adj **1** apestoso **2** (esp GB, coloq) maldito

**stint** /stɪnt/ n periodo: *a training stint in León* un periodo de aprendizaje en León

**stipulate** /'stɪpjuleɪt/ vt (formal) estipular

**stir** /stɜːr/ (**-rr-**) **1** vt remover, agitar **2** vt, vi mover(se) **3** vt (imaginación, etc.) despertar **PHRV** **stir sth up** provocar algo

▸ n **1** *to give sth a stir* remover algo **2** [sing] alboroto **stirring** adj emocionante

**stirrup** /'stɪrəp/ n estribo

**stitch** /stɪtʃ/ n **1** (Costura) puntada **2** (Med, tejido) punto, puntada **3** dolor de caballo: *I got a stitch in my side.* Me dio dolor de caballo. **LOC** **in stitches** (coloq) muerto de risa

▸ vt, vi coser

**stitching** n costura

**stock** /stɑk/ n **1** existencias: *in stock/out of stock* en existencia/agotado **2** ~ (of sth) surtido, reserva (de algo) [gen pl] **3** (Fin) acción **4** [incontable] (de empresa) capital social **5** (Cocina) caldo **6** Ver LIVESTOCK **LOC** **take stock (of sth)** hacer balance (de algo)

▶ vt tener (existencias de) **PHRV** **stock up (on/with sth)** abastecerse (de algo)

▶ adj (pey) (frase, etc.) gastado, manido

**stockbroker** /ˈstɑkbroʊkər/ (tb **broker**) n corredor, -ora de bolsa

**stock exchange** (tb **stock market**) n bolsa (de valores)

**stocking** /ˈstɑkɪŋ/ n media

**stocky** /ˈstɑki/ adj (**stockier, -iest**) rechoncho ➔ Ver nota en GORDO

**stodgy** /ˈstɑdʒi/ adj (coloq, pey) (comida, libro) pesado

**stoke** /stoʊk/ vt ~ **sth (up) (with sth)** cargar algo (de algo)

**stole, stolen** pt, pp de STEAL

**stolid** /ˈstɑlɪd/ adj (pey) impasible

ℓ **stomach** /ˈstʌmək/ n 1 estómago 2 vientre: stomach ache dolor de estómago/vientre **LOC** **have no stomach for sth** no tener ganas de algo
▶ vt aguantar

En este sentido, se usa sobre todo en frases negativas e interrogativas: I can't stomach too much violence in movies. No soporto las películas con demasiada violencia.

ℓ **stone** /stoʊn/ n 1 piedra: the Stone Age la Edad de Piedra 2 (esp GB) (USA pit) (de fruta) hueso 3 (GB) (pl stone) unidad de peso equivalente a 14 libras o 6.348 kg
▶ vt apedrear

**stoned** /stoʊnd/ adj (coloq) 1 pacheco 2 (con alcohol) hasta atrás

**stoneware** /ˈstoʊnwɛr/ n [incontable] vajilla

**stony** /ˈstoʊni/ adj (**stonier, -iest**) 1 pedregoso, cubierto de piedras 2 (mirada) frío 3 (silencio) sepulcral

**stood** pt, pp de STAND

**stool** /stuːl/ n taburete

**stoop** /stuːp/ vi ~ (**down**) agacharse, inclinarse **LOC** **stoop so low (as to do sth)** (formal) llegar tan bajo (como para hacer algo)
▶ n: to walk with/have a stoop andar encorvado

ℓ **stop** /stɑp/ (-pp-) 1 vt, vi parar(se), detener(se) 2 vt ~ (**doing**) **sth** dejar de hacer algo: Stop it! ¡Basta ya! 3 vt ~ **sth/sb (from) doing sth** impedir que algo/algn haga algo: to stop yourself doing sth hacer un esfuerzo por no hacer algo 4 vt (proceso) interrumpir 5 vt (injusticia, etc.) acabar con, poner fin a 6 vt cancelar 7 vt (pago) suspender 8 vt (cheque) anular 9 vt (GB, coloq) quedarse **LOC** **stop short of (doing) sth** no llegar a (hacer) algo Ver tb BUCK **PHRV** **stop off (at/in…)** pasar (por…)

623 | **straight**

▶ n 1 parada, alto: to come to a stop detenerse/parar(se) 2 (camión, tren, etc.) parada 3 (ortografía) punto

**stopgap** /ˈstɑpgæp/ n recurso provisional

**stopover** /ˈstɑpoʊvər/ n escala (en un viaje)

**stoppage** /ˈstɑpɪdʒ/ n 1 suspensión, paro 2 (Dep) deducciones: stoppage time tiempo de descuento

**stopper** /ˈstɑpər/ n tapón

**stopwatch** /ˈstɑpwɑtʃ/ n cronómetro

**storage** /ˈstɔːrɪdʒ/ n 1 almacenamiento, almacenaje: storage space sitio para guardar cosas 2 depósito, almacén

ℓ **store** /stɔːr/ n 1 tienda, almacén ➔ Ver nota en TIENDA 2 provisión, reserva 3 stores [pl] provisiones, víveres **LOC** **in store for sb** reservado a algn (sorpresa, etc.)
▶ vt ~ **sth (away/up)** almacenar, guardar, acumular algo

**storeroom** /ˈstɔːruːm, -rʊm/ n despensa, almacén

**stork** /stɔːrk/ n cigüeña

ℓ **storm** /stɔːrm/ n tormenta, temporal: a storm of criticism fuertes críticas ◇ storm windows doble acristalamiento
▶ 1 vi ~ **in/off/out** entrar/irse/salir furioso 2 vt (edificio) tomar por asalto

**stormy** adj (**stormier, -iest**) 1 tormentoso 2 (debate) acalorado 3 (relación) turbulento

ℓ **story** /ˈstɔːri/ n (pl **stories**) 1 historia 2 cuento 3 (Period) noticia 4 (GB **storey**) (planta) piso

**stout** /staʊt/ adj 1 fuerte 2 gordo ➔ Ver nota en GORDO

ℓ **stove** /stoʊv/ n 1 cocina 2 estufa

**stow** /stoʊ/ vt ~ **sth (away)** guardar algo

**straddle** /ˈstrædl/ vt poner una pierna a cada lado de

**straggle** /ˈstrægl/ vi 1 (planta) desparramarse 2 (persona) rezagarse **straggler** n rezagado, -a **straggly** adj desordenado, desaliñado

ℓ **straight** /streɪt/ adj 1 recto 2 en orden 3 derecho 4 (honesto) franco 5 (pelo) lacio 6 (GB **neat**) (bebida alcohólica) solo 7 (coloq) heterosexual **LOC** **get sth straight** dejar algo claro **keep a straight face** no reírse **LOC** Ver RECORD
▶ adv 1 en línea recta: Look straight ahead. Mira recto. 2 (sentarse) derecho 3 (pensar) claramente 4 (irse) directamente **LOC** **straight away** (tb straight-away) inmediatamente **straight off/out** (coloq) sin vacilar

i: see   ɪ sit   e ten   æ cat   ɑ hot   ɔ: saw   ʌ cup   ʊ put   u: too

**straighten** /'streɪtn/ **1** vi volverse recto **2** vt, vi (la espalda) enderezar(se) **3** vt (corbata, falda) arreglar PHRV **straighten sth out** desenmarañar algo **straighten up** enderezarse

**straightforward** /ˌstreɪt'fɔːrwərd/ adj **1** (proceso, solución, etc.) sencillo **2** (persona) honrado, franco **3** (respuesta) directo

**strain** /streɪn/ **1** vi esforzarse **2** vt (músculo, espalda) torcer **3** vt (vista, voz, corazón) forzar **4** vt (oído) aguzar **5** vt (infraestructura, relaciones, etc.) poner a prueba **6** vt ~ **sth off** colar algo
▶ n **1** tensión: *Their relationship is showing signs of strain.* Su relación da muestras de tensión. **2** torcedura: *eye strain* vista cansada
**strained** adj **1** (risa, tono de voz) forzado **2** preocupado

**strainer** /'streɪnər/ n colador

**straitjacket** /'streɪtdʒækɪt/ n camisa de fuerza

**straits** /streɪts/ n [pl] **1** estrecho: *the Straits of Gibraltar* el Estrecho de Gibraltar **2** *in dire straits* en una situación desesperada

**strand** /strænd/ n **1** hebra, hilo **2** mechón

**stranded** /'strændɪd/ adj abandonado: *to be left stranded* quedarse colgado

**strange** /streɪndʒ/ adj (**stranger, -est**) **1** raro, extraño: *I find it strange that…* Me extraña que… **2** desconocido

**stranger** /'streɪndʒər/ n **1** desconocido, -a **2** forastero, -a

**strangle** /'stræŋgl/ vt estrangular, ahogar

**strap** /stræp/ n **1** correa, tira ➔ Ver dibujo en LUGGAGE, RELOJ **2** (de vestido) tirante
▶ vt **1** sujetar, amarrar (con correa) **2** ~ **sth (up)** (Med) vendar algo **strap sb in** ponerle cinturón de seguridad a algn

**strategic** /strə'tiːdʒɪk/ adj estratégico

**strategy** /'strætədʒi/ n (pl **strategies**) estrategia

**straw** /strɔː/ n **1** paja: *a straw hat* un sombrero de paja **2** popote LOC **the last/ final straw** la gota que colma el vaso

**strawberry** /'strɔːberi; GB -bəri/ n (pl **strawberries**) fresa: *strawberries and cream* fresas con crema

**stray** /streɪ/ vi **1** extraviarse **2** apartarse
▶ adj **1** extraviado: *a stray dog* un perro callejero **2** aislado: *a stray bullet* una bala perdida

**streak** /striːk/ n **1** veta **2** (de carácter) rasgo, vena **3** (de suerte) racha: *to be on a winning/losing streak* tener una racha de suerte/mala suerte
▶ vt **1** ~ **sth (with sth)** rayar, vetear algo (de algo) **2** vi correr como un rayo

**stream** /striːm/ n **1** arroyo, riachuelo **2** (de líquido, palabras) torrente **3** (de gente) oleada **4** (de coches) caravana
▶ vi **1** (agua, sangre) manar **2** (lágrimas) correr **3** (luz) entrar/salir a raudales **4** (personas, coches, etc.) entrar, salir, pasar, etc. de forma continua

**streamer** /'striːmər/ n serpentina

**streamline** /'striːmlaɪn/ vt **1** hacer más aerodinámico **2** (proceso, organización) hacer más eficiente

**street** /striːt/ n (abrev St.) calle: *the main street* la calle principal

> Nótese que cuando **street** va precedido por el nombre de la calle, se escribe con mayúscula: *Chestnut Street* la calle Chestnut. ➔ Ver tb nota en CALLE

LOC **be streets ahead (of sth/sb)** (GB, coloq) llevar mucha ventaja (a algo/algn) **(right) up your street** (esp GB, coloq): *This job seems right up your street.* Este trabajo parece hecho a tu medida. Ver tb MAN

**streetcar** /'striːtkɑr/ n (GB **tram**) n tranvía

**strength** /streŋθ/ n **1** [incontable] fuerza **2** (material) resistencia **3** (luz, emoción) intensidad **4** punto fuerte LOC **on the strength of sth** fundándose en algo, confiando en algo **strengthen** vt, vi fortalecer(se), reforzar(se)

**strenuous** /'strenjuəs/ adj **1** agotador **2** vigoroso

**stress** /stres/ n **1** estrés, tensión (nerviosa) **2** (presión física) tensión **3** ~ **(on sth)** énfasis (en algo) **4** (Ling, Mús) acento
▶ **1** vt subrayar, recalcar **2** vt, vi ~ **(sb) (out)** estresar a algn, estresarse
**stressful** adj estresante

**stretch** /stretʃ/ **1** vt, vi estirar(se), alargar(se) **2** vi desperezarse **3** vi (terreno, etc.) extenderse **4** vt (persona) exigir el máximo esfuerzo a LOC **stretch your legs** (coloq) estirar las piernas PHRV **stretch (yourself) out** tenderse
▶ n **1** *to have a stretch* estirarse **2** elasticidad **3** ~ **(of sth)** (terreno) trecho (de algo) **4** (tiempo) intervalo, periodo LOC **at a stretch** sin interrupción, seguidos

**stretcher** /'stretʃər/ n camilla

**strewn** /struːn/ adj **1** ~ **on, over, across, etc. sth** desparramado por algo **2** ~ **with sth** cubierto de algo

**stricken** /'strɪkən/ adj ~ **(with/by sth)** (formal) afligido (por algo): *drought-*

*stricken areas* zonas afectadas por la sequía

ᶘ **strict** /strɪkt/ *adj* (**stricter, -est**) **1** severo **2** estricto, preciso LOC **in (the) strictest confidence** con la más absoluta reserva

ᶘ **strictly** /'strɪktli/ *adv* **1** severamente **2** estrictamente: *strictly prohibited* terminantemente prohibido LOC **strictly speaking** en rigor

**stride** /straɪd/ *vi* (*pt* **strode** /strəʊd/) **1** andar a pasos largos **2** ~ **up to sth/sb** acercarse resueltamente a algo/algn
▸ *n* **1** zancada **2** (*modo de andar*) paso LOC **take sth in (your) stride** tomárselo con calma

**strident** /'straɪdnt/ *adj* estridente

**strife** /straɪf/ *n* [*incontable*] (*formal*) lucha, conflicto

ᶘ **strike** /straɪk/ *n* **1** huelga: *to go on strike* declararse en huelga **2** (*Mil*) ataque
▸ (*pt, pp* **struck** /strʌk/) **1** *vt* (*formal*) golpear, pegar **2** *vt* (*formal*) chocar contra **3** *vt* (*formal*) (*coche, etc.*) atropellar **4** *vi* atacar **5** *vt* impresionar a, llamar la atención a: *I was struck by the similarity between them.* Me impresionó lo parecidos que eran. **6** *vt, vi* (*reloj*) dar (la hora) **7** *vt* (*oro, etc.*) hallar **8** *vt* (*cerillo*) encender **9** *vt*: *It strikes me that…* Se me ocurre que… LOC *Ver* HOME
PHRV **strike back (at/against sth/sb)** devolver el golpe, contraatacar (a algo/algn) **strike up (sth)** empezar a tocar (algo) **strike up sth (with sb)** entablar algo (con algn)

**striker** /'straɪkər/ *n* **1** huelguista **2** (*Dep*) delantero, -a

ᶘ **striking** /'straɪkɪŋ/ *adj* llamativo

ᶘ **string** /strɪŋ/ *n* **1** mecate, cuerda: *I need some string to tie up this package.* Necesito un mecate, para atar este paquete. ⊃ *Ver dibujo en* CUERDA **2** (*de perlas, etc.*) sarta LOC **(with) no strings attached; without strings** sin condiciones *Ver tb* PULL
▸ *vt* (*pt, pp* **strung** /strʌŋ/) ~ **sth (up)** colgar algo (*con cuerda, etc.*) PHRV **string sth out** extender algo **string sth together** hilar algo

**stringent** /'strɪndʒənt/ *adj* riguroso

ᶘ **strip** /strɪp/ (**-pp-**) **1** *vt, vi* ~ **sb**; ~ **off** desnudar a algn, desnudarse **2** *vt* ~ **sth (off)** (*ropa, papel, pintura, etc.*) quitar algo **3** *vt* ~ **sth (down)** (*máquina*) desmantelar algo **4** *vt* ~ **sth of sth** despojar a algo de algo **5** *vt* ~ **sb of sth** quitarle algo a algn
▸ *n* **1** (*de papel, metal, etc.*) tira **2** (*de tierra, agua, etc.*) franja

ᶘ **stripe** /straɪp/ *n* raya

ᶘ **striped** /straɪpt/ *adj* de rayas, rayado

**strive** /straɪv/ *vi* (*pt* **strove** /strəʊv/ *pp* **striven** /'strɪvn/) ~ **(for sth/to do sth)** (*formal*) esforzarse (por alcanzar algo)

**strode** *pt de* STRIDE

ᶘ **stroke** /strəʊk/ *n* **1** golpe: *a stroke of luck* un golpe de suerte **2** (*Natación*) brazada **3** trazo (*de lapicero, etc.*) **4** campanada **5** (*Med*) embolia LOC **at a/one stroke** de un golpe **not do a stroke (of work)** (*esp GB*) no dar ni golpe
▸ *vt* acariciar

**stroll** /strəʊl/ *n* paseo: *to go for/take a stroll* dar un paseo
▸ *vi* caminar

**stroller** /'strəʊlər/ (*GB* **pushchair**) *n* carreola

ᶘ **strong** /strɔːŋ; *GB* strɒŋ/ *adj* (**stronger, -est**) fuerte LOC **be going strong** (*coloq*) estar muy fuerte **be sb's strong point/suit** ser el fuerte de algn

**strong-minded** /ˌstrɔːŋ 'maɪndɪd; *GB* ˌstrɒŋ/ *adj* decidido

**strove** *pt de* STRIVE

**struck** *pt, pp de* STRIKE

ᶘ **structure** /'strʌktʃər/ *n* **1** estructura **2** construcción
▸ *vt* estructurar

ᶘ **struggle** /'strʌgl/ *vi* **1** ~ **(for sth/to do sth)** luchar (por algo/hacer algo) **2** ~ **(with/ against sth/sb)** forcejear (con algo/algn)
▸ *n* **1** lucha **2** esfuerzo

**strung** *pt, pp de* STRING

**strut** /strʌt/ *n* puntal, riostra
▸ *vi* (**-tt-**) ~ **(along/around)** pavonearse

**stub** /stʌb/ *n* **1** cabo **2** (*de cigarrillo*) colilla **3** (*de cheque*) talón

**stubble** /'stʌbl/ *n* [*incontable*] **1** barba (incipiente) **2** rastrojo

**stubborn** /'stʌbərn/ *adj* **1** terco, tenaz **2** (*mancha, tos*) rebelde

**stuck** /stʌk/ *adj* **1** atascado: *to get stuck* atascarse **2** ~ **(on sth)** atorado, trabado (en algo) **3** (*esp GB, coloq*): *to be/get stuck with sth/sb* tener que cargar con algo/ tener que aguantar a algn *Ver tb* STICK

**stuck-up** /ˌstʌk 'ʌp/ *adj* (*coloq, pey*) engreído

**stud** /stʌd/ *n* **1** tachuela **2** (*GB*) (*en zapato*) taco **3** caballo semental **4** (*tb* **stud farm**) caballeriza

ᶘ **student** /'stuːdnt; *GB* 'stjuː-/ *n* **1** estudiante (*de universidad*) **2** alumno, -a

**studied** /'stʌdid/ *adj* deliberado

ᶘ **studio** /'stuːdiəʊ; *GB* 'stjuː-/ *n* (*pl* **studios**) **1** taller (*de artista, etc.*) **2** (*Cine, TV*) estudio **3** (*tb* **studio apartment**) estudio

S

ɜː bird    ɪə near    eə hair    ʊə tour    ʒ vision    h hat    ŋ sing

**studious** /ˈstuːdiəs; GB ˈstjuː-/ adj estudioso

ᴘ **study** /ˈstʌdi/ n (pl **studies**) **1** estudio **2** despacho, estudio
▸ vt, vi (pt, pp **studied**) estudiar

ᴘ **stuff** /stʌf/ n [incontable] (coloq) **1** material, sustancia **2** cosas
▸ vt **1** ~ sth (with sth) rellenar algo (con algo) **2** ~ sth in; ~ sth into, under, etc. sth meter algo a la fuerza (en, debajo de, etc. algo) **3** ~ yourself (with sth) atiborrarse (de algo) **4** (animal) disecar **ʟᴏᴄ** get stuffed! (GB, coloq) ¡véte a la goma!
**stuffing** n relleno

**stuffy** /ˈstʌfi/ adj (stuffier, -iest) **1** sofocado, mal ventilado **2** (coloq, pey) (persona) estirado

**stumble** /ˈstʌmbl/ vi **1** ~ (over/on sth) dar un traspié (con algo) **2** ~ (over/through sth) equivocarse (en algo) **ᴘʜʀᴠ** stumble across/on sth/sb (fig) tropezarse con algo/algn

**stumbling block** /ˈstʌmblɪŋ blɑk/ n obstáculo

**stump** /stʌmp/ n **1** (de árbol) tocón **2** (de miembro) muñón

**stun** /stʌn/ vt (-nn-) **1** asombrar **2** aturdir

**stung** pt, pp de STING

**stunk** pt, pp de STINK

**stunning** /ˈstʌnɪŋ/ adj alucinante, impresionante

**stunt** /stʌnt/ n (coloq) **1** truco **2** acrobacia
▸ vt frenar el crecimiento de

**stupendous** /stuːˈpendəs; GB stjuː-/ adj formidable, estupendo

ᴘ **stupid** /ˈstuːpɪd; GB ˈstjuː-/ adj (stupider, -est) tonto, estúpido ➲ Ver nota en TONTO
**stupidity** /stuːˈpɪdəti; GB stjuː-/ n estupidez

**stupor** /ˈstuːpər; GB ˈstjuː-/ n [sing] estupor, aletargamiento: in a drunken stupor embrutecido por la bebida

**sturdy** /ˈstɜːrdi/ adj (sturdier, -iest) **1** (zapatos, constitución) fuerte **2** (mesa, etc.) sólido **3** (persona, planta) robusto

**stutter** /ˈstʌtər/ vi, n Ver STAMMER

**sty** /staɪ/ n **1** (pl sties) pocilga **2** (tb stye) (pl sties/styes) perrilla

ᴘ **style** /staɪl/ n **1** estilo **2** modo **3** distinción **4** modelo: the latest style la última moda **stylish** adj de mucho estilo

**stylist** /ˈstaɪlɪst/ (tb hair stylist) n peluquero, -a, estilista

**suave** /swɑv/ adj sofisticado y afable (a veces poco sincero)

**subconscious** /ˌsʌbˈkɑnʃəs/ adj, n subconsciente

**subdivide** /ˌsʌbdɪˈvaɪd, ˈsʌbdɪvaɪd/ vt, vi ~ (sth) (into sth) subdividir algo, subdividirse (en algo)

**subdue** /səbˈduː; GB -ˈdjuː/ vt someter **subdued** adj **1** (persona) abatido **2** (luz, color) suave **3** (voz) bajo

ᴘ **subject** /ˈsʌbdʒekt, -dʒɪkt/ n **1** tema **2** asignatura **3** (Gram, persona) sujeto **4** súbdito, -a
▸ adj ~ to sth sujeto a algo
▸ v /səbˈdʒekt/ **ᴘʜʀᴠ** subject sth/sb to sth someter, exponer algo/a algn a algo

**subjective** /səbˈdʒektɪv/ adj subjetivo

**subject matter** n [incontable] tema

**subjunctive** /səbˈdʒʌŋktɪv/ n subjuntivo

**sublime** /səˈblaɪm/ adj sublime

**submarine** /ˈsʌbməriːn, ˌsʌbməˈriːn/ adj, n submarino

**submerge** /səbˈmɜːrdʒ/ **1** vi sumergirse **2** vt sumergir, inundar

**submission** /səbˈmɪʃn/ n **1** sumisión **2** (documento, decisión) presentación

**submissive** /səbˈmɪsɪv/ adj sumiso

**submit** /səbˈmɪt/ (-tt-) **1** vt ~ sth (to sth/sb) presentar algo (a algo/algn): Applications must be submitted by July 1. El plazo de entrega de solicitudes termina el 1 de julio. **2** vi ~ (to sth/sb) someterse, rendirse (a algo/algn)

**subordinate** /səˈbɔːrdɪnət/ adj, n subordinado, -a
▸ vt /səˈbɔːrdɪneɪt/ subordinar

**subscribe** /səbˈskraɪb/ vi ~ (to sth) suscribirse (a algo) **ᴘʜʀᴠ** subscribe to sth (formal) ser partidario de algo **subscriber** n **1** suscriptor, -ora **2** abonado, -a **subscription** /səbˈskrɪpʃn/ n **1** suscripción **2** (GB) cuota

**subsequent** /ˈsʌbsɪkwənt/ adj [sólo antes de sustantivo] posterior **subsequently** adv (formal) posteriormente, más tarde

**subsequent to** prep (formal) posterior a, después de

**subside** /səbˈsaɪd/ vi **1** (viento, lluvia) amainar **2** (agua) bajar **3** (emoción) calmarse **4** (edificio) hundirse **subsidence** /səbˈsaɪdns, ˈsʌbsɪdns/ n hundimiento

**subsidiary** /səbˈsɪdieri; GB -diəri/ adj secundario, subsidiario
▸ n (pl subsidiaries) filial

**subsidize** (GB tb -ise) /ˈsʌbsɪdaɪz/ vt subsidiar

**subsidy** /ˈsʌbsədi/ n (pl subsidies) subsidio

**subsist** /səbˈsɪst/ vi ~ **(on sth)** subsistir (a base de algo) **subsistence** n subsistencia

**substance** /ˈsʌbstəns/ n **1** sustancia **2** esencia

**substantial** /səbˈstænʃl/ adj **1** considerable, importante **2** (construcción) sólido

**substantially** /səbˈstænʃəli/ adv (formal) **1** considerablemente **2** esencialmente

**substitute** /ˈsʌbstɪtuːt; GB -tjuːt/ n **1** ~ **(for sb)** sustituto (de algn) **2** ~ **(for sth)** sustitutivo (de algo) **3** (Dep) reserva ▸ vt ~ **sth/sb (for sth/sb)** sustituir algo/a algn (por algo/algn): Substitute honey for sugar/sugar with honey. Sustituya el azúcar por miel.

**subtle** /ˈsʌtl/ adj (**subtler, -est**) **1** sutil **2** (sabor) delicado **3** (persona) agudo, perspicaz **4** (olor, color) suave **subtlety** n (pl **subtleties**) sutileza

**subtract** /səbˈtrækt/ vt, vi ~ **(sth) (from sth)** restar (algo) (de algo) **subtraction** n sustracción, resta

**suburb** /ˈsʌbɜːrb/ n suburbio, colonia residencial **suburban** /səˈbɜːrbən/ adj suburbano

**subversive** /səbˈvɜːrsɪv/ adj subversivo

**subway** /ˈsʌbweɪ/ n **1** (USA) (GB **underground**) metro **2** (GB) subterráneo

**succeed** /səkˈsiːd/ **1** vi tener éxito, triunfar **2** vi ~ **in doing sth** conseguir, lograr hacer algo **3** vt suceder **4** vi ~ **(to sth)** heredar algo: to succeed to the throne subir al trono

**success** /səkˈses/ n éxito: to be a success tener éxito ◊ Hard work is the key to success. El trabajo es la clave del éxito.

**successful** /səkˈsesfl/ adj exitoso: a successful writer un escritor exitoso ◊ the successful candidate el candidato elegido ◊ to be successful in doing sth lograr hacer algo con éxito

**succession** /səkˈseʃn/ n **1** sucesión **2** serie **LOC** in succession: three times in quick succession tres veces seguidas

**successor** /səkˈsesər/ n ~ **(to sth/sb)** sucesor, -ora (a/para algo/de algn): successor to the former world title holder sucesor del último campeón del mundo

**succumb** /səˈkʌm/ vi ~ **(to sth)** sucumbir (a algo)

**such** /sʌtʃ/ adj, pron **1** semejante, tal: Whatever gave you such an idea? ¿Cómo se te ocurre semejante idea? ◊ I did no such thing! ¡Yo no hice tal cosa! ◊ There's no such thing as ghosts. Los fantasmas no existen. **2** [uso enfático] tan, tanto: I'm in such a hurry. Tengo

627 | **suit**

muchísima prisa. ◊ We had such a wonderful time. La pasamos de maravilla.

**Such** se usa con adjetivos que acompañan a un sustantivo y **so** con adjetivos solos. Compárense los siguientes ejemplos: The food was so good. ◊ We had such good food. ◊ You are so intelligent. ◊ You are such an intelligent person.

**LOC** as such como tal: It's not a promotion as such. No es un ascenso estrictamente dicho. in such a way that... de tal manera que... such as por ejemplo

**suck** /sʌk/ **1** vt, vi chupar **2** vt, vi (bomba) succionar **3** vi (argot) ser una porquería: Their new CD sucks. Su nuevo CD es una porquería. **sucker** n (coloq) bobo, -a

**sudden** /ˈsʌdn/ adj súbito, repentino **LOC** all of a sudden de pronto

**suddenly** /ˈsʌdənli/ adv de pronto

**suds** /sʌdz/ n [pl] espuma

**sue** /suː; GB tb sjuː/ vt, vi ~ **(sb) (for sth)** demandar (a algn) (por algo)

**suede** /sweɪd/ n ante, gamuza

**suffer** /ˈsʌfər/ **1** vi ~ **(from sth)** padecer (de algo) **2** vt (dolor, derrota) sufrir **3** vi ser perjudicado

**suffering** /ˈsʌfərɪŋ/ n [incontable] sufrimiento

**sufficient** /səˈfɪʃnt/ adj ~ **(for sth/sb)** suficiente (para algo/algn)

**suffix** /ˈsʌfɪks/ n sufijo

**suffocate** /ˈsʌfəkeɪt/ **1** vt, vi asfixiar(se) **2** vi ahogarse **suffocating** adj sofocante **suffocation** n asfixia

**sugar** /ˈʃʊɡər/ n azúcar: sugar cube/lump terrón de azúcar ◊ sugar bowl azucarero

**suggest** /səˈdʒest, səˈdʒ-/ vt **1** sugerir: I suggest you go to the doctor. Te aconsejo que vayas al médico. **2** indicar **3** insinuar

**suggestion** /səˈdʒestʃən, səˈdʒ-/ n **1** sugerencia **2** indicio **3** insinuación

**suggestive** /səˈdʒestɪv, səˈdʒ-/ adj **1** ~ **(of sth)** indicativo (de algo) **2** insinuante

**suicidal** /ˌsuːɪˈsaɪdl/ adj **1** suicida **2** a punto de suicidarse

**suicide** /ˈsuːɪsaɪd/ n **1** suicidio: to commit suicide suicidarse **2** (formal) suicida

**suit** /suːt; GB tb sjuːt/ n **1** traje: a two/three-piece suit un traje de dos/tres piezas **2** (Naipes) palo **⊃** Ver nota en BARAJA **LOC** Ver STRONG ▸ vt **1** quedar bien **2** convenir **3** sentar bien

**suitability** /ˌsuːtəˈbɪləti; *GB tb* ˌsjuː-/ *n* aptitud

**suitable** /ˈsuːtəbl; *GB tb* ˈsjuː-/ *adj* ~ **(for sth/sb) 1** adecuado (para algo/algn) **2** conveniente (para algo/algn) **suitably** *adv* debidamente

**suitcase** /ˈsuːtkeɪs; *GB tb* ˈsjuːt-/ *n* maleta ⊃ *Ver dibujo en* LUGGAGE

**suite** /swiːt/ *n* **1** (*hotel*) suite **2** juego: *a dining-room suite* un juego de sala

**suited** /ˈsuːtɪd; *GB tb* ˈsjuː-/ *adj* ~ **(to/for sth/sb)** adecuado (para algo/algn): *He and his wife are well suited (to each other).* Él y su esposa están hechos el uno para el otro.

**sulfur** (*GB* **sulphur**) /ˈsʌlfər/ *n* azufre

**sulk** /sʌlk/ *vi* (*pey*) enfurruñarse, tener la cara larga **sulky** *adj* (*pey*) enfurruñado, de mal humor

**sullen** /ˈsʌlən/ *adj* (*pey*) hosco

**sultan** /ˈsʌltən/ *n* sultán

**sultana** /sʌlˈtænə; *GB* -ˈtɑːnə/ (*GB*) (*USA* **golden raisin**) *n* pasa (*de Esmirna*)

**sultry** /ˈsʌltri/ *adj* **1** bochornoso **2** sensual

**sum** /sʌm/ *n* **1** suma, cantidad: *the sum of $200* la suma de 200 dólares **2** (*esp GB*): *to be good at sums* ser bueno en aritmética *Ver tb* LUMP SUM
▸ *v* (**-mm-**) **PHRV** **sum (sth) up** resumir (algo): *To sum up...* En resumen... **sum sth/sb up** hacerse una idea de algo/algn

**summarize** (*GB tb* **-ise**) /ˈsʌməraɪz/ *vt, vi* resumir

**summary** /ˈsʌməri/ *n* (*pl* **summaries**) resumen

**summer** /ˈsʌmər/ *n* verano: *a summer's day* un día de verano ◊ *summer weather* tiempo veraniego **summery** *adj* veraniego

**summit** /ˈsʌmɪt/ *n* cumbre: *summit conference/meeting* cumbre

**summon** /ˈsʌmən/ *vt* **1** (*formal*) convocar, llamar: *to summon help* pedir ayuda **2** ~ **sth (up)** (*valor, etc.*) hacer acopio de algo, armarse de algo: *I couldn't summon (up) the energy.* No encontré la energía. **PHRV** **summon sth up** evocar algo

**summons** /ˈsʌmənz/ *n* (*pl* **summonses**) (*Jur*) citación

**sun** /sʌn/ *n* sol: *The sun was shining.* Hacía sol.
▸ *vt* (**-nn-**) ~ **yourself** asolearse

**sunbathe** /ˈsʌnbeɪð/ *vi* tomar el sol

**sunbeam** /ˈsʌnbiːm/ *n* rayo de sol

**sunblock** /ˈsʌnblɒk/ *n* bloqueador solar

**sunburn** /ˈsʌnbɜːrn/ *n* [*incontable*] quemadura de sol: *to get a sunburn* quemarse ⊃ *Comparar con* SUNTAN **sunburned** (*tb* **sunburnt**) *adj* quemado por el sol

**suncream** /ˈsʌnkriːm/ *n* (*esp GB*) bronceador

**sundae** /ˈsʌndeɪ/ *n* copa de helado, sundae

**Sunday** /ˈsʌndeɪ, -di/ *n* (*abrev* Sun.) domingo ⊃ *Ver ejemplos en* MONDAY

**sunflower** /ˈsʌnflaʊər/ *n* girasol

**sung** *pp de* SING

**sunglasses** /ˈsʌnɡlæsɪz; *GB* -ɡlɑːs-/ *n* [*pl*] lentes oscuros (de sol): *a pair of sunglasses* unos lentes oscuros ⊃ *Ver nota en* PAIR

**sunk** *pp de* SINK

**sunken** /ˈsʌŋkən/ *adj* hundido

**sunlight** /ˈsʌnlaɪt/ *n* luz solar, luz del sol

**sunlit** /ˈsʌnlɪt/ *adj* iluminado por el sol

**sunny** /ˈsʌni/ *adj* (**sunnier, -iest**) **1** soleado: *It's sunny today.* Hoy hace sol. **2** (*personalidad*) alegre

**sunrise** /ˈsʌnraɪz/ *n* salida del sol

**sunset** /ˈsʌnset/ *n* puesta del sol

**sunshine** /ˈsʌnʃaɪn/ *n* (luz del) sol: *Let's sit in the sunshine.* Sentémonos al sol.

**sunstroke** /ˈsʌnstroʊk/ *n* [*incontable*] insolación: *to get sunstroke* darle a uno una insolación

**suntan** /ˈsʌntæn/ *n* bronceado ⊃ *Comparar con* SUNBURN **suntanned** *adj* bronceado

**super** /ˈsuːpər/ *adj* (*coloq*) estupendo

**superb** /suːˈpɜːrb/ *adj* magnífico **superbly** *adv* de maravilla: *a superbly situated house* una casa en un sitio magnífico

**the Super Bowl** *n* la final del campeonato anual de fútbol americano

**superficial** /ˌsuːpərˈfɪʃl/ *adj* superficial **superficiality** /ˌsuːpərˌfɪʃiˈæləti/ *n* superficialidad **superficially** *adv* superficialmente, aparentemente

**superfluous** /suːˈpɜːrfluəs/ *adj* superfluo, innecesario: *to be superfluous* estar de más

**superhuman** /ˌsuːpərˈhjuːmən/ *adj* sobrehumano

**superimpose** /ˌsuːpərɪmˈpoʊz/ *vt* ~ **sth (on/onto sth)** sobreponer algo (en algo)

**superintendent** /ˌsuːpərɪnˈtendənt/ *n* **1** inspector, -ora (*de policía*) **2** encargado, -a, superintendente

**superior** /suːˈpɪəriər/ *adj* **1** ~ **(to sth/sb)** superior (a algo/algn) **2** (*persona, actitud*) soberbio

▶ *n* superior: *Mother Superior* la Madre Superiora

**superiority** /suːˌpɪəriˈɔːrəti/ *n* ~ **(in sth)**; ~ **(to/over sth/sb)** superioridad (en algo), superioridad (sobre algo/algn)

**superlative** /suːˈpɜːrlətɪv/ *adj, n* superlativo

Ɂ **supermarket** /ˈsuːpərmɑːrkɪt/ *n* supermercado

**supernatural** /ˌsuːpərˈnætʃərəl/ *adj, n* (lo) sobrenatural

**superpower** /ˈsuːpərpaʊər/ *n* superpotencia

**supersede** /ˌsuːpərˈsiːd/ *vt* reemplazar, sustituir

**superstition** /ˌsuːpərˈstɪʃn/ *n* superstición **superstitious** *adj* supersticioso

**superstore** /ˈsuːpərstɔːr/ *n* hipermercado

**supervise** /ˈsuːpərvaɪz/ *vt* supervisar **supervision** /ˌsuːpərˈvɪʒn/ *n* supervisión **supervisor** /ˈsuːpərvaɪzər/ *n* supervisor, -ora

**supper** /ˈsʌpər/ *n* cena: *to have supper* cenar ⊃ *Ver nota en* DINNER

**supple** /ˈsʌpl/ *adj* flexible

**supplement** /ˈsʌplɪmənt/ *n* **1** suplemento, complemento **2** (*de libro*) apéndice
▶ *vt* /ˈsʌplɪment/ ~ **sth (with sth)** complementar, completar algo (con algo)

**supplementary** /ˌsʌplɪˈmentri/ *adj* adicional, suplementario

**supplier** /səˈplaɪər/ *n* proveedor, -ora, suministrador, -ora

Ɂ **supply** /səˈplaɪ/ *vt* (*pt, pp* supplied) **1** ~ **sb (with sth)** proveer, abastecer a algn (de algo) **2** ~ **sth (to sb)** suministrar, proporcionar, facilitar algo (a algn)
▶ *n* (*pl* **supplies**) **1** suministro, provisión **2** supplies [*pl*] víveres **3** supplies [*pl*] (*Mil*) pertrechos **LOC** be in plentiful/short supply abundar/escasear supply and demand la oferta y la demanda

Ɂ **support** /səˈpɔːrt/ *vt* **1** (*causa*) apoyar, respaldar: *a supporting role* un papel secundario **2** (*persona*) mantener **3** (*peso*) sostener, soportar **4** (*GB, Dep*) seguir: *Which team do you support?* ¿A qué equipo vas?
▶ *n* **1** ~ **(for sth/sb)** apoyo (a algo/algn) **2** soporte

Ɂ **supporter** /səˈpɔːrtər/ *n* **1** (*Pol*) partidario, -a **2** (*de teoría, etc., Dep*) seguidor, -ora

**supportive** /səˈpɔːrtɪv/ *adj* que ayuda: *to be supportive (of sb)* apoyar (a algn)

Ɂ **suppose** /səˈpoʊz/ *vt* **1** suponer, imaginarse **2** (*sugerencia*): *Suppose we change the subject?* ¿Qué te parece si cambiamos de tema? **LOC** be supposed to be/do sth deber ser/hacer algo: *You were supposed to be here an hour ago.* Tendrías que haber llegado hace una hora. **supposed** *adj* supuesto **supposedly** *adv* supuestamente **supposing** *conj* ~ **(that…)** si, en el caso de que

**suppress** /səˈpres/ *vt* **1** (*rebelión*) reprimir **2** (*información*) ocultar **3** (*sentimiento*) contener, reprimir **4** (*bostezo*) ahogar

**supremacy** /suːˈpreməsi/ *n* ~ **(over sth/sb)** supremacía (sobre algo/algn)

**supreme** /suːˈpriːm/ *adj* supremo, sumo

**the Supreme Court** *n* la Suprema Corte (de Justicia)

**surcharge** /ˈsɜːrtʃɑːrdʒ/ *n* ~ **(on sth)** recargo (sobre algo)

Ɂ **sure** /ʃʊər; *GB tb* ʃɔː(r)/ *adj* (surer, -est) **1** seguro, cierto: *He's sure to be elected/of being elected.* Es seguro que será elegido. **2** estable, firme **LOC** be sure to do sth; be sure and do sth no dejar de hacer algo for sure (*coloq*) con seguridad make sure (of sth/that…) asegurarse (de algo/de que…): *Make sure you are home by nine.* No olvides que tienes que estar en la casa a las nueve.
▶ *adv* (*esp USA, coloq*) **1** claro **2** definitivamente: *It sure is hot today.* Definitivamente hace mucho calor hoy. **LOC** sure enough efectivamente

Ɂ **surely** /ˈʃʊərli; *GB tb* ˈʃɔːli/ *adv* **1** ciertamente, seguramente, por supuesto **2** (*para expresar sorpresa*): *Surely you can't agree?* ¿No estarás de acuerdo?

**surf** /sɜːrf/ *n* **1** oleaje, olas **2** espuma (*de las olas*)
▶ **1** *vi* hacer surf **2** *vt* ~ **the Net/Internet** navegar por Internet

Ɂ **surface** /ˈsɜːrfɪs/ *n* **1** superficie: *the earth's surface* la superficie de la tierra ◇ *a surface wound* una herida superficial **2** cara (*de prisma*)
▶ **1** *vi* salir a la superficie **2** *vt* ~ **sth (with sth)** recubrir algo (con algo)

**surfboard** /ˈsɜːrfbɔːrd/ *n* tabla de surf

**surge** /sɜːrdʒ/ *vi*: *They surged into the stadium.* Entraron en tropel al estadio.
▶ *n* ~ **(of sth)** oleada (de algo)

**surgeon** /ˈsɜːrdʒən/ *n* cirujano, -a

**surgery** /ˈsɜːrdʒəri/ *n* **1** [*incontable*] cirugía: *brain surgery* neurocirugía ◇ *to undergo surgery* someterse a una operación quirúrgica **2** (*pl* **surgeries**) (*GB*) (*USA* office) consultorio (*de un médico*): *surgery hours* horas de consulta **surgical** *adj* quirúrgico

S

**surly** /'sɜːli/ adj (surlier, -iest) arisco

**surmount** /sər'maʊnt/ vt (formal) superar

**surname** /'sɜːrneɪm/ (esp GB) (tb esp USA **last name**) n apellido

**surpass** /sər'pæs/ GB -'pɑːs/ vt (formal) superar

**surplus** /'sɜːrpləs/ n excedente: the food surplus in Europe el excedente de alimentos en Europa
▸ adj sobrante

**surprise** /sər'praɪz/ n sorpresa
**LOC** take sth/sb by surprise tomar algo/a algn por sorpresa
▸ vt **1** sorprender: I wouldn't be surprised if it rained. No me extrañaría que lloviera. **2** tomar por sorpresa a

**surprised** /sər'praɪzd/ adj ~ (at/by sth/sb) sorprendido (por algo/con algn): I'm not surprised! ¡No me extraña!

**surrender** /sə'rendər/ **1** vi ~ (to sb) rendirse (a algn) **2** vt ~ sth/sb (to sb) (formal) entregar algo/a algn (a algn)
▸ n rendición, entrega

**surreptitious** /ˌsʌrəp'tɪʃəs/ adj subrepticio, furtivo

**surrogate** /'sʌrəɡət/ n sustituto, -a: surrogate mother madre portadora

**surround** /sə'raʊnd/ vt rodear

**surrounding** /sə'raʊndɪŋ/ adj circundante: the surrounding countryside el campo de los alrededores

**surroundings** /sə'raʊndɪŋz/ n [pl] alrededores

**surveillance** /sɜːr'veɪləns/ n vigilancia: to keep sb under surveillance mantener a algn bajo vigilancia

**survey** /sər'veɪ/ vt **1** contemplar **2** encuestar **3** (Geog) medir, levantar un plano de **4** (GB) (USA **inspect**) hacer un reconocimiento (de un edificio)
▸ n /'sɜːrveɪ/ **1** encuesta **2** estudio **3** (GB) (USA **inspection**) inspección (de una casa, etc.)
**surveyor** /sər'veɪər/ n **1** topógrafo, -a **2** (GB) persona que lleva a cabo la inspección y tasación de edificios

**survival** /sər'vaɪvl/ n supervivencia

**survive** /sər'vaɪv/ **1** vt, vi sobrevivir (a) **2** vi ~ (on sth) subsistir (a base de algo)
**survivor** n sobreviviente

**susceptible** /sə'septəbl/ adj ~ (to sth) **1** sensible, susceptible (a algo): He's very susceptible to flattery. Se le convence fácilmente con halagos. **2** (Med) propenso (a algo)

**suspect** /sə'spekt/ vt **1** sospechar **2** (motivo, etc.) desconfiar de **3** ~ sb (of sth/of doing sth) sospechar de algn, sospechar que algn ha hecho algo
▸ adj, n /'sʌspekt/ sospechoso, -a

**suspend** /sə'spend/ vt **1** ~ sth (from sth) colgar algo (de algo): to suspend sth from the ceiling colgar algo del techo ❶ La palabra más normal es **hang**. **2** suspender: suspended sentence pena que no se cumple a menos que se cometa otro crimen

**suspender** /sə'spendər/ n **1** suspenders (GB **braces**) [pl] tirantes **2** (GB) (USA **garter**) liga (para medias)

**suspense** /sə'spens/ n suspenso, tensión

**suspension** /sə'spenʃn/ n suspensión: suspension bridge puente colgante

**suspicion** /sə'spɪʃn/ n sospecha, desconfianza: on suspicion of murder bajo sospecha de homicidio

**suspicious** /sə'spɪʃəs/ adj **1** ~ (about/of sth/sb) desconfiado (de algo/algn): They're suspicious of foreigners. Desconfían de los extranjeros. **2** sospechoso: He died in suspicious circumstances. Murió en circunstancias sospechosas.

**sustain** /sə'steɪn/ vt **1** (vida, interés, etc.) mantener: People have a limited capacity to sustain interest in politics. La gente tiene una capacidad limitada para mantenerse interesada en la política. **2** sostener: It is difficult to sustain this argument. Es difícil sostener este argumento. ◇ sustained economic growth crecimiento económico sostenido **3** (formal) (lesión, pérdida, etc.) sufrir

**SUV** /ˌes juː 'viː/ n (abrev de **sport utility vehicle**) 4x4 (vehículo)

**swagger** /'swæɡər/ vi pavonearse, contonearse

**swallow¹** /'swɒloʊ/ **1** vt, vi tragar **2** vt (tolerar, creer) tragarse **3** vt ~ sth (up) (fig) tragarse algo, consumir algo
▸ n trago

**swallow²** /'swɒloʊ/ n golondrina

**swam** pt de SWIM

**swamp** /swɒmp/ n pantano
▸ vt ~ sth/sb (with sth) inundar algo/a algn (de algo)

**swan** /swɒn/ n cisne

**swap** (tb **swop**) /swɒp/ vt, vi (-pp-) ~ sth (with sb); ~ sth for sth (inter)cambiar algo (con algn), (inter)cambiar algo por algo: to swap sth around cambiar algo de lugar **LOC** Ver PLACE

**swarm** /swɔːrm/ n **1** (abejas) enjambre **2** (moscas) nube **3** (gente) multitud: swarms of people un mar de gente

▶ v **PHRV** **swarm in/out** entrar/salir en manadas **swarm with sth/sb** estar repleto de algo/algn

**swat** /swɑt/ vt (-tt-) aplastar (un insecto)

**sway** /sweɪ/ **1** vt, vi balancear(se), mecer(se) **2** vi tambalearse **3** vt influir en
▶ n **1** balanceo **2** (formal) dominio

🐑 **swear** /sweər/ (pt **swore** /swɔːr/ pp **sworn** /swɔːrn/) **1** vi decir groserías: *Your sister swears a lot.* Tu hermana dice muchas groserías. ◊ *swear word* grosería **2** vt, vi jurar: *to swear to tell the truth* jurar decir la verdad **PHRV** **swear at sb** insultar a algn **swear by sth/sb** confiar plenamente en algo/algn **swear sb in** tomar juramento a algn

🐑 **sweat** /swet/ n sudor
▶ vi sudar **LOC** **sweat it out** (coloq) aguantar

🐑 **sweater** /'swetər/ n suéter

En Estados Unidos, un **sweater** puede ser abierto o cerrado, pero un suéter abierto se llama **cardigan** en Gran Bretaña.

**sweatpants** /'swetpænts/ (GB **tracksuit bottoms**) n [pl] (pantalón de) pants ⊃ Ver notas en PAIR y PANTALÓN

**sweatshirt** /'swetʃɜːrt/ n sudadera

**sweatsuit** /'swetsuːt/ GB tb -sjuːt/ (tb coloq **sweats** [pl]) (GB **tracksuit**) n pants deportivos

**sweaty** /'sweti/ adj sudoroso, que hace sudar

🐑 **sweep** /swiːp/ (pt, pp **swept** /swept/) **1** vt, vi barrer **2** vt (chimenea) deshollinar **3** vt arrastrar **4** vi: *She swept out of the room.* Salió de la habitación con paso majestuoso. **5** vt, vi ~ (through, over, across, etc.) sth recorrer algo, extenderse por algo **LOC** **sweep sb off their feet** arrebatarle el corazón a algn **PHRV** **sweep (sth) up** barrer, limpiar (algo)
▶ n **1** barrido **2** movimiento, gesto (amplio) **3** extensión, alcance

**sweeping** /'swiːpɪŋ/ adj **1** (cambio) radical **2** (pey) (afirmación) tajante **3** (pey) (generalización) excesivo

🐑 **sweet** /swiːt/ adj (**sweeter**, **-est**) **1** dulce **2** (olor) fragante **3** (sonido) melodioso **4** (carácter) encantador **5** (esp GB) lindo, mono **LOC** **have a sweet tooth** (coloq) ser goloso
▶ n **1** (esp GB) (USA **candy**) dulce, golosina **2** (GB) (USA **dessert**) postre

**sweetcorn** /'swiːtkɔːrn/ (GB) (USA **corn**) n maíz tierno ⊃ Comparar con MAIZE

**sweeten** /'swiːtn/ vt **1** endulzar, poner azúcar a **2** ~ sb (up) (coloq) ablandar a algn **sweetener** n edulcorante

**sweetheart** /'swiːthɑrt/ n **1** (antic) novio, -a **2** (tratamiento) cariño

**sweetness** /'swiːtnəs/ n dulzura

**sweet pea** n chícharo de olor

🐑 **swell** /swel/ vt, vi (pt **swelled** pp **swollen** /'swoʊlən/o **swelled**) hinchar(se)

🐑 **swelling** /'swelɪŋ/ n hinchazón

**swept** pt, pp de SWEEP

**swerve** /swɜːrv/ vi dar un viraje brusco, dar un volantazo: *The car swerved to avoid the child.* El coche viró bruscamente para esquivar al niño.

**swift** /swɪft/ adj (**swifter**, **-est**) rápido, pronto: *a swift reaction* una pronta reacción

**swill** /swɪl/ vt ~ sth (out/down) (esp GB) enjuagar algo

🐑 **swim** /swɪm/ (-mm-) (pt **swam** /swæm/ pp **swum** /swʌm/) **1** vt, vi nadar: *to swim the English Channel* atravesar el Canal de la Mancha a nado ◊ *to swim breaststroke* nadar de pecho ◊ *to go swimming* ir a nadar **2** vi (cabeza) dar vueltas (cuando uno se marea)
▶ n nadada: *to go for a swim* ir a nadar **swimmer** n nadador, -ora

🐑 **swimming** /'swɪmɪŋ/ n natación

**swimming pool** n alberca, piscina

**swimsuit** /'swɪmsuːt/ GB tb -sjuːt/ (GB tb **swimming costume**) n traje de baño (de mujer)

**swindle** /'swɪndl/ vt ~ sb (out of sth) estafarle (algo) a algn
▶ n estafa, engaño **swindler** n estafador, -ora

🐑 **swing** /swɪŋ/ (pt, pp **swung** /swʌŋ/) **1** vt, vi balancear(se) **2** vt, vi (hacer) girar **3** vt, vi columpiar(se) **4** vi ~ open/shut (puerta, ventana) abrirse/cerrarse **PHRV** **swing around** dar(se) media vuelta
▶ n **1** balanceo **2** columpio **3** cambio: *mood swings* cambios bruscos de humor **LOC** Ver FULL

**swirl** /swɜːrl/ vt, vi arremolinar(se): *Flakes of snow swirled in the cold wind.* Los copos de nieve se arremolinaban en el frío viento.

🐑 **switch** /swɪtʃ/ n **1** interruptor **2** (tb **switch-over** /'swɪtʃ oʊvər/) cambio: *a switch to (a) Democratic government* un cambio hacia un gobierno demócrata
▶ vt, vi ~ (sth) (from sth) (to sth) cambiar (algo) (de algo) (a algo) **2** vt ~ sth (with sth/sb) intercambiar algo (con algo/algn) **PHRV** **switch sth off** desenchufar, apagar algo **switch sth on** encender algo

**switchboard** /'swɪtʃbɔːrd/ n conmutador

**swivel** /'swɪvl/ *vt, vi* (**-l-**, *GB* **-ll-**) ~ (**sth**) (**around**) girar algo, girarse

**swollen** *pp de* SWELL

**swoop** /swuːp/ *vi* ~ (**down**) (**on sth/sb**) descender en picada (sobre algo/algn)
▶ *n* redada: *Police made a dawn swoop.* La policía hizo una redada al amanecer.

**swop** = SWAP

**sword** /sɔːrd/ *n* espada

**swore** *pt de* SWEAR

**sworn** *pp de* SWEAR

**swot** /swɒt/ (*GB*) (*USA* **grind**) *n* (*coloq, pey*) matado, -a

**swum** *pp de* SWIM

**swung** *pt, pp de* SWING

**syllable** /'sɪləbl/ *n* sílaba

**syllabus** /'sɪləbəs/ *n* (*pl* **syllabuses** o **syllabi** /-baɪ/) programa (de estudios): *Does the syllabus cover modern literature?* ¿Cubre el programa la literatura moderna?

**ʕ symbol** /'sɪmbl/ *n* ~ (**of/for sth**) símbolo (de algo) **symbolic** /sɪm'bɒlɪk/ *adj* simbólico **symbolism** /'sɪmbəlɪzəm/ *n* simbolismo **symbolize** (*GB tb* **-ise**) /'sɪmbəlaɪz/ *vt* simbolizar

**symmetrical** /sɪ'metrɪkl/ (*tb* **symmetric**) *adj* simétrico

**symmetry** /'sɪmətri/ *n* simetría

**ʕ sympathetic** /ˌsɪmpə'θetɪk/ *adj* **1** ~ (**to/toward sb**) comprensivo, compasivo (con algn): *They were very sympathetic when I told them I couldn't take the exam.* Fueron muy comprensivos cuando les dije que no podía presentarme al examen. ❶ Nótese que *simpático* se dice **nice** o **friendly**. **2** ~ (**to/toward sth/sb**) con

buena disposición hacia algo/algn: *lawyers sympathetic to the peace movement* abogados que apoyan el movimiento pacifista

**sympathize** (*GB tb* **-ise**) /'sɪmpəθaɪz/ *vi* ~ (**with sth/sb**) **1** compadecerse (de algo/algn) **2** estar de acuerdo (con algo/algn)

**ʕ sympathy** /'sɪmpəθi/ *n* (*pl* **sympathies**) **1** ~ (**for/toward sb**) compasión (por/hacia algn) **2** condolencia

**symphony** /'sɪmfəni/ *n* (*pl* **symphonies**) sinfonía

**symptom** /'sɪmptəm/ *n* síntoma: *The riots are a symptom of a deeper problem.* Los disturbios son un síntoma de problemas más profundos.

**synagogue** /'sɪnəgɒg/ *n* sinagoga

**synchronize** (*GB tb* **-ise**) /'sɪŋkrənaɪz/ *vt, vi* ~ (**sth**) (**with sth**) sincronizar (algo) (con algo)

**syndicate** /'sɪndɪkət/ *n* sindicato

**syndrome** /'sɪndrəʊm/ *n* síndrome

**synonym** /'sɪnənɪm/ *n* sinónimo **synonymous** /sɪ'nɒnɪməs/ *adj* ~ (**with sth**) sinónimo (de algo)

**syntax** /'sɪntæks/ *n* sintaxis

**synthetic** /sɪn'θetɪk/ *adj* **1** sintético **2** (*pey*) artificial

**syringe** /sɪ'rɪndʒ/ *n* jeringa

**syrup** /'sɪrəp/ *n* **1** almíbar **2** jarabe (*para la tos*)

**ʕ system** /'sɪstəm/ *n* sistema: *the metric/solar system* el sistema métrico/solar ◇ *different systems of government* diferentes sistemas de gobierno **LOC get sth out of your system** (*coloq*) desahogarse de algo **systematic** /ˌsɪstə'mætɪk/ *adj* **1** sistemático **2** metódico

# T t

**T, t** /tiː/ n (pl **Ts, T's, t's**) T, t ⮕ Ver ejemplos en A, A

**tab** /tæb/ n **1** (de lata de bebida) anillo **2** etiqueta **3** cuenta (para pagar)

🔔**table** /'teɪbl/ n mesa: bedside/coffee table mesilla de noche/mesita de café **2** tabla: table of contents índice de materias ‖ **lay/set the table** poner la mesa Ver tb CARD, CLEAR

**tablecloth** /'teɪblklɒːθ; GB -klɒθ/ n mantel

**tablespoon** /'teɪblspuːn/ n **1** cuchara (grande) **2** (tb **tablespoonful**) cucharada

🔔**tablet** /'tæblət/ n tableta, pastilla

**table tennis** n ping-pong®

**tabloid** /'tæblɔɪd/ n tabloide: the tabloid press la prensa sensacionalista

**taboo** /təˈbuː/ adj, n (pl **taboos**) tabú: a taboo subject un tema tabú

**tacit** /'tæsɪt/ adj tácito

**tack** /tæk/ vt clavar (con tachuelas) ‖ **PHRV tack sth on; tack sth onto sth** (coloq) añadir algo (a algo)
▶ n tachuela

🔔**tackle** /'tækl/ n **1** [incontable] equipo, avíos: fishing tackle equipo de pescar **2** (Dep) entrada
▶ **1** vt hacer frente a: to tackle a problem abordar un problema **2** vt ~ sb (about sth) abordar a algn (sobre algo) **3** vt, vi (Dep) hacer una entrada (a)

**tacky** /'tæki/ adj (**tackier, -iest**) **1** (coloq) vulgar **2** pegajoso

**tact** /tækt/ n tacto

**tactful** /'tæktfl/ adj diplomático, discreto

**tactic** /'tæktɪk/ n [gen pl] táctica **tactical** adj **1** táctico **2** estratégico: a tactical decision una decisión estratégica

**tactless** /'tæktləs/ adj indiscreto, poco diplomático: It was tactless of you to ask him his age. Fue una indiscreción de tu parte preguntarle su edad.

**tadpole** /'tædpoʊl/ n renacuajo

**taffy** /'tæfi/ n (pl **taffies**) (bola de) caramelo

**tag** /tæg/ n etiqueta ⮕ Ver dibujo en ETIQUETA; Ver tb QUESTION TAG
▶ vt (**-gg-**) etiquetar ‖ **PHRV tag along (behind/with sb)** acompañar, pegarse a algn

---

🔔**tail** /teɪl/ n **1** rabo, cola **2** tails [pl] frac ‖ **LOC** Ver HEAD
▶ vt perseguir ‖ **PHRV tail away/off 1** disminuir, desvanecerse **2** (ruido, etc.) apagarse

**tailor** /'teɪlər/ n sastre, -a
▶ vt ~ sth for/to sth/sb (fig) adaptar algo para/a algo/algn

**tailor-made** /ˌteɪlər 'meɪd/ adj **1** a la medida de sus necesidades **2** (ropa) a medida

**tailpipe** /'teɪlpaɪp/ (GB **exhaust**) n escape ⮕ Ver dibujo en COCHE

**taint** /teɪnt/ vt (formal) **1** contaminar **2** (reputación) manchar

## take

**Bring** the newspaper.

**Fetch** the newspaper.

**Take** the newspaper

🔔**take** /teɪk/ vt (pt **took** /tʊk/ pp **taken** /'teɪkən/) **1** ~ sb sth; ~ sth (to sb) llevar algo (a algn) ⮕ Ver nota en GIVE **2** ~ sth/sb (with you) llevarse algo/a algn: Take the dog with you. Llévate el perro. **3** tomar: to take sb's hand/take sb by the hand tomar a algn de la mano ◊ to take the bus tomar el camión ◊ She took it as a compliment. Se lo tomó como un cumplido. **4** (sin permiso) llevarse **5** ~ sth out of/from sth sacar algo de algo **6** ~ sth (from sb) quitar algo (a algn) **7** aceptar: Do you take checks? ¿Aceptan cheques? **8** (tolerar) soportar **9** (comprar) llevarse

---

ɜː bird    ɪə near    eə hair    ʊə tour    ʒ vision    h hat    ŋ sing

**10** (*tiempo*) tardar: *It takes an hour to get there.* Se tarda una hora en llegar. ◇ *It won't take long.* No lleva mucho tiempo. **11** (*cualidad*) necesitarse, hacer falta: *It takes courage to speak out.* Se necesita coraje para decir lo que uno piensa. **12** (*esp GB*) (*USA* wear) (*talla*) usar: *What size shoes do you take?* ¿Qué número calzas? **13** (*foto, curso*) tomar **14** (*examen*) hacer LOC **take it (that…)** suponer (que…) **take some/a lot of doing** (*coloq*) no ser fácil ❶ Para otras expresiones con take, véanse las entradas del sustantivo, adjetivo, etc., p. ej. **take place** en PLACE.
PHRV **take after sb** parecerse, salir a algn
**take sth apart** desarmar algo
**take sth away 1** (*dolor, sensación, etc.*) quitar algo **2** (*GB*) *Ver* TAKE STH OUT (2)
**take sth back 1** devolver algo (*a una tienda o biblioteca*) **2** retractarse de algo
**take sth down 1** bajar algo **2** desmontar algo **3** anotar algo
**take sb in 1** acoger a algn (*en casa*) **2** engañar a algn **take sth in** entender, asimilar algo
**take off 1** despegar **2** (*producto, idea, etc.*) tener éxito **take sth off 1** (*prenda, lentes, etc.*) quitarse algo **2** *to take the day off* tomarse el día libre
**take sb on** contratar a algn **take sth on** aceptar algo (*trabajo*)
**take sb out** invitar a algn a salir: *to take sb out to/for dinner* invitar a algn a cenar ◇ *I'm taking him out tonight.* Voy a salir con él esta noche. **take sth out 1** sacar, extraer algo **2** (*comida*) llevarse algo (*para comerlo fuera del restaurante*) **take it/sth out on sb** pagar algo con algn, tomarla con algn
**take over from sb** sustituir a algn (*en algo*) **take sth over 1** (*empresa*) adquirir algo **2** hacerse cargo de algo
**take to sb** tomarle cariño a algn: *I took to his parents immediately.* Sus padres me cayeron bien inmediatamente. **take to sth** aficionarse a algo
**take sth up** empezar algo (*como hobby*) **take up sth** ocupar algo (*espacio, tiempo*) **take sb up on sth** (*coloq*) aceptar algo de algn (*oferta, desafío*) **take sth up with sb** plantear algo a algn

**take-off** /'teɪk ɔːf; *GB* ɒf/ *n* despegue

**takeout** /'teɪkaʊt/ (*GB* takeaway /'teɪkəweɪ/) *n* **1** comida para llevar **2** restaurante que vende comida para llevar

**takeover** /'teɪkoʊvər/ *n* **1** (*empresa*) adquisición: *takeover bid* oferta pública de adquisición **2** (*Mil*) toma del poder

**takings** /'teɪkɪŋz/ *n* [*pl*] ingresos

**talcum powder** /'tælkəm paʊdər/ (*tb coloq* talc /tælk/) *n* talco

**tale** /teɪl/ *n* **1** cuento, historia **2** chisme

**talent** /'tælənt/ *n* ~ (**for sth**) talento (para algo) **talented** *adj* talentoso, de talento

𝔶 **talk** /tɔːk/ **1** *vi* ~ (**to/with sb**) (**about sth/sb**) hablar (con algn) (sobre/de algo/algn) ➔ *Ver nota en* HABLAR **2** *vt* hablar de: *to talk business* hablar de negocios ◇ *to talk sense* hablar con sentido **3** *vi* cotillear LOC **talk shop** (*gen pey*) hablar del trabajo **talk your way out of (doing) sth** librarse de (hacer) algo con labia PHRV **talk down to sb** hablar a algn como si fuera tonto **talk sb into/out of (doing) sth** persuadir a algn para que haga/no haga algo
▸ *n* **1** conversación, charla: *to have a talk with sb* tener una conversacion con algn ◇ *talk show* programa de entrevistas **2** talks [*pl*] negociaciones

**talkative** /'tɔːkətɪv/ *adj* hablador

𝔶 **tall** /tɔːl/ *adj* alto: *How tall are you?* ¿Cuánto mides? ◇ *Tom is six feet tall.* Tom mide 1.80. ◇ *a tall tree* un árbol alto ◇ *a tall tower* una torre alta ➔ *Ver nota en* ALTO

**tambourine** /ˌtæmbə'riːn/ *n* pandero

**tame** /teɪm/ *adj* (tamer, -est) **1** domesticado **2** manso **3** (*coloq*) (*fiesta, libro, etc.*) insulso
▸ *vt* domar

**tamper** /'tæmpər/ *v* PHRV **tamper with sth** manipular, amañar algo

**tampon** /'tæmpɒn/ *n* tampón

**tan** /tæn/ *vt, vi* (-nn-) broncear(se)
▸ *n* **1** bronceado (*del cutis*): *to get a tan* broncearse **2** color canela

**tangent** /'tændʒənt/ *n* tangente LOC **go/fly off at a tangent** salirse por la tangente

**tangerine** /ˌtændʒə'riːn, 'tændʒəriːn/ *n* **1** mandarina **2** color naranja oscuro

**tangle** /'tæŋgl/ *n* **1** enredo **2** lío: *to get into a tangle* meterse en un lío
▸ *vt, vi* ~ (**sth**) (**up**) enredar algo/enredarse **tangled** *adj* enredado

𝔶 **tank** /tæŋk/ *n* **1** depósito: *petrol tank* depósito de gasolina **2** pecera **3** (*Mil*) tanque

**tanker** /'tæŋkər/ *n* **1** petrolero **2** pipa, camión cisterna

**tantalize** (*GB tb* -ise) /'tæntəlaɪz/ *vt* atormentar **tantalizing** (*GB tb* -ising) *adj* tentador

**tantrum** /'tæntrəm/ *n* berrinche: *Peter threw/had a tantrum.* Peter hizo berrinche.

𝔶 **tap** /tæp/ (-pp-) **1** *vt* ~ **sth/sb** (**on/with sth**) dar golpecitos (a algo/algn) (en/con

algo): *to tap sb on the shoulder* dar una palmadita a alguien en la espalda **2** *vi* ~ **(at/on sth)** dar golpecitos (en algo) **3** *vt, vi* ~ **(into) sth** explotar algo **4** *vt* (*teléfono*) intervenir
▸ *n* **1** golpecito **2** (*USA tb* faucet) llave: *to turn the tap on/off* abrir/cerrar la llave

ʄ **tape** /teɪp/ *n* cinta: *adhesive tape* cinta adhesiva ◊ *to have sth on tape* tener algo grabado
▸ *vt* **1** ~ **sth (up)** atar algo con cinta **2** grabar

**tape measure** /'teɪp meʒər/ *n* cinta métrica

**tape recorder** *n* grabadora

**tapestry** /'tæpəstri/ *n* (*pl* tapestries) tapiz

**tar** /tɑr/ *n* alquitrán

ʄ **target** /'tɑrgɪt/ *n* **1** blanco, objetivo: *military targets* objetivos militares **2** objetivo: *I'm not going to meet my weekly target.* No voy a cumplir mi objetivo semanal.
▸ *vt* **1** dirigirse a: *We're targeting young drivers.* Nos estamos dirigiendo a los conductores jóvenes. **2** ~ **sth at sth/sb** dirigir algo a algo/algn

**tariff** /'tærɪf/ *n* **1** tarifa **2** arancel

**tarnish** /'tɑrnɪʃ/ **1** *vt, vi* deslucir(se) **2** *vt* (*reputación, etc.*) desacreditar

**tart** /tɑrt/ *n* pay ➲ *Ver nota en pág* 553

**tartan** /'tɑrtn/ *n* tela escocesa

ʄ **task** /tæsk; *GB* tɑːsk/ *n* tarea: *Your first task will be to type these letters.* Su primera tarea será pasar estas cartas a máquina.

ʄ **taste** /teɪst/ *n* **1** sabor **2** ~ **(for sth)** gusto (por algo) **3** ~ **(of sth)** (*comida, bebida*) poquito (de algo) **4** [*sing*] ~ **(of sth)** muestra (de algo): *her first taste of life in the city* su primera experiencia de la vida en la ciudad
▸ **1** *vi* ~ **(of sth)** saber (a algo) **2** *vt* notar el sabor de: *I can't taste anything.* No sabe a nada. **3** *vt* probar **4** *vt* (*fig*) experimentar, conocer

**tasteful** /'teɪstfl/ *adj* de buen gusto

**tasteless** /'teɪstləs/ *adj* **1** insípido, soso **2** de mal gusto

**tasty** /'teɪsti/ *adj* (tastier, -iest) sabroso

**tattered** /'tætərd/ *adj* hecho jirones

**tatters** /'tætərz/ *n* [*pl*] harapos ᴸᴼᶜ in tatters hecho jirones

**tattoo** /tæ'tuː; *GB* tə'tuː/ *n* (*pl* tattoos) tatuaje
▸ *vt* tatuar

**tatty** /'tæti/ *adj* (*esp GB, coloq*) en mal estado

**taught** *pt, pp de* TEACH

**taunt** /tɔːnt/ *vt* mofarse de
▸ *n* burla

**Taurus** /'tɔːrəs/ *n* tauro ➲ *Ver ejemplos en* AQUARIUS

**taut** /tɔːt/ *adj* tirante, tenso

**tavern** /'tævərn/ *n* (*antic*) taberna

ʄ **tax** /tæks/ *n* impuesto: *tax return* declaración de impuestos
▸ *vt* **1** (*artículos*) gravar con un impuesto **2** (*personas*) imponer contribuciones a **3** (*recursos*) exigir demasiado a **4** (*paciencia, etc.*) poner a prueba, abusar de
**taxable** *adj* imponible **taxation** *n* (recaudación/pago de) impuestos

**tax-free** /ˌtæks 'friː/ *adj* libre de impuestos

ʄ **taxi** /'tæksi/ (*tb* taxicab /'tæksikæb/) *n* taxi: *taxi driver* taxista
▸ *vi* (*pt, pp* taxied, *part pres* taxiing) rodar (avión)

**taxing** /'tæksɪŋ/ *adj* agotador, extenuante

**taxpayer** /'tækspeɪər/ *n* contribuyente

ʄ **tea** /tiː/ *n* **1** té **2** (*GB*) merienda **3** (*GB*) cena ᴸᴼᶜ *Ver* CUP

ʄ **teach** /tiːtʃ/ (*pt, pp* taught /tɔːt/) **1** *vt* enseñar: *Jeremy is teaching us how to use the computer.* Jeremy nos está enseñando a usar la computadora. **2** *vt, vi* dar clases (de) ᴸᴼᶜ teach sb a lesson darle a algn una lección

ʄ **teacher** /'tiːtʃər/ *n* profesor, -ora, maestro, -a: *English teacher* maestro de inglés

ʄ **teaching** /'tiːtʃɪŋ/ *n* enseñanza: *teaching materials* materiales didácticos ◊ *a teaching career* una carrera docente

**teakettle** /'tiːketl/ (*GB* kettle) *n* cafetera (*para calentar* agua)

**teakettle** (*GB* kettle)

ʄ **team** /tiːm/ *n* equipo
▸ *v* ᴾᴴᴿⱽ team up (with sb) formar equipo (con algn)

**teamwork** /'tiːmwɜːrk/ *n* [*incontable*] trabajo en equipo

**teapot** /'tiːpɑt/ *n* tetera

ʄ **tear¹** /teər/ (*pt* tore /tɔːr/ *pp* torn /tɔːrn/) **1** *vt, vi* rasgar(se) ➲ *Ver dibujo en pág* 636 **2** *vi* ~ **along, past, etc.** ir, pasar, etc. a toda velocidad ᴸᴼᶜ be torn (between A and B) no poder decidirse (entre A y B) ᴾᴴᴿⱽ tear sth down derribar algo tear sth out arrancar algo tear sth up hacer pedazos algo
▸ *n* desgarrón ᴸᴼᶜ *Ver* WEAR

---

i: see   ɪ sit   e ten   æ cat   ɑ hot   ɔː saw   ʌ cup   ʊ put   uː too

**tear**

"Oh no! I just tore my shirt!"

She tore the letter in half.

**ℓ tear²** /tɪər/ n lágrima: *He was in tears.* Estaba llorando. **LOC** **bring tears to sb's eyes** hacerle llorar a algn **tearful** adj lloroso

**tea room** (tb **tea shop**) n (GB) salón de té

**tease** /ti:z/ vt tomarle el pelo a, atormentar

**teaspoon** /'ti:spu:n/ n 1 cucharita 2 (tb **teaspoonful**) cucharadita

**teatime** /'ti:taɪm/ n (GB) hora de la merienda

**ℓ technical** /'teknɪkl/ adj 1 técnico 2 según la ley: *a technical point* una cuestión de forma

**technical college** (GB) (USA **career school**) n instituto superior de formación profesional

**technicality** /ˌteknɪ'kæləti/ n (pl **technicalities**) 1 detalles técnicos 2 formalismo

**technically** /'teknɪkli/ adv 1 técnicamente, en términos técnicos 2 estrictamente

**technician** /tek'nɪʃn/ n técnico, -a

**ℓ technique** /tek'ni:k/ n técnica

**technological** /ˌteknə'lɒdʒɪkl/ adj tecnológico

**ℓ technology** /tek'nɒlədʒi/ n (pl **technologies**) tecnología

**teddy bear** /'tedi beər/ n osito de peluche

**tedious** /'ti:diəs/ adj tedioso

**tedium** /'ti:diəm/ n tedio

**teem** /ti:m/ v **PHRV** **teem with sth** estar repleto de algo

**teenage** /'ti:neɪdʒ/ adj de adolescentes **teenager** n adolescente

**teens** /ti:nz/ n [pl] adolescencia (edad entre los 13 y los 19 años)

**tee shirt** = T-SHIRT

**teeth** plural de TOOTH

**teethe** /ti:ð/ vi salirle (a un niño) los dientes **LOC** **teething problems/troubles** dificultades menores en los inicios de un negocio

**telecommunications** /ˌtelɪkə-ˌmju:nɪ'keɪʃnz/ n [pl] telecomunicaciones

**ℓ telephone** /'telɪfoʊn/ (tb **phone**) n teléfono: *telephone call* llamada telefónica ◇ *telephone book/directory* guía telefónica **LOC** **be on the telephone 1** estar hablando por teléfono **2** tener teléfono: *We're not on the telephone.* No tenemos teléfono.
▶ vt, vi (esp GB, formal) llamar por teléfono, telefonear

**telephone booth** (tb **phone booth**) (GB tb **telephone box**, **phone box**) n caseta telefónica

**telesales** /'teliseɪlz/ n televentas

**telescope** /'telɪskoʊp/ n telescopio

**televise** /'telɪvaɪz/ vt televisar

**ℓ television** /'telɪvɪʒn/ n (abrev TV) 1 televisión: *to watch television* ver la televisión 2 (tb **television set**) televisor

**ℓ tell** /tel/ (pt, pp **told** /toʊld/) 1 vt ~ sth); ~ sth to sb decirle algo a algn: *Did you tell him?* ¿Le dijiste? ◇ *to tell the truth* decir la verdad

En estilo indirecto **tell** va generalmente seguido por un objeto directo de persona: *Tell him to wait.* Dile que espere. ◇ *She told him to hurry up.* Le dijo que se diera prisa. ➔ *Ver tb notas en* SAY *y* ORDER

2 vt, vi contar: *Tell me all about it.* Cuéntamelo todo. ◇ *Promise you won't tell.* Promete que no lo contarás. 3 vt, vi saber: *You can tell she's French.* Se nota que es francesa. 4 vt ~ A from B; ~ A and B apart distinguir A de B **LOC** **I told you (so)** (coloq) ya te lo dije **tell time** (GB **tell the time**) decir la hora **there's no telling** es imposible saberlo **you never can tell** nunca se sabe **you're telling me!** (coloq) ¡Me lo vas a decir a mí! **PHRV** **tell sb off (for sth/doing sth)** (coloq) regañar a algn (por algo/hacer algo) **tell on sb** (coloq) soplar de algn

**telling** /'telɪŋ/ adj revelador, significativo

**telling-off** /ˌtelɪŋ 'ɔ:f; GB 'ɒf/ n (pl **tellings-off**) (esp GB, coloq) regaño

**telly** /'teli/ n (pl **tellies**) (GB, coloq) tele

**temp** /temp/ n empleado, -a temporal

**temper** /'tempər/ n humor, genio: *to get into a temper* ponerse de mal genio **LOC** **get into a temper/lose your temper** perder los estribos **have a quick/short temper** tener un genio muy vivo **in a (bad, foul, rotten, etc.) temper** de mal genio
▶ vt ~ sth (with sth) (formal) templar algo (con algo)

**temperament** /'temprəmənt/ n temperamento

**temperamental** /ˌtemprə'mentl/ adj temperamental

**temperate** /'tempərət/ adj (clima, región) templado

**temperature** /'temprətʃər/ n temperatura **LOC** have/run a temperature tener fiebre

**template** /'templət, -pleɪt/ n machote

**temple** /'templ/ n 1 (Relig) templo 2 (Anat) sien

**tempo** /'tempoʊ/ n (pl tempos) 1 (Mús) tiempo ❶ En este sentido, también se usa la forma plural tempi /'tempiː/. 2 (de vida, etc.) ritmo

**temporarily** /ˌtempə'rerəli; GB 'temprərəli/ adv temporalmente

**temporary** /'tempəreri; GB -prəri/ adj temporal, provisional

**tempt** /tempt/ vt tentar **temptation** n tentación **tempting** adj tentador

**ten** /ten/ adj, pron, n diez ➔ Ver ejemplos en FIVE

**tenacious** /tə'neɪʃəs/ adj (formal) tenaz

**tenacity** /tə'næsəti/ n tenacidad

**tenancy** /'tenənsi/ n (pl tenancies) inquilinato, arrendamiento

**tenant** /'tenənt/ n inquilino, -a, arrendatario, -a

**tend** /tend/ 1 vi ~ to do sth tender, tener tendencia a hacer algo 2 vt ~ (to) sth/sb cuidar, atender algo/a algn

**tendency** /'tendənsi/ n (pl tendencies) tendencia, propensión

**tender** /'tendər/ adj 1 (mirada, palabras, etc.) cariñoso 2 (carne, planta) tierno 3 (herida) adolorido **tenderly** adv tiernamente, con ternura **tenderness** n ternura

**tendon** /'tendən/ n tendón

**tenement** /'tenəmənt/ n: tenement block/house casa de vecindad

**tenner** /'tenər/ n (GB, coloq) (billete de) diez libras

**tennis** /'tenɪs/ n tenis

**tenor** /'tenər/ n tenor

**tense** /tens/ adj tenso
▸ n (Gram) tiempo: in the past tense en tiempo pasado

**tension** /'tenʃn/ n tensión

**tent** /tent/ n 1 tienda (de campaña) 2 (de circo) carpa

**tentacle** /'tentəkl/ n tentáculo

**tentative** /'tentətɪv/ adj 1 provisional 2 cauteloso

**tenth** /tenθ/ 1 adj, adv, pron décimo 2 n décima parte, décimo ➔ Ver ejemplos en FIFTH

**tenuous** /'tenjuəs/ adj tenue

**tenure** /'tenjər/ n 1 (trabajo) plaza permanente: security of tenure derecho de permanencia 2 (de tierra, propiedad) tenencia

**tepid** /'tepɪd/ adj tibio

**term** /tɜːrm/ n 1 periodo, plazo: term of office mandato (de un gobierno) ◇ the long-term risks los riesgos a largo plazo 2 (Educ) trimestre: the autumn/spring/summer term el primer/segundo/tercer trimestre 3 expresión, término Ver tb TERMS **LOC** in the long/short term a largo/corto plazo
▸ vt (formal) calificar de

**terminal** /'tɜːrmɪnl/ adj, n terminal

**terminate** /'tɜːrmɪneɪt/ (formal) 1 vt (contrato, etc.) rescindir 2 vi terminar: This train terminates at Euston. Este tren tiene su término en Euston.

**terminology** /ˌtɜːrmɪ'nɑlədʒi/ n (pl terminologies) terminología

**terminus** /'tɜːrmɪnəs/ n (pl termini /'tɜːrmɪnaɪ/) (estación) terminal

**termite** /'tɜːrmaɪt/ n termita

**terms** /tɜːrmz/ n [pl] 1 condiciones 2 términos **LOC** be on good, bad, etc. terms (with sb) tener buenas, malas, etc. relaciones con algn **come to terms with sth** aceptar algo Ver tb EQUAL

**terrace** /'terəs/ n 1 terraza 2 terraces (GB) (USA **bleachers**) [pl] (Dep) gradas 3 (GB) hilera de casas adosadas

**terraced house** /ˌterəst 'haʊs/ n (GB) casa (que colinda) con casas a ambos lados

**terrain** /tə'reɪn/ n terreno

**terrible** /'terəbl/ adj 1 (accidente, heridas, etc.) terrible 2 (coloq) fatal, terrible

**terribly** /'terəbli/ adv terriblemente: I'm terribly sorry. Lo siento muchísimo.

**terrific** /tə'rɪfɪk/ adj (coloq) 1 tremendo 2 fabuloso: It was a terrific bargain. Fue una ganga increíble.

**terrified** /'terɪfaɪd/ adj aterrorizado: She's terrified of flying. Le aterra volar. **LOC** Ver WIT

**terrify** /'terɪfaɪ/ vt (pt, pp -fied) aterrorizar **terrifying** adj aterrador, espantoso

**territorial** /ˌterə'tɔːriəl/ adj territorial

**territory** /'terətɔːri; GB -tri/ n (pl territories) territorio

**terror** /'terər/ n terror: to scream with terror gritar de terror

**terrorism** /'terərizəm/ *n* terrorismo
**terrorist** *n* terrorista

**terrorize** (*GB tb* **-ise**) /'terəraiz/ *vt* aterrorizar

**terse** /tɜːrs/ *adj* lacónico: *a terse reply* una respuesta seca

♪ **test** /test/ *n* **1** (*Educ*) examen: *I'll give you a test on Thursday.* Les pondré una prueba el jueves. **2** prueba: *blood test* análisis de sangre
▸ *vt* **1** ~ **sb** (**on sth**) (*Educ*) examinar a algn (de algo) **2** ~ **sth/sb** (**for sth**) (*Med*) hacer una prueba a algn (de algo), someter algo/a algn a pruebas (de algo): *She was tested for hepatitis.* Le hicieron la prueba de la hepatitis. **3** probar, poner a prueba

**testament** /'testəmənt/ *n* **1** Testament (*Relig*) testamento **2** ~ (**to sth**) (*formal*) testimonio (de algo)

**testicle** /'testikl/ *n* testículo

**testify** /'testifai/ *vt, vi* (*pt, pp* **-fied**) declarar

**testimony** /'testimouni; *GB* -məni/ *n* (*pl* **testimonies**) testimonio

**test tube** *n* tubo de ensayo: *test-tube baby* niño de probeta

**tether** /'teðər/ *vt* (*animal*) amarrar
▸ *n* **LOC** *Ver* END

**Tex-Mex** /'teks meks/ *adj* [*sólo antes de sustantivo*] (*comida, música, etc.*) típico de Texas, al estilo mexicano

♪ **text** /tekst/ *n* **1** texto **2** (*SMS*) mensajito
▸ (*tb* **text message**) *vt* mandar un mensajito a

**textbook** /'tekstbʊk/ *n* libro de texto

**textile** /'tekstail/ *n* textil

**text message** *n* mensaje de texto, mensajito

**texture** /'tekstʃər/ *n* textura

♪ **than** /ðən, ðæn/ *conj, prep* **1** [*después de comparativo*] que: *faster than ever* más rápido que nunca ◊ *better than he thought* mejor de lo que había pensado **2** (*con tiempo y distancia*) de: *more than an hour/a kilometer* más de una hora/un kilómetro

♪ **thank** /θæŋk/ *vt* ~ **sb** (**for sth/doing sth**) dar las gracias a algn (por algo/hacer algo), agradecer algo a algn **LOC** **thank you** gracias ➔ *Ver nota en* PLEASE

**thankful** /'θæŋkfl/ *adj* agradecido

♪ **thanks** /θæŋks/ *interj* ¡gracias!: *Thanks for coming!* ¡Gracias por venir! ➔ *Ver nota en* PLEASE
▸ *n* gracias, agradecimiento **LOC** *Ver* VOTE

**Thanksgiving** /'θæŋks'gɪvɪŋ/ *n* (día de) acción de gracias

**Thanksgiving** se celebra en Estados Unidos el cuarto jueves de noviembre. La comida tradicional consiste en pavo asado (**turkey**) y pay de calabaza (**pumpkin pie**).

♪ **that** /ðæt/ *adj* (*pl* **those**) ese, aquel
➔ *Comparar con* THIS
▸ *pron* **1** (*pl* **those**) eso, ese, -a, esos, -as, aquello, aquel, -lla, aquellos, -llas
➔ *Comparar con* THIS **2** [*sujeto, complemento*] que: *The letter that came is from him.* La carta que llegó es de él. ◊ *These are the books (that) I bought.* Estos son los libros (que) compré. ◊ *the job (that) I applied for* el trabajo que solicité ➔ *Ver nota en* QUE **3** [*con expresiones temporales*] en que: *the year that he died* el año en que murió **LOC** **that is (to say)** es decir **that's it; that's right** eso es
▸ *conj* /ðət, ðæt/ que: *I told her that he should wait.* Le dije que se esperara.
▸ *adv* /ðæt/ tan: *It's that long.* Es así de largo. ◊ *that much worse* tanto peor

**thatch** /θætʃ/ *vt* poner un tejado de paja a **thatched** *adj* con tejado de paja

**thaw** /θɔː/ *vt, vi* deshelar(se), descongelar(se)
▸ *n* deshielo

♪ **the** /ðə/ ❶ *Antes de vocal se pronuncia /ði/ o, si se quiere dar énfasis, /ðiː/.* *art* el/la/lo, los/las **LOC** **the more/less…, the more/less…** cuanto más/menos…, más/menos…

**El artículo definido en inglés:**
**1** No se utiliza con sustantivos contables en plural cuando hablamos en general: *Books are expensive.* Los libros son caros. ◊ *Children learn very fast.* Los niños aprenden muy rápido.
**2** Se omite con sustantivos incontables cuando se refieren a una sustancia o a una idea en general: *I like cheese/pop music.* Me gusta el queso/la música pop.
**3** Normalmente se omite con nombres propios y con nombres que indican relaciones familiares: *Mrs. Smith* la Sra Smith ◊ *Ana's mother* la madre de Ana ◊ *Grandma came yesterday.* Ayer vino la abuela. **4** Con las partes del cuerpo y los objetos personales se suele usar el posesivo en vez del artículo: *Give me your hand.* Dame la mano. ◊ *He put his tie on.* Se puso la corbata.
**5** School y church pueden utilizarse con artículo o sin él, pero el significado es distinto. ➔ *Ver tb nota en* SCHOOL

---

| ʃ chin | dʒ June | v van | θ then | s so | z zoo | ʃ she |
|--------|---------|-------|--------|------|-------|-------|

**theater** (GB **theatre**) /'θiːətər; GB 'θɪə-/ n **1** teatro **2** (tb **movie theater**) (GB **cinema**) cine

**theatrical** /θi'ætrɪkl/ adj teatral, de teatro

**theft** /θeft/ n robo

**Theft** es el término que se utiliza para los robos que se realizan sin que nadie los vea y sin recurrir a la violencia: *car/cattle thefts* robos de coches/ganado. **Robbery** se refiere a los robos llevados a cabo por medio de la violencia o con amenazas: *armed/bank robbery* robo a mano armada de un banco, mientras **burglary** se usa para los robos en casas o tiendas cuando los dueños están ausentes. ➜ Ver tb notas en THIEF y ROB

**their** /ðeər/ adj su(s) (de ellos): *What color is their cat?* ¿De qué color es su gato? ➜ Ver nota en MY

**theirs** /ðeərz/ pron suyo, -a, -os, -as (de ellos): *a friend of theirs* un amigo suyo ◇ *Our apartment is not as big as theirs.* Nuestro departamento no es tan grande como el suyo.

**them** /ðəm, ðem/ pron **1** [como objeto directo] los, las: *I saw them yesterday.* Los vi ayer. **2** [como objeto indirecto] les: *Tell them to wait.* Diles que esperen. **3** [después de preposición o del verbo **be**] ellos/ellas: *Go with them.* Ve con ellos. ◇ *They took it with them.* Lo llevaron consigo. ◇ *Was it them at the door?* ¿Fueron ellos los que llamaron? ➜ Comparar con THEY

**theme** /θiːm/ n tema

**theme park** n parque temático

**themselves** /ðəm'selvz/ pron **1** [uso reflexivo] se: *They enjoyed themselves a lot.* Se la pasaron muy bien. **2** [con preposición] sí mismos, as: *They were talking about themselves.* Hablaban de sí mismos. **3** [uso enfático] ellos, -as mismos, -as: *Did they paint the house themselves?* ¿Pintaron la casa ellos mismos?

**then** /ðen/ adv **1** entonces: *until then* hasta entonces ◇ *from then on* desde entonces **2** en aquella época: *Life was harder then.* La vida era más dura en aquella época. **3** luego, después: *the soup and then the chicken* la sopa y luego el pollo **4** (así que) en ese caso, pues: *You're not coming, then?* ¿Así que no vienes?

**theological** /ˌθiːə'lɑdʒɪkl/ adj teológico

**theology** /θi'ɑlədʒi/ n teología

**theoretical** /ˌθɪə'retɪkl/ adj teórico

**theory** /'θɪəri/ n (pl **theories**) teoría: *in theory* en teoría

**therapeutic** /ˌθerə'pjuːtɪk/ adj terapéutico

**therapist** /'θerəpɪst/ n terapeuta

**therapy** /'θerəpi/ n (pl **therapies**) terapia

**there** /ðeər/ adv ahí, allí, allá: *My car is there, in front of the bar.* Mi coche está allí, delante del bar.
• **there + be**: *There's someone at the door.* Hay alguien en la puerta. ◇ *How many are there?* ¿Cuántos hay? ◇ *There'll be twelve guests at the party.* Habrá doce invitados en la fiesta. ◇ *There was a terrible accident yesterday.* Hubo un accidente horrible ayer. ◇ *There has been very little rain recently.* Ha llovido muy poco últimamente. ➜ Ver nota en HABER
• **there + v modal + be**: *There must be no mistakes.* No debe haber ningún error. ◇ *There might be rain later.* Podría haber chubascos más tarde. ◇ *There shouldn't be any problems.* No creo que haya ningún problema. ◇ *How can there be that many?* ¿Cómo es posible que haya tantos?

**There** se usa también con **seem** y **appear**: *There seem/appear to be two ways of looking at this problem.* Parece que hay dos formas de ver este problema.

**LOC** there and then en el acto, allí mismo
**LOC** Ver HERE

**thereafter** /ˌðeər'æftər; GB -'ɑːf-/ adv (formal) a partir de entonces

**thereby** /ˌðeər'baɪ/ adv (formal) **1** por eso/ello **2** de este modo

**therefore** /'ðeərfɔːr/ adv por (lo) tanto, por consiguiente

**thermal** /'θɜːrml/ adj **1** térmico **2** (fuente) termal

**thermometer** /θər'mɑmɪtər/ n termómetro

**thermostat** /'θɜːrməstæt/ n termostato

**these** /ðiːz/ plural de THIS

**thesis** /'θiːsɪs/ n (pl **theses** /-siːz/) tesis

**they** /ðeɪ/ pron ellos/ellas: *They didn't like it.* No les gustó. ❶ El pronombre personal no se puede omitir en inglés. ➜ Comparar con THEM

**they'd** /ðeɪd/ **1** = THEY HAD Ver HAVE **2** = THEY WOULD Ver WOULD

**they'll** /ðeɪl/ = THEY WILL Ver WILL

**they're** /ðeər/ = THEY ARE Ver BE

**they've** /ðeɪv/ = THEY HAVE Ver HAVE

**T**

i: see    ɪ sit    e ten    æ cat    ɑ hot    ɔ: saw    ʌ cup    ʊ put    u: too

**thick** /θɪk/ adj (**thicker, -est**) **1** grueso: *The ice was six inches thick.* El hielo tenía quince centímetros de grosor. **2** espeso: *This sauce is too thick.* Esta salsa está demasiado espesa. **3** (barba) poblado **4** (acento) marcado **5** (GB) (USA **dumb**) (coloq) (persona) negado
▸ adv (**thicker, -est**) grueso: *Don't spread the butter too thick.* No le pongas demasiada mantequilla.
▸ n LOC **in the thick of sth** en medio de algo **through thick and thin** contra viento y marea
**thicken** vt, vi espesar(se)

**thickly** /ˈθɪkli/ adv **1** gruesamente, espesamente **2** (poblado) densamente

**thickness** /ˈθɪknəs/ n espesor, grosor

**thief** /θiːf/ n (pl **thieves** /θiːvz/) ladrón, -ona

> **Thief** es el término general que se utiliza para designar a un ladrón que roba cosas, generalmente sin que nadie lo vea y sin recurrir a la violencia. **Robber** se aplica a la persona que roba bancos, tiendas, etc., a menudo mediante la violencia o con amenazas, **burglar** se utiliza para los ladrones que roban en una casa o una tienda cuando no hay nadie y **shoplifter** es la persona que se lleva cosas de una tienda sin pagarlas.
> ⊃ Ver tb notas en ROB y THEFT

**thigh** /θaɪ/ n muslo

**thimble** /ˈθɪmbl/ n dedal

**thin** /θɪn/ adj (**thinner, -est**) **1** fino, delgado **2** (persona) delgado ⊃ Ver nota en DELGADO **3** (sopa) aguado Ver tb **disappear, vanish, etc. into thin air** desaparecer como por arte de magia **thin on the ground** (GB) escaso Ver tb THICK
▸ adv (**thinner, -est**) (tb **thinly**) fino
▸ (**-nn-**) **1** (pintura, salsa, etc.) diluir **2** vi ~ (**out**) hacerse menos denso

**thing** /θɪŋ/ n **1** cosa: *What's that thing on the table?* ¿Qué es eso que hay en la mesa? ◇ *Forget the whole thing.* Olvídate del asunto. ◇ *to take things seriously* tomárselo todo en serio ◇ *The way things are going…* Tal como está la situación… ◇ *the first thing* lo primero ◇ *the main thing* lo más importante **2** **things** [pl] cosas: *You can put your things in that drawer.* Puedes poner tus cosas en ese cajón. **3** **a thing** [sing]: *I can't see a thing.* No veo nada. **4** **the thing** [sing]: *Just the thing for tired businessmen.* Justo lo que necesitan los hombres de negocios cansados. **5** *Poor (little) thing!* ¡Pobrecito! LOC **be a good**

**thing (that)…** menos mal (que)…: *It was a good thing that…* Menos mal que… **first/last thing** a primera/última hora **for one thing** para empezar **the thing is…** (coloq) la cosa es que… Ver tb MAIN¹

**think** /θɪŋk/ (pt, pp **thought** /θɔːt/) **1** vt, vi pensar: *What are you thinking (about)?* ¿En qué estás pensando? ◇ *Who'd have thought (it)?* ¿Quién lo hubiera pensado? ◇ *The job took longer than we thought.* El trabajo nos llevó más de lo que habíamos pensado. ◇ *Just think!* ¡Imagínate! **2** vt creer: *I (don't) think so.* Creo que sí/no. ◇ *What do you think (of her)?* ¿Qué opinas (de ella)? ◇ *It would be nice, don't you think?* Sería estupendo, ¿no te parece? ◇ *I think this is the house.* Me parece que esta es la casa. **3** vi reflexionar LOC **I should think so!** ¡faltaría más! **think the world, highly, etc. of sb** tener a algn en alta estima Ver tb GREAT PHRV **think about/of sth/sb 1** pensar en algo/algn: *I'll think about it.* Lo pensaré. **2** tener algo a algn en cuenta **3** recordar algo/a algn **think of sth** imaginar algo: *Who thought of that idea?* ¿A quién le ocurrió esa idea? **think sth out/over/through** reflexionar sobre algo: *a well thought out plan* un plan bien pensado **think sth up** (coloq) inventar, pensar algo
▸ n [sing] LOC **have a think (about sth)** (coloq) pensárselo, pensarse algo

**thinker** /ˈθɪŋkər/ n pensador, -ora

**thinking** /ˈθɪŋkɪŋ/ n [incontable] forma de pensar: *What's your thinking on this?* ¿Qué piensas de esto? ◇ *Quick thinking!* ¡Bien pensado! LOC Ver WISH
▸ adj [sólo antes de sustantivo] racional, inteligente: *thinking people* gente inteligente

**third** /θɜːrd/ (abrev **3rd**) adj, adv, pron tercero
▸ n **1** tercio, tercera parte **2** **the third** el (día) tres **3** (tb **third gear**) tercera ⊃ Ver ejemplos en FIFTH
**thirdly** adv en tercer lugar (en una enumeración)

**third party** n tercera persona

**the Third World** n el Tercer Mundo

**thirst** /θɜːrst/ n ~ (**for sth**) sed (de algo)

**thirsty** /ˈθɜːrsti/ adj (**thirstier, -iest**) sediento: *to be thirsty* tener sed

**thirteen** /ˌθɜːrˈtiːn/ adj, pron, n trece ⊃ Ver ejemplos en FIVE **thirteenth 1** adj, adv, pron decimotercero **2** n treceava parte, treceavo ⊃ Ver ejemplos en FIFTH

**thirty** /ˈθɜːrti/ adj, pron, n treinta ⊃ Ver ejemplos en FIFTY, FIVE **thirtieth 1** adj, adv, pron trigésimo **2** n treintava parte, treintavo ⊃ Ver ejemplos en FIFTH

**this** /ðɪs/ *adj* (*pl* **these**) este, -a, estos, -as: *I don't like this color.* No me gusta este color. ◇ *This one suits me.* Este me favorece. ◇ *These shoes are more comfortable than those.* Estos zapatos son más cómodos que esos. ➔ *Comparar con* THAT
▸ *pron* (*pl* **these**) **1** este, -a, estos, -as: *This is John's father.* Este es el padre de John. ◇ *I prefer these.* Prefiero estos. **2** esto: *Listen to this!* ¡Escucha esto!
▸ *adv*: *this high* así de alto ◇ *this far* tan lejos

**thistle** /ˈθɪsl/ *n* cardo

**thong** /θɒːŋ; *GB* θɒŋ/ *n* **1** tanga **2** (*GB* **flip-flop**) chancla

**thorn** /θɔːrn/ *n* espina (*de rosal, etc.*) **thorny** *adj* (**thornier**, **-iest**) (*lit y fig*) espinoso

**thorough** /ˈθɜːroʊ, ˈθɜːroʊ; *GB* ˈθʌrə/ *adj* **1** (*investigación, conocimiento*) a fondo **2** (*persona*) meticuloso

**thoroughly** /ˈθɜːroʊli, ˈθɜːr-; *GB* ˈθʌrə-/ *adv* **1** a conciencia **2** enormemente

**those** /ðoʊz/ *plural de* THAT

**though** /ðoʊ/ *conj* aunque, pero
▸ *adv* de todas formas

**thought** /θɔːt/ *n* **1** pensamiento: *deep/lost in thought* perdido en sus propios pensamientos **2** ~ (**of sth/doing sth**) idea (de algo/hacer algo) **LOC** *Ver* FOOD, SCHOOL, SECOND, THINK; *Ver tb* THINK **thoughtful** *adj* **1** pensativo **2** atento: *It was very thoughtful of you.* Fue todo un detalle por tu parte. **thoughtless** *adj* desconsiderado

**thousand** /ˈθaʊznd/ *adj, pron, n* mil ➔ *Ver nota en* MILLION **thousandth 1** *adj, pron* milésimo **2** *n* milésima parte ➔ *Ver ejemplos en* FIFTH

**thrash** /θræʃ/ *vt* dar una paliza a **thrashing** *n* paliza

**thread** /θred/ *n* hilo: *a needle and thread* aguja e hilo
▸ *vt* ensartar

**threat** /θret/ *n* ~ (**to sth/sb**) amenaza (para algo/algn): *a threat to national security* una amenaza para la seguridad nacional

**threaten** /ˈθretn/ *vt* **1** ~ **sth/sb (with sth)** amenazar algo/a algn (con algo) **2** ~ **to do sth** amenazar con hacer algo

**threatening** /ˈθretnɪŋ/ *adj* amenazador

**three** /θriː/ *adj, pron, n* tres ➔ *Ver ejemplos en* FIVE

**three-dimensional** /ˌθriː dɪˈmenʃənl/ (*tb* **3-D** /ˌθriː ˈdiː/) *adj* tridimensional

**threshold** /ˈθreʃhoʊld/ *n* umbral

**threw** *pt de* THROW

**thrill** /θrɪl/ *n* **1** emoción: *What a thrill!* ¡Que emoción! **2** escalofrío **thrilled** *adj* entusiasmado, emocionado **thriller** *n* obra de suspenso (*película, novela, etc.*) **thrilling** *adj* emocionante

**thrive** /θraɪv/ *vi* ~ (**on sth**) prosperar, crecer (con algo): *a thriving industry* una industria floreciente

**throat** /θroʊt/ *n* garganta: *a sore throat* dolor de garganta

**throb** /θrɒb/ *vi* (**-bb-**) ~ (**with sth**) vibrar, palpitar (de algo)
▸ *n* [*sing*] vibración, palpitación

**throne** /θroʊn/ *n* trono

**through** /θruː/ ➊ Para los usos de **through** en PHRASAL VERBS, ver las entradas de los verbos correspondientes, p. ej. **break through** en BREAK.
▸ *prep* **1** a través de, por: *She made her way through the traffic.* Se abrió paso a través del tráfico. ◇ *to breathe through your nose* respirar por la nariz **2** durante, a lo largo de: *I'm halfway through the book.* Ya voy por la mitad del libro. **3** por (culpa de): *through carelessness* por descuido **4** por (medio de): *I got the job through Tim.* Conseguí el trabajo por medio de Tim. **5** hasta… inclusive: *Tuesday through Friday* de martes a viernes
▸ *adv* **1** de un lado a otro: *Can you get through?* ¿Puedes pasar al otro lado? **2** de principio a fin: *I've read the poem through once.* He leído el poema entero una vez. ◇ *all night through* toda la noche **3** (*conexión telefónica*): *Can you put me through to the manager?* ¿Me podría comunicar con el gerente? ◇ *I tried to call you, but I couldn't get through.* Traté de llamarte, pero no pude comunicarme.
▸ *adj* **1** directo: *a through train* un tren directo ◇ *No through road* Callejón sin salida **2** ~ (**with sth/sb**) terminado (con algo/algn): *Todd and I are through.* Todd y yo ya terminamos.

**throughout** /θruːˈaʊt/ *prep* por todo, durante todo: *throughout his life* toda su vida
▸ *adv* **1** por todas partes **2** todo el tiempo

**throw** /θroʊ/ *vt* (*pt* **threw** /θruː/ *pp* **thrown** /θroʊn/) **1** ~ **sb sth**; ~ **sth (to sb)** aventar, tirar algo (a algo/algn): *Throw the ball to Mary.* Aviéntale la pelota a Mary. ➔ *Ver nota en* GIVE **2** ~ **sth (at sth/sb)** aventar, lanzar algo (a algo/algn) ➊ Throw sth at sth/sb indica que la intención es de darle a un objeto o de hacerle daño a una persona: *Don't throw stones at the cat.* No le avientes piedras al gato. **3** [*con*

| 3: bird | ɪə near | eə hair | ʊə tour | ʒ vision | h hat | ŋ sing |

*adverbio*] echar: *He threw back his head.* Echó la cabeza atrás. ◊ *She threw up her hands in horror.* Levantó los brazos horrorizada. **4** dejar (*de cierta forma*): *to be thrown out of work* quedarse sin trabajo ◊ *We were thrown into confusion by the news.* La noticia nos dejó confusos. **5** (*coloq*) desconcertar **6** (*luz, sombra*) proyectar **7** (*caballo, etc.*) arrojar **LOC** *Ver* BALANCE, CAUTION, DOUBT **PHRV** throw sth around (*GB tb* throw sth about) desparramar algo **throw sb out** expulsar a algn **throw sth out 1** (*tb* throw sth away) tirar algo (*a la basura*) **2** (*propuesta, etc.*) rechazar algo **throw (sth) up** vomitar (algo)

▶ *n* **1** lanzamiento **2** (*Baloncesto, dados, etc.*) tiro: *It's your throw.* Te toca a ti (jugar).

**thru** (*USA, coloq*) = THROUGH

**thrust** /θrʌst/ (*pt, pp* thrust) **1** *vt* meter **2** *vt, vi* ~ **sth at sb**; ~ **at sb** (with sth) atacar a algn (*con algo*), lanzar algo a algn (*de malas maneras*) **3** *vt, vi*: *She thrust past him angrily.* Pasó por su lado apartándolo con un empujón. ◊ *to thrust your way through the crowd* abrirse paso entre la multitud **PHRV** thrust sth/sb on/upon sb obligar a algn a aceptar algo/a algn, imponer algo a algn

▶ *n* **1** empujón **2** (*de espada*) estocada **3** [*sing*] ~ (**of sth**) idea fundamental (*de algo*)

**thud** /θʌd/ *n* ruido (sordo), golpe (sordo)
▶ *vi* (-dd-) **1** hacer un ruido sordo, caer con un ruido sordo: *to thud against/into sth* golpear/chocar contra algo con un ruido sordo **2** (*corazón*) latir fuertemente

**thug** /θʌg/ *n* gángster, rufián, matón

🔒 **thumb** /θʌm/ *n* pulgar (*de la mano*) **LOC** *Ver* FINGER, TWIDDLE
▶ *v* **LOC** thumb a lift/ride pedir aventón **PHRV** thumb through sth hojear algo

**thumbtack** /'θʌmtæk/ (*GB* drawing pin) *n* tachuela

**thump** /θʌmp/ **1** *vt* golpear, dar un golpe a **2** *vi* (*corazón*) latir fuertemente
▶ *n* **1** ruido sordo **2** (*GB, coloq*) puñetazo, trancazo

**thunder** /'θʌndər/ *n* [*incontable*] trueno: *a clap of thunder* un trueno
▶ *vi* **1** tronar **2** retumbar

**thunderstorm** /'θʌndərstɔːm/ *n* tormenta (eléctrica)

**Thursday** /'θɜːrzdeɪ, -di/ *n* (*abrev* Thur., Thurs.) jueves **➜** *Ver ejemplos en* MONDAY

🔒 **thus** /ðʌs/ *adv* (*formal*) **1** así, de esta manera **2** (*por esta razón*) por (lo) tanto, así que

**thwart** /θwɔːrt/ *vt* frustrar, impedir

**tick** /tɪk/ *n* **1** (*de reloj, etc.*) tictac **2** (*GB*) (*USA* check, check mark) (*marca*) palomita **➜** *Ver dibujo en* CHECK
▶ **1** *vi* (*reloj, etc.*) hacer tictac **2** *vt* (*GB*) (*USA* check) marcar con una palomita **PHRV** tick away/by pasar (*tiempo*) tick sth/sb off (*GB*) (*USA* check sth/sb off) tachar algo/a algn de una lista **tick over** (*GB*) (*USA* turn over) (*coche*) estar andando

🔒 **ticket** /'tɪkɪt/ *n* **1** (*tren, etc.*) boleto **2** (*Teat, Cine*) entrada **3** (*GB*) (*USA* card) (*biblioteca*) ficha, tarjeta **4** etiqueta **5** multa (*de tráfico*)

**tickle** /'tɪkl/ *vt, vi* hacer cosquillas (a)
▶ *n* cosquilleo, picor

**ticklish** /'tɪklɪʃ/ *adj* que tiene cosquillas: *to be ticklish* ser cosquilludo

**tic-tac-toe** /ˌtɪk tæk 'toʊ/ (*GB* noughts and crosses) *n* gato (*juego*)

**tidal** /'taɪdl/ *adj* de (la) marea

**tidal wave** *n* maremoto

**tide** /taɪd/ *n* **1** marea: *high/low tide* marea alta/baja ◊ *The tide is coming in/going out.* La marea está subiendo/bajando. **2** corriente (*de opinión*)

🔒 **tidy** /'taɪdi/ *adj* (tidier, -iest) **1** ordenado **2** (*apariencia*) pulcro, aseado
▶ *vt, vi* (*pt, pp* tidied) ~ (sth) (up) (*esp GB*) arreglar algo, ordenar (algo) **PHRV** tidy sth away (*GB*) (*USA* clear sth away) poner algo en su sitio

🔒 **tie** /taɪ/ *n* **1** corbata **2** [*gen pl*] lazo: *family ties* lazos familiares **3** (*Dep*) empate
▶ (*pt, pp* tied, *part pres* tying) **1** *vt, vi* amarrar(se) **2** *vt* (*corbata, etc.*) anudar **3** *vt, vi* (*Dep*) empatar **PHRV** tie sb/yourself down atar a algn, hacer que algn se comprometa, comprometerse: *Having young children really ties you down.* Tener niños pequeños ata muchísimo. **tie sth/sb up** amarrar algo/a algn

**tier** /tɪər/ *n* grada, hilera, piso

**tiger** /'taɪgər/ *n* tigre

🔒 **tight** /taɪt/ *adj* (tighter, -est) **1** apretado, ajustado: *These shoes are too tight.* Estos zapatos me quedan demasiado justos. **2** tirante **3** (*control*) riguroso
▶ *adv* (tighter, -est) bien, fuertemente: *Hold tight!* ¡Agárrense bien! **tighten 1** *vt, vi* ~ (sth) (up) apretar algo, apretarse **2** *vt* (*control, legislación*) hacer más riguroso: *The government wants to tighten immigration controls.* El gobierno quiere hacer más riguroso el control de la inmigración.

---

**tightly** /'taɪtli/ *adv* bien, fuertemente, rigurosamente

**tightrope** /'taɪtroʊp/ *n* cuerda floja

**tights** /taɪts/ *n* [*pl*] **1** pantimedias **2** (*para ballet, etc.*) mallas ➔ *Ver nota en* PAIR

**tile** /taɪl/ *n* **1** teja **2** azulejo **3** baldosa
▸ *vt* **1** tejar **2** alicatar **3** embaldosar

**till** /tɪl/ *n* caja (registradora): *Please pay at the till.* Pague en caja, por favor.
▸ *conj, prep Ver* UNTIL

**tilt** /tɪlt/ *vt, vi* inclinar(se), ladear(se)
▸ *n* inclinación, ladeo

**timber** /'tɪmbər/ *n* **1** [*incontable*] madera **2** [*incontable*] árboles (madereros) **3** madero, viga

**time** /taɪm/ *n* **1** tiempo: *for a time* durante algún tiempo ◊ *You've been gone a long time!* ¡Has tardado mucho! **2** hora: *What time is it?/What's the time?* ¿Qué horas son? ◊ *It's time we were going/time for us to go.* Es hora de que nos vayamos. ◊ *by the time we reached home* para cuando llegamos a la casa ◊ *(by) this time next year* para estas fechas el año que viene ◊ *at the present time* actualmente **3** vez, ocasión: *last time* la última vez ◊ *every time* cada vez ◊ *for the first time* por primera vez **4** tiempo, época: *at one time* en cierta época **LOC** ahead of/behind time adelantado/retrasado all the time todo el tiempo (and) about time (too) ya era hora at all times en todo momento at a time a la vez: *one at a time* de uno en uno at the time en aquel momento at times a veces for the time being por el momento, de momento from time to time de vez en cuando have a good time pasarla en grande have the time of your life pasarla de maravilla in good time temprano, con tiempo in time con el tiempo in time (for sth/to do sth) a tiempo (para algo/para hacer algo) on time a la hora, puntual ➔ *Ver nota en* PUNTUAL take your time (over sth/to do sth/doing sth) tomarse uno el tiempo necesario (para algo/hacer algo) time after time; time and (time) again una y otra vez *Ver tb* BIDE, BIG, HARD, KILL, MARK, MATTER, NICK, ONCE, PRESS, SAME, TELL
▸ *vt* **1** programar, prever **2** *to time sth well/badly* escoger un momento oportuno/inoportuno para (hacer) algo **3** medir el tiempo de, cronometrar

**timely** /'taɪmli/ *adj* oportuno

**timer** /'taɪmər/ *n* reloj automático

**times** /taɪmz/ *prep* multiplicado por: *Three times four is twelve.* Cuatro por tres son doce.

**timetable** /'taɪmteɪbl/ (*tb esp USA* **schedule**) *n* horario

**timid** /'tɪmɪd/ *adj* tímido, temeroso: *Don't be timid, and come here.* No tengas pena, y ven acá.

**timing** /'taɪmɪŋ/ *n* **1** coordinación, momento escogido: *the timing of the election* la fecha escogida para las elecciones **2** cronometraje

**tin** /tɪn/ *n* **1** estaño: *tin foil* papel de aluminio **2** (*GB*) (*USA* **can**) lata: *tin-opener* abrelatas ➔ *Ver dibujo en* CONTAINER

**tinge** /tɪndʒ/ *vt* ~ *sth (with sth)* (*lit y fig*) teñir algo (de algo)
▸ *n* tinte, matiz

**tingle** /'tɪŋgl/ *vi* **1** hormiguear **2** ~ with sth estremecerse de algo (*emoción*)

**tinker** /'tɪŋkər/ *vi* ~ (with sth) juguetear (con algo)

**tinned** /tɪnd/ (*USA* **canned**) *adj* en lata, de lata

**tinsel** /'tɪnsl/ *n* oropel

**tint** /tɪnt/ *n* **1** matiz **2** tinte (*para pelo*)
**tinted** *adj* **1** (*pelo*) teñido **2** (*lentes*) ahumado

**tiny** /'taɪni/ *adj* (**tinier, -iest**) diminuto, minúsculo

**tip** /tɪp/ *n* **1** punta **2** propina **3** ~ (on/for sth) consejo (sobre/para algo) **4** (*GB*) (*USA* **dump**) tiradero, vertedero
▸ (**-pp-**) **1** *vt, vi* inclinar(se) **2** *vt* tirar, verter **3** *vt, vi* dar (una) propina (a) **PHRV** tip sb off (about sth) (*coloq*) avisar a algn (sobre algo) tip (sth) up/over volcar algo, volcarse

**tiptoe** /'tɪptoʊ/ *n* **LOC** on tiptoe de puntitas
▸ *vi: to tiptoe in/out* entrar/salir de puntitas

**tire** (*GB* **tyre**) /'taɪər/ *n* llanta ➔ *Ver dibujo en* COCHE
▸ *vt, vi* cansar(se) **PHRV** tire of sth/sb cansarse, hartarse de algo/algn tire sb/yourself out agotar a algn/agotarse

**tired** /'taɪərd/ *adj* **1** cansado ➔ *Ver nota en* BORING **2** ~ of sth/sb/doing sth harto de algo/algn/de hacer algo **LOC** tired out agotado *Ver tb* SICK

**tireless** /'taɪərləs/ *adj* incansable

**tiresome** /'taɪərsəm/ *adj* **1** (*tarea*) fastidioso **2** (*persona*) pesado

**tiring** /'taɪərɪŋ/ *adj* cansado: *a long and tiring journey* un viaje largo y cansado ➔ *Ver nota en* BORING

**tissue** /'tɪʃuː/ *n* **1** (*Biol, Bot*) tejido **2** pañuelo de papel **3** (*tb* **tissue paper**) papel de china

**tit** /tɪt/ n 1 (argot) teta 2 (Ornit) herrerillo **LOC** tit for tat ojo por ojo, diente por diente

**title** /'taɪtl/ n 1 título: *title page* portada ◊ *title role* papel principal 2 título nobiliario 3 tratamiento 4 ~ (to sth) (Jur) derecho (a algo): *title deed* título de propiedad

**titter** /'tɪtər/ n risita
▶ vi reírse disimuladamente

**to** /tə, tuː/ prep ❶ Para los usos de **to** en PHRASAL VERBS ver las entradas de los verbos correspondientes, p. ej. **come to** en COME. 1 (dirección) a: *to go to the beach* ir a la playa ◊ *the road to Edinburgh* la carretera de Edimburgo 2 [con objeto indirecto] a: *He gave it to Bob.* Se lo dio a Bob. 3 hacia: *Move to the left.* Muévete hacia la izquierda. 4 hasta: *faithful to the end/last* leal hasta el final 5 (duración): *It lasts two to three hours.* Dura entre dos y tres horas. 6 (tiempo): *ten to one* diez para la una 7 de: *the key to the door* la llave de la puerta 8 (comparación) a: *I prefer walking to climbing.* Prefiero caminar a escalar. 9 (proporción) por: *How many miles to the gallon?* ¿Cuantos kilómetros hace por litro? 10 (propósito): *to go to sb's aid* ir en ayuda de algn 11 para: *to my surprise* para mi sorpresa 12 (opinión) a, para: *It looks red to me.* A mí me parece rojo.

La partícula **to** se utiliza para formar el infinitivo en inglés y tiene varios usos: *to go* ir ◊ *to eat* comer ◊ *I came to see you.* Vine para/a verte. ◊ *He didn't know what to do.* No sabía qué hacer. ◊ *It's for you to decide.* Tienes que decidirlo tú.

**toad** /toʊd/ n sapo

**toast** /toʊst/ n 1 [incontable] pan tostado: *a slice/piece of toast* una rebanada de pan tostado ◊ *toast and jam* pan tostado con mermelada ◊ *Would you like some toast?* ¿Quieres pan tostado? 2 brindis: *to drink a toast to sb* brindar por algn
▶ vt 1 tostar 2 brindar por
**toaster** n tostador

**tobacco** /tə'bækoʊ/ n (pl **tobaccos**) tabaco

**tobacconist's** /tə'bækənɪsts/ n tabaquería

**today** /tə'deɪ/ adv, n 1 hoy 2 hoy (en) día: *Today's cell phones are very small.* Los celulares de hoy en día son muy pequeños.

**toddler** /'tɑdlər/ n niño, -a (que acaba de aprender a caminar)

**toe** /toʊ/ n 1 dedo (del pie): *big toe* dedo gordo (del pie) 2 (de calcetín) punta 3 (de zapato) puntera **LOC** keep sb on their toes mantener alerta a algn
▶ vt (pt, pp toed, part pres toeing) **LOC** toe the line conformarse

**TOEFL®** /'toʊfl/ n (abrev de **Test of English as a Foreign Language**) examen de competencia en idioma inglés

**TOEIC®** /'toʊɪk/ n (abrev de **Test of English for International Communication**) test de proficiencia en comunicación en inglés

**toenail** /'toʊneɪl/ n uña del pie

**toffee** /'tɔːfi; GB 'tɒfi/ n caramelo

**together** /tə'geðər/ adv ❶ Para los usos de **together** en PHRASAL VERBS, ver las entradas de los verbos correspondientes, p. ej. **pull yourself together** en PULL. 1 juntos: *Can we have lunch together?* ¿Podemos comer juntos? 2 a la vez: *Don't all talk together.* No hablen todos a la vez. **LOC** together with junto con, además de *Ver tb* ACT **togetherness** n unidad, armonía

**toil** /tɔɪl/ vi (formal) trabajar duramente
▶ n [incontable] (formal) trabajo, esfuerzo

**toilet** /'tɔɪlət/ n 1 escusado, sanitario: *toilet paper* papel higiénico 2 (GB) (en casa) baño 3 (GB) (público) baños ➾ *Ver nota en* BATHROOM **toiletries** n [pl] productos de tocador

**token** /'toʊkən/ n 1 señal, muestra 2 ficha 3 vale
▶ adj simbólico (pago, muestra, etc.)

**told** pt, pp de TELL

**tolerance** /'tɑlərəns/ n tolerancia

**tolerant** /'tɑlərənt/ adj ~ (of/toward sth/sb) tolerante (con algo/algn)

**tolerate** /'tɑləreɪt/ vt tolerar

**toll** /toʊl/ n 1 cuota 2 número de víctimas **LOC** take its toll (on sth/sb) afectar gravemente algo/a algn, cobrarse su saldo (de algo)

**toll-free** /,toʊl 'friː/ adj (teléfono) gratuito

**tollroad** /'toʊlroʊd/ (USA **turnpike**) n carretera de cuota

**tomato** /tə'meɪtoʊ; GB tə'mɑːtoʊ/ n (pl **tomatoes**) jitomate

**tomb** /tuːm/ n tumba

**tomboy** /'tɑmbɔɪ/ n marimacha (niña)

**tombstone** /'tuːmstoʊn/ n lápida

**tomcat** /'tɑmkæt/ (tb **tom**) n gato (macho) ➾ *Ver nota en* GATO

**tomorrow** /tə'mɑroʊ/ n, adv mañana: *tomorrow morning* mañana por la mañana ◊ *See you tomorrow.* Hasta mañana. ◊ *a week from tomorrow* dentro de ocho días **LOC** *Ver* DAY

**ton** /tʌn/ *n* **1** 2,000 libras o 907 kg ➲ *Comparar con* TONNE *y ver pág 680* **2 tons** [*pl*] **(of sth)** (*coloq*) montones (de algo)

**tone** /toʊn/ *n* **1** tono: *Don't speak to me in that tone of voice.* No me hables en ese tono. **2** tonalidad *f* (*teléfono*): *dial tone* tono de marcar
▸ *v* **PHRV** **tone sth down** suavizar (el tono de) algo (*crítica, etc.*)

**tongs** /tɑŋz/ *n* [*pl*] tenazas: *a pair of tongs* unas tenazas ➲ *Ver nota en* PAIR

**tongue** /tʌŋ/ *n* **1** lengua: *to put/stick your tongue out* sacar la lengua **2** (*formal*) idioma, lengua: *mother tongue* lengua materna **LOC** **(with) tongue in cheek** irónicamente

**tonic** /'tɑnɪk/ *n* **1** tónico **2** (*tb* **tonic water**) agua quina

**tonight** /tə'naɪt/ *adv, n* esta noche: *What's on TV tonight?* ¿Qué pasan en la tele esta noche?

**tonne** /tʌn/ *n* (*pl* **tonnes** *o* **tonne**) (*esp GB*) (*USA* **metric ton**) *n* tonelada (métrica) ➲ *Comparar con* TON *y ver pág 680*

**tonsil** /'tɑnsl/ *n* amígdala **tonsillitis** /ˌtɑnsə'laɪtɪs/ *n* [*incontable*] amigdalitis

**too** /tuː/ *adv* **1** también: *I've been to Paris too.* Yo también he estado en París. ➲ *Ver nota en* TAMBIÉN **2** demasiado: *It's too cold outside.* Hace demasiado frío en la calle. **3** para colmo, encima: *Her purse was stolen. And on her birthday too.* Le robaron el monedero, y encima en su cumpleaños. **4** muy: *I'm not too sure.* No estoy muy segura. **LOC** **too many** demasiados **too much** demasiado

**took** *pt de* TAKE

**tool** /tuːl/ *n* herramienta: *tool box/kit* caja/juego de herramientas

**toolbar** /'tuːlbɑr/ *n* (*Informát*) barra de herramientas

**tooth** /tuːθ/ *n* (*pl* **teeth** /tiːθ/) diente, muela: *to have a tooth pulled* sacarse una muela *◇ false teeth* dentadura postiza **LOC** *Ver* FIGHT, GRIT, SKIN, SWEET

**toothache** /'tuːθeɪk/ *n* dolor de muelas

**toothbrush** /'tuːθbrʌʃ/ *n* cepillo de dientes ➲ *Ver dibujo en* BRUSH

**toothpaste** /'tuːθpeɪst/ *n* pasta de dientes

**toothpick** /'tuːθpɪk/ *n* palillo

**top** /tɑp/ *n* **1** lo más alto, la parte de arriba: *the top of the page* la parte superior de la página **2** (*de colina, profesión, etc.*) cumbre **3** (*de una lista*) cabeza **4** (*de una lista*) tapón **5** blusa, camiseta, etc. **LOC** **at the top of your voice** a gritos **be on top (of sth)** dominar (algo) **off the top of your head** (*coloq*) sin pensarlo **on top** encima **on top of sth** sobre algo **además de**

algo: *And on top of all that…* Y para colmo…
▸ *adj* **1** superior, de arriba: *a top-floor apartment* un departamento en la planta alta **2** mejor, primero: *top quality* de la mejor calidad *◇ the top jobs* los mejores empleos *◇ a top British scientist* un científico británico de primera fila **3** máximo
▸ *vt* (**-pp-**) rematar: *ice cream topped with chocolate sauce* helado con crema de chocolate por encima *◇ and to top it all…* y para acabarlo de rematar… **PHRV** **top sth up** (*esp GB*) rellenar algo: *We topped up our glasses.* Llenamos los vasos otra vez.

**top hat** *n* sombrero de copa

**topic** /'tɑpɪk/ *n* tema **topical** *adj* actual

**topple** /'tɑpl/ **1** *vt* hacer caer **2** *vi* ~ **(over)** caerse

**top secret** *adj* de alto secreto

**torch** /tɔːrtʃ/ *n* **1** linterna **2** antorcha

**tore** *pt de* TEAR¹

**torment** /'tɔːrment/ *n* (*formal*) tormento
▸ *vt* /tɔːr'ment/ **1** (*formal*) atormentar **2** fastidiar

**torn** *pp de* TEAR¹

**tortoise** /'tɔːrtəs/ *n* tortuga (*terrestre*) ➲ *Comparar con* TURTLE

**torture** /'tɔːrtʃər/ *n* **1** tortura **2** (*coloq*) tormento
▸ *vt* **1** torturar **2** (*fig*) atormentar **torturer** *n* torturador, -ora

**Tory** /'tɔːri/ *adj, n* (*pl* **Tories**) (*GB, coloq*) (*Pol*) conservador, -ora: *the Tory Party* el Partido Conservador

**toss** /tɔːs; *GB* tɒs/ **1** *vt* tirar, echar (*descuidadamente o sin fuerza*) **2** *vt* (*la cabeza*) sacudir **3** *vi* agitarse: *to toss and turn* dar vueltas (en la cama) **4** *vt* (*ensalada, pasta, etc.*) revolver **5** *vt, vi* (*moneda*) echar un volado: *to toss (up) for sth* jugarse algo a un volado
▸ *n* **1** (*de la cabeza*) sacudida **2** (*de una moneda*) volado: *to win/lose the toss* ganar/perder el volado

**total** /'toʊtl/ *adj, n* total
▸ *vt* (**-l-**, *GB* **-ll-**) **1** sumar **2** ascender a

**totally** /'toʊtəli/ *adv* totalmente

**totter** /'tɑtər/ *vi* **1** tititubear **2** tambalearse

**touch** /tʌtʃ/ **1** *vt, vi* tocar(se) **2** *vt* rozar **3** *vt* [*esp en frases negativas*] probar: *You've hardly touched your steak.* Apenas probaste el filete. **4** *vt* conmover **5** *vt* [*esp en frases negativas*] igualar **LOC** *Ver* WOOD **PHRV** **touch down**

aterrizar **touch on/upon sth** hablar de pasada de algo
▶ *n* **1** toque: *to put the finishing touches to sth* dar el toque final a algo ◊ *She likes to add her personal touch.* Le gusta poner su toque personal. **2** (*tb* **sense of touch**) tacto: *soft to the touch* suave al tacto **3** a ~ (**of sth**) [*sing*] una pizca, un poco (de algo): *I have a touch of the flu.* Tengo un poco de gripa. ◊ *a touch more garlic* una pizca más de ajo ◊ *It's a touch colder today.* Hoy hace algo más de fresco. **4** [*sing*] habilidad, maña: *He hasn't lost his touch.* No ha perdido la habilidad. **LOC** **at a touch** al menor roce **be in/out of touch (with sth)** estar/no estar al corriente (de algo) **in/out of touch (with sb)** en/fuera de contacto (con algn): *to get/keep in touch with sb* ponerse/mantenerse en contacto con algn

**touched** /tʌtʃt/ *adj* conmovido **touching** *adj* conmovedor

**touch screen** *n* (*Informát*) pantalla táctil

**touchy** /ˈtʌtʃi/ *adj* (**touchier, -iest**) **1** (*persona*) susceptible **2** (*situación, tema, etc.*) delicado

**tough** /tʌf/ *adj* (**tougher, -est**) **1** duro **2** fuerte, sólido **3** tenaz **4** (*medida*) severo **5** (*carne*) duro **6** (*decisión, etc.*) difícil: *to have a tough time* pasarla muy mal **7** (*coloq*): *Tough (luck)!* ¡Mala pata! **LOC** (**as) tough as nails/old boots** (*coloq*) (*persona*) muy fuerte **be/get tough (with sb)** ponerse duro (con algn) **toughen** *vt, vi* ~ (**sth/sb) (up)** endurecer algo/a algn, endurecerse **toughness** *n* **1** dureza, resistencia **2** firmeza

**tour** /tʊər; *GB tb* tɔː(r)/ *n* **1** ~ (**of/around sth**) viaje, tour (por algo): *to go on a walking/bicycling tour of/around France* ir de viaje por Francia en bicicleta/a pie **2** visita: *guided tour* visita con guía **3** gira: *to be on tour/go on tour in Mexico* estar de gira/efectuar una gira por México ➔ *Ver nota en* VIAJE
▶ **1** *vt* recorrer **2** *vi* viajar **3** *vt, vi* (*cantantes, etc.*) efectuar una gira (en)

**tourism** /ˈtʊərɪzəm; *GB tb* ˈtɔːr-/ *n* turismo

**tourist** /ˈtʊərɪst; *GB tb* ˈtɔːr-/ *n* turista: *tourist attraction* lugar de interés turístico

**tournament** /ˈtʊərnəmənt; *GB tb* ˈtɔːr-; ˈtɜːr-/ *n* torneo

**tow** /toʊ/ *vt* remolcar **PHRV** **tow sth away** llevarse algo a remolque
▶ *n* [*sing*] remolque **LOC** **in tow** (*coloq*): *He had his family in tow.* Llevaba a la familia a remolque.

**toward** /tɔːrd, təˈwɔːrd/ (*tb* **towards** /tɔːrdz, təˈwɔːrdz/) *prep* ❶ Para los usos de **toward** en PHRASAL VERBS ver las entradas de los verbos correspondientes, p. ej. **count toward** en COUNT. **1** (*dirección, tiempo*) hacia: *toward the end of the movie* casi al terminar la película **2** con, respecto a: *to be friendly toward sb* ser amable con algn **3** (*propósito*) para: *to put money toward sth* poner dinero para algo

**towel** /ˈtaʊəl/ *n* toalla: *dish towel* trapo de cocina

**tower** /ˈtaʊər/ *n* torre
▶ *v* **PHRV** **tower above/over sth/sb** alzarse por encima de algo/algn

**tower block** (*GB*) (*USA* **high-rise**) *n* edificio de muchos pisos

**town** /taʊn/ *n* **1** ciudad **2** centro: *to go into town* ir al centro **LOC** **go to town (on sth)** (*coloq*) tirar la casa por la ventana (en algo) (**out) on the town** (*coloq*) de parranda

**town hall** *n* ayuntamiento (*edificio*)

**toy** /tɔɪ/ *n* juguete
▶ *v* **PHRV** **toy with sth 1** contemplar algo: *to toy with the idea of doing sth* considerar la idea de hacer algo **2** juguetear con algo

**trace** /treɪs/ *n* rastro, huella: *to disappear without a trace* desaparecer sin dejar rastro ◊ *She speaks without a trace of an Irish accent.* Habla sin ningún rastro de acento irlandés.
▶ *vt* **1** seguir la pista de **2** ~ **sth/sb (to sth)** localizar algo/algn (en algo) **3** averiguar el origen de: *It can be traced back to the Middle Ages.* Se remonta hasta la Edad Media. **4** ~ **sth (out)** delinear, trazar algo **5** calcar

**track** /træk/ *n* **1** [*gen pl*] huella (*de animal, rueda, etc.*) **2** camino, senda **3** (*Dep*) pista, circuito **4** (*Ferrocarril*) vía **5** canción (*de CD, etc.*) **LOC** **keep/lose track of sth/sb** seguir/perder la pista de algo/algn: *to lose track of time* perder la noción del tiempo **make tracks** (*coloq*) irse (*esp para la casa*) **off track** fuera de rumbo **on the right/wrong track** por buen/mal camino *Ver tb* BEAT
▶ *vt* ~ **sb (to sth)** seguir la pista/las huellas de algn (hasta algo) **PHRV** **track sth/sb down** localizar algo/a algn

**track and field** (*GB* **athletics**) *n* [*incontable*] atletismo

**track record** *n* historial (*de un profesional o empresa*)

**tracksuit** /ˈtræksuːt; *GB tb* -ˈsjuːt/ (*GB*) (*USA* **sweatsuit**) *n* pants deportivos

**trade** /treɪd/ *n* **1** comercio **2** industria: *the tourist trade* la industria turística

---

| ʃ chin | dʒ June | v van | θ then | s so | z zoo | ʃ she |

**3** oficio: *He's a carpenter by trade.* Es carpintero de oficio. ➲ *Ver nota en* WORK
**LOC** *Ver* PLY, ROAR, TRICK
▶**1** *vi* comerciar, negociar **2** *vt* ~ **(sb) sth (for sth)** cambiar (a algn) algo (por algo) **PHRV** **trade sth in (for sth)** dar algo como parte del pago (de algo)

**trademark** /'treɪdmɑrk/ *n* marca registrada

**trader** /'treɪdər/ *n* comerciante

**tradesman** /'treɪdzmən/ *n* (*pl* **-men** /-mən/ *esp GB*) **1** proveedor: *tradesmen's entrance* entrada de servicio **2** comerciante

**trade union** (*GB*) (*USA* **labor union**) *n* sindicato

**trading** /treɪdɪŋ/ *n* comercio

**traffic** /'træfɪk/ *n* tráfico: *traffic jam* embotellamiento
▶ *vi* (*pt, pp* **trafficked**, *part pres* **trafficking**) ~ **(in sth)** traficar (con algo)

**traffic circle** (*GB* **roundabout**) *n* glorieta

**trafficker** /'træfɪkər/ *n* traficante

**traffic light** *n* semáforo

**tragedy** /'trædʒədi/ *n* (*pl* **tragedies**) tragedia

**trail** /treɪl/ *n* **1** reguero (*de sangre, etc.*) **2** estela (*de humo*) **3** rastro (*de un animal*): *to be on sb's trail* seguir la pista a algn **4** camino, sendero
▶**1** *vt* arrastrar: *I trailed my hand in the water.* Dejé deslizar la mano por el agua. **2** *vi* ~ **behind (sth/sb)** caminar despacio detrás (de algo/algn) **3** *vt, vi* perder (contra): *trailing by two goals to three* perdiendo por dos goles a tres

**trailer** /'treɪlər/ *n* **1** (*GB* **caravan**) remolque: *trailer park* camping para remolques ➲ *Ver dibujo en* CAMPER **2** (*esp GB*) (*USA* **preview**) (*Cine*) avance

**train¹** /treɪn/ *n* **1** tren: *by train* en tren ◊ *train station* estación (de ferrocarril) ◊ *train track(s)* vía de tren **2** sucesión, serie **LOC** **train of thought** hilo de pensamiento

**train²** /treɪn/ **1** *vi* estudiar, formarse: *She trained to be a lawyer.* Estudió para abogada. ◊ *to train as a nurse* estudiar enfermería **2** *vt, vi* (*Dep*) entrenar(se), preparar(se) **3** *vt* adiestrar **4** *vt* ~ **sth on sth/sb** (*cámara, etc.*) apuntar a algo/algn con algo **trainee** /treɪ'ni:/ *n* aprendiz, -iza **trainer** *n* **1** entrenador, -ora (*de atletas o animales*) **2** (*GB*) (*USA* **sneaker**) [*gen pl*] tenis (*zapato*)

**training** /'treɪnɪŋ/ *n* **1** (*Dep*) entrenamiento **2** formación, preparación

**trait** /treɪt/ *n* rasgo (*de personalidad*)

**traitor** /'treɪtər/ *n* traidor, -ora

**tram** /træm/ (*GB*) (*USA* **streetcar**) *n* tranvía

**tramp** /træmp/ **1** *vi* andar pesadamente **2** *vt* patear
▶ *n* vagabundo, -a

**trample** /'træmpl/ *vt* ~ **sth/sb (down)**; ~ **on sth/sb** pisotear algo/a algn

**tranquilize** (*GB tb* **-ise**) /'træŋkwəlaɪz/ *vt* tranquilizar (*esp por medio de sedantes*) **tranquilizer** (*GB tb* **-iser**) *n* tranquilizante: *She's on tranquilizers.* Toma tranquilizantes.

**transfer** /træns'fɜ:r/ (**-rr-**) **1** *vt, vi* trasladar(se) **2** *vt* transferir **3** *vi* ~ **(from…) (to…)** hacer transbordo (de…) (a…)
▶ *n* /'trænsfɜ:r/ **1** transferencia, traspaso, traslado **2** (*Dep*) traspaso **3** transbordo

**transform** /træns'fɔ:rm/ *vt* ~ **sth/sb (from sth) (into sth)** transformar algo/a algn (de algo) (en algo) **transformation** /ˌtrænsfər'meɪʃn/ *n* transformación **transformer** *n* (*Electrón*) transformador

**translate** /træns'leɪt, trænz-/ *vt, vi* traducir(se): *to translate sth from French (in)to English* traducir algo del francés al inglés ◊ *It translates as "fatherland".* Se traduce como "fatherland". ➲ *Comparar con* INTERPRET

**translation** /træns'leɪʃn, trænz-/ *n* traducción: *translation into/from Spanish* traducción al/del español ◊ *to do a translation* hacer una traducción **LOC** **in translation**: *Cervantes in translation* Cervantes traducido

**translator** /træns'leɪtər, trænz-/ *n* traductor, -ora

**transmit** /træns'mɪt/ *vt* (**-tt-**) transmitir **transmitter** *n* (*Electrón*) transmisor, emisora

**transparent** /træns'pærənt/ *adj* **1** transparente **2** (*mentira, etc.*) evidente

**transplant** /træns'plænt; *GB* -'plɑ:nt/ *vt* (*Bot, Med*) trasplantar
▶ *n* /'trænsplænt; *GB* -plɑ:nt/ trasplante: *heart transplant* trasplante de corazón

**transport** /træn'spɔ:rt/ *vt* transportar, llevar

**transportation** /ˌtrænspɔ:r'teɪʃn/ (*GB* **transport** /'trænspɔ:t/) *n* transporte

**transvestite** /trænz'vestaɪt/ *n* travesti

**trap** /træp/ *n* trampa: *to lay/set a trap* poner una trampa
▶ *vt* (**-pp-**) **1** atrapar, aprisionar **2** ~ **sb (into sth/doing sth)** engañar a algn (para que haga algo)

**trapdoor** /'træpdɔ:r/ *n* escotillón

**trapeze** /træˈpiːz; *GB* trə-/ n trapecio (*circo*)

**trash** /træʃ/ n [*incontable*] **1** (*GB* **rubbish**) basura: *trash can* basurero/bote de basura ➔ *Ver dibujo en* GARBAGE CAN y *nota en* GARBAGE **2** (*fig*) tonterías: *It's trash.* No vale para nada. **3** (*USA, coloq, pey*) gentuza **trashy** *adj* (*coloq*) malo, de mala calidad

⚡ **travel** /ˈtrævl/ (**-l-**, *GB* **-ll-**) **1** *vi* viajar: *to travel by car/bus* viajar/ir en coche/camión **2** *vt* recorrer

▸ n **1** [*incontable*] los viajes, viajar: *travel bag* bolsa de viaje **2 travels** [*pl*]: *to be on your travels* estar de viaje ◇ *Did you see John on your travels?* ¿Viste a John en tus viajes? ➔ *Ver nota en* VIAJE

**travel agency** n (*pl* **travel agencies**) agencia de viajes

**travel agent** n agente de viajes

**traveler's check** (*GB* **traveller's cheque**) n cheque de viajero

**tray** /treɪ/ n charola

**treacherous** /ˈtretʃərəs/ *adj* traicionero, pérfido **treachery** n **1** traición, perfidia ➔ *Comparar con* TREASON **2** falsedad

**tread** /tred/ (*pt* **trod** /trɒd/ *pp* **trodden** /ˈtrɒdn/) (*esp GB*) **1** *vi* ~ **(on/in sth)** pisar (algo) **2** *vt* ~ **sth (in/down)** pisotear algo [LOC] **tread carefully** andar con pies de plomo

**treason** /ˈtriːzn/ n alta traición
**❶ Treason** se usa específicamente para referirse a un acto de traición hacia el propio país. ➔ *Comparar con* TREACHERY

**treasure** /ˈtreʒər/ n tesoro: *art treasures* joyas de arte

▸ *vt* apreciar muchísimo, guardar como un tesoro: *her most treasured possession* su posesión más preciada

**treasurer** /ˈtreʒərər/ n tesorero, -a

**the Treasury** /ˈtreʒəri/ n Secretaría de Hacienda y Crédito Público

⚡ **treat** /triːt/ *vt* **1** tratar: *to treat sth as a joke* tomar algo a broma **2** ~ **sb (to sth)** invitar a algn (a algo): *Let me treat you.* Déjame invitar. **3** ~ **yourself (to sth)** darse el lujo (de algo) [LOC] **treat sb like dirt** (*coloq*) tratar a algn como basura *Ver tb* TRICK

▸ n **1** placer, gusto: *as a special treat* como recompensa especial ◇ *to give yourself a treat* permitirse un lujo **2** *This is my treat.* Invito yo. [LOC] *Ver* WORK

⚡ **treatment** /ˈtriːtmənt/ n **1** tratamiento **2** trato

**treaty** /ˈtriːti/ n (*pl* **treaties**) tratado

**treble** /ˈtrebl/ n **1** (*Mús*) tiple **2** [*incontable*] (*Mús*) agudos **3** (*GB*) (*USA* **triple**) triple

▸ *adj* atiplado, de soprano: *treble clef* clave de sol

▸ *vt, vi* (*GB*) (*USA* **triple**) triplicar(se)

⚡ **tree** /triː/ n árbol

**trek** /trek/ n caminata, excursión

▸ *vi* (**-kk-**) **1** (*coloq*) caminar (*penosamente*) **2 go trekking** hacer caminatas (*esp en la montaña*)

**tremble** /ˈtrembl/ *vi* ~ **(with sth)** temblar (de algo)

**trembling** /ˈtremblɪŋ/ *adj* tembloroso
▸ n temblor

**tremendous** /trəˈmendəs/ *adj* **1** enorme: *a tremendous number* una gran cantidad **2** estupendo **tremendously** *adv* enormemente

**tremor** /ˈtremər/ n temblor, estremecimiento

**trench** /trentʃ/ n **1** (*Mil*) trinchera **2** zanja

⚡ **trend** /trend/ n tendencia [LOC] **set a/the trend** poner una moda

**trendy** /ˈtrendi/ *adj* (**trendier, -iest**) (*coloq*) muy al día

**trespass** /ˈtrespəs/ *vi* ~ **(on sth)** entrar sin derecho (en algo): *No trespassing.* Prohibido el paso. **trespasser** n intruso, -a

⚡ **trial** /ˈtraɪəl/ n **1** juicio, proceso **2** prueba: *a trial period* un periodo de prueba ◇ *to take sth on trial* llevarse algo a prueba **3** (*GB*) (*USA* **tryout**) (*Dep*) preselección [LOC] **be/go on trial/stand trial (for sth)** ser procesado (por algo) **trial and error**: *She learned to type by trial and error.* Aprendió a escribir a máquina a base de cometer errores.

⚡ **triangle** /ˈtraɪæŋgl/ n triángulo **triangular** /traɪˈæŋgjələr/ *adj* triangular

**tribe** /traɪb/ n tribu

**tribute** /ˈtrɪbjuːt/ n **1** homenaje **2** ~ **to sth**: *That is a tribute to his skill.* Eso acredita su habilidad.

⚡ **trick** /trɪk/ n **1** engaño, broma, trampa: *to play a trick on sb* hacerle una broma a algn ◇ *His memory played tricks on him.* La memoria le jugaba malas pasadas. ◇ *a dirty trick* una mala pasada ◇ *a trick question* una pregunta capciosa **2** truco: *The trick is to wait.* El truco está en esperar. ◇ *card tricks* trucos con cartas ◇ *conjuring tricks* juegos de manos ◇ *a trick of the light* un efecto de la luz [LOC] **do the trick** (*coloq*) resolver el problema **every trick in the book** todos los trucos: *I tried every trick in the book.* Lo intenté todo. **the tricks of the trade** los

trucos del oficio **trick or treat** trato o truco ➔ *Ver nota en* HALLOWEEN; *Ver tb* MISS
▸ *vt* engañar PHRV **trick sb into (doing) sth** embaucar a algn para que haga algo **trick sb out of sth** quitarle algo a algn mediante engaño
**trickery** *n* [*incontable*] engaños, astucia

**trickle** /'trɪkl/ *vi* salir en un chorro fino, gotear
▸ *n* **1** hilo: *a trickle of blood* un hilo de sangre **2** ~ **(of sth)** (*fig*) goteo (de algo)

**tricky** /'trɪki/ *adj* (**trickier, -iest**) complicado, difícil

**tried** *pt, pp de* TRY

**trifle** /'traɪfl/ *n* **1** nimiedad, bagatela **2** a **trifle** [*sing*] algo: *a trifle short* un poquito corto **3** (*GB*) postre hecho a base de capas de soleta, fruta y crema
▸ *vi* ~ **with sth/sb** (*formal*) jugar con algo/algn

**trigger** /'trɪgər/ *n* gatillo, disparador
▸ *vt* **1** ~ **sth (off)** provocar, desencadenar algo **2** (*alarma, etc.*) accionar

**trillion** /'trɪljən/ *adj, n* billón ➔ *Comparar con* BILLION

**trim** /trɪm/ *adj* **1** bien cuidado, aseado **2** esbelto, elegante
▸ *vt* (**-mm-**) **1** recortar **2** ~ **sth off (sth)** quitarle algo (a algo) **3** ~ **sth with sth** (*vestido, etc.*) adornar algo (con algo)
▸ *n* **1** corte: *to have a trim* despuntar el pelo **2** adorno
**trimming** *n* **1 trimmings** [*pl*] (*comida*) guarnición **2** adorno

ᑦ**trip** /trɪp/ *n* viaje, excursión: *to go on a trip* hacer un viaje ◊ *a business trip* un viaje de negocios ◊ *a bus trip* una excursión en camión ➔ *Ver nota en* VIAJE
▸ (**-pp-**) **1** *vi* ~ **(over/up)**; ~ **(over/on sth)** tropezar (con algo): *She tripped (up) on a stone.* Tropezó con una piedra. **2** *vt* ~ **sb (up)** meterle zancadilla a algn PHRV **trip (sb) up** confundir a algn, confundirse

**triple** /'trɪpl/ *adj, n* triple: *at triple the speed* al triple de velocidad
▸ *vt, vi* triplicar(se)

**the triple jump** *n* salto triple

**triplet** /'trɪplət/ *n* trillizo, -a

**triumph** /'traɪʌmf/ *n* triunfo, éxito: *to return home in triumph* regresar a casa triunfalmente ◊ *a shout of triumph* un grito de júbilo
▸ *vi* ~ **(over sth/sb)** triunfar (sobre algo/algn)
**triumphal** /traɪˈʌmfl/ *adj* triunfal (*arco, procesión*) **triumphant** *adj* **1** triunfante **2** jubiloso **triumphantly** *adv* triunfalmente, jubilosamente

**trivial** /'trɪviəl/ *adj* trivial, insignificante **triviality** /ˌtrɪviˈæləti/ *n* (*pl* **trivialities**) trivialidad

**trod, trodden** *pt, pp de* TREAD

**trolley** /'trɒli/ *n* (*pl* **trolleys**) **1** (*USA*) (*GB* **tram**) tranvía **2** (*GB*) (*USA* **cart**) carrito (*del súper*)

**troop** /truːp/ *n* **1** tropel, manada **2 troops** [*pl*] tropas, soldados
▸ *v* PHRV **troop in, out, etc.** entrar, salir, etc. en tropel

**trophy** /'troʊfi/ *n* (*pl* **trophies**) trofeo

**tropic** /'trɒpɪk/ *n* **1** trópico **2 the tropics** [*pl*] el trópico

ᑦ**tropical** /'trɒpɪkl/ *adj* tropical

**trot** /trɒt/ *vi* (**-tt-**) trotar, ir al trote
▸ *n* trote LOC **on the trot** (*coloq*) sin parar

ᑦ**trouble** /'trʌbl/ *n* **1** [*incontable*] problemas: *The trouble is (that)…* Lo malo es que… ◊ *What's the trouble?* ¿Qué pasa? **2** problema: *money troubles* dificultades económicas **3** [*incontable*] molestia, esfuerzo: *It's no trouble.* No es molestia. ◊ *It's not worth the trouble.* No vale la pena. **4** [*incontable*] disturbios, conflicto **5** [*incontable*] (*Med*) dolencia: *back trouble* problemas de espalda LOC **be in trouble** tener problemas, estar en un apuro: *If I don't get home by ten I'll be in trouble.* Si no llego a casa a las diez tendré bronca. **get into trouble** meterse en un lío: *He got into trouble with the police.* Tuvo problemas con la policía. **go to a lot of trouble (to do sth)** tomarse muchas molestias (por hacer algo) *Ver tb* ASK, TEETHE
▸ *vt* **1** preocupar: *What's troubling you?* ¿Qué es lo que te preocupa? **2** molestar: *Don't trouble yourself.* No te molestes.

**troubled** /'trʌbld/ *adj* **1** (*expresión, voz*) preocupado, afligido **2** (*periodo*) agitado **3** (*vida*) accidentado

**trouble-free** /ˌtrʌbl 'friː/ *adj* **1** sin problemas **2** (*viaje*) sin ninguna avería

**troublemaker** /'trʌblmeɪkər/ *n* agitador, -ora, alborotador, -ora

**troublesome** /'trʌblsəm/ *adj* molesto

**trough** /trɒf; *GB* trɒf/ *n* **1** abrevadero, comedero **2** (*Meteor*) depresión

ᑦ**trousers** /'traʊzərz/ (*esp GB*) (*USA* **pants**) *n* [*pl*] pantalones: *a pair of trousers* un pantalón ➔ *Ver notas en* PAIR *y* PANTALÓN
**trouser** /'traʊzər/ *adj*: *trouser leg/pocket* pierna/bolsillo del pantalón

**trout** /traʊt/ *n* (*pl* **trout**) trucha

**truant** /'truːənt/ *n* (*Educ*) ausente, -a LOC **play truant** (*GB*) irse de pinta

**truce** /truːs/ *n* tregua

T

**truck** /trʌk/ n **1** (GB tb **lorry**) camión (de carga) **2** (GB) (USA **car**) (Ferrocarril) vagón (de carga)

**true** /truː/ adj (**truer**, **-est**) **1** cierto, verdad: *It's too good to be true.* Es demasiado bueno para ser cierto. **2** verdadero, auténtico: *the true value of the house* el valor real de la casa **3** (historia) verídico **4** fiel: *to be true to your word/principles* cumplir lo prometido/ ser fiel a sus principios **LOC** **come true** hacerse realidad **true to life** realista

**truly** /ˈtruːli/ adv sinceramente, verdaderamente, realmente **LOC** Ver WELL¹

**trump** /trʌmp/ n (Naipes) triunfo: *Hearts are trumps.* Pintan corazones.

**trumpet** /ˈtrʌmpɪt/ n trompeta

**trundle** /ˈtrʌndl/ **1** vi rodar lentamente **2** vt arrastrar **3** vt empujar

**trunk** /trʌŋk/ n **1** (Anat, Bot) tronco **2** baúl ⊃ Ver dibujo en LUGGAGE **3** (GB **boot**) cajuela ⊃ Ver dibujo en COCHE **4** (elefante) trompa **5** **trunks** (tb **swimming trunks**) [pl] traje de baño (de caballero) ⊃ Ver notas en PAIR y PANTALÓN

**trust** /trʌst/ n **1** ~ (**in sth/sb**) confianza (en algo/algn) **2** responsabilidad: *As a teacher you are in a position of trust.* Los profesores están en una posición de responsabilidad. **3** fideicomiso **4** fundación (con fines sociales o culturales) **LOC** Ver BREACH
▸ vt confiar en **PHRV** **trust to sth** confiar en algo **trust sb with sth** confiar en algo a algn

**trusted** adj de confianza

**trustee** /trʌˈstiː/ n **1** fideicomisario, -a **2** administrador, -ora

**trusting** /ˈtrʌstɪŋ/ adj confiado

**trustworthy** /ˈtrʌstwɜːrði/ adj digno de confianza

**truth** /truːθ/ n (pl **truths** /truːðz/) verdad **LOC** Ver ECONOMICAL, MOMENT **truthful** adj sincero: *to be truthful* decir la verdad

**try** /traɪ/ (pt, pp **tried**) **1** vi intentar

> **Try to + infinitivo** significa hacer un esfuerzo por hacer algo: *You should try to eat more vegetables.* Deberías hacer un esfuerzo para comer más verduras. En uso coloquial, **try to** se puede sustituir por **try and**: *I'll try and finish it.* Trataré de terminarlo.
> En cambio, **try doing sth** significa hacer algo para ver si te ayuda con algo (a mejorar tu salud, etc.): *If you want to lose weight, you should try eating more fruit.* Si quieres bajar de peso, intenta comer más fruta.

**2** vt probar: *Can I try the soup?* ¿Puedo probar la sopa? **3** vt ~ **sb (for sth)** (Jur) procesar a algn (por algo), juzgar a algn **4** vt (Jur, caso) ver **LOC** **try sb's patience** hacer perder la paciencia a algn **LOC** Ver BEST **PHRV** **try sth on** probarse algo *ropa, zapatos, lentes, etc.*
▸ n (pl **tries**) **1** *I'll give it a try.* Lo intentaré. **2** (Rugby) ensayo

**trying** adj difícil

**tryout** /ˈtraɪaʊt/ (GB **trial**) n (Dep) preselección

**T-shirt** /ˈtiː ʃɜːrt/ n playera, camiseta

**tub** /tʌb/ n **1** tina, cubeta **2** tarro ⊃ Ver dibujo en CONTAINER

**tube** /tuːb/ n **1** ~ (**of sth**) tubo (de algo) ⊃ Ver dibujo en CONTAINER **2** **the tube** [sing] (GB) (USA **subway**) (el) metro: *by tube* en metro

**tuck** /tʌk/ vt **1** ~ **sth in; ~ sth into, under, etc. sth** meter algo (en, debajo de, etc. algo) **2** ~ **sth around sth/sb** arropar algo/ a algn con algo: *to tuck sth around you* arroparse con algo **PHRV** **be tucked away** (coloq) **1** (dinero, etc.) estar guardado **2** (pueblo, edificio) estar escondido **tuck sb in/up** meter a algn (en la cama)

**Tuesday** /ˈtuːzdeɪ, -di; GB ˈtjuːz-/ n (abrev **Tue.**, **Tues.**) martes ⊃ Ver ejemplos en MONDAY

**tuft** /tʌft/ n **1** (pelo) mechón **2** (plumas) penacho **3** (pasto) manojo

**tug** /tʌg/ vt, vi (**-gg-**) ~ (**at/on**) **sth** tirar (con fuerza) de algo: *He tugged at his mother's coat.* Le dio un fuerte tirón al abrigo de su madre.
▸ n **1** ~ (**at/on sth**) tirón (a/de algo) **2** (tb **tugboat** /ˈtʌgbəʊt/) remolcador

**tuition** /tuˈɪʃn; GB tjuˈ-/ n [incontable] **1** (USA) colegiatura **2** (esp GB, formal) instrucción, clases: *private tuition* clases particulares

**tulip** /ˈtuːlɪp; GB ˈtjuː-/ n tulipán

**tumble** /ˈtʌmbl/ vi ~ (**down**) caer(se), desplomarse
▸ n caída

**tumbler** /ˈtʌmblər/ n vaso

**tummy** /ˈtʌmi/ n (pl **tummies**) (coloq) barriga: *tummy ache* dolor de panza

**tumor** (GB **tumour**) /ˈtuːmər; GB ˈtjuː-/ n tumor

**tuna** /ˈtuːnə; GB ˈtjuːnə/ n (pl **tuna** o **tunas**) atún

**tune** /tuːn; GB tjuːn/ n **1** melodía **2** aire **LOC** **in/out of tune** (Mús) afinado/desafinado **in/out of tune (with sth/sb)** de acuerdo/en desacuerdo (con algo/algn) **LOC** Ver CHANGE
▸ vt (instrumento, motor) afinar **PHRV** **tune in (to sth)** sintonizar (algo): *Tune in to us*

*again tomorrow.* Vuelva a sintonizarnos mañana. **tune (sth) up** afinar (algo) **tuneful** *adj* melodioso

**tunic** /'tu:nɪk; *GB* 'tju:-/ *n* túnica

ᵯ **tunnel** /'tʌnl/ *n* **1** túnel **2** galería
▶ (-l-, *GB* -ll-) **1** *vi* ~ (**into/through/under sth**) abrir un túnel (en/a través de/debajo de algo) **2** *vt, vi* excavar

**turban** /'tɜːrbən/ *n* turbante

**turbulence** /'tɜːrbjələns/ *n* [*incontable*] turbulencia **turbulent** *adj* **1** turbulento **2** alborotado

**turf** /tɜːrf/ *n* [*incontable*] pasto
▶ *vt* encespedar **PHRV** **turf sth/sb out (of sth)** (*GB, coloq*) echar algo/a algn (de algo)

**turkey** /'tɜːrki/ *n* (*pl* **turkeys**) pavo, guajolote

**turmoil** /'tɜːrmɔɪl/ *n* alboroto

ᵯ **turn** /tɜːrn/ **1** *vi* girar, dar vueltas: *to turn left* dar vuelta a la izquierda **2** *vt* hacer girar, dar (la) vuelta a **3** *vt, vi* volver(se): *She turned her back on Simon and walked off.* Le dio la espalda a Simon y se marchó. **4** *vt* (*página*) pasar **5** *vt* (*esquina*) dar vuelta a **6** *vi* ponerse, volverse: *to turn white/red* ponerse blanco/colorado **7** *vt, vi* (*atención*) dirigir(se): *His thoughts turned to his wife.* Sus pensamientos se concentraron en su esposa. **8** *vt, vi* ~ (**sth/sb**) (**from A**) **into B** convertir (algo/a algn), convertirse (de A) en B **9** *vt: to turn 40* cumplir los 40 **❶** Para expresiones con **turn**, véanse las entradas del sustantivo, adjetivo, etc., p. ej. **turn back the clock** en CLOCK.
**PHRV** **turn around** voltearse **turn sth/sb around** voltear algo/a algn
**turn away (from sth/sb)** apartar la vista (de algo/algn) **turn sb away (from sth)** no dejar a entrar a algn (en algo)
**turn back** volverse hacia atrás **turn sb back** hacer volverse a algn
**turn sth/sb down** rechazar algo/a algn **turn sth down** bajar algo (*volumen, temperatura, etc.*)
**turn off (sth)** desviarse (de algo) (*camino*) **turn sb off** (*coloq*) desanimar/ quitarle las ganas a algn **turn sth off 1** apagar algo **2** desconectar algo **3** (*llave*) cerrar algo
**turn sb on** (*coloq*) excitar a algn **turn sth on 1** encender algo **2** (*llave*) abrir algo
**turn out 1** asistir, presentarse **2** resultar, salir **turn sb out (of/from sth)** echar a algn (de algo) **turn sth out** apagar algo (*luz*)
**turn over** (*GB* **tick over**) (*coche*) estar andando **turn (sth/sb) over** dar la vuelta (a algo/algn)
**turn (sth/sb) round** (*GB*) *Ver* TURN (STH/SB) AROUND

**turn to sb** acudir a algn
**turn up** presentarse, aparecer **turn sth up** subir algo (*volumen, temperatura, etc.*)
▶ *n* **1** vuelta **2** (*GB tb* **turning** /'tɜːrnɪŋ/) giro, vuelta: *to take a wrong turn* tomar un camino equivocado **3** curva **4** (*cabeza*) movimiento **5** (*circunstancias*) cambio: *to take a turn for the better/ worse* empezar a mejorar/empeorar **6** turno, vez: *It's your turn.* Te toca a ti. **LOC** **a turn of phrase** un giro **do sb a good/bad turn** hacer un favor/una mala pasada a algn **in turn** sucesivamente, uno tras otro **take turns (in sth/to do sth)** turnarse (para/en algo/para hacer algo)

**turning point** *n* momento crítico, punto decisivo

**turnip** /'tɜːrnɪp/ *n* nabo

**turnout** /'tɜːrnaʊt/ *n* asistencia, concurrencia

**turnover** /'tɜːrnoʊvər/ *n* **1** (*negocio*) facturación **2** (*personal, mercancías*) movimiento **3** empanada

**turnpike** /'tɜːrnpaɪk/ (*GB* **tollroad**) *n* carretera de cuota

**turn signal** (*GB* **indicator**) *n* (*coche*) intermitente ➜ *Ver dibujo en* COCHE

**turntable** /'tɜːrnteɪbl/ *n* (*tocadiscos*) tornamesa

**turpentine** /'tɜːrpəntaɪn/ (*esp GB coloq* **turps**) *n* aguarrás

**turquoise** /'tɜːrkwɔɪz/ *n* turquesa
▶ *adj, n* color turquesa

**turret** /'tɜːrət; *GB* 'tʌrət/ *n* torreón, torre

**turtle** /'tɜːrtl/ *n* tortuga ➜ *Comparar con* TORTOISE

**turtleneck** /'tɜːrtlnek/ (*GB* **polo neck**) *n* (suéter de) cuello de tortuga

**tusk** /tʌsk/ *n* colmillo

**tutor** /'tu:tər; *GB* 'tju:-/ *n* **1** profesor, -ora particular **2** (*esp GB*) (*universidad*) profesor, -ora

**tutorial** /tu:'tɔːriəl; *GB* tju:-/ *n* seminario (*clase*)

**tuxedo** /tʌk'si:doʊ/ *n* (*pl* **tuxedos**) (*tb coloq* **tux** /tʌks/) (*GB tb* **dinner jacket**) esmoquin

ᵯ **TV** /ˌti: 'vi:/ *n* televisión

**twang** /twæŋ/ *n* **1** (*voz*) gangueo **2** (*Mús*) punteado (vibrante)

**tweezers** /'twi:zərz/ *n* [*pl*] pinzas (de depilar) ➜ *Ver nota en* PAIR

**twelfth** /twelfθ/ **1** *adj, adv, pron* duodécimo **2** *n* doceava parte, doceavo ➜ *Ver ejemplos en* FIFTH

**twelve** /twelv/ *adj, pron, n* doce ➜ *Ver ejemplos en* FIVE

T

i: see | ɪ sit | e ten | æ cat | ɑ hot | ɔ: saw | ʌ cup | ʊ put | u: too

**twentieth** /'twentiəθ/ **1** *adj, adv, pron* vigésimo **2** *n* veinteava parte, veinteavo ➔ *Ver ejemplos en* FIFTH

**twenty** /'twenti/ *adj, pron, n* veinte ➔ *Ver ejemplos en* FIFTY, FIVE

**twice** /twais/ *adv* dos veces: *twice as much/many* el doble **LOC** *Ver* ONCE

**twiddle** /'twidl/ *vt, vi* ~ **(with) sth** (*GB*) jugar con algo, (hacer) girar algo **LOC** **twiddle your thumbs** (*fig*) picarse los ojos

**twig** /twig/ *n* ramita

**twilight** /'twailait/ *n* crepúsculo

**twin** /twin/ *n* **1** gemelo, -a, mellizo, -a, cuate, -a **2** (*de un par*) gemelo, pareja, -a: *twin beds* camas gemelas

**twinge** /twindʒ/ *n* punzada

**twinkle** /'twiŋkl/ *vi* **1** centellear, destellar **2** ~ **(with sth)** (*ojos*) brillar (de algo)

**twirl** /twɜːrl/ **1** *vt, vi* ~ **(sth/sb) around** (hacer) girar (algo/a algn), dar vueltas (a algo/algn) **2** *vt* retorcer

**twist** /twist/ **1** *vt, vi* torcer(se), retorcer(se) **2** *vt, vi* enrollar(se), enroscar(se) **3** *vi* (*camino, río*) serpentear **4** *vt* (*palabras, etc.*) tergiversar
▸ *n* **1** torsión, torcedura **2** (*cambio*) giro **3** (*camino, río*) recodo, curva **4** (*limón, papel*) pedacito

**twit** /twit/ *n* (*esp GB, coloq*) tonto, -a

**twitch** /twitʃ/ *n* **1** movimiento repentino **2** tic **3** tirón
▸ *vt, vi* **1** crispar(se), moverse (nerviosamente) **2** dar un tirón (a)

**twitter** /'twitər/ *vi* gorjear

**two** /tuː/ *adj, pron, n* dos ➔ *Ver ejemplos en* FIVE **LOC** **put two and two together** atar cabos

**two-faced** /ˌtuː 'feist/ *adj* (*coloq, pey*) falso

**two-way** /ˌtuː 'wei/ *adj* **1** (*proceso*) doble **2** (*comunicación*) recíproco

**tycoon** /tai'kuːn/ *n* magnate

**tying** *Ver* TIE

**type** /taip/ *n* **1** tipo, clase: *all types of jobs* todo tipo de trabajos ◊ *He's not my type (of person).* No es mi tipo. **2** [*sing*] (*coloq*) (*modelo*) tipo: *She's not the artistic type.* No tiene mucha afición por el arte.
▸ *vt, vi* ~ **(sth) (out/up)** **1** escribir a máquina, teclear (algo): *to type sth up* pasar algo a máquina **2** (*en máquina de escribir*) mecanografiar (algo)

**typewriter** /'taipraitər/ *n* máquina de escribir

**typhoid** /'taifɔid/ *n* (*fiebre*) tifoidea

**typical** /'tipikl/ *adj* típico, característico

**typically** /'tipikli/ *adv* **1** típicamente **2** por regla general

**typify** /'tipifai/ *vt* (*pt, pp* -**fied**) tipificar, ser ejemplo de

**typing** /'taipiŋ/ *n* mecanografía

**typist** /'taipist/ *n* mecanógrafo, -a

**tyranny** /'tirəni/ *n* (*pl* **tyrannies**) tiranía

**tyrant** /'tairənt/ *n* tirano, -a

**tyre** (*GB*) = TIRE

# U u

**U, u** /juː/ n (pl **Us, U's, u's**) U, u ➜ *Ver ejemplos en* A, a

**ubiquitous** /juːˈbɪkwɪtəs/ adj (formal) ubicuo

**UFO** /ˌjuː ef ˈoʊ/ n (abrev de **unidentified flying object**) (pl **UFOs**) OVNI

**ugh** /ɜː ʊ/ interj ¡uf!, ¡puf!

**ugly** /ˈʌɡli/ adj (**uglier, -iest**) **1** feo **2** siniestro, peligroso

**U.K.** /ˌjuː ˈkeɪ/ abrev de **United Kingdom** Reino Unido ➜ *Ver nota en* GRAN BRETAÑA *y págs* 690-691

**ulcer** /ˈʌlsər/ n úlcera

**ultimate** /ˈʌltɪmət/ adj **1** último, final **2** mayor **3** principal

**ultimately** /ˈʌltɪmətli/ adv **1** al final, finalmente **2** fundamentalmente

**umbrella** /ʌmˈbrelə/ n (lit y fig) paraguas

**umpire** /ˈʌmpaɪər/ n (Tenis, Béisbol) árbitro, -a

**UN** /ˌjuː ˈen/ abrev de **United Nations** ONU

**unable** /ʌnˈeɪbl/ adj ~ **to do sth** incapaz de hacer algo, imposibilitado para hacer algo

**unacceptable** /ˌʌnəkˈseptəbl/ adj inaceptable

**unaccustomed** /ˌʌnəˈkʌstəmd/ adj (formal) **1 be ~ to (doing) sth** no estar acostumbrado a (hacer) algo **2** desacostumbrado, insólito

**unambiguous** /ˌʌnæmˈbɪɡjuəs/ adj inequívoco

**unanimous** /juˈnænɪməs/ adj unánime

**unarmed** /ˌʌnˈɑːrmd/ adj **1** desarmado, sin armas **2** indefenso

**unattractive** /ˌʌnəˈtræktɪv/ adj poco atractivo

**unavailable** /ˌʌnəˈveɪləbl/ adj no disponible

**unavoidable** /ˌʌnəˈvɔɪdəbl/ adj inevitable

**unaware** /ˌʌnəˈweər/ adj no consciente: *He was unaware that…* Ignoraba que…

**unbearable** /ʌnˈbeərəbl/ adj insoportable

**unbeatable** /ʌnˈbiːtəbl/ adj invencible, inigualable

**unbeaten** /ʌnˈbiːtn/ adj (Dep) nunca superado, invicto

**unbelievable** /ˌʌnbɪˈliːvəbl/ adj increíble

**unbroken** /ʌnˈbroʊkən/ adj **1** intacto **2** ininterrumpido **3** (récord) imbatido

**uncanny** /ʌnˈkæni/ adj **1** misterioso **2** asombroso

**uncertain** /ʌnˈsɜːrtn/ adj **1** inseguro, dudoso, indeciso **2** incierto: *It is uncertain whether…* No se sabe si… **3** variable **uncertainty** n (pl **uncertainties**) incertidumbre, duda

**unchanged** /ʌnˈtʃeɪndʒd/ adj igual, sin alteración

**uncle** /ˈʌŋkl/ n tío

**unclear** /ˌʌnˈklɪər/ adj poco claro, confuso

**uncomfortable** /ʌnˈkʌmftəbl; GB -fərt-/ adj incómodo **uncomfortably** adv incómodamente: *The exams are getting uncomfortably close.* Los exámenes se están acercando de manera preocupante.

**uncommon** /ʌnˈkɑːmən/ adj poco común, insólito

**uncompromising** /ʌnˈkɑːmprəmaɪzɪŋ/ adj inflexible, firme

**unconcerned** /ˌʌnkənˈsɜːrnd/ adj **1** ~ (**about/by/with sth**) indiferente (a algo) **2** despreocupado

**unconditional** /ˌʌnkənˈdɪʃənl/ adj incondicional

**unconscious** /ʌnˈkɑːnʃəs/ adj **1** inconsciente **2 be ~ of sth** no darse cuenta de algo
▸ n **the unconscious** [sing] el subconsciente

**unconventional** /ˌʌnkənˈvenʃənl/ adj poco convencional

**unconvincing** /ˌʌnkənˈvɪnsɪŋ/ adj poco convincente

**uncouth** /ʌnˈkuːθ/ adj grosero, inculto

**uncover** /ʌnˈkʌvər/ vt **1** destapar, descubrir **2** (fig) descubrir

**undecided** /ˌʌndɪˈsaɪdɪd/ adj **1** pendiente, sin resolver **2** ~ (**about sth/sb**) indeciso (sobre algo/algn)

**undeniable** /ˌʌndɪˈnaɪəbl/ adj innegable, indiscutible **undeniably** adv indudablemente

**under** /ˈʌndər/ prep **1** debajo de: *It was under the bed.* Estaba debajo de la cama. **2** (edad) menor de **3** (cantidad) menos de **4** (gobierno, mando, etc.) bajo **5** (Jur) según (una ley, etc.) **6** *under construction* en construcción

**under-** /ˈʌndər/ pref **1** insuficientemente: *Women are under-represented in the group.* Las mujeres tienen una representación demasiado pequeña en el grupo. ◇ *under-used* infrautilizado **2** (edad) menor de: *the under-fives* los menores de cinco años ◇ *the under-21s/under-21 team* el equipo de menores de 21 años ◇ *underage drinking* el consumo de bebidas alcohólicas por menores de edad

U

ɜː bird    ɪə near    eə hair    ʊə tour    ʒ vision    h hat    ŋ sing

**undercover** /ˌʌndər'kʌvər/ *adj*
**1** (*policía*) secreto **2** (*operación*) secreto, clandestino

**underestimate** /ˌʌndər'estɪmeɪt/ *vt* subestimar

**undergo** /ˌʌndər'goʊ/ *vt* (*pt* **underwent** /-'went/ *pp* **undergone** /-'gɔːn; *GB* -'gɒn/) **1** experimentar, sufrir **2** (*prueba*) pasar **3** (*curso*) seguir **4** (*tratamiento, cirugía*) someterse a

**undergraduate** /ˌʌndər'grædʒuət/ *n* estudiante no licenciado

**underground** /ˌʌndər'graʊnd/ *adv*
**1** bajo tierra **2** (*fig*) en la clandestinidad
▸ *adj* /'ʌndərgraʊnd/ **1** subterráneo **2** (*fig*) clandestino
▸ *n* /'ʌndərgraʊnd/ **1** (*GB*) (*tb* **the Underground**) (*USA* **subway**) metro **2** movimiento clandestino

**undergrowth** /'ʌndərgroʊθ/ *n* maleza

**underlie** /ˌʌndər'laɪ/ *vt* (*pt* **underlay** /ˌʌndər'leɪ/ *pp* **underlain** /-'leɪn/) (*formal*) (*fig*) estar detrás de

**underline** /ˌʌndər'laɪn/ *vt* (*lit y fig*) subrayar

**undermine** /ˌʌndər'maɪn/ *vt* socavar, debilitar

**underneath** /ˌʌndər'niːθ/ *prep* debajo de
▸ *adv* (por) debajo
▸ *n* **the underneath** [*sing*] la parte inferior

**underpants** /'ʌndərpænts/ *n* [*pl*] calzoncillos: *a pair of underpants* unos calzoncillos

> En Estados Unidos, se utiliza **underpants** para hombres y mujeres, pero en Gran Bretaña se usa solamente para hombres. ➔ *Ver tb notas en* PAIR *y* PANTALÓN

**underprivileged** /ˌʌndər'prɪvəlɪdʒd/ *adj* desheredado, marginado

**underscore** /ˌʌndər'skɔːr/ *vt* (*lit y fig*) subrayar

**undershirt** /'ʌndərʃɜːrt/ (*GB* **vest**) *n* camiseta

**underside** /'ʌndərsaɪd/ *n* parte de abajo, costado inferior

**understand** /ˌʌndər'stænd/ (*pt, pp* **understood** /-'stʊd/) **1** *vt, vi* entender **2** *vt* (*saber manejar*) entender de **3** *vt* (*formal*) tener entendido **understandable** *adj* comprensible **understandably** *adv* naturalmente

**understanding** /ˌʌndər'stændɪŋ/ *adj* comprensivo
▸ *n* **1** entendimiento, comprensión **2** conocimiento **3** acuerdo (informal) **4** ~ (**of sth**) interpretación (de algo)

**understate** /ˌʌndər'steɪt/ *vt* **1** subestimar **2** restar importancia a

**understatement** /'ʌndərsteɪtmənt/ *n*: *To say they are disappointed would be an understatement.* Decir que están desilusionados sería quedarse corto.

**undertake** /ˌʌndər'teɪk/ *vt* (*pt* **undertook** /-'tʊk/ *pp* **undertaken** /-'teɪkən/) (*formal*) **1** emprender **2** ~ **to do sth** comprometerse a hacer algo

**undertaker** /'ʌndərteɪkər/ *n* (*esp GB*) **1** (*USA* **mortician**) director, -ora de pompas fúnebres **2** **undertaker's** (*USA* **funeral parlor**) funeraria

**undertaking** /ˌʌndər'teɪkɪŋ/ *n* **1** (*Com, tarea*) empresa **2** (*formal*) obligación

**underwater** /ˌʌndər'wɔːtər/ *adj* submarino
▸ *adv* bajo el agua

**underwear** /'ʌndərweər/ *n* ropa interior

**underwent** *pt de* UNDERGO

**the underworld** /'ʌndərwɜːrld/ *n* [*sing*] **1** el hampa **2** **the underworld** el infierno

**undesirable** /ˌʌndɪ'zaɪərəbl/ *adj, n* indeseable

**undisputed** /ˌʌndɪ'spjuːtɪd/ *adj* incuestionable, indiscutible

**undisturbed** /ˌʌndɪ'stɜːrbd/ *adj* **1** (*cosa*) sin tocar **2** (*persona*) tranquilo, sin ser molestado

**undo** /ʌn'duː/ *vt* (*3a pers sing* **undoes** /ʌn'dʌz/ *pt* **undid** /ʌn'dɪd/ *pp* **undone** /ʌn'dʌn/) **1** deshacer **2** desabrochar **3** desamarrar **4** (*envoltura*) quitar **5** anular: *to undo the damage* reparar el daño **undone** *adj* **1** desabrochado, desamarrado: *to come undone* desabrocharse/desamarrarse **2** sin acabar

**undoubtedly** /ʌn'daʊtɪdli/ *adv* indudablemente

**undress** /ʌn'dres/ *vt, vi* desvestir(se)
**❶** Es más normal decir **get undressed**.
**undressed** *adj* desvestido

**undue** /ˌʌn'duː; *GB* 'djuː/ *adj* (*formal*) [*sólo antes de sustantivo*] excesivo **unduly** *adv* (*formal*) excesivamente, en demasía

**unearth** /ʌn'ɜːrθ/ *vt* desenterrar, sacar a la luz

**unease** /ʌn'iːz/ *n* malestar

**uneasy** /ʌn'iːzi/ *adj* **1** ~ (**about sth**) inquieto (por algo) **2** (*relación, paz, etc.*) precario **3** (*silencio*) incómodo

**uneducated** /ʌn'edʒukeɪtɪd/ *adj* inculto, ignorante

**unemployed** /ˌʌnɪm'plɔɪd/ *adj* desempleado
▸ *n* **the unemployed** [*pl*] los desempleados

**unemployment** /ˌʌnɪm'plɔɪmənt/ *n* desempleo, paro

**unequal** /ʌn'iːkwəl/ *adj* **1** desigual **2** (*formal*): *to feel unequal to sth* no sentirse a la altura de algo

---

| ʃ chin | dʒ June | v van | θ then | s so | z zoo | ʃ she |

**uneven** /ʌn'iːvn/ adj **1** desigual **2** (suelo) desnivelado **3** (pulso) irregular

**uneventful** /ˌʌnɪ'ventfl/ adj sin incidentes, tranquilo

⚡ **unexpected** /ˌʌnɪk'spektɪd/ adj inesperado, imprevisto

⚡ **unfair** /ˌʌn'feər/ adj ~ (on/to sb) injusto (con algn) **2** (competencia) desleal **3** (despido) improcedente

**unfaithful** /ʌn'feɪθfl/ adj infiel

**unfamiliar** /ˌʌnfə'mɪliər/ adj **1** poco familiar **2** (persona, cara) desconocido **3** ~ with sth poco familiarizado con algo

**unfashionable** /ʌn'fæʃnəbl/ adj pasado de moda

**unfasten** /ʌn'fæsn; GB -'fɑːsn/ vt **1** desabrochar, desamarrar **2** abrir **3** soltar

**unfavorable** (GB unfavourable) /ʌn'feɪvərəbl/ adj **1** adverso, desfavorable **2** poco propicio

**unfinished** /ʌn'fɪnɪʃt/ adj sin terminar: unfinished business asuntos pendientes

**unfit** /ʌn'fɪt/ adj **1** ~ (for sth/to do sth) inadecuado, no apto (para algo/para hacer algo), incapaz (de hacer algo) **2** (esp GB) poco en forma

**unfold** /ʌn'fəʊld/ **1** vt extender, desplegar, desdoblar **2** vt, vi (acontecimientos etc) revelar(se)

**unforeseen** /ˌʌnfər'siːn, -fɔːr-/ adj imprevisto

**unforgettable** /ˌʌnfər'getəbl/ adj inolvidable

**unforgivable** /ˌʌnfər'gɪvəbl/ adj imperdonable

⚡ **unfortunate** /ʌn'fɔːrtʃənət/ adj **1** desafortunado: It is unfortunate (that)… Es de lamentar que… **2** (accidente) desgraciado **3** (comentario) inoportuno

⚡ **unfortunately** /ʌn'fɔːrtʃənətli/ adv por desgracia, desgraciadamente

⚡ **unfriendly** /ʌn'frendli/ adj ~ (to/toward sb) antipático (con/hacia algn)

**ungrateful** /ʌn'greɪtfl/ adj **1** desagradecido **2** ~ (to sb) ingrato (con algn)

**unhappiness** /ʌn'hæpinəs/ n desdicha

⚡ **unhappy** /ʌn'hæpi/ adj (unhappier, -iest) **1** infeliz, triste **2** ~ (about/at/with sth) preocupado, disgustado (por algo)

**unharmed** /ʌn'hɑːrmd/ adj ileso

**unhealthy** /ʌn'helθi/ adj **1** enfermizo **2** insalubre **3** (interés) morboso

**unhelpful** /ʌn'helpfl/ adj **1** (persona) poco servicial **2** (respuesta, medidas) poco útil

⚡ **uniform** /'juːnɪfɔːrm/ adj, n uniforme **LOC** in uniform de uniforme

**unify** /'juːnɪfaɪ/ vt (pt, pp -fied) unificar

⚡ **unimportant** /ˌʌnɪm'pɔːrtnt/ adj sin importancia, insignificante

**uninhabited** /ˌʌnɪn'hæbɪtɪd/ adj deshabitado, despoblado

**unintentionally** /ˌʌnɪn'tenʃənəli/ adv accidentalmente, sin querer

**uninterested** /ʌn'ɪntrəstɪd/ adj ~ (in sth/sb) indiferente (a algo/algn), no interesado (en algo/algn)

⚡ **union** /'juːniən/ n **1** unión **2** sindicato

**Union Jack** n bandera del Reino Unido

> La bandera del Reino Unido está formada por elementos de las banderas de Inglaterra, Escocia e Irlanda del Norte (p. ej. la cruz roja viene de la bandera inglesa y el fondo azul de la escocesa).

⚡ **unique** /ju'niːk/ adj **1** único **2** ~ to sth/sb exclusivo de algo/algn **3** (poco común) excepcional, extraordinario

**unison** /'juːnɪsn/ n **LOC** in unison (with sth/sb) al unísono (con algo/algn)

⚡ **unit** /'juːnɪt/ n **1** unidad **2** (esp GB) (de mobiliario) módulo: kitchen unit mueble de cocina

⚡ **unite** /ju'naɪt/ **1** vt, vi unir(se) **2** vi ~ (in sth/in doing sth) unirse, juntarse (en algo/para hacer algo)

**unity** /'juːnəti/ n unidad

**universal** /ˌjuːnɪ'vɜːrsl/ adj universal, general **universally** adv universalmente, mundialmente

⚡ **universe** /'juːnɪvɜːrs/ n universo

⚡ **university** /ˌjuːnɪ'vɜːrsəti/ n (pl universities) universidad ➲ Ver notas en SCHOOL y UNIVERSIDAD

**unjust** /ˌʌn'dʒʌst/ adj injusto

**unkempt** /ˌʌn'kempt/ adj **1** desaliñado, descuidado **2** (pelo) despeinado

⚡ **unkind** /ˌʌn'kaɪnd/ adj **1** (persona) poco amable, cruel **2** (comentario) cruel

⚡ **unknown** /ʌn'nəʊn/ adj ~ (to sb) desconocido (para algn)

**unlawful** /ʌn'lɔːfl/ adj (formal) ilegal, ilícito

**unleash** /ʌn'liːʃ/ vt ~ sth (on/upon sth/sb) desatar, desencadenar algo (contra algo/algn)

⚡ **unless** /ən'les/ conj a menos que, a no ser que, si no

⚡ **unlike** /ˌʌn'laɪk/ prep **1** distinto de **2** a diferencia de **3** no típico de: It's unlike him to be late. Es muy raro que llegue tarde.
▸ adj [nunca antes de sustantivo] diferente

⚡ **unlikely** /ʌn'laɪkli/ adj (unlikelier, -iest) **1** poco probable, improbable **2** (cuento, excusa, etc.) inverosímil

**unlimited** /ʌn'lɪmɪtɪd/ adj ilimitado, sin límite

⚡ **unload** /ˌʌn'ləʊd/ vt, vi descargar

**U**

**unlock** /ˌʌnˈlɑk/ *vt, vi* abrir(se) (con llave)

**unlucky** /ˌʌnˈlʌki/ *adj* (**unluckier, -iest**) **1** desgraciado, desafortunado: *to be unlucky* tener mala suerte **2** aciago

**unmarried** /ˌʌnˈmærid/ *adj* soltero

**unmistakable** /ˌʌnmɪˈsteɪkəbl/ *adj* inconfundible, inequívoco

**unmoved** /ˌʌnˈmuːvd/ *adj* impasible

**unnatural** /ʌnˈnætʃərəl/ *adj* **1** antinatural, anormal **2** contra natura **3** afectado, poco natural

**unnecessary** /ˌʌnˈnesəseri/ *GB* -səri/ *adj* **1** innecesario **2** (*comentario*) gratuito

**unnoticed** /ˌʌnˈnoʊtɪst/ *adj* desapercibido, inadvertido

**unobtrusive** /ˌʌnəbˈtruːsɪv/ *adj* discreto

**unofficial** /ˌʌnəˈfɪʃl/ *adj* no oficial, extraoficial

**unorthodox** /ʌnˈɔːrθədɑks/ *adj* poco ortodoxo

**unpack** /ˌʌnˈpæk/ **1** *vi* desempacar las maletas **2** *vt* desempaquetar, desembalar **3** *vt* (*maleta*) desempacar

**unpaid** /ˌʌnˈpeɪd/ *adj* **1** no pagado **2** (*persona, trabajo*) no retribuido

**unpleasant** /ʌnˈpleznt/ *adj* **1** desagradable **2** (*persona*) antipático

**unpopular** /ˌʌnˈpɑpjələr/ *adj* impopular

**unprecedented** /ʌnˈpresɪdentɪd/ *adj* sin precedentes

**unpredictable** /ˌʌnprɪˈdɪktəbl/ *adj* imprevisible

**unqualified** /ˌʌnˈkwɑlɪfaɪd/ *adj* **1** sin título, no calificado **2** ~ (**to do sth**) no competente, inhabilitado (para hacer algo) **3** (*éxito*) rotundo **4** (*apoyo*) incondicional

**unravel** /ʌnˈrævl/ *vt, vi* (**-l-**, *GB* **-ll-**) (*lit y fig*) desenmarañar(se), desenredar(se)

**unreal** /ˌʌnˈriːəl/ *adj* irreal, ilusorio

**unrealistic** /ˌʌnriːəˈlɪstɪk/ *adj* poco realista

**unreasonable** /ʌnˈriːznəbl/ *adj* **1** irrazonable, poco razonable **2** excesivo

**unreliable** /ˌʌnrɪˈlaɪəbl/ *adj* **1** poco fiable **2** (*persona*) poco serio

**unrest** /ʌnˈrest/ *n* [*incontable*] **1** malestar, intranquilidad **2** (*Pol*) disturbios

**unruly** /ʌnˈruːli/ *adj* indisciplinado, revoltoso

**unsafe** /ʌnˈseɪf/ *adj* peligroso, riesgoso

**unsatisfactory** /ˌʌnˌsætɪsˈfæktəri/ *adj* insatisfactorio, inaceptable

**unsavory** (*GB* **unsavoury**) /ʌnˈseɪvəri/ *adj* **1** desagradable **2** (*persona*) indeseable

**unscathed** /ʌnˈskeɪðd/ *adj* **1** ileso **2** (*fig*) indemne

**unscrew** /ˌʌnˈskruː/ *vt, vi* **1** (*tornillo, etc.*) desatornillar(se) **2** (*tapa, etc.*) desenroscar(se)

**unscrupulous** /ʌnˈskruːpjələs/ *adj* sin escrúpulos, inescrupuloso

**unseen** /ˌʌnˈsiːn/ *adj* invisible, inadvertido, no visto

**unsettle** /ˌʌnˈsetl/ *vt* perturbar, inquietar **unsettled** *adj* **1** variable, incierto **2** (*situación*) inestable **3** (*persona*) incómodo **4** (*asunto*) pendiente **unsettling** *adj* perturbador, inquietante

**unshaven** /ʌnˈʃeɪvn/ *adj* sin rasurar

**unsightly** /ʌnˈsaɪtli/ *adj* antiestético, feo

**unskilled** /ˌʌnˈskɪld/ *adj* **1** (*trabajador*) no calificado **2** (*trabajo*) no especializado

**unspoiled** /ˌʌnˈspɔɪld/ (*GB tb* **unspoilt** /ˌʌnˈspɔɪlt/) *adj* intacto, sin estropear

**unspoken** /ˌʌnˈspoʊkən/ *adj* tácito, sobreentendido

**unstable** /ʌnˈsteɪbl/ *adj* inestable

**unsteady** /ʌnˈstedi/ *adj* **1** inseguro, vacilante **2** (*mano, voz*) tembloroso

**unstuck** /ˌʌnˈstʌk/ *adj* despegado **LOC come unstuck 1** despegarse **2** (*GB, coloq*) fracasar

**unsuccessful** /ˌʌnsəkˈsesfl/ *adj* infructuoso, fracasado: *to be unsuccessful in doing sth* no lograr hacer algo **unsuccessfully** *adv* sin éxito

**unsuitable** /ˌʌnˈsuːtəbl/ *adj* **1** ~ (**for sth/ sb**) no apto, inapropiado (para algo/ algn) **2** (*momento*) inoportuno

**unsure** /ˌʌnˈʃʊər/ *GB tb* -ˈʃɔː(r)/ *adj* **1** be ~ (**about/of sth**) no estar seguro (de algo) **2** ~ (**of yourself**) inseguro (de sí mismo)

**unsuspecting** /ˌʌnsəˈspektɪŋ/ *adj* confiado

**unsympathetic** /ˌʌnˌsɪmpəˈθetɪk/ *adj* **1** poco comprensivo **2** antipático

**unthinkable** /ʌnˈθɪŋkəbl/ *adj* impensable, inconcebible

**untidy** /ʌnˈtaɪdi/ *adj* **1** desordenado **2** (*apariencia*) desaliñado, descuidado **3** (*pelo*) despeinado

**untie** /ʌnˈtaɪ/ *vt* (*pt, pp* **untied**, *part pres* **untying**) desamarrar

**until** /ənˈtɪl/ (*tb coloq* **till**) *conj* hasta que ▸ *prep* hasta: *until recently* hasta hace poco ➲ *Ver nota en* HASTA

**untouched** /ʌnˈtʌtʃt/ *adj* **1** ~ (**by sth**) no afectado (por algo) **2** intacto, sin tocar **3** (*comida*) sin probar

**untrue** /ʌnˈtruː/ *adj* **1** falso **2** ~ (**to sth/ sb**) (*formal*) infiel (a algo/algn)

**unused** *adj* **1** /ˌʌnˈjuːzd/ sin usar **2** /ˌʌnˈjuːst/ ~ **to sth/sb** no acostumbrado a algo/algn

**unusual** /ʌn'juːʒuəl, -ʒəl/ *adj* **1** inusual, inusitado **2** (*extraño*) raro **3** distintivo

**unusually** /ʌn'juːʒuəli, -ʒəli/ *adv* inusitadamente, extraordinariamente: *unusually talented* de un talento poco común

**unveil** /ʌn'veɪl/ *vt* **1** (*monumento, etc.*) develar, descubrir **2** (*plan, producto, etc.*) revelar

**unwanted** /ʌn'wɑntɪd/ *adj* no deseado: *to feel unwanted* sentirse rechazado ◊ *an unwanted pregnancy* un embarazo no deseado

**unwarranted** /ʌn'wɔːrəntɪd; *GB* -'wɒr-/ *adj* (*formal*) injustificado

**unwelcome** /ʌn'welkəm/ *adj* inoportuno, molesto: *to make sb feel unwelcome* hacer a algn sentirse incómodo

**unwell** /ʌn'wel/ *adj* indispuesto

**ǔ unwilling** /ʌn'wɪlɪŋ/ *adj* ~ **to do sth** no dispuesto a hacer algo **unwillingness** *n* falta de voluntad

**unwind** /ʌn'waɪnd/ (*pt, pp* **unwound** /-'waʊnd/) **1** *vt, vi* desenrollar(se) **2** *vi* relajarse

**unwise** /ʌn'waɪz/ *adj* imprudente

**unwittingly** /ʌn'wɪtɪŋli/ *adv* inconscientemente

**ǔ up** /ʌp/ **❶** Para los usos de **up** en PHRASAL VERBS ver las entradas de los verbos correspondientes, p. ej. **go up** en GO¹.
▶ *adv* **1** más alto, más arriba: *Pull your socks up.* Súbete los calcetines. **2** ~ **(to sth/sb)**: *He came up (to me).* Se (me) acercó. **3** en su sitio, colocado: *Are the curtains up yet?* ¿Ya están colocadas las cortinas? **4** en trozos: *to tear sth up* romper algo en pedazos **5** (*terminado*): *Your time is up.* Se acabó el tiempo. **6** levantado: *Is he up yet?* ¿Ya se levantó? **7** (*firmemente*): *to lock sth up* guardar/encerrar algo bajo llave **LOC be up (with sb)**: *What's up with you?* ¿Qué te pasa? **be up to sb** depender de algn, ser decisión de algn: *It's up to you.* Tú decides. **not be up to much** (*GB*) no valer mucho **up and down** de arriba a abajo: *to jump up and down* dar saltos **up to sth 1** (*tb* **up until sth**) hasta algo: *up to now* hasta ahora **2** capaz de algo, a la altura de algo: *I don't feel up to it.* No me siento capaz de hacerlo. **3** (*coloq*): *What are you up to?* ¿Qué estás haciendo? ◊ *He's up to no good.* Está tramando algo.
▶ *prep* arriba: *further up the road* calle arriba **LOC up and down sth** de un lado a otro de algo
▶ *n* **LOC ups and downs** altibajos

**upbringing** /'ʌpbrɪŋɪŋ/ *n* crianza, educación (*en casa*)

**update** /ʌp'deɪt/ *vt* **1** actualizar **2** ~ **sb (on sth)** poner al día a algn (de algo)
▶ *n* /'ʌpdeɪt/ **1** actualización **2** ~ **(on sth)** información actualizada (sobre algo)

**upgrade** /ʌp'greɪd/ *vt* **1** mejorar **2** (*persona*) ascender
▶ *n* /'ʌpgreɪd/ actualización

**upheaval** /ʌp'hiːvl/ *n* **1** trastorno (*emocional*) **2** cambio importante (*en un sistema*) **3** [*incontable*] (*Pol*) agitación

**uphill** /ʌp'hɪl/ *adj, adv* cuesta arriba: *an uphill struggle* una lucha difícil

**uphold** /ʌp'hoʊld/ *vt* (*pt, pp* **upheld** /-'held/) **1** (*ley, derechos*) defender **2** (*tradición, decisión, etc.*) mantener

**upholstered** /ʌp'hoʊlstərd/ *adj* tapizado **upholstery** *n* [*incontable*] tapicería

**upkeep** /'ʌpkiːp/ *n* mantenimiento

**uplifting** /ʌp'lɪftɪŋ/ *adj* edificante

**upmarket** /ʌp'mɑrkɪt/ (*GB*) (*USA* **upscale**) *adj* de/para el cliente con dinero, de calidad

**upon** /ə'pɑn/ *prep* (*formal*) Ver ON

**ǔ upper** /'ʌpər/ *adj* **1** superior, de arriba: *upper case* mayúsculas ◊ *upper limit* tope **2** alto: *the upper class* la clase alta **Ɔ** *Ver ejemplos en* LOW **LOC gain, get, etc. the upper hand** conseguir, etc. ventaja

**uppermost** /'ʌpərmoʊst/ *adj* (*formal*) más alto (*posición*) **LOC be uppermost in sb's mind** ser lo que más preocupa a algn

**upright** /'ʌpraɪt/ *adj* **1** (*posición*) vertical **2** (*persona*) recto, honrado
▶ *adv* derecho, en posición vertical

**uprising** /'ʌpraɪzɪŋ/ *n* rebelión

**uproar** /'ʌprɔːr/ *n* [*incontable*] tumulto, alboroto

**uproot** /ʌp'ruːt/ *vt* **1** arrancar (*con las raíces*) **2** ~ **sb/yourself** desarraigar a algn/desarraigarse

**upscale** /ʌp'skeɪl/ (*GB* **upmarket**) *adj* de/para el cliente con dinero, de calidad

**ǔ upset** /ʌp'set/ *vt* (*pt, pp* **upset**) **1** disgustar, afectar **2** (*plan, etc.*) desbaratar **3** (*recipiente*) volcar, derramar **4** *Shellfish often upset my stomach.* Los mariscos suelen hacerme daño.
▶ *adj* /ʌp'set/ **❶** Se pronuncia /'ʌpset/ delante de un sustantivo. **1** molesto, disgustado **2** (*estómago*) revuelto
▶ *n* /'ʌpset/ **1** trastorno, disgusto **2** (*Med*) trastorno

**the upshot** /'ʌpʃɑt/ *n* [*sing*] el resultado final

**upside down** /ʌpsaɪd 'daʊn/ *adj, adv* al revés, boca abajo **Ɔ** *Ver dibujo en* REVÉS **LOC turn sth upside down** (*fig*) poner algo patas arriba

**ǔ upstairs** /ʌp'steərz/ *adv* (en el piso de) arriba
▶ *adj* del piso de arriba
▶ *n* (*coloq*) piso de arriba

**upstate** /'ʌpsteɪt/ *adj* lejos de las ciudades grandes, esp al norte del estado:

*in upstate New York* al norte del estado de Nueva York

**upstream** /ˌʌp'stri:m/ *adv* río arriba, contra corriente

**upsurge** /'ʌpsɜːrdʒ/ *n* ~ **(in/of sth)** (*formal*) aumento (de algo)

**up to date** *adj* **1** de punta, a la última **2** al día, actualizado **LOC** **bring sth/sb up to date** actualizar algo, poner a algn al día ➔ *Ver nota en* WELL BEHAVED *y comparar con* OUT OF DATE

**upturn** /'ʌptɜːrn/ *n* ~ **(in sth)** mejora, aumento (en algo)

**upturned** /ˌʌp'tɜːrnd/ *adj* **1** (*cajón, etc.*) volcado **2** (*nariz*) respingado

**upward** /'ʌpwərd/ *adj* ascendente: *an upward trend* una tendencia al alza
▸ *adv* **1** (*tb* **upwards**) hacia arriba **2** **upwards of** más de: *upwards of 1 000 people* más de mil personas

**uranium** /ju'reɪniəm/ *n* uranio

**Uranus** /jʊ'reɪnəs, 'jʊərənəs/ *n* Urano

**urban** /'ɜːrbən/ *adj* urbano

**urge** /ɜːrdʒ/ *vt* ~ **sb (to do sth)** animar, instar a algn (a hacer algo) **PHRV** **urge sb on** animar a algn
▸ *n* deseo, impulso

**urgency** /'ɜːrdʒənsi/ *n* apremio, urgencia

**urgent** /'ɜːrdʒənt/ *adj* **1** urgente: *to be in urgent need of sth* necesitar algo urgentemente **2** apremiante

**urine** /'jʊərɪn/ *n* orina

**URL** /ˌjuː ɑːr 'el/ *n* (*abrev de* **uniform/universal resource locator**) dirección en Internet

**U.S.** /ˌjuː 'es/ (*tb* **U.S.A.** /ˌjuː es 'eɪ/) *abrev de* **United States (of America)** EE.UU. ➔ *Ver tb págs 688-689*

**us** /əs, ʌs/ *pron* **1** [*como objeto*] nos: *She gave us the job.* Nos dio el trabajo. ◇ *He ignored us.* No nos hizo caso. ➔ *Ver nota en* LET¹ **2** [*después de preposición y del verbo* be] nosotros, -as: *behind us* detrás de nosotros ◇ *both of us* nosotros dos ◇ *It's us.* Somos nosotros. ➔ *Comparar con* WE

**usage** /'juːsɪdʒ/ *n* uso

**use** /juːz/ *vt* (*pt, pp* **used** /juːzd/) **1** utilizar, usar, hacer uso de **2** consumir, gastar **3** (*pey*) utilizar, aprovecharse de (*una persona*) **PHRV** **use sth up** agotar, acabar algo
▸ *n* /juːs/ uso: *for your own use* para uso propio ◇ *a machine with many uses* una máquina con múltiples usos ◇ *to find a*

*use for sth* encontrarle alguna utilidad a algo **LOC** **be no use 1** no servir de nada **2** ser (un) inútil **be of use** (*formal*) servir **have the use of sth** poder usar algo **in use** en uso **make use of sth/sb** aprovechar algo/a algn **what's the use (of sth)?** ¿de qué sirve… ?: *What's the use?* ¿Para qué?

**used¹** /juːzd/ *adj* usado, de segunda mano

**used²** /juːst/ *adj* ~ **to (doing) sth** acostumbrado a (hacer) algo: *to get used to sth* acostumbrarse a algo ◇ *I'm used to being alone.* Estoy acostumbrado a estar solo.

**used to** /'juːst tə, tu/ *v modal*

> **Used to + infinitivo** se utiliza para describir hábitos y situaciones que ocurrían en el pasado y que no ocurren en la actualidad: *I used to live in London.* Antes vivía en Londres. Las oraciones interrogativas o negativas se forman generalmente con **did**: *He didn't use to be fat.* Antes no estaba gordo. ◇ *You used to smoke, didn't you?* Antes fumabas, ¿no?

**useful** /'juːsfl/ *adj* útil, provechoso **usefulness** *n* utilidad

**useless** /'juːsləs/ *adj* **1** inútil, inservible **2** ~ **(at sth)** (*coloq*) inepto (para algo)

**user** /'juːzər/ *n* usuario, -a

**user-friendly** /ˌjuːzər 'frendli/ *n* fácil de manejar

**usual** /'juːʒuəl/ *adj* acostumbrado, habitual, normal: *later/more than usual* más tarde de lo normal/más que de costumbre ◇ *the usual* lo de siempre **LOC** **as usual** como siempre

**usually** /'juːʒuəli/ *adv* normalmente ➔ *Ver nota en* ALWAYS

**utensil** /juː'tensl/ *n* [*gen pl*] utensilio

**utility** /juː'tɪləti/ *n* (*pl* **utilities**): *public utilities* compañías de suministro público

**utmost** /'ʌtmoʊst/ *adj* mayor: *with the utmost care* con sumo cuidado
▸ *n* **LOC** **do your utmost (to do sth)** hacer todo lo posible (por hacer algo)

**utter** /'ʌtər/ *vt* (*formal*) pronunciar, proferir
▸ *adj* [*sólo antes de sustantivo*] total, absoluto

**utterly** *adv* totalmente, absolutamente

**U-turn** /'juː tɜːrn/ *n* **1** (*tráfico*) vuelta en U, cambio de sentido **2** (*coloq*) (*Pol, etc.*) giro radical

---

| ʃ chin | dʒ June | v van | θ then | s so | z zoo | ʃ she |

# V v

**V, v** /viː/ *n* (*pl* **Vs, V's, v's**) **1** V, v ➲ *Ver ejemplos en* A, A **2** *V-neck* (con) cuello en pico ◇ *V-shaped* en forma de V

**vacancy** /ˈveɪkənsi/ *n* (*pl* **vacancies**) **1** vacante **2** habitación disponible

**vacant** /ˈveɪkənt/ *adj* **1** vacante **2** (*mirada*) perdido **3** (*expresión*) distraído **vacancy** *n* (*pl* **vacancies**) **1** vacante **2** habitación disponible **vacantly** *adv* distraídamente

**vacate** /ˈveɪkeɪt; *GB* vəˈkeɪt; veɪk-/ *vt* (*formal*) **1** (*casa, etc.*) desocupar **2** (*asiento, puesto*) dejar vacío

**vacation** /veɪˈkeɪʃn, və-/ (*GB tb* **holiday**) *n* vacaciones

En Gran Bretaña **vacation** se usa sobre todo para las vacaciones de las universidades y los tribunales de justicia. En el resto de los casos, **holiday** es la palabra más normal. En Estados Unidos **vacation** tiene un uso más generalizado.

▸ *vi* (*GB* **holiday**) estar de vacaciones **vacationer** (*GB* **holidaymaker**) *n* turista

**vaccination** /ˌvæksɪˈneɪʃn/ *n* **1** vacunación **2** vacuna: *polio vaccinations* vacunas contra la polio

**vaccine** /vækˈsiːn; *GB* ˈvæksiːn/ *n* vacuna

**vacuum** /ˈvækjuəm/ *n* **1** vacío: *vacuum-packed* envasado al vacío **2** (*tb* **vacuum cleaner**) aspiradora LOC **in a vacuum** aislado (*de otras personas, acontecimientos*) ▸ *vt, vi* aspirar

**vagina** /vəˈdʒaɪnə/ *n* vagina

**vague** /veɪɡ/ *adj* (**vaguer, -est**) **1** vago **2** (*persona*) indeciso **3** (*gesto, expresión*) distraído **vaguely** *adv* **1** vagamente **2** ligeramente: *It looks vaguely familiar.* Me resulta vagamente familiar. **3** distraídamente

**vain** /veɪn/ *adj* **1** (*pey*) vanidoso **2** inútil, vano LOC **in vain** en vano

**Valentine's Day** /ˈvæləntaɪnz deɪ/ *n* día del amor y la amistad

En Estados Unidos y Gran Bretaña la gente envía una tarjeta anónima (**valentine** o **valentine card**) a la persona querida.

**valiant** /ˈvæliənt/ *adj* (*formal*) valeroso

**valid** /ˈvælɪd/ *adj* válido **validity** /vəˈlɪdəti/ *n* validez

**valley** /ˈvæli/ *n* (*pl* **valleys**) valle

**valuable** /ˈvæljuəbl/ *adj* valioso ➲ *Comparar con* INVALUABLE **valuables** *n* [*pl*] objetos de valor

**valuation** /ˌvæljuˈeɪʃn/ *n* tasación

**value** /ˈvæljuː/ *n* **1** valor *Ver tb* FACE VALUE **2 values** [*pl*] (*moral*) valores LOC **be good, etc. value** estar muy bien de precio ▸ *vt* **1** ~ **sth (at sth)** valorar algo (en algo) **2** ~ **sth/sb (as/for sth)** valorar, apreciar algo/a algn (como/por algo)

**valve** /vælv/ *n* válvula: *safety valve* válvula de seguridad

**vampire** /ˈvæmpaɪər/ *n* vampiro

**van** /væn/ *n* camioneta

**vandal** /ˈvændl/ *n* vándalo, -a **vandalism** *n* vandalismo **vandalize** (*GB tb* **-ise**) *vt* destrozar (*intencionadamente*)

**the vanguard** /ˈvæŋɡɑrd/ *n* la vanguardia

**vanilla** /vəˈnɪlə/ *n* vainilla

**vanish** /ˈvænɪʃ/ *vi* desaparecer

**vanity** /ˈvænəti/ *n* vanidad

**vantage point** /ˈvæntɪdʒ pɔɪnt; *GB* ˈvɑːn-/ *n* posición estratégica

**vapor** (*GB* **vapour**) /ˈveɪpər/ *n* vapor

**variable** /ˈveəriəbl/ *adj, n* variable

**variance** /ˈveəriəns/ *n* discrepancia LOC **be at variance (with sth/sb)** (*formal*) estar en desacuerdo (con algo/algn), discrepar de algo

**variant** /ˈveəriənt/ *n* variante

**variation** /ˌveəriˈeɪʃn/ *n* ~ **(in/on/of sth)** variación, variante (en/de algo)

**varied** /ˈveərid/ *adj* variado

**variety** /vəˈraɪəti/ *n* (*pl* **varieties**) variedad: *a variety of subjects* varios temas ◇ *variety show* espectáculo de variedades

**various** /ˈveəriəs/ *adj* varios, diversos

**varnish** /ˈvɑrnɪʃ/ *n* barniz ▸ *vt* barnizar

**vary** /ˈveəri/ *vt, vi* (*pt, pp* **varied**) variar **varying** *adj* variable: *in varying amounts* en diversas cantidades

**vase** /veɪs, veɪz; *GB* vɑːz/ *n* jarrón, florero

**vast** /væst; *GB* vɑːst/ *adj* vasto, enorme: *the vast majority* la gran mayoría **vastly** *adv* considerablemente, enormemente

**VAT** /ˌviː eɪ ˈtiː/ *n* (*abrev de* **value added tax**) (*GB*) (*USA* **sales tax**) IVA

**vat** /væt/ *n* tinaja

V

**vault** /vɔːlt/ n **1** bóveda **2** cripta **3** (tb **bank vault**) bóveda de seguridad **4** salto
▸ vt, vi ~ **(over) sth** saltar (algo) (apoyándose en las manos o con pértiga)

**VCR** /ˌviː siː ˈɑːr/ n (abrev de **video cassette recorder**) (aparato de) video

**veal** /viːl/ n ternera ➜ Ver nota en CARNE

**veer** /vɪər/ vi **1** virar, desviarse: to veer off course salirse del rumbo **2** (viento) cambiar (de dirección)

**vegan** /ˈviːɡən/ n vegano, -a (que no consume ningún producto animal)

**vegetable** /ˈvedʒtəbl/ n **1** verdura, legumbre **2** (persona) vegetal

**vegetarian** /ˌvedʒəˈteəriən/ adj, n vegetariano, -a

**vegetation** /ˌvedʒəˈteɪʃn/ n vegetación

**vehement** /ˈviːəmənt/ adj vehemente, apasionado

**vehicle** /ˈviːɪkl/ n **1** vehículo **2** ~ **(for sth)** (fig) vehículo (de/para algo), medio (de algo)

**veil** /veɪl/ n (lit y fig) velo
▸ vt (fig) velar, disimular, encubrir
**veiled** adj (formal) (amenaza, etc.) velado: veiled in secrecy rodeado de secreto

**vein** /veɪn/ n **1** vena **2** (Geol) veta **3** ~ **(of sth)** (fig) vena, rasgo (de algo) **4** tono, estilo

**velocity** /vəˈlɒsəti/ n velocidad

> **Velocity** se emplea especialmente en contextos científicos o formales. La palabra más normal es **speed**.

**velvet** /ˈvelvɪt/ n terciopelo

**vending machine** n máquina expendedora

**vendor** /ˈvendər/ n vendedor, -ora

**veneer** /vəˈnɪər/ n **1** (madera, plástico) chapa [sing] ~ **(of sth)** (formal) (fig) barniz, apariencia (de algo)

**vengeance** /ˈvendʒəns/ n venganza: to take vengeance on sb vengarse de algn LOC **with a vengeance** (coloq) de veras

**venison** /ˈvenɪsn/ n (carne de) venado

**venom** /ˈvenəm/ n **1** veneno **2** (formal) (fig) veneno, odio **venomous** adj (lit y fig) venenoso

**vent** /vent/ n **1** respiradero, ventila: air vent rejilla de ventilación **2** (chaqueta, etc.) abertura LOC **give (full) vent to sth** (formal) dar rienda suelta a algo
▸ vt ~ **sth (on sb)** (formal) descargar algo (en algn)

**ventilator** /ˈventɪleɪtər/ n ventilador

**venture** /ˈventʃər/ n proyecto, empresa

▸ **1** vi aventurarse: They rarely ventured into the city. Rara vez se aventuraban a ir a la ciudad. **2** vt (formal) (opinión, etc.) aventurar, atreverse a expresar

**venue** /ˈvenjuː/ n **1** lugar (de reunión) **2** local (para música) **3** campo (para partido, etc.) **4** sede (deportiva, para evento, etc.)

**Venus** /ˈviːnəs/ n Venus

**verb** /vɜːrb/ n verbo

**verbal** /ˈvɜːrbl/ adj verbal

**verdict** /ˈvɜːrdɪkt/ n veredicto

**verge** /vɜːrdʒ/ n (GB) borde de hierba (en camino, jardín, etc.) LOC **on the verge of (doing) sth** al borde de algo, a punto de hacer algo
▸ v PHR V **verge on sth** rayar en algo, acercarse a algo

**verification** /ˌverɪfɪˈkeɪʃn/ n **1** verificación, comprobación **2** ratificación

**verify** /ˈverɪfaɪ/ vt (pt, pp -fied) **1** verificar, comprobar **2** (sospechas, teorías, etc.) confirmar

**veritable** /ˈverɪtəbl/ adj (formal) verdadero

**versatile** /ˈvɜːrsətl; GB -taɪl/ adj versátil

**verse** /vɜːrs/ n **1** poesía **2** estrofa, verso **3** versículo LOC Ver CHAPTER

**versed** /vɜːrst/ adj ~ **in sth** versado en algo

**version** /ˈvɜːrʒn; GB tb -ʃn/ n versión

**vertebra** /ˈvɜːrtɪbrə/ n (pl **vertebrae** /-reɪ, -riː/) vértebra

**vertical** /ˈvɜːrtɪkl/ adj, n vertical

**verve** /vɜːrv/ n brío, entusiasmo

**very** /ˈveri/ adv **1** muy: I'm very sorry. Lo siento mucho. ◊ not very much no mucho **2** the very best lo mejor posible ◊ at the very latest a más tardar ◊ your very own pony un pony sólo para ti **3** mismo: the very next day justo al día siguiente
▸ adj **1** at that very moment en ese mismísimo momento ◊ You're the very man I need. Eres precisamente el hombre que necesito. **2** at the very end/ beginning justo al final/principio **3** the very idea/thought of... la simple idea de.../sólo pensar en... LOC Ver EYE, FIRST

**vessel** /ˈvesl/ n **1** (formal) buque, barco **2** (formal) vasija **3** (Anat) conducto

**vest** /vest/ n **1** (USA) (GB **waistcoat**) chaleco **2** (GB) (USA **undershirt**) camiseta

**vested interest** n LOC **have a vested interest in sth** tener intereses creados en algo

**vestige** /ˈvestɪdʒ/ n (formal) vestigio

**vet** /vet/ vt (-tt-) (GB) investigar

**veteran** /ˈvetərən/ n **1** veterano, -a **2** (USA coloq **vet**) ex-combatiente

**veterinarian** (*tb esp GB* **vet**) *n* veterinario, -a

**veto** /'vi:toʊ/ *n* (*pl* **vetoes**) veto
▶ *vt* (*pt, pp* **vetoed**, *part pres* **vetoing**) vetar

**via** /'vaɪə, vaɪə/ *prep* por, vía: *via Paris* vía París

**viable** /'vaɪəbl/ *adj* viable

**vibrate** /'vaɪbreɪt; *GB* vaɪ'breɪt/ *vt, vi* (hacer) vibrar **vibration** *n* vibración

**vicar** /'vɪkər/ *n* (*esp GB*) párroco anglicano ➋ *Ver nota en* PRIEST **vicarage** /'vɪkərɪdʒ/ *n* (*GB*) casa del párroco

**vice** /vaɪs/ *n* **1** vicio **2** (*GB*) = VISE

**vice-** /vaɪs/ *pref* vice-

**vice versa** /ˌvaɪs 'vɜːrsə/ *adv* viceversa

**the vicinity** /və'sɪnəti/ *n* [*sing*] **LOC in the vicinity (of sth)** en el área alrededor (de algo)

**vicious** /'vɪʃəs/ *adj* **1** malicioso, cruel **2** (*ataque, golpe*) con saña **3** (*perro, etc.*) fiero **LOC a vicious circle** un círculo vicioso

**victim** /'vɪktɪm/ *n* víctima **LOC** *Ver* FALL **victimize** (*GB tb* **-ise**) *vt* acosar, tiranizar, tratar injustamente

**victor** /'vɪktər/ *n* (*formal*) vencedor, -ora **victorious** /vɪk'tɔːriəs/ *adj* **1** ~ **(in sth)** victorioso (en algo) **2** (*equipo*) vencedor **3 be ~ (over sth/sb)** triunfar (sobre algo/algn)

**victory** /'vɪktəri/ *n* (*pl* **victories**) victoria, triunfo

**video** /'vɪdioʊ/ *n* (*pl* **videos**) **1** video **2** (*GB*) (*USA* **VCR**) (aparato de) video

**view** /vju:/ *n* **1** ~ **(about/on sth)** opinión, parecer (sobre algo): *in my view* en mi opinión **3** (*modo de entender*) criterio, concepto **4** (*imagen*) visión **5** (*tb* **viewing**) sesión: *We had a private viewing of the movie.* Vimos la película en una sesión privada. **LOC in view of sth** (*formal*) en vista de algo **with a view to (doing) sth** (*formal*) con miras a (hacer) algo *Ver tb* POINT
▶ *vt* **1** ~ **sth (as sth)** ver, considerar algo (como algo) **2** mirar, ver
**viewer** *n* **1** telespectador, -ora **2** espectador, -ora

**viewpoint** /'vju:pɔɪnt/ *n* punto de vista

**vigil** /'vɪdʒɪl/ *n* vela, vigilia

**vigilant** /'vɪdʒɪlənt/ *adj* (*formal*) vigilante, alerta

**vigorous** /'vɪɡərəs/ *adj* vigoroso, enérgico

**vile** /vaɪl/ *adj* (**viler, -est**) repugnante, asqueroso

**villa** /'vɪlə/ *n* casa de campo/playa (*esp para vacaciones*)

**village** /'vɪlɪdʒ/ *n* **1** pueblo **2** (*pequeño*) aldea ❶ En Estados Unidos se usa la palabra **village** solamente para pueblos de carácter tradicional en otros países. **villager** *n* habitante (*de un pueblo*)

**villain** /'vɪlən/ *n* **1** (*Cine, Teat, etc.*) malo, -a **2** (*GB, coloq*) delincuente

**vindicate** /'vɪndɪkeɪt/ *vt* (*formal*) **1** justificar **2** rehabilitar

**vine** /vaɪn/ *n* **1** vid, parra **2** enredadera

**vinegar** /'vɪnɪɡər/ *n* vinagre

**vineyard** /'vɪnjərd/ *n* viña, viñedo

**vintage** /'vɪntɪdʒ/ *n* **1** cosecha **2** vendimia
▶ *adj* **1** (*vino*) añejo **2** (*fig*) clásico

**vinyl** /'vaɪnl/ *n* vinil

**violate** /'vaɪəleɪt/ *vt* (*formal*) **1** violar (*ley, normas*) **2** (*intimidad*) invadir

> **Violate** casi nunca se usa en sentido sexual. En este sentido, utilizamos el verbo **rape**.

**violence** /'vaɪələns/ *n* **1** violencia **2** (*emociones*) intensidad, violencia

**violent** /'vaɪələnt/ *adj* **1** violento **2** (*emociones*) intenso, violento

**violet** /'vaɪələt/ *n* (*color, Bot*) violeta

**violin** /ˌvaɪə'lɪn/ *n* violín

**VIP** /ˌviː aɪ 'piː/ *n* (*abrev de* **very important person**) persona muy importante

**virgin** /'vɜːrdʒɪn/ *adj, n* virgen

**virile** /'vɪrəl; *GB* 'vɪraɪl/ *adj* viril, varonil

**virtual** /'vɜːrtʃuəl/ *adj* virtual

**virtually** /'vɜːrtʃuəli/ *adv* virtualmente, prácticamente

**virtue** /'vɜːrtʃuː/ *n* **1** virtud **2** ventaja **LOC by virtue of sth** (*formal*) en virtud de algo **virtuous** *adj* virtuoso

**virus** /'vaɪrəs/ *n* (*pl* **viruses**) virus

**visa** /'viːzə/ *n* visa

**vis-à-vis** /ˌviːz ə 'viː; *GB* ˌviːz ɑː 'viː/ *prep* **1** con relación a **2** en comparación con

**vise** /vaɪs/ *n* tornillo de banco (*de carpintero*)

**visible** /'vɪzəbl/ *adj* **1** visible **2** (*fig*) patente **visibly** *adv* visiblemente, notablemente

**vision** /'vɪʒn/ *n* **1** vista **2** (*previsión, sueño*) visión

**visit** /'vɪzɪt/ **1** *vt, vi* visitar **2** *vt* (*país*) ir a **3** *vt* (*persona*) ir a ver a
▶ *n* visita **LOC** *Ver* PAY
**visiting** *adj* visitante (*equipo, profesor*): *visiting hours* horas de visita

**visitor** /'vɪzɪtər/ *n* **1** visitante, visita **2** turista

---

ɜː bird   ɪə near   eə hair   ʊə tour   ʒ vision   h hat   ŋ sing

**vista** /'vɪstə/ n (formal) **1** vista, panorámica **2** (fig) perspectiva

**visual** /'vɪʒuəl/ adj visual **visualize** (GB tb **-ise**) vt **1** ver **2** prever

**vital** /'vaɪtl/ adj **1** ~ (for/to sth/sb) vital, imprescindible (para algo/algn): *vital statistics* medidas vitales **2** (órgano, carácter) vital **vitally** adv: *vitally important* de vital importancia

**vitamin** /'vaɪtəmɪn; GB 'vɪt-/ n vitamina

**vivacious** /vɪ'veɪʃəs/ adj vivaracho, animado (esp mujer)

**vivid** /'vɪvɪd/ adj vivo (colores, imaginación, etc.) **vividly** adv vivamente

**vocabulary** /voʊ'kæbjələri, və'k-; GB -ləri/ n (pl **vocabularies**) (tb coloq **vocab** /'voʊkæb/) vocabulario

**vocal** /'voʊkl/ adj **1** vocal: *vocal cords* cuerdas vocales **2** (al protestar) que se hace oír: *a group of very vocal supporters* un grupo de seguidores muy ruidosos
▸ n [gen pl]: *to be on vocals* ser el vocalista/cantar

**vocation** /voʊ'keɪʃn/ n ~ (for sth) vocación (de algo) **vocational** adj laboral, profesional: *vocational training* formación profesional

**vociferous** /voʊ'sɪfərəs; GB və-/ adj (formal) vociferante

**vogue** /voʊg/ n ~ (for sth) moda (de algo) **LOC in vogue** en boga

**voice** /vɔɪs/ n voz: *to raise/lower your voice* levantar/bajar la voz ◇ *to have no voice in the matter* no tener voz en el asunto **LOC make your voice heard** expresar uno su opinión *Ver tb* TOP
▸ vt expresar

**voicemail** /'vɔɪsmeɪl/ n buzón de voz

**void** /vɔɪd/ n (formal) vacío
▸ adj **1** ~ of sth (formal) carente de algo **2** (Jur) nulo: *to make sth void* anular algo **LOC** *Ver* NULL

**volatile** /'vɒlətl; GB -taɪl/ adj **1** (persona) voluble **2** (situación) inestable

**volcano** /vɒl'keɪnoʊ/ n (pl **volcanoes**) volcán

**volition** /voʊ'lɪʃn; GB və-/ n **LOC of your own volition** (formal) por voluntad propia

**volley** /'vɒli/ n (pl **volleys**) **1** (Dep) volea **2** (piedras, balas, insultos, etc.) lluvia

**volleyball** /'vɒlibɔːl/ n voleibol

**volt** /voʊlt/ n voltio **voltage** /'voʊltɪdʒ/ n voltaje: *high voltage* tensión alta

**volume** /'vɒljuːm, -jəm/ n **1** volumen **2** (libro) volumen, tomo

**voluminous** /və'luːmɪnəs/ adj (formal) **1** (ropa) amplio **2** (escrito) copioso

**voluntary** /'vɒlənteri; GB -tri/ adj voluntario

**volunteer** /,vɒlən'tɪər/ n voluntario, -a
▸**1** vi ~ (for sth/to do sth) ofrecerse (voluntario) (para algo), ofrecerse (a hacer algo) **2** vt ofrecer (información, sugerencia)

**vomit** /'vɒmɪt/ vt, vi vomitar ❶ Es más normal decir **be sick**.
▸ n vómito
**vomiting** n [incontable] vómitos

**voracious** /və'reɪʃəs/ adj (formal) voraz, insaciable

**vote** /voʊt/ n **1** ~ (for/against sth/sb) voto (a favor de/en contra de algo/algn) **2** votación: *to take a vote on sth/put sth to the vote* someter algo a votación **3** **the vote** [sing] el derecho al voto **LOC vote of confidence/no confidence** voto de confianza/censura **vote of thanks** palabras de agradecimiento
▸**1** vt, vi votar: *to vote for/against sth* votar a favor/en contra de algo **2** vt aprobar (por votación) **3** vt ~ (that...) proponer que...
**voter** n votante **voting** n [incontable] votación

**vouch** /vaʊtʃ/ v **PHRV vouch for sb** responder por algn **vouch for sth** responder de algo

**voucher** /'vaʊtʃər/ n vale, cupón, comprobante

**vow** /vaʊ/ n voto, promesa solemne
▸ vt jurar

**vowel** /'vaʊəl/ n vocal

**voyage** /'vɔɪɪdʒ/ n viaje ➔ *Ver nota en* VIAJE

**vulgar** /'vʌlgər/ adj **1** vulgar **2** (chiste, etc.) grosero

**vulnerable** /'vʌlnərəbl/ adj vulnerable

**vulture** /'vʌltʃər/ n buitre

# W w

**W, w** /'dʌblju:/ n (pl **Ws, W's, w's**) W, w
➔ *Ver ejemplos en* A, A

**wade** /weɪd/ **1** vi caminar con dificultad por agua, lodo, etc. **2** vi (GB **paddle**) mojarse los pies (*en el mar o en un río*) **3** vt (*riachuelo*) vadear

**wafer** /'weɪfər/ n barquillo, galleta

**wag** /wæg/ vt, vi (-gg-) (*cola*) menear(se)

ᵺ**wage** /weɪdʒ/ n [gen pl] sueldo (*esp semanal*) ➔ *Comparar con* SALARY
▸ vt**LOC** **wage (a) war/a battle (against/on sth/sb)** librar una batalla (contra algo/algn)

**wagon** /'wægən/ n **1** (GB tb **waggon**) carreta **2** (GB) (USA **freight car**) (*Ferrocarril*) vagón

**wail** /weɪl/ vi **1** gemir **2** (*sirena*) aullar
▸ n gemido, aullido

ᵺ**waist** /weɪst/ n cintura

**waistband** /'weɪstbænd/ n cintura

**waistcoat** /'weskət, 'weɪskoʊt/ (GB) (USA **vest**) n chaleco

**waistline** /'weɪstlaɪn/ n cintura, talle

ᵺ**wait** /weɪt/ **1** vi ~ (**for sth/sb**) esperar (algo/a algn): *Wait a minute…* Un momento… ◊ *I can't wait to…* Tengo muchas ganas de… ➔ *Ver nota en* ESPERAR **2** vt (*turno*) esperar**LOC** **keep sb waiting** hacer esperar a algn **PHRV** **wait on sb** servir a algn (*en restaurante, etc.*) **wait up (for sb)** esperar levantado (a algn)
▸ n espera: *We had a three-hour wait for the bus.* Nos tocó esperar el camión tres horas.

ᵺ**waiter** /'weɪtər/ n camarero

ᵺ**waitress** /'weɪtrəs/ n camarera

**waive** /weɪv/ vt **1** (*pago, derecho*) renunciar a **2** (*norma*) pasar por alto

ᵺ**wake** /weɪk/ vt, vi (pt **woke** /woʊk/ pp **woken** /'woʊkən/) ~ (**sb**) (**up**) despertar a algn, despertarse **PHRV** **wake (sb) up** (*fig*) despabilar a algn, despabilarse **wake up to sth** darse cuenta de algo
▸ n **1** velatorio **2** (*Náut*) estela**LOC** **in the wake of sth** después de algo

ᵺ**walk** /wɔːk/ **1** vi caminar **2** vt pasear **3** vt acompañar: *I'll walk you home.* Te acompañaré a la casa. **4** vt recorrer (a pie) **PHRV** **walk away/off** irse **walk into sth/sb** chocar(se) contra algo/con algn **walk out (of sth)** largarse (de algo) **walk out on sb** (*coloq*) abandonar a algn

▸ n **1** paseo, caminata: *to go for a walk* (ir a) dar un paseo ◊ *It's a ten-minute walk.* Está a diez minutos a pie. **2** andar**LOC** **a walk of life**: *people from all walks of life* gente de todos los tipos o profesiones
**walker** n caminante

ᵺ**walking** /'wɔːkɪŋ/ n marcha: *walking shoes* zapatos para caminar ◊ *walking stick* bastón

**Walkman®** /'wɔːkmən/ n (pl **Walkmans**) walkman®

**walkout** /'wɔːkaʊt/ n huelga

ᵺ**wall** /wɔːl/ n **1** muro, pared **2** (*ciudad, fig*) muralla**LOC** *Ver* BACK **walled** adj **1** amurallado **2** tapiado

ᵺ**wallet** /'wɒlɪt/ n billetera

**wallpaper** /'wɔːlpeɪpər/ n papel tapiz

**walnut** /'wɔːlnʌt/ n **1** nuez de Castilla **2** (*árbol, madera*) nogal

**waltz** /wɔːlts; GB wɔːls/ n vals
▸ vi bailar el vals

**wand** /wɒnd/ n vara: *magic wand* varita mágica

ᵺ**wander** /'wɒndər/ **1** vi deambular

> A menudo **wander** va seguido de **around, about** u otras preposiciones o adverbios. En estos casos, hay que traducirlo por distintos verbos en español, y tiene el significado de "andar distraídamente, sin propósito": *to wander in* entrar distraídamente ◊ *She wandered across the road.* Cruzó la calle distraídamente.

**2** vi ~ (**away/off**) alejarse **3** vt (*calles, etc.*) vagar por **4** vi (*pensamientos*) vagar **5** vi (*mirada*) pasear

**wane** /weɪn/ vi (*formal*) menguar, disminuir (*poder, entusiasmo*)
▸ n**LOC** **be on the wane** menguar, disminuir

**wanna** /'wɒnə/ (*coloq*) = WANT TO *Ver* WANT ❶ Esta forma no se considera gramaticalmente correcta.

ᵺ**want** /wɒnt/ **1** vt, vi querer: *I want some cheese.* Quiero queso. ◊ *Do you want to go?* ¿Quieres ir?

> Nótese que **would like** también significa *querer*. Es más cortés que **want** y se utiliza sobre todo para ofrecer algo o para invitar a alguien: *Would you like to come to dinner?* ¿Quieres venir a cenar? ◊ *Would you like something to eat?* ¿Quieres comer algo?

**2** vt buscar, necesitar: *You're wanted upstairs/on the phone.* Te buscan arriba./Te llaman por teléfono. **3** vt (*esp*

W

i: see   ɪ sit   e ten   æ cat   ɑ hot   ɔ: saw   ʌ cup   ʊ put   u: too

*GB, coloq*) necesitar: *The car wants more oil.* El coche necesita más aceite.
▶ *n* (*formal*) **1** [*gen pl*] necesidad, deseo **2** ~ **of sth** falta de algo: *for want of sth* por falta de algo ◇ *not for want of trying* no por no intentarlo **3** miseria, pobreza

**want ads** (*GB* **classified ads**) *n* [*pl*] avisos de ocasión

**wanting** /'wɒntɪŋ/ *adj* ~ **(in sth)** (*formal*) falto (de algo)

🔔 **war** /wɔːr/ *n* **1** guerra: *at war* en guerra **2** conflicto **3** ~ **(against/on sth/sb)** lucha (contra algo/algn) **LOC** *Ver* WAGE

**ward** /wɔːrd/ *n* sala (*de hospital*)
▶ *v* **PHRV** **ward sth/sb off** protegerse, defenderse de algo/algn

**warden** /'wɔːrdn/ *n* guardia, guarda: *traffic warden* agente de tránsito

**wardrobe** /'wɔːrdroʊb/ *n* **1** (*esp GB*) (*USA* **closet**) armario (*para colgar ropa*) **2** vestuario

**warehouse** /'weərhaʊs/ *n* almacén, bodega

**warfare** /'wɔːrfeər/ *n* [*incontable*] guerra

**warlike** /'wɔːrlaɪk/ *adj* belicoso

🔔 **warm** /wɔːrm/ *adj* (**warmer, -est**) **1** (*clima*) templado: *It's warm today.* Hace calor hoy. ➔ *Ver nota en* CALIENTE **2** (*cosa*) caliente **3** (*persona*): *to be/get warm* tener calor/calentarse **4** (*ropa*) abrigado **5** (*actitud, etc.*) caluroso, cordial
▶ *vt, vi* ~ **(sth/sb/yourself) (up)** calentar algo/a algn, calentarse **PHRV** **warm up 1** (*Dep*) calentar **2** (*motor*) calentarse **warm sth up** recalentar algo (*comida*)

**warming** *n*: *global warming* el calentamiento global **warmly** *adv* **1** calurosamente **2** *warmly dressed* vestido con ropa abrigadora **3** (*dar las gracias*) efusivamente

🔔 **warmth** /wɔːrmθ/ *n* **1** calor **2** (*fig*) simpatía, afabilidad, entusiasmo

🔔 **warn** /wɔːrn/ *vt* **1** ~ **sb (about/of sth)** advertir a algn (de algo), prevenir a algn (contra algo): *They warned us about/of the strike.* Nos advirtieron de la huelga. ◇ *They warned us about the neighbors.* Nos previnieron contra los vecinos. **2** *vt* ~ **sb that...** advertir a algn que...: *I warned them that it would be expensive.* Les advertí que sería caro. **3** *vt, vi* ~ **(sb) against doing sth; ~ sb not to do sth** advertir a algn que no haga algo: *They warned us against going into the forest.* Nos advirtieron que no fuéramos al bosque.

🔔 **warning** /'wɔːrnɪŋ/ *n* aviso, advertencia

**warp** /wɔːrp/ *vt, vi* pandear(se) **warped** *adj* (*pey*) (*mente*) retorcido

**warrant** /'wɒrənt; *GB* 'wɒr-/ *n* (*Jur*) orden: *search warrant* orden de cateo
▶ *vt* (*formal*) justificar

**warranty** /'wɒrənti; *GB* 'wɒr-/ *n* (*pl* **warranties**) garantía

**warren** /'wɒrən; *GB* 'wɒrən/ *n* **1** madriguera **2** (*fig*) laberinto

**warrior** /'wɒriər; *GB* 'wɒr-/ *n* guerrero, -a

**warship** /'wɔːrʃɪp/ *n* buque de guerra

**wart** /wɔːrt/ *n* verruga

**wartime** /'wɔːrtaɪm/ *n* (tiempo de) guerra

**wary** /'weəri/ *adj* (**warier**) cauto: *to be wary of sth/sb* desconfiar de algo/algn

**was** /wəz, wɒz, wʌz/ *pt de* BE

🔔 **wash** /wɒʃ/ **1** *vt, vi* lavar(se): *to wash yourself* lavarse **2** *vt* ~ **sth/sb (away)** llevar, arrastrar algo/a algn: *to be washed overboard* ser arrastrado por la borda por las olas **PHRV** **wash (sth) off** quitar algo, quitarse (*lavando*) **wash sth out** lavar algo **wash over sb** (*formal*) (*sensación, etc.*) invadir a algn **wash over sth** cubrir algo **wash up 1** (*USA*) lavarse (*las manos y la cara*) **2** (*GB*) lavar los trastes **wash sth up 1** (*mar*) llevar algo a la playa **2** (*GB*) (*platos*) lavar algo
▶ *n* **1** lavado: *to have a wash* lavarse **2** the wash [*sing*]: *All my shirts are in the wash.* Todas mis camisas se están lavando. **3** [*sing*] (*Náut*) estela **washable** *adj* lavable

**washbasin** /'wɒʃbeɪsn/ (*GB*) (*USA* **sink**) *n* lavabo

**washcloth** /'wɒʃklɔːθ; *GB* -klɒθ/ (*GB* **flannel**) *n* toalla de cara

🔔 **washing** /'wɒʃɪŋ/ *n* **1** lavado **2** ropa sucia **3** ropa lavada

**washing machine** *n* lavadora

**washing powder** (*GB*) (*USA* **detergent**) *n* detergente (de lavadora)

**washing-up** /ˌwɒʃɪŋ 'ʌp/ *n* (*GB*) platos (para lavar): *to do the washing-up* lavar los trastes ◇ *washing-up liquid* detergente líquido (para platos)

**washroom** /'wɒʃruːm, -rʊm/ *n* baño ➔ *Ver nota en* BATHROOM

**wasn't** /'wʌznt/ = WAS NOT *Ver* BE

**wasp** /wɒsp/ *n* avispa

🔔 **waste** /weɪst/ *vt* **1** malgastar **2** (*tiempo, ocasión*) perder **3** (*no usar*) desperdiciar **LOC** **waste your breath** perder el tiempo **PHRV** **waste away** consumirse
▶ *n* **1** pérdida, desperdicio **2** (*acción*) derroche, despilfarro **3** [*incontable*] desperdicios, desechos, basura: *waste disposal* recogida de basura/desechos

**LOC** go/run to waste echarse a perder, desperdiciarse
▸ adj 1 *waste material/products* desechos 2 baldío (*terreno*)

**wastebasket** /'weɪstbæskɪt/ (*GB* **waste-paper basket**) *n* bote de basura
⊃ *Ver dibujo en* GARBAGE CAN

**wasted** /'weɪstɪd/ *adj* inútil (*esfuerzo, viaje*)

**wasteful** /'weɪstfl/ *adj* 1 derrochador 2 (*método, proceso*) antieconómico

**wasteland** /'weɪstlænd/ *n* tierra baldía

**watch** /wɑtʃ/ 1 *vt, vi* observar, mirar 2 *vt, vi* (*espiar*) vigilar, observar 3 *vt* (*TV, Dep*) ver 4 *vt* tener cuidado con, fijarse en: *Watch your language.* No digas palabrotas. **LOC** **watch your step** tener cuidado **PHRV** **watch for sth/sb**; **watch out (for sth/sb)** tener cuidado (con algo/algn), estar atento (a algo/algn): *Watch out for that hole.* Cuidado con ese agujero. ◊ *Watch out!* ¡Cuidado!
▸ *n* 1 reloj (*de pulsera*) ⊃ *Ver dibujo en* RELOJ 2 vigilancia: *to keep a (close) watch over sth* vigilar algo (atentamente) 3 (*turno de*) guardia

**watchdog** /'wɑtʃdɔːg; *GB* -dɒg/ *n* organismo de control/vigilancia (*para defender los derechos del consumidor*)

**watchful** /'wɑtʃfl/ *adj* vigilante, alerta

**water** /'wɔːtər/ *n* agua **LOC** **under water** 1 bajo el agua, debajo del agua 2 inundado *Ver tb* FISH
▸ 1 *vt* (*planta*) regar 2 *vi* (*ojos*) llorar 3 *vi* (*boca*) hacerse agua **PHRV** **water sth down** 1 diluir algo con agua 2 (*críticas, normativa*) suavizar algo

**watercolor** (*GB* **watercolour**) /'wɔːtərkʌlər/ *n* acuarela

**watercress** /'wɔːtərkres/ *n* [*incontable*] berro

**waterfall** /'wɔːtərfɔːl/ *n* cascada, catarata

**watermelon** /'wɔːtərmelən/ *n* sandía

**waterproof** /'wɔːtərpruːf/ *adj, n* impermeable

**watershed** /'wɔːtərʃed/ *n* momento decisivo/crítico

**water-skiing** /'wɔːtər skiːɪŋ/ *n* esquí acuático

**watertight** /'wɔːtərtaɪt/ *adj* 1 hermético 2 (*argumento, etc.*) irrebatible

**waterway** /'wɔːtərweɪ/ *n* vía fluvial, canal

**watery** /'wɔːtəri/ *adj* 1 (*pey*) aguado 2 (*color*) pálido 3 (*ojos*) lloroso

**watt** /wɑt/ *n* vatio, watt

**wave** /weɪv/ 1 *vt, vi* ~ (**your hand**) (**at/to sb**) hacer señas con la mano (a algn) 2 *vt* ~ **sth (around)** agitar algo 3 *vt, vi* (*pelo, etc.*)

---

ondular(se) 4 *vi* (*bandera*) ondear **LOC** **wave goodbye (to sb)** decir adiós (a algn) con la mano **PHRV** **wave sth aside** rechazar algo (*protesta*)
▸ *n* 1 ola *Ver tb* TIDAL WAVE 2 (*fig*) oleada 3 seña (con la mano) 4 (*Fis, pelo*) onda

**wavelength** /'weɪvleŋθ/ *n* longitud de onda

**waver** /'weɪvər/ *vi* 1 flaquear 2 (*voz*) temblar 3 vacilar

**wavy** /'weɪvi/ *adj* 1 ondulado 2 ondulante

**wax** /wæks/ *n* cera

**way** /weɪ/ *n* 1 forma, manera: *Do it your own way!* ¡Hazlo como quieras! 2 ~ (**from…to…**) camino (de… a…): *to ask/tell sb the way* preguntarle/indicarle a algn por dónde se va ◊ *across/over the way* enfrente/al otro lado de la calle ◊ *a long way (away)* lejos 3 dirección: *"Which way?" "That way."* —¿Por dónde? —Por ahí. 4 paso: *Get out of my way!* ¡Quítate de en medio! 5 **Way** (*en nombres*) vía 6 [*gen pl*] costumbre **LOC** **by the way** a propósito **divide, split, etc. sth two, three, etc. ways** dividir algo entre dos, tres, etc. **get/have your own way** salirse con la suya **give your own way** (**to sth/rb**) 1 ceder (ante algo/algn) 2 (*GB*) (*USA* **yield**) (*tráfico*) ceder el paso (a algo/algn) **give way to sth** entregarse a (algo), dejarse dominar por algo **go out of your way (to do sth)** tomarse la molestia (de hacer algo) **in a/one way; in some ways** en cierto modo **lose your way** perderse **make way (for sth/sb)** dejar paso (a algo/algn) **make your way to/toward sth** irse a/hacia algo **no way!** ¡ni hablar! **one way or another** como sea **on the/your/its way** en (el) camino: *to be on your way* irse **the other way around** 1 al revés 2 por el otro camino **under way** en marcha **way of life** estilo de vida **ways and means** medios **LOC** *Ver* BAR, FEEL, FIGHT, FIND, HARD, HARM, LEAD², LONG¹, MEND, PAVE
▸ *adv* muy: *way ahead* muy por delante **LOC** **way back** hace mucho tiempo: *way back in the fifties* allá por los años cincuenta

**way out** *n* (*esp GB*) salida

**WC** /ˌdʌblju: 'si:/ *n* baño (público) ⊃ *Ver nota en* BATHROOM

**we** /wiː/ *pron* nosotros: *Why don't we go?* ¿Por qué no vamos? ❶ El pronombre personal no se puede omitir en inglés. ⊃ *Comparar con* US

**weak** /wiːk/ *adj* (**weaker, -est**) 1 débil 2 (*Med*) delicado 3 (*bebida*) débil 4 ~ (**at/**

---

ɜ: bird    ɪə near    eə hair    ʊə tour    ʒ vision    h hat    ŋ sing

**in/on sth)** débil (en algo) **weaken**vt, vi debilitar(se)

**weakness** /'wi:knəs/ n **1** debilidad **2** flaqueza

**wealth** /welθ/ n **1** [incontable] riqueza **2** [sing] ~ of sth abundancia de algo **wealthy** adj (wealthier, -iest) rico

**weapon** /'wepən/ n arma

**wear** /weər/ (pt wore /wɔːr/ pp worn /wɔːrn/) **1** vt (ropa, lentes, etc.) usar, llevar つ Ver nota en LLEVAR **2** vt (expresión) tener **3** vt, vi desgastar(se) **4** vt (agujero, etc.) hacer **5** vi ~ (well) durar PHRV wear (sth) away/down/out desgastarse por completo **wear sb down** agotar a algn **wear sth down** minar algo **wear off** desaparecer (novedad, etc.) **wear sb/yourself out** agotar a algn, agotarse
▶ n [incontable] **1** ropa: ladies' wear ropa de señora **2** desgaste **3** uso LOC wear and tear desgaste por el uso

**weary** /'wɪəri/ adj (wearier, -iest) **1** agotado **2** ~ of sth (formal) hastiado de algo

**weather** /'weðər/ n tiempo: weather forecast pronóstico del tiempo LOC under the weather (coloq) decaído ▶ vt, vi erosionar(se) **2** vt (crisis) superar

**weave** /wi:v/ (pt wove /woʊv/ pp woven /'woʊvn/) **1** vt, vi tejer **2** vt ~ sth into sth (historia, etc.) incluir algo (en algo) **3** vi (pt, pp weaved) serpentear

**web** /web/ n **1** telaraña **2** (fig) red **3** (engaños) sarta **4 the Web** [sing] la web: web page página web

**webcam** /'webkæm/ n webcam

**website** /'websaɪt/ n sitio web

**we'd** /wi:d/ **1** = WE HAD Ver HAVE **2** = WE WOULD Ver WOULD

**wedding** /'wedɪŋ/ n boda: wedding ring/cake anillo/pastel de bodas LOC Ver ANNIVERSARY つ Ver nota en MATRIMONIO

**wedge** /wedʒ/ n **1** cuña **2** (queso, pastel) pedazo (grande) **3** (limón) trozo (en forma de gajo)
▶ vt **1** to wedge itself/get wedged atascarse **2** (esp personas) apretujar **3** ~ sth open/shut mantener algo abierto/cerrado con calza

**Wednesday** /'wenzdeɪ, -di/ n (abrev Wed.) miércoles つ Ver ejemplos en MONDAY

**wee** /wi:/ adj (coloq) **1** (Escocia) pequeñito **2** poquito: a wee bit un poquitín

**weed** /wi:d/ n **1** mala hierba **2** [incontable] (en agua) algas **3** (GB, coloq, pey) enclenque **4** (GB, coloq, pey) persona sin carácter

▶ vt escardar PHRV weed sth/sb out eliminar a algn

**weedkiller** /'wi:dkɪlər/ n herbicida

**week** /wi:k/ n semana: 35-hour week semana laboral de 35 horas LOC a week from Monday, etc. (GB a week on Monday, etc., Monday, etc. week) del lunes, etc. en ocho días **a week from today/tomorrow** de hoy/mañana en ocho días

**weekday** /'wi:kdeɪ/ n día laborable

**weekend** /'wi:kend; GB ˌwi:k'end/ n fin de semana

**weekly** /'wi:kli/ adj semanal
▶ adv semanalmente
▶ n (pl weeklies) semanario

**weep** /wi:p/ vi (pt, pp wept /wept/) (formal) llorar: weeping willow sauce llorón

**weigh** /weɪ/ **1** vt, vi pesar **2** ~ sth (up) sopesar algo **3** vi ~ (against sth/sb) influir (en contra de algo/algn) LOC weigh anchor levar anclas PHRV weigh sb down abrumar a algn **weigh sth/sb down**: to be weighed down with luggage estar muy cargado de equipaje

**weight** /weɪt/ n **1** peso: by weight a peso **2** pesa, peso LOC lose/put on weight (persona) adelgazar/engordar Ver tb CARRY, PULL
▶ vt **1** poner peso/pesas en **2** ~ sth (down) (with sth) sujetar algo (con algo)

**weightless** /'weɪtləs/ adj ingrávido

**weightlifting** /'weɪtlɪftɪŋ/ n levantamiento de pesas

**weighty** /'weɪti/ adj (weightier, -iest) (formal) **1** de peso, importante **2** pesado

**weir** /wɪər/ n presa (colocada en la corriente de un río)

**weird** /wɪərd/ adj (weirder, -est) raro

**welcome** /'welkəm/ adj **1** bienvenido **2** agradable LOC be welcome to (do) sth: You're welcome to use my car/to stay. Mi coche está a tu disposición./Estás invitado a quedarte. **you're welcome** de nada
▶ n bienvenida, acogida
▶ vt **1** dar la bienvenida a, recibir **2** acoger **3** agradecer
**welcoming** adj acogedor

**weld** /weld/ vt, vi soldar(se)

**welfare** /'welfeər/ n **1** bienestar **2** asistencia: the Welfare State el Estado del bienestar **3** (GB social security) seguro social

**well¹** /wel/ adv (comp better /'betər/ superl best /best/) **1** bien **2** [después de can, could, may y might]: I can well believe it. Lo creo totalmente. ◇ I can't very well leave. No puedo irme sin más. LOC as well también つ Ver nota en TAMBIÉN as well as además de **be doing well**

(*paciente*) recuperarse **do well** progresar **may/might (just) as well do sth**: *We may/might as well go home.* Bien podríamos irnos a la casa. **well and truly** (*esp GB, coloq*) completamente *Ver tb* JUST, MEAN¹, PRETTY

▸ *adj* (*comp* **better**, *superl* **best**) bien: *to be well* estar bien ◊ *to get well* reponerse
▸ *interj* **1** (*asombro*) ¡vaya!: *Well, look who's here!* ¡Vaya, vaya! Mira quién está aquí. **2** (*resignación*) bueno: *Oh well, that's that then.* Bueno, qué le vamos a hacer. **3** (*interrogación*) ¿y entonces? **4** (*duda*) pues: *Well, I don't know…* Pues, no sé…

**well²** /wel/ *n* pozo
▸ *vi* ~ **(up)** brotar

**we'll** /wiːl/ **1** = WE SHALL *Ver* SHALL **2** = WE WILL *Ver* WILL

**well behaved** *adj* bien educado

Los adjetivos formados por **well** más otra palabra suelen escribirse con las dos palabras separadas: *They're always well behaved.* Siempre se portan bien., y con guión cuando van seguidos de un sustantivo: *well-behaved children* niños bien educados. Lo mismo sucede con **out of date** y **up to date**, y otros adjetivos compuestos como **second best**.

**well-being** /ˈwel biːɪŋ/ *n* bienestar
**well built** *adj* **1** (*persona*) robusto **2** (*edificio, máquina*) sólido, resistente ⊃ *Ver nota en* WELL BEHAVED
**well earned** *adj* merecido ⊃ *Ver nota en* WELL BEHAVED
**well kept** *adj* **1** cuidado, bien conservado **2** (*secreto*) bien guardado ⊃ *Ver nota en* WELL BEHAVED
**well known** *adj* muy conocido, famoso: *It's a well-known fact that…* Es sabido que… ⊃ *Ver nota en* WELL BEHAVED
**well meaning** *adj* bienintencionado ⊃ *Ver nota en* WELL BEHAVED
**well-to-do** /ˌwel tə ˈduː/ (*tb* **well off**) *adj* acomodado, rico ⊃ *Ver nota en* WELL BEHAVED
**Welsh** /welʃ/ *adj, n* galés, -esa
**went** *pt de* GO¹
**wept** *pt, pp de* WEEP
**were** /wər, wɜːr/ *pt de* BE
**we're** /wɪər/ = WE ARE *Ver* BE
**weren't** /wɜːrnt/ = WERE NOT *Ver* BE
**₰ west** /west/ *n* **1** (*tb* West) (*abrev* W) (el) oeste: *I live in the west of Scotland.* Vivo en el oeste de Escocia. **2 the West** (el) Occidente, los países occidentales

---

▸ *adj* (del) oeste, occidental: *west winds* vientos del oeste
▸ *adv* al oeste: *to travel west* viajar hacia el oeste
**westbound** /ˈwestbaʊnd/ *adj* en/con dirección oeste
**₰ western** (*tb* **Western**) /ˈwestərn/ *adj* (del) oeste, occidental
▸ *n* novela o película del oeste
**westerner** *n* occidental
**West Indian** /ˌwest ˈɪndiən/ *adj, n* originário, -a de las islas del Caribe
**the West Indies** /ˌwest ˈɪndɪz, -diːz/ *n* [*pl*] las islas del Caribe
**westward** /ˈwestwərd/ (*tb* **westwards**) *adv* hacia el oeste
**₰ wet** /wet/ *adj* (**wetter, -est**) **1** mojado: *to get wet* mojarse **2** húmedo: *in wet places* en lugares húmedos **3** (*tiempo*) lluvioso **4** (*pintura, etc.*) fresco
▸ *n* **1 the wet** [*sing*] (*esp GB*) lluvia: *Come in out of the wet.* Entra y resguárdate de la lluvia. **2** humedad
▸ *vt* (*pt, pp* **wet** o **wetted**) **1** mojar, humedecer **2** ~ **yourself** orinarse **LOC wet the bed** hacerse pipí en la cama
**wetsuit** /ˈwetsuːt/ *GB tb* -sjuːt/ *n* traje de neopreno
**we've** /wiːv/ = WE HAVE *Ver* HAVE
**whack** /wæk/ *vt* (*coloq*) dar un buen golpe a
▸ *n* (*coloq*) trancazo
**whale** /weɪl/ *n* ballena
**wharf** /wɔːrf/ *n* (*pl* **wharves** /wɔːvz/ o **wharfs**) muelle
**₰ what** /wɑt/ *pron* **1** qué: *What did you say?* ¿Qué dijiste? ◊ *What's her phone number?* ¿Cuál es su número de teléfono? ◊ *What's your name?* ¿Cómo te llamas? ⊃ *Ver nota en* WHICH **2** el/la/lo que: *I know what you're thinking.* Sé lo que piensas. **LOC what if…?** ¿y (qué pasa) si…?: *What if it rains?* ¿Y si llueve? *Ver tb* ABOUT
▸ *adj* **1** qué: *What time is it?* ¿Qué horas son? ◊ *What color is it?* ¿De qué color es? ◊ *What a pity!* ¡Qué pena! **2** *what money I have* (todo) el dinero que tenga
▸ *interj* (*coloq*) **1** ¡qué?, ¿cómo? **2 what!** ¡cómo!
**₰ whatever** /wɑtˈevər/ *pron* **1** (todo) lo que: *Give whatever you can.* Dé lo que pueda. **2** *whatever happens* pase lo que pase **3** qué (demonios): *Whatever can it be?* ¿Qué demonios puede ser? **4** (*coloq*) lo que sea: *"What would you like to do?" "Whatever."* —¿Qué quieres hacer? —Me da lo mismo. **LOC or whatever** (*coloq*) o el/la/lo que sea:… *basketball,*

---

i: see    ɪ sit    e ten    æ cat    ɑ hot    ɔː saw    ʌ cup    ʊ put    u: too

**W**

swimming or whatever. ... baloncesto, natación o el que sea.
▶ *adj* cualquier: *I'll be in whatever time you come.* Estaré a cualquier hora que vengas.
▶ *adv* (tb **whatsoever** /ˌwɒtsoʊˈevər/) en absoluto: *nothing whatsoever* nada en absoluto

**wheat** /wiːt/ n trigo

**wheel** /wiːl/ n 1 rueda 2 volante
▶ 1 vt (bicicleta, etc.) empujar 2 vt (persona) llevar 3 vi (pájaro) revolotear 4 vi ~ **around** darse la vuelta

**wheelbarrow** /ˈwiːlbæroʊ/ n carretilla (de mano)

**wheelchair** /ˈwiːltʃeər/ n silla de ruedas

**wheeze** /wiːz/ vi respirar con dificultad, resollar

**when** /wen/ adv 1 cuándo: *When did he die?* ¿Cuándo murió? ◇ *I don't know when she arrived.* No sé cuándo llegó. 2 en (el/la/los/las) que: *There are times when...* Hay veces en que...
▶ conj cuando: *It was raining when I arrived.* Llovía cuando llegué. ◇ *I'll call you when I'm ready.* Te llamaré cuando esté lista.

**whenever** /wenˈevər/ conj 1 cuando: *Come whenever you like.* Ven cuando quieras. 2 (todas las veces que) siempre que: *You can borrow my car whenever you want.* Puedes usar mi coche siempre que quieras.
▶ adv [en preguntas] cuándo (demonios)

**where** /weər/ adv 1 dónde: *Where are you going?* ¿Adónde vas? ◇ *I don't know where it is.* No sé dónde está. 2 donde: *the town where I was born* el pueblo en que nací
▶ conj donde: *Stay where you are.* Quédate donde estás.

**whereabouts** /ˌweərəˈbaʊts/ adv dónde
▶ n /ˈweərəbaʊts/ paradero

**whereas** /ˌweərˈæz/ conj mientras que

**whereby** /weərˈbaɪ/ adv (formal) según/por el/la/lo cual

**whereupon** /ˌweərəˈpɒn/ conj (formal) tras lo cual

**wherever** /ˌweərˈevər/ conj dondequiera que: *wherever you like* donde quieras
▶ adv [en preguntas] dónde (demonios)

**whet** /wet/ vt (-tt-) LOC **whet sb's appetite** abrir el apetito a algn

**whether** /ˈweðər/ conj si: *I'm not sure whether to resign or stay on.* No sé si dimitir o continuar. ◇ *It depends on*

whether the letter arrives on time. Depende de si la carta llega a tiempo. LOC **whether or not**: *whether or not it rains/whether it rains or not* tanto si llueve como si no

**which** /wɪtʃ/ adj
▶ pron 1 cuál: *Which is your favorite?* ¿Cuál es tu preferido?

**¿Which o what?**
**Which** se refiere a uno o más miembros de un grupo limitado: *Which is your car, this one or that one?* ¿Cuál es tu coche, este o aquel? **What** se usa cuando el grupo no es tan limitado: *What are your favorite books?* ¿Cuáles son tus libros preferidos?

2 [sujeto, complemento] que: *the book which is on the table* el libro que está sobre la mesa ◇ *the article (which) I read yesterday* el artículo que leí ayer ➜ *Ver nota en* QUE¹ 3 [después de preposición] el/la/lo cual: *her work, about which I know nothing...* su trabajo, del cual no sé nada... ◇ *in which case* en cuyo caso ◇ *the bag in which I put it* la bolsa en la que lo puse ❶ Este uso es muy formal. Lo más normal es poner la preposición al final: *the bag which I put it in,* u omitir la palabra **which**: *the bag I put it in.*
▶ adj qué: *Which book did you take?* ¿Qué libro te llevaste? ◇ *Do you know which one is yours?* ¿Sabes cuál es el tuyo?

**whichever** /wɪtʃˈevər/ pron el/la que: *whichever you like* el que quieras
▶ adj cualquier: *It's the same, whichever route you take.* No importa la ruta que elijas.

**whiff** /wɪf/ n ~ (of sth) aroma/tufo (a algo), soplo (de algo)

**while** /waɪl/ conj (GB tb formal **whilst** /waɪlst/) 1 (tiempo) mientras 2 (contraste) mientras (que): *I drink coffee while she prefers tea.* Yo tomo café, mientras que ella prefiere el té. 3 aunque: *While I admit that...* Aunque admito que... LOC **while you're, I'm, etc. at it** ya que estás, estoy, etc.
▶ n [sing] tiempo, rato: *for a while* durante un rato LOC *Ver* ONCE, WORTH
▶ v PHR V **while sth away** pasar algo (tiempo): *to while the morning away* pasar la mañana

**whim** /wɪm/ n capricho, antojo

**whimper** /ˈwɪmpər/ vi lloriquear
▶ n lloriqueo

**whip** /wɪp/ n 1 azote, látigo 2 (Pol) diputado, -a responsable de la disciplina de su grupo parlamentario
▶ vt 1 azotar 2 ~ sth (up) (into sth) (Cocina) batir algo (hasta obtener algo): *whipped*

*cream* crema batida **3** (*USA, coloq*) (*Dep*) dar una paliza a **PHRV whip sth up 1** incitar, fomentar algo **2** (*comida*) preparar algo rápidamente

**whir** (*GB* **whirr**) /wɜːr/ *n* zumbido
▶ *vi* zumbar

**whirl** /wɜːrl/ **1** *vt, vi* (hacer) girar **2** *vi* (*hojas*) arremolinarse **3** *vi* (*cabeza*) dar vueltas
▶ *n* [*sing*] **1** giro **2** remolino: *a whirl of dust* un remolino de polvo **LOC be in a whirl** (*cabeza*) dar vueltas: *My head was in a whirl.* La cabeza me daba vueltas.

**whirlpool** /ˈwɜːrlpuːl/ *n* remolino

**whirlwind** /ˈwɜːrlwɪnd/ *n* torbellino
▶ *adj* relámpago: *a whirlwind tour* un viaje relámpago

**whisk** /wɪsk/ *n* batidor, batidora (eléctrica)
▶ *vt* **1** (*Cocina*) batir **2** ~ **sth/sb away, off, etc.** llevarse algo/a algn volando

**whiskers** /ˈwɪskərz/ *n* [*pl*] **1** (*de animal*) bigotes **2** (*de hombre*) barbas y/o bigotes

**whiskey** /ˈwɪski/ *n* (*pl* **whiskeys**) (*tb esp GB* **whisky** [*pl* **-ies**]) whisky

ɤ **whisper** /ˈwɪspər/ **1** *vi* cuchichear **2** *vt* decir en voz baja **3** *vi* susurrar
▶ *n* **1** cuchicheo **2** susurro

ɤ **whistle** /ˈwɪsl/ *n* **1** silbido, pitido **2** silbato, pito
▶ *vt, vi* silbar, pitar

ɤ **white** /waɪt/ *adj* (**whiter, -est**) **1** blanco: *white bread* pan blanco **2** ~ **(with sth)** pálido (de algo)
▶ *n* **1** blanco **2** (*persona*) blanco, -a **3** clara (*de huevo*)

**whiteboard** /ˈwaɪtbɔːrd/ *n* pizarrón (blanco)

**white-collar** /ˌwaɪt ˈkɑlər/ *adj* de cuello blanco: *white-collar workers* oficinistas

**whiteness** /ˈwaɪtnəs/ *n* blancura

**White Paper** *n* (*GB*) libro blanco (*de gobierno*)

**whitewash** /ˈwaɪtwɑʃ/ *n* lechada de cal, jalbegue
▶ *vt* **1** enjalbegar **2** (*pey*) (*errores, reputación, etc.*) encubrir

ɤ **who** /huː/ *pron* **1** quién, quiénes: *Who are they?* ¿Quiénes son? ◊ *Who did you meet?* ¿A quién te encontraste? ◊ *Who is it?* ¿Quién es? ◊ *They wanted to know who had called.* Preguntaron quién había llamado. **2** [*sujeto, complemento*] que: *people who eat garlic* gente que come ajo ◊ *the man who wanted to meet you* el hombre que quería conocerte ◊ *all those who want to go* todos los que quieran ir ◊ *I bumped into a woman (who) I knew.* Me topé con una mujer a la que conocía. ◊ *the man (who) I had*

---

*spoken to* el hombre con el que había hablado ➔ *Ver nota en* QUE¹, WHOM

ɤ **whoever** /huːˈevər/ *pron* **1** quien: *Whoever gets the job…* Quien consiga el puesto de trabajo… **2** quienquiera que

ɤ **whole** /hoʊl/ *adj* **1** entero: *a whole bottle* una botella entera **2** todo: *to forget the whole thing* olvidar todo el asunto
▶ *n* todo: *the whole of August* todo agosto **LOC on the whole** en general

**wholefood** /ˈhoʊlfuːd/ *n* comida natural sin conservadores

**wholehearted** /ˌhoʊlˈhɑrtɪd/ *adj* incondicional **wholeheartedly** *adv* sin reservas

**wholesale** /ˈhoʊlseɪl/ *adj* **1** al por mayor **2** total: *wholesale destruction* destrucción total
▶ *adv* al por mayor, de mayoreo

**wholesome** /ˈhoʊlsəm/ *adj* sano, saludable

**wholewheat** /ˈhoʊlwiːt/ (*GB tb* **wholemeal** /ˈhoʊlmiːl/) *adj* integral: *wholewheat bread* pan integral

**wholly** /ˈhoʊlli/ *adv* (*formal*) totalmente

ɤ **whom** /huːm/ *pron* (*formal*) a quién: *Whom did you meet there?* ¿Con quién te encontraste allí? ◊ *To whom did you give the money?* ¿A quién diste el dinero? ◊ *the investors, some of whom bought shares* los inversores, algunos de los cuales compraron acciones ◊ *the person to whom this letter was addressed* la persona a quien iba dirigida esta carta

La palabra **whom** es muy formal. Lo más normal es decir: *Who did you meet there?* ◊ *Who did you give the money to?* ◊ *the person this letter was addressed to.*

ɤ **whose** /huːz/ *adj* **1** de quién: *Whose house is that?* ¿De quién es esa casa? **2** cuyo, -a, -os, -as: *the people whose house we stayed in* las personas en cuya casa estuvimos
▶ *pron* de quién: *I wonder whose it is.* Me pregunto de quién es.

ɤ **why** /waɪ/ *adv* por qué: *Why was she so late?* ¿Por qué llegó tan tarde? ◊ *Can you tell me the reason why you are so unhappy?* ¿Me puedes decir por qué eres tan desgraciado? **LOC why not** por qué no: *Why not go to the movies?* ¿Por qué no vamos al cine?

**wicked** /ˈwɪkɪd/ *adj* (**wickeder, -est**) **1** malvado **2** malicioso **wickedness** *n* maldad

**wicker** /ˈwɪkər/ *n* mimbre

**W**

---

**wide** /waɪd/ *adj* (**wider, -est**) **1** ancho: *How wide is it?* ¿Cuánto tiene de ancho? ◊ *It's two feet wide.* Tiene dos pies de ancho. ➔ *Ver nota en* BROAD **2** amplio: *a wide range of possibilities* una amplia gama de posibilidades **3** extenso
▸ *adv* muy: *wide awake* completamente despierto LOC **wide open** abierto de par en par *Ver tb* FAR

**widely** /ˈwaɪdli/ *adv* extensamente, mucho: *widely used* muy utilizado

**widen** /ˈwaɪdn/ *vt, vi* ensanchar(se), ampliar(se)

**wide-ranging** /ˌwaɪd ˈreɪndʒɪŋ/ *adj* de gran alcance, muy diverso (*investigación, debate, etc.*)

**widescreen** /ˈwaɪdskriːn/ *n* (*TV*) pantalla panorámica

**widespread** /ˈwaɪdspred/ *adj* general, difundido

**widow** /ˈwɪdoʊ/ *n* viuda **widowed** *adj* viudo **widower** *n* viudo

**width** /wɪdθ, wɪtθ/ *n* anchura, ancho

**wield** /wiːld/ *vt* **1** (*arma, etc.*) empuñar, blandir **2** (*poder*) ejercer

**wife** /waɪf/ *n* (*pl* **wives** /waɪvz/) mujer, esposa

**wig** /wɪg/ *n* peluca

**wiggle** /ˈwɪgl/ *vt, vi* (*coloq*) menear(se)

**wild** /waɪld/ *adj* (**wilder, -est**) **1** salvaje **2** (*planta*) silvestre **3** (*paisaje*) agreste **4** (*tiempo*) tempestuoso **5** desenfrenado **6** (*enojado*) furioso **7** ~ **about sth/sb** (*coloq*) (*entusiasmado*) loco por algo/algn
▸ *n* **1 the wild** [*sing*] la selva: *in the wild* en estado salvaje **2 the wilds** [*pl*] (las) tierras remotas

**wilderness** /ˈwɪldərnəs/ *n* **1** tierra no cultivada, desierto **2** (*fig*) selva

**wildlife** /ˈwaɪldlaɪf/ *n* flora y fauna

**wildly** /ˈwaɪldli/ *adv* **1** locamente, como loco **2** violentamente, furiosamente

**will** /wɪl/ (*contracción* **'ll**, *neg* **will not** o **won't** /woʊnt/) *v modal*

> **Will** es un verbo modal al que sigue un infinitivo sin **to**, y las oraciones interrogativas y negativas se construyen sin el auxiliar **do**. ➔ *Ver tb pág 306*

**1** [*para formar el futuro*]: *He'll come, won't he?* Vendrá, ¿verdad? ◊ *I hope it won't rain.* Espero que no llueva. ◊ *That'll be the mailman.* Será el cartero. ◊ *You'll do as you're told.* Harás lo que te manden. ➔ *Ver nota en* SHALL **2** (*voluntad, determinación*): *She won't go.* No quiere ir. ◊ *Will the car start?* ¿El coche arranca o no

arranca? **3** (*oferta, petición*): *Will you help me?* ¿Puedes ayudarme? ◊ *Will you stay for tea?* ¿Quieres quedarte a tomar té? ◊ *Won't you sit down?* ¿No quieres sentarte? **4** (*regla general*): *Oil will float on water.* El aceite flota en el agua.
▸ *n* **1** voluntad **2** [*sing*] deseo **3** testamento LOC **at will** libremente *Ver tb* FREE

**willful** (*GB* **wilful**) /ˈwɪlfl/ *adj* (*pey*) **1** (*acto*) voluntario, intencionado **2** (*persona*) testarudo **willfully** (*GB* **wilfully**) *adv* (*pey*) deliberadamente

**willing** /ˈwɪlɪŋ/ *adj* **1** ~ **(to do sth)** dispuesto (a hacer algo) **2** complaciente, bien dispuesto **3** (*apoyo, etc.*) espontáneo

**willingly** /ˈwɪlɪŋli/ *adv* voluntariamente, de buena gana

**willingness** /ˈwɪlɪŋnəs/ *n* **1** buena voluntad **2** ~ **(to do sth)** voluntad (de hacer algo)

**willow** /ˈwɪloʊ/ *n* (*tb* **willow tree**) *n* sauce

**willpower** /ˈwɪlpaʊər/ *n* fuerza de voluntad

**wilt** /wɪlt/ *vi* **1** marchitarse **2** (*coloq*) (*persona*) decaer

**win** /wɪn/ (**-nn-**) (*pt, pp* **won** /wʌn/) **1** *vi* ganar **2** *vt* ganar, llevarse **3** *vt* (*victoria*) conseguir, lograr **4** *vt* (*apoyo, amigos*) ganarse, granjearse LOC *Ver* DAY PHRV **win sth/sb back** recuperar algo/a algn **win sb over/around (to sth)** convencer a algn (para que haga algo)
▸ *n* victoria

**wince** /wɪns/ *vi* **1** hacer una mueca de dolor **2** hacer un gesto de disgusto

**wind¹** /wɪnd/ *n* **1** viento **2** (*GB*) (*USA* **gas**) [*incontable*] (*Med*) gases **3** aliento, resuello LOC **get wind of sth** (*coloq*) enterarse de algo *Ver tb* CAUTION

**wind²** /waɪnd/ (*pt, pp* **wound** /waʊnd/) **1** *vi* serpentear **2** ~ **sth around/onto sth** enrollar algo alrededor de algo **3** *vt* ~ **sth (up)** dar cuerda a algo PHRV **wind down 1** (*persona*) relajarse **2** (*actividad*) llegar a su fin **wind sb up** (*GB, coloq*) **1** poner nervioso a algn **2** (*fastidiar*) provocar a algn **wind (sth) up** terminar, concluir (algo) **wind sth up** liquidar algo (*negocio*)

**windfall** /ˈwɪndfɔːl/ *n* **1** fruta caída (del árbol) **2** (*fig*) sorpresa caída del cielo

**winding** /ˈwaɪndɪŋ/ *adj* tortuoso, serpenteante

**windmill** /ˈwɪndmɪl/ *n* molino de viento

**window** /ˈwɪndoʊ/ *n* **1** ventana: *window ledge* cornisa **2** (*tb* **windowpane** /ˈwɪndoʊpeɪn/) cristal **3** (*coche, taquilla*) ventanilla **4** (*tienda*) vitrina: *to go window-shopping* pasear frente a las vitrinas sin comprar

**windowsill** /ˈwɪndoʊsɪl/ *n* cornisa

**windshield** /'wɪndʃiːld/ (GB **wind-screen**) /'wɪndskriːn/ n parabrisas: *windshield wiper* limpiaparabrisas ➔ Ver dibujo en COCHE

**windsurfing** /'wɪndsɜːrfɪŋ/ n windsurf

**windy** /'wɪndi/ adj (windier, -iest) **1** de mucho viento **2** (lugar) expuesto al viento

**ꝗwine** /waɪn/ n vino: *wine glass* copa (para vino)

**ꝗwing** /wɪŋ/ n **1** ala: *the right/left wing of the party* el ala derecha/izquierda del partido **2** (GB) (USA **fender**) (vehículo) salpicadera ➔ Ver dibujo en COCHE **3 the wings** [pl] (Teat) los bastidores

**wink** /wɪŋk/ n **1** vi ~ (**at sb**) guiñar el ojo (a algn) **2** vt (ojo) guiñar **3** vi (luz) parpadear
▸ n guiño

**ꝗwinner** /'wɪnər/ n ganador, -ora

**ꝗwinning** /'wɪnɪŋ/ adj **1** ganador **2** premiado **3** cautivador, encantador **winnings** n [pl] ganancias

**ꝗwinter** /'wɪntər/ n invierno
▸ vi invernar, pasar el invierno

**wipe** /waɪp/ vt **1** ~ **sth (from/off sth)**; ~ **sth away/off/up** limpiar, secar algo (de algo) **2** ~ **sth (from/off sth)** (eliminar) borrar algo (de algo) PHRV **wipe sth out 1** destruir algo **2** (enfermedad, crimen) erradicar algo

**ꝗwire** /'waɪər/ n **1** alambre Ver tb BARBED WIRE **2** (Electrón) cable **3** alambrado LOC Ver PULL
▸ vt **1** ~ **sth (up)** hacer la instalación eléctrica de algo **2** ~ **sth (up) to sth** conectar algo a algo
**wireless** adj inalámbrico **wiring** n [incontable] **1** instalación eléctrica **2** cables

**wisdom** /'wɪzdəm/ n **1** sabiduría: *wisdom tooth* muela del juicio **2** prudencia, cordura LOC Ver CONVENTIONAL

**ꝗwise** /waɪz/ adj (wiser, -est) **1** sabio **2** acertado, prudente LOC **be none the wiser; not be any the wiser** seguir sin entender nada

**ꝗwish** /wɪʃ/ **1** vt (algo poco probable o imposible): *I wish he'd go away.* ¡Ojalá se fuera! ◊ *She wished she had gone.* Se arrepintió de no haber ido. ❶ El uso de **were**, y no **was**, con **I**, **he** o **she** después de **wish** se considera más correcto: *I wish I were rich!* ¡Ojalá fuera rico! **2** vt (formal) querer **3** vi ~ **for sth** desear algo **4** vt ~ **sb sth** desear algo a algn **5** vi pedir un deseo
▸ n ~ (**for sth/to do sth**) deseo (de algo/de hacer algo): *against my wishes* contra mi voluntad LOC Ver BEST

**wishful** /'wɪʃfl/ adj LOC **wishful thinking**: *It's wishful thinking on my part.* Me estoy haciendo ilusiones.

**wistful** /'wɪstfl/ adj triste, melancólico

**wit** /wɪt/ n **1** ingenio **2** (persona) persona ingeniosa **3 wits** [pl] inteligencia, juicio LOC **be at your wits' end** estar para volverse loco **be frightened/terrified/scared out of your wits** estar muerto de miedo

**witch** /wɪtʃ/ n bruja

**witchcraft** /'wɪtʃkræft; GB -krɑːft/ n [incontable] brujería

**witch-hunt** /'wɪtʃ hʌnt/ n (lit y fig) cacería de brujas

**ꝗwith** /wɪð, wɪθ/ prep ❶ Para los usos de **with** en PHRASAL VERBS, ver las entradas de los verbos correspondientes, p. ej. **bear with sb** en BEAR¹. **1** con: *I'll be with you in a minute.* Un minuto y estoy contigo. ◊ *He's with BP.* Está trabajando en BP. **2** (descripciones) de, con: *the man with the scar* el hombre de la cicatriz ◊ *a house with a garden* una casa con jardín **3** de: *Fill the glass with water.* Llena el vaso de agua. **4** (apoyo y conformidad) (de acuerdo) con **5** (a causa de) de: *to tremble with fear* temblar de miedo LOC **be with sb** (coloq) seguir lo que algn dice: *I'm not with you.* No te entiendo. **with it** (coloq) **1** al día **2** de moda **3** *He's not with it today.* Hoy no está muy centrado.

**ꝗwithdraw** /wɪð'drɔː, wɪθ'd-/ (pt drew /-'druː/ pp withdrawn /-'drɔːn/) **1** vt, vi retirar(se) **2** vt (dinero) retirar **3** vt (formal) (palabras) retractar **withdrawal** n **1** retirada, retractación **2** (Med): *withdrawal symptoms* síndrome de abstinencia **withdrawn** adj introvertido

**wither** /'wɪðər/ vt, vi ~ (**sth) (away)** marchitar algo/marchitarse, secar algo/secarse

**withhold** /wɪθ'hoʊld, wɪð'h-/ vt (pt, pp withheld /-'held/) (formal) **1** retener **2** (información) ocultar **3** (consentimiento) negar

**ꝗwithin** /wɪ'ðɪn, -'θɪn/ prep **1** (tiempo) en el plazo de: *within a month of having left* al mes de haberse marchado **2** (distancia) a menos de **3** al alcance de: *It's within walking distance.* Se puede ir a pie. **4** (formal) dentro de
▸ adv (formal) dentro

**ꝗwithout** /wɪ'ðaʊt, -'θaʊt/ prep sin: *without saying goodbye* sin despedirse ◊ *without him/his knowing* sin que él supiera nada

**withstand** /wɪð'stænd, wɪθ'stænd/ vt (pt, pp withstood /-'stʊd/) (formal) resistir

**W**

---

i: see   ɪ sit   e ten   æ cat   ɑ hot   ɔ: saw   ʌ cup   ʊ put   u: too

**witness** /'wɪtnəs/ n ~ **(to sth)** testigo (de algo)
▸ vt **1** presenciar **2** ser testigo de

**witness stand** (GB **witness box**) n estrado

**witty** /'wɪti/ adj (**wittier, -iest**) chistoso, ingenioso

**wives** plural de WIFE

**wizard** /'wɪzərd/ n mago, hechicero

**wobble** /'wɑbl/ **1** vi (silla, etc.) cojear **2** vi (persona) tambalearse **3** vi (gelatina) moverse **4** vt mover **wobbly** adj (coloq) **1** cojo **2** que se tambalea: a wobbly tooth un diente suelto

**woe** /woʊ/ n (antic) desgracia LOC **woe betide sb** pobre de algn: Woe betide me if I forget! ¡Pobre de mí si se me olvida!

**wok** /wɑk/ n sartén chino para freír verduras, etc. ⊃ Ver dibujo en POT

**woke, woken** pt, pp de WAKE

**wolf** /wʊlf/ n (pl **wolves** /wʊlvz/) lobo

**woman** /'wʊmən/ n (pl **women** /'wɪmɪn/) mujer

**womb** /wuːm/ n matriz, útero

**women's room** n baño de damas ⊃ Ver nota en BATHROOM

**won** pt, pp de WIN

**wonder** /'wʌndər/ **1** vt, vi preguntarse: It makes you wonder. Te hace pensar. ◇ I wonder if/whether he's coming. Me pregunto si va a venir. **2** vi ~ **(at sth)** admirarse (de algo)
▸ n **1** asombro **2** maravilla LOC **it's a wonder (that)…** es un milagro (que)… **no wonder (that…)** no es de extrañar (que)… Ver tb WORK

**wonderful** /'wʌndərfl/ adj maravilloso, estupendo

**won't** /woʊnt/ = WILL NOT Ver WILL

**wood** /wʊd/ n **1** madera **2** leña **3** (tb **woods** [pl]) bosque: We went into the woods. Fuimos al bosque. LOC **knock on wood** (GB **touch wood**) toca madera **wooded** adj arbolado

**wooden** /'wʊdn/ adj **1** de madera **2** (pierna) de palo **3** (cara) inexpresivo

**woodland** /'wʊdlənd/ n bosque

**woodwind** /'wʊdwɪnd/ n instrumentos de viento (de madera)

**woodwork** /'wʊdwɜrk/ n [incontable] **1** (GB) (USA **woodworking**) carpintería, ebanistería **2** molduras

**wool** /wʊl/ n lana **woolen** (GB **woollen**) adj de lana **wooly** (GB **woolly**) adj de lana

**word** /wɜrd/ n **1** palabra **2** **words** [pl] letra (de una canción) LOC **give sb your word (that…)** dar su palabra a algn (de que…) **have a word (with sb) (about sth)** hablar (con algn) (de algo) **in other words** en otras palabras, es decir **keep/break your word** cumplir/faltar a su palabra **put in a (good) word for sb** recomendar a algn, interceder por algn **take sb's word for it (that…)** creer a algn (cuando dice que…) **without a word** sin decir palabra **words to that effect**: He told me to get out, or words to that effect. Me dijo que me fuera, o algo parecido. Ver tb BREATHE, EAT, LAST, MINCE, PLAY
▸ vt expresar, redactar
**wording** n términos, texto

**word processing** n procesamiento de textos

**word processor** n procesador de textos

**wore** pt de WEAR

**work** /wɜrk/ (pt, pp **worked**) **1** vi ~ **(away) (at/on sth)** trabajar (en algo): to work as a lawyer trabajar de abogado ◇ to work on the assumption that… basarse en la suposición de que… **2** vi ~ **for sth** esforzarse por algo/por hacer algo **3** vi (Mec) funcionar **4** vi surtir efecto: It will never work. No será factible. **5** vt (máquina, etc.) operar **6** vt (persona) hacer trabajar **7** vt (mina, etc.) explotar **8** vt (tierra) cultivar LOC **work a treat** (GB, coloq) funcionar a las mil maravillas **work free/loose** soltar(se), aflojar(se) **work like a charm** tener un efecto mágico **work miracles/wonders** hacer milagros **work your fingers to the bone** matarse trabajando PHRV **work out 1** hacer ejercicio **2** resultar, salir (bien) **work sth out 1** calcular algo **2** solucionar algo **3** planear, idear algo **work sth up 1** desarrollar algo **2** to work up an appetite abrir el apetito **work sb/yourself up** excitar a algn/excitarse: to get worked up (about/over sth) exaltarse (por algo) ◇ She had worked herself up into a rage. Se dejó llevar por la furia. **work up to sth** entusiasmar a algn/entusiasmarse
▸ n **1** [incontable] trabajo: to leave work salir del trabajo ◇ work experience experiencia laboral/profesional Ver tb SOCIAL WORK

Las palabras **work** y **job** se diferencian en que **work** es incontable y **job** es contable: I've found work/a new job at the hospital. Encontré un trabajo en el hospital. **Employment** es más formal que **work** y **job**, y se utiliza para referirse a la condición de los que tienen empleo: Many women are in part-time employment. Muchas mujeres tienen trabajos de medio tiempo. **Occupation** es el término que se utiliza en los impresos

oficiales: *Occupation: student*
Profesión: estudiante. **Profession**
se utiliza para referirse a los trabajos
que requieren una carrera universitaria: *the medical profession* la profesión médica. **Trade** se usa para
designar los oficios que requieren
una formación especial: *He's a carpenter by trade.* Es carpintero de profesión.

**2** obra: *the complete works of Shakespeare* las obras completas de Shakespeare ◊ *a piece of work* una obra/un
trabajo ◊ *Is this your own work?* ¿Lo
hiciste tú sola? **3 works** [*pl*] obras:
*Danger! Works ahead.* ¡Peligro! Obras.
❶ La palabra más normal es **roadwork**
[*incontable*], o **roadworks** [*pl*] en Gran
Bretaña. **LOC** **at work** en el trabajo **get/
go/set to work (on sth)** ponerse a trabajar
(en algo)

**workable** /'wɜːrkəbl/ *adj* práctico, factible

**workaholic** /ˌwɜːrkə'hɔːlɪk; GB 'hɒlɪk/ *n*
(*coloq*) adicto, -a al trabajo

> **Workaholic** es un derivado humorístico que resulta de la combinación
> de la palabra **work** y el sufijo **-holic**,
> la desinencia de **alcoholic**. Existen
> otras palabras nuevas que se han
> inventado con este sufijo, como
> **chocaholic** y **shopaholic** (adicto al
> chocolate/a ir de tiendas).

**workbook** /'wɜːrkbʊk/ *n* cuaderno de
ejercicios

ⓘ **worker** /'wɜːrkər/ *n* **1** trabajador, -ora
**2** obrero, -a

**workforce** /'wɜːrkfɔːrs/ *n* mano de
obra

ⓘ **working** /'wɜːrkɪŋ/ *adj* **1** activo **2** de
trabajo **3** laboral, laborable **4** que funciona **5** (*conocimiento*) básico **LOC** *Ver*
ORDER
> *n* [*gen pl*] ~ (of sth) funcionamiento (de
algo)

**working class** /ˌwɜːrkɪŋ 'klæs; GB
'klɑːs/ (*tb* **working classes** [*pl*]) *n* clase
trabajadora
> **working-class** *adj* de clase trabajadora

**workload** /'wɜːrkloʊd/ *n* carga de trabajo

**workman** /'wɜːrkmən/ *n* (*pl* **workmen**
/-mən/) obrero **workmanship** *n* **1** (*de persona*) arte **2** (*de producto*) fabricación

**workmate** /'wɜːrkmeɪt/ *n* (*esp GB*) compañero, -a de trabajo

**workout** /'wɜːrkaʊt/ *n* sesión de ejercicio físico

**workplace** /'wɜːrkpleɪs/ *n* lugar de trabajo

**workshop** /'wɜːrkʃɑp/ *n* taller

**worktop** /'wɜːrktɑp/ (*GB*) (*USA* **counter**)
*n* superficie para trabajo (*en cocina, taller*)

ⓘ **world** /wɜːrld/ *n* mundo: *all over the
world/the world over* por el mundo
entero ◊ *world-famous* famoso en el
mundo entero ◊ *the world population* la
población mundial **LOC** *Ver* SMALL
**worldly** *adj* (*formal*) **1** mundano
**2** (*bienes*) terrenal **3** de/con (mucho)
mundo

**worldwide** /'wɜːrldwaɪd/ *adj* mundial,
universal
> *adv* /ˌwɜːrld'waɪd/ por todo el mundo

**worm** /wɜːrm/ *n* **1** gusano ⊃ *Ver dibujo*
*en* GUSANO **2** lombriz **LOC** *Ver* EARLY

**worn** *pp de* WEAR

**worn out** *adj* **1** gastado **2** (*persona*)
agotado

ⓘ **worried** /'wɜːrid; GB 'wʌrid/ *adj* ~ (**about**
**sth/sb**) preocupado (por algo/algn): *I'm
worried that he might get lost.* Me preocupa que se pueda perder.

ⓘ **worry** /'wɜːri; GB 'wʌri/ (*pt, pp* **worried**)
**1** *vi* ~ (**about/over sth/sb**) preocuparse
(por algo/algn) **2** *vt* ~ **sb/yourself** (**about**
**sth/sb**) preocupar a algn, preocuparse
(por algo/algn)
> *n* (*pl* **worries**) **1** [*incontable*] intranquilidad **2** problema: *financial worries*
problemas económicos

ⓘ **worrying** /'wɜːriɪŋ; GB 'wʌr-/ *adj*
inquietante, preocupante

ⓘ **worse** /wɜːrs/ *adj* (*comp de* **bad**) ~ (**than**
**sth/doing sth**) peor (que algo/hacer
algo): *to get worse* empeorar *Ver tb* BAD,
WORST **LOC** **make matters/things worse**
para colmo (de desgracias)
> *adv* (*comp de* **badly**) peor: *She speaks
German even worse than I do.* Habla
alemán incluso peor que yo.
> *n* lo peor: *to take a turn for the worse*
empeorar
**worsen** *vt, vi* empeorar, agravar(se)

ⓘ **worship** /'wɜːrʃɪp/ *n* ~ (**of sth/sb**)
**1** (*Relig*) culto (a algo/algn) **2** veneración (de algo/algn)
> **1** *vt, vi* rendir culto (a) **2** *vt* adorar
**worshipper** *n* devoto, -a

ⓘ **worst** /wɜːrst/ *adj* (*superl de* **bad**) peor:
*My worst fears were confirmed.* Pasó lo
que más me temía. *Ver tb* BAD, WORSE
> *adv* (*superl de* **badly**) peor: *the worst hit
areas* las áreas más afectadas
> *n* the worst [*sing*] lo peor **LOC** **at (the)**
**worst; if (the) worst comes to (the) worst**
en el peor de los casos

ⓘ **worth** /wɜːrθ/ *adj* **1** con un valor de, que
vale: *to be worth ten dollars* valer diez

W

ɜː bird    ɪə near    eə hair    ʊə tour    ʒ vision    h hat    ŋ sing

dólares **2** ~ (doing) sth: *It's worth reading.* Vale la pena leerlo. **LOC** be worth it valer la pena be worth sb's while (to do sth) valer la pena (hacer algo)
▸ n **1** (en dinero): *$20 worth of gas* veinte dólares de gasolina **2** (en tiempo): *two weeks' worth of supplies* suministros para dos semanas **3** valor **LOC** *Ver* MONEY

**worthless** adj **1** sin valor **2** (persona) despreciable

**worthwhile**/ˌwɜːrθˈwaɪl/ adj que vale la pena: *to be worthwhile doing/to do sth* valer la pena hacer algo

**worthy**/ˈwɜːrði/ adj (worthier, -iest) **1** ~ (of sth/sb) (formal) digno (de algo/algn) **2** (causa) noble **3** (persona) respetable

**would**/wəd, wʊd/ (contracción 'd, neg would not o wouldn't) v modal

> **Would** es un verbo modal al que sigue un infinitivo sin **to**, y las oraciones interrogativas y negativas se construyen sin el auxiliar **do**.

**1** [condicional]: *He said he would come at five.* Dijo que vendría a las cinco. ◊ *Would you do it if I paid you?* ¿Lo harías si te pagara? **2** (oferta, petición): *Would you like a drink?* ¿Quieres tomar algo? ◊ *Would you come this way?* ¿Quiere venir por aquí? **3** (propósito): *I left a note so (that) they'd call us.* Dejé una nota para que nos llamaran. **4** (voluntad): *He wouldn't shake my hand.* No quería darme la mano.

🔑 **wound**/wuːnd/ n herida ➔ *Ver nota en* HERIDA
▸ vt herir: *He was wounded in the back during the war.* Recibió una herida en la espalda durante la guerra. *Ver tb* WIND²

🔑 **wounded**/ˈwuːndɪd/ n the wounded [pl] los heridos *Ver tb* WOUND

**wove, woven** pt, pp de WEAVE

**wow**/waʊ/ interj (coloq) ¡guau!

**wrangle**/ˈræŋgl/ n ~ (over sth) disputa (sobre algo)
▸ vi discutir

🔑 **wrap**/ræp/ vt (-pp-) **1** ~ sth/sb (up) envolver algo/a algn **2** ~ sth around sth/sb atar algo alrededor de algo/algn **LOC** be wrapped up in sth/sb estar entregado/dedicado a algo/algn, estar absorto en algo **PHRV** wrap (sb/yourself) up abrigar a algn/abrigarse wrap sth up (coloq) concluir algo
▸ n chal
**wrapper** n envoltura

🔑 **wrapping**/ˈræpɪŋ/ n envoltura: *wrapping paper* papel de envolver

**wrath**/ræθ; GB rɒθ/ n (antic o formal) ira

**wreath**/riːθ/ n (pl wreaths /riːðz/) corona (funeraria o de Navidad)

**wreck**/rek/ n **1** restos de un naufragio, vehículo siniestrado, etc. **2** (coloq) (persona, casa, relación, etc.) ruina
▸ vt destrozar, echar abajo
**wreckage**/ˈrekɪdʒ/ n [incontable] restos (accidente, etc.)

**wrench**/rentʃ/ vt ~ sth out of sth; ~ sth off (sth) arrancar, sacar algo (de algo) (de un tirón)
▸ n **1** tirón **2** [sing] golpe (emocional) **3** (GB tb spanner) llave (herramienta): *monkey wrench* llave inglesa

**wrestle**/ˈresl/ vi (Dep, fig) luchar
**wrestler** n luchador, -ora **wrestling** n lucha libre

**wretch**/retʃ/ n desgraciado, -a

**wretched**/ˈretʃɪd/ adj **1** desgraciado, desconsolado **2** (coloq) maldito

**wriggle**/ˈrɪɡl/ vt, vi **1** ~ (sth) (about) menear algo/menearse, mover algo/moverse **2** retorcer(se): *to wriggle free* conseguir soltarse

**wring**/rɪŋ/ vt (pt, pp wrung /rʌŋ/) ~ sth (out) **1** retorcer, exprimir algo **2** (trapo) escurrir algo **LOC** wring sb's neck (coloq) retorcerle el pescuezo a algn **PHRV** wring sth from/out of sb sacarle algo a algn (confesión, etc.)

**wrinkle**/ˈrɪŋkl/ n arruga
▸ vt, vi arrugar(se) **2** vt (ceño) fruncir

🔑 **wrist**/rɪst/ n muñeca

🔑 **write**/raɪt/ vt, vi (pt wrote /roʊt/ pp written /ˈrɪtn/) escribir

> Para decir "escribir a algn", en inglés americano se dice **write sb**: *Write me while you're away.* Escríbeme mientras estés lejos. En inglés británico, se usa **write to sb**.

**PHRV** write back (to sb) contestar (a algn) (por escrito) write sth down anotar algo write off/away (to sth/sb) for sth escribir (a algo/algn) pidiendo algo write sth off **1** anular algo, borrar algo como incobrable **2** (GB) destrozar algo (esp vehículo) write sth/sb off (as sth) desechar algo/a algn (por algo) write sth out escribir algo (en limpio), copiar algo write sth up redactar algo

**write-off**/ˈraɪt ɔːf; GB ɒf/ n **1** (Com) cancelación (de deuda impagable) **2** (GB) (vehículo): *The car was a write-off.* Al coche lo declararon pérdida total. **3** (GB) desastre

🔑 **writer**/ˈraɪtər/ n escritor, -ora

**writhe**/raɪð/ vi retorcerse: *to writhe in agony* retorcerse de dolor

**writing**/ˈraɪtɪŋ/ n **1** escribir, escritura **2** escrito **3** estilo de redacción **4** letra

| ʃ chin | dʒ June | v van | θ then | s so | z zoo | ʃ she |
|--------|---------|-------|--------|------|-------|-------|

**5 writings** [pl] obras **LOC in writing** por escrito

**written** /'rɪtn/ adj por escrito Ver tb WRITE

**wrong** /rɔːŋ; GB rɒŋ/ adj **1** equivocado, incorrecto, falso: *to be wrong* estar equivocado/equivocarse **2** inoportuno, equivocado: *the wrong way up/around* boca abajo/al revés **3** malo, injusto: *It is wrong to…* No está bien… ◊ *He was wrong to say that.* Hizo mal en decir aquello. **4** *What's wrong?* ¿Qué pasa? **LOC** Ver SIDE, TRACK
▸ adv mal, equivocadamente, incorrectamente **LOC get sb wrong** (coloq) malinterpretar a algn **get sth wrong** (coloq)

equivocarse en algo **go wrong 1** equivocarse **2** (máquina) estropearse **3** salir/ir mal
▸ n **1** [incontable] mal **2** (formal) injusticia **LOC be in the wrong** estar equivocado **wrongful** adj injusto, ilegal

**wrongly** /'rɔːŋli; GB 'rɒŋli/ adv equivocadamente, incorrectamente

**wrote** pt de WRITE

**wrought iron** /ˌrɔːt 'aɪərn/ n hierro forjado

**wrung** pt, pp de WRING

# X x

**X, x** /eks/ n (pl **Xs, X's, x's** /'eksɪz/) X, x
↪ Ver ejemplos en A, A

**Xmas** /'krɪsməs/ n (coloq) Navidad

**X-ray** /'eks reɪ/ n **1** [gen pl] rayo X **2** radiografía
▸ vt hacer una radiografía de

**xylophone** /'zaɪləfoʊn/ n xilófono

# Y y

**Y, y** /waɪ/ n (pl **Ys, Y's, y's**) Y, y ➔ Ver ejemplos en A, A

**yacht** /jɒt/ n yate **yachting** n navegación en yate

**yank** /jæŋk/ vt, vi (coloq) dar un tirón brusco (a) **PHRV** **yank sth off/out** quitar/sacar algo de un tirón

**Yankee** /'jæŋki/ (tb **Yank**) n **1** persona del nordeste de Estados Unidos **2** (GB, coloq, gen pey) yanqui

**₹ yard** /jɑːrd/ n **1** (USA) (GB **garden**) jardín **2** (GB) patio ➔ Ver nota en BACKYARD **3** (abrev yd.) yarda (0.9144 m) ➔ Ver pág 681

**yardstick** /'jɑːrdstɪk/ n criterio

**yarn** /jɑːrn/ n **1** [incontable] estambre **2** (coloq) cuento

**₹ yawn** /jɔːn/ vi bostezar
▶ n bostezo
**yawning** adj (abismo) enorme

**yeah** /jeə/ interj (coloq) sí

**₹ year** /jɪər/ GB tb jɜː(r)/ n **1** año: for years durante/desde hace muchos años ◊ to take a year off tomar un año sabático Ver tb LEAP YEAR **2** (GB) (USA **grade**) (Educ) año **3** a two-year-old (child) un niño de dos años ◊ I am ten (years old). Tengo diez años. ❶ Nótese que cuando expresamos la edad en años, podemos omitir **years old**. ➔ Ver tb nota en OLD

**yearly** /'jɪərli/ GB tb jɜːli/ adj anual
▶ adv anualmente, cada año

**yearn** /jɜːrn/ vi (formal) **1** ~ (for sth/sb) suspirar (por algo/algn) **2** ~ (to do sth) anhelar (hacer algo) **yearning** n (formal) **1** ~ (for sth/sb) anhelo (de algo), añoranza (de algn) **2** ~ (to do sth) ansia (por/de hacer algo)

**yeast** /jiːst/ n levadura

**yell** /jel/ vt, vi ~ (out) (sth) (at sth/sb) gritar (algo) (a algo/algn): to yell out in pain gritar de dolor
▶ n grito, alarido

**₹ yellow** /'jeləʊ/ adj, n amarillo

**yelp** /jelp/ vi **1** (animal) aullar **2** (persona) gritar

**₹ yes** /jes/ interj sí
▶ n (pl **yesses** o **yeses** /'jesɪz/) sí

**₹ yesterday** /'jestərdeɪ, -di/ adv, n ayer: yesterday morning ayer por la mañana **LOC** Ver DAY

**₹ yet** /jet/ adv **1** [en frases negativas] todavía, aún: not yet todavía no ◊ They haven't called yet. Todavía no han llamado. ➔ Ver nota en STILL¹ **2** [en frases interrogativas] ya

> **¿Yet o already?**
> **Yet** sólo se usa en frases interrogativas y siempre va al final de la oración: Have you finished it yet? ¿Ya lo terminaste?
> **Already** se usa en frases afirmativas e interrogativas y normalmente va detrás de los verbos auxiliares o modales y delante de los demás verbos: Have you finished already? ¿Ya terminaste? ◊ He already knew her. Ya la conocía. Cuando **already** indica sorpresa de que una acción se haya realizado antes de lo esperado se puede poner al final de la frase: He has found a job already! ¡Ya encontró trabajo! ◊ Is it there already? That was quick! ¿Ya está allí? ¡Qué rapidez! ➔ Ver tb ejemplos en ALREADY

**3** [después de superlativo]: her best novel yet su mejor novela hasta la fecha **4** [antes de comparativo] incluso: yet more work aún más trabajo **LOC as yet** hasta ahora **yet again** otra vez más
▶ conj aun así, pero: It's incredible yet true. Es increíble pero cierto.

**yew** /juː/ (tb **yew tree**) n tejo (árbol)

**yield** /jiːld/ **1** vt producir, dar **2** vt (Fin) rendir **3** vi ~ (to sth/sb) (formal) rendirse (a algo/algn), ceder (ante algo/algn) ❶ La palabra más normal es **give in**.
▶ n **1** producción **2** (Agric) cosecha **3** (Fin) rendimiento
**yielding** adj (formal) **1** flexible **2** sumiso

**yogurt** (tb **yoghurt**) /'jəʊɡərt/ GB 'jɒɡət/ n yogur

**yoke** /jəʊk/ n yugo

**yolk** /jəʊk/ n yema

**₹ you** /juː/ pron **1** [como sujeto] tú, usted, -es: You said that… Dijiste que… **2** [en frases impersonales]: You can't smoke in here. No se puede fumar aquí. ❶ En las frases impersonales se puede usar **one** con el mismo significado que **you**, pero es mucho más formal. **3** [como objeto directo] te, lo, la, los, las **4** [como objeto indirecto] te, le, les: I told you to wait. Te dije que esperaras. **5** [después de preposición] ti, usted, -es: Can I go with you? ¿Puedo ir contigo? ❶ El pronombre personal no se puede omitir en inglés.

**you'd** /juːd/ **1** = YOU HAD Ver HAVE **2** = YOU WOULD Ver WOULD

**you'll** /juːl/ = YOU WILL *Ver* WILL

**young** /jʌŋ/ *adj* (**younger** /'jʌŋgər/, **-est** /'jʌŋgɪst/) joven: *young people* los jóvenes ◇ *He's two years younger than I am.* Tiene dos años menos que yo.
▶ *n* [*pl*] **1 the young** los jóvenes **2** (*de animales*) crías

**youngster** /'jʌŋstər/ *n* joven

**your** /jʊər, jɔːr, jər/ *adj* tu, su: *to break your arm* romperse el brazo ◇ *Your room is ready.* Su habitación está lista. ➔ *Ver nota en* MY

**you're** /jʊər, jɔːr, jər/ = YOU ARE *Ver* BE

**yours** /jʊərz, jɔːrz, jərz/ *pron* tuyo, -a, -os, -as, suyo, -a, -os, -as: *Is she a friend of yours?* ¿Es amiga tuya/suya? ◇ *Where is yours?* ¿Dónde está el tuyo/suyo?
**LOC** *Ver* SINCERELY

**yourself** /jʊər'self, jɔːr-, jər-/ *pron* (*pl* **yourselves** /-'selvz/) **1** [*uso reflexivo*] te, se: *Enjoy yourselves!* ¡Pásenla bien! **2** [*después de preposición*] ti (mismo): *proud of yourself* orgulloso de ti mismo **3** [*uso enfático*] tú mismo, -a, ustedes mismos, -as **LOC (all) by yourself/yourselves** (completamente) solo(s) **be yourself** ser natural: *Just be yourself.* Simplemente sé tú mismo.

**youth** /juːθ/ *n* **1** juventud: *In my youth…* Cuando yo era joven… ◇ *youth club/hostel* club para jóvenes/albergue juvenil **2** (*pl* **youths** /juːðz/) (*gen pey*) joven **youthful** *adj* juvenil

**you've** /juːv/ = YOU HAVE *Ver* HAVE

# Z z

**Z, z** /ziː; *GB* zed/ *n* (*pl* **Zs**, **Z's**, **z's**) Z, z ➔ *Ver ejemplos en* A, a

**zap** /zæp/ (**-pp-**) (*coloq*) **1** *vt* exterminar **2** *vi* cambiar de canal rápidamente (*con control remoto*)

**zeal** /ziːl/ *n* (*formal*) entusiasmo, fervor **zealous** /'zeləs/ *adj* (*formal*) entusiasta

**zebra** /'ziːbrə; *GB tb* 'zebrə/ *n* (*pl* **zebra** o **zebras**) cebra

**zebra crossing** (*GB*) (*USA* **crosswalk**) *n* cruce peatonal

**zenith** /'zenɪθ/ *n* cenit

**zero** /'zɪərəʊ/ *adj, pron, n* (*pl* **zeros**) cero

**zest** /zest/ *n* ~ **(for sth)** entusiasmo, pasión (por algo)

**zigzag** /'zɪgzæg/ *adj* en zigzag
▶ *n* zigzag

**zinc** /zɪŋk/ *n* cinc, zinc

**zip** /zɪp/ (**-pp-**) **1** *vt* ~ **sth (up)** cerrar la cremallera de algo **2** *vi* ~ **(up)** cerrarse con cremallera

**ZIP code** (*GB* **postcode**) *n* código postal

**zipper** /'zɪpər/ (*GB* **zip**) *n* cierre

**zodiac** /'zoʊdiæk/ *n* zodiaco

**zone** /zoʊn/ *n* zona

**zoo** /zuː/ (*pl* **zoos**) *n* (parque) zoológico

**zoologist** /zuː'ɑlədʒɪst/ *n* zoólogo, -a

**zoology** /zuː'ɑlədʒi/ *n* zoología

**zoom** /zuːm/ *vi* ir muy deprisa: *to zoom past* pasar zumbando **PHRV** **zoom in (on sth/sb)** enfocar (algo/a algn) (*con un zoom*)

**zoom lens** *n* (*Fot*) zoom

**zucchini** /zuː'kiːni/ *n* (*pl* **zucchini** o **zucchinis**) (*GB* **courgette**) calabacita

**Z**

---

ɜː bird    ɪə near    eə hair    ʊə tour    ʒ vision    h hat    ŋ sing

# Expresiones numéricas

## Números

| Cardinales | | Ordinales | |
|---|---|---|---|
| 1 | one | 1st | first |
| 2 | two | 2nd | second |
| 3 | three | 3rd | third |
| 4 | four | 4th | fourth |
| 5 | five | 5th | fifth |
| 6 | six | 6th | sixth |
| 7 | seven | 7th | seventh |
| 8 | eight | 8th | eighth |
| 9 | nine | 9th | ninth |
| 10 | ten | 10th | tenth |
| 11 | eleven | 11th | eleventh |
| 12 | twelve | 12th | twelfth |
| 13 | thirteen | 13th | thirteenth |
| 14 | fourteen | 14th | fourteenth |
| 15 | fifteen | 15th | fifteenth |
| 16 | sixteen | 16th | sixteenth |
| 17 | seventeen | 17th | seventeenth |
| 18 | eighteen | 18th | eighteenth |
| 19 | nineteen | 19th | nineteenth |
| 20 | twenty | 20th | twentieth |
| 21 | twenty-one | 21st | twenty-first |
| 22 | twenty-two | 22nd | twenty-second |
| 30 | thirty | 30th | thirtieth |
| 40 | forty | 40th | fortieth |
| 50 | fifty | 50th | fiftieth |
| 60 | sixty | 60th | sixtieth |
| 70 | seventy | 70th | seventieth |
| 80 | eighty | 80th | eightieth |
| 90 | ninety | 90th | ninetieth |
| 100 | a/one hundred | 100th | hundredth |
| 101 | a/one hundred and one | 101st | hundred and first |
| 200 | two hundred | 200th | two hundredth |
| 1,000 | a/one thousand | 1,000th | thousandth |
| 10,000 | ten thousand | 10,000th | ten thousandth |
| 100,000 | a/one hundred thousand | 100,000th | hundred thousandth |
| 1,000,000 | a/one million | 1,000,000th | millionth |

## Ejemplos

| | |
|---|---|
| 528 | *five hundred and twenty-eight* |
| 2,976 | *two thousand, nine hundred and seventy-six* |
| 50,439 | *fifty thousand, four hundred and thirty-nine* |
| 2,250,321 | *two million, two hundred and fifty thousand, three hundred and twenty-one* |

❶ En inglés se utiliza un espacio o una coma para marcar el millar, por ejemplo *25 000* o *25,000*.

En cuanto a números como *100, 1 000, 1 000 000*, etc., se pueden decir de dos maneras, **one hundred** o **a hundred, one thousand** o **a thousand**, etc.

*0* (cero) se dice **nought, zero, nothing** o **o** /oʊ/ dependiendo de las expresiones.

## Expresiones matemáticas

| | |
|---|---|
| + | plus |
| − | minus |
| x | times *o* multiplied by |
| ÷ | divided by |
| = | equals |
| % | percent |
| $3^2$ | three squared |
| $5^3$ | five cubed |
| $6^{10}$ | six to the tenth power (*GB* six to the power of ten) |

### Ejemplos

$6 + 9 = 15$   *Six **plus** nine equals/is fifteen.*
$5 \times 6 = 30$   *Five **times** six equals thirty. / Five **multiplied by** six is thirty.*
$10 - 5 = 5$   *Ten **minus** five equals five. / Ten **take away** five is five.*
$40 \div 5 = 8$   *Forty **divided by** five equals eight/is eight.*

## Decimales

| | | |
|---|---|---|
| 0.1 | (zero) point one | (nought) point one (*GB*) |
| 0.25 | (zero) point two five | (nought) point two five (*GB*) |
| 1.75 | one point seven five | |

## Quebrados

| | |
|---|---|
| $^1/_2$ | a half |
| $^1/_3$ | a/one third |
| $^1/_4$ | a quarter |
| $^3/_5$ | two fifths |
| $^1/_8$ | an/one eighth |
| $^1/_{10}$ | a/one tenth |
| $^1/_{16}$ | a/one sixteenth |
| $1^1/_2$ | one and a half |
| $2^3/_8$ | two and three eighths |

### Ejemplos

*one eighth of the cake*
*two thirds of the population*

Cuando una fracción acompaña a un número entero, se unen con la conjunción **and**:

| | |
|---|---|
| $2^1/_4$ | *two **and** a quarter* |
| $5^2/_3$ | *five **and** two thirds* |
| $1^1/_2$ pts. | *one **and** a half pints* |

## Porcentajes

**35%** thirty-five percent
**60%** sixty percent
**73%** seventy-three percent

Cuando los porcentajes se utilizan con un sustantivo incontable o singular, el verbo va normalmente en singular:

*25% of the information on this website **comes** from government sources.*
*60% of the area **is** flooded.*
*75% of the class **has** passed.*

Si el sustantivo es contable y plural, el verbo va en plural:

*80% of students **agree**.*


## Peso

|  | Sistema en EE.UU. | Sistema métrico |
|---|---|---|
|  | **1 ounce** (oz.) | = 28.35 grams (g) |
| 16 ounces | = **1 pound** (lb.) | = 0.454 kilogram (kg) |
| 2,000 pounds | = **1 ton** | = 0.907 metric ton |

### Ejemplos

*The baby weighed 7 lb. 4 oz. (seven pounds four ounces).*
*For this recipe you need 500g (five hundred grams) of flour.*
*The price of copper fell by $50 a ton.*


## Capacidad

|  | Sistema en EE.UU. | Sistema métrico |
|---|---|---|
|  | **1 cup** | = 0.2371 liter (l) |
| 2 cups | = **1 pint** | = 0.4731 liter (l) |
| 2 pints | = **1 quart** | = 0.9461 liter (l) |
| 8 pints | = **1 gallon** (gal.) | = 3.7851 liter (l) |

### Ejemplos

*Add two cups of water to the mixture.*
*I bought a quart of milk at the store.*
*The gas tank holds 12 gallons.*

## Longitud

|  | Sistema en EE.UU. | Sistema métrico |
|---|---|---|
|  | **1 inch** (in.) | = 25.4 millimeters (mm) |
| 12 inches | = **1 foot** (ft.) | = 30.48 centimeters (cm) |
| 3 feet | = **1 yard** (yd.) | = 0.914 meter (m) |
| 1 760 yards | = **1 mile** | = 1.609 kilometers (km) |

### Ejemplos

*Height: 5 ft. 9 in. (five foot nine / five feet nine).*
*The hotel is 30 yds. (thirty yards) from the beach.*
*The car was doing 50 mph (fifty miles per hour).*
*The room is 11" × 9'6" (eleven foot by nine foot six / eleven feet by nine feet six).*

❶ Cuando no hace falta ser preciso, se pueden utilizar expresiones como **several inches** (una palma), **an inch** (dos dedos), etc.

## Superficie

|  | Sistema en EE.UU. | Sistema métrico |
|---|---|---|
|  | **1 square inch** (sq in.) | = 6.452 square centimeters |
| 144 square inches | = **1 square foot** (sq ft.) | = 929.03 square centimeters |
| 9 square feet | = **1 square yard** (sq yd.) | = 0.836 square meter |
| 4,840 square yards | = **1 acre** | = 0.405 hectare |
| 640 acres | = **1 square mile** | = 2.59 square kilometers/ 259 hectares |

### Ejemplos

*5,000 square meters of floor space*
*They have a 200-acre farm.*
*The fire destroyed 40 square miles of woodland.*

## Fechas

| Cómo escribirlas | Cómo decirlas |
|---|---|
| 4/15/08 (GB 15/4/08) | *The fifteenth of April, two thousand and eight* |
| April 15(th), 2008 | *April fifteenth, two thousand and eight (GB April the fifteenth)* |

### Ejemplos

*Her birthday is on April 9(th) (April the ninth / the ninth of April).*
*The new store opened in 2006 (two thousand and six).*
*The baby was born on 18 April 1998 (April eighteenth / the eighteenth of April nineteen ninety-eight).*
*I'll be twenty-five in 2019 (twenty nineteen)!*

## Moneda

### En Estados Unidos

| | Valor de moneda/billete | Nombre de moneda/billete |
|---|---|---|
| 1¢ | a cent | a penny |
| 5¢ | five cents | a nickel |
| 10¢ | ten cents | a dime |
| 25¢ | twenty-five cents | a quarter |
| $1 | a dollar | a dollar bill/coin |
| $5 | five dollars (five bucks) | a five-dollar bill |
| $10 | ten dollars (ten bucks) | a ten-dollar bill |
| $20 | twenty dollars (twenty bucks) | a twenty-dollar bill |
| $50 | fifty dollars (fifty bucks) | a fifty-dollar bill |
| $100 | a hundred dollars (a hundred bucks) | a hundred-dollar bill |

❶ **Buck** es una forma coloquial de decir **dollar**: *It cost fifty bucks.*

### Ejemplos

*$5.75: five seventy-five*
*$0.79: seventy-nine cents*
*The apples are $1.79 (a dollar seventy-nine / one seventy-nine) a pound.*
*We pay $700 a month for rent.*

### En Gran Bretaña

| | Valor de moneda/billete | Nombre de moneda/billete |
|---|---|---|
| 1p | a penny (one p) | a penny |
| 2p | two pence (two p) | a two-pence piece |
| 5p | five pence (five p) | a five-pence piece |
| 10p | ten pence (ten p) | a ten-pence piece |
| 20p | twenty pence (twenty p) | a twenty-pence piece |
| 50p | fifty pence (fifty p) | a fifty-pence piece |
| £1 | a pound | a pound (coin) |
| £2 | two pounds | a two-pound coin |
| £5 | five pounds | a five-pound note |
| £10 | ten pounds | a ten-pound note |
| £20 | twenty pounds | a twenty-pound note |
| £50 | fifty pounds | a fifty-pound note |

❶ Las expresiones que aparecen entre paréntesis son más coloquiales.
Recuerda que *one p, two p* etc. se pronuncian /wʌn piː/, /tu; piː/, etc.

### Ejemplos

*£9.99: nine pounds ninety-nine*
*25p: twenty-five pence*
*Grapes are £1.50 (one pound fifty) a pound.*

## La hora

■ La forma de expresar la hora varía según el nivel de formalidad, o si se trata de inglés británico o americano:

It's: five fifteen
(a) quarter after five
(a) quarter past five (GB)

It's: six thirty
half past six
half six (GB coloq)

It's: three forty-five
(a) quarter to/of four
(a) quarter to four (GB)

It's: eleven ten
ten (minutes) after eleven
ten (minutes) past eleven (GB)

It's: eleven forty
twenty (minutes) to/of twelve
twenty (minutes) to twelve (GB)

■ La palabra **minutes** se puede omitir después de 5, 10, 20 y 25. Casi siempre se utiliza después de los demás números:

It's five after two.
pero It's eleven minutes after five.

■ El "reloj de 24 horas" (**the 24-hour clock**) se utiliza sobre todo en horarios de trenes y autobuses o en avisos.

■ Para distinguir entre las horas de la mañana y las de la tarde utilizamos **in the morning, in the afternoon** o **in the evening**:

6:00 six o'clock in the morning
15:30 half past three in the afternoon
22:00 ten o'clock in the evening

■ Se utiliza **a.m./p.m.** en un lenguaje más formal:
Office hours are 9 a.m. to 4:30 p.m.
**○** Ver tb nota en P.M.

## Los números de teléfono

■ Para decir los números de teléfono se lee cada número por separado:
369240 three six nine two four zero
258446 two five eight four four six
01865 556767 zero one eight six five double five six seven six seven

■ Cuando se trata de una empresa con conmutador, las extensiones telefónicas aparecen escritas entre paréntesis:
(x 3545) extension three five four five

# Nombres geográficos

| | |
|---|---|
| Afghanistan /æfˈɡænɪstæn, -stɑn/ | Afghan /ˈæfɡæn/ |
| Africa /ˈæfrɪkə/ | African /ˈæfrɪkən/ |
| Albania /ælˈbeɪniə/ | Albanian /ælˈbeɪniən/ |
| Algeria /ælˈdʒɪəriə/ | Algerian /ælˈdʒɪəriən/ |
| America /əˈmerɪkə/ | American /əˈmerɪkən/ |
| Angola /æŋˈɡoʊlə/ | Angolan /æŋˈɡoʊlən/ |
| Antarctica /ænˈtɑrktɪkə/ | Antarctic /ænˈtɑrktɪk/ |
| Antigua and Barbuda /ænˌtiːɡə ən bɑrˈbuːdə; GB -ˈbjuː-/ | Antiguan /ænˈtiːɡən/, Barbudan /bɑrˈbuːdən; GB -ˈbjuː-/ |
| Argentina /ˌɑrdʒənˈtiːnə/ | Argentinian /ˌɑrdʒənˈtɪniən/, Argentine /ˈɑrdʒəntaɪn/ |
| Armenia /ɑrˈmiːniə/ | Armenian /ɑrˈmiːniən/ |
| Asia /ˈeɪʒə/ | Asian /ˈeɪʒn/ |
| Australia /ɔːˈstreɪliə; GB ɒˈs-/ | Australian /ɔːˈstreɪliən; GB ɒˈs-/ |
| Austria /ˈɔːstriə; GB ˈɒs-/ | Austrian /ˈɔːstriən; GB ˈɒs-/ |
| Azerbaijan /ˌæzərbaɪˈdʒɑn/ | Azerbaijani /ˌæzərbaɪˈdʒɑni/, Azeri /əˈzeəri/ |
| (the) Bahamas /bəˈhɑməz/ | Bahamian /bəˈheɪmiən/ |
| Bangladesh /ˌbæŋɡləˈdeʃ/ | Bangladeshi /ˌbæŋɡləˈdeʃi/ |
| Barbados /bɑrˈbeɪdəs, -doʊs/ | Barbadian /bɑrˈbeɪdiən/ |
| Belarus /ˌbeləˈruːs/ | Belarusian /ˌbeləˈruːsiən, -ˈrʌʃn/ |
| Belgium /ˈbeldʒəm/ | Belgian /ˈbeldʒən/ |
| Belize /bəˈliːz/ | Belizean /bəˈliːziən/ |
| Bolivia /bəˈlɪviə/ | Bolivian /bəˈlɪviən/ |
| Bosnia and Herzegovina /ˌbazniə ən ˌhɜːrtsəɡəˈviːnə/ | Bosnian /ˈbazniən/, Herzegovinian /ˌhɜːrtsəɡəˈviːniən/ |
| Brazil /brəˈzɪl/ | Brazilian / brəˈzɪliən/ |
| Bulgaria /bʌlˈɡeəriə/ | Bulgarian /bʌlˈɡeəriən/ |
| Burma /ˈbɜːrmə/ (tb Myanmar /miˌænˈmɑr/) | Burmese /bɜːrˈmiːz/ |
| Cambodia /kæmˈboʊdiə/ | Cambodian /kæmˈboʊdiən/ |
| Canada /ˈkænədə/ | Canadian /kəˈneɪdiən/ |
| (the) Caribbean Sea /ˌkærəˌbiːən ˈsiː, kəˌrɪbiən/ | Caribbean /ˌkærəˈbiːən, kəˈrɪbiən/ |
| Chad /tʃæd/ | Chadian /ˈtʃædiən/ |
| Chile /ˈtʃɪli/ | Chilean /ˈtʃɪliən/ |
| China /ˈtʃaɪnə/ | Chinese /tʃaɪˈniːz/ |
| Colombia /kəˈlʌmbiə, -ˈlɑm-/ | Colombian /kəˈlʌmbiən, -ˈlɑm-/ |
| Congo /ˈkɑŋɡoʊ/ | Congolese /ˌkɑŋɡəˈliːz/ |
| Costa Rica /ˌkoʊstə ˈriːkə, ˌkɑstə/ | Costa Rican /ˌkoʊstə ˈriːkən, ˌkɑstə/ |
| Croatia /kroʊˈeɪʃə/ | Croatian /kroʊˈeɪʃn/ |
| Cuba /ˈkjuːbə/ | Cuban /ˈkjuːbən/ |
| Cyprus /ˈsaɪprəs/ | Cypriot /ˈsɪpriət/ |
| (the) Czech Republic /tʃek rɪˈpʌblɪk/ | Czech /tʃek/ |

| | |
|---|---|
| **(the) Democratic Republic of the Congo (DROC)**/ˌdeməˌkrætɪk rɪˌpʌblɪk əv ðə ˈkɑŋɡoʊ/ | Congolese /ˌkɑŋɡəˈliːz/ |
| **Denmark** /ˈdenmɑrk/ | Danish /ˈdeɪnɪʃ/, Dane /deɪn/ |
| **Dominica** /ˌdɑməˈniːkə/ | Dominican /ˌdɑməˈniːkən/ |
| **(the) Dominican Republic** /dəˌmɪnɪkən rɪˈpʌblɪk/ | Dominican /dəˈmɪnɪkən/ |
| **Ecuador** /ˈekwədɔːr/ | Ecuadorian, Ecuadorean /ˌekwəˈdɔːriən/ |
| **Egypt** /ˈiːdʒɪpt/ | Egyptian /ɪˈdʒɪpʃn/ |
| **El Salvador** /ˌel ˈsælvədɔːr/ | Salvadorean /ˌsælvəˈdɔːriən/ |
| **England** /ˈɪŋɡlənd/ | English /ˈɪŋɡlɪʃ/, Englishman /ˈɪŋɡlɪʃmən/, Englishwoman /ˈɪŋɡlɪʃwʊmən/, (the English) |
| **Estonia** /eˈstoʊniə/ | Estonian /eˈstoʊniən/ |
| **Ethiopia** /ˌiːθiˈoʊpiə/ | Ethiopian /ˌiːθiˈoʊpiən/ |
| **Europe** /ˈjʊərəp/ | European /ˌjʊərəˈpiːən/ |
| **Finland** /ˈfɪnlənd/ | Finnish /ˈfɪnɪʃ/, Finn /fɪn/ |
| **(the) Former Yugoslav Republic of Macedonia (FYROM)** /ˌfɔːmər ˌjuːɡəslɑv rɪˌpʌblɪk əv ˌmæsəˈdoʊniə/ | Macedonian /ˌmæsəˈdoʊniən/ |
| **France** /fræns; GB frɑːns/ | French /frentʃ/, Frenchman /ˈfrentʃmən/, Frenchwoman /ˈfrentʃwʊmən/, (the French) |
| **Georgia** /ˈdʒɔːrdʒə/ | Georgian /ˈdʒɔːrdʒən/ |
| **Germany** /ˈdʒɜːrməni/ | German /ˈdʒɜːrmən/ |
| **Great Britain** /ˌɡreɪt ˈbrɪtn/ | British /ˈbrɪtɪʃ/, Briton /ˈbrɪtn/, (the British) |
| **Greece** /ɡriːs/ | Greek /ɡriːk/ |
| **Grenada** /ɡrəˈneɪdə/ | Grenadian /ɡrəˈneɪdiən/ |
| **Guatemala** /ˌɡwɑtəˈmɑlə/ | Guatemalan /ˌɡwɑtəˈmɑlən/ |
| **Guyana** /ɡaɪˈænə/ | Guyanese /ˌɡaɪəˈniːz/ |
| **Haiti** /ˈheɪti/ | Haitian /ˈheɪʃn/ |
| **Holland** /ˈhɑlənd/ | Ver **(the) Netherlands** |
| **Honduras** /hɑnˈdʊərəs; GB -ˈdjʊər-/ | Honduran /hɑnˈdʊərən; GB -ˈdjʊər-/ |
| **Hungary** /ˈhʌŋɡəri/ | Hungarian /hʌŋˈɡeəriən/ |
| **Iceland** /ˈaɪslənd/ | Icelandic /aɪsˈlændɪk/, Icelander /ˈaɪsləndər/ |
| **India** /ˈɪndiə/ | Indian /ˈɪndiən/ |
| **Indonesia** /ˌɪndəˈniːʒə/ | Indonesian /ˌɪndəˈniːʒn/ |
| **Iran** /ɪˈrɑn, ɪˈræn/ | Iranian /ɪˈreɪniən/ |
| **Iraq** /ɪˈrɑk, ɪˈræk/ | Iraqi /ɪˈrɑki, ɪˈræki/ |
| **(the Republic of) Ireland** /ˈaɪərlənd/ | Irish /ˈaɪərɪʃ/, Irishman /ˈaɪərɪʃmən/, Irishwoman /ˈaɪərɪʃwʊmən/, (the Irish) |
| **Israel** /ˈɪzreɪl/ | Israeli /ɪzˈreɪli/ |
| **Italy** /ˈɪtəli/ | Italian /ɪˈtæliən/ |
| **Jamaica** /dʒəˈmeɪkə/ | Jamaican /dʒəˈmeɪkən/ |
| **Japan** /dʒəˈpæn/ | Japanese /ˌdʒæpəˈniːz/ |

| | |
|---|---|
| **Jordan** /ˈdʒɔːrdn/ | Jordanian /dʒɔːrˈdemiən/ |
| **Kazakhstan** /ˌkæzækˈstæn, -ˈstɑn/ | Kazakh /ˈkæzæk, kəˈzæk/ |
| **Kenya** /ˈkenjə, ˈkiːnjə/ | Kenyan /ˈkenjən, ˈkiːnjən/ |
| **Korea** /kəˈriə/ **North Korea, South Korea** | North Korean /ˌnɔːrθ kəˈriən/, South Korean /ˌsaʊθ kəˈriən/ |
| **Kuwait** /kʊˈweɪt/ | Kuwaiti /kʊˈweɪti/ |
| **Kyrgyzstan** /ˌkɪərɡɪˈstæn, -ˈstɑn; GB tb ˌkɜː-/ | Kyrgyz /ˈkɪərɡɪz; GB tb ˈkɜː-/ |
| **Latvia** /ˈlætviə/ | Latvian /ˈlætviən/ |
| **Lebanon** /ˈlebənən/ | Lebanese /ˌlebəˈniːz/ |
| **Libya** /ˈlɪbiə/ | Libyan /ˈlɪbiən/ |
| **Liechtenstein** /ˈlɪktenstaɪn/ | Liechtenstein, Liechtensteiner /ˈlɪktənstaɪnər/ |
| **Lithuania** /ˌlɪθjuˈeɪniə/ | Lithuanian /ˌlɪθjuˈeɪniən/ |
| **Luxembourg** /ˈlʌksəmbɜːrg/ | Luxembourg, Luxembourger /ˈlʌksəmbɜːrgər/ |
| **Malaysia** /məˈleɪʒə/ | Malaysian /məˈleɪʒn/ |
| **Mexico** /ˈmeksɪkoʊ/ | Mexican /ˈmeksɪkən/ |
| **Moldova** /mɑlˈdoʊvə, mɔːl-/ | Moldovan /mɑlˈdoʊvn, mɔːl-/ |
| **Mongolia** /mɑŋˈgoʊliə/ | Mongolian /mɑŋˈgoʊliən/, Mongol /ˈmɑŋgl/ |
| **Montenegro** /ˌmɑntəˈnegroʊ/ | Montenegrin /ˌmɑntəˈnegrɪn/ |
| **Morocco** /məˈrɑkoʊ/ | Moroccan /məˈrɑkən/ |
| **Mozambique** /ˌmoʊzæmˈbiːk/ | Mozambican /ˌmoʊzæmˈbiːkən/ |
| **(the) Netherlands** /ˈneðərləndz/ | Dutch /dʌtʃ/, Dutchman /ˈdʌtʃmən/, Dutchwoman /ˈdʌtʃwʊmən/, (the Dutch) |
| **New Zealand** /ˌnuː ˈziːlənd; GB ˌnjuː/ | New Zealand, New Zealander /ˌnuː ˈziːləndər; GB ˌnjuː/ |
| **Nicaragua** /ˌnɪkəˈrɑgwə; GB -ˈræg-/ | Nicaraguan /ˌnɪkəˈrɑgwən; GB -ˈræg-/ |
| **Nigeria** /naɪˈdʒɪəriə/ | Nigerian /naɪˈdʒɪəriən/ |
| **Northern Ireland** /ˌnɔːrðərn ˈaɪərlənd/ | Northern Irish /ˌnɔːrðərn ˈaɪərɪʃ/ (adj) |
| **Norway** /ˈnɔːrweɪ/ | Norwegian /nɔːrˈwiːdʒən/ |
| **Pakistan** /ˈpækɪstæn, ˌpɑkɪ-, -ˈstɑn/ | Pakistani /ˌpækɪˈstæni, ˌpɑkɪ-, -ˈstɑni/ |
| **Panama** /ˈpænəmɑ/ | Panamanian /ˌpænəˈmeɪniən/ |
| **Paraguay** /ˈpærəgwaɪ/ | Paraguayan /ˌpærəˈgwaɪən/ |
| **Peru** /pəˈruː/ | Peruvian /pəˈruːviən/ |
| **(the) Philippines** /ˈfɪlɪpiːnz/ | Philippine /ˈfɪlɪpiːn/, Filipino /ˌfɪlɪˈpiːnoʊ/, Filipina /ˌfɪlɪˈpiːnə/ |
| **Poland** /ˈpoʊlənd/ | Polish /ˈpoʊlɪʃ/, Pole /poʊl/ |
| **Portugal** /ˈpɔːrtʃəgl/ | Portuguese /ˌpɔːrtʃəˈgiːz, ˈpɔːrtʃəgiːz/ |
| **Romania** /ruˈmeɪniə/ | Romanian /ruˈmeɪniən/ |
| **Russia** /ˈrʌʃə/ | Russian /ˈrʌʃn/ |
| **Saudi Arabia** /ˌsaʊdi əˈreɪbiə/ | Saudi /ˈsaʊdi/, Saudi Arabian /ˌsaʊdi əˈreɪbiən/ |
| **Scandinavia** /ˌskændɪˈneɪviə/ | Scandinavian /ˌskændɪˈneɪviən/ |

| | |
|---|---|
| Scotland /ˈskɑtlənd/ | Scottish /ˈskɑtɪʃ/, Scot /skɑt/, Scotsman /ˈskɑtsmən/, Scotswoman /ˈskɑtswʊmən/, (the Scots) |
| Serbia /ˈsɜːrbiə/ | Serbian /ˈsɜːrbiən/, Serb /sɜːrb/ |
| Singapore /ˈsɪŋəpɔːr, ˈsɪŋgə-; GB tb ˌsɪŋəˈpɔː(r)/ | Singaporean /ˌsɪŋəˈpɔːriən, ˌsɪŋgə-/ |
| Slovakia /sloʊˈvɑkiə, -ˈvæk-; GB slə-/ | Slovak /ˈsloʊvɑk, -ˈvæk/, Slovakian /sloʊˈvɑkiən, -ˈvæk-; GB slə-/ |
| Slovenia /sloʊˈviːniə; GB slə-/ | Slovene /ˈsloʊviːn/, Slovenian /sloʊˈviːniən; GB slə-/ |
| South Africa /ˌsaʊθ ˈæfrɪkə/ | South African /ˌsaʊθ ˈæfrɪkən/ |
| Spain /speɪn/ | Spanish /ˈspænɪʃ/, Spaniard /ˈspænjərd/, (the Spanish) |
| St Kitts and Nevis /seɪnt ˌkɪts ən ˈniːvis; GB snt/ | Kittitian /kɪˈtɪʃn/, Nevisian /nəˈvɪʒn; GB niːˈvɪsiən/ |
| St Lucia /ˌseɪnt ˈluːʃə; GB ˌsnt/ | St Lucian /ˌseɪnt ˈluːʃən; GB ˌsnt/ |
| St Vincent and the Grenadines /seɪnt ˌvɪnsnt ən ðə ˈgrenədiːnz; GB snt/ | Vincentian /vɪnˈsenʃn/ |
| Sudan /suˈdɑn, suˈdæn/ | Sudanese /ˌsuːdəˈniːz/ |
| Suriname /ˌsʊərɪˈnɑm, -ˈnæm/ | Surinamese /ˌsʊərənəˈmiːz/ |
| Sweden /ˈswiːdn/ | Swedish /ˈswiːdɪʃ/, Swede /swiːd/ |
| Switzerland /ˈswɪtsərlənd/ | Swiss /swɪs/, (the Swiss) |
| Syria /ˈsɪriə/ | Syrian /ˈsɪriən/ |
| Tajikistan /tæˌdʒiːkɪˈstæn, -ˈstɑn/ | Tajik /tæˈdʒiːk/ |
| Tanzania /ˌtænzəˈniːə/ | Tanzanian /ˌtænzəˈniːən/ |
| Thailand /ˈtaɪlənd/ | Thai /taɪ/ |
| Trinidad and Tobago /ˌtrɪnɪdæd ən təˈbeɪgoʊ/ | Trinidadian /ˌtrɪnɪˈdædiən/, Tobagan /təˈbeɪgən/, Tobagonian /ˌtoʊbəˈgoʊniən/ |
| Tunisia /tuˈniːʒə; GB tjuˈnɪziə/ | Tunisian /tuˈniːʒn; GB tjuˈnɪziən/ |
| Turkey /ˈtɜːrki/ | Turkish /ˈtɜːrkɪʃ/, Turk /tɜːrk/ |
| Turkmenistan /tɜːrkˌmenɪˈstæn, -ˈstɑn/ | Turkmen /ˈtɜːrkmen/ |
| Ukraine /juˈkreɪn/ | Ukrainian /juˈkreɪniən/ |
| (the) United Kingdom /juˌnaɪtɪd ˈkɪŋdəm/ | |
| (the) United States of America /juˌnaɪtɪd ˌsteɪts əv əˈmerɪkə/ | American /əˈmerɪkən/ |
| Uruguay /ˈjʊərəgwaɪ/ | Uruguayan /ˌjʊərəˈgwaɪən/ |
| Uzbekistan /ʊzˌbekɪˈstæn, -ˈstɑn/ | Uzbek /ˈʊzbek/ |
| Venezuela /ˌvenəˈzweɪlə/ | Venezuelan /ˌvenəˈzweɪlən/ |
| Vietnam /ˌviːetˈnæm, ˌvjet-, -ˈnɑm/ | Vietnamese /viːˌetnəˈmiːz, ˌvjet-/ |
| Wales /weɪlz/ | Welsh /welʃ/, Welshman /ˈwelʃmən/, Welshwoman /ˈwelʃwʊmən/, (the Welsh) |
| (the) West Indies /ˌwest ˈɪndɪz, -diːz/ | West Indian /ˌwest ˈɪndiən/ |
| Yemen /ˈjemən/ | Yemeni /ˈjeməni/ |
| Zimbabwe /zɪmˈbɑbweɪ, -wi/ | Zimbabwean /zɪmˈbɑbweɪən, -wiən/ |

# The United States of America and Canada
## Los Estados Unidos de América y Canadá

### Los estados que configuran los EE.UU.

Alabama /ˌæləˈbæmə/
Alaska /əˈlæskə/
Arizona /ˌærəˈzəʊnə/
Arkansas /ˈɑrkənsɔ:/
California /ˌkælɪˈfɔːrnjə/
Colorado /ˌkɑləˈrædəʊ; GB -ˈrɑːd-/
Connecticut /kəˈnetɪkət/
Delaware /ˈdeləweər/
Florida /ˈflɔːrɪdə; GB ˈflɒr-/
Georgia /ˈdʒɔːrdʒə/
Hawaii /həˈwaɪi/
Idaho /ˈaɪdəhəʊ/
Illinois /ˌɪləˈnɔɪ/
Indiana /ˌɪndiˈænə/
Iowa /ˈaɪəwə/
Kansas /ˈkænzəs/
Kentucky /kenˈtʌki/
Louisiana /luˌiːziˈænə/
Maine /meɪn/

Maryland /ˈmeərələnd/
Massachusetts /ˌmæsəˈtʃuːsɪts/
Michigan /ˈmɪʃɪgən/
Minnesota /ˌmɪnəˈsəʊtə/
Mississippi /ˌmɪsəˈsɪpi/
Missouri /məˈzʊəri; GB mɪˈz-/
Montana /mɑnˈtænə/
Nebraska /nəˈbræskə/
Nevada /nəˈvædə, nəˈvɑdə/
New Hampshire /ˌnuː ˈhæmpʃər; GB ˌnjuː/
New Jersey /ˌnuː ˈdʒɜːrzi; GB ˌnjuː/
New Mexico /ˌnuː ˈmeksɪkəʊ; GB ˌnjuː/
New York /ˌnuː ˈjɔːrk GB ˌnjuː/
North Carolina /ˌnɔːrθ kærəˈlaɪnə/
North Dakota /ˌnɔːrθ dəˈkəʊtə/

Ohio /əʊˈhaɪəʊ/
Oklahoma /ˌəʊkləˈhəʊmə/
Oregon /ˈɔːrəgən, -gɑn; GB ˈɒrɪgən/
Pennsylvania /ˌpenslˈveɪnjə/
Rhode Island /ˌrəʊd ˈaɪlənd/
South Carolina /ˌsaʊθ kærəˈlaɪnə/
South Dakota /ˌsaʊθ dəˈkəʊtə/
Tennessee /ˌtenəˈsiː/
Texas /ˈteksəs/
Utah /ˈjuːtɑ/
Vermont /vərˈmɑnt/
Virginia /vərˈdʒɪniə/
Washington /ˈwɑʃɪŋtən/
West Virginia /ˌwest vərˈdʒɪniə/
Wisconsin /wɪsˈkɑnsɪn/
Wyoming /waɪˈəʊmɪŋ/

### Provincias y territorios de Canadá

Alberta /ælˈbɜːrtə/
British Columbia /ˌbrɪtɪʃ kəˈlʌmbiə/
Manitoba /ˌmænəˈtəʊbə/
New Brunswick /ˌnuː ˈbrʌnzwɪk; GB ˌnjuː/
Newfoundland /ˈnuːfəndlənd; GB ˈnjuː-/

Northwest Territories /ˌnɔːrθwest ˈterətɔːriz; GB ˈterətriz/
Nova Scotia /ˌnəʊvə ˈskəʊʃə/
Nunavut /ˈnʊnəvʊt/
Ontario /ɑnˈteəriəʊ/
Prince Edward Island /ˌprɪns ˈedwərd aɪlənd/

Quebec /kwɪˈbek/
Saskatchewan /səˈskætʃəwən/
(the) Yukon /ˈjuːkɑn/

### Ciudades principales de EE.UU. y Canadá

Atlanta /ətˈlæntə/
Baltimore /ˈbɔːltɪmɔːr/
Boston /ˈbɔːstən; GB ˈbɒs-/
Chicago /ʃɪˈkɑgəʊ/
Cleveland /ˈkliːvlənd/
Dallas /ˈdæləs/
Denver /ˈdenvər/
Detroit /dɪˈtrɔɪt/
Houston /ˈhjuːstən/

Los Angeles /ˌlɔːs ˈændʒələs; GB ˌlɒs ˈændʒəliːz/
Miami /maɪˈæmi/
Montreal /ˌmɑntriˈɔːl/
New Orleans /ˌnuː ˈɔːrliənz; GB ˌnjuː ɔːˈliːənz/
New York /ˌnuː ˈjɔːrk; GB ˌnjuː/
Ottawa /ˈɑtəwə/
Philadelphia /ˌfɪləˈdelfiə/
Pittsburgh /ˈpɪtsbɜːrg/

Quebec City /kwɪˌbek ˈsɪti/
San Diego /ˌsæn diˈeɪgəʊ/
San Francisco /ˌsæn frənˈsɪskəʊ/
St. Louis /ˌseɪnt ˈluːɪs; GB ˌsnt/
Seattle /siˈætl/
Toronto /təˈrɑntəʊ/
Vancouver /vænˈkuːvər/
Washington D.C. /ˌwɑʃɪŋtən diː ˈsiː/

# The British Isles

## Las Islas Británicas

Great Britain (GB) o Britain está formada por Inglaterra (England /'ɪŋglənd/), Escocia (Scotland /'skɑtlənd/) y Gales (Wales /weɪlz/).

El estado político es oficialmente conocido como the United Kingdom of Great Britain and Northern Ireland (UK) e incluye Irlanda del Norte además de Gran Bretaña. Sin embargo, muchas veces se usa el término Great Britain como sinónimo de the United Kingdom.

Cuando hablamos de the British Isles nos referimos a la isla de Gran Bretaña y la isla de Irlanda (Ireland /'aɪərlənd/).

## Ciudades principales de las Islas Británicas

Aberdeen /ˌæbər'diːn/

Bath /bæθ; GB bɑːθ/

Belfast /'belfæst; GB 'belfɑːst, bel'fɑːst/

Berwick-upon-Tweed /ˌberɪk əpən 'twiːd/

Birmingham /'bɜːrmɪŋhæm; GB 'bɜːmɪŋəm/

Blackpool /'blækpuːl/

Bournemouth /'bɔːrnməθ/

Bradford /'brædfərd/

Brighton /'braɪtn/

Bristol /'brɪstl/

Caernarfon /kər'nɑrvn; USA tb kar-/

Cambridge /'keɪmbrɪdʒ/

Canterbury /'kænterbəri; GB -bəri/

Cardiff /'kɑrdɪf/

Carlisle /'kɑrlaɪl; GB kɑː'laɪl/

Chester /'tʃestər/

Colchester /'koʊltʃestər; GB -tʃɪst-/

Cork /kɔːrk/

Coventry /'kɑvəntri/

Derby /'dɑrbi; USA tb 'dɜːrbi/

Douglas /'dʌgləs/

Dover /'doʊvər/

Dublin /'dʌblɪn/

Dundee /dʌn'diː/

Durham /'dʌrəm; USA tb 'dɜːrəm/

Eastbourne /'iːstbɔːrn/

Edinburgh /'edɪnbrə, -bərə/

Exeter /'eksɪtər/

Galway /'gɔːlweɪ/

Glasgow /'glæzgoʊ; GB 'glɑːz-/

Gloucester /'glɑstər/

Hastings /'heɪstɪŋz/

Hereford /'herɪfərd/

Holyhead /'hɑlihed/

Inverness /ˌɪnvər'nes/

Ipswich /'ɪpswɪtʃ/

Keswick /'kezɪk/

Kingston upon Hull /ˌkɪŋstən əpən 'hʌl/

Leeds /liːdz/

Leicester /'lestər/

Limerick /'lɪmərɪk/

Lincoln /'lɪŋkən/

Liverpool /'lɪvərpuːl/

London /'lʌndən/

Londonderry /'lʌndənderi/

Luton /'luːtn/

Manchester /'mæntʃɪstər/

Middlesbrough /'mɪdlzbrə/

Newcastle upon Tyne /ˌnuːkæsl əpən 'taɪn; GB ˌnjuːkɑːsl/

Norwich /'nɑrɪdʒ/

Nottingham /'nɑtɪŋhæm; GB 'nɒtɪŋəm/

Oxford /'ɑksfərd/

Plymouth /'plɪməθ/

Poole /puːl/

Portsmouth /'pɔːrtsməθ/

Ramsgate /'ræmzgeɪt/

Reading /'redɪŋ/

Salisbury /'sɔːlzberi; GB -bəri/

Sheffield /'ʃefiːld/

Shrewsbury /'ʃroʊzberi; GB -bəri/

Southampton /saʊˈθæmptən/

St Andrews /ˌseɪnt 'ændruːz; GB ˌsnt/

Stirling /'stɜːrlɪŋ/

Stoke-on-Trent /ˌstoʊk ɑn 'trent/

Stratford-upon-Avon /ˌstrætfərd əpən 'eɪvn/

Swansea /'swɑnzi/

Taunton /'tɔːntən/

Warwick /'wɑrɪk; USA tb 'wɔːrɪk/

Worcester /'wʊstər/

York /jɔːrk/

- - - international boundary
—— national boundary
■ capital city
• city or town

0    50    100 km

Shetland
Islands

Orkney
Islands

*Outer Hebrides*

*Inner Hebrides*

SCOTLAND

Inverness •

Aberdeen •

*Atlantic
Ocean*

Dundee •
St Andrews •
Stirling •
Glasgow • ■ **Edinburgh**
Berwick-upon-Tweed

**NORTHERN
IRELAND**

*North*

*Sea*

• Londonderry

■ **Belfast**

Carlisle •

Newcastle upon Tyne •
Durham •

ISLE
OF MAN

Keswick •

Middlesbrough •

• Douglas

York •

*Irish Sea*

• Blackpool
Bradford •

Leeds •

Kingston upon Hull •

• Galway

*Anglesey*

Liverpool •

Manchester •

Sheffield •

**Dublin** ■

Holyhead •

• Chester

Stoke-
• on-Trent

Lincoln •

**ENGLAND**

Caernarfon •

• Nottingham

Derby •

• Limerick

Shrewsbury •

Birmingham •

**WALES**

Worcester •

• Leicester

Coventry •
• Warwick
Stratford-
upon-Avon

Norwich •

Cambridge •

• Cork

Hereford •

Luton •

Ipswich •

Gloucester •

Colchester •

**REPUBLIC
OF IRELAND**

Swansea •

■ **Cardiff**

Oxford •

■ **London**

• Bristol
Bath •

Reading •

Ramsgate •

Taunton •

Salisbury •

Canterbury •
Dover •

Southampton •

Brighton •

Hastings •

*Strait of
Dover*

Exeter •

Bournemouth •

Portsmouth •

Eastbourne •

Poole •

*Isle of
Wight*

• Plymouth

*Isles of
Scilly*

*English Channel*

# Australia and New Zealand
## Australia y Nueva Zelanda

## Ciudades principales de Australia y Nueva Zelanda

**Adelaide** /ˈædəleɪd/

**Alice Springs** /ˌælɪs ˈsprɪŋz/

**Auckland** /ˈɔːklənd/

**Brisbane** /ˈbrɪzbən/

**Canberra** /ˈkænbərə; USA tb -berə/

**Christchurch** /ˈkraɪstʃɜːrtʃ/

**Darwin** /ˈdɑːwɪn/

**Dunedin** /dʌˈniːdɪn/

**Geelong** /dʒəˈlɔːŋ; GB dʒɪˈlɒŋ/

**Hamilton** /ˈhæmɪltən/

**Hobart** /ˈhoʊbɑːt/

**Melbourne** /ˈmelbərn/

**Newcastle** /ˈnuːkæsl; GB ˈnjuːkɑːsl/

**Perth** /pɜːrθ/

**Sydney** /ˈsɪdni/

**Townsville** /ˈtaʊnzvɪl/

**Wellington** /ˈwelɪŋtən/

## Los estados que configuran Australia

**Australian Capital Territory (A.C.T.)**
/ɔːˌstreɪliən kæpɪtl ˈterətɔːri; GB ɒˌstreɪliən, ˈterətri/

**New South Wales** /ˌnuː saʊθ ˈweɪlz; GB ˌnjuː-/

**Northern Territory** /ˌnɔːrðərn ˈterətɔːri; GB ˈterətri/

**Queensland** /ˈkwiːnzlənd/

**South Australia** /ˌsaʊθ ɔːˈstreɪliə; GB ɒˈs-/

**Tasmania** /tæzˈmeɪniə/

**Victoria** /vɪkˈtɔːriə/

**Western Australia** /ˌwestərn ɔːˈstreɪliə; GB ɒˈs-/

# Abreviaturas y símbolos

| | | | |
|---|---|---|---|
| adj | adjetivo | n | sustantivo |
| adv | adverbio | nf | sustantivo femenino |
| Aeronáut | Aeronáutica | nm | sustantivo masculino |
| Agric | Agricultura | nmf | sustantivo masculino y femenino |
| algn | alguien | | |
| Anat | Anatomía | nm-nf | sustantivo que varía en masculino y femenino |
| Arquit | Arquitectura | | |
| art | artículo | nm o nf | género dudoso: sustantivo masculino o femenino |
| Astrol | Astrología | | |
| Astron | Astronomía | n pr | nombre propio |
| Biol | Biología | Náut | término náutico |
| Bot | Botánica | neg | negativo |
| Can | inglés canadiense | part pres | participio presente |
| coloq | registro coloquial | Period | Periodismo |
| Com | término comercial | pey | término peyorativo |
| comp | comparativo | pl | plural |
| conj | conjunción | Pol | Política |
| Dep | Deportes | pp | participio pasado |
| Econ | Economía | pref | prefijo |
| Educ | Educación | prep | preposición |
| Electrón | Electrónica | pron | pronombre |
| esp | especialmente | pt | pasado (pretérito) |
| fem | femenino | Quím | Química |
| fig | sentido figurado | Relig | Religión |
| Fil | Filosofía | sb | somebody |
| Fin | Finanzas | sing | singular |
| Fís | Física | Sociol | Sociología |
| Fot | Fotografía | sth | something |
| GB | inglés británico | superl | superlativo |
| gen | en general | tb | también |
| Geog | Geografía | Teat | Teatro |
| Geol | Geología | TV | Televisión |
| Geom | Geometría | USA | inglés americano |
| Gram | Gramática | v | verbo |
| Hist | Historia | v aux | verbo auxiliar |
| hum | término humorístico | v imp | verbo impersonal |
| Informát | Informática | v modal | verbo modal |
| interj | interjección | v sing | verbo en singular |
| Irl | inglés de Irlanda | vi | verbo intransitivo |
| Jur | término jurídico | vp | verbo pronominal |
| Ling | Lingüística | vt | verbo transitivo |
| lit | sentido literal | Zool | Zoología |
| Liter | Literatura | | |
| masc | masculino | **IDM** | locuciones y expresiones |
| Mat | Matemáticas | **PHR V** | sección de *phrasal verbs* |
| Mec | Mecánica | ® | marca registrada |
| Med | Medicina | + | seguido de |
| Meteor | Meteorología | ▶ | cambio de partes de la oración |
| Mil | término militar | ❶ | introduce una nota breve |
| Mús | Música | ↻ | remite a otra página donde hay información relacionada con la entrada |

# Verbos irregulares

| Infinitivo | Pretérito | Participio |
|---|---|---|
| arise | arose | arisen |
| awake | awoke | awoken |
| babysit | babysat | babysat |
| be | was/were | been |
| bear | bore | borne |
| beat | beat | beaten |
| become | became | become |
| begin | began | begun |
| bend | bent | bent |
| bet | bet | bet |
| bid | bid | bid |
| bind | bound | bound |
| bite | bit | bitten |
| bleed | bled | bled |
| blow | blew | blown |
| break | broke | broken |
| breed | bred | bred |
| bring | brought | brought |
| broadcast | broadcast | broadcast |
| build | built | built |
| burn | burned, burnt | burned, burnt |
| burst | burst | burst |
| bust | busted, bust | busted, bust |
| buy | bought | bought |
| cast | cast | cast |
| catch | caught | caught |
| choose | chose | chosen |
| cling | clung | clung |
| come | came | come |
| cost | cost, costed | cost, costed |
| creep | crept | crept |
| cut | cut | cut |
| deal | dealt | dealt |
| dig | dug | dug |
| dive | dived, USA tb dove | dived |
| do | did | done |
| draw | drew | drawn |
| dream | dreamed, dreamt | dreamed, dreamt |
| drink | drank | drunk |
| drive | drove | driven |
| dwell | dwelled, dwelt | dwelled, dwelt |
| eat | ate | eaten |
| fall | fell | fallen |
| feed | fed | fed |
| feel | felt | felt |
| fight | fought | fought |
| find | found | found |
| flee | fled | fled |
| fling | flung | flung |
| fly | flew | flown |

| Infinitivo | Pretérito | Participio |
|---|---|---|
| forbid | forbade | forbidden |
| forecast | forecast, forecasted | forecast, forecasted |
| forget | forgot | forgotten |
| forgive | forgave | forgiven |
| forsake | forsook | forsaken |
| freeze | froze | frozen |
| get | got | gotten, GB got |
| give | gave | given |
| go | went | gone |
| grind | ground | ground |
| grow | grew | grown |
| hang | hung, hanged | hung, hanged |
| have | had | had |
| hear | heard | heard |
| hide | hid | hidden |
| hit | hit | hit |
| hold | held | held |
| hurt | hurt | hurt |
| keep | kept | kept |
| kneel | knelt, USA tb kneeled | knelt, USA tb kneeled |
| know | knew | known |
| lay | laid | laid |
| lead² | led | led |
| lean² | leaned, tb esp GB leant | leaned, tb esp GB leant |
| leap | leaped, leapt | leaped, leapt |
| learn | learned, tb esp GB learnt | learned, tb esp GB learnt |
| leave | left | left |
| lend | lent | lent |
| let | let | let |
| lie² | lay | lain |
| light | lit, lighted | lit, lighted |
| lose | lost | lost |
| make | made | made |
| mean | meant | meant |
| meet | met | met |
| mislay | mislaid | mislaid |
| mislead | misled | misled |
| misread | misread | misread |
| mistake | mistook | mistaken |
| misunderstand | misunderstood | misunderstood |
| mow | mowed | mown, mowed |
| offset | offset | offset |
| outdo | outdid | outdone |
| outgrow | outgrew | outgrown |
| overcome | overcame | overcome |
| overdo | overdid | overdone |
| overhear | overheard | overheard |
| override | overrode | overridden |
| oversleep | overslept | overslept |